# ORDONNANCES DES ROYS DE FRANCE

## *DE LA TROISIÉME RACE,*

RECUEILLIES PAR ORDRE CHRONOLOGIQUE.

*CINQUIÉME VOLUME,*

CONTENANT LES ORDONNANCES DE CHARLES V. données depuis le commencement de l'année 1367. jusqu'à la fin de l'année 1373.

*Par Mr SECOUSSE Ancien Avocat au Parlement, & Associé à l'Académie Royale des Inscriptions & Belles Lettres.*

A PARIS,
DE L'IMPRIMERIE ROYALE.

M. DCCXXXVI.

# PREFACE.

DANS les Prefaces des trois premiers Volumes de ce Recueil, on a establi les principes de plusieurs matieres importantes, qui ont esté l'objet de quelques anciennes Ordonnances. Leurs dispositions ont quelquefois esté renouvellées; quelquefois aussi les circonstances des temps ont engagé les Legislateurs à les étendre, à les modifier; ou mesme à les abroger entierement. L'étenduë que je donne aux *Tables des Matieres*, dans lesquelles je tâche de renfermer exactement tout ce qui est contenu dans les Ordonnances, me dispensera pour ce Volume & pour les suivants, de recueillir dans les Prefaces, les changements faits aux anciennes Loix par les nouvelles; & il suffira de renvoyer à ces *Tables*, aux Articles, *Ordonnances, Domaine, Bourgeoisie, Admortissements & Francs-Fiefs.*

## §. I.

## *Guerres privées.*

[a] L'Article X. de l'Ordonnance du mois de Juillet 1367. faite en consequence d'une Assemblée des Estats Generaux tenuë à Sens, fournit une nouvelle preuve de ce qui a esté dit dans [b] la Preface du troisiéme volume de ce Recueil, sur les sages menagements avec lesquels nos Rois se servirent de leur autorité pour abolir insensiblement l'abus des *Guerres privées*. Cet Article porte que plusieurs Nobles *disants* qu'ils avoient *des guerres*, quoique ce fût contre des *Parties* qui, sans avoir recours à la voye des armes, offroient de soûmettre leurs differends à la décision des Juges, pilloient non-seulement les biens de leurs ennemis; mais mesme ceux des sujets du Roy & des autres Seigneurs; le Roy deffend à toute personne, de quelque estat & condition qu'elle soit, de faire *des guerres;* que cependant, si deux *Parties* d'un commun consentement se font la *guerre*, il leur est deffendu de piller les biens de leurs ennemis, & ceux des autres habitans du Royaume. Ainsi dans le mesme Article, par lequel le Roy deffend absolument toute *guerre privée*, il les tolere d'une maniere indirecte, quand elles se feront par le consentement des *Parties*.

Par les privileges accordez par le Dauphin Humbert II. & confirmez par Charles V. en Aoust 1367. les *guerres privées* furent permises dans ce pays.[c]

*(a)* Des Lettres de remission du 22. de Juillet 1377. prouvent que l'on observoit alors [d] l'Ordonnance du Roy Jean, qui avoit deffendu les

a *Voy. cy-dessous, pag. 21. Art. X.*

b *pag. xvj.*

c *Voy. la Table des Matieres de ce Vol. au mot,* Guerres privées.

d *Voyez la Preface du troisiéme Volume de ce Rec. p. xvj.*

NOTE.

*(a)* Elles sont dans le Reg. 111. du Tres. des Chart. P. 151. Voici quel en est l'exposé.

CHARLES, &c. Savoir faisons à touz presens & avenir, de la partie de Jehan de Barbenson dit le Jenirrot, Chevalier, Nous avoir esté exposé, que comme Gieffroy de

*guerres privées*, pendant le cours des guerres publiques; & elles nous apprennent les mesures que les Juges Royaux prenoient pour la faire observer.

## §. II.

## DES ESTATS GENERAUX ET PARTICULIERS,

a Voy. cy-dessous, p. vij.

### [a] *Estats de Compiegne.*

### *Estats de Chartres & de Sens.*

Vers le commencement du mois de Juillet 1367. il se tint à Chartres, une *(b)* Assemblée des Estats de plusieurs Provinces du Royaume; peu de jours après elle fut transferée à Sens.

b Voy. cy-dessous, pp. 14. 19. & 27.

Ces Estats ne sont connus que par [b] trois Ordonnances données à Sens; l'une, le 19. de Juillet 1367. l'autre, le lendemain; & la derniere, donnée dans le mois de Juillet, sans date du jour.

l'Eschielle, Chevalier, Sire de Balahan, par vertu de certainnes noz Lettres, eust pourchacié à faire certainnes Informacions contre lui, & estre adjourné en nostre Court de Parlement à certain jour pieça passé, à y comparoir personnelment, sur peine de bannissement, pour respondre à nostre Procureur General à toutes fins, & audit Sire de Balahan, à fin civile; sur ce, entre les autres choses que ledit Sire de Balahan disoit, que comme certainne guerre fust esperée de mouvoir entre ledit Sire de Balahan d'une part, & ledit Barbenson d'autre: Pourquoy nostre Bailli de Vitry ou son Lieutenant, considerant certainnes deffiances faictes entre les diz Chevaliers, qui estoient ou prejudice de la chose publique & contre noz Ordonnances Royaulx notoirement signifiées & publiées, & sur certainnes peines [c] contenants comme il n'est licite entre noz subgez Nobles ou autres, durant noz guerres, proceder par voye de fait de guerre ou de desiances, avoit fait deffendre aus diz Chevaliers & à chascun d'eulx, sur quanques ils se povoient meffaire envers Nous, ou au moins sur les peinnes declairées en noz Ordonnances sur ce faictes, que par ladicte voie il ne procedassent l'un contre l'autre; mais s'en desistassent & cessassent du tout; car se il vouloient aucune chose demander l'un contre l'autre, nostre dit Bailli leur feroit bonne raison & justice; & avec ce, ycelles Parties & chascune d'elles, leurs familiers & biens à la conservacion de leur droit, & tout leur debat estre mis en nostre main: Neantmoins ledit Barbenson, &c.

c conten. R.

*Donné en nostre Chastel de Senlis, le XXII. jour de Juillet, l'an de grace MCCCLXXVII. & de nostre Regne le XIIII.*

Par le Roy, en ses Requestes. S. DE CARITATE.

NOTE.

*(b)* Je n'ai trouvé aucun vestige des Estats de Chartres, ni dans les Registres publics dont j'ai eu la communication, ni dans les Historiens. Il n'est dit qu'un mot de ceux de Sens dans [d] les Lettres du mois de Juillet 1367. & les deux principales Ordonnances qui furent faites en consequence de ces Estats, n'auroient point été inserées dans ce Recueil, & n'auroient peut-estre jamais été imprimées, si elles ne m'avoient été envoyées d'Auxerre, où elles sont conservées dans le depost de l'Hostel-de-Ville, par M.r le Beuf Sous-Chantre & Chanoine d'Auxerre, qui a toûjours eu beaucoup d'ardeur & de zele pour déterrer des anciens monuments, qui n'ont pas peu contribué à la profonde connoissance qu'il a de nos Antiquitez Ecclesiastiques & Civiles. Il y a sans doute dans les deposts de plusieurs autres Villes du Royaume, un grand nombre de monuments très-precieux, qui sont condamnez à y estre ensevelis dans un éternel oubli. [e]

d Voy. cy-dessous, p. 28.

e Voy. cy-dessous, p. vij. Note (e).

On donnoit des expeditions des Ordonnances faites en consequence des Assemblées d'Estats, à tous les Deputez qui s'y estoient trouvez. L'expedition originale sur laquelle l'Ordonnance du 20. de Juillet 1367. a esté copiée, fut delivrée au Deputé de la Ville d'Auxerre. Cela est prouvé par ces mots qui se lisent à la fin de cette Ordonnance: *Et sur le replis, il y a:* Auxerre.

La premiere porte, que le Roy ayant esté informé que *plusieurs gens de (b) Compagnie* avoient resolu de rentrer dans le Royaume pour le piller; & desirant prendre *hastivement* les mesures necessaires pour leur resister, il a fait assembler en sa presence, dans la Ville de Chartres, plusieurs Prelats & autres Gens d'Eglise, plusieurs Nobles, tant de [a] Sang, comme autres, & plusieurs gens des bonnes Villes des pays de Champagne, de Bourgogne, de Berry, de l'Auvergne, du Bourbonnois, du Nivernois, de [b] Cepoy, de [c] S. Jangon, & de [d] S. Pierre-le-Moustier, & que leur ayant fait exposer le danger dont le Royaume estoit menacé, il a par leur avis & par celui des Gens de son Grand Conseil, fait les Reglements qui ont esté jugez necessaires pour la deffense du Royaume.

a *Je crois que ce mot désigne les Princes du Sang.*

b *dans le Gastinois.*

c *dans la Bourgogne.*

d *dans le Nivernois.*

Ces Reglements sont l'objet des sept premiers Articles de l'Ordonnance; & les suivants en contiennent d'autres sur la perception des droits des Aydes.

On lit dans le préambule de l'Ordonnance du 20. de Juillet, que le Roy pour des causes qui touchent la garde, la sûreté & l'utilité de son Royaume, est venu dans la Ville de Sens, où il a fait assembler les

NOTE.

*(c)* [e] J'ai déja eu occasion dans ce Recueil, d'expliquer quelles estoient ces *Compagnies.* [f] En 1366. Edoüard Prince de Galles & Duc d'Aquitaine, fils aisné d'Edoüard III. Roy d'Angleterre, conduisit en Espagne plusieurs de ces *Compagnies* qui faisoient un corps de troupes très-considerable, au secours de D. Pedre, Roy de Castille, attaqué par D. Henry son frere bastard, par lequel il fut détrôné dans la suite. [g] Le Prince de Galles mécontent de D. Pedre, resolut de l'abandonner, & au mois d'Aoust 1367. il reprit avec les *Compagnies*, le chemin de Bordeaux. Il paroist par les Ordonnances des 19. & 20. de Juillet 1367. que Charles V. estoit deja informé du dessein du Prince de Galles; & sa profonde *sagesse* lui fit prévoir que les *Compagnies* à leur retour d'Espagne, ne feroient pas un long séjour dans la Guyenne, où elles n'oseroient ravager les Estats d'un Prince sous qui elles venoient de servir; & que d'ailleurs Edoüard employeroit toutes sortes de moyens pour délivrer les Terres de sa domination, de ces hostes incommodes. *Les Compagnies* ne pouvoient sortir de la Guyenne, sans entrer dans le Royaume. Charles V. prévit encore la route qu'elles prendroient pour y pénetrer. Il sentit bien qu'elles ne se hasarderoient point de passer par le Poitou ou par le Berry, parce qu'il eust esté facile de leur fermer le passage de la Loire. Elles n'avoient d'autre parti à prendre, que de traverser ce fleuve vers le commencement de son cours, par les mesmes chemins que tinrent dans la suite, lors de nos guerres de Religion, plusieurs Corps de Reistres & de Lansquenets qui furent envoyez d'Allemagne au secours des Huguenots, dont les forces principales estoient dans la Guyenne. *Les Compagnies* ayant passé la Loire, n'avoient plus de rivieres considerables à traverser, & pouvoient se répandre sans obstacle, dans l'Auvergne, dans le Bourbonnois, dans le Nivernois, dans la Bourgogne, dans le Gastinois & dans la Champagne. Elles estoient encore en Espagne, lorsque Charles V. assembla les Estats des Provinces qu'il jugeoit devoir estre exposées dans la suite à leurs incursions; & il prit dans ces Estats, les mesures necessaires pour leur résister. [h] L'évenement justifia la sage prévoyance de Charles V. Vers Decembre 1367. *les Compagnies* sortirent de la Guyenne; elles passerent la Loire à Marcilly (en Forest), & penetrerent dans l'Auvergne, & dans les autres Provinces que l'on avoit tâché de mettre en estat de deffense.

e *Voy. le 3e. Vol. de ce Rec. pag. 425. Note (d).*

f *Voy. Froissart, Liv. 1. chap. 233. p. 302.*

g *Voy. Idem. Liv. 1. chap. 243. p. 331.*

h *Voy. Chroniq. de S. Denis. Vol. 3. p. 4. & suiv.*

[i] L'on verra cy-dessous, que dans le mois d'Aoust 1367. on craignoit une irruption des *Compagnies*, dans le Dauphiné.

i *Voy. cy-dessous, p. ix. Note (h).*

Ces *Compagnies* firent des desordres affreux dans le Royaume, sur la fin du regne du Roy Jean, & pendant celui de Charles V. Ce point d'histoire qui n'est pas encore assez éclairci, mériteroit d'estre traité en particulier. J'ai recueilli sur cette matiere un assez grand nombre de pieces non imprimées, dont j'espere faire quelque usage dans la suite.

Députez des trois Ordres de plusieurs [a] Provinces: qu'après avoir reglé les affaires qui avoient donné lieu à la convocation de cette Assemblée, il a reçû les supplications de ses sujets, qui lui ont fait exposer plusieurs *griefs* qui leur ont esté faits par la perception des droits des Aides, & par rapport à d'autres objets; & qu'après avoir pris l'avis de son Conseil, il a fait une Ordonnance pour reformer les abus dont on se plaignoit. Elle contient des Reglements sur differentes matieres.

[a] *Ce sont les mesmes qui sont nommées dans l'Ordonnance du 19.*

La troisiéme Ordonnance fut aussi donnée sur les representations des Estats assemblez à Sens: elle ne regarde que la Jurisdiction des Maistres des Eaux & Forests.

L'Assemblée des Estats à Chartres, se tint vers le commencement de Juillet; car le Roy qui y assista, estoit encore à [b] Paris le 28. de Juin; [c] & il y a plusieurs *Lettres Royaux* données à Chartres dans le mois de Juillet.

[b] *Voy. cy-dessous, p. 12. des* Lettres Royaux *datées du 28. de Juin 1367.*

[c] *Elles sont cy-dessous, pp. 22. & 24.*

Cette Assemblée ne dura pas long-temps, puisque le 19. de Juillet, le Roy estoit à Sens, & que le 20. il avoit déja reglé plusieurs affaires, reçû les supplications de ses sujets, & fait une Ordonnance.

On ne peut douter que les Estats de Chartres n'ayent esté transferez à Sens, puisque ces deux Assemblées qui se tinrent dans le mesme mois, furent composées des Députez des mesmes Provinces.

Il faut présumer qu'un motif pressant, mais sur lequel je n'ai rien trouvé qui puisse donner lieu mesme à des conjectures, détermina le Roy à faire cette translation. Avant que de partir de Chartres, il avoit déja reçû les représentations de ses sujets; mais il n'eut pas le temps d'y satisfaire dans cette Ville par une Ordonnance, qui ne fut faite qu'à Sens. Le lendemain, il en donna une nouvelle sur les supplications qui lui furent faites dans cette Ville.

L'Assemblée de Sens ne fut pas de plus longue durée que celle de Chartres; & il paroist par l'Ordonnance du 19. de Juillet, que ce jour-là, presque toutes les affaires estoient terminées. Il y a mesme apparence que le Roy estoit de retour à Paris vers la fin de ce mois; car il y a des [d] *Lettres Royaux* datées de ce mois de Juillet, données dans cette Ville & au Bois de Vincennes. Il est vrai qu'il n'est pas absolument impossible qu'elles ayent esté données dans les premiers jours de ce mois, avant que le Roy partît pour Chartres. *(d)*

[d] *Elles sont cy-dessous, pp. 30. & 32.*

NOTE.

*(d)* [e] J'avois cru qu'il falloit adjoûter un mot dans l'article IV. de l'Ordonnance du 20. Juillet 1367. mais on peut fort bien l'entendre sans y rien changer.

[f] Par l'article VIII. de l'Ordonnance du 19. de Juillet 1367. le Roy remet aux habitans du plat-pays, la moitié des droits des Aides que l'on levoit alors; & il *octroye* aux habitans des Villes fermées, le quart de ces mesmes droits, à condition que ce quart sera employé aux fortifications de ces Villes.

[g] Dans l'article IV. de l'Ordonnance donnée le lendemain, il est dit: *sur ce que nous leur avons octroyé du Subside imposé*, &c. c'est-à-dire, *sur ce qui leur a esté accordé par rapport au Subside;* c'est à sçavoir, la diminution de la moitié, aux habitans du plat-pays; & l'octroy du quart, aux habitans des Villes fermées.

[e] *Voy. cy-dessous, p. 13. Note (a) & p. 20. Note (b), Dans ces deux Notes, j'ai renvoyé à la Preface.*

[f] *Voy. cy-dessous, p. 20.*

[g] *Voy. cy-dessous, p. 20.*

## Estats à Compiegne.

[a] Dans l'Article IX. de l'Ordonnance donnée à Sens, le 19. de Juillet 1367. il est dit que le Roy ayant eu égard aux supplications qui lui avoient esté faites sur le fait de la Gabelle du sel, par l'Assemblée tenuë dernierement par lui à Compiegne, il avoit supprimé la moitié des droits qui se levoient sur le sel. *(e)* Je n'ai rien trouvé ailleurs sur ces Estats. Dans le [b] quatriéme Volume de ce Recueil, il y a une Instruction & une Ordonnance faite sur la vente du sel, par le Roy, en son Conseil, & donnée à Paris, le 7. de Decembre 1366. Le quatriéme article de cette Instruction fixe le prix du sel; il y a très-grande apparence qu'elle fut faite en consequence des plaintes portées au Roy dans ces Estats de Compiegne; mais elle ne peut servir à déterminer précisement le temps auquel ils ont esté tenus, puisqu'elle n'a pas esté donnée à Compiegne mesme, mais à Paris. L'on ne trouve dans le Recueil des Ordonnances, aucunes *Lettres Royaux* données à Compiegne en 1366. [c] Il y en a eu plusieurs données à Senlis dans le mois de Juin de cette année. L'on pourroit présumer que les Estats de Compiegne se tinrent vers le temps où le Roy estoit à Senlis qui n'en est pas fort éloigné. Si l'on admet cette conjecture, ces mots, *l'Assemblée* dernierement *tenuë à Compiegne*, qui se lisent dans l'Ordonnance du 19. de Juillet 1367. ne signifieront pas qu'elle s'est tenuë depuis peu; mais que c'est la *derniere* qui se soit tenuë avant celle qui fut convoquée à Chartres.

a Voy. cy-dessous, p. 17.

b p. 694.

c Voyez le 4.e Vol. de ce Rec. p. 653. jusqu'à la page 659.

Si les Estats de Compiegne se sont tenus en Juin 1366. ils estoient finis le 28. de ce mois; car ce jour-là, [d] le Roy estoit à Paris.

d Voyez le 4.e Vol. de ce Rec. p. 628. 630.

## Estats des Comtez d'Artois, de Boulenois & de S.t Pol.

[e] Depuis l'année 1361. les Estats des Comtez d'Artois, de Boulenois & de S. Pol, s'estoient assemblez presque toutes les années, pour accorder au Roy une Aide qui ne duroit qu'un an.

e Voy. la Preface du 4.e Vol. de ce Rec. p. vj.

[f] L'Aide qu'ils avoient accordée en 1366. devoit finir le 19. de Novembre 1367. Ils se rassemblerent quelque temps avant l'expiration de ce terme, & ils accorderent une nouvelle Aide annuelle, qui devoit commencer le jour mesme auquel la precedente devoit cesser. L'Ordonnance faite en consequence de ces Estats, est du 27. d'Octobre 1367. elle porte que *les Nobles, & les Bourgeois & habitans des bonnes Villes & du plat-pays des Contées & pays d'Artois, de Boulenois, de S. Pol, & de leurs ressorts, & des Villes & lieux enclavez en icelles, se sont assemblez, &c.* [g] Il n'est point parlé des Gens d'Eglise dans cette Ordonnance.

f Voy. cy-dessous, p. 82.

g Voy. cy-dessous p. suiv. Note (f).

Je n'ai point trouvé dans les Registres, d'Ordonnances faites en consequence d'assemblées d'Estats de ces Comtez, qui eussent esté tenuës dans

NOTE.

*(e)* Les Ordonnances faites en consequence de ces Estats, sont peut-estre dans le fonds de quelque dépost, dont elles ne sortiront jamais. *Voy. cy-dessus*, p. iv. Note *(h)*.

l'année 1368. & dans les suivantes, jusqu'en 1373. Il y a cependant grande apparence que ces Estats ont continué de s'assembler tous les ans pendant ces cinq années; mais que les Ordonnances faites en consequence de ces Assemblées, ne se sont pas conservées.

a *Voy. cy-dessous, p. 651.*

Il est du moins certain qu'ils s'assemblerent en 1372. [a] car ces Estats ayant esté convoquez vers la fin de l'année 1373. il est dit dans l'Ordonnance du 7. de Decembre de cette année, qui fut faite en consequence de ces Estats, qu'ils ont accordé pour un an, une Aide qui commencera le premier de Decembre passé, & qui sera semblable à celle qui a esté accordée l'année precedente, & qui a cessé le dernier jour du mois de Juillet.

Lorsque cette Ordonnance du 7. de Decembre 1373. eut esté renduë, on en donna, suivant l'usage, des expeditions différentes *(f)* aux corps qui composoient ces Assemblées d'Estats; mais dans chacune de ces differentes expeditions, il n'est fait mention que du Corps à qui elle fut donnée, & il n'y est pas parlé des autres. L'on ne trouve dans les Registres, que les deux expeditions qui furent données aux habitans des Villes fermées, & à ceux des Villes non fermées; les premieres portent. *Les Bourgeois & habitans des Villes fermées tant seulement, des pays des Contées d'Artois, de Boulenois & de S. Pol.* On lit dans les secondes, *les manans & habitans des places non fermées des pays, &c.* Les expeditions qui furent données au Corps du Clergé & à celui de la Noblesse, ne se sont pas conservées. *(g)*

## *Estats du Languedoc.*

b *Voy. cy dessous, p. 422.*

[b] Dans des Lettres du Duc d'Anjou, Lieutenant du Roy dans le Languedoc, données le 4. de Juin 1369. & confirmatives d'autres Lettres de ce Prince, du 21. de Decembre précedent, il est dit que quelques Comtez des Seneschaussées de Toulouse, de Carcassone & de Beaucaire, ont offert à ce Prince la levée d'une Imposition *pour le secours des guerres du Languedoc,* & qu'ils ont élu des Députez generaux sur la regie de cette Imposition, laquelle ne sera point payée par la Ville de Carcassone; attendu qu'elle n'a point esté comprise dans l'offre qui en a esté faite, qu'elle est & qu'elle a toûjours esté *separée* de ces Comtez, qu'elle n'a jamais esté appellée à leurs Assemblées, auxquelles elle n'a jamais assisté, & que les déliberations qui s'y prennent, ne peuvent l'engager.

Il n'y a rien dans ces Lettres qui puisse indiquer le temps auquel s'est tenuë l'assemblée des Estats dont elles font mention.

NOTES.

*(f)* Il resulte de la difference de ces expéditions, que si dans l'Ordonnance du 27. d'Octobre 1367. faite en consequence d'une Assemblée des Estats de ces Comtez, il n'est pas fait mention du Clergé, il n'en faut pas conclure, comme j'ai fait cy-dessous, p. 82. Note *(b)* qu'il y a apparence qu'il n'assista pas à cette Assemblée; il est à présumer que le Clergé y estoit. & que l'on luy donna une expédition, dans laquelle il n'estoit fait mention que de son Corps, & qui ne s'est pas conservée.

*(g)* Peut-estre même en donna t-on des expéditions à tous les Députez qui s'estoient trouvez à cette Assemblée. *Voy. cy-dessus,* p. iv. vers la fin de la Note *(b)*.

## Estats du Dauphiné.

En 1367. il se tint deux assemblées des Estats du Dauphiné. Dans la premiere, on offrit une Aide au Roy. Dans la seconde, on élut des Commissaires & des Receveurs pour imposer & pour lever les sommes necessaires pour payer cette Aide.

L'on ne peut déterminer précisement le temps auquel se tint la premiere Assemblée; mais dans des [a] *Lettres Royaux* du 22. d'Aoust 1367. il est dit que [b] *depuis peu*, les subjets du Dauphiné ayant offert au Gouverneur de ce pays, au nom du Roy, une Aide de 30000 Florins, [c] pour racheter les Chasteaux appartenants au Roy, ( & dépendants du Dauphiné, ) qui sont *occupez* par le Comte de Savoye; qu'ayant d'ailleurs intention d'imposer sur eux-mesmes, une somme de deniers, soit pour mettre en estat de deffense leur Patrie, *(h)* dans laquelle certaines gens veulent faire une irruption, soit pour d'autres dépenses; ils ont demandé au Roy, la permission d'élire sous son autorité, certaines personnes pour repartir & pour percevoir les sommes qu'ils avoient dessein de lever; & que le Roy leur a permis de s'assembler à la maniere accoustumée, une ou plusieurs fois, pour faire cette élection *avec l'autorité du Gouverneur;* & de recevoir par eux ou par leurs Députez, les comptes des sommes qui seroient levées.

a *Voy. cy-dessous, p. 64.*

b *nuper.*

c *Voy. cy-dessous, p. 59. Note (b).*

Le 27. d'Octobre de la mesme année 1367. les Estats du Dauphiné se rassemblerent. Voici le precis du [d] Procès-verbal de cette Assemblée.

d *Voy. cy-dessous, p. 84.*

Les Prélats, les Barons, les Personnes Ecclesiastiques, les Nobles, les [e] *Vavasseurs*, les Universitez, Communautez & les particuliers du Dauphiné, ayant offert au Seigneur de Loupy, Gouverneur de ce pays, au nom de Charles Roy de France, & Dauphin de Viennois, une Aide & don *gracieux* de 30000 Florins, pour racheter les Chasteaux *retenus* par le Comte de Savoye; & pour engager le Roy à confirmer les *Libertez*, privileges & immunitez du Dauphiné; il leur a accordé [f] des Lettres de confirmation de leurs privileges. Le 23. d'Octobre 1367. les Prelats, les [g] *Religieux*, les Barons, les Bannerets, les Nobles & les Députez des Universitez & des Communautez du Dauphiné, s'estant rassemblez, on leur a fait le rapport de ce qui s'estoit passé dans la derniere Assemblée, & de la grace que le Roy leur avoit accordée, & le Gouverneur les a ensuite requis de pourvoir au payement de l'Aide qu'ils lui ont accordée au nom du Roy, & qu'ils ont fait offrir à ce Prince par leurs *Nonces* & leurs *Ambassadeurs*.

e *Seigneurs de Fiefs.*

f *Voy. cy-dessous, p. 34. & p. 56. jusqu'à la page 66.*

g *le Clergé.*

Après cette requisition, sont comparus l'Evesque de Grenoble, les [h] fondez de procuration des Archevesques d'Embrun & de Vienne, & de quelques Abbez, pour lesquels le Gouverneur est aussi comparu; &

h *Nuncii.*

NOTE.

*(h)* Ce sont sans doute les *Compagnies* qui sont ici désignées. *Voyez cy-dessus*, pag. v. Note *(c)*.

## Estats du Dauphiné.

En 1367. il se tint deux assemblées des Estats du Dauphiné. Dans la premiere, on offrit une Aide au Roy. Dans la seconde, on élut des Commissaires & des Receveurs pour imposer & pour lever les sommes necessaires pour payer cette Aide.

L'on ne peut déterminer précisement le temps auquel se tint la premiere Assemblée; mais dans des [a] *Lettres Royaux* du 22. d'Aoust 1367. il est dit que [b] *depuis peu*, les subjets du Dauphiné ayant offert au Gouverneur de ce pays, au nom du Roy, une Aide de 30000 Florins, [c] pour racheter les Chasteaux appartenants au Roy, ( & dépendants du Dauphiné, ) qui sont *occupez* par le Comte de Savoye; qu'ayant d'ailleurs intention d'imposer sur eux-mesmes, une somme de deniers, soit pour mettre en estat de deffense leur Patrie, *(h)* dans laquelle certaines gens veulent faire une irruption, soit pour d'autres dépenses; ils ont demandé au Roy, la permission d'élire sous son autorité, certaines personnes pour repartir & pour percevoir les sommes qu'ils avoient dessein de lever; & que le Roy leur a permis de s'assembler à la maniere accoustumée, une ou plusieurs fois, pour faire cette élection *avec l'autorité du Gouverneur;* & de recevoir par eux ou par leurs Députez, les comptes des sommes qui seroient levées.

a *Voy. cy-dessous, p. 64.*

b *nuper.*

c *Voy. cy-dessous, p. 59. Note (b).*

Le 27. d'Octobre de la mesme année 1367. les Estats du Dauphiné se rassemblerent. Voici le precis du [d] Procès-verbal de cette Assemblée.

d *Voy. cy-dessous, p. 84.*

Les Prélats, les Barons, les Personnes Ecclesiastiques, les Nobles, les [e] *Vavasseurs*, les Universitez, Communautez & les particuliers du Dauphiné, ayant offert au Seigneur de Loupy, Gouverneur de ce pays, au nom de Charles Roy de France, & Dauphin de Viennois, une Aide & don *gracieux* de 30000 Florins, pour racheter les Chasteaux *retenus* par le Comte de Savoye; & pour engager le Roy à confirmer les *Libertez*, privileges & immunitez du Dauphiné; il leur a accordé [f] des Lettres de confirmation de leurs privileges. Le 23. d'Octobre 1367. les Prelats, les [g] *Religieux*, les Barons, les Bannerets, les Nobles & les Députez des Universitez & des Communautez du Dauphiné, s'estant rassemblez, on leur a fait le rapport de ce qui s'estoit passé dans la derniere Assemblée, & de la grace que le Roy leur avoit accordée, & le Gouverneur les a ensuite requis de pourvoir au payement de l'Aide qu'ils lui ont accordée au nom du Roy, & qu'ils ont fait offrir à ce Prince par leurs *Nonces* & leurs *Ambassadeurs*.

e *Seigneurs de Fiefs.*

f *Voy. cy-dessous, p. 34. & p. 56. jusqu'à la page 66.*

g *le Clergé.*

Après cette requisition, sont comparus l'Evesque de Grenoble, les [h] fondez de procuration des Archevesques d'Embrun & de Vienne, & de quelques Abbez, pour lesquels le Gouverneur est aussi comparu; &

h *Nuncii.*

NOTE.

*(h)* Ce sont sans doute les *Compagnies* qui sont ici désignées. *Voyez cy-dessus*, pag. v. Note *(c)*.

l'année 1368. & dans les suivantes, jusqu'en 1373. Il y a cependant grande apparence que ces Estats ont continué de s'assembler tous les ans pendant ces cinq années; mais que les Ordonnances faites en consequence de ces Assemblées, ne se sont pas conservées.

a *Voy. cy-dessous, p. 651.*

Il est du moins certain qu'ils s'assemblerent en 1372. [a] car ces Estats ayant esté convoquez vers la fin de l'année 1373. il est dit dans l'Ordonnance du 7. de Decembre de cette année, qui fut faite en consequence de ces Estats, qu'ils ont accordé pour un an, une Aide qui commencera le premier de Decembre passé, & qui sera semblable à celle qui a esté accordée l'année precedente, & qui a cessé le dernier jour du mois de Juillet.

Lorsque cette Ordonnance du 7. de Decembre 1373. eut esté renduë, on en donna, suivant l'usage, des expeditions différentes *(f)* aux corps qui composoient ces Assemblées d'Estats; mais dans chacune de ces differentes expeditions, il n'est fait mention que du Corps à qui elle fut donnée, & il n'y est pas parlé des autres. L'on ne trouve dans les Registres, que les deux expeditions qui furent données aux habitans des Villes fermées, & à ceux des Villes non fermées; les premieres portent. *Les Bourgeois & habitans des Villes fermées tant seulement, des pays des Contées d'Artois, de Boulenois & de S. Pol.* On lit dans les secondes, *les manans & habitans des places non fermées des pays, &c.* Les expeditions qui furent données au Corps du Clergé & à celui de la Noblesse, ne se sont pas conservées. *(g)*

## *Estats du Languedoc.*

b *Voy. cy dessous, p. 422.*

[b] Dans des Lettres du Duc d'Anjou, Lieutenant du Roy dans le Languedoc, données le 4. de Juin 1369. & confirmatives d'autres Lettres de ce Prince, du 21. de Decembre précedent, il est dit que quelques Comtez des Seneschaussées de Toulouse, de Carcassone & de Beaucaire, ont offert à ce Prince la levée d'une Imposition *pour le secours des guerres du Languedoc,* & qu'ils ont élu des Députez generaux sur la regie de cette Imposition, laquelle ne sera point payée par la Ville de Carcassone; attendu qu'elle n'a point esté comprise dans l'offre qui en a esté faite, qu'elle est & qu'elle a toûjours esté *separée* de ces Comtez, qu'elle n'a jamais esté appellée à leurs Assemblées, auxquelles elle n'a jamais assisté, & que les déliberations qui s'y prennent, ne peuvent l'engager.

Il n'y a rien dans ces Lettres qui puisse indiquer le temps auquel s'est tenuë l'assemblée des Estats dont elles font mention.

NOTES.

*(f)* Il resulte de la difference de ces expéditions, que si dans l'Ordonnance du 27. d'Octobre 1367. faite en consequence d'une Assemblée des Estats de ces Comtez, il n'est pas fait mention du Clergé, il n'en faut pas conclure, comme j'ai fait cy-dessous, p. 82. Note *(b)* qu'il y a apparence qu'il n'assista pas à cette Assemblée; il est à présumer que le Clergé y estoit. & que l'on luy donna une expédition, dans laquelle il n'estoit fait mention que de son Corps, & qui ne s'est pas conservée.

*(g)* Peut-estre même en donna t-on des expéditions à tous les Députez qui s'estoient trouvez à cette Assemblée. *Voy. cy-dessus,* p. iv. vers la fin de la Note *(b)*.

plusieurs autres personnes du Clergé; lesquelles ont élu l'Evesque de Grenoble, pour estre un des (i) Presidents de l'Assemblée.

La Noblesse & les Députez des Communautez, choisirent ensuite, chacun dans leur Corps, des (k) Commissaires pour repartir l'imposition, & des Receveurs pour en percevoir les deniers; & ils leur donnerent des Départements dans les differentes Judicatures du Dauphiné.

Ces Commissaires & ces Receveurs presterent serment entre les mains du Gouverneur.

## *Estats de la Prevosté de Laon.*

a *Voy. cy-dessous, p. 449.*

[a] Dans des Lettres du mois de Janvier 1371. il est dit, que par plusieurs Ordonnances faites par le Roy & par ses Predecesseurs, les Sergents de la Prevosté de Laon ont esté reduits à un certain nombre, *par bonne & meure deliberation de Conseil du Clergé, Nobles, Bourgeois & bonnes Villes de la Prevosté de Laon.*

## §. III.

## *Monnoyes.*

b *p. vij. §. V.*

Je me suis engagé dans la [b] Preface du quatriéme Volume, de donner dans celle du cinquiéme, une *Table generale des Monnoyes,* depuis le commencement de la troisiéme race, jusqu'au temps des dernieres Ordonnances imprimées dans ce Volume. Voici la raison qui me détermine à placer cette *Table* dans la Preface du sixiéme. Le cinquiéme contient les Ordonnances données par Charles V. pendant sept années, depuis 1367. jusqu'en 1373. il reste encore sept années du regne de ce Prince qui mourut en 1380. Les Ordonnances qu'il donna pendant cet intervalle de temps, rempliront le sixiéme Volume. Mais comme par le dépouillement que j'ai fait de presque tous les Registres, il m'a paru que ces sept dernieres années de Charles V. ne fournissoient pas une matiere aussi abondante que les sept qui les ont precedées, j'ai cru devoir renvoyer la *Table des Monnoyes* au sixiéme Volume pour le grossir, & le rendre à peu près égal aux précedents.

Cet arrangement aura d'ailleurs cet avantage, que cette *Table* finira à l'époque de la mort de Charles V.

NOTES.

(i) Cela n'est pas dit précisement dans le Procès-verbal; mais il resulte necessairement de plusieurs articles, que le Gouverneur, l'Evesque de Grenoble & le Comte de Valentinois, estoient les Chefs & comme les Presidents de l'Assemblée; qu'on leur donna une inspection generale sur l'imposition & la perception des sommes qui furent levées; & qu'ils furent seuls chargez de recevoir les comptes des Receveurs. *Voyez* les Art. I. III. IX. X. XII.

(k) Les noms de ces Commissaires & de ces Receveurs, sont dans le Procès-verbal. Il paroist par plusieurs endroits de cette Piece, qu'il y avoit à la fin une liste de tous ceux qui assisterent à cette Assemblée; mais elle n'a pas esté envoyée de Grenoble, avec le Procès-verbal.

# ORDONNANCES
## DES ROIS DE FRANCE
## DE LA TROISIE'ME RACE.

# CHARLES V.

## (*) *MCCCLXVII.*

*(*)* Cette Année commença le 18. d'Avril, & finit le 8. d'Avril.

*(a)* Lettres portant que la Terre de l'Engennerie, donnée par Charles V. au Threſorier & aux Chanoines de la S.te Chapelle de Paris, reſſortira au Parlement; & que dans les procès qui regarderont cette Terre, ils pourront s'aſſocier le Roy, qui cependant ne conſervera aucun droit de proprieté ſur cette Terre.

CHARLES V. au Louvre près Paris, en Avril 1367.

*KAROLUS &c. Notum facimus univerſis tam preſentibus quam futuris, quod Nos attendentes, & in noſtre mentis acie reflectentes dileccionis & ſincere devocionis affectum, quem ſingulariter ad Capellam Sacroſanctam noſtri Palacii Regalis Par. tam ſacris & precioſiſſimis (b) Reliquiis ac Sanctuariis decoratam & ornatam, Progenitores noſtri temporibus habuerunt retroactis, & Nos ſimiliter eorumdem laudabilia veſtigia benigniter* [a] *incectantes, & non immerito, gerimus in corde, necnon ad ejus Miniſtros, Theſaurarium videlicet, & Canonicos ipſius Sacroſancte Capelle, noſtros devotos Capellanos cariſſimos & fideles, qui nocte dieque, quibuſcumque curis & negociis temporalibus poſtpoſitis & rejectis, inibi divina laudum obſequia, quadam ſpecialitate & ſingularitate, ad Eccleſias ceteras habito reſpectu, conſueverint ſolemniter celebrare, & pro noſtri incolumitate corporis, & tranſquilitate reginunis, & ſtatu Regni noſtri,* [b] *noſtrorumque & Progenitorum animarum ſalute, preces & oraciones fundere jugiter ad Dominum & intercedere non obmittant, eiſdem Theſaurario & Canonicis conceſſimus de noſtra certa*

a inſectantes.

b *App.* noſtrarum.

NOTES.

*(a)* Threſor des Chartres, Regiſtre 97. Piece 379.

*(b) Reliquiis.]* Ce ſont principalement la Couronne d'Epine de N. S. un morceau de la vraye Croix, & le fer de la Lance dont fut percé le coſté de N. S. Voy. dans la Chroniq. de *Guillaume de Nangis*, ſous l'an 1230. p. 33. col. 2.e Edit. in fol. comment ces precieuſes Reliques vinrent dans les mains de S.t Louis, & comment il les plaça dans la S.te Chapelle de ſon Palais, laquelle il avoit fait bâtir. Ces Reliques y ſont conſervées dans le grand Threſor. Un Officier de la Chambre des Comptes m'a dit, qu'avant Henry III. les Rois gardoient la clef de ce Threſor; & que lorſqu'ils ſouhaitoient qu'on l'ouvrît, ils en envoyoient les clefs aux Premiers Preſidents de la Chambre des Comptes qui les leur reportoient. Depuis Henry III. ces clefs ſont reſtées aux Premiers Preſidents de la Chambre, qui les portent toûjours ſur eux, dans une bourſe; mais ils ne peuvent ouvrir le Threſor, qu'en vertu d'une Lettre de cachet: on l'ouvre très rarement.

CHARLES V. au Louvre près Paris, en Avril 1367.

*ſcientia & auctoritate Regia, ac de plenitudine noſtre Regie poteſtatis & ſpeciali gracia concedimus, volumus, decernimus, & tenore preſencium ordinamus Villam & terram ſuam de (c) Ingiguerra noncupatam, propè Aurelian. cum omnibus & ſingulis pertinenciis, appendenciis & habitatoribus dicte Ville & Terre, preſentibus & futuris; quas quidem Villam, Terram, pertinencias & appendencias univerſas, dicte Sacroſancte Capelle ac Theſaurario & Canonicis prelibatis, meminimus conceſſiſſe per noſtras alias Litteras in filis ceraque viridi ſigillatas, & donaſſe, amodo in antea fore de reſſorto Parlamenti noſtri Par. & à quaruncunque Bailliviarum, Prepoſiturarum, Sedium vel Juriſdictionum noſtrarum, ſuperioritate vel reſſorto, preterquam dicti noſtri Parlamenti, eximi deberi, & penitus amoveri, dictamque Villam & Terram, pertinencias, ac habitatores & ſubditos earumdem, preſentes & futuros, ad dictum noſtrum Parlamentum, in omnibus caſibus reſſortum tangentibus & ſpectantibus, de cetero & immediate reſſortire & apponi ad ipſius Parlamenti reſſortum, & de ipſo reſſorto teneri perpetuo & haberi; poteſtatem & Juriſdictionem omnimodam, quas, ante confectionem preſencium, alii Juſticiarii noſtri habebant ſeu habere poterant & debebant in predictis aut aliquo predictorum, racione vel occaſione reſſorti ſeu ſuperioritatis cujuſcunque, totaliter abdicantes, & nolentes quod pro hiis aut ſingulis eorumdem, prefati Theſaurarius & Canonici, ac habitatores & ſubditi dicte ſue Ville & Terre, & pertinentiarum ejuſdem, nec eorum ſucceſſores teneantur alibi quam in dicto noſtro Parlamento, cauſa ſuperioritatis vel reſſorti, comparere, reſpondere, conveniri, aut aliter reſſortire, ſeu poſſint aut debeant ad hoc compelli quomodolibet vel à quoquam. Preterea, ne forte contingat tempore ſucceſſivo, Theſaurarium & Canonicos ſupradictos, in dictis ſuis Villa, Terra, Juriſdictione ſeu Juſticia, redditibus, proventibus, emolumentis, ac pertinenciis & appendenciis, aut in aliquibus eorumdem, impediri, gravari, opprimi vel turbari, Nos, ut magis pacifice ac liberius & utilius valeant in perpetuum de eis & eorum ſingulis, tanquam de ſuo, & dicte Sacroſancte Capelle hereditagio proprio, ſibi per Nos donato, ut premittitur, & conceſſo, gaudere & uti, ac in poſſeſſione & ſaiſina predictarum, ſub noſtre protectionis clipeo, validius & in perpetuum conſervari, manuteneri, pariter & defendi, Theſaurario & Canonicis memoratis, ac ſuis ſucceſſoribus in dicta Capella degentibus, de noſtris certa ſciencia, auctoritate & plenitudine Regie poteſtatis & gracia ſupradictis, eam uberius ampliando, conceſſimus & concedimus per preſentes, ut ipſi & eorum Officiarii ſive Gentes, ad regendum & exercendum dictam ſuam Villam & Terram de Ingiguerra, una cum omnimoda ſua Juriſdictione & Juſticia, ac pertinenciis & appendenciis earumdem, & ad faciendum omnes & ſingulos actus & explecta, [a] qui dictum regimen & exercicium tangere poterunt in futurum, Nos poſſint & habeant, quociens voluerint, reclamare & convocare, ac eciam adjungere & aſſociare cum eis, & dictos actus & expletta quoſcunque judiciales alios facere & fieri facere, tam noſtro Regio, quam dictorum Theſaurarii & Canonicorum nomine, & ex noſtra & ſua poteſtate, conjunctim vel diviſim, regere, exercere, & ſuis ſumptibus gubernare: Nam ex nunc volumus & reputamus Nos teneri & haberi in Judicio, ob ipſorum ſubſidium & favorem plenarie, quantum ad hoc, pro adjunctis & aſſociatis eiſdem; ita tamen, quod in jure hereditario ſeu redditibus, proventibus, commodis, juribus & explectis, aut aliis quibuſvis emolumentis dicte Ville ſue, Terre, Juriſdictionis & Juſticie, ac pertinenciarum & [b] appendentiarum ſeu explectorum quoruncunque, ſpectancium ad eaſdem, non intendimus nec volumus Nobis aut Succeſſoribus noſtris, jus novum acquirere ſeu commodum, vel emolumentum exinde reportare, [c] petere vel habere; nec pro hujuſmodi racione vel cauſa, prejudicium eis aliquod, aut ſuis ſucceſſoribus in poſterum, propter hoc generare; quodque ipſi vel ejus Officiarii ſive Gentes, ad reddendum Nobis, Succeſſoribus, Gentibus*

a q. *R.*

b appenden. *R.*

c Mot douteux.

## NOTES.

(c) *Ingiguerra.*] Un de M.rs les Chanoines de la S.te Chapelle, m'a dit que ce lieu qui leur appartient encore, ſe nommoit l'*Engennerie*, & qu'il eſtoit près d'*Artenay*.

*Artenay* eſt dans l'Orleanois, à ſix lieuës d'Orleans, ſur le chemin de Paris. *Voy. le Dictionn. Univerſ. de la Fr.* au mot, *Artenay*.

*aut Officiariis nostris solucionem, restitucionem vel compotum aliqualem, de predictis Villa, Terra, redditibus, proventibus, commodis, juribus, emolumentis vel explectis, aut eorum aliquibus, seu de eorum regimine, teneantur vel aliter cogi debeant sive possint; sed soli & in solidum, tanquam veri Domini, de eis utantur & gaudeant quiete, libere &* [a] *impugne: Nam omne jus, si quod ad Nos in hiis aut eorum aliquo, spectare contingeret, donamus & quittamus omnino, de nostris certa sciencia, auctoritate, potestate & gracia, Thesaurario & Canonicis predictis; donis, graciis, privilegiis & Libertatibus, dictis Thesaurario & Canonicis, per Nos aut Predecessores nostros,* [b] *alias factis & concessis, adjunccione & associacione predictis, usu, Consuetudine,* [c] *Edito vel Ordinacionibus sive stilo contrariis, nequaquam obstantibus quibuscunque: Mandantes* [d] *ergo & precipientes districte dilectis & fidelibus Gentibus que Par. nostra futura Parlamenta tenebunt, Gentibus Compotorum nostrorum, & Procuratori nostro Generali, ceterisque Justiciariis & Officiariis, & subditis Regni nostri, presentibus & futuris, vel eorum Loca-tenentibus, & eorum cuilibet ut ad eum pertinuerit, quatenus dictos Thesaurarium, Canonicos & eorum successores, Officiarios sive Gentes faciant & permittant Ordinacione & gracia nostris presentibus, gaudere & uti pacifice, & ipsos in contrarium non impediant vel molestent quoquomodo. Quod ut firmum, &c. salvo, &c.* Actum & datum in Castro Lupare propè Parisios, Anno Domini 1367. mense Aprilis post Pascha, & Regni nostri quarto. *Sic signata. Per Regem.* T. HOCIE. *Visa.*

CHARLES V. au Louvre près Paris, en Avril 1367.

[a] impune.

[b] al. *R.*

[c] Edicto.

[d] g. *R.*

---

CHARLES V. à Paris, en Avril 1367. Charles IV. dit le Bel, *apud Jangonam*, en Aoust 1326. Philippe VI. dit de Valois, à Paris, au Louvre, en Juillet 1328.

## *(a)* Lettres portant que la Ville de Servian, ne sera plus separée de la Couronne.

KAROLUS *&c. Notum facimus universis presentibus & futuris, Nos, ad supplicacionem dilectorum nostrorum Consulum & hominum Ville seu Castri nostri de* [e] *Serviano, qui, ut asserunt, in & sub nostris domanio, subjectione & Jurisdicione, immediate nunc existunt, Litteras inclite memorie Philippi Avi nostri, in laqueis sericis & cera viridi sigillatas, sanas, integras, omnique vicio & suspiccione carentes, vidisse, formam que sequitur, continentes.*

[f] PHILIPPUS *&c. Francorum Rex. Notum facimus universis tam presentibus quam futuris, Nos infrascriptas carissimi Domini nostri Regis Karoli vidisse Litteras, formam que sequitur, continentes.*

KAROLUS *Dei gracia Francorum & Navarre Rex. Notum facimus universis tam presentibus quam futuris, quod cum Consules & homines Ville seu Castri de Serviano, qui & eorum (b) predecessores, &c.*

*Post mortem tamen dicti Petri Remigii, deinceps in aliquem, nec ipso Petro vivente, in* [g] *quemquem alium, nunquam per vendicionem, donum, excanbium aut aliter, quomodolibet transferantur: salvo in aliis jure nostro & in omnibus alieno. Quod ut ratum*

[e] Servian. Voy. le 3.e Vol. des Ordonn. page 634. Note (c).

[f] Voy. la Note (b) & le 4.e Vol. des Ordonn. page 160.

[g] quemquam.

### NOTES.

*(a)* Thresor des Chartres, Registre 99. Piece six-vingt-&-huict.

Comme il y a eu deux mois d'Avril dans cette année, l'on ne peut sçavoir si ces Lettres qui n'ont point de date de jour, sont du commencement ou de la fin de l'année.

*(b) Predecessores.]* Comme ces Lettres sont entierement semblables à celles qui furent données à la Ville de *Vendres*, & qui sont imprimées dans le 4.e Vol. des *Ordonn.* p. 160. on a cru qu'il estoit inutile de les faire imprimer icy en entier. On remarquera seulement, 1.° que dans le Registre 99. il y a *rennant*, ainsi que l'on avoit conjecturé qu'il falloit lire, *ibid. Note (c) margin.*

2.° L'on a fait imprimer la fin de cette Piece, parce qu'elle est fautive. Il y manque une ligne qu'il faudra suppléer par les Lettres pour *Vendres.*

*& stabile permaneat in futurum, presentibus Litteris nostrum fecimus apponi Sigillum.* Actum apud Jangonam, Anno Domini 1326. mense Augusti.

a Suite des Lettres de Philippe de Valois.

[a] *Nos autem, &c.*
Actum Parisius in Luppara, Anno Domini 1328. mense Julio.

b Suite des Lettres de Charles V.

[b] *QUAS quidem Litteras, omniaque & singula in eisdem contenta, rata habentes & grata, ea volumus, approbamus, & de nostre plenitudine Regie potestatis, ex certa sciencia, de speciali gracia confirmamus. Quod ut robur obtineat perpetuum, Litteras presentes Sigilli nostri fecimus appensione muniri : salvo in aliis jure nostro & in omnibus alieno.* Actum & datum Parisius, Anno Domini 1367. & Regni nostri 4.° mense Aprilis. *Sic signata. Per Regem ad relacionem Consilii.* DE MONTAGU. *Collacio facta est.* Visa.

CHARLES V. à Paris, le 6. de May 1367.

## (a) Lettres par lesquelles le Roy donne des Gardiens au Prieur de Pompone, qui est sous la Sauve-garde Royale.

c presertim.

d *App.* pacis.

e erat.

f Espece de serfs.

g conservent.

h supradicte.

*KAROLUS Dei gracia Francorum Rex : Universis presentes Litteras inspecturis, Salutem. Regalem decet excellenciam, curam sollicitam adhibere, ut Regni nostri subditi ; &* [c] *presertin, persone Ecclesiastice, & que Religionis habitum assumpserunt, ac de die & de nocte, ad Divinum vacant servicium & Creatori altissimo famulantur, suis temporibus* [d] *paratis transquilitate gaudeant, & à pressuris & injuriis quibuslibet dessendantur, eo ut libencius & devocius circa Divina vacare valeant, quo habundancius & liberalius, per Regalem potenciam senserint se adjutas : Hinc est quod Nos, ad supplicacionem Fratris Natalis dicti Huberti, Prioris de (b) Pomponia, Ordinis Santi Augustini, qui ab antiquo in protectione & Salva-gardia nostra Regia speciali* [e], *ipsum ex habundanti, tam in capite quam in membris, una cum familiaribus &* [f] *hominibus de corpore, si quos habet, & bonis suis universis in Regno nostro existentibus, ad sui juris conservacionem dumtaxat, tenore presencium, de gracia suscipimus speciali, & eidem in Gardiatores deputamus Petrum de Fonte, Simonem Hery, Oudoinum de Valle, Johannem dictum Hautemarrée, Johannem Guerart & Petrum dictum de Cornoüaille, Servientes nostros in Preposittura Parisiensi ; quibus & eorum cuilibet, committimus & mandamus, quatenus ipsum Priorem, familiares & homines de corpore ejusdem, defendant ab omnibus injuriis, violenciis, gravaminibus, molestiis, oppressionibus, vi armorum, potencia laycorum, & aliis novitatibus indebitis quibuscumque, & in suis justis possessionibus, franchisiis, Libertatibus, immunitatibus, juribus, usibus & saisinis, in quibus ipsum esse, suosque predecessores fuisse pacifice invenerint ab antiquo, manuteneant &* [g] *conservenant, non permittendo contra ipsum aut in bonis ipsius, aliquas fieri vel inferri injurias aut indebitas novitates ; quas si factas esse vel fuisse, invenerint in prejudicium ipsius & nostre Salve-gardie* [h] *supradate, ad statum pristinum & debitum redducant sive redduci faciant, & Nobis ac Parti emendam propter hoc condignam fieri & prestari ; dictamque Salvam-gardiam nostram, ubi fuerit opportunum, & in signum ejusdem, pennuncellos nostros Regios, in locis, domibus & bonis ejusdem, in Terra que Jure scripto regitur, situatis, & alibi, in casu eminentis periculi, faciant apponi, ne aliquis possit se de ignorancia excusare : Inhibendo ex parte nostra, omnibus personis de quibus fuerint requisiti, sub certis penis Nobis applicandis, ne eidem Priori aut familiaribus sive hominibus de corpore ejusdem, seu in bonis ipsius, aliquod quomodolibet forefacere presumant :*

NOTES.

(a) Livre Rouge vieil du Chastelet de Paris, *fol. 67. recto.*

*(b) Pomponia.]* Pompone, dans l'Isle de France [ vers *Lagny.* ] Voy. *le Diction. Univers. de la Fr.* au mot, *Pompone.*

*Et si in casu novitatis, inter ipsos, racione bonorum suorum, & aliquos alios, aliquod oriatur debatum, quod dictum debatum & rem contenciosam, in manu nostra tanquam Superiori, ponant, & facta per eandem recredencia, per illum vel illos Judices ad quem vel quos pertinuerit, illi ex dictis Partibus, cui de jure fuerit facienda, Partes debatum hujusmodi facientes, & eciam dicte nostre Salve-gardie infractores & contemptores,* [a] *& qui contemptores, & qui in contemptum ejusdem, predictis Gardiatoribus aut eorum alteri Gardiatoris officium exercendo, injuriam fecerint vel offensam, sive qui eis aut eorum alteri inobedientes fuerint, coram Judicibus ad quos predictorum cognicio pertinere debuerit, adjornando, processuros super hoc, ut fuerit racionis. Si vero dictus Prior, aut aliqui de suis familiaribus, ab aliquibus* [b] *assecuramentum habere voluerint, volumus quod dicti Gardiatores aut eorum quilibet, adjornent illos à quibus dictum assecuramentum habere voluerint, ad certas & competentes dies, coram Judicibus ad quos debite pertinuerit, daturos assecuramentum predictum, bonum & legitimum, juxta Patrie consuetudinem, prout racionabiliter fuerit faciendum; & generaliter faciant dicti Gardiatores & eorum quilibet, omnia & singula que ad* [c] *Gardiatores officii pertinent, & possent racionabiliter pertinere. Omnibus Justiciabilibus & subditis nostris, dantes tenore presencium in mandatis, ut prefatis Gardiatoribus in predictis & ea tangentibus, pareant efficaciter & intendant, prestentque auxilium, favorem & consilium, si opus fuerit, & super hoc fuerint requisiti: Nolumus tamen quod iidem Gardiatores seu eorum aliqui, de premissis aut aliquibus eorum que Cause cognicionem exigunt, se aliqualiter intromittant. In cujus rei testimonium, Sigillum nostrum presentibus Litteris duximus apponendum.*

Datum Parisius, die 6.ª Maii, Anno Domini millesimo trecentesimo sexagesimo-septimo, & Regni nostri quarto. *Collacion faitte à l'original scellé en cire jaune à double queuë.* Ainsi signé. *In Requestis Hospicii.* HENRY COKERI.

CHARLES V. à Paris, le 6. de May 1367.

[a] Ce mot & les deux suivants, sont inutiles.

[b] *Voy. le 3.e Vol. des Ordonn. p. 264. Note (b).*

[c] Gardiatoris officium.

---

CHARLES V. à Vincennes, le 13. de May 1367.

## *(a)* Confirmation des Privileges de Castelnaudary.

SOMMAIRES.

*(1. 2.) Les habitans de Castelnaudari joüiront de tous les privileges, dont ils joüissoient avant la destruction de leur Ville : & en consequence, seront jugez dans trois* [ cas ]. Voy. la Note *(c).*

*Les habitans ont la Justice dans le marché qui se tient le Lundi, & l'execution des Jugements qu'ils peuvent y rendre ce jour-là.*

*Ils ont encore la connoissance de ce qui regarde le Guet, les Messiers, certaines marchandises non loyales, les contracts simples, les servitudes, & de plusieurs autres choses semblables. L'amende à laquelle on condamne les adulteres, leur appartient.*

*(3) Castelnaudari & son ressort, ne peuvent estre alienez de la main du Roy, qu'en cas que le Comté de Toulouse soit aussi alienė ; & ils ne pourront estre donnez qu'à celuy à qui ce Comté sera donné.*

*KAROLUS &c. Notum facimus universis presentibus & futuris. Quod cum* [d] *Comes Armaniaci, pro tempore Locum-tenens clare memorie carissimi Domini Genitoris nostri, in Partibus Occitanis, Consulibus & Universitati Ville nostre* [e] *Castri-novi-de-Arrio, & habitatoribus loci tunc destructi totaliter & vastati per hostes tunc nostri Regni, certa privilegia & Libertates per suas Litteras, sub data secunde diei Februarii, Anno 1355. confectas, alia* [f] *in perpetuum, & alia ad tempus, concesserit, quorum privilegiorum concessorum in perpetuum, articulos contineri vidimus in initio dictarum Litterarum predicti Comitis, sub hiis verbis.*

[g] *JOHANNES Comes Armaniaci, Fesenci & Ruthene, Vice-Comesque Leomanie & Altivillaris, ac Locum-tenens Domini nostri Francorum Regis, in tota Lingua Occitana,*

[d] *Voy. le 3.e Vol. des Ordonn. p. 75.*

[e] Castelnaudari. *Voy. le 3.e Vol. des Ordonn. page 80. Note (c).*

[f] *Voy. le 3.e Vol. des Ordonn. p. 79. Note (u).*

[g] *Voy. le 4.e Vol. des Ordonn. p. 179. Note (e).*

NOTES.

*(a)* Thresor des Chartres, Registre 99. Piece 14.

CHARLES V. à Vincennes, le 13. de May 1367.

*universis presentes Litteras inspecturis, Salutem. Notum facimus quod Nos, Corone Francie, ac totius reipublice honorem & commodum prosperari cupientes, & ut Villa seu Castrum Castri-novi-de-Arrio, nuper per inimicos Domini nostri Francorum Regis, destructum pro majori parte, & concrematum, melius & facilius, pro conservatione reipublice & subditorum, consistat & reedificetur, confectionique murorum, fossatorum, & aliis ad fortificationem & clausuram dicti loci, necessariis, succurratur, deliberatione magni Consilii prehabita, Consulibus & Universitati Ville seu Castri-novi-de-Arrio & (b) qui nunc sunt & pro tempore fuerint, concessimus & concedimus que sequuntur.*

(1) Primo. *Namque eis concessimus & confirmamus privilegia que hactenus consueverunt habere in dicto loco; videlicet, quod sint Judices (c) in tribus, in dicto loco & ejus ressorto, si & prout hactenus retroactis temporibus consueverunt & usi fuerunt, & tempore destructionis dicti loci, pacifice utebantur.*

(2) Item. *Eis confirmamus usus & Libertates quos habere consueverunt in dicto Castro, per tantum tempus de quo in contrarium non existit memoria; prout est, quod sint Judices, & esse consueverunt de omnibus controversiis, litibus & demandis que inter Partes seu* [a] *contrahentes erunt, in die lune, in qua die efficitur Forus seu Mercatum in dicto Castro; & eciam consueverunt tenere Audienciam in dicto Foro, & judicata & cognita execucioni demandare; & eciam* [b] *quod excubie nocturne, (d) Messageria, & emolumentum ejusdem, cognitio Ponderis, mensurarum, carnium minus sufficientium,* [c] *pannorum falsorum, & false (e) mescle lane, & cujuslibet mercature, & emolunentum* [d] *pene, usque ad quinque solidos Tolosanos; & cognitio contractuum simplicium, (f) Aque-usus,* [e] *stillicidiorum,* [f] *carreriarum, exituum, & (g)* [g] *migeriorum inter vicinos & (h) passatares; & pena adulterii que est quinque solidorum; & plurium similium aliorum, si & prout hactenus per ipsos extitit fieri consuetum, & prout tempore novissime destructionis predicte, pacifice utebantur.*

(3) Item. *Quod locus de Castro-novo & ejus ressorti predicti loca non valeant alienari,* [h] *transportari à manu Domini nostri Regis Franc. nisi totus Comitatus Tholose transportaretur, & in illum, & non in alium, dicta loca transferantur; & ita extiterat alias concessum litteratorie, per Dominum nostrum Franc. Regem, cum sigillo viridi; una cum pluribus Libertatibus in dictis Litteris contentis: Que* [i] *Littere & alie scripture tangentes dictam Universitatem, combuste fuerunt igne, prout fertur.*

*Nos ad supplicacionem Consulum, Burgensium & habitatorum dicti loci Castri-novi-de-Arrio, dictas Litteras, in quantum tangunt partem seu articulos suprascriptos, &*

a Mot en abbregé & douteux.

b q. *R.*

c draps qui ne sont pas loyaux & marchands.

d amende.

e droit d'égoust.

f chemins. Voy. le 3.e Vol. des Ordonn. page 158. Note (f).

g Mot très douteux.

h nec.

i Voy. le 3.e Vol. des Ordonn. p. 75.

NOTES.

(b) Il y a un mot dont l'écriture est chargée, & qu'on n'a pû déchiffrer; il y avoit apparemment *Burgensibus*. Voy. le commencement de la suite des Lettres de Charles V.

(c) *In tribus.*] Je crois qu'il manque-là un mot, peut-estre *casibus*.

(d) *Messageria.*] L'amende qui est dûë au Seigneur pour les dommages faits dans les moissons & dans les vignes. *Voy. le Gloss. de Du Cange*, aux mots, *Messagaria, Messegaria, Messegarius* & *Messeguria*.

(e) *Mescle lane.*] *Mescla* a quelquefois signifié *mélange*. *Mescla lana* pourroit donc estre de la laine mélée, où il y en auroit de bonne & de mauvaise. *Voy. le Gloss. de Du Cange*, au mot, *mescla*. On pourroit aussi lire dans le Registre, *mescha;* mais je n'ay rien trouvé sur ce mot.

(f) *Aque-usus.*] Il y a dans le Registre *Aqusus*, avec deux marques d'abbreviations, l'une sur le *q* & l'autre sur l'*u*. C'est la servitude nommée *aquæ haustus, L. 1. ff. de servit. prædior. rusticor.*

(g) *Migeriorum.*] Comme il n'y a pas de points sur les quatre jambages qui commencent ce mot, on pourroit lire *imgeriorum, inigeriorum* & *nugeriorum*. On trouve dans le Gloss. de Du Cange, *Migeria* qui signifie une mesure de grains & de liqueurs; mais cette signification ne peut convenir icy, où il s'agit certainement d'un droit de passage. On trouve dans le méme Glossaire, *Imgli*, & *Imglus*, qui signifie un champ; & ce mot approche assez d'*imgeriorum*. Voilà tout ce que je peux dire sur ce mot.

(h) *Passatares.*] Il faut apparemment corriger, *passatores*. *Passator*, dans le Glossaire de *Du Cange*, signifie un homme qui a droit de passer sur l'heritage d'un autre. *Voy. L. 1. ff. de servit. prædior. rusticor.*

*in quantum dicti Consules & habitatores eis usi sunt hactenus pacifice, & utebantur tempore destructionis predicte, ratas habentes & gratas, ea volumus, laudamus, approbamus, & de nostris speciali gratia, certa scientia & auctoritate Regia, tenore presencium confirmamus: Mandantes Senescallo nostro Tholose, ceterisque Justiciariis nostris, presentibus & futuris, vel eorum Loca-tenentibus, & eorum cuilibet ut ad eum pertinuerit, quatenus dictos Consules & habitatores, privilegiis & Libertatibus supradictis, ac nostra presenti gracia & confirmacione, uti faciant & gaudere perpetuo, pacifice & quiete; non molestantes vel molestari permittentes eosdem in contrarium quoquomodo. Quod ut firmum, &c. salvo, &c.* Datum apud Vincennas, die 13.ª Maii, Anno Domini 1367. Regni vero nostri quarto. *Per Regem in suo Consilio.* YVO. *Collacio fit.*

---

CHARLES V.
à Paris, en May 1367.

## *(a)* Reglement pour les Orfévres de la Ville du Puy-en-Velay.

*KAROLUS &c. Notum facimus universis tam presentibus quam futuris, quod prout dilecti nostri Aurifabri, Artifices & Operarii Auri & Argenti Civitatis* [a] *Aniciensis, Nobis exponi fecerunt, licet ipsi & eorum predecessores in dicto artificio, consueverint operari & facere fabricari* [b] *Anulos Auri cum gemmis sive lapidibus, & sine lapidibus sive gemmis, & cetera opera Auri, ad septem denarios sive quatuordecim (b) cayratos; opera vero Argenti, in minutis operibus, ad undecim* [c] *denarios. In Vaissellâ vero ac (c) Gallandis, & aliis grossis operibus Argenti, ad valorem (d) Argenti-Regii; consueverintque eligere annuatim, de ipsis Artificibus & Operariis, duos Gardiatores, Bajulo seu Judici Curie Communis Aniciensis, seu eorum Locatenentibus Communis Curie Civitatis predicte, nominandos & presentandos, &* [d] *pro ipsis, ad eorum eleccionem,* [e] *nominacionem, instituendos; qui eisdem habuerint juramentum prestare, quod in suo officio bene & legaliter se habebunt; quiquidem Gardiatores* [f] *habeant visitare, inspicere & videre diligenter opera Artificum predictorum, an bene & legaliter sint operata vel facta; & si reperiant minus bene & legaliter operata, prima vice & secundâ, eadem opera frangere possint: si vero tercio; eisdem Bajulo vel Judici vel eorum Locatenentibus denunciare, ad finem quod talis Operator qui minus legaliter, tercio correctus, reperitur fabricasse & fecisse, per ipsum Bajulum vel Judicem, vel ipsorum Locatenentes, prout est racionis, puniatur: quequidem opera, dicti supplicantes meliorare affecterint: quare fecerunt Nobis humiliter supplicari, quatenus eisdem super hoc nostrum consensum & licenciam prebere velimus. Quocirca, Nos attendentes eorum laudabile propositum, ac utilitatem reipublice que in hoc versatur; eisdem exponentibus & eorum successoribus in artificio hujusmodi, concedimus per presentes, de nostre plenitudine Regie potestatis, &*

*a* Le Puy-en-Velay.
*b* annulos.
*c* Voy. Note *(b)*.
*d* per ipsos.
*e* &.
*f* doivent.

NOTES.

*(a)* Thresor des Chartres, Registre 97. Piece 18.

*(b) Cayratos.] Karat:* Voy. la Preface du Traité des Monnoyes, par le *Blanc*, vers la fin. On trouvera au même endroit, ce qu'on doit entendre icy par le *Denier* dont il est parlé un peu plus bas.

*(c) Gallandis.] Menage* dans son *Diction. Etymolog.* au mot *Galant*, dit qu'il vient du mot espagnol *Gala*, qui signifie *broderie, magnificence en habits.* [ à la Cour de l'Empereur & à celle du Roy d'Espagne, on nomme *habits de Gala*, ceux que l'on met les jours de ceremonies. ] Autrefois en France, on mettoit sur les habits, & principalement sur les ceintures, des pieces d'argenterie, qui y estoient attachées. Voy. le 3.ᵉ Vol. des Ordonn. p. 12. IX. XV. & les Notes *(m. u.)* & p. 485. Note *(l)*. Ainsi je crois que *Gallandis* signifie ces ornements d'argent, appliquez sur les habits. Dans presque tous les Reglements faits pour les Orfévres, se trouve fixé, le poids que doit avoir l'argenterie mise sur les ceintures. Ce qui revient au reglement fait par ces Lettres, pour les Orfévres du *Puy*. Voy. *les Tables des matieres des Volumes des Ordonn.* au mot, *Orfévres.* On trouve dans le Roman de la *Rose*, d'*un fil d'or estoit gallandée*. Voy. *Menage*, au mot, *Galand*, & *Borel*, au mot, *Galendée*. *Gallandus* se trouve dans un autre sens, dans le Gloss. de *Du Cange*.

*(d) Argenti-Regii.] Argent-le-Roy.* Voy. sur ce mot, la Preface du 3.ᵉ Vol. des Ordonn. p. *CIX*, n. *XX*. & p. *CXI*.

*de graciâ speciali, ut ipsi imposterum dicta* [a] *aupera Auri & Argenti, si velint meliorare,* [b] *valeant, dictosque duos Gardiatores eligere, nominare & presentare, visuros, visitaturos & facturos prout consueverunt in talibus ab antiquo. Mandantes Senescallo Bellicadri, Bajulo & Judici Communis Curie Aniciensis predicte, ceterisque Justiciariis & Officiariis nostris, vel eorum Locatenentibus, necnon Commissariis quibuscunque, & cuilibet eorumdem, quatenus exponentes prefatos, nostrâ presenti graciâ & concessione uti & gaudere permittant pacificè, ipsosque & eorum successores, in premissis vel aliquo eorumdem, nullatenus impediant vel molestent, impedirive aut molestari quomodolibet paciantur : quicquid in contrarium factum vel attemptatum fuerit, ad statum pristinum & debitum celeriter reducendo. Quod ut perpetui roboris stabilitate* [c] *fremetur, Litteras presentes, Sigilli nostri fecimus appencione muniri. Salvo tamen in omnibus jure nostro ac eciam alieno.* Actum Parisius Anno Domini 1367. & Regni nostri quarto, mense Maii. Per Regem [d] a relacionem Consilii. DE MONTAGU.

a opera.

b Voy. les *Lettres suivantes, cy-dessous, Note (a).*

c firmetur.

d ad.

---

CHARLES V. à Paris, en [May] 1367.

## *(a)* Reglement pour les Orféyres de la Ville du Puy-en-Velay.

*KAROLUS &c. Notum facimus presentibus pariter & futuris, quod prout dilecti nostri Aurifabri, Artifices & Operarii Auri & Argenti Civitatis* [e] *Aniciensis, Nobis exponi fecerunt, licet ipsi & eorum predecessores in dicto artificio, consueverint operari & facere fabricari* [f] *anulos Auri cum gemmis sive lapidibus, & sine lapidibus sive gemmis, & cetera opera Auri, ad septem denarios sive quatuordecim Cayratos : Opera vero Argenti, in minutis operibus, ad undecim denarios; in Vaissellâ vero ac Gallandis, & aliis grossis operibus Argenti, ad valorem Argenti Regii: Quequidem opera Auri, dicti supplicantes meliorare affectent : quare fecerunt Nobis humiliter supplicari, quatenus eisdem super hoc, nostrum consensum & licenciam prebere velimus. Quocirca, Nos attendentes eorum laudabile propositum, ac utilitatem reipublice que in hoc versatur, eisdem exponentibus, & eorum successoribus in artificio hujusmodi, concedimus per presentes, de nostre plenitudine Regie potestatis & de graciâ speciali, ut ipsi in posterum, dicta opera Auri meliorando, valeant eadem operari & fabricare ad octo denarios sive sexdecim Cayratos; & opera Argenti, ut* [g] *abolum extitit usitatum. Mandantes Senescallo Bellicadri, & Bajulo & Judici Communis Curie Aniciensis predicte, ceterisque Justiciariis & Officiariis nostris vel eorum Locatenentibus, necnon Commissariis quibuscunque, & cuilibet eorumdem, quatenus exponentes prefatos & eorum successores, nostrâ presenti graciâ & concessione uti & gaudere permittant, absque impedimento quocunque. Quod ut perpetui roboris stabilitate firmetur, Litteras presentes Sigilli nostri fecimus appensione muniri : Salvo tamen jure vostro in omnibus, ac eciam alieno.* Actum Parisius, Anno Domini 1367. & Regni nostri quarto, *(b). Sic signata. Per Regem ad relacionem Consilii.* DE MONTAGU. [h] *Iterato correcta.* Visa.

e Le Puy-en-Velay.

f annulos.

g abolim.

h Voy. Note *(a).*

NOTES.

*(a)* Thresor des Chartres, Registre 97. Piece 603.

Une partie de ces Lettres, est à peu près semblable aux precedentes, dans lesquelles on avoit à la verité permis aux Orféyres du Puy, de changer le titre des ouvrages d'Or & d'Argent qu'ils fabriqueroient; mais on n'avoit pas fixé le titre auquel ils devoient fabriquer : ainsi il fut necessaire d'expedier de nouvelles Lettres, qui corrigeassent en cela les precedentes : c'est ce que marquent ces mots, *iterato correcta*, qui sont à la fin des nouvelles Lettres.

*(b)* Le mois n'y est pas; mais on peut présumer que ces Lettres ont esté données peu de temps après les précedentes.

*(a)* Lettres

CHARLES V. à Paris, en May 1367.

*(a) Lettres portant que les Drapiers de la Ville de Commines, ne pourront fabriquer des draps, que conformément à l'ancienne mesure, suivant laquelle ils les fabriquoient avant l'impetration de certaines Lettres Royaux par eux obtenües.*

CHARLES &c. Savoir faisons à touz presens & advenir, que oye la supplicacion de noz bien amez *(b)* l'Advoüé, Eschevins & Communauté de la Ville d'Ippre [a], requerans que comme aucuns Drappiers de la Ville de Commines [b], [c] soient traiz pardevers Nous ou nostre Court, & aïent fait extraire de noz Registres, une *(c)* certeinne Chartre ou Lettres, adreçans au Gouverneur du Souverain Baillage de Lille, de Doüay & de Tournesis, ou son Lieutenant; laquelle Chartre ou Lettres, il disoient à eulx avoir esté octroïée par feu nostre très chier Seigneur & Pere, que Dieux absoille; par vertu dezquelles, disoient & maintenoient avoir licence de faire & povoir faire draps de la grande [d] moison; c'est assavoir, de trese quartiers & demi de large, & quarante aunes de long, & par ainsin, seroient lezdiz draps samblables & [e] paraulx aux grans draps de la Ville d'Ippre; & ycelle Chartre ou Lettres, lez dessusdiz de Commines aïent presenté à Renier Despi, Lieutenant dudit Gouverneur, en requerant que lezdictes Lettres il voulsist enteriner & acomplir; lequel sanz [f] ledit suppliant oyr ne appeller, ordena, & donna licence auxdiz de Commines, de faire & povoir faire lezdiz draps, du largeur & grandeur dessusdiz: Laquelle chose venuë à la cognoissance de nostre très chier & féal Cousin le Conte de Flandres, & dezdiz supplians, il se trairent pardevers ledit Gouverneur, & lui aïent requis à grant instance, que lezdictes Lettres & ladicte Ordenance faicte par ledit Lieutenant, & tout ce qui s'en estoit ensui, il voulsist [g] rappeller & mettre au néant, comme elle eust esté faite sanz eulx oyr ne appeller, & ou préjudice d'eulx & de ladicte Ville d'Ippre, & contre lez anciens usages & coustumes d'icelle: Mesmement que autreffoiz, lezdiz de Commines avoient obtenu ladicte Chartre ou Lettres, & par Sentence ou Ordennance du Gouverneur dudit Souverain Baillage, qui pour le temps estoit, ou son Lieutenant, fu mis au néant l'effet d'icelle, & furent bailliées [h] cancellées à nostredit Cousin & auxdiz supplians: Et sur ce, ledit Gouverneur, pour meurement proceder en ladicte besoingne, & pour Justice & raison garder, eust ordené que lezdictes Parties comparussent pardevant lui, en ladicte Ville de Commines, à certein jour, auquel lezdictes Parties presens pardevant lui, & ycelles oyes en tout ce que elles vouldrent dire l'une contre l'autre, ordena que chascun dezdictes Parties lui baillast par mémoire & par escript, tout ce que il avoient dit & proposé pardevant lui, & que sur ce, il vendroit pardevers Nous ou nostre Conseil, pour en ordener si comme il seroit à faire de raison, & [i] souspendant l'Ordenance, & tout ce qui fait avoit esté par sondit Lieutenant, jusques à tant que par Nous ou nostredit Conseil, en eust esté ordené si comme il

a en Flandres.
b en Flandres.
c se.
d mesure. Voy. Borel, au mot, Moison.
e pareils.
f lesdits.
g revoquer.
h rayées & biffées.
i suspend. R.

NOTES.

*(a)* Thresor des Chartres, Registre 97. Piece 608.

*(b) Advoüé.* ] Ce mot qui vient d'*Advocatus*, signifie ordinairement, une personne chargée de la deffense des droits d'un Corps ou Communauté. L'Advoüé d'*Ypres*, estoit apparemment un Officier qui estoit à la teste du Corps de la Ville: cet Officier se nommoit *Maire*, & *Majeur* dans presque toutes les autres Villes, qui avoient droit de *Commune*. Voy. *le Gloss. de Du Cange*, au mot, *Advocati*.

*(c) Certeinne Chartre.* ] Il y a dans le 4.e Vol. des Ordonn. p. 208. des Lettres du mois d'Octobre 1361. qui regardent les Drapiers de la Ville de Commines. Elles furent confirmées par le Roy Jean, en Septembre 1362. & par Charles V. en Septembre 1364. Voy. *ibid.* page 495. mais il n'y est point parlé de la mesure des draps.

CHARLES V. à Paris, en May 1367.

seroit à faire de raison : Nous sur ce, veullions pourveoir auxdiz supplians de remede convenable : Et comme ledit Gouverneur soit venuz pardevers Nous, & en la presence de Nous & de nostre Conseil, ait dit & rapporté tout ce que lezdictes Parties avoient dit & proposé pardevant lui, & que par ycelles Parties lui avoit [a] baillé par escript, Nous, oy ledit rapport, par la déliberation & advis de nostre Conseil, avons ordené & ordennons & octroïons de nostre auctorité Royaul, & de certeinne science, par cez presentes, que dores-en-avant lezdiz de Commines & leurs successeurs, ne pourront faire ne faire faire lez draps dessusdiz, de treze quartiers & demi de large, & de quarante aunes de long; maix seront & pourront faire petis draps, en la maniere qu'il faisoient en ladicte Ville, paravant leurdicte impetration, jusques à tant que par Nous en soit autrement ordené. Si donnons en mandement par cez presentes, audit Gouverneur, & à touz noz autres Justiciers presens & advenir, ou à leurs Lieuxtenans, & à chascun d'eulx si comme à lui appartiendra, que lezdiz supplians, Advoüez, Eschevins & habitans de ladicte Ville d'Ippre, facent & laissent joïr & user paisiblement de nostre presente Ordenance, & ne lez sueffrent estre contrains ou molestés en aucune maniere au contraire; maix deffendent expressement de par Nous, & Nous, par cez presentes, deffendons aux Eschevins, Bourgois, Drappiers & habitans de ladicte Ville de Commines, que dores-en-avant ne facent, ne facent faire draps du largeur & longueur dessusdiz, contre nostredicte presente Ordenance, laquelle Nous voulons & mandons à nostredit Gouverneur, que il face faire publier en ladicte Ville de Commines, & aillieurs où il appartiendra : Et pour ce que aucune fraude ou malice ne puist estre commise, voulons & mandons auxi à nostredit Gouverneur, que touz lez draps de la grande moison dessusdicte, qui ont esté faiz en ladicte Ville de Commines, depuis l'Ordenance qui fu faicte par sondit Lieutenant, il preingne pardevers li, par Justice & loyal pris, lequel Nous voulons que il païe ou face païer tantost & sanz delay, à ceulx qui lezdiz draps ont faiz, sanz ce qu'il y soient en riens perdans. Et pour ce que ce soit ferme chose & estable, Nous avons fait mettre nostre Seel à cez presentes Lettres : sauf nostre droit ès autres choses & l'autrui en toutes. *Donné à Paris, l'An de grace 1367. ou moys de May, & de nostre Regne le quart.* Ainsin signée. Par le Roy à la relacion de son Conseil, ouquel vous estiez & le Gouverneur de Lille & de Doüay. HENR. [b] CLICI. *Visa.*

[a] *esté.*

[b] App. *Clerici.*

---

CHARLES V. au Bois de Vincennes, en May 1367.

## *(a) Lettres portant que le Comté de Blois ressortira dans tous les cas, au Bailliage de Chartres, sans ressortir dans aucun, au Bailliage de Cepoy.*

CHARLES &c. Savoir faisons à tous presens & avenir, que Nous avons receu la supplicacion de nostre amé & feal Cousin, le [c] Conte de Bloys, contenant que comme pour plusieurs causes justes & raisonnables, expriméez ès Lettres de noz predecesseurs Roys de France; c'est assavoir, de très noble memoire, feu le Roy Philippe nostre Ayeul, & de nostre très chier Seigneur & Pere, dont Diex ait les amez, Nous, en ensuïant le fait & voïe d'iceulz nos Predecesseurs, eussions ordené que le ressort de la Conté de Bloys, & des [d] Vasses & subgés doudit Conté, qui jadis estoient gouvernez par le Bailli d'Orleans, ou temps que la Duschié d'Orleans estoit en main Royal, seroit & * demouroit au [e] Sege de Chartrez, pour estre gouverné & excersé par le Bailli de Chartres ou sen Lieutenant, qui estoit & pour le temps seroit, à tousjours-mès, tant comme ledit Sege de Chartres [f] demoureroit sous le gouvernement de Nous & de noz successeurs Roys de France, en imposant

[c] *Voy. par rapport à ces Lettres, les* Tables des Matieres du 3.e & 4.e Vol. des Ordonn. *au mot*, Blois.

[d] *Vassaux.*

* *demourreroit.*

[e] *Siege*, icy & plus bas.

[f] *demour.* R.

NOTES.

*(a)* Thresor des Chartres, Registre 97. Piece 375.

CHARLES V. au Bois de Vincennes, en May 1367.

ſur ce ſilence au Bailli & Prevoſt de Cepoy, & à leurs Liextenans, leſquelz, par vertu de certainnes Lettrez & Ordennances Royalz, ſe efforçoient de avoir & exercer ledit reſſort & Souverainneté, au Sege de culz de novel ordené à Orleans; & en faiſant inhibicion & deffence à yceus, que desdiz reſſort & Souverainneté, il ne congneuſſent, ne ſe entremeiſſent en aucune maniere, ſi comme par Lettrez Royaus ſur ce faiſtez & données en laz de ſoye & cire vert, l'en dit plainement apparoir de ces choſes & pluſieurs autres: Et depuis la date dezdictez Lettres de noſtredicte Ordennance, & de nouvel, ledit Bailli de Cepoy, par vertu de certainnes nos autres Lettrez, veriffiées par la Chambre de noz Comptes à Paris, par leſquelles eſtoit mandé & commis à lui & à ſon Lieutenant, que il exerçaſt noſtre Juſtice, reſſort & Souverainneté, en, de & ſur nos Officiers, Sergens, nos [a] frans-hommes de l'ancien adveu, & noz autres ſubgès & juſticiables demourans oudit Conté, & juſques à la riviere de [b] Chier, en deffendant par ycelles, audit Bailli de Chartres, & à tous noz autres Officiers & à leurs Lieuxtenans, que il ne s'en entremeiſſent aucunement, ſe efforce & veult efforcier de avoir & exercer ladicte Juſtice, leſdiz reſſors & Souverainneté, à ſon Sege d'Orleans novellement à lui ordené, & contre uſage, ſtile & couſtume, ait ja mis & eſtabli pluſieurs ſes Lieuxtenans en ladicte Conté, pour faire & exercer ledit Office; leſquellez choſes ſeroient très préjudiciables & domageuſes audit ſuppliant, & contre le ſtile uſé & approuvé; meſmement que tousjours [c] le Bailli Royal Souverain de ladicte Conté, a eu & acouſtumé à avoir la congnoiſſance des Officiers & Sergents Royaus deſſuſdis, & des frans-hommez & autres ſubgez de noz Predeceſſeurs & de Nous, dont pluſieurs & grans inconveniens ſe porroient enſuir, ſe ainſy demouroit, comme darrenierement avoit eſté mandé & commis audit Bailli de Cepoy; c'eſt aſſavoir, grant turbacion, tumulte, [d] conclamitation & altercacion des Officiers deſdiz Bailli de Chartres & de Cepoy, & de leurs Lieuxtenans & Sergens, des uns contre lez autres, qui, pour raiſon de l'exercitation de leur Offices, contendroient ſouvent chaſcun, afin que les habitans en ladicte Conté, fuſſent ſes ſubgès, & que il en euſt la congnoiſſance; pour ce que noz frans-hommes & autres noz ſubgès demourans en ladicte Conté, ne ſont pas de certain cogneuz, ne [e] demorans à part, & pour ce, eſt ſouvent advenu que lez hommes & ſubgès doudit ſuppliant, ſe [f] adveuent de novel frans-hommez de Nous [g] mains juſtement, & convient que ledit ſuppliant les pourſuïe pardevant ſon [h] Souverain, pour yceulz adveus indeuëment faiz, faire reparer & mettre au nyent, & ſeroit au detriment du peuple, & dez ſubgès, qui ainſy ſeroient ou pourroient eſtre diſtraiz en pluſieurs Seges & Auditoires, pardevant leſdiz Bailli, pour la diſcention & controverſie de la congnoiſſance, reſſort & Souverainneté deſſuſdis; meſmement, au grant grief & préjudice dudit ſuppliant: car ſe lez ſubgès & juſticiables faiſoient [i] ſanz adveu & novel, & il les faiſoit pour ce convenir pardevant le Bailli de Chartres ſon Souverain, il vouldroient decliner ſon Auditoire, & dire que il n'y devroient reſpondre; & ſemblablement, les Sergens & Lieuxtenans doudit Bailli de Cepoy, * ſo il eſtoient [k] aprochez pour leur exploiz faiz indeuëment, au préjudice doudit ſuppliant & de ſes ſubgès, & convendroit lezdiz exploiz & adveuz ainſy [l] demorer contre raiſon, ou que ledit ſuppliant & ſes ſubgès, [m] traïſſent à autre Souverain; c'eſt aſſavoir, audit Bailli de Cepoy, jaſoit ce que il ne doïe eſtre leur Souverain; ou à noſtre Court Souverainne, pour eſtre ſur ce pourveu de remede; qui ſeroit choſe [n] ſumptueuſe & domageable audit ſuppliant, & dont ſa Juſtice & Juridicion pourreit eſtre empeſchée en pluſieurs manieres, ſe ſur ce n'eſtoit pourveu de remede brief & convenable, ſi comme dit noſtredit Couſin; en Nous requerant que ſur ce, le veullions pourveoir dudit remede; meſmement, que leſdiz frans-hommes & autres que l'en dit noz juſticiables, demourans en ladicte Conté, [o] ſe juſticent, & ont acouſtumé eſtre juſticiez en tous cas perſonnelz, par noz Officiers ou par lez Officiers dudit ſuppliant, douquel ſouppliant par le tout, il ſont ſubgès en tous cas réel. Pourcoy Nous, eu conſideracion aus choſes deſſuſdictez, & à autres qui Nous pevent & doivent mouvoir; & meſme-

a *Voy. la* Table du 4.e Vol. des Ordonnances, *Amor*, Bourgeois.

b *Le Cher*, dans la Touraine.

c *C'eſt-à-dire, le Bailli Royal, devant lequel le Comté de Blois reſſortiſſoit.*

d *plaintes reciproques.*

e *demor.* R.

f *adveüent.*

g *contre la Juſtice.*

h *Voy. cy-deſſus, Note (o) marginale.*

i *Je crois qu'il faut corriger,* des aveus nouveaux.

* *ſi.*

k *adjournez.*

l *ſubſiſter.*

m *ſe pourveuſſent.*

n *qui demanderoit beaucoup de dépenſes.*

o *ſont jugez.*

CHARLES V. au Bois de Vincennes, en May 1367.

ment, que se la chose [a] sortist & est demenée & agitée pardevant nostre Bailli au Sege de Chartres, nostre droit en ressort, Justice & Souverainneté, y sera & pourra estre mielx gardé, sanz estre aucunement [b] apeticié ou aliené, voulans obvier aus perilz & inconveniens, & noz subgez estre gouvernez & maintenus en [c] paiz & en transquilité, pour oster toute matiere de question & de descorde, pour contemplacion de nostredit Cousin le Conte de Bloys, de nostre certainne science, auctorité Royal & grace especial, avons octroyé & ordené, voulons, octroïons & ordenons & decernons par la teneur de ces presentes Lettrez, que nostre Bailli de Chartres qui est ou pour le temps sera, ou son Lieutenant, gouverne & exerce, orez & ou temps avenir, ladicte Justice, ressort & Souverainneté de par Nous, audit Sege de Chartres, tant de nosdiz Officiers Royals, frans-hommes & autres nos justiciables, demorans en ladicte Conté, comme dez autres subgès dudit Suppliant, tout en la forme & maniere que fait, gouverné & exercé a esté ou temps passé; nonobstant lesdictez Lettrez de l'Ordennance ottroïée & faicte audit Bailli de Cepoy, ne chose que par vertu d'icelle, ait [d] faicte, ou qui s'en soit ensuivis : Lesquellez Lettrez données audit Bailli de Cepoy, comme dit est, & tout ce qui s'en est ensuivi, Nous voulons & reputons estre de nulle efficace ou valeur. Si donnons en mandement à nostredit Bailli de Chartres, qui est & pour le temps sera, que nostredicte Ordennance & octroy, il tiengne & face tenir & garder senz enfraindre, par lui ou par son Lieutenant, en exercent ladicte Justice, ressort & Souverainneté, oudit Sege de Chartres, & d'icelle face & lesse joïr & user ledit suppliant & ses successeurs, en la maniere dessusdicte : Et en oultre, enjoignons & deffendons estroitement audit Bailli de Cepoy & à son Lieutenant, present & avenir, que de ladicte Justice, ressort, Souverainneté ou appartenances, il ne congnoisse ne s'en entremette doresen-avant, en aucune maniere, en lui imposant sur ce silence perpetuel. Et pour ce que ce soit ferme chose, &c. sauf, &c. *Donné au Boys de Vincennes, l'An de grace 1367. & de nostre Regne le quart, ou mois de May.*

Ainsy sign. Par le Roy en ses Requestes. REVEAUMONT. [e] *Visa.*

[a] *ressortit.* [b] *diminué.* [c] *paix.* [d] *esté.* [e] *Il y a ensuite un nom inlisible, & qui paroist même effacé.*

---

CHARLES V. à Paris, le 28. de Juin 1367.

(a) *Lettres qui substituent Estienne de Mareüil, à la place de Guillaume de S.t Germain, devenu Procureur general au Parlement, dans le Conseil des Marchands de Marée.*

CHARLES par la grace de Dieu Roy de France : A nos bien amés Maistres Pastomel, Jean Fourcy, Raoul de Presles & Guillaume de S.t Germain (b), Conseillers deputez des Marchands Forains des poissons de Mer en la Ville de Paris, & avec nos amez, Gieffroy de Londremer, Pierre Davé, Michiel Malledemer & Richart le Brasseur, commis & esleus du commun des Marchands & Voituriers desdits Poissons, pour les privileges, franchises, Libertez & Causes d'icelle marchandise, garder & soustenir, Salut. Nous avons veu nos autres Lettres faites pour le temps que Nous estions Lieutenant de nostre très cher Seigneur & Pere, que Dieu absoille, à vous addressans, contenans la fomme qui s'ensuit :

CHARLES aisné Fils & Lieutenant du Roy de France, Duc de Normendie & Dalphin de Viennois [f]....

Nous [g] acertenées les Lettres dessus transcriptes, voulant avoir tout plain effet,

[f] *Ces Lettres sont dans le 4.e Vol. des Ordonn. p. 417.* [g] *Ce commencement paroist corrompu.*

NOTES.

(a) Traité de la Police par la Mare, Tom. 3. L. 5. Tit. 36. ch. 2. p. 205. n.° 3. Il n'est point marqué de quel Registre cette Piece est tirée.

(b) *Conseillers.* ] C'est-à-dire, *Advocats du Conseil. Voy. le 3.e Vol. des Ordonn. p. 447.*

& vous mettiez Estienne de Mareüil, ou lieu dudit Maistre Guillaume de S.t Germain, à present nostre Procureur General en nostre Parlement de Paris, subrogans par ces presentes. Vous mandons & commettons, que vous lesdictes Lettres accomplissiez de point en point, selon leur forme & teneur. Mandons & commettons au Prevost de Paris, ou à son Lieutenant, Conservateur, Gardien & Commissaire general de ladite marchandise, que tout ce que par vous en sera fait & ordené, il tiegne & face tenir, garder & accomplir, tout en la [a] somme & maniere, que contenu est ès Lettres dessus transcriptes, nonobstant Ordenances, & quelconques Lettres empetrées ou à empetrer subreptissement au contraire : car ainsi, [b] eut consideration aux choses contenuës èsdittes Lettres, le voulons Nous estre fait, & ce leur avons octroyé & octroyons de grace especial, par ces presentes, se [c] mestier est. *Donné à Paris, le vingt-huictiesme jour de Juin, l'An de grace 1367. & de nostre Regne le quint.* Par le Roy à la relation de son Conseil. J. DOUHAIN.

CHARLES V. à Paris, le 28. de Juin 1367.

a *forme.*

b *eüe.*

c *besoin.*

---

CHARLES V. à Paris, en Juin 1367.

## *(a) Lettres portant exemption de tailles & de subsides, pour vingt-cinq personnes choisies entre les Arbalestriers de la Ville de Laon, par leur Connestable.*

CHARLES &c. Savoir faisons à tous presens & avenir, que pour consideracion des bons services que ont fait ou temps passé, à nos Predecesseurs & à Nous, le Connestable & les Compaignons de la Connestablie, joüans de l'Arbaleste en nostre Ville de Laon, tant aux Sieges & à la délivrance des Chasteaux de *(b)* Saponnay, Roucy & Sissonne, lors occupez de nos ennemiz, comme ailleurs entour ledit pays, & esperons aussi qu'il facent encores ou temps avenir, se il en estoit necessité; & pour ce aussi, que il Nous puissent & doïent plus diligemment & convenablement servir oudit office, toutesfois que li cas si offerra, Nous, iceulz Connestable & Compaignons, jusques au nombre de 25. Compaignons, des plus profitables, diligens & convenables oudit office, avons volu & ordené, & par ces presentes voulons & ordenons, de grace especial, certainne science & auctorité Royal, estre exemptez dores-en-avant, & tenus quittes & paisibles de toutes Aidez, tailles, subsides, exactions & autres quelconques subventions, aïanz cours en nostre dicte Ville de Laon; excepté tant seulement, dez Aides ordenez pour la délivrance de nostre très chier Seigneur & Pere, dont Diex ait l'Ame, tout en la forme, maniere & condicion, que derrenierement l'avons octroyé aux [d] Arbalestriers de nostre Ville de Roüan. Si donnons en mandement à tous les Justiciers, Officiers, Deputez, Commissaires & Subgez de nostre Royaume, à leurs Lieutenans, & à chascun d'eulx selon ce que à lui appartendra, que dezdictes aidez, taillez, subsides, exaccions & autres subvencions quelconques, aïanz cours en nostre dicte Ville de Laon, excepté l'Aide ordenée pour ladicte délivrance, comme dit est, il tiengnent & facent tenir quittes & paisibles, yceulz Connestable & Conpaignons, jusques audit nombre de 25. & de nostre presente grace les laissent, seuffrent & facent joüir & user paisiblement en la maniere que dessus est dit, sanz lez troubler, molester ou empeschier, ou souffrir estre troublez, molestez ou enpeschiez, ou aucuns d'eulz au contraire, contre nostre presente grace, orez ou autrefoiz ou temps avenir, comment que ce soit : proveu toutesvoiez que iceulx Connestable & Conpaignons, lesquelz Conpaignons seroient esleuz des plus profitables, diligens & convenables oudit office, à

d *Voy.* la Table des Matieres du 3.e Vol. des Ordonn. *au mot,* Arbalestriers.

NOTES.

*(a)* Thresor des Chartres, Registre 99. Piece 23.

*(b) Saponnay.]* Ce lieu est dans le Diocese de Soissons, & *Roucy* & *Sissone* dans celuy de Laon. *Voy. le Dictionn. Univers. de la Fr.* au mot, *Saponnay* &c.

la nomination dudit Connestable, soient & seront tenus de Nous servir diligemment à tous noz Mandemens, & toutesfoiz que il Nous plaira, ou que mestier sera : Et que ces choses soïent fermes &c. Sauf &c. *Donné à Paris, en nostre Hostel lèz-Saint Paul, l'An de grace 1367. & de nostre Regne le quart, ou mois de Juing.*

Ainsi sign. Par le Roy en ses Requestes. * MAGNON.

* *Mot très douteux.*

---

CHARLES V. à Sens, le 19. de Juillet 1367.

## (a) Ordonnance faite en consequence d'une Assemblée des Estats-generaux, tenuë à Chartres.

SOMMAIRES.

*(1) Pour empescher que les gens des* Compagnies, *qui menacent de rentrer dans le Royaume, ne puissent s'y emparer de quelques Forteresses, chaque Bailly des Pays de Champagne, de Bourgogne, de Berry, d'Auvergne, des Montagnes d'Auvergne, de Bourbonnois, de Nivernois, de Cepoy, de S.t Jangon & de S.t-Pierre-le-Moustier, accompagné de deux Chevaliers, visitera toutes les Forteresses de son Bailliage ; & celles qui pourront estre deffenduës, ils les mettront en estat de deffense, en faisant travailler aux fortifications, & y mettant de l'artillerie, des vivres & les autres choses necessaires, aux dépens des Seigneurs à qui elles appartiendront.*

*Si ces Seigneurs ne sont pas en estat de faire toutes les dépenses necessaires, les Baillis & les Chevaliers feront faire aux frais de ces Seigneurs, la partie de la dépense que ceux-cy peuvent porter, & le Roy pourvoira au reste.*

*Lorsque ces Forteresses appartiendront à des Seigneurs si puissants, que les Deputez n'osent pas les forcer à faire les dépenses necessaires, ils en donneront avis au Roy, qui y pourvoira.*

*Ces Deputez feront abbattre les fortifications des Forteresses que l'on ne pourra mettre en estat de deffense.*

*(2) Si les* Compagnies *s'approchent d'un des Pays cy-dessus nommez, les Capitaines que le Roy y a envoyez, feront retirer dans les Forteresses, soit Villes ou Chasteaux, les habitans de ce Pays, avec leurs biens, & principalement les vivres ; & les habitans pourront les en retirer après la retraite de ces Compagnies, sans qu'on puisse exiger d'eux aucuns droits à ce sujet.*

*(3) Tous les deniers provenans des Aydes ordonnées pour la deffense du Royaume, & qui seront levez dans les Pays cy-dessus nommez, y resteront pour estre employez au payement des Gens-d'armes qui sont dans ces Pays ; à l'exception des deniers qu'il sera necessaire d'en tirer pour la deffense generale du Royaume.*

*(4) Les Capitaines s'informeront combien il reste de Gens-d'armes dans leurs* Capitaineries *& dans les lieux voisins, en estat de servir hors de leur Pays, les Forteresses suffisamment garnies, & il en informera le Roy ; & il leur ordonnera de se tenir prests à partir lorsque le Roy les mandera.*

*Les Gens-d'armes que l'on fera sortir de leur Pays, seront payez de leurs gages, sur les deniers des Aydes, qui seront levez dans leur Pays.*

*(5) Les habitans des Villes, les garderont ; & dans ces Villes, & principalement dans celles qui sont sur les passages des rivieres, ils ne laisseront point entrer un plus grand nombre de personnes, qu'ils ne sont eux-mêmes ; & ils n'y laisseront pas passer de grosses troupes de gens de guerre, sans les bien connoistre.*

*(6) On ne pourra faire sortir des Villes aucunes armes, si ce n'est pour des habitans du Royaume, lorsqu'ils seront bien connus, & sur les ordres signez d'une personne, qui sera commise à cet effet dans chaque Ville.*

*(7) Les Gouverneurs de chaque Ville, tiendront des registres des Archers & Arbalestriers qui s'y trouvent en estat de servir, & ils en enverront l'estat au Roy. Ils engageront les jeunes gens, & leur enjoindront de s'exercer à tirer de l'arc & de l'arbalestre.*

*(8) Remise aux habitans des lieux & Villes du plat-pays, de la moitié des Aydes ordonnées pour la rançon du Roy Jean, & de celles ordonnées pour la deffense du Royaume, avec la moitié des arrerages qui en sont dûs.*

*Don aux Villes fermées, du quart des Aydes qui y seront levées, & du quart des arrerages qui en sont dûs, pour estre employez aux fortifications de ces Villes.*

*Le nombre des Officiers chargez de lever ces Aydes, & les gages de ceux qui resteront, seront diminuez par le Conseil du Roy.*

*(9) Le sel sera vendu au prix qui a esté fixé par le reglement fait en consequence des plaintes faites dans l'assemblée des Estats-generaux, tenuë à Compiegne.*

*(10) Les executions sur le fait des Aydes, seront faites par des Sergents Royaux & ordinaires, & non par d'autres.*

*Le nombre des Sergents sera diminué.*

*(11) Les Esleus sur le fait des Aydes, establis dans chaque Diocese, choisiront un certain nombre de Sergents, pour faire les executions necessaires pour les Aydes, & ces Sergents seront commis par le Roy, ou par les*

CHARLES V. à Sens, le 19. de Juillet 1367.

*Generaux sur le fait des Aydes. Dans les Pays qui ont composé sur les Aydes, ces Sergents seront payez des executions qu'ils feront, par les Receveurs des Aydes, suivant l'ordre des Eslus, & ne pourront prendre aucun salaire des personnes qui seront executez. Dans les Pays où l'on n'a pas composé sur le fait des Aydes, lorsque les Receveurs des Aydes, voudront faire executer un Fermier ou un sous-Fermier, ils pourront le faire faire par tel Sergent Royal qu'ils voudront, aux dépens des Fermiers executez : mais lorsque les Receveurs voudront faire executer pour le fait des Aydes, un autre qu'un Fermier, ils le feront faire par un des Sergents nommez à cet effet, & les Fermiers avanceront les frais de l'execution, jusqu'à ce qu'il soit decidé si l'execution a esté juste ; & dans ce cas, les personnes executées payeront les salaires des Sergents, qui ne pourront prendre que trois sols par jour, quel que soit le nombre des personnes qu'ils executeront dans une même Ville.*

*Quand des Sergents feront une execution pour le fait des Aydes, ils appelleront les Sergents des Hauts-Justiciers des lieux où ils les feront ; & ceux-cy ne pourront prendre de salaire par rapport à leur presence.*

*(12) Le Roy nommera des gens pour s'informer de la conduite des personnes chargées de lever les Aydes, & des Officiers Royaux.*

*(13) Le Roy confirmera les privileges accordez aux habitans des Pays cy-dessus nommez, & les Ordonnances du Roy Jean, quand il leur plaira.*

CHARLES par la grace de Dieu Roy de France : Sçavoir faisons à tous presens & avenir, que comme sur ce que naguieres, Nous eussions esté acertenez par plusieurs dignes de foy, que plusieurs gens de [a] Compaigne avoient & encores ont entencion, volenté & propos de retourner en nostre Royaulme, pour iceluy & nos bons & loyaulx Subjects, grever & dommager : Nous afin d'estre à ce hastivement pourveu & remedié, ayons faict assembler & venir pardevers Nous à *(b)* Chartres, plusieurs Prelatz & autres Gens d'Eglise, plusieurs Nobles tant de [b] Sang, comme autres, & plusieurs Gens de bonnes Villes, des parties & pays de Champaigne, Bourgoigne, Berry, Auvergne, des Montagnes d'Auvergne, Bourbonnois, Nivernois, [c] Chepoy, *(c)* Sainct Jangon, & Sainct Pere le Moustier, ausquels avons faict exposer les choses dessusdittes, avec plusieurs aultres touchant le faict de la provision & deffence de nostredit Royaulme, par l'advis & deliberation desquels, ensemble les Gens de nostre Grant Conseil, Nous avons ordonné & ordonnons par la maniere qui s'ensuit.

*(1) Premierement.* Pour obvier à iceulx gens de Compaigne, & affin qu'ils ne puissent venir ne entrer à descouvert en nostredit Royaulme, pour y prendre ne gaigner aucuns Fors, avons dès maintenant, ordonné, commis & deputé en chacun Bailliage des parties & pays dessusdit, nostre Baillif du lieu, & deux Chevaliers avec luy, bonnes, soufflisantes & convenables personnes, pour diligemment veoir & visiter toutes les Forteresses d'iceulx Baillages, & celles [d] qui trouveront bonnes, convenables & prouffitables à tenir pour la deffence du pays & de nostredit Royaulme, feront mettre en bon estat, [e] pour toute deffence, tant de reparations, artilleries, comme de vivres & autres choses necessaires, aux despens & fraiz des Seigneurs à

[a] *des Compagnies. Voy. la* Table des Matieres du 3.e Vol. des Ordonn. *à ce mot.*

[b] *nostre.*

[c] *Cepoy en Gâtinois. Voy. la* Table des Matieres du 4.e Vol. des Ordonn. *à ce mot.*

[d] *qu'ils.*

[e] *deffense entiere.*

NOTES.

*(a)* Un de mes amis m'a envoyé d'Auxerre, une copie non authentique de cette Ordonnance; laquelle copie paroist avoir esté écrite vers l'an 1600. Il y a au dos écrit d'une écriture tres recente, *De Cartulario,* ensuite un mot inlisible, qui finit par *tanei, fol. 58. 59. 60.* Quoyque cette Ordonnance ne se trouve dans aucun des Registres publics que j'ay vûs, cependant on ne peut soupçonner qu'elle soit fausse; car l'Ordonnance suivante qui a esté copiée sur l'original, fait mention de certains articles contenus dans une Ordonnance faite precedemment; & ces articles se trouvent dans celle-cy, avec quelque difference cependant, ce qui forme une difficulté que l'on examinera dans la Preface de ce 5.e Volume, §. *Estats-generaux,* où l'on trouvera un plus grand détail sur les Estats-generaux, tenus à Chartres & à Sens, dans le mois de Juillet 1367.

*(b)* La date de cette assemblée d'Estats tenuë à Chartres, n'est pas marquée icy; mais il est certain qu'elle se tint dans le mois de Juillet 1367. car il y a plusieurs Lettres Royaux qui seront imprimées cy-après, données à Chartres en Juillet 1367.

*(c) S.t Jangon* est en Bourgogne, & *S.t Pierre-le-Moustier,* dans le Nivernois. Voy. *la Table des Matieres du 3.e Vol. des Ordonn.* à ces deux mots.

CHARLES V.
à Sens, le 19. de Juillet 1367.

qui elles feront: & s'il advient que en faisant ladite visitation, ils trouvoient aucuns Fors tenables, en frontiere ou en pays, très necessaire à garder, & le Seigneur ou Seigneurs à qui ils sont, n'eussent puissance de les [a] emparer, garnir & advitailler du tout, lesdiz Bailly ou Commis feront faire par lesdiz Seigneurs, ce que faire en pourront, & au surplus, de ce qui de necessité sera à faire, Nous, par l'advis desdits Commis, y porverrons & briefment ordonnerons: & oultre, s'il trouvent Fors tant tenables comme non tenables, qui soient à si puissans Seigneurs, que entremettre ne se osent de en faire comme des aultres, iceulx Commis le Nous feront sçavoir; & sur ce, pourverrons: & tous autres [b] de quelques personnes qui soient, qui ne feront tenables & pourfitables, feront abattre quant au Fort & [c] desemparer par telle maniere, que par ce, dommage ne puist venir au pays ne à nostredit Royaulme.

a fortifier.
b Forts.
c abbattre les fortifications.

(2) *Item.* S'il advenoit que lesdittes Compaignes approuchassent nostredit Royaulme, ès parties & pays dessusdits, où desja Nous avons ordonnés, commis & deputez Capitaines bons, loyaulx & convenables, le Capitaine du pays où elles approucheront, face [d] tantoust [e] tout le pays retraire en Fors, & par especial, les vivres, parquoy iceuls gens de Compaigne, n'en puissent estre [f] soustenus, & que plustoust leur en conveigne partir: & affin que les gens du plat-pays, soyent plus enclins à retraire leursdiz biens, Nous voulons & ordonnons que iceulx ils puissent retraire en Forteresse, soient Villes ou Chasteaulx, franchement & quittement, & iceulx ramener oudit plat-pays, après le departement d'icelles Compaignes, sans paier entrée, [g] issuë, ne aultre redevance quelquonque.

d aussi-tost.
e les biens des habitans du pays.
f ne puissent en profiter.
g sortie.

(3) *Item.* Voulons & ordonnons, que dores-en-avant, en chacun Diocese où les Aydes ordonnées pour la deffence de nostredit Royaulme, ont cours, tous les deniers qui desdites Aides [h] issiront, demeurent & soient gardés en iceulx Dioceses, tant & jusques ad ce que necessité soit de les prendre pour le paiement des Gens-d'armes; horsmis & excepté ce que de necessité prendre en faudra, pour le faict de la provision & defence de nostredit Royaulme.

h sortiront: proviendront.

(4) *Item.* Que ung chacun d'iceulx Capitaines, ou pays où il est commis, enquiere & sache sans delay, quels Gens-d'armes il puet avoir, & de quel nombre on le pouroit aidier à mener hors, tant de ceulx demourans ou pays de sa Capitainerie, comme dehors ès lieux voisins; les lieux & Forteresses demourans garnis; & de ce au plustost qu'il poura, Nous certifie, affin que, * se besoing y eschiet, Nous sachions & puissions sçavoir de combien & de quels gens, Nous pourrions estre pourveus: ausquels gens qui [i] esleus seront, iceulx Capitaines enchargent qu'ils se tiegnent garnis & prest, pour les avoir toutesfois que l'on les mandera: & euls mandés, ils seront payés de leurs gages, des deniers estans ès Dioceses dont ils seront.

* si.
i qui seront choisis pour estre envoyez hors du pays.

(5) *Item.* Voulons & ordonnons, que en toutes bonnes Villes fermées, & par especial, en celles qui sont en passages où pas de Rivieres, lesquelles Nous voulons dores-en-avant estre par les habitans en icelles, bien & diligemment gardées & [k] guaittiées, [l] & que en icelles, ne lessent entrer [m] plus fors d'euls, ne nulles grosses [n] routes passer, se sur ce, n'ont très bonne connoissance des personnes.

k gardées par un guet des habitans.
l & est inutile.
m des gens en plus grand nombre qu'ils ne sont.
n troupes de gens de guerre.

(6) *Item.* Que aucunes armeures ne soient [o] traittes ne mises hors de nosdittes bonnes Villes, tant de Paris comme d'autres quelquonques, se n'est pour gens de nostredit Royaulme, dont l'en ait très bonne connoissance, & par certain [p] signet qui sur ce sera baillé par certaine personne, qui en chacune de nosdittes bonnes Villes, sera deputée.

o tirées: transportées.
p ordre signé.

(7) *Item.* Soit enjoint & commandé de par Nous, à tous Archiers & Arbalestriers demourans en nos bonnes Villes, qu'ils se mettent en estat, & que par les Gouverneurs en chacune d'icelles Villes, soit sçeu quel nombre d'Archiers & Arbalestriers, y a, & combien on en pourroit avoir, se besoin estoit, & de ce, facent Registre en chacune Ville, & sur [q] tout Nous certifient au plustost qu'ils pouront: & avecques ce, enjoignent & induisent toutes jeunes gens, à [r] exerciter, continuer & apprendre le faict & maniere de [s] traire.

q le tout.
r s'exercer.
s tirer de l'arc ou de l'arbalestre.

(8) *Item.* Nous aïans pitié & compassion de nostre Peuple, qui grandement par les

CHARLES V.

à Sens, le 19. de Juillet 1367.

par les Aides qu'il a convenu & convient lever sur eulx, tant pour le faict des Aydes ordonnés pour la [a] redemption de feu nostre très cher Seigneur & Pere, dont Dieux ait l'Ame, de laquelle le payement n'est pas encores parfaict, comme pour celles ordonnées pour la deffence de nostredit Royaulme, lesquelles Nous avions en propos de faire du tout faillir & cesser, se ne fussent les nouvelles qui des *Compaignes* Nous sont venuës, pour lesquelles, ce ne puet estre faict ne accompli de present, dont il Nous deplaist forment: Toute-voïes, pour aidier à supporter à nostredit Peuple, plus aysiement le faict d'icelles Aidez, avons à iceluy, de nostre grace especial, certainne science & auctorité Royal, remis & quittié par tous les lieux & Villes du plat-pays de nostredit Royaulme, la moitié de tout ce à quoy ils sont imposés, tant par *(d)* composition comme aultrement; avecques la moitié de tous les arrerages qu'il puet devoir à cause d'icelles Aides: Et aux habitans des Villes fermées, donnons la quarte partie desdites Aydes courans en icelles Villes, avecques la quarte partie des arrerages qu'il pevent devoir, pour tourner & convertir ès fortifications & reparations desdittes Villes; nonobstant quelquonques dons ou assignations que faiz aïons de & sur iceulx Aydes, à quelque cause, ne pour quelquonque personne que ce soit: Et avecques ce, voulons & ordonnons, que èz lieux & pays où lesdiz Aides ont cours, & sont imposés à payer par Escuz, les [b] debteurs soient quittes, en païans deux francz pour trois Escus: Et selon la diminution & admoderation faitte des Aydes dessusdiz, voulons le nombre des Officiers sur ledit faict, & les gaiges qu'ils prennent, estre diminuez par l'Ordonnance de nostre Conseil.

*(9) Item.* Sur le faict de la Gabelle du sel, duquel, de l'assemblée par Nous dernierement tenuë à Compiegne, Nous, ouymes plusieurs complaintes de nos subgès, qui de ce souvent se [c] douloient, Nous, qui tousjours avons eu & avons parfaict desir de relever noz subgiez de tous griefs, avons deuëment *(e)* [d] amendri & retranché du tout, la moitié du droit & prouffit que Nous y prenons & avons acoustumé de prendre, & ad ce [e] pris, voulons que sans delay, il soit ramenez: Et avec ce, est nostre entention, que sur le pris que les Marchands ayans & menans sel en nos greniers, prennent sur ledit faict, diminution raisonnable soit faict, [f] eu regard à la vostre.

*(10) Item.* Encore pour le très grant & excessif nombre de Sergens & commis sur le faict tant [g] des unes Aydes comme des aultres, par lesquels nostre Peuple, & par les excessifs salaires qu'ils ont pris, a esté grandement [h] & dommagié, si comme entendu avons; Nous, pour garder nostre Peuple de tels dommages, avons ordonné & voulons, que [i] l'Ordonnance faitte par feu nostre Seigneur [k], à Amiens, sur le fait des executions des Aydes courans, tant pour sadite délivrance comme aultrement, lesquelles, selon laditte Ordonnance, doivent estre faittes par nos Sergens Royaulx & ordinaires, & non par aultres, soit tenuë & gardée sans enfraindre, selon sa forme & teneur; & que la *(f)* restrinction par luy faitte, sur le nombre d'yceulx Sergens, vaille & tiengne ès lieux où passer l'on s'en poura: Et tous aultres, qui pardessus ledict nombre & Ordonnance, y auroient esté depuis mis, ostons & debouttons d'iceulx Offices, & leur povoir du tout en tout anullons.

a *Voyez le 3.e Vol. des Ordonn. p. 413. & Note (d).*

b *debiteurs.*

c *plaignoient.*

d *diminué.*

e *prix.*

f *à proportion.*

g *Voy. cy-dessus, art. 8.*

h *Il manque un mot.*

i *Voyez le 3.e Vol. des Ordonn. p. 648. art. 9.*

k *& Pere.*

NOTES.

*(d) Composition.]* Il y avoit des Provinces & des Villes qui s'*abonnoient*, moyennant une certaine somme fixe, pour le payement des Aydes. *Voy. le 3.e Vol. des Ordonn. pp. 496. 503. & 504. & Note (c).*

*(e) Amendri.]* Il y a dans le *4.e Vol. des Ordonn. p. 691.* un Reglement sur la vente du sel, dans l'article 4. duquel est fixé le prix qu'on le vendra. On peut voir, sur le prix que l'on vendoit le sel auparavant, *la Table des matieres du 3.e Vol. des Ordonn.* au mot, *Gabelle.*

C'est sans doute de ce Reglement dont il est parlé dans cet article, qui nous apprend, qu'il avoit esté fait en consequence des plaintes faites dans une *assemblée d'Estats* tenuë à *Compiegne.*

*(f) Restrinction.]* Voy. sur la diminution du nombre des Sergents, *la Table des matieres du 3.e Vol. des Ordonn.* au mot, *Sergent.*

CHARLES V.
à Sens, le 19. de Juillet 1367.

*(11) Item.* Seront par les [a] Esleus en chacun Dioceze, [b] tant sur l'un faict comme sur l'aultre, avisé tel nombre desdits Sergens Royauls, comme besoin leur sera, du Diocese dont ils seront, bonnes & convenables personnes; lesquels seront par Nous ou les Generaulx sur lesdits faiz, commis & deputés à faire les executions de ce qui deu Nous sera, tant de l'un fait comme de l'autre: Lesquels Sergens ordonnés pour le fait de ladite defence, & aussy pour celuy de ladite délivrance, èz lieux ou pays où icelles Aydes n'ont cours par impositions, [c] trezieme & aultrement, mais tant-seulement [d] par compositions, seront païés de leur salaire, par les Receveurs desdits Dioceses, par l'advis des Esleuz & commis au gouvernement desdits faiz, au plus raisonnablement, & à [e] mains de fraiz pour Nous, que il pourra estre faict: Et [f] parmi ce, ne pourront prendre aucuns gaiges ne despens sur nostre Peuple, sur peine de perdre leurs Offices: Et ès Dioceses & pays où lesdites Aydes ont cours par impositions & trezieme, dont les marchés sont baillés à fermes, [g] se les Receveurs desdites Aydes, veulent faire executer les Fermiers d'iceulx Aides, soit pour l'un faict ou pour l'aultre, & soit [h] grand ou petit Fermier, ils pourront faire faire ladite execution, par quelque Sergent Royal qui leur plaira, aux despens desdits Fermiers: Mais se aucun d'iceulx veult faire executer aultre qui ne soit pas Fermier, pour quelque chose qu'il doive desdittes Aydes, il le fera faire par un des Sergens ordonnés & deputés ad ce, èsdiz Dioceses, comme dit est, & aux despens d'iceluy Fermier, jusques à tant qu'il appert que ladite execution soit faitte à juste cause: Ouquel cas, les executés seront tenus de païer lesdits despens: Et ne pouront prendre iceulx Sergens, pour jour, de chacune Ville qu'ils executeront, que trois sols parisis, [i] pour quelquonque personne qu'ils executent en icelle: Et à toutes les executions qu'ils feront, appelleront avec eulx, les Sergens des Hauls-Justiciers des lieux, qui de ce faire, n'auront ne ne prendront aucun salaire.

*(12) Item.* Et pour reformer & sçavoir la verité, tant sur les faiz, [k] pors & gouvernementz des Esleuz, Officiers, Sergens & commis sur lesdits faiz, comme de noz Prevoz & aultres noz Sergens & Officiers, estans èsdits Païs & Bailliages, avons ordonné, commis & deputé certaines bonnes & convenables personnes, qui bien & diligemment le feront.

*(13) Item.* Avons accordé à iceulx Gens d'Eglise, Nobles & Gens de bonnes Villes, [l] confermé leurs privilleiges, & Ordonnances Royaulx à eulx donnés par nos Predecesseurs Roys de France; & aussi les Ordonnances faittes par feu nostredit Seigneur & Pere, toutes-fois qu'il leur plaira.

Toutes lesquelles choses dessusdittes, & chacunes d'icelles ainsy par Nous, par la deliberation dessusdite, ordonnées, Nous, de nostre certaine science, grace especial, plaine puissance & auctorité Royal, voulons & commandons estre tenuës & gardées entierement, sans corrompre ne venir à l'encontre, dores-en-avant, en aucune maniere. Si donnons en mandement par ces presentes, à nos amés & feaulx Conseillers les Generaulx [m] Esleus tant sur l'un faict comme sur l'aultre, à nostre Bailly de Sens, & à tous les aultres Justiciers, Officiers & subgès de Nous & de nostredit Royaulme, ou à leurs Lieutenants, & à chacun d'eulz, que nostre present Edit & Ordonnance, facent tantost crier & publier par tous les lieux notables de leurs Juriditions, acoustumés à faire criz, & toutes les choses dessusdittes facent tenir & garder en la forme & maniere que dessus est dit & devisé. Et que ce soit ferme chose & estable à tousjours, Nous avons faict mettre nostre Seel à ces presentes. *Donné à Sens, le dix-neufviesme jour de Juillet, l'An de grace 1367. & de nostre Regne le quart.* Par le Roy en son Conseil. H. DANNOIS.

a *Voy. sur ces Esleus*, la Table des Matieres du 3.e Vol. des Ordonn. *à ce mot*, Eslus des Estats.
b *sur le fait des deux Aydes, Voy. l'Art.* 8.
c *Voy.* la Table du 4.e Vol. des Ordonn. *au mot*, Trezieme.
d *Voy. cy-dessus, p. 17. Note (d).*
e *moins.*
f *moyennant.*
g *si.*
h *Fermier ou Sous-Fermier.*
i *quelque soit le nombre des personnes qu'ils executeront.*
k *conduite.*
l *de leur confirmer.*
m *&.*

CHARLES V. à Sens, le 20. de Juillet 1367.

# (a) Ordonnance faite en consequence d'une assemblée d'Estats generaux, tenuë à Sens.

SOMMAIRES.

*(1) Ceux qui seront chargez de donner des Lettres de caution, aux Marchands qui ameneront des denrées dans les Villes du Royaume, expedieront ces Lettres le jour méme qu'elles leur seront demandées, & ils ne pourront prendre que six deniers, pour l'expedition de ces Lettres.*

*(2 3.) L'imposition de douze deniers pour livre, ne sera point levée sur les marchandises qui ne passeront pas cinq sols; à moins qu'elles ne soient venduës par des regratiers. Si les Fermiers ou ceux qui levent ces droits, alleguent que des Marchands ont commis des fraudes pour faire croire que certaines marchandises par eux venduës, ne passoient pas cinq sols, quoyqu'elles eussent esté venduës plus cher, les Marchands en seront crus à leurs serments, au sujet de cette allegation; à moins que les Fermiers ou commis ne fassent informer de la fraude aussi-tost qu'elle a esté commise, ou ne fassent informer pour prouver que ces Marchands ont fait un faux serment, aussi-tost après que les Marchands auront fait ce serment.*

*(4) Les Receveurs des subsides & impositions, payeront exactement aux habitans des Villes & à ceux du plat Pays, la portion de ces subsides & impositions, qui leur a esté octroyée.*

*(5) L'Ordonnance & l'Instruction faite à Amiens, au sujet de l'Ayde ordonnée pour la guerre, seront executées; & en consequence, l'on ne pourra faire d'execution contre ceux qui n'auront pas payé cette Ayde, qu'après les quatre mois ordonnez, & elles ne pourront estre faites que par des Sergents Royaux ordinaires, & non par des Sergents d'Armes.*

*(6) L'Argent provenant de l'imposition de Feux, ordonnée pour la deffense du Royaume, ne pourra estre employé que pour les dépenses de la guerre.*

*(7) Remise de tout ce qui est dû des subsides ordonnez depuis 1350. jusqu'en 1358.*

*(8) Les Aydes ordonnées jusqu'icy, ne porteront aucun prejudice aux franchises & aux Libertez de ceux qui les payeront.*

*(9) On ne pourra pour les dettes Royaux & autres, executer & saisir les chevaux, bœufs & autres bestes tirant les charruës, ni mettre les laboureurs en prison, tant que l'on trouvera d'autres biens meubles & des heritages appartenants à ces laboureurs, que l'on pourra saisir.*

*(10) Lorsque des Nobles se feront une guerre privée d'un commun consentement, ils ne pourront endommager les biens de leurs sujets, ni de ceux des autres habitans du Royaume.*

*(11) Si un Prevost Fermier fait assigner d'office, une personne devant luy, & que le Bailly ou autre Juge superieur de ce Prevost, trouve que cette assignation n'estoit pas fondée en Justice, il donnera des dommages & interests à la personne injustement assignée, à moins que le Procureur du Roy ne se soit joint au Prevost & ne se rende Partie contre elle. Si l'assignation est trouvée fondée en Justice, on condamnera la personne qui s'en est plainte, aux dommages & interests envers le Prevost.*

*Si un Prevost Fermier est trouvé incapable d'exercer ses fonctions, le Bailly ou autre Juge superieur, fera rendre la Justice par d'autres personnes capables, aux dépens du Prevost.*

*(12) Les Baillis, les Greffiers, les Notaires & autres Officiers Royaux de Justice, ne pourront prendre que le prix ancien & accoustumé, des Actes judiciaires qu'ils scelleront & qu'ils expedieront aux Parties.*

*(13) Les anciennes Ordonnances sur le fait des Bourgeoisies, seront executées exactement.*

*(14) Les Réformateurs n'auront de Jurisdiction que sur les Officiers, Fermiers & autres, employez par le Roy sur le fait de la Justice & sur le fait des Aydes.*

CHARLES par la grace de Dieu Roy de France: Savoir faisons à touz presens & avenir, que comme Nous, pour plusieurs causes touchans la garde, le proufit & la seurté de noz subgiez & de nostre Royaume, fussiens venuz en nostre Ville de Senz, & en ycelle eussiens fait venir & assembler plusieurs Prélas & autres Gens d'Eglise, & plusieurs Nobles tant de nostre Sanc comme autres, & plusieurs Gens des bonnes Villes, des pays & Bailliages de Champaigne, Bourgoigne, Berry,

NOTES.

(a) Copié sur l'original envoyé d'Auxerre. Le Sceau en cire verte & en las de soye, tient encore à cette Piece: il est un peu cassé par le haut.

CHARLES V. à Sens, le 20. de Juillet 1367.

Auvergne, des Montaignes d'Auvergne, Bourbonnois, Nyvernois, [a] Cepoi, Saint Jangon & Saint Pere-le-Moustier; & après ce que Nous eumes ordené de ce pourquoy Nous les avions ylecques fait assembler, comme dit est, il Nous aïent fait exposer plusieurs griefs qui faiz estoient à eulz & noz autres subgiez desdiz pays, tant sur ce qui touche les Aydes que l'en [b] lieve en nostre Royaume, comme autrement, afin que Nous voussissions sur ce pourveoir: Nous, ouyes les supplicacions à Nous par eulz sur ce faites; & euz sur ce bon avis & deliberacion avec nostre Conseil, desirrans de tout nostre cuer, eulx & noz autres subgiez estre preservez & gardez de touz dammages, griez & oppressions, avons sur ce ordené & octroïé, ordenons & octroïons par ces presentes, de nostre auttorité Royal, de nostre certainne science & grace especial, en la maniere qui s'ensuit.

a *Voyez l'Ordonnance preced. p. 15.*

b *leve.*

*(1) Premierement.* Sur ce qui touche les caucions ou plegeries, que doivent donner les Marchans & autres amenans denrées èsdictes Villes [c] ou dehors, Nous avons ordené & ordenons, que les deputez à prandre les caucions ou plegeries dessusdictes, seront tenuz [d] délivrer lesdiz Marchans dedans ung jour entier; & ne pourront demander ne avoir de la Lettre qui sur ce leur sera faite, que six deniers tant-seulement.

c *Cela peut signifier, ou aux environs.*

d *expedier les Lettres aux Marchands.*

*(2) Item.* Que dores-en-avant, de marchandise qui soit faite de personne qui ne soit regratier, rien ne sera levé pour cause de l'imposicion de douze deniers pour livre, se la marchandise ne passe la somme de cinq solz: Et se les Fermiers ou autres deputez à lever lesdictes imposicions, y allegoient aucune fraude, Nous voulons que les Marchans en soient creuz par leur seremens, se les Fermiers ou autres à ce députez, ne vouloient promptement enformer de ladicte fraude ou parjurement.

*(3) Item.* Pour ce que plusieurs des Fermiers dient & maintiennent aucunes-foiz contre les Marchans, que il se sont parjurez, & les font pour ce adjourner ès Cours d'Eglise, sur la transgression de leur seremens, en les contraignant à jurer de qui il ont achaté & combien; dont les Marchans dessusdiz, especialment les [e] estranges, sont empeschiez & [f] delaïez: Nous voulons & ordenons, que senz aucune difficulté, chascun d'eulx en soit creu par son serement, se les Fermiers ne enformoient promptement du contraire.

e *estrangers.*

f *retardez.*

*(4) Item.* Sur ce que Nous leur avons *(b)* octroïé du subside imposé pour la guerre; c'est assavoir, la moitié au plat pays, & le quart aus bonnes Villes, si comme en noz autres Lettres sur ce faites, est plus plenement contenu; Nous voulons & ordenons, que ladicte porcion, ensemble ce qui autrefoiz leur fu octroïé, leur soit païez senz aucune difficulté ou contredit, tant pour le temps passé, comme pour le temps avenir, depuis & selon la forme de l'octroy à eulx sur ce fait, aus termes à ce ordenez: Et aussi, les deux deniers qui sur les imposicions leur ont esté octroïez: Et voulons que les Receveurs en soient tenuz de compter aus habitans desdictes Villes, ou de leur monstrer leur [g] estat, de quatre mois en quatre mois.

g *les rôles de recepte.*

*(5) Item.* Que de ce qui deu sera pour ledit subside de la guerre, l'en ne les puisse contraindre, jusques à tant que les quatre mois ordenez soient passez: Et voulons ladicte contrainte estre faite par Sergens Royauls ordinaires, & non mie par Sergens d'armes; & que toutes personnes païent desdictes Aydes, selon *(c)* l'Ordenance & Instruttion sur ce faites à Amiens.

*(6) Item.* Que dores-en-avant, aucunes assignacions ne soient faites sur l'Argent

NOTES.

*(b) Octroyé du subside.* ] Voy. sur cet article, p. 17. l'art. 8. de l'*Ordonn.* precedente, & p. 15. Note *(a)* & la Preface de ce Volume, §. *Estats-generaux.*

*(c) L'Ordonnance & Instruction.* ] Cecy confirme la conjecture qui a esté proposée dans la Preface *du 3.e Vol. des Ordonn.* p. XCIX. n.° C.

Dans cette Ordonnance & dans cette Instruction faites en consequence des Estats d'Amiens, tenus au mois de Decembre 1363. & qui ne se sont pas conservées, il estoit sans doute fait mention de ces *quatre mois* dont il est parlé dans cet article.

des *(d)* imposicions des Feux, [a] ordenez pour la deffense du Royaume; & se aucunes estoient faites sur ce, Nous voulons & ordenons que elles soient [b] casses & vainnes; & que les Receveurs sur ce ordenez, n'en païent riens; se ce n'est pour la deffense du Royaume, ou autrement pour le fait de la guerre.

CHARLES V. à Sens, le 20. de Juillet 1367.

a *ordonnées.*
b *de nul effet.*
c *Je crois qu'il faut corriger*, en l'an 56. *&c.*
d *mais.*

*(7) Item.* Que de tout ce qui est deu des arrerages des subsides ordenez l'An 50. & depuis; c'est assavoir, [c] que l'An 56. l'An 57. & l'An 58. nul ne soit dores-en-avant, contraint à en riens payer; [d] mès cessent toutes execucions sur ce commanciés à faire: Car tout ce qui deu en est pour ledit temps, Nous quittons & remettons par ces presentes.

*(8) Item.* Leur avons octroïé & octroïons par ces presentes, que les Aydes dessusdictes ou aucunes d'icelles, ne puissent estre tournées à consequence contre les franchises & Libertez des dessusdiz, ne leur porter aucun préjudice pour le temps avenir.

*(9) Item.* Pour ce que pluseurs labourages sont demourez & demeurent à faire, ou préjudice du bien publique, pour ce que les Sergens ou autres faisans execucions des debtes Royaulx & autres, prenoient bestes [e] traïant, Nous voulons & ordenons, que dores-en-avant, pour quelconques debtes Royaux ou autres, aucuns chevaux, buefs ou autres bestes traïans, ne soient pris; ne aussi corps de personnes labourans, tant comme l'en trouvera autres biens meubles ou heritages des debteurs, souffisans pour les execucions faire.

e *tirant les charües.*

*(10) Item.* Pour ce que pluseurs Nobles de nostre Royaume, se dient aucunes-foiz, avoir *(e)* guerre les uns aus autres, combien que l'une des Parties ne la * vüille mie, [f] mès se offre [g] d'ester à droit pardevant Nous ou noz Gens, là où il devra; & soubz umbre d'icelle guerre, prennent les biens des bonnes gens, & non mie seulement de [h] leur subgiez, mès des autres subgiez de Nous & de nostre Royaume, Nous deffendons par ces presentes, à touz les Nobles & autres de nostre Royaume, que nul, de quelque estat qu'il soit, ne face guerre à autre de nostre Royaume: Et [i] se de [k] l'assentement des deux Parties, faisoient guerre, Nous leur deffendons, sur poinne de corps & de biens, & sur [l] quanque il se pevent messaire envers Nous, que il ne prennent aucune chose sur noz subgiez ne sur les leur; & se le contraire faisoient, Nous voulons que il en soient [m] griement punis, si comme au cas appartendra.

* *veuille.*
f *mais.*
g *se presenter en Justice reglée.*
h *des sujets de ceux avec qui ils sont en guerre privée.*
i *si.*
k *consentement.*
l *tout ce que:* du latin *quantum.*
m *griesvement.*

*(11) Item.* Voulons & ordenons, que se aucuns [n] Prevoz Fermiers font appeller aucuns, [o] à cause d'office, pardevant eulx; & le Bailli ou autre leur [p] Souverain, treuve que il les aïent fait appeller à tort, il facent rendre les despens à la Partie [q] travaillée oultre raison; ou cas toute-voïe que nostre Procureur [r] n'auroit fait Partie avecques ledit Prevost: Et aussi que ledit Prevost ait ses despens, se la Partie s'est plainte à tort: Et si voulons & ordenons, que se aucuns Prevoz Fermiers estoient trouvez non souffisans pour exercer Justice, que le Bailli ou autre leur Souverain, facent garder la Justice par autres souffisans, aus despens desdiz Prevoz.

n *Voy.* les Tables des Matieres des precedents Volumes des Ordonnances, *aux mots,* Prevostez *&* Prevosts.
o *d'Office, & non en consequence d'une Requeste à eux presentée.*
p *Juge superieur.*
q *vexée.*
r *ne se seroit rendu Partie.*

*(12) Item.* Pour ce que pluseurs Bailliz & Prevoz Royauls, [s] Clers & Notaires, se sont efforcié & efforcent, de prandre excessivement de leur Seaulx & [t] Escriptures, & autrement ne veulent [u] délivrer les Lettres & Actes que il doivent delivrer; *(f) la quelle chose* est ou grant grief & dammage du Peuple, si comme l'en dit, Nous deffendons par ces presentes, à touz les dessusdiz & chascun d'eulx, que dores-en-avant, ne preignent pour Seauls ne pour *Escriptures,* oultre le pris ancien & acoustumé d'ancienneté; & que pour ce, ne different ou delaïent à baillier & delivrer aus Parties, leur Lettres ou Actes.

s *Greffiers.*
t *actes judiciaires.*
u *expedier.*

NOTES.

*(d) Impositions des Feux.]* Cecy nous apprend de quelle nature estoit l'Ayde ordonnée dans les Estats d'Amiens.

*(e) Guerre.]* Voy. sur les guerres privées, les Prefaces des 1. 2. 3. & 4.[e] Vol. des *Ordonn.* st. *Guerres privées.*

*(f) Laquelle chose.]* Les Lettres qui sont icy & plus bas, en *italique,* ont esté suppléées, parce que le parchemin est déchiré dans ces endroits.

CHARLES V. à Sens, le 20. de Juillet 1367.

(13) *Item.* Voulons que l'Ordenance des [a] Bourgoisies autrefoiz faite par noz Predecesseurs, soit tenuë, gardée & acomplie de point en point, selon sa forme & sa teneur.

(14) *Item.* Comme Nous aïons pieça ordené & establi certains [b] Reformateurs, Nous voulons, ordenons & declairons par ces presentes, que il soient Réformateurs seulement de & sur noz Officiers, Fermiers & autres, tant sur le fait de Justice, comme sur le fait des subsides, imposicions & Gabelles.

Si donnons en mandement par ces presentes, à noz amez & feaulz Conseilliers, les Generauls-Trésouriers, aus Esleuz & Receveurs, & à touz autres députez & à députer sur les faiz desdiz subsides, tant pour les guerres comme pour la délivrance de nostredit Seigneur & Pere, que Diex absoille; & aussi à touz Justiciers & autres Officiers de Nous & de nostre Royaume, ou à leurs Lieuxtenans, presens & avenir, & à chascun d'eulx si comme à lui appartendra, que toutes noz Ordenances & autres choses dessus transcriptes, & chascune d'icelles, facent crier & publier partout où il appartendra, & ycelles tiegnent, gardent & acomplissent, & facent tenir garder & acomplir de point en point, selon leur forme & teneur, senz les enfraindre, ne faire ou souffrir enfraindre, en tout ou en partie, commant que soit: Et que ce soit ferme chose & estable à tousjours, Nous avons fait mettre nostre Seel à ces presentes. *Donné à Senz, le 20.e jour de Juillet, l'An de grace 1367. & le quart de nostre Regne.*

Et sur le reply, il y a: (g) Auxerre. Par le Roy en son Grant Conseil.[1] BLANCHET. (h) Contentor. BLANCHET. *Visa.*

a *Voy.* les Tables des Matieres des precedents Volumes des Ordonn. *aux mots*, Bourgeois & Bourgeoisie.

b *Voy.* les Tables des Matieres des precedents Volumes des Ordonnances, *au mot*, Reformateurs.

1. Peut-estre, *le Chancelier.*

NOTES.

(g) *Auxerre.* ] L'Original sur lequel cette Ordonnance a esté copiée, fut envoyé à la Ville d'Auxerre. On en envoyoit de semblables à toutes les Villes qui avoient envoyé des Deputez aux Estats. Voy. le 3.e Vol. des *Ordonn.* pp. 687. 688.

(h) *Contentor.* ] J'ay déja trouvé ce mot plus d'une fois, à la fin de quelques Lettres Royaux, & je l'ay même vû à la fin de Lettres de Henry II. Je ne sçavois ce qu'il signifioit : mais au lieu de hasarder des conjectures qui peut-estre n'auroient pas esté heureuses, je crûs plus prudent d'attendre jusqu'à ce que je trouvasse quelque texte précis qui m'expliquât ce mot. J'en ay enfin trouvé un à la fin de Lettres Royaux accordées à *Guillaume de Meron*, qui sont au Thresor des Chartres, Registre 103. Piece 214.

Le voicy :

*Dictus Guillelmus* ( Meron) *promisit per suum juramentum, coram* 1. *Domino, reddere* le Contentor, *Notario, si Notarius minimè sit contentus.* Actum die 7.a Octobris 1372.

Ainsi, *Contentor*, signifie, *je suis content, je suis payé.*

L'on trouve dans le Gloss. de Du Cange, *contentare*, pour signifier, *contenter.*

---

CHARLES V. à Chartres, en Juillet 1367. Louis VI. dit le Gros, à Paris, en 1137.

(a) Lettres portant que les habitans de Frenay-l'Evêque, seront exempts de tous droits & imposts, à l'exception de ceux qu'ils payeront à l'Evêque de Chartres.

*KAROLUS &c. Notum facimus universis tam presentibus quam futuris, Nos Litteras inclite memorie Domini Ludovici condam Francorum Regis, predecessoris nostri, vidisse, formam que sequitur, continentes.*

*IN nomine Sancte & individue Trinitatis, Amen. Ego Ludovicus Dei gracia Francorum Rex. Cum ad omnes, maxime autem ad* (b) *domesticos, bonum operari moveamus;*

NOTES.

(a) Thresor des Chartres, Registre 97. Piece 411.

(b) *Domesticos.* ] Il me paroist que ce mot designe icy *Gauffridus* Evêque de Chartres, dont il est parlé plus bas, & à la consideration duquel, le Roy accorda ces Lettres.

[a] eis, [b] que majori Nobis conjuncti sunt caritate, [c] serviciorum suorum multiplicitate, Nos sibi obnoxios fecerunt propensiori voluntate; beneficio ampliori liberalitatis manum porrigere debemus. Hujus ergo racionis consideracione habita, notum fieri volumus cunctis fidelibus tam futuris quam [d] instantibus, quod Nos, Villam Episcopi Carnotensis, que est in Belsia, que scilicet Villa (c) Fraxinetum appellatur, pro dicti amore & petitione Gauffridi venerabilis Carnotensis Episcopi, amici nostri karissimi, ab omni Consuetudine; à tolta scilicet & tallia & (d) hospitacione, & omni violencia & exaccione, insuper ab omni Consuetudine, liberam & quietam imperpetuum esse concessimus: Astante & [e] annuante Filio nostro Ludovico, jam in Regem coronato. Nos ergo, predicte Ville & omnibus inibi habitantibus, & omnibus rebus ad eamdem Villam pertinentibus, perpetuam immunitatem ab omni Consuetudine, ut dictum est, concessimus; ita ut neque Nos, neque successores nostri Reges, neque omnino aliquis, preter Carnotensem Episcopum, in predicta Villa, aliquid capere presumat; & eamdem Villam in nostra [f] tracione & deffencione suscipimus. Quod ut perpetue stabilitatis obtineat munimentum, scripto commendari, & Sigilli nostri auctoritate, & nominis nostri [g] karactere, corroborari precepimus. Actum Parisius, in Palatio nostro, publice, Anno Incarnati Verbi 1137. Regni vero nostri 29. (e) Ludovico Filio nostro in Regem sublimato, Anno 4. Astantibus in Palatio nostro, quorum nomina subtitulata sunt & signa. Signum Radulphi Viromandorum Comitis, & Dapiferi nostri. Signum Willelmi Buticularii. Signum Hugonis Camerarii. Signum Hugonis Constabularii. PH S Data per manum Stephani Cancellarii.

CHARLES V.

à Chartres, en Juillet 1367.

a &.
b q. R.
c &.
d presentibus.
e annuente.
f tuitione.
g Le Monogramme.

QUAS quidem Litteras & omnia & singula in eis contenta, rata & grata habentes, [h] & laudamus, ratifficamus, approbamus, & ex certa sciencia, auctoritate Regia &

h ea.

NOTES.

Cet Evêque se nommoit Geoffroy de Lieves, *Gauffridus* ou *Goffridus de Leugis*. Voy. *Gall. Christ.* 1. *Edit. t.* 2. *p.* 489. *recto*, *col.* 1.

Mais comment ce Prelat pouvoit-il estre *domestique* du Roy!

L'on voit par le Gloss. de *Du Cange*, au mot, *Domesticus* 3. que l'on donnoit le nom de *Domestique*, aux plus grands Officiers de la Cour des Rois de France.

Je n'ay pû decouvrir quelle estoit la charge dont *Geoffroy* estoit revestu à la Cour de *Louis le Gros*; & voicy tout ce que j'ay pû recueillir à ce sujet.

Entre les personnes qui souscrivirent en grand nombre, à des Lettres données par *Philippe I.* le 5. de Novembre 1071. & qui se trouvent dans l'Histoire de la Maison de *Montmorency*, par *Du Chesne*, L. 2. ch. 4. p. 77. & dans les preuves p. 25. on lit *Gauffredus Capellanus*. Je ne sçais pourquoy *Du Peyrat*, qui dans *son histoire de la Chapelle du Roy de France*, L. 1. ch. 24. p. 158. cite cet endroit du Livre de *Du Chesne*, a mis *sous-Chapelain du Roy*, au lieu de *Chapelain*.

En supposant que *Geoffroy*, qui suivant la *Gall. Christ. ibid.* a esté fait Evêque de Chartres en 1116. & est mort le 1.er de Fevrier en 1138. a vécu très long-temps; il ne seroit pas impossible que ce fût ce même *Geoffroy* qui en 1071. estoit *Chapelain du Roy*, & qui avoit conservé cette place, ou qui peut-estre estoit parvenu à la premiere Charge de la Chapelle du Roy. On ne sçait pas quel titre on donnoit alors à cette premiere Charge, & l'on peut consulter à ce sujet, le Gloss. de *Du Cange*, aux mots *Capellani* & *Eleemosinarii Regum Franciæ*.

*Geoffroy Chapelain* en 1071. estoit sans doute le même que *Gauffridus Canonicus S. Mariæ*, [*Chanoine de N. D. de Paris*,] qui souscrivit en 1067. d'autres Lettres de *Philippe I.* Voy. *Du Chesne*, *ibid.* p. 75. & dans les preuves, p. 22. Il paroist par l'Hist. de *Louis le Gros*, que *Geoffroy* estoit un personnage d'une grande consideration. En 1137. il estoit *Legat du Siege Apostolique*. Voy. *Du Peyrat*, *ibid.* & *le* 1.er *Vol. des Ordonn.* p. 8.

(*c*) *Fraxinetum.*] C'est sans doute, *Frenay-l'Evêque*, dans la Beausse, Diocese de Chartres. Voy. *le Dictionn. Univers. de la Fr.* au mot, *Frenay-l'Evêque*.

(*d*) *Hospitacio.*] La redevance dûë par un *Hoste*, à son Seigneur. Voy. *le Gloss. de Du Cange*, à ce mot, & au mot, *Hospitatus* qui est dans l'article, *Hospes*. Voy. sur le mot, *Hostes*, *les Tables des matieres des Vol. des Ordonn.*

(*e*) Le mois n'y est pas: mais ces Lettres sont certainement posterieures au mois d'Aoust, au commencement duquel, Louis le Gros mourut.

CHARLES V. à Chartres, en Juillet 1367.

*gratia speciali, ac contemplacione dilecti & fidelis Consiliarii nostri, (f) Episcopi Carnotensis, Nobis super hoc humiliter supplicantis, tenore presentium confirmamus. Quare damus hiis presentibus, in mandatis Baillivo Carnotensi, ceterisque Justiciariis & Officiariis nostris, presentibus & futuris, & eorum Loca-tenentibus, ac cuilibet eorumdem, quatenus habitantes dicte Ville Fraxineti, & eorum quemlibet, ac ipsorum successores, privilegiis, Libertatibus, franchisiis, ac omnibus aliis in predictis Litteris contentis, uti & gaudere faciant & permittant; nec contra premissa aut eorum aliqua, dictos habitatores vel eorum aliquem, deinceps* [a] *perturbant aut molestent, perturbari aut molestari faciant quoquomodo; quia sic fieri volumus, & eisdem concessimus & concedimus per presentes. Quod ut firmum & stabile perpetuo perseveret, nostrum presentibus Litteris fecimus apponi Sigillum: nostro in aliis, & alieno in omnibus jure salvo.* Datum Carnoti, mense Julii, Anno Domini 1367. & Regni nostri quarto.

*Per Regem.* N. DE VEIRES. *Collacio facta est cum Litteris Originalibus, per me.* N. DE VERRES. *Visa.*

a perturbent.

NOTES.

(f) *Episcopi Carnotensis.* ] Dans la *Gall. Christ. ibid.* p. 492. *verso*, col. 1. [ Voy. cy-dessus, Note (b) ] il est dit que *Jean d'Augeraut* d'Evêque de Chartres en 1360. devint Evêque de Beauvais, & qu'il eust pour successeur, *Guillaume de Chanal,* qui siegeoit encore en 1368.

Or, suivant l'*Hist. Genealog. de la Maison de France,* t. 2. p. 274. Jean d'*Auguerant,* ( car c'est ainsi qu'il y est nommé, ) fut fait Evêque de Beauvais en 1360. C'estoit donc Guillaume de Chanal, qui l'estoit en 1367.

---

CHARLES V. en l'Eglise de Chartres, en Juillet 1367.

## (a) Lettres qui ordonnent que les affaires de l'Eglise de Chartres seront portées *sans moyen*, au Parlement de Paris.

b C'est un Arrest du Parlement.

c Voy. le 3.e Vol. des Ordonn. p. 347. Note (c).

[b] *KAROLUS Dei gratia Francorum Rex. Notum facimus universis presentibus & futuris, quod exhibitis Curie nostre, pro parte dilectorum nostrorum Decani & Capituli Ecclesie Carnotensis, & in eadem Curia, necnon ad* [c] *Mensam marmoream in Palacio nostro Regali Paris. lectis & publicatis, aliis Litteris nostris in filis sericis & cera viridi sigillatis, formam continentibus subsequentem.*

d *Lettres de Charles V.*

e *Voy.* les Tables des Matieres des Vol. des Ordonnances.

f *Especes de serfs.*

[d] CHARLES par la grace de Dieu Roy de France : A perpetuelle memoire. Comme noz bien amez les Doyen & Chapitre de l'Eglise de Chartres, tant en chief comme en membres, avecques leurs Genz, Officiers, familliers, Ministres, Chastelains, Villes, manoirs, granches, maisons, droiz, Juridicions, [e] hostes, [f] hommes de corps & (b) provendiers, dès le temps (c) de la fundacion d'icelle Eglise, aïent ressorti sanz nul moyen, devant les Bailliz Royaux, & par especial, devant le Bailli d'Orleens,

NOTES.

(a) Registre *A.* du Parlement de Paris, *fol.* 93. *recto.*

Ces Lettres sont aussi au Thresor des Chartres, Reg. 99. Piece 30.

(b) *Provendiers.* ] *Provendarius* est la même chose que *Præbendarius;* & suivant le Gloss. de Du Cange, à la fin du mot, *Præbenda, Præbendarius* signifie trois sortes de personnes:

1.° Des *Prebendiers* & des Prestres qui déservent une Eglise.

2.° Des personnes preposées à la distribution des grains.

3.° Des personnes à qui on distribuë du grain & des vivres.

La premiere de ces significations, paroist estre celle qui convient le mieux icy : cependant s'il s'y agit de *Prebendiers & de Prestres,* les auroit-on nommez après des *serfs !*

(c) *De la fundacion d'icelle Eglise.* ] Cela ne s'accorde guére, avec ce qui est dit dans des Lettres accordées à l'Eglise de Chartres, le penultiéme d'Aoust 1356. qui portent que l'Eglise de Chartres a esté fondée du temps de la S.te Vierge. *Voy. le 4.e Vol. des Ordonn.* p. 177. & Note (d).

d'Orleens, au Siege *(d)* d'Yenville, & jusques à tant que nostre tres chier Seigneur & Ayeul, le Roy Philippe que Dieux absoille, donna & transporta à nostre très chier & amé Oncle, le Duc d'Orleens son filz, la Duchié d'Orleens & ses appartenances; desquelles appartenances est & a acoustumé à estre le Chastel & Siege d'Yenville; & pour ce, nostredit Seigneur & Ayeul eust ordené, voulu & octroyé par ses [a] Lettres seellées en cire vert & las de soye, que lesdiz Doyen & Chapitre, en chief & en membres, avec leursdictes gens, Officiers, familliers, Ministres, Chastellains, Villes, manoirs, granches, maisons, droiz, Jurisdicions, hostes, hommes de corps & provendiers, [b] rossortissent dès-lors-en-avant, devant le Prevost de Paris, au Siege de Poissy: Et après ce, nostre très chier Seigneur & Pere, le Roy Jehan dont Dieux ait l'Ame, pour la devocion qu'il avoit à la Vierge Marie & à ladicte Eglise de Chartres, & aussi pour ce que lesdiz Doyen & Chapitre, *(e)* lui quitterent deux cens soixante mars & une unce de fin Argent, & la somme de deux cenz deniers d'Or à l'Escu, èsquelles sommes il leur estoit tenuz, leur eust octroyé que sanz plus aler ou [c] ressotir audit lieu de Poissy, il ressortissent sanz aucun moyen, pardevant les Genz tenens le Parlement à Paris, & les eust exemptés de touz Juges Royaulx: Et depuis ce, Nous, par la grant devocion que Nous avons à la Vierge Marie & à ladicte Eglise; & aussi, pour ce que la somme de mille frans d'Or en laquelle Nous, pour certainne cause, estions tenuz auxdiz Doyen & Chapitre, il Nous quitterent, lesdiz don & ottroy faiz par nostredit Seigneur & Pere, aïons loüé, ratiffié, approuvé & conformé, & noz Lettres sur ce données & faites, aïent esté passées & enregistrées en la Chambre de noz Comptes à Paris, & depuis portées en la Chambre de nostre Parlement, pour avoir executoire sur ce: Et contre lesdictes Lettres & leur effeict, nostre Procureur General se soit opposez, si comme toutes les choses dessuzdictes, sont venuës à nostre congnoissance: Savoir faisons à touz presens & avenir, que Nous, qui à ceste premiere foiz depuis que Nous venismes au gouvernement de nostre Royaume, sommes venuz à ladicte Eglise de Chartres, estant devotement devant l'Ymage de Nostre-Dame, considéranz les biaux, grans & notables miracles que Nostre Seigneur Dieu fait de jour en jour en ladicte Eglise, à l'onneur de la glorieuse Vierge Marie, & aussi pour la très grant & très especial devocion, que touzjours avons euë & avons à ycelle & à sadicte Eglise, & que Nous avons ferme esperance que par ses prieres & intercession, l'estat de Nous & de nostre Royaume, soit & demeure dores-en-avant en [d] greigneur paix & prosperité, avons offert humblement & devotement, donné & octroyé liberaument, de nostre propre mouvement, & par la teneur de ces presentes Lettres, offrons, donnons & octroyons à la glorieuse Vierge Marie, de grace especial & certainne science, de nostre auctorité & plaine puissance Royal, que dores-en-avant à touzjours-maiz, lesdiz Doïen & Chapitre de sadicte Eglise de Chartres, tant en chief comme en membres, avec leurs gens, Officiers, familliers, Ministres, serviteurs, Chastellains, Villes, manoirs, granches, maisons, droiz, Juridicions, subgiez, hostes, hommes de corps, provendiers, biens & possessions quelzconques, qu'il ont à present & auront pour le temps avenir, en quelque maniere ne pour quelconque cause que ce soit, ressortissent sanz aucun moïen, & toutes leurs Causes meuës & à mouvoir, soïent [e] ventillées & determinées ou temps avenir & en touz cas, en nostre Chambre de Parlement, pardevant les Genz qui tiennent & tendront ledit Parlement; & avec ce, yceulx Doyen & Chapitre, en chief & en membres,

CHARLES V. en l'Eglise de Chartres, en Juillet 1367.

a *Elles ne se trouvent point dans le Recueil des Ordonn.*

b *ressortissent.*

c *ressortir.*

d *meilleurs.*

e *examinées & jugées.*

NOTES.

*(d) Yenville* ] nommée aussi *Janville*, est une Ville située dans la Beausse, à une lieuë de Toury, & à neuf, au nord d'Orleans. C'est une Chastellenie Royale qui dépend du Bailliage & du Presidial de Chartres, & dont releve la partie du Perche, que l'on appelle, *Terre Françoise*. Voy. *le Dictionn. Univers. de la Fr.* au mot, *Yenville.*

*(e) Luy quitterent.* ] Cette circonstance ne se trouve point dans les Lettres du Roy Jean qui sont dans le 4.e Vol. des *Ordonn.* p. 177.

CHARLES V. en l'Eglise de Chartres, en Juillet 1367.

avec leurs genz, Officiers, familliers, Ministres, serviteurs, Chastellains, Villes, manoirs, granches, maisons, droiz, Juridicions, subgiez, hostes, hommes de corps, provendiers, biens & possessions quelconques, qu'il ont à present & auront pour le temps avenir, en quelque maniere que ce soit, comme dit est, avons exempté & exemptons à touzjourz-maiz, de toutes autres Cours, Juridicions, Auditoires, & [a] cohercicions quelconques. Si donnons en mandement par ces presentes, à nozdictes Genz du Parlement, & à touz les autres Justiciers, Officiers & subgiez de nostre Royaume, presens & avenir, ou à leurs Lieuxtenans, & à chascun d'eulx, que lesdiz Doyen & Chapitre, tant en chief comme en membres, avecques toutes leurs genz, biens & possessions dessusdictes, facent, sueffrent & laissent paisiblement joïr & user perpetuelment, de noz offrande, don, grace & octroy, ne contre la teneur de ces presentes, ne les molestent ou empeschent, ou sueffrent estre molestés ou empeschiez en aucune maniere; nonobstant quelconques opposicions, contradictions ou allegacions faictes & à faire par noz Advocaz & Procureurs, ou autres quelconques au contraire : Et toute-voyes n'est pas nostre entente, que pour cause de noz presens don, grace & octroy, aucun préjudice soit fait ou puisse estre mis de present ne pour le temps avenir, aux autres privileges anciens de ladicte Eglise, par lesquelz lezdiz Doïen & Chapitre ne sont tenuz de plaidier oudit Parlement, fors comme pardevant *(f)* Traicteurs de leurs Causes. Et que ce soit ferme chose & estable à touzjours perpetuelment, Nous avons fait mettre nostre Seel à ces presentes Lettres : sauf nostre droit en autres choses & l'autrui en toutes. *Donné en l'Eglise de Chartres, ou moys de Juillet, l'An de grace mil trois cens soixante-sept, & de nostre Regne le quart.*

a contraintes.

[b] *VISIS insuper certis aliis nostris* [c] *Litteris nostri nominis, manu nostra propria supscripcione signatis, sub signeto Annuli nostri secreto, clausis, dilectis ac fidelibus nostris Gentibus nostrum Par. Parlamentum tenentibus, ac Procuratori & Advocatis nostris, super hoc directis, ipsa Curia nostra, Litteris nostris suprascriptis, presente ad hoc & non contradicente Procuratore nostro Generali predicto, obtemperavit & obtemperat per presentes. Quocirca Preposito Parisiensi, Baillivis Pissiaci & Carnotensi, ceterisque Justiciariis & Officiariis nostris, ad quos presentes Littere pervenerint, aut eorum Loca-tenentibus, damus serie presencium in mandatis, quatenus presentes & suprascriptas Litteras nostras, in Villis & locis de quibus fuerint requisiti, legi & publicari, eosdemque Decanum & Capitulum, tam in capite quam in membris, ac ipsorum gentes & homines, predicta nostra gracia & concessione uti faciant & gaudere, absque contradictione vel impedimento quocunque, juxta Litterarum prescriptarum continentiam & tenorem. Quod Curia nostra predicta, premissorum consideracione, fieri voluit, ac eisdem Decano & Capitulo concessit & concedit per presentes. Ut autem premissa perpetue firmitatis vim & robur obtineant, nostrum presentibus Litteris fecimus apponi Sigillum : nostro in aliis & in omnibus quolibet alieno jure salvo.* Datum & actum Parisius, in Parlamento nostro, 27. die mensis Julii, Anno Domini millesimo trecentesimo sexagesimo-septimo, & Regni nostri quarto.

b Suite de l'Arrest du Parlement.

c Elles sont à la page suivante.

*Et in Litteris superius insertis, erat ita scriptum in margine à superiori parte.* Par le Roy, presens Mess. les Ducz de Berry & de Bourgongne, les Contes d'Estampes,

NOTES.

*(f) Traicteurs de leurs Causes.*] Dans les Lettres du penultiéme d'Aoust 1356. il y a : *Nec tamen nostre intencionis existit, quod per hoc antique consuetudini ipsius Ecclesie, per quam dicti Decanus & Capitulum asserunt se habere debere in dictâ nostrâ curiâ Tractatores, &c.* La clause des Lettres françoises semble estre la traduction de la clause des Lettres latines : il y a cependant quelque difference. J'avois crû, [Voy. le 4.e Vol. des Ordonn. p. 178. Note *(e)*] que *Tractator* signifioit *Procureur* ou *Agent d'affaire*, mais ce sens ne peut convenir avec la maniere dont la phrase françoise est tournée.

de Pezenas, de Tancarville & de Brene, & plusieurs autres. N. DE VERRES. *(g)*.

*Et in inferiori parte: Registrata in Camera Compotorum Parif. cum aliis consimilibus, & reddita, de precepto Domini Regis, super hoc expresse facto.* JOHANNES. *Et in Registro dicte Camere, scribitur:* Id quod est hic à tergo, de manu Parlamenti. *Lecte & publicate in Camera Parlamenti, & ad* [a] *Mansam Marmoream, in Palacio Regio, de precepto Curie que eisdem obtemperavit, 26. die Julii, Anno Domini millesimo trecentesimo sexagesimo-septimo, presente & non contradicente Procuratore Regio.* VILLEMER. *JOHANNES.* Visa. [b] *Contentor.*

CHARLES V. en l'Eglise de Chartres, en Juillet 1367.

a mensam.

b *Voy. p. 22. Note (h).*

*(h)* A Noz amez & feaulx Conseillers les Gens tenans nostre Parlement à Paris. De par le Roy. Les Gens tenans nostre Parlement à Paris : Nous avons donné & octroyé en l'onneur de la glorieuse Vierge Marie, à noz bien amez les Doyen & Chapitre de son Eglise de Chartres, pour la très grant devocion & affeccion que Nous avons à ycelle, que eulz, leurs gens, Officiers, biens & possessions quelconques, ressortissent sanz nul moyen, perpetuelment, en nostredit Parlement, si comme plus à plain vous apparra par noz Lettres sur ce faictes, en las de soye & cire vert. Si vous mandons & enjoignons, tant estroittement comme Nous povons, que, toutes excusacions cessanz, sanz empeschement quelconques, vous les faciez & laissiez joïr & user paisiblement de nostredicte grace, selon la fourme & teneur de nozdictes Lettres, telement que il n'en conviengne retourner pardevers Nous; car il Nous en desplairoit : Et que vous sachiez que Nous avons ceste chose très à cuer, & que ce vient de nostre conscience, Nous avons signé ces Lettres de nostre main. *Donné à Senz, le 19.e jour de Juillet.* CHARLES.

A Noz bien amez noz Advocaz & Procureur General en nostre Parlement à Paris, & à chascun d'eulz. De par le Roy. Noz bien amez : Nous avons donné & octroyé en l'onneur de la glorieuse Vierge Marie, à noz amez les Doyen & Chapitre de son Eglise de Chartres, pour la très grant devocion & affection que Nous avons à ycelle, que eulz, leurs gens, Officiers, biens & possessions quelconques, ressortissent, sanz aucun moyen, perpetuelment, en nostredit Parlement, si comme plus à plain vous apparra par noz Lettres sur ce faictes, en las de soye & cire vert. Si vous mandons & enjoignons, tant estroittement comme Nous povons, que aucun empeschement vous ne mettez ou faciez mettre, en quelque maniere que ce soit, en nostredicte grace; mais d'icelle, selon la fourme & teneur de nozdictes Lettres, les laissiez joïr & user paisiblement, telement qu'il n'en conviengne retourner pour ce pardevers Nous; car il Nous en desplairoit : Et que vous sachiez que ce vient de nostre conscience, & que Nous avons ceste chose très à cuer, Nous avons signé ces Lettres de nostre propre main. *Donné à Senz, le 19.e jour de Juillet.* CHARLES.

NOTES.

*(g)* Dans le Registre 99. il y a ensuite : *Contentor. Visa.* Voy. un peu plus bas.

*(h) A nos amez.]* Ce sont les Lettres clauses [ ou de cachet, ] dont il est parlé à la page precedente. Voy. Note *(c)* marginale.

---

CHARLES V. à Sens, en Juillet 1367.

## *(a)* Ordonnance portant reglement pour la Jurisdiction des Maistres des Eauës & Forests.

SOMMAIRES.

*(1) Les Pescheurs ne pourront estre adjournez hors des Chastellenies, Prevostez ou ressorts dans lesquelles ils sont domiciliez.*

*(2) Les Pescheurs ne pourront estre condamnez à l'amende, par rapport à leur métier, ni leurs biens estre saisis, par rapport à cette amende, s'ils ne confessent avoir commis quelque contravention; ou s'ils ne sont condamnez*

CHARLES V. à Sens, en Juillet 1367.

*par un Jugement rendu dans l'estendüe de la Jurisdiction dans laquelle ils demeurent.*

*(3) Les Pescheurs ne pourront estre condamnez, par rapport aux contraventions qu'ils auront commises, qu'aux amendes portées par les anciennes Ordonnances, ou establies par les anciennes Coustumes des Pays où ils demeurent.*

*(4) Les Maistres & les Sergents des Eauës & Forests, ne pourront faire aucun Acte judiciaire contre les Pescheurs, sans y appeller les* Justices *des lieux du domicile de ces Pescheurs.*

CHARLES par la grace de Dieu Roy de France. Savoir faisons à tous presens & avenir, que comme de la partie de plusieurs Prelaz, & autres Genz d'Eglise, Nobles, Bourgois & autres, noz bons & loyaux subgiez, en l'assemblée que faite avons à [a] Sens, presentement, Nous ait esté exposé en eulz griefment complaingnant, que pour cause des griefs & énormes vexations, travaux & oppressions, que les Maistres des Eauës & Forez de nostre Royaume, & les Sergens d'icelles, ont fait ou temps passé, & font de jour en jour aux Pescheurs qui ès Rivieres & autres Eauës dudit Royaume, ont acoustumé à pescher, au proffit & accroissement des vivres, de la chose publique & du bien commun de nostredit Royaume: C'est assavoir, que sanz cognoissance de Cause, senz aucun délit ou meffait, & senz les oïr ou appeller deuëment, les font aler par adjournemens & autrement, en diverses & lointainnes parties dudit Royaume; & se il [b] se deffendent, sont durement traictiez & demenez, en extorquant d'eulz grosses & excessives amendes; & mesmement, lesdiz Sergens prennent de l'un quarante solz, de l'autre trente; vint, dix, ou ce qu'il en puent avoir: lesdiz povres Pescheurs, desquelz les aucuns sont en procès pardevant lesdiz Maistres ou leurs Lieuxtenans à la *(b)* Table de Marbre en nostre Palaiz à Paris, & les autres qui sont des parties de Champaigne, de Bourgoingne, & d'autres Pays, en Normandie & ailleurs, hors de leurs ressors, sont venuz à telles povretez & misere, qu'il ne puent poursuir lesdiz procès; mais les convient aucune foiz [c] composer ausdiz Sergens, à plus que il ne puent [d] finer; & pour ce, leur esconvient laissier leurdit mestier de Pescherie, dont il advient & est advenu plusieurs foiz, tant ès bonnes Villes comme ès autres lieux dudit Royame, que les [e] trèspassans n'y puent recouvrer de poisson, & aussi les residens en yceulx lieux: lesquelles choses sont faites contre raison & le bien commun, ou grant dommaige, [f] gref & préjudice de toute la chose publique, & desdiz povres Pescheurs, dont les plusieurs n'ont [g] autre chose dont il puissent vivre, & Nous en desplait [h] forment, & non senz cause: Nous, qui desdictes vexations, griefs, travaux, oppressions & autres choses dessusdictes, sommes [i] souffisament enformez, voulans raison & Justice estre gardée en nostre temps, & noz subgiez estre gardez & deffenduz de toutes vexacions, oppressions & molestacions indeuës, & pourveoir au bien de la chose publique; & les Ordonnances de noz Predecesseurs & de Nous, par lesquelles aucun ne doit estre [k] tanz hors de son ressort, & mesmement [l] miserables personnes, estre tenuës & gardées senz enfraindre, de nostre certaine science & grace especial, plaine puissance & auctorité Royaulx, & par bonne & meure déliberacion de nostre Grant Conseil, sur ce eue, avons ordenné & ordonnons par ces presentes.

*(1)* Que dores-en-avant lesdiz Pescheurs, par adjournement ou autrement, ne seront traiz hors des lieux principaux de Chastellerie, Prevostez ou ressors, soubz qui il demoureront, & seront *(c)* couchans & levans: & qui ailleurs les

a *Voy. cy-dessus, p. 15. (a).*

b *refusent de comparoistre.*

c *Voy.* les Tables des Matieres des Vol. des Ordonn. *au mot,* Compositions.

d *à des sommes si fortes, qu'ils ne sont pas en estat de les payer.*

e *les passans, les voyageurs.*

f *grief.*

g *d'autre mestier.*

h *fortement.*

i *souffis.* R.

k *Corr.* traits; *c'est-à-dire,* tirez, citez.

l *pauvres.*

NOTES.

*(a)* Thresor des Chartres, Registre 97. Piece 500.

*(b) Table de Marbre.]* Voy. le 3.e *Vol. des Ordonn.* p. 347. Note *(c)*. Il y avoit autrefois trois Jurisdictions qui se tenoient à la Table de Marbre; les *Eauës & Forests*, la *Connestablie* & l'*Admirauté*. Celle des *Eauës & Forests* se tient encore au fond de la Grande Sale du Palais, vis-à-vis la Chapelle, & cela peut faire présumer que c'estoit-là où estoit placée la *Table de Marbre*. Ces trois Jurisdictions sont encore connuës aujourd'huy, sous le nom commun de la *Table de Marbre*.

*(c) Couchans & levans.]* Voy. les *Instit. Coust. de Loisel, avec les Notes de Lauriere, L. 1. tit. 1. regle 19. p. 21.*

vouldroit traire par adjournemens ou autrement, pour la cause dessusdicte, Nous n'y voulons estre obéi; mais voulons que touz deffaux donnez au contraire, & toutes autres choses qui s'en ensuirroient, soient de nulle valeur, & [a] vacuës de force & de vertu, & que pour ce, lesdiz Pescheurs ou aucun d'eulz, ne puissent estre [b] executez, ne traiz à amende en quelconque maniere.

CHARLES V. à Sens, en Juillet 1367.

(2) *Item.* Que aucuns desdiz Pescheurs ne soient contrains à amende, ne executez pour amende quelconque, pour cause de leurdit mestier, se il ne confessent y avoir [c] mespris, ou se il n'y sont èsdiz lieux principaux condempnez par Jugement, ordre de droit gardée; & [d] au contraire, Nous ne voulons * estre obéi.

(3) *Item.* Que il ne soient tenuz de paier amende, pour quelque meffait que il commettent audit mestier, autre que paier la doivent par les Ordonnances Royaux anciennes du temps de Monf. Saint Loys & de noz autres Predecesseurs, & selon les privileges & Coustumes des Villes & des Pays, anciennement gardées.

(4) *Item.* Que lesdiz Maistres & Sergenz, ne pourront faire aucuns exploiz de Justice sur lesdiz Pescheurs, senz appeller les Justices des lieux; & se il faisoient le contraire, Nous n'y voulons estre obéy, ne yceulx Pescheurs pour ce, paier aucune amende : & en oultre, avons ordonné & ordonnons comme dessus, que les procès dessusdiz, en quelque lieu que il soient meuz & pendent pardevant quelconques desdiz Maistres ou leurs Lieuxtenans, soient determinez èsdiz lieux principaux desdictes Chastellenies, Prevostez ou ressors; & que les Parties estans èsdiz procès, ne soient tenuz de comparoir ne proceder ailleurs; & tout ce qui seroit fait au contraire, tant deffaux donnez comme autres choses quiexconques, Nous voulons & decernons estre de nulle valeur, & que pour ce, lesdiz Pescheurs ou aucun d'eulx, ne puissent estre traiz à amende en aucune maniere.

Si donnons en mandement par ces presentes, à touz nos Seneschaux, Bailliz, Prevoz & autres Justiciers, presens & avenir, & à chascun d'eulx si comme à luy appartendra, que nostre presente Ordonnance facent crier & publier solleinpnellement, par touz les lieux accoustumez à faire criz & publicacion en leurs Seneschaucies, Bailliaiges, Prevostez & autres Jurisdicions, & ycelle facent tenir, garder & acomplir entierement, selon la forme & teneur d'icelle; & ausdiz Maistres & Sergenz, & à touz les autres Officiers desdictes Eauës & Forès, presens & avenir, que ycelle nostre Ordonnance gardent, tiengnent & acomplissent de point en point, sur [e] quanque il se puent meffaire envers Nous, senz faire le contraire en aucune maniere; en mettant au premier estat & deu, tout ce qui est ou seroit fait au contraire. Et que ce soit ferme chose & estable à touzjours, Nous avons fait mettre nostre Seel à ces Lettres, sauf en autres choses nostre droit & l'autruy en toutes. *Donné à Sens, l'An de grace 1367. & de nostre Regne le quart, ou mois de Juillet.*

Ainsin sign. Par le Roy en son Conseil. J. DE LUZ. Pour [f] Troyes. [g] *Contentor. Visa.*

[a] *vuides.*
[b] *leurs biens saisis.*
[c] *avoir commis quelque contravention.*
[d] *si on fait le contraire.*
* *y.*
[e] *Du Latin* quantum.
[f] *Voy. cy-dessus, p. 22. Note (g).*
[g] *Voy. cy-dessus, p. 22. Note (h).*

---

CHARLES V. à Sens, en Juillet 1367.

## *(a) Lettres portant que les habitans de Rozoy en Tierasche, feront exempts des* Appeaux *volages de Laon, en payant annuellement au Roy, deux sols parisis, pour chaque Feu.*

CHARLES &c, Savoir faisons à tous presens & avenir, que, si comme Nous aïons entendu par l'umble [h] de plusieurs manans & habitans de la Ville de *(b)* Rosoy en Tierache, pour ce que il sont des *(c)* Appeaulz volages de Laon,

[h] *supplication.*

NOTES.

*(a)* Thresor des Chartres, Registre 100. Piece 270.

*(b) Rosoy.* ] C'est apparemment, *Rozoy & Apremont*, Bourg & Comté dans la Picardie, Diocese de Laon, sur lequel Voy. le *Dictionn. Univers. de la Fr.* à ce mot.

*(c) Appeaux volages.* ] Voy. *le 2.e Vol. des Ordonn.* p. 81. & Note *(b)*, & les Tables des matieres de ce Volume & des suivants.

CHARLES V. à Paris, en Juillet 1367.

plusieurs Clers & autres, lesquelz ne sont mie desdiz Appeaulz, quant aucuns desdiz Supplians ne font leur volenté, ou leur font desplaisir aucun, & aussi * meu plusieurs fois de leur volenté, sanz aucune cause raisonnable, pour travailler & dommagier lesdiz habitans, les appellent souventeffoiz ou aucuns d'eulz, à nostre Court à Laon, pardevant nostre Baillif de Vermendois on son Lieutenant, pardevant lesquelz il convient que lesdiz habitans ainsi appellez, qui sont demourans à diz lieuës loing de ladicte Ville de Laon, y [a] voisent [b] tantost, en tel estat comme il sont; où il convendroit que il Nous païassent soixante solz d'amende; & si n'y vont mie lesdiz appellans, se il ne leur plaist : pour laquelle cause, lesdiz habitans ainsi appellez, comme dit est, sont travailliez, grevez & dommagiez, & leur en convient laissier à faire leurs besoingnes & leurs labourages, & aussi moult [c] finer & despendre du leur, si comme il dient : & comme plusieurs Villes voisines de ladicte Ville & du pays, lesquelles [d] soloient estre desdiz Appeaulz, en soient quittes, frans, exemps & délivrées, [e] parmi Nous païant chascun an, deulz solz parisis pour [f] chascun Feu, yceulz habitans de ladicte Ville de Rosoy, estans desdiz Appeaulz, Nous ont humblement supplié, que, parmi Nous païant aussi chascun an, deux solz parisis pour Feu, Nous leur veillions pareillement quitter, délivrer & exempter desdiz Appeaulz : Nous, euë consideracion à ce que dit est, voulans noz subgès garder & deffendre de vexacion & despens, avons ausdiz habitans de ladicte Ville de Rosoy en Tierache, desdiz Appeaulz, & à chascun d'eulz, octroïé & par ces presentes, de nostre plaine puissance & auctorité Royale, de certaine science & de grace especial, leur ottroïons, que, parmi [g] païement à nostre Receveur de Vermendois à Laon, pour Nous, chascun an perpetuelment, deux solz parisis pour chascun Feu, au terme ou termes accoustumez en tel cas, il soient dores-en-avant & perpetuelment frans, exemps, quittes & délivrez desdiz Appeaulz, & tout en la fourme & maniere, que les autres habitans du pays sont, qui sont de senblable condicion, comme dit est.

Si donnons en mandement au Baillif de Vermendois, & à tous nos Justiciers & Officiers, ou leurs Lieustenans, presens & avenir, & à chascun d'eulz, que lesdiz habitans & chascun d'eulz, facent & laissent joïr & user de nostre present ottroy & grace, & contre la teneur d'icelle, ne les travaillent ou empeschent, ou aucuns d'eulz; mais ycelle tiengnent & gardent, & facent tenir & garder senz enfreindre, en rappellant & remettant au premier estat & deu, tout ce que il trouveront estre fait au contraire. Et que ce soit ferme chose, &c. sauf, &c. *Ce fu fait & donné à Senz, l'An de grace 1367. & de nostre Regne le quart, ou mois de Juillet.* SOYCOURT.

Par le Roy en ses Requestes. G. DE MONTAGU. *Visa.*

* *mûs.*

a *aillent.*

b *aussi-tost.*

c *depenser.*

d *avoient accoûtumé.*

e *en.*

f *chaque maison.*

g *payant.*

---

CHARLES V. à Paris, en Juillet 1367.

## (a) Diminution de Feux pour plusieurs lieux.

*KAROLUS &c. Notum facimus universis tam presentibus quam futuris, quod cum ex parte plurium & notabilium, &c.*

*Cumque facta quadam informacione, virtute Litterarum dicti Domini Genitoris nostri, in Villis & locis Vicarie (b) Fonelhedesii, Senescallie Carcassone, infrascriptis, super vero numero Focorum modernorum, in dictis Villis & locis nunc existentium, per dilectum Clericum nostrum, Petrum Pererii, Commissarium in hac parte deputatum, vocato*

NOTES.

(a) Thresor des Chartres, Registre 97. Piece 407.

Il y a dans le Volume precedent, plusieurs Lettres de diminution de Feux, accordées à differentes Villes. Elles sont toutes semblables, à l'exception de l'endroit où est nommé le lieu à qui on les accorde, & le nombre de Feux qui y est. C'est pourquoy on a pris le parti de ne les imprimer qu'en extrait. Voy. une Lettre de diminution de Feux, imprimée en entier, dans le 4.e Vol. des Ordonn. p. 573. Voy. la Note (a).

(b) *Fonelhedesii.*] Il faut corriger *Fenolhedesii*, Fenoüillet, dans le Diocese de Narbonne. *Voy. le Diction. Univers. de la Fr.* au mot, *Fenoüilhet.*

CHARLES V.
à Paris, en Juillet 1367.

*& preſente in omnibus Procuratore noſtro Generali dicte Seneſcallie, aut ejus legitimo ſubſtituto; eademque informacione ſeu ejus tranſumpto, ſub ſigillo ordinario Curie Seneſcalli predicte Seneſcallie Carcaſſone, facta & ſigillata, in Cameram Compotorum noſtrorum Pariſius, apportata, ac per dilectas & fideles Gentes noſtras dictorum Compotorum noſtrorum, diligenter viſa & inſpecta, repertum fuerit, quod in dictis Villis ſeu locis dicte Vicarie Fenolhedeſii inferius nominatis, ſunt de preſenti, & reperiuntur, ſecundum traditam inſtruccionem ſuper hoc prelibatam, Focci qui ſequntur; videlicet,* (c) *in loco de* [1.] *Turre, triginta-ſex Focci; in loco de* [2.] *Planeſiis, octo; in loco de* [3.] *Raſigueriis, quinque; in loco de* [4.] *Tornaforti, quinque; in loco de* [5.] *Alauſſaco, novem; in loco de* [6.] *Squirda, octo; in loco de* [7.] *Caſtro Fideli, novem; in loco de* [8.] *Podio-Laurencio, viginti-quatuor; in loco de* [9.] *Hulſaraco, ſex; in loco de* [10.] *Atſſaco, & Manſo de* [11.] *Vainano, territorii ejuſdem loci, triginta; in loco de* [12.] *Artigiis, ſexdecim; in loco de* [13.] *Tozello, ſeptem; in loco de* [14.] *Calhano, & Manſo de* [15.] [a] *Predenchis, territorii dicti loci, octo; in loco de* [16.] [b] *Prada, quinque; in loco de* [17.] *Foſſa, octo; in loco de* (d) *ſeptem; in loco de* [18.] *Virano, octo; in loco de* [19.] *Vivario, & Manſo Sancti Martini Dendalens, territorii dicti loci, octodecim; in loco de* [20.] *Taxiaco, decem; in loco de* [21.] *Sancto Ernato, ſex; in loco de* [22.] *Caramanno, ſexdecim; in loco de* [23.] *Caladroerio, ſeptem; in loco de* [24.] *Caſſaneis, duodecim; in loco de* [25.] *Auſinhano, ſeptem; in loco de* [26.] *Albaribus, tres; in loco de* [27.] *Fulhonibus, novem; in loco de* [28.] [c] *Prunihanis, tres; in loco de* [29.] *Calmis, quatuordecim; in loco de* [30.] *Cubaria, tredecim; in loco de* [31.] *Solagio, octodecim; in loco de* [32.] *Paſano, novem; in loco de* [33.] *Cugunhano, quindecim; in loco de* [34.] *Dulhaco, vigintiunus; in loco de* [35.] *Roſſiano, duodecim; in loco de* [36.] *Conoſalio, tredecim; in loco de* [37.] *Ruppe-forti, & in Manſo de* [38.] *Bulhaco & de Sancta* [39.] *Columba, territorii dicti loci, triginta; in loco de* [40.] *Rebolleto, ſexdecim; in loco de* [41.] *Anſſano, ſeptem; in loco de* [42.] *Sornhano, triginta-quatuor; in loco de* [43.] *Palmis, undecim; in loco de* [44.] *Campobuſino, novem; in loco de* [45.] *Ruppeviridi, quatuor; in loco de* [46.] [d] *Saquaria, quinque; in loco de* [47.] *Trevilhaco, ſeptem; in loco de* [48.] *Monte-Albano, novem; in loco de* [49.] *Trilhano, decem; in loco de* [50.] *Peſilhanello, ſex; in loco de* [51.] *Pratis, duodecim; in loco de* [52.] *Monte-forti, ſeptem; & in loco de* [53.] *Sancto Martino de* [e] *Petleſio, novem Focci.*

*Nos vero, &c. Quod ut firmum, &c. ſalvo, &c.* Actum Pariſius, menſe Julii, Anno Domini 1367. & Regni noſtri 4. *Sic ſignata. Per Conſilium exiſtens in Camera Compotorum Pariſius.* DE CHASTEL. *Informacio de qua ſuperius fit mencio, eſt in dicta Camera cum aliis ſimilibus, prout eſt ordinatum.* DE CHASTEL. *Viſa.*

a *Pdenchis*, avec une marque d'abbreviation ſur le *P.* R.

b *Pda.* avec une marque d'abbreviat. ſur le *P.* R.

c *Pulhanis*, avec une marque d'abbreviation ſur le *P.* R.

d *Saqria*, en abbregé. *R.*

e Il y a une marque d'abbreviation entre le *t.* & l'*ſ.*

## NOTES.

(c) *In loco.*] C'eſt au R. P. D. Vaiſſette, Religieux Benedictin, que je dois la connoiſſance des noms modernes des lieux dont il eſt parlé dans ces Lettres. Preſque tous ces lieux ſont du Dioceſe d'Alet. Quelques-uns ſont de celuy de Narbonne. Il y a une *N.* à la ſuite des noms de ces derniers lieux.

(d) Il n'y a que *Pl.* avec des marques d'abbreviation qui coupent ces deux Lettres. Il a eſté impoſſible de deviner quel eſt ce lieu.

1. La Tour de France.
2. Planeſes.
3. Raſſiguieres.
4. Tournefort.
5. Alauſac.
6. Les Querde.
7. Caſtel-Fizel.
8. Puy-Laurens.
9. Hulſarac.
10. Axat.
11. Vaina.
12. Artigues.
13. Touſel.
14. Caillau.
15. Pezens.
16. Paraou.
17. Foſſé.
18. Virac.
19. Le Vivier.
20. Tayſſac.
21. S. Arnac.
22. Carmaing.
23. Caladroy.
24. Caſſaignes.
25. Anſinia.
26. Albieres. *N.*
27. Feilluns.
28. Prugnannes.
29. Calmes.
30. Cubieres. *N.*
31. Soulage. *N.*
32. Paſan. *N.*
33. Cugugnan. *N.*
34. Duilhac. *N.*
35. Rouffiac. *N.*
36. Counoſols.
37. Roquefort.
38. Bulha.
39. S.[te] Colombe.
40. Rabouillet.
41. Anſan.
42. Sournihac.
43. Palmes.
44. Campouci.
45. Roquefeuille.
46. Sougraigne.
47. Trevilhac.
48. Montalba.
49. Trilla.
50. Peſilla.
51. Prats.
52. Montfort.
53. S. Martin de la Peyrales.

CHARLES V. au Bois de Vincennes, en Juillet 1367.

*(a) Lettres portant exemption de tous subsides, pour seize Arbalestriers, choisis entre les autres Arbalestriers de la Ville de Lagny-sur-Marne, par leur Connestable, & pour ce Connestable.*

CHARLES &c. Savoir faisons à tous presens & avenir, que, pour considéracion des bons services que ont fait ou temps passé, à noz Predecesseurs & à Nous, le Connestable & lez Compaignons de la Connestablie, joüanz de l'Arbaleste en nostre Ville de Laigny-sur-Marne, aux Sieges *(b)* de Temples, de Nogent & de Marrolez, lors occupés de noz ennemiz, & ailleurs en tout ledit païs, & esperons aussi qu'il facent encorez ou temps avenir, se il en estoit necessité; & pour ce, aussi que il Nous puissent & doïent plus diligemment & convenablement servir oudit Office, toutessoiz que le cas si offera, Nous, iceulx Connestable & Compaignons, jusques au nombre de seize Compaignons, des plus profitables, diligens & convenables doudit office, avons voulu & ordené, & par ces presentez Lettres, voulons & ordenons, de grace especial, certaine science & auctorité Royal, estre exemptés dores-en-avant, & tenons quittes & paisibles de toutes Aides, imposicions, tailles, subsides, exactions, & autres quelconques subvencions pour Nous aïanz cours en nostredicte Ville de Laigny; excepté tant-seulement des [a] Aides ordenées pour la délivrance de nostre très chier Seigneur & Pere, dont Diex ait l'Ame, tout en la forme, maniere & condicion, que derrenierement l'avons octroïé aux Arbalestriers de nostre Ville de Roüen. Si donnons en mandement à tous les Justiciers, Officiers, Deputez, Commissaires & subgès de nostre Royaume, ou à leurs Lieuxtenans, & à chascun d'eulz selon ce que à lui appartendra, que desdictes Aidez, tailles, subsides, exaccions, & autres subvencions quelconques aïanz cours en nostredicte Ville de Laigny; excepté l'Aide ordenée pour ladicte délivrance, comme dit est, il tiengnent & facent tenir quittes & paisibles, iceulz Connestable & Compaignons, jusques audit nombre de seize; & de nostre presente grace les laissent, seuffrent & facent joïr & user paisiblement, en la maniere que dessus est dit, sanz les troubler, molester ou empescher, ou souffrir estre troublez, molestez ou empeschez, ou aucuns d'eulz, au contraire, contre nostre presente grace, orez ou autrefoiz ou temps avenir, comment que ce soit; pourveu toutes-voiez que iceulz Connestable & Compaignons, lezquelz Compaignons seront esleuz des plus profitables, diligens & convenables oudit office, à la nominacion dudit Connestable, soient & seront tenus de Nous servir diligemment à tous nos Mandemens, & toutessoiz que il Nous plaira, ou que [b] mestier en sera. Et que ces choses soient fermes, &c. sauf, &c. *Donné au Bois de Vincennes, ou mois de Juillet, l'An de grace 1367. & de nostre Regne le quart.*

Ainsi sign. Par le Roy en ses Requestes. DAILLY. SOYCOURT. *Visa.*

a *Voy. le 3.e Vol. des Ordonn. p. 413. Note (d)*

b *besoin.*

NOTES.

*(a)* Thresor des Chartres, Registre 97. Piece 397. Voy. cy-dessus, p. 13.

*(b) De Temples.* ] On voit bien qu'il faut corriger d'*Estampes*.

Nogent, peut-estre Nogent-le-Roy, dans la Beausse, Diocese de Chartres.

*Marrolez* est un Village situé dans la Brie, Diocese de Sens. Voy. sur ces deux derniers lieux, *le Diction. Univers. de la Fr.* à ces mots.

Il n'auroit pas esté difficile, si cela eust esté necessaire, de recueillir icy ce qui peut se trouver sur ces trois sieges, dans *Froissart* & dans les *Chroniques de S.t Denys*.

*Fleureau* dans ses *Antiquitez d'Estampes*, n'a rien dit de la prise de cette Ville en 1357. par les Anglois, ni de la maniere dont elle fut reprise.

*(a) Ordonnance*

CHARLES V. à Paris, le 17. d'Aoust 1367.

## (a) Ordonnance pour moderer & regler le droit de Prise.

CHARLES par la grace de Dieu Roy de France : Au Prevost de Paris, à & tous nos autres Justiciers & Officiers, ou à leurs Lieuxtenens, & à chascun d'eulz auxquieulz ces Lettres sont presentées, Salut. Comme de nouvel, soit venu à nostre congnoissance par la complainte de pluseurs bonnes gens, que pour cause des [a] Prinses que l'en a fait par longtemps, & que chascun jour l'en faisoit de chevaux, de charretes, de blés, de vins, de foings, d'avoinnes, de [b] fuerres, de fourrages, de [c] coustes, de [d] coissins, de draps, de couvertures, de cuevre-chiefs, de bestail, de poulaille, de tables, de tresliaux & d'autres biens & choses, que l'en prenoit pour les [e] garnisons de nostre Hostel, & des Hostelz de nostre très chiere & très amée Compaigne, la Royne, de nos Freres, de nostre Connestable, & d'autres de nostre Lignage, ou d'autres quelconcques, les biens & marchandises dont nostre bonne Ville de Paris, devoit estre garnie & avitaillié, estoient empeschiez à y venir, & estre conduiz en icelle : Et aussi plusieurs bonnes gens demourans ès Faubours de nostredicte bonne Ville, se departiront & wideront desdiz Faubours, pour les griefs & dommages qu'ilz avoient pour cause desdictes Prinses ; & avecques ce, les bonnes gens des plas pays estoient empeschiez à faire leurs *(b)* guingnages & labours, & demouroient plusieurs terres & grans possessions, à labourer & en friche, pour ce que les chevaux de leurs [f] chevaux & charruës & charretes, les foings & avoinnes & feurres & autres fourrages dont ilz devoient soustenir leurs chevaux & bestail, leurdit bestail & poulaille, & autres biens dont lesdictes bonnes gens devoient avoir leur soustenance, estoient chascun jour prins, & si longuement avoient continué & perseveré lesdis Preneurs, en faisant icelles Prinses, que, se par Nous n'y estoit pourveu, lesdictes bonnes gens, ou la plus grant partie d'eulz, estoient en peril d'estre [g] desers à tousjours-maiz, & mis à povreté. Savons faisons que Nous, considerans les choses dessusdictes, & les grans miseres que iceulz bonnes gens ont par longtemps soustenu & soufert par le fait des guerres, & que, se ilz ne labouroient & estoient empeschiez à cultiver, les riches personnes qui des labourages desdictes bonnes gens, vivent & sont soustenus, pourroient avoir & souffrir plusieurs deffautes desdiz biens, & aussi iceulz bonnes gens ne pourroient bonnement païer les aides & subsides sur eulz imposés, aïans du povre peuple pitié & compassion, avons de nostre propre mouvement ordonné, voulons & ordonnons par ces presentes, que toutes telles Prises cesseront de cy-en-avant, & que aucuns Preneurs ne autres Officiers quelconcques, ne prendront ne ne feront prendre par eulz ne par autres, par [h] composicion ne autrement, pour quelconque cause que ce soit, en nostredicte bonne Ville de Paris, ès Faubours, ne en quelconcques autre lieu de nostre Royaume où Nous soïons, nostredicte Compaigne, nosdiz Freres, nostre Connestable, ne autre de nostre Lignage, pour les garnisons de nostre Hostel, ne des leurs, aucuns des biens & choses dessusdictes, ne autres quelconcques; fors tant-seulement coustes & coissins pour nostre Chambre, foings, feurres & avoinnes pour les chevaux de nostre corps, de ceuls de nostredicte Compaigne, & de ceulz de nosdis Freres & d'autres de nostre Lignage, qui seront en nostre Compaignie, lesquels leur seront baillez & délivrés par nos Officiers, & desquelz foings, feurres & avoinnes, Nous voulons estre païez aux bonnes gens, le juste pris tantost & senz delay, & aussi le salaire pour les coustes & coissins, selon le temps [i] qu'elles seront

[a] *Voy. les Tables des Matieres des Vol. des Ordonnances,* au mot *Prises.*

[b] *C'est la même chose que* fourrages.

[c] *matelas.*

[d] *coussins.*

[e] *provisions.*

[f] *Je crois qu'il faut corr.* chars.

[g] *ruinez.*

[h] *Voy. les Tables des Matieres des Vol. des Ordonnances,* au mot *Composition.*

[i] *que l'on s'en servira.*

NOTES.

*(a)* Livre Rouge vieil du Chastelet de Paris, *fol.* 42. *verso.*

*(b) Guingnages ]* pour *gagnages :* ce mot signifie ordinairement les fruits que l'on recueille sur terre. Voy. *le Gloss. du Droit Franç.* au mot, *Gagnages.*

CHARLES V. à Paris, le 17. d'Aoust 1367.

tenuës; toutes-voies, pour ce que en nostre bonne Ville de Paris, foins, avoinnes & autres biens, pevent estre trouvez [a] au denier la denrée, senz faire Prinses, Nous ne voulons pas que en ycelle Ville ne en la Viconté d'icelle, & pour les causes dessusdictes, aucune chose y soit prinz, se ce n'est au denier la denrée, & du consentement des bonnes gens de qui les choses seront, & en leur paiant promptement & [b] avant toute œuvre, le juste & loïal pris; & mandons par ces presentes, à tous Preneurs commis & à commettre, tant par Nous, nostredicte Compaingne, comme nos Freres & autres de nostre Lignage, [c] des Maistres de nostre Hostel & des leurs, & à tous autres Officiers quelconeques, sur [d] quant qu'ilz se pevent mesfaire envers Nous, & sur painne d'estre mis hors de nostre Hostel, & privés de nostre service à perpétuité, que nostre presente Ordonnance & volunté tiengnent & gardent, enterinent & accomplissent, facent tenir, garder, enteriner & acomplir, senz ycelle enfraindre, ne faire ou souffrir faire le contraire, par quelque maniere que ce soit: Et ou cas que lesdis Preneurs ou autres Officiers, feront & attempteront au contraire, & à nostre presente Ordonnance ne obéïront, Nous voulons & Nous plaist, que les bonnes gens sur qui lesdictes choses & biens l'en vouldroit prendre, ne obéïssent, ne ne soïent tenus de obéïr auxdiz Preneurs ne autres Officiers, mais Nous plaist & voulons, & leur donnons licence & povoir par ces presentes, que ilz prengnent & puissent prendre de fait & par force, iceulz Preneurs ou Officiers, & les baillent à la Justice des lieux; par lesquelles Justices, Nous voulons yceuls estre detenus prisonniers, & seurement gardés senz aucune faveur ne déport, jusques ad ce qu'ilz aïent mandement especial de Nous, de leurdicte délivrance. Si vous mandons & enjoingnons, tant estroitement comme plus povons, & commetons, se [e] mestier est, par la teneur de ces presentes, & à chascun de vous en droit soy, que nostre presente Ordonnance & voulenté, faciez ainsi garder, enteriner & acomplir, senz ycelle enfraindre ne souffrir estre enfrainte en aucune maniere: Et affin que lesdiz Preneurs ou Officiers, ne puissent nostre presente Ordonnance ignorer, vous Prevost, nos presentes Lettres faictes crier & publier solempnellement en nostredicte bonne Ville de Paris, ès lieux acoustumez; ès Faubours & aux autres lieux de la Viconté d'icelle bonne Ville, où mestier sera: Et vous autres Justiciers à qui ces Lettres seront presentées, faictes les semblablement crier & [f] puplier solempnellement, ès lieux de vos Jurisdictions, [g] ordinaires, où bon vous semblera: Et pour ce que nosdictes Lettres presentes seront portées en divers lieux, il Nous plaist & voulons, qu'il soit foy adjoustée au *vidimus* d'icelles, scellées soubx scel autentique, comme au propre original. *Donné à Paris, le 17.e jour d'Aoust, l'An de grace mil trois cens soixante & sept, & de nostre Regne le quart.* Collacion faitte.

a *C'est-à-dire, qu'on peut trouver facilement à en acheter.*

b *avant de les emporter.*

c *aux.*

d *Du Latin quantum.*

e *besoin.*

f *publier.*

g *où l'on a accoustumé de faire les publications.*

---

CHARLES V. à Paris, en Aoust 1367.

## (a) Confirmation des privileges accordez aux habitans du Dauphiné, par le Dauphin Humbert II.

SOMMAIRES.

*(1) Lorsque le Dauphin mandera auprès de luy les Nobles, pour des expeditions militaires ou pour d'autres causes, il leur donnera les gages accoustumez, pour leur voyage & pour leur séjour.*

*(2. 3) Lorsque les Nobles seront mandez par le Dauphin, pour une expedition militaire, il leur payera les chevaux qu'ils perdront dans leurs voyages, par des cas fortuits, lorsqu'il n'y aura pas de negligence outrée de leur part.*

*Il payera aussi les chevaux des Nobles qui seront morts dans les guerres Delphinales, même dans les écuries, pourvû qu'il n'y ait pas de fraude, de dol ou de negligence outrée de la part de ceux à qui ils appartiennent.*

*(4) Ceux qui seront faits prisonniers dans les guerres Delphinales, seront rachetez par le Dauphin, à qui appartiendront tous les prisonniers faits sur ses ennemis.*

*(5) Abolition de certains droits qui se levoient depuis peu sur les plaideurs.*

*(6) Diminution du nombre des Sergents.*

*(7) On ne fera point de saisie dans les maisons des Nobles, lorsqu'ils auront hors de*

leurs maisons, des effets que l'on pourra saisir.

(8) Les testaments nuncupatifs ne seront publiez, que lorsque l'heritier universel institué & écrit dans cette sorte de testaments, le demandera.

(9) Les anciennes Ordonnances touchant la moderation des droits sur les Sceaux & les Actes, seront observées.

(10) Toutes les nouvelles impositions & usages, establies depuis la mort du Dauphin Humbert I. seront supprimées.

(11) On fabriquera une Monnoye certaine, durable & avantageuse au public; & le Dauphin ne prendra qu'un Gros tournois, pour le Droit de Seigneuriage, sur chaque marc d'Argent fin qu'il fera fabriquer.

(12) Les Nobles pourront connoistre en premiere instance, des procès qu'ils auront au sujet des terres qui relevent d'eux, ou qui sont chargées de Cens envers eux, pourvû qu'ils nomment des Juges non suspects pour juger ces procès: ils pourront faire saisir tous les effets appartenans à ceux qui possederont ces terres, & leur faire déguerpir ces terres, par le Jugement de leurs Juges, faute de payement de Cens.

(13) Le Dauphin ne pourra obliger les Nobles à le suivre hors du Dauphiné contre leur volonté, pour des expeditions militaires, si ce n'est pour des guerres Delphinales.

(14) Lorsqu'il se sera élevée une guerre [privée] entre des Nobles, la Cour Delphinale ne pourra pas d'office faire informer au sujet de cette guerre, & des excès qui auront esté commis à ce sujet; si ce n'est dans le cas où cette Cour, avant le commencement de cette guerre, eust fait deffense de la faire & de commettre des excès. [Voy. p. 42. Note (p)].

(15) Tous les sujets du Dauphiné pourront y bâtir des Maisons-Fortes sur les terrains qui leur appartiennent, pourvû que ce ne soit pas vers les frontieres.

Ceux à qui ces Maisons-Fortes appartiendront, ne pourront les vendre, ni les faire infeoder par un Seigneur, qu'ils n'en ayent averti le Seigneur dans le territoire duquel elles sont bâties, afin qu'il ait la preference pour pouvoir les achepter ou les infeoder, moyennant le même prix offert par celuy qui veut les achepter, ou les infeoder.

(16) On ne pourra faire d'office d'enqueste [ou d'information] contre un habitant du Dauphiné, qu'il n'y ait un accusateur ou un dénonciateur, si ce n'est dans le cas des crimes graves.

Dans le cas où il y aura un dénonciateur, on communiquera l'enqueste à l'accusé, avant que de luy faire subir interrogatoire sur les articles qui y sont contenus.

(17) On ne pourra, en vertu d'une enqueste [ou information,] tirer un habitant du Dauphiné, hors de la Jurisdiction dans laquelle il a commis un délict, à moins que le Dauphin ne veüille le faire comparoistre devant luy, ou devant son Conseil, estant auprès de sa personne, dans le Dauphiné.

(18) Le Dauphin ne pourra pas exiger des corvées des sujets des Ecclesiastiques ni des Nobles, ni lever des tailles sur eux, si ce n'est dans le cas de l'utilité publique des lieux où ces sujets habitent.

(19) On ne pourra mettre de garnisons chez les habitans du Dauphiné.

(20) Lorsque le Dauphin mandera les Nobles pour une expedition militaire, il le fera par des Lettres écrites de sa main, & d'une maniere gracieuse & sans menace d'amende ou d'autres peines, si ce n'est dans le cas où il s'agiroit de secourir promptement le pays, ou lorsqu'un Noble refuseroit obstinement de venir servir.

(21) Les sujets des Eglises & des Nobles, ne pourront estre reçûs Bourgeois dans une Ville franche, qu'ils n'ayent payé des dedommagemens à leurs Seigneurs.

(22) Les Nobles qui tiennent des choses relevantes en Fief du Dauphin, pourront les donner en Arriere-Fiefs, ou à Censive, sans la permission du Dauphin, auquel ils les rapporteront toûjours comme au Seigneur superieur, dans leurs aveux & dénombrements; mais ils ne pourront donner des lieux ni des Jurisdictions, relevants en Fiefs du Dauphin, sans son consentement exprès.

(23) Les Sergents ne pourront faire d'execution dans les Justices des Seigneurs, sans leur en avoir demandé la permission; à moins qu'il ne parût par des Actes publics, ou par dépositions de temoins, & non par de simples procès verbaux des Sergents, que les Seigneurs ayent esté negligens à faire des Actes judiciaires dont ils avoient esté requis.

(24) Les biens des condamnez ne seront point confisquez au profit du Fisc, si ce n'est dans les cas d'heresie, de crime de Leze-Majesté, & autres cas portez par le droit.

(25) On ne pourra contraindre les femmes du Dauphiné, à se marier contre leur gré.

(26) La clause de la donation du Dauphiné, faite à Philippe de Valois, par le Dauphin Humbert II. qui regarde les successions, sera executée; en y adjoutant, que tous les Fiefs & Arriere-Fiefs du Dauphiné, seront reputez anciens, si le Dauphin ne prouve qu'ils sont nouveaux.

(27) Le Dauphin ni ses Officiers ne pourront faire des Prises de vivres, pour la provision de leurs Hostels, ni pour leurs armées, si ce n'est pour le prix que ces vivres vaudront communément; & en les payant sur le champ, ou en donnant une caution suffisante d'une personne qui s'obligera à les payer dans un mois, à compter du jour de la livraison.

(28) Le Dauphin renonce aux Sauve-gardes qu'il a accordez depuis dix ans à des sujets des Nobles; & il n'en n'accordera plus dans la suite, si ce n'est de leur consentement; à condition cependant que les Nobles n'accorderont point de Sauve-garde aux sujets du Dauphin.

(29) Les Nobles ou leurs Officiers connoî-

CHARLES V. à Paris, en Aoust 1367.

CHARLES V. à Paris, en Aoust 1367.

tront de tous les crimes commis dans l'estenduë de leur Jurisdiction, par quelques personnes que ce soit, & dans quelques lieux qu'ils soient commis; & la Cour superieure du Dauphin n'en pourra connoistre sous quelque pretexte que ce soit; & si les criminels se trouvent dans des endroits où le Dauphin a la Jurisdiction immediate, ses Officiers seront obligez de les rendre aux Officiers des Nobles.

Les Nobles n'auront cependant pas de Jurisdiction sur les Officiers du Dauphin, ni sur les Officiers de son Hostel & de celuy de la Dauphine; cependant les Nobles pourront les arrester, lorsqu'ils auront commis des délicts, pour les remettre aux Officiers du Dauphin.

Les Nobles n'auront aussi aucune Jurisdiction sur les hommes liges du Dauphin, qui demeureront dans leurs Justices, [ & qui auront commis des crimes hors de cette Jurisdiction,] ; ni même quand ils en auront commis dans des lieux appartenans à l'Eglise, situez dans leurs Justices : mais si un homme lige du Dauphin, commet un crime dans la Justice d'un Seigneur, hors des lieux appartenans à l'Eglise, & qu'il s'y refugie ensuite, le Seigneur pourra l'en tirer pour luy faire son procès.

Les Nobles pourront aussi punir les hommes liges du Dauphin, qui refuseront de payer les peages, ou qui maltraiteront les Peagers, lorsqu'ils feront leurs fonctions.

Si les Nobles ne punissent pas leurs Juges, lorsqu'ils auront délinqué, dans six mois, à compter du jour du délict, le Dauphin ou sa Cour punira ces Officiers.

(30) Le Dauphin ne pourra pas bâtir des moulins dans des lieux, où ils pourroient porter prejudice à ceux qui en ont dans ces lieux-là.

(31) Les Nobles pourront chasser dans tout le Dauphiné, excepté dans les forests de Claye & Olanesie, & dans les garennes de Lapins & de Lievres.

(32) Le Dauphin ne pourra pas prendre les chevaux des personnes Ecclesiastiques & des Nobles, sans leur consentement.

(33) Le Dauphin remet toutes les confiscations à luy acquises jusqu'à ce jour, par commise, pour quelque cause que ce soit, excepté celle de trahison; & quand même les confiscations auroient esté jugées, pourvû qu'elles n'ayent pas esté executées.

(34) On ne pourra point appeller à la Cour Delphinale, des Jugements des Chastellains & des autres Officiers des Nobles, qu'après les avoir requis de reformer ces Jugements.

(35) Le Dauphin, dans quelque affaire que ce soit, reelle, personnelle, criminelle ou mixte, ne pourra faire juger ses justiciables immediats, que par le Juge ordinaire du lieu, dans lequel la Partie est domiciliée, ou la chose dont il s'agit située, ou par un Commissaire envoyé dans ces lieux aux dépens du Dauphin qui pourra cependant évoquer ces affaires à sa personne, ou à son Conseil estant auprès de luy dans le Dauphiné.

(36) Lorsqu'un justiciable immediat du Dauphin, se sera emparé de quelque chose appartenante au Dauphin, on ne pourra proceder contre luy par Enqueste ou autrement, que suivant la procedure ordinaire.

(37) Le Siege de la Judicature des appels en dernier ressort du Dauphiné, sera à Grenoble qui est la Capitale du Pays, & le Juge qui en connoistra, y residera.

(38) Il y aura un Juge des appels en dernier ressort, dans la Baronie de Faucigny, & il y residera. Cette Baronie ne pourra estre alienée par le Dauphin, en tout ou en partie.

(39) Lorsqu'il y aura guerre entre le Dauphin & le Comte de Savoye, le Dauphin establira dans la Baronie de la Tour & de Valbonne, un Juge des appels en dernier ressort, qui connoistra pendant la guerre seulement, des appels pendants alors devant le Grand Juge des appels du Dauphiné, & de ceux qui seront interjettez pendant la gurre.

(40) Le Dauphin ne pourra faire séjourner ses chevaux, ses chiens & équipages de chasse, dans les maisons des Ecclesiastiques, Religieux, & autres sujets Delphinaux, si ce n'est en payant leur dépense : & s'il les y envoye, on pourra les chasser.

(41) La Cour Delphinale ni les Nobles, ne pourront faire des inventaires des biens des personnes decedées, si ce n'est à la requeste des heritiers ou des executeurs testamentaires, s'il y a un testament; ou à la requeste des heritiers qui auroient dû succeder, s'il n'y avoit pas eu de testaments, ou des proches parents des mineurs qui auroient dû aussi estre heritiers ab intestat.

(42) La Cour Delphinale ne pourra pas d'office, faire des informations sur le crime d'usure, ni saisir pour cette cause, les biens des decedez, & on gardera le droit commun à cet égard.

(43) Lorsqu'un Vassal aura fait une fois hommage à son Seigneur, soit le Dauphin ou un autre Noble, lorsque ce Seigneur sera mort, ses successeurs ne pourront faire saisir les Fiefs, faute d'hommage rendu, si ce n'est dans le cas où ayant requis le Vassal de le venir rendre, celuy-cy aura refusé de le faire.

(44) Dans le cas des guerres [ privées, ] les Nobles pourront conduire leurs amis dans tout le Dauphiné, pourvû que ce ne soient pas des personnes que l'on leur ait expressément deffendu de conduire, & que ces amis ne causent aucun dommage au Dauphin & au Dauphiné.

(45) Lorsqu'un criminel qui aura commis un délict dans la Jurisdiction d'un Noble, sera trouvé dans l'estenduë de la Jurisdiction de la Cour Delphinale, les Officiers du Dauphin, le renvoyeront à ce Noble, après avoir fait une information sommaire sur le délict.

(46) Les Sergents de la Cour Delphi-

*nale, ne pourront faire des bans* [ ou proclamations ] *dans les terres des Nobles, qui ont droit d'en faire.*

*(47) Le Dauphin ne donnera aucune atteinte aux Libertez, privileges & immunitez accordées aux lieux & aux personnes du Dauphiné.*

*(48) Les bonnes Coustumes seront observées, & les mauvaises seront abolies.*

*(49) Les Juges & les Procureurs [ Fiscaux ] ne pourront exercer leurs Offices, que pendant deux ans : lorsqu'ils seront sortis de charge, ils ne pourront exercer d'Office de Judicature, dans quelque lieu que ce soit, qu'après cinq ans.*

*(50) Le Dauphin renonce au droit de* Main-morte *qu'il avoit sur les Nobles & ses sujets, à condition que les Nobles renonceront au même droit qu'ils avoient sur leurs sujets.*

*(51) Les Nobles qui ne laisseront pas joüir leurs sujets, des Libertez & privileges contenus dans ces Lettres, ne joüiront pas eux-mêmes de ces Libertez & privileges.*

*(52) Les nouveaux Dauphins, avant que de pouvoir exiger les hommages & les sermens de fidelité, seront obligez de jurer entre les mains de l'Evêque de Grenoble & de l'Abbé de S.t Antoine de Vienne, ou de leurs Vicaires, d'observer tout ce qui est contenu dans ces Lettres; & s'ils refusent de faire ce serment, on ne sera point obligé de leur obéir ni à leurs sujets.*

*(53) Tous les Officiers de Judicature du Dauphiné, jureront d'observer ce qui est contenu dans ces Lettres; & s'ils refusent de le faire, on ne sera point obligé de leur obéir.*

*Si ces Officiers violent aucuns des points cy-dessus exprimez, ils payeront des dommages & interests à ceux qui se pourvoiront contre eux à ce sujet, & ils seront punis comme parjures.*

CHARLES V. à Paris, en Aoust 1367.

*CAROLUS Dei gratia, Francorum Rex & Delphinus Viennensis: Notum facimus, tam presentibus quam futuris, Nos vidisse Litteras, formam quæ sequitur, continentes.*

*IN nomine Domini nostri Jesu-Christi, Amen. Noverint universi & singuli, præsentes & futuri, quod Anno Domini millesimo tercentesimo quadragesimo-nono, Indictione secunda, die decima sexta mensis Julii, Pontificatus Sanctissimi Patris & Domini nostri, Domini Clementis, Divina providente clementia, Papæ Sexti, Anno octavo, in præsentia mei Notarii, & testium subscriptorum, paulo post translationem realem, & traditionem possessionis Delphinatus, factam die prædicta, per Illustrem Principem Dominum Humbertum, antiquiorem Delphinum Viennensem, & Illustrem Principem Dominum Carolum Primogenitum Illustris Principis Domini Joannis, Primogeniti Serenissimi Principis Domini Philippi, Dei gratia Francorum Regis, Normandiæ & Acquitaniæ Ducis, ac Pictaviensis, Andegavensis, Cenomanensis Comitis, Delphinum Viennensem * juniorem, & acceptationem dictæ translationis & possessionis, factam per Dominum Carolum Delphinum juniorem prædictum: Reverendus in Christo Pater Dominus Joannes, Dei gratia Episcopus Gratianopolitanus, exhibuit eidem Domino Carolo Delphino juniori prædicto, præsente præfato Domino Duce Genitore ejusdem, quoddam publicum instru-*

* nouveau. Voy. *Du Cange*, à ce mot.

NOTES.

*(a)* La Copie de ces Lettres a esté envoyée de Grenoble. Il y a à la fin :

*Extrait tiré d'un Livre en velin, écrit à la main, en Lettre gothique, estant rieres les archives secrettes de Messieurs les Officiers de la Cour de Parlement, Aydes & Finances de Dauphiné, attaché avec une chaîne de fer, & collationné par Nous, Escuyer, Conseiller-Secretaire du Roy, Maison, Couronne de France & de ses Finances, Greffier en chef en ladite Cour; au requis de Monsieur le Procureur general du Roy en ladite Cour.*

AMAT.

Ces Lettres sont aussi au Thresor des Chartres, Registre 101. Piece 114. Elles ont déja esté imprimées dans le recueil, intitulé : *Tractatus de Statutis Delphinalibus*, p. 35. *verso.* Mais comme suivant *M. de Valbonays*, cette édition estoit pleine de fautes, il a fait reimprimer dans son *Histoire du Dauphiné*, les Lettres du Dauphin Humbert. Elles sont dans le 2. Vol. p. 586. Voy. p. 592. Note *(a)* & cy-dessous, p. suivante Note *(b)*.

Les Lettres de Confirmation de Charles V. sont du mois d'Aoust 1367. sans date du jour, & l'on trouvera dans la suite de ce recueil, quelques Lettres de ce Prince, datées du 22. d'Aoust; mais comme elles regardent toutes le Dauphiné, & que les privileges accordez aux habitans du Dauphiné, par le Dauphin Humbert II. & confirmez par Charles V. sont en quelque sorte le fondement de ces Lettres, on a crû devoir intervertir dans cette occasion, l'ordre que l'on s'est prescrit dans l'arrangement des Ordonnances, & faire imprimer ces privileges, avant les Lettres qui en contiennent la confirmation ou l'extension.

CHARLES V. à Paris, en Aoust 1367.

*mentum confectum & signatum per me Notarium infrascriptum, dictique Domini Humberti Delphini antiquioris, majori inpendenti in cordono serico & cera rubea, sigillatum sigillo, continens certas Libertates & franchesias, gratias, concessiones, declarationes & privilegia, per præfatum Dominum Humbertum antiquiorem Delphinum, dudum de mense Martii nuper lapsi, factas & facta, concessas & concessa Prælatis, Baronibus, Nobilibus, Valvassoribus, & aliis personis & subditis Delphinatus, & aliarum terrarum suarum: Quod instrumentum dictus Dominus Carolus pro lecto habuit: Cujus tenor sequitur & est talis.*

*(b) IN nomine Domini nostri Jesu-Christi, Amen. Noverint universi, præsentes pariter & futuri, quod Anno Nativitatis ejusdem Domini, millesimo tercentesimo quadragesimo nono, Indictione secunda, die quarta-decima mensis Martii, Pontificatus Sanctissimi Patris & Domini nostri, Domini Clementis, digna Dei providentia Pappæ Sexti, Anno septimo, Illustris Princeps Dominus Humbertus Delphinus Viennensis, constitutus propter ea quæ sequuntur, coram me Humberto Pillati Notario publico, & testibus infrascriptis; ipse siquidem Dominus Delphinus, liberalitatis patrocinio & gratitudinis amminiculo, non indigne, sicut asseruit, stimulatus, in suæ mentis intelligentia commemorans, quibus & quantis Prælati & aliæ Ecclesiasticæ personæ, Barones, Bannereti, (c) Proceres Nobiles, Valvassores & Franci, Universitates, Communitates, & cæteri subditi Delphinatus, universaliter universi & singulariter singuli, erga ipsum Dominum & prædecessores ejusdem, reverentiis & obedientiis debitis, & fidelitatibus illibatis, nec minus circa protectionem honoris, nominis & jurium Delphinatus, ut veri pugiles; videlicet, Prælati & cæteri Ecclesiastici, consiliis opportunis; alii vero, etiam consiliis, & bellicoso frequenter certamine, curis sollicitis claruerunt: Volens eos & eorum singulos, in suis bonis antiquis usibus & Consuetudinibus, privilegiis & Libertatibus, etiam amplioribus, futuris & perpetuis temporibus, confoveri; & ne forsan successorum ambitiosæ desiderationis eventus, aut sinistrorum interpretum intellectus, ipsos usus & Consuetudines, privilegia & Libertates variet, dirimat, seu novis & perniciosis inventionibus deviet à luminibus claritatis prædictis; & aliis Prælatis, Baronibus, Banneretis, Proceribus Nobilibus, Valvassoribus & Franchis, Universitatibus, Communitatibus, & cæteris subditis Delphinatus, & aliarum Terrarum ipsius Domini Delphini, & hæredibus & successoribus eorumdem, & mihi Notario supra & infrascripto, tanquam publicæ personæ, stipulanti & recipienti, nomine ipsorum, & omnium & singulorum quorum interest & interesse poterit in futurum, prout eos & eorum singulos, universaliter & singulariter, tangunt & tangere poterunt infrascripta; consideratione præmissorum, & in remissionem peccatorum suorum & prædecessorum suorum; illorum maxime quæ in facto Monetarum, exactionibus Gabellarum & (d) Fogagiorum, & in damnis datis Terræ suæ, quando ibant vel revertebantur [a] cavalgatæ, sive in [b] comestionibus factis per eum & predecessores suos, aut familiares, canes, venatores, equos [c] summerios, falcones vel (e) garciones eorum, in Ecclesiis, Abbatiis, Prioratibus, domibus aliis Ecclesiasticis, aut aliis quibuslibet Delphinatus, & Terrarum cæterarum dicti Domini Delphini, hactenus incurrerunt; fecit, dedit, donavit &*

a ses Armées.

b *Proprement*, mangeries, dommages causez.

c chevaux de somme.

NOTES.

(b) *In nomine.*] Ces Lettres du Dauphin Humbert, sont imprimées dans l'Hist. du Dauphiné, par le President de Valbonays, t. 2. p. 586. Il y a fait sur ces Lettres quelques Notes, dont je donneray le précis dans les miennes. Le texte donné par M. de Valbonays, m'a servi à corriger plusieurs fautes qui estoient dans la copie qui a esté envoyée de Grenoble, & qui estoient visiblement des fautes d'un copiste peu accoustumé à lire & à transcrire d'anciennes Chartres. Je n'ay pas crû qu'il fût necessaire de faire mention de ces corrections dans des Notes; comme je le fais, lorsque je travaille sur des Originaux.

(c) *Proceres Nobiles.*] Dans l'Hist. du Dauphiné, il y a une virgule entre ces deux mots: je crois qu'il n'en faut pas, & que *Proceres Nobiles* désigne la Haute Noblesse, distinguée des *Valvassores* qui sont les simples Gentilshommes qui ont des Fiefs.

(d) *Fogagiorum.*] Fouage, imposition par Feux. *Voy. le 3.e Vol. des Ordonn.* p. 275. 12. & *Du Cange*, au mot, *Focagium*.

(e) *Garciones eorum.*] C'est-à-dire, les *Garçons* ou *Valets* chargez du soin de ces Faucons. Voy. *Du Cange*, au mot, *Garcio*.

*concessit, & declaravit, pro se & successoribus suis in perpetuum, Declarationes, privilegia Libertates, immunitates, franchesias, concessiones & gratias quæ, & prout inferius continentur.*

CHARLES V. à Paris, en Aoust 1367.

(f) Quod Dominus Delphinus, quando mandabit Nobiles, pro Cavalgatis vel alia causa, gagia solvere teneatur.

In primis. V*OLUIT, ordinavit, concessit & declaravit præfatus Dominus noster Delphinus, pro se & suis perpetuo successoribus quibuscumque, quod quotiens & quandocumque, ac quovis tempore, ipsum vel successores suos mandare continget ad se venire Barones, seu alios Nobiles Delphinatus, aut aliarum Terrarum suarum, pro* [a] *Cavalgatis aut aliis negotiis ipsius Delphinatus, seu Terrarum aliarum dicti Domini Delphini, vel alia causa quacumque, ipse Dominus Delphinus & successores sui, eisdem Baronibus & Nobilibus mandatis & venientibus, veniendo, stando & redeundo, gagia debita, justa & consueta solvere teneantur.*

*a* expeditions militaires.

Quod Dominus Delphinus teneatur mandatis ad Cavalgatas, qui perdent equos, emendare.

(2) Item. Q*UOTIENS & quandocumque ipsum Dominum Delphinum vel successores ejusdem, continget Cavalgatas mandare, si ex quo Barones, Nobiles, vel alii mandati pro dictis Cavalgatis, recesserint de eorum domibus, eundo ad dictas Cavalgatas, vel inde redeundo, quocunque casu fortuito sine (g) lata culpa eorum, amiserint (h) equum, roffinum vel sommerium quemcumque, ipse Dominus Delphinus & successores ejusdem, teneantur & debeant dictum equum, roffinum seu sommerium* [b] *emendare.*

*b* en payer la valeur.

De emenda equorum qui morientur pro guerra, etiam in stabulo.

(3) Item. S*I & quandocunque contingeret aliquem ex eis, emere equum pro guerra Delphinali, quod qualitercunque ipse equus moreretur, etiam in stabulo; dum tamen sine dolo & fraude, & sine lata culpa illius cujus esset, ipse Dominus Delphinus & successores sui, emendare debeant dictum equum.*

De redemptione captivorum.

(4) Item. Q*UOD si & quocunque tempore, pro guerra dicti Domini Delphini vel successorum suorum, aut aliàs, mandati per Dominum Delphinum vel ejus Baillivum, Barones, Nobiles vel alii subditi Delphinatus seu aliarum Terrarum suarum, per inimicos Delphinales, eorum aliquis vel aliqui capiantur, ipse Dominus Delphinus & successores sui, ipsum captum vel captos redimere teneantur, & ab inimicis totaliter liberare; & tunc captivi qui caperentur de inimicis Delphinatus, per subditos Delphinales quoscunque, ad ipsum Dominum Delphinum & successores suos, debeant pertinere.*

NOTES.

(f) *Quod.*] Les Sommaires qui sont à la teste des articles, sont dans l'édit. des *Statuta Delphinalia*, & ne sont pas dans celle de M. de *Valbonays.*

(g) *Lata culpa.*] Celuy-là commet *latam culpam*, qui manque à des precautions ausquelles nul autre ne manqueroit. *Lata culpa finis est, non intelligere quod omnes intelligunt.* L. 223. ff. *de Verbor. signific.*

(h) *Equum.*] C'est le cheval de Bataille; *Roffinus*, le *roucin*, me paroist signifier icy un simple cheval de monture; *Sommerius* est un cheval de charge. Voy. *Du Cange*, au mot *Runcinus.* Il y cite cependant un passage du Thresor de *Brunetus Latinus*, où il est dit que le *roucin* est un cheval de charge.

CHARLES V. à Paris, en Aoust 1367.

De remiſſione Datarum & Clamarum.

(5) Item. *CUM ipſe Dominus Delphinus, ut aſſerebat, à ſubditis ſuis de (i) Datis & Clamis Majoris Curiæ Vienneſii, & aliis, quæ a paucis temporibus, levari conſueverunt in aliis Curiis Delphinatus & cæterarum Terrarum ſuarum, multas habuit quærimonias & quærelas; aſſerentibus ſubditis, ipſas Datas & Clamas, in modicum ipſius Domini Delphini commodum reddere, & in maximum detrimentum ac* [a] *exhæredationem eorum: Ipſe Dominus Delphinus, Datas ipſas & Clamas Curiæ Vienneſii, & alias quaſcunque, a paucis temporibus levari conſuetas, ubicunque, & in quacunque Curia ſui Delphinatus & aliarum Terrarum ſuarum, leventur, remiſit, amovit, quittavit & totaliter liberavit.*

a la ruine totale.

De moderamine Magneriorum ſeu Servientium.

(6) Item. *VOLUIT & ordinavit & declaravit ipſe Dominus Delphinus, numerum (k) Magneriorum ſeu Servientium Curie, in quibuſcunque Curiis, Caſtris & Terris ipſius Domini Delphini & ſucceſſorum ſuorum, moderari & moderatum teneri, ſecundum quod ipſe Dominus Delphinus, aliàs in ſuis ſtatutis & Ordinationibus, ordinavit; ne propter multitudinem ipſorum Magneriorum, graventur nimis ſubditi Delphinatus.*

Quod in domibus Nobilium, ipſi non pignorentur, ſi extra reperiantur eorum pignora ſufficientia.

(7) Item. *QUOD* [b] *Magnerii vel alii Officiales Delphinales, in domibus Baronum vel aliorum Nobilium Delphinatus ſeu aliarum Terrarum ſuarum, pignorare non poſſint nec debeant infra domos ipſas, quandiu pignora ſufficientia ipſorum pignorandorum, extra domos eorum poterunt reperiri, ad evitandum ſcandala quæ inde poſſent forſitan evenire.*

b Voy. cy-deſſous, Note (k).

Quod nulla publicentur teſtamenta nuncupativa, in Curia, nec ad id quiſpiam compellatur, niſi hoc hæres peteret.

(8) Item. *QUOD deinceps in quacunque Curia Delphinatus, vel alibi infra Delphinatum ſeu Terras ipſi Delphinatui, mediate vel immediate ſubjectas, nulla publicentur vel publicari debeant (l) teſtamenta nuncupativa; nec ad id quiſpiam compellatur, niſi dumtaxat in caſu quo hæres univerſalis inſtitutus, ipſum peteret publicari teſtamentum nuncupativum, in quo eſſet ſcriptus & inſtitutus hæres.*

De moderamine ſigillorum, & ſcripturarum.

(9) Item. *VOLUIT & conceſſit dictus Dominus Delphinus, quod Ordinationes aliàs factæ per eum, ſuper moderamine ſigillorum &* [c] *ſcripturarum Notariorum quarumcumque Curiarum & Terrarum ſuarum, renoventur, & in firmam obſervantiam teneantur.*

c Actes.

NOTES.

(i) *Datis & clamis.*] Ces deux mots ſont très bien expliquez dans la nouvelle édit. du Gloſſ. de Du Cange, aux mots *Data*, *Clama*.

*Data* eſtoit un droit de deux ſols pour livre, de la valeur de la choſe litigieuſe.

*Clama* eſt la même choſe que *Clamor*, le *Clain*. C'eſtoit un droit que l'on payoit quand on preſentoit requeſte au Juge, pour faire aſſigner une perſonne.

(k) *Magneriorum.*] *Magnerius* eſt la même choſe que *Maynerius*, & il ſignifie proprement un Valet. Dans la Dombe, les payſans appellent encore leurs Valets, *Meignats*. Voy. *le Gloſſ. de Du Cange*, aux mots, *Magnerius* & *Maynerius*.

(l) *Teſtamenta nuncupativa.*] On entend ordinairement, par *teſtaments nuncupatifs*, ceux qui ſont faits de vive voix. Voy. *Inſt. tit. Teſtam. §. finale*, & *Du Cange*, aux mots, *Nuncupativum* & *Teſtamentum*. Ces mots ont icy un ſens tout different, puiſqu'il s'y agit d'un teſtament écrit.

De revocatione

CHARLES V.

à Paris, en Aoust 1367.

## De revocatione novorum Pedagiorum & Gabellarum.

(10) Item. *OMNES & singulas (m) Gabellas novas, ubicumque in Delphinatu & aliis Terris suis, per eum vel prædecessores suos, seu alias personas quascumque, introductas & impositas quoquomodo, à tempore felicis recordationis Domini (n) Humberti Delphini Viennensis, Avi paterni dicti Domini Delphini Humberti præsentis, citra, ipse Dominus Delphinus abstulit, amovit, quittavit & totaliter revocavit; nolens quod ex nunc in antea, dictæ Gabellæ novæ aliqualiter exigantur; antiquis dumtaxat Gabellis & Pedagiis, in suis antiquis & bonis usibus & vigoribus, permansuris: Et ne fiat ignorantia sive error, quæ fuerint antiquæ vel novæ Gabellæ; voluit ipse Dominus Delphinus & ordinavit, quod super hoc inquisitio, informatio & declaratio fiant, & commissio certis personis, quæ ea habeant declarare.*

## Quod fiat Moneta certa & durabilis; & non capiatur nisi unus Grossus pro qualibet Marcha quæ operabitur.

(11) Item. *VOLUIT, statuit & ordinavit, & declaravit ipse Dominus Delphinus, quod deinceps perpetuo, fiat Moneta certa & durabilis, secundum quod pro utilitate Patriæ, melius poterit ordinari; & quod ipse Dominus Delphinus seu successores ejusdem deinceps, non recipiant nec recipere possint, modo quocunque, pro dominio & (o) Seignoria suis, in Monetis cudendis quibuscumque, perpetuis temporibus, nisi dumtaxat unum Grossum turonensem Argenti, pro qualibet Marcha Argenti fini, quam operari & cudi continget in eisdem Monetis.*

## De cognitione Causarum, quam habeant Nobiles, in & pro rebus emphiteotecariis quæ tenentur ab eis.

(12) Item. *VOLUIT, concessit & declaravit ipse Dominus Delphinus, quod Barones, Nobiles, & alii Delphinatus & aliarum Terrarum suarum, in possessionibus & rebus quæ moventur & tenentur aut tenebuntur in futurum, de dominio vel [a] Emphiteosi eorumdem, habeant & habere possint primam cognitionem, si [b] querelantes de & super ipsis rebus seu possessionibus, (*) [velint ad eos primò recurrere, & quod ipsis querelantibus] possint dare Judices non suspectos; & pro Censibus eorum, pignorare emphyteotas in domibus eorum, vel extra, & fructus excrescentes in ipsis rebus emphiteotecariis, pro suis Censibus saisire, & ipsas res emphiteotecarias, pronunciari facere [c] cecidisse in commissum, per Judices non suspectos.*

a Domaine tenu à la charge d'un Cens. Voy. la suite de l'article.

b Ceux qui auront des actions à intenter.

c les faire déguerpir, faute de payement du Cens.

## Quod Nobiles & alii Delphinatus, non trahantur extra limites Delphinatus, nisi pro guerra Delphinali.

(13) Item. *VOLUIT, concessit & ordinavit & declaravit ipse Dominus Delphinus, Barones, Nobiles, & alios quoscumque subditos Delphinales, & aliarum Terrarum suarum, non teneri nec debere sequi ipsum Dominum Delphinum nec successores ejusdem, nec trahi posse extra limites Delphinatus, pro guerra quacumque, nisi pro guerra Delphinali, sine speciali eorum voluntate pariter & consensu; nec ad id compelli possint quomodolibet in futurum.*

NOTES.

(m) *Gabellas.* ] Ce mot signifie en general, une imposition. Voy. *Du Cange*, au mot, *Gabella*, dans *Gablum*.

(n) *Humberti.* ] Humbert I. Grand-Pere de Humbert II. mourut vers le 12. d'Avril 1307. *Voy. l'Hist. du Dauphiné, par M. de Valbonnays*, t. 1. p. 263. n.° LXXXVIII.

(o) *Seignoria.* ] Droit de *Seigneuriage*, qui appartient aux Seigneurs qui ont droit de battre Monnoye, sur celles qu'ils font fabriquer. *Voy. le Gloss. du Droit Franç.* au mot, *Seigneuriage*.

(*) Ce qui est dans les crochets, n'est pas dans la Copie envoyée de Grenoble.

CHARLES V. à Paris, en Aoust 1367.

Quod non fiat inquisitio & punitio contra Nobiles inter se guerram facientes, ex officio Curiæ, nisi esset facta specialis inhibitio.

(14) (p) Item. *QUOD si contingeret guerram moveri inter Barones, seu alios Nobiles Delphinatus, aut aliarum Terrarum Domino Delphino subjectarum, quod de ipsa guerra, offensis, vel forefactis provenientibus ex eadem, non inquiratur nec inquiri possit ex officio Curiæ Delphinalis; nisi primitus de ipsa guerra, seu de offensis vel forefactis non faciendis, per dictam Delphinalem Curiam, specialis inhibitio facta esset: Post autem ipsam inhibitionem specialem factam per dictam Curiam Delphinalem, possit ipsa Delphinalis Curia, ex officio Curiæ vel aliàs, inobedientes & contrafacientes inquirere & punire.*

Qualiter Nobiles possint facere domos fortes.

(15) Item. *VOLUIT, concessit & ordinavit ipse Dominus Delphinus, quod quicunque subditi Delphinatus, & aliarum Terrarum Domino Delphino subjectarum, possint & sibi liceat, in quacunque parte Delphinatus & aliarum Terrarum prædictarum, cuilibet in re sua propria dumtaxat, facere domos fortes pro libito voluntatis, dummodo dictæ domus non fiant in locis esponderiis seu limitrophis: (q) Tali etiam conditione adjecta, quod illæ domus construendæ fortes, non possint accipi, vel recognosci per illos quorum erunt, de Feudo alicujus Domini vel personæ, nisi prius præsentatæ fuerint Domino territorii in quo dictæ domus fierent; & ita quod ille Dominus territorii habeat prærogativam, & possit habere dictam domum vel ejus Feudum, ante omnes alias personas, pro eodem prætio,* [a] *quo Dominus ipsius domus, si ipsam domum venderet, aut recognoscere vellet, ab alio de ea legitime & sine fraude, inveniret.*

[a] quod.

Quod non fiat inquisitio contra subditos, sine denuntiatore legitimo; nisi in notoriis & gravioribus.

(16) Item. *QUOD nulla Inquisitio contra ipsos subditos Delphinatus aut aliarum Terrarum suarum, fieri debeat, neque fiat in non notoriis criminibus, nisi apareat legitimus accusator vel denuntiator; & eo casu,* [b] *reddi debeant articuli Inquisitionis prædicto accusato, antequam respondere quomodolibet compellatur; exceptis tamen gravioribus criminibus, in quibus possit quandocunque, contra quemcumque inquiri ex officio Curiæ Delphinalis: Quæ quidem graviora, voluit ipse Dominus Delphinus, intelligi secundum leges & etiam declarari.*

[b] communiquez.

Quod subditi non trahantur, pro aliqua Inquisitione, extra Judicaturam; nisi coram Domino vel Consilio suo.

(17) Item. *QUOD prædicti subditi Delphinatus aut aliarum Terrarum suarum, pro*

NOTES.

(p) *Item.* ] Dans la Copie qui m'a esté envoyée de Grenoble, il y a, à costé de cet article:

*Ista Libertas fuit revocata per Litteras Domini nostri Delphini, quæ sunt in Camera Computorum, in archa Dominorum, in sacco signato per* B. *& sunt signatæ a dorso, per Litteram* C.

Item *Aliæ repetitoriæ commissæ a Domino Gubernatore, sunt registratæ in octavo libro Memorialium, fol. 66.*

Cette Note n'est ni dans l'Edit. des *Statuta Delphin.* ni dans l'Edit. de M. de *Valbonnays.*

(q) *Tali etiam conditione.* ] J'ay trouvé de la difficulté dans la fin de cet article, & voicy ce que j'ay pensé à ce sujet. Je suppose 1.° Que les terrains sur lesquels ces Forts sont bâtis, sont en *Franc-Alleu:* car s'ils relevoient d'un Seigneur, comment pourroit-on les faire *infeoder* par un autre Seigneur que l'on reconnoistroit par-là pour son Seigneur?

2.° Je crois que ces mots, *non possint accipi,* signifient, qu'on ne pourra acquerir ces Forts par vente ou autrement; & c'est à mon sens, la même chose, ce qui est dit plus bas, *que les proprietaires de ces Forts ne pourront les vendre.* Voy. le Sommaire.

*aliqua Inquisitione contra eos fienda, trahi non debeant neque possint extra Judicaturam Delphinalem, sub qua deliquissent; nisi tamen ipse Dominus Delphinus vel successores sui, coram se, vel coram Consilio assistente eisdem infra Delphinatum, ipsos vocare vellent & habere, contra quos esset dicta Inquisitio facienda.*

CHARLES V. à Paris, en Aoust 1367.

Quod non compellantur (r) Nobiles Ecclesiarum & Nobilium, ad faciendum coroatas, & solvendas tallias, nisi prout in articulo continetur.

(18) Item. *VOLUIT, concessit & declaravit ipse Dominus Delphinus, quod homines (s) ligii Ecclesiarum, Nobilium & Valvassorum, non debeant neque possint compelli ad faciendum Domino Delphino,* [a] *coroatas, neque talliari, vel compelli ad solvendum tallias eidem Domino Delphino vel successoribus suis, nisi pro utilitate vel necessitate publica locorum, in quibus ipsi homines habitant, aut habitabunt temporibus profuturis.*

a des corvées.

De remissione stabilitarum.

(19) Item. *QUOD nec (t) ipsi homines, nec alii quicunque homines seu subditi Delphinatus aut aliarum Terrarum dicti Domini Delphini, teneantur ad aliquas (u) stabilitas: Imo ab eis sint quieti & immunes, prout aliàs ipse Dominus Delphinus, ipsas stabilitas remisit, secundum quod continetur in instrumentis aliàs receptis, & confectis per me Notarium infrascriptum.*

Qualiter debent mandari & requiri Nobiles, pro Cavalgatis & succursu Patriæ.

(20) Item. *VOLUIT, concessit & declaravit ipse Dominus Delphinus, quod quandocunque & quotiens per ipsum Dominum Delphinum seu successores ejusdem, continget* [b] *Cavalgatas mandare, mandentur & requirantur Barones & Nobiles Delphinatus & aliarum Terrarum suarum, per proprias Litteras Domini, gratiose, non autem sub pœnis vel mulctis; nisi hoc esset, quod mandarentur pro celeri succursu Terræ, Castri aut aliorum jurium Delphinatus; aut nisi contumaciter recusarent venire.*

b Expeditions militaires.

Quod homines Ecclesiarum & Nobilium, in franchisiis Villæ non recipiantur, nisi facta emenda Ecclesiis seu Nobilibus.

(21) Item. *QUOD si Dominus Delphinus, vel aliqui ex successoribus suis, vellet quocunque tempore, aliquam (x) Villam francham facere, homines quicunque Ecclesiarum vel Nobilium Delphinatus aut alterius Terræ suæ, in franchisiis dictæ Villæ nequaquam recipi debeant vel admitti, nisi prius facta fuerit emenda competens ipsis Ecclesiis vel Nobilibus, quorum homines reciperentur aut recipi peterentur in franchisiis antedictis.*

De rebus Feudalibus quæ tradi possunt in Emphiteosim vel Feudum.

(22) Item. *QUOD Barones, Nobiles, & cæteri Delphinatus & aliarum Terrarum*

NOTES.

(r) *Nobiles.*] Ce mot se trouve aussi dans l'Edit. des *Statuta Delphinalia*: mais il est certain par le texte de l'article même, qu'il faut corriger, *homines ligii.*

(s) *Ligii.*] Ce mot qui a differentes significations, ne peut signifier icy, que des *sujets* d'un Seigneur. Voy. *Du Cange*, au mot, *Ligius.*

(t) *Ipsi homines.*] Je crois qu'il faut entendre par ces mots, les sujets desquels il est parlé dans l'article precedent.

(u) *Stabilitas.*] *Ce sont proprement des garnisons,* dit M. de *Valbonnays*, dans la Note (c) sur ce mot.

(x) *Villam francham.*] Establir une Bourgeoisie dans une Ville, dans laquelle les sujets des Eglises & des Nobles, ne peuvent venir *s'avoüer* Bourgeois, sans dedommager leurs Seigneurs. *Voy. les Tables des mat. des Vol. des Ordonn.* au mot, *Bourgeoisie.*

CHARLES V. à Paris, en Aoust 1367.

*dicto Domino immediatè subjectarum, res quas tenent à Domino Delphino, & tenebunt à successoribus suis in Feudum, possint aliis personis dare & tradere impunè, in Emphiteosim sub certo Censu, vel in* [a] *Feudum, sine requisitione dicti Domini Delphini vel successorum suorum; dummodo prædicti sic dantes vel tradentes dictos Census seu Feudum, à Domino Delphino qui nunc est & pro tempore fuerit,* (y) *recognoscant; & hoc salvo specialiter & excepto, quod Castra, Villas, loca vel Jurisdictiones, quæ à dictis Dominis Delphinis tenerentur in Feudum, aliis personis in Emphiteosim vel in Feudum, nullatenus dare possint, nisi de ipsorum Dominorum Delphinorum expressè procedet voluntate.*

a Arriere-Fief.

Qualiter & quando Magnerii Delphinales non possunt facere executionem infra Jurisdictionem Nobilium.

(23) Item. VOLUIT, *concessit & ordinavit & declaravit dictus Dominus Delphinus, quod quicunque seu aliqui* [b] *Magnerii vel familiares Curiæ Delphinalis, non possint nec debeant infra Castra, Villas seu* [c] *Mandamenta Baronum, Banneretorum, aut aliorum Nobilium Delphinatus, & habentium Jurisdictionem,* (z) *merum & mixtum Imperium,* (aa) *limitata, quamcumque executionem facere, nisi ipsis Dominis locorum & Jurisdictionis infra quam dictam executionem facere vellent ipsi Magnerii, primitus, modo debito, requisitis; vel nisi ipsi Domini in justis requisitionibus sibi factis, exequendis, manifeste existerent negligentes; ita quod de negligentia appareret vel constaret, per testes, instrumenta vel Litteras; non autem per solam relationem Magneriorum vel familiarium, qui dictam executionem facere niterentur.*

b Voy. cy-dessus, p. 40. Note (k).

c Jurisdiction. Voy. le 3.e Vol. des Ordonnances, p. 126. Note (k).

Quando bona damnatorum non sunt confiscanda.

(24) Item. VOLUIT, *concessit, ordinavit & declaravit idem Dominus Delphinus, quod bona quorumcunque damnatorum seu damnandorum imposterum, per Curiam Delphinalem seu per Curiam cujuscunque Baronis vel Bannereti, aut alterius Delphinatus vel alterius Terræ dicti Domini Delphini, subjecti, Jurisdictionem habentis, non aplicentur nec aplicari Fisco valeant, nec quomodolibet confiscari; nisi hæresis & Læsæ-Majestatis, ac aliis à jure permissis casibus, in quibus sunt & esse debent damnatorum bona Curiæ confiscanda.*

NOTES.

(y) *Recognoscant.*] Luy reportent, comme au Seigneur superieur, ces Arriere-Fiefs & ces Censives, dans leurs aveux & dénombrements.

(z) *Merum & mixtum Imperium.*] On entend ordinairement par ces mots, *la haute & basse Justice.* Voy. *Du Cange*, à ces mots, dans l'article, *Imperium.*

J'ay trouvé depuis peu, une petite dissertation sur ces mots, & j'ay crû pouvoir l'inserer icy.

XXXI. Autre est le *merum Imperium* ou le *mixtum;* manieres de parler tirées du vin, qui estant pur, est plus fort; & au contraire, estant mêlé, devient plus foible, ou des couleurs qui sont plus vives, quand elles sont sans mélange. Ainsi le *merum Imperium* est le plus sévere, & le *mixtum* est le plus relâché & d'une moindre authorité.

XXXII. Le *merum Imperium* estoit la même chose que le droit de connoistre, joint avec le pouvoir de statuer & d'executer en matieres criminelles; ce qui est aussi appellé *potestas*, dans la Loy 3. du titre des Digestes, *de Jurisdictione.* La définition qui en est donnée-là même, n'est pas exacte, puisqu'elle est conçûë en ces termes: *Merum est Imperium habere gladii potestatem, ad animadvertendum facinorosos homines.* C'est une description tirée de sa principale partie.

Les anciens Jurisconsultes, quand ils en parlent, en prenant cette authorité en toute son estenduë, disent que c'est le droit du glaive, ou de quelque autre punition grave; car l'*Empire mêlé* est celuy qui ne pouvoit infliger des peines que moderées. *Biblioth. anc. & mod. de le Clerc, t. 13. p. 145.* C'est dans l'extrait du Livre intitulé, *Anton. Schultingii Enarratio primæ partis Digestor, &c.* Leyde 1720. 8.°

(aa) *Limitata.*] Ce mot se trouve aussi dans les deux premiéres Editions: Il semble qu'il ne puisse se rapporter qu'à *Mandamenta;* mais je ne vois pas bien clairement ce qu'il signifie icy.

CHARLES V. à Paris, en Aoust 1367.

Quod mulieres per compulsionem non maritentur, nisi eorum voluntate.

a (25) Item. *QUOD ipse Dominus Delphinus seu successores ejusdem, vel quivis Officiales eorum, aut etiam Barones, Bannereti vel alii subditi Delphinatus aut aliarum Terrarum suarum, Jurisdictionem habentes, non possint nec sibi liceat mulierem quamcunque, cujuscunque status vel conditionis existat, Delphinatus, vel eidem mediatè vel immediatè subjectam, vel ejus parentes aut amicos, directè vel indirectè, compellere per pœnas vel mulctas, aut aliis viribus coactivis, ad maritandum cum quocunque homine; nisi quantum de ipsius mulieris processerit voluntate.*

a Voy. la Note (d) de M.r de Valbonnays.

Quod Feuda intelligantur antiqua; nisi ostendantur esse nova; & de successione hæreditatum subjectorum.

(26) Item. *ORDINATIONES & declarationes olim habitas atque factas, in pactionibus primis habitis inter Serenissimum Principem & Dominum nostrum, Dominum (bb) Philippum Dei gratia Francorum Regem, & dictum Dominum Delphinum, super successione Delphinatus & aliarum Terrarum suarum, quoad successiones bonorum & hæreditatum subjectorum ipsius Delphinatus, & cæterarum Terrarum dicto Domino Delphino subjectarum, concessit iterum ipse Dominus Delphinus, quantum in eo est, dictis subditis Delphinatus, prout in dictis pactionibus continetur; hoc adjecto, quod omnia & singula Feuda, & Retrofeuda Delphinatus, præsumantur & intelligantur (cc) esse antiqua, nisi ipse Dominus Delphinus vel successores sui, ipsa vel aliqua ex ipsis, clarè ostenderent esse nova.*

Qualiter victualia debent solvi, quæ capientur pro Domino, & aliàs non debent capi, nisi essent creditores contenti.

(27) Item. *(dd) QUOD ipse Dominus Delphinus vel successores ejusdem, per se ipsos, aut Castellanos vel Officiales eorum, seu per alias interpositas personas, non possint nec debeant levare vel rettinere victualia quæcumque, in Delphinatu, pro provisione Hospitii, vel b Cavalgatis ipsorum Dominorum, aut aliàs quovismodo, nisi pro justo prætio quo dicta victualia eo tunc communiter venderentur; & nisi primitus ex dicto prætio, illis quorum essent dicta victualia, realiter per solutionem, aut c responsionem sufficientem idoneæ personæ, quæ se obligaret de solvendo infra unum mensem proximum, dictum prætium, post acceptionem dictorum victualium, quantum esset, ita quod creditores essent contenti.*

b Armées.

c une caution.

NOTES.

(bb) *Philippum.*] Philippe de Valois. La donation du Dauphiné faite à ce Prince, par Humbert II. est dans le 2. Vol. de l'Hist. du Dauphiné par M. de Valbonnays, p. 452. & à la page 453. se trouve la clause indiquée dans cet article: la voicy.

*Et especialement, que les plus prochains du lignage, mâles ou femelles, en montant & en descendant, & li collaterals aussi, Nobles & non-Nobles, succedent sanz testament ou par testament, eulz ou autres, selon la disposition du Testateur, tant en Fiez & Rerefiez, Nobles ou autres, comme en autres choses.*

Et p. 456. col. 2.e

*Et que tant en Fiez & Rerefiez comme en autres choses, succedent les plus prochains du lignage, mâles ou femelles, en montant & en descendant, & li collateral aussi, tant Nobles comme non-Nobles, sanz testament ou par testament; eulz ou autres, selon la disposition du Testateur, tant en Fiez & Arrerefiez, Nobles & autres, comme en autres choses.*

M. le President de *Salvaing* dans son Traité de l'*Usage des Fiefs*, part. 1.ere ch. 1. p. *m.* 10. après avoir rapporté les termes de ce Traité, ajoûte, *Qui est, ce me semble, le premier titre declaratif de la patrimonialité des Fiefs, quant à la succession.*

(cc) *Esse antiqua.*] M. de *Salvaing*, *ibid.* [Voy. *la Note preced.*] ch. 2. p. *m.* 54. explique fort au long, la difference qu'il y avoit entre les Fiefs anciens & les nouveaux dans le Dauphiné.

(dd) *Quod.*] Il s'agit dans cet article, du droit de *Prise*, sur lequel voy. les *Tables des matieres des Vol. des Ordonn.* Voy. aussi la Note (e) de M. de *Valbonnays*, sur cet article.

CHARLES V. à Paris, en Aoust 1367.

De remissione Gardarum in Castris, Villis & Mandamentis Banneretorum; nisi prout in articulo continetur.

(28) Item. *VOLUIT ipse Dominus Delphinus, quittas esse & quittavit pariter & remisit (ee) Gardas quascumque, [a] & Garderios facientes dictas Gardas; quas & quos habet in Castris, Villis seu [b] Mandamentis Baronum & Banneretorum quorumlibet dicti Domini Delphini, à decem annis citra receptis; dummodo, & non aliàs, ipsi Barones & Bannereti, Gardas etiam & Garderios hominum dicti Domini Delphini, & aliorum quorumcunque Delphinatus subditorum, quittent similiter & remittant: Promittens ipse Dominus Delphinus, deinceps nullas Gardas vel Garderios recipere, de hominibus Baronum vel Banneretorum quorumlibet, Delphinatus vel aliarum Terrarum suarum, nisi de Dominorum immediatorum illorum (ff) Gardiatorum, qui se vellent in Delphinali Garda ponere, procederet voluntate.*

[a] Voy. cy-dessous, Note (ff).
[b] Voy. cy-dessus, p. 44. Note (c) marg.

Qualiter & in quibus, Barones & Bannereti, & alii Jurisdictionem habentes, possunt punire & Jurisdictionem exercere; & de remissione delinquentium.

(29) Item. *VOLUIT, concessit, ordinavit & declaravit dictus Dominus Delphinus, quod omnes & singuli Barones, Bannereti, & alii subditi Delphinatus & aliarum Terrarum suarum, habentes Castra, loca, Villas & Jurisdictiones [c] limitatas in Delphinatu prædicto, aut aliqua ejus parte, vel in aliis Terris suis, cum [d] mero & mixto Imperio, habeant & habere debeant cognitionem & punitionem quarumcunque offensarum vel criminum, committendarum seu committendorum, quandocunque, ubicumque, & per quamcunque personam, & in quocunque loco, infra Jurisdictionem eorum, committantur; quicunque sit delinquens vel committens, & in quocunque loco, & in quacunque persona; infra tamen districtum & Jurisdictionem ipsorum deliquerit; & quod punitio fiat per Curiam & Officiales eorum, & ad voluntatem eorum, nec prætextu alicujus rei, seu alio colore quæsito, vel privilegio, possit Curia dicti Domini Delphini superior, manus imponere; & quod ipsi & quilibet eorum, & eorum hæredes & successores, de prædictis possint infra districtum & Jurisdictionem suam, punire (gg) Collegia & monopolia illicita, & cætera crimina enormia; sive omnia prædicta vel alia crimina vel delicta, committantur in Ecclesiis & Cimeteriis, locis sacris & aliis privilegiatis, & itineribus & viis publicis, & in personis (hh) privilegio Cleri privilegiatis, sive in*

[c] Voy. p. 44. Note (aa).
[d] Voy. p. 44. Note (z).

NOTES.

(ee) *Gardas.*] Des *Sauve-gardes*, sur lesquels voy. *les Tables des mat. des Vol. des Ordonn.*

(ff) *Gardiatorum.*] Il y a ainsi dans l'Edit. des *Statuta Delphin.* Il y a, *Garderiorum*, dans celle de M. de *Valbonnays*.

Ces deux mots ne peuvent signifier icy, que ceux qui se mettent sous la sauve-garde d'un Seigneur.

Mais *Garderius* au commencement de l'article, signifie le *Gardien* donné par un Seigneur, à ceux qui se mettent sous sa *sauvegarde*.

(gg) *Collegia & Monopolia.*] Ces deux mots signifient icy, des societez & des assemblées illicites. Voy. *Du Cange*, à ces deux mots.

(hh) *Privilegio Cleri.*] Ce qui suit, se trouve dans le (*) Registre *A.* du Parlement de Paris, *fol.* 97. *verso*, & j'ay crû pouvoir le faire imprimer icy.

(1) *SI Laicus Judex male-factorem captum detineat, & is se Clericum dicens, ad Curiam Ecclesiasticam petat remitti, vel ipsa Curia illum tanquam Clericum suum, repetat, Judice Laico illum captum esse Clericum inficiante, ac ob hoc minimè remittendum; dubitacionis hujus [e] an sit Clericus ille captus qui repetitur, ad Judicem Ecclesiasticum, [f] quia de re sic Ecclesiastica & spirituali agitur, vocato tamen Judice seculari, vel alio cujus cognicio interest, pertinebit: & si notorium fuerit, vel fama publica de hoc extiterit, quod male-factor ille sit Clericus, qui hujus privilegio gaudere debeat, statim absque alia cognicione, vel fama publica de hoc extiterit, aut*

[e] Il manque-là un mot, peut-estre *cognitio*.
[f] q. R.

NOTES.

(*) Il y a à la marge, des Notes tellement effacées, qu'on n'a pû les dechiffrer.

*ripariis, nemoribus, furnis, molendinis & tabernis; sive pecunialis sit punitio, sive corporalis, ad ipsos Barones, Bannéretos & alios Jurisdictionem habentes, ad suos hæredes & successores, pertineat punitio pleno jure, prout infra districtum & Jurisdictionem eorumdem, committentur seu perpetrabuntur crimina vel delicta; & delinquentes in eorum Jurisdictione & districtu, si infra Jurisdictionem Delphinalem reperiantur, quod requisiti dicti Domini Delphini Officiales, per ipsos vel eorum alterum ad quem spectabit, seu eorum Officiales, remittere ipsos incontinenti teneantur & debeant eisdem Baronibus & Banneretis, vel aliis Nobilibus, vel eorum Officialibus, requirentibus, absque dilatione morosa, & alterius expectatione mandati; facta sibi fide summaria, prout exiget Justitia, de commissis; exceptis tamen à prædicto capitulo & qualibet ejus parte, omnibus & singulis Officialibus Domini Delphini; & exceptis familiaribus Hospitiorum Domini Delphini & Dominæ Delphinæ; in quibus nullam habeant Jurisdictionem vel punitionem, ubicumque delinquant, dicti Barones, Bannereti vel alii Jurisdictionem habentes, nec eorum successores.*

CHARLES V. à Paris, en Aoust 1367.

*Verum, si ipsi Officiales delinquant infra districtum & Jurisdictionem dictorum Baronum, Banneretorum aut aliorum Jurisdictionem habentium, ut supra, in notoriis excessibus vel atrocioribus criminibus, eos capere possint dicti Barones, Bannereti vel alii, & Curia sua, & captos remittere Curiæ Domini Delphini, pro justicia facienda; exceptis etiam * hominibus ligiis dicti Domini Delphini, immediate sibi subjectis, (ii) undecunque sint & ubicunque consistant; in quibus etiam nullam habeant Jurisdictionem, si & quando illos delinquere contingeret in (kk) Regaliis prædictis; & si contingeret homines dicti Domini Delphini, delinquere infra districtum & Jurisdictionem dictorum Baronum, Banneretorum aut aliorum Jurisdictionem habentium, ut supra, extra Regalias, & post delictum commissum, ad Regalias vel locum Regaliarum confugerint, posset eos capere Curia dictorum Baronum & aliorum prædictorum, in dictis locis Regaliarum, & punire de commissis extra ipsos, ac si in loco delicti capti essent; & etiam exceptis Officialibus dictorum Baronum, Banneretorum & aliorum habentium Jurisdictionem, ut supra, & suorum successorum, delinquentium in ipsis Officiis & circa illa: Ita quod eorum punitio ad Dominum Delphinum & ejus Curiam pertineat, si infra sex menses, à tempore delicti commissi numerandos, Officialem sic delinquentem, de delicto, dicti Barones aut alii prædicti, non correxerint & punierint; ita quod Pars lesa non conqueratur exinde: Hoc etiam adjecto, quod si homines dicti Delphini, delinquerent in pedagiis dictorum Baronum, Banneretorum aut aliorum hominum Jurisdictionem habentium, ut supra, non solvendo, vel rixando in Pedagiatores eorum, exercentes Officium suum pedagii, tunc ad ipsos pertineat punitio hujusmodi hominum Domini Delphini, delinquentium in eisdem.*

* Voy. cy-dessus, p. 43. Note (s).

NOTES.

*ipse pro Clerico communiter habeatur, incontinenti ante cognicionem de Clericatu, Ecclesiastice Curie debet reddi.*

*(2) Idem censemus esse, si reus ipse ante deprehensionem, pro laico publice se non gerens, deprehensus fuerit in habitu Clericali; tonsuram videlicet & vestes deferens Clericales; nam ex portacione habitus supradicti, talem debemus Clericum, donec constet de contrario, reputare: Non sic autem volumus observari, si ante deprehensionem, pro laico publice se gerebat, & pro tali communiter habeatur, quamvis deprehensionis tempore, repertus fuerit in habitu Clericali; tunc enim restituendus non est, quousque fidem de titulo fecerit Clericali; cujus eidem probacionis onus incumbit, propter presumpcionem que adversus ipsum orta est ex delacione laicalis habitus; procedente contra eum, tamen interim quivis processus Judicis conquiescat.*

*Nota quod non sufficit possessio, quum presumpcio est in contrarium! Fides de titulo.*

(ii) *Undecunque sint & ubicunque consistant.*] Il me paroist que ces mots signifient, quand même ils seroient domiciliez dans les Terres des Nobles; pourvû cependant qu'ils ne commettent point de délict dans le lieu de leur domicile; car plus bas, il est dit formellement, que s'ils commettent des crimes dans la Jurisdiction des Seigneurs, ceux-cy pourront leur faire leur procès, quand même ils se seroient refugiez sur les Terres de l'Eglise.

(kk) *Regaliis.*] *Regalia, dominium temporale Ecclesiæ*, dit M. *Du Cange*, à ce mot.

Ce mot *prædictis* se rapporte à ceux-cy qui sont plus haut, *in Ecclesiis & Cimeteriis, locis sacris & aliis privilegiatis.*

CHARLES V.
à Paris, en Aoust 1367.

Quod Dominus Delphinus non faciat nova molendina, in præjudicium aliorum; & bonæ Consuetudines observentur.

(30) Item. *VOLUIT, concessit & declaravit ipse Dominus Delphinus, quod ipse vel successores sui, nova non possint facere vel construere molendina, in parte aliqua Delphinatus seu aliarum Terrarum suarum, in præjudicium aliorum qui ab antiquo in locis illis molendina consueverunt habere; & super his, bonæ Delphinatus Consuetudines observentur.*

In quibus locis possint venari Nobiles.

(31) Item. *VOLUIT & concessit ipse Dominus Delphinus, quod omnes & singuli Barones & Nobiles Delphinatus & aliarum Terrarum suarum, possint impunè venari in Delphinatu & aliis Terris dicti Domini Delphini, & in ipsius Domini Delphini nemoribus & forestis; exceptis forestis de* Claye *& de* Planeysse; *& garenis cuniculorum & leporum quibuscunque.*

Quod Dominus Delphinus vel ejus Officiarii, non capiant equos quarumcunque personarum.

(32) Item. *CONCESSIT, voluit & declaravit ipse Dominus quod ipse vel successores ejusdem, seu alius pro eis, non possint nec debeant pro quocunque casu, (ll) accipere* * *equos, roffinos vel sommerios quarumcunque personarum Ecclesiasticarum aut Nobilium Delphinatus seu aliarum Terrarum suarum, nisi de ipsorum procederet voluntate.*

* Voy. cy-dessus, p. 39. Note (h).

Remissio aperturarum commissionum Feudorum, & rerum emphiteotecariarum commissarum, usque ad diem concessionis prædictarum Libertatum.

(33) Item. *DOMINUS Delphinus benevolentia ductus erga quoscunque suos subditos Delphinatus & aliarum Terrarum suarum, ex certa scientia & gratia speciali, omnes & singulas (mm) apertiones & commissiones Feudorum, Retro-Feudorum, rerum quarumcunque emphiteotecariarum, sibi competentium quocunque titulo sive causa; etiam si (nn) manu-mortua vel aliàs, reperiantur aut reperiri possint aperta vel commissa eidem Domino Delphino, usque ad diem hodiernam, de quibus non esset ad debitam (oo) executionem deventum, sive eidem sint adjudicata sive non; exceptis illis quæ in casu vel propter casum proditionis essent vel reperirentur commissa, remisit & quictavit omnibus & singulis suis subditis antedictis; & mihi Notario infrascripto, tanquam personæ publicæ, stipulanti & recipienti nomine omnium & singulorum quorum interest vel interesse potest quoquomodo.*

NOTES.

(ll) *Accipere.* ] Cela regarde encore le droit de *Prise*, sur lequel, *Voy. cy-dessus, p. 45. & Note (dd).*

(mm) *Apertiones, &c.* ] Lorsqu'il y a ouverture à la Commise, & que le Seigneur est en droit de confisquer les terres qui relevent de luy. *Voy. le Gloss. du Droit Franç.* aux mots, *Commise* & *Ouverture.*

(nn) *Manu-mortua.* ] Dans le cas ou des Gens d'Eglise ou de *main-morte*, ont acquis des biens, sans avoir payé d'admortissement. *Voy. le Gloss. du Droit Franç.* au mot, *Main-morte*, & les Prefaces des Vol. des Ordonn. 5. *Admortissements.*

(oo) *Executionem.* ] Lorsque les heritages, quoyque confisquez, n'ont pas encore esté mis en la main du Dauphin.

Quando

CHARLES V. à Paris, en Aoust 1367.

Quando appellari non debeat à Castellanis vel Magneriis Banneretorum, nisi requisitis ipsis Banneretis, ut in capitulo præsenti.

(34) Item. *CONCESSIT, voluit & declaravit præfatus Dominus Delphinus noster, quod à [a] præceptis vel pœnarum impositionibus [b] Castellanorum vel [c] Magneriorum aut aliorum Officialium Baronum, seu Banneretorum Delphinatus & alterius Terræ suæ, appellari non possit ad Curiam Delphinalem, nisi primitus requisitis ipsis Baronibus vel Banneretis, de revocandis præceptis vel pœnarum impositionibus ipsorum Castellanorum vel aliorum Officialium, quæ processissent aut dicerentur minus justè processisse.*

a Jugements.

b decernées par les Chastellains.

c Voy. cy-dessus, p. 40. Note (k).

[d] Quando rei subditi Delphinales, non sunt trahendi extra Judicaturam in qua degunt, seu sub qua res de qua agitur, sita est.

d *Quod.*

(35) Item. *VOLUIT, concessit & declaravit idem Dominus Delphinus, quod si & quotiescunque ipse Dominus Delphinus vel successores ejusdem, aut alius quivis pro eo, voluerit contra quemcunque suum subditum, aliquam Causam realem, civilem vel criminalem movere, seu etiam (pp) mixtam, reus trahi non possit nec debeat quoquomodo, ad quodcunque Forum, nisi dumtaxat coram Judice ordinario illius Judicaturæ sub qua deget Reus ipse, seu sub qua res sita erit, si quæstio realis fuerit; vel coram Commissario speciali deputato per Dominum Delphinum qui nunc est & pro tempore fuerit: Et ille deputatus cognoscere non possit, nisi in Judicatura Rei, & ad expensas Domini & non Rei; nisi tamen ipse Dominus Delphinus vel successores sui, coram se personaliter, vel coram Consilio eidem assistente infra Delphinatum, vellent dictum Reum evocare & examinare, aut examinari facere dictam Causam.*

Quod non procedatur per viam Enquestæ, pro occupatione jurium Delphinalium.

(36) Item. *VOLUIT & concessit dictus Dominus Delphinus, quod pro occupatione rerum vel jurium Delphinalium, facta seu fienda per quoscumque suos subditos, per viam Inquestæ vel aliàs, nisi dumtaxat via ordinaria, non possit procedi quomodolibet contra eos.*

Quod Curia & Judex appellationum Delphinatus, resideat in Civitate Gratianopoli.

(37) Item. *QUIA Gratianopolitana Civitas locus insignis & [e] communis est toti Delphinatui, inter cæteros Delphinatus, ibique Sedes appellationum esse consuevit pro majori parte, temporibus retroactis, voluit, concessit, decrevit & declaravit dictus Dominus Delphinus, quod dicta Sedes Judicaturæ [f] majorum appellationum Delphinatus, sit & esse debeat perpetuis temporibus, in Civitate prædicta; in qua Judex qui nunc est, & successores sui qui pro tempore fuerint, super Causis appellationum, debeant & teneantur, & non alibi, continue remanere.*

e La Capitale.

f des Appels en dernier ressort.

Quod Baronia Fucigniaci debeat perpetuo remanere illi qui Delphinus fuerit, & in ea sit Judex appellationum.

(38) Item. *QUOD Baronia Terræ (qq) Fucigniaci, ab alia Terra Delphinatus distat, guerrarum temporibus, multis hostibus Delphinatus interjectis, propter quod*

NOTES.

(pp) *Mixtam.*] Une affaire qui fût en même temps réelle & personnelle.

(qq) *Fucigniaci*] Faucigny. Cet article n'a pas esté observé, & Faucigny a esté cedé en 1354. à *Amé VI.* Comte de Savoye. *Voy. la Note (f) de M. de Valbonnays, sur cet article.*

CHARLES V. à Paris, en Aoust 1367.

*exeundi dictam Terram & redeundi ad ipsam, Nobilibus & aliis subditis Delphinalibus dictæ Terræ, difficilis & periculosus est aditus & egressus, voluit, concessit & declaravit ipse Dominus Delphinus, quod in dicta Baronia Terræ Fucigniaci, fiat & ponatur perpetuis temporibus, Judex appellationum, qui de Causis appellationum* [a] *eminentibus, in dicta Terra cognoscat, & illic resideat continue: Quodque pro Causis appellationum vel alia Causa quacumque, civili vel criminali, quicumque homines dictæ Terræ, extrahi non possint, conveniri vel citari per ipsum Dominum Delphinum vel successores ejusdem, aut quosvis Officiales eorum, extra dictam Terram; nisi dumtaxat pro Delphinalibus* [b] *Cavalgatis: Et si quovismodo aliàs, per Dominum Delphinum vel alium nomine ejus, citarentur, parere non teneantur impune, secundum quod in aliis eorum Libertatibus continetur. Voluit etiam & concessit, decrevit & declaravit ipse Dominus Delphinus, quod dicta Baronia Terræ Fucigniaci, cum suis Nobilitatibus, juribus & pertinentiis, illi qui Delphinus fuerit Viennensis perpetuis temporibus, debeat remanere; & quod ipse Dominus Delphinus vel successores sui, dictam Baroniam seu aliquam partem, dignitatem, aut Castra ejusdem, non possint ab illo qui Delphinus fuerit, separare, vel in alium quemcunque transferre, quovismodo titulo sive causa.*

a Je crois que cela signifie, *Appels en dernier ressort.*

b Expeditions Militaires.

[c] Quando Judex appellationum est ponendus tempore guerræ, in Baroniis Terræ Turris & Vallis-bonæ.

c Quod.

(39) Item. *VOLUIT & concessit dictus Dominus Delphinus, quod si & quandocunque guerram fore contingeret, inter Delphinatum Viennensem, & Comitatum Sabaudiæ, Delphinus qui tunc fuerit, teneatur & debeat Judicem appellationum constituere & creare in Baroniis Terræ (rr) Turris & Vallis-bonæ: Qui Judex de Causis appellationum pendentium eo tunc, coram* [d] *Majore Judice appellationum Delphinatus; & etiam de novis appellationibus emergentibus, dicta guerra durante, cognoscere habeat, quandiu dicta guerra duraverit, & non ultra.*

d Voy. p. precedente, art. 37. & Note *(f)* marginale.

Quod non ponantur in sejorno equi, canes, venatores, in domibus Religiosorum, aut aliarum personarum subditarum; nisi expensis Domini.

(40) Item. *VOLUIT, concessit, declaravit & ordinavit dictus Dominus Delphinus, quod ipse Dominus Delphinus vel successores sui, deinceps non possint nec debeant mittere vel ponere pro sejorno,* [e] *equos, roffinos, canes venaticos, venatores, familiares seu alios* [f] *garciones eorum, in domibus Religiosorum, vel aliarum personarum Ecclesiasticarum, aut aliorum quorumcumque Delphinalium subditorum, nisi hoc facerent ad expensas & cum expensis ipsius Domini Delphini vel successorum suorum: Et si contrarium facere attentarent, licitum sit unicuique, ipsos non admittere; imo possint eos repellere & expellere, licitè & impunè.*

e Voy. cy-dessus, p. 39. Note *(h).*

f Voy. cy-dessus, p. 38. Note *(e).*

[g] Quando non debent fieri inventaria, & quod Bannereti faciant illud idem.

g *Quod.*

(41) Item. *VOLUIT, concessit, declaravit & ordinavit præfatus Dominus Delphinus, quod per quamcumque Curiam Delphinalem, non fiant amodo, nec fieri debeant*

NOTES.

*(rr) Turris & Vallis-bonæ.*] La Baronnie de la Tour & de Valbonne.

La 1.ere est l'ancien patrimoine des Barons de la Tour, desquels sont descendus les Dauphins de la 3.e Race; elle occupe une partie du Viennois, & tire son nom du principal lieu nommé la Tour du Pin. Quant à la Baronnie de Valbonne, qui en est une dépendance, elle est située au-delà du Rône: Montluel en estoit chef-lieu: elle fut acquise des derniers Seigneurs de Montluel l'an 1325. par Henry Regent du Dauphiné.

Cette Note a esté copiée de l'Hist. du Dauphiné, par M. de *Valbonnays,* t. 2. p. 459. Note *(n).*

*neque possint inventaria bonorum quorumcunque subditorum Delphinalium morientium; nisi ad requestam hæredum, vel substitutorum aut executorum illorum morientium, ubi testamento facto, ipsos contingeret mori; vel nisi ad requisitionem propinquorum, vel qui haberent ab intestato succedere, aut propinquorum* [a] *pupilli vel pupillorum qui deberent succedere mortuo intestato, vel in aliis casibus in Jure expressis, quacunque Consuetudine contraria nonobstante; prædicta concedens ipse Dominus Delphinus, dummodo Bannereti Delphinatus, in Terris suis faciant illud idem.*

CHARLES V. à Paris, en Aoust 1367.

a Voy. la Note (g) de M.r de Valbonnays, sur cet Article.

Quod servetur jus commune super crimine usurarum.

(42) Item. *CUM pro parte subditorum Delphinalium, supplicatum fuerit ipso Domino Delphino, quod contra aliquem subditum Delphinalem, de ipso Delphinatu oriundum, non possit inquiri directè vel indirectè, ex Officio Curiæ Delphinalis, super crimine usurarum; & quod bona morientium non possent vel deberent ex causa prædicta, quovismodo saisiri, capi vel arrestari per ipsam Curiam Delphinalem, voluit & concessit ipse Dominus Delphinus, quod servetur super hoc jus commune.*

Quod facto semel Homagio Domino, non est necesse ipsum iterato per Nobiles subditos facere; & Nobiles suis hominibus, ita servare debeant.

(43) Item. *CONCESSIT & declaravit ipse Dominus Delphinus, quod postquam aliquis Nobilis Delphinatus aut aliarum Terrarum suarum, semel fecerit Homagium &* [b] *recognitionem Domino Delphino qui nunc est vel successoribus suis, pro Feudis quæ tenent vel tenebunt ab eis, ipsa Feuda vel Retrofeuda* [c] *committi vel aperiri non possint;* [d] *esto quod successoribus Delphinis Homagium & recognitionem non fecerint, nisi ita esset quod ille Nobilis qui Homagium fecisset, requisitus per Dominum successorem, Homagium & recognitionem facere contumaciter recusaret: Hoc concedens ipse Dominus Delphinus dictis Nobilibus, si ipsi hoc idem concedent & ita utentur hominibus eorumdem: Aliàs autem, illos qui prædicta non concederent hominibus suis, aut aliter hoc casu uterentur, in eis gaudere non vult; sed eos excludit præsenti privilegio, ipsum cassans & irritans quoad illos.*

b Voy. cy-dessus, p. 44. Note (y).

c Voy. cy-dessus, p. 48. Note (mm).

d supposé.

[e] Quando Nobiles, tempore guerræ, possunt suos amicos conducere per Patriam Delphinalem.

e *Quod.*

(44) Item. *VOLUIT, concessit & declaravit ipse Dominus Delphinus, quod quicunque Nobiles Delphinatus & aliarum Terrarum suarum, possint conducere tempore (ss) guerræ & alio quocunque, amicos suos per Delphinatum impunè; dummodo de ipsis conducendis; videlicet, de certis personis non esset facta prohibitio nominatim; & dummodo ipsi conducti non vadant ad procurandum damnum vel dedecus Domini Delphini, vel sui quomodolibet Delphinatus.*

[f] Quando Officiales Delphinales debent Banneretis, pro delictis in eorum Jurisdictione perpetratis, delatos remittere.

f *Quod.*

(45) Item. *VOLUIT, concessit & declaravit ipse Dominus Delphinus, quod de quocunque delinquente infra Jurisdictionem alicujus subditi Delphinatus vel aliarum Terrarum suarum, limitatam, cum* [g] *mero & mixto Imperio, si ipse delinquens reperiatur*

g Voy. cy-dessus, p. 44. Note (z).

NOTES.

(ss) *Guerræ.*] Je crois qu'il s'agit-là des *Guerres privées*, sur lesquelles, *Voy. cy-dessus, p. 42. art. 14.*

CHARLES V. à Paris, en Aoust 1367.

*infra Jurisdictionem Curiæ Delphinalis, fiat remissio & fieri debeat secundum formam Juris, illi penes quem vel in cujus Juridictione deliquerit, per Castellanos vel alios Officiales Delphinales, sub quorum* [a] *administratione reperietur, facta informatione summaria ab ipsis Officialibus Delphinalibus, de delicto.*

[a] district de la Jurisdiction.

### De bannis Valvassorum & Nobilium Delphinatus.

(46) Item. QUOD [b] *Bannerii seu Magnerii Curiæ Delphinatus,* [c] *banneare non possint nec debeant in Feudis, in quibus habent banna & habere consueverunt Valvassores seu alii Nobiles Delphinatus.*

[b] Voy. cy-dessus, p. 40. Note (x).

[c] faire des bans ou proclamations.

### Quod observentur Libertates [d] Ecclesiis concessæ, tam universis quam singulis, Civitatibus, Villis, locis & personis.

[d] *Il n'est point parlé des Eglises dans le Texte.*

(47) Item. VOLUIT, *concessit & ordinavit ipse Dominus Delphinus, quod omnes & singulæ Libertates, privilegia & immunitates, per eum & prædecessores suos, universaliter & particulariter, concessæ & concessa Civitatibus, Villis, locis, Terris, Baroniis,* [e] *Marchiis, Balliviatibus, aut personis singularibus Delphinatus seu aliarum Terrarum suarum, eisdem, universaliter universis & singulariter singulis, secundum quod concessa sunt, in omnibus & singulis capitulis & clausulis, integraliter observentur, eaque & eas, ipse Dominus Delphinus per se, hæredes & successores suos, promisit & convenit integraliter & inviolabiliter observare.*

[e] Marquisats.

### Quod boni usus observentur; mali autem tollantur.

(48) Item. VOLUIT *& concessit ipse Dominus Delphinus, quod cæteri boni usus & bonæ Consuetudines Delphinatus & aliarum Terrarum suarum, custodiantur, observentur & augmententur; mali autem usus & malæ Consuetudines tollantur & totaliter extirpentur.*

### Quod Judices & Procuratores non teneant eorum Officia, nisi per duos Annos; & amoti, ad illa non resumantur de quinque Annis.

(49) Item. VOLUIT, *concessit, decrevit & declaravit ipse Dominus Delphinus, quod quicumque Judices &* [f] *Procuratores Delphinatus & aliarum Terrarum suarum, creati & imposterum creandi, non teneant nec tenere possint Officia Judicaturæ vel Procurationis,* [g] *in una Judicatura vel in quocumque loco, continuè, nisi per duos Annos duntaxat; & cum amoti fuerint ab ipsis Officiis, ad ea non resumantur nec possint admitti seu reduci, de quinque Annis proxime sequentibus, quoquomodo.*

[f] *App.* les Procureurs Fiscaux.

[g] dans la même Jurisdiction.

### De quittatione Manus-mortuæ, & quod Nobiles suis hominibus etiam remitterent; alioquin eisdem non remittentibus, dicta quittatio non prosit.

(50) Item. IPSE *Dominus Delphinus, per se & successores suos, remisit, quittavit, & totaliter reliquit ubicumque Terrarum & locorum Delphinatus & Terrarum suarum, perpetuo, omnem (tt) Manum-mortuam, & omne jus, actionem & requisitionem, quoa*

NOTES.

(tt) *Manum-mortuam.*] Il y a de deux sortes de gens de *Main-morte:* 1.° Les Corps & Communautez, tant Ecclesiastiques que seculieres qui ne meurent point : il ne s'en agit pas icy. 2.° Les hommes de condition servile qui sont sujets de corps envers leurs Seigneurs, qui leur succedent quand ils meurent sans hoirs procréez de leurs corps.

*& quæ sibi competebant aut competere poterant in Barones, Banneretos, Nobiles, Valvassores, & alios quoslibet subditos Delphinatus & Terrarum suarum quarumcunque, seu in eorum bonis & hæreditatibus quibuscunque, ubicunque sint, occasione Manus-mortuæ; volens & ordinans, quod eodem modo Barones, Bannereti, Nobiles, Valvassores, & alii subditi Delphinatus & aliarum Terrarum suarum, quittent & remittant ac remittere debeant & teneantur perpetuo, hominibus & subditis eorumdem, Manum-mortuam quamcunque, & omne jus sibi competens & competiturum occasione Manus-mortuæ, adversus eorum homines seu subditos, seu bona eorum: Aliàs, nisi prædictam quittationem & remissionem facerent, aut si ulterius dicta Manu-mortua uterentur, illi sic utentes & nolentes quittare dictam Manum-mortuam, nequaquam gaudeant nec gaudere possint præsenti privilegio remissionis Manus-mortuæ; sed ab eo totaliter sint [a] exempti, si & quandocunque casus forsan contingeret in eosdem aut successores eorum.*

CHARLES V. à Paris, en Aoust 1367.

[a] privez.

Quod Barones, Bannereti & cæteri Nobiles, in eisdem Libertatibus manuteneant suos homines & subditos: Aliàs, contrarium facientes, ipsis Libertatibus non gaudeant.

*(51)* Item. *VOLUIT, concessit, ordinavit, decrevit & declaravit ipse dictus Dominus Delphinus, quod quicumque Barones, Bannereti, Nobiles & Valvassores totius Delphinatus & cujuslibet ejus partis, & aliarum Terrarum suarum, teneantur & debeant eorum homines & subditos tractare, fovere & manutenere perpetuo, in & sub consimilibus Libertatibus, privilegiis & immunitatibus, quæ & quales per ipsum Dominum Delphinum, superius sunt concessæ: Et si forsan aliqui sint vel pro tempore fuerint, ex ipsis Baronibus, Banneretis, Valvassoribus vel aliis Nobilibus supradictis, qui suos homines & alios eis immediate subjectos, tractare nollent, vel non tractarent, foverent & manutenerent in Libertatibus, privilegiis & immunitatibus antedictis & consimilibus eis, illi Barones, Bannereti, Nobiles vel Valvassores prædicta facere recusantes, aut contrarium quomodolibet facientes, nullomodo gaudeant nec utantur, nec gaudere vel uti possint privilegiis, Libertatibus & declarationibus antedictis; illis videlicet, quibus suos homines & subditos, nollent vel non paterentur uti; imo ipsis exempti sint & privati, nec ad eos prædicta privilegia, Libertates & declarationes, quibus suos, ut prædicitur, homines & subditos uti non paterentur, aliqualiter se extendant.*

Quod Domini Delphini venturi, teneantur jurare Libertates; aliàs, &c.

*(52)* Item. *ET ut prædictæ Libertates, franchesiæ, gratiæ, concessiones, declarationes & privilegia, perpetuis temporibus, melius & firmius observentur, voluit, concessit, ordinavit, declaravit & decrevit dictus Dominus Delphinus, quod, quandocumque & quotiescumque in futurum, novus Delphinus vel successor ejus, veniet ad successionem vel regimen Delphinatus, antequam ad Homagia seu [b] recognitiones Feudorum recipienda seu recipiendas, quovismodo procedat, & antequam aliter compellere possit aliquam singularem personam vel Universitatem, ad prestandum & faciendum sibi Homagia, Fidelitates seu recognitiones, jurare debeat primitùs, ad Sancta Dei Evangelia per eum corporaliter manu tacta, in manibus reverendorum Patrum, Dominorum Episcopi Gratianopolitani, vel Abbatis Sancti Antonii, Viennensis, & Vicariorum suorum, servare, custodire & attendere inviolabiliter præmissas omnes & singulas declarationes, franchesias, Libertates ac gratias & privilegia suprascripta, in omnibus & singulis clausulis & capitulis eorum-*

[b] Voy. cy-dessus, p. 44. Note (5).

NOTES.

Anciennement dans le Dauphiné, le droit de *Main-morte* avoit lieu non seulement sur ces hommes; mais aussi sur les Nobles qui s'estoient reconnus hommes *liges*, de *corpore & persona*. Voy. *Salvaing*, de l'usage des Fiefs, part. 1. ch. 32. p. *m.* 182. Dans le chap. precedent, il explique quels estoient ces hommes *liges*. Voy. aussi la Note *(h)* de M. de *Valbonnays*, sur cet article.

CHARLES V. à Paris, en Aoust 1367.

*dem: Et si ita esset, quod in principio regiminis, ut prædicitur, ad debitam requisitionem Baronum, Nobilium vel Universitatum Delphinatus, seu dictorum Dominorum Prælatorum vel Vicariorum suorum, prædictum Sacramentum facere recusaret, eo casu, Barones, Nobiles & Universitates quicumque Delphinatus & cujuslibet ejus partis, & aliarum Terrarum suarum, eidem novo Domino successuro, vel Officialibus suis, obedire minime teneantur impunè, donec prædictum Sacramentum præstiterit & fecerit publicè & per publicum instrumentum.*

De juramento per Officiales præstando, alioquin non pareatur eisdem; & si violaverint Libertates, puniantur.

(53) Item. CONCESSIT, *decrevit & declaravit sæpedictus Dominus Delphinus, quod omnes & singuli Ballivi, Judices,* [a] *Procuratores & Castellani Delphinatus & aliarum Terrarum suarum, qui nunc sunt, & qui de* [b] *cætero fient & ordinabuntur de novo, teneantur & debeant, ac efficaciter sint astricti jurare ad Sancta Dei Evangelia, præmissas Libertates, franchesias, immunitates & declarationes omnes & singulas, in singulis earum clausulis & capitulis, tenaciter custodire & inviolabiliter observare: Et si modo debito requisiti, quilibet eorum dictum Sacramentum facere & præstare publicè recusarent, impunè non pareatur cuilibet recusanti: Et si, quod absit, aliquis ex dictis Officialibus prædictis, Libertates, privilegia, concessiones vel declarationes, in toto vel in parte, quomodolibet violaret aut infringeret quoquomodo, ubi convictus erit dictus Officialis de violatione prædicta, teneatur & debeat expensas factas per Barones, Banneretos, Valvassores, Nobiles, Universitates, seu singulares personas, persequentes dictum Officialem de dicta violatione, resarcire & solvere; & ad hoc, per suum superiorem viriliter compellatur; & nihilominus, idem Officialis violator dictarum Libertatum, de perjurio puniatur.*

[a] Voy. cy-dessus, p. 52. Note (f) marg.

[b] dans la suite.

*Quæ omnia, universa & singula suprascripta, dictus Dominus Humbertus Delphinus, pro se, hæredibus & successoribus suis, promisit per pactum expressum, solenni stipulatione vallatum, & juravit, per eum tactis corporaliter, Sacrosanctis Evangeliis, obligando etiam bona sua, mihi Humberto Pilati supra & infrascripto, Notario publico, tamquam personæ publicæ, præsenti, stipulanti & solemniter recipienti, nomine, vice & ad opus omnium & singulorum quorum interest & interesse poterit quomodolibet in futurum, rata & grata, valida atque firma, perpetuis temporibus, habere, tenere, attendere & inviolabiliter observare, nunquam per se vel per alium, contrafacere vel venire, nec alicui contravenienti seu contravenire volenti, consentire, seu per quod contra veniat, dare auxilium vel juvamen, directè vel indirectè, publicè vel occultè: Renuntians dictus Dominus Delphinus, ex certa scientia, & per juramentum suum in hoc facto, exceptione juris & facti, omni privilegio & auxilio (uu) cujuscunque Juris canonici & civilis, Indulgentiis & rescriptis quibus posset contra præmissa facere vel venire, seu eorum aliqua infringere quoquomodo.*

*De quibus omnibus & singulis suprascriptis, ipse Dominus Delphinus voluit & præcepit expresse, per me Notarium infrascriptum, fieri Baronibus, Bannеretis, Nobilibus, Valvassoribus, Universitatibus, & singularibus personis Delphinatus, habere volentibus, simul vel separatim, etiam de singulis clausulis & articulis supradictis, tot quot habere voluerint, publica instrumenta.*

*Acta fuerunt hæc apud (xx) Romanis, in domo dicti Domini Delphini, quæ fuit olim Berthono de (yy) Moloce; præsentibus Reverendis in Christo Patribus, Domino Henrico de Villars Lugdunensi, & Bertrando de Capella, Viennensi Archiepiscopis,*

NOTES.

(uu) *Cujuscunque.*] Dans l'Edition de M. de *Valbonnays,* ces formules jusqu'à ces mots, *De quibus,* ne sont point imprimées, & sont seulement indiquées par un *&c.*

(xx) *Romanis.*] *Romans,* sur lequel Voy. *le 3.e Vol. des Ordonn. p. 270. Notes (a. b. c.)*

(yy) *Moloce.*] Il y a *Maleto* dans l'Edition de *Statuta Delphinal.* & dans la copie qui a esté envoyée de Grenoble.

ac Joanne de Chissiaco Episcopo Gratianopolitano, vocatis & rogatis testibus ad præmissa. CHARLES V.

(zz) Et Ego Humbertus Pillati, de (aaa) Buxeria Gratianopolitanæ Diœcesi, Apostolica, Imperiali, & Domini Francorum Regis, auctoritatibus, Notarius publicus, præmissis omnibus & singulis, dum scripta sunt, agerent, fierent, declararentur, darentur, donarentur, quittarentur, remitterentur & concederentur per præfatum Dominum nostrum Delphinum, Anno, Indictione, die, loco, Pontificatus, & coram testibus suprascriptis, præsens & personaliter interfui; hoc idem instrumentum, jussus & requisitus, recepi, notavi & publicavi, in eoque scribi feci & extraxi de meo (bbb) protocollo, nihil addito vel mutato, per quod facti substantia varietur, hic manu propria me subscripsi, & signum meum consuetum apposui, in robur & testimonium præmissorum.

à Paris, en Aoust 1367.

Nos vero prænominatus Delphinus, ad majorem firmitatem, robur & testimonium præmissorum per Nos concessorum, ut in præscripto instrumento superius continetur, ipsum instrumentum nostri majoris sigilli munimine, fecimus roborari: Et cum in dictis privilegiis & Libertatibus, caveatur expresse, quod quandocunque & quotienscunque novus Delphinus, [a] ultra, successor veniet ad successionem vel regimen Delphinatus, antequam ad Homagia seu [b] recognitiones Feudorum Delphinalium, recipienda seu recipiendas, quovismodo procedat, & antequam aliter compellere possit aliquam singularem personam vel Universitatem, ad præstandum & faciendum sibi Homagia, Fidelitates seu recognitiones, jurare debeat primitùs, ad Sancta Dei Evangelia per eum corporaliter manu tacta, in manibus Reverendorum Patrum Dominorum Episcopi Gratianopolitani, vel Abbatis Sancti Antonii, Viennensis, vel Vicariorum suorum, servare, custodire & attendere inviolabiliter, præmissas omnes & singulas declarationes, franchesias, concessiones, Libertates, gratias & privilegia, in omnibus & singulis clausulis & capitulis eorumdem, & eapropter, dictus Dominus Episcopus requisivit præfatum Dominum Carolum Delphinum Viennensem [c] juniorem, quatenus prædictum juramentum præstet & faciat, ut superius in dictis Litteris continetur.

[a] dans la suite.

[b] Voy. cy-dessus, p. 44. Note (y).

[c] Voy. cy-dessus, p. 37. Note (*) marg.

Quiquidem Dominus Carolus Delphinus Viennensis prædictus, visa exhibitone instrumenti prædicti, quod pro lecto habuit, ut præfertur, & audita relatione summaria prædictorum, & requisitione facta per Dominum Episcopum supradictum, de voluntate, consensu & auctoritate expressis, præfati Domini Ducis Normandiæ, Patris sui, præsentis, volentis, consentientis & auctorisantis, ea omnia & singula rata habens, promisit & juravit, per eum tactis corporaliter Evangeliis Sacrosanctis, in manibus dicti Domini Episcopi, & mei Notarii infrascripti, stipulantis & recipientis, nomine & ad opus omnium & singulorum quorum interest & interesse poterit in futurum, dictas Libertates, franchesias, declarationes, concessiones, gratias & privilegia, contentas & contenta in instrumento prædicto, in omnibus & singulis suis clausulis & capitulis, ac etiam cæteros bonos usus & bonas Consuetudines Delphinatus, servare, custodire & attendere inviolabiliter & perfectè, & nunquam per se vel per alium, contrafacere vel venire, nec alicui contravenienti seu contravenire volenti, quomodolibet consentire.

Volens ipse Dominus Delphinus junior & præcipiens mihi Notario infrascripto, & dictus Episcopus me requisivit, quod de prædictis conficiam Prælatis, Baronibus, Nobilibus, Valvassoribus, Universitatibus, & aliis quibuscumque personis Delphinatus, tot quot habere voluerint, publica instrumenta.

Acta fuerunt hæc; videlicet, prædicti instrumenti exhibitio, dicti Domini Episcopi requisitio, ac præfati Domini Caroli Delphini Viennensis, ratihabitio, & juramenti præstatio apud Lugdunum, in domo Fratrum Prædicatorum dicti loci, præsentibus Reverendis in Christo Patribus, Domino Henrico de Villars, Archiepiscopo Lugdunensi;

NOTES.

(zz) *Et ego, &c.* ] Ce qui suit, n'est pas dans l'Edit. de M. de Valbonnays. Il y a seulement après *præmissa, &c. Expedit. H. P.*

(aaa) *Buxeria.* ] C'est apparemment *Buissiere*, dans le Dauphiné, Diocese de Grenoble, sur lequel, *Voy. le Dict. Univers. de la Fr.* au mot, *Buissiere.*

(bbb) *Protocollo* ] Protocolle, sur lequel, *Voy. le 2. Vol. des Ordonn. p. 144. Note (c) & p. 145. Note (c) col. 1.*

CHARLES V. à Paris, en Aoust 1367.

*Joanne Revolli Episcopo* [a] *Aurasicensi; Joanne Abbate de (ccc) Fardis; Illustribus, Magnificis & Nobilibus Viris, Dominis, Duce Normandiæ prædicto; Petro Duce Borbonesii; Humberto Delphino prædicto; Joanne Comite Armeniaci; Joanne Comite Antisiodorensi; Aymaro Comite Valentinensi & Diensi; Jacobo de Borbonio; Hugone de Gebenis; Aymaro de Pictavia; Humberto Domino Traynello; Rogone Domino de Angesto; Rodulpho Domino de Cargui; Yvone Domino de Garenceriis; Guidone de Lensa; Alberto Luppi; Amblardo Domino Bellimontis; Amilder de Rossillone; Domino Bouchage; Francisco de Thesio; Domino de Thorana, Militibus; Petro de Foresta, Cancellario Normandiæ; Francisco de Parma, Cancellario Delphinatus; Roberto de Loriis; Joanne Richerii, Militibus; Magistro (ddd) Simone de Lingonis, Magistro in Theologia; & Guillelmo Fornerii Sacrista* [b] *Gebenensis, Procuratore Delphinali in Curia Romana, vocatis & rogatis testibus ad præmissa.*

a Orange.

b du Gevaudan.

*Et Ego Humbertus Pillati, de Buxeria, Clericus Gratianopolitanæ Diœcesis, Apostolica, Imperiali, & Domini Francorum Regis, auctoritatibus, Notarius publicus, præmissis omnibus, dum sic, ut præscripta sunt, agerentur & fierent, præsens personaliter interfui, hoc inde instrumentum, requisitus, recepi & notavi, in eoque quod scribi feci & extrahi de meo prothocollo, nihil addito vel mutato per quod facti substantia varietur, hic manu propria me subscripsi, & signum meum consuetum aposui, in robur & testimonium præmissorum.*

c Suite des Lettres de Charles V.

[c] *Quasquidem suprascriptas Litteras, & omnia & singula in eis contenta, rata habentes & grata, ea volumus, laudamus, ratificamus, ac ex nostris auctoritate Regia & Delphinali, certaque scientia & gratia speciali, tenore præsentium confirmamus: Mandantes insuper Gubernatori nostro dicti Delphinatus, cæterisque Officiariis & Justiciariis nostris, quatenus omnia in suprascriptis Litteris contenta, teneant, custodiant, adimpleant, tenerique, custodiri, ac de puncto in punctum adimpleri & inviolabiliter observari faciant; facta in contrarium, si quæ sint, ad statum pristinum & debitum reducendo aut reduci faciendo indilatè. Quod ut firmum & stabile perpetuo perseveret, nostrum, præsentibus Litteris fecimus apponi Sigillum: nostro in aliis & alieno in omnibus jure salvo.* Datum Parisiis, mense Augusti, Anno Incarnationis Domini, millesimo tercentesimo quadragesimo-septimo, & Regni nostri quarto.

NOTES.

*(ccc) Fardis.]* Je n'ay point trouvé cette Abbaye dans le 4.e Vol. de la *Gall. Christ. 1. Edit.*

*(ddd) Simone de Lingonis] Simon de Langres.* Il a esté General des Jacobins; & il a joüé un grand rôle dans ces temps-là. Voy. *Hist. du Couvent S.t Jacques, de l'Ordre des Freres-Prescheurs à Paris, par Malet, t. 2. ch. 26.*

---

CHARLES V. à Paris, le 22. d'Aoust 1367.

## *(a)* Lettres qui portent que l'on ne saisira les biens des habitans de Dauphiné, en matiere civile & criminelle, que dans les cas marquez par le Droit.

*CAROLUS Dei gratia Francorum Rex, Delphinus Viennensis: Universis notum fieri volumus, quod petitio fidelium subjectorum nostrorum Delphinatus, nuper pro parte ipsorum exhibita, auribus nostris insonuit querelosa, quod, à temporibus quibus*

NOTES.

*(a)* La Copie de ces Lettres a esté envoyée de Grenoble, dans la même forme que la precedente. [*Voy. cy-dessus, p. 27. Note (a).*]

Avant ces Lettres, il y a:

*Quod non apponatur manus Delphinalis in bonis subditorum, sine causæ cognitione.*

Et à la marge, il est marqué que ces Lettres sont dans le Registre, après les precedentes.

Ces Lettres sont aussi dans les *Statuta Delphin.* p. 46. *verso.*

*Delphinatus*

CHARLES V. à Paris, le 22. d'Aoust 1367.

*Delphinatus ad Nos pervenit, subditi nostri prædicti, plura damna fuerunt passi & sustenti, & omni die sustinebant & patiebantur, ex eo quod Gubernator, Thesaurarius, Baillivi, Judices,* [a] *Procuratores, Commissarii, Castellani & cæteri nostri Officiales Delphinales, aut eorum Loca-tenentes, ipsis subditis non vocatis, nec in eorum juribus auditis, de facto bona ipsorum subditorum, per manus appositionem, sequestrationem seu saisinam, capiebant, occupabant, capi & occupari mandabant, ipsos expoliando à possessione seu tenuta eorumdem; deinde fructus bonorum prædictorum, per se vel deputatos ab eis, capiebant; quandoque in nostros, interdum in usus suos convertendo, bonis dimissis incultis; licet pluries requisiti de impedimentis tollendis, cautione oblata de stando juri, & etiam per Literas & mandata nostra; super quibus Advocatus & Procuratores nostri se opponentes, ipsos subditos bonis denudatos, diversis occasionibus sumptis, cum longa* [b] *protelatione litigare compellunt; & in tantum laboribus & expensis impetrantes fatigarent, quod interdum propter impotentiam, lite indiscussa, bona ipsorum remanebant sequestrata; & interdum per viam* [c] *compositionis, dare pecuniam indebite compellebantur, contra bonos usus & Consuetudines Patriæ, diutius observatos, ac jura & Justiciam, quibus cavetur, quod nullus est, sine causæ cognitione, sua possessione privandus; & etiam contra Libertates & franchesias concessas eisdem, in quibus cavetur, quod pro quacumque* [d] *occupatione jurium nostrorum, facta vel facienda per subditos nostros, per viam Inquestæ vel aliàs, non procedatur, nisi via ordinaria duntaxat: Quæ cedunt in grande prejudicium & gravamen dictorum nostrorum subditorum, & læsionem non modicam, sicut dicunt; unde petebant super his, provideri de remedio oportuno: Nos enim, attentis gratis servitiis & obsequiis Nobis, tam in guerris quam aliàs impensis, & fidelitate indubitata quam erga Nos habere noscuntur pro Nobis & Successoribus nostris, ex certa nostra scientia & de gratia speciali, volumus, & ipsis subditis* [e] *per se & suis, concedimus serie presentium, quod manus appositio, saisina vel sequestratio, in bonis dictorum nostrorum subditorum seu suorum successorum, per Nos vel Locum-tenentes seu Officiales nostros quoscumque, præsentes aut futuros, in casibus civilibus fieri non possit nec debeat quovismodo, nisi in casibus à jure expressatis: In casibus vero criminalibus, & in debitis Fiscalibus, procedatur prout est de jure & ratione faciendum: Et si qua in contrarium fieri contingat, seu etiam attentari, illa revocari & ad statum debitum reduci volumus & jubemus indilate, ratis semper manentibus supradictis: Mandantes insuper, & tenore præsentium districtius injungentes Gubernatoribus, Loca-tenentibus, & quibuscumque ad universale regimen dicti nostri Delphinatus, preventuris, Ballivis, Judicibus, Procuratoribus,* [f] *Castellanis & Officialibus nostris Delphinalibus, præsentibus & futuris, vel eorum Loca-tenentibus, quatinus prædicta omnia, per Nos concessa dictis nostris subditis, observent & inviolata custodiant perpetuo, atque successoribus eorum; & si qua in contrarium attentari contingeret, illa ad statum debitum reducant, cessante difficultate quacumque; quoniam ea sic fieri volumus; (b) Ordinationibus seu mandatis in contrarium factis vel faciendis, non obstantibus quibuscumque. Quod ut firmum & stabile perpetuo remaneant, nostri Sigilli Delphinatus* [g] *munimine facimus appensione muniri.* Datum Parisiis, die vicesima-secunda mensis Augusti, Anno Domini millesimo tercentesimo septuagesimo-septimo, & Regni nostri quarto.

a Voy. cy-dessus, p. 52. Note (f) marg.

b délay.

c Voy. les Tables des Matieres des Vol. des Ordonnances, *au mot* Composition.

d Voy. cy-dessus, p. 49. Art. 36.

e pro, *dans la p. 84. des* Statuta Delphin.

f Commissariis, Castellanis, *dans la p. 84. des* Statuta Delphin.

g munimine, *ou* appensione, *sont inutiles.*

NOTES.

Ces Lettres sont imprimées une seconde fois dans le même Recueil, p. 84. *recto*, mais il y a beaucoup de fautes. Il y a cependant quelque chose d'ajoûté. Voy. la Note suivante.

Ces Lettres sont aussi au Tresor des Chartres, Registre 101. Piece 113.

*(b)* Il y a ensuite, à la p. 84. des *Statuta Delphin.* [ *& dictis nostris subditis concessimus de gratia, qua supra;* ].

CHARLES V. à Paris, le 22. d'Aoust 1367.

## (a) Lettres portant que l'on ne pourra pas arrester prisonniers les habitans du Dauphiné, pour des dettes Fiscales, lorsqu'ils auront des biens montans à la valeur de ces dettes, ou lorsqu'ils donneront une caution suffisante.

*CAROLUS Dei gratia Francorum Rex, Dalphinus Viennensis : Universis præsentes Litteras inspecturis, notum fieri volumus, quod audito clamore valido fidelium nostrorum subditorum Dalphinalium, continente, quod ipi subditi per Thesaurarium & alios Officiarios nostros Dalphinales, enormiter gravabantur, pro eo quod pro debitis nostris Fiscalibus solvendis, quamquam bona sufficientia pro ipsorum solutione haberent, personaliter detinebantur & arrestabantur, ex quibus subditi in invicem erant gravati, ut dicebant : Nos, attentis gratis serviciis Nobis per eos impensis, & quod tales personales detentiones, astantibus bonis, de jure prohibentur, ex nostra scientia & de gracia speciali, volumus & per præsentes concedimus, quod subditi nostri Dalphinales prædicti, successoresque sui, pro debitis Fiscalibus quibuscumque, ex maleficio vel quasi, non descendentibus, in casu quo bona aut fidejussores idoneos habuerint, in quibus seu quorum bonis, executio prompta, usque ad valorem debiti, fieri possit, personaliter detineri, capi & arrestari ; seu pœna de arrestis tenendo aut certa die solvendo, eis imponi non possint quovismodo, per quoscumque à Nobis seu nomine nostro, potestatem obtinentes : Mandantes Gubernatori nostro, & cæteris ad regimen universale dicti nostri Dalphinatus, proventuris, quatenus prædicta omnia, dictis nostris subditis & eorum successoribus, observari faciant, & ipsos Thesaurarium & Officiales, ad ea tenendum & observandum compellant juris remediis opportunis ; cessante difficultate quacumque ; Ordinationibus seu mandatis in contrarium factis vel faciendis, non-obstantibus quibuscumque. Quod ut firmum & stabile perpetuo perseveret, Sigillum nostrum dicti Dalphinatus, præsentibus duximus apponendum.* Datum Parisius, die vicesima-secunda mensis Augusti, Anno Domini millesimo tercentesimo sexagesimo-septimo, & Regni nostri quarto.

NOTES.

(a) La Copie de ces Lettres a esté envoyée de Grenoble, avec cette indication : *Extrait du Registre cotté,* Tertius generalis, fol. 91. *estant aux Archives de la Chambre des Comptes de Dauphiné, ensuite des ordres de Monseigneur le Chancellier, & au requis de Monsieur le Procureur General en ladite Chambre, collationné par Nous, Escuyer, Conseiller-Secretaire du Roy, Maison, Couronne de France, Greffier en chef en icelle.* MARJOLET.

Ces Lettres sont aussi au Thresor des Chartres, Registre 101. Piece 107. & imprimées dans les *Statuta Delphin.* p. 81.

CHARLES V. à Paris, le 22. d'Aoust 1367.

## (a) Lettres portant que les habitans des Terres cedées à Charles V. en qualité de Dauphin par le Comte de Savoye, joüiront des mêmes privileges que les autres habitans du Dauphiné.

*CAROLUS Dei gratia, Francorum Rex, Delphinus Vienensis : Notum facimus universis, quod Nos, ad supplicationem fidelium nostrorum subjectorum Delphinalium, fidelibus nostris Prælatis, personis Eclesiasticis, Baronibus, Nobilibus, * Valvassoribus,*

* Voy. cy-dessus, p. 38. Note (c).

NOTES.

(a) La Copie de ces Lettres, a esté envoyée de Grenoble.

Il y a au commencement : *Quod gentes Terræ acquisitæ à Domino Comite Sabaudiæ, debeant gaudere privilegiis & Libertatibus subditis Delphinalibus concessis.*

Il y a à la fin :

*Universitatibus, Communitatibus & aliis gentibus Terræ Nobis traditæ & tradendæ in Delphinatu, per (b) Comitem Sabaudiæ, ob concordiam olim inter Nos & eum habitæ, ex certa nostra scientia & de gratia speciali, pro se & suis, duximus concedendum, & volumus & concedimus per præsentes, quod ipsi Prælati, personæ Eclesiasticæ, Bannereti, Barones, Valvassores, Nobiles, Universitates, loca, Communitates & aliæ gentes dictæ Terræ, eorumque successores perpetuo, universaliter universi & singulariter singuli,* [a] *pro eo qui à loco Terræ traditæ per Nos dicto Comiti, successerunt, possint & debeant uti, frui, gaudere & potiri pactionibus, conventionibus, privilegiis, franchesiis, immunitatibus & Libertatibus, quibus nostri cæteri subditi Delphinatus, uti, frui, gaudere & potiri possunt & debent; & eas & ea eisdem & suis, perpetuo attendere & observare juxta ipsorum formam, seriem & tenorem: Mandantes & tenore presentium injungentes Gubernatoribus, Thesaurariis, Ballivis, Judicibus,* [b] *Procuratoribus, Commissariis, Castellanis & cæteris Officiariis & Justiciariis nostri Delphinatus, præsentibus & futuris, vel eorum Loca-tenentibus, quatenus præfatis gentibus dictæ Terræ, per Terram Delphinalem, ubilibet, ipsas pactiones, conventiones, Libertates & singula in eis contenta, de puncto ad punctum observent, & inviolatas custodiant, juxta ipsarum series & tenores, nulla de contingentibus in eisdem, obmitendo; quoniam prædicta perpetuo sic esse & fieri, ex nostra certa scientia & de gratia speciali, eisdem concessimus & concedimus per præsentes; Ordinationibus seu mandatis in contrarium factis vel faciendis, non-obstantibus quibuscumque. Quod ut firmum & stabile perpetuo perseveret, Sigillum nostrum Delphinalem, præsentibus duximus apponendum.* Datum Parisiis, die vicesima-secunda mensis Augusti, Anno Domini millesimo tercentesimo sexagesimo-septimo, & Regni nostri quarto.

CHARLES V. à Paris, le 22. d'Aoust 1367.

[a] à la place des habitans, &c.

[b] Voy. cy-dessus, p. 52. Note (f) marg.

NOTES.

*Extrait, &c. [comme cy-dessus, p. 37. Note (a)].*

Ces Lettres sont aussi au Thresor des Chartres, Registre 101. Piece 108. & dans les *Statuta Delphin.* p. 47. *verso.*

*(b) Comitem Sabaudiæ.]* Dans l'Histoire du Dauphiné par M. le President de Valbonnays, t. 2. p. 593. Note *(f)* on trouve ce qui suit:

*Le Roy Jean & Charles son Fils conjointement, firent un Traité avec Amé VI. Comte de Savoye, par lequel ils luy cederent la Baronnie de Faucigny, & les Fiefs du Genevois, de la Bresse & du Bugey, situez au-delà du Rhône, relevant des Dauphins. Le Comte en échange, leur remit plusieurs Terres au-deçà du Guyer, & toutes celles qu'il possedoit dans le Viennois, de l'ancien Domaine des Comtes de Savoye. La date de ce Traité dans les preuves de l'Histoire [Genealog. de Savoye,] de Guichenon, [p. 188.] paroist avoir esté alterée; ce n'est pas en 1355. comme il le suppose, mais en 1354. que ce Traité fut conclu.*

M. de Valbonnays rapporte ensuite les preuves qui establissent que ce Traité fut fait en 1354. Voy. *ibid.*

---

CHARLES V. à Paris, le 22. d'Aoust 1367.

## *(a)* Lettres portant que les Gouverneurs du Dauphiné, jureront lorsqu'ils prendront possession de cet Office, d'observer les Libertez & privileges accordez aux habitans du Dauphiné.

*CAROLUS Dei gratia Francorum Rex & Dalphinus Viennensis: Universis præsentes Litteras inspecturis: Notum facimus, quod nostris subditis Dalphinalibus, de nostris sciencia certa & gratia speciali, duximus, tenore præsentium, concedendum,*

NOTES.

*(a)* La Copie de ces Lettres a esté envoyée de Grenoble; il y a à la fin:

*Extrait à son expedition originale, estant en parchemin, aux Archives de la Chambre des Comptes de Dauphiné, dans la caisse du Dauphiné, ensuite des ordres, &c. comme cy-dessus, p. 58. Note (a).*

Ces Lettres sont au Thresor des Chartres, Registre 101. Piece 109. & sont imprimées dans les *Statuta Delphin.* p. 48. *verso.*

CHARLES V. à Paris, le 22. d'Aoust 1367.

*quod quicumque Gubernatores nostri, & alii ad universale regimen nostri Dalphinatus, pro Nobis & Successoribus nostris, venientes, in prima adeptione suæ administrationis, tactis Dei Evangeliis sacro-sanctis, jurent in manibus Reverendorum in Christo Patrum,*

## NOTES.

Dans la Copie envoyée de Grenoble, avant & après ces Lettres, il y a un détail assez curieux sur les serments prestez par les Gouverneurs du Dauphiné. On a crû devoir le mettre icy en Note.

*IN nomine Domini: Amen. Per præsens publicum instrumentum, universis pateat inspecturis, quod Anno Nativitatis Domini millesimo tercentesimo septuagesimo tertio, & die vicesima sexta mensis Januarii, mandatis & convocatis Gratianopoli, Prelatis, Prioribus, Baronibus, Banneretis, Nobilibus, Communitatibus & Universitatibus Dalphinatus Viennensis, ad veniendum coram magnifico & potenti viro, Domino Carolo Domino de Bovilla, Gubernatore noviter constituto in dicto Dalphinatu, per Serenissimum Principem Dominum nostrum Dominum Carolum, Dei gratia Francorum Regem, Dalphinum Viennensem, & audiendum quædam exponenda ex parte dicti Domini nostri, ipsius statum & honorem tangentia, comparentibus coram prædicto Domino Gubernatore, viris potentibus, Dominis Joffredo Vice-Comite & Domino Clarimontis, Francisco * Cassenatici, Joanne de Grolleya Montis-Revelli, Francisco Malibeti & Joanne Berengarii Morgiarum Dominis, & pluribus aliis quasi majoris partis Bannaretorum & Nobilium Dalphinatus prædicti, dicti Domini Milites, auditis quibusdam petitione & requesta factis per dictum Dominum Gubernatorem, ex parte dicti Domini nostri Regis, petitionem subsidii continentibus, exhibuerunt & præsentarunt dicto Domino Gubernatori, quasdam patentes Litteras, à præfato Domino nostro emanatas, ejus Sigillo Dalphinali impendenti ciriceo & cera viridi sigillatas, quæ per me Notarium subscriptum, coram eo lectæ, ad postulationem exhibentium, extiterunt, & formam quæ sequitur, continebant.*

* Sassenage. Voy. *Salvaing, de l'Usage des Fiefs*, ch. II. p. m. 99.

*CAROLUS, &c.*

*QUIBUS Litteris lectis & explicatis dicto Domino Gubernatori, pro Tribunali sedenti, lingua Gallicana, præfati Domini Vice-Comes & Milites, nominibus suis & aliorum hic astantium, & cæterorum hominum subjectorum Dalphinalium, quorum poterit interesse, requisierunt præfatum Dominum Gubernatorem, de dicto juramento præstando & faciendo, juxta formam Mandati Regii, sibi super hoc facti, & ad hoc, ut illud facere levius annueretur, petierunt coram eo legi formam juramenti præstiti super observancia dictarum pactionum, conventionum & Libertatum, per felicis recordationis Dominum Jacobum de Vienna, Dominum de Loimico, Gubernatorem Dalphinatus, prædecessorem ejusdem Domini Gubernatoris, contentam in quodam publico instrumento recepto per me Humbertum Graneti, sub Anno Domini millesimo tercentesimo septuagesimo, & die tertia mensis Julii: qui quidem Dominus Gubernator, visis & diligenter intellectis Litteris Regiis suprascriptis, ac forma juramenti præstiti supra designata, volens dicti Domini nostri Francorum Regis & Dalphini, gratias & concessiones favorabiliter exequi & tenere, eo etiam ut subditi Dalphinatus, ejusdem Domini Gubernatoris petitis parere devotius annuantur, tactis Dei Evangeliis sacro-sanctis, in manibus mei Humberti Graneti Notarii publici, ut publicæ personæ, stipulantis & recipientis nomine, vice & ad opus dictorum Dalphinalium subditorum, & cæterorum omnium quorum poterit interesse, juravit quod ipse Dominus Gubernator, quamdiu Officium Gubernationis prædictæ exercuerit, servabit & manutenebit ac custodiet, Prelatis, Religiosis, Baronibus, Banneretis, Nobilibus, Communitatibus, Universitatibus & aliis gentibus dicti Dalphinatus, universaliter universis & singulariter singulis, & eorum successoribus, conventiones, pactiones, privilegia, Libertates, franchesias & confirmationes de quibus supra mentio habetur, & de quibus sibi liquebit, secundum Deum & Justiciam, & quod contra ipsas non faciet vel veniet quovismodo: fuit tamen solemniter & ante omnia protestatus, quod si non informatus de dictis privilegiis, cum aliqua facere vel sustinere contingeret, quæ contra dictas Libertates aut pactiones reperirentur, deinde informatus de ipsis, illa sic contra facta, attemptata vel sustenta, reduceret ad statum debitum, quod eo casu, ante informationem prædictam coram eo debite factam, ipse Dominus Gubernator vicium parjurii non incurrat illo modo, quoniam voluntatis existit, ipsas eisdem subditis servare inviolatas, juxta super hoc sibi factum mandatum. Quibus omnibus itaque exhibitis, lectis, postulatis, juratis & protestatis, ipse Dominus Gubernator, pro interesse Dalphinali, voluit; & supra nominati Milites, pro jure & interesse suis, & aliorum Dalphinalium subjectorum, petierunt & requisierunt, per me dictum Notarium, de ipsis tot & tanta fieri publica instrumenta, quanta à me petita fuerint aut requisita. Quæ acta & gesta fuerunt apud Gratianopolim, in Aula Consilii Dalphinatus, Anno & die suprascriptis: testibus existentibus & convocatis ad eadem, Religiosis viris, Dominis Joanne Moteti,*

*fidelium nostrorum, Episcopi Gratianopolis & Abbatis Sancti Antonii Viennensis, præsentium & futurorum, vel alterius eorum, servare & custodire Prelatis, Banneretis, Nobilibus, Communitatibus, Universitatibus & aliis gentibus nostri Dalphinatus, eorumque successoribus,* [a] *pactiones & conventiones olim initas inter recolendarum memoriarum, Dominos Phillipum Dei gratia Francorum Regem, avum, & Joannem Ducem Normandiæ, genitores nostros & Nos, & pro Nobis, ex parte una; & Humbertum Dalphinum Viennensem, ex altera; ac* [b] *privilegia & Libertates, ac franchesias datas olim & concessas eisdem, per Dominum Humbertum, per Nos rattifficatas, paulo post translationem Dalphinatus in Nos factam, & non contra eas facere vel venire, taleque juramentum super hoc præstent, quale per Nos est præstare cautum in Libertatibus supradictis, de quibus liquidius poterit apparere: Dantes igitur in mandatis, districtius injungendo, præfato Gubernatori nostro moderno, quatenus, visis præsentibus, nisi aliàs ipsis subditis juraverit, quando per præfatos Dominos, Episcopum & Abbatem vel alterum ipsorum, fuerit requisitus, in manibus ipsorum Prælatorum vel alterius eorum, qui nunc sunt vel qui pro tempore fuerint, præstet & faciat prædictum juramentum, quoniam prædicta subditis nostris concessisse de gratia, qua supra, dignoscimur; sic & ea fieri volumus & jubemus, cessante difficultate quacumque, Ordinationibus seu mandatis in contrarium factis vel fiendis, non-obstantibus quibuscumque. Quod ut firmum & stabile perpetuo perseveret, Sigillum nostrum dicti Dalphinatus, præsentibus duximus apponendum.* Datum Parisius, die vigesima-secunda mensis Augusti, Anno Domini millesimo trecentesimo sexagesimo-septimo, & Regni nostri quarto. *Per Regem Dalphinum, in suo Consilio.* HENRICUS CLERICI.

CHARLES V. à Paris, le 22. d'Aoust 1367.

(a) Voy. l'*Hist. du Dauphiné par* M.r de Valbonnays, *t.* 2. *page* 594.

(b) Voy. cy-dessus, p. 37. & p. 53. art. 52.

## NOTES.

*Sancti Roberti, & Prunello de Barjaco, Sancti Laurencii Gratianopolis, Prioribus; Potenti & Nobilibus viris, Domino Joanne de Placie, Milite, & Bernardo de Monte-Leterico, Thesaurario Dalphinatus ac Joanne Batalliæ, Domicello, & me dicto Humberto qui prædicta recepi.*

*Verum, quia præfatus Humbertus Graneti Notarius publicus, morte præventus, dictum instrumentum* [c] *grossare non potuit, idcirco ego Joannes Henrici, de Gratianopoli, Secretarius Dalphinalis, autoritate Imperiali, & Curiæ Majoris* [d] *Graisivaudani publicus Notarius ac juratus, vigore commissionis mihi per spectabilem & magnificum virum, Dominum Enguerrandum de Cudino, Cambellanum & Consiliarium Regium, Gubernatorem Dalphinatus, factæ, dicto instrumento in hanc publicam formam, de* [e] *protocollo dicti quondam Humberti, extracto & redacto, manu propria me subscripsi, & signo meo publico & consueto, huic in principio hujus meæ subscriptionis, signavi fideliter & tradidi, rogatus ac requisitus pro parte dictorum Baronum & Nobilium: cujusquidem commissionis tenor sequitur & est talis.*

*Enguerrandus de* [f] *Cudino, Cambellanus & Consiliarius Regius, Gubernator Dalphinatus, dilecto nostro Joanni Henrici, Secretario Dalphinali, salutem. Cum Humbertus Graneti, Notarius publicus quondam, super juramento præstito per bonæ memoriæ Dominum Carolum Dominum de Bovilla, quondam Gubernatorem dicti Dalphinatus, de Libertatibus, franchesiis & pactionibus habitis in translatione dictæ Patriæ, & concessis Prelatis, Baronibus, Banneretis, Nobilibus & Communitatibus ac Universitatibus prædictæ Patriæ Dalphinatus, per fœlicis recordationis Regem Carolum Dalphinum Viennensem, & ejus prædecessores, instrumentum receperit, & in suo protocollo notaverit, qui Humbertus morte præventus, in publicam formam ipsum instrumentum grossare non potuit, ea propter, ad supplicationem & requestam Banneretorum & Nobilium dicti Dalphinatus, nominibus suis, & aliorum ipsius Patriæ, vobis de cujus fidelitate confidimus, harum serie præcipiendo mandamus, committentes, quatenus dictum instrumentum levetis prout in dicto protocollo repertietis, nihil addito, detracto vel mutato, & in publicam formam redigatis, atque tradatis Parti dictorum Baronum & Nobilium, congruo salario vobis salvo: cui instrumento, ut prius, in publicam formam redacto, in Judicio & ubique, tantam fidem adhiberi volumus ac si per dictum Humbertum Notarium quondam, grossatum fuisset & redditum; quoniam quoad hæc, vobis licentiam impartimur.* Datum Gratianopoli, die secunda mensis Octobris, Anno Domini millesimo tercentesimo octogesimo nono. *Per Dominum Gubernatorem, orethenus, præsente Domino Jacobo de Sancto-Germano, Advocato Fiscali.* P. PANETI. J. HENRICI.

(c) mettre en grosse: en donner une expedition.

(d) Graisivodan.

(e) Voy. cy-dessus, p. 55. Note (bbb).

(f) *Il y a dans la Copie,* Endino.

CHARLES V.
à Paris, le 22. d'Aoust 1367.

## (a) Lettres qui reglent les cas dans lesquels les differentes Lettres accordées par le Roy pour le Dauphiné, seront verifiées ou non, à la Chambre des Comptes de Paris.

*KAROLUS Dei gratia Francorum Rex, Delphinus Viennensis: Universis & singulis præsentibus & futuris, Salutem. Pro parte fidelium subditorum nostrorum Delphinalium, clamor auribus nostris pervenit, quod quamquam ipsorum subditorum nonnulli, pluries Litteras à Nobis obtinuerint sanas, integras, & nostri Sigilli munimine magni Delphinali roboratas, certa mandata & gratiarum largitiones continentes, quod Gubernator & alii Officiales nostri Delphinatus prædicti, ipsas Litteras executionibus debitis mandare & eis parere differunt & recusant, occasionibus sumptis, quia non sunt examinatæ nec verificatæ per Gentes Cameræ nostræ Computorum Parisius, seu expeditæ, quod cedit in grande damnum & grave dispendium ipsorum impetrantium, & consummationem non modicam, prout dicunt, quia, locorum attenta distantia, ad Nos faciliter recurrere non valent, sine personarum & bonorum suorum consumptione gravosa, pro suis gravaminibus exponendis. Unde dictis supplicantibus super his providere volentes de remedio gratioso, attenta locorum Delphinalium distantia, & quod ipsis subditis difficile foret post obtentas Litteras, nisi exequerentur, ad Nos redire, de gratia speciali, serie præsentium duximus concedendum, quod Litteræ quæcunque à Nobis, per quoscunque subditorum nostrorum obtinendæ, seu nostris Successoribus in Delphinatu, alienationem Domanii nostri, aut donum non concernentes, nostro magno Sigillo Delphinali sigillatæ, sive sint dationes Officiorum vel concessiones vadiorum, sive (b) de Justicia, exequantur & executioni debitæ demandentur, & eis pareri volumus & jubemus, cessante difficultate quacunque; non-obstante quod per dictam Cameram Computorum Parisius, non sint verificatæ seu expeditæ: Proviso tamen quod Litteræ quæ per Cameram Computorum Parisius, transire consueverunt, quæ non sunt de Justitia, per Auditores Computorum nostrorum Delphinalium, verificentur: Mandantes insuper Gubernatori, & cæteris nostris Officiariis & Gubernatoribus dicti nostri Delphinatus, præsentibus & futuris, & eorum cuilibet, districtius injungentes, quatenus Litteris quibuscunque à Nobis seu nostris [a] obtentis modo prædicto, pareant efficaciter & intendant, & ipsas executionibus debitis demandare faciant cum effectu, juxta ipsarum series, continentias & tenores: non est tamen intentionis nostræ, quod si Nos in Terra Delphinali personaliter esse, & Litteras quascunque ibi concedere contingeret, sive alienationem Domanii nostri, sive donum concernerent, quod illæ Litteræ per Gentes Computorum nostrorum Parisius, examinarentur, & per residentes in Computis nostris Delphinalibus supradictis, duntaxat verificentur; Ordinationibus seu mandatis in contrarium factis vel faciendis, non-obstantibus quibuscunque. Quod ut firmum & stabile perpetuo perseveret, Sigillum nostrum dicti Delphinatus nostri, [b] promptibus duximus apponendum.* Datum Parisius, die vicesima-secunda mensis Augusti, Anno Domini millesimo tercentesimo sexagesimo-septimo, & Regni nostri quarto.

*Per Regem Delphinum in suo Consilio.* HENR. CLERICI.

a Successoribus.

b præsentibus.

NOTES.

(a) Ces Lettres se trouvent dans les *Statuta Delphinalia.* [Voy. cy-dessus, p. 37. Note (a)] p. 81. *verso*, & p. 82. *recto.*

Il y a avant ces Lettres:

*Quod pareatur Regiis & Delphin. Litteris, non obstan. quod non fuerint per Gentes Cameræ Computorum Parisius, verificatæ.*

Ces Lettres sont aussi au Thresor des Chartres, Registre 101. Piece 112.

Toutes les Lettres suivantes qui regardent le Dauphiné, sont aussi dans les *Statuta Delphinalia*, & c'est sur cette Edition qu'elles ont esté imprimées icy. Ces Lettres se trouvent aussi dans le Registre 101. du Thresor des Chartres, sur lequel elles ont esté collationnées & corrigées; & on a mis à la fin des Lettres, les signatures qui ne se trouvent point dans les *Statuta Delphin.* sur l'Edition desquels voy. cy-dessus, p. 37. Note (a).

(b) *De Justicia.*] C'est-à-dire, les Lettres qui regardent l'execution de la Justice, à la difference des Lettres de *grace*, comme des *dons*, &c.

CHARLES V. à Paris, le 22. d'Aoust 1367.

## (a) Lettres qui nomment les differentes personnes devant lesquelles les Juges des differents endroits du Dauphiné, presteront les serments accoustumez.

*KAROLUS Dei gratia Francorum Rex, Delphinus Viennen. Universis gestorum noticiam fieri volumus, quod visis Libertatibus olim datis & concessis per felicis recordationis Humbertum Delphinum Viennen. & paulopost confirmatas per Nos, Communitatibus, & Universitatibus & gentibus quibuscunque nostri Delphinatus, quibus inter alia in eis contenta, cavetur, quod Baillivi, Judices,* [a] *Procuratores & Castellani, in adeptionem possessionis suorum Officiorum, jurare teneantur dictas Libertates & franchesias servare & custodire, prout in instrumentis inde confectis, continetur, attendentes quod de facili, (b) Universitas non congregatur in unum, præfatis subditis nostris concedimus & volumus per præsentes, quod Reverendus in Christo, Abbas Monasterii (c) Bonarum-Vallium, & Venerabiles Religiosi, Prior Costæ-Sancti-Andreæ, Bailliviorum, Judicum, Procuratorum & Castellanorum in Judicaturâ Viennesii & Terreturris; Preceptor Sancti Pauli & Prior Sancti Donati, constituendorum in Viennesio & Valentinesio; Priores vero Sanctorum Roberti & Martini de Miseriaco, constituendorum in Graysivodano; Præpositus Ulciensis & Curatus Briançonis, constituendorum in Briansonesii; Abbas* [b] *Bostondonis*

a Voy. cy-dessus, p. 52. Note (f) marg.

b Voy. Note (a) col. 2.

NOTES.

(a) Ces Lettres sont dans les *Statuta Delphinal.* p. 84. *recto.*

Il y a au commencement :

*Quod Baillivi, Judices, Procuratores & alii Officiarii jurent Libertates in manibus nominatorum in Litteris.*

Ces Lettres sont aussi dans le Registre 101. P. 110. Voy. p. preced. Note (a).

(b) *Universitas.*] Cela signifie, qu'il est difficile que differents Officiers qui demeurent en differents endroits, se rassemblent dans un même lieu, pour y prester les serments. Voy. cy dessus, p. 53. Art. 52.

(c) *Bonarum Vallium.*] J'ay trouvé dans une Notice de tous les lieux du Dauphiné, qui est au commencement de l'Hist. du Dauphiné par M. de Valbonnays, p. VII. les noms modernes des lieux dont il est parlé dans ces Lettres.

Je vais les mettre icy de suite.

*Abbat. Bonarum-Vallium : Bonnevaux,* dans la Baronie de *la Tour-du-Pin.* p. IX. col. 1.

*Costa-S.-Andreæ.* La *Coste-S.-André,* dans le Comté *de Vienne & d'Albon.* p. VIII. col. 1.

*C. S. Pauli, Præceptoria S. Joan. Jerosol. S. Paul,* dans le Comté de Vienne & d'Albon. p. VIII. col. 1.

M. de *Valbonnays* n'a pas marqué ce que signifioit *C.* qui est devant le nom de plusieurs lieux, dans cette Notice. Il signifie apparemment, *Castrum*, qui se trouve tout au long au 4.^e nom de cette Notice.

*C. S. Donati : S. Donat*, dans le Comté de *Vienne* & d'*Albon.* p. VIII. col. 2.

*S. Robertus-Corvillonis : S. Robert.* Immediatement devant, il y a : *Corvillionis, Corvillon,* dans le Comté du *Graisivodan.* p. VII. col. 2.

*S. Martinus-de-Miseriaco, S. Martin-de-Miseré,* dans le même Comté. *ibid.* col. 1.

*Ulcium, Præpositura : Ouls,* dans la Principauté de *Briançon*, p. IX. col. 2.^e

*Briançonum : Briançon, ibid.*

C. *Boscoduni Abbatia : Boscodon,* dans le Comté d'*Embrun.* p. XI. col. 1.

Il faut donc corriger le texte des *Statuta Delphinal.* où il y a : *Bostondonis.* Ce nom est aussi defiguré dans le Registre des Chartres, où il y a; *Boscaudonis.*

C. *Aræygrandis : La Grand,* dans le Comté de *Gap.* p. X. col. 2.^e Il y a grande apparence que c'est le lieu dont il s'agit icy.

A l'égard du Prieuré de *S. Andreæ-in-Rosanesio ;* je n'ay rien trouvé de précis; mais je crois que *Rosanesium* est le district du *C.* de *Rosanis, Rosans,* dont il est parlé dans cette même Notice, p. X. col. 1. & qui estoit situé dans la Baronie *Medullionis, Meuillon.* Il paroist par la Carte du Dauphiné qui est au commencement de l'Hist. de M. de *Valbonnays,* que le Chasteau de *Rosans* n'estoit pas éloigné des frontieres du Comté de Gap.

C. *Medullionis : Meuillon* dans la Baronie de *Meuillon* & de *Montauban.* p. X. col. 1.

C. *Montis-bruni : Mont-brun,* dans les mêmes Baronies.

Il paroist par-là, que par les *Baronies* dont il est parlé en cet endroit, il faut entendre les Baronies de *Meuillon & de Montauban.*

CHARLES V. à Paris, le 22. d'Aoust 1367.

& Decanus Ebrudunensis, constituendorum in Ebredunesii, Priores de Grandis & Sancti Andree-in-Rosanesio, constituendorum in Vapincesii [a] Comitatus; & Piores Medulionis & de Monte-Bruno, constituendorum in Baroniarum Judicaturis, vel alter eorum, juramenta prædicta, pro & nominibus gentium Bailliviatus, Judicature, Procurationis aut Castellaniæ, cujus regimini præerunt, & (d) quilibet in solidum, & cæterorum quorum etiam intererit, nominibus, possint & valeant & debeqnt petere, exigere & recipere, prout ea facere tenentur, juxta & secundum tenorem dictarum Libertatum. Dantes igitur & tenore præsentium concedentes præfatis Abbati, Præposito, Præceptori, Prioribus & Curato, qui nunc sunt & pro tempore fuerint, & cuilibet ipsorum insolidum, pro ut in Judicaturis subsunt, auctoritatem plenariam & omnimodam potestatem petendi, exigendi & recipiendi à Baillivis, Judicibus, Procuratoribus & Castellanis creatis & constitutis, ac etiam constituendis & creandis, juramenta predicta: Ipsis Baillivis, Judicibus, Procuratoribus & Castellanis, dantes in mandatis, quatenus, cum requisiti fuerint per alterum eorundem, in principio sui regiminis, sua juramenta solita faciant & prestent in manibus requirentis, prout in Libertatibus continetur: fideli nostro Gubernatori Delphinali, præsenti & futuro, dantes in mandatis, quatenus eos & eorum singulos, ad prædicta facienda compellant, pro conservatione dictarum Libertatum; cessante difficultate quacunque; quoniam ea sic fieri volumus perpetuo & jubemus; Ordinationibus seu mandatis in contrarium factis vel faciendis, non-obstantibus quibuscunque. Quod ut firmum & stabile perpetuo perseveret, Sigillum nostrum Delphinatus, præsentibus in eorum testimonium, duximus apponendum. Datum Parisius, die vicesima-secunda mensis Augusti, Anno Domini millesimo tercentesimo sexagesimo-septimo, & Regni nostri quarto.

Sic sign. Per Regem Dalphinum in suo Consilio. HENRICUS CLERICI. Rescripta fuit sub data mense Februarii, Anno 67. propter correctionem & additionem istorum verborum: Ac etiam constituendis & creandis.

[a] Comitatibus.

NOTES.

(d) Quilibet in solidum.] Chacun des Ecclesiastiques cy-dessus nommez, representant la Communauté au nom de laquelle il recevra le serment.

---

CHARLES V. à Paris, le 22. d'Aoust 1367.

## (a) Lettres qui permettent aux habitans du Dauphiné, de nommer des Collecteurs du Subside qu'ils avoient nouvellement accordé au Roy.

KAROLUS Dei gratia Francorum Rex, Delphinus Viennensis: Universis præsentes Litteras inspecturis, Salutem. Pro parte subditorum nostrorum Delphinalium, Nobis nuper oblata supplicatio continebat, quod cum ipsi subditi, Gubernatori nostro dicti Delphinatus, nomine nostro, in subsidium redimendi & habendi Castra nostra per Comitem Sabaudiæ occupata, concessissent triginta millia Florenorum, solvendorum certo tempore super hoc ordinato, & certam pecuniæ summam levare intendant, tam pro certis oneribus supportandis [b] defensionis patriæ Delphinalis, contra nonnullos qui moliuntur intrare patriam Delphinatus, ut dicitur, quam pro certis expensis faciendis pro prædictis negociis prosequendis, cum emergentibus & dependentibus ex eisdem; que prædicta per eos adimplere non possent, absque certarum impositionum seu tailliarum subventione; propter quod supplicabant, ut Nobis placeret & eis concedere dignaremur, quod ipsi subditi, pro præmissis complendis, certas personas, auctoritate nostra, nominare & eligere possent, quæ tallias & impositiones pro præmissis opportunis, facere & ordinare, levare & distribuere

[b] pro defensione patriæ.

NOTES.

(a) Ces Lettres sont dans les Statuta Delphinal. p. 85. verso.

Il y a avant ces Lettres: Quod non possit trahi ad consequentiam concessio talliæ, de qua in Litteris fit mentio, nec præjudicet Libertatibus.

Ces Lettres sont dans le Registre 101. p. 111. [Voy. cy-dessus, p. 62. Note (a)].

possent,

*possent, & alia facere quæ præmissorum merita exigunt: Quorum subditorum precibus annuentes, eisdem & singulis ipsorum, per præsentes concedimus, volumus & gratum habemus, quod ipsi subditi nostri, simul vel divisim, pro præmissis, more solito congregati, semel & pluries, quotiens eis vel parti ipsorum videbitur, possint & impunè valeant per Bailliviatus vel Judicaturas, eligere & nominare eos & illos quos voluerint, pro præmissis peragendis; qui nominandi potestatem habeant omnimodam, impositiones, tallias & similia pro præmissis* [a] *dependentia ex eis, necessaria, faciendi, dividendi, imponendi, colligendi, exigendi, distribuendi & solvendi, & de receptis quictandi, & omnia faciendi quæ talium merita postulabunt; ita quod prædictam Florenorum summam, pro prædictis Castris concessam, in expeditione reali dictorum Castrorum, & in defensione Patriæ, & non in alios usus, solvere teneantur; nec alias solutiones vel* (b) *expeditiones Monetæ levandæ, tam pro dictorum onerum supportatione, quam expensarum prædictarum solutione, facere possint, nisi de consilio eligendorum à subditis, cum auctoritate nostri Gubernatoris; & de administratione eorum, locis & temporibus opportunis, subditis prædictis vel deputandis ab eis, rationem & reliqua rationis reddere teneantur, & non alteri cuicunque: Nec est intentionis nostræ, quod præfatis subditis nostris seu suis, pro præmissis per eos concessis, aliquod præjudicium possit perpetuis temporibus suboriri, eisdemque subditis nostris, considerato quod oblatio dictorum triginta millium Florenum & alia, præfato Gubernatori nostro, pro defensione Patriæ per dictos subditos nostros nomine nostro, oblata, de ipsorum liberalitate* [b] *precesserunt, concessimus, & pro Nobis & nostris concedimus Successoribus, quod per aliqua que ipsi subditi seu aliqui ipsorum, concesserint & obtulerint, tacitè vel expresse, ipsis subditis seu suis successoribus, in bonis usibus, juribus, consuetudinibus, pactionibus, conventionibus & Libertatibus ipsorum, nullum valeat præjudicium generari, vel ad aliquam consequentiam trahi possint quovismodo: Fideli nostro Gubernatori nostri Delphinatus, dantes in mandatis, quatenus præfatis nostris subditis, prædicta omnia observet; eligendis & nominandis per eos, potestatem & auctoritatem per suas patentes Litteras conferat, quam Nos eis per præsentes impartimur, faciendi & exercendi ea ad quæ nominabuntur & eligentur, & debitores & talliatos quoscunque compelli faciat & mandet ad solvendum summas in quibus tenebuntur, cessante difficultate quacunque, summariè & de plano, prout pro debitis Fiscalibus est fieri consuetum; Thesaurarioque nostro inhibentes, ne de præmissis aut dependentibus ex ipsis, se impediat vel intromittat quovismodo; Ordinationibus seu mandatis in contrarium factis vel faciendis, non-obstantibus quibuscunque. Quod ut firmum & stabile perpetuo perseveret, Sigillum nostrum magnum Delphinale, præsentibus duximus apponendum.* Datum Parisius, die 22. mensis Augusti, Anno Domini millesimo trecentesimo sexagesimo-septimo. Regni nostri 4.°

*Sic signata. Per Regem Delphinum in suo Consilio.* HENRICUS CLERICI.

CHARLES V. à Paris, le 22. d'Aoust 1367.

[a] & dependentibus ex eis.

[b] processerunt.

NOTE.

(b) *Expeditiones Monetæ levandæ.* ] Je crois que cela signifie, qu'*ils ne pourront faire aucune levée d'Argent.*

---

CHARLES V. à Paris, le 22. d'Aoust 1367.

## (a) Lettres portant que les Monnoyes fabriquées dans le Dauphiné, y seront prises sur le pied porté par les Ordonnances.

*KAROLUS, &c. Notum facimus universis, &c. Quod Nos, audito clamore subjectorum nostrorum Delphinalium, continente quod ipsi multipliciter opprimuntur, pro eo quod Thesaurarius & cæteri jurium nostrorum Receptores Delphinatus, Monetas nostras Delphinales, recipere renuunt & recusant pro cursu communi, inde per Nos seu Gentes nostras ordinato, ipsis subditis, tenore præsentium, duximus concedendum, quod Monetæ*

NOTE.

(a) Ces Lettres sont dans les *Statuta Delphinal.* p. 86. *recto.*

Avant ces Lettres, il y a:

*Quod Dominus Delphinus & ejus Thesaurarius, teneantur recipere Monetas Auri & Argenti, pro communi cursu.*

Ces Lettres sont aussi dans le Registre 101. P. 106. *Voy. cy-dessus, p. 62. Note (a).*

CHARLES V. à Paris, le 22. d'Aoust 1367.

*Auri & Argenti facta & facienda, nostro seu Gentium nostrarum mandato, in dicto nostro Delphinatu, capiantur & ponantur per quoscunque nostros Receptores, Officiales & subditos, pro cursu communi facto & ordinato, & etiam ordinando per Nos seu Gentes nostras Delphinales : Mandantes igitur & tenore præsentium injungentes, fidelibus nostris Gubernatori & Thesaurario dicti nostri Delphinatus, præsentibus & futuris, vel eorum Loca-tenentibus, & cuilibet in solidum, prout ad eum spectat, quatenus prædictis nostris subditis, prædicta omnia observent; & Monetas nostras in dicto Delphinatu nostro, cusas & cudendas, accipiant & recipiant ac accipi & recipi & poni faciant pro communi cursu, ordinato & ordinando per Nos seu Gentes nostras prædictas; non patientes dictis Monetis alios cursus imponi, quam in Ordinationibus ipsorum firmiter statutis ; quoniam prædicta dictis nostris subditis, de nostra sciencia certa & gratia speciali, concessisse dignoscimur, & ea sic fieri & per vos teneri volumus, de cætero ; Ordinationibus seu mandatis in contrarium factis vel faciendis, non-obstantibus quibuscunque. Quod ut firmum & stabile perpetuo perseveret, Sigillum nostrum magnum dicti nostri Delphinatus, præsentibus duximus apponendum.* Datum Parisius, die 22. mensis Augusti, Anno Domini millesimo tercentesimo sexagesimo-septimo, & Regni nostri quarto.

*Sic signata. Per Regem Delphinum in suo Consilio.* HENRICUS CLERICI.

---

CHARLES V. à Paris, en Aoust 1367.

## (a) Privileges accordez aux Arbalestriers de la Ville de Laon.

SOMMAIRES.

*(1) La Connestablie [ou Compagnie] des Arbalestriers de Laon, residera dans cette Ville. Le Roy nomme Michaut de Laval, pour leur Connestable, pour l'estre pendant trois ans. Dans la suite, les Arbalestriers esliront de trois ans en trois ans, un Connestable, à la pluralité des voix. Michaut de Laval, avec le conseil de cinq ou six des plus experts au jeu de l'Arbaleste, choisira les vingt-cinq Arbalestriers qui doivent composer [la Compagnie.] Les Arbalestriers obéiront au Connestable, dans ce qui regarde leurs fonctions, sous peine d'une amende de six sols Parisis.*

*(2) Le Roy retient ces Arbalestriers à son service, & il les met sous sa Sauve-garde.*

*(3) Lorsqu'il y aura un Arbalestrier de mort, ou qui ne pourra plus servir, soit par vieillesse & infirmité, ou qui par sa faute aura esté exclus de la Compagnie ; le Connestable, avec le conseil de deux ou trois Arbalestriers, en choisira un autre à sa place, & luy fera prester serment de bien servir le Roy.*

*(4) Les Arbalestriers ne payeront aucuns droits pour les denrées ou marchandises à eux appartenantes, en quelque lieu qu'elles soient, ou qu'ils les fassent transporter. Ils seront aussi exempts de tous imposts, à l'exception de l'Aide establie pour la rançon du Roy Jean.*

*(5) Ils ne seront pas obligez de faire des prests au Roy, ou à la Ville de Laon; pourvû cependant qu'ils ne soient pas* Bourgeois notables, ou gros marchands.

*(6) Les Arbalestriers seront exempts de tailles & autres imposts; à l'exception de l'Aide establie pour la rançon du Roy Jean.*

*(7) Ils ne seront pas obligez de faire le guet, si ce n'est dans le cas d'un éminent peril; & dans ce cas même, s'ils sont hors de Laon pour le service du Roy, ils ne seront pas obligez d'envoyer quelqu'un à leur place.*

*(8) Les Arbalestriers ne pourront estre assignez, en deffendant seulement, que devant le Prevost de Laon, sans estre sujets aux* appeaux volages.

*(9) On ne fera point de prises sur les Arbalestriers.*

*Moyennant ces privileges, ils serviront le Roy, soit dans Laon, soit ailleurs où il les envoyera; & ils ne pourront quitter le service, sans le congé du Capitaine qui commandera l'armée dans laquelle ils serviront.*

*Ils auront une solde de deux gros vieux Tournois, quand ils serviront dans Laon, & qui sera double quand ils serviront hors de Laon.*

*Lorsqu'ils ne seront plus en estat de servir, ils jouiront des privileges cy-dessus marquez; pourvû qu'ils n'ayent pas esté chassez du corps pour quelque mauvaise action.*

CHARLES &c. La Royal Majesté a accoustumé gracieusement ceulz honorer, essaucier & acroistre, qui loyalment se sont exposez à son service, & qui de vray cuer y desirent perseverer, en eulz y astraingnant liberalment : Pour ce est-il, que

NOTE.

(a) Tresor des Chartres, Registre 99. Piece 46. Voy. cy-dessus, p. 13.

Nous ramenans à memoire comment nos bien amez les Conpaignons de la Connestablie des Arbalestriers de nostre Cité de Laon, Nous ont servi ou temps passé, en exposant leurs propres corps à l'envaïssement des Fors [a] de Saponnay, de Roucy & Sissonne, occupez par le temps des guerres, par les ennemis de nostre Royaume, & autrement, en plusieurs lieux & places, là où il a pleu à Nous, & à noz Gens estans sur le païs de Launoys, de les mener, pour grever noz ennemis; & moyennant l'aide desquelz, les Fors dessus esclarcis, ou aucuns d'iceulz, ont esté recouvers, si comme Nous avons eu pleniere relation; en quoy iceulz Arbalestriers ont souffert & enduré grans perilz & travaulz de leurs corps, voulons à yceulz impartir grace, qui à eulz & à leurs successeurs Arbalestriers de ladicte Connestablie, [b] chiee en honneur & proffit, par la forme & maniere qui s'ensuit.

CHARLES V. à Paris, en Aoust 1367.

a *Voy. cy-dessus, p. 13. Note (b).*

b *touche, tourne.*

*(1) Premierement.* Pour les tenir en union, à ce que Nous les puissions avoir à noz besoings, Nous voulons & ordenons, que la Connestablie de vingt-cinq Conpaignons Arbalestriers, en nostre Cité de Laon se tiengne, & que Michaut de Laval dit de [c] Banier, duquel Nous avons eu [d] souffisant raport, soit Conestable d'iceulz Compaignons, sanz ce que autres le soit & puist estre en la Cité & païx de Laon, jusques à trois ans continuelz du jour de la date de ces presentes; lequel Connestable, appellez avec lui cinq ou six des plus expers oudit fait, esliront ledit nonbre des vingt-cinq Compaignons dessusdis; & finiz lesdiz trois ans, feront les Compaignons dudit nonbre, nouvelle election de Connestable de l'un d'eulz, là où le plus se assentira; auquel Connestable dessus nommé, que Nous faisons & ordenons par ces presentes, & aux autres successeurs Connestables de ladicte Connestablie, qui de trois ans en trois, seront faiz par nouvelle election, tous les autres Conpaignons seront tenus de obeïr en tout ce qui regardera le fait du trait & [e] gieu de l'Arbaleste, à peine de six sols parisis, à appliquier au proffit de ladicte Conpaignie, à païer par celli qui auroit failli ou désobéï au commandement dudit Connestable, pour chascune foiz qu'il encourroit faulte ou désobéïssance de ce qui auroit esté enjoint à faire par ledit Connestable; & voulons que par le premier Sergent Royal qui sur ce sera requis, execucion en soit faicte.

c *Il y a une marque d'abbreviation sur l'r.*

d *souffis.* R.

e *jeu.*

*(2) Item.* Nous recevons lesdiz Connestable & Conpaignons, à Nous, & les prenons & mettons en nostre salve & especial Garde, comme sont & doivent estre noz Gens, [f] de nostre retenuë, Serviteurs & Officiers, avecques leurs biens, familes, & [g] mainies.

f *qui sont à nostre service.*

g *domestiques. Voy. le 4.e Vol. des Ordonn. pag. 394. Note (e).*

*(3) Item.* Nous voulons que comme uns desdiz Arbalestriers sera alez de vie à trespas, ou que par ancienneté, [h] foibleité ou inpotence, ou par sa coulpe danpnable, il ne Nous pourroit plus servir, ledit Connestable, appellé avec * *(b)* trois ou trois Conpaingnons de ladicte Connestablie, en recouvrent un autre, & prengnent de lui le serment de Nous servir bien & loyalment, oudit fait & gieu de Arbaleste, afin que ledit nombre de vingt-cinq soit tousjours trouvé complectement, pour Nous servir par tout, comme Arbalestriers, là où il Nous plaira de les envoïer.

h *foiblesse.*

* *luy.*

*(4) Item.* Nous voulons & leur octroïons, que pour quelconques denrées, vivres ou marchandises qu'ilz aïent en leurs [i] hostieulx & ailleurs, ou que ilz vendent ou achetent, ou que ilz mainnent ou conduisent, ou facent conduire ou mener, ès [k] mettes de nostre Royaume ou dehors, leurs propres touteffoiz sans fraude, ilz ne païent travers, passages, pontenages, tonlieux, chaucés, barrages, *(c)* vergages,

i *maisons.*

k *frontieres.*

NOTES.

*(b) Trois ou trois.*] Dans les Lettres pour les Arbalestriers de Compiegne, du mois de Septembre 1368. qui seront imprimées à leur rang, & qui sont presque semblables à celles-cy : il y a, *trois ou deux.*

*(c) Vergages.*] Je n'ay rien trouvé sur ce mot. C'est peut-estre l'impost que l'on levoit sur les *brebis*, & que l'on nommoit en latin *Berbiagium*, & en françois *Brebiage.* Le mot *Brebis* vient de *Vervex*, & il y a plusieurs mots latins, qui ont rapport aux *brebis*, dans lesquels l'*u* s'est conservé ; comme *vercaria*, *vercheria* & *verqueria.* Voy. *Du Cange*, au mot, *Berbix.* Voy. sur les autres droits dont il est parlé dans cet article, *les Tables des matieres des Vol. des Ordonn.*

CHARLES V. à Paris, en Aoust 1367.

ou autres exactions ou debites quelzcunques; exepté les [a] aides qui sont ordonnées pour la délivrance de nostre très chier Seigneur & Pere, que Dieux absoille, tant seulement; mais leurs biens quelzcunques, denrrées & marchandises, puissent traire, mener ou faire venir à Laon, où ailleurs quelque part qu'il leur plaira, franchement & quittement, tant par eauë comme par terre, sans requerre ou demander licence de charger ou descharger, ou recharger leursdis biens, denrreez ou marchandises, à quelque personne que ce soit, nonobstant observence de lieu ou de païs, au contraire.

*(5) Item.* Nous voulons que ilz ne puissent estre [b] abstrains de faire aucunes pretz pour Nous, ne pour ladicte Ville de Laon, mais le deffendons expressement; proveu toute-voïes que ce ne soïent pas Bourgois notables, ne gros Marchans.

*(6) Item.* Les voulons estre frans & quittes de toutes tailles, collectes ou assiettes qui se feroient en ladicte Ville de Laon ou ailleurs, pour quelque cause ou occasion que ce soit, se il ne touchoit le fait de ladicte [c] délivrance.

*(7) Item.* Nous voulons que en ladicte Cité de Laon ou ailleurs, ilz ne soient astrains de [d] gueter, se ce n'estoit en cas de éminent peril; ouquel cas, ilz gueteroïent pour faire leur devoir, selon les Establissemens des *(d)* disaines ordonnées en ladicte Ville; & se ilz estoient lors en nostre service, ilz ne seront tenus [e] de y envoïer; & autre redevance quelcunques; fors seulement lesdis [f] aides pour ladicte délivrance de nostredit S. ne voulons que ilz païent en ladicte Ville, ne ailleurs.

*(8) Item.* Afin que miex puissent estre en union, & puissent continuelment exercer leurs [g] gieu & trait de l'Arbaleste, pour estre plus habiles à Nous servir audit fait, quant besoing en sera, & que tous ensemble, les puissions avoir à nostre mandement, quant [h] mestiers en arons, Nous voulons que ilz aïent en Juge, nostre Prevost de ladicte Cité de Laon, & icellui leur deputons à l'audicion de toutes leurs Causes à mouvoir dores-en-avant, en deffendant tant seulement, sans ce que ilz puissent estre convenus ne [i] trais hors de ladicte Cité ne devant autre Juge que ledit Prevost; ne que eulx ne leurs biens, puissent estre arrestez en aucune maniere, & ne voulons que à aucuns arrès ou [k] appeaulz volages, il soïent conpris, ne pour yceulx, se l'en les faisoit contre eulx, estre molestés, & s'aucuns s'estoit efforcié ou se efforçoit de congnoistre de eulx ou de leurs Causes, autrement que dit est, Nous enjoingnons & commettons audit Prevost, que il face ladicte congnoissance revenir devers lui; en contraignant tous autres Juges & Parties qui s'efforceroient de faire le contraire, à eulz désister; [l] parmi ce qu'il face aus Parties sur leurs debas en defendant, comme dit est, bon accomplissement de Justice, si qu'il ne leur conviengne discontinuer ledit trait; & de tout autre Juge, autrement que dit est, les exemptons par ces presentes.

*(9) Item.* Nous ne voulons, ainçois deffendons par ces presentes, par aucuns de nos Fourriers, Chevaucheurs, Maistres des Garnisons, ou autres Gens ou Officiers de Nous, ou de nostre très chiere Conpaingne la Royne, de nos Connestable, Mareschaux, Maistres d'Arbalestiers, ou autres, estre faictes aucunes [m] prises sur lesdis Arbalestriers, de leurs blefs, vins, foins, aveinnes, chevaux, charrettes, chars, poissons, bestail, ou autres [n] guarnisons; & s'aucuns s'efforçoit faire le contraire, Nous n'y voulons estre obey, mais les voulons, comme [o] privées personnes, estre contrains à en faire restitucion au-delà de la valeur de ce que prins auroient; & [p] parmi ce lesdis Arbalestiers seront tenus servir Nous & nos successeurs Roys de France, & ladicte Ville de Laon, bien & loïalment, comme Arbalestiers, armiés & apparelliés souffisament, par tout là où il plaira de les envoïer, soient tous ensemble ou par partie, selon ce que il Nous senblera estre expedient & convenable

a Voy. le 3.e Vol. des Ordonn. p. 413. Note (d).
b contraints.
c Voy. cy-dessus, Note (a) marg.
d faire le guet.
e d'envoyer quelqu'un en leur place.
f Voy. cy-dessus, Note (a) marg.
g jeu.
h besoin.
i tirez, adjournez.
k Voy. le 2. Vol. des Ordonn. p. 81. & Note (b) & p. 445. Note (b)
l pourvû que.
m Voy. les Tables des Mat. des Vol. des Ordonn. au mot, *Prises*.
n provisions.
o comme s'ils n'estoient pas Officiers publics.
p moyennant.

NOTE.

*(d) Disaines.]* C'estoient, suivant les apparences, differentes compagnies, composées de dix hommes chacune, qui estoient chargez de faire un guet extraordinaire dans la Ville, lorsqu'elle estoit menacée de la part des ennemis.

pour le bien de nostre Royaume, sans eulx départir de nostre service, se ce n'est par nostre congié & licence, ou du Capitainne soubz qui Nous les envoïerons; en prenant toutes-voïez par chascun d'iceulx Arbalestriers, pour journée, quant ilz seront en nostredit service hors de Laon, quatre gros [a] viès tournois d'Argent, ou la valeur; & quant ilz serviront en ladicte Ville, ilz averont deux gros viès d'Argent pour journée, tant seulement: Et se aucuns desdis Arbalestriers [b] chéoit en telle debilité, foiblece ou inpotence, qu'il ne peust exercer le fait & service dessusdis, parquoy il y convenist autre recevoir, si voulons Nous, & est nostre entente, que des Libertez & franchises dessusdictes, il joïsse, & soit en nostre Sauve-garde especial, proveu que il n'en soit privés & deboutés par aucun vice, dont il soit vilainnement punis.

CHARLES V. à Paris, en Aoust 1367.

a vieux.

b tomboit.

Donnons en mandement à nos amés & féaulx, Gens tenans le present Parlement à Paris, & à ceulx qui tendront les Parlemens avenir, au Bailli de Vermendois, au Maistre des Pors & Passages, Receveurs & Collecteurs, députez & à députer, & à tous autres Justiciers & Officiers de nostre Royaume, leurs Lieuxtenans & chascun d'eulz, presens & avenir, que de toutes les Libertez, franchises & autres choses dessus devisées, facent, sueffrent & laissent le Connestable, & Arbalestiers dessusdiz qui à present sont, & dores-en-avant seront, sous le nonbre dessusdit, joïr & user à tousjours, sans leur mettre, ou souffrir estre mis destourbier, empeschement ou [c] obcition à l'encontre; mais tout ce que ilz trouveront estre fait ou attempté ou préjudice d'iceulx ou d'aucun d'eulx, facent reparer & mettre à estat deu, selon ce que dessus est devisé, sans delay; & nos presentes Lettres facent publier en tous les lieux acoustumez à faire cris en nostre Royaume, dont ilz seront requis, [d] si que aucun ne s'en puisse excuser de ignorance; & des nons & seurnons desdis Connestable & Arbalestriers, voulons estre euë congnoissance par certification dudit Prevost de la Cité de Laon, devant lequel ilz se soubzmettront & astraindront de Nous servir en la maniere dessusdicte; & le jureront par leurs sermens; ausquelz seremens recevoir, Nous députons ledit Prevost par ces presentes: Et pour ce que chascun d'iceulx ne pourroit ce present original avoir devers lui à son besoing, Nous voulons que le transcript ou *vidimus* soubz Seel autentique, vaille par tout, & y soit obey plenierement de tous les Justiciers & subgiès de nostre Royaume, comme à original. Et que ce soit ferme chose, &c. sauf en autres choses, &c. *Ce fu fait à Paris, ou mois d'Aoust, l'An de grace 1367. & de nostre Regne le quart.* Ainsi sign. Par le Roy en ses Requestes. ADAM. *Visa.*

c *mot douteux. Il y a* obcio̧, *avec une marque d'abreviation.*

d *tellement.*

---

CHARLES V. à Melun, en Aoust 1367.

*(a)* Lettres portant que l'on ne pourra apporter dans la Ville de Buis, du vin & des raisins *estrangers*, tant qu'il y aura du vin dans cette Ville.

*KAROLUS Dei gracia Francorum Rex & Dalphinus Viennensis. Notum facimus universis & singulis presentibus & futuris, quod cum Universitas Ville nostre de (b) Buxo, statuerit & ordinaverit de voluntate & consensu defuncti Henrici quondam Archiepiscopi Lugdunensis, ac Locum-tenentis recolende memorie Humberti Dalphini Viennen. carissimi Consanguinei & predecessoris nostri, quod nulla persona cujuscumque status aut condicionis existat, sit ausa adducere ad locum predictum de Buxo, vinum extraneum, nec racemos extraneos, aut vindemiam extraneam aliqualem, quamdiu vinum reperietur in dicto loco Buxi, sub pena decem librarum, & amissionis vini, racemorum sive*

NOTES.

*(a)* Tresor des Chartres, Registre 101. Piece 95.

*(b) Buxo.]* Dans une Notice que j'ay citée cy-dessus, [p. 63. Note *(c)*] On trouve *in Baronia Medullionis & Montalbani, Mevillon & Montauban*, p. x. col. 2. *Buxum.* le Buis.

CHARLES V. à Melun, en Aoust 1367.

a predict. *R.*
b applicand. *R.*

*vindemie, & animalium ducentium vina, raccmos, aut vindemiam* [a] *predictam, Nobis* [b] *applicandarum : Quod quidem statutum per dictum Archiepiscopum tunc Locum-tenentem dicti predecessoris nostri, confirmatum extitit, quamdiu tamen nostre placuerit voluntati ; & pro confirmatione predicta, dictus Locum-tenens à dicta Universitate Buxi, habuerit & receperit centum sexaginta Florenos Auri, nomine Dalphinali, sub pacto habito inter ipsos, quod in casu in quo dictum statutum per Nos foret seu esset revocatum, quod Nos ad restitutionem dictorum centum sexaginta Florenorum Auri, teneamur ; Nobisque pro parte dicte Universitatis, fuerit supplicatum, ut statutum hujusmodi confirmare dignaremur, ac eciam approbare : Nos volentes dictam nostram Universitatem prosequi gratia & favore, predicte supplicationi annuentes, dictum statutum & ordinationem ratum & gratum habentes, illud auctoritate nostra Regia & Dalphinali, ex nostra certa sciencia & speciali gracia, laudamus, approbamus, ac eciam confirmamus : precipientes & districtius injungentes dilecto & fideli Consiliario nostro Gubernatori nostri Dalphinatus, & Baillivo & Judici Baroniarum* [c] *Montis-albani & Medulionis, &* · *ceteris Officialibus* [d] *Justiciariis nostris, quatenus dictum statutum & ordinationem custodiant, teneant & observent, & ab omnibus faciant observari, & quoscunque in contrarium facientes aut facere attemptantes, puniant prout justicia suadebit. Quod ut firmum & stabile perpetuo perseveret, presentibus Litteris nostrum fecimus apponi sigillum : nostro in aliis & alieno in omnibus jure salvo.* Datum apud Meldunum, Anno Domini 1367. & Regni nostri quarto, mense Augusti. Sic sign. *Per Regem & Dalphinum.* GONTIER.

c Montauban & Mevillon. *Voy. p. preced. Note (b).*
d &.

---

CHARLES V. à Paris, le 6. Septembre 1367.

## *(a)* Lettres qui permettent au Comte de Pardiac, de créer dans son Comté, un Juge des premieres appellations.

*CAROLUS, &c. Notum facimus universis presentibus & futuris, Nos Litteras inclite memorie carissimi Avi nostri, Regis Philippi, vidimus, formam que sequitur, continentes.*

Philippe VI. dit de Valois, en Fevrier 1346.

e al. *R.*

f *Offic.* avec une marque d'abbreviation. *R.*

*PHILIPPUS Dei gratia Francorum Rex : Notum facimus universis tam præsentibus quam futuris, quod Nos attentis gratuitis servitiis per dilectum & fidelem nostrum, Arnaldum Guillelmi de Monte-lugduno, Comitem (b) Pardiaci, Nobis in guerris nostris &* [e] *alias, diu fideliter & laudabiliter impensis, eidem Comiti & ejus successoribus & ab eo vel eis causam habituris (c) legitimam, auctoritatem & facultatem omnimodam creandi, instituendi & habendi perpetuo, in dicto suo Comitatu & ejus pertinentiis & ressorto, Judicem primarum appellationum civilium & criminalium, qui à suis ordinariis Judicibus, Bavilis aliisque suis* [f] *Officiariis, & à Consulibus Comitatus predicti, emituntur & imposterum emitentur : quique Judex ipse appellationum, appellationes ipsas audire valeat, &*

NOTES.

*(a)* Tresor des Chartres, Registre 99. années 1360. 1362. 1366. 1367. & 1369. Piece 69.

*(b) Pardiaci.]* On trouve dans la *Notitia utriusque Vasconie*, de *Oihenart*, p. 502. un assez grand détail sur le Comté & les Comtes de *Pardiac.*

Ce Comté est à l'Occident du Comté d'Astarac ou Estarac en Gascogne. [ Voy. Mati, au mot *Esterac* ] entre les Comtez de *Fesensac* & de *Bigorre.*

Le Comte dont il est parlé dans ces Lettres est nommé par *Oihenart, Arnaldus Willemus IV. Moulezunius. Moulezunius* est la même chose que *de Monte-lugduno* qui se trouve dans ces Lettres. Car dans *Oihenart, Augerius à Monte-lugduno*, qui vivoit vers 1200. & dont le fils est nommé par le même, *Arnaldus Willelmi II. Montezunius*; & dans l'*Hist. Genealog. de la Maison de France, Tom. 6. p. 222.* B. l'*Arndus Guillelmi de Monte-lugduno*, de nos Lettres, est nommé, *Arnauld-Guilhem de Montlezun* premier du nom, Comte de *Pardiac.*

Il n'est point parlé du Comté de *Pardiac*, ni dans *Mati* ni dans le *Dictionn. Univers. de la France.*

*(c) Legitimam. ]* Ce mot est douteux : il y a dans le *R. lma* avec des marques d'abbreviation sur l'*L* & sur l'*A.*

*de eisdem in solidum cognoscere ; non-obstantibus quod Nos seu Gentes nostre pro Nobis, in possessione, usu, jure vel saisina cognoscendi de ipsis, etiam dicamur, concedimus auctoritate nostra Regia, de certa scientia & gratia speciali ; possessionem, jus, usus & saisinam hujusmodi, in ipsum Comitem dictosque suos successores, & ab eo vel eis, ut premittitur, causam habituros, totaliter transferentes pleno jure. Mandantes insuper & etiam districtè precipientes, omnibus & singulis Justiciariis & Officiariis nostris, presentibus & futuris, eorumque Loca-tenentibus, & eorum cuilibet, quatenus ipsum Comitem dictosque ejus Successores & ab eo vel eis causam habituros, ut prefertur, nostrâ presenti gratiâ uti & gaudere plenariè & pacificè faciant ; nec quicquam in contrarium fieri vel attemptari quomodolibet faciant aut permittant. Quod ut firmum & stabile perpetuò perseveret, nostrum presentibus Litteris fecimus apponi sigillum : Salvo in aliis jure nostro, & in omnibus quolibet alieno.* Datum Parisiis, Anno Domini millesimo trecentesimo quadragesimo sexto, mense Februarii.

CHARLES V. à Paris, le 6. Septembre 1367.

*NOS autem dictas Litteras & contenta in eisdem, rata & grata habentes, ipsas volumus, laudamus, approbamus & tenore presencium, Regiâ auctoritate, de speciali gratiâ confirmamus ; precipiendo mandantes omnibus & singulis Justiciariis & Officiariis nostris, presentibus & futuris, eorumque Loca-tenentibus, & cuilibet eorumdem, quatenus dictos Comitem & Successores ipsius vel causam ab eis habituros, dictâ gratiâ per dictum Avum nostrum sibi factâ, ut in prescriptis Litteris continetur, & per Nos, ut predictum est, confirmatâ, gaudere & uti pacificè ac perpetuò facere, nec quicquam in contrarium fieri vel attemptari quomodolibet permittant. Quod ut firmum, &c. Salvo, &c.* Datum Parisiis, die sextâ Septembris, Anno Domini millesimo trecentesimo sexagesimo septimo, & Regni nostri quarto. *Per Regem.* BLANCHET. *Collatio facta est. Visa.*

---

CHARLES V. à Paris, le 8. Septembre 1367.

*(a) Lettres qui portent, que jusqu'au Jugement du procès pendant au Parlement, entre les Marchands & voituriers de Marée, & les Fermiers des peages de Roye, ces Marchands pourront passer avec leurs marchandises, par les chemins qu'ils jugeront à propos, sans payer d'autres peages, que ceux qui sont establis dans les chemins par où ils passeront.*

CHARLES, par la grace de Dieu, Roy de France : Au Prevost de Paris ou à son Lieutenant, Salut. Oye la Suplication des Marchands & Voituriers apportans & faisans venir Poissons de Mer & Harens, en notre bonne Ville de Paris & ailleurs, & autres bonnes Villes de nostre Royaume ; disant, que comme pour abregier tout chemin, comme il est necessité aux denrées, pour être plutost & plus freschement apportées à vente, ils [a] quierent leur chemin, & vont tant par voyes publiques comme par *(b)* adreces, & aucunefois en venant, passent par les detroits & passages de Roye en Vermendois, ou quel lieu, quand ils y passent, il payent volentiers, & se acquitent du [b] païage qui est illec acoutumé à payer pour Nous ; & aussi passent [c] à la fois, & plus souvent, pour ce que c'est le plus brief chemin, par les destroits & païage de [d] Mannullet, qui semblablement est à Nous, ou quel lieu ils s'acquitent semblablement ; nientmoins les Fermiers dudit païage de Roye, se sont voulu efforcer, & encore efforcent de jour en jour, de contraindre à faire passer & venir par eulx & par leurs destrois lesdits Supplians, & de les faire payer ledit païage, jaçoit ce que ils amenent leursdites denrées hors lesdits destrois de

a *cherchent les chemins les plus courts.*

b *Peage.*

c *peut-estre, quelquefois.*

d *Je n'ay rien trouvé sur ce lieu.*

NOTES.

*(a)* Traité de la Police par la Marre, tom. 3. l. 5. tit. 29. ch. 5. p. 80. n.° 6. Il y a à la marge : *Registre de la Marée, fol. 236.*

*(b) Adreces.]* On trouve dans le Tresor de la Langue françoise de *Nicot*, *adresse & coursier*, *compendiosum iter.*

CHARLES V. à Paris, le 8. Septembre 1367.

Roye, en venant par lesdits destrois de Mannuellet, pour [a] leur avancier, par la maniere que dit est, où ils se seront acquittez & acquittent deuëment, toutes les fois que le cas s'y offre, & jà ont mis & envelopé lesdits Marchands & Voituriers, en procès en nostre Cour de Parlement, & en donnant à entendre faux à nostredit Procureur General, ont tant fait que nostredit Procureur a prins la défense d'eulx, ou est adjoint avec eulx, combien que il ne veulle pas [b] entamer le plait, pour la doubte que il fait du cas, tant que il en ait esté ou soit mieulx enfourmé; en laquelle nostre Cour de Parlement, les Parties n'ont encore esté oyes : & combien que lesdits Supplians soient fondez de droit commun, & qu'ils puissent prendre & querir les chemins qui sont plus necessaires & convenables à eulx & à ladite Marchandise, en payant les devoirs & paiages là où il passent, toutefois les Gardes ou Fermiers dudit païage de Roye, pendant ledit procès & ou préjudice d'icelui, s'efforcent de les contraindre comme dessus, & veullent qu'ils payent à eulx, nonobstant qu'ils ayent passé & payé audit lieu de Mannullet; & pour ce, ont prins & arresté les Chevaulx de Michiel le Monnier, de Dunkerque, ou préjudice de la chose publique, & ou très grief préjudice & dommage desdits Supplians, qui par ce, seroient trop destourbiez & empeschiez de leur chemin & Marchandise, se il n'y estoit pourveu de remede convenable & gracieux, si comme ils dient: Nous qui voulons les Marchands de nostre Royaume, favorablement [c] traittez en consideration des choses dessusdites, inclinant à la Supplication desdits Marchands & Voituriers, à iceulx avons octroyé & octroyons de nostre grace speciale, par ces presentes; que pendant ledit procès & sans préjudice d'icelui ne desdites Parties, ils puissent aler & passer [d] à toutes leursdites denrées, par quels chemins & voyes que il leur plaira mieulx, pour servir plus hastivement nos bonnes Villes & Sujets, en payant l'acquit & le païage du lieu par lequel ils passeront, sans estre contrains en aucune maniere, de passer par d'autres destrois que ils ne vouldront, ne de payer païage à Roye, se ils ne vont par icelui païage, jusqu'à ce que par nostredite Cour en soit déterminé plus à plein.

Si vous mandons, & pour ce que vous estez leur Conservateur & Gardien député de par Nous, ausdits Supplians, commettons, [e] se mestier est, que iceulx Supplians & chascun d'eulx, vous fassiez & laissiez joïr & user paisiblement de nostre presente grace, sans les souffrir estre troublez ou empeschiez au contraire, en aucune maniere, en corps ou en biens, en faisant inhibition & deffense de par Nous, se mestier est, ausdits Fermiers de Roye, & autres à qui il appartiendra, que d'ores-en-avant ne troublent ou empeschent, ou fassent troubler ou empescher lesdits Supplians ni aucuns d'eulx, contre la teneur de nostredite grace; mais d'icelle les laissent joïr & user paisiblement; & se aucuns d'iceulx Supplians, ou de leurs chevaulx ou autres biens ou marchandises quelconques, étoient prins, saisis ou arrestez en quelque maniere que ce fust, pour la cause dessusdite, si les mettez & ramenez, ou faites mettre & ramener sans delay, à pleine delivrance : Car ainsi le voulons Nous estre fait, nonobstant quelconques Lettres subreptisses empetrées ou à empetrer au contraire. *Donné à Paris, le huitiéme jour de Septembre, l'An de grace 1367, & de nostre Regne le quint.*

[a] *abreger leur chemin.*
[b] *faire commencer la plaidoirie.*
[c] *estre.*
[d] *avec.*
[e] *si besoin.*

(a) Lettres

CHARLES V.
à Paris, le 13. de Septembre 1367.

## (a) Lettres qui confirment les Privileges de la Commune de la Ville de Roüen, & qui terminent differents procez meus entre les Officiers Royaux de cette Ville, & ceux de cette Commune.

*KAROLUS, &c. Notum facimus universis presentibus & futuris, Quod recepta nuper supplicatione nostrorum Majoris, (b) Parium & Civium Ville nostre Rothomagensis, continente, Quod cum Rex [a] Philippus regnans in anno Dominice Incarnationis millesimo ducentesimo septimo, Majori & Civibus dicte Ville, qui tunc erant, pro se & suis Successoribus, concesserit per suas Litteras (c) datas in anno predicto, quod ipsi haberent Communiam & Banleucam, ad metas ad quas Ricardus (d) qui Rex fuerat Anglie & Dux Normanie, eis concesserat, & Justitiam suam infrà metas eisdem, & [b] Placita de hereditatibus & catallis suis & conventionibus, Rothomagi & infrà Banleucam factis; & quod tenerent per [c] Libertatem Rothomagi, omnia Placita & omnes [d] mesleyas infrà Rothomagum, & infrà Banleucam Rothomagi, in quibus mors vel [e] mehangnii aut (e) Placitum Ensis non appenderent, etsi Placita illa non sequerentur per vadium belli; quodque dictus Major haberet omnes (f) submonitiones hominum Baillie sue, ad Rectum, & quod nullus in eos manum apponeret sine ipso vel serviente suo; salvo in premissis Placito ensis, & salvis jure & [f] Curiis Dominorum qui ibi terras haberent; ipsasque Litteras bonæ memoriæ Rex [g] Ludovicus Filius & Successor dicti Regis Philippi, per suas Litteras datas in anno millesimo ducentesimo vigesimo tertio, confirmaverit; quas Rex [h] Ludovicus Filius & Successor ipsius Regis Ludovici, & [i] Nepot dicti Regis Philippi, per suas Litteras datas in anno millesimo ducentesimo vigesimo sexto, confirmavit; ipsique Major & Cives, dicta Communia & Jurisdictione per magnum temporis spacium usi fuerint pacificè; impositoque eisdem Majori & Civibus, per Baillium Rothomagensem, qui erat tempore Regis [k] Philippi Patris Regis Philippi Pulchri, quod ipsi abusi fuerant in aliquibus Justiciis ad Placitum Ensis spectantibus, contrà tenorem Carte eisdem concesse per Regem Philippum Pro-avum ipsius Regis Pulchri; & ipsis asserentibus & ostendentibus plures raciones ad deffensionem suam, tandem dictus Rex Philippus Pro-nepos, habito*

a Philippe-Auguste.

b Plaids, Jugement.

c Liberté, droit de Commune.

d Jugement sur les querelles & rixes.

e Mehain, blessure.

f Cours, Jurisdictions.

g Loüis VIII.

h St. Loüis.

i *Nepos.* Il y a dans le R. une marque d'abbreviation sur le *t*.

k Philippe III. dit le Hardi.

NOTES.

*(a)* Tresor des Chartres, Registre 99. Piece 44.

*(b) Parium.* ] Ils sont nommez dans des Lettres du mois d'Avril 1361. *Pers, Preudshommes & Conseil de ladite Ville* (Roüen). Ces *Pers* estoient les Conseillers de Ville. Voy. le 4.e Vol. des Ordonn. p. 494.

Voy. aussi sur ces *Pers* de Roüen une Charte de Commune accordée à cette Ville, dans le premier Vol. des Ordonn. p. 306. Note *(b)*.

*(c) Litteras.* ] Ces Lettres de Philippe Auguste sont dans le 2. Vol. des Ordonn. p. 412.

*(d) Ricardus.* ] Richard I. qui regna depuis 1189. jusqu'en 1199. Voyez l'Hist. d'Angleterre par Rapin Thoyras. t. 2. pp. 238. & 273.

M. de Lauriere dans le premier Vol. des Ordonn. p. 306. Note *(b)* a fait imprimer la Charte de la Commune de Roüen, sans marquer d'où il l'avoit tirée : Il n'y a ni commencement ni fin à cette Charte. Ce ne peut estre celle accordée par Richard : car il est dit plus bas dans ces Lettres de 1367. que Philippe-Auguste l'avoit demandée aux habitans, & ne l'avoit pas renduë. D'ailleurs il paroist par la Piece qu'a fait imprimer M. de Lauriere, que ce n'est point une Charte émanée de l'authorité Royale, mais un Reglement fait par des Officiers de la Commune.

*(e) Placitum ensis.* ] Plaids de l'Epée. *Voy. le premier Vol. des Ordonn.* p. 306. Note *(b)*.

On peut ajoûter que par le *Plaid de l'Epée*, il faut entendre icy, les cas que l'on nomme presentement Royaux, & qui ne doivent estre portez que devant les Juges Royaux, tels que l'homicide, les blessures qui sont spécifiées dans nos Lettres, & plusieurs autres qui n'y sont pas exprimez. Le Roy reserve tous ces cas à sa justice, dans le cas même où ils ne seroient pas decidez par un Duel ou *Gage de bataille*.

*(f) Submonitiones..... ad Rectum.* ] Je crois que cela signifie des citations & des assignations pour *ester à Droit*, & comparoistre en Jugement. *Submonitio*, qui ordinairement signifie une semonce pour aller à la guerre, se dit aussi pour une *assignation*. Voy. le Gloss. de *Du Cange* au mot, *submonere*.

CHARLES V.

à Paris, le 13. de Septembre 1367.

*super hoc Consilio, concesserit eisdem Majori & Civibus & aliis de Communia, pro se & suis Successoribus, ut ipsi haberent, tenerent & exercerent omnimodam Jurisdictionem ad ipsum pertinentem, tam in Placito spade, quàm in aliis que in anteà accidere possent in Civitate & Banleuca Rothomagensi, in Placitis, Jurisdictionibus & Justiciis quibuscumque; retenta sibi Justitia mortis, mehangnii & Vadiorum belli, cum nonnullis aliis retencionibus & declarationibus, in (a) Litteris dicti Regis Philippi Pro-nepotis, super* [a] *hoc confectis sub data mensis Maii, anni millesimi ducentesimi septuagesimi octavi predicti, plenius expressatis: Quas Litteras bonæ memoriæ dictus Rex Philippus Pulcher, Filius & Successor ipsius Regis Philippi, ut predicitur, per suas (b) Litteras confectas sub data mensis Decembris, anni trecentesimi noni, confirmavit. Nos qui tempore quo eramus Dux Normanie, & Regnum regebamus in absentiâ inclite recordationis Karissimi Domini Genitoris nostri, ad nostram delato notitiam, quod nonnulli Procuratores & alii* [b] *Officiarii Regii, qui decursis tunc temporibus fuerant in villâ predictâ, plura dictis Majori, & Civibus, in Jurisdictione predicta impedimenta posuerant, & ne in Nundiniis que sunt semel in anno, in (c) Campo-Indulgencie, juxtà villam predictam; de quibus (d) Acquita & Coustume ad Nos pertinent,* [c] *visitarent carnes vendendas ibidem, & caperent seu capi facerent carnes reprobas & corruptas, ponerentve asserem seu planchiam, ut ascenderent de terra super naves seu vasa desserencia per Fluvium Seccane, blada & grana alia ad villam predictam, visuri & judicaturi si grana illa essent sana; & etiam ne haberent cognitionem & Jurisdictionem (e) clamorum seu cridarum de Haro, & aliorum excessuum & delictorum commissorum in Hala de veteri* [d] *mercato; cujus Hale* [e] *Stallorum emolumenta quecumque ad Nos pertinent; quorum omnem Jurisdictionem & cognitionem, dicti Major & Cives* [f] *docebant ad eos pertinere & conabantur habere, Procuratoribus, aliisve Officiariis predictis contrarium asserentibus: Super quibus* [g] *deductis in Judicio, Sententia lata fuerat in (f) Scacario Rothomagensi, pro Predecessoribus nostris & Nobis, & ad nostri comodum, & cognitio & Jurisdictio hujusmodi Nobis adjudicata in possessione & proprietate, voluimus, ordinavimus & declaravimus, certis ad hoc considerationibus excitati, quod dictus Major & illi de Communia predicta, qui tunc erant & Successores sui, haberent omnimodam cognitionem & Jurisdictionem tam carnium quam aliorum casuum, in Nundinis predictis; exceptis tribus casibus predictis, mortis videlicet, mehangnii & vadiorum belli, & salvo jure nostro in medietate* [h] *forefacturarum que ibi evenirent, & Acquictorum & Coustumarum predictorum; quodque possent ponere asserem seu planchiam unum videlicet (g) capiendi ipsius ad terram, & alius super naves seu vasa predicta, & intrare vel ingredi facere dicta vasa, & judicare vel judicari facere dicta grana; salvo jure nostro in medietate forefacturarum, ut prius* [i] *inseritur; & quod haberent in antea cognitionem, Jurisdictionem clamoris seu cride de Haro, in Hala predicta; salvo jure nostro in redditibus & proventibus dicte Hale; non obstantibus dictis Sententiis latis super hoc, in dicto Scacario, pro nobis & ad comodum nostrum, & possessione adepta & habita per Predecessores nostros & Nos, virtute sentenciarum hujusmodi, vel alias; & haberent insuper cognitionem, Juris-*

a Ce mot est écrit là, & dans la suite avec une *h* tranchée.

b Offic. *R.*

c Visitar. *R.*

d Le vieux marché qui subsiste encore.

e Etaux.

f Peut-être, *dicebant.*

g Deduct. *R.*

h Amendes.

i Mot douteux.

NOTES.

(a) *Litteris.*] Ces Lettres sont dans le premier Vol. des Ordonn. p. 306.

(b) *Litteras.*] Ces Lettres sont dans le premier Vol. des Ordonn. p. 470.

(c) *Campo Indulgencie.*] Ce Champ que l'on nomme le *Champ du Pardon*, est hors la Ville entre la Porte Beauvoisine & celle de Bouvereul; & il est ainsi nommé, à cause des Indulgences accordées à ceux qui assisteront à des Processions qui se font dans ce Champ, à de certains jours. Voy. l'Hist. de Roüen, premiere partie, chap. 13. p. 35. n.° 6. (Roüen) 1731. in 4.° Voy. dans ce même chap. l'Epoque de l'establissement des Foires qui se tiennent dans le *Champ du Pardon.*

(d) *Acquita & Coustume.*] Droits qui se perçoivent sur les marchandises qui se vendent dans ces Foires. Voy. Du Cange au mot, *Acquitamentum* & suivants.

(e) *Clamorum.*] *Clameur ou cri de Haro*, sur lequel voyez le Gloss. du Dr. Fr. t. 2. p. 4.

(f) *Scacario.*] Eschiquier, sur lequel voyez la Table des Matieres du 4.e Vol. des Ordonn. à ce mot.

(g) *Capiendi.*] Ce mot qui est écrit en abregé est très-douteux: il n'y a que *capd.* avec une marque d'abbreviation sur le *d.* Ce passage me paroist corrompu, on peut voir un peu plus haut ce qui est dit de cette planche.

CHARLES V. à Paris le 13. de Septembre 1367.

*dictionem, [a] & omnimodas Brassatorum & venditorum [b] Servisie, in totâ dicta Villa & Banleuca; non obstante processu Cause pendente super hoc, inter Procuratorem nostrum ex una parte, & dictum Majorem ex alia, & possessione quam [c] modo per [d] manum superiorem vel aliter habebamus: Intellecto insuper quod Procurator noster, & aliqui Procuratores Predecessorum nostrorum, tam nomine nostro solum, quam ut adjuncti aliis personis, Majores dicte ville, qui fuerant pro tempore, traxerant in Causam super pluribus excessibus [e] attinptatis & abusionibus Justicie, tendentibus ad finem confiscationis Justicie & Jurisdictionis dictorum [f] Majoris, & pugnitionis corporalis aliquorum Majorum & habitatorum dicte ville, & emendarum pecuniarium ab aliis habendarum; & quod licet dicti Majores se super hoc submiserint Ordinacioni dicti Domini Genitoris nostri & nostre, vel alterius nostrum, vel aliorum Predecessorum nostrorum, ipsi Procuratores, post submissionem hujusmodi, nisi fuerant dictos Majores processibus super hiis involvere: Nos supplicationibus Majorum & Civium dicte ville annuentes, remiserimus & quittaverimus eisdem excessus, attemptata & abusiones hujusmodi, & alios quos usquè poterant commisisse; nonobstante quocunque comodo, quod inde potuissemus aut debuissemus habere, per facta dictorum Majorum, loca sua tenentium, servientum seu subservientum, vel aliorum executorum aut promottorum factorum dicte Ville; & una cum hoc, remiserimus eisdem quascunque rapinas, incendia, homicidia, (a) redemptiones personarum, & alia maleficia commissa per ipsos, in quantum Nos tangere poterat; dum tamen per proditionem vel [g] pensatas [h] insidia, facta non fuissent; salvo jure Partis civiliter prosequendo: Volentes ulterius, ut dicta nostra remissio perinde sortiretur robur efficax, ac si excessus, attemptata, abusiones justitie & maleficia suprascripta, singulariter & specificè essent nominata & declarata; nolentes posse proponi in antea per Baillivos, Vicecomites aut Procuratores Rothomagenses, vel alios Officiarios nostros, Nos vel Gentes Consilii nostri, in Ordinatione & Declaratione premissorum, fuisse deceptos, & eisdem super hoc silencium perpetuum continenter imponentes: que premissa sic ordinavimus & [i] volumus, certis ad hoc ducti considerationibus, & mediis tribus milibus Scutis Auri, de cugno dicti Domini Genitoris nostri, que ab eisdem Majore & Civibus habuimus & recepimus prout in nostris super hoc confectis (b) Litteris sub data mensis Marcij, anni millesimi trecentesimi quinquagesimi octavi, premissa vidimus latius contineri; quas nostras Litteras, Nos, post assumptum regimen Regni nostri, per nostras alias Litteras confectas mense Julii anno millesimo trecentesimo sexagesimo quarto, nescimur confirmasse: Voluerimus etiam & concesserimus eisdem Majori & Civibus per nostras Litteras, quas una cum his aliis Litteris de quibus [k] supra fit mentio, vidimus, ut nonobstante revocatione Donorum factorum de Domanio Regio, à tempore Regis Philippi Pulchri [l] citra, ipsi Major & Cives uterentur & gauderent visitatione, cognitione & Jurisdictione carnium malarum & reprobarum, que venderentur in nundinis predictis, & planchis [m] ponende de terra super naves & vasa defferencia grana, prout predicitur, & clamoris seu cride de Haro, ac Brassatorum & venditorum Servisie, juxta tenorem dictarum nostrarum Litterarum eis super hoc [n] concessorum; Nuper que per sentenciam vel Judicium dicti Scacarii, in quo pendebat lis & materia quæstionis inter Majorem dicte ville ex una parte, & Religiosos, Abbatem & Conventum Ecclesie Sancti [o] Audoeni Rothomagensis, & Procuratorem nostrum adjunctum eisdem, ex altera, super bassa Jurisdictione & Justicia, quam dicti Religiosi habere pretendebant in certis partibus dicte Ville, & inmediatè ac inseparabiliter tenere a Nobis, ad quem asserunt altam & mediam [p] Justicie in eisdem dicte Ville partibus, pertinere, dictum fuerit, quod dictus Procurator noster, quem dicti Major & Cives requirebant à dictis Religiosis disjungi, & eisdem neutri Partium earumdem adjungi, & dicebant ita debere fieri, cum dictis Religiosis remaneret adjunctus, & dicto Majori injunctum, quod privillegia [q] su, & titulos quibus se juvare volebat, super*

a *Par voye de saisie, & mise en la main du Roy.*
b *&* est inutile.
c *Cervisie*, Cervoise, Biere.
d Il y a dans le R. trois jambages avec une marque d'abbreviation.
e *Attemptatis.*
f *Majorum.*
g Guet à pens.
h *Insidias.*
i *Voluimus.*
k *Sup. R.*
l Mot douteux.
m *Ponendis.*
n *Concessarum.*
o S. Ouyn.
p *Justiciam.*
q *Sua.*

NOTES.

(*a*) *Redemptiones.*] Cela peut signifier des especes de rançons exigées pour mettre en liberté des personnes arrestées injustement.

(*b*) *Litteris.*] Ces Lettres sont au Tresor des Chartres, Registre 87. Piece VII^xxVII. [147.]

CHARLES V. à Paris le 13. de Septembre 1367.

*habendo corpus, Communiam & Jurisdictionem in dicta Villa & Banleuca, penes Curiam poneret: qui Major septem Litteras sua privillegia continentes, Curie tradidit, cera viridi & fillis sericis sigillatas; unde dictus Procurator noster solus nostro nomine, requisivit ipsum Majorem, quia* [a] *contra ea que proposuerat & requisierat in hac parte, senterciatum fuerat, in emendam erga Nos condempnari; proposuerit insuper dictus Procurator noster solus nostro nomine,* [b] *contra dictum Majorem, asserens ipsum & predecessores suos abusos sua Jurisdictione fuisse, quodque non ostendebat privilegia dicti Regis Ricardi Anglie, de quibus faciebant Litteræ Regis Philippi* [c] *primo* [d] *superius nominati, mentionem; & quod alie due sequentes Littere* [e] *sont simplices confirmationes dictarum Litterarum ejusdem Regis Philippi; quodque Litteras & privilegia quas eisdem concessit, ut prefertur, concesseramus eisdem per* [f] *oppressionem,* [g] *surreptionem vel inportunitatem; & quod in hujusmodi concessione fueramus valde decepti, tam ratione emendarum quas poteramus habere racione inchoactorum processuum &* [h] *aliter, quam in venditione hereditagii seu Domanii nostri, quod vendere nequiveramus aut debueramus, cum pluribus aliis racionibus quas dictus Procurator proposuerat, concludens & requirens quod per Sentenciam vel Judicium dicti Scacarii, diceretur dictum Majorem* [i] *forefecisse suam Jurisdictionem predictam, & condempnaretur erga Nos in magnis emendis: quibus per Nos intellectis, mandavimus* [k] *inhibentes Gentibus nostris dicti Scacarii, & illis similiter qui Scacarium nostrum in quindena Festi Pasche ultimo preteriti, tenuerunt, ne de dicta Causa cognoscerent, quousque per Nos fuisset super hoc aliud ordinatum: cujus inhibitionis virtute, questiones & Cause predicte supersedent ad presens; predictique Major & Cives recognoscentes privilegia & concessiones hujusmodi, de Predecessorum nostrorum & nostra gratia liberaliter emanasse, & ea propter nolentes Nobiscum vel cum Procuratore aut aliis Gentibus nostris, litem vel quæstionem aut processus aliquos, quos evitare possint, ingredi, vel contendere super hoc aut aliis quibuscumque; quinimmo ad nostre clementie munificentiam recurrentes, Nobis humiliter* [l] *supplicarunt, ut cum dictus Rex Philippus primitus nominatus, concesserit eisdem simpliciter, quod haberent Communiam & Banleucam suam ad metas, quas dictus Rex Ricardus Anglie eisdem concesserat, nec confirmaverit privilegium seu Litteras ipsius Regis Ricardi, neque sue Littere ad Litteras ipsius Regis Ricardi se refferant, nisi tantummodo quo ad metas ultra quas dicti Major & Cives nihil usurpaverunt, nec attemptaverunt, nec contra eos est propositum se fecisse, ipsumque privillegium Regis Ricardi, quod nunquam* [m] *viderunt, quodque dicitur dictum Dominum Regem Philippum primitus nominatum, nolentem ipsos se posse juvare de privilegio* [n] *Anglie, retinuisse, (a) requirent eundem; dictaque Jurisdictione, a tempore dicti Regis Philippi primitùs nominati, & diu ante, usi fuerint pacificè, publicè & notoriè, quousque fuit eis impositum per Baillivum Rothomagensem, quod abusi fuerant in aliquibus Justiciis ad Placitum Ensis spectantibus, & hoc tempore dicti Regis Philippi, Patris dicti Regis Philippi Pulchri, qui concessit eisdem, quod haberent & exercerent omnimodam Jurisdictionem ad ipsum pertinentem, tam in Placitis Spade, quam in aliis; retentis sibi tribus casibus, prout superius & plenius declaratum; quod etiam fuerit per dictum Regem Philippum Pulchrum, suum Filium & Successorem, ut predicitur, confirmatum, & ab illo tunc premissis usi fuerint pacificè, Predecessoribus nostris & Nobis, Gentibusque suis & nostris que Scacarium tenuerant, Baillivis, Vicecomitibus, Procuratoribus & aliis Officiariis dictorum Predecessorum* [o] *nostro & nostris, videntibus & scientibus sine contraditione; cujus temporis quadraginta annorum spacium pro omni titulo sufficere dicitur, tam pro Nobis quam contra Nos, per (b) Cartam Normannorum pluries approbatam; dictique Major & Cives de (c) causis & racionibus concessionis per Nos sibi*

a Mot douteux.
b Mot douteux.
c d Ces deux mots sont douteux.
e Sunt.
f Obreptionem.
g Subreptionem.
h Al. *R.*
i Avoit donné lieu à la confiscation.
k Inhiben. *R.*
l Suppl. *R.*
m Vidert. *R.*
n Regis.
o Nostrorum.

NOTES.

(a) *Requirent.*] Ce mot me paroist corrompu. Il faudroit peut-estre lire *requirentem*; & cela signifieroit que Philippe-Auguste ayant demandé la Charte du privilege accordé par Richard, l'avoit retenue.

(b) *Cartam Normannorum.*] Voy. sur cette Chartre la Bibliotheque des Coustumes au mot, *Normandie.*

(c) Il y a là un mot qu'on n'a pû déchiffrer, il y a trois jambages & un *o* avec une marque d'abbreviation qui couvre le dernier jambage & l'*o*; cela pourroit signifier *nostro* qui ne fait icy aucun sens.

CHARLES V.

à Paris, le 13. de Septembre 1367.

*facte, quam dictus Procurator noster impugnare nititur, tanquam factam per* [a] *oppressionem vel subreptionem, ut predicitur, ad nostre memorie providentiam se referant,* [b] *Nos super hoc providere dignemur eisdem: Nos deducentes in nostre considerationis examine, fidelia, grata & utilia servicia, que Majores, Pares & Cives dicte Ville* [c] *Rothomagensis, qui pro tempore fuerunt, Predecessoribus nostris suis temporibus, & Nobis exhibuerunt, hactenus expositis ad hoc bonis & corporum periculis non vitatis, dampnaque & gravamina que passi sunt occasione guerrarum, effusis per eos immensis sumptibus & expensis propter hoc & aliter diversimodè, ad nostre beneplacitum voluntatis, vere fidelitatis constanciam & obedientie promptitudinem ostendentes; auditisque super hoc in nostro Consilio, relationibus nonnullarum nostrarum Gentium Scacarii nostri, que privilegia & Litteras supradictas sollicitè visitarunt, & noverunt merita Causarum & processuum predictorum, & super hoc omnibus & singulis, habita in nostro Consilio deliberatione matura, volumus, & Majori, Paribus, Communie seu Communitati ac Civibus dicte Ville* [d] *Rothomagensis, pro se & suis Successoribus, concedimus tenore presentium, de nostris auctoritate Regia, certa scientia & gratia speciali, ut ipsi & sui successores predicti habeant, teneant & exerceant omnimodam Jurisdictionem & Justiciam Nobis pertinentes in Villa & Banleuca predictis, possintque & valeant visitare, cognoscere & judicare de carnibus vendendis in Nundinis predictis, & ponere asserem seu planchiam de terra ad naves seu vasa deferentia grana ad dictam Villam, per Secanam, & dictas naves ingredi & visitare, cognoscere & judicare de granis predictis; habeant insuper cognitionem & Jurisdictionem Clamoris seu Cride de Haro predicti, ac Brassatorum & venditorum Servisie, juxta dictarum Litterarum predictorum Predecessorum nostrorum, & nostrarum tenores; quibus Litteris & premissis, ac aliis contentis in eisdem, universis & singulis, ipsos Majorem & Cives uti volumus & gaudere, & ipsas Litteras, in quantum Nos tangit, si opus fuerit, tenore presencium confirmamus, nonobstantibus quibuscunque propositis in contrarium per dictum Procuratorem nostrum solum nostro nomine, & secutis ex eis, & lite seu processu motis super hoc, per dictum Procuratorem nostrum solum nostro nomine, adversùs dictum Majorem, & possessione adepta per ipsum noviter & de facto, in contrarium, ex quibus nolumus dictis Majori & Civibus, nunc vel in futurum, dampnum vel prejudicium aliquod generari, suisve predictis Litteris & privilegiis in aliquo derogari; eidemque Procuratori nostro ceterisque Officiariis nostris presentibus & futuris, super premissis silencium perpetuum imponimus per presentes; remittentes eidem Majori, de gratia supradicta, emendam, si quam erga Nos incurrerit, eo quod Sententia, ut predicitur, lata fuit in predicto Scacario, contra hoc quod dixerat & requisierat de disjunctione dicti Procuratoris nostri, à Religiosis predictis; salvo tamen dictis Religiosis & Procuratori nostro in quantum adjuncto Religiosis eisdem, quem ab ipsis contra tenorem Sentencie vel Judicii dicti Scacarii super hoc lati, disjungi nolumus, jure suo, si quod habent, in justicia vel alio quocunque interesse suo, & quod ad ipsos & ad nos racione disjunctionis predicte, posset propter hoc racionabiliter pertinere, quibus per concessionem nostram presentem non intendimus in aliquo prejudicare seu etiam derogare: Dantes tenore presentium in mandatis dilectis & fidelibus Gentibus nostris que Scacarium nostrum* [e] *Rothomagense tenebunt de cetero, Baillivo, Vicecomiti & Procuratori nostris* [f] *Rothomagensibus, ceterisque Justiciariis & Officiariis nostris presentibus & futuris, vel eorum loca-tenentibus, & eorum cuilibet, quatenus dictos Majorem & Cives modernos & futuros, & eorum quemlibet, predictis privilegiis & Litteris, & contentis in eis, universis & singulis, & nostra concessione presenti uti & gaudere pacificè faciant & quietè, non molestantes aut molestari permittentes eosdem vel eorum aliquem, in contrarium; impedimenta, si que eis super hoc apposita fuerint, amoventes, & Nos tenore presentium amovemus; Procuratori nostro super hiis, & super inpugnatione nostre presentis Ordinationis, concessionis & gratie, silencium imponentes; salvis jure & interesse dictorum Religiosorum, & Procuratoris nostri tanquam sibi adjuncti, ut predicitur; & salvo in aliis jure nostro & in omnibus alieno. Quod ut firmum, &c.* Datum Parisiis, die decima tertia Septembris, anno millesimo trecentesimo sexagesimo septimo, & Regni nostri quarto.

*Sic signata: Per Regem in suo Consilio.* YVO.

*Lecta in Consilio, & vult Rex quod transeat sub hac forma.* YVO. *Visa.*

a Obreptionem.

b Ut.

c Rothom. *R.*

d Rothom. *R.*

e Rothom. *R.*

f Roth. *R.*

CHARLES V. à Paris, en Septembre 1367.

## (a) Confirmation & modification des Lettres de Sauvegarde Royale, accordées à l'Ordre de Saint Jean de Jerusalem.

*KAROLUS, &c. Notum facimus universis presentibus pariter & futuris, Nos felicis recordacionis Domini & Genitoris nostri, Litteras vidisse, forme que sequitur & tenoris:*

a Voy. le 4ᵉ. Vol. des Ord. p. 13.

[a] *JOHANNES, &c.*

*QUAS quidem Litteras, Nos de nostris auctoritate Regia, & plenitudine potestatis; de specialique gracia, confirmamus: Salvo tamen & excepto, quod recredenciam per Gardiatores Religiosorum memoratorum deputatos vel deputandos, fieri nolumus; sed per Judices competentes: declarantes insuper & interpretantes clausulam in Litteris suprascriptis insertam, qua cavetur opponentes adjornari in Parlamento nostro, vel coram Baillivis nostris aut Judicibus nostris, ad quos cognitio hujusmodi pertinere debebit; videlicet, quod opponentes & injuriatores, si qui fuerint, qui alibi quam in Parlamento nostro minimè litigare tenentur, per dictos Gardiatores in dicto Parlamento nostro adjornabuntur; alii vero, coram nostris Judicibus ad quos debuerit cognicio hujusmodi pertinere. Cetera vero in suprascriptis Litteris contenta, in suo robore, juxta sui seriem, volumus remanere. Que ut perpetua stabilitate firmentur, Litteras presentes sigilli nostri munimine fecimus roborari; salvo in aliis jure nostro, & in omnibus alieno.* Actum Parisius, anno Domini millesimo trecentesimo sexagesimo septimo, mense Septembris, & Regni nostri quarto.

*Per Regem, ad relacionem Consilii.* DOUHEM.

Collacio facta est cum originalibus Litteris, hiis presentibus insertis, per me. DOUHEM. *Visa.*

NOTE.

*(a)* Tresor des Chartres, Registre 99. Piece 526.

---

CHARLES V. à Paris, en Septembre 1367.

## (a) Confirmation des Lettres de Sauvegarde Royale, accordées à l'Ordre de Saint Jean de Jerusalem.

*KAROLUS Dei gracia Francorum Rex. Notum facimus universis tam presentibus quam futuris, Nos Litteras clare memorie Domini & Progenitoris nostri, vidisse, formam que sequitur continentes.*

b Voy. le 4ᵉ. Vol. des Ord. p. 14.

[b] *JOHANNES, &c.*

c d Mandan. inhiben. *R.*

e Les Juges des Seigneurs.

*QUAS quidem Litteras, & omnia in eisdem contenta, de nostris auctoritate & plenitudine Regie potestatis, de speciali gracia, tenore presencium confirmamus;* [c] *mandantes,* [d] *inhibentes districtè omnibus & singulis Justiciariis & Officiariis nostris, nec non* [e] *Regni nostri, vel eorum loca-tenentibus, presentibus & futuris, & cuilibet eorumdem, ut ad eum pertinuerit, ne contra suprascriptarum & presencium Litterarum tenorem, aliquid attemptare presumant; sed ipsa teneant & observent, observarique faciant & teneri;*

NOTE.

*(a)* Tresor des Chartres, Registre 99. Piece 113.

*quidquid in contrarium factum seu attemptatum repererint, ad statum pristinum & debitum celeriter reducendo. Quod ut robur obtineat perpetuum, Litteras presentes sigilli nostri fecimus appensione muniri; nostro in aliis, & alieno in omnibus jure salvo.* Actum Parisius, anno Domini millesimo trecentesimo sexagesimo septimo, mense Septembris, & Regni nostri quarto.

*Per Regem, ad relacionem Consilii.* J. DOHAN. *(a) Solut. hucusque.*

NOTE.

*(a) Solut. Solutum.]* Cela signifie que les droits de la Chancellerie ont esté payez.

---

(a) Diminution de Feux pour *Gignac*, Saint Guillem du Desert, Puechabon & Caylar.

CHARLES V. à Paris, en Septembre 1367.

*KAROLUS, &c. Notum facimus universis, &c.*

*CUmque factâ quadam informacione, virtute dictarum Litterarum, in locis de (b) Gnyhiaco, Senescallie Carcassone, ac de Sancto* [a] *Guillelmo de Desertis, Vicarie de Aniana, de Podicabono & de Castario, dicte Senescallie, ac Vicarie Gnyhiaci predicti, super numero Focorum modernorum, in dictis Locis nunc existencium, per dilectum & fidelem nostrum Bardugum Wertelli, Vicarium nostrum Gnyhiaci predicti, Commissarium nostrum per dictas Litteras in hac parte deputatum; vocato & presente in omnibus Procuratore nostro Generali dicte Senescallie, aut ejus legitimo Substituto; eâdemque informacione seu transumpto, sub sigillo ordinario dicte Senescallie Carcassone, factâ & sigillatâ, in Cameram Compotorum nostrorum Parisius aportatâ, ac per dilectas & fideles Gentes nostras dictorum Compotorum nostrorum diligenter visâ & inspectâ, repertum fuerit, quod in dictis Locis de Gnyhiaco, treccenti & triginta octo; de sancto* [b] *Guillelmo de Desertis* [c] *Vacarie, centum & vigenti quatuor; de (c) Aniana, centum & quinquaginta quatuor; de Podicabono, quadraginta septem; & de Castario, nonaginta Focci sunt & reperiuntur, secundum traditam instructionem super hoc prelibatam. Nos vero, &c.*

*Quod ut firmum, &c. Salvo, &c.* Datum Parisius, mense Septenbris, anno Domini millesimo trecentesimo sexagesimo septimo, & Regni nostri quarto.

*Sic signata: per Consilium existens in Camera Compotorum.* DY. *Regis.* [d] *Contentor. Visa.*

a G.me R.

b Voy. cy-dessus, la Note *(a)* marg.

c *Vicarie.*

d Voy. la Table des Matieres des 4.e & 5.e Vol. des Ord. au mot, *Contentor.*

NOTES.

*(a)* Tresor des Chartres, Registre 99. Piece 49.

Voy. cy-dessus, p. 30. Note *(a)*.

*(b) Gnyhiaco.]* On pourroit lire aussi *Guyhiaco.*

J'ay consulté le R. P. D. Vaissette Religieux Benedictin, sur les noms modernes des lieux mentionnez dans ces Lettres; & voicy la reponse qu'il a eu la bonté de me faire.

*Je ne connois aucun lieu dans le Languedoc, dont le nom puisse avoir du rapport avec celuy de* Guyhiaco: *ainsi je crois qu'il faut corriger* Gignhiaco, *qui est* Gignac, *dans le Diocese de Beziers, sur les frontieres des Dioceses de Montpellier & de Lodeve.*

*Je me confirme dans ma conjecture, parce que le lieu de* Sancto Guillelmo *est certainement la petite Ville* de S.t Guillem du desert, *située dans le Diocese de Lodeve, à une lieuë de l'Abbaye d'*Aniane *qui est du Diocese de Montpellier, & près de* Gignac.

*Le lieu de* Podicabono *se nomme aujourd'huy* Puechabon, *Village du Diocese de Montpellier, mais qui dépend de la Viguerie de* Gignac *qui est de la Seneschaussée de* Carcassone.

*Le lieu de* Castario *est* Caylar *dans le Diocese de Lodeve, situé sur les frontieres du Roüergue.*

*(c) De Aniana.]* Ces mots sont transposez, & doivent estre placez après *Vacarie (Vicarie.)* Cependant comme après *Aniana*, il y a un nombre de Feux, on pourroit croire que ce sont les Feux de ce lieu: mais d'un autre costé, dans l'exposé de ces Lettres, il n'est point parlé d'*Aniana*, comme d'un lieu qui demandât une diminution de Feux.

CHARLES V. à Paris, le 14. d'Octobre 1367.

(*a*) Lettres portant Reglement sur le prix des Monnoyes du Dauphiné, & sur l'établissement des *Mistraux*.

CHARLES par la grace de Dieu Roi de France, & Dauphin de Viennois: A notre amé & feal Conseiller, le Gouverneur de notredit Dauphiné de Viennois, Salut & dilection. Comme à la requeste des habitans & Universités dudit Dauphiné, Nous avons nagueres ordonné à faire & faire faire bonne & forte [a] Monnoye audit Dauphiné; & à present, Nous ne vous puissions envoyer ladite Ordonnance, pour mettre à execution & à effet; Nous vous mandons que dez maintenant, la Monnoye [b] courant ou Dauphiné, vous faites avoir cours & mettés à tel prix, qu'elle soit justement équipollée au prix & à la value du Florin & Florins qui ont & doivent avoir cours oudit Dauphiné; & que ceux qui Nous doivent & devront Florins, & aussi le Tresorier & autres nos Officiers dudit Dauphiné, qui ont à recevoir nos rentes & domaines, puissent trouver & avoir Florins, de ladite Monnoye (*b*), pour le prix & cours que vous li ordonnerés avoir; & que ceux qui doivent & devront, puissent avoir & ayent ainsy [c] chier payer le Florin, comme (*c*) le prix de la Monnoye qui sera ordonnée à pranre, donner & à valoir le Florin du poids de notredit Dauphiné. Et avec ce, pour ce que ja pieça Nous avions ordonné & mandé que les (*d*) Mistralies de notredit Dauphiné, fussent mises & reduites en notre main, & à notre domaine, il nous plait & voulons, que eû conseil & deliberation aux Auditeurs des Comptes de notredit Dauphiné, sur ce, se vous trouvés que il soit plus profitable à Nous, de y mettre Officiers ou Mistraux, que vous y pourvées de souffisante personne, par la meilleur maniere & plus proufitable que vous verrés qui sera à faire pour Nous: Car ainsy Nous plait & le voulons etre fait; nonobstant lesdites Ordonnances. *Donné à Paris, le quatorzieme jour de Octobre, l'an de grace de notre Seigneur mille trois cent soixante sept, & de notre regne le quart.* Par le Conseil etant en la Chambre des Comptes. J. TABARI.

a *Voy. cy-dessus p. 41. art. 11.*

b *Courante.*

c *Aussi cher, de la même valeur.*

NOTES.

(*a*) Ces Lettres ont été envoyées de Grenoble, avec cette indication: *Extrait à son Original estant en parchemin aux Archives de la Chambre des Comptes de Dauphiné, dans la Caisse de Dauphiné, ensuite des Ordres, &c.* comme cy-dessus p. 58. Note (*a*).

(*b*) *De ladite Monnoye,*] c'est-à-dire, qu'en donnant de la Monnoye qui a cours dans le Dauphiné, & qui sera, suivant ces Lettres, proportionnée à la valeur du Florin, ils puissent, sans y rien perdre, trouver des Florins, pour payer les redevances qu'ils doivent en Florins.

(*c*) *Comme le prix.*] Je crois que cette phrase, qui n'est pas bien claire, ne signifie autre chose que ce qui a esté dit plus haut; c'est-à-dire, que la valeur des Monnoyes qui ont cours dans le Dauphiné, sera proportionnée à celle du Florin.

(*d*) *Mistralies.*] M.r de Valbonais dans son Histoire du Dauphiné, Tome 1. ch. 6. p. 107. a donné un grand détail sur les fonctions du *Mistral*, & il y dit que cet Officier n'avoit aucune Jurisdiction, & qu'une de ses principales fonctions, estoit de recevoir les Ceus, &c. Ainsi la suppression des *Mistraux*, dont il est parlé icy, ne me paroît point avoir de rapport avec la suppression des Baillis, Mareschaux & Chastelains, faite par Charles Dauphin, par ses Lettres du 23. de Novembre 1360. [*Voy. le 4.e Vol. des Ordon. p. 359.*]

M.r de Valbonais dit *ibid.* p. 108. que les *Mistralies* furent supprimées par Charles V. en 1377. Peut-être y a-t-il erreur dans le chiffre, & faut-il corriger 1367. puisqu'il paroît par ces Lettres du 14.e d'Octobre 1367. que ce Prince les avoit déja supprimées: Il est vray que par ces mêmes Lettres, il permet que l'on en retablisse quelques-unes, si on le juge necessaire.

Reglement

CHARLES V. à Paris, le 20. d'Octobre 1367.

(a) Reglement pour le payement des charges & deniers assignez sur les Receptes Royales.

CHARLES par la grace de Dieu Roy de France : A nos amez & feaulz Genz de noz Comptes, à Paris : Salut & dilection. Nous avons ordonné par bonne & meure deliberacion, & sur ce envoié noz Letres à touz noz Receveurs & Vicontes de notre Royaume, contenant la fourme qui s'ensuit.

CHARLES par la grace de Dieu Roi de France : A nostre Receveur de Paris : Salut. Pour certaines & justes causes qui à ce Nous ont meu, & par bonne deliberation que nous avons eu sur ce, avons ordenné & volu, & par ces presentes voulons, ordenons & commandons, que des deniers de noz Recettes, tant ordinaires, comme Amendes, & autres choses quelconques despendanz & appartenans à icelles Receptes, receuz aus termes & temps accoustumez, soient payez, premierement, tout ce qui faudra pour les reparations, euvres & soustennemenz neccessaires de noz Chasteaulx, Forteresces & Manoirs; & aussi les Fours, [a] Molins & Hales, dont les emolumenz Nous appartiennent; Et secondement, soient paiéez tous les [b] Fiez, Ausmosnes & rentes à heritage, qui sur nozdites Receptes sont assignez, tant en deniers comme en grain : & apres lesdites rentes paiées, soient paiez les [c] gaiges du Baillif, & de touz autres Officiers servans & officians continuelment en nozdites Recettes : & se pour aucunes causes, Nous faisons doresenavant aucunes assignacions, ou [d] aucunes dons à une foiz à prandre sur nozdites Receptes, soient après paiez, sanz avoir sur ce aucun mandement de noz amez & feaux Genz de noz Comptes. Si te mandons expressement, que lesdiz trois manieres des choses payées & accomplis du tout, tu payes aus personnes esquelles Nous aurons faiz lesdites assignations ou dons, les sommes contenuez ez Lettres qu'il auront sur ce, senz attendre mendement aucun de nosdites Genz des Comptes, ausquielx par nos autres Letres, Nous mandons que tout ce que tu auras ainsy payé desdiz dons, les autres choses devant dites premierement payées, comme dit est, il allocnt en tes comptes, senz aucune difficulté ou contredit : si le fais par la maniere dessusdite, & telement que aucun n'ait cause de en retourner plaintif pardevers Nous, ne pardevers nosdites Gens des Comptes. *Donné en nostre Hostel de Saint Pol lés Paris, le Mercredy vingtiesme jour d'Octobre, l'an de grace mil trois cens soixante sept, & de nostre regne le quart.*

Si vous mandons que nosdites Letres vous faciez tenir & accomplir par nozdiz Receveurs & Vicomtes, selonc leur teneur ; & tout ce que lesdiz Receveurs & Vicomtes auront paié des diz assignations & dons, selon les conditions dessusdites, alloer ez comptes desdiz Receveurs, senz aucune difficulté ne contredit. *Donné à Paris, en nostre Hostel de Saint Pol, le mercredy vingtiesme jour d'Octobre, l'an de grace mil trois cens soixante sept, & de nostre regne le quart.*

[a] Moulins.

[b] Voy. les Tables des Mat. des Vol. des Ordonn. *aux mots*, Fiefs & Aumosnes.

[c] Gages.

[d] Aucuns.

NOTES.

(a) Memorial *D.* de la Chambre des Comptes de Paris, *fol.* 92.

Avant ces Lettres, il y a pour titre : *Ordinatio Regia directa Receptoribus & Vicecomitibus Regni, super reparationibus faciendis & super modo solvendi onera sue recepte.*

CHARLES V. à Paris, le 27. d'Octobre 1367.

## (a) Ordonnance sur la nouvelle Ayde accordée par les Estats de l'Artois, du Boulonnois & du Comté de Saint Pol.

CHARLES par la grace de Dieu Roi de France: Savoir faisons à touz presens & advenir, que comme noz bien amez les Nobles (b) & lez Bourgois & Habitans dez bonnes Villes & du plat pays des Contées & pays d'Artois, de Boulenois, de Saint Pol, & de leurs ressors, & dez Villes & Lieux enclavées en ycelles, pour le grant desir & affeccion qu'il ont à Nous, & au bien commun de nostre Royaume, Nous aïent ottroïé d'un commun assentement, pour la delivrance de nostre très chier Seigneur & Pere que Dieux absoille, & de ses [a] hostaiges, telle ayde comme darrenierement Nous ottroïerent & païerent pour ce fait, pour une année commançant le 19. jour de Novembre l'an de grace 1366. à lever ladicte ayde de novel ottroïée pour un an commançant le 19. jour du mois de Novembre prochain venant: laquelle ayde se payera à deux termes; c'est assavoir, la moitié à la Saint Jehan Baptiste prochain venant, & l'autre moitié à la feste de touz Sainz [b] ensigant: Nous considerant la bonne affeccion & volenté de nozdiz bons subgez, & que ne voulons qu'il soient grevez ou chargiez oultre mesure, maix l'en en voulons relever, en tant comme faire le povons bonnement, avons ottroïé & accordé à noz diz subgès, & à leur Requeste & Supplicacion, que tout Subside & Imposicion de treziéme de Vin & le quint de Sel, & quelconques Subventions imposées ou à imposer tant pour ladicte délivrance, comme pour la provision & deffence de nostre Royaume, ou autrement, par quelxconques manieres, durant ledit an, cessent & cesseront du tout ès pays, Contées d'Artois, de Boulenois & de S. Pol, & ès lieux dessusdiz; & que en païant lezdites aydes par eulx (c) prinses & ottroïées, comme dit est, touz seront quictes durant ledit temps, commençant ledit 19. jour de Novembre prochain venant, de toutes autres Aydes & Subventions ordennées ou à ordener pour ladicte delivrance; pour & dez biens qu'il ont esdictes Contées d'Artois, de Boulenois & de S. Poul, & ès Lieux dessusdiz, & auxi que touz ceulx dezdiz Contées & Lieux dessusdiz, qui ès pays où Imposicions, Treziéme de Vin & Quint de sel ont cours, & sont levez, acheteront aucunes danrées pour mener esdiz pays & Contées d'Artoiz, de Boulenoiz & de S. Pol, & ès Lieux dessusdiz, pour despendre en yceulx & non ailleurs, seront quittes desdictes Imposicions, Treziéme de vins & Quint de sel, & de toutes entrées & yssuës qui se lievent sur ceulx qui meinent danrées ou pays où lezdictes Aydes ne courent; ou cas toutesvoïes que ilz feront foy par Lettres [c] souffisantes, scellées dez Seaulz d'aucuns dez Gouverneur ou Baillisf du pays, ou d'aucune Ville ou [d] Eglise notable, que il seront du pays, & jureront

(a) Ostages.
(b) Ensf. R.
(c) souffis. R.
(d) Voy. Note (b).

NOTES.

(a) Tresor des Chartres, Registre 97. Piece 547.

Voy. dans le 4.e *Vol. des Ord.* les Lettres du 19. de Novembre 1366. données sur cette Ayde. Celles-cy leur sont à peu près semblables, à l'exception des clauses qui regardent les Gens d'Eglise, qui estoient dans les premieres, & qui ne sont point dans celles-cy. *Voy.* la Note (b), & la Pref. du 4.e *Vol. des Ord.* p. vj. §. *Estats.*

Ces deux Lettres sont aussi à peu près semblables à celles du 27. d'Aoust 1365. données aussi sur une Ayde accordée par les trois Estats de ces païs, & qui sont dans le 4.e *Vol. des Ord.* p. 589. On pourra avoir recours aux Notes faites sur ces premieres Lettres, si l'on trouve quelque chose qui arreste dans celles-cy.

Ces Lettres peuvent servir à corriger quelques fautes de copiste dans les deux premieres, qui serviront aussi à rectifier quelques fautes dans celles-cy.

(b) *Nobles.*] Il n'est point parlé icy des Gens d'Eglise, & il y a apparence qu'ils n'assisterent point aux Estats tenus pour accorder cette Ayde, quoiqu'ils se fussent trouvez aux Estats tenus en 1365. & 1366. pour accorder une Ayde semblable.

Voyez *Note (a)*. Il y a à la fin des Art. 2. des Lettres du 27. d'Août 1365. & 19. de Novembre 1366. une longue clause qui regarde les Gens d'Eglise, laquelle ne se trouve point dans celles-cy où il est cependant dit un mot d'eux. *Voy.* Note (d) margin.

(c) Il y a mieux *promises* dans les Lettres du 19. de Novembre 1366.

CHARLES V.

à Paris le 27. d'Octobre 1367.

ſur ſains Euvangiles, que lezdictes danrrées il mainent ou dit pays, & diviſeront le Lieu, & que ce eſt ou ſera pour deſpendre ou dit pays, & non aillieurs; & ſe le contraire eſtoit trouvé, il perdront leurs danrrées, & en feront grandement pugnis.

2. *Item.* Ne ſe feront aucunes priſes ſur eulx, de leurs danrrées & Marchandiſes, ſoïent vins, draps ou autres choſes pour Nous, pour noſtre très chiere & amée Compaingne la Royne, ne pour autre Seigneur quelconques; mais pourront aler & venir eſdiz pays, ſanz empeſchement aucun; ſe ſe n'eſt pour nos pourveances, & par l'argent païant; & ſe aucuns Fermiers ou leveurs dez Impoſitions ou autres Aydes deſſuſdictes, leur y mettent aucun empeſchement, contre notredicte Ordennance, Nous voulons qu'il ſoïent contrains à leur rendre, & qu'il leur rendent touz fraiz, domaiges, coux, deſpens & miſſions qu'il auront encouruz pour cette cauſe.

3. *Item.* Leur avons ottroïé & ottroïons par ces preſentes, que ledit ottroy de ladicte Ayde par eulx à Nous fait pour ladicte année advenir, & auxi lez autres ottrois par eulx à Nous faiz d'icelles Aydes pour l'année paſſée, ne leur portent ou puiſſent porter pour le temps paſſé, preſent & advenir, aucun préjudice en proprieté ou ſaiſine, contre leurs Libertez & franchiſes; maix ce nonobſtant, ſoïent & demeurent lez deſſuſdiz Nobles, Bourgois & Habitans dez bonnes Villes, & reſſors & plat pays, en toutes choſes ainſin frans comme ilz eſtoient, avant que aucune Ayde fuſt à eulx demandée. Et comme entendu avons que les ſergens qui pour lever lez Aydes des annéez paſſées, ont fait lez executions ſur lez deſſuſdiz, ſe ſont exceſſivement païez de leurs Salaires, & que il prenoient par jour aucune foyz quarante ſols, aucune foiz ſoixante ſols, & autrefois plus, Nous qui noz diz bons & loïaux ſubgès ne voulons eſtre grevez, fors le moins que l'on pourra, avons ordené & voulons, que les ſergens qui d'oreſenavant feront les executions pour leſdictes Aydes, ne puiſſent prendre pour leur ſalaire que dix ſols par jour ſeulement; & ſe en un jour il faiſoient execution ſur pluſieurs perſonnes, Nous voulons que par leurs ſeremens, il ſoient tenus moderer chacun proportionnelment ledit ſalaire, tant que il n'aïent pour jour, fors que dix ſols tant ſeulement. Et voulons que ces preſentes Lettres ſoïent ottroïées à noz diz ſubgès ſenz coux & ſenz frais, & ne ſoïent tenuz de païer leſdictes Aydes, juſques il les aïent ſeellées en ſoïe & cire vert: & avec ce, Nous octroïons par ces preſentes, touz les autres poins contenuz ès Lettres qui leur furent données ſur l'octroy que il firent darrenierement ſur le fait de ladicte délivrance, lezquelz Nous voulons en ces preſentes, eſtre tenuz pour recordez & exprimez. Si donnons en Mandement à noz amez & féaux Conſeilliers, les Generaulz deputez ſur ledit fait des Aides & Subſides ordenez tant pour ladite délivrance, comme pour ladicte proviſion & deffenſe, au Bailli d'Amiens, de Vermandois, de Senlis, & à touz autres Juſticiers, Officiers, Commiſſaires députez ou à députer ſur ledit fait, & à chaſcun par ſoy, ſi comme à chaſcun peut appartenir, que lez deſſuſdiz Nobles, Bourgois & Habitans des bonnes Villes, & plat pays deſdictes Contées & lieux deſſuſdiz, & chaſcun d'euls, de noſtredicte grace, & de toutes lez choſes ci-dedans contenuës, facent & laiſſent joïr & uſer paiſiblement, & contre la teneur d'icelle ne lez moleſtent ou empeſchent en aucune maniere; mais ſe aucune choſe eſtoit faite ou levée au contraire, la facent tantoſt & ſanz delay, rendre & mettre au délivre à plein: Car ainſi le voulons Nous, & l'avons octroïé & octroïons aus deſſuſdiz de grace eſpecial, ſe meſtiers eſt, & pour certaines cauſes qui à ce Nous ont meus: & en ampliant noſtredicte grace, voulons qu'à la Copie de ces preſentes, faittes ſoubz ſeel Royal, ſoit adjouſtée plene foy comme à l'original. Et que ce ſoit ferme choſe & eſtable à toujours, Nous avons fait mettre noſtre ſeel à ces preſentes; ſauf en autres choſes noſtre droit, & en toutes l'autruy. *Donné au Bois de Vincennes, le 27.^e jour du mois* [a] *d'Octombre, l'an de grace mil trois cenz ſoixante ſept, & de noſtre Regne le quart.*

[b] Duppl. Ainſin ſignée: Par le Roy, vous preſent, CUIRET. *Viſa.*

a *Octobre.*

b *Dupplicata.*

*(a)* Deliberation d'une Assemblée des Estats du Dauphiné, laquelle contient differents Reglements pour l'imposition & la levée d'un Subside accordé au Roy Dauphin, par une autre Assemblée des Estats de cette Province.

*IN nomine Domini: Amen. Cum Prælati, Barones, Personæ Ecclesiasticæ, Nobiles;* [a] *Vavassores, Universitates, Communitates & singulares personæ Dalphinatus, nuper Viro potenti & magnifico Domino Radulpho Domino de (b) Loupeyo, Gubernatori Dalphinatus, nomine illustrissimi Principis, Domini Caroli Dei gratia Francorum Regis, Dalphini Viennensis, in subsidium habendi castra per Comitem* [b] *Sabaudiæ retenta, quoddam donum graciosum concesserunt, summam continens triginta millium Florenorum Auri; & pro eo etiam, quod præfatus Dominus noster Rex Dalphinus, Libertates & Franchesias subditis Dalphinalibus concessas, rattificare & observari facere dignaretur, & nonnullas* [c] *clarificationes & ampletationes concedere; unde præfatus Dominus noster Rex Dalphinus, auditâ oblatione factâ de præmissis, Libertates & immunitates dictorum subditorum rattificavit per suas autenticas* [d] *Litteras & confirmavit; & ultra eas, certas (c) declarationes & ampliationes dictis subditis dedit & concessit, contentas in octo autenticis Litteris, Sigillo magno Dalphinali, cera viridi impendenti, filis ciricis sigillatis: Inde est quod anno Domini millesimo tercentesimo sexagesimo septimo, & die vigesima septima mensis Octobris, factâ narratione totius facti, & dictarum gratiarum exploratione, in præsentia Prælatorum, Religiosorum, Baronum, Banneretorum, Nobilium & aliorum pro Universitatibus &* [e] *Comitatibus Dalphinalibus, congregatorum & vocatorum, pro ut omnium nomina inferius sunt descripta; præfatus Dominus Gubernator, nomine & pro parte præfati Domini nostri Regis Dalphini, petiit & requisivit à Prælatis, Religiosis, Baronibus, Banneretis, Nobilibus præsentibus, & cæteris nominibus absentium destinatis, attendi, adimpleri & compleri ea quæ per eos, præmissorum prætextu, eidem, &* [f] *eorum Nuncios & Ambassiatores, prædicto Domino nostro Regi Dalphino, oblata & præsentata fuerunt.*

*Super quibus comparuerunt pro parte Prælatorum, Domini Episcopus (d) Gratianopolis, & pro Dominis Archiepiscopis (e) Ebredunesii & (f) Viennesii; Abbatibus Sanctorum (g) Antonii Viennensis, (h) Petri Foris-Portam, Bonarum*

[a] Ceux qui possedent des Fiefs ou des Arrieres-Fiefs.

[b] Voy. cy-dessus p. 59. Note (b).

[c] Eclaircissemens & Ampliations.

[d] Voy. cy-dessus p. 34. les Lettres du mois d'Aoust 1367.

[e] Communitatibus.

[f] per.

NOTES.

*(a)* La Copie de cette Piece a été envoyée de Grenoble avec cette indication: *Extrait du Registre coté*, Decimus quartus Liber Copiarum Graisivaudani, *Lettre* D. *fol. ou cayer* 10. *estant aux Archives de la Chambre des Comptes de Dauphiné, ensuite des ordres, &c.* comme cy-dessus, p. 58. premiere Note *(a)*.

Quoique cette Piece ne soit point une Ordonnance, on a cru devoir l'inserer icy, parce que l'on y apprend ce qui se passa dans une Assemblée precedente des Estats du Dauphiné, dans laquelle il fut accordé un Subside au Roy-Dauphin, & dont la deliberation fut, suivant les apparences, confirmée par son Ordonnance, suivant l'usage. Cette Ordonnance ne s'est apparemment point conservée, puisqu'on ne l'a point envoyée de Grenoble.

*(b) Loupeyo,* ] Raoul de Loupy. Il estoit Gouverneur du Dauphiné en 1360. Loupy est une des Prevostez du Bailliage de Bar. *Voy.* le Nobiliaire du Dauphiné par *Chorier*, Tom. 1. p. 11.

*(c) Declarationes.* ] Ces huit Declarations sont apparemment celles qui sont imprimées cy-dessus, p. 56. & suiv.

*(d) Gratianopolis.* ] On ne trouve ni dans le Nobiliaire du Dauphiné de *Chorier*, ni dans la *Gall. Christ.* premiere Edit. qui estoit Evêque de Grenoble en 1367. Suivant ce dernier ouvrage, celuy qui l'estoit en 1361. se nommoit *Rodulphus*; & celuy qui l'estoit en 1380. se nommoit *Franciscus* de Gouzier.

Voy. *Ibid.* Tom. 2. p. 506. col. 2e.

*(e) Ebredunesii.* ] Il s'appelloit *Petrus Amelii.* Voy. *Gall. Chr.* Tom. 3. 2.[e] Edit. p. 1088.

*(f) Viennesii.* ] On ne trouve ni dans la *Gall. Christ.* 1.[re] Edit. ni dans le Nobiliaire du Dauphiné de *Chorier*, qui estoit Archevêque de Vienne en 1367.

*(g) S. Antonii.* ] L'Abbé de S.[t] Antoine se nommoit Pierre Lobet. *Voy.* le Nobiliaire de Dauphiné, par *Chorier*, Tom. 2. p. 296.

*(h) Petri Foris-Portam.* ] Cette Abbaye, qui se nommoit ainsi autrefois, parce qu'elle estoit hors des murs de la ville de Vienne, s'est appellée S.[t] Pierre de Vienne, depuis qu'elle a esté dans l'enceinte de cette Ville. Voy. *Gall. Christ.* Tom. 4. 1.[re] Edit. p. 720. col. 2.

*(a) Vallium, certi Nuncii destinati fuerunt : pro quibus etiam Dominus Gubernator comparuit, Dominique Priores (b) Sanctorum Roberti, Martini, Valerii & Donati, Maræ & Beati Laurentii ; pro quibus nominatus & electus fuit dictus Dominus Episcopus Gratianopolis, ad ordinandum & consentiendum prædicta, & circa ea pro eisdem, & quæ causa merita postulabunt ; de Baronibus & Nobilibus comparuerunt ii quorum nomina inferius sunt descripta ; pro parte quorum electi & nominati fuerunt ad examinandum præmissa, & videndum & ordinandum pro parte ipsorum, ea quæ circa fienda erunt ; videlicet, pro Nobilibus Judicaturæ terræ (c) Turris, Domini Aymo Damaysini & Guido de (d) Torchi-felone, Milites ; pro illis de Judicatura Viennesii & Valentinesii, Domini Aymarus de (e) Rossilione, Dominus (f) Tollini, Reynaudus Falavelli & Aymarus de Briva ; pro Nobilibus vero Graisivaudani, Domini Disderius Condominus (g) Cassenatici & Eymerius (h) Leuzonis ;*

NOTES.

On ne trouve ni dans cet Ouvrage, ni dans le Nobiliaire du Dauphiné, de *Chorier*, quel estoit l'Abbé de S.t Pierre de Vienne en 1367. Il est dit seulement dans la *Gall. Christ. ibid.* & dans *Chorier*, Tom. 2. p. 370. que Pierre estoit Abbé en 1361.

*(a) Bonarum vallium.* ] *Bonne-vaux*, Abbaye de l'Ordre de Cisteaux, dans le Diocese de Vienne. Voyez *Gall. Christ.* premiere Edit. Tom. 4. p. 180. col. 2. On n'y trouve point la suite des Abbez, non plus que dans le Nobiliaire du Dauphiné, de *Chorier*. Voy. Tom. 2. p. 338.

*(b) SS. Roberti, Martini, Valerii & Donati, Maræ & B. Laurentii.*

*Prior S. Roberti.* Le Prieuré de S.t Robert, de l'Ordre de S.t Benoist, dans le territoire de Cornillon, près de Grenoble, fondé, suivant la commune opinion, dans le XI. siecle. *Voyez* l'Histoire de Dauphiné par M.r *de Valbonais*, Tom. premier, p. 333. & Tom. 2. pp. 173. Note *(b)* 499. & 501.

*Prior S. Martini.* On trouve dans l'Hist. du Dauph. de *Chorier*, Tom. 2. pp. 46. & 47. un Prieuré de S.t Martin, fondé dans la Paroisse de S.t Himier, par S.t Hugues Evêque de Grenoble, dans le XII. siecle. S.t Himier est dans le Diocese de Grenoble. Voy. *le Diction. Univers. de la Fr.* au mot, *S.t Imier.*

*Prior S. Valerii.* S.t Vallier, de l'Ordre des Chanoines Reguliers. L'Ordre de S.t Ruff a prétendu qu'il estoit de sa dépendance, & en a obtenu la réünion. On ne sçait ni quand, ni par qui il a esté fondé. *Voyez* Hist. de Dauph. par M.r *de Valbonais*, Tom. 2. pp. 7. & Note *(f)*, 342. & Note *(a)*, 432. & Note *(a)*.

*Prior S. Donati.* S.t Donat, Prieuré dans le Viennois, de l'Ordre de S.t Augustin, dépendant de la Prevosté d'Oulx. *Voy.* Hist. de Dauphiné, *ibid.* p. 321. & Note *(b)*.

*Prior S. Maræ.* Je n'ai rien trouvé sur ce Prieuré. On pourroit soupçonner qu'il y a une faute dans la Copie qui a esté envoyée : peut-estre faudroit-il corriger *S. Marii* : car il y a un *S. Marius*, en François, *S.t Mary*, originaire de Provence. *Voy.* le Vocabul. Hagiologique de M.r l'Abbé *Chastelain*, qui est à la teste du Diction. Etymolog. de *Menage*, au mot, *S. Marius.*

*Prior S. Laurentii.* Ce Prieuré subsiste depuis un temps immemorial, dans un des Fauxbourgs de Grenoble. Il estoit de la dépendance de l'Eglise de Grenoble. *Voy.* Hist. de Dauph. *ibid.* Tom. 2. p. 7. Note *(h)*. M.r *de Valbonais* dans la Table des Matieres. le nomme *S.t Laurens.*

*(c) Turris.* ] La Baronie de *la Tour* : Elle occupe une partie du Viennois, & tire son nom du principal lieu nommé *la Tour du Pin.* Voy. *l'Histoire de Dauph.* par M.r *de Valbonais*, Tom. 2. p. 459. Note *(n)*, & *cy-dessus* p. 50. Note *(rr)*.

*(d) Torchi-Felone.* ] Je ferai des Notes sur les personnes qui seront nommées cy-après, lorsque je trouverai des éclaircissements sur elles & sur leurs familles, dans les Livres que je pourrai consulter.

*Torchi-Felone : Torche-Felon*, Famille du Viennois. *Voy.* les Nobil. de Dauph. par *Allard*, p. 351. & par *Chorier*, Tome 3. p. 561.

*(e) De Rossilione,* ] *De Roussillon* : Maison distinguée dans le Viennois. *Voy.* la Table des Matieres de l'Hist. de M.r *de Valbonais*, au mot, *Roussillon.*

*(f) Tollini.* ] L'on trouve dans les Nobil. de *Chorier* & d'*Allard*, une famille de *Tholon*, dans le Bas-Valentinois : Je ne sçais si c'est la mesme dont estoit *Dominus Tollini.*

*(g) Cassenatici.* ] *Sassenage* : Voy. sur le nom latin de cette Maison, l'usage des Fiefs de *Salvaing*, premiere Part. ch. 51. p. 320. de l'Edit. de 1731. *Sassenage*, qui est dans le Bailliage de Graisivaudan, est la seconde Baronie du Dauphiné, *ibid.* ch. 5. p. 313. L'on voit dans *Salvaing* & dans M.r *de Valbonais*, que *Sassenage* a eu differents noms en latin. L'on peut consulter sur la maison de *Sassenage*, la Table des Mat. de l'Hist. de M.r *de Valbonais*, & les Nobil. de *Chorier* & d'*Allard.* Voy. aussi l'Hist. geneal. de la Mais. de *Sassenage*, par *Chorier*, Lyon, 1672. *in fol.*

*(h) Leuzonis.* ] L'on trouve dans le Nobil. d'*Allard*, une famille de *Leusse*, originaire de Graisivaudan. Voilà tout ce que je puis dire à ce sujet. *Voy.* aussi sur cette famille le 3.e Vol. du Nobil. de *Chorier.*

*pro Nobilibus (a) Baroniarum, Dominus Guido (b) de Morgiis, Dominus Barreti & Petrus (c) de Verona; pro illis* [a] *enim de Comitatu* [b] *Vapincenci, Domini Guillelmus Augerii & Guillelmus* [c] *de Morgiis, Milites; pro Nobilibus verò* [d] *Ebredunensibus, Dominus Lanceranus (d) de Avansone & Fassionus (e) de Pruneriis, Domicellus; pro parte vero Universitatum & (f) Comitatuum Dalphinalium, de Domanio Dalphinali moventium, comparuerunt personæ quorum nomina inferius sunt descripta: pro parte quarum fuerunt nominati & electi tam per ipsas Partes, quàm per dictum Dominum Gubernatorem, qui pro ipsis aderat, videlicet, pro* [e] *Comitatibus Graisivaudani, Nobiles Berardus (g) Grinde & Joannes (h) de Ruffo; pro* [f] *Comitatibus Viennesii & Valentinesii, Joannes (i) Vallini & Guillelmus Nasseti; pro illis de Terra Turris, Hugonetus de Saletis & Joannes Charreriæ; in* [g] *Baroniis, Reynaudus (k) Latil & Bermundus de Condorserio; in Ebredunesio, Antonius Marro & Joannes Romerii; in Brianconesio, Franciscus Chais & Morquiotus Medalli; in Vapincesio, Franciscus de (l) Croso & Ruffus (m) Perreti.*

a Ce mot qui se lit dans la copie, est peut-estre corrompu.

b Gapençois.

c Voy. cy-dessous, Note (b).

d Ambrunois.

e Voy. cy-dessous, Note (f).

f Voy. cy-dessous, Note (f).

h Voy. cy-dessous, Note (a).

I. *Qui quidem electi & nominati, in præsencia & de voluntate prædictorum Dominorum Gubernatoris & Episcopi, ac Comitis (n) Valentinesii, voluerunt, statuerunt & ordinaverunt, quod pro præmissis adimplendis & complendis, in duabus vel pluribus vicibus, levari, dividi & collocari possint pro quolibet foco, (o) ita quod pauperes per divites supportentur, novem Grossi Turonenses, seu valor ipsorum, Floreno Dalphinali pro duodecim*

NOTES.

(a) *Baroniarum.* ] Ce sont les Baronies de *Meüillon* & de *Montauban*, sur lesquelles voy. cy-dessus p. 63. Note (c), 2.e col. à la fin.

(b) *Morgiis.* ] *De Morges* : Voy. sur cette Famille, l'Hist. de M.r *de Valbonais*, Tom. 2. p. 20. & Note (a), la Table des Mat. & les Nobil. d'*Allard* & de *Chorier.*

(c) *Verona.* ] L'on trouve dans le Nobil. de *Chorier*, Tome 3. une famille de *Verone*. Allard nomme cette famille *Veronne*, & dit qu'elle est du Bas-Valentinois.

(d) *Avansone.* ] Chorier dans son Hist. de Dauph. Tom. 2. p. 608. dit que les d'*Avançons* sont issus de la maison de S.t Marcel, establie dans la Terre d'*Avançon.*

Il y a un lieu nommé *Avançon* dans le Diocese d'Ambrun, & un autre dans celui de Gap. Voyez *le Diction. Univers. de la Fr.* au mot, *Avançon.*

(e) *Pruneriis.* ] L'on trouve dans le Nobil. d'*Allard*, une famille de *Prunier*, qu'il dit estre originaire de Tours, & s'estre establie dans le Dauphiné, il y a 120. ans. Si cela est vray, ce n'est pas la mesme famille, dont estoit *Fassionus de Pruneriis.*

(f) *Comitatuum.* ] Je ne doute point qu'il ne faille corriger icy & plus bas, *Communitatum*, ainsi qu'on le lit au commencement de ces Lettres, *Universitates, Communitates, &c.*

(g) *Grinde.* ] L'on trouve dans l'Hist. de M.r *de Valbonais*, Tom. premier pp. 75. & 92. un Guillaume *Grinde*, qui estoit Juge-Mage du Graisivaudan. Ce Guillaume, ou du moins une personne qui portoit le mesme nom, avoit encore cette Charge en 1336. Voyez *ibid.* Tom. 2. p. 333. col. premiere.

(h) *De Ruffo.* ] L'on trouve dans l'Hist. de M.r *de Valbonais*, Tom. 2. p. 581. un *Stephanus de Ruffo*, Juge-Mage du Graisivaudan, en 1348. Il le nomme *Roux*, dans la Table des Mat.

L'on trouve aussi dans les Nobil. d'*Allard* & de *Chorier*, quatre familles differentes de *Roux*, dont le nom latin est *Ruffi.* Allard p. 317. parle d'une de ces familles, qui estoit dans les Charges du temps des Dauphins Guigues XIII. & Humbert II.

(i) *Vallini.* ] L'on trouve dans *Allard* une famille de *Vallin*, dans le Viennois.

*Chorier* dans son Nobil. Tom. 3. parle aussi d'une famille de *Vallins*, qu'il nomme en latin *de Vallino.*

(k) *Latil.* ] Ce mot est si mal écrit dans la Copie qui a esté envoyée, que l'on ne peut dire certainement, s'il y a *Latil, Latel, Catil* ou *Catel.*

(l) *De Croso.* ] L'on trouve dans les Nobil. d'*Allard* & de *Chorier*, deux familles qui portent le nom de *du Cros.*

(m) *Perreti.* ] L'on trouve dans le Nobil. de *Chorier*, Tom. 3. une famille qui porte le nom de *Perret.*

(n) *Valentinesii.* ] Aymard de Poitiers, dit le Gros, V. du nom, Comte de Valentinois & de Diois. Voy. *l'Hist. geneal. de la Mais. de Fr.* Tom. 2. p. 194.

(o) *Ita quod.* ] Cela doit signifier, que les Feux ou Maisons des personnes riches, seront imposez à une somme plus forte que neuf Gros, afin que les Feux des pauvres, puissent estre imposez à une somme moins forte.

Un peu plus bas, la mesme chose est encore exprimée en termes moins clairs : il y a, *Taxentur pauperes, supportando tamen ad partem.* Voy. cy-dessous, p. 88. Note margin. (a).

*Grossis computato ; sub hoc modo, quod singuli Bannereti, Barones, & cæteri Clerici, Nobiles, & Laïci, homines habentes, (a) numerum verum suorum hominum, cum juramentis corporalibus de ipso numero fideliter reddendo, & præfatus Dominus Gubernator, numerum Focorum Dalphinalium, hinc ad* [a] *Octabas Festi Beati Martini, tradant aut mittant in manibus ; illi de Terra Turris, Dominorum Aymonis Damaysini & Guidonis de Torchi-felone, Militum ; illi de Viennesio & Valentinesio, Dominorum Aymari de Briva & Berlionis Falavelli, Militum ; illi de Graisivaudano, in manibus Dominorum (b) Morardi, de (c) Arciis & Ægidii (d) Benedicti, Militum ; de Vapincesii Comitatu, Dominorum Guillelmi Augerii & Guillelmi de Morgiis, Militum ; de Baroniis verò, in manibus Domini Guidonis de Morgiis & Petri de Verona ; illi de Brianconesio, in manibus Constandeti de (e) Bardonechia ; & illi de Ebredunesio, in manibus Domini Lantelmi de Avansone & Fassionis de Pruneriis : ita tamen, quod si facta congregatione &* [b] *collocatione, numerum dictorum Focorum, appareat præfatis Dominis Gubernatori, Episcopo & Comiti, & cæteris supra electis, ad dictum numerum petendum & recipiendum, quod summa opportuna dicti doni, & expensarum factarum & fiendarum pro præmissis, inveniri & commodè haberi possit pro sex Grossis pro Foco, aut pro minori vel majori summa, usque ad dictos novem Grossos tantùm, quod (f) ultra necessariam summam pro præmissis, non* [c] *taxatur.*

a Octavas.

b Ne pourroit-on pas corriger, collatione ?

c Taxetur.

II. Item. *Fuit ordinatum & conventum, quod præfati novem Grossi, aut illud quod minus declarabitur pro Foco, solvantur, tradantur & expediantur personis subscriptis, quæ fuerunt ordinatæ pro Receptoribus præmissorum ; quilibet in Judicatura in qua moram trahit : qui Receptores sunt isti ; videlicet, Berardus Grinde, Bartholomeus Cornerii, Joannes Vallini, Guillelmus Armini, Reymundus (g) Eschaffini, Antonius Mario & Franciscus Chais, creati & constituti quilibet in solidum, ut supra, per dictas Judicaturas, ad exigendum & levandum summas Foccorum prædictorum, prout numerus ipsorum per dictos Commissarios traditus fuerit eisdem.*

III. Item. *Fuit actum & ordinatum per præfatos Dominos Gubernatorem, Episcopum & Comitem, dictosque Electos ac Commissarios à Nobilibus & Communitatibus nominatos & electos, quod dicti præfati Religiosi, Barones & cæteri Nobiles, Clerici aut Laïci,* [d] *homines habentes, & idem Dominus Gubernator, quantum personas Domanii tangit, exigant, levent & solvant, seu exigi, levari & solvi faciant prædictis Receptoribus ordinatis, cuilibet in Judicatura in qua personaliter residet, hinc ad Festum*

d Des sujets.

NOTES.

*(a) Numerum.* ] Le sens de la phrase est, que les personnes des differents estats du Dauphiné, dressent des estats fideles & au vray, du nombre des Feux qui sont dans leurs terres, & que conjointement avec le Gouverneur, ils les envoyent aux Députez nommez pour les recevoir.

*(b) Morardi.* ] L'on trouve dans *Allard*, une famille très-ancienne du nom de *Morard*, establie dans la Vallée de Graisivaudan.

*Chorier* dans son Nobiliaire Tom. 3. parle aussi d'une famille de *Morard*, nommée en latin *Morardi.*

*(c) De Arciis.* ] L'on trouve dans *Allard* & dans le Nobil. de *Chorier*, une famille d'*Arces*, qui fondit par le mariage d'une fille, dans celle de *Morard*, de laquelle il est parlé dans la Note precedente. Une branche de celle-cy prit le surnom d'*Arces*. Voy. aussi sur la famille de *Morard* & d'*Arces*, la Table des Mat. de l'Hist. de M.r *de Valbonais*, au mot, *Arces.*

*(d) Benedicti.* ] On trouve dans le Nobil. de *Chorier*, Tom. 3. une famille du nom de *Benoist.*

*(e) Bardonechia.* ] L'on trouve dans le Nobiliaire de *Chorier*, Tom. 3. une famille très-ancienne nommée *Bardonenche*, en latin *de Bardoneschia*, qui tire son nom du lieu appellé *Bardonesche*, dans la Vallée d'Oulx.

*Allard* parle aussi d'une famille nommée *Bardoneneche* ou *Bardoneche*, establie dans le Briançonois.

Voy. aussi la Table des Mat. de l'Hist. de M.r *de Valbonais*, au mot, *Bardonneneche.*

*(f) Ultra necessariam.* ] C'est-à-dire, qu'on ne pourra lever plus de neuf Gros sur chaque Feu, mais qu'on en levera moins, si ce nombre moindre de Gros, qui sera imposé sur chaque Feu, peut suffire pour remplir la somme de 30000. Florins, qui a esté accordée au Roy-Dauphin.

*(g) Eschaffini.* ] L'on trouve dans le Nobil. de *Chorier*, Tom. 3. une famille du nom d'*Eschaffin*, très-ancienne, & autrefois très-puissante. Il la nomme en latin *Scafini.*

Voyez aussi *Allard*, au mot, *Eschaffin.*

*proximum Nativitatis Domini ; videlicet dictos novem Grossos pro Focco, seu illud quod fuerit minus debere levari declaratum.*

IV. Item. *Fuit arrestatum, ut supra, quod si aliqui Prelatorum, Nobilium aut Religiosorum prædictorum, seu aliorum homines habentium, sint negligentes aut remissi de tradendo, infra dictum tempus, numerum Foccorum suorum, præfatis Dominis Commissariis, & jurando dictum numerum integraliter tradere ; quod dicti Commissarii, ad proprias expensas ipsorum negligencium & jurare recusantium, eos quos voluerint, destinare & ordinare possint & mittere, ad perquirendum & veraciter referendum & examinandum numerum Foccorum eorumdem.*

V. Item. *Quod si infrà dictum terminum non solverint, ut suprà, quod, lapso termino dicti Festi, executio realis summæ in qua taxati erunt homines ipsorum, integraliter cum expensis & damnis inde factis & sustentis, contra ipsos & eorum bona realiter, per dictos Receptores fieri possit, & contra non solventes, prout eis suberunt.*

VI. Item. *Fuit ordinatum quod Nobiles & franchi jurisdictionem aut homines non habentes, in præmissis contribuant & solvant, juxtà facultates ipsorum. (a) Prout alii populares, taxentur pauperes,* [a] *supportando tamen ad partem, & non cum popularibus taxentur.*

a Voy. cy-dessus p. 86 N. (o).

VII. Item. *Quod dictus Dominus Gubernator idem procuret & ordinet de religiosis & clericis homines non habentibus* [b] *juridiciabiles, toto suo posse requirendo Prælatos, de faciendo eos contribuere in prædictis.*

b Peut-être *justiciabiles.*

VIII. Item. *Fuit ordinatum & arrestatum, quod præfati Receptores & Commissarii suprà ordinati, habeant, & eisdem per præfatum Dominum Gubernatorem detur potestas opportuna, ad faciendum & exequendum ea ad quæ suprà ordinantur & sunt electi.*

IX. Item. *Quod præfati Receptores non possint nec debeant aliquas (b) expeditiones aut deliberationes facere de præmissis, aut de aliquibus habendis & recipiendis per eos, nisi de mandato & ordinatione expressis prædictorum Dominorum Gubernatoris, Episcopi & Comitis, & consensu dictorum Dominorum Commissariorum, seu majoris partis eorumdem; de quibus mandatis & consensu, constare debeat per patentes Litteras ab eis, in præsencia dictorum Dominorum seu eorum qui præsentes erunt ; ita quod per absentes expeditio non cesset, dum tamen omnes sint vocati, emanatas, & eorum sigillis propriis sigillatas, ac signo Tabellionis signatas ; nec pecuniam prædictam in alios usus convertere, nisi in solutione dictorum Castrorum & expensarum pro præmissis factarum & fiendarum.*

X. Item. *Quod dicti Receptores, de iis quæ modo prædicto solverint, quitti sint & immunes, & coram ipsis Dominis computum & rationem administrationis suæ, loco & temporibus opportunis, reddere teneantur; &* [c] *reliqua rationis expedire, ubi ordinaverint, prout suprà.*

c *Remettre le reste de l'argent qui leur restera entre les mains.* Voy. la Not. *(b).*

XI. Item. *Fuit ordinatum, quod si aliquis Nobilium, Religiosorum aut Laycorum,* [d] *merum mixtum imperium* [e] *homines habentium, summam Foccorum hominum solvere velit, quod ejus solutio recipiatur, & post modum ipsam, quando voluerit, ab ejus hominibus recuperet ; quia fortè tam pauperes sunt, quod ita brevi termino, ab ipsis hominibus non possent exigi commodè. Si verò habeant homines sine jurisdictione, contribuant cum illis ad quos jurisdictio ipsorum spectabit.*

d Voy. cy-dessus p. 44. Note (z).

e *in* ou *&*.

*De quibus quidem Commissariis & Receptoribus suprà electis, præfati Domini Ægidius Benedicti, Morardus de Arciis, Aymo Damaysini, Guido de Torchi-Felone, Guido de Morgiis, Aymarus de Briva, Guillelmus Augerii, Guillelmus de Morgiis & Lantelmus de Avansone, Milites; Berardus Grinde, Joannes Vallini, Antonius Mario &*

NOTES.

(a) *Prout alii populares.* ] Comme la Copie, qui a esté envoyée, n'est pas ponctuée, on ne peut assûrer si ces mots, *prout alii populares,* doivent estre joints avec ceux qui les precedent, ou avec ceux qui les suivent, & s'il faut lire . . . . *Juxta facultates ipsorum, prout alii populares* &c. *Taxentur pauperes* &c. ou bien s'il faut lire . . . *juxta facultates ipsorum. Prout alii populares, taxentur pauperes,* &c. L'on s'est determiné pour cette derniere ponctuation.

(b) *Expeditiones aut deliberationes.* ] Des payements. *Voy.* le Gloss. de *Du Cange,* à ces deux mots.

*Franciscus*

*Franciscus Chays, qui præsentes erant, in manibus præfati Domini Gubernatoris juraverunt, tactis ab eorum quolibet Dei Evangeliis sacrosanctis, quilibet quatenùs sua interest, officium sibi ordinatum diligenter, fideliter & sine fraude facere & exercere, & omnia & singula facere diligenter, quæ continebuntur in cedulis sibi tradendis, & ad officia sua poterunt quomodolibet pertinere.*

XII. Item. *Fuit actum, quod si obscuritas vel dubium circa præmissa* [a] *orietur vel esset, quod dicti Domini Episcopus, Gubernator & Comes, cum dictis Commissariis, dubia & obscuritates declarare, aut super præmissis mutare possint & ordinare, prout eis videbitur faciendum.* — [a] *oriretur.*

XIII. Item. *Fuit ordinatum, quod Viduæ & Orphani pauperes non taxentur; de quibus stetur juramentis taxatorum proborum.*

*Sic est in Originali, in Camera Compotorum Dalphinalium retento, de quo facta fuit collatio cum præsenti copia, per me* A. FABRI.

---

CHARLES V. à Paris, le 4. de Decembre 1367.

*(a) Lettres qui renouvellent l'article premier de l'Ordonnance du 5. de Decembre 1363. pour la suppression des nouveaux Peages establis; nonobstant les Lettres impetrées au contraire; & qui reglent les procedures qui doivent estre faites à ce sujet.*

CHARLES par la grace de Dieu Roy de France: Au premier de nos Sergents d'Armes ou Huissier de nostre Parlement, à Paris, ou nostre Sergent Royal, qui sur ce sera requis: Salut. Comme nostre très-chier Seigneur & Pere, que Dieu absoille, en *(b)* l'Assemblée qui fu devant lui derrenierement, à Amiens, eust ordonné pour le bien & utilité de son peuple, & [a] afin que le fait de marchandise peut estre remis sus, tant par eaue comme par terre, en son Royaume, tous nouveaux Trehus, subsides ou autres [b] païages estre [c] mis jus, & que franchement & [d] liberalment, toutes denrées & marchandises peussent passer, & par eaue, & par tous les metes & destroiz de nostre Royaume, senz exaccion aucun payer; excepté seulement les paiages anciens: & nous avons entendu n'agaires, que pluseurs Seigneurs & Dames, par leur [e] indicion voluntaire, ou autrement, soubx couleur d'aucunes impetracions qu'ils ont [f] faictes; & [g] ensement, aucuns Capitaines ou Gardes de Forteresses, ou aucuns autres de nostre Royaume, se sont efforcés ou efforcent de [h] jour de [i] exigir, prendre, lever & cuillir pluseurs Subsides, Travers ou paiages, autres que les anciens, sur les denrées & marchandises passans par leurs destroiz ou par leurs metes, en enfraingnant les ordonnances de nostredit Seigneur, & allant contre ycelles; de quoy [k] forment Nous desplaist. Nous voulans l'ordonnance dessusdicte avoir & sortir son plain effet, pour le proufit de la chose publique, afin que marchandise ait son plain cours, parmi nostre Royaume, en rafrechissant & renouvelant par la teneur de ces presentes, de certaine science & grace especial, ladicte ordonnance, de laquelle nous nous [l] recordons à plain, te mandons & commettons, que tu te transportes pardevers tous ceulx que tu sauras qui s'efforcent lever aucuns Travers, subsides ou paiages, autres que les anciens, cueillir & lever les font, & à yceulx fais commandement & deffense de par Nous, sur quanque ilz se pevent messfaire envers Nous, que dores en avant ne preingnent, cueillent, lievent ou exigent de quelconques denrées, vivres ou marchandises passans par leurs [m] povoirs, destroiz ou passage, tant par eaue comme par terre, Travers, subside ou paiage quelconques, autres que les anciens & jadiz ordennés à courre avant les guerres; [n] rejettes quelconques Lettres obtenuës ou empetrées sur ce, & à en eulz désister les contraing

[a] *afin que le commerce se retablit.*
[b] *Peages.*
[c] *abolis.*
[d] *librement.*
[e] *indiction, ordre.*
[f] *obtenuës.*
[g] *semblablement.*
[h] *en jour.*
[i] *exiger.*
[k] *fortement.*
[l] *ressouvenons.*
[m] *Jurisdictions.*
[n] *sans avoir égard.*

NOTES.

(*a*) Registre Rouge-vieil du Chastelet, *fol. 44. recto.*

*(b) Assemblée.]* Voy. la Pref. du 3.e Vol. des Ord. p. 99. n.o 99. & dans ce même Vol. p. 647. l'art. premier de l'Ordonn. du 5. de Decembre 1363.

CHARLES V. à Paris le 4. de Decembre 1367.

senz point de delay, par les meilleures & plus vigureuses voïes que tu pourras : & en outre, toutes denrées & marchandises dont tu seras requis, fay passer de par Nous, par tous destroiz & passages, paisiblement, en païant les [a] devoirs & coustumes anciennes seulement : & se [b] derosenavant, aucuns se efforcent de prendre ou lever sur les dictes denrées & marchandises, autres Travers, subsides ou paiages, que les anciens, toi infourme sur ce, adjourne les à comparoir personnelment, pardevant les Gens de nostre Parlement à Paris, *(a)* non obstant qu'il siee, pour respondre à nostre Procureur, sur les désobeïssances & attemptas par eulz faiz, & pour proceder & aller avant en oultre, comme de raison sera ; en certiffiant souffisamment, & renvoiant vers nostre dit Procureur, informacion que tu auras faicte sur ce : de ce faire te donnons povoir ; commandons à tous les Subgés de nostre Royaume, que à toy obeïssent en ceste partie, & en tout ce qui s'en pourroit despendre, & prestent force, conseil, confort & aide, se mestier est, & requis en sont. Toutesvoies ne voulons nous que ces presentes se extendent au subside du paiage par Nous ordonné pour nostre Chastel de [c] Monstereul en foule d'Yonne. *Donné à Paris, le quatrieme jour de Decembre, l'an de grace mil trois cens soixante & sept, & de nostre Regne le quart.*

a *impositions.* b *d'oresenavant.* c *Montereau-Faut-Yonne.*

Collacion faicte à l'original ainsi signé : autrefoiz ainsi signé : Par le Roy. TOURNEUR. Et de vostre commandement [d] multepl.... DOUHEM.

d *multiplié.*

Et estoit escript au dos. *Publié en Jugement ou Chastellet de Paris, le Mardy quinzieme jour de Febvrier, mil trois cens soixante & sept.*

NOTE.

*(a) Nonobstant,* ] *Quoique le Parlement tienne.* Voy. sur cette clause le 3.e Vol. des Ord. p. 445. & Note *(d)*.

---

CHARLES V. au Chasteau du Louvre près Paris, le 5. de Decembre 1367.

## (a) *Lettres qui ordonnent qu'il sera estabili un Hostel des Monnoyes, dans la Ville de Saint André près d'Avignon.*

CHARLES par la grace de Dieu Roy de France : A nos amez & feaulx les Generaulx-Maistres de nos Monnoyes : salut & dilection. Pour ce que Nous

NOTES.

*(a)* Registre *D.* de la Cour des Monnoyes, *fol.* 6 vingt 14. *recto.*

Avant ces Lettres, il y a dans le Registre : *Mandement pour ordonner une Monnoye en la Ville de Saint Andry près Avignon.*

Après ces Lettres, il y a dans le Registre, *fol.* 6 vingt 14. *vers.* les Lettres suivantes, que le Roy adressa le même jour à ce sujet, à Pierre Scatisse, Tresorier, lesquelles sont ainsi intitulées :

*Item.* S'ensuit la Copie d'un Mandement du Roy nostre S.... adressant à Sire Pierre Scatisse.

*Autre Mandement sur ce.*

CHARLES par la grace de Dieu Roy de France : A nostre amé & feal Tresorier, Pierre Scatisse : salut & dilection. Pour ce que de par nostre très-cher & amé Frere le Duc d'Anjou, avons entendu que grant prouffit seroit à Nous & aux Subgectz de nostre Royaume, des Parties de la Languedoc, que une Monnoye fust faicte & assise en la Ville de Sainct Andry-les-Avignon, en laquelle tout le Billon viendroit & seroit là apporté, qui s'en va & est emporté hors de nostre Royaume, ès autres Monnoyes qui delà sont près ; ce à quoy Nous voldrions bien obvier : Si avons ordonné par l'advis des Gens de nostre Grant Conseil de [a] par-deça, que ladite Monnoye soit ordonnée, mise & assise en la Ville & lieu de Sainct Andry ; & ce aïons escript & mandé à faire, & de là y ordonner, à noz Generaulx Maistres de noz Monnoyes, [b] que de ce, pensons Nous, vous escripront : Si voulons & vous mandons & commandons expressement, que selon leur ordonnance, & [c] qu'il vous en escripront & envoiront, vous faictes mectre & asseoir ladicte Monnoye, de par Nous, ou meilleur lieu de ladicte Ville, & là où vous verrez que mieulx sera pour nostre prouffit ; & l'Ostel, & tout ce qu'il appartiendra aux Ouvriers pour

a *des pays qui sont au-delà de la Loire, vers le Septentrion.* b *qui.* c *ce.*

avons entendu & sceu de certain, par nostre très-cher & très-amé Frere le (a) Duc d'Anjou, que grand proffit seroit à Nous, & à tous les Subgectz de nostre Royaume des Parties de la Languedoc, se une Monnoye de par Nous estoit construite, ordonnée & establie de nouvel, en la Ville de Sainct (b) Andry près d'Avignon; & pour ce que point n'en y a, tout le Billon du pays s'en va, & est porté ès autres Monnoyes près de la dicte Ville & hors de nostre Royaume: Nous qui voulons & avons desir pour les causes dessus dictes, que ladite Monnoye soit ordonnée, constituée & establie de par Nous, en la dicte Ville de Sainct Andry, si & par telle maniere que les Ouvriers y puissent monnoyer, & le Billon estre apporté tout en la forme & maniere que vous l'avez accoustumé de faire & [a] ordonnez en noz autres Villes où l'en forge noz autres Monnoyes; & gardez bien que par vous n'ait deffaut, delay ou negligence, & que tout ce que fait & ordonné en aurez, vous envoïez le plus brefvement que vous pourrez bonnement, par-devers nostredit Frere, & nostre amé & feal Tresorier, Sire Pierre Scatisse: car ainsi le voulons Nous estre fait. *Donné en nostre Hostel du Louvre lez Paris, le cinquieme jour de Decembre, l'an 1367. & le quart de nostre Regne.* Et estoit ainsi signé. Par le Roy, vous present. J. DE VERNON.

CHARLES V. à Paris, le 27. d'Octobre 1367.

[a] *ordonner.*

NOTES.

faire ladicte Monnoye, faictes faire & appareiller incontinant, si & par telle maniere, qu'ilz y puissent habiter & ouvrer; & faire & ordonner aussi, qu'ilz puissent avoir du Billon pour ouvrer: Et aussi bien garder les ports & passaiges, par quoy nul Billon puisse estre traict ne porté d'ores en avant, hors de nostre Royaume, & qu'il soit apporté en nostre dicte Monnoye de Sainct Andry: Et tout ce que vous mectrés, paiërés ou distribuërés en ce faisant, Nous voulons, par [b] rapporter ces presentes Lettres, & Lettres de quictance de ceulx ausquels baillé & payé l'aurez, soit alloüé en voz comptes, & rabatu de vostre Recepte, par noz amez & feaulx Gens de noz Comptes à Paris, sans contredict. Donné en nostre Hostel de Louvre lez Paris, le cinquieme jour de Decembre, l'an mil trois cens soixante-sept, & de nostre Regne le quart.

Ainsi signé. Par le Roy, vous present. DE VERNON.

[b] *en rapportant.*

(a) *Duc d'Anjou.*] Loüis Duc d'Anjou estoit Lieutenant du Roy dans le Languedoc, dès l'année 1364. Voy. *le 4.e Vol. des Ordonn.* pp. 532. & 572.

(b) *S.t Andry.*] S.t André près Villeneuve-lez-Avignon, dans le Bas-Languedoc, Diocese d'Avignon. Voy. *le Dict. Univers. de la Fr.* à ce mot, Tom. 3. p. 215. col. premiere.

---

CHARLES V. à Paris, le 8. de Janvier 1367.

*(a) Lettres qui portent que le Barrage accordé à la Ville d'Auxerre, sera continué pendant deux ans; & que pendant ledit temps, on pourra y diminuer les Pintes & Chopines, les Aulnes & les Poids.*

CHARLES par la grace de Dieu Roys de France: A touz ceulz qui ces Lettres verront: Salut. Savoir faisons, que à la supplication de noz amez les Bourgois & Habitans des Cité & Ville [a] d'Aucearre, disant, que comme après ce que lesdictes Cité & Ville furent rachetées & mises hors des mains des (b) Anglois,

[a] *Auxerre.*

NOTES.

(a) Ces Lettres ont esté copiées sur l'original, lequel est dans les archives de l'Hostel de Ville d'Auxerre, & qui a esté communiqué par une personne de cette Ville. Le sceau y est encore pendant.

Au dos de ces Lettres, il y a: *Lettres d'appeticier la Pinte, la Chopine, l'Aulne & le Pois à Aucerre; & fut donné le huitieme jour de Janvier 67. à 2. ans ens! & aussi du barraige.*

(b) *Anglois.*] Ce fut le 10. de Mars 1358. que les Anglois s'emparerent d'Auxerre, suivant *les Chroniq. de S.t Denis*, Tom. 2. *fol.* clxxxvj *vers.* col. 2. où il est dit qu'ils abatirent les murs & qu'ils brullerent les portes. Je n'ai point trouvé dans quel temps cette Ville fut mise hors de leurs mains: mais il est certain qu'ils n'en estoient plus les maistres en 1360. lorsque le Roy d'Angleterre traversa les Provinces septentrionales de la France; car *Froissart* Liv. premier, ch. 210. p. 240. dit, que le Connestable de *Fienne* estoit dans Auxerre, lorsque le Roy d'Angleterre passa dans la Bourgogne.

CHARLES V.
à Paris le 8. de Janvier 1367.

lors ennemis de nostre Royaume, lesquelx, par certain temps, les avoient tenuës & occupées, nostre très-chier Seigneur & Pere que Dieu absoille, leur eust ottroyé certain [a] Barraige pour certain temps lors avenir, de toutes denrées qui passeroient & seroient conduites, tant par-dessoubz le Pont de ladicte Ville, comme par-dessus ycellui Pont, & par les autres entrées de cette Ville, tant par terre comme par eauë; c'est assavoir, chascune queuë de Vin ou de Sel, & de quelxconques autres denrées, à la valuë du poiz d'une queuë de Vin, montans & [b] avalans par-dessoubz ledit Pont, deux viez Gros tournois d'Argent; de chascun Chariot chargié entrant en ladicte Ville, ou passant par ycelle pour vendre, un viez Gros tournois d'Argent; de chascune Charete chargiée, soit à chevaux ou à autres bestes, demi viez Gros tournois d'Argent; de chascune beste chevaline portant à doz, pour vendre, deux deniers tournois; de chascune beste chevaline entrant en ladicte Ville, ou passant par ycelle, pour vendre, deux deniers tournois; & de chascune beste pourceline & laine portant, entrant en ladicte Ville, ou passant par ycelle, pour vendre, un denier tournois; pour tout ce qui en [c] ystroit, mettre, tourner & convertir ès reparacions dudit pays & des chemins d'environ, & aussi ès choses neccessaires à la fortifficacion de ladicte Ville: depuis leur aïons ottroyé ledit Barraige estre levé, cuilli & receu, pour convertir en ce que dit est, jusques à certain temps passé. Neantmoins lesdiz Pons & Chemins ne sont pas encores en estat convenable, mais pour defaut de perfeccion, sont avenuz plusieurs inconveniens, & encores pourroient avenir [d] greigneurs, se par Nous pourveu n'y estoit de remede gracieux & convenable; mesmement que lesdiz Supplians ne le porroient faire sanz nostre grace; comme il leur esconviengne faire hastivement certains ouvrages pour la seurté d'ycelle Ville, par l'ordonnance & commandement des Commissaires deputez de par Nous, sur la visitacion des Forteresses du Bailliaige de Senz, si comme il dient. Nous consideré ce que dit est, avons ottroyé & ottroyons de nouvel, ausdiz Supplians, de grace especial, ledit Barraige à lever jusques à deux ans de la date de ces presentes, sur les choses dessus dictes, & en la maniere que dit est; excepté seulement sur ce qui vendra par [e] yeave, en ladicte Ville, & qui passera par dessoubz ledit Pont, afin que le fait de la Marchandise, tant pour ladite Ville d'Aucerre & pour le païs d'environ, comme pour nostre bonne Ville de Paris, n'en puist empirer ou amendrir; & en lieu de ce, & aussi pour reconpensacions d'autres dons que faiz leur avons n'aguerres, pour la fortificacion dessus dicte, dont il n'ont peu joïr, si comme Nous sommes bien enfourmez, Nous pour le desir que Nous avons, que ladicte Ville d'Aucerre puist estre bien fermée, & que lesdiz Habitans la puissent bien garder & deffendre contre noz ennemis, leur avons ottroïé d'abondant, & encor ottroïons de nostredicte grace, que il puissent [f] appeticier la Pinte & Chopine, [g] l'alne & le pois de toutes denrées en ladicte Ville, durant ledit temps tant seulement, par l'advis & deliberacion des Baillif, Prevost & Bourgois de ladicte Ville d'Aucerre, en la maniere que bon leur semblera à faire; pourveu que tout le profit & emolument qu'il en porront [h] traire & avoir, durant ledit temps, soit converti entierement en la fortificacion d'icelle Ville, & non ailleurs; & que personnes souffisantes soïent commises à le recevoir avec ledit Barraige, qui seront tenus de en rendre compte à la fin de chascun desdiz deux ans, sanz plus attendre, pardevant le Baillif de Senz, ou pardevant le Prevost de la Ville-neuve-le-Roy, leurs Lieuxtenans, ou autres noz Officiers commis ad ce de par Nous, par yceulz Baillif, Prevost, ou par l'un d'eulz: Mandons ausdiz Baillif & Prevost, & à chascun d'euz, ou à leurs Lieuxtenans, que lesdiz Supplians facent, seuffrent & laissent joïr & user de nostre presente nouvelle grace, selon la forme & teneur d'icelle. En tesmoing de ce Nous avons fait mettre nostre seel à ces Lettres. *Donné à Paris, le huitieme jour de Janvier, l'an de grace 1367. & de nostre Regne le quart.*

[i] Par le Roy, à la relacion du Conseil. BAIGNEUX.

a *Barrage.*

b *descendantes.*

c *sortiroit, proviendroit.*

d *plus grands.*

e *eau.*

f *diminuer.*

g *l'Aulne.*

h *tirer.*

i *Ce qui suit, est sur le reply.*

CHARLES V. au Château du Louvre, en Janvier 1367.

*(a)* Lettres qui permettent à Robert Duc de Bar, d'établir un Bailly dans sa Terre de Busancy.

*KAROLUS Dei graciâ Francorum Rex. Notum facimus universis præsentibus & futuris, quod ex parte carissimi & fidelis Fratris nostri, (b) Ducis Barrensis & Marquesii de Ponte, Nobis extitit significatum, quod cum in Villa, Terra, Castro & Castellania de (c) Busenceyo, sibi titulo (d) exempto* [a] *obvento, sint plures Vassalli Jurisdicionem & Judices habentes, subjetti Fratri nostro predicto, ad causam dicte Terre, dictusque Frater noster Judices plures habere astringatur, & plures casus evenerint in ipsa Terra & Castellania magna & satis spaciosa, que antea à dicto Fratre nostro in feodo tenebatur, & apud locum de* [b] *Sancta Manehuldi ressortiri habeant; & pro utilitate Subditorum ejusdem Fratris nostri, decens foret, ut in dicta Terra & Castellania, Baillivus pro dicto Fratre nostro, institueretur, qui exerceat, tanquam Superior, Jurisdicionem pro dicto Fratre nostro, sicut dicit, à Nobis super hoc elargiri graciam postulando. Nos vero dictum Fratrem nostrum in hac parte favore prosequi volentes benivolo, volumus, & eidem Fratri nostro, tenore presencium, concedimus de gracia speciali, ut ipse, & sui Successores perpetuis temporibus, Baillivum in dicta Terra & Castellania habeant, qui Jurisdicionem exerceat prout ad eum pertinebit: Universis Justiciariis nostris aut eorum Locatenentibus, presentibus & futuris, & eorum cuilibet, mandantes, quatenus dictum Fratrem nostrum, nostrâ presenti graciâ uti pacifice faciant & gaudere; nil in contrarium penitus attentantes. Quod ut firmum & stabile perpetuo perseveret, nostrum presentibus Litteris fecimus apponi Sigillum: Salvo in aliis Jure nostro, & in omnibus alieno.* Datum Parisius, in Castro nostro de Lupara, anno Domini 1367. & Regni nostri quarto, mense Januar.

*Per Regem, in suis Requestis.* R. LE FEVRE.

a obventu?

b S.te Manehould.

NOTES.

*(a)* Tresor des Chartres, Registre 99. Piece 115.

*(b) Ducis Barrensis.]* Robert, premier Duc de Bar, Marquis du Pont, &c. avoit épousé Marie de France, Fille du Roy Jean & Sœur de Charles V. Voy. l'*Hist. Geneal. de la Mais. de Fr.* Tom. IV. p. 512. art. XI.

*(c) Busenceyo.]* Busancy dans la Champagne, Diocese de Reims, Election de Sainte Manehould. Voy. *le Dictionn. Univers. de la Fr.* à ce mot.

*(d) Exempto.]* Ce mot est écrit tout de suite dans le Registre. Je n'entends point ce qu'il peut signifier. Peut-estre pourroit-on corriger *emptionis*, à moins qu'on ne voulut lire *ex empto*.

CHARLES V. au Château du Louvre hors Paris, en Janvier 1367.

*(a) Lettres qui abolissent, moyennant une redevance annuelle, les Appeaux volages, dans le Bourg d'Aisne & dans le Chasteau de S.t Mard de Soissons, de la Paroisse de S.t Vast de cette Ville.*

CHARLES, &c. Savoir faisons à tous presens & avenir, à Nous avoir esté exposé de la partie des habitans du Bourc [a] d'Aisne, & du Chastel S.t Mard de Soissons, estans des [b] termes de la Prevosté Foraine de Laon, de la Paroisse de S.t Vast de Soissons, que comme ils aïent esté & soient grandement grevé & dommagié, tant par le fait des guerres, comme par les Aides aïans cours à present en nostre Royaume; & aussi leur soient fait communement plusieurs griefs, excès, fraudes & malice, pour occasion & cause des *(b)* Appeaux volages & frivoles, dont

a *Je n'ai rien trouvé sur ce lieu.*

b *borne, estenduë.*

NOTES.

*(a)* Tresor des Chartres, Registre 99. Piece 536.

*(b) Appeaulz volages.]* Voy. le 2.e Vol. des Ord. p. 81. & Note *(b)*, & la Table des Mat. de ce Vol. à ce mot.

CHARLES V. au Château du Louvre hors Paris, en Janvier 1367.

l'en use esdiz [a] liex; pourquoy ils sont moult dechus & [b] amenris de leur chevance, & encore seroient plus, se par Nous ne leur estoit pourveu d'aucun remede gracieux: Pourquoy Nous ont fait supplier, que yceulz Appeaulz volages ou frivoles, veillons oster, & d'iceulz lesdiz habitans affranchir & delivrer; & pour le profit que Nous y povons avoir, ils Nous [c] donront pour chascun chief de feu [d] d'Ostel, chascun an, en la maniere que ci-après sera contenu, (a) 3. sols Parisis; & Nous qui desirons de tout nostre cuer, lesdiz habitans & noz autres subgès, tenir, garder & nourrir en paix & en transquilité, & yceulz garder & deffendre de griesz, oppressions & molestations indeuëz, pour consideracion des choses dessus dictes; & aussi pour ce qu'il Nous a apparu que nostre très chier Seigneur & Ayeul le Roy [e] Philippe, dont Diex ait l'ame, en cas pareil, en affranchi les habitans de plusieurs Villes de ladicte Prevosté; les dessus diz appeaulz & adjournemens volages, & tous autres appeaulz & adjournemens frivoles, quelz qu'il soïent, dès maintenant avons osté & abatu, ostons & abatons du tout, à tousjours perpetuelement; excepté appeaulz ou adjornemens pour [f] deffaut de droit, & pour faulz & mauvaiz jugemens; & yceulz habitans pour eulx & pour leurs successeurs, affranchissons & delivrons desdiz appeaulz volages & frivoles, à tousjours, & de tous adjournemens qui pour cause d'appeaulz volages, ou pour fait sur l'appel, se pourroient ou pooient & soloient faire avant nostredit affranchissement; [g] parmi & sur les condicions qui s'ensuivent; C'est assavoir, que tous lesdiz habitans & leurs successeurs, exceptées les personnes qui n'estoient pas subgetes auzdiz appeaulz, seront tenuës de payer à Nous, pour chascun chief de feu d'Ostel desdiz Bourc, Chastel & Paroisse, chascun an, le jour de la S.t Martin d'Iver, en la Ville de Laon, 2 sols Parisis; lesquelz il païeront à nostre Receveur de Vermendois, pour Nous, ou à ceulz qui par Nous ou noz Successeurs, seront députez à ce recevoir, sans (b) servitute que on puist dire ne opposer ne demander sur eulx, pour cette redevance: Et s'il y avoit aucuns desdiz habitans qui fussent [h] non païables, les bienpaïables les feroient [i] païables, en telle maniere que Nous & noz Successeurs, aurons entiers les deux sols dessus diz, pour chascun chief de feu d'Ostel, en la maniere que dit est: & s'il avient que aucuns des soubz [k] manans de ladicte Parroisse, [l] voise demourer hors de ladicte Parroisse, en lieu qui soit subget auzdiz appeaulz, il ne joüiront pas d'icelle franchise, tant comme il demourront hors de ladicte Parroisse ès liex subgez auz diz appeaulz, comme dit est: & s'il avient que lesdiz habitans appellent [m] aucuns autres subgès auz diz appeaulz volages, qui n'aïent sanblable franchise, les appellans pourront poursuir leurs appeaulz, s'il leur plaist; & ou cas où il ne les [n] poursuroient, ceulz qu'il averoient appellez, les pourroient poursuir de leur [o] interès, pardevant noz Gens, & en ce seroient tenuz de respondre par voïe d'ajournement; & s'il en estoient condempné, il païeroient l'amende pour (c) demour! tant seulement; & les deffendeurs, se en deffense se mettoyent, après ledit ajournement, & ou cas l'an la Partie appellée ne feroit demande de son interès, noz Gens ne pourroient poursuir les diz Appellans, ne [p] traire à amende pour cause des diz appeaulz, ne de la deffaute de poursuir yceulx: & ou cas que personne [q] estrange appelleroit le Mayeur & les Eschevins de ladicte Parroisse, pour quelconques causes qui touchent lesdiz habitans ou aucuns d'iceulz, les Mayeurs & les Eschevins ne seront tenus en ce cas, de venir ne d'obeir auz diz appeaulz volages: & n'est pas nostre entente, que s'il y a aucuns [r] Clercs habitans en ladicte Parroisse, qui aïent personnes laïcs demourans en leurs [s] Ostels, que les dictes personnes laïcs puissent joïr ne user de droit de

a *lieux.*
b *amoindris, depoüillez de leurs biens.*
c *donneront.*
d *maison.*
e *Philippe de Valois.*
f *deny de Justice.*
g *moyennant.*
h *qui ne fussent pas en estat de payer.*
i *payeroient.*
k *demeurans sous & dans cette Paroisse.*
l *aille.*
m *en Jugement.*
n *poursuivroient.*
o *domages & interests.*
p *condamner.*
q *qui ne seroit point de cette Paroisse.*
r *Ecclesiastiques.*
s *Hyst.* R.

NOTE.

*(a) 3. sols.]* De quatre endroits de ces Lettres, où il est fait mention de cette redevance, il y en a deux, où il y a trois sols, & deux, où il y a deux sols.

*(b) Servitute, ] servitude.* Ces sortes de redevances annuelles estoient ordinairement la marque de la servitude, dont ceux qui les payoient, avoient esté affranchis, sous cette condition.

*(c)... demour! ]* Il y a là un mot qu'on n'a pu dechiffrer, & le suivant est en abregé, ce qui empesche qu'on ne puisse entendre la phrase: Il y a *lacot*, avec une marque d'abbreviation sur les trois dernieres Lettres.

ladicte franchise, s'il ne paient les trois sols dessusdiz, comme les autres habitans de ladicte Parroisse, reservé à Nous les appellacions de deffaut de droit & de mauvaiz & faulx Jugemens, & les adjournemens, & tous autres cas à Nous appartenans pour cause de nostre [a] Souverainneté : Et pour ce que les habitans de ladicte Paroisse ne soient contraint par le Receveur dessusdit ou par noz gens, à paier chascun an, pour plus de Feux qu'il n'avera en ladicte Parroisse, Nous avons ordonné, pour paix & pour oster toute fraude, que chascun an, les Feux de ladicte Parroisse seront compté à la S.t Remi, par nostre Receveur de Vermandois ou par son deputé, sanz prendre despens ou salaire pour ce faire, sur lesdiz habitans, & par la Justice de ladicte Ville, pour sçavoir [b] justement conbien lesdiz habitans Nous deveront chascun an; & sera la [c] Monnoye, pour lesdiz habitans, levée & paiée par la Justice du lieu, ou par leur deputé, chascun an, en la Ville de Laon, à nostredit Receveur ou à son deputé, à la S.t Martin d'Iver, si comme devant est dit, sanz demander ne lever amende, s'il estoient en deffaut de paier au jour dessusdit : & avons accordé aux habitans de ladicte Parroisse, que les Feux des Clercs, & des povres mendians qui [d] pourchassent leur pain communement par ladicte Parroisse, sanz fraude, ne seront point compté ne tenu à paier, si comme li autre, ne lesdiz habitans pour eulx. Si donnons en Mandement à noz Bailli & Procureur de Vermendois, au Prevost Forain de Laon, & à tous nos autres Justiciers & Officiers presens & avenir, & à leurs Lieuztenans, que de nostre presente grace & affranchissement, laissent & facent joïr & user paisiblement lesdiz habitans, en la maniere dessusdicte, & que en ce ne leur mettent ou facent mettre desormaiz aucun empeschement, & à nostre Receveur oudit Baillage de Vermandois present & avenir, que ladicte rente Nous rende en ses Comptes d'oresenavant, entre les autres parties de sa Recepte, en la forme & maniere qu'il fait & qu'il est accoustumé à faire, des autres Villes de ladicte Prevosté, en cas semblable, afranchies des Appeaulz volages dessusdis : lesquelles choses dessusdictes & chascune d'icelle, Nous avons ottroyé & ottroyons ausdis habitans, de nostre certaine science, auctorité Royal & grace especial, par ces presentes. Et que ce soit ferme chose, &c. sauf, &c. *Ce fu fait & donné en nostre Chastel du Louvre dehors Paris, ou mois de Janvier l'an de grace 1367. & de nostre Regne le quart.*

Par le Roy, en ses Requestes. VILLEM. MAIGNAC. *Visa.*

CHARLES V. au Château du Louvre hors Paris, en Janvier 1367.

a *ressort souverain.*

b *just.* R.

c *cette redevance.*

d *demandent.*

---

CHARLES V. à Paris, le 8. de Fevrier 1367.

*(a) Lettres qui ordonnent que le Prevost de Paris, privativement à tout autre Juge, connoistra de l'execution des Actes scellez du Scel du Chastelet de Paris.*

CHARLES par la grace de Dieu Roy de France : A nôtre Prevost de Paris & à son Lieutenant : Salut. Comme de nostre droit, & de si grant ancienneté

NOTE.

*(a)* Ces Lettres sont dans le Livre Rouge-vieil du Chastelet de Paris, *fol.* 44. *verso.*

La Copie tirée sur ce Registre, a esté trouvée dans les papiers de M.r de Lauriere. Elle est défectueuse en quelques endroits, & même il y a deux ou trois lignes passées. Comme l'on n'a point ce Registre, l'on ne peut verifier si c'est la faute du Copiste, ou si réellement elles manquent dans le Registre. Mais ces Lettres se trouvent aussi dans le Registre *A* de l'Hostel de Ville de Paris, *fol.* 216. *rect.* où l'on trouve ce qui manque dans la Copie tirée sur le Registre du Chastelet. Mais dans ce Registre de l'Hostel de Ville, il y a aussi deux ou trois lignes qui manquent, & qui se trouvent dans cette Copie : c'est ce qui a déterminé à faire réimprimer dans cette Note ces Lettres, telles qu'elles se trouvent dans le Registre de l'Hostel de Ville, & l'on a marqué entre deux crochets dans ces deux Lettres, ce qui manque dans l'un ou l'autre de ces deux Registres. Dans celui de l'Hostel de Ville, ces Lettres sont dattées du 7. de Fevrier.

Elles sont aussi imprimées dans *le Grand Coustumier de France*, donné par *Charondas*, p. 93.

CHARLES V. à Paris, le 8. de Fevrier 1367.

qu'il n'est memoire du contraire, la congnoissance du (*a*) Sellé de notredit Chastellet de Paris, & des oppositions faictes contre les excecutions qui sont requises & faictes par vertu des Lettres scellées dudit Scel, & de toutes les deppendances, à cause de ton office te appartiengne pour Nous, & non à autres; & Nous aïons entendu que pluseurs de noz Officiers & Justiciers, & des Officiers & Justiciers d'auncuns de notre Lignage & autres Seigneurs Hauls Justiciers de notre Royaume, [a] en quelles Jurisdictions aucunne excécutions ont esté requises & faictes par vertu dudit Scellé, t'ont reffusé & reffusent à [b] ce renvoyer ladicte congnoissance, & à toy rescripre, quant ilz en ont esté & sont requis; & oultre s'efforcent & veulent efforcier de congnoistre des dictes oppositions, & de tenir sur ce les Parties en procès devant eulx; qui est ou grant prejudice de nostre droit, & de la Jurisdiction de nôtre Court de Chastellet (*b*) estre gardé en cette partie. Te mandons & commettons par ces

*a dans la Jurisdiction desquels.*

b *se.*

& l'on y trouve les endroits qui manquent dans les deux Regiſtres : & elles y sont dattées du 8. de Fevrier. Voy. *ibid.* quelques remarques sur le privilege du Scel du Chastelet de Paris.

*Extrait de certaines clauses des Registres de Chastellet, faisant mencion que nul ne congnoisse du Scellé du Chastellet de Paris, que le Prevost seullement, ou cas où il escherroit opposicion entre les Parties.*

SAvoir faisons Nous avoir fait extraire des Registres du Chastellet de Paris, une clause contenuë en certaines Lettres d'Ordonnance en fourme de Chartre, faite l'an 1356. ou mois de Mars, publiés ou Chastellet de Paris, en la fin dudit moys, par Charles ainsné Fils du Roy de France & son Lieutenant, Duc de Normandie & Dalphin de Viennoiz, les trois Estats du Royaume de France & de la Languedoil assemblez : de laquelle clause la teneur s'ensuit.

*Item.* Ordonnons &c. (*a*).

*Et semblablement avons fait extraire desdits Registres, les Lettres* [a] *la teneur s'ensuit.*

CHARLES par la grace de Dieu Roy de France : A nostre Prevost de Paris & à son Lieutenant : Salut. Comme de nostre droit, & de si grant ancienneté qu'il n'est mémoire du contraire, la congnoissance du Scellé de nostre Chastellet de Paris, & des opposicions faictes contre les execucions qui sont requises & faictes par vertu des Lettres scellées dudit Chastellet, & de toutes les deppendances, à cause de ton Office te appartiengne pour Nous, & non à autres; & Nous ayons entendu que plusieurs de noz Officiers & Justiciers, & des Justiciers & Officiers d'aucuns de nostre Lignage, & autres Seigneurs Haulz-Justiciers de nostre Royaulme, en quelles Jurisdicions aucunes execucions ont esté requises & faictes, par vertu du Scellé, t'ont reffusé & reffusent à ce renvoyer ladite congnoissance, & à toy rescripre, quant ilz en ont esté & sont requis; & oultre s'efforcent & vuelent efforcier de congnoistre desdictes opposicions, & de tenir sur ce les Parties en procès devant eulx; qui est ou grant préjudice de nostre droit, & de la Jurisdicion de nostre Court dudit Chastellet; [ laquelle chose Nous ne vouldrions souffrir : pour ce est-il que Nous, qui voulons la congnoissance dudit Scellé & des appartenances, appartenir à toy & à tes successeurs pour Nous, & non à autres, si comme il est accoustumé d'ancienneté, & nostre droit de ladicte Court de Chastellet ] estre gardée en ceste partie, te mandons & commettons par ces presentes que tous noz Justiciers, & autres Officiers & Justiciers des Subgez de nostre Royaulme, quelz qu'ilz soïent, de nostre (*b*) Scellé, & des deppendances, & qui auront esté ou seront en demeure ou reffusans de t'en rescripre, si comme il est accoustumé, tu contraingnes & faces contraindre vigueureusement à ce faire, sans faveur ou déport, & à Nous en faire admende convenable; appellé à ce nostre Procureur, & les en pugny par telle maniere, que notre droit y soit gardé, & que ce soit exemple à tous autres : & Nous mandons, commandons, & enjoignons estroitement par ces presentes, à tous les Justiciers & Subgez de nostre Royaulme, que à toy & à tes depputez, en ce faisant, obéïssent diligemment. *Donné à Paris, le septiesme jour de Fevrier, l'an de grace mil trois cent soixante & sept, & de nostre Regne le quart.*

Collacion faicte à l'original, scellées en cire jaune, *ainsi signé.* Par le Roy, à la relacion du Conseil. J. DE LUS.

a dont.

NOTES.

(*a*) La clause qui est icy transcrite, est dans le 3.e Vol. des Ord. p. 134. art. XVIII.

(*b*) Il manque là deux ou trois lignes qui se trouveront entre deux crochets, dans les Lettres tirées du Registre du Chastelet.

NOTES.

(*a*) *Scellé.* ] C'est-à-dire, des actes passez sous le Scel du Chastelet de Paris.

(*b*) *Estre gardé.* ] Il manque là deux ou trois lignes, qui se trouveront entre deux crochets, dans ces mêmes Lettres qui sont réimprimées dans la Note (*a*). *Voyez cette Note.*

presentes,

presentes, que tous nos Justiciers, & autres Officiers & Justiciers des subgez de notre Royaume, quelz qu'ilz soient, de notre [ Lignage ou autres, qui te auront reffusé ou reffuseront doresenavant, à renvoyer la congnoissance des dictes oppositions dudit ] Scellé, & des dépendances, & qui auront esté ou seront en demeure, ou reffusant de t'en rescripre, si comme il est accoustumé, tu contraingnes & faces contraindre viguereusement ad ce faire, senz faveur ou deport, & à Nous en faire amende convenable; appellé ad ce nôtre Procureur, & les en pugnir par telle maniere, que nôtre droit y soit gardé, & que ce soit exemple à tous autres: & Nous mandons, commandons & enjoignons estroitement par ces presentes, à tous les Justiciers & Subgiez de nôtre Royaume, que à toy & à tes deputez, en ce faisant, obeïssent diligemment. *Donné à Paris, le huitieme jour de Fevrier, l'an de grace mil trois cens soixante-sept, & de notre Regne le quart.*

CHARLES V. à Paris, le 8. de Fevrier 1367.

Collacion faite à l'original scellé en cire jaune. *Ainsi signé.* Par le Roy, à la relacion du Conseil. J. DE LUS.

*Et estoit escript au dos* [a] *dites Lettres :* Publiée en Jugement ou Chastellet de Paris, le samedi douzieme jour de Fevrier, l'an mil trois cens & soixante-sept.

a *des.*

---

CHARLES V. à Paris, au Louvre, en Fevrier 1367.

## (a) *Reglement pour le Guet de la Ville de Paris.*

CHARLES, &c. Savoir faisons à tous presens & avenir, que Nous desirans notre bonne Ville de Paris, estre & demourer en paix & transquillité, [a] willens pour ce pourveoir à [b] cesser les excès, inconveniens & maléfices qui ça en arrier & jusques à ores, y ont souventefoiz esté faiz, commis & perpetrés de nuit, tant par les Sergens mesmes ordennez à faire le Guet en icelle, comme *(b)* par autres, en leur deffaut, coulpe & negligence, en faisant meins souffisamment leurs devoirs dudit Guait: considerant que à ce est très necessaire & profitable de y faire bon & convenable Guet, & par personnes à ce souffisans & convenables, avons pour ce, par déliberation & avis de notre Conseil, pour le bien & profit & la paix de notredicte Ville, fait faire Reformation sur le fait & etat dudit Guet, & pour ycelluy miex & plus convenablement estre fait & continué perpetuement, ordené & establi, ordenons & establissons par ces presentes, ce qui s'ensuit.

a *voulans.*
b *faire cesser.*

I. PREMIEREMENT. Que le nombre des Sergens, qui ou temps passé étoit de quarante-six à faire ledit Guet; c'est assavoir, vingt de cheval & vingt-six de pié, est & sera doresnavant de vingt de cheval & quarante de pié; & ainsi aura sur ledit Guet, aux gages ci-après [c] divisées, vingt Sergens de cheval & quarante de pié: & y seront mis & ordenez gens de bonne vie & bien ordenez, non aiens autres services, & personnes paisibles, convenables & bien abiles de fait & de puissance à ce faire: lesquelz ne porront [d] ne devront pour proffit, vendre, permuer ne resigner leurs Offices; maiz quant plus ne les pourront ou voudront desservir, les pourront resigner purement & simplement, es mains de Nous ou de noz Successeurs, ou de notre Chancellier; & iceulz par Nous ou par notre Chancellier, seront lors donnés à telles personnes que bon Nous semblera, qui soient des conditions dessusdictes.

c *reglez.*
d *&.*

II. *Item.* Avons ordené que ledit Guet sera doresnavant fait & continués par lesdiz Sergens, en ceste maniere; C'est assavoir, que dix de cheval & vingt de pié, le feront chacune nuict; & quant yceulx trente l'auront fait une nuict, lez autres trente le feront l'autre nuit en suivante; & ainsi se fera & continuera à tousjours: & ou temps d'entre la Saint Remy & *(c)* Quaresme, se presenteront yceulx Sergens

NOTES.

*(a)* Tres. des Chartr. Regist. 99. Piece 231.

*(b) Par autres.* ] Par ceux qui ont esté commis à faire le Guet, à la place des Sergens qui ne se presentoient pas pour le faire. Voy. *le 3.e Vol. des Ord.* p. 668. & p. 670. art. 2.

*(c) Quaresme.* ] Il paroist par ce qui est dit plus bas, qu'il devroit y avoir icy, *Quaresme-prenant.*

CHARLES V. à Paris, au Louvre, en Fevrier 1367.

de pié, en notre Chastellet de Paris, en estat deu & convenable, à l'entrée de la nuit que il devront faire ledit Guet, pardevant leur Chief ordenné pour la nuit, & par son Ordennance, yront par la Ville faire leur devoir jusques à l'eure de * Cuevrefex en notre Dame de Paris; à laquelle heure il se retireront oudit Chastellet, & se presenteront de rechef, & avec ceulx de cheval, qui lors se presenteront audit Chastellet, armés & montés, iront pardevant le Chevalier dudit Guet ou son Lieutenant, & par les *(a)* Clercs d'icelui Guet, seront enregistrés en la maniere accoustumée; & ne sera aucun Sergent de pié receu ne registré, se par le Chef n'est témoignié que souffisamment se soit pardevant lui presenté, & son *(b)* devoir par avant, comme dessus est dit: & ce fait, eulx trente Sergens iront gueter & faire leur devoir, en [a] l'obéïssance dudit Chevalier ou de son Lieutenant de cheval, toute nuit senz [b] partir, jusques à landemain le jour; se n'est par le congié d'icellui Chevallier ou son Lieutenant; & en cas de necessité seulement: & depuis Quaresmeprenant jusques à la Saint Remy en suivant, se presenteront pardevant ledit Clerc, tous lesdiz Sergens de cheval & de pié, la nuit qu'ils auront à gueter, par une seule [c] presentation, à l'eure de l'anuitement; & feront ledit Guet toute nuit, par la maniere dessusdite.

* Couvre-feu, à sept heures du soir.

a sous les ordres.

b se retirer.

c Ce mot qui est en abregé est douteux.

III. *Item.* Pour ce que lesdiz Sergens facent miex & plus diligemment leur devoir audit Guet, Nous ordonnons que ceux de pié auront & prendront pour la nuit que il auront servi, comme dit est, les gaiges anciens de douze deniers chacun, & autant pour la nuit en suivante que il ne gueteront pas: & ceulx de cheval qui ne [d] souloient avoir de gaiges, que deux solz parisis pour nuit, prendront & auront dores en avant deux solz six deniers parisis de gaiges, pour chascune nuit que ils gueteront à leur tour; & autant pour la nuit en suivante; ja soit ce que celle nuit ne aïent guettié.

d avoient accoustumé.

IV. *Item.* Aura & prendra le Lieutenant dudit Chevalier, pour la [e] souveraineté & penne de l'Office, quatre solz parisis de gaiges, pour la nuit que il servira; & le landemain deux solz six deniers, comme les autres Sergens: & chacun Chef des Sergens de pié aura & prendra à son tour, quant il yra au Guet, deux solz pour nuit; & landemain de son service, douze deniers, selon l'Ordennance dessusdicte: & oultre voulons & ordenons que ceulx desdiz Sergens, tant de cheval comme de pié, qui de fait & senz fraude, seront [f] essoniez de maladie, tele que pour ycelle il ne puissent exercer l'Office, selon la disposition du Chevalier ou de son Lieutenant, aïent & prengnent lesdiz gaiges, comme feront ceulx qui serviront, durant leur maladie; & semblablement les auront & prendront en tel cas, leurs Chefs & Lieutenants dudit Chevalier.

e superiorité, commandement.

f excusez par.

V. *Item.* Quiconques desdiz Sergens [g] deffaudra de soy presenter deüement, aux heures dessusdictes, & de faire son devoir audit Guet, il perdra ses gages pour la nuit de son deffaut, avec ceulx de landemain, & autant Nous païera d'amende, pour peine dudit deffaut; & se quatre nuits en suivans qu'il devra guetier, il est deffaillant d'y aller, il perdra son Office; & le [h] donrons comme vacant, s'il n'a juste [i] essongie & cause necessaire, pourquoy il n'y puist estre allé.

g manquera.

h donnerons.

i essoine, excuse.

VI. *Item.* Auront lesdiz Sergens de cheval, dix livres parisis pour [k] restor leurs chevaux, quant restor y escherra, & que souffisamment sera certifié par le Chevalier dudit Guet, au Receveur par lequel Nous voulons qu'il soient dorenavant payez, senz contredit: & aussy auront cent solz parisis pour [l] Robe, les Lieutenans dudit Chevalier, se d'ancienneté est accoustumé de leur payer.

k pour rachetter des chevaux.

l Voy. les Tables des Mat. des Vol. des Ordonn. au mot, Robe.

Si donnons en mandement au Prevost de Paris & au Chevalier dudit Guet, presens & à venir, & à chascun d'eulx, si comme à lui appartiendra, que notre presente Ordennance il tiengnent & gardent, & facent tenir & garder fermement senz

NOTES.

*(a) Clers.*] Voy. un très-grand détail sur les fonctions de ces Clers du Guet, dans le 3.e Vol. *des Ordonnances*, p. 668.

*(b) Devoir.*] Il paroist qu'il manque là quelques mots; à moins qu'on ne veüille lire, *à son devoir*.

corrumpre, en prenant sur ce desdiz Sergens, le [a] sairement accoustumé en tel cas; & au Receveur de Paris, qui ores est & sera pour le temps à venir, que lesdiz restors de Chevaux & Robes, par la forme & maniere dessus divisée, il paie & delivre dores en-avant, auxdiz Sergens de cheval, & à chascun d'eulx, senz autre Mandement attendre, ne difficulté aucunne; & de mois en mois, paie aussi dores-en-avant à tousjours, les gaiges dessusdiz; nonobstant quelzconques Ordennances, Mandemens & defenses au contraire. Et que ce soit ferme chose & estable à tousjours, Nous avons en témoing de ce, fait mettre notre Scel à ces Lettres. *Donné à Paris, en notre Chastel du Louvre, ou mois de Fevrier, l'an de grace mil trois cens soixante-sept, & quatre de notre Regne.*

Ainsi signé. Par le Roy. P. CUIRET. [b] Contentor. *Visa.*

CHARLES V. à Paris, au Louvre, en Fevrier 1367.

[a] *serment.*

[b] *Voy. la Table des Mat. du 4.e & 5.e Vol. des Ordonn.* au mot, *Contentor.*

---

LOUIS Duc d'Anjou, Lieutenant de Charles V. dans le Languedoc. A Nismes, le 16. de Fevrier 1367.

*(a)* Lettres qui ordonnent, qu'il ne sera point payé de finance par les Non-nobles, pour les acquisitions d'Alleux non-nobles, & ne relevans point du Roy, ni en Fief ni en Arriere-Fief, faites de personnes nobles; & que ceux qui n'auront point payé la finance des Francs-Fiefs & nouveaux Acquêts, n'y pourront estre contraints par l'emprisonnement de leurs personnes, mais seulement par la saisie & vente de leurs biens.

*LUDOVICUS Regis quondam Franciæ Filius, Domini nostri Regis Germanus, ejusque Locum-tenens in Partibus Occitanis, Dux Andegavensis & Comes Cænomanensis, Vicario (b) Sumidrii, vel ejus Locum tenenti; nec-non Magistro [a] Francisco Buone, Judici (c) Majori, Commissarioque super Acquisitis per innobiles à Nobilibus, specialiter deputato, seu ab eodem deputatis: Salutem. Pro parte Joannis [b] Comacii de Bernicio, Alazardi Gilii, habitatorum (d) Calvitionis, & Magistri [c] Bremi Notarii de (e) Posqueriis, nobis significatum extitit graviter conquærendo, quod licet præfati conquærentes, pro nonnullis innobilibus per ipsos innobiles à Nobilibus acquisitis, pro quibus, cum sint allodiales, nec in Feudum seu Retro-feudum à dicto Domino [d] nostro Rege teneantur, aliqualis financia, maximè, juxta Ordinationes Regias, ac Instructiones vobis dicto Commissario traditas super præmissis, minimè debeatur; nihilominùs vos dictus Commissarius, fines dicti Mandati vobis super præmissis directi totaliter excedendo, præfatos querelantes ad [e] finandum pro hujusmodi acquestis, de facto compellitis & compellere nitimini; ipsos pro præmissis capiendo, incarcerando & aliàs diversimodè molestando; eosdem in justis suis & legitimis [f] execusationibus audire renuendo; & appellationes*

[a] Fiacrio. 2.e cop.

[b] Camacii de Veuucio. 2.e cop.

[c] Raymundi Bruni. 2.e cop.

[d] meo. 2.e cop.

[e] payer une finance.

[f] excusationibus. 2.e cop.

NOTES.

*(a)* Ces Lettres ont esté envoyées de Montpellier, avec cette indication: *Du n.° 17. repeté fol. 13.*

Il a esté envoyé du même endroit, une seconde Copie avec cette indication: *Seneschaussée de Nismes en general, Arm. A. Liasse des Actes ramassés, n.° 4. fol. 13.*

Cette seconde Copie est plus défectueuse que la premiere; & cependant elle sert à la corriger dans plusieurs endroits importants; & même dans la date, comme on le verra par les Notes.

*(b) Sumidrii]* *Sommieres*, nommé quelfois *Somiere & Soumiere.* Le nom latin de ce lieu le plus commun, est *Sumerium*; & M. *de Valois* ayant trouvé *Sumidrium* dans quelques anciens monuments, ce nom lui a paru suspect. Voy. la Notice *de Valois*, au mot, *Sumerium. Sommieres* est dans le Bas-Languedoc, Diocese de Nismes. Voy. *le Diction. Univers. de la Fr.* à ce mot.

*(c) Majori.]* Il y a dans la seconde Copie *Marologii*; & c'est certainement ainsi qu'il faut lire. *Marologium* est *Marvejols* de la Seneschaussée de Beaucaire & de Nismes, & du Diocese de Nismes. Voy. *le 4e. Vol. des Ord.* p. 673. & Note *(b)*, & p. 675.

*(d) Calvitionis.]* Il y a dans la seconde Copie *Calinconis*: je ne doute point que ce ne soit une faute. *Calvitio, Cauvisson*, est dans le Languedoc, dans le Diocese de Nismes. Voy. *le 4.e Vol. des Ordonn.* p. 504. & Note *(b)*.

*(e) Posqueriis.)* C'est, suivant les apparences, le même lieu que *Poscheriæ*, *Posquiares* dans la Seneschaussée de Beaucaire [& de Nismes]; sur lequel voy. *le 3.e Vol. des Ordonn.* p. 691. col. 3. & 4.

LOUIS Duc d'Anjou, Lieutenant de Charles V. dans le Languedoc. A Nîmes, le 16. de Fevrier 1367.

*ad dictum Dominum meum seu nos, pro præmissis, per dictos quærelantes interpositas, admittere recusando; quod grave invenimus & molestum; nec immeritò, si sit ita. Quocircà supplicationi, humiliter eisdem* [a] *quærelantis, de remedio provideri opportuno* [b], *vobis & vestrum cuilibet, prout ad vos pertinuerit, præcipimus & mandamus districtiùs injungendo, quatenùs suprà nominatos, ad prastandum seu finantiam aliqualem faciendum pro acquisitis prædictis; nisi in Feudum seu Retro-feudum à dicto Domino meo, teneantur, & pro ipsis, juxtà Ordinationes Regias, ac Instructiones vobis super hiis traditas, finantia debeatur, nullathenùs compellatis seu compelli, vos dictus Vicarius permittatis;* [c] *arrestum quodcumque in personis sive bonis eorumdem, propterea appositum amovendo, & ad statum pristinum reducendo indilatè & sine custu:* [d] *quæ nos casu præmisso revocamus, & ad statum pristinum reducimus per præsentes; Nolentes ex nunc aliquem pro financia hujusmodi acquisitorum, in carceribus detineri, arrestari aut aliàs in carceribus molestari; sed* [e] *executionem fieri in bonis eorumdem, &* [f] *compelleri juxtà Ordinationes Regias vobis traditas, pro summa debita pro præmissis; nec ex nunc in talibus seu consimilibus, indebitis molestationibus, vobis volumus obtemperari.* Datum Nemausi, die XVI[e] Februarii, anno Domini [g] 1537. In Requestis. GARINI DE MORA.

*a* querelantibus. *2.e cop.*
*b* volentes.
*c* saisie.
*d* quod. *2.e cop.*
*e* execution, vente par Justice.
*f* compelli.
*g* M. CCC. LXVII. *2.e cop.*

---

CHARLES V. à Paris, le 14. Mars 1367.

*(a)* Lettres qui ordonnent l'execution de trois Bulles; par les deux premieres desquelles, il est deffendu à tous Juges, de lancer des Excommunications sur les Terres du Roy; la troisieme portant que pendant que les Papes resideront par-delà les Monts, on ne pourra assigner aucuns Sujets du Roy, hors du Royaume, devant les Conservateurs Apostoliques; & que dans les cas de droits cedez, on ne pourra même les assigner dans le Royaume, devant ces Conservateurs.

*NOVERINT universi, quod nos Guiraudus Malepue Domicellus, Castellanus & Vicarius* [a] *Aquarum-Mortuarum, Litteras Regias subsequentes extrahi fecimus de Libris Curiæ dicti loci, & hic conscribere sub hiis verbis.*

*a* Aigues-Mortes.

*CHAROLUS Dei gratia Francorum Rex:* [b] *Senescallo Tolosæ, Carcassonæ & Bellicadri, ceterisque Justitiariis nostris, vel eorum Loca-tenentibus: Salutem. Certas Bullas Papales de nostris Thesauris extrahi fecimus & copiari; quarum tenores sequuntur, & sunt tales.*

*(b) Gregorius Episcopus, Servus servorum Dei: carissimo in Christo Filio, illustri Regi Francorum: Salutem & Apostolicam benedictionem. Apostolice Sedis* [c] *benignus, sincere obsequentium vota Fidelium favore benivolo prosequi consuevit, & illustrium virorum personas, quas in sua devotione perpetuas invenit & ferventes, quibusdam tindis decentius decorare. Ut igitur ex devotione quam ad nos & Romanam Ecclesiam habere*

*b* Senescallis. *2.e copie.*
*c* Je crois qu'il faut corriger, *Benignitas.*

NOTES.

*(a)* La Copie de ces Lettres a esté envoyée de Montpellier, avec cette indication: *Seneschaussée de Nismes en general, Arm.* A. *Liasse 19. des Actes ramassez, n.° 4. fol. 256. verso.* Il a esté envoyé du même endroit, une seconde Copie avec cette indication: *Du n.° 34. fol. 275.* mais cette seconde Copie ne contient que les Lettres de Charles V. dans lesquelles est inserée seulement la Bulle du Pape Urbain.

Cette seconde Copie a servi à corriger plusieurs fautes qui estoient dans la premiere.

*(b) Gregorius.]* Il n'y a rien dans cette Bulle, qui puisse indiquer quel est le Pape Gregoire qui l'a donnée. Comme il y a apparence que cette Bulle est anterieure à celle qui la suit, dans les Lettres de Charles V. & que l'on croit avoir esté adressée à S.t Loüis, [*Voy. p. suiv. Not. (a).*] tout ce que l'on peut dire icy, c'est que Gregoire IX. a siegé pendant le Regne de S.t Loüis, aïant esté élu en 1227. & qu'il y a quelque apparence que c'est lui qui a donné cette Bulle, qui a esté confirmée par celles d'Alexandre IV. d'Urbain IV. & de Clement IV. qui ont tous siegé pendant le Regne de S.t Loüis. *Voy. p. suiv. Note (a).*

*dinoſceris, favorem* [a] *Apoſtolicam tibi ſentias accreviſſe, tuis devotis ſupplicationibus inclinati, ad inſtar felicis recordationis Innocentii Papæ predeceſſoris noſtri, auctoritate* [b] *tibi preſentium tibi indulgentes, ne nullus in Terram tuam, Excommunicationis vel Interdicti Sententiam proferat abſque mandato Sedis Apoſtolicæ ſpeciali; Nos autem decernimus irritum & inane, ſi quid contra præmiſſæ indulgentiæ noſtræ tenorem, contingerit attentari: Nulli ergo omnino hominum liceat, hanc paginam noſtræ conceſſionis infringere, vel ei auſu ſuo temerario contra ire. Si quis autem hoc attemptare preſumpſerit, indignationem Omnipotentis Dei, & Beatorum Petri & Pauli Apoſtolorum ejus, ſe noverit incurſurum. Datum apud Urbem-Veterem,* [c] *viiij. Kalendas Aprilis, Pontificatus noſtri anno primo.*

CHARLES V. à Paris, le 14. de Mars 1367.

[a] apoſtolicum.
[b] Ce mot eſt inutile.
[c] le 24. de Mars.

Item. *Sequitur tenor alterius Bullæ.*

*(a) Clemens Epiſcopus, Servus ſervorum Dei: chariſſimo in Chriſto Filio, Ludovico Regi Francorum illuſtri: Salutem & Apoſtolicam benedictionem. A felicis recordationis Alexandro & Urbano predeceſſoribus,* [d] *ſerenitatis tuæ olim extitit indultum, ne à* [e] *quoque Judice delegato vel Ordinario, Terra tua poſſet Eccleſiaſtico ſubici Interdicto,* [f] *ut cum, à Nobis poſtmodum ad apicem Apoſtolatus* [g] *aſſumpti, indulti hujuſmodi innovatio per tuos Nuntios peteretur, nos (b) annuiſſemus votis tuis, & eandem gratiam innovaſſemus, verbis aliquibus additis,* [h] *quod ad Terras tui Domanii artare videbant eandem; Licet autem, te poſtea de adjectione hujuſmodi (c) conquerentes, Nos tandem eorumdem predeceſſorum noſtrorum ſequuti veſtigia, ipſorum circa hoc innovaverimus* [i] *indulgentiæ,* [k] *adjectionem prædictam ſublata, adhuc tamen calumpniantur aliqui, prout fertur; & quaſi ſufficere debeat ſemel ſaltem de noſtro, ut* [l] *aſſeruit, intellectu per adjectionem hujuſmodi conſtitiſſe, ſic Apoſtolicam attenuant gratiam & reſtringunt, ut* [m] *ſibi in loco aliquo cujus Dominus publice* [n] *nominare, quiſquam alius Juriſdictionis cujuſlibet aut Dominii vel modicam partem habeat, quam etiam à te teneat & ſe tenere cognoſcat, locum illum Domanii (d) regentur eſſe, & concludatur per conſequens, ad loca talia prædictam Indulgentiam non extendi: Nos igitur, nihil penitus intendentes purè detrahere vel* [o] *adhicere veritati, interpretationem illam, ſi tamen interpretatio dici debeat, quam per verba prædicta, de tuo Domanio,* [p] *predeceſſores dictorum Indulgentiam ſuper addita,*

[d] ſerenitati
[e] quoquam.
[f] &.
[g] aſſumptis.
[h] quæ.
[i] indulgentiam.
[k] adjectione prædicta.
[l] aſſeritur.
[m] ſi.
[n] nominaris.
[o] adjicere.
[p] predeceſſorum noſtrorum indulgentiis.

NOTES.

*(a) Clemens.]* Cette Bulle eſt adreſſée à Loüis Roy de France: Je ne doute point que ce ne ſoit S.t Loüis, & que le Pape qui la luy adreſſa, ne ſoit Clement IV. qui fut élu en 1265. Les Papes Alexandre & Urbain, dont il renouvella les Bulles, ſont ſans doute auſſi Alexandre IV. & Urbain IV. predeceſſeurs immediats de Clement IV. qui ſiegerent auſſi pendant le Regne de S.t Loüis; le premier ayant eſté élu en 1254. & le ſecond en 1261.

*(b) Annuiſſemus.]* Je ne ſçais pourquoi à la marge de la Copie qui a eſté envoyée, il y a par renvoy ſur ce mot, *meminimus.*

*(c) Conquerentes.]* Je crois qu'il faut corriger, *conquerente.*

En general toute cette Bulle eſt extrêmement corrompuë: on en entrevoit cependant le ſens, & voici ce que je crois qu'il ſignifie, ſi l'on veut adopter toutes les corrections & les additions de mots que l'on trouvera dans les Notes.

Les Papes Alexandre & Urbain avoient ordonné que nul Juge, ſoit ordinaire ou delegué, ne pourroit lancer aucune Excommunication dans les *Terres* du Roy; c'eſt-à-dire, non ſeulement dans celles qui eſtoient de ſon propre domaine, & dont il avoit le domaine utile, mais encore dans celles dont il n'avoit que le domaine direct, & qui eſtoient poſſedées par des perſonnes qui en avoient le domaine utile, & qui les tenoient de lui en Fief. Clement confirma ces Bulles de ſes Predeceſſeurs; mais il ajouta dans ſa Bulle une clauſe qui ſembloit les reſtraindre aux Terres qui eſtoient du propre domaine du Roy, & dont il avoit le domaine utile. A la requeſte du Roy, il renouvella purement & ſimplement les Bulles d'Alexandre & d'Urbain, en ſupprimant la clauſe qu'il y avoit ajoutée dans ſa premiere confirmation. Cependant quelques Juges, ſans avoir égard à cette ſuppreſſion, vouloient executer cette premiere Bulle de confirmation, & en conſequence, ils croïoient pouvoir lancer des Excommunications dans les Terres des Seigneurs qui relevoient du Roy: mais Clement déclara par cette derniere Bulle, que celles d'Alexandre & d'Urbain devoient eſtre executées, ſans avoir aucun égard à la clauſe qu'il avoit ajoutée dans ſa premiere Bulle de confirmation; laquelle clauſe il revoqua.

*(d) Regentur.]* Ce mot eſt corrompu, & il faut en ſubſtituer un autre qui ſignifie que les Juges pretendoient que ces Terres des Seigneurs, ne devoient point eſtre reputées du Domaine du Roy.

CHARLES V. [a] *fecisse* [b] *dicant, penitus revocantes, haberi volumus pro* [c] *inserta; ita quod dictis Indul-*
*gentiis, sicut primo ab eisdem predecessoribus, & à Nobis novissimè* [d] *emanavit, dicta no-*
à Paris, le 14. *stra interpretatio seu adjectio nihil detrahat, nichil hæc revocatio super addat; sed in sensu*
de Mars 1367. *verba* [e] *remaneat earumdem,* [f] *quæ sine calumpnia & absque* [g] *qualibet captioso habent*
a nos. *seu continent intellectu. Datum Viterbii,* [h] *ij^do Kalendas Augusti, Pontificatus nostri anno*
b dicunt. *secundo.*

c non. Item. *Sequitur tenor alterius Bullæ.*

d emanatis. e remaneant. *(a) Urbanus Episcopus, Servus servorum Dei: Ad futuram rei memoriam. Ad*
f quem. *Audientiam nostram, fide digna multorum relatione pervenit, quod nonnulli Prelati aliæque*
g quolibet. *personæ Ecclesiasticæ, seculares & regulares, in Regno Franciæ consistentes, privilegiis*
h le 31. de Juillet. *& Indultis quibus se armatos ab Apostolica Sede pretendunt, illicitis abusibus abutentes,*
*alios Prelatos & personas Ecclesiasticas & laïcas, de Regno predicto, coram Conserva-*
*toribus eis ab eadem Sede concessis, extra dictum Regnum trahere, multisque laboribus*
*& expensis ac redemptionibus & vexationibus, & ut plurimum & sine rationabili causa,*
*gravare; & nonnulli etiam Prelati ac personæ Ecclesiasticæ hujusmodi, de Regno predicto,*
*alios Prelatos & personas tam Ecclesiasticas quam etiam laycales personas, pro juribus*
*sibi cessis ab aliis tam Ecclesiasticis quam secularibus personis, coram hujusmodi Conser-*
*vatore, etiam infra dictum Regnum, in causam trahere & indebitè molestare malitiosè*
*presumunt; propter que nos hujusmodi obviare malitiis cupientes, carissimi quoque in*
i Voy. la Note (a). *Christo Filii nostri* [i] *Charoli Regis Francorum illustris, in hac parte* [k] *supplicationis incli-*
k supplicationi. 2.ᵉ copie. *nati, tenore presentium facimus, instituimus & ordinamus, quod quamdiu Romana Curia*
*erit ultra (b) Montes, nullus Prelatus vel alia persona Ecclesiastica, secularis vel regu-*
*laris, infra dictum Regnum consistens, aliquem vel aliquos Clericos vel laycos, coram ali-*
l Conservatore. 2.ᵉ copie. *quo* [l] *Conservare per Sedem Apostolicam, auctoritate Litterarum Sedis ejusdem, in forma*
*(c) Consilii deputato vel depputando, seu ejus Comisso, quacumque occasione vel causa,*
*ad Judicium extra Regnum predictum; nec etiam super hujusmodi Juribus sibi cessis, etiam*
*infra ipsum Regnum trahere, aut aliquatenus molestare seu inquietare; dictique Conserva-*
*tores, contra Constitutionem & Ordinationem nostram hujusmodi, contra aliquos procedere,*
*aut in aliquos vel in aliquem Excommunicationis, Suspensionis vel Interdicti Sententias*
*promulgare valeant vel presumant: Nos enim ex nunc, omnes Processus & Sententias*
*hujusmodi, quos contra Ordinationem nostram predictam, fieri contingerit, irritos decer-*
*nimus & inanes; Constitutionibus, privilegiis & Litteris Apostolicis, quorumcumque te-*
*norum existant, nonobstantibus quibuscumque. Nulli ergo omnino hominum liceat hanc pa-*
*ginam nostræ Constitutionis & Ordinationis, infringere vel ausu temerario contraire: Si*
*quis autem hoc attemptare presumpserit, indignationem Omnipotentis Dei, & Beatorum*
m Apostolorum. 2.ᵉ copie. *Petri & Pauli* [m] *ejus, se noverit incursurum. Datum Massiliæ,* [n] *septimâ Idus Maii,*
n le 9. de Mai. *Pontificatus nostri anno v°.*

o Continuation des Lettres de Charles V. [o] *Intelleximus que quod Archiepiscopi* [p] *& ceteri Prelati Senescalliarum & Jurisdictio-*
*num vestrarum, Jurisdictionem* [q] *habentium spiritualem, contra tenorem Bullarum predic-*
p Episcopi & Prelati. 2.ᵉ cop. *tarum, in nostri & nostrorum subditorum prejudicium abutentes, attemptare non formidant,*
*quod Nobis displicuit & displicet in immensum; quo circa vobis & vestrum cuilibet, prout*
q habentes. 2.ᵉ copie. *ad eum pertinuerit, districtè precipiendo mandamus, quatenus omnibus & singulis* [r] *Ju-*
r Juridictionum. 2.ᵉ copie. *risdictionem & Senescalliarum vestrarum Prelatis, & eorum Vicariis &* [s] *Officiariis,*
s Officialibus. 2.ᵉ copie. *ceterisque Jurisdictionem habentibus spiritualem, premissa specialiter intimetis; & notanter*

## NOTES.

*(a) Urbanus.]* Cette Bulle d'Urbain, à Charles Roy de France, ne peut estre que d'Urbain V. qui siegea pendant le Regne de Charles V. ayant esté élu en 1362. & estant mort en 1371.

*(b) Ultra-montes.]* Urbain V. aussi-bien que quelques-uns de ses predecesseurs, faisoit alors sa residence ordinaire à Avignon. Ce fut Gregoire XI. son successeur, qui retourna à Rome.

*(c) Consilii.]* Il y a dans la seconde Copie *Consilii Viennensis*: Il faut corriger *Concilii.* C'est le Concile General de Vienne, tenu en 1311.

Comme les Actes de ce Concile ne se sont pas conservez en entier, je n'ai rien trouvé touchant ces Conservateurs, dans ce qu'en rapporte le Pere Hardoüin dans sa *Collection des Conciles*, Tom. 7. p. 1321.

*inhibentes eisdem vel eorum singulis, ex parte nostra, sub magnis penis Nobis applicandis, ne contra tenorem Bullarum predictarum, subjectos vel Officiarios nostros quoquomodo molestare presumant, nec ab inde in antea, in nostri prejudicium attemptent: quod si* [a] *aliquis contra premissa* [b] *reperieretis attemptare, ipsos compellatis per bonorum suorum temporalium captionem & detentionem, & à premissis compellatis abstinere, & per penarum declarationem & earum executionem, taliter in premissis vos habentes, quod per negligentiam vestram, nostram indignationem non incurratis.* Datum Parisius, xiiij. die Martii, anno Domini m. ccclxvij°. Regni autem nostri quarto. *Per Consilium existens in Camera (a) Compotorum.*

CHARLES V. à Paris, le 14. de Mars 1367.

a aliqua.... attemptata. 2.e copie.

b reperieritis. 2.e copie.

*Extractæ fuerunt de dicto Thesauro, & earum tenores hic inscriptæ: de quibus* [c] *diligenti collatione feci ad Originale,* [d] *per cupam.*

[e] Datum pro Copia sub Sigillo Regio Aquarum-Mortuarum, die xj. Junii, anno Domini millesimo ccc°lxx°. sexto.

Collatio facta cum præinsertis Litteris [f] registrata G. de Bosco.

c diligentem collationem.

d fort. per copiam.

e Continuation du *vidimus* donné par le Viguier d'Aigues-Mortes.

f fort. registratis.

## NOTE.

*(a) Compotorum.]* Dans la seconde Copie, il y a après ce mot: *P. Du Chastel.*

---

CHARLES V. à Paris, le 15. de Mars 1367.

(*a*) Lettres qui ordonnent que le Sel acheté hors du Royaume, qui sortira du Dauphiné, payera les mêmes droits que le Sel acheté dans le Royaume.

*CAROLUS Dei gratia Francorum Rex, Dalphinus Viennensis: universis præsentes Litteras inspecturis: Salutem. Notum facimus, quod cum in* [a] *Partibus Occitanis, nostri Consilii deliberatione matura, statuerimus certam (b) Gabellam Salis sub certo modo levandam in locis consuetis, cujus emolumenta pro necessitatibus dictæ Patriæ supportandis, voluimus assignari; intellexerimusque de novo, quod (c) Mercatores &* [b] *Veturerii Salis, qui, communiter & antea de Partibus longinquis, Sal capere consueverint, & mercari de Salinis Regni nostri, & ibidem* [c] *gabellare, modo divertuntur ab eisdem, & ad alias Salinas accedunt & mercantur, ut evitent Gabellam antedictam, per nostrum Dalphinatum transeundo, in magnam dictæ Gabellæ diminutionem, & in nostri præjudicium atque dammum: Hinc est quod, præmissis intellectis & attentis, statuimus & ordinamus ex nostri Consilii deliberatione, quod ab inde in antea, durante dicta Gabella, similis Gabella & per modum similem levetur & exigatur in exitibus nostri Dalphinatus prædicti, à Vectueriis seu Sal portantibus per eamdem, nisi dictum Sal gabellatum fuerit*

a Languedoc.

b Voituriers.

c payer les droits. Voy. la Note (c).

## NOTES.

*(a)* Ces Lettres ont esté envoyées de Grenoble, avec cette indication: *Extrait du Registre cotté*, Registrum Litterarum Officiariorum, ab anno 1365. fol. 18. *estant aux Archives de la Chambre des Comptes de Dauphiné, ensuite des ordres, &c.* Voy. cy-dessus p. 58. Note *(a)*.

*(b) Gabellam.]* La Gabelle sur le Sel, dont le produit devoit estre employé à la rançon du Roy Jean, avoit esté establie pour six ans, par l'Ordonnance du 5. de Decembre 1360. [Voy. *le 3.e Vol. des Ord.* p. 433.] Mais on a remarqué dans le 4.e Vol. p. 413. Note (*d*), qu'il y avoit preuve qu'elle avoit esté continuée, quoique l'Ordonnance donnée à cet effet, ne se soit pas conservée. Il paroist par ces Lettres du 15. Mars 1367. que Charles V. avoit aussi estabili ou continué cette Gabelle dans le Languedoc.

*(c) Mercatores.]* Voicy le sens de la suite de ces Lettres.

Il y avoit une Gabelle sur le Sel dans la Langue-d'Oyl & dans la Languedoc, & elle n'estoit point establie dans le Dauphiné. Cela faisoit que les Marchands estrangers qui avoient accoûtumé d'acheter du Sel dans le Royaume, & de l'y faire *gabeller*; c'est-à-dire, de payer les droits, voulant les éviter, achetoient du Sel hors du Royaume, & le voituroient dans leur pays, en passant par le Dauphiné, où il n'y avoit point de droits à payer. C'est ce qui détermina Charles V. à ordonner par ces Lettres, que le Sel qui sortiroit du Dauphiné, y payeroit des droits; à moins qu'ils n'eussent déja esté payez dans les Salines du Royaume, lorsqu'il y auroit esté acheté.

CHARLES V. à Paris, le 15. de Mars 1367.

*in Gabellis nostri Regni: non est tamen intentionis nostræ, quod dicta Gabella levetur de Sale dispensando infra dictum Dalphinatum: cujus siquidem Gabellæ volumus emolumenta pro medietate, converti ad usus ad quos Gabella nostri Regni primitus fuit ordinata, & pro alia medietate, pertineant ad Receptam nostri Dalphinatus. Quocirca dilectis & fidelibus nostris Gubernatori & Receptori dicti Dalphinatus, committimus specialiter & mandamus, quatenus prædictam nostram Ordinationem realiter exequantur; cæterisque Justitiariis & subditis nostris, quatenus in præmissis & ea tangentibus, eisdem pareant efficaciter & intendant, præstentque Consilium, auxilium & juvamen, quia sic fieri volumus & ex causa. In cujus rei testimonium, Sigillum nostrum præsentibus Litteris duximus apponendum.* Datum Parisius, die decima quinta mensis Marcii, anno Domini millesimo tercentesimo sexagesimo septimo; Regni vero nostri anno quarto. *Per Regem & Dalphinum, in suo Consilio.* G. HOCIE.

---

CHARLES. V. à Paris, le 27. de Mars 1367.

*(a)* Lettres qui ordonnent, que le Gouverneur du Dauphiné, appellez les Auditeurs de la Chambre des Comptes du Dauphiné, pourra faire revivre des Amendes, ou donner un delay pour le payement; & que les comptes des Chastellains & autres comptables du Dauphiné, seront rendus pardevant les Auditeurs de la Chambre des Comptes Dalphinale.

*KAROLUS Dei gratia Francorum Rex, Delphinus Vienneñ. dilecto & fideli Consiliario nostro Gubernatori* [a] *nostri Delphinatus aut ejus Locum* [b] *teneñ. salutem & dilectionem. Dilecti & fideles subditi nostri dicti Delphinatus, Nobis graviter sunt conquesti, quod licet tam Nos quam prædecessores nostri, quam etiam ipsorum & nostri Locumtenentes & Gubernatores dicti nostri Delphinatus, consueverunt dare, quietare & remittere personis condemnatis aut mulctatis, prout eis* [c] *videbitur; attentis tamen* [d] *consideratis personis mulctatis & condemnatis, & facultatibus ipsarum, ac meritis sive causis, pro quibus condemnati extiterint* [e] *mulctati; necnon dilationes dare, terminum* [f] *vel respectum ipsis condemnatis & mulctatis; & hoc tanto tempore, quod de contrario hominum memoria non extiterit; nihilominus vobis, per certas Litteras à Nobis emanatas, fuit inhibitum, ne aliquibus seu alicui dicti nostri Delphinatus, cujuscumque status aut conditionis existant, aliquid detis, quietetis vel remittatis; nec ipsis aut eorum alicui terminum concedatis, dilationem vel respectum, de hoc in quo Nobis tenentur, vel in futurum tenebuntur pro sententia & condemnatione* [g] *Judici, vel aliàs quoquomodo; necnon quod compellatis omnes Castellanos, & alios qui Nobis tenentur reddere computum & legitimam rationem Magistro (b) Adechanteprimæ, Thesaurario nostro* [h] *Delphi. de his in quibus Nobis tenentur; quamvis dicti nostri Castellani & alii Nobis* [i] *debentibus, temporibus retroactis, coram Auditoribus Computorum Cameræ nostræ Delphinatus, consueverint computare: quæ omnia cedunt in* [k] *grandæ damnum, præjudicium & gravamen subditorum nostrorum prædictorum, sicut dicunt. Quocirca petierunt & humiliter supplicaverunt, per Nos sibi provideri remedio opportuno. Nos igitur indemnitati eorum providere volentes, ut convenit, &* [l] *ipsis prosequi gratia & favore, vobis* [m] *dicti gubernatori licentiam & plenam potestatem concedimus per præsentes, quibuscumque personis mulctatis vel condemnatis, remittendi, dandi & quietandi ac gratiam faciendi; vocatis tamen vobiscum, auditoribus Compotorum Cameræ nostræ Delphinalis, prout vobis & eis videbitur faciendum: proviso tamen quod de bonis Domanii nostri nihil dare, quietare vel remittere vos possitis; necnon & dilationes dare, terminum vel respectum personis condemnatis vel mulctatis, ac etiam aliis qui Nobis tenentur vel in futurum tenebuntur ex causis prædictis quoquomodo.*

[a] nostro. [b] tenenti. [c] videbatur. [d] &. [e] &. [f] repit. [g] Judicis *ou* Judicialibus. [h] Delphinali. [i] debentes. [k] grande. [l] ipsos. [m] dicto.

NOTES.

*(a)* Ces Lettres sont imprimées dans le Recueil intitulé: *Statuta Dalphinalia, fol. 79. verso.*

*(b) Adechanteprimæ.] Adæ Chanteprimæ.* Il se nommoit en françois *Adam-Chante-prime.* Voy. les Tables des Noms de Personnes, qui sont à la fin des *3.e & 4.e Vol. des Ord.* au mot, *Chante-prime.*

Præcipientes

CHARLES V. à Paris, le 27. de Mars 1367.

*Præcipientes insuper vobis Gubernatori prædicto, quatenus Castellanos & alios quoscumque Nobis debentes, coram dictis Auditoribus nostri Delphinatus, faciatis & compellatis computare, prout aliis temporibus retroactis, est in dicto nostro Delphinatu fieri consuetum; dictis litteris à Nobis emanatis, & aliis non-obstantibus quibuscumque; quoniam hoc sic fieri voluimus, & eis concessimus ex nostra certa scientia & gratia speciali.* Datum Parisius, die vicesima septima Mensis Martii, anno Domini millesimo tercentesimo sexagesimo [a] septmo, & Regni [b] nostro quarto.

*Per Regem Delphinum, in suo Consilio.* EHONE.

a septimo. b nostri.

---

CHARLES V. à Paris, à l'Hôtel S.t Pol, en Mars 1367.

## (a) *Reglement pour les Manufactures des Etoffes fabriquées dans la Ville de Caën.*

CHARLES, &c. Savoir faisons à tous presens & avenir, que Nous avons receuë la Supplicacion des Drapiers & Ouvriers de Draps & de [a] Sarger de la Ville de Caën, contenant que comme en plusieurs bonnes Villes de nostre Royaume, & autres où l'en [b] euvre de Draperies & de choses semblables, soit ordené que chascun Drap soit de certaine [c] moison, & [d] signée de certain signe de plomb, pour [e] eschiver toutes fraudes & deffaus que l'en y pourroit commettre; & en ladicte Ville de Caën où l'en euvre [f] d'ensiennetté grant [g] foison du mestier de Drapperie & de [h] Sarger, n'a eu jusques à ores, aucune Ordenance de moison, ne point de signet ès Draps [i] es Sarger qui y sont faictes, ou grant dommage du Peuple & de ceulz qui les achetent, qui [k] cuident que iceulz Draps & Sarger soient tous d'une [l] moison en long & en [m] lès; & il y en a plusieurs qui sont [n] mendres que les autres; & pour pourveoir à ce, & aussi aux fraudes, malices & inconveniens qui s'en pourroient ensuiir, ont les diz Supplians ou aucuns d'eulx, avisé certaine Ordenance sur ce; C'est assavoir, que chascun Drap fait en ladicte Ville & [o] Fourbous d'icelle, ait 24. *(b)* verges de lonc; les grans Sarger, 5. verges & demi de lonc, & 4. verges & demie de lé; [p] le moïennes, autres 5. verges de long, & 4. verges de lé; & les petites, 4. verges de long, & 3. verges & demie de lé; & les *(c)* Paines, 3. verges & 3. quartiers de lonc, & 3. verges de lé; & aussi que les diz [q] Sarger fais & faicte à ladicte Ville de Caën, soient signés & signées à un des bous, de certain signe de plomb, qui sera ordené sur ce; & que d'oresenavant, Nous aurons & prendrons sur chascun Drap, 2. deniers; & sur chascun Sarge, 1. denier, qui seront levez en nostre nom & à nostre prouffit, par cellui qui portera ou mettera ledit signet; & que chascun an, seront ordenez trois des diz Supplians dudit mestier, lesquiex, avant que le dit signet y soit mis, visiteront bien & deuëment, tous les Draps & Sarger fais & faictes en la dicte Ville, & verront se ilz seront de bonne & loyal [r] fachon, & des moisons dessus dictes; & [s] se il y en a moins qui soient bons & loyaux, ou qui ne soient de moison, ou que l'en porte hors senz estre signez dudit signet, ilz seront [t] fourfais & Nous seront acquis; & sur ce Nous ont humblement supplié, que ladicte Ordenance Nous vüillons avoir aggreable & confirmer. Pourquoy Nous, consideré ce que dit est, voulant les ouvraiges de nostre Royaume, estre bons & loyaulx, l'Ordennance dessus dicte avisée par les diz Supplians, comme dit est, ou cas que, appellez nostre Procureur, & [u] seulx des diz mestiers, ou la plus grant & plus saine partie d'eulz, elle le semblera où sera trouvée

a *serges.* b *travaille.* c *mesure.* d *marquée.* e *eviter.* f *mot douteux.* g *quantité.* h *Sarg.* R. i *&.* k *croient.* l *même.* m *large.* n *moindres.* o *Faux-bourgs.* p *les.* q *Je crois qu'il manque là le mot,* Draps. r *façon.* s *S'il y en a quelques-uns qui ne soient pas loyaux.* t *confisquez.* u *ceux.*

### NOTES.

(*a*) Tresor des Chartres, Regiſtre 100. Piece 9 vingt 16. [196.]

(*b*) *Verges.*] C'est une mesure à peu près semblable à l'aulne. La verge d'Angleterre est de sept neuviemes de l'aulne de Paris. Voy. *le Diction. du Commerce de Savary*, au mot, *Verge.* L'on peut presumer que lorsque ces Lettres ont esté données, on se servoit de la Verge d'Angleterre à Caën, qui avoit appartenu long-tems aux Rois d'Angleterre, Ducs de Normandie.

(*c*) *Paines.*] Etoffes de Soye, nommées plus communement, *Pannes* ou *Pennes.* Voy. *le Tres. de Borel*, au mot, *Pannes.*

CHARLES V. à Paris, à l'Hôtel S.t Pol, en Mars 1367.

par nostre Bailli ou Viconte de Caën, estre bonne & profitable pour ledit mestier, & pour le proffit de la chose publique, loons, approuvons, ratiffions, & de nostre auctorité & puissance Royal, de certaine science & de grace especial, la confirmons: Donnans en mandement auz diz Baillif ou Viconte de Caën, ou à leurs Lieuxtenans, & à chascun d'eulx, presens & avenir, que ou cas dessus dit, ilz facent tenir & garder, sanz enfraindre, d'oresenavant, l'Ordennance dessus dicte, & d'icelle facent & laissent les diz Supplians & leurs successeurs, joïr & user paisiblement, sanz empeschement aucun; & nostre * droit ils facent garder par la maniere dessus dicte. Et que ce soit ferme chose, &c. sauf, &c. *Ce fu fait & donné à Paris, en nostre Hostel lès Saint Pol, l'an de grace 1367. & de nostre Regne le quart, ou mois de Mars.*

*Visa.*

Par le Roy, en ses Requestes esquelles vous estiez. G. DE MONTAGU.

* *le droit qui sera levé sur ces Etoffes.*

---

CHARLES V. à Paris, au mois de Mars 1367.

Philippe III. dit le Hardi, à Paris, en Janvier 1278.

*[Voy. p. suiv. Note (a).]*

## *(a)* Reglement sur les Places que doivent occuper dans les Halles de Paris, les Vendeurs de Cuir & de Souliers, les Lingeres & les Fripiers.

*CHAROLUS, &c. Notum facimus universis tam presentibus quam futuris, Nos infra scriptas vidisse Literas, * fomam que sequitur, continentes.*

A tous ceulx qui verront ces Lettres: Pierre li Inmians, Garde de la Prevosté de Paris: Salut. Comme jadis il eust une place vuide à Paris, tenant aus murs de la [a] cloison du Cimeutiere des Innocens de Paris, & en icelle place, povres femmes Lingieres, vendeurs de petiz [b] Soleis, & povres & piteables personnes vendeurs de menuës [c] Friperies, vendissent en ycelle au temps de lors, leurs dictes denrées, & en estoient en [d] saisine eulx & leurs devanciers; & après ce, il eust pleu au Roy qui lors estoit, à faire faire & édifier en ladicte place, une Halle à soulers, où len vent marchandises à jour de Marchié; & lesdictes povres femmes Lingieres, vendeurs de petiz soulers, & povres & piteables personnes dessus dictes, eussent requis en suppliant, au Roy qui lors etoit, que il leur voulsist faire grace, & establir lieux où il peussent vendre leurs dictes denrées; & ledit nostre Sire le Roy qui lors estoit, leur eust octroyé & accordé, que il peussent vendre leurs dictes denrées soubs ladite Halle, aussi comme il & leurs devanciers avoient faicte en ladite place, avant ce que ladite Halle feust faicte & edifiée en icelle, senz faire autre desclarissement, si comme il est plus plainement contenu en une Lettre seellée du Seel d'icellui nostre Sire le Roy, cydessous transcripte: & comme debas, contens & descors fussent entre les [e] Basaniers & vendeurs de petiz Soules, d'une part, & lesdictes povres femmes Lingieres & piteables personnes, d'autre part, d'avoir place, [f] lieux pour vendre leurs dictes denrées, & de ces choses se soient complains à nos Maistres & Seigneurs de la [g] Court, desquelz nous eussons eu commandement, que bien & diligemment sur les choses dessus dictes, feissons certaine information; Sachent [h] tuit, que l'information faite de par nous bien & diligenment, par bonnes genz dignez de foy, sur les choses dessus dictes, & raportee à noz dits Seigneurs & Maistres, & veue d'iceulx diligemment, avons desclarci & desclarcissons du commandement d'iceulx, que les dictes personnes vendront & mettront en place leurs denrées dores en avant soubs ladicte Halle, en la fourme & en la maniere qui sensuit; cest assavoir, que il y ara trois [i] Estaux de petiz Soulers, de la quantité des Estaux des Lingieres & povres & piteables personnes, pardevers *(c)* Champiaux, & non plus; Et seront les Estaux de Bazaniers & des autres vendeurs de petiz Sollers, par derriere, à joingnant du devant dit mur;

* formam.
a *murs de clôture.*
b *souliers.*
c *vieilles hardes.*
d *possession.*
e *Vendeurs de Cuir.*
f *&.*
g *la Cour de Parlement.*
h *tous.*
i *petites boutiques.*

NOTES.

*(a)* Tresor des Chartres, Registre 99. Piece 127.

*(c) Champiaux.]* On nommoit ainsi le lieu où les Halles ont esté basties. Voy. *le 4.e Vol. des Ord.* p. 492. & Note *(f)*.

& les Estaux des Lingieres & povres & piteables personnes, au devant des Estaux des Bazenniers & des vendeurs de petiz Soulers: & voulons, ordennons, enjoingnons & commandons, du commandement de noz dix Seigneurs & Maistres, à tous ceux à qui il appartiendra ou pourra appartenir, que cest desclarssissement fait, si comme dit est, facent & facent faire, tenir & garder fermement, sanz enfraindre doresenavant.

CHARLES V. à Paris, au mois de Mars 1367.

Adecertes la teneur de la Lettre dudit nostre Sire le Roy, qui lors estoit, est telle.

*IN nomine sancte & individue Trinitatis: Amen. Philippus Dei gratia Francorum Rex. Notum facimus universis tam presentibus quam futuris, quod cum intellexerimus & fideli relatione didicerimus, quod mulieres & alie pauperes & miserabiles persone, Friperiam & parvos Sotularios aliasque minutas mercaturas consueverunt vendere Parisius, in vico juxta murum Cimiterii Ecclesie Sanctorum Innocentium, ubi Hallas nostras fecimus construi de novo, Nos nolentes quod imposterum, ex constructione predictarum Hallarum, prejudicium dictis personis ullum fiat, concedimus quod in loco predicto, subtus Halas memoratas possint predicta vendere, sicut ante constructionem ipsarum faciebant. Quod ut perpetue stabilitatis robur obtineat, presentem [a] pagimem Sigilli nostri auctoritate, ac Regii nominis caractere inferiùs annotato, jussimus communiri.* Actum Parisius, anno Domini *(a)* millesimo ducentesimo septuagesimo octavo, mense Januario; Regni vero nostri anno octavo: *Astantibus in Palatio nostro quorum nomina supposita sunt & signa. Dapifero nullo. Signum Roberti Ducis Burgondie, Camerarii. Signum Johannis, Buticularii. Signum Imberti [b] Costabularii.*

b paginam.

c Constabularii.

*Data vacante* 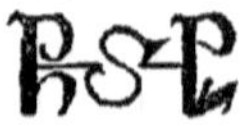 *Cancellariâ.*

En tesmoing de ce, nous avons mis en ces Lettres, le Seel de la Prevosté de Paris, l'an de grace mil trois cens & deux, le Vendredi devant les *(b)* Brandons.

*Quas quidem Litteras, omniaque & singula in eisdem contenta, rata & grata habentes, ea, quatenus dicte mulieres & pauperes [c] miserabiles persone hiis hatenus use sunt, volumus, laudamus, approbamus & tenore presentium, ex certa scientia, de gratia speciali & nostra auctoritate Regia, confirmamus: salvo in aliis jure nostro, & in omnibus aliis quolibet alieno. Quod ut firmum & stabile perpetuo perseveret, nostrum presentibus fecimus apponi sigillum.* Datum Parisiis, in nostro Hospicio prope Sanctum Paulum, mense Marcii, Anno Domini millesimo trecentesimo sexagesimo septimo, & Regni nostri quarto.

d &.

Que quidem Litere erant sic signate. *Per Regem, presente Confessore.* TOURNEUR. *Visa.*

NOTES.

*(a) Millesimo ducentesimo septuagesimo octavo.]* Cette année tombe sous la huitieme année de Philipe le Hardi. Cette date est écrite tout du long, & non en chiffre, & sans abbreviation: cependant je crois qu'elle est fautive, & que ces Lettres sont de Philippe-Auguste. Voicy les preuves sur lesquelles je me fonde.

1.° La formule, *In nomine sancte & individue Trinitatis: Amen.* n'estoit plus en usage au commencement des Lettres Royaux, sous le Regne de Philippe le Hardi; & sous ce Prince, on ne mettoit plus à la fin de ces Lettres, les seings & les noms des premiers Officiers de la Couronne. Cette formule, ces seings & ces noms ne se trouvent dans aucune des Ordonnances de Philippe le Hardi, qui sont imprimées dans ce Recüeil.

2.° Le Roy qui a donné ces Lettres, dit qu'il a fait bastir les Halles de Paris. Or il est certain par le témoignage des Auteurs anciens & modernes, que c'est Philippe-Auguste qui a fait bastir les Halles de Paris, en 1183. Voy. *les Antiq. de Paris* par *du Breul*, l. 3. p. *m.* 583. & l'*Hist. de Paris* par *D. Felibien*, tom. I. liv. IV. p. 204.

3.° Je ne parle point du *Monogramme*; car quoiqu'il fût peu en usage sous Philippe le Hardi, cependant on s'en servoit encore quelquefois, & *Du Cange* dans son *Glossaire*, au mot, *Monogramma*, a fait graver ceux de Philippe III. & de Philippe IV.

Si ces Lettres sont de Philippe-Auguste, avant esté données dans la huitieme année de son Regne, qui commença en 1180. il faut ainsi corriger la date: *millesimo* centesimo octogesimo *octavo*.

*(b) Brandons.]* C'est la premiere semaine de Carême.

CHARLES V.
à Paris, en Avril 1368.

## M. CCC. LXVIII.

Suivant le Gloss. de *Du Cange*, cette Année a commencé le 9. d'Avril, & a fini le dernier de Mars.

### (a) Lettres qui fixent le nombre des Feux actuellement existans dans la Ville de Servian.

*KAROLUS, &c.*

*QUAMOBREM dicto Domino & Genitori nostro, à supradictis personis humiliter supplicato super hujusmodi* [a] *expressionibus & gravaminibus, de remedio concedenti eisdem celeriter provideri; Idem Dominus Genitor noster, matura sui Consilii deliberacione prehabita, certis Commissariis mandavisset & commisisset inquiri veritatem super vero numero Focorum tunc ibidem existencium, sub certis formis & instruccionibus ex parte Regia dictis Commissariis super hoc traditis: Verum cum per hoc plures Ville, Civitates, Loca & Castra pro-inde fuerint (b) reparata, secundum formam predictam, & numerus Focorum in aliquibus locis dictarum Partium, in magna parte repertus fuerit diminutus; sintque in Partibus illis, Civitates, Ville, Castra & Loca quam plurima fortificata, ad que plures habitatores dictorum locorum sic reparatorum, occasione guerrarum (c) se reduxerunt, & incolis & habitatoribus sunt multiplicata; propter quod Consules, & habitatores ceteri dictorum locorum, sic incolis noviter multiplicatis, dictam reparacionem non requirebant nec volebant; unde (d) jus dictorum Focorum multimode remanebat diminutum, in maximum prejudicium nostrum & Patrimonii nostri dimimucionem & deteriorationem: qua de causa, habita super hoc matura deliberatione Consilii nostri, carissimo & fideli Germano nostro Duci Andegavensi & Locumtenenti nostro, mediantibus Litteris nostris eidem directis, diu est, commiserimus, ut per ejus Commissarios ad hoc ex parte nostra per ipsum deputandos, omnes Civitates, Ville & Castra, & cetera Loca que nundum in dictis Partibus fuissent reparata, juxta formam dictarum nostrarum Litterarum & Instruccionum Regiarum, de quibus liqueret, faceret reparari, ad hoc habitatores compellendo; & si in majori numero quam antiquitùs fuisset, aut in minori vel equali numero reperirentur,* [b] *& ad verum repertum tunc Focorum numerum reducerentur. Cumque eciam facta quadam informacione in Villa seu Loco de (e) Serviano, Vicarie Biterrensis, Senescallie Carcassone, super numero Focorum modernorum in dicta Villa nunc existencium, per dilectum & fidelem nostrum Johannem de Villanis, Militem, Vicarium Biterris, Commissarium in hac parte per prefatum Germanum & Locumtenentem nostrum, in Partibus supradictis deputatum; vocato secum & presente Remondo de Figueria, Procuratore Substituto à Guillelmo Procuratore nostro Generali dicte Senescallie & Biterris, eademque, &c.*

*Repertum fuerit quod in dicta Villa seu Loco de Serviano, sunt de presenti & reperiuntur 181. Focci, secundum, &c.*

*Proviso tamen quod prefati Consules & Universitas, Nobis aut Receptori nostro ad hoc*

[a] oppressionibus.

[b] & est inutile.

NOTES.

(a) Tresor des Chartres, Registre 99. Piece 509. Voy. cy-dessus p. 30. Note (a).

(b) *Reparata.*] C'est-à-dire, qu'il y avoit eu des informations qui constatoient le nombre actuel des Feux de ces lieux. Les Lettres données sur le nombre des Feux, sont ordinairement intitulées dans les Registres : *Reparatio Focorum.* Voy. *dans les Tables des Mat.* au mot, *Feux*, les differentes Lettres qui ont esté données à ce sujet.

(c) Il y a là un mot maculé & abregé que l'on n'a pu déchiffrer. On y entrevoit *cel* ou *ccl*, ou *ttl*, avec une marque d'abbreviation.

(d) *Jus.*] Les impots qui se levoient dans ces lieux, à proportion des Feux qui y estoient.

(e) *Serviano.*] *Servian.* Voy. *le 3.e Vol. des Ord.* p. 634. Note (e).

*ex parte nostra, vel per dictum Germanum & Locumtenentem nostrum deputato, primitus solverint, &c.*

*Quod ut firmum, &c. Salvo, &c.* Actum & datum Parisius, Anno Domini 1368. & Regni nostri 4°. mense Aprilis.

*Per Consilium existens in Camera Compotorum Par!* LOCU. Scriptor. *Visa.*

---

CHARLES V. à Paris, en Avril 1368.

*(a)* Lettres qui confirment les Privileges de la Ville de Romans; & qui ordonnent qu'elle joüira de tous ceux qui ont esté accordez aux Habitans du Dauphiné.

KAROLUS *Dei gratia Francorum Rex, Dalphinus Viennensis. Notum facimus universis presentes Litteras inspecturis, quod pro parte dilectorum & fidelium nostrorum incolarum & habitantium in Villa nostra de (b) Romanis, Nobis significatum extitit, quod cum per Predecessores nostros, certe * Libertates, Franchisie & Immunitates date & concesse fuerint Gentibus nostri Dalphinatus, & que per Nos etiam extiterunt confirmate; ipsique incole & habitatores Ville Romanis, dubitent & timeant, ex eo quia sunt in (c) Pareria Ecclesie Viennensis, & nostra, in ipsis minime intelligi vel comprehendi; petentes declarationem nostram & intentionem super hoc habere, & ampliorem gratiam ipsis conferri. Igitur consideratis & attentis premissis, fidelitatibusque habitatorum predictorum, qui Nobis servire & complacere cupiunt, Volumus & Nobis placet, quod Privilegiis, Libertatibus, Franchisiis, Immunitatibus ceteris habitatoribus dicte Patrie nostre concessis per Nos, habitatores dicte Ville nostre Romanis, in toto nostro Dalphinatu & etiam in dicta Villa nostra Romanis, in quantum Nos tangit, pro parte nostra gaudeant & [a] utentur, ut ceteri nostre Patrie Dalphinalis habitatores predicti: ampliantes, & eisdem habitatoribus dicte Ville Romanis, concedentes ex uberiori gracia, quod incole & habitatores dicte Ville Romanis, presentes & futuri, aliis Libertatibus, Privilegiis, Immunitatibus ipsis concessis & indultis per carissimum Advunculum nostrum, (d) Imperatorem Romanorum, & per Nos, laudatis & approbatis & confirmatis in Litteris Imperialibus & nostris, contentis, gaudeant & fruantur, prout hactenus usi fuerunt: mandantes & precipientes tenore presentium, dilecto & fideli Consiliario nostro, Gubernatori dicti nostri Dalphinatus, ceterisque Justiciariis & Officiariis nostris Dalphinalibus, aut eorum Locatenentibus, quatenus ipsos habitatores dicte Ville Romanis, universis & singulis, in dictis Litteris Imperialibus & nostris contentis, uti & gaudere pacificè faciant & permittant. Que premissa dictis habitatoribus dicte Ville Romanis, ex nostra speciali gracia, certa scientia & plenitudine potestatis, concessimus & concedimus per presentes. Quod ut firmum & stabile perseveret perpetuò, nostrum presentibus fecimus apponi Sigillum;*

* Voy. cy-dessus, p. 34.

[a] utantur.

NOTES.

*(a)* Tresor des Chartres, Registre 101. Piece 122.

*(b) Romanis.] Romans.* Voy. dans *le 3.e Vol. des Ordonn.* p. 270. Note *(c)*, l'origine de cette Ville, dont le Roy est Seigneur pour la moitié, & l'Archevêque de Vienne, comme Abbé du Chapitre de Romans qui est dans cette Ville, & ce Chapitre, sont Seigneurs pour l'autre moitié.

*(c) Pareria.]* Suivant *Du Cange*, au mot, *Pariagium*, *Pareria* est la même chose, *Pariage* en françois; sur lequel voy. *le 3.e Vol. des Ord.* pag. 102. Note *(h)*. Suivant ce que dit M.r *de Valbonnais*, dans l'endroit cité dans la pag. 270. Note *(c)*, du *3.e Vol. des Ord.* ce ne fut point par un *Pariage* que les Dauphins acquirent la moitié de la Seigneurie de Romans. Suivant les apparences, on s'est servi icy de ce mot, parce que l'inféodation que leur en fit le Pape, produisit le même effet qu'auroit fait un *Pariage*.

*(d) Imperatorem.]* L'Empereur Charles IV. de la Maison de Luxembourg. Il estoit oncle du Roy Charles V. qui estoit fils de Bonne de Luxembourg, sœur de l'Empereur Charles IV. & premiere femme du Roy Jean. Voy. l'*Hist. Genealog. de la Mais. de Fr.* Tom. premier p. 106.

Les Lettres de Privileges accordées par cet Empereur à la Ville de Romans, aux mois de Fevrier & Mars 1366. & confirmées par Charles V. le mois de Juin suivant, sont au Tresor des Chart. Registre 101. Pieces 89. & 97.

*nostro in aliis, & alieno in omnibus jure salvo.* Datum Parisius, Anno Domini 1368. mense Aprilis, & Regni nostri 5.°

Sic sign. *Per Regem & Dalphinum, ad relacionem Consilii.* HENR. Clerici.

---

CHARLES V. au Château du Louvre, en Avril 1368.

Philippe VI. dit de Valois, à Vincennes, en Decembre 1328.

* Lugduni. *R.*

(*a*) Lettres qui portent que le Ressort du Siege de la Ville de Lyon, sera transferé de la Ville de Mascon, au Bourg de l'Isle-Barbe.

*KAROLUS, &c. Notum facimus universis tam presentibus quam futuris, Nos vidisse Litteras, quarum tenor sequitur in hec verba.*

*PHILIPPUS Dei gratia Francorum Rex: Notum facimus universis tam præsentibus quam futuris, quod cum dilecti nostri Cives & Habitatores Civitatis & Ville * Lugdunensis, Nobis duxissent supplicandum, ut cum ipsi in Villa Matisconensi, ab appellacionibus que ad nostram Audienciam apud Sedem Matisconensem emergunt à Sede Lugdunensi, aliisque casibus nostram Superioritatem tangentibus, consuevissent ressortiri; hujus modi que ressortum apud Matiscon. multipliciter grave & laboriosum tediosumque eis & dispendiosum existeret, Nobisque alteri ve minime prodesset, ut dicebant; Nos hujusmodi ressortum apud Locum Burgi (b) Insule-Barbare, prope Lugdunum, in Regno nostro constitutum, ibi perpetuo remanendum, statuere & ponere graciose vellemus; quod Nobis ipsisque supplicantibus & toti rei publice, esse utile asserebant. Nos hujusmodi supplicationi favorabiliter inclinare volentes, an si premissa faceremus, Nobis vel alteri propter hoc fieret prejudicium sive dampnum, & an Locus de Burgo Insule-Barbare predictus, insignis & aptus ad hoc existeret, per fide dignos fecimus perquiri veritatem: Audita igitur & diligenter examinata in nostro Consilio, premissorum inquesta, quia non est compertum per ea, Nobis aut alteri prejudicium propter hoc sive dampnum inferri; sed pocius fore utile; dispendiosis onerosisque & dampnosis laboribus dictorum Civium & Habitatorum obviare, eorumque paci & transquillitati ac quieti providere cupientes, ressortum prefatum omnium Causarum Appellacionumque à dicta Sede Lugdunensi emergi continget in futurum, omniumque aliorum casuum nostram Superioritatem tangentium, prout dicta Villa Matisconensi, retroactis temporibus ressortum hujusmodi teneri consueverat, habita super hoc prius magna nostri deliberacione Consilii, de speciali gratia auctoritateque nostra Regia & ex certa scientia, ad Locum Burgi predicti Insule-Barbare, qui Locus de Burgo aptus & insignis esse reperitur, ex nunc in antea perpetuo remansurum decernimus, statuimusque & ponimus per presentes; tollentes illud omnino à Civitate & Villa Matisconensi predicta; Judicemque ressorti & Causarum hujusmodi, & alios ad hoc neccessarios, prout in dicta Villa Matisconensi commorari consueverant, in dicto Loco Burgi, morari de cetero precipientes & volentes. Quod ut robur perpetue firmitatis obtineat, presentes Litteras Sigilli nostri fecimus impressione muniri.* Actum apud Vincennas, Anno Domini 1328. mense Decembr.

*Nos autem omnia & singula in prefatis Litteris contenta, rata & grata habentes, ea volumus, laudamus, approbamus & ratifficamus, ac de speciali gracia nostraque auctoritate Regia, tenore presentium confirmamus: volentes quod Cives & Habitatores supra*

NOTES.

(*a*) Tresor des Chartres, Registre 99. Piece 6 vingt 16.

Ces Lettres sont aussi dans le Memor. *E.* de la Chambre des Comptes de Paris, *fol.* 16 bis *vers.* [*Nota* qu'il y a 9. *fol.* de ce Registre cottez de suite 16. Celui où sont ces Lettres, est le dernier.]

(*b*) *Insule-Barbare.*] Le Bourg de l'*Isle-Barbe*, situé dans une Isle formée par la Saone, près de Lyon. Elle est celebre par une Abbaye très-ancienne qui y est bâtie. *Claude le Laboureur*, ancien Prieur de cette Abbaye, en a donné l'Histoire, sous ce titre: *Les Masures de l'Abbaye Royale de l'Isle-Barbe, ou Histoire, &c.* A la page 81. du *premier Volume*, il y parle du Bourg de l'*Isle-Barbe*; & *ibid.* p. 207. il est fait mention d'un Château bâti dans cette Isle. Dans la *Preface de ce même Volume*, on trouve que cette Isle s'appelloit anciennement *Insula-Barbata.*

*dicti, ressortum suum habeant ad Locum Burgi predicti Insule-Barbare, juxta prescriptarum Litterarum seriem & tenorem, totiens quociens Judex, aliique Officiarii & subditi nostri, ibidem tute accedere & stare secure poterunt. Quod ut firmum, (a) &c.* Datum in Castro nostro de Luppara, mense Aprilis, Anno Domini 1368. & Regni nostri quinto.

Sic signata. *Per Regem, in suis Requestis.* CHEVRIER. *Collatio facta est per me,* G. DE * VILLEM! *Visa.* G. DE VILLEM!

* Villemer, *Registre de la Cham. des Comptes.*

NOTE.

(a) La Clause qui est icy en abregé, est en entier dans le Registre de la Chambre des Comptes, en ces termes : *Quod ut firmum & stabile perpetuis futuris temporibus perseveret, presentibus Litteris nostrum fecimus apponi Sigillum.* Datum & actum in, &c.

---

CHARLES V. au Louvre près Paris, en Avril 1368.

## (a) *Lettres par lesquelles il est permis aux Habitans de Vermanton, de faire clorre & fortifier leur Ville.*

CHARLES, &c. Savoir faisons à tous presens & à venir, que ouye l'umble Requeste qui Nous a esté faicte de par les Bourgois & habitans de la Ville de (b) Vermenton, contenant que comme ladicte Ville, qui est assise en très bon païs & en grant vingnoble, où il a creu & croist chascun an, très grant quantité & nombre de bons vins & des meilleurs du païs, dont nostre bonne Ville de Paris & plusieurs autres de nostre Royaume, ont esté & sont garnies, soustenuës & avitaillées, soit grant & grosse Ville & notable, riche & bien ediffiée & aisiée à clorre, fortifier & fermer, & en laquelle il a plusieurs riches & souffisans personnes demourans & habitans; & pour ce, aïent desir & voulenté yceulx Bourgois & habitans, de faire faire ladicte closture & fortificacion à leurs [a] misses & despens; telement que de ci en avant, il y puissent eulx & leurs biens retraire, & estre demourans & habiter seurement, pour leurs vingnes estans ou [b] finage de ladicte Ville, & autres labours labourer & cultiver, pour tout le bien publique; & pour ladicte closture & fortificacion faire, afin que hastivement & le plustost que l'en pourra, elle puisse estre parfaite & acomplie, yceux Bourgois & habitans aïent voulenté & entencion de vendre à une foiz, jusques à certain temps, le disieme de tout le vin & grain à eulx appartenans, qui croistra durant le temps de ladicte vente ès dictes vingnes & au terrouer & finage de ladicte Ville & Parroisse de Vermenton, pour les deniers d'icelle vente, amploïer & convertir en ladicte closture & fortificacion : & comme sanz nostre licence & congié, ycelle closture & fortificacion ne puisse estre faicte; pour quoy il Nous ont fait humblement supplier, que sur ce leur veulliens eslargir nostre grace : Nous considerans les choses dessus dictes, & les grans pertes & dommages que les diz Bourgois & habitans ont euz & soustenuz en la prise du Fort de ladicte Ville, qui n'agaires a esté pris par les (c) Compaignes & ennemis de nostre Royaume, en laquelle prise les diz Bourgois & habitans se porterent loyaument, & firent leur devoir en le deffendant; desirans pour le bien publique & pour le proffit & utilité de la dicte Ville, des Bourgois & habitans d'icelle & de tout le Païs, & pour les causes dessus dictes, ycelle Ville estre close, fortifiée & fermée par la maniere que requis Nous a esté, ausdiz Bourgois & habitans avons ottroïé & ottroïons par ces presentes, de grace especial & certaine science, & de nostre auctorité Royal, que par le

a *Miss.* R.

b *territoire.*

NOTES.

(a) Tresor des Chartres, Registre 99. Piece 6 vingt 10. [130.]

(b) *Vermenton,*] nommé presentement *Vermanton*, Ville de la Bourgogne, dans l'Auxerrois, du Diocese & du Bailliage d'Auxerre. Voy. *le Dictionn. Univers. de la Fr.* au mot, *Vermanton.*

(c) *Compaignes.*] *Compagnies*, sur lesquelles voy. *le 3.e Vol. des Ord.* p. 435. Note *(d)*, & *la Tab. des Mat.* à ce mot.

CHARLES V. au Louvre, près Paris, en Avril 1368.

conseil, advis & deliberacion de nostre amé Hugues Bermant, Seigneur en partie de la dicte Ville, & des plus notables & souffisans personnes d'icelle, & autres du Païs en ce expers & congnoissans, il puissent comprendre & retenir de la dicte Ville, tele partie & quantité, comme bon leur semblera; eu regart & consideracion à l'enceinte & circuite de ladicte Ville, au nombre de gens que les diz Bourgois & habitans sont & pourront estre en icelle, & à toutes autres choses qui seront à advisier; & que la dicte partie ainsi elleüe & ordenée, il puissent faire clorre, fortifier & fermer de murs, fossez, portes & bastides, au plus proffitablement & par la meilleure maniere qui pourra estre fait; telement que elle puisse estre tenable & deffensable contre tous ennemis, qui ycelle vouldroient ou s'efforceroient de prendre ou assaillir; en abatant & faisant abatre pour ce faire, toutes maisons, granches, habitacions, arbres, jardins & autres choses quelconques qui seront * abatre, & qui seroient nuysables & pourroient empeschier à faire ladite closture & fortificacion: sauf & reservé que tout ce qui seroit nuisible, abatu ou condempné à abatre, pour le proffit d'icelle closture, soit estimé & prisié justement, & que du juste pris, satisfaccion soit faicte à ceulx à qui il appartendra, par les diz Bourgois & habitans: & voulons & Nous plaist, que la dicte Ville ainsi close & fortifiée, soit & demeure perpetuelement ville fermée, sanz ce que par nos Gens ou Officiers, aucun empeschement y soit mis de present ou pour le temps avenir, en aucune maniere. Si donnons en mandement par ces presentes, au Bailli de Senz, & à touz nos autres Justiciers & Officiers, ou à leurs Lieuxtenans, presens & avenir, & à chascun d'eulx, que lesdiz Bourgois & habitans facent & laissent joïr & user perpetuelment de nostre presente grace & octroy, ne contre la teneur d'icelle, ne les molestent, contraingnent ou empeschent ou sueffrent estre molestez, contrains ou empeschiez en aucune maniere. Et que ce soit, &c. sauf, &c. *Donné au Louvre lès Paris, l'an de grace 1368. & de nostre Regne le quint, ou mois d'Avril après Pasques.* *Visa.*

* à.

Ainsin sign. Par le Roy.

N. DE VEIRES.

---

CHARLES V. à Paris, en May 1368.

(*a*) *Lettres qui portent que la Baronie de Beaujeu, sera tenuë en foy & homage du Duc de Berry & d'Auvergne & Comte de Mascon, pendant sa vie seulement, ou pendant le tems qu'il sera Comte de Mascon; & que sous les mêmes restrictions, cette Baronie ressortira devant le Bailli de Mascon.*

CHARLES, &c. Savoir faisons à tous presens & avenir, que ja soit ce que Nous sachions certainement & Nous tiengnons plainement & certainement pour enfourmez, que nostre amé & feal le Seigneur de *(b)* Beaujeu & ses predecesseurs Seigneurs dudit lieu, aïent tousjours tenu & doïent tenir en foy & hommage de Nous & de noz Predecesseurs Roys de France, à cause de la Corone de France, toute la Terre & Baronie de Beaujeu, & laquelle est & toûjours a esté l'une des enciennes Baroniez de nostre Royaume; & aussi eux & leurs dictes Terrez & Baronie, les hommes, femmes & subgès de leur dicte Terre & Baronie, aïent ressorti & doïent de tout temps ressortir à Nous & à nos Predecesseurs Roys de France, & à

NOTE.

*(a)* Tresor des Chartres, Regisltre 99. Piece 232.

*(b) Beaujeu.]* Ville Capitale du Beaujolois, petite Province située auprès du Lyonnois. Voy. *le Dictionn. Univers. de la Fr.* aux mots, *Beaujeu* & *Beaujolois*.

Ce Seigneur de *Beaujeu* se nommoit *Antoine*, Sire de *Beaujeu* & de *Dombes*, qui mourut sans enfans, en 1374. Il estoit fils d'*Edoüard*, Sire de Beaujeu & de Dombes, Mareschal de France. Voy. l'*Hist. Geneal. de la Maison de Fr.* Tom. 6. p. 733.

La Maison de *Beaujeu* estoit très-illustre & très-ancienne: elle sortoit des Comtes de *Forez*, qui estoient issus des anciens Dauphins de Viennois. Voyez *ibid.* pp. 724. & 727.

noz

CHARLES V. à Paris, en May 1368.

noz Juges Royaux; senz ce qu'il ne les predecesseurs dudit Seigneur de Beaujeu, aïent entré, ne ses successeurs doient entrer en foy ne hommage d'autre Seigneur que de Nous & de nos successeurs Roys de France, à cause de la Corone de France; ne ressortir à cause de leur dicte Terre & Baronie de Beaujeu, ne leur dicte Terre ne subgez, à autre que à Nous & à noz successeurs Roys de France, à cause de la dicte Corone, à perpetuité, à vie ou à temps; ne que la dicte foy, hommage & ressort aïent esté, ne puissent ou doïent estre separés, en tout ne en partie, en maniere quelconque, soit à cause de partaige, [a] Appariage ou Doaire, qui ait esté ou soit fait ou constitué, ou qui se face ou constituë ou temps avenir, par Nous ou par noz predecesseurs ou successeurs Roys de France, à quelque personne que ce soit ou ait esté, soit du Sanc ou Lignage Royal, ou d'autre quelconques, à cause de vendicion, donacion, transport ou alienacion quelconques: Toutevoïez Nous avons volu & voulons, que ledit Seigneur de Beaujeu, de sa dicte Terre & Baronie, face foy & hommage à nostre très-cher & amé Frere le Duc de Berri & d'Auvergne & Conte de Mascon, & en demeure homme de foy de nostre dit Frere, durant la vie mortele d'icelli nostre Frere, & tant comme il demoura Conte de la dicte Conté tant seulement; & qu'il, à cause de sadicte Terre & Baronie, ses hommes & subgez d'icelle Terre & Baronie, ressortissent à nostre dit Frere, pardevant [b] sen Bailli de Mascon, durant le temps & terme dessus dis, senz ce que ce face ne porte prejudice ou dit Seigneur de Beaujeu, à sa dicte Terre & Baronie, ne à ses subgès, ne que l'en puisse dire, proposer, maintenir ne alleguer jamaiz ou temps avenir, que il, ses hoirs successeurs Seigneurs de Beaujeu, après la mort de nostre dit Frere, ou qu'il [c] delaissera estre Conte dudit lieu, puissent ne doïent entrer en foy ne hommage de la dicte Terre & Baronie, ne d'aucune partie d'icelle, d'autre Seigneur ou Dame que de Nous ou de noz successeurs Roys de France, ne que ledit Seigneur de Beaujeu, ses hoirs ou successeurs Seigneurs de Beaujeu, leur dicte Terre & subgez, puissent aussi ne doïent ressortir à autre Seigneur ou Juge, que à Nous ou à noz successeurs Roys de France, & à noz Juges Royaux, à perpetuité, à vie ne à temps, en quelque maniere que ce soit; & de la foy & hommage & du dit ressort senz moyen; retenu à Nous & à noz successeurs Roys de France, leur darrenier ressort & souverainneté, & à nostre Court de Parlement, avons quittié & quittons ledit Seigneur de Beaujeu, sa dicte Terre & subgès, durant la vie de nostre dit Frere, & que il demourra Conte dudit lieu tant seulement: & de nouvel avons ottroïé & ottroïons de nostre plaine puissance & auctorité Royal, certaine science & grace especial, se [d] mestier est, pour Nous & pour nos successeurs Roys de France, audit Seigneur de Beaujeu, pour li & pour ses successeurs & aïanz cause de ly Seigneurs de Beaujeu, perpetuelment & à tousjours, que jamaiz [e] autres foiz ledit Seigneur de Beaujeu, ses hoirs, successeurs ou aïanz cause de ly Seigneurs de Beaujeu, ne puissent & ne doïent faire foy ne hommage à perpetuité, à vie ne à temps quelconques, à autres Seigneur, Dame ou personne quele que elle soit, que à Nous ou à noz successeurs Roys de France; excepté tant seulement ceste fois, à nostre dit Frere, & à la vie d'icelli nostre Frere demourant Conte du dit lieu, comme dit est; & aussi que jamaiz à nul jour, ledit Seigneur de Beaujeu, ses hoirs, successeurs ou aïans cause de li, à cause de la dicte Terre & Baronie de Beaujeu, leur dicte Terre, hommes & subgez puissent ne doïent ressortir à autre Seigneur, Dame ou personne quele que elle soit, que à Nous & à noz successeurs Roys de France; ne que jamaiz ledit Fief & ressort puissent estre separés de la Corone de France, en tout ne en partie, à perpetuité, à vie ne à temps, soit à cause de partaige, d'Appanage, de Doaire, de donacion, vendicion, transport ou alienacion que l'en face ou constituë à Royne de France, à Enfans, Frere ou Neveu de Roy France ou d'autre personne, quelconques; se ce n'est pour ceste fois, à nostre dit Frere, à sen dit Bailli de Mascon, durant la vie de nostredit Frere estant Conte [f] di dit lieu tant seulement: & avons encore volu & ottroïé, voulons & ottroïons de la grace, puissance & auctorité comme dessus, audit Seigneur de Beaujeu, pour li, ses hoirs, successeurs ou aïans cause de li Seigneurs de Beaujeu, que s'il avenoit du-

a *Voy. le 4.e Vol. des Ordonn. p. 685. Not. (e).*

b *son.*

c *cessera.*

d *besoin.*

e *dans la suite.*

f *du.*

rant la vie mesmes de nostre dit Frere, que la Conté & Baillage de Mascon retournassent à Nous ou à noz successeurs Roys de France, par la demission, delaissement, cession ou transport de nostre dit Frere, ou autrement, que en icelli cas, la dicte foy, hommage & Fief, & ledit ressort retournent à Nous & à noz successeurs Roys de France, senz ce que jamaiz il puissent estre separés, en tout ne en partie, à perpetuité, à vie ne à temps, de la Corone de France, ne qu'il puissent jamaiz estre bailliez ne transportez à nostre dit Frere, ne à autre personne quelconques. Et que ce soit ferme chose, &c. sauf, &c. *Donné à Paris, ou mois de May, l'an de grace 1368. & de nostre Regne le quint.* Ainsy sign. Par le Roy. YVO. *Visa.*

---

CHARLES V. à Paris, en May 1368.

## (a) Lettres de Sauvegarde Royale pour le Doyen & Chapitre de l'Eglise de Poitiers.

*KAROLUS, &c. Notum facimus universis tam presentibus quam futuris, quod Nos ad Supplicationem dilectorum nostrorum Decani & Capituli Ecclesie Pictavensis, ipsos & eorum singulos, dum, quamdiu & quociens in Regno nostro existunt, unà cum ipsorum & cujuslibet ipsorum bonis, familiaribus,* * *hominibus de Corpore, si quos habent, rebus, bonis & possessionibus suis quibuscumque, in Regno nostro existentibus, ad ipsorum Decani & Capituli tuitionem & securitatem, nec-non Jurium suorum conservationem, in nostris & successorum nostrorum Francie Regum tuitione, protectione & salvâ gardiâ speciali, ex auctoritate nostra Regia & gratia speciali, suscipimus & ponimus in perpetuum, per presentes; & ex habundanti & ex uberiori gratia nostra, ipsis Decano & Capitulo, pro se eorumque familiaribus, hominibus de corpore, si quos habent, rebus, bonis & possessionibus suis predictis, infra dictum Regnum nostrum existentibus, Turonensem, Andegavensem & Cenomanensem Senescallos, aut eorum Locatenentes, modernos & futuros, in Gardiatores damus & constituimus speciales; quibus Gardiatoribus & eorum cuilibet in solidum, in Senescallia sua, tenore presentium committimus & mandamus, quatenus predictos Decanum & Capitulum ac eorum familiares quoscumque, ac homines de corpore, si quos habent, ab omnibus injuriis, violenciis, gravaminibus, oppressionibus, molestacionibus, vi armorum, potencia Laïcorum, ac aliis inquietacionibus & novitatibus indebitis quibuscunque, tueantur & defendant, & in suis justis possessionibus, franchisiis, Libertatibus, juribus, usibus & saisinis in quibus ipsos esse & eorum predecessores fuisse & esse ab antiquo pacificè invenerint, manuteneant & conservent; nec permictant in eorum aut familiarium suorum personas, vel in bonis suis quibuscumque, aliquas fieri seu inferri injurias, gravamina, aut aliquas alias indebitas novitates; quas si factas esse vel fuisse, in nostre presentis salve gardie specialis, & ipsorum Decani & Capituli prejudicium, invenerint, eas ad statum pristinum & debitum celeriter reducant seu reduci, & Nobis ac Parti propter hoc emendam fieri & prestari faciant; presentemque salvam Gardiam nostram, ubi, quando & quibus, pro parte predictorum Decani & Capituli, super hoc fuerint requisiti, publicent & faciant publicari; nec-non omnibus illis de quibus fuerint requisiti, ex parte nostra, ac sub certis penis magnis Nobis applicandis, inhibeant & faciant inhiberi, ne isdem Decano & Capitulo aut eorum familiaribus sive bonis suis quibuscumque ac hominibus de corpore, si quos habent, infra dictum Regnum nostrum, ut predictum est, existentibus, fore facere presumant: & si in casibus novitatum, inter predictos Decanum & Capitulum, & familiares ac homines suos de corpore, si quos habent, seu aliquos alios, racione bonorum suorum quorumcunque in dicto Regno nostro existentium, aliquod oriatur debatum, quod dictum debatum & res contenciosas, in manu nostra, tanquam superiori, ponant; & facta per ipsam manum nostram recredentia, per illum vel illos Judices nostros, per quem seu quos fieri debebit, illi ex dictis Partibus, cui de Jure & ratione fuerit facienda, Partes hujusmodi debatum vel debata facientes, ac eciam dicte*

* Espece de Serfs.

NOTE.

(a) Tresor des Chartres, Registre 99. Piece 224.

*nostre presentis salve gardie infractores & contemptores, & qui in contemptum ejusdem salve gardie nostre, predictis Gardiatoribus, vel eorum alteri Gardiatoris Officium faciendo & exercendo, injuriam fecerint vel offensam, sive qui eis vel ipsorum alteri, inobedientes fuerint aut rebelles, coram Judicibus nostris ad quos predictorum cognicio pertinere debuerit, adjornent, super hoc processuros & facturos quod fuerit rationis. Si vero predicti Decanus & Capitulum, aut aliqui ex eisdem seu suorum familiarium, ab aliquo vel aliquibus (a) assecuramentum habere voluerint, volumus & precipimus dictis Gardiatoribus, quod ipsi & eorum quilibet, adjornent, si opus fuerit, illum vel illos à quibus dictum assecuramentum habere voluerint, ad certos & competentes dies, coram Judicibus nostris ad quos pertinuerit dictum assecuramentum bonum & legitimum, juxta Patrie consuetudinem prestituros, prout fuerit rationabiliter faciendum: & pro premissis diligentius exequendis, deputent prefati Gardiatores vel eorum alter, predictis Decano & Capitulo, suis sumptibus & expensis, dum & quociens fuerint super hoc requisiti, unum vel plures servientes nostros, qui loco ipsorum Gardiatorum, omnia premissa & singula diligenter & fideliter faciant & exequantur; & generaliter faciant iidem Gardiatores & eorum quilibet, & ab eis vel altero ipsorum deputandi, omnia & singula que ad Gardiatoris specialis officium pertinent, ac possint & debent quomodolibet pertinere: omnibus Justitiariis & subditis Regni nostri, dantes hiis presentibus in Mandatis, ut prefatis Gardiatoribus & eorum cuilibet, ac ab eis vel altero ipsorum deputandis, in predictis & ea tangentibus, pareant efficaciter & intendant, prestentque auxilium, consilium & favorem, dum & quociens opus fuerit, & super hoc extiterint requisiti. Nolumus tamen quod servientes nostri in premissis deputandi, de hiis que cause cognicionem exigunt, se aliqualiter intromittant. Quod ut firmum, &c. nostro & alieno, &c.* Datum Parisius, mense Maii, anno Domini 1368.° Regni vero nostri 5°.

CHARLES V. à Paris, en May 1368.

Sic signata. *Per Regem, ad relacionem Consilii.* DOUHEM. *Visa.*

NOTE.

(*a*) *Assecuramentum.]* Voyez *la Table du 4.e Vol. des Ord.* au mot, *Assurement.*

---

CHARLES V. à Paris, en Mai 1368.

(*a*) Lettres qui commettent le Prevost de Paris, pour Juge & Gardien de l'Abbaye de Poissi, qui est sous la Sauvegarde Royale.

*KAROLUS Dei graciâ Francorum Rex. Universis præsentibus & futuris, Notum facimus quod cum per previlegia Regia, Religiosis mulieribus, Priorisse & Conventui Sororum Domus nostre Pissiacensis, Ordinis Predicatorum, in earum fundacione vel alias concessa, & de novo per Nos, post Regni nostri susceptum regimen, confirmata ac eciam ampliata, concessum extiterit quod ipse Sorores seu Procuratores aut alie Gentes ipsarum, non possent aut possint in Causam trahi, racione bonorum ad dictum Monasterium spectancium, coram quocunque Judice seculari, nisi coram Nobis aut successoribus nostris Francorum Regibus, seu coram aliquo alio à Nobis vel successoribus nostris Francorum Regibus specialiter deputatis; qui dictas Sorores bonaque mobilia & immobilia, ac homines & Gentes earum ab omnibus injuriis & violenciis, auttoritate Regia, manutenere, deffendere valeat & teneatur, eisdemque contra omnes & in omnibus casibus, faceret exhibere debitum Justicie complementum, cognicionem & decisionem omnium & singularum Causarum ad dictum Monasterium, agendo & deffendendo, quacunque occasione spectancium; necnon Gardiam Sororum ipsius Monasterii, hominumque & Gencium earumdem, ad Nos & successores nostros Reges Francie, seu ad Gentes Regii Parlamenti Par. vel alios per Nos seu successores nostros ad hoc specialiter deputatos vel deputandos, perpetuo retinendo; ita quod cognicionem & Gardiam supradictam non possemus aut possimus, nec possint aut*

NOTE.

(*a*) Liv. Rouge-vieil du Chastelet de Paris, *fol. 67. verso.*

CHARLES V. à Paris, en May 1368.

*poterint nostri successores à Nobis vel ipsis aliquatenus abdicare; eciam si terras & dominia in quibus sunt & erunt* [a] *sibi terre vel redditus quibuslibet titulis sive modis* [b] *assignatis, ad aliud dominium contingeret devenire; prout hec & alia in Litteris super hoc factis, vidimus plenius contineri: & ex parte predictarum Priorisse & Conventus, Nobis de novo fuerit supplicatum, ut Nos sibi Parisius, aliquem in Judicem & Gardiatorem suum deputare & committere vellemus; Nos earum ditte supplicacioni* [c] *beguiniter annuentes, Prepositum Parisiensem qui nunc est, & illos qui in futurum erunt Prepositi Parisienses, seu Locatenentes ipsorum, in perpetuos Judices & speciales Gardiatores earum, ordinavimus & deputavimus, tenoreque presencium, auttoritate Regia, perpetuo deputamus; Prepositis ipsis & eorum cuilibet vel eorum Locatenentibus, qui pro tempore fuerint, cognicionem & dicisionem omnium & singularum Causarum ad dictum Monasterium, agendo & deffendendo, spectancium, Gardiamque dittarum Sororum ac hominum & Gencium seu familiarium earumdem perpetuo committentes; concedendo* [d] *que coram alio vel aliis Judice vel Judicibus secularibus quibusvis, quacumque auttoritate fungentibus, non possint in Causam trahi seu ad judicium conveniri de cetero, quovisimodo seu quacumque de causa: volentes & ordinantes quod predittus Prepositus modernus, & alii successores ipsius in eodem officio Prepositi, seu Locatenentes ipsorum, possint quoscumque Regios Servientes vel alios Officiarios nostros & Successorum nostrorum, tot & tales quot & quales sibi bonum videbitur, committere, si & quociens super hoc fuerint requisiti, qui easdem & suos Procuratores, in suis justis possessionibus, juribus, usibus, franchisiis, Libertatibus & saisinis, in quibus eas esse earumque predecessores fuisse pacificè ab antiquo repererint, manuteneant & conservent, & ab omnibus injuriis, violenciis, gravaminibus, vi armorum, potencia laycorum, aut inquietationibus & novitatibus indebitis quibuscumque, tueantur & deffendant seu tueri faciant & deffendi: & si inter Partes, in casu novitatis, oriatur debatum, debato & rebus contenciosis ad manum nostram, tamquam Superiorem, positis, locisque de ablatis realiter & de facto ressaisitis, factaque recredentia, ubi & prout fuerit facienda, diem coram dittum Prepositum assignent Partibus, pro procedendo in casu novitatis hujusmodi, ut fuerit racionis; qui eciam eisdem Religiosis vel Procuratoribus suis, faciant & facere teneantur omnia & singula debita sua bona & legalia persolvi; debitores earumdem ad dictam solucionem faciendam compellentes, ut fuerit racionis; & in casu opposicionis, opponentes coram ipso Preposito adjornent; aliaque universa & singula faciant & facere possint, que ad officium* [e] *Gardiatoris possunt & poterunt quomodolibet perinere; quodque dittus Prepositus seu ejus successores, non permittat vel permittant predittas Religiosas vel earum Procuratores aut Gentes, racione bonorum ad dittam Ecclesiam spettancium, coram quocumque Judice seculari, nisi coram se dumtaxat, in Causam vel Causas trahi; ymo pro parte nostra, inhibeant vel inhiberi faciant omnibus Justiciariis, de quibus ex parte dittarum Religiosarum seu Procuratorum earumdem fuerint requisiti, ne de Causis vel aliis negociis earumdem, cognoscant seu se aliqualiter intromittant: Dantes hiis presentibus in mandatis omnibus aliis Justiciariis & Officiariis ac subditis Regni nostri quibuslibet ac cuilibet eorum, quatenus prefato nostro Preposito Parisiensi moderno, & aliis Prepositis Parisiensibus successoribus ipsius, eorumque Locatenentibus, in premissis & premissorum singulis, eaque quomodolibet tangentibus, necnon Gardiatoribus per eumdem Prepositum atque successores suos vel eorum Locatenentes, sepe factis Sororibus deputatis & deputandis, in omnibus ad Gardiatoris officium spectantibus, pareant efficaciter & intendant; salvo & reservato dittis Religiosis, de suis Causis in ditto Parlamento nostro prosequendis, dum eis placuerit, juxta dittarum aliarum Litterarum nostrarum seriem & tenorem, quibus, harum concessione, nolumus derogari aut aliquod prejudicium generari. Quod ut firmum & stabile permaneat in futurum, presentibus Litteris nostrum fecimus apponi Sigillum: nostro in aliis jure salvo, & in omnibus quolibet alieno.*

Datum Parisius, in Hospicio nostro Sancti Pauli, anno Domini millesimo trecentesimo sexagesimo ottavo, & regni nostri quinto, mense Maii.

Collacion faitte à l'original scellé à double queuë & en laz de soye, qui fu publié en Jugement ou Chastelet de Paris, le Lundi 10.e jour de Juillet, l'an 68. Ainsi signé en la marge. *Per Regem.* P. BLANCHET.

[a] sui *ou* suc.

[b] assignati.

[c] beniguiter.

[d] quod.

[e] Gardiator. *R.*

CHARLES V. à Paris, en Juin 1368.

## *(a) Reglement pour les Drapiers de la Ville de S.t Denis* en France.

CHARLES, &c. Savoir faisons à tous presens & avenir, que Nous avons ouy l'umble requeste de nostre amé & feal Conseillier, *(b)* l'Abbé de S.t Denis en France, contenant, que comme la closture de ladicte Ville de S.t Denis, eust & tenist trop grant ensainte, & tele que bonnement ne povoit estre tenuë ne gardee sanz trop grant nombre de Gens d'armez, & sanz très grans frais & missions, lesquelx ne [a] peussent soustenir ledit Abbé, ne les habitans d'icelle Ville; & pour ce aïons fait apeticier ladicte closture, & ycelle ordenée à fortifier & emparer; pour cause de laquelle fortificacion, ladicte Ville sera & demoura moult apeticiée, diminuée & dépopulée de Gens de mestier, especialement de Draperie; [b] supplie ledit Abbé humblement, par Nous sur ce lui estre pourveu de remede, & y elargir nostre grace : Nous considerans les choses dessusdictes, desirans l'utilité & acroissement d'icelle Ville, & pour honneur & reverence du glorieux [c] Apostole de France, Monf. S.t Denis, & des Sains Martirs ses Compaignons, desquelz les sains corps [d] en l'Eglise d'icelle Ville, auxquelz Nous avons en especial très grant devotion; attendans que ladite Ville & le siege d'icelle, est moult propice pour Draperie, & pour toutes autres euvres qui pevent appartenir audit fait de Draperie, par deliberation, avons ordené & ordenons par ces presentes, que toutes manieres de Gens qui sauront & vouldront faire draps ou autres euvres convenables de draperie, soit en laine, façon, lisiere, en la maniere accoustumée en ladicte Ville de S.t Denis, ou en autre quelconque maniere ou devise accoustumée ailleurs, de quelconque euvre dudit mestier que ce soit ou puisse estre, valable & convenable, soïent receuz en ladite Ville de S.t Denis, & y puissent demourer, ouvrer & y faire ledit mestier, de ci en avant perpetuelment, selon ce que bon sera, & que miex & plus proffitablement le sauront faire, & user de leurs marchandises appartenans audit mestier, sanz ce qu'il en puissent estre reprins en aucune maniere, de present ne pour le temps à venir; nonobstant que les euvres & marchandises de Drapiers & ouvriers de Draperie, qui draper & ouvrer y vouldront, soïent d'autre forme & maniere que celles ordenées & acoustumées en ladicte Ville, & que les poins, constitucions & coustumez des diz mestiers, dont l'en a acoustumé à user en ycelle Ville, n'y soïent tenus & gardez, ne quelconques Ordennances & coustumes escriptes ou non escriptes au contraire : & pour ce qu'il viengne à la congnoissance d'autres ouvriers de Draperie, Nous voulons & Nous plaist, que ces presentes soïent publiées en nostre Ville de Paris & ailleurs où [e] mestier sera. Si donnons en mandement par ces presentes, à tous noz Justiciers, Officiers & subgez, que de nostre presente Ordenance, laissent, facent & seufrent joïr & user paisiblement nostredit Conseiller, & ses successeurs Abbez, perpetuelment, sanz aucune chose faire ou souffrir estre faicte au contraire en aucune maniere : car ainsi le voulons Nous, & lui avons ottroïé & ottroyons par ces presentes, de grace especiale & certaine science, & de nostre auctorité Royal. Et que ce soit ferme chose, &c. sauf, &c. *Donné à Paris, ou mois de Juing, l'an de grace 1368. & de nostre Regne le quint.*

*Ainsy sign.* Par le Roy. N. DE VERRES.

a *peusf.* R.
b *Suppl.* R.
c *Apostre.*
d *represent.*
e *besoin.*

NOTES.

*(a)* Tresor des Chartres, Regiftre 99. Piece 285.

*(b) Abbé de S.t Denis.]* Il se nommoit *Guy II.* dit *de Monceaux.* Voy. *le Catal. des Abbez de S.t Denis*, qui est à la tête de l'*Hist. de cette Abbaye*, par *D. Felibien.*

CHARLES V. à Paris, en Juin 1368. & le 28. d'Avril 1367.

(a) Lettres qui portent que le Pain qui sera exposé en vente par les Boulangers de la Ville de Meaux, & qui ne sera pas bon & loyal, sera confisqué; mais qu'ils ne seront point condamnez à l'amende.

*KAROLUS, &c. Notum facimus universis presentibus pariter & futuris, Nos infra scriptas vidisse Litteras, formam que sequitur, continentes.*

A Touz ceulz qui ces Lettres verront & orront : Boniface Gace, Lieutenant ou Bailliage de Meauls, de noble homme & sage Monſ. Guillaume du Pleſſier, Chevalier, Bailli de Troyes & de Meauls : Salut. Les Lettres du Roy noſtre S. avons receuës, contenans la forme qui s'enſuit.

CHARLES par la grace de Dieu Roy de France : Au Bailli de Troyes & de Meauls, ou à son Lieutenant : Salut. Complains se sont à Nous les Boulengiers de la Ville & Marchié de Meauls, disans, que comme par vertu de noz Lettres autreffoiz par eulx empetrées, il vous euſt mandé que vous vous enfourmiſſiez de ce qu'il avoient donné à entendre, que de si lonc temps qu'il n'eſt memoire du contraire, euls & leurs devanciers ont usé & acouſtumé, quant noz Bailliz, Prevoſt ou autres Officiers, ont voulu visiter ou faire visiter le pain par eulx fait & cuit pour vendre, & les Visiteurs l'ont trouvé (b) petit & pou eſſuyé, conrée ou sechié ou autrement, tel qu'il fut digne d'eſtre condempné, de eſtre quicte d'Amende pour ce, & senz emporter pugnicion aucune; fors seulement perdre le pain qui eſtoit donné [a] pour Dieu, lequel eſtoit trouvé non souffiſant; & que ainsi en avoient-il usé & acouſtumé en noſtre bonne Ville de Paris, & en plusieurs autres lieux : laquelle informacion a eſté faicte; mais nonobſtant ycelle, sanz ce que vous leur aïez enteriné ne accompli leſdictes Lettres par euls empetrées, & senz ce que vous leur aïez dit se il ont prouvé les faiz contenuz en ycelles ou non, vous avez ordené que se leur pain eſt trop [b] petit, pou aſſuié, mal conrrée, ou tel qu'il ne soit pas digne de vendre, que il païeront sept sols & demi d'Amende; laquelle chose eſt contre la fourme desdites Lettres, & auſſi contre la Couſtume & usage anciens, & en leur grant grief, prejudice & domage, si comme il dient : pour ce eſt-il, que Nous de rechief vous mandons & eſtroitement enjoignons, que ladicte informacion vous preigniez, & se par ycelle vous trouvez que il aïent prové l'Usage & la Couſtume que il ont donné à entendre, que ycelles Lettres par eulx empetrées, vous enterinez & acompliſſez deuëment, selon & en la maniere que en ycelles eſt contenu, en lez tenant & gardant aux usages & Couſtumes anciennes, nonobſtant voſtre dicte darreniere Ordonnance que faicte avez dez sept sols & demi d'Amende, laquelle ou cas deſſusdit, Nous ne voulons que elle ait aucun effet; maix par cez presentes, la revocons & rapellons : lesquelles choses Nous avons octroyées & octroyons auſdiz Boulengiers, de grace especial. *Donné à Paris, le 28.e jour d'Avril 1367. & de noſtre Regne le quart. Et eſtoient leſdictes Lettres ainsi signées.* Par le Roy, à la relacion du Conseil. J. DE REMIS.

Par vertu deſquelles Lettres, & pour acomplir ycelles, Nous, à [c] requeſte des Boulengiers de Meaulx, dont leſdictes Lettres font mencion, ce requerant à grant inſtance, euſſionz priz & fait mettre en noſtre main, l'information qui autreffoiz a

a aux Pauvres.
b Voy. Note (b).
c la.

NOTES.

(a) Treſor des Chartres, Regiſtre 99. P. 7 vingt 12. (152).

(b) *Petit, &c.*] Pain *petit*, qui n'eſt pas de poids.

*Pain pou* (peu) *eſſuyé*; peut-eſtre du Pain qui n'eſt point aſſez cuit.

*Pain conrée* : Plus bas il y a : *mal conrée*, Ce mot signifie *appreſter, mettre en ordre*, il vient de *regere*, il signifie quelquefois : *Faire bonne chere à quelqu'un chez soy.* Voy. le Gloſſaire de *Du Cange*, au mot, *conrezare*. *Borel* au mot *Conroy*, dit que *conreer*, signifie *soigner*.

*Pain sechié*, apparem. du Pain trop cuit.

Il y a auſſi plus bas, le mot *pannechié*, sur lequel je n'ay rien trouvé.

esté faicte par Julis Flament nostre devancier, Lieutenant dudit Mons. le Bailli, & par Ychier de Bilors, lors & à present Procureur du Roy nostre S. ou Bailliage de Meauls, sur l'usage & Coustume dont lesdictes Lettres font mencion, & pour oïr droit par lesdiz Boulengiers sur ycelle informacion, leur eussions donné & assigné jour pardevant Nous, à ce present jour duy; [a] saichent tuit que yceulz Bolengiers comparans pardevant Nous, par Nous a esté dit & pronuncié, disons & pronunçons par notre Sentence & par droit, que, veu ladicte informacion faicte par nostredit Devancier & par ledit Procureur, de laquelle Nous avons recolé la plus grant partie, eu conseil & deliberacion sur tout ce, [b] à plusieurs sages, avecques ce qui Nous puet & doit mouvoir de raison, yceulx Boulengiers ont bien & souffisament prouvé l'usage & Coustume ancienne, dont mencion est faicte ès dictes Lettres Royauls cy-devant transcriptes, & ès autres premieres empetrées par eulx, dont il Nous est apparu; par vertu desquels, ladicte information a esté faicte, comme dit est. Si declarons & pronunçons que lesdiz Boulengiers demourront quictes d'ores en avant, ne ne seront tenuz de payer amende aucune, se leur pain est trouvé trop [c] petit, mal essuié ou mal courée ou pannechié; mais perdront leur paim seulement, qui non souffisant sera trouvé, comme dit est, & sera donné pour Dieu aus povres, par la main de cellui ou ceulx par qui ledit pain sera condempné ou jugié, toutesfoiz & quantes que li cas y escherra, senz ce que le Prevost de Meauls leur puisse demander ou faire faire autre Amende ou punicion pour celle cause. En tesmoin de ce, Nous avons mis en ces presentes nostre Scel, qui furent faictes & données le [d] Vendrede 14.e jour de May, l'an de grace 1367.

CHARLES V. à Paris, en Juin 1368. & le 28. d'Avril 1367.

*Quas quidem declaracionis, Sentencie seu pronunciacionis Litteras superius insertas, & omnia & singula in ipsis contenta, laudamus, ratifficamus & approbamus, ac eciam tenore presentium, de nostra speciali gratia & auctoritate Regia confirmamus; mandantes nichilominus earundem serie Litterarum, Baillivo ac Preposito nostris Meldensi, ceterisque Justiciariis & Officiariis nostris aut eorum Locatenentibus, presentibus & futuris, & eorum cuilibet, prout ad eum pertinuerit, quatenus prefatos Boulengarios dicte Ville nostre Meldensis, & eorum quemlibet, presenti nostra confirmacione seu immunitate de non solvendo emendam, occasione sui panis, aliter quam superius in dictis Litteris declaracionis exprimitur, juxta ipsarum Litterarum seriem, uti & gaudere pacifice faciant & permictant; ipsos deinceps in contrarium nullatenus molestando seu impediendo in corporibus sive bonis; sed si forsan aliquid contra premissa vel aliquod ipsorum, imposterum actum fuerit, vel aliter attemptatum, id ad statum pristinum & debitum reducant aut reduci faciant indilatè. Quod ut firmum, &c. salvo, &c.* Datum Parisius, anno Domini 1368. Regnique nostri quinto, mense Junii.

Sic signata. *Per Regem, ad relationem Consilii.* J. DE REMIS. *Visa.*
*Collatio facta cum Litteris superius insertis, per me.* [e]

[a] *sachent tous.*
[b] *avec.*
[c] *Voy. p. preced. Note (b)*
[d] *Vendredy.*
[e] Il n'y a point de signature.

---

CHARLES V. à Paris, le 21. de Juillet 1368.

(a) *Mandement aux Audiancier & Controlleur, portant qu'ils ayent à envoyer à la Chambre toutes Lettres scellées touchant Amortissements, Legitimations & Annoblissemens, avant que de les délivrer à personnes quelconques, à peine de payer par eux la finance qui en seroit dûë.*

MAISTRE Eustace de Mortent & vous Jehan de Colombes, noz Audiencier & Contrerouleur de nostre (b) Audience Royal à Paris. Comme Nous ja pieça par noz autres Lettres patentes, & pour les causes contenuës en icelles, eussions

NOTES.

(a) Memorial *D.* de la Chambre des Comptes de Paris, fol. 93. verso.

Avant ces Lettres il y a :

*Copie de l'Ordonnance faite par le Roy, de non dellivrer Lettres d'Amortissemens, Bourgeoisie, Legitimations & Annoblissemens, se elles ne sont passées & dellivrées par la Chambre des Comptes.*

(b) *Audience* ] Audience de la Chancellerie. Voy. la Table des Mat. du 4.e Vol. des Ord. aux mots, *Audience* & *Audiencier.*

CHARLES V. à Paris, en Juillet 1368.

ordenné & voulu toutes Lettres touchant Admortissemenz, Bourgoisies, Legitimacions & Anoblissemenz estre passées par nostre Chambre des Comptes, & pour ce païer & avoir finances, pour les convertir en certains noz usages, & vous eussions deffendu que telles & semblables Lettres vous ne delivrissiez aucunement aus Parties les requerant; maiz icelles envoissiez & feissiez apporter en nostredicte Chambre, pour en ordenner & icelles passer, selon nostredicte Ordenance, laquelle vous ne poez ignorer : Neantmoins vous ou aucun de vous, soubz ombre de certaines nos Lettres closes à vous adressanz, ou autrement de vostre volenté, avez, si comme Nous avons entendu, délivré n'agaires certaines Lettres d'Anoblissement touchant Maistre Jehan Pastourel & un sien Gendre, sanz les porter ou envoïer en nostredicte Chambre, ne autrement païer pour ce aucune finance; en venant contre nostre dicte Ordenance, & en anfraignant ycelle, dont il Nous desplait * forment, non pas sanz cause : Nous voulons & vous deffendons expressement, que doresenavant telles & semblables Lettres vous ne delivrez à personne quelconque, pour quelque mandement ou commandement que Nous vous en facions; maiz ycelles, sitost comme elles seront apportées, scellées en nostredicte Audience, faites apporter & envoïez en nostredicte Chambre des Comptes, pour les passer en icelle, & en ordener, si comme il appartendra : & ou cas que vous ferez le contraire, Nous voulons que les finances qui pour ce seroient & devroient estre requises & payées de toutes telles Lettres par vous ainsi renduës & delivrées, comme dit est, vous soïez tenuz de les Nous rendre & païer, & les feront recouvrer sur vous & vos biens, entierement. Si gardez chascun en droit soy, que en ce n'ait aucun defaut. *Donné à Paris, en nostre Hostel lez Saint Pol, soubz le Scel de nostre Secret, & pour cause, le 21.e jour de Juillet, l'an de grace 1368. & de nostre Regne le quint.*

* *fortement.*

*Ainsi signé.* Par le Roy. N. DE VERES.

---

CHARLES V. à Paris, en Juillet 1368. Louis X. dit le Hutin, à Paris, le 1. Avril 1315.

## *(a)* Ordonnance donnée à la requeste des Habitans du Languedoc, & contenant differents Reglements.

KAROLUS, *&c. Notum facimus universis tam presentibus quam futuris, Nos Litteras felicis recordacionis Domini Ludovici Franc. & Navarre Regis,* * *Andecessoris nostri, in filis sericis & cera viridi sigillatas, vidisse, formam que sequitur, continentes.*

*(a)* Il y a une marque d'abregé sur ce mot, peut-être *Antedecessoris.*

*(b)* LUDOVICUS *Dei gracia Francorum & Navarre Rex: Senescallo Bellicadri,*

NOTES.

*(a)* Tres. des Chart. Registre 99. P. 243.

*(b) Ludovicus.]* Ces Lettres de Loüis le Hutin, sont imprimées dans le premier Vol. des Ord. p. 553. Elles sont adressées au Seneschal de Perigord, & elles sont données à la Requeste *Consulum Montistuti*, de cette Seneschaussée. Il est dit dans ce premier Vol. p. 554. Notes *(b)* *(c)* & *(d)*, que cette Ordonnance fut envoyée aux Seneschaux de Carcassone, de Cahors & de Beaucaire, & aux autres Baillis & Seneschaux. La Copie de cette Ordonnance qui se trouve dans le Registre 99. est celle qui fut envoyée au Seneschal de Beaucaire, à la requeste des Consuls d'Alais & d'Anduse. A la reserve du préambule, jusqu'au mot, *videlicet*, elle est entierement conforme à celle qui est imprimée dans le premier Vol. des Ordon. Quoique la Copie qui est dans le Registre 99. soit remplie de fautes, & qu'il y manqué même quelques lignes, elle servira cependant à faire quelques legeres corrections dans l'Ordonnance imprimée dans le premier Vol.

Dans l'Art. 3. du I. Vol. des Ord. il y a *in feodum vel homagium.* Il y a mieux dans le Registre 99. *in fedem [ fidem ] vel homagium.*

Dans le premier Vol. des Ord. art. 11. on lit : *penam* cuilibet *à Nobis* generose *remitti.* Dans le Registre 99. il y a mieux : *penam* civilem *à Nobis* graciose *remitti.*

L'art. 19. qui est dans le I. Vol. des Ord. jusqu'au mot *Mandantes*, & qui regarde la Ville de Toulouse, n'est point dans le Reg. 99.

La formule de la fin de cette Ordonnance, qui est dans ce Registre, est differente de celle qui est dans le I. Vol. des Ordon. Il y a dans ce Registre : *In cujus rei testimonium, Sigillum quo ante susceptum regimen Regni Franc. utebamur, presentibus duximus apponendum. Actum, &c.*

&

*& omnibus Judicibus & Justiciariis nostris quibuslibet Senescallie ejusdem: Salutem. Subditorum nostrorum transquillitatem,* [a] *indempnacionem eciam & quietem, totis procurare viribus Nobis ex debito incumbere arbitrantes, totisque affectibus, tam pro predictis quam futuris temporibus, quantum Juri & Justicie ingruerit, subvenire eisdem, ac eciam ubi expedierit, gracie munificenciam exhibere. Porrectis itaque Nobis, ex parte Consulum Universitatis habitancium Villarum de (a) Alesto & de Andusia, & aliarum Universitatum, Castrorum, Villarum & Locorum* [b] *Lingue Occitane, supplicationibus inclinati; Videlicet, &c.*

CHARLES V. à Paris, en Juillet 1368.

Loüis X. dit le Hutin, à Paris, le premier Avril 1315.

*Quas quidem Litteras suprascriptas, omniaque & singula in eis contenta, ad humilem supplicationem dilectorum nostrorum Consulum de Alesto, & aliorum in supradictis Litteris expressorum, rata & grata habentes, ea volumus, laudamus, approbamus, & de speciali gracia, nostraque certa sciencia & auctoritate Regia, tenore presentium confirmamus; mandantes Senescallo nostro Bellicadri & Nemausi, ceterisque Justiciariis & Officiariis nostris, qui nunc sunt aut qui pro tempore erunt, aut eorum Locatenentibus, quatenus dictos supplicantes, & alios quos nostra presens tangit gratia, de ipsa gratia uti & gaudere pacifice faciant & permittant sine difficultate quacumque, ipsasque Litteras & contenta in eis, de puncto ad punctum faciant, teneant & observent, ac teneri & observari faciant; contradictores & rebelles ad hoc viis & Juris remediis compellendo. Quod ut firmum, &c. Salvo, &c.* Datum Parisius, anno Domini 1368. & Regni nostri quinto, mense Julii.

Sic signata. *Per Regem, in suis requestis.* AUQUETIL. BLOND. *Collacio facta cum originali.* AUQUETIL.

Rasura [c] & auctoritate Regia, in quarta linea à fine, facta est de precepto Domini Cancellarii nobis facto, & ita rasura in originali ibidem. DE MONTAGU. PARVI.

[a] indempnitatem premier *Vol. des Ordon.*
[b] Languedoc.
[c] ex.

NOTE.

*(a) Alesto & Andusia. ] Alais*, Ville Capitale des Cevennes, dans le bas Languedoc, au pied des Montagnes des Cevennes, au bord du Gardon. Voy. le *Diction. Univ. de la Fr.* à ce mot. Il y est dit qu'*Alais* se nomme en latin *Alesium, Aleusia, Alesiæ.*

*Maty* dans son Dictionaire Geograph. dit qu'elle se nomme en François *Alets, Ales, Alais*, & en Latin *Alesia*. Voy. sur *Alestum* le *2.e Vol. des Ordon. p. 103. Notes (c) & (d) & le 3.e Vol. p. 691. col. 1. & 2.*

*Andusia, Anduze*, Ville des Cevennes, dans le bas Languedoc, Diocese d'Alais. Voy. le *Diction. Univ. de la Fr.* au mot, *Anduse.*

---

(*a*) Diminution de Feux pour Crusy.

CHARLES V. à Paris, en Juillet 1368.

*KAROLUS, &c.*

*CUMQUE facta quadam Informacione, virtute Litterarum nostrarum, & aliarum Regiarum, in loco de (b) Crudio, Vicarie Bitterr. Senescallie Carcassone, super vero numero Focorum modernorum in dicto loco de Crudio nunc existentium, per dilectum & fidelem nostrum Johannem de Villanis, Militem, Vicarium Bitterr. Commissarium in hac parte deputatum; vocato, &c.*

*Repertum fuerit, quod in dicto Loco de Crudio, sunt de presenti & reperiuntur nonaginta duo Focci, secundum traditam instruccionem super hoc prelibatam: Nos vero, &c.*

*Quod ut firmum, &c. salvo, &c.* Actum Parisius, mense Julii, anno Domini 1368. & Regni nostri 5.°

*Informacio de qua superius fit mencio, est in dicta Camera, & ponitur cum aliis similibus, prout est ordinatum.*

Sic signata. *Per Consilium existens in Camera Compotorum Paris.* P. DE CHASTEL.

NOTES.

*(a)* Tres. des. Chart. Reg. 99. P. 8 vingt 5. [165.] Voyez *cy-dessus, p. 30. Note (a).*

*(b) Crudio. ]* Le R. P. D. Vaissette m'a marqué que ce lieu se nomme maintenant, *Crusy*, & qu'il est du Diocese de S.t Pons.

CHARLES V.
à Paris, en Juillet 1368.

## (a) Diminution de Feux pour plusieurs Lieux.

*KAROLUS, &c.*

*In Villis & Locis Bajulie (b) Saltus, Senescallie Carcassone, inferius nominatis, per Magistrum Bernardum Textoris, repertum fuerit, quod in Villis seu Locis dicte Bajulie Saltus, sunt de presenti & reperiuntur 443. Focci, secundum traditam super hoc Instruccionem prelibatam; videlicet, in loco de* [1] *Bellocadro, 47 Focci; in loco de* [2] *Amorto, 40; in loco de* [3] *Camurato, 18; in loco de* [4] *Connistio, 16; in loco de* [5] *Monte-piero, 4; in loco de* [6] *Tombalerano, 6; in loco de* [7] *Ruppefolio, 36; in loco de* [8] *Spezello, 19; in loco de* [9] *Gebetz, 17; in loco de* [10] *Masubic, 18; in loco de* [11] *Galhinagis, 10; in loco de* [12] *Redonia, 35; in loco de* [13] *Fontaynis, 7; in loco de* [14] *Capraria, 12; in loco de* [15] *Gavaussaco, 3; in loco de* [16] *Scolobrio, 25; in loco de* [17] *Bosqueto, 8; in loco de* [18] *Saumayraco, 2; in loco de* [19] *Serrabove, 4; in loco de* [20] *Besseda, 18; in loco de* [21] *Honato, 16; in loco de* [22] *Munasio, 7; in loco de* [23] **Joterio, 12; in loco de* [24] *Ampliquo, 4; in loco de* [25] *Belloforti, 12; in loco de* [26] *Planzolio, 5; in loco de* [27] *Bellovisu, 7; in loco de* [28] *Spangero, 1; & in loco de* [29] *Marsano, 25 Focci. Nos vero, &c. Mandantes Senescallo & Receptori nostris Carcassone ac Bajulo Saltus, ceterisque, &c. ut in aliis.* Datum ut sup. *Signata ut alie.*

* Voy. la Not. (a).

### NOTES.

(*a*) Tresor des Chartres, Registre 99. P. 490.

Voyez *cy-dessus, p. 30. Note (a).*

C'est au R. P. D. Vaissette, Religieux Benedictin, que je dois la connoissance des noms modernes des lieux dont il est parlé dans ces Lettres. Le P. D. Vaissette a restitué quelques-uns de ces noms qui estoient très-mal écrits, très-difficiles à lire, & quelquefois corrompus.

Au n.° 23. il y a assez bien écrit dans le Registre *Joterio.* D. Vaissette croit qu'il faut corriger, *Jocono.*

Il y a apparence que la date de ces Lettres, qui n'est qu'indiquée dans le Registre, est la même que celle des Lettres qui les precedent dans ce Volume, & qu'elles sont du mois de Juillet 1368.

(*b*) *Saltus.* ] Sault, Pays qui fait partie du Diocese d'Alet.

1. Belcaire.
2. Aniort.
3. Camurac.
4. Comuz.
5. Monpier.
6. Tombaleran.
7. Roquefel.
8. Espezel.
9. Gibés.
10. Masubi.
11. Galinhargues.
12. Rodome.
13. Fontanes.
14. Cabrieres.
15. Gavaussac.
16. Escouloubre.
17. Bousquet.
18. Saumagrac.
19. Serrebeuf.
20. Bessede.
21. Honat.
22. Munez.
23. Jocou.
24. Aplet.
25. Belfort.
26. Planzol.
27. Belvis.
28. Spanget.
29. Marsa.

---

CHARLES V.
à Paris, le 7. d'Août 1368.

## (a) Lettres qui portent qu'il sera establi un Controlleur dans chacune des Receptes du Languedoc; qui reglent leurs fonctions; & qui nomment le Controlleur de la Recepte de Toulouse.

*CAROLUS Dei gratia Francorum Rex: universis præsentes litteras inspecturis: Salutem. Cum nostra ac Reipublicæ utilitate pensata, per Consilii nostri declarationem, ordinaremus, quod in qualibet Recepta nostra ordinaria* [a] *Linguæ Occitanæ; videlicet Tolosæ, Carcassonæ & Bellicadri, sit de cætero ex parte nostra, unus Contrarotularius*

a Languedoc.

### NOTE.

(*a*) La Copie de ces Lettres a esté envoyée de Montpellier, avec cette indication: *Du n.° 2. Armoire 1. folio 25 & 26.*

Il a esté envoyé du même endroit, une au-

CHARLES V. à Paris, le 7. d'Août 1368.

*cum quolibet Receptore dictarum Receptarum, sine quo [a] Contrarotulore, Receptor non poterit nec debebit tradere [b] Firmas Receptæ suæ, nec facere aliquam receptam vel expensas, tam de [c] ordinariis quàm de extraordinariis Receptæ suæ, sine presentia ejusdem [d] Contrarotulatoris; qui Contrarotularius registrabit in libris & papyris suis, omnia quæ recipientur & solventur de dicta Recepta tam ordinaria quàm extraordinaria, capitulis & locis suis, prout fuerit faciendum; ac in qualibet quittantia, quam dictus Receptor faciet (a) de sic per eum recipiendum, idem Contrarotularius apponet contra signum suum manuale, in modum majoris certitudinis: qui quidem Contrarotularius tenebit libros & scripta quos & quæ fecerit super facto dictarum Receptarum; & quidquid super hoc factum fuerit, remittere tenebitur fideliter inclusum sub ejus sigillo & signo manuali, in Cameram nostram Compotorum Parisius, in fine cujuslibet anni, ad faciendum de hoc collationem cum compotis ordinariis Receptæ de qua fuerit Contrarotularius, prout fuerit faciendum. Cumque audita fide dignâ relatione facta dilectis & fidelibus Gentibus nostris dictorum Compotorum nostrorum, de fidelitate, diligentia & idoneitate Magistri [e] Bernardi de Bordis, Notarii Tolosæ, notum facimus, quod Nos ipsum Bertrandum facimus, constituimus & ordinamus Contrarotularium Receptæ nostræ Tolosæ; cui Bertrando potestatem concedimus exercendi illud Officium, juxta nostræ presentis Ordinationis tenorem, ad vadia Centum Librarum Turonentium, per annum, quamdiù dictum Officium modo prædicto exercebit, super dicta Recepta habendorum & percipiendorum: mandantes harum serie, Senescallo nostro dictæ Senescalliæ Tolosæ, aut ejus Locumtenenti, quatenùs, visis presentibus, dictum Bertrandum in dicto [f] Contrarotulatoris Officio, instituat ex parte nostra; & ne [g] aliquid per nostram presentem Ordinationem, per ignorantiam vel aliàs, fraudare valeat, hujusmodi Ordinationem nostram, in omnibus locis consuetis dictæ Senescalliæ, ubi fuerit faciendum, proclamari & publicari diligenter faciat: præcipiendo Receptori nostro ibi, cæterisque quorum intererit, quod istam Ordinationem firmiter teneant; inhibendoque, [h] ne quis eorum in contrarium quidquid attemptare presumat, cum [i] incurratione quod si aliquis contrarium facere præsumpserit, illud ex nunc nullius valoris esse volumus; & mandamus Receptori prædicto, presenti aut qui pro tempore fuerit, quatenus dicta vadia dicto Bertrando persolvat terminis consuetis, quamdiù dictum Officium modo præmisso exercebit; quæ sic soluta, in ipsius compotis, per dictas Gentes nostras Compotorum nostrorum, sine difficultate allocabuntur. In cujus rei testimonium, præsentibus Litteris nostrum fecimus apponi Sigillum.* Datum Parisius, die 7.ª Augusti [k] 1368. & Regni nostri quinto.

Et estoient ainsi signés. *Per Consilium existens in Camera Compotorum Parisius, in quo vos Gentes Compotorum & Thesaurarii eratis.* P. Du Chastel.

a Contrarotulario 2.e *Copie.*
b Fermes.
c ordinario quam de extraordinario 2.e *Copie.*
d Contrarotularii 2.e *Copie.*
e Bertrandi, 2.e *Copie.*
f Contrarotularii 2.e *Copie.*
g aliquis.
h eisdem, 2.e *Copie.*
i Intimatione, 2.e *Copie.*
k Anno Domini, 2.e *Copie.*

NOTES.

tre Copie, avec cette indication: *Seneschaussée de Toulouse en general, Arm. C. 3.e liasse des Actes ramassez, n.o 1. folio 25. verso.* Elle est plus défectueuse que la premiere.

Dans cette 2.e Copie avant les Lettres du Roy, il y a:

*A tous ceux qui ces Lettres verront: Hugues * Aubrier, Garde de la Prevosté de Paris: Salut. Savoir faisons, que Nous, l'an de grace mil ccclxviij le Venredy xj jour d'Aoust, veismes une Lettre du Roy nostre Seigneur, seellées de son grant Seel, contenant la fourme qui sensuit.* Il y a dans la Copie (*alinea.*)

(*a*) *de sic*] Ces mots sont ainsi écrits dans les deux Copies, & paroissent corrompus; à moins qu'on ne veuille dire que *sic* est pris icy pour un substantif, & alors il faudra corriger: *recipiendo;* & cela signifiera, ce qu'il recevra de cette maniere.

* Il faut corriger, *Aubriot.*

---

CHARLES V. à Paris, le 18. d'Août 1368.

## (*a*) *Mandement pour augmenter le prix du Marc d'Or.*

CHARLES par la grace de Dieu Roy de France: A noz amez & feaulx les Generaulx-Maistres de noz Monnoyez: Salut & dilection. Nous, pour certaine

NOTE.

(*a*) Registre *D.* de la Cour des Monnoyes, fol. six-vingt-seize *recto.* Avant ces Lettres il y a: *Lettres de huit solz de cruë au Marc d'Or.*

CHARLES. V. à Paris, le 18. d'Aoûst 1368.

cause, vous mandons & commandons, que tantost & sans delay, ces Lettres veuës, vous faciez donner en noz Monnoyes de Paris, Roüen, Sainct Quentin, Troyes, Dijon, Châlon, Mascon, Sainct-Pourcein, Tours & Angiers, à tous Changeurs & Marchans frequentans icelles, de chascun marc d'Or fin, qui sera apporté en icelles, huit solz Tournois de creuë, outre le pris que Nous y donnons à present: Ainsi auront pour marc d'Or fin, soixante-deux livres dix-huit solz Tournois: & de ce faire, vous donnons povoir à vous & à chascun de vous. Si gardez que en ce n'ait deffault. *Donné à Paris, le 18.e jour d'Aoust, l'an de grace 1368. & de nostre Regne le quint.* Et estoit ainsi signé. *Par le Conseil estant en la Chambre des Comptes.* DY. REGIS.

---

CHARLES V. à Paris, en Aoûst 1368.

(a) Lettres qui portent, que les Commissaires du Roy ne pourront tirer les habitans de la Ville & de la Viguerie de Narbonne, hors du territoire de cette Ville & Viguerie, pour juger les procez de ces habitans; si ce n'est dans les affaires où le Roy aura interest.

*KAROLUS, &c. Notum facimus universis tam presentibus quam futuris, Nobis pro parte dilectorum & fidelium nostrorum Consulum Ville Narbone, humiliter expositum extitisse, quod cum antiquitus per certos Reformatores seu Commissarios Regios, ordinatum extiterit, & post modum per Predecessores nostros Reges Francie, confirmatum, quod in Senescallia Carcassone, forent duo [a] Consistoria; unum videlicet, in Curia Carcassone, & aliud in Curia Biterris, in quibus seu eorum altero, quicumque Commissarii Regii in dicta Senescallia quomodolibet deputati, Causas quascunque suarum Commissionum, tenere & [b] decedere haberent, ac eciam [c] declarate in Senescallia supradicta, & non alibi: à quo quidem tempore dictarum Ordinacionum (b) quicumque Commissarii quarumcumque Causarum Ville & Vicarie antique Biterren. antequam Vicaria nostra Narbon. per Arrestum Curie nostre Parlamenti dudum disjungeretur & separaretur, nullum habitatorem Ville & Vicarie antique Biterren. predictarum, ab eisdem, suarum Commissionum vigore, extrahebant; sed in dicto Consistorio Curie nostre Biterr. jam dicte, de eisdem cognoscebant, & determinabant easdem: nunc vero per Arrestum predictum, sit dicta Vicaria nostra Narbonen. à dicta Vicaria antiqua Biterren. perpetuo totaliter separata & disjuncta; & per idem Arrestum, debet gubernari atque regi, modo & forma quibus dicta Biterren. Vicaria regebatur & gubernabatur: Nos hiis attentis, eisdem Exponentibus, pro se & aliis Universitatibus & habitatoribus Ville & Vicarie nostre Narbone predicte, de nostris auctoritate & plenitudine Regie potestatis & de speciali gratia, concedimus ac eciam ordinamus per presentes, ut quemadmodum in dicta Vicaria Biterren. dum continebat vel in se includebat dictam Vicariam Narbone, & antequam dicte Vicarie forent ad invicem separate, ut premittitur, & disjuncte, fiebat & erat solitum observari, eodem modo fiat & observetur in dicta Vicaria Narbone; videlicet, quod deinceps nullus Commissarius Regius, vel alius cujusquam auctoritatis, status, preeminentie vel condicionis existat, in quibuscumque Causis, negociis sive factis, habitatores quoscumque Ville & Vicarie nostre Narbone predictarum, quarum quidem Causarum, negociorum vel factorum, utraque pars sit de dictis Villa & Vicaria Narbone; dum tamen non tangat vel concernat Nos, vel Procuratorem nostrum pro Nobis seu jus nostrum, habitatorem Ville vel Vicarie nostre Narbone predicte, possint adjornare vel trahere seu inquirere extra Villam & Vicariam nostras Narbone predictas, vigore suarum Commissionum predictarum; sed in eisdem Villa & Vicaria Narbone, cognoscant, diffiniant*

[a] Auditoire, lieu où l'on rend la Justice.

[b] decidere.

[c] declarare.

NOTES.

(a) Tresor des Chartres, Registre 102. Piece 267.

(b) Il y a là un mot écrit en abregé qu'on n'a pû déchiffrer: il y a *ccc* ou *ttt* avec une marque d'abbreviation. Cela pourroit faire *circiter*.

*vel determinent de eisdem: Mandantes Senescallo Carcassone, Vicarioque & Judici Narbone, ceterisque Justiciariis nostris seu Locatenentibus eorumdem, necnon Officiariis & Commissariis quibuscumque, quavis auctoritate deputatis seu deputandis, quatenus dictos Exponentes & habitatores Ville & Vicarie nostre Narbone predictarum, & eorum quemlibet, nostra presenti concessione, gratia & Ordinatione uti pacificè faciant & gaudere; inhibendo eisdem & eorum cuilibet, ne contra ipsius tenorem, ipsos vel eorum aliquem habeant molestare, impedire quomodolibet vel vexare; sed quicquid in contrarium factum vel attemptatum repererint, revocent, adnullent & ad statum pristinum & debitum reducant, revocarique, anullari, & ad statum pristinum & debitum reduci faciant indilatè. Quod ut robur obtineat perpetuum, Litteris presentibus nostrum fecimus apponi Sigillum: Salvo in omnibus Jure nostro ac eciam alieno.* Actum & datum Parisius, anno Domini 1368. Regni autem nostri quinto, mense Augusti.

CHARLES V. à Paris, en Août 1368.

Sic signata. *Per Regem, ad relacionem Consilii, in quo vos eratis.* MONTAGU. *Contentor. *Visa.*

* Voy. la Table des Mat. du 4e & du 5e. Vol. des Ord. *à ce mot.*

---

(a) Lettres qui contiennent differentes Commissions données sur le fait des Francs-Fiefs & des Amortissements.

CHARLES V. à Paris, en Août 1368. & le 29. de Novembre 1364.

Jean Comte de Poictiers, Fils & Lieutenant du Roy Jean, dans le Languedoc, à Ville-neuve-lez-Avignon, le 17. de Decembre 1358. & à Toulouse, le 2. de Juillet 1359.

Jean I. ou selon d'autres, Jean II. à Paris, le 16. d'Avril 1361.

*KAROLUS, &c. Notum facimus presentibus & futuris, Nos, ad supplicationem dilectorum nostrorum Abbatis & Conventus Monasterii (b) Bone-Combe, Ruthenensis Diocesis, Litteras infrascriptas, sanas & integras, non cancellatas aut abolitas, sed omni vicio & suspicione carentes, ut prima facie apparebat, vidisse, formam que sequitur, continentes.*

*Universis presentes Litteras inspecturis. Jordanus Morandus, Commissarius super facto Feudorum nobilium & Amortizacionum, in Senescallia Tholosensi & Albiensi, auctoritate Regia deputatus, cujus Commissionis tenor sequitur in hec verba.*

*JOHANNES Regis Francie [a] Filius, ejusque Locumtenens in [b] Lingua Occitana circa Ripariam Dordonie, Comes Pittavensis: dilecto nostro Jordano Maurando, Locumtenenti Receptoris Tholose, dicti Domini Genitoris nostri: Salutem. Fide dignorum relatione didicimus, quod in Senescallia Tholose & ejus ressorto, plures sunt per [c] plebes populares innobiles, Universitates & Ecclesiasticas personas, possessiones & redditus acquisiti in nobilibus Feudis & Retro-feudis, Censivis & Retrocensivis & Allodialibus, & aliis, de quibus plures & diverse debentur financie dicto Domino Genitori nostro, que nundum levate sunt & exacte; de quibus magnum dicto Domino Genitori nostro sequeretur comodum: Nos igitur, juri dicti Domini Genitoris nostri providere volentes, Vobis, de cujus fidelitate & industria plenè confidimus, non revocando alios Commissarios ad hoc deputatos, committendo mandamus, quatenus de & super predictis financiis factis & faciendi, [d] intendentis, financiasque hujusmodi concordetis & recipiatis nomine ipsius Domini Genitoris nostri, juxta Ordinaciones Regias, prout Vobis videbitur faciendum; nec non possessiones & redditus de quibus tenebuntur (c) finare ad manum dicti Domini Genitoris nostri, ponatis & teneatis, & teneri seu poni & explectari tamdiu faciatis, quousque dicte persone de predictis vobiscum, nomine dicti Domini Genitoris nostri, [e] financias fecerint competentes: proviso tamen, quod id quod ex ipsis financiis exigetur, Thessaurario dicte Senescallie Regio, assignetur & levetur per eumdem, dictoque*

a Fils du Roy Jean.
b Languedoc.
c *fort.* plures.
d intendent. *R.* intendatis.
e finan.... competent. *R.*

NOTES.

(a) Tresor des Chartres Registre 99. P. 248.

(b) *Bone-Combe.*] Bone-Combe, de l'Ordre de Cîteaux. Voy. *Gall. Christ. primæ edit. Tom. 4. p. 178. col. 2.* *Raymundus* en estoit Abbé en 1368. Voy. *ibid. secundæ edit. Tom. 1. p. 253. art. 19.*

(c) *finare.*) Ce mot qui est écrit en abregé, est très-douteux. *Finare*, payer une finance dans *Du Cange.* On pourroit lire aussi, *financiare.*

*Domino Genitori nostro applicetur; appellationibus, recusacionibus, cavillationibus & diffugiis quibuscunque nonobstantibus: nichilominus omnes habentes informationes, aut alias quascunque scripturas factum predictum tangentes, ad tradendas vobis easdem, (a) Preture viribus, & si necesse fuerit, captione personarum compellentes & compelli facientes: Ab omnibus autem dicti Domini Genitoris nostri atque nobis subdittis, vobis & deputandis à vobis, pareri volumus & intendimus.* Datum Ville-Nove prope Pontem Avinion. 17a. die Decembr. anno Domini 1358. *Per Dominum Locumtenentem, ad relationem Consilii.* J. LOCU.

JOHANNES *Regis Franc. Filius, ejusque Locumtenens in Partibus Occitanis, Comes Pittavensis: Dilectis nostris Magistro Vitali de Nogareto, Judici Verduni, & Jordano Maurandi: Salutem. Cum ad nostri noticiam pervenerit, quod in pluribus & diversis locis Senescallie Tholose & Albigesii, facte fuerint plures acquisitiones & fieri sperantur, per innobiles, à Nobilibus, & per Personas Ecclesiasticas, ratione legatorum factorum pro Capellis & aliis Monasteriis, seu Personis Ecclesiasticis, & Consulatibus, seu aliis personis, de quibus financia debetur Domino Genitori nostro; & quamvis alias mandatum & commissum extiterit, quod de omnibus acquisitionibus hujusmodi, vos informaretis & financias concordaretis;*[a] *nichilominus, pro eo quod alii Commissarii fuerint per Nos similiter ad predicta deputati,*[b] *tacito de commissione vestra, in hujusmodi negotio seu commissione procedere ulterius obmisistis, in juris Regii retardacionem; quod nobis displicet: Quocirca de probitate & diligentia vestris plenam fiduciam ab*[c] *ex parte gerentes, vobis & cuilibet vestrum in solidum, committendo mandamus, quatenus de hujusmodi acquisitionibus factis & faciendis in Senescalliis Tholose & Albigesii predictis, & ejus ressorto, per vos seu deputandos à vobis, informetis; & extimationes fructuum seu bonorum acquisitorum per innobiles, à Nobilibus, seu Personas Ecclesiasticas, faciatis seu fieri faciatis; & bona predicta, modo premisso acquisita, sub manu Regia ponatis & teneatis ac teneri faciatis, quousque financiatum fuerit pro acquisitis predictis; & financias occasione premissa debitas, concordetis, & (b) faciatis*[d] *juxta Ordinaciones Regias super hoc editas: & pro expeditione premissorum, Notarios quosque, & alias personas habentes instrumenta, testamenta, Protocolla seu alias scripturas ad hoc neccessarias & oportunas aut utiles, pro hujusmodi negocio seu commissione complenda, ad*[e] *exhibendum vobis & copiam tradendum, capcione bonorum, & Officii interdictione, ac personarum suarum arrestacione, & aliis juris remediis quibus poteritis, viriliter & debitè compellatis seu compelli faciatis: ceteraque omnia ad predicta neccessaria, seu eciam oportuna, faciatis seu fieri faciatis: Mandantes Bajulis & servientibus, & aliis subditis dicti Domini Genitoris nostri, ut vobis & vestrum cuilibet, in premissis eorumque circumstanciis & dependentibus ex eisdem, pareant & intendant. Nos autem quoscunque Commissarios alios super hoc deputatos revocavimus, & tenore presentium revocamus; & eisdem inhibemus, ne de cetero de premissis se intromictant; sed informationes & alias scripturas, si quas habent super premissis, vobis & deputandis à vobis, tradant absque difficultate quacumque: & si aliqui sint rebelles seu inobedientes vobis in premissis seu aliquo premissorum, ipsos puniatis civiliter, taliter quod aliis à cetero transeat in exemplum. Et quia ex parte Procuratoris Reg. Generalis Senescallie predicte, Nobis fuit significatum, quod aliqui alii, tam Notarii quam Commissarii, qui se intromiserunt de faciendo financias predictas, eas fecerunt minùs perfectè, computando bladum ad minus quam deberent, & aliter, imperfectè, in prejudicium juris dicti Domini Genitoris nostri, ideo vobis & vestrum cuilibet*

[a] Mot en abregé & douteux.
[b] Sans avoir fait mention.
[c] ea.
[d] Mot abregé & douteux.
[e] exhibend..... tradend. *R.*

## NOTES.

(a) *Preture viribus.*] Je crois que cela signifie, que les Juges ordinaires, à la requisition des Commissaires, décerneront des contraintes contre les dépositaires de ces Actes. Le Prevost de Pont-Orson est nommé Preteur. Voyez le 4.e *Volume des Ordonnances*, page 640. Article XVIII.

(b) *faciatis.*] Le regime de ce mot, est *financias*, qui est plus haut. Il paroist par différents endroits de ces Lettres, que l'on disoit, *facere financiam*, pour signifier, *lever de l'argent.* On dit encore aujourd'huy dans le stile familier, *faire de l'argent.*

*in solidum, eciam committimus & mandamus, quatenus de predictis omnibus vos informetis, & omnes illas quas inveneritis modo premisso factas, reparetis taliter, quod dictus Dominus Genitor noster habeat id quod indè habere debet; frivolis appellationibus ac Litteris in contrarium subrepticiè impetratis seu eciam impetrandis, nonobstantibus quibuscumque.* Datum Tholose, sub nostro parvo Sigillo, die 2ª. Julii, anno Domini 1359. *Per Dominum Locumtenentem, ad relationem Consilii, in quo Domini Comes* [a] *predicti, (a) Cancellarius Pictavensis & plures alii erant.* ASCELIN.

CHARLES V. à Paris, en Août 1368.

a predictus.

JOHANNES *Dei gratia Francorum Rex: dilectis nostris Magistro Vitali de Nogareto, Clerico & Judici nostro Verduni, & Jordano Maurandi, Commissariis super facto Feudorum nobilium & Admortizacionum in Senescallia Tholose & Albiensi, per dilectum & carissimum Filium nostrum Johannem, tunc Comitem Pictavensem, & nostrum Locumtenentem in lingua Occitana, deputatis: Salutem & dilectionem. Quia ex parte Procuratoris nostri Generalis dicte Senescallie, Nobis extitit significatum, quod aliqui se dicentes* [b] *Commissarii in facto Feudorum Nobilium & Admortizacionum Senescallie predicte, hactenus deputati, se intromiserunt de hujusmodi commissione, qui plures & diversas fecerunt & concordaverunt financias, minus perfectè computando vinum & bladum censuale, & alios Census, redditus & deveria, nobis indè racione dictarum financiarum, debita & pertinentia, ad minus, & in debiliori moneta quam deberent, & aliter imperfectè, preter & contra Ordinaciones, seu Instructiones Regias, super predictis editas & factas; licet hujusmodi financias bladorum, vinorum & redditum aliorum quorumcunque, nobis debitorum & pertinentium, computare deberent in & de moneta seu valore monete; videlicet, marcha Argenti, pro 60.* [c] *solidis Turonensibus,* [d] *quo valebat anno & die, quibus dicte Ordinaciones seu Instructiones de & super predictis, fuerunt facte & ordinate, in grande prejudicium & juris nostri lesionem: Nos autem super predictis providere volentes, mandamus vobis, & vestrum cuilibet in solidum, & prout alias commissum extitit, committimus quatenus, juxta alias traditam vobis formam per Litteras dicti Filii nostri, & Instructiones seu Ordinationes nostras super predictis editas (b) noviter, vobis per fideles Gentes nostras Curie Compotorum Par.* [e] *traditas, fideliter & diligenter super predictis procedatis, prout in Litteris dicte commissionis continetur; ac financias quascunque minus perfectè factas, secundum dictas Ordinaciones seu instrucciones, & in valore marche Argenti non computatas, & Nobis non solutas, reparetis; & quos ad hoc teneri noveritis, prout in debitis nostris est fieri consuetum, compellaris seu compelli faciatis; taliter super predictis vos habentes, quod jus nostrum servetur illesum; aliis vero Commissariis in dicta Senescallia ad premissa deputatis, revocatis, quos eciam per presentes revocamus; Nosque ab omnibus Nobis subditis, vobis & vestrum cuilibet, & deputandis à vobis, in premissis & ea tangentibus, pareri volumus & jubemus; appellacionibus, recusacionibus, diffugiis, opposicionibus frivolis, ac Litteris in contrarium sub quavis verborum forma impetratis vel impetrandis* [f] *subrepticie, nonobstantibus quibuscunque.* Datum Parisius, die 16ª. Aprilis, anno Domini [g] 1301. *Per Dominos Compotorum Par.* P. BRIARR.

b Commissar. R. Commissarios ... deputatos.

c S. T. R.
d quos.

e Voy. note (c).

f subreptic.
g 1361.

(c) KAROLUS, &c.

Datum Parisius, die 29. Novembr. anno Domini 1364. *Per Regem, ad relacionem*

NOTES.

(a) *Cancellarius Pictavensis.* ] Seroit-ce un Chancelier que le Prince Jean eut, à cause du Comté de Poictiers qui luy avoit esté donné en Appanage! Je n'ose pas l'assûrer, faute d'exemples semblables dans ces temps-là.

(b) *Noviter.* ] Comme il n'y a point de virgules dans le Regiftre, on ne peut connoître si *noviter* se rapporte à *editas* qui precede, ou à *traditas*, qui est plus loin.

(c) Ces Lettres sont redigées dans les mêmes termes que les precedentes du Roy Jean, à l'exception qu'en parlant du Comte de Poictiers, il y a *Fratris*, au lieu de *Filii*; & qu'après ces mots des Lettres du Roy Jean, *Curie Compotorum Par. traditas*, il y a dans celles de Charles V. *& aliis de quibus vobis liquebit.* [Voy. la note (e) margin.]

CHARLES V. à Paris, en Août 1368.

Continuation des Lettres de Charles V. de 1368.

*Consilii, in quo vos & Radulphus de Insula Thesaur. eratis.* A. DE LAR.

*(a) Salutem & presentibus dare fidem. Cùm per informacionem, &c.*

*Nos igitur supra scriptas Litteras, & singula in eisdem contenta, rata & grata habentes, ea volumus, laudamus, approbamus, ac de gracia speciali, tenore presentium confirmamus: Mandantes dilectis & fidelibus Gentibus Compotorum nostrorum Par. ceterisque Commissariis & Justiciariis Regni nostri, aut eorum Locatenentibus, presentibus pariter & futuris, ac cuilibet eorumdem, prout ad eum pertinuerit, quatenus supra nominatos Abbatem & Conventum Bone-combe, & eorum Successores, nostra presenti gratia, pacificè faciant* & gaudere absque impedimento aut contradictione quibuscunque; ipsos in contrarium nullatenus molestando vel molestari quomodolibet permittendo: quidquid secus fuerit attemptatum, ad statum pristinum & debitum reducendo. Quod ut firmum, &c. Salvo, &c.* Actum Parisius, anno Domini 1368. & Regni nostri quinto, mense Augusti.

* uti.

Sic signata. *Per Regem, ad relacionem Consilii.* FERRICUS. *Collacio facta est cum Originali.* FERRICUS. *Visa.*

NOTE.

*(a) Salutem, &c.]* On trouve ensuite des Lettres de *Jordanus Maurandus*, Commissaire sur le fait des Francs-Fiefs & Amortissemens; mais comme elles ne regardent que l'Abbaye de Bonne-Combe en particulier, elles ne sont point de nature à entrer dans ce Recueil.

---

CHARLES V. à Paris, en Août 1368.

## (a) *Sauvegarde Royale pour la Maison des Chartreux de Paris.*

CHARLES par la grace de Dieu Roy de France. Savoir faisons à tous presens & avenir, que Nous desirans de tout nostre cuer, les personnes de Religion qui sont ordonnées à servir Nostre Seigneur Jesus-Christ en nostre Royaume, especialement ceulz de l'Ordre de Chartreuze; auquel Ordre Nous avons especial devotion, estre maintenus & gardez avecques tous leurs biens & familiers, en paix & en transquillité, pourquoy ilz puissent mieulz & plus devotement vacquier & entendre au service de Dieu, auquel ilz se sont donné; A la supplication de nos bien amez le Prieur & Couvent de (b) Valvert près de Paris, dudit Ordre de Chartreuze, qui sont de tout temps en la Sauvegarde Roïal, iceulz d'abundant avons prinz & prenons, mis & metons de grace especial & de nostre certaine science, avecques tous leurs biens quelz qu'ils soïent & ou que ilz soïent assiz en nostre Royaume, que il ont à present & que ilz acquerront loïalment ou tems avenir, tous leurs familiers & Serviteurs, Religieux & Seculiers, en & soubx nostre protection & Sauvegarde especial, & de nos successeurs Roys de France, pour y estre & demourer perpetuelment; & leur avons commiz, donné & député, commetons, donnons & députons de nostre dicte grace, nostre Prevost de Paris present & avenir, ou son Lieutenant, leur Juge en toutes leurs causes meuës & à mouvoir contre quelconques personnes, en demandant & en deffendant: par ainsi toutes voies que pource, il ne puisse aucun faire convenir pardevant ledit Prevost ou son Lieutenant, de plus loing de Paris que vint lieües: & aussi voulons & commetons ledit Prevost ou son Lieutenant, estre leur gardien especial, pour yceulz Religieux, leur Esglise en chief & en membres, leurs familles, leurs gens, possessions, granches, terres, prés, bois, vingnes, justices, cens, rentes & revenus quelques que elles soïent, & à eulz appartenans en quelque maniere que ce soit, maintenir & garder par lui ou par autres, en leurs justes possessions, franchises, libertez, droiz, Coustumez, usages, previleges & saisines, & pour eulz deffendre de par Nous, de toutes injures, violences, griefs,

NOTES.

(a) Livre Rouge vieil du Chastelet de Paris, fol. 56. *verso.*

(b) Voyez le quatrieme Vol. des Ordon. p. 11. & Note (b).

oppressions,

oppressions, inquietacions, molestacions, de forces d'armes, de puissances de lays, & de toutes nouvelletez indeuës, quelles que elles soïent : & se il y a débat en cas de nouvelleté entre les Parties sur les choses contencieuses, de mettre ycellui débat en nostre main comme souverainne, & à faire par ycelle nostre main, recréance là & si comme il appartendra ; & pour faire païer auxdiz Religieux ou à leur certain commandement, leurs cens, rentes, disimes & revenus, & toutes autres leurs debtes bonnes & loïaulz, recongnuës ou prouvées par lettres, tesmoings, instrumens ou autres loïaulz ensengnemens, que il lui apparra estre deuës auxdiz Religieux, de quelconcques personnes nos Subgez demourans à Paris, & environ jusques à vingt lieuës, en contraingnant ad ce yceulz debteurs, par la prinse, venduë & explettation de leurs biens, & detention de leurs corps, se obligez y estoient : & se aucuns de leurs debteurs se vouloient opposer au contraire, nostre main souffisaument garnie, là, & si comme il appartendra deuëment, pour faire adjourner pardevant soy ou sondit Lieutenant, en nostre Chastellet de Paris, lesditz opposans & toutes autres personnes, tant en demandant comme en deffendant, pour aler avant pardevant lui, tant sur lesdictes opposicions, débas ou questions, comme sur lesdictes debtes, si comme il sera à faire de raison, pour en faire sur les choses dessus dictes, les Parties oyes, bon & brief acomplissement de Justice : & voulons que nostredicte Garde especial, il face publier par tous les lieux où il verra qu'il appartiengne, à la requeste desditz Religieux ou de leurs gens ; & en signe de nostredicte Sauvegarde especial, face mettre nos (*a*) Pennonceaulz Roïaulz, ès maisons, granches, possessions & autres biens desdiz Religieux, là où * mestier en sera, afin que nulz ne se puisse excuser de ignorance ; & intime & deffende de par Nous, à toutes les personnes dont il sera requis de par les diz Religieux, que à eulz, à leur famille, à leurs gens, à leur Esglise en chief & en membres, à leurs terres, cens, rentes, revenuës ne autres biens quelconcques, ne ou qu'ilz soïent, presens & avenir, il ne meffacent ou facent meffaire en aucune maniere, sur certainne painne à appliquier à Nous : & pour faire & acomplir plus diligemment de point en point, les choses dessus dictes & chascune d'icelles, Nous mandons & commetons audit Prevost de Paris, present & avenir, ou à son Lieutenant, que il, toutesfoiz que mestier en sera, députe auxdiz Religieux, un ou deux personnes convenables, à leurs despens : les quelz & chascun d'eulz, Nous voulons de nostre grace dessus dicte, que il aïent, quant à faire & exercer les choses dessus dictes & chascune d'icelles, tout povoir d'office de Sergent : toutesfoiz Nous ne voulons pas que ilz se entremetent en aucune maniere, de chose qui requiere congnoissance de Cause : & Nous donnons en Mandement à tous nos Justiciers & Subgez, que audit Prevost de Paris, present & avenir, ou à son Lieutenant, & audit Sergent ou Sergens députez de par lui, quant aux choses dessus dictes & à celles qui en deppendent, obéissent & entendent diligemment. Et pource que ce soit ferme & estable à tousjours, Nous avons fait mettre nostre Seel à ces Lettres : sauf en autres choses nostre droit, & en toutes l'autrui. *Donné à Paris, ou mois d'Aoust, l'an de grace mil trois cens soixante & huit, & de nostre regne le quint.*

CHARLES V. à Paris, en Août 1367.

* *besoin.*

*Ainsi signé.* Par le Roy. P. MICHIEL. *Visa.*

*Collacion faitte à l'original desdictes Lettres scellées en las de soïe & cire vert, qui furent publiées en Jugement ou Chastellet de Paris, le Lundi 20.e jour de Novembre, l'an mil trois cens soixante & quatorze, si comme il estoit escript au dos d'icelles.*

NOTE.

(*a*) *Pennonceaulx.*] Voyez *la Table des Matieres des Volumes des Ordonnances*, au mot, *Sauvegarde.*

CHARLES V. à Neelles en Vermandois, le 5. de Septembre 1368.

*(a) Ordonnance par laquelle la Commune de la Ville de Douay, est retablie; & qui contient differents Reglements pour cette Commune.*

CHARLES, &c. Savoir faisons à touz presens & avenir, que comme pieça, pour ce que les Eschevins de nostre Ville de Douay, pardevant lesquielx Jehan Rayne Bourgois, & pour le temps Eschevin de la dicte Ville, estoit trait en Cause & accusé par nostre Bailly de la dicte Ville, d'avoir usé de fausses mesures en sa marcandisse de grain, faisant condempnement ledit Jehan à estre pendus & mourir; depuis une appellacion faite de par li & en son nom, sur certains griefs que l'en maintenoit li avoir esté fais ou procès de la dite Cause, laquelle appellation fut depuis relevée, & adjournement empetré en nostre Court de Parlement, & executé par Lambert Rayne, Fils, & Jehan de Ferri, Gendre dudit feu Jehan, contre les diz Eschevins qui avoient fait ledit Jugement, & intimation faite à Maistre Pierre de Rely, lors Procureur de la dite Ville; & pour ce aussi, que les Eschevins qui succederent ou dit Eschevinage, après les autres dessus nommez, & aussi le Corps & Communauté d'icelle Ville, desavoüerent iceulx precedens Eschevins, & ledit Maistre Pierre lors Procureur d'icelle Ville, comme dit est, en ce qu'il avoient fait ou procès, jugement & condempnation dessus diz, eust esté dit par Arrest de nostre dite Court, donné & prononcié le dix-huitiéme jour de Juillet mil trois cens soixante six, que lesdiz Lambert & Jehan comme appellans, estoient à recevoir ou fait dudit appel, & y furent receus, & que bien avoient appellé, & lesdiz premiers & enchiens Eschevins mal jugié, & que lesdiz Eschevins qui lors estoient, & le Corps & la Communauté de ladicte Ville, ne povoient [a] desvoüer ledit Maistre Pierre de Rely, lors leur Procureur, & que pour ce desavoüement, n'estoient pas delivrés; & pour [b] su condempné ladicte Ville, entre les autres choses, à perdre à perpetuité toute Justice, Loy, Eschevinage, Corps & Communauté d'icelle, avec les appartenances & appendances quelconques; & ycelle justice, Loy, Eschevinage, Corps & Communauté, appartenances & appendances, confisquiés à Nous, si comme ce & autres coses sont plus à plain contenuës ou dit Arrest; & depuis le jour & temps dessus diz, Nous les aïons tenus & faiz gouverner en nostre main, comme à Nous appartient, jusques à hores, paisiblement: Nous, à la supplication de nostre amé & feal Chevalier & Conseiller, le Seigneur *(b)* Dodenhm, considerans qu'il n'a pas esté trouvé, que lesdiz Eschevins premiers feissent ledit jugement pour faveur ou hayne, ou par corruption ou autre mauvaistié quelzconques, & que à grant patience & humilité ont souffert l'execution dudit Arrest, comme vrais subgés & obeïssans; & aussi [c] parmi siz mille francs d'or, qu'il ont payé à nostre commandement & ordennance, leur avons rendu & delivré, de nostre auctorité Royal, grace especial & certaine science, rendons & delivrons par la teneur de ces Lettres, leur dicte Justice, Loy, Eschevinage, Corps, Communauté, appartenances & appendances quelconques, à Nous confisqués, comme dit est, à tenir & exercer par eulx, & leurs successeurs Bourgeois & habitans de ladicte Ville, perpétuellement & à tous jours, par les manieres, conditions & moderations que chi après s'ensuivent.

*Premierement.* Pour la reformation de ladite Loy, & création de l'Eschevinage de la dicte Ville de Doüay, seront ensemble mis ès Eglises des Paroisses, les bonnes gens d'icelles, au matin, la journée que l'en devera [d] recréer l'Eschevinage [e] dedans

a *desavoüer.*
b *ce.*
c *moyennant.*
d *creer de nouveaux Eschevins.*
e *lorsqu'on sonnera la cloche.*

NOTES.

*(a)* Tresor des Chartres, Registre 99. Piece VIII^xx XVIII. (178.)

*(b) Le Seigneur Dodenhm.]* C'est sans doute celui qui avoit possedé les premieres charges de l'Estat sous les Regnes du Roy Jean & de Charles V. & qui leur avoit rendu de grands services, soit à la guerre, soit dans le Gouvernement de differentes Provinces. Il avoit esté fait Mareschal de France en 1351. & vers 1367. il donna sa demission de cette Charge. Voyez l'*Hist. Geneal. de la Maison de Fr.* Tom. 6. p. 751.

CHARLES V. à Neelles en Vermandois, le 5. de Septembre 1368.

une Cloche sonnée, qui sur ce sera ordonnée; laquelle Cloche commencera à sonner, [a] tantost la Cloche des Ouvriers du matin, sonnée, & sonnera jusques à heure de Prime sonnant en l'Eglise saint Pierre; & pour ce que aucuns ne s'en puisse ygnorer, sera fait cry publique, le jour precedent que ce se devera fere, par la Ville, de quarreffour en quarreffour.

II. *Item.* Que lesdictes personnes desdites Paroisses, à ladicte heure, mises ensamble en leur dicte Eglise, prandront & essiront entre eux, jusques au nombre de onze personnes; c'est assavoir, ceulx de saint Pierre, ceux de saint Jaqueme, de Notre-Dame, de saint Nicolas & de saint Aubin, cascun deux personnes; & ceus de *(a)* saint Amet, une personne; lesquelles onze personnes seront nommées Esleeteurs, pour prendre & eslire jusques au nombre de douze personnes, en la Ville, pour estre Eschevins, & gouverner la Loy de la Ville, [b] l'année.

III. *Item.* *(b)* Que ladite Election desdites onze personnes devront avoir fait ceulx desdites Paroisses, & amené en *(c)* Hale, pardevers notre Bailli de ladicte Ville, & pardevers les Eschevins qui ce jour devront [c] issir, [d] dedens la cloce du disner sonnée de ladicte jornée; & avec lesquelz Esleuz, [e] venront quatre personnes du moins, de la Paroisse dont ilz seront, qui d'iceulx feront certification & présentation ausdiz Baillis & Eschevins; & lesquelz Esleuz, avant qu'il se partent des Eglises, juront, main levée contre les Sainz, qu'il ne receveront parole, escripture, *(d)* avoiement d'autrui, pour aucun faire Eschevin.

IV. *Item.* Que lesdictes onze personnes ainsi esleuës, amenées & presentées, comme dit est, & dedens ladite heure, ainsi que fait doit être, jurront sur Sains, & par leurs foiz [f] solennelment, es mains dudit Bailli, que bien & loyalment il prendront & esliront en ladicte Ville, douze personnes; c'est assavoir, les neuf demeurans au lieu que l'en dit deçà l'eauë, & les autres trois, delà l'eauë, pour exercer le fait de l'Eschevinage, & gouverner la Loy de la Ville, le terme d'un an, & prendront pour ce faire bonnes personnes, Bourgeois de la Ville, sur les estas & conditions chi après [g] declairiez; & ausi six *(e)* personnes, pour prendre garde sur les mises & despenses qui se feront en la Ville celle année.

V. *Item.* Que ces onze personnes ainsi prises, esleuës, admenées & sermentées, seront mises en la Halle, en lieu fermé, duquel il ne porront ne devront issir ne widier, jusques à tant que il aïent priz & esleuz les douze Eschevins; neuf deça l'eaue, & trois, de [h] l'eaue comme dit est; & devront celle election avoir faicte & conclute, dedens mie-nuit de celle journée, au plus tart.

VI. *Item.* Et s'il étoit ainsi, que aucuns des Paroissiens qui devront estre esleuz, ne venissent par la maniere & dedens l'eure dessus declairiée, pardevers le Bailli, pour faire serement à eslire les Eschevins; pour ce ne demourra mie que ceulz qui venu seront, & qui à ce seront sermentez, ne puisse & doïent ainsi bien faire ladite Election, comme se tous y fussent: & se different avoit entre lesdiz Electeurs, pour la creation du Eschevinage, si doit & devra passer & valoir ce, où la plus grant partie d'iceulx se assentira.

VII. *Item.* Devront avoir & auront les Eschevins, ceus d'ença l'eauë, & ceulz de la, [i] autele voix, povoir & vertu, en touz cas de Loy & d'Eschevinage, & dependences, & autant lez uns comme lez autres: & à leur creation, devront estre sere-

[a] aussitost que.
[b] pendant.
[c] sortir de charge.
[d] avant que la cloche soit sonnée.
[e] viendront.
[f] solen. R.
[g] declair. R.
[h] là.
[i] telle, semblable.

NOTES.

*(a) S.t Amet.]* Ce nom est très-douteux, & l'on ne peut assurer que la premiere lettre soit un *A.* Il y a eu un *S.t Amet*, Abbé dans la Lorraine. Voy. *le Vocabulaire Hagiolog. de l'Abbé Chastelain*, qui est à la teste du *Dict. Etymolog. de Menage.*

*(b) Que.]* Il y a là quelques mots corrompus ou obmis; mais le sens est clair.

*(c) Hale.]* L'Hostel de Ville. Voy. *le 4.e Vol. des Ordonn.* p. 649. & Not. *(c).*

*(d) Avoiement.]* Ce mot peut signifier, *message.* On trouve dans *Borel, avoier, mettre en chemin.*

*(e) Six personnes.]* Ce sont celles qui sont ordinairement nommées, *Conseillers de Ville*, dans les Lettres de Commune. Dans plusieurs des articles suivants, il est parlé du *Conseil de la Ville*, qui estoit sans doute, composé de ces *six personnes.*

CHARLES V. à Neelles en Vermandois, le 5. de Septembre 1368.

mentez, comme en tel cas appartient à faire, par le dit Bailli; & se il ou son Lieutenant n'estoit en la Ville, ou il fust ainsin, que lesdiz Electeurs ou Eschevins par eulx [a] pris, [b] serementez ne voulsist, ce faire pourront lez Eschevins qui [c] se jour yseront: & en jugement, devra la miendre partie des Eschevins, [d] ensuir la graingneur.

VIII. *Item.* Pourront estre [e] criées & appellées oudit Eschevinage, touz preudommes & bonnes personnes, Bourgeois de la Ville, usant & chevissant de bonnes loyaux marcheandises, de quelques conditions qu'il soient, nez en loyal mariage; en ce [f] entendu & conditionné, que touz jours en devront estre les deux pars du mains, non [g] clers.

IX. *Item.* Et si ne pourront oudit Eschevinage, estre ensamble deux qui soient Freres ou [h] Serourges ou Cousins-Germains l'un à l'autre, ne plus prochains en sanguinité, ne aucunnes personnes ensemble, dont li uns ait espousé la fille de l'autre.

X. *Item.* Et s'il est aucuns qui soit hors de la Ville, au jour de la création de l'Eschévinage, & il soit appellez ou nommez comme Eschevin, par lesdiz Electeurs, pour ce ne sera yl mie forcloz ne deboutez de l'Eschevinage, se il revient en le Ville, pour faire le serment, & le facent par la maniere dessus dicte, dedens les huit jours prochains ensuivans du jour de ladicte election; mais y sera & demourra, comme s'il eust esté à la premiere journée, en le Ville: & ou cas que ceulx ainsi denommez, ne reveinront par la maniere dicte, dedens yceux huit jours, prendre porront & devront ceux qui seront pour ce temps jurez comme Eschevins, en lieu de celui ainsi absçent, esleu, une autre personne comme Eschevin, de telle condition, comme celli ainsi pris par les Electeurs, sera.

XI. *Item.* Et s'il est aucun qui soit une année Eschevin; car plus durer ne devera chascun Eschévinage, estre ne le poet, pourra ne devra, jusques au [i] tierche an prochain ensuivant, du jour que dudit Eschevinage sera [k] yssuz: ce sera à faire touz jours, trois tours d'Eschevinage.

XII. *Item.* Et s'il ne sera ne pourra estre aucun Electeur, Eschevin, l'année qu'il sera Electeur; ne aussi cellui qui aura esté Electeur, ne le pourra plus estre, jusques à un an après l'issuë de l'année en laquelle il aura esté Electeur.

XIII. *Item.* Ne pourront ne devront aucuns qui soïent Eschevins, entremettre d'aucunnes Receptes des revenus de la Ville, ne deniers manier, qui à la Ville appartiengnent.

XIV. *Item.* Serra ainsi pour toute paix, unité & amour nourir en la Ville, & par l'assentement à ce mis, par ceux qui ou temps passé ont esté Eschevins de la Ville, non *(a)* mie pour [l] vilce ou mal, de quoi il facent en ce à reputer, ne que pour ce, il puissent être infame; mais pour entretenir la [m] reule des trois tours d'Eschevinages, qui [n] reguler ne se porroient par autre maniere, comme il samble; [o] considerer le temps qu'il ont regné comme Eschevins, que nuls de ceux qui ayt esté Eschevins ou dit temps passé, ne le pourra être jusques au tiers tour d'Esquevinage qui se fera; ne ausi avoir aucun desdiz Offices en la Ville, ce tems durant.

XV. *Item.* Que les [p] six personnes qui seront prises & esleuës par les dessus diz Electeurs, à cognoistre des frais, mises, & des ouvrages de la Ville, seront à ce faire & gardée au profit & honneur de Nous & de la Ville, bien & loyaument sermantez; & ne pourront aucuns ouvrages estre faiz, se n'est par leur regard & assentement; ne de ce estre payemens faiz, ne d'autres mises que l'en face en la Ville, se ne sont des rentes, pentions ou autres choses ordinaires, se à ce ne sont mis leurs sceaux, ou du moins d'eux six, les trois. Et quiconque aura une année esté d'icelles six personnes, estre ne le pourra devant un ans passé, après la fin de celi ouquel aura regné & usé à ce fait.

a *ps.* R.

b *Je crois qu'il faut corriger*, serementer.

c *ce jour, qui sortiront de charge.*

d *se conformer à l'avis du plus grand nombre.*

e *Je crois qu'il faut corriger*, créés.

f *sous la condition.*

g *Ecclesiastiques.*

h *Beaux-Freres.*

i *tiers.*

k *sorti.*

l *vice.*

m *regle.*

n *regler.*

o *consideré.*

p *Voy. cy-dessus art. IV.*

NOTE.

*(a) Non mie.]* Ceux qui ont esté Echevins avant l'abolition de la Commune, ne pourront l'estre que trois ans après son present restablissement, sans que cette exclusion puisse estre imputée à aucun reproche qu'on puisse leur faire, n'estant establie que par leur consentement, & pour entretenir la paix dans la Ville.

CHARLES V. à Neelles en Vermandois, le 5. de Septembre 1368.

XVI. *Item.* Serront deux personnes comme Receveurs en la Ville, renouvellez * sur la creation de cascun Eschevinage; lesquels auront la charge de toutes les revenuës de la Ville, exploits & amendes appartenantes au droit de la Ville, recevoir; & feront yceulx Receveurs à leur coust, frait & peril, toute l'Office de Recepte, & des payemens & mises qui escheront, toutes quittances de rente à vie & d'autres, que la Ville doit & devra, tous ouvrages, les comptes de leurs receptes & mises, & toutes escriptures qui y appartendront, senz riens prendre ne avoir [a] à aucuns, que leurs gages seulement, qu'il auront sur la Ville.

XVII. *Item.* Que celi Office de Recepte, en temps deu, sera crié & baillé à ferme, à deux personnes exercer, à (*a*) descrois & à (*b*) paumées; & n'y pourra (*c*) serir aucun [b] Clerc; mais toutes autres personnes [c] solventes, bien y pourront donner [d] denier-dieu.

XVIII. *Item.* Que les personnes, auxquelles l'Office de Recepte demourra à ferme, jurront à faire l'Office bien & loyaument, & à payer les rentes viageres, à [e] tenir ainsi que leurs rentes escherront, [f] si avant que les deniers de leurs Receptes pourront comprendre, sans l'un preceder l'autre; & bailleront aux Eschevins, lesdiz Receveur, à l'entrer en l'Office, bonne & souffisante caution, & jusques au [g] los du conseil raisonnable des Eschevins, pour faire & accomplir le fait de leur Office.

XIX. *Item.* N'auront lesdiz Receveurs, pour cause de leur Office, [h] exercer & faire les coses dessus dictes, aucun profit, que seulement la somme de leurs gages, telle que par ledit [i] cry, ce leur sera demouré [k] fermé.

XX. *Item.* Que toutes les revenus de ledicte Ville, seront baillées (*d*) acensées à cris & à (*e*) recrois, en tems convenable, & pour ce tel tamps que (*f*) finant à l'issuë de chacun Eschevinage; & à ycelles Censes, ne porront [l] denier dieu donner, ne avoir part ne [m] compaignie aucuns Eschevins, Receveurs de la Ville, ne [n] Clers de Halle, durant le tems de l'Office.

XXI. *Item.* Que lesdiz Receveurs seront tenuz de faire & rendre, feront & rendront chascun an, huit jours avant la fin de l'année de leur Office, de toutes les revenuës & mises de l'année, compte par escript, & [o] partie à partie, à son de cloche, en le basse Halle, devant les Eschevins & la Communauté; en demonstrant par quittances, ou par les (*g*) saielles des six personnes dessus dictes, ou de trois d'iceux, [p] approbacion de leurs [q] mises & [r] payes, s'il veullent que ce leur vaille en compte.

XXII. *Item.* Que ces comptes ainsi renduz, s'il plaist à la Communauté & Eschevins, pourront estre & seront prises six personnes des bonnes gens de la Ville, pour yceulx comptes visiter & examiner, & sur ce estraire ce qu'il verront y avoir à dire; & de ce faire auront le povoir.

XXIII. *Item.* Et quiconque aura esté une année Receveur, estre ne le pourra jusques à la troisiéme année suivant après.

XXIV. *Item.* Ne feront ne faire pourront les Eschevins, aucun [s] frait sur le

* *lors de.*
a *pour.*
b *Ecclesiastique.*
c *solvables.*
d *Il se donnoit lorsqu'on concluoit un marché.*
e *il faut peut-estre corriger*, au tems ou au terme.
f *à proportion de ce qu'ils recevront.*
g *louange, jugement.*
h *&* pour.
i *Voy. cy-dessus l'art. XVII. & la Note (a).*
k *affermé.*
l *Voy. cy-dessus Note (d) margin.*
m *societé.*
n *Greffiers de l'Hôtel de Ville.*
o *compte détaillé par articles.*
p *la preuve.*
q *depense.*
r *payements.*
s *frais, depense.*

NOTES.

(*a*) *Descrois.*] C'est-à-dire, *au rabais*. La Ferme dont il s'agit icy, n'est autre chose que la Fixation des gages attribuez à l'office de la Recepte, laquelle se donnoit à celui qui en demandoit le moins. *Voy. cy-dessous l'art. XIX.*

(*b*) *Palmée.*] Anciennement lorsque l'on faisoit une enchere, l'on mettoit les mains l'une dans l'autre. Voyez sur cet usage, *le Gloss. de Du Cange*, au mot, *Palmata.*

(*c*) *Serir.*] On pourroit aussi lire *ferir*. Peut-estre faut-il corriger *servir*: je crois cependant que ce mot a icy une signification particuliere, que je ne connois point.

(*d*) *Acensées.*] Données à ferme, moyennant un cens ou redevance annuelle.

(*e*) *A recrois.*] C'est le contraire de *descrois*, que l'on a vû plus haut, [*voy. Note (a)*] c'est-à-dire, *au plus offrant & dernier encherisseur.*

(*f*) *Finant.*] Ce mot peut estre corrompu; mais il appartient certainement au verbe *finir*, & cela signifie que cette Ferme finira, lorsque les Echevins sortiront de Charge.

(*g*) *Saielles.*] On pourroit lire *sarelles*. Je n'ai rien trouvé sur ce mot, que je n'entends point. On voit par la suite de l'article, qu'il signifie les *Mandements* des six Conseillers de Ville, sans lesquels les Receveurs ne devoient point faire de payement.

CHARLES V. à Neelles en Vermandois, le 5. de Septembre 1368.

Ville, en fin de leur Eschevinage, ne en autre temps; fors ès journées que l'en fera éxécution de Justice, en cas criminel; auquel jour, porront [a] despendre que pour ce fait leur sera ordenée seulement.

XXV. *Item.* Que aucun Eschevin ne yra hors [b] pour la Ville, se n'est au mandement de Nous, ou pour très grosses besoignes necessaires touchant la Ville & les Bourgeois; & se hors vont, si sera-ce à certains gaiges qui leur seront ordennez, senz plus compter, prendre ne avoir.

XXVI. *Item.* Ne [c] prendront ne pranre pourront lesdiz Eschevins, contre autrui aucuns procez, senz le sceu, grace & assentement du Conseil & Communauté de la Ville.

XXVII. *Item.* Aura un Procureur pour la Ville, à certaine pencion annuelle pour le fait de son Office, & à certains gaiges, les jours qu'il yra hors pour la Ville; & lequel aura le soing & [d] prosvrance à faire des Causes & besoignes de la ville & des Bourgois.

XXVIII. *Item.* Seront au (*a*) Buffet de la Halle, deux [e] Clers sermentez, à pension; lesquelx soigneront des Registres fere, & des depositions de tous tesmoings escripre, quant le cas [f] offerra, & pour ce faire ne prendront aucun salaire de Bourgeois ne de manens de la Ville.

XXIX. *Item.* Que les Eschevins ne feront ne faire pouront au frait de la Ville, aucuns presens, se n'est à personne qui soient de notre Sanc, de notre Conseil ou nos Officiers, ou [g] as Eschevins de bonne Ville, qui en (*b*) la journée soient, & pour Corps de Ville, venus en Halle, parler aux Eschevins.

XXX. *Item.* Que en la Ville, comme autresfoiz a esté d'ancienneté, seront sept personnes Bourgeois de la Ville, ordenez par Eschevins, comme (*c*) Paiseurs, pour l'année, à chascune entrée d'Eschevinage, dedens le tiers jour de la creation d'iceli; lesquelz Paiseurs seront ad ce sermentez par notre dit Bailli, & connoitront & useront en le Ville, de toute paix faire, comme ou temps passé ont fait & accoustumé à faire.

XXXI. *Item.* Sera usé en la ville, du fait de noz (*d*) Trinlbes & de la ville, comme l'ancienne coustume a esté usée & accoustumée faire en telz cas, & sur les peines introduites sur ce.

XXXII. *Item.* Seront ordennés quatre bonnes personnes Bourgeois de la Ville, comme (*e*) Regars & Maitres des Orfenins, & lesquelz auront regard d'iceux Orfenins, & sur leurs biens, à la conservation du droit d'iceux & de leurs diz biens, selon ce que l'en en use en tel cas, ès Villes de Lylle & ès autres Villes voisines.

XXXIII. *Item.* Pour la garde du grant Sel de la Communauté de la Ville, afin que pour touts doubtes hoster de ce, sera mis en tels coffres, huche & bourse, comme il a esté ou temps passé, & encore est; dont la grant huce où le coffre est, sera la clef mise & enfermée en la huce aus privileges de la Ville.

XXXIV. *Item.* Et du grant coffre qui est à quatre clefs, qui sera mis en celle huce où le Scel est en une bourse dedens un petit coffret, garderont une clef les Eschevins; la seconde clef, les [h] Paiseurs de la Ville, la tierce clef, lesdits Electeurs;

a *depenser.*
b *pour les affaires de la ville.*
c *entreprendront.*
d *pourvoyance.*
e *Greffiers.*
f *se presentera.*
g *aux.*
h *Voy. cy-dessous Note (c).*

NOTES.

(*a*) *Buffet.*] Ce mot signifie la Chambre où estoient en dépôt les Archives de la Ville. *Voy. cy-dessous l'article XXXVIII.*

(*b*) *En la journée.*] C'est-à-dire, qui soient venus exprès, & au jour qui leur a esté marqué, pour les Affaires de la Ville.

(*c*) *Paiseurs.*] Je n'ai rien trouvé de particulier sur ces Officiers, nommez *Paiseurs.* Il paroist par l'article, que leurs fonctions estoient semblables à celles des Commissaires de Police, & qu'ils estoient chargez d'entretenir la *paix*, la tranquillité & le bon ordre dans la Ville.

(*d*) *Trinlbes.*] On pourroit lire aussi *Truilbes.* Je n'ai rien trouvé ni sur l'un ni sur l'autre de ces mots.

(*e*) *Regars.*] ou *Rewards*, c'est un mot tiré de *regarder*, *avoir inspection.* Il y a principalement en Flandre, des Magistrats qui portent ce titre. Voy. la *Table des Mat. du 4.e Vol. des Ord.* au mot, *Reward.* Voy. *ibid.* au mot, *Mineurs.*

CHARLES V. à Neelles en Vermandois, le 5. de Septembre 1368.

& la quarte clef, les *(a)* Commis-Regars sur les [a] mises de la Ville : & au sourplus, sera le coffret petit & bourse dont mention est, bullée & seellée des Sceaux de deux autres Bourgeois, personnes notables de la Ville, non aïans Office.

XXXV. *Item.* Que audit Seel l'en ne pourra aller, ne d'iceli aucunne chose seeller, se n'est en appellant à ce les personnes dictes & la Communauté ; à son de cloche, en la basse Halle, par leur assentement & devant eux.

XXXVI. *Item.* Obligations & Reconnoissances qui se passeront devant Eschevins, qui jadiz [b] soloient etre faictes par [c] Chirograffe, se feront par Lettres soubz le Seel [d] as Causes de la Ville ; & pour ce seeller, seront en certain lieu les Eschevins un jour en la sepmaine ; & auront lesdiz Eschevins, en lieu de trois deniers qu'il prenoient avant la confiscation de ladicte Loy, pour livre, un denier qui à leur profit demourra, de tous *(b)* werps, [e] vendagnes & obligations de debtes, à [f] l'une Partie & autant à l'autre, tant seulement.

XXXVII. *Item.* Toutes Plaidoieries de Partie contre autre, se feront en Halle, devant Eschevins, & toutes autres besoignes & jugemens, à [g] l'uis ouvert ; excepté depositions de tesmoings, & autres coses [h] touchans secrets de Cause.

XXXVIII. *Item.* Devront faire les Parties qui auront *(c)* jour en Halle, presentacions au [i] Buffet en Halle, sur leur journée, à heure ; & laquelle presentation sera registré par les Clers.

XXXIX. *Item.* Que toutes Causes seront [k] delivrées à [l] l'ordination des presentacions, ainsi que elles auront esté faictes ; senz mettre devant la *(d)* moyenne, celli derniere ; ne le *(e)* grant devant le petit : & ad ce faire [m] entrenir, feront serement les Clers de Halle.

XL. *Item.* Et s'il est aucun qui ait [n] jour en le Halle, devant Eschevins, contre autre Partie, soit en demandant ou deffendant, & il y a *(f)* deffaut d'aucunne Partie, & diligence par l'autre, le diligent portera profit contre le negligent, tel comme il appartiendra, selon l'etat de la journée.

XLI. *Item.* Ne prendront les Eschevins, pour [o] saisines qui soient faictes en la Banlieuë, pour [p] Clain où il soient, ne deposicions de temoings qu'il [q] oent en quelque Cause que ce soit, pour Bourgois ou pour manans de la Ville, aucun sallaire, ne profit.

XLII. *Item.* Graces & Remissions empetrées de Parties, pardevers Nous, qui seront *(g)* justifiées, devront estre interinées au profit des impetrans, selon leur forme & teneur.

XLIII. *Item.* Que tous les Offices de la ville, telz qu'il etoient avant la confiscation de ladite Loy, tant les *(h)* Cenfis, presentement, comme les vendus à vie,

a *depenses.*
b *avoient accoutumé.*
c *sous seing privé.*
d *aux.*
e *vente.*
f *d'une.*
g *porte.*
h *qui demandent le secret.*
i *Voy. cy-dessus p. preced. Not. (a)*
k *expediées.*
l *ordin.* R. *ordre, tour.*
m *&c.*
n *Voy. Note (c).*
o *mises en possession.*
p *clameur, demande en justice.*
q *oüissent, écoutent.*

NOTES.

*(a) Commis Regars.]* Ce sont les Conseillers de Ville, sur lesquels voy. cy-dessus, l'*art. IV.* Voy. aussi *p. preced. Note (c).*

*(b) Werps.]* L'acte par lequel un acheteur est mis en possession. Voy. *le Glossaire du Dr. Franç.* au mot, *Werps.*

*(c) Jour.]* Auxquelles on aura assigné jour pour comparoistre en jugement.

*(d) Moyene.]* C'est-à-dire, que l'on ne jugera point les Affaires dont les presentations ont esté faites les dernieres, devant celles dont les presentations auront esté faites auparavant. Le mot *derniere* est douteux : il n'y a dans le Registre que *dere* avec une abbreviation.

*(e) Le grant.]* On ne jugera point les Affaires de ceux qui ont du credit, devant celles des personnes qui n'en ont point.

*(f) Defaut.]* Si une Partie se presentant, l'autre ne comparoist point, on adjugera à la premiere, *ses conclusions par defaut*, en cas que ce soit le jour qui leur ait esté assigné pour comparoistre.

*(g) Justifiées.]* Lorsqu'on aura verifié la verité des faits contenus dans les Lettres.

*(h) Censis.]* Il faut d'abord expliquer quelques termes de cet article, qui paroissent corrompus, ou qui sont douteux ou obscurs.

*Censis.* Je crois qu'il faut corriger, *Censiers* ; c'est-à-dire, donnez à *Cens* ou à *Ferme.* Voy. *les articles XVII. & XX.*

*A fait. A mesure.*

*Recheront.* Il y a dans le Registre *rechront* avec une marque d'abbreviation sur *ch.* Je crois que ce mot signifie, *qui deviendront vacants par le trépas des personnes qui ont ces Offices à vie.* Voicy presentement le sens de cet article.

*Les Offices donnez à Ferme seront rëunis au Corps de Ville, dès l'instant même de la publication de ces Lettres ; mais les Offices vendus à vie, n'y seront rëunis que par le trépas de ceux qui les auront achetez.*

CHARLES V. à Neelles en Vermandois, le 5. de Septembre 1368.

à fait qu'il recherront par le trepas des viagers, soient & demeurent au profit de la Ville; & aussi les autres Offices des (a) Bonnes-Maisons & des Aumosnes de ladicte Ville, soient remis en la main des Eschevins, pour en ordonner & faire ce qu'il appartendra, par l'ordonnance & assentement du Conseil de la Ville; nonobstant impetracions sur ce faites & à fere.

XLIV. *Item.* Voulons & accordons, que l'Eschevinage, Loy, Corps & Communauté dessusdiz soient & demeurent en leurs Usages & Coustumes, & joïssent de leurs Chartres & Privilleges à eux octroyez, tant par nos predecesseurs Rois, comme par les Comtes & Comtesses de Flandres, dont il ont joy & joïssoient paisiblement ou temps passé, & ou temps de la confiscation de ladicte Loy.

Et pour que ces choses soient fermes, &c. sauf, &c. *Donné à Neelles en Vermandois, le cinquieme jour de Septembre, l'an de grace mil trois cens, soixante huit, & de notre Regne le quint.*

*Ainsin signé.* Par le Roy. YVO.

NOTE.

*(a) Bonnes Maisons & Ausmones.]* J'entends par ces mots, les Hôpitaux, les Hôtels-Dieu & les autres maisons consacrées au soulagement des pauvres.

CHARLES V. à Tournay, le 16.e jour de Septembre 1368.

*(a) Reglement pour la Recette des revenus de la Ville de Tournay; & pour le payement des charges auxquelles elle est sujette, & des rentes par elles düës.*

CHARLES, &c. Savoir faisons à tous présens & avenir, que, comme à la supplication des Rentiers, ou aïans & prenans rentes sur notre Ville de Tournay, tant Religieux comme autres personnes d'Eglise, Orphenins, Vesves, femmes *(b)* Beguines, Bourgeois, & autres de plusieurs estats, ou de leurs part, en leurs noms, disans que de leurs dictes rentes, lesquelles les Prevoz, Jurez *(c)* Eswardeurs, Eschevins, & autres Officiers & Communauté de notre dicte Ville, pour le temps que elle & les habitans en icelle, avoient Corps, Estat & *(d)* Commune, leur avoient vendus, ou à ceulx dont il avoient cause, pour le profit evident d'icelle Ville, & pour les deniers du prix d'icelles rentes, convertir ès grans & notables services, & aides que notre dicte Ville & ladite Commune, avoient faiz à noz predecesseurs Roys, pour plusieurs foiz, ou fait des guerres & autrement; & à les payer, avoient & ont obligié tous leurs biens & de ladite Communauté, presens & avenir, & chascun d'eulx pour le tout; & lesdiz supplians les avoient achettez pour la sustentation & seureté de leur vie & de leur * chevance, dont les aucuns en avoient vendus les propres heritages, & le priz d'iceulz, avec leurs autres finances, mis & exposé en l'achat d'icelles rentes, ne povoient estre paiez ne satisfaiz; maiz leur en estoient deu plusieurs arrerages: Et oye la relation de noz amez & feaulz Conseilliers, l'Abbé de Clugny, feu Jacques la Vache, jadis Chevalier & President en notre Parlement, & Gilles de Soycourt nôtre Chevalier & Conseiller, & Maistre des Requestes de notre Hostel, lesquiex Nous envoiasmes pieça en notre dicte Ville, pour apaisier plusieurs descors & debas

* *biens.*

NOTES.

*(a)* Tresor des Chartres, Registre 99. Piece 336.

*(b) Beguines.]* On appelle ainsi en Flandres, en Picardie & en Lorraine, certaines femmes & filles qui vivent ensemble en devotion, sans faire de voeu. Voy. *le Dictionn. Etymolog. de Menage*, au mot, *Beguines.* Voyez aussi *le Gloss. de Du Cange*, au mot, *Beghinæ.*

*(c) Eswardeurs.]* Ces Officiers sont plus communement nommez, *Regards* ou *Rewards*, sur lesquels voy. cy-dessus *p. 134. Note (c).*

*(d) Commune.]* Charles V. par son Ordonnance du mois de Fevrier 1366. avoit aboli la *Commune* de Tournay, & il y avoit establi une nouvelle forme de gouvernement. Voyez *le 4.e Vol. des Ordonn.* p. 706. & *le precis de ces Lettres dans la Table des Matieres*, au mot, *Tournay.*

qui

qui y estoient, & qui estoient disposez y estre [a] greigneurs, entre les habitans d'icelle, tant pour cause du défaut du paiement desdictes rentes & arrerages, comme autrement; & pour sçavoir & reformer l'etat d'icelle Ville, & mettre bonne paix & union entre lesdiz habitans, Nous eussions par mure déliberation eue sur ces choses en notre Conseil, ordené entre les autres choses, que pour païer les arrerages desdictes rentes deuz de temps précedent, certaine assiette seroit faicte sur certaines *(a)* personnes en notre dicte Ville, & en certaine forme & maniere; & que les Rentiers ou aïans rentes sur ladicte Ville, demourans en notre Royaume, se [b] deporteroient du paiement du tiers de leurs dictes rentes, & ne leur en seroient payé que les deux pars, jusques à deux ans lors ensuivants; & que tout ce qui *(b)* escheroit desdites rentes à vie, durans lesdiz deux ans, par mort de ceulz qui les tenoient, seroit *(c)* revendu, & le prix converti en acquit & solucion du tiers dessus dit; & que pour faire & supporter les besoignes, necessitez & charges de notre dicte Ville, ycelle Ville auroit quatre mille livres par an, seulement, sur la Recette des revenues d'icelle; & eussions commandé & enjoint, sur peine d'encourre notre indignation, & sur toutes autres poines que l'en povoit [c] desservir envers Nous, notre dicte Ordenance, estre tenue & accomplie irrevocablement; Si comme en noz [d] Lettres faictes sur notre dicte Ordennance, & scellées en cire vert & en las de soye, est plus à plain contenu; & que combien que yceulx supplians eussent humblement & volontiers obey à notre dicte Ordenance, en eulx deportant du payement du tiers de leursdictes rentes, par la maniere que dit est, & requis à grant instance, que icelle notre Ordennance fust mise à éxécution, neantmoins n'ont il pu estre satisfaiz desdiz arrerages, en tout ne en partie, ne notre dicte Ordennance [e] sorti aucun effet; mais depuis ont esté par aucuns, sans appeller ne oir lesdiz supplians, & sans leur consentement ou sçu, obtenuës Lettres de Nous, contenant que iceulx supplians ne fussent païez que de la moitié de leursdictes rentes, leurs vies durant; & de l'autre moitié, à la vie d'une autre personne, après leurs decez, en leur préjudice & dommage: & toute voiez ne pevent-il avoir esté païez; dont les aucuns desdiz Rentiers, par deffaut de paiement, sont mors en povreté; & les aucuns convient estre en grant misere, & mendier; & plusieurs d'eulz juenes hommes & pucelles, tourner à honteuses voies & à peschié, pour le soustenement de leurs vies avoir: & pour ce, Nous ont humblement requis & supplié, que en regart de pitié, & en aumosne, à notre joieuz advenement en notre dicte Ville, voussissons ordener & pourveoir à ce que il fussent païez de leurs dictes rentes & arrerages; & notre dicte Ordenance & provision sur ce, faire tenir & sortir effet: Nous, oy le rapport de plusieurs de notre Conseil, auxquiez Nous adjoustons pleine foy sur les choses dessus dictes, & sur la valeur des revenues de ladicte Ville, & sur l'etat d'icelle Ville, & eu sur ce meur adviz & plaine deliberation en notre Conseil, aïans pitié & compassion desdiz supplians, & pour oster & [f] sospir toutes matieres de debas, descors & discencions, qui par deffaut de notre bonne provision, pourroient naistre en notre dicte Ville, & pour tenir les Bourgeois & autres habitans d'icelle, en union & concorde, & en bonne paix & vraye amour ensamble, avons pourveu & ordenné, pourveons & ordennons, de notre autorité Royal, certaine science & plaine puissance, sur les choses dessus dictes, en la maniere qui sensuit.

CHARLES V. à Tournay, le 16.e jour de Septembre 1368.

[a] *plus grands.*

[b] *renonceroient.*

[c] *encourir.*

[d] *Ces Lettres ne se trouvent point dans les Registres des Chartres.*

[e] *sortir.*

[f] *assoupir.*

NOTES.

*(a) Personnes.]* Il y a dans le Registre un *p.* avec une marque d'abbreviation, & audessus *es.* Cette abbreviation signifie certainement *personnes*, dans plusieurs autres endroits de ces Lettres. Si elle signifie le même mot icy, le sens doit estre, que l'*on donna aux Rentiers pour leur payement, des* assietes *ou* assignations *sur des* personnes *qui estoient redevables envers la Ville, de quelques sommes d'argent.*

*(b) Escheroit.]* Les Rentes qui seroient éteintes par la mort des Rentiers à vie. La même expression se trouve dans ce sens, cy-dessus, p. 135. art. XLIII. Voy. *la Note (h).*

*(c) Revendu.]* C'est-à-dire, que l'on créeroit de nouvelles Rentes viageres, égales à celles qui avoient esté éteintes, & que le prix principal payé pour l'acquisition de ces Rentes viageres, seroit employé au payement du tiers des autres Rentes, auxquelles les Rentiers avoient renoncé.

CHARLES V. à Tournay, le 16.e jour de Septembre 1368.

I. C'est assavoir, que à recevoir, faire & gouverner le fait de la Recepte de ladicte Ville, sera tantot esleue par le Gouverneur & les Bourgeois d'icelle, Rentiers & non Rentiers, une bonne & souffisante personne, auquel sera sanz delay, baillé & commis le fait de ladite Recepte; & qui le fera & gouvernera de par Nous; & avec lui, auront lesdiz supplians une autre personne Contreroleur, qui sera eleue de par eux, pour veoir le fait d'icelle Recepte, & que rien n'en soit distribué ne departi, fors par notre Ordennance dessous escripte: & jureront lesdiz Receveur & Contrerolleur, & leurz successeurs ou dit Office, à leur création, en presence desdiz Gouverneur & Bourgois, que ledit office feront & gouverneront loyalment, selon notre présente Ordennance: lequel Receveur baillera & sera tenu de bailler & paier des revenus de ladicte Recepte, les sommes, debtes, rentes & arrerages dessus escriptes, esquiex ordennons les dictes revenues estre converties, & non ailleurs.

Premierement & avant toute euvre, paiera & baillera des deniers desdites Receptes, au Gouverneur, & aus Generaulx Procureurs de la Ville, six mille livres Tournois, à quatre termes en l'an, pour paier les pensions du Gouverneur, Prevost, Conseillers & Procureurs & Receveurs de Tournay, & autres quelconques pensions de la Ville, à Paris & ailleurs; & pour toutes les Forteresses, & quelsconques autres necessitez de ladicte Ville, soustenir & defendre; & aussi pour acquiter & payer les rentes à héritages, & les hostages de ladicte Ville, qui pour le fait du traittié de la [a] paix sont en Angleterre.

[a] *la paix de Bretigny, concluë en 1360.*

II. *Item.* Paiera tous les deniers que l'on doit auz Orpheninz de la Ville, qui estoient mis en depoz; & ce que ladicte Ville doit pour fondations, chapellenies, messes & autres devotes œuvres, que l'en dit monter [b] six mille livres ou environ.

[b] *à.*

III. *Item.* A Jacques Mouton, quatre mille francz, aus termes à ce prefix & ordennez.

IV. *Item.* Paiera aux Rentiers dehors le Royaume, & aussi à ceulz de Flandres, qui à present sont, les rentes pleines, auz termes que l'en leur doit, si apoint & en telle maniere, que par defaut de paie, les biens & marchandises de bonnes gens & marchands de Tornay, ne soient arrestez ne [c] executez: lesquelles rentes l'en dit monter annuellement, [d] quatre mille cinq cens livres Tournois, ou environ.

[c] *vendus par justice.*

[d] *à.*

V. *Item.* Nous paiera ledit Receveur, vint mille Royaulx d'Or ou environ, que ladite Ville Nous doit de temps passé, pour cause de la *(a)* delivrance de notre très chier Seigneur & Pere, que Dieu absoille, auz termes à ce octroïez & accordez, & pour le temps avenir, tant comme les Aides dureront.

VI. *Item.* Aux Presidens de notre Parlement à Paris, quatorze cens livres Tournois, que Nous leur y avons pieça assignez.

VII. Et les parties des charges dessus dites, & toutes autres dettes & charges, se aucunnes y sont, que ladite Ville doie à present, paiées premierement & avant toute euvre, *(b)* paiera ledit Receveur du demourant de ladicte Recepte, chascun an, aus Rentiers demourans au Royaume, & à ceulx de Tornay, qui à present y prennent rentes, tant à vie comme à rachapt, à chacun sa juste portion, proportionellement au Marc la livre, [e] si avant que lesdictes revenuës se porront estendre; eu regart aus rentes deues à un chascun; & le [f] rest demeurera en arrerages, lesquiex seront paiez avec les autres arrerages à eulz deubz du temps passé, en la maniere ci après escripte. Et quant lesdictes revenues seront si [g] moutepliées & augmentéez par [h] escheances de mort de Rentiers, ou autrement, que elles porront comprendre le plain paiement desdictes charges & rentes, le seurcroiz sera converti en paiant tous

[e] *autant, à proportion.*

[f] *reste ou restant.*

[g] *multipliés.*

[h] *Voy. cy-dessus p. 137. Not. (b)*

NOTES.

*(a) Delivrance.]* Rançon. Voy. *les Tabl. des Mat. des 3.e & 4.e Vol. des Ord.* au mot, *Aydes.*

*(b) Paiera.]* On payera une partie des arrerages courants des rentes, à proportion des deniers qui se trouveront entre les mains du Receveur. La partie de ces Rentes qui ne sera point payée alors, restera dûë aux Rentiers, & leur sera payée dans la suite, avec les arrerages anciens, lorsque les revenus de la Ville seront augmentez.

les arrerages, tant des vivans Rentiers comme des trespassez, [a] si avant que ledit seurcroiz se porra estendre, à chascun d'iceulx Rentiers ou aïans cause de eulz, selon la quantité de sa rente, [b] tant qu'il seront d'iceulz arrerages plainement payez. Et ce fait, se demourant avoit, sera converti en rachetant les rentes que ladite Ville doit à rachapt, ou plutot, [c] s'estre peut; & lesdictes rentes & charges presentes païées, se demourant y a, il en sera fait par l'Ordenance de Nous, & sera ledit Receveur tenu de rendre compte de toutes les receptes & distributions que fait aura, chascun an, en quatre saisons de l'année, presens le Gouverneur, le Prevost, le Procureur & celui qui tiendra le Seel pour Nous, avec les *(a)* des Rentiers & les de la Ville; & baillera ledit Receveur Lettres ou Ordennance, après compte fait à un chascun des Rentiers, des arrerages, qui deuz li seront: & pour les choses dessus dictes accomplir & mettre à éxécution, il Nous plait & voulons, euë consideration aus choses dessus dictes, de grace especial, certaine science, autorité & plaine puissance Royal dessus dictes, que ladicte Ville & les Bourgeois & habitans d'icelle, *(b)* aïent & tiengnent, & soient levées & receues par ledit Receveur, toutes les revenues & receptes de ladite Ville, tant en [d] assises octroyéez par Nous à certain tems, comme autrement, en l'etat & en la value que elles sont à present, & que elles porront au temps à venir croistre & augmenter, par escheances de mort de Rentiers, ou en autre maniere, tant & si longuement que notre presente Ordennance sera du tout accomplie & enterinée; & avec ce, tous les [e] exploiz de Justice & de notre Seel Royal, & autrement, jusques à dix ans: & ainsi les leur avons donné & octroyé, donnons & octroyons de notre grace & auctorité dessusdicte; & que icelle Recepte, ne soit ou temps present ne à venir, plus chargée que des charges dont mention est faicte pardessus: & revocons & mettons au neant les Lettres ou Ordennance faicte ou empetrée sur la privation de la moitié des rentes, dont mention est faicte cy-dessus, & toutes autres Lettres ou Ordennances faictes ou à faire au contraire, en tant qu'elles seroient prejudiciables à ceste notre presente Ordennance; pourveu que s'aucun desdiz Rentiers a mis ou veille mettre sa rente à moitié, selon la teneur de nostredicte Ordennance sur ce faicte, il y soit receu, sans porter prejudice [f] as autres Rentiers: & n'est notre entention, ne volons que ladicte ville vende ou puisse vendre à personne quelconques, doresenavant, aucunnes rentes à heritage, à vie, à rachat ou autrement. Si donnons en mandement par la teneur de ces Lettres, à noz Gouverneur, Bailli & Prevost de Tornay, & à tous les autres Justiciers de nostre Royaume, presens & à venir, ou à leur Lieuztenanz, & à chascun d'eulz, que notre presente Ordennance tiengnent & facent tenir, garder, enteriner & acomplir sans enfraindre, en tout ou en aucunne partie d'icelle, soubz poine d'encoure perpetuement en notre endignation, & sur tant [g] quanques il se pevent meffaire envers Nous, en corps ou en biens. Et que ce soit ferme chose, &c. sauf, &c. *Donné à Tournay, le seizieme jour de Septembre, l'an de grace mil trois cens soixante huit, & de notre Regne le quint.*

Par le Roy, en son Conseil. YVO.

CHARLES V.
à Tournay, le 16.e jour de Septembre 1368.

a *autant.*
b *jusqu'à ce que.*
c *si estre.*
d *Octrois.*
e *droits perçûs pour les actes judiciaires.*
f *aux.*
g *qq. R.*

NOTES.

*(a)* Il y a là deux mots semblables que l'on n'a pu déchiffrer; il y a *pc.* avec des marques d'abbreviation: cela peut signifier *Procureur.*

*(b) Aïent & tiengnent.]* Que les revenus soient perçûs par le Receveur au nom de la Ville.

CHARLES V. à Tournay, en Septembre 1368.

(a) Reglement sur les Amendes, qui seront payées en cas d'Appel au Parlement, des Jugements rendus par les Seigneurs de Fief, dans le Baillage de Vermandois; soit par ces Seigneurs, lorsque leurs Jugements auront esté infirmez, soit par les Appellants, lorsqu'ils auront esté confirmez.

*KAROLUS Dei gracia Francorum Rex: ad perpetuam rei memoriam. Dum Regia Celsitudo in exhibenda Subditis Justitia sollicitam se exibet, premium acquirit à Domino, & in suo obsequio firmat animum subditorum: per eam quippe Justiciam, Reges & Principes dominantur in seculo, Provinciarumque populi, ac Respublica in pacis tranquilitate feliciter & longius observantur. Quia igitur communis rumor, ac plurimorum fide dignorum relacio ad nostras aures deduxit, quod in Castellaniis, Preposituris & Sedibus, aliisque locis Regiis nostre Baillivie Viromandensis, & ejus ressorti, in quibus ab antiquo, ad subveniendum nostris oppressis subditis, vigere consuevit & ministrari Justicia, homines nostri (b) Feodales, qui in Castellaniis, Preposituris & Sedibus, aliisque locis Regiis predictis, & presertim in Prepositura & Castellania de Peronna, in Viromandia, ad causam & ex debito Feodorum suorum, ad [a] conjuramentum Baillivi nostri Viromandensis, seu Prepositi dicti loci de Peronna, [b] justicia facere & reddere tenentur, ad evitandum emendas arbitrarias, aut sexaginta librarum Parisiensium, quas singuli hominum predictorum, retroactis temporibus, erga Nos incurrebant & solvere tenebantur, dum per viam appellacionis aut aliter, contingebat per nostram Superiorem Curiam eorum judicia infirmari, tamquam malè aut injustè prolata, ad conveniendum simul ad mandatum dictorum Ballivi & Prepositi, & ad faciendum, ac consulendum & reddendum eadem judicia, quandoque hactenus recusarunt & frequentius distulerunt, [c] ad de die in diem differunt & recusant; quod jam cessit, & gravius cedere posset in futurum, in rei publice scandalum & grave dampnum, ac dictorum nostrorum subditorum oppressorum, presertim in dictis Castellania & Prepositura commorantium, [d] exheredationem, grandeque prejudicium & jacturam, nisi super hoc convenienter obvietur: Nos premissa, absque debite reparacionis moderamine, ulterius tolerare nolentes, sed rei exemplo tam perniciose, medelam totis conatibus adhibere cupientes, ut deinceps predictis nostris oppressis subditis, ipsius presidio justicie, plus solito succurratur, Notum facimus universis presentibus pariter & futuris, quod Nos, de & super premissis, habita prius matura deliberacione cum Gentibus nostri Magni Consilii, Volumus ex nostris certa sciencia, & authoritate Regia decernimus statuimus & eciam tenore presencium ordinamus, quod homines de Feodo, predicta in Prepositura & Castellania de Peronna, constituti, presentes & futuri, qui, ad hujus modi Feodorum suorum causam, ad facienda & reddenda judicia, ab antiquo in dictis Prepositura & Castellania fuerunt & sunt vel erunt astricti, pro quocunque judicio per eos in posterum faciendo & reddendo, a quo quidem judicio, ad Nos seu nostram Parlamenti Curiam, contingerit appellari, si illud judicium per Nos aut eandem Curiam nostram infirmetur, ad unam emendam sexaginta librarum Parisiensium duntaxat, Nobis per eos proporcionaliter persolvendam, teneantur; quam quidem emendam sexaginta librarum Parisiensium solvendo, quitti erunt perpetuò ac liberi & immunes a dicto judicio per eosdem facto seu pronunciato, & per Nos seu dictam Superiorem nostram Curiam infirmato; absqu*

[a] Voy. la Not. (b).

[b] Justitiam.

[c] ac.

[d] ruine, perte de biens.

NOTES.

(a) Registre du Parlement de Paris, cotté A. ou *Ordinationes antiquæ, fol. 126. recto.*

Avant cette Ordonnance, il y a dans le Registre:

*Ordinatio super emendis solvendis inter appellantes ab hominibus judicantibus, in Baillivia Viromanduensi, & ipsos homines judicantes, occasione judiciorum infirmandorum & confirmandorum per Curiam Parlamenti.*

(b) *Feodales.*] Les Seigneurs, qui à cause de leurs Fiefs, estoient obligez de rendre la Justice, à la semonce ou *conjurement* des Juges Royaux. Voyez *la Table des Mat. du 4.e Vol. des Ord.* au mot, *conjurement.* Voyez aussi *le Gloss. du Dr. Franç.* par M. *de Lauriere*, au mot, *conjure.*

*eo quod iidem homines, singulariter pro singulis judiciis, ad emendam sexaginta librarum Parisiensium, aut aliter quam supradictum est, per Nos ac Officiarios nostros, seu alios Nobis subditos, valeant in posterum coarctari; dum tamen fraus, dolus seu favor, in hujus modi consulendis aut reddendis judiciis, per ipsos homines judicantes, minimè committatur: aliter vero, si fraus, dolus aut favor intervenerit, usui & observationibus antiquis stabitur: & ut equalitas, sicut decet, in judiciis observetur in hac parte, volumus & statuimus auctoritate predicta, quod deinceps appellantes a judiciis hominum Feodalium & judicancium predictorum, pro quocunque judicio à quo appellaverint, si contingat illud judicium per Nos seu nostram Curiam predictam confirmari, & pronunciari bene esse judicatum per homines judicantes ante dictos, & male appellatum, pro qualibet appellacione, sicut premittitur, per eandem Curiam infirmanda, ad emendam sexaginta librarum Parisiensium dumtaxat, inter dictos homines judicantes dividendam, teneantur, nec ad aliam emendam ipsis hominibus prestandam, occasione temerarie appellacionis predicte, quomodolibet teneantur aut compelli valeant in futurum appellantes ante dicti: quod tamen ita intelligimus & observari volumus, si sex aut plures homines Feodales, interfuerint in tali faciendo & reddendo judicio, per Superiorem nostram Curiam, ut dictum est, confirmando: si vero minor numerus hominum judicancium in tali faciendo & reddendo judicio interfuerit, volumus ac declaramus & ordinamus, quod appellantes ipsi, ad solvendum cuilibet hominum judicancium in dicto minori numero constitutorum, emendam decem librarum Parisiensium dumtaxat, compelli valeant & eciam teneantur: sed ut deinceps predictis nostris subditis justicia convenientius ministretur, statuimus & ordinamus, quod prefati homines Feodales, ad judicium faciendum & reddendum, ad locum consuetum, ut moris est, evocati, infra statutum & eisdem assignandum tempus, accedere & comparere teneantur sine deffectu; nisi causam veram & legitimam habuerint absencie; que, si vera & legitima non fuerit, & ad judicium evocati, minimè comparuerint, eorumdem hominum Feoda, in manu nostra poni volumus & arrestari, ac in ea detineri per Baillivum vel Prepositum ante dictos, quousque dicti homines sic contumaces & absentes, pro suo deffectu & absencia vel contumacia, emendam Nobis prestaverint condecentem. Quod ut firmum & stabile perpetuo perseveret, nostrum presentibus Litteris jussimus apponi Sigillum: Salvo in omnibus jure nostro & quolibet alieno.* Datum apud Tornacum, Anno Domini millesimo trecencesimo sexagesimo octavo; Regni quoque nostri quinto, mense Septembris.

CHARLES V. à Tournay, en Septembre 1368.

*Item.* Estoit contenu en la marge dessous d'icelles Lettres, ce qui s'ensuit:

*Alias sic signata. Per Regem, in suo Consilio, vobis presentibus.* J. DE REMIS. *Et rescripta ac signata de precepto vestro, juxta correctionem Consilii in Camera Parlamenti existentis, die ultima mensis Martii, Anno Domini millesimo trecentesimo septuagesimo.* VILLEMER.

---

CHARLES V. au Monastere de Vaucelles, en Septembre 1368. Philippe Auguste, à S.t Germain en Laye, en 1221. S.t Loüis, à Ham, en Sept. 1257. Philippe III. dit le Hardi, à Paris, en Janvier 1281. Philippe IV. dit le Bel, à l'Abbaye de Froimont, en Juillet 1291. Philippe V. dit le Long, à Paris, le 18. de Septembre 1316.

## (a) Privileges accordez par differents Rois, à l'Ordre de Cisteaux.

KAROLUS, *&c. Notum facimus universis tam presentibus quam futuris, Nos infrascriptas Litteras, in cera viridi & filis* [a] *cericis sigillatas, vidisse, formam que sequitur, continentes.*

[b] LUDOVICUS *Dei gratia Francorum Rex. Noverint universi presentes pariter & futuri, quod Nos, Divini amoris intuitu, pro salute anime nostre, & ob remedium animarum inclite recordacionis Regis* [c] *Ludovici Genitoris nostri, & Regine Blanche Geni-*

NOTE.

(a) Tresor des Chartres, Registre 99. Piece 556.

a sericis.
b S.t Loüis.
c Loüis VIII.

CHARLES V. au Monastere de Vaucelles, Septembre 1368.

*tricis nostre, ac aliorum Antecessorum nostrorum, Abbati & Conventui de (a) Vaucellis, Cisterciensis Ordinis, domos, vineas, terras, prata, nemora, redditus & alias possessiones quascumque, titulo donacionis seu empcionis, aut alio quocumque modo ab ipsis racionabiliter acquisitas, & quas usque nunc pacificè possederunt, tenendas & possidendas imperpetuum quietè & pacificè, concedimus, & auctoritate Regia confirmamus: salvo jure in omnibus alieno.*

a &. — Item. *Volumus & concedimus, quod iidem Abbas* [a] *Conventus, de omnibus rebus ipsorum, in eorum usus proprios convertendis, per totam terram nostram, tam per terram quam per aquam, in propriis pedagiis seu passagiis nostris, quitti sint, liberi & immunes ab omni Pedagio, Teloneo, Rotagio, Pontagio, Passagio, imperpetuum; necnon & ab alia*

b Impôt ordinaire. — [b] *consuetudine sive coustuma quacumque. Quod ut ratum & stabile permaneat in futurum, presentes Litteras sigilli nostri fecimus impressione muniri.* Actum apud Ham in Veromandia, anno Domini millesimo duocentesimo quinquagesimo septimo, mense Septembris.

Item. *Tenor aliarum Litterarum, sequitur in hiis verbis.*

c Philippe V. dit le Long. — [c] *PHILIPPUS Dei gracia Francorum & Navarre Rex. Notum facimus universis tam presentibus quam futuris, quod Nos, Litteras inclite recordacionis carissimi Domini Genitoris nostri, Philippi quondam Regis Regnorum ipsorum illustris, vidimus in hec verba.*

d Philippe III. dit le Hardi. — [d] *(b) PHILIPPUS Dei gratia Francorum Rex. Notum facimus universis tam presentibus quam futuris, quod Nos, Litteras inclite recordacionis, Philippi quondam Regis Francie, Proavi nostri, vidimus in hec verba.*

e Philippe-Auguste. — *IN nomine sancte & individue Trinitatis. Amen.* [e] *PHILIPPUS Dei gracia Francorum Rex. Universis Baillivis suis, Majoribus, Preposituis & aliis quibuscumque ab ips. potestatem habentibus, ad quos presentes Littere pervenerint: Salutem. Ad Regiam solli. citudinem summopere respicit, ut ab Ecclesiis sibi commissis, importunam Luporum rabiei*

f exterreat. g earum. — *arcendo, procul* [f] *exterrent, & in* [g] *ejus partem conservandum, studium sancte solicitu dinis apponat. Hinc est quod Progenitorum nostrorum inherendo vestigiis, Religiosas Ecclesias Cisterciensis Ordinis; videlicet, (c) Pontigniacensis, Clarevallensis, ceterasque ex eisdem pendentes; maximè tamen Domos, quarum nomina in hoc privilegio sunt sub titulata, unà cum ipsis, specialiter in nostra proteccione & custodia suscepimus; scilicet Domum (d) Longi-pontis, Karoli-loci, Ursi-campi, de Vaucellis, Vallis Beate Marie a*

NOTES.

(a) *De Vaucellis.]* *Vaucelles*, située sur l'Escaut, auprès de Creve-cœur, à peu près à une lieuë de Cambray. Elle est nommée ordinairement en latin, *Vallisceella* ou *Valcella*. Guillaume en estoit Abbé en 1257. & Mathieu III. en 1368. Voyez *Gall. Christ. secundæ Edit.* Tom. 3. pages 175. 178. n°. XIII. & XIV. & pag. 180. n.° XXXI.

(b) *Philippus.]* Avant le commencement de ces Lettres, on devroit trouver icy le commencement de celles de Philippe le Bel, dont la fin se trouve plus bas, en date du mois de Juillet 1291. Ce n'est pas la seule fois que l'on trouve de semblables obmissions dans les Registres des Chartres. Voyez les *Additions* qui sont à la fin du 4.e *Vol. des Ordonn.* p. ccxliij. col. 2.e sur la page 401.

(c) *Pontigniacensis.]* *Pontigny*, dans le Diocese d'Auxerre, à quatre lieuës de cette Ville. Voy. *Gall. Christ. primæ Edit.* Tom. 4 p. 740. col. 2.

*Claravallis*, *Clairvaux*, en Champagne, d Diocese de Langres, à cinq lieuës de cette Vi le. Voy. *ibid.* p. 253. col. premiere.

(d) *Longi-Pontis, &c.]* *Long-pont*, da le Duché de Valois, du Diocese de Soisson Voy. *Gall. Christ. prim. Edit.* Tom. 4. p. 57 col. premiere.

*Karoli loci*, *Chaalis*, du Diocese de Senli. à deux lieuës de cette Ville. *Ibid.* p. 218. col.

*Ursi-campi*, *Orcamp*, du Diocese de Noyo & assez près de cette Ville. *Ibid.* p. 959. col.

*De Vaucellis.* Voy. cy-dessus Note (a).

*Vallis Beate Marie de Prato.* C'est sans do te, *Nostre-Dame des Prez* lez Troyes, laquel [*ibid.* p. 756. col. 2.] est nommée, *Praten Cœnobium.* C'est une Abbaye de Filles.

*Frigidi-montis*, *Freimont*, Diocese de Bea vais. *Ibid.* p. 442. col. 2.

*De Gardo*, *du Gard*, dans le Diocese d'

*Prato, Frigidi-montis, de Gardo, de Buostel, Fulcardi-montis, Balanciar., de Longo-villari, Cari-campi : Unde tam singulis quam universis mandantes, vobis precipimus, quatenus predictas Domos, & ea que ad ipsas pertinent, que sunt in posse nostro, per jus custodiatis & defendatis ab omni gravamine & injuria; nec ipsas injustè substineatis ab aliquibus molestari : Quod si aliquis super quem posse habeatis, ipsas Domos aut res eorum molestaverit, aut injuriam intulerit vel gravamen, quod ipsum, absque omni dilacione vel excusacione, emendari faciatis : & si Fratres dictarum Domorum, pro jure suo postulando, ad vos aliquociens accesserint, ipsos taliter exaudire & expedire curetis, quod propter vestros defectus, ad Nos ipsos non oporteat* [a] *laborare : concedentes dictis Fratribus, ut de propriis rebus suis, per universa propria Pedagia nostra, tam per terram quam per aquam, quieti sint & liberi ab omni Pedagio, Theloneo, Rotagio, seu alia exaccione vel coustuma quacumque. Verum quia ad dirigenda potissimùm eorum negocia, & bona que possident, contra pravorum hominum multiformes astucias defensanda, qui Divinis sunt serviciis mancipati, studium & diligenciam Nos convenit adhibere, ex parte si quidem Abbatum Domorum supradictarum, gravis est Nobis oblata querela; nam nonnulli Principes ac Nobiles, occasione* [b] *juris Patronatus, (a) Advocacie seu custodie, quam in domibus seu grangiis eorum, se habere proponunt, bladum, vinum,* [c] *evectiones, animalia & res alias pro edificacione ac municione Castrorum & Villarum, necnon pro (b) Tirociniis, Torneamentis,* [d] *expedicionibus & aliis usibus eorumdem, ab ipsis exigunt & extorquent; & quod gravius est, per vim Domos ipsorum ingredientes, (c) Justiciam ibidem proclamant, contra Cisterciensis Ordinis instituta,* [e] *Judicium sanguinis exercere volentes; propter quod, & quies monastici ordinis perturbatur, & grave prefatis domibus imminet detrimentum : vobis singulis & universis precipimus, ne quis premissa à dictis Fratribus audeat exigere; mandati nostri transgressores, tanquam raptores & violatores capiantur, & dignè pro meritis puniantur : & quia (d) absurdum est racionique contrarium, ut ab illis qui emendas seu leges non capiunt, ab ipsis leges & emende, post dampni restoracionem, requirantur, volumus & precipimus universis Baillivis nostris, Preposítis, Baronibus, Militibus, Scutiferis, seu* [f] *Wassoribus, in quorum districtu dampna hujusmodi fuerint illata, si contingat, quod interdum dictorum Fratrum animalia, ipsis invitis, aliquibus dampna inferant, nullus de cetero, super emendis hujusmodi, postquam de predictis dampnis debitam satisfactionem duxerint (e) exhibendam,* [g] *ab ipsis impensam, extorquere nitatur emendam, nec ipsos aliquo modo molestare presumat. Nichilominus omnes Libertates & Immunitates à predecessoribus nostris Regibus Franc.*

CHARLES V. au Monastere de Vaucelles, en Septembre 1368.

[a] avoir recours.

[b] jur. R.

[c] voitures.

[d] expeditions militaires.

[e] les jugements qui condamnoient à des peines afflictives.

[f] *pour* Vavassoribus.

[g] &.

NOTES.

miens, sur la Somme. *Ibid.* p. 455. col. prem.

*De Buostel.... & Balanciar.* Il y a une abbreviation sur la fin de ce mot. Ni moi ni quelques personnes habiles que j'ai consultées, n'ont pu rien découvrir sur ces deux Monasteres.

*Fulcardi-montis*, *Foulcarmont*, dans le Diocese de Roüen. *Ibid.* p. 444. col. premiere.

*De Longo-villari*, *Longvilliers*, dans le Ponthieu, Diocese de Boulogne. *Ibid.* p. 575. col. 1.

*Cari-campi*, *Chercamp*, dans le Diocese d'Amiens. *Ibid.* p. 224. col. premiere.

*(a) Advocacie.]* *Avoüeries*, sur lesquelles voy. l'*Usage des Fiefs* de M. *Brussel*, Tom. 2. L. 3. ch. 6. p. 768.

*(b) Tirociniis.]* *Les Exercices* que l'on faisoit pour s'instruire dans l'Art militaire; tels qu'estoient les Tournois dont il est parlé tout de suite. *Tyrocinium* est même quelquefois pris pour *Torneamentum*. Voyez *le Glossaire* de *Du Cange*, au mot, *Tyrocinium*.

*(c) Justiciam... proclamant.]* Cela signifie, *veulent rendre la justice*. Les *Avoüez* estoient Juges des Vassaux des Monasteres, dont ils estoient *Avoüez*; mais ils n'avoient aucune Jurisdiction sur leurs *hommes taillables*. Cela est très-bien expliqué dans l'Ouvrage de M. *Brussel*. [*Voy. cy-dessus Note (a)*.] Voy. à la p. 785. & suiv.

*(d) Absurdum est.]* Voicy comme j'entends cet endroit.

Je suppose que par un usage establi dans l'Ordre de Cisteaux, les Religieux n'exigeoient point que les Maistres des animaux qui avoient fait du dégast sur leurs terres, fussent condamnez à une amende, & qu'ils se contentoient que l'on reparât le dommage qu'ils avoient souffert. Il estoit donc juste que l'on en usât de la même maniere à leur égard.

*(e) Exhibendam... impensam.]* Je crois que cela signifie, lorsque les Religieux auront reconnu qu'ils devoient reparer les dommages causez par des animaux à eux appartenants, & qu'ils les auront reparez en effet.

CHARLES V. au Monastere de Vaucelles, en Septembre 1368.

*necnon & Libertates & exempciones à Baronibus, Militibus vel aliis Christi fidelibus, dictis Fratribus racionabiliter concessas & indultas, confirmamus. Quod ne valeat oblivione deleri, scripto commendavimus; & ne possit à posteris infringi, sigilli nostri auctoritate, & Regii nominis karactere inferiùs annotato, presentem paginam precipimus confirmari.* Actum apud Sanctum Germanum in Laya, anno Dominice Incarnacionis, millesimo duocentesimo vicesimo primo; Regni vero nostri *(a)* quadragesimo tercio. *Astantibus in Palacio nostro, quorum nomina supposita sunt & signa. Dapifero nullo. Buticulario nullo. Signum Bartholomei Camerarii. Signum Mathei Constabularii.*

*Data vacante* [monogramme] *Cancellariâ.*

a Continuation des Lettres de Philippe le Hardi.

[a] *In cujus rei testimonium, presentibus Litteris nostrum fecimus apponi sigillum.* Actum Parisius, Anno Domini millesimo duocentesimo octogesimo primo, mense Januario.

b Fin de Lettres de Philippe le Bel, dont le commencement manque.

[b] *In rei testimonium, presentibus Litteris nostrum fecimus apponi sigillum.* Actum apud Abbaciam Frigidi-montis, Anno Domini millesimo duocentesimo nonagesimo primo, mense Julio.

c Continuation des Lettres de Philippe le Long.

[c] *In cujus visionis & inspeccionis testimonium, sigillum nostrum presentibus Litteris duximus apponendum.* Actum Parisius, die decima octava mensis Decembris, Anno Domini millesimo trecentesimo sexto decimo.

d Continuation des Lettres de Charles V.

[d] *Quas quidem Litteras, ac omnia & singula in eisdem contenta, rata & grata habentes, ea volumus, laudamus, approbamus, & quantum ad Monasterium Beate Marie de Vaucellis, Cameracensis Dyocesis, pertinet seu pertinere potest, de gracia speciali, certa scientia & auctoritate nostra Regia, confirmamus. Dantes tenore presencium in mandatis, districtè precipiendo, universis Justiciariis, Officiariis & Subdictis nostris, aut eorum Locatenentibus, presentibus & futuris, & eorum cuilibet, prout ad eum pertinuerit, quatenus dilectos nostros Abbatem & Conventum dicti Monasterii de Vaucellis, Cistercienssis Ordinis, & eorum Successores, de contentis in Litteris supradictis, uti & gaudere pacificè faciant & permittant, ipsos in contrarium nullathenus perturbando. Quod ut firmum, &c. salvo, &c.* Datum apud dictum Monasterium de Vaucellis, mense Septembr. anno Domini millesimo ccc.° sexagesimo octavo, & Regni nostri quinto. *Per Regem.* P. MICHIEL. *Visa. Collatio fit cum Originalibus Litteris per me.* [e] *Contentor* P. MICHIEL.

e Voy. la Table du 4.e & du 5.e Vol. des Ord. *au mot*, contentor.

NOTE.

*(a) Quadragesimo tercio.]* Philippe-Auguste estant monté sur le Trône, le 18. de Septembre 1180. quand même on supposeroit que ces Lettres ont esté données depuis le 18. de Septembre 1221. elles ne peuvent pas avoir esté données la quarante-troisieme année de son Regne, mais seulement la quarante-deuxiéme.

---

CHARLES V. en Septembre 1368.

## *(a)* Privileges accordez aux Arbalestriers de la Ville de Compiegne.

SOMMAIRES.

*(1) La Connestablie (ou Compagnie) des Arbalestriers de Compiegne, residera dans cette Ville. Le Roy nomme Symon le Flechier, dit de Compiegne, pour leur Connestable, pour l'estre pendant deux ans. Dans la suite les Arbalestriers esliront de deux ans en deux ans, un Connestable, à la pluralité des voix: Simon le Flechier, avec le conseil des cinq ou six des plus experts au jeu de l'Arbaleste, choisira les vingt Arbalestriers qui doivent composer (la Compagnie.) Les Arbalestriers obeiront au Connestable, dans ce qui regarde leurs fonctions, sous peine d'une amende de cinq sols Parisis.*

*(2.) Le Roy retient ces Arbalestriers à son service, & il les met sous sa sauvegarde.*

*(3) Lorsqu'il y aura un Arbalestrier de mort, ou qui ne pourra plus servir, soit par vieillesse & infirmité, ou qui par sa faute aura esté exclus de la Compagnie; le Connestable avec le Conseil de deux ou trois Arbalestriers, en choisira un autre à sa place, & lui fera prester serment de bien servir le Roy.*

CHARLES, &c. Savoir faisons à tous presens & avenir, que la Royale Majesté a acoustumé gracieusement ceulz honorer, essaucier & acroistre, qui loyalment se sont

NOTE.

*(a)* Tresor des Chartres, Registre 99. Piece 266.

se sont exposez à son service, & qui de vray cuer, y desirent perseverer, en eulz y astraingnant liberalment. Pour ce est-il que Nous ramenans à memoire, comment nos bien amés les Compaignons de la Connestablie des Arbalestriers de nostre Ville de Compiengne, Nous ont servi ou temps passé, en exposant leurs propres corps à l'envaïssement des Fors de *(a)* Remin, Longueil, Mareul, & autrement en plusieurs lieux & places, depuis 12. ans ou environ, là où il a pleu à Nous & à nos Gens estans sur le païz de Beauvoisis, lors occupé par le temps des guerres, par les ennemis de nostre Royaume, [a] & de les mener pour grever nos diz ennemis; moyennant l'aide desquelz, les Fors dessus esclarcis, ou aucuns d'iceulx, ont esté recouvers, si comme Nous avons eu plaine relacion: en quoy iceulx Arbalestriers ont souffert & enduré grans perilz & travalz de leurs corps, voulons à yceulz impartir grace, qui à eulz & à leurs successeurs Arbalestriers de la dicte Connestablie, chiee en l'honneur & proffit, par la forme & maniere qui s'ensuit.

CHARLES V. à Paris, en Septembre 1368.

a *&* est inutile.

*Premierement.* Pour les tenir en union, à ce que Nous les puissions avoir à noz besoings, Nous voulons & ordennons que la Connestablie de 20 Compaignons Arbalestriers, en nostre dicte Ville de Compiengne, se tiengne; & que Symon le Flechier, dit de Compiengne, duquel Nous avons eu souffisant rapport, soit Connestable d'iceulx Compaingnons, sanz ce que autre le soit ou puist estre en nostre dicte Ville de Compiengne, jusques à deux ans continuelz, du jour de la date de ces presentes: lequel Connestable, appellez avec luy 5 ou 6 des plus expers oudit fait, essiront ledit nombre des 20 Compaignons dessus dis; & [b] fenis les diz deux ans, feront les Compaingnons dudit nombre, nouvelle essection de Connestable, de l'un d'eulx, là où le plus se assentira: auquel Connestable dessus nommé, que Nous faisons & ordenons par ces presentes, & aux autres successeurs Connestablez de la dicte Connestablie, qui de 2 ans en 2 ans seront faiz par nouvelle esslection, tous les autres Compaingnons seront tenus d'obéïr en tout ce qui regardera le fait du traict & [c] gieu de l'Arbaleste, à paine de 5 sols Parisis, à appliquer au proufit de la dicte Compaingnie, à payer par celli qui auroit failli ou désobéi au commandement dudit Connestable, pour chascune foiz qu'il encourroit en faulte ou désobéissance de ce qui auroit esté enjoint à faire par ledit Connestable: & voulons que par le premier Sergent Royal qui sur ce sera requis, execution en soit faicte.

b *finis.*

c *jeu.*

(2) *Item.* Nous recevons les diz Connestable & Compaignons, à Nous; & les prenons & mettons en nostre salve & especial garde, comme sont & doivent estre noz gens [d] de nostre retenuë, Serviteurs & Officiers, avec leurs biens, familes & [e] mainies.

d *qui sont à nostre service.*

e *domestiques.* Voy. cy-dessus p. 67. Not. marg. *(g).*

(3) *Item.* Nous voulons, que comme uns des Arbalestriers sera aiez de vie à trespassement, ou que par ancienneté, foiblece ou impotence, ou par sa coulpe dampnable, il ne Nous pourroit plus servir, ledit Connestable, appellé avec lui 3 ou 2 Compaingnons de ladite Connestablie, en [f] recouvrant un autre; & prengnent de lui le serement de Nous servir bien & loyalement, oudit fait & gieu de l'Arbaleste, afin que ledit nombre de 20 soit tousjours trouvé complettement, pour Nous servir par tout comme Arbalestriers, là où il nous plaira de les envoïer, &c. *(b)*

f *recouvrent.* Voyez cy-dessus p. 67. art. (3).

Donnons en mandement à noz amés & feaulz Gens tenans le present Parlement

NOTES.

*(a) Remin, &c.]* Je n'ai rien trouvé sur ce lieu.

*Longueil.* L'on trouve dans le *Dict. Univ. de la Fr.* deux lieux situez dans la Picardie, Diocese de Soissons, & Election de Compiegne; l'un nommé, *Longueüil S.te Marie*, & l'autre, *Longueüil sous Tourotte.*

*Mareul.* C'est sans doute le même lieu que *Marrolez*, sur lequel voyez ci-dessus page 32. Note *(b).*

*(b)* Les clauses suivantes sont entierement semblables à celles des Lettres d'Août 1367. accordées aux Arbalestriers de Laon, *[voyez cy-dessus p. 66.]* à l'exception du nom de la Ville & du nombre des Arbalestriers. Ainsi l'on a cru que l'on pouvoit se dispenser de les faire imprimer icy.

CHARLES V. à Paris, en Septembre 1368.

à Paris, & à ceulz qui tendront les Parlements à venir, à noz amés & feaulx Conseilliers les Gens de noz Comptes à Paris, au Bailli de Senliz, aux Maistres des Porz & des Passages, Receveurs & Collecteurs députez & à députer, & à tous autres Justiciers & Officiers de nostre Royaume, leur Lieuxtenans, & à chascun d'eulz, presens & à venir, que de toutes les libertés, franchises & autres choses dessus devisées, facent, sueffrent & laissent le Connestable & Arbalestriers dessusdiz, qui à present sont & d'oresenavant seront, soubz le nombre dessusdit, joïr & [a] estre à tousjours, sanz leurs mettre ou souffrir estre mis destourbier, empeschement ou [b] objection à l'encontre; maiz tout ce qu'il trouveront estre fait au contraire, ou prejudice d'iceulz ou d'aucun d'eulz, facent reparer & mettre à estat deu, selon ce que dessus est devisé, sanz delay; & nos presentes Lettres facent publier en tous les lieux acoustumés à faire cris en nostre Royaume, dont il seront requis, si que aucun ne s'en puisse excuser de ignorance: & des noms & seurnoms desdits Connestable & Arbalestriers, voulons estre euë congnoissance par certificacion dudit Prevost Forain de ladicte Ville de Compiegne, devant lequel ilz se soubzmettront & astraindront de Nous servir en la maniere dessusdicte, & le jureront par leurs feremens: auxquels feremens recevoir, Nous députons ledit Prevost, par ces presentes: & pour ce que chascun d'iceulx ne pourcit ce present Original avoir devers lui à son besoing, Nous voulons que le Transcript ou *Vidimus* soubz Seel [c] attentique, vaille par tout, & y soit obey plainnement de tous les Justiciers & Subgez de nostre Royaume, comme à l'Original. Et que ce soit ferme, &c. sauf, &c. *Donné à Tournay, l'An de grace 1368. & de nostre Regne le quint, ou mois de Septembre.*

*Ainsi signé.* Par le Roy, en ses Requestes. DOUHEM. [d] RECC. *Visa.*

a *user.* Voyez cy-dessus p. 69.
b *Voy. cy-dessus p. 69. Note (c) margin.*
c *autentique.* Voyez cy-dessus p. 69.
d *Il y a une marque d'abbreviation sur la fin de ce nom.*

---

CHARLES V. en Septembre 1368.

## *(a)* Confirmation de la Commune & des Privileges de Sim, [Sin-le-Noble.]

*CHAROLUS, &c. Notum facimus presentibus pariter & futuris, Nob's, pro parte dilectorum nostrorum Scabinorum, & Communitatis Ville nostre de (b) Sim, prope Duacum, expositum extitisse, quod cum ipsi, à tali & tanto tempore quod de contrario hominum memoria non existit, habuerunt & habeant* [a] *Legem & omnimodam Juridicionem in dicta Villa, nec non Scabinatum, Curiam, cognicionem & judicium, ad* [b] *conjuramentum Baillivi nostri de Duaco, omnium & singulorum casuum quomodolibet emergencium seu eveniencium in dictis Villa & Scabinatu dicti loci; habeant eciam ceteros usus & consuetudines, quibus ipsi & eorum predecessores usi fuerunt usque ad presens, & adhuc utuntur pacificè & quietè: nichilominus quia, jam diu est, per factum guerrarum Regni nostri contra* [c] *Flamingenses, eorum privilegia super hujusmodi Lege, Jurisdiccione, Scabinatu & Consuetudinibus antedictis, combusta fuere, iidem exponentes, sine causa rationabili, per Officiarios nostros Regios impediuntur & turbantur multociens & vexantur, contra dicta eorum privilegia, Jurisdictionem, Libertatem & Consuetudines predictas, indebitè veniendo, in dictorum exponentium grave prejudicium non modicum & gravamen: Quamobrem prefati Scabini & Communitas Nobis fecerunt humiliter supplicari, premissis consideratis,* [d] *quod quum ipsi fuerunt Nobis semper veri subditi & fideles, pluribus* [e] *Indictionibus, Tailliis, pro facto Regni nostri ac Juvaminibus, onerati, eisdem vellemus de favoribus* [f] *presidio subvenire: hinc est quod Nos, qui subdictos nostros in suis Libertatibus, Immunitatibus, privilegiis & juribus, volumus totis conatibus* [g] *observari nostris temporibus, & foveri; premissis attentis, quodque per informationem, virtute certarum Litterarum à Nobis seu Curia impetratarum super hujusmodi Juridicione, Scabinatu & aliis*

a Commune.
b *Voy. le 4.e Vol. des Ord. pp. 364. & 365.*
c Flamans.
d q. q. *R.*
e Impôts.
f &.
g conservari.

NOTES.

*(a)* Tresor des Chartres, Registre 99. Piece 402.

*(b)* *Sim.]* L'on trouve dans le Diction. Univ. de la Fr. *Sin-le-Noble*, dans la Flandre Walonne, Diocese de Tournay, Parlement & Subdelegation de Douay. [C'est sans doute le même lieu.]

*juribus supradictis, per Gubernatorem Insulensem & Duaci, aut ejus Locumtenentem, solenniter factam, & aliter, de Scabinatu, Juridicione, Lege, Usibus & Consuetudinibus antedictis, Nobis sufficienter extitit facta fides, predictorum exponentium supplicationibus, in nostro jocundo adventu in dicta nostra Villa Duaci, benigniter inclinati, volumus, & de nostra speciali gracia, auctoritateque Regia, dictis exponentibus concedimus per presentes, ut ipsi predictis Lege, Scabinatu, Juridicione & Causarum cognicione, privilegiis, Consuetudinibus, usibus & aliis juribus quibuscumque, quibus ab antiquo usi fuerunt & hactenus* [a] *& utuntur, de cetero pacificè & quietè gaudeant & utantur: Quocirca Gubernatoribus & Baillivis* [b] *Insulensibus & Duaci, ceterisque Justiciariis & Officiariis nostris presentibus & futuris, aut eorum Locatenentibus, & cuilibet eorumdem, prout ad eum pertinuerit, earumdem serie Litterarum mandamus, firmiter injungendo, quatenus prefatos Scabinos, & Communitatem dicte nostre Ville de Sim, modernos atque futuros, presenti nostra gratia, concessione,* [c] *juriumque supradictorum, uti & gaudere deinceps pacificè & quietè faciant & permittant, ipsos nullatenus in contrarium perturbando vel impediendo, aut perturbari seu impedirì quomodolibet permittendo; sed si forsan aliquid in contrarium factum vel attemptatum repererint, id ad statum pristinum & debitum reducant aut reduci faciant indilatè. Quod ut firmum, &c. Salvo, &c. (a)* Datum Anno millesimo ccclxviij, Regnique nostri quinto, mense Septembris.

Ainsin signée. ERKERI. [d] RECC. *Visa.*

*Per Regem, Dominis Requestorum presentibus.* J. DE REMIS.

CHARLES V. en Septembre 1368.

a *& est inutile.*
b Insulen. *R.*
c juribusque supradictis.
d Il y a une marque d'abbreviation sur la fin de ce mot.

NOTE.

*(a) Datum.]* Le lieu où ces Lettres ont esté données, n'est point marqué; mais il y a grande apparence qu'elles ont esté données à Douay, puisqu'il est dit dans ces Lettres, que le Roy les a accordées, lors de son joyeux avenement dans cette Ville.

---

CHARLES V. à Paris, le 13. d'Octobre & le 26. de Mars 1368.

## *(a) Commission donnée par le Roy, pour la Reformation des abus qui se commettoient dans les Halles de Paris.*

CHARLES par la grace de Dieu Roy de France. A tous ceulz qui ces presentes Lettres verront: salut. Comme il soit venu à nostre congnoissance, tant par la relation de nostre Prevost de Paris, comme de plusieurs des Gens de nostre Conseil, pour ce plusieurs foiz de nostre commandement assemblés, pour veoir & Nous rapporter l'estat des Halles de nostre bonne Ville de Paris, assises vers le lieu que l'en dit *(b)* Chappiaux, lesquelles furent pieça ordonnées, édiffiées & construites par nos predecesseurs Roys de France, pour là estre portées & venduës aux trois jours de marchié ordonnez en la Ville de Paris, & non ailleurs; c'est assavoir, au mercredi, vendredi & samedi, toutes manieres de denrées ou marchandises, comme bled & tout autre grain, poissons de mer, tant frés comme salés, drapperie, pelleterie, mercerie, freperie, tapicerie, chausses, toilles, chauderonaille, cuirs tant [a] tamé comme conroyé, [b] cordouennerie & plusieurs autres denrées & marchandises de semblable condicion, & dont aucunnes des dictes Halles qui sont en nostre Demaine, & les autres qui dès long-temps a, furent [c] accensez par certain pris & somme de deniers deubx & payez chacun an, au Receveur de Paris, par les gens d'aucuns d'iceux mestiers ou marchandises, qui les devoient & doivent soustenir & tenir en bon estat; dont plusieurs ont esté & sont deffaillans; especialment les Merciers, Pelletiers, Frepiers, Tapissiers, Chauderonniers & autres, par telle maniere, que pour ce que ilz ont vendu ou chargé les estaux d'icelles Halles, de certains [d] crois de Cens ou de

a *tanné.*
b *souliers.*
c *données à cens, moyennant une redevance annuelle.*
d *Voy. le 2.e Vol. des Ord. p. 196. Note (b).*

NOTES.

*(a)* Registre Rouge-vieil du Chastelet de Paris, *fol. 46. recto.*

*(b) Chappiaux.] Champeaux.* Voyez cy-dessus p. 106. Note *(c)*; & sur le Roy qui a basti les Halles, p. suiv. Note *(a)*.

CHARLES V. à Paris, le 13. d'Octobre & le 26. de Mars 1368.

rentes annuelles, oultre les Cens à Nous deubx; laquelle chose ilz ne povoient faire par raison; comme pour ce que plusieurs des gens des diz mestiers, ont [a] délaissié & délaissent de leur volunté desordonnée, apporter & vendre leurs denrées esdictes Halles, par les jours de marchié dessus esclarcys, & tiennent & ont tenus leurs [b] ouvrouers ouvers en leurs [c] hostels, & autres places que celles ordonnées esdictes Halles; sont ad present en tel etat & disposicion de ruine, que la [d] greigneur partie d'icelles sont ainsi comme inhabitables & déchuës, ou très grant [e] vitupere & esclande de Nous & de nostre bonne Ville de Paris, & ou grand grief, préjudice & dommage de Nous & de nostre Demaine; méesmement comme ou temps passé, quant les dictes Halles ont esté habitées & fréquantées par les marchans, & que les gens des diz mestiers y aloient, & envoyoient leurs denrées & marchandises; comme tenus & abstrains y estoient & sont, ce feust, senz [f] comparison, l'une des plus belles choses de Paris, à veoir; ce qui n'est pas à present, dont moult Nous desplaist, & non senz cause: méesmement, comme plusieurs foiz ait esté crié, publié & fait sçavoir [g] notablement de par Nous, à toutes manieres de marchans & gens des mestiers dessus diz, & autres, qui doivent aller esdites Halles, & pour vendre leurs denrées, [h] & de y aler, dont plusieurs n'ont rienz fait; maiz de leur temeraire auctorité, se efforcent de vendre leurs dictes denrées, en leurs diz hostelz & autres places, aux diz jours de marchié, en désobéïssant à Nous; de leurs quelles desobeïssances, Nous voulons que ilz soient contrains d'oresenavant, senz quelque [i] deport, à y aler, & de non vendre aux diz jours de marchié, aucunnes denrées en leurs diz hostelz ou ouvrouers, ne aler, fors ès dictes Halles seulement; c'est assavoir, chacun en sa Halle distincte, pour son mestier & marchandise, afin que toutes manieres de gens qui en vouldront avoir & acheter, puissent & doyent avoir meilleurs marchiés, & plus grant faculté d'en avoir; & aussi que lesdictes denrées puissent estre veuës & visitées plus aisieement, par les Gardes des diz mestiers ou marchandises, tant au proufit & utilité de la chose publique, comme en la décoration de nostre dicte bonne ville de Paris, qui est la principal & capital Ville de tout nostre Royaume: Sçavoir faisons, que Nous qui voulons brief remede, provision & reffomation, estre mis sur le fait des dictes Halles, confians du grant sens, loyauté, prudence & diligence de nos amés & feaulz, nostre *(a)* Prevost de Paris, & Maistre Adam *(b)* Chanteprime, Tresorier de France, avons ordonné

[a] *cessé.* [b] *boutiques.* [c] *maisons.* [d] *plus grande.* [e] *mepris & incommodité.* [f] *comparaison.* [g] *notoirement.* [h] *&* est inutile. [i] *faveur.*

NOTES.

*(a) Prevost de Paris.]* C'estoit *Hugues Aubriot.* Voy. *la Liste des Prevosts de Paris*, p. 12. laquelle est à la fin de l'*Hist. des Connestables*, &c. de *Denys Godefroy.*

*(b) Chanteprime.]* Le 26. de Mars de sa même année, *Charles V. par les Lettres qui suivent, ordenna que le Prevost de Paris resteroit seul Reformateur sur le fait des Halles de cette Ville.*

CHARLES V. à Paris, le 26. de Mars 1368.

*(a)* CHARLES par la grace de Dieu Roy de France. A tous ceulz qui ces presentes Lettres verront: Salut. Comme par nos autres Lettres, Nous aïons commis & deputés nos amez & feaulz, nostre Prevost de Paris, & Adam Chanteprime, Tresorier de France, Commissaires & Reformateurs especiaulz sur le fait de la Reffomation & provision des Halles de nostre Ville de Paris, selon ce que plus à plain est contenu en nos dictes Lettres sur ce faictes; & il soit ainsi, que nostredit Tresorier soit souventesfoiz empeschié & occupé, tant à cause de son dit Office, comme autrement, & ne peut pas continuelment vacquier oudit fait, comme fait & peut faire nostre dit Prevost, qui a la garde & gouvernement de nostre dicte Ville de Paris; parquoy le fait des dictes Halles, qui requiert très grant continuation & diligence, pourroit estre empeschié & retardé, ou très grant grief, préjudice & dommage de Nous, de nostre dicte Ville & de la chose publique, se par Nous n'y estoit sur ce pourveu: Pour ce est-il, que Nous qui voulons le fait des dictes Halles, estre diligemment & hastivement mis sus, confians du sens, loïauté & diligence de nostre dit Prevost, avons ordonné & ordonnons de nostre puissance & auttorité Roïal, par la teneur de ces presentes, que nostre dit Prevost seul, & ses deputés en ceste partie,

NOTE.

*(a)* Liv. Rouge-vieil du Chastelet de Paris, *fol. 47. verso.*

CHARLES V. à Paris, le 13. d'Octobre & le 26. de Mars 1367.

& ordonnons par ces presentes, & par grant & meure déliberacion des Gens de nostre Grant Conseil, les dessus diz Prevost & Tresoriers, & Commissaires, nos Commissaires & Ressormateurs especiaux; aux quelz & à leurs députés, Nous avons donné & donnons plain povoir & mandement especial, de contraindre & faire contraindre sommierement & par voïe de Ressormation, toutes manieres de personnes qui sont tenus à soustenir lesdites Halles, & les estaulz d'icelles, & de les mettre & soustenir en bon etat; & de ordonner & disposer comment les charges ou crois de [a] Sens mis & prins sur les dictes Halles, ou sur aucunnes d'icelles, soïent [b] adnichilés, abatus & abolis du tout, & les choses ramenées à leur estat, & au droit [c] sens, à quoy elles furent baillées & prinses premierement, & lesquelles charges ont esté depuiz mises sanz auttorité de Nous ne de nos Predecesseurs; & aussi pour pourveoir tout plainement sur les Halles qui sont en nostre Demaine, & disposer, bailler & acenser, si [d] mestier est, par telle maniere qu'elles puissent estre habitées, & la ruine qui y est à present, ostée, au proufit de la chose publique, & à la décoration de nostre dite bonne Ville; & néantmoins pour contraindre & faire contraindre toutes manieres de gens qui s'entremettront des diz mestiers ou marchandises & denrées, accoustumées anciennement à estre portées & venduës es dictes Halles, & toutes autres qui feront à contraindre à y aler, & faire cesser d'oresenavant de vendre durant les jours des marchiés dessus diz, en leurs hostelz, ouvrouers ou ailleurs, excepté les dictes Halles, & de ordonner & disposer sur ce, certainnes peines & [e] multes, telles comme bon leur semblera, lesquelles nous avons ordonné & ordonnons estre levées & exigiés sanz deport ne espargne aucunne; & que d'icelles, leurs diz depputés, pour mieulx & plus diligemment entendre & vacquier à l'execucion des choses dessus dictes, & de chacunne d'icelles, aient & prengent la quarte partie, ou autre telle quotité, porcion ou proufit, comme bon semblera à nos dis Prevost & Tresorier: & Nous plaist & voulons, que tout ce qui par eulz sera fait, dit, ordonné & prononcié sur le fait & provision desdites Halles, & des autres choses dessus dictes, & leurs dépendances, soit de telle force, auttorité & vertu, & executé, comme se il estoit fait par nostre propre personne, & vaille, tiengne & sortisse tel & aussi grant effet, comme Arrest de nostre Parlement, & comme s'il estoit fait par nosam és & feauls les Gens de nostre Parlement, ou de nos Comptes; senz ce que de eulz, ne de chose qui par eulz soit faicte, ordonnée, desclairiée, ou pronunciée sur les choses dessus dictes, de chacunne d'icelles ne de leurs dépendences, puisse estre appellé ne reclamé à Nous, à nostre Parlement ne ailleurs; maiz Nous plaist & voulons, & avons ordonné & ordonnons de nostre certaine science, plaine puissance & auctorité Royal, toutes appellacions, poursuites & pourchas, qui des choses dessus dictes & leurs dépendances, pourroient estre faictes ou advenir, soient & demeurent nulles, & telles réputées, & n'y soit deferé ne obey en aucunne maniere, ne sur ce aucuns adjournemens en nostre Chancellerie donnez ne ottroiez par nosdictes Gens de Parlement, ou autres, ne aux appellans, quelque audience d'appellacion baillée. Si donnons en mandement aux diz Prevost & Tresorier, que nostre presente Ordonnance facent publier en tous les lieux, & si comme bon leur semblera; & à nosdites Gens de nostre Parlement & de nos Comptes, & à tous

a *cens.*
b *annulez.*
c *cens.*
d *besoin.*
e *amendes.*

N O T E.

aïent autel povoir & puissance ou fait de la Ressormacion desdictes Halles, comme Nous avons donné & ordonné par nosdictes Lettres, aux diz Prevost & Tresorier ensembles, senz exception ou diminucion aucune; & voulons dès maintenant pour lors, que tout ce que par nostre dit Prevost seul, & ses deputés, a esté, est & sera fait en ceste partie, vaille, tienne & sortisse autel & si grant effect, comme se il estoit fait par ledit Prevost & Tresorier ensembles, & y voulons estre obtemperé & obey, selon la fourme & teneur de nos dictes autres Lettres; nonobstant usages, mandemens, dessenses, ny quelconeques Lettres empetrées ou à empetrer au contraire. *Donné à Paris, le 26.e jour de Mars, l'An de grace mil trois cens soixante & huit, & de nostre Regne le quint.*

*Ainsi signé.* Par le Roy, à la relacion du Conseil. J. DE COLUMBIS.

*Collation faicte à l'Original, par moi.* J. CHABRIDEL.

CHARLES V. à Paris, le 13. d'Octobre & le 26. de Mars 1368.

nos autres Justiciers & subgez, que nostre presente Ordonnance tiengnent & facent tenir & garder, & aux diz Prevost & Tresorier, obéir, s'il est mestier, senz la enfraindre, ne souffrir estre enfrainte en aucunne maniere; nonobstans usages, mandemens, deffenses, ne quelconques Lettres empétrées ou à impetrer au contraire. *Donné à Paris, le treizieme jour d'Octobre, l'An de grace mil trois cens soixante & huit, & de nostre Regne le quint.*

*Ainsi signées.* Par le Roy, en ses Requestes, vous present. J. DE REMIS.

*Publiées en Jugement, ou Chatelet de Paris, le Prevost seant, & par les carsfours de Paris, le Samedi quatrieme jour de Novembre, mil trois cens soixante huit.* J. LE BEGILE.

Collation faicte à l'Original, par moi. J. CHABIRDELE.

---

CHARLES V. à Paris, en Octobre 1368.

## *(a)* Privileges accordez aux Habitans de Beauveir, dit Bourg-le-Roy.

KAROLUS, *&c. Notum facimus presentibus & futuris, Nos Litteras infra scriptas vidisse, fomam que sequitur, continentes.*

*(b)* HENRICUS *Rex Anglie, & Dux Normannie & Aquitanie, & Comes Andegavie: Archiepiscopis, Episcopis, Abbatibus, Comitibus, Baronibus, Justiciariis, Vicecomitibus, & omnibus Ministris & fidelibus suis: Salutem. Sciatis quod concessi, & hac cartâ meâ confirmavi hominibus Castelleti mei de (c) Beauveir supra Aquam de Moira, in Cenomania, quictanciam per totam Terram meam, de Equitatu & Exercitu* [a] *nostris, nomine belli; & de taillagiis, & de omnibus* [b] *consuetudinibus que ad me pertinent; & ideo volo & firmiter precipio, quod homines predicti Castelli mei, habeant bene & in pace, hanc quictanciam superius determinatam, sicut eam illis dedi, & cartâ meâ confirmavi: & prohibeo ne super hoc inde disturbentur super (d) forisfacturam meam* [c] *Testibus F. Episcopo* [d] *Sagiensi: Ricardo* [e] *Hum.* [f] *Constabulario, & Willelmo de Curci,* [g] *Dapifero: Willelmo de Hum. Johanne de Sobneio: Thoma Bardulf: Roberto de* [h] *Scu. Johanne Malaherbâ: Willelmo de Scu. Rogerio de Sanfort.* Apud Sagium.

*Quas quidem Litteras suprascriptas, & omnia & singula in eis contenta, rata & grata habentes, ea laudamus, approbamus, ratificamus, & de nostris gratia speciali & auctoritate Regia, quatenus dicti homines dictis privilegiis seu concessione usi sunt, tenore presentium confirmamus: Mandantes Senescallo Andegavensi & Cenomanensi, ceterisque Justiciariis & Officiariis Regni nostri, aut eorum Locatenentibus, presentibus &*

*a* n. R.
*b* imposts ordinaires.
*c* T. R.
*d* Seez.
*e* Il y a des marques d'abbreviation sur ce nom, qui est repeté deux fois.
*f* Const. R.
*g* Dap. R.
*h* Il y a des marques d'abbreviation sur ce nom, qui est repeté deux fois.

NOTES.

*(a)* Tresor des Chartres, Registre 99. Piece 586.

*(b) Henricus.]* Ce ne peut estre qu'Henry II. sur lequel voy. *le 4.e Vol. des Ordonn.* p. 633. Note *(l)*. L'année dans laquelle ces Lettres ont esté données, n'est pas marquée à la fin. Henry II. monta sur le throsne d'Angleterre en 1135. & mourut en 1171. Voy. *ibid.* & l'*Histoire d'Angleterre* par *Thoyras*, Tom. 2. p. 208.

*(c) Beauveir.]* Dans les Lettres confirmatives de Charles V. il est dit que ce lieu se nomme plus ordinairement, *Burgus-Reg.*

L'on trouve dans le Diction. Univ. de la Fr. *Beauvoirs* & *Bourg-le-Roy*, dans le Maine; mais ce sont deux lieux differents.

L'on trouve aussi dans l'*Hist. des Evesques du Mans* par *le Courvaisier*, p. 400. que vers le commencement du XII.e siecle, *Guillaume le Roux* Roy d'Angleterre, acquit par un eschange fait avec les Chanoines de S.t Julien [du Mans,] un lieu qui se nommoit *Bourg-l'Evesque*, qu'il luy donna le nom de *Bourg-le-Roy*, & qu'il y bastit un Chasteau.

Je n'ai rien trouvé sur *Aqua de Moira*, quoique *Coulon*, dans son *Traité des Rivieres de France*, soit entré dans un grand détail sur les Rivieres & sur les Ruisseaux qui coulent dans le Maine.

*(d) Forisfacturam.]* C'est-à-dire, que ces habitans ne pourront estre condamnés à l'amende, faute de satisfaire aux charges & aux imposts, dont le Roy les exempte par ces Lettres.

*futuris, & ipsorum cuilibet, prout ad eum pertinuerit, quatenus dictos homines Castelleti novi de Beauveir, super Aquam de Moira, aut aliter, ut dicitur* [a] *wlgaliter nuncupati de Burgo* [b] *Regio, qui nunc sunt, & qui pro tempore fuerint, nostris presentibus gratia & confirmatione uti & gaudere pacificè & quietè faciant & permittant : & si aliquid in contrarium factum fuerit seu attemptatum, id ad statum pristinum & debitum reducant, seu reduci faciant indilatè. Quod ut firmum, &c. Salvo, &c.* Datum & actum Parisius, mense Octobr. Anno Domini millesimo trecentesimo sexagesimo octavo, & Regni nostri quinto.

*Per Regem, ad relationem Consilii, in quo vos eratis.* H. DE HAC.

Collatio facta est cum Litteris originalibus, per me. H. DE HAC. *Visa.*

CHARLES V. à Paris, en Octobre 1368.

*a* vulgariter.

*b* Reg. R.

---

CHARLES V. à Melun, en Octob. 1368.

LOUIS Duc d'Anjou, Lieutenant du Roy en Languedoc, à Toulouse en 1368.

*(a)* Lettres qui permettent aux Consuls de Limoux, de lever sur les Bouchers de cette Ville, un Impôt, qui sera employé pour les dépenses communes.

KAROLUS, *&c. Notum facimus universis presentibus pariter & futuris, Nos carissimi Fratris nostri Ducis Andegavensis, Locum nostrum tenentis in* [a] *Partibus Occitanis, vidisse Litteras sub hiis verbis.*

LUDOVICUS *Regis quondam Francorum Filius, Domini nostri Regis Germanus, & ejus Locumtenens in Partibus Occitanis, Dux Andegavensis & Comes Cenomanensis: Universis presentibus & futuris : Salutem. Dilecti & fideles Domini Domini mei atque nostri, Consules Ville (b) Limosi, Senescallie Carcassone, nomine sui Consulatus & Universitatis Ville predicte, Nobis significaverunt humiliter supplicando, quod, licet acthenus ab aliquibus citra temporibus, ad evitandum fraudes, malicias &* [b] *caristias, & pro utilitate Reypublice dicte Ville, & aliorum recumbencium in eadem, Macellarii dicte Ville, & Macellarie officium seu ministerium excercentes, carnes bovinas, mutoninas, porchinas, & alias grossas, que in Macellis venduntur, ad certum pondus seu certa pondera vendere consueverint; fueritque in Villa predicta, à dictis citra temporibus, consuetum, usitatum & observatum per Consules predictos & eorum predecessores, quod dum & quando ipsi Consules seu dicta Universitas, habebant & habent pro* [c] *redempcione Regia, deffencione Patrie, vel aliter pro neccessitatibus communibus dicte Universitatis, aliqua debita solvere, vel alia honera communia subportare, ipsi Consules & eorum predecessores, super qualibet libra carnis, que in dicta Villa venditur per Macellarios antedictos, certum quid; utpote, quandoque duos, quandoque tres vel quatuor Denarios Turonenses, & quandoque plus vel minus, juxta & secundum modum & qualitatem debitorum & honerum predictorum, imponunt, & imponere, & à predictis Macellariis Imposicionem seu emolumentum hujusmodi exhigere & levare consueverunt, pro convertendo in usus superius declaratos; nichilominus pressati Macellarii, seu aliqui ex ipsis, vel eorum nomine, nuper & de novo nisi fuerunt & nitebantur, à Nobis seu nostra Curia, impetrare & obtinere, ut pondus seu pondera hujusmodi penitus & perpetuò cessarent & removerentur à Villa predicta, nec dictis ponderibus deinceps in vendicione dictarum carnium, predicti Macellarii uterentur; sed pocius vendendi carnes predictas absque pondere, ipsis concederemus liberam & perpetuam facultatem; & insuper, quod ipsi Consules talem imposicionem, prout supradictum est, ex quacumque communi neccessitate, super dictis carnibus imponere & exhigere non valerent; & pro predictis, à Nobis & nostra Curia, ut predictum est, impetrandis & eciam obtinendis, certam quantitatem peccunie semel, & certis terminis, Nobis nomine Regio, solvendam, & deinde certos annuos redditus Nobis obtulerunt seu offerri fecerunt Macellarii antedicti; asserentes, & eciam supplicantes Consules memorati,*

*a* Languedoc.

*b* cherté.

*c* Voy. la *Tab. des Mat. des 3.e & 4e. Vol. des Ordonn.* au mot, *Aydes pour la Rançon du Roy.*

NOTES.

*(a)* Tresor des Chartres, Registre 99. Piece 418.

*(b) Limosi.]* Limoux, Ville située dans le haut Languedoc, dans le Diocese de Narbonne. Voy. *le Dict. Univ. de la Fr.* à ce mot.

CHARLES V. à Melun, en Octobre 1368

*requestam seu supplicacionem, necnon & oblacionem per dictos Macellarios factas, tanquam dampnosas Reipublice, & dicto Domino meo Regi ac Nobis minus utiles; Jurique & Libertati, ac usui ipsorum Consulum & Universitatis prejudiciabiles, fore nullathenus exaudiendas nec eciam admictendas, sed pocius* [a] *repellandas ex multis causis & racionibus, per partem ipsorum Consulum, coram Nobis & nostro Consilio, propositis & eciam allegatis; offerentes nichilominus Consules sepe dicti, pro se & suis successoribus, ac nomine dicte Universitatis, dicto Domino meo Regi, seu Nobis nomine ipsius, ad finem, ut dicta pondera remaneant, & sua possessione vel quasi, non priventur, &* [b] *cum eis carnes predicte, per dictos Macellarios, & non aliter, vendantur, pro utilitate Reipublice in Villa predicta, & ut ipsi Consules & eorum successores, super qualibet libra carnis de cetero vendenda in predicta Villa, habeant, habereque, exhigere & levare valeant perpetuo in futurum, quatuor denarios Turonenses, vel minus, si eisdem Consulibus videatur; quorum emolumenta ipsi Consules & eorum successores,* [c] *arrendare seu ad firmam tradere, vel levare valeant, si & prout eisdem videbitur expediri; dictaque emolumenta in usus publicos, & subportacione honerum communium, & non alibi, convertantur; videlicet, mille Francos Auri semel & unâ vice solvendos, nec non quinquaginta libras Turonenses annui & perpetui redditus, anno quolibet, Thesaurario seu Receptori Regio Carcassone, per predictam Universitatem & Consules solvendas terminis consuetis; ita videlicet & tali modo & condicione, quod in casu in quo dictus Dominus meus Rex, Nos, vel alius ad hec potestatem habens, predictos Consules vel eorum successores, ab imposicione & exaccione dictorum quatuor Denariorum pro libra carnasseria, privarent, vel eciam privaremus, extunc prefati Consules, à quacumque obligacione, prestacione & solucione dictarum quinquaginta Librarum Turonensium annui redditus, & eciam dicta Universitas essent liberi penitùs atque quitti, nec ab eisdem, eo casu, exhigi possent redditus antedicti in totum vel in parte; supplicando humiliter pro se, & quorum supra nominibus, ut, rejectis & non admissis supplicatis & oblatis per Macellarios antedictos, oblacionem hujusmodi & supplicata ac requisita per nostros Consules, graciosè concedere ac admittere dignaremur: Notum facimus quod Nos, meritis causarum predictarum consideratis diligentissimè & attentis, utilitatemque Regiam & publicam perspicaciter intuentes, habitâque super predictis deliberacione nostri Consilii pleniori, & admissâ per Nos, nomine Regio atque nostro, composicione seu financiâ dictorum mille Francorum Auri, & quinquaginta Librarum Turonensium* [d] *rendualium, factâ per Consules antedictos, & cum protestationibus & retentionibus per ipsos Consules factis & superiùs* [e] *lapsiùs declaratis, rejectisque Requesta & oblationibus factis per partem Macellariorum predictorum, volumus, ordinamus, & ipsis Consulibus de Limoso, ac eorum successoribus, de nostra certa scientia, speciali gratia, auctoritateque Regia quâ in hac parte fungimur, tenore presencium concedimus, si sit opus, quod dictum pondus seu pondera sint & perpetuò remaneant in predicta Villa, & ipsis ponderibus utantur predicti Macellarii presentes & futuri, in vendicione carnium predictarum, more solito, & juxtà ordinacionem & appreciacionem Consulum qui tunc erunt, quodque sine dictis ponderibus, predicti Macellarii presentes & futuri, carnes predictas vendere minimè valeant sive possint; & insuper, quod ipsi Consules & eorum successores, de qualibet libra carnasseria, quam in dicta Villa vendi contingerit, usque ad quatuor Denarios Turonenses, & non ultra, vel minus, si eis visum fuerit, habeant, possintque exhibere & habere, pro convertendo in neccessitatibus & oneribus communibus dicte Ville, & non in aliis usibus, ut est dictum: volentes utique & eciam concedentes Consulibus & eorum successoribus antedictis, quod in casu, in quo per dictum Dominum meum Regem seu Nos, vel alium aut alios debitam potestatem habentes, à ponderibus & emolumentis hujusmodi privarentur, vel altero eciam eorumdem, extunc, à quacumque obligacione, solucione seu prestacione redditum predictorum, sint & remaneant liberi atque quitti, nec ab eisdem peti seu exigi valeant redditus supradicti. Quapropter mandamus dilecto & fideli Regio atque nostro, Petro Scatisse Thesaurario Francie, Senescallis Tholose & Carcassone, vel eorum Locatenentibus, ac eciam Procuratoribus Regiis cujuslibet Senescalliarum predictorum, & eorum cuilibet; quibus quidem* [f] *Procuratori perpetuum silencium super predictis imponimus per presentes, quatenus prefatos Consules & eorum successores, hac nostrâ presenti ordinacione & gratia*

[a] repellendas.

[b] en se servant de ces poids.

[c] affermer.

[d] payables annuellement.

[e] latiùs.

[f] Procuratoribus.

*& gratiâ, quam promittimus bonâ fide per dictum Dominum meum Regem confirmari, & per ejus Compotorum Cameram Par. facere expediri, uti & gaudere pacificè faciant & permittant, nec contra tenorem ejusdem, ipsos Consules vel eorum successores, impediant, inquietent vel perturbent; nonobstantibus quibuscumque Litteris per dictos Macellarios aut pro eis, impetratis vel impetrandis. Quod ut firmum & stabile permaneat in futurum, presentes Litteras Sigilli nostri munimine fecimus roborari; dicti Domini nostri & nostro in aliis, ac alieno in omnibus jure salvo.* Datum Tholose, anno Domini millesimo ccc.° sexagesimo octavo.

CHARLES V. à Melun, en Octobre 1368

*Nos igitur prescriptas Litteras, ordinacionem & concessionem, universaque & singula in eis contenta, rata & grata habentes, ea volumus, laudamus, approbamus, & de nostris speciali gratia & auctoritate Regia ac certa scientia, tenore presentium confirmamus: Dantes tenore presencium in mandatis Senescallis Tholose & Carcassone, nec non & Thesaurariis ac Procuratoribus nostris Senescalliarum predictarum, ceterisque Justiciariis & Officiariis nostris, presentibus & futuris, vel eorum Locatenentibus, & eorum cuilibet, ut ad eum pertinuerit, quatenus predictos Consules presentes & eorum successores, dictâ ordinacione & concessione & Litteris supradictis & contentis in eis universis & singulis, & nostrâ confirmacione presenti, uti & gaudere pacificè faciant & permittant, non molestando ipsos, vel molestari permittendo in contrarium aut turbari. Quod ut firmum & stabile perpetuo perseveret, Sigillum nostrum presentibus Litteris est appensum: Salvo in aliis jure nostro, & in omnibus alieno.* Datum Meleduni, mense Octobris, Anno Domini millesimo ccc.° sexagesimo octavo, Regni verò nostri quinto.

Sic signata. *Per Regem.* YVO. *Collacio fit.* *Visa.*

---

CHARLES V. à Paris, en Novembre 1368.

(a) Confirmation des Lettres du Roy Jean, par lesquelles les Coutumes & les Privileges de Lille, sont attribuez à la Ville de Seclin.

KAROLUS, *&c. Notum facimus universis presentibus & futuris, Nos Litteras carissimi Domini Genitoris nostri, vidisse, formam que sequitur, continentes.*

(b) JOHANNES, *&c,*

*Nos autem Litteras suprascriptas, omniaque & singula in eisdem contenta, in quantum* [a] *Rebbardus, Scabini, Burgenses & Communitas dicte Ville de Siclinio, predicti, eisdem hactenus usi fuerunt, rata habentes & grata, ea volumus, laudamus, approbamus, ratifficamus, ac de speciali gracia nostraque auctoritate Regia, tenore presentium confirmamus; Baillivo nostro superiori Insulensi, ceterisque nostris & Regni nostri Justiciariis, qui nunc sunt & pro tempore fuerint, aut eorum Locatenentibus, & cuilibet eorumdem, prout ad eum pertinuerit, dantes presentibus in mandatis, quatenus predictos Rebbardum, Scabinos, Burgenses & Communitatem dicte Ville de Siclinio, contra tenorem Litterarum suprascriptarum ac nostre presentis confirmationis, de cetero nullatenus impediant vel perturbent, sed eisdem uti & gaudere faciant & permittant pacificè & quietè; quinymmo facta in contrarium, si que sint aut fuerint, ad statum pristinum reducant aut reduci faciant, visis presentibus, indilatè. Quod ut perpetue firmitatis, &c. nostro & alieno in omnibus jure salvo.* Datum & actum Parisius, anno Domini m° ccc° LXVIII°. Regni vero nostri quinto, mense Novembr.

*Per Regem, ad relacionem Consilii.* DOUHEM.

Collatio fit. Scriptor. *Visa.*

[a] Voy. cy-dessus, p. 134. Note (e).

NOTES.

(a) Tresor des Chartres, Registre 99. Piece 358.

(b) Ces Lettres, qui sont du mois d'Avril 1355. sont dans le 4e. *Volume des Ordonnances*, p. 320.

CHARLES V. à Paris, en Novembre 1368.

## (a) Lettres qui confirment l'Affranchissement accordé par le Seigneur de Coucy, aux Gens de main-morte de cette Baronnie.

*KAROLUS, &c. Notum facimus universis presentibus & futuris, Nos infrascriptas vidisse Litteras, formam que sequitur, continentes.*

A Touz ceulz qui ces presentes Lettres verront ou orront, *(b)* Enguerrans Sires de Coucy, Contes de Soissons & de Bedeford : salut. Comme par la general coustume & usaige de nostre Baronnie & Terre de Coucy, toutez personnes qui y viennent demourer, & auxi qui y demourront, sont noz hommes & femmes de [a] morte-main & de Fourmariaige, touttesfoiz que le cas y eschiet, se lez dictes personnes ne sont [b] Clerc ou Nobles; excepté aucuns qui sont *(c)* tenuz de Nous en foy & homaige, & aucuns autres; lez quelles personnes, en alant demourer hors de nostre dicte Terre, en certains lieux, se afranchissent sanz nostre congié, & puet afranchir, toutesfois que il leur plaist : & pour hayne d'icelle servitute, plusieurs personnes [c] delaissent à demourer en nostre dicte terre, & par ce est & demeure icelle terre en grant partie non cultivée, non labourée, & en *(d)* riez, pourquoy nostre dicte terre en est grandement mains valable ; & pour ycelle servitute destruire & mettre au neant, ont ou temps passé, noz devanciers Seigneurs de Coucy, & par especial, nostre très chier & amé Pere, dont Dieux ait l'ame, esté requis de par lez habitans pour le temps en la dicte terre, en offrant par yceulz certaine revenuë perpetuelle; sur laquelle chose nostre dit Pere, dont Dieux ait l'ame, eust grant Conseil, & par plusieurs delaiz, par lequel grant & bon Conseil, il trouva que c'estoit grandement sez proffiz de destruire & mettre au neant la dicte coustume, en prenant le proffit à luy offer ; lequel nostre dit Pere, dont Dieux ait l'ame, avant que il peust acomplir la dicte requeste, ala de vie à trèspassement : dez quelles choses nous fumes bien & plainement enfourmez; & depuis que Nous fumes venuz en [d] aaige, & que Nous avons joy plainement de nostre dicte terre, lez habitans de noz Villes de nostre dicte terre, sont venuz par plusieurs foiz pardevers Nous, en Nous requerant que la dicte coustume & usage voulsissions destruire & mectre au neant, & nostre dicte Terre & Villes, touz lez habitans presens & advenir, demourans en ycelles, afranchir desdites servitutes & autres personnelles quelzconques, à tous jours perpetuelment, en Nous offrant de chascune Ville, ou pour la plus grant partie dez dictes Villes, certeinne rente & revenuë d'argent, perpetuelle pour Nous, noz successeurs, perpetuellement & à tous jours ; c'est assavoir, pour *(e)* Coucy la-Ville & lez habitans d'icelle, x. l.

a *Voy. sur ces mots* les Tab. des Mat. des Vol. des Ordon.

b *Ecclesiastiques.*

c *cessent.*

d *âge, en majorité.*

NOTES.

*(a)* Tres. des Chart. Registre 99. P. 424.

*(b) Enguerrans Sires de Coucy.]* Il estoit le VII.e de ce nom, & il estoit encore au berceau, lorsqu'*Enguerrand VI.* son Pere mourut au plustard en 1347. ayant esté donné en ostage aux Anglois, après la paix de Bretigny concluë en 1360. *Edouard III.* Roy d'Angleterre lui donna en mariage *Isabelle* sa deuxieme fille; & entr'autres terres il lui donna la Baronnie de *Bede-fort*, qu'il érigea pour lui en Comté : & *Guy de Blois*, Comte de Soissons, qui estoit aussi en ostage en Angleterre, ayant cedé ce Comté à *Edouard* pour sa rançon, *Edouard* en gratifia sur le champ *Enguerrand de Coucy*, son gendre. Voy. *la Geneal. des Mais. de Guines... & de Coucy*, par *André Du Chesne*, p. 266. & l'*Hist. de Coucy*, par *D. Toussaints Du Plessis*, pp. 81. 82.

*(c) Sont tenus ... en foy, &c.]* Je crois qu'il s'agit-là des Roturiers qui possedoient des Fiefs.

*(d) Riez.] Terre en friche.* Voy. *le Tresor de Nicot*, au mot, *rie.* Plus bas, il y a, *rez.*

*(e) Coucy.] André Du Chesne* (voy. Not. *(b)* p. 266. & 415. *des Preuves,*) a fait imprimer un extrait de ces Lettres, tirées d'un Registre de la Chancellerie de France : ce sont les Registres qui sont conservés dans le Tresor des Chartres, & qui sont cités dans le Recueil des Ordonnances, sous l'indication de *Tresor des Chartres.* Le Registre dont s'est servi *Du Chesne*, est sans doute le même que celui sur lequel cette Piece a esté copiée. On trouvera cependant quelques legeres differences sur les noms des Lieux, entre l'extrait de *Du Chesne*, & cette

Parisis; pour la Ville de Frainnes & les habitans d'icelle, vingt & quatre sols Parisis; pour la Ville de Noirmaisieres, xxx. sols Parisis; pour la Ville & *(a)* Poste de Landricourt, treze L. X. s. pour la Ville de Rienville, quarante VIII. s. pour la Ville de Verneuil, cent & huit s. pour la Ville de Forny & appartenances, cent sols; pour la Ville de [a] Foulembray, onze livres; pour la Ville de Champs, quarante sols; pour la Ville de Sernay, trente sols; pour la Ville de Croly, dix-huit livres; pour la Ville de Dalmans, huit livres; pour la Ville de Vauffaillon, douze livres; pour la Ville de [b] Crescy dessus Nougent, quinze livres; pour la Ville de [c] Guny, neuf livres & seze sols Parisis; pour la Ville de Courson, pour chascun Feu, dix-huit deniers. *Item.* Pour la Ville Daudelain, six livres; pour la Ville de Bertaucourt, soixante-huit sols; pour la Ville de [d] Monceaux les Leups, six livres. *Item.* Pour les Villes de Vaudesson, [e] de Pont-Saint-Mart & de Mareüil, n'est à Nous aucun acroissement de rente offert, pour ce que elles sont assez ou trop chargées de rentes que elles Nous doivent d'ancienneté: sur laquelle Requeste, Nous avons eu grant advis & meure déliberacion [f] à nos amis & à nostre Conseil, & par diverses & plusieurs foiz, & sur ce Nous sommes bien & diligemment enformez, & faicte bonne & souffisante informacion, par laquelle informacion, Nous avons [g] veritablement, que par destruire & mettre au neant ladicte Coustume & Usaige, & en franchissant noz dictes Villes, & touz lez habitans d'icelle presens & avenir, comme requis est, en prenant le proffit à Nous offert par les diz habitans, que en ce faisant, seroit noz proffiz grans & pourfitables pour Nous & pour touz noz successeurs, & pour tout nostre dicte terre & pays, veu & sceu par Nous, que le proffit à Nous offert, comme dit est, Nous est & devra estre à touz jours, & à noz hoirs & successeurs, plus profitab e & honorable, que les dictes mortes-mains & fourmariages ne sont, ne pourroient estre au temps avenir; & par ce aussi, sera & demoura plus habundans en Peuple, & devra estre par raison; & aussi nostre dicte terre & païs cultivés & labourez, & non demourans en [h] rez, & par consequens à Nous & à noz successeurs plus valables: Saichent tuit, que Nous, qui avons eu meure & grant déliberacion aux choses dessus dictes, bien acertenez de nostre droit & proffit, ladicte Coustume & usage, en tant comme en Nous est, destruisons & mettons au néant perpetuelment & à tous jours, & toutes nos dictes Villes dessus nommeez, estans en nostre haulte Justice & Domaine, & tous les habitans demourans en icelles, & tous ceulx qui ou temps avenir y demourront, ou venront demourer, Nous franchissons du tout, de toutes mortes-mains & fourmariages, & leur donnons plaine & entiere franchise, & à chascun d'eulx, perpetuelment & à tous jours, tant pour estre [i] Clers, comme pour avoir tous autres estats de franchise, sans retenir à Nous servitute ne puissance de acquerir servitute aucune sur eulz, ne aucun d'eulx ou temps présent ne ou temps advenir, ne à noz hoirs ne successeurs, ne à autres personnes quelconques; en retenant à Nous ledit proffit & rente perpetuele à Nous offert, comme dit est: laquelle rente perpetuele retenuë par Nous, Nous mettons dès maintenant en nostre Domaine, & en nostre propre heritage & en nostre droit Fief de nostre Baronnie, laquelle Nous tenons du Roy nostre S. retenu à Nous le droit & la *(b)* poursuite sur nos Bourgois,

CHARLES V. à Paris, en Novembre 1368.

a *Folembray.* D. C.

b *Crecy dessus Nongent.* D. C.

c *Guiry.* D. C.

d *Voy. p. preced. Not. (e).*

e *Pont Saint Maard.* D. C.

f *avec.*

g *reconnu.*

h *Voy. pag. preced. Note (d).*

i *Ecclesiastiques.*

NOTES.

Piece, telle qu'elle est imprimée icy. Il a fait deux Lieux de *Monceaux*, les *Leups*, quoique ce ne soit qu'un même Lieu. *Voyez les Notes margin. (a) (b) (c) (e).*

*D. Du Plessis* [voy. Note *(b)*] qui, p. 83. a copié *Du Chesne*, qu'il cite, a mis *Froly*, au lieu de *Croly*.

*(a) Poste.* ] Ce mot signifie sans doute icy, *territoire. Posta* dans *Du Cange, statio, loci situs.*

*(b) Poursuite.* ] En fait de *servitude*, c'est le droit qu'a le Seigneur de *poursuivre* ses serfs ou hommes de corps, lorsqu'ils sont allés demeurer hors de sa Seigneurie. Voy. *le Gloss. du Dr. Fr.* au mot, *Poursuite.* Suivant ces Lettres, les Gens de main-morte du Comté de Soissons, ne pouvoient aller demeurer dans l'estenduë de la Terre de *Coucy*, nouvellement affranchie. Mais je n'entens point ce que peut signifier *poursuite*, par rapport à des Bourgeois: car suivant le droit commun des Bourgeoisies, les Bourgeois peuvent y renoncer, & aller demeurer ailleurs, lorsqu'ils le jugent à propos. Voy. *les Tabl. des Mat. des 3.e & 4.e Vol. des Ord.* aux mots, *Bourgeois & Bourgeoisie.*

CHARLES V. à Paris, en Novembre 1368.

* Ce mot vient sans doute de commanere.

habitans & * commans de nostre Conté de Soissons, & appartenances, tout ainsi, & au tel droit que avoient & ont eu noz devanciers, Contes de Soissons, avant ce que ladite Conté à Nous appartenist. Toutes les quellez choses & chascune d'icelles, Nous promectons loyaument & par nostre foy, tenir fermement de point en point, à tous jours perpetuelment, sans aler ne faire aler à l'encontre par Nous ne par autres, & garandir à tous jours; & sur l'obligacion de tous noz biens, & des biens de noz hoirs & successeurs quelconques, meubles, non meubles, presens & avenir; & sur l'obligacion dessus dicte, renonçons à ce que Nous puissions dire que Nous soïons deceuz, en faisant les choses dessus dictes, & à tout ce qui pourroit grever ou nuyre aux choses cy-dessus devisées, ou aux diz habitans, & par especial, au droit disant, general renonciation non valoir: toutes lesquelles choses dessus dictes, Nous avons fait & faisons, se il plaist au Roy nostre S. auquel Seigneur Nous supplions, en tant que Nous povons, que pour accroistre & proffiter le Fief que Nous tenons de lui, comme dessus est dit, il veille confirmer, loer, & approuver les choses dessus dictes; & voulons & accordons, & sur l'obligacion dessus dictes, que tous *vidimus* & Copies qui se feront de ces presentes, & des Lettres qu'il plaira au Roy nostre S. baillier sur ce, faictes sur seel autentique, vaillent autant, en tous cas, comme feroient & faire pourroient le propre Original. En tesmoing de ce, Nous avons seellé ces presentes Lettres, de nostre propre Seel, qui furent faictes l'an M. CCCLX. VIII.° ou mois d'Aoust.

*Quas quidem Litteras suprascriptas, & contenta ac expressa in eisdem, rata habentes & grata, ea, quantum in Nobis est, volumus, laudamus, ratificamus, approbamus, & tenore presentium, de nostris auctoritate Regia & speciali gracia, confirmamus. Quod ut firmum, &c. Salvo, &c.* Datum Parisius, anno Domini M. CCCLX. VIII.° & Regni nostri quinto, mense Novembris. *Visa.*

*Per Regem, ad relacionem Consilii.* G. DACHIS.

Collacio facta est cum Litteris Originalibus supra scriptis. G. DACHIS.

---

CHARLES V. à Paris, le 28. de Janvier 1368.

Philippe-Auguste, à Paris, en 1207. & 1209.

(*a*) Lettres qui confirment celles par lesquelles Philippe-Auguste avoit établi une Commune dans la Ville de Peronne; & qui y rétablissent cette Commune qui avoit esté supprimée.

SOMMAIRES.

*(1) Celui qui aura tué dans le Chasteau ou dans la Banlieuë de Peronne, un homme de la Commune de ce lieu, sera puni de mort; à moins qu'il ne se refugie dans une Eglise: Sa maison sera destruite; & les biens qu'il aura dans l'estenduë de la Commune, seront confisquez au Roy. Si ce meurtrier s'échappe, il ne pourra revenir dans le Territoire de la Commune, que lorsqu'il se sera reconcilié, & aura fait son accommodement avec les parents de celui qu'il aura tué, & qu'il aura payé à la Commune, une Amende de dix livres.*

NOTE.

(*a*) Tresor des Chartres, Registre 99. Piece 377.

Les Lettres de Philippe-Auguste, de l'année 1207. sont au *fol.* 58. *vers.* du Registre de ce Prince, qui depuis quelque tems, est à la Bibliotheque du Roy. Elles ont esté copiées sur ce Registre, qui est plus ancien & plus correct que celui du Tresor des Chartres. Celui-cy cependant, outre quelques variantes qui ne sont point à negliger, fournit encore trois additions considerables; l'une desquelles est absolument necessaire pour l'intelligence de ces Lettres.

Charles V. restablissant la Commune de Peronne, qui avoit esté supprimée, abolit quelques dispositions qui estoient dans les Lettres de Philippe-Auguste, & fit des changements dans quelques autres. On a mis à la teste de ces articles abolis ou changez, un renvoy aux articles des Lettres de Charles V. qui y ont rapport.

Si l'on trouve dans les Lettres de Philippe-Auguste, quelques difficultez qui ne soient point éclaircies dans les Notes, on pourra avoir recours aux Sommaires, dans lesquels on a taché d'expliquer ces articles le plus clairement qu'il a esté possible, en y ajoustant même quelques mots, pour les rendre plus intelligibles.

CHARLES. V. à Paris, le 28. de Janvier 1368.

(2) *Si un homme accusé d'un meurtre, ne peut en estre convaincu, il se* purgera *de ce crime, [par serment,] devant les Eschevins.*

(3) *Celui qui en aura frappé un autre, si le fait est prouvé, payera une Amende au Roy, & cent sols qui seront employez aux fortifications de la Ville. Si le fait ne peut estre prouvé, il se* purgera *de ce delict par serment. Celui qui en aura blessé un autre avec des armes émoulüës, payera, si le fait est prouvé, une Amende au Roy, & dix livres, qui seront employées aux fortifications de la Ville. Si ce delict ne peut estre prouvé, il s'en* purgera *par serment. Si le blessé ne se contente pas de ce serment, il pourra faire assigner l'Accusé devant les Juges Royaux & les Eschevins. Si les Juges ordonnent que ce procez sera terminé par un Duel, il se fera devant les Juges Royaux.*

(4) *Si quelqu'un croit qu'un autre le haïsse & lui veüille du mal, il demandera au Juge que celui qu'il soupçonne, lui donne un* assurement: *si celui-cy ne veut pas le donner, sa personne & ses biens seront mis entre les mains de la Commune, jusqu'à ce qu'il ait promis de vivre en paix avec celui qui le soupçonne; & s'il n'a point de bien, il ne pourra point entrer dans le Chasteau ni dans la Banlieuë, & il sera reputé ennemi de la Commune, jusqu'à ce qu'il ait fait cette promesse.*

(5) *Si un homme qui n'est point de la Commune, se bat avec un homme qui en est, ceux de la Commune doivent deffendre celui cy· s'ils ne le font pas, le Maire les fera assigner devant lui, pour les en punir. Ceux qui auront donné du secours à leur Concitoyen, ne pourront estre condamnez à l'Amende à ce sujet; à moins qu'ils n'eussent tué l'Estranger, contre lequel celui-cy se battoit.*

(6) *Si des personnes qui se battent, refusent d'obéir au Maire qui leur ordonne de cesser, ils payeront une Amende de dix livres; ainsi que ceux qui n'obéiront pas aux ordres que leur donnera le Maire, de separer ceux qui se battent.*

(7) *Celui qui insultera le Maire, lorsqu'il fait les fonctions de sa charge, payera à la Commune, une Amende de dix livres.*

(8) *Celui qui tuë un homme qui veut entrer de force dans sa maison, hors les cas où cela est permis par la Coustume de la Ville, ne payera point d'Amende.*

(9) *Si quelqu'un est convaincu d'avoir dit des injures à un autre, il payera dix sols, qui seront employez aux fortifications de la Ville. Celui qui estant en colere, aura poussé rudement quelqu'un, sera condamné, si le fait est prouvé, à 50. sols, qui seront employez au même usage. Si ce delict n'est pas prouvé, il s'en* purgera *par serment.*

(10) *S'il est prouvé qu'un homme estant en colere, ait tiré l'Epée contre un autre, il payera 40. sols à la Commune; si le delict n'est pas prouvé, il s'en* purgera *par serment.*

(11) *Celui qui de dessein prémedité, aura jetté de la boüe & des ordures sur un autre, payera dix livres; soit que celui qui aura esté insulté, ait fait une plainte au Maire & aux Officiers Royaux, soit que le Maire & les Eschevins, aïent fait le procez d'Office à celui qui a insulté. Il sera obligé de payer cette Amende dans quinzaine, ou de se retirer de la Ville: S'il y revient, on le condamnera à avoir un membre coupé.*

(12) *Si un homme fait perdre un membre à un autre, on le privera du même membre que celui qu'il a fait perdre: Si cependant il fait son accommodement avec celui qu'il a blessé, avant qu'il y ait un Jugement rendu contre lui, il en sera quitte pour une Amende de cent sols, payable à la Commune.*

(13) *Celui qui sera trouvé dans la Banlieuë, avec une chose qu'il aura volée, sera remis entre les mains du Maire & des Eschevins, qui lui feront son procez, & le condamneront au Pilori; & ils le remettront ensuite entre les mains des Juges Royaux ou des Juges du Chastelain. Celui qui sera accusé d'un vol par la clameur publique, sera banni pour trois ans; & si pendant ce tems, il revient dans la Ville, on lui fera son procez comme à un Voleur.*

(14) *Lorsqu'un jeune homme aura tué quelqu'un, le Maire & les Eschevins decideront s'il doit estre puni ou non.*

(15) *Celui qui aura esté convaincu d'avoir fait un faux serment, sera privé des droits de la Commune & de la Bourgeoisie, jusqu'à ce qu'il plaise au Majeur & aux Eschevins de les lui rendre.*

(16) *Lorsqu'un Chevalier ou un autre, sera debiteur d'un Bourgeois, & qu'il ne l'aura pas payé à l'escheance de la debte, le Creancier fera sa demande en justice devant le Majeur & les Eschevins, qui aprés avoir vû la preuve de la debte, feront comparoistre le debiteur devant eux, & le condamneront à payer, ou à perdre les droits attachez à la Commune, & ceux de* Credit & *de* Voisinage: *Le Creancier pourra ensuite saisir de sa propre auctorité, les effets de son debiteur, qui seront dans la Ville & dans la Banlieuë, & faire saisir ceux qui seront hors de la Banlieuë, par l'auctorité du Juge Royal. Si le debiteur pretend que l'une ou l'autre de ces saisies, a esté faite injustement, l'affaire sera portée devant le Juge Royal ou le Juge du Chastelain, & sera decidée par l'un d'eux, conjointement avec les Eschevins. Le Maire pourra conduire le debiteur dans la Ville, (pour y estre en seureté contre les poursuites de son Creancier,) à moins qu'il n'en ait esté banni par le Roy ou ses Juges, ou que le Creancier n'ait fait opposition à la seureté que le Majeur veut donner à son debiteur.*

(17) *Si un Chevalier a un Bourgeois qui releve de son fief, celui-cy pourra le recevoir dans sa maison; mais il ne le fera point joüir des droits de* Credit *& de* Voisinage.

(18) *Si le Chastelain ou les Sergents*

CHARLES V. à Paris, le 28. de Janvier 1368.

*Royaux enlevent par force les effets d'un Bourgeois, ils seront obligez de les lui rendre, s'il donne une caution; & le Bailly Royal, lorsqu'il tiendra les Assises de la Commune, au jour & au lieu qui sont reglez, donnera son jugement à ce sujet. Les Bourgeois ne pourront estre arrestez, ni leurs biens estre saisis, que pour les dettes dont ils seront debiteurs, ou dont ils seront caution.*

*(19) Lorsqu'un Bourgeois prendra la Croix, pour aller visiter le Sepulcre de N. S. il n'en sera pas moins tenu d'observer les Loix de la Commune; si ce n'est par rapport aux effets qu'il emportera pour le service de Dieu.*

*(20) Lorsqu'un homme libre & non Esclave, viendra demeurer dans la Commune, dans l'intention de s'y establir, il joüira de tous les privileges de cette Commune; si ce n'est par rapport aux rentes & autres dettes auxquelles il estoit obligé, avant qu'il vint s'establir dans la Commune.*

*(21) Si un homme viole une femme, son procez sera fait par les Eschevins; sauf les droits du Roy, dans le cas de Rapt. Il pourra épouser cette femme, si elle & ses parents y consentent. S'il ne peut estre arresté dans la Banlieuë, il sera banni pour sept ans.*

*(22) Celui qui aura enlevé la femme d'un homme demeurant dans la Banlieuë, sera banni pour sept ans: Si dans la suite il revient dans la Ville, après avoir fait son accommodement avec les amis du mari, il lui restituera les effets qu'il avoit emportez, en enlevant sa femme.*

*(23) Pour fixer l'estenduë des Pasturages, & la quantité des Eaux qui appartiennent à la Commune, on s'en rapportera au temoignage des Habitants, qui affirmeront par serment, quelles estoient cette estenduë & cette quantité, du tems du Comte de Flandres, & avant que le Roy eust accordé le droit de Commune à cette Ville.*

*(24) Celui qui dira des injures au Maire, aux Eschevins, ou à quelque personne que ce soit, qui se trouveront dans les ruës pour les affaires publiques, païera quarante sols à la Commune. Si celui à qui l'injure a esté dite, en porte sa plainte, on lui fera justice.*

*(25) Tous les ans, le jour de S.t Jean-Baptiste, on fera l'élection du Maire & des Eschevins, de la maniere suivante: Les 12. Corps ou* Majories *des Mestiers, esliront 24. personnes; deux de chaque mestier. Ces 24. personnes en esliront 10. autres, entre les plus honnestes gens de la Ville. Les 24. premieres personnes esleües, ne pourront estre cette année-là, ni Maire ni Eschevins; & ceux qui seront nommez Electeurs des Eschevins, ne pourront estre Electeurs l'année suivante. Les 10. personnes esleües par les 24. esliront encore 10. autres personnes. Ces 20. personnes en esliront encore 10. autres. Ces 30. personnes choisiront entr'elles, un Maire & sept Eschevins. Entre ces 30. personnes, il ne pourra pas y en avoir plus de deux qui soient parents, si cela est possible: si cela n'est pas possible, & qu'il y en ait plus de deux qui soient parents, du moins il ne pourra y en avoir plus de deux, qui soient Cousins-germains.*

*Le Maire & les Eschevins qui sortiront de charge, rendront compte à ceux qui leur succederont, des Tailles ou Imposts qui auront esté levez, & des affaires de la Ville qui seront survenuës pendant l'année de leur Charge. Le Maire & les Eschevins ne pourront lever d'Imposts dans la Ville, que par le Conseil de six personnes, qui seront choisies par les Maires des Mestiers. L'Impost se levera sur les hommes de la Commune & qui y demeurent, & sur tous leurs biens en quelque endroit qu'ils soient situez. L'on ne pourra condamner à l'Amende ceux qui negligeront, de payer ces Imposts. L'argent provenant de ces Imposts, sera gardé par les six personnes, sans le conseil desquelles, ils ne pourront estre levez; & par six autres personnes qui seront nommées à cet effet, par le Maire & les Eschevins; auxquels ces douze personnes rendront compte de l'employ de ces Imposts. Ces personnes députées pour la garde de l'argent provenant des Imposts, jureront de tenir secretes les deliberations du Maire & des Eschevins; & ils ne pourront estre chargez de cette garde, l'année suivante.*

*Le Roy & le Chastelain de Peronne, auront une portion dans les Amendes qui seront payées dans cette Ville.*

*(26) Lorsqu'une personne achetera un heritage situé dans la Jurisdiction des Eschevins, il restera dans leur Jurisdiction.*

*(27) [Les Gens d'Eglise] ne pourront point acquerir à titre d'aumosne, des heritages soumis à la Jurisdiction des Eschevins, ni les posseder plus d'un an & un jour; à moins qu'ils ne se soumettent par rapport à ces heritages, à la Justice des Eschevins; [& s'ils ne le veulent pas faire, ] ils seront obligez de se defaire de ces heritages, en faveur d'une personne justiciable des Eschevins.*

*Les Eschevins conserveront dans les lieux situez dans la Banlieuë de Peronne, leur ancienne Jurisdiction: & lorsque les Eschevins auront banni quelqu'un, le Bailli donnera ses ordres, pour empescher qu'il ne demeure dans la Banlieuë; & s'il y est trouvé, le Bailli le fera arrester, à leur requisition.*

*Les Habitans de Peronne observeront les anciennes Coustumes de cette Ville, telles qu'elles se sont conservées dans la memoire des personnes chargées de l'administration de la Justice.*

KAROLUS, &c. Notum facimus universis presentibus pariter & futuris, Nos vidisse Litteras, formam que sequitur, continentes.

CHARLES V.
à Paris, le 28. de Janvier 1368.

IN (a) *nomine, &c. Philippus, &c. Notum, &c. Quod nos Burgensibus nostris Perone concessimus Communiam, ad Consuetudines & puncta que inferius continentur.*

(1) [a] *Si quis aliquem de Communia Perone, infra Castrum vel infra Banleucam, occiderit, & captus fuerit, capite plectetur; nisi captus fuerit in Ecclesia; & domus ejus, si aliquam habuerit, diruetur, & mittetur ad (b) Hanoi. Quicquid autem interfector habuerit infra Justiciam Communie, nostrum erit. Si vero interfector evaserit, Castrum Perone vel Banlengam intrare non poterit, quo usque parentibus interfecti fuerit* [b] *reconciliatus, & emendationem decem Librarum Communie dederit.*

(2) *Si aliquis super alicujus morte fuerit accusatus, & per legitimos testes illum occidisse convinci non potuerit, per (c) rectum Judicium Scabinorum, innocenciam suam* [c] *purgabit.*

(3) *Si quis aliquem percusserit, & querimonia inde Majori Communie, facta fuerit, quocumque modo eum percusserit, si id constiterit, centum solidis emendabit; & illi centum solidi erunt ad* [d] *firmitatem Ville; salva Nobis emendatione nostra, & salvo jure nostro. Quod si legitimè constare non poterit,* [e] *tercia manu se purgabit. Si vero aliquis de nocte vel de die, armis (d) molutis aliquem vulneraverit, & vulneratus super hoc testes habuerit, percussor decem libras dabit; que similiter cedent ad firmitatem Ville; salvo* [f] *forisfacto nostro, per rectum Judicium Scabinorum: Si autem testes non habuerit, & de die factum fuerit, septima manu se purgabit: Si vero de nocte factum fuerit, septima manu similiter se purgabit. Quod si percusso id non satisfecerit, coram Justicia nostra & Scabinis poterit percussorem appellare de quibuscunque voluerit & poterit, secundum rectum judicium; & si (e) Duellum inde judicatum fuerit, fiet in Curia nostra, sicut debet fieri, de quibuscunque rebus Duellum fuerit judicatum.*

(4) *Si quis per odium & rancorem, aliquem habuerit suspectum, & Majori Communie hoc intimaverit, Major ei (f) securitatem fieri faciet, juramento* [g] *ab eo recepto; & si suspectus coram Majore, securitatem facere noluerit, ipse, & omnia sua in voluntate Communie, salvo jure nostro, remanebunt, quousque pacem (g) creantaverit; & si nichil habuerit, non intrabit Castrum vel Banleugam Peronne, & tanquam inimicus Communie reputabitur, quousque ad satisfactionem* [h] *in. venerit.*

(5) [i] *Si quis extraneus qui de Communia non fuerit, cum homine de Communia* [k] *mesleiam fecerit infra Banleugam, vicini sui de Communia, illum juvare debent: quod si non fecerint, Major Communie super eos (h) clamare debet dedecus illatum Communie: ne pue aliquis de Communia, de eo quod fecerit, juvando hominem de Communia in mesleia; emendam tenetur facere, nisi hominem occideret.*

(6) *Si quis cum aliquo, infra Justiciam Communie, mesleiam fecerit, Major accedens utrumque pacem tenere jubebit; & si neuter eorum pacem tenere voluerit* [l] *pro Majore, & hoc duobus (i) Juratis, vel duobus hominibus de Communia, constiterit, uterque decem libras dabit Communie. Similiter, qui mesleie interfuerit, & preceptum*

[a] Voy. la Confirmation de Charles V. art. (1).

[b] fait son accommodement.

[c] *app.* par serment.

[d] fortification.

[e] Voy. le 4.e Vol. des Ord. p. 642. Note (ii).

[f] C'est la même chose qu'*emendatione*, qui est un peu plus haut.

[g] à suspecto. *T. C.*

[h] Il y a une marque d'abbreviation sur ce mot.

Indè, *Tresor des Chart.*

[i] Voy. la Confirmation de Charles V. art. (2).

[k] baterie.

[l] en presence du Maire.

NOTES.

(a) *In nomine, &c.*] Dans le Tresor des Chartres, ce commencement est tout au long, & il y a: *In nomine sancte & individue Trinitatis. Amen. Philippus Dei graciâ Francorum Rex. Noverint universi presentes pariter & futuri, quod, &c.*

(b) *Hanoi.*] Il y a une marque d'abbreviation sur la fin de ce mot. Dans le Tresor des Chartres on lit, *hanot.* Je n'ai rien trouvé ni sur l'un ni sur l'autre de ces mots. Ce mot n'est point dans *Du Cange*, qui cependant avoit vû cette Chartre. Voy. p. 161. art. XVI. la Note sur le mot, *Vicinagium.*

(c) *Rectum.*] Ce mot seul signifie quelquefois un *Jugement. Rectum facere, faire droit,* dans *Du Cange*, au mot, *rectum.*

(d) *Molutis.*] *Armes émouluës, aiguisées.* Voy. *le Gloss. de Du Cange*, aux mots, *emolimenta & emolumenta.*

(e) *Duellum.*] Si les Juges ordonnent, que le procez qui est entre le blessé & celui qui l'a blessé, sera terminé par un *Duel*, &c.

(f) *Securitatem.*] *Assurement.* Voyez *la Table des Mat. du 4.e Vol. des Ord.* à ce mot.

(g) *Creantaverit.*] *Creantare, promettre, s'engager.* Voy. *le Gloss. de Du Cange*, à ce mot. *Pacem creantare, s'engager à vivre en paix avec quelqu'un.*

(h) *Clamare.*] Le Maire les fera assigner devant lui, pour les punir de la honte qu'ils ont fait rejaillir sur la *Commune*, en ne deffendant point un de leurs Citoyens, contre un Etranger.

(i) *Juratis.*] Il faut entendre par ce mot, les *Eschevins*, qui prestoient serment, avant que d'entrer en charge. Voy. cy-dessous, art. (11).

CHARLES V. à Paris, le 28. de Janvier 1368.

*Majoris de mesleia* [a] *dividenda non fecerit, decem libras dabit Communie.*

*(7) Si aliquis Majori incedenti propter (a) Legem Ville faciendam, dedecus fecerit, decem libras dabit Communie.*

*(8) Si quis alicujus domum, nisi (b) per Legem Ville, assilierit; & ille cui fiet assultus, assilientem, se defendendo assultumque repellendo, occiderit, nullam inde Majori vel Communie faciet emendationem.*

a dirimenda. T.C.

*(9) Si aliquis dedecus alicui dixerit, & per testes legitimos convictus fuerit, decem solidos dabit ad firmitatem Ville. Si quis aliquem per iram pulsaverit aut traxerit, & super hoc testibus convictus fuerit, quinquaginta solidos persolvet, in firmitatem Ville similiter committendos; & si non fuerit convictus, coram Majore, tercia manu se purgabit.*

b contra. T.C.

*(10) Qui per iram ensem* [b] *super aliquem, infra Banleugam extraxerit, si Major de eo (c) querimoniam faciens, testes habuerit legitimos, quadraginta solidos de eo habebit Communia; & si Major testes non habuerit, accusatus tercia manu se purgabit.*

c Voy. la confirmation de Charles V. art. (3).

d Voyez page precedente Note (i).

e Per Judicium Scabinorum. T.C.

f factum. T.C.

*(11)* [c] *Si quis alicui ponens insidias, ipsum ceno vel luto involverit, Major &* [d] *Jurati, veritate intellecta a viris sive a feminis, ipsum ad solucionem decem librarum Communie compellent, pro emendacione Forifacti, si convictus fuerit; (d) salvo jure nostro*[e]*: & illas decem libras, infra quindecim dies persolvere, aut Villam relinquere oportebit; & si Villam interim, post inhibitionem, introiverit, & captus fuerit, uno membro truncabitur. Ille autem cui hoc dedecus* [f] *fuerit, si voluerit, querimoniam facere poterit & Majori & Justicie nostre, & jus fiet ei.*

g Voy. la confirmation de Charles V. art. (4).

*(12)* [g] *Si quis alicui unum membrorum suorum abstulerit, & captus fuerit, tale membrum sui corporis amittet; ita tamen, quod si, antequam leso Justicia fiat, & parentibus lesi reconciliari potuerit, centum solidos Communie dabit, sine membri amissione.*

*(13) Si aliquis cum latrocinio, infra Banleugam captus fuerit, Majori & Juratis reddi debet: Major vero & Jurati per testes eum judicare debent, & convictum in Pilorico poni facient: deinde Justiciario nostro vel Justiciario Castellani, coram Scabinis, depositum reddent, & per hoc, Major & Jurati de Fure liberi existent. Qui vero per veram famam accusatus fuerit de latrocinio, per tres annos bannitus, Banleugam relinquet; & si interim Villam vel Banleugam intrare presumpserit, & captus fuerit, de eo justiciam facient, tanquam de Latrone.*

*(14) Si quis infra etatem, aliquem casu occiderit, consideratione legitime Majoris & Juratorum debet relinqui, utrum ille qui infra etatem fuerit, debeat penas solvere, aut immunis a debito remanere.*

*(15) Si homo Communie super falso testimonio convictus fuerit, Communiam amittet, quousque per voluntatem Majoris & Juratorum, eam recuperet; servato Nobis jure nostro.*

h obligatus. T.C.

i Voy. p. preced. Note (g).

*(16) Si (e) Miles vel alius, Burgensi Communie debito teneatur* [h]*, (f) verum sibi die statuto* [i] *creantum suum non fecerit, Majori & Juratis hoc ostendere debet, si voluerit. Quod si Majori & Juratis, veritate (g) intellecta, constiterit, Major debet super hoc*

NOTES.

(a) *Legem.* ] *Legem facere*, signifie certainement, *rendre la justice*; & l'on ne doit point trouver extraordinaire, que le Maire rendît la justice dans les ruës, puisque le Majeur des Eschevins de Tournay, la rendoit sur une *chaucée* ou ruë. Voy. *le 4.e Vol. des Ord.* p. 653.

Peut-estre aussi, *Legem facere*, ne signifie-t-il icy, que *faire la Police dans la Ville*?

On pourroit aussi proposer de corriger, *insidenti, séant dans son siege pour rendre la justice;* & si l'on s'arreste à ce sens, la disposition de cet art. se trouvera conforme à celle de l'art. 18. des privileges de la Ville de Pont-Orson. Voy. *le 4.e Vol. des Ord.* p. 640. art. XVIII.

(b) *Per legem.* ] Si ce n'est dans les cas où il est permis par la Loy & la Coustume de la Ville, d'entrer par force dans une maison. Il seroit à souhaiter que ces cas eussent esté marquez icy.

(c) *Querimoniam.* ] Ce mot signifie ordinairement *plainte en justice*. Voy. *Du Cange*, au mot, *quærimonium*. Mais je crois qu'on doit l'interpreter icy, par *Enqueste*, *Information* faite d'office.

(d) *Salvo jure nostro.* ] Par cette clause, qui est plus d'une fois repetée dans ces Lettres, il faut entendre l'*Amende* qui estoit dûë au Roy, independamment de celle que l'on payoit à la Commune. Voy. cy-dessus art. (3).

(e) *Si Miles.* ] Cet article renferme quelques obscurités. L'on pourra voir dans les Sommaires, le sens que j'ai cru devoir lui donner.

(f) *Verum.* ] Il n'y a dans les Registres que, *vn*, avec une marque d'abbreviation.

(g) *Intellecta.* ] Au lieu d'*intellecta*, il y a *sufficiente*, dans le Tres. des Chartres.

Militem

CHARLES V. à Paris, le 28. de Janvier 1368.

*Militem convenire, ut Burgensi debitum reddat, aut Communionem Ville, (a) creditionem & vicinagium interdicere : ex tunc autem, Burgensis de suo, infra Banleugam poterit accipere, & extra Banleugam, per Justiciarium nostrum. Si autem Miles vel alius conquestus fuerit, quod Burgensis de suo, injustè ceperit, vel capi fecerit, per nostram vel Castellani Justiciam, recto judicio Scabinorum, Burgensis ille justiciabilis existet. (b) Major autem Militem sive alium infra Villam conducere non poterit, nisi à Nobis vel mandato nostro fuerit foris bannitus, donec coram Juratis, a Burgense illo, Majori inhibitum fuerit.*

*(17) Si Miles hominem Feodatum in Communiam habuerit, ipse homo in hospicio suo eum recipere poterit; sed nec* [a] *creditionem nec vicinagium ei faciet.*

a Voy. cy-dessous Note (a).

*(18) Si Castellanus aut servientes nostri, res Burgensium de Communia, violenter abstulerint, res illas per plegium tenentur recredere ; & Nos, ad diem super hoc eis statutam, debemus Baillivum nostrum transmittere, & eis jus exhibere, secundum tenorem Carte nostre; videlicet, in loco ubi placita Communie debent teneri.* [b] *Credimus autem & volumus, ut nullus ex Communia Peronne, vel res eorum, pro debito alterius arrestentur, de quo non fuerit debitor vel plegius.*

b Concedimus. T. C.

*(19) Si quis Crucem* [c], *Sepulcrum Domini visitaturus, acceperit, occasione Crucis, non remanebit, quin eum oporteat jura & consuetudines Communie observare, secundum facultatem suam, (c) preter ea que secum deferet in servicium Dei.*

c Dominicam. T. C.

*(20) Quislibet homo legitimus, nisi servus fuerit, si Communiam venerit, & ibi manere voluerit, licitum erit ei, ut consuetudines Communie observet; salvis redditibus & pecunia, si super hiis erga Nos vel alios, priusquam Communiam intraverit, obligatus teneatur.*

*(21) Quicumque, per vim aliquam oppresserit, per Legem Scabinorum debet convinci; salvo jure nostro, quod in raptu habemus : & si de voluntate ipsius & parentium suorum, eam ducere voluerit in uxorem, liceat ei. Si autem infra Communiam captus non fuerit, per septem annos debet forbanniri.*

*(22) Quicunque Uxorem alicujus hominis infra Banleucam manentis, abduxerit, per septem annos bannitus, Villam relinquet. Si postea redeat, cum amicis reconciliatus, res hominis illius, quas cum muliere absportavit, ex integro restituet.*

*(23) (d) Pascua, Herbagia, Aque communes, ejusdem sunt amplitudinis, cujus bona veritas Patrie, tempore Comitis Flandrensis & nostro, hactenus eas fuisse dixerit per juramentum.*

## NOTES.

*(a) Creditionem & vicinagium.* ] *Creditio, Credit.* Le droit de *Credit* est fort connu ; il apartenoit aux Seigneurs, qui avoient la faculté de prendre sur leurs sujets, à credit, & sans payer sur le champ, les choses necessaires pour leur nourriture. Voy. *le Gloss. de Du Cange*, au mot, *Credentia*, & *les Tables des Mat. des 3.e & 4.e Vol. des Ord.* au mot, *Credit* : mais je n'ai point encore trouvé d'exemple, que les concitoyens d'une même Bourgeoisie, eussent ce droit de *Credit*, les uns sur les autres, comme cet article semble le supposer.

*Vicinagium. Du Cange*, sur ce mot, a rapporté nostre article de la *Commune de Peronne*, & voicy comment il s'explique : *Quæ quidem nescio an his locis capienda sint de libertate, privilegio, vel jure civitatis, quo invicem gaudent Communiæ alicujus jurati seu cives.* J'entendrois par ce mot, *les secours mutuels*, que de bons voisins se doivent donner les uns aux autres, dans les occasions; comme dans le cas specifié cy-dessus dans l'art. *(5)*.

*(b) Major... conducere non poterit.* ] Dans le Tresor des Chartres, il y a, *conducere poterit*, sans negation. Je crois que c'est ainsi qu'il faut lire; il reste pourtant encore beaucoup de difficulté dans le Texte. On trouvera dans le Sommaire, le sens que je crois qu'on peut lui donner ; & une personne habile, que j'ai consultée, l'a entendu de la même maniere que moi : cependant il y a encore bien des raisons qui m'empeschent d'asseurer que ce soit-là le veritable sens.

*(c) Preter ea.* ] En consequence de cet article, on pouvoit saisir les effets qu'un *Croisé* avoit laissés dans la Ville; mais non pas ceux qui lui estoient necessaires pour son voyage ; tels qu'estoient ses armes, son bagage, &c.

Il y a dans le Registre le même mot abregé, que dans la Note *(f)* p. preced. que l'on a expliqué par *verum*, qui ne paroist pas convenir ici.

*(d) Pascua.* ] Voicy comment cet article est écrit dans le Tresor des Chartres : *Pascua, Herbagia, Aque communes, ejusdem sunt amplitudinis, cujus bona Patrie veritas per juramentum dixerit ea fuisse, tempore Comitis Flandrensis & nostro.*

Par *bona Patrie veritas*, il faut entendre le témoignage des Habitans de Peronne.

CHARLES V.
à Paris, le 28. de Janvier 1368.

*(24) Cum Major & jurati, & ceteri homines Communie, pro negociis Ville agendis, ierint per Castrum, quicunque alicui eorum dedecus dixerit, xl. solidos, illud Communie emendabit: Ille vero cui convicium factum est, si clamorem fecerit, justicia fiet ei.*

*(25)* [a] *In Communia Peronensi, in Nativitate Sancti Johannis* [b], *singulis annis instituentur novi Major & Jurati Scabini, hoc modo: Duodecim (a) Majorie Ministeriorum, de propriis Ministeriis, super sacramentum suum, eligent viginti homines & quatuor, de probioribus & magis legitimis; scilicet, de singulis Majoriis, duos: Illi autem viginti quatuor, similiter super sacramentum suum eligent decem (b) Juratos, de probioribus & magis legitimis hominibus Ville: [(c) neque aliquis illorum viginti quatuor in illo anno* [c] *potet esse Major, vel Juratus vel Scabinus; nec electores Juratorum, in anno proximo sequenti, esse poterunt. Predicti vero decem Jurati electi, super juramentum suum, eligent alios decem de probioribus & magis legitimis hominibus Ville:] Illi vero viginti, eodem modo eligent alios decem. De illis autem triginta Juratis electis, ipsi super sacramentum suum, eligent unum Majorem & septem Scabinos; & in numero illorum triginta Juratorum, non eligentur aliqui qui se contingant linea consanguinitatis, amplius quam duo in (d) altero, si fieri potest; [si vero non potest fieri,] duo tantum consanguinei, qui wlgo Cognati Germani appellantur. Veteres autem Major & Jurati & Scabini, illis qui de novo sibi substituentur, reddent rationem & compotum de talliis Ville, & negociis illius anni. Cum autem Major & Jurati talliam facient pro negociis Ville, illam facient per Consilium sex hominum, quos Majores Ministeriorum suorum, per juramentum suum eligent. Fiet autem super homines de Communia & in Communia manentes, & hereditates & pecunias eorum, ubicunque fuerint, (e) sine Forifacto. Tallia vero servabitur ab illis sex hominibus, & Juratis sex, quos Major & Jurati ad hoc apponent, & illam servabunt super sacramentum suum. De illa eciam, illi duodecim rationem &* [d] *quitationem facient Majori & Juratis. Jurabunt eciam illi sex Jurati deputati ad custodiam tallie, quod suppressum & secretum habebunt Consilium Majoris & Juratorum, nec anno sequenti illi duodecim talliam servabunt. [In omnibus emendacionibus Forifactorum, Nos & Castellanus Peronensis,* [e] *habimus portionem nostram, sicut hactenus habuimus.]*

*(26) Nullus potest emere hereditatem alterius, Justiciabilem per Scabinos, quin ipsa hereditas remaneat Justiciabilis per Scabinos.*

*(27) Similiter, aliquis alterius hereditatem per Scabinos Justiciabilem, in elemosynam recipere, & tenere plusquam per annum & diem, non potest; nisi de ea se fecerit Justiciabilem, vel eam in manum posuerit per Scabinos Justiciabilem. Volumus eciam ut in Villis infra Banleugam suam constitutis, eam habeant Justiciam, quam illi hactenus habuerunt: & si aliquem per Fori factum suum, juste banniverint, Baillivus noster precipiet, ne ille receptetur infra Banleugam: quod si post prohibitionem ejus, in Banleuga fuerit inventus, eum per Baillivum nostrum capere poterunt.*

*(28) Omnes insuper legitimas & rationabiles Consuetudines, quas Burgenses Perone hactenus tenuerunt, eis concedimus; & volumus ut eas observent, sicut hactenus servaverunt per legitimam (f) recordationem Majoris & Juratorum; salvo in omnibus jure nostro, & Ecclesiarum nostrarum, & Castellani Perone.* Actum Parisius, &c. anno Domini

[a] Voy. la confirmation de Charles V. art. (5).

[b] Baptiste. *T. C.*

[c] potest.

[d] computacionem. *T. C.*

[e] habebimus.

NOTES.

*(a) Majorie ministeriorum.]* Les 12. Corps des Mestiers qui avoient chacun à leur teste un *Majeur* ou *Maire* ou *Garde*, & qui par cette raison, estoient nommez, les *Majories* ou *Mairies des Mestiers*.

*(b) Juratos.]* Il ne faut pas entendre par ce mot, les *Eschevins*; [voy. cy-dessus p. 159. Note *(i)*] mais des *Electeurs* à qui on faisoit prester serment.

*(c) Neque.]* Ce qui suit & les deux phrases qui sont un peu plus bas, renfermées entre deux crochets, ne sont point dans le Registre de Philippe-Auguste.

*(d) In altero.]* Je n'entends point ce que signifient ces deux mots: ils semblent superflus, & en les supprimant, la phrase a un bon sens.

*(e) Sine forifacto.]* C'est à-dire, que ceux qui negligeront de payer cette Taille, ne seront point condamnez à l'*Amende*; mais y seront contraints par d'autres voyes. Voy. une disposition semblable, cy-dessus, p. 50. Note *(e)*.

*(f) Recordationem.]* Lorsque ces Lettres furent données, la plupart des lieux du Royaume, se regissoient par des Loix non écrites, qui se conservoient dans la memoire des personnes chargées de l'administration de la Justice.

CHARLES V. à Paris, le 28. de Janvier 1368.

M.° CC.° VII.° Regni vero nostri anno XX.° VII.° *Data vacante Cancellaria.*

*Que ut perpetue stabilitatis robur obtineant, Sigilli nostri auctoritate & Regii nominis karactere inferius anotato: salvo in omnibus & ubicunque jure nostro, & Sancte Ecclesie Dei, & Castellani Peronensis, presentem paginam confirmavimus.* Actum Parisius, anno Incarnacionis Dominice millesimo cc nono; Regni vero nostri [a] ano tricesimo: *Astantibus in Palatio nostro, quorum nomina supposita sunt & signa. Dapifero nullo. Signum Guidonis Buticularii.* [b] *Burchardi Camerarii. S. Droconis Constabularii. Datum vacante Cancellaria, per manum Fratris* GARINI.

a anno.

b Il n'y a point d'S avant ce nom.

*Cum igitur dicta Communia, certis justis de causis, diu est, Regio fuerit acquisita & applicata Domanio, ipsamque carissimus Dominus Genitor noster, & Nos, diu tenuerimus; nuperque ad dilectorum & fidelium nostrorum Burgensium & habitatorum dicte Ville Peronensis, requirentium, & iterata pluries instancia, ut Nos eandem Communiam restituere* [c] *dignaremus; eisdem informacionem fieri fecerimus, ex ipsius serie percepturi, si & quod dampnum potuisset Nobis ex restitucione hujusmodi, vel commodum imminere: Nos, visa & diligenter attenta informacione predicta, & habita super contentis in ea, nostri Consilii deliberacione matura, Litteras suprascriptas, quas in Thesauro Cartarum nostrarum Par. fecimus retineri, & contenta in eis, rata habentes & grata, & ea laudantes, & tenore presentium, auctoritate Regia & certa scientia confirmantes, Communiam predictam tenendam & observandam juxta formam & continentiam prescriptarum Litterarum, cum universis & singulis juribus & possessionibus, Censibus, redditibus, emolumentis & commodis ad ipsam pertinentibus, quos, quas & que dicti Burgenses & habitatores habebant, & quibus utebantur, tempore quo dicta Communia fuit Nobis, ut predicitur, acquisita, eisdem Burgensibus & habitatoribus concedimus de nostra scientia & auctoritate predictis, cum exemptionibus & moderationibus que secuntur.*

c dignaremur.

*(1)* [d] *Videlicet, quod domus cujusvis homicide, de qua dirnenda fit in prima clausula dictarum Litterarum mentio, propter hoc diruetur, nec* [e] *mittetire ad hanot; nec eciam homicida vel interfector predictus, evadens Castrum Peronense, vel Banleugam, dato quod reconciliaretur parentibus interfecti, & emendam decem librarum Communie solveret, prout in eadem clausula continetur, evadet propter hoc, commissi per eum homicidii ultionem.*

d Voy. l'art. (1).

e mittetur.

*(2)* [f] *Et (a) excepta clausula seu articulo inserto in suprascriptis Litteris sub hiis verbis:* Si quis extraneus, qui de Communia non fuerit, cum homine de Communia mesleiam fecerit infra Banleugam, vicini sui de Communia, eum juvare debent; quod si non fecerint, Major Communie super eos clamare debet dedecus illatum Communie; nec aliquis de Communia, de eo quod fecerit, juvando hominem de Communia in meseleiam, emendam tenebitur facere, nisi hominem occiderit.

f Voy. art. (5).

*(3)* [g] *Exceptis insuper verbis positis versus finem articuli incipientis:* Si quis alicui ponens insidias; *que quidem verba sunt hec:* & si Villam interim post inhibicionem intraverit, & captus fuerit, membro truncabitur.

g Voy. art. (11).

*(4)* [h] *Nec non & clausula que paulo post inferitur, in hunc modum:* Si quis alicui unum membrorum suorum abstulerit, & captus fuerit, tale membrum sui corporis amittet; ita tamen quod si antequam de eo justicia fiat, leso & parentibus lesi reconciliari potuerit, centum solidos Communie dabit, sine membri amissione.

h Voy. l'art. (12)

*Que si quidem premissa, sic, ut predicitur, excepta, nullius esse volumus efficacie vel vigoris; sed ipsa delentes ex predictis Litteris, & penitùs abolentes, volumus in eisdem, jus commune, & Patrie generalem consuetudinem observari.*

*(5)* [i] *Et quia decrescentibus habitatoribus dicte Ville, minui debeat & numerus* [k] *ministrorum, volumus ut in loco duodecim Majorie Ministeriorum, qui debebant eligere viginti quatuor, sint & sufficiant sex duntaxat, qui habeant eligere duodecim, loco viginti*

i Voy. l'art. (25)

k ministeriorum.

NOTE.

*(a) Excepta.* ] Il n'y a dans le Regiſtre que *exta* avec une marque d'abbreviation. Il faut lire *excepta*, qui est repeté dans la suite, au commencement de l'*alinea* qui suit l'art. *(4)*.

CHARLES V. à Paris, le 28. de Janvier 1368.

*quatuor predictorum; quod que illi duodecim, eligant quinque Juratos; & illi quinque, alios quinque; & illi bis quinque, eciam quinque; & illi quindecim, sic, ut predicitur, trina electione assumpti, unum eligant in Majorem, & septem in Scabinos; ceteris modis & condicionibus superius appositis in clausula, que de electis hujusmodi loquitur, in duplo majori numero, Scabinis exceptis, in suo robore duraturis. Ipsi vero Scabini, cum sic creati fuerint, promittent, prestito juramento, Preposito nostro Peronensi vel ejus Locumtenenti, quamcito ipsorum vel alterius eorumdem, poterunt [a] habere potenciam, quod officium suum [b] fedeliter facient & excercebunt, sub nostra semper Regia, & successorum nostrorum vera obediencia & fidelitate manentes.*

*Concedimus eciam [c] volumus, ut Major electus uno anno, illo completo, possit iterum anno sequenti in majorem [d] elegi & promoveri [e] electores ad quos pertinuerit; prout, pro utilitate Regis [f] dicte Ville, viderint expedire; quodque dictus Major possit bis in septimana, placita sua tenere in dicta Villa; vocatis Juratis; & recipere & habere tales & similes emendas, quales recipiebantur per Prepositum nostrum predictum, Communia Nobis, ut predicitur, aquisita; videlicet, (a) pro defectu Curie, duos solidos [g] sex denarios Par. (b) pro iterata querimonia deffectus solucionis, duos solidos & sex denarios Par. & pro quolibet facto proposito coram eo, in quo succumbet altera Parcium, duos solidos & sex denarios Par. [h] Per hoc tamen, dicti Burgenses & Habitatores tenebuntur dictam Villam ordinatam nunc [i] teneri, fortificare, fortaliciumque ipsius reparare, & [k] raparatum, in statu deffensionis securè tenere perpetuò, suis sumptibus & [l] expansis, & solvent & solvere tenebuntur Nobis & successoribus nostris, & aliis ad quos pertinuerit, [m] redibencias & [n] devaria quas & que debebant, & tenebantur solvere, tempore quo Communiam predictam habebant. Obtuleruntque Nobis octingentos Francos Auri, semel, quos solvere promiserunt & tenentur, in reparacionem Castri nostri Peronensis, ad Mandatum & Ordinacionem nostram Regiam, convertendos. Quapropter damus tenore presencium in mandatis, Baillivo & Receptori [o] Viromandensibus & Preposito Peronensi, ceterisque Justiciariis nostris, presentibus & futuris, vel eorum Locatenentibus, & eorum cuilibet, ut ad eum pertinuerit, quatenus dictos Burgenses & Habitatores dictâ Communiâ & nostrâ [p] conssessione presenti, mediis excepcionibus & modificationibus predictis, uti faciant & permittant, non molestando ipsos, super premissis vel aliquo premissorum, in contrarium turbantes. Que ut [q] frema & stabilia perpetuò perseverent, nostrum presentibus Litteris fecimus apponi Sigillum: Salvo in aliis jure nostro, & in omnibus quolibet alieno.* Datum Parisius, xx^a viij.^a die Januarii, anno Domini millesimo trecentesimo sexagesimo octavo, Regnique nostri quinto.

*Per Regem, in suo Consilio.* YVO. Collacio fit. *Visa.*

[a] aussitost qu'ils pourront se presenter devant l'un d'eux.
[b] fideliter.
[c] &.
[d] eligi.
[e] per.
[f] &.
[g] &.
[h] Ces trois mots qui sont en abregé, sont douteux.
[i] tenere.
[k] reparatum.
[l] expensis.
[m] redevances.
[n] deveria.
[o] Viromanden. R.
[p] concessione.
[q] firma.

NOTES.

(a) *Pro defectu Curie.*] *Pour un deffaut, faute de comparoir en jugement*, lorsqu'on a esté assigné.

(b) *Pro iterata.*] Cela peut signifier, *lorsqu'un debiteur ayant esté condamné à payer, & ne le faisant point, le creancier est obligé d'avoir une seconde fois recours à la Justice.*

---

CHARLES V. à Paris, le 3. de Fevrier 1368.

## (a) Lettres qui deffendent aux Proprietaires & aux Locataires des Maisons situées dans la ruë Chapon à Paris, de les loüer à des femmes de mauvaise vie; & à elles, d'y demeurer.

*KAROLUS Dei gratiâ Francorum Rex: Preposito nostro Parisiensi, aut ejus Locumtenenti: Salutem. Cum in recordationis inclite, (b) Beati Ludovici quondam Francorum Regis, ordinacionibus, inter cetera caveatur, ut publice meretrices, de*

NOTES.

(a) Registre Rouge-vieil du Chastelet de Paris, *fol.* 47. *verso.*

(b) *Beati Ludovici.*] Voy. dans *le 1.er Vol. des Ordonn.* p. 74. art. XXXIV. de l'Ordonnance donnée en Decembre 1254. & *ibid.* p. 105. art. V. de l'Ordonnance du 25. de Juin 1269.

*Villa, per locorum Justiciarios expellantur, & factis (a) prohibicionibus; eorum bona per dictos Justiciarios capiantur, vel eorum auctoritate occupentur, eciam usque ad tunicam vel* [a] *pelliceum; & si quis publice meretrici, scienter domum locaverit, quantum valet pensio sive locagium domus, uno anno, Judici loci solvere teneatur; sint que nonnulli domos habentes in Vico* [b] *Capponis, propè Cimiterium Beati Nicolai de Campis, & juxtà manerium dilecti & fidelis Consiliarii nostri, Episcopi Cathalanensis, ubi sunt loca honesta, qui domos predictas locare, aut ad annuum censum tradere talibus meretricibus; ne dum in dicte Ordinationis elusionem & contemptum, sed etiam in animarum suarum periculum, & plurimorum Burgencium* [c] *Parisiensium, & aliarum honestarum personarum ibidem habitaciones & ortos habentium, non verentur: Mandamus vobis, quatenus dictarum domorum, ut predicitur, Lupanariarum dominos seu possessores aut* [d] *conductores & detentores moneri faciatis, & mandetis inhiberi, ne domos predictas talibus meretricibus locent aut accomodent, aut ipsas alio titulo habitare faciant vel permittant; & eisdem meretricibus, quod ibidem sua lupanaria ulteriùs de cetero non teneant; scituros contrarium facientes, se dictam penam, & aliam prout casus inobedientie exegerit, incursuros: quam penam, ab ipsis contrarium facientibus, exigere & levare absquè dilacione qualibet, & sublatis quibuscumque favoribus, non omittatis, ut saltem metu pene, dictus Vicus, & boni vicini inibi conversacionem habituri, in securitate & transquillitate pacis, rejectis spurciciis, valeant remanere.* Datum Parisius, die tertiâ Februarii, Anno Domini millesimo trecentesimo sexagesimo octavo; Regni vero nostri quinto.

Collacion faite à l'Original scellé en cire jaune à simple queuë. Ainsi signée. *Per Regem, ad relacionem Consilii.* DOUHEM. *Renovata ad instar alterius sigillate.*

CHARLES V. à Paris, le 3. de Fevrier 1368.

a Voyez le 1.er Vol. des Ordonn. p. 74. art. XXXIV. & Note *(rrr)*.

b Ruë Chapon.

c Par. *R.*

d Locataires.

NOTE.

*(a) Prohibicionibus.]* Lorsqu'on leur aura deffendu de continuer leurs débauches, & qu'elles ne se corrigeront point, &c.

Dans l'art. XXXIV. de l'*Ordonnance* du mois de Decembre 1254. il y a, *factis monitionibus seu profectionibus*: il est d'autant plus certain qu'il faut corriger, *prohibitionibus*, que dans l'*Ordonnance françoise* qui est à costé, on lit, *& faites les monitions & deffenses*, *&c.*

---

CHARLES V. à Paris, en Fevrier 1368.

## (a) Diminution de Feux pour differents Lieux.

KAROLUS, *&c.*

*Cumque facta quadam informacione virtute dictarum Litterarum, & aliarum Regiarum, in Loco de Villa nova, Vicarie (b) Parragii de Alammanis, Senescallie Carcassone, super numero Focorum modernorum in dicto Loco nunc existencium, per dilectum nostrum Raymondum de Arvana, Vicarium de Alammanis, Commissarium in hac parte auctoritate Regia deputatum, vocato & presente, &c.*

*Repertum fuerit, quod in dicto Loco de Villa nova, sunt de presenti & reperiuntur 27. Foci, secundum traditam instruccionem super hoc prelibatam: Nos vero, &c.*

*Quod ut firmum, &c. Salvo, &c.* Actum Parisius, mense Februarii, Anno Domini millesimo CCC° LXVIII.° & Regni nostri quinto. *Visa.*

*Per Consilium existens in Camera Compotorum Par.* P. DE CHASTEL.

NOTES.

*(a)* Tresor des Chartres, Registre 99. Piece 382.

Voyez cy-dessus p. 30. Note *(a)*.

*(b) Parragii.]* Voicy les éclaircissements que le R. P. D. *Vaissette* Benedictin, a bien voulu me donner sur les noms modernes des lieux compris dans ces Lettres. 1.° *Les Allamans* est un Bourg ou Village du Diocese de *Pamiers*, qui estoit autrefois le Chef lieu de la Viguerie Royale de ce nom, laquelle comprenoit tous les lieux & Villages possedez en *pariage*, par le Roy, d'un costé; & l'Evesque & le Chapitre de *Pamiers*, de l'autre.

Les lieux énoncez dans les Lettres, sont: 1.° *Villeneuve*, qu'on a appellé *du Pareage*, pour distinguer ce lieu des autres de même nom. 2.° S. Amatori. 3.° S. Felix. 4.° S. Paul des Allamans. Tous ces lieux sont du Diocese de *Pamiers* & de la Seneschaussée de *Carcassonne*.

Informacio de qua superius fit mencio, est in dicta Camera, & ponitur cum aliis similibus, prout est ordinatum.

*Pro loco de Sancto Amatorio, Vicarie Pariagii de Alammanis, in quo sunt 19. Focci, &c. ut in precedenti.* Signata ut supra.

*Pro loco de Sancto Felice, Vicarie, &c. in quo sunt 23. Focci, &c. ut supra.* Signata ut supra.

*Pro loco de Sancto Paulo de Alammanis, Vicarie Pariagii dicti Loci de Alammanis, in quo sunt 42. Focci, ut supra.* Signata ut supra.

---

CHARLES V. à Paris, le 4. de Mars 1368.

## (a) *Confirmation des Privileges de la Ville de Lille.*

CHARLES, &c. Savoir faisons à tous presens & à venir, que comme paravant que nostre Ville de *(b)* Lille feust mise & appropriée au Demaine de la Couronne de France, ouquel temps avoient esté & estoient subgez sanz moyen, des Contes & Contesses de Flandres, les Eschevins, Bourgois, Habitans, qui estoient & avoient esté de nostre dicte Ville, eussent usé & joy, & joyssent de certainnes Coustumes, [a] Loy, Libertez & franchises, auxquelles les prist & [b] reçust, par moz exprès & par especial forme & condicion, le Roy de bonne memoire, Philippe-le-Bel, ou temps duquel, fu nostredicte Ville appliquée & adjointe au Demaine de nostre Royaume & de la Couronne dessus dicte; & promist & jura, & fist promettre & jurer pour lui & pour ses Successeurs, auxdis Eschevins, Bourgois & Habitans, qui lors estoient, pour eulx & pour leurs Successeurs, de les gouverner & maintenir en leurs dictes Coustumes, Loy, Libertés & franchises, paisiblement & sans empeschement; & par samblable maniere, l'aïent juré ou fait jurer & promettre en leurs noms, noz autres predecesseurs Roys, en leurs joyeux advenemens, & Nous aussi, au gouvernement de nostredit Royaume, depuis le tamps du Roy Philippe-le-Bel dessus nommé; & d'ycelles Coustumes, Libertez ou franchises, & de plusieurs autres privileges, dons & graces, que noz dis Predecesseurs leur ont fais en leurs tamps, & Nous aussi, ayent yceulx Eschevins, Bourgois & Habitans, joy & usé paisiblement; & se aucuns de noz Officiers y ont ou tamps passé, mis, ou se sont efforciez de y mettre aucun empeschement ou despointement, noz dis Predecesseurs & Nous, l'aïons voulu & ordenné estre reformé & reparé, & tout remis au premier estat & deu, dezquelles choses puet apparoir clerement par Lettres Royaux perpetuelles, seellées en las de soie & en cire vert : Nous considerans la ferme constance de vraye obéissance & loyauté, lesquelles ont lesdis Eschevins, Bourgois & Habitans, gardées envers Nous, sens enfraindre, & les grans & notables services que ilz ont faiz à noz Predecesseurs & à Nous, ez tamps passés, dont Nous les reputons bien dignes de grace & de remuneration, toutes les Coustumes, Loys, Libertez, franchises, privileges, dons & autres graces dessus dictes, tant celles desquelles yceulx Eschevins, Bourgois & Habitans avoient usé & joy, avant que nostredicte Ville feust adjointe & appliquée à nostredit Demainne, & auxquelles elle y fut reçuë, comme dit est, comme celles qui depuis leur ont esté donneez & ottroyés par noz dis pre-

a *Commune.*
b *remit.* 2.e cop.

NOTES.

*(a)* Tresor des Chartres, Registre 100. Piece 76.

Il a esté envoyé de Lille, une Copie de ces Lettres, avec cette indication : *Extrait du Registre aux titres de la Ville de Lille, cotté des Lettres* A B C. *reposant dans les Archives de l'Hôtel de ladite Ville.* *Du folio vij^xx iiij vers.* A. la fin de cette Copie, il y a : *Collationné par moy, Conseiller du Roy, Procureur-Syndic de la Ville de Lille.* B. HERRENG.

*(b) Lille.]* Philippe le Bel prit Lille en 1304. Voyez *le quatrieme Volume des Ordonnances*, pages 71. Note *(b)* & 655.

decesseurs Roys de France, & par Nous, ayans aggreables, ycelles voulons, loons, ratiffions & approuvons, & en ycelles les [a] reformons de nouvel, se [b] mestier est, voulans & ottroyans de certainne science, grace especial & de nostre auctorité Royal & plaine puissance, que eulx & leurs successeurs, en usent & joyssent perpetuelment & paisiblement, en quelque mains ou Seignourie que nostre dicte Ville soit mise ou transportée ou tamps à venir, par la forme & maniere que joy & usé en ont esdiz tamps passés, jusques à ores. *(a)* Et que ce soit ferme, &c. sauf, &c. *Donné à Paris, le 4.e jour de Mars, l'an de grace mil trois cens soixante & huit, & de nostre Regne le quint. (b)* *Visa.*

Par le Roy. YVO.

CHARLES V. à Paris, le 4. de Mars 1368.

[a] peut-estre *confirmons.*
[b] *besoin.*

NOTES.

*(a) Et que.]* Dans la Copie envoyée de Lille, il y a : *Et que che soit ferme chose & estable à tousjours, Nous avons fait mettre nostre Seel à ces Lettres : sauf en autres choses nostre droit & l'autruy en touttes.* Donné, &c.

*(b)* Après le mot *quint*, il y a dans la Copie envoyée de Lille : *Et sur le ploy, estoit escript. Par le Roy, & signé du Secretaire,* YVO.

---

## *(a)* *Lettres qui deffendent de contraindre les Juifs, à aller à l'Eglise.*

CHARLES V. à Paris, le 22. de Mars 1368.

CHARLES par la grace de Dieu Roy de France. Aux Senechauz de Thoulouse, de Beaucaire & de Carcassone, & à tous autres Justiciers & Officiers de nostre Royaume [a] : Salut. [b] Deys Quinon, Juif, Procureur general des Juifs habitans & demurans en nostre Royaume, ès Parties de la Languedoc, Nous [c] font exposer humblement, que comme lesdits Juifs soint par nostre congé & licence, venus demurer en nostre Royaume, en intention d'estre tenus & gardés sous Nous, en paix & tranquilitė, & deffendus de toutes oppressions, griefs & molestacions quelconques; moyenant certaines redevances qu'ils Nous payent pour ce, chacun an; néantmoins aucuns Chrestiens *(b)* convers, qui depuis ce que lesdits Juifs commancerent à habiter en nostredit Royaume, se sont convertis à la Foy Catholique, & faits baptiser, se efforcent de imposer à aucuns Juifs abusions & [d] malvesties, en [e] faisant faire constraindre à aler à l'Eglise, oüir le service divin & les sermons & predications que l'on y fait; parquoy iceux Juifs, qui n'ont pas ce accoutumé, ne n'y ont aucune devotion, pourroient estre en grand peril de leur corps; mesmement que le peuple Chrestien les a moult en derision, & ne se font que mocquer d'eux, quand ils [f] le voyent entre euz, si comme dit icellui Procureur, supplians que sur ce, les veuillons pourvoir de [g] remede convenable : Pourquoy Nous, ces choses considerées, sachans que les Sacrements de Sainte Eglise ne doivent pas estre administrés par force, & aussi que nuls n'y doit estre contraint, si ce n'est par vraye devotion, voulans [h] eschever plusieurs perils & inconveniens qui s'en pourroient ensuivre, vous mandons, & à chacun de vous, si comme à lui appartiendra, que lesdits Juifs ni aucuns d'iceux, vous ne constraignés ou faites constraindre à aler à l'Eglise ne oüir les sermons & predications contre leur volonté; en deffendant ausdits Chrestiens convers, & à tous autres dont vous serés requis, que ausdits Juifs ils ne messacent ou medisent en aucune maniere; Et ne voulons que pour ce, à l'instigation & pourchas d'iceux Chrestiens convers, vous mettez lesdits Juifs ou aucuns d'eux en procès, se ils ne se font [i] Partie, ou se vous n'avez suffisante information contre eux : car

[a] *ou à leurs Lieuxtenans.* 2.e Cop.
[b] *Doys.* 2.e Cop.
[c] *fuit.* 2.e Cop.
[d] *meschancetez.*
[e] *en les voulant faire.* 2.e Cop.
[f] *les.* 2.e Cop.
[g] *gratieux remede.* 2.e Cop.
[h] *éviter.*
[i] *s'ils ne font des plaintes en justice.*

NOTES.

*(a)* La Copie de ces Lettres a esté envoyée de Montpellier, avec cette indication : *Dun.o 2. Armoire 1. de Thls* [Thoulouse] *fol. 145.*

Il a esté envoyé du même endroit, une 2.e Copie, avec cette indication : *Senechaussée de Toulouse en general, Armoire C. 3.e liasse des Actes ramassés, N.o 1. fol. 145.*

*(b) Convers.]* Il y a là & plus bas *couvers*, dans la 2.e Copie. La premiere leçon me paroist preferable. *Convers* signifie nouvellement convertis. Voyez un peu plus bas, & le 2.e *Vol. des Ord.* p. 609. Note *(b)*.

ainsi le voulons nous estre fait, & auxdits Juifs l'avons octroyé & octroyons de grace special, par ces presantes; nonobstant quelconques Lettres subreptices, impetrées ou à impetrer au contraire. *Donné à Paris, le xxij*^e^. *jour de Mars, l'an de grace 1368. & de nostre Regne le quint.* (*a*) Par le Conseil estant à Paris. **FERATUS.**

NOTE.

(*a*) *Par le Conseil.*] Ces mots ne sont pas dans la 2.^e^ Copie. Voyez sur cette formule, la *Preface du 3.^e^ Vol. des Ord.* p. ix.

---

## *M. CCC. LXIX.*

Suivant le Gloss. de *Du Cange*, cette Année a commencé le premier d'Avril, & elle a fini le 13. d'Avril.

*Ainsi il y a eû deux mois d'Avril dans cette année; & l'on ne peut sçavoir si les Pieces qui sont dattées du mois d'Avril, lorsque le jour n'y est point marqué, & qu'il n'y a point avant ou après Pasques; ont esté données au commencement ou à la fin de cette année: on les a placées au commencement.*

---

CHARLES V. à Paris, en Avril 1369.

(*a*) *Lettres qui portent que certains Lieux de la Chastellenie de Vernon, ne contribueront plus pour les fortifications de la Ville & Chasteau de Mante ni pour celles de la Ville de Vernon; mais seulement pour celles du Chasteau, de Vernon.*

CHARLES, &c. Savoir [a] à tous presens & avenir, que Nous avons receuë l'umble Supplication des Habitans des Villes & Paroisses de Tourny, Fours, Cahagnes, Henbencourt, Hericourt, Saint Soupplis, Tally, Penilleuse, Maizierez, Corbie, Nostre-Dame de Lille, Presigny, Lorguilleux, Gany, Sainte Genevieve, Guierny, la Chapelle-Saint-Oën, & des autres Villes & Paroisses de la Chastellenie de nostre Ville de Vernon, contenant, que ja soit que iceulz Supplians, comme Habitans & subgez de ladicte Chastellenie, Jurisdiction & appartenance dudit Chastel, facent, & soïent tenus & contrains de jour en jour, à faire guet, & plusieurs autres services & redevances oudit Chastel; & que par vertu de certaine Ordenance par Nous piecea faicte, contenant, que tous les Habitans demourans & residens à sept lieuës ou environ, près de nostre Ville de Mante, feussent & soïent contrains à contribuer & païer à la fortification d'icelle Ville & Chastel de Mante, les dis Supplians aïent d'abondant par lonc temps contribué & contribuënt par contrainte a la dicte fortification de Mante, où il ont soustenu en maintes manieres plusieurs grans [b] misses & despens, dont ilz se dient estre moult grevez; combien qu'il demeurent bien loing de Mante, qui est en France, & bien près dudit Chastel de Vernon, qui est assis en Normandie; telement que bonnement ne prestement il ne porroient avoir refuge ne retrait en cas de peril & de necessité, à Mante; mais l'ont & puent avoir audit Chastel de Vernon; pourquoy il leur famble qu'il doïent par raison, & veulent bien contribuer & païer aux fortifications, refections & reparations de nostre dit Chastel de Vernon seulement comme subgès, & des appartenances d'icellui, & non ailleurs: Néantmoins soubz umbre ou pour occasion de un accort ou composition voluntaire que [c] ledit aucuns Procureur des Commun & habitans d'aucunes des Villes & Paroisses de la dicte Chastellenie, avoir, lonc temps a, faicte folement de leur volenté & auctorité seulement, sans la licence & auctorité de leur [d] souverain, avec les Bourgois, commun & habitans de la dicte Ville de Vernon, ou leurs

a *faisons.*

b *Miss.* R.

c app. *l'on dit.*

d *superieur.*

NOTE.

(*a*) Tresor des Chartres, Registre 100. Piece 34.

Procureurs.

Procureurs, pardevant le Bailli de Gisors pour le temps, de contribuer aux fortifications des murs, fossez & fortresses de la dicte Ville; & aussi de un Arrest de nostre Parlement, pronuncié l'an mil deux cens quatre vins neuf, pour lesdis Bourgois, Commun & Habitans de Vernon, contre aucuns predecesseurs desdis supplians, sur la contribution des reparations & refections des Murs & Pont de Vernon, & d'aucunes Lettres sur ce empetrées de nostre Court, ou dudit Baillif de Gisors, lesdis Bourgois, Commun & Habitans de Vernon, se sont efforciez & efforcent de faire contraindre lesdis supplians, [a] divisiement, à contribuer aux fortifications & reparations desdis Murs, Pons & fossez de ladicte Ville de Vernon, combien que lesdis supplians ou leursdis predecesseurs, ne soient pas compris & nommez diviséement, oudit Arrest; & aussi pour ce que lesdis supplians ont refusé & refusent à y contribuer, ledis Bourgois, Commun & Habitans de Vernon, ont empetré certaines Lettres de Nous, ou de nostre Court, & par vertu ou sous umbre d'icelles, fait adjourner sur ce lesdis supplians en nostredit Parlement; & aussi s'efforcent de faire contraindre lesdis supplians à faire ladicte contribution desdis Murs, Pont & fossez de ladicte Ville de Vernon, & de mettre & tenir sur ce en grans & divers procès lesdis supplians, qui moult ont eu à souffrir pour le fait des guerres, & le plat païs où leurs [b] manssions sont assises, & qui ont & doivent avoir leur refuge & retrait, en tout cas de neccessité & peril, oudit Chastel de Vernon, & sont des appartenances & du propre corps dudit Chastel & Chastellerie de Vernon, & pour ce y veulent contribuer, comme dit est; & se ailleurs contribuoient, ce seroit ou prejudice d'icelli Chastel, mesment que de raison il ne doient estre contrains à contribuer en plusieurs & divers lieux; & aussi seroient lesdis supplians de jour en jour dommagiés & grevez à tort & sans cause, en maintes manieres, se par Nous ne leur estoit pourveu de gracieux remede, si comme il dient. Pourquoy Nous adecertes, eu regard & consideracion aus choses dessus dictes, ayant compassion des grans oppressions, molestations, vexation & travaulx, que lediz supplians & autres des plas païs de nostre Royaume, ont soustenu & encourrus par lonc temps ou temps passé, pour le fait & occasion des guerrez; desirans de tout nôtre povoir, à eulx en relever pour le temps à venir; voulans aussis nourrir la paix & concorde d'entre noz subgès, ad ce que mieulx puissent venir & demourer en estat de bonne prosperité, & [c] eschver les debas, descors, riotes & autres inconveniens, qui de cy en avant porroient naistre, & oster ceulx de present, entre lesdis supplians & lesdis Bourgois, Commun & Habitans de Vernon, & autres noz subgès; lesdiz supplians & chascun d'iceulz, faisons, voulons, declarons, ordennons & decernons à estre desoreenavant exemps, quittes & paisibles, & les exemptons par ces presentes, de contribuer pour le temps à venir, à quelconques fortifications, reparations & refections tant de ladicte Ville, Chastel & forteresse de Mante, comme desdis Murs, Pont & fossez de ladicte Ville de Vernon; mais voulons & ordennons iceulz supplians estre tenus à contribuer & païer ès fortifications, reparations, emparemens & refections de nostre Chastel de Vernon dessus dit tant seulement, & non ailleurs, comme ledit Chastel de Vernon pour sa seureté & garde, requiere presentement & pour le temps à venir, grans reparations, fortifications, amendemens, lesquelles bonnement, ne pourroient estre soustenuës ne accomplies sans la contribution desdis supplians, si comme aucuns Chevaliers de nostre Hostel, en ce congnoissens, Nous [d] exposé, & ce de nostre plain povoir, auctorité Royal, certaine science & grace especial, avons ottroyé & ottroyons ausdis supplians & à chascun d'eulx, par la teneur de ces presentes; nonobstant ladicte Ordenance ainsi faicte, de contribuer ausdictes forteresses de Mante, & ledit accort ou compositions fais par aucuns de ladicte Chastellerie, & quelconque autre accort, ou composition, se aucuns estoient fais pendent ledit debat ou procès, par aucuns singuliers desdis supplians, avec lesdis Bourgois & Habitans de Vernon, de contribuer ausdictes fortifications desdis Murs, pons & fossez de Vernon; lesquels accors ou compositions & tout ce qui s'en pourroit ensuir, & lesdis Arrest & Lettres sur ce fais & donnez, Nous ne voulons avoir aucun effect quant à ce, en imposant silence

CHARLES V. à Paris, en Avril 1368.

a *specialement.* Voy. un peu plus bas.

b *maisons.*

c *éviter.*

d *ont.*

CHARLES V. à Paris, en Avril 1369.

perpetuel ausdis Bourgois, Commun & Habitans desdictes Ville de Mante & de Vernon. Si donnons en mandement à noz amez & feaulz les gens tenens nostre dit Parlement, aux Capitaines desdictes Villes & Chastiaulx & fortresses, & à tous noz autres Justiciers & Officiers, presens & à venir, ou à leurs Lieuxtenans, & à tous Commissaires deputez ou à deputer en ceste partie, & à chascun d'eulx, que lesdis supplians & chascun d'iceulx, facent & laissent joïr & user paisiblement & à plain, de nos presentes Ordennance, declaration, exemption, concession & graces dessus dictes, sans les molester ou souffrir estre molestez, grevez ou empechiez en corps ou en biens, en aucune maniere, ou aucuns d'iceulx, contre la teneur d'icelles; mais s'aucune chose avoit esté faicte ou attemptée au contraire, le facent remettre au premier estat & deu, sans contredit ou autre mandement attendre. Et que ce soit, &c. sauf, &c. *Donné à Paris, l'an de grace mil ccc. soixante neuf, & de nostre Regne le sizinne, ou mois d'Avril.* Ainsi signée. *Visa.*

Par le Roy, presens Mess. Bureau de la Riviere, & le Hase de Chambelli.

J. DE S. * MART.

* *Il y a une marque d'abbreviation sur le* T.

---

CHARLES V. au Bois de Vincennes, le 23. de May 1369.

*(a) Lettres qui portent que les Chambellans & autres Officiers des Princes du Sang & autres Seigneurs, n'auront aucune Jurisdiction criminelle dans la Ville de Paris, sur ceux de la maison de ces Princes, lesquels seront jugez par le Prevost de Paris.*

CHARLES par la grace de Dieu Roy de France : A tous ceulx qui ces presentes Lettres verront : Salut. Comme à cause du Demaine de la Couronne de France, la Jurisdiction ordinaire de notre bonne Ville de Paris, avecques la congnoissance, pugnicion & correction de tous delis & malefices faiz, perpetrés & commis en notredicte Ville, par quelque personne que ce soit, appartiengne & soit deue de plain droit, à notre Prevost de Paris, de plain droit pour Nous [a] en notre nom; & ainsi en aient usé nos Prevosts & Officiers, qui ont esté par si long temps, qu'il n'est memoire du contraire; neantmoinz les Maistres ou Gouverneurs des Hostels d'aucuns Seigneurs de notre Lignage, & autres, s'efforcent d'avoir & retenir par devers eulz, la congnoissance des Gens de leurs Hostelz; quant ilz ont mesprinz & delinqué, en notre dicte Ville : Savoir faisons à tous presens & à venir, que notre entention n'est ne ne fu oncques, que des deliz & mesprentures faictes en notre dicte Ville, lesdiz Seigneurs ou leurs Gens, comme leurs Chambellens, Maistres de leurs Hostelz, Gouverneurs ne Officiers, en eussent ou aient la congnoissance par quelque voie ou maniere que ce soit; maiz voulons, declarons & ordonnons de notre certaine science, plainne puissance & auctorité Royal, ycelle estre deue & appartenir [b] à notre Prevost de Parie, qui pour le temps est, & qui pour le temps à venir sera,

a *&* C. des C.

b *& demourer.* Liv. vert. anc. du Chastelet.

NOTE.

*(a)* Livre rouge-vieil du Chastelet de Paris, *fol.* 45. *recto.*

Elles sont aussi dans le Livre vert-ancien du Chastelet de Paris, *fol.* six-vingt & dix-sept, (137.) *verso.*

Ces Lettres se trouvent aussi dans le Memorial *D* de la Chambre des Comptes de Paris, au *verso* d'un morceau de parchemin, qui est attaché après le *verso* du *fol.* 95.

Dans ce Memorial ces Lettres commencent ainsi :

*Quod Magistri Hospiciorum Dominorum de Sanguine Regio, nullam habent jurisdictionem in domibus eorum.*

A tous ceux qui ces Lettres verront : Guillaume Seigneur de Tignonville, Chevalier, Conseiller du Roy nostre Sire, & Garde de la Prevosté de Paris : Salut. Sçavoir faisons, que l'an de grace mil quatre cent un, le lundy vingtiesme jour de Mars, fismes transcrire en ces presentes, certaines letres Royauls, sellées en laz de soye & cire verte, contenant ceste forme.

Charles, &c.

Et elles finissent ainsi :

*Ainsi signé.* Par le Roy. J. TABARI.

En tesmoing de ce Nous à ce present transcript, avons fait mettre le Seel de la Prevosté de Paris. *Ce fut fait l'an & jour dessusdiz.*

J. CHOART.

sens ce que ilz soient tenus de en faire aucun renvoy ou remission aux dessusdiz, ne à aucun d'eulx; se ce n'estoit toutesvoies qu'ilz montrassent en ce avoir tiltre, privilege ou Lettres faisans de ce expresse mencion, & de date précedent ces presentes; ouquel cas Nous Voulons, que [a] vous, leursdiz tiltres, privileges ou lettres, & oy notre Procureur général en notre court de Parlement, bonne raison & accomplissement de droiture soient sur ce faiz entre les Parties, par nos Amez & Feaulx Conseillers les Gens de notre dit Parlement, qui ad present sont, & qui pour le temps à venir seront, sens procès ou figure de jugement : Car ainsi Nous plaist-il estre fait; nonobstans mandemens, ordonnances ou deffenses, & Lettres subreptices empetrées ou à empetrer au contraire. En tesmoing de ce, Nous avons fait mettre notre Scel à ces Lettres. *Donné au Bois de Vincennes, le vint troisieme jour de May, l'an de grace mil trois cens soixante & neuf, & de nostre Regne le sixième.*

CHARLES V. au Bois de Vincennes, le 23. de May 1369.

a *veuz*. C. des C.

[b] Collation faicte à l'original scellé du grant scel du Roy nôtre Seigneur, en las de soie & cire vert; & estoient ainsi signées. [c]

b *Ceci n'est point dans le Liv. vert-ancien du Chast.*

c *Il n'y a point de signature.*

---

*(a) Confirmation des Privileges des Marchands-Forains & des Voituriers de Marée.*

CHARLES V. à Paris, le 27. de May 1369.

CHARLES par la grace de Dieu Roy de France : A nos amez & feaux les Gens tenans nostre Parlement à Paris, & à nostre Prevost dudit lieu, Conservateur, Gardien & Commissaire General des Marchands Forains de Poisson de Mer, & des Voituriers frequentans ladite Ville de Paris : Salut & dilection. Savoir vous faisons, Nous avoir veu nos autres Lettres, contenant ceste fourme.

*(b)* CHARLES ainsné fils, &c.

Nous [a] adcertées, les Lettres dessus transcrites, toutes les choses contenuës en icelles, ayant fermes & agreables, icelles voulons, loons, rattiffions, approuvons, & de nouvel, se [b] mestier est, par ces presentes confirmons; & vous mandons, & à chacun de vous, que icelles vous accomplissiez & enteriniez de point en point, selon leur fourme & teneur. Mandons aussi à nostre Procureur General de Parlement, & audit Jehan Boutery son Substitut en cette partie, que il facent tout ce que mandé leur est par lesdites Lettres; nonobstant toutes les nonobstances dont icelles font mention, & quelconques Lettres subreptisses à ce contraires. *Donné à Paris, le vingt-septieme jour de May, l'An de grace 1369. & de nostre Regne le sixieme.*

a *adecertes.*

b *besoin.*

Par le Roy, à la relation du Conseil. J. DOUHEIN.

NOTES.

*(a)* Traité de la Police par M. *de la Mare*, Tom. 3. Liv. 5. tit. 37. p. 224. n.° 9.
Il cite à la marge : *Registre de la Marée*, *fol.* 238. L'on a déja dit plus d'une fois dans ce Recüeil, que le Registre de la *Marée* est égaré depuis quelque tems.

*(b) Charles, &c.]* Ces Lettres qui sont du 7. Fevrier 1358. sont dans *le 4.e Volume des Ordonn.* p. 356.

CHARLES V. à Paris, le 23. de May, & le 3. d'Avril 1369.

## *(a) Ordonnance qui deffend de joüer à certains Jeux de hazard ou autres; & qui enjoint de s'exercer à l'Arc & à l'Arbaleste.*

CHARLES par la grace de Dieu Roy de France : Au Prevost de Paris ou à son Lieutenant : Salut. Nous avons veues noz lettres contenant la fourme qui s'ensuit.

CHARLES par la grace de Dieu Roy de France : A tous ceulz qui ces presentes Letres verront : Salut. Savoir faisons, que Nous desirans de tout nostre cuer, le bon estat, seurté & deffense de nostre Royaume, de la chose publique, & de tous noz subgès d'iceluy, voulans obvier à tous inconveniens, & tousjours enduire & gouverner noz bons subgez, en ce qu'il leur puet estre agreable & prouffitable, avons deffendu & defendons par ces presentes, tous geux de Dez, de *(b)* Tables, de *(c)* Palmes, de Quilles, de *(d)* Palet, de *(e)* Soules, de *(f)* Billes, & tous autres telz geux, qui ne [a] cheent point à exercer ne habiliter noz diz subgez, à fait & usaige d'armes, à la deffense de nostredit Royaume, sur paine de quarante sols Parisis, à appliquier à Nous, de chascun & pour chascune foiz qu'il y encherra : & voulons & ordenons, que noz diz subgez prennent, & entendent à prenre leurs geux & esbatement, à eulz excercer & habiliter en fait de trait d'Arc ou d'Arbalestres, ès biaux lieux & places convenables à ce, ès Villes [b] Terrouoirs ; & facent leurs [c] dons aux mieulx [d] traians, [e] & leurs festes & joies pour ce, si comme bon *(g)* vous semblera. Si donnons en mandement à tous Seneschaux, Baillis, Prevosts, Vicontes, & autres Officiers de nostredit Royaulme, & à chascun d'eulz, si comme à lui apartendra, que nostre dite ordenance ilz facent tenir & garder sans enfraindre, & mettre à execution de point en point, selon sa fourme & teneur, sur paine d'encourir nostre indignacion, & d'estre punis les remis & negligens [f], de telles paines, que ce soit example aux autres. En tesmoing de ce, Nous avons fait mectre nostre Seel à ces presentes letres. *Donné en nostre Hostel de Saint Pol lez Paris, le 3.e jour d'Avril, l'An de grace mil trois cens soixante neuf, & de nostre Regne le quint.*

a *tombent : contribuent.*

b *&.*

c *un present : un prix.*

d *tirans.*

e *Je crois qu'il faudroit corriger, en.*

f *à faire observer cette Ordonnance.*

Et combien que autres foiz, vous aions mandé que nosdites deffense & ordenance, vous feissiez crier & publier solennelment ès lieux acoustumez à faire cris en la Ville de Paris, & de la Prevosté & Viconté d'icelle, & les feissiez tenir & garder sans enfraindre ; toutesvois avons Nous entendu, que plusieurs les ont enfraintes &

NOTES.

*(a)* Livre vert du Chastelet, *fol.* 151. *verso.* Ces Ordonnances ont déja esté imprimées dans *le Grand Coustumier* donné par *Charondas le Caron*, p. 88. mais le commencement de l'Ordonnance du 3. Avril. n'y est point.

Elles ont esté aussi imprimées dans le *Recüeil* de *Fontanon*, Tom. 1. p. 672.

*(b) Tables.] Le Jeu de Dames.* Voy. *le Tresor* de *Borel* & *le Dictionn. Etymol.* de *Menage*, au mot, *Tables.*

*(c) Palme.] Le Jeu de Paume :* mais alors on poussoit la balle, non avec une Raquette, mais avec la paulme de la main. Voy. *les Recherches* de *Pasquier*, Liv. 4. ch. 15. p. *m.* 350. & *le Dictionn. Etymol.* de *Menage*, au mot, *Raquette.*

*(d) Palet.]* C'est apparemment *le Jeu du Petit-Palet.* L'on trouve dans *le Tresor* de *Borel*, *la Palefte*, *le Jeu du Palet.* Dans *le Grand Coustumier* & dans *Fontanon* il y a, *de Paiet.*

*(e) Soules.]* On pourroit lire *Seules.* Ce Jeu consistoit à pousser une balle ou une boulle avec le pied ou avec une crosse. Voy. *le Gloss.* de *Du Cange*, au mot, *Cheolare.*

Il y a dans *le Grand Coustumier*, au lieu de *Soules*, *Boulles* ; & dans *Fontanon*, d'*Esculles.* Cet Auteur a placé après cette Ordonnance, un précis de cette Piece en latin, sans marquer si c'est une Ordonnance, ni d'où il l'a tirée. Le mot d'*Esculles*, y est rendu par celui de *Soularum.*

*(f) Billes.]* C'est apparemment *le Billard.* Voyez *le Dictionn. Etymol.* de *Menage*, aux mots, *Billard* & *Bille.*

*(g) Vous.]* Il y a mieux, *leur* dans *le Grand Coustumier* & dans *Fontanon.*

enfraingnent de jour en jour, dont il Nous desplaist [a] forment & non sanz cause, s'il est ainsi: Pourquoi Nous vous mandons & enjoignons estroitement, que icelles deffense & ordenance faites de rechief crier & publier solennelment, ès lieux & par la maniere dessus dicte, & ycelles faires tenir & garder sanz enfraindre en aucune maniere: & lesdiz quarante sols lever hastivement & sanz [b] deport, sur tous ceulz qui ont fait & feront le contraire, pour toutes les foiz qu'ilz y encherront: desquels quarante solz, Nous voulons la quarte partie estre baillée aux sergens qui trouveront & prenront les transgresseurs, toutes foiz que le cas y escherra. De ce faire soiés si curieux & diligent, qu'il n'y ait faulte: car il Nous en desplairoit, & vous en ferions griefment punir. *Donné à Paris, le xxiij.e jour de May, l'An de grace mil trois soixante neuf, & de nostre Regne le VI.e Ainsi sign.* Par le Roy, à la relation du Conseil. J. DE LUZ.

CHARLES V. à Paris, le 23. de May, & le 3. d'Avril 1369.

a *fortement.*

b *faveur.*

Publié parmis Paris, le xxiiij.e jour de May, ccclxix.

---

CHARLES V. à Paris au Palais, en May 1369.

(a) *Lettres qui portent que dans le Comté de Ponthieu, on ne pourra obtenir qu'un seul delai, dans une même affaire.*

CHARLES, &c. Savoir faisons à tous presens & à venir, que comme pour obvier au malices & cauteles de ceulz qui pour fuir & esloignier leur jugemens, [a] quierent fintes & delais contre raison, eut & ait esté ordonné par les Maires & Eschevins, Bourgois & Habitans de nostre Terre de Pontieu, depuis qu'il fu mis ès mains du (b) Roy d'Englettere, que nul en une Cause, ne ce porroit faire [b] essonier, fors qu'une fois seulement; & que au jour que ladicte essongne seroit asportée, injunction seroit faite au porteur d'icelle, [c] qui fit savoir à son Maistre, que par lui, ou Procureur fundé par procuracion souffisant, (c) en demandant, sans grace, il fu tenus comparoir à la quinzaine après ledit essongne, sans autre ajournement faire, pour proceder en la Cause en estat ouquel estoient lesdictes Parties, avant ledit essongne baillié, comme dessus est dit; si comme par lesdiz Maires & Eschevins, Nous a esté donné [d] entandre, en Nous suppliant humblement, que ladicte Ordonnance Nous pleust confermer: Nous voulans & desirans l'abreviacion des Plais, ladicte Ordennance ainsi faicte, comme dit est, loons, greons, approuvons & confermons par ces presentes, de nostre auctorité Royal, de nostre pleine puissance & grace especial: mandons à tous les Justiciers & subgez dudit Contée, presens & à venir, que ycelle ainsi faicte, comme dit est, tiengnent & gardent, & facent tenir & garder sans anfraindre. Et que ce soit ferme, &c. sauf, &c. *Donné à Paris en nostre Palais, l'an de grace m. ccc. lxix. & de nostre Regne le sizieme, ou mois de May.* *Visa.*

a *cherchent.*

b *excuser.*

c *qu'il.*

d *à.*

Par le Roy, en son Conseil. P. BLANCHET.

NOTES.

(a) Tresor des Chartres, Registre 100. Piece 8 vingt 8. [168.]

(b) *Roy d'Englettere.*] Le Comté de Ponthieu avoit esté cedé à ce Prince, par le Traité de Bretigny: mais en 1368. Charles V. ayant déclaré la guerre aux Anglois, l'année suivante ses Generaux s'emparerent des Villes d'Abbeville, du Crotoy & de Ruë, & de tout le Comté de Ponthieu. Voy. *Froissart*, Liv. I. chap. 252. p. *m.* 350. & l'*Hist. des Comtes de Ponthieu*, par le Frere *Joseph de Jesus-Maria (Sanson,)* p. 377.

L'ardeur que les trois Villes cy-dessus nommées montrerent pour rentrer sous l'obéissance de Charles V. engagea ce Prince, à confirmer leurs privileges, & à leur en accorder de nouveaux. Les Lettres qu'il donna à ce sujet, & qui sont presque toutes du mois de May 1369. seront imprimées dans la suite de ce Volume.

(c) *En demandant.*] Voici comme j'entends ces mots: La Partie pourra comparoître par Procureur, si elle en a demandé & obtenu la permission. Car autrefois en France, on ne pouvoit plaider par Procureur sans permission. Voyez *les Tables des Mat. des Vol. des Ordonnances*, & principalement celle du *premier*, au mot, *Procureur.*

CHARLES V. à Paris au Palais, en May 1369.

*(a) Lettres qui portent que tous les Procès meus dans le Comté de Ponthieu, seront jugez par des Baillis establis par le Roy dans ce Comté, qui ressortiront en premiere Instance au Seneschal de Ponthieu, & ensuite au Parlement de Paris.*

CHARLES, &c. Savoir faisons à tous presens & à venir, que pour la bonne & vraïe amour, loyauté & obéissance que Nous avons tousjours trouvé & trouvons de jour en jour, en noz bons & loyaulx subgez, les Maires, les Eschevins & les autres Bourgois & Habitans de nostre Ville d'Abbeville, & de noz autres Villes & lieux de nostre Contée de Pontieu, Nous, de nostre auctorité Royal & de grace especial, pour le bien, proffit & descharge de nostre Peuple dudit Contée, & de ladicte Ville d'Abbeville, leur avons ottroïé & ottroïons par ces presentes, que touz cas contencieux, meuz & à mouvoir entre les subgez dudit Contée, & de toutes choses litigieuses assises & situées oudit Contée, tant de cas privilegiés, comme de autres, dont à Nous appartient la cognoissance, noz Baillis Royaux qui sont & seront ordenez oudit Contée, ayent la Court & cognoissance, & que par eulz & par noz *(b)* Hommes jugens esdiz Bailliages, les contens, Causes, querelles desdiz Bailliages, soïent jugiez & terminez, en ressortissant & ayant le ressort d'icelles, en assise d'Abbeville, pardevant le Seneschal, Pers, & Hommes dudit Contée, jugens en ladicte assise de Abbeville tant seulement, & de ladicte assise, en nostre Parlement à Paris; sanz ce que aucun des subgez de ladicte Ville d'Abbeville, ne autres dudit Contée, pour quelques causes soïent * traitiez ès Prevosté de S.t Riquier, de *(c)* Vymeu au Bailliage d'Amiens, ne aillors que oudit Contée, & en nostre Parlement; & que lesdiz Bailliz & Prevostz de dehors ledit Contée, n'aïent que veoir ne cognoistre sur eulz; mèz seulement lesdiz Bailliz & Seneschal par Nous ordenez oudit Contée. Et que ce soit ferme, &c. sauf, &c. *Donné en nostre Palais à Paris, l'an de grace mil ccc. lxix. & le sixieme de nostre Regne, ou mois de May.* *Visa.*

Par le Roy, en son Conseil. P. BLANCHET.

* *tirez : assignez.*

NOTES.

*(a)* Tresor des Chartres, Registre 100. Piece 58.

Ces Lettres sont imprimées dans l'*Histoire des Comtes de Ponthieu*, p. 382.

*Voyez cy-dessus*, p. preced. Note *(b)*.

*(b) Hommes jugens..... Pers.]* Voyez la *Table des Matieres des Volumes des Ordonn.* aux mots, *Jugeans (hommes,) Jugeurs* & *Pers.*

*(c) Vymeu.]* Ce pays fait partie de la Basse-Picardie, il est compris entre la Somme, & la Bresle qui le separe de la Normandie. Voyez *le Diction. Univers. de la Fr.* au mot, *Vymeux.*

CHARLES V. à Paris, à l'Hôtel de S. Pol, en May 1369.

*(a) Lettres qui portent que tous les Procez meus dans les Villes d'Abbeville & de Ruë, seront jugez par des Baillis establis par le Roy dans ce Comté, qui ressortiront en premiere Instance au Seneschal de Ponthieu, & ensuite au Parlement de Paris.*

CHARLES, &c. Savoir faisons à tous presens & à venir, que pour la bonne & vraie amour, loyauté & obéissance, que Nous avons tousjours trouvé & trouvons de jour en jour, en noz bons & loyaux subjez, les Mairez, les Eschevins & les autres Bourgois & Habitans de noz Villes de Abbeville, de Ruë & de noz

NOTE.

*(a)* Tresor des Chartres, Registre 100. Piece 8 vingt 15. (175.)

*Voyez cy-dessus*, p. preced. Note *(b)*.

Ces Letres contiennent les mêmes dispositions que les precedentes : on pourra consulter les Notes qui ont esté faites sur ces dernieres.

autres Villes & lieux de nostre Contée de Pontieu : Nous de nostre auctorité Royal & de grace especial, pour le bien, proufit & descharge de nostre peuple dudit Contée, & desdictes Villes d'Abbeville & de Ruë, leur avons ottroïé & ottroïons par ces presentes, que de tous cas contencieux, meuz & à mouvoir entre les subgez dudit Contée, de toutes choses litigieuses assisez & situées oudit Contée, aïent la Court & congnoissance, & que par eulx & par noz Hommes Jugeurs esdiz Bailliages, soïent jugiez & terminez, en ressortissant & ayant le ressort d'icelle en l'assise de Abbeville, pardevant le Seneschal, Pers & Hommes dudit Contée, jugens en ladicte assise de Abbeville, tant seulement, & de icelle assise, en nostre Parlement à Paris, senz ce que aucuns des subgez de noz dictes Villes de Abbeville, de Ruë, ne autres dudit Contée, pour quelques causes, soïent * tratiez ès Prevostez de S.t Riquier, de Vymeu, au Bailliage d'Amiens, ne aillieurs que oudit Contée, & en nostre Parlement; & que lesdiz Baillis & Prevoz de dehors ledit Contée, n'ayent que veoir ne congnoistre sur eulx, mès seulement lesdiz Baillis & Seneschal par Nous ordenés oudit Conté. Et que ce soit ferme chose, &c. sauf, &c. *Donné à Paris, en nostre Hostel de S. Pol, l'an de grace M. CCC. LXIX. & le vj. de nostre Regne, ou mois de May.*

*Ainsy sign.* Par le Roy, en son Conseil. P. BLANCHET. *Visa.*

CHARLES V. à Paris à l'Hôtel de S.t Pol, en May 1369.

* *traitiez.*

---

CHARLES V. à Paris au Palais, en May 1369.

(*a*) *Lettres qui portent que le Comté de Ponthieu & la Ville d'Abbeville, ne seront jamais separez du Domaine de la Couronne.*

CHARLES, &c. Savoir faisons à tous presens & avenir, que pour la bonne & vraye amour, loyauté & obéïssance, que Nous & noz predecesseurs Roys de France, avons touz jours trouvez, & trouvons de jour en jour, en noz très-bons, vrays & loyaux subgez, le Maire, les Eschevins, & les autres Bourgois & habitans de nostre Ville de Abbeville en Pontieu, & pour plusieurs autres bonnes & justes causes qui à ce nous ont meuz & devoient mouvoir, & qui touchent très-grandement l'onneur, l'estat & le proffit perpetuel de Nous & de nostre Royaume, Nous, par très-grant & meure déliberacion sur ce euë avecques nostre Conseil, avons ordenné & ordennons, & ausdiz Maire & Eschevins, Bourgois & habitans de nostre dicte Ville, pour eulz & pour leurs successeurs, presens & avenir, avons octroïé & octroïons, par ces presentes, de nostre auctorité Royal, de nostre pleine puissance, de nostre certeine science & grace especial, que jamès, par quelconque tiltre ne pour quelconque cause que ce soit, Nous ne mettrons ne transporterons hors de noz mains ne hors du Demainne Royal de Nous & de la Coronne de France, la dicte Conté ne la dicte Ville de Abbeville, la Justice, ne les Bourgois ou habitans d'icelle Ville & Contée, mès seront & demourront perpetuelment les diz Bourgois & Habitans d'icelle noz subgez & justiciables, senz moyen, en pur & perpetuel Demaine. Et que ce soit ferme, &c. sauf, &c. *Donné en nostre Palais à Paris, l'an de grace M. CCC. LXIX. & le sizieme de nostre Regne, ou mois de May.*

Par le Roy en son Conseil. P. BLANCHET. *Visa.*

NOTE.

(*a*) Tresor des Chartres, Registre 100. Piece 55.

Ces Lettres sont imprimées dans l'*Histoire des Comtes de Ponthieu*, p. 386. *Voyez cy-dessus*, p. 173. Note (*b*).

CHARLES V. à Paris, à l'Hôtel de S.t Pol, en May 1369.

*(a) Lettres qui portent que l'on ne pourra établir de nouvelles Impositions dans les Villes du Comté de Ponthieu, qu'à leur profit, & à la requête & du consentement des Maire & Eschevins de ces Villes.*

CHARLES, &c. Savoir faisons à tous presens & avenir, que pour la bonne & vraïe amour, loyalté & obeïssance, que Nous & nos predecesseurs Roys de France, avons tousjours trouvés & trouvons de jour en jour, en nos très-bons, vrays & loyaux subgez les Maire & Eschevins, & les autres Bourgois & habitans de nostre Ville d'Abbeville, & des autres Villes & lieux du Conté de Pontieu, & pour aucuns très-bons, très-grans & très-proffitablez services, que il Nous ont de nouvel faiz, & aussi pour plusieurs autres très-bonnes & justes causes, touchant l'onneur & le prouffit perpetuel de Nous & de nostre Royaume, Nous par très-grant, très-bonne & très-meure déliberacion sur ce euz avecques nostre Conseil, avons ottroié & ottroïons par ces presentes, aux diz Maires & Eschevins, Bourgois & habitanz de nostre dicte Ville d'Abbeville, & des autres Villes & lieux dudit Contée de Pontieu, que jamez pour quelconques causes ou occasions que ce soit, nous ne mettrons, afferrons ou imposerons, ne ferons ou souffrerons courre ne mettre, asseoir ou imposer en la dicte Ville de Abbeville, ne en aucune des autres Villes ou lieu dudit Contée, aucunes imposicions, aydes ou autres subsides, se ce n'est au profit d'icelles Villes, & à la requeste des Maires, Eschevins, Bourgois & habitans d'icelles, ou de leur consentement. Et que ce soit ferme chose, &c. sauf, &c. *Donné à Paris, en nostre Hostel de Saint Pol, l'an de grace M. CCC. LXIX. & le VI.e de nostre Regne, ou mois de May.*
*Ainsy sign.* Par le Roy, en son Conseil. P. BLANCHET. *Visa.*

NOTE.

*(a)* Tresor des Chartres, Registre 100. Piece 8 vingt 14. [174.]
*Voyez cy-dessus*, p. 173. Note *(b)*.

CHARLES V. à Paris au Palais, en May 1369.

*(a) Confirmation des Privileges de la Ville d'Abbeville.*

CHARLES, &c. Savoir faisons à tous presens & avenir, que pour la bonne & vraye amour, loyauté & obeïssance que Nous & noz predecesseurs Roys de France, avons tousjours trouvez & trouvons de jour en jour, en nos très-bons, vrays & loyaus subgez, le Maire & les Eschevins, & les autres Bourgois & habitans de nostre Ville d'Abbeville en Pontieu, & pour plusieurs autres bonnes & justes causes qui à ce Nous ont meuz & doivent mouvoir, & qui touchent très-grandement l'onneur, l'estat & le proffit perpetuel de Nous & de nostre Royaume, Nous, aus diz Maire & Eschevins, Bourgois & habitans de nostre dicte Ville de Abbeville, avons octroié & octroïons par ces presentes, de nostre auctorité Royal, de nostre plaine puissance, de nostre certainne science & grace especial, que tous leur privileges, franchises & libertez, Nous leur confermerons, tendrons & garderons, & ferons tenir & garder perpetuelment, sanz enfraindre, & sanz jamès venir ne faire ou souffrir venir à l'encontre; & de ce leur donrons & ferons bailler, toutes les foiz qu'il Nous en requerront, noz Lettres en cire vert & laz de soye, esquelles seront contenuës les

NOTE.

*(a)* Tresor des Chartres, Registre 100. Piece 56.

Ces Lettres sont imprimées dans l'*Histoire des Comtes de Pontieu*, page 384.
*Voyez cy-dessus*, page 173. Note *(b)*.

teneurs

teneurs des Lettres qu'il ont de leur dessusdiz privileges & libertez, & ycelles dès maintenant confermons par ces presentes. Et que ce soit ferme, &c. sauf, &c. *Donné en * Palais à Paris, l'an de grace M. CCC. LXIX. & de nostre Regne le sizieme, ou mois de May.* * *nostre.*

Par le Roy en son Conseil. P. BLANCHET. *Visa.*

---

CHARLES V. à Paris au Palais, en May 1369.

(a) *Lettres qui portent que les Marchandises & les Denrées que les Habitans d'Abbeville feront venir dans leur Ville, pour leur usage, seront exemptes de l'Impost qui se paye au Crotoy.*

CHARLES, &c. Savoir faisons à tous presens & avenir, que Nous de nostre auctorité Royal, de nostre certaine science & grace especial, avons octroïé & octroïons par ces presentes, à noz bien amez le Maire & les Eschevins, & les autres Bourgois & habitans de nostre Ville d'Abbeville en Pontieu, pour eulz & leur successeurs, à tousjours mès, que toutes manieres de denrées & marchandises que il auront, venant [a] voulant de la Mer à Abbeville, sanz aler ne estre menées en la Ville du Crotoy ne aillors, fors à Abbeville, il puissent amener en nostre dicte Ville de Abbeville, sanz payer aucun [b] debite audit Crotoy, ni aillors ou Contée de Pontieu. Si donnons en mandement par ces presentes, à tous nos Justiciers, Officiers & subgez, & à ceux qui sont ou seront commis ou deputez à lever les dictes debites, que de nostre dicte grace & octroy, lessent & facent joüir & user paisiblement & perpetuelment, eulz & tous leurs successeurs, sans les contraindre ou molester, ne faire ou souffrir estre contrains ou molestez au contraire, commant que soit. Et que ce soit ferme, &c. sauf, &c. *Donné en nostre Palais à Paris, l'an de grace m. ccc. lxix. & le sizieme de nostre Regne, ou mois de May.*

Par le Roy, en son Conseil. P. BLANCHET. *Visa.*

a *Ce mot est appar. corrompu.*

b *Impost.*

NOTE.

(a) Tresor des Chartres, Registre 100. Piece 57. *Voyez cy-dessus*, page 173. Note (b).

---

CHARLES V. à Paris au Palais, en May 1369.

(a) *Lettres qui portent que les Habitans d'Abbeville, pourront commercer dans tout le Royaume, & y acheter des Marchandises, sans estre tenus de payer d'autres Imposts que ceux qui sont anciennement establis.*

CHARLES, &c. Savoir faissons à tous presens & avenir, que pour la bonne & vraïe amour, loyauté & obéissance que Nous & noz predecesseurs Roys de France, avons tous jours [a] teuvés & trouvons de jour en jour, en noz très-bons, vrais & loyaux subgiez, le Maire, les Eschevins & les autres Bourgois & habitans de nostre Ville d'Abbeville en Pontieu, & pour plusieurs autres bonnes & justes causes, qui à ce Nous ont meuz & deuvoient mouvoir: Nous aus diz Maire & Eschevins, Bourgois & habitans de nostre dicte Ville de Abbeville en Pontieu, avons ottroïé & ottroïons par [b] ses presentes, de nostre auctorité Royale, de nostre pleinne puissance, de nostre certaine science & grace especial, que eulx & tous leur successeurs habitans de la dicte Ville, presens & avenir, puissent amener ou faire amener, achater & vendre en nostre Royaume, toutes manieres de denrées & marchandises, &

a *trouvés.*

b *ces.*

NOTE.

(a) Tresor des Chartres, Registre 100. Piece 8 vingt 7. (167.) *Voyez cy-dessus*, p. 173. Note (b).

CHARLES V. à Paris au Palais, en May 1369.

[a] marchander en ycellui Royaume, de toutes choses; & que pour toutes leurs marchandisez & autres choses, il soïent quittiez & frans de toutes imposicions, exaccions, subsides & maltôtes, Gabelles, subvencions & autres aides quelxconques, imposées, ou à imposer; excepté tant seulement des denrrées & autres choses que il vendront; & exceptez les [b] debites acoustoumez & ansiennes. Si donnons en mandement par ces presentes, à tous les Justiciers & autres Officiers de Nous & de nostre Royaume, presens & avenir, & à tous ceuls qui sont & seront commis & députez à lever & recevoir lesdites imposicions, subsides & maletôtes, & chascun d'eulz, que de nostre dicte grace [c] lassent & facent user & joïr paisiblement les habitans dessusdiz, & tous leurs successeurs, à tousjours mès, sans les contraindre ou molester, ne faire ou souffrir estre contrains ou [d] melestez au contraire, comment que soit. Et que ce soit ferme, &c. sauf, &c. *Donné en nostre Palais à Paris, l'an de grace M. CCC. LXIX. & le sizieme de nostre Regne, ou mois de May.* *Visa.*

Par le Roy, en son Conseil. P. BLANCHET.

a commercer. b Imposts. c laissent. d molestez.

---

CHARLES V. à Paris au Palais, en May 1369.

*(a) Lettres qui portent qu'il ne sera point basti de Chasteau ou Forteresse dans la Ville d'Abbeville; & que l'on ne pourra faire d'ouverture aux murs, ensorte que l'on ne puisse y entrer ou en sortir que par les portes.*

CHARLES, &c. Savoir faisons à tous presens & avenir, que comme ès Chartres de la fondation de nostre Ville d'Abbeville en Pontieu, soit contenu que en ycelle Ville, ou dedens la closture d'icelle, ne puet estre construite ou faicte aucune municion ou forteresse, si comme par noz bien amez le Maire & les Eschevins d'icelle Ville, Nous a esté donné [a] entendre, en Nous suppliant humblement, que ce leur vuillons encore de nouvel ottroyer: Nous qui tousjours Nous voulons gracieusement porter vers euls, considerés la loyauté, la vraïe amour & la parfaite obéissance que Nous avons trouvés en eulz, enclinant gracieusement à leur supplicacion, leur avons ottroïé & ottroïons, & de nouvel par ces presentes, de nostre auctorité Royal & de grace especial, que aucune municion, Chastel ou autre Foretresse, ne puissent d'oresenavant estre fais en ladicte Ville, dedens la cloture d'icelle; & oultre [b] se, que les murs d'icelle ne puissent estre perciés, ne aucune entrée ou yssuë faicte en ycelle, si que nul n'y puist entrer ne en [c] issir, fors par les portes ordenées en ycelle. Et que ce soit ferme, &c. sauf, &c. *Donné en nostre Palais* [d], *l'an de grace* M. CCC. LXIX, *& sizieme de nostre Regne, ou mois de May.* *Visa.*

Par le Roy, en son Conseil. P. BLANCHET.

a à. b ce. c sortir. d à Paris.

NOTE.

*(a)* Tresor des Chartres, Registre 100. Piece 8 vingt 9 [169.] Ces Lettres sont imprimées dans l'*Histoire des Comtes de Ponthieu*, p. 383. *Voyez cy-dessus*, p. 173. Note *(b)*.

---

CHARLES V. à Paris à l'Hôtel de S.t Pol, en May 1369.

*(a) Lettres qui portent que les Habitans de Ruë, pourront commercer dans tout le Royaume, & y acheter des marchandises, sans estre tenus de payer d'autres imposts, que ceux qui sont anciennement establis.*

CHARLES, &c. Savoir faisons à tous presens & avenir, que pour la bonne & vraye amour, loyauté & obéissance, que Nous & nos predecesseurs Roys de France, avons tousjours trouvés & trouvons de jour en jour, en nos tres bons, vrais

NOTE.

*(a)* Tresor des Chartres, Registre 100. Piece 505. *Voyez cy-dessus*, p. 173. Note *(b)*.

& loyaux subgiez, le Maire, les Eschevins, & les autres Bourgois & habitans de nostre Ville de Ruë en Ponticu, & pour plusieurs autres bonnes & justes causes, qui à ce Nous ont meux & devoient mouvoir : Nous aus diz Maire & Eschevins, Bourgeois & habitans de nostre dicte Ville de Ruë en Ponticu, avons octroié & ottroions par ces presentes, de nostre auctorité Royal, de nostre pleniere puissance, de nostre certaine science & grace especial, que eulx & tous leurs successeurs habitans de la dicte Ville, presens & avenir, puissent amener, achater & vendre en nostre Royaume, toutes manieres de denrées & marchandises, [a] & marchander en ycellui Royaume, de toutes choses; & que pour toutes leurs marchandises & autres choses, il soient quittes & frans de toutes imposicions, exactions, subsides & maletoltes, tout ainssi comme il estoient avant que Nous les preissons en nostre main; excepté tant seulement des denrées & autres choses que il vendront; & exceptés les [b] debites accoutumées & anciennes. Si donnons en mandement par ces presentes, à tous les Justiciers & autres Officiers de Nous & de nostre Royaume, presens & avenir, & à tous ceulx qui sont & seront commis & deputez à lever & recevoir les dictes imposicions, subsides & maletoltes, & chascun d'eulx, que de nostre dicte grace lessent & facent user & joïr paisiblement les habitans dessus dis, & tous leurs successeurs à tousjours mais, senz les contraindre ou molester, ne faire ou souffrir estre contrains ou molester au contraire, comment que soit. Et que ce soit ferme chose & estable à tousjours mès, Nous avons fait mettre nostre grand Seel à ces presentes, sauf en autres choses nostre droit, & l'autrui en toutes. *Donné à Paris, en nostre Hostel de Saint Pol, l'an de grace m. ccc. lx & neuf, & le sizieme de nostre Regne, ou mois de May.*

CHARLES V. à Paris, à l'Hôtel de S.t Pol, en May 1369.

[a] commercer.

[b] Imposts.

Par le Roy, en son Conseil. P. BLANCHET.

---

## (a) *Confirmation des Privileges de la Ville de Ruë en Ponthieu.*

CHARLES V. à Paris, à l'Hôtel de S.t Pol, en May 1369.

CHARLES, &c. Savoir faisons à tous presens & à venir, que pour la bonne & vraïe amour, loïalté & obéissance, que Nous & nos predecesseurs Roys de France, avons tousjours trouvé & trouvons de jour en jour, en noz très bons, vrais & léaulx subgez, le Maire & les Eschevins, & les autres Bourgoiz & Habitanz de nostre Ville de Ruë en Ponthieu, & pour plusieurs autres bonnes & justes causes qui à ce Nous ont meuz & devoient mouvoir, & qui touchent très grandement l'onneur, l'estat & le profit perpetuel de Nous & de nostre Royaulme: Nous audit Maire & Eschevins, Bourgoiz & Habitanz de nostredicte Ville de Ruë, avons ottroïé & ottroïons par ces presentes, de nostre auctorité Royal, de nostre pleine puissance, de nostre certaine science & grace especial, que tous les privileges, franchises, Libertés & usages dont il ont usé, Nous leur confermerons, tendrons & garderons, & ferons tenir & garder perpetuelment, sens enfraindre, & sens jamais venir ne faire ou souffrir venir à l'encontre; & de ce leur donrons & ferons bailler, toutes les fois qu'ils Nous en requerront, noz Lettres en cire vert & las de soïe, lesqueles seront contenans les teneurs des Lettres qu'il ont de leurs dessusdis privileges & Libertés; & ycelles dès maintenant leur confirmons par ces presentes. Et que ce soit ferme & estable à tousjours mais, Nous avons fait mettre nostre grant Seel à ces presentes; sauf en autres choses nostre droit, & en toutes le droit d'autrui. *Donné à Paris, en nostre Hostel de S. Pol, l'an de grace* M. CCC. LXIX. *& le* VI.e *de nostre Regne, ou mois de May.*

Par le Roy, en son Conseil. P. BLANCHET.

NOTE.

(a) Tresor des Chartres, Registre 100. Piece 503.
*Voyez cy-dessus, p. 173. Note (b).*

CHARLES V. à Paris, à l'Hôtel de S.t Pol, en May 1369.

## *(a) Lettres qui portent que le Comté de Ponthieu, & la Ville de Ruë qui y est située, ne feront jamais separées du Domaine de la Couronne.*

CHARLES, &c. Savoir faisons, &c. que pour l'amour, loïalté & vraïe obéïssance, que Nous & noz predecesseurs Roys de France, avons tousjours trouvé & trouvons de jour en jour, en noz très bons, vrays & léaux subgez, le Maire, * Pers & Eschevins, & les autres Bourgois & Habitanz de nostre Ville de Ruë, en nostre Conté de Ponthieu, & pour plusieurs autres bonnes & justes causes, qui à ce Nous ont meuz & devoient mouvoir, & qui touchent très grandement l'onneur, l'estat & le profit perpetuel de Nous & de nostre Royaume : Nous par très grant & très meure deliberacion sur ce euë avec nostre Conseil, avons ordené & ordennons, & ausdis Maire, Bourgois & Habitans de nostre dicte Ville, pour eulx & pour leurs successeurs, presens & à venir, avons ottroïé & ottroïons par ces presentes, de nostre auctorité Royal, de nostre pleine puissance, de nostre certaine science & grace especial, que jamais, par quelconqules tiltres ne pour quelconque cause que ce soit, Nous ne mettrons ne transporterons hors de noz mains, ne hors du demaine Royal de Nous & de la Couronne de France, ledit Conté ne ladicte Ville de Ruë, ne la Justice ne les Bourgois ou Habitans de ycelle Ville & Conté; mais seront & demourront perpetuelment lesdis Bourgois & Habitans d'icelle, noz subgez & justicables, sens moïen, en pur & perpetuel demaine. Et que ce soit ferme & estable à tousjours mais, Nous avons fait mettre nostre grant Seel à ses presentes; sauf en autres choses nostre droit, & l'autrui en toutes. *Donné à Paris, en nostre Hostel de S. Pol, l'an de grace M. CCC. LXIX. & le VI.e de nostre Regne, ou mois de May.*

Par le Roy, en son Conseil. P. BLANCHET.

* Voyez les *Tables des Mat. des Vol. des Ord. au mot, Pers.*

NOTE.

*(a)* Tresor des Chartres, Registre 100. Piece 504. *Voyez cy-dessus*, p. 173. Note *(b)*.

CHARLES V. à Paris, en May 1369.

PHILIPPE VI. dit de Valois, à Maubuisson lès Pontoise, en Decembre 1346.

## *(a) Confirmation de la Chartre de Commune, accordée aux Villes de Mayoc & de Crotoy.*

CHARLES, &c. Savoir faisons à tous presens & à venir, Nous avoir veu & receu les Lettrez de nostre très chier Seigneur & Ayeul, le Roy Philippe, que Diex absoille, contenant la fourme qui s'ensuit.

PHILIPPE par la grace de Dieu Roy de France : A tous ceulx qui ces presentes Lettres verront ou orront : Salut. Savoir faisons, que comme par souffisant relation, Nous soit apparu que les Lettres & privileges de *(b)* Crotoy [a] de Majoc, aïent esté [b] arses ou perduës par la venuë du [c] Roy d'Angleterre nostre ennemi, ou de ses gens, ou mois d'Aoust darrenier passé; & les Genz, Maire, Eschevins & Communité desdictes Villes, Nous aïent fait requerre humblement, après le dommage que il ont eu de leurs biens, maisons, & d'aucunes personnes de ladicte Communité, que les privilegez ottroïez à ladicte Communité de Crotoy & de Majoc, par le Conte Guillaume, Conte de la Terre de Pontieu; ou cas que il pourroient estre

a *&*. b *bruslées*. c *Edoüard III.*

NOTE.

*(a)* Tresor des Chartres, Registre 100. Piece 8 vingt 11. (171.) *Voyez cy-dessus*, p. 173. Note *(b)*.

*(b) Crotoy..... Majoc.*) Voyez sur ces deux Villes, *le 3.e Volume des Ordonnances*, p. 166. Note *(b)*.

trouvez par aucuns Registres de ladicte Conté de Pontieu, feussent par Nous renouvelées, selon ce que il en seroient estrais de Registrez d'icelle Conté, & confermés, afin que il eussent perpetuel valeur, & peussent estre en partie recouvrées du dommage qu'il avoient eu & soustenu, pour cause de nozdis ennemis. Pourquoy Nous mandasmes à nostre amé & féal Tresorier de noz guerres, Jehan du Change, & Gouverneur de ladicte Conté de par Nous, que il veist les Registres de ladicte Conté, & estraisist lesdiz priviléges ottroïez à ladicte Ville de Crotoy & de Majoc, & à la Communité d'icelle; liquel, appellé avec lui, Toussains Raïer, Garde du Seel de la Baillie d'Amiens, establi en la Prevosté de Sainc [a] Riquier, & autres, a trouvé esdis Registres, si comme il tesmoigne, un priviléges ottroïé à la Communité de Mayoc, dont la Ville de Crotoy est de la Communité d'icelle; duquel Registre il Nous a envoïé le transcript, contenant la fourme qui s'ensuit.

CHARLES V. à Paris, en May 1369.

a près d'Abbeville.

*EGO (a) GUILLERMUS Comes Pontivi & [b] Monsteroli. Notum facimus tam presentibus quam futuris, quod Ego, de assensu & concessione (b) Aalis Uxoris mee, & (c) Symonis de Bolonia, [c] Generis mei, & Marie Filie mee, Uxoris ejus, & de consilio Baronum meorum, dedi & concessi Hominibus meis de Maioch, Communiam habendam, tamquam fidelibus meis, contra omnes homines, in perpetuum garantizandam, secundum jura & Consuetudines (d) Abbatis-ville, &c.*

*(25) Ad hec, si fortè inter me & dictos Burgenses meos, querela [d] emiserit, que per hoc scriptum nequeat terminari, per Communiam Abbatis-Ville terminabitur.*

*(26) Nec pretereundum est, quod predicti homines de Majoc, mihi debent singulis annis, quadraginta Libras Parisienses; videlicet, vingenti Libras, in Mayo, & vingenti Libras, in festo Beati Andree.*

*(27) Preterea, ipsi mihi debent quadraginta solidos de (e) parvo Vicecomitatu; singulis annis, in Mayo reddendos.*

*Et sciendum est, quod Ego dedi & concessi predictis Hominibus, Communiam habendam, secundum Jura & Consuetudines Communie Abbatis-Ville.*

b Monstreüil-sur-Mer.

c Generi.

d emerserit. Ch. d'Abbeville.

NOTES.

(a) *Guillermus.*] *Guillaume III.* succeda dans le Comté de Ponthieu, à *Jean II.* son Pere, en 1192. & mourut en 1224. Voyez l'*Hist. des Comtes de Ponthieu*, pp. 83. & 150.

(b) *Aalis.*] *Alix de France*, Fille de *Loüis le Jeune*, fut mariée avec *Guillaume III.* en 1195. Voyez *ibid.* p. 94.

(c) *Symonis de Bolonia.*] *Marie* Fille unique de *Guillaume III.* épousa en premieres nopces, *Simon*, Comte de Dammartin, frere-puisné de *Renault*, Comte de *Boulogne*. Voy. *ibid.* p. 151.

(d) *Abbatis-Ville.*] Cette Chartre de la Commune d'Abbeville, donnée vers 1100. par le Comte *Guillaume Tallevas*, est imprimée dans le 4.e *Vol. des Ord.* p. 54. *Voy.* p. 55. Note *(b)*.

La Chartre accordée à Maioc, (car dans cette Chartre, il n'est point parlé de Crotoy,) est presque entierement conforme à celle de la Commune d'Abbeville; du moins jusques à l'article 23. ainsi l'on n'a pas cru devoir faire réimprimer icy ces 23. premiers articles; & on se contentera de marquer dans cette Note, quelques corrections qui sont à faire dans la Chartre d'Abbeville, dans des endroits qui sont plus correcls dans celle de Maioc, laquelle cependant est pleine de fautes.

Cette Chartre confirme presque toutes les corrections marginales qui ont esté faites sur celle d'Abbeville.

L'article 5. commence ainsi : *Si vero de re immobili questio oriatur, ad Vicecomitem meum, cujus nomine res possidetur, &c.*

*Vicecomitem* signifie là la même chose, que *Dominum*, qui est dans la Chartre d'Abbeville, ainsi qu'il paroist par la fin de cet article. Voy. la Note *(f)* sur cet article de la Chartre d'Abbeville.

Article 12. ligne premiere, *à participaverit, &c.* On a corrigé à la marge, *si participaverit* : il y a dans la Chartre de Maioc, *ei participaverit*, qui vaut mieux.

L'article 15. commence ainsi : *Preterea statutum est, quod Ego Guillelmus Comes Pontivi & Monsteroli, nec heredes mei, &c.*

Article 16. ligne 2.e au lieu de *voluerit*, il faut lire *noluerit;* & il y a grande apparence, que ce n'est qu'une faute d'impression dans la Chartre d'Abbeville.

Les articles 23. 24. & 25. de la Chartre d'Abbeville, ne sont point dans celle de Maioc. Ainsi les articles 23. & 24. de cette derniere, sont les 26. & 27. de celle d'Abbeville.

(e) *Parvo Vicecomitatu.*] Ce premier mot qui est en abregé, peut estre douteux. Je n'ai rien trouvé qui puisse expliquer ces deux mots.

CHARLES V. à Paris, en May 1369.

*Concessi eciam Burgensibus eisdem, Banlivam quietam & liberam habendam, à Castello de Crotoy, usque ad (a) Perroy de Baharnier; & à Castello, usque ad vetus Molendinum, in quantum plenum Mare se extendit in partibus illis; & ab eodem Molendino, usque ad Pontem de Burhen; & à Ponte de Burhen, usque ad Perroy de Baharnier, sicut fluvius de la Genestele se extendit; & ab eodem Perroy, usque ad Castellum de Crotoy, sub pleno mari, usque (b) dorsum. Et sciendum est, quod in uno quoque predictorum Capitulorum, jus meum salvum debet esse, & integrè conservari.*

*Ut autem hec omnia firma & illibata permaneant, sub Religione jurisjurandi, Ego & predicti Homines de Mayoc, promisimus ad invicem, ad majorem confirmacionem, scriptum hoc ymagine Sigilli mei muniri.* Actum est hoc, anno Incarnati Verbi millesimo ducentesimo nono.

a *Suite des Lettres de Philippe de Valois.*
b *besoin.*
c *faisoient.*
d *eu.*
e *avoit accoutumé.*
f *&* est inutile.

[a] Lequel privilege, selon sa teneur, Nous ottroyons de nouvel, [b] se mestier est, & confirmons tout ce que oudit Registre de ladicte Conté, en est contenu; & volons de grace especial, de certaine science & de nostre auctorité Royal, que toutes les choses contenuez oudit privileige, cy-dessus expriméez, vaillent, tiengnent, & soïent gardéez, tout aussi comme il [c] fasoient & devoient faire & povoient, par vertu dudit privilege que il avoient [d] euls, & de ladicte Communité, seellée & escript dudit Conte de Pontieu, si comme il [e] soloit: & volons que l'estrait dudit Registre, fait soubs nostre seel Royal autentique, à euls baillié par nostre Gouverneur de ladicte Conté, en presence de gens dignes [f] & de fois, vaille & tiengne comme privilege perpetuel; & ycellui contenant les choses dessus dictes, voulons valoir & avoir force de perpetuité, & toutes les choses cy-dessus encorporées. Et pour ce que ce soit ferme chose & estable à tousjours, Nous avons fait mettre nostre Seel à ces presentes Lettres; sauf nostre droit & l'autrui. *Donné à Maubuisson lès Pontoise, l'an de grace mil trois cens quarante six, ou mois de Decembre.*

g *Suite des Lettres de Charles V.*
h *Il y a une marque d'abbreviation sur ce q. lequel est inutile.*
i *empeschiez.*

[g] Lesquelles Lettres dessus transcriptes, & le contenu en icelles, Nous avons agréables, & ycelles loons, ratiffions, approuvons, [h] q. par ces presentes, de grace especial, certaine science & de nostre auctorité Royal, confirmons, & de nouvel, se mestier est, leur ottroïons, & voulons que de toutes les choses contenuës esdictes Lettres, & de chascune d'icelles, yceuls Majeurs, Eschevins, Bourgois & Communité, & leurs successeurs, joissent & usent paisiblement & perpetuelment, senz que par Nous, noz Successeurs, ou aucuns de noz Justiciers ou Officiers, leur soit donné aucun empeschement au contraire. Si donnons en mandement par ces presentes, à tous les Justiciers, Officiers & subgez de nostre Royaume, presens & à venir, ou à leurs Lieutenans, & à chascun d'euls, si comme à lui appartendra, que lesdiz Majeurs, Eschevins, Bourgois & Habitans, laissent, facent & seuffrent joïr & user paisiblement, de nostre presente grace, ottroy & confirmacion, sanz les empeschier ou souffrir estre [i] empeschier au contraire, en aucune maniere; nonobstant aucuns dons ou grace par Nous ou noz Predecesseurs, autresfois fais audiz Majeurs, Eschevins, Bourgois & Habitans; & quelconques Ordonnances, Mandemens & deffenses à ce contraires. Et que ce soit ferme, &c. sauf, &c. *Donné à Paris, ou mois de May, l'an de grace mil ccc. soixante neuf, & le sizieme de nostre Regne.* *Visa.*

Par le Roy, en son Conseil. N. DE VEIRES.

*Collacion est faicte aus Lettres originales, par moy.* N. DE VEIRES.

NOTES.

*(a) Perroy.]* Comme il y a une abbreviation sur le *P.* on ne peut sçavoir s'il faut lire *Parroy* ou *Perroy*. L'on trouve dans *Du Cange*, *Perreya*, qui signifie un lieu où des Marchands s'assemblent pour leur commerce. Cette interpretation convient assez bien à nostre mot, puisqu'il marque un lieu voisin d'une Ville maritime & commerçante.

*(b) Dorsum.]* Ce mot signifie sans doute, une *Montagne* ou des *Dunes* qui estoient sur le bord de la Mer.

CHARLES V. à Paris, en May 1369.

(a) *Lettres qui portent que l'on ne pourra lever de nouvelles Impositions sur les Habitans du Crotoy, sans leur consentement.*

CHARLES, &c. Savoir faisons [a] as presens & à venir, que, à la supplicacion de noz bien amez, les Maieur, Eschevins, Bourgois & Habitans de nostre Ville de Crotoy, [b] considerés les très grans & bons services qu'ilz Nous ont faiz, & la loyaulté & vraye obéissance qu'ils ont monstrées envers Nous, comme à leur droicturier & souverain Seigneur, en rendant & mettant en nostre main & obéissance, ladicte Ville; & pour certainnes & justes causes qui à ce Nous meuvent, Nous à yceulz Maïeur, Eschevins, Bourgois & Habitans, avons octroyé & octroyons par ces presentes, de grace especial & certaine science & de nostre auctorité Royal, & par deliberacion de nostre Conseil, que de ci en avant, en ladicte Ville de Crotoy, ne courront ne ne seront ou pourront estre ordennez par Nous, ou noz successeurs Roys de France, aucunnes Gabelles, Imposicions, Aides ne Subsides quelconques, se ce n'est de leur accort, voulanté ou consentement, ou pour le profit & utilité de ladicte Ville; & de ces choses, seront eulz & leurs successeurs perpetuelment frans, quittes & exemps, senz ce que par Nous ou noz Successeurs, ou aucuns de noz Officiers, ils puissent estre contrains de present ou pour le temps à venir, par quelque voïe, maniere ou condicion, ne pour quelque cause que ce soit; & voulons que de ce present privilege, & de touz autres à eulz octroyez par Nous & noz Predecesseurs, ils puissent joïr & user, & y soïent maintenuz & gardez par noz Genz & Officiers, & en toutes leurs Libertez & franchises, sanz estre attempté ou innové au contraire en aucune maniere. Si donnons en mandement par ces presentes, au Gouverneur de la Comté de Pontieu, & à tous les autres Justiciers, Officiers & subgez de Nous & de nostre Royaume, presens & à venir, ou à leurs Lieuxtenans, & chascun d'eulz, si comme à lui appartendra, que lesdiz Maïeurs, Eschevins, Bourgois & Habitans, & leurs successeurs, laissent, facent & sueffrent joïr & user paisiblement, perpetuelment, de nostre presente grace & octroy, ne contre la teneur d'icelle, ne les empeschent ou sueffrent estre empeschez en aucune maniere: car ainsi le voulons Nous; nonobstant autres dons ou graces par Nous ou noz Predecesseurs, autresfoiz faiz ausdiz Maïeur, Eschevins, Bourgois & Habitans, Ordennances, Mandemens & deffenses à ce contraires. Et que ce soit ferme, &c. sauf, &c. *Donné à Paris, ou mois de May, l'an de grace* M. CCC. *soixante neuf, & le sizieme de nostre Regne.*

Par le Roy, en son Conseil. N. DE VEIRES. *Visa.*

[a] *aux.*
[b] *consider.* R.

NOTE.

*(a)* Tresor des Chartres, Registre 100. Piece 60.
*Voyez cy-dessus*, page 173. Note *(b)*.

---

CHARLES V. à Paris, en May 1369.

(a) *Lettres qui portent que les Habitans du Crotoy, ne payeront aucunes nouvelles Impositions, pour les Marchandises qu'ils acheteront dans le Royaume.*

CHARLES, &c. Savoir faisons à tous presens & à venir, que Nous considerans les très grans, bons & aggréables services, que noz bien amés les Majeur,

NOTE.

*(a)* Tresor des Chartres, Registre 100. Piece 8 vingt 12. (172.)
*Voyez cy-dessus*, p. 173. Note *(b)*
Il y a encore dans ce Reg. Piece VIII$^{xx}$XIII. (173) des Lettres de la même date, qui portent, *que les Habitans du Crotoy, ne seront point tenus de rendre compte des Deniers qu'ils ont reçus, pour estre employez aux fortifications de cette Ville.*

CHARLES V. à Paris, en May 1369.

Eschevins, Bourgois & Habitans de nostre Ville de Crotoy, & la bonne, vraïe amour, obéïssance, loïauté, qu'ils ont demonstrée envers Nous, comme à leur droitturier & souverain Seigneur, en mettant & renddant ladicte Ville en nostre obéïssance, ausdis Mayeur, Eschevins, Bourgois & Habitans, qui à present [a] sunt, & pour le temps advenir seront, avons ottroïé & ottroyons par ces presentes, de nostre plainne puissance & auctorité Royal, que eulx & chascun d'eulx, seront perpetuelment frans & quittes par tous les lieux de nostre Royaume, où il voudront & leur plaira [b] marchander, l'acheteur ou acheteurs, tant seulement, de toutes imposicions, Subsides, Aydes, Gabelles, & autres Treux quelxconques, qui nouvellement ont esté mis & imposés en nostredit Royaulme, ou pour le temps advenir seront, pour quelconque cause ou occasion que ce soit, sanz ce que eulx ou aucuns d'eulx, en puissent estre contrains par Nous, noz successeurs Roys de France, Officiers, fermiers ou autres commis & deputés, de en païer aucune chose, de present ne pour le temps advenir. Si donnons en mandement à tous les Justiciers, Officiers & subgez de Nous & de nostre Royalme, que lesdis Maïeur & Eschevins, Bourgois & Habitans, leurs successeurs, & chascun d'eulx, laissent, facent & sueffrent joïr & user paisiblement, perpetuelment, de nostre presente grace & ottroy, ne contre la teneur d'icelles, ne les molestent, contrangnent ou empeschent, ou sueffrent estre molestés, contrains ou empeschiez, de present ou pour le temps advenir, en aucune maniere : car ainsi le voulons Nous; nonobstant autres graces ou dons, par Nous ou noz Predecesseurs, à eulx autresfois fais ou ottroyées, & Ordonnances, Mandemens, inhibicions ou deffenses quelxconques ad ce contraires. Et que ce soit ferme, &c. sauf, &c. *Donné à Paris, l'an de grace* M. CCC. LXIX. *& de nostre Regne le sixiéme, ou moys de May.*

Par le Roy, en son Conseil. N. DE VEIRES. *Visa.*

a *sont.*

b *commercer.*

---

CHARLES V. à l'Hôtel Saint Pol, en May 1369.

PHILIPPE VI. dit de Valois, à Paris, en Avril 1345.

(*a*) Lettres qui portent que la Ville de Montagnac ne sera jamais separée de la Couronne; & qu'il y sera establi une nouvelle Foire.

KAROLUS, *&c. Notum facimus universis presentibus & futuris, Nos Litteras inclite memorie, carissimi Domini & Avi nostri, Regis Philippi, vidisse, formam que sequitur, continentes.*

*PHILIPPUS Dei gracia Francorum Rex. Notum facimus universis presentibus & futuris, Nos sincere devocionis considerantes affectum, quem erga Nos, Predecessores nostros & Coronam Francie, habent & hactenus habuerunt Consules & Habitatores Ville nostre (b) Montagniaci, Vicarie Biterrensis, qui continuè in manu & Domaniis nostris Regiis, immediatè teneri & gubernari desiderant & affectant: eciam grata servicia in guerris nostris, per eos impensa, eisdem Consulibus, Universitati & habitatoribus dicti loci, ad eorum supplicacionem, concessisse, & de speciali gracia & auctoritate Regia nostris, concedimus per presentes, ut ex nunc & in perpetuum, dicta Villa cum omnibus pertinenciis & appendenciis suis, & habitatoribus ejusdem universis, qui nunc sunt & futuris temporibus fuerint, in & sub manu, dominio & patrimonio nostris Regiis, successorumque nostrorum, ac Corone Francie immediatè sic teneatur, remaneat & gubernetur, & tanquam Patrimonio & Corone Francie applicata, perpetuo habeatur; absque eo quod per Nos & Successores nostros, extra Dominium vel manum nostram seu Successorum*

NOTES.

(*a*) Tresor des Chartres, Registre 100. Piece 8 vingt 6. (166.)

(*b*) *Montagniaci.*] *Montagnac.* Il y a deux Villes de ce nom, dans le Bas-Languedoc. Celle dont il s'agit icy, est sans doute celle qui est dans le Diocese d'*Agde*, dans laquelle il se tient encore des Foires considerables.

*Pesenas*, dont *Montagnac* dependoit, est aussi du Diocese d'*Agde*. Voy. *le Dict. Univers. de la Fr.* aux mots, *Montagnac* & *Pesenas*.

*nostrorum,*

*nostrorum, in totum vel in partem, poni, concedi, allocari valeat futuris temporibus, seu quomodolibet assignari, aut in alium quemcumque & quocunque titulo sive causa transferri: & eciam ex nostris habundanti gracia & auctoritate Regia predictis, ipsorum Consulum & habitatorum, ac nostri & rei publice utilitatem cupientes, eisdem tenore presencium concedimus, annis singulis, Nundinas in dicto loco, die tertia decima mensis Januarii, cum diebus sequentibus ad hoc necessariis, tenendas, & ad usus, & aliarum Nundinarum illius Patrie consuetudines, exercendas: dantes eisdem licenciam & auctoritatem, dictas Nundinas, dictis diebus, annis singulis, tenendi & exercendi, prout in aliis Nundinis dicti loci & locorum circonvicinorum, est fieri consuetum; omnibus Justiciariis & subditis nostris mandantes, ut in premissis, eosdem non perturbent vel molestent quoquo modo; sed impedimenta in predictis, si aliqua futuris temporibus fuerint apposita, amoveant omnino seu amoveri faciant indilatè. Quod ut firmum, &c. salvo, &c.* Datum Parisius, anno Domini millesimo trecentesimo quadragesimo quinto, mense Aprilis.

CHARLES V. à l'Hôtel Saint Pol, en May 1369.

*Nos autem dictas Litteras & contenta in eisdem, prout supra scripta sunt, rata & grata habentes, ipsa volumus, laudamus, approbamus, & tenore presencium, auctoritate Regia, de speciali gracia confirmamus, de novoque, si opus sit, ordinamus, volumus & concedimus, auctoritate predicta, de speciali gracia, per presentes, quod predicta Villa de Montagniaco, cum omnibus singulis & pertinenciis & appendiciis suis, & habitantes ejusdem, qui nunc sunt & qui in futurum erunt, in & sub manu, Domanio & patrimonio nostris Regiis, successorumque nostrorum ac Corone Francie, immediatè remaneant, teneantur, regantur & guberneniur, & ut Patrimonio Regio & Corone Francie applicata, perpetuis temporibus habeantur; absque eo quod ab ipso Domanio possint aliqualiter, in toto vel in parte, futuris temporibus separari seu quomodolibet amoveri; non-obstante quod (a) Karolus de Artesio, quondam Comes de * Pedenanco, Villam ipsam de Montegniaco, cum ipsius pertinenciis & habitatoribus, & una cum dicto Comitatu, per aliqua tempora tenuerit; & non-obstante eciam aliquo dono exinde sibi facto, seu quomodolibet sibi vel alii faciendo, & Litteris quibuscunque in contrarium impetratis seu quomodolibet impetrandis, per quod quidem donum prefatum de ipsa Villa, dicto Karolo quondam factum, nolumus predicte Ville vel habitantibus ejus, prejudicium aliquod generari. Et ut omnia premissa & singula firma, &c. salvo, &c.* Datum in Hospicio nostro S.[ti] Pauli, anno Domini m° ccc sexagesimo nono, & Regni nostri sexto, mense Maii. *Visa.*

*Per Regem.* P. BLANCHET. Collacio facta est.

* Pesenas. Voy. page precedente, Note (b).

NOTE.

*(a) Karolus de Artesio.]* Charles d'Artois, Comte de *Pesenas*, estoit le cinquiéme fils du fameux *Robert III.* Comte d'*Artois*, à qui Philippe de Valois fit faire le procez. Voyez l'*Hist. geneal. de la Mais. de Franc.* Tom. 1. pages 386. & 387.

CHARLES V. à Paris, en May 1369.

## *(a) Reglement pour les Orfevres de la Ville de Troyes.*

CHARLES, &c. Savoir faisons à tous presens & à venir, que de la partie des Orfevres de nostre bonne Ville de Troyes, Nous a esté exposé, que en verité, eulx & leurs predecesseurs Orfevres, demourans en ladicte Ville, de tout temps ancien & tel qu'il n'est memoire du contraire, ont acoustumé de faire solemnité ou Confrairie & joïe, le jour de la Feste de S.[t] Eloy, & aler à l'Eglise de la Magdelaine, ensemblement chascun un Cierge en sa main, & illec faire le Service Divin honorablement & devotement; c'est assavoir, la veille de ladicte Feste, Vespres; le jour, la Messe & Vespres, & ledit jour, menger & estre ensembles amiablement, & pour reverence dudit Saint; & aussi de faire chanter chascune sepmaine, une Messe

NOTE.

*(a)* Tresor des Chartres, Registre 100. Piece 9 vingt 12. (192.)

CHARLES V. à Paris, en May 1369.

solennel en l'onneur de Dieu, de la Benoiste Vierge Marie, dudit Saint, & de toute la Court de Paradis, & pour eulz & le *(a)* remede des ames de leurs parens, amis & bienfaitteurs, & de ceulz dudit mestier, trèspassez, pourquoy il leur [a] convinent & ont coustume de faire par le temps dessusdit, les choses qui s'ensuivent.

[a] convient.

*Premierement.* Pour payer les Prestrez & autres qui font le Service la veille & le jour de ladicte Feste, qui est deux foiz l'an, & qui chantent ladicte Messe, & aussi pour le luminaire & autres choses neccessaires & honorables à ce, il ont acoustumé, joi & usé de mettre chascune sepmaine, deux deniers en une boiste que l'un d'eulz garde.

II. *Item.* Que quant il louëent un apprentiz, il mettent ou marchié, que il, avec le salaire que il leur baille, mettra 10 ou 5 sols en ladicte boiste, & [b] parmi ce, il est [c] accompaigniez à ladicte Messe & à tout l'autre Service.

[b] moyennant.
[c] mené.

III. *Item.* Que combien que il pevent ouvrer de nuit, se il leur plaist, ont il acoustumé que cilz qui euvre de nuit, met en ladicte boiste 12 deniers, ou ce que il gaigne de nuit, lequel qu'il lui plaist, & tout ce, sans aucune contrainte, & senz le convertir en autre usaige.

I. *(b) Item.* Il est, &c.

Toutes lesquelles choses dessusdictes & chascune d'icelles, Nous à la supplicacion desdiz Orfevre, & en faveur & augmentation de Service Divin, aïens fermes & agréables, ycelles loons, greons, approuvons, ratifions, & de nostre plaine puissance, auctorité Royal & de grace especial confirmons par la teneur de ces presentes, tout en la forme & maniere que yceulz supplians & leurs diz predecesseurs, en ont joi & usé ou temps passé, & ycelles de nostredicte grace leur ottroïons par ces mesmes Lettres. Si donnons en mandement au Bailli de Troyes, & à tous noz autres Justiciers & Officiers, presens & à venir, ou à leurs Lieuxtenans, & à chascun d'eulx, si comme à lui appartendra, que lesdiz supplians & leurs successeurs Orfevres, demourans en ladicte Ville, facent, sueffrent & laissent joir & user desoresmais paisiblement de noz dictes confirmacion, grace; & toutes les choses dessus dictes facent diligemment, à l'onneur & profit de Nous, dudit mestier & de la chose publique, tenir, garder & accomplir sanz enfraindre en aucune maniere. Et que ce soit ferme

NOTES.

*(a) Remede.]* On disoit en latin dans ce sens, *remedium*, & suivant *Du Cange*, à ce mot, *remedium* signifioit dans le sens propre, *la remission* ou *décharge d'un impost*: ainsi le *remede des ames* est sans doute la *remission des peines du Purgatoire.*

*(b) Item.* Il est, &c.] Les articles suivants de ces Reglements, sont semblables, à quelques legeres differences près, aux Reglements des Orfevres de Paris, du mois d'Aoust 1355. & qui sont dans le *3.e Vol. des Ord.* p. 10. à l'exception que les articles 17. 18. 26. & 29. des Reglements des Orfevres de Paris, ne sont point dans ceux des Orfevres de Troyes.

Ceux-cy, tels qu'ils sont copiez dans le *Registre* 100. *du Trésor des Chartres*, fournissent quelques notes pour les Reglements des Orfevres de Paris.

Dans l'article 3 de ceux-cy, 2.e ligne, on lit *mille terres.* Il faut lire, suivant le *Registre* 100. *nulles terres.*

Article 8. au lieu de *Menuerie*, il y a *Monnorie:* mais je crois que le premier vaut mieux. Voyez p. 12. Note *(l).*

Dans l'article 25. des Reglements des Orfevres de Paris, il y a, ligne 3. *en doit payer deux sols d'aumosne:* Dans nostre Piece, il y a seulement, *en doit payer d'aumosne.* Et à la fin du même article, on lit dans les premieres Lettres: *un disner que les Orfevres donnent d'icelle Boiste le jour de Pasques, aux Pauvres de l'Hôtel-Dieu de Paris & à tous les Prisonniers, &c.* Dans les secondes Lettres, on lit seulement: *un disner que les Orfevres donnent, d'icelle Boiste, aux povres de ladicte Ville & à tous les Prisonniers, &c.*

L'article 27. des Reglements des Orfevres de Troyes, commence ainsi: *Les Preudommes du mestier eslisent* trois *Preudommes pour garder led. mestier: lesquels Preudommes jurent qu'il garderont bien & loyalment ledit mestier aux Us & Coustumes devant dictes, si comme bien & loyalment touz temps a esté accoustumé du faire; & quant cilz Preudommes ont finé leur année, li Commun du mestier, ne les y puet mais remettre jusques à trois ans, se il ni veulent entrer de leur bonne volenté; & se lesdiz Preudommes truevent homme, &c.*

Et vers la fin de l'article, au lieu de *au Prevost de Paris, &c.* il y a dans ces Lettres, *au Bailli de Troyes ou au Prevost, &c.*

chose, &c. sauf, &c. *Donné à Paris, ou mois de May, l'an de grace* M. CCC. LXIX. *& de nostre Regne le* VI.^e *Visa.*

Par le Roy, à la relacion du Conseil. J. DE LUZ.

---

CHARLES V. à Paris, en May 1369.

## (a) Diminution de Feux pour differents Lieux.

*KAROLUS, &c. Notum, &c.*

*CUMQUE facta quadam Informacione virtute dictarum Litterarum, in loco de* [a] *Berriaco, Senescallie Carcassone, super numero Foccorum modernorum in dicto loco nunc existencium, per dilectum nostrum Magistrum Johannem Joude, in utroque Jure Licenciatum, Judicem Majorem dicte Senescallie Carcassone, Commissarium in hac parte deputatum; vocato & presente in omnibus Procuratore nostro Generali ejusdem Senescallie, aut ejus legitimo Substituto; eademque informacione, seu ejus transumpto sub sigillo ordinario predicte Senescallie Carcassone, facta & sigillata, &c.*

*Repertum fuerit quod in dicto loco de Berriaco, sunt de presenti & reperiuntur quindecim Focci, secundum traditam, &c.*

*Nos vero, &c.*

*Quod ut firmum & stabile, &c. salvo, &c.* Actum Parisius, mense Maii, anno Domini millesimo trecentesimo sexagesimo nono, & Regni nostri sexto. *Visa.*

*Per Consilium existens in Camera Compotorum Parisius.* P. DE CHASTEL.

Informacio de qua superiùs fit mencio, est in dicta Camera, & ponitur cum aliis similibus, prout est ordinatum. P. DE CHASTEL.

*(b) KAROLUS, &c. Notum facimus, &c. quod cum ex parte, &c. Cumque facta informacione per Magistrum Symonem Suavis, Clericum & Judicem nostrum (c) Fenolhedesii, &c. pro loco de* [b] *Bastida Vallis-Danie, in quo sunt xiiii. Focci, &c. ut supra.* Signata ut supra.

*KAROLUS, &c. Notum facimus, &c. quod cum ex parte, &c. Cumque facta informacione per Magistrum Guillelmum Durandi, Commissarium in hac parte deputatum, &c. pro loco de* [c] *Badinchis, sunt xxi Focci, &c. ut supra.* Signata ut supra.

*KAROLUS, &c. Notum facimus, &c. quod cum ex parte, &c. Cumque facta quadam informacione per dictum Commissarium, pro loco de* [d] *Holonsacho, in quo sunt septuaginta novem Focci, ut supra.* Signata ut supra.

*KAROLUS, &c. Notum facimus, &c. quod cum ex parte, &c. Cumque facta informacione per dilectum nostrum Servientem Armorum &* [e] *Hostiarium Armorum carissimi Fratris & Locumtenentis nostri, Ducis Andegavensis, Aymonem de Nyeme, Commissarium in hac parte deputatum, &c. pro loco de* [f] *Sejano, in quo sunt centum quadraginta quatuor Focci, &c. ut supra.* Signata ut supra.

*KAROLUS, &c. Notum facimus &c. quod ex parte, &c. Cumque facta informatione*

[a] Berriac, *Diocese de Carcassonne.*

[b] la Bastide de Villedaigne, *Diocese de Narbonne.*

[c] Badens, *Diocese de Carcassonne.*

[d] Olonsac, *Diocese de S. Pons, dans le Minerbois.*

[e] huissier.

[f] Sigean, *Diocese de Narbonne.*

NOTES.

*(a)* Tresor des Chartres, Registre 100. Piece 45. jusqu'à 51.

*Voyez cy-dessus*, p. 30. Note *(a)*.

C'est le R. P. D. *Vaissette*, Benedictin, qui m'a indiqué les noms modernes des Lieux dont il est fait mention dans ces Lettres, & dans les trois suivantes.

*(b) KAROLUS.]* Le reste a esté copié comme il est dans le Registre.

*(c) Fenolhedesii.] Fenoüillet.* Voyez le 4.^e *Vol. des Ord.* pp. 624. & Note *(hh)* 631.

*per dilectum nostrum Magistrum Petrum Pererii, Bajulum (a) Saltus, Commissarium in hac parte, &c. pro loco de* [a] *Sancto Paulo Fenolliedesii & ejus terminis, cum adjunctione loci de* [b] *Cabanie, in quo sunt centum septuaginta quinque Focci, &c. ut supra.* Signata ut supra.

*a* Saint Paul de Fenoüillede, *Diocese d'Alet.*

*b* Cabane.

NOTE.

*(a) Saltus.] Sault.* Petit païs du Languedoc, dans le Diocese d'*Alet*, voisin des païs de *Fenoüillades* & de *Donazan*. Voyez le *Dict. Univers. de la Fr.* au mot, *Sault*.

---

CHARLES V. à Paris, en May 1369.

## (a) Diminution de Feux pour Puiserguier & Saint Gervais.

*KAROLUS, &c. Notum facimus, &c. quod cum ex parte, &c.*

*CUMQUE facta quadam informacione, virtute Litterarum nostrarum & aliarum Regiarum, in loco de (b) Podio-Surigario, Vicarie Biterrensis, Senescallie Carcassone, super numero Foccorum modernorum in dicto loco nunc existencium, per dilectum nostrum Johannem de Villanis, Militem, Vicarium Biterrensem, Commissarium, &c. Eademque informacione, seu ejus transsumpto sub Sigillo majori Curie Regie Biterrensis, &c. Repertum fuerit, quod in dicto loco de Podio-Surigario, sunt de presenti & reperiuntur centum viginti tres Focci, secundum, &c.*

*Quod ut firmum, &c. salvo, &c.* Actum Parisius, mense Maii, anno Domini millesimo ccc lxix.° & Regni nostri sexto.

*Per Consilium existens in Camera Compotorum Par.* P. DE CHASTEL.

Informacio de qua fit superius mencio, est in dicta Camera, & ponitur cum aliis similibus, prout est ordinatum. *Visa.* P. DE CHASTEL.

[a] *KAROLUS, &c. Notum facimus, &c. quod cum ex parte &c. ut supra, per dictum Commissarium, pro loco de* [b] *S.to Gervasio, in quo sunt de presenti & reperiuntur ducenti* [c] *quatuordecim Focci, &c.* Signata ut preced.

*a* Copié conformement au Registre.

*b* Saint Gervais, *au Diocese de Castres.*

*c* quatuordecim.

NOTES.

*(a)* Tresor des Chartres, Registre 100. Pieces 67. & 68.

*Voyez cy-dessus*, page 30. Note *(a)*, & p. preced. Note *(a)*.

*(b) Podio-Surigario.] Puiserguier*, ancienne Baronie du Diocese de *Narbonne*.

---

CHARLES V. à Paris, en May 1369.

## (a) Diminution de Feux pour Casouls.

*KAROLUS, &c. Notum facimus, &c.*

*CUMQUE facta quadam informatione virtute Litterarum nostrarum ac aliarum Regiarum, in loco seu Castro * de Casulis, Vicarie Biterrensis, Senescallie Carcassone, super vero numero Foccorum modernorum in dicto loco seu Castro nunc existencium, per dilectum nostrum Johannem de Villanis, Militem, Vicarium Biterrensem, Commissarium in hac parte deputatum; vocato & presente in omnibus Procuratore nostro Generali dicte Senescallie Carcassone; eademque informacione, seu ejus transumpto sub Sigillo majori Curie Regie Biterrensis, facta & sigillata, in Cameram Compotorum nostrorum Parisius apportata, ac per dilectas & fideles Gentes nostras dictorum Compotorum nostrorum, diligenter visa & inspecta, repertum fuerit, quod in dicto loco seu Castro de Casulis, sunt de presenti &*

* Casouls, *Diocese de Beziers.*

NOTE.

*(a)* Tresor des Chartres, Registre 100. Piece 42.

*Voyez cy-dessus*, page 30. Note *(a)*, & page precedente, Note *(a)*.

reperiuntur centum nonaginta novem Focci, secundum traditam instructionem super hoc prelibatam. Nos vero, &c.

Quod ut firmum, &c. salvo, &c. Actum Parisius, mense Maii, anno Domini millesimo trecentesimo sexagesimo nono, & Regni nostri sexto. Visa.

Per Consilium existens in Camera Compotorum Parisius. P. DE CHASTEL.

Informacio de qua superius fit mencio, est in Camera dictorum Compotorum, & ponitur cum aliis similibus, prout est ordinatum.

---

CHARLES V. à Paris, en May 1369.

## (a) Diminution de Feux pour Campagnan.

KAROLUS, &c.

CUMQUE facta quadem informacione, virtute Litterarum nostrarum ac aliarum Regiarum, in loco seu Castro de (b) Canpanholis, Vicarie Biterrensis, Senescallie Carcassone, super vero numero Foccorum modernorum in dicto loco seu Castro de Canpanholis nunc existencium, per Magistrum Johannem de * Crecio, Clericum, Locumtenentem Vicarii nostri Biterrensis, Commissarium in hac parte deputatum; vocato & presente in omnibus Procuratore nostro Generali dicte Senescallie Carcassone; eâdemque informacione, seu ejus transumpto sub Sigillo majori Curie Regie Bitter. &c.

* Nom douteux.

Repertum fuerit, quod in dicto loco seu Castro de Campanholis, sunt de presenti & reperiuntur vinginti Focci, secundum, &c. Nos vero, &c. Quod ut firmum, &c. salvo, &c. Datum Parisius, mense Maii, anno Domini millesimo trecentesimo sexagesimo nono, & Regni nostri sexto. Visa.

Per Consilium existens in Camera Compotorum Parisius. P. DE CHASTEL.

Informatio de qua fit mentio superiùs, est in dicta Camera, & ponitur cum aliis similibus, prout est ordinatum.

NOTES.

(a) Tresor des Chartres, Registre 100. Piece 43.

Voyez cy-dessus, p. 30. Note (a) & p. 187. Note (a).

(b) Canpanholis.] Canpanhol. R. Campagnan, Diocese de Beziers.

---

CHARLES. V. au Bois de Vincennes, en May 1369.

## (a) Lettres qui portent que les Habitans de Vic-Fesensac, pourront commercer dans tout le Royaume, sans payer aucuns droits pour les Marchandises qu'ils acheteront.

KAROLUS, &c. Celestis altitudo potentie que super cuncta tenet imperium, & que Nos suâ benignâ disponente graciâ, stabilivit in Regem & ad Regni fastigia provexit, divinitùs Nos amonet, ut ipsum Regnum & ejus subditos & benivolos, in pacis transquilitate tenere & fovere, & circa ea que ipsius Regni & nostrorum subdictorum, presertim illorum qui in hiis que Regie [a] Magestati conveniunt, non deviant, peticiones suas equitati & racioni consonas exaudire favorabilier teneamur, eosque favoribus, commodis & graciis benigniter ampliare. Sane considerantes grata & laudabilia servicia que dilecti & fideles nostri Consules, Burgenses, Mercatores & habitatores Ville seu loci de Vico-Fezenciaci, Nobis fideliter impenderunt, qui tanquam boni, veri & fideles, in perfecta voluntate persistentes, Nos in suum naturalem & superiorem

a Majestati.

NOTE.

(a) Tresor des Chartres, Registre 100. Piece 64.

CHARLES V. au Bois de Vincennes, en May 1369.

*(a) Dominum recognoscentes, se in nostram obedienciam liberè & voluntariè reddiderunt: Notum igitur facimus universis tam presentibus quam futuris, quod Nos hiis & pluribus aliis justis & legitimis causis & consideracionibus, animum nostrum ad hoc moventibus, ipsorum Consulum, Burgensium, Mercatorum & habitatorum Requeste pro parte ipsorum Nobis humiliter presentate, favore benivolo annuentes, eisdem Consulibus, Burgensibus, Mercatoribus & habitatoribus, omnibusque & singulis ejusdem Ville sive loci Fezenciaci, cujuscumque status, sexus vel condicionis existant, ex nostris plenitudine potestatis Regie, certâ scienciâ & graciâ speciali, concessimus & concedimus per presentes, ut ipsi omnes & singuli, & eorum heredes & successores, presentes & futuri, ex nunc imposterum perpetuis temporibus, ad quascunque Civitates, Villas, Castra, terras & loca Regni nostri, ubicumque in dicto Regno existant, ire & se transferre, morari & remanere, resque [a] mercimonias & mercaturas, & alia bona sua quecunque licita, portare, ducere & conducere, seu portari & conduci facere, & de illis mercari, illasque vendere, & omnia alia sua negocia, [b] dole & fraude cessantibus, possint & valeant exercere, facere & complere; illasque non venditas, & alias mercimonias, merces & mercaturas quascunque licitas emere & emi facere, & in dictis Civitatibus, Villis, Castris, terris & locis stare, remanere, & ad loca sua per se vel per alios, conducere seu conduci facere, quociensecunque voluerint & sibi videbitur expediens, sub securo conductu ac proteclione & salvâ gardiâ nostris; absque eo quod ipsi Consules, Burgenses, Mercatores & habitatores ipsius Ville, sive Loci de Vico-Fezenciaci, & eorum heredes & successores, & singuli eorundem, presentes & futuri, pro empcione dictarum Mercimoniarum & Mercaturarum, aut aliorum bonorum quorumcunque per eos sic emptorum, Imposicionem, Subsidia, (b) Gabella, Pedagia, Leuda, ac quamcunque aliam exactionem, tam pro [c] redempcione inclite recordacionis carissimi Domini & Genitoris nostri, quam aliter in Regno nostro nunc imposiitas & de cetero imponendas, solvere teneantur: quos quidem Emptores duntaxat, ab eisdem Imposicionibus, Subsidiis, Gabellis, Pedagiis, Leudis, & quibuscunque aliis exactionibus, pro dictis Mercibus, Mercimoniis & Mercaturis, per eos aut eorum singulos emptis, ut premissum est, perpetuis temporibus esse volumus quictos penitùs & immunes. Dantes tenore presencium in mandatis Senescallis Tholose, Carcassone, Ruthen. & Bellicadri, ceterisque Senescallis, Baillivis, Prepositis, Judicibus, Thesaurariis, Capitaneis, ac bonarum Villarum, Castrorumque & Fortaliciorum, [d] Portuum & passagiorum seu districtuum quorumcunque Custodibus, Receptoribus, Pedagiariis seu Impositoribus, aliisque*

[a] mercimonia.

[b] dolo.

[c] Voyez la *Tabl. des Mat. du 3.e Vol. des Ordonn.* au mot, *Aydes pour la rançon du Roy.*

[d] Voyez les *Tables des Mat. des Vol. des Ordonn.* aux mots, *Ports & Passages.*

## NOTES.

(a) *Dominum.* ] L'on a déja parlé cydessus, [ p. 173. Note (b) ] de la guerre que Charles V. declara aux Anglois en 1368. Le motif de cette guerre fut que le Comte d'Armagnac, le Seigneur d'Albret, & plusieurs autres Seigneurs de la Guyenne, qui estoient devenus Vassaux d'Edoüard III. Roy d'Angleterre, par le Traité de Bretigny, ne voulant point se soumettre aux nouvelles Impositions establies par le Prince de Galles, à qui Edoüard son Pere avoit cedé la Guyenne, porterent leurs plaintes à Charles V. qu'ils regardoient comme leur Souverain, parce que le Roy d'Angleterre n'avoit point executé toutes les dispositions du Traité de Bretigny. Charles V. reçut l'appel de ces Seigneurs, fit ajourner le Prince de Galles devant la Cour des Pairs, & ce Prince n'ayant point comparu, il le fit *défier* & lui declara la guerre. Le Comte d'Armagnac & ceux de son parti, se déclarerent pour Charles V. avec toutes les terres dont ils estoient Seigneurs; & ils engagerent plus de 800. Villes ou Forteresses, à secoüer le joug des Anglois. Voyez *Froissart*, L. 1. ch. 244. & suiv. p. *m.* 332. & suiv. & l'*Hist. de Fr.* du P. *Daniel*, Edit. de 1729. Tom. V. p. 165.

Le zele avec lequel ces Villes rentrerent sous l'obéïssance de Charles V. engagea ce Prince à leur accorder des Privileges.

Le Comté de Fesensac appartenoit au Comte d'Armagnac. Voyez les *Tabl. des noms des lieux des 3.e & 4.e Vol. des Ordonn.* au mot, *Fesensac.*

*Fesensac* est dans la Gascogne. *Vicus Fidentiacus*, aujourd'hui *Vic-Fesensac*, est une des principales Villes de ce Comté. Voyez *Notitiam utriusque Wasconiæ, ab Oihenarto*, p. 489.

Comme la plûpart des Privileges que Charles V. accorda à ces Villes, contiennent les mêmes dispositions que ceux donnez à Vic-Fesensac, & qu'ils sont redigez dans les mêmes termes, on donnera par extrait ceux qui sont semblables aux Privileges de Vic-Fesensac, ausquels on renvoyera.

(b) Il y a *Gabellam*, dans les Pieces suivantes & semblables à celles-cy, qui seront données par extrait.

*Justiciariis, Officiariis & subditis, in quibuscunque locis Regni nostri constitutis, modernis & posteris, seu eorum Locatenentibus, & cuilibet eorumdem, prout ad eum pertinuerit, quatenus prefatos Consules, Burgenses, Mercatores & habitatores Ville seu Loci de Vico-Fezenciaci, ac eorum successores, & singulos eorumdem, presentes & posteros, contra tenorem nostre presentis gracie & concessionis, nullatenus molestent, impediant seu perturbent, aut molestari, impediri seu perturbari permittant à quoquam; ymo ipsos & eorum singulos, & suos heredes & successores, de cetero ipsis uti pacificè faciant & gaudere. Quod ut firmum, &c. salvo, &c.* Datum apud Nemus Vicennarum, Anno Domini millesimo ccc. lxix.° Regni vero nostri sexto, mense Maii. *Visa.*

*Per Regem.* N. DE VEIRES.

CHARLES V. au Bois de Vincennes, en May 1369.

---

(*a*) Lettres qui portent que les Habitans de la Ville d'Ausch, pourront commercer dans tout le Royaume, sans payer aucuns droits pour les Marchandises qu'ils acheteront.

CHARLES V. au Bois de Vincennes, en May 1369.

KAROLUS, *&c. Celestis altitudo potentie, &c.*

*Sane considerantes grata & laudabilia servicia, que dilecti & fideles nostri Consules, Burgenses, Mercatores & habitatores Civitatis & Ville (b) Auxitane, Nobis fideliter impenderunt, &c.*

NOTES.

(*a*) Tresor des Chartres, Registre 100. Piece 65.

*Voy. cy-dessus*, p. preced. Note (*a*).

(*b*) *Auxitane.*] *Auxitan.* R. *Ausch.* Oïhenart *notit. utriusque Wascon.* page 489. dit qu'*Augusta Auscorum*, *Ausch*, est une des principales Villes du Comté de *Fesensac*.

Les Peuples nommez anciennement *Auscii*, ont esté nommez depuis *Auxitani.* Voyez *ibid.* p. 444.

---

(*a*) Lettres qui portent que les Habitans de la Ville de Lectoure, pourront commercer dans tout le Royaume, sans payer aucuns droits pour les Marchandises qu'ils acheteront.

CHARLES V. au Bois de Vincennes, en May 1369.

KAROLUS, *&c. Celestis altitudo potentie, &c.*

*Sane considerantes grata & laudabilia servicia, que dilecti & fideles nostri Consules, Burgenses, Mercatores & habitatores Civitatis & Ville (b) Lectorensis, Nobis fideliter impenderunt, &c.*

NOTES.

(*a*) Tresor des Chartres, Registre 100. Piece 9 vingt 2. (182.)

*Voyez cy-dessus*, p. preced. Note (*a*).

(*b*) *Lectorensis.*] Il y a plus bas dans la Piece, *Lactorensis*, *Lectoure*, Capitale de la Lomaigne. Le Comte d'Armagnac estoit Vicomte de Lomaigne. Voyez le *3.e Vol. des Ordonn.* p. 101. Note (*b*).

---

(*a*) Lettres qui portent que les Habitans de la Ville d'Auvillars, pourront commercer dans tout le Royaume, sans payer aucuns droits pour les Marchandises qu'ils acheteront.

CHARLES V. au Bois de Vincennes, en May 1369.

KAROLUS, *&c. Celestis altitudo potentie, &c.*

*Sane considerantes grata & laudabilia servicia, que dilecti & fideles nostri Consules,*

NOTE.

(*a*) Tresor des Chartres, Registre 100. Piece 8 vingt 19. (179.)

*Voyez cy-dessus*, p. preced. Note (*a*).

*Burgenses, Mercatores & habitatores Ville sive Loci de (a) Alto-Villari, Nobis fideliter impenderunt, &c.*

NOTE.

*(a) Alto-Villari.]* *Auvillars*, Ville & Vicomté dans l'Armagnac en Guyenne. Voy. le *Dictionn. de la Fr,* au mot, *Auvillars*.

Le Comte d'Armagnac estoit Vicomte d'Auvillars. Voy. le *3.e Vol. des Ord.* p. 101. Note *(b)*.

---

CHARLES V. au Bois de Vincennes, en May 1369.

## (a) Lettres qui portent que les Habitans de la Ville de Nogaro, pourront commercer dans tout le Royaume, sans payer aucuns droits pour les Marchandises qu'ils acheteront.

KAROLUS, &c. *Celestis altitudo, &c.*

*Sane considerantes grata & laudabilia servicia, que dilecti & fideles nostri Consules, Burgenses, Mercatores & habitatores Ville sive loci de (b) Nogarolio, Nobis fideliter impenderunt, &c.*

NOTES.

*(a)* Tresor des Chartres, Registre 100. Piece 9 vingt 1. (181).

*Voyez cy-dessus*, p. 190. Note *(a)*.

*(b) Nogarolio.]* L'on trouve dans le *Dict. Univers. de la Fr.*

*Nogaro*, Ville principale du Bas-Armagnac, Diocese d'*Ausch*.

Et *Nogarolet*, aussi dans l'Armagnac, du même Diocese.

*Nogarolium*, est suivant les apparences le premier de ces deux lieux.

Oïhenart, *notit. utriusq. Wascon.* p. 491. parle de *Nogarolium*, mais il ne marque point le nom moderne.

---

CHARLES V. au Bois de Vincennes, en May 1369.

## (a) Lettres qui portent que les Habitans des Villes d'Eause & de Barrave, pourront commercer dans tout le Royaume, sans payer aucuns droits pour les Marchandises qu'ils acheteront.

KAROLUS, &c. *Celestis altitudo, &c.*

*Sane considerantes grata & laudabilia servicia, que dilecti & fideles Consules, Burgenses, Mercatores & habitatores Ville sive loci de (b) Helisona aliter Eusa, Nobis fideliter impenderunt, &c.*

a Depuis, *Item*, copié conformement au Regist.

[a] Item. *Consimilis Carta & consimile privilegium, & gratia facta & concessa sub hiisdem verbis, sub anno, die, mense & Regno ac loco predictis; & secundum tenorem immediate precedentem, pro Consulibus, Burgensibus, Mercatoribus & habitatoribus Ville sive loci de (b) Barravo, in Senescallia Tholose, Carcassone, &c. ut supra.* Signata ut supra.

b Veires.

*Per Regem.* N. DE [b] VERIS.

NOTES.

*(a)* Tresor des Chartres, Registre 100. Piece 508.

*Voyez cy-dessus*, p. 190. Note *(a)*.

*(b) Helizona.]* Cette Ville est plus communement nommée *Elusa*, en françois, *Euse* ou *Eause*. Elle est située dans le Comté d'Armagnac, en Gascogne. Voyez *Valesii notit. Gall.* au mot, *Elusates*, & *Oïhenarti notit. utriusq. Wascon.* pp. 445. & 491.

*(c) Barravo.]* L'on trouve dans le *Dict. Univ. de la Fr. Barave*, petite Ville dans le Bas-Languedoc, Diocese de *Montpellier*, Parlement de *Toulouse*. Je ne puis deviner pourquoy l'on trouve icy les noms des Seneschaussées de *Toulouse* & de *Carcassonne*; car *Barrave* ne pouvoit estre que de l'une ou de l'autre de ces deux Seneschaussées.

Reglement

CHARLES V. au Bois de Vincennes, en May 1369.

(a) *Reglement pour les Ouvriers en Draps, & autres Ouvriers de la Ville de Châlons [sur Marne.]*

CHARLES, &c. Savoir faisons à tous presens & avenir, que comme de par nos amez & feaulz, les Seigneurs temporelz, & les Bourgois & habitans de la Ville de *(b)* Chaalons, Nous ait esté exposé, que pour cause de la mortalité qui plusieurs fois a esté en la dicte Ville, depuis l'an trois cens [a] qurante huit, & aussi pour cause dez guerres de nostre Royaume, qui longuement ont duré au pays, & pour les grans charges & [b] mises que il leur a convenu faire & soustenir pour la garde de la dicte Ville, & pour les fortifications & emparemens qui y estoient à faire, la dicte Ville, qui d'ancienneté [c] soloit estre l'une des meilleurs & plus marchande Ville de nostre Royaume, fundée sur fait de Marchandise, & de Draperie en especial, est moult [d] amenrrie de personnes & de richesses, & de tout fait de Marchandise, & par tele maniere que ou tamps passé, l'en y soloit faire par an, de trente à trente six mille *(c)* Draps, dont l'en n'y fait à present que huit cens ou environ par an; & sont plusieurs édifices & maisons de la dicte Ville, par deffaut de personnes & de ladicte Marchandise, venus en ruine & inhabitables; pour lesquelles causes, icelle Ville est en voye d'estre du tout désolée & deserte, se briefment n'y est pourveu: & pour ce, ayent lez dis Seigneurs, Bourgois & habitans avisié & deliberé entre eux, que se l'en y faisoit Drapperie d'ores en avant, & autres ouvrages, par la maniere cy-après escripte, que pour ce la dicte Ville se pourroit aucunement reformer & estre relevée, si comme ilz disoient; supplians que ainsi le voussissiens ordener & establir pour le relevement & profit d'icelle: Nous qui de tout nostre cuer desirons le profit & reformacion de la dicte Ville, voulens à ycelle pourveoir & secourre, selon ce que bonnement poons, avons pour ce, à la supplicacion dez dessus dis Seigneurs, Bourgois & habitans, ordené & establi, ordenons & establissons à perpetuité, par ces presentes, de nostre certainne science & plainne puissance, & par l'advis & deliberacion de nostre Conseil, que en la dicte Ville de Chaalons, l'en face Draps à trois *(d)* pas, selon l'ancien usage, [e] signés du signet de la Ville, & du pois acoustumé; & autres Draps aussi filez au tour, cardez & fais à deux pas, & de certain pois, comme l'en fait à [f] Broisseles, Malinez, *(e)* Louviers, Warennes, & autres bonnez Villes; lez quelz seront signez d'un autre signet de la dicte Ville: & en oultre, pour ce que on dit que les Ouvriers ouvrans ou fait de Drapperie en la dicte Ville, ont acoustumé de prendre salaire excessif, & de cesser leurs ouvrages à certainne heure par jour, appellées au [g] lieu, Prisme dinée & relevée, & par ce, font

a *quarante.*
b *dépenses.*
c *avoit acoustumé.*
d *amoindrie, dépeuplée.*
e *marqués.*
f *Broissel.* R. *Bruxelles.*
g *dans ce lieu.*

NOTE.

*(a)* Tresor des Chartres, Registre 100. Piece 452.

*(b) Chaalons.]* C'est certainement *Châlons sur Marne*: car dans des Reglemens pour les Drapiers de la Ville de *Troyes*, du mois de May 1360. art. XIII. il est dit qu'en la Ville de *Châlons*, il se fait bonne & grande Draperie; & dans l'art. XV. est rappellé un usage establi dans les Manufactures de Draps de cette Ville, auquel les Drapiers de *Troyes* doivent se conformer: ce qui ne peut convenir qu'à *Châlons sur Marne*, comme on l'a remarqué en cet endroit. Voyez *le 3.e Volume des Ordonnances*, pp. 415. XIII. 416. XV.

*(c) Draps.]* Je ne sçais s'il faut suppléer là, *pieces* ou *aulnes*.

*(d) Pas.]* Suivant *Savary*, dans son *Dict. du Commerce*, au mot, *Pas*, c'est le *passage* du fil [ou laine] dans la Lame. L'on trouvera dans *le 3.e Vol. des Ordonn.* p. 512. Note *(f)*, une longue explication du mot, *Lame*.

*(e) Louviers.]* dans la Normandie, Diocese d'*Evreux*. Il y a encore des Manufactures de Draps. Voyez *le Diction. Univers. de la Fr.* au mot, *Louviers*.

A l'égard de *Warennes*, il y a un très-grand nombre de lieux repandus dans la France, qui portent ce nom. Il y a aussi dans le Diocese d'*Evreux*, & par conséquent dans le voisinage de *Louviers*, un lieu nommé *Garenne*. C'est peut-estre celui dont il s'agit ici. Voy. *ibid.* au mot, *Garenne*.

CHARLES V. au Bois de Vincennes, en May 1369.

petit profit à ceux pour [a] cui il œuvrent, voulons & ordenons, que il euvrent d'ores en avant, & soient tenus de ouvrer tout le jour continuelment; & semblablement tous Maçons, Charpentiers, Couvreurs, Vignerons, & autres Ouvriers, de quelque estat qu'il soient, dès soleil levant jusqu'à soleil couchant, pour salaire competent & raisonnable, & en prenant leur recreation de boire & manger, competemment, selon ce que Ouvriers doivent faire, & qu'il ont usé & acoustumé de faire en la Ville de Paris, & ès autres bonnes Villes de nostre Royaume; sans ce qu'il puissent plus alleguer ledit usage, ne autre quelconques à ce contraire, au [b] lieu; lez quelx usages Nous abolissons, regetons & anullons du tout & à tous jours, par ces presentes: & voulons & commandons expressement, cest present establissement & ordennance, estre tenu & gardé perpetuelment en la dicte Ville, sanz [c] enfrandre, ne jamais aler à l'encontre par quelque maniere que se soit, ou tamps present ne avenir. Et que ce soit ferme, &c. sauf, &c. *Donné au Boys de Vincennes, ou moys de May, l'an de grace mil trois cens soixante & nuef, & le siziesme de nostre Regne.*

Par le Roy. P. CUIRET. *Visa.*

a *qui.* b *dans ce lieu.* c *enfraindre.*

---

CHARLES V. à Paris, le 8. de Juin 1369.

## (a) *Reglement sur le Nombre & les Fonctions des Sergents à Cheval, & à Verge, du Chastelet de Paris.*

CHARLES par la grace de Dieu Roy de France: A tous ceulx qui ces presentes Lettres verront: Salut. Comme sur ce que il estoit venu à nostre congnoissance, que pluseurs de noz Sergens, tant à cheval comme à verge, de nostre Chastellet de Paris, tenoient & exerçoient leurs Offices sans tiltres suffisans, & en iceulx Offices avoient esté mis & instituez sous umbre de pluseurs impetrations subreptices, qu'ilz avoient obtenu de leurs Offices; parquoy le nombre des [ Sergens ayant cy-devant esté limité par les ] Ordonnances Royaux derrenierement faictes sur les dits Sergens, estoit creu moult excessivement, & y avoit à present moult grand & excessif nombre, dont pluseurs inconveniens s'estoient ensuis & ensuivoient de jour en jour; nostre Prevost de Paris eust faict de par Nous, & de nostre commandement à lui fait de bouche, crier & publier solennellement, & par pluseurs & diverses fois, que tous les diz Sergens, tant de cheval comme de verge, de nostredit Chastellet, apportassent par devers lui ou ses Commis & deputez en ceste partie, toutes les Lettres & tiltres qu'ilz avoient de leurs Offices, pour veoir & savoir se iceulx tiltres estoient bons & souffisans, ou [a] nom; & sur ce eust faict veoir & visiter [b] à tres grant deliberacion & diligence, toutes les Lettres des dis Sergens, avec les pappiers gardez par nostre Scelleur, & pluseurs autres pappiers, registres & ordonnances Royaulx, qui derrenierement furent faictes sur le faict & Reformation des diz Sergens; & depuis ce, le dit Prevost Nous en eust fait sa [c] relation, tant sur la diversité & [d] difformité des tiltres des diz Sergens, comme sur le nombre d'iceulx, pour en estre par Nous & nostre Conseil, ordené comme bon Nous semblera: savoir faisons, que Nous, eu sur les choses dessus dites, bonne deliberation de Conseil, avons ordené & ordenons, que le nombre des diz Sergens à Cheval du dit Chastellet, soit mis & ramené comme [ anciennement, ] à nombre souffisant & convenable, pour le temps present & avenir; C'est assavoir au nombre de [e] onze vins seulement, tant à Paris comme dehors, par tout nostre Royaume, pour noz

a *non.* b *avec.* c *rapport.* d *deffaut.* e *220.*

NOTES.

(*a*) Livre Rouge-vieil du Chastelet de Paris, *fol.* onze vingt treize *rect.* [233.]

Cette Ordonnance a déja esté imprimée dans le *Recueil des Offices de Fr.* de *Joly*, Tom. 2. p. 1547. Il paroist qu'il ne l'avoit pas fait copier sur le Registre Rouge-vieil du Chastelet: car outre quelques legeres differences, il y a dans son Edition des mots essentiels, qui manquent dans ce Registre: on les a fait imprimer dans le texte, en les renfermant entre des crochets.

droits & les drois & besongnes de nostre peuple, garder, poursuir & defendre; & semblable nombre sur les diz Sergens à Verge; & que pour faire & acomplir les diz nombres, soient prins & esleuz par nostre dit Prevost, les plus souffisans & convenables personnes des diz Sergens, en chascun estat, de ceuls qui par devers luy se sont presentez & comparus, ayans toutes voïes les meilleurs tiltres, les quels Nous ont esté tesmoignez souffisans & convenables par le dit Prevost, & par luy envoiez en deux roolles, pour estre confirmez en leurs Offices: Et pour ce que de present, le nombre des diz Sergens qui occuppent les dits Offices desdites Sergenteries à Cheval, dudit Chastellet, excede le nombre de onze vins, qui par Nous y est nouvellement mis & ordené, Nous avons ordonné & ordonnons de grace especial, [a] qui ceulx qui ne seront pas compris ne receuz en ceste presente Ordonnance, les quelz se sont presentez devers nostre dit Prevost, & les quelz sont compris & contenus en la fin des diz roolles que Nous avons renvoyé audit Prevost, sous nostre Contrescel, exerceront leurs vies durants, leurs dits Offices, tant seulement, se ils sont trouvez de bonne renommée, & à ce faire souffisans & convenables; combien que il aïent tiltres assez [b] foibles; pourveu que après leur mort, aucun ne sera d'oresenavant institué en lieu d'eulx. Ne pourra aucun empetrer par leur mort, les diz Offices comme vacans, ne autrement; ne [c] à leur vivant, ne les pourront resigner ne mettre hors de leurs mains par quelque voye ou maniere que ce soit; & [d] se par importunité des impetrans, ou autremens, aucuns en estoient empetrez, Nous dès maintenant pour lors, tout don & ottroy, qui par Nous ou [e] pas nos Gens en seroit fait, [f] rappellons & mettons au neant, & defendons au dit Prevost qui à present est & qui à venir sera, qu'il n'y obeïsse; par quoy le nombre dessus dit puisse estre tenu & gardé d'oresenavant, sans enfraindre: Et tous autres Sergens qui devers nostre dit Prevost ne se sont presentez, & qui ne seront compris & retenus, comme dit est, excepté ceulx qui de nostre grace especial, seront receuz à excercer leurs Offices durans leurs vies seulement, comme dit est, Nous privons & deboutons du tout par ces presentes, de leurs diz Offices, & voulons qu'ilz en soïent & demeurent privez sans rappel: Et pour ce que Nous avons entendu, que pluseurs personnes qui n'ont aucuns Offices de Sergenterie, se sont entremis & entremectent de jour en jour, de faire plusieurs executions & autres fais & explois, qui à Office de Sergenterie appartiennent, soubs umbre d'aucunes Commissions qu'ilz se dient avoir de Nous ou d'aucuns de nos Tresoriers, Receveurs, Commissaires ou autres Officiers, ou grand prejudice & dommaige de nos diz Sergens, & ou grant grief de nostre peuple, qui par telz Commissaires a esté & est moult grevé, si comme il Nous a esté plusieurs fois signifié, Nous voulans ensuivre les Ordonnances autres fois sur ce faites, tant par nostre tres chier Seigneur & [g] Pere, que Dieux absoille, comme par Nous, avons ordonné & declairé, ordonnons & declairons, que toutes les executions & tous autres fais & explois, appartenans à Office de Sergenterie, tant executions qui [h] cheent en Jurisdictions ordinaires de la Prevosté & Vicomté de Paris, & hors, touchant le (*a*) Seellé de nostre Chastellet de Paris, comme celles qui sont & seront faites pour les Aides ordonnez & levez en la Ville, Prevosté & Viconté de Paris, & pour quelque autre cause que ce soit, soïent faites & [i] poursuïes d'oresenavant par noz Sergens du dit Chastellet, & non par autres; en [k] rappellant du tout telz Commissaires, qui à ce faire auroient esté ou seroient mis ou ordonnez, tant par Nous comme par nos deputez; & voulons que à eulx ne soit obey en aucune maniere, se ils ne sont Sergens de nostre dit Chastellet: Et encore voulons & ordonnons que les Sergens à Verge de nostre dit Chastellet, facent & excercent leurs Offices en la Ville, [l] Forbours & Banlieüe de Paris, & non de hors ne ailleurs, selon ce que anciennement a esté acoustumé, & que d'oresenavant ilz ne facent aucuns explois ou executions hors de

CHARLES V.
à Paris, le 8. de Juin 1369.

a *quei*
b *defectueux.*
c *pendant leur vie.*
d *si.*
e *par.*
f *revoquons.*
g *Voyez le 3.e Vol. des Ordonn. p. 138. XXX.*
h *tombent.*
i *poursuivies.*
k *revoquant.*
l *Fauxbourgs.*

NOTE.

(*a*) *Seellé.*] Voyez cy-dessus, p. 95. les Lettres du mois de Fevrier 1367.

CHARLES V. à Paris, le 8. de Juin 1369.

la Ville & Banlieüe de Paris ; mais soient faites ycelles executions & autres exploits qui seront * hors ladite Ville & Banlieüe, par nos Sergens à Cheval du dit Chastellet, qui à ce faire furent & ont esté ordenez & establis de grande ancienneté ; & se autrement estoit fait, Nous voulons que tout ce qui sera fait au contraire, soit mis au neant, & que en riens n'y soit obey. Si donnons en mandement & commectons par ces presentes, à nostre dit Prevost de Paris, ou à son Lieutenant, present & à venir, que ceste presente nostre Ordonnance, il garde & tiengne, & face tenir & garder entierement, sans enfraindre, & sans passer ou souffrir passer d'oresenavant le dit nombre : car ainsi le voulons nous estre fait ; noncontrestans quelconques Lettres, Ordonnances, Mandemens ou deffenses empetrées ou à empetrer au contraire. En tesmoing de ce, Nous avons fait mectre nostre Seel à ces Lettres. *Donné à Paris, le VIII^e. jour de Juing, l'an de grace mil trois cens soixante & neuf, & de nostre Regne le VI^e.*

* fais.

---

CHARLES V. au Bois de Vincennes, le 19. de Juin 1369.

(a) *Lettres qui accordent aux Habitans d'Abbeville, la permission d'ajoûter aux Armes de Ponthieu qu'ils portoient, un Chef aux Armes de France.*

CHARLES, &c. Savoir faisons, &c. Que comme Nous considerans la ferme constance de vraie obeïssance & de loyautés, lesqueles ont euz à noz predecesseurs Roys de France, ou temps passé, & à Nous & à la Couronne de France, noz bien amez & feaulx les Majeur, Eschevins, Bourgois & habitans de la Ville de Abbeville, lesqueles avons n'agueres par effect esprouvées, en ce que si tost que il ont cogneu le droit de nostre Souverainneté que Nous avions & avons en la dicte Ville & en la Conté de Ponthieu, se sont mis & renduz en nostre obeïssance, leurs aïons n'agueres ottroyé, que la * dicte Ville & toute la dicte Conté, soïent & demeurent perpetuelment unies & adjointes à nostre Domaine & de la Couronne de France, sens en estre jamais en aucun temps separées ne transportées en d'autre main : Nous, pour consideracion de ces choses, & des services loïaux & notables que les dis Majeur, Eschevins, Bourgois & habitans Nous y ont fais, & en signe de plus grant union & de parfaicte dileccion & amour que Nous avons, si comme avoir devons, envers eulx, en recognoissans les dis services, en tant comme bonnement povons, leur avons ottroïé & ottroïons par ces Lettres, de grace especial, de certaine science & de nostre auttorité Royal & pleine puissance, & par meure deliberacion de nostre Conseil, que iceulx Majeur, Eschevins, Bourgois & habitans, en Corps & en Commune, qui de tout temps ont porté les pleines (b) Armes de Ponthieu, aïent & portent & puissent porter & mettre d'oresenavant, perpetuelment, en & dessus les dictes Armes de Ponthieu, un Chef d'Armes de France ; c'est assavoir, d'asur semé de Fleurs de Liz d'or, soit en leurs Bannieres, & autres Enseignes, & ès Seaulx de la dicte Ville, & en paintures ou autrement ; lequel Nous leur donnons pour Nous & pour nos successeurs, de noz grace, auctorité & puissance dessusdictes. Et que ce soit ferme, &c. Nous avons fait mettre, &c. sauf en autres choses nostre droit, & l'autrui en toutes. *Donné au Bois de Vincennes, le XIX^e de Juing, l'an M. CCC. LXIX. & le VI^e de nostre Regne.*

Par le Roy. YVO. (c)

* Voyez cy-dessus, p. 175.

NOTES.

(a) Tres. des Chart. Reg. 100. P. 517. Ces Lettres sont imprimées dans l'*Histoire des Comtes de Ponthieu*, page 387. *Voy. cy-dessus* p. 173. Note (b).

(b) *Armes.*] Ces *Armes* sont gravées dans l'*Histoire des Comtes de Ponthieu*, p. 15. Elles sont d'*Azur à trois bandes d'or.*

(c) Dans l'*Hist. des Comtes de Ponthieu*, après le mot, YVO, il y a : *Visa. Scellé du grand seau en cire verte, avec lacs de soye rouge & verte*, & à la marge, il y a : *Nota que le contre-sel, est de Fleurs de Lys sans nombre.*

(a) *Lettres qui permettent aux Majeur & Eschevins d'Abbeville, en qualité d'Administrateurs de la Maladerie du Val près d'Abbeville, d'establir dans les terres qui luy appartiennent, un Garde, qui pourra saisir les Charrois & Bestiaux qui causeront du dommage à ces terres, & condamner à l'amende, ceux qui les conduiront.*

CHARLES V. au Bois de Vincennes, le 19. de Juin 1369.

CHARLES, &c. Savoir faisons à tous presens & à venir, que, oye la supplication de noz bien amés les Majeur & Eschevins de la Ville d'Abbeville, ou nom & pour tout le corps & Communauté de ladicte Ville, requerans, que comme à la Maison dicte la Maladerie du Val près d'Abbeville, de laquelle lez Majeur & Eschevins de ladicte Ville, ont toujours eu & encores ont la garde & administracion, pour le gouvernement des Bourgois & Bourgoisez d'icelle Ville, quant ils sont malades du mal S.t (b) Ladre, appartiengnent plusieurs bois & terres[a] gaignables, dont on soustient & gouverne lezdis malades & ladicte maison; lezquelx bois & lez (c) ablées & gaignables d'icelles terres, sont souvent gastées & dommagiez par les Charrois qui y passent, & par le Bestal du païs, que on y maine paistre; pour ce que lesdis supplians n'ont pooir de lez y prendre, (d) à cause de ladicte Maison, ne ne[b] se sont gardez ne deffendus, qui est en leur grant préjudice & domage, Nous leur vueillons sur ce[c] proveoir de gracieux remede: Nous considerans la vraie amour, obéissance, loyauté, que lezdis Maire & Eschevins, & lez autres Bourgois & habitans de ladicte Ville, ont euez de tous tamps, à nos Predecesseurs & à Nous, & à la Couronne de France, lezquelles avons bien esprouvées par effect, en ce que, cuë n'aguaires par eulx, vraye congnoissance que Nous estions & sommes leur Seigneur souverain, se sont à nostre Requeste, mis & rendus en nostre obéissance avecques ladicte Ville, pour ce que par ycelle, aucun grief ou dommage ne peust venir à Nous ne à noz subgez, leur avons ottroïé & ottroyons par ces Lettres, de grace especial, de certainne science & de nostre auctorité Royal & plainne puissance, pour eulx & pour leurs successeurs, Maires, Eschevins, Bourgois & habitans de ladicte Ville, à tousjours, que il aïent & puissent commettre, establir & avoir une personne, à sa vie ou à leur volenté & plaisir, pour garder lezdis bois & les ablées ou gaignables desdictes terres, & deffendre que aucun n'y charroye ne y mette bestail, ou dommage de ladicte Maison; lequel ainsi commis mette ez bois & terres dessus dictes, aucun signe de la dicte deffense, si que on en puisse avoir congnoissance: Voulans de nostre dicte auttorité & puissance, que ledit Commis puisse prendre le Charroy ou Bestail dessus diz, & autres dommagens ou faisans dommage ezdis lieux, se depuis ladicte deffense, lez y trueuve[d] ou dommage de ladicte Maison, & en lever & recevoir amende, jusques à trois solz, pour toutes lez fois que il lez y trouvera, à convertir au proffit desdis Malades & de ladicte Maison, avec la restitucion du dommage que fait y auront. Si donnons en mandement par ces Lettres, aux Gouverneurs du Bailliage d'Amiens & de Pontieu, & à tous noz autres Justiciers & Officiers, presens & à venir, ou à leurs Lieuxtenans, & à chascun d'eulx, que lez[e] Maires, Eschevins, Bourgois & habitans, & leurs successeurs dessus diz, facent & laissent joïr & user paisiblement de nostre presente grace, sans lez empeschier ou molester en aucune maniere au contraire. Et que ce soit ferme, &c. sauf, &c.

a *labourables.* Voyez *le Gloss. du Droit Fr.* au mot, *gaignables.*

b *se*, est inutile.

c *pourvoir.*

d *au.*

e *Maire.*

NOTES.

(a) Tresor des Chartres, Registre 100. Piece 212. *Voy. cy-dessus* p. 173. Note (b).

(b) *S.t Ladre.*] *S.t Lazare.* La maladie de *S.t Ladre*, c'est *la lepre.* Voyez *le Dictionn. Etymol.* de *Menage*, au mot, *Ladre.*

(c) *Ablées.*] Ce sont apparemment des terres semées en bled.

(d) *A cause, &c.*) Cela doit signifier, que ces Majeur & Echevins, en qualité d'Administrateurs de cette Maison, n'ont pas le droit de prendre, &c.

*Donné au Bois de Vincennes, le XIX.e jour de Juing, l'an de grace mil trois cens soixante & nuef, & le sisiesme de nostre Regne.* *Visa.*

Par le Roy. YVO.

---

CHARLES V. à Paris, le 20. de Juin 1369.

## (a) *Lettres qui confirment les Marchands de Marée, dans le droit d'eslire les Vendeurs de Marée.*

CHARLES par la grace de Dieu Roy de France : Au Prevost de Paris ou à son Lieutenant : Salut. Nous avons entendu, que tant par Ordenance & Lettres données de Nous, comme usages & observances de long temps gardées en nostre bonne Ville de Paris, les Vendeurs de Poisson de Mer, ès Halles, doivent estre certain nombre, & mis par election des Marchans Forains frequentans & faisant amener ledit Poisson de Mer en nostredite Ville, ou par leurs Esleus & Conseillers, & à vous presentez & instituez en telle maniere, pour ce que le fait dont lesdits Vendeurs se entremettent, touche le fait & le *(b)* Chatel desdits Marchans, & si doivent donner certaine caution, & estre en ce experts & congnoissans, & tels en qui lesdits Marchans à qui les Poissons sont, se osent & puissent fier; & n'est office que Nous doïons ne avons accoutumé à donner ; mais se par supplication de Impetrans, en avons fait aucun octroy, en ont esté les Impetrans par Arrest de nostre Cour, deboutez : desquelles [a] choses avons de nostre grace, & par nos Lettres, donné & octroyé l'office dudit vendage, vaccant lors par la mort de Henry Lesquevin, à Jehan le Baut, Huissier de nostre Salle, & à autres; lesquels se sont efforciez & efforcent chacun, de y estre receu & mis par vous, en possession dudit Office, especialement ledit Jehan le Baut, comme premier Impetrant; à quoy se est opposé le Procureur desdits Marchans, pour lesdites causes ; disant oultre Gieffroy de Londremers, avoir esté esleu & nommé, si comme il est accoustumez, voulant & pretendant ledit Esleu, estre receu, tous les autres deboutez, selon lesdits usages, Lettres & Ordenances; sur quoy toutes voïes, lesdits Marchans ou les Esleus pour eulx, & leur conseil, ont euë deliberation, & enquis des personnes, & de leur estat & sousisance ; & ont trouvé & rapporté ledit Jehan le Baut estre soufisant dudit Office de Vendage exercer, & pour ce l'ont esleu & presenté, & veulent eslire & presenter pardevers vous, pour y estre receu ; & si veult consentir ledit Gieffroy ; mais que l'Eslection pour luy faite, luy demeure sauve du premier lieu avoir, qui vaquera par celle dite Eslection, & sans prejudice desdits Marchans, usages, Lettres, Octrois, Privileges & Ordonnances ; [b] supplient les Parties estre sur ce pourveu : pourquoy Nous, euë consideration à ces choses, adcertenez desdits usages, Ordenances, Privileges & Octrois, voulans iceulx estre tenus & gardez sans enfraindre, revocons & rappellons de certaine science, tous les dons & octrois que dudit Office de Vendage avons fait, tant audit Jehan le Baut, comme à autres, pour quelconques causes ou sur quelconques fourme de parolles que ce soit, avecques tout ce qui s'en est ensuivi : Voulons & vous mandons, que vous laissiez ausdits Marchands Forains, ou à leurs Esleus & Conseilliers, ladite Eslection & Nomination; & celuy que il vous nommeront & presenteront, [c] receuz sans aucun delay, oudit Office & l'en mettez en possession & saisine, & d'iceluy, avec lesdits prouffits & esmolumens,

a *Je crois qu'il y a là quelques mots de passez.*

b *suppliant.*

c *recevez.*

NOTES.

*(a)* Traité de la Police par M. *de la Mare*, Tom. 3. Liv. 5. tit. 35. ch. 2. sect. 4. p. 155. n.° 4.

Il y a à la marge : *Registre de la Marée*, *fol. 239.* Voyez cy-dessus, *p. 171. Note (a).*

*(b) Chatel.]* Ce mot signifie quelquefois *des effets mobiliers.* Voy. *le Gloss.* de *Du Cange*, au mot, *Catallum.* Il peut se prendre ici en ce sens.

Peut-estre aussi ce mot est-il corrompu : car en conferant quelques pieces données par M. *de la Mare*, avec les Registres d'où il les avoit tirées, l'on a remarqué qu'elles n'estoient pas copiées avec exactitude.

le faites joïr & user paisiblement; ostez & cessans tous empeschemens & debats; & de nostre grace & auctorité Royal, avons octroyé & octroyons, que ou cas que il vous presenteront ledit Jehan le Baut, ce ne leur fasse aucun prejudice, ne ne puisse estre entendu contre aucuns des points de leurs Privileges, Lettres, Ordenances, usages, Octrois, ne ramenné à exemple contre eulx, ores & ou temps à venir; mais pour eulx & en leur faveur, comme à ceulx à qui la derniere Eslection est & appartient; & encore que ledit Gieffroy de Londremers jà esleu, comme dit est, par celle mesme Eslection, laquelle Nous reservons & sauvons, soit & puisse estre sans autre solempnité ne mandement, receu & mis oudit Office, ou premier vaccant qui adviendra, soit par mort, par [a] offense ou autrement, en quelque maniere que ce soit. Si vous mandons & enjoignons, & se [b] mestier est, commettons, que ainsy le faites incontinant que le cas si [c] offera; & se les Privileges, Lettres & Ordenances desdits Marchands, avecques leurs usages, observances, & ces presentes gardées & enterinées de point en point; nonobstant quelconques Lettres, Mandemens ou autres Impetrations données ou à donner au contraire. *Donné à Paris, le 20.[e] jour de Juing, l'an de grace 1369. & de nostre Regne le six.*

Par le Roy. YVO.

CHARLES V. à Paris, le 20. de Juin 1369.

a *delict.*
b *besoin.*
c *presentera.*

---

CHARLES V. à Paris, le 20. de Juin 1369.

(a) *Lettres qui nomment des Commissaires, pour faire observer les Ordonnances sur le fait de la Marée, & les Privileges accordez aux Marchands & Voituriers de Marée.*

CHARLES par la grace de Dieu Roy de France: A noz amez & feaulx Conseilers, Maistres Pierre de Veneville, Jacques d'Andrie, Presidens en nostre Court de Parlement à Paris; Jean le Besart, Nicolas du Bois, Hervault de Corbie, Jean Baruier, Guillaume le Besart, Philippes Auger, Aubert de Mainbeville, noz Conseillers; & au Prevost de Paris: Salut & dilection. Comme pour le profit & utilité publique, & bien commun, tant de nostre bonne Ville de Paris, comme pour [a] lors Marchands, Voituriers amenans Poisson de Mer, & frequentans nostre dicte Ville de Paris, ja pieça eussent esté faictes par nostre très cher Seigneur & [b] Pere, que Dieu absolve, & par Nous, certaines Ordonnances sur le fait & marchandises d'iceux Poissons, & eussent esté icelles, & aussi les Lettres & Privileges des dessus dits Marchands & Voituriers, criez & publiez solemnellement en nostre dicte Ville de Paris, afin que nul n'en peust pretendre cause d'ignorance; nonobstant lesquelles Ordonnances, Privileges & Lettres, qui de jour en jour ont esté enfraintes, tant par nos Gens Officiers, comme par les Gens de plusieurs de nostre Sang & lignage, par les Vendeurs, Harangeurs, Estailliers, & autres de nostre dicte Ville de Paris; & d'ailleurs, les Marchands Forains & Voituriers desdits Poissons, qui a grande abondance, deussent amener ou faire amener Poisson en nostre dicte Ville de Paris, pour nostre necessité, & envitailler le Peuple d'icelle, ont esté & sont de jour en jour, tellement grevez & endommagez, que ils delaissent quasi comme du tout, à envitailler de Poisson nostre dicte Ville, dont le peuple d'icelle, & le faict de la dite Marchandise souffrent moult de grands griefs & dommages, & le profit qui de la dite Marchandise, Nous deust appartenir, est moult amoindry, & en ce, ont plusieurs personnes entremetteurs de la dite Marchandise, très grand proffit; mesmement detiennent les Vendeurs plusieurs des deniers, qui ont esté de leur consentement, ordonnez à lever & prendre par leurs mains, sur le faict de la dicte Marchandise, pour

a appar. *les*
b *Voyez* la Tabl. des Mat. des 3.[e] & 4.[e] Vol. des Ordon. *au mot*, Marée.

NOTE.

(a) Traité de la Police, par M.[r] *de la Mare*, Tom. 3. Liv. 5. tit. 39. p. 245. n.° 4. Il y a à la marge: *Registre de la Marée, fol. 214.*
*Voyez cy-dessus*, p. 171. Note (a). & p. preced. Note (b).

CHARLES V. à Paris, le 20. de Juin 1369.

* procez.
a contrevenu aux.
b mepris.
c fortement.
d voulans.
e voulans.
f besoin.
g particuliers.
h &c.

soustenir les * causes desdits Marchands; leurs debtes acquitter, là où ils estoient & sont grandement tenus, tant par Arrest de nostredit Parlement, comme autrement, & n'en veulent iceux vendeurs rendre compte, ne faire satisfaction; & en autres plusieurs manieres, ont entrepris contre lesdits Marchands, que ils deussent garder de tout leur serment, & [a] offendu contre Nous, nos Ordonnances, & la nature de leur Office; par quoy sont & ont esté grandement lesdits Marchands opprimez, & les denrées encheries au prejudice du Peuple, & au [b] contempt de Nous, dommage & prejudice desdits Marchands, & de la chose publique, dont il Nous deplaist [c] forment, s'il est ainsi: Pourquoy Nous, en qui consiste la tuition, Ordonnances & disposition de la chose publique, [d] voulons lesdites Ordonnances, Privileges & Lettres des dessusdits Marchands & Voituriers, estre tenuës & gardées sans enfraindre, & pourvoir au bien commun, tant de nostre Ville de Paris, comme de par tout nostre Royaume: [e] Voulons aussi tous les Privileges, & Lettres octroyées par Nous & nos Predecesseurs, ausdicts Marchands & à ladicte Marchandise, avoir & sortir à plain leur effect, & iceulx Marchands estre gardez en paix, & deffendus de dommage, vous mandons & commettons, à vous tous ensemble, neuf, huit, sept, six, cinq, quatre, trois ou deux de vous, que, prises pardevers vous lesdites Ordonnances & Privileges, lesquels Nous voulons & commandons à vous estre baillez, vous icelles faictes tenir & garder sans enfraindre; & tous ceux que vous ou deux de vous, trouverez avoir attempté contre & au prejudice d'icelles, des dependances & circonstances, ou qui s'efforceroient ce faire ou temps advenir, punissiez tellement que ce soit exemple à tous autres; & lesdits Vendeurs contraignez à rendre compte & faire satisfaction de ce que dit est, & en quoy vous les trouverez estre tenus pour les causes devant dites ou autres, touchant lesdits Marchands & Marchandises; & en outre, pour leurs mesfaits, si vous les voyez coulpables, procedez en la punition, si comme au cas appartiendra, en gardant nostre dit droict en la confiscation & ès amendes, là où ils escherront; en procedant sur ce sommairement & de plain, & par voye de reformation, si [f] mestier est, afin que par long procès, lesdits Marchands Voituriers ne soient sur ce longuement vexez & travaillez; & tout ce que vous trouverez avoir esté pris ou retenu induëment desdits Marchands, Voituriers & autres, amenans lesdicts Poissons & Harans en nostre dicte Ville, contre lesdictes Ordonnances & Privileges, faictes leur rendre & restituer sans delay, en contraignant à ce vigoureusement ceux qui seront à contraindre, par toutes les voyes & remedes convenables au cas: car ainsi le voulons Nous estre fait, & ce avons Nous ordonné & ordonnons de certaine science, auctorité Royale & grace speciale, & pour cause: & voulons que de tout le faict de ladicte Marchandise, circonstances & dépendances d'icelles, soit par vous reformé; & que nostre Procureur, ou son Substitut au faict de ladicte Marchandise, soit reçu à faire les poursuites, supposé que les [g] singuliers Marchands ou Voituriers n'en fassent aucune poursuite; & vous mandons qu'en ladicte Reformation & autres choses dessus dictes, vous entendiez dilegemment, & en telle maniere qu'il vous en doit estre recommandé de bonne justice; & que les griefs & oppressions du temps passé, puissent estre & soient notablement reparez, & les malfaicteurs chastiez & punis, si comme il appartient, & que ce soit exemple à tous autres. Mandons à tous nos Justiciers, Officiers & subjects, & à tous autres qu'il appartiendra, qu'à vous & à vos deputez, en ce faisant, obeissent & entendent diligemment; nonobstant quelzconques Lettres empetrées [h] à empetrer au contraire, sur quecon que forme de parolle que ce soit. *Donné à Paris, le vingt jour de Juin, l'an de grace 1369. & de nostre Regne le sixiesme.* Scellées soubz le Scel de nostre Chastelet, en l'absence de nostre grand, le sept jour d'Aoust, l'an dessus dit.

Par le Roy. YVO.

*Lettres*

(a) *Lettres qui portent que les Estaux de la Ville d'Abbeville, ne seront loüez aux Bouchers, que le même prix qu'ils estoient loüez, lorsque le Comté de Ponthieu fut cedé au Roy d'Angleterre.*

CHARLES V. au Bois de Vincennes, le 22. de Juin 1369.

CHARLES, &c. Savoir faisons à tous presens & avenir, à Nous avoir esté exposé par les Bouchers de nostre Ville d'Abbeville,[a] contenant, que comme en ladicte Ville, ait plusieurs Estaux à vendre [b] char, lesquiex ont anciennement acoustumé de estre bailliez par les Receveurs establiz audit lieu, à loyer ou à ferme, selon les anciens Registres de la Conté de Pontieu ; c'est assavoir, le plus chier, à la somme de six livres, par an; & les autres au pris, selon leur [c] disposition & assiete, au dessouz; & pour ce que n'a gueres, les Receveurs de ladicte Conté, depuis que elle a esté (b) mise hors de nostre main, ont baillé lesdiz Estaux à enchiere, à certains fermiers, qui yceulz ont encore rebailliez à enchiere auxdiz Exposans, lesdiz Estaux sont montez à si grans & excessiz pris, que les diz Exposans ne pevent prendre aucun acquest ou gaingne à la char qu'il vendent au pueple de ladicte Ville; combien que il conviengne que il la vendent plus chier assez que il ne [d] souloient, pour la chierté desdiz Estaux; & par ce, les dis Exposans & tout le pueple de ladicte Ville, sont grandement grevez & seroient ou temps avenir, si comme il dient, se par Nous ne leur est sur ce pourveu de nostre gracieux & convenable remede : Nous adecertes, euë consideracion aux choses dessus dictes, & à la grant amour, loyauté & obéissance, que le commun de ladicte Ville & les diz Exposans, ont touz jours eus à Nous, & ont encore, avons ottroié & octroïons de nostre certaine science, grace especial & auctorité Royal, aux dix Supplians & à leurs successeurs à touz jours maiz, ou cas dessus dit, que les diz Estaux soient bailliez d'oresenavant aux diz Supplians, au pris ancien, & selon les anciens Registres de ladicte Conté, par la forme & maniere que ilz les tenoient au jour que ladicte Ville fut mise hors de nostre main & obéissance. Si donnons en mandement aux Gouverneur & Receveur de ladicte Conté de Pontieu, & à tous noz autres Justiciers & Officiers, presens & à venir, & à chascun d'eulx, ou à leurs Lieuxtenans, que les diz Bouchers & leurs successeurs, facent & laissent joïr & user oudit cas, de nostre presente grace, senz eulz molester ou empeschier au contraire. Et que ce soit ferme, &c. sauf, &c. *Donné au Bois de Vincennes, le XXII.^e jour de Juing, l'an de grace M. CCC. LXIX. & de nostre Regne le sizieme.*

Erkeri. Par le Roy en ses Requestes. *Visa.* G. MERAUT.

a par une requeste.

b chair.

c situation.

d avoient accoûtumé.

NOTES.

(a) Tresor des Chartres, Registre 100. Piece 213.

*Voyez cy-dessus*, page 173. Note (b).

L'on trouve encore dans ce Registre, Piece 9 vingt 13. (193) des Lettres du 19. de Juin 1369. en faveur des Tanneurs d'Abbeville ; mais elles ne sont pas de nature à entrer dans ce Recueil.

(b) *Mise hors de nostre main.*] Lorsque le Comté de Ponthieu fut cedé à Edoüard III. Roy d'Angleterre, en 1360. par le Traité de Bretigny. Voyez cy-dessus, p. 173. Note (b).

(a) *Lettres qui portent que les procez du Couvent & des Religieux de Saint Pierre d'Abbeville, seront portez en premiere instance, au Siege du Baillage d'Amiens.*

CHARLES V. au Bois de Vincennes, en Juin 1369.

CHARLES, &c. Savoir faisons à tous presens & avenir, que de la partie de noz bien amez les Religieux, Prieur & Couvent de l'Eglise de Saint Pierre en

NOTE.

(a) Tresor des Chartres, Registre 100. Piece 9 vingt 18. [198.]

*Voyez cy-dessus*, p. 173. Note (b).

CHARLES V. au Bois de Vincennes, en Juin 1369.

Abbeville, Nous a esté exposé, que comme il tiengnent leurs terres, territoires & autres possessions, en ressort & souverainneté de Nous, tout à pur & sans aucun moyen; & il soit ainsi que leurs dictes terres, territoires & autres possessions, se extendent en plusieurs de nos Prevostez; c'est assavoir, de Beauquesne, de Dourlens, de Saint Riquier & de [a] Vimeu; pour lesquelles terres, territoires & autres possessions, il leur convient aucune fois neccessairement, pour les droiz de leur dicte Eglise garder, avoir procès à aucuns de leurs voisins, & contre plusieurs autres, en plusieurs & diverses manieres, esquelz cas, grieve chose leur est & sumptueuse, de plaidoier & avoir tant de divers procès & causes ès dictes Prevostez; pourquoy il leur convient soustenir & endurer moult de grans faiz & mises, tant en Procureurs, Advocats, comme autrement, qui leur est grant arrierement & diminucion de leur [b] chevance, & multiplication de frais & de despens, avec grant *(a)* essoine & destourbier d'eulx & de leurs gens, si comme il dient: Si Nous ont très humblement fait supplier & requerir, que pour eviter & eschiver les mises, frais & despens dessusdiz; consideré que les dictes Prevostez sont subgettes & ressortissent tout à pur, nuëment & senz aucun moyen, au Siege de nostre Bailliage d'Amiens; & afin que nostre Signeur Jesus Christ soit mielx & plus curieusement & devotement servi, *(b)* senz occupacion, en leur dicte Eglise, que des dictes Prevostez Nous [c] lour weillons exempter à tousjours mais perpetuelment, & sur ce leur weillions faire & eslargir nostre grace: Nous adecertes, euë consideracion aux choses dessusdictes, voulans pourveoir de grace ausdiz Religieux, afin que nous puissions participer aus bienfaiz & oroison de leur dicte Eglise, inclinans favorablement à l'umble supplicacion des diz Prieur & Couvent, à yceuls & à leurs successeurs, & à chascun d'eulz, de nostre certaine science, grace especial, plaine puissance & auctorité Royale, avons donné, ottroyé & accordé, & par la teneur de ces presentes, donnons, ottroions & accordons à tousjours mais perpetuelment, que il soient & demeurent exemps des dictes Prevostez; & voulons & Nous plaist, que toutes leurs causes & querelles quelconques, dès maintenant, réelles & personneles, tant en demandant comme en deffendant, [d] des dictes Prevostez, aillent & soient traittiez & demenées au Siege de nostredit Bailliage d'Amiens, sans ce que jamais & d'oresenavant, les diz Prieur & Couvent, ne leurs successeurs, ne aucuns d'eulx, puissent estre contrains ne molestiez à aler aillieurs, ne plaidoier que audit Siege d'Amiens, par quelconque maniere que ce soit, hors la souveraineté en cause d'appel, de nostre Court de Parlement, sauf & reservé les amendes & [e] exploiz qui de ce pourroient naistre & escheoir aus Prevosts desdictes Prevostez, lesquelles Nous voulons qu'il aient tout aussi & par semblable maniere, comme se pardevant euls les procès eussent esté faits & encommenciez. Si donnons en mandement au Gouverneur dudit Bailliage d'Amiens, & à tous les autres Justiciers de nostre Royaume, ou à leurs Lieuxtenans, presens & avenir, & à chascun d'eux, si comme à lui appartendra, que lesdiz Religieux, Prieur & Couvent, & leurs successeurs, & chascun d'euls, facent, seuffrent & laissent joïr & user plainement, paisiblement, à tousjours mais perpetuelment, de nostre presente grace, ottroy & exempcion, & contre la teneur d'icelles, ne les perturbent, empeschent, molestent ou travaillent, ne seuffrent estre perturbez, empeschez, molestez ou travaillez en aucune maniere, ores ne pour le temps avenir. Et pour ce que ce soit ferme chose &c. sauf, &c. *Donné au Bois de Vincennes, ou mois de Juing, l'an de grace M. CCC. LXIX. & de nostre Regne le VI.e Visa.*

Par le Roy, en ses Requestes. [f] PARIS. J. DIVITIS.

a *Voyez cy-dessus p. 174. Note (c).*

b *biens.*

c *les.*

d *qui jusqu'alors avoient esté portées à ces Prevostez.*

e *taxes sur les Actes judiciaires.*

f *nom douteux.*

## NOTES.

*(a) Essoine.* ] Ce mot signifie *excuse*; & voicy le sens que je donne à ce passage: Ceux qui sont obligez d'aller solliciter les affaires de cette Eglise, dans ces differentes Prevostez, sont detournez & *excusez* d'assister au Service Divin, & de faire leurs fonctions dans cette Eglise.

*(b) Senz occupacion.* ] Afin que les Religieux ne soient point occupez & employez hors de ladite Eglise.

CHARLES V. au Bois de Vincennes, en Juin 1369. & à Paris, le dernier de Novembre 1368.

(a) Lettres qui portent que le Marché de la Ville de Thoury, qui avoit esté aboli, parce qu'il se tenoit le Dimanche, sera retabli, & se tiendra le Lundy.

*KAROLUS, &c. Quoniam omnia que gesta sunt, citò a labente hominum memoria cadunt, nisi scripture testimonio publice roborentur: Ad perpetuam igitur rei memoriam, notum facimus universis presentibus vel futuris, quod cum dudum, ad humilem supplicationem dilecti & fidelis Consiliarii nostri, (b) Abbatis Sancti Dyonisii in Francia, Par. Dyocesis, Baillivo nostro de (c) Cepeyo, aut ejus Locumtenenti, nostris Litteris committendo, dedissemus in mandatis, quarum tenor sequitur & est talis.*

CHARLES, &c. au Bailli de Cepoy, ou à son Lieutenant: Salut. A la supplicacion de nostre bien amé, l'Abbé de Saint Denys, disant, que d'ancienneté il [a] souloit avoir & avoit Marchié au Dimenche chascune sepmaine, en la Ville de Thoury en Beauce, appartenant à ladicte Eglise; lequel Marchié est cessé à tenir en ladicte Ville, & en plusieurs autres, par l'Ordenance de nostre Saint Pere, & est à present ladicte Ville senz aucun Marchié en la sepmaine, si comme l'en dit, ou grant dommaige de ladicte Ville, qui est bonne & notable, & de tout le païs d'environ: Nous te mandons & commettons, que tu te transportes en ladicte Ville, & t'enforme diligemment, à quel jour de la sepmainne ledit Marchié soit mielx seant en ladicte Ville pour nostre prouffit, & de ladicte Ville & du païs d'environ, & aussi senz mains de prejudice des Marchiez qui sont par sepmainne, ès Villes du païs d'environ; & ycelle informacion, avec ton avis sur ce, renvoy pardevers nostre amé & feal Chancelier, ou les Gens de nostre Conseil, afin que ycelle veuë, Nous ordeniens ou faciens pourveoir sur ce, si comme bon Nous semblera. *Donné à Paris, le darrenier jour de Novembre, l'an de grace M. CCC. LXVIII. & de nostre Regne le V^e^.*

a avoit accoustumé.

*Quatenus de & supra contentis in nostris prescripris Litteris, se diligenter, juxta ipsarum seriem, informaret; informacionem que exinde super hoc esset facta, dilecto & fideli Cancellario nostro, aut magni [b] Consiliarii nostri Gentibus [c] reportando: cumque per predictam informacionem [d] dicto Cancellario nostro, per dictum Baillivum, cum ejus avisu, foret apportata vel [e] transmissam, suo sigillo fideliter [f] interclusam, Nobis & dilecto [g] Consilio nostro apparuit evidenter, quod à tanto tempore [h] circa, cujus in contrarium memoria hominis non existit, Forum seu Mercatum publicum in Villa predicta de Thoury, Aurelianensis Dyocesis, in qualibet die Dominica cujuslibet septimane, de quibuscumque mercaturis & (d) ibidem vendi solitis, esse & fuisse hactenus consuevit; excepto à duobus annis citra, [i] que virtute Statuti Sancte Sedis Apostolice, noviter editti, inhibitum sub pena excommunicacionis, per Episcopum Aurelianensem in sua Dyocesi extitit, ne deinceps aliquis mercari, seu Mercata vel Fora publica tenere presumat, ipsa Mercata seu Fora anullando; contraria consuetudine, si qua foret, que pocius corruptela censebatur, non obstante, in tam solempni die Dominica, qua omnis fidelis Catholicus se debet & tenetur ab omni opere abstinere, ut [k] Christo in servicio cotidiano, nos spiritualiter [l] reficit [m] memoria corporis, laudes festive veneracionis & glorie [n] referentes: constiterit insuper, quod dicte Ville que est notabilis & Nobis utilis, pluribus de causis esset utile, ymo quamplurimum necessarium, Mercatum seu Forum, prout supra, sublatum à dicta die Dominica, fieri & ordinari in dicta Villa de Thoury, quolibet die Lune, quod in alterius prejudicium nullatenus redundabit, prout hec & quamplurima alia ad hoc*

b Consilii.
c reportan. *R.*
d que.
e transmissa.
f interclusa.
g appar. Consiliario.
h citra.
i quod.
k Christi.
l reficiat.
m memor. *R.*
n referent. *R.*

NOTES.

*(a)* Tresor des Chart. Regist. 100. P. 672.

*(b) Abbatis.]* Guy II. dit de Monceaux. Voy. cy-dessus, p. 117. Note *(b)*.

*(c) Cepeyo.] Cepoy* en Gâtinois. Voyez *la Table du 4^e^ Vol. des Ord.* au mot, *Cepoy*.

*(d)* Il y a là un mot qu'on n'a pû déchiffrer. Il y a quatre jambages surmontez d'une abbreviation, & ensuite *matis*.

CHARLES V. au Bois de Vincennes, en Juin 1369. & à Paris, le dernier de Novembre 1368.

*facienciа, in dicta informacione seriosius continentur: eapropter dicti Abbatis, hominumque & habitatorum dicte Ville de Thoury, supplicacionibus inclinati, premissis attentis, habita super hoc cum Consilio nostro, deliberacione matura, statuimus & ordinavimus, statuimusque & ordinamus de nostra certa sciencia, auctoritate Regia & speciali gracia, si sit opus, Forum seu Mercatum predictum, deinceps & perpetuo fieri & teneri in dicta Villa de Thoury, semel in ebdomada;* [a] *vedelicet, qualibet die Lune, modo & forma quibus antea erat & tenebatur in die Dominica supradicto, sub eisdem privilegiis & consuetudinibus diuturnis & approbatis, quibus in dicto Foro seu Mercato, dicta die Dominica utebatur; que & quas in suo robore volumus permanere: Mandantes serie presencium Litterarum, dicto Baillivo de Cepeyo, qui nunc est & qui pro tempore fuerit, ceterisque Justiciariis & Officiariis nostris, aut eorum Locatenentibus, presentibus & futuris, & eorum cuilibet, prout ad eum pertinuerit, quatenus faciat hanc presentem nostram Ordinacionem publicari & nunciari in locis ad hoc neccessariis, & eciam oportunis; ipsamque cum suo toto effectu,* [b] *custidiat & observat, & ab omnibus quorum intererit, faciat inviolabiliter observari; quos decuerit, ad* [c] *viriliter & debitè* [d] *compellando; necnon prefatos Abbatem, homines & habitatores dicte Ville, modernos & futuros, dicta nostra Ordinacione, secundum ejus tenorem, uti & gaudere pacifice faciendo, ipsos in contrarium nullatenus molestando, seu à quoquam impediri vel molestari aliqualiter permittendo. Quod, &c. salvo, &c.* Datum & actum apud Nemus Vincennarum, mense Junii, anno Domini M. CCC. LXIX°. & Regni nostri VI°.

*Per Regem, in suis Requestis. Visa.* MERAUT. J. DE LUZ.

[a] videlicet.
[b] custodiat & observet.
[c] hoc.
[d] compellendo.

---

CHARLES V. à Paris, en Juin 1369.

## (a) Confirmation de certains Privileges accordez à la Ville d'Arras par Eudes IV. Duc de Bourgogne & Comte d'Artois.

*KAROLUS, &c. Dum subditorum nostrorum fervorem amoris & devocionis quos in suis actibus, erga nos & Coronam Francie habuerunt, operumque speculum quibus refulgent, attendimus, conveniens utique nec minus debitum extimamus, ut sicut dilectionis & fidelitatis prolucent insigniis, ac gestorum nobilitate magnifica, Nobis* [a] *gratos, utiles & acceptos redduntur, sic ipsos in dileccionis & benivolencie plenitudine, infra nostri claustra contentos pectoris, favore Regio specialiter attolamus, ac honoremus privilegio gracie specialis: & eo, quia dilectorum nostrorum Burgencium & habitancium Ville Attrebatensis, in eorum virtutum floribus, acta mellita fidelitatis, integritate micancia, magnisque preconiis referenda conspicimus, Regiam decet excellenciam, ut eis in ipsorum peticionibus favorabiliter annuendo, se reddat ubertate gracie* [b] *fructuosa. Cum igitur Litteras carissimi consanguinei nostri, defuncti Odonis, quondam Ducis Burgondie, Comitisque Artesii, & Burgondie* [c] *Palatini, ac Domini de Salinis; necnon carissime consanguinee nostre, defuncte Johanne quondam Regis Francie filie, dictique Odonis uxoris, sigillis sigillatas viderimus, formam que sequitur, continentes.*

NOUS, (b) Hudes Dux de Bourgoigne, [d] Cuens d'Artois, & de Bourgoingne Palatins, & Sirez de Salins; & Nous, Jehenne de France, Fille de Roy de France, Duchesse [e] Comtesse d'Artois, de Bourgoingne Palatine, & Dame des diz lieux, de l'auctorité nostre Sr. & Mari, Monsr. le Conte dessusdit, faisons savoir à tous ceulz qui ces presentes Lettres verront & orront, que Nous, pour bien de [f] pais, de nostre grace especial, pour la reformacion de nostre Ville d'Arras, avons accordé,

[a] grati...accepti.
[b] fructuosam.
[c] Comte de Bourgogne.
[d] Comte.
[e] de Bourgogne.
[f] paix.

NOTES.

(a) Tresor des Chartres, Registre 100. Piece 264.

(b) *Hudes.*] *Eudes IV.* qui de son chef, estoit Duc de Bourgogne, épousa Jeanne fille aînée de Philippe le Long, & de Jeanne fille d'Othon IV. Comte de Bourgogne & de Mahaud Comtesse d'Artois, très-connuë par le procès qu'elle eut avec Robert d'Artois. Voy. l'*Histoire Geneal. de la Mais. de Fr.* Tom. I. pp. 548. & 383.

octroïé & octroïons, auz Bourgoiz & aux Bourgoises de nostre dicte Ville d'Arras, & aux enfans des diz Bourgois & Bourgoises, quelque il soïent, quelpart qu'il demeurent, estant en la puissance & gouvernement du Pere ou de [a] le Mere, & non autrement; [b] mais que il ne soïent exempté de la dicte Bourgoisie, depuis la date de ces Lettres, les franchises & libertez qui cy-après s'ensuivent;

CHARLES V. à Paris, en Juin 1369.

I. C'est assavoir, que depuis hores en avant, tout li Bourgois & Bourgoises de nostre dicte Ville, & leur enfant estant de la condicion dessus dicte, se il sont souspeçonné de cas de [c] criesme, nostre Bailli d'Arras, sans autre adjournement ne semonse faire, pourra baillier sa plainte contre iceulx souspeçonnez, aux Eschevins, & les noms des tesmoins par lesquels il pensera [d] aprouver ledit criesme; & adonc, ceulz contre qui se fera la dicte plainte, pourra en sa personne, & non autrement, baillier sa defense audit Bailli, & les noms des tesmoins par lesquels il porra prouver sa dicte defense; & sera tenus noz diz Bailli, de la dicte defense recevoir & baillier aus diz Eschevins, & [e] d'iaux [f] conjurer sur ce, afin de délivrance, se la dicte defense est prouvée tele, que de raison doïe souffire, [g] à l'entente des diz Eschevins, à [h] ychiaux meffaisans delivrer; & sur la plainte de nostre Bailli, & la defense de Partie, porront jugier lidit Eschevin, & faire Loy.

II. Derechief, se aucuns Bourgois ou Bourgoises de nostre dicte Ville, ou leur enfant estant de la condicion dessus dicte, sont bani par jugement des diz Eschevins, ou d'autre Juge competent, ou justicié à mort, pour cas de criesme, tout leur bien, heritages, rentes & meubles, quelque il soïent, demourront à leurs hoirs & à leurs successeurs, paisiblement & sanz nulle amende; ne n'y porrons, ne noz genz pour Nous, riens demander ne reclamer; & se aucun Forain, ou autres qui ne soïent Bourgois, ou de la condicion dessus dicte, quelque part qu'il demeurent, sont bany ou justicié à mort, tout leur heritage estant dedenz la Banlieuë de nostre Ville d'Arras, demourront & seront paisibles à leurs hoirs & à leurs successeurs, se il sont Bourgois ou Bourgoises de nostre dicte Ville, ou se il le deviennent, & il demandent les diz heritages comme hoirs natureux, dedens le mois que le bannissement ou li execution du mort, sera sceuë en nostre Ville d'Arras; & porront venir lidit hoir à la dicte succession, de quel costé qu'il soïent, jusques au quint degré, [i] aussi que il y pourroient venir, se li bani ou executé à mort, estoient mort de leur mort naturelle: & se dedens le dit mois, aucuns du lignage des diz banis ou bani ou justicié, ne se comparoient ou comparoit comme hoirs, pour demander le dit heritage, li dit heritage seroient en tout commis & confisquiez à Nous; & pendant le mois dessus dit, li dit heritage seront arresté & tenu en la main de la Justice du Chastellain de nostre dicte Ville d'Arras, par l'enseignement des diz Eschevins, pour faire raison, se aucuns du lignage se apparoit dedens le dit mois: & en cas que aucuns ne se apparroit dedens le dit mois, Nous pourrons prendre pour Nous & à nostre proffit, les diz heritages, & tenir paisiblement comme confisqués & commis à Nous; & se lidit Forain ainsi bani ou justicié, avoient aucuns meubles ou *(a)* cateulz, quelque part qu'il fussent, ou avoient aucuns heritages qui meussent de fief, il seroient du tout commis & confisquez à Nous, & n'y porroient li hoir naturel ou successeurs, riens demander ne reclamer; reservé à nostre dicte Ville, es diz heritages & *(b)* ens es diz fiefs ainsi confisquez, qui seroient dedens la Banlieuë de nostre dicte Ville, la congnoissance & le jugement en tous cas, par les Eschevins de nostre dicte Ville, aussi avant plainnement, comme il avoient avant que li dit heritage feussent forfait: lesquelles choses dessus dictes, toutes ensemble & chascune par lui, Nous, de certaine science voulons, gréons, loons, ratifions & approuvons, & bonnement Nous y consentons: ne n'est mie nostre entencion, que pour declaracion ne ottroy nouvel que Nous [k] façons à nostre dicte Ville, par ces presentes Lettres,

[a] *la.*
[b] *pourveu.*
[c] *crime.*
[d] *à prouver.*
[e] *d'eux.*
[f] *Voyez la Tab. des Mat. des 3.e & 4.e Vol. des Ordonn.* au mot, *Conjurement.*
[g] *au jugement.*
[h] *iceux.*
[i] *de la même maniere.*
[k] *fassions.*

NOTES.

*(a) Cateulz.* ] Ce mot se dit également des biens meubles & immeubles. Voyez *le Gloss. de Du Cange*, au mot, *Catallum.*

*(b) Ens.* ] *Borel* sur ce mot, dit qu'il signifie quelquefois, *dedans*; & cette signification peut assez bien convenir icy.

CHARLES V. à Paris, en Juin 1369.

li privilege de nostre dicte Ville, que elle a, quelque il soïent, ne de qui que il soïent donné, soïent en riens empiriez, corrumpu, ne amenuisié: mais demeurent entierement en leur valeur & vertu, en la maniere que l'on en a usé; & les promectons loïalment à tenir; & est assavoir, que se li Eschevin de nostre dicte Ville, qui pour le temps seront & ont esté, quelque il soïent, avoient en aucune maniere pechié, abusé ou mesusé en Jugement, sur le fait des contreplaintes que on en a receu en nostre dicte Ville d'Arras, de lonc temps & de pieça, par quelque personne que on les vousist envoïer, dont Nous les peussions ou nostre dicte Ville pour ce, [a] sievir, ne [b] aprochier d'aucune amende, ne [c] traictier en Cause, si est nostre entencion, que Nous y renonçons & Nous en delaissons du tout, & bonnement en quittons à tous jours mais nostre dicte Ville, les diz Eschevins & tous les habitans d'icelle. En tesmoingnage & fermeté des choses dessus dictes, Nous avons mis à ces presentes Lettres, nos Seaulz, qui furent faictes & données en l'an de grace mil ccc. trente & cinq, ou mois de Juillet.

a *sevir: punir.* b *condamner.* c *tirer: assigner.*

*Notum facimus universis presentibus & futuris, quod Nos, qui ad ea que ipsorum Scabinorum, Burgencium & habitancium prefate Ville Attrebatensis, commodum respiciunt, aures nostras libenter aperimus, Litteras supra scriptas, necnon omnia & singula in ipsis Litteris contenta & expressata, rata & grata habentes, ea volumus, ratificamus, laudamus & approbamus, & de gracia speciali, auctoritate Regia & certa scientia, quathinus usi sunt, confirmamus per presentes: Dantes hiis presentibus* [d] *mandatis, dilectis & fidelibus Gentibus Parlamenti nostri Paris. Gubernatori Baillivie Ambian. Preposito* [e] *Bellequercus, ceterisque Regni nostri Justiciariis, aut eorum Locatenentibus, presentibus & futuris, & eorum cuilibet, prout ad eum pertinuerit, quatinus prefatos Scabinos, Burgenses & habitantes, gracia & confirmacione nostris presentibus, uti & gaudere faciant & permittant, absque quocumque impedimento. Quod ut perpetue stabilitatis, &c. salvo, &c.* Datum & actum Parisius, mense Junii, anno Domini millesimo ccclxix°. & Regni nostri sexto.

*Per Regem, in suis Requestis.*

Collacio facta est. *Visa.* J. DAILLY.

d in. e Beauquesne.

---

CHARLES V. à Paris, en Juin 1369. Philippe VI. dit de Valois, à Conflans lès Paris, en Juillet 1338.

## *(a)* Confirmations d'un Privilege accordé à la Ville de Loches, par Dreux de Mello.

KAROLUS *Dei gracia Francorum Rex. Notum facimus universis presentibus & futuris, Nos quoddam Transcriptum seu Copiam quarumdam Litterarum carissimi Domini & Avi nostri, Regis Philippi, cujus anime Deus parcat, sub sigillo Regio de (b) Lochis, confectum vidisse, sub hiis verbis:* Copie.

PHILIPPE par la grace de Dieu Rois de France. Nous faisons savoir à tous presens & avenir, Nous avoir veuës & diligemment regardées les Lettres cy-dessoubx transcriptes, saines & entieres, desquelles la teneur est telle.

*Universis Christi fidelibus, presentes Litteras inspecturis. Ego (c) Droco de Melloco,*

NOTES.

*(a)* Tres. des Chartr. Regist. 100. Piece 514.

*(b) Lochis.] Loches* dans la Touraine. *Voyez la Note (c).*

Le lieu nommé *Locheris*, suivant les apparences, est *Lochere*, que l'on trouve dans la Carte d'Anjou & de Touraine, à deux lieuës de *Loches* sur l'Indrois.

*(c) Droco de Melloco.] Dreux de Mello* IV. du nom. Il fut fait Connestable de France vers 1191. Il est étonnant qu'il ne prenne point icy cette qualité. Il mourut en 1218. Voy. l'*Hist. Geneal. de la Mais. de Fr.* Tom. VI. p. 57.

Il y est dit, p. 58. qu'en 1204. Philippe-Auguste luy donna la Ville & le Chasteau de Loches, & celle de Chastillon sur Indre, qu'il avoit conquise *[sic]* sur le Roy d'Angleterre. *Voy. la Note suivante.*

*Locharum Dominus: Salutem in Domino. Noverit Universitas vestra, quod homines mei de Lochero, nunquam tenentur michi reddere tailliam, nec tailliam michi debent. In cujus rei memoriam, predictis hominibus meis de Lochero, presentes Litteras dedi, sigilli mei munimine roboratas.* Datum anno Domini millesimo ducentesimo III°. *(a)* IX°. mense Junii.

CHARLES V. à Paris, en Juin 1369.

Et Nous adecertes, les dictes Lettres & les choses contenuës en ycelles, en tant comme les dis hommes en ont usé & joy paisiblement, ou temps passé jusques à ores, & encor usent, ayens agreables, ycelles, en tant comme à Nous appartient, approuvons, ratifions & de grace especial confermons; sauf en toutes choses nostre droit, & l'autrui. Et pour ce que ce soit ferme & estable à perpetuité, Nous avons fait seeller ces presentes Lettres de nostre Seel. *Et ce fu fait à Conflans lès Paris, l'an de grace mil CCC. trente & huit, ou mois de Juillet.*

Ceste Copie fu faite à Lorches, donnée & seellée soubz le Seel le Roy nostre S. dont l'en use en dit lieu. En tesmoing de verité, le Merquedi emprès la S.t Loïz l'an dessus dit. [a] *Vise est in Camera Compotorum, & expedita sine financia.* [b] PHOM. Faite est collacion. P. SACIER.

a visa.

b Il y a une marque d'abreviation sur ce mot.

*Nos autem Litteras dicti Domini & Avi nostri suprascriptas, omniaque & singula in ipsis contenta, rata habentes & grata, eas & ea volumus, laudamus, approbamus, ratificamus, ac de speciali gracia, nostrisque auctoritate & plenitudine nostre Regie Majestatis, quathenus homines de Lochero predicti, contentis in predictis Litteris usi sunt, tenore presencium confirmamus: mandantes Senescallo Turon. ceterisque Justiciariis & Officiariis nostris, qui nunc sunt & pro tempore fuerint, aut eorum Locatenentibus, & cuilibet eorumdem, ut ad eum pertinuerit, quathenus homines de Lochero predictos, modernos & futuros, contra tenorem prescriptarum Litterarum nostreque presentis confirmacionis, nullathenus impediant,* [c] *molestant seu perturbent, aut impediri, molestari vel perturbari faciant aut paciantur à quoquam; quin ymo facta in contrarium, si que fuerint, ad statum pristinum & debitum reducant aut reduci faciant, visis presentibus, absque cujuslibet alterius expectacione mandati. Quod ut perpetue firmitatis robur obtineat, nostrum presentibus Litteris fecimus apponi sigillum; nostro & alieno in omnibus jure salvo.* Datum & actum Parisius, mense Junii, anno Domini M. CCC. LXIX. & Regni nostri sexto.

c molestent.

*Per Regem, ad relacionem Consilii.* DOUHEN.

NOTE.

*(a) IX.° ]* Ce mot est très-douteux. On pourroit lire *in*; ou bien *X*, ce qui feroit *III° X.°* en le rapportant à l'année, & non au mois. Si on lit *IX.°* & qu'on le rapporte au mois, *Loches* n'aura pas esté donné à *Dreux de Mello* en 1204. & il en estoit déja Seigneur en 1203. *Voyez cy-dessus Note (c).*

CHARLES V. à Paris, en Juillet 1369.

*(a) Lettres qui permettent aux Pescheurs de la Ville de Paris, de pescher pendant tout le cours de l'année.*

CHARLES, &c. Savoir faisons à tous presens & avenir, à Nous avoir esté exposé, que de la partie des povres Pescheurs de nostre bonne Ville de Paris, des Villes d'environ & de la Viconté de Paris, disans, que ja soit ce que en tous temps, soit le mestier de Pescherie de Poisson, [d] en saison, pour le vivre & sustentacion d'un chascun qui en voelt & poet user, dont plusieurs bonnes gens prendent communement leur soustenement, qui de [e] chars & de [f] volalles se astiennent par

d *lorsque la saison permet de pescher.*

e *chairs.*

f *volailles.*

NOTE.

*(a)* Tresor des Chartres, Registre 100. Piece 536.

CHARLES V. à Paris, en Juillet 1369.

devocion, par veux ou autrement; & pour ce, aïent de accoustumence lesdis Exposans, de pescher pour gaignier leur povre vie, & le gouvernement de leurs femmes & enfans, chascun jour l'année, durant que l'en peut bonnement entrer en eauë; Néant moins les Maistres de noz Eauex & Forès, depuis un peu de temps & nouvellement, leur wellent interdire, defendre & faire chomer de peschier, depuis le my-Mars jusques à my-May, en quel temps le mestier de Pescherie est moult neccessaire à la substantacion du Pueple; & [a] traictier les wellent tous generalment à amende pour avoir pesché, disans que il ne povoient mettre en Riviere, de jour ne de nuis, par le temps dessus dit, aucuns engins, vrins, lignes, hamessons, verneux ne autres engins quel qu'ils il soïent, [b] comment que [c] à tout engin [d] loisible & acoustumé de temps ancian, eulx aïent acoustumé & usé de mestier de Pescherie, ledit temps durant, comme il font ès autres saisons de l'an; par lequel interdit, demouroit le vivre de partie du Peuple, qui souvent en est en partie gouverné; & aussi les dis Exposans ne se sauroient de quoy gouverné, s'il les convenoit estre oiseux, & cesser de leur mestier par si long temps; & pour ce, Nous ont humblement supplié, que de nostre grace leur vosissiens ottroïer, que, nonobstant la dicte defense & interdit, eulx puissent pescher par ledit temps, depuis my-Mars jusques à my-May, en la maniere qu'il ont fait du temps de nos Predecesseurs & du nostre; c'est assavoir, à banc, mooles, loyaux de hamessons, à toutes esches & qui ont cour en toutes saisons, en les mettant ou jettant en l'eauë de jour, & les y laissant la nuit, & [e] recouvrant lendemain de jours, en la maniere que il ont acoustumé d'ancienneté: Nous adecertes, ces choses considerées, & desirans de nostre cuer, le bien & profit de nostre menu Peuple, & que un chascun en droit soy, soit gouverné & maintenu selon les bons ancians usages de nos Predecesseurs, tousjours de nostre povoir, à l'augmentation du bien publique, avons ottroïé & ottroïons aus dis Supplians, de grace especial, certaine science, auctorité & puissance Royal, qu'il puissent pescher & user du mestier de Pescherie, en tous temps de l'an, & en la forme & maniere qu'il ont accoustumé d'en user du temps de noz Predecesseurs & du nostre, jusques à ores; nonobstant l'interdit & defense dessus dit, à eulx fais par les dis Maistres de nos Eauës & Forès, ausquelz & à tous les Justiciers & Officiers de nostre Royaume, presens & avenir, ou à leurs Lieuxtenans, & à chascun d'eulx, ainsi que à lui appartendra, Nous donnons en mandement par ces presentes, que lesdis Supplians & chascun d'eulx, il lessent & facent à plein joïr & user de nostre presente grace, sens les contraindre, molester ou empeschier pour le temps passé, present ou avenir, en aucune maniere contre la teneur d'icelle; & se aucune chose est faicte, attenté ou innové comment que ce soit au contraire, si le ramainent & facent ramener sans delai, au premier & deu estat. Et pour ce que ce soit ferme chose & estable à tousjours mais, Nous avons fait mettre nostre grant Seel à ces presentes; sauf en autres choses nostre droit & l'autrui en toutes. *Donné à Paris, l'an de grace m. ccc. lxix. ou mois de Juillet, & le VI[e] de nostre Regne.*

Par le Roy, en ses Requestes. P. CRAMETE. HESTOMMEVIL.

[a] tirer: condamner.
[b] quoi que.
[c] avec.
[d] permis.
[e] retirant.

---

CHARLES V. à Paris, en Juillet 1369.

(a) Lettres qui portent que les Ciriers de la Ville de Chartres, ne pourront gagner que six deniers, sur la livre de Cire qu'ils employeront à fabriquer des Cierges & des Torches.

*KAROLUS, &c. Ad perpetuam rei memoriam. Dum processa meritorum insignia, quibus Regina Celorum, Virgo Dei Genitrix gloriosa, sedibus perelecta [f] sideris, quasi stella matutina prorutilat, devote considerationis indagine perscrutamur; dum etiam*

[f] sidereis.

NOTE.

(a) Tresor des Chartres, Registre 100. Piece 207.

*infra pectoris archana revolvimus, quod ipsa, utpote Mater misericordie, Mater gratie, pietatis amica ac humani generis consolatrix & pervigil, ad Regem quem genuit, continuè intercedit, dignum, quin potius debitum arbitramur, ut Ecclesias in honore sui nominis dedicatas, gloriosè prosequamur, & fructuosis attollamus incrementis. Cum siquidem dilecti nostri Decanus & Capitulum Ecclesie Carnotensis, Nobis duxerint exponendum, quod cum emolumentum proveniens ex luminari cere, que tam in* [a] *Candelis quam in* [b] *torticis, offeritur in Ecclesia supra dicta, ad opus (a) Fabrice ejusdem, & non alibi, converti consueverit per manus ejusdem Fabrice Provisoris, tanquam* [c] *manus emolumentum quod* [d] *perveniet ad eamdem: Cumque operarii utriusque sexus, qui luminare faciebant supradictum, in terra dictorum Decani & Capituli commorantes, cupiditate excecati, & de lucro moderato non contenti, tam falsum & modici valoris luminare faciebant sepedictum, quod medietatem ultra puram (b) sortem lucrabantur, commodum quod exinde dicte Fabrice deberet provenire, dampnabiliter substrahendo; prefati Decanus & Capitulum, matura deliberatione super hoc prehabita, nuper ordinaverint & decreverint ordinandum, quod a tunc in antea, perpetuis temporibus affuturis, Candele & tortici de cera fierent & fient in terra eorumdem, talis quantitatis & valoris, quod Operarii & Operatrices qui Candelas ipsas facient per se vel per alium, & torticos, atque vendent, pro toto eorum labore atque lucro, ultra ipsorum puram sortem vel proprium capitale, de & super qualibet libra cere, in Candelis & torticis, ut predicitur, operata, sex denarios Turonenses percipient & habebunt tantummodo; & nichilominus dicta Ordinatio dicte Fabrice modicum proficeret, nisi per Nos super hoc provideretur gratiosè; presertim cum dicti Operarii & Operatrices, ad terram nostram, ut in dicta ordinatione non debeant comprehendi, se transtulerunt, & de die in diem transferre non postponunt, (c) penisq. consueverant, opus hujusmodi* [e] *misterii facere non verentes, prout fertur. Ea propter, notum fieri volumus universis tam presentibus quam futuris, quod Nos, ad prefatam Ecclesiam, que de Regina mundi & Domina Virgine Beatissima supradicta, vocabulo gloriosissimo nomen sumpsit, & eciam decoratur, specialem devocionem habemus & affectum singularem, ex nostra certa scientia auctoritateque Regia & de gratia speciali, consimilem in terra nostra tocius Ville Carnotensis & Banleuce ejusdem, Ordinacionem teneri volumus, & decernimus perpetuò observari; videlicet, quod de qualibet cere libra in eadem terra nostra, sic, ut premittitur, operata, Operarii predicti utriusque sexus, ultra dictum proprium capitale, pro lucro & labore suo, sex denarios Turonenses percipient & habebunt dumtaxat, & non ultra. Quocirca Baillivo & Preposito Carnotensibus, presentibus & futuris, vel Locatenentibus eorumdem, precipimus & mandamus, quatenus ordinacionem predictam, juxta presencium seriem & tenorem, servari & illibatam teneri faciant & permittant. Quod ut perpetuò perseveret, &c. salvo, &c.* Actum Parisius, in Domo nostra juxta Sanctum Paulum, anno Domini m.° ccc.° lxix.° Regni vero nostri anno VI.° mense Julii.

*Per Regem, in suis Requestis.* J. DE LUZ.

[f] Contentor. *Visa.*

CHARLES V.

à Paris, en Juillet 1369.

*a* Cierges.

*b* Torches.

*c* majus.

*d* pervenit.

*e* mestier.

*f* Voy. les Tab. des Mat. des 4.° & 5.° Vol. des Ord. *à ce mot.*

NOTES.

(*a*) *Fabrice.*] *Fabrique.* Voyez *le Gloss. de du Cange*, au mot, *Fabrica.*

(*b*) *Sortem.*] Ils gagnoient la moitié en sus, de la somme à laquelle leur revenoit la Cire mise en œuvre. Il y a plus bas, *puram sortem vel proprium capitale.*

(*c*) *Penis.*] Il y a une marque d'abbreviation sur le *q.* qui suit. Cet endroit me paroist corrompu. Peut-estre pourroit-on corriger: Penes quod consueverant: *de la mesme maniere qu'ils avoient accoustumé de faire auparavant.*

CHARLES V. à Paris, en Juillet 1369.

(a) Lettres qui confirment l'Evesque d'Alby, dans le droit de chasser aux Bestes Fauves, dans les Bois qui lui appartiennent.

*KAROLUS, &c. Notum facimus universis presentibus pariter & futuris, Nos ad supplicacionem dilecti & fidelis nostri Episcopi (b) Abbiensis, vidisse Litteras infrascriptas, non rasas, cancellatas aut viciatas; sed omni prorsus suspicione carentes, formam que sequitur, continentes.*

*JOHANNES de Aula, Domicellus, Condominus de Glisolio, Magister Forestarum & Aquarum Reg. Senescallie Tholosane & Abbiensis, Domini nostri Francorum Regis. Notum facimus universis, quod super litigio orto coram Nobis, super opposicione quarumdam Litterarum serenissimi Principis, Domini Ducis Andegavensis &* [a] *Cenomanensis, Germani & Locumtenentis Domini nostri Francorum Regis, quarum tenor talis est.*

a Comitis.

*LUDOVICUS Regis quondam Francorum Filius, Domini nostri Regis Germanus, ejusque Locumtenens in* [b] *Partibus Occitanis, Dux Andegavensis & Comes Cenomanensis: dilecto nostro Magistro Forestarum & Aquarum Senescallie* [c] *Tholosanie, vel ejus Locumtenenti: Salutem. Conquestus est Nobis Procurator dilecti & fidelis nostri Episcopi Abbiensis, quod licet predictus Abbiensis Episcopus, & sui predecessores Episcopi Abbienses, in terra sua propria, in qua solus & in solidum habet, & sui predecessores Episcopi Abbienses habuerunt omnimodam altam, mediam & bassam Juridiccionem,* [d] *merum & mixtum imperium, & eciam (c) excercitium habebat a Forestis Regis, per duas leucas vel circa, distancium, in quibus Apri & fere bestie suos fetus faciunt & eciam nutriunt; nichilominus vos eumdem Episcopum, seu Gentes suas impedire nitimini in venacione animalium predictorum, ac in punicione illorum, qui absque ejusdem Episcopi mandato ac voluntate,* [e] *dicta sua terra propria seu ressorto, feras predictas venantur, in magnum ipsius Episcopi & sue Juridiccionis predicte prejudicium, ac contra* [f] *Ordinacionem Regis super talibus factarum formam, sicut dicit. Igitur, nostro, super hoc, remedio implorato, vobis mandamus, quatenus, si vobis ita esse summarie & de plano, absque longo strepitu Judicii & figura, constiterit, eumdem Episcopum, ac ejus Gentes in predictis nullatenus deinceps impediatis seu perturbetis, impediri seu perturbari a quoquam permittatis; factaque &* [g] *attempta in contrarium, si que sint, revocetis, & ad statum debitum reducatis; que Nos in casu predicto, tenore presencium revocamus, & ad statum debitum & pristinum reducimus per presentes; Litteris* [h] *surreptis in contrarium impetratis vel impetrandis, nonobstantibus quibuscumque.* Datum apud Montempessulanum, die VI.ª Augusti, anno Domini M. CCC. LX. quinto.

b Languedoc.

c Tholosane, là & plus bas.

d Voyez cy-dessus, p. 44. Note (z).

e in.

f ordinacionum.

g attemptata.

h subrepticiis.

[i] *Inter Procuratorem Regis Generalem Senescallie Tholosanie, seu ejus Substitutum, & Procuratorem Reverendi in Christo Patris, Domini Episcopi Abbiensis, super facto venacionis Forestarum & nemorum suorum, ipsis Litteris presentatis per Procuratorem ipsius Domini Abbiensis Episcopi, per* [k] *articulos; & in oppositum, certis articulis traditis per ipsum Procuratorem Regis, seu ejus Substitutum, ad fundandum intencionem Juris Reg. & ad ipsas Litteras enarrandum, testibus hinc & inde, super eisdem productis & auditis, & eorum dictis deposicionibus publicatis & renunciatis; &* [l] *concluso, habita*

i Suite des Lettres du Maistre des Eaux & Forests.

k Voy. la Tabl. du 3.ᵉ Vol. des Ordonn. *au mot*, Article.

l le procès estant conclu & en estat de juger.

NOTES.

(a) Tresor des Chartres, Registre 100. Piece 528.

(b) *Abbiensis.] Albiensis*, là & dans toute la Piece, il se nommoit *Hugo Alberti*. Il a commencé à sieger vers 1355. & est mort vers 1379. Voyez *Gall. Christ. 2. edit. Tom. I. p. 28. n.° 62.*

(c) *Excercitium.]* Il paroist par la suite de ces Lettres, que ce mot signifie icy le droit de chasse, & la Jurisdiction dans les Forests appartenantes à l'Evêque.

*deliberacione Consilii, nostram Ordinacionem pronunciaverimus in hunc modum : Et Nos Magister antedictus, visis hinc inde petitis, propositis,* [a] *exceptionibus, ac eciam productis & probatis, cum constet Nobis Forestam de Verdia, Domini Episcopi Abbiensis, & Nemus sive Forestam de Sancto Ypolito & de Vendoyas, distare a* [b] *Forestis Regis, per duas leucas, idcirco pronunciamus dictum Dominum Episcopum, ac Gentes & alios, de ejus tamen voluntate, posse & debere venari, ac sibi competere jus venandi in dictis Forestis seu Nemoribus, Apros, Capriolos, & omne Ferarum genus: quia vero Foresta sive Nemus de Almayraco, à Foresta Reg. de* [c] *Panpelier per duas leucas non distat, in ipsa tamen Foresta sive Nemore de Almayraco, Apri & Capreoli nasci & renasci ac nutriri consueverunt, idcirco pronunciamus dictum Dominum Episcopum, & ejus Gentes ac alios, de ipsius voluntate, posse & debere venari, ac jus venandi sibi competere Apros & Capreolos, Cervum, Cervos; (a) nisi ibi noviter nascuntur & renascuntur & renascantur ac eciam nutriantur; in predictis,* [d] *Litteris dicti Domini Ducis & Locumtenentis, fore* [e] *exequendas,* [f] *pronunciantes ac eciam ordinantes & (b) ordinamus & declaramus ac pronunciamus ipsas Litteras fore exequendas, ipsum Dominum Episcopum, nec ejus Gentes, contra ipsarum tenorem, minimè fore* [g] *inqetandos, molestandos nec impediendos; ipsas Litteras & pronunciacionem nostram* [h] *exequendo. In quorum testimonium, sigillum nostrum autentiquum, presentibus Litteris duximus apponendum.* Actum & datum *(c)* Galliaci, die XI.a mensis Decembris, anno Domini m. ccc. lxviii°.

CHARLES V. à Paris, en Juillet 1369.

a except. *R.*
b Forest. *R.*
c Il y a une marque d'abregé sur l'r.
d Je crois qu'il faut corriger, *Literas.*
e exequend. *R.*
f pronunciant... declarant. *R.*
g inquietandos.
h exequend. *R.*

[i] *Quas quidem Litteras & omnia in eisdem contenta, Nos rata & grata habemus, & de speciali gracia, tenore presencium confirmamus: mandantes omnibus & singulis Officiariis & Justiciariis nostris, quatenus dictum Supplicantem & ejus successores, contra dictarum Litterarum atque presencium seriem, nullatenus* [k] *inquietant aut perturbent, vexarive aut molestari permittant; ad statum pristinum & debitum reducendo quidquid in contrarium attemptatum repererint sive factum. Quod ut robur obtineat perpetuum, sigillum nostrum his presentibus est appensum; salvo in omnibus jure nostro ac eciam alieno.* Actum & datum Parisius, anno Domini m. ccc. lxix.° & Regni nostri VI.° mense Julii.
*Per Regem, ad relacionem Consilii.* G. MONTAGU.

i Suite des Lettres de Charles V.
k inquietent.

NOTES.

*(a) Nisi ibi noviter.]* Voici le sens qu'il me paroist qu'on peut donner à cette disposition, qui semble contraire à la precedente: *Si depuis long temps, il y a des bestes fauves dans cette forest, l'Evesque pourra y chasser; mais si c'est nouvellement que ces bestes y sont venuës, il ne pourra le faire.* Cette disposition estoit peut-estre conforme à l'Ordonnance du Roy, de laquelle il est parlé dans les Lettres du Maistre des Eaux & Forests, & qui ne s'est pas conservée.

*(b)* Il y a là un mot en abregé & dont les caracteres sont très-broüillez, qu'on n'a pû déchiffrer.

*(c) Galliaci.]* Il y a deux lieux nommez *Gaillac*, dans le Haut-Languedoc. Il y en a un qui est dans l'Evesché d'Alby, c'est apparemment celui dont il s'agit icy. Voyez *le Dict. Univ. de la Fr.* au mot, *Gaillac.*

---

CHARLES V. à Paris, en Juillet 1369.

## *(a)* Diminution de Feux pour differents Lieux.

*KAROLUS, &c. Notum facimus, &c. Quod cum ex parte, &c.*

*CUMQUE facta quadam informacione virtute Litterarum nostrarum & aliarum Regiarum, in loco de* [l] *Gabiano, Vicarie Bitterrensis, Senescallie Carcassone, super numero Focorum modernorum in dicto loco de Gabiano nunc* [m] *existancium, per dilectum & fidelem nostrum Johannem de Villanis, Militem, Vicarium Bitterrensem, Commissarium in*

l Gabian, *Diocese de Beziers.*
m existentium.

NOTE.

*(a)* Tresor des Chartres, Registre 100. Piece 222.

*Voyez cy-dessus*, p. 30. Note *(a)*.

C'est le R. P. D. *Vaissette*, Benedictin, qui m'a communiqué les noms françois des Lieux dont il est parlé dans cette Piece, & les trois suivantes.

CHARLES V. à Paris, en Juillet 1369.

*hac parte deputatum; vocato & presente in omnibus Procuratore nostro Generali dicte Senescallie Carcassone, aut ejus legitimo Substituto, &c.*

*Repertum fuerit quod in dicto loco de Gabiano, sunt de presenti & reperiuntur centum quinquaginta octo Focci, secundum traditam instructionem super hoc prelibatam. Nos vero, &c.* Actum Parisius, mense Julii, anno Domini millesimo ccc. lxix.° & Regni nostri sexto. *Visa.*

*Per Consilium existens in Camera Compotorum Par.*

Informatio, &c.

a Lespignan, *Diocese de Beziers.*

*(a)* K*AROLUS, &c. Notum facimus &c. Quod cum ex parte, &c. Cumque facta quadam informacione per dilectum & fidelem nostrum Johannem de Villanis, &c. ut supra. Pro loco de* [a] *Lespinhano, in quo sunt centum XXVIII. Focci, &c. ut supra.* Signata ut supra.

b Castelnau de Guuers, *Diocese de Beziers.*

c Cabrieres, *Diocese de Beziers.*

K*AROLUS, &c. pro loco de* [b] *Castro novoguercii, in quo sunt de presenti LXII. Focci; & in loco de* [c] *Capraria, XXXI. Focci, &c. ut supra.* Signata ut supra.

d Vendres, *Diocese de Beziers.*

e Biterrensis.

K*AROLUS, &c. pro loco de* [d] *Venere, Vicarie* [e] *Biturien. Senescallie Carcassone, in quo sunt de presenti centum novemdecim Focci, &c. ut supra.* Signata ut supra.

f Fontez, *Diocese de Beziers.*

K*AROLUS, &c. Pro loco de* [f] *Fontesio, in quo sunt de presenti octoginta & octo Focci, &c. ut supra.* Signata ut supra.

g Domicellum.

h Aspiran, *Diocese de Beziers.*

K*AROLUS, &c. Notum, &c. Cumque facta quadam informacione per dilectum nostrum Barduchum Warcelli* [g] *Domicelli, Vicarium (b) Giniaci, &c. pro loco de* [h] *Aspirano, Vicarie Giniaci, Senescallie Carcassone, in quo de presenti sunt centum duo Focci, &c. ut supra.* Signata ut supra.

i Neffiez, *Diocese de Beziers.*

k Nebian, *Diocese de Lodeve.*

l Vallian, *Diocese de Beziers.*

K*AROLUS, &c. per dilectum & fidelem nostrum Johannem de Villanis, &c. pro locis de* [i] *Neffianis, de* [k] *Nebiano & de* [l] *Valhano, Vicarie Biterrensis, repertum fuerit, quod in dicto loco de Neffianis, sunt de presenti LVI. Focci; in dicto loco de Nebiano, XXXIX. Focci; & in dicto loco de Valhano, undecim Focci, &c. ut supra.* Signata ut supra.

m Peret, *Diocese de Beziers.*

n Lieuran de Cabragrez, *Diocese de Beziers.*

o (Lisez) *Planis*, Planes, *Diocese de Beziers.*

p Montesquieu, *Diocese de Beziers.*

K*AROLUS, &c. Cumque factis quibusdam informationibus, &c. per dilectum & fidelem nostrum Johannem de Villanis, Militem, Vicarium Bitterrensem, ac ejus Locumtenentem, Commissarios, &c. pro locis de* [m] *Pereto, de* [n] *Livrano Caprarien. de* [o] *Phanis & de* [p] *Montesquino, &c. repertum fuerit, quod in dicto loco de Pereto, sunt de presenti & reperiuntur LVI. Focci; in loco de Livrano Caprarien. decem Focci; in loco de Phanis XIIII.*[cim] *& in loco de Montesquino octo Focci, &c. ut supra.* Signata ut supra.

q Pouzolles, Abaillan, Caillac, *Diocese de Beziers.*

K*AROLUS, &c. Cumque factis quibusdam informacionibus, &c. per dilectum, &c. ut in precedenti, pro locis de* [q] *Posolis, de Abeliano & de Casilhaco, Vicarie Biterrensis, repertum fuerit, quod in loco de Posolis sunt de presenti LV. Focci; in loco de Abeliano XLVII. Focci; & in loco de Casilhaco, XXII. Focci, &c. ut supra.* Signata ut supra.

r Sauvian, Roquebrune, *Diocese de Beziers.*

K*AROLUS, Cumque factis quibusdam informacionibus virtute, &c. per Commissarios predictos, pro locis de* [r] *Salviano & de Rocabruno, &c. repertum fuerit, quod in*

NOTES.

*(a)* Cet article a esté copié conformement au Registre. Dans les suivans on a encore retranché les formules repetées.

*(b) Giniaci.] Gignac*, dans le Diocese de Beziers. Voyez *le Dict. Univers. de la Fr.* au mot, *Gignac.*

*dicto loco de Salviano, sunt septuaginta quinque Focci; & in dicto loco de Rocabruno, LIIII.*or *Focci, &c. ut supra.* Signata ut supra.

CHARLES V. à Paris, en Juillet 1369.

*KAROLUS, Cumque factis quibusdam informacionibus per certos & ydoneos Commissarios, &c. pro locis de* [a] *Rojano, de* [b] *Margunto & de* [c] *Burano, repertum fuerit, &c. quod in dicto loco de Rojano, sunt nonaginta octo Focci; in dicto loco de Margunto, XIIII.*cim *Focci; & in dicto loco de Burano, viginti duo Focci, &c.* Signata ut supra.

*KAROLUS, &c. Cumque factis informacionibus per certos, &c. ut supra, pro locis de* [d] *Alignano & de Podio-Mussone, Vicarie, &c. repertum fuerit, quod in dicto loco de Alignano, sunt de presenti* LXXIII. *Focci; & in dicto loco de Podio-Mussone* XL. *Focci, &c. ut supra.* Signata ut supra.

a Roujan, *Diocese de Beziers.*
b ( Lisez *Margono,* ) Margon, *Diocese de Beziers.*
c ( Lisez *Boiano,* ) Boujan, *Diocese de Beziers.*
d Alignan, Puimisson, *Diocese de Beziers.*

---

CHARLES V. à Paris, en Juillet 1369.

## *(a)* Diminution de Feux pour Beziers & autres Lieux.

*KAROLUS, &c. Notum facimus, &c. quod cum ex parte, &c.*

[e]*CUMQUE facta quadam informacione virtute Litterarum nostrarum ac aliarum Regiarum, in Villa Bitterris, & in locis de* [f] *Aurelhaco, de Clayraco & de Leboyraco, in Juridictione & territorio dicte Ville Bitterris existentibus, &c. Cumque facta informacione, &c. per dilectum & fidelem nostrum Johannem de Villanis, Militem, Vicarium Bitterrensem, Commissarium in hac parte deputatum, &c. repertum fuerit, quod in dicta Villa Bitterris, & in dictis locis de Aurelhaco, de Clayraco & de Leboyraco, sunt de presenti & reperiuntur mille centum nonaginta quinque Focci, &c. prout in precedentibus de Foccis.* Actum Parisius, *ut supra de Foccis.*

Signata ut alio de Foccis.

e Ce qui suit a esté copié conformement au Registre.
f Aureillac, Cleyrac, Lebouyrac, *Diocese de Beziers.*

NOTE.

*(a)* Tresor des Chartres, Registre 100. Piece 231.
*Voyez cy-dessus*, p. 30. Note *(a)* & p. 211. Note *(a)*.

---

CHARLES V. à Paris, en Juillet 1369.

## *(a)* Diminution de Feux pour Montreal.

*KAROLUS, &c. Notum, &c. quod cum ex parte, &c.*

*CUMQUE facta quadam informacione virtute certarum Litterarum Regiarum, in Villa seu loco* [g] *Montis Regalis, Senescallie Carcassone, super numero Focorum modernorum in dicta Villa seu loco nunc existencium, per dilectum & fidelem nostrum Nycholaum de Lettis, Militem, Castellanum Montis-Regalis, Commissarium in hac parte deputatum; vocato & presente in omnibus Procuratore nostro Generali dicte Senescallie Carcassone, aut ejus, &c. repertum fuerit; quod in dicta Villa seu loco Montis-Regalis, sunt de presenti & reperiuntur trescenti octoginta tres Focci, &c.* Actum Parisius, mense Julii, anno Domini M.° CCC.° LX.° IX.° Regni nostri VI.°

P. DU CHASTEL, &c.

*Per Consilium, &c.* Informatio, &c.

g Montreal, *Diocese de Carcassonne.*

NOTE.

*(a)* Tresor des Chartres, Registre 100. Piece 530.
*Voyez cy-dessus*, page 30. Note *(a)* & p. 211. Note *(a)*.

CHARLES V. (à Paris, en Juillet 1369.)

(a) Diminution de Feux pour le lieu nommé Quarante, & autres Lieux.

*KAROLUS, &c. Notum, &c. quod cum, &c.*

*CUMQUE facta quadam informacione virtute Litterarum nostrarum & aliarum Regiarum, in loco de* [a] *Quadraginta, Vicarie Bitterr. Senescallie Carcassone, super numero Focorum modernorum in dicto loco nunc existencium, per dilectum & fidelem nostrum Johannem de Villanis, Militem, Vicarium Bitterr. Commissarium, &c. repertum fuerit, quod in dicto loco de Quadraginta, cum adjunccione (b) manse de Gabenacio, aliter de Cabanis, sunt de presenti & reperiuntur LXVII. Focci, secundum, &c.*

[b] Datum & signatum & registratum prout in eadem Carta Montis-Regalis habetur.

*Alia consimilis carta & concessio sub eadem forma, pro Villa seu loco de* [c] *Agello, Vicarie Bitterrensis, Senescallie Carcassone.*

*Alia consimilis pro loco de* [d] *Caucio, Comitatus Pedenacii.*

*Alia consimilis pro loco de* [e] *Pedenacio, Senescallie Carcassone.*

a Quarante, *Diocese de Narbonne.*

b Depuis *Datum*, le reste est copié conformement au Registre.

c Agel, *Diocese de S.t Pons.*

d Caux, *Diocese de Beziers.*

e Pezenas, *Diocese d'Agde.*

NOTES.

*(a)* Tresor des Chartres, Registre 100. Piece 531. & suiv.

*Voy. cy-dessus*, p. 30. Note *(a)* & p. 211. Note *(a)*.

*(b) Manse.]* *Mansa*, *mansus* ou *mansum* signifient une *habitation*, un *hameau*. Dans le Languedoc on dit ordinairement *Mas* en françois. Voyez *le 3.e Volume des Ordonn.* p. 177. Note *(c)*, & *le Gloss. de Du Cange*, au mot, *Mansus*.

---

CHARLES V. à Roüen, en Juillet 1369.

(a) Confirmation des Privileges de la Ville de Montpellier.

*KAROLUS, &c. Notum facimus universis tam presentibus quam futuris, quod ad Supplicacionem fidelium nostrorum Consulum & habitatorum Ville nostre Montispessulani, asserencium se habere plures laudabiles consuetudines & statuta, quibus utuntur in dicta Villa, & hactenus usi sunt, requirencium ipsas consuetudines & statuta, per Nos eisdem confirmari ac eciam approbari: Nos easdem consuetudines & statuta, in sui roboris firmitate teneri & observari volentes, ipsas omnes & singulas consuetudines & statuta Ville predicte, quibus hactenus in eadem, ipsi & eorum predecessores usi sunt, ratas, gratas & firmas habentes, eas volumus, laudamus, approbamus, ratifficamus, & auctoritate nostra Regia, de speciali gracia, tenore presencium confirmamus. Quod ut firmum, &c. salvo in omnibus jure nostro ac eciam alieno.* Actum Rothomagi, mense Julii, anno Domini m.° ccc.° lxix.° & Regni nostri VI°. *Visa.*

Sic signata. *Ad relacionem Consilii.* MONTAGU.

NOTE.

*(a)* Tresor des Chartres, Registre 100. Piece 81.

---

CHARLES V. à Roüen, en Juillet 1369.

(a) Lettres qui confirment les Habitans de Montpellier, dans l'exemption du droit de Francs-Fiefs & des nouveaux acquets. (*Voyez page suivante, Note (b) de la premiere Piece.*)

*KAROLUS, &c. Notum facimus universis presentibus & futuris, quod cum olim felicis memorie, Jacobus tunc Rex Arragonum & Majoricarum, Comes* [f] *Barchinonensis,*

f Barchinon. *R.* Barcelone.

NOTE.

*(a)* Tresor des Chartres, Registre 100. Piece 229.

*& Dominus Montispessulani, dilectis nostris Consulibus & Universitati Ville nostre Montispessulani, suas concesserit Litteras, quarum tenor dicitur esse talis.* CHARLES V. à Roüen, en Juillet 1369.

*Manifestum sit omnibus, quod Nos, Jacobus Dei gracia Rex Arragonum & Regni Majoricarum, Comes Barchin. & Dominus Montispessulani, concedimus & laudamus (a) vobis duodecim probis viris electis ad consulendam Communitatem Montispessulani, dilectis & fidelibus nostris, & per vos, toti Universitati Montispessulani, quod vos (b) possitis emere, & ex donacionis sive permutacionis, & alia quacunque causa, percipere terras cultas & incultas, Castra, Villas & domos, & alias quascunque possessiones, & ex quacunque alia causa, redditus acquirere, & redditus omnes, & cetera omnia que modo habetis vel imposterum habituri estis, ex quolibet genere contractus, vel quolibet alio modo, vobis laudamus & confirmamus; salvo jure nostre Dominacionis & Jurisdictionis integre reservato.* Datum apud Montempessulanum [a] VI. Kalendas Septembris, anno Domini M. CC. tricesimo primo. *Signum Jacobi Dei gracia Regis Arragonum & Regni Majoricarum, Comitis Barchin. Domini Montispessulani. Hujus rei testes: Guillelmus de [b] Montait: Gaucerandus de Carcellaco: Hugo de Mataplana: Bernardus de Sancta Engerina: [c] Guilabtus de [d] Crozils: Saucius de Orta: [e] Gratia de Orta: Rodericus de [f] Ganucii. Signum Guillelmi [g] Scribe, qui mandato Domini Regis, pro Guillelmo de Sala Notario suo, hanc Cartam scripsit, loco, die & anno prefixis.*

a le 27. d'Aoust.

b Il y a une marque d'abbreviation sur l'*n*.

c Il y a une marque d'abbreviation sur le *b*.

d Il y a une marque d'abbreviation sur ce mot.

*e fortasse*, Gartia.

*f* nom douteux.

*g scrib.* avec une marque d'abbreviation. *R.*

*Nos ad dictorum Consulum Supplicacionem, Litteras suprascriptas, si tales sint, & imposterum eisdem, dicti Consules & Universitas usi sunt, tenore presencium confirmamus. Quod ut firmum, &c. salvo, &c.* Actum Rothomagi, mense Julii, anno Domini millesimo CCC.° LXIX.° & Regni nostri sexto. *Visa.*

*Per Regem, ad relacionem Consilii.* G. DE MONTAGU.

NOTES.

(*a*) *Vobis.*] Cette concession fut faite aux douze Conseillers de Montpellier, representants cette Ville.

(*b*) *Possitis emere.*] Le Privilege accordé aux habitans de Montpellier, n'est pas exprimé assez clairement. Je crois que c'est une exemption des droits de *Francs-Fiefs & de nouveaux Acquets*; c'est à dire, la permission donnée aux habitans de cette Ville, qui ne seroient pas nobles, d'acquerir des Fiefs, sans payer la finance dûë dans ce cas.

---

CHARLES V. à Roüen, le 3. d'Aoust 1369.

(*a*) *Mandement pour faire fabriquer des Blancs Deniers, de la Vaisselle d'Argent qui sera envoyée à l'Hostel des Monnoyes de Paris, par le Roy & par les Particuliers.*

CHARLES par la grace de Die Roy de France: A noz amez & feaulx les Generaulx Maistres de noz Monnoyes: Salut & dilection. Comme à present Nous ayons à faire & supporter très grans & innumerables [g] mises, pour le fait de nostre armée de la mer, & pour la defense de nostre Royaume, & des mises Nous ne puissions [h] finer si prestement, comme [i] mestier Nous est, se n'est par Nous, (*b*) au droit de nostre mesnies; & pour ce, ayons fait mectre & porter en nostre Monnoye de Paris, grant quantité de nostre vaisselle d'Argent, pour icelle faire ouvrer; &

g *depenses.*

h *trouver finances.*

i *besoin.*

NOTES.

(*a*) Registre *D.* de la Cour des Monnoyes, *fol.* 7 vingt 3. *vers.* [143.]

Avant ce Mandement, il y a: *Le Mandemant pour faire ouvrer la Vaisselle du Roy.*

On pourra consulter sur ce Mandement, & sur ceux qui regarderont les Monnoyes, la Preface du 3.^e^ Vol. des Ordonnances, p. cj. 5. *Monnoyes*, & l'article qui aura ce titre dans la Preface du 5.^e^ Vol.

(*b*) *Au droit de nostre mesnies.*] *Mesnies* signifie ordinairement *Domestiques*. Icy il doit signifier les meubles necessaires dans une maison, comme de la Vaisselle, que le Roy voulut bien sacrifier, pour soustenir les depenses de la guerre.

CHARLES V. à Roüen, le 3. d'Aoust 1369.

Nous ayons entendu que icelle vaisselle ne se puissent ouvrer à la loy des Blancs Deniers que l'en fait à present, sans trop grant perte & dommaige pour Nous: Nous vous mandons & commandons, que [a] tantost & sans delay, icelle nostre vaisselle d'Argent, & toute autre vaisselle d'Argent qui y sera apportée de par quelque personne que ce soit, vous faciez ouvrer & monnoyer, en faisant faire Blancs Deniers d'Argent à douze Deniers de Loy, Argent le Roy ou environ, au plus près que l'en pourra d'icelle Loy, & qu'ilz soïent de [b] huit solz de prix au Marc de Paris; & auront cours pour quinze deniers Tournois la piece; & les faictes faire sur les formes & coings des [c] Blancs Deniers d'Argent, que nostre très cher Seigneur & Pere que Dieu absoille, fist faire derrenierement; en y mettant telle différence comme bon vous semblera; & donnés & faictes donner à iceluy ou ceux qui feront led. Ouvraige, & aux Ouvriers & Monnoïers, tel salaire comme vous verrez qu'il appartiendra de raison. *Donné à Roüen, le III.e jour d'Aoust, l'an de grace mil trois cens soixante & neuf, & de nostre Regne le siziesme, soubz le scel de nostre Chastellet de Paris.*

Par le Roy. YVO.

a aussitost.

b de 96. pieces au marc.

c Voyez le 3.e Volume des Ord. p. 484. art. 2.

---

CHARLES V. à Roüen, le 6. d'Aoust 1369.

(a) *Lettres qui confirment les Religieux de l'Abbaye de la Sainte Trinité-au-Mont-Sainte-Catherine-dessus Roüen, dans le droit de ne point payer d'imposts pour les denrées qui seront achetées dans cette Ville pour leurs provisions; & dans l'usage de ne point prendre du Vicomte de l'Eau, un certificat contenant un estat de ces denrées.*

CHARLES, &c. Savoir faisons à tous presens & avenir, que oye l'umble petition de noz bien amez & feauls, les Religieux, Abbé & Couvent de Sainte Trinité au Mont-Sainte-Katherine, dessus Roüen, contenant, que ja soit ce que euls & leurs predecesseurs, depuis la création de leurdit [d] Monstier, ou au moins de tel & si lont temps qu'il n'est memoire du contraire, eussent & aïent acoustumé, tant par vertu de leurs Chartres & Privileges, comme autrement, d'acheter en la Ville de Roüen, quelconques vivres & marchandises, pour la necessité de eulx & de leur [e] hostel, faire passer & repasser par eulx, leurs gens, serviteurs & familiers, par ladicte Ville & destroys d'icelle, leurs blefs, vins, [f] chars, poissons, bestail, chevaux, charrettes, & quelconques autres leurs choses, franchement & quittement, sans destourbier ou empeschement d'aucun, & sens ce qu'il en fussent ne soïent tenus payer aucun acquit, coustume, paage, rente ne redevance aucune, ne pour ce aller prandre *(b)* congié, deprys ne franc merel, à nostre *(c)* Viconte de l'Eaue de Roüen, ne aus gens ne Officiers qui pour Nous excercent icelle Viconté, soïent fermiers ou autres; mais tant seulement le dire aux Barriers, qui pour & ou nom de Nous, sont establis & commis aux portes & passages de la dicte Ville, pour recouvrer les [g] mereaux de ceulx qui passent, & recevoir aucuns droits qui deuz Nous sont, en faisant foy par eulx, leurs gens, serviteurs ou familiers, en la main des diz Barriers, se il le demandoient ou en faisoient aucun doubte, que les vivres,

d Monastere.

e maison.

f chairs, viandes.

g Voy. Note (b).

NOTES.

*(a)* Tresor des Chartres, Registre 100. Piece 16.

*(b) Congié.]* Ce mot & les deux suivants signifient un certificat contenant un estat des denrées achetées pour ce Monastere, que leurs domestiques donnoient en passant à ceux qui gardoient les Barrieres.

*Franc-merel.* Ce mot signifie proprement une *marque.* Voy. *Borel*, aux mots, *Mesreaux* & *Marel.*

*(c) Viconte de l'Eaue.]* La Jurisdiction de la *Vicomté de l'Eau* de Rouen, est la plus ancienne Justice de cette Ville. Elle subsiste encore aujourd'huy. Voyez sur cette Jurisdiction, l'*Histoire de la Ville de Roüen. [Roüen 1731. in quarto.]* Tom. I. Partie 2. ch. 24. p. 142.

marchandises

marchandises ou autres choses qu'il feroient ainsi passer, seroient & fussent leur, pour eulx & leur neccessitez de leur dit Monstier, manoirs ou autres habitacions; & avecques ce, que se il estoit ainsi, que par inadvertence ou aucune obliance, eulx, leurs gens, serviteurs ou familiers, portans ou conduisans leur dictes choses, passassent oultre les [a] mettes des [b] barres accoustumeez, sans parler aux Barriers, ou que lesdiz Barriers ne leur demandassent aucune chose, que pour ce il [c] fussent onques [d] approuchiez ne convenuz en Jugement, vers Nous, nostre Procureur ou autres, pour faire amende de desobéissance, ne accusez de fourfaiture; & que de toutes ces choses & autres dependantes d'iceux, eussent & ayent paisiblement joy & usé, eulx & leurs predecesseurs, senz aucun empeschement par tout le temps dessus dit: Néantmoins puis aucun temps en ça, noz dictes gens, fermiers ou Officiers, gouvernans nostre dicte Viconté de l'Eaue, ont sur ce de novel troublé & empeschié, & de jour en jour troublent & empeschent les dis supplians, en voulant que pour chascune chose qu'il feroient passer ou rapasser par les destrois & lieux dessus diz, ils aillent prandre congié [e] depry au lieu de ladicte Viconté, & ayent un franc merel, ou que simplement & absoluëment, leur dictes choses soïent [f] fourfaictes & à Nous acquises; & eulx efforçant de les mettre & tenir pour occasion de ce, en Causes & en procès vers nostredit Procureur, & de fait les y tiennent & ont longuement tenuz, tant en la dicte Viconté comme en nos *(a)* assises de Roüen; [g] en disant & maintenoient contre les diz Religieux, que ja soit ce qu'ils soïent francs de païer acquit, coustume ou paage, néantmoins doivent-il aler prandre ledit congié à ladicte Viconté; & se il est avenu que aucune fois, il aïent aucune chose passé sens prendre ledit congié, ce auroit esté & est par souffrance & courtoisie & amiableté; non pas que pour ce, deussent ne doivent pretendre ne alleguer aucun titre de possession; especialment contre Nous qui sommes leur Souverain; mesmement que en [h] passent ainsi legierement leur dictes choses, plusieurs frauds & mauvaistiez pourroient estre faictes & commises en nostre préjudice; & que venir prandre ledit congié, est une reverence qui Nous est deuë pour raison de nostre Signourie: lesquelles choses ainsi de nouvel faictes & attenptées par noz dictes gens, Officiers ou fermiers, ont esté & [i] sunt ou grant grief, destourbier, préjudice & dommage des diz Religieux, & contre la teneur de leurs Chartres & privileges, si comme il dient; & encores le seroient plus ou temps à venir, se remede n'y estoit miz; comme par chascun jour & heure, leur soit besoing de venir & envoïer querir en ladicte ville, & faire passer par icelle leur charz, poissons, vivres & autres choses; & souventesfois bien hastivement, tant pour l'Ospitalité, comme pour autres neccessitez de euix & de leurs Hostels, si comme il dient; en Nous suppliant très humblement, que sur ce leur vüillons pourveoir de remede gracieux & convenable: Nous, qui voulons [k] estre [l] ledis Religieux estre gardez de [m] poinnes, [n] mises & travaulx, sans yceulx estre molestez ou empeschiez au contraire de leur dis privileges, franchises & Libertez, [o] considerans avecques ce, que [p] greigneur proffit Nous seroit d'avoir une [q] fourfaiture ou amende, se iceulx Religieux passoient ou faisoient passer aucune chose par fraude ou soubz fauls adveu, en affirmant aus dis Barriers les choses qui passeroient estre leur, ou cas que elles ne seroient pas leur, que Nous [r] n'avecrions, se il venoient chascune fois, pour leurs choses passer, comme dit est, querir ledit congié ou depry; & pour ce, voulans iceulx estre ostez des diz procez, & de tous autres que l'en pourroit commencier ou faire sur ce, contre eulx ou leurs successeurs, si qu'il puissent miex & plus continuelement vaquer au Service divin, enclinans gracieusement à leur supplicacion, à iceulx Abbé & Convent, pour eulx & pour leurs successeurs, avons ottroyé & ottroyons de nostre auctorité Royal, de nostre certaine science & grace especial, en déclairant & ampliant, se mestier est, leur dictes

**CHARLES V.**
à Roüen, le 6. d'Aoust 1369.

a *bornes.*
b *barrieres.*
c *ne.*
d *citez en jugement.*
e *&.*
f *confisquées.*
g *& disoient.*
h *passant.*
i *sont.*
k *ce mot est inutile.*
l *lesdits.*
m *peines.*
n *depenses.*
o *consider.* R.
p *plus grand.*
q *confiscation.*
r *n'aurions.*

NOTE.

*(a) Assises.* ] Les *Assises* du Bailli, devant lequel ressortissoit la Vicomté de l'Eau.

CHARLES V. à Roüen, le 6. d'Aoust 1369.

Chartres & privileges, que d'orefenavant, par eulx ou par leurs gens, serviteurs, familiers ou autres quelconques personnes, pour & ou nom d'iceulx, il puissent aler & venir querir en nostre dicte Ville de Roüen & faire passer & rapasser par les destrois d'icelle Ville, vins, blefs, chars, poissons, chevaux, charettes, bestail & autres vivres, biens, [a] garnisons & autres choses quelconques neceessaires pour l'usage d'eulx & de leur dicte Abbaye, & pour leur autres manoirs ou habitations, senz ce qu'il Nous soïent tenus pour ce payer acquit, coustume, paage, rente ou quelconque autre redevance, & sanz en prandre ne demander congié, depry ou franc merel, au lieu de nostre dicte Viconté de l'Eaue ne ailleurs; [b] parmi ce toutevoïe, que ceulx qui feront porter ou mener & passer leur dictes choses, affirmeront & jureront aux gardes ou Barriers des portes ou lieux à ce acoustumez en la dicte Ville, pour & ou nom de Nous, que les choses qui passeront, seront aux dis Religieux, pour les usages & neccessitez de eulx & de leur dicte Abbaye, ou de leur maisons ou aûtres habitations. Si donnons en mandement par ces presentes, à noz Bailli & Viconte de Roüen, qui à present sont & qui pour le temps à venir seront, & à chascun d'eulx, & à tous autres Justiciers & Officiers à qui il appartendra, ou à leurs Lieuxtenans, que de nostre presente grace laissent & facent jouyr & user paisiblement les dis Religieux & leur successeurs, leur gens & officiers, ou autres de leur famille, & contre la teneur d'icelle, ne sueffrent iceulz par aucun estre molestez ou empeschez en aucune maniere; mes de tous les procès fais ou commanciés contre les dis Religieux, & contre leurs familiers, serviteurs ou autres gens, pour cause ou occasion des choses dessus dictes ou dependentes d'icelles; lesquelz procès Nous mettons du tout au néant par ces presentes, se delessent du tout en tout, [c] tantost ces Lettres veuez, sens les en jamais [d] poursigre ou molester en aucune maniere. Et que ce soit, &c. sauf, &c. *Donné à Roüen, le [e] sizeme jour d'Aoust, l'an de grace* M. CCC. LXIX. *& le* VI.[e] *de nostre Regne.*

*Ainsi signée.* Par le Roy, vous present. P. BLANCHET. [f] Contentor. *Visa.*

a *provisions.*
b *moyennant.*
c *aussitost.*
d *poursuivre.*
e *sixiéme.*
f *Voy. les Tabl. des Mat. des 4.[e] & 5.[e] Vol. des Ordonn. au mot, Contentor.*

---

CHARLES V. à Roüen, en Aoust 1369.

(*a*) Lettres par lesquelles sont remises à l'Archevêque de Bourges, l'amende & les autres peines qu'il avoit encouruës, pour avoir fait un Statut Synodal qu'il avoit revoqué depuis; & qui portoit, que les Juges seculiers ne pourroient, sous peine d'Excommunication, punir les Clercs accusez de crimes.

*KAROLUS, &c. Notum facimus universis presentibus & futuris, Nos carissimi & fidelis Fratris nostri, Ducis Bituricensis & Alvernie, Litteras vidisse, formam que sequitur, continentes.*

*JOHANNES, Regis Francie Filius, Dux Bitur. & Alvernie, Comes Matisconensis, Locumtenensque Domini mei Regis, in dictis Partibus, necnon in Partibus Ludugnensibus & Forensibus, [a] Montanarum, [b] Borbonii, [c] Sigalonie, [d] Turonensibus, Andegavensibus, [e] Senomensibus & Normanie, inter riparias Ligeris & Secane: Notum facimus universis tam presentibus quam futuris, Nobis pro parte Reverendi Patris in Christo (b) P. nunc Bituricensis Archiepiscopi, expositum fuisse, quod ipso existente Bituricensi Electo, nondum tamen Archiepiscopo, ipse, de usibus & consuetudinibus Patrie*

a Montagnes d'Auvergne. *C'est la Haute Auvergne.*
b Borbon... Sigalon. *R.*
c Sologne.
d Turon. *R.*
e Senomen. *R.* Cenomen. *Le Mans.*

NOTES.

(*a*) Tresor des Chartres, Registre 100. Piece 96.

Cette Piece est très-mal écrite.

Ces Lettres ont déja esté imprimées dans les preuves des Libertez de l'Eglise Gallicane, 3.[e] Edit. partie 4.[e] p. 86. avec cette Indication: *Extrait des Registres du Tresor des Chartres de France, Reg. cotté C. Lettre* IIII[xx]XVI.

(*b*) *P.*] *Pierre de Stagno*, [*al. de Stanno,*] *d'Estaing*, d'une ancienne & illustre famille du Roüergue, fut élû Archevêque de Bourges en 1367. *Vide Gall. Christ. 2. Edit.* Tom. 2. p. 82. col. 1. n.° LXXX.

*Bituricensis nondum sufficienter informatus, nolens alicui prejudicium inferre, sed cupiens, prout sibi ex debito sui pastoralis officii incumbit, jura & Libertates Jurisdiccionis Ecclesiastice conservare, quasdam constituciones seu statuta edidisset, quas in* [a] *suo Sinodo, que fuit prima post ejus adventum in dictis Ecclesia & Civitate Bituricensibus, celebrata publicè, in personis Curatorum seu Rectorum Parrochialium Ecclesiarum dicte sue Dyocesis, in ea congregatorum; & deinde per Ecclesias ejus Dyocesis, pluries fecisset promulgari: que quidem constitutiones seu statuta* [b] *Sinodalia, Nobis seu nostro Consilio, contraire seu* [c] *prejudicare dictis usibus & consuetudinibus dicte Patrie, & Jurisdictioni temporali, videbantur; quarum quidem tenor talis.*

CHARLES V. à Roüen, en Aoust 1369.

a sua.

b Sinodal. R.

c prejudic. R.

[d] *Quoniam, ut intelleximus, Domini seculares, propter crimina à Clericis commissa, bona capiunt Clericorum, ut sic indirecte de crimine Clericos puniant, & eosdem Clericos frequenter compellunt, ut eisdem emendam exsolvant, racione seu occasione criminum commissorum; quod est directè contra Ecclesiasticam Libertatem, cum Clericus de crimine* [e] *criminali, seu civiliter destringi seu puniri nequeat per Judicem secularem. Igitur predicta fieri prohibemus, statuentes, quod si quis Dominus secularis, vel alius pro eodem, de cetero Clericos, racione criminum ab eis commissorum, per captionem bonorum mobilium vel immobilium suorum, vexaverit seu ad emendam compulerit, eo ipso sententiam excommunicationis incurrat; & (a) quilibet Curatus, statim quod hoc sciverit,* [f] *hanc cessare penitùs à* [g] *divinis* [h]*, donec bona capta vel ad manum secularem posita, liberè sint dimissa, & amotum impedimentum quodlibet ab eisdem; & nichilominus, illos qui contra premissa fecerint, ut excommunicatos, habeatis evitare.*

d Qm. R.

e criminaliter.

f hunc.

g mot presque effacé & douteux.

h Il manque là un verbe.

[i] *Quapropter dictus Reverendus Pater, postmodo sufficienter informatus & certioratus, dictas suas constitutiones & statuta, dicte Jurisdictioni temporali & dicte Bituricensis Patrie usibus & consuetudinibus, existere contrarias seu prejudiciabiles, ipsas, in nostri presentia, sponte revocaverit & totaliter adnullaverit; & insuper Nobis promiserit, dictam adnullationem & revocationem in sua proxima futura Bituricensi Sinodo, in personis dictorum Curatorum dicte sue Dyocesis, fieri facere publicare; necnon per suas patentes Litteras, dictis Curatis seu Ecclesiarum dicte Dyocesis Rectoribus, mandare, ne de cetero, dictas suas constitutiones seu statuta* [k] *sinodalia promulgare aliqualiter* [l] *presument; illosque quos virtute dictarum constitutionum seu statutorum, excommunicaverint seu excommunicatos denunciaverint vel reputaverint, propter hoc quod contrarium dictarum constitutionum fecerint, absolutos & pro absolutis, absque ulla contradictione seu difficultate, reputabunt & tenebunt: quas quidem Litteras suas super dictis revocacione & adnullacione, per dictas parrochiales Ecclesias mittere debet & promisit, infra unum mensem à die date presencium computandum. Ceterum, cum pretextu vel occasione premissorum,* [m] *valeret ipse vel successores sui, inposterum prosequi per Gentes dicti Domini mei, vel alias, sibi que & successoribus suis, ex premissis dampnum aliqualiter inferri, cupiens super hoc providere, Nobis humiliter supplicavit, quatenus super hoc, sibi nostram velimus gratiam favorabiliter impertiri: Nos per* [n] *acertationem dicti Reverendi Patris, sufficienter & aliter debitè certiorati & informati, dictum Reverendum* [o]*, predictas constitutiones seu statuta*

i Suite des Lettres du Duc de Berry.

k Sinodal. R.

l presumant.

m posset.

n mot abregé & douteux.

o Patrem.

NOTE.

(*a*) *Quilibet.*] Voicy comme ce passage se lit dans l'édition des preuves de l'Eglise Gallicanne: *Et* quilibet civitas *statim quod hoc sciverit,* habeat *cessare penitus à divinis, donec, &c.*

Comme ce texte forme un sens qui differe beaucoup de celui que nous donnons icy, & que l'endroit est important, l'on ne peut se dispenser d'entrer dans la discussion de la maniere dont ce passage est écrit dans le Registre, sur lequel les deux Editeurs ont fait copier cette piece.

On lit dans le Regist. *Et qlib.* (avec une marque d'abreviation.) [Il y a ensuite un mot presque effacé dont la derniere lettre est chargée d'une marque d'abreviation dont on se sert ordinairement pour *us.*] *Hac* (avec une marque d'abreviation sur l'*a*,) (ce qui signifie ordinairement *hanc*, & ne peut jamais signifier *habeat*) *cessare, &c.*

L'on peut ajouter que l'on ne trouve jamais *civitas*, au singulier écrit en abregé.

L'on trouvera encore un assez grand nombre de differences dans les deux textes; mais comme elles ne changent rien au sens, l'on n'a pas crû devoir les marquer.

CHARLES V. à Roüen, en Aoust 1369.

*sinodalia, non dolo, fraude seu malicia, aliqualiter edidisse; sed pocius causis antedictis * motus; attentis eciam laboriosis, laudabilibus & fidelibus obsequiis, ab ipso multimodè jam dicto Domino meo & Nobis impensis, eidem Reverendo Patri, suisque successoribus & ab ipso causam habentibus & habituris in perpetuum, ex certa sciencia, auctoritate Regia qua fungimur in hac parte, de gracia speciali, omnem penam, emendam & offensam, in quam seu quas, qualitercunque de facto, jure, [a] consuetudini, statuto, vel alias potuit (a) potest pro premissis & occasione premissorum, promulgacionis que & (b) perseverentie; necnon dependenciarum emergentium, & circumstanciarum earundem omnium & singularum, erga dictum Dominum meum & Nos, incurrisse, remisimus & quittavimus, remittimus & quittamus per presentes; Procuratori dicti Domini nostri & nostris, ceterisque Justiciariis presentibus & futuris, super premissis & deppendentibus earundem, silencium perpetuum imponentes. Dantes insuper tenore presencium, in mandatis Baillivo nostro Bituricensi, universisque Justiciariis & Officiariis dicti Domini mei & nostris, presentibus & futuris, & eorum Locatenentibus, & cuilibet ipsorum, prout ad eum pertinere potest & poterit quomodolibet in futurum, quatenus dictum Reverendum Patrem, ejusque successores & ab ipso causam habentes & habituros in perpetuum, nostra presenti gratia uti & gaudere pacificè faciant & permittant; nec ipsos, occasione premissorum, contra dictam nostram gratiam, impediant, [b] molestant seu perturbant, impediri, molestari seu perturbari faciant aut permittant de cetero, quovis modo; & ea que in contrarium attemptata vel facta, de presenti vel in futurum, reperierint, que in pristinum statum & debitum, per presentes reducimus, reducant eciam & reduci faciant indilatè. Quod ut firmum & stabile perpetuo perseveret, nostrum magnum presentibus fecimus apponi sigillum: salvo in aliis jure dicti Domini mei, nostro, & in omnibus quolibet alieno.* Datum anno Domini millesimo CCC. LX nono, in Villa nostra Bituricensi, mense Augusti.

* motum.

a consuetudine.

b molestent ... perturbent.

*Quas quidem Litteras dicti carissimi Fratris nostri, superius insertas, ac omnia & singula in eisdem contenta, rata & grata habentes, ea volumus, laudamus & approbamus, ac de nostris auctoritate Regia & gracia speciali, confirmamus per presentes: mandantes Baillivo nostro [c] Sancti Petri-Monasterii, ceterisque Justiciariis & Officiariis Regni nostri, presentibus & futuris, & eorum Locatenentibus, prout ad ipsos & eorum quemlibet pertinuerit & poterit pertinere, quatenus dictum Archiepiscopum, ipsiusque successores Archiepiscopos, nostra presenti confirmacionis gracia, uti & gaudere perpetuo faciant pacificè & quietè, juxta dicti Fratris nostri, ac nostrarum Litterarum seriem & tenorem. Quod ut firmum, &c. salvo, &c.* Datum Rothomagi, mense Augusti, anno Domini M°. CCCLX nono, Regni vero nostri anno VI°. T. HOCIE. *Visa.*

*Per Regem, ad relacionem Consilii.* Collacio facta est.

c S.t Pierre-le-Moustier, en Nivernois.

NOTES.

(a) Il y a dans le Registre *pt.* Si cela signifie *potest*, il faudroit alors suppléer *vel.*

(b) *Perseverentie.*] Ce mot est écrit en abregé. Peut-estre est-il corrompu! Peut-estre signifie-t-il l'execution de ce Statut Synodal, faite par les ordres de l'Archevêque!

---

CHARLES V. à Jumieges, en Aoust 1369.

## (a) Lettres qui portent que le Doyenné de Cayrac, Diocese de Cahors, ressortira doresnavant à Cahors.

*KAROLUS, &c. Quoniam liberalitatem Regiam, suorum fidelium subditorum licitis peticionibus acquiescere, & eas favorabiliter cum honoris augmento & commodo, decens est & congruum ampliare: Notum igitur facimus presentibus pariter & futuris, Nos humilem supplicacionem dilecti nostri Reginaldi Doverel, Decani de (b) Cayraco,*

NOTES.

(a) Tres. des Chart. Reg. 100. P. 242. Cette Piece est pleine de fautes, & elle paroist corrompuë en plus d'un endroit.

(b) *Cayraco.*] L'on trouve le Doyenné de *Cayrac* à la p. 24. du *Poüillé* du Diocese de Cahors. Ce *Poüillé* est dans le *Poüillé general de l'Archevêché de Bourges*, donné par le P. *Labbe*.

CHARLES V. à Jumieges, en Aoust 1368.

*recepisse, continentem, quod cum tempore, & antequam* [a] *Edwardus Primogenitus Edwardi Anglie* [b], *Ducatum* [c] *Acquitanie occupasset, idem supplicans ad causam sui Decanatus, membri Ecclesie (c) d'Aurillac, ressortiri in Villa sive loco de Regali Villa, in Senescallia Caturcensi, coram Bajulo seu Baillivo ex parte nostra inibi constituto, debuisset & eciam ressortisset; videlicet, in hiis dictam temporalitatem* [d] *tengentibus; & licet occasione guerre* [e], *& dictos Edwardum & Edwardum commote & habite, locus de Regali Villa fuerit & sit destructus & devastatus, sic, quod in eodem non est neque speratur quod sit aliquis Bajulus seu Baillivus, qui ibidem remanere esset ausus; quodque copia peritorum in* [f] *illuc commode nequiret* [g] *reperire, Decanus supradictus, & una cum hoc, prefatus locus de Regali Villa, Domino de Pinch Cornet, sub cujus Jurisdictione sive dominio, dictus Decanus ressortiri minime tenetur, fuerit & sit concessum, unde maxime per deffectum* [h] *ressortiri competentis, & eciam peritorum, jura dicti Decani & Ecclesie possent facilius* [i] *depereri, nisi per Nos sibi super hoc succurratur graciosè. Nos,* [k] *in quantum premissis pensatis, necnon & fidelitate ac sincera & cordiali dileccione, quas penes Nos dictus Decanus, diu est, habuit atque gessit, quibus apud Nos adeo* [l] *commandatur,* [m] *quod sibi & Ecclesie sue, presertim ad predicta quoque favore benivolo volumus* [n] *subvenice, dicti Decani, tanquam* [o] *benemerito, peticionibus inclinantes, prefatum Decanum de Cayraco, ac ejus successores, ad causam sue temporalitatis dicti loci, & ipsam Ecclesiam, & ejus temporalitatem, in casu ressorti, ex nunc in posterum, ab omnibus universisque & singulis ressortis, preterquam a ressorto de* [p] *Caturco, penitus eximimus & extra ponimus; dictumque Decanum & successores suos, Ecclesiamque predictam & ejus temporalitatem de Cayraco, ressortiri, & eorum ressortum, in casu ressorti, infra Caturcum & in Caturco, coram nostris Officiariis constituimus; & eciam ordinamus de nostra certa sciencia, auctoritateque Regia & gracia speciali, per presentes; absque eo quod amodo in antea ressortiantur alibi, nec ressortiri cogantur quovis modo; cum idem locus de Cayraco, a Caturco distare, nisi per quinque leucas, minime dignoscatur: mandantes Senescallo Lemovicensi & Caturcensi, ceterisque Justiciariis & Officiariis nostris, qui sunt & fuerint pro tempore, quatenus dictum Decanum de Cayraco, suos successores, dictamque Ecclesiam & ejus temporalitatem, in casu ressorti* [q] *memorato, ressorto per Nos sic, prout superius est expressum, ordinato & concesso, necnon & nostra presenti gracia, secundum ipsius seriem & tenorem, uti pacificè & quietè gaudere faciant & permittant,* [r] *nil in contrarium fieri modo quolibet per quemquam permissuri. Quod ut robur obtineat firmitatis in posterum, &c. in aliis nostro, &c.* Datum *(a)* Gemeticis, anno Domini M.° CCC.° LXIX.° & Regni nostri VI.° mense Augusti.

Sic signata. *Per Regem, in suis Requestis.* [f] RECC. N. GAIGNART. *Visa.*

a Voy. cy-dessus, p. 190. Not. (a)
b Regis.
c Acquitan. R.
d tangentibus.
e inter nos.
f illo.
g reperiri.
h ressorti.
i deperire.
k mot abregé, douteux.
l commendatur.
m q. R.
n subvenire.
o benemeriti.
p Cahors.
q memorati.
r nihil.
f Il y a une marque d'abreviation sur ce mot.

NOTES.

*(a) D'Aurillac.]* C'est apparemment *Aurillac*, celebre Abbaye dans l'Auvergne.

*(b) Gemeticis.]* L'Abbaye de *Jumieges*, dans la Normandie, Diocese de Roüen. Voy. *Neustriam piam* du P. *Artus du Monstier*, p. 259.

---

CHARLES V. au Bois de Vincennes, le 26. de Septembre 1369.

*(a) Lettres qui portent que les Ecoliers & les Bedeaux de l'Université de Paris, ne payeront point l'Ayde establie pour la rançon du Roy, sur les denrées qu'ils acheteront pour leurs provisions, ni sur celles qui proviendront de leurs terres & de celles de leurs Benefices; & que les Libraires, Enlumineurs & Parcheminiers ne payeront point de Droits pour les Livres, Enluminures & Parchemins qu'ils vendront à ces Ecoliers.*

CHARLES par la grace de Dieu Roy de France: A nos amez & feaux les Generaux sur le fait de la [a] redemption de nostre tres cher Seigneur & Pere,

a *Voy. les Tabl. des Mat. des 3.e & 4.e Volume des Ordonn. au mot, Ayde pour la rançon du Roy.*

NOTE.

*(a)* Recueil des Privileges de l'Université de Paris, [par *du Boulay*. Par. 1674. in 4.° p. 83.]

CHARLES V. au Bois de Vincennes, le 26. de Septembre 1369.

que Dieu absolve, & de la provision & defense de nostre Royaume : Salut & dilection. Considerans les libertez, franchises & privileges, que nos predecesseurs Rois de France, ont donné & octroyé à nostre Fille, l'Université des Escholiers de nostre bonne Ville de Paris, & aux bons & vrais Estudians & Escholiers continuant l'Estude d'icelle Ville, Nous veüillons iceux vrais Escholiers, tenir & garder èsdites Libertez & franchises, afin qu'ils puissent mieux continuer ladite Estude, & que plus volontiers autres Escholiersy viennent etudier; à iceux vrais Escholiers & à leurs Bedeaux, avons octroyé & octroyons par ces presentes, qu'ils seront francs & quittes sans Nous payer aucunes Aydes; c'est-à-sçavoir, de [a] molage de bleds, des vins qu'ils acheteront pour leurs vivres, & de ceux qui seront crus en leurs heritages, ou en ceux de leurs Benefices, & d'autres quelconques vivres depensez en leurs Hostels à Paris; & aussi de toutes entrées par eau & par terre, de tous vins & autres biens crus & venus, comme dit est, qui y seront venus pour leurs dictes [b] garnisons, sans ce qu'ils en payent rien, ne soïent ou puissent estre contraints par Nous ou aucuns de nos Officiers ou Fermiers : Et outre ce, leur avons octroyé & octroyons par ces presentes, que tous les Libraires, Enlumineurs & Parcheminiers, qui vendront ausdits vrais Escholiers, Livres, Enluminures & Parchemins, & autres choses de leur mestier, necessaires à iceux vrais Escholiers, soïent & demeurent quittes de payer pour ce, à Nous ou à nos Officiers, aucunes Impositions ou autres Aides quelconques. Si vous mandons & estroitement enjoignons, & à chacun de vous, que de nostre grace, eux & chacun d'eux laissiez & faites joüyr & user paisiblement; & se aucune chose du leur a esté prise ou arrestée pour cette cause, faites la leur rendre tantost & sans delay. Car ainsi le voulons Nous; nonobstant Ordonnances, Mandement ou defenses faites ou à faire au contraire. *Donné en nostre Chasteau du Bois de Vincennes, le 26.e jour de Septembre, l'an de grace 1369. & de nostre Regne le 6.e*

Par le Roy, en son Conseil. *Et plus bas.* YVO. avec parafe.

a *droits pour la mouture du bled.*

b *provisions.*

---

CHARLES V. au Bois de Vincennes, le 26. de Septembre 1369.

## (a) *Reglement pour les Brasseurs de la Ville de Paris.*

CHARLES, &c. Savoir faisons à tous presens & à venir, que Nous par déliberation de nostre Conseil, & pour certaines & justes causes qui ad ce Nous ont esmeu, avons donné & octroïé, donnons & octroïons de nostre grace especial & certaine science, par la teneur de ces presentes, congié & licence à Raoul Dailly, Guillaume Chevalier, Perronnelle la Quarré, Guerart le Fevre, Guillaume le Pescheur, Symonet le Septre, Jehan de Noyon, Simon Usurier, Colin Prudomme, Martin du Fruit, Acquart de la Huyas, Fremin le Baillif, Jehan Dougnon, Jehan Maistre, Symon-Henry le Vieleur, Jehan le Bel, Thomas Louyer, Jehan Dailly, Jehan François, Fremin Hebert & Gillette la Quantase, tous [a] Cervoisiers, demourans en nostre bonne Ville de Paris, que d'oresenavant, culz & chascun d'eulz, brassent & puissent brasser & faire brasser Cervoises, & ycelles vendre au pris de quatre deniers & de deux deniers Parisis la Pinte, en nostre Ville de Paris & ès forbours d'icelle; [b] par Nous faisant & païant chascun an, de toutes les Cervoises que eulz & chascun d'eulz brasseront, feront brasser, vendront & feront vendre d'ores en avant, en nostre dicte Ville de Paris & ès forbours d'icelle, l'aide nouvelement ordenée sur ce, tant comme ledit aide durra, aveeques les aides & subvencions introduites, & que ledit mestier Nous doit faire chascun an d'ancienneté; sanz ce que d'oresenavant, aucune autre personne quelconques, fors les dessus nommez, puissent brasser ne faire brasser Cervoises en nostre dicte Ville de Paris ne ès forbours, en aucune maniere;

a *Brasseurs, faisans de la Cervoise ou Bierre.*

b *en.*

NOTE.

(a) Tresor des Chartres, Registre 100. Piece 328.

mais le defendons expressement, sur peine de forfaire leurs biens entierement, & pour ce estre acquis à Nous plainement : exceptez toutesvoiez les quatre Hostelz-Dieux en nostre dicte Ville de Paris, qui en leurs dis Hostelz, & par leur main, pourront brasser & faire brasser Cervoise pour leur boire, vinée & sustentation des povres tant seulement; & ne pourront les Maistres d'iceulz Hostelz-Dieux, bailler leurs diz Hostelz à ferme, pour brasser & faire brasser Cervoises, & les vendre en iceulz, se il n'ont privillege à ce contraire, ou se eulz ou autres ne le faisoient par nostre congié & [a] acence, & *(a)* par faisant & Nous païant ladicte Aide nouvellement ordenée, & les aides & Coustumez anciennes dessus exprimées; & aussi, en contribuant semblablement avec les dessus nommez, aux fraiz & missions que il Nous feront & font à present, pour ce [b] pourchars : Voulons aussi & avons ordené & ordennons, que les diz Cervoisiers ne doivent ou puissent brasser ne faire brasser, & mettre en euvre touz ensemble, par chacun an, fors la somme de trente muys de blef [c] mestueil tant seulement; & à ce se sont consentiz, & s'en sont obligiez, sur peine de perdre touz les biens de celui qui le contraire fera, & estre à Nous confisqués : Et pour ce que les dessus nommez Cervoisiers, moyennant ceste presente nostre Ordenance & octroy, Nous sont tenuz de prester & faire la somme de Mil francs d'or, pour une foiz, il Nous plaist & voulons, & leur avons octroyé & octroïons de nostre dicte grace, par ces presentes, que ladicte somme de mil franz à Nous prestée, comme dit est, il puissent recouvrer, prendre & avoir de & sur ladicte Aide nouvellement ordenée; & laquelle somme de frans, Nous leur volons estre deduicte & rabbatuë sur l'Aide & profit que Nous y devons prandre, comme dit est, en ceste presente année, par cellui ou ceulz qui ledit Aide tendront ou auront affermé, de mois en mois, par egaux portions, sanz ce que eulz ou aucuns d'eulz, soient tenuz ou contrains par aucuns noz Officiers, à Nous paier ou faire ledit Aide, par avant la déduction d'iceulz mil franz, en la maniere dessus dicte. Si donnons en mandement par ces presentes Lettres, à nos amez & féaulx les Gens de noz Comptes, les Generaulz Tresoriers ordonnez sur le fait de noz Aides à Paris, à nostre Prevost de Paris, & à touz noz autres Justiciers, Officiers & subgez, ou à leurs Lieuxtenans, & à chascun d'eulz, presens & à venir, que les dessus nommez Cervoisiers & chascun d'eulz, facent & laissent joïr & user à tousjours, de nostre presente Ordennance & octroy, plainement & paisiblement, sanz destourbier ou empeschement aucun; lequel, se mis y estoit, ores ou pour le temps à venir, Nous voulons du tout estre mis au [d] nyent, sanz aucun delay, ces Lettres veuës. Et pour ce que ce soit ferme, &c. sauf, &c. *Donné au Bois de Vincennes, le XXVI.e jour de Septembre, l'an de grace mil CCC. LXIX. & de nostre Regne le sisieme.* *Visa.*

Par le Roy. YVO.

CHARLES V. au Bois de Vincennes, le 26. de Septembre 1369.

a *consentement.*

b *permission à eux accordée.*

c *meteil.*

d *neant.*

NOTE.

*(b) Par faisant.]* Les Maistres des Hostels-Dieu qui feront faire de la Bierre, payeront les Aydes & autres charges imposées aux Brasseurs.

---

CHARLES V. à Roüen, en Septembre 1369.

*(a)* Confirmation des Lettres d'un Roy d'Angleterre, qui portent que les Vaisseaux, Hommes & effets de l'Abbaye de Saint Ouyn de Roüen, seront exempts de tous Imposts.

*KAROLUS, &c. Notum facimus universis tam presentibus quam futuris, Nos infrascriptas vidisse Litteras, formam que sequitur, continentes.*

NOTE.

*(a)* Tresor des Chartres, Rre 100. Pegistiece 104.

CHARLES V. à Roüen, en Septembre 1369.

(b) REx Anglie & Dux Normanie & Aquitanie, & Comes Andegavensis: Justiciariis, Baronibus, Vicecomitibus, Ministris, & omnibus fidelibus suis totius Anglie & Normanie, & Portuum Maris: Salutem. Precipio quod [a] navis & homines, & omnes res Sancti [b] Audoëni de Rothomago, sint omnino quieti ab omni theloneo & [c] consuetudine, ubicunque venerint; & prohibeo ut nullus eos injustè disturbet, nec contumeliam faciat, super X. librarum [d] forisfacturam. Testibus Thoma [e] Cant. Com. Regm. Apud [f] Vestmonasterium.

a nav.es

b l'Abbaye de Saint Ouyn à Roüen.

c Impost ordinaire.

d amende.

e Il y a une marque d'abreviation sur ce mot & sur les deux suivants.

f Vestm. R. Vestmunster.

g impediant.

Nos autem Litteras suprainsertas, & omnia & singula in eis contenta, rata & grata habentes, ea volumus, laudamus, ratifficamus, approbamus, & de nostris speciali gracia, certa sciencia, & auctoritate Regia, quatenus usi sunt, confirmamus: Dantes tenore presencium, in mandatis omnibus Justiciariis & Officiariis Regni nostri, qui nunc sunt, & qui pro tempore fuerint, & eorum cuilibet, quatenus prefatos Religiosos ac eorum Gentes, contra predictarum Litterarum & nostre confirmacionis seriem & tenorem, minimè molestent, [g] impedient seu inquietent, ac impediri, molestari seu inquietari permittant quoquomodo. Quod ut firmum, &c. Actum & datum Rothomagi, mense Septembris, anno Domini millesimo CCC.° LXIX.° & Regni nostri sexto. *Visa.*

*Per Regem, ad relacionem Consilii.* HENR. CLERICI.

Collacio facta est cum Litteris originalibus suprascriptis, per me.

HENR. CLERICI.

NOTE.

(a) *Rex Anglie.*] Comme ce Roy d'Angleterre nest point nommé, & que ces Lettres ne sont point datées, on ne peut découvrir son nom: mais les titres qu'il prend, ne peuvent convenir qu'à Henry II. qui commença à regner en 1154. à Richard I. ou à Jean Sans-Terre, qui en 1202. fut dépoüillé de la Normandie par Philippe-Auguste.

---

CHARLES V. à Paris, en Septembre 1369.

## (a) Lettres qui confirment les Privileges de la Ville de Romans en Dauphiné; moyennant un Octroy annuel accordé au Roy.

CAROLUS Dei gratia Francorum Rex & Dalphinus Viennensis. Notum facimus universis tam presentibus quam futuris, Nos vidisse Litteras dilecti & fidelis Militis & Consiliarii nostri, [a] Radulphi Domini de Lupeyo, Gubernatoris Dalphinatus nostri prædicti, formam quæ sequitur, continentes. Radulphus Dominus de Lupeyo, Gubernator Dalphinatus, pro excellentissimo Principe Domino, Carolo Dei gratia Francorum Rege & Dalphino Viennensi. Notum serie præsentium facimus universis, quod cum inter Nos, Dalphinali nomine, ex parte una, & certos Consules Villæ de [b] Romanis, cum eorum Consiliariis, fuerit certus tractatus inhitus & confirmatus, super quibusdam privilegiis, Libertatibus, immunitatibus & franchesiis Villæ prædictæ, & habitantibus in ea, per Imperialem Majestatem concessis, & per Dominum nostrum Regem & Dalphinum prædictum, [c] confirmandis; & super quibusdam privilegiis, Libertatibus, immunitatibus & franchesiis erga eum obtinendis & obtentis, certis modis, formis, pactis & conventionibus contentis & descriptis in quodam publico Instrumento Nobis per eos exhibito & oblato; cujus tenor de verbo ad verbum, noscitur esse talis.

a Voyez cy-dessus, p. 84. Note (b).

b Romans. Voy. le 3.e Vol. des Ordonn. page 270. Notes (a b c).

c Je crois qu'il faut corriger, *confirmatis.*

IN nomine Domini. Amen. Noverint universi & singuli præsens publicum Instrumentum visuri & etiam audituri, quod anno ejusdem Domini millesimo tercentesimo sexagesimo

NOTE.

(a) Extrait du Registre cotté, *Copia plurium litterarum & instrumentorum in Judicatura Viennesii & Valentinesii, Dalphinale patrimonium tangentium*, lettre D. folio 453. estant aux archives, &c. [Voyez cy-dessus, p. 58. Note (a).]

*sexto,*

*sexto, Indictione quarta cum ipso anno sumpta, & die decima mensis Jullii, cum serenissimus Princeps Dominus Carolus, divina favente clementia Romanorum Imperator semper augustus, & Boemiæ Rex, animo deliberato, & de plenitudine Imperatoriæ Majestatis, incolas & singulares personas Villæ de Romanis, præsentes & futuras, utriusque sexus, cum ipsorum mercaturis & bonis quibuscumque, per sacrum Imperium, eundo & redeundo, ab omnibus pedagiis, vectigalibus, gabellis, (a) vintenis, pontonagiis, impositionibus,* [a] *revis, tributis & quibuscumque aliis novis exactionibus, antiquis & extraordinariis, exemerit & liberaverit, ac immunes ab eisdem esse voluerit; concesseritque dictis incolis & Universitati dictæ Villæ* [b] *Romanis, dictus Dominus Imperator, ut ipsi possint ordinare & constituere Actores, Sindicos, Rectores, Consules & Administratores, toties quoties fuerit opportunum, & Universitatem habere, & se adinvicem congregare & convenire, & plura alia eisdem concesserit, prout in (b) Litteris Imperialibus, Bulla*

CHARLES V. à Paris, en Septembre 1369.

a Reves. Voyez les Tab. des Mat. des Vol. des Ord. à ce mot.

b de.

NOTES.

(a) *Vintenis.* ] Dans les Lettres de l'Empereur Charles IV. qui sont imprimées p. suiv. Note *(a)*, il y a, *vinteriis*. Ces deux mots ne se trouvent point dans l'ancienne Edition du *Gloss.* de *Du Cange*. C'est sans doute la même chose que *venda*, *venta*, qui signifient les droits qui se levent sur les marchandises qui se vendent dans les Foires & marchez. Voyez *le Gloss.* de *Du Cange*, au mot, *Venda*.

(b) *Litteris.* ] Ces Lettres de l'Empereur Charles IV. & la confirmation du Roy Charles V. sont dans le Registre 101. du Tresor des Chartres; & l'on a cru devoir les faire imprimer icy dans une Note.

Lorsque le Dauphin Humbert donna le Dauphiné à Philippe de Valois, ce Païs estoit reputé Terre de l'Empire; 1.° parce que le Païs qui a esté appellé depuis Dauphiné, échut par partage à l'Empereur Lothaire, Fils aîné de Loüis le Debonaire. 2.° Parce que Rodolphe III. qui estoit aux droits de Boson, qui avoit usurpé ce Païs sur les Enfans de Loüis le Begue, en disposa en 1032. en faveur de l'Empereur Conrad le Salique. Comme cet Empereur n'y pouvoit pas faire sa residence ordinaire, son éloignement donna lieu à quelques Seigneurs de s'y eriger en Souverains. L'éloignement des successeurs de Conrad, & differens évenemens diminuerent insensiblement l'autorité des Empereurs dans ce païs, & ils n'y conserverent aucun pouvoir réel. Voyez l'*Hist. du Dauphiné* par M. *de Valbonais*, Tom. 1. pp. 1. & 2. & Tom. 2. p. 255. Note *(b)*; l'*Hist. du Dauphiné* par *Chorier*, Tom. 1. p. 276. & Tom. 2. p. 29. n.° 22; le *Traité des Droits du Roy*, par *Du Puy*, p. *m.* 801. & la *Description Historique & Geographique de la France* [par l'Abbé *de Longueruë*,] Tom. 1. Liv. 3. p. 315.

(a) *KAROLUS Dei gracia Francorum Rex & Dalphinus Viennensis,* [a] *Conservator ad infrascripta specialiter deputatus: Universis & singulis Principibus Ecclesiasticis & Secularibus, Ducibus, Comitibus, Baronibus, Bannerétis, Universitatibus, & singularibus personis earumdem, ac omnibus & singulis Pedagiorum, Vectigalium, Impositionum, Gabellarum,* [b] *Revarum, Laidarum, Pontenagiorum, Tributorum. & aliarum quarumlibet exactionum Levatoribus & Exactoribus, ac aliis quibus presentes Littere fuerint exhibite: Salutem. Litteras Serenissimi Principis, Avunculi nostri carissimi, Karoli Quarti, divina favente clementia, Imperatoris Romani semper Augusti, & Boemie Regis, ejusque Bulla Aurea inpendenti in filis siriceis bullatas, Nos recepisse noveritis, formam que sequitur, continentes.*

CHARLES V. à Paris, à l'Hôtel de S.t Pol, le 12. de Juin 1366.

a V. cy-dessous, p. suiv. Note *(f)* margin.

b Voy. cy-dessus, Not. *(a)* margin.

*IN nomine sancte & individue Trinitatis, feliciter. Amen. Karolus Quartus, divina favente Clementia Romanorum Imperator semper Augustus, & Boemie Rex: Ad perpetuam rei memoriam. Notum fieri volumus tenore presentium universis, quod benigna habita consideratione ad grata & accepta obsequia, quibus incole, habitatores & singulares persone Ville seu Opidi de Romanis, Viennensis Diocesis, nostri & sacri Imperii fideles & dilecti, complacere nostre Celsitudini studuerunt hactenus, & Magestatem nostram multipliciter honorarunt, ipsos incolas ac habitatores Ville seu Opidi predicti, utriusque sexus, modernos & futuros, cum omnibus & singulis ipsorum bonis, rebus, mercaturis & mercantiis quibuscunque, eundo, stando & redeundo per dictum nostrum sacrum Imperium, ab omnibus Pedagiis, Vectigalibus, Gabellis,* [c] *Vinteriis, Pontenagiis, Impositionibus, Revis, Tributis, & quibuslibet aliis exactionibus novis & antiquis & extraordinariis, deliberato animo & ex certa nostra scientia, ac de plenitudine Imperatorie Magestatis & potestatis,*

c Voy. cy-dessus, Note *(a)*.

NOTE.

(a) Tresor des Chartres, Registre 101. Piece 97.

**CHARLES V.**
**à Paris, en Septembre 1369.**

* Precedemment à ces Lettres de Rahoul de Loupy.

*Aurea, una & alia, cerea munitis, prædicta latius & clarius contineri dicuntur. Cum autem * supra, illustris Princeps, Dominus Carolus digna Dei clementia Francorum Rex &*

## NOTE.

*ubique per totum nostrum Romanum Imperium, eximimus & presentibus liberamus & liberos esse volumus, quittos penitus & immunes; recipientes dictos incolas, habitatores & suos heredes, modernos & futuros perpetuò, in nostram salvam gardiam & sacri Imperii protectionem specialem: Mandantes & precipientes expressè universis & singulis Principibus Ecclesiasticis & Secularibus, Ducibus, Comitibus, Baronibus, Banneretis, Universitatibus, & singularibus personis earundem, ac omnibus aliis quibus presentes Littere fuerint exhibite, nostri & sacri Imperii fidelibus dilectis, mediatè vel immediatè subjectis, quatenus incolas & habitatores, eorum heredes & successores dicte Ville nostre seu Opidi de Romanis, cum bonis, familiaribus, rebus, mercaturis, mercantiis, per terram vel per aquam transeuntibus, perpetuò dicta nostra presenti gratia uti & gaudere pacificè faciant & permictant, ipsos in nullo impediant vel perturbent; sed ipsos potius manutenant, foveant & conservent, nichil ab ipsis & eorum bonis, rebus, mercaturis vel mercantiis, ratione Theolonei, [a] Petagii, Vectigalis, Gabelle, Impositionis, Reve, Laide, & aliarum quarumcunque exactionum, quibuscunque nominibus vel vocabulis nominari poterunt, petentes vel exigentes, petant vel exigant, aut peti vel exigi quomodolibet permittentes aut permittant, sicut nostram & sacri Imperii gratiam [b] diligant observare; non obstantibus quibuscunque Petagiis, Vectigalibus, Impositionibus, Gabellis, Leydis, Revis, Pontenagiis, vel aliis exactionibus quibuscunque, per Nos aut Predecessores nostros, aut quosvis alios concessis, (a) si forsitan in contrarium appareant; que [c] & quas [d], ex deliberato animo & ex nostra certa scientia, ac de plenitudine Imperatorie potestatis & Magestatis, quo ad gratiam presentem, dictis incolis & habitatoribus, modernis & futuris, dicte Ville seu Opidi de Romanis, factam, nolumus aliqualiter permanere, quominus dicta presens gracia suum sortiatur effectum: Inhibentes tenore presentium, universis & omnibus Principibus Ecclesiasticis & Secularibus, Comitibus, Vicecomitibus, Militibus, Burgensibus, Civitatum & Locorum [e] Potestatibus, & omnibus universis & singulis Pedagiorum, Vectigalium, Impositionum, Gabellarum, Revarum, Leydarum, Pontenagiorum, Tributorum, & aliarum quarumlibet exactionum Levatoribus & Exactoribus, ne contra presentem gratiam, libertatem, privilegium, exemptionem, franchisiam & immunitatem, per se vel per alium veniant, faciant, nec facere vel venire permittant quoquomodo, sub pena Mille Marcharum Auri fini, per eos tociens committenda, quotiens contra contenta in nostra presenti gratia, ventum vel factum fuerit per eosdem. [f] Conservatores autem hujus Privilegii, gracie, libertatis, franchisie & immunitatis, facimus, constituimus & creamus; videlicet, Illustrem Dalphinum Viennensem, aut ejus Locumtenentem seu Gubernatorem Dalphinatus, & venerabilem Episcopum Gratianopolitanum, qui nunc sunt vel pro tempore fuerint; quibus & eorum cuilibet, damus plenam & liberam potestatem, quoscunque Pedagia vel Vectigalia tenentes, vel quascunque exactiones alias exigentes, compellendi ad observantiam hujus modi gracie, franchisie, Libertatis, privilegii & immunitatis, dictamque penam Mille Marcharum Auri exigendi & levandi contra non observantes gratiam antedictam, & ipsos puniendi & multandi, prout eis & eorum cuilibet, videbitur faciendum. Nulli ergo omnino hominum liceat, hanc nostre exemptionis, concessionis & gracie paginam infringere, seu ei quovis ausu temerario contraire. Si quis autem hoc attemptare presumpserit, gravem nostre Magestatis offensam & penam, ut premittitur, se noverit [g] irremissibiliter incursurum: Quarum [h] medietatem, Imperiali [i] Errario, residuam vero, injuriam passorum usibus decernimus applicari. Signum Serenissimi Principis & Domini Domini Karoli Quarti, Romanorum Imperatoris invictissimi, & gloriosissimi Boemie Regis. Testes hujus rei sunt: [k] Venerabilis [l] Serlatus Archiepiscopus [m] Maguntinensis, sacri Imperii per Germaniam Archicancellarius; Illustres [n] Ruptus senior, Comes Palatinus Reni, sacri Imperii Archidapifer, & Bavarie Dux; Otto Marchio Brandenburgensis, sacri Imperii Archicamerarius; Principes Electores; Ven. Johannes (b) Columcensis [o] sacri Imperialis Aule Cancellarius; Lampertus Spirensis; Petrus [p] Antissiodorensis; Petrus (c) Curiensis, & Radolphus (d) Verdensis, Ecclesiarum Episcopi; Illustres (e) Bazaminus (f) Stetinensis; Henricus (g) Bregensis, & Rupertus [q] Ligincensis, Duces spectabiles; Ebohardus*

a Pedagii.

b diligunt.

c Pedagia, &c.

d Impositiones, &c.

e Magistrats.

f Voy. cy-dessus, page preced. Note (a).

g irremissibiliter.

h mulctarum.

i Ærario.

k ven. R.

l Il est nommé plus bas *Cerlatus*.

m Mayence.

n Il n'y a point de marque d'abreviation sur ce mot.

o sacre.

p Auxerre.

q Il y a *Legencenzis* dans la Piece qui suit celle-cy dans cette Note.

## NOTES.

(a) *Si forsitan.* ] Quand même l'establissement de ces Impots, paroistroit contraire à l'Octroy de ce present Privilege.

(b) *Columcensis.* ] Ce nom est très-douteux, & se peut lire de differentes façons, parce qu'il y a 5. jambages sans point; dans la Piece qui suit celle-cy dans cette Note, il y a *Clouvinsensis*. C'est peut-estre *Colocz*, Ville de la Haute-Hongrie, au Comté de Bath, dont le nom latin est *Colocia*. Voy. *Notit. Episcopat. Orb. Christ. ab Auberto Miræo*, pp. 210. & 300. *Maty* & *la Martiniere*, à ce nom, disent que c'est un Archevêché. Celui-cy ajoute, que l'Evêché de Bath y est uni depuis très-long-temps. Il est assez probable que ces noms allemands écrits par un François, ayent pû estre corrompus.

(c) *Curiensis.* ] C'est l'Evêché de *Coyre* dans les Grisons. Voy. *Notit. Epicospat. Orb. Christ. ab Auberto Miræo*, pp. 204. & 309.

(d) *Verdensis.* ] *Ferden* ou *Werden*, Ville d'Allemagne, dans le Cercle de la Basse-Saxe, à huit lieuës de Breme. Voy. *Notit. Episcopat. Orb. Christ. ab Auberto Miræo.* pp. 204. & 412.

(e) *Bazaminus.* ] Dans la Piece qui suit celle-cy dans cette Note, il y a *Bazinirus*.

(f) *Stetinensis.* ] *Stettin* dans la Pomeranie Royale.

(g) *Bregensis.* ] *Brieg* dans la Boheme. Voyez le *Dict. de Maty*, aux mots, *Brieg* & *Stettin*.

*Dalphinus Viennensis, Dominus noster, privilegia, Libertates & franchesias prædictas, per dictum Dominum nostrum Imperatorem, datas & concessas ipsis incolis & habitantibus Villæ prædictæ Romanis, de gratia speciali rattifficaverit & approbaverit & confir-*

CHARLES V. à Paris, en Septembre 1369.

NOTE.

*de Ventemberg; Johannes de* * *Nassaro; Ulricus de Helferisteyn; Henricus de Sirartzburg; Johannes de Spanheim; Eberardus de Voertheim, & Johannes Lantgravius de Lenthemberg, Comites Nobiles; Gotzo de Hoenloth; Eberhardus de Espentein; Cimrardus de Vomsberg; Petrus de Michelberg; Spinvro de Hemburg; Thimo de Kolditz, Magistri Camere nostre; & alii quam plures nostri & Imperii sacri Principes, Nobiles & fideles, presentium, sub Bulla Aurea (a) Tybario Imperialis nostre Magestatis impressa, testimonio Litterarum.* Datum Prage, anno Domini millesimo CCC.° sexagesimo sexto, Indictione quarta, [a] VIII. Kalend. Februar. Regnorum nostrorum anno XX.° Imperii vero undecimo.

* fort. Nassavo.

a 25. de Janvier.

*Ego Johannes Dei gratia Columcensis Episcopus, Regalis Capelle Boem. Comes, & sacre Imperialis Aule Cancellarius, Vice Reverendi in Christo Patris, Domini* [b] *Cerlati Maguntinensis Archiepiscopi, sacri Imperii per Germaniam Archicancellarii, recognovi.*

b Voy. p. preced. Note (l) margin.

*Quam quidem gratiam, & omnia alia in ipsis Litteris contenta, attentis serviciis & gratis obsequiis, Nobis & nostris, à dictis habitatoribus impensis, ex nostra certa sciencia & speciali gratia, approbamus, laudamus & ratifficamus, in quantum Nos & Terram nostram Dalphinalem tangit, & tangere potest aut poterit in futurum; & earundem Litterarum auctoritate, Vobis & vestrum cuilibet, sub pena Mille Marcharum Auri, & alia in ipsis Litteris expressa, districte precipiendo mandamus, quatenus ipsos incolas & habitatores Ville seu Opidi predicti de Romanis, utriusque sexus, modernos & futuros, cum omnibus & singulis ipsorum rebus, mercaturis, mercantiis quibuscunque, ire, stare & redire per dictum sacrum Imperium, ab omnibus Pedagiis,* [c] *Sectigalibus, Gabellis, Vintenis, Pontenagiis, Impositionibus, Revis, Tributis, & quibuslibet aliis exactionibus, novis & antiquis ac* [d] *exordinariis, liberos, francos & immunes, ac aliter, uti & gaudere predicta Imperiali gratia, prout in ea continetur, libere permittatis; ipsosque in salva gardia & speciali protectione Cesaree Celsitudinis existentes, atque nostra, à quibuscunque injuriis, violenciis, oppressionibus indebitis, protegatis; statimque, si aliquid in contrarium feceritis, ad exactionem pene predicte, & aliter, contra vos, ut fortius poterimus, procedemus. In cujus rei testimonium, presentibus Litteris nostrum fecimus apponi sigillum.* Datum Parisius, in Hospicio nostro Sancti Pauli, die XII. mensis Junii, anno Domini millesimo CCC.° LXVI.° & Regni nostri tercio.

c Vectigalibus.

d extraordinariis.

Sic signata. *Per Regem & Dalphinum, in suo Consilio.* GONTIER.

(b) *KAROLUS Dei gratia Francorum Rex & Dalphinus Viennensis: Universis presentes Litteras inspecturis: Salutem. Notum facimus Litteras Serenissimi Principis, Avunculi nostri carissimi, Karoli Quarti, divina favente clementia, Imperatoris Romani & Boemie Regis, sigillo ejus Imperialis Magestatis inpendenti in filis ciricis sigillatas, Nos recepisse, formam que sequitur, continentes.*

CHARLES V. à Paris à l'Hôtel de S.t Pol, le 12. de Juin 1366.

*IN nomine sancte & individue Trinitatis, feliciter. Amen. Karolus Quartus divina favente clementia, Romanorum Imperator semper Augustus & Boemie Rex: Ad perpetuam rei memoriam. Etsi ad singulorum nostrorum fidelium, quos sacri Imperii latitudo complectitur, grata comoda,* [e] *eximita benignitatis clementia, dignamur intendere; illis tamen uberioris gracie favores porrigimus, quorum fidem & immote virtutis constantiam in procurandis Rei publice profectibus, ab experimento didicimus notitia clariore. Sane pro parte Burgensium & habitatorum & incolarum Ville seu Opidi de Romanis, Viennensis Diocesis, fidelium nostrorum, coram serenitate nostra Cesarea, fuit propositum, qualiter ipsi plura & diversa negocia rem publicam & utilitatem communem ipsius Ville seu Opidi, concernentia, dirigere, discurrere habeant & tractare; nec ipsi habeant pecuniam nec Archam communem, Actores, Sindicos vel Rectores, nec aliqua alia Universitatis Jura, ad instar aliorum Opidanorum, quibus Res publica & communis utilitas loci predicti, possent dirigi & commode gubernari: Quapropter dicte Ville & inhabitatoribus ejus, multa jam evenerunt incomoda, & plura ipsis in futurum evenire poterunt, si eis super hiis, de oppertuno remedio provisum non fuerit per nostre excellentiam Magestatis. Nos igitur, qui Rei publice salutem sinceris complectimur affectibus, & subditorum incommoda Nobis incomodum reputamus, dictorum Opidanorum & incolarum Opidi seu Ville Romanis, fidelium nostrorum, probitatis merita, quibus dudum approbate fidei constantia & sincere devotionis studio, recolende memorie Divis Imperatoribus & Regibus*

e eximia.

NOTES.

(a) *Tybario.* ] Il faut corriger, *Typario*, qui signifie la même chose que *sigillo.* Voy. le *Gloss.* de *Du Cange*, au mot, *Typarium.* Il cite une formule à peu près semblable à celle-cy.

(b) Tresor des Chartres, Registre 101. Piece 89.

CHARLES V.
à Paris, en Septembre 1369.

*maverit, & ipsa & ipsas per suum Dalphinatum observare jusserit; ipseque Dominus Rex Dalphinus prædictus, dictis incolis & habitantibus Villæ Romanis prædictæ, super reparationibus itinerum, [1] pasqueragiorum & [2] vindemniarum, certas concesserit Libertates*

1 paturage.
2 vindemiarum.

NOTE.

*Romanis Predecessoribus nostris, Nobisque [a] signanter & sacro Romano Imperio pridie placuerunt; intima cordis affectione pensantes, quibus illud promeruerunt & promerentur indubie, ut petitionibus eorum rationabilibus, benignum prebeamus assensum, ipsosque nostra respiciat serenitas in hiis gratia singulari; ipsis itaque Burgensibus, Opidanis & incolis Opidi seu Ville Romanis predicte, fidelibus nostris dilectis, presentibus & futuris imperpetuum, matura deliberatione previa Principum, Comitum ac Procerum nostrorum, & sacri Imperii accedente Consilio, & ex certa scientia, virtute presentium indulgemus & concedimus graciosè, ut ipsi possint & valeant ordinare, creare & constituere Actores, Sindicos, Rectores & Consules, & alios Administratores, tociens quociens opportunum fuerit & ipsis videbitur expedire; nec non Universitatem habere, seque congregare & [b] sine nota ad invicem convenire; decernentes nichilominus, quod dictum Commune, sextam decimam partem Vini quod in eadem Villa mi. utim venditur ad Tabernam, ac duos grossos Turones Argenti, super, de & pro qualibet sommata Vini quod apportabitur in dictam Villam, ibique remanebit; de Vino tamen quod non provenit seu excrevit in vineis dictorum Opidanorum, pro conservatione, emendatione & reformatione Ville presate, possint recipere; & universa & singula facere, disponere, dirigere & ordinare, quecunque ad jus Universitatis, de jure & consuetudine, noscuntur pertinere. Volumus etiam, quod premissorum Exactores seu Collectores, coram Sindicis vel Rectoribus Ville presate, & non coram alio, debeant de perceptis computare & rationem facere congruentem; ipsique Sindici vel Rectores, eisdem ratione perceptorum, finem debitum & quittationem concedere valeant & arrestum; non obstantibus quibuscunque Statutis, Consuetudinibus & Ordinationibus in contrarium editis vel edendis. Nulli ergo omnino hominum liceat hanc paginam nostre concessionis infringere, seu ei quovis ausu temerario contraire. Si quis autem hoc attemptare presumpserit, indignationem nostram gravissimam, & penam Quinquaginta Marcharum Auri purissimi, se noverit inremisibiliter incursurum: Quarum medietatem, Imperiali nostre Camere, tociens quociens contra factum fuerit, & aliam medietatem dictorum Opidanorum injuriam passorum, usibus volumus applicari. Premissa autem omnia & singula robur firmitatis habere volumus, si & in quantum de Serenissimi Principis Domini Karoli Francie Regis Illustrissimi, & Dalphini Viennensis, Nepotis nostri carissimi, beneplacito fuerint & notoria voluntate. Signum Serenissimi Principis & Domini Domini Karoli Quarti, Romanorum Imperatoris [c] inuictissimi, & gloriosissimi Boemie Regis. Testes hujus rei sunt, illustris Rudolfus Dux Saxonie, sacri Romani Imperii Archimarescallus; [d] Octo Marchio Brandenburgensis & Lusacie, ejusdem sacri Imperii Archicamerarius, Principes Electores; nec non Venerabilis Johannes sancte Pragensis Ecclesie Archiepiscopus, Apostolice Sedis Legatus; Johannes [e] Clouvincensis sacre Imperialis Aule Cancellarius, & Regalis Capelle Boemie Comes; Albertus (a) Luchoninchilensis & Petrus [f] Curiensis, Ecclesiarum Episcopi; ac illustres Bolleo (b) Siridinizensis, Bolleo (c) Opuliensis, Henricus [g] Bregensis, Rupertus (d) Leginczensis & [h] Bazinirus [i] Stetinensis, Duces spectabiles; Burchardus Imperialis Curie Magister, & Johannes Burgganii Madeburgensis, Comites nobiles; Borso de Rysembing; Haschco de Seeretiis; Tymo de Coldus; Boto de Ezascoloruuz; Wilhelmus de Hasemburg, Magistri nostre Imperialis Camere; Petrus de [k] Michelsbg. & Henricus Advocatus de Geroro; & quam plures alii nostri & sacri Imperii Nobiles & fideles, presentium sub nostre Imperialis Magestatis sigillo, testimonio Litterarum.* Datum Prage, anno Domini M.° CCC. sexagesimo sexto, Indiccione quarta [l] XVII.ª Kal. Marcii, Regnorum nostrorum anno vicesimo, Imperii vero duodecimo.

a signant. R.
b Sans en estre punis.
c invictissimi.
d Il y a Otto dans la Piece qui precede celle-cy dans cette Note.
e Voy. cy-dessus, page 226. Note (b) de la Note.
f Voy. cy-dessus, page 226. Note (c) sur la Note.
g Voy. cy-dessus, page 226. Note (g) de la Note.
h Dans la Piece preced. dans cette Note, Note (e) ce Duc est nommé *Bazaminus*.
i Voy. p. 226. Note (d) de la Note.
k Il y a une marque d'abreviation sur la fin de ce mot.
l 16. de Fevrier.
m Judici.

*Quibus si quidem visis & attentis Litteris predictis, omnia & singula in eisdem contenta, laudamus, approbamus, & de nostra certa scientia & speciali gratia confirmamus, ipsis & contentis in eisdem, omnibus & singulis, nostrum assensum prebemus pariter & consensum: Mandantes & precipientes dilectis nostris Gubernatori Dalphinatus, & [m] Judicii & (e) Carreario dicte Ville de Romanis, ceterisque Officiariis nostris, presentibus & futuris, & eorum Locatenentibus, quatenus dictos habitatores, presentes & futuros, gratia predicta, & omnibus aliis & singulis in predictis Litteris contentis, uti & gaudere faciant & permittant, sublatis impedimentis & perturbationibus quibuscunque. Quod ut firmum & stabile in perpetuum perseveret, presentibus Litteris nostrum fecimus apponi sigillum: Salvo in aliis jure nostro, & in omnibus quolibet alieno.* Datum Parisius, in Hospicio nostro Sancti Pauli, die XII.ª mensis Junii, anno Domini M.° CCC.° LXVI.° & Regni nostri tercio. Et sic signata. *Per Regem & Dalphinum, in suo Consilio.* GONTIER.

NOTES.

*(a) Luchoninchilensis.]* Je n'ai pu rien découvrir sur cet Evêché.

*(b) Siridinizensis.]* Je n'ai rien trouvé sur ce lieu, ni sur celui de *Leginczensis*.

*(c) Opuliensis.]* C'est apparemment *Oppelen* dans la Silesie. Voyez le *Dict. de Maty*, au mot, *Oppelen*.

*(d) Leginzensis.]* Ce nom est écrit differemment dans la Piece preced. dans cette Note, Note (q) margin.

*(e) Carreario.]* C'est sans doute la même chose que *Corrcarius*, *Courier*, Officier de Justice; sur lequel voyez le *3.ᵉ Vol. des Ord.* p. 279. Note *(dd)*.

CHARLES V. à Paris, en Septembre 1369.

& franchesias, ut hæc in (a) Litteris ipsius Domini nostri Regis Dalphini, sigillo cera rubea roboratis, latius & clarius contineri dicuntur: Inde est, quod constituti personaliter in præsencia mei Notarii publici, & testium subscriptorum, nobiles & sapientes viri, Lantelmus Burgondionis, Garinus Fabri, Guillelmus Rodulphi, Bontonius Ruczoli & Disderius de * Villario, Burgenses, Consules & Procuratores Universitatis loci & Villæ de Romanis prædictæ, asserentes se potestatem habere ad infrascripta facienda; consideratis & attentis [a] consumationis dictorum privilegiorum & immunitatum, dictis incolis, per dictum Dominum nostrum Regem Dalphinum, graciose factis; necnon dictis graciis, franchesiis & Libertatibus, per eumdem Dominum nostrum Regem Dalphinum, datis & concessis; & quod unusquisque commodum pro bono reportare debeat, scientes, prudentes & spontanei, assistentibus sibi & consentientibus ad infrascripta, & ibidem præsentibus, nobilibus & sapientibus viris, Ponczano de Capriliis, Guillelmo Costæ, Reynerio Copa, Humberto Colonelli, Guillelmo Nasseti, Petro Odoardi, Stephano Helionis, Pontio Mellicureti & Johanne Pellayl, Consiliariis, ut asseruerunt, Universitatis de Romanis jam dictæ; ipsi, inquam, Consules & Procuratores, de prædictorum Consiliariorum consilio & assensu, pro & nomine dictæ Universitatis; & ipsi, causis prædictis, confessi fuerunt & publicè recognoverunt, confitentur & publicè recognoscunt, debere & teneri dicto Domino nostro Regi Dalphino, tanquam Dalphino Viennensi, licet absenti, ac mihi Notario publico infrascripto, præsenti, stipulanti & recipienti, nomine & ad opus ipsius Domini nostri Regis Dalphini, suorumque hæredum & imposterum successorum contemplatione, & ob conservationem graciarum prædictarum, per ipsum Dominum nostrum Regem Dalphinum, eisdem incolis & universitati concessarum; videlicet, mille Florenos Auri boni & fini, ponderis Dalphinalis, ex causis superius declaratis: Quos quidem mille Florenos Auri, præfati Consules, & eorum quilibet, promiserunt, & ad sancta Dei Evangelia juraverunt, manibus suis corporaliter tacta, & sub obligatione & ypotheca omnium bonorum dictæ Universitatis, & singularum personarum ejusdem, mobilium & immobilium, præsentium & futurorum quorumcumque, solvere realiter & perfectè, in pace & sine lite, omni difficultate sublata, præfato Domino nostro Dalphino, seu ipsius Thesaurario Dalphinali, suoque Procuratori vel mandato, terminis & solutionibus infrascriptis; videlicet in Festo Omnium Sanctorum proximè venturo, ducentos Florenos Auri dicti ponderis; & in alio Festo Omnium Sanctorum proximè futuro, ipso anno revoluto, ducentos Florenos Auri dicti ponderis; & subsequenter in alio Festo Omnium Sanctorum, dicto anno revoluto, alios ducentos Florenos Auri; & sic in quolibet Festo Omnium Sanctorum, anno revoluto immediate sequenti, alios ducentos Florenos Auri, donec & quousque præfato Domino nostro Dalphino, de dicta mille Florenorum summa, integre & perfecte extiterit persolutum & satisfactum; unacum damnis, interesse & expensis sustinendis vel faciendis quomodocumque, per dictum Dominum nostrum Dalphinum, aut suos, occasione dicti debiti, dictis statutis terminis non soluti: pro quibus quidem omnibus & singulis melius attendendis, complendis & inviolabiliter observandis, prænominati Consules & Procuratores, nominibus quibus supra, per juramenta sua ab eis & eorum quolibet præstita, se & bona dictæ Universitatis de Romanis, singularumque personarum ejusdem, præsentia & futura, submiserunt & supposuerunt Jurisdictioni, cohertioni, vigori & districtui omnium Curiarum ipsius Domini nostri Dalphini, & [b] eorum cujuslibet; necnon omnium aliarum Curiarum Ecclesiasticarum & Secularium ubicumque constitutarum; necnon (b) sigilli seu sigillati earumdem Curiarum: Renuntiantes per pactum expressum, prænominati Consules & Procuratores, nominibus quibus supra, de consensu Consiliariorum prædictorum, omni actioni & exceptioni doli mali, vis, metus, & in factum, conditioni ob causam, sine causa vel ex injusta causa; privilegio Fori; petitioni & oblationi Libelli; copiæ & transcripto hujus publici Instrumenti, & [c] notæ ejusdem recursui; exceptionique

* Il y a plus bas, *Villano*. Voyez p. suiv. Note (g) margin.

a confirmationibus.

b earum.

c minute. Voyez p. suiv. Note (c). margin.

NOTES.

(a) *Litteris.* ] Ces Lettres ne se sont pas conservées, & ne se trouvent ni dans les Registres du Tresor des Chartres, ni dans les Repertoires que l'on a des Deposts du Dauphiné.

(b) *Sigilli.* ] Se soumettant à l'execution de tous les actes émanez de ces Jurisdictions, & scellez de leurs Sceaux.

CHARLES V. à Paris, en Septembre 1369.

*dictarum confessionis & obligationis non factarum, vel non rite & legitime factarum & non ita factarum; juri dicenti, confessionem factam extra judicium & coram non suo judice, non valere; & omni fictæ & simulatæ confessioni; beneficio restitutionis in integrum, & juri per quod deceptis in contractibus subvenitur; & specialiter & generaliter, omnibus & singulis Juribus Canonicis & Civilibus, Statutis, Usibus, privilegiis & Consuetudinibus universis, quibus contra præmissa vel eorum aliqua, possent facere, dicere vel venire, seu se in aliquo tueri; & juri dicenti, generalem renunciationem non valere, nisi eam præcesserit specialis. Et fuit* [a] *actum, quod de prædictis omnibus & singulis, fiant & fieri debeant duo publica Instrumenta ejusdem tenoris, per me Notarium publicum infrascriptum; unum, ad opus ipsius Domini nostri Dalphini; & aliud, ad opus dictæ Universitatis; quæ possint dictari, reffici, corrigi & emendari de consilio unius vel plurium sapientum; facti tamen substantia in aliquo non mutata. Acta fuerunt hæc apud Romanis, in* [b] *Hospicio Poncii de Caprilijs, sito in* [c] *Carreria Sonneriæ,* [d] *signato ad signum spadæ, quod inhabitat Symoninus de Savere, anno, mense, die & indictione quibus supra. Præsentibus nobilibus Viris, Amedeo de Mota & Jacobo Artoudi, Militibus; & Guillelmo Coyllonis, Notario de Romanis, testibus ad præmissa vocatis; & me Nicolao de Gravino, Clerico Leodiensis Diocesis, publico Imperiali autoritate Notario, Curiæque majoris Dalphinalis Graisivaudani Jurato, qui præmissis omnibus & singulis, unacum prænominatis testibus, præsens fui, & exinde* [e] *notam recepi, ex qua hoc publicum instrumentum sumpsi, scripsi &* [f] *grossavi manu mea propria, ad opus dictæ Universitatis de Romanis, hic me subscripsi, & signo meo solito signavi; & grossatum dictis Consulibus requisitus tradidi, in testimonium omnium præmissorum.*

*Et cum in prædicto Instrumento, mille Florenorum summa sit descripta, quam dicti Consules nobis Dalphinali nomine dare & solvere promisissent, certis terminis in Instrumento hujusmodi contentis & descriptis; & de quibus mille Florenis, Consules Universitatis memoratæ, nomine suo & dictæ Universitatis, solverint & deliberaverint ducentos Florenos Auri, quos tradi jussimus & fecimus Domino Thierrico Richerii, Canonico Virdunensi, Commissario a nobis super hoc deputato; qui quidem Dominus Thierricus, dictos ducentos Florenos recepit & habuit, prout de solutione dictorum ducentorum Florenorum, constat per Litteras nostras, dictis Consulibus traditas & concessas; & sic restant octingenti Floreni solvendi de summa majori prædicta: nunc vero Poncius Mellureti, Joannes Ramonis, Guionctus de Boenno & Romanonus Chavalerii, Consules de præsenti Universitatis dictæ Villæ, in nostri præsentia constituti, assistentibus Poncio de Caprilijs, Guillelmo Rodulphi, Lantelmo Burgondionis, Reynerio Copa, Bonthoso Ruczoli, Guillelmo Nasseti, Petro Odoardi, Joanne Odoardi, Poncio Charpe de Luca, Jacobo Reynerii, Guillelmo Alenissen, Disderio de* [g] *Villano, Joanne Sebilardi, Perroto de Verdone & Guillelmo de Sancta-Cruce, Consiliariis Universitatis memoratæ, nobis exposuerunt, humiliter supplicando, quod pro honorabiliori & utiliori statu & commodo Domini nostri prædicti, ipsorum Consulum præsentium & futurorum, Universitatis & habitantium in Villa de Romanis, videbatur tractandum nobiscum & paciscendum, quod pro meliori tuitione, observatione & conservatione contentis in supradicto publico Instrumento, Litteris & aliis munimentis, de quibus in dicto Instrumento mentio præhabetur, quia quæ erunt perpetua, non ita de facili oblivioni tradentur, prædictus Dominus noster Rex Dalphinus, & in ejus Dalphinatu universales successores, habeat & percipiat perpetuo, annis singulis, annuam pensionem super bonis Universitatis Villæ prædictæ de Romanis, quinquaginta Florenorum Auri, parvi ponderis Dalphinalis, solvendorum per Consules modernos & futuros, Domino nostro prædicto Regi Dalphino & suis prædictis* [h], *vel deputandis ab eodem, in Festo Omnium Sanctorum, anno quolibet; ita tamen quod pro prædicta pensione dictorum quinquaginta Florenorum, præfati Consules futuri & præsentes, & Universitas Villæ prædictæ, de prædicta summa octingentorum Florenorum Auri, sint perpetuo quitti, liberi & immunes, & pro ipsa summa nihil possit peti ulterius ab eisdem. Nos Gubernator prædictus, præhabita deliberatione cum Consilio Domini nostri Regis Dalphini prædicti, audita & considerata ipsorum supplicatione & requisitione prædicta, considerato quod predicta in commodum & utilitatem ipsius Domini nostri cedunt, & cedere poterunt in futurum, convenimus nomine Dalphinali,*

[a] convenu.

[b] maison.

[c] ruë. Voyez le Glossaire de Du Cange, au mot, Carreria.

[d] à l'enseigne de l'épée.

[e] la minute.

[f] mis en grosse.

[g] Il y a plus haut, *Villario*. Voy. p. preced. Note * margin.

[h] successoribus.

*pepigimus & concordamus cum prædictis consulibus, nomine Universitatis prædictæ, præsentibus & consentientibus etiam eorum Consiliariis supradictis, quod pro conservatione & observatione perpetuis privilegiorum, graciarum, Libertatum, immunitatum & franchesiarum prædictarum, concessionum & confirmationum earumdem, & omnium aliorum in dicto Instrumento contentorum, & de quibus Litteræ seu munimenta inde facta, faciunt mentionem, de cætero* [a] *dare & solvere perpetuo, annis singulis, super bonis dictæ Universitatis, Domino nostro Dalphino, & ejus successoribus, in Festo Omnium Sanctorum, Consules moderni & futuri, nomine Universitatis prædictæ, quinquaginta Florenos boni Auri, parvi ponderis Dalphinalis; pro qua summa sic solvenda, præfati Consules & Universitas, & singulares personæ ejusdem, ab obligatione, qua pro prædictis octingentis Florenis obligati existebant, sint quitti, liberi & immunes, cum posteritatibus eorumdem, quos etiam in casu prædicto, liberamus & quittamus nomine Dalphinali supradicto: Verum quia Imperialis Clementia præfatos incolas & habitatores dictæ Villæ Romanis, sub ipsius & Sacri Imperii protectione & salva-gardia, dicitur recepisse, nobis Gubernatori prædicto supplicarunt, quatenus dictam Universitatem, habitatores & incolas modernos & futuros Villæ prædictæ, cum eorum posteritatibus ac bonis, Dalphinali nomine, in speciali protectione & salva-gardia reciperemus Dalphinali. Igitur nos Gubernator prædictus, ipsorum precibus inclinati, prædictam Universitatem, habitatores & incolas, qui nunc sunt & pro tempore fuerint, ibidem, cum eorum posteritatibus, bonis & rebus quibuscumque, & vice & nomine Domini nostri Regis Dalphini, ex certa scientia, in Dalphinali protectione & salva-gardia, etiam de novo recipimus speciali; inhibentes omnibus subditis Dalphinalibus & aliis etiam universis & singulis, cujuscumque status, dignitatis seu conditionis existant, & sub pœna mille Marcharum Auri, quam incurrere volumus ipso facto, Domino nostro Regi Dalphino applicanda, ne eosdem habitatores* [b] *incolas Villæ prædictæ Romanis, offendant, injurient modo quolibet vel molestent, neque eis injurias, offensas seu molestias inferre audeant vel attemptent in bonis vel personis eorumdem; & promisimus atque etiam promittimus, nomine Domini nostri Dalphini prædicti, & ejus Successorum in Dalphinatu, bona fide, & per pactum expressum convenimus, dictis Consulibus, nomine dictæ Universitatis, & singularum personarum ejusdem, præsentium & futurorum, recipientibus & stipulantibus, eisdem habitatoribus & incolis, præsentibus & futuris, ex causa dictæ annuæ pensionis quinquaginta Florenorum prædictorum, & pro ipsa, conservare & manutenere eisdem franchesias, Libertates & immunitates, gracias, & alia contenta in Litteris supradictis, & præsentes, & contenta in eisdem, facere rattifficare, laudare & approbare ab eodem Domino nostro Rege & Dalphino Viennensi. Et ut hoc firmum & stabile perseveret, nos, nomine Dalphinali, præsentes Litteras, sigilli nostri quo utimur in regimine Dalphinatus, munimine roboratas, dictis Consulibus & incolis duximus concedendas.* Datum Romanis, die sexta mensis Octobris, anno Domini millesimo tercentesimo sexagesimo octavo.

CHARLES V. à Paris, en Septembre 1369.

[a] debeant.

[b] &.

*Nos autem dictas Litteras, & omnia & singula contenta in eis, rata & grata habentes, ea laudamus, rattifficamus, approbamus, & de gracia speciali confirmamus, & habere volumus roboris firmitatem: dilectis & fidelibus Gubernatori & Thesaurario, cæterisque Justiciariis nostris dicti Dalphinatus, præsentibus & futuris, & eorum cuilibet, prout ad eum pertinuerit, aut eorum Locatenentibus, dantes in mandatis, quatenus Universitatem & habitatores Villæ nostræ de Romanis, prædictos, dicto tractatu, modo & forma quibus supra, uti & gaudere pacifice faciant & permittant, absque impedimento quocumque. Quod ut firmum & stabile perpetuo perseveret in futurum, præsentibus Litteris nostrum fecimus apponi sigilum: salvo in aliis jure nostro, & in omnibus quolibet alieno.* Datum Parisius, Anno Domini millesimo tercentesimo sexagesimo nono, & Regni nostri sexto, mense Septembris.

*Per Regem & Dalphinum, in suis Requestis.* HENRICUS CLERICI.

CHARLES V. à Paris, en Octobre 1369.

(*a*) Lettres qui portent que Severac, & tous les lieux appartenans au Seigneur de ce nom, en quelques endroits qu'ils soient situez, joüiront des Privileges à eux accordez anciennement; & que toutes les Terres de ce Seigneur, situées dans le Roüergue, ressortiront sans moyen, devant le Seneschal du Roüergue.

*KAROLUS, &c. Notum facimus universis tam presentibus quam futuris, Nos infra scriptas vidisse Litteras, formam que sequitur, continentes.*

LUDOVICUS *Regis quondam Francorum Filius, Domini nostri Regis Germanus,*
a Languedoc. *ejusque Locumtenens in* [a] *Partibus Occitanis, Dux Andegavensis & Comes Cenomanensis. Notum facimus universis tam presentibus quam futuris, quod nos, viso certo tractatu inhito & completo inter dilectum & fidelem Consanguineum nostrum, Comitem Armaniaci, nomine dicti Domini nostri atque nostro, ex una parte; & Dominum Guidonem Dominum de (b) Seveyraco, Militem, ex altera; attentisque certis condicionibus in eodem tractatu, predictarum presencium sigillis sigillato, contentis & expressatis, eidem Domino de Seveyraco, Consulibusque & singularibus & habitatoribus ipsius loci de Seveyraco; nec non omnium & quorumcunque suorum Castrorum, locorum, Villarum & fortaliciorum suorum, in Ducatu Aquitanie existencium & situatorum, omnia & quecunque privilegia, Libertates, Statuta, usus & Consuetudines ipsius Militis, Consulumque &*
b Universitat. *R.* *singularium &* [b] *Universitatum predictorum suorum locorum; licet in presentibus nominata seu expressata non existant, antiquitùs per Dominos nostros Francorum Reges, Comites*
c concess. *R.* *Tholosanos, aut quosvis alios, tam per Litteras quam aliter* [c] *concessa, & quibus ipse ac Universitates predictorum locorum suorum, utuntur & usi sunt, atque uti consueverunt ab antiquo, confirmavimus, & tenore presencium confirmamus de nostri certa scientia, auctoritateque Regia qua fungimur in hac parte & gracia speciali.*

Item. *Pariter eidem Domino de Seveyraco concessimus & concedimus per presentes, quod omnes sui subditi, & in Terra sua ac suis locis in Senescallia Ruthenensi duntaxat situatis, sint de ressorto Senescalli Ruthenensis, & coram ipso & non alibi, absque medio*
d privileg. *R.* *quocunque, habeant ressortiri; usu, statuto,* [d] *privilegiis ac Litteris quibuscunque ad hoc contrariis, non obstantibus. Quo circa Senescallo Ruthenensi, ceterisque Justiciariis, Officiariis & subdictis Regiis, modernis & futuris, & eorum cuilibet, aut Locatenentibus eorumdem, ut ad eum pertinuerit, damus tenore presencium in mandatis, quatenus predictum Dominum de Seveyraco, Universitatesque ac singulares suorum quorumcunque locorum, Castrorum, fortaliciorum & Villarum, eisdem privilegiis, Libertatibus, statutis, usibus & consuetudinibus, uti, sicut prius, pacificè faciant & gaudere permittant: Inhibentes nichilominus omnibus & singulis Justiciariis & Officiariis Regiis, ne predictum Dominum de Seveyraco, ejusque homines & subdictos, contra formam & tenorem dictorum suorum privilegiorum de quibus liquebit, ac nostre presentis gracie, super ressorto pre-*
e mot douteux. *dicto, ut premititur,* [e] *facto, nullathenus compellant, vexent, inquietent, molestent & perturbent; sed si que in contrarium facta fuerint, ea ad statum pristinum & debitum reducant seu reduci faciant indilate. Quod ut perpetue firmitatis robur obtineat, has nostras*

NOTES.

(*a*) Tresor des Chartres, Registre 100. Piece 311.

(*b*) *Seveyraco.*] Guy VI. du nom, Baron de *Severac.* Il servoit en 1369. sous le Duc d'Anjou, dans les guerres de Gascogne, [contre les Anglois.] Il estoit neveu d'Amaury de *Severac*, Mareschal de France. Voy. l'*Hist. Geneal. de la Maison de Fr.* Tom. 7. p. 70.

Le Traité que fit le Comte d'Armagnac avec Guy de *Severac*, estoit, suivant les apparences, pour engager celui-cy dans le parti du Roy. *Voy. cy-dessus*, p. 190. Note (*a*).

L'on trouve dans le *Dict. Univers. de la Fr* trois lieux nommez *Severac*, dans le Roüergue C'est suivant les apparences, *Severac-le-Chastel* dont il s'agit icy.

*Litteras*

*Litteras presentes, nostri sigilli appensione fecimus communiri : Salvo in aliis jure Regio, & in omnibus quolibet alieno.* Actum & datum Tholose, anno Domini M.° CCC.° sexagesimo nono, mense Aprilis.

CHARLES V. à Paris, en Octobre 1369.

*Nos autem supprascriptas Litteras, & omnia singula contenta in eisdem, rata & grata habentes, eas & ea volumus, laudamus, approbamus, ratifficamus, & tenore presencium, de gracia speciali & plenitudine Regie potestatis, pro Nobis & Successoribus nostris, Vobis & vestris confirmamus : Mandantes Senescallo Ruthenensi, ceterisque Justiciariis * Officiariis nostris, modernis & futuris, & eorum cuilibet, ut ad eum pertinuerit, aut Locatenentibus eorumdem, quatenus dictum Guidonem de Seveyraco, Militem, in dictis Litteris nominatum, nostra presenti confirmacione & gracia, uti & gaudere pacificè & quietè, deinceps perpetuis temporibus, faciant & permittant; impedimentis quibuscunque cessantibus & amotis. Quod ut firmum, &c. salvo, &c.* Datum & actum Parisius, anno Domini M.° CCC.° LXIX.° Regni nostri sexto, mense Octobris. *Visa.*

* &.

*Per Regem, ad relationem Consilii.* P. DE VERGNY.

Collatio facta est cum suprascriptis originalibus Litteris.

---

CHARLES V. à Paris, en Octobre 1369.

## (a) Sauvegarde Royale pour le Couvent des Celestins de Paris.

KAROLUS, [a] *&c. Notum facimus universis presentibus & futuris, quod Nos racioni congruum arbitrantes, si inter curas & sollicitudines, quas in regendis nostris subditis, frequenter habemus, ad hoc precipuè nostre mentis aspiret affectus, per que status Ecclesiasticus, nostris temporibus, sub commisso nobis regimine, in pacis transquillitate manuteneri valeat & deffendi, & Regni predicti Ecclesie, Religioseque persone, que* [b] *die & de nocte, divinis insistunt obsequiis, sub nostre protectionis clipeo, releventur à pressuris, ac per Regalem potenciam à noxiis defendantur, ut eo devocius circa Divina vacare valeant, quo liberalius per eandem potenciam senserint se adjutas. Dilectos nostros Religiosos, Priorem & Conventum Monasterii Celestinorum, Ordinis Sancti Petri dicti Celestini, per Nos in loco de (b) Barretis nuncupato, prope nostram Domum seu Hospicium juxta Sanctum Paulum, Parisius fundatos, & menbra dicti Monasterii [speciali ac benivolo prosequentes affectu; attento quod ipsi Religiosi, pro se & successoribus suis, spontaneè promiserunt, & ex nunc tenebuntur perpetuo Deum exorare pro nostre, predecessorumque & successorum] nostrorum Regum Francie, animarum remedio & salute, ipsos Religiosos, tam in capite quam in menbris, una cum eorum Gentibus, familiaribus, singularibusque personis dicti monasterii [(c) & menbrorum ejusdem,* [c] *hominibus de corpore, possessionibus, locis, terris, domibus, bonisque & rebus ipsorum omnibus in Regno nostro existentibus, in nostris proteccione, tuicione,] ac salva & speciali gardia suscipimus per presentes; eisdemque Religiosis, gardiatores concedimus & deputamus universos & singulos Hostiarios Parlamenti nostri, & servientes nostros, qui nunc sunt & qui* [d] *fuerunt*

a Dei gracia Francorum Rex. *R. C. R. V.*

b de. *R. C. R. V.*

c espece de serfs.

d fuerint. *R. C. R. V.*

### NOTES.

*(a)* Tres. des Chartr. Regist. 100. P. 545. Ces Lettres sont aussi au Livre Rouge-vieil du Chastelet de Paris, *fol.* 54. *vers.* Ce Registre sera indiqué dans les corrections par *R. C. R. V.*

Elles se trouvent aussi vidimées dans le Livre Vert-vieil second du Chastelet de Paris, *fol.* sept-vingt-quatre *R.°* (144.) Ce Registre sera indiqué dans les corrections par *R. C. V. V. S.*

Ces Lettres avoient déja esté imprimées dans l'*Hist. du Monastere des Celestins de Paris*, par le Pere *Beurier*, pp. 79. & 219.

*(b) De Barretis.]* Il y a apparence que le lieu où est presentement le Couvent des Celestins à Paris, estoit ainsi nommé, parce qu'il avoit esté occupé avant eux, par les Religieux Carmes, que l'on nommoit alors les *Barrez*, à cause qu'ils portoient des manteaux divisez par quartiers blancs & noirs. Voy. l'*Hist. du Monastere des Celest. de Par.* par le P. *Beurier*, page premiere.

*(c) Et.]* Au lieu de ce qui est renfermé icy entre deux crochets, & qui se trouve aussi dans le *R. C. V. V. S.* on lit dans le *R. C. R. V.* les mêmes mots qui sont cy-dessus renfermez entre deux crochets : ainsi le Copiste a repeté deux fois la même phrase, & en a supprimé une.

CHARLES V.
à Paris, en Octobre 1369.

*temporibus affuturis : quibus & eorum cuilibet, presencium serie committimus & mandamus, quatinus predictos Religiosos, Gentes, familiares, singularesque personas dicte Ecclesie, & menbrorum ejusdem ac homines predictos, defendant ab omnibus injuriis, violenciis, gravaminibus, oppressionibus, vi armorum, potencia laycorum, ac inquietationibus & novitatibus indebitis quibuscumque, tueantur & deffendant, & in suis justis possessionibus, franchisiis, Libertatibus, juribus, immunitatibus, usibusque & saisinis, in quibus ipsos esse & eorum predecessores fuisse pacifice ab antiquo invenerint, manuteneant & conservent; non permittentes in personis ipsorum aut Gentium, familiarium, singulariumque personarum dicti Monasterii, ejusdemque menbrorum & hominum predictorum, seu in bonis eorumdem, aliquas fieri vel inferri offensas, injurias aut indebitas novitates; quas, si factas fore vel fuisse in dicte nostre salve ac specialis gardie & ipsorum prejudicium, invenerint, ad statum pristinum & debitum reducant, seu reduci faciant indilate; & Nobis ac Parti propter hoc, [a] emandam condignam fieri aut prestari, dictamque salvam gardiam nostram [b] plublicari, ubi, quando & quociens fuerit opportunum; & in signum hujusmodi nostre salve gardie, pennuncellos seu baculos nostros Regios, in suis Ecclesiis, domibus, locis, possessionibus & rebus predictis, in terra que Jure scripto regitur, & alibi, in casu eminentis periculi dumtaxat, apponant seu faciant affigi vel apponi: inhibentes ex parte nostra, omnibus illis de quibus fuerint requisiti, sub omni pena quam erga nos possent incurrere, ne eisdem Religiosis, familiaribus, singularibusque personis dicti Monasterii, & menbrorum ejusdem ac hominibus predictis, seu bonis eorumdem quibuscunque, quomodolibet forefacere presumant; [c] & in casu novitatis, inter ipsos Religiosos, Gentes, familiares, singularesque personas dicti Monasterii, & menbrorum ejusdem ac homines predictos, & aliquos alios, racione bonorum quorumcumque dicti Monasterii, oriatur opposicio vel debatum, locis de ablatis, si sint in rerum natura, alioquin, de valore & estimacione ipsorum, primitus & ante omnia realiter & de facto ressaisitis, dictum debatum & rem contenciosam, ad manum nostram, tanquam superiorem, ponant; & opponentes ac Partes debatum hujusmodi facientes, ac eciam dicte nostre salve gardie infractores & contemptores, & qui predictis gardiatoribus aut eorum alteri, Gardiatoris officium exercendo, injuriam [d] fecerunt vel offensam, sive qui eis inobedientes fuerint vel rebelles, coram dilectis & fidelibus Gentibus Requestarum Palacii nostri Parisius, adjornent ad certam & competentem diem sive dies, processuros super hoc, prout fuerit racionis. Si vero dicti Religiosi, aut aliqui de Gentibus, familiaribus, singularibusque personis dicti Monasterii, & menbrorum ejusdem seu hominibus predictis, ab aliquo seu aliquibus [e] assecuramentum habere voluerint, volumus, quod dicti gardiatores aut alter eorumdem, adjornent illos à quibus dictum assecuramentum habere voluerint, coram dictis Gentibus nostris, ad certos & competentes dies, daturos assecuramentum predictum, bonum & legitimum, juxta Patrie consuetudinem, & prout racionabiliter fuerit faciendum; necnon omnia debita bona & legalia, recognita vel probata legitime per testes, Litteras, Instrumenta, confessionem Parcium, vel alia legitima documenta, que predictis Religiosis, tam racione fructuum, exituum, Censuum, redditaum suorum, quam aliter, deberi noverint; & de quibus nulla [f] questio referatur, eisdem Religiosis vel eorum certo mandato, persolvi faciant indilate; debitores hujusmodi, ad hoc, per capcionem, vendicionem & explettationem bonorum suorum quorumcunque, & eorum corporum detencionem, si ad hoc fuerint obligati, viriliter & debite compellendo; Litteris impetratis vel impetrandis à Nobis seu Curia nostra, per ipsos debitores vel eorum alterum, super statu vel respectu de non solvendo ad tempus debita sua, vel de non procedendo in eorumdem Causis, quibus per eos, fide & juramento intervenientibus, extiterit renunciatum, de fide & juramento predictis, non facientibus plenam & expressam mencionem, nonobstantibus quibuscunque. Si vero aliqui debitores ad hoc se opponant, ipsos opponentes adjornent ad instanciam & requestam prelibatorum Religiosorum, coram dictis Gentibus nostris, ad diem sive dies competentes, in Causa opposicionis hujusmodi processuros, & ulterius facturos quod fuerit racionis: quas Gentes nostras certificent competenter de hiis que fecerint in premissis; & generaliter faciant dicti Gardiatores & eorum singuli, presentes pariter & futuri, omnia alia & singula que ad Gardiatoris officium pertinent, & pertinere possunt atque debent, Nolumus tamen quod*

[a] emendam. *R. C. R. V.* & *R. C. V. V. S.*

[b] publicari. *R. C. R. V.* & *R. C. V. V. S.*

[c] si. *R. C. R. V.* & *R. C. V. V. S.*

[d] fecerint. *R. C. R. V.* & *R. C. V. V. S.*

[e] Voy. les Tabl. des Mat. des Vol. des Ord. *au mot*, Asseurement.

[f] sur lesquels il n'y aura point de contestation.

*ipsi de recredentia facienda, & de hiis que Cause cognitionem exigunt, se aliquatenus intromittant. Damus autem tenore presentium* [a] *mandamus, ac eciam committimus predictis nostris Gentibus, presentibus & futuris, quatenus Parlamento nostro sedente necnon sedente, tam* [b] *de dictis Causis coram eis agitandis, quam quibuscunque aliis personalibus, tam agendo quam defendendo, exhibeant, Partibus auditis, inter ipsas celeris Justitie complementum: Nos ipsos eisdem Religiosis, in Commissarios ac Judices committimus ac eciam deputamus; Ab omnibus autem Justiciariis & subditis nostris, eisdem Gentibus nostris & ab eisdem deputandis, dictisque Gardiatoribus & cuilibet eorumdem, in premissis pareri volumus efficaciter & intendi: que omnia & singula suprascripta sic fieri volumus; ac eisdem Religiosis, ex nostra scientia certa auctoritateque Regia & speciali gratia, duximus concedenda & concedimus per presentes. Placet eciam Nobis & volumus, ex gratia ampliori, transcripto seu vidimus presentium Litterarum, sub sigillo Castelleti nostri Parisius facto, collationato & sigillato, tanquam originali, propter viarum pericula, fidem plenariam & indubiam adhiberi. (a) Quod ut firmum, &c. salvo, &c.* Datum Parisius, mense Octobris, anno LXIX.° Regni sexto. *(b)*

*Per Regem, Domino Archiepiscopo Senonensi presente.* P. BLANCHET.

CHARLES V.
à Paris, en Octobre 1369.
a in mandatis. R.C.R.V.& R.C.V.V.S.
b tam in. R.C.R.V.& R.C.V.V.S.

NOTES.

*(a) Quod.]* Il y a dans le R. C. R. V. *Quod ut firmum & stabile perseveret in futurum, nostrum presentibus Litteris fecimus apponi sigillum: salvo in aliis jure nostro, & in omnibus quolibet alieno.* Datum Parisius, mense Octobris, anno Domini millesimo trecentesimo sexagesimo nono, & Regni nostri sexto.

*(b)* Dans le Registre *R. C. R. V.* il y a: Collacion faicte à l'original scellé en las de soye, à double queüe, ainsi signé. *Per Regem, Domino Archiepiscopo Senonensi presente.* J. BLANCHET.

Et estoit escript au dos: *Registrata mense Octobris, millesimo trecentesimo sexagesimo nono. Publicata in Requestis Palatii, XXII. die mensis Martii, anno trecentesimo sexagesimo nono.* J. DE LESPINE.

---

CHARLES V.
à Paris, le 29. de Novembre 1369.

## (a) *Mandement qui porte que l'on pourra fabriquer des Monnoyes d'Or, escharses jusqu'à un Quart de Carat & demi.*

CHARLES par la grace de Dieu Roy de France: A noz amez & feaulx, les Generaulx-Maistres de noz Monnoyes: Salut & dilection. Comme pieça & de long temps, vous & les Generaulx-Maistres qui ont esté pardevant vous, aïez acoustumé à bailler noz Monnoyes d'Or à faire aux Maistres Particuliers, sur certaines condicions & Ordonnances; entre lesquelles, aucun Maistre Particulier ne peust ne doit faire sa boeste de Deniers d'Or, *(b)* escharse au dessous d'un VIII.e de Carat de Loy, qu'il ne soit & demeure en aucune amende; laquelle Ordonnance a duré jusques à l'Ordonnance des Moutons d'Or, que nostre très-cher Seigneur & Pere, que Dieu absoille, fist faire; & lors *(c)* fut ordonné de donner ausdits

NOTE.

*(a)* Registre *D.* de la Cour des Monnoyes, *fol.* 6 vingt 17. *v.rs.* (137.)

Avant ces Lettres, il y a:

*Mandement contre ceux qui excedent les remedes sur l'Ouvraige d'or.*

*(b) Escharses.]* Comme il est impossible de fabriquer les Monnoyes au *Titre* précis fixé par les Ordonnances; c'est-à-dire, de n'y mettre que la quantité précise d'alliage, qui a esté fixée, on a establi le *remede de Loy*, qui est la *permission accordée par le Roy aux Maistres de ses Monnoyes, de tenir la bonté interieure des Especes d'Or & d'Argent, plus* escharce *ou moindre que le titre ordonné.* Mais le Maistre Particulier est tenu de payer au Roy, la valeur du *remede de Loy*, suivant le Jugement qui en est fait par la Cour des Monnoyes. Voy. *le Traité des Monnoyes de Boizard*, tom. 1. chap. 4. p. 24.

*Voy.* sur les Boëtes des Monnoyes, *le 3.e Vol. des Ordonn.* p. 257. Note (*b*).

*(c) Fut ordonné.)* Je n'ay point trouvé dans ce Recueil, l'Ordonnance du Roy Jean, qui est icy rappellée. On a déja remarqué plus d'une fois, qu'il y a preuve, qu'il manque plusieurs Ordonnances sur les monnoyes.

CHARLES V. à Paris, en Novembre 1369.

Maistres Particuliers, [a] congié que lesdites boestes peussent faire escharses jusques à ung quart de Carat, pour cause des Escuz d'or à XVIII. Carratz, & de la contrefaçon desditz Escuz, & d'autres diverses monnoyes d'Or qui paravant auroient esté faiz: & Nous aïons entendu que depuis que ledit ouvraige des Moutons d'Or, durant l'ouvraige des Royaulx d'Or & des Francs d'Or fin faiz ensuivant, & aussi de l'ouvraige que Nous faisons faire à present des deniers d'Or fin aux Fleurs de Liz, ils aïent couru & courent encores autant & plus trop de contrefaçons desdits Escuz d'Or, & de tous autres Deniers d'Or, qu'il ne faisoit à l'encommencement de l'ouvraige desdits Moutons d'Or; & par ce & depuis, l'Or qui a esté & est apporté en noz Monnoyes, a esté & est trouvé si [b] dur & de tant de contrefaçons, que bonnement l'en n'a peu ne peult l'en venir justement à ladite Loy; & que lesdites Boestes ou grant partie d'icelles, ne soïent venuës & trouvées escharses au dessous dudit VIII.e laquelle chose leur a esté moult grieve & donmageuse; & mesmement que vous leur avez fait & faictes païer à Nous, toute la [c] faulte qui a esté trouvée; & pour cause de ce & de ladite amende, en ont volu & veullent plusieurs d'iceulx Maistres Particuliers, laisser noz Monnoyes, en grant donmaige de Nous & retardement de l'ouvraige; & ne trouveroit l'en pas qui les volzist prendre, & que l'ouvraige ne cousta autant à faire ou près, comme Nous y prenons de prouffit, se sur ce n'estoit par Nous [d] prouveu de remede convenable: Savoir vous faisons, que euë consideration aux choses dessus dites, par grant deliberation de nostre Conseil, & afin que noz Monnoyes d'Or puissent mieulx & plus habundamment ouvrer, & que lesdites contrefaçons se puissent *(a)* abatre & ouvrer, voulons & vous mandons, & à chacun de vous, que vous baillez & puissiez bailler nosdites Monnoyes d'Or & chacunes d'icelles, à faire pour le temps avenir, aux Maistres Particuliers, sur telle condition qu'ilz puissent faire les deniers d'Or, & leurs Boestes escharses jusques à ung quart de Carat de Loy & demy, & non plus; & que de ce, par Nous rendant & payant icelle escharseté, ou telle comme elle sera trouvée, ilz soïent & demeurent quictes sans aucune amende: & s'ilz font leurs dites Boestes plus escharses que dit [e], qu'ilz soïent en amende comme paravant; nonobstant quelzconques Ordonnances, Mandemens ou defenses au contraire. *Donné à Paris, le XXIX.e jour de Novembre, l'an de grace mil trois cens soixante-neuf, & de nostre Regne le sixiesme.*

Par le Roy, en son Conseil, YVO.

a permission.
b à un titre si bas.
c defaut de titre.
d pourveu.
e est.

NOTE.

*(a) Abatre & ouvrer.]* Que ces Monnoyes contrefaites cessent d'estre repanduës dans le Commerce, & que l'on puisse, en les fondant, fabriquer de nouvelles Especes.

---

CHARLES V. à Paris, le dernier de Novembre 1369.

*(a)* Lettres qui confirment les Privileges de la Ville de Compeyre; & qui portent qu'elle sera unie inseparablement au Domaine.

*KAROLUS, &c. Regalem decet magnificentiam, illos graciis attollere, quos (b) ad*[a] *exaudienda Jura Domania ejusdem magnificentie, fideles adinvenit. Sane, cum Consules & habitatores Castri seu Loci de (c) Conpeyro, in Senescalia Ruthenensi, dictum Castrum seu Locum de Conpeyro, in & de Domanio Corone esse recognoverint, ac Juribus nostris & Corone devenerint ac fuerint & sint attributa; Nichilominus*

a exaudiend. R.

NOTES.

*(a)* Tresor des Chartres, Registre 100. Piece 6 vingt 16. *(136.)*

*(b) Ad exaudienda.]* Cet endroit me paroist corrompu. On pourroit y trouver quelque sens, en lisant *Domanii*, au lieu de *Domania*, & cela pourroit signifier: *Ceux qui ont reconnu les droits du Domaine.* La Ville de Compeyre avoit esté apparemment depuis peu réunie au Domaine.

*(c) Conpeyro.]* Compeyre dans le Roüergue, Diocese de Rodez. Voyez *le Diction. Univ. de la Fr.* à ce mot.

*formidantes, ne ab eodem Domanio, nunc vel futuris temporibus, separetur ac in alienis manibus transferatur, quod in dispendium grave ipsorum Consulum & habitantium, forcitan cederet;* [a] *quod dum in manus alienas fuerit Castrum seu Locus predictus, plures injurie eisdem fuerint illate, seu non fuerit facta justicia in dicto Castro, ut* [b] *dicebat, sicut dicunt; supplicantes gratiam nostram ad hoc impertiri. Notum itaque facimus presentibus & futuris, quod Nos attendentes vere fidei constanciam, quam erga Nos dicti Consules & habitantes habuerunt, dictum Castrum seu Locum,* [c] *com Juribus, deveriis & pertinenciis suis universis, ac dictos Consules & habitantes, in & sub nostro ac Corone nostre immediato maniburdo seu regimine, ex certa scientia ac potestate & gracia nostris, ponimus, ac illa eidem Domanio & Juribus ipsius adjungimus, & volumus esse innexa, perpetuo ibidem permansura: promittentes* [d] *eidem Consulibus & habitantibus, quod per Nos vel successores nostros Reges Francie, quavis occasione seu causa, dictum Castrum seu Locum, cum dictis pertinenciis, juribus & dominiis, atque Consules & habitantes, extra manum & Domanium* [e] *Regnum & Corone, non ponantur, nisi de expresso consensu vel voluntate Consulum & habitancium ejusdem Castri, hoc procedat: Contrarium vero si fieri contingeret, nullum esse volumus; & ex uberiori nostra gracia, privilegia, franchisias, Libertates, Consuetudines & jura quibus usi sunt ab antiquo, laudamus, approbamus, & tenore presencium confirmamus. Quod ut firmum, &c. salvo, &c.* Datum Parisius, in Domo nostra prope Ecclesiam Beati Pauli, ultima die mensis Novembris, anno Domini M.° CCC.° LXIX.° ac Regni nostri VI.°

*Per Regem, Vobis ac Domino Episcopo Antissiodorensi, presentibus.* P. CUIRET. *Visa.*

CHARLES V. à Paris, le dernier de Novembre 1369.

*a q. R.*
*b fort.* decebat.
*c* cum.
*d* eisdem.
*e* Reg. *R.*

---

CHARLES V. à Paris, en Novembre 1369.

Philippe-Auguste, à Chaumont, en 1183. & à Tonnerre, en 1187.

(*a*) Lettres qui confirment la Chartre de Commune accordée à la Ville de Dijon, par Hugues Duc de Bourgogne.

*KAROLUS, &c. Notum facimus universis presentibus & futuris, quod cum clare memorie Rex Philippus, qui regnabat in anno Dominice Incarnacionis M.° centesimo octogesimo tercio, Regnique sui anno (b) quinto, hominibus Ville de Divione, quasdam Litteras in cera viridi & filis* [a] *serici sigillatas, super facto Communie dicte Ville, duxerit concedendum: Quarum quidem Litterarum tenorem didicimus sub hiis verbis.*

*a* Sericis. *P.*

*IN nomine Sancte & individue Trinitatis. Amen. Philippus Dei gracia Francorum Rex. Noverint universi presentes pariter & futuri.* [b] *Quoniam fidelis & Consanguineus noster, Hugo Dux Burgundie, suis hominibus de Divione, Communiam dedit ad formam Communie Suessionis; salva Libertate quam antea habebant: Hanc autem Communiam, memoratus Dux (c) Hugo & Odo Filius ejus, juraverunt tenendam & inviolabiliter observandam: Unde ad peticionem & voluntatem ipsius Ducis & Filii ejus, prefatam Communiam manucapimus conservandam & manutenendam, sub hac forma. Quod si Dux*

*b* Qm. *R.*

NOTES.

(*a*) Tresor des Chartres, Registre 100. Piece 345.

Ces Lettres ont déja esté imprimées dans le Recueil de Pieces servant à l'Histoire de Bourgogne, par *Perard*, p. 366.

(*b*) *Quinto.* ] Ces Lettres de Philippe-Auguste sont aussi datées de la cinquiéme année de son Regne, dans le Registre du Tresor des Chartres & dans l'*Edit.* de *Perard.* Cependant Philippe-Auguste estant monté sur le Trône, le 18. de Septembre 1180. l'année 1183. ne peut jamais concourir avec la cinquiéme année de son Regne, mais seulement avec la quatriéme; & en effet les Lettres de ce Prince de l'année 1187. qui sont aussi vidimées dans la confirmation de Charles V. concourent avec la huitiéme année de Philippe-Auguste.

Comme ce Prince fut sacré du vivant de son Pere, le jour de la Toussaints 1179. peut-estre a-t-on compté dans les premieres Lettres les années de son Regne, du jour de son Couronnement; & dans les secondes, du jour de la mort de Loüis VII. son pere.

(*c*) *Hugo.* ] *Hugues III.* qui mourut en 1192. & *Eudes III.* son fils. Voyez l'*Hist. Geneal. de la Mais. de Fr.* Tom. 1. pp. 540. 541.

CHARLES V. à Paris, en Novembre 1369.

vel heredes ejus, [a] memoriatem Communiam vellent infringere, vel ab institutionibus Communie resilire, Nos, ad posse nostrum, eam teneri faciemus. Quod si Dux [b] pro Nobis facere nollet, Nos eos & res suas, in terra nostra receptaremus, salvum-conductum eis prebentes. Quod ut perpetuam & inconvulsam sortiatur firmitatem, presentem Cartam sigilli nostri auctoritate & Regii nominis (a) caratere inferius annotato communiri precepimus. Actum apud [c] Calvum-Montem, anno ab Incarnatione Domini millesimo centesimo LXXXIII.° Regni nostri anno [d] quinto. [e] Abstantibus in Palatio nostro, quorum nomina supposita sunt & signa. [f] S. Comitis Theobaldi Dapiferi nostri. S. Guidonis Buticularii. S. Mathei Camerarii. S. Radulphi Constabularii. Data per manum Hugonis Cancellarii.

Item, & alias Litteras eisdem hominibus concesserit, super facto predicto, Regni sui anno octavo, formam que sequitur, continentes.

a memoratam. P.
b à nostre priere.
c Chaumont.
d Voyez page preced. Note (b).
e astantibus P.
f Signum.

IN nomine Sancte & individue Trinitatis. Amen. Philippus Dei gracia Francorum Rex. Noverint universi presentes pariter & futuri. [g] Quoniam Hugo Dux Burgundie, hominibus de Divione dedit & concessit (b) Communiam in perpetuum habendam, ad formam Communie Suessionis; Nos vero, ad peticionem ipsius Ducis & Odonis Filii ejus, eam [h] confirmamus, & ita manutenendam promittimus. Quod si vel Dux vel dictus Filius ejus, ab [i] institutionibus hujus Communie resilierit, Nos infra quadraginta dies, ex quo [k] clamor inde ad Nos pervenerit, Communie emendari faciemus, sicut Curia nostra judicabit, (c) reddendo Capitale. Quod ut perpetuam stabilitatem obtineat, presentem paginam sigilli nostri auctoritate, ac Regii nominis caratere inferius annotato, precepimus confirmari. Actum [l] Tornodorii, anno ab Incarnatione Domini M.° C.° LXXXVII. Regni nostri anno octavo. Astantibus in Palacio nostro, quorum nomina supposita sunt & signa. S. Comitis Theobaldi, Dapiferi nostri. S. Guidonis Buticularii. S. Mathei Camerarii. S. Radulphi Constabularii. Data vacante Cancellaria.

g Qm. R.
h confirmavimus. P.
i institut. R.
k plainte.
l Tonnerre.

Nos Predecessorum nostrorum vestigiis inherentes, ad supplicacionem Majoris, Scabinorum, Burgensium & habitatorum dicte Ville Divion. supradicte, predictas Litteras supratranscriptas, ac omnia & singula que continentur in eisdem, ratificantes, approbantes & laudantes, eas & ea, auctoritate nostra Regia & de speciali gracia, in quantum de ipsis usi sunt, confirmamus serie presencium Litterarum. Quod ut firmum & stabile, &c. salvo, &c. Datum Parisius, anno Domini millesimo CCC.° LXIX.° & Regni nostri sexto, mense Novembr. *Visa.*

*Per Regem, ad relacionem Consilii.* J. DE LUZ.

NOTES.

*(a) Caratere.* ] *Monogramme.* Il n'est point figuré dans le Registre, ni dans ces Lettres ni dans les suivantes.

*(b) Communiam.* ] *La Chartre de Commune,* confirmée par ces Lettres, est de l'année 1187. & se trouve dans *Perard,* p. 333.

*La Chartre de Commune* de la Ville de *Soissons,* se trouve *ibid.* p. 336.

*(c) Reddendo capitale.* ] Je crois que cela signifie, que le Roy fera reparer les dommages causez par le Duc de Bourgogne, aux habitans de Dijon, par l'infraction de leur Chartre de Commune.

Peut-estre aussi *capitale* se rapporte-t-il aux 50. marcs d'argent que les habitans de Dijon devoient payer chaque année, au Duc de Bourgogne! Voyez *Perard,* p. 335.

---

CHARLES V. à Paris, en Novembre 1369.

JEAN I. ou selon d'autres, Jean II. à Dijon, le 23. de Decembre 1361.

## (a) Confirmation des Privileges de la Ville de Dijon.

KAROLUS, &c. Notum facimus universis tam presentibus quam futuris, Nos infrascriptas recordacionis inclite, carissimi Domini Progenitoris nostri, vidisse Litteras, formam que sequitur, continentes.

NOTE.

(a) Tresor des Chartres, Registre 100. Piece 6 vingt 11. (131). Ces Lettres ont déja esté imprimées à la p. 365. du *Recueil* de *Perard.* Voy. cy-dessus, p. preced. Note (a).

CHARLES V. à Paris, en Novembre 1369. * Autel. P.

JEHAN par la grace de Dieu Roy de France. Savoir faisons à tous presens & avenir, que aujourd'uy Nous avons confermé, promis & juré sur les Sains Evangiles estans sur le grant * Auter de l'Eglise de Saint Benigne de Dijon, tenir & garder fermement les Libertez, franchises, immunitez, Chartrez & privileges, & confirmacions d'icelles, données & octroyées de nos devanciers Dux de Bourgoigne, au Majeur & aux Eschevins & habitans de nostre dicte Ville de Dijon, si comme elles sont escriptes; & aussi les diz Majeur & habitans de nostre dicte Ville, estans lors en nostre presence en la dicte Eglise, jurerent qu'il Nous seront loyalz subgez & vrais obéissans, & garderont nostre personne & tous noz droitz envers tous & contre tous: Et Nous leur avons octroyé & octroyons par ces presentes, que nos hoirs & successeurs en nostre dit Duchié de Bourgoigne, jureront & seront tenus jurer publiquement en la dicte Eglise de Saint Benigne de Dijon, en leur premier advenement audit Duchié, qu'il garderont & feront tenir & garder les dictes Libertez, franchises, immunitez, Chartres & privileges, & confirmacions d'icelles, ainsi comme elles seront escriptes & plus à plain contenuës ez Lettres & Chartres données de noz devanciers Dux de Bourgoigne, aux habitans de nostre dicte Ville de Dijon; & à ce faire & fermement tenir & garder perpetuelment, Nous obligons especialment & expressement Nous, nos hoirs, noz successeurs & tous ceux qui auront cause de [ *(a)* Nous en nostre dit Duché; & promettons en bonne foy, les dictes choses tenir & fermement garder à tous jours mais, sans venir encontre ] par Nous ne par autre. Et pour ce que ce soit ferme chose & estable à tousjours, Nous avons fait mettre nostre Seel à ces presentes Lettrez. *Donné à Dijon, le* XXIII.^e *jour de Decembre, l'an de grace* M. CCC. LXI. *(b)*

*Quas quidem Litteras supra transcriptas, ac omnia & singula contenta in eisdem, prout superius sunt expressa, laudantes, approbantes, ratificantes, & volentes eas & ea, ex nostra auctoritate Regia Regieque potestatis plenitudine & de speciali gracia, quatenus ad nos spectat, & in quantum de ipsis & in eorum contentis, Majores, Scabini & habitatores dicte Ville Divionensis, usi sunt temporibus retroactis, ad eorum supplicacionem & Requestam, confirmamus serie presencium Litterarum; nostro & alieno in omnibus jure salvo. Quod ut firmum, &c.* Datum Parisius, anno Domini M.° CCC.° LXIX.° mense Novembr. Regni vero nostri anno sexto.

Sic signata. *Per Regem, ad relacionem Consilii.* J. DE LUZ.

Collacio facta est cum originali. *Visa.*

NOTES.

*(a) Nous.]* Ce qui suit entre deux crochets a esté tiré de *Perard*, & manque dans le Registre.

*(b)* Il y a ensuite dans *Perard:* Signé. *Par le Roy.* P. BLANCHET.

---

CHARLES V. à Paris, en Novembre 1369.

## (*a*) Privileges accordez aux Marchands de la Ville de Plaisance en Lombardie, qui viendront commercer à Harfleur.

SOMMAIRES.

*(1) Les habitans de Plaisance qui commerceront à Harfleur, seront francs pour eux & pour leurs marchandises, de toutes sortes d'Imposts; excepté ceux qu'ils payent sur le Vin. Lorsqu'ils ne pourront vendre leurs marchandises dans la Ville de Harfleur, ils pourront les trans-*

NOTE.

*(a)* Tresor des Chartres, Registre 100. Piece 269.

L'on trouve dans ce Recueil, plusieurs Lettres de Privileges accordez à des Marchands Etrangers, d'Italie, de Castille & de Portugal, qui commerçoient dans le Royaume. [ Voyez *les Tabl. des Mat. des 3. & 4.^e Vol. des Ord.* au mot, *Commerce.*] Ces Lettres contiennent à peu près les mêmes dispositions. Mais les Privileges accordez par Charles V. aux habitans de Plaisance, sont presque entierement semblables à ceux qui avoient esté accordez aux Marchands de Portugal, & qui sont dans le *3.^e Vol. des Ord.* p. 571.

CHARLES V. à Paris, en Novembre 1369.

SOMMAIRES.

porter dans les autres endroits du Royaume.

S'il s'éleve quelque contestation entr'eux & les habitans de la Ville de Harfleur, pourvû qu'elle ne soit point suivie de mort ou de blessure considerable, ils pourront estre cautions les uns des autres; & l'affaire sera portée en premiere Instance devant le Prevost de Harfleur, ou le Vicomte de Monstier-Villiers; & delà devant les Juges à qui il appartiendra d'en connoistre. Dans le cas où il y aura blessure legere, l'affaire sera accommodée par deux Bourgeois de Harfleur, & par deux des Marchands de la Ville de Plaisance, en prenant le conseil du Prevost de Harfleur.

(2) Le Bailli de Caux fera fournir des maisons & des magasins aux Marchands de Plaisance qui viendront à Harfleur; & le prix en sera fixé par deux Bourgeois de Harfleur, eslus par lesdits Marchands de Plaisance, & par deux Marchands de Plaisance, eslus par lesdits Bourgeois de la Ville de Harfleur.

(3) Pour le fait de leurs Marchandises & pour toutes leurs autres affaires, ils ne seront tenus de répondre que devant le Prevost de Harfleur, & delà, par appel, où il appartiendra.

(4) Les Officiers Royaux feront payer aux Marchands de Plaisance, ce qui leur sera dû pour le prix de leurs marchandises, en la même maniere que l'on fait payer ce qui est dû au Roy.

(5) Ils pourront establir des Courretiers qu'ils presenteront au Prevost: ils pourront aussi les destituer. Les Courretiers ne pourront estre ni Taverniers, ni Hostelliers, ni Marchands, si ce n'est du consentement desdits Marchands.

(6) Ils pourront se servir des poids de la Ville, & les confier à une personne convenable, qu'ils presenteront au Prevost. Les poids resteront dans l'estat où ils estoient anciennement.

(7) Si les Voituriers, qui sont chargez du transport des denrées desdits Marchands, leur font quelque tort, ils en pourront estre punis par tous les Justiciers du Royaume, qui les feront dedommager des pertes par eux souffertes.

(8) Les procez que lesdits Marchands auront contre des Chevaliers, des Escuyers ou leurs gens, seront portez devant le Prevost de Harfleur, le Bailli [de Caux] & le Vicomte [de Monstier-Villiers.]

(9) Le Pavé de la Ville, les Quais & les issuës, seront mis en bon estat, afin que lesdits Marchands puissent descharger & charger commodement leurs marchandises; sans que pour cet entretien, ils soient tenus de payer aucuns droits.

(10) Les marchandises qu'ils auront données par compte aux Bateliers, pour les transporter du Havre de Leure à Harfleur, leur seront renduës dans cette Ville.

(11) Si quelqu'un de leurs Garçons de boutique se marioit, & receloit chez lui des marchandises appartenantes à son Maistre, le Juge le fera arrester prisonnier jusqu'à ce qu'il les ait restituées; & lorsqu'elles l'auront esté, il les mettra entre les mains de deux Marchands de Plaisance, qui les rendront à celui à qui elles appartiennent.

(12) Lorsqu'un Marchand de Plaisance aura commis un délict, lui seul en portera la peine: il sera arresté prisonnier, & ses biens seront saisis; mais on ne saisira point ceux qui ne lui appartiennent pas, & distraction en sera faite par la declaration du Maistre de la maison où il demeure, & des Associez du delinquant demeurans avec luy: & si cela ne suffit pas, on y joindra le temoignage de quelques autres Marchands de Plaisance.

(13) Les marchandises des Marchands de Plaisance, ne seront point sujettes au droit de Prises.

(14) Lesdits Marchands seront sous la protection du Roy & de ses Officiers.

(15) Lesdits Marchands ne seront point obligez de servir à l'armée, & ils seront exempts de toutes Impositions.

(16) S'il arrivoit une dispute entre le Roy & les Souverains du pays desdits Marchands, les susdits Marchands ne seroient point inquietez à cette occasion, ni dans leurs personnes ni dans leurs biens. Si on a saisi quelques unes de leurs marchandises, on les leur rendra; & on s'en rapportera à leur serment, quand ils jureront qu'elles leur appartiennent.

(17) Le Roy ou ses Gens ne pourront enlever leurs marchandises, que le prix n'en ait esté fait, & qu'il n'ait esté payé.

(18) Les contestations qui s'éleveront entre des Marchands de Plaisance, seront d'abord portées devant deux Marchands du Pays; & ce qu'ils auront decidé, du consentement des Parties, sera executé par le Prevost de Harfleur: Si ces deux Marchands ne peuvent accommoder les Parties, l'affaire sera portée devant le Prevost de Harfleur.

(19) Le Havre de Harfleur sera mis en bon estat, sans que les Marchands soient tenus de contribuer aux depenses qui seront necessaires à cet effet.

(20) Ils pourront arrester & mettre entre les mains de la Justice, ceux qui voudront les voler, ou prendre leurs biens contre leur volonté, sans qu'ils puissent estre inquietez à cet effet.

(21) Les Marchands de Plaisance sont deschargez des amendes qu'ils pourroient devoir au Roy.

(22) Ils pourront demeurer à Harfleur tant qu'il leur plaira, & en sortir quand ils le voudront, sans payer ni coustume ni amende. Si quelqu'un d'entr'eux doit quelque chose au Roy, les autres n'en seront pas responsables. Ils seront les maistres de fixer le prix de leurs marchandises, comme le font dans cette Ville, les Marchands de Portugal.

(23) Les Marchands de Plaisance pourront ordonner sur leurs biens, marchandises & franchises; mais ils ne pourront juger les procez, si ce n'est

CHARLES V. à Paris, en Novembre 1369.

SOMMAIRES.

n'est dans le cas porté par [l'art. 1.] de cette Ordonnance. Ils n'auront aucune Jurisdiction sur les sujets du Roy.

(24) Les Valets [Garçons ou Facteurs] des Marchands de Plaisance, ne pourront obliger ni engager leurs maistres, s'ils ne sont chargez de leur procuration.

(25) Ceux qui trouveront [sur les bords de la mer] des debris de Vaisseaux des Marchands de Plaisance [qui auront fait naufrage,] les mettront en sûreté, pour les rendre à ceux à qui ils appartiennent, s'ils sont presens; & s'ils sont absents, à quelques Marchands de leur nation, en recevant un salaire convenable pour leurs peines.

(26) Si les Marchands de Plaisance abordent au Port de Leure, ils y seront exempts de toutes coustumes & de toutes amendes.

CHARLES, &c. Savoir faisons à tous presens & à venir, que pour ce que Nous sommes desirans, comme raison est, de tenir & garder en bonne paix & tranquilité, les Marchans frequentans nostre Royaume; & pour la bonne amour & affeccion que Nous tenons que les Marchans de la Cité & Ville de *(a)* Plaisance en Lombardie, ont eue à Nous & à nostredit Royaume, ont toujours, & esperons qu'il aïent ou tamps à venir; Nous, à la requeste dezdis Marchans, & aussi dez habitans de la Ville de [a] Harefleu & du pays d'environ, pour le bien & accroissement d'icelle Ville & dudit pays, & pour la multiplicacion des biens, denrrées & marchandises, que Nous esperons en ceste partie, que lesdits Marchans facent venir en plusieurslieux de nostredit Royaume, avons auxdis Marchans de ladicte Ville & Cité de Plaisance, de quelque estat ou condicion qu'il soient, ottroyé & ottroyons de grace especial, & par l'advis & deliberacion de nostre Conseil, que eulx & chascun d'eulx, & leurs successeurs, Marchans de ladicte Ville & Cité de Plaisance, puissent amener & faire venir & arriver par Mer & par Terre, par eux, leurs familiers & serviteurs, toutes denrrées & marchandises quilxconques, de tous Royaumez & pays [b] estranges, au Port de ladicte Ville de Harefleu, & icelles denrrées & marchandises faire descendre en ladicte Ville de Harefleu, & vendre en ycelle ou sur ledit Port, franchement & paisiblement, sans ce que lesdits Marchans ou aucuns d'eux ou leurs successeurs, soient tenus ou puissent estre contrains par le Prevost de ladicte Ville ou autres noz Officiers quiexconques, à païer pour la premiere vente de leursdictes denrréez ou marchandisez ou d'aucunes d'icelles, aucunes [c] coustumez, Tailles, Aides, Impositions, Gabelles, Amende, finance ou redevance quelle qu'elles soient, ou puissent estre dictes, soient anciennes ou novelles, ou soit pour la [d] délivrance de nostre très chier Seigneur & Pere que Dieux absoille, ou pour la defense de nostre Royaume, ou pour autre fait quelconquez; excepté seulement des Vins qu'il y feront amener, [e] des quieux il païeroient telles aides, comme font les autres Marchans estans & frequentans en ladicte Ville de Harefleu: & en oultre, voulons de nostre grace, & leur avons ottroyé, que ou cas qu'il ne pourroient vendre bonnement aucunes de leurs dictes denrréez & Marchandises, ezdiz Port ou Ville de Harefleu, qu'il les puissent [f] traire hors franchement, & mener à quelque autre Port de nostre Royaume, qu'il leur plaira, & les vendre ilec, par la maniere que devant est dit: & avec ce, avons ottroyé & ottroïons auxdiz Marchans, que s'il avenoit que aucun debat ou tencon fust entre lesdiz Marchans & les Bourgois & habitans de Harefleu, ou autres personnes quiexconquez, & le debat ou tencon estoit tel, qu'il n'y eust peril de mort ou de [g] mehaing, ou par quoy homme ou femme deust recevoir mort, Nous voulons qu'il soient [h] receus par [i] pleiges, un pour autre, ou pour aucun autre de ladicte Ville de Harefleu, pour estre adroit pardevant ledit [k] Harefleu, ou le Viconte de [l] Monstier-Villier, & d'illec, par appel, pardevant les autres Juges à qui il appartendroit: Et ès cas où il aura sanc ou playe, & en tous autres quiexconquez il soient, èsquiels *(b)* il aura peril de mort ou de mehaing, Nous [m] leurc avons ottroïé & ottroïons,

a *Harfleur.* Voy. *le 4.e Volume des Ordonn.* p. 424. Note *(b)*.

b *estrang.* R.

c *anciennes Impositions.*

d *Voyez* les Tab. des Mat. des 3.e & 4.e Volum. des Ord. *au mot*, Aydes pour la rançon du Roy.

e *desquels.*

f *tirer & mener.*

g *blessure considerable.* Voyez *le 3.e Vol. des Ord.* p. 574. Not. *(h)*.

h *receus, eslargis.* Voyez *le 3.e Vol. des Ord.* p. 575. Note *(i)*.

i *caution.*

k *Prevost de.* Voyez *le 3.e Vol. des Ord.* p. 575. art. 2.

l Voyez *le 3.e Vol. des Ord.* p. 576. Note *(n)*.

m *leur.*

NOTES.

*(a) Plaisance.]* Dès l'année 1277. les habitans de la Ville de *Plaisance* & de plusieurs autres Villes d'Italie, commerçoient à Nismes. Voy. *le 4.e Vol. des Ord.* p. 668. Ce fut apparemment pour engager ceux de *Plaisance*, à venir commercer à Harfleur, que Charles V. accorda les Privileges contenus dans ces Lettres.

*(b) Il aura.]* Il faut corriger, *il n'aura.* Voyez *le 3.e Vol. des Ord.* p. 575. art. 3.

CHARLES V. à Paris, en Novembre 1369.

que par deux des Bourgois de ladicte Ville de Harefleu, & par deux des Marchans de ladicte Ville & Cité de Plaisance, avec le Conseil & Aide dudit Prevost, il puissent pacifier & accorder ensamble sanz amande.

(2) *Item.* Nous voulons que le Bailli de Caux, qui sera pour le temps, ou son Lieutenant, face ausdis Marchans qui descendront de Plaisance en ladicte Ville de Harefleu, livrer maisons & celiers pour eulz & pour leurs biens, par priz convenable; & que le priz soit fait par deux Bourgois de ladicte Ville de Harefleu, qui seront esleus par lesdiz Marchans de Plaisance, & par deux d'iceulz Marchans, qui seront semblablement à ce esleuz par les Bourgois de ladicte Ville de Harefleu: lesquiex quatre feront serement devant ledit Prevost, que bien & loyaument feront les priz selon le temps.

(3) *Item.* Nous avons volu & volons que lesdiz Marchans ou aucuns [a], ne soient tenus à respondre ou fait de leurs marchandises & biens quiez qu'il soient, se ce n'est premierement pardevant nostredit Prevost, & d'ilec, par appel, là où il appartendra.

(4) *Item.* Nous voulons que de tout ce que audis Marchans sera deu pour leurs dictes denrréez & marchandises, se il est congneu, ou souffisamment [b] approuvé, nostre dit Bailli ou noz autres Justiciers, qui seront pour le temps, leur facent paier senz delay, comme noz propres debtes, & au plustost qu'il pourra estre fait bonnement.

(5) *Item.* Nous leur avons ottroié & ottroions de nostre dicte grace, que touz ensemble, ou un d'entre eulz de chascun de leurs [c] hostelz, où il feront residence, en ladicte Ville, des plus souffisans, ou ceux ou la [d] graigneur partie s'accordera, puissent oter & mettre toutes *(a)* eures qu'il leurs plaira, & yceulz presenteront à nostre dit Prevost: lequel les facent [e] appligier & faire serement que bien & loyaument il [f] menront ledit courretage; & y garderont le droit de chascun: & ne pourra ledit Prevost ne autre, oster ne mettre [g] Corratiers; fors par la maniere que dit est: & toutes voies aucuns desdiz Courretiers, ne seront Tavernier, Marchant, ne Ostelier, se ce n'est par la volenté & accort dezdiz Marchans.

(6) *Item.* Nous voulons que lesdiz Marchans puissent user des pois de ladicte Ville de Harefleu, & peser [h] toutes heures qu'il leur plaira, sanz payer aucune chose, & yceuls pois bailler à qui que il voudront, qui les tiengne; mais [i] qu'il soit à ce convenable, & sera presenté devant ledit Prevost, & yceulz pois ne seront [k] creuz ne amenusiez; mais demourront toujours en l'estat où ils ont esté ou temps passé.

(7) *Item.* Nous avons voulu & voulons que se lesdiz Marchans baillent leurs marchandises & biens à aucuns Charretiers, Voituriers, ou autres gens quiex que il soient, à amener & ramener par nostre Royaume, par Mer & par Terre, ou en autres lieux, & yceulz leur en font dommage par leur coulpe ou defaut, que ceux qui ainsi le feront, se il sont trouvés, soient par tous les Justiciers de nostre Royaume, si griefment puniz civilement, selon le cas, que les autres y prengnent exemple; & lesdiz Marchans [l] enterinement restituez des pertes & dommages qu'ils auront [m] euls & soustenus pour ladicte cause.

(8) *Item.* Nous voulons que se lesdiz Marchans ou aucuns de euls ou de leurs genz, avoient tenscon, [n] mellée, ou riote, à aucun Chevalier, Escuier ou Gentilhomme, ou à autre quicux que il soit, ou à leur gens, que il n'en soient tenuz [o] du respondre, se ce n'est premierement pardevant le Prevost, & d'ilec, par appel, pardevant le *(b)* Bailli ou Viconte du lieu, & noz autres Justiciers où il appartendra; & que par ledit Bailli & Viconte du lieu, lesdiz Marchans ou leurs familiers, soient gardés & deffenduz que par les dessus diz Chevaliers, Escuiers ou autres quiex qu'il soient, ou leurs gens, ne soient contrains à respondre devant euls dudit fait, dont se villenie ou mal estoit fait pour ce ou pour ledit fait, que ceulz qui ce feroient,

a *d'eux.*
b *prouvé.*
c *maisons.*
d *meilleure.*
e *donner caution.*
f *conduiront.*
g *Courretiers.*
h *à.*
i *pourveu.*
k *augmentés ni diminués.*
l *entierement.*
m *eus.*
n *querelle.*
o *de.*

NOTES.

*(a) Eures.* ] Cet endroit qui est corrompu, sera restitué par l'article 7. d'une Ordonnance qui est à peu près semblable à celle-cy, qui est dans le *3.e Vol.* p. 575. On y lit: *toutes homes que il plaira*, Couratiers, &c.

*(b) Bailli.* ] Le Bailli de Caux & le Viconte de Monstier-Villiers. Voy. le *3.e Vol. des Ord.* p. 576. Note *(n)*.

CHARLES V. à Paris, en Novembre 1369.

en soient puniz par la maniere que dit est, si que tous autres y prengnent exemple, & que amende, selon la male façon, en soit faite au double, à ceuls à qui ladicte male façon aura esté faicte, & de ceuls qui la male façon feront, [a] prins par les Justiciers teles amendes, par quoy ils se doïent [b] chastier de faire autres foiz le semblable.

(9) *(a) Item.* Nous avons ottroïé & ottroïons ausdiz Marchans, que le pavement & les caiz de ladicte Ville, & les issuës soïent adoubées & mises en tel estat, par quoy culs & leurs gens puissent bonnement leurs biens & marchandises chargier & deschargier de nuit & de jour, sanz payer aucun Caage, ne Planeage, ne autre chose quelle que elle soit.

(10) *Item.* Nous voulons que les marchandises & biens que les Marchans dessus diz auront & deschargeront en [c] Saine, ou dedens le *(b)* Crot de Leure, ou le [d] Able qui vient à Harefleu, soïent bailliez par compte au Batelliers, & que yceulz les portent en nostre dicte Ville de Harefleu, & les rendent par conte ausdiz Marchans, sanz delay & sanz aucuns procès, en la maniere que bailliez leur auront esté.

(11) *Item.* Nous voulons que se leurs [e] Varlès ou leurs gens [f] mussoient ou destournoient par mariage, ou en autre maniere quelle que elle soit, malicieusement les biens de leurs Maistres, que sitost qu'il sera denoncié ou montré par aucune personne ou personnes de leur pays, à aucuns [g] de Justiciers des liex, que tantost & sanz delay, il [h] prengnes les corps d'iceuls ou de celui dont ainsi denunciacion ou demonstrance leur seroit faite, & les tiengnent en prison, jusques à tant que le [i] Seigneur ou Seigneurs, ou le Procureur d'iceulz à qui lesdictes marchandises seroient, aïent d'iceulz qui ainsi seront prins, eu compte & restitucion de tout le leur : & en oultre que tous les biens qui seroient trouvez en la main d'iceulx, qui ainsi se mesporteroient, soïent tantost prinz & bailliez à deux Marchans convenables dudit pays, lesquelz Marchans les recoivent par compte, & rendent par compte aus Marchans à qui il seront, ou à leur certain commandement.

(12) *(c) Item.* Nous leur avons ottroïé & ottroïons que s'il avenoit que aucun des Marchans dessus diz avoient aucune tenson par nuit ou par jour, dont aucun meffait s'ensuivit par quelque voïe que ce fust, aucun de eux ne soïent pris, contrains, ne dommagiez en aucune cause, fors celui ou ceulz qui auroient fait la male façon : & toutesvoïes Nous ne voulons mie que les marchandises & biens que iceulz porteroient ou auroient de leurs Maistres, soïent prinses ne empeschez pour ladicte male façon, ne aussi leurs compaignons, ou leurs biens, qui avecques eulz demourront en un mesme hostel, ne que il soïent en aucune chose reprins, ne aïent aucun mal ou dommage, pour souffrir avec eulx celui ou ceulx qui la male façon auront faicte, se il entroient en leurs maisons & hostelz : ne ne soïent les biens de celui ou ceulz qui la male façon auroient faicte, partiz de l'ostel ou hostelz où il seroient trouvez, jusques à tant que il soïent declairiez & cogneuz : & les autres biens & marchandises, laissent du tout sanz aucun procez, à ceulz à qui elles seroient par l'assentement des Compaignons de l'ostel, ou des Marchans dudit païz des autres hostelz, se il n'avoient assez des Marchans demourans en yceluy hostel pour ce faire.

(13) *Item.* Nous volons que aucun Prelat, Barons, Chevaliers, Religieux, personnes d'Eglise, ou autres quiex que il soïent, ne *(d)* preignent ou puissent prendre aucunes choses des marchandises & biens dezdis Marchands de Plaisance, se ce n'est par achat & en payant le prix au gré & voulenté de yceulz Marchans.

(14) *Item.* Nous avons voulu & voulons que lesdis Marchans soïent gardez par

[a] *soïent prises.*
[b] *corriger.*
[c] *Seine.*
[d] *Havre.* Voy. *le 3.e Volume des Ord.* page 576. Note *(q)*.
[e] *Garçons de Boutiques.* Voy. *le 3.e Volume des Ord.* page 577. Note *(s)*.
[f] *cachoient.* Voy. *ibid.* Note *(t)*.
[g] *des.*
[h] *prennent.*
[i] *Maistre du garçon de boutique.*

NOTES.

*(a) Item.]* Voyez dans *le 3.e Vol. des Ord.* p. 576. les Notes sur l'art. 11.

*(b) Crot.]* Voyez *le 4.e Vol. des Ordonn.* pp. 424. Note *(b)* & 427. Note *(e)*, & les *Additions* qui sont à la fin de ce Volume, page CCXLIII. col. 2. sur la p. 427.

*(c) Item.]* Voyez à la page 777. *du 3.e Vol. des Ord.* les Notes faites sur l'art. 15.

*(d) Preignent.]* Les marchandises seront exemptes du droit de *Prises*, sur lequel voyez *les Tabl. des Mat. des Ord.* au mot, *Prises.*

CHARLES V. à Paris, en Novembre 1369.

Nous & nos Gens & Officiers, qui par eulx ou l'un d'eulx en seroit requis, de toute force, violance, & autres choses induës, vers tous & contre tous.

(15) *Item.* Nous leurs ottroïons que si Nous faire aucune armée faisons par Mer ou par Terre ou que ja faicte fust, ou feissions ordenner, ou [a] à lever aucune maletoste ou subside, soit de 4. deniers pour livre, ou autre imposition que l'en paye des biens & marchandises que l'en [b] trait hors de nostre Royaume, ou pour vendre ou acheter, ou pour entrer en nostredit Royaume, ou pour le [c] Chaable de Leure ou de Harefleu, Tailles pour prest ou pour subsides, subventions, Imposicions, ou pour aucune cause quelle que elle soit à present, ou qu'il doye avenir, eulz, tous leurs biens, & leurs nefs par tout nostredit Royaume, en soïent frans & quictes.

(16) *Item.* Nous voulons que se il avenoit que aucuns [d] contens ou descors meust en mer ou en Terre, entre Nous & aucuns Seigneurs terriens, desquiex lesdis Marchans fussent subgez en aucune maniere, leurs nefs, leurs biens & leurs avoirs, ne soïent pour ce empeschiés ne tenus pour aucune cause; & se aucuns empeschemens leur avoient esté mis, que sans procès soïent tantost delivrés, & qu'ils soïent creuz par leurs seremens, se lesdis biens seront leur.

(17) *Item.* Se Nous faisons prandre Cire ou [e] Vitaille, ou autres biens quiex que il soïent, des Marchans dessusdis, Nous voulons qu'il ne soïent pris ne ostés de la main desdis Marchans à qui il seront, jusqu'à tant que le marchié en soit fait avec eulx: & se noz dictes gens & eulx n'estoient du prix a acort, qu'il soïent prisiés par le pris qu'il vaudront, selont le tamps: lequel pris soit [f] tantost fait par le serement de deux Couratiers les plus souffisans de ladicte Ville; & toutesvoïes que lez biens soïent en la main de ceulx à qui il seront, jusques à tant que gré & sattisfaccion ou païement leur en soit fait.

(18) *Item.* Nous leur ottroïons de nostre dicte grace, que en tous les cas qu'il auront descort ou tençon entre eulx, soit de paroles ou de fait ou d'autres choses; [g] mais qu'il n'i ait mort ou mehaing, il puissent elire [h] d'eulx d'entr'eulx, pour les oyr & mettre à acort: & ce qui sera acordé pardevant lezdis esleuz, par le consentement des Parties, que ledit Prevost le face tenir & garder [i] enterinement: & ou cas que les Parties ne seroient pardevant ceulz ainsi esleuz, à acort, il Nous plaist qu'il aillent devant ledit Prevost, & qu'il prengne le fait en l'estat qu'il sera devant lezdis esleuz, & lez [k] delivre sans procès, selon le fait.

(19) *Item.* Nous voulons que le Hable de Harefleu soit fait tel & si bon, comme il pourra estre fait par aucune voye, & toutesfois que [l] mestiers sera, amandé en telle maniere, que les nefs, marchandises & biens dezdis Marchans, y puissent aler & venir sans peril: Et n'est mie nostre entente, que lezdis Marchans ne leurs biens, en soïent tenuz de payer aucune redevance, contribucion ou autre chose quelle que elle soit.

(20) *Item.* S'il avient que les Marchans dessusdis, treuvent en leurs Maisons ou Celiers, aucunes gens qui leurs voulsissent pranre leurs biens par larrecin, ou contre leur voulenté, Nous voulons qu'il les facent prendre & bailler aux Justices du lieu, pour lez en punir civilement: & ne voulons que pour ledit fait, ne pour eulz plaindre aux Justiciers d'aucuns larrecins, se il leur sont fais, eulz ne leurs biens soïent pour ce contrains, ne aïent aucun mal ou dommage.

(21) *Item.* Nous faisons grace especial ausdis Marchans, que se eulx ou aucun d'eulx ou tamps passé, ont fait choses quelles que elles soïent, dont à Nous apparteigne ou doye appartenir aucune amende, ou amendez, eulx jusques aujourd'uy, en soïent quictes.

(22) *Item.* Nous voulons que lez diz Marchans soïent & demeurent en ladicte Ville, & s'en partent eulz & leurs biens, quand il leur plaira, frans & quictes de toutes Coustumes & Amendes à Nous appartenantes, si comme dessus est dit; & que se en aucune chose, il estoient à Nous tenus, aucuns d'eulx ne soit tenus à respondre, fors pour soy tant seulement: & en oultre il Nous plait & aussi voulons, que de & sur toutes leurs marchandises & denrrées, que il feront [m] en ladicte Ville, il puissent faire

[a] *à* est inutile.
[b] *tire.*
[c] *Il y a plus bas:* Hable: Havre.
[d] *dispute.*
[e] *vivres.*
[f] *aussitost.*
[g] *pourveu.*
[h] *deux.*
[i] *entierement.*
[k] *juge.*
[l] *besoin.*
[m] *venir.* Voy. *le 3.e Volume des Ordonn.* p. 578. art. 17. Note *(b)* margin.

ordonnance, & admoderer le pris d'icelles, toutesfois que il leur plaira, en la maniere que font en ladicte Ville, lez autres Marchans de Portugal.

(23) *Item.* Leur avons octroyé & octroyons, que pour ce que eulx qui sont de loingtains païs, puissent miex faire & avoir leur demeure en paix, en ladicte Ville de Hareffleu, & eulz garder d'aucunes tençons, riotez, meslées, dommages & autres choses qui par entre eulx pourroit advenir, que eulx ensamble, ou la graingneur & plus faine partie de eulx, puissent sur eulx & sur leurs biens, marchandises & franchises, ordenner, si comme il leur plaira; excepté de congnoissance de Cause; fors d'icelles qui icy [a] dessus leur sont ottroyées; & sans ce que l'Ordenance qu'il feroient, lie ou puisse lier aucuns autres noz subgez.

(24) *Item.* Nous leur avons ottroyé & ottroyons, que se aucuns de leurs [b] Vallès faisoient aucunes obligacions de debtes ou de [c] plegerie ou en autre maniere, envers aucuns noz subgez ou autres, lez Maistres d'yceulx Varlès qui se feroient, ne leurs biens & marchandises, ne soient pour ce tenus ou oblegez, arrestés ne empeschés en aucune chose, se de leur Maistre n'apparoit procuration souffisant: & pource que aucuns de noz subgès n'ayent de ce ygnorance, ne [d] n'enqueurent en aucun dommage, Nous voulons & commandons que le Viconte de Monstier-Villier le [e] facent crier solempnellement en ladicte Ville de Harefleu, & par tous les autres lieux de sa Viconté, où il appartendra & sera bon de faire.

(25) *Item.* Et pource que les Marchans dessus dis [f] auventurent souventesfois par fortune de tamps, en nostredit Royaume, leurs nefs, vasseaux & leurs biens qui dedens sont, Nous voulons & leur ottroyons, que chascun des Justiciers en quelle Jurisdicion ou destroit il se avanturoient; face mettre personnes jurées pour garder lezdis biens & nefs, & facent crier solempnelment là où il appartendra, en ladicte Juridicion, que tous ceux qui auront ou pourront trouver ou savoir aucuns dezdis biens, lez portent sans delay aus Justiciers du lieu ou lieux, lezquiex les facent mettre en seure & sauve garde, & les delivrent tost & sans delay, à ceulx à qui il seront, se il sont presens; & se presens ne sont, aus Marchans de ladicte Ville & Cité de Plaisance, qui les requerront: Ainssi toutesvoies que satisfacion competente soit faicte à celui ou à ceulx qui les auront trouvés & sauvées, selon la painne que mise y auront: Et ou cas que depuis ledit cri, aucuns d'iceulx biens dezdis Marchans feroient trouvé [g] & en autre main que en la main dezdis Marchans, ou à leur certain commandement, que ceulx qui les auront trouvés, & les retendroient malicieusement depuis ledit cri, soient contrains à l'amende, selon le cas, si que ce soit example à tous autres, & lesdis Marchans restitués de leurs biens.

(26) *Item.* Il Nous plaist & voulons que pource que le [h] Hauble de ladicte Ville de Harefleu, pourroit empirier, dont il convendroit lesdis Marchans [i] amarer en la Ville de Leure, & illec leurs denrrées & marchandises deschargier, parquoy le Prevost d'icelle Ville de Leure, leur pourroit faire aucune demande, & les mettre en Cause, & faire plusieurs dommages, que yceulx Marchans & chascun d'eulx, pour eulx, leurs successeurs, leurs marchandises & biens, soient frans & quictes de toutes Coustumes, Amendes, [k] deffaut appartenans audit Prevost de ladicte Ville de Leure, aussi & en la maniere qu'il sont d'icelles qui appartiennent au Prevost de Harefleu.

Lezquelles franchises & Libertés, & chascune d'icellez ci dessus specifiées & divisées, Nous avons acordées & octroyées de nostre dicte grace, auxdis Marchans de Plaisance, pour eulx & leurs successeurs, & à chascun d'eulx: & voulons que elles leur soient fermement tenuës & gardées sans enfraindre, ores & ou tamps à venir, & qu'ils soient maintenus & gardez en toutes & chascune d'icelles, tant comme il descendront & hanteront communelment lezdiz Port & Ville de Harefleu. Si donnons en mandement à noz amès & feauls Conseiliers, nos Generauls Tresoriers à Paris sur le fait des Aides, tant pour la delivrance [l] de Mons. que Dieux absoille, comme pour la deffense de nostre Royaume, & à tous Commis & deputez sur lesdiz fais, ou l'un d'iceulz, à nostre Admiral & Visadmiral, au Bailli de Caux, au Viconte de Monstier-Villier, au Prevost de Harefleu, & à tous les Justiciers, Officiers &

[a] *Voy. cy-dessus, l'art.* 1.

[b] *Voy. cy-dessus, p.* 243. *Not.* (e)

[c] *cautionnement.*

[d] *n'encourent.*

[e] *face.*

[f] Voyez *le* 3.e *Vol. des Ord. pag.* 579. Note (*dd*).

[g] *&* est inutile.

[h] *Havre.*

[i] Voyez *le* 3.e *Vol. des Ord. pag.* 579. Note (*dd*).

[k] *Voy. ibid. pag.* 574. Note (*g*).

[l] *du Roy Jean.*

CHARLES V. à Paris, en Novembre 1369.

subgez de nostre Royaume, presens & à venir, & à chascun d'eulz, ou à leurs Liextenans, si comme à lui appartendra, que contre ceste presente grace & le vray entendement d'icelle, ne empeschent ou molestent, ou souffrent empeschier ou molester lesdiz Marchans ou aucuns d'eulz, en aucune maniére; mais tous empeschemens & molestacions qui mis y seroient, comment que ce feust & peust estre, ostent ou facent oster sanz delay, & nostredicte grace tiengnent & gardent fermement, & facent tenir & garder sanz enfraindre, & en facent & lessent user & joïr paisiblement lesdiz Marchans & aucuns [a] sanz aucun contredit; & se empeschement y avoit esté mis par euls ou aucuns d'eulz, ou par autre, que ycelui ostent sanz delay, en acomplissant nostre dicte grace & octroy, selon ce que dessus est devisé. Et que ce soit chose permanable, &c. Sauf, &c. *Ce fu fait à Paris, l'An de grace mil CCC. LXIX. & de nostre Regne le VI.^e ou mois de Novembre.*

*Ainsi signées.* Par le Roy, à la relacion du Conseil, ouquel vous, l'Arcevesque de Senz, l'Abbé de Fescamp, Monsf. de Chasteillon, Monsf. P. de Villiers, N. [b] Branq. & J. Des Mareiz, estoient. BUGNEUS.

a *d'eux.*

b *Il y a une marque d'abreviation sur ce mot.*

---

CHARLES V. à Paris, en Decembre 1369.

(*a*) *Lettres qui abolissent, moyennant une redevance annuelle, les Appeaux volages, dans les Villes de Chaourse, des Boulliaux & de Vien.*

CHARLES, &c. Savoir faisons à tous presens & avenir, à Nous avoir esté exposé de la partie de nos bien amés les Religieux, Abbé & Convent de S^t. Denis en France, & des habitans des Villes de (*b*) Chaourse, des Boulliax & de Vien sur Aisne, [a] hostes & subgez desdiz Religieux de Saint Denis, que comme il aïent esté, & soïent grandement grevez & dommagiez, tant pour occasion & fait des guerres, comme pour les Aidez aïans cours en nostre Royaume; & aussi leurs soïent faiz communement plusieurs griefs, excez, fraudes & malices, soubs umbre & pour cause des Coustumes des Appeaulx volaiges & frivoles, dont l'en use es diz lieux; pourquoy il sont moult traveilliez & empeschiez, decheuz & amenris de leur chevance, & encore seroient plus; car plusieurs inconveniens se pourroient [b] ensuivre, se par Nous ne leur estoit pourveu d'aucun gracieux remede: pourquoy Nous ont humblement supplié, que yceulx Appeaulx volages & frivoles, dont l'en use esdiz lieux, vüeillons oster & adnuller, & d'iceulx, lesdits Religieux, leur Bailli, (*c*) Justice, Sergens, Officiers, & les diz habitans exposans affranchir & délivrer; & pour le proffit que Nous y povons avoir, les diz habitans, Bailli, Justice, Sergens & Officiers, Nous devront & rendront pour chascun Feu de Chief d'Ostel, chascun an, en la maniere que cy apres sera contenu, [c] II. sols Parisis. Et Nous qui desirons de tout nostre cuer, les diz Religieux & les diz habitans & noz autres subgez, tenir, garder & nourrir en pais & transquillité, & yceuls garder & defendre de griefs, oppressions & molestacions indeuës, pour consideracion des choses dessus dictes, & la grant faveur & devocion que Nous avons à la dicte Eglise de Saint Denys; & aussi pource que Nous a apparu, que nostre très chier Seigneur & Ayeul le Roy Philippe, dont Diex ait l'ame, en cas pareil, en a afranchi des diz Appeaulx, les Abitans de plusieurs

a *Voy. les Tab. des Mat. des Vol. des Ord. au mot, Hostes.*

b *ens.* R.

c *deux.*

NOTES.

(*a*) Tresor des Chartres, Registre 100. Piece 479.

Voyez cy-dessus, p. 93. des Lettres qui sont presque entierement semblables à celles-cy; du moins par rapport aux dispositions. L'on pourra consulter les Notes qui ont esté faites sur ces premieres Lettres.

(*b*) *Chaourse:*] Dans le Poüillé de l'Abbaye de Saint Denis, qui est à la fin des Preuves de l'Histoire de cette Abbaye, par D. *Felibien*, p. CCXXII. l'on trouve *Chaourse* & *des Boulliaux*, dans le Diocese de *Laon*; mais il n'y est point parlé de *Vien*.

(*c*) *Justice.*] Ce mot qui est souvent repeté dans ces Lettres, y est toujours ainsi écrit, à l'exception de deux endroits où il y a *Justiciers*; & je crois qu'il faudroit toujours lire ainsi.

Villes de la Prevosté Foraine de Laon, les dessusdits Appeauls & adjournemens frivoles, quels qu'il soient, dès maintenant avons ostez & abastuz, ostons & abatons du tout, à tousjours perpetuelment, en tant qu'il touche lesdiz Religieux, leur Bailli & Officiers, & les Justices & habitans des dictes Villes de Chaourse, de Boulliaux & de Vien; exceptez Appeaulx & adjournemens pour defaut de droit, ou pour faux & mauvais jugemens; & yceulz Religieux, leur Bailli, Justiciers, Officiers, Sergens & habitans, supplians pour eulz & pour leurs succésseurs, affranchissons & delivrons des dits Appeaulx volages & frivoles, à tousjours, & de tous adjournemens qui pour cause d'Appeaulx volages, ou pour fait sur l'appel, se pourroient, povoient ou soloient faire avant nostredit affranchissement: parmi & sur les condicions qui cy-après s'ensuient; c'est assavoir, que touz les Bailli, Justice, Sergens, Officiers & habitans des Villes dessus nommées, & leurs successeurs; exceptées les personnes qui n'estoient pas subgetes auxdits Appeaulx, seront tenuës à Nous de païer pour chascun chief de Feu d'Osteil, chascun an, au jour de Saint Martin d'iver, en la Ville de Laon, deulz solz Parisis, lesquelz il païeront à nostre Receveur de Vermendois pour Nous, ou à ceulx qui pour Nous & noz successeurs, seront deputez à recevoir, sans servitute que on puist dire ou proposer ou opposer ne demander sur eulx, ne sur leurs personnes, ne leurs successeurs, pour ceste redevance: Et s'il aviens que aucuns des habitans [a] qui feussent non païables, les biens payaubles les feroient payaubles, en telle maniere que Nous & noz successeurs aurons entierement les II. solz dessusdiz, pour chascun chief de Feu d'Osteil, en la maniere que dit est; excepté les Clers, & mendians qui par indigence [b] quierent du pain pour Dieu communement sanz fraude, par les dictes Villes, lesquelz ne seront point comptez ne tenuz à païer comme les autres, ne lesdits Religieux ou habitans pour eulx: Et se il avient que aucun des soubz manans desdictes Villes, voissent demourer hors d'icelles, en lieu qui soit subget auxdits Appeaulx, il ne joiront pas d'icelle franchise, tant qu'il demourront hors des dictes Villes, en lieu subget auxdits Appeaux, comme dit est: & se lesdiz Religieux, leur Bailli, Justice ou Officiers, ou les diz habitans, appelloient aucuns autres subgets auz dits Appeaulx volages, qui n'aïent semblable franchise, les appellans pourront poursuir leurs Appeaulz, se il leur plaist; & ou cas que il ne les poursuiront, ceulz qui auront appellé, les pourront poursuir de leur interest, pardevant noz Gens; & à ce seront tenus de respondre par voïe de adjournement; & se il sont condampnez, il païeront l'amende pour la *(a)* Court demourée tant seulement, & les *(b)* deffaus, se en deffaut se mettoient, après l'ajournement dessus dit; & ou cas où la Partie appellée ne feroit demande de son interest, noz Gens ou Officiers ne pourroient poursuir les Appeaulz, ne traire à Amende pour cause desdits Appeaulz, ne de deffaut de poursuir yceulz: & ou cas que personne estrange appelleroit les dits Religieux, leur Bailli, leur Justice ou Officiers, ou les Maires & les Eschevins des Villes dessus nommées, ou aucun d'iceulz habitans, pour quelconque cas, eulz ou aucuns d'eulz ne seroient tenuz en ce cas, de venir ne obéir aux dits Appeaulz volages: & n'est pas nostre entente, que se il y a aucuns Clers habitans ès dictes Villes, qui aïent personnes layes demourans en leurs Hostelz, que lesdites personnes layes puissent joir ne user de ladicte franchise, se il ne païent les II. solz dessusdits, comme les autres habitans d'icelles Villes; reservées à Nous les appellacions de defaut de droit ou de mauvaiz & faux jugement, & les adjournemens, & tous autres

CHARLES V. à Paris, en Decembre 1369.

[a] *ce mot est inutile.*

[b] *cherchent.*

NOTES.

*(a) La Court demourée.]* Dans les Lettres qui sont imprimées cy-dessus, on n'avoit pû déchiffrer ces mots, qui estoient écrits en abregé. *[Voyez p. 94. Note (c).]* Je crois qu'ils signifient, *pour n'avoir pas poursuivi en Justice, l'assignation qu'ils avoient donnée.*

*(b) Deffaus.]* Cette leçon est meilleure que celle que l'on a suivie à la p. 94. où l'on avoit lû, *& les deffendeurs, si en deffense se mettoient,* parce qu'il n'y avoit dans le Registre que *deff.* avec une marque d'abreviation. Cela signifie, que si ceux qui ayant commencé le procès, & ne le poursuivant point, sont ajournez pour le poursuivre, & ne comparoissent point, ils seront condamnez par *defaut*, & payeront les frais de ce *defaut*.

CHARLES V. à Paris, en Decembre 1369.

cas à Nous appartenans pour cas de fouverainneté, comme dit eft : & pour ce que lefdits habitans des dictes Villes, ne foïent contrains par noftre Receveur, Gens ou Officiers, à payer chafcun an, pour plus grant nombre de Feulx que il n'aura en ycelles Villes, Nous avons ordené, pour paix & pour ofter toute fraude, que chafcun an, les Feux des dictes Villes feront comptés à la S.t Remy, par noftre Receveur de Vermendois ou par fon deputé, fanz prendre pour ce autres deppens ou falaire fur les diz Religieux, leurs Bailli, Jufticiers, Officiers, Sergens & habitans, & par la Juftice d'icelles Villes, pour favoir juftement combien lefdiz habitans Nous devront pour ce chafcun an; & fera la monnoye pour lefdiz habitans, levée & païée par la Juftice d'iceulx lieux, ou par leur deputé, chafcun an, en la Ville de Laon, à noftredit Receveur ou à fon deputé, au terme & jour de la S.t Martin d'yver, fi comme deffus eft dit, fanz demander ne lever Amende, fe il eftoient en deffaut de païer au jour S.t Martin d'yver deffufdit. Si donnons en mandement à noz Bailli & Procureur de Vermendois, au Prevoft Forain de Laon, & à tous noz autres Jufticiers & Officiers, prefens & avenir, & à leurs Lieuxtenans, & à chafcun d'iceulx, que de noftre prefente grace, ottroy, Ordennance & afranchiffement, facent, fueffrent & leiffent les diz Religieux, leurs Gens, Bailli, Juftice, Sergens & Officiers, les diz habitans de Caourfe, de Boulliaux & de Vien, & chafcun d'eulz, joïr & ufer à tousjours paifiblement & à plain, en la maniere deffus dicte, & que en ce ne leur mettent ne fueffrent eftre miz aucun empefchement; maiz fe fait ou mis le trouvoient au contraire, que il le oftent & ramenent ou facent ramener & mettre fanz delay à eftat deu, felon la teneur de noftre dicte grace & ordennance; & à noftre Receveur dudit Baillage de Vermendois, qui eft à prefent ou fera ou temps avenir, que la dicte rente Nous rende d'ores en avant en fes comptes, entre les autres partiez de fa Recepte, en la fourme & maniere qu'il fait & a acouftumé de faire des autres Villes de la dicte Prevofté, * afranchifes pareillement & en cas femblable des Appeaulx volages deffus dits : lefquelles chofes deffus dictes & chafcune d'icelles, Nous voulons ainfy eftre faictes, & l'avons octroyé & octroyons aux diz Religieux, Bailli, Juftice, Sergens, Officiers & habitans, de noftre certaine fcience & auctorité Royal & grace efpecial; nonobftant ufages ou Couftumes quelconques du temps paffé gardées au contraire; lefquelles, quant à ce, Nous mettons au néant par ces prefentes. Et pour ce que ce foit ferme chofe, &c. fauf, &c. *Ce fu fait & donné à Paris, l'an de grace* M. CCC. LXIX. *& de noftre Regne le VI.e ou mois de Decembre.*

*Ainfy fign.* Par le Roy, en fes Requeftes. P. DE VERGNY. *Vifa.*

* *afranchif.* R.

---

CHARLES V. à Paris, en Decembre 1369.

PHILIPPE IV. dit le-Bel, à Paris, en Juin 1304.

## (*a*) Privileges accordez à l'Abbaye de Valloire. [*Voyez Note* (*b*).]

*KAROLUS, &c. Notum facimus univerfis tam prefentibus quam futuris, Nos Litteras inclite recordacionis Philippi Pulchri, condam Regis Franc. vidiffe, fub hac forma.*

*PHILIPPUS Dei gracia Francorum Rex. Notum facimus univerfis tam prefentibus quam futuris, quod Nos dilectorum noftrorum Abbatis & Conventus de* (*b*) *Valeriis, Ciftercienfis Ordinis, fupplicacionibus annuentes, eifdem ac Ecclefie fue duximus concedendum, quod ipfi acquifita omnia ab eis, &c* (*c*). *Quod ut firmum permaneat in*

NOTES.

(*a*) Trefor des Chartres, Regiftre 100. Piece 7 vingt 10. [150.]

(*b*) *De Valeriis.*] L'on ne trouve point dans le 4.e *Tome de la Gall. Chrift.* 1. *Edit.* l'Abbaye nommée *de Valeriis*. Entre les Abbayes de l'Ordre de Citeaux, celle dont le nom approche le plus *de Valeriis*, eft celle de *Valloriis*, *Valloire*, dans le Diocefe d'*Amiens*. Voy. p. 907. col. 2.

(*c*) Les Privileges accordez à cette Abbaye, font precifément les mêmes que ceux que Philippe-le-Bel accorda la même année & le même mois, à l'Abbaye d'*Efchaalis*, & qui font imprimez dans le 4.e *Vol. des Ord.* p. 343.

On peut feulement remarquer que dans l'article 4. des Lettres pour *Efchaalis*, il y a, *advocaciones*, & que dans celles-cy, il y a, *advocaciones*.

*futurum,*

*futurum, presentibus Litteris nostrum fecimus apponi sigillum: salvo in aliis jure nostro & in omnibus alieno.* Actum Parisius, anno Domini M.° CCC.° quarto, mense Junio.

CHARLES V. à Paris, en Decembre 1369.

*Quas siquidem Litteras & omnia contenta in eisdem, in quantum usum est de ipsis, ratas & gratas habentes, eas laudamus, approbamus, ratifficamus, & tenore presencium, quatenus usi sunt prefati Religiosi, ut dictum est, de nostra speciali gracia, auctoritate Regia & certa scientia confirmamus. Que ut roboris obtineant firmitatem, &c. salvo, &c.* Datum Parisius, anno Domini M.° CCC.° LXIX.° & Regni nostri sexto, mense Decembris.

*Per Regem, ad relacionem Consilii.* MIGNON.

Collacio facta est cum Litteris originalibus superius insertis. Ego scriptor.

MIGNON. *Visa.*

---

CHARLES V. à Paris, à l'Hôtel de S.t Pol, en Decembre 1369.

(a) Lettres qui portent que deux Bourgeois d'Angers, élûs par l'Université de cette Ville, pour faire prêter aux Membres de l'Université, l'argent dont ils auront besoin, joüiront de tous les Privileges qui lui ont esté accordez.

*KAROLUS, &c. Notum facimus universis presentibus pariter & futuris, quod Nos contemplacione dilecte Filie nostre, Universitatis, Doctorum, Magistrorum & Scolarium, in studio Ville nostre Andegavensis studencium, eidem Filie nostre dedimus & concessimus, damus & concedimus de gracia speciali per presentes, ut duo Burgenses qui Andegavie morabuntur, & quos ad mutuandam peccuniam, aut alias debitas financias, Doctoribus, Magistris & Scolaribus in dicto studio studentibus, pro suis in ipso studio neccessitatibus habendis, faciendas, ipsi Doctores jam elegerunt aut eligent, ac nostro Preposito Andegavensi presentabunt, speciali nostra proteccione, sicut ipsi Scolares, Magistri & Doctores, gaudeant pacificè & utantur; & eciam ab omnibus tailliis, communibus expensis & contribucionibus dicte Ville, penitus sint immunes; quodque Doctores predicti studii, cum alios Burgenses ad hoc voluerint eligere, possint eos mutare, ac dicto Preposito electos presentare: qui prefati Burgenses previlegiis hujusmodi gaudebunt; dum vero Constitutiones & Ordinaciones Regias observent, & specialiter contra Usurarios editas pro utilitate publica Regni nostri. Quocirca Preposito nostro Andegavensi, ceterisque Justiciariis nostris qui nunc sunt & qui erunt pro tempore, eorumque Locatenentibus, ac ipsorum cuilibet, prout ad eum pertinuerit, damus serie presencium in mandatis, ut Filiam nostram antedictam & Burgenses supradictos, dum, ut dictum est, electi fuerint & eciam presentati, nostra presenti gracia uti faciant & gaudere pacificè & quietè, nichil in contrarium permittentes attentari; sed attentata, si que fuerint nunc aut in posterum, ad statum pristinum & debitum reducant aut reduci faciant indilatè; ordinacionibus factis seu eciam faciendis nonobstantibus quibuscumque. Que ut majorem obtineant roboris firmitatem, & firma & stabilia permaneant in futurum, sigillum nostrum presentibus fecimus apponi: nostro in aliis jure salvo & in omnibus quolibet alieno.* Datum Parisius, in Domo nostra prope Ecclesiam Sancti Pauli, anno Domini M.° CCC.° LXIX.° & Regni nostri anno sexto, mense Decembris.

*Per Regem, in suis Requestis.* MIGNON.

NOTE.

*(a)* Tresor des Chartres, Registre 100. Piece 421.

CHARLES V. à Paris, le 6. de Fevrier 1369.

*(a) Ordonnance qui fixe le prix des Monnoyes; & qui renouvelle les anciennes Ordonnances sur le fait des Monnoyes.*

CHARLES par la grace de Dieu Roy de France: Au Seneschal de Beaucaire ou à son Lieutenant: Salut. Comme par plusieurs fois Nous aions mandé par noz [a] Lettres patentes ouvertes & closes, que les Ordenances faites sur le cours de noz Monnoies, par grant deliberacion de nostre Conseil, pour le evident proufit de tout le pueple de nostre Royaume, vous feissiez tenir & garder senz les enfraindre; si que nul ne preist ou [b] meist aucune Monnoie d'Or ne d'Argent, pour aucun pris; fors celles ausqueles nous avons donné cours par les dites Ordenances; Et nous aions entendu & soiens bien enformez par les Gens de nostre Conseil & autres, que de faire tenir & garder lesdites Ordenances, vous avez esté & estes refusans ou negligens, & que par deffaut de justice ou de punicion, toutes Monnoies, soient d'Or ou d'Argent, faites en nostre Royaume ou dehors, ont cours pour tel pris comme il plaist à un chacun, en grant deception & dammage [c] de tout le pueple de nostre Royaume mesmement; car plusieurs Monnoyes d'Or & d'Argent, faites hors de noz bonnes Monnoies, & d'autres Coing que de nostre Royaume, sont prises & mises pour plus grant pris qu'elles ne valent; desqueles choses Nous desplest très [d] forment; & nous y monstrez très petite obeissance: Nous qui desirons de tout nostre cuer, le bien & proufit de noz subgiez & de tout le pueple de nostredit Royaume, & qui voulons & entendons continuer & faire faire les Monnoies d'Or & d'Argent que nous faisons faire à present, senz riens y muer ni changier, vous mandons & expressement enjoignons, &, se [e] mestier est, commettons & estroitement commandons; que tantost ces Lettres veuës, vous faciez crier & publier par les lieux notables & acoustumez de vostre Seneschaucie & ressort d'icelle, que nulz, sur poine de corps & d'avoir, soit si hardiz de [f] perdre ou mettre en [g] appert ou en repost, en fait de marchandise ou autrement, commant que soit, & pour quel prix que ce soit, aucune Monnoie d'Or ou d'Argent queles que elles soient, soient des Coings de France ou d'autres; mais soient mises au marc pour billon; excepté celles ausqueles Nous avons donné & donnons cours par lesdites Ordenances & par ces presentes; c'est assavoir, les Frans d'Or [h] & les Fleurs de Lis d'Or fin, que nostre très chier Seigneur & Pere que Dieu absoille, fist faire, & que Nous avons fait & faisons faire, pour vingt solz Tournois la Piece, & non pour plus; les bons Deniers d'Argent fin, que nostredit Seigneur fist faire, & que Nous avons fait faire, pour quinze Deniers Tournois la Piece; & les Blans Deniers que Nous avons aussi fait & faisons faire, pour cinq Deniers Tournois la Piece; & les petiz Parisis & petiz Tournois, pour un Denier Parisis & pour un Denier Tournois la Piece, & non pour plus; & que toutes autres Monnoies tant d'Or que d'Argent, comme dit est, soient mises au marc pour billon, senz jamais avoir plus cours: Et avec ce, affin que nul ne se puisse dire ignorant, ne soi excuser de non savoir noz dites Ordenances & ces presentes, Nous voulons & vous mandons, que vous faciez jurer en voz mains, tous Changeurs,

[a] *Lettres Patentes & de Cachet.*
[b] *donnât.*
[c] *de nous &c.* R. M.
[d] *fortement.*
[e] *besoin.*
[f] *prendre.* R. M.
[g] *publiquement ou secretement.*
[h] *fin.* R. M.

NOTE.

L'Original de ces Lettres est à la Bibliotheque du Roy, Liasse intitulée, *Monnoye*, n.° 47.

Elle est aussi dans le Registre *D.* de la Cour des Monnoyes de Paris, *fol.* six vingt dix-huit *vers.* [138.] Elle est adressée au Prevost de Paris.

Dans ce Registre avant cette Ordonnance, il y a: *Le XXII jour de Fevrier, l'an mil trois cens soixante neuf, furent apportées en la Chambre des Monnoyes, trente deux grans Lettres Royaulx, adressans aux Seneschaulx, Baillis & Prevostz du Royaume, desquelles la teneur s'ensuit.*

*Mandement pour faire crier & publier les Ordonnances des Monnoyes.*

L'on a déja remarqué qu'anciennement, l'on envoyoit un Original des Ordonnances, à chacun des Baillis & Seneschaux du Royaume, avec une adresse pour chacun d'eux en particulier. Quoique ces Originaux soient semblables par rapport aux dispositions, cependant il y a quelquefois quelque legere difference dans les expressions.

Marchans, Drapiers, Espiciers, & touz autres gens de mestier, que il ne prandront ne bailleront, ne feront prandre ne bailler aucunes Monnoies, soit d'Or ou d'Argent, pour aucun pris; excepté celles ausqueles Nous donnons cours, comme dit est; mais les mettent toutes au marc pour billon.

CHARLES V. à Paris, le 6. de Fevrier 1369.

*Item.* Que nul, sur ladite poine, ne soit tant osez ne si hardiz de faire contraux ne [a] marchander à sommes de mars d'Or ou de mars d'Argent, de Florins d'Or, de Monnoies d'Argent deffendues cy-dessus, à Gros de Flandres, [b] ne à Gros Tournois viez, ne autrement; fors seulement à solz ou à livres, & de noz Monnoies d'Or & d'Argent dessusdites, & pour le prix que Nous leur donnons cours: Et ce fait, se vous povez trouver ou savoir aucuns prenans ou mettans, ou avoir pris ou mis depuis ledit cry, aucunes desdites Monnoies deffendues, soient d'Or ou d'Argent, ou les portans ou avoir portées hors de nostre Royaume, ou en *(a)* eslongnant la plus prochaine de noz Monnoies, Nous, pour cause de la désobeissance, voulons & ordenons, que icelles Monnoies soient forfaites & acquises à Nous, & que il [c] l'amendent, & soit l'amende [d] tauxée par vous, tele & si grant, *(b)* selon leur vaillant, que ce soit exemple aux autres; & que icelles Monnoies soient portées à la plus prochaine de noz Monnoies du lieu où elles seront prises, & livrées aux Gardes & Maistres d'icelles: desqueles Monnoies ainsi forfaites, & qui seront trouvées portans en esloignant la plus prochaine de noz Monnoies, ou hors de nostre Royaume, Nous voulons que vous ayez & praigniez le quart oultre vos gages, par la main desdits Maistres Particuliers & Gardes de noz Monnoies, afin que vous soiez & doiez estre plus diligent & curieux de mettre à execution le contenu de ces presentes: Et nous donnons en mandement par ces mesmes Lettres, ausdiz Maistres & Gardes, que ledit quart desdites forfaitures, il baillent & delivrent à vous & à vos commis & deputez à ce, en prenant Lettres de recongnoissance, & le surplus à Nous ou à noz commis à ce; & lesdites Amendes estre exploitées & receuës par nos Receveurs des lieux; desqueles Amendes nous voulons aussi que vous aiez le quart par leur main. Si faites & accomplissiez telement le contenu de ces presentes, que vous nous y faciez plaisir; saichans pour certain, que se vous ne le faites, Nous vous y monstrerons nostre deplaisir, & vous en ferons punir par tele maniere, que ce sera exemple aus autres. Si gardez que en ce n'ait aucun deffaut. *Donné à Paris, le sixieme jour de Fevrier, l'an de grace mil trois cens soixante & neuf, & le VI.e de nostre Regne.* *(c)*

a commercer.
b vatarons. R. M.
c payent l'amende.
d taxée.

NOTES.

*(a) En eslongnant.]* En ne les portant point à la plus prochaine Monnoye.

*(b) Selon leur vaillant.]* Selon la quantité de la Monnoye qui aura esté saisie; *ou peut-estre*, selon les facultez & biens de ceux sur qui elle aura esté saisie.

*(c)* Dans le Registre de la Cour des Monnoyes, il y a ensuite: *Ainsi signé. Par le Roy, à la relation du Conseil, & des Generaulx-Maistres des Monnoyes.* P. BLANCHET.

---

CHARLES V. à Paris, en Fevrier 1369.

## *(a)* Reglement pour le commerce de la Marée, dans la Ville de Roüen.

SOMMAIRES.

*(1) La Marée que l'on amenera à Roüen, sera apportée dans le marché; & l'on ne pourra la vendre qu'au premier coup de Prime.*

*(2) L'on ne pourra mettre la Marée que dans les lieux accoustumez, & non dans des maisons particulieres; à l'exception des paniers de Harangs frais qui seront entamez, que les Détailleurs pourront porter dans leurs maisons.*

*(3) Les Caques de Harang que l'on apportera, seront desliées à l'heure de Complies; & celles qui seront apportées après cette heure, ne pourront estre desliées.*

*(4) Les Marchands de Marée ne pourront la vendre en gros ni en détail, que par l'entremise*

NOTE.

*(a)* Tresor des Chartres, Registre 100. Piece 411.

CHARLES V. à Paris, en Fevrier 1369.

SOMMAIRES.

des Vendeurs de Marée; & ils ne pourront la vendre que le Vendredy.

(5) La Marée qui aura été peschée un an avant qu'on la vende, sera venduë séparement de celle qui aura esté peschée dans l'année.

(6) On ne pourra plus vendre dans la Place, le Poisson que l'on aura porté dans les Boutiques, dans lesquelles on pourra seulement le vendre.

(7) Il est deffendu à ceux qui vendent le Poisson en detail, d'aller dans la Ville & dans la Banlieuë de Roüen, à la rencontre de la Marée que l'on y apporte, pour l'acheter.

(8) Les paniers dans lesquels on apportera de la Marée à Roüen, seront de la même grandeur que ceux dont on se sert à cet effet, à Paris.

(9) On ne mettra point dans le même panier, du poisson de deux Marées, ny dans les paniers de Marée, des herbes ni d'autres choses qui puissent la corrompre.

(10) Il y aura dans chaque panier, cinquante maquereaux salez, ou soixante frais.

(11) On ne pourra serrer avec une corde, les paniers où il y aura des Poissons à escaille. [Voy. p. 254. la Note (d).

(12) Il y aura au moins six Vendeurs de Marée. Ils ne pourront faire le commerce de la Marée, ni estre en societé avec ceux qui le font.

(13) On eslira un Marchand de Marée, un Vendeur, & un Marchand en detail, qui priseront la Marée que l'on prendra pour le Roy ou pour le Duc de Normandie; & qui visiteront la Marée, pour voir si elle est fraiche ou corrompuë.

(14) Lorsque les Marchands auront exposé la Marée en vente dans la Ville, ils ne pourront plus la cacher pour la porter ailleurs.

(15) Il y aura un valet qui pendant la nuit, gardera la Marée dans la Hale.

CHARLES, &c. Savoir faisons à tous presens & avenir, que comme sur le fait du mestier & Marchandise de Poissonnerie de Mer, en la Ville de Roüen, ait esté faite n'agaires certeinne Ordennance par le Maire de la Ville de Roüen, (a) au & non de nostre Bailli de Roüen ou autres quelconques, appartient, si comme l'on dit, l'ordennance & congnoissance de tous les mestiers de la dicte Ville; & par especial, dudit mestier de Poissonnerie; laquelle Ordennance faicte par les Lettres dudit Maire, Nous avons veuë, contenant la fourme qui s'ensuit.

A Tous ceulz qui ces Lettres verront & orront: Godefroy du Royaume, Maire de Roüen: Salut. Comme au temps que Sire Vincent de Valricher estoit Maire de la dicte Ville, l'an mil CCC XL & VIII. certeinne Ordonnance eust esté faicte ou mestier & marchandise de Poissonnerie de Mer; laquelle Ordonnance fu faicte par le conseil des [a] Pers qui lors estoient en la dicte Ville, pour le bien publique: Et pour ce que depuis, plusieurs [b] faussetez & [c] mauvaicetiez aïent esté faictes, & sont encore de jour en jour ou dit mestier & marchandise; pour ce que en plusieurs des articlez contenus en la dicte Ordonnance, faut plusieurs adicions & declaracions mettre & ajouster, soïent venus pardevers nous, plusieurs des Marchans dudit mestier & marchandise; lesquels nous aïent humblement supplié & requis, que pour le bien commun & le profit & honneur du mestier, nous vousissions ladicte Ordonnance rennover, & y mettre & ajouster tout [d] se que y faut de necessité pour le bien publique; & aussi à en oster ce que de raison n'y seroit pourfitable: Sachent tous, que nous Maire dessusdit, par le conseil & accort de plusieurs de Pers & autres du Conseil de ladicte Ville, dont les noms ensuivent; c'est à savoir, Sire Vincent du Valricher; Sire Gillez d'Amel; Roger Bonnet; Guillaume Hanse; Jehan de la Roche; Guiart Dautterot; Guillaume de Gaingny; Jehan le Leu; Jehan de Biguemaire; Guillaume Thomas, Pers; Adam Guerout; Robert Pillaleinne; Colin Revelart; Laurens Campion, Preudommez; & plusieurs autres; après ce que nous eusmes [e] en avis & deliberation tous ensemble, à plusieurs clauses que lesdis Suppliians nous baillerent par [f] declaration, & pour le bien commum, avons ajousté à ladicte Ordonnance, plusieurs poins & articlez qui de neccessité y falloient, pour [g] eschver aux fraudes & malices que l'en y avoit fais ou temps passé, & pourroit faire ou temps avenir; & ycelle avons renouvellé & renouvellons en la maniere qui s'ensuit.

*Premierement.* Que [h] les Poissons que Harangs, que [i] n'en apportera d'oresenа-

a Voyez la Table du 3.e Vol. des Ordonn. *au mot*, Roüen.

b *malversations.*

c *mauvaic.* R.

d *ce.*

e *eu.*

f *declar.* R.

g *éviter.*

h *tant les Poissons que, &c.*

i *l'on.*

NOTE.

*(a) Au & non de.]* Je crois qu'il faut corriger, *auquel;* & cela signifiera, que la connoissance des affaires de la Marée, appartient au Maire, & *non* au Bailli de Roüen. Voyez cydessous le commencement des Lettres de confirmation de Charles V.

CHARLES V. à Paris, en Fevrier 1369.

vant en ladicte Ville, pour vendre en gros ou en detail, seront apportez en marchié, en *(a)* place ou à estal; & seront mis en vente au premier [a] hurt de Prime, & non plustost, sur peine de fourfait ou Amande à la volenté de Justice.

(2) *Item.* Nul Marchand de la Ville, ne peut ne pourra mettre Poisçon ne Haren frès en *(b)* couvert, fors seulement en lieu acoustumé; excepté les panniers de Harens frès entamez, que les menus detailleurs porront mettre en leurs maisons, toutes fraudes [b] sessant.

(3) *Item.* Les Harens frais qui seront apportez en [c] quecce, seront desslié devers Complies; & se après ladite heure de Complie, il vient en ladicte Ville quecce chargiée de Harens frès, l'on ne les pourra dessier, sans les [d] Jurez appeller, pour les fraudes qui y pourroient estre faictes.

(4) *Item.* Nul homme [e] Forain [f] Grossier ne pourra vendre en ladicte Ville, Poisçons ne Harens frès ne salés, venans par [g] porte ne par [h] yaue, en gros & en détail [i] ensamblement; se ce n'est par la main du vendeur qui à ce est ordenné; & se ledit Marchant grossier vuelt vendre en gros, faire le pourra, ou à détail, au jour de Vendredi, & non autrement.

(5) *Item.* Nous avons ordené, que nul Marchant ne [k] Establier ne vende Poisçons *(c)* seurnumez, avecques cellui de l'année; mais se vendra à part hors de l'autre: & qui autrement le fera, il en sera puni à la volenté de Justice.

(6) *Item.* Nous avons ordenné que les Poisçonniers Establiers, [l] puis que il aront apporté à leurs Estaus, leurs Poisçons ou autrement, il ne les pourront vendre en place, en gros ne autrement, avec la marée de lendemain; mais les vendront à leurs Estaux: & ceux qui feront le contraire, [m] forferont leurs Poisçons.

(7) *Item.* Nous voulons & avons ordenné, que nul Establier ne autre Poisçonnier, n'aille [n] contre la Marée, pour acheter aucune chose dedens la Ville & Banlieuë de Roüen: & s'aucuns faisoient le contraire, il en seroient punis à la volenté de Justice.

(8) *Item.* Nous avons ordenné que d'oresenavant les Marchans apporteront telle [o] panneterie, comme le *(d)* patron de Paris, duquel nous voulons que chascun ait *(e)* Estantaillon, qui avoir le voura, pour soy garder de mesprendre: & ceux qui mendre penneterie apporteront en ladicte Ville d'oresenavant, il [p] l'amenderont; c'est assavoir, de II. sols VI. deniers, pour chascun pannier de Poisçon qu'il apporteront mendre dudit Estantaillon.

(9) *Item.* Nous avons ordenné que nul Marchant ne autre, ne puisse apporter Harens ne Poissonsde deux *(f)* mois, ne mettre *(g)* Chrenone rayez, Feurre,

a *coup.*

b *Sess.* R. *cessant.*

c *appar. Caque, espece de Barril ou de Futaille.*

d *Voyez cy-dessous l'art. (13).*

e *For.* R.

f *qui vend en gros.*

g *par terre, & entrans par la porte de la Ville.*

h *eau.*

i *ensambl.* R.

k *Establier, vendant dans un Estal ou Boutique.*

l *depuis que.*

m *leur Poisson sera confisqué.*

n *à la rencontre.*

o *panier.*

p *payeront l'amende.*

NOTES.

*(a) Place.* ] Il y a dans le Registre, *plac.* avec une marque d'abbreviation. Je crois que cela signifie, sur le *carreau*, sur le *pavé*, ou dans des *Boutiques.*

*(b) Couvert.* ] Ce mot est très-douteux: Cependant je crois qu'il faut lire ainsi; & cela doit signifier, *dans des maisons particulieres.*

*(c) Seurnumez.* ] Je crois qu'il faut corriger, *surannez*, mot qui se trouve dans le 2.e *Vol. des Ordonnances*, page 360. dans l'article 125. qui regarde la Marée, & qui est conforme à celui-ci. Par cet article 125. il paroist que le Poisson suranné est celui qui a esté pesché l'année precedente.

*(d) Patron.* ] Des paniers de la même mesure que ceux dont on se servoit à Paris, pour la Marée. Ces *patrons* de Paris estoient marquez d'une Fleur de Lys. Voyez *le 2.e Vol. des Ord.* p. 359. art. 106.

*(e) Estantaillon.* ] Je crois que ce mot est icy la même chose que celuy d'estalon, & qu'il signifie la mesure de ces paniers.

*(f) Mois.* ] On pourroit aussi lire, *mars.* Mais ce mot me paroist corrompu: je crois qu'il faut corriger, *Marée*; & la disposition de cet article sera conforme à l'article 8. d'une autre Ordonnance sur la Marée, qui est dans le 2.e *Volume des Ordonnances*, page 579. que l'on peut consulter.

*(g) Chrenone.* ] Par l'art. 124. d'une Ordonnance qui est dans le 2.e *Vol. de ce Recueil*, p. 360. il est deffendu de mettre du feurre & du foin dans les Paniers de Marée. C'estoit pour empescher que ces herbes ne la gastassent. Nostre article contient la même disposition; & il y a apparence que les choses qui y sont nommées, & sur quelques unes desquelles je n'ai rien trouvé, sont aussi des herbes; ou du moins des choses d'une nature à peu près semblable.

CHARLES V.

à Paris, en Fevrier 1367.

*(a)* Varet seches, ne Carrenguez, ne * denrées *(b)* embouchées, avec *(c)* franche *(d)* pescaille, sur peine de [a] forfaire les danrées qui ainsi seront trouvéez.

(10) *Item.* Nous avons ordené, que n'en apporte panniers de Maquerel de L. [b] Maquereaux *(e)* doulesis, ou [c] soxante *(f)* autres.

(11) *Item.* Nous avons ordené, que nul ne mette en panniers de rouges *(g)* Crovisiez, ne en nulle autre [d] pescaille, soit fresche ou salée, [e] ne corde pour [f] estraindre le pannier, sur peinne de fourfaire le pannier.

(12) *Item.* Nous voulons & accordons, que pour vendre les poisçons & Harens que les Marchans Forains apporteront en la dicte Ville, & pour [g] pourchacier que les dis Marchans soïent païez à heure competente de leurs denrées, il aura en la dicte Ville six Vendeurs ou plus, selonc ce que bon nous semblera ou au Maire qui pour le temps sera: lesquel Vendeurs seront Jurez & bien [h] aplegiez pardevers Justice, pour faire l'office du vendage bien & loyaument; & aura ledit Vendeur de ce que il vendera, pour son salaire, douze deniers pour livre; & ne pourra ledit Vendeur estre Marchant de la Marchandise dont il sera Vendeur, ne ni aura [i] partie aucune ne à aucun Marchant faisant ladicte marchandise, pour les fraudes qui y pourroient estre faites: Et ceux qui feront le contraire, en seront punis à la volenté de Justice.

(13) *Item.* Nous avons ordené que en ladicte Ville, aura III. personnez Jurez; c'est à savoir I. Vendeur, I. Marchand, & I. Establier, pour priser, se [k] mestier est, justement & loyalment, les poissons & Harens que le Roy ou Monf. le *(h)* Duc feront prendre pour leurs Gens en ladicte Ville; & pour garder que nulles denréez [l] embouchéez ne mal fresches, ne soïent venduës en ladicte Ville: Et pour ce chascun Juré aura VI. deniers pour son [m] sclaire de chascun pennier qu'il priseront ou trouveront où il aura denrées embouchеez ou mal fresches.

(14) *Item.* Nous avons ordonné que d'oresenavant, [n] puis que les Marchans auront leurs poissons ou Harens [o] descendus ou mis en place pour vendre en ladicte Ville, il ne les pourront [p] caichier, pour porter hors de ladicte Ville.

(15) *Item.* Nous avons ordoné que il aura un vallet en la Halle, bien [q] aplegié, pour garder par nuit les poisçons & Harens frès qui y seront mis; & pour respondre aus bonnez Genz qui lui auront bailliez à garde: Et aura ledit valet pour chascun pennier de poisçon ou de Haren frès, trois deniers pour son salaire, & pour chascune charete de haren frès, douze deniers. Et [r] dura ceste presente Ordennance tant comme il Nous plaira, ou au Maire qui pour le temps sera, & à partie des Pers

* *denr. embouch.* R.
a *forfaire, confisquer.*
b *maquer.* R.
c *soixante.*
d *Pesc.* R.
e *Ce mot paroist inutile.*
f *serrer.*
g *assurer le payement.*
h *donneront caution.*
i *societé.*
k *besoin.*
l *Voy. cy-dessous, Note (b).*
m *salaire.*
n *depuis.*
o *destend. ou descend.* R.
p *cacher.*
q *qui donnera caution.*
r *durera.*

## NOTES.

*(a) Varet.* ] C'est une herbe qui croît dans la mer sur les rochers, & que l'on nomme ordinairement, *Varech.* Voy. *le Dict. de Trevoux,* à ce mot.

*(b) Embouchées.* ] *Corrompuës.* Voyez le *3.e Volume des Ordonnances*, page 330. 2. & Note *(e)*, & les *Additions* pour ce *3.e Volume* qui sont à la fin du *4.e* p. ccxlj col. 1. sur la page 330.

*(c) Franche.* ] est opposé à *embouchées*, & signifie, ce qui n'est point corrompu.

*(d) Pescaille.* ] Ce mot peut signifier en general, tout ce qui se pesche; ou bien en particulier, les Poissons à escaille. *Voyez cy-dessous l'art.* (11).

*(e) Doulesis.* ] Je n'ai rien trouvé sur ce mot. Dans l'art. 114. d'une Ordonnance qui est dans le *2.e Vol. de ce Recueil*, p. 360. & qui est à peu près semblable à celui-cy, au lieu de, *Doulesis*, il y a, *Goulsi,* qui paroist signifier, du *Maquereau salé*, parce qu'il est opposé au *Maquereau frais.*

*(f) Autres.* ] C'est-à-dire, *frais*, suivant l'article de l'Ordonnance citée dans la Note precedente.

*(g) Crovisiez.* ] Je n'ai rien trouvé sur ce mot. Il me paroist qu'il s'agit dans cet article, des Poissons à escaille, laquelle on pourroit briser, si on les pressoit trop, en serrant d'une corde, les paniers dans lesquels ils sont.

*(h) Monf. le Duc.* ] *Le Duc de Normandie.* Lorsque ce Reglement fut fait en 1369. il n'y avoit point de Prince qui eust le titre de *Duc de Normandie*, & il n'y en a point eu depuis: mais on pouvoit presumer que ce Duché seroit donné au Fils aisné de Charles V. qui l'avoit possedé pendant la vie du Roy Jean son Pere, lequel l'avoit aussi eu pendant la vie de Philippe de Valois. Peut-estre ces mots ne se trouvent ils dans ce Reglement, que parce qu'ils estoient dans celui qui fut fait en 1348. Jean Fils aisné de Philippe de Valois, estant *Duc de Normandie.*

estans en ladicte Ville, presens avec le Maire. En tesmoing de ce, nous avons mis à ces Lettres, le Seel de ladicte Mairie, qui furent faites & données le Dimenche premier jour de Jüillet, l'an de grace mil CCCLXIX.

CHARLES V. à Paris, en Fevrier 1369.

Lesquelles Lettres & les choses contenuës en ycelles, faites par ledit Maire, & qui de [a] ça a & tousjours a eu la congnoissance & ordennance, si comme il dit, Nous ou cas dessusdit, & en cas que elles seront bien, justement & deuëment faites, loons, voulons, approuvons, & de nostre puissance & auctorité Royal & de grace especial, les confirmons : Mandans au Bailli de Roüen, & à tous nos Justiciers & Officiers, & les Justiciers de nostre Royaume, que [b] le choses dessus contenuës & exprimées, facent tenir & garder sanz enfraindre, selon leur fourme & teneur. Et que ce soit ferme, &c. sauf, &c. *Donné à Paris, l'an de grace mil CCC. LXIX. & de nostre Regne le VI.e ou mois de Fevrier.*

a *de cela.*

b *les.*

BAZETIN. Ainsi signé ès Requestes de l'Ostel. G. DE MONTAGU. *Visa.*

---

CHARLES V. à Paris, en Fevrier 1369.

## (a) Privileges accordez à la Ville de Rhodez.

### SOMMAIRES.

*(1) Les habitans de Rhodez pourront exercer sans permission du Roy, l'Office de Changeur, dans cette Ville, & dans toute la Seneschaussée du Roüergue.*

*(2) Les Sergens Royaux ne pourront faire leur demeure habituelle dans les maisons de Rhodez, si ce n'est du consentement des Consuls & des habitans de cette Ville.*

*(3) Les Consuls de Rhodez ne pourront estre tenus de payer leur cote part des Tailles imposées par les Consuls des lieux du Domaine du Roy; si ce n'est lorsque cette Taille aura esté imposée pour l'utilité commune du Roüergue, & que les Consuls de Rhodez auront esté appellés à l'assemblée dans laquelle il aura esté resolu de l'imposer.*

*(4) Le Privilege accordé aux habitans de Rhodez, par rapport à la Gabelle, sera confirmé par les Seigneurs de cette Ville, & par le Roy.*

*KAROLUS Dei gratia Francorum Rex. Notum facimus universis tam presentibus quam futuris, Nos Litteras carissimi Germani, & Locum tenentis nostri in [a] Partibus Occitanis, Ducis Andegavensis & Comitis Cenomanensis, suo secreto sigillo in cera viridi & filo serico sigillatas vidisse, formam que sequitur, continentes.*

a Languedoc.

*LUDOVICUS Regis quondam Francorum Filius, Domini nostri Regis Germanus, ejusque Locum tenens in Partibus Occitanis, Dux Andegavensis & Comes Cenomanensis. Notum facimus, nos vidisse certos tractatus & conventiones, inter dilectum & fidelem Consiliarium dicti Domini nostri, atque nostrum, Petrum Raymundi de [b] Rappistagno, Militem, Senescallum Tolose, ex parte una; & Consules Civitatis & Burgi Ruthene, ex altera, factas & passatas, ac sigillo ipsius Senescalli sigillatas; formam que sequitur, continentes.*

b Ravesteing. *Voyez le 4.e Vol. des Ord. p. 585. Note (a) margin.*

*Petrus Raymondus de Rappistagno (b) Miles [ Dominus de Campanhaco, Consiliarius & Senescalhus Tholosanus & Albiensis, Domini nostri Francorum [c], Capitaneusque Generalis in Partibus Ruthenensibus & Caturcensibus, auctoritate Regia deputatus. Notum facimus universis tam presentibus quam futuris, Nos, ad supplicationem Consulum, Civitatis & Burgi [d] Ruthene, qui causa Justicie & affectionis ac boni amoris quem habent, & retroactis temporibus habuerunt ad Dominum nostrum Regem & Coronam Francie, tanquam & veri ac fideles zelatores [e] Juris & augmenti Regni, (c) primordium*

c Regis.

d Ruthen. *R.*

e Jur. *R.*

### NOTES.

(a) Tres. des Chartr. Regist. 100. Piece 703. *Voyez cy-dessus*, p. 190. Note *(a)*.

(b) *Miles.* ] Ce qui est renfermé entre deux crochets, icy & plus bas, est repeté mot pour mot dans d'autres Lettres de *Petrus de Rapistagno*, qui sont à la suite de celles-cy.

(c) *Primordium.* ] Ce mot est regi par *introduxerint*, qui est plus bas; & cela signifie, que les habitans de Rhodez ont esté les premiers qui ont interjetté devant le Roy, l'appel des Ordonnances données par le Duc d'Aquitaine, & qui ont reconnu le Roy comme Souverain de ce Duché.

CHARLES V. à Paris, en Fevrier 1369.

*appellationum interpositarum ad dictum Dominum nostrum Regem, contra Ducem Acquitanie, recognoscendique superioritatem prefato Domino nostro Regi, Ducatus Acquitanie, sicut sanctum & justissimum est, introduxerint, & ipsum Dominum nostrum Regem, Dominum superiorem dicti Ducatus & terre traditi Regi Anglie, occasione pacis facte*[a] *hactenus inter inclite recordationis Dominum Johannem quondam Regem Francorum, & Regem Anglie ac Ducem Acquittanie, esse recognoverint, & juramentum de parendo mandatis dicti Domini Regis, suorumque Officialium, prestiterunt; quodque ut ceteri eorum circumvicini & alii Parcium Ruthenensium, illud idem fecerint, cura pervigili diligenter laborarunt. Attentis premissis, de quibus ad plenum certiorati sumus, eisdem Consulibus pro se ipsis, & nomine tocius eorum Universitatis, concessimus & concedimus] privilegium &*[b] *Libertatem, per modum infra declaratum.*

a cy-devant.

b Libert. *R.*

*Et primò. Quod habitatores & singulares Civitatis & Burgi predictorum, & quilibet ipsorum, in dicto loco de Ruthena, infra & extra, & per totam Senescalliam*[c] *Ruthenensem, ejusque ressortum, possint libere & impune uti & exercere officium Campsorie, publice, in quocumque loco, extra Nundinas vel in Nundinis quibuscumque, absque licencia vel mandato litterali vel verbali à Domino nostro Rege, vel suis Officialibus in futurum.*

c Ruthen. *R.*

(2) Item. *Quod nullus Serviens Regius possit nec debeat moram continuam facere, neque morari, tenendo hospicium vel larem in dictis Civitate vel Burgo*[d] *Ruthene, sin tamen voluerint, licencia & consensu Consulum predictorum.*

d Ruthen. *R.*

(3) Item. *Quod ipsi Consules, ratione generalis Taillie vel specialis locorum Regiorum, facte vel faciende per alios Consulatus, non compellantur ad solvendum partem eis impositam; nisi tamen dicta Taillia facta fuerit pro communi negocio tocius Patrie Ruthenensis, & quod ipsi fuerint evocati in indictione dicte Taillie.*

*Nos autem predicta rata, grata & firma habentes, ex nunc & in futurum, dictis Consulibus & Universitati concessimus & concedimus [ per presentes, de nostris certa scientia, auctoritate Regia Nobis in hac parte attributa, gratiaque speciali & plenitudine Regie potestatis. In quorum testimonium presentes Litteras sigilli nostri proprii muninine in pendenti fecimus roborari.* Actum & datum Ruthene, die XIIII.[a] mensis Marcii, anno Domini M.° CCC.° sexagesimo octavo. DE FAYA. *Per Dominum Capitaneum.* P. DE MARROQUINIO. ][e] *Reg.*

e Il y a une marque d'abreviation sur ce mot : *fort.* registrata.

*Petrus Raymondus de Rappistagno, &c.*[f]

f Voy. cy-dessus, p. preced. Not. (b.)

(4) *Per presentes, quod (a) Gabellam dictis Consulibus & Universitati concessam vel concedendam in dicto loco, eisdem per (b) Dominos Civitatis & Burgi predictorum, corroborabimus, approbabimus & confirmabimus; & procurabimus, si opus fuerit, quod Dominus noster Rex predicta concedet & confirmabit; quod dictis Consulibus & Universitati concessimus & concedimus, &c.*[g]

g Voy. p. preced. Note (b).

[h] *Nos autem predicta omnia & singula rata & grata atque firma habentes, ea, ex nostra certa scientia, auctoritate Regia qua fungimur in hac parte, & gratia speciali, laudamus, approbamus, ratificamus pariter & confirmamus, ac ratas, gratas ac firmas haberi volumus per presentes: mandantes Senescallo Ruthenensi, ceterisque Justiciariis & Officiariis dicte Senescallie, qui pro nunc sunt, seu pro tempore fuerint, aut eorum Locatenentibus, quatenus predictos Consules, pro nunc & in futurum, nostra presenti gratia, uti & gaudere pacifice faciant & permittant, nichil in contrarium facientes, nec à quoquam fieri permittentes. Quod ut firmum & stabile perpetuo perseveret, nostrum presentibus Litteris, secreti sigillum duximus apponi: salvo in aliis jure Regio, & in omnibus*

h Suite des Lettres du Duc d'Anjou.

NOTES.

(a) *Gabellam.* ] Quoique *Gabella*, suivant *Du Cange*, à ce mot, signifie un *impost* en general, cependant sous le Regne de Charles V. & precedemment, il signifioit en particulier l'*impost* sur le sel. Mais ces Lettres ne nous instruisent point de quelle nature estoit le privilege accordé à la Ville de Rhodez, par rapport à la *Gabelle.*

(b) *Dominos.* ] Voyez sur les Comtes de Rhodez, *Dupuy*, Traité des droits du Roy, *p. m.* 941.

*quolibet*

*quolibet alieno.* Datum & actum Tholose, anno Domini M.° CCC.° sexagesimo octavo, mense Marcii.

CHARLES V. à Paris, en Fevrier 1369.

*Quas quidem Litteras suprascriptas, ratas habentes & gratas, eas & omnia in eisdem contenta, laudamus, approbamus, ratificamus, & ex nostra certa sciencia, auctoritateque Regia & gratia speciali, consideracione premissorum, confirmamus per presentes: mandantes Senescallo Ruthenensi, ceterisque Justiciariis & Officiariis dicte Senescallie, qui nunc sunt, seu pro tempore fuerint, aut eorum Locatenentibus, quatenus predictos Consules, pro nunc & in futurum, nostris presentibus gratia & confirmacione uti & gaudere faciant & permittant, prout in eisdem Litteris exprimitur, absque impedimento seu contradictione quibuscunque. Quod ut firmum, &c. salvo, &c.* Datum & actum Parisius, anno Domini millesimo CCC.° LXIX.° & Regni nostri sexto, mense Februarii. Sic signate. *Visa.*

a Suite des Lettres de Charles V.

*Per Regem.* N. DE VEIRES. Collatio fit per me. N. DE VEIRES.

---

CHARLES V. à Paris, en Fevrier 1369.

(a) Lettres qui portent que les Habitans de Rhodez, pourront commercer dans tout le Royaume, sans payer aucuns droits pour les Marchandises qu'ils acheteront.

*KAROLUS, &c. Celestis altitudo potencie, &c.*

*Sane considerantes grata & laudabilia servicia, que dilecti & fideles nostri Consules, Burgenses, mercatores & habitatores Civitatis & Burgi * Ruthene, Nobis fideliter, &c.* Datum Parisius, anno Domini M.° CCC.° LXIX.° Regnique nostri sexto, mense Februarii.

* Ruthen. R.

*Per Regem.* N. DE VERRES. *Visa.*

NOTE.

(a) Tresor des Chartres, Registre 100. Piece 476.
*Voyez cy-dessus*, p. 190. Note (a).

---

CHARLES V. à Paris, en Fevrier 1369.

(a) Lettres qui portent que les Habitans de Rhodez, ne pourront estre obligez à payer les Tailles qui seront imposées dans les autres Consulats de la Seneschaussée de Roüergue, si ce n'est lorsqu'ils y auront consenti; & qui reglent les poursuites qui seront faites contr'eux, pour leur faire payer les Tailles ausquelles ils auront consenti.

*KAROLUS, &c. Delectatur noster animus & secura transquillitate quiescit, dum nostros subditos, & Regni nostri incolas conspicimus in nostra & Regie Majestatis [a] prosiscere devocione sincera, eosque favorabiliter prosequi volumus; presertim in hiis que Majestati Regie conveniunt, ac ipsorum peticiones equitati & rationi consonas exaudire, & illos privilegiis, favoribus & graciis benigniter ampliare. Sane attendentes [b] [ laudabilia servicia que dilecti & fideles nostri Consules, Burgenses & habitatores Ville & Civitatis [c] Ruthene, qui propter devocionem & dileccionem quam semper erga nos & predecessores nostros Reges & Coronam Francie, ferventer habuerunt & habent, ad simplicem Requestam & mandatum dilecti & fidelis Consanguinei nostri, Comitis Armaniaci, fuerunt de primis qui Edduardo Primogenito Edduardi Anglie, & eorum confederatis & complicibus & aliis adversariis nostris, obedienciam denegarunt, & [d] Noz tanquam veri & fideles, & in perfecta voluntate persistentes, in suum naturalem & superiorem Dominum recognoscentes*

a proficere.

b Ce qui est renfermé entre deux crochets, est repeté dans la Piece suivante.

c Ruthen. R.

d Nos.

NOTE.

(a) Tresor des Chartres, Registre 100. Piece 356
*Voyez cy-dessus*, p. 190. Note (a).

CHARLES V. à Paris, en Fevrier 1369.

*in nostra obediencia se libere reddiderunt.*] *Notum igitur facimus universis tam presentibus quam futuris, quod Nos, hiis & pluribus aliis justis & legitimis causis nostrum ad hoc moventibus animum, ipsorum Consulum, Burgensium & habitatorum ipsius Ville, Civitatis & Burgi Ruthene, requeste pro parte ipsorum Nobis humiliter presentate, favore benivolo annuentes, eisdem Consulibus, Burgensibus* [a] *habitatoribus omnibus & singulis, cujuscunque status vel condicionis existant, ex nostris plenitudine potestatis Regie, certa scientia & gratia speciali, concessimus & concedimus per presentes, ut ipsi omnes & singuli, & eorum heredes & successores, presentes pariter & futuri, per alios Consulatus Senescallie Ruthenensis, possint inposterum minime tailliari, seu eisdem Taillia vel Indiccio imponi quacunque occasione vel causa; nisi ipsis prius debite vocatis; nec quecunque Taillia seu Indiccio per eosdem alios Consulatus eisdem imposita & de cetero imponenda, possit ipsos aut ipsorum aliquem qualitercunque ligare; nisi major pars & sanior consenciat, illorum qui pro tempore fuerint super hoc evocati: Et in casu quo illi qui vocati fuerint, eisdem Tailliis vel Indiccionibus consenserint, ut prefertur, cum aliis Consulibus, aliquam Tailliam vel Imposicionem indici sive solvi, volumus, & eisdem Consulibus, Burgensibus & habitatoribus, presentibus & futuris, & eorum cuilibet, concedimus quod ad solvendam porcionem vel ratam ipsos contingentem, non possint compelli per capcionem vel arrestum personarum, nec per garnisionem vel municionem serviencium vel aliorum Commissariorum Regiorum, super hoc deputatorum vel deinceps deputandorum; sed solum pignorum capcionem vel bonorum vendicionem & explectacionem, & aliis juris remediis; dum tamen in eorum bonis possit fieri de predictis Tailliis & Indiccionibus sibi impositis, prompta & debita execucio: quam quidem execucionem fieri volumus & exequi per Servientes vel Officiarios Regios, qui pro tempore fuerint; vocatis prius per eos, Servientibus vel Officiariis Ordinariorum loci vel locorum in quo vel in quibus fiet execucio supradicta. Quare damus tenore presencium in mandatis Senescallo Ruthenensi, & omnibus Justiciariis & Officiariis Regiis, qui nunc sunt & pro tempore fuerint, & eorum cuilibet, ac Locatenentibus eorumdem, quatenus dictos Consules, Burgenses & habitatores, ipsorum quemlibet, eorum heredes & causam ab ipsis habentes, contra nostram presentem graciam & concessionem nullatenus impediant, perturbent aut molestent; sed ipsis gratia & concessione, eos & eorum quemlibet, uti & gaudere faciant perpetuis temporibus pacifice & quiete, & sine contradiccione quacunque: Et si forsan aliqui contra premissa vel aliquod premissorum, attemptaverint* [b] *fecerint, per ipsos quidquid in contrarium attemptatum fuerit, irritum & inane volumus reputari & teneri, & ad statum pristinum reduci; nonobstantibus aliis donis & graciis, eisdem Consulibus, Burgensibus & habitatoribus, per Nos vel Predecessores nostros factis, quod hujusmodi dona vel gracie non sint in presentibus expressata; Ordinacionibus & Mandatis Regiis in contrarium editis quibuscunque. Quod ut firmum, &c. salvo, &c.* Datum & actum Parisius, anno Domini M.° CCC. LXIX.° Regni vero nostri sexto, mense Februarii. *Visa.*

*Per Regem.* N. DE VEIRES. *Duplicata.*

a &.

b &.

---

CHARLES V. à Paris, en Fevrier 1369.

(a) Lettres qui portent que les Habitans de Rhodez, qui ont des Terres hors du Territoire de cette Ville, ne pourront estre sujets, par rapport à ces Terres, qu'aux Tailles réelles, qui auront esté imposées dans une Assemblée, où ils auront esté appellez; & que les Terres qui auront passé d'un Noble à un Non-noble, seront sujettes à ces Tailles.

*KAROLUS, &c. Crescit Regii culminis celsitudo, gloriamque meretur pariterque & honorem, dum obsequia à suis fidelibus eidem impensa recolendo, eorum justa*

NOTE.

(a) Tresor des Chartres, Registre 100. Piece 702. *Voyez cy-dessus*, p. 190. Note (a).

desideria favore prosequitur speciali ; presertim in iis que conveniunt Regie Celsitudini ; eorumque peticiones equitati & racioni consonas exaudire, & illos privilegiis, favoribus & graciis ampliare. Sane ad nostri memoriam reducentes, &c.[a] Notum igitur facimus universis presentibus & futuris, quod nos, hiis & aliis rationabilibus causis, Nos ad hoc moventibus, ipsorum Burgensium & habitatorum requeste pro parte ipsorum Nobis exhibite, favore begnivolo annuentes, eisdem, omnibus & singulis, ex plenitudine potestatis Regie, certa scientia & gratia speciali, concessimus & concedimus per presentes, quod ipsi terras habentes, redditus, proventus seu [b] possessiones, extra territorium & districtum ipsius Civitatis & Ville, à Consulibus, Sindicis, aliisque [c] Officiariis, vel aliquibus Nobilibus, ipsorum Locorum ratione, vel causa dictarum terrarum, reddituum, proventuum seu possessionum suarum, possint de cetero minimè tailliari, seu Taillia vel Indictio eisdem imponi ; preterquam in Tailliis merè realibus ; & quod ad ipsas Taillias seu Indictiones faciendas, dicti Burgenses & habitatores, dictas possessiones, redditus & proventus sic possidentes, debitè convocentur : Et si ratione vel causa dictarum terrarum & possessionum suarum, ipsos tailliari contingeret, volumus eisdem deinceps [d] tailliari imponi ; eciam si dicte possessiones, terre & redditus ipsorum habitatorum, de manu nobili ad innobilem devenirent, juxta observantiam & morem in aliis Civitatibus & Villis clausis Patrie, hactenus [e] observatum. Quare damus tenore presentium in mandatis, Senescallo Ruthenensi, aliisque Justiciariis, Officiariis & subditis nostris, presentibus & futuris, & eorum cuilibet, ac Locatenentibus eorumdem, quatenus dictos Burgenses, habitatores, & eorum quemlibet, presentes & posteros, hujusmodi nostra gratia, ordinatione & voluntate, uti & gaudere faciant pacifice & quiete, ipsos in contrarium nullatenus molestando, nec ab aliis quoquomodo molestari permittendo, quia consideratione premissorum, sic fieri volumus & eisdem concessimus de nostris certa scientia & gratia supradictis ; nonobstantibus aliis graciis nunc vel alias, per Predecessores nostros, eisdem factis & concessis ; Ordinationibus & mandatis in contrarium editis quibuscumque. Quod ut firmum, &c. salvo, &c. Datum Parisius, anno Domini M.° CCC.° LXIX.° Regni vero nostri sexto, mense Februarii. *Sic signata.* *Visa.*

*Per Regem.* N. DE VEIRES. *Duplicata.*

CHARLES V. à Paris, en Fevrier 1369.

a Voy. cy-dessus, p. 257. Note (b) margin.

b poss. *R.* là & plus bas.

c Offic. *R.*

d Tailliam.

e observat. *R.*

---

CHARLES V. à Paris, en Fevrier 1369.

(a) Lettres contenant differens Privileges accordez aux Consuls de la Ville de Rhodez.

*KAROLUS, &c. Etsi quibuslibet piè supplicantibus, nedum in justicia, verum eciam in gracia, prout decet Regalem magnificenciam, volumus Nos exhibere favorabiliter liberales ; illorum tamen qui in hiis que Regie Majestati conveniunt, non deviant, petitiones equitati & rationi consonas, volumus favorabiliter exaudire, & eos privilegiis & graciis benigniter ampliare. Sane considerantes grata & laudabilia servicia, que dilecti & fideles nostri Consules Ville & Civitatis [a] Ruthene, Nobis fideliter impenderunt, qui tanquam veri & fideles nostri, Edduardo Primogenito Edduardi Anglie, & eorum complicibus & [b] conferatis, obedientiam denegarunt, & Nos ipsorum naturalem & superiorem Dominum agnoscentes, se in nostra obedientia liberè reddiderunt. Notum igitur facimus universis tam presentibus quam futuris, quod Nos, hiis & aliis justis & legitimis causis, nostrum ad hoc moventibus animum, ipsorum pie requeste Nobis pro parte sua humiliter presentate, favore benivolo annuentes, eisdem Consulibus, qui nunc sunt & qui pro*

a Ruthen. *R.*

b confederatis.

NOTE.

*(a)* Tresor des Chartres, Registre 100. Piece 701.

Il y a dans ce même Registre, PP. 417. 418. deux Lettres dont la premiere porte, que *les Habitans de Rhodez seront quittes de tout ce qu'ils doivent au Roy ;* & la seconde, que *tous les Procez, Enquestes & Informations commencées contre les habitans de Rhodez, sur lesquelles il ne sera point intervenu de Jugement, ne seront point poursuivies.*

*Voyez cy-dessus*, p. 190. Note *(a)*.

CHARLES V. à Paris, en Fevrier 1369.

*tempore fuerint, & eorum cuilibet, ad honorem Consulatus Officii, ex plenitudine Regie potestatis, certa scientia & gratia, concessimus & concedimus per presentes, quod si contingeret ipsos vel ipsorum aliquem, in dicto Consulatu* [a] *existentem, sive non existentem, de presenti vel vero tempore futuro, dum tamen semel ipsius Ville & Civitatis Consul extiterit, capi & detineri in nostris Curiis Regiis, vel ab aliquibus Justiciariis vel Officiariis nostris, qui nunc sunt vel pro tempore fuerint, pro quocunque crimine vel delicto sibi imposito vel imponendo, seu quod diceretur vel posset dici & eidem imponi, ipsum Consulem dictum crimen vel delictum aliqualiter perpetrasse, quod non possit nec debeat questionari vel torqueri, eciamsi presumpciones alique vel indicia* [b] *sufficientia contra ipsum precederent; sed per inquestam vel aliter, tantummodo committatur, & contra ipsum procedatur; nisi idem Consul qui pro tempore fuerit, pro crimine lese Majestatis vel falsc Monete, esset detentus & tunc temporis accusatus: eisdem Consulibus, qui nunc sunt vel pro tempore fuerint, nostram gratiam ampliando, concedentes quod si ipsos Consules, vel ipsorum aliquem qui Consul fuerit, contingeret occasione negociorum Consulatus, à Senescallo Ruthenensi vel ab aliis Officiariis Regiis, qui nunc sunt vel qui pro tempore fuerint, de cetero evocari vel citari, volumus quod ipsi Consules, vel aliquis ipsorum, si evocatus vel citatus, non teneantur vel teneatur coram ipso Senescallo vel aliis Officiariis Regiis personaliter comparere; eciamsi ipsi aut ipsorum aliquis, cum pene vel mulcte indictione, fuerint vel fuerit* [c] *a comparendum personaliter adjournatus vel adjournati; sed possint & valeant & eisdem liceat, perpetuis temporibus, per procuratorem vel responsalem ydoneum comparere, absque incursione pene vel mulcte quacunque. Volumus & eisdem Consulibus concedimus per presentes, quod si* [d] *aliquem informationes vel inqueste fuerint hactenus facte per Commissarios Regios dicte Senescallie, vel eorum alterum, seu per Officiarios predicti Edduardi, tempore quo ipse Ducatum Acquittanie tenuit & occupavit, contra ipsos Consules, qui nunc sunt vel pro tempore fuerint, aut ipsorum alterum, racione seu occasione Consulatus dicte Ville, aut alique emende, pene vel mulcte contra ipsos indicate vel imposite, seu per ipsos Consules, aut eorum aliquem, financie alique vel compositiones facte, causa vel occasione quacunque dictum Consulatum seu ipsorum Universitatem* [e] *tangentibus, quod hujusmodi informaciones vel inqueste cessent de cetero & anullentur, cessare & annullari perpetuò volumus & jubemus; quascunque penas vel* [f] *multas seu financias aut compositiones predictas; necnon omnia & singula in quibus ipsi Consules nomine vel racione Consulatus, causa vel occasione quacunque, sive sit Civilis sive Criminalis, essent obligati vel Nobis teneri possent, eisdem Consulibus, nomine quo supra, damus, remittimus perpetuo & quittamus, absque exactione vel compulsione quacunque contra eos imposterum propter hoc* [g] *faciendis. Quare damus tenore presencium in mandatis Senescallo Ruthenensi, & omnibus Justiciariis & Officiariis Regiis, qui nunc sunt & pro tempore fuerint, & eorum cuilibet, ac Locatenentibus eorumdem, quatenus dictos Consules, & ipsorum quemlibet, contra nostram presentem gratiam & concessionem, nullatenus impediant, perturbent aut molestent; sed ipsis gracia & concessione, eos & eorum quemlibet, uti & gaudere faciant perpetuis temporibus, pacifice & quietè, & sine contradictione quacunque: Et si forsan aliqui contra premissa vel aliquod premissorum, attemptaverint vel attemptari fecerint, per ipsos, quicquid in contrarium attemptatum fuerit, irritum & inane volumus reputari & teneri, & ad statum pristinum reduci; nonobstantibus aliis donis & graciis, eisdem Consulibus per Nos vel Predecessores nostros, factis, & quod hujusmodi dona vel gratie non sint in presentibus Litteris* [h] *expressata; Ordinationibus & mandatis Regiis in contrarium editis quibuscunque. Quod ut firmum, &c. Salvo in aliis, &c.* Datum & actum Parisius, anno Domini millesimo ccc.° lxix.° Regni vero nostri vj.° mense Februarii.

Sic signata. *Per Regem.* N. DE VEIRES. *Duplicata.*

[a] existen. R.
[b] sufficien. R.
[c] ad.
[d] alique.
[e] tangen. R.
[f] mulctas.
[g] faciend. R.
[h] expressat. R.

(a) Lettres qui portent que dans les cas qui regarderont les Eaux & Forests, les Habitans de la Ville de Montauban, ne seront point jugez par les Maistres des Eaux & Forests, mais par le Juge ordinaire de cette Ville.

CHARLES V. à Paris, en Fevrier 1369.

*KAROLUS, &c. Notum facimus universis tam presentibus quam futuris, quod Nos, consideratis gratis & laudabilibus serviciis, que dilecti nostri Consules, Burgenses & habitatores Civitatis & Ville Montis-Albani, Nobis fideliter impenderunt, qui tanquam veri & fideles, Nos in suum naturalem [a] in superiorem Dominum recognoscentes, eandem Civitatem in nostra obediencia submiserunt, eorum Requeste Nobis humiliter presentate, favore benivolo annuentes, eisdem concessimus & concedimus per presentes, quod nullus habitancium, nunc vel in futurum, in dicta Civitate, ejus [b] Vicarie, Jurisdiccione vel ressorto, civiliter vel criminaliter, coram Magistris Forestarum & Aquarum, aut eorum altero, pro aliquibus forefacturis committendis super Aquas (b) Tarni & Averonis, & alias Aquas Jurisdiccionis & Vicarie & ressorti [c] predictorum, piscacionibus aut capturis piscium, reparacionibus molendinorum (c) paxeriorum, [d] retentionem aquarum pro molendinis molendis, aut impedimentis quibuscunque super dictas aquas faciendis, seu aliquibus aliis casibus contingentibus in aquas predictas, ex [e] inantea, coram eisdem Magistris, aut ipsorum altero, seu eorum Locatenentibus, in eorum Curia, ex suo officio, aut aliter ad Requestam Procuratoris nostri, vel alterius cujuscunque, [f] trahi valeat aut eciam conveniri; nec ipsi habitatores, conjunctim vel divisim, teneantur coram ipsis aut ipsorum altero, aliqualiter super predictis respondere: quos habitatores, qui nunc sunt & pro tempore fuerint, dicte Civitatis, ejus Vicarie & ressorti ejusdem, ab omni potestate & cognicione dictorum Magistrorum, qui nunc sunt & pro tempore fuerint, & cujuslibet eorumdem, in perpetuum eximimus & eximimus per presentes: & predicta omnia, eisdem concessimus & concedimus ex nostra certa sciencia & gracia speciali, cognicionem omnium premissorum, in Curia nostri Judicis ordinarii Montisalbani, penitus transferentes; que Curia exhibeat super premissis, quociens casus evenerit, via Juris scripti quo regitur terra illa, [g] ordinarie Justicie complementum: mandantes Senescallo Caturcensi, & dictis Magistris & Judici, ceterisque Officiariis nostris, qui nunc sunt & pro tempore fuerint, prout ad ipsorum quemlibet pertinuerit, ut predictos habitatores, nostra presenti gracia uti & gaudere faciant, absque impedimento & contradiccione quibuscunque, nichil in contrarium [h] attemptantes; privilegiis dictis Magistris Aquarum & Forestarum, in contrarium concessis, aliisque statutis, Ordinacionibus & mandatis, non obstantibus quibuscunque. Quod ut firmum, &c. salvo, &c.* Datum Parisius, anno Domini M.° CCC.° LXIX.° & Regni nostri sexto, mense Februarii.

Sic signata. *Per Regem.* N. DE VERRES. *Visa.*

a &c.
b Vicaria.
c predict. R.
d mot abregé & douteux.
e nunc.
f adjourné.
g ordinar. R.
h attemptan. R.

NOTES.

*(a)* Tresor des Chart. Registre 100. P. 486. *Voyez cy-dessus*, p. 190. Note *(a)*.

*(b) Tarni. ] Le Tarn. Averonis. Aveirou*, Riviere qui se descharge dans le *Tarn*, à quelques lieuës au-dessous de Montauban. Voy. le *Dict.* de *Maty*, au mot, *Aveirou*.

*(c) Paxeriorum. ] Vannes* ou *Escluses de Moulin*. Voyez le *Gloss.* de *Du Cange*, au mot, *Paxeria*.

---

(a) *Lettres qui nomment le Prevost de Paris, & M.e Pierre Foüace, Conseiller au Parlement, Commissaires sans appel, sur la reformation & Police des Halles de la Ville de Paris.*

CHARLES V. [à Paris,] à l'Hostel de S. Paul, le 8.e de Mars 1369.

CHARLES par la grace de Dieu Roy de France : A tous ceulz qui ces presentes Lettres verront : Salut. Comme par nos autres * Lettres, Nous eussons

* *Voyez cy-dessus*, p. 106.

NOTE.

*(a)* Memorial *D.* de la Chambre des Comptes de Paris, *fol.* 119. *recto.*

CHARLES V.

[à Paris,] à l'Hostel de S.t Paul, le 8.e de Mars 1369.

piéça commis & deputé nostre amé & feal Prevost de Paris, Commissaire Reformateur, seul & pour le tout, sur le fait de la refformacion & provision des Halles de nostre bonne Ville de Paris, lesquelles estoient en très petit estat, & près de tourner du tout en ruyne, quant nostredit Prevost vint à Paris; & à present par sa grant paine & bonne diligence, & de ses Commis & deputez en ceste partie, les dictes Halles soïent en bon & souffisant estat, & toutes reparées & refformées pour l'utilité de la chose publique, [a] mais que il fussent peuplées de Marchans & Mestiers de nostre dicte bonne Ville de Paris: Et pour ce que les diz Marchans & Mestiers, qui d'ancienneté ont acoustumé d'aler & porter leur [b] derrées & marchandises esdictes Halles, sont à present si [c] amenries & apeticiés, que ilz ne pourroient ne ne puent en aucune maniere, emplir ne fournir les dictes Halles; parquoy griesve chose seroit à soustenir en estat les dictes Halles, se aucun bon remede n'y estoit mis: Pour ce est il que Nous, consideré que de raison, toutes marchandises doivent estre vendues & portées vendre ès dictes Halles, aus trois jours de Marchié; c'est assavoir, au Mercredi, au Vendredi & au Samedi, & que ainsi il est acoustumé à faire en plusieurs bonnes Villes de nostre Royaulme; confians du senz, loyauté & diligence de nostre dit Prevost, & de nostre amé & feal, Maistre Pierre Fouace, Conseiller en nostre Parlement à Paris, & par bonne & meure deliberacion de nostre Conseil, avons ordonné, commis & deputé, & par ces presentes, ordenons, commettons & depputons noz diz Prevost & Conseiller, Commissaires & Refformateurs en ceste partie, seulz & pour le tout, pour ordener, regarder, jugier & determiner, se touz les Mestiers de nostre dicte bonne Ville de Paris, yront & seront tenus d'oresenavant porter & vendre leurs derrées & marchandises ès dictes Halles, ou quelz Mestiers seront bons & proufitables de y aler, selon leur bonne ordenance & discrecion; & des choses dessus dictes, & des circonstances & deppendances d'icelles, faire en leurs personnes, & à chascun d'eulz & leur deputez en ceste partie, selon ce que bon leur semblera à faire, Nous donnons povoir, auctorité & mandement especial; & de ordener des Cens, rentes, charges & servitudes dont les dictes Halles sont empeschées & chargiés: & voulons expressement que tout ce qui par eulz ou leurs deputez, sera fait, ordené & determiné ès choses dessus dictes, & en chascunes d'icelles, vaille, tiengne & ait plain effect comme Arrest de Parlement, & tout aussi comme s'il estoit fait en nostre personne, sanz ce que en aucune maniere, il en puisse estre appellé ne reclamé en nostre Parlement, ne pardevant Nous; ainçoiz voulons & ordenons, que touz [d] appeaulx qui pour cause & occasion des choses dessus dictes, seroient ou pourroient estre faiz, soïent nulz & de nul effect, & que à yceulz ne soit en riens obey, & dès maintenant pour lors, les repputons nulz & de nul effett, & deffendons par ces presentes, que [e] en n'y obéisse; & par especial, aux Gens des Requestes de nostre Hostel, que de telz appeaux, ilz ne donnent aucunnes [f] Litres; & se par inadvertence ou autrement, aucunnes en estoient données, Nous dès maintenant pour lors, les mettons du tout au néant, par la teneur de ces presentes, & n'y voulons en riens estre obey; nonobstant quelconques Lettres, mandemens, deffenses & autres choses à ce contraires. Si donnons en mandement par ces presentes, à touz noz Justiciers, Officiers & Subgiez, que à nostre dit Prevost & Conseillier, & à leurs depputez, obéissent & entendent diligemment, & leur prestent conseil, confort & aide, se [g] mestier en ont. *Donné en nostre Hostel de Saint Pol, le huitieme jour de Mars, l'an de grace mil trois cens soixante & neuf, & de nostre Regne le sixiéme.*

*Ainsi signées.* Par le Roy. T. GRAFFART.

[a] *pourveu.*
[b] *denrées.*
[c] *amoindris, diminuez.*
[d] *appels.*
[e] *on.*
[f] *Lettres.*
[g] *besoin.*

CHARLES V.
à Paris, en Mars 1369.

## *(a)* Lettres de Sauvegarde Royale pour le Consulat & les Consuls de la Ville de Rhodez.

*KAROLUS, &c. Notum facimus universis tam presentibus quam futuris, quod inter curas & urgentes solicitudines, quibus in regendis subditis Nobis plebibus, frequenter distrahimur, & animus noster * efficitur, ad hoc precipue nostre mentis aspirat affectus, per [a] quem statum nostrorum fidelium subditorum, nostris temporibus, sub concesso Nobis Regni regimine, in transquillitate manuteneatur & pace; & ipsius Regni incole, sub proteccione Regia, à suis releventur pressuris, & per Regalem potenciam à noxiis defendantur; ut quantocius majestate Regia senserint se adjutos, tanto magis & cordialius in vera subjeccione [b] & in firma obedientia perseverent. Sane attendentes laudabilia servicia, que dilecti & fideles nostri Consules Civitatis & Burgi [c] Ruthene, qui propter devotionem & dilectionem quam semper erga Nos, & honorem & utilitatem Regni nostri, fideliter habuerunt & habent, ad simplicem requestam & mandatum dilecti & fidelis Consanguinei nostri, Comitis Armaniaci, fuerunt de primis qui Eduardo Primogenito Eduardi Anglie, & eorum confederatis & complicibus obedientiam denegarunt, & Nos tanquam veri & fideles, in suum naturalem & superiorem Dominum recognoverunt, & eandem Civitatem & Villam in nostra obedientia reddi & poni fideliter procurarunt: Nos igitur, hiis consideratis, & aliis nostrum animum moventibus, ipsorum Consulum requeste pro parte eorum [d] exhibite, favorabiliter annuentes, ipsos Consules, qui nunc sunt & pro tempore fuerint, & eorum quemlibet, quandiu Consules erunt & ipsorum Consulatu durante, cum uxoribus, familia, domibus, possessionibus, rebus & bonis eorum, & eciam Consulatus, in & sub nostris successorumque nostrorum Regum Francie, protectione & salva-gardia speciali, perpetuo remansuros, suscipimus & ponimus per presentes: dantes in mandatis Senescallo Ruthenensi, qui nunc est & pro tempore fuerit, vel ejus Locumtenenti, ceterisque Justiciariis [e] Officiariis nostris, & eorum cuilibet, quatenus dictos Consules, & eorum quemlibet, ipsorumque uxores, in personis, familiis, domibus, possessionibus, rebus & bonis universis, tueantur & defendant ab omnibus injuriis, violenciis, gravaminibus, oppressionibus & novitatibus indebitis, vi armorum, potencia laycorum; & insuper faciant proclamari, sub certa pena Nobis & dictis Consulibus, ac eorum cuilibet, applicanda, ne deinceps aliqui contra dictos Consules, & eorum quemlibet, ipsorumque familiam, res & bona quecumque, aliquid facere seu attemptare presumant, quod sit in dicte nostre presentis gratie vituperium & contemptum, nec in ipsorum scandalum, prejudicium & gravamen: Et si forsan [f] aliquid contra dictos Consules, vel eorum aliquem, dicto Consulatu durante, eorumque uxores & familiam, in & super domibus, possessionibus [g], aliquid contra premissa vel aliquod premissorum, attemptatum repererint, illud ad statum pristinum & debitum reducant vel reduci faciant indilatè: Et ne [h] quicquam de hujusmodi nostra salva-gardia ignoranciam pretendere valeat, Pennuncellos nostros Regios in & super domibus, locis, possessionibus & rebus ipsorum, & cujuslibet eorumdem, [i] patentes, si necesse fuerit, poni & affigi faciant & permittant; nostramque salvam-gardiam publicent & publicari faciant in locis in quibus fuerit publicanda: Et si forsan contra dictos Consules, aut ipsorum aliquem, & eorum uxores & familiam, [k] & in super rebus, bonis & possessionibus suis in casu novitatis, oriatur debatum, contra premissa aliqui debite se opponere voluerint, debato seu rebus contenciosis ad manum nostram positis, & facta recredentia, si & ubi facienda fuerit, volumus & mandamus dicto Senescallo Ruthenensi, moderno & qui pro tempore fuerit, vel ejus Locumtenenti,*

* afficitur.

[a] quod.

[b] subjaceant. 2.e Copie.

[c] Ruthen. *R.*

[d] Nobis. 2.e *Cop.*

[e] &.

[f] aliqui. 2.e Copie.

[g] & rebus suis. 2.e *Copie.*

[h] quiquam. 2.e *Copie.*

[i] patent. *R.*

[k] in & super. 2.e *Copie.*

NOTE.

*(a)* Tresor des Chartres, Registre 100. Piece 477.

Ces Lettres sont copiées une seconde fois dans ce Registre, Piece 704. avec cette seule difference importante, que dans cette seconde Copie, la date du mois n'y est point.

*Voyez cy-dessus*, p. 190. Note *(a)*.

*si opus fuerit, committendo, quatenus, vocatis Partibus, summarie & de plano ac sine strepitu & figura Judicii, faciat in hac parte, ipsis auditis, celeris Justicie complementum. In his autem omnibus & singulis, volumus & mandamus eidem Senescallo, moderno & successoribus suis, ab omnibus & subditis nostris, presentibus & futuris, pareri efficaciter & intendi: Et ad premissa diligencius exequenda, volumus quod idem Senescallus, qui nunc est vel pro tempore fuerit, unam bonam personam vel plures, ad petitionem ipsorum Consulum, & cujuslibet eorumdem, quam vel quas duxerint nominandas, ad eorum sumptus, deputet cum potestate substituendi, quociensqumque fuerint super hoc requisiti: nostre tamen intencionis non existit, quod persone prefate seu substitute ab eis, de hiis que Cause cognicionem exigent, se aliqualiter intromittant. Quod ut firmum, &c. salvo, &c.* Datum Parisius, anno Domini M.° CCC.° LXIX.° mense Marcii, Regni vero nostri VI.°

Sic signata. *Visa.* *

*Per Regem.* N. DE VERRES.

* Duplicata. 2.e Copie.

---

CHARLES V. à Paris, en Mars 1369.

## *(a)* Privileges accordez aux Consuls de la Ville de Figeac.

SOMMAIRES.

*(1) Lorsque le Viguier & le Juge de Figeac seront d'un avis different dans un Procès criminel, les Consuls de cette Ville, qui ont droit d'assister à leur Jugement, choisiront entre ces deux avis, celui qui leur paroistra le plus juste, & le Jugement sera rendu conformement à l'avis qu'ils auront choisi; reservé aux Parties, le droit de l'appel.*

*(2) Suivant les anciens usages de cette Ville, les Consuls ont le droit d'imposer & de lever des Tailles pour les necessitez communes, & de fixer la valeur des biens des contribuables, en s'en rapportant à leur serment; mais les Amendes ausquelles seront condamnez ceux qui auront fait de fausses déclarations de leurs biens, ne seront plus décernées par les Juges Royaux, mais par les Consuls; reservé au Roy la portion qui lui appartient dans ces Amendes.*

*(3) Les Notaires de cette Ville recevront tous les Contracts & toutes les Obligations qui s'y passeront; & la connoissance des contestations qui s'éleveront par rapport à ces Actes, appartiendra aux Consuls.*

*KAROLUS, &c. (b) Etsi quibuslibet piè supplicantibus, &c.*

*Sane considerantes grata & laudabilia servicia, que dilecti & fideles nostri Consules Ville nostre (c) Figiaci, Nobis fideliter impenderunt, qui tanquam veri & fideles nostri, &c.*

*(1) Notum igitur facimus universis tam presentibus quam futuris, quod Nos humiles Requestas ipsorum Consulum recepimus, continentes, ut cum ex antiquis privilegiis Regiis, pena aliqualis seu mulcta non possit infra terminos ipsius Ville Figiaci, per Officiales Regios imponi, inconsultis ipsius Ville Consulibus, seu eciam ipsis non vocatis; & ipsi Consules habeant & habere debeant tertiam partem omnium emolumentorum ex ipsis penis seu mulctis proveniencium; excepto crimine Adulterii; eciamsi per ipsos Officiales Regios, vel per ipsos Consules, dicte pene seu [a] mulite in casibus eis permissis, imponantur; & [b] continguat quod Viguerius & Judex ipsius Ville Figiaci, qui soli Judices nostram Curiam Regalem in dicta Villa habent exercere & eciam gubernare, in Causis criminalibus tractandis & dirimendis, in dictarum Causarum discussione & determinacione seu Sentenciis proferendis, aliquociens sunt discordes, nostram gratiam eisdem Consulibus ampliare volentes, ex plenitudine Regie potestatis, certa scientia & gratia speciali, eisdem Consulibus, qui nunc sunt vel pro tempore fuerint, concessimus & concedimus per presentes, ut ipsi possint & valeant de cetero, & eis sit licitum, cum sentencia & ordinacione Viguerii vel Judicis ipsius Ville, presencium & futurorum, que eisdem Consulibus*

[a] mulcte. [b] contingat.

NOTES.

*(a)* Tres. des Chartr. Reg. 100. P. 372. *Voy. cy-dessus*, p. 190. Note *(a)*.

*(b) Etsi.)* Le commencement de ces Lettres est semblable au commencement de celles qui sont imprimées cy-dessus, p. 259.

*(c) Figiaci.]* Figeac, Ville du Quercy, Diocese de Cahors. Voy. le *Dictionn. Univ. de la Fr.* au mot, *Figeac*.

*videbitur*

*videbitur magis justa & racionabilis, concordare, & quod eadem sentencia seu ordinacio ipsorum Viguerii vel Judicis, sic prolata vel deinceps proferenda, teneatur & robur habeat, cui ipsorum Consulum sanior & racionabilior oppinio concordabit. Nolumus tamen, quod propter hujusmodi nostre gracie ampliacionem, à dictis sentenciis seu ordinacionibus per ipsos Viguerium vel Judicem, aut eorum aliquem, proferendis, appellantibus aliquod prejudicium generetur, quin ipsi ab eisdem sentenciis, ad Judicem competentem possint, quociescunque eis placuerit, appellare.*

CHARLES V. à Paris, en Mars 1366.

(2) Item. *Quod cum onera publica ipsius Ville, absque communi auxilio, non valeant commode sustineri, & eisdem Consulibus, ex antiquis privilegiis, liceat facere collectam aut Tailliam pro factis & negociis Ville, pro solido & libra; & secundum formam hactenus usitatam, indicere & imponere, & eandem, per se vel per alium, unum vel plures, percipere & levare à singulis habitatoribus* [a] *collectalibus dicte Ville & districtus ejusdem; necnon estimare bona mobilia & inmobilia dictorum habitatorum collectabilium; & si de dicta estimacione oriebatur discordia, juxta tenorem dictorum antiquorum privilegiorum, standum erat juramento ipsius cujus bona fuerant estimata; & si* [b] *convincebantur male jurasse in premissis, per Officiales Regios de suo perjurio puniri debebat; eisdem Consulibus, presentibus & futuris, auctoritate predicta, ex ampliori dono gracie, concessimus & concedimus per presentes, ut cum ipsi melius possint & valeant se informare de illis qui male juraverunt, quam ipsi Officiales Regii, quod cognicio & punicio civilis ipsorum male jurancium seu degerancium circa premissa, de cetero pertineat ad eosdem; porcione tamen alias levari & exigi consueta pene seu emende, si que contra ipsos male jurantes vel degerantes, per ipsos Consules fuerint imposite, ad Nos pertinente, pro Nobis & successoribus nostris Regibus Francie, semper salva.*

a collectabilibus; *ceux qui doivent payer cette Taille.*

b convincebatur.

(3) *Insuper volumus & eisdem Consulibus concessimus, quod Notarii ipsius Ville Figiaci, qui nunc sunt & pro tempore fuerint, perpetuo possint & valeant recipere quascunque obligaciones & contractus licitos quorumcunque contrahencium & se obligare volencium, ad* [c] *districtum & cohercionem ipsius Ville Figiaci Consulatus.*

c Voy. le Sommaire de cet art.

*Quare damus tenore presencium in mandatis Senescallo Caturcensi, Judici & Viguerio ipsius Ville Figiaci, & omnibus aliis Justiciariis & Officiariis nostris, presentibus & futuris, ac Locatenentibus eorumdem, quatenus hujusmodi nostris predictis graciis & ampliacionibus graciarum, omnibus & singulis, dictos Consules, presentes & posteros, perpetuis temporibus, uti & gaudere faciant & permittant absque impedimento aut contradictione quibuscunque; eisdem, & eorum cuilibet, districte prohibentes, ne eosdem Consules, contra hujusmodi nostrarum graciarum seriem & tenorem, molestent vel molestari* [d] *facient aut permittant; & si contra premissa vel aliqua premissorum, per ipsos fuerit aliquid attemptatum, ad statum debitum reponi faciant indilate; quia sic fieri volumus, nonobstantibus privilegiis, consuetudinibus, usibus, ordinacionibus & mandatis in contrarium concessis & editis quibuscunque. Quod ut firmum, &c. salvo, &c.* Actum & datum Parisius, anno Domini M. CCC. LXIX.° & Regni nostri sexto, mense Marcii.

d faciant.

*Per Regem.* N. DE VEIRES. *Visa.*

---

CHARLES V. à Paris, en Mars 1369.

(a) Lettres qui portent que les Habitans de Figeac, qui se trouvent dans les Terres de l'obéïssance d'Edoüard, Fils d'Edoüard Roy d'Angleterre, ne seront point inquietez dans leurs biens, s'ils reviennent dans un temps marqué, dans les Terres de l'obéïssance du Roy.

*KAROLUS, &c. Notum facimus universis, tam presentibus quam futuris, Nos Litteras carissimi Fratris nostri, Ducis Andegavensis Comitisque Cenomanensis, ac*

NOTE.

(a) Tresor des Chartres, Registre 100. Piece 492. *Voy. cy-dessus*, p. 190. Note (a).

CHARLES V. à Paris, en Mars 1369.

*Locum nostrum tenentis in [a] Partibus Occitanis, vidisse, formam que sequitur, continentes.*

*LUDOVICUS Regis quondam Francorum Filius, Domini nostri Regis Germanus, ejusque Locum tenens in Partibus Occitanis, Dux Andegavensis & Comes Cenomanensis: Universis presentes Litteras inspecturis: Salutem. Notum facimus, quod cum plures oriundi, & alie persone [b] collectabiles in & de Villa [c] Figiaci, Senescallie Caturcensis, nunc in Villa [d] Burdegalensi & [e] Ruppelle, & alibi sub potestate Edouardi, Primogeniti Edouardi de Anglia, commorantes, plura bona, redditus & possessiones in Villa & Vicaria Figiaci, & in Senescalliis Caturcensi & Ruthenensi habitantes, non potuerunt nec possunt commode de presenti, [f] ad Partes suas, occasione guerrarum aut alia quavis causa, accedere, seu juxta eorum voluntatem, redire; cujus occasione, tales [g] habentes bona, reddittus & possessiones in dictis Senescalliis, loco & Vicaria Figiaci, timent, prout Nobis significatum extitit, in eisdem impedimentum apposicionis manus vel confiscacionis, seu quevis alia per dictum Dominum meum vel per Nos, seu ejus Officiarios vel nostros, fuerint apposita, seu in futurum apponi contingat, eo quod sub obediencia & potestate dicti Edouardi, prefato Domino meo [h] rebelles & [i] inobedientis, moram traxerunt & trahunt; & ob hoc, ut scitur, plura bona, redditus & possessiones predictorum sub potestate dicti Edouardi & obedientia commorantium, ad peticionem aliquorum, nonnullis personis dicimur dedisse, & per nostras Litteras seu aliter, ex dicta causa concessisse: Nos, ad supplicacionem Consulum Ville Figiaci, ac intuitu & contemplacione eorumdem, volentes dicte Ville graciam facere specialem, omnibus & singulis de dicta Villa Figiaci, omnimodis incolis, municipibus, originariis & ejusdem Ville collectabilibus quibuscunque, & cuilibet eorumdem, cujuscunque status & condicionis existant, dedimus & concessimus, damus & concedimus per presentes, de nostra certa sciencia specialique gracia, & auctoritate Regia qua fungimur in hac parte, licenciam, potestatem, facultatem & auctoritatem ad dictam Villam Figiaci, infra Festum Beati Johannis Baptiste proxime venturi, libere remeandi, repatriandi & revertendi; proviso tamen quod ocius quod potuerint, extra obedienciam dicti Edouardi, & sub obediencia dicti Domini mei & nostra, pro toto posse suo, reverti procurabunt & tenebuntur, cum omni [k] indulgencia, solicitudine & cautela; & iterum dictis redditibus, possessionibus atque bonis utendi, tenendi, explectandi & aliter super hiis agendi & contrahendi, & in quascunque personas dicti Domini mei [l] obediencia transferendi, & aliter de hiis agendi & faciendi, prout veri Domini de bonis & rebus suis propriis, faciunt & facere possunt, prout ac si à dicta Villa nunquam [m] ressessissent; sed in & sub obediencia dicti Domini mei & nostra, continue remansissent; quecunque & singula impedimenta, occasione predicta, qualitercunque & quoquomodo in dictis bonis, redditibus & possessionibus aposita, [n] amoventes totaliter & tollentes; omnes donaciones, concessiones & assignaciones de dictis bonis, redditibus & possessionibus, seu aliquo eorumdem, ac parte ipsorum, in eorum prejudicium factas & faciendas, penitus cassantes, irritantes & annullantes: mandantes Senescallis Caturcensi [o] [p] Rethenensi, ceterisque Justiciariis & Officiariis dicti Domini mei, ac eorum Locatenentibus, & eorum cuilibet, prout ad eum pertinuerit, quatenus de dicta Villa Figiaci, omnimodos incolas & Municipes, originarios & collectabiles, nunc, ut fertur, absentes, & sub dicto Edouardo commorantes, nostra presenti gracia uti & gaudere pacifice faciant & permittant, ipsos nullatenus molestando aut à quoquam molestari quomodolibet permittendo. In cujus rei testimonium, nostrum presentibus Litteris jussimus apponi sigillum.* Datum Tholose, die XI.ª mensis Februarii, anno Domini M. CCCLX. nono.

*Quas quidem Litteras, omniaque & singula in eisdem contenta & expressa, Nos ratas & gratas habentes, eadem laudamus, volumus, approbamus, & de nostris auctoritate & plenitudine Regie potestatis, de specialique gracia, confirmamus: mandantes omnibus & singulis Justiciariis, Officiariis & Commissariis nostris, atque Justiciariis Regni nostri, vel eorum Locatenentibus, presentibus & futuris, & cuilibet eorumdem, quatenus omnes & singulos quos Littere supra scripte tangunt vel tangere poterunt in futurum, eisdem ac omnibus in eisdem contentis, uti & gaudere pacifice faciant & permittant, absque*

[a] Languedoc.

[b] Voy. cy-dessus, p. preced. Note (a). marg.

[c] Figeac. *Voy. cy-dessus*, p. 264. *Note (c)*.

[d] Burdegal. *R.*

[e] la Rochelle.

[f] dans leur Pays.

[g] Mot abregé & douteux.

[h] peut-être faudroit-il lire *rebellis & inobedientis* en le rapportant au Prince de Galle.

[i] inobedientes.

[k] *fort.* diligentia.

[l] de.

[m] recessissent.

[n] amoven. . . tollen. *R.*

[o] & (*&*) [p] Ruthenensi.

*impedimento quocunque, quod, si factum vel appositum repererint, ad statum pristinum & debitum indilate reducant. Quod ut roboris, &c. salvo, &c.* Actum & datum Parisius, anno Domini M. CCCLXIX.° & Regni nostri sexto, mense Marcii.

Sic signata. *Per Regem, ad relacionem Consilii.* MONTAGU.

Collacio facta est. *Visa.*

---

CHARLES V. à Paris, en Mars 1369.

## (*a*) Privileges accordez à la Ville de Figeac.

SOMMAIRES.

*(1) Lorsqu'il s'élevera un procès civil entre les Habitans de Figeac, il sera permis à l'une des Parties, de le faire juger à son choix, ou par les Juges Royaux, ou par les Consuls de cette Ville.*

*La Ville de Figeac sera unie inséparablement à la Couronne.*

*(2) On continuëra de fabriquer de la Monnoye dans la Ville de Figeac; & l'on ne pourra* imiter *cette Monnoye, dans les autres endroits où l'on en fabrique.*

*KAROLUS, &c. Notum facimus universis tam presentibus quam futuris, Nos Litteras carissimi Germani & Locumtenentis nostri in * Partibus Occitanis, Ducis Andegavensis & Comitis Cenomanensis, suo magno sigillo in cera viridi & filo serico sigillatas, vidisse, formam que sequitur, continentes.* * Languedoc.

*LUDOVICUS Regis quondam Francorum Filius, Domini nostri Regis Germanus, ejusque Locum tenens in Partibus Occitanis, Dux Andegavensis & Comes Cenomanensis. Regia astringitur Magestas, ut fomentum honoris & dilectionis in eos immittat, qui imminentibus periculis corpora & bona eorum, exponere non formidant aut verentur pro ipsius jure sustinendo. (b) Et si prosequatur eos,* [a] *& pro-decet, favoribus & insigniis ac preheminenciis,* [b] *quod ex hiis, ad ipsius fidele obsequium excitentur, & taliter,* [c] *quod in se boni instar suscipiant,* [d] *quod omni strenuitatis opere merceantur se munitos.*

a *fort.* ut.
b q. ex h. *R.*
c q. *R.*
d q. *R.*

*(1) Notum igitur facimus universis, tam presentibus quam futuris, quod Nos animadvertentes nedum premissa, sed & obsequia fidelia & laudabilia, que dilecti nostri Consules Ville* [e] *Figiaci, temporibus retrolapsis, dicto Domino meo & Nobis ac Corone Francie impenderunt, quorum servicia majora premia; (c) presertim cum ipsi (d) affeccionem singularem quam erga Dominum meum habuerunt & habent, dampna propter hoc innumerabilia supportarunt, eisdem Consulibus, singularibus & habitatoribus dicti Loci de Figiaco, modernis & futuris, concessimus & concedimus per presentes, de nostra certa sciencia auctoritateque Regia qua fungimur in hac parte, quod cum Judicatura & Vicaria habeant magnos terminos & latos, & multa neccessaria expedire, & ut facilius & expediencius Cause & lites in dicta Villa movende ventilentur & fine debito terminentur, ut ipsi Consules, qui inter suos cohabitatores volentes & consentientes, de pecuniariis Causis cognoscunt, ipsorum Consulum cognitionem & potestatem ex causis predictis favorabiliter ampliantes, de cetero valeant indistincte de quibuscunque Causis pecuniariis cognoscere, diffinire, & diffinita exequi, propter bonum commune dicte Ville, & habitatorum ejusdem, & modo seu fine debito terminare: dantes & concedentes habitatoribus facultatem, ut ipsi & eorum quilibet, possint eligere, an velint coram Vicario seu Judice* [f] *Regio dicte Ville, contra alium habitatorem Actionem seu peticionem suam dirigere in Causis civilibus & pecuniariis, prosequi & finire, vel coram Consulibus dicte*

e Figeac. *Voyez cy-dessus*, p. 264. Note (*c*).

f Reg. *R.*

NOTES.

(*a*) Tresor dss Chartres, Registre 100. Piece 713.

*Voy. cy-dessus*, p. 190 Note (*a*).

(*b*) *Et si.*] La suite de ce Préambule est très-obscure; & peut-être est-elle corrompuë!

(*c*) Il y a là des caracteres abregez qui semblent faire *concermunt*; mais ce mot ne conviendroit point icy, & il en faudroit un qui signifiât la même chose que *merentur*.

(*d*) *Affeccionem.*] Il semble qu'il faudroit mettre *propter*, devant ce mot, & retrancher *propter hoc*, un peu plus bas.

CHARLES V. à Paris, en Mars 1369.

*Ville; concedimusque ex causis & modis predictis, dictis Consulibus, quod dicta Villa Figiaci de Domanio immediato Corone Francie, temporibus futuris, nullatenus separetur, nec in alium seu alios aliqualiter transferatur; ymmo in perpetuum, in & sub Domanio Corone predicte remaneat absque alienacione quacunque.*

a &. b insignit. R.

(2) Item. *Volumus & de speciali gratia* [a] *auctoritate predicta concedimus dictis Consulibus & habitatoribus Ville predicte, attenta* [b] *insignitate ejusdem; & attento quod in eadem consuevit Moneta longevis temporibus fabricari, quod dicta Moneta ab eadem alibi imitari non valeat; ymmo eamdem Monetam in eodem loco perpetuo fieri & fabricari, cum facultas occurrerit, volumus & jubemus: mandantes committendo, si sit opus, Senescallo Caturcensi ac Vicario Figiaci, qui nunc sunt & fuerint, vel eorum Locatenentibus, & cuilibet ipsorum, quatenus dictos Consules & habitatores, modernos & futuros, nostris presentibus concessione & gratia uti perpetuo & gaudere faciant & permittant absque impedimento, nil contra presencium tenorem faciendo aut fieri modoquolibet permitendo; ymmo facta in contrarium, si que fuerint, revocent, ad statum pristinum reducant & reduci faciant indilate; usu, Consuetudinibus, observanciis & Ordinacionibus vel mandatis in contrarium factis aut faciendis, non obstantibus quibuscumque. Que ut perpetuo robur obtineant firmitatis, presentes Litteras sigilli nostri magni fecimus appensione muniri; jure Regio in aliis, & alieno in omnibus semper salvo.* Datum & actum Tholose, anno Domini M. CCC. LXIX.° mense Februarii.

*Nos autem Litteras supra scriptas, ratas habentes & gratas, eas & omnia in eisdem contenta, laudamus, approbamus, ratificamus, ac ex nostra certa scientia auctoritateque Regia & gracia speciali, consideratione premissorum, confirmamus per presentes: Mandantes Senescallo Caturcensi ac Vicario Figiaci, ceterisque Justiciariis & Officiariis nostris, presentibus & futuris, & cuilibet eorumdem, ac eorum Locatenentibus, prout ad quemlibet ipsorum pertinuerit, quatenus Consules, singulares & habitatores dicti loci de Figiaco, presentes & posteros, nostra presenti confirmatione ac concessione in supra scriptis Litteris contentis & declaratis, juxta presentium & ipsarum suprascriptarum Litterarum series & tenores, uti faciant & gaudere, nec contra tenorem* [c] *eosdem, dictos Consules, singulares & habitatores predictos, seu alterum eorumdem, ullatenus impediant seu molestent, aut impediri seu molestari permittant à quoquam; sed si que facta fuerint in contrarium, ea revocent & anullent, seu revocari & anullari faciant indilate; usu, consuetudinibus, observanciis, Ordinacionibus & mandatis in contrarium factis vel faciendis, ac donis seu concessionibus alias per Nos seu per Predecessores aut Locumtenentes nostros, eisdem Consulibus, singularibus & habitatoribus factis, nonobstantibus quibuscumque. Quod ut firmum, &c. salvo, &c.* Datum Parisius, anno Domini M. CCCLXIX.° Regni vero nostri sexto, mense Martii.

c earumdem.

Sic signate. *Visa.*

*Per Regem*, N. DE VERRES.

Collatio fit per me. N. DE VERRES.

---

CHARLES V. à Paris, en Mars 1369.

(a) Lettres qui portent que la Ville de Montauban sera inseparablement unie à la Couronne.

*KAROLUS, &c. Ad perpetuam rei memoriam. Celestis altitudo potencie, que super cuncta tenet imperium, & que Nos, sua benignissima disponente gratia, stabilivit in Regem, & ad Regni fastigia provexit, divinitus Nos amonet, ut ipsum Regnum & ejus subditos, in pacis transquilitate tenere & fovere, & circa ea que ipsius Regni & nostrorum subditorum, presertim illorum qui ab antiquo de proprio Corone Francie Domanio*

NOTES.

(a) Tresor des Chartres, Registre 100. Piece 488.

*Voy. cy-dessus*, page 190. Note (a). & page 261.

*consistunt, conservacionem, custodiam & tuicionem, ac nostri obedienciam concernunt, vacare, distractaque seu alienata à manu Regia, ad statum pristinum reducere* [a] *intendimus & cureymus solicitudinibus indefessis, ut, dum se senserint per Regiam solicitudinem & potenciam, in securitate ac pacis transquilitate dono* [b] *remanere & defendi, in nostre celsitudinis obsequiis & obediencia, reddantur libencius propenciores. Sane considerantes grata & laudabilia servicia, que dilecti & fideles nostri Consules, Burgenses & habitatores Civitatis & Ville Montis-albani, Nobis fideliter impenderunt, qui propter devocionem & dileccionem quam semper erga Nos, utilitatem & honorem Regni nostri habuerunt & habent, Edduardo primogenito Edduardi Anglie, adversariis nostris, & eorum complicibus & confederatis, obedienciam merito denegarunt, & ipsi qui de antiquo Domanio Regni & Corone Francie extiterint & existunt, Nos in suum naturalem & Superiorem Dominum recognoverunt, ac eandem civitatem in nostrâ obedienciâ submiserunt. Notum igitur facimus universis tam presentibus quam futuris, quod Nos, hiis consideratis, & aliis nostrum animum moventibus, ipsorum Consulum, Burgensium & habitatorum requeste pro parte ipsorum Nobis exhibite, favorabiliter annuentes, maturâ prius deliberacione habitâ cum Gentibus nostri magni Consilii; pensatâque utilitate perpetuâ Regni nostri, predictam Civitatem & Villam, cum ipsarum pertinentiis universis, de nostra speciali gracia, certa sciencia, auctoritate & plenitudine Regie nostre potestatis, ad Nos & successores nostros Reges* [c] *Francorum, perpetuis temporibus retinemus, ad proprium & immediatum Domanium Regis & Coronam Francie, absque alio medio, connexamus, aggregamus, adjungimus, applicamus, ponimus & unimus, ac Nobis & successoribus nostris, & ipsis Domanio & Corone, sine aliquo medio, retenta, annexa, aggregata, adjuncta, applicata, posita & unita, nunc & in perpetuum, decrevimus & decernimus per presentes; promittentes bonâ fide pro Nobis & successoribus nostris Regibus Francorum, predictas Civitatem & Villam, cum ipsarum pertinentiis universis, Consulibus, Burgensibus & habitatoribus earumdem, presentibus & futuris, in & sub recto & proprio Domanio Regis & Coronâ Francie, perpetuò tenere, regere, permanere, & tanquam de & sub dictis Domanio & Coronâ immediatè existentes, regere, conservare & defendere, & contra omnes; absque eo quod Nos aut successores nostri Francorum Reges, racione quacunque sive causa, à dictis Domanio immediato & Corona, futuris temporibus amovere seu separare vel disjungere quomodolibet valeamus: & si forsan per Nos vel successores nostros Reges Francorum, in posterum contrarium fieri contingeret, sic facta, ex nunc pro ut ex tunc & ex tunc pro ut ex nunc, irrita decernimus, & nullius esse volumus firmitatis. Quod ut firmum, &c. salvo, &c.* Datum Parisius, anno Domini M.° CCC.° LXIX.° Regni vero nostri sexto, mense Martii.

*Sic signata. Per Regem.* N. DE VERRES. *Visa.*

CHARLES V. à Paris, en Mars 1369.

[a] intendamus.
[b] *fort.* Regio.
[c] Franc. *là est plus bas.* R.

---

CHARLES V. à Paris, en Mars 1369.

Philippe VI. dit de Valois, à l'Hopital de Corbeil, en Decembre 1349.

(*a*) Lettres de Sauvegarde Royale pour la Ville d'Abbeville.

CHARLES, &c. Savoir faisons à tous presens & avenir, Nous, de nostre très chier Seigneur & Ayeul le Roy Philippe, avoir veu les Lettres contenant la fourme qui s'ensuit.

PHILIPPES par la grace de Dieu Roy de France. Savoir faisons à tous presens & avenir, que Nous, à la Supplicacion de noz bien amés les Maire, Eschevins, Bourgois & habitans, & toute la Communauté de nostre Ville d'Abbeville en Ponticu, noz justiciables & subgez, lesquielx Maire, Eschevins & Communauté dessus dis, avec tous leurs biens & les biens de ladicte Commune, leurs Sergens, Officiers,

NOTE.

(*a*) Tresor des Chartres. Registre 100. Piece 368.
*Voy. cy-dessus*, page 173. Note (*b*).

CHARLES V. à Paris, en Mars, 1369.

[a] & Ordenez pour culx, leur Justice & Juridicion, drois & usages garder, Nous avons pris, receu & mis, prenons, recevons & mettons par ces presentes Lettres, en & soubz nostre proteccion & sauvegarde especial, à la conservacion de leurs drois & de la Communauté dessus dicte, Nous à iceulx supplians avons donné & depputé, donnons & dépputons leurs gardiens, Jehan de Dommart, Pierre de Bourberch & Jehan de Halencourt, noz Sergens de la Baillie d'Amiens; ausquielx & à chascun d'eulx, nous donnons plain povoir, auctorité & mandement especial, & par ces presentes Lettres commettons de yceulx supplians maintenir & garder en leurs biens, [b] justes & possessions, Juridicions, drois, usages, Coustumes, Libertés & franchises, esquelles il les trouveront estre & leurs predecesseurs avoir été paisiblement d'ancienneté; de les garder & deffendre & leurs biens, de toutes injures, violences, griefs, oppressions, molestacions, de force d'armes, de puissance de lays, & de toutes autres nouvelletés induës: & ou cas que débat naistroit entre les Parties, en cas de nouvelleté, d'icelui debat & les choses[c] comtempcieuses prendre & mettre en nostre main comme Souveraine, & de [d] en faire recreance comme il appartendra; de assigner jour ou jours competens aux Parties, pardevant les Juges ordinaires auxquielx la congnoissance en appartendra, pour proceder & aler avant ezdictes opposicions, si comme raisons fera; de nostre dicte especial Garde signifier & publier en tous les lieux, & aux personnes ou [e] mestier sera & il en seront requis; de faire inhibition & deffense de par Nous, à toutes les personnes dont il seront requis, que auxdis supplians, à leurs biens, aus biens de ladicte Ville & Communauté d'icelle, ne à leur Juridicion, il ne meffacent ou facent meffaire en aucune maniere, sur certaines paines à appliquer à Nous; de remettre & faire ramener au premier estat & deu, tout ce que il trouveront estre ou avoir esté fait ou prejudice de nostre dicte Garde & dezdis supplians & de leurs biens; & à Nous & auxdis supplians pour ce, faire Amendes convenables; & generalment de faire toutes & chascunes autres choses, qui à Office de Gardien pevent & doivent appartenir: Et voulons & accordons aux dis supplians, que ou cas où les trois de nos Sergens & Gardiens dessus dis, seroient mort ou ne pourroient faire les choses dessus dictes, pour occupacion de noz [f] besoignes ou autres, que nostre Bailly d'Amiens ou nostre Gouverneur de Pontieu, à la requeste des dis supplians, puissent commettre autrres noz Sergens, un ou plusieurs, [g] ou lieu dez dessus dis Gardiens, [h] les [i] Nous, à la requeste dez dis supplians & chascun d'eulx, Nous commectons & députtons par ces presentes Lettres, Gardiens especiaulx & Generaulx auxdis supplians, ou cas dessus dit, pour faire & enteriner toutes les choses contenuës en ces presentes, en la forme & maniere que les trois dessus dis y sont commis & depputés Gardiens de par Nous, & qu'il le pevent & doivent faire: Toutes voies nostre entente n'est pas, que les dis Gardiens ou l'un d'eulx, s'entremettent de chose qui requiere congnoissance de Cause. Mandons & commandons à tous nos justiciers & subgez, que aus dis Jehan de Dommart, Pierre de Bourberch & Jehan de Halencourt, & à chascun d'eulx, ou à celui ou ceulx de noz Sergens, qui ausdis supplians seront commis & depputés ou lieu des trois dessus dis nommés, comme à noz Sergens ou Gardiens dez dis Maire, Eschevins & Communauté, ès choses dessus dictes, & en toutes autres qui à Office de Gardien pevent & doivent appertenir, obéissent & entendent diligemment. Et pour que ce soit chose ferme, &c. *Donné à l'Ospital de Corbüeil, l'an de grace mil CCC XL & neuf, ou mois de Decembre.*

Lesquelles [k] dessus escriptes, Nous ayens fermes & aggréables, ycelles louons, approuvons, & de nostre certaine science & grace especial confermons par ces presentes. Si donnons en mandement au Gouverneur ou Senéchal de Pontieu, qui à present est, & qui pour le tamps à venir sera, que auxdis Maire, Eschevins & Communauté, il pourvoïe de Gardien telx comme bon lui samblera, ou cas que les Gardiens dessus nommés seront trepassés ou n'y pourront entendre, toutesfois que mestier leur en sera, en mettant noz dictes Lettres à execution deuë; & à tous les autres Justiciers, Officiers & subgez de nostredit Royaume, presens & à venir, si comme à eulx & à chascun d'eulx appartendra & pourra appertenir, que aux dessus

[a] & est inutile.
[b] *sort. Justices.*
[c] *contentieuses.*
[d] *de les remettre en possession.*
[e] *besoin.*
[f] *affaires.*
[g] *au.*
[h] *lesquels.*
[i] *nous* est inutile.
[k] *Lettres.*

dis Gardiens & chascun d'eulx, comme à noz Sergens & Gardiens des Maire, Eschevins & Communauté dessus dis, ez choses dessus dictes, & toutes autres qui à Office de Gardien pevent & doivent appartenir, obéissent & entendent diligemment. Et afin que ce soit ferme chose, &c. *Donné à Paris, ou mois de Mars, l'an de grace mil CCC LXIX. & de nostre Regne le sisiesme.* *Visa.*

Par le Roy. T. HOCIE.

*Collacion est faicte avec les Lettres dessus escriptes.*

---

(a) Lettres qui permettent aux Chapelains de la Confrairie établie dans l'Eglise de Laon, de faire Corps & College, d'acquerir des biens, & de comparoître en jugement, soit en personnes ou par Procureurs, pour la deffense de ces biens.

CHARLES V. à Paris, en Mars 1369. Philippe VI. dit de Valois à Chateauneuf-sur-Loire, en Novembre 1342.

*KAROLUS, &c. Notum facimus Universis presentibus pariter & futuris, Nos infra scriptas Litteras inclite recordacionis, carissimi Domini & Avi nostri, Philippi quondam Regis Francie, vidisse, formam que sequitur, continentes.*

PHILIPPE par la grace de Dieu Roi de France: à tous ceulx qui ces presentes Lettres verront: Salut. Savoir faisons à tous presens & avenir, que comme plusieurs personnes meuës de devocion & autrement, pour le [a] remede de leurs âmes, aïent donné & laissié ça en arrieres, plusieurs choses es biens aux Chappellains de la Compaignie & [b] Confraternité de l'Eglise de Laon; & avient encores que l'en leur fait aucunes fois plusieurs dons & [c] lays; & pour ce qu'il n'ont Corps ne College, il ne puissent bonnement recevoir telx dons ne lays, aquerre aucune chose en acroissement des drois de leur dicte Confraternité, ne yceulx drois & biens deffendre ne poursuivre, si comme il nous ont donné à entendre; suplians que sur ce, leur veillons pourveoir de nostre grace: Nous à la [d] samblance de noz Predecesseurs, desirans le divin Service estre acreu en nostre tamps, lez dis Chappellains, presens & avenir, en tant comme il touche la [e] temporalité, de grace especial, de nostre auctorité Royal & de la [f] planté de nostre puissance Royal, avons habilité & habilitons & rendons [g] avables à tousjours, par la teneur de ces Lettres, ad ce que les Lays & dons [h] loisibles que l'en leur a fait, comme dit est, ou que l'en leur fera d'ores-en avant, il puissent recevoir & tenir paisiblement, acquerre à justes & loyaulx tiltres, drois & possessions, en augmentacion dez rentes de leur dicte Confraternité; & de leurs dis drois, dons, lays & autres acqués, deffendre & poursuivre par eulx ou par Procureurs, si comme bon leur semblera: lesquels dons, lays & autres acqués fais & à faire, comme dit est, Nous approuvons de nostre dicte grace, & avons aggréables, aussi comme se dès l'encommencement de leur institution, il eussent eu Corps & College, nonobstant drois, usages, Coustumes ou Ordennances ad ce contraires. Et pour ce que ce soit ferme &, &c. sauf, &c. *Ce fu fait à Chasteau-nuef sur Loyre, l'an de grace M. CCC. XL & deux, ou mois de Novembre.*

*Quas quidem Litteras superiùs insertas, & omnia alia & singula in eisdem contenta, viso tenore, volentesque predecessorum nostrorum vestigia totis viribus imitari, & laudabile propositum devotorum Fidelium adimpleri; necnon bona Ecclesiastica, sicut decet, augmentare, prefatas Litteras ratas & gratas habentes, easdem ratifficamus, laudamus & approbamus, ac de nostra gratia speciali & auctoritate Regia, tenore presencium confirmamus: Quocirca Baillivo nostro Viromandensi, ceterisque Justiciariis & Officiariis nostris, presentibus & futuris, aut eorum Locatenentibus, & eorum cuilibet, prout ad eum pertinuerit, earumdem serie Litterarum* [i] *mandantes, districtius injungendo,*

[a] Voy. cy-dessus. p. 186. Note (a).
[b] *Confrairie.*
[c] *legs.*
[d] *à l'imitation.*
[e] *les biens temporels.*
[f] *plenitude.*
[g] *habiles.*
[h] *licites, permis.*
[i] mandan. R. *Mandamus.*

NOTE.

(a) Tresor des Chartres. Registre 100. Page 369.

CHARLES V. à Paris, en Mars 1369.

*quatenus Capellanos dicte Societatis seu Confratrie Ecclesie Laudunensis, de quibus fit mencio in Litteris suprascriptis, modernos vel futuros, aut eorum alterum, seu eorum Procuratorem ab eis deputatum vel deputandum, in premissis, contra tenorem nostre presentis confirmacionis & gratie, nullatenus molestent vel impediant, seu eciam molestari vel impediri permittant; ymo nostra presenti gratia seu confirmacione, ac omnibus & singulis in dictis Litteris contentis, eos uti & gaudere pacifice faciant & permittant absque contradiccione quacumque; sed si forsan aliquid in posterum factum vel attemptatum fuerit contra presentem nostram graciam seu confirmacionem, & in ipsorum Capellanorum, seu eorum Procuratorum prejudicium, id ad statum pristinum & debitum redducant aut redduci faciant indilate; usu, statuto, Consuetudine vel Ordinacione ad hoc contrariis, non obstantibus quibuscumque. Quod ut firmum, &c. salvo, &c.* Datum Parisius, anno Domini M.° CCC.° LXIX.° & Regni nostri sexto, mense Martii. *Visa.*

*In Requestis Hospicii.* G. HENNEQUIN.

Collacio facta cum Litteris originalibus superiùs insertis.

---

CHARLES V. à Paris, en Mars 1369. & le 13. de Novembre 1364.

## *(a) Reglement pour la Vente du Cuir tanné dans la Ville de Chartres.*

CHARLES, &c. Savoir faisons à tous presens & avenir, Nous avoir veu deux pairez de Lettres de nostre Bailli de Chartres, sainez & entieres, si comme il apparoit de prime face, à Nous presentées de la partie des Tanneurs de nostre Ville de Chartres, desquelles la teneur de la premiere, s'ensuit.

A Tous ceulx qui ces presentes Lettres verront. Maistre *(b)* Sains de la Fontaine, Bailli de Chartres: Salut. Sachent tuit, que pardevant Nous, fû present en jugement, Perrot le Caoursin, [a] adonc Maistre de *(c)* Suurs de Chartres, lequel disoit & proposoit contre Jorget Crossin de *(d)* Chinsire, Tanneur, que par la coustume du mestier des [b] Suers & de la Tannerie de Chartres, nuls homs dehors la Cité & la [c] Banleuë de Chartres, ne puet ne ne doit vendre ne apporter pour vendre cuir tanné, ne faire marchié ne *(e)* joindre, ne bailler deniers à [d] De, pour raison de cuir tanné, oultre la somme de douze deniers & maille, dedens la Ville & la Banleuë de Chartres; fors que ès quatre Foëres des quatre Festes Nostre-Dame; c'est assavoir, à la Chandeleur, à la *(f)* Marcesche, à la Mi-Aoust & à la Septembresce; & se aucuns Marchans dehors vendoient [e] ne faisoient marchié, ne bailloient

a *presentement.*
b *Voy.* la Note. *(c)*
c *Banlieuë.*
d *à Dieu.*
e *&.*

NOTES.

*(a)* Tresor des Chartres. Registre 100. P. 295.

*(b) Sains.* ] Ce Saint est apparemment le même que *S^t. Saens*, Abbé *de Cansoudain* en Caux, sur lequel voy. le Vocab. Hagiol. *de l'Abbé Chastelain*, qui est à la tête du *Diction. Etymolog. de Menage.* Voy. page suiv. Note *(d)*

*(c) Suurs.* ] Ce mot est douteux, parce qu'il y a 4 jambages sans point. Mais un peu plus bas, il y a: *le mestier des Suers & de la Tannerie. Suers* signifie les Cordonniers, dont la Communauté étoit jointe à celle des Tanneurs. Savary dans son *Diction. du Commerce*, au mot, *Tanneurs*, fait mention des Statuts accordez par Philippe de Valois, en 1345. aux Courroyeurs-Baudroyers, Cordouanniers & *Sueurs* de la Ville de Paris. Ces Statuts ne se trouvent point dans ce Recüeil des Ordonnances. *Voy. page suiv.* Note *(c) Sueur* vient sans doute de *Sutor*.

*(d) Chinsire.* ] L'on ne sçait si ce mot est un second nom propre de Crossin, ou si c'est le nom du lieu où habitoit ce Tanneur, qui venoit vendre sa marchandise à Chartres. On ne connoît point de lieu qui porte ce nom; mais peut-être est-ce une mauvaise prononciation du mot, S^t. Cire! car dans le *Diction. univ. de la Fr.* l'on trouve deux lieux du nom de S^t. Cir, dans le Diocese de Chartres; l'un dans le Val-de-Gallie, de l'Election de Montfort; & l'autre de l'Election de Dourdan.

*(e) Joindre.* ] Je crois qu'il faut suppléer ces mots, *les mains.* L'on a remarqué cy-dessus. *p. 133.* Note *(b)* que lorsqu'on faisoit une enchere, l'on mettoit les mains l'une dans l'autre.

*(f) Marcesche.* ] C'est la Fête de l'Annonciation de la Vierge, qui vient dans le mois de Mars; comme la *Septembresce*, est la Fête de la Nativité de la Vierge, qui se celebre dans le mois de Septembre.

denier-De

deniers-De de marchié de cuir tanné, dedens la Ville ne en la Banlieuë de Chartres, si comme dessus est dit; fors ès quatre Foires des quatre Festes dessusdictes, les dits cuirs seroient & sont forfaiz & acquis à nostre Sires le *(a)* Contes de Chartres, ou à cilz qui pour temps seroient Seigneurs; & que de ce, nostre S. le Conte & ses predecesseurs, avoient esté & sont en bonne [a] saisine; & de ce, offri ledit Maistre des Sueurs à nous enfourmer, si avant comme raison [b] donroit; & que comme le dit Jorget, en venant contre la dessus dicte Coustume, eust vendu & fait marchié, joint, & [c] denir-Dieu ballié, de vint cuirs tannez *(b)* vendun & puiz tannez dedans la Ville & la Banlieuë de Chartres, à certainez personnes, requeroit & disoit ledit Maistre les dits cuirs estre condampnez & forfais, & par nous ajugez audit nostre S. le Conte; à la requeste duquel, tant comme juste, nous begniement intendans, & volans garder les us & les coustumes des Maistres dessus dits, enquerismes diligemment de la Coustume par vous dignes de foi; c'est assavoir, Michiel Mellin, Regnaut Dangor, Gille Diarville, Jehan Troullart, Regnaut Diarville, Estienne Neveu, Tanneurs; & Vicent Druet, Gieffroy Auschier, Gillot Tout bien, Berchelot de S^t. Martin, & Gillot son filz, *(c)* Courvoisiers: lesquelz Jurez & examinez diligemment, si comme il est accoustumé à faire, present ledit Jorget, non contredisant, aucuns pardevant nous dirent & déposérent par leurs seremens ladicte coustume estre telle, & ledit nostre S. le Conte estre en la [d] saisne dessus dicte; par la déposicion desquelz & le conseil des bons & saiges, eu déliberacion sur ce, considéré, & [e] regarder toutes choses, & circunstances qui esmouvoir nous pooient & devoient, tant de droit que de Coustume, regardasmes par droit & par Jugement, la saisine dessus dicte pour ledit nostre S. le Conte, estre prouvée bien & souffisaument, & la dessus dicte Coustume estre telle; & regardasmes les diz vint cuirs tannés estre acquis & forfais audit nostre S. le Conte, par la Coustume & les autres raisons dessus dictes. En tesmoing de ce, nous avons scellé ces Lettres de nostre Seel, duquel nous usons en la Baillie de Chartres. *Donné l'an de grace mil CCC & unze, le lundi après la S.t [f] Vincent*: presens à ce Monf. Nicholas de Morville, Chevalier, Goier son frere, Jehant Gonret, Simon Barbou, Hameri Galopin, Ocren du Bois, Bonneray, Mestre Jehan Coulerouge, Robert Huet, Gille Barbou, *(d)* Sainxe de la Porte, Jehan Divre, Gilles Lerbier, Bourgois de [g] Chasteldun, & autres.

*Item.* La teneur de la seconde, est telle.

A tous ceulz qui ces Lettres verront: Mahieu des Quesnes, Chevalier le Roy nostre S. & son Baillif à Chartres: Salut. Comme de la partie des Tanneurs de la Ville & Banleuë de Chartres, nous ait esté donné à entendre, & soient venus pardevers nous, disans que par [h] l'usage & observance gardez de si lonc temps qu'il n'est mémoire du contraire, en ladicte Ville, ou mestier & Marchandise de cuirs tannez, nul Marchand de cuir dehors ne autres, ne puevent vendre ne exposer en vente cuirs tannez, en ladicte Ville; excepté aux quatre Festes de Nostre-Dame,

CHARLES V.
à Paris, en Mars 1369. & le 13. de Novembre 1364.

a *possession.*
b *donneroit.*
c *Denier.*
d *saisine.*
e *regardé.*
f *S^t. Vincent arrive le 22. de Janvier.*
g *Chateaudun.*
h *l'usage.*

NOTES.

*(a) Contes de Chartres.]* En 1293. Philippe-le-Bel donna en accroissement d'appanage, le Comté de Chartres à Charles de Valois son frere. En 1312. Charles de Valois donna le Comté de Chartres à Loüis son 3^e fils, lequel étant mort sans enfans en 1329. ce Comté revint au Roy Philippe de Valois, & fut réuni à la Couronne. Voy. *Du Puy, Traité des droits du Roy*, p. *m.* 765. & la *Descript. Histor. & Geogr. de la Fr.* [par l'Abbé de Longueruë.] Part. 1^ere. p. 100.

Il faut pourtant remarquer que Du Puy, qui parle de la Donation du Comté de Chartres, faite à Loüis de Valois en 1312. dit quelques lignes plus haut, qu'en 1315. Charles de Valois donna ce Comté à Charles son second fils, qui le quitta depuis pour les Comtés d'Alençon & du Perche. Il est du moins certain que Charles I. de Valois étoit encore Comte de Chartres, lorsque cette Sentence fut renduë en 1311!

*(b) Vendun.]* Ce mot est visiblement corrompu; & peut-être les deux suivants le sont-ils aussi!

*(c) Courvoisiers.]* *Savetiers*, nommez aussi *Sueurs de Vieil.* Voy. le *Gloss. de du Cange*, au mot, *Corvesarii.* Voy. cy-dessus. p. preced. Note *(c)*.

*(d) Sainxe.]* C'est peut-être le même que *S^t. Saens* ou *Sains.* Voy. pag. preced. Note *(b)*.

CHARLES V. à Paris, en Mars 1369. & le 13. de Novembre 1364.

ausquelles il est acoustumé avoir Foires à Chartres, [a] ou Cloistre de Nostre-Dame; & s'il avenoit que aucuns Tanneurs dehors ladicte Ville, ou aucun Marchand de cuirs, meist en vente cuirs tannez, que les dits cuirs estoient forfais & acquis au Roy nostre S. & disoient avec ce, que aucuns Marchands Tanneurs dehors se efforçoient, & voloient efforcier de vendre cuirs tannez en ladicte Ville, contre les dits usage & observance; & sur ce, nous eussent lesdits Tanneurs de ladicte Ville de Chartres, presenté unes Lettres du Roy nostre S. desquelles la teneur s'ensuit.

a *au.*

CHARLES par la grace de Dieu Roy de France: au Bailli de Chartres ou à son Lieutenant: Salut. Oye la grief complainte de la Communaulté de la Maistrise des Tanneurs de cuirs de la Ville de Chartres, contenant que par Ordennance du mestier de Tannerie de cuirs en ladicte Ville, notoirement approuvez par tel temps & si long qu'il n'est mémoire du contraire, aucun Forain dehors ladicte Ville de Chartres, ne puet vendre cuirs tannez en ladicte Ville; se ce n'est auz quatre Festes de Nostre-Dame, aus quelles Festes Foires eschéent en ladicte Ville; & s'il avenoit que aucun dehors, excepté és jours des dictes Festes, y exposat à vendre cuirs tannés, il sont & seroient forfais & acquis à Nous, & par noz Officiers doivent estre attribuez & mis à nostre proufit: Niantmoins Guillot Habert, manant & demourant hors de ladicte Ville, & aucuns autres Marchans Forains ont apporté & exposé en vente cuirs tannez, & les ont livré en ladicte Ville, & se veient efforcier contre raison, de faire la vente & délivrance de cuirs tannés en ladicte Ville, ainsi que se il fussent de ladicte Ville, ou grant préjudice & [b] destriuement d'iceulz complaingnans, & sur quoy nostre droit est fraudé grossement, si comme il afirment; requerans estre par Nous pourveus de remede brief & convenable; mesmement que autresfoiz Forains qui s'en vouloient efforcier, en ont estez deboustez. Pour ce est-il que Nous, non voulans les estatuz & Ordenances anciennes de ladite Ville, estre en cette partie enfrains; mesmement qu'il Nous y peut competer & avenir grans droitures & prousits, Vous mandons que, nostre Procureur appellé à ce, vous vous enfourmiez sur la Coustume, estatuts & Ordennances dessus dictes; & se tant par informacion come autrement deuëment, vous trouvez qu'il soit ainsi, faite faire defence par cry solennel ou autrement convenablement, que aucun de dehors de ladicte Ville, ne ameine ou face amener, ne ne mette en vente ou délivre en ladicte Ville cuirs tannez, sur la peine acoustumée; c'est assavoir, des dits cuirs estre & forfais & acquis envers Nous, se il presument faire le contraire: & se il chiet débat ou opposission en ce, faites entre les parties sur ce, ycelles oyes en leurs raisons & propos, tel & si convenable accomplissement de droiture, qu'il n'en conviengne avoir recours à Nous. *Donné à Paris, le XIII.e jour de Novembre, l'an de grace mil CCC LX & quatre.*

b *detriment.*

*Suite de la 2e. Sentence du Bailly de Chartres.*

Requerans les dits Tanneurs de Chartres, que, selon le contenu és dictes Lettres, nous voulsissions proceder & aller avant en l'acomplissement d'icelles, & les tenir & garder selon les usages & observances dessus dictes; offrans nous infourmer & prouver des faiz contenus es dites Lettres, tant qu'il devroit souffire; & pour aller avant en l'accomplissement des dictes Lettres, eussiens [c] appeller le Procureur du Roy nostre S. ou Bailliage de Chartres, ainsi comme mandé nous estoit par la teneur de ces dictes Lettres, lequel n'a volu aucune chose dire à l'encontre, fors qu'il estoit d'assentement que nous enquerissons des dictes choses la verité; pour laquelle verité savoir & enquerir, & ycelle nous rapporter par escript, nous eusiens commis Denis Prevosteau, nostre Lieutenant, & ledit Procureur du Roy; pardevant lesquieux, les diz Tanneurs de Chartres produirent plusieurs tesmoings, qui jurerent & furent diligemment examiné sur le contenu ès dictes Lettres Royaulz; & l'enqueste par eulz faicte, & rapportée en escript pardevers nous, les dits Tanneurs de Chartres nous eussent requis que sur ce nous leur feissions droit. Savoir faisons que nous, veuë ladicte informacion ou enqueste, euë sur ce bonne & meure deliberation de Conseil avec les Saiges, avons dit, prononcié & jugié, disons, prononçons & jugons, que les dictes

c *fait.*

Lettres Royaulz & le contenu en ycelles, nous leur [a] acomplissions & acomplissons; & en acomplissant ycelles, avons defendu & defendons en jugement, à tous Marchans Tanneurs ou autres de cuirs dehors ladicte Ville de Chartres, que ne vendent aucuns cuirs tannez en ycelle Ville & banlieuë, excepté aux quatre Festes Nôtre-Dame; excepté cuirs de veaux tannez, qui ne passent pas vente oultre douze deniers & maille la piece, & Peaux de moutons tannez: & avons commandé & ordené nostre dicte defense estre criée en plain marchié, afin que aucun ne la puisse ou doïe ignorer: Et ce nous certifions à tous par la teneur de ces présentes Lettres: lesquelles nous en tesmoing des choses dictes, avons seellé du grant seel de ladicte Baillie. *Ce fut fait l'an de grace M. CCC LX & quatre, le Vendredi tiers jour du mois de Janvier.*

CHARLES V. à Paris, en Mars 1369. & le 13. de Novembre 1364.

a acompliss. & acompliss. R.

Suite des Lettres du Roy.

Lesquelles Lettres dessus transcriptes & tout le contenu en ycelles, Nous aïans aggreables, ycelles loons, ratifions, approuvons, & de nostre auctorité Royal, plaine puissance & grace especial, confirmons, & voulons avoir pleine fermeté ou temps avenir. Si donnons en mandement au Bailli de Chartres, & à tous noz autres Justiciers, presens & avenir, ou à leurs Lieuxtenans, que ces presentes Lettres de confirmacion tiengnent & gardent, & facent tenir & garder & enteriner de point en point, selon le contenu en ycelles, & les diz Tanneurs joïr & user plaisiblement, en la fourme & maniere que il en ont joy & usé ou temps passé, & contre la teneur d'icelles, ne les contraingnent ou molestent, ou sueffrent estre contrains ou molestez en corps ne en biens, en aucune maniere. Et que ce soit ferme chose, &c. sauf, &c. *Donné à Paris, ou mois de Mars, l'an de grace mil CCC LXIX. & le VI.e de nostre Regne.*

Par le Roy, en ses Requestes. J. R. DE BEAUFOU.

*Collacion est faicte aux Lettres Originaux.* *Visa.*

---

*(a) Mandement qui fixe le prix du Marc d'or dans les Hôtels des Monnoyes de Montpellier & de Toulouse.*

CHARLES V. à l'Hôtel St. Pol-lez Paris, le 17e. d'Avril 1369.

CHARLES par la grace de Dieu Roy de France: A noz amez & feaulx les Generaulx Maistres de noz Monnoyes: Salut & dileccion. Nous, pour certennes causes qui à ce nous meuvent, par bonne deliberacion euë avec nostre Conseil, vous mandons & commandons & à chascun de vous, que tantost & sans delay, ces Lettres veuës, vous donnés & faictes donner en nos Monnoyes de Montpellier & de Thoulouse, au tel & semblable pris pour Marc d'or fin, comme Nous faisons donner en noz Monnoyes d'or de par deça; c'est assavoir, de chacun Marc d'or fin qui sera apporté en icelles, LXII livres XVIII sols, en païant le Denier d'or aux Fleurs de Liz, pour vingt solz tournois la Piece: De ce faire, à vous & à chacun de vous, donnons povoir, auctorité & mandement especial par ces présentes. *Donné en nostre Hostel de Sainct Pol lez Paris, le XVII.e jour d'Avril, l'an de grace mil trois cens soixante neuf, & le sixiesme de nostre Regne.* Ainsi signé. *Par le Roy*, à la relacion du Conseil. J. DE REMIS.

NOTE.

*(a)* Registre D. de la Cour des Monnoyes, *fol.o* 6 vingt 16. *v.o* (136).

Avant ces Lettres, il y a: *Lettres de creue faicte à Montpellier & à Thoulouse, en marc d'or.*

Ces Lettres auroient dû être placées au commencement de l'année 1369. Cette faute sera corrigée par la Table Chronologique des Ordonnances, qui sera à la fin de ce Volume.

CHARLES V. à Paris, au mois d'Avril 1369. avant Pâques.

## (a) Privileges accordez à la Ville de Verfeüil.

SOMMAIRES.

*(1) La Ville de Verfeüil sera unie inséparablement au Domaine de la Couronne.*

*(2) Tous les privileges de cette Ville seront confirmez.*

*(3) Les habitans de cette Ville seront exempts de tous Impots pendant 10. ans.*

*(4) Toutes les peines civiles & criminelles, que les habitans de cette Ville pouvoient avoir encouruës, leur seront remises.*

*(5) Les Consuls de cette Ville, jugeront conjointement avec le Bailly, les Causes criminelles; à l'exception de celles dont le Jugement appartient au Roy.*

*(6) Les Consuls pourront* [pour les dépenses communes,] *imposer des Tailles sur les habitans, & les contraindre à payer.*

*(7) Les Bois appartenants à la Ville de Verfeüil, & à ses habitants en particulier, & qui seront dans son territoire, seront exempts de la Jurisdiction des Juges Royaux.*

*(8) On ne mettra point de troupes en garnison dans cette Ville; si ce n'est du consentement des habitans.*

*(9) Les Consuls pourront faire bâtir autour de l'Hôtel de Ville, des Boutiques qui appartiendront à la Communauté de la Ville.*

*KAROLUS, &c. Notum facimus universis tam presentibus quam futuris, Nos Litteras infrascriptas vidisse, formam que sequitur, continentes.*

*LUDOVICUS Regis quondam Francorum Filius, Domini nostri Regis Germanus, ejusque Locumtenens in* [a] *Partibus Occitanis, Dux Andegavensis & Comes Cenomanensis.*

*(1) Notum facimus universis tam presentibus quam futuris, quod Nos, fidelitate & legalitate atque fidei prompte mentis alacritate, exhibitis per Consules & Universitatem Loci seu Ville de (b) Viridi-folio, in Senescallia* [b] *Ruthenensi, erga Dominum meum Regem atque Nos, attentis & consideratis; attentisque serviciis fidelibus que impendere de die in diem non desinunt, & in futurum facere & impendere se exhibent liberaliter, ut fideles, eosdem Consules & Universitatem atque singulares dicte Ville, ab antiquo & perpetuis temporibus retrolapsis, de Domanio proprio Domini mei Regis, constitutos astrictosque & registratos; quodque ad obedienciam seu subjeccionem Consanguinei nostri Regis Anglie, &* [c] *postmodum Principis* [d] *Wallie, Ducis Acquitanie, translati fuissent seu transportati propter* [e] *Tractatum Pacis Domini Genitoris nostri, racione redempcionis persone ejusdem; sed tamen certis & legitimis causis, ad obedienciam Domini mei Regis atque nostram, fuerint reducti; eosdem Consules & Universitatem ac singulares dicte Ville, necnon Villam predictam, & omnia universa & singula jura, redditus, proventus & emolumenta dicti loci, sicut erant & esse consueverant tempore & ante tempus Tractatus Pacis supradicti, ad proprium Domanium & Patrimonium Domini mei Regis, ad ipsorum Consulum & Universitatis atque* [f] *singularum dicti loci, instantem supplicacionem & requisitionem, reducimus per presentes, de nostri certa sciencia* [g] *auctoritate Regia qua fungimur in hac parte; promittentes expresse ex pacto, dictos Consules & singulares dicti loci, necnon locum predictum & jura ejusdem, alicui alteri persone cuicunque non transferri quocunque titulo sive causa; sed ipsos perpetuis temporibus remanere de proprio Patrimonio atque (c) Mense Domini mei Regis, & suorum successorum Francie Regum: & si forsan aliqua donacio vel assignacio, perpetuo vel ad tempus, de dicto loco vel Jurisdiccione aut juribus seu redditibus ejusdem, alicui seu aliquibus personis facta fuerit vel fieri contingeret quoquomodo, illam donacionem vel assignacionem, sub*

a Languedoc.
b Ruthen. *R.*
c mot douteux.
d Galles.
e le traité de Bretigny.
f singularium.
g &.

NOTES.

(a) Tres. des Chart. Reg. 100. P. 494. *Voyez cy-dessus*, p. 190. Note (a).

(b) *Viridi-folio.*] *Verfeüil*, Diocese de Rodez. *Voy. le Diction. univ. de la Fr.* à ce mot.

(c) *Mense.*] Il faut corriger, *mensa*. Ce mot signifie quelquefois, un Domaine. L'on trouve dans quelques anciens monuments, *Mensa Regalis, le Domaine Royal.* De *Mensa*, pris en ce sens, l'on a fait en François, *Mense*. Voy. *le Gloss. de du Cange*, au mot, *Mensa.*

quacunque verborum forma factam, vel que fieri contingeret in futurum, quacunque auctoritate racioneque sive causa, tanquam per inadvertenciam seu per [a] inoportunitatem & sub falsis suggestionibus [b] impetratem, cassamus, irritamus & penitus anullamus, nulliusque efficacie esse volumus & momenti; nec eam vel eas robur [c] aliquot obtinere volumus firmitatis: Et ita promisimus, & teneri & observari volumus, Consulibus & Universitati supradictis.

CHARLES V. à Paris, au mois d'Avril 1369. avant Pâques.

(2) Preterea, preffatis Consulibus & Universitati dicti loci atque singularibus ejusdem, presentibus & futuris, omnia & quecunque privilegia, Libertates, statuta, usus & Consuetudines, tam per Dominum meum Regem ejusque predecessores Francorum Reges, quam alios quoscunque super hoc potestatem habentes, eis concessas, & alias quascunque quibus usi sunt & utuntur, ac uti consueverunt ab antiquo, pariter confirmamus per presentes.

(3) Ceterum, uberiorem gratiam dictis Consulibus, Universitati & singularibus dicti loci exhibendo, eisdem Consulibus & Universitati, atque singularibus habitatoribus dicti loci & pertinenciarum ejusdem, concessimus & concedimus, ut ipsi quitti sint, liberi & immunes ab omni prestacione (a) Fogaegii, Subsidii, Gabelle & Impositionis cujuscunque, in dicto loco & ejus pertinenciis, usque ad decem annos continuos & proxime sequentes.

(4) Ulterius, pro futuris Consulibus & Universitate atque singularibus dicti loci & ejus pertinenciarum predictarum, omnem & quamcunque penam criminalem & civilem, si quam commiserint vel in eam inciderint in genere, vel singulariter ac particulariter, vel divisim, quacunque racione sive causa, aut exhigentibus criminibus seu excessibus vel delictis aut contumaciis vel deffectibus quibuscunque, usque ad hanc diem presentem, remittimus & quittamus plenarie, sine exceptione quacunque, ac si omnia & singula hic specialiter & expresse expressa forent & [d] eciem declarata.

(5) Item. Dictos Consules & Universitatem dicti loci, insignio dignitatis & honoris preffulgere volentes, eisdem Consulibus & Universitati ac singularibus dicti loci, presentibus & futuris, concessimus & concedimus, ut ipsi Consules & successores, amodo perpetuis temporibus, una cum Bajulo Regio dicti loci, de omnibus & quibuscunque causis criminalibus seu excessibus aut delictis ad ordinariam Jurisdiccionem pertinentibus, [e] exceptis superioritate & ressorto, & aliis casibus ad Dominum meum Regem, racione superioritatis, tam de jure quam de usu & consuetudine pertinentibus, cognoscere valeant atque possint, & eas judicare, sentenciare, diffinire & fine debito terminare: Quam quidem cognicionem, [f] potestate & eciam auctoritatem, eisdem, modo supradicto, tribuimus per presentes.

(6) Item. Eisdem Consulibus & Universitati atque singularibus dicti loci, presentibus & futuris, concessimus & concedimus per presentes, ut ipsi Consules omnes & quascunque Tallias & Collectas indictas, & que in futurum indicentur per Consules dicte Ville, habitatoribus ejusdem & pertinenciarum ipsius, qui contribuere tenentur & consueverunt in dictis Talliis, exhigere & levare valeant atque possint; & quoscunque ipsius loci & ejus pertinenciarum habitatores compellere ad hoc seu compelli facere per capcionem, vendicionem & [g] distractionem bonorum suorum, necnon clausionem [h] hospiciorum si aperta fuerint, vel eorum appertionem si clausa existant, personarumque arrestacionem, & per alia juris remedia opportuna; quam quidem compulcionem & exequcionem fieri faciant aut fieri & perfici valeant per eorum [i] Pedaguerios seu Bannerios, absque alterius licencia seu mandato, libere & impugne.

(7) Item. Prefatis Consulibus & Universitati ac singularibus dicte Ville, concessimus & concedimus per presentes, ut ipsi qui nunc sunt & qui pro tempore fuerint, possint & valeant facere, constituere & ordinare ad voluntatis libitum, [k] nomora & (b) de-

[a] *fort.* importunitatem.
[b] impetratam.
[c] aliquod
[d] eciam.
[e] exceptis.
[f] potestatem.
[g] mot abregé & douteux.
[h] des maisons.
[i] Sergents. *Voy. le Gloss. de du Cange*, au mot, Pedagerius.
[k] nemora.

NOTES.

(a) *Fogaegii.*] C'est la même chose que *Fogagium & Focagium*, qui signifient un impôt qui se leve sur chaque Feu. Voy. *le Gloss. de du Cange*, aux mots, *Fogagium & Focagium*.

(b) *Devesias.*] Terres ou Bois en deffens; c'est-à-dire, dans lesquelles les Bêtes ne doivent point entrer. *Voy. le Gloss. de du Cange*, au mot, *devesia*.

CHARLES V. à Paris, au mois d'Avril 1369. avant Pâques.

*vesias in eorum terris propriis, infra Jurisdictionem dicte Ville: que quidem nemora atque devesias, ab omni (a) explecta Officiariorum & (b) Firmonorum Regiorum quorumcumque, exhimimus; nec per eos* [a] *aliquem explectam, neque fustes aut ligna aliqua ab eisdem nemoribus seu devesiis capi volumus quoquomodo, nisi cum digna satisfacione* [b] *precedente, ad cognicionem & arbitrium Consulum dicte Ville.*

*(8)* Item. *Prefatis Consulibus & Universitati ac singularibus* [c] *Ville, concessimus pariter & concedimus per presentes, quod amodo, per Dominum meum Regem sive Nos, aut alium quemcunque Locumtenentem vel Capitaneum,* [d] *stabilitas Gencium armorum in dicto loco non ponatur; nisi quathenus de dictorum Consulum & habitatorum ejusdem Ville, processerit voluntate.*

*(9) Preterea, quum dicta Villa & Universitas ac singulares dicti loci, pluribus oneribus* [e] *pregravantur, eisdem Consulibus atque Universitati dicti loci, concessimus & concedimus per presentes, ut ipsi Consules presentes & futuri, augmentando condicionem & facultatem atque redditus (c) publice utilitatis dicti loci, construere & edificare possint & valeant subtus hospicium Consulatus dicte Ville, quod in medio platee dicte Ville, esse dicitur; videlicet, ultra dictum hospicium circumque per* XII. [f] *palmas & non ultra, Domos &* [g] *operatoria; & eas seu ea vendere seu (d) appensare; & proprio Domanio seu patrimonio dicte Universitatis dicte Ville, convertere & eciam applicare, pro sue libito voluntatis.*

*Mandantes Senescallo Ruthenensi Bajuloque dicti loci de Viridi-folio, qui nunc sunt & qui pro tempore fuerint, aut eorum Locatenentibus, ceterisque Justiciariis, sub dictis, & eorum cuilibet, prout ad eum pertinuerit, quatenus prefatis Consulibus & Universitati atque singularibus ejusdem loci predictis, omnibus & singulis per Nos eisdem concessis, uti & gaudere faciant pacificè & ad plenum, modo & forma supradictis. Quod ut firmum & stabile perseveret in futurum, nostrum presentibus Litteris apponi fecimus sigillum;* [h] *Domini mei Regis &* [i] *aliorum atque* [k] *nostris, & aliis in omnibus jure salvo.* Actum & datum Tholose, anno Domini M.° CCC.° LXIX.° mense Julii.

*Nos autem suprascriptas Litteras & omnia & singula contenta in eisdem, rata & grata habentes, eas & ea volumus, laudamus, approbamus, ratificamus, & tenore presentium, de gracia speciali & plenitudine Regie potestatis, confirmamus: Mandantes Senescallo Ruthenensi, ceteris que Justiciariis & Officiariis nostris, modernis & futuris, & eorum cuilibet, ut ad eum pertinuerit, vel Locatenentibus eorumdem, quatenus prefatos Consules, Universitatem ac singulares ejusdem loci, in dictis Litteris nominatos, nostra presenti confirmacione & gracia, uti & gaudere pacifice & quiete, deinceps perpetuis temporibus faciant & permittant, impedimentis quibuscumque cessantibus & amotis. Quod ut firmum, &c. salvo, &c.* Datum & actum Parisius, anno Domini M.° CCC.° LXIX.° & Regni nostri VI.° Mense Aprilis, ante Pascha.

*Sic signata. Per Regem, ad relacionem Consilii.* J. DE VERGNY.

Collacio facta est cum Originali. *Visa.*

a aliquam.
b en payant d'avance.
c dicte.
d Etablissement de troupes en garnison.
e pregraventur.
f Je n'ai rien trouvé sur l'étendue de cette mesure.
g des Boutiques.
h Cette formule paroît corrompue.
i al. *R.*
k *fort.* nostri.

## NOTES.

*(a) Explecta.] Expletum* signifie en general un acte de Jurisdiction; *[Voy. le Gloss. de du Cange*, à ce mot.*]* Il est quelquefois pris aussi pour les profits de justice, les droits de Greffes, les Amendes, &c. & il y en a plusieurs exemples dans les Ordonnances. Je crois que par cet art. les Bois de la Ville de Verfeüil, sont exemptez de la Jurisdiction des Juges Royaux, Maîtres des Eaux & Forêts & autres.

*(b) Firmonorum.] Firmonor. R.* Je n'ai rien trouvé sur ce mot. Peut-être est-il corrompu, & faudroit-il lire, *Firmariorum*, des Fermiers?

*(c) Publice utilitatis.] Public. utilitat.* R. Peut-être faudroit-il lire, *& publicam utilitatem?*

*(d) Appensare.]* C'est sans doute la même chose qu'*appensionare. [Voy. le Gloss. de du Cange*, à ce mot*]* qui signifie donner à ferme ou à loyer.

## M CCC. LXX.

CHARLES V. à Paris, en Avril après Pâques 1370.

Suivant le Glossaire de *du Cange*, cette Année commença le 14. d'Avril, & finit le 5. d'Avril.

(a) Lettres qui portent que les habitans de Pui-la-Roque seront exempts de toutes sortes d'Impôts pendant dix ans; & qu'après ces dix ans, ils ne payeront que 25 livres, pour chacun des Impôts qui seront levez.

*KAROLUS Dei, &c. Notum facimus universis presentibus & futuris, Nos Litteras carissimi Germani & Locumtenentis nostri in* [a] *Partibus Occitanis, Ducis Andegavensis & Comitis Cenomanensis, suo magno sigillo in cera viridi & filo serico sigillatas, vidisse, formam que sequitur.* [b]

a Languedoc.

b continentes.

*LUDOVICUS Regis quondam Francorum Filius, Domini nostri Regis Germanus, ejusque Locumtenens in Partibus Occitanis, Dux Andegavensis & Comes Cenomanensis. Universis tam presentibus quam futuris: Salutem. Cum nos Consulibus & habitatoribus loci de (b) Podio-Ruppis, Senescallie Caturcensis, respectu de non solvendis quibuscunque Tailliis, subsidiis, subvencionibus aut aliis, ex quibus financie dicto Domino Regi seu ejus successoribus vel Nobis, deberi viderentur, usque ad decem annos, certis de causis ad hoc Nos moventibus, dederimus & concesserimus de nostris certa scientia, gratia speciali & auctoritate Regia qua fungimur in hac parte, prout hoc in nostris Litteris super hoc eisdem concessis, lacius continetur: quarum tenor talis est.*

*Ludovicus, &c. Universis, &c. Notum facimus quod nos, attentis bona, firma & immutabili dileccione, amoreque sincero quas erga dictum Dominum nostrum Regem & nos, diutius habuerunt dilecti & fideles dicti Domini nostri, Consules & habitatores loci de Podio-Ruppis, Senescallie Caturcensis, quas eciam imposterum peramplius eosdem habere speramus; attento insuper, quod tractatu per dilectos & fideles nostros Nobiles, Bertrandum Dominum de Terrida, Vicecomitem de (c) Gimoesii, & Guidonem de Azayo, Militem, ad hoc potestatem, auctoritate nostra eisdem attributa, habentes, erga dictos Consules & habitatores, habito & concorditer passato, prout ex tenore dicti tractatus nobis legitime licuit, eisdem Consulibus, de nostri gratia speciali, certa scientia & auctoritate Regia qua fungimur in hac parte, dedimus & concessimus, damusque & concedimus per presentes, quod ipsi Consules nec habitatores dicti loci de Podio-Ruppis, hinc ad decem annos continuos & completos, data presencium Litterarum proxime sequentes, pro quibuscunque Tailliis, Subsidiis, Colectis, subvencionibus aut aliis, ex quibus financie dicto Domino nostro seu ejus successoribus vel nobis, dictis durantibus decem annis, deberi videbuntur, minimè compelli possint per quoscunque impositores Gabellarum, Subsidiorum aut aliarum subvencionum vel financiarum levatores seu receptores; quin ymo ipsos & eorum quemlibet, successoresque & eorum posteros & heredes, dicto tempore durante, à premissis omnibus & singulis relevamus & quittamus, relevatosque, quittos & immunes haberi volumus & jubemus. Quocirca mandamus Senescallo, Thesaurario ac Procuratori Regio Senescallie Caturcensis predicte, ceterisque Justiciariis ad quos pertinuerit, vel eorum Locatenentibus, quatenus predictos Consules & habitatores, contra formam nostre presentis gratie & concessionis, nullatenus* [c] *molestant seu inquietant, aut à quoquam molestari seu inquietari permittant; sed hac nostra presenti gratia & concessione uti & gaudere, dicto durante tempore, faciant pacifice & quiete; Litteris in* [d] *contrariis*

c molestent seu inquietent.

d contrarium.

NOTES.

(a) Tres. des Chart. Reg. 100. Piece 814. *Voyez cy-dessus*, page 190. Note (a).

(b) *Podio-Ruppis.*] Le R. P. D. Vaissette Benedictin m'a appris que ce lieu, qui est dans le Quercy, se nomme presentement, *Puy-la-Roque*.

(c) *Gimoesii.*] On pourroit lire aussi *Gunoesii* ou *Gimoesii*, parce qu'il y a quatre jambages sans point.

CHARLES V.

*concessis seu concedendis, nonobstantibus quibuscunque. In cujus rei, &c.* Datum Tholose die XIII. mensis Aprilis, anno Domini millesimo CCC. LXIX.°

à Paris, en Avril après Pâques 1370.

Suite des premieres Lettres du Duc d'Anjou.

*Notum facimus quod nos cum eisdem ex uberiori gratia procedere volentes, eisdem Consulibus & habitatoribus dicti loci de Podio-Ruppis, concessimus & concedimus, ac gratiam talem fecimus & facimus, certa scientia & auctoritate Regia qua fungimur; videlicet, quod predictis decem annis transitis & elapsis, si contingerit dictum Dominum nostrum, nos seu ejus successores & posteros Reges Francorum, aut eorum Locatenentes vel Officiarios ad hoc potestatem habentes, imponere vel indicere in dicta Senescallia Petragoricensi & Caturcensi, aliquod subsidium, financiam, Tailliam vel subvencionem aliquam seu juvamen aliquod, quocunque nomine wulgariter nuncupentur, quod ipsi habitantes & Consules non teneantur pro quolibet predictorum sic impositorum, dictis decem annis passatis, vel imponendorum* [a] *inditorum vel indicendorum, solvere nisi solum XXV. libras Turonenses, nec ad magis solvendum pro quocunque premissorum juvaminum, per levatores, Receptores ac gubernatores dictarum Tailliarum, subsidiorum, financiarum aut aliorum quorumcunque juvaminum predictorum, nec eciam per Gentes seu Officiarios Regios, ad hoc de presenti compelli possint aut valeant, nec in corporibus sive bonis vexari aut male tractari, pignorari vel arrestari; quinymo solucionem per eosdem de dictis viginti quinque libris Turonensibus, pro aliquo premissorum subsidiorum seu juvaminum factam, pro eodem subsidio seu juvamine, pro quo dictam summam XXV.e librarum Turonensium semel exsolverint, quittos & immunes teneri volumus eosdem, ac ipsos ex nunc quittamus & quittos clamamus & esse volumus & jubemus; attemptata in contrarium contra ipsos, ad statum pristinum & debitum reduci volentes. Quocirca Senescallo, Thesaurario ac Procuratori Regio Senescallie predicte, ceterisque Justiciariis & Officiariis Regiis, necnon quibuscunque Commissariis, Receptoribus, levatoribus ac gubernatoribus dictarum Tailliarum, subsidiorum, financiarum aut aliorum quorumcunque juvaminum aut subventionum, & eorum cuilibet, aut Locatenentibus eorumdem, tenore presentium* [b] *in mandatis, quatenus predictos Consules & habitatores, contra formam nostre presentis gratie & concessionis, nullatenus* [c] *molestent seu inquietant, aut à quoquam molestari seu inquietari permittant; sed* [d] *ac nostra presenti gratia & concessione, uti & gaudere perpetuis temporibus faciant pacifice & quiete; Litteris in contrarium concessis seu concedendis, non obstantibus quibuscunque. Quod, &c. salvo, &c.* Datum & actum Tholose, anno Domini millesimo CCC. LXIX.° mense Aprilis.

a indictorum.

b damus.

c molestent seu inquietent.

d hac.

Suite des Lettres de Charles V.

*Quas quidem Litteras suprascriptas, ratas habentes & gratas, eas & omnia & singula in eisdem contenta,* [e] *ladamus, approbamus, ratificamus, ac ex nostra certa sciencia, auctoritateque Regia & gratia speciali, consideracione premissorum confirmamus, ac eisdem Consulibus & habitatoribus de novo concessimus & concedimus per presentes, si sit opus: Dantes tenore presencium in mandatis Senescallo, Thesaurario ac Procuratori Regio Senescallie Caturcensis predicte, ceterisque Justiciariis ac Officiariis nostris, presentibus & futuris, aut Locatenentibus, & cuilibet eorumdem, prout ad eum pertinuerit, quatenus dictos Consules & habitatores, & quemlibet eorumdem, modernos & posteros, nostris presentibus confirmatione & gratia,* [f] *justa presentium ac suprascriptarum Litterarum series & tenores, uti & gaudere faciant & permittant absque contradicione seu molestacione quibuscunque; Ordinacionibus, mandatis ac Litteris in contrarium factis vel faciendis, nonobstantibus quibuscunque. Quod, &c. salvo, &c.* Datum Parisius, anno Domini millesimo CCC. LXX.° Regni nostri septimo, mense Aprilis, post Pascha. *Visa.*

e laudamus.

f juxta.

*Per Regem.* N. DE VEIRES.

Lettres

CHARLES V.
à Paris, en Avril, après Pâques 1370.

(a) Lettres portant revocation de toutes les Donations, Concessions, Libertez & Privileges accordez au préjudice de l'Eglise Cathedrale de Montauban.

*KAROLUS, &c. Notum facimus universis tam presentibus quam futuris, Nos Litteras carissimi Germani & Locumtenentis nostri in [a] Partibus Occitanis, Ducis Andegavensis & Comitis Cenomanensis, suo magno sigillo in cera viridi & filo serico sigillatas, vidisse, formam que sequitur, continentes.*

a Languedoc.

*LUDOVICUS Regis condam Francorum Filius, Domini nostri Regis Germanus, ejusque Locumtenens in Partibus Occitanis, Dux Andegavensis & Comes Cenomanensis. Universis tam presentibus quam futuris: Salutem. Ad remedium non ambigimus edificare, (b) si subditos dicti Domini mei, & maxime personas Ecclesiasticas favoribus prosequimur graciosis, ipsas à noxiis & dampnorum incommodis relevantes, ut eo libenciùs devotis pro Nobis insistant orationibus, quo liberaliùs per potentiam Regiam senserint se adjutas. Hinc est quod Nos, premissis attentis, volentes nostris temporibus sanctam Dei Ecclesiam, juxta possibile, semper in melius prosperari, ac considerantes firmam & veram obedientiam dicto Domino meo & Nobis, per Episcopum, Priorem & Conventum Ecclesie Cathedralis de Monte-albano, impensam, eisdem concessimus, & concedimus de nostra certa sciencia, auctoritate Regia qua fungimur in hac parte, & gracia speciali, ut omnes concessiones & donationes de quibuscumque rebus & juribus, per Nos [b] factis aut faciendis quibuscumque personis, in prejudicium dictorum Episcopi, Prioris & Conventus Ecclesie eorumdem, aut alterius illorum, tam conjunctim quam divisim, nullius efficacie seu valoris existant; ac omnes tales concessiones, donaciones, privilegia & Libertates, ut premittitur, factas, revocamus ac penitus anullamus, & nullius efficacie esse volumus seu momenti: Mandantes Senescallo Caturcensi, ceterisque Justiciariis & Officiariis dicti Domini mei, & eorum Locatenentibus, presentibus & futuris, ac cuilibet eorumdem, quatenus tales concessiones & donaciones in prejudicium dictorum Episcopi, Prioris Conventus & Ecclesie eorumdem, aut alterius ipsorum, ut dictum est, factas aut faciendas, non admittant aut execucioni demandent quoquomodo seu demandari permittant; ymo prefatos Episcopum, Priorem & Conventum ac eorum Ecclesiam, nostra presenti gratia uti pacifice faciant & gaudere, ipsos in contrarium nullatenus molestando aut à quoquam molestari permittendo quomodolibet. Quod ut firmum & stabile permaneat in futurum, nostrum presentibus Litteris jussimus apponi sigillum; dicti Domini mei jure in aliis, & alieno in omnibus semper salvo.* Datum Tholose, die XV. mensis Junii, anno Domini M.° CCC.° LXIX.°

b factæ aut faciendæ.

*Quas quidem Litteras suprascriptas, ratas habentes & gratas, [c] & omnia & singula in eisdem contenta, volumus, laudamus, approbamus, ac ex nostra certa scientia, Regie potestatis plenitudine & gratia speciali, consideratione premissorum, confirmamus; donationesque & concessiones predictas de predictis, prout per dictum Germanum nostrum superius revocate & anullate existunt, de novo, si sit opus, anullamus & revocamus per presentes. Quo circa Senescallo Caturcensi, ceterisque Justiciariis & Officiariis nostris, qui nunc sunt & pro tempore fuerint, aut eorum Locatenentibus, & cuilibet eorumdem, prout ad eum pertinuerit, mandamus quatenus dictos Episcopum, Priorem, Conventum ac Ecclesiam eorumdem, & quemlibet ipsorum, posteros & modernos, nostris presentibus gratia, confirmatione & revocatione uti & gaudere faciant & permittant, juxta formam & tenorem Litterarum suprascriptarum, absque molestatione seu impedimento quibuscumque;*

c fort. ea.

NOTES.

(a) Tresor des Chartres, Registre 100. P. 500. *Voy. cy-dessus*, page 190. Note (a).

(b) Il y a là un mot abregé & maculé que l'on n'a pû déchiffrer. Peut-être pourroit-on lire, *precaucium*!

*ymo si aliqua in contrarium attemptata fuerint, ea ad statum pristinum & debitum reducant aut reduci faciant indilate; donationibus, concessionibus, ordinationibus, mandatis & defensionibus, Litterisque subrepticiis ad hoc contrariis, nonobstantibus quibuscunque. Quod ut firmum, &c. salvo, &c.* Datum Parisius, anno Domini M.° CCC.° LXX.° Regnique nostri VII.° mense Aprilis, post Pascha.

Sic signate. *Per Regem.* N. DE VERRES.

Collacio facta est cum Litteris Originalibus. *Visa.*

---

CHARLES V. à Paris, en Avril, après Pâques 1370.

(*a*) Lettres qui portent que le Seneschal de Rouergue ne sera plus sa residence continuelle, & ne tiendra plus son siege ordinaire à Ville-Franche, mais à Nayac; pourvû cependant que les Consuls de cette derniere Ville, fassent apparoître des Lettres par lesquelles ils disent que le Roy leur a accordé ce Privilege.

KAROLUS, *&c. Notum facimus universis tam presentibus quam futuris, Nos Litteras carissimi Germani & Locumtenentis in* [a] *Partibus Occitanis, Ducis Andegavensis & Comitis Cenomanensis, suo magno sigillo sigillatas in cera viridi & filo serico, vidisse, formam que sequitur, continentes.*

a Languedoc.

LUDOVICUS *Regis quondam Francorum Filius, Domini nostri Regis Germanus, ejusque Locumtenens in Partibus Occitanis, Dux Andegavensis & Comes Cenomanensis. Notum facimus universis tam presentibus quam futuris, quod, cum per nostras alias Litteras Consulibus, Burgensibus, hominibus & habitatoribus Ville, Castri & Castellanie de* [b] *Naïaco, concesserimus quod Senescallus* [c] *Ruthenansis Assisias suas seu sedem Assisiarum suarum, in dicta Villa de Naïaco teneat & tenere valeat, prout in aliis locis tenere consuevit; & ibidem Causas in sua Curia emergentes, audire, decidere ac eciam determinare, usque ad quinquennium; & preter modum dictus Dominus noster Rex, ex sue plenitudine Regie potestatis, certa scientia & gratia speciali concessit, ut idem Senescallus Ruthenensis, qui nunc est vel pro tempore fuerit, dictas Assisias suas seu sedem Assisiarum suarum, quociensunque expedierit, perpetuo teneat ibidem, Causas suas audiat, decidat & determinet, prout in aliis locis & Villis dicte Senescallie, habere & tenere consuevit; & dicti Consules, preter dictam gratiam sibi per dictum Dominum nostrum Regem & nos factam, reperierint cum* [d] *antiquis, quod dictus Senescallus antiquis temporibus, sedem & audienciam seu continuam residenciam, pro Causis suis audiendis, tam ordinariis, quam extraordinariis decidendis & determinandis, tenere solebat in dicto loco de Naïaco, & non alibi, si & prout hactenus postmodum consuevit in loco de Villa-Franca; supplicantes Nobis sibi de gracioso remedio provideri. Nos volentes peticiones suas* [e] *satis rationi consonas exaudire, ut tenemur, eosque favoribus, commodis & graciis benigniter prosequi: sane considerantes grata & laudabilia servicia, que Consules, Burgenses & habitatores Castri & Castellanie prelibate, Domino nostro Regi, & Nobis impenderunt, tanquam boni, veri & fideles subditi, & in bona & perfecta voluntate persistentes, Dominum nostrum Regem, in suum naturalem Dominum recognoscendo, bonum exemplum aliis fidelibus subditis ostendendo, & de primis totius Ducatus Acquitanie, se* [f] *majoritati Regie libere & voluntarie reddendo: Idcirco, premissis attentis, & aliis justis & legitimis causis nostrum animum ad hoc moventibus, damus tenore presentium in mandatis Senescallo Ruthenensi, qui nunc est vel pro tempore fuerit, quatenus dictas suas* [g] *ordinarias & extraordinarias, audiat & decidat & determinet, & facere teneatur in dicto loco do Naïaco,*

b Nayac. *Voy. le 4.e Vol. des Ordon.* p. 107. Note (*d*).

c Ruthenensis.

d avec les anciens habitans de cette ville.

e Sat. *R.*

f souveraineté.

g Causas.

NOTE.

(*a*) Tresor des Chartres, Registre 100. Piece 880.

*Voyez cy-dessus*, p. 190. Note (*a*).

*prout alias consueverat in loco Ville-Franche; ceteraque faciat que antiquitus in dicto loco sunt fieri consueta; dum tamen de dictis Litteris Regiis, de quibus superius habetur mentio, constiterit eidem. Ab omnibus autem Justiciariis, Officiariis & subditis Regiis, dicto Senescallo, aut ejus Locumtenenti, presentibus & futuris, in hiis que ad predicta pertinent & possunt quomodolibet pertinere, pareri & intendi volumus & jubemus. Que omnia & singula supradicta, dictis supplicantibus concessimus & contulimus, concedimusque & conferimus, de nostra certa scientia, auctoritate Regia qua fungimur in hac parte, & gratia speciali, per presentes; Ordinationibus, inhibitionibus & mandatis, ac Litteris contrariis impetratis seu eciam impetrandis, nonobstantibus quibuscunque. Quod ut firmum & stabile perpetuo perseveret, has nostras presentes Litteras, sigilli nostri munimine fecimus roborari; jure Regio in aliis, & alieno in omnibus semper salvo.* Datum & actum Tholose, anno Domini millesimo CCC. sexagesimo nono, mense Novembris.

CHARLES V. à Paris, en Avril, après Pâques 1370.

*Quas quidem Litteras * scriptas, ratas habentes & gratas, eas & omnia & singula in eis contenta, laudamus, ratificamus & approbamus, & ex certa scientia, auctoritate Regia & gratia speciali confirmamus, & predicta eisdem Consulibus, Burgensibus & habitatoribus de novo concedimus & donamus per presentes: Mandantes Senescallo Ruthenensi, qui nunc est vel pro tempore fuerit, aut ejus Locumtenenti, quatenus dictas Causas suas ordinarias & extraordinarias, audiat, decidat & determinet, & facere teneatur in dicto loco de Naiaco, prout alias consueverat in loco Ville-Franche; ceteraque faciat que antiquitus in dicto loco sunt fieri consueta; dum tamen de dictis nostris Litteris, de quibus superius habetur [a] mensio, constiterit eidem. Ab omnibus autem Justiciariis, Officiariis & subditis nostris, dicto Senescallo, aut ejus Locumtenenti, presentibus & futuris, in his que ad predicta pertinent & possunt quomodolibet pertinere, pareri & intendi volumus & jubemus; nonobstantibus ordinationibus, inhibitionibus & mandatis ac Litteris in contrarium impetratis seu eciam impetrandis quibuscumque. Quod ut firmum, &c. nostro in aliis, &c.* Datum Parisius, anno Domini M. CCC. septuagesimo, & Regni nostri VII.° mense Aprilis, post Pascha.

* supra.

[a] mentio.

Sic signate. *Per Regem.* N. DE VEIRES. *Visa.*

Collacio facta est cum Litteris Originalibus, per me. N. DE VEIRES.

---

CHARLES V. à Paris, en Avril, après Pâques 1370.

*(a)* Lettres qui declarent les habitans non-nobles de la Ville de Caussade, exempts du droit de Francs-Fiefs, pour les Fiefs qu'ils acquereront; pourvû cependant que ce ne soyent point des Fiefs de *Chevalerie*, ou des Alleux d'un prix considerable.

*KAROLUS, &c. Notum facimus, &c. Nos Litteras carissimi Germani & Locum tenentis nostri in [b] Partibus Occitanis, Ducis Andegavensis & Comitis Cenomanensis, suo magno sigillo in cera viridi & filo serico sigillatas, vidisse, formam que sequitur, continentes.*

[b] Languedoc.

*LUDOVICUS Regis quondam Francorum Filius, Domini nostri Regis Germanus, ejusque Locumtenens in Partibus Occitanis, Dux Andegavensis & Comes Cenomanensis. Universis tam presentibus quam futuris: Salutem. Cum cujuslibet Principis intersit, fidelium suorum continuo studio humiles supplicationes & requestas favorabiliter exaudire, & eas cum augmento & largicione gracie adimplere, Notum facimus quod Nos, attentis gratuitis, fidelibus & laudabilibus serviciis dicto Domino nostro [c] ejus predecessoribus*

[c] &.

NOTE.

*(a)* Tresor des Chartres, Registre 100. Piece 767.
*Voy. cy-dessus*, page 190. Note *(a)*.

CHARLES V.
à Paris, en Avril, après Pâques 1370.

*Regibus Francorum, per dilectos & fideles Consules & habitatores loci &* [a] *honoris (a) Calciate, diu & fideliter impensis, & que adhuc per eosdem, presentes & futuros, dicti Domini nostri successoribus continuè speramus impendi; attentis eciam gravaminibus & molestiis, quas ipsi Consules & habitatores loci & honoris* [b] *predictorum, tam propter guerras Regum Francorum, quam aliter, diversimodè sustinere & supportare habuerunt, ipsorum Consulum & habitatorum supplicacioni & requeste favorabiliter annuere volentes, eisdem Consulibus & habitatoribus loci & honoris predictorum, concessimus & concedimus per presentes, de nostris certa scientia, gratia speciali & auctoritate Regia qua fungimur in hac parte, quod ipsi & quilibet ipsorum de cetero, licet innobilis existat, à nobilibus personis Feuda nobilia, Census, redditus,* [c] *usatica aut alia quecunque sub Feudo vel Retrofeudo Regiis vel aliis; nisi sint Feuda vel Retrofeuda Regia, que sub Feudo (b) Cavalorum teneantur, aut Allodia magni rei seu valoris, cum Dominiis & Juridicionibus, tociens quociens voluerint, acquirere possint & valeant libere &* [d] *imprine, absque exsolucione alicujus financie, dicto Domino nostro nec ejus successoribus Regibus Francorum, propter hoc facienda, & acquisita retinere, absque eo eciam quod sic acquisita extra manus suas ponere per dictum Dominum nostrum Regem, ejus successores aut alios quoscunque per ipsos deputatos seu ad hoc potestatem habentes, compelli valeant quoquomodo. Quocirca mandamus Senescallo, Thesaurario & Procuratori Regio Senescallie Caturcensis, ceterisque Justiciariis, Officiariis, Receptoribus, Commissariis & aliis quibuscumque ad quos pertinuerit, vel eorum Locatenentibus, quatenus predictos Consules & habitatores dicti loci & honoris Calciate, contra formam nostre presentis gratie & concessionis, nullathenus molestent seu inquietent, aut à quoquam molestari seu inquietari permittant; sed hac nostra presenti gratia & concessione, pro nunc & imperpetuum, uti pacifice faciant & permittant pariter & gaudere sine contradictione aliquali; quia sic fieri volumus & jubemus: salvo, &c. Quod ut firmum, &c.* Datum & actum Tholose, anno Domini M. CCC. sexagesimo nono, mense Junii.

*Quas quidem Litteras suprascriptas, ratas habentes & gratas, eas & omnia ac singula in eisdem contenta, laudamus, approbamus, rattifficamus, ac ex nostra certa sciencia auctoritateque Regia & gracia speciali, consideracione premissorum, confirmamus, ac eisdem Consulibus & habitatoribus de novo concessimus & concedimus per presentes, si sit opus: Dantes tenore presencium in mandatis Senescallo, Thesaurario ac Procuratori nostro dicte Senescallie Caturcensis, ceterisque Justiciariis ac Officiariis nostris, presentibus & futuris, aut eorum Locatenentibus, & cuilibet eorumdem, prout ad eum pertinuerit, quatenus dictos Consules & habitatores, & quemlibet eorumdem, modernos & futuros, nostris presentibus confirmacione & gratia, juxta presencium ac suprascriptarum Litterarum series & tenores, uti & gaudere faciant & permittant absque contradicione seu molestacione quibuscumque; Ordinacionibus, mandatis ac Litteris in contrarium factis vel faciendis, nonobstantibus quibuscumque. Quod ut firmum, &c. salvo, &c.* Datum & actum Parisius, anno Domini M.° CCC.° septuagesimo, & Regni nostri septimo, mense Aprilis, post Pascha.

*Per Regem.* N. DE VEIRES. *Visa.*

Collatio facta est cum Litteris Originalibus.

[a] Jurisdiction, *dans plusieurs Ordonnances.*

[b] Predict. *R.*

[c] des droits d'usage.

[d] impune.

NOTES.

*(a) Calciate.]* Le R. P. D. Vaissette Benedictin m'a appris que *Calciata* se nomme aujourd'huy *Caussade*, & que ce lieu est un ancien titre de Vicomté. *Caussade* est dans le Quercy, du Diocese de Montauban. Voy. *le Diction. univ. de la Fr.* au mot, *Caussade.*

*(b) Cavalorum.] Cavalor. R.* Je crois qu'il s'agit là des Fiefs dont les possesseurs étoient obligez de venir servir leur Seigneur à la guerre, montez sur un cheval. Ces Fiefs étoient reputez les plus nobles, & on les nommoit quelquefois, *Chevaleries.* Voy. le *Gloss. de du Cange*, aux mots, *Cabaleries* & *Cavallarinus*; & le *Gloss. du Droit François*, au mot, *Cheval de service.*

CHARLES V. à Paris, en Avril, après Pâques 1370.

## (a) Privileges accordez à la Ville de Caylus-de-Bonnette.

SOMMAIRES.

*(1. 9.) Confirmation de tous les privileges de la Ville de Caylus; & particulierement, de celui qu'elle a de ne pouvoir jamais être séparée du Domaine de la Couronne.*

*(2) Confirmation de l'Arrêt rendu en faveur des habitants de cette Ville, contre l'Abbé de Belloc & le Vicomte de Turenne.*

*(3) Les habitants de Caylus ne pourront être jugez que par les Juges ordinaires de cette Ville, au Civil & au Criminel; à moins qu'ils ne se soyent soumis eux-mêmes à une autre Jurisdiction.*

*(4) Confirmation de la Transaction passée entre les habitants de cette Ville, & ceux de la Ville de Puy-la-Roque.*

*(5) Les Consuls donneront leurs Sentences* [separement,] *sur toutes les affaires Civiles & Criminelles, qu'ils ont droit de juger conjointement avec le Bailly.*

*(6. 7.) Le droit d'Encan appartiendra dans la suite aux Consuls de cette Ville.*

*Il sera levé par le Sergent des Consuls; & le produit sera employé aux dépenses communes de la Ville.*

*(8) Les habitants de cette Ville seront exempts du droit de Francs-Fiefs.*

*(10) Tous les privileges cy-dessus exprimez, seront confirmez par des Lettres patentes du Roy.*

*KAROLUS, &c. Notum, &c. Nos Litteras carissimi Germani & Locumtenentis nostri in* [a] *Partibus Occitanis, Ducis Andegavensis & Comitis Cenomanensis, suo secreto sigilo in cera viridi & filo serico sigillatas, vidisse, formam que sequitur, continentes.*

a Languedoc.

*LUDOVICUS Regis quondam Francorum Filius, Domini nostri Regis Germanus, ejusque Locumtenens in Partibus Occitanis, Dux Andegavensis & Comes Cenomanensis. Notum facimus, &c. quod Nos attendentes quod (b) auctoritate* [b] *felicitatur* [c] *austutia, quam dextera Domini presulgente, recto Dei tramite,* [d] *prosequutur locus sive Villa Castri de (c) Caslucio,* [e] *juste, & jure Domini mei Regis, ad ipsius Domini mei Regis atque nostram obedienciam devenit, in laqueum* [f] *indinacionibus sive materialis vibracionis gladii, in cujus indignacionem* [g] *aliter seu alias progredi merito noscebatur, incidere prometuens.*

*(1) Igitur, Nos clemenciam dicti Domini mei Regis atque nostram, cujus gremium minime claudimus postulanti, exhibere volentes in hac parte, Consulum & habitatorum atque* [h] *Universitatum & singularium dicte Ville, cum prompte mentis* [i] *alaritate, supplicatione Nobis porrecta, eosdem Consules atque Universitatem & habitatores & singulares ejusdem, tanquam recurrentes per viam appellacionis & recursus, & aliis justis & legitimis causis, ad Dominum meum Regem atque Nos, ab oppressionibus & gravaminibus multiplicibus & indebitis, eisdem, tam Universitati quam singularibus dicti loci, impensis per carissimum Consanguineum nostrum, Principem* [k] *Galarum, Ducem Acquitanie, & illatis, pro quibus, à posse & potestate atque regimine, cognicioneque & totali superioritate ipsius Principis Galarum Ducisque Guienne, exempti penitus existunt, & ad obedientiam Domini mei Regis & nostram deventi, ad ipsius Domini mei Regis & nostre proteccionis clipeum suscipimus per presentes; ipsique quoque Universitati & singularibus dicti loci, presentibus & futuris, omnia & quecunque privilegia de non*

b felicitat. *R.*
c ce mot se trouve dans du Cange, pour *astutia*.
d prosequitur.
e Il faut suppléer *qui* ou *que*.
f *fort.* indignationis.
g alit. *seu* al. *R.*
h Universitatis.
i alacritate.
k Galles.

NOTES.

*(a)* Tresor des Chartres, Registre 100. Piece 766.

*Voy. cy-dessus*, p. 190. Note *(a)*.

*(b) Auctoritate.]* Ce Préambule est écrit d'un stile si peu naturel & si emphatique, & il s'y trouve tant de mots abregez & douteux, ou visiblement corrompus, qu'il est très-difficile de l'entendre. Voicy le sens que j'y entrevois. Les fraudes peuvent devenir heureuses, lorsqu'on a recours à l'autorité d'un Roy qui veut bien les pardonner. La Ville de Caylus avoit merité l'indignation du Roy & une juste punition de ses fautes: mais Dieu a inspiré à ses habitans, le dessein de les reparer, en rentrant sous l'obéissance du Roy, qui a bien voulu leur accorder de nouveaux privileges.

*(c) Caslucio.] Caylus-de-Bonnette.* Voy. le 4.e *Vol. des Ordon.* p. 407. Note *(b)*.

CHARLES V. à Paris, en Avril, après Pâques 1370.

*ponendo castrum de Casłucio, cum suis juribus, Villis, pertinenciis & juridicionibus, extra manum Regiam, ullis temporibus; nec non & omnia alia & quecunque privilegia, Libertates, Statuta & Consuetudines, ac eciam usus quoscunque, ipsi Ville seu Universitati antiquitus per Dominos Francorum Reges, vel alios quoscunque, tam per Literas quam aliter & qualitercunque concessos, & quibus ipsa Universitas utitur & usa est, & uti ab antiquo consuevit, confirmamus, & per presentes confirmatas haberi volumus & jubemus de nostris certa scientia, gracia speciali & auctoritate Regia qua fungimur in hac parte: Volentes ipsam Universitatem & singulares ejusdem, eisdem privilegiis, Libertatibus, statutis, usibus & Consuetudinibus, sicut prius, ex nunc & imposterum, uti pacifice & gaudere.*

(2) Item. *Insuper, de nostra certa scientia & auctoritate Regia, omnia & singula alia privilegia, & aresta prolata contra Abbatem* (a) *Belli-loci & Vicecomitem Turene confirmamus, approbamus & ratifficamus, volentes ut ipsa privilegia predicta & arresta, illesa serventur & execucioni debite demandentur seu valeant demandari.*

(3) Item. *Eisdem Consulibus ac Universitati & singularibus dicti loci de Casłucio, concessimus & concedimus, ut ipsi vel habitatores quicunque dicti loci, pro aliquibus contractibus, obligacionibus vel quasi, delictis vel quasi delictis vel quasi, in dicto loco aut ejus Castellania, Jurisdictione & pertinentiis, quomodolibet celebratis vel celebrandis, extra dictum locum seu jurisdiccionem ordinariam ejusdem loci, nullathenus trahantur ad cujuscunque persone instanciam, vel ex quacunque auctoritate seu mandato; sed in Curia ordinaria dicti loci, & coram* [a] *Curialibus ejusdem loci & dicte Castellanie, & non alibi, juri parere pro predictis teneantur; nisi aliter seu alias, per expressam & voluntariam obligacionem, forent vel viderentur astricti seu eciam obligati.*

[a] juges.

(4) Item. *Ex uberiori gratia, eisdem Consulibus, Universitati & singularibus dicti loci de Casłucio, composicionem seu transaccionem habitas, diu est, & passatas inter Dominum & Consules* [b] *Podii-Ruppis ex una parte, & ipsos Consules & habitatores predictos, ex alia, confirmamus, ratifficamus; approbamus, ipsasque in statu in quo sunt & diu fuerunt, ratas, firmas, sanas & integras remanere volumus, pro nunc & imposterum, & absque immutacione aliquali.*

[b] Pui-la-Roque. *Voy. cy-dessus*, p. 279. Note (b).

(5) Item. *Ulterius, eisdem Consulibus, Universitati & singularibus predictis concessimus & concedimus tenore presencium, quod Consules dicti loci de Casłucio, qui in Causis criminalibus & civilibus, ac super excessibus & delictis in dicto loco perpetratis, ac Bajulus dicti loci, judices existunt, in contractibus,* [c] *Curis, Tutelis & aliis Causis, ubi & prout expedierit, & in quibus jurisdictio ipsorum & potestas se extendere dinoscetur,* [d] *decreta sua interponere possint & valeant, ut clarius jurisdictionem suam valeant* [e] *explicare.*

[c] curatelles.

[d] Voy. le sommaire de cet art.

[e] faire connoître.

(6) Item. *Ex uberiori gratia, dictis Consulibus, Universitati & singularibus, dedimus atque damus per presentes* (b) *incantum & Bannum dicti loci seu Castri ac* [f] *Mandamenti ejusdem; ipsos que Consules,* [g] *& modernos futuros, de eisdem uti & gaudere pacifice & quiete, & absque impedimento & contradictione quibuscunque, ipsumque incantum & Bannum qui in* [h] *Thesauro Caturcensi erant descripti, & qui communiter, temporibus retrolapsis, ad extinctum candele non erant* [i] *arrendati ultra summam centum solidorum Turonensium, vel circa, per annum, de libris seu Registris ipsius, deleri, cassari & eciam anullari; & eciam de Compoto seu recepta ipsius Thesaurarii seu Receptoris, per fideles Gentes Camere Compotorum Domini mei Regis, Parisius, & alios ad quos pertinuerit, deduci, & in suis* (c) *compotis allocari volumus & jubemus.*

[f] jurisdiction.

[g] Modernos & futuros.

[h] Thesaur. R.

[i] donnez à ferme.

NOTES.

(a) *Belli-Loci.*] *Belloc*, Ordre de Cisteaux, dans le Diocese de Rhodez. *Voy. Gall. Christ. 2.e Edit. tom. 1. p. 267. & la tabl. Alphab. des Archevêchés, &c.* qui est au commencement de ce volume.

(b) *Incantum & Bannum.*] Il s'agit peut-être là d'un droit qui se percevoit sur ce qui se vendoit à l'encan dans plusieurs Villes du Languedoc, & qui appartenoit aux Consuls de ces Villes. *Voy.* sur ce droit, *le 3e. vol. des Ordonn.* p. 157. Note (o).

(c) *Compotis allocari.*] C'est-à-dire, que la Chambre des Comptes n'exigera plus que dans leurs comptes, ils fassent recette de ce droit, qui dans la suite appartiendra aux Consuls.

CHARLES V.
à Paris, en Avril, après Pâques 1370.

(7) Item. *Pariter concessimus & concedimus eisdem, licenciam & auctoritatem, ut ipsi incantum & Bannum*[a] *predictos, regi*[b] *exerceri facere possint per eorum*[c] *dictum nuncium, aut aliam personam ydoneam, qui jurabit in manibus Officiariorum Regiorum ejusdem loci, de bene & fideliter in predictis se habendo; nec non, & quod emolumentum exinde proveniens, ipsi recipiant & recipere possint in fortifficacione & reparacione, ac subsidiis & aliis debitis in communibus oneribus ejusdem Ville, & non alibi convertendum.*

(8) Item. *Ulterius, dictis Consulibus, qui nunc sunt & qui pro tempore fuerint, concessimus & concedimus per presentes, & in dicto loco, & pertinentiis ipsius*[d] *observatum volumus perpetuo, quod nullus amodo, homo sive mulier non nobilis, cujuscunque alterius condicionis existant sive status, quod pro redditibus, possessionibus, hereditagiis, aut aliis quibuscumque per ipsum à personis nobilibus acquisitis seu eciam acquirendis, de cetero, titulo emptionis, successionis, donacionis, aut alio quovis modo, ad finandum seu financiam faciendam dicto Domino meo seu*[e] *sive ejus Officiariis teneatur, nec per aliquos compelli possit; quoniam ex nunc, ipsos non nobiles dicti loci & pertinenciarum ejusdem, à dictis financiis relevamus, ac ipsas financias remisimus & quittavimus, remittimusque relevamus & donamus per presentes, de nostra certa scientia & auctoritate predicta; jure dicti Domini mei Regis, & quolibet alieno, in omnibus aliis semper salvo.*

(9) *Et insuper, ad humilem & frequentem supplicationem & requestam dictorum fidelium Consulum & habitatorum dicti loci, promittimus, prout &*[f] *promittimus auctoritate Regia predicta, quod dictus locus & ejus jura atque membra, & alia Castellanie & ressorti ejusdem, de*[g] *mensa seu patrimonio proprio Domini mei Regis, & ejus successorum Francorum Regum, nullathenus, quacunque racione demembrabitur, nec in aliquas personas transferetur vel transportabitur, sed pocius, veri & legitimi filii, in posse seu potestate Corone Francie, perpetuo remanebunt; & dictus locus ejusque jura atque membra, & alia Castellanie & ressorti ejusdem, in dicta mensa & patrimonio proprio ipsius Domini mei Regis, & ejus successorum Francorum Regum,*[h] *per in perpetuum remanebunt.*

(10) *Predicta auctoritate, omnia & singula, sicut superius sunt descripta & eciam expressata, laudari, approbari & confirmari facere promittimus per Dominum meum Regem, cum Litteris suis patentibus, sigillo viridi sigillatis seu sigillandis, in majorem omnium & singulorum premissorum roboris firmitatem.*

*In quorum premissorum fidem & testimonium, presentes Litteras sigilli nostri secreti, in absencia magni, munimine fecimus roborari.* Actum & datum Tholose, anno Domini M. CCC. sexagesimo-octavo, mense Marcii.

*Quas quidem Litteras suprascriptas, ratas habentes & gratas, eas & omnia & singula in eisdem contenta, laudamus, approbamus, ratifficamus, ac ex nostra certa scientia auctoritateque Regia & gracia speciali, consideracione premissorum, confirmamus per presentes: mandantes Senescallo & Thesaurario Caturcensibus, ceterisque Justiciariis & Officiariis nostris, presentibus & futuris, aut eorum Locatenentibus, & cuilibet eorumdem, prout ad eum pertinuerit, quatenus dictos Consules, habitatores, Universitatem & singulares, & quemlibet eorundem, modernos & posteros, nostris presentibus confirmacione & gratia, juxta presencium & suprascriptarum Litterarum series & tenores, uti & gaudere faciant & permittant absque contradiccione seu molestacione quibuscunque; Ordinacionibus, mandatis ac Litteris in contrarium factis vel faciendis, nonobstantibus quibuscunque. Quod ut firmum, &c. salvo, &c.* Actum & datum Parisius, anno Domini M. CCC. septuagesimo, & Regni nostri septimo, mense Aprilis, post Pascha. *Visa.*

*Per Regem.* N. DE VEIRES.

Collatio facta est cum Litteris Originalibus.

---

[a] predict. *R.*
[b] &.
[c] il n'a pas encore été parlé de ce Sergent.
[d] observat. *R.*
[e] l'un de ces deux mots est inutile.
[f] *fort.* promisimus.
[g] Voy. cy-dessus, p. 276. Note (*c*).
[h] p. *R.*

CHARLES V.
à Paris, en Avril 1370.

(a) *Lettres qui permettent aux Consuls de Sauveterre, de faire les proclamations necessaires pour les affaires de la Communauté de cette Ville, [sans demander permission au Senéchal de Roüergue.]*

CHARLES, &c. Savoir faisons à tous presens & avenir, Nous avoir receu l'umble Supplication des Consuls, Université & habitans de nostre Ville de Sauveterre, en la Seneschausie de Roüergue, contenant, que comme ilz souvent leur conviegne faire plusieurs criecz & proclamations touchans & regardans le fait ou Causes de leurs dictes Université & Consulat, & d'icellez criecz & proclamacions, aïent acoustumé de demander licence à nos Senechalz ou autres Officiers de ladicte Seneschausie de Roüergue, pour ce que senz leur licence & congié, ne l'ont ozé ou temps passé, ne peu faire ne ne leur a esté loisible; pourquoy, consideré la difficulté que noz Seneschalz ou autres Officiers dessus dits, leur [a] on fait de donner ladicte licence ou temps passé, ilz ont soustenu plusieurs grans dommages & inconveniens, & encores feroient ou temps avenir, se par Nous ne leur estoit pourveu de remede convenable, si comme ilz dient, en Nous suppliant à eulz estre pourveu dudit remede: Pourquoy, Nous inclinans favorablement à leur dicte supplicacion, attendu la bonne & vraye obeissance que il Nous ont montré ou fait de l'appellation contre Edoart d'Angleterre, par laquelle ilz se sont rendus à nostre subjeccion & obeissance; & voulans nos bons & loialz subgès relever de toutes charges & oppressions indeuez, à yceulz Consulz, Université & habitans, avons octroïé & octroyons de nostre certeinne science & grace especial, par la teneur de ces presentes, qu'il puisse & leur loyse perpetuelment d'oresenavant, faire ou faire faire toutez manierez de criecz & proclamacions, à vois de trompe ou autrement, ainsi comme il est acoustumé en tel cas dedens ladicte Ville de Salveterre, touchant & regardant le fait ou Causes de leur dicte Université & Consulat; & que, en faisant les dictes criecz & proclamacions, il puissent enjoindre & imposer peinne à ceulz que bon leur semblera & à qui il appartendra à leur imposer, selonc la qualité du fait pourquoy feront les dictes criecz & proclamacions, jusques à la somme de LX. sols Tournois, & au dessoubz; pourveu toute voïez que tout l'esmolument des dictes peinnez, soit & sera du tout appliqué à nostre pourfit, & non à autre, & receu par les mains de nostre Tresorier de Roüergue, ou de son Lieutenant, & mis d'oresenavant & appliqué à nostre Demainne. Si donnons en mandement à nostre Senescal de Roüergue, & à tous nos autres Justiciers & Officiers, & à chascun d'eulz, si comme à li appartendra, que les diz Consulz, Université & habitans, qui ores sont & qui pour le temps avenir seront, il facent, sueffrent & laissent joïr & user paisiblement senz aucun empeschement ou contredit, de nostre dicte grace & octroy, & que contre la teneur d'ycelle, ne [b] le molestent, perturbent ou empeschent, ne ne sueffrent molester, perturber ou empescher par quelque maniere que [c] se soit, ores ne ou temps avenir; mais se aucune chose est faicte, attemptée ou innovée au contraire, si la mettent ou facent mettre & ramener au premier estat & deu. Et pour ce, &c. sauf, &c. *Donné à Paris, l'an de grace M. CCC. LXX. de nostre Regne le VII.e ou moys d'Avril.* *Visa.*

Par le Roy, en ses Requestes. L. DE FAYA. P. DE VERGNY.

a ont.
b les.
c ce.

NOTE.

(a) Tresor des Chartres, Registre 100. Piece 828.
*Voyez cy-dessus*, p. 190. Note (a).

Exemption

## (a) Exemption du droit de Prises, pour les habitants de Vitri-les-Paris.

CHARLES V. à Paris, le 10. de May 1370.

CHARLES, &c. Savoir faisons à tous presens & avenir, que de la partie des

NOTES.

(a) Tresor des Chartres, Registre 100. Piece 818.

L'on trouve dans le même Registre, P. 33. des Lettres de Remission pour les habitans de la Ville de S.t Lo, au sujet d'une émotion qui s'excita dans cette Ville, par rapport au droit de Prise. Comme elles peuvent servir à donner une idée des *Prises*, & des inconveniens ausquels donnoit lieu ce droit, qui a été aboli, soit par des privileges particuliers, soit par le non-usage, l'on a cru devoir faire imprimer ici l'exposé de ces Lettres.

CHARLES V. à l'Hostel lez-S.t-Pol, à Paris, en Janvier 1369.

CHARLES, &c. Savoir faisons à tous presens & avenir, que de la partie de noz bien amez, les Bourgois de nostre Ville de S.t Lo en [a] Coustantin, Nous a esté exposé, que comme le Lundi derrenier jour d'Octobre derrenier passé, un Escuier [b] familier de nostre amé & feal Conseiller, le Sire (a) de Blainville, nostre Mareschal, & Lieutenant ez Parties de Normandie, fust allez en ladicte Ville, pour faire pourvéance de linge, comme [c] Doubliers & [d] Touailles pour l'estat dudit Mareschal tenir le premier de l'an ensuivant : lequel Escuier eust trouvé Thomas Varot, Bourgois de ladicte Ville, & Lieutenant du Capitaine d'icelle; auquel il dist qu'il alloit à sa maison ou Hostel, pour avoir des dis Doubliers & Toüailles; & ledit Thomas lui respondi qu'il en auroit volentiers, & de tout ce qui seroit en son Hostel, pour ledit Mareschal; [e] fors que la mere de sa feme feust venuë de leurs Hosteulx estans hors des fauxbours de ladicte Ville, où elle estoit alée; & ledit Escuïer qui feist moult l'embesongnié, combien qu'il n'eust à faire des dis Doubliers & Toüailles, jusques ou lendemain, dist de rechief audit Thomas, qu'il lui allast bailler de sondit linge; lequel Thomas lui jura qu'il n'en avoit pas la clef ne la garde, ne du linge de son Hostel ne s'entremetoit-il en riens; mais tenist de certain, que sitost que ladicte femme seroit venuë, il en auroit assez & volentiers : Néantmoins, & nonobstant la response dudit Thomas, ledit Escuïer respondi chaudement & de mal volenté à icelui Thomas, ces paroles, vous [f] escoudites Mons. le Mareschal, une grant ordure en vostre visage, vous estes un mauvaiz villain: Adonc ledit Thomas lui respondit qu'il n'estoit point villain, & ledit Escuïer lui dit qu'il mantoit : & lors ledit Thomas meu & courroucié de ce que ainsi ledit Escuïer l'avoit desmenti & dit villenie, dit audit Escuïer qu'il mentoit : sur quoy se meurent plusieurs grosses paroles & hautaines, auxquels sourvindrent plusieurs des gens dudit Mareschal, lesquelz ferirent & batirent [g] tantost Jehan le Prestrel, parent & affin dudit Thomas, & Bourgois de ladicte Ville de S.t Lo, lequel fu abatus de coups de poings & feru de coustel, moult durement; & aussi fu feru ledit Thomas de coup de coustel par la teste, très-grandement : Et [h] ensement, un des Escuiers dudit Mareschal, fut feru & batu grandement, sans ce que ne d'un costé ne d'autre, mort ou [i] mehaing s'en soit ensuivi aucunement : & adonc, pour cause dudict conflict ou meslée, le commun de ladicte Ville de S.t Lou, & de dehors, qui estoient lors au marchié, [k] cuidans que ce fuissent les ennemis qui eussent pris ou fussent entrez malicieusement dedens ladicte Ville; mesment que dedans icelle, l'en crioit par tout, alarme; & aussis les gens du Mareschal faisoient sonner leur trompette, [l] doubterent & se [m] retrairent hastivement aucunes des gens dudit commun, tous effraïez, en l'Eglise Nostre-Dame de ladicte Ville de S.t Lou, sonnerent les (b) Sains, que l'on a acoustumé de sonner toutesfois qu'il y a effroy en icelle; & furent closes & fermées les portes de ladicte Ville, pour paour d'aucune embusche & doubte des ennemiz : à laquelle riote ou meslée, sourvint ledit Mareschal, qui fist retraire & retraindre ses gens qui estoient armez, & appaisa la noyse & le peuple; & fist crier lors de par Nous, que chascun se retraissist; laquelle chose firent tantost les dis Bourgois, commun & habitans, & se [n] retaist chascun en son Hostel : Et il soit ainsi, que depuis & après ledit fait, ledit Mareschal ait fait mettre en prison les dis Thomas & Jehan, & encorres les detient prisonniers pour cause de ladicte mellée; & les dis Bourgois, commun & habitans se doubtent que par ledit Mareschal, ou aucuns autres noz Officiers, il ne soient pour ce [o] approchiés, & que l'en ne veille proceder contre eulx aucunement, pour cause d'aucune rebellion ou desobéissance avoir esté faicte & commise par eulx ou aucun d'eulx, sur les choses dessus dictes, contre Nous & notre Majesté Royal : & déja en a fait & commencié

a Cotantin.
b Domestique.
c serviettes. Voy. Borel, au mot, *Doubliers*.
d serviettes. Voy. ibid. au mot, *Toüaillons*.
e aussitost.
f refusez.
g aussitôt.
h ensemblement.
i blessure.
k croyants.
l craignirent.
m retirerent.
n retraist, retira.
o citez en jugement.

NOTES.

(a) *De Blainville.* ] Jean de Mauquenchy, dit *Mouton*, Sire de Blainville, fait Maréchal de France le 20. de Juin 1368. Voy. l'*Hist. Geneal. de la Mais. de Fr.* tom. 6. p. 756.

(b) *Sains.* ] Signal donné avec une cloche; d'où vient le mot, *tocsin*. Voy le *Diction. Etymol. de Menage*, au mot, *Sains*.

CHARLES V. à Paris, le 10. de May 1370

habitans de la Ville de (a) Vitri-les-Paris, Nous a esté exposé en suppliant humblement, que comme pour le fait des (b) guerres de nostre Royaume, il aïent perdu aussi comme toute leur [a] chevance, & ait esté l'Eglise de S.t Gervais de ladicte Ville, toute [b] arse & gastée, avec une grant partie de leurs maisons & habitacions d'ycelle Ville, par les Gens d'armes de nostre Royaume, & par plusieurs fois ait esté pillée & gastée, & une grant partie desdits habitans pris & mis à grans rançons par les ennemis de nostre Royaume, tant en tele maniere que il sont devenus à telle povreté, que il n'ont dequoy faire leur habitacions qui ont esté destruites par lesdites [c] gerres, & ja soit ce que les dis supplians soïent moult chargiez de soustenir les [d] Fonteinnez & autres usages necessaires pour le gouvernement & substentacion de Nous, de eulx & de leurs [e] bestaulz, nientmoins encores sont eulz tant grevez par les prinses faites par nos Gens & Officiers, de par ceulz de nostre sanc, & de par autres qui se dient avoir auctorité de faire prinses de leurs chevaux, charettez, vins, grains, [f] fains, fuerres, fourrages, draps, nappes, bestail & autres choses, tant en ladicte Ville comme hors, & en telle maniere que les dits habitans sont en peril & en necessité, d'estre [g] despars, & de laissier ladicte Ville qui [h] souloit estre grande & grosse Ville, & dont les aydes Nous valoient & valent, & porroient valoir chascun an, VIII. C. [i] livres & plus; & par ce, sont en peril & en aventure, aucuns, de aller mendier, & les autres, de aler gaignier leur vie à la peine de leur corps, se sur ce ne leur [k] faite grace, si comme il dient: si Nous ont supplié, que comme il soïent gens de labour, & que il ont acoustumé à vivre & gaignier leur chevance de labour, & à la peinne de leur corps, & ne puissent labourer leur terres sens leurs chevaulz & leur bestes; & aussi aïent-il assez à faire à prendre de leur terrez & vignez, aucune chose dont il puissent vivre, oultre ce que elle leur coustent à faire, Nous leur veillons pourveoir de remede gracieux & convenable: pourquoi Nous, euë consideracion aux choses dictes, meux de pitié envers les dits supplians, leur avons de grace especial, certaine science, pleine puissance & auctorité Royal, octroyé & octroyons par ces presentes, que doresenavant, aucune chose ne soit [l] par noz Gens ou Officiers, ou ceulz de nostre sanc, ou autres quelconques [m] aïent prise en nostre Royaume, des dits supplians ou de leurs successeurs, manans ou habitans en ladicte Ville de Vitri, soit en alant ou venant aux champs, en Ville ou en chemin, se n'est moyennant & parmi juste & vray pris, & par ledis pris païent promptement. Si donnons en mandement par ces presentes, au Maistre de nostre Hostel, à tous nos Fourriers, Varles de [n] Portes & de nostre Fourrerie, & à tous autres quelconques ayens prinse en nostre Royaume, au Prevost de Paris, & à tous nos autres Justiciers & Officiers, ou à leur Lieutenans, presens & avenir, & à chascun d'eulz, presens & avenir, & à chascun d'eulz, si comme à lui appartendra, que les supplians & leurs successeurs manans & habitans de ladicte Ville de Vitri, facent & laissent joïr & user paisiblement de nostre presente grace & octroy, & contre la teneur de ces presentes, ne les molestent ou empeschent, facent, sueffrent ou laissent estre molestez, traveillez ou empeschiez en [o] ne en biens, en aucune maniere; mais se il avenoit ou temps avenir, que aucuns de leur biens fussent pris, saisis, levés ou arrestez contre la fourme de ces presentes, que il les leur rendent sans delay, & mettent

a bien.
b brûlée.
c guerres.
d Fontaines.
e bestiaux.
f foins, fourrages.
g dispersez.
h avoit accoutumé.
i lb. R.
k est.
l prise.
m ayans.
n Port. R.
o il manque là un mot; peut-être, corps.

NOTE.

procès contre eulx, ledit Mareschal: par quoy ne leur soit imputé ou tourné à préjudice ores ou ou temps avenir en aucune maniere; Si Nous ont, &c.

Et pour ce, &c. sauf, &c. *Donné en nostre Hostel lez-S.t-Pol, ou mois de Janvier, l'an de grace mil CCC LXIX. & de nostre Regne le VI.e* Ainsi signée. *Visa.*

*Recourt.* Par le Roy en ses Requestes. G. HOUSSAYE. *Recourt.*

NOTES.

(a) *Vitri-les-Paris.* ] Ce lieu est à 2. lieuës de Paris, à un demi quart de lieuë de la Riviere de Seine, à l'Orient, *vis-à-vis Conflans & Charenton.*

(b) *Guerres de notre Royaume.* ] C'est apparemment la guerre civile qui s'emut à Paris & aux environs, pendant la captivité du Roy Jean.

à pleine délivrance. Et pour ce, &c. sauf, &c. *Donné à Paris le X.^e jour de May, l'an de grace mil CCC. LXX. & de nostre Regne le VII.^e* *Visa.*

Par le Roy, en ses Requestes. L. DE FAYA. DAILLY.

---

CHARLES V. à Paris, le 28. de May 1370.

(a) *Lettres qui portent que la Ville de Milhaud sera exempte de toutes sortes d'Impots pendant 20. ans.*

[a] NOVERINT universi, quod nos Curia [b] Amiliani Domini nostri Francorum Regis, vidimus, tenuimus, & diligenter de verbo ad verbum inspeximus [c] quasdem patentes Litteras Regias in pergameno scriptas, sigillo magno Regio cere communis cum [d] hæna dupplici impendenti [e] non vitiatas, non cancellatas, abrasas, abolitas, nec in aliqua sui parte suspectas; sed prorsus omni vitio & suspicione carentes, ut prima facie apparebat; quarum tenor sequitur sub his verbis.

*KAROLUS Dei gratia Francorum Rex: Universis presentes Litteras [f] inspecturi: Salutem. Notum facimus, Nos, ad supplicationem dilectorum nostrorum Consulum & habitantium Villæ de Amiliano, vidisse Litteras, formam, prout sequitur, continentes.*

*LUDOVICUS Regis quondam Francorum Filius, Domini nostri Regis Germanus, ejusque Locum tenens in [g] Partibus Occitanis, Dux Andegavensis & Comes Cenomanensis. Universis presentes Litteras inspecturis: Salutem. Notum facimus, quod cum Villa de Amiliano Senescalliæ Ruthenensis, ab pauco tempore citra, liberaliter obedientiæ dicti Domini nostri & nostræ, se submiserit, [h] & fidelitatis [i] juramento præstando; [k] attemptis dampnis irreparabilibus & deperditis per dictam Villam & singulares ejusdem, ratione guerrarum, & discursus inimicorum hactenus passis & sustentis, Consulibus ejusdem Villæ & singularibus de eadem, dederimus & concesserimus, damusque & concedimus per presentes, immunitatem, quittanciam & absolutionem de non solvendo Impositiones, subsidia, [l] focagia, aut aliqualem subventionem [m] Regis, tam ratione guerrarum quam alias, per dictum Dominum nostrum, seu nos aut quosvis alios impositam hactenus seu imposterum imponendam, per tempus viginti annorum, continuè [n] secundorum, & a die datæ presentium computandorum: quocirca damus tenore presentium in mandatis Seneschallo Ruthenensi, Receptori, & etiam dictæ Seneschalliæ, cæteris Justitiariis, Reformatoribus & Commissariis quibuscumque, præsentibus & futuris, quatenus dictos Consules, Villam & singulares de eadem, [o] absolvendum in præmissis ac aliis subventionibus Regiis quibuscumque, nullatenus compellant, inquietent seu molestent; quin imo ab eisdem*

a *Le Vidimus de la Cour de Milhaud, n'est pas dans la 2.^e Copie.*

b *Milhaud dans le Roüergue. Voy. le Dictionn. de Maty, à ce mot.*

c *quasdam.*

d *app. cauda.*

e *il y a là la place d'un mot en blanc.*

f inspecturis. 2.^e *Copie.*

g Languedoc.

h *&* n'est pas dans la 2.^e Copie.

i *juramentum.* 2.^e *Cop.*

k attentis. 2.^e *Cop.*

l Fouages, Impots par Feux.

m Regiam 2.^e *Cop.*

n sequendorum.

o ad solvendum.

NOTE.

*(a)* Il a été envoyé de Montauban, deux Copies de ces Lettres, à la fin desquelles, il y a: *Collationné par Nous, Conseiller Secretaire du Roy, Maison Couronne de France, en la Chancellerie près la Cour des Aydes de Montauban.* SACQUEIRETES.

Il a été envoyé de la même Ville, quelques autres Lettres dans la même forme. Outre celles qui entreront dans ce Recüeil, il y en a deux qu'il ne sera pas inutile d'indiquer ici.

1.° Lettres d'Edoüard Prince de Galles, du 28. de Septembre 1363. par lesquelles il reçoit les habitants de Milhaud, sous l'obéissance du Roy d'Angleterre son Pere. 2.° Lettres de Charles V. données à Paris, au mois de May 1370. confirmatives des Lettres du Duc d'Anjou, son Frere & son Lieutenant dans le Languedoc, données à Thoulouse, en Fevrier 1369. par lesquelles il ratifie & approuve l'acte par lequel les habitants de Milhaud declarerent qu'ils rentroient sous l'obéissance de Charles V.

Dans la Lettre que M. le Franc premier President de la Cour des Aydes de Montauban, a écrite à Monseigneur le Chancelier, en lui envoyant les Pieces qui regardent Milhaud, il lui marque que les Consuls de cette Ville, ont trouvé les Originaux de ces Lettres, dans les Archives de leur Hostel de Ville, & qu'ils lui en ont envoyé des Copies collationnées.

Ces Lettres ne paroissent pas avoir été copiées & collationnées exactement, & il y a beaucoup de fautes.

Voyez par rapport aux privileges accordez à la Ville de Milhaud, *cy-dessus*, pag. 190. Note *(a)*.

CHARLES V. à Paris, le 28. de May 1370.

*cessent penitus & desistant ; quos & eorum quemlibet, ab eisdem exemptos per tempus supra dictum esse volumus & concedimus per presentes, de nostri certa scientia auctoritateque Regia qua fungimur, & gratia speciali. In cujus rei testimonium, sigillum nostri secreti in absentia magni, presentibus Litteris fecimus apponi.* Datum in Montepessulano, die decima quarta mensis Martii, anno Domini millesimo trecentesimo sexagesimo nono.

*Quas quidem Litteras, omniaque & singula in eisdem contenta & expressa, Nos, de nostra auctoritate Regia specialique gratia, ratas & gratas habentes, laudamus, volumus, approbamus, & tenore presentium confirmamus: mandantes Seneschallo Ruthenensi, * Preceptori ejusdem Seneschalliæ, cæterisque Justitiariis & Commissariis nostris quibuscumque, presentibus videlicet & futuris, & cuilibet eorumdem, quatenus dictos Consules & habitatores ac singulares eorumdem, contra prescriptarum atque presentium Litterarum seriem & tenorem, nullatenus inquietent, impediant vel molestent; sed ipsos eisdem ac omnibus in eisdem contentis & expressis, uti & gaudere pacifice faciant & permittant; quidquid in contrarium factum vel attemptatum repererint, revocando & ad statum pristinum & debitum reducendo. In cujus rei testimonium, sigillum nostrum Litteris presentibus est appensum.* Datum Parisiis, vigesima octava die Maii, anno Domini millesimo trecentezimo septuagesimo, Regnique nostri septimo. *Per Regem, ad relationem Consilii.* DE MONTAGU. Collatio facta est.

* Receptori, 2.e *Cop.*

In cujus visionis, aspectionis, & omnium præmissorum fidem & testimonium, nos dicta Curia Amiliani dicti Domini nostri Francorum Regis, sigillum nostrum authenticum huic presenti *vidimus* seu transcripto, cum originali diligenter correcto, impendenti, duximus apponendum, *die quarta mensis Januarii, anno Domini millesimo trecentesimo octuagesimo tertio.* A. DE BELLA-SERRA. Collatio facta est cum Litteris Originalibus.

---

CHARLES V. à Paris, en May 1370.

## (a) Privileges accordez à la Ville de Milhaud.

SOMMAIRES.

*(1) Confirmation des Privileges de la Ville de Milhaud.*

*Elle sera unie inséparablement à la Couronne.*

*(2) On ne donnera point d'assignation sur les revenus que le Roy a dans cette Ville; mais les deniers qui en proviendront, seront remis entre les mains du Tresorier du Roy.*

*(3) La Jurisdiction ordinaire de la* Roquecesiere, *continuëra d'être jointe à celle de Milhaud.*

*(4) Les habitans de Milhaud prévenus de crimes, ne pourront être mis à la question, qu'en presence des Consuls, à qui appartient le droit de juger ces habitants accusez de crimes.*

*(5) Les habitants de Millaud prévenus de crimes; à moins qu'ils ne soyent énormes, ne pourront être mis en prison, s'ils donnent caution de se representer en Justice.*

*KAROLUS*[a], *&c. Notum facimus universis tam presentibus quam futuris, Nos, ad supplicationem dilectorum nostrorum Consulum & habitantium Ville de*[b] *Amiliano, Senescallie Ruthenensis, vidisse carissimi Fratris nostri Ludovici, Locum nostram tenentis in*[c] *Partibus Occitanis, Ducis Andegavensis & Comitis Cenomanensis, Litteras, quarum tenor sequitur in hec verba.*

a Dei gratia Francorum Rex. *Cop. de Mont.*
b *Voy.* p. preced. Note *(b)* marg.
c Languedoc.

*LUDOVICUS Regis condam Francorum Filius, Domini nostri Regis Germanus, ejusque Locumtenens in Partibus Occitanis, Dux Andegavensis & Comes Cenomanensis. Notum facimus universis tam presentibus quam futuris, nobis, pro parte dilectorum &*

NOTE.

*(a)* Tresor des Chartres, Registre 100. Piece 559.

Il a été envoyé de Montauban, deux Copies de ces Lettres.

*Voyez* pag. preced. Note *(a)* & p. 190. Note *(a)*.

fidelium Consulum & habitancium Ville de Amiliano, Senescallie Ruthenensis, qui liberaliter animoque benivolo, de manibus inimicorum dicti Domini nostri & nostrorum; se totaliter exemerunt, & veram obedientiam dicto Domino nostro & nobis, fidelitatisque juramentum perpetuo ac inviolabiliter servaturi, prestiterunt, nobis extitit humiliter supplicatum, ut, cum ipsi certa privilegia, Libertates & franchisias habeant, & per predecessores dicti Domini nostri, recolende memorie Francorum Reges, ac alios Principes tunc dictam Villam dominantes, concessa fuisse dicantur, quibus ipsi & eorum predecessores hactenus usi sunt, & modernis temporibus utuntur, eisdem, auctoritate Regia qua fungimur & gratia speciali, confirmare, ratifficare ac emologare dignaremur, [a] ipsaque ampliare certis casibus inferius declarandis.

CHARLES V. à Paris, en May 1370.

(1) Nos que eorum supplicationi favorabiliter inclinati, transquillitatem subditorum dicti Domini nostri, indempnitatem eciam & quietem totis viribus procurare volentes, privilegia, Libertates & franchisias dictis Consulibus & Ville ac singularibus de eadem, per predecessores dicti Domini nostri & quoscunque alios concessa, & de quibus hactenus usi sunt & utuntur, de nostri certa scientia auctoritateque Regia qua fungimur, & gratia speciali, rattificamus, emologamus & confirmamus; & ex uberiori gratia, cupientes dictos Consules & Villam, tanquam fideles Corone Francie, Domanio perpetuo Regio applicari, ipsamque Villam de Amiliano Consules & habitantes in eadem, perpetuo per presentes adjungimus Domanio supradicto, ipsisque Consulibus & Ville ac habitantibus in eadem, presentibus & futuris, in personam dicti Domini nostri, promittimus & convenimus, quod locus predictus seu Villa de Amiliano, in manus quasvis alias non ponetur seu transportabitur; sed perpetuo in Domanio Regio remanebit.

(2) Item. Promittimus dictis Consulibus ut supra, quod nullam assignacionem in & super redditibus dicti loci, ad dictum Dominum nostrum spectantibus, faciemus; sed ipsos reditus per [b] Thesaurarium Regium, more solito, perpetuo recipi faciemus; & si que facte fuit, pro non factis, cassis & invalidis volumus remanere.

(3) Item. Concedimus eisdem Consulibus & Ville de Amiliano, quod [c] Juducatura de (a) Ruppe-Ceseria, quantum ad [d] ordinarium, adjungatur, prout nunc est & retroactis temporibus fuit, Judicature Ville predicte de Amiliano.

(4) Item. Concessimus eisdem Consulibus, presentibus & futuris, quod nullus criminosus, & pro quocumque crimine delatus existat, possit seu debeat questionari, quamvis meruerit subici questioni, nisi ipsis prius vocatis & presentibus, si interesse voluerint in questione predicta, cum ad ipsos, ut asserunt, pertineat Judicium hujusmodi delatorum.

(5) Item. Concedimus eisdem, quod nullus habitator dicte Ville, pro criminibus seu delictis per ipsum commissis seu committendis, non debeat incarcerari seu detineri in carceribus; dum tamen ydoneas habeat cauciones de stando & parendo juri; nisi criminis enormitas hoc exposcat.

Quocirca volentes predictas ratifficacionem & concessiones firmitatem validam & perpetuam obtinere, & ea inviolabiliter observari, damus tenore presencium in mandatis Senescallo Ruthenensi, Judici loci de Amiliano, ceterisque dicti Domini nostri Justiciariis in Partibus predictis constitutis, Reformatoribus & Commissariis quibuscunque deputatis seu deputandis, presentibus & futuris, quatenus dictos Consules, Villam & singulares de eadem, nostris presentibus gratia & concessione uti & gaudere, quocumque impedimento cessante, libere & pacifice faciant & permittant; nil contra tenorem & formam eorumdem, faciendo seu attemptando, fieri vel attemptari quomodolibet permittendo. Quod dictis Consulibus, Ville & singularibus de eadem, concessimus & concedimus per presentes, de nostri certa sciencia, auctoritateque Regia qua fungimur, & gracia speciali. Quod ut firmum & stabile permaneat in futurum, nostrum secreti sigillum presentibus Litteris fecimus apponi [e] sigillum in absencia magni; jure Regio in aliis, & alieno

[a] ipsam. Cop. de M.

[b] Thesaur. Reg. R.

[c] judicatura. Cop. de M.

[d] ordinar. R. ordinarium. Cop. de M.

[e] ce mot n'est pas dans C. de M.

NOTE.

(a) Ruppe-Ceseria.] Dans la Copie de M. il y a: Rupe-Cesaria. J'ai appris du R. P. D. Vaissette, que ce lieu se nomme Requeceziere, dans le Roüergue, Diocese de Vabres, Election de Milhaud. Le nom de ce lieu est corrompu dans le Diction. univ. de la Fr. où il est appellé Roque-ceziere.

CHARLES V. à Paris, en May 1370.

*in omnibus semper salvo.* Actum & datum in Montepessulano, mense Martii, anno domini M.° CCC.° sexagesimo nono.

*Nos igitur Litteras suprascriptas, una cum omnibus in eisdem contentis & expressis, & modo quo superius inseruntur, laudamus, volumus, approbamus, & tenore presencium, de nostris auctoritate & plenitudine Regie potestatis specialique gracia, confirmamus: Mandantes Senescallo Ruthenensi, Judici nostro dicti loci de Amiliano, ceterisque Justiciariis & Officiariis nostris, vel eorum Locatenentibus, & cuilibet eorumdem, quatenus contra superius insertarum atque presencium* Litteras series & tenores, dictos Consules & habitatores, modernos & eorum successores, vel eorum aliquem; in premissis aut aliquo vel aliquibus eorumdem, nullatenus molestent, impediant vel perturbent, impediri ve, molestari vel perturbari paciantur à quoquam; quin ymo omnibus & singulis pre expressis, ipsos uti & gaudere pacifice faciant & permittant; & si quid secus factum vel attemptatum repererint, id revocent, anullent, & ad statum pristinum & debitum reducant, reduci ve, revocari & anullari faciant indilate. (a) Quod ut roboris perpetui, &c. salvo, &c.* Actum & datum Parisius, anno Domini M.° CCC.° LXX.° Regnique nostri VII.° mense Maii. *Visa.*

* Litterarum. *C. de M.*

*Collatio facta est.*

Per Regem, ad relationem Consilii. G. DE MONTAGU.

NOTE.

*(a) Quod ut, &c.*] Il y a dans la Cop. de Mont. *Quod ut roboris perpetui stabilitate firmetur, Litteras presentes sigilli nostri fecimus appensione muniri; salvo in aliis jure nostro, & in omnibus alieno.*

---

CHARLES V. à Paris, en May 1370.

## *(a)* Lettres de Sauvegarde Royale pour la Ville de Milhaud.

*KAROLUS, &c. Notum facimus universis presentibus & futuris, quod Nos, Consules, Universitatem, habitatores ac singulares personas Ville nostre de [a] Amiliano, Nobis immediate Justiciabiles & subjectos, asserentes ex certis & verisimilibus conjecturis, à pluribus personis sibi cavere, eorumque successores, & eorum quemlibet, in nostra speciali & salva-gardia & protectione, una cum eorum uxoribus, familia, rebus & bonis universis, suscipimus per presentes de gracia speciali: Mandantes Senescallo nostro Ruthenensi, ac Judici de Amiliano, ceterisque Justiciariis nostris, vel eorum Locatenentibus, & cuilibet eorumdem, quatenus eosdem Consules, Universitatem & singulares personas dicti loci, & eorum quemlibet, in suis certis possessionibus, usibus, juribus, franchisiis, Libertatibus & saisinis, in quibus ipsos esse, suosque predecessores fuisse pacifice ab antiquo repererint, manuteneant & conservent, manutenerique faciant & tueri, non permittendo contra ipsos aut eorum aliquem, quascunque fieri vel inferri injurias vel indebitas novitates; quas si factas esse vel fuisse in ipsorum, ac presentis salve-gardie nostre prejudicium, repererint, revocent, & ad statum pristinum & debitum reducant, revocarique & reduci, ac Nobis & Parti emendam condignam propter hoc prestari faciant indilate; eisdemque bonum & legitimum [b] assecuramentum, juxta Patrie Consuetudinem, si requisierint, dari faciant & prestari; ab omnibus injuriis, violenciis, gravaminibus, molestacionibus, inquietacionibus, vi armorum & potencia laïcorum defendant, faciant ve defendi; nostramque presentem salvam-gardiam in locis & personis ubi expedierit, & de quibus requisiti fuerint, publicari faciant ac eciam [c] camari; inhibendo vel inhiberi faciendo sub certis magnis penis Nobis ac Parti solvendis, omnibus & singulis personis de quibus fuerint requisiti, ne eisdem in corporibus, in familia sive*

a *Voy. cy-dessus*, p. 291. Note *(b)* marg.

b Voy. les Tabl. des Mat. des *Vol. des Ordonn.* au mot, *asseurement.*

c clamari.

NOTE.

*(a)* Tresor des Chartres, Registre 100. Piece 560. *Voy. cy-dessus*, p. 190. Note *(a)*.

*bonis fore facere quo quo* [a] *presumant; penuncellosque seu baculos nostros Regios, in dicta Villa ac in & super domibus, possessionibus, rebus & bonis suis, in terra que jure scripto regitur, & alibi in casu periculi eminentis, si requisierint, apponant, faciant ve apponi; & pro premissis* [b] *diligentius exequendis, unum vel plures servientes nostros eisdem suis sumptibus deputent & committant: Qui tamen de hiis que Cause cognicionem exigunt, se nullatenus intromittant. Quod ut stabile permaneat atque firmum, &c. salvo in omnibus, &c.* Actum & datum Parisius, mense Maïo, anno Domini M.° CCC.° LXX.° & Regni nostri VII.° — a modo. b diligen. R.

Sic signata. *Per Regem, ad relacionem Consilii.* MONTAGU. *Visa.*

---

CHARLES V. à Paris, en May 1370.

## *(a)* Confirmation des Privileges de la Ville de Tulle.

KAROLUS *Dei gratia Francorum Rex. Notum facimus universis presentibus & futuris, quod Nos considerantes grata & innumerabilia servicia, per dilectos & fideles nostros Episcopum, Capitulum, ceterasque personas Ecclesiasticas, ac Burgenses & habitatores Ville seu Civitatis Tutellensis, Predecessoribus nostris ac Nobis, retroactis temporibus multipliciter impensa; & presertim* [c] *advertantes sinceram & inviolabilem* [d] *acfeccionem, quam prefati Episcopi, Capitulum, ceterequc persone Ecclesiastice, ac Burgenses seu habitatores dicte Civitatis & Ville, ad Nos & Coronam Regni nostri effectualiter habent, super eo, inter alia, quod Nos Dominum eorum superiorem, ratione superioritatis & ressorti quam & quod habemus in Ducatu Acquitanie, fatentur publice & agnoscunt, Nobisque & Corone Francie, nomine dicte superioritatis & ressorti, subici, ac sub nostra persistere obediencia, prout per eorum Procuratores sufficienter fundatos, super hoc Nobis facta extitit plena fides: Volentes propterea Nos eisdem favorabiles reddere, ac graciam liberalem impendere; nec non eos prosequi prerogativa favoris Regii specialis, ad eorum humilem supplicationem, omnia & singula queque privilegia eis ac eorum cuilibet, elapsis olim temporibus, per quoscunque Reges aut Principes concessa, laudamus, ratificamus, approbamus, ac ex certa scientia, auctoritate Regia ac nostra speciali gratia, tenore presentium confirmamus: volentes & declarantes ista privilegia in sua firmitate & tenore de cetero futuris temporibus, inviolabiliter permanere; prout antiquitus* [e] *tenebatur; licet à vigenti annis citra, contra eadem privilegia vel eorum aliqua, per Officiarios Regios Predecessorum nostrorum aut nostros, dicta Civitate vel Villa jam dudum in obedientia Regia persistente; vel per Eddouardum de Anglia aut Eddouardum ejus Primogenitum, vel eorum Officiarios, aliqua* [f] *forsam attemptata seu innovata fuerint quoquomodo: Que quidem innovata seu attemptata, si qua sint, quassamus, irritamus & penitus anullamus, & volumus ea nullius efficacie existere vel valoris; non* [g] *obstante quascunque possessione seu prescriptione in contrarium habita, que in dictorum privilegiorum prejudicium, posset aut deberet quomodolibet allegari. Quocirca Senescallis Lemovicensi & Caturcensi, ac omnibus aliis universis & singulis Justiciariis &* [h] *Officiariis Regni nostri, & eorum Locatenentibus, & ipsorum cuilibet, presentibus & futuris, damus tenore presentium in mandatis, ut prefatos Episcopum, Capitulum, ceterasque personas Ecclesiasticas dicte Civitatis, ac ipsorum quemlibet, nostra presenti gratia uti & gaudere pacifice faciant & permittant,* [i] *ac contra tenorem presentium* [k] *inquietant vel molestant, aut inquietari vel molestari nullatenus paciantur. Quod, &c. salvo, &c.* Datum Parisius, anno Domini M.° CCC.° septuagesimo, Regnique nostri VII.° mense Maii. *Visa.*

*Per Regem.* TABARI.

c advertentes. d affectionem. e tenebantur. f forsan. g obstante quacunque. h Offic. R. i nec. k inquietent vel molestent.

NOTE.

Tresor des Chartres, Registre 100. Piece 834. *Voyez cy-dessus*, p. 190. Note *(a)*.

CHARLES V. à Paris, en May 1370.

(*a*) Lettres qui portent que les habitans de la Ville de Tulle, joüiront de tous les privileges que le Roy a accordez depuis peu, aux Villes de Cahors, de Montauban & de Figeac.

*KAROLUS, &c. Notum facimus universis presentibus & futuris, quod Nos; consideratione gratuitorum serviciorum nostris Predecessoribus & Nobis, per dilectos & fideles nostros Episcopum, Capitulum, ceterasque personas Ecclesiasticas, & Burgenses ac habitatores Civitatis seu Ville Tutellensis, elapsis temporibus, liberaliter impensorum; & presertim, nuperrime in hoc, quod ipsi Nos Dominum suum superiorem fatentur & agnoscunt nomine & causa superioritatis & ressorti, quam & quod habemus in Ducatu Acquitanie, prout per Procuratores suos fundatos, sufficienter fumus ad plenum certificati: Cupientes ob hoc eos favore benivolo prosequi ac honoribus & privilegiis premunire, ex quibus honoris & commodi assequi valeant bonum fructum, prefatis Episcopo, Capitulo, ceterisque personis Ecclesiasticis ac Burgensibus & habitatoribus dicte Civitatis seu Ville, ex certa scientia, auctoritate Regia & gratia speciali, damus & concedimus per presentes, talia & similia* [a] *privilegia, in quibuscunque consistant, qualia nuper & ultimo dedimus & concessimus dilectis & fidelibus nostris, Burgensibus & habitatoribus, ac aliis personis Civitatum Caturcensis, Montis-albani ac Ville Figiaci; dum tamen hujusmodi privilegia nullum afferant vel afferre possint prejudicium Episcopo predicto, pro eo quia Dominus est solus & in solidum, temporalis Civitatis predicte, sicut fertur: unde, quia ipsa privilegia hiis presentibus* [b] *particulariter non dicuntur, eidem Episcopo & aliis superius nominatis, ex habundanti concedimus per presentes, quod ipsa privilegia ipsi Episcopo vel successoribus suis, exprimere & specificare tenebimur, totiens quotiens per eum vel dictos successores suos, aut habitatores ejusdem Civitatis,* [c] *& non per quoscunque alios, fuerimus debite requisiti, & nostras eis super hoc dare Litteras, magno nostro sigillo cum filis sericis & cera viridi sigillatas, ad majorem roboris firmitatem. Igitur Senescallis Lemovicensi & Caturcensi, ac universis aliis & singulis Justiciariis & subditis Regni nostri, precipimus & mandamus, quatenus prefatos Episcopum & alios memoratos, nostra presenti concessione & gratia uti & gaudere pacifice faciant & permittant, ipsos aut eorum quemlibet, super hoc nullatenus molestando aut molestari aliqualiter permittendo. Que ut firma perpetuis temporibus habeant permanere, sigillum nostrum his presentibus fecimus apponi; salvo, &c.* Datum Parisius, anno Domini millesimo CCC.° sexagesimo decimo, & Regni nostri septimo, mense Maii.

*Visa.* [e] *Contentor.*

Sic signate. *Per Regem.* J. TABARI.

*a* ces privileges sont imprimez cy-dessus.

*b* particular. *R.*

*c fort.* nec non.

*d* Voyez *les Tabl. des Mat. des 4.e & 5.e Vol. des Ordon.* à ce mot.

NOTE.

(*a*) Tresor des Chartres, Registre 100. Piece 719. *Voy. cy-dessus*, p. 190. Note (*a*).

---

CHARLES V. à Paris, en May 1370.

PHILIPPE VI. dit de Valois, à S.t Germain en Laye, en Novembre 1328.

(*a*) Lettres de Sauvegarde Royale pour l'Abbaye de Joyenval, Ordre de Premontré.

*KAROLUS Dei gracia Francorum Rex. Notum facimus universis presentibus pariter & futuris, Nos Litteras carissimi Domini & Avi nostri, vidisse, formam que sequitur, continentes.*

*PHILIPPUS Dei gracia Francorum Rex. Omnibus in perpetuum.* * *Quoniam decet Domum Domini sanctitudo, pium & laudabile recensemus, ut cujus locus in pace factus est;*

* qm. *R.*

NOTE.

(*a*) Livre Rouge-Vieux du Châtelet de Paris, *fol.° 62. v.°*

CHARLES V. à Paris, en May 1370.

*est, ejus sit cultus cum debita veneracione pacificus & quietus: Et ideo dignum & justum esse conspicimus, ut Nos, qui divina disposicione, solium Magestatis Regie conscendimus, illi cujus munere precellimus, salutaribus Predecessorum nostrorum vestigiis inherendo, jugi studio sollicitudinis nitamur devote servire, & bonis operibus complacere; & inde suam sanctam Ecclesiam, personas, loca & bona ipsius, ab incursu, oppressione, inquietacione & invasione malignancium quorumlibet, deffensare, & eciam opprimentibus potenter resistere & viriliter obviare, ut ipsa in pacis pulcritudine sedeat, ministrique sui in quiete viventes & pace, sponsum ejus Dominum Jesum Christum glorificent, ipsique devote serviant; & tanto se promptiores ad id & uberiores exhibeant, quanto amplius potencie nostre dextera, senserint se adjuttos. Notum facimus quod Nos propterea, ad Dei ipsiusque nominis laudem & gloriam, de continua protectione Monasteriorum, Ecclesiarum & aliorum piorum locorum, maxime in nostra dictione sitorum, curam volentes gerere, ut eas brachiis deffensionis amplecti;* [a] *& precipue Monasterium de* (a) *Gaudio-in-Valle, Premonstracensis* [b] *Diocesis, Carnotensis Diocesis, ipsiusque personas propter fame redolenciam, que de honesta conversacione, & laudabili promptitudine eorum in divinorum obsequiis, ad Nos venit, graciosis favoribus prosequendo, Monasterium ipsum, Abbatemque, Conventum & singulares personas, loca & bona ipsius, presentes & posteros, cum familia, tam in capite quam in membris, quathenus in nostra Jurisdictione immediate consistunt, ut specialius pro Nobis & stabilitate Regni nostri, Regi Regum preces fundere teneantur, & crescamus exinde meritis apud Deum, in nostra & Successorum nostrorum Regum Francie, protectione & gardia speciali suscipimus, in ea perpetuo remansuros: Prepositum Parisiensem vel Locum suum tenentem, qui est & erit perpetuo pro tempore, specialem Gardiatorem & deffensorem generalem dictis Monasterio, Abbati, Conventui, personis, locis, bonis & familie presentibus & posteris, deputantes ad gardiandum, deffendendum & protegendum eos ab injuriis, violenciis, oppressionibus, vi armorum & potencia laïcorum; manutenendumque in suis justis possessionibus, franchisiis, Libertatibus & saisinis; ita quod non permittat eis fieri indebitas novitates; sed si quas factas invenerit, summarie & de plano ad statum debitum studeat revocare; deputetque eis ad id, suis sumptibus, requisitus, cum expedierit, unum vel plures servientes nostros ydoneos; qui tamen de hiis que judicialem requirunt indaginem, se nullatenus intromittant; nostro in aliis & alieno in omnibus jure salvo. Quod ut firmum & stabile perpetuo perseveret, nostrum presentibus Litteris fecimus apponi sigillum.* Actum apud Sanctum Germanum in Laya, anno Domini millesimo trecentesimo vicesimo octavo, mense Novembri.

*Nos enim, ejusdem Domini & Avi nostri, pia devotione moti, insequi vestigia cupientes, ut eciam in oracionibus & divinis obsequiis in dicto loco fiendis, participes fieri mereamur, predictas Litteras superius insertas, & omnia & singula in eisdem contenta, rata & grata habentes,* [c] *eaque laudamus, ratificamus & approbamus, ac eciam tenore presencium, de nostra speciali gracia certaque sciencia confirmamus. Quocirca Preposito nostro Parisiensi, aut ejus Locumtenenti, qui nunc est aut qui pro tempore fuerit, cui de novo, si necesse fuerit, committimus & mandamus, quatenus, vocatis hiis qui fuerint vocandi, prefatos Religiosos, Abbatem & Conventum Monasterii de Gaudio-in-Valle, familiares & singulas personas ipsius loci, ejusque membra, in suis justis possessionibus, juribus, franchisiis & Libertatibus quibuscumque, manuteneat & deffendat; & si in casu novitatis oriatur debatum occasione jurium possessionumque, in Vicecomitatu Parisiensi existencium, dicti Monasterii, seu membrorum ejusdem, inter dictos Religiosos & alios quoscumque suos adversarios, quod illud ad manum nostram tanquam superiorem, ponat seu poni faciat, &* [d] *loca de ablatis* [e] *ressaisitis ante omnia, recredenciamque & jus faciat Parti cui de jure fuerit faciendum; &* [f] *assecuramentum dare legitimum juxta Patrie Consuetudinem; necnon de redditibus & debitis legitimis, persolvi faciat Religiosos*

a *fort.* valeamus; *il y a là quelque chose de corrompu.*

b ordinis.

c que *est inutile.*

d locis. *Cet endroit est corrompu.*

e ressaisis. *R.*

f *Voy. les Tabl. des Mat. des Vol. des Ordon. au mot,* assëurement.

NOTE.

(a) *Gaudio-in-Valle.* ] L'Abbaye de Joyenval, située à une lieuë de Poissy, de S.t Germain en Laye & de Marly. La Manse de cette Abbaye a été réünie à l'Evêché de Chartres, lors de l'érection de celui de Blois, qui a été démembré de celui de Chartres.

*antedictos, debitores ad hoc viis & remediis juris, viriliter compellendo; & pro premissis exequendis, deputet idem Prepositus, unum vel plures servientes nostros, qui de hiis que Cause cognicionem exigunt, se nullatenus intromittant; ceteraque omnia alia & singula faciat & exequatur dictus Prepositus, que ad bonum Gardiatorem & specialem deffensorem pertinent seu possint quomodolibet pertinere. Quod ut* * *fremum & stabile perpetuo perseveret, sigillum nostrum presentibus Litteris est appensum; salvo in omnibus jure nostro & quolibet alieno.* Datum Parisius, anno Domini millesimo trecentesimo septuagesimo, Regnique nostri septimo, mense Maii.

* firmum.

---

CHARLES V. à Paris, en May 1370.

## (a) Confirmation des privileges accordez au Couvent de la Fontaine Nôtre-Dame, en Valois, Ordre des Chartreux.

KAROLUS *Dei gracia Francorum Rex. Universis presentibus & futuris.* [a] *Quod pro parte Religiosorum, Prioris & Conventus Monasterii Fontis-Nostre-Domine, Ordinis Cartusiensis, Nobis exhibite fuerunt Littere inclite recordacionis, karissimi Domini Genitoris nostri, in filis sericis & cera viridi sigillate, in quibus inserte sunt Littere bone memorie, carissimi* [b] *Evi nostri Paterni, Philippi quondam Francorum Regis, sub hiis verbis.*

a Notum facimus.

b Avi.

(b) PHILIPPE par la grace de Dieu, &c.

*Cumque dicti Religiosy vel eorum Procurator, requisiverint quamplures Advocatos, Procuratores & alios Consiliarios nostros, ut Causas & querelas ipsorum Religiosorum defenderent, deducerent & prosequerentur, prout per Litteras predictas eisdem est indultum; nichilominus dicti Advocati, Procuratores & alii Consiliarii nostri, Causas & querelas ipsorum Religiosorum, dum & quociens casus se offerunt, prosequi, deducere & deffendere recusarunt & recusant; unde plures Cause & negocia sue, ob defectum debite prosequcionis seu deffensionis, deperire seu ledi possent, quapropter Littere predicte eisdem inutiles fierent & redderentur, nisi per Nos super hoc graciose provideatur: Nos vero dictos Religiosos favore prosequi volentes begnivolo, ut circa Divina vacare incessanter possint, vestigiisque dicti Avi nostri in hac parte adherere cupientes, dictas Litteras & contenta in eis, ratas & gratas habentes, ac confirmantes & approbantes, volumus ex certa sciencia,* [c] *de gracia speciali concedimus eisdem, ut ipsorum Cause & querele in casibus predictis, modo & forma in dictis Litteris contentis, deffendantur, prosequantur & deducantur per Advocatos, Procuratores & Consiliarios nostros Locorum & Sedium in quibus deduci & terminari requirent; sumptibus tamen nostris: Mandantes dictis Advocatis, Procuratoribus & Consiliariis, quatenus hoc idem faciant sine recusacione aliqua; & in casu quo hoc facere recusaverint, seu contenta in predictis Litteris complere plus debito* [d] *distuleris, Mandamus Judicibus nostris aut eorum Locatenentibus, coram quibus dicte Cause & querele deducentur & terminabuntur, quatenus dictos Advocatos, Procuratores & Consiliarios ad hoc compellant indilate. Insuper mandamus Receptoribus nostris Bailliviarum, in quibus dictas Causas & querelas deducere* [e] *contingat, aut eorum Locatenentibus, & eorum cuilibet, prout ad eorum* [f] *pertinuerit, quatinus sumptus & expensas, quos & quas in & pro prosequcione, deductione & deffensione dictarum Causarum & querelarum, fieri opportebit,* [g] *solvat; soluta vero ob hoc, in solventium compotis allocari, & de eorum Receptis deduci volumus & mandamus, per dilectas & fideles Gentes nostras Compotorum nostrorum Par. juxta Litterarum predictarum seriem & tenorem, easque diligenter exequendo. Quod ut firmum & stabile perpetuo perseveret,*

c &.

d mot un peu douteux, *distulerint*.

e contingет.

f quemlibet.

g solvant.

### NOTES.

(a) Livre Rouge-Vieux du Châtelet de Paris, *fol.*° 7 vingt & 18. *recto*. (158).

(b) *Philippe.* ] Les Lettres du Roy Jean qui sont rappellées cy-dessus, & qui sont du mois de Septembre 1350. & celles de Philippe de Valois, qui sont inserées icy en entier, & qui sont du mois d'Octobre 1330. sont dans *le 4.e Vol. des Ordonn.* p. 1.ere

presentes Litteras sigilli nostri caractere fecimus communiri; nostro in aliis & alieno in omnibus jure salvo. Datum Parisius, anno Domini millesimo trecentesimo septuagesimo, Regni vero nostri septimo, mense Mayo.

---

CHARLES V. à Vincennes, le 11. de Juin 1370.

(a) Lettres qui portent que les habitants du Comté de Tartas, & de differens autres lieux appartenants au Seigneur d'Albret, ne payeront aucuns droits pour les marchandises qu'ils vendront & qu'ils acheteront dans le Royaume.

*KAROLUS, &c. Notum facimus universis presentibus & futuris, quod Nos, ad supplicacionem dilecti & fidelis Fratris nostri, Domini de (b) Lebreto, qui, habita notitia nostri juris, & justicie in guerra quam Edwardus Anglie Nobis noviter suscitavit, nobis in hac adherens, se & Villas suas de (c) Nauraco, de Castro Jalosio, de Millano super Garonam, de Millasio, de Cassa nova, de Castro-Novo, de Sarnasio, de Saura, de Lebreto, de Tartasio, & loca alia Vicecomitatus Tartasii, & alias Villas, loca & terras suas; nec non & Burgenses & habitatores ipsarum, nostro submisit servicio; quod ex fervore dileccionis & amoris quos ad Nos gessit hactenus, novimus processisse: & ea propter, volentes ipsum Fratrem nostrum, & habitatores predictos prosequi gracia & favore, volumus & concessimus atque concedimus eisdem Burgensibus & habitatoribus, pro se & suis successoribus in perpetuum, & eorum cuilibet, de nostris speciali gratia & certa sciencia per presentes, ut ipsi Burgenses & habitatores per totum Regnum nostrum conversari & mercari valeant, vendendo & emendo, absque eo quod pro mercimoniis & rebus emptis seu venditis per eosdem, imposicionem, [a] Focagium, Subvencionem, Gabellam, Pedagium seu subsidium quodcunque, quacunque occasione vel causa, ab antiquo seu de novo impositum, solvere nullo unquam tempore teneantur: Nos etenim Imposicionem, Focagium, Subvencionem, Gabellam, Indiccionem, Pedagium & quodcunque aliud subsidium, quocunque nomine nuncupetur, habens seu habiturum imperpetuum cursum in dicto Regno nostro, in quo ipsi & eorum singuli possent ex emptis & venditis, seu emendis & vendendis hujusmodi per eosdem, Nobis teneri, eisdem remittimus & quittamus pro Nobis & nostris successoribus, & ipsos ab ipsius solucione eximimus & penitus absolvimus & quittamus, consideracione premissorum, [b] ex quibus uberiori gracia, dignos sensemus eosdem. Quapropter mandamus dilectis & fidelibus nostris Generalibus Consiliariis super facto subsidii ordinati pro facto guerre predicte, universisque Electis & Receptoribus ac Commissariis deputatis super exigendis & levandis dictis subsidiis, Imposicionibus, Gabellis, Pedagiis & Subvencionibus aliis quibuscunque, Justiciariis & Officiariis Regni nostri, presentibus & futuris, vel eorum Locatenentibus, & eorum cuilibet, ut ad eum pertinuerit, quatenus dictos Burgenses & habitatores, & eorum quemlibet, nostra presenti gratia uti & gaudere faciant & permittant, non*

a Fouage: Imposition par Feux.

b quibus ex.

NOTES.

(a) Tres. des Chartres Reg. 100. P. 741. *Voy. cy-dessus*, p. 190. Note (a).

(b) *Lebreto.* ] Ce Pays se nomme presentement *Albret.* Voy. *Notit. utriusque Vascon. ab Oihenarto*, p. 487.

(c) *Nauraco.* ] On pourroit lire aussi, *Naucaco* ou *Nautaco.* Il paroît que tous ces lieux appartenants au Seigneur d'Albret, étoient situez dans differens endroits. Comme leur situation n'est désignée ni par le nom d'une Province ou canton, ni par celui d'un Evêché, ni par celui de la Jurisdiction dont ils relevoient, il est impossible d'en marquer sûrement le nom moderne.

*Castro-Jalosio.* ] L'on trouve *dans le Diction. univ. de la Fr.* trois lieux nommez *Castel-Jaloux*, dans la Guyenne. Il y en a un qui est dans le Duché d'Albret.

*Millasio.* On trouve *ibid. Millas* dans le Roussillon.

*Saura.* L'on trouve *ibid. Saurat*, dans le Pays de Foix, Diocese de Pamiers.

*Tartasio, Tartas,* Ville située dans le Diocese d'Acqs. Elle a eu ses Vicomtes particuliers, dont le dernier vendit vers 1312. ce Vicomté à un Seigneur d'Albret. Voy. *Notit. utriusq. Vascon. ab Oihenarto*, pp. 472. & 474.

*molestando ipsos vel eorum aliquos, ad solvendum dictam Imposicionem, Gabellam, Focagium, Subvencionem, Indiccionem, Pedagium vel subsidium aliud, vel contra nostre presentis gracie continenciam & tenorem; quicquid in contrarium factum repererint, ad statum pristinum & debitum reducentes; non obstantibus quibuscunque ordinacionibus vel mandatis ad hoc contrariis vel adversis. Quod ut firmum & stabile perpetuo perseveret, nostrum presentibus Litteris fecimus apponi sigillum; salvo in aliis jure nostro, & in omnibus quolibet alieno.* Datum apud Vincennas x.ª die Junii, anno Domini M.° CCC. septuagesimo, & Regni nostri septimo.

*Per Regem.* YVO.

---

CHARLES V. à Paris, le 13. de Juin 1370.

(*a*) *Lettres qui portent que les anciennes Ordonnances sur le fait des Monnoyes, seront exécutées.*

CHARLES par la grace de Dieu Roy de France. Au Seneschal de Beaucaire, ou à son Lieutenant: Salut. Comme n'aguieres Nous par nos autres Lettres, vous eussions mandé, que certaines Ordonnances par Nous ou nostre Conseil, faittes sur le fait de nos Monnoyes, vous fissiez tenir, garder & accomplir, selon ce que contenu est en icelles; lesquelles vous ont esté dernierement baillées ou envoyées par nos amés & feaux, les Generaux-Maistres de nos Monnoyes; & de ce faire vous ayiés esté negligens, si comme Nous entendons; dequoy il Nous desplaist fortement; Nous vous mandons derechef & estroittement commandons par ces presentes, que lesdites Ordonnances contenuës en nosdites Lettres, vous fassiez tantost crier & publier ès lieux accoustumés de vostredite Seneschaucée de Beaucaire, & ressort d'icelles, & icelles garder, tenir & accomplir de point en point, selon la teneur de nosdites Lettres: Car Nous voulons que vous sçachiés que nostre volonté est, que lesdites Ordonnances soient tenuës, gardées & accomplies de point en point, comment que ce soit: Et avecque ce vous mandons, que vous mettés Garde ou Gardes à toutes Foires & Marchez, & aussi ès Villes fermées de vostreditte Seneschaucée, qui de ce se prenent garde; auxquels vous fassiez commandement de par Nous, que quelconques personnes qu'ils trouveront [a] mettant ou prenant les Monnoyes deffenduës ou Billon d'Or & d'Argent, ou les portant hors de nostre Royaume, ou qui les trouveront portant en [b] esloignant la plus prochaine de nos Monoyes, il leur en facent faire à Nous amende convenable, tant du prenant comme du mettant ou portant hors du Royaume, comme dit est, chacun selon ses [c] facultés; & prenent ou facent prendre lesdites Monoyes & ledit Billon d'Or & d'Argent, & icelles apportent ou facent apporter à nos plus prochaines Monoyes du lieu où ils seront prises, comme à Nous confisquées: Et Nous voulons que desdites Amendes & forfaictures, vous aiés oultre vos gages, la quarte partie, en la forme & maniere que contenu est en nosdites Ordonnances. Si gardés que deffaut n'y ait; car si deffaut y a à cette fois, Nous vous monstrerons qu'il Nous en deplaira. Et Nous mandons par ces presentes, à tous à qui il appartient ou doit appartenir, que à vous & vos deputez sur ce, obeissent & entendent diligemment. *Donné à Paris, le xiij.ᵉ jour de Juin, l'an de grace mil CCC LX & dix,* [d] *& de nostre Regne le septiéme.*

Par le Roy. P. BLANCHET.

a *donnant.*

b *qui ne les porteront pas à la Monnoye la plus prochaine de leur demeure.*

c *Voy.* p. 251. Note (*b*).

d *ces mots ne sont pas dans le* R. M.

NOTE.

(*a*) La Copie de ces Lettres a été envoyée de Montpellier, avec cette indication: du *n.° 18. fol.° 14. v.°*

Il a été envoyé une 2.ᵉ Copie du même lieu, avec cette indication: *Senechaussée de Nismes en general, arm. A. liasse 18. des Actes ramassés.* n.° 5. fol.° 14. v.°

Ces Lettres sont aussi dans le Registre de la Cour des Monnoyes de Paris, *fol.° 7 vingt 2. R.°* (142). Elles sont adressées au Prevôt de Paris.

CHARLES V. à Paris, le 19. de Juin 1370.

*(a) Mandement qui porte que l'on fabriquera dans la Monnoye de Paris, des Especes, avec mil Marcs de matieres qui seront fournis par Barthelemi Spiffame; & que ces Especes seront fabriquées à une Loy moins forte, que la Loy de celle que l'on fabrique ordinairement.*

CHARLES par la grace de Dieu Roy de France: A noz amez & feaulx, les Generaulx-Maistres de noz Monnoyes, & à Pierre de Landes, Changeur de nostre Tresor à Paris, & commis n'agueres à faire ouvrer nostre propre [a] vaisselmente d'Argent, & autres à Nous nouvellement prestez pour le fait de noz gueres: Salut. Comme pour la grant & evident necessité que Nous avons d'Argent à present, pour armer certain nombre de [b] Galée, pour envoyer [c] querre à Romme nostre Sainct Pere le *(b)* Pape, Nous avons requis nostre amé Berthelemi Spifame, Marchant & Bourgeois de Paris, qu'il Nous [d] face partie de la finance que cousteront lesdites Galées, à Marselle ou à [e] Jaines, le mieulx & le plus proffitablement qu'il pourra à nostre honneur; & il Nous ait octroïé gracieusement ce que requis luy avons en ceste partie; [f] parmi ce toutes voies, que pour ce qu'il n'a mie en comptant dequoy il nous peust faire ledit prest, si comme il dit, Nous luy avons accordé qu'il puisse mettre presentement mil marcs d'Argent en vaisselle & en Argent en *(c)* Cendrée, en nostre Monnoye de Paris, & iceux luy avons promis faire ouvrer & monnoyer ilec, tost & hastivement, en telz deniers comme Nous avons n'agueres fait faire de nostre dite propre vaisselle, & des dites autres qui nouvellement Nous ont esté prestez; & du comptant qui en [g] istera, luy avons promis faire rendre & payer pour chacun des dits mil marcs d'Argent, en vaisselle & en Argent cendrée dessus dite, cent quinze sols Tournois, afin qu'il Nous puist plustost & plus prestement secourir & aider dudit prest que demandé & requis luy avons, comme dit est. Pour ce est-il, que Nous mandons à vous Generaulx-Maistres de noz Monnoyes, & à chascun de vous, que lesdits mil marcs d'argent en vaisselle & en Argent cendrée, vous faictes ouvrer & monnoyer en la forme & maniere que vous avez fait faire de nostredite propre vaisselle, & les dites autres à Nous nouvellement prestées, comme dit est; c'est assavoir, que vous faciez faire ouvrer Deniers Blancs d'Argent de [h] VIII. solz de prix au Marc de Paris, & pour XII. Deniers la Piece, & qu'ilz soient de Loy à [i] XI. Deniers III. gros & quart fin ou plus, comme furent les Blancs Deniers qui furent ouvrez de nostredite vaisselle; & iceulx Deniers faictes ainsi delivrer à ladite Loy & prix; nonobstant qu'il soit acoustumé que vous ne faciez ou faciez faire aucunes delivrances [k] escharses plus de deux grains de Loy des autres Monnoyes d'Argent que Nous avons fait & faisons faire: & à toy Changeur dessus dit, que tu reçoives dudit Berthelemi, les dits mil marcs d'Argent en vaisselle & en Argent cendrée, & à la Loy dessus dite ou plus fin; & iceulx fay tantost & hastivement ouvrer & monnoyer en la forme & maniere que cy-dessus est dit; & de l'ouvraige & monnoiage qui en sera fait, paye tantost & hastivement audit Berthelemi,

a *Vaisselle.* Voy. cy-dessus, p. 215.
b *Galeres.*
c *chercher.*
d *avance.*
e *Gennes.*
f *moyennant.*
g *sortira, proviendra.*
h *de 96 Pieces au Marc.*
i *xj. d. iij. g.* R.
k *Voy. cy-dessus, p. 235. Note (b).*

NOTES.

*(a)* Registre D. de la Cour des Monnoyes de Paris, *fol.°* 7 vingt 4. *v.°* (144).
Avant ces Lettres, il y a:
Le premier jour de Juillet mil trois cens soixante-neuf, *[corr.* 1370.*]* fut apporté ung Mandement par Sire Edouart Thadelin General-Maistre des Monnoyes, dont la teneur s'ensuit.
Pour faire ouvrer mil marcs d'Argent, pour Berthelemi Spiffame.

*(b) Le Pape.]* En 1367. Urbain V. étoit parti d'Avignon, pour aller à Rome, d'où il revint à Avignon, en 1370. *Vide Vitas Paparum Avenion. à Baluzio*, tom. 1. pp. 376. 388. 390. 406. & 411.
*(c) En Cendrée.]* C'est-à-dire, de l'Argent affiné par le moyen d'une cendre préparée à cet effet. *Voy.* aux mots, *Cendrée & Coupelles*, l'explication des termes en usage dans les Monnoyes, qui est au commencement du Traité de Boizard.

CHARLES V. à Paris, le 19. Juin 1370.

a à raison de.

[a] au feur de Cent quinze sols Tournois, pour chascun marc en vaisselle & en cendrée, alloué à la Loy dessus dite, & par la maniere que dit est, si comme accordé luy avons cy-dessus : & toy Changeur, Nous voulons que tu aïes & prengne pour l'ouvraige & monnoïage & pour tous dechiez, mises & coustemens de chacun marc d'Argent en vaisselle & en cendrée, cinq solz Tournois, ainsi que tu a eu de nostre dite vaisselle, & autres qui Nous furent prestées, que tu as fait ouvrèr : & par rapportant ce present Mandement, pardevers vous Generaulx-Maistres dessus dits, avec certiffication des [b] Gardes, dudit Argent livré en vaisselle & en cendrée, à la Loy dessus dite ou plus fin, & recongnoissance dudit Berthelemi, de ce que païé luy aura sur ce, Nous voulons & vous mandons, que la [c] boeste qui sera faicte des dits mil marcs d'Argent, vous faciez le compte au feur de Cent quinze solz Tournois pour Marc, & Cinq solz Tournois pour ledit Changeur : Et par ces presentes Lettres mandons à noz amez & feaulx, les Gens de noz Comptes à Paris, qu'ilz recoivent & passent le Compte des dits mil Marcs d'Argent, en vaisselle & en cendrée de la dite Loy ou plus fin, par la maniere que vous Generaulx-Maistres de noz Monnoyes ferez : Car ainsi le voulons Nous estre fait, & l'avons octroïé audit Berthelemi, de grace especial; nonobstant Ordonnances, Mandemens ou defenses à ce contraires. *Donné à Paris, le XIX.e jour de Juing, l'an de grace mil trois cens soixante & dix, & le VII.e de nostre Regne.* Par le Roy. YVO.

b *Gardes de la Monnoye.*

c *Voy.* les Tabl. des Mat. des vol. des Ordon. *au mot*, Monnoye.

*Et pour ce que les Generaulx-Maistres des Monnoyes, estoient à débat d'enteriner & acomplir ledit Mandement, ils le porterent & allerent devers Mess.rs du Grant Conseil, où estoient Mons.r de Sens, le Conte de Braine, Mess.rs P. de Chevreuse, Mess. Mathelin, Maistre Miles de Voisines, Sire Jehan de Rüeil & Sire Jaques Regnart: Si fut deliberé par nosdits S.rs euë deliberacion sur les debats des dits Generaulx-Maistres, & les causes contenuës en les dites Lettres, avec tout ce qu'il failloit à debatre, & commanderent ausdits Generaulx-Maistres; c'est assavoir, Sire Raoul Maillart, Edouart Tadelin, P.[d] Dno & Jehan Gencien, qu'ilz feissent faire ouvrer & monnoïer les dits mil Marcs d'Argent, en la maniere que le Roy nostre S. l'avoit mandé; & fut envoyée la Coppie dudit Mandement, aux Gardes de la Monnoye de Paris, soubz les seaulx de mesdits S.rs les Generaulx-Maistres, pour iceluy accomplir, &c.*

d Il y a une marque d'abreviation sur ce mot.

---

CHARLES V. au Bois de Vincennes, en Juin 1370.
PHILIPPE IV. dit le Bel, à Nismes, en Fevrier 1303.

(a) Lettres qui exemptent les habitans de Beziers, du droit de Francs-Fiefs, pour 200. livres de rente qu'ils pourront acquerir dans des Fiefs ou Arriere-Fiefs, & pour 100. livres de rente qu'ils pourront acquerir dans des Censives & Alleux; pourvû qu'il n'y ait point de Justice attachée aux héritages qu'ils acquerront.

*KAROLUS, &c. Notum facimus &c. Quod cum inclite memorie, Philippus Rex condam Francorum, unus ex Predecessoribus nostris, dilectis & fidelibus nostris, Consulibus & Universitati Ville Biterrensis, suas Litteras pridem concesserit in cera viridi & laqueis sericis sigillatas, quarum tenor sequitur & est talis.*

NOTE.

(a) Registre 100. du Tresor des Chartres, P. 800. & 631.

Les cahiers de ce Registre & de quelques autres Registres du Tresor des Chartres, ont été transposez en les reliant. Il est arrivé par rapport à ces Lettres, que le commencement de celles de Charles V. qui contient celles de Philippe de Valois, s'est trouvé à la fin d'un cahier; & que les Lettres du Duc d'Anjou & la fin de celles de Charles V. se sont trouvez au commencement d'un autre cahier. Comme ces deux cahiers ne sont pas de suite dans le Registre, celui qui a chiffré les Pieces, a cru que le commencement des Lettres de Charles V. étoit une Piece entiere, & il l'a cottée 800. & il a cotté 631. les Lettres du Duc d'Anjou. Il y a cependant dans le Registre, un renvoy aux deux parties de ces Lettres.

CHARLES V. au Bois de Vincennes, en Juin 1370.

a Ces Lettres qui font ici en entier, font repetées dans les Lettres du Duc d'Anjou, où on les trouvera.

b Languedoc.

*PHILIPPUS Dei gratia, &c.*[a]

*Quas quidem Litteras, cariſſimus Frater noſter Dux Andegavenſis, noſtrum Locumtenens in* [b] *Partibus Occitanis confirmavit, & contenta in Litteris ſupraſcriptis, de novo, ſi ſit opus, conceſſit per ſuas Litteras, formam que ſequitur, continentes.*

*LUDOVICUS Regis quondam Francorum Filius, Domini noſtri Regis Germanus, ejuſque Locum-tenens in Partibus Occitanis, Dux Andegavenſis & Comes Cenomanenſis. Notum facimus, &c. nos Litteras infraſcriptas vidiſſe, formam que ſequitur, continentes.*

*PHILIPPUS Dei gratia Francorum Rex. Notum facimus, &c. quod nos attendentes probate fidelitatis conſtanciam dilectorum noſtrorum Conſulum & Univerſitatis Ville Biterrenſis, per quam ſe hactenus nobis reddiderunt acceptos, ut ſe noſtris beneplacitis & obſequiis in futurum exhibeant promptiores, conceſſimus & concedimus eiſdem tenore preſentium, de gracia ſpeciali, quod, pro utilitate dicte Ville, & pro ſupportandis oneribus ejuſdem, ducentas (a) Libratas annui & perpetui redditus ad* [c] *Turonenſem, in Feodis & Retrofeodis noſtris, ac centum* [d] *libras annui & perpetui redditus ad Turonenſem, in Cenſivis & Allodiis, titulo quovis licito, poſſint acquirere* [e] *ſine Juſticia; & acquiſitas imperpetuum pacifice tenere & poſſidere abſque coactione vendendi vel extra manum ſuam ponendi, aut propter hoc* [f] *preſtandi financiam quamcunque; ſalvo in aliis jure noſtro & quolibet alieno. Quod ut firmum & ſtabile perpetuo perſeveret, preſentibus Litteris noſtrum fecimus apponi ſigillum.* Actum Nemauſi, anno Domini milleſimo ccc. tercio, menſe Februarii.

c Turon. R. là & plus bas. *Suppl. Monetam.*

d Libr. R.

e pourvû qu'il n'y ait point de Juſtice attachée à ces héritages.

f prandi. R.

*Verum cum, prout pro parte dictorum Conſulum & Univerſitatis Ville Bitterris, nobis extitit ſignificatum, ipſi Conſules & Univerſitas, poſt conceſſionem ipſarum Litterarum, pluribus oneribus paſſis, & guerrarum ac aliarum adverſitatum oppreſſionibus per eoſdem ſubſtentis, aliiſque multiplicibus obſtantibus impedimentis, dictos redditus minime acquiſiverunt, nec acquirere potuerunt; quamobrem dicte Littere nullum ſortite fuerunt effectum, nec fuerunt execucioni demandate; ſupplicaveruntque Nobis dicti Conſules & Univerſitas, ut ſuper hoc ſibi gratiam noſtram dignaremur elargiri: Idcirco Nos, fidelitatem ipſorum Conſulum & tocius dicte Univerſitatis, attente conſiderantes, ut ipſi onera ſibi incumbentia facilius valeant ſupportare, dictas Litteras omniaque & ſingula in ipſis contenta, laudamus, approbamus, ratifficamus & confirmamus, ac de novo, ſi opus fuerit, concedimus per preſentes, de noſtra certa ſcientia graciaque ſpeciali & Regia qua fungimur auctoritate: Mandantes omnibus & ſingulis Juſticiariis, Officiariis & Commiſſariis Regiis quibuſcunque, preſentibus & futuris, vel eorum Locatenentibus, & cuilibet ipſorum, ut ad eum pertinuerit, quatenus dictos Conſules & Univerſitatem, dicti Domini Regis ac noſtra preſenti gratia & conceſſione uti & gaudere pacifice perpetuo faciant & permittant; nec ipſos in contrarium vexent, perturbent aut moleſtent, neque vexari aut perturbari vel impediri quoviſmodo paciantur nunc vel in futurum; ſtatutis, Ordinacionibus & inhibitionibus Regiis, ac mandatis ad hoc contrariis, nonobſtantibus quibuſcunque. Quod ut perpetue robur obtineat firmitatis, preſentes Litteras ſigilli noſtri magni fecimus appenſione muniri; ſalvo in aliis jure Regio, & in omnibus quolibet alieno.* Datum & actum Tholoſe, anno Domini milleſimo ccc ſexageſimo nono, menſe Marcii.

*Ad ſupplicacionem dictorum Conſulum & Univerſitatis Ville Biterrenſis, qui nondum, ut aſſerunt, ducentas* [g] *libratas Turonenſes annui & perpetui redditus, in Feudis &*

g Libr. R.

NOTE.

*(a) Libratas.]* Un héritage qui rapporte une livre de rente. *Voy. le Gloſſ. de du Cange*, au mot, *Librata*.

CHARLES V. au Bois de Vincennes, en Juin 1370.

*Retrofeudis nostris, ac centum* [a] *libratas Turonenses annui & perpetui redditus in Censivis & Allodiis, prout eisdem per suprascriptas Litteras concessum fuerat & licebat, emerunt; Nos attendentes fidelitatis constanciam, quam ipsi actenus erga Nos & Predecessores nostros, habuerunt & gesserunt, grataque & laudabilia servicia per ipsos Nobis exhibita, Litteras suprascriptas, omniaque & singula in eisdem contenta & expressa, ratas habentes & gratas, tenoreque presencium confirmantes, de nostris auctoritate & plenitudine Regie potestatis, ex certa scientia, de specialique gratia, eisdem concedimus de novo, si sit opus, tenore presencium Litterarum, ut ipsi eorumque successores possint, pro supportandis imposterum oneribus dicte Ville, ac pro utilitate ejusdem, ut premittitur, acquirere simul vel per partes, à Nobilibus vel innobilibus, quovis titulo sive modo licito, ducentas libratas Turonenses, annui & perpetui redditus, in Feodis & Retrofeodis nostris, ac centum libras annui & perpetui redditus, in Censivis & Allodiis, & hec sine justicia; & acquisitas tenere & possidere in perpetuum, & de eisdem disponere, absque eo quod eadem extra manum suam ponere vel alienare, quovismodo seu occasione quacunque, possint compelli; quodque Nobis, nunc vel imposterum, quamcunque financiam propter hoc solvere teneantur: Nos enim dictam financiam, quantacunque sit, eisdem de nostris certa scientia de specialique gratia donamus, remittimus & quittamus: Mandantes dilectis & fidelibus nostris Gentibus Compotorum nostrorum Par. Senescallo Carcassone & Vicario Bitterris, ceterisque Justiciariis & Officiariis nostris, Reformatoribusque & Commissariis quibuscunque, quatenus prefatos Consules & Universitatem, presentes & futuros, nostra presenti concessione & gracia uti & gaudere pacifice faciant & permittant, absque impedimento quocunque: Quod si factum vel appositum repererint, revocent & anullent, ad statumque pristinum & debitum indilate reducant, presentesque Litteras* [b] *admittent Gentes Compotorum nostrorum predicte; quia sic fieri volumus; Ordinationibus, mandatis vel inhibicionibus contrariis, nonobstantibus quibuscunque. Quod ut robur obtineat, &c. salvo, &c.* Actum apud Nemus Vincennarum, mense Junii, anno Domini millesimo CCC septuagesimo, & Regni nostri septimo.

*Per Regem in suis Requestis.* CHALEMART.

Collacio facta est. CHALEMART. G. DE MONTAGU.

[a] libras.

[b] admittant.

---

CHARLES V. au Bois de Vincennes, en Juin 1370.

(*a*) Lettres qui portent que les habitants de Milhaud, pourront commercer dans tout le Royaume, sans payer aucuns droits pour les Marchandises qu'ils acheteront.

*KAROLUS, &c. Celestis altitudo potentie, &c.*

*Sane considerantes grata & laudabilia servicia que dilecti & fideles nostri Burgenses, habitatores & mercatores Ville nostre* [c] *Amiliani, in Senescallia Ruthenensi, Nobis fideliter, &c. Quod, &c. salvo, &c.* Datum apud Nemus Vicennarum, anno Domini M.° CCC. septuagesimo, Regnique nostri VII.° mense Junii. *Visa.*

*Per Regem.* N. DE VEIRES. [d] *Contentor.*

[c] Milhaud. *Voy. cy-dessus*, p. 291. Note (*b*) marg.

[d] *Voy.* les Tabl. des Mat. des 4.e & 5.e Vol. des Ord. *au mot*, Contentor.

NOTE.

(*a*) Tresor des Chartres, Registre 100. Piece 843. *Voy. cy-dessus*, p. 190. Note (*a*).

---

CHARLES V. au Bois de Vincennes, en Juin 1370.

(*a*) Confirmation des Privileges de la Ville de Dorat, dans la Marche.

*KAROLUS, Dei gratia Francorum Rex. Notum facimus universis presentibus & futuris, quod Nos reducentes ad memoriam grata & innumerabilia servicia,*

NOTE.

(*a*) Registre du Parlement de Paris; 2.e *Vol. des Ordon. d'Henri II.* cotté Q p. 153. v.°. *Voyez cy-dessus*, p. 190. Note (*a*).

per

CHARLES V. au Bois de Vincennes, en Juin 1370.

*per dilectos & fideles nostros, Abbatem secularem & Capitulum, ceterasque personas Ecclesiasticas, ac Burgenses & habitatores Ville (a) Doarratensis, Lemovicensis Diocesis, Predecessoribus nostris ac Nobis, elapsis temporibus exhibita multis modis; & preterea sinceram ac inviolabilem affectionem quam ad Nos & Coronam Regni nostri, pretenderunt per effectum nuperrime se habere, ex eo quod Nos Dominum suum superiorem confessi sunt & publice recognoscunt, prefatamque Villam in & sub nostra obedientia, ut veri & fideles nostri subditi, liberaliter submiserunt: volentes propter premissa, Nos eisdem favorabiles reddere ac gratiam liberalem impendere, ex qua honoris & commodi assequi valeant bonum fructum, omnia & singula queque privilegia, eis & eorum cuilibet, retroactis temporibus per quoscunque Reges & Principes concessa, laudamus, ratificamus, ac ex certa scientia, auctoritate Regia & nostra speciali gratia, tenore presentium confirmamus: volentes & per presentes declarantes specialiter & expresse, quod ipsa privilegia in sua firmitate & tenore, de cetero futuris temporibus, inviolabiliter permaneant; licet contra eadem privilegia vel eorum aliqua, per Officiarios Regios Predecessorum nostrorum aut nostros, dicta Villa jamdudum in obedientia Regia persistente, vel postmodum, per Eduardum de Anglia aut Eduardum ejus Primogenitum, vel eorum Officiarios, aliqua forsan attentata seu innovata indebite fuerint; que quidem innovata seu attentata, si qua sint, de cetero ordinamus & volumus nullius efficacie existere vel valoris; nonobstantibus quandoque possessione seu prescriptione in contrarium habita, que in privilegiorum hujusmodi prejudicium posset aut deberet quomodolibet allegari. Quocirca Senescallis Lemovicensi, Petragoricensi, Pictavensi, ac omnibus aliis universis & singulis Justiciariis & Officiariis Regni nostri, & eorum [a] Locatenentium, & ipsorum cuilibet, presentibus & futuris, damus tenore presentium in mandatis, ut prefatos Abbatem, Capitulum, ceterasque personas Ecclesiasticas, ac Burgenses & habitatores dicte Ville, ac ipsorum quemlibet, nostra presenti gratia uti & gaudere pacifice faciant & permittant; ac contra tenorem presentium [b] inquietent vel molestent, aut inquietari vel molestari nullatenus patiantur. Que ut firma & stabilia perpetuis temporibus habeant permanere, sigillum nostrum his presentibus duximus apponendum; salvo in aliis jure nostro & in omnibus quolibet alieno.* Datum in Nemore Vincennarum, anno Domini millesimo trecentesimo sexagesimo decimo, & Regni nostri septimo, mense Junii. Sic signatum supra plicam. *Per Regem* TABARI.
*Et sigillatum magno sigillo rotundo, in cera viridi cum laqueis sericis rubei viridisque colorum impendentibus.*

*a* Locatenentibus.

*b* non.

Registrata, audito & consentiente Procuratore Generali Regis, pro utendo per impetrantes Libertatibus, privilegiis & immunitatibus in dictis Litteris declaratis, prout & quatenus antea rite & recte usi sunt & de presenti utuntur. Actum Parisius, in Parlamento, vicesima quarta die Martii, anno Domini millesimo quingentesimo quinquagesimo primo, ante Pascha. Sic signatum. DU TILLET.

Collation est faite à l'Original. DU TILLET.

NOTE.

(a) *Doarratensis.*] *Dorat*, dans la Marche. *Voy. le Diction. univers. de la Fr.* au mot, *Dorat.*

---

CHARLES V. au Bois de Vincennes, en Juin 1370.

(a) Lettres qui portent que l'Eglise de S.t Martin de Tours, qui est sous la sauvegarde Royale, ne sera point soumise, tant dans le chef que dans les membres, à la Jurisdiction des Officiers du Duc de Touraine; & que ses affaires seront portées devant le Bailly des Ressorts, établi à Chinon.

*KAROLUS, &c. Ad perpetuam rei memoriam. Eximie devocionis affectus, quem ad sanctas Dei Ecclesias & earum Ministros, nostri predecessores continuatis*

NOTE.

(a) Tresor des Chartres, Registre 100. Piece 737.

CHARLES V. au Bois de Vincennes, en Juin 1370.

*temporibus habuisse noscuntur, ipsorumque gesta & exempla laudabilia propensius nos inducunt, ut, sicut exigit Regalis gratie munificencia, Ecclesiarum tranquillitati & paci attenciori meditacionis curâ provideamus, & ipsas ad honorem Salvatoris, per quem Reges regnant, habeamus quadam prosequi speciali prerogativa favoris, ut in eis sit quieta conversacio Deo grata, & cultus divinus cum debita veneracione pacificus, & sic in bonis actibus, & Regium morem exerceamus, & superne retribucionis premium acquiramus. Sane cupientes, inter dictas sanctas Dei Ecclesias, Ecclesiam Gloriosissimi Confessoris Beati Martini Turonensis, quam singulari & speciali devocione prosequimur, cujus eciam, jure Corone nostre, Abbas sumus, ac ipsius Ministros in dictis tranquillitate & pace jugiter & feliciter prosperari; attendentes ipsam Ecclesiam de antiqua fundacione Regia existere, dictosque ipsius Ecclesie Ministros; videlicet, Decanum, Thesaurarium & Capitulum, tam in capite quam in menbris, conjunctim eciam & divisim, cum suis Officiariis, familiaribus, hominibus, justiciabilibus, subditis, Villis, territoriis, Juridicionibus, domibus, maneriis, juribus, possessionibus, bonis & pertinenciis universis in Regno nostro ubicunque existentibus, in nostra & predecessorum nostrorum Francie Regum, salva & speciali gardia, & à juridicione cujuscunque judicis temporalis, preterquam à nostra, hactenus exemptam & exemptos penitus fuisse & esse, Nobisque & nulli alii, in superioritate & ressorto immediate subjaceri, & ad sedem Regiam, & non alibi ressortiri debere: Volentes eciam, ne [a] per aliquos, donacionis & concessionis per Nos de Ducatu Turonie, carissimo Germano nostro, Ludovico Duci Andegavie, nuper factarum pretextu, in quibus jus totale superioritatis & ressorti ac exempcionum & alia jura Regia in dicto Ducatu Turonie, Nobis ac successoribus nostris Francie Regibus, expresse retinenda duximus ac eciam reservanda; (a) premissa, cum [b] de hiis, in retencione & reservacione hujusmodi, nulla in speciali mentio habeatur, in dubium deinceps revocari, & in disceptationem, processu temporis, deduci contingat, super hoc hesitacionis cujuslibet materiam amputare, ac eisdem Ecclesie & Ministris in hac parte, oportune provisionis suffragante medio, utiliter subvenire, ut tenemur. Notum facimus universis presentibus pariter & futuris, quod in retencione & reservacione predictis per Nos, ut premittitur, factis, intendentes dictam Ecclesiam Beati Martini Turonensis, dictosque ipsius Ecclesie Ministros, cum omnibus aliis premissis, ut exemptos, locum sibi distincte & in speciali precipuum vendicare, ipsam Ecclesiam aliis prerogativis plurimum & merito insignitam, & eosdem ipsius Ecclesie Ministros; videlicet, Decanum, Thesaurarium & Capitulum, tam in capite quam in menbris, conjunctim eciam & divisim, cum dictis eorum Officiariis, familiaribus, hominibus, justiciabilibus, subditis, Villis, territoriis, Juridicionibus, domibus, maneriis, juribus, possessionibus, bonis & pertinenciis universis in dicto Regno nostro ubicunque existentibus, ut preferiur, in dicta nostra & successorum nostrorum Francie Regum, salva & speciali gardia, ac sub nostra superioritate & de nostro immediato ressorto existere, & in eis perpetuo remanere, ipsosque à juridicione cujuscumque Judicis temporalis Regni nostri, cujuscumque condicionis existat, preterquam à nostra, fore prorsus exemptos, de nostra certa scientia, tenore presentium declaramus; eosdem & eorum singulos, exhabundanti, in quantum opus est, & [c] ex causa, à dicto Germano nostro & ejus Justiciariis, Officiariis & Gentibus, ac eorum juridicione, eciam penitus eximentes. Preterea statuendo volumus, auctoritate nostra Regia ordinantes, quod prefati Decanus, Thesaurarius & Capitulum, tam in capite quam in menbris, tam conjunctim quam divisim, pro se dictisque suis Officiariis, familiaribus, hominibus, justiciabilibus, subditis, Villis, territoriis, Juridicionibus, domibus, maneriis, juribus, possessionibus, bonis & pertinenciis universis, coram Baillivo nostro ressortorum, in Villa de [d] Caynone per Nos ad hoc deputata, & ad sedem ipsius de cetero ressortiri teneantur; donec de alio ressorto Regio duxerimus ordinandum: Dilectis & fidelibus Gentibus nostri Parlamenti, ac Baillivo ressortorum predicto, ceterisque*

[a] per aliquos.. in dubium, &c. *Voy. plus bas.*

[b] de ce qui regarde S.t Martin de Tours.

[c] ex certa causa *dans les Lettres suivantes.*

[d] Chinon, en Touraine.

NOTE.

(a) *Premissa.* ] Il faudroit peut-être corriger, *presertim.* Cependant le mot *premissa* se trouve dans les Lettres suivantes, où on lit: *premissaq. dictis juris retencione & reservacione incommodi nula, &c.*

*Justiciariis & Officiariis nostris, & eorum Locatenentibus, qui nunc sunt & qui pro tempore fuerint, & eorum cuilibet, prout ad eum pertinuerit, dantes presentibus in mandatis, quatenus, contra declarationem, statutum, voluntatem & ordinacionem nostram hujusmodi, presentiumque Litterarum tenorem, quas in dicto Parlamento legi & publicari, ac in Registris ejusdem inscribi volumus & jubemus, nil facere aut attemptare presumant, nec à quoquam aliquid quomodolibet fieri & attemtari; nec eciam dictos Decanum, Thesaurarium & Capitulum, inquietari & molestari permittant; ad statum pristinum & debitum reducentes aut reduci facientes, si quid factum fuerit forsan secus. Que ut firma, &c. nostrum, &c. salvo, &c.* Datum apud Nemus Vincennarum, mense Junii, anno Domini M. CCC. LXX. & Regni nostri septimo.

CHARLES V. au Bois de Vincennes, en Juin 1370.

*Per Regem.* TOURNEUR.

---

CHARLES V. au Bois de Vincennes, en Juin 1370.

(a) Lettres qui portent que l'Abbaye de Marmoustier qui est sous la sauvegarde Royale, ne sera point soumise, tant dans le chef que dans les membres, à la Jurisdiction des Officiers du Duc de Touraine; & que ses affaires seront portées devant le Bailli des Ressorts, établi à Chinon.

*KAROLUS, &c. Ad perpetuam rei memoriam. Eximie devocionis affectus, &c. Sane cupientes inter dictas sanctas Dei Ecclesias, Ecclesiam sive Abbaciam Majoris-Monasterii, de antiqua fundacione Regia* [a] *existere, dictosque ipsius Ecclesie seu Abbacie Ministros; videlicet, Abbatem & Conventum, ac Priores Prioratuum ejusdem, tam conjunctim quam divisim, cum suis Officiariis,* [b] *famulubus, hominibus, justiciabilibus, subdictis,* [c] *Villiis, teritoriis, Juridicionibus, domibus, maneriis, juribus, possecionibus, bonis & pertinenciis universis in Regno nostro ubicunque existentibus, in nostra ac predecessorum nostrorum Francie Regum, salva & speciali gardia, &c. Que ut firma & indivulsa in futurum permaneant, nostrum, &c. salvo, &c.* Datum apud Nemus Vincennarum, mense Junii, anno Domini M.° CCC.° LXX.° & Regni nostri VII.°

Sic signata. *Per Regem.* TOURNEUR. *Visa.*

a existentem.

b familiaribus.

c Villis.

NOTES.

(a) Tres. des Char. Reg. 100. P. 591.

Ces Lettres sont semblables aux precedentes, mais elles sont pleines de fautes, & même tronquées dans un endroit.

---

CHARLES V. à Paris, au mois de Juin 1370.

(a) Confirmation des Lettres de Raimond VI. Comte de Thoulouse, par lesquelles il déclare le Prieuré & la Ville *de Aspreriis*, exemptes de toutes sortes d'Impôts.

*KAROLUS, &c. Notum facimus universis presentibus & futuris, Nos infrascriptas vidisse Litteras, formam que sequitur, continentes.*

Philippe III. dit le Hardi, à Paris, en Juillet 1273.

[d] *PHILIPPUS Dei gratia Francorum Rex. Notum facimus universis presentibus & futuris, quod Nos, à Registris Cancellarie nostre, de tempore inclite recordacionis,* [e] *Ludovice Francie & Navarre Regis, Domini & Consanguinei nostri carissimi, fecimus extrahi Litteras, quarum tenor sequitur in hec verba.*

Loüis X. dit le Hutin, à Paris, en Avril 1315.

[f] *LUDOVICUS Dei gratia Francie & Navarre Rex. Notum facimus universis presentibus & futuris, Nos infrascriptas vidisse Litteras, formam que sequitur, continentes.*

Philippe VI. dit de Valois, à Paris, en Janvier 1337.

d Philippe de Valois.

e Ludovici.

f Louis-le-Hutin.

NOTE.

(a) Tresor des Chartres, Registre 100. Piece 840.

CHARLES V. à Paris, au mois de Juin 1370.

a Philippe-le-Hardi.
b Voy. cy-dessous Note (a).
c hæc.
d Violenta.

*a* *P*HILIPPUS *Dei gratia Francorum Rex. Notum facimus universis tam presentibus quam futuris, quod Nos Litteras* [b] *R. quondam Comitis Tholose, Ducis Narbonensis, Marchionis Provincie, vidimus in* [c] *hac verba.*

*(a) R. Dei gratia Comes Tholose, Dux Narbonensis, Marchio Provincie. Omnibus has Litteras visuris : Salutem & pacem. Scire volumus omnes, quod Priorem de (b) Aspreriis, omnesque suos successores ibidem futuros Priores, & Ecclesiam de Aspreriis, & omnes homines in eadem Villa habitantes, ab omni Questa vel Taillia seu (c) Albergua nostra, & (d) armata prosecucione, omnique* [d] *violencia qualibet exaccione, tam per nosmetipsos, quam per nostros heredes vel successores, in perpetuum absolvimus & quittamus; recognoscentes quod omnes has & hujusmodi Angarias, injuste & indebite semper eisdem fecimus; adeoque plenam ab hiis omnibus Libertatem & absolucionem & immunitatem à nobis & à nostris, perpetuo jure eisdem concedimus, & sigilli nostri auctoritate confirmamus.* Datum apud [e] Sanctum Egidium, anno Incarnacionis millesimo CC. VIII. *presente Magistro Milone, Domini Pape Notario, Apostolice Sedis Legato*, die [f] XIII. kalend. Julii.

e S.t Gilles.
f le 19. de Juin.

Suite des Lettres de Philippe-le-Hardi.

*In cujus rei testimonium & munimen, presentibus Litteris nostrum fecimus apponi sigillum.* Actum Parisius, anno Domini M. CC. septuagesimo tertio, mense Julio.

Suite des Lettres de Loüis-le-Hutin.

*Nos vero predicta omnia & singula, prout rite & juste hactenus usitata sunt, rata & grata habemus, & tenore presentium confirmamus; salvo, &c. Quod ut stabile in futurum permaneat, presentes Litteras fecimus communiri nostri appensione sigilli, quo ante susceptum Regni Francorum regimen utebamur.* Actum Parisius, anno Domini M. CCC.° quinto decimo, mense Aprilis.

Suite des Lettres de Philippe de Valois.

*In cujus rei testimonium, presentibus Litteris nostrum fecimus apponi sigillum.* Actum Parisius, anno Domini M. CCC. tricesimo VII. mense Januarii.

Suite des Lettres de Charles V.
g ea.
h usi.

*Nos autem predicta omnia & singula in suprascriptis contenta Litteris, rata habentes & grata,* [g] *& volumus, laudamus, approbamus, ratificamus, & de gratia speciali auctoritateque nostra Regia, & de plenitudine Regie potestatis, quatenus Priores de Aspreriis & alii suprascripti, de premissis* [h] *visi sunt pacifice & quiete, tenore presencium confirmamus; Tholose & Ruthene Senescallis, ceterisque Justiciariis, Commissariis & Officiariis Regni nostri, eorumque Locatenentibus, & cuilibet eorumdem, prout ad eum pertinuerit, mandamus districtius injungendo, quatenus Priorem de Aspreriis, ac homines & alios suprascriptos, nostra confirmacione & gratia de cetero uti & gaudere faciant & permittant pacifice & quiete, absque impedimento & contradiccione quibuscunque; & si quid in contrarium factum seu attemptatum invenerint, id ad statum pristinum & debitum inducant, visis presentibus, indilate. Quod, &c. salvo, &c.* Datum & actum Parisius, anno Domini millesimo CCC. septuagesimo, Regni vero nostri VII.° mense Junii. *Visa.*

*Per Regem, ad Relationem Consilii.* J. GREELE.

NOTES.

(a) *R.* ] Raimond VI. Comte de Toulouse, succéda à son Pere Raimond, en 1194. & mourut en 1222. *Voy. l'Hist. des Comtes de Tolose, par Catel*, pp. 221. & 320.

(b) *Aspreriis.* ] Le R. P. D. Vaissette Benedict. m'a dit qu'il ne connoissoit aucun lieu dans les Senéchaussées de Thoulouse & de Roüergue, dont le nom eût du rapport avec celui d'*Aspreriis*.

(c) *Albergua.* ] Le droit de Gîte, qui consistoit dans le droit d'aller loger gratuitement dans une maison, pendant quelque tems. *Voy. le Gloss. de du Cange*, au mot, *Albergua*.

(d) *Armata prosecucione.* ] Le droit qu'avoit un Seigneur, d'obliger ses sujets de l'accompagner à la guerre.

CHARLES V. à Paris, en Juin 1370.

*(a) Lettres qui permettent aux Consuls de Ville-Franche, de faire les proclamations necessaires pour les affaires de la Communauté de cette Ville, (sans demander permission au Senéchal de Roüergue.)*

CHARLES, &c. Savoir faisons à tous presens & avenir, Nous avoir receu l'humble supplication des Consulz [a] Université de nostre Ville de Ville-franche, en la Seneschaucie de Roüergue, contenant, que comme il leur conviengne souvent faire plusieurs criées & proclamacions touchans & regardans le fait ou cause de leurs dictes Universités & Consulat, & d'icelles criées & proclamacions, aïent acoustumé de demander licence à noz Seneschalz ou autres Officiers de ladicte Seneschaucie de Roüergue, pour ce que sanz leur licence & congié, ne l'ont [b] ousé ou temps passé, ne peu faire ne ne leur ait esté loisible; pourquoy consideré la difficulté que noz Seneschalz ou autres Officiers dessusdis, leur ont fais de donner ladicte licence ou temps passé, il ont soustenu plusieurs grans dommages & inconveniens, & encores feroient ou temps avenir, se par Nous ne leur estoit pourveu de remede convenable, si comme il dient, en Nous suppliant à eulz estre pourveu dudit remede: pourquoy inclinans favorablement à leur supplication; attendu aussi la bonne & vraye obéissance que il Nous ont monstré ou fait de l'appellation contre Eddouart d'Angleterre, par laquelle il se sont rendu à nostre subjeccion & obeissance, & voulans noz bons & loyaulz subgez relever de toutes charges & oppressions indeuës, à yceulz Consulz, Université & habitans, avons ottroyé & ottroyons de certeinne science & de grace especial, par la teneur de ces presentes, que il puissent & leur loise perpetuelment doresenavant, faire ou faire faire toutes manieres de criées ou proclamacions à [c] voiiz de trompe ou autrement; ainsi comme il est acoustumé à faire en tel cas, dedens ladicte Ville de Ville-franche, touchans & regardans le fait ou Cause de leurs diz Consulat & Université; & que en faisant les dictes criées & proclamacions, il puissent enjoindre & imposer [d] poinnes à ceulz que bon leur semblera, & à qui il appartiendra à les imposer selon la qualité du fait pourquoy il feront les dictes criées & proclamacions, jusques à la somme de [e] sinq solz Tournois & au dessoux; pourveu toutes voïes que tout l'émolument des dictes poinnes, soit & sera du tout mis & converti ès réparacions de la fortificacion & closure de ladicte Ville de Ville-franche, & non ailleurs. Si donnons en mandement à nostre Seneschal de Roüergue, & à tous noz Justiciers & Officiers, ou à leurs Lieuxtenans, & à chascun d'eulz, si comme à lui appartendra, que les dits Consulz, Université & habitans, qui ores sont & qui pour le temps avenir seront, il facent, sueffrent & laissent joïr & user paisiblement, sans aucun empeschement ou contredit, de nostre dicte grace & octroy, & que contre la teneur d'icelle, ne les molestent, perturbent ou empeschent, ne sueffrent estre molesté, perturbé ou empeschié par quelque maniere que ce soit, ores ne ou temps avenir; mais se aucune chose est faicte, attemptée ou innovée aucontraire, si le mettent ou facent mettre & ramener au premier estat & deu. Et pour ce que ce soit, &c. sauf, &c. *Donné à Paris, l'an de grace mil CCC. LXX. & de nostre Regne le VII.e ou mois de Juing.* *Visa.*

Par le Roy, à la relation du Conseil. P. DE VERGNY.

a &. b osé. c voix. d peines. e cinq.

NOTE.

(a) Tresor des Chartres, Registre 100. Piece 783. *Voy. cy-dessus*, page 190. Note (a).

CHARLES V. à Paris, en Juin 1370.

## (a) Privileges accordez aux habitants de Puy-Mirol, dans l'Agenois.

SOMMAIRES.

*(1) Confirmation des Privileges de la Ville de Puy-Mirol.*

*(2) Outre les Foires qui se tiennent dans cette Ville, le jour de la Feste de S.te Foy, il s'y en tiendra deux autres, le 3. de May & le 15. de Novembre.*

*(3) Les Consuls pourront faire construire dans la Place de la Ville, une Maison couverte & deux Halles, y placer des Tables [ pour vendre des Marchandises ] & loüer ces tables, dont le produit sera employé aux dépenses communes de la Ville.*

*(4) On ne pourra saisir les effets des habitans de cette Ville, par l'ordre de quelque personne que ce soit, sans avoir presenté cet ordre au Bailli; & les effets qui auront été saisis après cette formalité, ne pourront être vendus que quinze jours après celui de la saisie.*

*(5) Les demandes qui ne passeront pas cent sols, ne seront point faites par écrit, mais seulement verbalement.*

*(6. 7.) Les habitants non-nobles de cette Ville, joüiront des Fiefs & autres droits nobles qu'ils posséderont depuis 30. ans.*

*Ils joüiront des Fiefs & autres droits nobles qu'ils pourront acquerir pendant l'espace de 10. ans; pourveu cependant qu'il n'y ait point de Forteresses sur ces Fiefs, ni d'Arriere-Fiefs qui relevent de ces Fiefs.*

*(8) Le Bailli de cette Ville pourra donner des Tuteurs & des Curateurs, les déposer, & en nommer d'autres à leur place.*

*(9) Les Appels des Sentences du Bailli & des Consuls de cette Ville, seront portez devant quatre personnes qui seront élûës à cet effet. Si on interjette appel de la Sentence de ces quatre personnes, devant le Seneschal d'Agen ou le Juge ordinaire, eux ou leurs Lieutenants seront obligez de venir donner leur jugement dans la Ville de Puy-Mirol.*

*(10) Lorsqu'un habitant de cette Ville fera un procez devant les Juges Royaux, à un autre habitant, sur le fondement d'un titre qui sera suspect, le procez ne pourra être commencé, que le Bailli ou les Consuls n'ayent fait une information sur ce titre, & n'ayent déclaré que l'on peut proceder au jugement du procez; si ce n'est cependant dans les procez où il s'agira du crime de Leze-Majesté.*

*(11) Les Sentences renduës par le Bailli ou les Consuls de cette Ville, ou par les quatre personnes élûës pour juger sur l'appel des Sentences du Bailli ou des Consuls, ne pourront être cassées par le Seneschal d'Agen ni par quelqu'autre Juge que ce soit, si l'une des Parties n'en interjette appel devant eux.*

*Le Seneschal d'Agen, ni quelqu'autre Juge que ce soit, ne pourront évoquer devant eux, les procez pendants pardevant le Bailli ou les Consuls de cette Ville, s'ils n'en ont une cause juste & raisonnable.*

*(12) On ne pourra faire d'information contre un habitant de cette Ville, qu'en presence de deux Consuls, si ils veulent y assister. Si l'information se fait contre un Consul, deux des personnes élûës pour juger l'appel des Sentences du Bailli & des Consuls, seront requises d'y assister, si elles le jugent à propos.*

*(13) Le Roy donne aux Consuls de cette Ville, une Prison qu'ils seront tenus de réparer & de fortifier, & dans laquelle seront détenus sous les ordres du Bailli, ceux qui ne seront point de cette Ville.*

*(14) On restituera aux habitants de cette Ville, les biens situez hors de leur territoire, qui leur appartiennent, & qui leur ont été enlevez pendant les troubles de la guerre.*

*(15) Remission accordée aux habitants de cette Ville, de tous les crimes, & même de ceux de Leze-Majesté, qu'ils pourront avoir commis.*

*(16) Le Roy confirmera par ses Lettres Patentes, les Privileges accordez par le Duc d'Anjou, aux habitants de cette Ville.*

*KAROLUS, &c. Notum facimus, &c. Nos infrascriptas carissimi Germani nostri, Ludovici Ducis Andegavensis & Comitis Cenomanensis, nostrique Locumtenentis* a Languedoc. *in [a] Partibus Occitanis, vidisse Litteras, formam que sequitur, continentes.*

*LUDOVICUS Regis quondam Francorum Filius, Domini nostri Regis Germanus, ejusque Locumtenens in Partibus Occitanis, Dux Andegavensis & Comes Cenomanensis. Dignum atque racioni consonum arbitramur, illorum pre ceteris vota fidelia favorabiliter* b quos. *adimplere, [b] quorum manus & animum, ad augmentanda & reconsilianda jura dicto Domino nostro pertinencia, totis viribus porrigere videmus adjutrices; quodque eciam*

NOTE.

(a) Tresor des Chartres, Registre 100. Piece 784. *Voy. cy-dessus*, p. 190. Note (a).

*gratuitum atque laudabile censemus, illorum requestas subditorum exaudire, ipsosque privilegiis & Libertatibus premiare ac eciam decorare, quorum cordium voluntates & affectus erga dictum Dominum nostrum atque nos, sentimus liberales. Cum igitur carissimus Consanguineus noster, Comes Armaniaci, prospiciens firmam dileccionem quam dilecti & fideles dicti Domini nostri atque nostri, Consules & Jurati ac Universitas Ville de (a) Podio-Mirolii, aliter Grandi-Castri, erga dictum Dominum nostrum, Coronam Francie atque nos, diucius intrinsecus habuerunt, qualiter eciam ipsi dictum Dominum nostrum, ut eorum Dominum superiorem, & aliter, prout sibi de jure competere posset, animo benivolo recognoverunt, eisdem Consulibus, nomine ipsorum & Universitatis ejusdem Ville, certa privilegia, Libertates & franchisias, prout inferius sunt descripta, contulerit, prout per quemdam (b) Rotulum in Pergameno scriptum, sigillis dicti Consanguinei nostri & Consulatus ipsius Ville, sigillatum, liquide vidimus apparere.*

CHARLES V. à Paris, en Juin 1370.

*(1) Notum facimus, &c. quod nos, fidelitate & vera obediencia predictis attentis, premissa per dictum Consanguineum nostrum, tenere & adimplere volentes ac eciam cupientes, privilegia ac alia in dicto Rotulo contenta, & que inferius designantur, rata atque grata habentes, predictis Consulibus & habitatoribus, pro se & eorum perpetuo successoribus, & Universitati & singularibus dicti loci de Podio-Mirolli, & [a] Honoris seu Mandamenti ejusdem, omnia & quecumque privilegia, Libertates, statuta, usus & Consuetudines ipsius Ville seu Universitatis ejusdem, antiquitus per Dominos nostros Francorum Reges, Comites Tholosanos, qui pro tempore fuerunt, Edwardum nuper Ducem Acquitanie, & alios quoscumque, tam per Litteras quam aliter, & quibus ipsa Universitas utitur & usa est atque uti consuevit, confirmavimus, & per Litteras presentes confirmamus de nostri certa sciencia, auctoritate Regia nobis in hac parte attributa, & gratia speciali: Volentes ipsos Consules, Universitatem atque singulares ejusdem Ville ac Honoris, eisdem privilegiis, Libertatibus, statutis, usibus & Consuetudinibus uti pacifice & gaudere.*

a Jurisdiction.

*(2.)* Item. *Exhibitam dicto Domino nostro atque nobis per fideles Gentes dicti loci, veram fidei constanciam reverenciamque cum humilitate in dicto loco & ejus Castellania ac ressorto repperiri consuetam, remunerare cupientes ac eciam premiare, ac insigniis [b] preheminenciis decorare ac eciam predotare, eisdem Consulibus & Universitati ipsius Ville, concessimus & tenore presencium, auctoritate, sciencia ac gracia quibus supra, concedimus, quod in ipso loco, ultra alias Nundinas eisdem per privilegium ab antiquo, in Festo (c) Sancte Fidis quolibet anno, concessas, habeantur & sint ac esse & teneri possint & valeant Nundine bis in anno, ex nunc perpetuo in futurum, per duos dies qualibet vice durature; videlicet, die Festi Sancte Crucis, [c] mense Maii; & die Festi (d) Sancti Juliani, & in crastinum cujuslibet ipsorum, cum omnibus & singulis privilegiis, Libertatibus & franchesiis eis alias concessis in predictis Nundinis Sancte Fidis; quodque eciam omnes ad dictas Nundinas affluentes, veniendo, stando & reddeundo, una cum mercaturis & bonis quibuscumque, sint in salvo & securo conductu & salva gardia Regiis, prout euntes ad alias Nundinas in Regno Francie concessas, sunt & esse consueverunt.*

b &.

c le 3. de May.

*(3) Preterea, predictis Consulibus, modernis & futuris, nomine Universitatis ejusdem loci ac ipsorum, concedimus, ut ipsi in Platea mercati, unam domum copertam cum duabus Halis, que durent à copertura loci seu Platee ubi sunt mensure, usque ad Domum*

NOTES.

*(a) Podio-Mirolii.]* Le R. P. D. Vaissette, Benedictin, m'a appris que ce lieu se nomme presentement, *Puy-Mirol*, qu'il est dans le Diocese d'Agen, vers les frontieres du Querci, à une lieuë de la Garonne; & qu'il paroît qu'il y a eu autrefois un fort Château, qui, suivant les apparences, lui avoit fait donner, le nom de *Grandis-Castri* ou de Grand-Château, sous lequel on ne le connoît plus aujourd'huy.

*(b) Rotulum.]* Lettres écrites sur un parchemin long, que l'on rouloit: Rolle vient de ce mot, *Rotulus.* Voy. le *Glossaire de du Cange*, à ce mot.

*(c) Sancte-Fidis.]* S.te Foy, dont la Fête se celebre le 6. d'Octobre. *Voy. le Vocab. Hagiol. de l'Abbé Chastelain, qui est à la tête du Diction. Etymolog. de Menage.*

*(d) Sancti Juliani.]* La Fête de Saint Julien se celebre le 15. de Novembre. Voy. *le Vocab. Hagiol.* cité dans la Note preced.

CHARLES V. à Paris, en Juin 170.

*que fuit Dompni Hugonis du Socol, construere & de novo edifficare, & ipsas perpetuis temporibus tenere & possidere, ac in ipsis Halis facere (a) Tabulas & antetabulas, quatuor (b) brassarum amplitudinis, easque Tabulas & antetabulas locare & arrendare ad tempus aut tempora prout eis placuerit; & peccuniam exinde levare & exigere aut levari & exigi facere per deputatos ab eis, & eam in comodum, neccessitatem & usus Consulatus & Ville, applicare libere & impune, ex nunc in perpetuum possint & valeant, absque contradictione aliquali.*

(4) Item. *Concessimus & concedimus, auctoritate & gratia quibus supra, quod nullus Officiarius aut Serviens Regius, ex nunc in posterum perpetuis temporibus, possit aut valeat pignorare seu executare aliquam personam dicti loci de Podio-Mirolii, Honoris ac Mandamenti ejusdem, virtute mandati cujuscunque & à quocunque procederet, nisi prius ipsum mandatum Bajulo ipsius loci presentaverit; quodque, si que bona, racione* a Pignor. R. [a] *pignoracionis, ab aliqua persona, cujuscunque sexus ac status existat, ipsius loci seu Mandamenti ejusdem, de mandato Bajuli aut Consulum predicte Ville, aut alterius eorumdem, capta contingeret, bona ipsa sic capta & pignorata, ad instanciam cujuscunque vendi non possint, usque ad quatuordecim dies post sequentes à die execucionis seu pignoracionis faciende, computandos; (c) de debitis Fiscalibus.*

(5) Item. *Pariter concedimus, quod in aliqua questione sive Causa pecuniaria movenda inter quascunque Partes, coram Bajulo vel Consulibus ipsius loci Grandis-Castri, non recipiatur peticio sive libellus in* b script. R. [b] *scripto, nisi peticio* c summam. [c] *sumam centum solidorum, & ad extimacionem Consulum, excedat; sed eidem peticioni seu demande, per Actorem verbaliter facte, reus respondere teneatur, & eisdem Partibus, ipsis auditis, summarie & de plano, exhibeatur bonum & breve Justicie complementum.*

(6) *Et insuper concedimus, gratia & auctoritate quibus supra, quod omnes & singuli Burgenses dicti loci, (d) Oblias, Feoda nobilia aut redditus tenentes & possidentes, & que Feoda, Oblias, ac redditus, ipsi seu eorum predecessores quorum causam habent, tenuerunt & possederunt pacifice & quiete & sine contradicione aliquali, per spacium triginta annorum, ipsa Feoda, Oblias ac redditus tenere & possidere, ex nunc in perpetuum, libere, pacifice ac quiete possint & valeant, absque eo quod Dominus meus Rex, ejus successores, aut alius quicunque, nomine ipsius aut alterius cujuscunque, ipsis de predictis aliqualem questionem seu demandam facere possit aut valeat in futurum, ac impedimentum aliquale apponere in eisdem; que si secus facta forent, pro nullis, cassis & irritis esse volumus & declaramus per presentes.*

d &. (7) Item. *Pariter concedimus, auctoritate* [d] *scientia prelibatis, quod quecunque persona, cujuscunque sexus, dicti loci Burgensis, Oblias, Feoda, (e) Gentilia ac redditus, usque ad summam trescentarum librarum* e de revenu. [e] *rendualium, & sine fortalicio & (f) homagio, emere & acquirere, & ea tenere ac possidere pacifice & quiete, perpetuis temporibus, possit & valeat in toto Ducatu Acquitanie; dum tamen ipsa emerint &*

NOTES.

(a) *Tabulas & antetabulas.*] Il n'y a dans le Registre pour ce dernier mot, que *an*, avec une marque d'abreviation, & *tabulas* séparé de *an*.

Ce sont des Tables pour étaler des marchandises, & d'*autres* Tables placées apparemment devant les premieres.

(b) *Brassarum.*] La Brasse est une mesure de 6. pieds. *Voy. le Gloss. de du Cange*, au mot, *Brassata*.

(c) Il y a là deux mots presque entierement couverts d'encre, qu'on ne peut lire. Le premier commence par *demp.* ce qui est sans doute le commencement du mot, *demptis*. Voy. la fin de l'article 10.

(d) *Oblias.*] C'est un droit que les Vassaux doivent payer à leurs Seigneurs, à un certain jour marqué. *Voy. le 3.e Vol. des Orden.* p. 205. Note (i).

(e) *Gentilia.*] Ce mot qui n'est point dans le Glossaire de du Cange, signifie sans doute, des terres ou des Droits nobles, qui appartiennent à des Gentilshommes, que l'on nommoit en Latin, *Gentiles*. Voy. *le Gloss. de du Cange*, au mot, *Gentilis*. I.

(f) *Homagio.*] Je crois que cela signifie, que ces non-nobles ne pourront acquerir des Terres nobles, desquelles releveroient des Arriere-Fiefs, dont les Vassaux qui les possederoient, seroient obligez de faire *hommage* à leur Seigneur Suserain. *Voy. le Gloss. de du Cange*, aux mots, *homagium & hominia*. p. 1170.

*acquisiverint*

CHARLES V. à Paris, en Juin 1370.

acquisiverint infra decem annos proximos & immediate sequentes, & à data presencium computandos.

(8) Item. *Volumus, & de gratia speciali per presentes concedimus, quod Bajulus dicti loci Grandis-Castri seu Podii-Mirolii, qui nunc est aut pro tempore fuerit, in Causis & factis in quibus decebit, & coram ipsis emergentibus, Tutores & Curatores dare, & eosdem deponere, & alios loco eorum ponere, & in eisdem decretum apponere valeat atque possit.*

(9) Item. *Similiter concessimus & per presentes concedimus, scientia & gratia quibus supra, quod omnes & singule appellaciones à Curiis Bajuli & Consulum dicti loci Podii-Mirolii seu Grandis-Castri, descendentes, sumantur & terminentur in ipso loco Grandis-Castri, coram quatuor probis hominibus electis super facto appellacionum: & si à pronunciacione seu terminacione eorum, contingeret appellari ad Audienciam Senescalli Agennensis, aut Judicis ordinarii, volumus & concedimus, quod ipsi Senescallus aut Judex ad quem extiterit appellatum, dictam Causam appellacionis audire & finaliter terminare in dicto loco Grandis-Castri teneatur, aut Locum-tenentem [a] suumve Commissarium ad hoc deputatum, ibidem destinare, juxta modum & formam usuum eorum & privilegiorum eisdem concessorum.*

(10) Item. *Et concedimus, quod nullus homo dicti loci Grandis-Castri ac Honoris ejusdem [b] habitator, per Officiarios Regios possit trahi seu poni in Causa, pro quacunque Littera suspecta, contra [c] aliquem personam dicti loci ac Honoris, nisi legittima informacione per Bajulum vel Consules ipsius loci facta de contentis in ipsis Litteris, & declaracione seu pronunciacione, quod contra ipsum seu ipsos est procedendum, & debent trahi in Causa procedente; demptis tamen in hiis, que crimen lese Majestatis concernunt aut concernere possunt quoquomodo.*

(11) *Preterea concessimus & concedimus tenore presencium, de gratia speciali, quod omnes Sentencie late aut ferende per Bajulum, Consules aut probos Judices dicti loci, vel per aliquam Curiam ipsorum, sint firme & valide ad imperpetuum, & nunquam aut aliqualiter [d] revocabilis; quodque Senescallus Agennensis aut aliquis alius Officiarius ipsas non possit revocare nec ad se advocare, nisi aliqua Parcium à dictis Senienciis, ad ipsos appellaverint; nec non & Causas coram dictis Bajulo, Consulibus aut quatuor probis, aut aliqua Curia eorumdem, inceptas & vertentes, ad se advocare nequeant, quousque finite fuerint & terminate ubi fuerint incepte; nisi tamen [e] juxta & racionabilis causa dicti Senescalli aut alterius eorum superioris, animum permoveret.*

(12) Item. *Concedimus prefatis Consulibus, singularibus & habitatoribus dicti loci, quod nullus Officiarius Regius possit aut valeat facere informacionem in dicto loco Podii-Mirolii seu Grandis-Castri, nec in Honore ejusdem, contra aliquam personam ipsius Ville seu Honoris habitatorem, nisi vocatis duobus Consulibus ipsius Ville ad minus; & si interesse noluerint, quod dictus Officiarius seu Commissarius ad hoc deputatus, eandem informacionem solus facere teneatur; & in casu quo aliquas informaciones contra Consules dicte Ville, modernos aut futuros, fieri contingeret, quod ad ipsam fiendam vocentur duo probi homines ejusdem Ville, qui ibi, [f] se velint interesse, possint.*

(13) Item. *Et ampliando gratiam & privilegia eis concessa & superius [g] specificator & declarata, eisdem Consulibus, modernis & futuris, nomine eorum & Universitatis ejusdem Ville, concessimus, concedimus ac donamus de gratia speciali ad imperpetuum, Domum prisionariam que est ad Portam Orientalem, ac omne jus quod dicto Domino nostro seu nobis pertinet, aut qualitercunque potest pertinere in eadem, in qua Forenses dicte Ville in eadem delinquentes, possint arrestari & prisionarii detineri, sub gardia & custodia Bajuli ipsius Ville: Cui quidem Bajulo, moderno aut futuro, regimen ac custodiam dicte Domus, ex nunc perpetuo in futurum, committimus per presentes; proviso tamen quod Consules ejusdem Ville, ipsam domum fortificare & reparare suis sumptibus & expensis tenebuntur, ut incarcerati seu prisionarii ibidem tutius valeant remanere & eciam custodiri.*

(14) *Et insuper, attendentes damnna maxima & quasi infinita, que ipsi Consules, Jurati, singulares & habitatores ejusdem Ville, tam per Gentes armorum ad stipendia*

a suum vel.

b Il y a sur ce mot, une marque d'abbreviation qui semble inutile.

c aliquam.

d revocabiles.

e justa.

f si.

g specificata.

CHARLES V. à Paris, en Juin 1370.

*dicti Domini nostri existentes, quam per inimicos ejusdem Domini nostri atque nostros, sustinuerunt, volumus & concessimus, volumusque & concedimus ipsis Consulibus, singularibus & habitatoribus ipsius Ville ac Honoris ejusdem, de gratia speciali, per presentes, quod omnia & singula eorum bona mobilia & immobilia, & alia que eisdem & eorum alteri, pertinere possunt per (a) raciones, acciones, aut aliter qualitercunque, & quas die vicesima quinta mensis Marcii proxime preteriti, extra Honorem seu Mandamentum ejusdem Ville, habeant eisdem & eorum cuilibet, prout ad eum pertinuerit, & prout fidem facient de eisdem, reddantur & restituantur libere & indilate: Detentores enim eorumdem, ad ea reddenda eisdem, compelli volumus & jubemus absque difficultate aliquali.*

a advertentes. b p. R. c &.

*(15) Preterea, considerantes & [a] advertantes veram & perfectam humilitatem ac obedientiam Domino nostro atque nobis per dictos Consules exhibitam, [b] pio eisdem compatientes affectu, ut ad meliora peragenda sint cliviores, [c] brachio Regalis excellencie sentiant se adjutos, eisdem Consulibus, Juratis, singularibus & habitatoribus dicti loci de Podio-Mirolii aliter Grandis-Castri, & Honoris ejusdem, & eorum cuilibet, omnia & singula crimina, forefacta & delicta, qualiacunque existant, eciamsi crimen lese Majestatis concernerent, per eos aut eorum alterum commissa & perpetrata, à tempore preterito usque ad diem hodiernam; necnon & omnem penam corporalem, criminalem & civilem, quam seu quas ipsi aut eorum alter, occasione eorumdem, incurrit erga dictum Dominum meum seu nos, aut incurrisse potuit quoquomodo, remisimus & quittavimus, remittimusque & quittamus de gratia speciali per presentes; processus, informaciones & inquestas super ipsis delictis factas, cassantes, irritantes & penitus adnullantes, ipsos [d] etiam & quemlibet eorum, ad suam bonam famam, larem, domicilium restituendo integraliter & ad plenum; Procuratorique Regio, super premissis, ex nunc in futurum silencium perpetuum imponendo.*

d mot abregé & douteux.

*(16) Predicta enim omnia & singula superius descripta & expressata, laudari, approbari & confirmari facere promittimus per dictum Dominum meum Regem, cum suis patentibus Litteris, suo sigillo in cera viridi sigillatis seu sigillandis, in majorem [e] & singulorum premissorum roboris firmitatem.*

e omnium.

*Quocirca Senescallo Agennensi, ceterisque Justiciariis & Officiariis nostris Regiis, modernis & futuris, & eorum cuilibet, ut ad eum pertinuerit, damus tenore presencium in mandatis, quatenus dictos Consules, singulares & habitatores dicte Ville Podii-Mirolii aliter Grandis-Castri, ac Honoris ejusdem, modernos & futuros, & eorum quemlibet, prout pertinuerit, predictis omnibus & singulis privilegiis, nundinis, remissionibus & graciis superius descriptis & expressatis, & eorum quemlibet, uti & gaudere pacifice & quiete faciant & permittant, nil in contrarium attemptando seu attemptari faciendo vel permittendo: Quod si secus factum fuerit, ad statum pristinum & debitum redducant seu redduci faciant, visis presentibus, indilate. Quod ut firmum, &c. salvo, &c.* Datum & actum Tholose, anno Domini M. CCC. sexagesimo nono, die quarta mensis Aprilis.

f &. g retranscriptas.

*Quas quidem Litteras suprascriptas [f] supra [g] ratranscriptas, ac omnia & singula contenta in eisdem, ratifficantes, approbantes & laudantes, eas & ea, auctoritate nostra Regia Regieque potestatis plenitudine & de gratia speciali, confirmamus per presentes. Quod ut firmum, &c. salvo, &c.* Datum Parisius, anno Domini M. CCC. septuagesimo, & Regni nostri septimo, mense Junii. *Visa.*

*Per Regem, ad relationem Consilii.* J. DE CAISSY.

Collatio facta est cum Litteris Originalibus suprascriptis.

NOTE.

(a) *Raciones.* ] Ce mot signifie des biens, des droits, des actions, &c. *Voy. le Gloss. de du Cange*, au mot, *Ratio 2.* En François, on dit aussi *Raisons* en ce sens.

CHARLES V. à Paris, en Juin 1370.

## *(a) Reglement pour le Mestier des Tanneurs de la Ville de Troyes.*

CHARLES, &c. Sçavoir faisons, &c. Nous avoir receu la supplicacion des Tanneurs de nostre Ville de Troyes, contenant, comme d'ancienneté soïent ordenez quatre Maistres sur le fait dudit mestier en la dicte Ville, [a] saremментez en la main de nostre Prevost; lez quielx ont la visitacion & cognoissance des cuirs qui sont labourez & tannez en la dicte Ville, avant qu'il soïent mis en vente; la punicion du meffait, selonc les cas dont par ledit Prevost à leur rapport, les Amendes sont levées à nostre profit; & ja pieça, sur certaine poursuite que faisoit nostre Procureur contre lesdits Tanneurs, pour aucuns abus & deffaux qu'il disoit estre en leur mestier, fust par la Court de nostre Parlement, dit & ordené par Arrest, yceulx Tanneurs estre tenuz des lors en avant, de vendre leurs Cuirs bien & profitablement *(b)* fouez; lequel feuage en *(c)* profitablement, puet cheoir en grant obscurté & doubte ou prejudice dudit mestier, selon la diversité & contrarieté dez oppinions; & combien que selon raison, en pevent & doivent avoir dudit mestier, plus grant cognoissance les dits quatre Maistres, que autres qui ne sont du mestier, & lesquelx ont plaine visitacion & cognoissance dudit tanner, qui est plus grant chose oudit mestier, que le fouer; toutesvoïes, pour ce que par nostre dicte Court, a esté [b] adjosté sur le fait & ordennance dudit mestier, oultre l'usage ancien, les dis Cuirs estre bien & profitablement fouez, quand il seront mis en vente; yceulx Maistres ne se osent entremettre de prendre la visittacion & cognoissance dudit feuage, se n'est par nostre licence & auctorité, & pour l'oscurté ou contrarieté dez oppinions sur le fait dudit feuage, par gens non cognoissans, sont les dis Tanneurs cheuz ou tamps passé, & pourroient cheoir ou tamps avenir, en grant paines & dommages contre raison, si comme il dient, Nous sur telle doubte & obscurté, leur vousissiens pourveoir de nostre grace, à ce que paisiblement puissent vivre & faire lealment leur marchandise dessous Nous : Pourquoy Nous, ces choses considerées, voulens ledit mestier bien & deuëment estre fait & gouverné, & les supplians estre raisonnablement traictiez; voulens aussi pourveoir & obvier aux inconveniens, doubtez & obscurtez, qui par la contrarieté des oppinions, pourroient cheoir sur les choses dessus dictes, avons de nostre auctorité Royal, certaine science & grace especial, volu & octroïé, volons & octroïons par ces presentes, ou cas dessusdit, que les quatre Maistres ordenés, comme dit est, sur ledit mestier de Tannerie en nostre dicte Ville, qui orez sont & ceulx qui seront pour le tamps avenir, aïent d'oresenavant & perpetuelment, la visitacion, cognoissance & interpretacion du fouage des dis Cuirs tannez, & la punicion aussi, se meffait y trouvent, en la Ville & Cité de Troyes, samblablement comme il ont sur le fait du Tannage; auxquielx Maistres de ce faire, donnons plain povoir & auctorité, & ad ce les commettons par la maniere que dit est; pourveu que toutes les Amendes qui sur les deffaux, tant du tanner comme du fouer, seront par eulx, avec le Conseil dudit mestier, adjugiées, bailleront & seront tenus de bailler ou envoïer pardevers nostre Prevost dudit lieu de Troyes, ainsi qu'il ont usé d'ancienneté, des Amendes qui eschcoient oudit mestier. Si donnons en mandement par ces presentes, au Bailly & au Prevost de Troyes,

[a] *ayants preté serment.*

[b] *ajouté.*

NOTES.

*(a)* Tres. des Chart. Reg. 100. P. 658.

*(b) Fouez, lequel feuage.*] On ne trouve point ces mots dans le Dictionnaire du commerce de Savari, qui aux mots, *Tanneur* & *Corroyeur*, a donné un grand détail des differentes preparations des Cuirs. Peut-être s'agit-il ici de celle dans laquelle on fait flamber le Cuir sur le feu, & de laquelle Savary parle au mot, *Cuir*, tom. 1. p. 1628.

*(c)* Il y a là un mot d'où dépend l'intelligence de la Phrase, que l'on n'a pu déchiffrer. Il semble qu'il y ait *disrat*, sans marque d'abbreviation.

Ce qui suit cette phrase signifie, qu'il est très-difficile de juger, si cette preparation nommée *Feuage*, a été bien ou mal faite.

CHARLES V. à Paris, en Juin 1370.

& à tous les Justiciers & Officiers de nostre Royaume, presens & avenir, ou à leurs Lieuxtenans, & à chascun d'eulx, si comme à lui appartendra, que sur ledit mestier du fouer ne praingnent aucune cognoissance; mais en sueffrent & laissent congnoistre, joïr & user paisiblement, les quatre Maistres à ce commis & ordenez, selon la forme & teneur de nostre presente grace; nonobstant que par ledit Arrest, ne soit plainement declairié lesdits Maistres avoir la cognoissance sur le feuer desdits Cuirs, comme accoustumé ont sur le [a] tanneur. Et que ce soit chose ferme, &c. sauf, &c. *Donné à Paris, ou mois de Juing, l'an de grace mil CCC soixante & dix, & de nostre Regne le septieme.* *Visa.*

*Ainsi signé.* Par le Roy, en ses Requestes. CLARIN.

a tanner.

---

CHARLES V. à Paris, en Juin 1370. Philippe II. dit Auguste, à Paris, en Janvier 1214. Loüis IX. dit S.t Loüis, à Pont-Orson, en Avril 1256. Philippe III. dit le Hardi, à S.t Germain en Laye, en Octobre 1278. Philippe IV. dit le Bel, à Vincennes, en Octobre 1289.

*(a) Confirmation des Lettres de Richard I. Roy d'Angleterre, qui portent que les Religieux de l'Abbaye de la Luzerne & leurs sujets, ne payeront aucuns Impôts dans les Foires & Marchez, pour les Marchandises qui leur appartiendront.*

CHARLES, &c. Savoir faisons à tous presens & avenir, que Nous, à la supplication de noz bien amez lez Religieux, Abbé & Couvent de l'Eglise de la *(b)* Lucerne, avons veu les Lettres, contenant la fourme qui s'ensuit.

A Tous ceulx qui ces Lettres verront ou orront. Colin Marie, Lieutenant de Raven Pinchon, Bailli de [b] Coustantin : Salut. Sachent tuit, que ès Assises de Coustentin, tenuez par nous Lieutenant dessusdit, l'an de grace mil CCC. LXIX. le samedi continué du mardi, du mercredi & du vendredi après la Saint Jaque & S.t Philippe, de la partie des hommes Religieux & honestes, l'Abbé & le Convent de la Lucerne, nous furent presentées unes Lettres bien seelées, seinnes & entierres en seaulz & en escriptures, lesquelles furent leuëz en jugement, & desquelles la teneur s'ensuit.

A Tous ceulx qui ces Lettres verront ou orront. Rogier Baudouin, Lieutenant du Bailly de Coustentin : Salut. Sachent tuit, que ès assises de Coustentin, tenuës par nous Lieutenant dessus dit, qui furent l'an de grace mil CCC. quarante & trois, le vendredi après la [c] Saint Aubin, nous veismes, retenmez, & diligemment regardasmes les Lettres de haus Princes & redoubtez Seigneurs, plusieurs des Roys de France, dont mention est faicte cy-dessouz, escriptes de mot à mot; & aussi veismes nous unes Lettres seellées du seel de Richart jadis Roy d'Angleterre, sainnes & entieres, non viciéez, non [d] chancelléez en aucune partie, & seelléez du seel dudit Roy d'Angleterre, si comme il nous fu tesmoignié par grant [e] foison de bonnes gens estans ez dictes assises, dont la teneur ensuit.

b Cotantin.

c La Fête de ce Saint se celebre le 1.er de Mars.

d bâtonnées, barrées.

e grand nombre.

*(c) RICARDUS Dei gratia Rex Anglie, Dux Normanie [f] Acquitanie, Comes [g] Andicavie. Senescallis, Prepositis & Baillivis, ac omnibus Ministris & fidelibus suis, tocius terre sue & Portuum maris : Salutem. Sciatis Nos dedisse & concessisse Canonicis de Lucerna, quittanciam per totam terram meam, ita quod ipsi & homines sui [h] quitti, liberi & soluti in Nundinis & Mercatibus, in terra & in portibus maris, & per aquam,*

f &.

g Andic. R. Andegavic.

h sint.

NOTES.

*(a)* Tresor des Chartres, Registre 100. Piece 729.

*(b) La Lucerne.* ] L'Abbaye de la Luzerne, Ordre de Prémontré, dans le Diocese d'Avranches. *Voy. Gall. Christ. 1.re Edit.* tom. 4. p. 580.

*(c) Ricardus.* ] Ces Lettres qui ne sont point datées, ne peuvent être que de Richard I. qui monta sur le Throne en 1189. & qui mourut en 1199. *Voy. l'Hist. d'Angleterre de Thoyras*, tom. 2. Liv. 7. pp. 238. & 273.

*& in omnibus locis, à Theloneo, (a) putagio & passagio & (b) lestagio & (c) soalagio &* [a] *callagio, & in omni alia* [b] *consuetudine, de omnibus rebus quas ipsi vel homines sui* [c] *affidare poterunt suas esse proprias. Prohibemus ne aliquis eos inde* [d] *desturbet super* [e] *forfaituram decem Librarum Turonensium. Teste me ipso, XXVIII. die Junii,* apud la Celle.

CHARLES V.
à Paris, en Juin 1370.
*a* Ce mot n'est point dans le Glossaire de du Cange.
*b* Impôt ordinaire.
*c* prouver.
*d* disturbet.
*e* amende.
*f* Philippe-le-Bel.
*g* Philippe-le-Hardi.

[f] PHILIPPUS *Dei gratia Francorum Rex. Universis Baillivis, Vicecomitibus, & aliis Justiciariis suis in Normannia constitutis, ad quos presentes Littere pervenerint: Salutem. Noveritis quod Nos Litteras inclite recordationis, precarissimi Domini & Genitoris nostri, Philippi Dei gratia Francorum Regis, vidimus in hec verba.*

[g] PHILIPPUS *Dei gratia Francorum Rex. Universis Baillivis, Vicecomitibus, & aliis Justiciariis suis in Normannia constitutis, ad quos presentes Littere pervenerint: Salutem. Noveritis quod Nos Litteras inclite recordationis, precarissimi Domini & Genitoris nostri, Ludovici Francorum Regis, vidimus in hec verba.*

[h] LUDOVICUS *Dei gratia Francorum Rex. Universis Baillivis suis in Normannia constitutis, ad quos presentes Littere pervenerint: Salutem. Noveritis quod Nos Litteras inclite recordationis, Regis Philippi Avi nostri, vidimus in hec verba.*

*h* S.t Loüis.

[i] PHILIPPUS *Dei gratia Francorum Rex. Dilecto & fideli suo Milloni de Hiiis & Petro de Tilleyo & Bernardo de Villa-Terrici: Salutem. Mandamus vobis & precipimus, quatenus Abbati & Canonicis Deo servientibus apud Lucernam, Cartam suam quam Ricardus quondam Rex Anglie, eisdem indulsit super quittacionem Pedagiorum & aliarum Consuetudinum, firmiter teneatis, & per Baillivias vestras observari faciatis secundum tenorem ejusdem Carte, & secundum quod usi sunt tempore dicti Ricardi quondam Regis Anglie, de eadem Carta; non obstante eo quod non est sigillata in modum Carte perpetue.* Actum Parisius, anno Domini M.° CC.° XIIII.° mense Januario.

*i* Philippe-Auguste.

*Nos autem piis ipsius Avi nostri vestigiis inherere volentes, vobis mandamus & precipimus, quatenus ea que in predictis Litteris continentur, eisdem Abbati & Canonicis, secundum quod de ipsis usi sunt, teneatis & firmiter observetis, ac observari per vestras Baillivias faciatis.* Actum apud Pontem-Ursonis, anno Domini M.° CC.° quinquagesimo sexto, mense Aprilis.

Suite des Lettres de S.t Loüis.

*Nos vero vestigiis Proavi & Genitoris nostrorum inherentes, vobis mandamus & precipimus, quatenus ea que in predictis Litteris continentur, eisdem Abbati & Canonicis, secundum quod de ipsis usi sunt, teneatis & firmiter observetis, ac observari per vestras Baillivias faciatis.* Actum apud sanctum Germanum in Laya, anno Domini M. CC. septuagesimo octavo, mense Octobris.

Suite des Lettres de Philippe-le-Hardi.

*Nos autem dictorum predecessorum nostrorum vestigiis inherentes, mandamus vobis & precipimus, quatenus ea que in predictis Litteris continentur, eisdem Abbati & Canonicis, secundum quod de ipsis usi sunt, teneatis & firmiter observetis, ac observari per vestras Baillivias faciatis.* Actum apud Vincennas, anno Domini M.° CC.° octogesimo nono, mense Octobris.

Suite des Lettres de Philippe-le-Bel.

NOTES.

(*a*) *Putagio.* ] Ce mot qui n'est point dans le Glossaire de du Cange, est peut-être un mot corrompu, pour *Pontagio*, qui signifie un Impôt qui se paye dessus ou dessous les Ponts. *Voy. le Gloss. de du Cange*, au mot, *Pontagium.*

(*b*) *Lestagio.* ] Droit qui se leve sur les voitures dans les Foires & dans les Marchez. *Voy. le Gloss. de du Cange*, au mot, *Lastagium.*

(*c*) *Soalagio.* ] On pourroit lire aussi *Scalagio*; mais je crois qu'il faut corriger, *Stalagio*, qui signifie le droit qui se paye pour avoir permission d'étaler des Marchandises. *Voy. le Gloss. de du Cange*, au mot, *Stallagium.*

CHARLES V. à Paris, en Juin 1370.

*Suite des Lettres de Baudoin Lieutenant du Bailly de Côtantin.*

Et pour ce que de la partie des hommes Religieux & honnestes, l'Abbé & le Couvent de la Lucerne, Nous a esté donné à entendre, que plusieurs Prevoz [a] Coustumiers & autres, s'efforcent à aler encontre la teneur des dictes Lettres, en inforsant les diz Religieux & leurs [b] tenans, de païer Coustumes, *(a)* Trespas, *(b)* Panages, & plusieurs choses dont mention est faicte ès Lettres dessus dictes, mandons à tous les Vicontes de ladicte Baillie, & à tous les autres Justiciers d'icelle, que les diz Religieux & leurs hommes, ils tiengnent & facent tenir en leur juste saisine & possession, selon la teneur des dictes Lettres; & se eulx truevent aucun faisant le contraire, le contraingnent à païer la peinne dessus dicte; & se aucun y met debat, assignent jour brief & hastif devant nostre Maistre le Baillif ou son Lieutenant, pour [c] aler avant en cas, comme raison sera. En tesmoing de ce, Nous Lieutenant dessus dit avons mis à ces Lettres, le seel dont Nous usons à cause de ladicte Baillie; & à [d] greigneur confirmacion, y avons fait mettre le seel de la Viconté de Coustances. *Donné & fait l'an &* [e] *ou jour & ès Assises dessus dictes.*

*Collatio fit.*

*Suite des Lettres de Marie, Lieutenant du Bailli de Côtantin.*

En nous requerent à faire tenir les dis Religieux & leurs Gens, en leurs franchises & Libertez contenuës & declairiées ès dictes Lettres dessus transcriptes: Pourquoy oye ladicte Requeste, & eu sur ce conseil à plusieurs sages estans ès dictes Assises, pourquoy consideré le cas, & veuës les dictes Lettres, donnasmes en mandement & donnons par ces presentes, à tous les Officiers, Vicontes, Sergens, Prevos, & à leurs Lieuxtenans, & à tous autres à qui il peut appartenir, que les dis Religieux, leurs hommes & subgiez, il laissent & faicent joïr & user paisiblement des choses contenuës èz dictes Lettres, sanz les molester ne empeschier en aucune maniere, selonc la forme & teneur d'icelle, sur telle peinne & peril comme il y peut & doit appartenir. En tesmoing que les choses dessus dictes sont vraïes, Nous Lieutenant dessus dit avons seellé ces Lettres du seel dont Nous usons oudit office, & à greigneur confirmation & congnoissance, y a esté mis à nostre Requeste, le grant seel de ladicte Baillie. *Ce fut fait & donné en l'an,* [f] *ou jour & aux Assises dessus dictes.*

*Suite des Lettres de Charles V.*

Lesquelles Lettres & toutes les choses en icelles contenuës, si & en tant comme les dis Religieux & leurs predecesseurs en ont usé ou temps passé, Nous avons fermez & aggréables, & icelles confermons de nostres puissance & auctorité Royal, de grace especial, par ces presentes: Donnans en mandement au Bailli de Coustantin, au Viconte de Coustances, & à tous [g] nous autres Justiciers & Officiers, & les Justiciers de nostre Royaume, ou à leurs Lieuxtenans, & à chascun d'eulx, si comme à lui appartiendra, que les dis Religieux & leurs successeurs, contre la teneur des Lettres dessus transcriptes & de ces presentes, ne [h] les molestent, traveillent ou empeschent en aucune maniere; mais rappellent & remettent au premier estat & deu, tout ce qu'il trouveront estre fait au contraire. Et que ce soit, &c. sauf, &c. *Ce fu fait & donné à Paris, ou mois de Juing, l'an de grace mil CCC soixante & dix, & de nostre Regne le VII.e Ainsi signées.* *Visa.*

Par le Roy, à la relacion du Conseil. G. DE MONTAGU.

*Collatio facta est.* [i] *Contentor.*

[a] *apparemment chargez de lever les Coutumes ou Impôts.*

[b] *sujets.*

[c] *proceder.*

[d] *plus grande.*

[e] *au.*

[f] *au.*

[g] *nos.*

[h] *ce mot est inutile.*

[i] *Voy. les Tables des Mat.* des 4. & 5.e Vol. des Ordonn. *à ce mot.*

NOTES.

*(a) Trespas.* C'est la même chose que *Peages.* Voy. *le Gloss. du Droit Franç. de Lauriere*, au mot, *Trespas.*

*(b) Panages.* ] Ce mot signifie ordinairement, le droit qui se paye au Seigneur d'une Forest, pour les bestes qui y paissent; mais il se prend quelquefois en general, pour toutes sortes d'Impôts, & c'est dans ce sens qu'il faut l'entendre ici. *Voy. le Gloss. de du Cange*, au mot, *Pasnaticum*, à la fin.

CHARLES V. à Paris, le 9. de Juillet 1370.

*(a) Lettres qui portent que l'on délivrera à Barthelemi Spiffame, les Especes qui ont été fabriquées avec 600. Marcs d'Argent qu'il a apportez à l'Hôtel des Monnoyes.*

CHARLES par la grace de Dieu Roy de France. A noz amez & feaulx les Generaulx Maistres de nos Monnoyes : Salut & dilection. Comme n'agueres, ou mois de Novembre derrenier passé, notre bien amé Berthelemi Spiffame Nous eust promis à faire certain prest du sien, à nostre grant besoing, & pour le fait de noz guerres; & pour ce, & afin que ledit prest Nous peust plustost faire, lui eussions accordé & octroyé par noz [a] Lettres sur ce faictes, que en nostre Monnoye de Paris, il peust mettre ou faire mettre six cens marcs d'Argent en vaisselle, pour icelle ouvrer; & vous eussions mandé par nos dictes Lettres, que iceulx VI. C. marcs d'Argent, vous feissiez ouvrer & monnoier en blancs Deniers d'Argent, pour douze Deniers Parisis la Piece, autelz & semblables comme nous avions fait faire ung peu par avant de nostre propre vaisselle, & d'autre qui nous auroit esté pretée pour le fait de nos dites guerres; & toute icelle somme n'est mie acomplie de mettre ou fait mectre en ladicte Monnoye; & de nouvel lui avons octroïé par noz autres [b] Lettres, pour mieulx faire & acomplir aucuns prestz & services qu'il nous a promis à faire, que en ladicte Monnoye, il puisse mectre & faire porter jusques à la somme de mil marcs d'Argent, en vaisselle & en Argent cendrée; & vous ayons mandé que iceulx mil marcs d'Argent, vous faciez ouvrer & monnoyer & delivrer par la maniere que dit est, & que vous feistes de nostre dite vaisselle & autre qui Nous fut prestée : laquelle somme de mil marcs d'Argent en vaisselle & en cendrée, il a mis ou fait mectre à ladite Monnoye; & oultre a mis le surplus de ce qu'il [c] failloit pour parfaire & acomplir la somme de VI. C. marcs d'Argent dessus dite non acomplie, & est tout ouvré & monnoyé; lequel surplus, vous ou aucuns de vous, empeschez & ne voulez delivrer ne faire delivrer, aussi comme vous avez fait les autres, pour ce que vous ou aucuns de vous, dictez & maintenez que ladite somme de VI. C. marcs d'Argent, il devoit avoir mise & acomplie dès le temps que Nous lui en feismes l'octroy; & que le surplus qu'il a presentement mis, est d'Argent de vaisselle & de cendrée, & il doit estre simplement d'Argent de vaisselle; laquelle chose est ou grant grief, prejudice & donmaige dudit Berthelemi & de Nous aussi, parce que par vostre deffault ou desobeissance, ou [d] par aucun de vous, il ne peult acomplir ce qu'il Nous a promis, qui touche bien l'honneur & prouffit de nostre Royaume: Pourquoy Nous vous mandons, commandons & estroictement enjoignons, & à chascun de vous, que tantost & sans delay, sans aucune difficulté ne autre Mandement attendre, vous delivrez ou faciez delivrer lesdits mil marcs, d'Argent, & le surplus qui a esté ouvré & monnoyé avec, pour parfaire la somme de six cens marcs d'Argent, & en payez ou faictes paier audit Berthelemi, pour chascun marc, cent quinze solz Tournois, si comme plus à plain vous avons mandé par noz autres Lettres sur ce faictes; lesquelles Lettres dessus dites vous sont apparuës; & nonobstant ce que dessus est dit, que vous ou aucun de vous maintenez au contraire, & quelzconques autres choses au contraire. Car ainsi le voulons Nous estre fait, & l'avons octroïé & octroïons au

a *elles ne se sont pas conservées.*

b *Voy. cy-dessus*, p. 301.

c *manquoit.*

d *d'aucun.*

NOTE.

(a) Registre D. de la Cour des Monnoyes de Paris, *fol.º* 7 vingt 6. *recto* (146).

Avant ces Lettres, il y a:

*Le XIIIe. jour de Juillet mil trois cens soixante & dix, fut apporté en la Chambre des Monnoyes, ung Mandement du Roy, dont la teneur s'ensuit, duquel l'en envoya Copie aux Gardes de la Monnoye de Paris, pour l'acomplir.*

*Lettres pour faire delivrer à la Monnoye de Paris, mil marcs d'Argent livrez par B. Spiffame.*

* *besoin.* dit Berthelemi, de grace especial, si * mestier est. Si gardez bien que en ce n'ait aucun deffault; & des choses dessus dite faire & acomplir, à vous & à chascun de vous, donnons povoir, auctorité & mandement especial. *Donné à Paris, le IX.e jour de Juillet, l'an de grace mil trois cens soixante & dix, & le VII.e de nostre Regne.*

---

CHARLES V. à Paris, le 12. de Juillet 1370.

*(a) Mandement qui porte que les anciennes Ordonnances sur le fait des Monnoyes, seront executées; & que jusqu'à ce qu'il y ait assez de Monnoyes dans le Royaume, celles qui ont été nouvellement faites par le Comte de Flandres, y auront cours, pour le prix fixé par ce Mandement.*

CHARLES par la grace de Dieu Roy de France. Au Bailly de Senlis ou à son Lieutenant: Salut. Comme n'a guerres Nous vous avons escript par noz autres Lettres, faisans mention des Ordonnances de noz Monnoyes, que icelles vous feissiez tenir, acomplir & garder de point en point, si comme contenu est en icelles Lettres, de quoy vous avez esté peu diligent, si comme Nous entendons, dont [a] forment Nous desplaist; Nous vous mandons de rechef par ces dites presentes, que lesdites Ordonnances contenuës en nosdites Lettres, lesquelles vous ont esté envoyées derrenierement par noz amez & feaulx, les Generaulx-Maistres de noz Monnoyes, vous faciez tenir & acomplir, si comme contenu est esdites Lettres. Et pour ce qu'il Nous a esté rapporté que vous avez dit, en vous [b] deschageant, que lesdites Ordonnances vous ne povez tenir ne faire tenir, pour ce que nostre Peuple n'a pas souffisante habondance de nostre blanche Monnoye; pourquoy il est [c] mestier qu'ilz preignent & [d] mectent les Monnoyes [e] estranges, que nostre très-cher & feal Cousin, le Conte de Flandres fist pieça & a fait derrenierement, en nostre Royaume, ou quel en a grant quantité; lesquelles nostre Peuple prent & mect pour plus hault pris qu'elles ne valent à la valuë de la nostre bonne: Et pour ce que nostre Peuple ne soit deceu pour le temps advenir, & qu'il ne se puisse doloir qu'il n'ait assez de Monnoye blanche, Nous voulons, & pour ceste fois par maniere de provision pour nostre dit Peuple, que ladite Monnoye blanche de nostre Cousin, qu'il a fait faire pieça, appellé Gros de Flandres [f] Heaumes, & celle qu'il a fait faire derrenierement, appellez petitz Gros de Flandres, vous souffrez qu'ilz aïent cours pour le pris que Nous l'avons fait [g] avaluer, à l'équipolent de nostre bonne Monnoye d'Argent, que pieça feismes & à present faisons faire par toutes noz Monnoyes; c'est assavoir, que les dits Gros de Flandres appellez Heaumes & Vuaturons, que pieça fist faire nostre dit Cousin, soïent prins & mis pour XII. Deniers Tournois, & non plus, & le petit Gros qu'il a fait faire derrenierement, pour cinq Deniers Tournois la Piece, & non plus. Si vous mandons que par tout votre Bailliage, èz lieux acoustumez, vous faictes crier & publier nosdites Ordonnances derrenierement faictes, à vous envoïées, comme dit est, & ces presentes; & que les ditz Gros de Flandres appellez Heaumes & Vuaturons, vous souffrez prendre & mectre pour douze Deniers Tournois la Piece, & non pour plus; & les petitz Gros de Flandres dessus dits, pour cinq Deniers Tournois la Piece, & non pour plus: lequel cours des dits Gros Heaumes & petiz Gros de Flandres, Nous voulons durer, tant que nostre Peuple soit rempli de nostre bonne Monnoye blanche que pieça feismes faire & faisons

[a] *fortement.*
[b] *deschargeant, disculpant.*
[c] *besoin.*
[d] *donnent.*
[e] *estrangeres.*
[f] *appellez.*
[g] *évaluer.*

NOTE.

(a) Registre D. de la Cour des Monnoyes de Paris, *fol.o* 7 vingt 7. *recto* (147).

Avant ces Lettres, il y a:

*Le XIX.e jour de Juillet mil trois cens soixante & dix, furent apportées en la Chambre des Monnoyes, par Sire Edouart Thadelin, quatorze paires de Lettres seellées du Grant seel du Roy nostre Sire, contenant la forme qui s'ensuit.*

*Lettres par lesquelles l'on donna cours aux Monnoyes estranges, par maniere de provision.*

faisons faire à present par toutes noz Monnoyes, comme dit est, ou que Nous ferons faire pour le temps advenir, ou que nostre dit Cousin ou autres, [a] muassent ou feist muer en prix ou en Loy, lesdites deux [b] paires de Gros; & dès maintenant & pour lors, Nous ordonnons & voulons qu'ilz n'aïent nul cours, & qu'ilz soïent mis au Marc pour Billon; & aussi que toutes autres Monnoyes, tant d'Or comme d'Argent, faictes en nostre Royaume & dehors; excepté nosdites Monnoyes derrenierement faictes & que Nous faisons faire à present, & celles ausquelles Nous avons donné cours par nos dites autres Lettres; n'aïent nul cours, mais soïent portées à noz Monnoyes pour Billon. Et se aucuns, de quelque estat qu'ilz soïent, se vouloict efforcer de mettre ou prendre autre Monnoye, quelle qu'elle soit, fors celles ausquelles Nous vous avons donné cours & souffrons qu'elles aïent cours, comme dit est, & que contenu est en nosdites derrenieres Ordonnances & ces presentes, ou qui [c] trespassent nosdites Ordonnances en aucune maniere, si les punissez & mettez en l'amende envers Nous, si comme contenu est en nosdites autres Lettres: Et Nous voulons que des dites Amendes & forfaictures, vous aïez, oultre vos gaiges, la quarte partie, tout en la forme & maniere que contenu est en nos dites Ordonnances. Si acomplissez noz autres dites Lettres & ces presentes, de point en point sans enfraindre, tellement que en ce n'ait aucun deffault; car se deffault y a, Nous vous ferons monstrer & monstrerons qu'il Nous en desplaira. Et Nous mandons par ces presentes, à tous à qui il appartient & doit appartenir, que à vous & vos deputez sur ce, obéissent & entendent diligemment. *Donné à Paris, le XII.e jour de Juillet, l'an de grace mil trois cens soixante & dix, & de nostre Regne le VII.e* Ainsi signé. *Par le Roy.* BLANCHET.

CHARLES V. à Paris, le 12. de Juillet 1370.

a *changeassent.*
b *les Gros de Flandres & les petits Gros de Flandres.*
c *qui contreviennent à.*

---

CHARLES V. à Paris, le 19. de Juillet 1370.

(a) Lettres qui portent que la Ville & les habitans de Milhaud, seront exempts du droit de Francs-Fiefs, pour les biens nobles qu'ils ont acquis, & qu'ils acquereront dans la suite.

*CAROLUS Dei gratia Francorum Rex. Regie Majestatis dignum esse credimus, ut illis qui vires suas pro ipsa provexerunt, notaque dispendia pro ea subierunt, aciem suæ considerationis extendat, & [d] objectis proficiat incrementis, donaque sua in omne corpus meritorum diffundat, qui, meritis suis exigentibus, pœna, laboribus & sudoribus suis, beneficium promeruerunt. Cum itaque Nobis, ex parte dilectorum nostrorum Consulum & habitantium Villæ de [e] Amiliano, [f] Seneschalli Ruthenensis, expositum extiterit, humiliter supplicando, quod retroactis temporibus, ipsi aut nonnulli ipsorum, plura pheoda nobilia, tam in Baillivia de Amiliano quam alibi [g] marguo nostro, acquisierunt, & ad [h] hunc futuris temporibus acquirere, gratia suffragante divina, intendunt; quarum acquisitionum ratione, Gentes & Officiarii nostri nisi præteritis temporibus [i] sueverunt ipsos compellere, & ad hunc per ipsos compelli formidant futuris temporibus, ad certam Nobis solvendam financiam; ipsique Nobis & Coronæ Franciæ, utiles se reddiderunt & [k] acceptis sub temporum diversitate; potissime, quod illi Nos Dominum eorum superiorem & naturalem esse cognoscentes, & Edouardum Primogenitum Edouardi de Anglia, inimicum & rebellem nostrum, cujus nonnullis temporibus subditi extiterunt, derelinquentes, ad nostram obedientiam devenerunt, dilectionem mutuam & veram subjectionem penes Nos & Coronam Franciæ, cordiali animo gerentes, de & super quibus sumus plenarie informati. Notum facimus universis, præsentibus pariter & futuris, Nos, de gratia speciali, certa scientia, auctoritate Regia plenitudineque potestatis, prefatis Consulibus & habitantibus, ac eorum singulis, concessisse, ut pheauda nobilia in Regno nostro, ubicumque*

d mot douteux.
e Milhaud. *Voy. cy-dessus*, p. 291. Note *(b)* marg.
f Seneschallie.
g appar. in Regno.
h adhuc.
i fuerunt.
k acceptos.

NOTE.

*(a)* La Copie de ces Lettres a été envoyée de Montauban. *Voy. cy-dessus*, p. 290. Note *(a)*. *Voy. aussi cy-dessus*, p. 190. Note *(a)*.

CHARLES V. à Paris le 19. de Juillet 1370.

*voluerint, pro se & suis hæredibus ac successoribus ab ipsisque causam habentibus & habituris, acquirere* [a] *possint, tam pro Universitate dictæ Villæ, quam pro singularibus habitantibus prædictis, absque eo quod ob hoc, Nobis aut successoribus nostris aliquam financiam* [b] *teneantur; & ex uberiori gratia, eis, & eorum cuilibet, omnem & qualemcumque financiam, ad quam solvendam, ratione pheodorum nobilium per ipsos lapsis temporibus acquisitorum, compelli possent, remisimus, donavimus & quittavimus, remittimusque, donamus* [c] *quittamus per presentes; usu & Consuetudine,* [d] *Litteris Ordinacionibusque, mandatis & deffensionibus ad hoc contrariis, nonobstantibus quibuscumque.* [e] *Quibus dilectis & fidelibus Gentibus Parlamenti nostri & Compotorum nostrorum* [f] *Parisiorum, Thesaurariis nostris ac Senescallo Ruthenensi, cæterisque Justitiariis & Officiariis nostris, aut eorum Loca tenentibus, presentibus & futuris, & eorum cuilibet, prout ad eum pertinuerit, præcipiendo mandamus, quatenus Consules & habitantes memoratos, & eorum quemlibet, ac eorum hæredes ac successores, nostra presenti gratia uti & gaudere pacifice & quiete faciant & permittant, ipsosque contra presentium formam & tenorem, nullatenus impediant, molestent vel perturbent, impedirive, molestari vel perturbari, in corporibus sive bonis, faciant vel permittant à quoquam quoquomodo; quin imo, si ob hoc aliqua eorum bona capta, saisita vel arrestata fuerint, ea ipsis reddant aut reddi & restitui faciant indilate. Quod ut perpetuæ stabilitatis robur obtineat, presentes Litteras confici fecimus, & sigilli nostri appensione muniri; salvo in aliis jure nostro, & in omnibus quolibet alieno.* Datum Parisius, decima nona die Julii, anno Domini millesimo trecentesimo septuagesimo, & Regni nostri septimo.

*Per Regem, in suis Requestis.* DAILLY.

Registratum in Camera Compotorum Parisiis. JOANNES. *Visa.* F. DE [g] OXTIS.

a Il y a la place d'un mot en blanc.
b Il y a la place de 4 ou 5 mots en blanc; il doit y avoir *solvere* ou *præstare*.
c &
d Iris. Cop.
e mot corrompu, peut-être *igitur*.
f *fort.* Parisius.
g il y a une marque d'abbreviation sur ce mot.

---

CHARLES V. à Paris, en l'Hostel de S.t Paul, le 21. de Juillet 1370.

## (a) Reglement pour la Communauté des Chirurgiens de la Ville de Paris.

*KAROLUS Dei gratia Francorum Rex. Preposito Parisiensi vel ejus Locum tenenti: Salutem. Cum ex dilectorum nostrorum Magistrorum, Juratorum, Licenciatorum & Baccallariorum in Arte Cirurgie, Parisius commorantium, Nobis fuerit insinuacione monstratum, quod cum ipsi, antequam exercicio dicte Artis se debeant immiscere, teneantur coram vobis prestare juramentum de ipso officio fideliter exercendo: Quo facto, vulneratos existentes in Villa sive Vicecomitatu Parisiensi, seu vulnera eorum vel plagas vobis seu Auditoribus Castelleti nostri Parisiensis, revelare seu etiam intimare minime teneantur; nisi duntaxat illos vel illorum, quos in locis sacris vel privillegiatis* [h] *essei contingit; & propter hoc, hactenus prestaverunt & prestare consueverunt coram Sigillifero Castelleti dicti, dictum fidelis exercitii juramentum. Nihilominus vos, ipsos exponentes, pro dicto juramento per eos, ut dicitur, non prestito, ac presentacione & approbacione de ipsis seu aliquibus ipsorum, coram vobis, & pro dicta revelacione seu intimacione non factis, nec non & pro non Graduatis, quia se dicto exercitio immiscuerunt, licet in hac sint experti, illudque saltem sub Regimine & nominibus Magistrorum exercere consueverint, trahere nitimini ad emandam, & compellere ad vobis seu dictis Auditoribus revelandum seu intimandum, post primam visitationem seu preparationem, vulneratos & plagas, non solum existentium in locis sacris & privillegiatis, sed etiam aliorum quorumlibet indistincte; & jam aliquos ex ipsis* [i] *de sacro jurare fecistis, quod vobis seu dictis Auditoribus, de omnibus revelabunt; Et insuper, licet ipsos omni hora de dicto officio exercendo oporteat esse paratos, eosdem ad custodie januarum nostre Civitatis Parisiensis, de die & de nocte excubiarum ejusdem vultis ponere servitutem, ipsos pro premissis diversis modis & viis punire volendo, in ipsorum & Reipublice, cujus sunt servitio deputati, grave dispendium, prout sumus sufficienter informati. Hinc est, quod Nos, premissis attentis, & quod non*

h esse.
i sur des choses sacrées.

NOTE.

(a) Livre verd-vieil second du Chastelet de Paris, *fol.*° 7 vingt 7. *v.*° (147).

*multum refert, an coram vobis seu dicto Sigillifero fuerit dictum juramentum prestitum; attento etiam, quod medietas emandarum ex predictis non approbacione & juramenti non prestacione, proveniencium, ad ipsos exponentes, ex donacione per Nos ipsis facta, ut in utilitatem Confraternitatis sue,* [a] *quem faciunt in honorem Beatorum Martyrum Cosme & Damiani, & non alibi, convertatur, noscitur pertinere; omnem & quamcunque emendam, in qua propter supradicta erga Nos teneri possent quovisinodo & tenentur, eisdem & eorum cuilibet, remisimus & in dicto casu remittimus de nostra certa sciencia & gracia speciali; ita tamen, quod ipsi & eorum* [b] *cuilibet, deinceps jurare, & aprobacionem petere, prout decuerit, secundum eorum privillegia teneantur. Et ex habundanti, attento quod dicti exponentes se sponte offerunt pro Nobis &* [c] *remedio anime nostre, nostrorumque predecessorum & in futurum successorum, gratis* [d] *visituros & preparaturos pauperes, qui in Hospitalibus recipi non possunt, & qui eorum visitationibus & remediis indigebunt, volumus & eis concedimus, ut ipsi ad dictos vulneratos seu eorum vulnera & plagas revelandos, aliter quam superius, & in suis privillegiis per Nos seu nostros predecessores eis concessis, de quibus vobis licuit aut liquebit, est cautum;* [e] *nec nom ad faciendum excubias vel custodiam januarum deinceps, minime sint astricti; sed potius sint liberi & immunes: Mandantes vobis, quatinus ipsos & eorum quemlibet, nostra presenti gracia & concessione uti faciatis & permittatis pacifice & quiete, ipsos seu aliquem ipsorum, in contrarium nullatenus molestando seu molestari faciendo vel etiam permittendo aliqualiter in corpore sive bonis; sed jam exacta in contrarium, ut est dictum, juramenta contra suorum privillegiorum tenorem & seriem, relaxando, que nos* [f] *eidem in casu premisso tenore presencium relaxamus, & silencium super hiis omnibus, nostro Procuratori imponimus per presentes.* Datum in Hospicio nostro Sancti Pauli, die XXI.ª [g] mesis Julii, anno Domini millesimo trecentesimo septuagesimo, Regnique nostri septimo.

CHARLES V. à Paris, en l'Hostel de S.t Paul, le 21. de Juillet 1370.

a quam.
b quilibet.
c Voy. cy-dessus, p. 186. Note *(a)*.
d *fort.* visitaturos.
e non.
f eisdem.
g mensis.

---

CHARLES V. à Paris, le 22. de Juillet 1370.

(a) *Lettres du Roy adressées aux Presidents du Parlement, qui leur ordonnent de ne plus surseoir à la prononciation des Arrêts, quelques ordres qu'ils en reçoivent de luy; & qui portent que son intention n'est plus de juger en personne, les affaires de peu d'importance.*

A Nos amez & feaulz les Presidens de nostre Parlement, à Paris. De par le Roy. Les Presidens de nostre Parlement. [h] Nous sommes assés recors que aucune foiz vous avons mandé par importunité de requerans, de surseoir à prononcier les Arrez jusques à certain temps sur aucunes Causes; & aussi par l'infestation des Gens de nostre Hostel & autres, Nous avons voulu oir pardevant Nous, la plaiderie d'aucunes petites Causes *(b)* dont il n'appartient point. Et pour ce que Nous avons n'agaires esté & sommes acertenez, que par le delay des diz Arrez, le droit de Partie a esté & est appeticié contre raison; & semblablement, pour oir telz menues Causes, nostre dit Parlement a esté empeschié, Nous vous mandons que dores en avant, pour quelconque Lettre ou Mandement que vous ayez de Nous au contraire, vous ne sursoiez ou delayez à pronuncier & donner les diz Arrez; [i] sur ce procediez touteffois qu'il vous semblera bon à faire selon justice & raison: & aussi il n'est pas nostre entention de oir dores en avant telz Causes, ne les rappeller pardevant Nous. *Donné à Paris, le vingt-deuxiéme jour de Jullet, l'an mil trois cens soixant & dix.* [k]

h *Nous nous ressouvenons.*
i *mais J.*
k *Charles J.*

NOTES.

*(a)* Registre *A.* du Parlement de Paris, cotté *Ordinaciones antiquæ.* fol.° 95. v.° Ces Lettres ont déja été imprimées dans les Offices de France de Joly. *tom. 1. Addit. au 1. Livre.* p. XIX.

*(b) Dont il n'appartient point.* ] Qui ne sont point assez importantes, pour être jugées par le Roy.

CHARLES V. à Paris, en Juillet 1370.

## *(a)* Privileges accordez à la Ville de Cahors.

SOMMAIRES.

*(1) Confirmation des privileges, Coutumes & usages de la Ville de Cahors.*

*(2. 17.) La Ville & les habitans de Cahors, seront sous la sauvegarde du Roy; & le Senéchal de Cahors jugera dans cette Ville, les infractions faites à cette sauvegarde; sauf les droits des Seigneurs Justiciers, dans l'étenduë de la Jurisdiction desquels, ces infractions auront été commises.*

*(3) Les Consuls de cette Ville, feront payer ce qui luy est dû.*

*(4. 15.) Les Consuls de cette Ville pourront créer cinq Notaires, & les remplacer, lorsque leurs places seront vacantes. Ces Notaires pourront recevoir toutes sortes d'Actes, même ceux qui doivent être scellez.*

*(5) Les habitans de Cahors qui auront des Terres dans d'autres lieux, ne contribueront dans ces lieux, par rapport à ces Terres, qu'aux charges purement réelles; & ce sera dans Cahors, qu'ils contribuëront par rapport à ces Terres, à toutes les autres charges.*

*(6) Les habitans de cette Ville seront exempts du droit de Francs-Fiefs, pour les biens nobles qu'ils acquereront dans la suite; quand même ces biens seroient situez dans des Fiefs ou Arriere-Fiefs du Roy, & quand même ils les auroient acquis de personnes nobles ou Ecclesiastiques.*

*(7) Le Scel du Consulat de cette Ville, aura le même effet & la même force que le Grand scel de la Maison-commune de Thoulouse. Les Consuls percevront les émolumens du scel de leur Consulat.*

*(8) Les Consuls de cette Ville pourront élever des Fourches (ou Poteaux,) sur les Terres qui lui appartiennent.*

*(9) Les Consuls de cette Ville & ceux qui l'auront été, ne pourront être appliquez à la question, ni être condamnez à une mutilation de membres; si ce n'est dans le cas du crime d'heresie, de Leze-Majesté ou de Rapt.*

*(10) Les biens & droits relevants du Roy, appartenants au lieu nommé Montcuc, qui ont été confisquez à cause de la rebellion de ce lieu, & qui sont situez dans l'espace de deux lieuës de la Ville de Cahors, du côté de Montcuc, sont donnez à cette Ville.*

*(11. 16.) Les Consuls de cette Ville seront conservez, nonobstant les empêchements à eux faits par les Maîtres des Eaux & Forêts, dans la connoissance de la Pêche qui se fait autour des Moulins & de leurs Ecluses; de la mesure des Poissons qui seront pêchez dans l'étenduë de leur Jurisdiction, & des Retz avec lesquels on les pêchera.*

*(12) Les Barons ni aucune autre personne que ce soit, ne pourront empêcher que l'on apporte des vivres dans cette Ville.*

*(13) Décharge generale de ce qui est dû au Roy par les habitans de cette Ville; & Rémission de tous les délicts & crimes qu'ils peuvent avoir commis.*

*(14) La portion de cette Ville qui appartient au Roy, ne sera jamais separée du Domaine de la Couronne; si ce n'est du consentement des habitans.*

*Le Seneschal de Cahors sera Conservateur des privileges de cette Ville.*

a Languedoc.

*KAROLUS, &c. Notum facimus universis tam presentibus quam futuris, Nos Litteras carissimi Germani & Locumtenentis nostri in [a] Partibus Occitanis, Ducis Andegavensis & Comitis Cenomanensis, suo magno sigillo in cera viridi & filis sericis sigillatas, vidisse, formam que sequitur, continentes.*

b &. c poribus. R. d je crois qu'il manque là un membre de phrase en entier. e paix de Bretigni.

*LUDOVICUS Regis condam Francorum Filius, Domini nostri Regis Germanus, ejusque Locumtenens in Partibus Occitanis, Dux Andegavensis [b] Comes Cenomanensis. Quum cujusque rei principium pars potentissima denotatur, & exitus gestorum cum prosperi sunt, bonis principiis ascribuntur, ex merito, qui pro juribus Regni, gravioribus & [c] prioribus periculis se exponunt; [d] & quia licet multis Civitatibus & locis notabilibus Ducatus Acquittanie & aliarum Terrarum, post transportum de eis factum in Regem Anglie, occasione [e] pacis novissime, visum fuerat necessarium querere erga Dominum meum, ut eorum Dominum superiorem, remedium ressortivum, sicut ab hactenus eis competierat,*

NOTE.

*(a)* Tresor des Chartres, Registre 100. Piece 895.

Charles V. en confirmant les Lettres du Duc d'Anjou, augmente encore les privileges que celui-ci avoit accordez aux habitants de Cahors. L'on a mis des renvois aux articles des Lettres du Duc d'Anjou & de celles de Charles V. qui ont du rapport.

*Voy. cy-dessus*, p. 190. Note *(a)*.

CHARLES V. à Paris, en Juillet 1370.

& in (a) dicto transporto fuit expresse salvatum: Anglicorum tamen ferocitas illorum corda sic invaserat, quod nullus ex eis ab illorum jugo durissimo recedere, aut dictum eorum [a] remedium ausus extitit apperire, donec fidelissimi Domini mei & (b) & Corone Francie, Consules ac ceteri habitatores inclite Civitatis Caturci, pro dicto suo remedio se & sua fortune periculo submiserunt, contemptaque dictorum Anglicorum rabie & furore, auxiliante ipsos Deo, dictum Dominum meum in suum Dominum cognoverunt, & à Principe [b] Wallie dicente se Ducem Acquitanie, & ejus Ministris & Officiariis, appellarunt, adherendo appellationibus factis per carissimum Consanguineum nostrum Comitem Armaniaci, & ipsius Civitatis viam, multa loca nobilia post sunt secuta, resque cum Dei adjutorio plurimum prosperata.

a le remede de l'appel.

b Galles.

(1) Notum igitur facimus universis tam presentibus quam futuris, quod Nos, ipsis Consulibus ac Universitati dicte Civitatis, & singulis habitatoribus ejusdem, qui sunt & erunt pro tempore, tanquam illis qui sunt & fuerunt principium hujus rei pre ceteris locis transportatis, que fuerant de Patrimonio Regio, idem Dominus meus ac nos in speciali reputantes astrictos ad prosequendum beneficium ex merito [c] graciosum, omnia & singula singulariter sigillatim contenta in articulis infrascriptis, concessimus & donavimus, damusque & concedimus per presentes, de nostra certa sciencia, auctoritateque Regia qua fungimur, & gratia speciali confirmamus: Si quidem prefatis Consulibus, & cuilibet ac singularibus habitatoribus ejusdem Civitatis, presentibus & futuris, omnes gratias & omnia privilegia, Rescripta ac beneficia seu statuta actenus per Dominos nostros Francorum Reges qui fuerunt, seu per alios ad hoc potestatem habentes, concessas seu concessa, confirmatas seu confirmata; nec non omnes Consuetudines, Libertates, saisinas & stilos, in seu de quibus [d] visi sunt pacifice ab antiquo, licet hic expressi vel expressa non existant; & non obstantibus instructionibus seu Ordinacionibus contrariis factis per dictum Principem Wallie, vel Gentes seu Officiarios ejusdem, ipsorumque & eorum successorum [e] & bona teneri, defendi & tueri perpetuo volumus & promittimus in eisdem.

c gracios. R.

d usi.

e ce mot est inutile.

(2) [f] Insuper volumus & concedimus per presentes, quod omnes Cives dicte Civitatis, qui nunc sunt vel erunt pro tempore, & eorum bona, sint in salva-gardia speciali Domini mei Regis & nostra, quantum ad omnes alios qui non sunt Cives; prefatosque Cives per presentes, supradicta salva gardia & protectione tueri volumus & jubemus.

f Voy. cy-dessous l'art. 17.

(3) Item. Quod debita quecunque Universitatis ejusdem Ville, possint & valeant debite exhigi & levari per Consules Civitatis predicte.

(4) [g] Item. Volumus & concedimus per presentes, quod Consules dicte Civitatis, qui nunc sunt vel erunt pro tempore, possint ex nunc imposterum, tres probos viros etate, sciencia & moribus expertos, in Notarios publicos creare & instituere; ac illis mortuis aut aliter privatis officio, in locum eorum alios subrogare; quodque, recepto ab eisdem primitus juramento in tali officio prestari consueto, Cartas, Instrumenta, processus, scripturas publicas, eciam cum sigillo sigillatas, & omnia alia & singula que ad Notariatus Officium pertinent, possint facere, ac si essent instituti auctoritate Regia vel nostra.

g Voy. cy-dessous, l'art. 15.

(5) Item. Quod nullus qui habeat domicilium in Caturco, habens possessiones quascunque in loco alio, possit compelli ad contribuendum in loco illo, in aliquibus muneribus, nisi in solis mere realibus; sed pro illis possessionibus in predicta Civitate, ad quecunque alia munera, solum contribuere teneatur.

(6) Item. Quod nullus cujuscunque sexus existat, habitator seu incola predicte Civitatis; innobilis, pro quacunque re per ipsos seu eorum alterum, à Nobilibus seu personis

NOTES.

(a) *Dicto transporto.*] Charles V. soutenoit que par le Traité de Bretigny, le ressort du Duché d'Aquitaine avoit été reservé aux Roys de France, en cas que le Roy d'Angleterre n'executât point un autre article de ce Traité, que dans le fait il n'avoit point executé. Et ce fut là la raison qui le détermina à recevoir l'appel du Comte d'Armagnac & des autres Seigneurs de la Guyenne. La discussion de ce fait important seroit trop longue, & ne pourroit être inserée ici dans une Note. Peut-être trouvera-t-on dans la suite l'occasion de donner au Public, un mémoire sur ce point d'histoire, qui n'est point assez éclairci.

(b) Il y a là un mot qu'on n'a pû déchiffrer. Il y a un *a* suivi de trois jambages, avec une marque d'abbreviation.

CHARLES V. à Paris, en Juillet 1370.

*Ecclesiasticis noviter acquirenda, eciam si sit in Feodo vel Retrofeodo dicti Domini nostri, quamvis à Nobilibus ipsum Feodum nobile acquisierint, seu partem ejus, ex nunc perpetuis temporibus, financiam seu exactionem aliqualem pro ipsa re acquisita, solvere seu tradere teneantur.*

*(7)* Item. *Volumus & concedimus, quod sigillum Consulatus quod prefati Consules habent, tales vires, compulsiones ac cohereciones, privilegia, usus, Libertates habeat, quas habet sigillum majus Domus Communis Tholose; & quod quicunque possint se obligare ad vires dicti sigilli, obligatique possint compelli, ac si essent obligati ad vires predicte Domus Communis; quodque prefati Consules emolumentum sigilli possint ad utilitatem Civitatis predicte percipere, expendere & levare.*

*(8)* Item. *Quod in limitationibus antiquis sue jurisdictionis, scriptis in accordo facto actenus inter eos & Episcopum Caturcensem, confirmato per Dominum meum tunc Regem Francie, & in terris noviter eis per presentes à Nobis datis & concessis, possint prefati Consules auctoritate propria*[a] *furcas erigere ubicunque, & absque metu cujuscunque pene.*

a ou Poteaux marques de justice.

*(9)* Item. *Quod nullus Civis qui Consul sit vel fuerit, & actenus aut in futurum existat, possit questionari pro crimine sibi imposito vel imponendo, vel condampnari ad membri mutilationem; demptis criminibus heresis, lese Majestatis & raptus.*

*(10) Insuper, cum locus de (a) Montecugno & habitatores in eo, sint rebelles Corone Francie & Domino meo Regi, & dictus locus, sicut alia loca Ducatus Acquitanie, fuerit noviter confiscatus per dictum Dominum meum, in sua Curia Parlamenti, damus & concedimus per presentes, de nostra certa scientia & gratia speciali, auctoritate qua supra, Consulibus & Universitati predicte Civitatis, Jurisdictionem altam & bassam, redditus, census & homagia, (b) recognitiones & quecunque alia jura que debebantur ac poterant pertinere actenus predicto loco, Castellano vel Bajulo dicti loci, nomine & jure dicti Domini mei Regis, infra duas leucas à Civitate predicta;*[b] *erga dictum locum: volentes quod premissa ad predictos Consules & Universitatem dicte Civitatis, solum & in solidum perpetuo pertineant pleno jure.*

b du costé de.

*(11)*[c] Item. *Quod ex privilegiis suis, prefati Consules habeant, ut dicunt, jus cognoscendi de (c) passibus Molendinorum &*[d] *Paxeriarum; & de premissis, eis per Magistros Aquarum*[e] *alias debatum factum extiterit, volumus & concedimus per presentes, ut prefati Consules dictam cognitionem (d) Piscariarum Molendinorum & Paxeriarum; nec non & mensure piscium piscandorum infra limitationes dicte Civitatis, & Retium cum*[f] *quolibet piscabuntur, in dicto*[g] *flumine habeant, predictaque cognicione utantur pacifice prout antea utebantur: inhibentes Magistris Aquarum qui pro tempore fuerint, ne in premissis predictos Consules ullatenus impediant sive perturbent.*

c Voy. cy-dessous l'art. 16.
d Eclusés. Voy. p. 261. Note (c).
e al. *R.*
f quibus.
g c'est le Lot qui passe à Cahors.

*(12)* Item. *Quod Barones seu quicunque alii, nullo modo possint prohibere portationem Victualium fiendam in Civitate predicta; & si qui Barones vel alii inhibitiones penales vel*[h] *alias contrarias facerent, ipsas volumus non tenere nec habere roboris firmitatem.*

h al. contrar. *R.*

*(13)* Item. *Prefatis Consulibus, Civibus ac singulis habitatoribus predicte Civitatis, nostram ampliando gratiam, omnia & quecunque debita & arreragia per dictam Universitatem seu singulares ejusdem, quomodolibet debita, seu que deberi, aut in quibus*

NOTES.

*(a) Monseugnus.]* Le R. P. D. Vaissette, Benedictin, m'a appris que ce lieu se nomme presentement, *Montcuc*, en Quercy; c'est un Château situé vers les frontieres de l'Agenois.

Il y a dans le 4.e vol. des Ordon. p. 78. des Lettres pour *Monseugnus.* Comme il n'y avoit rien dans ces Lettres, qui marquât le pays où étoit situé ce lieu, on n'avoit pû en découvrir le nom moderne. *Voy. ibid.* Note *(b).*

*(b) Recognitiones.]* Cens annuels dûs à un Seigneur. *Voy. le Gloss. de du Cange*, au mot, *Recognitio.*

*(c) Passibus.]* Ce mot se trouve encore cy-dessous dans l'article 16. qui a du rapport à celui-cy. Peut-être cependant faut-il corriger, *piscibus* ou *piscariis.* Peut-être aussi *Passibus* signifie-t'il le passage de la Riviere le long des Moulins & des Ecluses!

*(d) Piscariarum.]* Peschérie, lieu où l'on pesche. *Voy. le Gloss. de du Cange*, à ce mot.

teneri reperirentur, vel fore obligati, quacunque ratione sive causa, universaliter aut singulariter, Domino nostro Regi sive Nobis, vel [a] descripsi forent in Libris sive Registris Thesaurarie sive Receptorie dicte Senescallie Caturcensis; nec non omnia & singula crimina aut delicta per eos commissa per transgressiones Monetarum aut aliter, usque nunc, remisimus, quittavimus, remittimusque & quittamus per presentes, scientia, auctoritate & gratia quibus supra, ipsosque & eorum bona quittos & liberos facimus & reddimus per presentes; cassantes, irritantes & eciam annullantes nec non & cancellantes omnes & quoscunque processus, inquestas, libros, registra, prothocolla factos seu facta aut descripta per quoscunque & qualitercunque, super predictis, quos & que, quo ad hoc, nullius efficacie seu momenti esse volumus & jubemus; Senescallo nichilominus Caturcensi, Advocato & Procuratori ac Thesaurario Regiis ipsius Senescallie, qui nunc sunt vel pro tempore fuerint, silencium perpetuum super his imponentes.

CHARLES V. à Paris, en Juillet 1370.

a descripti.

(14) Et insuper, ad humilem & frequentem supplicationem ac Requestam dictorum fidelium Consulum & habitatorum dicte Civitatis, promisimus & promittimus auctoritate Regia predicta, quod pars quam Dominus noster habet in dicta Civitate, de [b] Mensa seu patrimonio proprio Domini nostri Regis, & ejus successorum Francorum Regum, nullatenus quacunque ratione sive causa, discedetur, nec demembrabitur, [c] in aliquas alias personas transferetur vel transportabitur; nisi tamen de dictorum Consulum ac Civium consensu processerit, ac eciam voluntate.

b Voy. cy-dessus, p. 276. Note (c).

c nec.

Mandantes Senescallo Caturcensi, qui nunc est vel erit pro tempore, quem deputamus & instituimus Conservatorem specialem premissorum & aliorum privilegiorum dicte Civitatis, ceterisque Justiciariis Regiis, presentibus & futuris, & eorum cuilibet, si necesse fuerit, committendo, ac Locatenentibus eorumdem, quatenus predictos Consules & singulares habitatores dicte Civitatis, qui nunc sunt vel pro tempore [d] fuerunt, predictis omnibus & singulis superius expressatis, uti & gaudere pacifice & quiete faciant & permittant, nil in contrarium attemptando seu attemptari faciendo vel eciam permittendo: quod si secus factum fuerit vel fiat pro tempore, ad statum debitum reducant aut reduci faciant indilate; premissorum violatores penis legitimis compescendo. Quod ut firmum & stabile perpetuo perseveret, has nostras presentes Litteras sigilli nostri impressione fecimus roborari: salvo in aliis jure Regio & in omnibus alieno. Datum & actum Tholose, anno Domini M. CCC. sexagesimo nono, mense Januarii.

d fuerint.

(15) [e] Nos autem, consideratis magnis & [f] nobilibus serviciis, que ipsi Consules & habitatores ejusdem Civitatis & Ville Caturcensis, Nobis & Corone Francie impenderunt, & qui tanquam fidelissimi, Nos eorum Dominum superiorem & naturalem cognoscentes, de primis subditis nostris ipsius Ducatus Acquittanie, Civitatem eandem in nostra obediencia submiserunt, eorumdem supplicationibus Nobis pro parte ipsorum presentate, favorabiliter annuentes, ut cum per dictum Germanum & Locumtenentem nostrum, eisdem concessum extiterit per Litteras suprascriptas, quod ipsi Consules, qui nunc sunt vel pro tempore fuerint, possint ex nunc & in posterum, tres probos viros etate, scientia & moribus expertos, in Notarios publicos creare & instituere, & illis mortuis vel aliter privatis officio, in locum [g] aliorum, alios subrogare, prout in articulo in Litteris suprascriptis contento & de hujusmodi creatione mentionem faciente, lacius continetur; ex nostre plenitudine Regie potestatis, certa scientia & gratia speciali eisdem concessimus & concedimus per presentes, gratias & concessiones supradictas ampliando, quod ipsi Consules, presentes & futuri, duos alios Notarios, una cum dictis tribus, similiter probos viros & expertos, creare & instituere de cetero possint & valeant, modo & forma in dicto articulo contentis.

e Voy. cy-dessus l'art. 4.

f mot abregé & très-douteux.

g illorum.

(16) [h] Item. Quod cum ex privilegiis suis, habeant, prout dicunt, jus cognoscendi de [i] passibus Molendinorum & [k] passeriarum, ac de premissis, contra ipsos per Magistros Aquarum alias debatum fuerit appositum, idemque Germanus noster duxerit eisdem Consulibus concedendum, ut dictam cognitionem piscariarum, Molendinorum ac passeriarum; nec non & mensure Piscium piscandorum infra limitationes dicte Civitatis, prout in articulo suprascripto de his mentionem faciente, lacius continetur, eisdem concessimus & concedimus eciam per presentes, quod, nonobstante quocunque debato seu

h Voy. cy-dessus l'art. 11.

i Voy. p. preced. Note (c).

k Voy. p. preced. Note (d) margin.

CHARLES V. à Paris, en Juillet 1370.

*impedimento qualitercunque apposito per dictos Magistros Aquarum, de tempore quo Eddwardus Primogenitus Eddwardi Anglie, dictum Ducatum tenebat, & eciam per decem annos antequam in manibus ipsius Eddwardi, dictus Ducatus poneretur, ipsi Consules habeant & possideant dictam cognitionem piscariarum Molendinorum & [a] passe-riorum, in dicto articulo latius declaratam, & quod illa cognitione possint & valeant uti & gaudere pacifice & quiete.*

(*17*) [b] Item. *Quod, cum ipsi Consules, habitatores, Cives & incole ipsius Civitatis, in nostra salva & speciali gardia sint suscepti, eisdem, auctoritate qua supra, de novo concessimus & concedimus per presentes, quod, in casu & tociens [c] ipsos & eorum singulos de cetero contingerit per aliquos malefactores injuriam pati, invadi vel depredari aut aliter in ipsis vel eorum bonis, injurias inferri ubicunque in Senescallia Caturcensi, quod Senescallus Caturcensis, qui nunc est vel pro tempore fuerit, aut ejus Locumtenens; de hujusmodi injuriis, violenciis & infractione salve-gardie, dampnis illatis seu inferendis emenda, reintegratione dicte salve Gardie infracte, & restitutionibus faciendis, & aliis que incombent [d] correctionem, cognitionem & punitionem, habeat in dicta Civitate Caturcensi perpetuo cognoscere, & eisdem facere justicie complementum, & tales malefactores, ubicunque in eadem Senescallia idem Senescallus reperierit, prout qualitas excessuum exigerit, una cum bonis eorumdem, capere & punire; Judicum & aliorum Dominorum & Justiciariorum, in quorum territorio seu jurisdictione, talia perpetrata fuerint vel commissa, juribus semper salvis.*

*Litterasque suprascriptas & omnia & singula in eisdem contenta, & per dictum Germanum nostrum eisdem Consulibus & Universitati ac habitatoribus, concessa, laudamus, ratificamus, & auctoritate predicta, certa scientia confirmamus, & eisdem de novo damus & concedimus, si sit opus. Dantes tenore presentium in mandatis Senescallo Caturcensi, qui nunc est vel pro tempore fuerit, quem idem Germanus noster eisdem Consulibus & Universitati, Conservatorem specialem premissorum & aliorum privilegiorum ejusdem Civitatis, ut dictum est, instituit & deputavit, & quem Conservatorem ipsorum privilegiorum & aliorum hujusmodi nostorum de novo concessorum, eisdem deputamus Conservatorem specialem, ceterisque Justiciariis nostris, presentibus & futuris, aut eorum Locatenentibus, & cuilibet eorumdem, prout ad eum pertinuerit, quatenus prefatos Consules & singulares ipsius Ville & Civitatis, qui nunc sunt & pro tempore fuerint, predictis graciis, privilegiis, Libertatibus & ampliationibus, ac omnibus aliis & singulis suprascriptis, uti & gaudere faciant & permittant pacifice & quiete, nil in contrarium attemptando seu attemptari permittendo: quod si secus attemptatum fuerit quoquomodo, ad statum pristinum reducant vel reduci faciant indilate; attemptatores seu exactores contra premissa vel aliqua premissorum, prout casus exigerit, debite puniendo. Quod ut firmum, &c. salvo in aliis, &c.* Datum Parisius, anno Domini millesimo CCC. septuagesimo, Regni vero nostri VII.° mense Julii. Sic signate. *Visa.*

*Per Regem, in suis Requestis.* N. DE VEIRES.

Collatio facta est cum Litteris Originalibus, per me. N. DE VEIRES.

[a] passeriarum.

[b] Voy. cy-dessus l'art. 2.

[c] quotiens.

[d] in.

---

CHARLES V. à Paris, en Juillet 1370.

(*a*) Lettres qui portent que les habitants de Cahors pourront commercer dans tout le Royaume, sans payer aucuns droits pour les Marchandises qu'ils acheteront.

*KAROLUS, &c. Celestis altitudo potentie, &c.*

*Sane considerantes grata & laudabilia servicia que dilecti & fideles nostri, Burgenses, habitatores & Mercatores Civitatis & Ville Caturcensis, nobis fideliter, &c.*

*Dantes tenore presencium in mandatis Senescallis Tholose, Carcassone, Ruthenensi*

NOTE.

Tresor des Chartres, Registre 100. Piece 667. *Voyez cy-dessus, p. 190. Note (a).*

*&*

*& Caturcensi, ceterisque, &c.* Datum Parisius, anno Domini millesimo CCC. septuagesimo, Regni nostri VII°. mense Julii. *Visa.*

*Per Regem.* N. DE VEIRES.

---

CHARLES V.
à Paris, en Juillet 1370.

## (a) Privileges accordez à l'Université de la Ville de Cahors.

*KAROLUS, &c. Notum facimus universis tam presentibus quam futuris, Nos Litteras carissimi Germani & Locumtenentis nostri in [a] Partibus Occitanis, Ducis Andegavensis & Comitis Cenomanensis, suo magno sigillo in cera viridi & filo serico sigillatas, vidisse, formam que sequitur, continentes.*

a Languedoc.

*LUDOVICUS Regis quondam Francorum Filius, Domini nostri Regis Germanus; ejusque Locumtenens in Partibus Occitanis, Dux Andegavensis & Comes Cenomanensis. Racioni consonum arbitramur, illorum, qui non solum pro jure & conservacione Regni Francie, corpora sua exponere, ymo totalem eorum substanciam, uxores ac liberos, pro jure eodem periculis irreparabilibus subjicere non formidant, peticionibus & requestis acquiescere, & eas exaudire cum effectu. Recolentes igitur firmam atque veram obedienciam, quam dilecti nostri Consules, singulares & habitatores Civitatis Caturci, dicto Domino nostro temporibus retrolapsis habuerint & de novo exhibuerunt, & adhuc [b] perseverendo in eisdem, exhibent & ostendunt: Notum facimus universis tam presentibus quam futuris, quod Nos, ad [c] ipsos Consulum, singularium & habitatorum ipsius Civitatis, humilem & instantem supplicacionem & Requestam, omnia & singula privilegia, Libertates & franchisias, per Ducem Acquitanie nuper Rectoribus & Doctoribus, Licentiatis & Bachalariis, ac universis & singulis habitatoribus ipsius Ville, quarumcumque Parcium existant, legentibus, studentibus & audientibus in predicta Civitate, in quacunque Facultate Artium, concessa, confirmavimus & tenore presencium, de nostra certa scientia auctoritateque Regia qua fungimur in hac parte, & gratia speciali, confirmamus per presentes; necnon & dictam nostram graciam ampliando, ut sicut dicta Civitas [d] capud est tocius Senescallie Caturcensis, & de [e] Domanio proprio dicti Domini mei, ita pre ceteris Villis ejusdem Senescallie, privilegiis & honoribus gaudeat & utatur; & eciam Rectores, Magistri, Licentiati, Bachalarii, ac universi & singuli Universitatis Studii ipsius Civitatis, eisdem privilegiis & honoribus [f] senseant se adjuctos, omnia & singula privilegia, Libertates & franchisias, actenus per carissimos Dominos meos Francorum Reges, Comites Tholosanos, aut alios quoscunque ad hoc potestatem habentes, concessa Universitati Studii Civitatis Tholose, de quibus tamen liquebit per copiam sub sigillo Regio, & usi sunt ac utuntur, predicte Universitati Studii dicte Civitatis Caturci, dedimus & concessimus, damusque & concedimus per presentes, auctoritate, sciencia & gracia quibus supra; eaque omnia & singula privilegia tantam roboris firmitatem volumus obtinere & perpetuo observari, ac si in presentibus articulatim & expresse forent descripta. Senescallo igitur Caturcensi, ceterisque Justiciariis & Officiariis Regiis, modernis & futuris, & eorum cuilibet, ut ad eum pertinuerit, aut Locum tenentibus eorumdem, dantes tenore presencium in mandatis, quatenus predictos Rectores, Magistros, Licentiatos, Bachalarios & alios quoscunque, universaliter & particulariter, [g] Universitati predicti Studii Caturci, hac nostra presenti gracia uti & gaudere pacifice & quiete perpetuo faciant & permittant, nil in contrarium actemptando, aut à quoquam attemptari modo quolibet permittendo: quod si forsan [h] factum fuerit aut attemptatum, id ad statum pristinum & debitum reducant indilate. Quod ut firmum & stabile perpetuo perseveret, has nostras presentes Litteras sigilli nostri impressione fecimus roborari: salvo in aliis jure Regio, & in omnibus quolibet alieno.* Datum & actum Tholose, anno Domini millesimo CCC sexagesimo nono, mense Januarii.

b perseverando.

c ipsorum.

d caput.

e Voy. cy-dessus, p. 327. art. 14.

f sentiant.

g Universitatis.

h secus.

NOTE.

(a) Tresor des Chartres, Registre 100. Piece 635. *Voy. cy-dessus*, p. 190. Note (a).

CHARLES V. à Paris, en Juillet 1370.

*Quas quidem Litteras suprascriptas, ratas & gratas habentes, eas & omnia & singula in eisdem contenta, laudamus, approbamus, ratifficamus, ac ex nostra certa scientia auctoritateque Regia & gracia speciali, confirmamus per presentes: mandantes Senescallo Caturcensi, ceterisque Justiciariis & Officiariis nostris, qui nunc sunt & pro tempore fuerint, aut eorum Locatenentibus, & cuilibet eorumdem, prout ad eum pertinuerit, quatenus predictos Rectores, Magistros, Licentiatos, Bachalarios & alios quoscunque, universaliter & particulariter, Universitatis predicti Studii Caturci, nostris presentibus gracia & confirmacione, juxta ipsarum ac suprascriptarum Litterarum series & tenores, uti & gaudere faciant & permittant absque impedimento quocunque. Quod ut firmum, &c. salvo, &c.* Datum Parisius, anno Domini millesimo CCC septuagesimo, Regni vero nostri septimo, mense Julii. *Visa.*

*Per Regem, in suis Requestis.* N. DE VEIRES.

Collatio facta est cum Litteris Originalibus per me. N. DE VEIRES.

---

CHARLES V. à Paris, en Juillet 1370.

(a) Lettres qui portent que les Consuls de la Ville de Castres, pourront deffendre pour autant de temps qu'ils le jugeront à propos, de faire entrer le vin & la vendange qui n'auront point été recüeillis dans le territoire de cette Ville; à moins qu'ils ne soient du crû de ses habitants.

*KAROLUS, &c. Notum facimus universis tam presentibus quam futuris, Nobis, pro parte Consulum Civitatis Castrensis, Senescallie Carcassone, pro se & nomine Universitatis loci, expositum fuisse; quod, cum major pars Territorii & pertinentiarum dicte Civitatis, habundet in vineis plus quam in aliis terris fructiferis, que vinee, tam propter pestiferas mortalitates, quam eciam guerrarum discrimina, pro majori parte inculte & derelicte remanserunt, presertim ille que distant & sunt longe a dicta Civitate, & ob hoc deppopulatur Civitas antedicta,* [a] *immensauri laboratores ipsarum vinearum hinc inde vagantur, suum antiquum domicilium alibi transferentes, potissime in quibusdam locis circomvicinis, qui subsidiis & financiis neccessariis minime contribuunt, quodque ipsi supplicantes & habitatores dicte Civitatis & pertinentiarum ejusdem, eisdem Subsidiis, secundum posse & facultates eorumdem, contribuere dicantur, quod de cetero supportare non possent, attentis premissis, nisi eisdem provideretur de aliquo remedio gracioso. Quocirca Nos, ne dicta Civitas premissorum occasione deppopuletur, attento quod Ville, Burgenses & habitatores Carcassone & Albiensis, talibus privilegiis vel similibus utuntur, & uti, prout intelleximus, consueverunt, ex nostra certa scientia plenitudineque potestatis Regie & gratia speciali, eisdem supplicantibus concessimus & concedimus per presentes, ut ipsi perpetuo possint, si & quando eis & dicte Universitati visum fuerit expedire, facere prohibicionem & vetum apponere, ut nullus cujuscunque status, dignitatis aut condicionis existat, audeat vina aut vindemias de locis aut vineis extra predictam Civitatem & ejus pertinentias, existentes vel existentia, infra eandem Civitatem Castrensem & ejus pertinentias, portare aut introducere, aut portari sive introduci facere, durante tempore veti & prohibicionis antedicti, nisi de propriis vineis & redditibus incolarum & habitatorum dicte Civitatis existant, sub certis penis Fisco applicandis, per dictos Consules, qui nunc sunt, aut pro tempore erunt, statuendis ac eciam ordinandis, nisi de ipsorum Consulum expressa licentia aut* [b] *permisso precedentibus; & quod ipsi Consules dictam prohibicionem & vetum ad tempus possint suspendere & removere, illudque reponere & reducere, quociens eis & Universitati predicte videbitur opportunum: Mandantes Senescallis Carcassone & Tholose, ceterisque Justiciariis & Officiariis nostris, presentibus & futuris, vel eorum Locatenentibus, & cuilibet eorumdem, prout ad eum pertinuerit, quatenus dictos Consules & successores eorumdem, nomine quo supra, nostris*

[a] mot corrompu.

[b] permissu.

NOTE.

(a) Tresor des Chartres, Registre 100. Piece 573.

*presentibus gracia & concessione uti & gaudere faciant & permittant pacifice & quiete, ipsos in contrarium nullatenus molestando aut molestari aliqualiter permittendo. Quod sic fieri volumus consideracione premissorum; non obstantibus Ordinacionibus, inhibicionibus & Mandatis in contrarium factis vel faciendis quibuscunque. Quod ut firmum, &c. nostro in aliis, &c.* Datum & actum Parisius, anno Domini M.° CCC.° LXX.° & Regni nostri VII.° mense Julii.

Sic signata. *Per Regem, in suis Requestis.* F. DE MOTIS.

MANLOUE Scriptor. *Visa.*

---

CHARLES V. à Paris, en Juillet 1370.

## (a) Privileges accordez à la Ville de Puy-la-Roque.

SOMMAIRES.

*(1) Lorsque le Roy fera une convocation de Gens de Guerre, la Ville de Puy-la-Roque ne fournira que dix* Sergents, *au lieu de 50. qu'elle avoit coutume de fournir.*

*(2) Les habitants de cette Ville seront exempts des droits de Francs-Fiefs, pour les biens nobles qu'ils ont acquis ou qu'ils acqueront dans la suite.*

*KAROLUS, &c. Notum facimus universis tam presentibus quam futuris, Nos Litteras carissimi Germani & Locum tenentis nostri in* [a] *Partibus Occitanis, Ducis Andegavensis & Comitis Cenomanensis, suo magno sigillo in cera viridi & filis sericis sigillatas, vidisse, formam que sequitur, continentes.*

a Languedoc.

LUDOVICUS *Regis condam Francorum Filius, Domini nostri Regis Germanus, ejusque Locumtenens in Partibus Occitanis, Dux Andegavensis & Comes Cenomanensis. Notum facimus universis tam presentibus quam futuris, quod, cum cujuslibet Principis deceat fidelium suorum continuo studio, humiles supplicationes & Requestas favorabiliter exaudire, & eas cum augmento & largitione gratie adimplere, nos, de vera, perfecta & immutabili dilectione, quam dilecti & fideles nostri Consules & habitatores loci de* [b] *Podio-Ruppis, Senescallie Caturcensis, diucius gesserunt & habuerunt, plenius informati, & quas eciam, per amplius gerere & habere speramus in futurum;*

b Pui-la-Roque. Voy. cy-dessus, p. 279. Note (b).

*(1) Attento eciam quod dictus locus per factum guerrarum, nec non propter mortalitates que in dicto loco & circum quaque, diucius viguerunt, valde, ut accepimus, depopulatus bonisque spoliatus existit, eisdem Consulibus & habitatoribus, eorumque successoribus, heredibus ac causam habentibus ab eisdem, concessimus & concedimus per presentes, de nostra certa scientia, gratia speciali & auctoritate Regia qua fungimur in hac parte, quod si dictus Dominus Rex ejusque successores, seu ipsius Officiarii, temporibus modernis seu futuris, in Senescallia Petragoricensi & Caturcensi, (b) obsidem generalem mandaverit, aut servientes indicerent seu habere vellent, pro guerris & (c) franchisiis prosequendis, aut aliter quoquomodo, quod ipsi Consules & habitatores, ipsorumque heredes & successores ac causam ab ipsis* [c], *teneantur decem servientes in dictis guerris & serviciis Regiis mittere, & non amplius, ac ipsis decem servientibus per ipsos missis vel mittendis, paria aut consimilia vadia, secundum* [d] *quotam eis contingentem solvere, que Communitates aliorum locorum dicte Senescallie, servientibus per ipsos missis vel mittendis solvere tenebuntur ac erunt consueti, & non ultra; nonobstante quod hactenus iidem Consules & habitatores usque ad numerum quinquaginta servientum,* [e] *miserit in consimilibus aut mittere consueverit.*

c habentes.

d quote part.

e miserint . . . consueverint.

*(2)* Item. *Ex uberiori gratia, concessimus & concedimus eisdem Consulibus &*

NOTES.

(a) Tresor des Chartres, Registre 100. Piece 899.

*Voy. cy dessus*, p. 190. Note (a).

(b) *Obsidem.]* Ce mot, qui peut-être est corrompu, signifie ici, *une Convocation de Gens de Guerre.*

(c) *Franchisiis.]* Je crois que cela signifie, *lorsque les Roys auront besoin de soldats, pour faire executer leurs ordres dans l'interieur du Royaume.*

CHARLES V. à Paris, en Juillet 1370.

*habitatoribus, eorumque successoribus, heredibus ac causam ab eisdem habentibus, licenciam & auctoritatem* [a] *specialem, quod quicunque innobiles dicti loci, ex nunc & imperpetuum, possint & valeant à quibuscunque Nobilibus, terras, Domos, possessiones, Census, Redditus, & alia quecunque nobilia, sub Feodo vel Retro-feodo Regio, acquirendi, & acquisita sub ipsis Feodo vel Retro-feodo, retinendi, absque eo quod propter hoc, dicto Domino nostro Regi seu ejus successoribus quibuscunque, vel Nobis, pro nunc aut imposterum, pro jam sic acquisitis seu in futurum acquirendis, aliquam prestare financiam teneantur.*

a spec. R.

*Quocirca* [b] *Senescallis Caturcensi & Petragoricensi, Receptorique Regio, ac universis & singulis Justiciariis & Officiariis Regiis dicte Senescallie, qui nunc sunt & pro tempore fuerint, damus tenore presentium in mandatis, vel eorum Locatenentibus, & eorum cuilibet, ut ad eum pertinuerit, quatenus predictos Consules & habitatores, ipsorumque heredes & successores, ac eorum quemlibet, pro nunc & imperpetuum, nostris presentibus gracia & concessione uti pacifice faciant & permittant, nichil in contrarium faciendo nec à quoquam qualitercunque fieri permittendo. Quod ut firmum & stabile perpetuo perseveret, presentes Litteras sigilli nostri munimine jussimus roborari: salvo in aliis jure Regio, & in omnibus quolibet alieno.* Actum & datum Tholose, anno Domini millesimo CCC. LXIX.° mense Aprilis.

b Sen.lis R.

*Nos autem Litteras suprascriptas, ratas habentes & gratas, eas & omnia & singula in eisdem contenta, laudamus, approbamus, ratificamus, ac ex nostra certa scientia auctoritateque Regia & gratia speciali, confirmamus per presentes: Mandantes* [c] *Senescallis ac Thesaurario Caturcensi & Petragoricensi, ceterisque Justiciariis & Officiariis nostris, modernis & posteris, aut eorum Locatenentibus, & cuilibet eorumdem, prout ad eum pertinuerit, quatenus dictos Consules & habitatores, ac heredes & successores suos, & quemlibet eorumdem, nostris presentibus gratia & confirmatione uti & gaudere faciant & permittant absque impedimento quocunque; Ordinationibus, Mandatis ac inhibitionibus ad hoc contrariis, nonobstantibus quibuscunque. Quod ut, &c. salvo, &c.* Datum Parisius, anno Domini millesimo CCC. septuagesimo, Regni vero nostri VII.° mense Julii. Sic signate. *Visa.*

c Sen. R.

*Per Regem.* N. DE VEIRES.

Collatio est facta cum Litteris Originalibus, per me. N. DE VIRES. [d] *Contentor.*

d Voy. sur ce mot, *la Table des Mat. des 4.e & 5.e Vol. des Ordon.*

---

CHARLES V. à Paris, en Juillet 1370.

## *(a)* Diminution de Feux pour Canpendu.

KAROLUS, *&c. Notum, &c. Quod cum ex parte, &c.*

*Cumque facta quadam informacione virtute Litterarum Regiarum, in loco de (b) Cane-suspenso, Senescallie Carcassone, super numero Focorum modernorum in dicto loco nunc existentium, per dilectum & fidelem Clericum & Procuratorem nostrum Generalem dicte Senescallie Carcassone, Magistrum Guillelmum Durandi, Commissarium in hac parte deputatum; vocato & presente in omnibus, Magistro Johanne de Villario,* [e] *Procuratore nostro in dicta Senescallia legitime substituto, eademque, &c.*

e Procur. R.

*Repertum fuerit quod in dicto loco de Cane-suspenso, sunt de presenti & reperiuntur triginta tres Focci, secundum traditam, &c.* Datum Parisius, mense Julii, anno Domini M. CCC. septuagesimo, & Regni nostri septimo. Sic signata. *Visa.*

*Per Consilium existens in Camera Compotorum Parisius.* P. DE CHASTEL.

*Informatio, &c.*

NOTES.

*(a)* Tresor des Chartres, Registre 100. Piece 901. *Voy. cy-dessus, p. 30. Note (a).*

*(b) Cane-suspenso.* ] *Cappendu* ou *Campendu*, près de Carcassonne. Voy. *Valesii Notit.* au mot, *Canis-suspensus.*

CHARLES V. à Paris, à l'Hostel les S.t Pol, en Juillet 1370.

(a) *Lettres portant abolition de la Commune de Neuville-le-Roy, en Beauvoisis; & Etabliſſement d'un Prevôt Royal dans cette Ville.*

CHARLES, &c. Savoir faiſons à tous preſens & avenir, Nous avoir receu l'humble ſupplication des habitants & ſoubſmanans de la (b) Neuville-le-Roy en [a] Beauveuſin, contenant, que comme de très lonc temps a, ilz aïent eu Commune à culx ottroïée par noz predeceſſeurs Roys de France, & aient eu Maire, Jurez & Eſchevins, qui uſoient du fait de ladicte Commune, aux uſages & Couſtumes de la Commune de noſtre bonne Ville de Senliz; & auſſi aïent eu & receu amendes de XXX. deniers, & de LX. ſols, ſelon lez cas qui y ſont eſcheus, avec certains Cens & rentes qu'il ont acouſtumé à prenre & avoir ſur certains heritages de ladicte Ville, juſques à la ſomme de IIII.xx [b] libres par an, avec les (c) Tonnelieux des Marchandiſes & de la Foire, qui bien povoient valoir par an, XXXV. libres; pour leſquelles choſes devant dictes, aïent eſté tenus à païer C. libres, par chaſcun an, à noſtre Receveur de Vermendois, avec certainnes autres charges deuës à pluſieurs perſonnes; leſquelles choſes ont eſté & ſont cüeillies & levées ſur lez habitans de ladicte Ville: & il ſoit ainſy que iceulx habitans, qui ou temps paſſé ont eſté & eſtoient communement ou nombre de III.c Feux, ſoïent depuis le commencement des guerres, ſi diminuez & amenriz, que il n'y a pas demouré plus de XXX. Feux ou environ, leſquelz ſont pouvres laboureurs, qui ne ſauroient ne ne pourroient faire ne ſouſtenir le fait de ladicte Commune, & ja l'ont laiſſié [c] vague, paſſé à IIII. ans; & auſſy ſont yceulx habitans ſi très apouvris, tant pour le fait & occaſion de noz [d], comme pour les Tailles, & autres charges qu'il leur convient ſouſtenir de jour en jour, que ilz ne porroient doreſen avant païer en aucune maniere les redevances en quoy il ſont tenus à Nous & autres perſonnes, à cauſe de ladicte Commune; & convendra qu'il laiſſent ladicte Ville, qui du tout ſera deſerte & exillée, & ſoïent [e] fuitiz par le païs, pouvres & mendians, ſe par Nous ne leur eſt ſur ce pourveu; meſmement que tous lez heritages de ladicte Ville, ou la plus grant partie d'iceulx, ſont demourez en friche, & ſont à preſent de très petite ou nulle valeur, ſi comme ilz dient; & pour ce, Nous ont fait humblement ſupplier & requerre, que Nous, eu regart à la diminucion de ladicte Ville, & attendu la povreté dez diz ſupplians, Nous vouſiſſions reprendre & appliquer à Nous & noſtre Demainne, ladicte Commune, avec les droiz, proffiz & emolumens, & toutes autres charges & redevances quelconques appartenant à ycelle Commune. Nous adecertes, euë conſideration aux choſes devant dictes, voulans de noſtre povoir obvier à la deſtruction & deſolacion de ladicte Ville, à la ſupplicacion & requeſte dez diz ſupplians, avons pris, mis & appliqué, & par ces preſentes prenons, mettons & appliquons à Nous & à noſtre Demainne, en noſtre Recepte de Vermendois, ladicte Commune, les drois, proffiz & emolumens, cens, rentes & revenuës, aumoſnes, & toutes autres charges & redevances quelconques appartenant à ycelle, dont yceux habitans eſtoient chargez & [f] ſouloient prendre & avoir à cauſe d'icelle Commune; & voulons & Nous plait, que doreſenavant ladicte Ville ſoit tenuë, gardée, maintenuë & gouvernée aux uſages & couſtumez de noſtre bonne Ville de Senliz, par un Prevoſt, ou autre perſonne qui commis y ſera de par Nous, & en lieu du Maire, Jurez & Eſchevins, tout ainſy & en la forme & maniere que elle eſtoit, pour le temps que ladicte Commune eſtoit & appartenoit

a *Beauvoiſin.*

b *lib.* R.

c *ne ſe ſont point ſervi des droits de leur Commune.*

d *Guerres.*

e *fugitifs.*

f *avoient accouſtumé.*

NOTES.

(a) Treſor des Chartres, Regiſtre 100. Piece 625.

(b) *Neuville-le-Roy.* ] Du Dioceſe de Beauvais, Doyenné de Reſſons. *Voy. hiſt. de Beauvoiſis, par Louvet*, tom. 1. pp. 230. & 234.

(c) *Tonnelieux.* ] Ce droit ſe nomme communement *Tonlieu.* Il ſe leve ſur toutes ſortes de Marchandiſes. *Voy. le Gloſſ. du Droit François*, au mot, *Tonlieu.*

CHARLES V. à Paris, à l'Hostel les S.t Pol, en Juillet 1370.

aux diz habitans, & que paravant ycelle Commune fust & revenist en nostre main; & que les proffiz qui en * ystront soient miz & appliqués à Nous & à nostre Demainne, en nostre dicte Recepte de Vermendois, pour & en lieu des dictes c. libres, que Nous prenions à cause de ladicte Commune, dont Nous avons quitté & quittons les diz suppliants, leurs hoirs, leurs successeurs, presens & avenir, & les en deschargons du tout. Si donnons en mandement à noz amez & feaulz, les Gens de noz Comptes à Paris, audit Receveur de Vermendois, qui à present est, & aux autres qui pour le temps avenir seront, & à chascun d'eulz, si comme à lui appartendra, que de nostre presente grace facent joïr & user paisiblement lez diz suppliants, & contre la teneur d'icelle, ne les contraingnent, molestent, ou sueffrent estre contrains ou molestez en aucune maniere au contraire; mais lez diz habitans ostent & mettent hors dez Registres de nostre Chambre des Comptes, où il sont miz & enregistrez, pour & à cause de ladicte Commune, en prenant pour Nous & en ce lieu, telz proffiz qui porront doresenavant venir & escheoir des exploiz & Amendes de ladicte Prevosté. Et pour ce que ce soit chose ferme, &c. sauf, &c. *Donné à Paris, en nostre Hostel lez S.t Pol, l'an de grace mil CCC. LXX. & de nostre Regne le VII.e ou mois de Juilet.* *Visa.*

Ainsi signé, par le Roy, en ses Requestes. HENNEQUIN. J. DIVITIS.

* *fortiront, proviendront.*

---

CHARLES V. au Bois de Vincennes, le 22. d'Aoust 1370.

(a) *Lettres qui portent que l'on délivrera à Barthelemi Spifame, les Especes qui seront fabriquées avec 1000. marcs d'Argent qu'il apportera à l'Hostel des Monnoyes.*

CHARLES par la grace de Dieu Roy de France. A nos Amez & Feaulx les Generaulx-Maistres de nos Monnoies, & à Pierre de Landes, Changeur de nostre Tresor à Paris, & n'agueres commis à faire ouvrer nostre propre vaissellemente d'Argent, & autres à Nous nouvellement prestez pour le fait de noz guerres: Salut. Comme pour la grant & evidente necessité que Nous avons d'argent à present, pour les guerres qui sont en nostre Royaume, & pour delivrer nostre amé & feal Frere, le Sire [a] de la Bret, & afin que luy & ses gens s'en puissent aller en & sur les frontieres de Gascongne, où Nous [b] armoirons pour [c] contrester contre noz ennemis; Pour lequel fait, luy a convenu [d] grant finance; pour laquelle avoir Nous avons requis nostre amé Berthelemi [e] Spifame, Marchant & Bourgeois, qui d'icelle finance [f] Nous a fait partie, & la Nous a gracieusement octroyée; [g] parmi ce toutesvoyes, que pour ce qu'il n'a mie à present en comptant de quoy il Nous peust faire le dit prest, si comme il dit, Nous luy avons octroyé & accordé, que [h] les (b) six cens & mil marcs d'Argent que autresfois luy avons accordé & que delivré luy ont esté, avec ce, luy avons accordé autres mil marcs d'Argent en vaisselle & en argent en cendrée, qu'il puisse mectre presentement en nostre Monnoye de Paris; & iceulx luy avons promis faire ouvrer & monnoier ilec, tost & hastivement, en telz Deniers comme ceulx que nous avons n'agueres fait faire de nostre dite propre vaisselle, & des autres qui nouvellement nous ont esté prestées; Et du comptant qui en [i] ystera, luy avons promis faire rendre & payer pour chacun des dits mil marcs d'Argent en vaisselle & en cendrée dessusdits, Cent quinze sols Tournois, afin qu'il nous puist plustost & plus prestement secourir & aider dudit prest que demandé & requis luy

a *D'Albret. Voy. cy-dessus, p. 190. Note (a).*
b *armerons.*
c *resister.*
d *donner.*
e *Voy. cy-dessus, p. 319. & Note (b) marg.*
f *nous a presté.*
g *moyennant.*
h *outre.*
i *fortira, proviendra.*

NOTES.

*(a)* Registre *D.* de la Cour des Monnoyes de Paris, *fol.o* 7 vingt 8. *recto* (148).

Avant ces Lettres, il y a : *Lettres pour faire ouvrer à Paris, pour B. Spifame, mil marcs d'Argent en vaisselle.*

*(b) Six cens & mil marcs.]* Il me paroît certain par les Lettres qui sont cy-dessus, p. 319. qu'il faut corriger, six cens marcs. Depuis le prest de ces six cens marcs, Spifame avoit desja presté mil marcs au Roy, desquels il n'est point parlé dans ces Lettres. *Voy. cy-dessus*, pp. 301. & 319.

avons, comme dit est. Pour ce est-il que Nous mandons à vous Generaulx-Maistres de noz Monnoies, & à chacun de vous, que les dits mil marcs d'Argent en vaissèlle & en Argent cendré, vous faictes ouvrer & monnoyer en la forme & maniere que vous avez fait faire de nostre dite propre vaissèlle, & des autres à nous nouvellement prestez, comme dit est; c'est assavoir, que vous faciez faire ouvrer Deniers Blancs d'Argent de ª VIII. solz de prix, au Marc de Paris, & pour douze Deniers Parisis la Piece, & qu'ilz soient de Loy à XI. Deniers III. gros & quart fin ou plus, comme furent les Blancs Deniers qui furent ouvrez de nostre dite vaissèlle; & les dits Deniers faictes ainsi delivrer à la dite Loy & prix, nonobstant qu'il soit acoustumé que vous ne faciez ou faciez faire aucunes delivrances escharses plus de deux gros de Loy, des autres Monnois d'Argent que Nous avons fait & faisons faire. Et à toy Changeur dessusdit, que tu reçoives du dict Berthelemi, les dicts mil marcs d'Argent en vaissèlle & en Argent cendré; à la Loy dessusdict ou plus fin; & iceulx fay tastost & hastivement ouvrer & monnoyer par la forme & maniere que cy-dessus est dit; & de l'ouvraige & monnoiage qui en sera fait, paie tantost & hastivement au dit Berthelemi, au feur de C. XV. sols Tournois pour chacun marc en vaissèlle & en cendrée, allaié à la Loy dessusdit & par la maniere que dit est, si comme accordé luy avons cy-dessus: Et toy Changeur, Nous voulons que tu ayes & preignes pour l'ouvraige & monnoiage & pour tous dechetz, mises & coustemens de chacun marc d'iceulx marcs d'Argent en vaissèlle & en cendrée, cinq solz Tournois, ainsi que tu as eu de nostre dite vaissèlle, & d'autres qui nous furent prestées, que tu as fait ouvrer; & par rapportant ce present mandement par devers vous Generaulx-Maistres dessusdits, avec certification des Gardes, dudit Argent livré en vaissèlle & en cendrée, à la Loy dessusdit ou plus fin, & reconnoissance dudit Berthelemi, de ce que paié luy aura esté, Nous voulons & vous mandons, que la Boeste qui sera faicte des dits mil marcs d'Argent, vous faciez le Compte au feure de Cent quinze solz Tournois pour marc, & cinq solz Tournois pour le dit Changeur, en la forme & maniere que Nous avons ordonné qu'il soit payé aus dits Berthelemi & Changeur. Et par ces presentes Lettres, mandons à noz amez & feaulx les Gens de nos Comptes à Paris, qu'ilz reçoivent & passent le compte des dits mil marcs d'Argent en vaissèlle & en cendrée, de la dite Loy ou plus fin, par la maniere que vous Generaulx-Maistres de noz Monnoies ferez; Car ainsi le voulons Nous estre fait & l'avons octroyé au dit Berthelemi, de grace especial; nonobstant les dits six cens & mil marcs d'Argent que autreffois luy avons accordé à mectre à la ditte Monnoye, par la maniere dessusdite, Ordonnances, Mandemens ou defenses à ce contraires. *Donné en nostre Chastel du Bois de Vincennes, le XXII.ᵉ jour d'Aoust, l'an de grace mil trois cens soixante & dix, & de nostre Rigne le septiesme.*

Par le Roy. N. DE VEIRES.

CHARLES V. au Bois de Vincennes, le 22. d'Aoust 1370.

ª *96. pieces au marc.*

---

CHARLES V. à Paris, en l'Hostel lez S.ᵗ Pol, en Aoust 1370.

## (a) *Confirmation des Lettres de sauvegarde Royale, accordées à l'Abbaye de S.ᵗ Victor-les-Paris.*

CHARLES par la grace de Dieu Roy de France. Savoir faisons à tous presens & advenir, que de par nos bien amés en Dieu, les Religieux, Abbé & Convent de S.ᵗ Victor lez Paris, de l'Ordre de S.ᵗ Augustin, Nous a esté exposé, que comme Loys le Gros de glorieuse mémoire, jadiz Roy de France, les ait

NOTES.

(a) Livre Rouge-Vieil du Chastelet de Paris, *fol.° 53. r.°*

Avant ces Lettres, il y a:

*Lettres pour S.ᵗ Victor. Comment le Roy nostre S. veut que ils ressortissent en chief & en membres, devant le Prevost de Paris, à tousjours.*

Ces Lettres sont aussi au Tresor des Chartr. Registre 100. Piece 646.

CHARLES V.
à Paris, en l'Hostel lez S.t Pol, en Aoust 1370.

fondez premierement en la Ville de *(a)* Puisieux en Gastinois, & depuiz translatez & fondez ou lieu de S.t Victor, où ilz sont à present; reservé toutes voies & retenu en ladicte Ville de Puiseaux, un Prioré membre & subjet de l'Eglise de S.t Victor dessus dit, pour y faire le divin service; & pour ce, aïent de tout temps esté & soïent les diz Religieux, tant en chief comme en membres, en la protection & sauvegarde especial de Nous & de nos predecesseurs Roys de France, avecques leur famille, terres, possessions, choses & biens quelconques; & soit nostre Prevost de Paris leur Gardien, commis à congnoistre de toutes leurs Causes & debas contre toutes personnes; excepté ceulx qui seulement doivent ressortir en nostre Parlement; & à cause de leurs dictes fondacions, entre les autres choses, leur dit [a] Fondeur leur ait donné ladicte Ville de Puisiaux, avecques Gens de condicion [b], [c] Fies, terres cultivées & non clutivées, vingnes, Bois, & l'eaue *(c)* d'Essonne qui est près d'ilecques, & aussi marché Roïal & de Roïal [d] Majesté, un jour par chascune sepmaine, en ladicte Ville, avecques toute justice haulte, moyenne & basse; & tous autres droiz, [e] seigneurie & puissance qu'il avoit en ladicte Ville, avecques les autres choses dessus dictes, sanz y riens retenir; fors la souverainneté & ressort, si comme plus à plain Nous est apparu par previleges, Chartres & Lettres Royaulz à eulz données & ottroïées sur ce: pourquoy & à cause de ce, & autrement, yceulz Religieux & leurs subjès, ont acoustumé de tout temps, si comme de raison est, de ressortir devant Nous ou nos gens & Officiers, en cas de souverainneté & ressort: Et il soit ainsi que en l'Eglise & Prioré de Puisiaux, ait un bon & notable Fort contenant grant partie des Maisons dudit Prioré, ouquel les Religieux dudit Prioré, tous ceulx de ladicte Ville & autres, se sont sauvez & [f] retraiz durans les guerres; & y avons tousjours deputé & ordonné Capitainne à la Requeste & présentation d'iceulz Religieux, ou autrement, senz ce que autre s'en soit entremiz: Neantmoinz, soubz umbre de ce que Nous avons ordonné de nouvel, & transporté à nostre amé & feal, *(c)* Loys de Maleval, Chevalier, le Chastel, Terre & Chastellenie de Chasteaulandon, ou autrement, contre raison ledit Loys en voulant à lui attribuer le ressort, [g] souverainneté & Garde des diz Religieux, ou au moinz des diz Fort, Prieur & Prioré, & tout le temporel qu'il ont en ladicte Ville de Puisiaux & environ; & sur eulx & leurs subgez, avoir & entreprendre justice & congnoissance, [h] & n'a gueres venus en sa personne audit Fort, & a fait commandement au Capitainne dudit Fort, qu'il lui baillast & rendist les clefs d'icellui; lequel Capitainne, combien qu'il y feust establi de par Nous à la requeste des diz Religieux, de son auctorité, par sa simplece ou autrement, senz nostre licence, ne sur ce avoir leur consentement, a rendu & baillé les clefs audit Chevalier, qui de nouvel y a mis & institué ledit Capitainne de par lui, en lui faisant faire le serment acoustumé en tel cas; & [i] s'est efforcé encores de les faire ressortir à Chasteaulandon, pardevers lui ou ses Officiers, en grant lésion de nostre droit, & grant préjudice des diz Religieux, si comme ilz dient, en Nous suppliant humblement, que sur ce, Nous leur voulsissions pourveoir de remede convenable. Nous adecertes, considerans les choses dessus dictes, & aussi que en faisant le don & transport dessus diz audit Chevalier, des diz Chastel, Terre & Chastellenie, Nous avons retenu & reservé à Nous par exprez, tous droiz Roïaulz; par lesquelles reservacions, les dictes Eglises de S.t

[a] *Fondateur.*
[b] *servile.*
[c] *Fiefs.*
[d] *puissance.* 2.e Cop.
[e] *seignorial.* 2.e Cop.
[f] *retirez.*
[g] *superiorité de ressort.*
[h] *est.* 2.e Cop.
[i] *se efforce.* 2.e Cop.

NOTES.

*(a) Puisieux.* ] Il y a *Puisiaux* dans la 2.e Copie, Voy. sur ce lieu l'abregé de la Fondation de l'Abbaye de S.t Victor, par *Jean de Thoulouse, Relig.* de cette Abbaye, p. 62. & l'hist. du Gastinois par le *P. Morin*, p. 269. A la page 277. il nomme ce lieu, *Puteaux.*

*(b) Essonne.* ] *La Juine* qui a sa source dans la Beausse, est aussi nommée la Riviere d'Estampes, parce qu'elle passe par cette Ville. Elle passe ensuite à Essone, & se decharge dans la Seine à Corbeil. *Voy. les Rivieres de France*, par Coulon, tom. 1. p. 91. Le *P. Morin* dans son hist. du Gastinois, p. 272. dit que la Riviere d'Estampes, se nomme aussi la Riviere d'Essone.

*(c) Loys de Maleval.* ] Il est nommé *Louys de Maulonart*, dans des Lettres du 11. d'Avril 1361. qui sont dans l'hist. du Gastinois, p. 274.

Victor

Victor & de Pisiaux, & yceulz Religieux, tant en chief comme en membres, & leurs subgez, sont demourez & doivent estre de droit Roïal, pour les causes dessus dictes, soubx Nous & en nostre garde & ressort, sens aucun moïen; & ne fu oncques nostre entencion oudit [a] don ou transport faisant, que ilz en feussent séparez ne mis hors en aucune maniere: Considerans aussi que nostre Prevost de Paris est leur Gardien, comme dit est, en usant de nostre dit droit Roïal, & en faisant auxdiz Religieux plus ample grace, pour la grant devocion que Nous avons à S.t Victor & à eulz, avons voulu, ordonné & octroïé, voulons, ordonnons [b] auxdiz Religieux, de grace especial & certaine science, par la teneur de ces presentes, que ladicte Eglise de S.t Victor, tant en chief comme en membres, ledit Prioré de Puisiaux & ses appartenances, yceulz Religieux & tous leurs subjez, soïent & demeurent doresenavant perpetuelment & à tousjours, soubx nostre souverainneté & ressort, senz aucun moïen, & ressortissent en cas de souverainneté & ressort, & autres dont la congnoissance Nous doit appartenir, au siege & ressort de nostre Chastellet à Paris, pardevant nostre Prevost d'icellui, qui est ad present ou sera pour le temps avenir, ou son Lieutenant; lequel de nostre dicte grace, & en ampliant ycelle, Nous leur avons encores deputé & commiz d'abundant, deputons & commettons quant à ce, à Juge & Gardien, nonobstant ledit don ou transport fait audit Chevalier, & tous autres faiz ou à faire à quelconques personnes, ne Lettres empetrées ou à empetrer au contraire. Si donnons en mandement, en commettant audit Prevost de Paris ou à son Lieutenant, & aussi mandons à tous noz Justiciers & Officiers, presens & avenir, ou à leurs Lieuxtenans, & à chascun d'eulz, si comme à lui appartendra, que nos presentes Ordonnances, octroy & grace tiengnent & facent tenir senz enfraindre, de tous à qui il appartendra, & contre la teneur d'icelles & de ces presentes Lettres, ne facent ou seuffrent en aucun temps, les diz Religieux ne leurs subgez, estre troublez ne empeschiez en aucune maniere; maiz tout ce qu'ilz trouveront avoir esté fait & attempté indeuëment au contraire, tant à Puisiaux comme ailleurs, remettent ou facent remettre, senz delay au premier estat & deu, [c] tantost ces Lettres veuës; & en oultre, à la Requeste des diz Religieux ou autrement, de par Nous pourvoient de Capitainne convenable à la garde dudit Fort, toutesfoiz que [d] mestier en sera, tellement que aucun inconvenient ne s'en ensive, & ce facent par telle maniere, que les diz Religieux n'aïent cause d'en retourner pardevers Nous: Et pour ce que ce soit ferme chose & estable à toujours, Nous avons fait mettre nostre grant seel à ces presentes: sauf en autres choses nostre droit, & l'autrui en toutes. *Donné à Paris, en nostre Hostel lez S.t Pol, ou moys d'Aoust, l'an de grace mil trois cens soixante & dix, & de nostre Regne le septieme.*

Collacion faicte à l'Original qui estoit seellé en cire vert & à soie. Ainsi signé. *Par le Roy.* OGIER.

[e] *Visa, Registrata, & expedita in Camera Compotorum, scripta decima sexta die septembris, millesimo trecentesimo septuagesimo.* H. DE ROCHA.

Et estoit escript au dos. Publiées en jugement ou Chastelet de Paris, le Lundi seisieme jour de Septembre, mil trois cens soixante & dix. J. LE BECGUE. Et fu faicte ladicte Colacion, le Mercredi vingt-cinquiéme jour dudit moys de Septembre, l'an soixante & dix dessus diz.

CHARLES V. à Paris, en l'Hostel lez S.t Pol, en Aoust 1370.

a *Bail.* 2.e Cop.

b *& octroyons.* 2.e Cop.

c *aussitost.*

d *besoin.*

e ce qui suit n'est point dans la 2.e *Copie.*

---

(a) Lettres qui portent que les Officiers Royaux de la Seneschaussée de Cahors, jureront d'observer les anciens privileges de cette Ville, & ceux qui luy ont été nouvellement accordez.

CHARLES V. au Bois de Vincennes, en Août 1370.

*KAROLUS, &c. Cum Senescallus Caturcensis, ejus Locumtenens, Judex major, Procurator Regius & ejus Substitutus ejusdem Senescallie, ex tenore antiquorum*

NOTE.

(a) Tresor des Chartres, Registre 100. Piece 588. *Voy. cy-dessus*, p. 190. Note (a).

CHARLES V. au Bois de Vincennes, en Août 1730.

*privilegiorum, Consulibus & habitatoribus Civitatis nostre Caturcensis, per predecessores nostros Reges Francorum concessorum, in eorum nova creatione jurare teneantur eorum privilegia, Libertates & franchisias eisdem concessas custodire, & illas inviolabiliter observare, nec contra illas aut earum aliquas, ipsos aliqualiter impedire : Notum facimus universis tam presentibus quam futuris, quod Nos considerantes grata & laudabilia servicia per ipsos, qui tanquam nostri fideles & subditi, Nos in suum naturalem & superiorem Dominum recognoscentes, dictam Villam in nostra obediencia submiserunt, Nobis in reddicione ipsius Ville, facta & impensa, ex plenitudine nostre Regie potestatis, certa scientia & gracia speciali, eisdem Consulibus & habitatoribus concessimus & concedimus per presentes, ut idem Senescallus, Judex Major, Procurator Regius, & eorum Locumtenentes & Substituti, qui nunc sunt & pro tempore fuerint, omnia & singula privilegia, Libertates & franchisias per Nos & carissimum Germanum nostrum, Ducem Andegavensem & Turonensem, in*[a] *Partibus Occitanis & Acquitanie Locumtenentem nostrum, eisdem de novo concessa, eciam jurare tenere, & illas observare absque infraccione quacunque, modo & forma quibus antiquitus jurare & tenere consueverunt, eciam de cetero perpetuis temporibus, teneantur. Quare damus tenore presencium in mandatis eidem Senescallo, Judici Majori, Procuratori nostro, & eorum Locatenentibus & Substitutis, presentibus & futuris, & eorum cuilibet, quatenus contra hujusmodi nostram graciam minime veniant nec venire faciant per alium quoquomodo ; sed ipsam inviolabiliter studeant adimplere. Quod ut firmum, &c. nostro in aliis, &c.* Datum apud Nemus Vincennarum, anno Domini M.° CCC.° LXX.° & Regni nostri VII.° mense Augusti.

Sic signata. *Per Regem.* N. DE VEIRES. [b] *Contentor.* *Visa.*

a Languedoc.

b Voy. sur ce mot, *les tabl. des Mat. des 4. & 5.e Vol. des Ordon.*

---

CHARLES V. au Bois de Vincennes, en Août 1370.

## (a) Privileges accordez à la Ville de Sarlat.

### SOMMAIRES.

*(1) Confirmation des Privileges, Coûtumes & autres droits de la Ville de Sarlat ; & des Transactions passées entre les Abbez & les Consuls de cette Ville.*

*(2. 3. 6.) Remission des crimes, delicts & malversations, qui peuvent avoir été commis par les habitants de Sarlat ; & décharge de toutes les peines & de la confiscation de leurs biens, auxquelles ces crimes & delicts auroient pû donner lieu.*

*Les crimes que ces habitants pourront commettre dans la suite, ne seront point punis par la confiscation de leurs biens, qui demeureront à leurs familles.*

*(4) Decharge pour l'avenir de la Redevance annuelle, nommée le* Comun de la Paix, *que les habitants de Sarlat payoient au Roy.*

*(5) Les habitants de Sarlat ne pourront être jugez que dans la Jurisdiction de cette Ville, même dans les cas qui regarderont le Roy ; si ce n'est lorsqu'ils se seront obligez, ou qu'ils auront commis des crimes ou des delicts dans quelques autres Jurisdictions.*

*(7) Les Officiers Royaux ne pourront exercer leurs fonctions dans la Ville de Sarlat ; si ce n'est en vertu d'un Mandement des Juges Royaux, dans lequel sera marqué que les fonctions qu'on leur ordonne de faire, regardent le service du Roy, ou les cas de ressort.*

*Les Officiers Royaux ne pourront demeurer dans cette Ville sans le consentement des Consuls ; si ce n'est lorsqu'ils en seront originaires ou qu'ils s'y seront mariez ; & dans ces deux cas, ils ne pourront exercer leurs fonctions dans cette Ville, sans le consentement des Consuls.*

*(8) Le Consulat de Sarlat, les Consuls, le Juge & les autres Officiers du Consulat, seront sous la sauvegarde du Roy. Le Seneschal de Perigord est nommé pour être leur Gardien.*

*(9) La Ville de Sarlat sera unie inséparablement au Domaine de la Couronne ; nonobstant les Lettres contraires à ce privilege, qui auroient pû être expediées.*

*(10) Dans les procez qui regarderont les Consuls de cette Ville, la publication des dépositions des témoins, se fera par les Officiers Royaux ; & il sera donné Copie de ces dépositions aux Parties ; soit que les Juges Royaux soient seuls Parties dans ces procez qu'ils poursuivront d'Office, soit qu'ils se soient joints à l'une des Parties.*

*(11) Les Juges Royaux ne pourront faire d'Enquête sur les crimes & delicts dans lesquels seront compliquez les habitants de cette Ville, qu'ils n'aient fait auparavant une information.*

### NOTE.

(a) Tresor des Chartres, Registre 100. Piece 601. *Voy. cy-dessus*, page 190. Note (a).

SOMMAIRES.

(12) *Le Roy confirmera par des Lettres scellées du Grand sceau, les privileges accordez à cette Ville par le Duc d'Anjou.*

CHARLES V. au Bois de Vincennes, en Août 1370.

*KAROLUS, &c. Notum facimus universis presentibus & futuris, Nos vidisse Litteras carissimi Germani & Locumtenentis nostri in* [a] *Partibus Occitanis, Ducis Andegavensis & Comitis Cenomanensis, dilectis & fidelibus nostris Consulibus Civitatis & loci de Sarlato in Petragoricano, noviter concessas, sigillo ipsius Germani & Locumtenentis nostri, cum filis sericis & cera viridi sigillatas, ac vicio & suspicione carentes, ut prima facie apparebat, pro parte dictorum Consulum Nobis presentatas;* [b] *quarum Litterarum tenorem de verbo ad verbum, qui sequitur* [c] *continentem.*

a Languedoc.

b cet endroit me paroît corrompu.

c continen. *R.*

*LUDOVICUS Regis condam Francorum Filius, Domini mei Regis Germanus, ejusque Locumtenens in partibus Occitanis, Dux Andegavensis & Turonensis, ac Comes Cenomanensis. Dignum atque racioni consonum inter singulos Principes Justicie zelatores, consuevit arbitrari, illorum pre ceteris vota fidelia favorabiliter adimplere, quorum nedum animi, ymo manus ad augmentanda & reconsilianda jura sibi pertinentia, totis viribus* [d] *senserit adjutrices; quodque gratuitum factum & laudabile censetur, illorum requestas subditorum exaudiri, ipsosque privilegiis, Libertatibus & prerogativis decorari, quorum siquidem intemerata fidelitas in recognoscendo quod est debitum, & jura Dominorum suorum* [e] *substinendo, extrinsecus redditur liberalis. Cum igitur dilecti nostri Consules Civitatis de Sarlato in Petragoricinio, tanquam veri & fideles subditi dicti Domini mei, ad Nos venerint animo liberali, & recognoverint dictum Dominum meum Regem esse eorum Dominum, eique & nobis tanquam suo Locumtenenti, ac aliis Gentibus & Officiariis dicti Domini mei, veros & fideles fore subditos & obedientes* [f]*; salvo jure Episcopi & Ecclesie Sarlatensis, ac Consulum ipsius Civitatis, quod habent in dicta Civitate, quibus derogare in aliquo non intendimus, & de aliquibus graciis atque remediis fructuosis sibi provideri, nobis humiliter supplicarunt: Notum idcirco facimus universis presentibus & futuris, quod Nos attente considerantes sinceram mentis affectionem, quam prefati Consules & Universitas de Sarlato, ad obedientiam dicti Domini mei habent, volentes ob hoc ipsos favoribus & graciis, sicut & decet, premiare, eisdem Consulibus, Universitati ac habitatoribus dicte Civitatis de Sarlato, qui nunc sunt & futuris temporibus erunt, ex nostra certa scientia gratiaque speciali & Regia qua fungimur auctoritate, omnia & singula infrascripta & declarata concessimus atque concedimus per presentes, ut sequitur.*

d senserint.

e sustinendo.

f promiserint.

(1) Primo. *Approbamus, laudamus & confirmamus ipsis Consulibus qui nunc sunt & futuris, ac Universitati & habitatoribus dicte Civitatis de Sarlato, omnia & singula privilegia, usus, Consuetudines, Libertates & franchisias tangentes ipsos Consules, Consulatum, Universitatem & habitatores dicti loci de Sarlato, quibus ipsi & sui predecessores usi sunt sive fuerunt temporibus retroactis, & quascumque Ordinaciones dudum factas per Dominos Reges Franc. qui essent ac possent esse ad eorum commodum, & conservationem Jurium & Jurisdictionis ipsorum & Consulatus predicti; & volumus ac concedimus, quod ipsis utantur de cetero & gaudeant, sicut usi fuerunt usque; nec non & pacem, compositionem & transactionem dudum factas super Jurisdictione,* [g] *Archa, Consulatu & Domo communi de Sarlato, & aliis debatis inter condam Reverendum in Christo Patrem Dominum (a) Bernardum Abbatem tunc Monasterii Sarlatensis, pro*

g Tresor commun de la Ville, dans plusieurs Lettres de Commune.

NOTES.

(a) *Bernardum.* ] C'est sans doute Bernard V. Il se nommoit *de Vallibus.* Il étoit de la famille des Seigneurs *de Palavesi.* En 1286. & en 1296. il fit des Transactions avec les Consuls de Sarlat, sur les droits du Consulat de cette Ville. *Voy. Gall. Christ. 2.e Edit.* tom. 2. p. 1511. En 1317. l'Abbaye de Sarlat fut érigée en Evêché. Ainsi les droits des Evêques de Sarlat, dont il est fait mention cy-dessus, sont les mêmes que ceux qu'avoient les Abbez, dont il est parlé icy. *Voy. ibid.* p. 1512.

CHARLES V. au Bois de Vincennes, en Août 1370.

*se & Conventu suo, ex una parte, & Consules tunc dicte Civitatis, pro se & Universitate sua, ex parte altera, in omnibus & singulis suis articulis, prout in Litteris* [a] *Regiis super hoc factis, continetur, & quathenus usi sunt, laudamus, approbamus & confirmamus, volentes quod tantum valeant approbatio & confirmatio predictorum, quemadmodum si omnia & singula privilegia, usus, Consuetudines, Libertates & articuli dicte pacis & transactionis ac compositionis, forent de verbo ad verbum in presentibus Litteris inserte & explicate.*

a Reg. *R.*

(2) Item. *Et quod si alique persone dicti loci sive Civitatis de Sarlato & ejus Jurisdictionis, temporibus retroactis commiserint aliqua crimina, propter que sive pro eorum condempnacione aut aliter, deberet sive debuisset insequi confiscatio bonorum, talem bonorum confiscationem, & omne jus dicto Domino meo competens pro premissis, talibus personis & eorum successoribus, renunciamus, donamus & quittamus; nec non ipsis habitatoribus dicte Civitatis sive loci de Sarlato, concedimus, quod si temporibus futuris, ipsos Consules & singulares personas dicte Civitatis, qui nunc sunt & pro tempore erunt, crimina sive delicta talia committere contingeret, propter que sive pro eorum condempnacione aut aliter, insequi posset sive deberet confiscatio dictorum bonorum, quod hujusmodi bona & hereditates talium delinquentium, ad illos de* [b] *genere suo libere revertantur & pertineant, remittentes & quittantes talem confiscationem eisdem; concedentesque & volentes quod pro aliquibus criminibus perpetrandis per habitatores dicte Civitatis, qui pro nunc sunt & pro tempore erunt, nulla sequeretur bonorum confiscatio; sed bona delinquentium, ad illos de suo genere, ut premissum est, de cetero pertineant ac debeant & habeant pertinere.*

b de leur famille.

(3) Item. *Quod si temporibus retroactis, Consules qui nunc sunt & pro tempore fuerint, vel alie persone dicte Civitatis de Sarlato, male se habuerint in* [c] *Officiio, sicut non faciendo vel non servando justiciam, aut* [d] *exedendo sive transgrediendo in aliquibus casibus eam, sive mandata vel precepta suorum Superiorum non complendo, omnes & quascunque penas corporales, criminales, civiles & pecuniarias, quas pro premissis quovis modo possent incurrisse, & de quibus possent insequi de jure aut aliter, ratione premissorum, nec non & eorum jurisdictionem, si propter talia amittere deberent sive debuissent, predictis Consulibus, Universitati & habitatoribus dicte Civitatis, remittimus perpetuo & quittamus per presentes: Insuper que omnibus & singulis habitatoribus dicte Civitatis de Sarlato & ejus Jurisdictionis, omnes & singulas penas corporales, criminales, civiles & pecuniarias, quas propter transgressiones Monetarum, vel receptationes bannitorum vel aliorum criminosorum, aut alias quascunque causas indebite factas, toto tempore retroacto, incurrisse potuerint sive debuerint, & de quibus possent insequi de jure aut aliter, racione premissorum, aut ab ipsis peti possent, remittimus & quittamus omnino.*

c officio.

d excedendo.

(4) Item. *Eisdem Consulibus & Universitati ac singularibus personis, presentibus & futuris, dicte Civitatis & Jurisdictionis de Sarlato, & cuilibet ipsorum, pro ut ad eos pertinuerit, &* [e] *qui solvere tenentur sive debent & consueverunt* le (a) Comun *Pacis, & talium (b) personarum* [f] *successoribus, totum predictum Commune Pacis, usque ad valorem pro nunc LX.*[a] *librarum Turonensium, annuatim, ad utilitatem Regiam, in dicta Civitate de Sarlato, levari consuetum, ex nostra certa sciencia & de speciali gracia, damus, concedimus, remittimus perpetuo & quittamus per presentes; sic quod de cetero, tales persone non teneantur solvere dictum Commune Pacis, nec pro solvendo insequi* [g] *possent.*

e illis.

f successor. *R.*

g possint.

(5) Item. *Concedimus eisdem Consulibus, Universitati & habitatoribus dicte*

NOTES.

(a) Le Comun *Pacis.* ] Le mot *Commun* est écrit en abregé; mais c'est sans doute le nom françois de la redevance, appellée un peu plus bas en Latin *Commune Pacis*, que les habitants de Sarlat payoient chaque année au Roy, laquelle, lors de ces Lettres, montoit à 60. livres tournois, & qui, suivant les apparences, consistoit dans des droits casuels, qui pouvoient se lever sur des marchandises ou sur d'autres choses.

(b) *Personarum.* ] Il n'y a dans le Registre que *pr*, avec des marques d'abbreviation, & un *a* entre ligne sur ces deux Lettres.

*Civitatis de Sarlato, presentibus & futuris, & volumus* [a] *per aliquos Officiarios Regios dicti Domini mei, sive suorum successorum, pro nunc vel in futurum, eciam pro causa tangente dictum Dominum meum Regem, aliquas personas dicte Civitatis, in Causis criminalibus sive civilibus, criminaliter sive civiliter movendis, non possit nec debeat citare, nec evocare extra* [b] *assisiagium de Sarlato; nisi sint vel essent persone ad hoc obligate, vel que contraxerint aut deliquerint alibi quam in dicto loco de Sarlato.*

CHARLES V. au Bois de Vincennes, en Août 1370.

(6) Item. *Et quod si Consules qui fuerint in dicta Civitate de Sarlato, male se habuerint in officiis, & si Communitas dicte Civitatis, retroactis temporibus, commiserit aliqua crimina, propter que deberent insequi confiscatio vel alie pene criminales sive civiles, ipsis Consulibus, Universitati ac Communitati, tales confiscationes & penas quascunque criminales & civiles, si que ab eis possent peti, perdonamus, remittimus & quittamus.*

(7) Item. *Volumus & eis concedimus quod, prout est in dicta Civitate de Sarlato, fieri consuetum, & continetur in Ordinationibus Regiis, Bajuli & servientes Regii, qui nunc sunt & pro tempore erunt, non utantur eorum officiis, nec eadem exerceant in dicto loco de Sarlato & ejus pertinentiis, ubi dicti Consules habent jurisdictionem altam & bassam,* [c] *merum & mixtum imperium, nec in casu ressorti, aut alio ad dictum Dominum meum Regem spectante; nec in illis, nisi de speciali Mandato Senescalli vel Judicis, aut eorum Locatenentium, vel Procuratoris Regii, & dictum Mandatum contineat causam ad dictum Dominum meum Regem* [d] *expectantem, si & prout est fieri consuetum, & in Ordinacionibus Regiis continetur; nec non eciam volumus & concedimus dictis Consulibus, Universitati & habitatoribus dicte Civitatis, presentibus & futuris, quod, prout est fieri in dicto loco consuetum, & in Ordinacionibus Regiis continetur, Bajuli & servientes Regii non morentur de cetero, nec larem suum foveant in ipso loco de Sarlato; nisi de voluntate Consulum & Universitatis dicte Civitatis; exceptis duobus casibus; videlicet, si essent oriundi de dicto loco, aut ibi duxissent uxorem; & in illis duobus casibus, eorum officio uti non possint in dicto loco, nisi de voluntate dictorum Consulum & Universitatis, si & prout est fieri consuetum, & in Ordinacionibus Regiis continetur.*

(8) *Preterea, ut dicti Consules qui nunc sunt & pro tempore erunt in dicta Civitate, eorumque Judex, Consulatus, & Officiarii alii ab omnibus injuriis, violenciis, indebitis novitatibus & noxiis melius serventur illesi, ipsos Consules, qui nunc sunt & futuris temporibus erunt in dicta Civitate Sarlatensi, & eorum Consulatum, una cum ipsorum Consulum & Consulatus Judicibus, servientibus & Officiariis, & Jurisdictionibus, possessionibus & rebus universis ipsorum, in & sub protectione & salva-gardia Domini mei Regis Franc. & successorum suorum, speciali, suscipimus ac ponimus de speciali gracia, & ex nostra certa scientia per presentes: Senescallo Petragoricensi, presenti & futuro, mandantes quatenus ipsos Consules, qui nunc sunt & pro tempore erunt in dicta Civitate, dictumque Consulatum, & ipsorum Consulum ac Consulatus Judices, servientes, Officiariosque alios, presentes & futuros, & eorum Jurisdiccionem, possessiones, bona & res universas, ab omnibus injuriis, violenciis, gravaminibus, molestacionibus, vi armorum, potencia Laycorum, & aliis novitatibus indebitis quibuscunque, defendant; eundem in Gardiatorem eisdem dantes & deputantes, cum omnibus & singulis clausulis ad hoc necessariis & opportunis.*

(9) *Ceterum eisdem Consulibus, Universitati, Communitati & habitatoribus dicte Civitatis, qui pro nunc sunt & futuris temporibus erunt in dicta Civitate de Sarlato, concessimus & concedimus per presentes, & ex nostra ac vera scientia, quod perpetuo sub Domanio dicti Domini mei Regis, & Corone Francie, sint & remaneant, ac sub ipsius Domini Regis & successorum suorum, ac Corone predicte Francie semper maneant proteccione; nec extra manum dicti Domini mei Regis & suorum successorum, dicteque Corone Francie poni, nec in alias manus transferri ipsi Consules, Communitas sive Universitas predicta, & jura quecunque sint, que dictus Dominus meus Rex habet, & tam ipse quam sui predecessores habent in dicta Civitate, possint nec debeant, pro nunc vel in futurum, per dictum Dominum meum vel suos successores, aut alias personas quascunque; quibuscunque Litteris super his concessis & concedendis, in contrarium*

a quod.

b ce mot signifie sans doute, la même chose, que *assisia*.

c Voy. cy-dessus, p. 44. Note (z).

d spectantem.

CHARLES V. au Bois de Vincennes, en Août 1370.

*non obstantibus. Quas Litteras, & omnia singula contenta in eis, ac quascunque donaciones, consirmaciones & approbaciones, si que de premissis facte quibuscunque personis fuerint, eciam revocamus & anullamus per presentes;* [a] *sic quod nullam tales Littere, & concessa in eis, si que concesse fuerint personis aliquibus, obtineant roboris firmitatem; & volumus quod presens revocacio tantum valeat, & tantam efficaciam habeat, ac si de talibus Litteris, si que facte fuerint, de verbo ad verbum in presentibus Litteris mencio facta foret.*

a f. q. R.

*(10)* Item. *Dictis Consulibus, & omnibus ac singulis dicte Civitatis habitatoribus, & eciam pertinentiarum, qui pro nunc sunt ac pro tempore erunt in dicta Civitate de Sarlato, ex nostra certa scientia, concessimus ac concedimus, quod ex nunc in futurum perpetuo, in quibuscunque Causis movendis contra ipsos Consules & habitatores dicte Civitatis, presentes & futuros, & alias personas in dicta Civitate, tam racione fractionis salve-gardie Regie, quam aliter, criminaliter sive civiliter, per Bajulum, Procuratorem, & alios quoscunque Officiarios Regios; non obstantibus quibuscunque usu, stilo Curiarum, publicatio deposittionum testium fiat; quarum utraque pars copiam habeat; sive Procurator vel alii Officiarii Regii causam per se, pro jure Regio, moveant, vel adjuncti cum aliis,* [b] *Partem cum eisdem facientibus.*

b estant Partie avec eux dans le procès.

*(11)* Item. *Concessimus & concedimus eisdem, quod ipsi Consules, aut aliqui habitatores dicte Civitatis de Sarlato, qui nunc sunt & futuri, racione fractionis salve-gardie, aut pro aliis quibuscunque criminibus, excessibus, forefactis sive delictis, pro quibus deberet sequi punicio corporalis vel pecuniaria, nullatenus ponantur in inquesta sive preventione, per aliquos Officiarios Regios, nisi debita & sufficienti informacione precedente.*

*(12) Omnia vero & singula premissa, promittimus per Dominum meum Regem, cum suis Litteris magno suo sigillo & cera viridi sigillatis, facere confirmare, laudare & approbare.*

*Mandantes, & si opus fuerit, committendo dicto Senescallo, Thesaurarioque Petragoricensibus, & eorum Locatenentibus, ceterisque Officiariis & Justiciariis Regiis, presentibus & futuris, & suis Locatenentibus, ac cuilibet ipsorum, ut ad eos pertinuerit, quatenus dictos Consules, Universitatem & habitatores dicte Civitatis de Sarlato, qui nunc sunt & futuros, premissis omnibus & singulis graciis, donis, remissionibus, quittacionibus atque concessionibus, & aliis in precedentibus explicatis, uti pacifice & gaudere faciant & permittant, nil contra presencium tenorem faciendo, aut à quoquam fieri permittendo; facta in contrarium, si que sint aut fuerint, revocantes & ad statum pristinum & debitum reducentes: Et ut premissa omnia & singula perpetuo obtineant roboris firmitatem, presentibus Litteris, in testimonium premissorum, nostrum magnum fecimus apponi sigillum.* Datum Tholose, mense Julii, anno Domini M. CCC. LXX.

Et erant dicte Littere sic signate. *Per Dominum Ducem, ad relacionem Consilii, in quo vos Domini P. Scatisse Thesaurarius Francie; Bernardus de Mora, Stephanus de Naugareto, Legum Doctores; Raymundus Athonis, Judex Major Tholose, Magistri Requestarum; & plures alii eratis.* H. COUTEL.

*Quibus quidem Litteris, prenominatisque articulis visis, & cum matura & provida nostri consilii deliberatione, ipsorum tenore inspecto; considerantes concessionem dictorum articulorum, per dictum Germanum & Locumtenentem nostrum, ex justis & racionabilibus causis, dictis Consulibus fuisse factam; quodque ipse Germanus noster & Locumtenens noster, premissa per Nos facere confirmari promisit, prout in dictis suis Litteris plenius continetur, omnia & singula predicta, modo & forma quibus suprascribuntur, & in prefatis Litteris dicti Germani & Locumtenentis nostri, inseruntur, ad supplicationem ipsorum Consulum & habitatorum, laudamus, ratifficamus, approbamus, & ex certa scientia, auctoritate Regia & speciali gracia, tenore presencium confirmamus; nec non de novo, eisdem Consulibus & habitatoribus, dictis auctoritate, certa sciencia & gracia speciali, concedimus, si sit opus: Dilectis & fidelibus Gentibus Compotorum nostrorum Parisius,* [c] *Senescallis Caturcensi & Petragoricensi, ceterisque Officiariis &*

c sen. R.

Justiciariis nostris, ac eorum Locatenentibus, & cuilibet ipsorum, presentibus & futuris, dantes tenore presencium in mandatis, quatenus dictos Consules & habitatores, dictis presentibus confirmacione, concessione & gracia uti & gaudere pacifice faciant & permittant, ac contra tenorem presencium, ipsos aut eorum aliquem, nullatenus molestent vel inquietent, aut molestari vel inquietari, nec aliter in futurum aliqualiter patiantur; sed si aliqua in contrarium facta vel attemptata fuerint, ea ad statum debitum reducant aut reduci faciant indilate; Ordinacionibus, defensionibus & Mandatis in contrarium factis vel faciendis, nonobstantibus quibuscunque. Quod ut firma, &c. salvo, &c. Datum in Nemore Vincennarum, anno Domini M. CCC.° LXX.° & Regni nostri VII.° mense Augusti.

CHARLES V. au Bois de Vincennes, en Août 1370.

Sic signata. *Per Regem.* J. TABARI.

Collatio facta est cum Litteris Originalibus suprascriptis. *Visa.*

---

(*a*) Privileges accordez à la Ville de Sarlat.

CHARLES V. au Bois de Vincennes, en Août 1370.

*KAROLUS, &c.*

....*Nobis presentatas; quarum Litterarum principium subscribitur, una cum quatuor clausulis sive articulis, inter alios quamplures, in quorum articulorum primo duo continentur: & est principium dictarum Litterarum prefati Germani & Locumtenentis nostri, tale.*

*LUDOVICUS, &c.*

*Tenor autem primi articuli sequitur de verbo ad verbum.*

(1) Primo. *Approbamus, &c.*

*Secundus vero articulus sequitur in hunc modum.*

(5) Item. *Concedimus, &c.*

*Tercius quoque articulus talis est.*

(10) Item. *Dictis Consulibus, &c.*

*Quartus articulus sequitur in hec verba.*

(11) Item. *Concessimus, &c.*

*Finis quoque dictarum Litterarum noscitur esse talis.*

(12) *Omnia vero & singula, &c.*

NOTE.

(*a*) Tresor des Chartres, Registre 100. Piece 649.

Tous les Articles contenus dans les Lettres precedentes, à l'exception du 9.e sont repetez, seuls ou plusieurs ensemble, dans celles-cy & dans les trois suivantes. On a renvoyé dans ces Lettres, aux Articles des precedentes.

---

(*a*) Privileges accordez à la Ville de Sarlat.

CHARLES V. au Bois de Vincennes, en Août 1370.

*KAROLUS, &c.*

....*Nobis presentatas; quarum Litterarum principium subscribitur, una cum tribus Clausulis sive articulis, inter alios quamplures: Et est principium dictarum Litterarum prefati Germani, & Locumtenentis nostri, tale.*

*LUDOICUS, &c.*

*Tenor autem primi articuli sequitur de verbo ad verbum.*

(2) Item. *Et quod si alique, &c.*

*Secundus articulus sequitur in hunc modum.*

NOTE.

(*a*) Tresor des Chartres, Registre 100. Piece 743. *Voy. cy-dessus*, Note (*a*).

a dans la P. ce qui fait ici un article séparé, est la suite de l'art. 2. qui est à la p. 340.

[a] *Nec non ipsis habitatoribus, &c.*
*Tercius articulus talis est.*
(4) Item. *Eisdem Consulibus, &c.*
*Finis quoque dictarum Litterarum nostrarum noscitur esse talis.*
*Omnia vero & singula, &c.*

---

CHARLES V. au Bois de Vincennes, en Août 1370.

## (a) Privileges accordez à la Ville de Sarlat.

KAROLUS, *&c.*

....*Nobis presentatas; quarum Litterarum principium subscribitur, una cum quinque clausulis sive articulis, inter alios quamplures : & est principium dictarum Litterarum prefati Germani nostri, tale.*

LUDOVICUS, *&c.*

*Tenor vero primi articuli sequitur de verbo ad verbum.*
(3) Item. *Quod si temporibus, &c.*
*Secundus vero articulus sequitur in hunc modum.*
[b] *Insuperque omnibus, &c.*
*Tertius quoque articulus talis est.*
(6) Item. *Et quod si Consules, &c.*
*Quartus articulus sequitur in hec verba.*
(7) Item. *Volumus & eis, &c.*
*Quintus eciam articulus sequitur per hanc formam.*
[c] *Nec non eciam volumus, &c.*
*Finis quoque dictarum Litterarum noscitur esse talis.*
(12) *Omnia vero & singula, &c.*

b cet article fait la suite de l'art. 3. dans la p. 340.

c cet article fait la suite de l'art. 7. dans la p. 341.

NOTE.

(a) Tresor des Chartres, Registre 100. Piece 908. *Voy.* p. preced. Note (a).

---

CHARLES V. au Bois de Vincennes, en Août 1370.

## (a) Privileges accordez à la Ville de Sarlat.

KAROLUS, *&c.*

....*Nobis presentatas; quarum Litterarum principium subscribitur, una cum uno articulo, inter alios quamplures : & est principium dictarum Litterarum prefati Germani & Locumtenentis nostri, tale.*

LUDOVICUS; *&c.*

*Tenor autem dicti articuli sequitur de verbo ad verbum.*
(8) *Preterea ut dicti Consules, &c.*
*Finis quoque dictarum Litterarum dicitur esse talis.*
*Omnia vero, &c.*

NOTE.

(a) Tresor des Chartres, Registre 100. Piece 671. *Voyez* p. preced. Note (a)

Lettres

CHARLES V. au Bois de Vincennes, en Août 1370.

(a) Lettres qui portent que lorsque les habitants de Sarlat laisseront prendre des défauts contr'eux, dans les Jurisdictions de la Senechaussée de Perigord & du Duché d'Aquitaine, ils ne payeront que la moitié des Amendes, auxquelles les deffaillans sont condamnez.

*KAROLUS, &c. Notum facimus universis presentibus & futuris, quod Nos ad memoriam reducentes grata & laudabilia servicia, Nobis per dilectos & fideles nostros Consules & habitatores Ville de Sarlato, elapsis temporibus, Predecessoribus nostris & Nobis impensa; & presertim quod, tanquam Nobis & Corone Francie veri & humiles subditi, Nos Dominum suum superiorem nuperrime confessi sunt & publice cognoverunt & cognoscunt, dictam Villam & habitatores ipsius, obedientie & dominacioni nostre, ut* [a] *convenienter, liberaliter submittendo; prefatis Consulibus, Universitati & habitatoribus dicte Ville, presentibus & futuris, concessimus ac de speciali gracia, auctoritate Regia & certa sciencia concedimus per presentes, quod si temporibus futuris, in aliquibus Curiis nostris: videlicet,* [b] *Senescalliarum Petragoricensis & Caturcensis, ac Ducatus nostri Acquitanie, ipsos Consules, Universitatem & habitatores, super quibuscunque Causis & litibus contingeret poni in (b) deffectu, vel ipsos debere clamores & gaigia* [c] *aliqua LX.ta solidorum, vel majores emendas solvere, ipsi Consules, Universitas & habitatores dicte Ville, quitti & liberi perpetuo remaneant & teneantur, solvendo medietatem dumtaxat talium deffectuum, clamorum, gaigiorum & majorum emendarum; quodque ad solvendum ultra dictam medietatem, compelli per quemcumque de cetero non possint occasione predicta: Dantes insuper dilectis & fidelibus Gentibus Compotorum nostrorum Parisius, Senescallis Petragoricensi & Caturcensi, ceterisque Justiciariis & Officiariis nostris, & dicti Ducatus, presentibus & futuris, tenore presencium in mandatis, ut prefatos Consules, Universitatem & habitatores, nostra presenti concessione & gracia uti & gaudere perpetuo faciant pacifice & quiete, & contra tenorem presencium ipsos aut eorum aliquem nullatenus molestent vel inquietent, aut molestari vel inquietari, nunc vel in futurum, aliqualiter paciantur; sed si aliqua in contrarium facta vel attemptata fuerint, ea ad statum debitum reducant aut reduci faciant indilate; Ordinacionibus, defensionibus & mandatis in contrarium factis vel faciendis, nonobstantibus quibuscumque. Que ut firma & stabilia perpetuo habeant remanere, sigillum, &c. salvo, &c.* Datum in Nemore Vincennarum, anno Domini M.° CCC.° LXX.° Regni nostri VII.° mense Augusti.

Sic signata. *Per Regem.* J. TABARI. *Visa.*

[a] mot abregé & très-douteux.

[b] Senescall. *R.*

[c] aliq. *R.*

NOTE.

*(a)* Tres. des Chart. Regist. 100. P. 599. *Voy. cy-dessus*, p. 190. Note *(a)*.

*(b) Deffectu.]* Deffaut d'une Partie qui ne comparoît point en Justice. *Voy. le Gloss. de du Cange*, au mot, *defectus* 3.

Lorsqu'une Partie ne comparoît point en Justice, sa Partie adverse fait contre lui de nouvelles poursuites, qui donnent lieu à de nouveaux frais, qui sont designées ici par le mot, *clamores:* & le deffaillant est condamné à l'Amende. *Gaigia* qui est ici pour *gagia*, signifie une Amende. *Voy. le 3.e Vol. des Ordonn.* p. 205. Note *(l)*.

---

*(a)* Lettres qui portent que trois Articles d'une Ordonnance de Philippe-le-Bel, touchant les Sergents, seront observez dans la Ville de Sarlat.

SOMMAIRES.

*(1) Les Sergents Royaux ne pourront exercer leurs Offices, dans les Terres où les Prelats & les Barons ont toute Justice; si ce n'est en cas de ressort, &c.*

*(2) Les Sergents Royaux ne pourront demeurer dans les Terres où les Prelats & les*

NOTE.

*(a)* Tresor des Chartres, Registre 100. Piece 906. *Voy. cy-dessus*, page 190. Note *(a)*.

SOMMAIRES.

*Barons ont toute Justice ; à moins qu'ils n'y soient nez ou mariez ; & dans ces deux cas, ils n'y pourront faire aucune fonction de leurs Offices, même en cas de ressort.*

*(3) Les Sergents ne feront aucuns adjournements que par l'ordre des Senechaux & des Baillis ; &c. Et si le Prevôt faisoit faire quelque ajournement injuste ou faux, il en dédommageroit la Partie.*

CHARLES V. au Bois de Vincennes, en Août 1370.

*KAROLUS, &c. Notum facimus universis presentibus & futuris, quod cum clare memorie* [a] *Philippus quondam Rex Francorum, predecessor noster, nonnullas Ordinaciones & Statuta fecerit; inter quas est quedam Ordinacio que sequitur sub his verbis.*

a Philippe-le-Bel. *Voy.* Note *(a)*.

*(1)* Item. *(a) Interdicimus servientibus nostris, ne* [b] *justiciant, aut officium suum exerceant in Terris Prelatorum, Baronum aut aliorum Vassalorum seu subditorum nostrorum, in quibus habeant Justiciam altam & bassam, seu merum & mixtum Imperium; nisi in casu ressorti aut alio ad Nos de jure spectante; neque tunc, nisi de precepto Senescalli, Baillivi aut Prepositi, Vicecomitis, Vicarii seu Judicis ; & continebit tunc mandatum seu preceptum ipsorum, casum ad Nos, ut premittitur, pertinentem.*

b justicient.

*(2)* [c] *Inhibentes insuper, ne morentur seu larem foveant in dictis Terris aut locis, vel in locis vicinis, in fraudem, absque voluntate dictorum Prelatorum, Baronum vel aliorum subditorum nostrorum.*

c Inhibemus.

*(3) Et inhibemus ne servientes faciant adjornamenta seu citationes sine precepto Senescalli, Baillivi aut Prepositi, Vicarii, Vicecomitis aut Judicis ; & si Prepositus faceret seu fieri preciperet falsum aut injuriosum adjornamentum, dampna & gravamina Parti quam sic gravaverit, resartiet.*

*Nos vestigiis prefati Predecessoris nostri, laudabiliter inherendo, premissa omnia & singula, ad supplicationem & requestam dilectorum & fidelium nostrorum Consulum Ville seu Civitatis de Sarlato, qui in dicta Civitate Jurisdictionem altam & bassam, merum & mixtum imperium habent, sicut dicunt, volumus & ordinamus ex certa scientia, auctoritate Regia & gratia speciali ; ac eisdem Consulibus concedimus in dicta Civitate de cetero, prout continentur superius, teneri de puncto ad punctum, & inviolabiliter debite observari ; nisi de voluntate processerit Consulum predictorum. Dantes tenore presentium in mandatis Senescallis Petragoricensi & Caturcensi, ceterisque Justiciariis & Officiariis Regni nostri, ac eorum cuilibet, presentibus & futuris, quatenus dictas Ordinationes & Statuta, in prefata Civitate teneri & observari faciant juxta presentium Litterarum continenciam & tenorem, nichil attemptando aut attemptari faciendo in contrarium quoquomodo ; sed si que facta vel attemptata fuerint contra premissa, ea ad statum pristinum & debitum reducant & reduci faciant indilate ; Ordinationibus aliis, defensionibus & mandatis econtra factis vel faciendis, nonobstantibus quibuscumque. Que ut firma & stabilia perpetuo habeant permanere, sigillum nostrum presentibus Litteris fecimus apponi : salvo in aliis jure nostro, & in omnibus quolibet alieno.* Datum in Nemore Vincennarum, anno Domini millesimo CCC. septuagesimo, & Regni nostri VII.° mense Augusti.

Sic signatę. *Per Regem.* J. TABARI. *Visa.*

NOTE.

*(a) Interdicimus.* ] Les trois Articles suivants sont les Articles 29. 30. & 28. de la grande Ordonnance de Philippe-le-Bel, de l'année 1302. *Voy. le 1. Vol. des Ordonn.* p. 362. On a crû cependant devoir faire imprimer ici ces articles, parce qu'il y a quelques legeres differences.

Les dispositions de ces Articles, sont aussi confirmées dans les Articles des Privileges de Sarlat. *Voy. cydessus*, p. 341. art. 7.

CHARLES V. au Bois de Vincennes, en Août 1370.

(a) Lettres qui portent que le Prevôt de Paris sera Gardien des Religieuses de Longchamp, qui sont sous la sauvegarde Royale; & qu'elles pourront porter devant lui tous leurs procez, lorsqu'elles ne voudront pas les porter en premiere Instance devant le Parlement.

*KAROLUS Dei gratia Francorum Rex. Notum facimus universis presentibus & futuris, quod cum per nostras alias [a] Litteras, sub anno Domini millesimo trecentesimo sexagesimo quarto, mense Junii, Religiosis mulieribus, Abbatisse & Conventui sororum Monasterii humilitatis beate Marie de Longo-campo, Ordinis sancte Clare, per Nos ante susceptum Regni nostri regimen, concessas, & post dicti Regni nostri susceptum regimen, confirmatas; & ex certis causis in eisdem Litteris nostris plenius declaratis, ex certa sciencia, auctoritate Regia & de plenitudine nostre potestatis & ex gracia speciali, concesserimus quod ipsa Ecclesia, Abbatissa & Conventus, una cum bonis suis, rebus, domibus, possessionibus & juribus quibuscunque, quas reputavimus, & reputamus tanquam bona nostra proppria, tam in capite quam in membris, sint & remaneant tanquam res nostre proprie, [b] & in Gardia, tuicione, protectione & deffensione nostra, successorumque nostrorum Regum Francie, perpetuo, adeo quod non possint nec valeant in futurum, separari seu elongari quocumque casu vel quocumque velle, quesito quovismodo; licet oporteret terras, loca, Ecclesiam, domos, bona, possessiones, & alia jura ad ipsas Religiosas pertinentes, aut aliquid ipsarum, quocumque situentur loco, in Liberos Progenitoris nostri, nostros aut aliorum quorumcumque, futuris temporibus quoquomodo transferri; voluerimusque & ordinaverimus ex uberiori nostra gracia, quod de possessionibus earum, domibus, terris, bonis, vineis, nemoribus, aquis, pasturis, propriis juribus aut aliis rebus quibuscunque, in capite seu in membris, agendo vel deffendendo, nisi coram Nobis aut successoribus nostris Francorum Regibus, in Parlamento nostro, vel coram Commissariis nostris non suspectis, litigare minime teneantur; prout hec & alia in dictis Litteris nostris dicuntur plenius contineri. Preterea Nobis humiliter supplicarunt, ut Nos sibi [c] per aliquem Judicem & Gardiatorem suum, deputare & committere dignaremur. Nos vero, premissis consideratis, ipsarum supplicacioni benigniter annuentes, Prepositum Parisiensem, qui nunc est & qui pro tempore fuerint in futurum, seu Locumtenentes ipsorum, imperpetuum Judices specialesque Gardiatores earum, ordinavimus & deputavimus, tenoreque presencium, auctoritate Regia perpetuo deputamus; Prepositis ipsis, & eorum cuilibet, vel eorum Locatenentibus, qui pro tempore fuerint, cognicionem & decisionem omnium & singulorum dictum Monasterium, agendo & deffendendo, spectantium, Gardiamque dictarum Sororum, ac hominum & gencium seu familiarium earumdem, perpetuo committendo; concedendoque [d] coram alio vel aliis Judice seu Judicibus secularibus quacumque auctoritate fungentibus, non possint in Causam trahi, seu ad judicium de cetero, quovismodo seu quacunque de causa, conveniri: volentes & concedentes quod dictus Prepositus [e] modernis, & alii successores ipsius in eodem Officio Prepositi, seu Locatenentes ipsorum, possint quoscumque servientes Regios, vel alios Officiarios nostros & successorum nostrorum, tot & tales quot & quales sibi bonum videbitur, committere, si & quociens super hoc fuerint requisiti; qui easdem & suos Procuratores in suis justis possessionibus, juribus, usibus, franchisiis, Libertatibus & saisinis, in quibus eas esse earumque predecessores fuisse pacifice ab antiquo reperierint, manuteneant & conservent, & ab omnibus injuriis, violenciis, gravaminibus, vi armorum, potencia Laycorum ac inquietacionibus & novitatibus indebitis quibuscunque, tueantur & deffendant seu tueri faciant & deffendi: & si inter Partes oriatur debatum, ipso debato, una cum rebus contenciosis, in casu novitatis, ad manum nostram tamquam*

[a] Voy. le 4.e Vol. des Ordon. p. 458.

[b] ce mot est inutile.

[c] ce mot est inutile.

[d] quod.

[e] modernus.

NOTE.

(a) Livre Roug. Vieil du Châtelet de Paris, *fol.o 51. recto.*

CHARLES V. au Bois de Vincennes, en Août 1370.

*superiorem posuis, locisque deablatis realiter & de facto ressaisitis, factaque recredentia, ubi & prout fuerit facienda, diem coram dicto Preposito assignent eisdem Partibus debatum hujusmodi facientibus, super hoc processuris ut fuerit racionis: qui dictis Religiosis vel Procuratoribus suis, faciant & facere teneantur omnia & singula debita sua bona & legalia persolvi; debitores earumdem ad dictam solucionem faciendam, ut racio* [a] *ditabit, compellendo; & in casu opposicionis, coram ipso Preposito adjornent: aliaque universa & singula faciant & facere possint, que ad officium* [b] *Gardiatorum, possint & potuerint quomodolibet pertinere: Quodque dictus Prepositus seu ejus successores, non permittat vel permittant dictas Religiosas vel earum Procuratores aut gentes, racione bonorum ad dictam Ecclesiam spectantium, coram quocunque Judice seculari, nisi coram se duntaxat, in Causam vel Causas trahy; ymo pro parte nostra, inhibeant vel inhiberi faciant omnibus Justiciariis, de quibus ex parte dictarum Religiosarum seu Procuratoris earumdem, fuerint requisiti, ne de Causis vel aliis negociis ipsarum, cognoscant seu se aliqualiter intromittant. Damus autem in mandatis serie presencium Litterarum, omnibus Justiciariis & Officiariis ac subditis nostris, eorumque cuilibet, prout ad eum pertinuerit, quatenus prefato nostro Preposito Parisiensi moderno, & aliis Prepositis Parisiensibus ipsius successoribus, eorumque Locatenentibus, ut in premissis & premissorum singulis ea quomodolibet tangentibus, nec non Gardiatoribus per eundem Prepositum atque successores suos, vel eorum Locatenentes, predictis sororibus deputatis & deputandis, ac in omnibus aliis quibuscumque Gardiatorum officium hujusmodi tangentibus, pareant efficaciter & intendant; salvo & reservato dictis Religiosis, de suis Causis in dicto Parlamento nostro, dum eis* [c] *placuere prosequendis, juxta dictarum nostrarum aliarum Litterarum continentiam & tenorem. Quod ut firmum & stabile perpetuo perseveret, Litteris presentibus nostrum fecimus apponi sigillum: nostro in aliis jure salvo, & in omnibus quolibet alieno.* Datum apud Nemus Vincennarum, mense Augusti, anno Domini millesimo trecentesimo septuagesimo, Regni vero nostri septimo.

[a] dictabit.
[b] Gradiatór. là & plus bas. *R.*
[c] placuerit.

Collacion faicte à l'original des Lettres dessus transcriptes, scellées en las de soie & en cire vert. Ainsi signées. *Per Regem.* OGIER. *Visa.*

Et estoit escript au dos desdictes Lettres: Publiées en jugement ou Chastellet de Paris, le Lundi seiziéme jour de Septembre, l'an mil trois cens soixante & dix. J. LE BECGUE.

Et fu faicte ladite Collacion, le Vendredi dix-huitiéme jour d'Octobre, l'an mil trois cens soixante & dix, par moy.

---

CHARLES V. le 2. de Septembre 1370.

(a) *Extrait des Lettres qui portoient, que les Elûs sur le fait des subsides, dans la Ville, Prevôté, Vicomté & Diocese de Paris, ne seroient point garants des Fermes de ces subsides qu'ils adjugeroient; ni de la Regie des Collecteurs qu'ils nommeroient pour faire valoir les Fermes de ces subsides, qui auroient été abandonnées par les Fermiers.*

MEMORIA quod Dominus Rex, per ejus Litteras datas secunda Septembris, [d] trecentesimo septuagesimo, voluit, declaravit ac eciam ordinavit, quod Electi super facto Subsidiorum levatorum in Villa, Prepositura, Vicecomitatu & Dyocesi Parisiensi, pro defensione Regni, seu alter ipsorum, aut eorum heredes vel successores temporibus affuturis, quoquomodo compelli nequeant ad faciendum [e] Firmas per eos traditas retroactis temporibus & imposterum tradendas, bonas & solubiles, ob deffectum fidejussorum aut alio quovismodo; necnon (b) Firmas in

[d] millesimo.
[e] Fermes.

NOTES.

(a) Memorial *D.* de la Chambre des Comptes de Paris, *fol.*° 104. *R.*°

(b) *Firmas, &c.*] Je crois que cela signifie les *Fermes des subsides, dont les Fermiers n'avoient point rempli les engagemens, & que le Roy faisoit valoir à leur deffaut, par des Collecteurs ou Receveurs nommez par les Elûs.*

manu Regia receptas, seu quacumque causa recipiendas, per Collectorem seu Collectores, unum vel plures, ab eis super hoc deputatos seu deputandos, quantumcumque & quomodocumque male se habeant seu gerant in eorum Receptis, tam in remisse & negligenter levando dictas Firmas, quam minus reddendo de eisdem quam receperint; & aliter, ob culpam vel maliciam eorum; nonobstantibus quibuscumque articulis contentis in (a) Ordinacionibus & instructionibus super modum & formam tradendi dicta Subsidia, nuper factis; dum tamen in tradendo dictas Firmas, seu hujusmodi Collectores committendo, fraus, corruptio vel malicia per ipsos Electos aut ipsorum alterum, nullatenus committatur : & quod transcripto dictarum Litterarum in Camera Compotorum collationato, sicuti Originali, adhibeatur fides indubia, prout plenius continetur in dictis Litteris Regis super hoc confectis. Scriptum de precepto Dominorum, die duodecima Octobris, * trecentesimo septuagesimo.

CHARLES V. le 2. de Septembre 1370.

* *millesimo.*

NOTE.

(a) *Ordinationibus.* ] Ces Ordonnances & ces Instructions ne se trouvent point dans les Registres.

---

CHARLES V. à Paris, en Septembre 1370.

(a) *Lettres portant reglement pour le payement des dettes de la Ville de Tournay; & exemption pour un an, des Impôts sur les marchandises que ces habitans acheteront hors de leur Ville.*

CHARLES, &c. Savoir faisons à tous presens & avenir, que comme pour le bien de nostre bonne Ville de Tournay & des habitans d'icelle, [a] cinq ans a ou environ, après ce que Nous eusmes oy les [b] merites & cause de certain plait & procez, meus entre xv. des diz habitans, qui paravant avoient esté & [c] entendu au gouvernement de la Loy de nostre dicte Ville, d'une part; & le Gouverneur d'icelle, & ceux qui lors estoient au gouvernement de la dicte Loy, d'autre; lesquelz xv. disoient & maintenoient que plusieurs griefs & oppressions indeuës leur avoient esté faiz par le Gouverneur de la dicte Ville, & ceulz qui lors estoient en la dicte Loy, ou par leur fait dampnable; les diz Gouverneur & autres disoient au contraire; & sur ce, tant d'une partie comme d'autre, eussent esté dictes & proposées plusieurs raisons pardevant Nous, & baillées par maniere de Memoire, pour oïr droit : Et avec ce, plusieurs jusques au nombre de VI.$^{xx}$ & plus, feussent detenus prisonniers à Tournay, pour ce quon leur imposoit avoir esté au gouvernement de la dicte Ville, qui après furent eslargis ou recreuz par le Gouverneur d'icelle: Nous, par meure deliberacion de nostre Conseil, & pour oster toutes manieres de dissencion & debas entre les dictes Parties, & pour lez mettre & tenir en bonne paix & concorde ensemble, eussions envoïé en nostre dicte Ville, noz amez & fealz Conseilliers, l'Abbé de Clugny qui pour lors estoit, & [d] feus Jacques la Vache & Gilles de Soicourt, Chevaliers, pour la cause dessus dicte; & aussi afin qu'il feust pourveu à l'estat de nostre dicte Ville: Lesquels nos Conseillers y furent, & vaquerent diligemment par plusieurs journées, & euë bonne & meure deliberacion avec les Prelaz, Doyen & Chapitre de la dicte Ville, plusieurs Sages, Nobles, Bourgeois & autres d'icelle Ville, & d'ailleurs; finablement toutes les dictes Parties & chascune d'icelles, se soubsmidrent & rapporterent du tout à nostre volenté & ordennance, si comme par la relation de noz diz Commissaires, tant par Lettres, comme autrement, lors Nous apparu plainement. Et pour ce, afin que nostre dicte Ville, laquelle, tant par les faiz des dessus dis, estoit en peril & voïe de destruccion, comme pour les charges de plusieurs debtes & rentes à vie comme à heritage, montans à grans sommes de deniers, feust reparée & mise à bon estat, & que les habitans d'icelle demourassent en

a *Voy. cy-dessus, p. 136.*
b *mot abregé & douteux.*
c *employez.*
d *feu.*

NOTE.

(a) Tresor des Chartres, Registre 100. Piece 595.

CHARLES V.
à Paris, en Septembre 1370.

bonne tranfquillité & union enfemble, & pour certainnes caufes qui à ce Nous murent, euffions voulu & ordené entre les autres chofes, que LX.m livres Tournois ou environ, en quoy les dis habitans povoient eftre tenus à caufe des arreraiges des rentes que la dicte Ville devoit, feuffent payéez par la maniere qui s'enfuit; c'eft affavoir, XVIII.m [a] fur les deffus dis effargis & recreuz, & les XLII.m qui demouroient, [b] doioient eftre impofées & affifes fur M. perfonnes plus riches & plus fouffifantes de noftre dicte Ville, autres que les diz recreuz & effargis qui devoient payer les XVIII.m livres deffus dictes; l'affiete defquelles fommes, Nous ordennafmes dès lors eftre faicte & impofée par noz amez & fealz, l'Evefque de Tournay & Oudart de Renti, noftre Chevalier, Confeillier & Gouverneur pour lors de noftre dicte Ville, felon la forme & teneur de certainnes noz Lettres que leur envoïafmes; & il foit ainfi que les dictes fommes ne foïent encorez païées, mais pour ycelles avoir, a efté peril & doubte de commocion & difcencion entre lefdis habitanz; dont grans inconveniens & irreparables fe peuffent eftre enfuivis; dont n'agaires la grant amour & affeccion que nous avons au bien & proffit de noftre dicte Ville & des habitans d'icelle, y avons comis & envoyé noz amez & feaulx Confeilliers, le Senefchal de Haynau noftre Coufin, Maiftre Aleaume Boiftel, Maiftre des Requeftes de noftre Hoftel, & Triftan du Bos, Chevalier, noftre Bailli de Vermandois, pour favoir & veoir l'eftat & gouvernement de ladicte Ville, & ycelui reformer, fe [c] meftier en eftoit; lefquelz en ce ont vaqué & entendu diligemment; & eu advis & deliberation avec plufieurs gens notables, tant d'Eglife comme Nobles & autres de noftre dicte Ville & de ailleurs, que, fceu & trouvé noftre dicte Ville moult deppeuplée de gens, & diminuée en fes facultez, & telement & fy exceffivement chargée de debtes envers plufieurs & diverfes perfonnes, que pour ycelles payer, chafcun jour eft grant peril de commocion entre lez diz habitans; par quoy noftre dicte Ville porroit eftre deferte & inhabitable, fe par Nous n'y eftoit pourveu de gracieux & convenable remede: pourquoy Nous, ces chofes confiderées; & auffi que les diz habitans ont toufjours bien & loyalment fervi Nous & noz Predeceffeurs, & efperons qu'il facent ou temps avenir; & afin que noftre dicte Ville foit reparée & mife en bon eftat, & lez habitans d'icelle foïent & puiffent demourer en paix & tranquilité, & vivre en bonne amour & union enfemble, ainfy que nous le defirons, aux diz habitans avons quittié & remiz, & par ces prefentes quittons & remettons tout entierement, en tant qu'il Nous touche, & puet touchier, ladicte fomme de XLII.m livres, & d'icelle les abfolons liberalement & franchement, fenz ce que jamaiz par Nous ou autres noz Officiers quelconques, en foïent ou puiffent eftre en aucune maniere pourfuiz ne approchiez; & en oultre, de la fomme de XVIII.m livres Tournois deffus dite, lefquelles devoient païer certains habitanz de noftre dicte Ville effargis ou recreuz, comme dit eft, en avons quittié & quittons comme deffus, la fomme de VIII.m livres Tournois, & [d] le X.m demourantes à païer defdictes XVIII.m [e] feront païées comptant par les diz habitans, par la maniere & aux termes ordennez par les diz Senefchal, Maiftre Aleaume & Bailly; defquelles X.m [f] Nous voulons & ordennons qu'il aïent & prengnent la fomme de III.m livres, pour tourner & convertir en la fortification de noftre dicte Ville, & non ailleurs, fauf tant que fur ycelles, pour ce que noftre amé & feal Cler & Notaire, Maiftre Jaques Watelle, Procureur d'icelle Ville, a vaqué & efté ès chofes deffus dites, avec les diz Commiffaires, & y a pené & travaillé au proffit de Nous & des diz habitans; ledit Procureur aura & prendra la fomme de C. frans d'or, lefquelz Nous lui avons pour ce tauxés & ordennez; & les autres VIII.m livres foïent tournés & convertis ou fait de noz guerres; & par païant les dictes X.m livres par la maniere que dit eft, il Nous plaift & voulons, & aux diz habitanz l'avons octroyé & octroyons; que de toutes denrées, vins & autres marchandifes quelconques, que les diz habitans acheteront hors de noftre dicte Ville, en noftre Royaume, pour mener & defpenfer, les diz habitans aïent autelles franchifes & Libertez, comme ont par noftre don & octroy, ceulz du pays d'Artoys, pour un an; pourveu que en ce ne commettent fraude en aucune maniere. Si donnons en mandement par

[a] livres.
[b] devoient.
[c] befoin.
[d] les.
[e] livres.
[f] livres.

ces presentes, à noz amez & feaulx les Generalz Conseilliers sur le fait dez Aidez de la guerre, au Gouverneur de nostre dicte Ville de Tournay, & à tous les autres Justiciers & Officiers de nostre Royaume, & à leurs Lieuxtenans, presens & avenir, & à chascun d'eulx, si comme à lui appartendra, que les diz habitans, auxquelz par grant & meure deliberacion de nostre grant Conseil, pour certainnes & justes causes touchant l'onneur & le proffit de Nous & des diz habitans, avons les choses dessus dictes faictes & octroyées, faisons & octroyons de grace especial, certaine science & auctorité Royal, de nostre presente grace facent & sueffrent joïr & user paisiblement, senz empeschement ou difficulté aucune; nonobstant Ordennances & quelconques dons ou assignacions faiz sur ce, à quelque personne & pour quelque cause que ce soit, lesquelles Nous rappellons, & mettons du tout au néant par ces presentes. Et que ce soit ferme chose, &c. *Donné à Paris, ou mois de Septembre, l'an de grace M. CCC. LXX. & le VII.^e de nostre Regne.*

CHARLES V. à Paris, en Septembre 1370.

Ainsi signé. Par le Roy, presens les Generalz Conseillers sur lez Aidez de la guerre. H. DAUNOY. *Visa.*

---

(a) Lettre de sauvegarde Royale pour l'Abbaye de Savigny, Ordre de Cîteaux, Diocese d'Avranches.

CHARLES V. à Paris, en Septembre 1370.

*KAROLUS, &c. Notum facimus universis tam presentibus quam futuris, quod Nos, more Progenitorum nostrorum, affectantes Religiosas personas Regni nostri, in transquilitate & pace pro viribus confovere, ut eo libencius Domino valeant famulari, quo per protectionem Regiam, ab invasionibus, oppressionibus, violenciis & inquietacionibus noverint se defensas. Ad supplicacionem Religiosorum virorum Abbatis & Conventus Monasterii de (b) Savignyaco, Ordinis Cisterciensis, Abrincensis Diocesis, eosdem Abbatem & Conventum ac Monasterium, una cum omnibus membris, Ecclesiis, Capellis, domibus, grangiis, maneriis, personis, hominibus, familia, bonis, rebus & possessionibus ac pertinenciis universis ad ipsos Religiosos & Monasterium predictum spectantibus, tam in capite quam in membris, ubique in Regno nostro consistentibus, in nostra & successorum nostrorum Regum Francie, Regia proteccione & gardia speciali suscepimus per presentes: mandantes nichilominus Cadomensi & Constanciensi Baillivis, Senescallis Andegavensi & (c) Meduanensi, ipsarumque Bailliviarum Vicecomitibus, Castrorum eciam & Fortaliciorum Capitaneis & custodibus, ceterisque Justiciariis & Officiariis nostris, modernis & qui pro tempore fuerint, ac eorum cuilibet, ut ad eum pertinuerit, quatenus ipsos Abbatem & Conventum, Monachos ac Confratres & familiares ipsorum, sub speciali Gardia, manu & proteccione nostris hujusmodi, in suis ac dicti Monasterii cum eorum pertinentiis universis, justis possessionibus, franchisiis, Libertatibus, immunitatibus, usibus, juribus & saisinis quibuscumque, in quibus ipsos esse eorumque predecessores fuisse ab antiquo noverint, manuteneant & conservent, & eos ab omnibus injuriis, violenciis, oppressionibus, invasionibus, molestiis, inquietacionibus, vi armorum & potencia Laycorum quibuscunque, per exhibicionem presencium [a] teneantur & defendant, nec permittant ipsis Religiosis & Monasterio, in personis, familia seu bonis suis quibusvis, aliquas fieri vel inferri indebitas novitates; factas vel illatas, si quas invenerint, ad statum pristinum & debitum summarie & de plano reducant aut reduci faciant; & Nobis aut successoribus nostris ac Parti, pro fraccione Gardie nostre, si contigerit, emendam condignam prestari faciant indilate, dictam Gardiam nostram in Assisiis & aliis locis publicis quibus expedierit, publicari & notificari solemniter facientes; & inhibentes eciam seu inhiberi facientes ex parte Regia,*

[a] tueantur.

NOTES.

(a) Tresor des Chartres, Registre 100. Piece 593.

(b) *Savignyaco.]* *Saviniacus* ou *Saviniacum*, Savigny. Voy. *Gall. Christ. 1.^e Edit.* tom. 4. p. 815.

(c) *Meduanensi.]* *Meduana*, Mayenne, Ville dans le Mans. Voy. *Vales. notit.* au mot, *Meduana.*

CHARLES V. à Paris, en Septembre 1370.

*omnibus hiis de quibus & debite fuerint requisiti, sub omni pena quam erga nos incurrere possent, nec in dictorum Abbatis & Conventus ac Monasterii personas, homines, familiam aut bona ipsorum quecunque, ullatenus forefacere presumant; nec non res & bona eorumdem, de quibus debatum oriri de novo contigerit, ad nostram & successorum nostrorum superiorem manum ponant; & de rebus contenciosis hujusmodi recredenciam per dictam manum faciant, ubi & prout fuerit faciendum; omniaque alia & singula faciant & facere valeant, que ad principalis Gardiatoris officium noscuntur legitime pertinere; & pro premissis & quolibet premissorum, diligencius ac facilius exequendis, unum vel plures de nostris aut successorum nostrorum servientibus ydoneis, predictis Religiosis, suis sumptibus, si & quociens per eos vel ex parte eorum, requisiti super hoc fuerint, deputent: qui tamen servientes, de his que cause cognicionem exigunt, se nullatenus intromittant. Quod ut firmum, &c.* Datum Parisius, anno Domini M.° CCC.° LXX.° & Regni nostri VII.° mense Septembris.

Sic signata. *Per Regem.* T. GRAFFART. [a] *Contentor.* *Visa.*

*a* Voy. sur ce mot, *les tabl. des Mat. des 4. & 5.e Vol. des Ordon.*

---

CHARLES V. à Paris, le 10. d'Octobre 1370.

*(a) Lettres qui portent que les Registres & Protocolles des Notaires Royaux de la Seneschaussée de Thoulouse, qui seront morts; & les autres Registres (dans lesquels il y aura des Actes qui concerneront les affaires du Roy,) seront mis entre ses mains; & que le profit de l'expedition des Actes qui en seront tirez, tournera au profit du Roy; à l'exception du profit de l'expédition des Actes qui regarderont les particuliers, lequel appartiendra aux heritiers des Notaires, des Registres desquels ces Actes auront été tirez.*

CHARLES par la grace de Dieu Roy de France. A nostre amé & feal Conseiller & Tresorier, Pierre Scatisse; & au Tresorier de Thoulouse: Salut & dilection. Nous avons entendu que aprez la mort des Tabellions Royaulx, qui ont esté ou temps passé en ladite Seneschaucie de Thoulouse, aucuns ont empetré & encores s'efforcent d'empetrer de Nous, sitost comme lesdis Tabellions sont trespassez, les Notes, [b] Prothocolles, Briefs ou Registres que iceulx Tabellions ont faites & enregistrées à leur vivant; & les *(b)* Lettres & Escriptures Royaulx qui en pevent ou doit estre faites, [c] traittées & yssir, ont baillé & baillent à ferme, & en ont reçeu & reçoivent de jour en jour, très-grans prouffis & emolumens; & avecques ce, aucuns de noz Genz ou Officiers, ont tenus & encores tiennent certains *(c)* Tabliers en la Ville de Thoulouse, qui oncques ne furent mis en Recette, ne aucune mention n'en est faitte ès Comptes de la Recepte de Thoulouse; lesquelz Tabliers ils ont baillé à ferme, & en ont receu & reçoivent tres grans émolumens; & pour

*b* Voy. le 1.er Vol. des Ordonn. p. 417. Note *(b)*.

*c* tirées & sortir.

NOTES.

*(a)* Memorial *D.* de la Chambre des Comptes de Paris, *fol.° 101. recto.*

Avant ces Lettres, il y a:

*Le X.e jour d'Octobre M. CCC. LXX. les Notes, Prothocolles & Escriptures dont mention est faicte ci-dessoubz, furent mises & appliquées au Demainne du Roy nostre S. & Lettres faictes dudit Seigneur, par la fourme que s'ensuit: lesquelles ont esté envoyées à Pierre Scatisse, & au Tresorier de Tholose; & aussi ont esté envoyées semblablement audit Pierre, pour les Seneschauciées de Carcassonne & de Beaucaire, en muant les noms des Tresoriers & des Seneschauciées.*

A la marge de ces Lettres, il y a:

*Ordinatio qualiter Note, Prothocolla, Breva seu Brevia & Registra Tabellionum Regiorum qui decesserunt & decedant, [decedent,] posita & applicata fuerunt ad Domanium Regis, in Senescalliis Tholose, Carcassone & Bellicadri.*

*(b) Lettres & Escriptures.]* Les Expeditions de ces Lettres Royaulx, qui se delivroient moyennant de l'argent qui étoit reçu par des personnes qui avoient pris à ferme, le profit qui revenoit de ces Expeditions.

*(c) Tabliers.] Registres.* Ce mot vient de *Tabularium*, qui à la verité n'est point dans l'ancienne Edit. du Glossaire de du Cange; mais on y trouve *Tabularii*, pour signifier ceux qui tiennent les Registres publics.

CE

ce que l'émolument de telles Letres & Escritures Royaulx; [a] hors le droit de *(a)* l'interez des hoirs ou ayanz cause du Nottaire ou Nottaires, qui ont fait lesdites Nottes, Prothocolles, Briefs ou Registres; & aussi desdis Tabliers, à Nous doit appartenir & non à autre, comme de nostre propre Demainne, ait esté & soit ordenné par bonne & meure deliberacion de nostre Conseil, que dores-en-avant, toutes telles Notes, Prothocolles, Briefs ou Registres, sitost comme les Notaires qui les auront faites & enregistrées, seront trepassez; & aussy de ceulz qui jà le sont, seront prises & mises en nostre main, & aveuc ce, lesdis Tabliers; & en seront les Letres, instrumens & Escriptures Royaulx, qui en porront yssir & devront estre traittez & faittes, bailliées à ferme pour Nous, ou par autre maniere, en sera fait nostre prouffit le miex que vous porrez, & en seront levées & reçeuz [b] & les prouffiz & esmolumenz pour Nous; en baillant & desllivrant aux heritiers ou ayans cause des Tabellion ou Tabellions, qui les Notes, Prothocolles, Briefs ou Registres dessus dictes auront faittes, telle partie ou porcion de ce, comme de droit il ont accoustumé d'avoir pour leur dit interez; lesquelles Lettres & Escriptures aveuc les diz Tabliers, Nous des maintenant, mettons & appliquons en nostre Demaine par la teneur de ces presentes. Si vous mandons & expressement enjoignons, que en tenant & gardant fermement sanz enfraindre, ceste presente Ordennance, vous & chacun de vous, toutes les Notes, Prothocolles, Briefs ou Registres que vous trouverez de la condicion dessus dite, & aussi celles qui semblablement escherront en la dite Seneschaucie ou temps avenir; ensemble lesdits Tabliers, prenez, mettez & tenez en nostre main, [c] tantost les lettres veues; & ycelles & aussi lesdits Tabliers, baillés à ferme ou en faictes nostre prouffit, comme dit est: & vous Tresorier, en levez & exploictiez les prouffis & émolumens pour Nous doresenavant, selon la teneur de cette presente Ordennance, en telle maniere que par vous ni ait aucun deffaut; non [d] contrestant quelconques dons & Letres faites & à faire au contraire, qui ne feroient expresse mencion du [e] rappel de ceste presente Ordonnance, & qui ne seroient passées & expediées par la Chambre des diz Comptes. *Donné à Paris, le dixiesme jour d'Octobre, l'an de grace mil trois cens soixante & dix, & de nostre Regne le septisme.*

CHARLES V. à Paris, le 10. d'Octobre 1370.

a à l'exception.

b & est inutile.

c aussitost.

d nonobstant.

e revocation.

NOTE.

*(a) L'interez.]* Les heritiers des Notaires avoient le droit de tirer du profit de l'expedition des Actes concernants les particuliers, qui étoient dans les Registres de ces Notaires.

---

CHARLES V. à Vincennes, le 21. d'Octobre 1370.

## *(a)* Privileges accordez aux habitans du Château de Montegrier.

SOMMAIRES.

*(1) La Ville de Montegrier sera unie au Domaine, comme elle l'étoit avant le traité de Paix de Bretigny.*

*(2) Confirmation des privileges, Coutumes & dons, dont les habitans de Montegrier ont joüi jusques à present.*

*Ces privileges, Coûtumes & dons, seront confirmez par le Roy.*

*(3) Remise faite aux habitans de Montegrier, de la redevance annuelle qu'ils payoient au Roy, nommée le* Commun de la Paix.

*KAROLUS, &c. Notum facimus universis presentibus & futuris, Nos vidisse Litteras carissimi Fratris nostri, Ducis Andegavensis, Locum nostrum tenentis in* [f] *Partibus Occitanis, formam que sequitur, continentes.*

f Languedoc.

*LUDOVICUS Regis condam Francorum Filius, Domini mei Regis Germanus, ejusque Locum tenens in tota Lingua Occitana, Dux Andegavensis Comesque Cenomanensis. Universis presentes Litteras inspecturis: Salutem. Notum facimus quod nos,*

NOTE.

*(a)* Tresor des Chartres, Registre 100. Piece 608. *Voy. cy dessus,* p. 190. Note *(a).*

CHARLES V. à Vincennes, le 21. d'Octobre 1370.

*fidelitate & legalitate, atque fidei prompte mentisque alacritate exhibitis per* [a] *Nobiles, Universitatem & singulares loci seu Castri (a) Montis-Agrerii, Senescallie Petragoricensis, erga dictum Dominum meum Regem atque nos, attentis serviciis fidelibus que impendere non desinunt, & in futuris facere & impendere se exhibent liberaliter, ut fideles; quodque ad obedienciam seu subjectionem Edowardi Regis Anglie, & post modum Principis* [b] *Wallie* [c] *Ducis Acquitanie, translati fuissent seu transportati propter* [d] *Tractatum Pacis Domini Genitoris nostri, racione redempcionis persone ejusdem; sed tamen, certis & legitimis causis, ad obedienciam Domini mei Regis atque nostram, fuerint reducti,*

a peut-être faut-il corriger, *Consules.*

b Galles.

c &.

d Traité de Bretigny.

*(1) Eosdem Nobiles, Universitatem & singulares dicti loci, necnon locum predictum, cum omnibus pertinentiis suis, & omnia universa & singula jura, fructus, redditus, proventus & emolumenta quecumque dicti loci, sicut erant & esse consueverant tempore & ante tempus tractatus pacis supradicte, ad proprium Domanium & patrimonium dicti Domini mei Regis, ad ipsorum Nobilium, Universitatis & singularium loci predicti, instanciam Supplicacionem & Requestam, reducimus per presentes, de nostri certa sciencia* [e] *auctoritate Regia qua in hac parte fungimur.*

e &.

*(2) Preterea prefatis Nobilibus, Universitati & singularibus loci predicti, presentibus & futuris, omnia & quecunque dona in speciali vel generali, privilegia, Libertates, Statuta, usus & Consuetudines, tam per inclite recordacionis, Dominum Genitorem, ejus predecessores Franc. Reges, quam alios quoscunque super hoc potestatem habentes, eis concessas & concessa, & alias quascunque, quibus usi sunt & utuntur ac uti debite consueverunt ab antiquo, pariter confirmamus, laudamus, approbamus, & per dictum Dominum Regem laudare, approbare & confirmare facere promittimus, in majorem omnium & singulorum premissorum roboris firmitatem.*

*In quorum premissorum fidem & testimonium, presentes Litteras sigilli nostri munimine fecimus roborari: Domini mei Regis atque nostro in aliis, & alieno in omnibus jure salvo.* Actum & datum Caturcy, anno Domini M.° CCC.° LXX.° mense Augusti.

*Quas quidem Litteras, & universa & singula in eis contenta, rata & grata habentes, ea volumus, laudamus, approbamus, & de nostri speciali gracia, auctoritate Regia & certa sciencia, tenore presencium confirmamus, & de novo concedimus, si sit opus.*

*(3) Ceterum, Nos considerantes dampna & gravamina que habitatores dicti loci seu Castri Montis-agrerii, passi sunt occasione guerrarum, temporibus retroactis, & quod, habita notitia nostri Juris & Justicie in guerra quam Edowardus Anglie Nobis noviter suscitavit, se & dictum Castrum nostre submiserunt obediencie, Nobis fideliter servituri, quod ex favore dileccionis & amoris quos ad Predecessores nostros & Nos hactenus habuerunt, novimus processisse, ex ampliori & uberiori nostra gracia, dictis habitatoribus, modernis & futuris, & eorum singulis, remittimus & donamus ex nunc in perpetuum, firma donacione nullo unquam tempore revocanda, omne jus, exitus & proventus quoscunque, in quibus nobis tenentur seu teneri possent quomodolibet in futurum, racione seu occasione denarii seu servitutis que dicitur* [f] *Commune Pacis, quorum valor annuus Centum viginti libras Turonenses, omnibus annis, ut dicitur, non excedit; & à dicta servitute liberamus, & liberos atque quittos ipsos & eorum successores habitatores dicti loci, perpetuo reddimus & immunes; non obstante quod exitus dicti Communis Pacis, de nostro & Corone nostre Domanio seu patrimonio existat; & non obstantibus Ordinationibus aut inhibitionibus seu statutis contrariis quibuscunque:*

f Voy. cy-dessus, pag. 340. Note *(a)*.

[g] *Mandentes dilectis & fidelibus Gentibus Compotorum, & Thesaurariis nostris Parisius, Senescalloque & Receptori Caturcensibus, presentibus & futuris, vel eorum Locatenentibus, & eorum cuilibet, ut ad eum pertinuerit, quatenus exitus & proventus dicti Communis Pacis, à Registris suis extrahant seu extrahi faciant, & dictos Nobiles & habitatores, presentes & futuros, presenti nostra gratia atque dono; nec non & donis, usibus, Consuetudinibus, privilegiis, franchisiis & Libertatibus aliis, de quibus in prescriptis Litteris fit mentio, uti & gaudere perpetuo faciant, juxta prescriptarum &*

g Mandantes.

NOTE.

*(a) Montis-Agrerii.]* C'est sans doute le même lieu que celui qui est nommé dans le 4.e Vol. des Ordonn. p. 352. de *Monte-Agerio*, Montegrier. *Voy. ibid.* Note *(o)*.

*presencium Litterarum tenores, non molestantes, seu molestari, vexari aut inquietari facientes aut permittentes eosdem in contrarium, in corporibus sive bonis. Quod ut firmum, &c. salvo, &c.* Datum [a] aput Vincenas, die XXI.[a] Octobris, anno Domini M.° CCC.° LXX.° & Regni nostri VII.° [a] apud.

Sic signata. *Per Regem.* YVO. *Visa.*

---

## (a) *Reglements pour le Commerce de la Marée, à Paris.*

CHARLES V. à Paris, en Octobre 1370.

SOMMAIRES.

*(1) Les privileges de la Marée seront* criez *& publiez, par tout où besoin sera.*

*(2) Il sera établi des Gardiens, pour la deffense de ceux qui s'entremettent du commerce de la Marée. Ces Gardiens ne pourront faire d'actes judiciaires, sans la permission des Elûs ou du Conseil de la Marée; si ce n'est lorsqu'en leur presence, on fera violence à quelques-uns de ces Commerçans.*

*(3) Les affaires concernant la Marée, seront poursuivies aux dépens du Corps de ceux qui se mêlent de ce Commerce.*

*(4. 5.) Les dépenses ne se feront en commun, que par rapport aux affaires qui regarderont la Marée que l'on apporte par terre.*

*Les dépenses qui se feront pour les affaires qui regarderont la Marée que l'on amene par eau, se feront aux frais de ceux qui l'auront amenée.*

*(6) Les titres des Péages qui se levent dans les endroits par où passe la Marée, seront representez aux Elûs de la Marée, qui les feront enregistrer.*

*(7) Les Péagers qui ne voudront point recevoir les Especes pour le prix que le Roy a fixé, seront assignez devant les Réformateurs & Commissaires de la Marée.*

*(8. 9. 15.) Les Marchands qui vendent la Marée en détail, ne pourront rien faire rabattre du prix pour lequel ils l'auront achetée; & les vendeurs qui auront accordé le rabais, seront condamnez à l'Amende, & à la restitution de la somme qu'ils auront rabatuë aux vendeurs en détail.*

*(10) Les cautionnements donnez par les vendeurs de Marée, seront representez aux Elûs de la Marée.*

*(11) Les Officiers établis pour la régie de la Marée, ne pourront être caution des vendeurs de Marée.*

*(12) On créera chaque année, cinq Jurez de la marchandise de Marée.*

*(13) Ces Jurez, les vendeurs de Marée, ni le Maître des petits Panniers, ne pourront être Elûs de la Marée.*

*(14) Les petits Panniers seront marquez, & ceux à qui ils appartiendront, seront condamnez à l'Amende.* [ Voy. p. 357. Note *(c)*. ]

*(16) Le Procureur General de la Marée ni autres, ne pourront faire assigner personne pour les affaires de la Marée, sans la permission des Elûs ou du Conseil de la Marée.*

*(17) Le Procureur General de la Marée rendra compte aux Elûs de sa Recette, & des dépenses qu'il aura faites pour les affaires de la Marée.*

*(18) Les vendeurs de Marée qui ont reçu de l'argent pour l'employer aux affaires de la Marée, depuis que Boutery a commencé à s'entremettre de ces affaires, lui rendront compte de cet argent, en presence des Elûs.*

*(19. 22.) L'union & la paix seront rétablies entre ceux qui se mêlent du commerce de la Marée; & chacun d'eux se contiendra dans les bornes des fonctions qui lui sont attribuées. Les contestations qui s'éleveront entre ceux qui s'entremettent du commerce de la Marée, seront terminées à l'amiable, par les Elûs de la Marée.*

*(20) Tous les privileges de la Marée seront enregistrez dans un Registre qui sera gardé dans la Chambre des Elûs de la Marée.*

*(21) On n'introduira point de nouveauté dans ce qui regarde le commerce de la Marée.*

*(23) Les vendeurs de Marée vendront en personne la Marée des Marchands qui les auront chargez de la vendre; & ils ne pourront se dispenser de faire cette fonction en personne, sans la permission des Elûs ou du Conseil de la Marée.*

CHARLES par la grace de Dieu Roy de France. Sçavoir faisons à tous presens & avenir, que Nous avons veu saines & entieres, sans vice ou soubçon [b] aucunes, les Lettres, desquelles la teneur est telle. [b] *aucuns.*

NOTE.

*(a)* Traité de la Police, par M. de *la Mare*, tom. 3. Liv. 5. tit. 39. p. 249.

Il y a à la marge de ces Lettres : *Registre de la Marée, fol.° 169.*

Le Reglement qui est inseré dans les Lettres de Charles V. n'a été qu'indiqué dans cette page 249. parce qu'il étoit imprimé, p. 246.

A côté de ce Reglement, il y a : *Registre de la Marée, fol.° 169.*

Il a déja été remarqué, que les Pieces données par M. de la Mare, ne paroissent pas avoir été copiées avec assez d'exactitude.

CHARLES V.
à Paris, en Octobre 1370.

(a) A tous ceux qui ces presentes Lettres verront ou orrons. Les Generaux-Conservtaeurs, Gardiens & Commissaires de par le Roy nostre Sire, sur tout le fait & marchandise de Poisson de Mer, Harens & autres Poissons en la Ville de Paris & ailleurs: Salut. Sçavoir faisons, nous avons reçu en un rouleau de parchemin, plusieurs causes & besoignes mis par articles, que les Esleus des Marchands Forains de Mer & des Voituriers frequentans ladite Ville de Paris, avec le Conseil de ladite Marchandise, ont du congié, [a] autorisé & licence de nous, avisé, pourvû & regardé en ce, plusieurs autres choses necessaires, bonnes & profitables à faire pour le Roy nostre Sire, le bien commun, & la dite Marchandise; & lesquels nous ont requis estre accordées & tenuës, contenant la forme qui s'ensuit.

a *autorité.*

(1) *Premierement.* Que necessaire chose est, que les Lettres & privileges du Roy nostre Sire, sur le fait des [b] Prises, & la sauvegarde & sauf-conduit octroyez aux Marchands & Voituriers, soient criées & publiées au plutost qu'il pourra estre fait; premierement en la Ville de Paris, à S. Denis, à (b) Reaumont, Pontoise, en Normandie, Picardie, par les Ports de Mer & ailleurs, par les détroits & passages par où lesdits Marchands passent.

b *Voy. les Tabl. des Mat. des Vol. des Ordonn. au mot, Prises.*

(2) *Item.* Il y aura pour la Marchandise, certains Gardiens qui garderont les Marchands & Voituriers, de force & violence, selon la teneur des Privileges de la Marchandise; & leur seront baillées leurs commissions; [c] lesquelles toutesvoyes ne s'entremettent de faire aucuns [d] exploits pour aucuns Marchands, Voituriers ou familiers, ne pour la dite Marchandise; se ce n'est par le congié des Esleus, ou le Conseil de la dite Marchandise; se ils ne trouvent que on messace à aucun Marchand ou familier, en leur presence; & par instruction qui leur a esté & sera baillée de Nosseigneurs les Commissaires.

c *lesquels.*
d *actes judiciaires.*

(3) *Item.* Pour ce que les [e] Causes de la dite Marchandise ont esté anciennement gardées par les bons Marchands & Voituriers nos predecesseurs, à très grant solemnité, aux communs dépens de la dite Marchandise, & que autrement ne se peut oncques faire; toutes les Causes que lesdits Marchands, Voituriers & la dite Marchandise ont en Parlement, au Chastelet, devant le Conservateur de la dite Marchandise & ailleurs, seront [f] demenées aux communs dépens de la dite Marchandise.

e *affaires.*
f *poursuivies.*

(4) *Item.* Les privileges de la dite Marchandise de tout ce qui touchera le Commun, seront gardez & soustenus, [g] de tout ce qui venra ou sera amené de la dite Marchandise, par terre tant seulement, aux communs dépens d'icelle, & autrement non.

g *par rapport à.*

(5) *Item.* Et [h] convient que la Marchandise qui vient par la Riviere de Seyne, de poisson & de Harent, soit plus grande que n'est celle qui vient par terre, le Procureur de la dite Marchandise, ne s'en meslera en aucune maniere, aux dépens des Marchands & Voituriers qui viennent par terre en la Ville de Paris; mais s'en pourra bien entremettre aux dépens de ceux qui viennent par la Riviere, s'il en est requis, & non autrement.

h *appar. combien.*

(6) *Item.* Pour ce que les [i] Traversiers ou Peagiers, ou aucuns d'eux, sont coustumiers [k] d'aumenter & accroistre les Travers & Peages qu'ils tiennent des Seigneurs; tous les Travers, Peages & Acquis, qui sont entre Paris & la Mer, ou à quel qu'ils soient, seront apportez par le Gardien de la Marchandise, justement par escrit, en la maniere qu'ils ont esté cueillis & levez anciennement, se on le peut avoir; & tant de la Ville de Paris comme d'ailleurs, pardevant les Esleus, pour iceux faire enregistrer ou Registre de la Marchandise, & pour cause.

i *ceux qui reçoivent les droits nommez* Travers.
k *d'augmenter.*

NOTE.

(a) Traité de la Police, par M. *de la Mare,* tom. 3. Liv. 5. titr. 39. p. 246.

Avant ces Lettres, il y a:

*Reglement fait par les Commissaires, suivant l'avis des Elûs & du Conseil de la Marchandise de Poisson de Mer, en execution des Lettres du mois de Juin 1369.*

*Registre de la Marée fol.° 109.*

(b) *Reaumont.]* Je crois que c'est l'Abbaye de Royaumont, située sur les bords de l'Oyse, à une lieuë de Beaumont-sur-Oyse.

(7) *Item.* Pour ce que plusieurs Traversiers & Peagiers du Royaume, ne [a] se veulent payer de leurs Travers & acquis, de la Monnoye du Roy nostre Sire, pour le prix qu'elle doit [b] courir; & ou cas que de ce faire seront refusans, ils seront adjournez à certain jour à Paris, pardevant Nosseigneurs les Reformateurs, Gardiens & Commissaires sur le fait de ladite Marchandise, [c] contre les Marchands & Voituriers, & le Procureur de ladite Marchandise.

CHARLES V. à Paris, en Octobre 1370.

a ne veulent recevoir en payement.

b avoir cours.

c pour plaider contre.

(8) *Item.* Pour ce que aucuns [d] Poissonniers & Estalliers de la Ville de Paris, se sont efforcez & efforcent de jour en jour, de faire *(a)* hallebis & rabas des poissons, du prix qu'ils les ont achetez, & l'on fait de nouvel, & veulent rabattre aucunes fois d'un [e] pennier qu'ils auront achetté quarente sous, diz sous: de l'autre, douze sous; de l'un plus, de l'autre moins; & de ce sont efforcez & efforcent les Jurez; laquelle chose est contre raison, nostre Sire & ses Ordonnances; si ne feront plus lesdits rabas & hellebis; mais payeront ceux qui achetent le poisson, le prix qu'il leur aura esté vendu, sans rien rabattre.

d vendants le Poisson en détail.

e Pannier.

(9) *Item.* Et sera deffendu aux vendeurs, que doresnavent, ils ne s'entremettent en aucune maniere, de faire rabais de poissons qu'ils auront vendus; & s'ils le font depuis que la deffense sera faite, le Procureur General de ladite Marchandise, sera tenu, sitôt que il vendra à sa connoissance, de poursuivre le vendeur qui ce aura fait, afin de restitution & d'Amende, le plus rigoureusement qu'il pourra.

(10) *Item.* Que le Procureur de ladite Marchandise, pourchassera sans aucun delay, que nos Esleus mettent pardevers Nous, les noms & les surnoms de tous les [f] pleges des vendeurs, [g] vieux & nouveaux; & pour cause qui a meu le Conseil de ladite Marchandise & nous, à ce.

f cautions.

g anciens.

(11) *Item.* Et ne sera ne pourra estre, ores ne pour le temps avenir, aucuns des Esleus, le Conseil des Marchands, le Procureur General de ladite Marchandise, le Maître des *(b)* petits penniers, pleges d'aucun vendeur de poisson de Mer; pour cause.

(12) *Item.* Et pourchassera le Procureur General de ladite Marchandise, que cinq Jurez nouveaux seront faits chacun an, sur le fait de ladite Marchandise.

(13) *Item.* Et ne pourront les dits Jurez ne les vendeurs de poisson de Mer, ne le Maître des petits penniers, eux entremettre de l'Office des Esleus, en aucune maniere; & se les vendeurs ou aucun d'eux le font, ils seront [h] reprins de leurs sermens.

h punis d'avoir manqué à leurs sermens.

(14) *(c) Item.* Pour ce que plusieurs [i] riottes sont venuës entre les vendeurs

i disputes.

NOTES.

*(a) Hallebis & rabas.]* *Rabas* est certainement ici pour *rabais;* & l'on trouvera dans le 2.e Vol. des Ordonn. p. 586. Note *(b)*, la raison pour laquelle *hallebis* signifie ici la même chose que *rabais.*

*(b) Petits penniers.]* Il est souvent parlé de ces petits panniers, dans les Lettres qui regardent la Marée. *Voy. la Tabl. des Mat. du 2.e Vol. des Ordonn.* au mot, *Panniers (Petits)*; mais ces Textes ne donnent point une idée claire de ce qu'il faut entendre par ces *petits panniers.*

*(c) Item.* L'on a remarqué cy-dessus, Note *(c)*, que l'on ne connoît pas bien clairement ce qu'il faut entendre par ces petits panniers, & faute de cette connoissance, on ne peut comprendre le sens de cet art. que je soupçonne d'ailleurs d'être corrompu. Il y a dans le Traité de la Police, *ibid.* p. 249. un Réglement fait en 1414. par le Parlement de Paris, sur la Marée, dont les Articles 98. & 99. qui sont à la page 262. pourront servir à faciliter l'intelligence de notre article.

(98) Item. *Pour ce que plusieurs riottes ont esté entre les vendeurs de Paris, & lesdits Marchands Forains & voituriers, pour cause d'iceulx panniers, les dits vendeurs seront tenus d'oresnavant, de marquer ou faire marquer à leur marque, tous les panniers desdits Marchands & voituriers, sitôt qu'ils seront venus ou descendus devant eulx; & se par aucune avanture, est prins & marquez comme petits, par le Maître de ces petits panniers, quand le vendeur devant lequel ils auront esté prins, sera appellé du Maistre des petits panniers, pour aller voir mesurer iceulx panniers, ledit vendeur sera tenu d'appeller pour aller avecq lui, le Procureur General de ladite Marchandise, lequel Procureur sera tenu d'aller avec ledit vendeur, au mesurage des*

CHARLES V. à Paris, en Octobre 1370.

& Marchands, pour cause de petits penniers, seront dorénavant tenus les vendeurs de [a] merchier les premiers [b] des Marchands, sitôt qu'ils seront venus devant eux; & [c] ce par aucune avanture, aucuns penniers sont merchiez comme petits, d'aucuns Marchands devant aucun vendeur, quand le vendeur sera approchiez de la garde des petits penniers, pour aller au Mesnier, icely vendeur, quelqu'il soit, sera tenu d'appeller le Procureur General de ladite Marchandise; lequel Procureur sera tenu d'aller avec le vendeur au Mesnier, pour enregistrer desquels Marchands les penniers condamnez seront, & à combien d'amende les Marchands seront de leurs penniers, s'aucuns en y a, & pour cause.

a *marquer.* b *panniers.* c *ce : si.*

(15) *Item.* (a) Des fautes de harens, aux harangeres qui les achatent, disons-nous comme des rabas des Poissons dessus dits.

(16) *Item.* Le Procureur General de ladite Marchandise ne autres, ne s'entremettront plus de poursuivre ou faire adjourner aucune personne, ne [d] autres Exploits contre quelconques personnes, par vertu des privileges de la Marchandise; se ce n'est par la volenté des Esleus ou deux d'eulx, ou par deux du Conseil de la Marchandise.

d *de faire.*

(17) *Item.* Le Procureur General de ladite Marchandise & des dits Marchands, rendra compte, tant des Receptes comme des [e] mises, chacun an, aux quatre Esleus ou à deux d'eulx, appellé à ce, du Conseil de ladite Marchandise & des dessus dits Marchands & voituriers, ceux qui y voudront estre; & sera fait au moins de frais qui se pourra faire pour ladite Marchandise; & sera à ce appellé un des Huissiers de Parlement, ou Gardien de ladite Marchandise.

e *depenses.*

(18) *Item.* Tous les vendeurs qui ont receu & doivent recevoir les deniers des Marchands, pour garder & soutenir les privileges & cas des dits Marchands, voituriers & de ladite Marchandise, [f] puis que Jehan Boutery s'en entremist premierement; & lesquels n'ont compté & payé justement ce qu'ils en ont ou doivent avoir receu, seront tenus d'en rendre compte, s'ils vivent; ou leurs hoirs ou ayans causes, s'ils sont morts, audit Boutery, pour ce qu'il est chargié de ce, pour le compte passé. A ce seront presents les Esleus ou deux d'eulx, & pour cause.

f *depuis.*

(19) *Item.* Pour ce que plusieurs [g] riotes sont meuës en la Marchandise, pour (b) l'esmouvement d'aucuns vendeurs, si comme on dit, entre les vendeurs & plusieurs Estalliers & harengiers, contre les Marchands & voituriers & le Procureur General de ladite Marchandise; de quoy nous suffisamment enformez, que tres grand grief & dommage se sont ensuivis, [h] tant seulement aux vendeurs, Estalliers & harengiers, leurs complices; jà soit-il que aucuns ou une grant partie, y en ont moult grandement perdu du leur; mais sur le commun Peuple de la Ville de Paris, les frequentans en icelle, & sur les Marchands & voituriers de ladite marchandise;

g *disputes.* h *non.*

*dits panniers, pour en requerir devers lui, de quel Marchand ou voiturier seront les panniers qui seront trouvez & condamnez comme petits, & combien la confiscation d'iceulx montera en somme toute, pour en certifier le Marchand Forain, s'il le demande.*

(99) Item. *Affin que entre les dits Marchands & leurs vendeurs, soit mieulx nourrie paix & amour, & que on sçache mieulx de quel Marchand les panniers auront esté trouvez petits par le Maistre des petits panniers, ordonné est que en la Cedule que iceluy Maistre des petits panniers, fera & baillera sur ce, qu'il declare les jours qu'il aura prins les panniers, sur quels vendeurs & à quelle marque iceulx panniers seront signez, tant du Marchand comme du Pannetier qui les aura faits.*

Il resulte de ces articles, que les Marchands de Marée dont les Panniers étoient trop petits, étoient condamnez à l'Amende.

## NOTES.

(a) *Des fautes.* ] Ces mots sont peut-être corrompus; mais le sens de l'article est, que si les harangeres veulent rabattre quelque chose du prix des Harans qu'elles auront acheté, on executera à leur égard, l'art. cotté cy-dessus, 8.

(b) *L'esmouvement.* ] Je crois que ce mot est mis pour *mouvement*; & qu'il signifie ici les prétentions de quelques vendeurs de Marée, qui vouloient s'attribuer des droits & des fonctions qui ne leur appartenoient pas.

lesquels [a] puis neuf ans, en ont esté domagez de quarente mille livres & plus; si avons pourvû que doresnavant, toutes riotes [b] seront mises sus, & sera bonne paix & amour entre les dessus dits, & traiteront dorénavent doucement & amiablement les uns & les autres, & ne se mesleront les uns des offices des autres: & se les vendeurs [c] meurent plus riote les uns contre les autres, à cause de ladite Marchandise, les Esleus qui à present sont, ou ceux qui pour le temps advenir seront, avec le Conseil d'icelle, les feront pugnir, si comme au cas appartiendra, ou les feront priver de leurs Offices, se le cas le desire.

CHARLES V.
à Paris, en Octobre 1370.

a *depuis.*
b *seront éteintes.*
c *meuvent.*

(20) *Item.* Toutes les Lettres, Privileges & Ordonnances du Roy nostre Sire, faites sur le fait de la Marchandise, seront enregistrées en un Registre pour la Marchandise, en la Chambre des Esleus, pour icelles faire tenir & garder selon leur forme & teneur.

(21) *Item.* Et ne sera souffert à faire dorénavant, aucunes nouvelletez induës sur ladite Marchandise, contre le bien commun.

(22) *Item.* Si dorénavant, aucun riot ou debat se met entre deux Marchands, à cause de ladite Marchandise, ou autrement, en contre d'aucuns Marchands vendeurs, ou Marchands & voituriers ou vendeurs, le Procureur de ladite Marchandise doit procurer de les mettre à paix, s'il peut, & à accort, [d] mais qu'il en soit requis; & s'il ne peut, il se doit [e] traire pardevers les Esleus, lesquels manderont les Parties, & les mettront à accort, sans aucuns dépens ne dommages faire l'un à l'autre, s'ils peuvent.

d *lorsqu'il en sera.*
e *retirer.*

(23) *Item.* Pour ce que les vendeurs de poisson de Mer, doivent vendre le poisson & harens des Marchands Forains leurs *(a)* hostes, en leurs personnes, sont allez par plusieurs fois en leurs Marchandises & en leurs autres besoignes, & encore font de jour en jour, & ont laissé à vendre les poissons & harens des dits Marchands, & les ont fait vendre à leur proufit, par autres vendeurs, ausquels il n'estoit pas garent, se les sus dits Marchands perdoient le leur; parquoy les Marchands dessus dits ont esté & encore sont moult de fois grevez & dommagiez; si feront les dessus dits vendeurs & un chacun d'eux, leurs Offices, & vendront les poissons & harens des dessus dits Marchands en leurs personnes; & ne pourront aller en leurs autres Marchandises ne à autres besoignes quelconques; se ce n'est par le congié & licence des Esleus & Conseil de ladite Marchandise, ou de deux d'eulx; appellé à ce, le Procureur General de ladite Marchandise, & pour cause, sur peine aux vendeurs qui feroient le contraire des choses dessus dites, de encourre en grosses Amendes envers le Roy nostre Sire, & de perdre leurs Offices.

Lesquelles choses dessus transcriptes, & chacune d'icelles pourveuës & avisées, comme dessus est dit, nous, à qui la connoissance de tout le fait de ladite Marchandise de poisson de Mer & de harens, dependance & circonstance d'icelle, pour le Roy nostre Sire, appartient & non à autres, disons estre bonnes, profitables & valables pour le Roy nostre Sire, le bien commun de la Ville de Paris & de ladite Marchandise. Si mandons & commettons à tous les Huissiers du Parlement du Roy nostre Sire, & autres Sergens, & à chacun d'eulx, que toutes les choses dessus dites, ils fassent tenir & garder selon leur forme & teneur, sans enfraindre; & les fassent crier & publier solemnellement aux lieux accoustumez, toutes fois que par les dits Esleus ou le Procureur de ladite Marchandise, en seront requis. Si mandons à tous les Justiciers & subgiez du Roy nostre Sire, que aus dits Huissiers & Sergens, & à chacun d'eulx, en faisant les choses dessus dites, obéissent & entendent diligemment, & leur prestent conseil, confort & aide, se [f] mestier en est, se ils en sont requis. *Donné à Paris, sous nos seeaux, le quatriéme jour d'Octobre, l'an de grace 1370.*

f *besoin.*

NOTE.

*(a) Hostes.]* Les Marchands de Marée qui avoient chargé spécialement certains vendeurs de vendre leur Marée, chez lesquels ils demeuroient, suivant les apparences, lorsqu'ils venoient à Paris, pour y apporter leurs marchandises.

CHARLES V.
à Paris, en Octobre 1370.

*Item.* Avons veu nos autres Lettres, desquelles la teneur s'ensuit.

CHARLES par la grace de Dieu Roy de France, &c. [a]

Lesquelles Lettres & Ordonnances dessus transcrites, consideré que elles sont avisées, faites & passées par nos Conseillers dessus nommez, pour le bien de la chose publique & de la marchandise du poisson de Mer, si comme dessus est contenu; Nous icelles avons loué, [b] approuvoué, [c] ferment & agreables, & par ces presentes, de nostre puissance & autorité Royal & de grace especial, les confirmons. Si donnons en mandement, & commettons ausdits Reformateurs, qui à present sont & ceux qui pour le temps avenir seront, & à tous nos Justiciers & Officiers presens & avenir, ou à leurs Lieutenans, & à chacun d'eux, que les Lettres ou Ordonnances dessus dites & ces presentes, facent crier & publier, quand mestier sera, en temps & en lieux à ce convenables; & icelles facent garder, enteriner & acomplir par ceux à qui il appartiendra, en les contraignant à ce, se mestier est, vigueureusement, & si comme raison. Dont à ce que ce soit ferme chose & estable à tousjours, Nous avons fait mettre notre scel à ces presentes: sauf en autres choses nostre droit & l'autruy. *Ce fut fait & donné à Paris, au mois d'Octobre, l'an de grace 1370. & de nostre Regne le septiéme.*

a *Ces Lettres qui sont du 20. de Juin 1369. sont cy-dessus, p. 198.*
b *approuvé.*
c *fermement. Il manque là quelques mots.*

---

CHARLES V.
à Paris, le 15. de Novembre 1370.

## (a) Reglement pour la levée des droits d'amortissements & de Francs-Fiefs, dans la Ville & Viguerie de Beziers.

### SOMMAIRES.

*(1. 10.) Toutes les personnes Ecclesiastiques payeront de la maniere suivante, les droits d'Amortissements, pour toutes les acquisitions qu'elles auront faites depuis 40. ans, sans la permission du Roy, à quelque titre que ce soit, dans les Fiefs & Arriere-Fiefs, & dans les Censives & Arriere-Censives du Roy. Par rapport aux acquisitions qu'elles feront dans la suite, elles ne payeront ces droits que pour les biens qui leur auront été donnez.*

*Pour les acquisitions qu'elles auront faites dans les Fiefs & Censives,* ( à titre lucratif; *c'est-à-dire,* ) *par dons, legs ou aumosnes, elles payeront la valeur du revenu de 8. années; & la valeur du revenu de 6. années, pour les acquisitions qu'elles auront faites à ce titre, dans les Arriere-Fiefs & Arriere-Censives.*

*(2. 10.) Pour les acquisitions que les personnes Ecclesiastiques auront faites ( dans les Fiefs & Censives,* à titre onereux; *c'est-à-dire,) par achapt, permutation, ou de quelqu'autre maniere que ce soit, pourvû que ce ne soit point à* titre lucratif, *elles remettront ces choses acquises entre les mains du Roy, ou elles en payeront la valeur; & pour les choses acquises à titre onereux dans les Arriere-Fiefs & Arriere-Censives, elles payeront la valeur du revenu de 8. années.*

*Elles payeront la valeur du revenu de 6. années, pour les Francs-Alleux qu'elles auront acquis à* titre onereux; *pourvû cependant qu'ils ne soient point d'un prix considerable, & qu'il n'y ait point de Justice attachée; car le Roy leur defend d'acquerir ces sortes de Francs-Alleux, sans sa permission.*

*(3) Pour les acquisitions que les personnes Ecclesiastiques auront faites à* titre lucratif, *dans les lieux où elles prouveront que dès le temps de la Fondation de leurs Eglises, elles ont eu basse Justice, elles payeront la valeur du revenu que ces choses produisent pendant 5. ans.*

*(4) Elles payeront la valeur du revenu de 6. ans, pour les acquisitions faites dans ces lieux,* à titre onereux.

*(5) Elles payeront la valeur du revenu de*

### NOTE.

*(a)* Memorial *D.* de la Chambre des Comptes de Paris, *fol.° 101. v.°*

Avant ces Lettres, il y a:

*Mandatum de novo factum super modo procedendi in exigendo financias in Senescallia,* [ Sen. ] *pro acquisitionibus factis & faciendis per innobiles à Nobilibus, & per Ecclesiasticas personas: Et sic fiet pro aliis Senescalliarum aliarum, si petierint, & quando voluerint habere Litteras unitatis, nominibus Senescalliarum aut Locorum, pro quibus petent habere consimiles Litteras, per extractum* [ mot abregé ] *vel aliter; & secundum formam in dictis Litteris annotatam, procedetur super dicto facto, donec aliud fuerit super hoc ordinatum.*

Les Sommaires pourront servir de Commentaires à cette Piece.

4. années,

CHARLES V.
à Paris, le 15. de Novembre 1370.

SOMMAIRES.

4. années, pour les acquisitions qu'elles auront faites, soit à titre lucratif, soit à titre onereux, dans les lieux où elles prouveront avoir eu justice haute, moyenne & basse, dès le tems de la fondation de leur Eglise; & pour les Dixmes infeodées qu'elles acquereront dans les lieux relevants d'elles sans moyen, & qu'elles prouveront leur avoir été données dans le tems de la fondation de leur Eglise, ou par les Rois.

(6) Les personnes Ecclesiastiques payeront la valeur du revenu de 6. années, des acquisitions qu'elles auront faites dans les lieux à elles appartenants, & où le Roy ou d'autres Seigneurs, joüissent de la moitié du revenu, en vertu des Pariages faits avec elles.

(7) Les personnes Ecclesiastiques payeront la valeur du revenu de 6. ans, des acquisitions faites à titre lucratif, lorsque les donateurs se seront reservé pour eux ou pour d'autres, l'usufruit de ces choses, pour un tems ou à vie.

(8) Par rapport aux acquisitions faites à titre onereux, avec la reserve d'usufruit specifiée dans l'article precedent, elles payeront le prix que ces choses pourroient être venduës, eû égard à la reserve de l'usufruit qui a été faite.

(9) Lorsque les Ecclesiastiques auront fait des acquisitions à titre lucratif, sous la condition que les donateurs ou d'autres personnes, pourront retirer ces choses de ces Ecclesiastiques, en leur en payant le prix, soit qu'il y ait un tems fixé pour exercer ce remeré, soit qu'il n'y en ait point, ces Ecclesiastiques payeront la valeur du revenu de 8. années, ou de 6. années, suivant la disposition de l'article premier: Et le Roy leur donnera des Lettres par lesquelles il promettra de leur rendre ce quils auront payé, lorsque le remeré sera exercé; sur laquelle somme sera cependant diminué, ce qu'ils doivent payer pour la joüissance qu'ils auront euë de ces choses.

(10) Les Ecclesiastiques payeront les droits fixez par l'article premier, pour les redevances annuelles en Argent & en grain, à prendre sur les biens de ceux qui leur auront fait ces dons.

(11) Les Communautez des Villes payeront pour les biens & droits qu'elles ont acquis depuis 40. ans, ou qu'elles acquereront dans les Fiefs & Arriere-Fiefs & Censives du Roy, la valeur du revenu de 6. années; ou 6. sols pour livre, du prix de l'acquisition.

Ces biens & droits seront sujets à la Commise ou confiscation.

(12) Les non-nobles payeront la valeur du revenu de 4. années des acquisitions qu'ils auront faites à quelque titre que ce soit, de personnes nobles, dans les Fiefs du Roy, depuis 20. ans; ou quatre sols pour livre, du prix de l'acquisition, au choix des Commissaires. Ils payeront la valeur du revenu de trois ans, ou 3. deniers pour livre du prix de l'acquisition au même choix, pour ces sortes d'acquisitions faites dans les Arriere-Fiefs du Roy.

(13) Surséance de payement, dans le cas d'un Franc-Alleu acquis d'un Noble par un non-noble; à moins que ce Franc-Alleu ne soit d'un prix considerable, & qu'il n'y ait un Fief ou une Justice attachés: car le Roy ne veut point que les non-nobles acquierent ces sortes d'Alleux des Nobles, sans sa permission.

(14) Les biens acquis des Nobles par des non-nobles, dans les Fiefs & les Arriere-Fiefs du Roy, & que ces non-nobles auront établi Francs-Alleux, seront unis au Domaine du Roy.

(15) Lorsqu'un non-noble aura acheté des biens dans les Fiefs & Arriere-Fiefs du Roy, d'un noble qui se sera reservé la faculté de retirer dans un certain tems, ces biens des mains de l'acheteur, celui ci payera les droits fixez dans l'art. 12. la moitié presentement, & l'autre moitié lorsque le tems du remeré sera passé. Si le tems du remeré excede 5. ans, le non-noble payera presentement le total des droits.

(16) Lorsqu'un non-noble aura acquis dans les Fiefs & Arriere-Fiefs du Roy, des biens d'un Noble qui aura reservé l'usufruit pour lui ou pour une autre personne, soit pour un tems soit à vie, l'acquereur payera les droits fixez cy-dessus. Voy. p. 365. Note (a).

(17) Surséance dans le cas d'une acquisition faite par échange, par un non-noble d'un noble, dans les Fiefs & Arriere-Fiefs du Roy; & dans le cas d'une acquisition faite, moyennant une redevance annuelle, de quelque nature qu'elle soit; même dans le cas où il y auroit trois Seigneurs intermediaires entre le Roy, & le Noble de qui l'acquisition auroit été faite.

(18) Surséance de payement dans les cas où des non-nobles auront acquis des nobles, des biens que ceux-ci avoient acquis de non-nobles, & qui étoient tenus à titre d'Emphyteose, d'Ecclesiastiques, ou d'autres personnes, lorsque les Ecclesiastiques de qui ces biens seront mouvants, ne les tiendront point dans les Fiefs du Roy, & ne releveront point de lui par rapport à ces biens, de quelque maniere que ce soit; pourvû cependant que ces Ecclesiastiques ne doivent aucun service au Roy par rapport à ces biens, à cause d'un Fief ou d'un Arriere-Fief.

Surséance de payement dans les cas où des non-nobles auront reçû des biens pour la dot des femmes nobles qu'ils auront épousées; pourvû cependant qu'ils n'ayent point (par leur Contrat de mariage,) la faculté de retenir ces biens, en en payant la valeur; & dans les cas où des non-nobles auront acquis des biens de femmes non-nobles, mariées à des Nobles, ou demeurées veuves après la mort de leurs maris nobles.

(19) Les annoblis payeront les droits de Francs-Fiefs, pour les biens qu'ils auront acquis des Nobles dans les Fiefs & Arriere-Fiefs du Roy, avant leur annoblissement.

(20) Les femmes non-nobles mariées à des Nobles, ou veuves de Maris nobles, payeront les droits de Francs-Fiefs.

(21) Surséance de payement dans les cas

CHARLES V.
à Paris, le 15. de Novembre 1370.

SOMMAIRES.

où des non-nobles auront acquis des biens de femmes non-nobles, mariées à des Nobles, ou veuves de maris nobles; pourvû que ces biens acquis ne soient point des Fiefs, pour lesquels il sera dû des droits de Francs-Fiefs.

(22) Lorsqu'un non-noble aura vendu un bien qu'il tenoit d'un Noble, à titre d'Emphyteose, & que ce Noble aura fait le retrait Seigneurial de ce bien; si dans la suite ce Noble vend ce bien à un non-noble, ou le lui donne à Cens ou à Emphyteose, ce second acquereur payera la valeur du revenu de 4. années dans les Fiefs du Roy; & la valeur du revenu de 3. années, dans les Arriere-Fiefs.

(23) Les non-nobles nez de Peres non-nobles & Meres nobles, payeront les droits de Francs-Fiefs pour les Fiefs & Arriere-Fiefs qu'ils acquereront des Nobles; & pour ceux qui leur reviendront de la succession de leurs meres, ou de celle de leurs parents (nobles) du côté de leurs meres.

(24) Les non-nobles qui auront possedé des Fiefs & des Arriere-Fiefs pendant un an, sans avoir payé les droits de Francs-Fiefs, les payeront, quand même ils les auroient vendus dans la suite, à des Nobles.

(25) Il sera dû des droits de Francs-Fiefs pour les revenus & Censives emportants lods & ventes, acquis des Nobles par les non-nobles, dans les Fiefs & Arriere-Fiefs du Roy. Ces droits seront fixez par rapport au produit de ces revenus & Cens, ou par rapport à ce que peuvent produire communément tous les ans, ces lods & ventes, ou par rapport au prix de l'acquisition de ces revenus & Cens.

(26) Les Ecclesiastiques & les non-nobles qui auront refusé de déclarer les biens par eux acquis, sujets aux droits d'Amortissements & de Francs-Fiefs; ou qui auront refusé ou différé de payer ces droits, & qui cependant auront perçû les revenus de ces biens, au préjudice des deffenses qui leur en auront été faites, payeront le double de ce qu'ils auroient dû payer.

(27) Les Seigneurs temporels, de quelque condition qu'ils soient, qui auront laissé joüir pendant un an & un jour, les Ecclesiastiques & les non-nobles, des biens par eux acquis dans leurs Terres & Jurisdictions, & qui leur devoient des droits d'Amortissements & de Francs-Fiefs, (sans en exiger d'eux le payement,) ne pourront plus mettre ces biens en leurs mains, (ni exiger le payement de ces droits,) qui seront payez au Roy seul, en vertu de ce present Mandement; reservé à ces Seigneurs, les droits qu'ils avoient sur ces biens, avant ce present Mandement.

(28) Les poursuites qu'il faudra faire pour le payement de ces droits, ne se feront que par la saisie des biens sujets à ces droits, & non autrement.

On n'exigera point de droits de Francs-Fiefs, des non-nobles qui ont acquis des biens de personnes qui se disent nobles, quoiqu'elles ne le soient ni d'origine ni par des Lettres Royaux d'annoblissement; à moins que ces biens ne soient des Fiefs: car dans ce cas, il sera dû des droits.

(29) Les Commissaires n'insereront point des Actes inutiles, dans ceux qu'ils feront pour la levée de ces droits.

Ils ne prendront qu'un denier de chaque ligne contenant au moins 60. syllabes, des actes qu'ils feront pour la levée de ces droits; & que six deniers, pour le sceau de chacun de ces Actes.

(30) Les Commissaires appelleront à la fixation des droits qui seront dûs, le Procureur General & le Receveur Royal de la Seneschaussée dans laquelle ces droits seront levez: ils enregistreront les droits qui auront été fixez; & ils en donneront un Rôle au Receveur, qui sera tenu d'en faire la levée, & qui comptera de sa Recette dans ses comptes ordinaires, en rapportant le Rôle qui lui aura été donné par les Commissaires.

*KAROLUS Dei gracia Francorum Rex. Universis & singulis Commissariis ad infrascripta, ex parte nostra deputatis vel deputandis: Salutem. Audita querimonia Nobilium, Consulum & habitatorum Ville & Vicarie antique Bitterrensis, Senescallie Carcassone, super gravaminibus que dicebant eis inferri per vos aut alterum vestrum, in exigendo financias pro acquisitionibus Feodalibus & Retrofeodalibus, per innobiles dicte Vicarie, à Nobilibus factis; vobis mandamus, quatinus in & super modo exigendi dictas financias, tam à dictis innobilibus quam à personis Ecclesiasticis, juxta modum & formam qui sequntur, diligenter & debite procedatis, nichil in contrarium faciendo aut fieri quomodolibet permittendo.*

(1) Primo. *Pro rebus & possessionibus quibuscunque, [a] que Gentes Ecclesiastice, cujuscumque conditionis existant, Religiosi aut alii quicumque, acquisiverint quocumque titulo, à quadraginta annis citra, usque nunc dumtaxat; & non de tempore futuro, nisi fuerit de [b] acquirendis titulo doni, legati & elemosine, in Feodis, Retro-feodis, Censivis & Retrocensivis nostris, exigatis pro eisdem financiam, in modum qui sequitur.*

*Et primo, pro rebus & possessionibus, que dicte Gentes Ecclesiastice acquisiverunt in nostris Feodis vel Censivis, titulo doni, legati vel elemosine, quocumque modo, aut*

[a] quas.

[b] acquirend. R.

conditione fuerit, sine nostro aut Predecessorum nostrorum assensu, à dicto tempore citra, exigatis pro eisdem, pro financia, valorem aut estimationem fructuum & exituum octo annorum rei acquisite; & in Retro-feodis & Retro-censivis nostris, fructus sex annorum duntaxat, prout supra.

CHARLES V. à Paris, le 15. de Novembre 1370.

(2) Item. Pro rebus acquisitis per dictas Gentes Ecclesiasticas, titulo emptionis aut permutationis, vel alio quocumque modo aut conditione, absque titulo doni vel elemosine, exigatis pro eisdem, pro financia, illud aut valorem illius, quod res sic acquisite poterunt valere & debebunt, pro una vice; & in Retro-feodis & Retro-censivis nostris, valorem vel extimationem fructuum & exituum octo annorum, rerum sic acquisitarum; & de acquisitis per dictas Gentes, à dicto tempore, in liberis Allodiis, exigatis pro eisdem financiam; videlicet, valorem fructuum octo annorum, prout supra; nisi Allodium fuerit [a] magne rei, cum districtu & jurisdictione; cujus Allodii alienationem, in dictas Gentes nolumus fieri, nisi processerit de nostra voluntate.

(3) Item. Pro rebus acquisitis per dictas personas Ecclesiasticas, titulo doni, legati vel elemosine, quocumque modo vel conditione fuerit, in locis in quibus dicte Gentes monstrabunt & probabunt legitime, summarie & de plano, habere de fundatione Ecclesie, bassam Justiciam duntaxat, exigatis pro eisdem, pro financia, una vice, precium aut valorem quem hujusmodi acquisitiones fuerint extimate valere justo pretio, per quinque annos.

(4) Item. Pro rebus acquisitis per dictas Gentes, titulo emptionis, vel per quemcumque alium modum, absque titulo doni vel elemosine, in locis in quibus dicte Gentes habent Justiciam bassam, monstratam & probatam, ut supra, exigatis pro eisdem, precium aut valorem rei acquisite, appreciate ut supra, sex annorum duntaxat.

(5) Item. Pro rebus & possessionibus per dictas Gentes acquisitis, titulo emptionis, doni, legati vel elemosine, aut quocumque alio titulo, in locis in quibus habent omnimodam Justiciam, altam, mediam & bassam, monstratam & legitime probatam ut supra; & etiam pro Decimis Feodalibus per eas acquisitis in locis ab eis moventibus sine medio, legitime probatis ut supra, quod ista habeant ex fundatione Ecclesie, vel per privilegia à Nobis aut Predecessoribus nostris, exigatis pro eisdem, precium vel valorem fructuum & exituum rei sic acquisite, extimate ut supra, quatuor annorum duntaxat.

(6) Item. Pro rebus per dictas Gentes acquisitis in locis existentibus in [b] Pariagio, inter Nos & dictas Gentes, vel cum aliis Dominis temporalibus; in quibus Pariagiis Nos & dicte Gentes vel alii Domini, habemus in omnibus & per omnia, in Justicia & emolumentis quibuscumque, quilibet medietatem, exigatis pro eisdem, pro finantia, una vice, precium & valorem, ad quem tales acquisitiones extimabuntur valere justo precio, per sex annos.

(7) Item. Pro acquisitis per dictas Gentes, titulo doni, legati vel elemosine; salvis & reservatis dantibus vel alteri persone, usufructibus ad tempus, aut ad vitam personarum, exigatis pro financia, pretium & valorem, ad quem extimabitur res acquisita ut supra, valere per sex annos.

(8) Item. Pro acquisitis per dictas Gentes, titulo emptionis vel permutationis; reservatis ut supra usufructibus, exigatis pro eisdem, una vice, pro financia, tale precium & talem valorem in denariis, qualis res acquisita fuerit vendita in pura emptione, sine fraude: proviso, quod si reperiatur fraudem interfuisse, res appreciabitur per sacramentum proborum virorum & fidelium, ad precium quod res poterit valere in vendendo ipsam, una vice; & secundum illud precium, & non pro minore precio, exigatis financiam una vice; videlicet, summam dicti precii; considerata tamen in dicto precio, reservacione dicti Viagii.

(9) Item. Pro acquisitis per dictas Gentes, titulo doni, legati vel elemosine, sub conditione quod heredes donatoris aut altera persona, poterunt retrahere res datas, legatas vel elemosinatas, infra certum tempus, aut quando eis placuerit, nullo termino prefixo, pro certa summa peccunie dictis Gentibus exsolvenda, exigatis pro eisdem financiam pro Nobis, [c] prout superius declaratur, tradendo Litteras dictis Gentibus, quod in casu quo appareret tempore futuro, clare & sine fraude, quamcumque rem per eas

[a] d'une valeur considerable.

[b] Pariage. Voy. les Tabl. des Mat. des Vol. des Ordon. à ce mot.

[c] Voy. la 2.e partie de l'article 1.er

CHARLES V. à Paris, le 15. de Novembre 1370.

*modo predicto acquisitam, fuisse retractam & redemptam ab eis, per dictos heredes vel alios, modo pretacto, Nos & successores nostri, faciemus eisdem de hoc talem restitutionem, qualem decebit, & prout sibi de jure fuerit rationabiliter faciendum; considerato tempore per quod res sic acquisita fuerit in eorum manibus.*

*(10)* Item. *De rebus acquisitis titulo doni, legati vel elemosine; videlicet, de certa peccunie summa, aut bladi sive alterius rei quantitate assignata dictis Gentibus per donatorem aut legatorem, in & super omnibus bonis suis, annis singulis habendis perpetuo, & per heredes dicti legatoris aut datoris exsolvendis; & etiam, si tale legatum aut talis donatio fuerit facta super certo fundo, & quod legator sive dator obligaverit fundum vel (a) usatiqum, exigatis pro eisdem financiam,* [a] *prout superius declaratur; & de cetero, dictas Gentes ad finandum pro quacunque re seu possessione per eas acquirenda titulo emptionis aut permutationis, in Feodis & Retro-feodis, Censivis & Retro-censivis nostris; nec in Allodiis liberis nullatenus admittatis; nisi dicta acquisitio processerit de nostra voluntate sive licencia:* [b] *Precipientes vobis, quod tales res & possessiones, dum & quando fuerunt sic acquisite, nostra licentia non obtenta, ad manum nostram ponatis atque detineatis: verumptamen de acquirendis per dictas Gentes titulo doni, legati & elemosine, & non aliter, exigatis ab ipsis Gentibus financiam, secundum formam & modum superius annotatos, quociens & quando casus evenerit.*

a Voy. cy-dessus la 2.e partie de l'art. 1.er

b Precipien. R.

*(11)* Item. *Pro redditibus aut possessionibus, franchisiis vel Libertatibus, quos & quas Consules vel Communitas alicujus Ville, acquisierunt & acquirent ad causam Communitatis ejusdem Ville, in nostris Feodis & Retro-feodis ac Censivis, exigatis pro eisdem plenariam financiam, à tali tempore, & prout de dictis personis Ecclesiasticis, cum moderatione tamen fructuum sex annorum, pro una vice, vel sex solidorum pro Libra, rei acquisite; attento, quod talis acquisitio potest cadere in (b) Commissum.*

*(12)* Item. *Pro redditibus & possessionibus acquisitis & acquirendis per innobiles quocunque titulo, à Nobilibus, in Feodis nostris, à tempore viginti annorum citra, exigatis pro eisdem financiam pro una vice; videlicet, fructus quatuor annorum possessionis acquisite, vel quatuor solidorum pro Libra, & in Retro-feodis nostris, fructus trium annorum, aut tres solidos pro Libra; totum ad electionem vestram.*

*(13)* Item. *De Allodio libero acquisito & acquirendo per innobilem, supersedeatis de exigendo financiam, donec aliud fuerit per Nos super hoc ordinatum; nisi Allodium fuerit notabile & magne rei, cum Jurisdictione, Feodo & districtu; cujusmodi Allodii alienationem de nobili in non nobilem fieri nolumus, nisi de nostra processerit gracia aut voluntate.*

*(14)* Item. *Redditus aut possessiones,* [c] *que innobiles acquisiverunt seu acquirent à Nobilibus, in nostris Feodis vel Retrofeodis, & eos vel eas posuerunt aut ponent in libero sive franco Allodio, ponatis & applicetis ad Domanium nostrum.*

c quas.

*(15)* Item. *Pro redditibus vel possessionibus acquisitis & acquirendis à Nobilibus per innobiles, in nostris Feodis vel Retro-feodis, sub conditione quod alienatores possint ipsos redditus retrahere, infra certum tempus & terminum, exigatis pro eisdem financiam* [d] *prout supra declaratur; videlicet, medietatem de presenti, & aliam medietatem tempore dicti termini elapso: & in casu quo dictus terminus excederet quinque annos, exigatis totalem financiam de presenti.*

d Voy. cy-dessus l'art. 12.

*(16)* Insuper, *pro redditibus & possessionibus acquisitis vel acquirendis à Nobilibus per inobiles, in nostris Feodis vel Retro-feodis, reservato alienatori usufructu rei acquisite*

NOTES.

*(a) Usatiqum.]* Du Cange dans l'ancienne Edit. du Glossaire, explique *Usaticum*, par *tributum, prestatio.* Ainsi je crois qu'il s'agit ici d'une redevance donnée à des Ecclesiastiques, à prendre sur des droits & Impôts qui appartenoient au Donateur.

*(b) Commissum.]* Je crois qu'il faut ici entendre par ce mot, le Droit de *Commis* ou *Commise* ou confiscation, dont le Seigneur peut user envers ses Tenanciers, dans de certains cas, comme de felonie, &c. *Voy. le Glossaire du Droit François*, au mot, *Commis* (Droit de).

*ad tempus vel ad vitam personarum, exigatis pro eisdem financiam, (a) prout supra.*

(17.) Item. *Pro redditibus vel possessionibus per innobiles acquisitis & acquirendis à Nobilibus, in nostris Feodis vel Retro-feodis, per modum permutationis vel ad* [a] *Accapitum, aut in Emphiteosim &* [b] *Usaticum, vel ad certam partem fructuum annualem, tradendo peccuniam pro (b) Intrata, aut nulla peccunia interveniente, sed una Gallina vel aliud simile, dictis Nobilibus pro dicta re acquisita, annuatim solvenda; etiam si hujusmodi acquisitiones sint in* [c] *granis, vel in vino aut in alio fructu, de quibus majus precium neque minus, sed commune precium quod possint valere, habito respectu ad unam communem* [d] *annuatam, de septem annis precedentibus; deductis legitimis misiis & expensis, debet exigi; & etiam si inter Nos & Nobiles, à quibus tales acquisitiones fuerint facte, sint tres persone intermedie, supersedeatis ad presens de exigendo propter hoc financiam, donec super hoc à Nobis fuerit aliud ordinatum.*

(18) Item. *Pro rebus acquisitis à dictis Nobilibus per innobiles, quas Nobiles acquisierunt ab innobili; que res tenentur ab Ecclesia vel alio in Emphiteosim; etiam si dicte acquisitiones moventes ab Ecclesia, non teneantur per ipsam Ecclesiam in Feodum nostrum vel alio modo à Nobis;* [e] *duntamen dicta Ecclesia non faciat Nobis pro eisdem, ratione Feodi vel Retro-feodi, aliquod servicium; & etiam pro fundis datis per Nobiles innobilibus, in dotem uxorum suarum nobilium; (c) dum tamen,* [f] *dox non fuerit extimata & retenta pro extimatione;* [g] *nec non pro rebus acquisitis per innobiles, mulieribus innobilibus; uxoribus tamen nobilium, vel soluto matrimonio, viduis existentibus, supersedeatis ut supra.*

(19) Item. *Si predicte acquisitiones fuerint facte in Feodis & Retro-feodis nostris, à Nobili per innobilem; & post acquisitionem factam, efficiatur Nobilis, exigatis pro eisdem financiam, prout superius declaratur.*

(20) Item. *Pro rebus acquisitis vel acquirendis in dictis Feodis & Retrofeodis nostris, à Nobili per mulieres innobiles, uxores nobilium, seu soluto matrimonio, viduas existentes, exigatis pro eisdem financiam, prout supra.*

*(21) Et pro rebus acquisitis & acquirendis per innobiles à mulieribus innobilibus; uxoribus tamen nobilium, vel soluto matrimonio, viduis existentibus, supersedeatis ad presens de exigendo financiam; nisi res acquisita fuerit Feodalis; in quo casu, financia levabitur, ut supra.*

(22) Item. *Si innobilis vendiderit aut alienaverit, vendat aut alienet aliquam rem quam tenebat à Nobili in Emphiteosim, & Nobilis eam retinet jure sui Feodi vel Retro-feodi; & postmodum tractu temporis, alter innobilis acquirat dictam rem à dicto Nobili, seu capiat ad Censum vel in Emphiteosim, exigatis pro eisdem à secundo acquisitore financiam; videlicet, in Feodo, fructus quatuor annorum; & in Retro-feodo, fructus trium annorum, ut supra.*

(23) Item. *Innobiles descendentes à patre innobili, & matre nobili, pro rebus Feodalibus aut Retro-feodalibus sibi deventis, & per ipsos acquisitis & acquirendis ex successione eorum matris nobilis, & aliorum collateralium ejusdem matris, aut aliter à Nobili, solvent financiam quam exigatis & queratis, ut supra.*

(24) Item. *Si innobiles acquisierint à Nobilibus Feuda vel Retro-feuda, & ipsa vendiderint Nobilibus antequam finaverint;* [h] *duntamen dicta Feuda vel Retro-feuda tenuerint per unum annum, solvent financiam quam exigatis pro eisdem, ut supra.*

CHARLES V. à Paris, le 15. de Novembre 1370.

[a] Droit Seigneurial sur lequel *Voy. le 4.e Vol. des Ordonn.* p. 308. Note *(b)*.

[b] Voy. p. prec. Note *(a)*.

[c] chargée d'une redevance annuelle en grains, &c.

[d] produit d'une année.

[e] dum tamen.

[f] dos.

[g] Voy. cy-dessous l'art. 21.

[h] dum tamen.

NOTES.

*(a) Prout supra.]* Je ne sçais à quel article se rapporte celui-ci. Il semble qu'il ne puisse se rapporter à l'art. 12. car il ne semble pas juste que l'acheteur paye autant de droits pour une acquisition chargée d'usufruit, que pour une acquisition faite sans cette charge. Il est visible que l'art. 15. peut encore moins se rapporter aux art. 7. & 8. Voici donc comme je crois qu'on doit interpreter l'art 15. Le non-noble ne payera les droits fixez par l'art. 12. qu'avec une diminution qui lui sera faite, eu égard à l'usufruit qui a été reservé, suivant la disposition de l'art. 8.

*(b) Intrata.]* Redevance. *Voy. le 2.e Vol. des Ordonn.* p. 22. *& le Gloss. de du Cange*, au mot, *Intrata 2.*

*(c) Dum tamen.]* Je crois que cela signifie, qu'un non-noble payera les droits de Francs-Fiefs, lorsqu'il aura la faculté par son Contrat de mariage, de retenir les biens qui luy ont été apportez par la femme noble qu'il a épousée, en en payant la valeur. Voy. sur ces dots estimées, le 4.e Vol. des Ordon. p. 45. 111. & Note *(g)*.

CHARLES V.
à Paris, le 15. de Novembre 1370.

(25) Item. *Pro redditibus & Censibus, quos innobiles acquisiverint in Feodis & Retro-feodis nostris, à Nobilibus super certas possessiones, pro quibus redditibus & Censibus, ipsi acquirentes habent* [a] *vendas & laudimia, quando dicte possessiones transferuntur de una manu in aliam, per venditionem vel aliter, exigatis pro eisdem, financiam de valore dictorum Censuum aut reddituum, aut de valore quem possent aut poterunt valere dicte vende & laudimia per annum, communi extimatione Patrie, vel secundum extimationem peccunie summe solute pro dicta acquisitione.*

a lods & ventes.

(26) Item. *Pro redditibus & possessionibus quos & quas Gentes Ecclesiastice & innobiles acquisiverint, prout dictum est; qui acquirentes fuerint inobedientes denunciare dictas acquisitiones, & rebelles ad finandum; & per eorum subterfugia, cavillationes, allegationes & appellationes indebitas, elapso tempore infra quod debebant finare pro eisdem, levaverint & perceperint* [b] *usufructus hujus modi acquisitionum, preter & contra Ordinationes & prohibitiones super hoc eisdem factas; Commissarios ad hoc deputatos multis vexando laboribus & expensis; & post modum amplius nequeuntes diffugere, se obedierint ad finandum; in istis casibus, exigatis pro eisdem financiam à quolibet, prout supra declaratum est: Et ultra hoc, queratis & exigatis consimilem financiam propter ipsorum inobedientiam & rebellionem; & eodem modo fieri volumus pro omnibus aliis sic agentibus.*

b les revenus.

(27) Item. *Si Domini temporales cujuscumque conditionis existant, passi fuerint quod Gentes Ecclesiastice aut innobiles, quocumque titulo acquisierint à Nobilibus, in eorum dominiis & jurisdictionibus, ipsos permittentes gaudere per annum & diem aut amplius, pacifice, vel in hoc fuerint negligentes; & de novo voluerint ponere dictas acquisitiones in manibus suis, eis hoc facere minime permittatis; sed si aliquo eventu, manum in hoc apposuerint, in continenti eam amoveatis: quia de hujusmodi acquisitionibus, secundum presens nostrum Mandatum, financie levantur; & ratione hujus nostri Mandati, nullus Dominus temporalis financiam levare tenetur nec debet; sed solum habent uti jure suo, secundum quod ad eos spectabat ante nostri presentis Mandati confectionem; & de talibus acquisitionibus, exigatis & queratis pro Nobis, plenariam financiam, prout supra declaratur; nec Dominus à quo tenentur, ullam habebit financiam.*

(28) Item. *Si propter financiam hujus modi acquisitionum, opporteat fieri compulsionem, ipsam faciatis per captionem & detentionem rerum acquisitarum, & non aliter: Tamen de dictis acquisitionibus, de quibus debita facta fuerit financia, & soluta Receptoribus nostris ad hoc deputatis; nisi sit ex nova alienatione, amplius non queratis nec petatis financiam; nec eciam de illis acquisitionibus que facte fuerint per innobiles ab aliquibus se dicentibus Nobiles, & non sunt origine nec Regia nobilitatione, exigatis financiam; nisi res acquisita fuerit Feodalis; in quo casu, levabitur financia ut supra.*

c necessario.

(29) Item. *Pro scriptura & labore Litterarum vestrarum, & pro pergameno* [c] *necessariarum in facto hujusmodi financiarum, illis qui dictas financias facere tenebuntur; absque eo quod vos in dictis Litteris faciatis inserere aliquas Litteras inutiles, capiatis & recipiatis pro qualibet linea continente ad minus sexaginta sillabas, unum denarium dumtaxat; & pro sigillo cujuslibet Littere, sex denarios.*

d fixant la somme qui doit être payée.

(30) Item. *Vobis precipimus injungendo, quod in pertractando &* [d] *concordando dictas financias, evocetis vobiscum Procuratorem Generalem & Receptorem nostros, aut eorum legitimos Substitutos Senescallie in qua financia concordabitur; & statim financia concordata, registretis eam penes vos; & ipsam tradatis fideliter sub sigillo vestro, dicto Receptori aut ejus Substituto, ut eam recipiat, & reddat rationem de eadem in suis compotis ordinariis; mediantibus vestris Litteris certifficationis.*

*Scientes quod si hoc facere neglexeritis aut distuleritis indebite, vel aliter contrarium aliquorum premissorum feceritis aut fieri permiseritis, taliter vos propter hoc puniemus aut puniri faciemus per privationem Officii vel aliter, quod ceteris transiet in exemplum. In cujus rei testimonium, sigillum nostrum presentibus Litteris duximus apponendum.* Datum Parisius, die XV. Novembris, anno Domini millesimo CCC.^mo LXX.^mo & Regni nostri septimo.

Ainsi signé. *Per Gentes Compotorum Parisius, de mandato Regis.* P. DE CHASTEL. *Lecta ad Burellum, & registrata in Camera dictorum Compotorum, dicta die.*

CHARLES V.
à Paris, le 29. de Novembre 1370.

*(a) Lettres par lesquelles le Roy accorde à ses Clercs, Secretaires & Notaires, une Chambre dans le Palais, à Paris, pour s'y assembler, & y faire leurs Lettres & Expeditions.*

CHARLES par la grace de Dieu Roy de France: A tous ceux qui ces presentes Lettres verront: Salut. Sçavoir faisons, que Nous, à la supplication du College de nos amez & feaux, Clercs, Secretaires & Notaires, afin qu'il ayent lieu ou Chambre en nostre Palais Royal à Paris, où ils se puissent [a] retraire pour faire & signer leurs Lettres, & parler ensemble; & auquel les bonnes gens qui auront à faire avec eux, les puissent plustost & plus aisément trouver; & pour certaines autres causes [b] que Nous ont meu & meuvent à ce, à nos dits Clercs avons octroyé & octroyons par ces presentes, de nostre grace speciale, & jusqu'à nostre volonté, une chambre assise au coing de la Grand'Sale du Palais, du costé du [c] Grand Pont, en laquelle on tient & fait nostre Eschançonnerie, & en laquelle nos amez & feaux Conseillers, les Gens des Requestes de nostre Hostel, ont accoûtumé à tenir & tiennent aucunes fois les Requestes & les Placets, quand ils échéent: laquelle Chambre noldits Clercs feront appareiller de fenestres, [d] verrieres, bancs, & autres choses à ce necessaires & convenables: voulans, & octroyans à nos dits Clercs, que en ladite Chambre ils puissent aller & venir quand il leur plaira, écrire & faire leurs Lettres & Escriptures, & eux y assembler & parler de leurs besognes, si [e] mestier est, &c. Si donnons en mandement au Concierge de nostre dit Palais, ou son Lieutenant, que ladite Chambre il delivre à nos dits Clercs, & d'icelle les laisse joyr & user pleinement & en la maniere dessus dite. En témoin de ce, Nous avons fait mettre nostre seel à ces presentes. *Donné Paris, en nostre Hostel de lez-saint-Pol, l'an de grace 1370. & de nostre Regne le septiesme, le 29.e jour de Novembre. Et scellées en double queuë de cire jaune.*

a *retirer.*

b *qui.*

c *le Pont au Change.*

d *vitres.*

e *besoin.*

NOTE.

(a) Hist. de la Chancellerie, par *Tessereau*, tom. 1. Liv. 1. p. 27.

---

CHARLES V.
à Paris, en Novembre 1370.

*(a) Lettres qui portent que le Chastelain de Crecy, ne connoîtra point des troisiémes ventes des Bois de la Forêt de ce nom, faites à des Bourgeois d'Abbeville; que cette connoissance appartiendra aux Maire & Eschevins d'Abbeville; & que le Chastelain de Crecy connoîtra dans tous les cas, des premieres & secondes ventes de ces Bois.*

CHARLES, &c. Savoir faisons à tous presens & avenir, Nous avoir receu l'umble supplication de noz bien amez & vrays subgiez, les Maire, Eschevins, Bourgeiz, habitanz & Communauté de nostre Ville d'Abbeville en Pontieu, contenant, entre les autres choses, que comme il aïent [f] Lettres & previleges des Contes & Seigneurs qui ont esté en Pontieu, ou temps passé, ès quieux previleges est contenu, que se [g] contens mouvoit entre lesdis Seigneurs & lesdis supplians, ou aucuns des [h] Jurez d'Abbeville, dedans les murs de ladicte Ville, la Cause y devoit estre plaidoïée, sans aller hors; & aussi, se le debat estoit de chose qui feust advenuë dedens leur Benlieuë, en leur eschevinaage, seroit jugié par Eschevins: Lesquieus previleges, & aussi plusieurs usages & saisines, leur ont esté confermez par

f *Voy. les Tabl. des Mat. des 4.e & 5.e Vol. des Ordonn.* au mot, *Abbeville.*

g *procez.*

h *Bourgeois.* Voy. la Tabl. des Mat. du 4.e Vol. des Ordonn. au mot, *Juré.*

NOTE.

(a) Tresor des Chartres, Registre 100. Piece 747. *Voy. cy-dessus*, p. 173. Note *(b)*.

CHARLES V.

à Paris, en Novembre 1370.

lesdis [a] Conptes & Seigneurs de Pontieu; & Nous semblablement leur avons confermez leur Loy, previleges, usaiges & Coustumes; & ce nonobstant, nostre Chastellain, Sergens & Officiers de nostre Forest de [b] Crecy, ont traveillé ou temps passé, & encor traveillent & justicent de jour en jour lesdis supplians & leurs subgiez, pour le fait & Marchandisse de nostre dicte Forest, laquelle Nous tenons Forest Royal, & les contraingnent, adjournent & justicent pour comparoir à *(a)* Crecy, pardevant nostre dit Chastellain, hors de ladicte Banlieuë; pour ce qu'il dient que nostre dicte Forest, & les Marchans qui de ycelle vendent & [c] achatent, & aussi tout ce qui s'en despent, a & doit avoir suite; & sont lesdis Marchans [d] traitiez pardevant nostre dit Chastellain & Officiers à Crecy, combien que lesdictes Marchandises ne soient pas faites du *(b)* premier & second Marchant, maiz du tiers & autres audessouz, en ladicte Ville & Banlieuë d'Abbeville, par leurs subgiez & autres, comme personnes privéez, & en leur Loy & Juridicion : De laquelle chose nosdis Officiers, & autres qui paravant ont esté en ladicte Conté, se sont efforciez de en user & joïr, & de fait en ont usé, contre la teneur des dis previlleges, en acquerant saisme contre yceulx, & en les [e] anichillant, ou trèz grant prejudice des dis supplians; & pour ce, Nous ont humblement supplié, que, nonobstant lesdis usages & saisinez, Nous leur vousissions sur ce pourveoir de nostre grace : Pourquoy Nous, eu regart à la bonne & vraïe amour, loyauté & obéissance, que Nous & nos predecesseurs Roys de France, avons tousjours trové & trouvons de jour en jour ès dis supplians, comme noz bons, vraiz & loyaulx subgiez, & pour plusieurs autres bonnes & justes causes qui [f] ad ce Nous ont mehu, leur avons octroïé & octroïons par ces presentes, de nostre auctorité, certaine science & grace especial, que eulx & tous leurs successeurs, Bourgoiz & habitanz, & leurs subgiez demourans en ladicte Ville & en ladicte Banlieuë & juridicion d'icelle, soient tenus frans & paisibles, & ne soient ou puissent estre traictiez, adjournez, traveillez ou justiciez en quelque maniere que ce soit, par nostredit Chastellain de Crecy, ou autres noz Officiers de ladicte Conté, d'orez en avant, jamaiz à nul jour ou temps avenir, pour cause & occasion des Marchandises de ladicte Forest & des dependances, qui seront faites des tiers Marchans & au dessouz, en quelque lieu qu'elles soient faites, soit en la Ville d'Abbeville ou ailleurs, par leurs subgiez & [g] justicables; se n'est pour le fait seulement des premiers & seconds Marchans, dont à nostredit Chastellain de Crecy, Nous reservons entierement toute la Court & cognoissance, par la maniere que li & ses predecesseurs Chastellains dudit lieu, en ont acoustumé de cognoistre; & desdis tiers Marchans & autres audessouz, Nous, de nostre dicte grace & auctorité, en donnons & octroïons du tout à tousjours, la Court & cognoissance ausdiz Maire & Eschevins; c'est assavoir, en tant que lesdictes Marchandises toucheroient & pourroient toucher les Bourgoiz, habitanz & mananz ès dictes [h] Villes, Banlieuë & Juridicion; excepté des personnes qui ne sont leurs subgiez & justiciables, se aucuns en y avoit, combien [i] qui feussent demourans ès lieux dessusdis; reservé toutes voïes à Nous & à nos Officiers, le ressort & [k] souverainnité, quant le cas escharra. Si donnons en mandement à nos Gouverneurs de Pontieu, à nostre Chastellain de Crecy, & à tous noz Justiciers & subgiez de ladicte Conté de Pontieu, & autres de nostre Royaume, presens & avenir, ou à leurs Lieuxtenants, & à chascun d'eulx, si comme à lui appartendra, que de nostre presente grace & previlleges, facent & laissent, chascun en droit soy, user & joïr paisiblement à tousjours, lesdis supplians,

[a] *Comtes.*
[b] *Voy. plus bas Note (a).*
[c] *achetent.*
[d] *tirez; ajournez.*
[e] *annullant.*
[f] *à.*
[g] *Justiciables.*
[h] *Ville.*
[i] *qu'ils.*
[k] *souveraineté.*

NOTES.

*(a) Crecy.* ] Bourg dans la Picardie, Diocese d'Amiens, Election d'Abbeville. Il a donné son nom à la Forest de Crecy. *Voy. le Diction univ. de la Fr.* à ce mot.

*(b) Du premier & second Marchant.* ] C'est-à-dire, quoique les Bourgeois d'Abbeville qu'ils font assigner devant eux, ne soient point ceux qui ayent fait le premier achapt de bois dans cette Forest; que même ces Bourgeois ne l'ayent point acheté de ces premiers acheteurs, ni de ceux qui l'avoient acheté de ceux-ci: mais l'ayent acheté dans la Ville d'Abbeville, d'un troisiéme acheteur.

sans

sans les empeschier en ce, jamaiz à nul jour ou temps avenir; & se aucun empeschement y trouvoient estre mis, comment que ce feust, que ycelui ostent ces Lettres veuës, sans plus attendre; non obstant quelconque saisine acquise, ne Ordennance ad ce contraires. Et que ce soit ferme chose & estable à tousjours, Nous avons fait mettre nostre seel à ces Lettres; sauf en autres choses nostre droit & l'autrui en toutes. *Donné à Paris, ou mois de Novembre, l'an de grace mil CCC. LX & dix, & de nostre Regne le septieme.*

CHARLES V. à Paris, en Novembre 1370.

*Par le Roy*, à la relacion du Conseil, estant à Paris, en la Chambre des Comptes. BAIGNEUX.

---

## (a) *Reglement pour la Jurisdiction du Bailli des Ressorts & Exemptions de Touraine, d'Anjou & du Maine.*

CHARLES V. [vers Decembre] 1370.

C'EST ce que le Bailli des Ressors & Exemptions de Touraine, d'Anjou & du Maine, fera quant à present, sur la deliberacion & Ordenance que le Roy a faite sur plusieurs faiz & articles baillez par ledit Bailli.

*(1) Premierement.* Ledit Bailli mettra son siege à Tours, ou *(b)* Chastel nuef qui est de la Terre & exempcion de l'Eglise Saint Martin, sanz prejudice d'icelle.

*(2) Item.* Fera & establira illec, un Lieutenant pour luy.

*(3) Item.* Ou dit lieu à Tours, & aussi à Chinon, tendra par luy ou ses Lieutenans, Assise en la maniere qu'il est accoustumé à faire ou temps passé; & exercera sa Juridiclon, toutes fois que [a] mestier sera.

[a] a besoin.

*(4) Item.* Fera crier & publier ès diz lieux, que tous les Exemps, tant personnes d'Eglise comme autres, en chief & en membres, & aussi leurs subgiez, ressortissent ès diz lieux pardevant lui, & non ailleurs; & fera deffense publique que aucun ne s'efforce de faire le contraire, ne de entreprendre la cognoissance des diz Exemps; & aussi aux diz subgiez, qu'ils ne soient si hardiz de y obeir.

*(5) Item.* Reprendra ledit Bailli pardevers lui, touz les procès & Causes des diz Exemps & subgiez, pendans ailleurs que pardevant lui.

*(6) Item.* Mettra ledit Bailli, trois Sergens Royaulz au dit lieu de Tours, avecques le general qui y est pour le fait des diz Exemps, & les autres cas de souveraineté.

*(7) Item.* Et un Tabellion, Seel, & Garde d'icellui pour le Roy, au dit lieu de Tours.

*(8) Item.* Au dit lieu de Chinon, mettra deux Sergenz.

*(9) Item.* Ledit Bailli prendra & mettra ou ressort de Tours, la Terre & Chastellenie de [b] Chasteau Regnault; nonobstant que Siege & ressort en eust esté autre part assigné.

[b] *Chasteau. Regn.* R.

*(10) Item.* Ledit Bailli [c] sufferra d'autre nouvelleté faire en ladite Duchié de Touraine, & aussi en Anjou & ou Maine, jusques à ce qu'il ait autre mandement du Roy; c'est assavoir, de mettre en Anjou & ou Maine, Siege Royal, Lieutenant, Sergens & Tabellions; & aussi de tenir Siege d'Assises, & autrement des diz lieux d'Anjou & du Maine; jasoit ce que le Roy le peust dès maintenant faire, se il lui pleust.

[c] *surseira.*

*(11) Item.* Usera ledit Bailli des Regales & autres anciens droiz Royaux.

Et estoient ainsi signé. Par le Roy. J. DE REMIS.

*Collacio dictarum Instructionum, cum Originali fuit facta in Camera Compotorum Parisius, die* XVI. *Decemb.* [d] CCCLXX. *per me, Hug. de Columbeyo, & me Petrum de Castro.*

[d] M.

NOTES.

*(a)* Memorial *D.* de la Chambre des Comptes de Paris, *fol.° 103. v.°*

Loüis Frere du Roy, estoit alors Duc d'Anjou & de Touraine & Comte du Maine.

*(b) Chastel nuef.* ] L'on trouve dans le Diction. univ. de la Fr. *Chasteau-neuf, Baronie dans la Ville de Tours, appartenante au Tresorier de S.t Martin de Tours.*

CHARLES V. à Paris, le 20. de Janvier 1370.

(*a*) Lettres qui portent qu'il n'y aura plus qu'un certain nombre de Secretaires du Roy, qui assisteront aux Requestes, soit qu'elles soient tenuës par le Roy, soit qu'il n'y soit pas present.

*KAROLUS Dei gratia Francorum Rex. Universis presentes Litteras inspecturis: Salutem. Notum facimus, quod Nos attendentes quod omnes Clerici, Secretarii & Notarii nostri, Nobis Requestas nostras die quolibet Veneris, more solito tenentibus, absque confusione & oneroso turbine interesse & sedere non possent, ad eorumdem Clericorum nostrorum requestam, ordinavimus atque tenore præsentium Litterarum ordinamus, quod prima die Veneris supradicta cujuslibet mensis, sive Nos in persona nostras Requestas teneamus predictas, sive non, sedebit vel serviet more jam solito & incœpto, certus numerus eorumdem nostrorum, per procuratorem Collegii ipsorum ordinatus vel ordinandus, & augmentandus, si qui supervenerint. Secundo vero die Veneris, sedebit vel serviet similis numerus aliorum Clericorum prædictorum, & sic deinceps, &c. Quocirca dilecto & fideli Cancellario nostro, ac Audienciario & [a] Contratulatore nostris, eisdemque Clericis, Secretariis ac Notariis, mandamus, quatenus ordinationem nostram prædictam observari faciant; & servient modo & forma, sub pœnis super declaratis. In cujus rei testimonium, sigillum nostrum fecimus apponi.* Datum Parisius, vigesima die Januarii, anno Domini 1370. & Regni nostri septimo, signatum DE MONTAGU.

[a] Contrarotulatori, *Controleur*.

Et ensuite est écrit: *Hii sunt Notarii Regis, qui ex ordinatione inter ipsos facta, propter multitudinem onerosam, servient, si velint, Parisius, per septimanam, qualibet die Veneris.*

*Isti servient die Veneris, qui erit decimus tertius dies Septembris: Magistri de Castilione, de Rubromonte, Robertus de Seris, Hugo, Theobaldus Hocie, Ferricus Cainelli, Johannes Chesnel, Johannes de Remis, Johannes Locu.*

*Isti servient 20. Septembris. Johannes Clerici, Petrus Cramette, Alanus Gilotti, Johannes Chaillou, Hurinus de Alveto, Johannes Tabari, Johannes du Ham, Gerardus de Monte Acuto, Hugo Blandini.*

*Isti servient 27. Septembris. Johannes de Lus, Dionysius Regis, Johannes Grecle, Egidius de Balneolis, Guillelmus Carrouble, Robertus de Preciuz, Johannes de Bordis, Grimerius de Placentia, Robertus de Beaufort.*

*Isti servient prima Veneris Octobris. Balduinus la Miche, Berengarius de Portali, Petrus de Vaigniaco, Hamo de Hac, Johannes Caboche, Michael Mignon, Herveus de Fouca, Johannes de Fraxinis, Johannes de Rupe.*

NOTE.

(*a*) Hist. de la Chancellerie, par Tessereau, tom. 1. Liv. 1. p. 27.

---

(*a*) *Lettres portant le retablissement de la Commune de la Ville de Tournay.*

SOMMAIRES.

(1) *Les Chefs d'Hostel [ou de famille] de la Ville de Tournay, s'assembleront tous les ans, pour élire trente* Eswardeurs, *qu'ils choisiront dans toutes les Paroisses, suivant l'ancien*

NOTE.

(*a*) Regiftre *A.* du Parlement de Paris, intitulé: *Ordinationes antiquæ*, fol°. 140. v.°

Il a été envoyé de Tournay, deux Copies de ces Lettres, avec cette indication:

*Extractum ex antiquo Cartulario Cottato K. Archiviorum Cathedralis Ecclesiæ Tornacensis; in quo, folio centesimo decimo tertio & sequentibus, habentur sequentia.*

*Littera concessa Villæ Tornacensi, die sexta Februarii, anno LXX.°*

A la fin de la 1.re Copie, il y a: *Collationné Concorde au Cartulaire susdit; témoin.*

BOUCKAERT, Secretaire.

A la fin de la 2.e Copie, il y a: *Collationné par le soubsigné Secretaire du Chapitre de l'Eglise Cathedrale de Tournay; & se trouve concorder de mot à autre.*

G. J. VANMELLE, Secretaire.

Ces Lettres sont aussi au Tref. des Chart. Regiftre 102. P. 258.

CHARLES V. au Bois de Vincennes, le 6. de Fevrier 1370.

SOMMAIRES.

*usage ; à l'exception que des sept que l'on avoit coûtume de choisir dans la Paroisse de S.t Brice, l'on en prendra deux dans la Paroisse S.t Nicolas, & cinq dans celle de S.t Brice. Ces trente* Eswardeurs *éliront vingt Jurez, nez dans Tournay & Bourgeois de cette Ville, entre lesquels ils choisiront deux Prevôts, qui ne seront point parents ni du même métier. Les Prevôts & les Jurez preteront serment entre les mains du Maire ou Majeur des* Eswardeurs. *Les Prevôts & les Jurez auront la connoissance de tous les cas appartenants à la Justice haute, moyenne & basse ; à l'exception de ceux qui seront cy-après reservez aux Eschevins ; & de ceux qui appartiennent au Roy, à cause de sa souveraineté, du ressort & de son droit Royal.*

*(2) Les Prevôts & Jurez donneront conseil aux Enquêtes des [Jugeurs] qui sont accoûtumez de venir aux Enquêtes aux Jurez.*

*(3) Les Prevôts & Jurez s'assembleront du moins quatre fois la semaine, pour juger les procez.*

*(4) Les* Eswardeurs *éliront 14. Echevins, nez dans Tournay & Bourgeois de cette Ville; sept dans la partie de la Ville qui est en deçà de l'Escaut, dans le Diocese de Tournay, & sept dans la partie qui est au delà de l'Escaut, dans le Diocese de Cambray. De ces sept derniers Echevins, il y en aura cinq de la Paroisse de S.t Brice, & deux de la Paroisse de S.t Nicolas. Ils s'assembleront deux fois la semaine dans cette Paroisse, pour juger les procès; & les autres jours, dans celle de S.t Brice. Tous les Echevins preteront serment entre les mains du Majeur des* Eswardeurs.

*(5) Les Echevins jugeront les procez meuz touchant les meubles & immeubles qui seront dans l'étenduë de leur Echevinage. Ils donneront conseil aux Enquêtes des (Jugeurs) de dehors.*

*(6) Les Jurez, Echevins &* Eswardeurs *nommeront aux charges de la Ville ; à l'exception de celle de Greffier de l'Echevinage. Les émoluments du scel Royal, & ceux que les Echevins retiroient de la reception des Testaments & autres Actes, seront affermez, & employez au payement des dettes de la Ville, jusqu'à ce qu'elles soient acquittées.*

*(7) Les* Eswardeurs, *Prevôts, Jurez & Echevins feront le jour de leur creation, serment entre les mains du Majeur des* Eswardeurs, *en presence des Citoyens, de bien remplir les fonctions dont ils sont chargez.*

*(8. 15.) Les* Eswardeurs, *Prevôts, Jurez & Echevins s'assembleront tous les Mardis, pour deliberer sur les affaires publiques de la Ville. Il n'y aura de decision, que lorsque seize* Eswardeurs, *onze Jurez & huit Echevins, seront de même avis. Les Prevôts & Jurez decideront seuls sur les affaires qui regardent la Justice.*

*Lorsque les Prevôts & Jurez manderont les* Eswardeurs *à des Assemblées extraordinaires pour les affaires publiques, ceux-ci seront obligez de s'y trouver.*

*(9) Les Offices de la Ville ne seront remplis que par des Citoyens nez dans la Ville.*

*(10) Les Prevôts, Jurez & Echevins pourront être continuez plus d'un an dans leurs Charges, s'ils y consentent, & que les* Eswardeurs *le jugent utile pour le bien public.*

*(11) Les* Eswardeurs *ne pourront être continuez dans leurs Charges, plus d'un an.*

*(12) On ne pourra exercer en même temps, deux des Offices ausquels on a coûtume de pourvoir tous les ans.*

*(13) Il ne pourra point y avoir deux parents revêtus de la même Charge.* (Voy. Note *(d)*) *Nuls parents, pas même les Beaux-freres, ne pourront être Juges de leurs parents. Si entre les Echevins, il y en a un si grand nombre de parents, qui ne puissent être Juges d'un procez de leur parent, ensorte qu'il ne reste point assez d'Echevins pour former un Jugement, le procez sera renvoyé devant les Prevôts & les Jurez.*

*(14) Plus de trois personnes d'un même métier, ne pourront être en même tems, ni Jurez, ni Echevins, ni* Eswardeurs.

*(15) Les* Eswardeurs *pourront priver de leurs Offices les Jurez & les Echevins qui les rempliront mal, & en créer d'autres à leur place.*

*(16) L'appel des Jugements des Echevins, se portera devant les Prevôts & les Jurez ; & l'appel des Jugements de ceux-ci, devant le Parlement.*

*(17) Les Prevôts & Jurez ne pourront tenir en prison plus de sept jours, ceux qui auront été arrestez, sans les faire comparoître devant leur Tribunal, pour intenter une accusation contre eux.*

*(18) Les Bourgeois & leurs enfants, ne pourront être mis dans des prisons qui ne seront point sur une Ruë publique & commune.*

*(19) Les Prevôts & Jurez privativement à tous autres, seront Juges des Bourgeois & habitans de Tournay; si ce n'est lorsque ceux-ci se seront soumis à une autre Jurisdiction, ou qu'ils seront pris en flagrant delict, ou qu'il s'agira de cas dont la connoissance appartient au Roy.*

*(20) Les Ecclesiastiques pourront être Bourgeois de Tournay. Ils joüiront de tous les privileges accordez aux Bourgeois : ils pourront remplir tous les Offices : ils seront sujets à toutes les charges que l'on imposera aux Bourgeois Laïques ; & ils subiront toutes les peines que l'on peut infliger à ceux-ci.*

*(20. 21.) Les Bourgeois qui seront bannis de Tournay pour trois ans, perdront le droit de Bourgeoisie.*

*(22) Les Bourgeois de Tournay, qui commettront des crimes, ou qui demeureront hors de cette Ville, pendant un an entier & un jour, perdront le droit de Bourgeoisie.*

*(23) Les Bourgeois & habitans de Tour-*

CHARLES V. au Bois de Vincennes, le 6. de Fevrier 1370.

SOMMAIRES.

*nay, ne pourront obtenir du Roy, des Lettres de grace, de repit ou de surséance de payement de leurs dettes; & on n'en pourra obtenir contre eux.*

*(24) Les Bourgeois qui auront commis un crime dans la Ville & dans la Banlieuë de Tournay, perdront pour toûjours le droit de Bourgeoisie.*

*(25) Les habitans de Tournay qui commettront un meurtre dans cette Ville & dans sa Banlieuë, seront punis s'ils sont arrêtez: s'ils ne le sont pas, ils perdront le droit d'habitation dans cette Ville; &, leurs dettes préalablement payées, la moitié de leurs biens sera confisquée au profit de la Ville, & l'autre moitié appartiendra à leurs heritiers.*

*Si un Bourgeois ou un habitant de Tournay, blesse ou tuë un Etranger qui l'a attaqué, il ne sera point puni, & ses biens ne seront point confisquez; parce que les biens d'un Etranger qui en se deffendant, auroit tué un Bourgeois ou un habitant de Tournay, ne seroient pas confisquez.*

*(26) Les Bourgeois & habitants de Tournay, qui en se deffendant, auront blessé ou tué un Etranger qui les aura attaquez, pourront après s'être accommodez avec la Partie, obtenir du Roy des Lettres de grace, & être retablis dans l'habitation de cette Ville.*

*(27) Ceux qui auront tué hors de Tournay, un Bourgeois de cette Ville ou un fils de Bourgeois, ne pourront jamais être retablis dans le droit de Bourgeoisie.*

*(28) Ceux qui contreviendront à la paix, aux treves & aux sûretez publiées dans la Ville, seront punis de mort, s'ils sont pris; & s'ils ne le sont pas, ils seront bannis à perpetuité. Ceux qui pendant une paix publiée, blesseront quelqu'un avec un bâton, seront bannis à perpetuité. S'ils luy ont fait une blessure considerable, les Prevôts & les Jurez les condamneront à la peine qu'ils jugeront convenable. Ceux qui dans le cas dessus dit, maltraiteront ou blesseront quelqu'un, seront bannis à perpetuité; & ne pourront être retablis dans le droit de Bourgeoisie; si ce n'est par le consentement des* Eswardeurs, *des Prevôts & Jurez, & des Echevins.*

*(29) La Cloche commune de la Ville, & celui qui la sonne, seront conservez dans l'état ancien.*

*(30) Les Citoyens, Bourgeois & habitans de Tournay, ne pourront appeller ni être appellez à des combats particuliers, par des gages de bataille.*

*(31) Les Prevôts, Jurez,* Eswardeurs *& Echevins, pourront d'un commun consentement, faire les Ordonnances & Reglements qu'ils jugeront convenables; pourvû qu'ils ne soient point contraires aux dispositions contenuës dans ces Lettres.*

*(32) Les Bourgeois de Tournay & leurs enfants, pourront arrêter eux-mêmes dans cette Ville, leurs débiteurs étrangers, & saisir les biens à eux appartenants, qu'ils trouveront dans cette Ville, s'il n'y a point d'Officiers de Justice presents, qui soient en état de le faire.*

*(33) Les Prevôts, Jurez, Echevins &* Eswardeurs *pourront d'un commun consentement, fixer le nombre des Officiers (subalternes) de la Ville, & regler les salaires qui leur seront donnez.*

*(34) Les Prevôts, &c. pourront au son de la Cloche, faire poursuivre les Malfaicteurs, sur les Terres de l'Empire & ailleurs.*

*(35) Les Prevôts, &c. pourront faire fermer par des barres, les Rivieres de la Scarpe & de l'Escaut, pour arrêter ceux qui auront causé du dommage aux Marchands & Marchandes de Tournay, navigants sur ces Rivieres.*

*(36) Confirmation de tous les privileges & Coûtumes de Tournay, qui ne seront point contraires aux dispositions contenuës dans ces Lettres.*

*(37) Les privileges de la Ville de Tournay, ne pourront être revoquez que dans le cas de trahison de ses habitans, & d'alliance faite par eux avec les ennemis du Royaume; & ils ne pourront l'être par rapport aux fautes des Officiers de la Ville.*

CHARLES V. au Bois de Vincennes, le 6. de Fevrier 1370.

a *apparans*, 2.e & 3.e Cop. & T. C.

CHARLES par la grace de Dieu Roy de France. Savoir faisons à touz presens & avenir, que comme pour ce qu'il estoit venu à nostre congnoissance par la clamour de plusieurs noz subgiez, que plusieurs descors & commocions estoient meuz, & [a] esperans de mouvoir en nostre bonne Ville de *(a)* Tournay, pour cause de la gouvernance & administracion d'icelle, entre ceux qui ladicte Ville avoit gouvernée en Loy & en Justice, ou temps que elle avoit Corps & Commune, d'une part; & le commun pueple d'icelle, d'autre part: parquoy grans inconveniens se povoient ensuir, se par Nous n'y estoit pourveu de remede convenable, si comme l'en Nous

NOTE.

*(a) Tournay.]* Voy. les Tabl. des Mat. des 3.e & 4.e Vol. des Ordonn. sur les differentes revolutions arrivées à Tournay, par rapport au gouvernement de cette Ville, & par rapport aux dettes dont elle étoit chargée. *Voy. aussi cy-dessus*, pp. 136. & 349.

avoit donné à entendre. Nous, pour obvier aux perils & inconveniens dessus diz, & pour autres certaines causes qui à ce Nous meurent, eussions prins & mis en nostre main, & appliquié au Demaine de Nous & de nostre Royaume, l'Estat, Corps & Commune de nostre dicte Ville; non pas pour mauvaistié, desobeissance ne traïson quelconques, que les Bourgois & habitans de nostre dicte Ville, Nous eussent faiz, mais pour ce que Nous esperions que par les Officiers que Nous y commettrions, feussent mieulx & plus prousitablement gouvernez, à la paix & transquilité de nos bons & loyaux subgiez de nostre dicte Ville, & sur esperance de eulx rendre & restituer leur Loy, Estat & Commune, ou cas qu'il Nous apparroit eulx estre en amour, union & transquilité ensemble; & depuis lesdiz Bourgois & habitans Nous ayent fait exposer, que nostre trez cher Seigneur & Ayeul de bonne memoire, le Roy Philippe que Dieux absoille, en remuneracion des bons, notables & agreables services & aides que faiz lui avoient ou temps qu'il vivoit, leur avoit donné & octroyé en l'an de grace mil CCC. quarante, droit & auctorité d'avoir Loy, Estat & *(a)* Commune en nostre dicte Ville de Tournay, & des appartenances d'icelle, & toute Justice & Seigneurie haulte, moyenne & basse, avecques toutes les rentes, revenuës & possessions d'icelle, à tenir & possider paisiblement & perpetuelement, si franchement & en tele maniere, que par le fait, coulpe ou negligence de ceulx qui seroient au Gouvernement de nostre dicte Ville, les choses contenuës ès Lettres de ladicte concession & octroy, ou aucunes d'icelles, ne puissent estre perduës, forfaictes ne diminuées au domage de la Communauté ne des Juges, s'il n'estoit ainsi que les habitans de ladicte Ville, universellement ou la [a] greigneur & plus saine partie d'iceulx, feissent traïson envers Nous, ou aliance ou confederation avecques les annemis de nostre Royaume, ce que onques ne fu ne ne sera, se Dieu plaist; mais avoient exposé leurs corps & leurs biens, en noz devanciers servant & aidant de tout leur povoir, ou fait de noz guerres, & autrement; suppliants humblement que, considerées les choses dessus dictes, & ce que par les Officiers de par Nous deputez en nostre dicte Ville, avoient esté moult chargiez, opprimez & despoinctiez de leur Loy, usage & Estat que acoustumé avoient: Nous, de nostre grace especial, & consideré aussi, que touz les Bourgois & habitans de nostre dicte Ville, ou la greigneur & plus saine partie d'iceulx, estoient tous d'accord & en union à Nous supplier & implorer la restitution de leur dicte Loy, Estat & Commune, leur voulsissions sur ce pourveoir de remede gracieux; & pour savoir la verité de l'Estat & Gouvernement de nostre dicte Ville, pour y pourveoir convenablement, eussions mandé & commis à noz Amez & Feaulx Conseillers, Maistres Arnaut de Corbye & Regnaut de Compiengne, Maistres des Requestes de nostre Hostel, que, s'il leur apparroit que la greigneur & plus saine partie des diz Bourgois & habitans de Tournay, s'accordoient à la restitution de leur dicte Loy & Commune; moyennant certaine Aide que les diz Bourgois & habitans Nous en feroient, pour noz necessitez declairiées par Nous à noz diz Conseillers, il, ou cas dessus dit, rendissent & restituassent auxdiz Bourgois & habitans, pour Nous & en lieu de Nous, leur dicte Loy & Commune, telle que nostre dit Seigneur & Ayeul leur donna & octroya, comme dit est; & par la relacion de noz diz Conseillers, Nous soit évidemment apparu la plus grant & plus saine partie, sanz comparison, de tous les Bourgois & habitans de nostre dicte Ville, estre accordans & consentens aux choses dessus dictes; & que par especial, nostre Amé & Feal Conseiller, *(b)* l'Evesque de Tournay, & noz Amez les Doyen & plus notables Chanoines du Chapitre, Abbez & Couvens des Eglises de Saint Martin, & de Saint [b] Nicolas de Tournay,

CHARLES V. au Bois de Vincennes, le 6. de Fevrier 1370.

[a] *plus grande.*

[b] *Nicolai, là & plus bas.* 2.^e & 3.^e *Cop.*

NOTE.

*(a) Commune.]* Cette Chartre de Commune ne s'est apparemment pas conservée, puisqu'elle n'est pas dans ce Recueil, & qu'elle n'est point indiquée dans la Bibliotheque des Coûtumes.

*(b) L'Evêque de Tournay.* Il se nommoit Philippe d'Artois, & siegea depuis 1351. jusqu'en 1378. Voy. la Tab. Chron. des Evêques de Tournay, qui est à la fin de l'histoire de cette Ville, *par Cousin.*

CHARLES V. au Bois de Vincennes, le 6. de Fevrier 1370.

& plusieurs autres notables personnes dudit lieu & du pais, leur avoient certifié & tesmoingné que nostre dicte Ville & les Bourgois & habitans en ycelle, noz vraiz & loyaux subgiez, seront mieux & plus prouffitablement gouvernés à l'honneur & au proufit de Nous & de nostre Royaume, à l'utilité de la chose publique de nostre dicte Ville & des habitans en ycelle, par la restitucion de leur dicte Loy & Commune, que il n'estoient par noz diz Officiers : Pour ce est-il, que Nous desirans la paix, amour, union, transquillité & bon gouvernement de noz bons & loyaulx subgiez dessuz diz, considerans adecertes les bons, notables & aggreables services & Aides que il ont faiz à noz predecesseurs Roys de France, & esperons qu'il feront à Nous, vueillans iceux remunerer de leurs services & Aides dessus diz, leur avons rendu, delivré & restitué, & par ces presentes rendons, delivrons & restituons, & d'abondant, se [a] mestiers est, leur donnons, cedons & octroions de certaine science, par deliberacion de nostre Conseil, de grace especial, plaine puissance & auctorité Royal, droit de avoir Commune en ladicte Ville, & ès appartenances d'icelle ; & de avoir & exercer en ycelle, toute Justice haulte, moyenne & basse, & toutes les rentes & revenuës, proufiz & émolumens, & toutes les Seigneuries, Libertez, privileges & franchises, que il avoient & soloient avoir & obtenir par vertu du don & cession à eulx fait, en l'an mil ccc. quarante, par nostre dit Seigneur & Ayeul le Roy Philippe dessus dit ; & de avoir & percevoir [b] les franchises, Libertez, revenuës, proufiz & émolumens quelxconques, que depuis leur avons donné & octroyé par nos Lettres, ou autrement ; lesquelx choses Nous voulons [c] appartenir plainement & entierement, sanz aucune chose retenir pardevers Nous ; fors la souveraineté, ressort & drois Royaulx ; sauf & reservé aussi en toutes parties, l'Ordonnance par Nous faicte en nostre joyeux avenement en nostre dicte Ville de Tournay, sur la paie & solution des rentes, debtes & arrerages que nostre dicte Ville devoit lors, & encores doit à plusieurs Orphenins, [d] Rentiers & [e] Crediteurs, tant de nostre dicte Ville comme de hors, laquelle Nous voulons sortir son plain effet ; desquelles choses dessus dictes & de chascunne d'icelles, Nous voulons quil puissent de la date de ces presentes Lettres, joir & user plainement & perpetuelment, selon leurs usages & Coustumes anciennes, en la maniere que il leur [f] loisoit à faire, avant la [g] destitution par Nous faicte de leur dicte Commune, tant par vertu de la Chartre à eulx octroyée par nostre dit Seigneur & Ayeul, comme par les modificacions & declaracions ci après ensuivans.

*(1) Premierement.* Chacun an à certain jour, les [h] Chiefs d'Ostel *(a)* heritez de ladicte Ville, se assambleront à son de Cloche, en la [i] Hale du Conseil, à Tournay ; lesqueulx ainsi assamblez, feront sairement solennel, que bien & lauyaulment à leurs povoirs, esliront trente preudommes, appellés les *(b)* Esvvardeurs, par toutes les Parroisses de la Ville, selon le nombre de chascune, en la maniere accoustumée ; ce adjousté, que des sept Esvvardeurs, qui [k] soloient estre pris & esleus en la Paroisse Saint Brice de Tournay, [l] deux en seront prins & esleus en la Paroisse Saint Nicolas [m] ou Bruille, & les autres cinq en la Paroisse Saint Brice dessus dicte : lesquieulx trente ainsi esleus, [n] avant toute euvre, feront sairement solennel, presens les dis Chiefs d'Ostel, que bien & loyaument à leurs povoirs, sanz fraude & sanz deport & sanz faveur, feront ce à quoy il seront esleuz ; c'est assavoir, que tout premierement, il esliront vint Jurez, preudommes, Bourgoiz heritez & nez de la Ville de Tournay ; desquieulx vint, il esliront deux Prevostz, lesquieulx n'appartiengnent l'un à l'autre de lignage, & ne soient d'un mesme mestier ; & leur feront faire sairement solennel [o] en la main du Maire des Esvvardeurs, & non ailleurs, & les

a *besoin.*

b *toutes.* 2.^e & 3.^e Cop. & T. C.

c *à eux.* 2.^e & 3.^e Cop. & T. C.

d *dans la* 2.^e *Cop. il y a* Rentiers, Kentiers ; *& dans la* 3.^e Routiers, Rentiers.

e *Créanciers.*

f *étoit permis.*

g *restitution.* 2.^e & 3.^e Cop.

h *chefs de famille.*

i *Maison de Ville.* Voy. cy-dessus, p. 131. Note *(c)*.

k *qu'on avoit accoustumé d'eslire.*

l *les* 2.^e *&* 3.^e Cop. & T. C.

m *Brusle, là & plus bas.* 2.^e & 3.^e Cop. *&* *Briullé T. C.*

n *avant que d'entrer en fonction.*

o *en la main des Esvvardeurs.* 2.^e & 3.^e Cop.

NOTES.

*(a) Heritez.]* Dans la 2.^e Cop. il y a *habitez* & dans la 3.^e *habitantes*, là & plus bas. Ces mots signifient sans doute, *habitans & residans.*

*(b) Esvvardeurs.]* Ce mot signifie *Inspecteurs. Inspectores & regardatores*, dans le 4.^e Vol. des Ordonn. p. 676. Esvvardeurs signifie la même chose que Rewars. Voy. sur ce dernier mot cy-dessus, p. 134. Note *(e)*.

[a] asseront dedans le temps, & à la maniere anciennement accoustumée : & auront les diz Prevostz & Jurez, par eulx, & par la plus grant partie des vint Jurez dessus diz, la congnoissance, le jugement & l'execution des cas appartenans à toute Justice haulte, moyenne & basse, en tous cas, quieulx qu'il soient; excepté ceulx qui par exprez seront ci dessous delaissiez aux Eschevins, & les autres qui Nous doivent appartenir à cause de nostre souveraineté, ressort & drois Royaulx.

CHARLES V. au Bois de Vincennes, le 6. de Fevrier 1370.

(2) *Item.* Auront les diz Prevosts & Jurez, povoir de donner conseil aux Enquestes de (*a*) ceulx qui seront acoustumez de venir aux Enquestes aux Jurez.

(3) *Item.* Seront tenus les diz Prevostz & Jurez, de venir en la Hale du Conseil, [b] au mains quatre fois la sepmaine, & au tiers son de la Cloche, se il n'estoient loyaument excusez; & oir les plaidoieries & les complaintes du peuple, & ycelles [c] delivrer & finer le plus tost que il pourront bonnement.

(4) *Item.* Que les diz trente Esvvardeurs esliront quatorze preudommes, Bourgois, herité & nez de la Ville, pour estre Eschevins; c'est assavoir, sept deçà Escaut, en la partie de l'Evesché de Tournay; & sept [d] oultre l'Escaut, en la partie de l'Eveschié de Cambray; desquieulx sept Eschevins qui seront prins en la partie de l'Eveschié de Cambray, les cinq seront esleuz des Bourgois & habitans en la Parroisse Saint Brice, & les autres deux en la Parroisse du Bruille; & seront tenuz les sept Eschevins ainsy esleuz en la partie de l'Eveschié de Cambray, de tenir leur siege, & congnoistre [e] determiner des Causes à eulx appartenans, deux fois la sepmaine, au lieu acoustumé en la [f] Paroche du [g] Bruille, & les autres jours des plaiz, au lieu & au Siege acoustumé en la Paroche de Saint Brice; & feront lesdis Eschevins sairement solennel en leur nouvelle creation, en la main du Majeur des Esvvardeurs, & non ailleurs, que bien & loyaument sans fraude, feront tout ce à quoy il seront esleus & commis.

(5) *Item.* Les diz Eschevins auront la congnoissance, jugement & execution de tous [h] meubles & heritaiges [i] gissans en leur Eschevinages; & donront [k] conseil aus Enquestes de ceulx [l] dehors, si comme l'en a usé & acoustumé anciennement.

(6) *Item.* Que les Jurez & Eschevins & les Esvvardeurs, donront les Offices de la Ville, en la forme quil faisoient anciennement; excepté la [m] Clergie des Eschevins, & le proufit du seel Royal; & le proufit & émolument que souloient avoir les Eschevins, pour la [n] recepte des [o] Cirographes, Testamens & autres Escriptures; lesquelles choses sont mises à fermes, & y demeurent pour le proufit de la recepte de la Ville, & du paiement des rentiers & [p] crediteurs, qui y prennent selon la teneur de nostre Ordonnance sur ce faicte, tant & si longuement que icelle nostre Ordonnance aura sorti son plain effect.

(7) *Item.* Que les diz trante Esvvardeurs, les Prevostz, Jurez & Eschevins, feront avant toute euvre, serement solennel au Majeur des Esvvardeurs, & non ailleurs, presens les diz heritez en la Hale, au jour de leur creacion, que bien & loyaument à leur povoirs, feront les Offices à quoy il seront esleuz & establiz, & [q] feront la Loy de la Ville, aussi bien au povre comme au riche.

(8) *Item.* Seront les diz Esvvardeurs tenuz de venir & assembler en la Hale, avecques les Prevostz, Jurez & Eschevins, touz les Mardis, au son de la Cloche, pour avoir ensemble avis & conseil des choses & besoingnes touchans le Corps de la Ville; & ce qui par l'acort des trois [r] Concistoires, sera ordonné pour le proufit & utilité de la Ville, vaudra & tendra; & se les Prevoz & Jurez pour aucune cause, mandoient les diz Esvvardeurs à venir à leur Hale plus souvant, & en autres journées, ils seront tenuz de venir à leurs mandemens; & que aucune des choses

a peut-estre, les installeront.
b au moins.
c expedier.
d de-là. 2.e & 3.e Cop.
e &. 2.e & 3.e Cop. & T. C.
f Paroisse.
g Brule. T. C.
h meubles Chateulx & heritages. T. C.
i estans.
k Voy. cy-dessus l'art. 2.
l de. 2.e & 3.e Cop.
m l'Office de Greffier.
n reception.
o actes sous seings privés.
p creanciers.
q rendront justice.
r Concitores, là & plus bas. 2.e & 3.e Cop.

NOTE.

(*a*) *Ceulx.* ] Je crois qu'il s'agit là, de ceux qui estoient appellés par les Juges, pour juger avec eux; sur lesquels, *Voy. les Tab. des Mat. des 3.e & 4.e Vol. des Ordon.* au mot, *Jugeurs.* Voy. cy-dessous l'article 5.

CHARLES V. au Bois de Vincennes, le 6. de Fevrier 1370.

contenuës en cest article, ne puissent passer ne estre valables; se il n'y a par *(a)* assenz d'acort, onze Jurez, seize Esvvardeurs & huit Eschevins du mains; & que les Ordonnances touchans le commun proufit de la Ville, soient faites & expediées le Mardy, & non en autre jour, par l'assenz des trois Concistoires; excepté les Ordonnances touchans Loy & Justice, lesquelles demourront & seront mises en la *(b)* veue des Prevoz & des Jurez.

*(9) Item.* Que ès Offices de ladicte Ville, ne puissent estre mis ne establis [a] hons qui ne soit nez de la Ville de Tournay.

a *homs.* 2.e Cop. *homs.*

*(10) Item.* Et combien que les Esvvardeurs dessus diz, soient tenuz de eslire & renoveler chacun an à certain jour, les Prevoz, Jurez & Eschevins, par la maniere que dessus est dit; toutes voyes, ou cas que les Prevoz, Jurez & Eschevins, qui auront esté ès Offices dessus dis ès années precedentes, se seroient bien & loyaument portez à l'onneur & proufit de Nous & de nostre Royaume, & du proufit commun & bien publique de nostre dicte Ville, que ou cas dessus dit, les Esvvardeurs qui seront pour le temps, les puissent remettre & restituer en leurs Offices qu'il exerçoient par avant, ou en autres, selon ce qu'il apperra aus dis Esvvardeurs qu'il le *(c)* vauront, & qu'il seront bien portez à exercer leurs Offices deüement.

*(11) Item.* Que aucuns de ceulx qui auront esté Esvvardeurs une année, ne puissent estre Esvvardeur l'autre année en suivant.

*(12) Item.* Que en un mesme temps, aucuns ne puissent estre en deux Offices, des Offices que l'en souloit [b] remuer d'an en an.

b *changer.*

*(13) Item.* Que en un mesme Office, ne puissent estre deux hommes d'un lignage plus pres *(d)* que en autre; & qu'il ne soit nuls qui demeure en Jugement d'aucuns de ses [c] proixmes, pour quelconques cas que ce soit; & ne pourra nuls [d] serourges demourer en jugement li uns de l'autre; & se il avenoit que en Eschevinage, eust tant de proixme ensemble, que il ny peust avoir *(e)* assenz pour aucuns cas ou procez meuz pardevant Eschevins, que iceulx procez, avecques les Parties adjournés, fussent par les diz Eschevins renvoyés en l'Estat ou les Parties seroient, pardevans les Prevoz & les Jurez, pour en congnoistre & determiner deuement.

c *parens.*
d *Beau-freres.*

*(14) Item.* Que en l'Office des Jurez, des Eschevins & des Esvvardeurs, ne puissent estre plus de trois homes d'un mestier ensemble.

*(15) Item.* Que les Esvvardeurs n'aient aucune congnoissance de Cause pardevant eulx; fors tant seulement de eslire & creer les Prevoz, Jurez & Eschevins, comme dit est cy-dessus; excepté que se aucuns des Jurez ou Eschevins se messaisoient contre bien de Justice, ou pechoient en leurs Offices faisant, que ou lieu de celuy ou de ceulx qui se messairoient, il puissent remettre, & instituer un autre ou pluseurs, & iceulx messaisans oster & destituer de leurs Offices; & que toutes fois que il seront semons ou adjournez de venir en la Hale des Prevoz & Jurez, pour le proufit de la Ville, il soient tenuz de y venir.

*(16) Item.* Que du Jugement des Eschevins, l'en puisse appeller sans moyen,

## NOTES.

*(a) Assenz.]* Il n'y aura point de décision, que onze Jurez, seize Esvvardeurs & huit Eschevins ne soient du même avis.

*(b) Veuë.]* Ce mot signifie avis. [Voy. cy-dessous les articl. 20. & 28.] Le sens de cet article est que les Prevosts & Jurez decideront seuls de ce qui regarde l'exercice de la Justice.

*(c) Vauront.] Vaudront.* T. C. Je crois que cela signifie, en *cas que les anciens Officiers veuillent bien rester en place, l'année suivante.*

*(d) Que en autre.]* J'ai déja trouvé une disposition semblable à celle-cy. Dans la Chartre du rétablissement de la Commune de Peronne, cy-dessus, p. 162. art. 25. On lit : *Et in numero illorum triginta Juratorum, non eligentur aliqui qui se contingant linea consanguinitatis, amplius quam duo in altero,* &c. J'avois crû que ces mots *in altero* pouvoient être retranchez. (Voy. la Note *(d)*.) Notre article fait voir que ces mots doivent être conservez; mais j'avouë que je n'entends point ce qu'ils signifient, ni dans la Chartre de Peronne, ny dans celle-cy.

*(e) Assenz.]* Qu'il ne restât pas un assez grand nombre de Juges, pour faire le nombre de voix necessaire pour former une décision. *Voy. cy-dessus*, Note *(a)*.

pardevant

pardevant les Prevoz & Jurez; & du jugement des Prevoz & des Jurez, l'en puisse appeller sans moyen, en nostre Parlement à Paris.

*(17) Item.* Que les Prevoz & Jurez ne puissent personne arrestée, tenir ou faire tenir plus de sept jours en prison, qu'elle ne soit amenée en leur Hale, se requis en sont; & la demande & accusacion soit faicte & proposée, que l'en entent à faire contre la personne prisonniere ou arrestée.

*(18) Item.* Que les Prevoz & Jurez ne puissent Bourgois ne Bourgoise, ou fils [a] de Bourgois ou de Bourgoise, mettre ne tenir en prison [b] desvoyé, qui ne soit sur rue publique & Commune.

*(19) Item.* Que les Prevoz & Jurez à leur requeste, aient [c] retour de Cour, & la congnoissance de tous Bourgois & Bourgoises, fils & filles de Bourgois & de Bourgoises, citoyens, manans & habitans en la Ville de Tournay, en quelconques lieu & pour quelconques cas que eulx ou leurs biens soient pris, arrestez ou detenuz, ou [d] trais en Cause; excepté se lesdictes personnes estoient lyées par [e] especial obligation, ou pris en present meffait, ou pour tel cas dont à Nous, pour cause de nostre souveraineté, ressort & droiz Royaux, devroit appartenir la congnoissance.

*(20) Item.* Que [f] Clercs [g] de bon nom & de bonne renommée, soient receus à estre Bourgois de Tournay, & à joir des franchises de Bourgoisies, & estre en tous Offices, comme les autres; [h] mais qu'il aident à soustenir les charges & les fraiz de la Ville, si comme les autres: & en cas où il se mefferoient, dont les Laiz seroient tenuz de perdre leur Bourgoisies, lesdits Clercs les perdroient aussi; & se Clert meffait, il soit enregistré en Hale, en telle Amende dont un homme Lay seroit corrigé, en la [i] veuë des Jurez, selon son meffait.

*(21) Item.* Que quilconques est ou sera banniz de Tournay, à trois ans, soit pour larrecin, ou pour vilain cas criminel portant perpetuel [k] infame selon l'usage de la Ville, ne puisse estre Bourgois de Tournay; ne par consequent, estre ès Offices de la Ville: Et se Clers meffait en aucun des cas dont ce present article fait mention, il soit enregistré en la Hale, & perdra la franchise, telle comme un homme [l] Lay perdroit.

*(22) Item.* Que Bourgois de Tournay ne puisse perdre sa Bourgoisie, fors pour vilain cas, ou pour demourer continuelment an & jour, hors de la Ville de Tournay.

*(23) Item.* Que Bourgois ou fils de Bourgois, Citoyens, manans & habitans de la Ville de Tournay, ne puisse de Nous empetrer Lettre de grace, de [m] respit de debtes ou d'essloingnement, ou prejudice d'autruy, ne jouir d'icelles l'un contre l'autre; ainçois [n] prengnent la Loy de la Ville [o] l'un de l'autre; ne autres Forains, contre les manans de ladicte Ville.

*(24) Item.* Que personne qui a fait ou fera homicide en la Ville de Tournay, ou dedans la Banleue d'icelle, ne puisse jamais r'avoir ladicte Ville de Tournay, ne joir de la *(a)* Franche Feste de Tournay.

*(25) Item.* S'aucune personne fait hommicide dedans ladicte Ville & Banlieue, comme dit est, & elle soit [p] tenue, l'en en fera justice; & se elle n'est tenue, elle perdra l'abitacion de ladicte Ville; & si perdra tous ses biens estans en ladicte Ville & Banlieuë; des quiels la moitié sera appliquée à la Commune de Tournay, & l'autre moitié sera à la femme ou aus enfans ou aus hoirs d'icelle personne; les debtes payées des *(b)* communs biens; pourveu toutes voyes, que s'aucun Forains couroit sus ou faisoit assault ou invasion contre les Bourgois ou habitans de la Ville de Tournay; & le Bourgois ou habitant de ladicte Ville, en luy [q] estant ou

a *ou filles.* 2.e & 3.e Cop.
b *écartée.*
c *renvoy à leur Cour & Jurisdiction.*
d *adjournez.*
e *especiale.* 2.e & 3.e Cop.
f *Ecclesiastiques.*
g *de bien & de bonne renommée.* 2.e & 3.e Cop.
h *pourvû que.*
i *Voy. cy-dessus,* p.376. Note *(b)*.
k *infamie.*
l *le.* 2.e & 3.e Cop. *la* T. C.
m *surseance de payer ses dettes.*
n *soient jugez par les Juges de la Ville.*
o *l'un contre l'autre* 2.e & 3.e Cop.
p *arrêtée prisonniere.*
q *obstant.* 2.e & 3.e Cop. là & plus bas, *résistant.*

NOTES.

*(a) Franche-Feste.]* Il y a apparence que le jour de cette Fête, on pouvoit obtenir l'abolition de ses crimes, par un privilege semblable à celuy de la Fierte de Saint Romain de Roüen, & de quelques autres lieux du Royaume.

*(b) Des Communs biens.]* Les dettes seront payées sur tous les biens du Criminel, avant le partage qui en sera fait entre ses heritiers & la Commune.

CHARLES V. au Bois de Vincennes, le 6. de Fevrier 1370.

deffendant modereement; mutiloit ou metoit à mort l'assaillant ou envaissant Forain, dedens ladicte Ville ou Banlieuë d'icelle, que ou cas dessus dit, iceluy Bourgois ou habitant de Tournay, ne perdist ne peust perdre ne encourir paine ne confiscation de biens, meubles & non meubles, pour consideracion de ce que, se le Forain [a] mettoit à mort semblablement le Bourgois ou habitant de ladicte Ville, ne perdroit ne auroit confisqué aucuns de ses biens, estans hors ladicte Ville & Banlieuë.

(26) *Item.* Que s'aucuns Forains couroit sus, ou faisoit assault ou invasion contre les Bourgois & habitans de la Ville de Tournay, & les Bourgois ou habitans de ladicte Ville, en eulx ostant & deffendant modereement, ou en [b] contrevengnant de [c] belfait, mutiloit ou mettoit à mort l'assaillant ou [d] evadant, ou son annemi Forain qu'il trouveroit en ladicte Ville & Banlieuë; & d'icelluy fait, eust pacifié & fait [e] gré à partie, que ou cas dessus dit, de nostre grace especial, à la supplicacion [f] dudit Bourgois, peust ravoir & estre restitué, s'il Nous plaisoit, en l'abitacion de nostre dicte Ville & Banlieuë, & obtenir nos Lettres de grace & de remission sur ce.

(27) *Item.* Que personne qui ait [g] ocis ou ocirra hors de Tournay, Bourgois ou Bourgoises, ou enfans de Bourgois ou de Bourgoises, ne puisse jamais r'avoir la Ville de Tournay.

a *le.* 2.e & 3.e Cop.

b *constraignant.* 2.e & 3.e Cop.

c *dans les regles d'une juste deffense.*

d *évasant.* 2.e & 3.e Cop. peut-être *envaissant, attaquant.*

e *satisfaction.*

f *desdits.* 2.e & 3.e Cop.

g *tué.*

(28) (a) *Item.* Quelconques, de quelque condicion qu'il sera, brisera paix, seuretez ou trieves faictes ou ordonnées, ou données par Loy ou par preudomes, se il est tenus, il sera justicié à mort; & se il n'est tenuz, il sera bannis à toujours de la Ville, sans rappel: & quelconques [h] navrera personne, de quelconques baston que ce soit, [i] sur la paix de la Ville criée par le Sergent, ou au commandement du Prevost ou d'aucun Juré, il sera banniz à toujours, sans rappel; & se il le mettoit en peril de mort ou [k] d'affolure, ce soit ou regart & en la [l] veuë des Prevoz & des Jurez: Et s'aucuns, sur la paix de la Ville criée par Sergent, come dit est, [m] villenoit ou feroit personne aucune, cilz qui ce feroit, seroit banniz à toujours, & ne pourroit jamais ravoir la Ville; se n'estoit pas assens des trois Consistoires.

h *blessera.*

i *pendant.*

k *blessure considerable.*

l *Voy.* cy-dessus, p. 376. Note (b).

m *maltraitoit ou blessoit.*

(29) *Item.* Que le (b) Sennez & le Senneur de Tournay soient gardez & maintenus, si comme il a esté acoustumé en la Ville.

(30) *Item.* Que Bourgois, Citoyens & habitans de Tournay, ne puisse appeller ne estre appellés [n] de champ de bataille l'un contre l'autre dedans la Ville, ne dehors, ne autres Forains ne les puissent appeller de gaige de bataille; més prendre la Loy de la Ville de Tournay.

n *en champ.* T. C. *Voy. les Tables des Mat. des Vol. des Ord.* au mot, *Gage de Bataille.*

(31) *Item.* Que lesdis Prevoz, Jurez, Esvvardeurs & Eschevins, [o] où les trois Concistoires seront d'accort, puissent faire toutes manieres de Ordonnances, & ycelle [p] rappeller, [q] muer, accroistre & diminuer en tout ou en partie, si comme bon leur semblera, pour le proufit de la paix, la transquilité & le bien du commun peuple de la Ville de Tournay; [r] mais que elles ne soient contraires ou prejudiciables en tout ou en partie, aux choses cy dedens specifiées, ou en aucunes d'icelles.

o *quand.*

p *revoquer.*

q *changer.*

r *pourvû que.*

(32) *Item.* Que les Bourgois, ou fils ou filles de Bourgois de Tournay, se il ne trouvoient la [s] Justice en present, puissent arrester ou faire arrester leurs debteurs Forains, & leurs biens, que il trouveront en la Ville, & yceuls amener ou faire amener à Justice, sans delay, en la maniere acoustumée.

(33) *Item.* Que les Prevoz, Jurez, Eschevins & Esvvardeurs, ensemble [t] le trois Concistoires d'accort, pourront ordonner des salaires de tous les Officiers de la Ville, & de la quantité d'iceulx, & le nombre d'iceulx restraindre & diminuer, selon ce que bon leur semblera, pour le proufit & necessité de ladicte Ville.

s *s'il n'y avoit point d'Officiers de Justice presents.*

t *les.* 2.e & 3.e Cop. & T. C.

## NOTES.

(a) *Item.* ] Voicy comment le commencement de cet article, se lit dans la 2.e & 3.e Copie. *Item. Quiconques, de quelque condition que il soit, a enfraint ou enfraindra suretez, &c.*

(b) *Sennez . . . Senneur.* ] Je crois que ce mot *Sennez* signifie, la cloche avec laquelle on donnoit le signal, nommée plus communément, *Sain* ou *Sein.* L'on trouve dans Borel, *Senne, assemblée à son de Cloche.*

*Senneur* sera celuy qui sonne la Cloche pour donner le signal.

CHARLES V. à Vincennes, le 6. de Fevrier 1370.

(34) *Item.* Que il puissent [a] faire chaces après les malfaicteurs en l'Empire ou ailleurs, à son de cloche, en la maniere anciennement acoustumée.

(35) *Item.* Que toutes fois & quantes fois que aucuns griefs, empeschement ou nouvelletez, seront faictes ou chemin des Rivieres [b] d'Escarp ou d'Escaut, aus Marchans ou aus [c] Marchandises, allans & passans par les Rivieres, il puissent mettre la barre & clorre la Riviere, pour ceulx qui les empechemens, dommages ou nouvelletez auront fais, [d] constraindre, [ [e] si comme il est anciennement acoustumé.]

(36) *Item.* Leur avons octroyé & octroyons, que tous les drois, franchises & Libertez que il ont acquis, ou temps passé, ou qui leur ont esté donnez par quelconques personnes, Universitez ou Collieges que ce soit, par Chartres, Lettres ou Instrumens, & tous les usages & coustumes, desquelles il ont anciennement acoustumé à user, leur soit sauf, & qu'il en puissent user & exploictier toutefois que mestier leur sera, en la maniere anciennement acoustumée; sauf les modifications cy-dessus eclarcies.

a *poursuivre.*
b *la Scarpe.*
c *Marcandes.* 2.e Cop. *Marchandes.*
d *empescher: arrester.*
e *ces mots ne sont pas dans la 2.e & 3.e Cop.*

(37) *Item.* Leur octroyons que pour le fait, [f] coulpe ou negligence de ceulx qui seront au gouvernement de ladicte Ville, les choses dessus dictes ou aucunes d'icelles, ne puissent être forfaictes, perduës ne [g] amainriés au dommage de la Communauté ou des Juges, se il n'estoit ainsi, que ja n'avengne, que les habitans de la Ville, universament, ou la plus grant & plus saine partie d'iceulx fissent trahison, aliance ou confédération aveuq les annemis de Nous & de nostre Royaume; sauf à Nous la souverainneté & ressort, par appel & drois Royaux, comme dit est.

f *faute.*
g *amoindries & diminuées.*

Toutes lesquelles choses dessus dittes, & chascunes d'icelles, Nous voulons & octroyons estre tenuës & gardées à tousjours perpetuelment; sauf en autres choses nostre droit, & en toutes l'autrui. Et pour ce que les choses dessus dictes ayent perpetuelle fermeté, Nous avons fait mettre nostre seel à ses presentes Lettres. *Donné au bois de Vincennes, le sixieme jour de Fevrier, l'an de grace mil CCC. soixante & dix, & le septieme de nostre Regne.*

[h] Ainsi signée. *Par le Roy.* YVO. [i]

h *le reste n'est pas dans les 2.e & 3.e Cop.*
i *Visa.* T. C.

---

(a) *Confirmation des Lettres de deux Comtes de Joigny, par lesquelles ils permettent aux habitans de cette Ville, de chasser dans l'étenduë de leur Justice.*

CHARLES V. à Paris, en Fevrier 1370.

CHARLES, &c. Savoir faisons, &c. Nous avoir veu les Lettres de nostre amé & feal Chevalier, Miles de Noyers, Conte de Joigny, contenant la forme qui s'ensuit.

A Tous ceulx qui verront ces presentes Lettres. Nous Mile de Noyers, Contes de Joigny: Salut. Sachent tuit que Nous avons veuës, tenuës, luës & diligaument regardées & [k] conseuës unes Lettres saines & entieres, seellées en las de soye & en cire vert, du seel de feu bonne memoire, Jehan jadis Conte de Joigny, si comme par la premiere face d'icelles, contenant la fourme qui s'ensuit, puet apparoir.

k *apparam. conceuës.*

A tous ceulx qui verront ces presentes Lettres. (b) Jehans Contes de Joigny & Sires de Marceuel: Salut en nostre Seigneur. Sachent tuit, que nous considerans & regardans l'amandement de nostre Territoire de nostre Justice de Joigny, le proffit commun des habitans dudit lieu, les courtoisies, [l] bontés & aggreables services, que li dit habitant & leur [m] ancesseur ont fait ou tamps passé, à nous & à nos predecesseurs, pour l'amandement & resfeccion dudit Territoire; & en recompensacion

l *mot douteux.*
m *ancêtres.*

NOTES.

(a) Tresor des Chartres, Registre 102. Piece 74.

(b) *Jehans.* ] Jean II. Comte de Joigny, sur lequel *Voy. le 4.e Vol. des Ordon.* p. 488. Note (b). *Marceuel* est sans doute la même chose que *Mercœur.* Voy. *Ibid.*

CHARLES V. à Paris, en Fevrier 1370.

des choses dessus dictes, pour le [a] remede dez Ames de nous & de nos ancesseurs, & pour la somme de vingt & cinq solx Tournois, que nous avons euz & receuz desdis habitans, pour chascun arpent de heritage *(a)* couvert; & aussi douze soulx six Deniers Tournois, pour chascun arpent de heritage descouvert; & pour cent livres Tournois, pour certaine quantité de usaiges communs des maisons & des [b] Courtilx estans en nostre Justice de Joigny; laquelle somme d'Argent nous avons euë & receuë dez habitans de nostre dicte Justice de Joigny, en bonne Monnoye bien comptée & bien nombrée, & nous en tenons pour contens, & de icelle nous tenons pour bien païez, & iceulx en avons quittié & quittons, & leurs hoirs, & ceulx qui d'eulx auront ou pourront avoir cause ou tamps avenir, par la teneur de ces presentes Lettres, perpetuelment, sans jamais riens demander, pour oster & mettre au neant la [c] Garenne que nous aviens & povoiens avoir à toutes bestes & oyseaulx, en nostre Justice de Joigny; c'est assavoir, des les [d] mettes de la Justice de Lose & de S.t Cerrenne, d'un costé; jusques à la Justice de Cesi, d'autre costé & au [e] dessus, [f] selonc les bois de ladicte Justice de Cesy, [g] parmi nostre Justice, jusques au Boys Jehan Mailly Seigneur de Lose, Escuïer; & par dessouz, jusques oultre notre Riviere de Joigny, par la maniere qui s'ensuit.

*Premierement.* Que [h] ledit habitant de nostre Justice de Joigny, & toutes autres personnes, puissent [i] chacier de cy en avant, à tousjours mais perpetuelment, sans ce que nous ne noz successeurs, ne cil qui de nous aront ou pourront avoir cause ou tamps avenir, les puissiens en aucune maniere [k] traire en Cause, ne traittier à Amende, à toutes manieres de bestes ne d'oiseaulx, si comme dessus est dit; & yceulx pranre à chiens, & [l] à toutes autres choses quelconques, & à toutes heures que il leur plaira, soit de jours ou de nuis; exceptés fillez: Et que li dessus dit, & cil qui [m] d'aux auront ou pourront avoir cause, puissent abatre, bouscher, & faire abatre & boucher tous *(b)* receiz & terriers [n] & [o] connis, & à toutes autres bestes quelconques, dedens lez mettes dessus dictes; & se li habitant de nostre dicte Justice de Joigny, ou aucuns d'eulx, estoient trouvé chacent entre lesdictes mettes, à fillez, & ce fust de jours, nous ne noz successeurs, ne cil qui de nous auront ou pourront avoir cause ou tamps avenir, ne les pourrons ne pourriens traittier à Amende plus grant de cinq solx Tournois; & se li Chien des dessus dis habitans ou de autres, passoient les mettes dessus dictes après aucune beste que il eussent trouvée dedans ycelles, que il leurs dis chiens *(c)* puissent rappeller dès l'entredeux des dictes mettes, sans Amendes; & se nous ou nostre successeur, & cil qui de nous auront ou pourront avoir cause ou tamps avenir, trouviens lesdis Chiens en nostre Garenne, fust que il eussent pris beste ou [p] nom, nous, ne cil qui de nous auroient ou pourroient avoir cause ou tamps avenir, ne les devons ne devriens, ne pourrons ou pourriens prenre ne tuer, ne ceulx qui les auront menez, traittier ne contraindre à payer Amende; & que cil qui garderont les bestes desdis habitans de nostre Justice de Joigny, puissent mener [q] pour garder, leurs bestes oultre les dictes mettes, en nostre Garenne, par tous les lieux où il ont acoustumé à garder bestes en pasture, chiens en liens & sans lien, sans chacier & sans autre meffait: Lesquelles choses dessus dictes, toutes & une chascune d'icelles, nous promettons pour nous & pour noz hoirs & successeurs, & pour ceulx qui de nous auront ou pourront avoir cause ou tamps avenir, par [r] solempne promesse & par nostre leal [s] creant, à tenir, garder, acomplir & faire tenir, garder, acomplir fermement, & que nous ne yrons ne venir ferons

[a] *Voy. cy-dessus, p.* 186. Note *(a).*
[b] *petits jardins.*
[c] *Voy. la Tab. du 3.e Vol. des Ordonn.* au mot, *Garenne.*
[d] *bornes.*
[e] *dess.* R.
[f] *le long des.*
[g] *sur les terres de nostre Justice.*
[h] *les.*
[i] *chasser.*
[k] *tirer.*
[l] *de quelque autre maniere que ce soit.*
[m] *d'eux.*
[n] *à.*
[o] *lapins.*
[p] *non.*
[q] *en gardant.*
[r] *solennelle.*
[s] *obligation.*

NOTES.

*(a) Couvert . . . . découvert.]* Cela peut signifier des héritages en valeur & en friche : ou des bois, & des terres d'autre nature.

*(b) Receiz.]* Ce mot qui est expliqué par le suivant, signifie proprement une retraite.

*(c) Puissent rappeller.* Voicy comme j'entends cet endroit. Les habitans de Joigny pouvoient chasser dans l'étenduë de la Justice de ce lieu. Si leurs chiens en poursuivant une bête qu'ils auroient trouvée dans cette étenduë, passoient les bornes de la Justice, & que les habitants au lieu de les suivre, les rappellassent à eux, ils ne seroient point condamnez à l'Amende.

par nous ne par autres au tamps avenir; & quant à ce, nous en obligons nous, noz hoirs, noz successeurs & ceulx qui de nous auront ou pourront avoir cause ou tamps avenir, noz biens & les biens de noz hoirs, meubles & non meubles, presens & avenir, où que il soïent & puissent estre trouvez, & soubzmettons en la Juridicion du Roy nostre S. renoncens en ce fait pour nous & pour noz hoirs & successeurs, & pour ceulx qui de nous auront ou pourront avoir cause ou tamps avenir, à action en fait, à condicion sans cause ou de cause non juste, à exception de fraude, de [a] barat, à toutes graces, respis & privileges de Pape, de Cardinaulx, du Roy de France nostre S. ou de autres Princes, octroïez ou à octroïer, impetrés ou à impetrer, au privilege de la [b] Croix, prise ou à pranre, à toutes indulgences données ou à donner, à tout droit *(a)* de Savoiz, de Cisteyauz, & de fait & de Loy, & à toutes autres exceptions, deffenses & allegacions qui pourroient estre dictes ou [c] obicecz contre la teneur de ces presentes Lettres; à ce que nous puissions dire avoir plus escript que accordé, & que ceste chose n'ait ainssi esté faite & acordée; & especiaulment au droit disant, general renonciacion non valoir [d] os especialx & à ce que nous, nostre hoir & nostre successeur, & cil qui de nous auront ou pourront avoir cause ou tamps avenir, puissent dire nous estre deceuz en ce fait, oultre la moitié de juste pris. En tesmoing de laquelle chose, nous avons fait seeller ces presentes Lettres de nostre seel. *Données en l'an de grace nostre S. mil CCC. vingt-quatre, Mescredi après la Feste S.^t Martin d'Esté.*

a *fraude.*

b *Croisade, ou guerre contre les Infideles ou les heretiques.*

c *objectées.*

d *mot douteux, peut-être pour aux.*

*Suite des Lettres de Mile de Noyers.*

Lesquelles choses & une chascune dessus escriptes, avec ce que, pour la grant Aide que les Bourgois & habitans de la Ville & Parroisses de Joigny, nous ont à present fait pour païer nostre raençon, nous leur avons donné & octroyé, donnons & octroïons à tousiours mais perpetuelment, à tendre & prandre les bestes à tous Fillez, ez mettes & par la maniere que en la Lettre dessus escripte est devisié; jasoit ce que l'exception des Fillez y fust; & toutes les choses contenuës en ycelles, avec les Fillez que nous y donnons, nous, pour nous, nos hoirs & successeurs, & pour ceulx qui de nous auront ou pourront avoir cause ou tamps avenir, ratiffions & approuvons, & promettons & avons juré de tenir & faire tenir sans corrumpre, venir ne faire venir encontre, soubz l'obligacion de tous nos biens & des biens de noz hoirs, meubles & non meubles, presens & avenir, lesquiex quant à ce, nous avons soubzmis & soubzmettons à la Juridicion & contrainte du Roy nostre S. & ou cas que aucuns de noz Officiers, subgiez ou autres, se vouldroient efforcier du contraire, nous ne volons mie que à eulx soit obey, ne que pour la desobéissance, il puissent estre contraint de en faire Amende ou cas dessus dit. En tesmoing de ce, nous avons fait seeller ces Lettres de nostre seel. *Données le Mescredi, jour de Feste S.^t Nicolas d'Iver, l'an de grace mil CCC LXVIII.*

*Suite des Lettres de Charles V.*

Lesquelles Lettres dessus transcriptes, & toutes les choses contenuës en icelles, Nous aïans fermes & agreables, icelles volons, loons, greons, rattessions, approuvons, & par ces presentes, de grace especial & de nostre auctorité Royal, confermons: Donnans en Mandement, en commettant par ces meismes Lettres au Baillif de Troyes & de Meaulx, qui à present est & qui pour le tamps avenir sera, ou à son Lieutenant, & à tous autres à qui il appartendra, que les dis habitans de Joigny, leurs hoirs & successeurs, & ceulx qui d'eulx auront cause, ores & pour le tamps avenir, facent, sueffrent & laissent joïr & user paisiblement & perpetuelment dez privileges, franchises, Libertés, & toutes autres choses contenuës & declairiés plus à plain ès Lettres dessus transcriptes, tout par la forme & maniere que contenu est en icelles, en mettant & ramenant tantost & sans delay, au premier [e] & deu, tout ce qui

e *estat.*

NOTE.

*(a) De Savoiz, de Cisteyauz.]* Il y a une marque d'abbreviation sur les syllabes *teyauz*. Je n'ai rien trouvé ni sur l'un ni sur l'autre de ces deux mots.

feroit fait au contraire. Et que ce soit ferme, &c. sauf en autres choses nostre droit & l'autrui. *Ce fu fait & donné à Paris, ou mois de Fevrier, l'an de grace mil ccc. soixante & dix, & de nostre Regne le septiéme.* *Visa.*

*Par le Roy*, à votre relacion. DROCO.

Collation est faicte aux Lettres Originaux. DROCO.

---

CHARLES V. le dernier de Mars 1370.

Reglement sur les Amendes, qui seront payées en cas d'appel au Parlement; des Jugemens rendus par les Seigneurs de Fief, dans le Bailliage de Vermandois; soit par ces Seigneurs, lorsque leurs Jugements auront été infirmez, soit par les Appellants, lorsqu'ils auront été confirmez.

*(a)* K*AROLUS, &c.*

*Datum apud Tornacum, anno Domini millesimo trecentesimo sexagesimo octavo; Regni quoque nostri quinto, mense Septembri.*

*Item.* Estoit contenu en la marge dessous d'icelles Lettres, ce qui s'ensuit:

*Alias sic signata. Per Regem, in suo Consilio, vobis presentibus.* J. DE REMIS.

*Et rescripta ac signata de precepto vestro, juxta correctionem Consilii in Camera Parlamenti existentis, die ultima mensis Martii, anno Domini millesimo trecentesimo septuagesimo.* VILLEMER.

NOTE.

*(a)* Ces Lettres sont imprimées cy-dessus, p. 140. & il n'en est fait icy mention, que par rapport à la double date.

---

## *M CCC. LXXI.*

Suivant le Glossaire de *du Cange*, cette Année a commencé le 6. d'Avril, & a fini le 28. de Mars.

---

CHARLES V. à Paris, le 11. d'Avril 1371.

*(a) Lettres portant que les habitans de la Ville de Puiseaux, qui appartient à l'Abbaye de S.t Victor-lez-Paris, ne ressortiront point devant le Prevost des Exemptions nouvellement établi, à cause du don fait par le Roy de la Terre de Chateau-landon; & que ces habitants ressortiront devant le Prevost de Paris, Gardien & Juge de l'Abbaye de S.t Victor & de ses membres.*

CHARLES par la grace de Dieu Roy de France. Au Prevôt de Paris ou à son Lieutenant: Salut. Signifié Nous ont en compleignant, les Religieux, Abbé & Couvent de S.t Victor-lez-Paris, comme Louys le Gros jadis Roy de France, les eust premierement fondez à Puiseaux, & depuis translatez & fondez ou lieu de S.t Victor où ils sont à present; reservé & denoncé à iceux Religieux en la Ville dudit Puiseaux, un pauvre [a] membre & sujet de l'Eglise de S.t Victor & des dits Religieux; & de tout temps les dits Religieux qui sont de fondation Royale, ayent esté & soient en la protection, sauvegarde & specialle garde de Nous & de nos Predecesseurs, & le Prevost soit leur Gardien & special Commis à cognoistre de leurs Causes & debats;

[a] *un Prieuré.*

NOTE.

*(a)* Histoire de Gastinois par le P. *Morin*, Liv. 1. p. 273.

Indépendamment des blancs que l'Editeur a laissez dans ces Lettres, elles fourmillent d'un si grand nombre de fautes qui interrompent le sens presque à chaque phrase, qu'il a été impossible de les corriger toutes. A peine peut-on entendre la disposition de ces Lettres.

*Voy. cy-dessus* les Lettres qui sont à la page 335.

CHARLES V. à Paris, le 11. d'Avril 1371.

& à cause de leur fondation, ledit Roy Louys entre les autres choses, eust donné ladite Ville de Puiseaux & ses appartenances, avec toute Justice & Marché Royal & de Royale puissance, un jour la sepmaine, & generalement tout ce qu'il y avoit, sans aucune chose y retenir; fors seulement la souveraineté & ressort, & depuis en [a] ayant paisiblement jouy & usé : Et pour ce que Louys de Maulonart, Chevallier, auquel Nous avions donné la Terre & Chastellenie de Chasteau-Landon, s'efforçoit soubz ombre dudit nostre Don, d'avoir & entreprendre Jurisdiction & cognoissance sur les dits Religieux & leurs sujets, & en attribuer à luy la souveraineté & ressort, Nous eussions n'aguerres ordonné & octroyé ausdits Religieux, de grace speciale, que iceulx Religieux, en Chef & en membre, & leurs sujets, tant de Puiseaux comme de leurs autres Terres quelconques, soïent & demeurent nos sujets sans moyen, & ressortissent perpetuellement & à tousjours pardevant toy, qui te avons ordonné leur Gardien, comme & est au Siege du Chastellet de Paris, sans avoir moyen, en cas de souveraineté, & autres dont la connoissance Nous doit appartenir; & sur ce, leur ayons donné & octroyé nos Lettres en las de soye lesquelles ont esté veuës & verifiées en la Chambre de nos Comptes : Neantmoins pour ce que ledit de Maulonart & aussi Raymond de Mannuel, s'efforçoient d'avoir & entreprendre Jurisdiction & cognoissance sur les Religieux de Sainct Severin de Chasteau-Landon, & sur les dits de S.t Victor, & aucuns exempts qui [b] souloient ressortir de Chasteau-Landon; & que des Terres baillées ausdits Chevalliers, n'ont aucuns droits de Bourgeoisie, & y sont plusieurs de Nous enclavez & rentrez devoit; & aussi y en avoir autres droits de souveraineté, sur lesquels les dits Chevaliers ont & prennent de jour en jour; certaine nos autres Lettres & patentes adressent au Bailly de Melun, faisant de ce mention, ayent esté n'agueres ordonnées & publiées audit lieu de Puiseaux & ailleurs; par lesquelles Nous avons voulu & ordonné, qu'il y ait un Prevost ès dits [c] Exceptions & en la Terre des exempts; lequel, sans prejudice d'eux, tiendra Jurisdiction des cas de nouvelleté par prononciation, & de tous autres dont la cognoissance devra appartenir; & y auront seel & Tabellionnage, ainsi qu'en ladite Ville de Puiseaux, laquelle fust donnée par ledit Roy Louys [d] & ausdits Religieux, sans y rien retenir; fors la souveraineté & ressort, comme dit est; Nous n'ayant aucun Domaine; par quoy il seroit [e] & grief à iceux Religieux, que ledit Prevost des exemptions y veinst seoir ne tenir ses plaids, ce que oncques ne fust; & en pouvoit estre leur Justice grandement diminuée, & eux & leurs sujets dommagez; & ne fut oncques accoustumé de y avoir pour Nous Bourgeoisie ne place de Bourgeoisie; mais y ont les dits Religieux toute Justice & cognoissance; fors des cas de souveraineté, & en faveur de leur Eglise; & afin que eux estant subjets, soïent & demeurent plus paisibles, sans estre par aucuns Officiers Royaux ou autres molestez, leur ayant esté de tout temps commis & de present Gardien special, & encores par les dernieres Lettres à eux octroyées en las de soye [f] encores verte, Nous avons voulu & ordonné depuis le transport & bail par Nous fait ausdits Chevaliers de ses Terres, que lesdits Religieux & leurs subjects, tant de Puyseaux que d'ailleurs, ressortissent sans moyen pardevant toy à tousjours mais, au Siege dudit Chastellet; lesquelles leur seroient de nul effect & valeur, s'ils ressortissoient pardevant les dits Prevosts des exempts, ou [g] il avoit sur eux cognoissance : Lesquelles Lettres, tant de don & octroy faits ausdits Religieux, de la Terre de Puiseaux, en leur fondation par ledit Roy Louys le Gros, comme les autres [h] derniers à eux par Nous octroyée en las de soye & Cyre verte, dont cy-dessus est faict mention, les dits Religieux ont faict porter en nostre dite Chambre, & icelles ont monstrées au Bureau, à nos amez & feaux Gens de nos Comptes, pour plus plainement [i] enfourner des choses dessus dites; & après ce que icelles Lettres eurent esté veuës & visitées par nos Gens, à bonne deliberation, Nous ont fait requerir que sur ce, [k] leuës voulons prevenir de remedes convenables : Pourquoy Nous te mandons & enjoignons estroitement, si [l] mestier est, que tu deffendes ou face deffendre au Bailly de Melun, au Prevost des dits Exemptions, & à tous autres Justiciers dont tu sera requis, ou à leurs

a ayent.

b avoient accoûtumé.

c Exemptions.

d & est inutile.

e & est inutile.

f en cire.

g s'il.

h dernieres.

i informer.

k leur.

l besoin.

CHARLES V. à Paris, le 11. d'Avril 1371.

Lieutenants, & à chacun d'eux, ausquels aus dits noms, [a] te deffendons par ces presentes, qu'ils ne s'entremettent d'entreprendre ne avoir aucun ressort, souveraincté, Justice ou cognoissance sur les dits Religieux & leurs subjets, ou aucuns d'eux, audit lieu de Puiseaux ne autre part, ne de y tenir siege de Jurisdiction ou plaids; mais s'en cessent & désistent du tout, en [b] rempellant & mettans au néant, [c] ce faict en ont, si en aucune maniere s'en sont [d] entretenus; & les dits Religieux & leurs subjects, souffrent & laissent joüir & user paisiblement de leurs grace & octroy, & iceux resortir pardevant toy audit Siege de Chastellet, sans leur y mettre d'oresnavant aucun debat ou empeschement, ni les molester au contraire, contre la teneur desdites Lettres à eux octroyées, lesquelles tu leur face tenir & garder en [e] cognoissance de leurs Causes & debats, & en les maintenant & gardant sous la souveraineté & ressort, selon leur forme & teneur: Car ainsi le voulons estre faict, & aus dits Religieux l'avons octroyé & octroyons de grace speciale, si mettier est, par la teneur de ces presentes, eu esgard & consideration aux choses dessus dites; non obstant les dernieres Lettres faites sur l'Ordonnance dudit Prevost des Exemptions, & choses qui en sont ensuivies, ou quelconques [f] aus dites Ordonnances, Lettres ou Mandemens au contraires, n'en faisant expresse mention [g] de presents, & des dites autres graces & octroys faits par Nous & nos Predecesseurs, aux Religieux dessus dits. *Donné à Paris, le unziesme jour d'Avril, l'an de grace mil trois cens soixante & unze, & de nostre Regne le huictiesme.* Ainsi signé. *Par les Gens des Comptes, & scellés de Cire blanche sur simple queuë, en scel apparant.*

[a] te est inutile.
[b] rappellant: revoquant.
[c] ce que.
[d] entremis.
[e] connoissant.
[f] autres.
[g] des presentes Lettres.

---

CHARLES V. à Paris, le 13. d'Avril 1371.

*(a) Lettres qui portent que l'on ne pourra faire aucunes poursuites contre les habitants du Dauphiné, en vertu des obligations passées sous le Petit scel de Montpellier, que dans les cas où ces habitants auront passé des obligations sous ce scel.*

CHARLES par la grace de Dieu Roy de France, Dauphin de Viennois. Au Senechal de Beaucaire, aux Gardes & Fermiers du petit scel de Montpellier, & à tous nos autres Justiciers & Officiers, ou à leurs Lieutenans: Salut. Complaints se sont à Nous grievement, nos bien amés & feaux, les Nobles, Bourgeois, Marchands & habitans de notre Dauphiné de Viennois, disant, que par plusieurs fois il est advenu & advient souventesfois en nostre dit Pays de Dauphiné, que plusieurs personnes porteurs de Lettres obligatoires, que l'on dit estre faites & scellées sous ledit petit scel de Montpellier, se sont efforcées & efforcent de jour en jour, de contraindre & executer rigoureusement par maniere de *(b)* Marque, plusieurs des dits complaignans, Nobles & autres, de nostre dit Pays, sous ombre & par vertu des dites Lettres obligatoires; combien que lesdits Nobles, Bourgeois, Marchands & autres habitans de notredit Pays, ou aucuns d'eux, n'aïent été ou soient en aucune maniere, tenus ou obligés envers iceux porteurs de Lettres, ou ceux de qui ils ont cause; mais sont de tout ignorants de la cause ou causes pour lesquelles ils sont ainsi executés & vexés; pour quoy plusieurs des dits complaignans, tant Nobles comme autres, ont été & sont grandement dommagés & grevés, & en peril de tout [h] desert, & mis en mendicité, contre raison, & où très grand grief, prejudice & dommage d'iceux complaignants, si comme ils dient; suppliant humblement que par Nous, leur soit sur ce pourveu de gracieux & brief remede. Pour ce est-il que Nous, qui ne

[h] ruine.

NOTES.

*(a)* La Copie de ces Lettres a été envoyée de Grenoble, avec cette indication:

Extrait du Registre cotté, *Plures Ordinationes, Declarationes, Rescripta & Appunctuamenta.* fol. 45. étant aux Archives, &c. *Voy. cy-dessus*, p. 58. Note *(a)*.

*(b) Marque.]* Saisie. *Marque vel gagimenti marqué*, dans le 3.e Vol. des Ordonn. p. 475. art. 5.

voulons

voulons nos bons sujets estre par telles voyes grevés ou molestés, vous mandons, & neantmoins enjoignons étroitement, & à chacun de vous, si comme à luy appartiendra, & qui sur ce sera requis, que doresenavant vous ou aucuns de vous, ne [a] gagés ou contraignés, ou souffrés estre gagés ou contraints [b] comme que ce soit, en corps ou en biens, par Marque ou autrement, par vertu des dites Lettres obligatoires, lesdits complaignans ou aucuns d'eux, se eux ou aucuns d'eux, ne sont à ce principalement obligés, ou [c] pleiges des sommes contenuës ès dites Lettres obligatoires, desquelles il apperroit, en mettant du tout au néant & au premier état & dû, tout ce qui seroit fait au contraire; & aussy tout ce qui seroit pris, levé, arrêté ou empeché des biens des dits complaignans ou d'aucuns d'eux, pour & à la cause devant dite, mettés ou faites mettre ou dit cas au delivre, & les [d] restituer sans delay : Et neantmoins voulons & vous mandons comme dessus, que au cas que aucuns voudront aucune chose demander ou requerir à l'encontre des dits complaignans, ou les [e] traire hors de notredit Dauphiné, par vertu des dites obligations ou autre Mandement, ès quelles ils ne seroient tenus ou obligés, comme dit est, vous iceux complaignans & chacuns d'eux, renvoyés sans faveur ou deport aucun, pardevant le Gouverneur de notredit Dauphiné, pour en connoistre & determiner, Parties ouyes, ainsi comme raison [f] donrra. Car ainsy Nous plait-il estre fait, & l'avons octroyé & octroyons aux dits complaignans, de notre certaine science & grace especial, par ces presentes; nonobstant quelconques Lettres, Mandement & defenses à ce contraires. *Donné à Paris, le treizieme jour d'Avril, l'an de grace mil trois cens soixante & onze, & de nostre Regne le huictieme, après Pacques. Par le Roy Dauphin.* JO. DE REMIS.

CHARLES V. à Paris, le 13. d'Avril 1371.

a *saisissiez.*
b *comment.*
c *cautions.*
d *restituez.*
e *tirer.*
f *donnera.*

---

## (a) Privileges accordez à la Ville de Salvetat, dans le Comté de Gaure.

CHARLES V. à Paris, en Avril 1371.

SOMMAIRES.

*(1. 2.) Confirmation des privileges, Coûtumes & usages des habitants de Salvetat. Les Lettres dans lesquelles ces privileges, &c. étoient contenus, & qui par leur ancienneté, étoient gâtées & se pouvoient difficilement lire, seront refaites.*

*(3) Il sera mis pendant 15. ans, une Imposition sur les vivres, dont le produit sera employé aux depenses communes de la Ville.* (Voy. page suivante, Note (a).)

*(4) Les habitans seront exemts pendant 10 ans, de toutes sortes d'Impôts, & des Peages, dans les Terres du Domaine du Roy.*

*(5) Les 30 livres données par les Comtes de Gaure, aux Consuls de cette Ville, qui se prenoient sur les droits levez sur la vente de la Chair des Moutons & des Porcs, leur seront payées sur les revenus communs de la Ville.*

*KAROLUS, &c. Notum facimus presentibus & futuris, Nos, ad supplicationem dilectorum nostrorum Consulum de [g] Salvitate, Comitatus [h] Gaure, Litteras carissimi Fratris nostri, Ludovici nostrum Locumtenentis in [i] Partibus Occitanis, Ducis Andegavensis & Turonensis ac Comitis Cenomanensis, vidisse, quarum tenor sequitur & est talis.*

*LUDOVICUS Regis condam Francorum Filius, Domini nostri Regis Germanus, ejusque Locumtenens in Partibus Occitanis, Dux Andegavensis ac Comes Cenomanensis. Universis presentes Litteras inspecturis : Salutem. Notum facimus nos certas Accordi sive Tractatus Litteras, habiti & passati inter carissimum Consanguineum nostrum Comitem Armaniaci, nomine dicti Domini nostri atque nostro, ex una parte; & Petrum [k] Reg. & Petrum de Marguerio, Consules de Salvitate, Comitatus Gaure, ad infrascripta, prout in ipsis Litteris Tractatus continetur, speciales mandatum & potestatem, tam suis propriis quam aliorum Consulum, singularium & tocius Universitatis dicte Ville ac pertinenciarum ejusdem nominibus, habentes ex altera, sigillisque dictorum Comitis & Consulum [l] inpendentibus sigillatas, quarum tenor de verbo ad verbum talis est.*

*Noverint universi presentes pariter & futuri, quod inter nos Johannem Dei gratia*

g Salvetat. *Voy. le 4.e Vol. des Ordonn.* p. 38. Note (f).
h Gaure. *Voy. cy-dessous*, p. suiv. Note (e).
i Languedoc.
k il y a une marque d'abbreviation sur ce mot.
l *in penden. R.*

NOTE.

(a) Tresor des Chartres, Registre 102. Piece 257. *Voy. cy-dessus*, p. 190. Note (a).

CHARLES V. à Paris, en Avril 1371.

*Comitem* [a]. *Armaniaci, Fezenciaci & Ruthene, Vicecomitemque Leomanie & Altivillaris, pro & nomine Domini mei, Domini Ducis Andegavensis Germani Regis Franc. Domini mei, & ejus Locumtenentis in Lingua Occitana, ex una parte;* [b] *Nos Petrum Reg. & Petrum de Marguerio, Consules de Salvitate, Comitatus Gaure, mandatum & potestatem ad infrascripta habentes, tam nostris quam aliorum Consulum, & singularium ac tocius Universitatis dicti loci & pertinentiarum suarum nominibus, ex altera parte, concordatum fuit & expresse conventum in hunc modum.*

*(1) Quod nos Consules predicti, nominibus quibus supra, inherti sumus & assentimus, & de presenti Nos adheremus & inheremus appellationibus factis per dictum Dominum Comitem* [c] *& Dominum nostrum Ducem Acquitanie & ejus Officiarios, & appellamus de gravaminibus, extorcionibus & novitatibus indebitis, per dictum Dominum Ducem Acquitanie & ejus Officiarios, Nobis factis* [d] *tempore retroacto, ad Dominum nostrum Franc. Regem & ejus Curiam Parlamenti, modis & forma quibus adheserunt & appellaverunt hii qui fuerunt adherentes appellacionibus dicti Domini Comitis, & de novo appellamus, & promittimus facere & faciemus nominibus quibus supra, promissiones, juramenta & obligationes, tales & similes sicut fecerunt alii adherentes; & ponemus seu poni faciemus dictum locum de Salvitate cum suis pertinentiis universis, in obediencia & subjectione Regis Franc. Domini nostri antedicti, sicut & prout Domini superioris; & ponemus & poni faciemus super dicto loco & suis pertinentiis universis,* [e] *penuncellos ad arma dicti Domini nostri Regis, in protectionis & salve-gardie signum; & Nos Comes predictus concordamus predictis Consulibus, nominibus quibus supra, quod cum ipsi habeant, ut asserunt, Consuetudines suas ita antiquas, quod propter* [f] *eorum antiquitatem, & propter tineas & mures qui in ipsas in parte roderunt, sint rupte &* [g] *obscure, sic quod commode perlegi non possint, dicte Costume reficientur, & eis concedentur.*

*(2)* Item. *Quod eciam omnes eorum Libertates, privilegia, usus & Consuetudines, eidem loco per quoscumque Dominos* [h] *concessa, de quibus* [i] *fidim faciant, confirmabuntur eisdem.*

*(3)* Item. *Quod pro fortificacione & aliis necessitatibus dicti loci, faciendis & supportandis, eis concedetur (a) Vedam sive Bannum ac (b)*      *super victualibus vendendis in dicto loco, hinc ad* XV. *annos immediate sequentes.*

*(4)* Item. *Quod habitatores predicti & inposterum habitaturi, per* X. *annos continuos à data presentium computandos, à (c) Fogaigio, (d) Cabargio,* [k] *subventionibus, & alia exactione quacunque, in Regno Franc. indictis seu indicendis; nec non à solucione Pedagii, Leude &* [l] *Vectigalis locorum propriorum seu Domanii dicti Domini mei Franc. Regis, erunt quitti, liberi & immunes, dicto durante termino.*

*(5)* Item. *Quod cum (e) Dominus Gaure & ejus Gentes, teneantur dictis Consulibus in* XXX.[ta] *Libras (f) Guienonenses, racione* [m] *Carnalagii Arietum & Porcorum,*

a Voy. sur ces titres *le* 4.e *Vol. des Ordon.* p. 179. Note *(c)*.
b &.
c contra.
d tempor. retroact. *R.*
e Penonceaux. *Voy. les Tabl. des Mat. des Vol. des Ordonn.* à ce mot.
f earum.
g mot douteux. Il n'y a dans le Reg. que *obscre* ou *obstre*.
h concef. *R.*
i fidem facient.
k subven. *R.*
l Vectigal. *R.*
m Chair des animaux. *Voy. le Glossaire de du Cange*, à ce mot.

NOTES.

*(a) Vedam.]* Je crois qu'il faut corriger *Veda*, & que ce mot est là pour *Veta*, qui doit signifier, défense: Car on trouve dans le Gloss. de du Cange, *vetatum* seu *vetitum*, pour signifier un lieu dans lequel il n'est pas permis d'entrer. J'ai lû quelque part, *vetum*, synonyme de *Bannum*. L'on trouve aussi dans du Cange, *vedalarii*, des gens qui gardent quelque chose; mais l'article n'explique point en quoy consistoit cette deffense faite par rapport aux vivres. Il y a apparence que c'étoit un Impost mis sur les vivres.

*(b)* Il y a là un mot que l'on n'a pû déchiffrer. Il y a *sequa* avec 4. jambages. On trouve dans le Gloss. de du Cange, *sequa monetæ*, qui n'est pas même expliqué.

*(c) Fogaigio.]* Ce mot est sans doute la même chose que *Fogagium*, synonyme de *Feagium* & de *Focagium*, une imposition par Feux. *Voy. le Gloss. de du Cange*, au mot, *Fogagium*.

*(d) Cabargio.]* C'est sans doute la même chose que *Cabatgium*, Capitation, Imposition par tête. *Voy. le Gloss. de du Cange*, au mot, *Cabatgium*.

*(e) Dominus Gaure.]* Il paroît par la Piece suivante, p. 388. Note *(f)* marginale, que le Comte d'Armagnac avoit été Seigneur de Florence. Peut-être l'avoit-il été aussi du Comté de Gaure, dont cette Ville est la Capitale. Car l'on trouve dans la *Description Hist. & Géogr. de la France*, (par l'Abbé de *Longuerüe*) tom. I. p. 197. que les Comtes d'Armagnac ont possédé le Comté de Gaure; mais il ne dit pas dans quel temps ils en sont devenus les Maîtres.

*(f) Guienonenses.]* Je n'ai rien trouvé sur cette Monnoye, dans le Gloss. de du Cange. Seroit-ce celle de Guienne? Car l'on trouve *ibid.* une Monnoye nommée, *Aquitanici.*

CHARLES V. à Paris, en Avril 1371.

(a) *quos eisdem tradiderunt, dictis Consulibus solvantur super emolumentis & redditibus dicti loci & pertinentiarum suarum; facta fide de debito antedicto.*

*In quorum omnium & singulorum premissorum testimonium, Nos Comes predictus sigillum nostrum; & Nos Consules predicti, sigillum Consulatus dicti loci de Salvitate, presentibus Litteris duximus apponenda; & eciam in consimilibus istarum, quarum quedam penes Nos Comitem, & alie penes Nos Consules predictos, remanserunt.* Datum [a] Vici in Fezenciaco, IX. die Aprilis, anno Domini M.° CCC.° LXIX°. Per Dominum Comitem. SERPANT. *Duplicata.*

a Vic Fesensac. *Voy. cy-dessus*, p. 190. Note *(a)*.

*Quas quidem Litteras Tractatus suprascriptas, & omnia contenta in eisdem, laudantes & approbantes, tenore presentium ratifficamus, corroboramus, & de nostra certa sciencia, gracia speciali & auctoritate Regia qua fungimur in hac parte, confirmamus: mandantes vobis & vestrum cuilibet, presentibus & futuris, quatenus predictos Consules, singulares & Universitatem, dictis Tractatus Litteris & omnibus contentis in eisdem, juxta formam & tenorem earumdem, uti & gaudere pacifice faciatis & permittatis absque difficultate quacumque;* [b] *quia sic fieri volumus & jubemus: salvo in aliis jure Regio, & in omnibus quolibet alieno. Quod ut firmum & stabile perpetuo perseveret, has nostras presentes Litteras, sigilli nostri munimine fecimus roborari.* Actum & datum Tholose, IX[a] die mensis Maii, anno Domini M.° CCC.° LXIX.°

b q. *R.*

*Nos* [c] *igitur Litteras suprascriptas omniaque in eisdem expressa, de nostris auctoritate Regia & plenitudine potestatis & speciali gracia, ratas habentes & gratas, easdem tenore presentium approbamus ac eciam confirmamus: mandantes Senescallo nostro Tholose, omnibusque & singulis Justiciariis & Officiariis nostris, presentibus & futuris, aut eorum locatenentibus, & cuilibet eorumdem, quatenus Consules supradictos, omnesque & singulos habitatores loci predicti, ac omnes quos predicta tangunt aut tangere poterunt in futurum, Litteris superius insertis atque presentibus, & omnibus in eisdem contentis, uti pacifice faciant & gaudere absque impedimento quocunque; quod si à quoquam factum vel appositum repererint, revocent & anullent, ad statumque pristinum & debitum indilate reducant. Quod ut perpetuam habeat firmitatem, &c. Jure nostro in aliis, &c.* Actum Parisius, mense Aprilis, anno Domini M.° CCC.° LXXI.° Regni autem nostri VIII.°

c g. *R.*

Sic signata. *Per Regem ad Relacionem Consilii.* MONTAGU.

Collatio facta est. *Visa.*

NOTE.

*(a) Quos.]* Je crois qu'il faut corriger *quas*, en le rapportant à *libras*. Ces 30. livres se prenoient apparemment sur les droits qui se levoient sur la vente des Moutons & des Porcs.

---

CHARLES V. à Paris, en Avril 1371.

## *(a)* Privileges accordez à la Ville de Fleurence.

SOMMAIRES.

*(1. 2.) Confirmation des privileges, Coûtumes & Usages de la Ville de Fleurence; ausquels cette confirmation ne pourra prejudicier.*

*(2) Les habitants de cette Ville seront exemts de toutes sortes d'Impôts, pendant 10. ans; & des Péages qui se payent dans les Terres du Domaine du Roy.*

*(3) Les habitants pourront prendre pour leur usage, pendant 5. ans, du bois sec & mort, dans la Forest de* Ramerio *qui est près de leur Ville.*

*(4) Les habitants de cette Ville pourront acquerir pendant 5. ans, des Fiefs nobles & militaires; pourvû qu'il n'y ait point de Justice attachée; & à condition qu'ils ne rendront point hommage de ces Fiefs.*

*(5) Les voisins de cette Ville qui y possedent des maisons, quoiqu'ils ne les occupent point, & qui contribuënt aux dépenses communes de la Ville, seront exemts à toûjours de Péages, dans l'étenduë du Comté de Gaure.*

*(6) Les habitants de Fleurence pourront s'approprier les biens que les Rebelles auront dans cette Ville, si ceux-cy [ne rentrent dans*

NOTE.

*(a)* Tresor des Chartres, Registre 102. Piece 154.

*Voyez cy-dessous les* Lettres du mois de May 1371. dans lesquelles quelques Articles de celles-cy, sont modifiez.

*Voy. cy-dessus*, p. 190. Note *(a)*.

SOMMAIRES.

*leur devoir,] avant Noël prochain.*

*(7) Les habitants de cette Ville sont confirmez dans le droit de donner leurs biens à Arriere-Fiefs, & d'en recevoir les lods & ventes, en cas de vente.*

*(8) Remission de tous les crimes & délicts, que peuvent avoir commis les habitants & les Originaires de cette Ville.*

CHARLES V. à Paris, en Avril 1371.

*KAROLUS Dei gracia Francorum Rex. Notum facimus universis presentibus & futuris, Nos, ad supplicacionem Consulum Ville* [a] *Florencie, Comitatus* [b] *Gaure, Litteras carissimi Fratris nostri, Ludovici nostrum Locumtenentis in* [c] *Partibus Occitanis, Ducis Andegavensis & Turonensis Comitisque Cenomanensis, vidisse, quarum tenor sequitur in hec verba.*

*LUDOVICUS, Regis Francorum Filius, Domini nostri Regis Germanus, ejusque Locumtenens in Partibus Occitanis, Dux Andegavensis & Comes Cenomanensis. Universis presentes Litteras inspecturis: Salutem. Notum facimus per presentes, quod dilecti & fideles nostri Consules Ville Florencie, Comitatus Gaure, nuper gratis & sponte, dictum Dominum nostrum Regem Franc. in suum & tocius Ducatus Acquitanie Dominum suppremum, & Jus supperioritatis & ultimi ressorti sibi competere, & ad eum & nullum alium pertinere, recognoverunt & recognoscunt;* [d] *nobis humiliter supplicarunt, ut eorum consuetudines, Libertates, privilegia, usus & franchisias ipsis* [e] *concessas per olim bone memorie, Dominos nostros Reges Franc. & eorum Locatenentes, ac eciam per carissimum Consanguineum nostrum, Comitem Armaniaci, tempore quo erat* [f] *Dominus dicte Ville, & per quoscunque alios Dominos, qui retroactis temporibus fuerunt Domini Ville antedicte, de nostra benignitate confirmaremus.*

*(1) Quamobrem Nos eorum supplicacioni favorabiliter annuentes, predictas eorum Consuetudines, usus, Libertates, privilegia & franchisias, ipsis supplicantibus & eorum predecessoribus, temporibus retroactis concessas per dictos Dominos nostros Reges Franc. & eorum predecessores ac Locatenentes ipsorum, & per dictum Comitem Armaniaci, vel per quoscunque alios Dominos dicte Ville, concessas & obtentas, tenore presencium, de nostra certa scientia & gracia speciali, ac auctoritate Regia qua fungimur, concedimus & specialiter confirmamus.*

*(2)* Item. *Concedimus dictis Consulibus, quod ipsi & habitatores dicte Ville, hinc ad decem annos proxime venturos, sint quitti, liberi & immunes à quibuscunque subsidio, Imposicione, Gabella,* [g] *redivencia,* [h] *Cabagio, Focagio, & à* [i] *quocumque exaccione, dicto Domino Regi impendendis; & à quacunque prestacione seu solucione Pedagii sive Leude, in locis propriis Domanii Regni Franc. & ejus ressorti. Nostre autem intencionis non existit, quod presens dictorum Consulum supplicacio, seu nostra super concessis Consuetudinibus, privilegiis, usibus seu Libertatibus dicte Ville, super hoc per quoscunque eorum Dominos concessis, aliquathenus valeat prejudicari in futurum, quominus dictis Consuetudinibus, privilegiis, usibus, Libertatibus & franchisiis, uti libere valeant; presenti novaconcessione non obstante.*

*(3)* Item. *Concedimus quod habitatores dicte Ville, & quilibet eorumdem, possint & valeant recipere libere ligna sicca & mortua Foreste de Ramerio, prope dictam Villam, pro necessitate & (a) transagio eorundem, sine aliqua fraude, hinc* [k] *à quinque annos.*

*(4)* Item. *Concedimus tenore presentium, de nostra gratia speciali & certa scientia, dictis Consulibus & habitatoribus dicte Ville, & imposterum habitaturis, quod ipsi possint & valeant acquirere hinc ad quinque annos proximos, & acquisita tenere deinceps ac perpetuo, Feuda nobilia & militaria, absque financia aliquali; dum tamen dicta Feuda (b) nullum faciant homagium, nec ullam habeant Juridicionem.*

a Fleurence. *Voy. le 4.e Vol. des Ordonn.* p. 37. Note *(b)*.
b Gaure. *Voy. cy-dessus*, p. 386. Note *(e)*.
c Languedoc.
d &.
e Voy. la Tabl. des Mat. du 4.e Vol. des Ordon. *au mot*, Fleurence.
f Voy. cy-dessus, p. 386. Note *(e)*.
g redhibentia.
h Voy. sur ces deux mots, *cy-dessus*, p. 386. Notes *(c d)*.
i quacunque.
k ad.

NOTE.

*(a) Transagio.]* Dans les Lettres du mois de May 1371. (Voy.) page preced. Note *(a)*. Il y a, *Causagio*. Voyez la Note sur ce mot.

*(b) Nullum faciant homagium.]* Il y a cy-dessus, p. 312. dans l'art. 7. des privileges de Puy-mirol, une disposition qui est sans doute semblable à celle-cy, quoique les termes soient differents. Il y est dit que les habitants non-nobles de ce lieu, pourront acquerir des Fiefs *sine homagio*. J'avois crû [ Voy. la Note *(f)*] que cela signifioit, que ces habitants ne pourroient

(5) Item. *Concessimus & tenore presentium concedimus de nostra certa scientia & gracia speciali, dictis Consulibus, quod vicini dicte Ville habentes hospicia in dicta Villa, & pertinentiis ejusdem, deinceps & perpetuo, dum tamen sint* [a] *talliabiles in dicta Villa, sint liberi & immunes ab omni prestacione & solucione Pedagii seu Leude, in toto Comitatu Gaure; esto quod non facerent moram sive mansionem in eadem Villa.*

(6) Item. *Concessimus & tenore presentium, de nostra certa scientia & gracia speciali, concedimus predictis Consulibus, quod si sint aliqua bona in Villa predicta seu ejus pertinentiis, aliquorum rebellium, quod ipsi infra festum* [b] *proximi Nativitatis Domini, possint facere eorum libitum de eisdem.*

(7) Item. *Concessimus, & de nostra certa scientia & gracia speciali concedimus, quod habitatores dicte Ville Florencie, & imposterum habitaturi, valeant perpetuo bona sua* [c] *retro-feudare, & dum bona Retro-feudata vendentur,* [d] *laudare & vendas eorumdem recipere, prout hactenus usi sunt & facere consueverunt.*

(8) Item. *Concessimus, & tenore presencium, de nostra certa scientia & gratia speciali, concedimus Consulibus & habitatoribus dicte Ville, quod si dicti Consules aut Universitas, vel singulares habitatores vel Originarii dicte Ville, deliquerint in dicta Villa & ejus pertinentiis vel alibi, eisdem Consulibus, Universitati & singularibus, conjunctim & divisim, remisimus, & tenore presentium remittimus omnem penam tam criminalem quam civilem, si quam vel quas dicti Consules vel eorum aliquis, conjunctim vel divisim, incurrerint seu incurrere* [e] *poterint erga Dominum nostrum Regem, seu alios quoscunque Dominos dicte Ville, eosdem & quemlibet ipsorum, conjunctim vel divisim, reducimus & restituimus ad eorum Patriam, larem, bona omnia & eorum bonam famam; & omnes informaciones, inquestas & processus factos seu factas contra ipsos & quemlibet ipsorum, conjunctim vel divisim, cassamus, irritamus & anullamus; non obstante quod de predictis processu & informacione, presentes Littere non faciant mentionem expressam; inhibemusque Senescallo Tholose, ac aliis Officialibus & Justiciariis dicti Domini nostri Regis, ne deinceps prefatos Consules, Universitatem & alios singulares habitatores, nec alios Originarios dicte Ville, conjunctim, singulariter vel divisim,* [f] *cittent,* [g] *vexant, capiant, arrestent, seu alio modo quocunque molestent in corporibus sive bonis; Procuratori Regis, seu aliis Procuratoribus quorumcunque Dominorum, ad quos* [h] *pertinient seu pertinebit, super hoc perpetuum silencium imponendo.*

*Quocirca Senescallo Tholose, aliisque Senescallis, Justiciariis & Officiariis dicti Domini nostri Regis atque nostris, tenore presentium mandamus, districtius injungendo, quatenus omnia privilegia, Libertates, franchisias, usus & Consuetudines eisdem modo premisso concessas, & que eciam de novo concedimus & confirmamus, ac eciam omnes alios & singulos articulos superius expressatos, teneant* [i] *observent juxta formam & tenorem eorundem, ac eciam ab aliis dicti Domini nostri & nostris fidelibus & subdictis, teneri & observari faciant & procurent;* [k] *transgressores, si qui sint, ad hoc viis & modis de quibus sibi videbitur, viriliter* [l] *compellando. Quod ut firmum & stabile perpetuo perseveret, nostrum Litteris presentibus fecimus apponi sigillum.* Datum Tholose, anno Domini millesimo trecentesimo sexagesimo nono, mense Maii.

*Quas quidem Litteras, una cum omnibus & singulis in eisdem expressis & contentis, Nos ratas habentes & gratas,* [m] *esdam de nostris auctoritate Regia & plenitudine potestatis, laudamus, volumus, approbamus, de specialique gracia confirmamus: mandantes Senescallo nostro Tholose, ceterisque Justiciariis & Officiariis nostris, presentibus & futuris, vel eorum Locatenentibus, ac eorum cuilibet, ut ad eum pertinuerit, quatenus dictos*

a contribuables aux dépenses communes.

b proximum ou proxime.

c donner en Arriere-Fief.

d recevoir des lods & ventes.

e potuerint.

f citent.

g vexent.

h pertinet.

i &.

k transgressores.

l compellendo.

m easdem.

NOTE.

acquerir des Fiefs, desquelles relevassent des Arriere-Fiefs, dont les proprietaires fussent tenus de leur rendre hommage. Mais ce sens ne peut convenir à notre article, dans lequel il ne s'agit point de recevoir, mais de rendre hommage. Je crois donc que le sens de ces deux Articles est, que les non-nobles qui acquerront des Fiefs, ne seront point reçus à en faire l'hommage. Car M. de Lauriere dans la Preface du 1.er Vol. des Ordonn. p. XIV. n.° 84. a remarqué, que presque par tout, il n'y avoit que les Nobles qui fussent admis à l'hommage. *Voy. aussi M.r de Brussel, dans l'usage des Fiefs,* tom. 2. p. 894. n.° 24.

CHARLES V. à Paris, en Avril 1371.

Consules & habitatores Ville Florencie, [a] predicte Littere superius insertis atque presentibus, omnibusque in eisdem expressis & contentis, uti & gaudere pacifice faciant & permittant, ac easdem & omnia in eisdem contenta, teneant & observent, faciantque teneri & inviolabiliter observari; Contradictores & impedientes, si qui fuerint, ad hoc viriliter compellendo, ad statumque debitum reducendo, quicquid in contrarium factum repererint seu eciam attemptatum. Quod ut perpetui roboris stabilitate [b] firmitur, Litteras presentes sigilli nostri fecimus [c] impenssione muniri: salvo in aliis jure nostro, & in omnibus alieno. Actum & datum Parisius, mense Aprilis, anno Domini M.° CCC.° septuagesimo primo, & Regni nostri octavo.

a predictis Litteris. b firmetur. c impressione.

*Per Regem, ad relacionem Consilii.* MONTAGU.

---

CHARLES V. à Paris, en Avril 1371.

*(a)* Lettres confirmatives d'un Acte, par lequel les Seigneurs d'Aure [ *Voy. la Note (c)* ] & de S.t Mard, associent dans la moitié de ces Seigneuries, Thibaud V. Comte de Champagne, qui, du consentement des habitants de ces deux lieux, y établira un Majeur; à condition qu'il ne pourra les aliener, qu'en faveur de celuy qui possedera le Château de S.te Manehould.

*KAROLUS, &c. Notum facimus universis tam presentibus quam futuris, Nos infrascriptas vidisse Litteras, formam que sequitur, continentes.*

NOUS *(b)* Thibaud par la grace de Dieu Roy de Navarre, de Champaigne & de Brie [d] Cuens [e] Palasins: A tous ceulz qui orront & verront ces presentes Lettres. Faisons assavoir, que Mess. Girars Dauve Chevalier, & Raoulin de Sommeure, & Waterins, ses freres, pour leur proffit, & pour mieux joïr de ce qu'il avoient & eust, & entendent à avoir en icelle devant dicte Ville *(c)* d'Auve, si comme il affermerent pardevant nous, nous *(d)* acompaignerent & acompaignent en toutes les Bourgoisies & les *(e)* sotiges de celle Ville, & les [f] yssuës des dictes choses; lesquelles choses seront livrées par nostre main ou par la main de nostre Sergent; & aura cilz dis Girars, la moitié des yssuës de la Justice & de la Bourgoisie, & de ce qu'il en prenoit en celle dicte chose, quand il nous y acompaigna; & cilz dis Raoulins & Watrins, la moitié qu'il avoient en celle dicte Ville & ès appartenances, & ou terroir de celle Ville, en toutes choses, & en tous proffis de ce que il y avoient au jour qu'il nous y acompaignarent, & nous l'autre; & de ce qui leur pourroit escheoir en celle dicte Ville & ès appartenances, en quelque maniere que ce fust, par ce mysme acompaignement, nous devons avoir la moitié par leur octroy; & [g] il, l'autre, en la maniere dessus dicte: Et [h] voldrent les devant diz Girars, Raulins & Watrin, que nous la moitié des devant dictes choses eussions & tenissions [i] permenablement, par raison de Seignorie, de proprieté & de possession, à nous & à noz hoirs; & li devant

d *Comte.* e *Palatin.* f *revenus.* g *ils, eux.* h *veulent.* i *perpetuellement.*

NOTES.

*(a)* Tresor des Chartres, Registre 100. Piece 887.

*(b) Thibaud.* ] *Th.* R. Thibaud V. surnommé le Jeune. *Voy. les preuv. de la Geneal. des Comtes de Champagne,* par Pithou, p. 797. *de la Coust. de Troyes, commentée par cet Auteur.*

*(c) D'Auve.* ] Ce nom est très-incertain, parce qu'il y a 4. Jambages sans point. Peut-être faut-il lire d'*Aure*, lieu dans la Champagne, Diocese de Châlons, Election de S.te Manehoult! *Voy. le Diction. univ. de la Fr.* à ce mot. Ce qui fortifie cette conjecture, c'est que l'on trouve *ibid. S.t Mard sur Aure,* qui est de la même Election. Il paroit par ces Lettres, que les deux lieux qui y sont nommez, étoient voisins de S.te Manehould, & appartenoient aux mêmes Seigneurs.

*(d) Acompaignerent.* ] Ils associerent le Comte de Champagne, dans la proprieté de leurs Terres. Ces associations se nommoient ordinairement, *Pariages.* Voy. *les Tabl. des Mat. des Vol. des Ordonn.* à ce mot.

*(e) Sotiges.* ] Il y a grande apparence que ce mot, sur lequel je n'ai rien trouvé, est corrompu, & qu'il faut lire *Hostiges*, qui vient d'*Hostigia.* Ce sont les droits dûs aux Seigneurs, par les *Hostes* qui habitent sur leurs Terres. *Voy. le Gloss. de du Cange,* au mot, *Hostigia.* Voy. sur les *Hostes*, les Tabl. des Mat. des Vol. des Ordonn. *à ce mot.*

dis Girars, Raoulins & Waterins, l'autre moitié, à eulx & leurs hoirs, par la raison devant dicte; fors que tant que li dis Girars retient en celle dicte Ville & appendances, son *(a)* charnage & autres rentes; & citz Raoulins & Wauterins y retiennent [a] autresi leur charnage, & le [b] sige d'une maison. En après, cil dis Girars nous acompaigna à sa Justice, à sa Bourgoisie, & aux issuës de ce qu'il a à S.t [c] Mard & ès appendances, en Seignorie & proprieté, & en [d] tenure, en la maniere dessus dicte; fors que tant que il en retient son charnage & ses autres rentes, en la maniere qu'il retient en ladicte Ville d'Auve: Et voldrent & octroïent li devant dit Mess. Girars, que en tous les drois qu'il a en la devant dicte Ville de S.t Mard, & en la devant dicte Ville d'Auve, & ès hommes des dictes Villes, que nous y [e] aons [f] l'ost & la Chevauchie, sans [g] partir à autruy, aux us & aus Coustumes de Saincte Manehout; & ces meismes choses vouldrent Raoulins & Gauterins, que nous eussions l'ost & la Chevauchie, quant à la partie qu'il ont en ladicte Ville d'Auve: Et se il avenoit que *(b)* Serours Raoulins & Gauterins, vousissent riens [h] clamer ès choses dessus dictes, li dis Raoulins & Waterins les nous doivent delivrer & garentir en tous bons poins: Et quant temps & lieux sera qu'il y convenra mettre Maïeur en ces Villes devant dictes, nous le metterons par l'accord de la Communaté des Bourgois; & fut ainsi accordé en l'acompaignement des dictes Villes, que nous, les hommes des dictes Villes ne pourriens mettre hors de nostre main, se n'est en [i] l'ain de celluy qui tendra le Chastel de Sainte Manehout. Et pour ce que soit ferme & estable, à la requeste des devant dis Girart, Raoulin & Waterin, nous feismes seeller ces presentes Lettres de nostre Seel, qui furent faictes & données à Vitry en Partoys, le Juedy prochain après la my-Karesme, en [k] l'a de grace mil CC. soixante & quatre. LA NOUË MESTÉE. [l] THIBAUD.

CHARLES V. à Paris, en Avril 1371.

a *aussi.*
b *siege, la place.*
c *Voy.* page precedente, Note *(c)*.
d *redevance duë à un Seigneur.*
e *ayons.*
f *le droit de mener les habitans à des expéditions militaires.*
g *partager.*
h *s'opposer.*
i *la main.*
k *l'an.*
l *Th.* R.

*Et cum Littere supratranscripte, in aliqua sui parte, tam in scriptura quam in sigilli fractione, nimia vetustate existant diminute & corrupte, habitatores Villarum & locorum in dictis Litteris supratranscriptis contentorum, Nobis fecerint humiliter supplicari, quatenus, attento quod eorum predecessores & ipsi, à concessione hujusmodi Litterarum citra, de contentis in eisdem usi fuerunt pacifice & quiete, & eciam nunc utuntur, ipsas Litteras* [m] *revocari, & in novam scripturam redigi faceremus, ne futuris temporibus, propter hujusmodi vetustatem, ac sigilli fractionem & corruptionem, in premissis dispendium* [n] *substinere; Nos premissis attentis, predictas Litteras supratranscriptas renovamus, & in hanc novam scripturam redactas, valere volumus, ac ipsis fidem indubiam adhiberi in omnibus & per omnia, in judicio & extra, tamquam earum Originali suprascripto; absque eo quod Originale ipsum, de cetero inviti teneantur exhibere. Que omnia, prout superius sunt expressa, in quantum de ipsis habitatores predicti usi fuerunt & utuntur, renovamus & confirmamus tenore presentium Litterarum, auctoritate Regia ac de gratia speciali. Que ut perpetue stabilitatis robur obtineant, presentes Litteras nostri impressione sigilli fecimus communiri: nostro & alieno in omnibus jure salvo.* Datum Parisius, anno Domini millesimo trecentesimo septuagesimo primo, mense Aprilis, & Regni nostri anno octavo.

Sic signate. *Per Regem, ad relationem Consilii.* J. DE COIFFY. *Visa.*

m renovari.
n sustinerent.

NOTES.

*(a) Charnage.* ] Droit qui se leve sur la vente des viandes. *Voy. le Gloss. de du Cange, au mot, Carnagium.*

*(b) Serours.* ] C'est sans doute la même chose que *Serourges*, Beaux-freres. Si les Beaux-freres de Raoulins & de Waterins vouloient s'opposer, &c.

---

*(a) Ordonnance qui renouvelle celle du 6. de Fevrier 1369. sur les Monnoyes.*

CHARLES V. à Paris, le 1. de May 1371.

CHARLES par la grace de Dieu Roy de France. Au Seneschal de Beaucaire ou à son Lieutenant: Salut. Comme pieça Nous vous eussiens envoyé nos

NOTE.

*(a)* L'Original de ces Lettres, est à la Bibliotheque du Roy, Liasse intitulée, *Monnoye*, n.° 47.

CHARLES V. à Paris, le 1. de May 1371.

Lettres faites sur l'Ordenance du cours de noz Monnoies, desquels la teneur s'ensuit.

[a] CHARLES, &c. Et vous n'aiez pas fait tenir ne garder fermement noz dites Ordenances, selon la forme dessus ditte, dont Nous & nostre pueple sommes [b] forment dommagiez, si comme de ce sommes bien enformez; de quoi Nous desplest très forment : Nous vous mandons & commandons estroitement, que tous ceulx que vous pourrez savoir qui ont ou auront trespassé noz dites Ordonnances; c'est assavoir, Changeurs, Merciers, Espiciers, Poissonniers, Taverniers, Hosteliers, Marchans de blez, [c] Talemetiers, & autres de quelque mestier que il soient, vous iceulx condempnez envers Nous, selon leur qualitez & facultez, & selon ce que il auront sur ce [d] mespris; si & par tele maniere que touz autres y puissent prandre bon exemple: Et avec ce, vous mandons & commandons une foiz pour toutes, que noz dites Ordenances vous faciez crier & publier par toutes les Villes fermées de vostre dite Seneschaucie de Beaucaire, & ressort d'icelle, aus lieux acoustumez; en en faisant de par [e], à touz commandement, le plus estroitement & le plus expressement qu'il pourra estre fait, que nos dites Ordenances de noz Monnoyes, y soient de touz tenuës, gardées & acomplies de point en point, par la maniere & soubz les poines dessus dites : Et avec ce, mettez & commettez bonnes Gardes par toutes lesdites Villes fermées de vostre Seneschaucie & ressort, qui diligemment s'en praignent garde; aus quiex faciez jurer, que se il treuvent personnes quelconques, & de quelque estat qu'il soient, qui passent noz dites Ordennances, ou qui preignent, [f] mettent, ou se vuillent efforcier de prandre ou mettre aucunes Monnoies, tant d'Or que d'Argent, defenduës en noz dites Ordenances, ycelles Monnoies il praignent comme confisquées à Nous; & tous ceux qui ce auront fait ou s'efforceront de le faire, facent [g] leur ; & vous aussi en vostre dite Seneschaucie, leur faites amender à Nous, selon la qualité & les facultez de la personne: Et tous Changeurs que vous trouverez qui tieignent Monnoies deffenduës, tant d'Or comme d'Argent, entieres qui ne soient pas [h] copées, icelles Monnoies prenez ou faites prandre comme confisquées à Nous; lesqueles Nous par ces presentes, declarons dès maintenant pour lors, estre confisquées à Nous: Et aussi contraigniez ou faites contraindre touz Changeurs, Merciers & Espiciers, à coper tout le Billon d'Or ou d'Argent, qu'il achateront ou auront, par tele maniere, que jamés il ne puisse avoir cours que pour Billon: Et aussi les contraigniez ou faites contraindre à asporter ledit Billon à noz plus prochaines Monnoyes de vostre dite Seneschaucie, dedans huit jours après ce qu'il l'auront achaté ; & leur commandez ou faites commander de par Nous, que tout ce qu'il achateront, soit Billon d'Or ou d'Argent, de demi marc & audessus, il le mettent en escript, sur poine de perdre ledit Billon d'Or ou d'Argent, qu'il achateront ou auront de demi marc & audessus, comme dit est: Et acomplissiez & enterinez de point en point, toutes nos dites Ordenances des Monnoies dessus escriptes, par la forme & maniere que escriptes sont, si & par tele maniere qu'il n'y ait aucun deffaut. Car se par vous y a deffaut, soiez certains que Nous vous monstrerons & ferons monstrer qu'il Nous en desplaira forment, & vous en ferons punir par noz amez & feaux les Gens tenant nostre Parlement de Paris, par tele maniere que autrefoiz vous vous garderez de y desobeir: Et avons mandé & mandons [i] que noz autres Lettres, à noz dites Gens de Parlement, que se deffaut y a par vous, il vous en punissent senz nulle remission. *Donné à Paris, le premier jour de May, l'an de grace mil trois cens soixante & onze, & de nostre Regne le huitieme.*

*Par le Roy.* BLANCHET.

[a] *ces Lettres qui sont du 6. de Fevrier 1369. sont cy-dessus*, p. 250.
[b] *fortement.*
[c] *Patissiers. Voy. le 3.e Vol. des Ordonn.* p. 456. & Note (b). margin.
[d] *contreveunt.*
[e] *Nous.*
[f] *donnent.*
[g] *leur amender.*
[h] *coupées.*
[i] appar. *par.*

CHARLES V. à Paris, en May 1371.

(a) Lettres qui permettent aux Consuls de Beziers, de bâtir des Moulins sur les fortifications de cette Ville; à la charge d'employer aux dépenses communes de la Ville, le produit qui en proviendra.

*KAROLUS, &c. Cum Regia Celsitudo subditorum suorum pacem & transquillitatem cupiens, ut ipsi subditi, quanto plus ea se sentiunt adjutos, tanto plus erga eam se reddant proniores, se debeat reddere graciosam; ea propter, Nobis exposito pro parte dilectorum nostrorum, Consulum, habitantium & subditorum Ville Biterrensis, quod cum eadem Villa sit magna, spaciosa & Nobilis ac bene populata, & in ea affluat cotidie Gentium extranearum multitudo copiosa, que expendunt & [a] consumut Victualia Ville predicte; & ob [b] ho, hucusque in eadem Villa fuerit certus numerus molendinorum moderatus, pro [c] molandis granis Ville predicte, ad sustentationem populi ejusdem, [d] nuchilominus, eo quia [e] passerie nonnullorum dictorum molendinorum ad Gentes Ecclesie & alias spectantium, super [f] rippariam [g] Orbi, prope dictam Villam situatorum, sunt dirupte, dicta molendina molere cessarunt atque cessant; & ob hoc, dicti exponentes, qui sunt liberi ab omni [h] Bannagio ad dicta molendina, & liberum habent arbitrium eundi ad quecunque molendina eis placet, certas Litteras à defuncto Marescallo Daudenehan, tunc Locumtenente nostro in [i] Partibus Occitanis, impetrarunt, continentes quod ipsi supplicantes, super fortalicia dicte Ville, possint & valeant tot molendina ad ventum, quot & quociens sibi placeret, edificare seu edificari facere, & in ipsis grana sua [h] moliri pro suo libito voluntatis, tempore guerre, & de his recipere utilitatem, pro convertendo in fortificationes Ville supradicte, & alias necessitates ejusdem: Quas quidem Litteras expost, de nostra speciali gratia dicimur confirmasse; & ob hoc, Nobis humiliter supplicarunt, cum sit utile dicte Ville ac habitantibus in eadem ac toti Reipublice, molere dicta sua grana ad dicta molendina erecta, edificata vel edificanda super muris & fortalicio ejusdem Ville, per Nos sibi super hoc, gratiam nostram impertiri. Notum itaque facimus universis presentibus & futuris, quod Nos, premissis consideratis, bonum & utilitatem rei publice preferri volentes, eorumdem supplicationi favorabiliter annuentes, volumus, ac dictis exponentibus concessimus & concedimus per presentes, de gratia speciali & auctoritate nostra Regia, ut ipsi de cetero blada & alia grana sua moli facere valeant ad dicta molendina super dictum fortalicium erecta vel per ipsos edificanda, & dictam utilitatem recipere qualem poterunt, convertendo in fortificationes & alios usus Ville predicte supradictos: Mandantes Senescallo Carcassonne, ceterisque Justiciariis nostris, aut eorum Locatenentibus, modernis & futuris, & eorum cuilibet, prout ad eum pertinuerit, quatenus eosdem supplicantes, nostra presenti gratia uti & gaudere pacifice faciant & permittant, & contra tenorem ipsius, eosdem supplicantes à quoquam non permittant impediri, vel aliquid in contrarium attemptari. Quod ut firmum, &c. salvo, &c.* Datum Parisius, anno Domini M.° CCC.° LXXI.° & Regni nostri octavo, mense Maii.

Sic signate. *Per Regem, ad relationem Consilii.* R. DE BEAUFOU. *Visa. Visa.*

[a] consumunt.
[b] hoc.
[c] molendis.
[d] nichilominus.
[e] Eclufes. *Voy. cy-dessus*, p. 261. Note *(c)*.
[f] Rippar. *R.*
[g] l'Orbe, Riviere qui coule auprès de Beziers.
[h] Bannalité de Moulins.
[i] Languedoc.
[h] moli.

NOTE.

*(a)* Tresor des Chartres, Registre 100. Piece 882.

---

CHARLES V. à Paris, en May 1371.

(a) Privileges accordez à la Ville de Ville-neuve, en Roüergue.

SOMMAIRES.

*(1. 10. 20.) Le Roy ne renoncera point à la souveraineté & au ressort de Ville-neuve; & cette Ville ne sera point démembrée de la Couronne, à laquelle elle a été unie anciennement.*

*(2) Les habitants de cette Ville seront*

NOTE.

*(a)* Tresor des Chartres, Registre 100. Piece 881. *Voy. cy-dessus*, p. 190. Note *(a)*.

CHARLES V. à Paris, en May 1371.

SOMMAIRES.

exempts d'Impôts, pendant dix ans.

*(3) Confirmation de tous les privileges de cette Ville.*

*(4) On réparera tous les dommages que les habitants ont soufferts, depuis le temps où ils ont commencé à traiter avec le Roy.*

*(5) Ils ne payeront aucunes des dépenses, qui seront faites en conséquence de leur soumission au Roy.*

*(6) Remission de tous les crimes & delicts qu'ils ont pû commettre.*

*(7) Les Nobles habitants de cette Ville, contribuëront aux dépenses communes; & le Roy ne pourra plus leur demander des chevaux, pour le service militaire.*

*(8) Le Roy, le Comte d'Armagnac & son fils, deffendront les habitants, si on leur fait la guerre à cause de leur soumission au Roy; & les habitants deffendront le Comte, si on l'attaque à cette occasion.*

*(9) Pour réparer les Fortifications de la Ville, les habitants prendront mil francs d'or sur les revenus communs; & le Duc d'Anjou leur donnera trois cens francs.*

*(11) Les habitants non-nobles de cette Ville, seront exempts des droits de Francs-Fiefs.*

*(12) Le Seneschal & les Officiers du Roüergue, jureront d'observer les privileges de Ville-neuve, la premiere fois qu'ils viendront y tenir leurs assises.*

*(13. 17.) Les Consuls qui ont la connoissance & la Jurisdiction des dégats qui se font dans les vignes, bleds, &c. joüiront des Amendes prononcées pour cause de ces dégats; à l'exception du tiers, qui appartient au Prieur de Ville-neuve.*

*(14) Les Consuls garderont le poids, & percevront un denier pour chaque Quintal des Marchandises que l'on y pesera.*

*(15) Les Consuls pourront lever pendant cinq ans, quatre deniers pour livre, pour les dépenses communes de la Ville.*

*(16. 21) Tous les privileges, &c. cy-dessus accordez, seront confirmez sans frais par des Lettres patentes du Roy.*

*(18) Les Consuls de cette Ville ne pourront être appliquez à la question, quelques crimes qu'ils ayent commis.*

*(19) Les Consuls de cette Ville auront la Justice haute & basse, & les profits de la Justice, dans la Forest nommée,* la Causse de Ville-neuve.

a Languedoc.

*KAROLUS, &c. Notum facimus universis tam presentibus quam futuris, Nos infrascriptas carissimi Germani & Locumtenentis nostri in cunctis [a] Partibus Occitanis, Ducis Andegavensis & Turonie, ac Comitis Cenomanensis, vidisse Litteras, formam que sequitur, continentes.*

b Voy. sur ces titres cy-dessus, p. 179. Note (c).

*LUDOVICUS Regis quondam Francorum Filius, Domini nostri Regis Germanus, ejusque Locumtenens in Partibus Occitanis, Dux Andegavensis & Comes Cenomanensis. Notum facimus universis tam presentibus quam futuris, Nos quasdam Litteras sigillis carissimi Consanguinei nostri, Comitis Armaniaci, [b] Fezenciaci & Ruthene, Vicecomitis Altivillaris & Leomanie, Consulatusque (a) Ville-nove, Senescallie Ruthenensis, prout prima facie poterat apparere, sigillatas, vidisse, formam que sequitur, continentes.*

c espec. R.

Sachent tuit presens & avenir, que il a esté fait & accordé entre Nous, Jehan Conte d'Armaignac, de Fezenzac & de (b) Rodès, Vicomte de Lomaigne & d'Auvillars, pour & ou nom de Monf. le Duc d'Anjou, Frere du Roy de France nostre S. & son Lieutenant en la Languedoc, d'une part; & Nous, Raymond Somade, Hugues Lion, Consuls de Ville-nove en Rouergue; Bernart Somade, Bernart Lian, Guerant Genssel, Pons Gaussel & Raouls de Somade, habitans & Conseilliers de ladite Villenueuve, aïans povoir & mandement [c] especiaulx aux choses cy-dessus escriptes; tant en noz noms, comme ès noms des autres Consuls, Université, habitans & singuliers de ladicte Ville de Villenueuve & de ses appartenances, d'autre part: Que nous Consuls & Consulaz dessus dis; protestacion & retenuë faicte avant toute euvre, lesquelles voulons avoir pour repetées ès choses cy-dessoubz escriptes, & que sans prejudice, crime ou desloyauté de nous, ès noms

NOTES.

(a) *Ville-nove.* ] Ville-neuve, dans le Roüergue, Diocèze de Rodez, Election de Ville-Franche. *Voyez le Dictionnaire universel de la France*, à ce mot.

(b) *Rodès.* ] Ce n'est point la Capitale du Roüergue; mais un Comté nommé ordinairement, *Razès*. Voy. cy-dessus, p. 179. Note (c).

que dessus, & sans diminution dudit lieu, Ville & appartenances, de Ville-nueuve, ou detraction du droit de Monf. le Duc d'Acquictaine; reservé au Roy de France nostre S. & audit Duc d'Aquitaine, chascun son droit; & que des choses qui s'ensuivent, nous ne voulons retenir, demander, avoir ne joïr, se ce n'est en cas de proprieté, & [a] la possession de ladicte Ville de Ville-neuve & ses appartenances, seroient audit Roy de France nostre S. & à lui appartendroient par droit de confiscacion ou autrement, sans ce que ledit Duc de Guienne y eust aucun droit; par vertu d'une Requeste à nous faicte de bouche & par Lettres, de par Noble & puissant Monf. Pierre Raymont de Rabastins, Chevalier, Seigneur de Campanhac, & Seneschal de Tholose & d'Albigeois, & Commissaire en ceste partie, entre les autres choses, contenant que nous recognoissions, en tant comme il nous touche & puet touchier nostre Consulat, nostre Ville & ses appartenances [b] & subgets au Roy de France nostre S. comme à souvrain Seigneur, & lui obeissions en souvrainneté & ressort, & feissions obeir par noz subgets; & plusieurs autres choses contenuës en [c] dicte Requeste seellée du seel dudit Monf. le Seneschal; laquelle nous avons retenuë pardevers nous: Considerans que le Roy de France nostre dit Seigneur, & ses predecesseurs Roys de France, ont esté Seigneurs tant en Demaine comme en souvrainneté & ressort, de la Duchié de Guyenne, & des autres pais qui furent bailliés pour la [d] paix au Roy d'Angleterre, & que par la teneur de ladicte [e] paix, & la tradition des dis Duchié & païs, la souvrainneté & le ressort d'iceulx, demouroient & furent reservez au Roy de France nostre dit Seigneur, si comme il nous appert & est apparu souffisament en plusieurs manieres; & pour ce que nous le deviens, devons, & sommes tenuz de faire, nous avons recogneu & recognoissons les dictes souvrainnetez & ressort, au Roy de France nostre dit Seigneur, & lui voulons obeïr de cy en avant, à lui & à ses Officiers & successeurs, comme à souvrain Seigneur: Et après, pour la contemplacion & honneur de Monf. le Conte dessus dit, & pour les grans griefs & oppressions & nouvelletez indeuës, que ledit Monf. le Duc de Guyenne dessus dit & ses Officiers, ont fais à nous, nostre Consulat & les autres habitans de nostre lieu & ses appartenances, induëment & contre raison, nous sommes [f] enhers, adheriz, adherdons & adherissons aux appellations faictes par ledit Monf. le Conte, au Roy de France nostre dit Seigneur, & à sa Court de Parlement, contre Monf. le Duc de Guyenne dessus dit & ses Officiers; & de nouvel nous appellons d'eulx & contre eulx, au Roy nostre dit Seigneur, & à sa Court de Parlement, des griefs, extorcions, exactions & nouvelletez indeuëz, qu'il ont fais à nous, nostre Consulat, & les autres habitans de nostre dicte Ville & ses appartenances; sauve à les déclarer en lieu & en temps, en la fourme & maniere que sont enhers, adheris & appellez, ceulx qui ont esté adherens aux dictes appellations, & appellants de nouvel; & ferons les promesses & seremens & obligations, telles & semblables comme ledit Monf. le Conte & ses dis adherens & depuis appellans, ont faiz: Et après, ledit Monf. le Seneschal aïant especial povoir quant à ce, nous exempta, nous, nostre dit Consulat, & autres habitans de nostre dicte Ville & ses appartenances, & tous noz & leurs biens, de tout le povoir dudit Monf. le Duc de Guyenne & ses Officiers, & nous defendi, que nous de cy en avant, nous ne leur obeissons, ne ne souffrons obéir en quelque cause que ce fust, jusques à tant que les dictes appellacions fussent determineez & mise à fin deuë, par sentence ou autrement; & nous comprist & mist ceulx que dessus & noz adherens, en la sauve & especial Garde du Roy de France nostre dit Seigneur; & nous convienda que en signe d'icelle, nous meissions & feissions mettre les [g] Pennonceaux aux armes de France [h] nostre dit Seigneur en nostre dicte Ville & ses appartenances, & [i] autres à nous adherens: Lesquelles exempcions, inhibitions, sauves gardes & mandemens, nous receusmes benignement; & lors meismes & mettons en l'obéissance du Roy nostre dit Seigneur & ses Officiers, comme Seigneur souvrain, la Ville de Villeneuve, l'Université & appartenances d'icelles: Et nous Conte dessus, ès noms que dessus, leur avons octroyé & promis qu'il auront telles & semblables seurté de mondit Seigneur le

CHARLES V. à Paris, en May 1371.

a *que.*

b *peut-être*, être.

c *la.*

d *Paix de Bretigny.*

e *Voy. cy-dessus,* p. 325. Note *(a).*

f *ces mots & les suivants, signifient*, nous avons adheré & adhérons.

g *Voy. les Tabl. des Mat. des Vol. des Ordonn.* à ce mot.

h *&* de.

i peut-être *& autres lieux.*

CHARLES V. à Paris, en May 1371.

Duc, qui les leur fera avoir après du Roy nostre dit Seigneur, comme nous avons, [a] noz adherens & depuis appellans ont euës; & en oultre, les choses qui s'ensuivent.

a &c.

*(1) Premierement.* Que le Roy nostre dit Seigneur ne ses successeurs, ne renonceront point à l'appel & souvrainneté dessus dis, ne ne les transporteront point en quelque autre personne que ce soit; mais demouront, si comme de tous temps ont esté, du Royaume & à la Couronne de France.

*(2) Item.* Que lesdis Consuls & habitans ne paieront des dix ans [b] prochains venans, nuls subsides, [c] Fouages, Impositions ou Gabelles, ne quelconques autres exactions, par quelconque voïe que ce soit.

b *proch. R.*
c *Impositions par Feux.*

*(3) Item.* Que tous leurs privileges, Libertez, franchises, usaiges & Coustumes, escriptes & non escriptes, leur seront confermées & gardées de cy en avant, sans enfraindre.

*(4) Item.* Que les dommages qui leur ont esté faiz, & aux habitans dudit lieu & des appartenances, depuis le septiesme jour de Fevrier dernier passé, qu'il commencerent à traitier avec nous, l'on leur fera rendre & restituer par ceulx qui les ont fais & leur en fera l'on bon *(a)* mandement.

*(5) Item.* Se par raison de la adherition & adherment & appellations dessus dictes, l'on leur demandoit nuls frais, coux ne despens, [d] ne ne seroient tenuz de contribuer aux despens qui s'ensuïront pour occasion d'icelle, en aucune maniere.

d *ils ne.*

*(6) Item.* Que toutes preventions & enquestes commancées contre lesdis Consuls, & les autres habitans & singuliers de ladicte Ville & des appartenances, leur seront pardonnées, quittées & remises, & seront cassées & anullées, avecques les informations faictes contre les dessus dis & chascun d'iceulx; & ne leur pourra l'en riens demander de tout le temps passé, jusques au jour de huy.

*(7) Item.* Comme le Nobles dudit lieu aïent acoustumé de contribuer de tout temps, & contribuënt pour les biens taillables, avecques le commun de ladicte Ville; & aucune foiz les dis Nobles demandent que les dis [e] Communs contribuënt avec eulx, de certains *(b)* Chevaulx d'armes qui sont demandez audis Nobles; leur a esté octroyé que il [f] n'y contribuëront aux dis Chevaulx; car il ne l'ont point accoustumé le temps passé; & que à leur requeste, les dis Nobles seront quittes des dis Chevaux, en contribuant ès tailles des dis Communs, se ils pevent, sans prejudice d'autruy, que du Roy nostre S.

e *les habitants non-nobles.*
f *ne.*

*(8) Item.* Que se nul homme du monde vouloit faire ou faisoit guerre contre les dessus dis, leur Ville & ses appartenances, pour cause des adhercions, adherimens & appellations dessus dictes, que le Roy nostre dit Seigneur & ses gens, leur aideront & les defenderont à leur povoir; & aussi ferons nous & Jehan nostre Filz: & semblablement ilz nous [g] promis, que se nul nous faisoit guerre pour les choses dessus dictes, il nous aideront à leur povoir; & s'en feront bonnes [h] Lettres d'une part & d'autre; euë premierement licence de mondit Seigneur le Duc.

g *promirent.*
h *Lettres d'obligation.*

*(9) Item.* Pour ce que ladicte Ville & les [i] barriz d'icelle, ont besoing de reparation & fortification; pour iceulx reparer & fortifier, garder & defendre, il auront mil frans d'Or, à prandre sur les revenuës & émolumens de ladicte Ville, appartenances au Roy ou dit lieu, receuës & à [k] revoir; & en oultre, III.^c^ frans, que mondit Seigneur le Duc leur fera bailler & delivrer.

i *Barrieres.*
k *recevoir.*

*(10) Item.* Que ladicte Ville & toutes ses appartenances, demoura perpetuelment au Roy & à sa [l] Table, & ne les porra transporter en autres personnes, pour quelconques cause que ce soit.

l *Domaine.* *Voy. cy-dessus, p. 276. Note (c).*

NOTES.

*(a) Mandement.* ] *Mand. R.* Ce mot est là sans doute la même chose qu'*amandement, réparation des dommages soufferts.*

*(b) Chevaulx d'armes.* ] Ces demandes de Chevaux faites aux Nobles, ont apparemment du rapport aux *Feuda Cavalorum*, dont il est parlé cy-dessus, p. 284. On pourroit conclurre de cet article, que les possesseurs de ces sortes de Fiefs, étoient seulement obligez de fournir des Chevaux dans de certaines occasions, sans être toûjours obligez au service militaire, comme on l'avoit conjecturé dans la Note *(b)* de la page 284.

CHARLES V. à Paris, en May 1371.

(11) *Item.* La Lettre qu'il ont du Roy nostre dit Seigneur, faisant mention, que se aucun non-noble dudit lieu, achete aucune chose noble, & d'aucune personne Noble, n'en soit tenus de païer aucune finance, leur sera confermée & [a] permise de point en point, sanz enfraindre.

(12) *Item.* Que les Seneschals, Juges, & autres Officiers qui de cy en avant seront mis & instituez en la Seneschaucie de Roüergue, quant il vendront premierement tenir en ladicte Ville leur Assise, jureront tenir & garder leurs privileges, Libertez, franchises, usages & Coustumes, sanz enfraindre.

(13) [b] *Item.* Comme il aïent la congnoissance des (a) Dex & Bans; c'est assavoir, de ceulx qui font dommage ès vignes, blez, vergiers, terres, prez; & les émolumens & Amendes qui en [c] ysteront, soïent du Roy & de son (b) Parreux, leur a esté octroyé qu'ilz seront leurs, se elles ne montent en valeur oultre la somme de dix livres, pour la partie du Roy; & se elles valent plus, si auront-il dix livres, chascun an.

(14) *Item.* Que les dis Consuls auront un [d] pois en leur Ville, qui sera leur, pour le tems avenir; où l'on pesera toutes les choses qui ont esté acoustumé à peser en ladicte Ville; & que pour chascun [e] Quintal qui sera pesé audit pois, il auront un dennier de la Monnoye courant.

(15) *Item.* Pour les [f] necessaires du Consulat de ladicte Ville & de ses appartenances, a esté octroié aus dis Consuls, qu'il porront imposer Impositions en ladicte Ville, de IIII. deniers pour livre; laquelle dure jusques à cinq ans prochain venans, ou moins, si comme les diz Consulz ordeneront.

(16) *Item.* Que les graces, concessions, octrois, confirmacions, remissions, & autres choses desquelles il vouldront avoir Lettres de mondit Seigneur le Duc ou du Roy nostre S. les dictes Lettres leur seront seellées franchement & quittement, sans ce que l'on leur en puisse riens demander.

Lesquelles choses dessus dictes, & chascune d'icelles, nous Comte dessus dit, tendrons & ferons tenir & confermer par Mons. le Duc d'Anjou, & après par le Roy de France nostre S. Et nous Consuls & Conseillers de Ville-neuve dessus dis, & ès noms que dessus, les avons promis de faire & faire faire & acomplir de point en point, & par la foy de noz corps. Et à plus grant fermeté des choses dessus dictes, nous Conte dessus dit, avons nostre propre seel; & nous Consuls & Conseillers dessus dis, & ès noms que dessus, avons le seel du Consulat de ladicte Ville de Villeneuve, miz & apposé à ces presentes, & autres semblables à [g] cestes; desquelles les unes sont [h] demourées pardevers nous Conte; & les autres pardevers nous Consulz & Conseillers dessus dis. *Donné en la Cité de Rodès, le premier jour de Mars, l'an de grace mil CCC. LXVIII.*

Suite des Lettres du Duc d'Anjou.

*Nos igitur, clementiam Domini mei Regis & nostram, cujus gremium minime claudimus postulanti, exhibere volentes in hac parte, Consulum & habitatorum atque Universitatis & singularium dicte Ville Ville-nove in Ruthenesio, cum prompte mentis [i] alaritate, supplicacione nobis porrecta, eosdem Consules atque Universitatem & habitatores & singulares ejusdem, tanquam recurrentes per viam appellationis & recursus, & aliter, justis & legitimis causis ad Dominum meum Regem, atque nos, ab oppressionibus & gravaminibus multiplicibus & indebitis, eisdem, tam Universitati quam singularibus dicti loci,*

a puise. R.

b Voy. p. suiv. art. 17.

c sortiront, previendroit.

d poids.

e Quintal, Poids de cent livres. Voy. le Diction. du Commerce de Savary, à ce mot.

f necessitez.

g elles.

h demour. R.

i alacritate.

NOTES.

(a) *Dex.* ] Ce mot est expliqué par le suivant. Plus bas p. suiv. dans l'art. 17. ce mot est traduit en Latin par *Deci.* *Deci* dans le Gloss. de du Cange, signifie, *Limites.* L'on trouve dans Borel, *Dex, Borne* ou *Butte.* Ces significations ne s'éloignent point du sens que *Dex* a dans cet article; le droit de *Ban* étant toûjours borné à un certain territoire.

(b) *Parreux.* ] Je crois que ce mot, sur lequel je n'ai rien trouvé, signifie la même chose que *Pariage.* Car page suivante, dans l'article 17. il est dit, que le Prieur de Ville-neuve avoit la 3.e partie de ces Amendes. Il y a apparence, qu'il avoit cédé au Roy par un *Pariage,* une partie de ces Amendes qui lui appartenoit. *Voy. les Tabl. des Mat. des Vol. des Ordonn.* au mot, *Pariage.*

CHARLES V. à Paris, en May 1371.

*impensis per carissimum Consanguineum Principem Galarum, Ducem Acquitanie, & illatis, ut prefertur; pro quibus, à posse & potestate atque regimine, cognitioneque & totali superioritate ipsius Principis Galarum Ducisque Guyennie, exempti penitus existunt; & ad obedientiam Domini mei Regis merito deventi, ad ipsius Domini mei Regis & nostre protectionis clipeum, suscepimus & suscipimus per presentes; ipsisque, & Universitati & singularibus dicti loci, presentibus & futuris, predicta privilegia superius declarata & expressata seu descripta, ac omnia alia quecunque, Libertatesque, statuta, usus & Consuetudines ipsius Ville seu Universitatis, antiquitus per Dominos Francorum Reges, qui pro tempore fuerunt, vel alios quoscunque, tam per Litteras quam aliter, & quibus ipsa Universitas utitur & usa est ac uti consuevit ab antiquo; nec non & predictas Litteras, & omnia & singula in eisdem contenta, prout superius sunt descripta, ad imperpetuum aut ad tempus,* [a] *rata & grata habentes, eas & ea approbamus, laudamus, & tenore presentium, de nostra certa scientia, auctoritate Regia qua fungimur in hac parte & gratia speciali, confirmamus: volentes ipsam Universitatem & singulares ejusdem, eisdem privilegiis, Libertatibus, statutis, usibus & Consuetudinibus uti, sicut prius, pacifice & gaudere, & omnia & singula modo & forma quibus sunt superius descripta, ad tempus & imperpetuum teneri, adimpleri & inviolabiliter observari, juxta* [b] *temporum qualitates.*

*(17) Et* [c] *insuper predictam gratiam superius insertam, & per dictum Consanguineum nostrum eisdem factam, continentem, quod cum Consules ipsius Ville,* [d] *cognitionem Decorum & Bannorum illorum qui terras,* [e] *vinea, prata, ortos & blada dampnificant,* [f] *inferunt in eisdem, eisdem, prout superius est descriptum, dati fuerunt redditus predictorum, usque ad summam decem librarum Turonensium; residuo seu resta, si que foret, dicto Domino nostro remanente; ampliando predictis Consulibus, singularibus & habitatoribus, modernis & futuris, omnes & quoscunque redditus & proventus dictorum Decorum & Bannorum, qualemcunque summam ascendant, dedimus & concessimus, atque damus & concedimus per presentes; dempta tamen tercia parte, que est* [g] *Prioris ipsius loci, ac eciam reservata.*

*(18)* Item. *Pariter eisdem Consulibus, modernis & futuris, concessimus & concedimus, gratia, scientia & auctoritate quibus supra, pro quibuscunque factis criminibus seu delictis, & qualitercunque nuncupentur, & quocunque modo ea commiserint, à modo imperpetuum, torqueri seu questionari minime valeant sive possint.*

*(19) Preterea, eisdem Consulibus concedimus per presentes, altam atque bassam Jurisdictionem in Nemore vocato,* la Cauffe de Ville-neuve, *galice; una cum Juribus, proventibus & emolumentis inde provenientibus; ipsamque Juridicionem ex nunc imperpetuum, per dictos Consules, modernos & futuros, tenendam, regendam ac eciam exercendam.*

*(20) Et insuper ad instantem & humilem supplicationem & requestam dictorum fidelium Consulum, habitatorumque dicti loci, promisimus atque promittimus auctoritate Regia predicta, & prout in dictis Litteris preinsertis fit mentio, quod dictus locus, & ejus jura atque membra ac pertinentie* [h] *ejusq. de Mensa seu Patrimonio proprio Domini mei Regis & ejus successorum Francorum Regum, nullathenus quacunque ratione sive causa discedent nec demembrabuntur, nec in aliquas alias personas transferentur vel transportabuntur; sed pocius, tamquam veri & legitimi filii, in posse seu potestate Corone Francie, perpetuo remanebunt; & dictus locus ejusque jura atque membra & alie pertinentie ejusdem, in dicta Mensa & Patrimonio proprio ipsius Domini mei Regis & ejus successorum Francorum Regum, per imperpetuum remanebunt.*

*(21) Mandantes Senescallo Regio Ruthenensi, ceterisque Justiciariis Regiis, & eorum cuilibet, aut Locatenentibus eorundem, ut ad eum pertinuerit, quatenus predictos Consules, modernos & futuros, Universitatemque, singulares & habitatores ipsius loci, predictis nostris graciis, ac omnibus & singulis in eisdem contentis, & quolibet eorumdem, uti & gaudere pacifice & quiete faciant & permittant, nil in contrarium attemptando aut attemptari faciendo seu permittendo. Predicta autem omnia & singula, sicut superius sunt descripta & eciam expressata, laudari, approbari & confirmari facere promittimus per Dominum meum Regem, cum Litteris suis patentibus, ejusque sigillis sigillatis*

[a] Rat. & grat. *R.*

[b] tpm. *R.*

[c] Voy. cy-devant l'art. 13.

[d] *propter.*

[e] *vineas.*

[f] il paroît qu'il manque là quelques mots.

[g] Voy. p. preced. Note *(b).*

[h] ejusdem.

*seu sigillandis, in majorem omnium & singulorum premissorum roboris firmitatem.* *Quod ut firmum & stabile perpetuo perseveret, has nostras presentes Litteras, sigilli nostri impressione fecimus roborari : jure Regio in aliis & alieno in omnibus semper salvo.* Actum & datum Tholose, anno Domini M. CCC.° sexagesimo nono, mense Aprilis.

CHARLES V. à Paris, en May 1371.

Suite des Lettres de Charles V.

*Nos autem pacta, conventiones, promissiones, obligaciones, dona, & quecunque alia de quibus in Litteris dilectorum & fidelium nostrorum, Comitis Armaniaci, & Consulum Ville-nove, ac singularum personarum predictarum ac superius scriptarum, fit & habetur mentio specialis; nec non donationes &* [a] *confirmationis previlegiorum, ac concessiones aliarum rerum inde sequtas & factas per carissimum Germanum & Locumtenentem nostrum in Partibus Occitanis, Ducem Andegavensem & Turonensem, ac Comitem Cenomanensem, ut apparet per suas Litteras superius insertas, omniaque & singula, tam in dictis dictorum Comitis, Consulum & singularum personarum Litteris, quam aliis dicti Germani & Locumtenentis nostri, inde secutis, contenta, rata habentes & grata,* [b] *eis & ea volumus, laudamus, approbamus, ratifficamus, & de speciali gratia auctoritateque nostra Regia, tenore presentium confirmamus: Mandantes Senescallo Regio Ruthenensi, ceterisque Justiciariis & Officiariis Regiis, & eorum cuilibet, ut ad eum pertinuerit, aut eorum Locatenentibus, presentibus & futuris, quatenus predictos Consules, modernos & futuros, Universitatemque, singulares & habitatores ipsius loci Ville-nove predictos, dicti Germani nostri Litteris suprascriptis, & omnibus & singulis in* [c] *eidem contentis, ac nostre presentis gratie & confirmationis, uti & gaudere pacifice faciant & permittant, juxta prescriptarum & nostrarum presentium Litterarum series & tenores, nil in contrarium attemptando aut attemptari faciendo seu eciam permittendo; sed si quid in contrarium factum vel attemptatum fuerit, ad statum pristinum & debitum celeriter reducant, & reduci cum effectu faciant. Quod ut firmum, &c. salvo, &c.* Datum Parisius, anno Domini M. CCC.° septuagesimo primo; Regni vero nostri octavo, mense Maii. Sic signate. *Visa.*

*Per Regem, ad relationem Consilii.* J. GREELLE.

Collatio facta est cum Litteris Originalibus hic per me insertis. J. GREELLE.

a confirmationes.

b eas.

c eisdem.

---

CHARLES V. au Bois de Vincennes, en May 1371.

*(a)* Lettres qui augmentent les Privileges accordez à la Ville de Fleurence, par les articles 2. 3. & 4. des Lettres du mois d'Avril 1371.

KAROLUS, *&c. Notum facimus universis tam presentibus quam futuris, quod cum carissimus Germanus noster, Ludovicus Dux Andegavensis & Locumtenens noster in* [d] *Partibus Occitanis, dilectis & fidelibus nostris Consulibus Ville nostre Florencie, Comitatus Gaure, Ducatus Acquitanie, suas concesserit Litteras in filis cericis & cera viridi sigillatas, que tales sunt.*

d Languedoc.

*(b)* LUDOVICUS *Regis Francorum Filius, Domini nostri Regis Germanus, ejusque Locumtenens in Partibus Occitanis, Dux Andegavensis, &c. sub data anni Domini millesimi CCC. LXIX. mense Maii; & inter cetera, quasdam clausulas quarum tenores tales sunt, continentes.*

*(c)* Item. *Concedimus dictis Consulibus, quod habitatores dicte Ville, hinc ad decem annos proxime venturos, sint quitti, liberi & immunes à quibuscunque solucione & prestacione Pedagii seu Leude, in locis propriis Domanii Regni Francie, & ejus ressorti.*

NOTES.

*(a)* Tresor des Chartres, Registre 102. Piece 262.

*(b) Ludovicus.]* Ces Lettres qui sont imprimées cy-dessus, p. 388. ne sont qu'indiquées dans ce Registre.

*(c) Item.]* Ces trois articles qui sont les 2. 3. & 4.e des Lettres du mois d'Avril 1371. n'y sont cependant pas entierement conformes; & c'est ce qui a déterminé à les faire réimprimer icy.

CHARLES V. au Bois de Vincennes, en May 1371.

Item. *Concedimus tenore presencium, de nostra gracia speciali & certa scientia, dictis Consulibus & habitatoribus dicte Ville, & inposterum habitaturis, quod ipsi possint & valeant acquirere hinc ad quinque annos proximos, & acquisita tenere deinceps ac perpetuo, Feoda nobilia & militaria, absque financia aliquali.*

Item. *Concedimus quod habitatores dicte Ville & quilibet eorumdem, possit & valeat recipere libere ligna sicca & mortua, à Foresta nostra de Ramerio, prope dictam Villam, pro necessitate &* (a) *Causagio eorumdem, sine aliquali fraude, hinc ad quinque annos.*

*Fueritque Nobis per eosdem Consules humiliter supplicatum, ut cum ipsi* [a] *habuerunt quam plurima subire onera, & imposterum eciam opportebit subire pro fortificacione dicte Ville; fuerintque occasione guerrarum in Partibus illis vigencium, quam plurimum dampnificati & gravati, velimus eundem tempus in supradictis clausulis contentum, de nostra gracia prorogare. Nos premissis attentis, & attendentes fideles qui in servicio fidelitatis longueve sunt comprobati, merito retribucionis obsequio fore dignos, tempus decennii Pedagii seu Leude non* [b] *solevende, in prima clausula suprascripta contentum, usque ad quinquennium post eundem tempus Decennii, & tempus Quinquennii sequentium clausularum, acquisitionis Feodorum nobilium, & receptionis lignorum siccorum & mortuorum à dicta nostra Foresta, in eisdem clausulis suprascriptis contentum & expressum, usque ad triennium post tempus Quinquennii antedictum, de nostris certa scientia & speciali gratia & plenitudine Regie potestatis, prorogavimus & tenore presencium prorogamus; & eciam concessimus & concedimus dictis Consulibus, singularibus & Universitati dicte Ville Florencie, dictam nostram prorogacionem immunitatum antedictarum, per presentes: Mandantes Senescallo nostro Tholose, ceterisque Justiciariis & Officiariis nostris, presentibus & futuris, vel eorum Locatenentibus, & eorum cuilibet, prout ad eum pertinuerit, quatenus dictos Consules & habitatores dicte Ville, & eorum quemlibet, qui nunc sunt & dicto tempore erunt, hiis nostris presentibus, cum omnibus & singulis in eisdem contentis & expressis, dicta nostra durante prorogacione, uti & gaudere pacifice & quiete faciant & permittant; ac has presentes, & omnia & singula in eisdem contenta, teneant & observent, tenerique faciant & inviolabiliter observari; contradictores & impedientes, si qui fuerint, ad hoc viriliter compellendo; ad statumque debitum reducendo, quicquid in contrarium factum reperierint vel etiam attemptatum. Quod ut perpetui roboris stabilitate firmetur, Litteras presentes sigilli nostri fecimus impressione muniri: salvo, &c.* Actum & datum apud Nemus Vincennarum, anno Domini M.° CCC.° LXXI.° & Regni nostri VIII.° mense Maii.

[a] habuerint.
[b] solvende.

Sic signata. *Per Regem, in suis Requestis.* P. DE VERGNY. L. DE FAYA.

Collatio facta est de articulis superius insertis cum Originalibus Litteris mencionem facientibus de eisdem, per me. P. DE VERGNY. *Visa.*

NOTE.

(a) *Causagium.*] Dans les Lettres du mois d'Avril 1371. Il y a *Transagio* [ Voy. page 388. Note (a) ] Je ne sçai si *transagium* peut être synonyme de *Causagium*, qui signifie le *droit de Chauffage.* Voy. le Glossaire de du Cange, au mot *Causagium.*

---

CHARLES V. au Château de Vincennes, en May 1371.

## (a) Lettres de Sauvegarde Royale pour l'Abbaye de S.te Marie du Vœu, *dite* la Valasse.

*KAROLUS, &c. Notum facimus universis tam presentibus quam futuris, quod Nos, more Progenitorum nostrorum, affectantes Religiosas personas Regni nostri, in transquillitate & pace pro viribus confovere, ut eo Domino libentius* [c] *valeant famulari, quo per protectionem Regiam, ab invasionibus, oppressionibus, violenciis & inquietationibus noverint se defensas, ad supplicationem Religiosorum virorum, Abbatis &*

[c] valeant.

NOTE.

(a) Tresor des Chartres, Registre 100. Piece 883.

Conventus

*Conventus Monasterii (a) Beate Marie de Voto, alias* Valasce, *fundati in Dominio nostro, in Ducatu Normannie, Ordinis Cisterciensis, Rothomagensis Diocesis, eosdem Abbatem & Conventum ac Monasterium, una cum omnibus membris, Ecclesiis, Capellis, Domibus, Grangiis, maneriis, personis, familiaribus, hominibus, bonis, rebus & possessionibus ac pertinenciis universis ad ipsos Religiosos & Monasterium predictum spectantibus, tam in capite quam in membris, ubique in Regno nostro consistentibus, in nostra & successorum nostrorum Regum Francie, Regia proteccione & Gardia speciali, ex certa scientia suscipimus per presentes: mandantes nichilominus* [a] *Caleti, Rothomagensi &* [b] *Medunte Baillivis,* [c] *ipsorumque Bailliviarum Vicecomitibus, Castrorum eciam & Fortaliciorum Capitaneis & Custodibus, ceterisque Justiciariis & Officiariis nostris,* [d] *modernis, & qui pro tempore fuerint, ac eorum cuilibet, ut ad eum pertinuerit, quatenus ipsos Abbatem & Conventum, Monachos ac Confratres, & familiares & homines ipsorum, sub speciali Gardia, manu & protectione nostris hujusmodi, in suis ac dicti Monasterii, cum eorum pertinenciis universis, justis possessionibus,* [e] *franchiis, Libertatibus, immunitatibus, usibus, juribus & saisinis quibuscunque, in quibus ipsos esse eorumque predecessores fuisse ab antiquo noverint, manuteneant & conservent; & eos ac homines eorum, ab omnibus injuriis, violenciis, oppressionibus, invasionibus, molestiis, inquietacionibus, vi armorum & potencia Laicorum quibuscunque, tueantur & deffendant; nec permittant ipsis Religiosis & Monasterio, in personis, familia, hominibus seu bonis aut rebus suis quibuscunque, aliquas fieri vel inferri injurias aut indebitas novitates; factas vel illatas, si quas invenerint, ad statum pristinum & debitum summarie & de plano reducant aut reduci faciant; & Nobis aut successoribus nostris, ac Parti, pro fraccione Gardie nostre, si contigerit, emendam condignam prestari faciant indilate; dictam Gardiam nostram in Assisiis suis, & aliis locis publicis quibus expedierit, publicari & notificari solenniter facientes; & inhibentes eciam seu inhiberi facientes ex parte Regia, omnibus hiis de quibus debite fuerint requisiti, sub omni pena quam erga Nos incurrere possent, ne in dictorum Abbatis & Conventus ac Monasterii personas, familiares, homines aut bona ipsorum quecunque, ullatenus forefacere presumant; nec non res & bona eorundem, de quibus debatum oriri de novo contigerit, ad nostram, & successorum nostrorum, tanquam superiorem manum, ponant; & de rebus contenciosis hujusmodi, recredenciam per dictam manum faciant, ubi & prout fuerit facienda; omniaque alia & singula faciant & facere valeant, que ad specialis Gardiatoris officium noscuntur legitime pertinere. In casu autem imminentis periculi,* [f] *Pennoncellos nostros Regios, super domibus, grangiis, hereditatibus & bonis eorundem, apponi facientes; & premissis & singulorum quolibet, diligencius ac facilius exequendis, unum vel plures de nostris aut successorum nostrorum servientibus ydoneis, predictis Religiosis, suis sumptibus, si & quociens per eos vel ex parte eorum, requisiti super hoc fuerint, deputent; qui tamen servientes, de hiis que cause cognicionem exigunt, se nullatenus intromittant. Quod ut firmum, &c. salvo, &c.* Datum in Castro nostro Vincennarum, mense Maii, anno Domini M. CCC°. LXXI. Regni vero nostri VIII.°

*Per Regem.* T. HOCIE. *Visa.*

CHARLES V. au Château de Vincennes, en May 1371.

[a] Caux. [b] Mante. [c] ipsarum. [d] modernis. [e] franchisiis. [f] Voy. les Tabl. des Mat. des Vol. des Ordonn. *au mot*, Pennonceaux.

NOTE.

*(a) Beate Marie de Voto.* ] S.^te Marie du Vœu, dite *la Valasse*, Ordre de Cîteaux, Diocèse de Roüen, près de l'Illebonne. *Voy. Gall. Christ. p.*^a *Edit.* tom. 4. p. 885. col. 2.° Voy. sur cette Abbaye, la *Neustria pia*, p. 848.

---

CHARLES V. à Paris, en May 1371.

## *(a)* Diminution de Feux pour Maironnes.

K*AROLUS, &c. Notum facimus, &c. quod cum ex parte, &c. Cumque facta ex hoc quadam informatione virtute quarumdam Litterarum nostrarum,*

NOTE.

*(a)* Tresor des Chartres, Registre 102. Piece 269. *Voy. cy-dessus*, page 30. Note *(a)*.

CHARLES V. à Paris, en May 1371.

*in loco de (a) Mayrenis, Senescallie Carcassone, & Vicarie [a] Terminesii, super vero numero Foccorum modernorum in dicto loco de Mayrenis, nunc existencium, per dilectum nostrum, Aymonem de Nyvre, servientem nostrum armorum, ac Commissarium auctoritate dictarum Litterarum nostrarum, per carissimum Germanum nostrum, Ludovicum Ducem Andegavensem, locum nostrum tenentem in [b] Partibus Occitanis, in hac parte deputatum; vocato & presente in omnibus Procuratore nostro Generali, &c.*

*Repertum fuerit, quod in dicto loco de Mayrenis, sunt de presenti & reperiuntur* XVIII. *Focci, secundum traditam instruccionem super hoc prelibatam. Nos vero, &c.*

*Quod ut firmum & stabile permaneat in futurum, presentibus Litteris nostrum fecimus apponi sigillum. Salvo in aliis jure nostro, & in omnibus quolibet alieno.* Actum Parisius, mense Maii, anno Domini M.° CCC.° LXXI.° & Regni nostri octavo.

Sic signata. *Per Consilium existens in Camera Compotorum.* DY. REGIS.

a Termenois. *Voy. le 4.e Vol. des Ordonn.* p. 624. Note (gg).
b Languedoc.

NOTE.

(a) *Mayrenis.* ] Le R. P. D. Vaissette, Benedictin, m'a appris que ce lieu se nomme presentement, *Maironnes*, Diocèse de Narbonne. C'est apparemment le même lieu qui *dans le Diction. univ. de la Fr.* est nommé, *Mayroimes*, Diocèse de Narbonne.

---

CHARLES V. à Paris, le 6. de Juin 1371.

*(a) Mandement qui porte qu'il sera fait un nouvel essay des dernieres Especes envoyées par le Maître de la Monnoye de Tournay, aux Generaux-Maistres des Monnoyes.*

CHARLES par la grace de Dieu Roy de France. A noz amez & feaulx Gens de noz Comptes à Paris: Salut & dilection. Henry Karlier & Colart Davesnes, tenans le Compte de nostre Monnoye d'Argent de Tournay, ou nom & pour Paul de Serbinde, Maistre particulier d'Or & d'Argent d'icelle Monnoye, Nous ont fait exposer en complaignant, que comme les dits exposants eussent n'agueres envoyé aux Generaulx Maistres de noz Monnoyes à Paris, une [c] Boeste d'Argent, en laquelle avoit VIII. C. XI. Deniers de Blancs; néantmoins iceulx Generaulx Maistres de noz Monnoyes, ont renduë icelle Boeste *(b)* hors de remede, trois quarts de grains; combien qu'elle eust esté renduë par les Gardes de la Monnoye dudit lieu de Tournay, comme [d] droicte, si comme il appert par leur [e] papier; & aussy que l'essay d'icelle Boeste, ne soit rapporté par le General Essaïeur & Contressaïeur [f] d'accord, laquelle chose est ou grant grief, prejudice & dommage des dits complaignants, se par Nous ne leur est sur ce pourveu de gracieux & especial remede, si comme ilz dient. Pour ce est-il, que Nous vous mandons que [g] se, appellez les dits Generaulx Maistres de noz Monnoyes, il vous appert estre ainsi, vous faictes reprendre ladite Boeste seconde & tierce fois, se [h] mestier & les dits complaignans le requierent; & d'icelle faire l'essay par telle maniere que la verité soit plus à plein congnuë de ceste chose, & qu'il n'en convengne plus retourner à Nous: Car ainssi le voulons estre fait; & l'avons octroyé & octroyons aus dits complaignans, de nostre grace especial; nonobstant que par les dits Generaulx Maistres de noz Monnoyes, ait esté dit que l'essay de ladite Boete rapporté par nostre General Essaïeur, est hors de remede, & quelzconques Ordonnances à ce contraires. *Donné en nostre Hostel lez-Sainct-Pol à Paris, le* VI.e *jour de Juing, l'an de grace mil trois cens soixante & unze, & de nostre Regne le huitiesme.* Ainsi signé. *Par le Roy, en ses Requestes.* J. DE REMIS.

c *Voy. les Tabl. des Vol. des Ordonn.* au mot, *Monnoyes.*
d *comme étant conforme à la Loy fixée.*
e *Certificat.*
f *qui doivent être de même avis.*
g *si.*
h *besoin est.*

NOTES.

*(a)* Registre *D.* de la Cour des Monnoyes de Paris, *fol.°* 7 vingt 12. *v.°*

Avant ces Lettres, il y a:

*Le* XIX.e *jour de Juing, mil trois cens* LXX. [ corr. 1371. ] *fut apporté ung Mandement seellé du Seel du Roy nostre Sire, dont la teneur s'ensuit.*

*Mandement du Roy, par vertu duquel l'en reprist une Boeste d'Argent de la Monnoye de Tournay.*

*(b) Hors de remede.* ] C'est-à-dire, que l'on jugea qu'il s'en falloit trois grains, que ces Pieces n'eussent esté fabriquées à la Loy qui avoit été fixée. *Voyez cy-dessus*, p. 235. & Note *(b)*.

Et estoit escript au dos des dites Lettres, ce qui s'ensuit.

*Le Jeudi XIX.ᵉ jour de Juing, trois cens soixante & unze, presens en la Chambre, Mons. de Beauvais, Maistre Oudart, G. de Hametel, & moy Jehan d'Achies, & les Maistres des Monnoyes, fut dit, que l'en face reffaire* * *l'essay autrefois, bien & convenablement, par gens qui se y congnoissent.* JOHANNES.

* l'essai qui avoit deja été fait.

---

CHARLES V. à Paris, le 17. de Juin 1371.

(a) Lettres qui renouvellent l'article premier de l'Ordonnance du 5. de Décembre 1363. pour la suppression des nouveaux Peages établis; nonobstant les Lettres impetrées au contraire; & qui reglent les procedures qui doivent être faites à ce sujet.

[a] *A TOUS ceulx qui ces Lettres verront. Hugues (b) Ambuot, Garde de la Prevoté de Paris: Salut. Sçavoir faisons que nous l'an de grace M. CCC. LXXI. le Samedi XXI. jour de Juing, veismes unes Lettres seellées en simple queuë, du Grand seel du Roy nostre Sire, contenant ceste forme.*

a Ce commencement jusques aux Lettres du Roy, n'est pas dans le Registre du Chastelet.

(c) CHARLES, &c.

..... Monstereul en [b] Faut d'Yone. Et pour ce que les Originaulx de ces presentes Lettres, ne [c] povoient par avanture estre montrées, exhibées ou presentées par un chacun des [d] Merchant ou Voituriers menant Marchandises & Vivres & autres choses par les restroit & passages de nostre Royaume, pour les [e] empaschemens des chemins ou des voyes, Nous voulons & mandons, que pleine foy soit adjoutée aux *Vidimus* ou transcript d'icelles, seellé ou seellées du seel de nostre Chastelet de Paris, tout ainsi come à l'Original d'icelles. *Donné à Paris, le XVII. jour de Juing, l'an de grace M. CCC. LXXI. & de nostre Regne le VIII.ᵉ*

b *Foul d'Yonne.* R.C. *Montereau-Faut-Yonne.*
c *pourroient.* R.C.
d *Marchans.* R.C.
e *empeschemens.* R.C.

[f] Ainsi signées autrefoiz. Ainsi signées de la datte du quatrieme jour de Decembre, l'an soixante & sept. Par le Roy. TOURNEUR. & seellée; & de votre commandement, joint avecques la clause, que le *Vidimus* vaille original. [g] *Multipliées.* DONHEN.

f *Ce qui suit, n'est que dans le Registre du Châtelet.*
g Multipl. *R.*

Et estoit escript au dos. *Publiées en Jugement ou Chastellet de Paris, le lundy vingtieme jour de Juing, l'an mil trois cens soixante & treize.*

Collation faicte par moy, le mercredy vintseptieme jour de Juillet, l'an mil trois cens soixante & treize.

*Le mardi vingt-septiéme jour de Juing, l'an mil trois cens septante-quatre, furent apportées en Jugement, unes Lettres pareilles des Lettres dessus transcriptes, excepté quant à la date; lesquelles étoient données à Paris, le vingtiéme jour de Juing, l'an de grace mil trois cens soixante & quatorze, & de notre Regne l'onziéme. Signées en la marge. Par le Conseil étant à Paris.* J. DOUHEN. *Renouvellée. Lesquelles furent publiées en jugement, à la requeste de Maistre Jehan Bouthery, soy disant Procureur du Roy sur le fait de la Marchandise des poissons de Mer; & en fu faicte collacion aux Lettres dessus transcriptes, par la main de la Court.*

NOTES.

*(a)* La Copie de ces Lettres a été envoyée de Montpellier, avec cette indication : *Seneschaussée de Nisme en general, Liasse 18. des actes ramassés, Arm. A. N.° 6. fol. 6.*

Ces Lettres sont aussi au Livre Rouge-Vieil du Châtelet de Paris, *fol.° 58. v.°*

*(b) Ambuot.* ] Il faut corriger, *Aubriot*, qui en 1371. étoit Prevost de Paris, Voy. la Liste des Prevosts de Paris, qui est à la fin de l'hist. des Connêtables, &c. par *Godefroy*, p. 12.

*(c) Charles, &c.* ] Ces Lettres sont cy-dessus, p. 89. où elles finissent à ces mots : *Monstereul en Foule-d'Yonne.*

CHARLES V.
à Paris, le 20. de Juin 1371.

(a) Lettres qui portent que dans la suite on levera des droits sur le sel qui passera sur la Riviere d'Isere, dans le Dauphiné.

*NICOLAS de Fonteney Escuyer, Conseiller General du Roy nostre Sire, sur le fait des Aydes ordonnées pour la guerre, Visiteur & Reformateur par tout le Royaume, ez parties de la Languedoyl sur ledit fait; & Bernard de Montlehery, Tresorier du Dauphiné de Viennois, Commissaires en cette Partie du Roy notre dit Seigneur. A notre amé Pierre de Sainct Mers, Chatelain de la (b) Roche de Cleis: Salut. Les Lettres du Roy nostre Sire, avons receuës, contenant la forme qui s'ensuit.*

CHARLES par la grace de Dieu Roy de France, à nos Amez & Feaux Conseillers, Jacques de Vienne, Chevalier, Gouverneur [a] dou Dauphiné de Viennois; Nicolas de Fonteney, General sur le fait des Aydes de nos guerres, & Bernard de Montlehery, Tresorier dudit Dauphiné: Salut. Comme Nous soyons souffisamment informé, que l'Aide qui court sur le sel pour Nous, ez Dioceses de Lyon, Mâcon & Chalon, Nous est de moult petit pourfit, pour ce que les habitans des dits Dioceses, vont frauduleusement & contre raison, achater du sel en (c) l'Empire, auquel ils [b] marchissent si prez, qu'il n'a que la Riviere de la Sone ou [c] dou Rone entredeux; ou quel Empire, ils ont trop meilleur marché de sel, que ez dites Dioceses; pour ce que du sel que l'on amene ez dites Dioceses, par ladite Riviere du Rosne, l'on paye plusieurs charges & redevances, que l'on ne paye mie de celuy qui est mené oudit Empire: Car pour [d] eschiver lesdites charges de ladite Riviere du Rosne, ils amenent le sel ou dit Empire, dez Avignon, par terre par le Dauphiné, jusques à la Riviere d'Isere, & [e] l'a leur convient passer ladite Riviere, laquelle ils passent sans nous payer aucune charge dudit sel; & ladite Riviere passée, ils mainent iceluy sel en la Comté de Savoye, en la Comté de Bourgogne & ailleurs, hors de nostre dit Royaume; ez quiez pays de Savoye, Bourgogne, & d'ailleurs hors de notre dit Royaume, les dits habitans des dites Dioceses, vont acheter [f] recelement ledit sel; & d'iceluy sel usent sans Nous en payer aucun droit; & par ce l'on vend moult [g] po de sel en notre Grenier de notre Ville de Lyon, & est en avanture que l'on n'y en vende & descende encore moins doresenavant, & que la Marchandise dudit sel, [h] ne voit de tous poins au neant en ladite Ville, qui [i] souloit estre une des plus grands Marchandises de ladite Ville, & dont icelle Ville étoit plus [k] soutenuë; [l] qui est ou grant grief, prejudice & dommage de Nous & de nostre peuple, & pourroit encore plus estre, se par Nous n'y étoit brevement pourveu de remede convenable. Pourquoy Nous, qui ne voulons souffrir telles fraudes & malices estre [m] faits ou prejudice de Nous & de notre peuple; mais y voulons obvier & pourvoir de remede de tout notre pouvoir, vous mandons & commandons, & à chacun de vous, & se [n] mestier est, commectons que vous vous transportés oudis Dauphiné, & mettés & établissés charges, telles comme bon

a *du.* b *confinent.* c *du.* d *éviter.* e *là.* f *furtivement.* g *peu.* h *n'aille.* i *avoit accoustumé.* k *enrichie.* l *ce.* m *faites.* n *besoin*

NOTES.

(a) La Copie de ces Lettres a été envoyée de Grenoble, avec cette indication:

*Extrait à son Original, étant en parchemin aux Archives de la Chambre des Comptes de Dauphiné, dans la caisse du Dauphiné; ensuite des ordres,* &c. *Voy. cy-dessus*, p. 58. Note *(a)*.

*(b) Roche de Cleis.* ] Je n'ai rien trouvé sur ce lieu; si ce n'est que dans le Graisivaudan, qui, du costé du Septentrion, confine à la Savoye, & où coule l'Isere, il y a un lieu nommé Claix. Cette situation s'accorde fort bien avec ce qui est ordonné dans ces Lettres. Voy. la Notice des lieux du Dauphiné, laquelle est à la teste de l'histoire de M.r de *Valbonnais*, p. VII. col. 2.

*(c) Empire.* ] Il paroît par la suite de ces Lettres, qu'il faut entendre icy par ce mot, les Comtez de Savoye & de Bourgogne.

vous semblera, sur le sel qui passera par ladite Riviere d'Isere, & par autres Rivieres, passages & détroits, tant par eau comme par terre, étant oudit Dauphiné, & ailleurs en notre dit Royaume, où y vous plairra & bon vous semblera, & sur icelles Rivieres, passages & detroits, mettés Gardes & Commis, [a] & quels ne souffrent passer aucun sel par lesdites Rivieres, passages & detroits, sans Nous payer telles charges pour iceluy sel, comme vous ordonnerez; & sur telles peines comme bon vous semblera; ausquiez Gardes & Commis, vous taxerez [b] sies gages, comme bon vous semblera; & dudit Office en quoy vous les mettrés, & aussy des gages que vous leur taxerés, à cause dudit Office, leur baillés vos Lettres, lesquelles Nous confirmerons toutes fois que requis en serons. De ce faire, vous donnons pouvoir, & à chacun de vous: Mandons & commandons à tous nos Justiciers, Officiers & sujets, que à vous, & à chacun de vous [c] par soy, en ce faisant, [d] obeissant & entendant diligemment, & vous baillent conseil, confort & aide, se metier en avés, & par vous ou l'un de vous, en sont requis. *Donné à Paris, le vingtiéme jour de Juin, l'an de grace mil trois cens soixante & onze, & de notre Regne le huitiéme. Par le Roy.* BAIGNEUX.

CHARLES V. à Paris, le 20. de Juin 1371.

a *lesquels.*

b *tels.*

c *en particulier.*

d *obeissent & entendent.*

*Par vertu desquelles, & pour icelles accomplir, nous avons fait assembler le Conseil dudit Seigneur à Grenoble, avec plusieurs Clers de la Chambre des Comptes, Chevalliers, Ecuyers, bourgeois & autres dudit Dauphiné; par l'avis desquiex, nous avons ordonné, que de tout le sel qui doresenavant passera par la Riviere d'Isere, dez la Ville de Grenoble jusques au Rosne, sera pris & levé, au (a) poids par où il passera, deux Florins pour [e] sommée de Valence; & ainsy semblablement, sera pris & levé deux Florins pour sommée du sel qui passera à navire, par la Riviere du Rosne au [f] contremont dez-là où ladite Riviere d'Isere [g] se fiert oudit Rosne; outre & pardessus ce que Monsieur d'Anjou y prend à (b) Chateaubourc; excepté toutes voyes du sel que l'on menera par ledit Rosne, ou Grenier à sel de Lyon, duquel ne sera aucune chose pris ou levé, [h] à cause desdits deux Florins pour sommée; mais [i] cil qui meneront ledit sel, bailleront caution à celui qui gardera ladite Riviere du Rosne, de mener ledit sel oudit Grenier, dedans certain temps; & la Garde de ladite Riviere du Rosne, leur baillera Lettres adressans au Grenetier du Grenier à sel de Lyon, faisant mention de la quantité du sel qu'ils auront passé pour y mener, & du jour dedans lequel ils y devront descendre; & [k] par raportant souffisante rescription dudit Grenetier, faisant mention de la quantité du sel qu'ils auront descendu oudit Grenier, & du jour qu'il aura été descendu, ladite Garde leur rendra ladite caution casse & nulle; & outre, avons advisié que quatre chevaux, juments, mules ou mulets, porteront ladite sommée de Valence; & ainsy six anes porteront icelle sommée; une charrete à trois chevaux menera trois sommées; une à deux chevaux, deux sommées & demye, & une à un cheval, une sommée & demye; & pour ce, sera pris & levé doresenavant, au proffit de notredit Seigneur, pour chacun cheval, jument, mule ou mulet, qui passera par ladite Riviere d'Isere, demy Florin, au port par où il passera ladite Riviere; & pour chacun asne, quatre gros de Florin, à compter douze gros pour un Florin; & pour une charrete à trois chevaux, six Florins; pour une à deux chevaux, cinq Florins; & pour une à un cheval, trois Florins; & bailleront les Gardes desdits ports, [l] Bullete autrement dite Police, à ceux qui auront passé ledit sel, faisant mention de la quantité des chevaux, juments, mules, mulets, asnes & charretes qu'ils auront passé, & de la quantité de sel qui porteront ou [m] mesront, du jour qu'ils les auront passé; laquelle Bullete ou Police ne sera de valeur, ne n'aura cours que jusques huict jours après la date d'icelle; & ou cas qui passera aucunes bestes ou charretes, dont les Gardes des dits ports fassent doute qu'elles portent ou menent plus que dessus n'est devisié ou declarié, icelles Gardes prendront le serment des [n] conduits d'icelles*

e charge de chevaux.

f en remontant.

g se decharge dans le Rhosne.

h pour cause.

i ceux.

k en.

l Certificat.

m meneront.

n conducteurs.

NOTES.

(a) *Poids.* ] Ce mot me paroist corrompu; peut-être, faut-il corriger *pas*, pour *passage*?

(b) *Chateau-bourc.* ] C'est apparemment Chasteau-bourg dans le bas Languedoc, Diocese de Viviers. *Voy. le Diction. univ. de la Fr.* à ce mot.

CHARLES V. à Paris, le 20. de Juin 1371.

*bestes & charretes; & de tout ce qu'ils jureront que lesdites bestes & charretes porteront & meneront plus que dessus n'est devisé ou declarié, les dits Gardes se payeront dudit surplus, audit prix de deux Florins pour sommée; & se aucuns sont trouvés menans ou conduisans sel qu'ils eussent passé par ladite Riviere, sans payer ledit acquit, en enfraiguant ladite Ordonnance, ledit sel, bestes & Charroy, seront pris comme acquis & confisqués au Roy notre dit Seigneur; & les conduiseurs desdites bestes & charroy, seront tenus de [a] l'amender; & pour [b] tauxer ladite Amande, & repondre au Procureur dudit Seigneur sur ce, seront icelles personnes adjournées par lesdites Gardes, pardevant le Gouverneur dudit Dauphiné; ou nous Bernard dessus dit, à certain jour & competant; & tous ceux qui trouveront tel sel & le raporteront auxdites Gardes, ils auront le tiers dudit sel, bestes & charroy. Pourquoy nous consians de votre sens, loyauté & bonne diligence, vous avons ordonné & commis, ordonnons & commettons par ces presentes, Garde des ports de la Roche de Cleys & de (a) Consolains; & vous mandons, commandons & expressement enjoignons, que sur quan que vous vous peuvés mesaire envers le Roy notre dit Seigneur, que pour chacun cheval, jument, mule & mulet, chargé de sel, qui doresenavant passeront par lesdits ports, vous preniés, leviés & receviés incontinent qu'il passera ledit port, demi Florin, pour & au proffit de notre dit Seigneur; de chacun asne chargé de sel, quatre Gros de Florins; d'une charrete à trois chevaux chargée de sel, six Florins; d'une charrete à deux chevaux, cinq Florins; & d'une à un cheval, trois Florins; & à ceux qui passeront ledit sel, baillés Bullete ou Police, par la maniere dessus dite; & se vous trouvés aucun qui ayent passé sel par ledit port, ou par autres étants sur ladite Riviere, sans payer ledit acquit, si prenés ledit sel, ensemble les bestes & charretes qu'ils auront passé, comme acquis & confisqués au Roy notre dit Seigneur; & si adjournés les personnes qui les conduiront, pardevant ledit Monsieur le Gouverneur, ou nous Tresorier dessus dit, par la forme & maniere que dessus est dit & divisé: & au surplus, faites le contenu de notre dite Ordonnance, si & par telle maniere que vous n'en soyez repris de negligence. Et asin que vous puissiez plus diligemment vaquer oudit fait, vous avons ordonné & tauxé, ordonnons & tauxons, par ces memes presentes, cinquante Francs d'Or, de gages [c] pour an, tant comme y plaira à notre dit Seigneur. De ce faire, vous donnons pouvoir, mandons & commandons à tous les sujets du Roy notre Sire, & dudit Dauphiné, prions & requerons tous autres, que à vous obeissent en ce faisant, & entendent diligemment, & vous pretent conseil, confort & aide, se metier en avés, & de par vous en sont requis.* Donné à [d] Romans, sous nos sceaux, le quatrieme jour du mois de Septembre, l'an de grace mil trois cens soixante & onze. J. BELLI.

a payer l'Amende.

b taxer.

c par.

d *Voy. le 3.e Vol. des Ordonn.* p. 270. Note *(c)*.

NOTE.

*(a) Consolains.]* L'on trouve dans la Notice citée cy-dessus, p. 404. Note *(b)*. *Consolens dans la Comté de Valence.*

---

CHARLES V. à Paris, en Juin 1371. & en Fevrier 1369.

*(a)* Lettres qui portent que ce qui est dû au Roy, par les habitants de la Cité & du Bourg de Rhodez, sera employé aux dépenses communes de ces deux endroits.

*KAROLUS, &c. Notum facimus, &c. Nos quasdam Litteras, dilectis & fidelibus nostris Consulibus, Burgensibus & habitatoribus Civitatis & Burgi Ruthenensis, concessas, [e] formam que sequitur, continentes.*

e vidisse.

*KAROLUS Dei gracia Francorum Rex. Crescit Regii Culminis celsitudo, gloriamque meretur pariter & honorem, dum obsequia à suis fidelibus eidem impensa recolendo, eorum justa desideria favore prosequitur speciali; presertim in hiis que conveniunt*

NOTE.

*(a)* Tresor des Chartres, Registre 102. Piece 359. *Voy. cy-dessus*, page 190. Note *(a)*.

*Regie Celsitudini, eorumque peticiones equitati & racioni consonas exaudire, & illos privilegiis, favoribus & graciis ampliare. Sane ad nostri memoriam reducentes laudabilia & grata servicia, que dilecti & fideles nostri Consules, Burgenses & habitatores Civitatis & Burgi Ruthenensis, qui propter devocionem & dilectionem quam semper erga nos & predecessores nostros Reges & Coronam Francie, ferventer habuerunt & habent, ad simplicem requestam & mandatum dilecti & fidelis Consanguinei nostri Comitis Armaniaci, fuerunt de primis qui Edvardo Primogenito Eduardi Anglie, & eorum confederatis & complicibus & aliis adversariis nostris obedienciam denegarunt, & nos tanquam veri & fideles, & in perfecta voluntate persistentes, in suum naturalem & superiorem Dominum recognoscendo, in nostra obediencia se libere reddiderunt. Notum igitur facimus universis presentibus & futuris, quod nos, hiis & aliis racionabilibus causis nos ad hoc moventibus, ipsorum Consulum, Burgensium & habitatorum requeste pro parte ipsorum nobis exhibite, favore benivolo annuentes, eisdem omnibus & singulis, ex plenitudine potestatis Regie, certa sciencia & gracia speciali, concessimus & concedimus per presentes, quod si alique financie vel* [a] *Emande per ipsos Consules, Burgenses & habitatores, aut ipsorum aliquem, debeantur vel deberi reperiantur Thesaurarie nostre Regie Senescallie Ruthenensis, aliqua occasione sive causa, à tempore preterito usque ad diem qua se nostre obediencie submiserunt, illud totum quicquid & qualecunque sit, & à quocunque debeatur, ad quamcunque eciam summam ascendat, eisdem Consulibus concedimus & donamus; nonobstante quod summa debitorum presentibus minime exprimatur, per eos aut eorum* [b] *deputatum vel deputandos, levandum & exigendum ad opus & utilitatem Ville & Civitatis predicte; quodque debitis sic solutis & levatis, debitores ab ipsis debitis, & eorum heredes & ab ipsis causam habentes, volumus quictos & immunes erga nos & successores nostros Reges Francie, perpetuo remanere: Dantes tenore presencium in mandatis Senescallo & Thesaurario* [c] *Ruthenensibus, ceterisque Justiciariis nostris, presentibus & futuris, & eorum cuilibet, ac Locatenentibus eorumdem, quatenus dictos Consules, Burgenses & habitatores, presentes & posteros, hujusmodi nostris gracia, donacione & remissione uti & gaudere faciant & permittant; ipsos aut eorum aliquem nullatenus molestando nec molestari faciendo: Quia sic fieri volumus & eisdem concessimus consideracione premissorum; non obstantibus aliis donis & graciis per nos vel Predecessores nostros eisdem factis, & quod hujusmodi dona vel gracie non sint presentibus expressata; aliisque Ordinacionibus & Mandatis in contrarium editis quibuscunque. Quod ut firmum & stabile, &c. salvo in aliis, &c.* Datum Parisius, anno Domini millesimo CCC.° LX.° nono; Regni vero nostri sexto, mense Februarii.

CHARLES V.

à Paris, en Juin 1371. & en Fevrier 1369.

a Emende.

b deputandum.

c Ruthen. *R.*

*Cum igitur predicte nostre Littere Consules & habitatores Civitatis Ruthenensis comprehendant, & in ipsarum impetracione, dicti Consules, Universitas & habitatores* (a) *Burgi, solum de ipsis supplicare intendebant; cum à Consulibus & habitatoribus dicte Civitatis, ipsi & eorum Universitas & Consulatus, omnino sint differentes & diversi, dicteque nostre Littere solum faciunt mentionem de financiis vel Emendis per ipsos Consules & habitatores Burgi, Thesaurarie nostre debitis, prefati Consules & habitatores Nobis supplicarunt, quatenus dictam nostram graciam & Litteras ampliando, ipsas ad quascunque financias vel Emendas dicte Thesaurarie & Nobis per dictos supplicantes debitas, extendere dignaremur. Nos vero dictorum Supplicancium fidelitatis constanciam, quam erga Nos habuerunt & habent incessanter; nec non causas alias in dictis Litteris nostris lacius contentas considerantes, sue peticioni devote Nobis facte graciose favemus, ac ipsis Universitati, Consulibus & habitatoribus singulis dictam nostram graciam ampliando, concedimus per presentes, quatenus, si alique financie vel Emende per ipsos Universitatem, Consules & habitatores singulos, dicte nostre Thesaurarie seu Nobis, occasione seu causa quibuscunque, à tempore preterito usque ad diem qua in nostram obedienciam venerunt, debeantur, dictas financias vel Emendas, ad quamcunque summam ascendant & possint ascendere, dictis Universitati, Consulibus & habitatoribus concedimus & donamus de nostris auctoritate*

NOTE.

(a) *Burgi.*] Rhodez est divisé en Cité & en Bourg. L'Evêque est Seigneur de la Cité, & le Bourg est au Roy, comme Comte de Rhodez. *Voy. le Diction. univ. de la Fr. au mot, Rhodez.*

CHARLES V. à Paris, en Juin 1371. & en Fevrier 1369.

*Regia* [a] *gracia speciali per presentes, in clausuram & fortificationem & alias neccessitates dicti Burgi, & non alibi convertendas. Volentes insuper quod, si per dictum Receptorem aut alios Officiarios nostros, à die predicta qua nostre se submiserunt obediencie, levatum aliquid inde fuerit vel exactum, id totum usque ad summam mille librarum, predictis Universitati & Consulibus restituatur & reddatur, in usus predictos convertendum. Quapropter Senescallo & Thesaurario* [b] *Ruthenensibus, ceterisque Justiciariis & Officiariis Regni nostri, presentibus & futuris, prout ad ipsos & eorum quemlibet pertinuerit, damus tenore presentium in mandatis, quatenus prefatos Consules, Universitatem & habitatores Burgi Ruthenensis predictos, nostra presenti gracia, donacione & remissione uti & gaudere perpetuo faciant & permittant pacifice & quiete, ipsos aut eorum aliquem, in contrarium non turbantes aut turbari seu molestari permittentes à quoquam: Quoniam sic fieri volumus; & dictis supplicantibus concessimus consideracione premissorum; non obstantibus aliis donis seu graciis ad hoc contrariis quibuscunque. Quod ut firmum & stabile perpetuo perseveret, sigillum nostrum hiis presentibus duximus apponendum: salvo in aliis jure nostro, & in omnibus quolibet alieno.* Datum Parisius, mense Junii, anno Domini M.° CCC.° septuagesimo primo; Regni vero nostri octavo.

*Per Regem.* T. HOCIE.

[a] &c.

[b] Ruthen. R.

---

CHARLES V. à Paris, en Juin 1371. & le 20. de Fevrier 1369.

(*a*) Lettres qui portent que pendant 15. ans, les habitans de Rhodez seront exempts des droits de Francs-Fiefs, pour les biens nobles relevants du Roy, qu'ils acquereront hors du Comté de Roüergue, & des Terres appartenantes au Comte d'Armagnac; & que pendant le même espace de temps, ils ne payeront aucuns droits pour les effets à eux appartenants, qu'ils feront passer par les Seneschaussées de Beaucaire, &c.

*KAROLUS, &c. Notum facimus, &c. Nos quasdam nostras Litteras vidisse, formam que sequitur, continentes.*

*KAROLUS Dei gracia Francorum Rex. Universis presentes Litteras inspecturis: Salutem. Notum facimus nos Litteras carissimi Germani & Locumtenentis nostri in* [c] *Partibus Occitanis, Ducis Andegavensis & Comitis Cenomanensis, suo sigillo secreto sigillatas,* [d]*, formam que sequitur, continentes.*

*LUDOVICUS Regis quondam Francorum Filius, Domini nostri Regis Germanus, ejusque Locumtenens in Partibus Occitanis, Dux Andegavensis & Comes Cenomanensis. Universis presentes Litteras inspecturis: Salutem. Cum uniuscujusque Principis intersit, subditorum suorum ac fidelium* [e] *serviciorum humiles supplicaciones Requestasque supplices ac racioni consonas, favorabiliter exaudire.*

*(1) Notum facimus quod nos, attentis bonis, laudabilibus & fidelibus serviciis, quibus Consules Civitatis & Burgi Ruthenensis, apud nos multipliciter commendantur; attentis eciam sincera & cordiali dilectione, quas erga dictum Dominum nostrum & nos, diucius habuerunt & gesserunt, quasque per ipsos futuris temporibus, per amplius gerere & habere speramus, suis peticionibus benigniter inclinati, eisdem concessimus & concedimus per presentes, nomine Consulatus & Universitatis dicte Civitatis & Burgi, ac de gracia speciali, certa scientia & auctoritate Regia qua fungimur in hac parte; videlicet, licenciam & auctoritatem specialem acquirendi per innobiles à Nobilibus quibuscunque, & acquisita retinendi quecunque Feoda, Census & redditus nobilia & nobiles, sub Feodo vel Retro-Feodo Regio, extra Comitatum Ruthenensem & terram Comitis Armaniaci, sine quacunque financia seu solucione dicto Domino meo Regi seu nobis propter hoc facienda,*

[c] Languedoc.

[d] vidisse.

[e] *fort.* servitorum.

NOTE.

(*a*) Tresor des Chartres, Registre 102. Piece 360. *Voy. cy-dessus*, p. 190. Note (*a*).

usque

*usque ad decem annos proximo futuros continuos & completos, & non ultra.*

(2) Item. *Quod dicti Consules, habitatores & singulares dictorum Civitatis & Burgi, & quilibet ipsorum, possit & valeat, quascunque res, mercaturas aut alia bona quocunque nomine* [a] *nuncupantur, sive sint propria, aut alia quocunque titulo justo ipsas acquisiverint, portare seu portari, vehi aut duci facere per Senescallias Bellicadri, Carcassone, Tholose, Albigesii, Ruthene &* [b] *Caturcensem, & per* [c] *quemlibet ipsarum, & per quecunque loca ipsarum Senescalliarum; ipsasque mercaturas aut alias res seu bona, reducere seu repassari facere, & ad locum suum reapportare libere & impugne, absque eo quod hinc ad decem annos proximos & continuos sequentes, ipsi ad quascunque imposiciones, redibencias, Leudas, Peagia, Barragia, aut alia quecunque debita subsidia, in dictis locis, Senescalliis seu Villis dictarum Senescalliarum, per quas eundo vel redeundo transiverint, indicta vel indicenda* [d] *exsolvenda teneantur; nec per quoscunque dictorum Barragiorum, Peagiorum, Imposicionum, Leudarum & redibenciarum seu subsidiorum Levatores, Collectores seu Gubernatores, dictis decem annis durantibus, compelli possint; quorum* [e] *viginti annorum dilacione sopita, ipsos & eorum quemlibet ad statum pristinum in quo nunc sunt, reverti volumus & reduci, ac presentes Litteras nullius valoris existere decernimus.*

*Quocirca mandamus Senescallo & Thesaurario,* [f] *Procuratori Regio Senescallie Ruthenensis, ceterisque Senescallis Bellicadri, Carcassone, Tholose, Albigesii & Caturci; necnon universis & singulis predictarum Senescalliarum Justiciariis, Officiariis, Imposicionariis, Leudatariis, Gabellarum, redibenciarum, Barragiorum & aliorum quorumcunque subsidiorum Levatoribus, Collectoribus & Gubernatoribus, vel eorum Locatenentibus, quatenus prenominatos Consules Universitatis & singulorum, dictis durantibus dilacionibus, supradictis nostris gracia & concessione uti pacifice faciant & gaudere; Ordinacionibus Regiis ad hoc contrariis non obstantibus quibuscunque. In cujus rei testimonium, sigillum nostrum secretum in absencia magni, presentibus fecimus apponi.* Datum Tholose, die vicesima septima Marcii, anno Domini M.° CCC. LX. octavo.

*Quas quidem Litteras suprascriptas, ratas habentes & gratas, eas & omnia in eis contenta, laudamus, approbamus, ratifficamus, ac ex nostra certa scientia auctoritateque Regia & gracia speciali, confirmamus per presentes: Mandantes Senescallo Ruthenensi, Thesaurario ac Procuratori Regiis dicte Senescallie, ceterisque Justiciariis & Officiariis, presentibus & futuris, aut eorum Locatenentibus, & cuilibet eorumdem, prout ad ipsum pertinuerit, quatenus predictos Consules Universitatis & singulorum, dictis dilacionibus durantibus, nostris presentibus gracia & confirmacione uti & gaudere faciant & permittant absque impedimento quocunque; Ordinacionibus, defensionibus seu mandatis aut Litteris subrepticiis ad hoc contrariis, non obstantibus quibuscunque. In cujus rei testimonium, nostrum presentibus Litteris fecimus apponi sigillum.* Datum Parisius, XX. die Februarii, anno Domini M.° CCC.° LXIX.° Regni nostri sexto.

*Cum igitur dilecti & fideles nostri Universitatis Consules, & singulares persone Burgi Ruthenensis predicti, Nobis supplicaverunt quatenus, attentis premissis, dictum tempus Decennii in predictis Litteris comprehensum, usque ad viginti annos vellemus prorogare; & propter hoc, Universitas, Consules & habitatores predicti, qui ex Dono Regio, duo mille quingenta libras, per nostras alias Litteras, super* [g] *Commune Pacis* [h] *Ruthenensis, & super Thesauraria nostra Ruthenensi, pro fortificacionibus dicti Burgi fiendis, habere debent & percipere, dictis duobus mille quingentis libris renunciarunt & renunciant expresse per presentes; Nos, attentis & consideratis in predicti Fratris nostri & nostris Litteris contentis, predictas nostras Litteras ex uberiori nostra gracia* [i] *confirmatas, si sit opus; Universitati, Consulibus, habitatoribus, nec non & singulis personis quibuscunque Burgi Ruthenensis predicti, dictas nostras Litteras & gratiam ampliando, tempus decennii predicti, usque ad quindecim annos continuos prorogamus de nostra certa scientia & gratia speciali per presentes; dictos quindecim annos à die prima Decennii predicti computandos: volentes quod singulares persone & habitatores dicti*

CHARLES V. à Paris, en Juin 1371. & le 20. de Fevrier 1369.

[a] nuncupentur.
[b] Caturcen. *R.*
[c] quamlibet.
[d] exsolvend. *R.*
[e] je crois qu'il faut corriger, *Decem.*
[f] &.

Suite des premieres Lettres de Charles V.

Suite des secondes Lettres de Charles V.

[g] Voy. cy-dessus, p. 340. Note *(a)*.
[h] Ruthen. *R.*
[i] confirmat. *R.* confirmamus.

CHARLES V.
à Paris, en Juin 1371. & le 20. de Fevrier 1369.

*Burgi, emptores & acquisitores dictorum Feudorum, Censuum & redditum nobilium, eciam si in [a] Pariagia consistent; extra tamen Comitatum Ruthenensem & ejus ressortum, ac terram Comitis Armaniaci, ut dictum est, possint perpetuo acquisitiones predictas tenere & possidere, ac quitti perpetuo remanere pacifice & quiete, sine hoc quod Nobis aut nostris successoribus, financias quascunque & sub quocunque valore existant, solvere propter hoc teneantur: Quas quidem financias propter hoc debitas & que deberi possent, & sub valore quocunque, Universitati, Consulibus, habitatoribus & singulis personis predictis concessimus, remisimus & quittavimus, concedimusque, remittimus & quittamus per presentes; mediante renunciatione duorum millium quingentarum Librarum predictarum; quodque si aliqua fuerint ab inde per nostros Officiarios recepta, quod id totum dictis emptoribus restituatur ad plenum. Quapropter Senescallo, Thesaurario ac Procuratori nostris Ruthenensibus, ceterisque Senescallis Bellicadri, Carcassone & Tholose, Albigesii & Caturcensi; nec non quibuscumque Commissariis super dictis Financiis exigendis deputatis & deputandis, ac omnibus aliis Justiciariis & Officiariis Regni nostri, presentibus & futuris, prout ad ipsos & quemlibet ipsorum pertinuerit, damus tenore presentium in mandatis, quatenus Universitatem, Consules, habitatores & singulares personas dicti Burgi predictos, & ipsorum quemlibet, nostra presenti gratia uti & gaudere faciant & permittant pacifice & quiete, juxta presencium Litterarum nostrarum seriem & tenorem; ipsos vel ipsorum alterum, in contrarium non turbantes aut turbari sive molestari permittentes quoquomodo; & si que in contrarium facta sunt, ea ad statum pristinum & debitum reducant aut reduci faciant indilate; quoniam sic fieri volumus; & Universitati, Consulibus, habitatoribus & singularibus personis dicti Burgi, concessimus & concedimus per presentes; non obstantibus donis & graciis per Nos aut predecessores nostros, Universitati, Consulibus, habitatoribus & singularibus personis dicti Burgi factis; quodque certa summa financiarum predictarum dictis supplicantibus concessarum & remissarum, ad quemcunque valorem ascendat & possit ascendere, non sit in presentibus expressata; Ordinacionibusque defensionibus aut mandatis ad hoc contrariis quibuscunque. Quod ut firmum & stabile, [a] sigillum nostrum, &c. salvo in aliis, &c.* Datum Parisius, mense Junii, anno Domini M.° CCC.° septuagesimo primo; Regni vero nostri octavo.

*Per Regem.* T. HOCIE.

a Voy. les Tabl. des Mat. des Vol. des Ordonn. au mot, Pariage.

a &c.

---

CHARLES V.
à Paris, en Juin 1371.

## (a) Privileges accordez aux habitants de la Ville de Rhodez.

SOMMAIRES.

*(1) Les habitants de Rhodez par rapport à leurs biens, en quelque lieu qu'ils soient situez hors du Comté de Rhodez; même quand ces biens seroient passez d'un Noble à un non-noble, ne seront sujets qu'aux Tailles réelles, lorsqu'elles auront été imposées à la pluralité des voix, dans une assemblée à laquelle ils auront été appellez; & ils ne seront point sujets aux autres Tailles, qui seront imposées par les Officiers ou par les Seigneurs des lieux où leurs biens sont situez. On ne pourra proceder contre eux pour le payement des Tailles réelles, que par la saisie & vente de leurs biens; & non par l'emprisonnement de leurs personnes, ni par des établissements de Garnisons; pourvû cependant que leurs biens puissent répondre du payement de ces Tailles. Les poursuites que l'on fera contre eux à cet égard, se feront par des Sergents Royaux; appellez cependant les Sergents ordinaires des lieux où leurs biens sont situez.*

*(2) Les habitants de Rhodez pourront, sans avoir besoin de commission, exercer l'Office de Changeur dans la Seneschaussée de Roüergue; à l'exception du Comté de Rhodez.*

*(3) Les Sergents Royaux ne pourront établir leur domicile dans la Ville de Rhodez, sans la permission des Seigneurs de cette Ville.*

*KAROLUS Dei gracia Francorum Rex. Delectatur noster animus & secura transquillitate quiescit, dum nostros subditos & Regni nostri incolas conspicimus in nostra & Regie Majestatis persistere devocione sincera, & eos favorabiliter prosequi volumus; presertim in hiis que Majestati Regie conveniunt, ac ipsorum peticiones equitati & racioni*

NOTE.

(a) Tresor des Chartres, Registre 102. Piece 363. *Voyez cy-dessus*, p. 190. Note (a).

CHARLES V.

à Paris, en Juin 1371.

*consonas exaudire, & illos privilegiis, favoribus & graciis benigniter ampliare. Sane attendentes laudabilia servicia, que dilecti & fideles nostri Consules, Burgenses & habitatores Civitatis & Burgi Ruthene, qui propter ferventem dileccionem quam semper erga Nos & predecessores nostros Reges & Coronam Francie, habuerunt & habent, ad simplicem requestam & mandatum dilecti & fidelis Consanguinei nostri, Johannis Comitis Armaniaci,* [a] *Fezenciaci & Ruthene, Vicecomitisque Leomanie & Altivilaris, fuerunt de primis qui Edwardo Primogenito Edwardi Anglie, & eorum confederatis ac complicibus & aliis adversariis nostris obedienciam denegarunt, & tanquam veri & fideles, & in perfecta voluntate persistentes, Nos in suum naturalem & superiorem Dominum recognoscendo, in nostra obediencia libere redierunt. Notum igitur facimus universis tam presentibus quam futuris, quod Nos, hiis & aliis pluribus justis & legitimis causis nostrum ad hoc moventibus animum, ipsorum Consulum, Burgensium & habitatorum Civitatis & Burgi predictorum, requestis pro parte ipsorum Nobis humiliter presentatis, favore benivolo annuentes, eisdem Consulibus, Burgensibus & aliis habitatoribus Civitatis & Burgi Ruthene memoratorum, ex nostris plenitudine potestatis Regie, certa scientia & gracia speciali, concessimus & concedimus per presentes, Libertates, franchisias & privilegia que sequntur.*

(1) Et primo. *Quod omnes & singuli dictorum Civitatis & Burgi Ruthene Burgenses, & alii habitatores cujuscunque status aut condicionis existant, aut eorum heredes & successores, presentes pariter & futuri, habentes seu habituri redditus, proventus, terras & possessiones ubicumque sit; preterquam infra fines & limites Comitatus Ruthene & ejus ressorti, occasione, racione seu causa reddituum, proventuum, terrarum & possessionum predictarum, per Consules, subditos vel alios Officiarios aut Nobiles seu Dominos locorum, in quibus dicte eorum terre, redditus, proventus & possessiones* [b] *existant seu existunt, possint imposterum minime tailliari, seu Taillia vel Indicio per dictos Consules, Syndicos, Officiarios, Nobiles aut Dominos imposita aut de cetero imponenda, possit ipsos aut eorum aliquem qualitercunque ligare; nisi solum & dumtaxat in Tailliis mere realibus, &* [c] *quod major & sanior pars illorum qui pro tempore fuerunt, consenciat, & super hoc fuerit evocata; eciamsi dicte terre, redditus, proventus & possessiones de* [d] *mane nobili ad innobilem* [e] *devenierint; & in casu quo illi qui evocati fuerunt, eisdem Tailliis vel Indicionibus consenserint, volumus, & eisdem Burgensibus & habitatoribus aliis Civitatis & Burgi Ruthene antedictis, presentibus & futuris, & eorum cuilibet, concedimus quod ad solvendum porcionem seu ratam ipsos aut eorum alterum contingentem, non possint compelli per capcionem vel arrestum personarum, nec per garnisionem vel municionem Servientum, vel aliorum Commissariorum Regiorum super hoc deputatorum vel deinceps deputandorum; sed solum per pignorum capcionem vel bonorum vendicionem & explectacionem, & per alia juris remedia; dum tamen in eorum bonis, possit fieri de predictis Tailliis & Indicionibus sibi impositis vel imponendis, prompta & debita execucio: Quam quidem execucionem fieri volumus & prosequi per Servientes & Officiarios Regios qui pro tempore fuerint; vocatis per eos primitus Servientibus vel Officiariis ordinariis loci seu locorum, in quo vel in quibus fiet execucio supradicta.*

(2) Item. *Quod predicti habitatores & singulares Civitatis & Burgi memorati, & quilibet ipsorum, in tota Senescallia Ruthenensi ejusque ressorto; preterquam in Comitatu Ruthene ac ejusdem Comitatus ressorto, possint libere & impugne uti & exercere Officio* [f] *Campsorie publice, extra Nundinas & in Nundinis quibuscunque, absque alia licencia vel mandato litterali vel verbali, à Nobis seu successoribus & Officiariis nostris imposterum* [g].

(3) Item. *Quod nullus Serviens Regius possit nec debeat moram continuam facere, nec tenere domicilium, hospicium vel Larem in dictis Civitate & Burgo Ruthene; sine tamen licentia & consensu eorundem Civitatis & Burgi Dominorum.*

*Quocirca presencium tenore mandamus Senescallo Ruthenensi, & omnibus Justiciariis & Officiariis Regiis, qui nunc sunt & qui pro tempore fuerint, & eorum cuilibet, ac Locatenentibus eorundem, quatenus dictos Consules, Burgenses & habitatores,* [h] *ipsorum quemlibet, eorum successores & causam ab ipsis habentes, contra premissas Libertates, franchisias & privilegia per Nos, ut premittitur, eis concessa, nullathenus impediant,*

a Voy. sur ces titres *le 4.e Vol. des Ordonn.* p. 179. Note (c)

b existent.

c q. *R.*

d manu.

e devenirent.

f Campsor. *R.*

g faciendis.

h &.

CHARLES V. à Paris, en Juin 1371.

*perturbent aut molestent; sed ipsis Libertatibus, franchisiis & privilegiis, eos & quemlibet eorum, uti & gaudere faciant perpetuis temporibus, pacifice & quiete, & sine contradiccione quacunque: Et si forsan contra premissa vel aliquod premissorum, attemptaverint vel attemptari fecerint, quicquid in contrarium attemptatum fuerit, irritum & inhane volumus reputari, & ad statum pristinum & debitum reduci; nonobstantibus aliis donis & graciis eisdem Consulibus, Burgensibus & habitatoribus, per Nos vel Predecessores nostros factis; & quod hujusmodi dona vel gracie non sint in presentibus expressate; Ordinationibus & Mandatis Regiis in contrarium editis quibuscunque. Quod ut firmum, &c. salvo, &c.* Datum & actum Parisius, mense Junii, anno Domini millesimo ccc.° septuagesimo primo; Regni vero nostri octavo. *Visa.*

Ainsin signée. *Per Regem.* T. HOCIE.

---

CHARLES V. à Paris, en Juin 1371. Philippe IV. dit-le-Bel, à S.t Germain en Laye, en Mars 1290.

(*a*) Lettres confirmatives de celles d'Alfonse Comte de Poictiers, &c. qui portent que les affaires de la Communauté & des habitants de la Ville d'Yssoire, ne seront plus jugées par les *Petits Baillis* de l'Auvergne; mais qu'elles le seront par le Connêtable, ou par le Comte, ou par des Commissaires nommez par lui.

*a* Yssoire.

*KAROLUS, &c. Notum facimus universis presentibus & futuris, Nobis pro parte dilectorum nostrorum Consulum & Communitatis Ville* [a] *Yssiodori in Arvernia, Nobis exhibitas fuisse Litteras, quarum tenor talis est.*

*PHILIPPUS Dei gracia Francorum Rex. Notum facimus universis tam presentibus quam futuris, quod Nos Litteras inclite memorie, (a) Alfonsi dudum Filii Regis Franc. quondam Comitis Pictavensis & Tholose, olim Patrui nostri, vidimus in hec verba.*

*ALFONSUS Filius Regis Francie, Comes Pictavensis & Tholose. Universis presentes Litteras inspecturis: Salutem in Domino. Accedentibus ad Nos Procuratoribus dilectorum & fidelium nostrorum, Consulum & Communitatis Ville Yssiodori in Arvernia, ex parte predictorum Consulum & Communitatis, iidem Nobis humiliter supplicarunt, quod cum minores Baillivi nostri (c) emptoris redituum nostrorum in Arvernia, seu attensatores, multipliciter injuriosi actenus extiterint eisdem, ipsos Consules & singulares de Communitate, multiplicibus exactionibus indebitis* [b] *molestendo, super hiis salubre consilium apponere dignaremur. Nos itaque justis eorum peticionibus inclinati, volentes*

*b* molestando.

NOTES.

(*a*) Tresor des Chartres, Registre 102. Piece 109.

(*b*) *Alfonsi.*] Alfonse frere de S.t Loüis. *Voy. le 3.e Vol. des Ordonn.* p. 216. Note (*b*). Il étoit aussi Comte d'Auvergne. *Voy. le 4.e Vol.* p. 646. Note (*b*).

(*c*) *Emptoris.... seu Attensatores.*] Il faut corriger, *emptores.* Ce mot explique le suivant, & signifie des Fermiers; il se trouve très-souvent dans les Ordonnances, pris dans ce sens, soit en Latin soit en François.

A l'égard d'*Attensatores*, il y a plus bas *Attentatoribus.* Peut-être faut-il corriger *Arrendator*, qui signifie un Fermier. *Voy. le Gloss. de du Cange*, à ce mot. On trouve cependant *ibid. Attensor*, pour signifier un *Gardien*; ce qui ne s'éloigne pas beaucoup de la fonction d'un Fermier.

M. *de Brussel* dans son examen des Fiefs, tom. 1. Liv. 2. chap. 33. p. 422. a prouvé que les Prevôts, qui dans presque toute la France, exerçoient les mêmes fonctions que les *Baillivi minores*, dont il est parlé ici, prenoient quelquefois à Ferme presque tous les revenus du Roy, situez dans l'étenduë de leurs Prevôtés. Cependant comme il ne s'agit dans ces Lettres que de la Justice, peut-être ces *Baillivi minores* n'étoient-ils Fermiers que des revenus provenants des Actes judiciaires qui se faisoient dans l'étenduë de leurs Bailliages! Car par un usage presque generalement observé en France, les Prevôts étoient Fermiers des produits de la Justice de leurs Prevôtez. On les nommoit Prevôts-Fermiers, à la difference des Prevôts en Garde, qui rendoient compte de ces produits. *Voy. le 3.e Vol. des Ordonn.* p. 129. art. VIII. *& les Tabl. des Mat. de ce Recüeil*, aux mots, *Prevostez* & *Prevôts.*

*malitiis hominum, in quantum* [a] *possimus, obviare, indulgemus predictis Consulibus & Communitati, ac successoribus eorumdem habitatoribus dicte Ville, in perpetuum, pro nobis & successoribus nostris, Libertates & immunitates infrascriptas; videlicet, ne in aliqua Causa alicujus privati, aut nostra propria seu nostrorum, si quam nos vel nostros processu temporis habere contingerit contra* [b] *vel* [c] *aliquam predictorum, possint trahi in Causa vel teneantur litigare* [d] *corem predictis Baillivis emptoribus seu attentatoribus; sed coram (a) Conestabulo nostro Arvernie, presenti vel qui pro tempore fuerit, sive ejus Locumtenente, qui non sit de (b) munere dictorum Baillivorum emencium seu attensentium redditus nostros, vel socius eorumdem; aut coram nobis, vel* [e] *Mandato nostro speciali vel etiam generali; nec in Causis predictis, Baillivi seu attensatores predicti,* [f] *durente Officio Baillivie sue, ipsorum Consulum & Communitatis, Judices esse possint. In cujus rei testimonium, eisdem Consulibus & Communitati, presentes Litteras dedimus sigilli nostri munimine roboratas: Salvo in aliis jure nostro, & salvo jure quolibet alieno.* Actum apud [g] Armazanicas prope Portum de Aquis-mortuis, anno Domini millesimo ducentesimo septuagesimo, mense Julio.

CHARLES V. à Paris, en Juin 1371.

Philippe IV. dit-le-Bel, à S.t Germain en Laye, en Mars 1290.

a possimus.
b predictos.
c aliquem.
d coram.
e Commissaire nommé par le Comte.
f durante.
g Aymarques dans le Languedoc. *Voy. le 4.e Vol. des Ordonn.* p. 445. & Note *(b)*.

*Nos autem premissa omnia & singula, prout superius exprimuntur, quantum in Nobis est, volumus, concedimus, laudamus & eciam approbamus: salvo tamen in aliis jure nostro, & jure eciam quolibet alieno. Quod ut ratum & stabile permaneat in futurum, presentibus Litteris nostrum fecimus apponi sigillum.* Actum apud Sanctum Germanum in Laya, anno Domini M.° CC.° nonagesimo, mense Martio.

Suite des Lettres de Philippe le Bel.

*Quas quidem Litteras & contenta in eis, in quantum dicti Consules & Communitas, & eorum predecessores eisdem usi & gavisi* [h] *passifice fuerunt, laudamus, approbamus, & tenore presencium, de speciali gracia confirmamus:* [i] *Mandentes universis Justiciariis nostris, aut eorum Locatenentibus, ac eorum cuilibet, prout ad eum pertinuerit, quatenus dictos Consules & Communitatem, nostra presenti confirmacione & gracia uti pacifice* [k] *faceant & gaudere; nil in contrarium attemptando nec attemptari permittendo à quoquam. Quod ut perpetue stabilitatis robur obtineat, presentem paginam sigilli nostri* [l] *caratere fecimus roborari: nostro in aliis & alieno in omnibus jure salvo.* Datum Parisius. mense Junii, anno Domini M.° CCC.° septuagesimo primo; Regni vero nostri octavo. De Brion. *In Requestis Hospicii. Visa. Lecta.* Henry. de Brion.

Suite des Lettres de Charles V.
h pacifice.
i Mandantes.
k faciant.
l caractere.

NOTES.

*(a) Conestabulo.* ] Ce mot qui signifie ordinairement, le premier Officier des Armées, ou un Officier Militaire subalterne, désigne certainement ici, un Officier de Justice. L'on trouvera cy-dessous, dans les Lettres du 6. de Septembre 1371. pour les habitans de Carcassone, un Connêtable, qui étoit en même tems Officier Militaire & Officier de Justice.

*(b) Munere.* ] Ne pourroit-on pas corriger, *de numero!* ou peut-être cela signifie-t-il, *qui ne sera point revêtu d'une charge de Bailli,* ou bien, *Officier dépendant des Baillis!*

---

CHARLES V. à Paris, en Juin 1371.

## (a) Diminution de Feux pour la Ville de S.t Sardos.

*KAROLUS, &c. Notum facimus universis tam presentibus quam futuris, quod cum ex parte, &c.*

*Cumque facta quadam informacione virtute certarum Litterarum* [m] *Regiarum ac nostrarum in loco seu Villa (b) Sancti Sacerdotis, & pertinentiarum suarum, Senescallie Tholose, & Judicature Verduni, super vero numero Focorum modernorum in dicto loco seu Villa nunc existencium, per dilectum nostrum Magistrum Paulum Bicorti, Bacalarium in Legibus, Judicem nostrum Verduni, Commissarium in hac parte deputatum,*

m Reg. *R.*

NOTES.

*(a)* Tres. des Chart. Regist. 102. P. 275. *Voy. cy-dessus*, p. 30. Note *(a)*.

*(b) Sancti Sacerdotis.* ] Le R. P. D. Vaissette, Benedictin, m'a appris que ce lieu se nomme presentement *S.t Sardos*, & qu'il est situé dans le Diocèse de Montauban.

*vocato & presente in omnibus Procuratore nostro Generali dicte Senescallie Tholose, aut ejus legitimo Substituto, &c.*

*Repertum fuerit quod in dicto loco seu Villa de Sancto Sacerdote, sunt de presenti & reperiuntur* XXXVII. *Foci, secundum traditam instruccionem, &c.*

*Quod ut firmum, salvo, &c.* Actum Parisius, mense Junii, anno Domini M.° CCC. LXXI.° & Regni nostri Octavo. *Visa.*

Sic signata. *Per Consilium existens in Camera Compotorum Parisius.* P. DE CHASTEL.

---

CHARLES V. à Paris, le 3. de Juillet 1371.

(*a*) Lettres qui portent que les Juges Seculiers contraindront les personnes qui ont été excommuniées par les Juges d'Eglise, pour n'avoir pas payé leurs dettes, ou pour d'autres *offenses* semblables, à se faire absoudre de ces Excommunications; & que ces personnes ne payeront pour ces absolutions, qu'une somme moderée.

*CAROLUS, &c. Baillivo & Preposito Senonensibus; nec non omnibus aliis Justiciariis nostris, ad quos presentes Littere pervenerint, aut eorum Locatenentibus: Salutem. Ex parte dilecti & fidelis Clerici* [a] *Secretarii nostri, Magistri Johannis de Bellonodo, Archidiaconi Lingonensis, Jurisdictionem spiritualem ordinariam, cum dilecto ac fideli (b) Episcopo Lingonensi, Pari Francie, in casu preventionis, ad causam dicti Archidiaconatus, ut asserit, habentis in Villa & Civitate & Archidiaconatu Lingonensi; Nobis fuit expositum, quod in dicta Villa & Civitate* [b] *Lingonensi, & aliis locis sue Jurisdictionis spiritualis Archidiaconatus predicti, erat & est tanta multitudo personarum excommunicationum & aggravationum* [c] *sentenciis, ipsius Archidiaconi auctoritate, ligatarum; quarum alique dictas sententias per decem annos, alie per viginti, cetere plus alie minus, quasi in profundum malorum descendentes, sustinuerunt & sustinent animis induratis; ob quod multociens, propter accessum temerarium talium personarum ad Ecclesias, à quibus & à Communione Fidelium, sunt excluse, mentes Catholicorum & Divina Officia perturbantur, & multa etiam alia scandala in Dei Ecclesia generantur; quamvis persone memorate sint adeo locupletes & in bonis abundantes, quod bene possent, si vellent, se acquitare erga suos* [d] *creditores, ad quorum instantiam, dictis sentenciis sunt ligate; de offensisque per ipsas commissis satisfacere, ac absolucionum suarum beneficia procurare; quod facere neglexerunt & negligunt, dando ceteris perniciosum exemplum, in omnipotentis Dei & sue sancte Ecclesie scandalum, offensam, ac suarum pericula animarum; nec non contemptum Fidei orthodoxe, ac creditorum suorum prejudicium & jacturam; super quibus, per Nos provideri de remedio, dictus Archidiaconus instantissime supplicavit, nostri brachii secularis auxilium implorando: Quibus attentis, Nos volentes ob Dei & Sancte Matris Ecclesie* [e] *reverantiam & honorem, talium maliciis obviare, vobis & vestrum cuilibet, prout ad eum pertinuerit, mandamus quatenus, ad requestam dicti Archidiaconi seu Gentium suarum, omnes & singulas personas, quas per acta Curie Ecclesiastice ordinarie dicti Archidiaconatus, debite vobis constiterit dictas sentencias per annum & amplius sustinuisse, compellatis seu compelli faciatis per captionem & explectationem bonorum suorum, si & prout opus fuerit, ad procurandum à dictis sentenciis se absolvi, & ad* [f] *reddendum ad gremium Sancte Matris Ecclesie, ac se reconsiliandum tanquam boni Christiani, altissimo Salvatori: Proviso quod pro dictis absolutionibus dictis personis impendendis, non exigatur ab eisdem ultra modum, & nisi quantum, inspecta qualitate personarum, moderate consuevit exigi ab antiquo; taliter id acturi, quod non possitis de negligentia reprehendi; Litteris subrepticiis in contrarium impetratis vel impetrandis, non obstantibus quibuscumque: Mandantes*

a &.

b Lingon. R.

c sentenc.! R.

d Voy. *le 1.er Vol. des Ordonn.* p. 211. Chap. CXXIII. & Note (*a*).

e reverentiam.

f redeundum.

NOTES.

(*a*) Registre *A.* du Parlement de Paris, *folio* 68. *verso.*

(*b*) *Episcopo Lingonensi.*] Guillaume de Poitiers étoit Evêque de Langres, en 1371. *Voy. l'hist. Geneal. de la Mais. de Fr.* tom. 2. p. 216.

*omnibus subditis nostris, quatenus vobis efficaciter pareant in premissis; presentibus post annum minime valituris.* Datum Parisius, die tertia Julii, anno Domini millesimo trecentesimo septuagesimo primo, & Regni nostri octavo.

---

CHARLES V. à Paris, en Juillet 1371.

(a) *Lettres qui portent que le Comté d'Auxerre nouvellement acquis par le Roy, sera uni à la Couronne, sans pouvoir jamais en être separé; & qu'il sera annexé au Bailliage de Sens.*

CHARLES par la grace de Dieu Roy de France. Savoir faisons à touz presens & avenir, que comme Nous aïons de nouvel acquis & acheté de noz propres deniers, le (b) Conté d'Aucerre, de nostre amé & feal Jehan de Châlon, avecques tous les Fiez, Arriere-Fiez, Seignories, Noblesces, hommes, Vassaulx, rentes, possessions, revenuës, & autres appartenances & appendences quelconques appartenants audit Contée, que ledit Jehan tenoit & possidoit de son propre demaine & héritage, si comme par les Lettres de l'achat sur ce faites, lesquelles ont esté mises pardevers Nous en nostre Trésor, à perpetuel mémoire, puet plus à plain apparoir. Nous considerans que la Ville & Cité d'Aucerre, & aussi aucuns des Lieux, Villes & Chasteaulz appartenants audit Contée, sont assis sur la Riviere d'Yonne, & en pays & lieux, dont moult de biens puent chascun jour venir & estre admenez & conduiz en nostre bonne Ville de Paris, & passer par noz autres bonnes Villes, destrois & passages estans sur ladite Riviere & sur la Riviere de Seine, sans dangier, empeschement ou destourbier aucun, d'aucun [a] moyen Seigneur, & que ycelle Ville & Contée d'Aucerre, & autres Villes & forteresses appartenants à ycelli Contée, sont bien seanz, utiles & pourfitables pour Nous & Curonne de France, & en Frontiere de Parties de Bourgoigne, où Nous n'avons de present aucun demaine; & par lesquelz lieux & fortereces, s'aucunes guerres ou commotions avenoient, ou s'aucuns [b] anemis Nous voloient d'aventure grever ou dommagier ou pays, ycelli pays & les autres Parties [c] en venant pardeça, porroient estre gardez & deffenduz & tenuz en seurté: Attendenz aussi la grant devocion, affeccion, grant desir & bonne volenté, que les Bourgois, Habitans & bonnes gens dudit Contée & pays d'Aucerrois, ont d'estre en nostre main & noz subgès & en nostre Seignorie sanz moyen, & le grand prouffit & honneur qu'ilz y attendent à avoir, & que Nous voulons que eulz & leurs successeurs & le pays y aïent perpetuelment; & aussi l'Ayde & Subside qu'il Nous ont fait en faisant ledit achat; & pour ycelli païer, ycelli Conté avecques touz les Fiez, Arrere-Fiez, Seignories, Noblesces, hommes, Vassaulx, rentes, possessions, revenuës, & autres appartenances & appendances quelzconques audit Contée, en quelques choses qu'elles soïent ou puent estre, & toutes autres choses que Nous porrions de ci en avant acquerir & approprier audit Contée, Nous avons approprié, unie & annexé, & de nostre auctorité, certaine science & pleine puissance Royal, par la teneur de ces presentes, approprions, unions & annéxons perpetuelment à Nous, à noz successeurs & au Demaine de la Coronne de France, à estre & à demourer en nostre Bailliage de Senz & ou ressort d'icellui, sanz autre Bailli y avoir ne tenir de cy en avant; & sanz ce que jamais par Nous ou par noz successeurs Roys de France, de present ne pour le temps avenir, ilz en puissent estre ostez, séparez, [d] detrais ou alienez, ne baillez à aucun de nostre Lignage, ne à autre quelconque personne, de quelque estat ou condicion qu'elle soit, par partage, par mariage, ne par autre quelconque maniere que ce soit: Et se par aventure, ledit Contée & autres appartenances

a *Seigneur relevant du Roy, ou d'un autre Seigneur.*

b *ennemis.*

c *en s'approchant de Paris.*

d *distraits.*

NOTES.

(a) Memorial *D.* de la Chambre des Comptes de Paris, *fol.*° 118. *v.*° Voy. cy-dessous les deux Lettres du mois de Septembre 1371. pour Auxerre.

(b) *Le Comté d'Aucerre.]* En 1370. Jean de Challon, Comte d'Auxerre, vendit ce Comté à Charles V. *Voy. la Descr. Hist. & Geogr. de la Fr.* [par l'Abbé de Longuerue] t. 1. p. 291.

CHARLES V. à Paris, en Juillet 1371.

dessus dictes ou aucunes d'icelles, Nous en ostions, separions ou alienions, Nous ne voulons que aucune séparacion ou aliénacion que Nous en facions, ou aucuns de noz successeurs, tiengnent ne vaillent, ne aïent aucune force ne vigueur, qu'ilz ne demeurent & soient touzjours uniez & annexez à Nous & à nostre Demaine, comme dit est; nonobstant quelconques Lettres que Nous ou noz successeurs Roys de France, en peussions donner au contraire pour le temps avenir; lesquelles Nous ne voulons avoir aucun effect, ne que elles puissent porter aucun préjudice à noz presentes Lettres ne au contenu d'icelles, par quelque voïe ou maniere que ce soit. Et que ce soit ferme chose & estable à touzjours, Nous avons fait mettre nostre seel à ces presentes : sauf nostre droit en autres choses, & l'autruy en toutes. *Donné à Paris, l'an de grace mil trois cens soixante & onze, & de nostre Regne le huitiesme, ou mois de Juillet.*

*Ainsy signé.* Par le Roy. N. DE VERRES.

*Collacio fuit facta cum Originali, in Camera Compotorum Domini Regis Par. die vigesima Augusti, anno millesimo trecentesimo septuagesimo primo, per me Reginaldum Radulphi, & me Hugonem de Columbeyo.*

En marge vers le commencement est escrit.

*Has Originales Litteras habui & posui in Thesauro Reg. tertia die Septembris, anno Domini millesimo trecentesimo septuagesimo primo.* DE MONTAGU.

Et vers le milieu.

*Copie de ceste Lettre collationnée à ce Registre, a esté baillée à Pierre Caillart,[a] Clerc du Procureur General, le troisiéme jour d'Octobre nonante-six; & semblablement, de la Lettre de aunir la Conté d'Aucerre au Demaine.*

a mot douteux.

---

CHARLES V. à Paris, en Juillet 1371.

(*a*) Lettres confirmatives de celles de Geoffroy & d'Henry Ducs de Normandie, lesquelles portent que les Cordonniers de la Ville de Roüen, feront un Corps; & que nul ne pourra exercer leur mestier, s'il n'est reçu dans ce Corps.

*KAROLUS, &c. Notum facimus universis presentibus & futuris, Nos infrascriptas vidisse Litteras, quarum tenores subsecuntur.*

*(b) GODEFRIDUS Dux Normannie & Comes Andegavensis. Justiciariis suis Normannie & Vicecomitibus, & omnibus Baronibus & Burgensibus & fidelibus suis Rothomagensibus : Salutem. Sciatis quod concessi Willelmo (c) Cannoto, & Roberto de Granmascede, & Oino de Fiscanno, & Viviano de Sancto Audoeno, & omnibus sociis suis Corduanariis &* [b] *Corvesariis Rothomagensibus, ut habeant* [c] *Gildam suam, ita bene &*

b Voy. cy-dessus, p. 273. Note (*c*).

c *Societé, Corps.* Voy. *le 4.e Vol. des Ordonn.* p. 248. Note (*n*).

NOTES.

(*a*) Tres. des Chart. Regist. 102. P. 317.

(*b*) *Godefridus.* ] G. R. *Geoffroy* V. Comte d'Anjou, surnommé *Plantegeneft.* Il avoit épousé Mathilde, fille unique & heritiere d'Henri I. Roy d'Angleterre, Duc de Normandie. Son Beau-pere étant mort en 1135. il eut de longues guerres à soustenir contre *Estienne de Champagne*, dit de *Blois*, Comte de Mortain & de Boulogne, neveu par sa mere, d'Henri I. Roy d'Angleterre, qui s'empara de ce Royaume, & de la Normandie. Geoffroy reconquit cette Province; il fut reçû dans Rouen, le 19. de Janvier 1143. & s'étant emparé du Chasteau d'Arques, il prit le titre de Duc de Normandie. En 1149. il céda le Duché de Normandie à Henri II. son fils aisné, & il mourut en 1150, ou en 1151. Henri, après la mort d'*Estienne*, monta sur le Trosne d'Angleterre en 1154.

Il resulte de ce détail, que les Lettres de Geoffroy ont été données entre 1143. & 1149. & celles d'Henri, qui suivent, entre 1149. & 1151. Car si elles avoient été données depuis la mort de Geoffroy, Henri y auroit pris le titre de *Comte d'Anjou.* Voy. *l'Hist. Genealog. de la M. de Fr.* tom. 6. p. 19. & *l'Hist. d'Anglet. par* Thoyras, *t.* 2. p. *m.* 173.

(*c*) *Cannoto.* ] Tous les noms qui sont dans ces Lettres, sont repetez dans les suivantes, avec quelque difference.

*honorifice*

*honorifice & plenarie, de* [a] *ministerio suo, sic ut eam umquam melius & plenarius habuerunt tempore Regis* [b] *Henrici; & nullus faciat ministerium eorum,* [c] *nisi per eos; neque aliqua eis fiat injuria (a) desic illam Gildam habuerunt tempore Regis Henrici. Testibus Roberto de Corte & Roberto de Novo-Burgo. Apud Rothomagum.*

CHARLES V. à Paris, en Juillet 1371.

Item. [d] *Henricus Dux Normannie. Justiciariis suis Normannie, & Vicecomitibus, & omnibus Baronibus & Burgensibus & fidelibus suis Rothomagensibus: Salutem. Sciatis quod ego concessi Willelmo Canuto, & Roberto de Gramescede, & Oino de Fiscanno, & Viviano de Sancto Odeno, & omnibus sociis suis Corduanariis & Corvesariis Rothomagensibus, ut habeant Gildam suam, ita bene & honorifice & plenarie, de ministerio suo, sicut eam unquam melius & plenarius habuerunt tempore Regis Henrici; & nullus faciat ministerium eorum, nisi per eos; neque aliqua eis fiat injuria, desic illam Gildam habuerunt tempore Regis Henrici: Testibus Roberto de Curteïo & Roberto de Novo-Burgo. Apud Rothomagum.*

*Quas quidem Litteras & contenta in eis, si & in quantum* [e] *Corduarii & Corvesarii Rothomagenses, eis usi fuerunt & sunt pacifice, ratas & gratas habentes, eas & ea volumus, laudamus, approbamus, & tenore presentium, de speciali gratia confirmamus: Mandantes Baillivo Rothomagensi, ceterisque Justiciariis & Officiariis Regni nostri, aut eorum Locatenentibus, presentibus & futuris, & eorum cuilibet, prout ad eum pertinuerit, quatenus dictos Corduanarios & Corvesarios, nostra presenti confirmatione & gratia uti pacifice faciant & gaudere, ipsos in contrarium nullatenus molestando. Quod ut perpetue, &c. nostro in aliis, &c.* Datum Parisius, mense Julii, anno Domini millesimo CCC. septuagesimo primo, Regni vero nostri octavo. *Sic signate.* *Visa.*

*Per Consilium Parisius existens, in quo vos eratis.* HENRY.

Collacio facta est cum Originalibus Litteris per me. HENRY.

[a] mestier.

[b] Henri I.er Roy d'Angleterre. Voy. p. preced. Note (b).

[c] s'il n'est de leur corps.

[d] H. R. Voy. p. preced. Note (b).

[e] Corduanarii.

NOTE.

(a) *Desic.*] Ce mot est là pour *sic.* L'on trouve dans le Gloss. de du Cange, *desicut*, pour *sicut.*

---

## (a) Diminution de Feux pour S.t Sulpice de la Pointe.

CHARLES V. à Paris, en Juillet 1371.

K*AROLUS, Dei gratia, &c. Notum facimus, &c. quod cum ex parte, &c.*

[f] C*UNQUE facta quadam informacione virtute quarumdam Litterarum Regiarum ac nostrarum, in loco de (b) Sancto Supplicio, Judicature Ville-longe, Senescallie Tholose, super vero numero Focorum modernorum in dicto loco de Sancto Supplicio nunc existencium, per dilectum nostrum, Magistrum Raymondum Athonis, Judicem Majorem Tholose, ac Locum tenentem dilecti & fidelis nostri, Petri Raymundi, Militis, dicti de Rappistano, Domini de Campanhaco, Senescalli Tholose, Commissarium in hac parte deputatum; vocato & presente in omnibus Procuratore nostro Generali, &c.*

*Repertum fuerit, quod in dicto loco de Sancto Supplicio, sunt de presenti & reperiuntur centum viginti sex Foci, secundum traditam, &c. Quod, &c. salvo, &c.* Actum Parisius, mense Julii, anno Domini millesimo CCC.° LXXI.° & Regni nostri octavo.

*Per Consilium existens in Camera Compotorum Par.* P. DE CHASTEL. *Visa.*

[f] Cum.

NOTES.

(a) Tres. des Chart. Regist. 102. P. 210. *Voy. cy-dessus*, p. 30. Note (a).

(b) *Sancto Supplicio.*] Le R. P. D. Vaissette, Benedictin, m'a appris que ce lieu se nomme presentement, *S.t Sulpice de la Pointe*, situé dans le Diocese de Toulouse, & dans la Judicature de Ville-Longue, au Confluant de la Riviere d'*Agoût* avec le *Tarn.*

CHARLES V. à Paris, le 9. d'Août 1371.

## (a) Lettres qui confirment les Bourgeois de Paris, dans les privileges des Gardes Bourgeoises & de l'exemption des droits de Francs-Fiefs ; & dans celui de pouvoir obtenir des Lettres de Noblesse.

*KAROLUS, Dei gracia Francorum Rex. Universis presentes Litteras inspecturis: Salutem. Regie Celsitudini convenit, ut illos favore & preeminencia attollat*

NOTE.

(a) Registre *A.* de l'Hôtel de Ville de Paris, *fol.*° 183. *v.*°

Ces Lettres se trouvent en François, dans le même Registre, *fol.*° 184. *v.*° Quoiqu'il y ait grande apparence que ce ne soit qu'une Traduction, qui est même assez mal faite, & pleine de fautes de Copiste ; on a crû cependant devoir la faire imprimer ici.

CHARLES par la grace de Dieu Roy de France. A tous ceulx qui ces presentes Lettres verront: Salut. Il appartient à Haultesse Royale, que elle essieve de plus large honnour & [a] aprisance, ceulx envers lesquielx elle a ordonné principalement la [b] Chaere de sa proppre Majesté. Adoncques, comme noz Citeiens de Paris ont aprochié nostre debonnaireté ; desquielx la supplicacion qui Nous a esté baillée, contenoit, que Paris nostre Cité Royal est chief de toute notre Seignourie, pourquoy à bon droit, elle a devant respiendi devant toutes les autres, ès temps passez de noz Antecesseurs & de Nous, en prerogative de dignitez & de honnour; & maintenant doie [c] replendir; & tous les Citoïens frans d'icelle Cité, aïent usé & acoustumé à user de Gardez & [d] Banz d'enfans & de leurs Cousins; & avecques, d'acquisicions de Fieux & d'Arre-Fieux & possessions franchies, en noz Fieux & Arre-Fieux & d'autres Seignouries, en quelconques parties de nostre Royaume; & iceulx Fieux, Arre-Fieux & pocessions, iceulx Citoïens & leurs predecesseurs, ont tenu & poursuis paisiblement, & ont usé selonc la *(a)* & les facultez des personnes, de frains dorez, & autres ornemens appartenans à l'estat de Chevalerie; & avecques ce, par droit de prendre Chevalerie armée, aussi comme Nobles de lignie & de lygnaige de nostre Royaume; & leur a esté souffert, ou au moins a esté usité en la maniere devant touchié, de tant de temps qui n'est mémoire du contraire: Nientmoins, par l'occasion d'aucunes Ordonnances par Nous ou noz Gens nouveaument faictes, nostre Prevost de Paris a fait publier par la dicte Cité, que tous ceulx qui depuis l'an mil trois cens vingt-quatre, ont aquis Fieux nobles, le certifient à nostre Receveur de Paris, dedens le mois de la proclamacion, & baillent en escript, sur peine de forfaire les choses acquises; & avecques ce, que tous ceulx qui avoient obtenu de Nous Lettre de Noblece, les apportent dedens ledit temps audit Receveur, ou autrement Nous descleron icelles de nulle valeur & effect; & que les Fieux nobles par non-nobles acquis, il mette realment & de fait en nostre main, & face iceulx estre gouvernez par personnes convenables, sans en faire aucune [e] recrainte, jusques à tant que ceulx qui les ont acquis, aïent payé la finence contenuë esdictes Ordonnances; laquelle chose cherroit ou grief préjudice & dommage des diz supplians, se ilz estoient comprins ès dictes Ordonnances, si comme eulx disoient, supplians à Nous humblement, que sur ce, à eulx Nous daignisson à eulx pourveoir amiablement, de nostre liberalité & grace. Adoncques, comme nostre noble Cité & Ville de Paris, soit congneuë estre chief de nostre Seigneurie, & mere en congregacion & pasture de subgez en nostre Seigneurie, Nous remambrans que les diz supplians Nous ont donné les temps passez, & donnent agreables & loables services; estendons dignement à celle Cité & Ville & gouvernement d'icelle, gloire & hautesse, [f] levecment de nostre consideracion, que icelle menée de gouvernement, bien, cure & honnour, & que elle soit gardée par prerogative devantsoustenuë, & que elle [g] proufete tousjours par acroissemens desirez; pour laquele chose, Nous ne volons pas ladicte Cité & Ville & les Citeïans devant diz d'icelle, estre molestez par l'occasion des dictes Ordonnances, ne aucunement estre travaillez: Donnans par la teneur de ces presentes, en Mandement aux Gens de noz Comptes, à noz Tresoriers, & avecques à nostre Prevost & à nostre Receveur de Paris, & aux autres Commissaires sur les devant dictes choses deputez ou à deputer, que contre la teneur de ces presentes, iceulx supplians ou aucuns d'eulx, eulx ne travaillent ne ne molestent ; & s'aucun empeschement y ara esté mis, eulx l'en ostent & facent oster sans delay. En tesmoing de ce, Nous avons commandé notre seel estre mis à ces presentes Lettres. *Donné en nostre Hostel emprès S.t Pol jouxte Paris, le 9.e jour d'Aoust, l'an mil trois cens soixante & onze, & le huitieme de notre Regne.*

[a] préeminence.
[b] *Chaire:* siege.
[c] *resplendir.*
[d] *Bails.*
[e] *recreance.*
[f] *l'élevement.*
[g] *profite.*

NOTE.

*(a)* Il y a dans le Registre *Desse* avec une marque d'abbreviation. Je ne sçais ce que signifie ce mot. Dans les Lettres Latines, il y a, *meritum.*

CHARLES V.

à Paris, le 9. d'Août 1371.

*ampliori, apud quos proprie Majestatis Solium principaliter instituit. Cum igitur Cives nostri Parisienses ad nostram clemenciam accesserint, quorum porrecta Nobis Supplicacio continebat, quod Parisius Civitas nostra Regia, est Caput tocius nostri Imperii; propter quod non immerito temporibus retroactis Antecessorum nostrorum & nostris, prefulxit pre ceteris in prerogativa dignitatum & honorum, nuncque prefulgere debeat, omnesque ejusdem Cives liberi usi fuerint & uti consueverint* [a] *Gardiis & Ballis Liberorum & Consanguineorum suorum; nec non acquisicione Feudorum, Retro-Feudorum, & Allodiorum Francorum, in nostris Feudis, & Retro-Feudis & aliorum Dominorum, in quacunque parte Regni nostri; eaque Feuda, Retro-Feuda & Allodia, ipsi & eorum predecessores tenuerunt & possederunt pacifice & quiete; usique fuerunt secundum meritum & facultates personarum, (a) Loriis auratis, & aliis ornamentis ad statum Milicie pertinentibus; nec non jure assumendi* [b] *Miliciam armatam, prout Nobiles genere & origine Regni nostri; ac fuit eis permissum, vel saltem modo pretacto usitatum à tanto tempore cujus contrarii memoria non existit: Nichilominus pretextu quarumdam Ordinacionum, per Nos seu per Gentes nostras noviter editarum Prepositus noster Parisiensis per dictam Civitatem publicari fecit, quod omnes qui ab anno millesimo trecentesimo vicesimo quarto citra, Feuda nobilia acquisierunt, infra mensem post dictam proclamacionem, Receptori nostro Parisiensi notificent ac in scriptis tradant, sub pena forefaciendi res acquisitas; nec non & quod omnes qui Litteras Nobilitatis à Nobis obtinuerant, eidem Receptori infra dictum tempus afferant; alioquin ipsas nullius valoris & effectus declaramus; quodque Feuda nobilia per non nobiles acquisita, ad manum nostram ponat realiter & de facto, & ea regi & gubernari per personas ydoneas, absque aliqua* [c] *recredencia faciat, quo usque illi qui ipsa acquisierunt, financiam in dictis Ordinacionibus contentam solverint; quod cederet in dictorum Supplicancium grave prejudicium atque dampnum, si in dictis Ordinacionibus comprehenderentur, ut dicebant; idcirco Nobis humiliter* [d] *suppliantes, ut eis super hoc de nostra liberalitate & gratia providere favorabiliter dignaremur. Cum igitur inclita nostra Civitas & Villa Parisiensis, Imperii nostri Caput & mater in congregacione & pastura nostro subjectorum imperio esse noscatur, recolentesque grata & laudabilia servicia, que Nobis dicti* [e] *supplicacioni anteactis temporibus impenderunt & impendunt, digne ad eamdem Civitatem & Villam, ejusque regimen, gloriam & sublimacionem, aciem nostre consideracionis extendimus, ut felici ducta regimine, & honore ac prerogativa prefulta, preservetur à noxiis, & optatis semper proficiat incrementis: Quapropter nolumus pretextu dictarum Ordinacionum, dictam Civitatem & Villam ejusque Cives predictos molestari seu quomodolibet inquietari: Dantes tenore presencium in mandatis Gentibus Compotorum nostrorum, Thesaurariis nostris; nec non Preposito & Receptori nostro Parisiensibus, ceterisque Commissariis super predictis deputatis aut deputandis, ne contra tenorem presencium, eosdem supplicantes seu eorum aliquem, inquietent vel molestent; sed si quid impedimentum fuerit appositum, illud amoveant seu amoveri faciant indilate. In cujus rei testimonium, nostrum presentibus Litteris jussimus apponi sigillum.* Datum in Hospicio nostro prope Sanctum Paulum juxta Parisius, nona die Augusty, anno Domini millesimo trecentesimo septuagesimo primo; Regnique nostri octavo.

*Resigillata sigillo nostri* [f] [g] *Karoli Dei gracia Francorum Regis, die quinta mensis Augusti, anno Domini millesimo trecentesimo nonagesimo, Regnique nostri decimo.* Sic signata super plica. *Per Regem.* J. DE REMIS.

a Gardes Bourgeoises.

b l'Ordre de Chevalerie. *Voy. le Gloss. de du Cange*, au mot, *Militia.*

c sans les leur rendre.

d supplicantes.

e supplicantes.

f *fort.* Regis.

g Charles VI.

NOTE.

*(a) Loriis.]* J'avois cru d'abord qu'il falloit corriger, *Loricis*, mais le mot *Frain*, se trouve dans toutes les Lettres qui ont confirmé celles-cy.

CHARLES V. à Paris, le 23. d'Août 1371.

(*a*) Lettres qui portent que les Juges de la Seneschaussée de Beaucaire, ne pourront faire des *Compositions* avec ceux qui ont commis des delicts, qu'en la presence du Procureur du Roy & du Receveur de cette Seneschaussée.

*CAROLUS Dei gratia Francorum Rex. Senescallo Bellicadri & Nemausi, cæterisque Judicibus ordinariis vel extraordinariis,*[a] *a Commissariis quibuscumque in dicta Senescallia ad infrascripta deputatis vel deputandis, aut eorum Locatenentibus: Salutem. Cum Nos intellexerimus, quod vos &* [b] *pluri Locatenentes* [c], *aut alter vestrum, autoritate vestra, consuevistis capere & recipere de die in diem, plures* [d] *compositiones & obligaciones super pluribus excessibus & delictis, per subditos* [e] *vestros dictæ Senescalliæ perpetratis & commissis, in absentia Procuratoris & Receptoris nostrorum in Senescallia supradicta, qui ad conservationem Jurium nostrorum in hiis & aliis sunt ibidem instituti ac etiam ordinati; quod redundat ad nostri grave prejudicium atque dampnum, ac dictorum Jurium nostrorum læsionem, si sit ita. Quare vobis & vestrum cuilibet, prout ad eum pertinuerit, tenore præsentium inhibemus, ne aliquas compositiones, financias & obligationes dictorum subditorum, de cætero in absentia dictorum Procuratoris & Receptoris, aut alterius eorumdem,* [f] *capietis aut capi faciatis ratione dictorum delictorum & excessuum, aut alias quoquomodo: Mandantes insuper ac etiam intimantes omnibus Tabellionibus ac Notariis, qui ad hujusmodi compositiones & obligationes jam factas, præsentes affuerunt, quatenus dictas obligationes* [g] *compositiones super hoc factas, in scriptis reddigant, & eas* [h] *afferent & tradant in scriptis sub signis suis, dicto Receptori nostro, ad Juris nostri conservationem, indilate; & si super hoc fuerint negligentes aut remissi, ipsos ad hæc viriliter & debite, si necesse fuerit, compellatis.* Datum Parisiis XXIII.a Augusti, anno Domini millesimo trecentesimo septuagesimo primo; Regni vero nostri octavo.

*Per Consilium nostrum existens in Camera Compotorum.* JOANNES.

a ac. 2.e Cop.
b plures. 2.e Cop.
c vestri. 2.e Cop.
d Voy. les Tabl. des Mat. des Vol. des Ordonn. *au mot*, compositions.
e nostros. 2.e Cop.
f capiatis. 2.e Copie.
g &. 2.e Cop.
h afferant. 2.e Cop.

NOTE.

(*a*) Il a été envoyé de Montpellier, deux Copies de ces Lettres, avec ces deux Indications: *Du N.o 19. fol.o 71.*

*Royaume en general, Arm. A. 7.e Continuation des titres particuliers. N.o 2.*

---

CHARLES V. à Paris, en Août 1371.

(*a*) *Reglement pour la vente des Draps fabriquez dans la Ville de S.t Lo.*

CHARLES, &c. Savoir faisons à tous presens & avenir, comme ja pieça avant les guerres, la bonne Ville de S.t Lo ou païs de Normendie, laquelle est une des XVII. Villes de Draperie de nostre Royaume, (*b*) à la Foire du Lendit & en plusieurs autres lieux notables, soist moult grant, spacieuse, & y habitoit & venoit grant nombre & multitude de gens de plusieurs & diverses contrées, qui soubz umbre de ce, amenoient ou faisoient venir & amener, tant par Mer que par Terre, en ladicte Ville & ès autres de nostre Royaume, plusieurs grosses denrées & Marchandises de diverses manieres: pour coy les habitans & subgez d'icelle Ville & du pays d'environ, estoient en partie soustenus, & y prenoient sanz prejudice d'autrui, en plusieurs manieres, grant prouffit; & depuis certain temps en ça, pour les guerres & mortalitez, ladicte Ville de S.t Lo soit moult apeticiée & deppeuplée, & par ce porroit decheoir, & noz Aides tourner à néant, en grant donmage de Nous, du païs & de la chose publique. Nous adecertes, atenduës & considerées les choses dessus dictes, desquelles Nous sommes souffisamment informez, desirans & affectans de tout nostre cuer, le bien & proufit

NOTES.

(*a*) Tresor des Chartres, Registre 102. Piece 307.

(*b*) *A la Foire du Lendit.* ] C'est-à-dire, qui amenoient des draps à la *Foire du Lendit.* Voy. *sur cette Foire, le 3.e Vol. des Ordonn.* p. 187. XXIV. & Note (*n*).

de la chose publique & de tous nos bons & loyalz subgez, par especial, pour le bien, augmentation & accroissement des rentes & revenuës de l'Église de *(a)* Coustances, où Nous avons singuliere affeccion, avons par deliberacion & advis de nostre Conseil, voulu & ordené, voulons & ordonnons de certaine science, plaine puissance & auctorité Royal, par ces presentes, affin que les Marchans [a] dehors aïent cause de frequenter ladicte Ville, & de y aporter de leurs denrées pour changer [b] à draps, ou les vendre en ladicte Ville, que de ci en avant à tousjours perpetuelment, tous les Draps qui seront fais desormaiz en ladicte Ville de S.t Lo, tant en & dedens la closture d'icelle, comme ès Forbours par dehors, soient [c] mis à estal par ceulx qui les feront ou à qui ilz feront, [d] au leur certain commandement, à trois jours de marchié; c'est assavoir, par trois Jeudis, ou lieu où il est acoustumé vendre les Draps en ycelle; avant qu'ilz soïent ou puissent estre portez par ceulx qui les aront fais, hors de ladicte Ville, comme que ce soit, sur paine de les perdre & estre [e] forfaiz; [f] ainsy toutesfois que les Marchans qui acheteront aucuns des diz Draps en ladicte Ville, après ce qu'il auront paié nos Aides, & les [g] Halages & coustumes sur ce, ilz les porront faire porter & mettre hors de ladicte Ville, là où il leur plaira, sanz les mettre à yceulz trois [h] Marchans ou aucuns d'iceulx, s'il ne leur plaist, pour revendre ou en faire leur prouffit. Si donnons en Mandement par ces presentes, au Bailli de Caen & de Coustentin, aux Vicontes de Bayeux & de Coustances, & à tous noz autres Justiciers & Officiers, presens & avenir, & à leurs Lieutenants, que de nostre presente grace & Ordennance, ilz laissent & facent joïr & user paisiblement à tousjours, les dis Bourgois & habitans; & contre la teneur de ces presentes, ne les molestent ou empeschent, ou seuffrent estre molestez ou empeschiez au contraire, en aucune maniere. Et pour ce que ce soit chose ferme, &c. sauf, &c. *Donné à Paris, l'an de grace mil* CCC LXXI. *& de nostre Regne le* VIII.e *ou mois d'Aoust.*

*Ainsi signé.* Par le Roy. T. GRAFFART. [i] *Contentor.* *Visa.*

CHARLES V. à Paris, en Août 1371.

a *de.*

b *avec des.*

c *soient exposez en vente.*

d *je crois que cela signifie*, ou par leur ordre.

e *confisquez.*

f *mais cependant*, &c.

g *droits qui se levent dans les halles, sur les Marchandises qui s'y vendent.*

h *marchez.*

i *Voy. cy-dessus*, p. 22. Note *(h)*.

NOTE.

*(a) Coustances.* ] Cette Eglise percevoit apparemment des droits sur les Draps qui se vendoient à S.t Lo.

---

(*a*) Lettres qui portent que les Officiers deputez pour la levée des nouvelles Aydes dans le Languedoc, ne les feront point payer aux *Sergents* & aux Citoyens de la Ville de Carcassonne.

CHARLES V. au Bois de Vincennes, le 6. de Septembre [ Voy. p. 423. ] Note *(b)* 1371.

*KAROLUS Dei gratia Francorum Rex. Universis presentes Litteras inspecturis: Salutem. Notum facimus Nos vidisse quasdam Patentes Litteras Karissimi Germani nostri, Ducis Andegavensis, Locumtenentis nostri in* [k] *Partibus Occitanis*, [l] *formam que secuntur, continentes.*

k Languedoc.

l formas.

*LUDOVICUS Regis condam Francorum Filius, Domini nostri Regis Germanus, & ejus Locumtenens in Partibus Occitanis, Dux Andegavensis & Comes Cenomanensis. Senescallo & (b) Constabulario* [m] *Carcassone, vel eorum Locatenentibus : Salutem. Meminimus* [n] *alias per Nos vobis scriptum & commissum fuisse, in hec verba.*

m Carc. là & plus bas. *R.*

n al. *R.*

NOTES.

*(a)* Tresor des Chartres, Registre 102. Piece 221.

*(b) Constabulario.* ] S.t Loüis étant devenu maitre de Carcassone en 1247. [ Voy. le 3.e Vol. des Ordonn. p. 169. & Note *(b)* ] y établit pour la défense de cette Ville, une Confrairie de 220. hommes, nommez *Sergents*, choisis entre les plus considerables Bourgeois de cette Ville; & il leur donna pour Chef, un *Prevôt* nommé aussi *Connêtable*, qui outre le commandement des Sergents, avoit aussi la Justice Civile & Criminelle dans la Ville. *Voy. l'hist. des Comtes de Carcassone*, par *Besse*, chap. 39. p. 210. Dans le Chap. suivant, p. 222. il parle des privileges accordez aux Sergents & Bourgeois de Carcassone; & entr'autres, de ceux qui sont contenus dans ces Lettres.

CHARLES V. au Bois de Vincennes, le 6 de Septembre 1371.

*Ludovicus Regis condam Francorum Filius, Domini nostri Regis Germanus, & ejus Locumtenens in Partibus Occitanis, Dux Andegavensis & Comes Cenomanensis. Dillectis nostris Generalibus deputatis super reginine Imposicionum ordinatarum pro succursu guerrarum Lingue Occitane, & quibuscunque Commissariis & Ellectis ad indicendum, levandum & exhigendum dictas Imposiciones in Diocesy Carcassone destinatis; nec non Senescallo & Constabulario Carcassone, aut eorum Locatenentibus: Salutem. Vobis & vestrum cuilibet in solidum precipimus & mandamus tenore presencium, committendo si sit opus, quatinus ab omni & quacunque indictione,[a] indegacione, exaccione & execucione, occasione seu pretextu Imposicionum predictarum, & aliarum quarumcunque subvencionum Regiarum indictarum & indicendarum, que ad [b] Servientes & veros habitatores Civitatis Carcassone, ne ipsa Civitas depopuletur, facta & imponenda [c] desistat, [d] innovatu & attemptatu in contrarium, si que sint, revocando & anullando; que Nos per presentes revocamus & anullamus, & ex causa; donec [e] per aliud per Nos fuerit ordinatum; Litteris, Ordinacionibus, Mandatis, deffencionibus verbo vel scripto factis, & in contrarium sub quavis verborum forma [f] impetratarum vel impetrandarum, nonobstantibus quibuscunque.* Datum Tholose, die XXI.ª mensis Decembris, anno Domini millesimo CCC.^mo LXIX. Per Dominum Ducem. J. DE LA CHAYEN.

*Verum cum per querelam Civium predictorum intelleximus, quod dilectus noster Consiliarius, Magister Bernardus de Mora, unus ex Generalibus predictis, ac non nulli alii pretendentes se habere potenciam indegacionem faciendi & [g] vendendi ipsas Imposiciones Civitatis & Civium predictorum, & eosdem ad eas [h] salvendas compellendi, premissa facere satagunt & adhuc nituntur, & ipsas de facto venales publice exposuerunt, preter & contra formam & tenorem Litterarum nostrarum preinsertas, & in contemptum earundem; asserendo inter alia, ipsas Litteras preinsertas non esse ex nostra certa sciencia concessas, nec [i] transmisisse, nec eas executari mandatum fuisse per Generales supradictos, & alias multipliciter ipsos Civitatem & Cives, in earum Libertatibus & franchesiis & immunitatibus indebite agravando; quod Nobis displicet & non immerito, si sit ita. Nos enim attendentes preincertas Litteras & [k] contempta in eis, de nostra certa scientia processisse, & in nostro Concilio concessas fuisse; nolentes, prout nec decet, secreta ipsius Civitatis, que cara (a) Camera Regia & Clavis tocius Lingue Occitane & una de principalioribus Regni Francie existit, pandi nec publicari; attendentes quod Civitas & Cives predicti, sub potestate Generalium predictorum, qui per nonnullos Comitatus Senescalliarum Tholose, Carcassone & Bellicadri, fuerunt & sunt electi; nec in oblacione per eosdem Comitatus nobis facta, cujus pretextu dicte Imposiciones indicte sunt, minime fuerunt nec sunt [l] comprenssy, cum ab ipsis Comitatibus eorumque conciliis & tractatibus quibuscunque semper fuerunt & adhuc sunt [m] omnes separati, & in factis & actibus eorum non vocati; & [n] ipsos in aliquo obligare nequiverunt, cum semper cessarunt [o] aliquem potestatem habere premissa & quecunque alia offerendi & faciendi, ab eisdem prout de premissis sumus sufficienter informati; volentesque ipsos in eorum antiquis Libertatibus, franchesiis, Immunitatibus, Usibus, Consuetudinibus, possessionibus & saysinis [p] suis, [q] preservari, tuerique & deffendi, ut melius ipsa Civitas populetur, custodiatur & defendatur & melior efficiatur; & ex aliis pluribus justis de causis nostrum animum moventibus, premissa in preinsertis aliis nostris Litteris [r] contempta, voluerimus, concesserimus, volumusque & concedimus per presentes. Quocirca vobis, & vestrum cuilibet in solidum, si necesse fuerit, committendo mandamus, [s] districtius injungendo, quatenus contenta [t] impreinsertis aliis Litteris nostris, compleatis, perficiatis & exequamini diligenter, [u] justa ipsarum Litterarum continenciam & tenorem, nil*

- a indagatione.
- b Voy. cy-dessus p. preced. Note (b).
- c desistatis.
- d innovata & attemptata.
- e ce mot est inutile.
- f impetratis vel impetrandis.
- g donner à ferme, *dans plusieurs Ordonnances.*
- h solvendas.
- i qu'elles n'ont point été envoyées par le Duc d'Anjou.
- k contenta.
- l comprehensi.
- m *fort.* omnino.
- n il y a dans le R. *jo.* avec une marque d'abbreviation. *fort.* ideo.
- o aliquam.
- p mot douteux.
- q qi. *avec une marque d'abbreviation.* R.
- r contenta.
- s districtius.
- t in.
- u juxta.

NOTE.

*(a) Camera.]* Dans les differentes significations de ce mot, qui sont dans le Gloss. de du Cange, l'on trouve qu'il se prend quelquefois pour le Tresor & pour le Domaine du Roy. C'est peut-être par rapport à ces deux significations, que Carcassone est nommée ici, *Camera Regia:* Car cette Ville étoit unie au Domaine; & il y avoit un Tresorier Royal. *Voy. les Tabl. des Mat. des 3.ᵉ & 4.ᵉ Vol. des Ordonn.* au mot, *Carcassone.*

*de contingentibus in eisdem obmittendo; & si que facta fuerint in contrarium, ea omnia & [a] quidquic inde secutum fuerit, penitus revoccetis & anulletis, que Nos per presentes revocamus & anullamus, & ex causa: Inhibentes nostro Conciliario & Generali [b] indicto, & quibuscunque aliis ad premissa deputatis & deputandis, (a) Preture [c] virubus, ne de premissis aliquathenus se [d] intromitrant, quibus Nos tenore presencium inhibemus; Mandatis, defencionibus, statutis, Ordinacionibus verbo vel scripto in contrarium factis, Litterisque sub quibusvis verborum formis, [e] clausis vel apertis, adversus premissa impetratis vel impetrandis, non obstantibus quibuscunque.* Datum Tholose, die IIII. mensis Januarii, anno Domini millesimo CCC.^mo^ LXIX.°

CHARLES V. au Bois de Vincennes, le 6. de Septembre 1371.

*Nos autem omnia & singula in preinsertis Litteris contenta, rata & grata habentes, ea laudamus, aprobamus, ratificamus, & tenore presencium confirmamus, & de nostra sciencia & gracia speciali, de novo, si necesse fuerit, damus & concedimus per presentes: [f] Senescallo & Constabulario nostris Carcassone, vel eorum Locatenentibus, quatenus [g] dictis Cives & Servientibus, in premissis omnibus & singulis, tuheantur & defendant, [h] justa Litterarum suprascriptarum seriem & tenorem; non permittentes contra ipsos vel eorum aliquem, aliqua innovari nec attemptari; innovata & attemptata, si que sint, ad statum pristinum & debitum reducentes: Nam in premissis & ea tangentibus, ipsos & eorum quemlibet in solidum, Conservatores & Judices speciales facimus & constituimus per presentes: Inhibentes quibuscunque Locatenentibus nostris & Commissariis, Judicibus Generalibus deputatis, & aliis quibuscunque, ne de premissis, contra dictos Servientes & Cives nec eorum aliquem, aliquathenus [i] intromittere habeant nunc nec in futurum; quibus Nos tenore presencium inhibemus; Mandatis, defencionibus, statutis & Ordinacionibus in contrarium factis & impetratis, faciendisque & impetrandis, non [k] obstentibus quibuscunque. In cujus rei testimonium, presentes Litteras nostro sigillo fecimus corroborari.* Datum apud Nemus Vincenarum, die *(b)* Septembris, anno Domini millesimo CCC.^mo^ LXXI.° & Regni nostri octavo.

*Per Regem.* J. VERNONE.

a quidquid.
b peut-être pour, *predicto.*
c viribus.
d intromittant.
e Lettres de Cachet, ou Lettres patentes.
f Mandantes.
g dictos ... Servientes.
h juxta.
i se.
k obstantibus.

NOTE.

*(a) Preture virubus.] Prætura* signifie quelquefois en general une Jurisdiction. *Voy. le Gloss. de du Cange*, à ce mot. *Preture viribus* peut signifier ici, *en vertu du pouvoir de Lieutenant du Roy.*

*(b) Die.]* Il manque là le mot *sexta.* Car *Besse*, p. 224. dit, que ces Lettres de Charles V. sont du 6. de Septembre 1371.

---

CHARLES V. à Paris, en Septembre 1371.

*(a) Lettres qui portent que le Comté d'Auxerre nouvellement acquis par le Roy, avec ce qui pourra y être joint dans la suite, sera uni inséparablement au Domaine de la Couronne.*

CHARLES par la grace de Dieu Roy de France. Comme Nous ayans de nouvel *(b)* acquis & acheté le Conté d'Aucerre, de nostre amé & feal Jehan de Chalon, Conte de Tonnere, aveques touz les Fiez, Arriere-Fiefz, Seigneuries, Noblesces, hommes, vassaulx, rentes, possessions, revenuës, & autres appartenances & appendences quelconques appartenantes audit Conté, que ledit Jehan tenoit & possidoit de son propre Demainne & heritage, si comme par les Lettres de l'achat sur ce faictes, lesquelles ont esté mises pardevers Nous en nostre Tresor à perpetuel memoire, puet plus à plain apparoir; & pour Nous rendre l'argent que Nous avons paié pour ledit achat, les bonnes genz, Bourgois & habitans d'Aucerre & du pays d'Aucerrois, Nous ayent donné & octroyé liberalment & de leur bonne volenté, le disiéme de touz les grains & vins qui croistront oudit pays, pour trois

NOTES.

*(a)* Memorial *D.* de la Chambre des Comptes de Paris, *fol.°* 6 vingt *v.°* [120].

*Voy. cy-dessus*, p. 415. les Lettres du mois de Juillet 1371.

*(b)* Le Contract de vente qui est du 5. de Janvier 1370. est dans le Memorial *D.* de la Chambre des Comptes, *fol.* 115. *v.°*

CHARLES V. à Paris, en Septembre 1371.

années continuées, afin d'estre & demourer perpetuelment soubz & en nostre main, sanz moïen, & sanz en estre jamais mis hors par quelque voïe [a] en maniere que ce soit : Savoir faisons à touz presenz & avenir, que Nous consideranz les choses dessus dictes, & aussi l'affeccion, grant desir & bonne volenté que les diz Bourgois, habitans & bonnes genz dudit Conté & pays d'Aucerrois, ont d'estre en nostre main, & noz subgez & en nostre Seigneurie, sanz moyen; & que la Ville & Cité d'Aucerre, & aussi aucuns des lieux, Villes & Chasteaux appartenanz audit Conté, sont assis sur la Riviere d'Yonne, & en pays & lieux dont moult de biens pevent chascun jour venir & estre conduiz & amenez en nostre bonne Ville de Paris, & passer par noz autres destroiz, Villes & passages estans sur ladicte Riviere & sur la Riviere de Seine, sanz dangier, empeschement ou destourbier d'aucun moyen Seigneur; & que icelle Ville & Conté d'Aucerre, & autres Villes & Forterecces appartenanz à icellui Conté, sont en Frontiere de plusieurs Parties & pays où Nous n'avions aucun Demainne; & par lesquiex liex & fortereces, se aucunnes guerres ou commocions avenoient, ou se aucuns ennemis vouloient d'aventure grever ou dommager les Parties de France, icelles Parties & les autres en venant à Paris, pourroient être gardées, deffenduës & tenuës en seurté; icelluy Conté avec touz les Lieux, Villes, Chasteaux & Fortereces, Fiez, Arriere-Fiez, Seigneuries, Noblesces, Bourgoiz, Hommes, Vassaulx, rentes, revenuës, bois, prez, eauës, Molins, Garennes, possessions, & autres appartenances & appendences quelconques audit Conté, en quelconques choses qu'elles soient ou pevent estre, & toutes autres choses que Nous pourriens de ci en avant acquerir & approprier à icellui Conté, Nous par grant & meure deliberacion de nostre Conseil, pour les causes dessus dictes & autres qui à ce Nous ont meu, avons approprié, unie & annexé, & de nostre auctorité, certeine science & pleine poissance Royal, par la teneur de ces presentes, approprions, unions & annexons perpetuelment à Nous & à noz successeurs, & au Demainne de la Couronne de France, à y estre & demourer à perpétuité, sanz ce que jamais icellui Conté ou aucune chose d'icellui, par Nous ou noz succeesseurs Roys de France, en puissent estre ostez, separez, [b] detraiz, alienez, ne bailliez à aucuns de noz Freres ne à autres de nostre Lignage, ne à quelconque autre personne, de quelque estat ou condicion qu'elle soit, par partage, par mariage ou appanage, ne par autre quelconque voie ou maniere que ce soit, de present ne pour le temps avenir: Et se par aventure, ledit Conté ou autres appartenances d'icellui, ou aucunes choses d'icelles, Nous ou aucuns de noz successeurs Roys de France, Nous en distrahons, separions, ostions ou alienions, Nous ne voulons que aucune distraction, séparacion ou alienacion que Nous ou aucun de noz diz successeurs en facions, tiengnent ne vaillent, ne aïent aucune force ou vigueur, ne que à aucunes Lettres qui seroient par aventure données au contraire, par Nous ou noz diz successeurs ou temps avenir, soit en aucune maniere obéi, ne que icelles aïent ou puissent avoir aucun effect, ne pourter aucun prejudice à noz presentes Lettres ne au contenu d'icelles, par quelque voïe ou maniere que ce soit; & que ledit Conté & les appartenances & appendences dessus dictes, ne soient & demeurent à tousjours appropriez, uniez & annexez au propre Demaine de la Couronne, comme dit est. Et ainsi l'avons Nous promis & accordé en parole de Roy, aus diz habitans d'Aucerre, & du pays d'Aucerrois, sanz jamais faire ne souffrir estre fait le contraire. Et que ce soit ferme chose & estable à tousjours, Nous avons fait mettre nostre seel à ces presentes: sauf en autres choses nostre droit, & l'autrui en toutes. *Donné à Paris, l'an de grace mil trois cenz soixante & onze, & de nostre Regne le huitiesme, ou mois de Septembre.* Ainsi signé. *Par le Roy.* N. DE VERRES.

Collacio facta fuit cum Originalibus Litteris, in Camera Compotorum Parisius, die sexta Novembris, [c] trecentesimo septuagesimo primo, per me, Hugonem de Columbeyo, & me, CRETE.

[a] *ou.*

[b] *distraits.*

[c] *millesimo.*

Lettres

CHARLES V. à Paris, en Septembre 1371.

(a) *Lettres qui portent qu'il sera établi dans la Ville d'Auxerre, un Bailliage Royal; que le Bailli de Sens en sera Bailli, sous le titre de Bailli de Sens & d'Auxerre; & qui reglent l'étenduë du Bailliage d'Auxerre, dont une partie fut démembrée de la Prevosté de Ville-neuve-le-Roy.*

CHARLES par la grace de Dieu Roy de France. Comme Nous ayons de nouvel acquis & achaté le Conté d'Auceurre, de nostre amé & feal Jehan de Châlon, Conte de Tonnerre; avecques touz les Fiez, Arrere-Fiez, Seigneuries, Noblesces, hommes, Vassaulz, rentes, possessions, revenuës, & autres appartenances & deppendences quelconques appartenans audit Conté, que ledit Jehan tenoit & possidoit de son propre Demaine & héritage, si comme par les Lettres de l'achat sur ce faictes, lesquelles ont esté mises pardevers Nous en nostre Tresor à perpetuel mémoire, puet plus à plain apparoir; & pour Nous rendre l'argent que Nous avons payé pour ledit achat, les bonnes genz, Bourgois & habitans d'Aucerre & du pays d'Aucerrois, Nous ayent donné & octroyé liberalment & de leur bonne volenté, le disieme de touz les grains & vins qui croistront oudit pays, pour trois années continuées, afin d'estre & demourer perpetuelment soubz Nous & en nostre main, sanz moyen, & sanz en estre jamais mis hors par quelque voye ou maniere que ce soit; & aussi que en ladicte Ville d'Aucerre, sera perpetuel Siege Royal; & que le Bailly de Senz qui est à present & pour le temps avenir sera, demeure & soit nommé perpetuelment Bailli de Senz & d'Auceurre, & qu'il y ait Siege & Assise Royaulx, & y viegnent & ressortissent de ci en avant perpetuelment, sanz moyen, les Villes & lieux ci-dessoubz esclaircis & nommez : Savoir faisons à touz presens & avenir, que Nous, pour cause & consideracion des choses dessus dictes, & que ladicte Ville d'Aucerre & le pays d'Aucerrois, qui moult ont esté grevez & dommagiez par noz ennemis, puissent estre réparez & amendez, & que icelle Ville puisse estre repeuplée de bonnes genz & habitans : Considerans aussi, que c'est Ville & Cité notable, & que en icelle se pevent retraire & demourer genz de Conseil; & à moins de grief & de dommage, le peuple du pays puet venir à Justice; & especialment ceux de l'Eveschié d'Aucerre & du pays d'Aucerrois & d'ilecques environ, qu'il ne faisoient en plus lointaing Siege; de nostre pleine puissance & auctorité Royal, & par grant & meure deliberacion de nostre Conseil, volons & avons ordené, & ordenons & [a] discernons par la teneur de ces presentes, & pour l'utilité & évident profit de la chose & bien publique, que le Bailli de Senz qui est à present & qui pour le temps avenir sera, demourra & sera nommé perpetuelment Bailli de Senz & d'Aucerre, aus gages tant seulement qu'il avoit par avant; & sera perpetuel Siege Royal en ladicte Ville & Cité d'Aucerre, & y tendra ledit Bailli perpetuelment Siege & Assises Royaulx, & par la forme & maniere qu'il les tient & a acoustumé de tenir à Senz, & aux autres Villes dudit Bailliage où il a Siege d'Assises; & [b] vendront & ressortiront de ci en avant perpetuelment, sanz aucun moyen, audit Siege de la Cité & Ville d'Aucerre, les diz Bourgois & habitans d'icelle Cité & Ville, & toutes les Villes qui sont du Demainne dudit Conté d'Aucerre, & toutes les autres Villes & habitans d'icelles, Nobles & non-nobles, qui sont du Fié & Arriere-Fié dudit Conté, avecques toutes les Villes & lieux enclavez en icellui Conté, soient du Demaine dudit Conté, Fié ou Arriere-Fié d'icellui ou d'autres quelconques; & aussi vendront & ressortiront audit Siege d'Aucerre, toutes les Villes, les habitans & demourans en icelles, Nobles & non-nobles, & de quelque autre estat ou condicion qu'il soient, qui sieent & sont estans & assises en l'Evesché d'Aucerre & dehors, entre les Rivieres de Loire,

a *decernons.*

b *viendront.*

NOTE.

(a) Memorial *D.* de la Chambre des Comptes de Paris, *fol.°* 119. *v.°* *Voy.* les Lettres precedentes.

CHARLES V. à Paris, en Septembre 1371.

d'Yonne & de *(a)* Cuevre, & lesquelles sont plus près de ladicte Ville d'Aucerre que de [a] ladicte Villeneuve le Roy, & lesquelles [b] souloient ressortir audit Siege d'icelle Villeneuve le Roy, sanz plus ressortir ne estre du ressort d'icelle Villeneuve le Roy; mais tant seulement du ressort de ladicte Cité & Ville d'Aucerre; & d'ilecques, vendront & ressortiront sanz moyen, en nostre Court Souveraine de Parlement, & par la forme & maniere que ilz ressortissent du Bailliage de Senz: Lesquelles Villes & lieux & habitans en icelles, Nobles & non-nobles, & autres genz, de quelque estat qu'il soïent, demourans & habitans oudit pays, de nostre auctorité & poissance devant dictes, Nous exemptons, distrahons & ostons dudit ressort de la Villeneuve, sanz ce que jamais, de present ne pour le temps avenir, ilz ressortissent en aucune maniere, fors tant seulement au Siege d'Aucerre, comme dessus est dit. Si donnons en Mandement à toutes manieres de genz d'Eglise, de quelque estat ou condition qu'il soïent, Nobles, non-nobles, Bourgois & habitans des diz lieux, Villes & pays, & qui Terres & possessions ont & possident en icellui pays, qu'ilz aillent & ressortissent de ci en avant, audit Siege d'Aucerre; & aus Bailli de Senz & Prevost de la Villeneuve, presenz & avenir, que audit Siege de la Villeneuve, ne les appellent ou facent appeller, traire ne advoquer en cas de ressort, de ci en avant, en aucune maniere; pourveu toutevoïez que les Causes & procès pendans devant ledit Bailli de Senz ou le Prevost d'icelle Villeneuve, audit Siege de la Villeneuve, seront en icelui Siege devant eux determinées & finies. Et que ce soit ferme chose & estable à touzjours, Nous avons fait mettre nostre seel à ces presentes: sauf en autres choses nostre droit, & l'autrui en toutes. *Donné à Paris, l'an de grace mil trois cens soixante & onze, & de nostre Regne le VIII.e ou mois de Septembre.* Ainsi signé. *Par le Roy.* N. DE VEIRES.

Collacio cum Originali, facta fuit in Camera Compotorum Parisius, die sexta Novembris, [c] trecentesimo septuagesimo primo, per me, Hugonem de Columbeyo, & me, CRETE.

Ce qui suit est à la marge d'en bas.

*Istam Litteram habui & posui in Thesauro, cum aliis similibus, duodecima Novembris, millesimo trecentesimo septuagesimo primo.* DE MONTAGU.

*Instrumentum possessionis dicti Comitatus Antissiodorensis, quam cepit pro Domino Rege, Magister Nicolaus de Veres (b) ejus, traditum fuit dicto Magistro Gerardo, ad reponendum cum dicta Littera dicte emptionis, & fuit datum dictum instrumentum septima Septembris,* [d] *trecentesimo septuagesimo primo.*

*Ita fuit mihi traditum, ultima Februarii, millesimo trecentesimo septuagesimo primo.* DE MONTAGU.

a *Il n'a point encore été parlé de cette Ville.*

b *avoient accoustumé.*

c *millesimo.*

d *millesimo.*

NOTES.

*(a) Cuevre.]* La *Cure,* qui à quelques lieuës au-dessous de *Clamecy,* dans le Nivernois, se jette dans l'*Yonne,* à *Crevant.* Voy. *les Rivieres de France, par* Coulon, *tom. 1.* p. 69.

*(b) Ejus.]* Il faut apparemment suppléer, *Clericus* aut *Secretarius.* N. de Veres étoit Secretaire du Roy. *Voy. à la fin de ce Vol. les Tables des noms des personnes,* au mot, *Veres* (N. de).

---

CHARLES V. à Paris, le 6. d'Octobre 1371.

## *(a)* Lettres par lesquelles le Roy requiert & prie l'Evêque de Langres, de faire publier & afficher dans son Diocese, une Bulle de Clement V. contre les faux-Monnoyeurs.

*KAROLUS Dei gracia Francorum Rex. Dilecto & fideli nostro Episcopo* [e] *Lingonensi: Salutem & dilectionem. Cum à sede Apostolica Nobis sit indultum, & omnibus inhibitum, ne aliqua persona, cujuscumque preeminentie, dignitatis, Ordinis,*

e Guillaume de Poitiers. *Voy. cy-dessus,* p. 412. Note *(b).*

NOTE.

*(a)* Registre *D.* de la Cour des Monnoyes de Paris, *fol.o* 7 vingt 14. *recto* (154).

CHARLES V.
à Paris, le 6. d'Octobre 1371.

*ſtatus vel [a] conſuetudinis exiſtat, aut quamcumque auctoritatem ſeu poteſtatem ſuper cudendo [b] Monetis, ſe habere pretendat, ſignum, formam vel ſpeciem Monete noſtre & ſucceſſorum noſtrorum Regum Francie, ſibi aſſumere, aut in ſua Moneta imprimere vel inſculpere, aut aſſumpta ſeu impreſſa vel inſculpta [c]; nec alia quevis perſona [d] aliis noſtris contrafactis Monetis à Cuguis, per ſe vel per alios, uti nec eas allocare in Regno noſtro quomodolibet preſumant; alioquin omnes & ſinguli qui ſecus attemptare preſumpſerint, excommunicationis ſententiam incurrunt ipſo facto, à qua [e] vel alium quam Romanum Pontificem, preterquam in mortis articulo, non poſſunt abſolvi, prout per tranſcriptum Litterarum Apoſtolicarum Nobis ſuper hoc [f] dultarum, quod vobis, manu publica & ſigillo Curie Officialis Pariſienſis ſigillatum, mittimus, hec & alia videbitis latius apparere; vos requirimus & rogamus quatinus, ipſius tranſcripti copias, proprio veſtro vel Curie veſtre ſigillo communitas, in Valvis veſtre Cathedralis, & aliarum Eccleſiarum tam Parochialium quam etiam aliarum Ville & Civitatis Lingonenſis, & ceterarum Eccleſiarum Parochialium & locorum Eccleſiaſticorum & tocius veſtre Dieceſis, affigi faciatis vel apponi; ſententiamque & alia in dicto tranſcripto [g] declaratis, in Eccleſiis & locis predictis, Dominicis diebus ſolenniter divulgari & eciam publicari, ne quemquam talia committentem, liceat vinculum ſupradictum [h]; taliter in predictis vos habentes, quod dicte ſedi ac Nobis debeat eſſe gratum.* Datum Pariſius, die VI.[a] Octobris, anno Domini milleſimo trecenteſimo ſeptuageſimo primo, & Regni noſtri octavo. *Per Regem, ad Relacionem Conſilii.* J. DE LUZ.

*a fort.* conditionis.
*b* Monetas.
*c* Je crois qu'il manque là quelques mots. *Voy. la Bulle de Clement V.* qui eſt à la ſuite de ces Lettres.
*d* Je crois que cet endroit eſt auſſi corrompu.
*e* per.
*f* indultarum.
*g* declarata.
*h* Je crois qu'il manque là quelques mots.

*(a)* IN Nomine Domini. Amen. Noverint univerſi, quod hoc eſt exemplum ſeu tranſcriptum aut tranſumptum quarumdam patentium Litterarum felicis recordationis, Domini Clementis, Pape Quinti, ejus vera Bulla plumbea, in filis de ſerico [i] robei croceique coloris, more Romane Curie, bullatarum, non viciatarum, non cancellatarum, non abraſarum, non abolitarum, nec in aliqua ſui parte corruptarum; ſed ſanarum & integrarum, ac omni vicio & ſuſpicione prorſus carentium, ut prima facie apparebat, quarum tenor de verbo ad verbum ſequitur, & eſt talis.

*i rubei.*

*CLEMENS Epiſcopus Servus Servorum Dei. Ad perpetuam rei memoriam. Prodiens quaſi ex adipe iniquitatis, multorum ſceleratorum cupiditas, eos in perniciem precipitare [k] cognatur, dum ſequi miſerabilem ejus ingluviem, ſacietatis neſcientem moderamina, non verentur: Ipſi etenim turpium lucrorum ſe fecibus immergentes, ambitioſis nexibus involvuntur, Dei timorem damnabili cecitate poſtponunt, & quaſi ambulantes in tenebris, non vitant excidia perſonarum. Nuper ſiquidem ad noſtri Apoſtolatus auditum, multorum relatio fide digna perduxit, quod nonnulli nullam habentes auctoritatem, jure vel conſuetudine ſeu privilegio, faciendi Monetam, falſam Monetam cudunt & fabricant in Regno Francie & locis circumvicinis [l] vero Monetam fabricatam ſub vero ſigno cariſſimi in Chriſto Filii noſtri, [m] Philippi Regis Francorum illuſtris, ſtudioſe depravant, & ex hoc cadit à ſuo recto pondere: Quam plures etiam in locis circumvicinis, quibus de jure aut conſuetudine ſeu privilegio, jus competit fabricandi Monetam, ſignum proprium Monete Regie, Monete ſue quam fabricant, imprimere ſeu inſculpere moliuntur, ejuſdem (b) quantitatis & rotunditatis & litterarum figure, quam habet Moneta Regia, Monete ſue quam fabricant, quantum poſſunt ſimilius, ſpeciem & formam inſculpunt, conſtituunt & imprimunt; & quamvis Moneta predicta eorum ad uſurpatam*

*k* conatur.
*l* Il y a là un mot qu'on n'a pû lire. Il y a un caractere inconnu, & puis *In* ſans abbreviation. Peut-être faut-il lire, *alii.*
*m* Philippe-le-Bel.

NOTES.

*(a) In Nomine.* ] Regiſtre *D.* de la Cour des Monnoyes de Paris, *fol.°* 7 vingt 13. *verſo* [153].

Avant ces Lettres, il y a:

*Le XVIII.e jour de Novembre, mil trois cens ſoixante & unze, furent apportez en la Chambre des Monnoyes, trente Inſtrumens faiz de certaines Bulles du Pape Clement, dont la teneur s'enſuit.*

*Bulle du Sainct Pere, par laquelle il excommunie tous ceulx qui contreſont les Monnoyes du Roy.*

*(b) Quantitatis.* ] Je crois que ce mot ſignifie, *la Loy de l'Eſpece;* mais le poids étoit trop foible.

CHARLES V. à Paris, le 6. d'Octobre 1371.

*similitudinem perducta, desinat à justo pondere Argenti & solito in Regia Moneta, & more & consuetudine servato, simplices tamen & populares persone, non habentes inter Monetas tante similitudinis, periciam* [a] *discernandi, falluntur cotidie ea occasione in usu Monetarum, recipientes Monetas falso* [b] *assimulata, pro veris : sunt & alii qui scienter falsas Monetas ultra Regnum predictum emunt, & postea infra Regnum ipsum eas portant, vendunt & expendunt. Nos igitur attendentes, quod iidem falsarii & fabricatores Monetarum talium & emptores predicti, per hoc se dignos maledictione constituunt, eos qui, ut premittitur, premissa molliri aut fabricare aut emere vel portare ad Regnum predictum, scienter presumpserint, excommunicationis sentencia innodamus ; absolutione predictorum, Nobis & successoribus nostris, preterquam in mortis articulo, reservata. Nulli ergo hominum liceat, hanc paginam nostre innodationis & reservationis infringere, vel ausu temerario contraire. Si quis autem hoc attemptare presumpserit, indignationem Omnipotentis Dei, & Beatorum Petri & Pauli Apostolorum, se noverit incursurum.* Datum Tholose, II.[a] Kalend. Januarii, [c] Pontificatus nostri anno quarto.

Actum seu exemplatum aut transcriptum sive transumptum, in Domo habitationis mei Notarii publici infrascripti, sita in Vico novo Beate Marie Parisiensis, anno Domini millesimo tricentesimo septuagesimo primo, Indicione nona, die vicesima octava mensis Augusti, Pontificatus sanctissimi in Christo Patris & Domini nostri Domini Gregorii, Divina providentia Pape undecimi, anno primo : Presentibus venerabili & discreto viro, Johanne de Roquis, Presbitero, Thesaurario Ecclesie Beate Marie [d] Vivariensis in Brya, [e] Meldonensis Diocesis; Johanne Laguillet; Petro Alnardi & Johanne de Villa [f] Maden. Clericis Parisiensis, Aurelianensis & Leonensis Diocesum, testibus ad hec vocatis & rogatis.

Et Ego Guillelmus de Lesconet, Clericus Leonensis Diocesis, publicus & Apostolica auctoritate Notarius, quia facta per me cum alio, diligenti collatione de dictis Litteris Apostolicis; ad presens transcriptum ex eis originaliter sumptum, presentibus dictis testibus, ea ad invicem per omnia concordare inveni, ideo transcriptum hujusmodi per alium scriptum publicando, manu propria me subscripsi, & signum meum solitum apposui, rogatus in testimonium veritatis.

a discernendi.
b assimilatas.
c Clement V. fut élû Pape en 1305.
d Viviers.
e Meldensis.
f il y a une marque d'abbreviation sur la fin de ce mot.

---

CHARLES V. à Paris, en l'Hostel de S.t Paul, le 8. d'Octobre 1371.

## *(a) Reglement pour la Jurisdiction du Bailly des Ressorts & exemptions de Touraine.*

### *Droits Royaux dont cognoissent les Baillifs.*

CY après s'ensuit la Declaration que le Roy nostre Sire a faict en son Conseil à la Requeste de son Bailly, Jean de la Thuille, & Procureur au Bailliage de Thouraine, d'Anjou & du Maine, après ce que en sondit Conseil eurent esté veuës les Lettres faites sur le bail & octroy à Monseigneur d'Anjou, de ladite Duché de Thouraine, par lesquelles il appert que le Roy a reservé pardevers luy la foy & lige hommage dudit Duché de Thouraine, la Souveraineté & ressort & exemptions de tous les droicts Royaux, & lesquelles Ordonnances par Arrest du Parlement furent ordonnées estre criées & publiées à la Table de Marbre à Paris, en la Ville de Tours,

NOTE.

*(a)* L'on a déja vû cy-dessus, p. 369. un Reglement non en forme, fait vers le mois de Decembre 1370. pour la Jurisdiction du Bailli des Ressorts & exemptions de Touraine, &c.

En voicy un autre qui n'est pas non plus en forme, qui ne se trouve point dans les Registres de l'année 1371. mais qui a été donné par *Joly* dans ses Offices de France, *tom. 2. additions au 3.e Livre, p. 1824.* on le fera imprimer icy tel qu'il est dans cet Auteur.

Ce Reglement se trouve aussi dans le grand Coustumier de France, donné par Charondas le Caron, *Liv. 1. ch. 3. p. 12.* il y a quelques legeres differences dans le stile.

Choppin dans son Commentaire sur la Coûtume d'Anjou, *tom. 1. ch. 65. N.o 2. p. 541.* a donné un extrait de ce Reglement. Chenu dans ses Privileges de Bourges, *p. 63.* en fait aussi mention.

à Paris, en l'Hostel de S.t Paul le 8. d'Octobre 1371.

& autres Villes & Lieux notables du Duché de Thouraine, tant ès lieux & terres des exemptions, comme en ceux de jurisdiction & domaine de Monsieur d'Anjou.

(1) *Item. Premierement.* Est ordonné & declaré par le Roy à present, & en tant que touche & regarde la Duché de Thouraine, que ledit Bailly qui à present est, & ceux qui seront pour le temps avenir ordonnez pour le gouvernement desdites Souveraineté & ressort, exemptions & droicts Royaux, aura la Cour, jurisdiction & connoissance des causes & besongnes regardans ressort & Souveraineté, regardans les exempts du pays de Thouraine, leurs sujects, justices & jurisdiction ordinaire demeurant pardevers lesdits exempts, comme ils ont eu du temps ancien.

(2) *Item.* Il est ordonné pour le gouvernement dudit Bailliage desdits ressorts, que ledit Bailly pourra tenir ses assises ou jours ès lieux qui s'ensuivent; c'est à sçavoir à Chinon, en la Ville de Tours, ou lieu que l'en dit Chasteauneuf.

(3) *Item.* En un chacun desdits lieux pourra bien faire un Lieutenant seulement, un Tabellion pour recevoir contracts, & passer toutes lettres de toutes personnes qui se voudront obliger devant luy, & un homme notable pour garder les Seaux.

(4) *Item.* Fera ledit Bailly, Sergens, pour garder ladite Jurisdiction Royale dudit païs de Thouraine, jusques au nombre de six : c'est à sçavoir deux à Chinon, & quatre à Tours, & croistra le Roy le nombre s'il veut & il voit qu'il soit expedient de le croistre.

(5) *Item.* Pourra faire faire & ordonner ledit Bailly ès lieux dessusdits, Advocats & Procureurs pour garder le droict du Roy nostre Sire & de la Couronne de France, ausquels Advocats & Procureurs, seront gages & pensions establis selon l'Ordonnance de la Chambre des Comptes.

(b) *Item.* Feront le serment les dessus nommez, que à leur pouvoir ils garderont le droict du Roy nostre Sire, & ne le laisseront ou souffriront point perir ne [a] amurir.

[a] *amoindrir.* G. C.

*Item.* Avec ce ledit Bailly ou son Lieutenant tiendront leurs assises en la maniere accoustumée, comme dit est. Pourront aussi iceluy Bailly ou son Lieutenant tenir leurs Jurisdictions ordinaires esdits lieux, de huit jours en huit jours, & non autrement, si ce n'estoit pour cas [b] present, peril évident, ou autre juste cause desirant celerité, auquel cas ledit Bailly ou ses Lieutenants en son absence ès lieux dessus nommez, pourront tenir & exercer Jurisdiction, toutesfois que mestier seroit.

[b] *pressant.*

*Item.* Le Bailly & son Lieutenant esdits lieux pourront cognoistre de tous cas, dont la cognoissance appartient au Roy nostre Sire, soit à cause de Souveraineté, ressort ou par droict Royal, & ne souffriront que autre Juge en ait la cognoissance, si comme des Eglises Royaux, ou de fondation Royal ou autrement exemptes ou privilegiez par le Roy nostre Sire. Ou quel cas ledit Bailly ou son Lieutenant auront la cognoissance tant des causes desdites Eglises, des serviteurs en icelle & des hommes & sujects, comment que ce soit desdites Eglises ou personnes privilegiées, comme dit est. Et ne pourront les Juges ordonnez par Monsieur de Touraine, cognoistre des cas meus ou pendans en deffendant entre lesdits gens d'Eglise ou privilegiez comme dit est, soit à cause du chef ou des membres desdits privileges, mais iceux seront tenus de renvoyer sans difficulté pardevant ledit Bailly, au Siege ou Sieges de leurs ressorts ; C'est assavoir ceux de Thouraine à Tours ou à Chinon.

*Item.* Auront lesdits Bailly ou Lieutenant, & non autre, la cognoissance, punition & correction [c] de leze-Majesté ou premier chef, de l'infraction de la sauve-garde du Roy nostre Sire, fausse Monnoye, & de port d'armes notables, qui est à entendre

[c] *des crimes.* G. C.

NOTE.

(b) *Item.* ] Dans Joly entre cet article & le precedent, il y a de suite ce qui suit, que l'on a crû devoir mettre en Note.

*Nota*, que les Baillifs Royaux ne cognoissent point des Eglises Cathedraux ou celles qui sont de fondation Royale, quand elles sont assises hors d'ancien demaine, & que le bien où est le Bailly & Comté ou Duché d'ancienneté, & depuis venu en demaine & en emplain le Bailly de Troyes ne cognoist point des Eglises Cathedraux estans en son Bailliage, mais en cognoist le Bailly de Sens, Item de Chartres, Item d'Evreux.

CHARLES V. à Paris, en l'Hostel de S.t Paul le 8. d'Octobre 1371.

quand ils auront compagnie de gens armez, garnis d'autres armes que espées, cousteaux ou bastons; & aussi des contracts faicts sous Seel Royal, quand l'obligé s'obligeoit ou sousmettoit seulement à la [a] conversion du Seel Royal; car ou cas que l'obligé se sousmettroit à toutes Jurisdictions, autres Juges en pourroient cognoistre par prévention, & aussi en cas de nouvelleté entre toutes personnes par prévention cognoistra lesdits Bailly & Lieutenant, & generalement [b] d'avoir la cognoissance de tous cas touchant droict Royal.

*Item.* Ordonné est, que ressort sera ordonné à Monsieur le Comte de Blois & à ses Officiers, gens ou hommes à cause du Chastel & Chastellenie de Chasteau-Regnaut à Tours, & y sera renvoyé de Chartres où il est audit lieu de Tours ès assises [c], cognoistra ledit Bailly & pourra justicier ledit Comte & ses sujects, à cause de sadite Chastellenie.

*Item.* Ordonné est que doresnavant pour le temps à venir les mandemens & rescripts qui partiront du Parlement ou de la Cour de France, & lesquels on souloit addresser ou envoyer aux Seneschaux de Touraine, d'Anjou & du Maine, s'addresseront ausdits Bailly & Lieutenant, & ainsi sera dit au Greffier du Parlement & autres Notaires du Roy.

*Item.* [d] Recevra ledit Bailly pardevers luy tous les procez & causes desdits exempts & sujects, pendans ailleurs que pardevant luy.

*Item.* Et ledit estat desdites causes & aussi les autres qui auront les procez devant nostre Bailly & Lieutenant, ledit Bailly face bailler à nostre Procureur par luy ordonné esdits lieux pour conservation du droict Royal, & à ce contraigne ceux de qui il appartiendra.

En tesmoins de ce, Nous avons fait mettre nostre seel à ces presentes Lettres. *Donné en nostre Hostel lez Sainct Paul à Paris, le huictiesme jour d'Octobre, l'an mil trois cens soixante & unze, & de nostre Regne le huictiesme.*

Signé. *Par le Roy.* [e] WILGRIM. *(c)*

a *coercion.* G. C.
b *auront.* G. C.
c *ordinaires.* G. C.
d *retiendra.* G. C.
e *Vilmer.* G. C.

NOTE.

*(c)* Joly, *p. 1884. de ses additions au 3.e Livre,* après avoir rapporté les articles de ce Réglement, qui regarde l'Avocat & le Procureur du Roy, adjouste ce qui suit, que l'on peut regarder comme une indication des Registres d'où il l'avoit tiré.

*Extraict du Registre des Causes du Thresor du Roy à Paris, de l'an mil quatre cens neuf. Thresoriers M. Thibauld de Chantemerle, Chevalier, Jean de la Cloche, &c. Advocat du Roy, M. Toussainct Baiart, &c.*

*Autre Extraict du Registre de l'an 1410.* Thesaurarii Franciæ Dominus Joannes de Columbario, Miles, &c. Advocatus Magister Toussanctius Baiart, &c.

*Autre Extraict du Registre de l'an 1411.* Thesaurarii tunc temporis, &c. Advocatus in Thesauro, Magister Toussanctius Baiart, &c. *au Recueil de la Chambre du Thresor pages 17. & 18.*

---

CHARLES V. à Paris, le 19. d'Octobre 1371.

## *(a)* Lettres qui portent que les Nobles du Languedoc, payeront l'Ayde établie dans ce Pays.

*CAROLUS Dei gratia Francorum Rex. Dilecto & fideli Consiliario nostro, Petro [f] Escatisse, Magistro Compotorum nostrorum; [g] Senescalliis Tholosæ, Carcassone & Bellicadri, Electisque & Receptoribus Impositionum & aliorum subsidiorum in [h] Lingua*

f Scatisse. 2.e Cop.
g Senescallis. 2.e Cop.
h Languedoc.

NOTE.

*(a)* La Copie de ces Lettres a été envoyée de Montpellier, avec cette indication: *Du N.o 19. fol.o 87. v.o*

Il en a été envoyé une seconde, avec cette indication: *Senechaussée de Nisme en general, liasse 18. des actes ramassés, Arm. A. N.o 6. fol. 87. verso.*

Ces Lettres font voir qu'il en manque plusieurs sur l'Ayde établie dans le Languedoc, vers 1371.

*Occitana, vel eorum Locatenentibus : Salutem. Intellecto nuper, quod licet Nos per nostras alias Litteras, vobis & vestrum cuilibet,* [a] *mandamus quatenus omnes & singulos Nobiles dictarum Senescalliarum, quos acceperamus aliquas Congregationes & Monopolia inter se fecisse, & appellationes emisisse vel* [b] *emittæ proposuisse, ut sint à solutione dictarum Impositionum & aliorum Subsidiorum, quas & quæ cæteri habitatores dictarum Senescalliarum, solvere non recusant, liberi; vel saltem, per dilationes & diffugia possent evadere* [c] *solutionum prædictarum, compellatis ad solvendum dictas Impositiones & Subsidia, & alia onera* [d] *subeundi; nonobstantibus prædictis appellationibus emissis & etiam emittendis, quas frivolas* [e] *decernimus per nostras* [f] *Patentes Litteras; & nihilominus prædictos Nobiles quos de præmissis repereritis culpabiles,* [g] *punietis* [h] *prima ratione, prout hæc & alia in nostris prædictis Litteris plenius* [i] *continetur, vos nihilominus, virtute quarumdam Litterarum nostrarum* [k] *Litterarum Nobis insciis obtentarum, vobis aut vestrum aliquibus* [l] *obtentarum, ad instantiam Raymundi de Fabricis* [m] *Berengarii Dalmatii, Nobilium, tam suo nomine quam aliorum Nobilium Civitatis & Diœcesis* [n]*, sibi adhærentium;* [o] *per Libertates & privilegia per Predecessores nostros eis concessas, Subsidiis inhibi* [p] *imposterum, cum plebeis contribuere non tenentur, de hoc in pocessione* [q] *existentium, usi sunt à tanto tempore quod hominis memoria in contrarium non existit; & quod secundum Instructiones de novo editas super modo levandi & exigendi dictas Impositiones, decimam partem vini, & alia subsidia dictarum Senescalliarum, dicti Nobiles suis predictis privilegiis uti* [r] *volunt; & quod nihilominus, Guilhelmus Alamandi & Bernardus de Oleo,* [f] *Commissariis, suique deputati, nisi fuerunt & nituntur compellere dictos Nobiles ad contribuendum cum dictis plebeis in prædictis, & plures pecuniarum summas exhigerunt ab ipsis; & propter hoc, & quia ipsas sibi restituere recusarunt, supliciter requisiti, ad nostram Parlamenti Curiam appellarunt, ad executionem ulteriorem antedictarum nostrarum Litterarum, procedere* [t] *distulisti, in nostri non modicum prejudicium, si sit ita. Nos attendentes emolumenta quæcumque dictarum Impositionum & Subsidiorum aliorum, in opus communis deffensionis Patriæ, ad omnium & singulorum habitatorum ejusdem, tam Nobilium quam innobilium, utilitatem & commodum debere converti; quamobrem ordinasse meminimus, neminem cujusvis conditionis aut status, inde fore liberum : Considerantes insuper, quod per appellationes hujusmodi, si* [u] *differentur eisdem* [x] *salutem prædictorum posset plus debito prothelari, & appellantes possent forsan eorum præstationem, per diffugia, contra voluntatem nostram vitare; mandamus & præcipimus vobis quam districtius possumus, & committimus, si sit opus, & vestrum cuilibet, quathenus dictos Nobiles, universos & singulos, ad contribuendum dictis Impositionibus & Subsidiis, cum aliis nostris subditis innobilibus, compellatis viriliter & rigide, & prout pro nostris propriis debitis est fieri consuetum, sic quod ad Nos propter hoc, non sit amplius recurrendum; & nostras antedictas Litteras executioni mandetis, juxta sui continentiam & tenorem; nonobstantibus prædictis appellationibus emissis & emittendis, quas inanes & frivolas esse decernimus per presentes; aliisque diffugiis & Litteris prædictis per dictos Nobiles obtentis, & aliis sub quavis forma verborum impetratis & impetrandis quibuscumque, quibus vos parere firmiter inhibemus.* Datum Parisius, die XIX.[a] Octobris, anno Domini 1371. & Regni nostri octavo. [y] *Per Regem.* YVON.

CHARLES V. à Paris, le 19. d'Octobre 1371.

[a] *mandaverimus 2.e Cop.*
[b] *emittere. 2.e Cop.*
[c] *solutionem. 2.e Cop.*
[d] *subeundum. 2.e Cop.*
[e] *decrevimus. 2.e Cop.*
[f] *prædictas. 2.e Cop.*
[g] *puniatis.*
[h] je n'entends pas ces deux mots.
[i] *continentur.*
[k] Ce mot est inutile, & n'est pas dans la 2.e Cop.
[l] *directarum. 2.e Cop.*
[m] *&.*
[n] *Magalonensis. 2.e Cop.*
[o] *& continentium. 2.e Cop.* Il faut suppléer, *quod.*
[p] *impositis. 2.e Cop.*
[q] *pacifica. 2.e Cop.*
[r] *valent. 2.e Cop.*
[f] *Commissarii. 2.e Cop.*
[t] *distulistis. 2.e Cop.*
[u] *differentur. 2.e Cop.*
[x] *solutio. 2.e Cop.*
[y] le reste n'est pas dans la 2.e Cop.

---

CHARLES V. à Paris, le 8. de Novembre 1371.

(a) *Lettres qui renouvellent les anciennes Ordonnances qui portent que les Ecclesiastiques, les Nobles, les Avocats, les Sergents d'Armes & autres Officiers Royaux, ne pourront être Fermiers ni des Prevôtez, ni des autres revenus du Roy.*

CHARLES par la grace de Dieu Roy de France. Au Bailly & Receveur de Vermendois, ou à leurs Lieutenant : Salut. Comme par [z] Ordenances Royaux

[z] *Voy. les Tabl. des Mat. de ce Rec. au mot, Prevosts à fermes.*

NOTE.

(a) Memorial *D.* de la Chambre des Comptes de Paris, *fol.*o 6 vingt 3. *v.*o (123).

CHARLES V. à Paris, le 8. de Novembre 1371.

anciennes, nottoires & publiques, & lesquelles vous ne povez ou devez ignorer, aucunes gens d'Eglise, aucuns Nobles, Advocats, Sergents d'armes & autres Officiers Royaux, ne puissent ou doient estre receus à prendre à ferme, ne encherir aucunnes [a] Prevostez, ou autres fermes ou marchez Royaulz; tant pour ce que aucunes personnes pourroient laissier & cesser à encherir lesdites fermes & marchiez sur lesdits Nobles & autres dessus dits, come pour leur puissance, par laquelle il pourroient & voulroient les subgiets & habitans d'icelles Prevostez, fermes & autres marchiez Royaulx, oppresser, charger & travailler indeuement en plusieurs manieres: Niantmoins Nous avons entendu, que vous ou aucun de vous, avez receu & recevez plusieurs desdites gens d'Eglise, des Nobles, Advocats, Sergens d'armes & autres Officiers Royaulx, à prendre & encherir aucunes desdites Prevostez, des fermes & autres marchiez Royaux, en venant indeuement contre lesdites Ordenances, en notre dommage & prejudice, en diminution de nos droiz & appeteticement de proufiz, émolumens & revenus desdites Prevostez, & autres fermes & marchiez Royaulx, & ou grant prejudice & damage de nos dits subgez, en plusieurs manieres; dont [b] forment Nous desplaist, & non sans cause, s'il est ainsi. Si vous mandons, deffendons & enjoignons, & à chascun de vous, que doresenavant, vous ne recevez ou souffrez estre receu, en [c] couvert ou en appert, aucunes gens d'Eglise, aucuns Nobles, Advocaz, Sergens d'armes ou autres Officiers Royaulx, à prendre ou encherir aucunes desdites Prevostez, fermes ou autres marchiez Royaulx, en chief ou en membres; mais vous en cessés & desistez du tout, ou temps avenir; & se aucune chose a esté fait par vous, ou par aucuns des [d] Fermiers en chief, au contraire, sy le metez & ramenez, ou faites mettre & ramener à estat deu, hastivement & sans delay, ces Lettres veuës. Sy gardez chascun en droit soy, que en ce n'ait par vous aucun deffaut; saichans [e], se par vostre coulpe, deffault ou negligence, aucun dommage ou prejudice s'en ensuivoit, nous le ferions recouvrer sur vos biens au mieulx apparoissant. *Donné à Paris le huitieme jour de Novembre, l'an de grace mil trois cens soixante & onze, & de nostre Regne le VIII.e & ainsi signé. Par le Conseil étant en la Chambre des Comptes.* JOHANNES.

[a] *Voy. cy-dessus, p. 412. Note (c).*

[b] *fortement.*

[c] *secretement ou publiquement.*

[d] *Fermiers Generaux.*

[e] *que.*

---

CHARLES V. au Bois de Vincennes, le 20. de Novembre 1371.

## (a) Lettres qui portent qu'il sera fait incessamment des aveus & denombrements de tous les Fiefs relevants du Roy, & de tous les Arriere-Fiefs qui relevent de ces Fiefs.

*LES Gens des Comptes du Roy nostre Sire, à Paris. Au Bailly de Vermandois, ou à son Lieutenant: Salut. Les Lettres du Roy nostre dit Seigneur, avons receuës, contenant la forme qui s'ensuit.*

CHARLES par la grace de Dieu Roy de France. A nos amez & feaulx, Gens de nos Comptes à Paris: Salut & dilection. Comme [f] lontemps a, Nous eussions ordoné & commandé, que de tous les Fiez & arriere-Fiez, tenus de Nous sans moyens & par moyen, certains & vrays Registres fussent faits en chascune Baillie & Senechaussée de nostre Royaume; de quoy nos Bailliz ont esté negligens & delayans, dont il Nous desplait [g] forment, & non sans cause; Nous vous mandons, commandons & enjoignons estroitement, que tantost & sans delay, vous mandez à tous nos Baillis & Seneschaux, que il facent crier & publier solennelment, par tous les lieux notables de leurs Bailliage & Seneschaussées, & de tous les ressorts anciens d'iceux, que tous ceux qui tiennent aucunes choses de Nous en Fié, leur baillent, ou à nostre Procureur dudit Bailliage, les vraiz & entiers denombremens de tout ce que il tiennent

[f] *Ces premieres Lettres ne se trouvent point dans les Registres.*

[g] *fortement.*

NOTE.

(a) Memorial *D.* de la Chambre des Comptes de Paris, *fol.* 6 vingt 4. (124).

en Fié

en Fié de Nous, dedans les[a] metes d'iceux Bailliages & Senechaussées & Ressorts; ès quiex denommemens, soit exprimé ledit Fié ou Fiez, le lieu & Chastellenie où ils sieent, & lesdits Fiez & Arriere-Fiez entierement, qui d'eulx en sont tenus, dedans la Feste de Pasques prochainement venant, pour les faire faire enregistrer en un certain Livre, par chascun de nos dits Procureurs; ausquelx Nous mandons & commandons que ilz le facent; & le dit jour passé, se ils treuvent aucuns Fiez quelconques estans ez mettes desdits Bailliages, Seneschaussées & Ressorz, dont le denomement n'aura point esté bailliiez, metent tous iceux Fiez en nostre main, & en facent lever & ceuillir les prouffits & [b] yssues entierement; & que ils nous rescrisent ce que il auront fait sur ce. Sy gardez bien que en ce par vous n'ait aucun deffaut. *Donné au Bois de Vincennes, le XX.e jour de Novembre, l'an de grace mil trois cens soixante & onze, & de nostre Regne le VIII.e*

CHARLES V. au Bois de Vincennes, le 20. de Novembre 1371.

a bornes.

b revenus.

*Par vertu desquelles Lettres, Nous vous mandons & enjoignons estroitement, que tantost & sans delay, vous acomplisiez le contenu en icelles; & tout ce qui fait en sera, Nous rescrizez bien & feablement. Escrit à Paris, le XXVI.e jour de Novembre, l'an mil trois cens soixante & onze.*

---

CHARLES V. à Paris, le 22. de Novembre 1371.

(a) Ordonnance qui porte que les Procureurs du Roy ne pourront intenter procez contre personne, qu'il n'y ait eu une information faite auparavant, & que sur le vû de cette information, il n'ait été ordonné par les Juges, que cette personne seroit assignée; & que les Receveurs Royaux envoyeront aux Gens de la Chambre des Comptes, un Rôle de tous les procez commencez depuis dix ans, pour leur faire connoître l'état dans lequel sont ces procez.

*LES Gens des Comptes nostre Sire le Roy, à Paris. Aus Bailli & Receveur de Vermandois, ou à leur Lieutenant: Salut. Les Lettres du Roy nostre Sire avons receues, contenans la forme qui s'ensuit.*

CHARLES par la grace de Dieu Roy de France. A noz amez & feaulz, Genz de noz Comptes à Paris: Salut & dileccion. Comme par Ordenances Royaulz anciennes & notoires, fust ja pieça ordené, que aucuns Procureurs Royaulz ne metroient aucunnes personnes quelxconques en Cause ou en procès contre iceulx Procureurs, jusques à ce que Informacions deues & convenables seroient premierement & avant toute euvre faictes sur les faiz & articles qui seroient aportez pardevers iceux Procureurs, ou qui autrement vendroient à leur cognoissance; & que icelles Informacions seroient veuës & examinées à bonne délibéracion, par les Bailliz ou autres Juges ordinaires des lieux, auxquels il appartendroit; presenz & appellez les diz Procureurs Royaulx, & les Conseilliers & [c] Advocaz estans es diz Bailliages, pour Nous & pour nos predecesseurs Roys de France, depuis le temps des dictes Ordenances; & que par iceulx soit dit, que les dictes informacions fussent teles, que ceulx contre qui icelles auroient esté faictes, fussent trouvez telx, que par ce deussent estre mis en procès contre les diz Procureurs; & ce fait, que les adjournemens faiz sur ce, & les procès commencez contre les personnes culpables, les diz Procureurs, chascun ès [d] metes de son Office, les poursuiroient continuelment & diligemment, ès lieux & devant les Juges où il appartendroit, jusques en diffinitive; afin que les droiz Royaulz y feussent & deussent estre declariez; deuëment [e] garder que les excès, attemptas & autres malefices ne demourassent impugnis, & que les personnes [f] adjointes avec les diz

c Avocats du Roy.

d bornes.

e gardés. 2.e Cop.

f qui seroient en Cause conjointement avec le Procureur du Roy.

NOTE.

(a) Memorial D. de la Chambre des Comptes de Paris, *fol.o* 6 vingt 4. *R.o* (124).

Il a été envoyé de Montpellier, une Copie de ces Lettres, avec cette indication:

*Senechaussée de Nismes en general, liasse 18. des Actes ramassés, Arm. A. N.o 6. folio 72.*

Dans cette Copie, cette Ordonnance commence ainsi:

*Les Gens des Comptes nostre Sire le Roy, à Paris. Aux Senechal & Receveur de Beaucaire, ou à leurs Lieuxtenant: Salut. Les Lettres du Roy nostre Sire, avons receues, contenant le forme qui s'ensuit.*

CHARLES V. à Paris, le 22. de Novembre 1371.

Procureurs, [a] eussent leur droit; & que ceux qui seroient miz en procès, ne fussent travailliez sans cause: Néantmoinz Nous avons entendu, que aucuns noz Procureurs & plusieurs leurs Substituz, depuis dix ans en ça ou environ, tant en leur nom, comme à Requeste de plusieurs personnes adjointes avecques iceux, ont commencié plusieurs Causes & procès contre plusieurs personnes, sanz informations sur ce deuëment faictes; & que par ce, plusieurs [b] Compositions ont esté faictes entre plusieurs nos Bailliz, Lieutenants, Procureurs & Substituz, avecques leurs Parties adverses, sanz nostre auctorité & licence, & sanz avoir fait declarations raisonnables de la verité des faiz, & sanz condempnacion ou absolucion estre faicte pour les faiz pourquoy les dictes Causes & procès estoient commenciez, & sanz ce que par Sentence diffinitive, les Amendes & autres profiz qui en appartenoient à Nous & auxdiz adjoins, fussent declariez, levez & exploictiez à nostre prouffit & au leur, si comme il appartenoit & estoit à faire selon raison & les Coustumes des pays; & que les aucuns des diz procès sont encores pendans & non determinez par la deffaute & negligence des diz Procureurs; combien que pour faire sur ce les diligences deuës & convenables, que ilz estoient & sont tenuz faire en telx cas & semblables, ilz aïent pris & receu par les diz Receveurs, plusieurs sommes de deniers; & ce nonobstant, ont esté & sont encores sur ce très mal diligent, ou prejudice & damage de Nous, des diz adjoins, en retardement de la delivrance & expedicion de noz Causes, ou delaïement de la declaracion des droiz & profiz appartenans pour ce à Nous & aux diz adjoins; dont [c] forment Nous desplaist, & non sans cause, s'il est ainsi. Pourquoy Nous volans les dictes Ordenances estre tenuës & gardées, & pourveoir deuëment aux choses dessus dictes, & aux dommages & inconveniens qui s'en pourroient ensuir, & noz subgez non estre travailliez ne dommagiez sanz cause raisonnable, & sur les choses dessus dictes nostre profit estre gardé, vous mandons & enjoignons, que par vos Lettres, vous mandez à touz noz Bailliz, Receveurs & Procureurs, leurs Lieutenans & Substituts, en tant comme à chascun touche, que aucuns de noz subgez ne soit desormais mis en Cause contre aucun de noz Procureurs, sanz informacion faire deuëment; & que après ce que icelle informacion aura esté veuë & visitée par la maniere dessus dicte, il soit deliberé & ordené par le Juge à qui il appartendra, presenz noz Procureurs & Conseil, ce qui en sera à faire selon raison, & non autrement; & que nostre Receveur du lieu, ait & preigne par escript le double de toutes les Causes qui ont esté meuës & commencées depuis dix ans en ça, oudit Bailliage, contre nostre Procureur, & contre les Parties adjointes avecques lui, lesquelles il prendra par Registres & Escripz qui sont ou doivent estre pardevers les Clercs des Juges Royaulx, Bailliz, Lieutenants, Prevoz, & autres qui ont esté oudit Bailliage depuis le temps dessus dit: Lesquiex Escripz & Registres, Nous vous mandons [d] estre lui bailliez pour ce faire, & pour savoir comment & par quelle maniere icelles Causes ont esté demenées & determinées, & quiex profiz & emolumens en sont [e] issuz, & en quel estat nos autres Causes pendans encores & non determinées, sont à present, & par quiex Juges & de [f] qui auctorité les dictes Composicions ont esté faictes; & que des diz Registres des dictes Causes, ils vous envoyent [g] feablement la copie par escript, soubz leurs seaulx; lesquiex Nous voulons & vous mandons estre visitez par vous bien & diligemment, pour y pourveoir sur tout, si comme vous regarderez qui sera à faire à nostre profit selon raison. *Donné en nostre Chastel du Bois de Vincennes, le* XXII.*e jour de Novembre, l'an de grace* M. CCC. LXXI. *& de nostre Regne le* VIII.*e*

*Si vous mandons & enjoignons estroitement, que tost & sanz delai, vous & chascun de vous, en tant comme à chascun puet touchier,* [h] *que toutes les choses contenuës es Lettres ci-dessus transcriptes, vous acomplissez de point en point; & par especial, vous Bailli ou Lieutenant faites publier solennelment en vos premieres Assises, & ailleurs où il appartendra; & vous Receveur, appellé avec vous aucun prudomme en ce cognoissant, veez & visitez tous les Registres des Clercs des Bailliages & Prevostez dessus dictes, & en faites extraire toutes les Causes qui ont esté meuës & commencées depuis dix ans en ça, contre Parties, par le Procureur du Roy illec; duquel extrait vous Nous envoyez la*

[a] *obtinssent justice.*

[b] *Voy. les Tabl. des Mat. de ce Rec.* au mot *compositions.*

[c] *fortement.*

[d] *luy estre baillés.* 2.e Cop.

[e] *sortis, provenus.*

[f] *& autorité de qui.*

[g] *fidelement.*

[h] ce mot est inutile.

*copie; & neantmoins enquerez & saichez quelle fin chascune des dictes Causes aura prins, & en quel estat elles sont à present; & de tout ce que fait & trouvé en aurez, Nous rescripsez feablement. Escript à Paris, le II.e jour de Decembre, l'an* M. CCC. LXXI.

---

(a) Lettres qui portent que le Duc d'Anjou pourra établir dans le lieu qu'il jugera à propos, une Cour nommée *les Grands-Jours*, devant laquelle seront portez les Appels de tous les Juges des Terres qu'il tiendra en Pairie, soit de son chef ou de celui de la Duchesse d'Anjou son E'pouse; & que les Appels de ces *Grands-Jours*, se porteront au Parlement.

CHARLES V. au Château de Melun-sur-Seine, le 22. de Novembre 1371.

a *KAROLUS Dei gracia Francorum Rex. Notum facimus universis tam presentibus quam futuris, quod ad Requestam Procuratoris carissimi Germani nostri, Ludovici Ducis Andegavensis & Turonensis, Comitisque Cenomanensis, die date presentium lecte & publicate fuerunt in Camera Parlamenti nostri Parisius, ac Registris ejusdem Parlamenti de precepto nostre Curie registrate, alie Littere nostre in filis sericis & cera viridi sigillate, quarum tenor sequitur sub hiis verbis.*

a c'est un Arrest du Parlement.

CHARLES par la grace de Dieu Roy de France. Comme nostre très-chier Seigneur & Pere que Dieux absoille, lonc temps avant son trèspassement, par provision paternelle & autrement, ait donné, octroyé & assigné à nostre très chier & très amé Frere, Loys Duc d'Anjou & de Tourainne, Conte du Mainne, les diz Duchié d'Anjou & Conté du Mainne, avecques aucunes autres Terres; & ait voulu & ordené nostre dit Seigneur, que les diz Duchié, Conté & autres Terres, il tiengne de li & de ses successeurs Roys de France tant seulement, en b Parrie, à une Foy & un Hommage; & c l'exempte de toute Juridicion temporelle de tous autres Seigneurs & de toutes autrez Cours, d parmi ce qu'il ressortira tant seulement à Nous & à nostre Parlement: Et semblablement, avons n'agaires donné à nostredit Frere, à l'augmentacion & acroissement de son estat, la dicte Duchié de Tourainne, avecques les droits & appartenances qui y e affierent. Savoir faisons à touz presens & avenir, que Nous qui desirons le gouvernement de nostre dit Frere, de ses terres & des habitans en icelles, estre bon, & que Justice y soit faite & gardée, & ses subgiez relevez & gardés de dommages, molestez, griefs & oppressions, nourriz en paix & transquillité; & les voulentés indeuës, & mal ordenées des Seneschaux, Bailliz, Prevosts, Sergens & autres Officiers de nostre dit Frere, soient f deprimées & reffrenées, avons octroyé & octroyons perpetuelment, de grace especial à nostre dit Frere, par concession non revocable, que pour raison de toutes ses dictes Duchiez & Conté, & autres terres qu'il tient à présent, tenrra ou tenir pourra ou temps avenir en Parrie en nostre Royaulme, tant ou nom de li, comme de nostre très chiere & très amée Seur, la Duchesse sa (b) Compaigne ou autrement, il puisse tenir en sa personne, ou faire tenir par autres ad ce souffisans, ses (c) Grans-Jours à Paris, ou ailleurs en quelque Ville qu'il lui plaira de ses dictes Duchiez, Conté & terres, par telle maniere & en tel temps comme bon semblera à nostre dit Frere; pourveuque il tenrra ou fera tenir chascun an, les dits Jours, desquieulx Jours, se appellacion y chiet, on appellera à nostre Parlement. Si donnons en mandement par la teneur de ces presentes, à noz amez & féaulx les Gens qui tiennent, & qui pour le temps avenir tendront nostre Parlement à Paris, & à touz

b *Pairie.*
c *l'exempta.*
d *moïennant.*
e *appartiennent.*
f *reprimées.*

NOTES.

(a) Registre du Parlement de Paris, intitulé: *Arrests & Jugez du Parlement, Registre* 22. *fol.o* 57. *verso.*

(b) *Compaigne.*] Elle se nommoit Marie de Châtillon, dite de *Blois.* Voy. *l'Hist. Geneal. de la Mais. de Fr.* tom. 1. p. 229.

(c) *Grans Jours.*] C'étoit une Jurisdiction où se portoient les Appels de tous les Juges des Terres appartenantes au Duc d'Anjou; semblables aux Grands-Jours de Champagne, sur lesquels on trouve dans le Gloss. de du Cange, au mot, *Dies* (Magni), un grand détail tiré de l'examen des Fiefs de M. *Brussel.*

CHARLES V. au Château de Melun-sur-Seine, le 22. de Novembre 1371.

noz autres Justiciers, presens & avenir, que nostre dit Frere facent & seuffrent joïr & user de nostre presente grace, & contre icelle ne [a] l'empeschement en aucune maniere. Et pour ce que ce soit ferme chose & estable à touzjours, Nous avons fait mettre nostre seel à ces presentes : sauf en autres choses nostre droit, & en toutes l'autrui. *Donné en nostre Chastel de Meleun sur Sainne, le vingt-deuxieme jour de Novembre, l'an de grace mil trois cens soixante & onze, & de nostre Regne le huitieme.*

Par le Roy. P. MICHIEL.

a *l'empeschent.*

Suite de l'Arrest du Parlement.

*Quibus quidem Litteris, sic ut predicitur, lectis & publicatis, Procurator noster Generalis pro Nobis protestatus fuit de dicendo, [b] sustinendo & prosequendo super hoc jure nostro, loco & tempore opportunis, ac dum & quociens sibi visum fuerit expedire; nostris Litteris & earum publicacione predictis nonobstantibus; Procuratore dicti Germani nostri, in contrarium protestante; quod dicta Curia nostra dicto Procuratori nostro reservavit & reservat per presentes; & dicto Duci suas raciones & defensiones ex adverso. Quod ut firmum & stabile perpetuo perseveret, presentes Litteras sigilli nostri munimine jussimus roborari : Salvo in omnibus jure nostro & quolibet alieno.* Datum & actum Parisius, in Parlamento nostro, anno Domini millesimo trecentesimo septuagesimo tertio, & Regni nostri decimo, die decima tertia mensis Junii.

*Sic signatum. Per Cameram.* [c] VILLEM.

Collacio facta est cum Originalibus Litteris suprascriptis, redditis M. Stephano.

b sustinendo.

c Il y a une marque d'abbreviation sur la fin de ce mot.

---

CHARLES V. à Paris, en Novembre 1371.

Philippe VI. dit de Valois à Paris, en Decembre 1340.

*(a)* Lettres qui portent que les habitants de Dunes [ dans le Condomois ] seront conservez dans le droit d'acheter du sel dans les lieux où il leur plaira.

*KAROLUS, &c. Notum facimus, &c. Nos ad Supplicacionem Consulum & habitatorum Ville seu Loci de (b) Dunis & pertinentiarum ipsius, vidisse Litteras carissimi Fratris nostri, Ludovici Ducis Andegavensis & Turonensis Comitisque Cenomanensis, atque nostrum Locum tenentis in* [d] *Partibus Occitanis, formam que sequitur, continentes.*

d Languedoc.

*LUDOVICUS Regis quondam Francorum Filius, Domini nostri Regis Germanus, ejusque Locum tenens in Partibus Occitanis, Dux Andegavensis & Turonensis Comesque Cenomanensis. Notum facimus, &c. nos vidisse Litteras carissimi Avi nostri, Regis Philippi, formam que sequitur, continentes.*

[e] *PHILIPPUS Dei gratia Francorum Rex. Cum olim carissimus & fidelis Consanguineus noster, Johannes eadem gratia Rex Boemie, Capitaneus guerre nostre in Partibus Vasconie, & pro nobis tunc agens ibidem, ex potestate à nobis sibi tradita, concessisset Consulibus & habitatoribus Ville seu Loci de Dunis & pertinentiarum ipsius, suas Patentes Litteras, formam que sequitur, continentes.*

e Philippe de Valois.

*JOHANNES Dei gratia Rex Boemie, Domini Francorum Regis in Partibus Occitanis Locum tenens. Universis, &c. Notum facimus quod nos, attenta supplicacione Consulum & habitatorum loci & pertinenciarum de Dunis, asserencium quod* [f] *Magister* [g] [h] *Arrendatores Salini Regii* [i] *Agennensis, & quidam alii, ipsos impedire nittuntur, quominus sal ubicunque voluerint, emant, in dicto loco adportent, & inibi vendant & accommodent, unus dictorum habitatorum alteri, ad usus eorumdem; licet in usu longevo &*

f plus bas il y a, *Magistris & Arrendatori;* & dans la suite des Lettres, *Magistris & Arrendatoribus.*

g &.

h Fermiers. *Voy. cy-dessus*, p. 412. Note *(c)*.

i Agen. là & plus bas. *R.*

NOTES.

*(a)* Tres. des Chart. Regis. 102. P. 226. *Voy. cy-dessus*, p. 190. Note *(a)*.

*(b) Dunis.* ] Je crois que c'est *Dunes* ou *S. Sixte de Dunes*, Bourg dans le Condomois, sur lequel *Voy. le Diction. univ. de la Fr.* à ce mot. Car Oïhenart dans sa notice de la Gascogne, p. 442. dit que le Condomois depend du Seneschal d'Agen; & ces Lettres sont adressées à ce Senechal. Il paroît d'ailleurs que *Dunes*, dont il est parlé dans ces Lettres, étoit voisin d'*Agen.*

CHARLES V. à Paris, en Novembre 1371.

jure suo ; eisdem licitum sit & permissum ; attentisque dampnis per eos passis racione guerre Regie Vasconie, & serviciis dicto Domino Regi per eos impensis, in recompensacionem predictorum, dictis Consulibus & habitatoribus loci & pertinenciarum de Dunis, & eorum cuilibet, ut Sal ubicunque emere voluerint, per terram vel aquam, in dicto loco adportare, vehi facere, ponere inibique vendere, unus alteri, & accommodare ad usus eorumdem, perpetuo possint & valeant, licenciam & potestatem concedimus, & donavimus auctoritate Regia (c), ex nostra certa scientia & de gratia speciali, tenore presencium Litterarum : Mandantes Senescallo Agennensi,[a] Magistris & Arrendatori Salinorum Regiorum, & aliis quibuscunque Justiciariis & Officiariis[b] Regiis,[c] eorum cuilibet, ne dictos Consules, habitatores vel alterum eorumdem, aliquatenus deinceps impediant, perturbent, vexent vel molestent, vel fieri faciant seu permittant, contra tenorem nostre presentis gracie perpetuo valiture : Ymo de eadem gracia uti eosdem Consules & habitatores, & quemlibet eorumdem, faciant & gaudere. Et ut predicta robur obtineant perpetuum, presentes Litteras nostri sigilli appensione muniri fecimus, in testimonium premissorum. Datum (d) Marmande, die XXIII. Januarii, anno Domini millesimo CCC. tricesimo octavo.

a Voy. cy-dessus. p. preced. Note (f) marg.
b Reg. *R.*
c &.

Suite des Lettres de Philippe de Valois.

*Et deinde Nobis fuisset supplicatum ex parte Consulum & habitatorum predictorum, quatenus dignaremur prescriptas Litteras confirmare. Quia tamen ex earum serie non liquebat, quod predictus Consanguineus noster, de nostro & alieno commodo seu incommodo super premissis fuisset informatus ad plenum, Nos de hiis volentes effici certiores, (e) Senescallo nostro Vasconie, aut ejus Locumtenenti, dedimus nostris Litteris in mandatis, quatenus informacionem de premissis faceret pleniorem, remissurus eandem dilectis & fidelibus Gentibus nostris Compotorum nostrorum Parisius, ut ea per ipsos visa, Consules agerent id quod eis super hoc videretur agendum. Qui quidem Senescallus dictam informacionem fieri fecit per dilectum Magistrum Petrum Gassie, Procuratorem nostrum in Partibus illis, & per Magistrum Bernardum Clerii, Clericum, eamque dictis Gentibus nostris remisit. Notum itaque facimus universis tam presentibus quam futuris, quod visa per dictas Gentes nostras informacione predicta ; & reperto per ipsam, quod dicti Consules & habitatores à longo tempore citra ; presertim à tempore quo Bertrandus (f) de Guto, Vicecomes Leomanie, & ejus filia successive, tenere quondam[d] comperitur dominium loci predicti, gavisi fuerant usu & possessione pacifica emendi Sal ubicumque & quandocumque volebant extra Salinum Agennense ; quandoque apud (g) quandoque apud (h) Layracum, & quandoque apud (i) Castrum Sarraceni, vel alibi, prout eis utile videbatur ; donec à pauco tempore citra, quod Arrendatores Salini nostri Agennensis, aut alie Gentes nostre, aliquos de dictis Consulibus seu habitatoribus turbare seu inquietare inceperant in hac parte. Nos considerantes premissa, & quod ipsi Consules & habitatores Nobis constanter & fideliter adherentes, multa per hostes nostros, occasione guerre nostre, dispendia pertulisse dicuntur, ac propterea & ex causis aliis, volentes eos*

d coput avec des marques d'abbreviation. *R.*

NOTES.

(c) *Auctoritate Regia.* ] Je crois qu'il faut suppléer ces mots, *qua fungimur in hac parte,* qui se trouvent dansprefque toutes les Lettres données par des Lieutenants de Roy.

(d) *Marmande.* ] Il n'y a dans le Registre que *Mar* & *de* au-dessus. Il y a grande apparence que c'est Marmande dans l'Agenois, sur laquelle *Voy. le Dict. univ. de la Fr.* à ce mot.

(e) *Senescallo .... Vasconie.* ] Oïhenart dans sa Notice de la Gascogne, p. 442. a remarqué que le Seneschal d'Agen prenoit quelquefois le titre de Seneschal de Gascogne.

(f) *De Guto.* ] Oïhenart qui dans sa Notice de la Gascogne, p. 481. le nomme *Bertrandus à Gutto*, dit qu'il ne laissa que deux Filles, dont *Regina* l'aînée mourut sans enfans, vers 1324. ayant institué pour son heritier, Jean Comte d'Armagnac son mari, qui unit la Lomagne à l'Armagnac. *Brayda* seconde Fille de Gutto, fut mariée à Regnaud Vicomte *Bruniquelli. Dunes* fut peut-être le partage de celle-cy.

(g) Il y a là dans le Registre le nom d'un lieu que l'on n'a pû dechifrer. Il y a *medie* suivi de cinq jambages, & une marque d'abbreviation à la fin. Je n'ai point trouvé dans *Oïhenart* ni ailleurs, de nom de lieu qui approchât de celui-cy.

(h) *Layracum.* ] C'est apparemment *Lairac*, qui est dans le Diocèse de Condom. *Voy. le Dict. univ. de la Fr.* à ce mot.

(i) *Castrum Sarraceni.* ] Il y a deux *Castel-Sarrazin* ; l'un Diocèse d'Acqs, dans la Gascogne ; l'autre Diocèse de Montauban, dans le Languedoc. *Voy. le Diction. univ. de la Fr.* au mot, *Castel-Sarrazin.*

CHARLES V. à Paris, en Novembre 1371.

*favoribus prosequi graciosis, Litteras suprascriptas dicti Consanguinei nostri, & omnia & singula premissa in eis contenta, rata habentes & grata, ea volumus, laudamus, approbamus, & tenore presencium, auctoritate Regia confirmamus: Firmiter inhibentes universis & singulis Arrendatoribus Salini nostri Agennensis, ac ceteris Justiciariis, Officiariis & Ministris nostris, presentibus & futuris, ne quis dictos Consules & habitatores, aut eorum aliquem, super premissis inquietet ulterius quomodolibet, aut molestet contra dictarum seriem Litterarum. Que ut firma, &c. salvo, &c.* Actum Parisius, anno Domini millesimo CCC.mo quadragesimo, mense Decembris.

Suite des Lettres du Duc d'Anjou.

*Quas quidem Litteras suprascriptas, omnia & singula in ipsis contenta, rata habentes & grata, ea volumus, laudamus, approbamus, rattifficamus, ac de nostra certa scientia auctoritateque Regia & de gracia speciali, confirmamus per presentes: Mandantes Senescallo Agennensi, Magistris & Arrendatoribus Salinorum Regiorum, & aliis quibuscunque Justiciariis & Officiariis dicti Domini nostri, vel eorum Locatenentibus, presentibus & futuris, & eorum cuilibet, quatenus dictos Consules & habitatores, & quemlibet ipsorum, dicti loci de Dunis & pertinentiarum, nostris presentibus gracia & confirmacione uti & gaudere pacifice faciant & permittant, absque impedimento & contradictione quacunque. Quod ut firmum, &c. salvo, &c.* Datum Tholose, anno Domini millesimo CCC.mo septuagesimo, mense Decembris.

Suite des Lettres de Charles V.

a Voy. cy-dessus, p. 436. Note (f) marg.

b &.

*Quas quidem Litteras una cum omnibus & singulis in eisdem contentis, ratas habentes & gratas, ipsas de nostri auctoritate Regia & plenitudine potestatis de specialique gracia confirmamus: Mandantes Senescallo nostro Agennensi,[a] Magistris & Arrendatoribus Salinorum nostrorum, & aliis quibuscunque Justiciariis & Officiariis nostris, vel eorum Locatenentibus, presentibus & futuris, & cuilibet eorumdem, quatenus dictos Consules & habitatores dicti loci de Dunis & pertinenciarum ejusdem,[b] ipsorum quemlibet, suprascriptis Litteris atque presentibus uti & gaudere pacifice faciant & permittant, absque impedimento quocunque; quod si factum vel appositum repererint, revocent & ad pristinum statum redducant faciant-ve reduci. Quod ut stabile, &c. salvo, &c.* Actum Parisius, mense Novembris, anno Domini millesimo CCC.mo septuagesimo primo, & Regni nostri octavo. *Visa.*

*Per Regem, ad relationem Consilii.* G. DE MONTAGU. Collatio facta est.

---

CHARLES V. à Paris, en Novembre 1371.

## *(a)* Diminution de Feux pour Ville-Neuve-lès-Bouloc.

*KAROLUS, &c. Notum, &c. quod cum ex parte, &c.*

*Cumque facta quadam informacione virtute Litterarum nostrarum in loco de (b) Villa-Nova, Judicature Ville-Longe, Senescallie Tholose, super vero numero Focorum modernorum in dicto loco de Villa-Nova nunc existencium, per dilectum & fidelem nostrum, Magistrum Astorgium de Galhaco, Legum Doctorem, Judicem Ville-Longe, vel ejus Locumtenentem, Commissarium in hac parte deputatum; vocato & presente in omnibus Procuratore nostro Generali dicte Senescallie Tholose, aut ejus legitimo Substituto, &c.*

*Repertum fuerit, quod in dicto loco de Villa-Nova & ejus pertinentiis, sunt de presenti & reperiuntur viginti Focci, secundum traditas instructiones super hoc prelibatas. Nos vero, &c.*

*Quod, &c. salvo, &c.* Actum Parisius, mense Novembris, anno Domini millesimo CCC.° septuagesimo primo, & Regni nostri octavo. *Visa.*

c *Reg.* R.

*Littera Commissarii de qua superius fit mentio, est in dicta Camera, & ponitur cum aliis similibus, prout est ordinatum in dicta Camera.*

Per Consilium existens in Camera Compotorum[c] Regiorum Parisius. P. DE CHASTEL.

NOTES.

*(a)* Tres. des Chart. Regist 102. P. 339. *Voy. cy-dessus*, p. 30. Note *(a)*.

*(b) Villa-Nova.]* Dans l'état des Villes & Villages du Languedoc, donné par *Catel*, dans l'Histoire de cette Province, p. 361. l'on trouve sous la *Jugerie de Ville-Longue*, Villeneufve-lès-Bouloc.

CHARLES V. à Paris, le 28. de Decembre 1371.

(a) Lettres qui portent que la Ville & la Châtellenie de Limoges, seront unies inséparablement à la Couronne; & que cette union ne portera aucun préjudice à la Jurisdiction des Consuls de Limoges, ni aux privileges des habitants de cette Ville.

*KAROLUS, &c. Regalis providentia ad subditorum transquillitatem & pacem deducens sue consideracionis intuitum, propter utilitatem rei publice quam private* [a] *sensu utique perficiendam, recte existimat aliqua quandoque fieri, que essent non alias factura. Notum itaque facimus universis, presentibus & futuris, quod cum dilecti nostri Consules & habitatores Ville seu Castri & Castellanie Lemovicensis, quos clare memorie carissimus Dominus Genitor noster, per tractatum concepte* [b] *concordie inter ipsum, ex parte una, & Edwardum Anglie, ex altera, dicti Edwardi obediencie & subjeccioni submisit; qui rupto federe pacis & concordie juramento vallate, guerram Nobis noviter suscitavit; habita per eosdem Consules & habitatores, noticia nostri juris & justicie in hujusmodi facto guerre, se & Villam seu Castrum & Castellaniam predictos, nostre submiserunt obediencie, Nobis & nostris successoribus, ut fideles subditi servituri, desiderabiliter affectantes sub nostri immediato Dominio perpetuis temporibus remanere. Nos attendentes laude dignum dictorum Consulum & habitatorum, in hac parte propositum processisse* [c] *& fervore dileccionis & amoris, quos ad Nos & Predecessores nostros, decursis temporibus habuerunt; considerantes insuper, quod ex submissione predicta, immensa Nobis & rei publice nostri Regni provenit utilitas, & adhuc* [d] *rebellem vicinam Patriam acquirendam facultas, aliisque justis consideracionibus utilitatem ejusdem rei publice concernentibus, excitati; cupientes suo desiderio complacere, ut fervencius in sue fidelitatis constancia perseverent, Villam seu Castrum & Castellaniam* [e] *predictos, cum omnimoda Juridicione, alta, media & bassa,* [f] *mero & mixto Imperio, universisque & singulis Censibus, redditibus, Peagiis, Domibus, Molendinis, & quadam mota sive platea sita super duo* [g] *stangna dicte Ville; nec non aliis proprietatibus rebusque aliis universis, quos & quas carissima Consanguinea nostra, (b) Johanna Ducissa Britannie, uxor quondam carissimi Consanguinei nostri, Karoli* [h] *Debbesis, Ducis Britannie, in predictis dicit & asserit se habere, Dominio nostro & Corone nostre Francie, immediate unimus, annectimus & adjungimus, unitasque & annexas perpetuo tempore,* [i] *presencium esse decernimus & eciam ordinamus pro Nobis & successoribus nostris in futurum, ex nostris certa scientia, auctoritate Regia & nostre potestatis* [k] *plenitudinem & gratia speciali; efficientes dictos Consules & habitatores, modernos pariter & futuros, nostros & successorum nostrorum immediatos subditos perpetuo, absque eo quod ab eodem Dominio seu Corona Francie, & immediata ipsius subjeccione & Dominio, titulo donacionis, Partagii, translacionis seu transporti in quamcumque personam, cujuscunque condicionis aut status, aut nomine* [l] *reformande Pacis, vel alterius cujuscunque tractatus, aliove quovis titulo, necessitate vel commodo, possit aut valeat ullo unquam tempore disjungi,* [m] *admoveri seu eciam separari; dictosque Consules & habitatores & eorum successores, adversus quoscunque petentes vel petituros jus aliquod immediate subjectionis, Juridictionis, meri & mixti Imperii & obediencie, ac omni & singulorum premissorum in eosdem, deffendemus nostris propriis sumptibus & expensis, & ex nunc prout tunc, honus defensionis hujusmodi, in Nos, pro Nobis*

a fort. censet. cet endroit me paroît corrompu.

b Paix de Bretigny.

c ex.

d ad.

e predict. R.

f Voy. cy-dessus, p. 44. Note (z).

g Stagna. Voy. cy-dessous, les Lettres du 2. de Janvier 1371.

h de Bleiss. Voy. la Note (b).

i tenore.

k plenitudine.

l par un nouveau traité de Paix.

m amoveri.

NOTES.

(a) Tresor des Chartres, Registre 102. Piece 154. (bis).

*Voy. cy-dessous*, les Lettres du 2. de Janvier 1371.

*Voy. cy-dessus*, p. 190. Note (a).

(b) *Johanna.*] Jeanne de Bretagne, Duchesse de Bretagne, Femme de Charles de Blois-Châtillon, fit le 9. de Juin 1369. donation entre-vifs à Charles V. du Vicomté de Limoges, qu'elle avoit eu par succession de Jean III. Duc de Bretagne, Vicomte de Limoges, son oncle. Cependant Jean de Bretagne, Comte de Pentievre, Fils de Jeanne de Bretagne, fut Vicomte de Limoges, & laissa ce Vicomté à sa Posterité. Henri IV. qui descendoit de Jean de Bretagne, unit ce Vicomté à la Couronne en 1607. *Voy. les droits du Roy par* Du Puy, *p. m.* 864.

CHARLES V. à Paris, le 28. de Decembre 1371.

*& successoribus nostris, assumimus per presentes; eo tamen habito moderamine, quod dictis Consulibus, habitatoribus & eorum successoribus, propter unionem & adjunctionem hujusmodi, in eorum Juridicione, Franchisiis, Consuetudinibus ac Libertatibus & aliis juribus quibuscunque, nullum prejudicium generetur; recompensacionem debitam juris hujusmodi, si quod prefate Consanguinee nostre pertinuerit, impensuri. De homagio insuper dicte Ville seu Castri & Castellanie, quod Religiosi, Abbas & Conventus Ecclesie (c) S.ti Marcialis Lemovicensis, contendunt ad eandem Ecclesiam pertinere, recompensacionem congruam faciemus, prout ratio suadebit; sic quod dicti Consules & habitatores, superiorem alium preter Nos cognoscere non habebunt, sed de hiis omnibus remanebunt perpetuo pacifici & securi. Que omnia & singula premissa, tenere & teneri, & compleri facere perpetuo promittimus bona fide, & juramus tactis sacrosanctis Euvangeliis; & ad ea tenenda firmiter & inviolabiliter observanda, Nos & successores nostros teneri volumus, Nosque & ipsos obligamus per presentes, cunctis temporibus [a] duraturis: Decernentes ex nunc prout tunc, [b] quicquid per Nos aut per ipsos vel eorum alterum, secus factum fuerit, viribus omnino carere. Volentes ex uberiori nostra gracia, transcripto autentico seu copie presencium Litterarum, fidem plenariam in Judiciis & extra, sicut & Originalibus adhiberi. Quod ut firmum & stabile perpetuo perseveret, nostrum presentibus Litteris fecimus apponi sigillum.* Datum Parisius, in Hospicio nostro juxta Sanctum Paulum, XXVIII. Decembris, anno Domini M.° CCC.° LXXI.° & Regni nostri octavo. Sic signata. *Per Regem.* J. TABARI.

*a fort.* duraturas.
*b* quicq. *R.*

NOTE.

*(c) S.ti Marcialis.]* L'abbaye de S.t Marcial dans Limoges; sur laquelle *Voy. la Gall. Christ. 2.e Edit.* tom. 2. p. 578.

---

CHARLES V. à Paris, en Decembre 1371.

## *(a)* Statuts pour la Communauté des Barbiers de la Ville de Paris.

SOMMAIRES.

*(1) Le premier Barbier & Valet de Chambre du Roy, est Garde (& Juge) du Mestier des Barbiers de la Ville de Paris; & il a le droit de se choisir un Lieutenant.*

*(2) Nul ne peut exercer le Mestier de Barbier à Paris, s'il n'a esté examiné par le Maistre (& Garde,) & par les quatre Jurez.*

*(3) Les Barbiers qui seront diffamés pour cause de débauches, ne pourront exercer leur Mestier; dont les instruments & outils seront confisqués, moitié au proffit du Roy, & moitié au proffit du Maistre du Mestier.*

*(4) Les Barbiers ne pourront exercer leur Mestier sur les Ladres.*

*(5. & 6.) Les Barbiers ne peuvent exercer leur Mestier, si ce n'est pour saigner & pour purger, les cinq Festes de Nôtre-Dame, les jours de S.t Cosme & S.t Damien, de l'Epiphanie, & des quatre Festes solemnelles; & ne doivent point pendre leurs bassins (ou enseignes,) les jours des Festes qui suivent celles de Noël, de Pasques & de Pentecoste; sur peine de cinq sols d'Amende, dont deux sols appartiendront au Roy; deux sols au Maistre, & un sol au Garde & Lieutenant du Mestier.*

*(7) Si les Barbiers refusent d'obeir au Maistre, au Lieutenant ou aux Jurez du Mestier, le Prevost de Paris leur donnera des Sergens, pour faire executer leurs Jugemens.*

*(8) Le Maistre, le Lieutenant & les Jurez du Mestier, auront la connoissance de tout ce qui le regarde; & lorsque des Barbiers soûtiendront des procès pour la conservation de leurs droits, le Procureur du Roy se joindra à eux.*

*(9) Les Barbiers ne pourront prendre les apprentifs de leurs Confreres, sur peine d'une Amende de cinq sols.*

*(10) Les Barbiers assignés par le Maistre ou son Lieutenant, seront tenus de comparoistre devant eux, sur peine d'une Amende de six deniers, applicable à leur proffit.*

CHARLES, &c. Savoir faisons à tous presens & avenir, que oye la supplication des Barbiers de nostre bonne Ville de Paris, contenant, que comme de si longtemps qu'il n'est mémoire du contraire, il aïent esté en bonne possession & saisine, & soïent encores, d'estre gardez & gouvernez, & l'estat du Mestier, pour cause

NOTE.

*(a)* Tresor des Chartres, Registre 102. Piece 186.

CHARLES V. à Paris, en Decembre 1371.

cause du bien d'icellui, par le Maistre Barbier & Varlet de Chambre de noz predecesseurs Roys & de Nous, afin que sur icelluy Mestier, aucune fraude ou mauvaisté ne fussent comises, pour cause de certains malefices qui sur ce se povoient ou porroient faire, ou prejudice & blasme dudit Mestier; & pour ce ait toujours esté Garde dudit Mestier, pour le bien & proffit commun, nostre dit Barbier & Varlet de Chambre, & ait eu la congnoissance de toutes les Causes appartenantes audit Mestier, & encores a, par certains privileges ja pieça à eulx octroïés, qui ont esté perdus; sur lesquelz ou aucuns articles d'iceulx, les diz Barbiers ont eu par les Reformateurs ordenez à Paris, l'an mil CCC. LXII. Sentence contre aucuns qui les y vouloient empeschier, laquelle Nous avons veuë, Nous leur veuillions renouveler & octroïer de nouvel par noz Lettres, leurs diz privileges, lesquelx s'ensuivent.

(1) *Premierement.* Que nostre dit premier Barbier & Varlet de Chambre, est & doit estre Garde dudit Mestier, comme autreffoiz; & qu'il puet instituer Lieutenant, auquel l'en doit obéir comme à lui, en tout ce qui audit Mestier appartient ou appartiendra.

(2) *Item.* Que aucun Barbier de quelconque condicion, ne doit faire office de Barbier en ladicte Ville & Banlieue de Paris, se il n'est [a] essaïez par ledit Mestre & les IIII. Jurez, en la maniere & selon ce qu'il a esté acoustumé ou temps passé, & est encores de present.

(3) *Item.* Que aucun Barbier de quelconques condicion & auctorité qu'il soit, ne face Office dudit Mestier, ou cas qu'il sera reputé & notoirement diffamé de tenir, & avoir été diffamé de Bourdellerie & Maquerelerie; ou quel cas il en soit à toujours privé, sans le ravoir; & oultre, que tous ses [b] ostilz soïent acquis & confisqués; comme [c] chaieres, bacins, rasoirs & autres choses appartenans audit Mestier; dont Nous devons avoir la moitié, & l'autre au Maistre dudit Mestier.

(4) *Item.* Qu'il ne doivent estre si hardiz de faire Office de Barbier, sur ladicte paine, à [d] Mesel ou à Mesele, en quelconque maniere que ce soit.

(5) *Item.* Qu'il ne doivent faire aux jours defenduz, aucune chose de leur dit Mestier; fors de [e] saingnier & de puguier, [f] en paine de V. sols; c'est assavoir, II. sols à Nous, II. sols audit Mestre, & XII. deniers à la Garde du Mestier; c'est assavoir, au Lieutenant.

(6) *Item.* Que aucun Barbier ne doit faire Office ou [g] Ouvre de Barberie, aux V. Festes Nostre-Dame, S.t Cosme-S.t Damien, la [h] Thiphanie, aux IIII Festes solempnelz; & ne doit pendre [i] Bacins aux Feries de Noel, de Pasques, & de la Penthecoste, sur ladicte painne d'amende de V. sols, à estre distribuez, comme dit est.

(7) *Item.* Se aucun Barbier vouloit faire le contraire, & ne vouloit obéir audit Mestre, son Lieutenant & Jurez, que le Prevost de Paris, lui enfourmé de ce, leur doit bailler de ses Sergens en aides de droit, pour soustenir leur [k] exploit.

(8) *Item.* Que se aucuns des diz Barbiers vouloit sur ce proceder, que nostre Procureur sur ce informé, pour le bien publique, & pour le nostre, soit adjoint avecques eulz, pour soustenir le droit & privileges des diz supplians; & que de ce qui touche l'Office dudit Mestier, la cognoissance en soit renduë audit Maistre, ou son Lieutenant & aux Jurez.

(9) *Item.* Que aucun Barbier ne doit oster ou soustraire à un autre Barbier, son Aprentis ou Varlet, sur ladicte Amende de V. sols, ainsy estre distribuez, comme dit est.

(10) *Item.* Que s'aucun Barbier est adjorné à cause dudit Mestier, pardevant ledit Maistre ou son Lieutenant, qu'il soit tenus de y comparoir, sur l'Amende de VI. deniers, au prouffit dudit Maistre ou de son Lieutenant.

Neantmoins yceulz Barbieurs [l] se doubtent que pour cause de la perte de leurs diz privileges; combien que depuiz il aïent obtenuë ladicte Sentence, comme dit est, il ne soit empeschiez en leurs diz privileges, & la saisine & possession d'iceulz, de laquelle il ont joy & usé, comme dessus est dit, se par Nous ne leur est sur ce pourveu de nostre grace & remede, comme il dient. Nous adecertes, attendu & considerez

[a] examiné.

[b] outils.

[c] chaires: chaises.

[d] Ladre. Voy. le Gloss. de du Cange, au mot, *Mezellus.*

[e] saigner & purger.

[f] sur la peine.

[g] œuvre.

[h] Epiphanie.

[i] qui leur servent d'enseigne.

[k] jugement.

[l] craignent.

CHARLES V. à Paris, en Decembre 1371.

ce que dit est, avons octroïé & octroïons auxdiz Barbiers, pour eulz & leurs successeurs Barbiers de nostre dicte Ville, de nostre certaine science, auctorité Royal & grace especial, les privileges & les choses dessus dictes, & chascunes d'icelles, & qu'il en puissent joïr & user paisiblement d'orenavant, ainsy & par telle maniere que dit est. Si donnons en Mandement à nostredit Prevost de Paris, & à tous noz autres Justiciers, Officiers & Commissaires, presens & avenir, ou à leurs Lieutenants, & à chascun d'eulx, si comme à lui appartendra, que les diz Barbiers & leurs diz successeurs presens & avenir, facent & laissent joïr & user de nostre presente grace, selon sa fourme & teneur, sanz eulz empeschier ou molester au contraire, en aucune maniere. Et que ce soit ferme chose, &c. sauf, &c. *Donné à Paris, ou mois de Decembre, l'an de grace mil CCC. LXXI. & le VIII.e de nostre Regne.* *Visa.* Ainsi signé. *Par le Roy.* YVO.

---

CHARLES V. à Paris, en Decembre 1371.

## *(a)* Confirmation des Privileges de la Ville de Mielhan.

SOMMAIRES.

*(1) Les habitants de Mielhan joüiront des biens qu'ils ont possedez jusqu'à present.*

*Les habitans du Territoire & de la Jurisdiction de Mielhan, joüiront de tous les privileges des habitants de cette Ville; & les Consuls pourront lever sur eux, des Tailles & des Collectes.*

*(2) Les habitants de la Ville & de sa Jurisdiction, pourront mener leurs troupeaux paître sur les Terres du Roy, qui ne sont point en defense, & desquelles ils pourront les ramener chez eux, le jour même qu'ils les auront menés paître. Ces habitants payeront les dommages qu'eux & leurs bestiaux auront faits sur ces Terres, & payeront une Amende, pour cause de ces degâts.*

*(3) Le Bailli & les Consuls de cette Ville, appellez les Officiers Royaux, auront l'inspection sur les Gardes & Patroüilles de la Ville; sur les Gardes des Vignes & autres Terres; sur les Fumiers, les Latrines & les Eaux pluviales. La moitié des Amendes qu'ils decerneront, appartiendra au Bailli; & l'autre moitié aux Consuls, qui les employeront aux Fortifications de la Ville.*

a faisant reflexion.

*KAROLUS, &c. Ad perpetuam memoriam. Regiam Serenitatem decere* [a] *meditantes, sibi subditos, guerrarum immanis turbacionibus in corporibus & bonis opressos, eisdem compacientes, graciis & beneficiis relevare: Notum facimus universis presentibus & futuris, quod, audita humili supplicacione dilectorum nostrorum Consulum & habitatorum Ville de (b) Millano, in Senescallia Tholose, continente, quod cum ipsi, sub divino beneplacito & cum nostro juvamine, dictam Villam, que,* [b] *proth dolor! anno ultimo preterito per inimicos nostros incendio consumpta penitus & destructa, ipsiusque habitatorum pars maxima interfecta, reliqua vero capta & immaniter tractata fuerit, preter bonorum suorum quorumcumque, Litterarumque & Cartarum de privilegiis & Libertatibus suis, combustionem & amissionem, fortifficare & reedificare proponant & affectent; quod sine nostra gracia nullatenus facere possent, sicut dicunt; quatenus eisdem dictam nostram gratiam imparcientes, dignemur concedere que secuntur.*

b proh.

*(1)* Primo. *Quod ipsi Consules, qui nunc sunt & pro tempore fuerint, habeant & possideant terras &* [c] *Pariagia, quos & que predecessores sui, retroactis temporibus, tenere consueverunt; quodque Collectas, Tallias & Subsidia super habitatores dicti loci, ac Jurisdictionis & territorii ejusdem, possint facere & imponere, & ad ipsarum solucionem teneantur dicti habitatores Jurisdiccionis & territorii, secundum quod & illi de dicta Villa; similibusque gracia, privilegiis, Libertatibus & Pascuis gaudeant & utantur.*

c Voy. les Tabl. des Mat. de ce Rec. *au mot*, Pariage.

*(2)* Item. *Quod predicti habitatores dictarum Ville & Jurisdictionis, moderni pariter & futuri, Oves & Pecora, ceteraque eorum animalia ducere & pascere ubique in territorio nostro & ejus ressorto, circa dictas Villam & Jurisdiccionem, in locis tamen non vetitis, & à quibus de die reverti possint, infra Jurisdiccionem eandem libere valeant. Si*

NOTES.

*(a)* Tres. des Chart. Regist. 102. P. 238. *Voy. cy-dessus*, p. 190. Note *(a)*.

*(b) Millano.*] J'ai appris du R. P. D. Vaissette, Benedictin, que ce lieu se nomme presentement Mielhan, Diocése d'Auch, de la Judicature de Riviere.

*quod ipsos aut eorum aliquem, cum dictis suis animalibus, contingat dampnum aliquod cuiquam inferre, illud restituere & emendare teneantur, ad dictum seu ordinacionem proborum virorum; solvendo Domino* [a], *infra quod dampnum illud factum exstiterit,* [b] *pro pena, duodecim Tholosanos Monete currentis, tantummodo.*

CHARLES V. à Paris, en Decembre 1371.

*Ceterum, quod Bajulus & Consules dicti loci; vocatis ad hoc Officiariis Regiis, & de consensu majoris & sanioris partis dictorum habitatorum, super custodia & excubiis ejusdem loci de die & de nocte; nec non super custodia vinearum & ortorum, aliorumque fructuum & bonorum dictarum Ville & territorii, ordinaciones facere possint, quales eis videbitur faciendas; & ad dictos Bajulum & Consules, pertineat cognicio & ordinacio super simorum, latrinarum & aquarum pluvialium dicte Ville; dictasque ordinaciones exequi faciant, sub certis penis per ipsos imponendis; quarum medietas erit dicti Bajuli, reliqua vero tradetur dictis Consulibus, in fortificacionem ipsius loci convertenda.*

[a] *territorii.*
[b] *pour Amende.*

*De* [c] *quidus omnibus & singulis supradictis, ipsi supplicantes & eorum predecessores, in dicto loco usi sunt actenus à tanto tempore, citra quod de contrario, hominum memoria non existit; sed Carte & Littere quas inde habebant, in capcione dicti loci, combuste fuerunt & perdite; propter quod, renovacione privilegiorum & graciarum hujusmodi, seu concessione de novo, si sit opus, necessario indigentes, nostram sibi super hoc graciam impertiri, ut dictum est, humiliter implorarunt. Nos hec debita consideracione pensantes, ut dicta Villa de Millano, gracie nostre largicione felicem suscipiat incrementum, dictis Consulibus & habitatoribus de Millano, pro se & suis successoribus in dicto loco, predicta omnia & singula superius declarata, & pro ut hactenus ipsi & eorum predecessores legitime usi sunt, eisdem de nostris speciali gracia & plenitudine Regie potestatis, ad ipsorum usum & utilitatem, dictique loci augmentacionem &* [d] *profectum, in casu predicto, concessimus & tenore presencium concedimus: Mandantes Senescallo Tholose, ac Judici Ripparie, ceterisque nostris ac successorum nostrorum Justiciariis, presentibus & futuris, & eorum cuilibet, ut ad eum pertinuerit, vel Locatenentibus eorumdem, quatenus predictos Consules & habitatores dicti loci de Millano, presentes & futuros, predictis omnibus & singulis, secundum presentis nostre gracie seriem & tenorem, uti & gaudere pacifice faciant & permittant, secundum quod actenus eisdem legittime usi sunt; nil in contrarium à quoquam attemptari seu fieri permittentes; sed si quid in contrarium factum vel attemptatum fuerit, id ad statum pristinum & debitum redducant & redduci faciant indilate. Que ut firma sint & stabilia, &c. nostro in aliis, &c.* Datum Parisius, anno Domini millesimo CCC.^mo^ septuagesimo primo, & Regni nostri octavo, mense Decembris.

[c] *quid.* R. *quibus.*
[d] *profit.*

*Per Regem, ad relacionem vestram.* P. CADORET.

---

CHARLES V. à l'Hôtel de S.t Paul, à Paris, le 2. de Janvier 1371.

(a) *Lettres par lesquelles le Roy donne aux Consuls & habitants du Château de Limoges, le Château & la Châtellenie de cette Ville, qu'il s'engage de garder.*

CHARLES, &c. Savoir faisons à tous presens & avenir, que Nous, qui très grandement nous reputons estre tenuz à noz amez & feaulx, les Consulz & habitans de nostre Chastel de Lymoges, pour les bons, loyaulx & agreables [e] servises que ilz ont faiz à noz Predecesseurs & à Nous, ou temps passé; & par especial, n'agaires, car pour cause de la Souveraineté & ressort que Nous avons en la Duché de Guienne, ilz se sont soubzmis à nostre obéissance, & Nous ont recongneu à leur souverain Seigneur; & esperons aussi qu'il Nous facent au temps avenir, de bien en miex; & aussi pour le profit & bien publique; eu sur ce très grand advis & très bonne deliberacion à ceulx de nostre Lignage, & autres de nostre Conseil, avons aux diz Consulx & habitans de nostre Chastel de Limoges, & à leurs successeurs, donné & octroyé & delaissié, donnons, octroïons & délaissons par ces presentes, de nostre

[e] *services.*

NOTE.

(a) Tresor des Chartres, Registre 102. Piece 154. (*ter*) *Voy. cy-dessus*, p. 439.

CHARLES V. à l'Hôtel de S.t Paul, à Paris, le 2. de Janvier 1371.

a Voy. cy-dessus, p. 44. Note (z).

b ce mot est inutile.

c moyennant.

d aux.

e Consuls.

auctorité Royal & pleine puissance, de grace especial & certaine science, à tousjours, hereditablement & perpetuellement, le Chastel & Chastellenie de Lymoges, & toutes ses appartenances & appendances, Juridicions haute, basse & moyenne, [a] mixte & mere Imper, Cens, rentes, revenuës, Péages, maisons, moulins, & la mote qui est sur les II. Estangs du Chastel de Limoges, & autres proprietez, droiz, devoirs, & autres choses, que nostre très chiere & amée Cousine, Johanne Duchesse de Bretaigne & ses Enfans, ou autres aïans cause d'eulx ou d'aucun d'eulx, aïent ou pourroient avoir, demander ne reclamer en aucune maniere, audit Chastel & Chastellenie de Limoges, & leurs appartenances, [b] & contre les Consulz & habitans d'icelle Ville de Limoges, sanz y riens retenir: Et [c] parmi ce, ledit Chastel & Chastellenie, ensemble toutes ses appartenances & appendences dessus dictes, leur avons delivré & delivrons par ces presentes; & pour ce, leur avons promis & juré sur les Sainctes Euvangiles de Dieu, promettons & jurons, que par Nous & noz successeurs, ne demanderons ou reclamerons, ferons demander ou reclamer avoir oudit Chastel & Chastellenie, ne [d] autres choses dessus dictes ou aucunes d'icelles, autrement que dit est; mais leur garantirons & defendrons envers tous & contre tous; & par especial, envers nostre dicte Cousine, ses dits Enfans, ou autres aïans cause d'eulx, de tous empeschemens, dommages, destourbiers, pour guerre ne autrement, en quelque maniere que ce soit; & dès maintenant pour lors, Nous en dechargons les dits Consulz & habitans, & Nous chargons de la tuicion & defense faire entierement à nos propres coux, freiz, misses & despens: Et d'abundant, les choses dessus dictes & chascune d'icelles, tout en la forme & maniere que declaré est, Nous promettons faire ratiffier, toutes fois que besoing sera, & requis en serons par les dits Consulx & habitans de la dicte Ville, à nostre dicte Cousine & à ses Enfans; & sur ce, ausdix Consulz & habitans ou à leurs successeurs faire & octroyer Lettres par nostre dicte Cousine ou ses diz Enfans ou successeurs, ou autres qui d'eulx auront cause, ou aucun d'eulx: Et pour ce faire & acomplir de point en point selon ce que dessus est dit, sanz enfraindre en quelque maniere que ce soit, Nous promettons & jurons sur Saints Euvangiles de Dieu, pour Nous & noz successeurs, tenir les choses dessus dictes fermes & estables à tousjours perpetuelment. Si donnons en mandement par ces presentes, à noz amez & feaulx Gens de noz Comptes à Paris, à nostre Seneschal de Lymosin, qui est & sera pour le temps, & à tous autres Justiciers, Officiers & subgez de nostre Royaume, presens & avenir, & à chascun d'eulz, ou à leurs Lieutenans, que contre la forme & teneur de ces presentes, ne procedent ou se ingerent de proceder en aucune maniere au contraire; auxquelles, pour ce que ce soit ferme chose & estable à tousjours, Nous y avons fait mettre nostre grant seel, & les avons faites bailler aux diz [e] Consus & habitans. *Donné à Paris en nostre Hostel-lez-Saint Pol, le II.e jour de Janvier, l'an de grace mil CCC. soixante & onze, & de nostre Regne le VIII.e* Ainsi signé. *Par le Roy.* J. TABARI.

---

CHARLES V. à Paris, le 13. de Janvier 1371. & le 9. de Fevrier 1369.

(a) Lettres qui ordonnent l'execution des anciennes Ordonnances, qui reglent les cas dans lesquels les Sergents Royaux pourront exercer leurs fonctions, & demeurer dans les Terres des Seigneurs hauts Justiciers.

*CAROLUS Dei gratia Francorum Rex. Senescallis Tholose, Carcassone & (b) Bitterris, aut eorum Locatenentibus: Salutem. Cum Nos concesserimus Litteras nostras, quarum tenor dicitur esse talis.*

NOTES.

(a) Il a été envoyé de Montpellier, deux Copies de ces Lettres; la premiere, avec cette indication: *Du N.o 19. fol. 85.*

La seconde avec cette indication: *Senechaussée de Nismes en general, liasse 13. des Actes ramassés, Arm. A. N.o 6. fol. 85. v.o*

*(b) Bitterris.]* Il faut corriger *Bellicadri*, qui se lit dans la 2.e Copie, & plus bas dans celle-cy. Le Seneschal de Carcassone l'etoit aussi de Beziers.

CHARLES V.
à Paris, le 13. de Janvier 1371. & le 9. de Fevrier 1369.

*Carolus Dei gratia Francorum Rex. Senescallis Tolose, Carcassone & Bellicadri, aut eorum Locatenentibus: Salutem. Notum vobis facimus, Nos* [a] *Ordinationes Prædecessorum nostrorum, ac nostras Litteras confirmatorias dictarum Ordinationum, vidisse, clausulas quæ sequuntur* [b].

*Interdicimus Servientibus nostris, ne justicient aut Officium suum exerceant in terris Prælatorum, Baronum, aut aliorum Vassallorum seu Subditorum nostrorum in quibus habent Justitiam altam & bassam, seu* [c] *merum & mixtum Imperium, nisi in casu ressorti, aut alio ad Nos de jure spectante; neque tunc, nisi de præcepto Senescalli, Ballivi aut Præpositi, Vicecomitis, Vicarii seu Judicis; & continebit tunc mandatum seu preceptum ipsorum casum ad Nos, ut præmittitur, pertinentem. Inhibentes insuper ne morentur, aut larem foveant in dictis terris & locis vel in locis vicinis in fraudem, absque voluntate Dominorum; nisi sint oriundi de loco, aut ibidem Matrimonium contraxerint; & in hiis duobus casibus, non poterunt Servientis Officium exercere in locis illis; & si casus ressorti, aut alius ad Nos spectans in eisdem terris evenerit, volumus quod de eis se nullathenus intromittant; imo casus ille executioni demandabitur per alios Servientes. Prælati vero, Barones & alii fideles nostri, poterunt prædictos Servientes nostros justitiare, & contra eos uti Juridictione sua, spirituali & temporali, prout justum fuerit, sine fraude, sicut contra alias personas privatas, in hiis quæ ad eorum Officium non spectant; poteruntque eos* [d] *puniri super eorum excessibus & comissis quæ fecerint; non tamen nostrum* [e] *Regis officium exequendo.*

*Quocirca Nos, attentis Ordinationibus prædictis, volentes eas inviolabiliter observari, ad supplicacionem dilectorum & fidelium nostrorum, Philippi Domini de Rupe, Vicecomitis* [f] *Lautricensis, & Imberti Domini de Burseto, Militum, mandamus vobis & vestrum cuilibet, prout ad eum pertinuerit, quatenus ex parte nostra, Servientibus nostris de quibus ex parte dictorum Supplicantium fueritis requisiti, inhibeatis specialiter & expresse, ne ipsi seu eorum aliqui, contra tenorem dictarum Ordinationum Regiarum, in Villis, locis, Castris, Terris & Juridictionibus dictorum supplicantium, & cujuslibet eorumdem, nec in locis vicinis in fraudem morentur* [g] *larem foveant de cætero, seu* [h] *de eisdem Servientis Officium exerceant seu exercere præsumant, ipsos ad hæc viriliter & debite compellendo. Si vero contrarium fecerint, ipsos desistere, & propter hoc Nobis & Parti emendam condignam præstari & solvi, vocatis vocandis, celeriter & debite faciatis; quod eisdem concedimus de gratia speciali; Litteris* [i] *subrepticis in contrarium impetratis aut impetrandis, nonobstantibus quibuscunque.* Datum Parisius, nona die Februarii, anno Domini 1369. Regni vero nostri sexto.

*Vobisque seu quibusdam vestrum, dum requisitum fuerit, Litteras exequi prædictas, seu executorias super hoc dare, & nihilominus vos seu alter vestrum, hoc facere recusavistis seu distulistis, in grande præjudicium Philippi Domini moderni de Rupe, Vicecomitis Lautricensis, sicut dicit, supplicans sibi super hoc gratiose provideri. Quocirca* [k] *vos & vestrum cuilibet, prout ad eum pertinuerit, mandamus districte injungendo, quatenus Litteras prædictas, secundum tenorem & formam Originalis ipsarum, de quo liquebit, exequamini seu exequi faciatis diligenter, absque dilatione & alterius expectatione mandati; quod eidem de gratia speciali concedimus; Litteris subrepticis impetratis vel impetrandis ad hæc contrariis quibuscunque, nonobstantibus.* Datum Parisius, XIII.[a] die Januarii, anno Domini 1371. Regni vero nostri octavo. *In Requestis Hospitii.* HENRY [l] FILLERII.

[a] Voy. les Tabl. des Mat. de ce Rec. *au mot*, Sergents.

[b] continentes.

[c] Voy. cy-dessus, p. 44. Note (z).

[d] punire. 2.[e] Cop.

[e] *fort.* Regium.

[f] Lautrec.

[g] aut.

[h] in. 2.[e] *Cop.*

[i] subrepticiis.

[k] vobis.

[l] Filleul. 2.[e] *C.*

CHARLES V. à Paris, le 27. de Janvier 1371.

## (a) Lettres qui portent que le Doyen & le Chapitre de l'Eglise de Limoges, ressortiront immediatement au Parlement de Paris.

*KAROLUS Dei gracia Francorum Rex. Notum facimus universis presentibus pariter & futuris, quod Nos [a] cedula meditacione pensantes sincere fidelitatis constanciam, quam dilecti & fideles nostri, Decanus & Capitulum Ecclesie Lemovicensis, ad Nos & Regnum nostrum se habere per facti experienciam inviolabiliter pretenderunt, super eo quod ipsi, moderna guerra incepta inter Nos & Adversarios nostros de Anglia, fatendo jus nostrum quod habemus in Ducatu Acquitanie, Nos Dominum suum superiorem publice agnoscentes, maluerunt se & sua obsidioni inimicorum nostrorum exponere, quam aliud facere quod contradiceret dicto juri nostro; licet postmodum fortuna, que plerumque stabilis non permanet, eos (b) capi per dictos inimicos permiserit; & sic omnia bona & Jocalia ipsius Ecclesie, una cum suis propriis perdiderunt, & eos redimi opportuit quasi ultra posse; ex quibus Nos eis teneri in immensum verissimiliter reputantes, dignum arbitramur & congruum, ut ipsos Decanum & Capitulum ac eorum Ecclesiam, quadam prosequamur singulari prerogativa, ac honoribus & privilegiis magnifice ampliemus. Ea propter, prefatos Decanum & Capitulum ac eorum successores, in omnibus & singulis Causis suis communibus, motis & movendis, tam agendo quam deffendendo, ad Parlamenti nostri Parisius auditorium, examen & judicium reservavimus, & per presentes, ex certa sciencia, speciali gracia & plenitudine Regie potestatis, specialiter & perpetuo reservamus; ipsis Decano & Capitulo, de certa sciencia, gracia & plenitudine supradictis plenarie concedentes, quod coram aliis Judicibus temporalibus Regni nostri, preterquam coram dilectis & fidelibus nostris Gentibus, que nunc tenent vel in futurum tenebunt Parisius Parlamentum, deinceps super dictis Causis communibus respondere, vel [b] alias litigare minime teneantur; nam ipsos & eorum quemlibet, ab omnibus Senescallis & aliis Judicibus & Officiariis quibuscunque Regni nostri, exceptis dictis nostris Gentibus tenentibus Parlamentum nostrum, tenore presencium eximimus totaliter & expresse. Quocirca dilectis & fidelibus Gentibus que dictum nostrum nunc tenent vel tenebunt Parisius Parlamentum, Senescallo nostro Lemovicensi, ceterisque Justiciariis & Officiariis Regni nostri, & eorum Locatenentibus, ac cuilibet ipsorum, presentibus & futuris, districte precipimus & mandamus, quatinus predictos Decanum & Capitulum, predicta nostra exempcione & gracia libere uti & gaudere faciant & permittant, & contra eandem exempcionem & graciam, directe vel indirecte non veniant vel faciant, seu per alium vel alios fieri procurent aliquid de cetero, quod sit vel esse possit contra dicte nostre exempcionis & gracie continenciam & tenorem; & si forsan in futurum, aliqua in contrarium per eos vel aliquem ipsorum, attemptari contingeret, ea cum effectu revocent indilate, que eciam Nos ex nunc revocamus tenore presencium, & pro infectis haberi volumus, & nullius esse decrevimus efficacie vel valoris. Et ut premissa firma & valida perpetuis temporibus maneant, sigillum nostrum hiis presentibus mandavimus apponi: Salvo in aliis jure nostro, & in omnibus quolibet alieno.* Datum Parisius, in Domo nostra prope Sanctum Paulum, vigesima septima mensis Januarii, anno Domini millesimo trecentesimo septuagesimo primo, & Regni nostri octavo. Sic [c] signatas. *Per Regem, presente Episcopo Parisiensi.* J. TABARI.

a fedula. T. C.

b al. R.

c signata.

NOTES.

*(a)* Registre *A.* du Parlement de Paris, *fol.* 6 vingt 16. *v.°* [136.] & Tres. des Chartr. Reg. 104. P. 287.

Avant cette Piece, il y a dans le Registre du Parlement :

*Privilegium concessum Decano & Capitulo Ecclesie Lemovicensis, quod immediate resserciantur ad Parlamentum.*

*Voy. cy-dessus*, p. 190. Note *(a)*.

*(b) Capi.]* Le Prince de Galles prit Limoges en 1370. & il y eut un grand massacre dans cette Ville. *Voy. Froissart*, Liv. 1. Chap. 289. p. m. 401.

(a) Lettres de Sauvegarde Royale, pour le Doyen & le Chapitre de l'Eglise de Limoges.

CHARLES V. à Paris, le 27. de Janvier 1371.

*KAROLUS Dei gratia Francorum Rex. Regalem decet excellenciam curam sollicitam adhibere, ut Regni sui subditi, & presertim persone Ecclesiastice, que de die & nocte circa divina habent vacare Officia, suis temporibus pacis transquillitate gaudeant, & [a] appressuris & noxiis quibuslibet preserventur, ut eo libencius & devocius possint Altissimo famulari, quo habundancius & liberalius per providenciam Regiam senserint se adjutas. Notum igitur facimus presentibus pariter & futuris, quod Nos ad memoriam reducentes grata & accepta fervore cordiali servicia, per dilectos & fideles nostros, Decanum & Capitulum Ecclesie Lemovicensis, nedum Predecessoribus nostris elapsis temporibus, sed & Nobis & Corone nostre de novo prestita, dum ad nostram se submiserunt obedienciam, qui non formidantes inimicorum nostrorum [b] obsidionem, qua tunc circundata erat dicti loci Civitas, in fidelitatis nostre constantia permanserunt; propter que volentes, ut tenemur, eos favore prosequi gracioso, per quem sub nostre potestatis clipeo possint securius Divinis vacare obsequiis, & à quibuscunque violenciis & oppressionibus specialius defendi, ipsos Decanum & Capitulum, & dictam eorum Ecclesiam, qui sunt ab antiquo in proteccione & salva gardia Regia speciali, ad eorum supplicacionem, ex habundanti, cum eorum successoribus ac bonis, possessionibus & rebus suis communibus in Regno nostro existentibus, ad sui juris conservacionem dumtaxat, in & sub proteccione & salva gardia nostra & successorum nostrorum speciali, auctoritate Regia, ex certa scientia & speciali gracia perpetuo suscipimus & ponimus per presentes; per quas Senescallo nostro Lemovicensi, aut ejus Locum tenenti, qui nunc est vel pro tempore fuerit, committimus vel mandamus, quatinus unum vel plures Servientem seu Servientes nostros, in Gardiatorem eisdem supplicantibus deputet, quociens casus exegerit & ab eis fuerit requisitus: Quibus Gardiatoribus & eorum cuilibet, tenore presencium committendo mandamus, ut dictos Decanum & Capitulum, cum dictis suis bonis, possessionibus & rebus communibus, ab omnibus injuriis, violenciis, oppressionibus, vi armorum, potencia Laicorum, & aliis novitatibus indebitis quibuscunque, & in suis justis possessionibus, franchisiis, Libertatibus & immunitatibus, usibus, juribus & saisinis, in quibus ipsos esse & eorum predecessores pacifice fuisse invenerint ab antiquo, ipsi Gardiatores & eorum quilibet, manuteneant & conservent; non permittendo in dictos Decanum & Capitulum, res & bona eorum communia, fieri vel inferri injurias aut indebitas novitates; quas si factas esse vel fuisse invenerint in prejudicium ipsorum & nostre salve gardie supradicte, ad statum pristinum & debitum reducant, sive reduci, ac Nobis & Parti emendam condignam propter hoc fieri & prestari, dictamque nostram salvam gardiam publicari, ubi fuerit opportunum, & in signum ejusdem, [c] Pennuncellos seu Baculos nostros Regios, in locis, domibus & bonis eorum communibus apponi faciant, ne aliquis possit se de ignorancia excusare; inhibendo expresse ex parte nostra, omnibus illis de quibus fuerint requisiti, sub certis penis Nobis applicandis, ne eisdem supplicantibus, rebus, possessionibus & bonis suis communibus universis, quomodolibet forefacere presumant; & si in casu novitatis, inter ipsos, racione bonorum suorum, & alios oriatur aliquod debatum, ipsum debatum & rem contenciosam ad manum nostram, tanquam superiorem, ponant; & facta recredencia illi ex dictis Partibus, cui de jure fuerit facienda, Partes debatum hujusmodi facientes, ac eciam dicte salve gardie nostre infractores & contemptores, aut qui eisdem Gardiatoribus vel alicui ipsorum, Gardiatorum officium exercendo, injuriam fecerint vel offensam, aut qui inobedientes fuerint, adjornent ad certos & competentes dies, coram dilectis & fidelibus Gentibus que tunc nostrum tenebunt Parisius Parlamentum, coram quibus dicti supplicantes, ex nostris concessione & gracia eis*

[a] à pressuris. T. C.

[b] Voy. p. preced. Note (b).

[c] Voy. les Tabl. des Mat. de ce Rec. au mot, Pennonceaux.

NOTE.

(a) Registre *A.* du Parlement de Paris, *folio* 6 vingt 16. *recto.* [136] & Tresf. des Chartr. Reg. 104. P. 291. *Voyez cy-dessus, p.* 190. Note (*a*).

CHARLES V. à Paris, le 27. de Janvier 1371.

*factis, habent, & non coram quibuscunque aliis Judicibus temporalibus Regni nostri, litigare nec eciam respondere, super dictis debatis, opposicionibus & eorum dependenciis processuros, prout fuerit racionis; de quo adjornamento & aliis que fecerint in premissis, dicti Gardiatores, dictas Gentes nostras certifficent competenter; universaque & singula que ad officium specialis Gardiatoris pertinent, debite* [a] *exequentur & compleant; ita quod ipsi de hiis que Cause cognicionem exigunt, se nullatenus intromittant: Dantes tenore presencium in mandatis universis & singulis Justiciariis & Officiariis nostris, quatinus in premissis & ea tangentibus, dictis Gardiatoribus & eorum cuilibet, pareant efficaciter & intendant. Et ut premissa firma & valida perpetuis temporibus maneant, sigillum nostrum hiis presentibus fecimus apponi: Salvo in aliis jure nostro, & in omnibus quolibet alieno.* Datum Parisius, in Domo nostra prope Sanctum Paulum, vicesima septima die mensis Januarii, anno Domini millesimo trecentesimo septuagesimo primo, & Regni nostri octavo.

Sic signate. *Per Regem, presente Episcopo Parisiensi.* J. TABARI.

[b] Collacio facta est.

a exequantur.

b *ceci n'est pas dans le Reg. du Tres. des Chartr.*

---

CHARLES V. à Paris, en Janvier 1371.

(a) Lettres qui portent que les Juges du lieu nommé *de Banhiis*, pourront donner des Tuteurs & des Curateurs aux Mineurs.

*KAROLUS, &c. Ad perpetuam rei memoriam. Regalis excellencia Dignitatis & honoris incrementa sibi multiplicat, & grandis devocionis in subditis augmenta fecundat, si ad illos, quorum fidei & pure devocionis constanciam & devocionem gratuitam, oportunis temporibus experitur, dexteram* [c] *libertat. extendens, eos prosequatur favoribus graciosis; ut & ipsi de sue devocionis & fidelitatis meritis, se commodum reportasse letentur; & alii eorum exemplo, ad consimilia ferventius animentur. Notum igitur facimus universis presentibus & futuris, quod Nos attendentes probatam fidem & devocionem sinceram, quam in dilectis nostris Juratis, Custodibus & habitatoribus Ville nostre de (b) Banhiis, totis transactis hactenus, & potissime guerrarum temporibus, probabiliter novimus, & adhuc die qualibet experimur; nec non dampna, missiones & expensas, per ipsos occasione guerrarum factas multipliciter & sustentas; & propterea volentes nostram eis impendere liberalius graciam & favorem, ipsis Juratis, Custodibus & habitatoribus Ville predicte, pro se & successoribus suis, intuitu premissorum; nec non contemplacione carissimi & fidelis Consanguinei nostri, Comitis Armeniaci, qui Nobis ex hoc instanter supplicavit, de Juris plenitudine Regie potestatis, certaque sciencia & gracia speciali, concessimus atque concedimus per presentes, quod Judices Curie dicte Ville, qui sunt & qui in futurum erunt, possint de cetero perpetuis temporibus, Tutores & Curatores dare Minoribus, quemadmodum hoc facere consueverunt & possunt Judices Curiarum de* [d] *Tarvia, de Vico & de Luso, de dicta Senescallia existentes: Dantes hiis presentibus in Mandatis omnibus Justiciariis & Officiariis Regiis predicte Senescallie,*

c il faut apparemment corriger, *liberalem.*

d Voy. Note *(b).*

NOTES.

*(a)* Tres. des Chartr. Regist. 102. P. 213. *Voyez cy-dessus*, p. 190. Note *(a)*.

*(b) Banhiis.]* Ce lieu étoit de la même Seneschaussée que les lieux *de Tarvia, de Vico & de Luso*, dont il est parlé dans la suite de la Piece. Mais le Copiste a obmis l'endroit où cette Seneschaussée étoit nommée : car l'on trouve deux fois dans ces Lettres, *dicte Senescallie*; & le nom de cette Seneschaussée n'y est point. Il auroit pû servir à decouvrir le nom moderne de ces lieux situez, suivant les apparences, dans la Gascogne ou aux environs, puisque le Comte d'Armagnac s'interessoit pour eux; & sur lesquels, à l'exception de *Tarvia*, qui est *Tarbes*, je n'ai rien trouvé en parcourant la Notice de la Gascogne de Oïhenart. *De Luso* peut être *Lus*, dans la Gascogne, Diocése de Tarbes & Recette de Bigorre. *Voy. le Dic. univ. de la Fr.* au mot, *Lus.*

L'on trouve *ibid. Vic* du même Diocése & de la même Recette. Mais je ne puis rien dire sur le lieu nommé *de Banhiis.* Car il n'y a point d'apparence que ce soit *Banhars* dans le Roüergue, sur lequel *Voy. Ibid.*

Une personne habile de mes amis, croit que ce peut être *Bagneres;* mais le nom ancien de ce lieu, est *Aquæ Bigerronum.* Voy. la Notice des Gaules de Valois, au mot, *Bigerrones*, où il parle de *Tarvia*, Tarbes.

*ac eorum*

ac eorum Locatenentibus, presentibus & futuris, quatenus predictos Juratos, Custodesque & habitatores ac Judices Curie Ville predicte, presentes pariter & futuros, nostra presenti gracia & concessione gaudere & uti pacifice perpetuo faciant & permittant, amotis impedimentis quibuscunque. Quod ut firmum, &c. salvo, &c. Datum [a] anno Domini millesimo CCC.° septuagesimo primo, & Regni nostri octavo, mense Januarii. Sic signate. *Visa.*

*Per Regem, presente Comite Armeniaci.* L. BLANCHET.

CHARLES V. à Paris, en Janvier 1371.

[a] Le lieu où ces Lettres ont été données, a apparemment été obmis.

---

CHARLES V. en Janvier 1371.

(a) *Lettres qui fixent à 17. le nombre des Sergents de la Prevosté de Laon; & qui reglent leurs fonctions.*

CHARLES, &c. Savoir faisons à tous presens & avenir, que de la partie des dix nos Sergens à gages, chascun de x. livres Parisis par an, de nostre Prevosté de Laon, du nombre & Ordennance anciens, consors en cette partie, Nous a esté exposé, que ja soit ce que par Ordennances Royaulz de nos predecesseurs Roys de France & de Nous, faictes par bonne & meure deliberacion de Conseil, du Clergié, Nobles, Bourgois & bonnes Villes de la dicte Prevosté, en ycelle Prevosté de Laon, ne doie avoir ne demourer plus grant nombre de Sergens que les exposans dessus dis. Consideré mesmement que leur Office de Sergenterie en la dicte Prevosté, ilz ont tousjours tenu & tiennent à grans charges & tiltres onereux, parce que aucuns les ont euz pour la perte qu'il orent en la destruction de la Ville de [b] Calais; & que aucuns autres les ont achetez par grans pris, aux gens & familiers de nos predecesseurs & aux nostres, de nostre congié & licence, dont pour ce paier, plusieurs en ont vendu leurs propres heritages, de quoy il vivoient; & les aucuns en rendent certeinnes porcions & rentes à vie; & combien que n'agueres, pour la grant multitude du Pueple qui estoit au païs, paravant les guerres & mortalitez qui depuiz y ont esté, afin que Justice feust mieux gardée au prouffit de la chose publique, y en eussent esté ordenez deux autres sans gaiges, oultre ledit nombre des dix exposans qui prendent les dis gaiges; & ainsi en y avoit XII. par la dicte derreniere Ordenance; neantmoins, oye la relacion de nostre Bailli de Vermandois & d'aucuns autres, Nous de nouvel & n'agueres, en y avons miz, ordenné & institué autres cinq sans gaiges, pour exercer Office de Sergenterie en ladicte Prevosté de Laon; & par ce y en a dix & sept Sergens, tant à gaiges comme sans gaiges, & tant dudit nombre & Ordennance anciens, comme de nouvel; de laquel Ordennance, nouvelle Institution & augmentation dudit nombre, oultre les dix premiers créez & ordenez aux dis gaiges, les dis exposans se complaignoient, disans que, attendu les guerres & mortalitez par lesquelles le Pueple du païs est moult diminué & amendri; eu regart aussi aux tiltres, charges & redevances à quoy il les tenoient, que la dicte augmentacion estoit & seroit en leur grant grief, dommage & préjudice; & Nous ont fait supplier que sur ce, leur vousissions pourveoir de remede gracieux & convenable: Pour quoy Nous consideré le raport de nostredit Baillif & autres dignes de foy, & les autres choses à considerer; & qui en ceste partie Nous pevent & doivent mouvoir, par bonne & [c] memeure deliberacion de Conseil, pour le prouffit de Nous, de noz subgez & de la chose publique, & afin que Justice puist [d] isnelement & bien estre gardée & exercée soubz nostre gouvernement, de nostre certainne science, auctorité Royal, de la plenitude de nostre puissance & de grace especial, se [e] mestier est, avons voulu, ordené & decerné, volons, ordenons & decernons par ces presentes, que en nostre dicte Prevosté de Laon, d'oresenavant soient & demeurent dix & sept Sergens Royaulx tant seulement, pour faire & exercer Office de Sergenterie de par Nous, en la maniere acoustumée; c'est assavoir, les dix de la premiere Ordenance & nombre ancien,

[b] *Voy. le 4.e Vol. des Ordonn.* p. 606. Note (a).

[c] *meure.*

[d] *promptement. Voy.* Borel, *au mot*, isnel.

[e] *besoin.*

NOTE.

(a) Tresor des Chartres, Registre 102. Piece 215.

CHARLES V. en Janvier 1371.

au gaiges de x. livres Parisis, à chascun par an; & les autres sept des nouveaux Ordennances & nombre & sans gaiges, & non plus; & que à yceulx Sergens & à chascun d'iceulx, en faisant office de Sergent, soit entendu & obéi de tous à qui il appartendra; & que se par aventure ou temps avenir, par importunité de requerans ou impetrans, Nous y en mettions ou faisions mettre & instituer aucuns autres oultre ledit nombre de XVII. que ceulx qui desormais y seroient miz & instituez, ne doïent ne ne puissent faire ne exercer Office de Sergenterie en icelle Prevosté, & que leurs Lettres de leurs dons ou institucions, se aucunes en obtenoient par inadvertance, soïent reputées & tenuës de nulle valeur ou efficace, vainnes & casses, tout aussi comme se rien ne leur en eust esté ou estoit octroyé, & que à icelles Lettres, se par aucuns autres estoient empetrées, il ne soit aucunement obtemperé ou obéi en aucune maniere. Et en oultre, pour ce que en la dicte Prevosté de Laon, a cinq pays; c'est assavoir, Soissonnoys, Laonnoys, [a] Thieraisse, Porcien & Champaigne, en chascun desquelz pays, il doïe par ancienne Ordenance, demourer & faire residence II. de dix Sergens dudit premier nombre, afin que le Peuple des dis païs noz subgez, puist trouver & avoir plus prestement & à mendres frais, iceulz Sergens quant il en est [b] besong, sur le pays pour le bien publique; & que les II. qui après y furent ordenez sans gaiges, [c] poorent aler par ladicte Prevosté, afin qu'il n'y eust aucun deffaut de Sergens, & aussi à ce que nostre droit y feust gardé là où il escherroit, Nous de nostre dicte certainne science, auctorité Royal & plene puissance, par deliberacion de nostre dit Conseil, avons ordené & decerné, ordenons & decernons par ces meismes, que sur ce, avecques les douze Sergens dessus dits, Nous y avons miz, ordené & institué les autres cinq dont dessus est faite especiale mention, que en chascun desdits pays ou services, en y aura l'un d'iceulx avec les II. par avant, comme dit est, ordenné en yceulx pays ou services, qui ainsi feront en chascun pays ou service, le nombre de III. Sergens; & les autres deux du residu dudit nombre de dix & sept, telz & ceulx que bon semblera à nostre dit Baillif de Vermandois, par l'advis de *(b)* nostre dit Conseil & Procureur; & seront tenus de demourer & de faire residence en nostre dicte Ville de Laon, avec les III. autres qui demourront & doivent demourer pour le service de Laonnois; consideré que nostre dicte Ville de Laon est le souverain Siege & Ressort dudit Baillage de Vermandois, & que en deux jours en chascune semaine, y sont tenus Plais & exercice de Justice; c'est assavoir, ès Auditoires de nostre dit Baillif & de nostre Prevost Forain de Laon: Et voulons aussi & ordenons par ces presentes, que de chascun des autres pays & services dessus dits, l'un des trois Sergens de chascun d'iceulx services, seront tenus & astrains de venir & comparoir en personne à nostre dit Siege de Laon, chascun à son [d], se il n'y a loyal essoine ou excusation legitime, pour servir & estre avec les autres dessus, qui pareillement y seront tenus de estre & comparoir, afin que yceulx noz Baillif & Prevost, pour le bien de Justice, puissent estre convenablement servis & administrez par yceulx noz Sergens, en la fourme & maniere que faire le doivent & que tenus y sont; & que aux dix jours auxquelz il seront tenus de comparoir, il facent relations & rappors souffisans de leurs explois, des cas qui seront advenus, & de tout ce qui nostre droit puet regarder, toucher & concerner, comment que ce soit; duquel, & de tout ce dont à Nous appartient ou pourra appartenir la congnoissance à cause de nostre souvraineté, Nous voulons & ordenons & leur commandons, & se mestier est commettons, que eulx & chascun d'iceulx, puissent enquerir & eulx enfourmer en & par toute nostre dicte Prevosté de Laon & ressort d'icelle, tant ès Terres des Pers de France & qui tiennent de Nous en [e] Parrie, comme ailleurs; & que les informacions que faicte en auront, & tout ce que par eux en sera trouvé, il rapportent feablement pardevers noz dis Baillif,

a *Thierasche.*

b *besoin.*

c *puissent.*

d *tour.*

e *Pairie.*

NOTE.

*(a) Nostre dit Conseil.]* Je ne crois point qu'il s'agisse là du Conseil du Roy, dont il est parlé cy-dessus; mais du Conseil du Bailly ou des Conseillers du Bailliage du Vermandois: desquels il est parlé plus bas, en ces termes: *Noz Baillif, Prevost, Conseil & Procureur.*

CHARLES V. en Janvier 1371.

Prevost, Conseil & Procureur, à la conservacion de nostre droit, pour pourveoir & ordener sur ce, si comme de raison sera. Si donnons en Mandement par ces meismes presentes, à nostre dit Baillif de Vermandois, au Prevost Forain de Laon & à tous noz autres Justiciers, Officiers & subgès dudit Bailliage, presens & avenir, à leurs Lieuxtenans, & à chascun d'iceulx, que de nostre presente Ordenance, constitucion & decret, il facent lesdis Sergens de nostre dicte Prevosté de Laon dudit nombre de dix & sept, sueffrent & laissent joïr & user desorenavant à tousjours paisiblement & pleinement; & que noz dictes Ordenances & Constitucions, il facent tenir & garder à tousjours perpetuelment, sanz enfraindre & sanz aler à l'encontre en aucune maniere; & que ycelles il facent crier & publier, se mestier est, & il en sont requis, par tous les lieux notables & acoustumez à faire cris oudit Bailliage de Vermandois, afin que ce soit chose notoire à tous, & que aucuns ne se puist sur ce excuser d'ignorance. Et pour ce que, &c. sauf, &c. *Donné* [a] *ou mois de Janvier, l'an de grace mil CCC. soixante & onze, & le VIII.ᵉ de nostre Regne.* Ainsi signées. *Visa.*

*Par le Roy*, à la Relation du Conseil. G. DE VILLEMONTOIR.

*Presens Carta transiit & fuit ordinata ad Requestam Servientium Vadia capientium.* J. DE LUZ.

[a] *le lieu où ces Lettres ont été données, n'est pas marqué.*

---

CHARLES V. au Bois de Vinceennes, le 1. de Fevrier 1371.

## (a) *Lettres qui portent que les Ladres qui ne seront point natifs de Paris, sortiront de cette Ville, & se retireront dans les Maladeries fondées dans leurs Pays.*

CHARLES par la grace de Dieu Roy de France, au Prevost de Paris ou à son Lieutenant: Salut. Il est venu à nostre congnoissance par la complainte de noz bien amez les Gens d'Eglise, du Prevost des Marchans, des Bourgoiz & habitans de nostre bonne Ville de Paris, que depuis le commencement de noz guerres, plusieurs hommes & femmes meseaux [b] infecs de la maladie saint Ladre, qui sont de plusieurs nacions & Villes, tant en nostre Royaume comme dehors, sont venus & viennent de jour en jour en nostre dite bonne Ville, en telle quantité & nombre, allans parmi la Ville, [c] querans leurs vies & aumosnes, buvans & mengans emmi les ruës, ès carrefours & autres lieux publiques, où il passe le plus de gent, en telle maniere qu'ilz empeschent & destourbent bien souvent les genz à passer ou à aller en leurs besongnes, & fault que ilz passent parmi ou par emprès eulz, & sentent leurs alaines; qui est exemple de mauvaise chose, contre raison & les Ordenances, privileges & statuts anciens de nostre dite bonne Ville de Paris, qui est Cité & Siege Royal, & le chief de tout nostre Royaume; pourquoy la police & gouvernement d'icelle doivent devant toutes autres Villes, estre plus especialement gardez & estroitement maintenus, par quoy noz bon subgez & les populaires qui sont simples gens, pourroient par la compaignie & multitude des diz meseaulx ainsi frequentans, alans & sejournans en nostre dite bonne Ville, estre infecs & [d] ferus de la dite maladie saint Ladre, dont tres grans maulx & inconvenient s'en peuent ou pourroient ensuir, se il n'y estoit pourveu de brief remede & convenable. Pour ce est-il que Nous, qui de tout nostre cuer voulons & desirons pourveoir au bien publique & bon gouvernement de nostre dite bonne Ville & de noz diz subjez, vous mandons & commettons par ces presentes & estroitement enjoignons, que [e] tantost veues ces letres, vous faites publier & crier solennelment de par Nous, par tous les lieux solempnelz & acoustumez à faire cris en nostre dicte bonne Ville, que sanz delay, & sur certaines & grosses paines corporelles ou peccuniaires, telles que bon vous semblera, tous les diz meseaux, hommes, femmes & enfans, qui ne sont nez en nostre dicte bonne

[b] *infectez.*

[c] *cherchans.*

[d] *blessez, attaquez.*

[e] *aussitôt.*

NOTE.

(a) Livre vert ancien du Châtelet de Paris, *folio* 7 vingt 11. *recto* [151.] Avant ces Lettres, il y a: *De faire vuidier les Ladres.*

CHARLES V. au Bois de Vincennes, le 1. de Fevrier 1371.

Ville, & qui par les diz privileges, ordenances ou estatus anciens d'icelle, n'y doivent ou ont acoustumé de estre receuz ès Maladeries pour ce ordennées & establies, se partent de nostre dicte bonne Ville dedens le jour des [a] Brandons prochain venant, & s'en [b] voisent droit ès Villes & lieux dont ilz sont venus & nez, ou ailleurs, ès Maladeries où ils doivent estre receuz, soustenuz & gouvernez: Et ou cas que ainsi ne le feront après nostre dit cry, passé ledit temps, Nous voulons & vous mandons en commettant, se [c] mestier est, comme dessus, que à ce vous les contraignez sanz aucun [d] deport, par telle maniere que par deffaut ou negligence de vous, aucun peril ou dommage ne s'en ensuive, & que il n'en conviengne plus retourner à Nous ou à nostre Court: Car il Nous en desplairoit. *Donné ou Bois de Vincennes, le premier jour de Fevrier, l'an de grace mil CCCLXXI. & de nostre Regne le* [e] *VII.* Ainsi signé. *Par le Roy.* J. DE REMIS.

Publié parmi Paris, le XVI.[e] jour d'Avril [f] CCCLXXI.

a *Le premier Dimanche de Carême. Voy. le 2.e Vol. des Ordonn. p. 84. Note (b).*
b *s'en aillent.*
c *besoin.*
d *faveur.*
e VIII.
f *M.*

---

CHARLES V. à Paris, le 19. de Fevrier 1371.

## (a) *Mandement qui fixe le prix des Matieres d'Or & d'Argent.*

CHARLES par la grace de Dieu Roy de France. A noz amez & feaulx les Generaux-Maistres de noz Monnoyes: Salut & dilection. Nous avons entendu & sommes souffisaument informé, que pour ce que nostre Monnoye de Tournay est en Frontiere, & sur les marches des pays de Flandres & de Haynault & d'ailleurs, esquelz pays l'en donne plus grant pris en Or, que Nous ne faisons en nostre dite Monnoye, icelle [g] est en chomage & pourroit estre ou temps advenir plus longuement; en laquelle chose Nous pourrions avoir très grant donmaige, se remede n'y estoit mis. Si vous mandons, commandons & à chascun de vous, que tantost & sans delay, ces Lettres veuës, afin que les Marchans desdits pays & autres, doïent apporter leur Or & Argent en icelle Monnoye, vous faciez donner de chascun Marc d'Or fin qui sera apporté en ladite Monnoye de Tournay, douze solz Tournois de creuë, oultre le pris que Nous y faisons donner à present; & pour chascun Marc d'Argent blanc allaié à quatre deniers de Loy Argent-le-Roy, quatre solz Tournois ou au-dessoubz, secretement & ouvertement, si comme bon vous semblera. Ainsi auront les dits Marchans pour chascun Marc d'Or fin, soixante trois livres quatorze sols Tournois; & pour chascun Marc d'Argent dessus dit, cent neuf solz Tournois ou au-dessoubz. De ce faire, à vous & à chascun de vous, donnons povoir, auctorité & mandement especial par ces presentes. *Donné à Paris, le XIX.*[e] *jour de Fevrier, l'an de grace mil trois cens soixante & onze, & de nostre Regne le huitiesme.*

Par le Roy, en son Conseil. P. BLANCHET.

g *on n'y travaille point.*

*Par vertu desquelles Lettres, les dits Generaulx-Maistres ordonnerent leurs Lettres closes pour envoyer en la dite Monnoye de Tournay, selon la forme qui s'ensuit.*

### *EXECUTOIRE SUR CE.*

*De par les Generaulx-Maistres des Monnoyes du Roy nostre Sire, Gardes & Maistre de la Monnoye de Tournay. Par vertu des Lettres du Roy nostre dit Seigneur à nous envoyées, nous vous mandons, que tantost & sans delay, ces Lettres veuës, vous clouez la Boeste de ladite Monnoye, & faictes inventaire de tout ce qui sera en icelle, en la maniere acoustumée; & ce fait, faictes tantost convenir pardevant vous, les Changeurs*

NOTES.

*(a)* Registre *D.* de la Cour des Monnoyes de Paris, *folio* 7 vingt 14. *verso* (154).

Avant ces Lettres, il y a:

*Le XX.*[e] *jour de Fevrier, mil trois cens soixante & onze, furent apportées en la Chambre des Monnoyes, deux paires de Lettres scellées du grant seel du Roy nostre Sire, dont la teneur s'ensuit.*

*Mandement du Roy, par vertu duquel l'en donna en la Monnoye de Tournay, de chascun Marc d'Or, douze solz de cruë.*

*& Marchans frequentans ladite Monnoye, & leur dictes qu'ils auront pour chascun Marc d'Or fin, douze sols Tournois de creuë, oultre le pris de present. Ainsi auront pour chascun Marc d'Or fin, soixante trois livres quatorze solz Tournois, de l'Or qui aura esté apporté en ladite Monnoye avant la reception de ces presentes: S'aucun en y avoit, faictes le tantost ouvrer & monnoyer, & en faictes donner & payer aux Changeurs & Marchans, le pris de paravant cette creuë; c'est assavoir, soixante trois livres deux solz Tournois pour Marc; & après faictes nouvelles boestes & nouvaulx Papiers de delivrance, & nous envoïez ladite boeste close par seur & certain Message, le plus bref que vous pourrez; & nous rescripvez combien il sera venu de billon d'Or en ladite Monnoye, pour cause de ceste creu, & à quel jour vous aurez receu ces Lettres, & publié aux Marchans ladite creuë, avec tout l'estat de ladite Monnoye. Si gardez que en ce n'ait aucun deffault. Escript à Paris, en la Chambre des Monnoyes, le XXIIII.e jour de Fevrier, l'an mil trois cens soixante & onze.*

CHARLES V. à Paris, le 19. de Fevrier 1371.

La teneur des autres Lettres Royaulx est telle.

*Mandement du Roy, par vertu duquel l'en donna creuë en Marc d'Or, par la maniere que contenu est cy-dessoubz.*

CHARLES par la grace de Dieu Roy de France. A noz amez & feaulx les Generaulx-Maistres de noz Monnoyes: Salut & dilection. Nous pour certaines causes, & par grant deliberation de nostre Conseil, vous mandons & commandons, que tantost & sans delai, ces Lettres veuës, faciez donner en noz Monnoyes de Paris, de Sainct Quentin, & par toutes nos autres Monnoyes où bon vous semblera, & en celles où vous verrez que nostre prouffit sera; excepté en nostre Monnoye de Tournay, en laquelle Nous avons mandé que vous faictes creuë, si comme il vous peut ou pourra apparoir par noz autres Lettres, lesquelles vous accomplissez par la forme & teneur d'icelles; à tous Changeurs & Marchans, de chascun Marc d'Or qui seraa apporté en icelle, douze solz Tournois de creuë ou au-dessoubz, oultre le pris que Nous y faisons donner à present; & pour chascun Marc d'Argent blanc allaïé à quatre deniers de Loy, Argent-le-Roy, quatorze solz Tournois ou au-dessoubz, secretement & ouvertement, si comme bon vous semblera. Ainsi auront lesdits Marchans de chacun Marc d'Or fin, soixante trois livres dix solz Tournois ou au-dessoubz; & pour chascun Marc d'Argent dessus dit, cent neuf solz Tournois ou au-dessoubz, si comme bon vous semblera à faire pour nostre prouffit. De ce faire, à vous & à chascun de vous, donnons povoir, auctorité & mandement especial par ces presentes. *Donné à Paris, le XIX.e jour de Fevrier, l'an de grace mil trois cens soixante & unze, & de nostre Regne le huitiesme.*

Par le Roy, en son Conseil. P. BLANCHET.

*Par vertu desquelles Lettres les Generaux-Maistres ordonnerent XIII. paires de Lettres closes, qui furent envoyées par les Monnoyes; c'est assavoir, Paris, Roüen, Tournay, Sainct Quentin, Troyes, Dijon, Mascon, Thoulouse, Montpellier, Tours, Angiers, Condom & [a] Sainct Pourcein; desquelles Lettres la teneur s'ensuit.*

a *Dans l'Auvergne. Voy. le 3.e Vol. des Ordon. p. 298. Note (d).*

*EXECUTOIRE SUR CE.*

*De par les Generaulx-Maistres des Monnoyes du Roy nostre Sire. Gardes & Maistre de la Monnoye de Roüen. Par vertu des Lettres du Roy nostre dit Seigneur à nous envoyées, nous vous mandons, que tantost & sans delay, ces Lettres veuës, vous clouez la Boeste d'Or de ladite Monnoye, & faictes inventaire de tout ce qui sera en icelle, en la maniere acoustumée; & ce fait, faictes tantost convenir pardevant vous, les Changeurs & Marchans frequentans ladite Monnoye, & leur dictes qu'ilz auront pour chascun Marc d'Or fin, qu'ilz apporteront d'oresenavant en ladite Monnoye, huit solz Tournois de creuë, oultre le pris de present. Ainsi auront pour chascun Marc d'Or fin, soixante trois livres huit solz Tournois; & l'Or qui sera en ladite Monnoye, & qui aura esté apporté en icelle, s'aucun en y avoit, faictes tantost ouvrer & monnoyer, & en faictes*

CHARLES V. à Paris, le 19. de Fevrier 1371.

*donner & payer aux Changeurs & Marchans, le pris de paravant ceste creuë; c'est assavoir, soixante deux livres dix huit solz Tournois pour Marc; & après faictes nouvelle Boeste & nouvaux Papiers de delivrance, & nous envoïés ladite Boeste close par seur & certain Message, le plus bref que vous pourrez; & nous rescripvez combien il sera venu de Billon d'Or en ladite Monnoye, pour cause de ceste creuë, & à quel jour vous aurez receu ces Lettres, & publié aux Marchans ladite Creuë, avec tout l'estat de la Monnoye. Si gardez que en ce n'ait deffault. Escript à Paris, en la Chambre des Monnoyes, le* XXIIII.*e jour de Fevrier, l'an mil trois cens soixante & unze.*

*Et pour ce que les Monnoyes dessus dictes estoient faictes à moindre pris les unes que les autres, ladite creuë a esté ordonnée y estre faicte par la maniere qui s'ensuit; c'est assavoir:*

*LE PRIS DES MONNOYES.*

| | |
|---|---|
| *A la Monnoye de Paris* | XII. S. T. |
| *A la Monnoye de Roüen* | VIII. S. T. |
| *A la Monnoye de Sainct Quentin.* | XII. S. T. |
| *A la Monnoye de Tournay* | XII. S. T. |
| *A la Monnoye de Troyes* | XII. S. T. |
| *A la Monnoye de Dijon* | VIII. S. T. |
| *A la Monnoye de Mascon* | VIII. S. T. |
| *A la Monnoye de Montpellier* | X. S. T. |
| *A la Monnoye de Thoulouse* | X. S. T. |
| *A la Monnoye de Condon* | X. S. T. |
| *A la Monnoye de Sainct Pourcein* | XII. S. T. |
| *A la Monnoye de Tours* | VIII. S. T. |
| *A la Monnoye d'Angiers* | VIII. S. T. |
| *(b) Item.* | IIII. S. T. |
| *Et avoit le Maistre pour Marc d'euvre.* | VI. S. T. |
| *Et avoit le Maistre pour Marc* | IX. S. T. |
| *Et avoit le Maistre pour Marc* | VI. S. T. |
| *Et avoit le Maistre pour Marc* | II. S. VI. D. T. |
| *Et avoit le Maistre pour Marc* | V. S. T. |
| *Et avoit le Maistre pour Marc* | X. S. T. |
| *Et avoit le Maistre pour Marc* | X. S. T. |
| *Et avoit le Maistre pour Marc* | VIII. S. T. |
| *Et avoit le Maistre pour Marc* | VIII. S. T. |
| *Et avoit le Maistre pour Marc* | VII. S. VIII. D. T. |
| *Et avoit le Maistre pour Marc* | a |
| *Et avoit le Maistre pour Marc* | VIII. S. T. |
| *Et depuis fut fait pour* | V. S. T. |

a *le prix manque.*

NOTE.

*(b) Item.]* Je ne puis deviner à quoy se rapporte cet article. A l'égard des suivants, je crois qu'il s'y agit des droits de Marc qu'avoient les Maistres de chacune des Monnoyes qui ont été nommées cy-dessus.

---

CHARLES V. à l'Hôtel de S.t Paul-lez-Paris, le 22. de Fevrier 1371.

## (a) *Reglement pour les fonctions des Tresoriers de France.*

CHARLES par la grace de Dieu Roy de France. A nos amez & feaulz Gens de nos Comptes à Paris : Salut & dilection. Comme Nous aïons de nouvel ordené nos Tresoriers, Jehan d'Orliens & Giles Gallois; & aussy Philipe de Saint Pere, lequel est à present en Languedoc, pour faire, ordenner & gouverner tout ce

NOTE.

*(a)* Memorial *D.* de la Chambre des Comptes de Paris, *folio* 6 vingt 8. *verso.* (128).

qui appartient au fait de nostre Tresor, & que à office de Tresoriers appartient; & en oultre, que doresenavant, nulz autres ne s'entremettent de faire assignations ne paiemens sur noz Receveurs, ne sur les revenus de nostre Domaine, ne respis ou [a] dilacions donner en quelque maniere que ce soit; & que toutes les revenuës de nostre dit Domaine, & les debtes, qui Nous sont & seront deuës, soient executées, ordennées & distribuées par l'Ordonnance de nos diz Tresoriers, & non par autres, tout en la forme & maniere que ont accoustumé à faire, & ont fait anciennement les Tresoriers, ou temps de noz devanciers Roys de France, en [b] escrivant voz Lettres à touz les Receveurs de nostre Royaume, que ils accomplissent la dite Ordennance. Si vous mandons que nostre dite Ordenance vous tenez & gardez, & faites tenir & garder sanz enfraindre, en la maniere que dessus est dit; & que toutes les debtes qui Nous sont deuës & seront, vous baillez & faites baillier bien & diligemment à noz diz Tresoriers, pour en faire ce qui appartient à leur office; & gardez que en ce n'ait aucun deffault. Car ainsi le volons nous estre fait; nonobstant quelconque Ordennence, Mandement ou deffenses faites ou à faire au contraire. *Donné en nostre Hostel de Saint Pol lez Paris, le XXII.e jour de Fevrier, l'an de grace M. CCCLXXI. & de nostre Regne le VIII.e Par le Roy.* YVO.

CHARLES V. à l'Hôtel de S.t Paul lez-Paris, le 22. de Fevrier 1371.

a delais.

b *Je crois qu'il faut corriger escriviez. Peut-estre même manque-t'il quelque mot.*

---

CHARLES V. à l'Hôtel de S.t Paul à Paris, le 27. de Fevrier 1371.

(a) *Lettres qui portent qu'on ne prendra point les bleds appartenants aux Ecoliers de l'Université de Paris, pour la provision des Vaisseaux.*

CHARLES par la grace de Dieu Roy de France. Au Receveur d'Amiens, & à tous Commis deputez ou à députer de par Nous, à prendre & lever bleds [c] pour le fait de la mer; en nostre païs de Picardie, ou à leurs Lieutenants : Salut. Comme Nous, à l'humble requeste de nostre Fille l'Université de Paris, ayons octroyé & octroyons par ces presentes, de nostre certaine science & grace speciale, aux vrais Escholiers residans & estudians en l'Estude de Paris, sans fraude, pour occasion dudit fait ne autrement, que vous ne preniez de par Nous, aucuns de leurs bleds qu'ils ont de leurs benefice ou de leur patrimoine, desquels ils doivent vivre & soustenir leur Estat audit Etude, [d] ne soient pris, occupez, saisis ou arrestez en aucune maniere: Nous vous mandons & estroitement enjoignons, & à chacun de vous, si comme à luy appartiendra, que de nostre presente grace, vous faitez & laissiez joüyr & user paisiblement, les dits Escholiers étudians sans fraude audit Etude, comme dit est, & outre la teneur d'icelle, ne les molestez ou empeschez, ou souffrez estre molestez ou empeschez en aucune maniere; mais se aucune chose estoit faite au contraire, si la mettez ou faitez mettre sans delay à pleine delivrance. Car ainsi le voulons Nous estre fait; nonobstant quelconques Mandemens ou commandemens, Lettres ou concessions à ce contraires. *Donné à Paris le 27.e jour de Fevrier, l'an de grace 1371. & de nostre Regne le 8.* Par le Roy, *& plus bas.* J. DE RAINS.

c *pour la provision des vaisseaux.*

d *cet endroit me paroît corrompu.*

NOTE.

(a) Recüeil des Privileges de l'Université de Paris, (par *du Boulay*) Paris 1674. in-4°. p. 84.

CHARLES V.
à Paris, le 28. de Fevrier 1371.

*(a) Lettres qui portent que les lieux nommez Dame-de-Nesteis, Monhaac, & les autres lieux qui appartiennent à Jean de la Barte, dans la Seneschaussée de Thoulouse, ne ressortiront plus à la Jugerie de Riviere ni à cette Seneschaussée; & qu'ils ressortiront dans la suite à la Ville de Bit, dans le Comté de Fesensac en Guyenne.*

CHARLES par la grace de Dieu Roy de France. Savoir faisons à tous presens & avenir, que Nous considerans & attendens les bons & loyaux services, que nostre chier & feal Cousin, le Conte d'Armignac Nous a faiz en la guerre que nostre adversaire d'Angleterre Nous a nouvellement meuë, & autrement, & que Nous esperons que il Nous y fera ou temps avenir, Nous lui avons donné & octroyé de grace especial & de nostre auctorité Royal & certaine science, & donnons & octroyons par la teneur de ces Lettres, pour lui, pour ses hoirs & successeurs & ceulx qui de lui auront cause, le Chastel & lieu de Montossier avec ses appartenances, & ce que Nous avons & povons avoir ès lieux de Bat, Cabriere & de la Barte, & ès appartenances d'iceulz, assis en nostre Jugerie de Riviere, en nostre Seneschaucie de Thoulouse, jusques à la valeur de six vins livres de rente, sanz compter edifices ou Forteresses; laquelle rente lui voulons estre assise ès revenuës & appartenances des diz lieux, à commencier ès revenuës dudit lieu de Montossier, pourtant comme elles y pourront souffrire: Et avec ce, donnons à nostre Cousin, congié & licence de delaissier & transporter les lieux, Terres & appartenances dessus dictes, si lui plaist, en Jehan de la Barte, Chevalier, pour lui & pour ses hoirs & successeurs ou ayans cause de lui; & oultre ce, avons donné à nostre dit Cousin, de nostre dicte grace, & donnons le premier ressort & les premieres appellacions de toute la Terre Dame-de-Nesteis, de Monhaac, & de toutes les autres Terres & lieux que ledit Jehan de la Barte a & tient en Franc-Alleuf, en nostre Seneschaucie de Thoulouse & ressort d'icelle; lequel ressort des dictes premieres appellacions, qui de tout temps a esté devant nostre Juge de Riviere, ou devant nostre Seneschal de Thoulouse, Nous voulons d'abondant grace, que nostre dit Cousin & ses diz hoirs & successeurs, puissent faire tenir & exercer en la Ville de Bit, en la Conté de Fezensac, par certain Juge à ce par especial & singulierement commis & establi; nonobstant que ycelle Ville soit du Duchié de Guyenne, & par ce ait esté ou povoir de nostre adversaire d'Angleterre; à tenir les choses dessus dictes par nostre dit Cousin & ses dis hoirs & successeurs & aïans cause de lui, paisiblement & perpetuelment: [a] Parmi ce que de toutes ycelles Terres, ycelluy Jehan de la Barte devendra homme de nostre dit Cousin, & lui en fera & sera tenuz & ses hoirs & successeurs, de lui en faire & à ses diz hoirs & successeurs, foy & hommage; duquel hommage faire à nostre dit Cousin & à ses dis hoirs & successeurs, avons donné & donnons de nostre dite grace, auctorité & congié audit Jehan de la Barte, pour lui & pour ses dis hoirs & successeurs; & nostre dit Cousin & ses diz hoirs & successeurs, Nous feront & à noz successeurs, foy & hommage liges dudit lieu de Montossier, & des dictes six vins livres de rente; & aussi dudit premier ressort & premieres appellacions que donnez lui avons, comme dit est: Parmi lequel Don faisant, nostre dit Cousin Nous a quittié & laissié quatre cens livres Tournois de rente, que nostre très chier Seigneur & Ayeul, le Roy Philippe que Dieux pardoint, lui donna à héritage par ses Lettres, lesquelles nostre très chier Seigneur & Pere, que Dieux absoille, lui conferma depuis, à asseoir en nostre Seneschaucie de Thoulouse; retenu toutes voies & reservé à nostre dit Cousin, huit livres de rente ou environ, qui des dictes quatre cens livres de rente

a moyennant.

NOTE.

*(a)* Tresor des Chartres, Registre 103. Piece 15. *Voyez cy-dessus*, p. 190. Note *(a)*.

lui furent

lui furent pieça [a] assis en nostre dicte Seneschaucie de Thoulouse, lesquelles lui demouront pour lui & pour ses hoirs & successeurs; & aussi nous a quittié & laissié six cens livres de rente, que nostre dit Seigneur & Ayeul donna pieça pour certaines consideracions, à Berthelemi de Piis, Chevalier, à prendre chascun an, tant comme ycellui Berthelemi vivroit, sur nostre Recepte de ladicte Seneschaucie, par ses Lettres, qui par nostre dit Seigneur & Pere, lui furent depuis confermés, lesquelles nostre dit Cousin avoit achetées dudit Chevalier; & aussi Nous en a quittié tous les arrerages qui deuz estoient & povoient estre à cause des rentes dessus dictes, & en a rendu les Lettres que il en avoit, en nostre Chambre des Comptes à Paris, avecques ses Lettres de quittances sur ce. Et que ce soit ferme chouse & estable à tousjours, Nous avons fait mettre nostre seel à ces Lettres: sauf en autres choses nostre droit, & l'autruy en toutes. *Donné à Paris, le XXVIII.e jour de Fevrier, l'an de grace mil trois cens soixante & onze, & le huitiesme de nostre Regne.*

Par le Roy. Yvo. *Visa.*

CHARLES V. à Paris, le 28. de Fevrier 1371.

a *assises.*

---

CHARLES V. à Paris, en Fevrier 1371.

Jean I. ou selon d'autres Jean II. à Beauvais, le 30. de Mars 1355.

(a) Lettres qui portent que les habitants de Tours & de Château-neuf, éliront six personnes qui auront l'inspection sur la Garde & sur les Fortifications de cette Ville; & qui pourront imposer sur les habitants, les sommes necessaires pour subvenir aux depenses communes.

*KAROLUS, &c. Notum facimus, &c. Quod cum felicis memorie, Dominus & Progenitor noster, dilectis & fidelibus nostris Burgensibus & habitatoribus [b] Castri novi & Ville Turonensis, pridem suas Litteras concesserit, prout per [c] quodam earumdem* vidimus *vel transumptum, sigillo ad Contractus Turonis constituto sigillatum, ut videbatur, Nobis extitit facta fides, quas ob viarum pericula, ausi non fuerunt mittere vel afferre; Quarum quidem Litterarum tenor in dicto transsumpto, ut vidimus, insertus sequitur, & est talis.*

b Voy. cy-dessus, p. 369. Note (b).

c quoddam.

*JOHANNES Dei gracia Francorum Rex. Baillivo Turonensi aut ejus Locumtenenti: Salutem. Significatum est Nobis ex parte Burgencium & habitatorum Castri novi & Ville Turonensis, quod cum ipsi, jam urgente necessitate propter periculum guerrarum presentium, inceperint clausuras circa dictam Villam reparare, muros & fossata de novo construere, & adhuc continue pro posse operando perseverent; ac eciam sit valde & necessarium aliqua passagia noxia & introitus dampnosos obstruere, & fortifficare aliquas domos, muros, & alias clausuras impedientes evellere & demolire, armatas monstras, excubias, & alia quam plurima utilia aut necessaria pro defensione dicte Ville, tociusque Patrie circonvicine conservacione, facere & eciam procurare; que omnia, tam propter nimiam sumptuositatem, quam propter plurimos habitatores dicte Ville, qui ad premissa contribuere recusarunt & recusant indebite, perficere nequirent, nisi super hoc, per Nos de remedio provideatur oportuno. Nos igitur, premissis attentis, super ipsis rem publicam Patrieque deffensionem spectantibus, providere cupientes, vobis districte precipiendo mandamus committendo, quatenus, vocata majori & saniori parte habitatorum dicte Ville, [d] utriusque status, deliberationeque super hoc habita cum eisdem, super fortificacione dicte Ville, ut melius, securius & brevius claudatur ac fortificetur, sex probos viros, vel quod vobis videbitur oportunum, ex dicte Ville habitatoribus & sufficiencioribus eligatis, ordineis ac deputetis, qui circa custodiam & fortificacionem dicte Ville, per vos in [e] dicte consultacione dispositam ac eis demonstratam, diligenter [f] intendent, ac cura pervigili disponant; quibus quidem sic per vos deputatis, per presentes committimus, quatenus dictam fortificacionem, ut prefertur, ostensam, diligenter exequantur & compleant; omnes & singulos habitatores dicte Ville, Parrochiarum & locorum circonvicinorum, & aliorum in ipsa bona*

d cela peut signifier la même chose que *cujuscunque status*, qui est plus bas.

e dicta.

f intendant.

NOTE.

(a) Tresor des Chartres, Registre 102. Piece 253.

CHARLES V.
à Paris, en Fevrier 1371.

*habentes, & qui in dicta Villa possent in casu necessitatis, melius & cellerius quam alibi, habere refugium, cujuscunque Jurisdictionis, status vel condicionis existant; personis Ecclesiasticis* [a] *exeptis, ad se quam cicius armandum, unumquemque juxta sui facultatem; nec non ad faciendum monstras & excubias in dicta Villa, quociensçunque fuerit preceptum vel mandatum, viriliter compellendo; ac eciam Taillias, Imposiciones & Collectas, semel vel pluries, predicte Ville clausuris & aliis necessitatibus faciendis & eciam supportandis, in vestri presencia vel alterius persone per vos super* [b] *ordinate, prout melius sibi videbitur esse conveniens, faciant &* [c] *ordinant; omnes autem & singulos habitatores dicte Ville & Castellanie ejusdem, cujuscunque condicionis existant, & alios quos ad hoc teneri noverint, debite compellendo; inobedientes & rebelles, ac dictorum Electorum Ordinaciones debitas impedientes, si qui sint aut fuerint, penis & emendis debitis, summam tamen sexaginta solidorum non* [d] *exedentibus, nichilominus puniendo: Proviso tamen, quod quidquid inde levabitur, in reparacionibus, clausuris & aliis dicte Ville necessitatibus, & non alibi, convertatur. Si vero super premissis, vel aliis rem publicam aut Patrie defensionem tangentibus, voluerint ad invicem consulere, eisdem concedimus per presentes, ut quociens fuerit & eisdem videbitur opportunum; vocato cum eis vobis, aut aliqua persona de nostris Officiariis, vel aliunde per vos deputata idonea, in loco competenti valeant congregari, omnia & singula facere & ordinare, que pro defensione dicte Ville & utilitate rei publice, eisdem videbuntur legitime facienda; in quibus agendis & eciam prosequendis, per vos ceterosque Officiarios & Justiciarios nostros, si opus fuerit & requisiti fueritis, auxilium, consilium & juvamen prestari volumus & jubemus; nec non ab omnibus quorum intererit, eisdem in hac parte pareri efficaciter & intendi; hec, premissis attentis, dictis Burgensibus & habitatoribus de gracia speciali* [e] *concedentes; Litteris subrepticiis impetratis in contrarium vel impetrandis, non obstantibus quibuscunque.* Datum Belvaci, penultima die Marcii, anno Domini M. CCC. quinquagesimo quinto. *Sic signate.* Per Regem, ad Relacionem Consilii, quo vos & Domini [f] Senonensis & Ventadorensis eratis. J. ROYER.

*Nos ad dictorum Burgensium & habitatorum supplicationem, suprascriptas Genitoris nostri Litteras; faciendo tamen* [g] *in Partibus, per aliquam personam publicam, collationem cum Originali ipsarum,* [i] *quodque hec in margine presentium* [k] *inseritur; omniaque & singula in eisdem contenta & expressa, de nostris auctoritate Regia & plenitudine potestatis ac de speciali gratia, ratas habentes & gratas, easque approbamus & tenore presencium confirmamus: Mandantes committendo Senescallo & Baillivo Turonensi, vel eorum Locatenentibus, ceterisque Justiciariis & Officiariis nostris, atque Justiciariis Regni nostri, vel eorum Locatenentibus, presentibus & futuris, & cuilibet eorumdem, ut ad eum pertinuerit, damus serie presencium in Mandatis, quatenus dictos Burgenses & habitatores & eorum successores, & omnes quos in dictis Litteris contenta tangere possunt vel poterunt infuturum, Litteris preinsertis atque presentibus, omnibusque & singulis in eis contentis uti & gaudere pacifice faciant & permittant absque impedimento quocunque; si quod factum vel appositum repererint, amovendo, & ad statum pristinum & debitum celeriter reducendo. Quod ut robur obtineat, &c. salvo, &c.* Actum Parisius, mense Februarii, anno Domini millesimo CCC. septuagesimo primo; Regni vero nostri octavo. *Visa.*

*Per Regem, ad relationem Consilii.*
G. DE MONTAGU.

Collatio facta est ad Litterarum superius insertarum *vidimus* vel transcriptum.

[a] exceptis.
[b] hoc.
[c] ordinent.
[d] excedentibus.
[e] concedend. R.
[f] l'Archevêque de Sens & le Comte de Ventadour.
[g] dans le Pays.
[h] q. q. R.
[i] inseratur.

CHARLES V. à Paris, en Fevrier 1371.

(a) *Confirmation des privileges accordez aux habitans de Carvins & d'Epinoy, par Hugues Seigneur de ces lieux.*

CHARLES, &c. Savoir faisons à tous presens & avenir, Nous avoir [a] les Lettres dont la teneur s'ensuit. — a veu.

A Tous ceulz qui ces presentes Lettres verront ou orront. (b) Hues de Meleum Chevalier, Sire d'Anthoin, d'Espinoy, de [b] Santhanghien, & Chastelain de Gant: Salut. Comme feu de noble memoire, Monf. Hue jadis Seigneur d'Espinoy & d'Authoing, nostre Predecesseurs, qui Diex pardoint, ait baillié & ordonné à [c] nostres bien amez, les Eschevins, subgiez & habitans de noz Villes & Juridicions de (c) Carmus & d'Espinoy, Loy & Eschevinage, avec plusieurs drois, franchises & Libertez; & aussi le Jugement & cognissance de plusieurs cas & besoignes, si comme plus plainnement est contenu & declaré en certainez [d] scellez du seel dudit defunt, bailliez & octroyeez à noz diz Eschevins, subgiez & habitans, par maniere de Chartre & privilege; de laquelle Loy & Eschevinage, lesdis Eschevins, subgès & habitans, par vertu de ladicte fundacion & privilege, aïent depuis joy & exploitié, joïssent & exploitent, ensamble des drois & franchises declarées oudit privilege. Et pour ce que de plusieurs cas & malefices, qui de jour en jour aviennent & pouroient avenir [e] ou povoir & franchise dudit Eschevinage, dont ledit privilege ne fait mencion ne declaracion aucune de la maniere comment le faiseur de telz malefices doit estre pugny & corregié, jugié ou condampné; nous ont en oultre remonstré que plusieurs inconveniens pourroient sourvenir à eulz ou à l'un d'eulz, & par personnez qui de cuer [f] mautalentis, vendroient en nos dictes Villes, pour eulz ou l'un d'eulz injurier, se n'estoit la franchise & Liberté dont il ont usé par eulz & leur devanciers, par tout le temps de noz devanciers, de resister par [g] Communité, sanz pour ce avoir commis aucune Amende pardevers nos dis devanciers, ne pour le cas dessus dit receu aucune pugnicion de par eulz, dont nostre dit Eschevin, subgiet & habitant nous ont humblement supplié & requis, pour oster & [h] eschver toutes [i] errous & abus, nous leur vüeillons pourveoir de nostre grace, & sur ce faire [k] esclarissement convenable des choses dessus dictes. Sachent tuit, que nous considerans la bonne intencion & pourpos de nostre dit feu Predecesseur, vüeillans pourveoir & augmenter au bien de Justice, desirans tous malefices estre pugnis selonc le meffait & desserte, & tous maulz & inconveniens [l] eschvier, & pour telz doubtes & obscurtés oster, afin que li mausaiteurs ne demeurent impugniz, & que nostre bon subgiet puisse demourer soubz nous en [m] pais & en transquilité, pour l'amour & contemplacion que nous avons & voulons avoir envers eulz, voulons & accordons plainnement & entierement, tant que en nous est, ainsi que faire le povons, que des cas, delis &

b Sottenghien. Voy. la Note (b).
c nos.
d Lettres.
e au.
f malveillant.
g Comminauté.
h éviter.
i erreurs.
k éclaircissement.
l éviter.
m paix.

NOTES.

(a) Tresor des Chartres, Registre 102. Piece 348.

(b) *Hues.* ] Hugues de Melun premier du nom, Seigneur d'Antoing, d'Epinoy & de Sottenghien, Chastelain de Gand, &c. Il avoit eu ces Terres de la succession d'Isabelle Dame d'Antoing, d'Epinoy, de Sottenghien & de Oudain, Chastelaine de Gand, 2.[e] femme de Jean premier du nom, Vicomte de Melun, &c. & fille unique de Hugnes VI. du nom, Seigneur d'Antoing, & de Marie Dame de Sottenghien. *Voyez l'Histoire Genealogique de la Maison de France*, tom. V. pp. 228. & 226.

Loüis de Melun, Duc de Joyeuse, Pair de France, mort en 1724. descendoit de Hugues de Melun premier du nom, &c. *Voy. ibid.* p. 234.

Il paroît par la suite de ces Lettres, que la Chartre confirmée par Hugues, avoit été donnée par Hugues VI. son Grand Pere maternel.

(c) *Carvins.* ] *Carvin* & *Epinoy* sont dans le Bailliage de Lens en Artois. *Voyez le Dictionnaire Geographique de la Martiniere*, au mot, *Espinoy*.

CHARLES V. à Paris, en Fevrier 1371.

exces qui seront fait & avenu, [a] delinquiet & perpetré oudit Eschevinage, ou Jugement desdis Eschevins, dont congnoissance & Jugement leur appartient, & doit appartenir par vertu de leur Loy & fundacion, des quelz ne leur est faicte declaracion en leur dit privilege, des painne, Amendes & pugnissions qui pour les cas, meffais & delis, se doivent ensuir, nostre dit Eschevin desoremais en avant, puissent [b] doient cognoistre & jugier contre les faiseurs & suspecçonnez des malefices, excès & delis, selonc ce que il en trouveront, & que apparoir leur pourra par bonne imformacion, fame publique, vehemente presumpcion ou autrement, deuëment proceder en punicion, correccion, condampnacion ou delivrance, soit par Ban à temps, à terme, [c] sur Amendes, ou autrement civilement, de prison, de pelerinage, ou en autre maniere, selon leur consciences, la quantité & qualité des fais & malefices, ainsi que au cas appartendra, selong la bonne discrecion & moderacion de nos diz Eschevins; & avec ce, voulons que noz diz Eschevins, à celui ou ceulz qui par eulz seront condampnez pour leurs demerites, à faire aucuns voyages ou pelerinages, puissent enjoindre & commettre à faire lesdis voyages & pelerinages, *(d)* à painnes de certeinnes sommes de Monnoïes, telles que il leur sambleront estre raisonnablez, pour équipoler à painez, travailz, mises & despens desdis voyages ou pelerinages; & que ceux qui seront deffaillans, [d] remis & delaïant de faire & [e] interinner ce qui seront condampnez, soïent envers nous, & nos dis Eschevins qui à present sont & qui pour le temps avenir seront, encheus ès dictes peinnez & Amendes, moytié à nous & à nos hoirs; & l'autre moytié au proufit de nos dictes Villez & Eschevinages, à qui nous l'avons donné & donnons, pour de ce [f] jour hereditablement & à tousjours; & quant à resister par eulz contre leur malvüeillans Forains, demourans hors de noz dictes Villes & Juridicions, qui efforcier se vouldroyent de noz dis subgès & habitans de nos dictes Villes, injurier ou molester, nous leur avons accordé & acordons, que un chascun d'eulz puit & puisse faire [g] consort l'un à l'autre, sanz pour ce encourir peine ou Amande aucune pardevers nous, nos hoirs ou successeurs, toute fois & quante fois que le cas y escharra ou que ainsi en avendra depuis ores en avant; lesquelles peines & Amendes devant dictes sont [h] collecteez au commendement de noz dis Eschevins, & par nostre Sergent, aussy bien que au nostre, par prise & detencion de corps, levée, venduë & explectacion des biens d'iceulz qui ès dictes Amendes & forfaitures seront encheus; & ne pourrons ne personne pour nous, recevoir des dictes Amendes & Explois, somme de Monnoye d'Or, d'Argent ou d'autre denier quelconque, que ce ne soit en païant & delivrant à noz dis Eschevins, ou à personne de par eus commis pour recevoir ou nom & pour noz dictes Villez, la moytié de tout ce que receu en sera; ne aussi nous ne personne pour nous, ne poons personne aucune prandre, ne de par nous faire prendre ne enprisonner, ne aucuns biens, gaiges, ne autres choses faire saisir ou lever pour Amendes quelconques, que pour les cas devant diz doïe estre jugié, dont nous, notre Baillif, ne autre de par nous puissons [i] delivrance, senz faire payement de la moitié de toute la somme pourquoy il seroient enprisonné, ou leur bien saisi & gaige levé, se ce n'est par le gré & volenté des Eschevins de noz dictes Villes, le Procureur ou Receveur d'icelles. Et se par le desfaut de nous ou d'aucuns de noz Commiz, aucuns ou aucune personne demouroit [k] impugniz du Jugement fait par noz diz Eschevins, nous voulons & accordons, que les Eschevins qui pour le temps seront, ou les deux d'iceulz, puissent faire & establir un Sergent ou plusceurs, ausquelz Sergens nous accordons, que ilz puissent prendre telz malfaiteurs & les enprisonner, senz en faire recréance ne délivrance aucune, [l] senz nous païer la moytié de toute la somme pourquoy il seront emprisonné, se n'est par nostre gré avecque le leur; & avons accordé & acordons à nos diz Eschevins, que toutes les choses devant dictes puissent faire, senz ce que par nous, nostre

a *delinqués.*
b *&c.*
c *par.*
d *negligents & differants.*
e *accomplir.*
f *joüir.*
g *consort.*
h *cueillies, levées.*
i *faire.*
k *que le Jugement rendu contre elle, n'eut point été executé.*
l *si ce n'est en nous payant.*

NOTE.

*(d) A painnes.]* C'est-à-dire, que ceux qui payeront cette Amende, ne seront point obligez de faire ces pelerinages.

CHARLES V. à Paris, en Fevrier 1371.

Bailli, son Lieutenant ou autre de par nous, en puissent estre reprins ou appellé, pour jugement que ilz en dient ou facent, *(e)* toutes les choses devant dictes, tout en la fourme & maniere que ci-devant est contenu, avons nous accordéez à noz dis Eschevins & à noz habitans & subgiez, pour tout le Corps de noz dicte Villez & Eschevinage, & accordons, & leur avons juré & promettons par nostre foy fiance [a] & ad ce baillée corporelement & sur les saintes Evangilez de Dieu, à les tenir & faire tenir par nous, noz hoirs, successeurs & aïans cause, perpetuelment & à tousjours; & se il avenoit, que ja n'aviegne, que nous alissons ou faissons aler par nous ne par autrui, à l'encontre des choses devant dictes, afin que par noz dis Eschevins nous soit remonstré, cesser [b] puent de [c] faire Loy, jusques à ce que amandé [d] l'ayans, par la maniere contenuë en la Chartre de nostre dit devancier; dont ci dessus est faicte mention; laquelle nous voulons demourer en sa force & vertu, senz estre de rien innovée pour chose quelconque qui en ceste presente Chartre soit contenu, laquelle nous avons [e] pardevant ceste jurée à tenir & garder; & aussy voulons que tous ceulz qui apres nous vendront, & qui seront Seigneurs d'Espinoy, jurent ceste presente Chartre, & par serement solempne tel que fait avons, à la tenir & garder en la forme & maniere que juré & promis l'avons; & se deffaute y estoit trouvée, en temps present ne avenir, nous voulons que par le Roy nostre S. soit corregié. Car ainsi leur avons accordé & accordons, & voulons que par le Roy nostre dit Seigneur, [f] & pour ce faire, en las de soïe & cire vert, facent ceste presente Chartre confermer; qui fu faicte, *donnée*, [g] *seellée soubz nostre grant seel, le XV. jour du mois de Decembre, l'an de grace mil CCC. LXXI.*

Nous adecertes, les Lettres dessus transcriptes & toutes les choses contenuez en ycelles, ayans fermes & aggreables, ycelles voulons, loons, gréons, ratefions, approuvons, & de grace especial & de nostre auctorité Royal, par ces presentes confirmons. Si donnons en Mandement par ces mesmes Lettres, au Gouverneur du Baillage d'Amiens, au Prevost de Beauquesne, & à tous noz autres Justiciers & Officiers de nostre Royaume, qui ores sont & pour le temps avenir seront, ou à leurs Lieutenans, & à chascun d'eulz, si comme à lui appartendra, que les dessus dits Eschevins, subgiez & habitans des Villes & juridicion de Carnus & d'Espinoy, presens & avenir, facent, sueffrent & laissent joïr & user paisiblement & perpetuelment, de toutes les choses contenuëz ès dictes Lettres, selon la fourme & la teneur d'icelles, & de nostre presente confirmacion; en mettant ou faisant mettre au premier estat & deu, tout ce qui seroit fait au contraire, par la fourme & maniere qu'il appartendra à faire, selonc le contenu ès Lettres par dessus transcriptes, & que, &c. sauf, &c. [h] *Se fut fait & donné à Paris, ou mois de Fevrier, l'an de grace mil CCC. LXXI. & de nostre Regne le VIII.e* *Visa.*

*Par le Roy*, à la Relation du Conseil. J. DOUHEM.

a *ce mot devroit être devant fiance.*

b *peuvent.*

c *rendre la justice.*

d *l'aïons.*

e *cela peut signifier, avant de donner cette presente Chartre.*

f *cet endroit est encore corrompu; & je crois qu'il manque quelques mots.*

g *&.*

h *Ce.*

NOTE.

*(e)* Il y a là un membre de phrase, que l'on n'a pû dechiffrer; & tout ce que l'on peut faire, c'est de presenter ici fidelement, ce qui est dans le Registre. *Ne per,* (Il y a une marque d'abbreviation sur ce mot, qui est repeté un peu plus bas.) *ne faire per ne en devons* (mot douteux. On pourroit lire, *de nous.*) *noz dis Eschevins ne personne à ce aïent* (aïant) *cause de faire en qttan* (Il y a deux marques d'abbreviation sur ce mot.) *aucune pour noz dictes Villez.*

CHARLES V. à Paris, en Fevrier 1371.

*(a) Lettres qui portent que les habitans d'Aubervillier près S.t Denis, seront exempts à perpetuité du droit de Prises; moyennant une certaine quantité de paille, qu'ils se sont obligez de fournir presentement.*

a *Haubervillier.* CHARLES, &c. Sçavoir faisons, &c. que de la partie des manans & habitans en la Ville & Parroiche de [a] Harlbetviller-lez Saint Denis en France, Nous a esté exposé, que comme par le fait de nos guerres, la dicte Ville ait esté [b] arse, destruite & gastée, par tel maniere que onquez puils lez diz exposans ne se peurent [c] ressourdre de leur povre estat & chevance; & deslors se departirent les riches hommes de la dicte Ville, pour aller demeurer en nostre bonne Ville de Paris & ailleurs; & en ycelle ne demoura que le menu commun, qui depuis ont esté & sunt encores de jour en jour si opprimez de noz Aides courans en la dicte Ville pour le fait de nos dictes guerres, de Imposicions [d] de quatriemes, de Fouagez & aultres Subvencions, & des Prinsez aussi qui ont esté faitez sur eulz, tant en la dicte Ville comme en la Banlieuë & Ville de Paris, & qui encores continuelment s'y font pour la necessité de nostre Hostel, de celluy de nostre très chiere & amée Compaigne la Royne, de celluy de nostre tres chier & amé Filz, le Dalphin de Vienne, & de plusieurs de nostre sange & lignage, & de aultres de noz Officiers & subgès; & avec tout ce, pour le temps passé, ont esté & sont encores, quant le cas s'i eschiet, si grevez & dommagiez par les Gens d'armes passans & rapassans la dicte Ville, que bonnement il ne pourroient susporter, souffrir ne endurer les dictes Prinses qui de jour en jour se font sur eulx, tant en la dicte Ville comme en la Banlieuë & dicte Ville de Paris, [e] qui ne fussent en peril de guerpir, fuir & delaissier à tousjours la dicte Ville, & seront, se par Nous ne leur est sur ce pourveu de nostre grace: Si Nous ont humblement fait supplier & requerir, que comme il aïent grant volenté & desir de Nous servir & guarnir noz Hosteulz à Paris, & à ij lieuës près d'icelle Ville, de [f] Fuerres pour la [g] guarnison d'iceulz nos Hosteulz, selonc leur povre desfaculté, que Nous sur ce, leur vüeillions pourveoir de nostre dicte grace. Nous, attendu ce que dit est, & oye la relacion de nostre amé & feal Chevalier & Conseiller, Pierre de Villers, Souverain Maistre de nostre Hostel; & pour obvier aus grans destourbiers que aucuns Fourriers de noz Officiers leur faisoient & font de jour en jour, & à ce qu'il puissent continuelment entendre à faire leur labour, dont Nous & nostre Pueple sont soustenus, voulans pourveoir de grace aux diz exposans, à yceulz & chascun d'eulz, de nostre certaine science & grace especial, pleine puissance & auctorité Royal, [h] à nostre aisné Filz, soixante dix Chartées de Fuerres, bonnes & convenables; quarante pour nostre Hostel, xx. pour celluy de nostredicte Compaigne, & x. pour celluy de nostre tres chier & amé aisné Filz le Dalphin, rendus par les dis exposans, & conduiz à leurs propres coulz, fraiz & despans, francement & quittement, en nos diz Hosteulz de Paris, & à ij. lieuës près d'icelle Ville, où il plaira ordonner à noz Maistres d'Ostel & Forriers, il demeurent & soïent francs & exens, & à tousjours mais quittez & paisibles de toutes Prinses quelcunques, tant en leur dicte Ville comme en la Banlieuë & dicte Ville de Paris, sanz ce que noz Forriers, Preneurs & Officiers, ne ceulz de nostre dicte Compaigne, ne de nostre diz Filz, ne aultres quelcunques de nostre dit Lignage, Lieutenans & Officiers, ne quelcunquez de nos subgès, y puissent faire aucunes Prises ores ne pour le temps avenir. Si donnons en mandement à nostre dessusdit Souverain & autres Maistres de nostre Hostel, de celluy de nostre tres chere Compaigne la Royne, & de nostre tres chier & tres amé Filz le Dalphin, & à tous nos Lieustenans, Officiers & subgès, presens & avenir, & à leurs Lieustenans, &

[a] Haubervillier.
[b] brûlée.
[c] relever.
[d] Voy. les Tabl. des 3. & 4.e Vol. de ce Rec. au mot, Aydes.
[e] qu'ils.
[f] Pailles.
[g] provision.
[h] il y a là à la marge du Registr. Ci faut une ligne.

NOTE.

(a) Tresor des Chartres, Registre 102. Piece 153.

CHARLES V. à Paris, en Fevrier 1371.

chascun d'eulz, si comme à luy appartendra, que les diz exposans, & chascun d'eulx, facent, sueffrent & laissent joïr & user dès maintenant, plainement & paisiblement, de nostre presente grace & octroy, sanz les souffrir estre molestez, empeschiez, ou perturbez en aucune maniere au contraire. Et Nous deffendons, & enjoingnons estroitement sur certainne & grosse painne à appliquer à Nous, & d'encourre nostre indignacion à tousjours, & à tous nos Forriers, Chevaucheurs, Preneurs, Maistres de Garnisons, Officiers & subgès de Nous, de nostre dicte Compaigne, & à tous aultres quelconques, que en la dicte Ville & Banlieu & Ville de Paris, des diz exposans ou d'aucun d'iceulz, il ne pregnent ne ne facent prendre aucune chose ores ne pour le temps avenir, en commettant, se [a] mestiers est, à noz diz Maistres d'Ostel, que ou cas que aucun voudroit efforcier d'aler à l'encontre de nostre presente grace, que il les contraingnent à Nous pour ce, faire Amende convenable, si & par telle maniere que ce soit exemple à tous aultres; & volons que par monstrant *vidimus* de ces presentes, sur le Seel de nostre Chastellet de Paris, soit obey en tout comme à l'original; pourveu que [b] ce contens ou debas estoit sur les choses dessus dictes, les dis exposans seroient tenus de faire foy des Lettres originaux de nostre dessus dicte grace. Et pour ce que ce soit ferme chose & estable à tousjours mais, Nous avons fait mettre nostre Seel à ces presentes Lettres; sauf en aultres choses nostre droit; & l'autruy en toutes. *Donné en nostre Hostel de Saint-Pol à Paris, ou mois de [c] Frevrier, l'an de grace mil trois cens soixante & onze, & le VIII.e de nostre Regne.*

Par le Roy, en ses Requestes. [d] PANS.

[a] *besoin.*
[b] *si.*
[c] *Fevrier.*
[d] ou *Pans.*

---

CHARLES V. à Paris, en Fevrier 1371.

(a) Lettres qui confirment l'affranchissement donné aux habitans de Mitry, par le Comte & la Comtesse de Dampmartin; & qui les exempte de la finance qu'ils auroient dû payer par rapport à cet affranchissement.

*KAROLUS Dei gratia Francorum Rex. Notum facimus universis presentibus pariter & futuris, Nos infrascriptas carissimi & fidelis Consanguinei nostri, (b) Karoli Comitis Dompni-Martini, & Johanne de Ambesia, Comitisse, ejus Uxoris, Litteras vidisse, formam que sequitur, continentes.*

A tous ceuls qui ces Lettres verront. Charles Conte de Dampmartin & Seigneur de Neelle, & Jehanne d'Ambeise, femme dudit Seigneur, Contesse de Dampmartin & Dame de Neelle: Salut. Savoir faisons que nous; & mesmement de l'auctorité de nous Comte de Dampmartin, donnée à nostre dicte Compaigne la Contesse, & laquelle auctorité nous Contesse avons receu agreablement de nostre dit Seigneur, nous ensemble, euë sur ce grant & bonne deliberacion, tant pour la très grant & singulere affeccion que nous avons euë & nos predecesseurs, & avons à nos bons amez & subgès, les hommes & habitans de nostre Ville de (c) Mittry, comme pour les grans pertes & dommages qu'il ont soustenuz & portés par le fait des gueres; & pour la dicte Ville, en laquelle avoit & a grant quantité de masures, terres & heritages en grans ruynes, en friche & inutiles, [e] reformer à l'aide de Dieu; en laquelle Ville plusers personnes refusoient aucuns fois à y venir [f] habiteur & demourer, & les aucuns s'en estoient esloigniez & esloignoient, pour occasion de ce que sur ladicte Ville & habitans d'icelle, nous estoient duës chascun an, les servitutes ou redevances qui s'ensuivent; C'est assavoir, trente-trois livres six sols & huit deniers Parisis de Taille, au terme de la Feste nostre-Dame en my-Aoust, assiz & pris chascun

[e] *rétablir.*
[f] *habiter.*

NOTES.

*(a)* Tres. des Chartr. Regist. 103. P. 64.

*(b) Karoli.]* Charles de Trie, Comte de Damp-Martin, avoit épousé Jeanne d'Amboise, Dame de Nesle. *Voy. l'Hist. Gen. de la Mais. de Fr.* tom. VI. p. 671. N.° X.

*(c) Mittry.]* Bourg dans la Brie, Diocèse de Meaux. *Voy. le Diction. univ. de la Fr.* à ce mot.

CHARLES V. à Paris, en Fevrier 1371.

an, ſur nos dis ſubgès & habitans de Mittry; d'iceulx, par l'aſſiete ſur chaſcun d'eulx faite ſelon ſon vaillant.

*Item.* Sur chaſcun des dis habitans qui tenoit chevaux de harnois, une mine de blé, une mine d'avoinne, & huit deniers appellez le Minage.

*Item.* De ce que quant un adjournement & querelle encommenciée, ſitoſt comme l'adjournement en eſtoit fait par la noſtre Juſtice, Sergent ou autre Officier de par nous; pour comparoir en noſtre Court, pardevant noſtre Prevoſt de Mittry, nul, feuſt le demandeur ou defendeur, ne povoit parler [a] d'accort ne accorder enſemble ne l'un avec l'autre, du fait ne de la Cauſe pour raiſon de laquelle l'adjournement eſtoit fait pardevant noſtredit Prevoſt, ne auſſi le procès pendant; & ſe il faiſoient le contraire, il encheoïent en Amende pardevers noſtre dit Prevoſt: Et oultre, ſe le demandeur de la demande que il faiſoit contre le deffendeur, ſe mettoit & rapportoit ou ſerement du deffendeur, ſens en vouloir faire autre preuve, & ycellui deffendeur depoſoit par ſerement encontre l'entencion du demandeur, le demandeur encheoit pour ce en Amende pardevers noſtredit Prevoſt.

Et à la grant & humble ſupplicacion deſdis habitans & ſubgès de noſtre dicte Ville de Mittry, & pour le bien publique & utilité de nous & de noſtre dit païs, avons quittié & remis, quittons & remettons du tout en tout, à touſjours mais & ſens rappel, aus deſſus nommés nos ſubgès de noſtre dicte Ville de Mittry, & qui ſont à preſent & qui ſeront pour tous le temps avenir, & pour toutes leurs poſteritez, toutes les dictes ſervitutes & redevances deſſus declairiées, tant [b] la dicte Ville comme autres deſſus nommées; & de ces choſes & chaſcunes d'icelles, lez manumittons & franchiſſons, & comme frans, immunes & delivrés, les en quittons pleinnement, en les mettant en tout eſtat de Liberté & franchiſe quant à ces choſes: Et voulons que de ces choſes uſent & joyſſent pleinnement à touſjours, comme franches perſonnes; moyennant auſſi, avecquies les autres cauſes deſſus exprimées qui ad ce nous ont meu, la ſomme de quatre cens vint & cinq livres Tournois, forte Monnoye courant à preſent, que les dis habitans nos ſubgès nous en ont païez, & nous en tenons pour bien contens, & les en quittons, & tous autres à qui il puet ou pourroit touchier; ſauf toute voïes en toutes ces choſes & en chaſcune d'icelles, & retenu & reſervé pardevers nous, toute noſtre Seignorie, Nobleſces, tant en haute Juſtice, moyenne, baſſe, fonciere & autres, ſur nos dis ſubgès & habitans de noſtre dicte Ville de Mittry, ſur tous les heritages & [c] poſſoſſions des dis lieux & tous nos [d] à autres drois quelconques, comme en tous autres cas; excepté les articles deſſus remis & quittiez; & avecques ce, ſauf & reſervé, que en ces choſes manumicion & affranchiſſement, n'a point eſté ne eſt franchis ne manumites en aucune maniere, Thiebaut Croleſarpe, ſes ſucceſſeurs ne poſterités. Toutes leſquelles choſes deſſus dictes, nous avons promiſes & promettons loyaument & en bonne foy, bien & loyaument à tenir & [e] enterinement garder & acomplir à touſjours mais, dorſenavant & perpetuelment, deſſus declairiée à nos dis habitans & ſubgès, qui ſont & qui pour le temps avenir ſeront, & à leurs poſteritez, ſans venir contre; excepté ledit Thiebaut & ſa poſterité; & les leur promettons à les delivrer, garantir & deſchargier envers tous, ſe il eſtoit [f] meſtier; ſauves les reſervacions deſſus diviſées & tous nos autres drois, ſur l'obligacion de tous nos biens & de nos hoirs, meubles & immeubles, preſens & avenir, & à rendre tous cous, interès & dommages qui en ce feroient fais par noſtre deffaut. En teſmoing de ce, nous avons fait ſeeller de nos grans ſeaulx, à perpetuele memoire, ces Lettres, & pour ces choſes valoir à touſjours, le Samedi, deux jours en Octobre, l'an de grace mil trois cens ſoixante & ſept.

*Verum quia certi Officiarii noſtri ſeu Commiſſarii, nuper ex parte noſtra in Vicecomitatu & Prepoſitura* [g] *Pariſienſibus, ſuper Feodorum alienacionibus & acquiſitorum financiis deputati, pro hujuſmodi ſervitutum ſeu redibenciarum ſuperius* [h] *declaratorum, remiſſione ſeu quittacione, ſic, ut premittitur, per dictum Comitem eiſdem habitantibus facta, niſi fuerunt & nituntur prenominatos habitantes dicte Ville de Mittriaco, compellere ad financiam*

[a] Voy. la Tabl. des Mat. du 4.e Vol. de ce Rec. au mot, *accords*.

[b] à.

[c] *poſſeſſions*.

[d] *ce mot eſt inutile*.

[e] *entierement*.

[f] *beſoin*.

[g] Pariſienſ. R.

[h] declaratarum.

CHARLES V. à Paris, en Fevrier 1371.

*ad financiam Nobis hac vice persolvendam; Quamobrem idem Comes Nobis fecit humiliter supplicari, quatenus, attentis dampnis & omnibus que iidem habitantes nostrarum occasione guerrarum sustinuerunt, & adhuc de die in diem sustinent pacienter; quodque remissio, sic, ut premittitur, habita in (d) inchoiacionem rei publice dicti loci, & ut in eadem Villa degentes* [a] *minime discederent, sed pocius ibidem liberi morarentur, facta fuit, eisdem habitantibus predictam financiam remittere, nostrasque confirmatorias Litteras nostri sigilli munimine roboratas, concedere dignaremur. Nos autem, habito respectu ad premissa, ejusdem Comitis supplicacionibus in hac parte favorabiliter inclinati, prefattas Litteras superius insertas, nec non omnia & singula in eis contenta laudamus, ratificamus & approbamus, ac eciam de nostra certa sciencia specialique gratia & auctoritate Regia, tenore presencium confirmamus; omnemque financiam Nobis ob hoc* [b] *debita, eisdem habitantibus & eorum singulis, pro Nobis & successoribus nostris, nunc & imperpetuum, ex uberiori nostra gracia remittimus; predictis Officiariis seu Commissariis nostris super hoc deputatis aut* [c] *aliter deputandis in futurum, silencium perpetuum imponendo. Quocirca dilectis & fidelibus nostris Gentibus Compotorum nostrorum, & Thesaurariis* [d] *Parisius, Preposito & Receptori Parisiensibus, ceterisque Justiciariis, Officiariis & Commissariis Regiis, aut eorum Locatenentibus, presentibus & futuris, & eorum cuilibet, prout ad eum pertinuerit, earumdem serie Litterarum* [e] *maudantes districcius injungendo, quatenus prefatos habitantes & eorum singulos, presentibus nostris gracia, confirmacione, remissione & quittacione, uti & gaudere pacifice faciant & permittant, ipsos aut eorum aliquem, de cetero nullatenus in contrarium molestando; sed quicquid in contrarium factum vel attemptatum fuerit, anullari & ad plenam liberacionem poni faciant indilate; Ordinacionibus, Mandatis seu defencionibus contrariis, non obstantibus quibuscunque. Quod ut firmum & stabile perpetuo perseveret, sigillum nostrum presentibus Litteris duximus apponendum: Salvo in aliis jure nostro,* [f] *est omnibus quolibet alieno.* Datum Parisius, anno Domini millesimo CCC.° septuagesimo primo; Regni vero nostri octavo, mense Februarii.

*Per Regem.* J. DE REMIS. *Visa.*

[a] mot douteux.
[b] debitam.
[c] al. *R.*
[d] Par. *Reg.* là & plus bas.
[e] mandan. *R.* mandamus.
[f] & in.

NOTE.

*(d) Inchoiacionem.]* Il faut corriger *inchoacionem.* Cela peut signifier, pour favoriser les commencements de l'Etat nouveau de cette Ville, qui de serve, est devenuë franche & libre.

---

CHARLES V. à Paris, en Fevrier 1371.

## (a) Diminution de Feux pour Siran, & autres lieux.

KAROLUS, &c. Notum, &c. quod cum ex parte, &c. *Cumque facta quadam informacione virtute certarum Litterarum Regiarum, in loco de* [g] *Syrano, Vicarie* [h] *Minerbesii, Senescallie Carcassone, super vero numero Focorum modernorum in dicto loco nunc existencium, per dilectum & fidelem Magistrum Guillermum Durant, Clericum & Procuratorem nostrum Generalem dicte Senescallie Carcassone, Commissarium in hac parte deputatum; & ipsa informacione per Litteras carissimi Germani & Locumtenentis nostri in* [i] *Partibus Occitanis, Ducis Andegavensis, expeditas per dilectum & fidelem Consiliarium nostrum, Petrum Scatisse, approbata, prout est in processu; eademque informacione, &c.*

[g] SIRAN, aujourd'hui Diocese de S. Pons.
[h] MINERVE.
[i] Languedoc.

NOTE.

(a) Tresor des Chartres, Registre 103. Piece 25.

Dans ces Lettres, il n'y a point la formule ordinaire: *Vocato & presente in omnibus Procuratore nostro Generali dicte Senescallie, aut ejus legitimo Substituto.*

*Voyez cy-dessus*, p. 30. Note (a).

Le R. P. D. Vaissette, Benedictin, m'a indiqué les noms modernes des lieux nommez dans ces Lettres. Il y en a quelques-uns qui lui sont inconnus.

CHARLES V. à Paris, en Fevrier 1371.

*Repertum fuerit, quod in dicto loco de Syrano, sunt de presenti & reperiuntur centum duodecim Foci, secundum traditam instruccionem super hoc prelibatam. Nos vero, &c.*

*Quod ut firmum, &c. salvo, &c.* Actum Parisius, mense Februarii, anno Domini millesimo trecentesimo septuagesimo primo, & Regni nostri octavo.

Per Consilium, &c. P. DE CHASTEL. *Informatio, &c.* P. DE CHASTEL. *Visa.*

[a] *Alia similis pro loco de* [b] *Monte-rotundo, & Territorii ejusdem, in Vigaria Albiensi; in quo sunt* LXIX. *Foci.*

*Alia similis pro loco de* [c] *Palma, in Vigaria Narbonensi; in quo sunt.* LX. *Foci.*

*Alia similis pro loco de* [d] *Fenolheto, in Castellania* [e] *Montis-Regali; in quo sunt octo Foci.*

*Alia similis pro loco de* [f] *Podio-Chayric, in Vigaria de Menerbis; in quo sunt* LXVII. *Foci.*

*Alia similis pro loco de* [g] *Laviniera, in eadem Vigaria; in quo sunt* IIII$^{xx}$VI. *Foci.*

*Alia similis pro loco de* [h] *Aqua viva-Regis, in eadem Vigaria; in quo sunt* XLIIII. *Foci.*

*Alia similis pro locis de (b) Aqua viva & de* [i] *Masseleta, in Vigaria de* [k] *Campopenduto, in Vigaria de Menerbis, ubi sunt; videlicet, in loco Aque vive,* XX. *Foci; & in loco de Masseleta,* XVIII. *Foci.*

*Alia similis pro loco* [l] *sancti Ludovici, in Vigaria de* [m] *Limoso; in quo sunt* XXVI. *Foci.*

*Alia similis pro locis de* [n] *Conilhaco, in Vigaria de Limoso, ubi sunt* VII. *Foci; & de Leone &* [o] *Serpent., ubi sunt* XVI. *Foci.*

*Alia similis pro loco de Esesta, in eadem Vigaria; in qua sunt* XV. *Foci.*

*Alia similis pro loco de* [p] *Sausenzes, in Castellania Montis-Regalis; in quo sunt* X. *Foci.*

*Alia similis pro loco de* [q] *Brasilhaco, in eadem Castellania; in quo sunt* XVI. *Foci.*

*Alia similis pro loco de la* [r] *Baleta, in eadem Castellania; in quo sunt* XXXI. *Foci.*

*Alia similis pro loco de Vayzela, in eadem Castellania; in quo sunt* XIII. *Foci.*

*Alia similis pro loco de la Lantata, in Vigaria Narbonnensi; in quo sunt* LV. *Foci.*

*Alia similis pro loco de* [s] *Villa-sica de Corbiera, in eadem Vigaria; in quo sunt* XXXV. *Foci.*

*Alia similis pro loco de* [t] *Pujolio, in Vigaria de* Besers, *in quo sunt* XLIII. *Foci.*

*Alia similis pro loco* Daygrefüeil, *in Vigaria de* Termenés; *in quo sunt* XIX. *Foci.*

[u] *Alia similis pro loco de* [x] *Riolo, in Vigaria de* Bediers.

*Alia similis pro loco de* [y] *Thesa, in eadem Vigaria.*

*Sic traditi fuerunt in una Cedula Papirea.*

## NOTE.

*(b) Aqua viva.]* L'on trouve dans la Carte du Diocèse de Narbonne de Delisle, *Aigue-vive*, Diocèse de Carcassone, Viguerie de Campendu.

---

[a] Ce qui suit est copié comme il est dans le Registre.
[b] MONTREDON, Diocèse de Castres.
[c] LA PALME, Diocèse de Narbonne.
[d] FENOUILLET.
[e] *Montis-Regalis,* MONTREAL, Diocèse de Carcassone.
[f] PECHAIRIC, Diocèse de Carcassone, Viguerie de Minerve.
[g] LA LIVINIERE, Diocèse de S. Pons.
[h] AIGUE-VIVE, Diocèse de Carcassone.
[i] MARSEILHETE, Diocèse de Carcassone.
[k] CAMPENDU, Diocèse de Carcassone.
[l] S.t LOUIS, Diocèse d'Alet.
[m] LIMOUX.
[n] CONHILLAC, Diocèse de Narbone.
[o] Il y a une marque d'abbreviation sur la fin de ce mot : LA SERPENT. Diocèse d'Alet.
[p] SAUSENS, Diocèse de Carcassone.
[q] BRESILLAC, Diocèse de Narbonne.
[r] LA VALETE, Diocèse de Carcassone.
[s] VILLESEQUE, Diocèse de Narbonne, dans la Corbiere.
[t] LE PUJOL, Diocèse de Beziers.
[u] Le nombre de Feux n'est point marqué dans cet article, ni dans le suivant.
[x] RIOLS, Diocèse de S. Pons.
[y] THESAN, Diocèse de Beziers.

CHARLES V. au Château du Louvre-lès-Paris, le 23. de Mars 1371.

(a) *Lettres qui portent que les Etudiants dans l'Université de Paris, ne payeront aucuns droits, lorsqu'ils vendront des denrées provenantes de leurs Patrimoines ou de leurs Benefices.*

CHARLES par la grace de Dieu Roy de France. A noz amez & feaux les Generaux Conseillers à Paris, sur les Aides ordonnées pour le fait de la guerre: Salut & dilection. Nous avons ja piece [a] ordonné & octroyé à nostre Fille l'Université de Paris, que les vrais Etudians à Paris sans fraude, continuans en l'Etude, & y demeurans principalement pour cause de l'Etude, qui seront temoignez estre tels sous le signet du Recteur de nostredite Fille, ne payeront aucune imposition de ce qu'ils vendront de vins, grains & autres biens venans & croissans en leurs Benefices ou patrimoines, pour leurs vivres & necessitez de l'Etude; c'est assavoir, de ce qu'ils vendront à Paris en gros & à détail, & en autre lieu en gros. Si vous mandons & enjoignons estroitement, que nostredite Fille vous faciez, souffrez & laissiez joüyr & user paisiblement de nostredite grace & Ordonnance; en deffendant à tous Esleuz, Commis, Receveurs & Fermiers sur le fait desdites Aides, & à tous autres à qui il appartiendra & puet appartenir; ausquels aussi Nous defendons expressément, que contre la teneur de nostre grace & Ordonnance, ne molestent, travaillent ou empeschent nostredite Fille, ou aucuns des supposts d'icelle, en aucune maniere; ains tout ce qui seroit pris, levé ou arresté du leur au contraire, faitez leur rendre, restituer & delivrer à plein, sans delay ou empeschement quelconque. Car ainsi le voulons Nous estre fait, & à nostredite Fille l'avons octroyé & octroyons par ces presentes, de grace speciale & de nostre certaine science & autorité Royale; nonobstant quelconques Ordonnances, Mandemens ou defenses faites & à faire au contraire. *Donné en nostre Chasteau du Louvre lès Paris, le 23.e jour de Mars, l'an de grace 1371. & de nostre Regne le 8.* Par le Roy, *en ses Requestes, & plus bas.* J. DE COIFFY.

a *Voy. cy-dessus, p. 455.*

NOTE.

(a) Recueil des Privileges de l'Université de Paris (par *du Boulay.*) Paris 1674. in-4.° p. 84.

---

CHARLES V. au Château du Louvre à Paris, en Mars 1371. avant Pâques.

(a) *Confirmation des Privileges & exemptions des habitants de S.t Eustache & de S.t Jean de la Neuville.*

CHARLES par la grace de Dieu Roy de France. Savoir faisons à tous presens & avenir, de la partie de nos bien amez les habitans des Paroisses de (b) Saint Eustace de la Forest & de Saint Jehan de la Neuville, noz hommes & subgès sans moyen, demourans ou Bailliage de Caux, Nous avoir esté exposé, que ja soit ce que leurs devanciers habitans & Paroichians desdis lieux, aïent & soïent de tout temps frans & quittez & exemps de toutes [b] Coustumes, (c) Panages, Passages, de faire Gais ou Garde en Chasteaux ou Forteresces, & de toutes autres servitutes quelconques, qui sont ou pucent estre depuis le [c] Quief de Caux, jusques à [d] l'ayaue

b *Impôts ordinaires.*
c *Voy. le 4.e Vol. des Ordonn. p. 428. Note (f).*
d *l'eau.*

NOTES.

(a) Tresor des Chartres, Registre 103. Piece 327.

(b) *Saint Eustace de la Forest, &c.* ] S.t Eustache, Diocèse de Roüen, Election de Montivilliers. *Voy. le Diction. univ. de la Fr.* à ce mot. Saint Jean de la Neuville est du même Diocèse & de la même Election. *Voy. ibid.* à ce mot.

(c) *Panages.* ] Redevance duë pour avoir le droit de faire paître ses bestiaux dans les Bois. *Voy. le Glossaire du Droit François,* au mot, *Pasnage.*

CHARLES V. au Château du Louvre à Paris, en Mars 1371. avant Pâques.

de *(d)* Saane, & de la Mer, jusques à la Riviere de Seinne; & des dictes franchises & exempcions, aient tousjours joy & usé notoirement & publiquement, par tel & si lonc temps, qu'il n'est memoire du contraire; [a] parmi ce toutevoïe, que yceulx habitans sont tenuz, toutes les fois que il en est necessité & que le cas s'y offre, de vuidier le [b] Hable d'entre la Ville de Harfleu & de Leure, pour plus aisiement & miex venir & arriver les Marchandises qui viennent par la Mer, & arrivent aus pors des dis lieux, au prouffit & bien publique de Nous & de tout nostre Royaume; & parmi ce aussi, que tout ou la plus grant partie des heritages des dis habitans & Paroichians, sont chargiez & tenuz chascun an, de Nous païer certaines rentes & redevances: Nientmoins, pour [c] que le Capitaine & autres Officiers de nostre amé & feal Cousin, le *(e)* Conte de Tancarville, pour & à cause de son Chastel de Tancarville, & aucuns autres Nobles dudit pays de Caux, teu la verité des dictes franchises & exempcions, avoient obtenu pluseurs Mandemens & impetracions de Nous, adrecez à nostre Bailli [d] Caux, ad ce que yceulx habitans & Parroichians feussent contrains à aler faire Gait & Garde chascun jour, à son tour, tant de jour comme de nuit, ès dis Chasteaux de Tancarville & autres Forteresces oudit païs, en troublant & empeschant yceulx habitans & Paroichians, indeüment & de fait, en leurs dictes Franchises & exempcions, en leur dicte saisine & possession, dont il ont joy & usé par la maniere que dit est; les dis habitans & Paroichians se sont [e] traiz pardevers Nous, en Nous requerant humblement que de faire les dis Gais & Gardes es dis Chasteaux, & des autres servitutes devant dictes, Nous les voulissons faire tenir quittes & paisibles; & que Nous leur voulissons sur ce, donner nos Lettres adreçans à nostredit Bailli de Caux ou à son Lieutenant, ad ce que il feist ou feist faire bonne & diligente informacion; appellé nostre Procureur & ceulx qui seroient à appeller, de ladicte franchise & exempcion des dis habitans & Paroichians, ausquelz Nous, pour plus meurement proceder en ceste partie, & pour miex leur pourveoir ainsi comme de raison seroit, avons données & octroiées nos dictes Lettres de Commission adreçans à nostre Bailli de Caux, par vertu desquelles, nostre Vicomte de Monstierviller Commis & deputez ad ce pour & de par nostre dit Bailli, a fait ladicte informacion, & examiné sur ces choses grant nombre de tesmoings; nostredit Procureur de son Bailliage, appelé par la maniere que dessus est dit; & ycelle informacion ainsi faite, enclose soubz le seel de nostredit Viconte, a esté renvoïée par devers Nous; laquelle Nous avons fait veoir & visiter diligemment & meurement par les Gens de nostre Conseil, & par ycelle informacion & la deposicion desdis tesmoins, a esté & est trouvé sens contradiction, yceulx habitans & Paroichians avoir esté & estre frans, quittes & exemps des dictes Coustumes, Panages, Passages, de faire Gais & Gardes ès dictes Forteresces, & de toutes autres servitutes qui sont ou pourroient estre dedens les [f] mettes dessus dictes; & que ainsi en on joy & usé par tel temps qu'il [g] ne memoire du contraire; moiennant la charge de vuidier ledit Hable, & la redevance des dits heritages, par la maniere devant dicte, si comme il Nous a esté fait sur ce pleniere relacion par nos dictes Gens. Et pour ce Nous, eü consideracion aus choses devant dictes, à l'instance & humble Requeste des dis habitans & Paroichans des dictes Villes, par l'avis

[a] moyennant.
[b] Havre. Voy. le 2.e Vol. de ce Rec. p. 160. Note *(d)*, & le 3.e p. 573. Art. VI. & VII.
[c] ce.
[d] de.
[e] retirez.
[f] bornes.
[g] n'est.

NOTES.

*(d) Saane.* Il y a sur le premier mot de ces Lettres, un renvoy au bas de la page, où se trouvent les mots suivants, qui ont sans doute rapport à cet endroit. *Correctio* de Saane, *loco* de Sainne, & dicte *rigota facte fuerunt ibi & in Originali, de precepto Cancellarii, per me*, MONTAGU.

Dans le Registre, le mot *Seine* est effacé, & il y a dessus *Saane*, & le mot *dicte* qui étoit avant celuy de *Riviere*, est aussi effacé.

Il y a dans le Pays de Caux, un lieu nommé *Saenne*, Diocèse de Roüen, Election d'Arques, & situé sur une Riviere de même nom. C'est sans doute le lieu dont il s'agit ici. *Voy. le Diction. univ. de la Fr.* au mot, *Saenne.*

Pour le mot *Rigota*, j'aime mieux avoüer que je ne l'entends point, que de hasarder des conjectures incertaines.

*(e) Conte de Tancarville.* ] Jean II. du nom, Vicomte de Melun, Comte de Tancarville. *Voy. l'Hist. Geneal. de la Mais. de Fr. tom. V.* p. 226. N.° XIII.

& deliberacion de nostredit Conseil, avons voulu, voulons & ordenons par ces presentes, de nostre certaine science, ou cas dessus dit, les dis habitans & Paroichians des dictes Villes de S. Eustace de la Forest & de Saint Jehan de la Neuville, estre frans, quittes & exemps des dictes Coutumes, Panages, Passages, de Gais & de Gardes en Forteresces, & de toutes autres servitutes qui sont dedens les mettes dessus dictes; parmi les charges & redevances dessus esclairciées, que ils sont tenuz de faire & paier par la fourme & maniere que dit est. Si donnons en Mandement par ces meismes Lettres, à nostredit Bailli de Caux, & à tous nos autres Justiciers & Officiers de nostredit Royaume, ou à leurs Lieutenants, presens & avenir, & à chascun d'eulx, si comme à lui appartendra, en commettant à nostredit Bailli de Caux ou à son Lieutenant, que les dis habitans & Paroichians, qui ores sont & qui ou temps avenir seront, & chascun d'eulx, il facent & leissent joir & user [a] entiement & paisiblement d'oresenavant, des dictes franchises & exempcions, selon la fourme & teneur de nostre presente Ordenannce, sens les troubler ou empeschier, ou souffrir estre troublés ou empeschiez, ou aucun d'eulx, en corps ou en biens, au contraire; mais se aucune chose y estoit faite ou attemptée, si la mettent ou facent mettre sens delay au neant, & ramener au premier estat & deu. Et pour ce que ce soit ferme chose & estabe à tousjours, Nous avons fait mettre nostre seel à ces Lettres : sauf en toutes choses nostre droit & l'autrui. *Donné en nostre Chastel du Louvre à Paris, l'an de grace mil CCC LXXI. & de nostre Regne le VIII. ou mois de Mars, devans Pasques.*

Par le Roy, en ses Requestes. J. DE REMIS.

CHARLES V. au Château du Louvre à Paris, en Mars 1371. avant Pâques.

a *entierement.*

---

## *M CCC. LXXII.*

Suivant *du Cange* dans son Glossaire, cette Année commença le 28. de Mars, & finit le 16. d'Avril.

---

CHARLES V. à Paris, le 7. d'Avril 1372.

### (a) *Mandement pour faire une nouvelle fabrication d'Especes.*

CHARLES par la grace de Dieu Roy de France. A noz amez & feaulx les Generaulx-Maistres de noz Monnoyes : Salut & dilection. Comme à present Nous ayons à faire & supporter très grans & innumerables [b] mises, tant pour le fait de noz guerres, comme pour [c] defense de nostre Royaume; & pour ce ayons requis nostre amé Berthelemi Spifame, Marchant & Bourgeois de Paris, qu'il Nous face prest de certaine somme d'Argent; lequel Nous a accordé gracieusement ce que requis luy avons en ceste partie; [d] parmi ce toutes voies, que pour ce qu'il n'a mie à present en comptant de quoy il Nous puist faire ledit prest, si comme il dit, Nous luy avons accordé, qu'il puist mectre presentement en nostre Monnoye de Paris, deux mil Marcs d'Argent, en vaisselle & en Argent [e] Cendrée, allaié à unze deniers dix sept grains de Loy Argent-le-Roy, ou environ, afin qu'il Nous puist plustost & plus prestement secourir dudit prest que demandé & requis luy avons, comme dit est. Pour ce est-il que Nous vous mandons, que les deux mil Marcs dessus dits, en Vaisselle & en Argent en cendrée, vous faictes ouvrer & monnoyer en Deniers d'Argent, sur le coing & forme de ceulx qui courent à present, pour quinze deniers Tournois la piece, lesquelz seront [f] de huit solz de poix au Marc de Paris, & auront cours pour quinze deniers Tournois la Piece; & qu'ilz soient à unze Deniers dix-sept

b *dépenses.*

c *la.*

d *moyennant.*

e *Voy. cy-dessus, p. 301. Note (c).*

f *quatre-vingt seize pieces au Marc.*

NOTE.

(a) Registre *D.* de la Cour des Monnoyes de Paris, *fol.°* 7 vingt 17. *R.°* (157).

Avant ces Lettres, il y a :

*Le VIII.e jour d'Avril mil trois cens soixante douze après Pasques, furent apportées en la Chambre des Monnoyes, unes Lettres seellées du seel du Roy nostre Sire, contenans la forme qui s'ensuit.*

*Mandement de faire ouvrer deux M. Marcs d'Argent en Vaisselle.*

CHARLES V. à Paris, le 7. d'Avril 1372.

grains de Loy, Argent-le-Roy ou environ, comme dit est; & pour chascun Marc d'euvre des Deniers d'Argent dessus dits, faictes compter & alloüer ès Comptes de celuy ou ceulx qui feront ledit ouvrage, quatre solz Tournois. De tout ce faire, vous donnons povoir, auctorité & mandement especial; & par ces presentes Lettres, Nous mandons à noz amez & feaulx, les Gens de noz Comptes à Paris, qu'ilz reçoivent & passent le Compte d'iceulx deux mil Marcs d'Argent en Vaisselle & en Argent en cendrée, de ladicte Loy ou environ, par la maniere que dit est. Car ainsi l'avons nous octroyé & octroïons audit Berthelemi, de grace especial; nonobstant Ordonnances, Mandemens ou defenses à ce contraires. *Donné à Paris, le* VII.e *jour d'Avril, l'an de grace mil trois cens soixante douze, & de nostre Regne le neufiesme.*

Et furent lesdictes Lettres rescriptes & corrigées par la maniere qu'il appert cy-dessoubs.

---

CHARLES V. au Château du Louvre-lès-Paris, le 23. d'Avril 1372.

## *(a) Lettres qui abolissent les Appeaux frivoles, dans les Justices qui appartiennent au Chapitre de Rheims.*

CHARLES par la grace de Dieu Roy de France. Savoir faisons à tous presens & avenir, que comme nos biens amez, les Prevost, Doïen, Chantre & Chapitre de l'Eglise de Reins, Nous eussent ja pieça fait exposer en eulx complaignant, disant & affermant, que à cause de ladicte Eglise, il aïent en plusieurs Villes & lieux du Bailliage de Vermandois, Justice & Seigneurie haute, moyenne & basse, laquelle il ont acoustumé de lonc temps, & font encores chascun jour faire garder & gouverner par leurs Gens & Officiers gardans & exerçans leurs Juridicions temporelles; & de jour en jour plusceurs, tant leurs subgès, comme autres, des Sentences, Jugemens & apointemens donnés par les dis de Chapitre, ou leurs Officiers, & qui pis est, sans aucun appointement judiciaire, quant on les veut contraindre ou executer d'aucune chose, appellent ès Assises du Bailli de Vermendois, non pas une fois, mais tant qu'il leur plest, [a] querans diffuges & dilacions irraisonnables pour fuir à justice, pour ce qu'il dient & maintenent, que par l'usage & Coustume dont l'en use en la Prevosté de [b] Lon & ou ressort d'icelle, il pevent appeller ainsi & quantesfois qu'il leur plest, des Juridicions & Justices subgectes au Bailli de Vermendois, en ses Assises de Laon & autres, sans renoncier à leurs Appeaulx, ne faire aucune diligence de les poursuir dedans ycelle; & cependant se dient exemptz de la Juridicions & Justice dont il arriont appellé, jusques à la prochaine Assise dudit Bailli ensuivant, sans païer aucun Amende à Nous, ne aus Juges dont il auront appellé; & par ainsi, feront leurs Causes tenuës en estat, sans y proceder; & semblablement, après ladicte Assise, appelleront encores & de rechief, & si ne poursuiront pas leurs Appeaulx, ne il n'y renonceront, ne ne paieront pour ce aucune Amende; & par ce, seroient leurs Causes immortelles & sans fin, ou grant prejudice & domaige de Nous, des dis exposans & du bien de Justice; supplians que sur ce, leur vueillissons pourveoir de gracieux remede: Et Nous inclinans lors à ce, pour y proceder plus meurement, ladicte Requeste ainsi faite & exposée pardevant Nous & nostre Conseil, heuë deliberacion sur ce, eussiens donné en Mandement par nos autres Lettres sur ce faictes audit Bailli de Vermandois ou à son Lieutenant, que sur le contenu en ladicte Requeste que Nous li envoïasme enclose soubz nostre Contreseel, il appellé avec lui nostre Procureur dudit Bailliage, s'enformast diligenment quel proffit, donmage ou inconvenient seroit à Nous ou à autres, se les dis supplians obtenoient de Nous grace, & par Nous estoit pourveu sur ce, & que tout ce qu'il trouveroit par ladicte informacion, avec son advis sur ce, il renvoïast feablement enclos soubz son seel, pardevers noz amez & feaulx Conseillers, les

[a] *cherchans.*

[b] *Laon.*

NOTE.

*(a)* Tresor des Chartres, Registre 103. Piece 8 vingt 10. (170).

Maistres des Requestes de nostre Hostel, afin qu'il fust sur ce pourveu aux dis supplians, comme il appartendroit, & que bon Nous sembleroit; laquelle informacion, par vertu de nos dictes Lettres & Mandement, a esté faite par ledit Bailli, appellé avec lui nostredit Procureur, & ycelle renvoïée, pardevers nos dis Conseillers, pour [a] Nos en faire relacion, & en ordener ainsi qu'il appartenoit: Nous adecertes, oi & entendu le rapport qui aujourdui Nous a esté fait en nostre Conseil, par nos dis Conseillers, du contenu en ladicte informacion, par la deposicion de XXV. tesmoins dignes de foy, qui sur ce, ont esté sermentez & examinez par ledit Bailli & ledit Procureur, tous ou la [b] greigneur partie d'iceulx, estans & concordans d'un opinion; oi avec ce, l'advis & deliberacion dudit Bailli, qu'il fist de bouche & en personne pardevant Nous, consonant [c] ensement à la deposicion des dis tesmoings & du contenu en ladicte informacion; euë sur ce deliberacion à nostre Conseil, pour le bien de Justice & de chose publique, afin que telles appellacions [d] frivoleuses, & les cautelles & malices de tels Appeaulx, soïent du tout abolies & effaciés, & que raison & justice soïent plustost faittes & données à un chascun, de la chose qui li appartient, sanz querir teles cautelles, avons ordené & declaré, ordenons & declarons de certaine science, grace especial & auctorité Royal par ces presentes, que de ci en avant à tousjours, tous & quelconques appellans des Juridicions & Justice, ou des Gens & Officiers des dis supplians, gardans & exerçans leurs Juridicions temporelles, à nostre Bailli de Vermendois ou à son Lieutenant, en ses Assises de Laon ou autres, de quelque Cause ou cas que ce soit, seront tenuz de renoncier à leurs dis Appeaulx, dedans les huit jours ensuivans qu'il auront fait ledit Appel; & si ne le faisoient, & qu'il ne feroient diligence de prendre & poursuir leur adjournement dedans temps deu, pour l'Assise prochaine ensuivante, il païeront & seront tenuz païer pour ce, la somme de soixante soulz d'Amende, aus dis supplians & Seigneurs de qui il auront appellé; & si pourront executer leur Jugié, [e] proceder à aler avant; nonobstant leurs Appeaulx; & ou cas que les dis appellans prendroient leur adjournement, & feroient poursuite de leur dit Appel dedans temps deu en Assise, & qu'il seroit dit bien jugié & mal appellé, ou bien appellé & mal jugié, que le stile ancien soit sur ce tenu & gardé, [f] aussi que de raison & Coustume a esté fait & acoustumé faire ou temps passé. Si donnons en Mandement par ces presentes, au Bailli de Vermandois & à tous nos autres Justiciers ou à leurs Lieuxtenans presens & avenir, & à chascun d'eulx, si comme à lui appartendra, que les dessus dis supplians, Prevost, Doïen, Chantre & Chapitre de ladicte Eglise de Reins, & leurs successeurs, leurs Gens & Officiers gardans & exerçans Juridicions temporelles, comme dit est, il laissent, sueffrent & facent joïr & user paisiblement à tousjours, de nostre presente Ordenance & declaracion, & ycelle gardent & facent tenir & garder inviolablement & perpetuelment de point en point sans innovation, contradicion ou empeschement quelconques; non contrestant usage, stile, Coustumes de païs ou commune observance, & quelconques Ordenances à ce contraires. Et que ce soit ferme chose & estable à tousjours, Nous avons fait mettre nostre seel [g] nostre à ces presentes: Sauf en autres choses nostre droit, & l'autrui en toutes. *Ce fu fait & donné en nostre Chastel du Louvre-les-Paris, le XXIII.e jour d'Avril, l'an de grace M. CCC. LXXII. & de nostre Regne le IX.e*

Par le Roy, en ses Requestes. FILLEUL. T. HOUSSOY. *Visa.*

au Château du Louvre-lès-Paris, le 23. d'Avril 1372.

a *Nous.*

b *plus grande.*

c *ensemblement: conformement.*

d *Voy. les Tabl. des Mat. des Vol. de ce Rec. au mot, Appeaux frivoles.*

e *&.*

f *ainsi.*

g *ce mot est inutile.*

CHARLES V.
à Paris, en Avril, après Pâques 1372.

## (a) Confirmation des Privileges de la Ville de Donzenac.

CHARLES par la grace de Dieu Roy de France. Savoir faisons à tous presens & avenir, que Nous considerans que nostre amé & feal, Girart de Ventadour, Chevalier, Sire [a] (b) Donzenac, en Nous recongnoissant son souverain & droiturier Seigneur, & que à Nous appartiennent les drois de Souveraineté & ressort du Duchié de Guienne, a mis sa Ville de Donsenac, & ses autres lieux & subgiez quelconques, en nostre obéissance, & Nous a promis & juré à servir de lui & de ses subgiez, contre tout homme qui puet vivre & mourir: En faveur de ce & de ses autres bons & agreables services, qu'il Nous a fais & esperons qu'il Nous face, tous les privileges, Libertés, franchises qui par nos predecesseurs Roy de France, Dux de Guienne, ou autres Seigneurs quelconques, on esté pour le temps passé donnez & octroïez; & des quelz il pourra justement apparoir, audit Sire de Donzenac, à ses diz subjès, & à leurs predecesseurs, & dont ilz ont communement usé, de nostre pleine puissance & auctorité Royal, certaine science & grace especial, louons, greons, ratiffions, approuvons, & par la teneur de ces presentes confermons; & voulons & leur octroyons, que en faisant foy & monstrant leurs dis privileges, ilz soïent inserez & escrips de mot à mot, & confermés par nos autres Lettres, se [b] mestier leur est, toutes fois qu'il Nous en requereront. Si donnons en Mandement au Seneschal de Limosin, & à tous nos autres Justiciers & Officiers, presens & avenir, & à chascun d'eulx ou à leurs Lieuxtenans, que ledit Sire de Donzenac & ses dis subgiez, & chascun d'eulx, laissent joüir & user paisiblement de leurs diz privileges, Libertez & franchises dont ilz ont d'ancien temps usé, comme dit est, & desquelx il apparra, sanz les empescher, ne souffrir estre empeschez, ne molestez en aucune maniere au contraire. Et que ce soit ferme chose & estable à tousjours, Nous avons fait mettre nostre seel à ces presentes: Sauf en autres choses nostre droit, & l'autrui en toutes. *Donné à Paris, l'an de grace mil trois cens soixante & douze, & de nostre Regne le IX. ou mois d'Avril, après Pasques.*

Par le Roy. N. DE VERS. *Visa.*

a de.

b besoin.

NOTES.

(a) Tres. des Chart. Regist. 103. P. 54. *Voy. cy-dessus*, p. 190. Note (a).

(b) *Donzenac.* ] Ville du Diocèse de Limoges, à trois lieuës de Brives. *Voyez le Dictionnaire universel de la France*, au mot, *Donzenac.*

CHARLES V.
à Paris, en Avril, après Pâques 1372.

## (a) Lettres confirmatives de celles de Philippe Duc de Bourgogne, par lesquelles il affranchit les habitans de Bure, & il établit dans ce lieu, une Commune (& une Bourgeoisie).

SOMMAIRES.

*(1) Les deux Seigneuries qui sont dans la Ville de Bure, seront réunies.*

*Les habitans de ce lieu seront affranchis de la servitude; moyennant une Taille abonnée de quarante Livres, qu'ils payeront en commun & solidairement chaque année à leur Seigneur, & à laquelle ils contribuëront à proportion de leur bien, suivant la répartition qui en sera faite par des Preud'hommes élus par les habitans, avec la permission du Maire; & une redevance annuelle d'une poule pour chaque mesnage.*

*(2) Les habitans de Bure qui iront s'établir dans d'autres lieux francs & libres, joüiront des biens qu'ils ont à Bure, en payant les charges spécifiées dans l'article precedent.*

*(3) Les habitans de Bure qui iront demeurer dans des lieux sujets à la servitude, redeviendront serfs du Seigneur de Bure, qui succedera aux biens qu'ils acquereront dans ces lieux, nonobstant tous privileges pretendus au contraire*

NOTE.

(a) Tresor des Chartres, Registre 104. Piece 228.

CHARLES V. à Paris, en Avril, après Pâques.

SOMMAIRES.

*contraire ; & les biens qu'ils possedoient à Bure, passeront à ceux de leurs heritiers qui y demeureront.*

*(4) Les habitans de Bure qui iront demeurer dans d'autres lieux, soit francs ou sujets à la servitude, pour estre domestiques ou pour prendre des fermes, conserveront les biens qu'ils ont à Bure, en payant les redevances cy-dessus specifiées.*

*(5) Toutes personnes venants d'un lieu franc, ou d'un lieu serf avec la permission de leurs Maistres, pourront s'establir à Bure; & en s'y* advoüant *(bourgeois) du Seigneur, ils joüiront de tous les privileges des autres habitans. Si dans la suite ils quittent Bure pour aller demeurer dans des lieux ou francs ou sujets à la servitude, ils seront traités comme ceux dont il est parlé dans les articles 2. & 3.*

*(6. 7.) Les habitans de Bure payeront une redevance pour chaque beste domestique qu'ils auront ; moyennant laquelle, ils pourront les mener paître dans les vains-pâturages ; & ils payeront une Amende, lorsque ces bestes seront trouvées paissant hors de ces vains-pâturages.*

*(8) Le Seigneur & les habitans de Bure, s'obligeront reciproquement à l'execution de ce qui est contenu dans ces Lettres.*

CHARLES par la grace de Dieu Roy de France. Savoir faisons à touz presens & avenir, Nous avoir veu les Lettres de nostre très chier & très amé Frere, le Duc de Bourgongne, dont la teneur est tele.

PHILIPPE Filz de Roy de France, Duc de Bourgongne. Savoir faisons à touz presens & avenir, que comme noz hommes, femmes & habitans de nostre Ville de *(b)* Burrey, seant en nostre Chastellenie de Jaucourt, nous aïent fait une supplicacion, contenant en effet, que en ladicte Ville a eu ou temps passé deux Seignouries separées l'une de l'autre, & à deux Seigneurs, l'une appellée la Seignourie de Jaucourt, & l'autre la Seignourie Henry de Clermont; desquelx les hommes & femmes de chascune Seignourie, devoient chascun an, vint livres de Tournois de [a] abonnement, pour cause de Taille ; & avec ce, soïent [b] mainmortables & de formariages; & pour le fait des guerres du Royaume, il aïent esté en telle maniere dommagiez & [c] essiliez, & si apovris & anichilez, que la [d] greigneur partie d'iceulx, ont vuidé le lieu & se sont absentez de ladicte Ville, & allez demourer en autres Seignouries; & par especial, ceulx de la Seignourie dudit Henry de Clermont, & pour ce, des vint livres de abonnement, que ils devoient chascun an de Taille, il ne nous furent bailliez en Assiete de terre, que pour dix livres de terre, quant le Seigneur de Blaysey nous vendi ladicte Ville de Burrey avec la Terre de Jaucourt; & depuis ladicte Assiete, est en tant apeticiée & amendrie, que à present il ne sont que trois mesnaiges, & ne pevent païer des dictes dix livres, que cent solz de Tournois; & en oultre, estoit contenu en ladicte supplicacion, que, eu regart aus choses dessus dictes, & affin que nostre dicte Ville se peust peupler de Gens & habitans, & que ceulx qui s'en estoient partiz, pour les grosses charges qu'ils devoient, retournassent; & que par ce, la revenuë de ladicte Ville nous feust de greigneur prouffit, nous leur vousissions quitter & remectre à touzjours, pour eulx, leurs hoirs & successeurs en ladicte Ville, la main mortable & formariage, & yceulx afranchir; & en recompensacion d'icelle main morte, qui par ledit Seigneur de Blaisey, ne nous avoit esté baillée en Assiete de terre, que pour trente solz Tournois pour an, yceulx habitans de ladicte Ville, tant de la Seignourie de Jaucourt, comme de la Seignourie Henry de Clermont, qui separez estoient de Taille & de Justice, se assembleroient & seroient tout un, & s'y obligeroient li uns pour l'autre, & païeroient chascun an

a *Voy. le 4.e Vol. de ce Rec. p. 338.*

b *Voy. les Tabl. des Mat. de ce Rec.* au mot, main-morte & formariages.

c *ruinez.*

d *plus grande.*

NOTE.

*(b) Burrey.]* C'est sans doute *Bure*, Diocèse de Dijon, du Bailliage & Recette de Châtillon-sur-Seine, & Commanderie appartenante au Grand-Prieur de Champagne. *Voy. la description du Gouvernement de Bourgogne, par* Garreau, Dijon. 1734. p. 305. Dans le Dictionnaire universel de la France, ce lieu est nommé *Bure-les-Templiers* ; & il y est dit qu'il est du Diocèse de Langres. C'est apparemment un des lieux demembrés du Diocèse de Langres, pour former celuy de Dijon ; d'où l'on peut conclure que *Jaucour* qui est nommé un peu plus bas dans ces Lettres, est le lieu dont il est parlé dans ce Dictionnaire, où il est dit, qu'il est dans la Champagne, Diocèse de Langres.

CHARLES V.

à Paris, en Avril, après Pâques 1372.

à nous & à noz successeurs, à certain terme, pour cause de abonnement, trente livres Tournois de Taille; sur laquelle Requeste & supplicacion, nous avons eu avis & deliberacion en nostre Conseil; & afin que plus seurement nous peussions pourveoir à noz diz subgez & faire grace, se [a] mestier estoit, sur les requestes que ils nous requeroient, laquelle chose nous sommes desirans de faire, aïans deliberé de escripre par noz Lettres ouvertes, à Jehan de Foissy, Bailly de la *(c)* Montaigne, lesquelles nous lui avons envoyées avec la supplicacion des diz habitains, & mandé par ycelles Lettres, que il s'enfourmast diligaument des choses dessus dictes & de chascune, par soy, [b] par bonnes personnes dignes de foy; & avec ce, que il traitast avec iceulx habitans, tant sur la refection de un Molin que nous avons en ladicte Ville, comme sur le prouffit que il nous vouldroient faire, se nous voulions encliner à leur supplicacion, & leur octroyer ce que il nous requeroient; & tout ce que trouvé auroit, il nous rapportast dedens la Quinzaine de la Feste Saint [c] Andrieu Apostre, [d] derrenierement passée, ou renvoïast feablement enclos soubz son seel & signe manuel; & ledit Jehan, pour acomplir la teneur de noz dictes Lettres, se soit traiz en ladicte Ville de Burey à certain jour; & illec se soit informez en la maniere qu'il appartenoit, sur le contenu de ladicte supplicacion & Requeste, en tant comme il touche la povreté & petit nombre des diz habitans de la Seignourie dudit Hanri de Clermont, & de la somme des dictes dix livres, à quoy ils furent ramenez à cent solz par ladicte prisiée derrenierement faicte, & tout ce qui contenu estoit en ladicte supplicacion & Requeste, ou la greigneur partie, il ait trouvé estre vrayes, tant par l'informacion & examinacion que il a fait sur ce, comme par ladicte prisiée, derrenierement faicte de la Terre de ladicte Ville de Burrey, & depuis il ait traictié avec noz diz hommes, femmes & habitans de ladicte [e], tant sur l'affranchissement de ladicte main-morte & formariage, que ils nous requierent sur l'obligacion de leurs personnes, de leurs hoirs & de tous leurs biens, [f] par nous païant chascun an trente livres de rente à cause de abonnement, comme sur l'aide & prouffit que il nous vouldroient faire pour une fois, pour la reffeccion & reparacion dudit Moulin; & toutes ces choses, avec la maniere dudit traittié, par la maniere qui s'ensuivent, nous ait envoïée enclos soubz son seel, & signé de son signe manuel.

*(1) Premierement.* Les diz hommes, femmes & habitans, tant de la Seignourie de Jaucourt, comme de la Seignourie de Henry de Clermont, ne [g] soront que une Seignourie doresenavant; & aussi toutes personnes qui [h] aquesteront heritages en ladicte Ville de Burrey & finaige d'icelle, nous païeront chascun an perpetuelment, & à noz successeurs, le jour de la Feste Saint Remi, [i] par universal, quarante livres Tournois de abonnement, comme charge reelle, selon ce que chascuns y tenra de heritages ou autres biens, par porcion, selon ses diz heritages & biens quelconques; & avec ce, païera chascune personne tenant [k] feu en ladicte Ville, une [l] geline le jour de la Nativité nostre S. soïent Feu entier, femme veuve ou autre personne aïant maison en ladicte Ville; lesquelles quarante livres se [m] gesteront & asserront par les Preudehommes de ladicte Ville, esleuz par la licence du Maire dudit lieu, & jurront ceulx des diz Predhommes qui seront esleuz à ce faire, en la main dudit Maire, que bien & loyalment il imposeront ladicte somme sur les habitans tenans heritages ou autres biens en ladicte Ville, finaige & Territoire d'icelle, comme dit est; & de ce obligeront les habitans des deux Seignouries qui ne seront que une, les uns pour les autres, & pour ceulx avenir, tant personelment comme realment; & par especial, le fons de la realité, & tous leurs autres biens quelconques, en quelconque lieu qu'il se transportent; & [n] parmi ce, & par les choses qui ensuïent cy-après, les diz hommes, femmes & habitans, & leurs hoirs & successeurs, demourront à tousjours mais perpetuelment quittes & franchiz de ladicte morte-main & fors-mariage, & pourront yceulx hommes, femmes & habitans, faire leurs

a *besoin.*
b *&.*
c *André.*
d *derr.* R.
e *Ville.*
f *en.*
g *seront.*
h *acquerreront.*
i *en commun.*
k *mesnage.*
l *poule.*
m *Voy. le 4.e Vol. de ce Rec.* p. 335. art. 2.
n *moyennant.*

NOTE.

*(c) Montaigne.* ] Le Bailliage de la Montagne est le même que celui de Châtillon-sur-Seine. *Voyez la description, &c.* citée dans la Note *(b)* pag. 125.

enfens (d) Clers, se bon leur semble, toutes les fois qu'il leur plaira, sans licence & congié de nous & de noz successeurs.

(2) *Item.* Se aucuns des diz hommes & femmes de ladicte Ville de Burey, se departoient dudit lieu & se absentoient, & aloient demourer ailleurs en lieu franc, [a] parmi paiant sa porcion de ce qui lui seroit imposé à sa part des dictes quarante livres, & ladicte geline deuë au jour de la Nativité nostre S. & aussi parmi paiant les autres charges reelles & personeles deuës à nous en ladicte Ville, se aucunes en devoient pour aucuns heritaiges que ils tenissent, il pourront tenir les diz heritages & biens de la dicte Ville de Burrey, du lieu où ils demourront franchement, en ce cas & par les condicions & manieres devant dictes, sans riens diminuer.

(3) *Item.* Se aucuns des diz hommes, femmes & habitans de ladicte Ville de Burrey, se departoient de ladicte Ville, & aloient demourer en lieu serf & de main-morte, par mariage ou autrement, ou en autre lieu quel qu'il soit, il demouroient en la servitude [b] de la main-morte & formariage, tout ainsins comme ils estoient par avant cest afranchissement, nonobstant la franchise dessus dicte, & toutes autres Constitucions, Coustumes, Statuz, observances ou privileges encorporez ou a encorporer en Lettres ou dehors, qui peussent & deussent competer à eulx par la situacion des lieux où il demourroient, ou par quelconques autres impetracion que il eussent ou peussent faire, & que il en eussent joy & usé, eulx demourans ou dit lieu de Burrey: Et est assavoir, que tous les heritages es biens meubles acquis entre eulx ou lieu serf où il seroient allez demourer, seront & appartendront à nous & à noz hoirs & successeurs, pour cause de la main-morte où nostre homme seroit alez demourer; & se ils avoient aucuns biens meubles ou heritages en ladicte Ville de Burrey, les hoirs de yceulx en ce cas succederoient selon ce comme en lieu franc; reservé à nous & à noz hoirs & successeurs, toutes les choses dessus dictes & chascunes d'icelles par soy & en son lieu.

(4) *Item.* Que se aucuns des diz hommes, femmes & habitans de ladicte Ville de Burrey, aloient demourer en lieu serf & de main-morte, ou en franc lieu, pour servir Maistre ou pour tenir Fermes, admodiacions, (e) gaignages, moulins ou autrement; en ce cas, parmi paiant leur part & porcion des dicte quarante livres & la geline audit jour de la Nativité nostre S. il joïront de ladicte franchise, par paiant aussi les autres charges reelles & annuelles deuës en ladicte Ville, reservé à nous & à noz hoirs & successeurs, toutes les choses dessus dictes en leur cas, si comme eschcoir pourroit en un chascun.

(5) *Item.* Toutes personnes venans de franc lieu, ou de serf par des [c] aveu de leur Seigneur, se il le pevent faire, pourront venir demourer en ladicte Ville de Burrey, en nous advoüant; & [d] nous advoüé, pourront acquerir en ladicte Ville & finaige, touz heritaiges quelconques, & yceulx tenir par la maniere que les autres hommes de ladicte Ville de Burrey, chargez yceulx heritages de leurs charges reelles, personnelles & annuelles, deuës audit lieu & finaige de Burrey chascun an; & aussi par paiant avec les autres hommes & femmes dudit lieu, leur part & porcion du Giest & Taille qui leur sera imposé des dictes quarante livres, & le jour de Noël chascun an une geline; & seront justiciez par le Maire dudit lieu, comme nos autres hommes; & joïront les diz hommes & femmes venus audit lieu de Burrey, de touz les usaigés, boys, [e] vains-pasturaiges, & touz autres usaiges, que font les autres hommes de Burrey, tant comme il demourront audit lieu de Burrey, & non autrement; & se les diz hommes ou femmes venuz en ladicte Ville de Burrey, se departoient & aloient demourer en autre lieu serf, ou se mariassent hors; en ce cas, leurs corps & leurs biens demourroient mainmortable & de formariage; non obstant que ils [f] usent

CHARLES V. à Paris, en Avril, après Pâques 1372.

a *en.*

b *du Seigneur de Bure.*

c *consentement. Voy. le 4.e Vol. de ce Rec. p. 721.*

d *Je crois qu'il faut suppléer le mot*, par.

e *terres qui ne sont point chargées de fruic.* Voy. le Gloss. du Droit François, *au mot*, vain-pasturage.

f *eussent.*

NOTES.

*(d) Clers.]* Les Serfs ne pouvoient pas prendre les Ordres, sans le consentement de leur Maistre. *Voyez le Glossaire de du Cange*, au mot, *servus.*

*(e) Gaignages.]* Ce mot qui signifie ordinairement, ou les fruits de la Terre, ou la Terre qui les porte, est apparemment pris icy pour une Ferme.

CHARLES V. à Paris, en Avril, après Pâques 1732.

usé de franchise audit lieu de Burrey, pour le temps de leur demourance; & [a] pourrons prendre au lieu cerf, pour cause de la main-morte, les biens meubles ou acquez de nostredit homme ou femme qui se sera departiz dudit lieu de Burrey, par la maniere que dessus; & se ils avoient aucuns biens en ladicte Ville de Burrey, les *(f)* amis dudit homme ou femme y succederoient comme franches Gent; & se les diz hommes ou femmes venuz en ladicte Ville, comme dessus, aloient demourer en lieu franc, parmi païant chascun an audit jour de Saint Remi, la porcion du Gìest & Taille qui leur sera fait, à cause des dictes quarante livres, & une geline le jour de Noël; & aussi parmi païant les autres charges reelles, annuelles & personnelles deuës chascun an en ladicte Ville; en ce cas il joïroient de ladicte franchise, & pourront tenir leurs heritages & autres biens estans en ladicte Ville & finaiges de Burrey, [b] dès le lieu franc où il demourront, & par les fermes condicions & manieres avant dictes.

a *nous Seigneur.*

b *du lieu.*

*(6) Item.* De toutes les bestes [c] aumailles, comme Buefs, & aussi de touz chevaux, jumens, mulez & asnes, estans en ladicte Ville, païeront touz les habitans d'icelle Ville pour cause du vain-pasturaige, à nous & à noz successeurs, chascun an d'oresenavant, le jour de Noël, pour chascune beste, deux deniers; & qui les trouvera [d] fuer pasturant, il païeront l'Amende acoustumée ou pays.

*(7) Item.* De toutes autres aumailles, comme vaches & veaux [e] seurannez, & aussi de touz poursseaux seurannez, pour chascun, audit jour païeront à nous, comme dessus, un denier, & les Amendes, en la fourme que dessus.

c *animaux domestiques & privez.* Voy. le *Gloss. du Droit François*, au mot, *aumailles.*

d *dehors les vains pasturages.*

e *qui ont plus d'un an.*

*(8) Item.* Les diz habitans de ladicte Ville de Burrey, tant de l'une Seignourie comme de l'autre, pour eulx, leurs hoirs & successeurs, pour loyalment faire tenir & acomplir les choses dessus dictes & chascune d'icelles, à touzjours perpetuelment, en la maniere que dessus sont contenuës, escriptes, traictées & declarées, se obligeront à nous, pour nous, noz hoirs & successeurs, & en obligeront touz leurs biens & de leurs hoirs; & par especial, le fons de la terre & touz leurs autres biens quelz que il soïent, leurs corps & toutes autres choses, en la maniere que il appartendra & que il est traictié: Et nous promectons en bonne foy, par la teneur de ces presentes, pour nous, noz hoirs & successeurs, en tant comme en nous est, de grace especial & certaine science, aus diz hommes, femmes & habitans de ladicte Ville de Burrey, à tenir ferme & estable à touzjours mais ledit Traictié; & ycellui avec toutes les choses & chascune d'icelles, cy-dessus contenuës, avons agreables, & ycelles louons, gréons, confirmons & approuvons par la maniere que dessus, & voulons demourer à toujours en leur force & vertu, ne contre ycelles ne [f] attendons aler ne faire aler, ne aussi ne voulons noz hoirs & successeurs.

f *entendons.*

Et que ce soit ferme chose & estable à touzjours, nous avons fait mettre nostre seel à ces Lettres: Sauf en autres choses nostre droit, & l'autrui en toutes. *Ce fu fait à [g] Rouvre, l'an de grace mil CCC soixante & onze, ou moys de Decembre.*

Par Monf. le Duc. CHAPELLES.

g *auprès de Dijon.* Voy. *le 4.e Vol. de ce Rec.* p. 389. Note *(b).*

Lesquelles Lettres dessus transcriptes, & toutes les choses & singulieres qui y sont contenuës, Nous aïans fermes & agreables, ycelles voulons, louons, greons, ratiffions & approuvons; & de grace especial & certaine science, par la teneur de ces presentes confirmons. Et que ce soit ferme chose & estable à touzjours, Nous avons fait mettre nostre seel à ces Lettres: Sauf en autres choses nostre droit, & l'autrui en toutes. *Ce fu fait à Paris, l'an de grace mil CCC. soixante & douze, ou moys d'Avril, après Pasques, & de nostre Regne le IX.me*

*Par le Roy*, à la relation du Conseil. J. BLANCHET.

NOTE.

*(e) Amis.]* Ce mot signifie icy les parens, qui sont quelquefois appellez *Amis charnels.* Voy. le 4.e Vol. de ce Rec. p. 594.

CHARLES V. le 8. de May 1372.

## (a) *Instruction pour la conservation des droits de souveraineté, de Ressort & autres droits Royaux, dans la Ville & Baronnie de Montpellier, cédées au Roy de Navarre.*

C'EST l'aviz & instruccion faicte sur la conservacion des Souverainetez & Ressors, & autres drois Royaulx appartenans au Roy en la Ville, Baronnie & Rectorie de Montpellier, baillées au *(b)* Roy de Navarre, lesquiex drois & souverainetez sont tousjours appartenans au Roy en tout son Royaume; & par especial aussi ont esté reservez au [a] Bail de ladicte Terre; laquelle instruction a esté baillée à Maistre Arnaut de Lar, Secretaire du Roy, & Gouverneur des dictes Souverainetez illuec, le VIII.e jour de May, l'an mil CCC. LXXII.

a *dans l'acte de transport.*

*(1) Premierement.* Sera ordonné une bonne personne & notable, qui sera appellez Gouverneur, & Garde des drois Royaulx & Souverainetez & autres exempcions au Roy nostre S. appartenans en la Ville, Baronnie & Rectorie de Montpellier; lequel aura Juridicion ordinaire des Causes & besongnes regardans ressors & souverainetez & autres drois Royaulx; & celle personne mesmes sera Chastellain & Viguier de *(c)* Somieres, pour meilleur effect & execucion de la besongne.

*(2) Item.* Ledit Gouverneur tendra son [b] Sege ordenement & ordinaire, en ladicte Ville de Somieres; & de XV. jours en XV. jours, il pourra tenir & tendra son Siege à Montpellier, & ses Assises; & plus souvent, se le cas le requiert, pour cas [c] present, peril évident ou autre necessité, à la maison de l'Evesque, ou une des autres maisons exemptes; c'est assavoir, qui soient de l'Eglise de *(d)* Magalonne ou des membres d'icelle; & la maison de [d] S.t Jehan ou d'autres, qui soient en la garde du Roy nostre S. ou de la fundacion de lui ou de ses predecesseurs.

b *Siege.*

c appar. *pressant.*

d *de l'Ordre de S.t Jean de Jerusalem. Voy. cy-dessous*, p. 479. art. 1.

*(3) Item.* Aura ledit Gouverneur ung Procureur & ung Advocat audit Siege de Somieres; & ung autre Procureur & ung autre Advocat à Montpellier, ou Lieutenant de ceulx qui seront à Somieres; & aussi ledit Gouverneur tendra ung Lieutenant à Montpellier dedans la Ville, continuelment; & ung Notaire Tabellion, pour faire informacions, & pour [e] tenir les procez de la Court des dictes Souverainetez & Ressors, & pour recevoir obligacions, & faire autres choses que à la Court appartendront & pourront appartenir pour cause des dictes Souverainetez & Ressors & drois Royaulx.

e appar. *être garde & depositaire.*

### NOTES.

*(a)* Registre *A.* du Parlement de Paris, *fol.° 72. v.°*

Les secondes Instructions qui sont imprimées immediatement après celles-cy, sont *ibid. fol.° 71. v.°*

*(b) Roy de Navarre.]* Au mois de May 1365. il y eut un Traité de paix fait entre Charles V. & Charles I. dit le Mauvais, Roy de Navarre & Comte d'Evreux. Par ce Traité, le Roy de Navarre ceda les Villes de Mante & de Meulan & le Comté de Longueville à Charles V. qui lui ceda de son côté la Ville & Baronnie de Montpellier. *Ce Traité se trouve dans l'Histoire du Comté d'Evreux, p. 104. des preuves.*

Lorsque Charles V. eut déclaré la guerre au Roy d'Angleterre, le Roy de Navarre prit le parti de celuy-ci. *Voyez Froissart, Liv. 1.er Chap. 258.* p. m. 358.

En 1371. Les Roys de France & de Navarre firent la paix. Soit que le Traité de 1365. n'eût point été executé, soit que Charles V. eût repris Montpellier depuis que le Roy de Navarre s'étoit déclaré pour l'Angleterre, ce nouveau Traité qui est du mois de Juin 1371. & qui est dans le *Memorial* D. *de la Chambre des Comptes de Paris*, fol.° *6. vingt 18.* v.° (138). porte que le Roy de Navarre aura la Ville & Baronnie de Montpellier, à la place de Mante, de Meulan & du Comté de Longueville qu'il cede à Charles V. Il est dit à la fin de ce Traité, qu'il ne portera aucun prejudice à celuy qui a été fait entre les Parties, en 1365.

*(c) Somieres.]* Dans le bas-Languedoc, Diocèse de Nismes. *Voy. le Diction. univ. de la Fr.* au mot, *Sommieres.*

*(d) Magalonne.]* En 1372. il n'y avoit point d'Evêque à Montpellier, qui dépendoit alors de l'Evêché de Maguelonne, lequel en 1536. a été transferé à Montpellier. *Voyez le 4.e Volume des Ordonnances,* pag. 45. Note *(b).*

CHARLES V. le 8. de May 1372.

(4) *Item.* Que audit lieu de Somieres, sera ordené ung seel Royal, & ledit Gouverneur en sera Garde; & se appellera le seel nouvel des dictes Souverainetez; & aura la cognoissance dudit seel, & en usera par la maniere que l'en use des seaux Royaulx à Carcassonne, à Beziers, à Thoulouse & ailleurs [a] ou païs.

a *au.*

(5) *Item.* Ledit Gouverneur aura povoir de faire & de creer tant de Sergens Royaulx comme bon lui samblera, & besoing & necessité sera, tant pour garder ladicte Souveraineté & Ressors & drois Royaulx, comme pour exiger & lever les debtes des [b] obligez à la compulcion du seel dessus dit; comme aussi pour faire tout autre Office appartenant à Sergent Royal; & toutes fois que les dis Sergens seront crées par ledit Gouverneur, le Roy leur donra ses Lettres de confirmacion.

b *oblig.* R.

(6) *Item.* Tous procès & toutes Causes commencées, & toutes Causes pendans, criminelles ou civiles, devant les Officiers Royaulx de Montpellier, & chascun d'iceulx, par Commission ou autrement, touchans les dis Souverainetez & drois Royalx, seront terminées & declairées & acomplies par ledit Gouverneur ou son Lieutenant: & lui en sera faicte Lettre de Commission; & aussi des Causes civiles qui sont entre les Parties, qui estoient pendans par Commission, & qui n'estoient pas ne ne sont subgiez dudit Roy.

(7) *Item.* Le jour que ledit Gouverneur prendra la possession dudit Office & des Sieges dessus dis, celui ou ceulx qui les mettront en possession feront crier & publier ès dictes Villes de Somieres & de Montpellier, que ès Causes touchans les dictes Souverainetez & drois Royaulx, l'en donne obéissance, confort & aide audit Gouverneur; & après publiquement fera lire la Lettre de [c] sen povoir & instruction dudit Office, & puis après procedera selon l'instruction cy-dessoubz & dessus escriptes & contenuës; & seront faictes Lettres closes de par le Roy, adressans au Roy de Navarre; & ouvertes aux Consuls & Gens de la Ville, que audit Gouverneur ès dictes choses obéissent, &c.

c *son.*

(8) *Item.* Ordené sera & fait commandement sur ce, aux Graiffiers de Parlement, autres Notaires du Roy, que tous mandemens de la Court qui toucheront le fait de Montpellier & de la Baronnie & de la Rectorie, s'adresseront audit Gouverneur, & par Committimus, ou au Seneschal de Beaucaire, selon que les cas le requerront; & ne lui convendra avoir *(e)* annexe ne insinuacion de aucuns Lieutenans du Roy ou Seneschaux Royaux.

(9) *Item.* Ledit Gouverneur ordonnera & establira au Port de [d] Lates & à *(f)* Frontingnan, & autres lieux necessaires, Gardes pour garder & defendre que aucunes choses defenduës ne se portent hors du Royaume; & ou cas que aucunes choses seront trouvées, elles seront acquises au Roy; & ceulx qui les trouveront, y auront le proffit acoustumé; & aussi pour recevoir la [e] Reve & imposicions qu'ils pourront devoir pour l'issuë du Royaume; & [f] aussi se faisoit ou temps du Roy de *(g)* Mayorgue, & se fait encore, à Châlon, à [g] Saint Jehan de Lœve & ailleurs, ès Terres des Peres, Barons & autres Seigneurs.

(10) *Item.* Que des choses dessus dictes, seront faictes Lettres & Commissions necessaires; & aussi sera faicte Lettre de la *(h)* mutacion de la Bourgoisie; & de la conservacion des privileges de [h] l'Estude, de la Monnoye des [i] Monnoyers, & de

d *Diocèse de Montpellier. Voy. le 4.e Vol. des Ordonn.* p. 503. Note *(c)*.

e *Voy. les Tabl. des Mat. de ce Rec.* au mot, *Reve.*

f *ainsi.*

g *S.t Jean de Lône en Bourgogne. Voy. le 4.e Vol. des Ordonn.* p. 203. Note *(b)*.

h *l'Université. Voy. cy-dessous,* p. 480. art. 13.

i *Monnoyeurs.*

NOTES.

*(e) Annexe.* ] Il ne sera pas necessaire que le Gouverneur ait aucunes Lettres des Lieutenants du Roy, &c. qui lui permettent d'exercer sa Charge.

*(f) Frentingnan.* ] Frontignan, Diocèse de Montpellier. *Voy. le Diction. univ. de la France,* à ce mot.

*(g) Mayorgue.* ] En 1349. Jacques Roy de Majorque, vendit à Philippe de Valois, la partie de la Ville de Montpellier qui lui appartenoit. *Voyez du Puy, Traité des droits du Roy,* p. m. 890.

*(h) Mutacion de la Bourgoisie.* ] Je n'entends pas bien ce que cela peut signifier; & tout ce que je peux dire, c'est que par l'art. 10. des secondes Instructions, qui sont imprimées cy-après, p. 480. il paroît que le Roy n'avoit point encore décidé si les Bourgeois de Montpellier seroient Bourgeois du Roy de France ou du Roy de Navarre. S'ils devenoient Bourgeois de ce dernier, il étoit necessaire de donner des Lettres sur la *mutacion* & changement de leur état.

tous autres qui aient privileges Royaulx en ladicte Ville & Baronnie; & aussi de la Garde de ceulx qui sont ou pevent ou doyvent estre en la sauvegarde du Roy.

(11) *Item.* Sera faicte commission audit Gouverneur, de ordonner & [a] exploictier tout ce qui peut estre deu au Roy, des arrerages du Petit Seel & de ladicte [b] Bourgoisie, jusques au jour de ladicte possession baillée par Messire Philippe de Savoisy; & de toutes opposicions ledit Gouverneur [c] cognoistre & determinera.

(12) *Item.* Toutes foiz que l'en appellera dudit Gouverneur ou de ses Lieutenants, l'en appellera droit en Parlement, en tant que touche le fait des Souverainetez & droiz Royaulx, conservacion des sauvegardes, des privileges & de la [d] Bourgoisie & autres exempcions; & se à autres estoit appellé, il ne y deferra point; & des choses qui sont en la Viguerie de Somieres ordenées, l'en appellera au Seneschal de Beaucaire, ainsi comme il est acoustumé.

(13) *Item.* Les (i) Appeaulx des Terres exemptes qui ont esté acoustumé estre fais des Officiers des Seigneurs [e] Domanias des dictes Terres exemptes, aus Gens du Roy, se feront audit Gouverneur & non à autre, & de lui à Parlement.

CHARLES V. le 8. de May 1372.

a *faire payer.*
b *en cas qu'elle appartienne dans la suite au Roy de Navarre. Voy.* p. preced. Note (h).
c *connoîtra.*
d *en cas qu'elle demeure au Roy de France. Voy.* p. preced. Note (h).
e *Domaniaux.*

CE SONT les drois de Souverainetez & de Ressort, & autres drois Royaulx au Roy nostre S. appartenans, seul & pour le tout, & desquiex & dependences d'iceux, & de tous autres drois Royaulx & de Souveraineté, qui par exprès ici ne pevent estre exprimez, le Gouverneur à ce ordonné aura la cognoissance, la Garde & conservacion, & ne soufferra que autrement en soit usé par le Roy de Navarre ne par ses Gens, ne par quelconques autres; & lesquiex drois ont esté bailliez par maniere d'instruction, à Maître Arnaut de Lar, Secretaire du Roy, & Gouverneur dessus dit, le VIII.[e] jour de May M. CCC. LXXII.

(1) *Et premierement.* L'Eglise Cathedral de [f] Magalonne, l'Ordre de S.[t] Jehan de Jerusalem, & autres Gardes anciennes du Roy, ou de fondacion Royal, ou autrement exemptes par privilege ou en autre maniere; & aussi l'Eglise & Monstier de [g] Saint Germain fondez par nostre Saint Pere Pape Urbain, que le Roy à la Requeste dudit [h] Fondeur, retint & print en sa Garde en la fundacion d'icelle Eglise; & aura ledit Gouverneur la cognoissance des dictes Eglises, des serviteurs en icelles, & de leurs hommes & subgès; & icelles Eglises & leurs membres, Terres & subgiez, seront exemps de toute cognoissance, Juridicion, & de tout povoir dudit Roy de Navarre & de ses Officiers, & demourront & demeurent souz le Roy, seul & pour le tout, & souz le Gouverneur par lui sur ce ordonné; & se riens estoit fait au contraire, il sera retourné au premier estat & deu.

(2) *Item.* Aura ledit Gouverneur & non autre, la cognoissance & punicion des crimes de lese Majesté, de toutes infractions de Sauvegarde du Roy, du forgement de fausses monnoyes, & de toutes transgressions des Ordennances Royaulx faictes sur le fait des Monnoyes, de tous portemens d'armes notables & [i] invasibles; & aussi des Contraux fais soubz le seel Royal, quant li obligez se seront souzmis à la cohercion d'icelui; & aussi de tous cas de [k] nouvelleté, en cas de prevencion.

(3) *Item.* Aura ledit Gouverneur pour lui, la cognoissance, en tout cas, des personnes ordenées & deputées à garder les drois, Souverainetez & Ressors; & aussi de tous autres Officiers Royaulx & autres, aura-il la cognoissance, en maniere que le Roy ou ses Gens ont acoustumé à cognoistre ou pays.

(4) *Item.* Aura la cognoissance de tous Monnoyers, & autres Gens necessaires pour ladicte Monnoye.

(5) *Item.* A & aura le Roy, & pour lui son Gouverneur, seul & pour le tout, la cognoissance & contrainte de soy faire paier de ses debtes Royaulx, tant de ses Aydes comme d'autres, & par ses Sergens, ou autres à ce commis.

(6) *Item.* Au Roy seul & pour le tout appartient donner & octroyer sauvegardes,

f *Voy. cy-dessus,* p. 477. Note (d).
g *Je n'ai pû rien trouver sur ce Monastere.*
h *Fondateur.*
i *qui servent à attaquer.*
k *trouble dans la possession.* Voy. le *Gloss. du Droit François,* au mot, *nouvelleté.*

NOTE.

(i) *Appeaulx.*] Les Appels des Jugemens des Juges des Seigneurs, qui devoient étre portez immediatement devant des Juges Royaux, seront, &c.

CHARLES V. le 8. de May 1372.

& graces à plaidoïer par Procureur, & Lettres d'Estat, de [a] nobilitacions & legitimacions.

(7) *Item.* Au Roy appartient seul & pour le tout, de faire remission de crimes & [b] rappeaux de Bans.

(8) *Item.* Se le Roy a fait grace ou remission de crime, avant condempnacion ou bannissement [c] ensuis, nul autre Seigneur, Per ne autre Baron, ne peut puis cognoistre du cas, ne soy entremettre en aucune maniere.

(9) *Item.* Au Roy appartient seul & pour le tout, de octroyer nouvelles [d] indictions generaulx sus Villes & sur païs, & ne le peut autres faire sans le congié & auctorité du Roy.

(10) *Item.* Au Roy seul & pour le tout appartient le droit des Bourgoisies; & quant à user de present d'icelles [e] Bourgoisies en la Terre baillée au Roy de Navarre, & aussi des personnes qui sont en ladicte Terre, le Roy en ordonnera; & des autres Bourgoisies qui ne sont de la Terre dudit Roy de Navarre, le Roy en usera à Somieres, par la maniere que il faisoit en la Rectorie de Montpellier; & en seront faictes Lettres de Commission audit Gouverneur.

(11) *Item.* Au Roy seul & pour le tout appartient [f] amortir en tout son Royaume, à ce que les choses puissent estre dictes amorties: Car supposé que les Pers, Barons ou autres Seigneurs subgiez du Roy, amortissent pour tant comme il leur touche, ce qui est tenu d'eulx, toutes voïes ne pevent ne doivent les choses par eulx amorties avoir effect d'amortissement, jusques à ce que le Roy les amortisse; mais puet le Roy faire contraindre les possesseurs à les mettre hors de leurs mains dedans l'an, & iceux mettre en son Domaine, se il ne le font; & ainsi le fera ledit Gouverneur, se le cas y avenoit.

(12) *Item.* Au Roy appartient seul & pour le tout en tout son Royaume, & non à autre, à octroyer & ordenner toutes Foires & tous Marchés; & les alans, demourans & retournans, sont en sa sauvegarde & protection.

(13) *Item.* L'Université de Montpellier a esté fondée, crée & privilegiée par les Roys de France, & de tous temps a esté en leur sauvegarde; pourquoy la cognoissance du Corps de ladicte Université, appartient au Roy; & quant aux [g] singuliers d'icelle Université, au Roy seul & pour tout appartient la cognoissance de sa sauvegarde, en laquelle ont esté tousjours & encores sont; & de ses autres drois Royaulx, quant il y escherront.

(14) *Item.* Combien que le Roy nostre S. ait octroyé au Roy de Navarre, la moitié des Aides qui courrent & courront en sadicte Terre, pour le faict de la guerre, jusques à certain temps, les dictes Aides se gouverneront, recevront & executeront par les Gens du Roy nostre S. & de leur main prendra le Roy de Navarre ladicte partie & non autrement.

(15) *Item.* Que de toutes les choses dessus dictes & chascune d'icelles, & des dependances, & de toutes autres qui pourroient appartenir ou touchier à Souveraineté & Ressort & drois Royaulx, cognoistra ledit Gouverneur seul & pour le tout, & aura la garde & conservacion d'iceux, & ne soufferra que en autre maniere en soit fait ne usé; & se aucuns faisoit le contraire, ledit Gouverneur les contraindra à en cesser.

(16) *Item.* Le Gouverneur, les Consulz & les autres Officiers qui seront establiz de par le Roy de Navarre, en ladicte Ville & Baronnie, & autres Terres baillées audit Roy de Navarre, seront tenus en leur creation, de faire sairement audit Gouverneur du Roy nostre S. en la forme & maniere que il ont acoustumé de faire, & que il est contenu en certaines Lettres faites ou premier [h] Traittié & Bail qui fu fait audit Roy de Navarre, de la Ville & Baronnie dessus dictes.

(17) *Item.* Que pour exploictier & mettre à execucion les choses appartenantes aux Souveraine tez, Ressors & drois Royaulx dessus dits, ledit Gouverneur ou autres Officiers du Roy, requerront la Justice dudit Roy de Navarre, pour leur y donner obéissance; & où cas que les Gens dudit Roy de Navarre, en seroient refusans ou delaïans, les dis Officiers du Roy le pourront faire sans les en plus requerir.

Exemptio

[a] annoblissements.
[b] rappels.
[c] ensuivis, ensuis. R.
[d] impositions.
[e] Voy. cy-dessus, p. 478. Note (h).
[f] donner des Lettres d'amortissement.
[g] particuliers.
[h] Voy. cy-dessus, p. 477. Note (b).

CHARLES V. à S.t Denis en France, le 10. de May 1372.

## (a) *Exemption de Prises pour les Religieux & habitans de S.t Denys-en-France.*

CHARLES par la grace Dieu Roy de France. Savoir faisons à tous presens & avenir, que comme noz amez les Religieux, Abbé & Couvent de nostre Eglise de Saint Denys en France, & leurs subgès, Bourgois & habitans de ladicte Ville de Saint Denis, Nous aïent montrez pluieurs griefs & dommages qu'il ont euz & soustenus pieça, & soustiennent de jour en jour pour cause de plusieurs Prinses faites pour Nous & pour noz Predecesseurs, pour nostre très chiere Compaigne la Royne, noz enfans & autres de nostre lignage, qui se dient avoir Prinses en nostre Royaume, par nos Gens, Commissaires & autres; c'est assavoir, de grains, de vins, de foins; de [a] feurre, de busche, de lars, de chevaulx, de cherrettes, & de plusieurs autres biens & marchandises, Nous voulans yceulx estre tenus en paix, en devotion & en reverence dudit Monf. S.t Denis & ses Compaignons, recordans aussi la parfaite amour & bonne obéissance que Nous avons trouvé es diz Religieux, Bourgois & habitans, avons ordené & ordenons yceulx Religieux, les dis Bourgois & habitans, estre exemps de toutes Prinses; & voulons & leur avons octroïé & octroïons dès maintenant, de grace especial, que toutes Prinses cessent d'oresenavant sur tous les biens, denrrées & marchandises d'iceulx Religieux, Bourgois & habitans, quelx & où que il soïent en ladicte Ville & Forbours de Saint Denis & ou [b] Terroüoir; & aussi hors, en alant à Saint Denis, à Paris ou ailleurs, ou en retournant ou venant à Saint Denis de quelques autres Parties. Si mandons à tous Justiciers & subgès de nostre Royaume, & à leurs Lieuxtenans, que d'oresenavant, pour quelconques besoing ou occasion que ce soit, ne sueffrent ne laissent prendre ou arrester pour Nous, pour nostre dicte Compaigne, nos enfans, [c] de nostre linage, ne pour quelconques autres, par nos Gens, noz enfans, nos Officiers, Commissaires ou autres de nostre Hostel, de nostre dicte Compaigne, de nos enfans, ceulx de nostre linage, & de tous autres quelconques, & de quelque estat qu'il soïent, sur quant que il se pueent meffaire envers Nous, & sur peine d'encourre nostre indignacion : Defendons que il ne prengnent ou facent prendre par eulx ne par leurs deputez, aucuns des dis biens, denrrées ou marchandises; & que se aucun faisoit ou vouloit faire le contraire, ou s'efforçoit à l'encontre, Nous deffendons qu'il n'y soit obéi en aucune maniere, quelque Commission [d] Mandement qu'il en aïent, de quelque estat ne à quelconques personnes qu'il soïent, sans encourre pour ce en aucune maniere, offense ne Amende à Nous ne à autres, à nul temps : Et aussi donnons en Mandement à nos amez & feaulx Gens de nostre Parlament, presens & avenir, & à tous autres Justiciers & subgès, à leurs Lieuxtenans, & à chascun d'eulx, que contre la teneur de ceste presente grace, ne sueffrent estre contrains ne molestez les dis Religieux, Bourgois & habitans, & les en laissent & facent joïr & user paisiblement, senz faire ne venir encontre; ains en ces choses leur prestent conseil, confort & Aide, se [e] mestier en ont & il en sont requis; & en ce cas, [f] voulans que les Juges ordinaires aïent la congnoissance des Transgresseurs, & les punissent si comme il appartendra, sens que les Maistres de nostre Hostel, de l'Ostel de nostre dicte Compaigne, de nos enfans, de ceulx [g] nostre linage, pour Nous, pour nostre dicte Compaigne, nos enfans, ceulx de nostre linage ne autres, s'en puissent entremettre, ne les dis Religieux, Bourgois & habitans traire en Cause ne en Amende devant eulx, ne molester en aucune maniere; & leur en ostons & interdisons toute cognoissance par la teneur de ces presentes. Et pour ce que l'Original de ceste presente grace, ne pourroit estre monstré bonnement, tant de fois ne en tant de lieux comme mestier leur seroit,

a *paille.*

b *Territoire.*

c *pour ceux.*

d *&.*

e *besoin.*

f peut-être *voulons.*

g *de.*

NOTE.

(a) Tresor des Chartres, Registre 104. Piece 296.

CHARLES V. à S.t Denis en France, le 10. de May 1372.

Nous voulons & donnons en Mandement à tous nos Officiers, Preneurs [a] Proveeurs, Chevaucheurs, Commiſſaires & autres, que à la Copie ou *Vidimus* de ceſte preſente grace, ſcellée ſoubz ſeel autentique, il obéiſſent auſſi & en telle maniere comme à l'Original, ſe exhibé & monſtré leur eſtoit, ſur peinne de perdre leurs Offices, & de encourre noſtre indignacion. Et afin que ce ſoit ferme choſe & eſtable à tousjours, Nous avons fait mettre noſtre ſeel à ces preſentes Lettres, [b] lequelles Nous voulons & mandons eſtre enterinées & acomplies en toutes les choſes deſſus dictes, & à chaſcune d'icelles; non contreſtant quelconques Ordenances, Mandemens ou deffenſes faites ou à faire au contraire: Sauf noſtre droit en autres choſes, & l'autrui en toutes. *Donné à Saint Denis en France, le X.e jour de May, l'an de grace mil CCCLX. & douze & de noſtre Regne le IX.e*

Par le Roy. J. TABARI.

a *Pourvoieurs.*

b *leſquelles.*

---

CHARLES V. à Paris, le 28. de May 1372.

## (a) *Mandement pour faire une nouvelle fabrication d'Eſpeces.*

CHARLES par la grace de Dieu Roy de France. A noz amez & feaulx les Generaulx-Maiſtres de noz Monnoyes: Salut & dilection. Comme à preſent Nous ayons à faire & ſupporter tres grans & innumerables [c] miſes, tant pour le fait de noz guerres, comme pour la deffenſe de noſtre Royaume; & pour ce, Nous avons requis noſtre amé Berthelemi Spifame, Marchant & Bourgeois de Paris, qu'il Nous face preſt de certaine ſomme d'Argent; lequel Nous a accordé gracieuſement ce que requis lui avons; [d] parmi ce toutes voïes, que pour ce qu'il n'a mie à preſent en comptant de quoy il Nous puiſt faire ledit preſt, ſi comme il dit, Nous lui avons accordé qu'il puiſt mettre preſentement en noſtre Monnoye de Paris, douze cens Marcs d'Argent en Vaiſſelle & en Argent en [e] cendrée, ou environ, allaïez à unze deniers ſix grains fin, afin qu'il Nous puiſt pluſtoſt & plus haſtivement ſecourir dudit preſt que mandé & requis luy avons, comme dit eſt. Pour ce eſt-il que Nous vous mandons, que les douze cens Marcs d'Argent deſſus dits en Vaiſſelle & en Argent en cendrée, vous faictes ouvrer & monnoyer en Deniers d'Argent, ſur le coing & forge de ceulx qui courent à preſent, pour quinze Deniers Tournois la Piece; leſquelz ſeront de [f] huit ſolz de pois au Marc de Paris, & auront cours pour quinze Deniers Tournois la Piece, à XI. deniers VI. grains fin, comme dit eſt; & pour chaſcun Marc d'euvre des deniers d'Argent deſſus dits, faictes alloüer ès comptes de celuy ou ceulx qui feront ledit Ouvraige, quatre Solz Tournois. De tout ce vous donnons povoir, auctorité & mandement eſpecial; & par ces preſentes Lettres Nous mandons à noz amez & feaulx les Gens de noz Comptes à Paris, qu'ilz reçoivent & paſſent le compte d'iceulx douze cens Marcs d'Argent en Vaiſſelle en Argent en cendrée, ou environ, par la maniere que dit eſt. Car ainſi l'avons Nous octroyé & octroïons audit Berthelemi de grace eſpecial; nonobſtant Ordonnances, Mandemens ou deſenſes faictes au contraire. *Donné à Paris, le XXVIII.e jour de May, l'an de grace mil trois cens ſoixante & douze.* Ainſi ſigné, *Par le Roy, à la relation du Conſeil, ouquel eſtoient Meſſ.* l'Abbé de Feſcamp, le Sire de Chaſtillon, le Comte de Breine, Jehan de Rüeil & autres.

c *dépenſes.*

d *moyennant.*

e *Voy. cy-deſſus, p. 301. Note (c).*

f *de 96. P. au Marc.*

### NOTE.

(a) Regiſtre *D.* de la Cour des Monnoyes de Paris, *fol.o* 7 vingt 18. *R.o* (158).

Avant ces Lettres, il y a:

*Le IIII.e jour de Juing, l'an mil trois cens ſoixante douze, furent apportées (* suppl. unes Lettres *) ſcellées du Grant Seel du Roy noſtre Sire, dont la teneur s'enſuit.*

(a) *Lettres du Duc d'Anjou Lieutenant du Roy dans le Languedoc, portant que la Noblesse de cette Province ne pourra en sortir sans sa permission, si ce n'est pour aller servir le Roy.*

LOUIS Duc d'Anjou, Lieutenant de Charles V. dans le Languedoc, à Toulouse le 12. de Juin 1372.

LOYS Fils du Roy de France, Frere de [a] Monsieur le Roy, & son Lieutenant ès Parties de Languedoc, Duc [b] d'Aure & de Touraine, & Comte du Maine. Aux Senechaux de Toulouze, de Carcassonne & de Beaucaire; aux Maistres des Ports & Passages desdites Senechaucées, & à tous autres Justiciers & Officiers desdites Parties, ou à leurs Lieutenans: Salut. Savoir vous faisons, que comme nous soyons informés tout certain, que les ennemis de Monsieur & nostres, se parforcent de venir en grand prejudice & dommage du pays de mondit Seigneur & de ses subjets; & pour ce, nous avons besoin des gens d'armes des pays de mondit Seigneur, pour [c] contraster à leur mauvaise volonté; par deliberation de nostre Conseil, & par ces presentes ordonnons que aucuns Nobles, Chevaliers & Escuiers, ne autres de quelque estat ou condicion noble qu'ils soint, ne se partent desdites Parties, sur peine de encourre en l'indignation de mondit Seigneur & nostre, de perdre corps & biens, & d'estre reputez pour ennemis, sans avoir de nous licence sur ce, pour aller en autres Parties. Si vous mandons, commandons & enjoignons estroitement, que [d] tantost veuës ces presentes, vous fassiés crier & publier par tous les lieux de vos Juridictions accoustumés à faire crys, que nuls desdits Nobles ne se parte desdites Parties, sur peine d'encourre esdites peines, sans avoir de nous licence sur ce; si ce n'est pour venir au service de mondit Seigneur & nostre; & au cas que aucuns d'iceux seroint trouvés faisans le contraire, si les prenés ou faites prendre quelque part que trouver [e] le pourrés, & les amenés ou faites amener pardevers nous, quelque part que nous soyons; prenés & mettés tous leurs biens en la main de mondit Seigneur & notre; laquelle chose nous voulons ainsi estre faite comment qu'il soit. Si gardés que en ce n'ait aucun deffaut, & que par votre deffaut, il ne se puisse excuser de negligence. *Donné à Toulouse, le XII.e jour de Juin, l'an de grace 1372. sous nostre seel nouvel en l'absence du Grand.* Par [f] Mossur le Duc. [g] GRAMONT.

a *Messeigneur, là & plus bas,* 2.e Cop.
b *d'Anjou.* 2.e Cop.
c *resister.*
d *aussitôt.*
e *les.* 2.e Cop.
f *Messeigneur.* 2.e Cop.
g *Tourneur.* 2.e Cop.

NOTE.

(a) Il a été envoyé de Montpellier, deux Copies de ces Lettres, la premiere, avec cette indication :

*Du* N.o 19. *folio* 146.
La 2.e avec cette indication:
*Seneschaussée de Nismes en general, Liasse 18.e des Actes ramassés, Arm. A. N.o 6. fol.* 146.

(a) *Mandement pour faire une nouvelle fabrication d'Especes.*

CHARLES V. à Paris, le 17. de Juin 1372.

CHARLES par la grace de Dieu Roy de France. A noz amez & feaulx les Generaulx-Maistres de noz Monnoyes: Salut & dilection. Comme à present Nous ayons à faire & supporter très grans & innumerables [h] mises, tant pour le fait de noz guerres, comme pour la defense de nostre Royaume; & pour ce aïons requis nostre amé Berthelemi Spisame, Marchant & Bourgeois de Paris, qu'il Nous face prest de certaine somme d'Argent; lequel Nous a accordé ce que requis luy avons; [i] parmi ce toutes voyes, que pour ce qu'il n'a mie à present en comptant de quoy

h *dépenses.*
i *moyennant.*

NOTE.

(a) Registre *D.* de la Cour des Monnoyes de Paris, *fol.o* 7 vingt 19. *R.o* (159).
Avant ces Lettres, il a :
*Le XVIII.e jour de Juing, mil trois cens soixante & douze, furent apportées unes Lettres seellées du grant seel du Roy nostre Sire, dont la teneur s'ensuit.*
*Mandement pour faire ouvrer six cens Marcs d'Argent.*

CHARLES V. à Paris, le 17. de Juin 1372.

a Voy. cy-dessus, p. 301. Note (c).

b de 96. P. au Marc.

il Nous puisse faire ledit prest, si comme il dit, Nous lui avons accordé qu'il puisse mettre presentement en nostre Monnoye de Paris, six cens Marcs d'Argent en Vaissclle & en Argent en [a] cendrée, ou environ, allaiez à XI. deniers VI. grains fin, ou environ, afin qu'il Nous puist plustost & plus prestement secourir dudit prest que mandé & requis lui avons, comme dit est. Pour ce est-il que Nous vous mandons, que les six cens Marcs d'Argent dessus dits, en Vaisselle & en Argent en cendrée, vous faictes ouvrer & monnoyer en deniers d'Argent, sur le coing & forme de ceulx qui courent à present, pour quinze Deniers Tournois la Piece; lesquelz soient de [b] huit Solz de poix au Marc de Paris, & auront cours pour quinze Deniers Tournois la Piece, & qu'ilz soient à unze deniers six grains fin ou environ, comme dit est; & pour chascun Marc d'euvre des Deniers d'Argent dessus dits, faictes alloüer ès comptes de celuy ou ceulx qui feront ledit Ouvraige, quatre Solz Tournois. De tout ce vous donnons povoir, auctorité & mandement especial; & par ces presentes Lettres Nous mandons à noz amez & feaulx les Gens de noz Comptes à Paris, qu'ilz reçoivent & passent le compte d'iceulx six cens Marcs d'Argent, en Vaisselle en Argent en cendrée, ou environ, par la maniere que dit est. Car ainsi l'avons Nous octroyé & octroïons audit Berthelemi de grace especial; nonobstant quelconques Ordonnances, Mandemens ou defenses faictes au contraire. *Donné à Paris, le XVII.e jour de Juing, l'an de grace mil trois cens LXXII.* Par le Roy. H. DAUNOY.

---

CHARLES V. à Paris, le 22. de Juin 1372.

*(a)* Lettres qui portent que les Nobles, les Ecclesiastiques, les Monnoyeurs & les autres personnes privilegiées, payeront les Tailles & autres Imposicions réelles & personnelles, par rapport aux Fiefs, & aux autres biens qui leur viendront à quelque titre que ce soit, de personnes roturieres.

c Ce mot paroît inutile.

*KAROLUS Dei gratia Francorum Rex. Senescallo Bellicadri & Nemausi, ceterisque Justitiariis nostris, aut eorum Locatenentibus: Salutem. Procurator noster dictæ Senescalliæ, Nobis significare curavit, quod nonnulli Nobiles, Clerici, Presbyteri, Religiosi, & [c] alii Monetarii, & aliæ personæ privilegiatæ, quam plurima bona, Feuda, pocessiones & hæreditagia, rustica & urbana, retroactis temporibus acquisiverunt à nonnullis rusticis & urbanis, titulo successionis, legati, emptionis vel alia causa, quæ consueverunt contribuere cum aliis plebeis in nostris Talliis, Collectis, muneribus & Subsidiis realibus & personalibus, qui se eximere conantur & nituntur, & solvere contradicunt pro dictis bonis sic, ut præmittitur, acquisitis, in nostris Subventionibus, Collectis, & Subsidiis impositis & imponendis pro defensione Regni nostri, occasione & pretextu suorum privilegiorum; quod cedit in nostrorum plebeïorum prejudicium ac nostrum, ac gravamen. Quocirca volentes nostræ indemnitati & dictorum nostrorum plebeïorum, super hoc providere, vobis & vestrum cuilibet districte præcipimus, & mandamus committendo in sua Juridictione, si sit quis, quatenus compellatis seu compelli faciatis viriliter dictas personas superius nominatas, & alias quascumque privilegiatas, cujuscunque conditionis existant seu status, per captionem bonorum prædictorum, pro quibus alias contribuere cum aliis nostris plebeis in nostris Subventionibus & Subsidiis consueverunt, (b) & festinam distractionem eorundem, una cum arreiragiis debitis occasione præmissorum; exceptionibus, appellationibus frivolis, privilegiis, nonobstantibus quibuscunque, prout in debitis Regiis est fieri consuetum; [d] cum sic fieri volumus ex causa.* Datum Parisius, die XXII.a Junii, anno Domini 1372. & Regni nostri nono. [e] Per Consilium Parisius existens. J. DE COIFFY.

d quoniam. 2.e Cop.

e Voy. la Pref. du 3.e Vol des Ordon. p. IX.

NOTES.

*(a)* Il a été envoyé de Montpellier, deux Copies de ces Lettres. La premiere, avec cette indication:

*Du* N.° 22. *fol.° 29. v.°*

La seconde avec cette indication:

*Senechaussée de Nisme en general, Arm. A. Liasse 19. des Actes ramassés, N.° 2. fol. 29. verso.*

*(b) Et festinam.] & festinam distractionem concedentes una, &c.* 2.e Cop. Cet endroit me paroît corrompu dans les deux Copies, & je crois qu'il y manque quelques mots.

CHARLES V. à Paris, le 24. de Juin 1372.

(a) *Mandement portant qu'un procez meu entre des particuliers, par rapport à un traité fait entre eux pour le gouvernement de la Monnoye de Dijon, & dans lequel procez le Roy n'a point d'interêt, ne sera point jugé par les Generaux-Maistres des Monnoyes; mais par le Bailly de Dijon, dans le Bailliage duquel les Parties sont domiciliées.*

CHARLES par la grace de Dieu Roy de France. A noz amez & feaulx les Generaulx-Maistres de noz Monnoyes: Salut & dilection. Complaint s'est à Nous, Maistre [a] Drene Felise, demourant à Dijon, disant que pour ce que pieça, (a ou *Dreve.*) Robert Chevrel demourant à Dijon, se obligea par Lettres faictes soubz le seel de nostre Chastellet de Paris, envers feu Geoffroy Felise, jadis Pere dudit complaignant, duquel iceluy complaignant a à present la cause, & envers autres, de acquiter, garentir & délivrer les dits feus Geoffroy & autres declairez esdites Lettres, de tout ce en quoy, pour tout le temps lors passé, ilz estoient ou povoient estre tenuz envers nostre très cher Seigneur & Pere que Dieu absoille, & envers tous autres, à cause de la Monnoye de Dijon & du gouvernement d'icelle, que les dessus nommez ou aucun d'iceulx, avoient tenu à Ferme ou [b] plegié; & que nonobstant la dite obligation, noz Gens avoient pour le temps precedent ladite obligation, envoïé executer ledit complaignant & ses biens, pour la somme de Treze cens cinquante trois livres treze sols deux deniers tournois, forte Monnoye, qu'ilz disoient à Nous estre deuë à cause de ladite Monnoye de Dijon; & avoit convenu que pour ce, ledit complaingnant eust composé & accordé à Nous, à la somme de cinq cens Florins d'Or francs, qu'il a payez de nostre commandement, à Jehan [c] Aniront Payeur de noz [d] euvres, iceluy complaignant fist appeller ledit Robert Chevrel pardevant le Bailly de Dijon, ou Baillage duquel luy & iceluy Robert sont demourans, & sur ce [e] meust procès pardevant ledit Bailly entre les dites Parties; pendent lequel procès, combien qu'il ne Nous touche de riens, & que Nous soyons [f] satisfiez de la dite debte, ledit Robert, pour fuyr & [g] delayer ledit procès, a impetré de Nous ou de nostre Court, certaines Lettres, par vertu desquelles Lettres, iceluy Bailly a renvoyé pardevant vous ledit procès, ouquel lesdites Parties n'ont encores procedé pardevant vous, [h] mais que par [i] contumacions; lequel renvoy est contre raison, & ou grant grief, préjudice & donmaige dudit complaignant, qui pardevant ledit Bailly, sous lequel l'une Partie & l'autre sont demourans, pourra mieulx & à moindres frais poursuir son droit, que pardevant vous, ausquelz la congnoissance de cette Cause ne appartient de riens, si comme il dit; suppliant que sur ce, luy vüeillons pourveoir de convenable remede. Pourquoy Nous vous mandons que se est ainsi, vous la dicte Cause & tout le procès renvoïez sans plus en congnoistre ou vous entremettre en aucune maniere, pardevant ledit Bailly de Dijon ou son Lieutenant, auquel Nous mandons par ces presentes & commettons, se [k] mestier, que ladite Cause il congnoisse, appellé ledit Robert, & determine, & sur icelle face ausdites Parties, icelles oyes, bon & brief droit; nonobstant les dictes Lettres impetrées de Nous par ledit Robert, & ce qui s'en est ensui, comme dit est, & autres Lettres subreptices impetrées ou à impetrer au contraire. *Donné à Paris, le XXIIII.e Juing, l'an de grace mil trois cens soixante & douze, & de nostre Regne le neufiesme*, soubz le seel de nostre Chastellet de Paris, en l'absence de nostre Grant. [l] Par le Conseil estant à Paris. J. BLANCHET.

b *été cautions.*
c ou *Aviron.*
d *bâtiments.*
e *se.*
f *satisfaits.*
g *differer.*
h *si ce n'est par.*
i *contumace.*
k *besoin est.*
l *Voy. la Pref. du 3.e Vol. des Ordonn.* p. ix.

NOTE.

(a) Registre *D.* de la Cour des Monnoyes de Paris, *fol.o* 7 vingt 19. r.o (159).

Avant ces Lettres il y a:

*Le III.e jour de Juillet, l'an soixante & douze, furent apportées unes Lettres scellées du seel de Chastellet de Paris, en l'absence du Grant, dont la teneur s'ensuit.*

*Mandement du Roy, par vertu duquel l'en a renvoyé le procés dont mencion est faicte en iceluy, pardevant le Bailly de Dijon.*

CHARLES V. à Paris, en Juin 1372.

(a) Confirmation des privileges accordez aux habitans de Valmy, par Blanche Comtesse de Champagne.

a tam. b transp. R.

*KAROLUS Dei gracia Francorum Rex. Notum facimus universis* [a] *presentibus quam futuris, Nos Litteras seu* [b] *transumptum, in quibus seu quo incorporate sunt quedam Littere nobilis memorie, (b) Blanche quondam Comitisse Trecensis Palatine, vidisse, sub hiis verbis.*

c Martin.

A Tous ceulx qui ces presentes Lettres verront & orront. [c] Matin Chanes Bourgois de Saincte Manehout, Garde du Seel de la Prevosté dudit lieu : Salut. Sachent tuit que Jehan Galemeis & Feriis la Gauche, Bourgois de Saincte Manehout, Jurés & establis à ce faire, ont veu & tenu, & mot à mot diligenment leu une Lettres seellées saines & entieres, contenant la fourme qui s'ensuit.

A Tous ceulx qui ces presentes Lettres verront & orront. Martins Chanes Bourgois de Saincte Manehout, Garde du seel de la Prevosté dudit lieu : Salut. Sachent tuit que Jehans le Robetas & Jehans Galemeis, Bourgois de Saincte Manehout, Jurés & establis à ce faire, ont veu, tenu & leu mot à mot, une Lettres seellées saines & entieres, si comme il le nous ont rapporté, contenant la fourme qui s'ensuit.

*Ego Blancha Comitissa Trecensis. Notum facio presentibus & futuris, quod omnibus apud (c) Walemeis manentibus &* [d] *masuris, hanc concessi imposterum Libertatem que in present: Carta* [e] *continentur.*

d mansuris. e continetur. f animali.

*(1) Quicunque terram colet proprio* [f] *annaali, duos Solidos & unum sextarium avene annuatim michi reddet in Festo Sancti Remigii. Qui vero propriis manibus, tantum duos Solidos.*

g pour une blessure faite. h si.

*(2) Pro simplici emenda, duodecim Denarios. Pro* [g] *sanguine, quindecim Solidos.*

*(3) Furtum, raptum, homicidium & (d) multann, in (e) manu mea retineo.*

*(4) Pro (f) Duello firmato, uterque duodecim Denarios; &* [h] *sanguis fusus fuerit, quindecim Solidos. Si (g) Duellum victum fuerit, victus solvet novem Libras.*

i salaire. k fortification.

*(5) Unusquisque operabitur una septimana in anno, sine* [i] *redempcione, ad* [k] *firmitatem Castelli.*

l Ils se trouveront aux expeditions militaires. m fuerit. n la Marne.

*(6)* [l] *Exercitum & Cavalchiam meam michi facient, si ego vel aliquis de domo mea,* [m] *presens; ita tamen quod* [n] *Maternam non transient.*

NOTES.

*(a)* Tresf. des Chart. Regist. 103. P. 251.

*(b) Blanche.* ] Blanche fille de Sanche VI. Roy de Navarre, épousa en 1195. Thibaud V. Comte de Champagne, qui mourut le 25. de May 1021. Voilà ce qui se lit dans l'Hist. Geneal. de la Maison de France, *tom. 2.* p. 842. N.° VIII. Mais cette derniere date de 1021. est visiblement fausse. Ce n'est qu'une transposition de chiffres, & il faut corriger 1201. Car Thibaud V. que Pithou à la page 791. de son histoire des Comtes de Champagne, qui est à la fin de son Commentaire sur la Coûtume de Troyes, nomme Thibaud III. mourut suivant cet Auteur, le 25. de May, 1200. ou 1201. Ce fut en qualité de Tutrice de Thibaud VI. son fils, que Blanche donna ces Lettres en 1202.

En 1234. Thibaud VI devint Roy de Navarre, du chef de sa mere Blanche. *Voy. l'Hist. Geneal. &c. ibid.* p. 842.

*(c) Walemeis.* ] L'on trouve dans le Dictionnaire universel de la France, Valmy en Champagne, Diocese de Reims, Election de Sainte Manehould.

*(d) Multann.* ] Je crois qu'il faut corriger *multram.* L'on a dit *multrum*, meurtre; & *multrare*, tuer. *Voy. le Glossaire de du Cange*, au mot, *Morth.*

*(e) In manu mea retineo.* ] Je crois que cela signifie ; *Je reserve à moy le Jugement du Vol*, &c.

*(f) Duello firmato.* ] Un Duel qui a été ordonné par le Juge. *Voy.* dans le Glossaire de du Cange, *Duellum firmare*, dans l'article *Duellum.*

*(g) Duellum victum.* ] Si un des Combattants est vaincu. *Voy. le Gloss. de du Cange, dans l'article* Duellum.

(7) *Quatuor Jurati in Villa erunt, qui jura mea & Ville conservabunt.*

(8) *Si* [a] *Mellea in Villa forte facta fuerit, qui inde accusabitur,* [b] *se (h) tertio se purgabit; & si unus Juratorum Melleam viderit, reus non poterit se purgare.*

(9) *Quicunque ibi domum fecerit, eam vendere poterit* [c] *sine destruccione. Si vero eam locare voluerit, eam locare poterit, si eam* [d] *manu tenuerit, quamvis alibi maneat.*

(10) *Quicunque mansurus advenerit, &* [e] *illius recedere voluerit,* [f] *conductum habebit per quindecim dies.*

*Ut autem hec Libertas & Consuetudo firmiter observetur, in confirmacionem & testimonium predictorum, presentem* [g] *Cartem fieri volui, & Sigilli mei munimine roborari.* Actum apud [h] Sanctam-Meneldim, anno Domini millesimo ducentesimo secundo, mense Augusto. Datum per manum Galteri Cancellarii. *(i)* Nota Johannis.

En tesmoin de ce, nous Martin Chanes dessus [i], par le rapport des dis Jurés, & par leur seaulx pendens en ce present transcript, avons scellé ycelluy du sel & du contreseel de ladicte Prevosté; sauf le droit nostre S. le Roy & l'autrui en toutes choses. *Ce fu le Jeudi après la Convercion Saint Pol, l'an mil trois cens & dix sept.*

En tesmoing de ce, nous Martin Chanes dessus dis, par le rapport des dis Jurés, & par leurs seaulx pendens en ce present transcript, avons sellé ycellui du seel & du contreseel de ladite Prevosté; sauf le droit nostre S. le Roy & l'autrui [k]. *Ce fu fait ou mois d'Aoust, l'an mil trois cens vint & trois.*

*Nos autem Litteras dicte Comitisse suprascriptas, ac Libertatem, omniaque & singula in eisdem contenta, in quantum habitatores Ville de Vualemeis in eisdem Litteris nominate, & aliis predictis pacifice usi sunt, de speciali gracia nostraque auctoritate Regia, tenore presentium confirmamus: Baillivo Vitriaci ac Preposito Sancte Manchuldis, ceterisque Justiciariis & Officiariis nostris & Regni nostri, presentibus & futuris, aut eorum Locatenentibus, & cuilibet eorumdem, prout ad eum pertinuerit, dantes in Mandatis* [l] *pre presentes, quatenus predictos habitantes, modernos & futuros, Libertate, & aliis contentis in Litteris suprascriptis, juxta nostre presentis confirmacionis tenorem, uti & gaudere pacifice & quiete faciant & permittant, ipsos deinceps in contrarium nullatenus molestando, seu molestari quomodolibet permittendo. Quod ut perpetue firmitatis robur obtineat, nostrum presentibus Litteris fecimus apponi Sigillum; nostro in aliis & alieno in omnibus jure salvo.* Datum & actum Parisius, anno Domini millesimo ccc.° septuagesimo secundo, & Regni nostri nono, mense Junii.

*Per Regem, ad relacionem Consilii.* GERARDUS.

CHARLES V. à Paris, en Juin 1372.

a Querelle. *Voy.* le Gloss. de du Cange, *au mot*, Melleia.
b ce mot est inutile.
c sans que sa maison soit condamnée à être détruite.
d s'il en conserve la propriété.
e illinc.
f sauf-conduit.
g Cartam.
h Sainte Manehould.
i dit.
k en toutes choses.
l per.

NOTES.

(h) *Tercio.* ] Par le serment de trois personnes. *Voyez le 4.e Volume des Ordonnances*, pp. 643. ij. 644. vi.

(i) *Nota Johannis.* ] Cela peut signifier, *le Signe de Jean*, qui étoit apparemment le Secretaire de la Comtesse Blanche.

---

## (a) Diminution de Feux pour Bernis & Albon.

CHARLES V. à Paris, en Juin 1372.

*KAROLUS, &c. Notum, &c. Quod cum ex parte, &c.*

*Cumque facta quadam informacione virtute certarum Litterarum Regiarum, in locis de (b) Bernicio & de Albonio, Senescallie* [m] *Bellecadri & Nemausi, super vero numero Focorum modernorum in dictis locis nunc existentium, per dilectum nostrum Magistrum Petrum Juliani, Licenciatum in Legibus, Judicem majorem dicte Senescallie Bellicadri*

m Bellicadri.

NOTES.

*(a)* Tresor des Chartres, Registre 103. P. 6 vingt 10. (130).
*Voy. cy-dessus*, p. 30. Note *(a)*.

*(b) Bernicio.* ] J'ai appris du R. P. D. Vaissette, Benedictin, que ces deux lieux se nomment *Bernis & Albon*, Diocèse de Nismes; & que *locus de Ameglano* dont il est parlé dans la Piece suivante, se nomme presentement *Milhau*, Diocèse de Nismes.

CHARLES V. à Paris, en Juin 1372.

* Ce mot est inutile.

*& Nemausi, Commissarium in hac * super parte deputatum; vocato & presente in omnibus Procuratore nostro Generali ejusdem Senescallie, aut ejus legitimo Substituto; eademque, &c.*

*Repertum fuerit, quod in dictis locis de Bernicio & de Albonio, sunt de presenti & reperiuntur sexaginta quinque Foci, secundum traditam, &c.*

*Quod ut firmum, &c. salvo, &c.* Actum Parisius, mense Junii, anno Domini millesimo ccc.° septuagesimo secundo, & Regni nostri nono.

*Per Consilium, &c.* P. DE CHASTEL. *Visa.*

---

CHARLES V. à Paris, en Juin 1372.

## *(a)* Diminution de Feux pour Milhau.

*KAROLUS, &c. Notum, &c. Quod cum ex parte, &c.*

*Cumque facta quadam informacione virtute quarumdam Litterarum Regiarum, in loco de [a] Ameglano, Senescallie Bellicadri & Nemausi, super vero numero Focorum [b] modernorum in dicto loco de Ameglano nunc existencium, per dilectum nostrum Magistrum Petrum Juliani, Licentiatum in Legibus, Judicem majorem dicte Senescallie Bellicadri, Commissarium in hac parte deputatum; vocato & presente in omnibus Procuratore nostro Generali ejusdem Senescallie, aut ejus legitimo Substituto; eademque, &c.*

*Repertum fuerit, quod in dicto loco de Ameglano, sunt de presenti & reperiuntur [c] quiquaginta duo Foci, secundum traditam, &c.*

*Quod ut firmum, &c. salvo, &c.* Actum Parisius, mense Junii, anno Domini millesimo ccc.° septuagesimo secundo, & Regni nostri nono.

*Per Consilium, &c.* P. DE CHASTEL. *Visa.*

a Milhau. *Voy.* p. preced. Note *(b)*.
b modernorum.
c quinquaginta.

NOTE.

*(a)* Tres. des Chart. Regist. 103. Piece 6 vingt 11. (131). *Voyez cy-dessus*, p. 30. Note *(a)*.

---

CHARLES V. en Juin 1372.
Loüis VIII. à Breteüil, en 1223.
Loüis IX. à Montigny, en Janvier 1269.

## *(a)* Exemption d'Impôts dans de certains lieux, accordée aux habitants de Verneüil en Normandie.

*KAROLUS Dei gracia Francorum Rex. Notum facimus universis presentibus & futuris, Nos Litteras inclite recordacionis, Ludovici Francorum Regis illustris, cera viridi & filis sericis sigillatas, sanas & integras, non cancellatas, non abrasas, nec in aliqua sui parte viciatas, prout prima facie apparebat, vidisse, formam que sequitur, continentes.*

[d] *LUDOVICUS Dei [e] graci Francorum Rex. Universis presentes Litteras inspecturis: Salutem. Notum facimus quod Nos Litteras inclite recordacionis, Ludovici quondam Regis Francorum, Genitoris nostri, vidimus in hec verba.*

*IN NOMINE Sancte & individue Trinitatis. Amen. [f] Ludovicus Dei gracia Francorum Rex. Noverint universi presentes pariter & futuri, quod Nos, inclite recordacionis [g] Philippi Genitoris nostri, quondam illustris Regis Francorum, vestigiis inherentes, concedimus Burgencibus nostris manentibus apud (b) Vernolium, omnes (c) Libertates & consuetudines ad Nos pertinentes, quales habuerunt in Normannia; videlicet, quittanciam de Toloneo & Passagio & Pontagio, preter quam in Comitatu Ebroicensi, & in*

d Loüis IX.
e gratia.
f Loüis VIII.
g Philippe-Auguste.

NOTES.

*(a)* Tref. des Char. Reg. 103. P. 106.

*(b) Verneüil.]* Dans la Normandie, Diocèse d'Evreux. *Voyez le Dictionnaire universel de la France, au mot*, Verneüil.

*(c) Libertates & Consuetudines ..... quales habuerunt.]* La franchise & l'exemption des Impôts appartenants au Roy, desquels ces habitants ont joüi, &c.

[a] *Wulcassino*

CHARLES V.

Juin 1372.

[a] *Walcassino Normanno, & apud* [b] *Paciacum, & in terra que fuit Hugonis de (d) Gornaco; in Pictavia eciam, Andegavia & Britannia, &* [c] *Cenomannia & Wasconia, eisdem predictas Consuetudines & Libertates ad Nos pertinentes concedimus. Quod ut perpetue stabilitatis robur obtineat, presentem paginam sigilli nostri auctoritate, & Regii nominis karactere inferius annotato confirmamus.* Actum apud *(e)* Britolium, anno Dominice Incarnacionis, millesimo ducentesimo vicesimo tertio; Regni vero nostri, anno primo. *Astantibus in Palacio, quorum nomina supposita sunt & signa. Dapifero nullo. Signum Roberti Buticularii. Signum Bertholomei Camerarii. Signum Mathei Constabularii. Datum per manum Guarini* L O E *Silvanectensis Episcopi, Cancellarii.*

a Vexin Normand.
b Passy, Diocese d'Evreux. *Voy.* le 4.e Vol. de ce Rec. pag. 136. Note *(c)*.
c Le Maine.

Suite des Lettres de Loüis IX.

*Nos vero predicta, prout superius continentur,* [d] *ad instar predicti Genitoris nostri, supradictis Burgencibus nostris manentibus apud Vernolium, concedimus, & ea, quantum ad Nos spectat, volumus observari. Quod ut ratum & stabile permaneat in futurum, presentibus Litteris nostrum fecimus apponi sigillum.* Actum apud *(f)* Montigniacum, anno Domini millesimo ducentesimo sexagesimo nono, mense Januarii.

d à l'exemple.

Suite des Lettres de Charles V.

*Quas quidem Litteras suprascriptas, & omnia in eis contenta, in quantum usi sunt, & hactenus, casu emergenti, usi fuerunt, volumus, laudamus,* [e] *ratifficamuis, approbamus, & nostra auctoritate Regia & speciali gracia nostreque plenitudine potestatis confirmamus: Baillivis Rothomagensi & Gisorcii, ceterisque Justiciariis & subdictis nostris, presentibus & futuris, & eorum cuilibet, mandantes quatinus dictos Vernolii Burgenses, hujusmodi Litteris suprascriptis, nostraque presenti gracia & confirmacione uti pacifice faciant & gaudere; nec contra tenorem* [f] *earumdam, ipsos aliqualiter molestent,* [g] *perturberit vel impediant, seu à quoquam molestari, impediri vel perturbari permittant. Quod ut firmum & stabile perseveret in futurum, nostrum sigillum presentibus Litteris duximus apponendum: Salvo in aliis jure nostro, & in omnibus quolibet alieno.* Datum anno Domini millesimo trecentesimo septuagesimo secundo, & Regni nostri nono, mense Junii.

[h] *Per Consilium Parisius existens, quo vos eratis.* R. DE BEAUFOU. *Visa.*

e ratificamus.
f earumdem.
g perturbent.
h Voy. la Preface du 3.e Vol. des Ordonn. p. ix.

NOTES.

*(d) Gornaco.* ] Il y a un lieu nommé *Gournay*, dans la Normandie, Diocèse d'Evreux, Election de Verneüil. *Voy. le Diction. univ. de la Fr.* au mot, *Gournay.*

*(e) Britolium.* ] C'est apparemment *Breteüil*, dans la Normandie, Diocèse d'Evreux. *Voy. le Diction. univ. de la Fr.* au mot, *Breteüil.*

*(f) Montigniacum.* ] C'est apparemment *Montigny*, dans la Normandie, Diocèse d'Evreux, Election de Verneüil. *Voyez le Diction. univ. de la Fr.* au mot, *Montigny.*

---

CHARLES V.

au Bois de Vincennes, le 9. de Juillet 1372.

*(a) Lettres qui revoquent les Commissaires envoyez dans les Seneschaussées de Thoulouse, de Carcassone & de Beaucaire, sur le fait des Francs-Fiefs & des Amortissements.*

CHARLES par la grace de Dieu Roys de France. A nos amez & feaux Gens de nos Comptes à Paris: Salut & dilection. Nous pour certaines & justes causes qui à ce Nous ont meu, avons ordené & ordenons de nostre certaine science, par la teneur de ces presentes, que tous Commissaires quelconques deputez & à deputer en nos Senechaussées de Tholose, de Carcassone & de Beaucaire, sur le fait des finances des Acquests faits & à faire par non-nobles de personnes Nobles, & par personnes d'Eglise, tant à cause de [i] lais comme autrement, soient rappellez,

i *legs.*

NOTE.

*(a)* Memorial *D.* de la Chambre des Comptes de Paris, *fol.o* VI.xx X. *verso.*

CHARLES V. au Bois de Vincennes, le 9. de Juillet 1372.

lesquiex, dès-maintenant Nous rappellons; & que il comptent des exploiz de leurs commissions, senz ce que aucuns Commissaires s'entremettent de proceder audit fait, pour quelconques commissions ou povoir qu'il ayent sur ce, lesquelles Nous voulons estre de nulle valuë, jusques à ce que les diz Commissaires auront leurs commissions renouvellées en nostre nom, & non d'autres, & expediées par la Chambre de nos diz Comptes, & que par vous ils seront instruiz de nostre volenté & des causes qui à ce nous ont meu, affin que selon ce, & non autrement, il procedent ou fait des dictes finances. Si vous mandons que nostre dicte Ordenance vous faciez publier solennelment par tout où vous verrez qu'il appartendra; & icelle faites tenir fermement sanz enfraindre, en deffendant à touz de par Nous, sur quanques il se pevent meffaire envers Nous, que aucun ne face le contraire. *Donné au Bois de Vincennes, le IX.e jour de Juillet, l'an de grace M. CCCLXXII. & de nostre Regne le IX.e* Ainsi signé. *Par le Roy.* J. DE REMIS.

---

CHARLES V. à Vincennes le 9. de Juillet 1372.

*a* Voy. cy-dessus, p. 291. Note *(b)* marg.
*b* Voy. cy-dessus, p. 293. art. 1.

## *(a) Lettres qui portent que la Ville de Milhaud sera inséparablement unie à la Couronne.*

*CAROLUS Dei gratia Francorum Rex. Dilectis nostris Consulibus Villæ nostræ de* [a] *Amiliano: Salutem & dilectionem. Nolentes Villam prædictam quam nuper* [b] *univimus & adjunximus Coronæ nostræ Domanio, ab eodem ullatenus separari, volumus & vobis mandamus, quatenus, si Litteras nostras continentes seu qualitercumque tangentes separationem dictæ Villæ à dicto Domanio, quas numquam memores unionis prædictæ, concederemus scienter, præsentari contingat, non pareatis eisdem; sed ipsarum Litterarum copiam retinentes, eam Nobis mittere studeatis, ut ipsa visa, valeamus super observatione dictæ unionis maturius & securius providere.* Datum apud Vincenas, die nona Julii, anno Domini millesimo trecentesimo septuagesimo secundo, & Regni nostri nono. *Per Regem.* N. YVO.

NOTE.

*(a)* Ces Lettres ont été envoyées de Montauban, dans la forme marquée cy-dessus, p. 291. Note *(a)*.

---

CHARLES V. au Château du Bois de Vincennes, le 18. de Juillet 1372. & au Bois de Vincennes, le 18. de May 1370. JEAN I. ou selon d'autres Jean II. à Paris, en Mars 1360.

## (a) Privileges accordez aux Juifs qui demeureront dans le Royaume.

SOMMAIRES.

*(1) Les Juifs pourront acquerir dans le Royaume, des maisons pour y demeurer, & des places pour leur servir de Cimetieres.*

*(2) Les Juifs ne seront point jugez, tant en matiere civile que criminelle, par les Juges ordinaires du Royaume, mais seulement par le Roy, ou par leur Gardien; à moins qu'ils ne se soumettent volontairement à la Jurisdiction d'un autre Juge.*

*(3) Les Juifs qui seront de mauvaise conduite, ou qui auront commis des crimes, seront bannis du Royaume par le Roy, sur le rapport de deux Maistres de la Loy des Juifs, ou de quatre personnes éluës entre les Juifs. Les biens d'un Juif qui aura été banni, seront confisquez au Roy; & de plus les Maistres de la Loy luy payeront cent Florins de Florence.*

*(4) Les Juifs ne payeront d'autres redevances aux Seigneurs, dans les Seigneuries desquels ils demeureront, que les Cens & Rentes des maisons qui leur appartiendront.*

*(5) Les Juifs pourront entrer dans le Royaume, sans être sujets aux droits de Marque & de gagement de Marque.*

*(6) Ils ne pourront être arrêtez prisonniers que pour crimes; pourvû cependant qu'en matiere civile, ils donnent des cautions de Juifs ou de Chrestiens.*

*(7) Rémission generale donnée aux Juifs, pour tous les crimes qu'ils ont pû commettre avant*

NOTE.

*(a)* Tresor des Chartres, Registre 103. Piece 231.

CHARLES V. au Château du Bois de Vincennes, le 18. de Juillet 1372. & au Bois de Vincennes, le 18. de May 1370.

SOMMAIRES.

*le dernier ordre qu'ils ont eu de vuider le Royaume ; même pour les crimes de leze-Majesté & de fausse Monnoye.*

*(8) Les Juifs pourront commercer dans le Royaume ; & prêter de l'Argent, pourvû qu'ils ne prennent que quatre Deniers par livres d'interêts, par semaine.*

*(9) Ils pourront exercer tous les mestiers, le Courtage, & tous les Arts pratiques & speculatifs, comme ils font ailleurs.*

*(10) Les Juifs qui ne prêtent qu'aux Chrêtiens, pourront leur prêter sur gages, en prenant l'interest cy-dessus marqué ; mais ils ne pourront prendre pour gages, des Reliques, des Calices, des Livres, & autres choses necessaires pour le service de l'Eglise ; ni des instruments propres au Labourage.*

*(11) Ils seront crûs sur leur Loy & sur leur serment, de tout ce qui regardera les prêts qu'ils auront faits ; pourvû cependant que les Chrestiens ne puissent pas prouver le contraire de ce que les Juifs affirmeront.*

*(12) Ils ne seront point obligez de rendre les gages qu'on leur aura donnez, que lorsqu'on leur aura rendu la somme qu'ils auront prêtée, ni de déclarer ceux qui leur auront donné ces gages. Ils pourront les vendre un an & un jour après le prest fait ; à moins qu'il n'y ait quelque convention à ce sujet, entre eux & les emprunteurs.*

*(13) Ils ne seront point obligez de rendre ce que l'on leur aura donné volontairement, en payement des prests par eux faits.*

*(14) S'ils prennent pour interêt, plus de quatre Deniers par livres par semaine, ils ne seront remboursez que de la somme principale qu'ils auront prêtée ; & ils seront condamnez aux dépens envers les emprunteurs.*

*(15) Lorsque des Juifs à qui on aura donné des gages, quitteront un lieu pour aller demeurer ailleurs, ils les feront vendre publiquement ; & si le prix de ces gages excede la somme qu'ils auront prestée, ils rendront le surplus aux emprunteurs, ou ils le deposeront dans la Justice du lieu où la vente aura été faite.*

*(16) Les Juifs ne seront point obligez d'aller à la guerre, ni de garder des Forteresses. Moyennant la redevance annuelle qu'ils doivent payer au Roy, ils seront exempts de tous Impôts ; à l'exception de l'Aide établie pour la rançon du Roy.*

*(17) Ils ne seront tenus de payer que les Péages, &c. anciennement établis.*

*(18) Les Procureurs du Roy ne pourront se rendre Parties contre les Juifs, qu'après une information préalablement faite.*

*(19) Nul ne pourra intenter une accusation contre des Juifs, ou se rendre dénonciateur contre eux, s'il ne se rend Partie contre eux ; & s'il perd son procès, il sera condamné aux dépens envers eux.*

*(20) Comme des Chrestiens en haine des Juifs, pourroient mettre secretement dans leurs maisons, des effets qu'ils les accuseroient d'avoir volez ; on ne pourra leur faire de procez par rapport à ces effets, lorsqu'ils offriront de les rendre ; à moins qu'on ne les trouve dans des coffres fermez, dont le Maître ou la Maîtresse de la maison auroient la clef.*

*(21) Les Juifs seront exempts du droit de Prises ; & ils pourront reprendre les effets qu'on leur aura enlevés en vertu de ce droit.*

*(22) Les Juifs ne seront point obligez d'accepter des gages de bataille.*

*(23) Ils ne seront point obligez d'assister au Service divin des Chrestiens.*

*(24) Les Juifs pourront s'assembler pour élire des personnes de leur nation, lesquelles imposeront sur eux des Tailles ou Cüeillettes pour leurs dépenses communes. Ces personnes pourront avoir recours aux Juges ordinaires, pour faire payer ces Tailles.*

*(25) Les Notaires & Tabellions pourront passer tous les Contrats & Actes que les Juifs feront entre eux ou avec d'autres personnes.*

*(26) Les Lettres du Roy ou de ses Officiers, qui donneront atteinte aux Privileges des Juifs, ne pourront être executées, qu'elles n'ayent été vûës par leur Conservateur ou Gardien.*

*(27) Leurs Livres ou Rouleaux ne pourront être saisis par les Officiers du Roy.*

*(28) Le Roy confirmera ceux des anciens privileges accordez aux Juifs, qui ne seront point contraires aux articles precedents.*

CHARLES par la grace de Dieu Roy de France. Comme ja pieça ou temps que Nous estions Regent nostre Royaume, Nous, pour certainnes causes qui ad ce nous meurent lors, [a] eussions donné licence à tous Juys & Juyves, de venir en nostre Royaume, & y demourer jusques à certain temps, & que il peussent prester à nos subgés leurs deniers, en prenant quatre [b] Deniers pour livre ; & depuis nostre très cher Seigneur & Pere dont Dieux ait l'ame, ayans agreables ces choses, par l'advis & deliberacion de son Grant Conseil, octroïa aux dis Juys certainnes graces & privilèges, si comme par ses Lettres sur ce faites puet apparoir, desquelles la teneur s'ensuit.

JEHAN par la grace de Dieu Roy de France. Il est chose convenable, & si avons acoustumé de donner à ceulx à qui Nous avons fait & octroïé aucune grace par nostre [c] liberacion, à leur octroïer previleges, Libertez & franchises, sens lesquelles nostre

[a] Voy. la Tabl. des Mat. du 3.e Vol. de ce Rec. au mot, Juifs.

[b] Voy. le 3.e Vol. des Ordon. p. 476. x.

[c] apparemment liberalité.

CHARLES V. au Château du Bois de Vincennes, le 18. de Juillet 1372. & au Bois de Vincennes, le 18. de May 1370.

premier Don & octroy ne leur pourroit valoir ou proffiter : Et pour ce, comme nostre très cher ainsné Filz ait pour le temps qu'il estoit en nostre absence Regent nostre Royaume, pour certaines causes regardans & touchans le proffit commun de nostre dit Royaume, donné & octroyé par ses Lettres, à tous Juys & Juyves qui vouldroient retourner & venir demourer & habiter en nostre Royaume, que il y peussent venir & demourer jusques à vint ans; & Nous après par nos Lettres, en approuvant & confermant l'octroy fait par nostre dit Filz, ayons par grant & meure deliberacion de Conseil euë avec plusieurs de nostre Lignage, Prelaz, Dux, Barons, Princes, Gens d'Eglise, Nobles & autres habitans de nostre Royaume, & sages personnes, octroyé ausdiz Juys & Juyves & leurs enfans, gens & [a] mesnie, le retour, [b] demourer & habitation oudit Royaume, jusques à vint ans continuelment [c] entresuivans, à compter de la date de ces presentes, soubz certainnes condicions & modificacions, & pour certainnes sommes de deniers que il nous devront & seront tenuz de paier [d] a l'entrée & chascun an, durant le temps dessus dit; & yceulz Juys & Juyves, leurs enfans, mesnie & biens quelconques, ayons pris & mis en nostre sauf-conduit, sauve & especial garde, si comme les choses dessus dictes pevent plus pleinnement apparoir par nos Lettres, & par les Lettres de nostre dit Filz sur ce faictes. Et pour ce qu'il ne pourroient [e] ou [e] seroient bonnement ne seurement demourer en nostre Royaume en paix, se il n'avoient de Nous certains previleges, Libertez & Immunitez, par lesquelz il peussent obvier & contrester aux malices & fraudes de plusieurs, qui par [f] aveneture sens cause les voudroient travailler, molester, grever ou dommagier en corps ou en biens; si Nous ont fait humblement supplier, que yceulx previleges, franchises & Immunitez Nous leur weillons octroïer; car tant comme il pourront plus seurement & plus en paix demourer en nostre Royaume, & que il y seront mielx maintenuz & gardez, tant Nous pourront-il miex obeir, & paier des redevances qu'il Nous devront, comme dit est. Savoir faisons à tous presens & avenir, que Nous considerées les choses dictes, avons ausdis Juys & Juyves qui sont desja venus demourer en nostre Royaume, ou [g] il demouront durant le temps dessus dit, octroïé, & par ces presentes de nostre auctorité & pleine puissance Royal, de certaine science & de grace especial, leur octroyons les previleges, Libertez, Immunitez & franchises qui cy-après s'ensuivent.

(1) *Et premierement.* Octroyons à yceulx Juys & Juyves demourans & qui demouront en nostredit Royaume, que il puissent acquerir & avoir maisons & habitacions pour leurs [h] mansions, & places pour leurs corps enterrer, & aussi faire leurs autres neccessitez, en la maniere que jusques à ores a esté acoustumé entre les diz Juys pour le temps [i] qui demouroient en nostre Royaume, sens ce que sur les choses dessus dictes, les diz Juyz & Juyves puissent estre aucunement molestez ou empeschiez.

(2) *Item.* Avecques ce, Nous yceulx Juys & Juyves qui demouront en nostre Royaume, comme dit est, exemptons & voulons estre tenuz pour exemps de tous noz Justiciers ou autres quelconques, soïent Commissaires ou autres, quelconques povoir ou auctorité qu'il usent, & de quelque estat ou condicion qu'il soïent, tant en cas criminelz, comme civilz, ou autres; mais d'iceulx Juys & Juyves reservons à Nous & à leur Gardian, & à nos Commis & deputez sur ce, la Court, congnoissance, punicion & Juridicion quelconques; c'est assavoir, de ceulx dont la cognoissance Nous doit & puet raisonnablement appartenir; se n'estoit que les dis Juys en requeissent nos autres Justiciers: Et pour ce, defendons par ces presentes à tous nos Justiciers & autres dudit Royaume, Commissaires ou autres quelconques, de quelconques dignité, puissance & auctorité que il usent, que des dis Juys, ne de leurs Causes quelconques, ou de leur punicion, cognoissance ou Juridicion aucune, il ne s'entremettent en aucune maniere; en rappellant & mettant au néant tout ce qui seroit ou auroit été fait au contraire.

(3) *Item.* Se il avenoit que en nostre Royaume, eust aucun d'iceulx Juys ou Juyves qui feust [k] moins souffisant, ou ne feust mie digne pour ses meffais, demerites ou autrement, de demourer entre les diz Juys ou dit Royaume; mais en feust à [l] debouter pour aucune cause, nous à la relacion de deux des Maistres de la Loy

[a] Domestiques. [b] demeure. [c] entres. *R.* [d] en entrant dans le Royaume. [e] *appar.* sçauroient. [f] aventure. [g] y. [h] demeures. [i] qu'ils. [k] de mauvaise conduite. [l] chasser.

des dis Juys, & de quatre autres Juys que il auront esleuz ad ce, le bannirons du Royaume, ou le punirons selon la qualité du fait, au dit & à la relacion des dis deux Maistres & quatre Juys, ausquelx Nous [a] adjoustons [b] pleinere foy, sens leur demander, ne que il soient tenuz de dire ou monstrer la cause pourquoy ce sera fait; [c] par Nous paient toutes voies par les dis deux Maistres, cent Florins de Florence de bon poiz; & si aurons avec ce, & Nous appartendra la confiscacion & forfaiture des biens dudit Juif ainsi banni ou puni comme dit est.

CHARLES V. au Château du Bois de Vincennes, le 18. de Juillet 1372. & au Bois de Vincennes, le 18. de May 1370.

(4) *Item.* Et se aucuns des dis Juys ou Juives demouroient en & soubz autres Justiciers ou Juridicion que la nostre en nostre Royaume, il y pourront demourer & habiter paisiblement & franchement, sens ce que il soient tenuz de payer aus Justiciers ou Seigneurs soubz qui il seront demourans, aucunes servitutes ou redevances quelconques, ne à autres; fors celles que il Nous doivent & devront paier, comme dit est; & aussi les Cens & rentes de leurs maisons & habitacions chascun an, lesquelz il seront tenuz de paier aus Seigneurs, si comme feront les autres Gens du Royaume.

(5) *Item.* Voulons & leur octroyons que il puissent venir demourer ou dit Royaume, sens ce [d] il puissent estre pris, arrestez ou empeschiez par vertu d'aucune [e] Marque, de gagement de Marque, ou par vertu de quelconques autres previleges.

(6) *Item.* Que il ne puissent estre pris ou arrestez pour quelconques autres causes que ce soit, se ce n'estoit pour cas criminel; en baillant toute voie pour ladicte Cause civile, bonne & souffisant caucion de Juis ou de Christians.

(7) *Item.* Pour ce que par aventure, aucuns des dis Juys ou Juives ont ou temps passé avant leur dit departement derrenier fait, commis & perpetrez aucuns crimes, delis ou malefices, pour lesquels ils pourroient estre pris ou arrestez, ou empeschiez en corps ou en biens, ou temps avenir, Nous leur avons quittié, remis & pardonné, & par ces presentes leur quittons, remettons & pardonnons tous crimes, delis ou meffais, que eulx ou aucuns d'eulx auroient fais, commis & perpetrez ou temps passé, ou dit Royaume ou ailleurs, avecques toute peine & Amende corporelle, criminele & civile, que il pourroient avoir pour ce encouru, soit pour crime de Leze-Majesté, fausse-Monnoie, [f] murtre, rapt, larrecin, mutilacion [g], ou autre quelconques crime capital, ou autre, quel que il soient, & comment qu'il soit ou puist estre appellé; en imposant sur ce silence à nostre Procureur, & à tous autres Justiciers & Officiers, en leur defendant que pour yceulx crimes ou aucuns d'iceulx, il ne poursuivent, molestent, travaillent ou empeschent yceulx Juys & Juyves, ou aucun d'euls, en corps ou en biens; mais se aucune chose estoit faite aucontraire, si le rappellent & mettent, ou facent rappeller ou mettre au premier estat.

(8) *Item.* Nous leur octroyons & voulons que tant comme il demouront en nostre Royaume, il puissent [h] marchander tant de leurs deniers comme de leurs autres marchandises & denrées quelconques; & que il puissent prester leurs deniers, ainsi toutes voies que il ne pourront prendre oultre quatre Deniers pour livre, pour chascune septmainne.

(9) *Item.* Aussi que il puissent faire & exercer leurs mestiers, leur fait, [i] Courrateries, & autres euvres ou Ars speculatives, pratiques, mechaniques ou autres quelconques, si comme il ont acoustumé à faire ailleurs, & ou temps passé.

(10) *Item.* Pour ce que yceulx Juys ou Juyves ont acoustumé à prester ou [k] passé, aus Crestians tant seulement, si comme il dient, leurs deniers, Nous leur octroions & voulons que tant comme il demourront ou Royaume, il puissent prester & bailler leurs deniers sur toutes obligacions ou autrement, & sur quelconques gages; excepté Saintes Reliques, Calices, Saintuaires, [l] Libres, [m] Aournemens, ou autres biens d'Eglise dediez à Dieu; socz, coultres & ferremens de cherruë, & fers de Moulins; en paiant par ceulx à qui il presteront leur argent, comme dit est, pour chascune livre ou vint Solz, quatre Deniers seulement pour chascune sepmaine, sur tous gages, excepté les dessus dis.

(11) [n] *Item.* Voulons que il soient creuz par leur Loy, leur foy & serement, de tout ce qu'il diront ou affermeront que il auront baillié, & qu'il leur sera deu sur

a peut-être *ajoûterons.*
b *pleniere.*
c *en.*
d *que.*
e *Voy. les Tabl. des Mat. de ce Rec.* au mot, *Marque.*
f *meurtre.*
g *de membres.*
h *commercer.*
i *Courtage.*
k peut-être, *au tems passé.*
l *Livres.*
m *Ornemens.*
n *Cet article fut modifié par Charles V.* Voy. *cy-dessous*, p. 498.

CHARLES V. au Château du Bois de Vincennes, le 18. de Juillet 1372. & au Bois de Vincennes, le 18. de May 1370.

les dis gages, des termes sur ce donnez, & de toutes autres convenances sur ce faictes.

*(12) Item.* Se rien n'estoit dit ou convenancié sur la garde des dis gages, entre ceulx qui les auroient bailliez ou bailleroient, & les diz Juys qui les [a] recevront & prendroient, Nous voulons, accordons & leur octroyons, que il soïent tenuz de les garder oultre un an & un jour; lequel temps passé, il pourront vendre les dis gages; & avec ce, leur octroïons que il ne seront tenuz de rendre ou restituer [b] des dis gages sur quoy il auront presté, comme dit est, jusques ad ce qu'il soïent païez entierement de tout ce que il affermeront, comme dit est, avoir presté sur ycellui, & de ce qui pour ce leur sera deu; ne ne seront tenuz de nommer la personne qui leur aura baillé aucuns gages.

a *recevroient.*
b *lesdits.*

*(13) Item.* Ou cas que aucun leur bailleront en païement aucune chose de sa pure volenté, il ne seront tenuz de le restituer ne rendre ce à ceulx qui ce leur auroient païé, comme dit est.

*(14) Item.* Se les dis Juys ou Juives prenoient ou recevoient plus de quatre Deniers pour livre, de l'Argent qu'il auroient presté, il n'auront que le [c] pur sort, & rendront tout ce que il auront eu outre le pur sort, & les despens à la Partie, fais pour ce.

c *le principal de la somme prêtée.*

*(15) Item.* Se il avenoit que aucuns des dis Juys ou Juives, qui eussent aucuns gages sur lesquelx ils eussent presté, s'en alast ou transportast de pays en autre, de aucune Juridicion ou Ville en une autre, Nous voulons, & seront tenuz les dis Juis, & ainsi le promettront-il, que avant que il se partent de la Ville où il [d] demourourroient il feront crier & vendre les dis gages publiquement & solempnellement, en lieux publiques & ad ce acoustumés, par trois criz & subhastacions, en prenant Lettre sur ce de la Justice du lieu; & se les dis gages sont vendus, ou valent outre ce pourquoy il seront obligiez ou mis en gage, ou que l'en ne doit [e] sus, le remenant & surplus sera rendu & restitué à cellui à qui sera ledit gage, ou sera mis & deposé en la main de la Justice soubz & en laquelle les dis gages seroient criez & vendus, comme dit est.

d *demeureroient.*
e *dessus.*

*(16) Item.* Voulons aussi & octroïons aus dis Juys & Juyves, que il soïent exemps, frans & quittes de toutes Imposicions, Subsides, Maletoultes, Gabelles & Aydes, de [f] ost, de Chevauchiée, de gardes de Ville & [g] Fortesces, de servitutes & redevances, quelconques quelles soïent faites & ordonnées, pour quelconque cause, & à quelque personne, & en quelque lieu du Royaume que ce soit; excepté toutevoies les Aides & [h] Subsides ordonnez & à ordonner pour le fait de nostre [i] delivrace, & les [k] treuages devant dis.

f *d'aller à la guerre.*
g *Forteresses.*
h *Subsides.*
i *delivrance.*
k *l'Impôt qu'ils devoient payer par chacun an au Roy.*

*(17) Item.* Ne païeront aucuns [l] Païages, Travers, Chauciées ou *(b)* Treulages à aucuns de nos subgès; se ce ne sont les anciens.

l *Péages.*

*(18) Item.* Pour ce que par avanture, nos Procureurs les pourroient poursuivre ou molester sens cause, Nous *(c)* ce voulons que dis Procureurs se puissent faire Partie contr'eulx, ou les poursuivre pour quelconques cause ou occasion que ce soit, se il n'est avant bien & souffisamment enformé sur les fais que l'en leur imposeroit ou pourroit [m] impose.

m *imposer.*

*(19) Item.* Leur octroïons que nulz ne les puisse poursuir par voïe d'accusation, denonciacion ou autrement, ne pour quelconques crime ou cause que ce soit, se il ne sont Partie contre euls; & se il [n] encheent, il païeront les depens aus dis Juys, fais en ycelle Cause.

n *s'ils en tombent, s'ils perdent leurs procez.*

*(20) Item.* Pour ce que par aventure, aucuns Christians ou autres malvueillans ou hayneux aus dis Juis & Juyves, & lesquelx il voudroient vilener, grever & [o] domagié, pourroient mettre couvertement ou par personne interposée, aucunes choses en leurs maisons; lesquelles se elles y estoient trouvées, pourroient estre dictes [p] emblées ou fortraittes par les dis Juis, dont il pourroient estre accusés ou poursuiz,

o *domagier.*
p *volées.*

NOTES.

*(b) Treulages.]* Ce droit plus communément nommé *Truage*, est une espece de Péage. *Voyez le Gloss. du Droit Franç.* au mot, *Treu.*

*(c) Ce voulons.]* Je crois qu'il faut corriger, *Nous voulons que* les *dits Procureurs* ne *se puissent*, &c.

comme de larrecin ou autrement; Nous voulons & leur octroïons, que pour quelconques chose trouvé en leurs maisons ou habitacions, il ne puissent estre repris, poursuiz, [a] approchiez ou molestez par quelconques personne, & à la requeste de quelconque personne que ce soit; fors tant seulement de rendre la chose, se ladicte chose n'estoit trouvée dedens huche ou escrin fermant, dont le Seigneur ou la Dame de l'Ostel Juyf ou Juive, portast la clef sur lui.

CHARLES V. au Château du Bois de Vincennes le 18. de Juillet 1372. & au Bois de Vincennes, le 18. de May 1370.

(21) *Item.* Pour ce que aucuns Officiers de nostre Hostel ou autres, pourroient & voudroient plus legierement & plus volentiers prendre des [b] garnisons & biens des dis Juys & Juyves, que d'autres personnes, Nous leur avons octroïé & octroïons, & expressement defendons que nuls Maistres de nostre Hostel, Maistres de noz Garnisons, Chevaucheurs, Preneurs, Fourriers ou autres Officiers quelconques de nos Enfans, ou autres de nostre lignage, de Dux, Barons, Prelas & autres quelconques, ne preignent ou facent prendre aucuns des chevaulx, jumens, bestes à lainne, [c] aumaille, charrettes, blés, vins, foing, aveine, [d] oustillemens d'Ostel, ou autres biens meubles des dis Juys ou Juyves, pour quelconques cause ou necessité que ce soit, ne par vertu de quelconques Commission ou povoir que il aïent sur ce; & ou cas que aucuns des dessus dis Officiers s'efforceroit ou voudroit efforcier de faire le contraire, Nous voulons que yceulx Juys ou Juyves & leurs gens, y puissent desobéir & [e] resqueure leurs dis biens, sens ce que il puissent pour ce [f] ceste trais ou poursuiz à aucune peinne ou Amende.

(22) *Item.* Avecques ce, octroïons aus dis Juys, que pour quelconque cas ou cause que l'en leur impose ou mette sus, il ne puissent estre appellez de [g] gage de bataille.

(23) *Item.* Ne voulons que il soïent ou puist estre contrains d'aler à aucun service ou à Predicacion de Christians, ne qu'il y soïent tenus d'aler, se ce n'est de leur assentement & volenté.

(24) *Item.* Pour ce que il convendra les dis Juys & Juyves faire plusieurs frais & mises & despens pour leurs frais & besoingnes, *(d)* lesquelx il ne ne ou voudront faire Taille ou Cüeillete sur euls mesmes, il puissent [h] eslaire un ou deux d'eulx de chascunne Ville, pour ordonner, faire & asseoir & imposer Tailles ou Cüeilletes, si comme bon leur semblera, pour faire leurs frais, leurs mises [i] besoingnes, comme dit est; & que yceulx Juys & Juyves se puissent assembler pour ce faire seulement: Lesquelles Tailles ou Cüeillettes, les dis Esleu ou Esleuz puissent lever, cüeillir ou recevoir, ou faire lever, cüeillir ou recevoir pour faire leurs dis frais & besoignes; & que il puissent faire contraindre par la Justice du lieu esquelles les dis Juys & Juyves demourront, tous contredisans & refusans à païer lesdictes Tailles, si comme il appartendra.

(25) *Item.* Nous voulons aussi & octroïons aus dis Juys & Juyves, que tous Nottaires & Tabellions de nostre Royaume, puissent recevoir & mettre en escript tous les Contraux & [k] Conveances faites entre eulx & avec autres, & faire Lettres sur ce.

(26) *Item.* Que aucunes Lettres empetrées ou à empetrer de Nous ou de nostre Court, ou autres, contre les privileges, Libertez ou franchises des dis Juys ou Juyves, ne soïent d'aucune force ou vertu, se elles ne sont veuës ou [l] attemptées par leur *(e)* Conservateur ou Gardian que nous leur avons octroïé par nos autres Lettres.

(27) *Item.* En oultre leur octroïons que leurs Livres ou [m] Roules ne puissent estre pris ou empeschiez par aucuns de nos Officiers ou autres quelconques personnes, pour quelconque cause que ce soit.

(28) *Item.* Enseurquetout, Nous octroïons aus dis Juys & Juyves demourans

a *ajournez.*
b *provisions.*
c *animaux domestiques. Voy. cy-dessus, p. 476. Note marginale (c).*
d *Ustanciles de mesnage d'une maison.*
e *reprendre.*
f *estre.*
g *Voy. la Tabl. des Mat. des Vol. de ce Rec. au mot, gages de bataille.*
h *élire.*
i *&.*
k *conventions.*
l *Ce mot me paroît corrompu.*
m *Rouleaux. Voy. cy-dessus, p. 311. Note (l).*

NOTES.

*(d) Lesquelx il ne ne.]* Cet endroit me paroît corrompu, & il doit y avoir, *pour lesquels il voudront faire Taille, &c.*

*(e) Conservateur.]* C'étoit Loüis Comte d'Etampes, Prince du Sang. *Voyez le troisieme Volume de ce Recüeil*, p. 471.

CHARLES V. au Château du Bois de Vincennes, le 18. de Juillet 1372. & au Bois de Vincennes le 18. de May 1370.

& qui venront demourer & habiter en nostre dit Royaume, que tous les privileges ancians à eulx octroïez par nos Seigneurs & devanciers Roys de France, lesquelx ne seroient contraires à ces presentes, & lesquelx il pourront monstrer & enseignier, ou faire foy par Chartres, Registres ancians, ou *Vidimus* fais soubz seaulx Royaulx, leur soïent & seront confermez par Nous, quant il voudront & il Nous en requerront.

Si donnons en mandement à tous Seneschaux, Bailliz, Recteurs, Viguiers, Prevoz, Maires, Jurez, Eschevins, Commissaires & Justiciers dudit Royaume, ou à leurs Lieuxtenans, presens & avenir, & à chascun d'eulx, que tous les Juys & Juyves dessus dis, leurs enfans, gens, famile & mesniee, tant en commun & université, [a] singulerement & chascun par lui, facent & laissent joïr & user de tous les privileges, Libertez & franchises & Immunitez dessus dictes, & [b] chascune, & des circonstances & dependances d'icelles, sens les empeschier, molester ou travaillier ès choses dictes ou aucunes d'icelles, en corps ou en biens, ou autrement comment que ce soit au contraire; mais se aucune chose estoit faite au contraire, si le [c] rappellant & remettent, ou facent rappeller & remettre au premier estat deu, tantost & sens delay, en contraignant les faisans ou attemptans au contraire, à Nous faire pour ce Amende convenable, & si comme il apartendra. Et pour ce que les dis Juys & Juyves pourront avoir à faire de ces presentes, universaument ou particulerement, en plusieurs & divers lieux, lesquelles il ne pourroient bonnement ne aisiement avoir, ne ne pourroient estre [d] devisées en divers lieux, Nous voulons & leur octroïons de grace especial, que au *Vidimus* & Transcript de ces presentes, ou de la clause de ces presentes extraite soubz *Vidimus* ou Transcript fait soubz seel Royal, soit adjoustée plaine foy comme à ces presentes, sens contredit ou difficulté quelconques. Et que ce soit ferme chose & estable, Nous avons fait mettre nostre seel à ces presentes: Sauf en autres choses nostre droit, & en toutes l'autrui. *Ce fu fait & donné à Paris, l'an de grace mil trois cens soixante, ou mois de Mars.*

a que.
b de.
c rappellent.
d divisées.

Depuis l'octroy desquelles Lettres de nostre dit Seigneur dessus transcriptes, & que Nous feusmes venus au Gouvernement de nostre dit Royaume, Nous avons accordé aus dis Juys & Juyves demourans en nostre dit Royaume, noz Lettres contenant la fourme qui s'ensuit.

CHARLES par la grace de Dieu Roy de France. A tous ceulx qui ces presentes Lettres verront: Salut. Manessier de Vezou Juif, Procureur General des Juys & Juyves demourans en nostre Royaume, ès Parties de la Langue-d'Oyl, & Jacob de Pons-Sainte-Maxence Juyf, demourant à Paris, pour & ou nom des Juys & Juives dessus [e], Nous ont fait humblement exposer, que comme pour ce que aucuns *(f)* ou privileges des diz Juys & Juives, ont presté [f] à plus qu'il ne povoient ou devoient, qui estoit & est en excedant & contre leurs privieges par Nous à eulx octroïez sur ce, pluseurs d'iceulx Juys & Juyves aïent esté [g] approchiez par nostre Prevost de Paris, pour Nous en faire Amende; & pour ce qu'il [h] se doubtent que en ycelle Amende, ilz ou aucuns ne soïent encourus envers Nous, les diz Manessier & Jacob, ou nom & pour yceulx Juys, Nous ayent supplié que sur ce leur soïons doulz & misericors; pour ce est-il que Nous ce considerans, aus dis Juys & Juyves & à chascun d'euls, avons quittié, remis & pardonné, & par ces presentes, de nostre grace especial & certainne science, quittons, remettons & pardonnons à plein tout ce en quoy pour cause des choses dessus dictes & autres quelconques, ou aucunes d'icelles, il pueent avoir encouru envers Nous, pour tout le temps passé jusques au jour duy: Et encores de nostre plus habundant grace, voulons & leur octroïons que tous les privileges & graces à eulx fais & octroïez en cire vert & las de soïe, & autres quelconques, tant par nostre tres-cher Seigneur & Pere dont Diex ait l'ame, comme par Nous, soïent & demeurent en leur force & vertu, leur soïent tenuz & gardez sens

e dits.
f ont pris un interêt plus fort que celui qui leur étoit permis.
g ajournez en Jugement.
h craignent.

NOTE.

*(f) Ou privileges.]* Je crois cet endroit corrompu, & ces mots me paroissent inutiles.

enfraindre

enfraindre, qu'il en joyssent & usent, & puissent d'oresenavant joïr & user paisiblement & entierement, selon la forme & teneur des grace & previlege dessuz diz; [a] parmi ce qu'il Nous païeront la somme de mil & cinq cens Frans; c'est assavoir, chascune sepmaine, cent Franc d'or, jusques à fin de paie; lesquelx Nous avons ordenez estre mis & convertiz en la reffeccion de la Tour de [b] Saint Clot, & non ailleurs; & par ce pourront avoir & prendre par sepmaine, quatre Deniers pour vint Solz ou pour Franc, sens ce qu'il en soient ou puissent estre contrains ou mis à Amende d'oresenavant, en aucune maniere. Si donnons en mandement à nostre Prevost de Paris, à tous nos autres Justiciers, Sergens & subgès, & à chascun d'euls, & à leurs Lieuxtenans, que de nostre presente grace, sueffrent, facent & laissent les dis Juys & Juyves & chascun d'euls, joïr & [c] veser d'oresenavant, sens les contraindre, molester ou empeschier, ou [d] estre souffers contrains, molestez ou empeschiez, comme que ce soit au contraire; mais sur ce les tiegnent quittes & paisibles à tousjours mais, & dès maintenent en imposons silence à tous nos dis Officiers, en leur commandant par ces presentes, que se aucune chose estoit faite au contraire, pour les causes dessus dictes ou aucunes d'icelles, contre les dis Juys & Juyves ou aucuns d'eulx, qu'il soit mis & ramené au premier estat & deu. Et avec ce, pour ce que ces presentes ne pourroient sitost & si [e] briement, comme [f] mestier seroit, estre portées en tant de lieux que les dis Juys & Juyves en pourroient avoir à faire, il Nous plaist & voulons de nostre dicte grace, que au *Vidimus* ou Transcript d'icelles fait soubz le seel de nostre Chastellet de Paris, foy pleniere soit adjoustée comme au propre Original. En tesmoing de ce, Nous avons mis à ces presentes Lettres nostre Signet & nostre Seel de secret, ausquels Nous voulons estre obey comme à nostre grant Seel, lequel est absent à present. *Donné au Bois de Vincennes, le XVIII.^e jour de May, l'an de grace mil trois cens soixante & dix, & de nostre Regne le [g] septime.*

Nientmoins, pour ce que en nos dictes Lettres dessus transcriptes, n'a esté ne est faicte aucune mencion de ce que avant la confeccion d'icelles noz Lettres, Nous par l'aviz & deliberacion de tout nostre Grant Conseil, & pour certaines & justes causes, avions [h] voulu & ordené & declairié, que les dis Juys & Juives demourans en nostre dit Royaume, s'en alassent du tout hors de nostre dit Royaume, sens y plus demourer ou arrestier, & que aucune revocacion n'en avions faicte, dont il apparust par Lettres, nostre Procureur les a n'agaires trait en Cause pardevant nostre Prevost de Paris, à respondre sur ces choses, & sur plusieurs autres transgressions & excès fais & commis par les dis Juys & Juives, contre nos Ordennances & la teneur de leurs dis privileges, & aussi en lesion & grant dommage de la chose publique & [i] tous nos subgès; & aussi sur ce que nostre dit Procureur dit & maintient contre les diz Juys & Juyves, que nos dictes Lettres cy-dessus transcriptes sont de nulle valeur, & que aidier ne s'en pueent en aucune maniere, pour ce que elles ne furent onques passées par l'examen de nostre grant Seel & de la Chancellerie de France, en la maniere acoustumée; tendant nostre dit Procureur [k] affin que les diz Juys & Juives l'amendassent à Nous de très grandes & grosses Amendes arbitraires, & que il feussent punis de corps & de biens selon l'exigence de leurs delis, & aussi que ils feussent contrains à euls departir nostre dit Royaume, selon nostre dicte Ordonance & declaracion; & pour ce yceulx Juys & Juyves Nous ont fait de rechief humblement supplier, que attendu la grace & liberalité que Nous leur avons tousjours fais, comme il aient eu & ont très bonne volenté de Nous servir de leur pooir selonc leurs facultez, Nous leur vousissons sur ces choses estendre nostre grace, & leur confermer de nouvel leurs dis privileges dessus transcrips. Savoir faisons à tous presens & avenir, que Nous, en consideracion aus choses devant dictes, inclinans en ceste partie à la supplicacion des dis Juys & Juyves demourans en nostre dit Royaume, à yceulx & chascun d'eulx avons quittié, remis & pardonné, & par la teneur de ces presentes, de nostre certaine science, grace especial & auctorité Royal, quittons, remettons & pardonnons toute peine, offense & Amende corporelle, criminele & civile que ilz pueent avoir encouru ou mespriz envers Nous, pour occasion de transgressions

CHARLES V. au Château du Bois de Vincennes, le 18. de Juillet 1372. & au Bois de Vincennes, le 18. de May 1370.

a *moyennant.*
b appar. *S.t Cloud, à 2. lieuës de Paris.*
c *user.*
d *souffrir être.*
e *brievement.*
f *besoin.*
g *septieme.*
h *Les Lettres données à ce sujet, ne se trouvent point dans les Registres de ce temps.*
i *de.*
k *concluant aux fins.*

CHARLES V. au Château du Bois de Vincennes le 18. de Juillet 1372. & au Bois de Vincennes le 18. de May 1370.

& autres choses devant dictes; & sur ces choses & chascune d'icelles, avons imposé & imposons silence perpetuel à nostre dit Procureur, & les dis Juys & Juyves restablissons & remettons en nostre dit Royaume, ouquel il Nous plaist, & leur octroïons de nouvel de nostre dicte grace especial & certaine science, que il soïent & demeurent durant le temps que nostre dit Seigneur & Nous leur avons pieça octroïé, & oultre, tant comme il Nous plaira, & les prenons & mettons en nostre sauve & especial garde, en la maniere que il estoient par avant nostre dicte revocacion; nonobstant ycelle, & quelconques autres Ordennances ou desenses au contraire: Et d'abundant grace, lesdictes Lettres dessus transcriptes de nostre dit Seigneur & les nostres, loons, ratiffions & approuvons, & de nostre dicte grace especial & certaine science confermons par la teneur de ces presentes. Et pour ce que en [a] un article ci dessus declairié, est contenu que yceulx Juys & Juives soïent creus sur leur Loy & serement, de ce que il affermeront ou diront avoir baillé pour prest ou autrement, aus Crestians, Nous, pour oster les fraudes & inconveniens qui s'en pourroient ensuir, & moderer ledit article, voulons & ordonnons par ces presentes, que d'oresennavant yceulx Juys & Juyves soïent creuz par la maniere que dit est, ou cas que les Christians empruntans ne voudroient ou pourroient prouver le contraire. Et oultre Nous plaist & voulons, que tous les dis Juys & Juyves demourans en nostre dit Royaume, portent leur [b] enseigne acoustumée audessus de la ceinture & en lieu plus apparent; & sera ladicte enseigne du large du seel de nostre Chastellet de Paris; & qui sera trouvé sens enseigne, il païera vint Solz Parisis d'Amende à Nous pour chascune fois; exceptez tant seulement Manessier de Vezou, sa femme & ses enfans, & Johannen son Gendre, Maistre Mathatias & sa mere, & Abraham son fils; ausquelx & chascun d'euls, Nous avons fait grace que il en soïent quittes, frans & exemps. Et aussi avons octroïé & octroïons aus dis Juys & Juives demourans & qui [c] demourant en nostre dit Royaume, que en alant deuëment & paisiblement par ycellui Royaume, sens fraude & malengin, pour [d] querir & faire [e] lours neccessitez, il puissent aler paisiblement parmi les Villes & lieux où il ne sont point demourans, [f] sens arrest, & sens y faire aucun Contraux; en païant toutevoïes les Travers & Païages ordenez [g] acoustumez, sens ce que il soïent tenus de porter ladicte enseigne, se il ne leur plaist, jusques à tems que il seront retournez ou lieu de leur domicile tant seulement. Et oultre avons octroïé & octroïons à yceulx Juis & Juives, que aucun Juyf ou Juyve ne soit puni d'aucune transgression ou meffait, fors que cellui tant seulement qui commettra le delit, & que ce ne tourne à aucun prejudice aux autres Juys, ne à la teneur de ces presens previleges. Si donnons en mandement par ces meismes Lettres, au Prevost de Paris, & à tous les autres Justiciers & Officiers de nostre dit Royaume, ou à leurs Lieuxtenans, presens & avenir, & à chascun d'eulx, si comme à lui appartendra, que de ces presens previleges & de chascun d'eulx, il facent & laissent joïr & user paisiblement les dis Juys & Juyves & chascun d'eulx, sens les molester, troubler ou empescher, ou souffrir estre molestez, troublez ou empeschiez en aucune maniere, en corps ou en biens, au contraire; mais tout ce qui fait y seroit ou attempté, comment que ce feust, mettent ou facent mettre sens aucun delay au néant & à pleine delivrance; & d'abundant grace, pour ce que les diz Juys & Juyves ne pourroient bonnement porter ne avoir ces presentes en tous les lieux où il en pourroient avoir à faire, Nous voulons & leur avons octroïé & octroïons de nostre dicte grace, par ces presentes, que au *Vidimus* d'icelles, ou de la clause d'icelles, dont il auront à faire, fait & collationné soubz seel Royal, foy pleniere soit adjoustée & que il y soit obeiy entierement comme à ces meismes presentes, sens aucun contredit. Et pour ce que ce soit ferme chose & stable, Nous avons fait mettre nostre seel à ces presentes Lettres: Sauf en autres choses nostre droit, & l'autrui en toutes.

*Donné en nostre Chastel* [h] *Bois de Vincennes, l'an de grace mil trois cens soixante & douze, & de nostre Regne le IX.e ou mois de Juillet, XVIII. jours.*

Par le Roy. J. DE REMIS.

[a] *Voy. cy-dessus*, p. 493. art. 11.

[b] *Voy. le 3.e Vol. de ce Rec.* p. 642. j. & 648. x.

[c] *demeureront.*

[d] *chercher.*

[e] *leurs.*

[f] *sans s'y arrêter.*

[g] *&.*

[h] *du.*

CHARLES V. au Bois de Vincennes, au mois de Juillet 1372.

## (a) *Reglement qui fixe le prix du pain, selon les differents prix du Bled.*

CHARLES par la grace de Dieu Roy de France. Comme n'agaires par vertu de noz autres Lettres adreçans à noz amez & feaulx Conseillers, Maistres Thomas Vannin & Miles de Voisines, & à nostre Prevost de Paris, desquelles la teneur est telle.

[a] *KAROLUS Dei gratia Francorum Rex. Dilectis & fidelibus Consiliariis nostris, Magistris Thome Vanin & Miloni de Vicinis, ac Preposito Parisiensi: Salutem & dilectionem. Ex conquestione & relatu plurium fide dignorum nostrorum subditorum, intelleximus quod Pistores & Boulengarii panem conficientes & vendentes ad detaillium in Villa nostra Parisiensi, cupiditatis ardore & alia sua temeritate moti, panes albos & alios minoris ponderis ac speciei & valoris, quam usus debitus & ratio requirunt, hactenus conficere presumpserint, & de die in diem confecerint; presertim attento bladorum precio nunc currente; & in hiis multas commiserunt & committere non cessent malicias atque fraudes, contra Ordinaciones Regias* [b] *à tempore carissimi Domini felicis memorie, Philippi pulcri Regis Francorum, quondam Proavi nostri, quas cum aliis Ordinacionibus super hoc editis, & in Registris Castelleti nostri Parisiensis contentis, examinari fecimus, ac in rei publice & tocius populi prejudicium, temere veniendo: Et licet plures fuerunt Commissarii super dicto* [c] *ministerio deputati, attamen dicti Pistores & Boulengarii in suis* [d] *prestiterunt maliciis & fraudibus antedictis, aut abstinere vel ab eis se corrigere noluerunt; immo in hoc totis viribus perseverare conantur,* [e] *quod ex defectu visitacionis competentis & debite punicionis non secute, verissimiliter processerunt & procedunt,* [f] *in ipsius Ville ac popularium & frequentancium eandem, cedunt & amplius cederent dampnum & prejudicium, nisi super hoc provideretur de remedio competenti; maxime cum* [g] *Pennetarium nostrum Francie, vel ejus deputatos, nullum, saltem sufficiens, super hoc fuerit appositum remedium, prout ex inspectione panis in eadem Villa cotidie venditi, apparet* [h] *magnifeste. Quapropter, implorato super hoc nostre provisionis competenti remedio, attendentes quod in hac parte tractatur de regimine ac interesse & utilitate rei publice, que debet ceteris quibuscunque preferri; & presertim in dicta Villa Parisiensi, in qua boni regiminis exemplar debet, prout hactenus consuetum est, inveniri, vobis aut duobus vestrum, quorum vos Preposite, unus sitis, committimus & mandamus, quatinus dictos Pistores & Boulengarios, ac eorum panes vendicioni deinceps exponendos, bene & diligenter visitetis; & ad* [i] *ipsos conficiendum panes de cetero in dicta Villa, in & sub debitis qualitate, bonitate & quantitate, habito respectu ad precium bladi, ac juxta tenorem Registri & Ordinacionum predictarum, debite compellatis; illos vero quos contrarium facere vel committere de cetero inveneritis, puniatis, prout ex tenore dicti Registri & Ordinacionum predictarum, quas exequi & in suo robore teneri volumus,* [k] *fideliter expedire; taliter in premissis & circa ea vos habentes, quod de negligencia non valeatis reprehendi. Ab omnibus autem Justiciariis & subditis nostris, vobis aut duobus vestrum, ut dictum est, aut deputandis à vobis in hac parte, pareri volumus & jubemus.* Datum Parisius, in Parlamento nostro, die vigesima prima Aprilis, anno Domini millesimo trecentesimo septuagesimo secundo, post Pascha, & Regni nostri nono.

Nos diz Conseillers & Prevost, pour enteriner & acomplir le contenu de noz

[a] C'est un Arrest du Parlement.

[b] factas.

[c] mestier.

[d] persliterunt.

[e] que.

[f] &.

[g] per.

[h] manifeste.

[i] ipsos ad.

[k] Dans les Lettres du 9. Decembre suivant: au lieu de *fideliter*, il y a *videritis*.

NOTE.

(a) Livre vert ancien du Chastelet, *fol.* 14. *R.*

Avant ces Lettres, il y a : *Comment Boulengiers doivent faire le pain, de quelles tailles, de quelx poix & de quel pris, depuis le sextier valant 8. Sols jusques à 24. Sols; & comment au Prevost de Paris en appartient la congnoissance.*

Ce titre n'est point conforme à ce qui est contenu dans ces Lettres.

Les dispositions de ces Lettres ont été changées ou modifiées par celles du 9. de Decembre suivant, qui seront imprimées dans leur rang.

CHARLES V. au Bois de Vincennes, au mois de Juillet 1372.

Lettres dessus transcriptes, touchant le fait de la visitacion & Ordenance des[a] Talemeliers de Paris, & du pain fait à Paris, eussent veu & visité à grant deliberacion, appellé avec eulz plusieurs saiges, les anciens & nouviaux Registres de nostre Chastellet de Paris, touchant le fait dessus dit; & yceulz Registres par eulz ainsi veuz & examinez, eussent fait faire certain essay de pain par gens en ce congnoissans, pour savoir & adviser comment[b] le prouffit du commun peuple, l'en pourroit faire à Paris pain souffisant & convenable, eu regart à la valeur du blé, au poiz & au pris du pain, & aux autres choses que l'en pourroit bonnement noter & ymaginer en ce fait; par lequel essay qui fu fait bien notablement en la presence d'aucuns Examinateurs de nostre dit Chastellet, & d'aucuns Eschevins, Bourgoiz, Talemeliers & autres de nostre Ville, l'en avoit fait faire *(b)* pain blanc de Chailly & pain bourgoiz *(c)* d'un denier & de deux deniers de taille; & pain faitis d'un denier de taille; & fu trouvé que le pain de Chailly en paste d'un denier de taille, pesa onze onces, à 15. onces la livre; & y[c] ot quatre douzaines de pain ou sextier de blé; & pesa ledit pain tout cuit, neuf onces & sept sizain, qui est le quart d'une once; & le pain de Chailli de 2. deniers de taille, pesa en paste 22. onces; & y ot onze douzaines onze pains; & pesa cuit 18. onces & demie; le pain faitis que on dit de brode, d'un denier de taille, pesa en paste 28. onces; & y ot six douzaines & dix pains; & pesa le pain cuit 24. onces; & le pain bourgois d'un denier de taille, pesa en paste 15. onces; & en y ot deux douzaines, qui pesa cuit 12. onces; & celui de deux deniers de taille dudit pain bourgois, pesa en paste trente onces; & y ot cinq douzaines & cinq pains, & pesa cuit le pain 25. onces. Après lequel essay ainsi fait & rapporté à noz dits Conseillers, yceulx Commissaires, pour plus deüment proceder en ce fait, eussent fait acheter du pain que l'en vendoit aux fenestres des Talemeliers de Paris, & ycelui peser à l'encontre du pain qui avoit esté fait dudit essay, en la presence de plusieurs Talemeliers de la Ville de Paris, & autres bonnes genz pour ce assemblés ou dit Chastelet: Et fu trouvé que le pain de Chailli nouvellement fait, pesoit deux onces & demie plus que le pain de Chailly qui avoit esté aux fenestres trouvé; & le pain bourgoiz dudit essay, pesoit plus une once & demie de l'autre pain bourgoiz; & le pain faitis dudit essay d'un denier de taille, pesoit autant que le pain bourgoiz de deux deniers pris aux fenestres. Et finablement noz diz Commissaires par grant deliberacion, eussent advisé & deliberé entre eulz pour le prouffit du commun peuple, certaine Ordenance sur le fait du pain, en la maniere qui s'ensuit; c'est assavoir, que tant & si longuement comme le sextier du meilleur blé froument, ou à douze deniers près du meilleur, vaudra & sera vendu en plein marchié ou en grenier à Paris, *(d)* douz Solz, les Talemeliers de Paris & des Fourbours, feront & seront tenus de faire pain bien labouré, qui pesera & devra peser tout cuit, les poiz cy après esclarcis; c'est assavoir, le pain blanc appellé pain de Chailly de deux deniers de taille, pesera dix huit[d]; le pain bourgoiz de ladite taille, 24. onces; & le pain faitis d'un denier de taille, 24. onces, & de deux deniers de taille, 48.

a *Boulangers.*
b *pour.*
c *eût.*
d *onces.*

NOTES.

*(b) Pain blanc de Chailly.]* L'on distingue dans ces Lettres, trois sortes de pain. 1.° Le pain blanc, dit *de Chailly.* 2.° Le pain *bourgeois.* 3.° Le pain *faitis* dit *de brode,* nommé pain *de bordre,* dans des Lettres du mois de May 1349. *Voy. le 4.e Vol. des Ordonn.* pag. 534. & la Note *(d)*, dans laquelle il est dit que l'on n'entend point ce mot.

Le pain *faitis*, est le pain bis. Car dans les art. X. XI. & XII. d'une Ordonnance du mois de Fevrier 1350. qui est à peu près semblable à celle-cy, on distingue aussi trois sortes de pain; sçavoir, le pain *de Chailly*, le pain *coquillé*, & le pain *bis.* Voyez *le deuxiéme Volume des Ordonnances*, pag. 352.

Dans une Ordonnance du mois de Septembre 1365. il est parlé d'un grand pain *faitis.* Voy. *le 4.e Vol.* p. 592.

*(c) D'un denier . . . de taille.]* C'est-à-dire, qui, eu égard à son poids, doit valoir un denier. Dans la page 534. du 4.e Vol. des Ordon. il est dit dans le même sens, *pain tourné pour deux deniers.*

*(d) Douze Sols.]* Il paroît par les articles X. & suivants de l'Ordonnance du mois de Fevrier 1350. cité dans la Note *(b)*, que le septier de bled valoit alors depuis 24. jusqu'à 40. Sols. En 1372. il ne valoit que 12. Sols, & il est dit dans la suite de ces Lettres, que l'on esperoit qu'il diminueroit encore.

onces, s'il leur plaist; & toutes & quantes foiz que le sextier dudit meilleur blé froument, ou à douze deniers près du meilleur, [a] avalera ou montera de trois Sols Parisis, ledit pain de Chailly pesera plus ou moins demie once; le pain bourgois une once, & le pain faitis d'un denier, une once, & de deux deniers, deux onces. Assavoir est & à entendre, que se le Marchié du blé avale & amende, ledit pain de chascune qualité pesera plus; & se il monte, il pesera moins; & pour les trois Sols que le sextier du meilleur blé ou à douze deniers près du meilleur, avalera ou amendera, ou montera & haucera, le pois dudit pain se continuera en croissant ou en appetissant, par la maniere dessus dite; c'est assavoir, le pain de Chailli, de demie once; le pain bourgoiz, d'une once; & le pain faitis d'un denier, d'une once; & de deux deniers, de deux onces; & pour mendre amendement ou creuë de 3. Sols Parisis pour sextier, ne croistra ou appeticera le poiz dudit pain; pour ce que bonnement ne se pourroit faire. Et pour ce que de present [b] blé est à bon marchié, & pourra estre par le plaisir de Dieu, à aussi bon ou meilleur marchié ou temps avenir, fut advisié & deliberé, que de present, & toutes foiz que le meilleur blé ou à douze deniers près du meilleur, sera à pris de seize Solz & audessoubz, les diz Talemeliers feront & seront tenus de faire pain d'un denier de taille, de chascune des qualitez dessus dites, pesant la moitié du pain de deux deniers de taille, par la maniere dessus divisée; oultre & avecques le pain de deux deniers de taille, qu'il feront par la maniere que dit est: Et toutes foiz que blé sera à seize Solz le sextier ou audessoubz, les diz Talemeliers seront tenus de faire de chascun sextier de blé que ilz auront pour vendre, une douzaine de pain de Chailli d'un denier de taille, & autant de pain bourgoiz, à tout le moins; & le surplus pourront faire se il leur plaist, tel & en tele maniere que dessus est divisé, selon ce que ces choses Nous ont esté rapportées plus à plain, & aux Genz de nostre Parlement, & autres de nostre Conseil, par les Commissaires dessus nommez, à ce que par Nous feust pourveu sur les choses dessus dites, [c] remede convenable: Savoir faisons à tous presens & avenir, que Nous voulans & desirans de tout nostre povoir, le prouffit de la chose publique estre preferé devant tous autres; attendu que en nostre bonne Ville de Paris, doit estre mis & trouvé tout bon gouvernement, mesmement sur les vivres dont le commun peuple est soustenu; eu sur ces choses grant deliberacion de Conseil aux Genz de nostre Parlement, & autres noz Conseillers, ladite Ordennance advisée & deliberée sur le fait dudit pain, comme dessus est esclarcy, avons eu & avons agreable, comme bien & deuement faite, & la loüons, greons & approuvons, & ycelle de nostre certaine science & auctorité Royal confermons par la teneur de ces presentes; & Nous plaist & voulons, que ycelle Ordenance soit doresenavant tenuë & gardée & accomplie sanz enfraindre en aucune maniere, par aucuns ou tems avenir: Et quiconques fera ou sera trouvé faisant le contraire des choses contenuës en ladite Ordennance, il perdra le pain, & l'amendera d'Amende volontaire, selon l'Ordennance de nostre Prevost de Paris ou de son Lieutenant, qui est ou qui sera pour le temps avenir. Et voulons & ordenons oultre, que pour faire plus diligemment la visitation des choses dessus dites, nostre dit Prevost puist mettre ou ordonner telles personnes, & jusqu'à tel nombre comme il lui plaira & bon lui semblera, pour visiter & exercer les choses dessus dites, toutes les foiz que bon lui semblera; lesquelz Commis auront & prendront pour leur paine & salaire, le quart sur les Amendes & emolumens qui [d] ystront de ladite visitacion; & du pain qui sera pris en faisant ladite visitacion, ledit Prevost ou son Lieutenant, pourra ordener & le distribuer ou faire distribuer par ses Commis, là où bon lui semblera. Si donnons en mandement par ces presentes, à nostredit Prevost ou à son Lieutenant, qui est & qui pour le temps avenir sera, que ladite Ordenance il face publier deuëment & solempnelment, là où il appartendra, & la face tenir & garder & acomplir bien & diligemment, si comme il sera à faire de raison, & contraigne à ce tous ceulz qui pour ce seront à contraindre: Et n'est pas nostre entente que ceste presente Ordenance face prejudice à telz droiz comme nostre Pennetier de France puet avoir sur les choses dessus dites; mais pourra visiter les

CHARLES V. au Bois de Vincennes, au mois de Juillet 1372.

[a] *descendra.*

[b] *le.*

[c] *de.*

[d] *sortiront, proviendront.*

CHARLES V. au Bois de Vincennes, au mois de Juillet 1372.

Talemeliers, & distribuer le pain qui sera trouvé en [a] mesprenture, comme il faisoit par avant, & en rapportant à nostre Prevost de Paris ou à ses Commis, les noms de ceulz, qui seront trouvez avoir meffait, à ce que nostre Amende puist estre levée par nostredit Prevost ou ses Commis, à nostre prouffit, selon nostre Ordenance dessus esclarcie. Et pour ce que ce soit chose ferme & estable à tousjours, Nous avons fait mettre à ces Lettres nostre seel: Sauf nostre droit en autres choses, & l'autrui en toutes. *Donné en nostre Chastel du Bois de Vincennes, l'an de grace mil trois cens soixante & douze, & de nostre Regne le neuvieme, ou mois de Juillet.* Ainsi signé. J. DE REINS.[b] *Visa.*

Collacion faite des Lettres dessus transcriptes, par moy. J. DE REINS.

a *à qui ne fera pas trouvé conforme aux Reglements.*

b *ou* Remis, *là & ailleurs.*

---

CHARLES V. à Paris, en Juillet 1372.

## *(a)* Diminution de Feux pour Limoux & autres lieux.

K*AROLUS, &c. Notum facimus, &c. Quod cum ex parte, &c.*

*Cumque facta quadam Informacione virtute Litterarum Regiarum in Villa de* [c] *Limoso, Senescallie Carcassone, super numero Focorum modernorum in dicta Villa nunc existencium, per Magistrum Bertholomeum Vitalis, Clericum nostrum, & Aymonem de Nyente, nostrum Servientem Armorum, Commissarios ex parte Regia ad hoc deputatos; vocato ad hoc & presente in omnibus Procuratore nostro Senescallie predicte, vel ejus legitimo Substituto; eademque, &c.*

*Repertum fuerit quod in dicta Villa Limosi, sunt de presenti & reperiuntur* [d] *octingentim septem Foci, secundum traditam, &c.*

*Quod ut firmum, &c. salvo, &c.* Actum Parisius, anno Domini millesimo ccc.° septuagesimo secundo; Regni vero nostri nono, mense Junii.

*Per Consilium, &c.* [e] G. DE MONTAGU. Informacio, &c. P. DE CHASTEL.

[f] Item. *Consimilis Carta pro Villa de (b) Saxiaco,* [g] *Castellenie Montis-Regalis, Senescallie Carcassone, in qua sunt centum septuaginta quatuor Foci.* Signata ut supra.

Item. *Consimilis Carta pro Civitate sive Burgo Carcassone, in quo sunt octingenti septem Foci.* Signata ut supra.

c Limoux. *Voy. cy-dessus*, p. 151. Note *(b)*.

d octingenti.

e à côté de ces signatures, il y a à la marge, *in forma.*

*f* ce qui suit a été copié conformement au Registre.

*g* Castellanie.

NOTES.

*(a)* Tresor des Chartres, Registre 103. Piece 7 vingt 15. (155).
*Voy. cy-dessus*, p. 30. Note *(a)*.

*(b) Saxiaco.]* Le R. P. D. Vaissette, Benedictin, m'a appris que ce lieu se nomme presentement *Saissac*, Baronie, dans le Diocése de Carcassone; sur lequel *Voy. le Diction. univ. de la Fr.* au mot, *Saissac.*

---

CHARLES V. au Château du Bois de Vincennes, le 7. d'Août 1372.

## (a) *Mandement qui porte qu'il sera donné à Gille Coussine, qui s'est engagée à apporter dix mille Marcs d'Argent à la Monnoye de Tournay, trois Sols huit Deniers par Marc, pardessus le prix que l'on donne du Marc, dans cette Monnoye.*

CHARLES par la grace de Dieu Roy de France. Aux Gardes & Maistre-particulier, ou tenant le compte de nostre Monnoye d'Argent de Tournay: Salut. Savoir faisons, que de nostre commandement & volenté, pour le bien & prouffit de Nous & de noz subgectz, & afin que nostre Monnoye de Tournay ne [h] chee en chomage, par bonne & meure [i] dilaberacion, aucuns de noz amez & feaulx

h *qu'on ne cesse d'y travailler.*

i *deliberacion.*

NOTE.

*(a)* Registre *D.* de la Cour des Monnoyes de Paris, *folio* 8 vingt 1. *verso* (161).

Avant ces Lettres, il y a:
*Lettres de [ dix ] mil Marcs d'Argent qui ont esté achettez de Gille Coussine, pour livrer à la Monnoye de Tournay.*

Tresoriers & Generaulx-Maistres de noz Monnoyes, ont traictié, accordé & marchandé avec Gille Coussine, Damoiselle, en telle maniere que icelle Damoiselle doit livrer & porter ou faire livrer & porter en son nom, en nostre dite Monnoye de Tournay, dedans la S.t Remy [a] prochainement venant, en ung an, la somme de dix mil Marcs d'Argent allaïé à quatre Deniers de Loy; [b] parmi ce que pour chascun Marc, elle aura & luy sera payé par vous, trois Solz VIII. Deniers Tournois, oultre le pris de *(b)* cent cinq Solz Tournois que Nous en donnons à present; pourquoy Nous vous mandons, & à chascun de vous estroitement enjoignons, que les dits trois Solz huit Deniers Tournois, oultre le pris de [c] cent Solz Tournois, vous paiez & delivrez à ladite Damoiselle, pour chascun des dits dix mil Marcs d'Argent [d] vous seront livrez & portez en ladite Monnoye; & [e] par rapportant ces presentes, ou copie d'icelles collationné par nostre Chambre des Comptes, avec certiffication de vous Gardes, des dits Marcs d'Argent ainsi livrez en ladite Monnoye, & recongnoissance de ladite Damoiselle, de ce que pour ladite cause payé luy aurez, tout ce que paié luy aura esté par vous, pour cause des choses dessus dites, Nous voulons & mandons estre alloüé ou compte ou comptes de vous Maistre-particulier dessus dit par noz amez & feaulx les Gens de noz Comptes à Paris, sans contredict; nonobstant quelzconcques Ordennances, mandemens ou defenses faictes ou à faire à ce contraires. *Donné en nostre Chastel du Bois de Vincennes, le VII.e jour d'Aoust, l'an mil trois cens soixante douze, & le IX.e de nostre Regne.* Par le Roy, *à la relation du Conseil.* P. DE DISY.

CHARLES V. au Château du Bois de Vincennes, le 7. d'Août 1372.

a *proch. R.*
b *moyennant.*
c *Voy. cy-dessus Note (b).*
d *qui.*
e *en.*

NOTE.

*(b) Cent cinq Sols.] Plus bas il y a, Cent Sols.* Comme la même difference se trouve dans des Lettres du dernier d'Août 1372. qui regardent aussi la Monnoye de Tournay, il n'y a pas d'apparence que ce soit une faute de Copiste; mais je ne vois point quelle peut estre la cause de cette difference.

---

## *(a)* *Mandement pour faire une fabrication d'Especes.*

CHARLES V. à Paris, le 9. d'Août 1372.

CHARLES par la grace de Dieu Roy de France. A noz amez & feaux les Generaulx-Maistres de noz Monnoyes: Salut & dilection. Comme à present Nous ayons à faire & supporter très grans & innumerables [f] mises, tant pour le fait de noz guerres, comme pour la defense de nostre Royaume; & pour ce aïons requis nostre amé Berthelemi Spifame, Marchant & Bourgeois de Paris, qu'il Nous face prest de certaine somme d'Argent; lequel Nous a accordé gracieusement ce que requis luy avons; [g] parmi ce toutes voies, que pour ce que, il n'a mie à present en comptant de quoy il Nous puist faire ledit prest, si comme il dit, Nous luy avons accordé qu'il puist mettre presentement en nostre Monnoye de Paris, deux mil Marcs d'Argent en Vaissellc & en Argent en [h] cendrée, ou environ, allaïez à XI. Deniers six grains fin, ou environ, afin qu'il Nous puist plustost & plus prestement secourir dudit prest que demandé & requis luy avons, comme dit est. Pour ce est-il que Nous vous mandons, que les deux mil Marcs d'Argent dessus dits, en Vaisselle & en Argent en cendrée, vous faictes ouvrer & monnoyer en Deniers d'Argent, sur le coin & forge de ceulx qui courent à present, pour quinze Deniers Tournois la Piece; lesquelz seront de [i] VIII. Sols de poix au Marc de Paris, & auront cours pour quinze Deniers Tournois la Piece, & qu'ilz soïent à unze Deniers six grains fin, comme dit est; & pour chascun Marc d'euvre des Deniers d'Argent dessus dits, faictes allouer

f *dépenses.*
g *moyennant.*
h *Voy. cy-dessus, p. 301. Note (c).*
i *de 96. P. au Marc.*

NOTE.

*(a)* Registre *D.* de la Cour des Monnoyes de Paris, *fol.o* 8 vingt *R.o* (160).

Avant ces Lettres, il y a:

*Le XII.e jour d'Aoust, l'an soixante douze, fut apporté ung Mandement seellé du grant seel du Roy nostre Sire, duquel la teneur s'ensuit.*

*Mandement de deux mille Marcs d'Argent.*

CHARLES V. à Paris, le 9. d'Août 1372.

ès comptes de celuy ou ceulx qui feront ledit ouvraige, quatre Solz Tournois. De tout ce vous donnons [a] pour, auctorité & mandement especial; & par ces presentes Lettres Nous mandons à noz amez & feaulx les Gens de noz Comptes à Paris, qu'ilz reçoivent & passent ledit compte d'iceulx deux mil Marcs d'Argent en Vaisselle & en Argent en cendrée, ou environ, par la maniere que dit est. Car ainsi l'avons Nous octroïé & octroïons audit Berthelemi, de grace especial; nonobstant quelzconques Ordonnances, Mandemens ou defenses faites ou à faire au contraire. *Donné à Paris, le IX.e jour d'Aoust, l'an de grace mil trois cens soixante douze.* Par le Roy. BAIGNEUX.

a pouvoir.

---

CHARLES V. le 16. d'Août 1372.

## (a) *Mandement qui porte qu'il sera établi un Hôtel des Monnoyes dans la Ville de Poitiers.*

CHARLES par la grace de Dieu Roy de France. A noz amez & feaulx les Generaulx-Maistres de noz Monnoyes: Salut & dilection. Comme n'agueres la Ville de [b] Poictiers soit venue à nostre obéissance, en laquelle, pour le tems qu'elle estoit en obéissance de nostre très chier Seigneur & Pere que Dieu absoille, l'en eust acoustumé de y faire Monnoye; sçavoir faisons, que Nous avons ordonné & ordonnons par ces presentes, que en nostre dicte Ville de Poictiers, y soit faicte & faciez faire Monnoye, par la forme & maniere que Nous faisons faire ès autres Monnoyes de nostre Royaume. Si vous mandons, & commettons, se [c] mestier est, par ces presentes, que en ladicte Ville de Poictiers, vous faciez faire & forger autelle & semblable Monnoye d'Or & d'Argent, comme Nous faisons faire en noz autres Monnoyes, afin que ladite Ville & le païs soit & puisse estre remply de nos dites Monnoyes; & donnez & faictes donner à tous Changeurs & Marchans qui apporteront Billon en icelle, [d] en tout Marc d'Argent allaïé à quatre Deniers de Loy, Argent-le-Roy, cent cinq Solz Tournois; & en tout autre Argent allaïé à deux Deniers de Loy, Argent-le-Roy, cent Solz Tournois; & pour Marc d'Or, autel & semblable pris comme Nous faisons donner en noz Monnoyes de Tours & d'Angiers. De tout ce faire, à vous & à chascun de vous, donnons povoir, auctorité & Mandement especial: Mandons à tous à qui il appartient, que à vous en ce faisant, obéissent & entendent diligemment. *Donné* [e] *le XVI.e jour d'Aoust, l'an de grace mil trois cens soixante douze, & de nostre Regne le neufiesme.*

*Par le Roy*, à la relacion du Conseil estant en la Chambre des Comptes. BAIGNEUX.

*Et fut envoïée la Coppie des dittes Lettres, à* [f] *Cire Martin de Foulques, à Tours, pour soy transporter au dit lieu de Poictiers, & pour icelles Lettres accomplir.*

b *Voy. cy-dessus*, p. 190. Note (a).

c *besoin.*

d *de.*

e *Le lieu où ces Lettres ont été données, n'est pas marqué.*

f peut-être, *Sire.*

NOTE.

(a) Registre *D.* de la Cour des Monnoyes de Paris, *fol.o* 8 vingt 1. *R.o* (161).

Avant ces Lettres, il y a:

*Le XVII.e jour d'Aoust, mil trois cens soixante & douze, fut apporté un Mandement en la Chambre des Monnoyes, duquel la teneur s'ensuit.*

*Mandement pour la Monnoye de Poictiers.*

(a) Lettres

*(a) Lettres qui portent que celles qui ont été obtenuës par les habitans des Seneschaussées de Toulouse, de Carcassone & de Beaucaire, pour la diminution des Feux des lieux où ils demeurent, ne seront point expediées à la Chambre des Comptes, qu'ils n'ayent payé un Franc d'Or pour chaque lieu.*

CHARLES V. au Bois de Vincennes, le 18. d'Août 1372.

CHARLES par la grace de Dieu Roy de France. A noz amez & feaux Gens de noz Comptes à Paris: Salut & dilection. Comme nostre très chier Seigneur & Pere que Dieux absoille, & Nous, pour certainnes & justes causes, eussions pieça octroïé aux Communes & habitans des Villes & lieux de noz Seneschaucies de Thoulouze, de Carcassonne & de Beaucaire, que le nombre ancien des Feux d'icelles Villes & lieux, feust reparez, & ramenez au vray nombre de Feux qui y seroient lors trouvez, selon certainnes Instructions faictes sur ce; & combien que par vertu d'icelles Instructions & octroys, les dictes Villes & lieux aïent esté une foiz reparez, toutevoïes pour ce que depuis icelles reparations, les Feux des dictes Villes & lieux, ou d'aucuns d'iceulx, pour le fait des guerres & autrement, sont grandement appetissiez, aucuns des dis habitans ont empetré de Nous ou de nostre Court, ou de nostre très chier Frere & Lieutenant ès parties de la Languedoc, le Duc d'Anjou, Lettres par vertu desquelles il ont fait reparer de nouvel le nombre des dis Feux, au vrai nombre qui de present y a esté trouvé; & requerrent que les [a] procès qui en sont fais, soïent expediez en nostre Chambre des dis Comptes, selon l'Ordenance qui fu faicte pour la premiere reparation; comme selon raison il devroient & doivent estre quittes des Subsides & [b] Foüages qu'il accordent, en payant iceulx selon le vrai nombre de Feux qui pour le temps est trouvé ès dictes Villes & lieux, si comme on dit: Nous [c] vüeillans sur ce estre pourveu, avons ordenné & ordennons de nostre certainne science, par ces presentes, que tous ceulz qui ainsi ont fait reparer de nouvel les Villes & lieux des dictes Seneschaucies, & qui voldront avoir expedicion de ladicte Chambre, comme dit est, payeront pour chascun Feu reparé de nouvel, un Franc d'Or pour une fois, au Païeur de noz [d] euvres, pour convertir ou païement d'icelles, avant ce qu'il aïent aucune expedicion en nostre dicte Chambre; [e] parmi lequel Franc païant, Nous volons que leurs diz procès qui deuëment seront fais en ensuivant les dictes Instructions, soïent par vous expediez, & Lettres bailliées à ceulz qui auront païé ledit Franc, en la fourme & maniere qu'il fu ordenné pour ladicte premiere reformacion, & non autrement. Si vous mandons que nostre presente Ordenance vous tenez senz enfraindre, & ne faictes ou souffrez faire en aucune maniere le contraire. *Donné au Boys de Vincennes, le XVIII^e. jour d'Aoust, l'an de grace M. CCC LXXII. & de nostre Regne le IX.^e*

*Collacio fuit facta cum Litteris Originalibus signatis sic.* Par le Roy. LOYS BLANCHET. *XXVIII. Septembris CCCLXXII. per me Petrum de Castro, que Littere Originales sunt penes me; & fuit [f] executoria Dominorum Camere, missa cuilibet Senescallo & Thesaurario dictarum Senescalliarum.*

[a] *procedures.*

[b] *Impositions par Feux.*

[c] *voulans.*

[d] *bâtiments.*

[e] *moyennant.*

[f] executor. *R.*

NOTE.

(a) Memorial *D.* de la Chambre des Comptes de Paris, *fol.*° 6 vingt 11. *v.*° (131). *Voyez les Tables des Mat. des Vol. de ce Rec.* au mot, *Feux.*

CHARLES V. à Paris, le 29. d'Août 1372.

*(a) Mandement qui porte qu'il sera payé cent seize Sols Tournois à Barthelemi Spifame, pour chaque Marc d'Argent qu'il apportera à la Monnoye de Paris.*

CHARLES par la grace de Dieu Roy de France. A noz amez & feaulx les Gens de noz Comptes & les Generaulx-Maistres de noz Monnoyes, à Paris: Salut & dilection. Comme nostre amé Berthelemi Spifame ait fait livrer par plusieurs fois en nostre Monnoye de Paris, certaine & grant somme de Vaisselle & d'autre Argent en [a] cendrée, laquelle il Nous a prestée du sien, à nostre grant besoing & pour le fait de nos guerres, si comme plus à plain peult apparoir par nos autres [b] sur ce adressans à nos dits Generaulx-Maistres des Monnoyes; & d'icelle luy avons promis, que du comptant qui en [c] ystera, il ait & soit paié de chascun Marc de ladite Vaisselle & d'autre Argent en cendrée, comme dit est, cent seize Solz Tournois. Si vous mandons, & à chascun de vous, que ès comptes de celui qui aura fait l'ouvraige de ladite Vaisselle & dudit autre Argent en cendrée, vous nos dites Gens des Comptes, alloüez & passez ledit pris de cent seize Solz Tournois pour chascun Marc d'icelle. Car ainsi Nous plaist-il estre fait, & l'avons octroié & octroions audit Berthelemi de grace especial; nonobstant quelconques Ordonnances, Mandemens ou defenses à ce contraires. *Donné à Paris, le XXIX.e jour d'Aoust, l'an de grace mil trois cens soixante & douze, & de nostre Regne le neufiesme.* Par le Roy, à *la relation des Generaux-Conseillers sur le fait des Aides pour la guerre.* BAIGNEUX.

a *Voy. cy-dessus, p. 301. Note (c).*

b *Lettres.*

c *sortira, proviendra.*

NOTE.

*(a)* Registre *D.* de la Cour des Monnoyes de Paris, *fol.o* 8 vingt 2. *verso* (162).

Avant ces Lettres, il y a:
*Lettres de donner de chascun Marc de ladite Vaisselle, cent seize Solz.*

CHARLES V. à Paris, le dernier d'Août 1372.

*(a) Mandement pour faire une fabrication d'Especes.*

CHARLES par la grace de Dieu Roy de France. A noz amez & feaulx les Generaulx-Maistres de noz Monnoyes: Salut & dilection. Comme à present Nous aïons à faire & supporter très grans & innumerables [d] mises, tant pour le fait de nos guerres comme pour la defense de nostre Royaume; & pour ce aïons requis nostre amé Berthelemi Spifame, Marchant & Bourgeois de Paris, qu'il Nous face prest de certaine somme d'Argent; lequel Nous a accordé gracieusement ce que requis lui avons; [e] parmi ce toutesvoyes, que pour ce qu'il n'a mie à present en comptant de quoy il Nous puist faire ledit prest, si comme il dit, Nous luy avons accordé qu'il puist mettre presentement en nostre Monnoye de Paris, mil Marcs d'Argent en Vaisselle & en Argent en [f] cendrée, ou environ, allaïez à unze deniers six grains fin, ou environ, afin qu'il Nous puist plustost & plus prestement secourir dudit prest que mandé & requis lui avons, comme dit est; & que vous faciez paier audit Berthelemi pour chascun Marc, cent seize Solz Tournois. Si vous mandons que les mil Marcs d'Argent en Vaisselle & en Argent en cendrée dessus dits, vous faciez ouvrer & monnoyer en Deniers d'Argent, sur le coing & forge de ceulx qui courent à present pour quinze Deniers Tournois la Piece; lesquelz seront de [g] huit solz de poix au Marc de Paris, & auront cours pour quinze Deniers Tournois la Piece,

d *dépenses.*

e *moyennant.*

f *Voy. cy-dessus, p. 301. Note (c).*

g *de 96. P. au Marc.*

NOTE.

*(a)* Registre *D.* de la Cour des Monnoyes de Paris, *folio* 8 vingt 3. *R.o* (163).

Avant ces Lettres, il y a:
*Le IIII.e jour de Septembre, l'an soixante & douze, fut apporté en la Chambre des Monnoyes, unes Lettres seellées du Grant seel du Roy, dont la teneur s'ensuit, faisant mention de faire ouvrer en la Monnoye de Paris, mil Marcs d'Argent en Vaisselle & en cendrée.*

& qu'ilz soient à unze deniers six grains fin, ou environ, comme dit est; & pour chascun Marc d'euvre des Deniers d'Argent dessus dits, faites alloüer ès comptes de celuy ou ceulx qui feront ledit ouvraige, quatre Solz Tournois. De ce faire vous donnons povoir, auctorité & mandement especial; & par ces présentes Lettres, Nous mandons à noz amez & feaux les Gens de noz Comptes à Paris, qu'ils reçoivent & passent le compte d'iceulx mil Marcs d'Argent en Vaisselle & en Argent en cendrée, ou environ, par la maniere que dit est. Car ainsi le voulons Nous estre fait, & l'avons Nous octroyé & octroïons audit Berthelemi, de grace especial; nonobstant quelzconques Ordonnances, Mandement ou defenses faictes ou à faire à ce contraires. *Donné à Paris, le dernier jour d'Aoust, l'an de grace mil trois cens soixante & douze, & de nostre Regne le neufiesme.* Par le Roy, *à la relation des Generaulx-Conseillers sur les Aides pour la guerre.* BAIGNEUX.

CHARLES V. à Paris, le dernier d'Août 1372.

---

(a) *Mandement qui porte qu'il sera donné à Guillaume Canquin, lequel s'est engagé au nom de Guillaume Biholart, de porter 4000. Marcs d'Argent à la Monnoye de Tournay, trois Sols huit Deniers par Marc, pardessus le prix que l'on donne du Marc, dans cette Monnoye.*

CHARLES V. à Paris, le dernier d'Août 1372.

CHARLES par la grace de Dieu Roy de France. Aux Gardes & Maistre-Particulier, ou tenant le compte de nostre Monnoye d'Argent de Tournay: Salut. Savoir faisons que de nostre commandement & volenté, pour le bien & prouffit de Nous & de noz subgectz, & afin que nostre dite Monnoye de Tournay [a] ne chée en chomage, par bonne & meure deliberation, aucuns de noz amez & feaulx Tresoriers, & Generaulx-Maistres de noz Monnoyes, ont traictié, accordé & marchandé avec Guillaume [b] Canquin, pour & ou nom de Guillaume Biholart, Changeur & Bourgeois de Tournay, pour lequel ledit Canquin s'est fait fort, en telle maniere que ledit Changeur doit livrer & porter, ou faire livrer & porter en son nom, en nostre dite Monnoye de Tournay, dedans mi-Karesme [c] prochainement venant, la somme de quatre mil Marcs d'Argent allaïé à quatre deniers de Loy; [d] parmi ce que pour chascun Marc, il aura & lui sera païé par vous, trois solz huit Deniers Tournois, oultre le pris de [e] cent cinq Solz Tournois que Nous en donnons à present. Pourquoy Nous vous mandons, & à chascun de vous, & estroictement enjoignons, que les dits trois Solz huit Deniers Tournois, oultre le pris de [f] cent Solz Tournois, vous payez & delivrez audit Changeur, pour chascun des dits mil Marcs d'Argent, tout ainsi que par lui, ou par autre en son nom, & dedans le temps dessus dit, les dits IIII.m Marcs d'Argent, vous seront livrez & portez en ladite Monnoye; & [g] par rapportant ces présentes ou Copie d'icelles collationnée par nostre Chambre des Comptes, avec certiffication de vous Gardes, des dits Marcs d'Argent ainsi livrez en ladite Monnoye, & recongnoissance dudit Changeur de ce que pour ladicte cause payez luy aurez, tout ce qui ainsi payé luy aura esté par vous, pour cause des choses dessus dites, Nous voulons & mandons estre alloüé ou compte ou comptes de vous Maistre-Particulier dessus dit, par noz amez & feaulx les Gens de noz Comptes, sans contredit; nonobstant quelzconques Ordonnances, Mandemens ou defenses faictes ou à faire à ce contraires. *Donné à Paris, le derrenier jour d'Aoust, l'an de grace mil trois cens soixante douze, & de nostre Regne le neufiesme.* Par le Roy, *à la relation du Conseil.* P. DE DISY.

[a] *qu'on ne cesse d'y travailler.*

[b] ou *Cauquin.*

[c] *prochain.* R.

[d] *moyennant.*

[e] *il y a plus bas cent solz. Voy. cy-dessus, p. 503. Note (b).*

[f] *Voy. cy-dessus Note (e) marginale.*

[g] *en.*

NOTE.

(a) Regiſtre *D.* de la Cour des Monnoyes de Paris, *folio* 8 vingt 2. *R.°* (162).

Avant ces Lettres, il y a:

*Le II.e jour de Septembre, l'an soixante & douze, furent apportées en la Chambre des Monnoyes, par Sire Guillaume le Galois Tresorier de France, unes Lettres seellées du grant seel du Roy, dont la teneur s'ensuit.*

*Lettres de quatre mil Marcs d'Argent achatez de Guillaume Biholart, pour livrer en la Monnoye de Tournay.*

CHARLES V. à Paris, en Août 1372.

## (a) Reglement pour les Boulangers de la Ville d'Arras.

### SOMMAIRES.

*(1) Les Boulangers d'Arras élisent tous les ans un Majeur & des Echevins de leur mestier, qui prestent serment entre les mains des Echevins d'Arras. Nul ne peut faire du pain ni de la Pâtisserie, s'il n'est du Corps des Boulangers; & il ne peut y être reçû, s'il n'a été Garçon ou Compagnon pendant deux ans. Celuy qui est reçû dans ce Corps, paye sept Sols; à l'exception des Fils & des Filles de Boulangers; & celles-cy affranchissent leurs premiers Maris de ce droit.*

*(2) Le Maire peut aller visiter le pain des Boulangers, & donner aux pauvres celui qui n'est pas bon.*

*(3) Ceux qui diront des injures au Majeur & aux Echevins, lorsqu'ils seront en fonction, seront condamnez à l'Amende.*

*(4) **

* Voy. p. suiv. Note (h).

*(5) Les Apprentifs, s'ils ne sont pas fils de Boulangers, doivent cinq Sols.*

*(6) Ceux qui n'iront point au corps de leurs Confreres, seront condamnez à l'Amende.*

*(7) Ceux qui étant ajournez par le Maire, pour comparoître en son Audience, n'y viendront pas, seront condamnez à l'Amende.*

*(8) Ceux qui feront des* Kaucliers, *seront condamnez à l'Amende.*

*(9) Ceux qui ayant des boutiques dans le marché, appellent en criant les Boulangers qui sont dans leurs boutiques, & qui jouënt de l'argent dans le marché, payeront une Amende.*

*(10) Les Boulangers payeront l'Amende, lorsqu'ils dérangeront les étaux de leurs Confreres, ou qu'ils prendront leurs ustensiles sans leur permission, lorsqu'ils pisseront à quatre pieds près de leurs étaux ou de ceux de leurs voisins; ou qu'ils cracheront avec violence.*

*(11) Les Boulangers & ceux qui ont des Fours, ne peuvent sans la permission du Maire & des Echevins, cuire qu'une fois le jour, & les jours accoûtumez, sous peine d'Amende.*

*(12) Le Maire peut visiter le pain qui est dans la Halle, & faire ouvrir les Fours, pour voir si le pain que l'on y cuit, est loyal; & s'il ne l'est pas, il peut le donner aux pauvres; aussi bien que le grain non loyal qu'il trouve entre les mains des domestiques qui sont au Four.*

*(13) Pour chaque fournée, les Fourniers auront 32. Deniers; les garçons, 3. Deniers; & les deux porteurs, douze Deniers; & ces porteurs seront obligez de tirer de l'eau pour les Boulangers.*

*(14) Le Majeur & les Echevins feront la visite chez les Pâtissiers: Ils confisqueront & donneront aux pauvres, les denrées qui ne seront pas faites conformement aux Reglemens, & ils condamneront à l'Amende, les Pâtissiers qui seront trouvez en faute.*

*(15) Les Pâtissiers ne peuvent allumer leurs Fours, qu'au premier coup des Vespres de l'Eglise de S.^t Gery. Ils ne doivent avoir que quatre garçons; un qui demeure à la maison, & trois qui crient le pain dans la Ville. Les garçons ne peuvent crier leur Marchandise dans la Ville, qu'ils n'ayent payé 5 Sols au Majeur.*

*(16) Ceux qui apporteront leur pain & leurs ustensiles au Marché, avant que les places ayent été jettées au sort par le Maire, payeront l'Amende.*

*(17) Celui qui veut changer de place dans le Marché, depuis qu'elles ont été jettées au sort, doit en demander la permission au Majeur. Celui qui ne vend pas du pain au Marché, du moins trois fois la semaine, perd sa place. Les Boulangers ne peuvent vendre leur pain à deux étaux. Ceux qui proposent leur pain aux acheteurs, sont condamnez à l'Amende.*

*(18) Celui qui vendra son pain sous le nom d'un autre Boulanger, payera l'Amende.*

*(19) Ceux qui rogneront leurs ongles auprès de leur estal, ou auprès de celui des autres, payeront l'Amende; ainsi que ceux qui mettront leur pain sous leurs paniers.*

*(20) Celui qui vend du pain hors de son estal, sera condamné à l'Amende.*

*(21) Celui qui mettra de la merde devant les estaux des autres Boulangers, payera l'Amende. Le Maire & les Echevins sont Juges de tout ce qui se passe dans le Marché au pain, par rapport à la vente du pain.*

*(22) Les Boulangers doivent placer leurs estaux dans la place qui leur est marquée.*

### NOTE.

*(a)* Tresor des Chartres, Registre 103. Piece 8 vingt 8. (168).

Les Reglemens contenus dans ces Lettres, qui paroissent très-anciens, qui sont écrits d'un stile concis, & dans le *patois* d'Arras, & qui sont defigurez par un grand nombre de fautes de Copistes qui n'ont point entendu ce langage, sont obscurs en plusieurs endroits. J'ai consulté M. Maillard Avocat au Parlement de Paris, Auteur d'un excellent Commentaire sur la Coûtume d'Arras, & Messieurs Falconet, Lancelot & la Curne de S.^te Palaye, de l'Académie des Belles Lettres, que l'on sçait être très-versez dans la lecture des plus anciens Monuments de nostre Langue. C'est sur les éclaircissements qu'ils ont bien voulu me donner, que j'ai fait une partie de mes Notes; mais il reste encore quelques endroits que je n'ai pû entendre.

CHARLES V. à Paris, en Août 1372.

SOMMAIRES.

*(23) Lorsque le Maire aura accommodé un different survenu entre les gens du Mestier, il prendra, s'il le veut, douze Deniers de ceux qui avoient tort.*

*(24) Les Amendes dont il est fait mention dans les articles precedents, seront partagées entre le Majeur & les Echevins; excepté celle de laquelle il est parlé dans le dernier article. Si les Boulangers refusent de payer les Amendes ausquelles ils auront été condamnez, ils seront interdits des fonctions de leur Mestier, jusqu'à ce qu'ils ayent payé; s'ils continuënt à faire ces fonctions, ils payeront une nouvelle Amende, & on en portera des plaintes au Juge d'Arras.*

Voyez sur le reste de l'article, p. 512. Note *(mm)*.

*KAROLUS Dei gracia Francorum Rex. Notum facimus universis tam presentibus quam futuris, Nos infrascriptas vidisse Litteras, formam que sequitur, continentes.*

A Tous chiaus qui ces presentes Lettres verront ou orront, [a] Eschevins de la Ville d'Arra: Salut. Sachent tout, que li Maires & Eschevins, & plusieur autres qui sont pour le temps presens de *(b)* le Gheude des Boulenghiers d'Arra, se sont trait pardevers Nous en [b] Hale, & nous on requi, & [c] priet humblement, que une Ordenance qui en temps passé, leur fu octroïé & baillé pour leur dit mestier, des Eschevins d'Arras nos predecesseurs, & de lequelle lidit Boulenghier ont depuis tousjours communement usé, & se sont ordonné pour [d] yaux, & leur dit mestier mieux tenir & valoir, ledicte Ordennance leur vausissons & de rechief accorder & confirmer, en le maniere qui s'ensuit.

*(1) Premierement.* Lidit Boulenghier [e] son Majeur *(c)* de S.t Remi en S.t Remi, & [f] Esquevins de leur mestier: Et quant lidit Maires est fait & Esquevin, il vont pardevers Esquevins d'Arras, & font serrement, & ont [g] enconvent de le [h] warder le mestier bien & loyaument, & faire bonnes danrées, & loyaulx pain à [i] deux Deniers, pain à un Denier, & pain à Maail, & *(d)* nient de plus grant fuer: Et ne puet nuls faire pain à vendre, ne tenir Four en le Juridicion des Esquevins d'Aras, qu'il ne soit Bourgois ou Bourgoise d'Aras: Et ne puet nuls ne nulle faire Boulengherie ne [k] Tourterie, ne pain à vendre, ne tenir Four, s'il n'est en le Gheude; & ne puet nuls entrer en le Gheude pour faire le mestier, s'il n'a esté [l] varlez [m] prendans loïer deux ans en la Ville d'Arras; & quiconques entre en le Gheude, sept Solz doit; excepté [n] fil de *(e)* Consiere; & se filles y avoit, elles seroient franques, & afranquiroient leurs premiers mariz.

*(2) Item.* Puet ly Maires des Boulenghiers aler [o] entour *(f)* à tous ses Compaignons au pain, par toute le Ville & dedans l'Esquevinage d'Arras; & chius qui il y prent à mauvaises d'enrées, chinc Solz doit; & doivent li Maires & [p] si Compaignon, donner le pain pour [q] Dieu.

*(3) Item.* Quiconques dist *(g)* l'art au Majeur ne à ses Compaignons, leur office faisant, chuinc Solz doit au Majeur; & si doit à tous les Compaignons trente deux Deniers sans plus, à [r] partir entre yaus.

*(4) Item.* Que nuls ne puet vendre pain fors le denrée un Denier *(h)* lort n'avait, & quiconques le devroit, chuinc Solz doit.

*(5) Item.* Quiconque est aprentiz, chuinc Solz doit; excepté enfans de Confreres.

a les.
b *Hostel de Ville.* Voy. cy-dessus, p. 131. Note *(e)*.
c *prié. Le t final se trouve plusieurs fois dans ces Lettres.*
d *eux.*
e *son.*
f *Echevins.*
g *conviennent, promettent.*
h *garder.*
i *du prix de deux Deniers,* Voy. *cy-dessus*, p. 500. Note *(c)*.
k *Pâtisserie.*
l *Garçon, Compagnon.*
m *prenant.*
n *fils.*
o *visiter.*
p *ses.*
q *aux pauvres.*
r *partager entre eux.*

NOTES.

*(b) Le Gheude.]* La Gueude; c'est-à-dire, le Corps des Boulangers. *Voy. le Diction. Etymol. de Menage*, au mot, *Gueude.*

*(c) De S.t Remi en S.t Remi.]* Pendant un an, à commencer à la S.t Remi, jusqu'à pareil jour de l'année suivante.

*(d) Nient.]* De ne point faire de pain qui vaille plus de deux Deniers.

*(e) Consiere.]* Il est hors de doute qu'il faut corriger, *Consrere*, qui se trouve dans l'art. 5.

*(f) A tous ses Compaignons.]* A signifie quelquefois *avec.* Il paroît par l'art. 3. que par les Compagnons du Maire, il faut entendre les Eschevins.

*(g) L'art.]* On pourroit aussi lire *lait*, & je crois que c'est ainsi qu'il faut ou corriger ou lire. *Dire lait*, c'est dire des injures.

*(h) Lort.]* On pourroit aussi lire *Loit.* Je n'entends point cet article. M.r L. croit qu'il peut signifier: *Nul ne peut vendre pain, s'il n'avoit payé loit,* (loyé,) *le denier pour denrée; & quiconque le devroit, doit cinq Sols.*

CHARLES V. à Paris, en Août 1372.

(6) *Item.* Quiconques est pris en deffaute *(i)* qui ne voïent au corps du Confrere, quatre Deniers doit chascuns; & se li Eschevins du mestier sont pris en deffaute, huit Deniers doit chascuns; & qui li Maires commande qu'il voist au Corps, ou ses *(k)* Commans, & *(l)* porteche le corps, s'il n'y va, quatre Deniers doit.

(7) *Item.* Quant li Maires *(m)* plaide, & il commande que on se traiz, qui ne se traist, quatre Deniers doit.

(8) *Item.* Quiconques fait [a] Kauclier, quatre Deniers doit.

(9) Quiconques *(n)* siet ou marquiet au pain, se [b] huqueche personne d'autrui estal, quatre Deniers doit; & quiconques [c] jue ou marquiet au pain pour argent, quatre Deniers doit.

a *Je n'ay rien trouvé sur ce mot.*

b *crie, appelle en criant.*

c *Je crois que ce mot signifie* joüé.

(10) *Item.* Quiconques *(o)* remue autrui estal, ne prend autrui harnas sans legré de chelui [d] qui chest, quatre Deniers doit; & qui pisse à quatre piez près de son estal ou del autrui, quatre Deniers doit; & qui *(p)* se pume à sen estal ou à l'autrui, quatre Deniers doit.

d *à qui ils appartiennent.*

(11) *Item.* Ne puet nuls Confreres ne [e] Fourniers, ne autres, cuire que une fois le jour denrées nulles pour vendre, & en jour qu'il est acoustumé de cuire, s'il n'en prent congiet au Majeur & à ses Compaignons; & se il le faisoit, chuinc Solz doit li Boulenghiers au Majeur, & li Fourniers trente & deux Deniers; & se li Fourniers le faisoit aussi bien *(q)* pour lui, il seroit aussi bien en Amende de chuinc Solz, que li Boulenghiers.

e *ceux qui ont des Fours.*

(12) *Item.* Puet li Maires du mestier aler entour en le Hale au pain, voir le pain & les fournaiges, [f] vere se les denrées de pain sont bonnes; & puet commander as Fourniers, qu'il *(r)* entamechent leurs fournaiges, pour voir dedans s'ils sont de loyal *(s)* waagnaige; & s'il y [g] mettent debat, chuinc Solz doivent au Majeur; & s'il sont [h] jugiet qu'il soïent *(t)* que de [i] leur loyal waaignaigne, chuinc Solz doit li Fourniers au Majeur; & puet li Maires faire des fournaiges ensi jugiez, *(u)* en telle maniere qu'il fait autres denrées qui li sont jugiés; *(x)* & autre seel des maisnies, qui rechoivent le vaaignaige au Four.

f *voir.*

g *refusent de le faire.*

h *jugez.*

i *Ce mot me paroît inutile.*

## NOTES.

*(i) Qui ne voïent au corps.* ] Je crois que cela signifie, *qui n'aillent au corps.* Plus bas il y a *voist*, pour *voise, aille.* Mais que signifie aller au corps ! M.r L. l'interprete ainsi. *Quiconque ne court pas pour saisir celui qui est en deffaute.* Peut-être aussi cela signifie-t-il, *Quiconque est en deffaut* [ manque ] *de secourir le corps de son Confrere qui est attaqué.*

*(k) Commans.* ] Si ce n'est pas une faute de Copiste, ce mot peut signifier, *les Communs, les Confreres; ou bien même les Eschevins.*

*(l) Porteche.* ] *Porte,* au subjonctif, comme *huqueche, huche,* qui est plus bas. M.r F. croit qu'on pourroit corriger, *proteche, protege.* Et cela conviendroit assez à un des sens que l'on a donnez au premier membre de cet article.

Peut-être cet article regarde-t-il les enterremens ausquels les Confreres des Corps & Communautez étoient quelquefois obligez d'assister. *Voyez le 4.e Vol. des Ordonn.* p. 555. ix.

*(m) Plaide . . . se traiz.* ] Je crois que *plaide* signifie icy, *tient ses Plaids, son Audience,* & que le Maire a ordonné qu'on se *traiz,* qu'on se presentât à l'Audience.

*(n) Siet ou marquiet.* ] Celui qui a séance, ou boutique dans le marché.

*(o) Remuë.* ] Qui dérange les étaux des autres, & prend leurs paniers ou autres ustensiles sans leur permission.

*(p) Se pume.* ] Je crois qu'il faut corriger, *spume,* de *spumare,* cracher avec violence, de sorte qu'on puisse incommoder ses voisins.

*(q) Pour lui.* ] Pour son usage particulier, & non pour le compte des Boulangers.

*(r) Entamechent.* ] Entament; qu'ils ouvrent leur Four, afin que l'on puisse faire l'essay du pain que l'on y cuit.

*(s) Waagnaige.* ] Ce mot qui signifie ordinairement un champ cultivé, se prend ici pour le grain que l'on y recüeille; ou peut-être pour le gain qu'on doit faire sur le pain. Car une personne habile qui est de Tournay, m'a appris que dans cette Ville, l'on dit encore *gaignage* pour *gain. Gaignage* qui est la même chose que *Waaignaige,* signifie aussi quelquefois une Ferme. *Voy. cy-dessus,* p. 475. Note *(e).*

*(t) Que.* ] Il n'y a dans le Registre que *q.* avec une marque d'abbreviation. Cette phrase, *estre que de leur,* pour *n'être pas de,* ou *estre d'autre que de,* est commune.

*(u) En telle maniere qu'il fait.* ] Je crois que cela signifie, *les donner aux pauvres.* Voy. l'art. 2.

*(x) Et autre seel.* ] Je crois qu'il faut corriger, *autre tel,* de la même maniere. Il me paroît que cela signifie, que le Maire peut aussi donner aux pauvres le grain non loyal, qu'il trouve entre les mains des maisnies, ( domestiques ); mais il semble qu'il devroit y avoir *apportent,* au lieu de *reçoivent;* mais il faut conserver le mot *reçoivent,* si par *gaignaige* on entend le pain. *Voy. cy-dessus,* Note *(s).*

CHARLES V. à Paris, en Août 1372.

*(13) Item.* Doivent cuire li Fournier le fournée de pain & de [a] wastieux paisiblement, ensi que en l'a usé & acoustumé, pour trente & deux *(y)* Deniées de paste; & li garchons, trois Deniers pour le fournée; & ly [b] doy porteur en doivent avoir [c] entre yaus dex, douze Deniées pour le fournée; [d] par ensi que li doy porteur doivent [e] saquier l'iave au Bolenghier.

*(14) Item.* Doivent li Wastelier qui font wastiaux con dist razis, qu'il cuisent en leurs fourniaux, faire bonnes denrées & loyaulx, à [f] Denier & à Maaile; & doit li Maires & si Compaignon, aler [g] veir ches denrées, toutes les fois qu'il veult, & leur [h] escaudis, & tout autre pain qui est [i] tournez pour vendre [k] dedans le [l] jugement des Eschevins, & se il les [m] treuvent mauvais par le jugement de ses Compaignons, il les puet & doit emporter & prendre [n] u que elles soïent, & les doivent donner pour Dieu, en la maniere qu'il est acoustumé; & si en doivent chuinc Solz au Majeur, tout chil qui pris y sont.

*(15) Item.* Ne doivent alumer en leurs Fourniaux pour cuire leurs wastiaux, devant le premier [o] caup de *(z)* Vespres, Gery; & se [p] anchois aulumoient, chuinc Solz doivent au Majeur. Et ne doivent avoir chil Vuastilier ne cil Escaudisseur par leur serement, chascuns que trois [q] varlès crians leur *(aa)* pain parmi le Ville, & un qui [r] maint à [s] l'Ostel aux despens du Maistre; & se plus en a, chuinc Solz doit au Majeur & à ses Compaignon: Et ne puet nuls [t] varls crier vastiaux ne escaudis parmi le Ville, s'il n'a *(bb)* fait gré au Majeur de chuinc Solz.

*(16) Item.* Le journée que on gete *(cc)* los ou marquiet au pain, quiconques apporte sen pain ou sen harnas, [u] ains que li Maires ait geté los ou marquiet, quatre Deniers doit au Majeur.

*(17) Item.* Se Boulenghiers ou Boulenghiere veult avoir [x] lieu ou marquiet, [y] puis les los getés, il le doit [z] demande au Majeur; & [aa] li doit donner par le conseil de ses compaignons, & qui ne siet *(dd)* du mains à [bb] sen estal ou marquiet, sen pain vendant, trois fois le sepmaine, li lieux est au Majeur, & le puet donner qui qu'il vuelt; & qui vent sen pain à deux estaux, quatre Deniers doit au Majeur; & qui *(ee)* tant autrui son pain à vendre, quatre Deniers doit au Majeur.

*(18) Item.* Qui vent sen pain *(ff)* ens ou [cc] non d'autrui pain, quatre Deniers doit au Majeur.

*(19) Item.* Qui tond ses ongles à sen estal, ou à l'autrui estal, quatre Deniers doit au Majeur; & qui met sen pain [dd] sour se Corbeille [ee] ou pain, à sen estal, quatre Deniers doit au Majeur.

*(20) Item.* Qui ne vent dessus [ff] se selle, quatre Deniers doit à son Majeur; & qui vent sen pain hors de sen *(gg)* haïon, quatre Deniers doit à sen Majeur.

*(21) Item.* Qui met merde devant autrui estal, quatre Deniers doit au Majeur;

a *gâteaux.*
b *doy, dex, deux.*
c *entre eux.*
d *à condition.*
e *tirer l'eau.*
f *Voy. cy-dessus,* pag. 509. Note *(h).* marg.
g *voir.*
h *Echaudez.*
i *Voy. cy-dessus,* pag. 500. Note *(h)* marg.
k *ded.* R.
l *Jurisdiction.*
m *trouve.*
n *ou*, mot commun dans les titres.
o *coup.*
p *auparavant.*
q *Garçons.*
r *manet*, demeure.
s *Maison.*
t *Varlet.*
u *avant.*
x *place.*
y *depuis.*
z *demander.*
aa *celui-cy.*
bb *son.*
cc *nom.*
dd *sous.*
ee *au.*
ff *sa selle, sur laquelle il est assis.*

NOTES.

*(y) Deniées de paste.* ] Je crois que cela signifie, que ceux qui font cuire du pain, payeront au Fournier pour chaque fournée, la valeur de 32. Deniers en paste, en pain non cuit.

*(z) Vespres, Gery.* ] Il faut suppléer *Saint.* *S.t Gery* est la Paroisse de l'Hôtel de Ville d'Arras. Le premier coup de Vespres s'y sonne à deux heures. Les Pâtissiers peuvent alors allumer leurs Fours, afin que la Pâtisserie soit prête pour le *rechiner* ou goûter des Bourgeois. *M.*

*(aa) Pain.* ] Il paroît par cet article & par quelques autres, que les Boulangers & les Pâtissiers ne faisoient qu'un Corps, dont les membres faisoient indifferemment du pain & de la pâtisserie.

*(bb) Fait gré.* ] *payé.* Dans le Roman de *Loherans, faire gré aux Soudoiers*, c'est leur payer leur solde. *F.*

*(cc) Los.* ] *Que l'on letit*, que l'on jette au sort, les places du Marché. *Voy. le 4.e Vol. des Ordon.* p. 391.

*(dd) Du mains.* ] Qui ne vend du pain au Marché, du moins trois fois la Semaine.

*(ee) Tant son pain.* ] M.r L. croit que cela signifie, *qui donne son pain à vendre à une autre personne.* Cela ne pourroit-il pas signifier, *qui propose son pain aux acheteurs;* ou comme l'on dit populairement, *appelle les chalands!*

*(ff) Ens.* ] C'est une preposition qui signifie *dedans.* Si ce mot est pris icy dans ce sens, il faut suppléer, *le Marché.*

*(gg) Hayon.* ] On appelle en Picardie, *Haïon*, la petite échope portative sous laquelle les Marchands se mettent aux Foires. *Haïon*, fait de Clayes, & separant les Marchands, comme les haïes séparent les jardins. *L.*

CHARLES V. à Paris, en Août 1372.

& quiconques se plaint de nulles des causes dessus dictes, [a] si que du marquiet au pain, [b] droit en convient prendre par le Majeur & par ses Compaignons.

(22) *Item.* Doivent tout chil qui sont au marquiet, [c] assir leurs estaux bien & [d] rieuleement, sans passer li uns l'autre, [e] sour quatre Deniers.

(23) *Item.* (hh) Se li Maires est [f] ensourmés de homme ne de femme de sen mestier, ne de varlet prendant loïer, ne de garchon, ne de [g] Four ne d'autre, pour l'accort qu'il en fait, douze Deniers en li Maistres à chelui qui tort a, se il les veult prendre.

(24) *Item.* Tout chil foursait devant nommé, sont de commun au Majeur & à tous ses Compaignons, qui sont Esquevins pour [h] sanée; excepté les douze Deniers du darrain article; & quiconques devra foursais au Majeur, & il ne les païe, quant li Maire & [i] si Compaignon les demanderont, il ne fera le mestier jusques adonc qu'il aura païet; & se il le fait, dix Solz doit; & *(kk)* si on en claime seur lui, quatre Deniers doit *(ii)* à le Justice, dont *(ll)* li Chastellains a à chascune lieüee, quatre Sextiers de Cervoise; & chascune des autres Justices, deux Sextiers; & *(mm)* quiconque crelera vargaigne en [k] le Chite, il doit venir pardevant le Majeur d'Arras, & les Esquevins & *(nn)* Jurez sur sains, qui le celera loyaulment.

Lequelle Ordenanche nous Eschevins d'Arras, pour le temps present, considerans ycelle Ordenance, autrefois avoir esté bailliée & accordée par nos devanchiers Eschevins, oudis Boulenghiers, pour nourrir paix, amour & carité entre yaux, & pour le prouffit commun faire, si comme il nous samble, en le maniere que tenu y sommes, en le maniere que pardessus est escripte & devisée, à le priere & requeste que nous ont faictes [l] pardessus, chil dudit mestier des Boulenghiers, avons loée, retefiée & approuvée, & nous y sommes assenti; & pour che, leur avons ledicte Ordenanche renouvellée en la maniere qu'il est pardessus escript & devisé; sauf & reservé pardevers nous, le cognoissance, pugnicion & correction, & autres choses qui ont & pourroient avoir aucun [m] rewart au fait de l'Esquevinaige d'Arras, en la maniere qu'il a esté & est accoustumé enchiennement de faire & de maintenir. En tesmoingnaige de che, nous avons ches presentes Lettres seellées du seel as causes de ledicte Ville d'Arras. *Che fu fait en l'an de grace mil trois chens chinquante & chuinc, le XIX^e. jour du mois d'Avril.*

*Nos vero ad supplicacionem dictorum Bolengariorum seu* [n] *Panisitum Attrabatensium, prefatas Litteras, ac omnia & singula que in eisdem continentur, ratificantes,* [o] *approbantes & laudantes, eas & ea, quathenus in nobis est, & prout ipsi de eis usi* [p] *fuiti temporibus retroactis, confirmamus per presentes, de gracia speciali. Quod ut firmum & stabile permaneat in futurum, nostrum presentibus Litteris fecimus apponi sigillum: nostro & alieno jure salvo.* Datum Parisius, anno Domini millesimo CCC.° septuagesimo secundo, & Regni nostri nono, mense Augusti.

*Per Regem, ad relationem Consilii.* J. DE LUZ. *Visa.*

[a] *ainsi que.* [b] *Le Majeur & les Echevins en sont juges.* [c] *asseoir, placer.* [d] *regulierement, dans la place qui leur est marquée.* [e] *sous peine de.* [f] *informé.* [g] *appar.* Fournier. [h] *l'année.* [i] *ses.* [k] *la Cité.* [l] *sur ce Reglement.* [m] *regard.* [n] Panificum. [o] approbantes. [p] fuerunt.

## NOTES.

*(hh) Se li Maires.* ] Je crois que dans cet article il manque quelques mots, & qu'il y en a quelques-uns corrompus; & il paroît par l'article suivant, qu'il faut lire *Maire* au lieu de *Maistres.* Voy. dans le Sommaire, le sens que l'on a crû devoir donner à cet article.

*(ii) Si on en claime* ] *clame* de *clamare.* Si l'on se plaint de ce Boulenger, soit parce qu'il n'a pas payé l'Amende à laquelle il a été condamné; soit de ce qu'il continuë à exercer son mestier, quoyqu'il en ait été interdit.

*(kk) A le Justice.* ] Le chef de la Justice d'Arras se nommoit autrefois par excellence, *El Justicia.* Il a été supprimé depuis. *M.*

*(ll) Li Chastellains.* ] Voicy comment on peut entendre cet endroit. Le Chastellain membre de la Justice d'Arras, a droit de prendre quatre Sextiers de Bierre sur chaque lieuë, dans l'étenduë de la Justice; & les autres Officiers y prennent deux Sextiers. Cet endroit & ce qui suit, paroît n'avoir plus de rapport aux Boulangers d'Arras, & regarder cette Ville en general.

*(mm) Quiconque.* ] J'aime mieux avoüer que je n'entends point cet article, que de proposer des conjectures incertaines. *Crelera vargaigne*, peut signifier, *se plaindra d'une injure qui lui a été faite.*

*(nn) Jurés sur sains.* ] On peut entendre par ces mots, *des Conseillers de Ville qui ont prêté serment sur des choses saintes.*

*(a)* Confirmation

CHARLES V. à Paris, en Août 1372.

## (a) Confirmation des privileges accordez aux habitans de la Ville de Levigny.

SOMMAIRES.

*(1) Les habitants de Levignes ne seront plus sujets à la main-morte.*

*(2. 3. 4.) Les habitants auront les droits d'usage, de pasture & de paisson, dans les bois & près de leur Territoire.*

*(5) Les habitants pourront élire quatre Prud'-hommes, qui prêteront serment entre les mains du Bailly. Si le Prevôt a fait arrêter prisonniers quelques habitants, ou fait saisir leurs biens, ces quatre Prud'hommes pourront demander la liberté de ces habitants, & la levée des saisies.*

*(6) Les habitants ne pourront être mis en prison, s'ils offrent de donner caution de se presenter en Justice; si ce n'est dans le cas de rapt, de meurtre & de vol. Quand le Prevôt jugera, il appellera les Prud'hommes, si la Partie le requiert, pour prendre leur conseil.*

*(7) Les habitants éliront les Messiers qui prêteront serment entre les mains du Prevost.*

CHARLES par la grace de Dieu Roy de France. Savoir faisons à tous presens & avenir, que de la partie de nos bien amez les Bourgois & habitans de la Ville de *(b)* Levignes, du Diocese de Langres, & de la Conté de Tonnerre, Nous a esté exposé, que la Dame de bonne memoire [a] Madama *(c)* Marguerite, jadis & lors Royne de Jeherusalem & de Cecile, & Contesse de Tonnerre, donna à eulx & à leurs hoirs & successeurs perpetuelment, certains previleges, desquieux est faicte plus pleine mencion en une Chartre, à laquelle [b] puet un sel en Cire rouge, lequel est sain & entier, & est lones [c] cornus, pendent en laz de soïe rouge, & a en la Caratere dudit seel, un ymaige de Royne coronnée, qui a un Escu des Armes de France à [d] destre, & un autre Escu des Armes de Bourgoigne, à seneſtre, & est le nom de ladicte Royne escript [e] environ ladicte Caratere; & furent les dictes Lettres données en [f] Mauve, en l'an mil deux cens quatre vins & onze, ou mois de Novembre, si comme ès dictes Lettres est contenu; & aussi est faicte pleine mencion des dis privileges, en un *Vidimus* ancien, où il [g] souloit avoir trois seaulx; duquel *Vidimus* la teneur s'ensuit.

a *Madame.*
b *pend.*
c *long & cornu.*
d *droite . . . . seneſtre, gauche.*
e *autour.*
f *Il y a en France plusieurs lieux de ce nom.*
g *avoit accoûtumé, où il y avoit autrefois.*

A Tous qui verront & orront ces presentes Lettres. Nous *(d)* Droves humbles Abbés de Moloimes; nous *(e)* Andriès humbles Abbés de Molugines; & nous Freres *(f)* Andrieus humbles Abbés de Quincy, faisons assavoir, que nous avons veu, teneu & leu Lettres seellées du seel très noble Dame, Marguerite, par la grace de Dieu Royne de Jeherusalem & de Cecile, Contesse de Tonnerre; lesquelles

NOTES.

*(a)* Tresor des Chartres, Registre 103. Piece 8 vingt 9. (169).

*(b) Levignes.]* C'est sans doute Levigny, Diocèse de Langres. *Voy. le Diction. univ. de la Fr.* au mot, *Levigny.*

*(c) Marguerite.]* Marguerite de Bourgogne, Comtesse de Tonnerre, fille puînée d'Eudes de Bourgogne, & de Mahaud de Bourbon, Comtesse & heritiere de Nevers, d'Auxerre & de Tonnerre, fut la 2.e femme de Charles de France, 1.er du nom, Roy de Naples, de Sicile & de Jerusalem, Comte d'Anjou, & Frere de S.t Loüis. Charles mourut le 7. de Janvier 1295. *Voy. l'Hist. Geneal. de la Maison de Fr.* tom. 1. pp. 397. 393. & 395.

*(d) Droves Abbé de Moloimes.]* L'Abbaye de Molesmes, Diocèse de Langres. *Voy. Gall. Christ. 2.e Edit.* tom. 4. p. 729. A la page 738. n.° XXV. on trouve un Abbé de Molesme, nommé *Droco.* Il y est dit: *Obiit anno 1290. Ex Indice veteri.*

Etienne IV. fut son successeur. Cependant le *Vidimus* de ces Lettres de 1291. fut fait en Novembre 1293. par l'Abbé *Droves*, qui est sans doute le même que *Droco.*

*(e) Andriès Abbé de Molugines.]* C'est sans doute *Molesme*, en latin *Molesmus*, ou *Molesmum*, Diocèse de Langres. Car André Abbé de ce Monastere, fut témoin en 1287. d'un Acte passé par Marguerite; & il vivoit encore en 1296. *Voy. Gall. Christ. ibid.* pp. 720. & 722. n.° XIX.

*(f) Andrieus Abbé de Quincy.]* Cette Abbaye est aussi dans le Diocèse de Langres. *Voy. Gall. Christ. ibid.* p. 830. Il n'y est point parlé de l'Abbé *André.* L'on trouve au n.° XV. Jean III. qui mourut en 1287. & au n.° XVI. on lit seulement; *Albericus II.* 1288. & 1297.

CHARLES V.
à Paris, en Août 1372.

Lettres sont saines & entieres, ne chancelées, ne [a] affaciées ne corrumpuës en aucune partie de soy; & sont escriptes en ceste forme & en ces paroles.

(1) Nous Marguerite par la grace de Dieu Royne de Jeherusalem & de Cecile, Contesse de Tonnerre, faisons savoir à tous ceulx qui verront & orront ces presentes Lettres, que nous regardans & considerans le grant prouffit de nostre Ville de Levignes, avons quittié & octroïé à tousjours mais perpetuelment, à tous nos Bourgois & à toutes nos Bourgoises, Clers & (g) Prevoires de ladicte Ville de Levignes, les [b] eschoetes de eulx & de leurs hoirs, lesquelles l'on appelle main-morte; en telle maniere que d'oresenavant, nous voulons que les dictes eschoetes aviegnent au plus prouchain hoir.

(2) De rechief nous leur avons donné, quittié & octroïé pour commune pasture, les [c] prés de nos bois de Levignes, que l'on dit les bois Monf. Eude; après nous leur avons quittié & octroïé la pasture en tous nos bois de Levignes, après la cinquiesme (h) fueille; en telle maniere que se aucune ou plusieurs de leurs bestes, y estoit trouvée paissant devant la cinquiesme fueille, & [d] sens garde, il païeront à nous ou à ceulx qui cause auront de nous, douze Deniers d'Amende pour la beste; & se beste y est trouvé & à [e] garde faite, il païeront pour la [f] besteste, douze Deniers; & la garde païera cinq Solz d'Amende; ensemble le domaige; & se il avenoit que beste y fust trouvée qui fut [g] adirée, & cil qui l'auront en garde ou cil [h] cui la beste seroit, le vouloit jurer; c'est assavoir, que elle fust adirée, nous voulons que il soient quitte de l'Amende.

(3) De rechef nous leur avons donné, quitté & octroïé leur [i] usaige par tous nos bois du [k] finaige de Levignes, à toutes choses; fors que au Chesne & au (i) Fol, & se il avenoit que aucuns ou plusieurs d'eulx, fussent trové copant & prenant le Fol ou le Chesne, [l] d'aucun de nos Sergens, cilz qui ainsi seroit trovez, païera cinq Sols d'Amende.

(4) Avec ce, nous leur avons octroïé & donné, que se li bois portoit (k) pesson, que il y puissent envoïer leurs Porcs, [m] pour deniers païant le Porc de [n] Panaige; & l'usaige en nos bois, si comme il est dessus dit, nous voulons que il aïent [o] par tele reddevance comme il doyvent.

(5) De rechief, nous leur avons donné & octroïé, que il puissent eslire entre eulx chascun an, quatre Preudes-hommes, liquel feront le serement de pardevant nostre Bailli qui pour le temps sera, que bien & loyaument il garderont nostre droit & le droit de la Ville; & se il avenoit que nostre Prevost [p] tenist aucun de eulx ou de leurs biens, nous voulons que les dis quatre Preudes-hommes Jurez aïent povoir de [q] querir la recreance, & que nostre Prevost soit tenus [r] dou faire, [f] se la recréance si affiert.

(6) Après nous leur avons octroïé & donné, que nuls d'eux ne puisse estre prins ne mis en nostre prison [t] par que il vuille [u] ostaiger d'ester à droit; se n'est en trois cas; c'est assavoir, pour [x] rat, pour murtre & pour larrecin; & quant nostre Prevost fera jugement, il appellera les quatre Jurez; les trois ou les deux, [y] à prendre conseil à eux, se Partie le requiert.

(7) Et avec tout ce, nous leur avons donné & octroïé, que la Communaulté de ladicte Ville eslise les Messiers, & les presentera à nostre Prevost, pour recevoir le serement; & les pourra ladicte Communalté [z] remuer à la Toussains & à Pasques.

[a] effacées.
[b] successions.
[c] appar. étants auprès de nos bois.
[d] sans qu'elles fussent gardées.
[e] si elle est gardée par quelqu'un.
[f] beste.
[g] égarée. Voy. le Glossaire de du Cange, au mot, adirare.
[h] à qui.
[i] le droit de prendre du bois pour sa provision.
[k] Jurisdiction.
[l] par aucun.
[m] en payant un Denier pour Porc.
[n] c'est la même chose que paisson.
[o] en payant la redevance.
[p] tint quelques habitants prisonniers, ou leurs biens saisis.
[q] de demander la liberté de l'habitant & la levée de la saisie des biens.
[r] de la faire.
[f] s'il y a lieu à la recréance.
[t] p. R. pourveu.
[u] donner des ôtages ou des cautions de comparoître en Justice.
[x] rapt.
[y] pour.
[z] changer.

NOTES.

(g) *Prevoires.*] On disoit aussi *Provaires.* Ces mots signifient des Prêtres. *Voy. le 1.er Vol. des Ordonn.* p. 714. Note (d).

(h) *Fueille.*] C'est-à-dire, après que les Arbres auront poussé des feüilles pendant cinq ans. *Voy. le Glossaire du Droit François*, au mot, *Feüille.*

(i) *Fol.*] Cet arbre est aussi nommé *Fau, Fou, Fouteau*, & plus communément, *Haistre.* Ces premiers mots viennent de *Fagus.* Voy. *le Dictionn. Etymolog. de Mesnage*, au mot, *Fouteau.*

(k) *Pesson.*] Le Gland qui provient du Chêne, & la Faine qui provient du Hestre, qui servent de pasture aux Porcs. *Voyez le Glossaire du Droit François*, au mot, *paisson.*

CHARLES V.

à Paris, en Août 1372.

Lesquelles choses dessus dictes nous voulons & confermons, sens jamais aler encontre par nous ne par autre; [a] ainçois les promettons à tenir & garder fermement par nous, par nos hoirs & par nos successeurs, lesquelx expressement nous obligons à ce. Et pour ce que ce soit ferme chose & estable, nous avons donné ces Lettres seellées de nostre seel, escriptes en Mauve, en l'an de grace mil deux cens quatre vins & onze, ou mois de Novembre.

a *au contraire.*

Vidimus *des trois Abbés.*

En tesmoignage de laquelle Lettre & duquel transcript, nous dessus dis Abbés, avons mis [b] nous seaulx en l'an de grace mil deux cens quatre vins & treze, ou mois de Novembre.

b *nos.*

*Suite des Lettres de Charles V.*

Et pour ce que les dictes Lettres Originales de ladicte Royne & Contesse, estoient & sont [c] damaigées & empirées en aucune partie, par deffaut de bonne garde, si & par telle maniere que aucunes petites pieces en estoient [d] cheustes par pourriture, & par ce que elles avoient esté & demouré trop longement en un certain mur où elles avoient esté mises pour [e] doubte des guerres, de feu & d'autres perils, si comme Nous avons entendus, combien que le seel d'icelles Lettres Originaux fust & soit sain & entier, comme dessus est dit, nous avons fait faire collation dudit *Vidimus*, à [f] l'encontre des dites Lettres Originaulx, en la presence de nostre amé & feal Chancelier, & d'autres de nostre Conseil, par nostre amé & feal Clerc & Notaire, Maistre Jehan Greelle; & a esté trové que toutes les choses qui sont contenuës oudit *Vidimus*, s'entresuyvent à celles qui sont contenuës ès dictes Lettres Originaulx, de sentence, de matiere & d'effect; & d'abundant avons veu un autre *Vidimus* des dictes Lettres Originaulx, à Nous exhibé sain & entier de seel & d'escripture, tout [g] autel & sur telle forme [h] est l'autre *Vidimus* cy-dedans encorporé, fait & seellé du seel de la Prevosté de Levignes, de la date du Dymanche après la Feste de S.t Pierre & S.t Pol, ou mois de Juillet, l'an mil CCC. soixante cinq. Si Nous ont humblement fait supplier les Bourgois & habitans de ladicte Ville de Levignes, que comme de tous les poins contenus ès dictes Lettres Originaux de ladicte Royne & Contesse, & oudit *Vidimus* d'icelles dessus transcript, il aïent joy & usé paisiblement, jusques à ores, sens aucun [i] en empeschement, & encores usent & joyssent paisiblement, que nous sur ce leur vüeillons pourveoir de remede [k] & convenable, afin que se ores ou autrefois ou temps avenir, ils estoient contrains ou [l] approchés de exhiber leurs dictes Lettres Originaulx, en jugement ou dehors, que l'on ne peust impugner icelles Lettres, ne par consequent les empescher ès poins contenus en ycelles Lettres ou en aucun d'iceulx. Nous adecertes, eu regart & consideracion ès choses dessus dictes, & à ce que les dis supplians & leurs predecesseurs dont il ont cause, ont joy & usé de si lonc temps qu'il n'est memoire du contraire, des dictes Lettres Originaulx de la Royne & Contesse, & des choses qui y sont contenuës, & encores joissent & usent paisiblement, comme dit est, si comme ilz dient, avons volu & octroïé, voulons & octroïons auxdis Bourgois & habitans, & à leurs hoirs & successeurs & ayans cause de eulx, de grace especial & de nostre auctorité Royal, que ces presentes Lettres leur [m] vaillant tout autant & leur soïent d'aussi bonne valeur, comme vauldroit & pourroit valoir ledit Original des dictes Lettres de ladicte Royne & Contesse, s'il estoit sain & entier & sans aucune [n] corrusion; & de plus grant grace, toutes les choses cy-dessus contenuës & chascune d'icelles en tout, comme les dis habitans en ont joy & joïssent paisiblement, comme dit est, louons, approuvons, ratifions, se [o] mestier est, & confermons: Mandons aus Bailliz de Sens & d'Aucerre, de Troïes & de Chaumont, & à tous les autres Justiciers & Officiers de nostre Royaume, à leurs Lieux-tenans, presens & avenir, & à chascun d'eulx, que de nostre presente [p] & confermacion, facent, seuffrent & lessent joïr & user paisiblement les dis Bourgois & habitans, leurs hoirs & successeurs, sens les contraindre, molester ou empescher, ne faire ou seuffrir estre contrains, molestez ou empeschez au contraire en aucune maniere; ainçois, se aucune chose est faicte, attemptée ou innovée au contraire, si la remettent & facent remettre au premier & deu estat, [q] tantost & sans delay. Et que

c *endommagées.*
d *tombées.*
e *crainte.*
f *sur.*
g *tel.*
h *qu'est.*
i *ce mot est inutile.*
k *ce mot est inutile.*
l *assignez pour.*
m *vaillent.*
n appar. *corruption.*
o *besoin.*
p *grace.*
q *aussitôt.*

a à. ce soit chose ferme & estable à tousjours mais, Nous avons fait mettre nostre seel a ces presentes Lettres: Sauf en autres choses nostre droit, & en toutes l'autrui. *Donné à Paris, ou mois d'Aoust, l'an de grace mil trois cens soixante douze, & le IX.e de nostre Regne.*

Par le Roy, à la relation du Conseil. J. GREELE. *Visa.*

---

CHARLES V. au Château du Bois de Vincennes, le 3. de Septembre 1372.

(a) Lettres qui ordonnent que les procès de l'Archevêque de Tours & de ses Officiers, seront portez sans moyen devant le Parlement, & que ceux de ses sujets seront portez en premiere instance devant le Bailli des Exemptions de Touraine, d'Anjou & du Maine.

b C'est un Arrêt du Parlement.

[b] *KAROLUS, &c. Notum facimus universis tam presentibus quam futuris, quod, ad Requestam dilecti & fidelis Consiliarii nostri, (b) Archiepiscopi Turonensis, die date presencium, lecte & publicate fuerunt in Camera Parlamenti nostri Par. ac in Registris ejusdem Parlamenti, de precepto nostre Curie registrate alie Littere nostre in filis sericis & cera viridi sigillate, quarum tenor sequitur sub hiis verbis.*

CHARLES par la grace de Dieu Roy de France. Savoir faisons à tous presens & avenir, que comme nostre amé & feal Conseiller, l'Arcevesque de Tours maintiengne & ait touzjours maintenu, que lui & ses predecesseurs Arcevesques de Tours, leurs Officiers, familiers & [c] Menistres, aïent acoustumé à ressortir & plaidoïer en nostre Court de Parlement sanz aucun moïen, en demandant & en defendant, comme pardevant Traicteurs esleuz, sanz ressortir ne plaidoïer pardevant aucun autre Juge temporel de nostre Royaume, soit Royal ou autre, créé de Nous ou d'autres quelconques aïans povoir à ce; & aussi que il a acoustumé lui & ses predecesseurs, comparoir & soy presenter, quant [d] mestier est, en nostre dicte Court de Parlement, par les Gens de ses [e] Robes & de son Hostel, sans aucune procuration; & que de ces choses lui & ses predecesseurs Arcevesques de Tours, en ont esté en saisine & possession d'estre par Nous gardez, par si lont temps qu'il n'est memoire de homme au contraire, & qu'il souffit à bonne saisine & possession avoir acquis & retenu; néantmoins le [f] Bailli des ressors & Exempcions de Touraine, d'Anjou & du Maine, & nostre Procureur General, ou mois de Juillet darrenierement passé, se complaingnirent en nostre dicte Court de Parlement, en disant que en la Juridicion dudit Arcevesque, de ces familiers, subgiez & Menistres, qui audit Bailli appartenoit, si comme il disoit, il estoit troublez & empeschiez, & que ledit Arcevesque lui avoit fait faire inhibicion & defense de par Nous, par vertu de certainnes Lettres par lui, les Doyen & Chapitre de l'Esglise de Tours, de Nous ou de nostre Court empetrées, que des Causes dudit Arcevesque, de ses Officiers, familiers, subgiez & Menistres, ledit Bailli ne congneust, jusques à tant que sur ce feust autrement ordené par nostre dicte Court; laquelle chose, ainsi comme ledit Bailli & nostre dit Procureur disoient, estoit & redundoit, & encores pourroit plus estre & redunder en nostre grant prejudice & lésion de Justice, & de noz autres subgiez & habitans des diz païs, se sur ce n'estoit par Nous pourveu de remede convenable; & pour cause & occasion de ce, nostre dicte Court de Parlement, Parties oyes, eust ordené que ledit Bailli des Causes touchant ledit Archevesque, ses Officiers, familiers, subgiez & Ministres, comme nostre Juge de droit commun compettant, des lors en avant congneust deuëment, comme Coustume [g] donrroit; nonobstant ladicte inhibicion, ledit Arcevesque depuis, après que ces choses viendrent à sa [h] notice, lui estant en la Court de Romme pour les

c *Ministres.*

d *besoin.*

e *Voy. le 3.e Vol. de ce Rec. p. 86. Note (o).*

f *Voy. cy-dessus, p. 428.*

g *donneroit.*

h *connoissance.*

NOTES.

*(a)* Arrêts & Jugez du Parlement de Paris, Registre 22. *fol.*° 27. *v.*°

*(b) Archiepiscopi Turonensis.]* Il se nommoit *Simon Renulphus*, (de Renoul.) *Voy. Eccles. Turon. à Joann. Maan.* p. 150.

negoces de son Eglise, Nous ait fait recommander par nostre Saint Pere le [b] Pape, les franchises, Noblesces & Libertez de sa dicte Eglise, lesquelles nostre dit Saint Pere le Pape disoit & affirmoit estre telles, comme dit est, par ses Lettres, & Nous prioit moult affectueusement que Nous les voulsissions garder & maintenir, & acroistre en nostre temps, & pourveoir sur ce, comme à Nous appartient, à la paix & transquillité de ladicte Eglise: Pourquoy Nous aujourd'uy estanz en noz plaines Requestes, oyes les rappors & relacions de plusurs Notables de nostre Conseil, auxquelx Nous adjoustons plaine foy, qui Nous ont tesmoigné & dit que de leur temps, ilz ont toujours oy & veu plaidoïer & ressortir en nostre Court de Parlement, nuëment & sanz moyen, ledit Arcevesque, ses Gens & Officiers que il vouloit advoüer, & qui chéoïent en adveu; & aussi ont veu que ses Gens se presentoient en nostre dicte Court par Robes, & que ainsi en a joy & usé; mais que de ses hommes & autres subgès n'estoit [c] par ainsi: Tout consideré, & eu sur ce advis & bonne [d] diliberation de nostre dit Conseil, de nostre certaine science, auctorité & poissance Royal & grace especial, avons declairié & ordené, declarons, ordenons & voulons, que de cy en avant perpetuelment à touzjours maiz, ledit Arcevesque & ses Officiers, presens & advenir, que il vouldra advoüer & qui charront en adveu, plaidoïeront en demandant & en defendant, en touz cas & en toutes leurs Causes, tant conjointement que diviseement, en nostre Court de Parlement sanz aucun moyen; & que ledit Arcevesque ne ses successeurs ne sont ne seront tenuz de plaidoïer, respondre ou ressortir devant aucun autre Juge temporel de nostre Royaume, se ilz ne leur plest; & quant est de ses hommes & autres subgez, ilz respondront & seront tenuz de respondre en cas de Souveraineté & de ressort, devant nostre dit Bailli des Exempcions & ressors de Touraine, d'Anjou & du Maine; nonobstant l'Ordennance & toutes les autres choses dessus dictes, lesquelles choses, & tout ce qui en peut ou pourroit ensuir au contraire de ceste nostre presente Ordenance & déclaracion, Nous mectons du tout au néant, & voulons ceste nostre presente declaracion & Ordenance valoir, tenir, & estre gardée à tousjours maiz perpetuelment sanz enfraindre; & adfin que ledit Arcevesque & ses successeurs soïent perpetuelment tenuz & obligez Dieu prier pour touz noz Predecesseurs, pour nostre très chiere Compaigne la Royne, pour nos Enfens & noz Successeurs, Nous avons sur les choses dessus dictes imposé & imposons à nostre dit Procureur & audit Bailli des dictes Exempcions & ressors, & à touz autres, presens & avenir, silence perpetuel; & donnons en Mandement par ces presentes, à noz amez & feaulx Gens qui tendront nostre Parlement prouchain & avenir, à nostre devant dit Procureur, audit Bailli des Exempcions & ressors dessus dis, & à tous autres Justiciers & Officiers de nostre Royaume, presens & avenir, & à leurs Lieuxtenans, & à chascun d'eulx, si comme à lui appartendra, que perpetuelment il facent, laissent & seuffrent ledit Arcevesque & ses successeurs, joïr & user paisiblement de nostre presente declaracion, Ordenance & grace, sanz les empeschier ne molester, ne souffrir estre empeschiez ne molestez au contraire. Et que ce soit ferme chose & estable à tousjours, Nous avons fait mectre nostre seel à ces presentes Lettres: Sauf en autres choses, nostre droit, & l'autruy en toutes. *Donné en nostre Chastel du Bois de Vincennes, le tiers jour du mois de Septembre, l'an de grace mil trois cens soixante & douze, & de nostre Regne le neuvieme.*

Sic signata. *Par le Roy*, en son Conseil. J. TABARI. *Visa.*

CHARLES V. au Château du Bois de Vincennes, le 3. de Septembre 1372.

a *affaires.*

b *En 1372. c'étoit Gregoire XI. qui siegeoit.*

c *pas.*

d *deliberation.*

Suite de l'Arrêt du Parlement.

*Quocirca Baillivo nostro Exempcionum & ressortorum Turonensium, Andegavensium & Cenomanensium, in suprascriptis Litteris nostris nominato, ceterisque Justiciariis & Officiariis Regni nostri, aut eorum Locatenentibus, & eorum cuilibet, prout ad ipsos & eorum quemlibet pertinuerit, damus serie presencium in mandatis, si necesse fuerit committendo, quatenus suprascriptas Litteras nostras in eorum Assisis, & aliis locis publicis ad hoc fieri consuetis, legi & publicari faciant, dum super hoc fuerint requisiti. Quod ut firmum & stabile perpetuo perseveret, presentes Litteras sigilli nostri munimine jussimus roborari: Salvo in aliis jure nostro, & in omnibus quolibet alieno.* Datum & actum Parisius, in Parlamento nostro, anno Domini millesimo trecentesimo septuagesimo secundo; & Regni nostri nono, die vigesima octava mensis Marcii.

[a] Il y a une marque d'abbreviation sur la fin de ce mot.

Sic signata. *Per Cameram.* [a] DYONIS.

*Collatio facta est.* Registrata.

[b] Il y a une marque de renvoy à côté de ces mots: Il n'y en a point dans le Texte, auquel elle reponde.

[b] Et à tergo dictarum Litterarum, erant scripta verba que sequuntur.

*Presentes Litiere lecte & publicate fuerunt in Camera Parlamenti; post quarum publicacionem, Procurator Regius protestatus fuit de sustinendo & prosequendo jure Regio loco & tempore oportunis; Litteris & earum publicacione predictis non obstantibus, Archiepiscopo Turonensi ex adverso protestante.* Actum in dicto Parlamento, vigesima octava die Marcii, anno Domini millesimo trecentesimo septuagesimo secundo.

---

CHARLES V. à Paris, le 3. de Septembre 1372.

(a) Lettres qui ordonnent que les procez du Doyen & du Chapitre de l'Eglise de Tours, & de leurs Officiers, seront portez sans moyen devant le Parlement; & que les procez de leurs sujets, seront portez en premiere instance, devant le Bailly des Exemptions de Touraine, d'Anjou & du Maine.

[c] C'est un Arrêt du Parlement.

[c] *KAROLUS Dei gratia Francorum Rex. Notum facimus universis tam presentibus quam futuris, quod ad Requestam dilectorum nostrorum, Decani & Capituli Ecclesie Turonensis, die date presencium, lecte & publicate fuerunt in Camera Parlamenti nostri Par. ac in Registris ejusdem Parlamenti de precepto nostre Curie registrate alie Litere nostre in filis sericis & cera viridi sigillate, quarum tenor sequitur sub hiis verbis.*

CHARLES par la grace de Dieu Roy de France. Savoir faisons à touz presens & avenir, que comme noz bien amez Doïen & Chapitre de l'Eglise de Tours, aïent touzjours maintenu & encores maintiennent, que eulx, leurs Officiers & familiers & subgiès, conjointement & diviseement, & pour tant comme à chascun touche, ont acoustumé à ressortir & plaidoïer, en demandant & en defendant, sanz moïen en nostre Court de Parlement comme pardevant Traicteurs, & ne sont tenuz de ressortir ne plaidoïer pardevant aucun autre Juge temporel de nostre Royaume, soit Royal ou autre, pour quelconques Cause, & leurs hommes & autres subgiès, devant euls & leurs Juges & Officiers, & en cas de Souveraineté & de Ressort, en nostre dit Parlement; & que de ce il avoient joy & usé par euls & leurs [d] predecessus, par tant de temps qu'il n'est memoire du contraire, ou que il souffisoit [e] souffi à bonnes possession & saisine avoir acquise & retenir; mais pour ce que le Bailli & Officiers qui pour le temps estoient pour Nous en Touraine, les empescherent ja pieça au contraire, & s'efforcerent de avoir la congnoissance de euls, de leurs familiers, Officiers, hommes & subgiés, & de leurs Causes d'Appel, plait & procès fust meu, qui longuement a duré, & qui pent encores en nostre Court de Parlement, tant en Causes d'Appeaulx, que de injures, excès, attemptas, & plusieurs autres deppendans des diz Appeaulx faiz par les diz Doyen & Chapitre, dudit Bailli ou son Lieutenant à Nous, en nostre dicte Court de Parlement, sur ce que, combien qu'il soïent & se dient estre exemps de la Juridicion dudit Bailli & de ses Officiers, sans ce qu'il soïent de la Juridicion & ressort, ne ne doïent ressortir que à Nous & à nostre dicte Court, euls, leurs hommes de corps, Officiers & subgès, & de ce eulx sont en bonne possession & saisine par tant de temps qu'il n'est memoire du contraire, & qu'il doit & peut souffire en tel cas, & sanz contradicion aucune aïent usé ainsi de ladicte exempcion, & par le temps dessus dit, toutesfoiz ledit Bailli s'est efforcé, & de jour en jour s'efforce ou [f] veul efforcier de les contraindre de ressortir & respondre pardevant lui, & d'en avoir le ressort & la congnoissance; &

[d] *predecesseurs.*

[e] *& suffit.*

[f] *veut.*

NOTE.

(a) Arrêts & Jugez du Parlement de Paris, Registre 22. *fol.*° 12. *R.*°

quelles Causes eulx appointés à baillier leurs articles à fin principal, à l'encontre de nostre Procureur, les aïent bailliez & offers à ladicte Court; & jasoit ce que plusieurs informacions aïent esté faictes sur les dis usaiges par ladicte Court, a esté ordenné que les diz Doïen & Chapitre monstreront pour toutes [a] dilacions à la Court, dedans les [b] jours de Touraine du prouchain Parlement avenir, touz leurs privileges desquiex il se veulent aidier en ceste partie, & procederont ès dictes Causes, si [c] cuident qui leur appartiengne; ou autrement, ladicte Court [d] prouverra si comme sera à faire de raison sur ce; & que cependant le Bailli des nouveaux ressors de Touraine, qui s'efforce de culs faire ressortir pardevant lui ou son Lieutenant, congnoisse de toutes leurs Causes & de leurs subgiez, hommes de corps & Officiers, si comme ès Lettres sur ce faictes, ce puet plus à plain apparoir: Nous au jour d'uy estans en noz plaines Requestes, oyes les relacions & rapports de plusieurs Notables & Gens de nostre Conseil, ausquieux Nous adjoustons plaine foy, qui Nous ont tesmoigné & dit, que de leur temps il ont tousjours oy & veu plaidoïer & ressortir en nostre Parlement, nuëment & sanz moyen, les diz Doyen & Chapitre, les Gens de leurs Eglise & Officiers que il & chascun d'eulx vouloient advoër & qui chéoient en adveu, & que ainsi en ont joy & usé; mais que de leurs hommes & autres subgiès, n'estoit pas ainsi: Tout consideré, & eu sur ce advis & bonne deliberation en nostre dit Conseil, de nostre certaine science, auctorité & puissance Royal & grace especial, avons déclairé & ordenné, déclarons, ordennons & voulons, que de cy en avant, perpetuelment & à tousjours mais, yceulx Doyen & Chapitre, & leurs Officiers presens & advenir, que eulx & chascun d'eulx vouldront advoüer & qui cherront en adveu, plaidoient en demandant & en deffendant, en touz cas & en toutes leurs Causes, tant conjointement que divisement, en nostre Court de Parlement sanz aucun moyen, & que eulx ne leurs successeurs ne sont ne ne seront tenuz de plaidoïer, respondre ou ressortir devant aucun autre Juge temporel de nostre Royaume, se il ne leur plaist; & quant est de leurs hommes & subgiès, ils respondront & seront tenus de respondre en cas de Souverainneté & de ressort, devant nostre dit Bailli des Exempcions & ressors de Touraine, d'Anjou & du Maine; nonobstant les plaiz, procès, appointemens, appelacions sur ce faictes & encommenciées, adjournemens, Arrès, Commission, Ordenance, & toutes & [e] chascun les autres choses dessus dictes; lesquelles choses, & tout ce qui en peut ou pourroit ensuir au contraire de ceste nostre presente Ordennance & declaracion, Nous mectons du tout au néant, & voulons ceste nostre presente declaracion & Ordenance valoir, tenir & estre gardée à touzjours mais perpetuelment sanz enfraindre; & adfin que yceulx Doïen & Chapitre, les personnes singulieres de leur Eglise & leurs successeurs, soïent perpetuelment tenuz & obligiés Dieu prier pour touz noz Predecessus, pour Nous, pour la Royne nostre très chere compaigne, noz Enfans & noz Successeurs, Nous avons sur les choses dessus dictes imposé & imposons à nostre dit Procureur, audit Bailli des dictes Exempcions & ressors, & à touz autres presens & avenir, silence perpetuel: Et donnons en Mandement par ces presentes, à noz amez & feaulx Gens qui tendront nostre Parlement prochain avenir, à nostre devant dit Bailli des Exempcions & ressors dessus diz, & à touz autres Justiciers & Officiers de nostre Royaume, presens & avenir, & à leurs Lieutenans, & à chascun d'eulx, comme à lui appartendra, que perpetuelment eulz facent, seuffrent & laissent les diz Doyen & Chapitre, joïr & user paisiblement de nostre presente déclaration, Ordenance & grace, sanz les empeschier ne [f] moulestez, ne souffrir estre empeschiez ou molestez au contraire. Et que ce soit chose ferme & estable à touzjours, Nous avons fait mectre nostre seel à ces presentes: Sauf en autres choses nostre droit, & l'autrui en toutes. *Donné en nostre Chastel du Bois de Vincennes, le tiers jour de Septembre, l'an de grace mil trois cens soixante & douze, & de nostre Regne le neuvieme.*

Sic signata. *Par le Roy*, en son Conseil. J. TABARI.

Et à tergo dictarum Litterarum, erant scripta verba que sequuntur.

*Presentes Littere lecte & publicate fuerunt in Camera Parlamenti; post quarum*

CHARLES V.

à Paris, le 3. de Septembre 1372.

a *délais.*

b *les Jours où l'on plaide le* Rôle *& les affaires de la Touraine.*

c *croyent.*

d *app.* pourvoira.

e *chacunes.*

f *molester.*

*publicacionem, Procurator Regius protestatus fuit de substinendo & prosequendo jure Regio, loco & tempore oportunis; Litteris & earum publicacione predictis nonobstantibus; Decano & Capitulo*[a] *Turonensi protestantibus ex adverso.* Actum in dicto Parlamento, decima tertia die Januarii, anno millesimo trecentesimo septuagesimo secundo.

[b] *Quocirca, &c.* Datum & actum Parisius, in Parlamento nostro, anno Domini millesimo trecentesimo septuagesimo secundo, & Regni nostri nono, die decima quarta mensis Januarii. *Per Cameram.* [c] VILLEM.

a Turon. *R.* Suite de l'Arrêt du Parlement.
b Ce qui fuit est conforme à ce qui se lit cy-dessus, p. 517.
c il y a une marque d'abbreviation sur la fin de ce mot.

---

CHARLES V. au Château du Bois de Vincennes, le 3. de Septembre 1372.

*(a) Lettres qui ordonnent que les procez de l'Evêque & du Chapitre d'Angers, & ceux de leurs Officiers, seront portez sans moyen devant le Parlement; & que les procez de leurs sujets, seront portez en premiere instance, devant le Bailli des Exemptions de Touraine, d'Anjou & du Maine.*

CHARLES par la grace de Dieu Roy de France. Savoir faisons à tous presens & avenir; que comme nos bien amés, *(b)* l'Evesque d'Angiers nostre Conseillier, & le Doïen & le Chapitre d'Angiers, aïent tousjours maintenu & encores maintiennent, que eulx, leurs Officiers & familiers, conjointement & divisement, en tant comme chascun touche, ont acoustumé à [d] rossortir & plaidier en demandant & en deffendant, sans moïen en nostre Court de Parlement, comme pardevant Traitteurs; & ne sont tenus de rossortir ne plaidier pardevant aucun autre Juge temporel de nostre Royaume, soit Royal ou autre, pour quelconques Causes, & leurs hommes & autres subgès devant eulx & leurs Juges & Officiers, & en cas de Souveraineté & de ressort, en nostre dit Parlement; & que de ce il avoient joy & usé par eulx & leurs predecesseurs, par tant de temps qu'il n'est memoire du contraire, ou que il souffisoit & souffist à bonne possession & saisine avoir acquise & retenu; mais pour ce que le Baillif & Officiers, qui pour le temps estoient pour Nous en Touraine, les empescherent ja pieça au contraire, & se efforcerent de avoir la congnoissance de eulx, de leurs familiers, Officiers, hommes & subgès, & leurs Causes, plait & proces fut meu, qui longuement a duré & qui pent encore en nostre Court de Parlement, tant en cas de nouvelleté que de simple saisine, & autrement, entre nostre Procureur General d'une part, & les dis Eveque, Doïen & Chapitre d'autre part; esquelles Causes a tant esté procedé, que les dis Evesque, Doïen & Chapitre ont pieca fait [e] articles, & lesquelles ne furent onques accordés; & depuis par l'Ordenance de nostre Parlement, furent bailliez à nostre dit Procureur, pour faire [f] nos raisons à l'encontre; & lequel nostre dit Procureur après ce, proposa en nostre dicte Court, que yceulx Evesque, Doïen & Chapitre, [g] ne faisoient à recevoir pour conduire le cas de nouvelleté dont devant est faite mencion, & ladicte Cause de simple saisine, parce que il disoit que les cas de l'une des Causes, estoient ou sembloient estre proprement les cas de l'autre Cause, & *(c)* que en leur prejudice & de leur [h] rossort que il maintenoient avoir en nostre dit Parlement, ilz tenoient Nous & nos Officiers pour saisis; & yceulx Evesque, Doïen & Chapitre disoient au contraire, & que il faisoient bien à recevoir, & que l'en peut bien faire en plusieurs & diverses années, plusieurs explois les uns semblables aus autres, dont l'en

d *ressortir.*
e *Voy. la Tabl. du 4.e Vol. de ce Rec. au mot, Articles.*
f *ne faudroit-il pas corriger, ses raisons?*
g *n'étoient à recevoir.*
h *ressort.*

NOTES.

*(a)* Tresor des Chartres, Registre 103. PP. 9 vingt 19. (199) & 200.

Il y a apparence que ces Lettres furent enregistrées au Parlement, dans la même forme que le furent les deux precedentes.

*(b) L'Evêque d'Angiers.]* Dans la *Gall. Christ. 1.re Edit. tom. 2. p. 139.* l'on trouve qu'Harduin de Beüil étoit Evêque d'Angers, le 27. de Fevrier 1372. mais à la *page 350. col. 2.* on lit que Miles de Dormans predecesseur d'Harduin, ne fut transferé à l'Evêché de Bayonne, qu'en 1373.

*(c) Que en leur prejudice.]* Il paroît que le Procureur General parle là au nom des Officiers de Touraine, dont il soûtenoit les pretentions.

se peut

se puet bien faire en plusieurs & diverses années, plusieurs explois les uns semblables aus autres, dont l'en se puet bien [a] doloir des uns en cas de nouvelleté, & des autres en cas de simple saisine, aussi comme il estoit de cestes Causes dont ilz debatoient; & disoient aussi que nostre dit Procureur ne venoit point à temps, ne ne devoit point estre receu aus dictes choses proposer, parce que il les deust avoir proposées avant que Parties feussent appointées à faire leurs Escriptures ès dictes Causes; après lesquelles choses, & pluseurs autres dictes & proposées d'une partie & d'autre, nostre dicte Court retint à ordonner sur tout; & des lors dist & ordonna, que le debat des dictes Causes pendans, Robert le Chat qui estoit lors Lieutenant de nostre devant dit Baillif à Tours, cognoistroit des dictes choses contencieuses par main souveraine; & pour ce que il sembla aus dis Evesque, Doïen & Chapitre, que il estoient en ce grevés, firent depuis proposer pluseurs raisons affin de [b] reppeller ledit Robert le Chat, que il ne demourast Commissaire à cognoistre des choses dessus dictes; & nostre Procureur & ledit Robert proposerent au contraire; Parties oyes, nostre dicte Court retint à ordonner sur les choses dessus dictes. Et il soit ainsi que depuis les procès & appointemens dessus dis, sans plus avoir outre procedé, Nous [c] ayens fait & créé un nouvel Baillif des Ressors & Exempcions de Touraine, d'Anjou & du Maine, auquel Nous ordonasmes & commeismes à [d] cognostre des dictes choses contencieuses, & des Causes des dis Evesque, Doïen & Chapitre, de leurs Officiers, qui estoient cheus ou porroient cheoir & avenir pendant ledit debat, par main souveraine, & sans prejudice des devant dictes Causes; lequel Baillif fist par vertu de ce, appeller pardevant lui à son Siege de Chinon, les dis Evesque, Doïen & Chapitre, & aucuns de leurs Officiers, & par pluseurs fois [e] continua sur ce yceulx Evesque, Doïen & Chapitre, qui tousjours protestoient que par ce [f] ne l'aprouvoient point à leur Juge, & a procedé avec les dis Officiers, l'une fois par deffaut, & autres fois par [g] contumacion; & depuis la contumacion des dis Evesque, Doïen & Chapitre, pendent le temps d'icelle, ledit Baillif fist [h] appaller devant lui à son Siege de Tours, les dis Doïen & Chapitre soudainement; & pour ce que il les avoit [i] mus en deffaut indeuëment, selon ce qu'il leur sembloit, [k] mis Amende, [l] fait declaracion en Jugement contre eulx; dont il appellerent à nostre Court de Parlement, & [m] empeterent & firent deuëment executer leur adjournement à nostre Parlement [n] darrain passé; & après ce, empeterent yceulx Evesque, Doïen & Chapitre, de Nous unes Lettres, par lesquelles Nous deffendions, & mandions qu'il feust deffendu à nostre dit Bailli des Exempcions, ou à son Lieutenant, que il ne cogneust ne s'entremeist de cognoistre des Causes des dis Evesque, Doïen & Chapitre, & de leurs Officiers, jusques à ce que nostre Court de Parlement eust ordenné des Causes devant dictes; au Lieutenant du quel Bailli, tenant lors nos Assises à Chinon, furent nos dictes Lettres & leur contenu fait savoir, & les inhibicions dedens contenuës, faites par un de nos Sergens; & pour ce que à l'encontre se opposa le Substitut de nostre Procureur oudit Bailliage, fut adjourné à nostre Parlement derrain passé, pour aler avant, & proceder sur les dictes choses comme raison seroit, ouquel Parlement n'a point esté procedé en aucune des dictes Causes; mais par nostre dicte Court a esté dit & pronnoncie n'agaires par Arrest, que pour ce que les dis Evesque, Doyen & Chapitre, estoient autresfois venus contre l'Ordenance de nostre dicte Court, sur le fait de ladicte Commission du devant dit Robert le Chat, dont devant est faite mencion, ilz le Nous [o] amenderoient de soixante livres Parisis; & que pendens les procès & plait dessus dis, nostre devant dit nouvel Baillif cognoistra par main souveraine, des choses dessus dictes, sans prejudice des dictes Causes. Nous aujourdui estans en noz plaines Requestes, oyes les relacions & rappors de pluseurs Notables de nostre Conseil, aux quiex Nous adjoustons plaine foy, qui Nous ont tesmoingné & dit, que de leur temps il ont toujours oy & veu plaidier & ressortir en nostre Parlement, nuëment & sans moyen, les dis Evesque, Doïen & Chapitre, les Gens de leur Eglise, & Officiers que ilz & chascun d'eulx vouloient advoüer & [p] qu'ilz cheioient en aveu; & aussi ont veu que leurs Gens se presentoient en nostre dicte

CHARLES V. au Château du Bois de Vincennes, le 3. de Septembre 1372.

a *plaindre.*
b *repousser, empêcher.*
c *ayons.*
d *connoître.*
e *continua de les faire appeller devant lui.*
f *ne le reconnoissoient point pour leur Juge.*
g *contumace.*
h *appeller.*
i *mis.*
k *condamnez à l'Amende.*
l *&.*
m *empetrerent, là & plus bas.*
n *dernier.*
o *payeroient l'Amende.*
p *qui.*

CHARLES V. au Château du Bois de Vincennes, le 3. de Septembre 1372.

a Voy. cy-dessus, p. 516. Note (e) margin.

b plaideront.

c valoir.

d à côté de ces mots, il y a à la marge du Registre, *correcta*.

Court par [a] Robes, & ainsi en ont joy & usé; mais que de leurs hommes & autres subgès n'estoit pas ainsi : Tout consideré, eu sur ce avis & bonne deliberation de nostre dit Conseil, de nostre certaine science, auctorité & puissance Royal & grace especial, avons declaré & ordonné, declarons, ordonnons & volons, que dès-cy-enavant perpetuelment à tousjours mès, yceulx Evesque, Doïen & Chapitre, & leurs Officiers presens & avenir, que eulx & chascun d'eulx voudront advoüer & qui charront en adveu, [b] plaidoiont en demandent & en deffendant, en tous cas & en toutes leurs Causes, tant conjointement que divisement, en nostre Court de Parlement sans aucun moyen, & que eulx ne leurs successeurs, ne sont ne seront tenus de plaidier, respondre ou ressortir devant aucun autre Juge temporel de nostre Royaume, se il ne leur plaist; & quant est de leurs hommes & subgès, ilz responderont & seront tenus de respondre en cas de Souveraineté & de ressort, devant nostre dit Baillif des Exemptions & ressors de Touraine, d'Anjou & du Maine; nonobstant les plais, procès, appointemens, appellacions, adjournemens, l'Arrest, Commission, Ordenance, & toutes & chascune les autres choses dessus dictes; lesquelles choses, & tout ce qui en peut ou porroit ensuir au contraire de ceste nostre presente Ordenance & declaration, Nous mectons du tout au neant, & volons ceste nostre presente declaration & Ordenance, [c] voloir, tenir & estre gardée à tousjours mès perpetuelment, sans enfraindre; & affin que yceulx Evesque, Doïen & Chapitre, les personnes singulieres de leur Eglise & leurs successeurs, soïent perpetuelment tenus & obligiés Dieu prier pour tous noz Predecesseurs, pour Nous, pour la Royne, pour nos Enffans & nos Successeurs, Nous avons sur les choses dessus dictes imposé & imposons à nostre dit Procureur, audit Baillif des dictes Exempcions & Ressors, & à tous autres presens & avenir, silence perpetuel; & donnons en mandement par ces presentes, à nos amés & feaulx Gens qui tendront nostre Parlement prochain & avenir, à nostre devant dit Bailli des Exempcions & Ressors dessus dis, & à tous autres Justiciers & Officiers de nostre Royaume, presens & avenir, & à leurs Lieuxtenans, & à chascun d'eulx, comme à lui appartendra, que perpetuelment eulx facent, sueffrent & laissent les dis Evesque, Doïen & Chapitre, joïr & user paisiblement de nostre presente declaracion, Ordenance & grace, sans les empeschier ne molester, ne souffrir estre empeschiés ou molestés au contraire. Et que ce soit ferme chose & estable à tousjours, Nous avons fait mettre nostre Seel à ces presentes : Sauf en autres choses nostre droit, & l'autrui en toutes. [d] *Donné en nostre Chastel du Bois de Vincennes, le tiers jour de Septembre, l'an de grace mil trois cens soixante & douse, & de nostre Regne le neufvieme.*

*Par le Roy*, en son Conseil. J. TABARI. *Visa.*

*(d) Alia sub consimili forma, sic signata & de eadem data, pro Ecclesia Turonensi.*

NOTE.

*(d) Alia.]* Ces Lettres pour l'Eglise de Tours, sont cy-dessus, p. 518. Elles sont semblables pour la decision; mais elles sont très-differentes pour le reste.

---

CHARLES V. au Château du Bois de Vincennes, le 3. de Septembre 1372.

e C'est un Arrêt du Parlement.

*(a)* Lettres qui ordonnent que les procez de l'Evêque & de l'Eglise du Mans, & ceux de leurs Officiers, seront portez sans moyen au Parlement; & que les procez de leurs sujets, seront portez en premiere instance, devant le Bailli des Exemptions de Touraine, d'Anjou & du Maine.

[e] *KAROLUS Dei gracia Francorum Rex. Notum facimus universis tam presentibus quam futuris, quod ad Requestam dilectorum ac fidelium, Gonterii Episcopi*

NOTE.

*(a)* Arrêts & Jugez du Parlement de Paris, Registre 22. *fol.°* 10. *v.°* Ces Lettres sont aussi au Tres. des Chartres, Registre 103. P. 206. L'Arrest du Parlement n'est pas dans ce Registre.

*Cenomanensis, Consiliarii nostri, ac Decani & Capituli Ecclesie Cenomanensis, die date presencium, lecte & publicate fuerunt in Camera Parlamenti nostri Par. ac in Registris ejusdem Parlamenti de precepto nostre Curie registrate alie Littere nostre in filis sericis & cera viridi sigillate, quarum tenor sequitur sub hiis verbis.*

CHARLES V. au Bois de Vincennes, le 3. de Septembre 1372.

CHARLES par la grace de Dieu Roy de France. Savoir faisons à touz presens & avenir, que de la partie de nostre amé & feal Conseillier, Gontier Evesque, & nos bien amés Doïen & Chapitre de l'Eglise du Mans, Nous a esté exposé en nos plaines Requestes, que comme yceulx exposans & chascun d'eulx, tant conjoinctement comme divisément, à cause & pour raison de ladicte Eglise, aïent esté & soïent d'ancienneté, & de tel & si long temps qu'il n'est memoire du contraire, en & soubz nostre protection & sauvegarde especial, & soubz le ressort & Souverainneté de Nous & de nostre Couronne, sans moïen ; & entre les autres [a] prerogatives, Nobleces, & anciens usages desquelx les diz exposans & [b] à chascun d'eulx, ont acoustumé à user, iceulz exposans & chascun d'eulx, tant conjointement comme divisement, à cause de leur dicte Eglise, aïent acoustumé d'ancienneté & par le temps dessus dit, ressortir, & leurs Causes, drois & actions, tant en demandant comme en defendant, estre demenées pardevant Nous sens aucun moïen, ou pardevant nos amés & feaulx Gens de nostre Grant Conseil ou de nostre Parlement à Paris, comme pardevant Traitteurs en ceste partie; & aussi aïent acoustumé avoir, & aïent eu d'ancienneté & par le temps dessus dit, iceulx exposans & chascun d'eulx, pourtant comme à chascun touche, en leurs terres & sur leurs subgès & hommes, Justice haute, moyenne & basse, & [c] mere & mixte Impere; & aïent acoustumé [d] les Causes d'appellacions faitez d'iceulx exposans, conjointement ou divisement, comme Seigneurs temporelz, & de leurs Seneschaux ou Baillifs, estre demenées & traittées pardevant Nous, ou pardevant nos dictes Gens de nostre grant Conseil ou Parlement, comme pardevant Traitteurs, comme dessus est dit, sans ce que yceulx exposans ou aucun d'eulx, aïent acoustumé ou temps passé, en ou pour quelconques cas, causes ou [e] besonges d'eulx ou de leur Eglise, devant quelconques nos Justiciers, Juges ou Officiers, ou autres quelconques temporelz de nostre Royaume, estre convenus ou respondre autrement que dessus est dit; & par le temps dessus dit aïent euë & acoustumé avoir les Seneschaus, Baillifs & autres Juges temporelz d'iceulz exposans, seulx & pour le tout, la cognoissance, Juridicion & cohercion des hommes & subgès des dis exposans, tant comme à chascun a appartenu & appartient, sans ce que aucuns nos Juges, Officiers [f] ou autres quelconques temporelx, s'en aïent acoustumé, puissent ou doivent entremectre en aucune maniere; & avec ce, aïent acoustumé yceulx exposans & chascun d'eulx, se comparoir, fonder en Jugement, & estre receus pardevant Nous ou nos dictes Gens de nostre Grant Conseil ou Parlement; c'est assavoir, ycelui Evesque, par un de ses familiers ou Officiers de ses [g] Robes; & yceulx Doïen & Chapitre, par un de leurs Chanoines, sans autre procuracion ou puissance; de toutes lesquelles choses dessus dictes & de chascune d'icelles, yceulz exposans & chascun d'eulx, tant conjointement comme divisement, & en tant comme à chascun d'eulx touche, & leurs predecesseurs en ladicte Eglise du Mans, ont joy & usé par le temps dessus dit, & esté en possession & saisine paisible & sens aucun empeschement; neantmoins nostre amé Jehan de la Tuille, nostre Baillif des ressors & Exempcions des Duchiés d'Anjou & de Touraine, & du Conté du Maine, par Nous nouvellement institué & créé, s'est efforciés & efforce du temps de sa dicte creacion, yceulx exposans & chascun d'eulx, & leurs hommes & subgès demourans en leurs Terres, traire en Cause & faire convenir pardevant lui; & de fait a donné & donne, & encore s'efforce de donner contre yceulx exposans & leurs diz subgès & hommes, adjournemens, commissions, deffaux & autres explois, en voulant entreprendre & avoir sur yceulx exposans & leurs dis hommes & subgès, Juridicion & cognoissance par maniere de Souverainneté & ressort, ou autrement, contre raison, & en attribuer pardevers lui la cognoissance contre les dessus dictes Libertez,

a *droits.* T. C.

b *ce mot est inutile.*

c *Voy. cy-dessus,* p. 44. Note (z).

d *leurs.* T. C.

e *besognes.*

f *Justiciers.* T. C.

g *Voy. cy-dessus* p. 516. Note (e) margin.

CHARLES V.
au Bois de Vincennes, le 3. de Septembre 1372.

franchises, Noblèces & anciens usages d'iceulx exposans & de leur dicte Eglise, & en leur grant grief, préjudice & dommage, & de chascun d'eulx; & que jasoit ce que yceulx exposans, tant conjointement comme divisément, aïent par plusieurs fois empetré plusieurs Lettres de Nous, par lesquelles Nous mandions à nostre dit Bailli, que yceulx exposans & chascun d'eulx, & leur dicte Eglise, il laissast paisiblement joïr & user de leurs dictes Libertés, prérogatives, drois, franchises, Noblèces & anciens usages, & des choses dessus dictes faire, se delaissast & cessast du tout, & ce qu'il avoit fait & attempté au contraire, il rappellast & meist au premier estat & deu; neantmoins ycellui Bailli, en differant tousjours à obéir à nos dictes Lettres, ne s'est désisté ou volu desister, cesser ne délaissier des choses dessus dictes; mais en tenant les diz exposans en ses Assises en surséances, s'est trais pardevers Nous, & Nous a requis que li, & nostre Procureur General adjoint avec lui en ceste partie, contre yceulx [a] exposons & leur dicte Eglise, fussent oïs & receus en ce qu'il voul-droient dire, alleguer & proposer contre yceulx exposans & chascun d'eulx & leur dicte Eglise, en ceste cause; laquelle cause Nous commeismes à nos amés & feaulx [b] Gens de nostre Grant Conseil dessus dis; par lesquelles nos Gens, oïes les dictes Parties, la chose fut tellement appointée, que ycelui Bailly se [c] soufferroit & désisteroit de tous adjournemens, procès & autres exploiz faire contre yceulx exposans & chascun d'eulx, tant conjointement comme divisément, & leur dicte Eglise & leurs dis hommes & subgès, jusques aus [d] jours du Bailliage de Touraine de nostre prochain Parlement; & pendent le temps, yceulx exposans & chascun d'eulx, [e] doivent & estoient tenus comparoir ès Assises dudit Baillif, pour prendre ladicte surséance; & [f] entredeux, chascune des dictes Parties devoit enseignier, monstrer & enfomer de son droit sommerement & de plain, devant certain Commissaire, qui pour ce devoit estre donné & député par nos dictes Gens, aus dictes Parties; & pour ce que nostre dit Bailli se departi de nostre Court, les Lettres dudit appointement non faites & non expediées, & aussi Commissaires non donné ou deputé pour faire ladicte informacion, ne autrement à yceulx exposans sur ce pourveu, Nous ont humblement supplié les diz exposans & chascun d'eulx, que sur ce à eulx & à leur dicte Eglise, veüillons pourveioir de remede convenable: Pourquoy Nous aujourdui estans en nos plaines Requestes, comme dit est, oyes les relacions & rappors de plusieurs notables de nostre Conseil, ausquiex Nous adjoustons plaine foy, qui Nous ont tesmogné & dit, que de leur temps il ont tousjours oy & veu plaidoïer & ressortir en nostre Court de Parlement, nuëment & sans moïen, les diz Evesque, Doïen & Chapitre du Mans, les Gens de leur Eglise, & Officiers que ilz & chascun d'eulx vouloient advouer & qui cheoient en aveu; & aussi ont veu que leurs Gens se presentoient en nostre dicte Court par Robes, & que ainsi en ont joy & usé; mais que de leurs hommes & autres subgès n'estoit pas ainsi: Tout consideré, & eu sur ce avis & bonne deliberacion en nostre dit Conseil; attendu aussi que Nous sommes Chanoines de ladicte Eglise, & que nostre très chier Seigneur & Pere que Dieux absoille, y receut le Sacrement de Baptesme, de nostre certaine science, auctorité & puissance Royal & grace especial, avons declaré & ordenné, déclarons & ordennons & volons que des-cy en avant perpetuelment à tousjours mès, yceulx Evesque, Doïen & Chapitre, & leurs Officiers presens & avenir, que eulx & chascun d'eulx voudront avoüer & qui cherront en aveu, plaidoïeront en demandant & en deffendant, en tous cas & en toutes leurs Causes, tant conjointement comme divisement, en nostre Court de Parlement sens aucun moïen, & que eulx ne leurs successeurs ne sont ne seront tenus de plaidoïer, respondre ou ressortir devant aucun autre Juge temporel de nostre Royaume, s'il ne leur plaist: Et quant est de leurs hommes & subgès, ilz respondront & seront tenus de respondre en cas de Souveraineté & de ressort, devant nostre dit Bailli des Exempcions & ressors de Touraine, d'Anjou & du Maine; nonobstans les dis appointemens, & toutes & chascune les autres choses dessus dictes; lesquelles choses, & tout ce que en puet ou pourroit ensuir au contraire de ceste nostre presente Ordennance & declaracion, Nous mectons du tout au néant, & volons

[a] *exposans.* T. C.

[b] *les.* T. C.

[c] *surseroit.* T. C.

[d] *Voy. cy-dessus, p. 519. Note (b). margin.*

[e] *devoient.* T. C.

[f] *dans l'intervalle.*

cette nostre presente declaracion & Ordennance valoir, tenir & estre gardée à tousjours mès perpetuelment, sans enffraindre; & affin que yceulx Evesque, Doïen & Chapitre, les personnes singulieres de leur Eglise, & leurs Successeurs, soïent perpetuelment tenus & obligiés Dieu prier pour tous nos Predecesseurs, pour Nous, pour la Roine, pour nos Enffans & nos Successeurs, Nous avons sur les choses dessus dictes, imposé & imposons à nostre dit Procureur, audit Baillif des dictes Exempcions & ressors, & à tous autres presens & avenir, silence perpetuel; & donnons en Mandement par ces presentes, à nos amès & feaulx Gens qui tendront nostre Parlement prochain & avenir, à nostre devant dit Bailli des Exempcions & ressors dessus diz, & à tous autres Justiciers & Officiers de nostre Royaume, presens & avenir, & à leurs Lieuxtenans, & à chascun d'eulx, comme à lui appartendra, que perpetuelment ilz facent, sueffrent & laissent les dis Evesque, Doïen & Chapitre joïr & user paisiblement de nostre presente déclaration, Ordennance & grace, sans les empeschier ne molester, ne souffrir estre empeschiés ou molestés au contraire: Et que ce soit ferme chose & estable à tousjours, Nous avons fait mettre nostre seel à ces presentes: Sauf en autres choses nostre droit, & l'autrui en toutes. *Donné au Bois de Vincennes, le tiers jour de Septembre, l'an de grace mil trois cens soixante & douze, & de nostre Regne le neuvieme.*

CHARLES V. au Bois de Vincennes, le 3. de Septembre 1372.

Sic signata. *Par le Roy*, en son Conseil. J. TABARI. *Visa.*

Et à tergo dictarum Litterarum, erant scripta, verba que sequuntur.

*Presentes Littere lecte fuerunt & publicate in Camera Parlamenti; post quarum publicacionem, Procurator Regius protestatus fuit de substinendo & prosequendo Jure Reg. loco & tempore oportunis; Litteris & earum publicacione predictis nonobstantibus; Episcopo ac Decano & Capitulo Cenomanensibus, protestantibus ex adverso.* Actum in dicto Parlamento decima tertia Januarii, anno millesimo trecentesimo septuagesimo secundo.

Suite de l'Arrêt du Parlement.

*Quocirca Baillivo nostro Exempcionum & ressortorum Turonensium, Andegavensium & Cenomanensium, in suprascriptis Litteris nominato, ceterisque,* [a] *&c.* Datum & actum Parisius, in Parlamento nostro, anno Domini millesimo trecentesimo septuagesimo secundo, & Regni nostri nono, decima tertia die mensis Januarii. Per Cameram. [b] VILLEM.

[a] *La formule qui suit, est conforme à celle qui est cy-dessus*, p. 517.

[b] *Il y a une marque d'abbreviation sur la fin de ce mot.*

---

CHARLES V. au Bois de Vincennes, le 3. de Septembre 1372.

*(a)* Lettres qui confirment les habitants de Milhaud, dans le privilege de ne point payer d'Impôts pendant un certain temps, & de ne pouvoir être jugez hors de leur Ville.

*CAROLUS Dei gratia Francorum Rex. Senexcallo Carcassonæ, & Vicario* [c] *Giniaci, vel eorum Locatenenti, cæterisque Officiariis nostris, has Litteras visuris: Salutem. Dilecti nostri & fideles Consules Villæ nostre* [d] *Amiliani, Senescalliæ Ruthenensis, nobis graviter sunt conquesti, quod licet, tam per charissimum Germanum nostrum, Ducem Andegavensem, Locumtenentem nostrum in* [e] *Partibus Occitaniæ, quam etiam per Nos, datæ & concessæ fuerunt, Immunitates & privilegia eisdem Consulibus & habitatoribus dictæ Villæ, ( a ) non solvendi aliquas Thalias seu Collectas ordinarias seu extraordinarias, ad & per certa tempora nondum elapsa; & non debere trahi seu evocari extra Villam prædictam, quæ per Senescallum nostrum Ruthenensem dudum fuerunt jurata, de mandato nostro servaturum; nihilominus dictus Senescallus, tam per se quam*

[c] Ginac. *Voy. cy-dessus*, p. 212. Note *(b)*.

[d] Milhaud. *Voy. cy-dessus*, p. 291. Note *(b)* marg.

[e] Languedoc.

NOTES.

*(a)* La Copie de ces Lettres a été envoyée de Montauban, dans la forme marquée cy-dessus, p. 291. Note *(a)*.

*(b) Non solvendi.]* Voy. sur ce 1.er privilege, *cy-dessus*, p. 291. A l'égard du second, je n'ai rien trouvé de precis dans les differentes Pieces sur Milhaud, qui sont dans ce Volume. Ce second privilege peut être compris tacitement dans la confirmation de tous les privileges de Milhaud, sur laquelle *Voy. cy-dessus*, pag. 293. *I.* Voy. aussi l'art. *IV.*

CHARLES V. au Bois de Vincennes, le 3. de Septembre 1372.

*per alios Officiarios per ipsum deputatos, nititur vexare & compellere dictos Consules & habitatores, ad solvendum aliqua per eum seu de ejus mandato ipsis imposita vel indicta; ipsosque citari apud* [a] *Villam-Francam Ruthenensem, quæ distat à dicta Villa Amiliani, per duas* [b] *dietas vel circa, & sub certis pœnis; quod est in ipsorum conquerentium præjudicium atque dammum, &* [c] *dictarum* [d] *Litterarum & privilegiorum suorum; super quibus* [e] *supplicatur sibi per Nos provideri de remedio opportuno. Quocirca Nos attendentes quod facta & concessa per Nos, & dictum Germanum nostrum tanquam nostrum Locumtenentem, firma & illibata esse debent & etiam observari, vobis & vestrum cuilibet in solidum, mandamus quatenus dicto Senescallo Ruthenensi, & quibuscumque aliis per ipsum deputatis vel deputandis, inhibeatis ex parte nostra, sub certis pœnis Nobis applicandis; quibus Nos etiam tenore presentium inhibemus, ne contra formam & tenorem Libertatum & privilegiorum dictis Consulibus & habitatoribus, ut dictum est, concessorum, ipsos Consules & habitatores dictæ Villæ compellat, citet, vexet, seu molestet aliqualiter in corporibus sive bonis; & si quid in contrarium factum fuerit, ad statum pristinum & debitum reducatur, seu reduci faciatis libere,* [f] *vigis presentibus,* [g] *indilatæ; quia sic fieri volumus, & eisdem concessimus & per presentes concedimus ex nostra scientia & gratia speciali, si sit opus, respectu* [h] *promissorum, & ex causa.* Datum apud Nemus Vincennarum, die septima Septembris, anno Domini millesimo trecentezimo septuagesimo secundo, & Regni nostri nono.

*In* [i] *Requesta Hospitii.* J. [k] CHANTOMERLO. CHANAC.

*a* Villefranche en Roüergue, Diocèse de Rodez. *Voy. le Diction. univ. de la France*, au mot, *Villefranche.*
*b* Journée de chemin. *Voy. le Glossaire de du Cange*, au mot, *Dieta 2.*
*c* Il y a dans la Copie, *euvacoem*, avec deux marques d'abbreviation.
*d* Libertatum.
*e fort.* supplicarunt.
*f* visis.
*g* indilate.
*h* præmissorum.
*i* Requestis.
*k Il y a grande apparence que ce nom est défiguré.*

---

CHARLES V. au Château de Melun-sur-Seine, le 22. de Septembre 1372.

(a) *Lettres qui portent que le Duc d'Anjou pourra établir dans le lieu qu'il jugera à propos, une Cour nommée* les Grands-Jours, *devant laquelle seront portez les Appels de tous les Juges des Terres qu'il tiendra en Pairie, soit de son chef ou de celui de la Duchesse d'Anjou son Epouse; & que les Appels de ces* Grands-Jours, *se porteront au Parlement.*

*(b)* CHARLES, &c.

*Donné en nostre Chastel de Meleun sur Saine, le XXII.e jour de Septembre, l'an de grace mil trois cens soixante & douze, & de nostre* [l] *le IX.e*

Par le Roy. P. MICHIEL.

*l Regne.*

NOTES.

*(a)* Tresor des Chartres, Registre 103. P. 216.

*(b) Charles.* ] Ces Lettres sont imprimées cy-dessus, p. 435. où elles sont datées du 22. de Novembre 1371. & du 8.e du Regne, au Château de Melun-sur-Seine, & signées par P. Michiel. Elles ont été tirées d'un Registre du Parlement, où ces Lettres furent enregistrées le 13. de Juin 1373. Il y a grande apparence que ces deux Lettres sont les mêmes, & qu'il y a faute par rapport à la date de l'année, du mois & du Regne, dans l'un des deux Registres. Je crois que c'est celui du Parlement qui est fautif, car *cy-dessus*, p. 433. il y a des Lettres du 22. de Novembre 1371. données à Paris; & l'on ne peut guères presumer que dans le même jour, le Roy ait tenu deux Conseils, l'un à Paris, & l'autre à Melun.

---

CHARLES V. au Bois de Vincennes, le 25. de Septembre 1372.

(a) *Lettres qui portent que le Prevost de Paris, privativement à tous autres, aura dans la Ville de Paris, l'inspection sur les Mêtiers, les Vivres & les Marchandises.*

CHARLES par la grace de Dieu Roy de France. Au Prevost de Paris ou à son Lieutenant: Salut. Comme en nostre bonne Ville de Paris ait plusieurs

NOTE.

*(a)* Livre rouge Vieil du Chastelet de Paris, *folio 72. verso.*

mestiers, marchandises, vivres, & y en vient & afflue de toutes parties du monde, qui doivent estre & ont de tousjours accoustumé estre gouvernées pour l'utilité de la chose publique, selon certaines Ordonnances faites & enregistrées en nostre Chastellet de Paris, & aussi selon certains usaiges, stilles, fourmulles & manieres, qui vous sont certaines, & plus notoires en vostre Auditoire que en nul autre; & Nous aions entendu, que plusieurs nos subgez s'efforcent de entreprendre la visitacion & congnoissance de aucuns desdiz mestiers, vivres & marchandises, en nostre dicte Ville, lesquelles choses appartiennent mieulx estre tenuës & gardées par un Juge compettant, que par plusieurs & diverses personnes, & ce Nous appartient de nostre droit Royal, pour le bien de la chose publique, que Nous desirons sur toutes choses estre bien & diligemment gouverné, mesmement en nostre dicte Ville, qui est Chief de nostre Royaume, & là où tous doivent prendre bon exemple; Nous vous mandons & estroitement enjoignons, en commettant, se [a] mestier est, que vous de par Nous, faictes & faictes faire diligemment la visitacion de tous lesdiz mestiers, vivres & marchandises, en toute la dicte Ville & Banlieu de Paris, & gardez les *(b)* Registres, bons usaiges & coustumes anciens, en pourveant en cela *(c)* où il convendra anuller pour le prouffit commun, & pugnissant les transgresseurs, & faisant surtout bon droit & accomplissement de justice; & voulons que ce soit fait par vous & vos depputez, sans ce que aucun autre s'en entremette: & en ces choses entendez & faictes entendre par telle maniere que Nous ne aions cause de vous reprendre de negligence. Et donnons en Mandement à tous noz subgez, que à vous, & à vos depputez en ce faisant, obeissent; nonobstant quelzconques Lettres subreptices empetrées ou à empetrer au contraire. *Donné en nostre Chastel du Boys de Vincennes, le XXV.e jour du moys de Septembre, l'an de grace mil trois cens soixante & douze, & de nostre Regne le IX.e Ainsi signé.* Par le Roy, en ses Requestes. R. DE BAUFORT.

*Collatio facta fuit cum Originali.*

CHARLES V. au Bois de Vincennes, le 25. de Septembre 1372.

a besoin.

NOTES.

*(b) Registres.]* Il paroît par ce qui est dit plus haut, & par les mots qui suivent celui de Registres, qu'il faut entendre ici par ce mot, les Reglemens contenus dans les Registres. Il est cependant vrai que le Prevost de Paris devoit garder les Registres. *Voy. le 2.e Vol. des Ordonn. p. 4.*

*(c) Où il convendra anuller.]* Cela peut signifier, que le Prevost de Paris, pourra annuller ce qui aura été ordonné par d'autres personnes, contre l'utilité publique.

---

CHARLES V. à Paris, au Château du Louvre, en Septembre 1372.

*(a)* Lettres qui portent que les Ouvriers de la Monnoye de Poitiers, joüiront des privileges accordez par le Roy Jean, aux Ouvriers des Monnoyes du Serment de France.

*KAROLUS Dei gratia Francorum Rex. Notum facimus universis tam presentibus quam futuris, Nos Litteras inclite recordacionis, Domini & Progenitoris nostri, in cera viridi & filis cericeis sigillatas, [b] formam que sequitur, continentes.*

[c] *JOANNES Dei gratia, &c.*

*Quibus Litteris supra scriptis, Nobis ex & pro parte Operariorum & Monetariorum Monete nostre Pictavensis, de Juramento Francie, nuper existentium subdittorum, & in obedientia [d] Eduardi de Anglia inimici nostri, presentatis, iidem [e] Aperarii & Monetarii nostri Nobis humiliter supplicarunt, ut cum ipsi semper fuerint & sint de dicto Francie Juramento, & ad nostram veram & meram obedienciam de novo sint reducti, debeantque privilegiis, Libertatibus & franchisiis, ceteris operatoribus & Monetariis de dicto Juramento concessis, uti & gaudere de presenti, ipsas Litteras, ac omnia & singula in eisdem*

b vidisse.

c Ces Lettres qui sont du mois de Novembre 1350. sont dans le 2.e Vol. de ce Rec. p. 339.

d Voy. cy-dessus, p. 190. Note *(a)*.

e operarii.

NOTE.

*(a)* Tresor des Chartres, Registre 104. Piece 47.

CHARLES V. à Paris, au Château du Louvre, en Septembre 1372.

*contenta; quantum eos & quemlibet ipsorum tangit tangereque possit,* [a] *revocare & graciose confirmare* [b] *vollemus: Nos autem predecessorum nostrorum vestigia insequentes, ipsorum supplicantium peticioni favorabiliter annuentes, volentesque dictis privilegiis, Immunitatibus & Libertatibus aliis, ipsis supplicantibus de dicto Juramento Francie, per Dominos Predecessores nostros Francorum prefatos, concessis, & ut dictum est, confirmatis, ipsos uti & gaudere, predictas Litteras, ac omnia & singula in eisdem contenta, rata habentes, eas volumus, laudamus, approbamus, ratifficamus, & de nostra speciali gracia, sciencia & auctoritate Regia renovamus, ac eciam quathenus usi sunt; & ex ampliori gracia, volumus & ipsis supplicantibus concessimus & concedimus, ut ipsi & quilibet ipsorum, in signum dicte nostre specialis salve-Gardie, in & super locis, terris, grangiis, domibus, possessionibus, rebus & bonis suis quibuscumque, Pennuncellos seu Baculos nostros Regios, per Judices & Officiarios nostros, in casu eminentis periculi apponi facere possint: Dantes tenore presentium in mandatis dilectis & fidelibus nostris Gentibus nostrum presens & que in futurum tenebunt Parlamentum, Gentibus nostris Compotorum, nec non Senescallis, Baillivis, Prepositis, ac eorum Loca tenentibus, ac universis subditis Regni nostri, omnibusque & singulis Commissariis super premissis & ea tangentibus deputatis & deputandis, & cuilibet eorumdem, prout ad eum pertinuerit, quatinus dicta previlegia, Libertates & Immunitates, secundum formam & tenorem dictorum previlegiorum, teneant &* [c] *observant, ac teneri faciant & observari, visis presentibus seu eorum copia sub sigillo Regio confecta, indilate; faciantque & permittant dictos Operarios & Monetarios dictis previlegiis & Libertatibus, ac eciam concessione super dictis Penuncellis, eisdem supplicantibus per Nos facta, pacifice uti & gaudere; & ad hoc rebelles & inobedientes viriliter compellendo; factaque in contrarium, si que sint vel fuerint, ad statum pristinum reducendo. Quod ut firmum & stabile permaneat in futurum, nostrum presentibus Litteris fecimus apponi sigillum.* Datum & actum Parisius, in Castro nostro Lupare, anno Domini millesimo CCCLXXII.° & Regni nostri nono, mense Septembris.

*Per Regem, in suis Requestis.* N. GAIGNART.

[a] renovare. [b] vellemus. [c] observent.

---

CHARLES V. au Château du Bois de Vincennes, en Septembre 1372.

(*a*) *Lettres qui portent qu'il y aura dans la Ville de Monstreüil-sur-Mer, une Cloche qui indiquera les heures ausquelles les Tisserands doivent commencer & finir leurs ouvrages.*

CHARLES par la grace de Dieu Roy de France. Savoir faisons à tous presens & avenir, de la partie des Tisserands de nostre Ville de Monstereul sur la Mer, Nous avoir esté exposé, que comme par octroy & Ordenance des Maires & Eschevins de nostre dicte Ville, fais par meure deliberacion & pour l'utilité publique de ladicte Ville, l'en eust ordené & tenu Cloche en ycelle, pour sonner les heures du matin, & autres que les [d] Varlès du mestier de Tixerrandrie devoient entrer en ouvrage & le laissier; & ce eust & ait esté gardé par aucun temps, pour [e] eschever les inconveniens qui ensuir se pooient de non tenir ordre ou regle d'entrer audit ouvrage & de le laissier; & ainsi ait esté & soit gardé ès Villes voisines esquelles sont Tixerans: Neantmains depuis six ans en ça, l'en a cessé de sonner ladite Cloche aus heures ainsi ordené, & pour le fait dudit ouvrage; & pour ce que les Varlès Tixerans de la dicte [f] vont ouvrer à tels [g] comme il leur plaist, & s'en partent quant bon leur samble, dont moult de inconveniens se sont ensuiz avecques domage; car les dis Varlès ou aucuns d'eulx, demeurent souvent si tart audit ouvrage, que il ont fait & font [h] mains deuës euvres, & autres fautes en leur mestier, dont il sont encouru & enqueurent paines & Amendes; ce que il ne feroient pas, se la dicte Ordenance qui justement fu faite, estoit tenuë; [i] ainçois, se audit son de Cloche entroient ès dis ouvrages & delaissassent, les ouvrages en seroient meilleurs ou proufit de la chose publique, si

[d] *Compagnons.* [e] *éviter.* [f] *Ville.* [g] *telles heures.* [h] *de mauvais ouvrages.* [i] *au contraire.*

NOTE.

(*a*) Tresor des Chartres, Registre 103. Piece 248.

comme

comme ilz dient; supplians sur ce gracieusement [a] prouveoir: Nous adecertes, pour consideracion des choses dessus dictes, aus dis exposans avons octroïé & octroïons ou dit cas de grace especial, que doresenavant une Cloche soit ordenée & tenuee en ladicte Ville, & sonnée aus heures que les Maistres & Varlès dudit mestier devront entrer en leur ouvrages dudit mestier, & que [b] yssir en devront, & en la fourme & maniere que, comme dit est, par les dis Maire & Eschevins, a esté ordené, & comme ès autres bonnes Villes est acoustumé de faire pour le fait d'icellui mestier; sanz ce que pour ce present octroy, aucun prejudice soit fais à Nous, audis Maire & Eschevins ou autres quelconques, ores ou ou temps avenir. Pourquoy Nous donnons en Mandement au Gouverneur du Bailliage d'Amiens, au Prevost de Monstereul, & à tous les autres Justiciers de nostre Royaume, ou à leurs Lieuxtenans, & à chascun d'eulx, si comme à lui appartendra, presens & avenir, que les dis exposans facent & sueffrent joïr & user à plain de nostre presente grace, & ne les molestent & ne sueffrent estre molestez au contraire; ainçois les dis Gouverneur & Prevost, ou leurs Lieuxtenans, ou celui d'eulx qui requis en sera, contraingnent ou facent contraindre à Nous faire Amende convenable, tous ceulx dudit Mestier qui ladicte Ordenance enfraindront. Et pour ce que ce soit ferme chose & estable à tousjours, Nous avons fait mettre nostre seel à ces presentes: Sauf en toutes choses nostre droit & l'autrui. *Donné en [c] Chastel du Bois de Vincennes, ou mois de Septembre, l'an de grace mil trois cens soixante & douze, & de nostre Regne le IX.*

Par le Roy, en ses Requestes. HENRY.

CHARLES V. au Château du Bois de Vincennes, en Septembre 1372.

a pourveoir.
b sortir.
c notre.

---

CHARLES V. au Château du Louvre-lès-Paris, le 1. d'Octobre 1372.

## (a) *Lettres qui deffendent de mener paître des Animaux dans les Vignes vendangées.*

CHARLES par la grace de Dieu Roy de France. Au Prevost de Paris, & à tous les autres Justiciers de nostre Royaume, ou à leurs Lieutenants: Salut. Nous avons entendu par la complainte d'aucuns habitans de pluseurs Villes estans ou vignoble, que pluseurs personnes des dictes Villes & d'autre environ, font & ont acoustumé faire & mener pasturer leurs bestes ès vingnes, après ce que elles sont vendengiées; parquoy très grans inconveniens & dommages inreparables s'ensuivent chascun jour, tant sur les [d] prouvains nouvaux & autres seps, que [e] menuient, rompent & degastent les dictes bestes, comme autrement en pluseurs manieres, & encores s'en pourroit plus ensuir ou temps avenir, se par Nous n'y estoit brefment pourveu de remede convenable. Pourquoy Nous desirans le prouffit & utilité de la chose publique, par bonne & meure déliberacion de nostre Conseil, avons ordenné & ordennons, que nul de quelque estat ou condicion qu'il soit, sur quanque il se puet meffaire, & sur certaines paines, ne face ou face faire mettre, mener ou conduire pour pasturer ès dites vingnes, aucunes grosses bestes ou menuës. Si vous mandons & à chascun de vous, si comme à luy appartendra, que nostre dicte Ordenance vous faictes crier solempnellement ès Villes estans ès diz vignobles, & autre part où il appartendra & requis en serés, & tous ceuls qui seront trouvés faisant le contraire, l'auront fait ou feront faire après ledit cry, contre nostre dicte Ordenance, contraignez les à païer les painnes dessus dictes, & autrement les pugnissiés selon ce qu'il appartendra de raison; car ainssi le voulons Nous estre fait; nonobstant quelconques Ordenances, Coustumes des lieux, & autres choses à ce contraires. *Donné en nostre Chastel du Louvre-lès-Paris, le premier jour d'Octobre, l'an mil trois cens septante & deux, & de nostre Regne le [f] dixiesme.*

Collacion faicte à l'Original, par moy.

d provins.
e je n'ai rien trouvé sur ce mot, qui est expliqué par les suivants.
f neuviéme.

NOTE.

(a) Registre rouge vieil du Châtelet de Paris, *folio 66. r.º*

CHARLES V. au Château du Louvre à Paris, le 3. d'Octobre 1372.

*(a) Lettres qui maintiennent les Barbiers de Paris, dans le droit de panser les clous, les bosses, les apostumes, & les playes qui ne sont pas mortelles.*

CHARLES par la grace de Dieu Roy de France. De la partie des Barbiers demourans en nostre bonne Ville & Banlieuë de Paris, Nous a esté exposé en complaignant, que jasoit ce que eulz & leurs devanciers Barbiers demourans en ycelle Ville & Banlieue, de la nature & à cause de leur office ou mestier de Barberie, aïent acoustumé de curer & guerir toutes manieres de *(b)* cloux, de boces & plaies ouvertes, en cas de peril & autrement, se les plaies ne sont mortelles, toutes les foiz que ilz en sont requis ou appellez à ce, & de bailler pour ce aux *(c)* paciens emplastres, [a] onniement & autres medecines convenables & necessaires ausdites plaies, cloux & boces, ainsi comme bon leur semble, & de ce ont les diz Barbiers joy & usé paisiblement & sanz empeschement aucun, par tel & si long temps qu'il n'est memoire du contraire; neantmoins les Cirurgiens & Mires Jurez en nostre bonne Ville de Paris, soubz umbre de certains privileges que ilz se disoient & dient avoir de noz predecesseurs Roys de France sur ce, que aucun ne se puet ne doit [b] mesler ou entremettre en aucune maniere des choses dessus dittes ne du fait de Cirurgie, fors que les diz Jurez tant seulement, qui par la science & art dudit fait de Cirurgie que ilz ont, pevent & doivent mieulx curer & guerir toutes manieres de plaies & de maladies, & oster touz perilz de corps humains, si comme ilz dient, se sont nagaires efforciez de troubler & empescher les diz Barbiers & chacun d'eulx, en l'exercice des choses dessus dites, qui est ou grant prejudice & lesion des diz Barbiers & de leurs successeurs Barbiers, & aussi contre raison & le bien publique de touz noz subgiez; attendu que plusieurs poures gens qui à la foiz ont plusieurs & diverses maladies accidentelles, desquelles l'en a par usaige & longue experience [c] noctoire congnoissance de la cure d'icelle, par herbe ou autrement, ne pourroient en tel cas, ainsi comme ilz font des Barbiers, recouvrer des diz Mires Jurez qui sont gens de grant estat & de grant sallaire, & ne les [d] avoient de quoy [e] satiffier; & pour ce, Nous qui de tout nostre povoir voulons pourveoir au bien publique de noz subgez, & les relever de toutes oppressions, avons par l'advis & deliberacion de nostre Conseil, fait veoir diligemment les privileges des diz Mires Jurez, & les dites Parties oyr en toutes [f] bonnes raisons, qu'ilz ont voulu dire & proposer sur ces choses l'une à l'encontre de l'autre, pardevant les Genz de nostre grant Conseil & des Genz de nostre Parlement; & avecques ce, avons fait par plusieurs foiz assembler en nostre Court de Parlement & ailleurs, le Prevost des Marchans de nostre dite Ville de Paris, avec plusieurs autres personnes, jusques à très grant nombre, pour enquerir & savoir plus meurement & à plain qui estoit [g] la plus proffitable à ordener à faire en ceste partie, pour l'utilité du bien commun & de noz subgez dessus diz. Savoir faisons à tous presens & avenir, que Nous par le rapport & advis de nostre dit Conseil, & de tous ceulz qui pour ce ont esté appellez & assemblez, eu aussi consideration & deliberation sur lesdites raisons des dites Parties, & sur les diz privileges, de nostre certaine science & grace especial, avons ordené & declairié, & par la teneur de ces presentes ordenons & declairons, que les diz Barbiers & tous leurs successeurs Barbiers demourans en nostre dite bonne Ville &

[a] *oignement.* T. C.

[b] *mesler.* T. C.

[c] *notoire.*

[d] *auroient.* T. C.

[e] *satisfaire.*

[f] *leurs.* T. C.

[g] *le.* T. C.

NOTES.

*(a)* Livre vert ancien du Châtelet de Paris, *fol.º* 7. vingt 16. (156.)

Ces Lettres sont aussi au Tresor des Chartr. Registre 104. Piece 332. La date du mois est differente. *Voyez cy-dessous*, page suivante, Note *(d)* marginale.

*(b) Cloux.* ] *Clos*, là & plus bas, T. C. petite apostume, ou bouton qui aboutit à supuration.

*(c) Paciens.* ] Païens. T. C. c'est une faute. Les *Paciens* sont les malades.

Banlieuë de Paris, & chascun d'eulz, se ilz sont pour ce appellez & requis, puissent doresenavant bailler & administrer à tous noz subgez, emplastres, ongnemens & autres medecines convenables & necessaires pour guerir & curer toutes manieres de cloux, boces, apostumes & toutes plaies ouvertes, en la maniere que dit est dessus, & [a] qu'il ont usé & acoustumé de faire ou temps passé, sans ce qu'ilz soient ou puissent estre doresenavant molestez, troublez ou empeschiez en ceste partie, par les diz Cirurgiens & Mires Jurez, ou par vertu de leur dit Privileges, ou autrement, en aucune maniere. Si donnons en mandement par la teneur de ces meismes Lettres, à noz amez & feaux noz Genz tenans nostre present Parlement à Paris, & qui le tendront ou temps à venir, au Prevost de Paris, & à touz noz autres Justiciers & subgiez, ou à leurs Lieuxtenans, presens & à venir, & à chacun d'eulz, si comme à lui appartendra, en commectant se [b] mestier est, au dit Prevost de Paris ou à son Lieutenant, que de nostre presente grace, Ordenance & declaration, facent & laissent doresenavant à tousjours mais perpetuelment, joyr & user paisiblement les diz Barbiers, & tous leurs successeurs Barbiers demourans en nostre dite bonne Ville & Banlieue, & chacun d'eulz, sanz les troubler ne empescher, ou souffrir estre troublez ou empeschiez, ou aucun d'eulz, en aucune maniere au contraire; mais tout ce qui y [c] soit fait ou attempté, mettent & ramennent ou facent mettre & ramener sanz delay au neant, & au premier & deu estat. Et pour ce que ce soit ferme chose & estable à tousjours, Nous avons fait mettre nostre seel à ces Lettres : Sauf nostre droict en autres choses, & l'autrui en toutes. *Donné en nostre Chastel du Louvre à Paris, l'an de grace mil trois cens soixante & douze, & de nostre Regne le neuvieme, ou mois* [d] *d'Octobre, trois jours.*

[e] Par le Roy. J. DE REMIS.

CHARLES V. au Château du Louvre à Paris, le 3. d'Octobre 1372.

a *que il en*. T. C.

b *besoin*.

c *seroit*. T. C.

d *de Decembre*. T. C.

e *ce qui suit n'est point dans* T. C.

---

CHARLES V. au Château du Bois de Vincennes, le 13. [ou 14] d'Octobre 1372.

(*a*) Lettres qui portent que pendant trois ans, les procès que le Duc de Bretagne ou son Procureur, auront par rapport au Comté de Montfort-l'Amaury, seront jugez par le Parlement.

*KAROLUS, &c. Dilectis & fidelibus Gentibus que nostrum proximum & futura Parlamenta tenebunt : Salutem & dileccionem. Ad supplicacionem dilecti & fidelis Consanguinei nostri,* [f] *Ducis Britanie, Paris Francie & Comitis (b) Montis-fortis, asserentis quod aliqui nisi sunt vel niti possent imposterum, ipsum vel Gentes suas trahere in Causam vel facere evocari, & tractare coram aliquibus Justiciariis vel Officiariis nostris, pro Causis ipsum tangentibus racione sui Comitatus Montis-fortis predicti, quod in sui grande prejudicium & jacturam, ut asserit, verteretur; vobis mandamus quatenus de omnibus & singulis Causis tangentibus ipsum vel ejus Procuratorem, & in quibus ipse vel ipsius Procurator erit Pars ad causam dicti Comitatus Montis-fortis, vos hinc ad triennium cognoscatis & determinetis, exhibendo, vocatis evocandis & auditis Partibus, Justicie complementum : Inhibentes, & Nos tenore presentium inhibemus Baillivo nostro Gisorcii, omnibusque & singulis Justiciariis &* [g] *Offociariis nostris, ne durante dicto tempore, de Causis predictis cognoscant seu se quomodolibet intromittant; sed revocetis & anulletis, ac ad statum pristinum & debitum reducatis, quicquid in contrarium factum reppereritis seu eciam attemptatum, que & Nos tenore presenciun revocamus & penitus* [h] *anullatus, nostramque concessionem presentem publiceris vel publicari faciatis, ne aliquis se valeat de ignorancia super hoc excusare; quia sic fieri volumus, & eidem Consanguineo nostro de speciali gracia & de nostra certa sciencia duximus concedendum; Ordinacionibus*

f Jean V. *Voy. l'Hist. Geneal. de la Maison de France*, p. 452. art. XIV.

g Officiariis. *fol.* 15.

h anullamus. *fol.* 15.

NOTES.

(*a*) Arrêts & Jugez du Parlement de Paris, Registre 22. *fol.*° 3. *R.*°

Ces Lettres se trouvent encore dans le même Registre, *fol.*° 15. *R.*° 1.ere Piece; mais elles sont datées du 14. d'Octobre.

(*b*) *Montis-fortis.*] Montfort-l'Amaury dans la Beauce, Diocèse de Chartres, à 10. lieuës de Paris. *Voy. le Diction. univ. de la Fr.* à ce mot.

*vel inhibitionibus, usu vel stilo ad hoc contrariis, non obstantibus quibuscunque.* Datum in Castro nostro Nemoris Vincenarum, decima tertia die Octobris, anno millemo trecentesimo septuagesimo secundo, [a] sub sigillo Castelleti Par. in absencia magni. *Per Regem.* DE MONTAGU.

a *Regni vero nostri nono*, fol. 15.

---

CHARLES V. au Château du du Bois de Vincennes, le 13. d'Octobre 1372.

(*a*) *Lettres qui portent que les Appels du Grüier de Mont-fort-l'Amaury, seront portez en premiere instance devant le Gouverneur de ce Comté, & ensuite par appel, au Parlement.*

CHARLES par la grace de Dieu Roy de France. Savoir faisons à tous presens & avenir, que oye la supplicacion de nostre très chier & feal Cousin, le Duc de Bretaigne, [b] Per de France & Comte de Montfort, disant que comme il ait en sadicte Conté, *(b)* Grüier, lequel a & tient pour nostredit Cousin, la Juridicion & cognoissance des cas appartenans à sa Gruierie; duquel Grüier aucuns se sont efforcés aucunes fois ou porroient efforcier ou temps avenir, d'appeller à nostre Bailli de Gisors, en nostre Parlement, ou à autres de nos Justiciers ou Officiers, qui est & seroit contre l'ancienne Ordenance gardée sur ce, si comme il dit. Nous à nostredit Cousin avons de nostre certaine science, puissance & auctorité Royal & de grace especial, octroïé & octroïons par ces presentes, pour lui & ses successeurs Contes de Montfort, & les aïans cause d'eulx, & ordenons que quant aucuns appelleront ou temps avenir dudit Grüier de nostredit Cousin, ou de ses dis successeurs ou aïans cause d'eulx, ladicte Cause d'appel vendra sans aucun moyen pardevant le Gouverneur de ladicte Conté de Montfort, ou le Conseil dudit Conte estant lors en ladicte Conté de Montfort, & y sera ladicte Cause d'appel renvoyé, supposé que les appellans eussent appellé ou appellassent à nostre Parlement, ou aucuns de nos Justiciers ou Officiers; & se l'en appelle dudit Gouverneur ou du Conseil d'icelle Conté de Montfort, ladicte Cause d'appel venra aussi sans moyen en la Court de nostre Parlement, supposé que les appellans appellassent pardevant nostredit Bailli de Gisors, ou aucuns de nos Bailli, Justiciers ou autres. Si donnons en Mandement à noz amez & feaulx les Gens qui tendront ou temps avenir nostre Parlement, & à tous nos Justiciers, ou à leurs Lieuxtenans, & à chacun d'eulx, si comme à lui appartendra, que nostre presente Ordennance & octroy, gardent & tiengnent & facent tenir & garder sans enfraindre ou temps avenir, & ycelle publient & facent publier, afin que aucun n'en ait ignorance; mais rappellent & remettent au premier estat & deu, tout ce que il trouveront estre fait au contraire. Et que ce soit ferme chose & establc à tousjours, Nous avons fait mettre nostre seel à ces presentes: Sauf en autres [c] nostre droit, & l'autrui en toute. *Ce fut fait en nostre Chastel du Bois de Vincennes, le XIII.e jour d'Octobre, l'an de grace mil CCCLXXII. & le IX.e de nostre Regne.*

Par le Roy. G. DE MONTAGU.

b *Pair.*

c *choses.*

NOTES.

(*a*) Tresor des Chartres, Registre 104. P. 93.

*Voyez les Lettres qui precedent celle-cy.*

(*b*) *Grüier.*] C'est un Officier des Forests, sur lequel *Voyez le Glossaire du Droit François*, au mot, *Gruërie.*

---

CHARLES V. à Paris, en Octobre 1372.

(*a*) Diminution de Feux pour Lesignan de la Cebe ou de la Sebe.

*KAROLUS, &c. Notum, &c. Quod cum ex parte, &c.*

*Cumque facta quadam Informacione virtute dictarum Litterarum Reg. ac dictarum Instructionum, per certum Commissarium ad hec deputatum, in loco de (b) Lesignano,*

NOTES.

(*a*) Tresor des Chartres, Registre 103. Piece 240.

*Voy. cy-dessus*, page 30. Note *(a)*.

*(b) Lesignano.*] C'est le R. P. D. Vaissette, Benedictin, qui m'a indiqué les noms modernes de ce lieu & de *Cognatium*, dont il est

*Vicarie* [a] *Bitterrensis, Senescallie Carcassone, super vero numero Focorum in dicto loco nunc existencium; & postmodum virtute dictarum Litterarum nostrarum de mandato, alia Informatio in dicto loco fuerit de novo facta super vero numero Focorum in eodem loco nunc existencium, per dilectum nostrum Bernardum Guicardi, Burgensem Bitterrensem, Locumtenentem Vicarii Bitterrensis, Commissarium in hac parte per dictas Litteras nostras deputatum; vocato & presente in omnibus Procuratore nostro Generali dicte Senescallie Carcassone, aut ejus legitimo Substituto; eademque, &c.*

CHARLES V. à Paris, en Octobre 1372.

[a] Bitterr. là & plus bas. R.

*Repertum fuerit quod in dicto loco de Lesignano, sunt de presenti & reperiuntur septemdecim Foci, secundum traditas Instrucciones super hoc prelibatas. Nos vero, &c.*

*Quod ut firmum, &c. salvo, &c.* Actum Parisius, mense Octobris, anno Domini millesimo CCC. septuagesimo secundo, & Regni nostri nono.

Per Consilium, &c. P. DE CHASTEL. Informacio de qua superius fit mentio, est in dicta Camera cum aliis consimilibus, & financia soluta prout est à tergo, Clerico & solutori operum Regiorum. P. DE CHASTEL.

NOTE.

parlé dans la Piece suivante.

*Lesignan de la Cebe* ou *de la Sebe*, Diocèse de Beziers, à deux lieuës de Pezenas, ainsi nommé pour le distinguer de *Lesignan*, dans le Diocèse de Narbonne, qui est de la même Senéchaussée, mais de la Viguerie du Minerbois.

---

## (*a*) Diminution de Feux pour Caunas.

CHARLES V. à Paris, en Octobre 1372.

KAROLUS, *&c. Notum facimus, &c. Quod cum ex parte, &c.*

*Cumque facta quadam Informacione virtute certarum Litterarum Regiarum ac dictarum Instruccionum, per certum Commissarium ad hoc deputatum, in loco de (b) Cognatio, Vicarie* [b] *Bitterrensis, Senescallie Carcassone, super vero numero Focorum in dicto loco tunc existencium; & postmodum virtute Litterarum nostrarum de mandato, alia Informatio in dicto loco fuerit de novo facta super vero numero Focorum in eodem loco* [c] *nuc existentium, per* [d] *delectum nostrorum Bernardum Guicardi, Burgensem Bitterrensem, Locumtenentem Vicarii Bitterrensis, Commissarium in hac parte per dictas nostras* [e] *deputatum; vocato & presente in omnibus Procuratore nostro Generali dicte Senescallie Carcassone, aut ejus legitimo Substituto; eademque, &c.*

[b] Bitterr. là & plus bas. R.

[c] nunc.

[d] dilectum nostrum.

[e] Litteras.

*Repertum fuerit quod in dicto loco de Cognatio, sunt de presenti & reperiuntur viginti quatuor Foci, secundum traditas Instructiones super hoc prelibatas. Nos vero, &c.*

*Quod ut firmum, &c. salvo, &c.* Actum Parisius, mense Octobris, anno Domini millesimo CCCLXXII.° & Regni nostri nono.

*Per Consilium, &c.* P. DE CHASTEL. [f] *Informatio, &c.*

[f] Comme à la Piece precedente.

NOTES.

(*a*) Tresor des Chartres, Registre 103. Piece 230.

*Voyez cy-dessus*, p. 30. Note (*a*).

(*b*) *Cognatio.* ] Caunas, Diocèse de Beziers, Bourg ou Village situé dans les Montagnes de ce Diocèse. *Voy. cy-dessus*, p. preced. Note (*b*).

---

## (*a*) *Lettres de Sauve-garde Royale pour la Ville de S.t Jean d'Angely.*

CHARLES V. à Paris, au Château du Louvre, le 9. de Novembre 1372.

CHARLES par la grace de [g] Die Roy de France. Savoir faisons à tous presens & advenir, que Nous, à la supplicacion de noz amez & feauls, les Maire, Bourgois [h] Jurez de toute la Commune de nostre Ville de Saint Jehan d'Angeli, lesquelx, comme nos bons & vrais & loyaulz subgès, se sont soubzmis de nouvel & [i] liberalment à nostre subjeccion & obéissance, & ont volenté & entencion de y estre & perpetuelment demourer; & par ainsi, considerans leur bonne & vraye affeccion, aïens inclinacion de Nous condescendre à leur dicte supplicacion, adfin

[g] *Dieu.*

[h] &, *comme dans les deux Pieces suivantes.*

[i] appar. *librement.*

NOTE.

(*a*) Tresor des Chartres, Registre 103. Piece 345. *Voyez cy-dessus*, p. 190. Note (*a*).

CHARLES V. à Paris, au Château du Louvre, le 9. de Novembre 1372.

que quant il se verront par nostre poissance, estre gardez en leurs drois & maintenus en paix & transquilité, & [a] parservez de toutes oppressions, ilz aïent plus grant desir de garder leur loyaulté envers Nous, & de y tousjours fermement perseverer; iceulx Maire, Bourgois, Jurez, & tous autres qui sont ou seront de ladicte Commune, tant conjointement que divisement, avons pris & mis, prenons & mettons de nostre auctorité Royal, certaine science & grace especial, par ces presentes, avecques tous les biens appartenans à ladicte Communme, & leurs autres biens particuliers, leur famille, & autres choses & possessions quelconques estans en [b] Royaume, à la conservacion de leurs drois tant seulement, en la proteccion & especial sauvegarde de Nous & de nos Successeurs à tousjours mais, par ces presentes; par la teneur desquelles Nous mandons & commettons au Seneschal de Xaintonge qui est ou sera pour le temps advenir, ou à son Lieutenant, que aus dis Maire, Bourgois, Jurez & autres dessus dis, il depute toute fois que le cas advenrra & qu'il en sera requis, un ou pluseurs de nos Sergens, qui soient leurs Gardiens; ausquelx Gardiens & à chascun d'eulx, Nous mandons & commettons par ces mesmes presentes, que les dis Maire, Bourgois, Jurez & autres dessus dis, & chascun d'eulx, les biens de leur dicte Commune & autres biens particuliers, leur famille, possessions & autres chose quelconques à eulx appartenans, defendent de toutes injures, violences, griefs, oppressions, molestacions, force d'armes, puissance de lay, & quelconques autres nouvelletés induës, & les gardent & maintiengnent en leurs justes possessions, franchises, Libertés, usages, Coustumes & saisines, esquelles il les trouveront estre & leurs predecesseurs avoir esté paisiblement d'anciennetés; & ne permettent à l'encontre de eulx, des biens de leur dicte Commune & autres biens particuliers, leurs familles, choses & possession, aucunes injures ou violences induës estre faictes; lesquelles se il treuvent avoir esté ou estre faites au contraire, ou prejudice d'eulx & de nostre dicte Sauvegarde, si les remettent ou facent remettre au premier estat & deu, & à Nous [c] à Partie faire pour ce Amende convenable; & de toutes les personnes desquelles il ou aucun d'eulz requerront avoir [d] asseurement, le leur facent donner bon & loyal selon la Coustume du Pays, [e] pour ceulx à qui appartendra; & signifient & publient nostre presente Sauvegarde, aus personnes & aus lieux dont de par les dis Maire, Bourgois & Jurez & autres dessus dis, & chascun d'euls, seront requis; & mettent nos [f] Pennunciaux [g] & lieux, maisons, biens & autres possessions de euls & de leur dicte Commune, adfin que aucuns ne [h] ce puissent sur ces choses de ignorance excuser; & defendent expressement de par Nous, à tous ceulx dont il seront requis par les dessus nommés & chascun d'eulx, sur certaines peines & Amende à appliquier à Nous, que aus dis Maire, Bourgois, Jurez & autres dessus dis, aus biens de leur dicte Commune, à leurs autres biens particuliers, leur famille & autres choses & possessions quelconques, il ne messacent en aucune maniere; & tous les desobeissans ou enfraingnans nostre dicte sauvegarde, ou qui aus dis Gardiens ou l'un d'eulx, feront injures ou violences ou [i] avenement, en faisant leur Office sur ce, desobeiroient, adjournent à certains jours & competent, pardevans les Juges à qui par raison la congnoissance en devra appartenir, en certiffiant iceulx Juges des dis adjournemens, & de tout ce que fait en auront sur ce; auxquelx Juges Nous mandons par la teneur de ces presentes, que sur les choses dessus dictes, il facent ainsi qu'il appartendra, entre les Parties bon & brief acomplissement de Justice; & en oultre, avons donné & donnons aus dis Gardiens, & chascun d'eulx par soy, plain povoir & Mandement especial par ces presentes, de faire toutes choses touchans nostre presente Sauvegarde, qui pevent ou doivent appartenir à Office de bon Gardien: Toutes voies Nous [k] voulons pas que eulx ou aucun d'eulx s'entremettent aucunement de chose qui requiere congnoissance de Cause; & aussi n'est pas nostre entencion que aucun de ladicte Commune, se puist aidier contre aucun d'icelle de nostre presente Sauvegarde. Si donnons en Mandement à tous nos Justiciables & subgès, que aus dis Gardiens & chascun d'eulx, en faisant les choses dessus dictes & chascune d'icelles, obeissent & entendent diligemment, & prestent aide, conseil

[a] *preservez.*
[b] *nostre.*
[c] *&c.*
[d] *Voy. les Tabl. des Mat. de ce Rec.* à ce mot.
[e] *par.*
[f] *Voy. les Tabl. des Mat. de ce Rec.* à ce mot.
[g] *ès.*
[h] *se.*
[i] *c'est apparemment la même chose qu'avanie.*
[k] *ne.*

& confort, se [a] mestier est, & requis en sont. Et d'abondant, en leur empliant nostre dicte grace, voulons & declairons que au *Vidimus* de ces presentes fait & collationné soubz seel Royal, soit adjoustée aussi plaine foy que au propre Original d'icelles. Et adfin que ce soit ferme chose & estable perpetuelment, Nous avons [b] a fait mettre nostre seel à ces presentes: Sauf en autres choses nostre droit, & l'autrui en toutes. *Donné à Paris, en nostre Chastel du Louvre, le IX.e jour du mois de Novembre, l'an de grace mil CCC. LXXII. & de nostre Regne le IX.e*

*Par le Roy*, en son Conseil. J. TABARI.

CHARLES V. à Paris, au Château du Louvre, le 9. de Novembre 1372.

a *besoin.*
b *ce mot est inutile.*

---

CHARLES V. à Paris, le 9. de Novembre 1372.

(*a*) *Lettres qui autorisent le Maire & les Jurez de S.t Jean d'Angeli, appellé le Senéchal de Saintonge, à imposer des Tailles sur tous les habitants Laïques de cette Ville, pour la réparation de ses fortifications.*

CHARLES par la grace de Dieu Roy de France. Savoir faisons à tous presens [c] advenir, que comme il soit moult grant necessité de faire tailles sur le Maire, Bourgois & Jurez, & tous autres habitans de nostre Ville de Saint Jehan d'Angeli, pour les repparacions [d] d'ille; ausquelles Tailles plusieurs personnes qui ont & possident heritages, rentes & autres revenuës en nostre dicte Ville & [e] Suburbes d'icelle, n'y ont voulu ou veulent contribuer, [f] que ilz ne sont tenuz ad ce; laquelle chose est ou grant grief, prejudice & domage des autres dessus dis; en Nous suppliant que il Nous plaise pourveoir sur ce à la seureté de nostre dicte Ville. Nous considerans que la bonne garde & seurté d'icelle, touche & regarde universelment le proufit de tous ceuls qui en ladicte Ville & Suburbes ont heritages, rentes & autres revenuës, & que se perilz ou inconveniens advenoient, que ja Dieux ne vüeille, pour deffaut de repparacions & bonne garde, ce seroit semblablement leur dommage; aux Maire, Bourgois & Jurez dessus dis, avons octroyé, & de nostre certaine science, auctorité Royal & grace especial, par ces presentes octroïons, que yceulx Maire, Bourgois & Jurez, [g] que appellé nostre Seneschal de Xantonge, son Lieutenant, ou autre personne commis de par lui sur ce, ilz puissent advisier ensemble d'oresenavant perpetuelment, toutes les fois que le cas requerra, aucune Aide ou Subside, & le imposer pour les reparacions, fortifficacions & garde d'icelle, sur toute maniere de gens lays qui ont & tiennent aucunes temporalitez en ladicte Ville & Suburbes d'icelle; [h] mais que toutevoies ad ce se consentent la plus grant & saine partie d'iceulx; c'est assavoir, les diz Maire & Jurez, sur ceulx dont ilz auront la congnoissance, & nostre dit Seneschal, son Lieutenant ou autre Juge de par lui, sur tous autres; pourveu toutevoies que aucune contrainte ne soit faite par les diz Mairez & Jurez, contre les reffusans à payer ladicte Aide ou Subside, fors que sur ceulx dont ilz ont la cohercion & congnoissance; & par nostredit Seneschal ou sondit Lieutenant, soïent executez & contrains tous autres reffusans à payer ledit Subside ou Aide; & que de tout ce qui en sera receu & converti ès dictes reparacions, fortifficacion & gardes, les dis Maire & Jurez ne soïent tenus de [i] rendrent compte ailleurs, fors que aus Commis & deputez de par nostredit Seneschal & d'eulx. Et en oultre, leur avons octroyé & octroyons, que ilz & chascun d'eulx, soïent & demeurent quittes perpetuelment de tout ce que eulx ou aucuns d'eulx ont levé ou receu ou temps passé, pour mettre & convertir ès dictes reparacions. Si donnons en mandement, en commettant, se [k] mestier est, par ces presentes audit Seneschal ou à son Lieutenant, qui est à present ou sera pour le temps advenir, que les dis reffusans & contredisans il contraigne ou facent contraindre sur ce vigureusement, par toutes les voïes & manieres que il appartendra, & de nostre present octroy il face, laisse &

c *&.*
d *d'elle.*
e *Fauxbourgs.*
f *disant.*
g *ce mot est inutile.*
h *pourvû.*
i *rendre.*
k *besoin.*

NOTE.

(*a*) Tresor des Chartres, Registre 103. Piece 334. *Voyez cy-dessus*, p. 190. Note (*a*).

CHARLES V. à Paris, le 9. de Novembre 1372.

sueffre joir & user paisiblement les dis Maire, Bourgois & Jurez, & contre la teneur de ces presentes ne les empesche ou moleste, ou sueffre estre empeschés ou molestez, ores ne pour le temps advenir, en aucune maniere. Et d'abondant, en leur ampliant nostre dicte grace, voulons & declairons que au *Vidimus* de ces presentes, fait & collationé soubz [a] Royal, soit adjoustée aussi plaine foy que au propre Original d'icelles. Et pour ce que les choses dessus dictes & chascune d'icelle, soient fermes & estables à tousjours, Nous avons fait mettre nostre seel à ces presentes Lettres: Sauf en autres choses nostre droit, & l'autrui en toutes. *Donné à Paris, en nostre Chastel du Louvre, le IX.e jour du mois de Novembre, l'an de grace mil CCCLXXII. & de nostre Regne, le IX.e*

a *seel.*

Par le Roy, en son Conseil. J. TABARI.

---

CHARLES V. à Paris, le 9. de Novembre 1372.

(*a*) *Lettres qui autorisent le Maire & les Jurez de S.t Jean d'Angeli, à imposer des Tailles pour les réparations des fortifications de cette Ville, sur les Ecclesiastiques qui y demeureront & y auront des biens; lesquels Ecclesiastiques ne pourront assister au compte des deniers qui auront été levez.*

CHARLES par la grace de Dieu Roy de France. Savoir faisons à tous presens & avenir, Nous avoir receuë l'humble supplicacion de noz amez & feaulx les Maire, Bourgois & Jurez de nostre Ville de Saint Jehan d'Angeli, contenant, que comme il soit très grant necessité de faire souventes fois Tailles sur les Maire, Bourgois, Jurés & autres habitans de nostre dicte Ville, pour les reparacions & la garde d'icelle; ausquelles Tailles plusieurs personnes d'Eglise qui ont & possident rentes, heritages & autres revenuës en nostre dicte Ville & [b] Suburbes d'icelle, n'y ont voulu ou veulent contribuer, en disant les aucuns, que ilz ne sont pas habitans de ladicte Ville, & les autres par leur voulenté & autrement; laquelle chose est ou grant grief, prejudice & dommage des autres dessus dis; en Nous requerant que il Nous plaise pourveoir sur ce, à la seureté de nostre dicte Ville. Pourquoy Nous considerans que la bonne garde & seureté d'icelle, touche & regarde universelment le prousit tant des dis habitans, comme de tous ceulx qui en ladicte [c] & Suburbes ont heritages, rentes & autres revenuës, & que se perilz & inconvenients [d] adevoient, que ja Dieux ne vüeille, pour deffaut de repparacions [e] de bonnes gardes, ce seroit semblablement leur dommage; à ycculz Maire, Bourgois, Jurez & habitans, avons octroyé & octroïons de nostre auctorité Royal, certaine science & grace especial, par ces presentes, que les dictes Gens d'Eglise vivans [f] clergeument, habitans de nostre dicte Ville, & qui en ycelle & Suburbes dessus, ont ou auront ou temps avenir terres, rentes, heritages & autres revenuës, soient tenus de contribuer à ladicte fortiffication & garde d'oresenavant, chascun selon la portion raisonnable des dictes terres, rentes & autres revenuez. Si donnons en Mandement par ces presentes, & comettons, se [g] mestier est, au Seneschal de Xaintonge qui à present est ou sera pour le temps avenir, ou à son Lieutenant, que les dictes Gens d'Eglise vivans clergeument, habitans de nostre dicte Ville, & qui en ycelle & ès Suburbe dessus dis, ont & tiennent à present, ou tendront ou temps avenir rentes, revenuës, heritages & autre temporalité, contraingne vigureusement ou facent contraindre d'oresenavant, par prise & detencion de leur dicte temporalité, à contribuer chascun selon ladicte porcion de leurs dis heritages, rentes, possessions & autres revenuez, à la fortifficacion & garde dessus dictes, & faire baillier & delivrer tout ce qui en [h] ystera, aus dis Maire, Bourgois & Jurez, pour convertir ès [i] chetes dessus dictes, & non ailleurs. Toutevoies il est notre entencion, & ainsi le voulons & ordennons

b *Fauxbourgs.*
c *Ville.*
d *advenoient.*
e *&.*
f *clericalement.*
g *besoin.*
h *sortira, proviendra.*
i *choses.*

NOTE.

(*a*) Tresor des Chartres, Regiſtre 103. Piece 335. *Voyez cy-dessus*, p. 190. Note (*a*).

ordennons par ces mesmes presentes, que au compte qui sera sur ce rendu, soïent appellez & presens [a] & oïr ycellui compte, aucuns des dictes personnes d'Eglise; desquelles choses faire, audit Seneschal & à ses Commis & deputez, avons donné & donnons plain povoir, auctorité & Mandement especial : Mandons à tous, que à lui & à ses dis Commis & deputez, en ces choses faisant obéissent & entendent diligenment, & prestent conseil, confort & aide, se mestier est, & requis en sont. Et d'abondant, en leur ampliant nostre dicte grace, voulons & declairons que au *Vidimus* de ces presentes fait & collacionné soubz seel Royal, soit adjoustée aussi plaine foy que au propre Original d'icelles. Et afin que ce soit ferme chose & estable à tousjours, Nous avons fait mettre nostre seel à ces presentes Lettres : Sauf en autres choses nostre droit, & l'autrui en toutes. *Donné à Paris, en nostre Chastel du Louvre, le IX.e jour du mois de Novembre, l'an de grace mil CCCLXXII. & de nostre Regne le IX.e*

Par le Roy, en son Conseil. J. TABARI.

CHARLES V. à Paris, le 9. de Novembre 1372. a à.

---

CHARLES V. le 13. de Novembre 1372.

## (a) Reglement sur les finances provenant des Aydes; & sur les finances en general.

SOMMAIRES.

*(1. 2.) Les Generaux-Conseillers, les Tresoriers des Guerres, les Elûs, les Grenetiers, les Controlleurs, & les autres Officiers employez pour la levée des Aydes, ne pourront faire le commerce: Ils pourront cependant se défaire des Marchandises qu'ils ont, sans en acheter de nouvelles.*

*(3) Ceux qui seront chargez du recouvrement des Deniers des Aydes dans les differents pays, les envoyeront au Receveur Général à Paris, & non à d'autres; si ce n'est au Tresorier des Guerres, ou à d'autres* Chefs d'Offices.

*(4) Le Receveur Général jurera en presence du Roy, & en la Chambre des Comptes, qu'il ne donnera point de quittance aux Receveurs particuliers, que lorsqu'il recevra de l'Argent; si ce n'est que ceux-ci l'aïent donné au Tresorier des Guerres ou autres* Chefs d'Offices; *ou qu'ils ne l'aïent employé par l'Ordonnance de la Chambre, ou dans de certains cas, par celle de l'Abbé de Fescamp, de Nicolas Braque & de Pierre de Chevreuse.*

*(5) Le Chancelier ne scellera aucune décharge par laquelle le Roy reconnoisse qu'il a reçû des deniers; si quelques décharges du Roy sont scellées, le Receveur [Général] ne donnera point d'argent; & s'il en donne, il ne lui sera pas passé dans ses comptes. Le Roy pourra cependant envoyer au Chancelier par une même personne, des décharges des sommes qu'il voudra mettre dans ses Coffres; & ces décharges contiendront les noms de ceux par lesquels le Roy entend faire recevoir ces deniers, du Receveur General.*

*(6) Les Lettres de dons faits par le Roy, contiendront le motif de ces dons; & les Gens des Comptes passeront dans les comptes, les Lettres de dons faits par le Roy à ses Officiers sur le fait des Aydes, lorsqu'elles auront été signées & verifiées, conformement à cette presente Ordonnance.*

*(7) Les Lettres de dons ne pourront être signées que par Blanchet, Daven & Tabari, Secretaires du Roy; & le Chancelier ne scellera point celles qui seront signées par d'autres.*

*(8) Les Generaux-Conseillers ne feront aucune délivrance de deniers, que par l'Ordonnance de la Chambre, ou par celle de l'Abbé de Fescamp, Nicolas Braque & Pierre de Chevreuse, pour le payement des Gens de guerre, ou dans certains cas, par celle de quatre Generaux au moins.*

*(9) Le Receveur General ne payera aucuns dons faits par le Roy, si les Lettres ne sont signées de lui, & d'un des Secretaires nommez dans l'art. 7. & verifiées par les Generaux. Il ne fera aucun autre payement, qu'en consequence de Lettres verifiées par les Generaux assemblez à la Chambre ou ailleurs; & les Greffiers marqueront dans les verifications, le lieu où elles auront été faites.*

*(10) Lorsque les Generaux refuseront des Lettres, ou qu'ils prendront un long delai pour statuer sur ces Lettres, le Greffier écrira leur décision sur le dos de ces Lettres.*

*(11) Les Lettres refusées seront enregistrées dans la Chambre, avec les causes du refus.*

*(12) Les Generaux-Conseillers verront tous les mois l'Etat de la Recette & de la depense du Receveur General, & en envoyeront un abregé au Roy.*

*(13) Toutes les fois que le Tresorier des Guerres aura fait un payement aux Gens de*

NOTE.

(a) Tresor des Chartres, Layette intitulée, *Subsides*.

CHARLES V.
le 13. de Novembre 1372.

SOMMAIRES.

guerre, les Generaux verront l'Etat de ce payement.

*(14) Les Generaux jureront devant le Roy, qu'ils s'instruiront l'un l'autre sur les affaires dont ils seront chargez; qu'ils ne favoriseront nulle personne au prejudice de l'interêt du Roy, & qu'ils ne s'accuseront point l'un l'autre, mais au contraire se soûtiendront.*

*(15) Les Generaux diminuëront le nombre des Elûs & autres Officiers départis dans les Diocèses pour la levée de l'Aide.*

*(16) Les Elûs & autres Officiers employez pour la levée des Aides, rendront leurs comptes. Il sera envoyé dans les Provinces des Reformateurs sur le fait des Aides seulement: Ils recompenseront les Officiers qui auront bien fait leur devoir, & ils puniront civilement ceux qui auront fait des extorsions.*

*(17) Noms des Notaires que le Roy entend servir seuls dans la Chambre. Ils ne pourront être Procureurs ni se mêler des affaires de personne; & eux & leurs Clercs ne pourront prendre de presents.*

*(18) Assignations pour le payement des Gens de guerre.*

*(19) Fonds destinez pour les armées navales.*

*(20) Assignations pour les dépenses de l'Hôtel du Roy; & fonds destinez à être mis dans ses Coffres.*

*(21. 22.) Assignations pour le payement des dettes & autres dépenses.*

*(23) Fonds destinez pour être mis dans les Coffres du Roy.*

CE SONT les Ordenances faictes par le Roy nostre Sire, sur le fait de ses Aides, le XIII.e jour du mois de Novembre, l'an mil CCCLXXII.

*(1)* Le Roy a ordenné que aucuns de ses Generaulz-Conseillers, Tresoriers de guerres, Esleuz, Receveurs, Grenetiers, Contreroleurs, ou autres Officiers quelconques, députés ou à députer sur le fait de ses Aides, ne excercent d'oresenavant publiquement ou [a] occultement, par eulz ou par autres, aucun fait de marchandise, sur peine d'encourir l'indignacion du Roy, & de perdre leurs Offices; & de recouvrer sur eulz les gaiges qu'il auront receu durant le temps qu'il auront [b] marchandé contre l'Ordénance du Roy.

a *en secret.*
b *commercé.*

*(2) Item.* Que des Marchandises qu'il ont à present, sanz aucunes acheter, il se [c] delivreront le plustost qu'il pourront, sanz fraude, malice ou faintise aucune.

c *defferont.*

*(3) Item.* Ceulz qui seront commis pour le gouvernement *(b)* des fais & des pais, feront venir continuelment chascun mois, les sommes dont il seront chargés, & plus grans, s'il puent, pardevers le Receveur Général à Paris, sanz recevoir ou faire recevoir les deniers par autres; si ce n'est tant seulement par les Tresoriers des Guerres, pour le paiment des Gens d'armes, ou par autres *(c)* Chiefs d'Offices, pour les choses appartenantes à leurs Offices.

*(4) Item.* Ledit Receveur General jurera sur les Sainttes Euvangilles de Dieu, en la presence du Roy, & en la Chambre des Comptes, que il ne baillera descharge ou quittance à quelconque Receveur, Grenetier ou autre, s'il ne reçoit l'Argent presentement, ou se ce n'est pour le fait des Tresoriers des guerres ou autres chiefs d'Offices, comme dessus est dit, ou par autres causes raisonnables, par commandement & Ordonance faicte en plaine Chambre, par la [d] greigneur partie de ceulz qui seront presens en la Chambre; *(d)* quant aus X.m frans ordennés pour le *(e)* fait

d *plus grande.*

NOTES.

*(b) Des fais & des pais.* ] Je crois que cela signifie, chargez du fait de l'Ayde dans les differents pays.

*(c) Chiefs d'Office.* ] Cela peut signifier, ceux qui sont chargez du payement des gages des Officiers d'un certain genre; tel qu'étoit le Tresorier des guerres, dans le département de la guerre.

*(d) Quant.* ] Par rapport aux trois articles suivants, le Receveur General ne pourra rien payer, que par l'ordre des trois personnes qui sont nommées.

*(e) Fait de la Chambre.* ] Il est encore parlé de ce *fait de la Chambre*, dans les art. 8. & 22. & dans l'art. 21. il est dit un peu plus clairement, *pour les choses qui surviennent chacun jour en la Chambre*; mais cela ne suffit point encore pour marquer précisément quelles étoient ces dépenses qui se faisoient à la Chambre. Il est parlé plusieurs fois dans cette Piece, de *la Chambre* en general. Je ne sçais si par cette *Chambre*, il faut entendre la Chambre des Comptes, ou bien une *Chambre particuliere* des Generaux des Aides, comme l'art. 10. semble le marquer. Peut-être ces Generaux des Aydes étoient-ils Officiers de la Chambre des Comptes, & s'y assembloient-ils!

CHARLES V. le 13. de Novembre 1372.

de la Chambre, & aussi quant aus x.$^{m}$ frans ordenés pour paier les debtes, & quant aus L.$^{m}$ frans ordennés pour le paiement des Gens d'armes, par l'ordenance de *(e)* l'Abbé de Fescamp, de Messire Nicolas Braque, Messire Pierre de Chevreuse, ou de deux d'iceuls au moins, s'ils sont à Paris.

*(5) Item.* Le Roy a ordenné que doresenavant, Mons. le Chancellier ne seelle aucune descharge par laquelle le Roy confesse avoir [a] eu aucune somme de deniers; & se elle estoit seellée par inadvertance, que le Receveur [b] n'y [c] obeïsse en aucune maniere; & s'il y obeïssoit, le Roy deffent aux Generaux & aus Gens des Comptes, qu'il ne lui en passent aucune chose en ses comptes; sauf & excepté les descharges des deniers receuz par le Roy pour les mettre en ses Coffres, lesquelles le Roy envoiera à Mons. le Chancellier par [d] certaine personne & non par autres; & sera contenu en la descharge, par quel main le Roy les aura fais recevoir dudit Receveur General.

a reçû.
b general.
c qu'il ne donne point d'Argent.
d la même personne.

*(6) Item.* Les dons & graces qu'il plaira au Roy à faire d'oresenavant, & les causes pourquoy, seront contenuës & declairées expressement ès Lettres qui seront faittes sur ce; & il plaira au Roy à commander à ses Gens des Comptes, que toutes Lettres de don faiz à ses Officiers & *(f)* serviteurs sur le fait des Aides, signées & verifiées selon la teneur de ceste presente Ordenance, il allouent ès Comptes de ceulz à qui il appartendra, sans contredit ou difficulté aucune.

*(7) Item.* Il plaist au Roy que toutes Lettres de don soient signées par Maistres Pierre Blanchet, Yves Daven, Jehan Tabari, ses Secretaires, & non par autres; & se on apportoit Lettres de don signées par autre Secretaire, que Mons.$^{r}$ le Chancellier ne les seelle point.

*(8) Item.* Les Generaulz-Conseillers ne feront doresenavant aucune delivrance de deniers, soit de dons, gaiges, debtes ou autres choses quelconques, se ce n'est en plaine Chambre; & quant aus L.$^{m}$ frans ordennés pour le paiement des Gens d'armes, par l'ordenance de l'Abbé de Fescamp, Messire Nicolas Braque & Messire Pierre de Chevreuse, ou deux d'iceulz au moins, s'il sont à Paris; & quant aus x.$^{m}$ frans ordenné pour le fait de la Chambre; & aus x.$^{m}$ frans pour païer les debtes, par l'ordenance de touz [e] ses dis Generaulz, ou de la plus grant partie d'iceulz, qui seront en la Chambre, en laquelle il conviendra [f] quatre au moins.

e ces.
f qu'ils soient.

*(9) Item.* Le Receveur General ne sera tenus de payer deniers pour quelconques Lettres de don, se elles ne sont signées d'aucuns des Secretaires dessus dis, [g] & aussi du signet du Roy, & verifiées au dos par les Generaulz; ne aussi par quelconques Lettres ou mandemens, s'il ne sont verifiées semblablement; & avec ce, se ladite verification n'a esté faite en la Chambre, ou ailleurs où les dis Generaulz fussent assemblés, & par la plus grant partie d'iceulz, en la forme & maniere que dessus est dit: Et mettront doréśenavant les [h] Notaires ès dites verifications, le lieu où elle aura esté faite.

g Voy. art. 7.
h Greffiers.

*(10) Item.* En toutes Lettres & Mandemens refusés en la Chambre des Generaux, sera escript au dos signé de Notaires, que les Lettres ont esté refusées; & ce mesmes, quant on donnera *(g)* lonc delay pour faire response.

*(11) Item.* La teneur des Lettres sera enregistrée en la Chambre, & les causes du refus au lonc.

*(12) Item.* Les Generaux-Conseillers verront chascun mois sanz [i] faillir, [k] l'Estat du Receveur General au lont & au juste; & ceulz qui seront ordennés à aler pardevers le Roy, lui en porteront touz les mois un abregié, lequel il retendra & fera garder par qui qui lui plaira.

i manquer.
k l'état de sa Recette & dépense.

NOTES.

*(e) L'Abbé de Fescamp.* ] Il se nommoit *Estoldus* d'Estouteville. *Voy. Gall. Christ. 1.$^{e}$ Edit. tom. 4.* p. 377. col. 2.$^{e}$ n.° XXI. XXII. & XXIII.

*(f) Serviteurs sur le fait des Aides.* ] Cela peut signifier, des dons faits aux Officiers employez pour le recouvrement des Aydes; ou bien, des dons faits aux Officiers du Roy, à prendre sur les deniers des Aydes.

*(g) Lonc delay.* ] Quand les Generaux, au lieu de refuser absolument, prendront un long delai pour décider sur ces Lettres.

CHARLES V. le 13. de Novembre 1372.

(13) *Item.* Toutes fois que les Tresoriers des guerres, ou leurs Clers ou Lieuxtenans, retourneront de faire aucun paiement, les Generaulz verront leur Estat du paiement precedent, par la maniere que dit est du Receveur General.

(14) *Item.* Les Generaulz dessus dis jureront en la presence du Roy, qu'il diront l'un à l'autre la verité du fait, dont il se [a] merlera, sanz riens celer; & qu'il ne porteront ne soustiendront fait de quelconque Seigneur, ou autre personne quele qu'elle soit, à [b] l'apeticement de la Chevance du Roy; & ne donront charge ne (g) l'un à l'autre, mais porteront l'un le fait de l'autre, comme le sien propre.

a mêlera.

b diminution des finances.

(15) *Item.* Les Generaux auront deliberacion sur le nombre des Esleuz, Receveurs & autres Officiers estans sur les Dioceses pour le fait des Aides; & par grant deliberacion, le restraindront & modereront au miex qu'il pourront, au proufit du Roy.

(16) *Item.* Pour ce qu'il est commune renommée en pluseurs Dioceses, que les Esleuz, Receveurs, Grenetiers & Contreroleurs, & leurs Commis & deputés, ont fait pluseurs griefs & extorcions au peuple, contre les Instructions & Ordenances du Roy; & aussi pour ce qu'il y a pluseurs d'eulz qui ont à compter de pluseurs années, il fut ordenné piéça, que touz ceulz qui auroient à compter, compteroient & (h) s'afineroient; & avec ce, seroient envoiez (i) Refourmateurs sur les pais, quant au fait des Aides tant seulement; & ceulz qui seroient trouvés qui auroient bien servi, seroient bien [c] guerredonnés, & les autres punis selon raison, civilement, il plaist au Roy que ladite Ordenance se tiegne.

c récompensez.

(17) *Item.* Il plaist au Roy, que Maistres Hutin d'Aunay, Giles de Baigneux, Pierre Cadoret, Jehan Dohan, Dreu Poithiers, Roullant Fournier, ses Notaires, demeurent en la Chambre, & non autres; ausquelz sera deffendu sur peine de privacion d'Office, qu'il ne soient Procureurs ne promoteurs d'aucuns fais ou besoigne en la Chambre, pour quelconque personne que ce soit; & aussi qu'il praignent ou sueffrent prendre à leurs Clers, dons, proufis ou émolumens pour les Lettres ou autres Escriptures qu'il feront; & ce chascun d'eulz jurera sur saintes Euvangiles

NOTES.

(g) Il y a dans l'Original, *Maug.* avec un *e* sur le *g*.

(h) *S'afineroient.*] Je crois que cela signifie, mettroient à la fin de leurs comptes, un Etat final, par lequel on pût juger de leur Recette & de leur dépense.

(i) *Refourmateurs.*] L'on trouve dans le Memorial *D.* de la Chambre des Comptes de Paris, *fol.º* 7 vingt 6. *Recto.* (146.) des Lettres en faveur d'un des Reformateurs sur le fait des Aides. On a crû devoir les faire imprimer ici.

CHARLES V. à Melun, le 25. d'Octobre 1374.

CHARLES par la grace de Dieu Roy de France. A noz amez & feaulz Genz de noz Comptes à Paris: Salut & dileccion. Nous avons commis & ordenné nostre amé & feal Conseiller, Giles le Galois, pour aler & soy transporter en plusceurs & diverses parties de nostre Royaume, pour tant de foiz que bon lui semblera, & pour [d] veir & visceter l'estat & gouvernement de noz Aides ordennées pour le fait de noz guerres; ensemble, les Estaz des Receveurs, Grenetiers, Contrerolleurs, Commissaires, & autres personnes qui se sont entremis & entremectent du fait & gouvernement des Receptes & [e] mises faictes à cause des diz Aides, si comme plus à plain est contenu en nos autres Lettres de Commission sur ce à lui faictes; & pour lui aidier à supporter les fraiz, mises & despens qui li convendra faire en plusieurs manieres, pour plusieurs causes: & adfin qu'il puisse mielz & plus honorablement chevaucher & aler par le pays, & [f] estre entour Nous, & pour maintenir son estat, Nous luy avons tauxé & tauxons par ces presentes, pour chascun jour qu'il sera hors de Paris, cinq Frans d'Or, oultre ses gages ordinaires qu'il prent à cause de son Office. Si vous mandons que pour tant de jours comme il vous certeffira & affermera avoir vacquié & demouré hors de Paris, vous li passez & comptez les diz cinq Franz par jour, & tout ce qu'il aura receu pour ceste cause, & dont il vous apparra par ces Lettres, allouëz ès comptes de cellui ou ceulz à qui il appartendra, sanz aucune difficulté: Car ainsi le voulons Nous estre fait, nonobstant quelconques Ordennances ou deffenses à ce contraires. *Donné à Meleun, le XXV.e jour d'Octobre, l'an de grace mil CCCLXXIIII. & de nostre Regne le XI.e*

Par le Roy. L. BLANCHET.

d voir & visiter.

e dépenses.

f revenir auprès de Nous.

de Dieu, en la Chambre, en la persence de Mons. le Chancellier & des dis Generaulz.

CHARLES V. le 13. de Novembre 1372.

(18) *Item.* Les L.m Frans pour le paiement des Gens d'armes, se prendront; c'est assavoir, sur le pais que a en gouvernement Messire Nicolas Braque, XXXm. V.c L. Frans; & sur celui que a en gouvernement Messire Pierre de Chevreuse, XI.m III.c Frans; & sur celui que a en gouvernement l'Abbé de Fescamp, VIII.m C. L. Frans; & pour quelconques causes, Lettres ou mandemens qui surviegnent, on ne prendra aucune chose sur les sommes dessus dites, fors tant seulement pour le paiment des Gens d'armes; excepté se on recevoit plus grant somme des dis pais, elle seroit aportée pardevers le Receveur General, comme dessus est dit.

(19) *Item.* Pour ce que le paiement des Gens d'armes & Arbaletriers ordenné à present par le Roy, ne monte [a] que XLII.m Frans ou environ, les VIII.m Frans qui demourront, seront bailliés à Berthelemi Spifame en garde, pour les rendre là où besoing sera pour le fait de la Mer.

a *qu'à.*

(20) *Item.* Les VI.m Frans pour l'ostel du Roy, se prendront sur le pais que a en gouvernement Messire Pierre de Chevreuse; & les V.m Frans pour mettre en ses coffres, seront prins sur le fait de Paris; & n'an prendra l'en denier pour chose qui surviegne.

(21) *Item.* Il plaist au Roy que le Receveur General ait chascun mois, X.m Frans pour les choses qui surviennent chascun jour en la Chambre, & X.m Frans pour paier les debtes; & seront prinses les dites sommes; c'est assavoir, sur le fait de la Gabelle du sel, XI.m VI.c L. Frans; sur le fait de Paris, V.m VI.c LXXII. Frans; & sur le fait que a en gouvernement l'Abbé de Fescamp, II.m VI.c LXXVIII. Frans.

(22) *Item.* Il plaist au Roy que de la somme de XX.m Frans, soient baillez chascun mois audit Berthelemi, IIII.m Frans, jusques à ce qu'il en [b] autrement esté ordonné; & par ainsi, ledit Receveur n'aura que VIII.m Frans pour le fait de la Chambre, & VIIIm. Frans pour paier les debtes. Et est assavoir, que les XVIII.m Frans que a receu jusques cy Jehans d'Orliens, pour [c] Robes & pluseurs autres choses, passé le mois de Decembre, seront baillés au Roy; & le Roy fera pourveoir sur les choses dessus dites, à sa bonne Ordenance.

b *ait.*

c *Voy. les Tabl. des Mat. de ce Rec. à ce mot.*

(23) *Item.* S'il plaist au Roy à faire aucune moderation ou restrainte sur la despense des Hostelz de lui, de Madame la Royne & de Mons. le Dauphin, ce qui demourra de residu, sera baillé au Roy chascun mois, pour mettre en ses coffres, par le Receveur sur ce ordenné.

---

CHARLES V. à Paris, le 20. de Novembre 1372.

*(a) Mandement qui porte que l'on donnera une Crüe de trois sols huit Deniers Tournois à Guillaume Cauquin, pour six mil Marcs d'Argent qu'il s'est engagé de porter à la Monnoye de Tournay.*

CHARLES par la grace de Dieu Roy de France. Aux Garde & Maistre-Particulier, ou tenant le compte de nostre Monnoye d'Argent de Tournay: Salut. Savoir faisons que de nostre commandement & volenté, pour le bien & prouffit de Nous & de noz subgectz, & afin que nostre dicte Monnoye de Tournay ne [d] chee en chomage, par bonne & meure deliberation, aucuns de noz amez & feaulx Tresoriers, & Generaulx-Maistres de noz Monnoyes, ont traictié, accordé & marchandé avec Guillaume Cauquin, pour & ou nom de Guillaume Bilohart Changeur & Bourgeois de Tournay, pour lequel ledit Cauquin s'est fait fort, en maniere que ledit Changeur doit livrer ou faire livrer & porter en son nom en nostre dite Monnoye de Tournay, dedans la Feste Sainct Jehan Baptiste prochain venant, la somme

d *qu'on ne cesse d'y travailler.*

NOTE.

(a) Registre *D.* de la Cour des Monnoyes de Paris, *fol.º* 8 vingt 4. *verso* (164).

Avant ces Lettres, il y a: *Lettres de six mil Marcs d'Argent qui ont esté venduz pour mettre & livrer en la Monnoye de Tournay, par G. Cauquin, ou nom & pour Guillaume Bilohart.*

CHARLES V. à Paris, le 20. de Novembre 1372.

de six mil Marcs d'Argent alaié à quatre deniers de Loy; [a] parmi ce que pour chascun Marc, il aura & lui sera païé par vous, trois Solz huit Deniers Tournois, oultre le pris de cent cinq Solz Tournois que Nous donnons à present. Pourquoy Nous vous mandons & à chascun de vous, & estroictement enjoignons, que les dits trois Solz huit Deniers Tournois, oultre le pris de cent cinq Solz Tournois, vous païez & delivrez audit Changeur, pour chascun des dits six mil Marcs d'Argent, tout ainsi que par luy ou que par autre en son nom, & dedans le temps dessus dit, les dits six mil Marcs d'Argent vous seront livrez, [b] porter en ladite Monnoye; & [c] par rapportant ces presentes ou Copie d'icelles, collationée par nostre Chambre des Comptes, avec certiffication de vous Gardes des dits Marcs d'Argent ainsi livrez en ladite Monnoye, & recongnoissance dudit Changeur, de ce que pour ladite cause payé luy aurez, tout ce qui ainsi payé luy aura esté par vous pour cause des choses dessus dites, Nous voullons & mandons estre alloüé ou compte ou comptes de vous Maistre-Particulier dessus dit, par noz amez & feaulx les Gens de noz Comptes à Paris, sans aucun contredit; nonobstant quelzconques Ordonnances, Mandemens ou defenses, faictes ou à faire à ce contraires. *Donné à Paris, le XX.e jour de Novembre, l'an de grace mil trois cens soixante & douze, & de nostre Regne le neufiesme.* Par le Roy, YVO.

a *moyennant.*

b *& portez.*

c *en.*

---

CHARLES V. à Paris, le 22. de Novembre 1372.

## (a) *Mandement pour faire une fabrication d'Especes.*

CHARLES par la grace de Dieu Roy de France. A noz amez & feaulx les Generaulx-Maistres de noz Monnoyes: Salut & dilection. Comme à present Nous aïons à faire & supporter très grans & innumerables [d] mises, tant pour le fait de noz guerres, comme pour la defense de nostre Royaume; & pour ce aïons requis nostre amé Berthelemi Spifame Marchant & Bourgeois de Paris, qu'il Nous face prest de certaine somme d'Argent; lequel Nous a accordé gracieusement ce que requis luy avons; [e] parmi ce toutes voyes, pour ce qu'il n'a mye à present en comptant de quoy il Nous puist faire ledit prest, si comme il dit, Nous luy avons accordé qu'il puist mettre presentement en nostre Monnoye de Paris, deux mil Marcs d'Argent en Vaisselle & en Argent en [f] cendrée, ou environ, allaïez à unze deniers six grain fin, ou environ, afin qu'il Nous puist plustost & plus prestement secourir dudit prest que mandé & requis luy avons, comme dit est. Pour ce est-il, que Nous vous mandons que les dits deux mil Marcs d'Argent dessus dits, en Vaisselle & en Argent en cendrée, vous faictes ouvrer & monnoyer en Deniers d'Argent, sur le coing & forge de ceulx qui courent à present pour quinze Deniers Tournois la Piece, lesquelz seront de [g] huit Solz de poix au Marc de Paris, & auront cours pour quinze Deniers Tournois la Piece, & qu'ilz soïent à unze deniers six grains fin, ou environ, comme dit est, & pour chascun Marc d'euvre des Deniers d'Argent dessus dits, faictes allouër ès comptes de celuy ou ceulx qui feront ledit ouvraige, quatre Solz Tournois; & avec ce aïons promis audit Berthelemi, que du comptant qui en [h] ystera, il ait & soit payé de chascun Marc de ladite Vaisselle, & d'autre Argent en cendrée, comme dit est, cent seize Solz Tournois, lesquelz Nous voulons que par le Maistre-Particulier de nostre dite Monnoye de Paris, lui soïent païez. De tout ce faire vous donnons povoir, auctorité & mandement especial; & par ces presentes Lettres Nous mandons à noz amez & feaulx Genz de noz Comptes, qu'ilz reçoivent & passent le compte d'iceulx deux mil Marcs d'Argent en Vaisselle & en Argent en cendrée,

d *dépenses.*

e *moyennant.*

f *Voy. cy-dessus, p. 301. Note (c).*

g *de 96. P. au Marc.*

h *sortira, proviendra.*

NOTE.

(a) Registre *D.* de la Cour des Monnoyes de Paris, *fol.o* 8 vingt 3. *v.o* (163).

Avant ces Lettres il y a:

*Le II.e jour de Decembre mil trois cens soixante douze, furent apportées en la Chambre des Monnoyes, unes Lettres seellées du Grant seel du Roy nostre Sire, lesquelles faisoient mencion de faire ouvrer en la Monnoye de Paris, deux mil Marcs d'Argent en Vaisselle, dont la teneur est telle.*

ou environ, par la maniere que dit est. Car ainsi l'avons Nous octroïé & octroïons audit Berthelemi de grace especial; nonobstant quelzconques Ordonnances, Mandemens ou defenses faictes ou [a] faire à ce contraires. *Donné à Paris, le XXII.^e jour de Novembre, l'an de grace mil trois cens soixante & douze, & de nostre Regne le neufiesme.* Par le Roy. BAIGNEUX.

CHARLES V. à Paris, le 22. de Novembre 1372.

a à.

---

(a) *Mandement qui porte qu'il sera établi un Hôtel des Monnoyes à la Rochelle; & qui fixe le prix du Marc d'Or & d'Argent, qu'on y apportera.*

CHARLES V. à Paris, au Château du Louvre, le 25. de Novembre 1372.

CHARLES par la grace de Dieu Roy de France. A noz amez & feaulx les Generaulx-Maistres de noz Monnoyes: Salut & dilection. Savoir vous faisons que comme n'aguieres la Ville de la Rochelle, en laquelle pour le temps qu'elle estoit en obéïssance de nostre très cher Seigneur & Pere que Dieu absoille, l'en avoit acoustumé faire Monnoye, soit revenuë à nostre [b] obéïssance, Nous avons ordonné & ordonnons par ces presentes, que en nostre dite Ville de la Rochelle, Monnoye soit faicte & forgée par la forme & maniere que Nous faisons faire ès autres lieux de nostre Royaume. Si vous mandons & commettons, se [c] mestier est, & à chascun de vous, par ces presentes, que en ladite Ville de la Rochelle, vous faictes forgier & faire [d] autelle Monnoye d'Or & d'Argent, comme Nous faisons faire en noz autres Monnoyes; si que ladite Ville & le païs d'environ, puisse estre garni & remply de nos dites Monnoyes; & donnez & faictes donner à tous Changeurs & Marchans qui apporteront Billon en icelle, de tout Argent allaïé à quatre deniers de Loy, Argent-le-Roy, cent cinq Solz Tournois pour le Marc; & d'autre Argent allaïé à deux deniers de Loy, Argent-le-Roy, cent Solz Tournois pour Marc, & pour Marc d'Or, autel & semblable pris comme Nous faisons donner en nostre Monnoye de Poictiers; c'est assavoir, soixante trois livres six Solz Tournois pour Marc. De ce faire vous donnons & à chascun de vous povoir: Mandons à tous ceulx à qui il appartient, que à vous & à chascun de vous, en ce faisant, obéïssent & entendent diligemment. *Donné à Paris, en nostre Hostel de Louvre, le XXV.^e jour de Novembre, l'an de grace mil trois cens soixante & douze, & de nostre Regne le neufiesme.*
Par le Roy. P. BLANCHET.

b *Voy. cy-dessus, p. 190. Note (a).*

c *besoin.*

d *telle.*

NOTE.

(a) Registre *D.* de la Cour des Monnoyes de Paris, *fol.^o* 8 vingt 5. *R.^o* (165).

Avant ces Lettres, il y a:
*Mandement du Roy pour mettre sus & faire ouvrer la Monnoye de la Rochelle.*

---

(a) *Lettres qui portent que les Commissaires sur le fait des Francs-Fiefs & des Amortissements, seront rétablis; & que les deniers qui en proviendront seront employez aux réparations du Palais à Paris.*

CHARLES V. à Paris, au Château du Louvre, le 25. de Novembre 1372.

[e] CHARLES par la grace de Dieu Roy de France. A nostre amé & feal Conseiller, Pierre Scatisse: Salut & dilection. Comme par nos autres Letres [f] ouvertes, & pour certaines causes qui à ce Nous avoient meu, Nous eussions ordenné que tous Commissaires deputés & à deputer en nos Seneschaucies de Tholouse, de Carcassonne & de Beaucaire, sur le fait des finances des Acquès faiz & à faire par non-nobles, de personnes nobles, & par gens d'Eglise, tant à cause de [g] lais, comme

e *il y a à la marge,* Copie.

f *patentes.*

g *legs.*

NOTE.

(a) Memorial *D.* de la Chambre des Comptes de Paris, *folio* 6 vingt 12. *v.^o* (132).
Avant ces Lettres, il y a:

*Ordinatio quod denarii Compositionum & financiarum acquisitionum nobilium per innobiles, & acquisitionum per Gentes Ecclesiasticas factarum in tribus Senescalliis, convertantur in operibus Palacii Regii Parisius, & non alibi.*

CHARLES V.
à Paris, au Château du Louvre, le 25. de Novembre 1372.

autrement, feussent rappellez, & lesquelz Nous rappellions, en comptant des [a] Exploits de leurs Commissions, sanz ce qu'ils s'entremissent de proceder ou dit fait, pour quelconque Commission qu'il eussent sur ce, jusque à ce que leur Commissions feussent renouvellées par Nous, & non d'autres, & expediées par la Chambre de noz Comptes, & qu'il fussent instruis de nostre voulenté, & des causes qui Nous ont meu, si comme ces choses sont plus à plain contenues en noz dictes Lettres sur ce faites; & par vertu de nostre dicte Ordennance par vous publiée, Maistre Guillaume de Clouches, Commissaire sur ledit fait en la Viguerie encienne de Beziers, & Baronnie de *(b)* Homeladois, ait cessé & cesse de proceder ou dit fait, & ait envoyé en nostre dicte Chambre des Comptes, les Explois qu'il dit avoir faiz sur ledit fait, depuis que l'Office li fu commis, requerant à avoir sa commission renouvellée de Nous, & estre instruit sur ce par la declaracion de nostre voulenté, des dictes causes qui Nous ont meu à faire ladite Ordonnance, afin de proceder sur ledit fait selon nostre volenté & declaracion : Nous inclinans à ce, declairons, volons & ordennons de nostre certaine science, par la teneur de ces presentes, que touz les deniers qui [b] ystront des Exploits, finances & [c] Compositions qui doresenavant seront faites sur le fait des diz Acquès, par quelque maniere que ce soit, soient convertis ès euvres & reparations de nostre Palais Royal à Paris, & non ailleurs, & afin que nostre presente Declaration & Ordennance, soient plus convenablement & prouffitablement mises à fin deue, selon nostre volenté, Nous vous donnons pooir & auctorité de deputer de par Nous & en nostre nom, par voz Letres lesquelles Nous approuverons, toutes fois que [d] mestier en sera, ès dictes Seneschaucies & chascune d'icelles, certains bons & loiaus Commissaires sur ledit fait; c'est assavoir, ledit Maistre Guillaume, & les autres qui y ont esté, se il sont souffisans, ou autres à ce souffisans, telz comme bon vous semblera, pour exercer ledit fait selon les instructions sur ce [e] darrenierement faites par nostre [f] mandement, en nostre dicte Chambre des Comptes; lesquelz Commissaires recevront les deniers des dictes finances & Explois, ès Villes & lieux où ils seront commis, & les envoieront à Paris pour les bailler au payeur des euvres de nostre dit Palais, & non autre part; & que vous les puissiez à ce contraindre, se mestier est, si comme bon vous samblera; desquelles finances & Explois, ilz seront tenuz de compter en nostre dicte Chambre; & n'est pas notre entente, que pour composition ou finance qui ait esté faite ou temps passé, depuis nostre [g] temps, ou sera fait & payé ou temps avenir, pour les dictes acquisitions ou aucunes d'icelles, les choses ainsy acquises soient tenuës pour admorties, comme à Nous en appartiengne *(c)* l'amortissement, & non à autre, si les acquisiteurs n'ont sur l'admortissement, nos Letres ouvertes passées & expediées par nostre dicte Chambre, en laquelle Nous volons que noz presentes Ordennance & declaracion soient enregistrées & expediées icelle, sanz difficulté. Si vous mandons, commetons & enjoignons expressement, que nostre presente Ordennance & declaration vous tenez & faitez tenir, enteriner & accomplir, selon sa teneur, en tele maniere que par vous n'y ait deffault, & ne souffrez que aucune chose soit faite au contraire, pour quelconques Letres ou mendemens faiz ou à faire au contraire, par quelconques personnes que ce soit, se elles ne sont passées par Nous & expediées par nostre dicte Chambre, & que elles facent expresse mention du rappel de ces presentes; lesquelles se aucunes estoient faictes, ou sitost que faites seroient au contraire, Nous [h] rappellons dès maintenant par ces mesmes Letres, & volons estre tenuës & reputées comme nulles & de nul effect. *Donné à Paris, en nostre Chastel du Louvre, le XXV.^e jour de Novembre, l'an de grace M. CCC. LXXII. & le IX.^e de nostre Reigne.* Ainsy signé. *Par le Roy.* T. GRAFFART.

a *de l'Argent qu'ils avoient reçû, & des procedures qu'ils avoient faites.*

b *sortiront, proviendront.*

c *Voy. les Tabl. des Mat. de ce Rec. à ce mot.*

d *besoin.*

e *dar.* R.

f *Voy. cy-dessus,* p. 360.

g *Regne.*

h *révoquons.*

NOTES.

*(b) Homeladois.]* Cette Baronie tire sans doute son nom d'*Aumelas*, qui est dans le Diocèse de Beziers, & sur lequel *Voy. le Diction. univ. de la France*, au mot, *Aumelas*.

*(c) Amortissement.]* A côté de cette ligne, il y a : *Nota quod admortisaciones non sunt sufficientes, nisi constiterit de Litteris Regiis per Cameram expeditis.*

Collacio

*Collacio presentis Copie facta fuit cum Litteris Originalibus signatis ut supra, & missis dicto Petro Scatisse, una cum Litteris executoriis Dominorum dictis Litteris ligatis sub altero signetorum suorum III. die Decembris anno M. CCCLXXII. per me Petrum de Castro, & me Reginaldum Radulphi.*

---

CHARLES V. à Paris, au Château du Louvre, le 26. de Novembre 1372.

(a) Lettres qui reglent le ressort de l'Abbaye de S.t Maixent, en Poitou.

KAROLUS *Dei gracia Francorum Rex. Notum facimus universis presentibus & futuris, Nos infrascriptas vidisse Litteras nostras, tempore quo Regnum nostrum regebamus; videlicet, antequam ad ipsius Regni apicem essemus sublimati, confectas; formam que sequitur, continentes.*

(b) KAROLUS, *&c.*

*Nos autem Litteras suprascriptas, omniaque & singula in ipsis contenta; potissime cum dictus Comitatus Pictavensis nunc (c) extra manum nostram Regiam existat, prout erat tempore date Litterarum prescriptarum, rata habentes & grata, & volentes ut Religiosi, Abbas & Conventus Monasterii sancti Maxencii in Pictavia, & eorum Abbacia, de quibus fit mencio in dictis Litteris suprascriptis, Prioresque hujusmodi Abbacie & homines eorumdem, Litteris predictis, privilegiis, statutis, Ordinacionibus & ressorto in eisdem contentis & declaratis, utantur perpetuo de cetero, prout & quatenus ipsi & eorum quilibet, eisdem usi fuerunt, [a] hactenus uti consueverunt, eas & ea volumus, laudamus, approbamus, ratifficamus, & de certa sciencia, auctoritate Regia & gracia speciali, tenore presencium confirmamus: Mandantes harum serie, universis nostris & Regni nostri Justiciariis & Officiariis, modernis & futuris, vel eorum Locatenentibus, & eorum cuilibet, ut ad eum pertinuerit, quatenus ipsos Religiosos, Abbatem & Conventum, Prioresque dicte Abbacie, & homines eorumdem, & quemlibet ipsorum, nostra presenti gracia & confirmacione uti & gaudere faciant & permittant perpetuo, pacifice & quiete, ipsos in contrarium nullatenus vexando aut molestando, nec vexari seu molestari permittendo quomodolibet per [b] quecunque; & si quid contra tenorem presencium factum vel attemptatum fuerit imposterum, id ad statum pristinum & debitum reducant aut reduci faciant indilate. Quod ut firmum & stabile perpetuo perseveret, nostrum presentibus Litteris fecimus apponi sigillum: Salvo in aliis jure nostro, & in omnibus quolibet alieno.* Actum & datum Parisius, in Castro nostro de Lupera, die XXVI. mensis Novembris, anno Domini millesimo trecentesimo septuagesimo secundo, & Regni nostri nono. CHANAC.

*Per Regem, in suis Requestis.* J. DE SANCTIS.

a &.

b quemcumque.

NOTES.

(a) Tresor des Chartres, Registre 103. Piece 297.

(b) *Karolus.*] Ces Lettres de Charles Regent, du mois d'Avril 1358. sont avec les Lettres de plusieurs Roys qu'elles renferment, dans le 3.e *Vol. des Ordonn.* p. 216. Il faut seulement remarquer que dans le Regist. 103. à la fin des Lettres de Philippe-le-Hardi, qui sont de 1281. il y a, *anno millesimo ducentesimo primo*, & que le Copiste a oublié *octogesimo*.

(c) *Extra manum.*] Jean de France, 2.e Frere de Charles V. étoit Duc de Berry & d'Auvergne, & Comte de Poitou. Voyez *l'Histoire Genealogique de la Maif. de France*, tom. 1. p. 206.

---

CHARLES V. à Paris, au Château du Louvre, le 26. de Novembre 1372.

(a) Confirmation des Privileges de l'Abbaye de S.t Maixent, dans le Poitou.

KAROLUS *Dei gracia Francorum Rex. Notum facimus universis presentibus & futuris, quod Nos volentes dilectos nostros Religiosos, Abbatem & Conventum*

NOTE.

(a) Tresor des Chartres, Registre 103. Piece 302. *Voyez cy-dessus*. p. 190. Note (a).

CHARLES V. à Paris, au Château du Louvre, le 26. de Novembre 1372.

*Monasterii* [a] *in Pictavia, qui nuper ad obedienciam nostram, relicta parte adversariorum nostrorum, devenerunt, ob hoc frui remuneracione aliquali, ut ceteri Parcium predictarum incole, ad exhibendum Nobis obedienciam ad quam Nobis tenentur, facilius moveantur, volumus, statuimus & ordinamus, eisdemque Religiosis & eorum Monasterio seu Abbacie, nec non omnibus Prioribus & Prioratibus ejusdem Monasterii, eorumque & cujuslibet ipsorum hominibus, in favorem Ecclesie & intuitu premissorum concessimus, & tenore presencium concedimus de nostris certa scientia, auctoritate nostra Regia & gracia speciali, ut ipsi & eorum quilibet, omnibus & singulis donis, Jurisdictionibus, franchisiis, Libertatibus, privilegiis, immunitatibus & saisinis, quibus ipsi & eorum quilibet, tam conjunctim quam divisim, ab illo tempore citra quo Ducatus Acquitanie terreque & Patrie* [b] *Engolismenses, Xantonenses & Pictavie, Edovardo Anglie adversario nostro fuerunt assignati, usque ad primam diem mensis Septembris ultimo preterii, qua die dicti Religiosi se nostre dicioni subjecerunt, & dictam obedienciam Nobis exhibuerunt, usi fuerunt & gavisi, & ipsa die utebantur & gaudebant, pacifice de cetero perpetuis temporibus gaudeant & utantur, & in ipsis manuteneantur & conserventur. Quocirca Engolismensi, Xantonensi, Pictavensi & Lemovicinii Senescallis, universisque nostris & Regni nostri Justiciariis & Officiariis, modernis & futuris, vel eorum Locatenentibus & eorum cuilibet, ut ad eum pertinuerit, tenore presencium mandamus, quatinus ipsos Religiosos, Monasterium seu Abbaciam sancti Maxencii, Priores, Prioratus & homines predictos, & eorum quemlibet, conjunctim & divisim, nostris presentibus statuto, Ordinacione, gracia & concessione uti & gaudere de cetero perpetuis temporibus faciant & permittant pacifice & quiete, ipsos vel eorum aliquem in contrarium nullatenus molestando, vexando, impediendo seu perturbando, aut vexari, molestari, impediri seu quomodolibet perturbari permittendo; & quicquid contra tenorem presencium attemptatum esse* [c] *repererent, ad statum pristinum & debitum reducant aut reduci faciant indilate; aliis graciis sive donis aut privilegiis aliàs per Nos seu Predecessores nostros, eisdem Religiosis seu eorum Monasterio concessis, quas & que hic volumus haberi pro expressis, nonobstantibus quibuscumque. Quod ut perpetue firmitatis robur obtineat, nostrum presentibus Litteris fecimus apponi sigillum.* Actum & datum Parisius, in Castro nostro de Lupara, die XXVI. mensis Novembris, anno Domini millesimo CCCLXXII.° & Regni nostri nono. CHANAC.

*Per Regem, in suis Requestis.* J. DE SANCTIS.

a Sancti Maxencii, *qui est plus bas.*

b Engolism. Xanton. *R.*

c repererint.

---

CHARLES V. à Paris, en Novembre, & le 15. d'Octobre 1372.

## (*a*) Reglement pour les Coustiers de Paris.

SOMMAIRES.

*(1. 2.) On ne doit point mêler des plumes* écorchées *des aîles des Oyes & des Poules, avec d'autres plumes.*

*(3) On n'employera point de plumes pourvies, si ce n'est à part. On n'achetera point de plume d'Angleterre ni d'autres pays, si elles ne sont bonnes. Les* Tayes *seront bien faites & bien travaillées.*

*(4) Les Coustiers prêteront serment devant le Prevôt de Paris, d'observer les Reglements. Les ouvrages de ceux qui y contreviendront, seront confisquez; & les ouvriers seront condamnez à l'Amende.*

*(5) Le Prevôt de Paris choisira tous les ans deux Prud'hommes (ou* Jurez*) du Mestier, qui prêteront serment entre ses mains. Les Coustiers les avertiront des contraventions qui seront faites aux Reglements.*

*(6) On ne mêlera point le duvet de France, avec celui de Bretagne qui n'est pas bon; & on vendra celui-cy à part.*

*(7) Les Coussins seront remplis d'aussi bonnes plumes que les Matelats.*

*(8) Les Poids des Coustiers seront marquez & étalonnez au Poids du Roy.*

*(9) Les Coustiers acheteront leur Mestier du Roy.*

*(10) On ne pourra être, Maistre Coustier, que l'on n'ait été Apprentif pendant deux ans, & que l'on n'ait acheté le Mestier. Les fils & filles de Maîtres, l'acheteront moins que les autres.*

NOTE.

(*a*) Tresor des Chartres, Registre 103. Piece 323.

CHARLES V.
à Paris, en Novembre, & le 15. d'Octobre 1372.

SOMMAIRES.

*(11) Les Maîtres ne pourront avoir qu'un Apprentif.*

*(12) Lorsqu'un Coustier vendra de la Marchandise à un autre Coustier, s'il ne la vend sans retour, ensorte qu'il ne puisse plus la vendre à un autre, le vendeur & l'acheteur seront condamnez à l'Amende.*

*(13) Les Coustiers de dehors Paris, qui voudront y travailler, seront examinez par les Maistres, & acheteront le Mestier.*

*KAROLUS Dei gracia Francorum Rex. Notum facimus universis tam presentibus quam futuris, Nos infrascriptas vidisse Litteras, formam que sequitur, continentes.*

A Tous ceulx qui ces Lettres verront. Jehan *(b)* Ploiebauch Garde de la Prevosté de Paris: Salut. Sechent tuit que pardevant Nous vindrent en Jugement [a] Commun du Mestier des *(c)* Coustiers de Paris, & firent & ordenerent par leurs seremens, & pour le proufit du Roy, les articles de leur mestier, en la forme qui s'ensuit. (a *le.*)

*(1) Premierement.* Que des ores mes en avant, nulz ne nulle dudit mestier ne pourra mettre en euvre Plume *(d)* fentisse ne *(e)* escorchiée des [b] Elles des [c] Oës ne des [d] Gelines, avec autre plume, pour ce [e] c'est mauvaise plume, & en semblent les Coustes estre plus plaines; laquelle chose est decevance & fauceté à tout le Peuple. (b *Ailes.* c *Oyes.* d *Poules.* e *que.*)

*(2) Item.* Que nulz ne nulle ne mette en *(f)* tayes farcies ne reclutées près de la Plume, pour ce que les Coustes où elles sont mises en semblent estre plus plaines; laquelle chose est fauceté de tout le Peuple, si comme dit est.

*(3) Item.* Que nulz ne nulle ne mette en euvre plume pourrie que l'en appelle Coudrier, ne [f] faucin, se l'en ne met [g] à par soy; & que nulz ne mette taye en euvre, qui ne soit bonne & souffisant; & que nulz n'achate plume d'Angleterre, ne autre plume, se elle n'est bonne & souffisant. (f *Je n'ai rien trouvé sur ce mot.* g *à part.*)

*(4)* Et que nulz des ores en avant ne puisse estre Coustier [h] faire le mestier, jusques à tant qu'il aura fait serement devant le Prevost de Paris ou à son Lieutenant, que bien & loyaument fera la marchandise dudit mestier, & gardera tous les poins d'icellui mestier; & quiconques mesprendra ou dit mestier, & fera contre les choses dessus dictes, il sera à dix Solz Parisis d'Amende; desquiex le Roy aura huit Solz, & les Maistres qui garderont ledit mestier, deux Sols pour peinne; & sera l'euvre qui sera trouvée fauce, selonc ce que dit est, forfaite. (h *ni.*)

*(5)* Et aura ou dit mestier, deux Preudommes dudit mestier, qui jurront devant le Prevost ou son Lieutenant, que bien & loyaument garderont le mestier, & les [i] mesprentures raporteront devers le Prevost, & [k] feront savoir; lesquiex deux Preudhommes seront chascun an [l] remuez, se [m] mestier est, & mis de par le Prevost de Paris, ou son Lieutenant, de son commandement; & jurront tous ceulx dudit mestier sur sains, à tenir & garder les Ordenances dessus dictes, & que il feront savoir aux deux qui seront establis à garder ledit mestier, ceulx qui ou dit mestier mesprendront, & qui contre ces Ordenances dessus dictes iront. (i *les contraventions aux Reglemens.* k *l'en instruiront.* l *changez.* m *besoin.*)

*(6) Item.* Que nulz ne [n] nule *(g)* duvet de Bretaingne avec le duvet de France; (n *mêle.*)

NOTES.

*(b) Ploiebauch.]* Suivant la liste des Prevôts de Paris, qui est à la fin de l'Histoire des Connestables, &c. par *Godefroy*, p. 6. Jean Ploibault fut Prevôt de Paris en 1310. & 1311.

*(c) Coustiers.]* Faiseurs de matelats, de lits de plume & de coussins. *Voy. le 4.e Vol. des Ordonn.* p. 136.

*(d) Fentisse.]* On pourroit lire aussi *feutisse.* Je n'ai rien trouvé sur ce mot.

*(e) Escorchiée.]* Savary dans son Traité du Commerce, au mot, *duvet*, dit que pour plumer les Oiseaux vivants, on attend que leurs plumes soient meures, parce que si on les plumoit auparavant, il s'imbiberoit du sang dans le tuyau, qui en se corrompant, produiroit des vers, & donneroit une mauvaise odeur.

*(f) Tayes farcies ne reclutées.] Taye* est la couverture d'un Oreiller. *Farcies;* c'est-à-dire, où l'on a mêlé differentes sortes de plumes, comme dans l'art. précedent. Je n'ai rien trouvé sur le mot, *reclutées.*

*(g) Duvet.]* La plume qui vient au col des Oiseaux, & qui leur couvre une partie de l'estomac. Elle est plus courte & plus douce que les autres. *Voy. le Diction. du Commerce de Savari*, au mot, *duvet.*

CHARLES V. à Paris, en Novembre, & le 15. d'Octobre 1372.

car cellui de Bretaingne n'est bon ne loyal; & nul ne [a] vendre le duvet de Bretaingne, que par soy.

(7) *Item.* Que nul ne face [b] Coisin de sept quartiers ne de plus, qui ne soit d'aussi bonne [c] farce comme la Couste, puis qu'il vüeille vendre l'un [d] autel comme l'autre, ou [e] ensuïant, & que il le dic [f] au vendre.

(8) *Item.* Que nulz n'ait en son Hostel ne ne tiengne [g] Pois, qui ne soit [h] sengnié & ajusté au Pois-le-Roy.

(9) *Item.* Et que nul ne puisse des ores mes entrer ou dit mestier, se il ne l'achate; c'est assavoir, dix Solz au Roy.

Ci après s'ensuit Registre confermé par le Prevost de Paris, fait & accordé par les personnes cy-dessous nommées, en la maniere qui s'ensuit.

(10) *Premierement.* A tous ceulx qui ces Lettres verront. Guillaume Gormont Garde de la Prevosté de Paris. Salut. Comme Jehan du Saut & Katherine sa femme, Jehan de Susanne & Jehanne sa femme, Nicolas Leschecueur, Jehan le Tainturier & [i] Amee sa femme, Huc Lenmancheur & Gues sa femme, Jehan de Staus & Marie la Coustiere sa femme, Jehan Marsel & Tassete sa femme, Regnaut des Torches & Marguerite sa femme, Guillaume Conseil, Jehanne la Crestiene, Katerine de Tournay, Prereulle la Bouvelle, Guyot Loyer, Nicole la Chaodete, Robert de Chartres & sa femme, de Ramilly & sa femme, Gille Penthecouste & sa femme, Jehanne la Normande, Perreulle du Navet, Hondée de Gonnesse, Ysabiau de la Housse, Gillet, Jaucelline la Coustiere, Johanne femme feu Thiebaut le Coustier, Jehanne la Graneliere, Aalips la petite & Hodierne de Senlis, tous Coustiers & Coustieres de la Ville de Paris, se feussent [k] trais pardevers nous, & nous eussent donné à entendre, que en leur Registre fait sur ledit mestier, avoit deffaut d'articles, qui prousitables y estoient à [l] mettrent & enregistrer pour le prouffit commun & du Roy Noss. lesquiex articles par nous receus des dis Coustiers & Coustieres, feismes yceulx & chascun par soy, jurer aux Sains Euvangiles de Dieu, [m] savoir mon se il estoient pourfitables & convenables à mettre & enregistrer avec ledit Registre; lesquiex & chascun par soy, jurerent & affermerent yceulx estre pourfitables à tout le commun Peuple & au Roy Noss. & convenables à mettre avecques leur dit Registre; & ce fait, nous par maniere de addicion, & pour le proffit commun & du Roy Noss. avons fait mettre & enregistrer avec ledit Registre, les articles qui s'ensuivent.

C'est assavoir, que nulz ne puist estre ou dit mestier, se il n'y a esté aprentiz deux ans tous acomplis; car autrement ne saroit-il pas bien le mestier faire; & quant il se partira de son [n] Mestre au bout des deux ans; ledit aprentis ou aprentisse achetera ledit mestier vingt Solz Parisis; c'est assavoir, quinze Solz Parisis pour le Roy Noss. & cinq Solz Parisis pour les Jurez & Gardes dudit Mestier, pour leur peinne & traveil qu'il auront de garder & visiter ledit mestier; [o] se ainssure est qu'il ne soient filz ou filles de Mestre; & se il est filz ou fille de Mestre, il païera dix Solz au Roy tant seulement, & [p] nient pour les Mestres.

(11) *Item.* Que nulz ne nulle dudit mestier [q] puisse avoir que un Aprentiz, ne à moins de temps que dessus est dit.

(12) *Item.* [r] Se nulz ne nulle dudit mestier, baille Coustes à vendre à personne dudit mestier, s'il ne les vent *(h)* trencheement sans reprendre, ne à autres, il paie, tant le Bailleur comme le Preneur, chascun huit Solz Parisis d'Amende au Roy, & chascun deux Solz Parisis aux Mestres Gardes-Jurez.

(13) *Item.* Que se aucun venoit de dehors du Pays, qui vousist ouvrer dudit mestier, qu'il n'y peust entrer sans apeler les Maistres, [f] savoir se il est souffisant à ce, & de estre receu oudit mestier, & pour païer les [t] Ordenances, comme dit est.

En tesmoing de ce, nous avons fait mettre en ces Lettres, le Seel de la Prevosté de Paris, le XX^e^. jour d'Octobre, l'an de grace mil trois cens XLI.

[a] vende. [b] Coussin. [c] Voy. cy-dessus, p. preced. Note (f). [d] au même prix. [e] ou un prix proportionné suivant la grandeur. [f] en le vendant. [g] Poids. [h] marqué. [i] mot douteux. [k] presentez. [l] mettre. [m] pour sçavoir. [n] Maistre. [o] si ce n'est. [p] rien. [q] ne. [r] Si une personne de ce Mestier. [f] pour. [t] ce que l'on paye en achetant le Mestier.

NOTE.

*(h) Tranchcement.]* Je crois que cela signifie, s'il ne les vend sans retour, ensorte qu'il ne les puisse vendre à un autre.

Item. *Alias sub hac forma.*

CHARLES V. à Paris, en Novembre, & le 15. d'Octobre 1372.

(i) *JOHANNES Dei gracia Francorum Rex. Preposito, &c.*
Item. *Nostras in hiis verbis.*

CHARLES par la grace de Dieu Roy de France. Au Prevost de Paris ou à son Lieutenant : Salut. Nous avons veu les Lettres de nostre très chier Seigneur & Pere dont Dieux ait l'ame, contenant la forme qui s'ensuit.

a *JOANNES Dei gracia Francorum Rex, &c.*

a Voy. la Note (i).

Si vous mandons & enjoignons, que les dictes Lettres & toutes les choses contenuës en ycelles, vous enterinez & acomplissiez de point en point selon leur forme & teneur, si & par telle maniere que usé en ont, & ne souffrez que riens soit fait, attempté ou innové au contraire; laquelle chose, se faite estoit, faites sans delais ramener & remettre au premier estat & deu. *Donné à Paris, le XV.e jour d'Octobre, l'an de grace mil CCC. soixante & douze, & de nostre Regne le IX.e*

*Quas quidem Litteras supratranscriptas, ac omnia & singula in eis contenta, rata habentes & grata, eas & ea volumus, laudamus, approbamus, & de nostris plenitudine potestatis ac gracia speciali, quatenus usi fuerunt, confirmamus : Dantes earumdem tenore in Mandatis Preposito nostro Parisiensi, ceterisque Justiciariis nostris, presentibus & futuris, aut eorum Locatenentibus, & ipsorum cuilibet, prout ad eum pertinuerit, quatinus predictos Culcitrarios & Culcitrarias, nostra presenti gracia & confirmatione absque contradicione uti & gaudere faciant & permittant, nec ipsos seu ipsas contra hujusmodi nostre presentis confirmacionis & gracie tenorem inquieterent, molestent, inquietari seu molestari quoquomodo permittant.* b *Et quod firmum & stabile permaneat in futurum, sigillum nostrum presentibus Litteris duximus apponendum : Nostro & alieno in omnibus jure salvo.* Datum Parisius, anno Domini M.° CCC.° septuagesimo secundo, & Regni nostri nono, mense Novembris.

b Quod ut.

*Per Regem, ad relacionem Consilii.* P. LE FEVRE.

NOTE.

*(i) Joannes.]* Ces Lettres du 17. d'Aoust 1353. qui sont encore repetées un peu plus bas, & qui sont confirmatives de celles de Philippe de Valois, du 19. de Janvier 1347. ont été imprimées dans le 4.e *Vol. des Ordonn.* p. 136. Elle avoient été copiées sur le Livre vert ancien du Chastelet. Dans ce Registre, il y a dans les Lettres du Roy Jean, *Datum Paciaci.* Dans le Registre des Chartres, il y a dans les deux Copies, *Datum Pisciaci.*

---

CHARLES V. à Paris, en Novembre 1372.

*(a) Lettres qui confirment celles de Thibaud VI. Comte de Champagne, par lesquelles il promet de faire observer les privileges accordez par le Duc de Lorraine, aux habitants de Neuchasteau.*

CHARLES par la grace de Dieu Roy de France. Savoir faisons à tous presens & avenir, que de la partie des Bourgois de la Ville de *(b)* Nuefchastel en c Loheraine, Nous ont esté exhibés deux paires de Lettres de Thibaut jadis de Champaigne & de Brie Conte Palazins, desquelles les teneurs sont cy-dessoubz escriptes.
*Et primo*, la teneur des premieres Lettres s'ensuit.

c *Lorraine.*

NOTES.

*(a)* Tresor des Chartres, Registre 103. P. 282.

*(b) Nuefchastel.]* C'est sans doute le lieu nommé presentement *Neuchasteau* dans la Lorraine, Diocèse de Toul, que les Ducs de Lorraine ont tenu autrefois en Fief des Comtes de Champagne, suivant la description de la Lorraine, qui est à la fin du 3.e tom. *du Dictionn. univ. de la France*, au mot, *Neuchasteau.*

CHARLES V.
à Paris, en Novembre 1372.

[a] Ge *(c)* Thibaut de Champaigne & de Brie Cuens [b] Palant, [c] faz cognoissant à tous ceulx qui ces Lettres verront & orront, que Ge ay promis & [d] crentey as [e] Borpis del Nuefchastel qui est de mon Fié, que Ge ferai tenir & gardeir mon Cosin & mon home *(d)* Mathieu Duc de [f] Lohiriogne & [g] Marchis, [h] teil Commune comme il a trettei & jurei à tenir à ses Borpis del Nuefchastel, ensi [i] com ses Lettres qui de ce sont faictes, le tesmoingnent. Et se li Dux par aventure encontre ses Lettres [k] lor [l] forfaisoit riens, & il ne l'avoit [m] adrecié dedens les XL. jors qu'il en seroit [n] semonus & requis de ceulx de Nuefchastel, Ge le [o] requenoie le Duc, qu'il le [p] defeist; & se il ne le voloit deffaire, [q] se le feroïe deffaire en bonne foy, XL. jours après ce que cil del Nuechastel [r] leure requeroient par le *(e)* Crant & par le los del devant dit Duc. Et en tesmoignage de veritei, ai ge fait ces Lettres scelleir de mon secil, l'an que li Milianes coroit, par mil & CC. & XXXI. an la vigile de la mi-Aost.

a *Je.* b *Palatin.* c *fais.* d *creanté.* e *Bourgeois.* f *Lorraine.* g *March.* R. h *telle.* i *comme.* k *leur.* l *contrevenoit.* m *réparé.* n *semoncé.* o *requererois.* p *réparast.* q *ce ou je.* r *appar. le.* f *Th. R.* t Communitatis. u Dux. x Loth. . . . March. *R. là & plus bas.*

*Item.* La teneur des secondes s'ensuit.

*Ego* [f] *Theobaldus Campanie & Brie Comes Palatinus. Notum facio omnibus, quod ego creantavi & promisi Universitati Burgensium* [t] *Comitatis novi-Castri, quod si dilectus fidelis Cognatus meus Matheus,* [u] *Deux* [x] *Lotharingie & Marchio, vel aliquis suorum, vel etiam alius per Mandatum suum, manum mittet in ipsos vel in aliquem ipsorum, pro capiendo, vel captum teneret, nisi justicia exigente, & per Judicium Ville hoc faceret, ego infra quadraginta dies postquam à dicta Communitate novi-Castri essem submonitus, quemlibet ita dicte Communitatis facere deliberari tenerer, nisi dictus fidelis Consanguineus meus Dux Lotharingie & Marchio ipsum deliberaret. In hujus autem rei testimonium, sigillum meum presenti pagine feci appendi.* Datum in crastino sancti Remigii, anno gracie M.° CC.° XXX.° primo.

En Nous humblement requerant ou nom d'eulx & de la Communauté de la dicte Ville, que les dictes Lettres & le contenu en ycelles, nous vüeillons confirmer. Nous adecertes, attendu ce que dit est, les dictes Lettres & chascune d'elles, & tout le contenu en ycelles, loons, gréons, approuvons, & par la teneur de ces presentes, de grace especial confermons, si & en tant comme les diz supplians en ont usé. Si donnons en Mandement au Bailli de Chaumont [y], & à tous les autres Justiciers de nostre Royaume, & à chascune d'eulx, ou à leurs Lieutenans, presens & avenir, que les diz Bourgois & Communauté de ladicte Ville de Nuefchastel, il facent & seuffrent joïr à plein de nostre presente grace, sans les molester ne souffrir estre molestez au contraire comment que ce soit, ores ne ou temps avenir. Et pour ce que ce soit ferme chose & estable à tousjours, Nous avons fait mettre à ces Lettres nostre seel; sauf en toutes choses nostre droit & l'autrui. *Donné à Paris, ou mois de Novembre, l'an de grace M. CCC. LXXII. & de nostre Regne le IX.e*

y *en Bassigny.*

Par le Roy, à vostre relacion. HENRY.

NOTES.

*(c) Thibaut.] Th. R.* Thibaut VI. sur lequel *Voy. cy-dessus*, p. 486. Note *(b)*.

*(d) Mathieu.] Math. R.* Mathieu II. *Voy. la Geneal. des Ducs de Lorraine, qui est au commencement du premier Vol. de l'Hist. de Lor. par* D. Calmet, *p. CLXIII.* Note *(b)*.

*(e) Crant . . . . los.]* Par la promesse & l'approbation du Duc, qui y a consenti.

---

CHARLES V.
à Paris, en Novembre 1372.

## *(a)* Diminution de Feux pour differents lieux.

*KAROLUS, &c. Notum, &c. Quod cum ex parte, &c.*

*Cumque factis quibusdam Informacionibus virtute certarum Litterarum Regiarum ac*

NOTE.

*(a)* Tresor des Chartres, Registre 103. P. 262. & suiv. jusqu'à la Piece 281. inclusivement. *Voy. cy-dessus*, p. 30. Note *(a)*.

C'est le R. P. D. Vaissette, Benedictin, qui m'a indiqué les noms modernes des lieux nommez dans ces Lettres, & dans les deux suivantes.

dictarum Instructionum, per certos Commissarios [a] à hoc deputatos, in locis de (b) Sancto Nicholiao, de [b] Burgi-monte, de (c) Onquo monte, de [c] Reuleta, & de [d] Sancto Stephano, Judicature Verduni, Senescallie Tholose, super vero numero Focorum in dictis locis tunc existencium; & postmodum virtute Litterarum nostrarum de mandato, alie informaciones in dictis locis fuerunt de novo & secundo facte super veris numeris dictorum Focorum in eisdem locis nunc existencium, per dilectum nostrum Magistrum Paulum Bitori, [e] Bacalarum in Legibus, Judicem Verduni, Commissarium in hac parte auctoritate Regia deputatum; vocato & presente in omnibus Procuratore nostro Generali dicte Senescallie Tholose, aut ejus legitimo Substituto; eademque, &c.

Repertum fuerit quod in dictis locis sunt de presenti & reperiuntur Foci qui secuntur; videlicet, in loco de Sancto Nichilao, viginti; in loco de Brugimonte, viginti novem; in loco de Cugnomonte, quatuor; in loco de Reuleta, tres; & in loco de Sancto Stephano, tres Foci, secundum traditas instrucciones super hoc prelibatas; Nos vero, &c.

Quod ut firmum, &c. salvo, &c. Actum Parisius, mense Novembris, anno Domini millesimo CCC.^mo septuagesimo secundo, Regnique nostri nono.

CHARLES V. à Paris, en Novembre 1372.

a ad.
b BRIGUEMONT, Diocese de Lombez.
c RIEULAS, Diocese de Lombez.
d S. ESTEPHE.
e Baccalarium.

Per Consilium, &c. P. DU CHASTEL. Informaciones de quibus superius fit mencio, sunt in dicta Camera cum aliis similibus, & est financia predicta soluta dicto Clerico Opperum, prout à tergo.
P. DE CHASTEL.

Piece 263. (d) Item. Similis pro locis de [f] Corduis, triginta; de [g] Angevilla, septem; de [h] Bolhaco, quinque; de [i] Marinhaco, octo; de [k] Bolnems, quinque Foci; qui loci sunt Judicature Verduni, Senescallie Tholose. Signata ut precedens.

P. 264. Item. Similis pro locis de [l] Sarrauto, quadraginta unus; de [m] Ardizanis, quindecim; & de [n] Mota-Cugnomontis, quatuor Foci; qui loci sunt Judicature Verduni, Senescallie Tholose. Signata ut supra.

P. 265. Item. Similis pro locis de [o] Sollempniaco, quadraginta; de [p] Causio, viginti Foci; qui sunt Judicature Verduni, & Senescallie Tholose. Signata ut supra.

P. 266. Item. Similis pro loco de [q] Corneliano, Vicarie [r] Bitterensis, Senescallie Carcassone, ubi sunt L. Foci. Signata ut supra.

P. 267. Item. Similis pro loco de [f] Electo, centum quadraginta quinque Foci.

P. 268. Item. Similis pro loco de [t] Cornavello, sexdecim Foci.

P. 269. Item. Similis pro loco de (e) Magriano, viginti Foci.

P. 280.* Item. Similis pro loco de [u] Villamuro & ejus membris & pertinentiis, ubi sunt per supradictam reparacionem Focorum, CLII. Foci.

P. 281. (f) Pro loco de [x] Borno, ubi sunt IIII. Foci, ut supra.

P. 282. Et pro loco de [y] Montevalenti, ubi sunt decem Foci.

f CORDES Tolosanes, Diocese de Montauban.
g ANGUEVILLE, idem.
h BOULHAC, Diocese de Toulouse.
i MARIGNAC, Diocese de Toulouse.
k BOULAN, Dioc. d'Auch.
l SARRAUT, Diocese de Lombez.
m ARDISAS, idem.
n LA MOTTE-DE-CUMONT, Diocese de Montauban.
o SOLOMIAC, Diocese de Lectoure.
p LE CAUSSE, Diocese de Montauban.
q CORNEILLAN, Dioc. de Beziers.
r Biter. R.
f ALET, aujourd'hui Evêché.
t CORNAVEL, Diocese d'Alet.
u VILLEMUR, Diocese de Montauban.
x LE BORN, Diocese de Montauban.
y MONTVALET.

NOTES.

(b) *Sancto Nicholiao.* ] Plus bas il y a : *S. Nichilao*, appar. pour *Nicholao*. S. Nicolas de la Grave, Diocèse de Lectoure.

(c) *Onquo monte.* ] Il faut corriger *Cugnomonte*, qui est plus bas: Cumont, Diocèse de Montauban.

(d) *Item.* ] Ce qui suit a été copié comme il est dans le Registre.

(e) *Magriano.* ] *Magano* avec une marque d'abbreviation. *R.* Megrian, Diocèse de Narbonne.

(f) *Pro.* ] Cette Lettre & la suivante sont jointes par une accolade; & il y a à la marge, *una Littera*.

* Le Copiste en cotant ces Pieces, a passé de 269. à 280.

CHARLES V.
à Paris, en Novembre 1372.

## (a) Diminution de Feux pour Montastruc, Roque-Siriere & Paulhan.

*KAROLUS, &c. Notum, &c. Quod cum ex parte, &c.*

*Cumque factis quibusdam Informacionibus virtute certarum Litterarum Regiarum, ad* [a] *certam Instruccionem per certos Commissarios ad hoc deputatos, in locis de* [b] *Monte-astruco; de* [c] *Ruppe-Sereria, & de* [d] *Poalhaco, Judicature (b) Ville-longe, Senescallie Tholose, super veris numeris Focorum in dictis locis tunc existencium; & postmodum virtute Litterarum nostrarum de mandato, alie Informaciones in dictis locis fuerunt de novo & secundo facte super vero numero dictorum Focorum in eisdem locis nunc existencium; videlicet, in predictis locis de Monte-astruco & de Ruppe-sereria, per dilectum nostrum Johannem de* [e] *Marinhaco, Licentiatum in Legibus, Judicem Ville-longe, & in dicto loco de* [f] *Paolhaco, per dilectum nostrum Magistrum Arnaldum Auriola, Licentiatum* [g] *en Legibus, Judicem* [h] *Ripparie, Commissarios in hac parte auctoritate Regia deputatos; vocato* [i] *in presente in omnibus Procuratore nostro Generali dicte Senescallie Tholose, aut ejus legitimo Substituto; eademque, &c.*

*Repertum fuerit quod in dictis locis sunt de presenti* [k] *reperiuntur Foci qui secuntur; videlicet, in loco de Monte-Astruco, triginta tres; in loco de Ruppe-Seceria, undecim; & in loco de Paolhaco, duodecim Foci, secundum traditas Instrucciones super hoc prelibatas. Nos vero, &c.*

*Quod ut firmum, &c. salvo, &c.* Actum Parisius, mense Novembris, anno Domini M.° CCC.° septuagesimo secundo, & Regni nostri nono.

*Per Consilium, &c.* P. DU CHASTEL. *Informaciones de quibus superius fit mencio, sunt in dicta Camera cum aliis similibus, & est dicta* [l] *financia soluta dicto Clerico, prout à tergo.*

P. DU CHASTEL.

[a] cam, *avec une marque d'abbreviation.* R.
[b] MONTASTRUC, Diocese de Toulouse.
[c] ROQUE-SIRIERE, *idem.*
[d] PAULHAN, *idem.*
[e] il y a au milieu de ce mot, trois jambages sans point.
[f] il y a mieux plus haut, *Poalhaco.*
[g] in.
[h] Riviere-Verdun, *Voy. le 4.e Vol. de ce Rec.* p. 324. Note *(c).*
[i] &.
[k] &.
[l] financia.

NOTES.

*(a)* Tres. des Chartr. Regist. 103. P. 261. *Voyez cy-dessus*, page 30. Note *(a)*, & page 550. Note *(a)*.

*(b) Ville-longe.]* Villelongue, Diocèse de Narbonne, Parlement de Toulouse. *Voy. le Diction. univ. de la France, à ce mot.*

CHARLES V.
à Paris, en Novembre 1372.

## (a) Diminution de Feux pour Cologne.

*KAROLUS, &c. Notum, &c. Quod cum ex parte, &c.*

*Cumque facta quadam Informacione virtute certarum Litterarum Regiarum ac dictarum Instruccionum, per certum Commissarium ad hoc deputatum, in loco de* [m] *Colonia, Judicature Verduni, Senescallie Tolose, super vero numero Focorum in dicto loco tunc existencium; & postmodum virtute Litterarum nostrarum de mandato, alia Informacio in dicto loco fuerit de novo & secundo facta super vero numero dictorum Focorum in eodem loco nunc existencium, per dilectum nostrum Magistrum Paulum Bitorti, Bacalarium in Legibus, Judicem Verduni, Commissarium ad hoc per dictas Litteras deputatum; vocato & presente in omnibus Procuratore nostro Generali dicte Senescallie Tholose, aut ejus legitimo Substituto; eademque, &c.*

*Repertum fuerit quod in dicto loco de Colonia, sunt de presenti & reperiuntur centum triginta sex Foci, secundum traditas Instrucciones super hoc prelibatas. Nos vero, &c.*

*Quod ut firmum, &c. Salvo, &c.* Actum Parisius, mense Novembris, anno Domini millesimo CCCLXXII.° Regnique nostri nono.

*Per Consilium, &c.* P. DE CHASTEL. *Informatio de qua superius fit mentio, est in dicta Camera cum aliis similibus, & financia predicta soluta dicto Clerico Operum, pro ut à tergo.*

P. DE CHASTEL.

[m] COLOGNE, Diocese de Lombez, l'un des Sieges Royaux de la Judicature de Verdun.

NOTE.

*(a)* Tres. des Chart. Reg. 103. P. 256. *Voy. cy-dessus*, p. 30. Note *(a)*, & p. 550. Note *(a)*.

*Reglement*

CHARLES V. à Paris, le 9. de Decembre 1372.

(a) *Reglement qui fixe le prix du pain qui se vendra à Paris, selon les differents prix du bled.*

CHARLES par la grace de Dieu Roy de France. Comme n'agaire par vertu de noz autres Letres adreçans à noz amez & feauls Conseillers, Maistres Thomas Vanin & Miles de Voisinnes, & à nostre Prevost de Paris, des quels la teneur est tele.

*a* KAROLUS, &c.
Noz diz Conseilliers & Prevost, pour enteriner & accomplir le contenu de nos Letres dessus transcriptes, touchant le fait de la visitation & Ordenance des Talmeliers de Paris, & du pain fait à Paris, eussent vû & visité à grant deliberacion, appellé avec eux plusieurs sages, les anciens & nouveaux Registres de nostre Chastelet de Paris, touchans le fait dessus dit, & iceuls Registres ainsy par eulz veuz & examinez, eussent fait faire certain essay par gens en ce connoissans, pour savoir & aviser comment pour le prouffit du commun peuple, l'en pourroit faire à Paris pain souffisant & convenable, eû regart à la valeur du blé, au pois & au pris du pain, & aux autres choses que l'en pourroit bonnement noter & ymaginer en ce fait; après le quel essay ainsy fait, & icelui veu & examiné par aucun des Genz de nostre Conseil, & à Nous raporté, afin de pourveoir sur le fait dessusdit, certaine Ordenance eust esté faite par Nous sur icelui fait, par laquelle les Talmeliers de Paris estoient tenus de faire pain de certain pois & de certain pris, selon ce que le pris du blé avalueroit ou monteroit en plain marchié; Et pour ce que assés tost apres ladite Ordenance, les Talmeliers de Paris s'estoient [b] traits devers Nous, en euls griefment complaingnans, disans que ladite Ordenance ne se povoit soustenir, & que ils seroient du tout mis à povreté, & leur convendroit laissier la Ville de Paris, se la dite Ordenance estoit tenuë & gardée, suplians pour ces choses, sur ce estre à euls pourveu de remede: Nous à leur suplication voulans pourveoir, & aussi à la requeste des Gens de nostre Pennetier, qui d'icelle Ordenance se [c] douloient, disans que elle leur estoit prejudiciable en plusieurs manieres, eussions commis & deputé aucuns des Gens de nostre Grant Conseil, pour appeller devant euls nostre dit Prevost, les diz Talmeliers, & les Gens de nostre dit Pennetier, & les sur ce oir & leurs debas, & pour avisier & regarder comment pour le bien publique, l'en pourroit faire & mettre bonne Ordenance sur le fait desdits Talmeliers, & pour Nous raporter ce que fait en seroit, parquoy Nous peussions sur ce mettre bon remede; & sur ce nostre dit Prevost & les dits Talmeliers ou aucuns d'euls, & les Gens de nostre dit Pennetier eussent esté assemblez par plusieurs foiz devant les Gens de nostre grant Conseil, & eust esté veüe & examinée diligemment la dite Ordenance, & plusieurs raisons alleguées d'une partie & d'autre, les unes pour la soustenir, & les autres pour la mettre au neant: Sur quoy par l'Ordenance & avis des Gens de nostre Conseil, & de l'accort des diz Prevost, Talmeliers & Gens de nostre Pennetier, & mesmement à la requeste d'iceuls Talmeliers, certain autre essay de pain eust esté fait [d] à grant diligence, & iceulz Talmeliers ad ce presens & appellez, & icelui essay raporté à noz diz Conseillers, & par eulz veu & examiné, & par plusieurs autres sages de nostre Parlement & autres; après toutes lesquelles choses ainsi faites, & que plusieurs voies [e] orent esté touchées & advisées, par lesquelles l'en pourroit mettre bonne Ordenance sur ledit pain, selon ce que le marchié de blé monteroit ou avalueroit, & [f] que par telle maniere que lesdits Talmeliers prendroient sur ce proufit & gaing raisonnable, sans estre grevez ne maltraitiez, fû advisé & deliberé de l'accort d'iceulz Talmeliers, & par certain avaluement sur ce

*a* Ces Lettres qui sont du 21. d'Avril 1372. sont *cy-dessus*, p. 499.

*b* retirez, presentez.

*c* plaignoient.

*d* avec.

*e* eurent.

*f* ce mot est inutile.

NOTE.

(a) Registre du Parlement de Paris, coté *A. fol.°* 73.

Ce Reglement change les dispositions de celui du mois de Juillet précedent, qui est cy-dessus, p. 499. L'on pourra consulter les Notes qui ont été faites sur celui-cy.

CHARLES V.
à Paris, le 9. de Decembre 1372.

fait à grant diligence par pluseurs Changeurs & autres personnes notables de la dite Ville de Paris, que l'en pourroit faire & mettre bonne Ordenance sur le pain, en la maniere qui s'ensuit.

*(1)* C'est assavoir, que tant & si longuement comme le sextier du meilleur blé fourment, ou à douze deniers près du meilleur, vauldra & sera vendu en plain marchié ou en grenier à Paris, huit Soulz, les Talmeliers de Paris & des Fauxbourgs, feront & feront tenus de faire pain bien labouré qui pesera & devra peser les pois cy-apres esclarcis; c'est assavoir, le pain blanc appellé pain de Chailly de deux deniers de taille, pesera en paste trente onces, & tout cuit pesera vingt-cinq onces & demie; le pain bourgeois de la dite taille pesera en paste quarante-cinq onces, & tout cuit pesera trente-sept onces & demie; & le pain de brode d'un denier de taille pesera en paste quarante-deux onces, & tout cuit trente-six onces.

*(2)* *Item.* Quant le dit blé vauldra dix Soulz le sextier, le pain de Chailly de deux deniers de taille pesera en paste vingt-quatre onces, & tout cuit vingt onces & huit *(b)* Estellins; le pain bourgeois de deux deniers de taille pesera en paste trente-six onces, & tout cuit trente onces; & le pain faitis d'un denier de taille pesera en paste trente-troix onces douze Estellins, & tout cuit vingt-huit onces seize Estellins.

*(3)* *Item.* Quant le dit blé vauldra XIIII. Sous le sextier, le pain de Chailly de deux deniers de taille pesera en paste dix & sept onces & deux Estellins, & tout cuit quatorze onces onze Estellins; le pain bourgeois de ladite taille pesera en paste vingt-cinq onces & quatorze Estellins, & tout cuit pesera vingt-une onces huit Estellins; & le pain faitis d'un denier de taille pesera en paste vingt-quatre onces, & tout cuit vint onces & douze Estellins.

*(4)* *Item.* Quant blé vauldra seize Soulz le sextier, le pain de Chailly de deux deniers de taille pesera en paste quinze onces, & tout cuit douze onces & quinze Estellins; le pain bourgeois de la dite taille pesera en paste vingt-deux onces & demie, & tout cuit dix-huit onces & quinze Estellins; & le pain faitis d'un denier de taille pesera en paste vint & une once, & tout cuit dix-huit onces.

*(5)* *Item.* Quant blé vauldra dix-huit Soulz le sextier, le pain de Chailly de deux deniers de taille pesera en paste treize onces & six Estellins, & tout cuit onze onces six Estellins; le pain bourgeois de ladite taille pesera en paste vint onces, & tout cuit seize onces & demie & trois Estellins; & le pain faitis d'un denier de taille pesera en paste dix-huit onces & treize Estellins, & tout cuit seize onces.

*(6)* *Item.* Quant blé vaudra vint Solz le sextier, le pain de Chailly de deux deniers de taille pesera en paste XII. onces dix-huit Estellins, & tout cuit *(c)* X. onces IIII. Estellins; le pain bourgeois de la dite taille pesera en paste XVIII. onces & sept Estellins, & tout cuit XV. onces & treize Estellins; & le pain faitis d'un denier de taille pesera en paste XVI. onces & XV. Estellins, & tout cuit XIIII. onces VIII. Estellins.

*(7)* *Item.* Quant le blé vauldra 22. Solz le sextier, le pain de Chailly de deux deniers de taille pesera en paste dix onces XVIII. Estellins, & tout cuit IX. onces XI. Estellins; le pain bourgeois de ladite taille pesera en paste seize onces & sept Estellins; & tout cuit treize onces & treize Estellins; & le pain faitis d'un denier de taille pesera en paste quinze onces & six Estellins, & tout cuit XIII. onces & sept Estellins.

NOTES.

*(b) Estellins.]* C'est la même chose qu'*Esterlings & Sterlins.* Ces mots qui signifient ordinairement une Monnoye, se prennent aussi quelquefois pour un poids. L'on trouve dans *le Dictionnaire de Trevoux*, au mot, *once*, que chez les Orfevres & les Monnoyeurs, l'once se divise en 20. Estelins. *Voy. aussi le 2.e Vol. des Ordonn.* p. 352. art. 13. *le Glossaire de du Cange,* au mot, *Esterlingus, & le Diction. Etymologique de Mesnage*, au mot, *Sterlin.* Ils disent que le Sterlin signifie quelquefois un poids; mais ils ne marquent point, quel est ce poids.

*(c) X.]* Il y a dans le Registre, *neuf onces onze Estellins.* L'on a mis des points sous ces mots, pour marquer qu'ils doivent être effacez, & au dessus de *neuf* l'on a mis *X.* & au dessus d'*onze* l'on a mis *IIII.* Dans les évaluations suivantes, il y a 5. ou 6. corrections semblables, que l'on a mises dans le Texte.

CHARLES V. à Paris, le 9. de Novembre 1372.

(8) *Item.* Quant le dit blé vauldra vint-quatre Solz le sextier, le pain de Chailly de deux deniers de taille pesera en paste dix onces, & tout cuit huit onces & demie; le pain bourgeois de la dite taille pesera en paste quinze onces, & tout cuit douze onces & demie; & le pain faitis d'un denier de taille pesera en paste quatorze onces, & tout cuit douze onces.

(9) Et est assavoir que pour mendre cruë ou avaluement de deux Solz pour sextier, le pain ne croistra ne appetissera, pour ce que bonnement ne se pourroit faire; sauf toutes voies à pourveoir sur la cruë ou diminution d'icelui pain, par nostre dit Prevost, appellé les Gens dudit Pennetier, & se [a] mestier est, toutes foiz que bon luy semblera & qu'il appartendra à faire par raison; & pour ce que de present le blé est à bon marchié, & pourra estre par le plaisir de Dieu, à aussi bon ou meilleur marchié on temps avenir, fû advisé & deliberé, que de present & toutes foiz que le meilleur blé, ou à douze deniers prés du meilleur, sera à pris de seize Sols ou au dessoulz, les diz Talmeliers feront & seront tenus de faire pain d'un denier de taille, de chacun des qualitez dessus dites, pesant de la moitié d'un pain de deux deniers de taille, par la maniere dessus devisée, oultre & avecques le pain de deux deniers de taille qu'il feront par la maniere que dit est; & toutes foiz que blé sera à seize Soulz le sextier ou dessoubz, les diz Talmeliers seront tenus de faire de chascun sextier de blé que il cuiront pour vendre, une douzaine de pain de Chailly d'un denier de taille, & autant de pain bourgeois à tout le moins; & le surplus pourront faire de deux deniers si leur plaist, tel & en tele maniere que dessus est devisé; & avecques ce, fû avisé que s'il avenoit que le sextier du dit meilleur blé fourment vausist ou coustât plus de XXIIII. Sols Parisis, nostre dit Prevost, en la presence ou appellez les Genz de nostre dit Pennetier, feroit & fera faire essaiz de blé converti en pain, selon ce qu'il est acoustumé à faire en tel cas, & selon l'estat des essaiz, selon ce que ces choses Nous ont esté rapporteés plus à plain par les Gens de nostre grand Conseil, à ce que par Nous feust pourveu sur les choses dessus dites de remede convenable.

[a] *besoin.*

Savoir faisons à touz presens & avenir, que Nous voulans & desirans de tout nostre povoir, le proufit de la chose publique estre preferé devant tous autres, attendu que en nostre bonne Ville de Paris, doit estre mis & trouvé tout bon gouvernement, mesmement sur les vivres dont le commun peuple est soustenu, eû sur ces choses grant deliberation de Conseil, la dite Ordenance advisée & deliberée sur le fait dudit pain, comme dessus est esclarci, avons eu & avons aggreable comme bien & deuement faite, & la loons, greons & ratiffions & aprouvons, & icelle de nostre certaine science & auctorité Royal, confirmons par la teneur de ces presentes; & Nous plaist & voulons que icelle Ordenance soit dores en avant tenue, gardée & accomplie, sanz enfraindre en aucune maniere par aucuns ou temps avenir; & quiconques fera ou sera trouvé faisant le contraire des choses contenues en la dite Ordenance, il perdra le pain, & l'amendera d'Amande voulentaire, selon l'Ordenance de nostre Prevost de Paris ou de son Lieutenant, qui est ou qui sera pour le temps avenir; laquelle Amande ne passera point oultre la value de la fournée de pain: Et oultre voulons & ordenons, que pour faire plus diligemment la visitation des choses dessus dictes, nostre dit Prevost ou son Lieutenant puist commettre & ordener teles persones, & jusques à tele nombre comme bon lui semblera, pour visiter & executer les choses dessus dites, toutes les foiz que bon lui semblera; lesquelz Commis auront & prendront pour leur paine & salaire, le quart sur les Amandes & émolumens qui [b] ystront de ladite visitation; & du pain qui sera pris en faisant ladite visitation, ledit Prevost ou son Lieutenant pourra ordener, & le distribuer ou faire distribuer par ces Commis, là où bon lui semblera: Si donnons en mandement par ces presentes, à nostre dit Prevost ou à son Lieutenant, qui est ou qui pour le temps avenir sera, que la dite Ordenance il face publier deuëment & sollennelment là où il appartendra, & la face tenir, garder & accomplir bien & diligemment, si comme de raison sera à faire, & contraigne à ce touz ceulz qui pour ce seront à contraindre, & n'est pas nostre entente que ceste presente Ordenance face prejudice

[b] *sortiront, proviendront.*

CHARLES V. à Paris, le 9. de Novembre 1372.

a qui ne sera pas conforme aux reglemens.

b laps.

à telz droits que nostre Pennetier de France puet avoir sur les choses dessus dites, ainçois voulons que il puist visiter les Talmeliers, & user de ses droits qu'il y puet avoir, en distribuant le pain qui sera trouvé en [a] mesprenture, tout en la maniere comme il faisoit paravant; & en rapportant à nostre Prevost de Paris ou à ses Commis, les noms de ceux qui seront trouvés avoir meffait, & la quantité de pain, & comment il auront visité, à ce que nostre Amande puist estre levée par nostre dit Prevost ou ses Commis, à nostre prouffit, selon nostre Ordenance dessus esclarcie; & s'il advenoit que nostre dit Prevost ou nostre dit Pennetier, ou leurs Commis, feussent remis ou negligens ou temps advenir de faire leur visitation chascun en droit soy, & y feist discontinuation par [b] laz de temps, Nous voulons & ordenons, que quelque discontinuation qui y seroit faite par laz de temps ou autrement, ne face ou porte aucun prejudice à noz diz Prevost & Pennetier, & que l'un d'euls n'en puist acquerir aucun proufit sur l'autre; nonobstant usage, stiles, Coustume, Ordenances, mandemens ou deffenses au contraire. Et pour ce que ce soit ferme chose & estable à tous jours, Nous avons fait mettre à ces Lettres nostre seel : Sauf nostre droit en autres choses, & l'autrui en toutes. *Donné à Paris, l'an de grace mil CCCLX. & douze, & de nostre Regne le IX.^e ou mois de Decembre.* Ainsi signé. *Par le Roy en son Conseil.* J. DE REIMS.

Collacion faicte des Lettres cy-dessus transcriptes, par moy. J. DE REIMS.

*Collatio facta est cum originalibus Litteris suprascriptis, redditis Magistro Johanni* LE BEGUE, *die V. Aprilis, anno M.° CCC.° [c] LXXIII.*

c on pourroit aussi lire LXXIIII.

---

CHARLES V. à Paris, le 12. de Decembre 1372.

d C'est un Arrêt du Parlement.

e Amite, Tante.

(a) Lettres qui portent que pendant la vie de la Comtesse d'Alençon & d'Etampes, sa Terre de Gallardon ressortira sans moyen au Parlement.

[d] *KAROLUS, &c. Universis, &c. Notum facimus quod ad Requestam carissime & fidelis [e] Amicte nostre, Comitisse (b) Alenconii & de Stampis, die date presencium lecte & publicate fuerunt in Camera Parlamenti nostri Par. ac in Registris ejusdem Parlamenti, de precepto nostre Curie registrate alie Littere nostre, quarum tenor sequitur sub hiis verbis.*

CHARLES par la grace de Dieu Roy de France. A touz ceulx qui ces presentes Lettres verront : Salut. Savoir faisons, que Nous de nostre certaine science, auctorité Royal & de grace especial, & pour certaines & juste causes qui ad ce Nous ont meu, en faveur & contemplacion de nostre très chere & amée Tante, la Comtesse d'Alençon & d'Estampes, avons ordonné, octroïé & accordé, ordonnons, octroïons & accordons par ces presentes, que nostre dicte Tante & ses subgez de sa Terre & Chastellerie de (c) Galardon, aïent, la vie de nostre dicte Tante tant seulement, leur appel & ressort en nostre Court de Parlement, en touz cas, & que elle & sa dicte Terre soïent exemps de touz Juges & Officiers quelconques, & ne soit nostre dicte Tante tenuë de ressortir ne plaidier alleurs à cause de sa dicte Terre de Galardon, que en nostre dit Parlement, & que les appellacions qui seront faictes de ses Bailli & autres Officiers, viengnent & ressortissent sans moyen en nostre dit Parlement.

NOTES.

(a) Arrêts & Jugez du Parlement de Paris, Registre 22. *fol.°* 15. *R.°*

(b) *Alenconii.]* La Princesse, qui, comme je crois, réünissoit en 1372. les titres de Comtesse d'Alençon & d'Etampes, étoit Marie d'Espagne, Fille de Ferdinand d'Espagne, dit de *la Cerda*, II. du nom; laquelle épousa Charles d'Evreux, Comte d'Etampes, 2.^e Fils de Loüis Comte d'Evreux & d'Etampes, lequel étoit 3.^e Fils de Philippe III. dit le-Hardi. En 1336. Marie d'Espagne devint la 2.^e femme de Charles de Valois, II.^e du nom, Comte d'Alençon, de Chartres, &c. 2.^e Fils de Charles Comte de Valois, d'Alençon, de Chartres, &c. 2.^e Fils de Philippe III. dit le-Hardi. Marie d'Espagne mourut en 1379. *Voyez l'Hist. Geneal. de la Maiſ. de Fr. tom. 1.* pp. 280. & 270.

(c) *Galardon.]* Ville & Chastellenie dans la Beauce, Diocèse & Election de Chartres. *Voy. le Dict. univ. de la Fr.* au mot, *Gallardon.*

Si donnons en mandement par la teneur de ces presentes, à noz amez & feaux Conseillers, les Gens tenans ou qui tendront nostre Parlement pour le temps avenir, au Bailli de Chartres ou à son Lieutenant, & à touz noz autres Officiers, & à chascun d'eulx, que de nostre dicte grace, Ordonnance & octroy, seuffrent, facent & laissent nostre dicte Tante & ses dis subgès & chascun d'eulx, joïr & user paisiblement, sans les molester ou souffrir estre molestez ou empeschiez au contraire d'icelles, en aucune maniere: Mandons aussi & deffendons à nostre Procureur General & Advocaz en Parlement, & à chascun d'iceulx, que en ce ne mectent aucun empeschement ou debat à nostre dicte Tante ne à ses subgès, mais les en seuffrent & laissent joïr paisiblement, en leur imposant sur ce silence, durant toutevoiz la vie de nostre dicte Tante, & non autrement: Et en oultre, mandons audit Bailli ou à son Lieutenant par ces mêmes presentes, en commettant, se [a] mestier est, affin que nostre dicte grace, Ordonnance & octroy soit & doïe estre sceuë de touz ceulx à qui il appartient, que ces presentes Lettres il face publier generalment par touz les lieux où il appartendra; car ainsi Nous plaist il, & voulons estre fait; nonobstant quelconques Ordonnances, Constitucions, Coustumes de Païs, Arrès, Mandemens, deffenses, *(d)* Communes observances, ou autres choses ad ce contraires. En tesmoing de ce, Nous avons fait mettre nostre seel à ces presentes. *Donné à Paris, le douzieme jour de Decembre, l'an de grace mil trois cens soixante & douze, & le neuvieme de nostre Regne.*

CHARLES V. à Paris, le 12. de Decembre 1372.

a *besoin.*

Sic signata. *Par le Roy.* GRAFFARD.

*Et à tergo Litterarum superius insertarum, erant scripta verba que sequntur.*

*Presentes Littere lecte fuerunt & publicate in Camera Parlamenti; post quarum publicacionem, Procurator* [b] *Regius protestatus fuit de sustinendo & prosequendo Jure Regio loco & tempore oportunis, Litteris, & earum publicacione predictis non obstantibus; Comitissa de Alenconio & de Stampis, ex adverso protestante.* Actum in dicto Parlamento, die vigesima quarta Januarii, anno Domini millesimo trecentesimo septuagesimo secundo. [c] VILLEM.

b Reg. *là & plus bas*, R.

[d] *Quocirca Baillivo nostro Carnotensi in suprascriptis Litteris nostris nominato, ceterisque Justiciariis & Officiariis nostris Regni nostri, aut eorum Locatenentibus, & eorum cuilibet, prout ad ipsos & eorum quemlibet pertinuerit, damus serie presencium in mandatis, si necesse fuerit committendo, quatenus suprascriptas Litteras nostras in eorum Assisiis, & aliis locis insignibus ad hoc fieri consuetis, legi & publicari faciant, dum super hoc fuerint requisiti, juxta earumdem Literarum nostrarum continentiam & tenorem. In cujus, &c.* Datum Parisius, in Parlamento nostro, die vigesima quarta Januarii, [e] septuagesimo secundo. *Per Cameram.* VILLEM.

c Il y a une marque d'abbreviation sur la fin de ce nom, là & plus bas.

d Suite de l'Arrêt du Parlement.

e millesimo trecentesimo.

NOTE.

*(d) Communes.]* Il y a dans le Registre *co*, suivi de 6. jambages, avec deux marques d'abbreviation.

---

*(a) Lettres dans lesquelles il est fait mention du Traité par lequel le Poitou, l'Angoumois & la Saintonge se soumirent à l'obéissance du Roy.*

CHARLES V. à Paris, au Château du Louvre, le 15. de Decembre 1372.

CHARLES par la grace de Dieu Roy de France. Savoir faisons à tous presens & avenir, que comme par le Traictié & accort n'agaires fais par noz très

NOTE.

*(a)* Tresor des Chartres, Registre 104. P. 190.

Ce sont des Lettres de Remission accordées à un particulier; mais comme dans le dispositif on trouve quelque détail sur le Traité par lequel le Poitou, l'Angoumois & la Saintonge se soûmirent à l'obéissance de Charles V. lequel Traité fut confirmé par les Lettres de ce Roy, qui ne se sont pas conservées, on a crû devoir faire imprimer icy ce dispositif.

*Voyez cy-dessus*, p. 190. Note *(a)*.

CHARLES V. à Paris, au Château du Louvre, le 15. de Decembre 1372.

chers & très amés Freres, le Duc de Berry & d'Auvergne, Conte de Poitou, de Xantonge & d'Angolesme, & le Duc de Bourgongne, & noz autres Gens, avec les Prelas, Gens d'Eglise, Barons & autres Nobles des diz pays de Poitou, de Xantonge & d'Angolmois, pour eulz, leurs alliez & subgès, & les habitans des diz pays, lesquelz sont de nouvel venus & retournés en nostre obéissance, ait esté accordé, & Nous aussi par noz Lettres sur ce faites, par les quelles Nous avons [a] generaument voulu & consenti, accordé & confermé les diz Traitiés & accort que aus diz Prelas, Gens d'Eglise, Barons, Nobles, habitans & sugies des pays dessus diz, les quelz par ledit Traitié sont venus & retournés en nostre obéissance & subjeccion, comme dit est, & à chascun d'eulz, ont esté & sont quittiés, remis & pardonnés, & Nous aussi leur avons quitté, remis & pardonné toutes rebellions, désobéissances, & tous les crimes, delis, excès & malefices par eulz ou aucuns d'eulz, s'aucuns en ont commis & perpetrés durant la guerre d'entre Nous & nostre adversaire d'Angleterre, ou autrement, en quelque maniere que ce soit, [b] soient ores crimes de lese Majesté, murtres, ravissemens & violemens de femmes, sacrileges, larrecins, pilleries, roberies, [c] arsins, rançonnemens, ou autres quelconques, comment que il soient nommés, ja soit ce que il ne soient autrement declarés ne specifiés, avec toute paine, Amende & offense corporelle, criminelle & civile, que il pevent pour ce avoir encouru; & les [d] aïens restitués à leur bonnes renommées & à leurs pays, & les aïens restitués à plain à leurs biens generaument; nonobstans quelconques dons que Nous ou noz Lieustenans, ou aucuns d'eulz, en aïens fais; & avec ce, par ledit Traitié ait esté accordé que toutes leurs Villes, Chastiaus & Forteresces & autres possessions, heritages, Terres & biens immeubles, quelz que il soient, estans en nostre Royaume & en nostre pooir, & de noz subgès & alliés, ou d'aucuns d'eulz, qui jadis furent aus diz Prelas, Gens d'Eglise, Barons, Nobles & habitans des diz pays, & de leurs predecesseurs ou aucuns d'eulz, & lesquelz pour occasion & soubz umbre de ladicte guerre, ont esté donnés ou transportés par Nous, noz diz Freres, noz Lieustenans, nostre Connestable, noz Mareschaus, ou autres quelconques, pour quelconque cause & par quelque personne que ilz soient empeschiés, sont & seront [e] mis au delivre aus diz Prelas, Gens d'Eglise, Barons, Nobles & habitans dessus diz, & à chascun d'eulz, pourtant comme il li puet touchier, & leur seront bailliés, rendus & restitués en telle maniere que il en puissent joyr & yceulz possider & exploitier à plain & au delivre, si comme eulz & leurs predecesseurs en ont accoustumé à joïr, & que il en joyssoient par avant les diz empeschemens, en ostant yceulz empeschemens mis par quelque personne & pour quelconque cause que ce soit, si comme ou dit Traitié est plus à plain contenu. Et pour ce de la partie de Herbert Bellent, Escuyer du païs de Poitou, Seigneur des halles de Poitiers, Nous ait esté humblement supplié, &c. Et que ce soit, &c. sauf, &c. *Ce fu fait & donné à Paris, en nostre Chastel du Louvre, le quinziesme jour de Decembre, l'an de grace mil CCC. soissante & douze, & le nueviesme de nostre Regne.*

Ainsi signé. *Par le Roy,* en son Conseil. MONTAGU.

[a] *a generalement.*

[b] *je crois que cela signifie, quand même ce seroient.*

[c] *incendies.*

[d] *aïons*, là & plus bas.

[e] *délivrez, rendus.*

---

CHARLES V. au Louvre-près-Paris, le 24. de Decembre 1372.

(a) *Lettres qui portent que les Sergents à Cheval du Chastelet de Paris, seront contraints à payer les redevances qu'ils doivent à leur Confrairie.*

CHARLES par la grace de Dieu Roy de France, au Prevost de Paris ou à son Lieutenant : Salut. Les Sergens à Cheval de nostre Chastellet de Paris, Nous ont fait supplier, que comme par le congié & auctorité de Nous & de nos predecesseurs Roys de France, certainne Confrarie eust esté ordonnée & faicte entre eulz, en l'onneur de Dieu, de la Benoiste Vierge Marie, de Monseigneur Saint

NOTE.

(a) Livre Rouge-Vieil du Châtelet de Paris, *fol.° 60. v.°*

CHARLES V. au Louvre près-Paris, le 24. de Decembre 1372.

Martin, & de Monseigneur Saint Loys jadiz Roy de France, & de tous les Sains de Paradis; & euſt eſté ordonné que troiz Meſſes à Diacre & à Soubxdiacre, ſeroient celebrées chaſcune ſepmaine en l'Egliſe Sainte Croix en la ruë de la Bretonnerie à Paris, où ailleurs; l'une au Lundi pour les Treſpaſſez, la ſeconde au Jeudi du Saint Eſprit, & la tierce au Samedi de noſtre Dame; & que pour ledit ſervice, chaſcun Confrere païeroit huit Solz par an, & à ſon treſpaſſement vint Solz, où ſon meilleur garnement à veſtir; & pour ce que par aucuns uſages & Couſtumes, chaſcun Sergent, quant il eſtoit inſtitué, païoit à ſes Compaingnons un diſner que l'en appelloit un *Paſt*, qui [a] coupſtoit aucunez foiz dix livres ou plus, & le plus communement plus de cent Solz Pariſis, dont aucuns eſtoient ſi grevez que il leur convenoit vendre leurs biens, & aucunes foiz leurs Chevaux, pour les païer, & s'en enſuivoient noiſes, [b] rios & autres inconveniens, le Prevoſt de Paris qui pour le temps eſtoit, par le conſentement des diz Sergens ou de la plus grant partie, euſt ordonné que en lieu dudit *Paſt* qui plus ne ſe feroit, chaſcun Sergent, ſitoſt comme il ſeroit inſtitué ou dit Office, païeroit à ladite Confrarie vint Solz Pariſis une foiz ſeulement; & ja ſoit ce que les choſes deſſus dictes aïent eſté & ſoïent bien juſtement & raiſonnablement fondées & ordonnées par bonne devocion, pour l'augmentacion du divin Service, & auſſi pour ce que il convenoit que les diz Sergens chevauchent aucunes foiz de nuis, [c] toſt & tart, & aucune foiz ſenz oir Meſſe, & aucunes foiz en moult grans perilz pour leurs hayneux, pour raiſon des exploiz que il font de jour en jour de perſonnes obligées, de murtriers, larrons & autres malfaicteurs, neantmoinz pluſeurs des diz Sergens & Confreres ont eſté & ſont reffuſans de païer les choſes deſſus dictes, par quoy ladicte Confrarie eſt moult endebtée, & ſeroit en peril & en adventure de decheoir en diminucion du Service divin, & en grant eſclandre & confuſion des diz Sergens, dont il y a pluſeurs bonnes perſonnes qui en ſeroient tous couroucicz & dolens, & qui ont preſté du leur grandement pour ſouſtenir ledit fait, Nous ſur ce leur veullons pourveoir de remede convenable. Pour ce eſt-il que Nous conſiderans les choſes deſſus dictes, voulans augmenter & approuver les faiz de noz predeceſſeurs Roys de France, aïons conferme par nos autres *(b)* Lettres leur dicte Confrarie, vous

a *coûtoit.*

b *querelles.*

c *le matin & le ſoir.*

NOTE.

*(b) Lettres.]* Ces Lettres ſont dans le Livre Rouge-Vieil du Châtelet de Paris, *folio* 61. *recto*, & au Treſor des Chartres, Regiſtre 104. P. 59. On a crû devoir les faire imprimer ici.

CHARLES V. au Louvre-près-Paris, en Decembre 1372.

JEAN I. ou ſelon d'autres Jean II. à Paris, en Septembre 1353.

*KAROLUS Dei gracia Francorum Rex. Notum facimus univerſis preſentibus & futuris, Nos infraſcriptas vidiſſe Litteras ſub hac forma.*

*JOANNES Dei gracia Francorum Rex. Notum facimus univerſis preſentibus [d], quod cum dilecti noſtri Servientes Equites noſtri Caſtelleti Pariſius, Nobis expoſuerint, quod cum ipſi, tam ex Officii ſui debito, quam eciam pro pluribus ſibi commiſſis negociis, ad diverſas & remotas Regni noſtri Provincias habeant multociens ſe transferre, & propter viarum pericula, nec non murtrariorum, latronum & aliorum malefactorum capciones, & quam plurimorum caſuum circa dictum Officium emergentium eventus, eciam habeant multis periculis ſubjacere; & idcirco prefati Servientes qui divino ſpecialiter indigent auxilio, ut ipſa divina gracia eorum actus dirigere, & eos à periculis liberare dignetur, nec non pro ſuarum & parentum, amicorum & benefactorum ſuorum animarum [e] remedio & ſalute, [f] decreverunt inter ſe de bonis ſuis, ad honorem Dei ac Beatiſſime Virginis Marie Matris ejus, & Beatorum Martini, & [g] Ludovice quondam Regis Francie glorioſi, unam ordinare Confratriam, in qua ipſi ſingulis ſeptimanis tres Miſſas; unam ſcilicet qualibet die Lune pro deffunctis, & qualibet die Jovis unam de Sancto Spiritu, die vero Sabbati unam de Beata Virgine Dei Genitrice Maria, ſolempniter in aliquo loco Eccleſiaſtico Ville Pariſienſis, quem duxerint eligendum, faciant celebrari; Ita quod illi de dicto Officio Pariſius pro tempore [h] aſſiſtentes, ad dictas Miſſas perſonaliter intereſſe teneantur, niſi ipſos cauſa ſui Officii aut aliter legitime continqerit impediri, dum tamen ad premiſſa, & que circa hec neceſſaria fuerint facienda, eiſdem licenciam impartiri velimus. Nos igitur Divini cultus augmentum, ac ſalutem animarum familiarium ſeu ſervitorum noſtrorum, ſpecialiter affectantes, & ut divinorum bonorum que in dicta fient Confratria, mereamur effici participes, predictis Servientibus, pro ſe & ſuis in Officio ſuo predicto ſucceſſoribus imperpetuum, auctoritate Regia & de ſpeciali gracia concedimus per preſentes; quod ipſi predictam Confratriam ordinare valeant & habere, ac omnia & ſingula facere que circa hec fuerint*

d & futuris. *T. C.*

e Voy. cy-deſſus, p. 186. Note *(a)*.

f decreverint. *T. C.*

g Ludovici. *T. C.*

h exiſtentes. *T. C.*

CHARLES V. au Louvre près-Paris, en Decembre 1372.

mandons & à chascun de vous, & pour ce que aucuns des diz Sergens pevent demourer ou se transportent hors de votre Jurisdiction, commettons que vous, à la requeste des Ministres & Gouverneurs de ladicte Confrarie, vous contraingniez & faictes contraindre les diz Sergens & Confreres, tant par venduë & explectation de leurs biens, comme par suspension de leurs Offices, à paier les arrerages qu'ils doivent du temps passé pour cause de ladicte Confrarie, & aussi pour le temps avenir, pour raison & à cause des choses dessus dictes; & aussi à paier les vint Solz dessus diz ainsi ordonnez pour leur entrée, [a] ainçoiz qu'il puissent leur dit Office exercer, & autrement deuëment par toutes les voïes & maniere qu'il sera à faire de raison. Et ainsi le voulons Nous estre fait, & leur avons octroïé de grace especial; nonobstant quelconques Lettres subreptices empetrées ou à [b] empetrées au contraire. *Donné en nostre Chastel du Louvre, le vingt-quatrieme jour de Decembre, l'an de grace mil trois cens soixante & douze, & de nostre Regne le neufviesme.*

a *avant.*

b *empetrer.*

Collacion faicte à l'Original. Ainsi signé. *Par le Roy, en ses Requestes.* ANQUETIL. BASENTIN.

Et furent publiées en Jugement ou Chastellet de Paris, devant Maistre Guillaume POREL Lieutenant, le Samedi huitieme jour de Janvier, l'an mil trois cens soixante & douze.

*opportuna: Preposito Parisiensi moderno & qui pro tempore fuerit, presencium tenore mandantes, quatenus predictos Servientes nostros & eorum successores, nostra presenti gracia pacifice gaudere & uti faciat, ipsosque in contrarium molestari non permittat. Et ut premissa perpetue stabilitatis robur obtineant, presentes Litteras fecimus sigilli nostri appensione muniri: nostro & alieno in omnibus jure salvo.* Datum Parisius, anno Domini millesimo trecentesimo quinquagesimo tertio, mense Septembri.

*Nos autem omnia & singula suprascripta rata habentes & grata, eadem volumus, laudamus, approbamus, & tenore presencium auctoritate nostra Regia confirmamus: nostro & alieno in omnibus Jure salvo. Quod ut ratum & stabile perseveret, presentes Litteras sigilli nostri fecimus appensione muniri.* Datum in Castro nostro de Luppara-juxta-Parisius, anno Domini millesimo trecentesimo septuagesimo secundo, mense Decembri.

*(c)* Collacion faitte à l'Original scellé en las de soïe & cire vert. Ainsi signé. *Per Regem in suis Requestis.* ANQUETIL. BASENTIN.

Et furent publiées en Jugement ou Chastellet de Paris, le Samedi douzieme jour de Fevrier, l'an mil trois cens soixante & douze, devant Maistre Jean de Chatou Lieutenant.

NOTE.

*(c) Collacion faitte.]* Il n'y a dans le Tresor des Chartres que, *Per Regem in suis Requestis.* ANQUETIL. BASENTIN.

---

CHARLES V. à Paris, au Château du Louvre, en Decembre 1372.

*(a)* Lettres par lesquelles Charles V. confirme l'Ordonnance par laquelle en qualité de Lieutenant du Roy Jean son Pere, il avoit confirmé celle qui avoit été faite par le Comte d'Armagnac Lieutenant du Roy dans le Languedoc, en conséquence de l'Assemblée des trois Etats tenuë à Thoulouse, dans le mois de Septembre 1355.

*KAROLUS Dei gracia Francorum Rex. Notum facimus universis presentibus pariter & futuris, Nos Litteras nostras infrascriptas vidisse, formam que sequitur, continentes.*

*(b) KAROLUS Regis Francie Primogenitus, &c.*

NOTES.

*(a)* Tres. des Chart. Regist. 103. P. 381.

*(b) Karolus.]* Ces Lettres qui confirment celles du Comte d'Armagnac, sont dans le 3.e Vol. de ce Rec. p. 99. où elles sont dattées du mois de Fevrier 1356. mais l'on avoit remarqué, p. 108. Note *(uu)* que dans les Annales de Toulouse par la *Faille*, où ces Lettres sont imprimées, la confirmation de Charles alors Lieutenant du Roy Jean son Pere qui étoit prisonnier en Angleterre, étoit differente &

*Nos igitur*

*Nos igitur sincere*[a] *deleccionis ardorem, quem tres Status Patrie*[b] *Lingue Occitane supradicte, & ipsorum singuli, de probitate, fidelitate ac virtuosa constantia que non deserunt in adversis, precipue commendandi, ad ipsius Domini & Genitoris nostri expedicionem & recuperacionem celeres ac felices, tam per eosdem, devotis desideratis suspiriis, nec non ad ipsius Patrie defensionem, & tocius Regni statum & securitatem*[c] *se congerere multipliciter perhibent in premissis, pro quorum assecucione, ex effusa cordium suorum fidelissimorum habundancia, concorditer & discrete, nedum bona, sed eciam corpora sua propria exponere simpliciter obtulerunt & offerunt, perpentius attendentes, omnia & singula in Litteris suprascriptis contenta & comprehensa, diligenti ac matura in magno ejusdem Domini nostri atque nostro Consilio deliberacione prehabita, laudamus, approbamus, & nomine ipsius Domini nostri, ut Primogenitus & Locumtenens ejusdem, auctoritate Regia ex certa sciencia, tenore presencium confirmamus. Quod ut stabilitatis & firmitatis robur obtineat, sigilli Castelleti Parisius, in absencia magni predicti Domini nostri sigilli, munimine fecimus roborari: Ipsius Domini nostri in aliis, & alieno in omnibus jure salvo.* Datum Parisius, XXIX. die Januarii, anno Domini millesimo trecentesimo quinquagesimo sexto.

CHARLES V.
à Paris, au Château du Louvre, en Decembre 1372.

*Nos enim attendentes sincere dilectionis affectus, quos iidem nostri subditi ad Nos & Coronam Francie visceraliter habuerunt, nec non gravamina seu dampna que ipsi nostrarum occasione guerrarum, multipharie tolerarunt, volentes, prout vis jubet amoris, repercussionis zeli signaculum ostendere, & cum eisdem in hac parte agere graciose, prefatas nostras Litteras superius insertas, ac omnia & singula in eisdem contenta, laudamus, ratificamus & approbamus, ac eciam de nostra certa sciencia & speciali gracia, tenore presencium confirmamus. Quocirca*[d] *delectis & fidelibus Gentibus Compotorum nostrorum &*[e] *Thesaurario Parisiensi, Senescallis & Thesaurariis seu Receptoribus nostris Tholoze, Carcassone & Bellicadri, ceterisque Justiciariis*[f] *Commissariis nostris quibuscunque, aut eorum Locatenentibus, presentibus & futuris, & eorum cuilibet, prout ad eum pertinuerit, tenore presentium precipimus & mandamus, districtius injungendo ac eciam inhibendo, quatinus prefatas Gentes Ecclesiasticas, ac eciam Nobiles, Communitates & Populares dictarum Senescalliarum, singularesque personas earundem; nec non Thesaurarios & Receptores Generales & Particulares de quibus in prescriptis Litteris est facta mencio, & quos seu quas presens tangit negocium seu tangere potest, successores-ve suos aut posteros subdittos nostros, & eorum singulos, ad reddendum Compotum seu raciocinium de premissis, aut aliter contra earumdem prescriptarum Litterarum, presentisque nostre gracie & Confirmacionis seriem & tenorem, nullatenus molestent, inquietent vel perturbent, aut molestari, inquietari seu compelli, premissorum occasione,*[g] *nuc vel alias imposterum quomodolibet permittant; sed pocius ipsos & eorum singulos, eadem nostra presenti gracia & confirmacione uti & gaudere pacifice faciant & permittant, & attemptata vel aliter in contrarium facta, si que repererint, adnichilando, & ad plenam liberacionem statumque pristinum & debitum, juxta dictarum superius insertarum presentiumque Litterarum &*[h] *contemptorum in eisdem,*[i] *formem & tenorem, ponendo seu poni, visis presentibus, faciendo. Quod ut firmum & stabile permaneat in futurum, sigillum nostrum presentibus Litteris duximus apponendum: Nostro in aliis & alieno in omnibus jure semper salvo.* Datum Parisius, in Castro nostro de Lupara, anno Domini millesimo CCC.° septuagesimo secundo, & Regni nostri nono, mense Decembri.

*Per Regem.* J. DE REMIS.

[a] dilectionis. *L. F.*
[b] Languedoc.
[c] secum gerere. *L. F. ce qui me paroît meilleur.*
[d] dilectis.
[e] Thesaur. Par. *R.*
[f] &.
[g] nunc.
[h] contentorum.
[i] formam.

NOTE.

pour le stile & pour la date; & l'on a fait imprimer cette confirmation telle que *la Faille* la donnée. C'est la même qui se trouve dans ce Registre 103. & que l'on fait réimprimer ici, parce qu'il y a quelques fautes dans celle donnée par *la Faille*. Je crois qu'il y a quelque chose de corrompu dans le commencement de cette confirmation.

CHARLES V.
à Paris, au Château du Louvre, en Decembre 1372.

(*a*) Lettres qui portent que dans la Ville & Viguerie de Thoulouse, les droits qui se payent au Roy pour chaque demande qui se fait en Justice, ne pourront être exigez que pendant trois ans, à compter du jour que la demande aura été formée.

*KAROLUS Dei gracia Francorum Rex. Cum nuper pro parte dilectorum nostrorum* [a] *Capitulariorum Tholose, nobis expositum fuerit, quod cum in Curiis nostris Regiis Tholose & in Vicaria dicti loci, certi* [b] *clamores per litigantes ibidem fieri consueverunt, ex quibus clamoribus & pro quolibet, quando seu quociens factus est, ab altera Parcium debentur Nobis quinque Solidi, qui per certum (b) Clamacerium ibidem per Nos seu auctoritate nostra institutum, levantur seu eciam exiguntur: Verum quia ex hoc nulle (c) recogniciones fieri consueverunt, sed solum parvi Cartelli Parti solventi clamorem antedictum, tradi consueverunt; qui quidem Cartelli propter eorum modicitatem, sepius* [c] *amituntur, ex quo contingit quod* [d] *dicte quinque Solidi pro dicto clamore facto, per dictum Clamacerium vel alium, aliquando bis vel ter, & sepe à decem vel duodecim annis petuntur iterum & levantur, in dictorum exponencium populariumque & subditorum nostrorum dicti loci, prejudicium & gravamen; supplicantes à Nobis sibi super hoc de gracioso remedio seu gracia provideri. Notum igitur* [e] *fecimus universis presentibus pariter & futuris, quod Nos talibus maliciis & fraudibus obviare cupientes, &* [f] *indampnitati rei publice providere, volumus, & ex certa nostra scientia & gracia speciali, predictis exponentibus & popularibus nostris subdictis in dicto loco, concedimus per presentes, ut deinceps ipsi seu successores sui & singulares ipsorum, in dictis Curiis Regiis & in Vicariis Tholose, de vel pro dictis quinque Solidis Nobis aut nostris Gentibus imposterum persolvendis pro dictis clamoribus sic habitis, nisi infra triennium à tempore clamoris expositi* [g] *computendum, à dicto Clamacerio vel aliis Officiariis nostris levati* [h] *fuerunt, dictis tribus annis elapsis compelli non valeant seu quomodolibet aliter coartari; sed pocius quod ipsi & singulares ipsorum, ab eisdem clamoribus liberi sint totaliter & inmunes, & quod ab eis ulterius non* [i] *petentur. Quocirca dilectis & fidelibus Gentibus Compotorum nostrorum Par. necnon Thesaurariis nostris, Senescalloque Tholose ac Receptori nostro dicti loci, ceterisque Justiciariis & Officiariis nostris, aut eorum Locatenentibus, presentibus & futuris, & eorum cuilibet, prout ad eum pertinuerit, earumdem serie Litterarum precipimus & mandamus, quatenus prefatos Capitularios & subditos nostros dicti loci Tholose, presenti nostra gracia seu concessione uti & gaudere pacifice faciant & permittant; nec ipsos seu eorum successores vel posteros Capitularios & subditos Regios dicti loci, seu eorum aliquem, in contrarium molestent vel perturbent, seu eciam molestari vel perturbari quomodolibet permittant; sed pocius in contrarium facta vel attemptata, si que repererint, ad statum pristinum & debitum reducant, aut* [k] *reduxi & ad plenam deliberacionem ac ad nichilum poni faciant, visis presentibus, indilate; Nam sic fieri volumus, usu, stillo, Consuetudine vel Ordinacionibus ac Litteris ad hoc contrariis, nonobstantibus quibuscunque. Quod ut firmum & stabile permaneat in futurum, sigillum nostrum presentibus Litteris duximus apponendum: Salvo semper in aliis jure nostro, & in omnibus quolibet alieno.* Datum in Castro nostro de Lupara, anno Domini millesimo CCC. septuagesimo secundo, & Regni nostri nono, mense Decembris.

*Per Regem.* J. DE REMIS.

*a* Capitouls.
*b* demandes en Justice.
*c* amittuntur.
*d* dicti.
*e* facimus.
*f* indemnitati.
*g* computandum.
*h* fuerint.
*i* petantur.
*k* reduci.

NOTES.

(*a*) Tres. des Chart. Regist. 103. P. 377.

(*b*) *Clamacerium.*] Celui qui recevoit les droits dûs au Roy pour chaque *Clain* ou demande faite en Justice.

(*c*) *Recogniciones.*] Ce mot est ainsi defini dans le Glossaire de du Cange. *Recognicio est Litterarum obligatio insinuata*, &c. Ainsi je crois que par ce mot il faut entendre ici, une quittance donnée devant un Notaire ou autre Officier public, dont il reste Minute, ou qui est inserée dans des Registres, & qui n'est pas sujette à se perdre, comme des quittances données sur des papiers volants, nommez un peu plus bas, *Cartelli*.

CHARLES V. à Paris, au Château du Louvre, en Decembre 1372.

(a) *Lettres par lesquelles la Noblesse est accordée aux Maire, E'chevins & Conseillers de la Ville de Poitiers, & à leurs successeurs.*

CHARLES par la grace de Dieu Roy de France. Savoir faisons à tous presens & avenir, que Nous considerans la très grande loïaulté & obéissance, la très bonne volunté & affection que tousjours ont eu à la Couronne de France & à Nous, noz bien amé le Maire, les douze Eschevins & les douze Conseillers Jurez de la Commune & Ville de Poictiers, qui ont esté au temps passé & sont encores, & du nombre desquelz sont à present Jehan Bigot Maire, Aymeri Dairon, Guillaume Gaignoleau, Jean Regnault, Simon Morault & Jean de Thaunay, lesquelz ont esté Maires de ladicte Ville, & à present sont du nombre des douze Eschevins, & aussi leur bon [a] port, leur bon estat & bon gouvernement, tant en communs que comme de leurs personnes singulieres, lesquelz ont esté & sont recommandez de très grand bien, honneur & commandable suffisance, & de très [b] pourveue ordonnance, adhornez de nobles vertus & aultres dignes & louables merites; considerans aussi les grandz & bons services qu'ilz ont faict à noz Predecesseurs & à Nous au temps passé, & esperons qu'ilz facent au temps advenir; attandu aussi & consideré, que pour le gouvernement de ladicte Ville [c] reste d'ancienneté, & esperons que il sera aussi au temps advenir acoustumé d'eslire & exercer les dictes Offices de Maire, Eschevins & Conseillers Jurez, des plus notables & bonnes personnes, de bonne vie & honneste conversacion, & plaine de grandz vertus & merites, affin que ce soit exemple aux aultres habitans de ladicte Ville, quand ilz verront les dessus dictz estre exaulcez, esleuz & preferez en haultesse, honneur, préeminence & dignité; iceulx Maire, Eschevins & Conseillers Jurez, & les dictz Jehan Bigot Maire, Aymery d'Hairon, Guillaume Gaignoleau, Jean Regnault, Simon Morault & Jehan de Taulnay, qui à present sont du nombre dessus dict, & tous ceulx [d] que au temps advenir perpetuellement seront, avecq toute leur lignée, descendant, nez & à naistre de loïal mariage, masculine & feminine, nonobstant qu'ilz ne soïent [e] mis ou ayent esté naiz, extraictz ou procréez de noble sang, de nostre certaine science, auctorité Roïal, plaine puissance & grace special, avons anobli & anoblissons par ces presentes, & leur octroyons & voullons qu'ilz soïent tenuz & reputez dès maintenant & à tousjours mais, pour Nobles en Jugement ou faict d'armes, & ailleurs en quelzconques lieulx que ce soit, & que eulx & leurs enfans masles & leur dicte lignée masculine, procrée & à procréer, puissent & quand il leur plaira, estre par quelzconques aultres Chevalliers, ornez d'Ordre & Estat de Chevalerie; & avec ce, que eulx & toute leur lignée masculine & feminine & chascun d'eulx, puissent acquerir & conquester par tout le Royaume de France, & s'aucuns ont desja acquestez, tenir, avoir & possedder à tousjours, Fiefs, Arriere-Fiez, Terres, pocessions, heritaiges, Justices, Seigneuries, & quelzconques aultres choses nobles & de noble condicion, sans ce que pour ce ilz soïent jamais tenus de païer aulcune finance à Nous & à noz successeurs Roys de France; laquelle finance, quelle & combien grande qu'elle soit ou peult monter, Nous de nostre auctorité & puissance dessus dicte, leur avons quictée, remise & donnée, quictons, remettons & donnons par la teneur de ces presentes; & avec ce, leur octroyons & voullons qu'ilz jouyssent de tous previleiges, droicts, immunitez, franchises, Coustumes, Libertez, usaiges, & de toutes aultres choses, comme font & ont acoustumé & doibvent faire Chevalliers & Escuyers, & aultres Nobles dudict pays de [f] nrostre dict Royaume: Donnans en Mandement au Seneschal de Poictou, & à

[a] *conduite.*

[b] *la derniere syllabe de ce mot est douteuse.*

[c] *suivant ce qui s'est pratiqué jusqu'à present.*

[d] *qui.*

[e] *mie, pas.*

[f] *nostre.*

NOTE.

(a) Sixiéme Volume des Ordonnances d'Henry III. cotté N. N. *fol.*° 118. *R.*°

CHARLES V. à Paris, au Château du Louvre, en Decembre 1372.

tous les Justiciers, Officiers & subgectz de Nous & de nostre dict Roïaume, ou à leurs Lieutenans, presens & avenir, & à chascun d'eux, que les dictz Maire, Echevins & Conseillers Jurez, & les dessus nommez, qui à present sont, & tous leurs successeurs aus dictz Offices qui au temps advenir seront, & toute leur dicte lignée & chascung d'eux, facent & laissent jouyr & user de nostre presente grace & de nostre presente octroye, sans leur faire ou souffrir estre faict au contraire destourbier ou empeschement [a] auloimg; lequel s'ilz treuvent estre faict, si rapellent ou facent rappeller & mectre au premier estat & deu. Et pour ce que les dictz Maire & Eschevins, Conseillers Jurez, & les dessus nommez, & leurs successeurs ne pourroient mie bonnement ou aysement ces presentes monstrer quand ilz vouldroient ou [b] mestier leur seroit, pour ce quelles touchent & pourront toucher plusieurs personnes & leurs successeurs au temps advenir, Nous voullons & leur avons octroyé & octroyons, que au Transcript & *Vidimus* de ces presentes soubz seelz Royaulx [c] confectez, soit adjoûstée plaine foy; & que ilz leur vaillent & profitent, ou ayent tel effect comme l'Original. Et que ce soit chose ferme & stable à tousjours, Nous avons fait mettre nostre scel à ces presentes: Sauf en aultres choses nostre droict, & l'aultrui en toutes. *Donné à Paris, en nostre Chasteau du Louvre, l'an de grace mil trois cens soixante douze, & de nostre Reigne le neufvieme, au moys de Decembre.*

[a] *appar.* aucun.
[b] *besoin.*
[c] *faits.*

---

CHARLES V. à Paris, au Château du Louvre, en Decembre 1372.

## *(a)* Privileges accordez aux habitants des Isles de Ré, d'Ays & de Leis.

SOMMAIRES.

*(1) Le Roy dispense les habitans des Isles de Ré, &c. du serment qu'ils ont fait à leur Seigneur, de demeurer sous l'obéissance du Roy d'Angleterre.*

*(2) Les Seigneurs de ces Isles seront conservez dans les droits & revenus de leurs Seigneuries, pourvû qu'ils en rendent au Roy l'hommage & les devoirs qui lui sont dûs.*

*(3) Les habitans de ces Isles seront traitez comme bons sujets du Roy, & il ne leur sera fait aucun tort.*

*(4) Rémission accordée à ces habitans, de tous les délicts & crimes qu'ils ont pû commettre, même de ceux de leze-Majesté; sauf les droits d'autrui, qui pourront être poursuivis au Civil.*

*(5) Confirmation des privileges & droits de ces habitans.*

*(6) Ils seront sous la sauvegarde du Roy, de laquelle ils ne pourront se servir les uns contre les autres.*

*(7) L'on ne pourra mettre de garnison dans ces Isles, sans le consentement des habitans; si ce n'est, suivant l'ancien usage, en cas de nécessité, pour la défense de ces Isles & des pays voisins.*

*(8) L'on ne pourra contraindre les habitans à aller à la guerre, ni à sortir de leur païs; si ce n'est conformement à l'ancien usage.*

*(9) Suivant le privilege de ces Isles, on n'y levera point d'autres nouvelles Impositions, que celles qui seront levées dans tout le Royaume ou dans la Senechaussée de Saintonge.*

*(10) On ne fera point de* Prise *dans ces Isles, si-ce n'est en payant comme de Marchand à Marchand, & conformement à la Coûtume ancienne des Roys de France.*

*(11) Les habitans de ces Isles qui sont absents, pourront y revenir dans un certain temps, & joüiront des privileges accordez par ces Lettres.*

CHARLES par la grace de Dieu Roy de France. Savoir faisons à tous presens & avenir, que comme en la prise ou renduë des Yles [d] Ré, d'Ays & de Leis, du pays de Xantonge, qui n'agaires par la grace de Dieu, & l'ayde de noz bien amez Jehan de Rie Seigneur de Balençon, nostre Chevalier & Conseillier, de Morelet de Montmor, & d'autres leurs alliez noz bien weillans, sont revenuz & ramenez à nostre obéissance & subjeccion, certaines promesses aïent esté faictes par les diz nostre dit Conseiller, & Morrelet de Montmor, pour Nous, aus habitans des dictes Yles, ou acuns d'eulx pour touz, par la maniere que plus à plain est contenu en unes Lettres seellées soubz les seaulx dudit nostre Conseillier & dudit Morrelet, desquelles la teneur s'ensuit.

[d] *de.*

NOTE.

*(a)* Tresor des Chartres, Registre 103. Piece 379. *Voyez cy-dessus*, p. 190. Note *(a)*.

CHARLES V.

à Paris, au Château du Louvre, en Decembre 1372.

A Tous ceulx qui ces presentes Lettres verront & orront. Jehan de Rie Seigneur de Balençon, Chevalier & Conseillier du Roy nostre S. & Morrelet de Montmor: Salut. Savoir faisons que en nostre venuë ès Parties de Xaintonge, pour conquerre au plaisir de Dieu le païs par fait de guerre ou autrement, & ycellui & le peuple illec habitant convertir & mettre à la subjeccion & obéissance du Roy nostre S. ainsi comme par raison estre doivent, nous sommes arrivez & descenduz ès Ysles de Ré, d'Ais & de Leis du dit païs de Xaintonge; & après ce que nous & les habitans ès dictes Yles, eusmes eu assez [a] debaz par fait de guerre & autrement, les diz habitans requirent avoir [b] parlement à nous, & nous [c] distrent que l'une partie d'iceulx des dictes Ysles estoient subgets de noble homme Mess. de Craon & de Madame de Touars sa femme; & les autres estoient subgets de l'Abbé & Couvent de *(b)* Saint Michau en Lers, & à eulx ou autres personnes aïans povoir souffisant d'eulx, & de chascun d'eulx, selon ce que à lui appartenoit, avoient fait foy & serement de leur estre bons, vraiz & loyaux subgets, sous l'obéissance du Roy d'Engleterre, & du Prince son ainsné Filz, sens eulx en departir en aucune maniere, ne rendre les Forterescces de ladicte Ysle à quelconques personnes, fors à eulx ou à leur certain commandement, selon ce que [d] & un chascun d'eulx appartenoit, sans leur congié & licence & especial commandement; & que dure chose leur seroit eulx vertir & tourner en autre obéissance, sans autre provision & dispensacion avoir sur ce des diz Sire & Dame de Craon & dudit Abbé; & pour ce après les diz debaz, nous & les diz habitans & bien [e] avans ès dictes Ysles, avons fait les convenances & accordances qui s'ensuivent.

*Premierement.* Les diz habitans & bien avans, pour [f] eschever toute guerre, & le peril qui pour raison de la guerre leur povoit ensuir, se sont mis & renduz en l'obéissance du Roy nostre S. & ont juré & promis aux sains Euvangiles de Dieu, en noz mains, nous prenans & recevant le serement pour & ou nom du Roy nostre S. que ils seront & demourront perpetuelment d'oresenavant bons, vrais & loyaux François & subgets du Roy nostre dit Seigneur, & en son obbéissance; & en nostre presence ont prins la *(c)* voix du Roy nostre dit Seigneur, & mis ses Penons & Bannieres ès Forterescces des dictes Ylles; [g] parmi ce que nous leur avons promis, convenancié & accordé, promettons, convenançons & accordons les choses qui s'ensuivent.

*(1) Et premierement*, Que ledit serement par eulx fait aus diz Seigneur & Dame de Craon & audit Abbé, comme dessus est dit, nous leur ferons quittier entierement par le Roy nostre dit Seigneur, & leur ferons quittier & remettre toute peine corporele, criminelle & civille, que pour cause dudit serement non gardé, ils pourroient avoir encouruz vers ledit Seigneur & Dame de Craon & vers ledit Abbé, & vers chascun d'eulx, en tant comme il lui touche & puet touchier & appartenir.

*(2) Item.* Que les prouffis & émolumens, revenuës & drois qui appartenoient & appartiennent aus diz Seigneur & Dame de Craon & audit Abbé, & à chascun d'eulx en droit soy, leur demourront [h] enterinement, toutevois en faisant les diz Seigneur & Dame & ledit Abbé, l'omage & le devoir qu'il sont tenuz de faire au Roy nostre S. pour raison des dictes Ysles, chascun en droit soy, de la Seignourie qui lui appartient.

*(3) Item.* Et que nous ferons les diz habitans & bien avans estre tenus & traictiez par le Roy nostre dit Seigneur, & les tendrons & traicterons comme ses bons, vrais & loyaux subgets, sans ce que pour la renduë que il ont fait au Roy nostre S. des dictes Yles, ou pour ce que ils se sont mis en sa subjeccion & obéissance, ne

[a] *de.*

[b] *conference avec.*

[c] *dirent.*

[d] *à eux.*

[e] *Je n'ai rien trouvé sur ces mots, peut-être signifient-ils ayant biens.*

[f] *éviter.*

[g] *moyennant.*

[h] *entierement.*

NOTES.

*(b) Saint Michau en Lers.]* *S.tae Michael in Eremo*, Saint Michel en Lerm, de l'Ordre de Saint Benoist. *Voy. Gal. Christ. secundæ Editionis*, tom. 2. p. 418.

*(c) Voix.]* *Vox* suivant du Cange, signifie quelquefois le droit que l'on a sur une chose. Ainsi *prendre la voix* pourroit signifier, *reconnoître le droit.* Ces mots signifient peut-être aussi, *suivre les ordres.*

CHARLES V. à Paris, au Château du Louvre, en Decembre 1372.

pour autre cause quelconques, l'en leur prengne leurs corps ne leurs biens, ne leur face aucun grief ou prejudice en aucune maniere.

(4) *Item.* Que se les diz habitans & bien avans ou aucun d'eulx, ont fait, perpetré ou commis ou temps passé, aucuns crismes ou autres deliz, pour occasion desquelz eulx ou aucuns d'eulz eussent encouru aucune peine corporelle, criminelle ou civille, tant pour raison de crime de leze-Majesté, de murtre, de larcin, [a] dencendement & de ravissement, de violence ou de rapine, comme de autres cas quelconques criminelz ou civilz, des quelz il eussent eu remission ou temps passé du Roy nostre S. ou d'autres Seigneurs quelconques aïans povoir à ce, que nous leur ferons les dictes remissions estre consermées par le Roy nostre dit Seigneur; & se remission n'en avoient eu, nous les leur ferons estre données de nouvel plainnieres par nostre dit Seigneur; sauf le droit d'autrui à poursuir civilement tant seulement.

(5) *Item.* Que eulx & chascun d'eulx demourront & seront gardez en touz les privileges, franchises, possessions, saisines & observances, en quoy eulx & chascun d'eux ont esté ou temps passé; & que les dictes franchises, possessions, saisines & observences leur seront gardeez entierement sens aucune chose enfraindre, [b] muer ou innover, pour raison de ce que il ont esté en l'obbeissance dudit Prince & contre le Roy nostre S. ne par puissance desordonnée ne autrement, pour quelconques raison que ce soit; mais se aucune chose a esté faicte, attemptée, muée ou innovée au contraire, nous leur ferons estre ramené au premier estat & deu, sans ce que en aucune maniere il leur puist estre tourné à consequence.

(6) *Item.* Que conjointement & diviseement, ils seront en la protection & sauvegarde especial du Roy nostre S. seellés en las de soye & cire vert, sans ce que de ladicte sauvegarde ils se puissent aidier l'un contre l'autre, en aucune maniere.

(7) *Item.* Que l'en ne pourra mettre aucun Capitaine ou Capitaines ou Gens d'armes ès Forteresses des dictes Ysles, ne en aucunes d'icelles, sans la voulenté & consentement des diz habitans & bien avans; toutevoïes se ce n'estoit pour raison de necessité, pour la garde & deffense des dictes Ysles & du pays d'environ, selon la coustume ancienne.

(8) *Item.* Que l'en ne contraindra les diz habitans ne aucun d'eulz, à faire Ost ne Chevauchée, ne à [c] issir hors du pais, par mer ne par terre, sinon selon la coustume encienne des dictes Ysles.

(9) *Item.* Que l'en ne mettra ès dictes Ysles aucunes Imposicion ou subvencion sans le consentement des diz habitans & bien avans, se ladicte Imposicion n'estoit accordée par tout le Royaume de France, ou en la Seneschaucie de Xaintonge; tenuz & gardez sur ce les privileges, usaiges & anciennes coustumes des Ysles.

(10) *Item.* Que l'en ne fera aucune [d] provision estre faicte ès dictes Ysles, par nulz Capitaines, Seneschaux ou autres Officiers ou Commissaires du Roy nostre S. ne par autres personnes quelconques, par Mer ne par Terre; senon en païant comme de Marchant à Marchant, & selon la Coustume ancienne des Roys de France.

(11) *Item.* Que se aucuns des diz habitans & bien avans, de quelconques estat ou condicion que ils soïent, estoïent ou sont absens des dictes Ysles, & ne aïans esté presens à ces presentes covenances, que pour ce il ne leur tournera à aucun préjudice; mais seront compris ès dictes convenances, & auront licence de retourner ès dictes Ysles, jusques au terme de Noël prouchain venant; & que durant ledit temps, ils & chascun d'eulx, pourront aler seurement par les dictes Ysles & par touz les autres lieux du Royaume de France, sans ce que pour ce l'en leur puist arrester leurs corps ne leurs biens en aucune maniere, ne que pour l'absence d'eulz ès dictes Ysles, leurs biens puissent estre confisquez & acquis au Roy nostre S. ne à autres quelconques.

Toutes lesquelles choses dessus escriptes, & chascunes d'icelles, Nous leur avons promis & juré, promettons & jurons de leur estre tenuës & faire estre gardées à nostre povoir, sens enfraindre, par le Roy nostre dit Seigneur, & de leur en faire estre données à nostre povoir, Lettres seellées en las de soye & en cire vert, si bonnes & si prouffitables comme faire se pourront à leur prouffit. Et ainsi nous & chascun de

[a] incendie.

[b] changer.

[c] sortir.

[d] Voy. la Tabl. des Mat. de ce Rec. au mot, *Prises.*

nous en tant comment à lui appartient ou puet touchier & appartenir, toutes les choses dessus dictes & chascunes d'icelles, tendrons & garderons bien & loyaument, & ferons estre gardées par ceux des dictes *(d)* Flotes, & par chascun d'eulx inviolablement sans enfraindre. En tesmoing de ce, nous avons fait mettre noz seaulx à ces Lettres. *Donné en l'Isle de Ré, le XXVI.e jour d'Aoust, l'an de grace mil CCC. soixante & douze.*

CHARLES V. à Paris, au Château du Louvre, en Decembre 1372.

Nous pour consideracion des promesses que yceulx nostre Conseillier & Morlet ont faites pour Nous aus diz habitans, & la vraye obéissance que yceulx habitans Nous ont demontrée, en ce que si begninement sont retournés pardevers Nous, voulans pour ce les dictes promesses estre gardées & tenuës, afin que les habitans des diz Ysles soïent plus estrains & enclins de demourer touzjours en nostre subjeccion & obéissance, icelles voulons, [a] leons, approvons, accordons, greons & ratifions, & par ces presentes, de nostre certaine science & grace especial confirmons: Donnans en Mandement au Seneschal de Xantonge, & à touz noz autres Justiciers, Officiers & Commissaires qui ad present sont & pour le temps avenir seront, & à leurs Lieuxtenans, & à chascun pour tant comme à lui appartientra, que les diz habitans des dictes Ysles ou aucun d'eulx, ne contraignent ou seuffrent estre contrains en aucune maniere contre la teneur dudit Traittié & promesses, ores ne ou temps avenir; mais de ce les facent & seuffrent joïr & user paisiblement sens empeschemens aucuns, en [b] remettent au premier estat & deu, tout ce qui fait seroit ou auroit esté au contraire. Et que ce soit chose ferme & estable à touzjours, Nous avons fait mettre nostre seel à ces presentes: Sauf en autres choses nostre droit, & l'autrui en toutes. *Donné à Paris, en nostre Chastel du Louvre, l'an de grace mil CCCLXXII. & de nostre Regne le IX.e ou moys de Decembre.*

Par le Roy, en ses Requestes. HANNEQUIN.

a *loons.*

b *remettant.*

NOTE.

*(d) Flotes.* ] Il n'est point parlé de ces Flotes dans ce qui precede. Peut-être le Roy avoit-il des Vaisseaux auprès de ces Isles.

---

CHARLES V. à Paris, au Château du Louvre, en Decembre 1372. Charles IV. dit le-Bel, à Paris, en Avril 1325.

*(a)* Lettres de Sauvegarde pour l'Abbaye de Grandmont, dans le Limousin.

*KAROLUS Dei gracia Francorum Rex. Rationi congruum arbitramur, si Predecessorum nostrorum vestigiis inherentes, ad hoc nostre mentis aspiret affectus, quod persone Ecclesiastice que de die ac de nocte ad Divinum vacant servicium, pacis transquillitate gaudeant, & per Regalem potenciam à violenciis, injuriis & oppressionibus [c] defendentur, ut eo libentius valeant omnipotenti Deo famulari, quo per potenciam Regiam favorabilius senserint se adjutas. Cum itaque Religiosi Nobis in Christo dilecti, Abbas Monasterii [d] Grandi-montensis, Lemovicensis Diocesis, noster Consiliarius, & Conventus ejusdem Monasterii, humiliter Nobis duxerint supplicandum, ut de nostra speciali gracia, salvam & specialem Gardiam eisdem Religiosis olim à clare memorie Domino Karolo Rege Francorum & Navarre, predecessore nostro concessam, ratam & gratam habentes, ipsis Religiosis eam confirmare, nostramque salvam Gardiam pietatis intuitu, de novo pariter eis concedere, Regia Majestas favorabiliter se inclinet. Notum igitur facimus quod Nos eorum supplicacioni in hac parte benigniter annuentes, salvam Gardiam prefacti Predecessoris nostri, quam vidimus sub eorum qui sequitur tenore verborum,*

*KAROLUS Dei gracia Francorum Rex. Notum facimus universis tam presentibus quam futuris, quod Nos Religiosos viros, Abbatem & Conventum Monasterii Grandimontensis, ac eorum successores, una cum membris, familiaribus, Gentibus, rebus &*

c deffendantur.

d Grand-mont. Voy. *Gall. Christ.* 2.e *Edit.* tom. 2. p. 645.

NOTE.

*(a)* Tresor des Chartres, Registre 104. Piece 282.

CHARLES V. à Paris, au Château du Louvre, en Decembre 1372.

*bonis omnibus Religiosorum & Monasterii predictorum, in nostra speciali Gardia suscipimus per presentes: Mandantes tenore presentium universis & singulis Senescallis, Prepositis, Baillivis, & aliis Justiciariis nostris, qui nunc sunt & qui pro tempore fuerint, quatenus ipsos in dicta Gardia nostra speciali, nec non in suis justis possessionibus & saisinis manuteneant ac custodiant, & defendant ab omnibus injuriis, violenciis, vi armorum, laycorum potencia & oppressionibus quibuscunque; nec permittant contra ipsos à quoquam aliquas fieri indebitas novitates; & si quas factas fuisse noverint, eas ad statum debitum, prout ad quemlibet pertinuerit, reduci faciant, Justicia mediante; eisdem unum vel plures Servientes nostros ad premissa exequenda, si & cum opus fuerit & super hoc fuerint requisiti, concedendò; qui tamen de hiis que Cause cognitionem exigunt, se nullatenus intromittant. Quod ut firmum & stabile perpetuo perseveret, presentibus Litteris nostrum fecimus apponi sigillum.* Datum Parisius, anno Domini millesimo ccc.° vicesimo quinto, mense Aprilis.

a &. *Modo & forma premissis ratam*[a] *gratam habuimus, ac auctoritate nostra Regia & ex nostra certa sciencia & speciali gracia approbamus, laudamus & tenore presencium perpetuo confirmamus. Ac insuper ad supplicacionem ipsorum Religiosorum, eosdem ac Priores dicti Ordinis, & successores suos, una cum menbris, hominibus, familiaribus, gentibus, rebus & bonis suis universis in Regno nostro existentibus, ad sui Juris conservacionem dumtaxat, in nostris proteccione, salva & speciali Gardia, de novo & habundanti suscipimus & ponimus per presentes ex uberiori dono gracie nostre, ut terror hiis qui contra ipsos aliquid indebite attemptare presumpserint, inferatur, dum ipsi per (b) distantem ab eis super hoc Judicem, propter majores sumptus & misias ac viarum fatigationes & pericula, à cessatione molestacionum seu injuriarum inferendarum ipsis Religiosis, desistere compellentur, concedentes & deputantes nostra predicta auctoritate Regia*[b] *speciali gracia, supradictis Religiosis & eorum successoribus, Baillivum nostrum de*[c] *S.ti Petri Monasterio, vel ejus Locumtenentem, qui nunc est & pro tempore fuerit, solum & in solidum eorum specialem & perpetuum Gardiatorem; cui Baillivo, presenti & futuro, vel ejus Locumtenenti, tenore presentium committimus & mandamus, quatenus ipsos Religiosos & familiares eorum, servitores ac homines, in suis justis possessionibus, usibus, Juribus, franchisiis, Libertatibus & saisinis, in quibus ipsos esse suosque Predecessores fuisse pacifice ab antiquo invenerint, manuteneant &*[d] *conservet, eosdemque Religiosos, homines & familiares suos, ab omnibus injuriis, violenciis, gravaminibus, oppressionibus, vi armorum, potencia laycorum, ac inquietacionibus & novitatibus*[e] *indebis quibuscumque*[f] *teneatur & defendat, & aliquas non paciatur*[g] *ei fieri vel inferri indebitas novitates; sed si quas esse vel fuisse factas in presentis nostre & specialis Gardie, & dictorum supplicancium hominumque suorum & familiarium prejudicium repererit, ad statum pristinum & debitum reduci faciat & reducat; & ne quis se possit de ignorancia excusare, dictam salvam & specialem Gardiam nostram in locis ubi expedierit, & personis de quibus fuerit requisitus, faciat solenniter publicari: Inhibendo ex parte nostra omnibus de quibus fuerit requisitus, sub certis & magnis penis Nobis applicandis, ne dictis Religiosis eorumque hominibus, familiaribus, rebus & bonis aliqualiter forefacere presumant;*[h] *Pennuncellosque nostros & Baculos Regios in terris, rebus & bonis dictorum Religiosorum, hominum & familiarium suorum, & domibus eorumdem, in locis & terris que reguntur jure scripto, & alias in casu eminentis periculi, faciat apponi. Si vero iidem Religiosi, homines & familiares sui, vel aliquis ex ipsis,*[i] *assecuramentum habere*[k], *illud eisdem juxta Patrie Consuetudinem prestari faciat, prout*[l] *racionbiliter fuerit faciendum; & si super premissis aut aliquo eorumdem, inter dictos supplicantes & personas quascunque alias, oriatur opposicio, questio vel debatum, debato ipso & re contenciosa in casu novitatis duntaxat,*

[b] &.

[c] S. Pierre-le-Moustier, dans le Nivernois.

[d] conservent.

[e] indebitis.

[f] tueatur.

[g] eis.

[h] Voy. les Tabl. des Mat. de ce Rec. *au mot*, Pennonceaux.

[i] Voy. les Tabl. des Mat. de ce Rec. *au mot*, assûrement.

[k] voluerint.

[l] rationabiliter.

NOTE.

*(b) Distantem.* ] Voici comme je crois que l'on doit entendre cet endroit. *Les mauvais procès que l'on voudra faire à ces Religieux, ne devant point être jugez par les Juges ordinaires des lieux, mais par des Juges d'*attribution, *qui peuvent être éloignez, la crainte de s'exposer à des dépenses & à d'autres incommoditez, contiendra ceux qui voudroient entreprendre ces procez.*

*ad manum*

CHARLES V. à Paris, au Château du Louvre, en Decembre 1372.

*ad manum nostram tanquam superiorem [a] oppositis, novitateque & impedimento primitus amotis, ac locis resaisitis [b] deabbatis realiter & de facto, opponentes, & debatum hujusmodi facientes, & dicte salve & specialis Gardie nostre infractores & contemptores, coram se adjornari faciat ad certos & competentes dies, super hujusmodi opposicione [c] se opposicionibus & aliis premissis processuros, & ulterius facturos quod fuerit racionis; & generaliter omnia alia & singula faciat que ad specialis Gardiatoris officium pertinent & possint quomodolibet pertinere. Et pro predictis diligentius exequendis, eisdem Religiosis deputet unum vel plures Servientes nostros, eorum suis sumptibus & expensis, si requisiverint, qui de hiis que cause cognicionem exigunt, se nullatenus intromittant: Mandantes omnibus Justiciariis & subditis nostris, quatenus dicto Gardiatori in premissis & ea tangentibus, pareant efficaciter & intendant. [d] Pretereat volumus & eis concedimus, quod transcripto Litterarum nostrarum hujusmodi sub sigillo Regio confecto, sicut eis originalibus Litteris deinceps fides plenaria adhibeatur; attento quod antedicti Religiosi dictas nostras originales [e], bono modo absque viarum periculis deferre non possent ubi essent facturi [f] de eisdem. Et ut premissa omnia & singula firma & stabilia perpetuo perseverent, presentibus Litteris nostrum fecimus apponi sigillum: Salvo in aliis jure nostro, & in omnibus quolibet alieno.* Datum Parisius, in Castro nostro de Lupara, anno Domini millesimo trecentesimo septuagesimo secundo, & Regni nostri nono, mense Decembri.

*Per Regem.* J. TABARI.

a appositis.
b deablatis.
c seu.
d Preterea.
e Litteras.
f Je crois qu'il manque là le mot *copiam*.

---

CHARLES V. au Château du Louvre-lez-Paris, en Decembre 1372.

(a) *Lettres de Sauvegarde Royale pour le Couvent des Chartreux du Liget, en Touraine.*

CHARLES par la grace de Dieu Roy de France. Savoir faisons à tous presens & avenir, que Nous desirans de tout nostre cueur les personnes de Religion qui sont ordonnées à servir nostre-Seigneur Jesus-Christ en nostre Royaume, especiallement ceulx de l'Ordre de Chartreuse, ausquelx Nous avons especial devocion, estre maintenuz [g] gardez avecques tous leurs biens & familiers en paix & transquilité, parquoy ilz puissent mieulx & plus devotement vacquer & entendre au Service de Dieu auquel il se sont donnez, à la supplicacion de noz bien amez les Prieur & Couvent de Saint Jehan du Liget ou païs de Touraine, de nostre fondacion Royal, dudit Ordre de Chartreuse, qui sont de tout temps en nostre sauvegarde, iceulx d'abondant avons prins & prenons, mis & mectons de nostre grace especial, certaine science & auctorité Royal, avec tous leurs biens quelxconques [h] où qu'ilz soient assis en nostre dit Royaume, qu'ilz ont à present ou qu'ilz acquesteront ou acquerront loyaument ou temps advenir, tous leurs familiers & serviteurs, Religieux & seculiers, en & soubz nostre protection & sauvegarde especial & de tous noz Successeurs Roys de France, pour y estre [i] demourer perpetuelment; & leur avons commis, donné & deputé, commettons, donnons & depputons de nostre dicte grace, nostre Bailly des Ressors & Exempcions de Touraine, d'Anjou & du Maine, qui à present est & pour le temps avenir sera, ou son Lieutenant aux Sieges de Tours & Chinon, & chascun d'eulx, leurs Juges en toutes leurs Causes meuës & à mouvoir contre quelconques personnes, en demandant & defendant; par ainsi toutes voies que pour ce, ilz ne puissent venir ou convenir pardevant ledit Bailly ou ses Lieuxtenans aux Sieges de Tours & de Chinon, aucunes personnes de plus loing des dites Villes de Tours, de XIIII. lieuës; & de Chinon, vingt lieuës; & aussi voullons & commettons ledit Bailly & ses Lieuxtenans à Tours & à Chinon, & chascun d'eulx, leurs Gardiens especiaulx, pour iceulx Religieux, leur Eglise en Chief & en membres, leurs familiers, gens, possessions, granges, terres, prez, bois, vignes,

g &.
h *en quelque lieu.*
i &.

NOTE.

(a) Deuxiéme Volume des Ordonnances de Loüis XI. coté F. *fol.° 211. verso.*

CHARLES V. au Château du Louvre-lez-Paris, en Decembre 1372.

Justices, cens, rentes & revenuës quelles qu'elles soïent, à eulx appartenans en quelconque maniere que ce soit, [a] par eulx & par autres, en leurs justes possessions, franchises, Libertez, droiz, Coustumes, usages, privileges & saisines; & pour iceulx defendre de par Nous, de toutes injures, violences, griefz, oppressions, inquietacions ou molestacions, de force d'armes, de puissance de laiz, & de toutes nouvelletez induës quelles qu'elles soïent; & s'il y avoit debat ou cas de nouvelleté entre les Parties sur les choses contencieuses, de mettre icellui debat en nostre main comme souveraine, & à faire par icelle main recréance là & si comme il appartiendra; & pour faire païer aus dits Religieux ou à leur certain commandement, leurs cens, rentes, dixmes, revenuës, & de toutes leurs debtes bonnes & loyaulx recongneuës ou prouvées par Lettres, tesmoings, instrumens, confession de Partie, ou autres loyaulx enseignemens, que il leur apperra estre deuës aus dits Religieux, de quelxconques personnes demourans à Tours ou environ jusques à XIIII. lieuës loing, & de Chinon, vingt lieuës tant seullement; en contraignant à ce iceulx debteurs par prinse, venduë [b] expletacion de tous leurs biens quelxconques, & detencion de leur corps, se [c] mestier est, & ilz sont à ce obligez ou soubzmis; & si aucuns de leurs debteurs se vouloient opposer au contraire, nostre main souffisament garnie avant toute euvre, des sommes contenuës ès Lettres faictes soubz seaulx Royaux, pour faire adjorner pardevant eulx & chascun d'eulx, aus dits Sieges de Tours & de Chinon, les dits opposants, & de toutes autres personnes, en demandant & en defendant, pour aller avant pardevant eulx & chascun [d], tant sur les dites oppositions, debatz ou questions, comme sur les dites debtes, comme il sera à faire de raison, pour faire sur les choses dessus dites, Parties oyes, bon & brief acomplissement de Justice, en procedant sur ce aus dits Sieges de Tours & de Chinon, esquelx Sieges l'en peut tousjours trouver gens de Conseil, & lesquelx Sieges sont plus notables dudit païs de Touraine, de jour en jour, de heure à heure, en Assise & dehors, par compectantes dilacions & intervalles; nonobstant Coustume de païs, [e] quanct attendu d'Assise, à ce contraire; & voullons que nostre dicte sauvegarde especial ilz facent publier par tous les lieux où ilz verront qu'il appartendra, à la requeste des dits Religieux, ou de leur Procureur ou autres gens; & en signe de nostre sauvegarde especial dessus dite, facent mectre noz [f] Penonceaulx Royaulx en & sur les maisons, granges, possessions & autres biens quelzconques des dits supplians, là où mestier en sera, afin que nul ne se puisse excuser d'ignorance; & intiment & defendent de par Nous, à toutes les personnes dont ilz seront requis de par les dits Religieux ou leurs dites gens, que à eulx, leurs familiers, à leur dites gens ne à leur dite Eglise, en chief & en membres, ilz ne meffacent ou facent meffaire en aucune maniere, ne aussi à leurs terres, cens, rentes, revenuës, ne autres biens quelxconques où qu'ilz soïent, presens & avenir, sur certaine & grosse peine à applicquer à Nous; & pour faire & acomplir plus diligenment les choses dessus dites de point en point, & chascune d'icelles, Nous mandons & commettons par ces presentes, à nostre dit Bailly & à ses Lieutenans ès dits lieux de Tours & de Chinon, presens & avenir, & à chascun d'eulx, que toutesfois que mestier sera, eulx & chascun d'eulx deputent aus dits Religieux, une ou deux personnes convenables à leurs despens; lesquelx & chascun d'eulx, Nous voullons de nostre dite grace, qu'ilz aïent quant à faire & exercer les choses dessus dites & chascune d'icelles, tout povoir d'Office de Sergent Royal: Toutes voïes Nous ne voullons pas qu'ilz s'entremettent de chose qui requiere congnoissance de Cause en aucune maniere: Et ou cas que les dits Religieux auroient autre nostre sauvegarde especial, Nous ne voullons qu'elle soit en riens rappellée; mais voullons qu'elle demeure en sa force & vertu, & qu'ilz en puissent joïr & user comme par avant, nonobstant ces presentes. Et Nous donnons en Mandement à tous noz Justiciers, Officiers & subgez de nostre dit Bailly, & à ses Lieuxtenans à Tours & à Chinon, presens & avenir, & à chascun d'eulx, & aus dits Sergens qui seront depputez par icellui Bailly ou ses Lieuxtenans, [g] quant aux choses dessus dictes & celles qui en deppendent, obéissent & entendent diligemment; laquelle chose Nous avons octroyée & octroïons

a *appar.* tenus par eux ou.

b *&c.*

c *besoin.*

d *d'eux.*

e *Je ne sçai ce que ces mots signifient.*

f *Voy. les Tabl. des Mat. de ce Rec. à ce mot.*

g *que.*

aus dits Religieux de grace especial; nonobstant quelzconques Ordonnances, & par especial, celles par lesquelles nul ne doit estre traict hors de la Chastellenie où il est demourant, usaiges, stiles & Coustumes de païs à ce contraires. Et que ce soit ferme chose & estable à tousjours, Nous avons fait mettre nostre seel à ces presentes: Sauf en [a] toutes choses nostre droit, & l'autrui en toutes. *Donné en nostre Chastel du Louvre-lez-Paris, ou mois de Decembre, l'an de grace mil CCCLXXII. & de nostre Regne le neufiesme.*

CHARLES V. au Château du Louvre-lès-Paris, en Decembre 1372.

a autres.

---

(a) *Lettres qui maintiennent les Barbiers de Paris, dans le droit de panser les clous, les bosses, les apostumes, & les playes qui ne sont pas mortelles.*

CHARLES V. au Château du Louvre, en Decembre 1372.

[b] CHARLES, &c.

b *Voy. cy-dessus*, p. 530. Note *(a)*, & p. suiv. Note *(d)* margin.

---

*(a)* Privileges accordez à la Ville de la Rochelle.

SOMMAIRES.

*(1) Les biens des habitans de la Rochelle, qui ont été confisquez depuis le commencement de la guerre, & avant qu'ils fussent rentrés sous l'obéïssance du Roy, leur seront restitués.*

*(2) Conformement aux anciens privileges de la Rochelle, elle ne pourra estre separée du Domaine du Roy pour quelconques causes ou occasions que ce soit, & ses murs & forteresses ne pourront être démolies.*

*(3) Confirmation de tous les privileges & Coûtumes de la Rochelle; nonobstant les atteintes qu'on auroit pû y donner depuis trente ans.*

*Remission de tous les delits & crimes qui auroient pû être commis par les habitans de cette Ville; même des crimes de leze-Majesté.*

*(4) La Ville de la Rochelle sera sous la sauvegarde Royale; & le Gouverneur en sera le Gardien.*

*(5) Cette Ville sera exempte du droit de Prises.*

*(6) Le Roy defendra la Ville de la Rochelle contre les Anglois.*

*(7) On ne pourra lever aucuns Impôts sur les habitans de la Rochelle dans leur Ville & dans le païs d'Aunis, ni sur leurs biens situez dans la Saintonge, sans leur consentement.*

*(8) La Ville de la Rochelle sera conservée dans tous les ressorts dont elle joüit presentement; & specialement dans celui d'Oleron & de Beneon.*

*(9) Les Charges de Prevôt & de Garde du Scel aux Contrats de la Rochelle, ne seront plus données à Ferme, mais en Garde. Il ne sera point fait d'assignations particulieres sur les produits de la Prevôté & du scel. Le Prevôt ne pourra taxer les Amendes que par l'avis de deux Bourgeois de la Ville.*

*(10) Les Lieutenants du Seneschal, les Sergents, & autres Officiers Royaux de ce genre, & les Monnoyeurs seront tenus de contribuer aux dépenses communes de la Ville, & d'y faire le guet.*

*(11) Les habitans de la Rochelle seront exempts de droits sur les Marchandises qui y seront embarquées pour être venduës hors du Royaume.*

*(12) Les Bourgeois Marchands de la Rochelle, seront exempts de tous droits pour la premiere vente des vins qu'ils vendront dans le Royaume.*

*(13) Les habitans de la Rochelle seront exempts de tous Impôts sur les Marchandises qu'ils vendront dans le Royaume; à l'exception des anciens Péages & des anciennes redevances.*

*(14) Les habitans de la Rochelle ne seront point tenus de rendre compte des recettes & des dépenses qu'eux & leurs predécesseurs ont faites jusqu'à present.*

*KAROLUS Dei gracia Francorum Rex. Ad perpetuam rei memoriam. Regalis preeminencia licet subditorum suorum justis supplicacionibus favorabiliter annuat, votivis tamen illorum quos probata immense fidelitatis constancia meritis dignos efficit, grasiosam peramplius exhibet & uberius se inclinat. Sane inter alia super quibus mens nostra sollicite vigillat, sedula meditacione [c] pensentes fructuosa ac ab omni laude prosequenda servicia, ne dum Predecessoribus nostris, sed & Nobis tam cordialiter quam fideliter per dilectos & fideles subdittos nostros Majorem, Scabinos, Burgenses & Communitatem*

CHARLES V. à Paris, au Château du Louvre, le 8. de Janvier 1372.

c pensantes.

NOTE.

*(a)* Tresor des Chartres, Registre 104. Piece 55. *Voy. cy-dessus*, p. 190. Note *(a)*.

CHARLES V. à Paris, au Château du Louvre, le 8. de Janvier 1372.

*Ville nostre de Ruppella, multis modis exhibita, prout Nos docet facti experiencia, merito inducimur ut eis Nos reddamus ad graciam liberales.*

*(1) Igitur eorum Nobis factis peticionibus favore benivolo annuentes, quia postquam* [a] *scicitata fuit guerra inter Nos & adversarios nostros de Anglia, antequam prefati Major, Scabini, Burgenses &* [b] *Universitatem dicte Ville, nostre dicioni & obediencie nostre se submiserunt, aliqua eorum bona mobilia per Nos aut Germanos &* [c] *Locutenentes nostros, tanquam Nobis confiscata, aliis data fuerunt & concessa, aut per alios alienos occasione dicte guerre occupata vel detenta; attento quod per clare memorie Dominum Genitorem nostrum, in tractatu Pacis inter ipsum & dictos adversarios pro tunc inite (b) Calesii, fuit eis concessum, quod si guerram futuris temporibus moveri* [d] *contingerent, bona eorum mobilia usque ad quinque annos, & inmobilia usque ad decem, (c) retrahere possent; volumus ac eis & ipsorum cuilibet auctoritate nostra Regia, ex certa sciencia & speciali gracia concedimus, quod dicta ipsorum bona mobilia & inmobilia, si ex illis aliqua quibuscunque personis, cujuscunque status aut condicionis existant, data aut occupata vel detenta fuerint, ut dictum est, ipsi & eorum quilibet rehabeant, ac eisdem integraliter restituantur, & ad hoc ipsorum bonorum detentores compelli ordinavimus & volumus omnibus viis* [e] *remediis opportunis; donis aut assignacionibus de eis per Nos vel Germanos aut Locumtenentes nostros aut alios quovis modo factis, nonobstantibus quibuscunque.*

*(2)* Item. *Quia in quodam eorum privillegio ab olim ipsis concesso, expresse cavetur, quod iidem habitatores seu Villa à Corona nostra nullatenus separari possint, Nosque & successores nostri extra manum seu Domanium nostrum immediatum, ipsos seu dictam Villam ponere non possumus, nec muros & fortalicium dicte Ville in inperpetuum facere demolliri, & interveniente (d) liberacione prefati Domini Genitoris nostri, dictum eorum privillegium corruptum fuerit & in suis terminis minime servatum; Nos attentis premissis, volentes hujusmodi privillegium ad statum suum pristinum omnimode reduci, ac prefatos Majorem, Scabinos, Burgenses ac Universitatem ab interrupcione hujusmodi relevare, sepefactum privillegium juxta sui continenciam atque formam, laudanus, ratificamus, approbamus, ac predictis auctoritate, certa sciencia & speciali gracia confirmamus, & de novo concedimus eis per presentes; ita quod ipsi & successores sui nunquam in aliud* [f] *demanum seu Juridicionem quam nostri & Successorum nostrorum Regum Francie, immediate dumtaxat, imperpetuum transferantur seu transeant* [g] *Regia capcione, quod absit, aut aliter per matrimonium, cambium, (e) passagium, aliegnacionem, transportum, seu ex alia quacunque occasione sive causa, alteri quam nostro & Successorum nostrorum, Regum Francie inmediato Dominio supponentur; & ex nunc dictam Villam nostram in specialem Cameram Corone Francie retinemus & constituimus, ac expresse & specialiter deputamus.*

*(3)* Item. *Quecumque privillegia, Libertates & franchisias, nec non dona, nobilitaciones, suorum jurium declaraciones, remissiones super casibus criminalibus & civilibus, de quibus omnibus & eorum singulis, per scripta apparebit, ac preterea salvas Gardias & salvos conductus prout per nostros Predecessores eis actenus concessi fuerunt, ex dictis certa scientia, speciali gracia & auctoritate Regia, laudamus, approbamus, ratifficamus, ac tenore presencium juxta ipsorum continenciam perpetuo confirmamus;* [h] *quecunque usu per Gentes & Officiarios Regios,* [i] *que ad previllegia, Libertates & franchisias, &*

[a] suscitata.
[b] Universitas.
[c] Locumtenentes.
[d] contingeret.
[e] &.
[f] domanium.
[g] pour la rançon du Roy.
[h] fortasse *quocunque*, mais l'endroit me paroît corrompu.
[i] fortasse *quo ad*.

NOTES.

*(b) Calesii.]* Après que le Traité de Bretigny eut été conclu entre Charles Regent du Royaume & le Roy d'Angleterre, celui-cy se trouva à Calais avec le Roy Jean qui revenoit d'Angleterre, & ce Traité y fut confirmé & modifié par un nouveau qui fut signé le 24. d'Octobre 1360. *Voy. Froissart, vol. 1. chap. 212. p. m. 245. & l'annotation 85. qui est à la fin de ce 1.er Vol.*

*(c) Retrahere possent.]* C'est-à-dire, qu'en cas de guerre avec l'Angleterre, les habitans de la Rochelle qui lui étoient soûmis, pourroient retirer les effets qu'ils auroient dans les Terres de l'obéïssance du Roy.

*(d) Liberatione.]* La Rochelle avoit été démembrée de la Couronne, lorsqu'elle avoit été cédée au Roy d'Angleterre par le Traité de Bretigny.

*(e) Passagium.]* Ce mot, s'il n'est pas corrompu, doit signifier le *passage* pour ainsi dire, de la proprieté d'une chose, d'une personne à une autre.

CHARLES V.
à Paris, au Château du Louvre, le 8. de Janvier 1372.

*alia de quibus per scripta constabit, facto in contrarium nonobstante; ac preterea quoscunque eorum usus & longevas observancias, licet à triginta annis citra ab eorum usitacione cessaverunt, volumus & declaramus in suo valore persistere, ac eosdem Majorem & Burgenses eis de cetero libere posse uti; ac insuper quoscunque casus criminales & civiles ac offensas per dictos Majorem, Scabinos, Burgenses & Communitatem, & eorum quemlibet, factos & perpetratos contra Nos, aut alios quoscunque, pro toto tempore preterito usque ad hanc diem, eciamsi nostram leserint Majestatem, eis ac eorum cuilibet, remisimus & per presentes remittimus auctoritate Regia, speciali gracia & certa sciencia supradictis.*

(4) Item. *Prefatos Majorem, Scabinos, Burgenses & habitatores prefate Ville nostre, eorumque successores, cum eorum familia, rebus & bonis suis quibuscunque, tam in communi quam particulari, ad conservacionem sui juris, in nostris protectione & speciali Salva-gardia, prefatis gracia speciali, auctoritate Regia & certa sciencia ponimus & perpetuo suscipimus per presentes; Gubernatorem dicte Ville nostre de Ruppella, qui nunc est vel pro tempore fuerit, eis in Gardiatorem super hoc pro temporibus perpetuis, specialiter deputantes.*

(5) Item. *Predictis Majori, Scabinis, Burgensibus & habitatoribus dicte Ville, auctoritate, sciencia & gracia quibus supra, concessimus & concedimus, quod capcio seu prisia bonorum quorumcunque pro Nobis, Regina carissima consorte nostra, Liberisque ac Germanis nostris, per Gubernatorem dicte Ville, pro municione Castrorum nostrorum aut Germanorum nostrorum, seu pro quacunque alia causa sive necessitate, ac nostros aut eorum Officiarios in Villa & [a] Banlauca ejusdem, pro tempore presenti ac futuris temporibus, nulla fiet; & si prefati Officiarii contrarium facerent, volumus, ac prefatis Majori & aliis habitatoribus, & eorum cuilibet, ex habundanti concedimus quod ipsi non teneantur Officiariis aliqualiter obedire.*

(6) Item. *Quod si contingeret, quod absit, adversarium nostrum de Anglia, aut alios quoscunque inimicos nostros obsidere dictam Villam nostram per mare vel per terram, ad succurrendum ipsi Ville, & levandum seu [b] expellandum pro posse obsidionem hujusmodi, laborabimus, & promittimus mittere illuc Gentes armorum ad sufficienciam pro premissis.*

(7) Item. *Volentes sepefactos Majorem & habitatores dicte Ville nostre, [c] quod commode possumus ex nunc, à redibenciis & servitutibus quibuscunque preservare, ipsis concessimus & concedimus per presentes, quod amodo à futuris temporibus, quamcunque Imposicionem, Gabellam, Decimum, Tredecimum, aut quamvis aliam servitutem, Subsidium aut redibenciam in dicta Villa nostra de Ruppella & [d] Patrie de [e] Amisio, ac super hereditatibus, bonis & proventibus quos ipsi & quilibet ipsorum, habent & habebunt in Xanctonia, non imponemus seu imponi mandabimus, nisi de eorum voluntate processerit & assensu.*

(8) Item. *Ordinamus & volumus quod Ville, Castra, & alia fortalicia que de ressorto dicte Ville nostre de presenti existunt, in eodem sint & perpetuo remaneant; quodque Insula de [f] Holerone & Castrum de [g] Bennon cum Castellania & ressorto, ac eorum omnibus & singulis pertinentiis, eidem ressorto ex nunc imperpetuum sint unita, & Nos ipsa dicto ressorto per presentes unimus & adjungimus sepedictis auctoritate Regia, certa sciencia & de plenitudine Regie potestatis.*

(9) Item. *Pro eo quia, ut audivimus, dum Officia Preposituге ac ecciam sigilli ad Contractus dicte Ville, elapsis temporibus ad [h] Firmam tenebantur, infinita gravamina & quam plures molestias Firmarii hujusmodi personis coram eis agere habentibus [i] imferebant, propter [k] que subditi nostri indebite vexabantur, pro salubri remedio circa hoc adhibendo, & ut prefati nostri subditi à pressuris hujusmodi releventur, nostris auctoritate, sciencia & gracia supradictis ordinamus & volumus, quod de cetero prefata Officia dicte Prepositure & sigilli ad Contractus tradentur in commanda seu custodia bonis & sufficientibus personis; & quod super receptis & emolumentis eorum & cujuslibet ipsorum, assignaciones in particulari nulle fiant de cetero; ac insuper quod prefatus Prepositus qui pro tempore fuerit, ad taxacionem [l] emandarum racione dicte Prepositure Officii debitarum,*

*a* Banleuca.

*b* expellendum.

*c* q. *R.*

*d* *Patria.*

*e* le païs d'Aunis.

*f* Oleron.

*g* nommé plus communément *Benon.* Voy. *le* 4.*e* *Vol. des Ord.* p. 280.

*h* Voy. les Tabl. des Mat. des Vol. de ce Rec., *au mot*, Prevôtez à Fermes.

*i* inferebant.

*k* q. *R.*

*l* emendarum.

CHARLES V. à Paris, au Château du Louvre, le 8. de Janvier 1372.

non teneatur procedere, nisi vocatis per eum duobus Burgensibus bonis & notabilibus dicte Ville.

(10) Item. Delato ad nostri noticiam, quod nonnulli habitatores dicte Ville, se nostros asserentes [a] Officiario, ut pote Locumtenentes Senescalli, [b] Clerici, Servientes, Monetarii, & alii quamplures qui se de nostro Consilio esse dicunt, racione Officiorum hujusmodi, à contribucione Subsidiorum que fuerunt in dicta Villa, pro repparacione, fortifficatione, & aliis oneribus ipsius supportandis, & [c] a [d] faciendum excubias & [e] custodia de [f] note & de die in [g] eodem, se voluerunt & adhuc volunt & conantur excipere, propter quod alii habitatores à dicta contribucione se retrahunt, dicentes quod nisi alii satisfaciant. pariter nec ipsi, & sic dampna & inconveniencia permaxima possunt in dicta Villa evenire, quod absit; ea propter Nos [h] volente de remedio super hoc providere, ordinamus & statuimus auctoritate Regia, certa sciencia & speciali gracia supradictis, quod illi nostri Officiarii, Monetarii, & alii qui in dicta Villa habebunt hereditates vel domicillium, cujuscunque status aut condicionis existant, ad contribuendum dictis Subsidiis que in eadem Villa pro dictis repparacionibus & aliis premissis de cetero imponentur, & excubias ac custodiam de nocte & die faciendas, teneantur de cetero, prout equitas suadebit, & ad hoc compelli possint libere & valeant, quacunque exempcione aut gratia concessa vel [i] concedanda, ipsis nullatenus suffragante; nam ipsam remissionem, Exempcionem aut gratiam factam vel faciendam, [k] que ad hoc, effectu & viribus omnimode vacuamus.

(11) Item. Ex nostris auctoritate Regia, certa scientia & speciali gracia, sepefactis Majori & habitatoribus dicte Ville nostre, eorumque successoribus, concessimus & concedimus per presentes, quod ipsi dictique eorum successores & ipsorum [l] quemlibet, de solvendo decem Solidos pro quolibet tonnello, & quinque Solidos pro qualibet Pipa vini, nec non quatuor Denarios pro libra de bonis & aliis quibuscunque mercaturis que onerabuntur in dicta Villa, & extra Regnum ducentur ad vendendum, sint quitti, liberi perpetuo & immunes: Tenebuntur tamen affirmare, mediante juramento, coram Preposito nostro dicte Ville, quod sine fraude vina & mercature hujusmodi extra Regnum mittentur, superque certifficacionem à dicto Preposito nostro recipiant; nec aliam de loco aut locis ubi dicta vina & mercature vendentur, astricti erunt aliqualiter [m] reppertare.

(12) Item. Sepefactis Majori & Burgensibus Mercatoribus dicte Ville nostre, eorumque successoribus ac ipsorum cuilibet, concessimus & per presentes concedimus auctoritate, sciencia & gracia supradictis, quod de vinis in suis excrescentibus vineis, & de aliis que per dictos Burgenses Mercatores in dicta Villa & Banleuca ementur, & per Regnum nostrum ubicunque vendentur, ac Mercatores Burgenses & ipsorum Factores, familiares & [n] famili conducentes dicta vina, [o] eunde, stando, morando, redeundo, ac per districtus quoscunque dicti Regni nostri, tam nostros quam in Feudis & Retrofeudis nostris existentes, transeundo, ab omni Pedagio, Coustuma, Barragio, Transverso, Decimo, Tredecimo, redibencia, & aliis exactionibus seu Subsidiis quibuscunque, sint perpetuo quitti, immunes & liberi, pro prima vendicione duntaxat facta sine fraude.

(13) Item. Peramplius volentes prefactos Majorem, Burgenses & habitatores prefacte Ville, & eorum successores, privillegiis & Libertatibus premunire, volumus, ac eis & ipsorum cuilibet concedimus auctoritate, scientia & gracia quibus supra, quod ipsi & Factores eorum, servitores & famuli, de omnibus mercaturis suis eundo, stando, morando & transeundo per totum Regnum, à solucione omnis Imposicionis, Pedagii, Coustume, Barragii, Transversi, & alterius cujuscunque redibencie aut Subsidii, quitti, immunes & liberi sint & perpetuo remaneant; exceptis Pedagiis, ac consuetis & antiquis redibenciis, nisi aliter super hoc ex privillegio sint exempti.

(14) Item. Concessimus, ac predictis Majori & Burgensibus, ex dictis sciencia, auctoritate & gracia per presentes concedimus, quod super quibuscumque receptis & [p] misiis per ipsos eorumque predecessores, ac Commissarios & deputatos ab eis, olim quocunque modo seu occasione factis, ipsi in futurum nullum teneantur reddere compotum, nec ad hoc compelli possint; ipsos namque & eorum quemlibet, de reddendis quibuscumque super hoc compotis, relevamus, ac quittos declaramus & volumus perpetuo remanere.

[a] Officiarios. [b] appar. Greffiers. [c] ad. [d] faciend. R. [e] custodiam. [f] nocte. [g] eadem. [h] volentes. [i] concedenda. [k] quo ad. [l] quilibet. [m] repportare. [n] famuli. [o] eundo. [p] dépenses.

*Quocirca dilectis & fidelibus Gentibus Compotorum nostrorum Par. ac Generalibus Consiliariis super Subsidiis guerre nostre; necnon Gubernatori dicte Ville nostre, ceterisque Justiciariis & Officiariis Regni nostri, aut eorum Locatenentibus, presentibus & futuris, & ipsorum cuilibet, damus tenore presencium in mandatis, ut prefactos Majorem, Scabinos, Consiliarios, Burgenses & habitatores dicte Ville, ac eorum quemlibet, prout ad eum pertinuerit, premissis omnibus & singulis uti & gaudere pacifice faciant & permittant, & contra tenorem presencium nullatenus* [a] *inquietant, molestant,* [b] *inquitari vel molestari nunc vel in futurum aliqualiter paciantur; sed si aliqua in contrarium facta vel attemptata fuerint, ea ad statum pristinum & debitum reducant aut reduci faciant, visis presentibus, indilate: Volentes interim, ac predictis Majori & habitatoribus concedentes, ut transcripto autentiquo seu Copie presencium, ac cujuslibet clausule de contentis superius ac eciam declaratis, sub sigillo Regio confectis, sicut & ipsis Originalibus Litteris, adhibeatur in Judicium & extra, de cetero plena fides. Et ut premissa* [c] *& valida perpetuis temporibus maneant, sigillum nostrum Litteris presentibus apponi mandavimus: Salvo in aliis jure nostro, & in omnibus quolibet alieno.* Datum Parisius, in Castro nostro de Luppara, octava die Januarii, anno Domini millesimo CCC.° septuagesimo secundo, & Regni nostri nono.

*Per Regem, in suo Consilio.* J. TABARI.

CHARLES V. à Paris, au Château du Louvre, le 8. de Janvier 1372.

*a* inquietent, molestent.

*b* inquietari.

*c* ce mot est inutile.

---

(*a*) Lettres par lesquelles le Roy accorde la Noblesse aux Maire, Eschevins & Conseillers de la Ville de la Rochelle; & remet les droits de Francs-Fiefs, aux habitants non-nobles de cette Ville.

CHARLES V. à Paris, au Château du Louvre, le 8. de Janvier 1372.

*KAROLUS Dei gracia Francorum* [d]. *Notum facimus universis presentibus pariter & futuris, quod Nos* [e] *considerentes innensam* [f] *magibilibus sufficienciam ac morum* [g] *conservacionem laudabilem, ceteraque probitatis & aliarum virtutum merita, quibus dilecti & fideles subditi nostri, Major, Scabini & Consiliarii moderni Ville nostre de Ruppella, multipliciter commendantur, prout circa regimen dicte Ville & alias, rerum experiencia* [h] *manifesta;* [i] *advertantes eciam quod ad ipsum regimen sufficienciores dicte Ville, quociens casus exigit, verissimiliter assumuntur; propter quod dignum reputantes & congruum prerogativa favoris Regii eos* [k] *prosqui, que eis ac ipsorum posteritati ad incrementum honoris & commodi cedere dignoscatur, ipsos Majorem, Scabinos & Consiliarios, qui nunc sunt & pro tempore fuerint, ac ipsorum quemlibet, licet ex neutro parentum suorum nobilis existant, cum eorum & cujuslibet ipsorum prole nata* [l] *imposterum nascitura, ex certa scientia & speciali gracia ac Regie potestatis plenitudine, tenore presentium nobilitamus, nec non nobilitatis* [m] *plenario beneficio decoramus: Volentes & concedentes ut tam ipsi & eorum* [n] *quemlibet, quam eorum & cujuslibet ipsorum tota posteritas, pro Nobilibus de* [o] *cero habeantur, & ab omnibus tanquam tales, ad omnes actus Nobilium ubilibet admittantur; necnon previlegiis & Libertatibus Nobilium quibuscunque, pacifice gaudeant & utantur; quodque possint & eis liceat* [p] *quecumque & à quocunque eis placuerit, decorari cingulo militari; ac insuper Feuda, res Feudales, Juridiciones & Dominia in Regno nostro acquirere, & adquisita jam & eciam adquirenda de cetero tenere & retinere; Juribus aut Consuetudinibus quibuscunque contrariis nonobstantibus in hac parte, absque eo quod Nobis aut Successoribus nostris Regibus Francie,* [q] *exindo financiam aliquam prestare aut solvere teneantur; quam quidem financiam Nos ex uberiori dono gracie, eis & eorum cuilibet damus,* [r] *remittimus liberaliter &* [s] *; ac ulterius, dilectis nostris Burgensibus* [t] *habitatoribus dicte Ville, ac eorum cuilibet, qui habebunt in omnibus* [u] *valorem quingentorum Francorum, concedimus quod Feuda* [x] *nobliti in toto Regno nostro adquirere* [y] *tenere possint & valeant, absque eo quod aliquam financiam*

*d* Rex.

*e* considerantes.

*f* mot corrompu.

*g* conversacionem. 2.^e^ *Piece.*

*h* manifestat.

*i* advertentes.

k prosequi. 2.^e^ *P.*

*l* &. 2.^e^ *P.*

*m* plenarie. 2.^e^ *P.*

*n* quilibet. 2.^e^ *P.*

*o* cetero. 2.^e^ *P.*

*p* quecunque. 2.^e^ *P.* quemcumque.

*q* exinde. 2.^e^ *P.*

*r* remittimus. 2.^e^ *P.*

*s* oms avec une marque d'abbréviation, *R.* peut-être *donamus*, comme plus bas.

*t* &.

*u* bonis. 2.^e^ *P.*

*x* nobilia. 2.^e^ *P.*

*y* &.

NOTE.

(*a*) Tres. des Chart. Regist. 104. P. 50. Cette Piece est copiée une seconde fois dans ce Registre, Piece 52.

CHARLES V. à Paris, au Château du Louvre, le 8. de Janvier 1372.

*solvere aut prestare teneantur de cetero; ipsam namque financiam*[a] *ipsius & eorum cuilibet, per presentes remitimus & donamus. Quocirca dilectis & fidelibus Gentibus Compotorum nostrorum Par. Gubernatori dicte Ville nostre, ceterisque Justiciariis & Officiariis Regni nostri, ac eorum Locatenentibus, presentibus & futuris, & ipsorum cuilibet, damus tenore presencium in mandatis, ut prefactos Majorem, Scabinos & Consiliarios dicte Ville, ac eorum quemlibet, prout ad eum pertinuerit, premissis omnibus & singulis uti & gaudere pacifice*[b] *facient & permittant, & contra tenorem presencium nullatenus inquietent vel molestent, inquietari vel molestari nunc vel in futurum aliqualiter paciantur; sed si aliqua in contrarium facta vel attemptata fuerint, ea ad statum pristinum & debitum reducant seu reduci faciant, visis presentibus, indilate. Volentes interim, ac predictis Majori, Scabinis & Consiliariis concedentes, ut transcripto autentiquo seu*[c] *Copie presencium sub sigillo Regio confectis, sicut ipsis Originalibus Litteris, adhibeatur in Judicium & extra, de cetero plena fides. Et ut premissa firma & valida perpetuis temporibus maneant, sigillum nostrum hiis presentibus apponi mandavimus: Salvo in aliis jure nostro, & in omnibus quolibet alieno.* Datum Parisius, in Castro nostro de Lupera, octava die mensis Januarii, anno Domini millesimo ccc.° septuagesimo secundo, & Regni nostri nono.

*Per Regem, in suo Consilio.* J. TABARI.

[a] ipsis. 2.e P.
[b] faciant.
[c] Copie. 2.e P.

---

CHARLES V. à Paris, le 24. de Janvier 1372.

## (*a*) Reglement pour la vente du Sel.

### SOMMAIRES.

*(1) Le sel qui sera amené pour vendre dans une Ville, sera mesuré par le Grenetier & le Controlleur, & mis par eux dans un grenier dont ils auront une clef, & le Marchand à qui appartiendra le sel, une autre clef. Le grenier où sera mis le sel, ne sera point le grenier d'une maison occupée par une personne qui vendra du sel en détail.*

*(2) Le sel qui est dans les greniers, sera vendu suivant l'ordre du temps dans lequel il y aura été amené par les Marchands.*

*(3) Le sel sera vendu au prix qui sera fixé par le Roy; & l'Argent de la vente sera mis dans un coffre, dont le Grenetier, le Controlleur & le Marchand auront chacun une clef.*

*(4) Les Marchands qui auront du sel dans les Greniers du Roy, n'en pourront vendre en détail.*

*(5) Les Regratiers qui vendent du sel en détail, n'en pourront vendre à une même personne, plus d'un Minot à la fois.*

*(6) Le Grenetier & le Controlleur fixeront le prix du sel qui sera vendu par les Regratiers. Le sel que ceux-cy auront vendu trop cher, & celui que l'on trouvera encore chez eux, seront confisquez; & ils seront condamnez à l'Amende.*

*(7) On sera obligé d'acheter du sel dans le grenier le plus prochain du lieu de son domicile, ou chez les Regratiers demeurants dans le département de ce grenier.*

*(8) Dans la Langued'oyl, on sera obligé de prendre du sel de trois mois en trois mois, à proportion de ce que l'on en peut consommer; mais on ne le payera qu'à la fin de ces trois mois.*

*(9) On ne pourra vendre dans le département d'un grenier, que le sel qui y aura été acheté.*

*(10) Les Grenetiers deffendront de vendre du sel à ceux qui sont soupçonnez d'en acheter ailleurs qu'au grenier dans le département duquel est leur domicile. On ne pourra vendre ou acheter du sel que dans les Marchez ou autres lieux publics.*

*(11) Toute personne pourra sans avoir besoin de Commission, saisir le sel qui sera trouvé dans le département d'un grenier dans lequel il n'aura point été acheté, & les voitures qui le conduiront. Ce sel sera confisqué; & celui qui l'aura saisi, en aura le tiers; le Roy un tiers; & le Grenetier donnera l'autre tiers aux Juges, soit Royaux soit de Seigneurs, dans la Jurisdiction desquels la saisie aura été faite. Si celui qui l'a faite a une Commission, il aura la moitié du sel confisqué, le Roy le quart, & les Juges l'autre quart.*

*(12) Ceux qui auront été convaincus par la voye d'une information, d'avoir vendu, acheté ou consommé du sel qui n'aura pas été pris dans le grenier du lieu de leur domicile, seront condamnez à une Amende, dont le Commissaire qui aura fait l'information, aura le quart, le dénonciateur le quart, & le Roy la moitié.*

*(13) Les Grenetiers pourront punir ceux qui contreviendront à ce Reglement. Si le délict*

*est grave*

### NOTE.

(*a*) Premier Registre de la Cour des Aides de Paris, *fol.° 36. Recto.*

*Voy.* sur ce Registre, *le 4.e Vol. de ce Rec.* p. 201. Note (*a*).

SOMMAIRES.

est grave, il les arrêtera prisonniers, & les ajournera pour comparoître à Paris, devant les Généraux Conseillers sur le fait des Aides pour la guerre.

(14) Ce Reglement sera publié de quatre mois en quatre mois, dans les lieux notables des départemens des greniers.

(15) Ceux qui contreviendront à ce Reglement, seront punis.

CHARLES V. à Paris, le 24. de Janvier 1372.

CHARLES par la grace de Dieu Roy de France. A tous ceulx qui ces presentes Lettres verront: Salut. Savoir faisons que Nous par deliberacion de nostre Conseil, ouy le rapport de certaines personnes de ycellui, que n'ageres avons envoyé en plusieurs parties de nostre Royaume, pour veoir, sçavoir & apporter l'estat de noz Greniers à sel & de tout le fait de nostre Gabelle, afin de pourveoir & remédier aux deffaulx & inconveniens, s'aucuns en y avoit, & aux fraudes & malices qui sont faictes de jour en jour oudit fait, avons ordonné & ordonnons par ces Lettres, les choses qui cy après s'ensuyvent.

(1) *Premierement.* Que tout le sel qui d'orefenavant sera amenié pour vendre en aucunes des Villes où Nous avons Grenier, sera descendu, mesuré & mis ou dit Grenier, par noz Grenetiers & Contrerolleurs illecques; & dudit Grenier où mis sera, les dis Grenetier & Contrerolleur auront chascun une clef, & le Marchant de qui sera ledit sel, une autre clef; duquel sel ne sera riens mis ne descendu ou Grenier, *(b)* en maison de personne qui vende sel à détail.

(2) *Item.* Tout le sel qui est à present en nos dis Greniers, & y sera admené ou temps advenir, sera vendu à tour de papier; c'est assavoir, qui premierement amenera, premier vendra.

(3) *Item.* Tout ledit sel sera vendu par lesdis Grenetier & Contrerolleur, le pris que ordonné y avons ou ordonnerions; & l'argent de la vente mis en lieu seur, en cosfre ou escrain fermant à troys clefs, dont le grenetier aura une, le Contrerolleur l'autre, & le Marchant de qui sera le sel, [a] s'il la veult avoir.

[a] *la troisiéme.*

(4) *Item.* Aucun Marchant aïant sel en aucun de nos Greniers, ne pourra vendre sel à détail.

(5) *Item.* Aucun Marchant regratier ou détaillier, ne pourra vendre par quelque maniere que ce soit, que ung Minot de sel au plus à la foiz; mais audessoubz, en pourra vendre tant comme il vouldra à petites mesures, sans fraulde.

(6) *Item.* Les dis Grenetier & Contrerolleur ordonneront aux regratiers quel pris il vendront au peuple, le sel qu'ilz prendront en nostre Grenier pour revendre, *(c)* & oultre le sel plus vendu & demouré Amende à voulenté.

(7) *Item.* Chascun sera tenu de prandre sel au plus prouchain de noz Greniers dont il sera demourant, ou aulx revendeurs & regratiers des [b] mettes dudit Grenier, & non aillieurs.

[b] *bornes, Département du Grenier.*

(8) *Item.* Comme pour obvier aulx fraudes & malices qui se faisoient & font de jour en jour, comme dit est, contre les Ordonnances de nostre Gabelle dessus dite, eust esté ordonné ja pieça, que tous les habitans de nostre Royaume des parties de Languedoy, seroient contrainctes à prandre sel en nos diz Greniers, de troys moys en troys moys, chascun selon ce qu'il lui en fauldroit raisonnablement pour son vivre es dis troys moys; & afin qu'ils n'eussent cause de eulx complaindre de ladicte Ordonnance, que l'Argent dudit sel ilz ne paiassent jusques en la fin d'iceulx troys moys, Nous voulons que ladicte Ordonnance soit tenuë, gardée & mise sus partout où fait n'aura esté.

(9) *Item.* Aucun regratier, detailleur ou autre personne, ne pourra vendre ès

NOTES.

*(b) En maison.]* Je crois que cela peut signifier, que le grenier où le sel sera mis, ne sera point le grenier d'une maison occupée par une personne qui vendra du sel en détail.

*(c) Et oultre.]* Il y a là un mot qu'on n'a pû déchiffrer: Il semble que ce soit *envers*. Je crois que le sens est, que le sel qui aura été vendu trop cher, & celui qui sera encore chez le regratier, seront confisquez, & qu'il sera condamné à l'Amende.

CHARLES V. à Paris, le 24. de Janvier 1372.

mettes d'aucuns de noz Greniers, sel prins autre part que en ycelluy Grenier.

*(10) Item.* S'il est trouvé aucune personne, regratier ou autre, vendant sel à détail ès dittes mettes, communément renommé ou diffamé de vendre sel prins ailleurs que ou dit Grenier, ledit Grenetier luy pourra deffendre ledit mestier ou Marchandise sur grosses peines; & ne pourra aucun vendre ou acheter sel ès mettes de nos dis Greniers, sinon en Marché ou en lieu publicque, sur peine de perdre le sel, & de Nous en faire Amende.

*(11) Item.* Quiconques trouvera sel ès mettes d'aucuns de noz Greniers, qui n'aura esté prins ou dit Grenier, il le pourra prandre par ceste generale Ordonnance, sans autre commission, avec ses chars, charrettes, chevaulx & autres bestes menans, portans & conduisans ledit sel, & tout ce amener pardevers nostre Grenetier dudit Grenier, comme forfait & acquis à Nous, desquelles forfaictures, ensemble des Amendes qui en [a] ysteront, ledit preneur aura le tiers, la Justice du lieu où ce aura esté prins, tant en nostre Jurisdicion sans moyen, comme en subjecte, l'autre tiers par la main dudit Grenetier, & Nous l'autre tiers; & se ladicte prinse [b] est faicte par personne à ce commise, Nous en aurons le quart, ladite Justice l'autre quart, & le [c] Procureur le demourant.

*(12) Item.* S'aucun par informacion, [d] non mie en present meffait, est trouvé avoir vendu ou acheté de tel sel non gabellé, ou autrement en avoir usé depuis que celuy aura esté deffendu de par Nous, par *(d)* toy ou auctrement, il sera contrainct à [e] l'amender selon le meffait; & de l'Amende qui en ystera, le Commissaire qui aura fait l'informacion, aura le quart, celluy qui le fait aura accusé, le quart, & Nous la moictié.

*(13) Item.* Se ledit Grenetier trouve aucuns Marchans ou autres personnes quelzconques, qui mespreignent pour le temps advenir ou fait de ladite Gabelle, ou qui facent aucune chose contre nos presentes Ordonnances, il les en pourra pugnir, la verité sçeuë, selon la qualité du meffait; & se le cas estoit si grant, qu'il doubtast à en déterminer, il pourra adjourner les malfaicteurs [f] par main mise à jour compectans, pardevant noz amez & feaux les Generaulx-Conseilliers à Paris, sur le fait des Aides ordonnez pour noz guerres, pour respondre sur ce à nostre Procureur, à tout ce qu'il leur vouldra demander.

*(14) Item.* Ces presentes Instructions & Ordonnances seront criées solennellement & publiées en toutes les Villes & lieux notables acoustumez à faire criz ès dittes mettes, de quatre moys en quatre moys, afin qu'il en soit à chascun memoire continuelle, & que à pretendre ignorance, [g] aucun ne face à recevoir d'illecques en avant.

*(15) Item.* Quiconques fera le contraire des choses dessus dites ou d'aucunes d'icelles, & qui y commectra fraulde, Nous le ferons pugnir ainsi que Nous veerons qu'il appartiendra à faire de raison, & par telle maniere que ce sera exemple aulx aultres; & sera la chose acquise à Nous, en quoy il aura commise la fraulde.

Si donnons en mandement par la teneur de ces presentes, à noz amez & feaulx les Generaulx & Conseillers sur le fait de la finance & de la Justice des Aides, aulx Grenetier & Contrerolleur du Grenier à sel estably au Manz pour Nous, & à tous noz autres Grenetiers & Contrerolleurs des Greniers à sel de nostre Royaume, que noz Ordonnances dessus dites & chascune d'icelles, ilz tiennent, gardent & acomplissent, & facent tenir, garder & acomplir fermement ès dis Greniers, fins & mettes d'iceulx, en la maniere que ordonné l'avons. En tesmoing de laquelle chose, Nous avons fait mectre nostre Scel à ces presentes Lettres. *Donné à Paris, le vingt-quatrieme jour de Janvier, l'an de grace mil trois cens soixante douze, & de nostre Regne le neufiesme.*

[a] *sortiront, proviendront.*
[b] *a esté.*
[c] *la personne chargée de la Commission.*
[d] *& non.*
[e] *payer l'Amende.*
[f] *en les arrêtant prisonniers.*
[g] *ne soit reçû.*

NOTE.

*(d) Toy.]* Je ne sçais à qui se rapporte ce mot; car au commencement de ces Lettres, il n'y a point d'adresse à un Officier.

CHARLES V. à Paris, le 28. de Janvier 1372.

(a) Lettres qui portent que les trois Clercs & Notaires du Roy, qui servent au Parlement, prendront leurs gages & leurs Manteaux sur les Amendes & autres produits de Justice.

*KAROLUS* [ *Dei gratia Francorum Rex.* ] *Universis præsentes Litteras inspecturis : Salutem. Cum nuper referentibus dilectis & fidelibus Cancellario nostro, ac Consiliariis nostris Gentibus nostrum Parisius Parlamentum tenentibus, ad nostrum pervenerit auditum, quod licet sub judiciali auctoritate,* [a] *& affluentium in eodem Parlamento Causarum tam civilium quam criminalium, & se presentantium personarum multitudo sub triplici Registratorum ministerio, reperiatur ordinata ab antiquo ; necessarium tamen erat & est propter Literarum, Actorum & aliorum negotiorum multitudinem in dictâ Curia emergentium, ultra registra ejusdem Curiæ celerius expedienda, de aliis Notariis cum dictis Registratoribus provideri. Notum igitur facimus, quod Nos pro bono Justiciæ & subdictorum nostrorum utilitate, huic necessitati subvenire, & super ea convenienter providere volentes, ex nostri deliberatione Consilii, volumus & etiam ordinamus, quod dilecti Clerici & Notarii nostri, Magistri Joannes Clerici, Joannes Boileauë & Guillelmus de Plantis, de quorum sufficientia & probitate ac diligentia per dictos Cancellarium, & alios Consiliarios nostros ac alios, fuimus & sumus debite informati, in dicta Parlamenti Curia, tam in presenti quam in futuris Parlamentis deinceps, pro suo exercendo Notariatus Officio, simul vel divisim, alternatis diebus & vicibus, continuo intersint & fideliter* [b] *laborant ; & insuper, ut predicti Notarii ad dicta negotia diligentius prosequenda, & eorum Officia exercenda animentur, & ut* [c] *laboribus suis fructum sibi sentiant provenire, quod de vadiis &* [d] *Palliis suis consuetis de cetero satisfiat, eisdem & eorum cuilibet, super emendis & expletis, tam in dicto presenti quam in futuris Parlamentis adjudicatis & adjudicandis in futurum, quandiu tamen & quoties* [e] *presenti Notarii suum exercebunt Officium in Camera Parlamenti prædicta ; Quocirca dilectis & fidelibus Consiliariis nostris Gentibus Compotorum nostrorum Parisius, ac Generalibus super facto guerrarum nostrarum, & Thesaurariis nostris ; necnon Magistro Thomæ* [f] *Brossardi, ad levandum, exigendum & expletandum emendas, & expleta dicti Parlamenti, aliisque ad id deputatis & in futurum deputandis, & eorum singulis, prout ad eos spectat vel spectabit, mandamus districtius injungentes, quatenus eisdem Clericis & Notariis nostris superius nominatis, & eorum singulis, de dictis suis vadiis & Palliis, à tempore nostri presentis incepti Parlamenti, & deinceps nostrorum futurorum Parlamentorum temporibus, satisfaciant aut satisfieri faciant per illum vel illos ad quem seu quos spectabit, in & super dictis emendis & expletis ; quandiu tamen & quotiens dictum Officium in Camera nostra predicta, ut premittitur, exercebunt ; quæ sic soluta, volumus & jubemus in solventium compotis allocari & de eorum Recepta deduci per vos Gentes Compotorum nostrorum predictorum, vel Generales predictos, absque difficultate quacunque, Litteras quittatorias, una cum transsumpto seu* Vidimus *presentium Literarum reportando, & consideratione premissorum, de gracia speciali & ex nostra certa scientia fieri volumus & mandamus ; Ordinationibus & mandatis vel statutis* [g] *vel faciendis in contrarium, non obstantibus quibuscunque. In cujus* [ *rei testimonium, presentibus Literis nostrum fecimus apponi Sigillum.* ] Datum Parisius, die vigesima octava Januarii, anno Domini millesimo trecentesimo septuagesimo secundo, & Regni nostri nono. Sic signatum. *Per Regem, ad relationem vestram.* [h] DOLUS.

a Ce mot paroît inutile.

b laborent.

c ex.

d Voy. *les Tabl. des Mat. de ce Rec.* au mot, Robes.

e predicti. J.

f Il est nommé Bernardi dans les Lettres suivantes.

g factis.

h J. De Lus qui est aussi dans les Lettres suivantes.

NOTE.

*(a)* Ces Lettres & les suivantes sont dans le dépôt du Parlement de Paris, 7.^eme^ *Vol. des Ordonn. de Loüis XIII.* coté F. F. F. *fol.*° 397. *v.*° & 398. *R.*°

Ces deux Lettres ont déja été imprimées dans *les Offices de France de Joly*, tom. 1.^er^ Liv. 1.^er^ tit. XI. pp. 124. & 125. Les secondes Lettres y sont tronquées dans un endroit. Ce qui est ici entre deux crochets, n'est point dans le Registre du Parlement, & est tiré de *Joly*.

Collatio facta est cum originali, extracta à registris Curiæ Parlamenti. *Sic signatum.* DU TILLET.

*Collation faicte à l'Original.*

---

CHARLES V.
à Paris, le 28. de Janvier 1372.

(a) Lettres qui portent que Pierre Sureli Clerc & Notaire du Roy, servira au Parlement avec les trois qui sont nommez dans des Lettres de la même date; & qu'il prendra ses gages sur les Amendes & autres produits de Justice.

*KAROLUS [ Dei gratia Francorum Rex. ] Dilectis & fidelibus Consiliariis nostris Gentibus Compotorum nostrorum, Generalibus super facto guerrarum Regni nostri, ac Thesaurariis nostris Par. Salutem & dilectionem. Cum per alias* [a] *Litteras nostras die datæ presentium confectas, & ex causis in eisdem Litteris contentis, & ex nostri deliberatione Consilii, ordinaverimus quod dilecti Clerici & Nottarii nostri, Magistri Joannes Clerici, Joannes Boileauë & Guillelmus de Plantis, de numero & ordinatione aliorum Notariorum nostrorum vadia & Pallia percipientium, existentes, deinceps in nostro presenti & aliis futuris Parlamentis, sua Officia exercere teneantur, & quod ipsi vadia & Pallia sua consueta habeant & percipiant, quamdiu in dicta Camera suum predictum Officium exercebunt, super expletis & emendis adjudicatis & adjudicandis in nostro presenti & aliis futuris Parlamentis, quandiu in dicta Camera suum predictum Officium exercebunt, ad nostrum pervenerit auditum, referente nobis dilecto ac fideli* [b] *Cancelario nostro, quod dilectus Clericus ac Notarius noster, Magister Petrus Sureli, qui jam per plures annos de nostra & carissimi ac fidelis amici nostri, (b) Cardinalis Belvacensis, tunc nostri Cancellarii, ordinatione & mandato, suum Notariatus Officium continue exercuerat, ac de die in diem exercebat in dicti Parlamenti Camera; & quod ipse tanquam ad hoc idoneus & peritus, ac cum dictis tribus superius nominatis, utilis & necessarius per dilectas & fideles Gentes dicti nostri Parlamenti nominatus fuerat & electus in presentia dicti nostri Cancellarii, ad dictum suum Notariatus Officium in dicta Camera cum tribus Notariis superius nominatis exercendum, si nostræ placeret voluntati; significamus vobis, quod Nos, premissis & aliis certis & justis causis ad hoc Nos moventibus, consideratis & attentis, ex certa nostra scientia ordinavimus, & per presentes ordinamus & volumus, quod dictus Magister Petrus dictum suum Notariatus Officium, cum aliis tribus superius nominatis, deinceps faciat & exerceat in dicta nostra Curia Parlamenti; & quia dictus Magister Petrus de numero aliorum Notariorum nostrorum vadia & Pallia ac Bursas percipientium, non existit, volumus & etiam ordinamus, ac eidem Magistro Petro tenore presentium concedimus, ut ex suis laboribus & meritis fructum sibi sentiat evenire, quod ipse loco vadiorum ac Palliorum & Bursarum quas seu quæ non habet nec percipit, ut est dictum, pro qualibet die, hoc presenti Parlamento durante & à principio ejusdem Parlamenti, habeat & percipiat sex Solidos Parisienses, & deinceps totidem in quolibet Parlamento futuro, in & super dictis expletis, emendis ac emolumentis presentis & futurorum Parlamentorum; quandiu tamen dictum suum exercebit Officium in predicta Camera Parlamenti. Quocirca vobis & vestrum cuilibet, prout ad vos spectat vel spectabit in futurum, mandamus quatenus dicto Magistro Petro, de dicta summa sex Solidorum Parisiensium per diem, satisfieri faciatis in dicto presenti Parlamento, & simili modo in singulis annis & futuris Parlamentis, per Magistrum Thomam* [c] *Bertnardi ad presens deputatum & commissum, seu per illum vel illos qui alias deputatus vel deputati* [d] *fuerunt*

[a] ce sont les precedentes.

[b] Voy. Note (b).

[c] Voy. p. preced. Note (e) margin.

[d] fuerint.

NOTES.

(a) *Voyez cy-dessus*, page precedente, Note (a).

(b) *Cardinalis Belvacensis.* ] Jean de Dormans Cardinal, & Evêque de Beauvais, le 21. de Fevrier 1371. remit les Sceaux au Roy, qui les donna à Guillaume de Dormans son frere; mais celui-cy étant mort le 11.[e] de Juillet 1373. Jean les reprit, & mourut le 7. de Novembre suivant. *Voy. l'Hist. Geneal. de la Maison de France, tom. VI.* pp. 332. & 336.

*& commissi ad levandum & exigendum expleta & emendas Parlamenti ac Parlamentorum predictorum; que sic soluta, volumus & jubemus in solventum compotis allocari, & de eorum Recepta deduci per vos Gentes Compotorum nostrorum, vel Generales predictos, absque difficultate seu contradictione quacumque, Litteras* [a] *quittatorum super hoc, una cum transcripto seu* Vidimus *presentium Litterarum reportando; Ordinationibus vel statutis seu assignationibus aliis de dictis expletis & emendis factis vel faciendis, nonobstantibus quibuscunque. In cujus* [ *rei testimonium, præsentibus Litteris nostrum fecimus apponi Sigillum.* ] Datum Parisius, die vigesima octava Januarii, anno Domini millesimo trecentesimo septuagesimo secundo, & Regni nostri nono. [ Sic signatum. ] *Per Regem, ad relacionem (c) Domini.* J. DE LUS.

Collatio facta est cum originali, [b] extractum à registris Curiæ Parlamenti. Sic signatum. [c] BERRUYER.

*Collation faicte à l'original.*

CHARLES V.

à Paris, le 28. de Janvier 1372.

a quittatorias, *dans les Lettres preced.*

b extracta, *dans les Lettres preced.*

c Berrenger. *J.*

NOTE.

*(c) Domini.* ] Il y a dans Joly, *ad relationem vestram*, comme dans les Lettres precedentes. Ce mot *Domini* désigne le Chancelier; Car dans les Lettres il y a, *referente Nobis Cancellario*: d'où l'on peut conclure que toutes les Lettres à la fin desquelles il y a, *ad relationem vestram*, ont été données sur le rapport du Chancelier.

---

CHARLES V.

à Paris, au Château du Louvre, en Janvier 1372.

## (a) Lettres qui accordent à la Ville d'Angoulême, une Commune semblable à celle de S.t Jean d'Angely.

*KAROLUS Dei gracia Francorum Rex. Regalis providencia digna subditorum fidelium merita recognoscens, illos extollit honoribus & privilegiis* [d] *aleaut qui erga eam in fidelitatis & amoris constancia, nedum elapsis permanserunt temporibus, sed & modernis inviolabiliter perseverant. Notum igitur facimus tam presentibus quam futuris, quod Nos mente sedula recensentes dilectos & fideles nostros Burgenses & habitatores Ville nostre Engolismensis, grata &* [e] *placida servicia predecessoribus nostris Francie Regibus & Nobis, ab olim multipliciter prebuisse; novissime autem super eo quod guerra nuper* [f] *sciencia inter Nos* [g] *adversarios nostros de Anglia, occasione Ducatus nostri Acquitanie, sub quorum adversariorum potestate & dominio aliquamdiu fuere, ipsi jus nostrum quod habemus in dicto Ducatu, ut veri subditi consistentes, non vi, prece nec precio, sed mera voluntate sua & unanimi proposito fidelitatem suam* [h] *notarie exhibenter, Nos naturalem & superiorem suum Dominum publice agnoverunt, se & sua ac Villam & Castra ejusdem, sub immediato nostro dominio omnimode* [i] *submittando; ex quibus Nos eis* [k] *offici quam plurimum non immerito reputantes, ac volentes eos favore & gracia Regiis prosequi, ut probitatis operibus vacasse se gaudeant, ac exinde fructum honoris & commodi reportasse, aliique eorum exemplis similibus* [l] *facibus se conforment, talem & in omnibus similem Communiam juratam in dicta Villa nostra Engolisemensi, qualem habent dilecti & fideles nostri Major, Scabini & Burgenses Ville nostre* [m] *Sancti Johannis Angliacensis, in eadem Villa Sancti Johannis, cum eisdem & similibus Banleuca, Coustumis, franchisiis, Libertatibus, previlegiis & statutis, quas & que iidem Major, Scabini & Burgenses dicti loci* [n] *Johannis habent tam virtute & auctoritate dicte Communie sue, quam aliter ex concessione Predecessorum nostrorum & nostra; nec non aliis quibuscunque Juribus, deveriis, Consuetudinibus & pertinentiis universis ad dictam Communiam ac vim & effectum ejusdem spectantibus quovismodo, prefatis Burgensibus & habitatoribus dicte Ville nostre Engolismensis, pro se & eorum successoribus, dedimus &*

d fort. *alit.* aut *elevat.*

e fort. *placita.*

f suscitata *qui est dans plusieurs autres Lettres semblables.*

g &.

h notorie exhibentes.

i submittendo.

k affici.

l fort. *factis.*

m S.t Jean d'Angely.

n Sancti.

NOTE.

*(a)* Tresor des Chartres, Registre 104. Piece 305.

Au mois de Mars 1373. Charles V. donna aux habitants d'Angoulesme, des Lettres pour l'établissement de leur Commune, beaucoup plus étendues que celle-cy. Elles seront imprimées à leur rang dans ce Volume.

*Voy. cy-dessus*, p. 190. Note *(a)*.

CHARLES V.

à Paris, au Château du Louvre, en Janvier 1372.

a habend. &c. *R.*

b melius.

c gerendi.

d Turon. &c. *R.*

e quoquam.

f mense.

*concessimus, damusque & concedimus per presentes, ex certa scientia, de speciali gracia & plenitudine Regie potestatis, per eos eorumque successores* [a] *habendam, tenendam & retinendam perpetuo, quatenus jura propria* [b] *nelius possint defendere & integraliter custodire; salvis tamen & retentis fidelitate nostra ac jure nostro nostrorumque heredum ac Successorum: Dantes preterea & concedentes Burgensibus & habitatoribus supradictis, plenam, generalem & liberam potestatem ac mandatum speciale predictam Communiam in dicta Villa Engolismensi, modo & forma premissis ordinandi & ponendi, Majorem, Scabinos ac Juratos instituendi, ac omnia alia & singula faciendi,* [c] *geredi & exercendi que ad ipsam spectant & spectare possint & debent Communiam, ac prout dicti Major, Scabini & Burgenses dicti loci Sancti Johannis debent & tenentur facere auctoritate ejusdem: Mandantes nichilominus Baillivo nostro Exemptionum* [d] *Turonensium, Engolismensium & Xantonensium, ceterisque Justiciariis & Officiariis Regiis, aut eorum Locatenentibus, & ipsorum cuilibet, prout ad eum pertinuerit, presentibus & futuris, quatenus prefatam Communiam cum omnibus & singulis suprascriptis, modo & forma quibus utuntur dicti Major, Scabini & habitatores Sancti Johannis, & de quibus ipsis debite constabit, in dicta Villa nostra Engolismensi poni, ordinari & institui permittant, ac prefatos Burgenses & habitatores dicte Ville nostre Engolismensis, eorumque successores ipsa Communia cum ejus dictis pertinentiis, nostraque presenti gracia & concessione uti & gaudere faciant & procurent temporibus perpetuis, pacifice & quiete, & contra tenorem presencium nullatenus ipsos ac dictos successores inquietent vel molestent, seu inquietari aut molestari de cetero paciantur à* [e] *quoquem; Ordinacionibus, defensionibus & mandatis ad hoc contrariis factis vel faciendis, nonobstantibus quibuscunque. Et ut premissa omnia & eorum singula perpetue stabilitatis robur obtineant, Sigillum nostrum hiis presentibus mandavimus apponi: Salvo in aliis jure nostro, & in omnibus quolibet alieno.* Datum Parisius, in Castro nostro de Lupara, anno Domini millesimo CCC.° septuagesimo secundo, & Regni nostri nono, [f] manse Januarii.

*Per Regem.* J. TABARI.

---

CHARLES V.

à Paris, au Château du Louvre, en Janvier 1372.

g cet endroit est corrompu.

h &.

i annuatim.

k &.

l existit.

m qui.

n erat.

o Philippe de Valois.

## (*a*) Confirmation des privileges de la Ville de S.t Flour.

*KAROLUS Dei gracia Francorum Rex. Regalis providentia digna pensans merita fidelium subditorum, libenter illos prosequitur favoribus graciosis, ut & ipsi gaudeant se probitatis operibus vacavisse, seque Regiis beneplacitis adhesisse, & alii eorum exemplo similibus se conforment. Notum itaque facimus universis tam presentibus quam futuris, quod cum dilecti & veri fideles nostri, Consules & habitatores Civitatis Sancti Flori, nostre obediencie,* [g] *ut Cathedrali Ecclesia retente, que clavis est Regni nostri à parte Ducatus Acquitanie; suique predecessores fuerunt in possessione & saisina pacificis habendi & tenendi in eadem Civitate Consulatum, archamque & sigillum, ac quam plures alias Libertates & franchisias; ad ipsosque Consules pertineat custodia portarum & murorum dicte Ville, instituendique, ordinandi* [h] *creandi in predicta Civitate tres Consules* [i] *annuatı, dum & quando eis visum erit expediens pro bono dicte Ville & rei publice; aliaque faciendi* [k] *ordinandi que circa hec sunt necessaria seu eciam opportuna; ac de premissis usi sint & fuerint à tot & tantis temporibus citra que de contrario memoria hominum non* [l] *extitit; quas siquidem Libertates, privilegia, franchisias, & certas composiciones inter ipsum* [m] *que tunc* [n] *era (b) Sancti Flori, & tunc ipsius Civitatis Consules, ipsi Consules & habitatores asserunt fuisse per predecessorem nostrum Avum* [o] *Philippum quondam Regem Francie, & nostram Parlamenti Curiam confirmatas; Nos attenta virtuosa & commendabili fidelitatis constancia, qua dicti Consules & habitatores*

NOTES.

(*a*) Tresor des Chartres, Registre 104. Piece 6.

(*b*) *Sancti Flori.*] Il faut suppléer là, *Abbas* ou *Episcopus*. Car S.t Flour étoit autrefois une Abbaye qui fut érigée en Evêché, vers 1318. *Voy. le 4.e Vol. de ce Rec.* p. 668. Note (*t*).

*dicte Civitatis Sancti Flori, ipsam Civitatem affectuosis viribus sub obediencia nostra non ficta, legitime & fideliter servaverunt, volentes ipsos Consules & habitatores & eorum successores, favore prosequi* [a] *graciose, & ut* [b] *fervenciis in predicta fidelitatis constancia* [c] *animantur & crescant, ad dictorum Consulum & habitatorum supplicacionem humilem & devotam, dictum eorum ac dicte Civitatis Consulatum, franchisiasque* [d] *Libertates predictas quibus usi fuerunt actenus, ut prefertur, auctoritate nostra Regia & de* [e] *nostra plenitudine potestatis, ex nostra dicta scientia & de gracia speciali, tenore presentium approbamus & confirmamus,* [f] *eos de ipsis uti volumus & jubemus:* [g] *Mandentes Baillivo nostro Montanarum Alvernie, moderno & futuro, ceterisque Justiciariis & Officiariis nostris, aut eorum Locatenentibus, quatenus dictos Consules & habitantes nostra presenti gracia uti & gaudere faciant & permittant pacifice &* [h] *quitte,* [i] *ne contra ipsius nostre gracie tenorem eos* [k] *inquittari aut perturbari à quoquam patiantur quovismodo; facta in contrarium, si que sint, revocando, & ad statum pristinum & debitum reducendo. Quod ut firmum & stabile perpetuo perseveret in futurum, nostrum presentibus Litteris fecimus apponi sigillum: Salvo jure nostro in omnibus, & quolibet alieno.* Datum Parisius, in Castro nostro de Lupara, anno Domini M. CCCLXXII.° & Regni nostri nono, mense Januarii.

H. DE [l] TRE. *Per Regem, in suis Requestis.* G. DE HANGIE.

CHARLES V. à Paris, au Château du Louvre, en Janvier 1372.

[a] *fort.* gracioso.
[b] fervencius.
[c] animentur.
[d] &.
[e] nostre.
[f] &.
[g] mandantes.
[h] quiete.
[i] nec.
[k] inquietari.
[l] *Il y a une marque d'abbreviation sur ce mot.*

---

CHARLES V. à Paris, en Janvier 1372.

(*a*) Lettres qui confirment le privilege accordé par Guillaume *de Vicinis* Seigneur de Limoux, aux Consuls & habitants de cette Ville, portant que les Sergents contre lesquels il y aura des sujets de plainte, seront destituez de ses Juges, à la requisition des Consuls; & qui confirment la destitution certains Sergents.

*KAROLUS Dei gracia Francorum Rex. Notum facimus universis presentibus & futuris, Nos Litteras carissimi Fratris nostri, atque nostrum* [m] *Locatenentis in* [n] *Partibus Occitanis, Ludovici Ducis Andegavensis & Turonensis Comitisque Cenomanensis, suo novo sigillatas sigillo, sanas & integras, omni prorsus vicio & suspicionne carentes, prout prima facie apparebat, vidisse, formam que sequitur, continentes.*

*LUDOVICUS Regis quondam Francorum Filius, Domini mei Regis Germanus, ejusque Locumtenens in Partibus Occitanis, Dux Andegavensis & Turonensis Cenomanensisque Comes. Cum olim per Guillelmum de Vicinis condam Militem, tunc Dominum de* [o] *Limoso, pro se & suis successoribus universis, certum privilegium concessum fuerit & certa conventio Consulibus tunc & Universitati Ville predicte, pro se & suis successoribus universis; cujus quidem privilegii & convencionis tenor sequitur & est talis.*

*Anno ab Incarnacione Christi millesimo (b) CCC.*^mo^ *XCII.° Regnante Philippo Rege, Sexta Nonas Julii. Noverint universi presentes pariter & futuri, quod nos Guillelmus de Vicinis Miles, Dominus de Limoso, pro nobis & nostris heredibus & successoribus universis, gratis, & ex certa scientia promittimus vobis Bernardo de Bosco, Guillelmo Assalhiti, Petro* [p] *Secur. Petro de* [q] *Alanho & Petro Nigri, Consulibus de Limoso, presentibus pro vobis & vestris successoribus Consulibus, & nomine Universitatis Limosi, stipulantibus & recipientibus; nec non Bernardo Servelli Coconsuli vestro, absenti; & tibi Bernardo* [r] *Tortaulimi nostro* [s] *subdicto, pro ipso solenniter stipulanti, (c) in Curia nostra de Limoso, Serviens rixosus fuerit vel percussor, exhactor illicitus gentium-ve oppressor, aut aliter protervus, viciosus vel gentibus onerosus, sicque fama in loco*

[m] Locumtenentis.
[n] Languedoc.
[o] Limoux dans le Languedoc. *Voy. le 4.e Vol. de ce Rec.* page 32. Note (*c*).
[p] Il y a une marque d'abbreviation sur ce nom, & sur plusieurs autres qui sont dans la suite.
[q] marq. d'abbrev.
[r] Il y a 5. jambages sans point.
[s] Vassal. *Voy. le Glossaire de du Cange*, au mot, *subdictus*.

NOTES.

(*a*) Tres. des Chart. Regist. 104. P. 65.

(*b*) *CCC.*^mo^ ] Cette date est visiblement fausse. Il y a apparence qu'il faut corriger CC.^mo^ Du moins cette date s'accorde-t'elle avec le Regne de Philippe-le-Bel.

(*c*) Il y a dans le Registre *q. in q.* avec un *u* au-dessus de ce dernier *q*. Cela peut signifier, *quod in casu quo.*

CHARLES V. à Paris, en Janvier 1372.

*se habuerit vel habebit nostro Bajulo de Limoso & vobis Consulibus manifestum, Nos ad requisitionem.ᵃ seu successorum Consulum qui tunc erunt, dictum Servientem ab Officio reppellemus, nec ad aliud vel ad idem ipsum ulterius admittemus, quo ᵇ sua culpa reddidit indignum. Ad hec, ego Petrus de Vicinis, filius primogenitus dicti Domini Guillelmi de Vicinis, de auctoritate & expresso consensu ejusdem, gratis annuo & concedo, ipsaque tenere promitto perpetuo & servare, ac nullathenus contraïre. Nos itaque Guillelmus de Vicinis eidem Filio nostro auctoritatem prestamus super hiis & assensum. Actum Limosi, in Claustro majori Domus Fratrum Minorum, anno & die predictis, in presencia & testimonio Fratris Bernardi de Corrione, Gardiani Fratrum Minorum de Limoso, Fratris Ramundi de Tribus viis, Ordinis Fratrum Minorum, Domini Petri de Vicinis Militis, Johannis de Vicinis & Egidii Fratrum,* ᶜ *Petri Amelii Gayrandi, Petri de Camone de Cletto, Petri Guilhaberti Clerici, Raimundi de Amorto, Bernardi Bruni Clerici, Arnaldi Embrini * Major. * Die. Arnaldi Aprilis, Arnaldi * Thole, Guillelmi* ᵈ *Tame, Poncii Hugöiis, Petri Arnaldi Cavalli, Ramundi Arnaldi Sicardi,* ᵉ *Rainudi Columbi, * Blanq. Petri de * Cornaullo, Petri Arnaldi Textoris, Petri de Salvelha, Bernardi Capitis, Anhele de Flassaro, Guillelmi Pance, Petri Johannis de* ᶠ *Villar. Petri Ramundi Salvarinii, Arnaldi Montanerii, Ramundi Arnaldi Textoris, Reimundi Guillelmi de Sancto Policarpo Mercatoris, Bertaudi* ᵍ *Hugonis, Bartholomei Lupi, Clericorum de Limoso, & plurium aliorum, & mei Bernardi Tortaulini, Notarii Limosi publici, qui requisitus & rogatus à predictis, hanc Cartam scripsi, & signo meo signavi.*

a vestram.
b se.
c Plusieurs de ces noms sont douteux. Ceux où il y a des abbreviations, seront marquez d'un Asterique.
d Il y a trois jambages sans point.
e Il y a cinq jambages sans point.
f marq. d'ab.
g Hug. R.

ʰ *Deinde vero super* ⁱ *approbacione & confirmacione tam suprascripti privilegii & convencionis, quam aliorum privilegiorum, usuum & Consuetudinum Ville predicte, inclite recordacionis carissimus Dominus Genitor noster Consulibus tunc Ville predicte de Limoso, suas concesserit Litteras, tenorem qui sequitur* ᵏ.

h Suite des Lettres du Duc d'Anjou.
i approbatione.
k continentes.

*(d)* JOANNES, *&c.*

ˡ *Cumque nuper, pro eo quia dicebatur Guillelmum Amelii, Ramundum Amelii & Bertholomeum Gervasii, olim Servientes dicte Ville de Limoso, nuper tanquam insificientes & eorum demeritis exigentibus, à dictis eorum Officiis privatos fuisse pariter & expulsos; & quod hoc nonobstante, predictis Sergenterie Officiis uti temerarie presumebant; quodque etiam Petrus Pelegrini, Ramundus Montaselli,* ᵐ *Johannis Juliani, aliter* ⁿ *Dena Alamanda, &* ᵒ *Ber.do Bonefidei, Servientes dicte Ville, erant viciosi,* ᵖ *inhabilis & insufientes ad tenendum & exercendum Officium Sergenterie, quin ymo ab eisdem Officiis privandi & eciam repellendi juxta tenorem & formam privilegii suprascripti, prefati Consules à Nobis certas obtinuerunt Litteras, quarum tenor noscitur esse talis.*

l Suite des Lettres du Duc d'Anjou.
m Johannes.
n Il est nommé plus bas, Alamande.
o Il y a plus bas, *Bernardum Bonefidei.*
p inhabiles & insuficientes.

LUDOVICUS *Regis quondam Francorum Filius, Domini Regis Germanus, ejusque Locumtenens in Partibus Occitanis, Dux Andegavensis & Comes Cenomanensis. Vicario & Judici* ᑫ *Regiis Limosi, vel eorum Locatenentibus: Salutem. Gravem querimoniam dilectorum & fidelium nostrorum Consulum Limosi, suscepimus continentem, quod licet per vos, juxta eorum privilegia Regia auctoritate alias sepe confirmata ad ipsorum requestam, si aliquis vel aliqui Servientes Regii fuerint in dicto loco rixosi, percussores, exactores indebiti vel opressores, vel aliter* ʳ *ingressi viciosi aut gentibus onerosi, à*

q Reg. R.
r ce mot paroît corrompu.

NOTE.

*(d) Joannes.]* Ces Lettres qui sont du mois de Janvier 1350. sont dans *le 4.e Vol. de ce Rec.* p. 32. On y trouve le mot *Consulum,* que l'on avoit suppléé dans la Note *(b)*, & elles confirment quelques autres corrections qu'on avoit faites. Mais au lieu d'*absentiam*, que l'on avoit corrigé à la Note margin. *(h)* par *observantiam*, il y a *essenciam*, qui vaut mieux. Dans *le 4.e Vol.* après les mots *anno .... quinquagesimo*, il y a, *secundum Usum Francie*, ce qui marque l'usage de commencer l'année à Pâques. Dans le Registre 104. ces mots ne sont point dans la date, mais ils se trouvent dans le corps des Lettres, à un endroit où ils ne sont point dans le 4.e *Vol.* On lit dans ce Registre, *Consuetudines ...... hactenus pacifice* & secundum usum Francie *observatas.*

*fui:*

CHARLES V. à Paris, en Janvier 1372.

*suis Officiis amoveri perpetuo debeant & privari absque spe restitucionis Officiorum suorum predictorum ; vosque aliquos ex dictis Servientibus, virtute dictorum privilegiorum & ex suis demeritis, diu est, amoveritis & perpetuo privaveritis; nichilominus tamen vos dictos semotos & privatos Officio Sergenterie, uti sicut prius permittitis in dicto loco, in suorum privilegiorum predictorum grande prejudicium & jacturam ; super quibus Nobis supplicatum extitit salubriter. Quocirca ad dictorum Consulum requestam, vobis & vestrum cuilibet, mandamus quatenus, si vobis constiterit de dictis privilegiis ac aliis premissis, dictos semotos &* [a] *priviatos Officio Sergenterie Regie, minime uti de cetero permittatis; sed ipsos ex presumptiva temeritate taliter puniatis, quod ceteris transeat in exemplum. Preterea, si aliqui Servientes Regii fuerint in dicto loco, qui juxta formam dictorum privilegiorum & suis exigentibus demeritis, à suis Officiis debeant amoveri & privari, ad requisicionem dictorum Consulum, ipsos ab eisdem, visis presentibus, amoveatis & privetis, quos Nos tenore presentium eo casu amovemus & privamus; opposicionibus appellacionibusque frivolis, cavillacionibus, subterfugiis, Litterisque in contrarium surreptieiis impetratis seu impetrandis, nonobstantibus quibuscumque.* Datum Tholose, die XIIII. Decembris, anno Domini millesimo CCC.° sexagesimo nono. Per Dominum Ducem, ad relationem Consilii. BERSTOUR.

a privatos.

[b] *Demumque presentatis nostris Litteris suprascriptis per Magistrum Petrum* [c] *Giuni, Ramundum Signerii, Arnaldum Fortis, tunc Consules Ville predicte Limosi, viceque & nomine Conconsulum suorum & Universitatis Ville predicte, Magistro Johanni Botironis Locumtenenti Judicis, nec non Vicario seu Locumtenenti Vicarii Ville predicte, & eorum cuilibet, petendo & requirendo predictas nostras Litteras execucioni effectualiter demandari; nominatisque & productis ad* [d] *purificacionem Litterarum nostrarum predictarum, per predictos Consules per viam summarie Informationis* [e] *aprisie, pluribus testibus fide dignis; per quorum deposiciones medio juramento factas, apparet & apparuit evidenter dictos Guillelmum Amelii, Ramundum Amelii & Bertholomeum* [f] *Gervalii, alias eorum exigentibus demeritis & tanquam insuficientes, Sergentarie Officiis fuisse privatos & expulsos; necnon & dictos Petrum Pelegrini, Raimundum Montaselli, Johannem Juliani, aliter* [g] *Dena Alamanda & Bernardum Bonefidei fore insuficientes, viciosos & inhabiles ad tenendum & exercendum Officium Sergentarie, juxta & secundum tenorem privilegii antedicti; prenominati Locumtenentes Judicis & Vicarii predictorum, seu eorum alter, prenominatos omnes & singulos ordinaverint à dictis Sergentarie Officiis fore privandos & eciam reppellendos, ipsosque & eorum quemlibet, per eorum seu alterius eorumdem Ordinacionem seu Sentenciam, virtute & auctoritate Litterarum nostrarum prescriptarum, easdem exequendo, privaverint & expulerint juxta & secundum tenorem & formam earumdem Litterarum nostrarum & privilegii antedicti, prout predicta per processum super hoc coram dictis Locatenentibus agitatum & in nostro Consilio reportatum, possunt clarius apparere. Sane cum prout intelleximus & sumus plenarie informati, per Curiam Senescalli Carcassone seu nostram, & coram dilectis & fidelibus Gentibus Requestarum nostri Hospicii, impositum fuerit seu imponeretur Judici* [h] *Vicario Limosi, seu eorum antedictis, nec non predictis Consulibus vel aliis eorum sociis & in hac parte Collegis, ac eciam quibusdam singularibus Ville predicte de Limoso, & tam per modum Universitatis quam singulorum; videlicet, quod ipsi Judex* [i] *Vicarius, seu Locatenentes predicti, voluntarie & absque debita potestate, & licet ad ipsos minime pertineret, predictos olim Servientes destituerant & ab eorum Officiis privaverant antedictis,* [k] *& quodque prenominati olim Servientes seu aliqui ex ipsis, suo & aliorum Consortum nomine, à predictis destitucione, privacione, Ordinacione seu Sentencia Judicis* [l] *Vicarii,* [m] *se Locatenentis predictorum, vel alterius eorumdem, ad Curiam Senescalli Carcassone predicti, seu ad Nos appellassent seu provocassent, seu provocasse & appellasse dicerentur; nichilominus ipsi Consules seu eorum consocii & Collegæ, aut alii singulares, dictum Ramundum Amelii, suo & aliorum nomine, ut dictum est, appellantes, vel alium seu alios ex suis consortibus antedictis, propter odium dicte appellacionis & in spretum ejusdem, incarceraverant seu incarcerari fecerant & procuraverant, eorumque appellacioni seu opposicionibus, predicti carceris vexacionem, metum*

b Suite des premieres Lettres du Duc d'Anjou.

c Il y a 6. jambages sans point.

d Je n'ai rien trouvé sur ce mot qui peut-être est corrompu.

e c'est la même chose qu'Enqueste. *Voy. le Glossaire de du Cange, à ce mot.*

f Il y a plus haut & plus bas, *Gervasii.*

g Voy. p. prec. Note *(n)* margin.

h &.

i &.

k mot inutile.

l &.

m seu.

CHARLES V.
à Paris, en Janvier 1372.

*& [a] tenorem minarum [b] de suspendendo vel subjungendo dictos olim Servientes, [c] multuose, impetuose ac sediciose renunciare fecerunt, & ad [d] renuciandum eidem appellacioni seu appellacionibus indebite [e] cagerunt; licet ex tunc instrumentum habuerint ab eisdem, quo gratis renunciaverant seu renunciabant eorum appellacionibus antedictis, & aliter, prout in (e) articulis & prevencione contra predictos Judicem [f] Vicarium, seu Locatenentes eorumdem, Consules aut singulares, lacius & plenius continetur; & insuper intellexerimus quod predicti olim Servientes, ad finem anullandi processum Judicis [g] Vicarii, seu Locatenentium predictorum, nec non deposicionemque & privacionem eorum Officii antedicti, quasdam à Nobis seu dicta nostra Curia Litteras impetraverint [h] subrepticias, & de modo & forma dictorum privilegiorum tacentes, quarum tenor noscitur esse talis.*

a fort. timorem. b Il manque là un verbe. c tumultuose. d renunciandum. e coëgerunt. f &. g &. h subreptic. *R.*

LUDOVICUS *Regis quondam Francorum Filius, Domini nostri Regis Germanus, ejusque Locumtenens in Partibus Occitanis, Dux Andegavensis & Turonensis ac Comes Cenomanensis. Senescallo Carcassone aut ejus Locumtenenti: Salutem. Conquesti sunt Nobis Ramundus Amelii, Guillelmus Amelii, Ramundus Montazelli, Johannes Juliani, aliter [i] Alamande, Servientes Regii Limosi, quod virtute Litterarum nostrarum, quarum tenor [k] esse talis.*

i nommé plus haut, *Dena Alamanda.* k noscitur.

LUDOVICUS *Regis quondam Francorum Filius, Domini nostri Regis Germanus, ejusque Locumtenens in Partibus Occitanis, Dux Andegavensis & Comes Cenomanensis. Senescallo Carcassone, Vicarioque & Judici [l] Regiis Limosi, ceterisque Justiciariis quibus presentes Littere pervenerint, aut eorum Locatenentibus: Salutem. Cum prout intelleximus, Ramundus Amelii, Johannes Juliani, Petrus Pelegrini, Ber.*$^{do}$ *de Bonafide, Ramundus de Montazelli, Bertholomeus Gervasii, & quidam alii olim Servientes Regii Limosi, auctoritate quarumdam aliarum Litterarum nostrarum, ad requestam Consulum Limosi, virtute previlegiorum suorum, suis exigentibus demeritis, à suis Sergentarie Regie Officiis [m] semotis per vos Vicarium & Judicem seu Locatenentes vestros extiterint & perpetuo privati, idcirco semocionem predictam ratam & gratam habentes in casu premisso, [n] ea volumus, laudamus & tenore presencium confirmamus: Mandantesque vobis & vestrum cuilibet, sub pena centum Marcharum Argenti Fisco applicanda, ne in harum & aliarum nostrarum prejudicium, prenominatos olim Servientes, ut predicitur, ab eorum Sergentarie Officio amotos, dicto Officio amodo uti permittatis; & si que in contrarium fuerint attemptata, attemptantes taliter puniatis, quod ceteris merito transeat in exemplum; Litteris à Nobis in contrarium impetratis vel impetrandis, nonobstantibus quibuscumque de puncto ad punctum [o] compressa in facerent mentionem.* Datum Tholose, die XVII. Aprilis, anno Domini millesimo CCC.° LXX.°

l Reg. *R.* m semoti. n eam. o comprehensa. *Cet endroit est corrompu.*

*Vicarius & Judex Limosi vel eorum Locatenentes, dictos conquerentes non [p] vocatis & in eorum racionibus minime [q] auditis, ad instanciam Consulum Limosi, à suis Sergentarie Officiis amoverunt & abjecerunt, ipsosque privaverunt omnino indebite & injuste, prout dicunt, supplicando sibi super hoc de remedio provideri oportuno. Quocirca vobis mandamus si sit opus committendo, quatenus si, vocatis evocandis, vobis constiterit dictos Servientes, ipsis non vocatis nec auditis, sic indebite fuisse suis Officiis privatos & ab eisdem amotos, ipsos & eorum quemlibet, ad sua Officia predicta restituatis indilate; Litteris nostris prescriptis & aliis surrepticiis, opposicionibusque & appellacionibus frivolis ad hoc contrariis, nonobstantibus quibuscunque. Ab omnibus autem Justiciariis & Officiariis Regiis, vobis & deputandis à vobis, pareri volumus & jubemus in hac parte.* Datum Tholose, die ultima Maii, anno Domini millesimo CCC.° LXX.° *Per Consilium Tholose existens.* H. COUTEL.

p vocatos. q auditos.

[r] *Quarum pretextu predictos Consules in Curia dicti Senescalli in processibus involverunt, & tenere dicuntur eciam involutos, in ipsorum Consulum & reipublice Ville predicte*

r Suite des premieres Lettres du Duc d'Anjou.

NOTE.

*(e) Articulis & prevencione.]* Les articles & chefs d'accusation presentez au Seneschal de Carcassone, contre le Viguier & les Consuls *prevenus* & accusez d'injustice & de violence.

CHARLES V. à Paris, en Janvier 1372.

*prejudicium non modicum & jacturam; super quibus prefati Consules pro se & nomine dicte Universitatis, & aliorum quorum interest, nobis humiliter supplicarunt sibi de remedio tam Justicie quam gracie provideri. Notum facimus quod nos [a] considerante grata, utilia atque laudabilia servicia per dictos Consules, Universitatem & habitatores Ville predicte, que insignis & notabilis esse noscitur apud omnes, dicto Domino meo & nobis multipliciter impensa, & que de die in diem impendere non desinunt incessanter, eorum supplicacioni favorabiliter [b] annuendo, attendentes quod in Officiis tam Sergentarie quam aliis, ubique, & quam maxime in locis insignibus, de personis ydoneis & sufficientibus, non viciosis, insuficientibus & minus ydoneis est merito providendum; quodque contra tales viciosos, insuficientes & minus ydoneos, si per inopportunitatem, inadvertenciam vel aliter fuerint instituti, ad eorum deposicionem & destitucionem est [c] sumarie procedendum; quynimo sola infamia publica sufficit contra tales; visisque & in nostro Consilio reportatis tenoribus privilegii suprascripti & Litterarum nostrarum prescriptarum mencionem facіencium de eodem; nec non processus & informacionis facte, tam super alia privacione dictorum Guillelmi & Ramundi Amelii ac Bertholomei [d] Cervasii, viciositateque & insuficiencia tam ipsorum quam aliorum superius nominatorum, predictos Judicem [e] Vicarium Limosi, seu eorum Locatenentes, & eorum quemlibet, factorum qualitate pensata, bene, suficienter & juste processisse, deposuisse dictos olim Servientes, ordinasse & sentenciasse super hoc contra ipsos, decernimus per presentes; & si quis deffectus in dicto processu intervenerit, pro eo quia dicti olim Servientes asserunt [f] vocati minime extiterunt, cum de ipsorum & eorum cujuslibet viciositate & insuficiencia, per testes fide dignos appareat evidenter, deffectum hujusmodi vel alium, si [g] que fuerit, de nostra speciali gracia, certa sciencia & auctoritate Regia qua fungimur in hac parte, supplentes, eumdem processum, deposicionem, privacionem, ordinacionem & sentenciam, & quicquid exinde secutum est, habilitamus, ratifficamus & eciam confirmamus, & ea volumus in Villa predicta, ut ceteris in exemplum transeat, signanter & notabiliter publicari; ceterum [h] pocessum virtute Litterarum nostrarum prescriptarum, inceptum & pendentem inter dictos olim Servientes ex una parte, & dictos Consules ex altera, super anullacione processus predicti, aut aliis dependentibus ex eisdem, in quocunque statu existant, effectumque dictarum Litterarum nostrarum & quicquid exinde secutum est, tenore presencium circumscribimus, tollimus & eciam resecamus; predictis olim Servientibus, supra predictis [i] & eorum-ve circonstanciis & dependentibus ex eisdem, perpetuum silencium imponendo: Inhibentes insuper Senescallo predicto vel ejus Locumtenenti, ne in causa predicta virtute Litterarum predictarum vel aliter, de cetero procedere audeat vel presumat; sed à processu predicto cesset penitus de cetero & desistat. [k] Proterea, prefatis Judici [l] Vicario, [m] & eorumque Locatenentibus antedictis, nec non prenominatis Consulibus eorumque consociis seu Collegis, & aliis personis singularibus, omnem penam criminalem & civilem, si quam per modum Universitatis aut [n] singularis, racione predictorum sibi impositorum, de quibus superius est facta mencio, vel aliorum dependencium ex eisdem, erga dictum Dominum meum seu nos incurrerunt vel incurrisse potuerunt quoquo modo, eadem nostra gracia, certa scientia & auctoritate Regia remissimus, quitavimus & [o] prodonavimus, perdonamusque, remittimus tenore presencium & quittamus; cassantes & anullantes omnes processus, Informaciones, [p] pevenciones seu inquestas contra ipsos & eorum quemlibet, tam conjunctim quam divisim, factas occasione premissorum, Procuratoribus dicti Domini mei & nostris, supra predictis & ex eisdem dependentibus, perpetuum silencium imponendo, ipsosque & eorum quemlibet, ad suam Patriam, larem & bonam famam, si quam infamiam pro premissis sibi impositis aliqualiter incurrerunt, & ad bona sua omnia remittimus & restituimus per presentes; quodcunque impedimentum in eorum & cujuslibet eorumdem bonis, occasione premissorum oppositum, tenore presencium amovendo. Et insuper ex [q] veberiori nostra gracia, certaque nostra sciencia & auctoritate Regia supradicta, privilegium suprascriptum per dictum Guillelmum de Vicinis olim, ut dictum est, prefatis Consulibus & Universitati Ville predicte Limosi concessum, ratifficamus, aprobamus & confirmamus, approbamus, ratifficamus, confirmamus, eisdemque de novo per presentes perpetuo concessimus & concedimus, si sit opus: Mandantes & districtius injungentes Senescallo predicto Carcassone,*

a considerantes.
b annuen. *R.*
c summarie.
d nommé plus haut, *Gervasii.*
e &.
f quod.
g quis.
h processum.
i mot inutile.
k Preterea.
l &.
m mot inutile.
n singularium.
o perdonavimus.
p prevenciones.
q uberiori.

CHARLES V. à Paris, en Janvier 1372.

*ceterisque Justiciariis & Officiariis dicti Domini mei & nostris, & eorum cuilibet, vel eorum Locatenentibus, nec non Procuratoribus Domini mei & nostris predictis, quatenus predictos Consules, Universitatem & [a] singulariter Ville predicte, qui nunc sunt vel pro tempore erunt, hac nostra presenti gracia, omnibusque & singulis capitulis in eadem contentis, uti & gaudere pacifice faciant & permittant, nec contra tenorem ejusdem aliquid [b] facient, innovent seu attemptent, fierique, innovari vel attemptari quomodolibet faciant vel permittant; sed si quid in contrarium fieret vel [c] forcitam factum foret, ad statum pristinum & debitum celeriter reduci volumus & jubemus. Quod ut firmum & stabile perpetuo perseveret, nostrum novum Sigillum in absencia magni, presentibus Litteris apponi fecimus impendenti: Salvo in aliis dicti Domini mei jure & nostro, & quolibet alieno.* Datum Tholose, anno Domini millesimo CCC.° septuagesimo secundo, mense Junii.

a singularit. *R.* singulares.
b faciant.
c forsitan.

[d] *Quas quidem Litteras, una cum omnibus & singulis in eisdem contentis, dum tamen dicti appellans seu appellantes de quibus in eisdem sit mentio, nil in contrarium premissorum prosequentur, de nostris auctoritate Regia & plenitudine potestatis, de specialique gracia ex casu, ratas [e] habimus & gratas, [f] easdem tenore presencium confirmamus: Mandantes Senescallo Carcassone, ceterisque Justiciariis & Officiariis nostris atque Justiciariis Regni nostri, vel eorum Locatenentibus, presentibus & futuris, & cuilibet eorumdem, quatenus omnes & singulos quos Littere suprascripte tangunt vel tangere possunt aut poterunt in futurum, eisdem atque presentibus, universisque & singulis punctis & articulis in eisdem expressis, uti & gaudere pacifice faciant & permittant, non permittendo quidquam in contrarium fieri vel eciam attemptari; quod si factum per quoscumque seu quomodolibet repererint, illud [g] revocant, anullent, ad statumque pristinum reducant, ac revocari, anullari & ad statum pristinum & debitum reduci faciant indilate. Quod ut roboris perpetui stabilitate firmetur, Litteras presentes Sigilli nostri caractere fecimus communiri: Salvo in aliis jure nostro, ac in omnibus alieno.* Actum Parisius, mense Januarii, anno Domini millesimo CCC. septuagesimo secundo, Regni vero nostri nono.

*Per Regem, ad relacionem Consilii.* G. DE MONTAGU.

d Suite des Lettres de Charles V.
e habemus.
f &.
g revocent.

---

CHARLES V. à Paris, en Janvier 1372.

## *(a)* Diminution de Feux pour differents lieux.

KAROLUS, *&c. Notum, &c. Quod cum ex parte, &c.*

*Cumque facta quadam Informacione, virtute certarum Litterarum Regiarum ac dictarum Instructionum, per certum Commissarium ad hoc deputatum, in loco de* [h] *Sumidrio, cum manso seu loco de* [i] *Gavernis, Senescallie* [k] *Bellicardri, super vero numero Focorum in dictis loco & manso tunc existentium; & postmodum virtute Litterarum de mandato carissimi Fratris & Locumtenentis nostri in* [l] *Partibus Occitanis, Ludovici Ducis Andegavensis, alia Informacio in dictis loco & manso fuerit de novo & secundo facta super vero numero dictorum Focorum in eisdem loco & manso nunc existencium, per dilectum nostrum Johannem Clerici Domicellum, Locumtenentem Magistri Symonis de Agusano, Clerici & Judicis Regii Sumidrii, Commissarii ad hoc per dictas Litteras deputati; vocato & presente in omnibus Procuratore nostro Generali dicte Senescallie Bellicatdri, aut ejus legitimo Substituto; ea denique Informacione, &c.*

h SOMMIERES, Diocese de Nismes.
i GAVERNES. *idem.*
k Bellicadri.
l Languedoc.

*Repertum fuerit quod in dictis loco & manso de Sumiderio & de Gavernis, sunt de presenti & reperiuntur centum quater viginti Foci, secundum traditas Instructiones super hoc prelibatas. Nos vero, &c.*

*Quod ut firmum, &c. Salvo, &c.* Actum Parisius, mense Januarii, anno Domini millesimo CCC.° LXXII.° Regnique nostri nono.

NOTE.

*(a)* Tresor des Chartres, Registre 104. P. 16. & suiv. jusqu'à 29. inclusivement.

*Voy. cy-dessus*, p. 30. Note *(a)*.
Le R.d P. D. Vaissette, Benedictin, m'a indiqué les noms modernes de ceux d'entre ces lieux qu'il connoît.

*Per Consilium, &c.* P. DE CHASTEL. Informatio de qua superius fit mentio, est in dicta Camera cum aliis similibus, prout est ordinatum, & financia * prout à tergo. P. DE CHASTEL.

CHARLES V. à Paris, en Janvier 1372.

* *soluta.*

Piece 17. [a] Item. *In loco de* [b] *Montelauro, Judicature Lauraguesii, Senescallie Tholose, XX. Foci.*

P. 18. *In loco de* [c] *Villaveteri, de* [d] *Salvanhanicis, de* [e] *Montepezato, de* [f] *Combatio, de* [g] *Sancto-Felice, de* [h] *Sancto Christophoro, de* [i] *Vico, de* [k] *Canoys, & de* [l] *Pojolis, Vicarie Sumidrii, Senescallie Bellicadri, C. Foci.*

P. 19. *In locis de* [m] *Montelauro, de* [n] *Sancto Desiderio, de* [o] *Sancta Cruce* [p] *& Fontanesio, de* [q] *Restencleriis, & de* [r] *Bello-loco, dicte Vicarie, & Senescallie Bellicadri, LXX. Foci.*

P. 20. *In loco* [s] *Castri novi de strutis fontibus, Judicature Ville-longe, Senescallie Tholose, XXI. Foci.*

P. 21. *In loco de Brugallo.*

P. 22. *In locis de* [t] *Sancto Martino de Loudris, XXVI. Foci; de Castro de* [u] *Loudris, XX. Foci; de* [x] *Pegarolis & Breias, XVI. Foci; de Sancto Romano de* [y] *Coderia, VII. Foci; de* [z] *Carnatio, V. Foci; de* [aa] *Sancto Amancio, IX. Foci; & de Sulcinis, VI. Foci.*

P. 23. *In locis de* [bb] *Asperis, XII. Foci; de* [cc] *Sancto Clemente, IIII.*[or] *Foci; de Campaneis, IIII. de* [dd] *Galazanicis parvo, VI. Foci; de* [ee] *Gairigiis, IIII. Foci; & de* [ff] *Buzanhanicis, IIII. Foci.*

P. 24. *In locis de* [gg] *Junacio, X. Foci; de* [hh] *Buxodone, VI. Foci; de* [ii] *Crispiano, IIII. Foci; de* [kk] *Molazano, VI. Foci; de* [ll] *Montaunhaco, III. Foci; de* [mm] *Maurussanicis, II. Foci.*

P. 25. *In* [nn] *loco de Bessiano, IIII.*[xx] *X. Foci.*

P. 26. *In loco de* [oo] *Calvicione, IIII.*[xx] *Foci.*

P. 27. *In loco de Brugallo, cum tribus aliis locis, LI. Foci.*

P. 28. *In loco de* [pp] *Glissolis, Senescallie Tholose, LVI. Foci.*

P. 29. *In locis de* [rr] *Sancto Jorio, de* [qq] *Sancto Rustizio, & de* [ss] *Sancto Salvatore, dicte Senescallie, XXX. Foci.*

*a* Cequi suit a été copié comme il est dans le Registre.
*b* MONTLAUR, Diocese de Toulouse.
*c* VILLEVIEILLE, Diocese de Nismes.
*d* SAUVIGNARGUES. *idem.*
*e* MONTPEZAT. *idem.*
*f* COMBAS, Diocese d'Usez.
*g* S. FELIX, Diocese de Montpellier.
*h* S. CHRISTOL. *idem.*
*i* VIC. diocese d'Usez.
*k* CAUNES. *idem.*
*l* POUJOLS, Diocese de Nismes.
*m* MONTLAUR, Diocese de Montpellier.
*n* S. DEZARI, Diocese d'Usez.
*o* S.te CROIX de Fontanez, Diocese de Montpellier.
*p* lisez *de.*
*q* RESTINCLIERES. *idem.*
*r* BEAULIEU. *idem.*
*s* CASTELNAU d'Estre-le-fons, Diocese de Toulouse.
*t* S.t MARTIN de Loudres, Diocese de Montpellier.
*u* LOUDRES. *idem.*
*x* PEGAYROLLES. *idem.*
*y lisez* de Loderia, S.t Roman de Lordiere, Diocese d'Alais.
*z* CARNAS, Dioc. de Nismes.
*aa* S. AMANS.
*bb* ASPERES, Diocese de Nismes.
*cc* S. CLEMENT. *idem.*
*dd* le petit GALARGUES, Diocese de Montpellier. Le grand GALARGUES est du Diocese de Nismes.
*ee* GARRIGUES, Diocese de Montpellier.
*ff* BUZIGNARGUES. *idem.*
*gg* JUNAS, Diocese de Nismes.
*hh* BOISSERON, Diocese de Montpellier.
*ii* CRESPIAN, Diocese d'Usez.
*kk* MOLASAN.
*ll* MONTAGNAC, Diocese d'Usez.
*mm* MAURENSARGUES. *idem.*
*nn* Il y a à la marge de cette Lettre & des deux suivantes, *una Littera.*
*oo* CAUVISSON, Diocese de Nismes.
*pp* GRIZOLLES, Diocese de Toulouse.
*qq* S. JORG. *idem.*
*rr* S. RUSTICE. *idem.*
*ss* S. SELVADOR. *idem.*

CHARLES V. à Paris, en Janvier 1372. Charles IV. dit le-Bel, à Limoges, en Decembre 1323.

## *(a)* Confirmation de Lettres de Sauvegarde Royale, pour l'Abbaye de Solignac près Limoges.

*KAROLUS Dei gracia Francorum Rex. Notum facimus universis presentibus & futuris, Nos Litteras inclite memorie carissimi Domini & Consanguinei nostri, Karoli Francorum & Navarre Regis, quondam predecessoris nostri, vidisse, quarum tenor talis est.*

*KAROLUS Dei gracia Francorum & Navarre Rex. Inter curas & sollicitudines quibus in regendis Nobis subditis plebibus, frequenter distrahimur & animus noster afficitur, ad hec precipue nostre mentis aspirat affectus, per que status Ecclesiasticus nostris temporibus, sub commisso Nobis regimine, in transquillitate manuteneatur & pace, & ipsius Regni Ecclesie, quarum Servitores Divinis sub devote Religionis observancia, nocte dieque, [a] existunt obsequiis, sub protectione Regia à suis releventur pressuris, & per Regalem potentiam à noxiis defendantur, ut eo liberius & fervencius circa Divina vacare valeant, quo habundancius per nos circa premissa senserint se adjutos. Sane ex parte dilectorum nostrorum Religiosorum virorum, Abbatis & Conventus Monasterii [b] Solempniacensis prope Lemovicas, Ordinis Sancti Benedicti, quod à Predecessoribus nostris fundatum fuisse noscitur & dotatum, Nobis fuit humiliter supplicatum, quod, cum ipsi à tempore fundacionis ejusdem Monasterii, fuerint & existant sub protectione & speciali Gardia Regia, una cum membris omnibus Monasterii supradicti, prout per Cartas & Litteras sive privilegia eisdem Religiosis concessa à dictis nostris Predecessoribus, quas seu que per dilectas & fideles Gentes nostras Requestarum Hospicii nostri videri fecimus, Nobis patet, ut dictam Gardiam renovare, & eosdem ex habundanti in nostra salva & speciali Gardia suscipere dignaremur. Notum [c] igitum facimus universis tam presentibus quam futuris, quod Nos eorumdem Religiosorum devotis in hac parte supplicacionibus favorabiliter annuentes, & ad ipsum Monasterium compassionis occulos dirigentes, dictam Gardiam tenore presencium renovamus, [d] iposque Abbatem & Conventum Monasteriumque eorumdem, tam in capite quam in membris, ac singulares personas ejusdem Monasterii & membrorum ipsius, una cum rebus, possessionibus, bonis, hominibus & familiis eorumdem, sub nostra protectione salvaque & speciali Gardia Regia & successorum nostrorum Regum Francie, suscipimus per presentes, in eisdem protectione & salva & speciali Gardia Regia perpetuo remansuros: Dantes Pictavensi & Lemovicensi, necnon Petragoricensi & [e] Marchie Senescallis, ceterisque Justitiariis nostris, modernis & qui pro tempore fuerint, & eorum cuilibet, in mandatis tenore presentium, ut ad eum pertinuerit, quatenus Religiosos ipsos eorumque Monasterium predictum, tam in Capite quam in membris, ac singulares personas ejusdem, in suis justis possessionibus, juribus, franchisiis & Libertatibus, sub dicta salva & speciali Gardia manuteneant & conservent, ipsosque Abbatem & Conventum, tam conjunctim quam divisim, hominesque & familiam eorumdem, ab omnibus injuriis, violentiis & oppressionibus quibuscumque, ex parte nostra defendant, vi armorum & potencia Laycorum, sibique non [f] permittent aliquas fieri indebitas novitates, factasque, si fuerint, ad debitum statum reducant; ipsisque Religiosis, quocienscunque ab [g] ejusdem super hoc requisiti fuerint, unum vel plures Gardiatores concedant, qui tamen de hiis que Judicialem requirunt indaginem, se nullatenus intromittant. Quod ut firmum & stabile permaneat in futurum, presentibus Litteris nostrum fecimus apponi Sigillum.* Actum & datum [h] Lemovicen. anno Domini millesimo CCC.° vicesimo tercio, mense Decembris.

*Quas quidem Litteras & contenta in eis, ratas & gratas habentes, eas & ea*

[a] insistunt obsequiis, *dans plusieurs Lettres de Sauvegarde.*

[b] Solignac. *Voy. le 3.e Vol. des Ordon.* p. 59. Note *(i)* margin.

[c] igitur.

[d] ipsos.

[e] la Marche.

[f] permittant.

[g] eisdem.

[h] Lemovicis.

NOTE.

*(a)* Tresor des Chartres, Registre 104. Piece 13.

*volumus, approbamus, & tenore presencium, de speciali gracia confirmamus: Mandantes Senescallis Pictavensi, Lemovicensi & Petragoricensi, ceterisque Justiciariis nostris, presentibus & futuris, aut eorum Locatenentibus, & eorum cuilibet, prout ad eum pertinuerit, quatenus Religiosos memoratos, in capite & in membris, & alios de quibus in suprascriptis Litteris fit mentio, nostra presenti confirmacione & gracia uti pacifice faciant & gaudere, ipsos in contrarium nullathenus* [a] *molestendo, nec à quoquam molestari permittendo quovismodo. Quod ut firmum & stabile perseveret in futurum, nostrum presentibus Litteris fecimus apponi Sigillum: Salvo in aliis jure nostro, & in omnibus quolibet alieno.* Datum Parisius, mense Januarii, anno Domini M.° CCC.° LXXII.° Regni vero nostri nono.

*In Requestis Hospicii.* HENRY.

CHARLES V. à Paris, en Janvier 1372.

*a molestando.*

---

(a) Lettres de Sauvegarde Royale pour l'Abbaye de S.t Cybar dans les Fauxbourgs d'Angoulesme.

CHARLES V. à Paris, en Janvier 1372.

*KAROLUS Dei gracia Francorum Rex. Ad perpetuam rei memoriam. Dum inter ceteras curarum fluctuationes quibus noster animus distrahitur, Predecessorum nostrorum facta magnifica cunctis magnifesta fidelibus,* [b] *cui cunctos undique suos rebelles & inimicos in brachii sui fortitudine conterentes, in immensum Regni nostri fines & gloriam dilatarunt, ante consideracionis nostre intuitum revocamus, eis à Majestate Divina hoc concessum fuisse credimus, ob eximie devocionis affectum quam ad sanctas Dei Ecclesias ipsarumque ministros, continuatis temporibus habuisse noscuntur, potissime in defensione ipsarum & jurium earumdem. Ea propter notum fieri volumus universis tam presentibus quam futuris, quod Nos Predecessorum nostrorum vestigiis inherentes, & attendentes quod Monasterium* [c] *Sancti Eparchii in suburbio Angolismensi, Ordinis Sancti Benedicti, quod ex fondacione Predecessorum nostrorum existit, & ob hoc sit & esse debeat in Regia protectione & Salva Gardia speciali, Monasterium ipsum, tam in capite quam in membris, una cum Religiosis ejusdem; videlicet, Abbate & Conventu ipsius Monasterii, presentibus & futuris, eorumque familiares, servitores, domesticos, &* [d] *homines de corpore, si quos habent, in dictis Regiis protectione & Salva Gardia speciali, pro nobis & successoribus nostris Regibus Francie, ex habundanti suscipimus, ponimus, tenemus &* [e] *retenemus per presentes, auctoritate Regia & de gratia speciali, perpetuo remansuros: Gubernatori nostro Rupelle, ceterisque Justiciariis Regiis, presentibus & futuris, vel eorum Locatenentibus, prout ad quemlibet ipsorum debebit pertinere, precipientes & mandantes, dicto Gubernatori committendo, si sit opus, quatinus dictos Religiosos, eorumque familiares, servitores & homines predictos, ab omnibus injuriis, violenciis, gravaminibus, oppressionibus, molestiis, vi armorum, potencia laïcorum, ac inquietacionibus & novitatibus indebitis quibuscumque,* [f] *teneantur & defendent, & in suis justis possessionibus, usibus, juribus & franchisiis, Libertatibus & saisinis, in quibus ipsos esse suosque predecessores fuisse pacifice ab antiquo invenerint, manuteneant & conservent; non permittendo contra ipsos aliquas inferry injurias vel fieri indebitas novitates, quas si factas esse vel fuisse in dicte Salve Gardie Regie & ipsorum Religiosorum prejudicium repererint, ad statum pristinum & debitum reducant aut reduci faciant indilate, & Nobis ac Parti emandam propter hoc condignam prestari; istamque Salvam Gardiam Regiam in locis & personis de quibus fuerint requisiti, significent & publicent, aut significari & publicari faciant diligenter;* [g] *Pennuncellosque seu Baculos Regios in dicto Monasterio ac aliis locis, grangiis, domibus & maneriis ejusdem, tam in capite quam in membris, in casu tamen eminentis periculi, infigi & imponi. Sy vero dicti Religiosi aut aliqui eorundem, vel quivis de eorum & dicti Monasterii, tam in capite quam in membris, familiaribus, servitoribus & hominibus predictis, assecuramentum* [h] *pacierint, illud eisdem & eorum singulis* [i] *ligitimum prestari, juxta Patrie Consuetudinem, & prout de racione fuerit faciendum;*

*b* qui.

*c* S.t Cybar. *Voy. Gall. Christ.* 2.e *Edit.* tom. 2. pag. 1029.

*d* espece de serfs.

*e* retinemus.

*f* tueantur. & deffendant.

*g* Voy. *les Tabl. des Mat. de ce Rec.* aux mots, Penonceaux *&* assûrement *qui est plus bas.*

*h* petierint.

*i* legitimum.

NOTE.

(a) Tresor des Chartres, Registre 103. Piece 378.

CHARLES V. à Paris, en Janvier 1372.

*& si super premissis aut aliquo eorumdem, oriatur opposicio vel debatum, debato ipso & re contenciosa, in casu novitatis, ad manum* [a] *Regiem tanquam superiorem,* [b] *opposilis, novitateque & impedimento primitus amotis, ac locis restitutis deablatis, & facta recredentia, si, prout & ubi fuerit facienda, facient inter Partes, ipsis auditis, justicie complementum; & pro premissis diligencius exequendis, unum vel plures de Servientibus Regiis dictis Religiosis deputent, suis tamen sumptibus & expensis, si, dum & quociens super hoc fuerint requisiti; Quibus tamen Servientibus Cause cognicionem* [c] *interdimus per presentes. Quod ut perpetue stabilitatis robur obtineat, presentes Litteras Sigilli nostri munimine fecimus roborari: nostro in aliis, & alieno in omnibus jure salvo.* Actum Parisius, anno Domini millesimo CCC.° septuagesimo secundo, & Regni nostri nono, mense Januarii.

a Regiam. b appositis. c interdicimus.

*Per Regem, ad Relationem Consilii.* P. DE DISY.

---

CHARLES V. à Paris, en Janvier 1372.

(*a*) Confirmation des privileges de l'Abbaye de la Grace-Dieu, dans l'Aunis.

*KAROLUS Dei gracia Francorum Rex. Notum facimus universis tam presentibus quam futuris, quod Nos volentes dilectos & fideles subdictos Regni nostri; maxime autem personas Ecclesiasticas, que de die & nocte circa Divina habent vacare Officia, in suis privilegiis, Libertatibus & franchisiis liberaliter confovere, ad supplicacionem dilectorum nostrorum Religiosorum, Abbatis &* [d] *Conventis Monasterii (b) Beate Marie de Gracia Dei, prope Villam nostram Ruppelle, de fundacione Regia existentis, universa & singula ipsorum & dicti Monasterii privilegia, de quibus per scripta sufficienter apparebit; necnon eorumdem Libertates & franchisias, ususque & longevas observancias, quatenus eis usi sunt, laudamus, ratifficamus, approbamus, ac ex certa scientia auctoritateque Regia & speciali gratia, tenore presentium confirmamus: Gubernatori prefate Ville nostre de Ruppella, ceterisque Justiciariis & Officiariis Regni nostri, ac eorum Locatenentibus, presentibus & futuris, ac ipsorum cuilibet, dantes specialiter in mandatis per presentes, si opus fuerit, committendo, quatenus prefatos Religiosos dictis eorum privilegiis, Libertatibus & franchisiis, ac usibus & observanciis, modo & forma superius* [e]*, uti & gaudere pacifice faciant & permittant, ac contra tenorem presencium nullatenus inquietent vel molestent, ac inquietari vel molestari à quoquam aliquatenus paciantur; & si aliqua in contrarium facta vel* [f] *attempta, ea revocent & revocari faciant ad statum pristinum & debitum, visis presentibus, indilate. Et ut premissa firma & valida perpetuis temporibus maneant, Sigillum nostrum presentibus Litteris apponi mandavimus: Salvo in aliis jure nostro, & in omnibus quolibet alieno.* Datum Parisius, anno Domini M.° CCCLXXII.° & Regni nostri nono, mense Januarii.

d Conventus. e expressatis. f attemptata repererint.

*Per Regem, vobis presentibus.* J. TABARI.

NOTES.

(*a*) Tres. des Chart. Regist. 104. P. 15.

(*b*) *Beate Marie de Gracia-Dei.* ] L'Abbaye de la Grace-Dieu, de l'Ordre de Cîteaux, de la Filiation de Clairvaux, située dans l'Aunis, à 5. lieuës de la Rochelle. Elle est presentement de ce Diocese, elle étoit autrefois de celui de Saintes. *Voy. Gall. Christ.* 2.e *Edit.* tom. 2. p. 1397.

(*a*) Lettres

CHARLES V. à Paris, le 17. de Fevrier 1372.

## (a) Lettres portant que l'Isle d'Oleron sera unie inseparablement au Domaine de la Couronne.

CHARLES par la grace de Dieu Roy de France. Savoir faisons à touz presens & avenir, que à la supplicacion & requeste des habitans de l'Isle d'Oleron laquelle est de nouvel mise en nostre obéyssance, & des Bourgoiz & habitans de la Rochelle & du pays d'environ; & considerans que la dicte Ylle est necessaire estre tenuë en nostre main, pour la garde & defense de la dicte Ville de la Rochelle & du pays d'Aunys, & autre pays voisins, Nous avons ladicte Ylle, & touz les droiz & possessions que Nous y avons & povons avoir, appliquié, mis & uny, & mettons & unyons par ces Lettres, de nostre certaine science & de nostre auctorité Royal, au Demaine de nostre Couronne, si que jamais n'en soit ou puisse estre divisée ou séparée pour quelconques cause, couleur ou occasion que ce soit. Si donnons en Mandement par ces Lettres, à noz amez & feaulx Gens de noz Comptes à Paris, que nostre presente unyon facent enregistrer en nostre Chambre de noz diz Comptes, & ladicte Ylle facent gouverner en nostre nom, & les rentes & revenuës d'icelle recevoir par nostre Receveur de la Rochelle, comme nostre Demaine. Et que ce soit ferme chose & estable à tousjours, Nous avons fait mettre nostre Scel à ces Lettres. *Donné à Paris, le XVII.e jour de Fevrier, l'an de grace mil CCCLXXII. & le IX.e de nostre Regne.* Par le Roy. YVO.

NOTE.

(a) Memorial *D.* de la Chambre des Comptes de Paris, *fol.°* 6. vingt 15. *R.°* (135).

Avant ces Lettres, il y a en titre, *Ruppella.*

Au commencement, il y a, *Copie*; & à la marge, *Habui Originale presencium Litterarum, quod posui in thesauro cum similibus, III.a Martii LXXII.°* DE MONTACU.

CHARLES V. à Paris, le 21. de Fevrier 1372.

## (a) Mandement pour faire une fabrication d'Especes.

CHARLES par la grace de Dieu Roy de France. A noz amez & feaulx les Generaulx-Maistres des Monnoyes : Salut & dilection. Comme nostre amé François Chanteprime, Receveur General de noz Aides, ait livré & fait mettre pour & en nostre nom, en nostre Monnoye de Paris, la somme de huit cent Marcs d'Argent en Vaisselle & en Argent en [a] cendrée, pour faire faire & ouvrer Deniers d'Argent, autelz & semblables & de telle Loy & poix, comme ceulx qui derrenierement ont esté faiz en ladite Monnoye, de certaine Vaisselle d'Argent à Nous prestée par nostre amé Berthelemi Spifame; & Nous aïons entendu que sans avoir sur ce Mandement de Nous, vous ne povez faire faire ledit ouvraige, ne delivrer les deniers qui [b] ysteront de ladite Vaisselle : Pour ce est-il que Nous vous mandons que les huit cens Marcs d'Argent dessus dits ou environ, vous faictes ouvrer & monnoyer en Deniers d'Argent, sur le coing & forge de ceux qui courent à present pour quinze Deniers Tournois la Piece, & qu'ilz soient à unze deniers six grins fin ou environ, & de [c] huit Solz de poix au Marc de Paris, comme furent ceulx qui derrenierement ont esté faiz en nostre dite Monnoye; & pour chascun Marc d'euvre des Deniers d'Argent dessus dits, faictes alloüer ès comptes de celui ou ceulx qui feront ledit ouvraige, quatre Solz Tournois; & du comptant qui ystera de ladite Vaisselle & d'autre Argent encendré, comme dit est, faictes payer à nostre dit Receveur pour

a *Voy. cy-dessus, p.* 301. Note (c).

b *sortiront, proviendront.*

c *de 96. Pieces au Marc.*

NOTE.

(a) Registre *D.* de la Cour des Monnoyes de Paris, *fol.°* 8 vingt 6. *R.°* (166).

Avant ces Lettres, il y a : *Lettres pour ouvrer huit cens Marcs d'Argent livrez par François Chanteprime.*

CHARLES V. à Paris, le 21. de Fevrier 1372.

chascun Marc, cent seize Solz Tournois. De ce faire vous donnons povoir, auctorité & mandement especial; Et par ces presentes, Nous mandons à noz amez & feaulx Gens de noz Comptes à Paris, qu'ilz reçoivent & passent le compte d'iceulx huit cens Marcs d'Argent ou environ, par la maniere que dit est. Car ainsi Nous plaist-il estre fait; nonobstant Ordonnances, Mandemens ou defenses au contraire. *Donné à Paris, le XXI.e jour de Fevrier, l'an de grace mil trois cens soixante & douze, & de nostre Regne le neufiesme.* Ainsi signé. Par le Roy. BAIGNEUX.

---

CHARLES V. à S.t Denis, le 24. de Fevrier 1372.

*(a) Lettres par lesquelles le Roy révoque tous ses Lieutenants par luy établis dans la Languedoil.*

CHARLES par la grace de Dieu Roy de France. A nostre Bailly des Montaignes d'Auvergne, ou à son Lieutenant : Salut. Pour certainnes & justes causes, Nous avons rappellé & rappellons par ces presentes, touz noz Lieuxtenans par [a] Noz Commis & ordennés ou temps passé, èz Parties de la Langue-d'oil, & toutes Lettres & puissances à eulx par Nous sur ce données; & ne voulons que des dictes Lieutenancies ne aussy des dictes Lettres & puissances, ceulz qui ont esté noz Lieuxtenans ez dictes Parties, ou aucuns d'eulz quelz qu'ils soient, de nostre sanc ou autres, ne aussy leur Gens ou Commis, usent ou exploictent d'oresenavant en aucune maniere. Si vous mandons & commettons, se [b] mestier est, que ledit rappel & le contenu de ces presentes, vous signifiés à touz ceulx qui ont esté ou temps passé noz Lieuxtenans ez dictes Parties, comme dit est, & à toutes leur Gens, Officiers & Commis, en leur deffendant de par Nous, soubz quanques envers Nous il se pevent meffaire, que des dictes Lieutenencies il ne s'entremettent, ou des dictes Lettres & puissances usent & exploictent d'oresenavant; & ce ne [c] laissiez en aucune maniere. Et Nous donnons en mandement à touz noz Justiciers, Officiers & subgiez, que à vous & à voz deputez en ce faisant, obbéissent & entendent diligemment, & vous prestent & baillent & à voz diz députez aussi, conseil, confort & aide, se mestier en avez, & il en sont requis. *Donné à S.t Denys, le XXIIII.e jour de Fevrier, l'an de grace M. CCC. LXXII. & le IX. de nostre Regne.* Par le Roy. J. BLANCHET.

Collatio facta est cum Originali signato ut supra, per me Reginaldum Radulphi.

[a] *Nous.*

[b] *besoin.*

[c] *ne differez à executer.*

NOTE.

(a) Memorial *D.* de la Chambre des Comptes de Paris, *fol.o* VI.xx XIIII. *v.o* (134). Avant le mot *Charles*, il y a dans le Texte, *Copie.*

---

CHARLES V. à S.t Denis, le 24. de Fevrier 1372.

*(a) Lettres qui portent que les finances duës pour les Francs-Fiefs, les Admortissements & droits Seigneuriaux, ne pourront être reçûës que par les Baillis & Séneschaux, ou par les Receveurs Royaux.*

CHARLES par la grace de Dieu Roy de France. A nostre Bailly des Montaignes d'Auvergne, ou à son Lieutenant : Salut. Nous vous mandons & commettons que toutes les Terres & possessions quelconques depuis XL. ans en ça, acquises en Fiez Nobles par personnes non-nobles ou annoblis, en votre Bailliage ou ès ressors d'icelluy; & aussi toutes Terres & possessions quelconques acquises en votre dit Balliage ou ès ressors d'icellui, depuis ledit temps, sans Lettres d'admortissement de Nous ou de nos Predecesseurs, verifiées & registrées en la Chambre de noz Comptes, par quelconques personnes d'Eglise; & avec toutes Terres &

NOTE.

(a) Memorial *D.* de la Chambre des Comptes de Paris, *fol.o* VI.xx XV. *R.o* (135). Avant le mot *Charles*, il y a dans le Texte, *Copie.*

CHARLES V. à S.t Denis, le 24. de Fevrier 1372.

possessions venduës & transportées en quelconques personnes, dont *(b)* finances & autres drois Nous pevent & doivent appartenir, vous prenez & tenez à nostre main réalement & de fait, se elles n'y sont; & [a] parmi icelle main, en faictes lever les émolumenz & prouffiz par nostre Receveur en nostre dit Bailliage, & ses Commis, pour Nous à nostre prouffit, & non par autre; & ceulz qui vouldront pour ce [b] finer ou composer à vous & à icelluy Receveur, y recevez; & par iceluy Receveur & ses Commis, & non par autre, faites lever les deniers des dictes finances & Compositions pour Nous & à nostre prouffit, comme dit est; & ne souffrez, soubz le serement que vous avez à Nous, & sur quanques envers Nous vous poez meffaire, que aucuns de nostre sanc tant Nous soient prouchains, ou autres, ne aucuns des Lieutenans qui par Nous ont esté au pays, ou leur Genz ou Commis, en praignent ou lievent aucune chose; & [c] ses choses faictes sy diligemment & par telle maniere qu'il n'y ait aucun deffaut; car se il y estoit, Nous Nous en prandrions à vous, & vous en punirions, sy qu'il tourneroit en example aux autres : Et Nous donnons en mandement à touz noz Officiers, Justiciers & subgiez, que à vous & à voz deputez en ce faisant, obbeyssent & entendent diligemment, & vous prestent & baillent & à voz deputez aussi, force, conseil, confort & ayde, se [d] mestier en avez, & il en sont requis. *Donné à S.t Denis, le XXIIII.e jour de Fevrier, l'an de grace mil CCCLXXII. & le IX.e de nostre Regne.* Par le Roy. P. BLANCHET.

a *moyennant cette saisie.*
b *payer finance.*
c *ces.*
d *besoin.*

NOTE.

*(b) Finances.* ] Il s'agit là sans doute, des Rachapts, Quints, Lods & Ventes, & autres droits Seigneuriaux dûs à chaque mutation de proprietaire des Fiefs & des biens tenus en Censive.

---

CHARLES V. au Château du Louvre près Paris, en Fevrier 1372.

## *(a)* Reglement pour le Mestier des Tisserands de Troyes.

*KAROLUS Dei gracia Francorum Rex. Notum facimus universis presentibus pariter & futuris, Nos quasdam vidisse Litteras cera viridi & filis* [e] *cericis sigillatas, quarum tenor est talis.*

JEHAN de Chalon Syre d'Arlay, Lieutenant du Roy & du Regent Messeigneurs, ès Bailliages & Ressors de Sens, de Troyes & de Mascon. Savoir faisons à tous presens & avenir, que nous avons veuës les Lettres cy-dessouz transcriptes, contenant la fourme qui s'ensuit.

A Tous ceulx qui verront & orront ces presentes Lettres. *(b)* Pierre de Fontaines, Lieutenant de honorable homme & saige, Guillaume de Bruval, Bailli de Troyes & de Meaulx : Salut. Comme plusieurs souffisans personnes, Drappiers & autres de la ruë de Trouceaulx, nous aïent signifié en complaignant, que combien [f] de toute ancienneté, les Tixerrens dudit mestier qui tixent & font les euvres pertinens à ce pour les diz Drappiers & autres, doïent & sont tenuz de aler & entrer en euvre dès le point du jour, dès Caresmes-prenant jusques à la Saint Remi, & de ouvrer aus [g] flamerons, & continuer en l'euvre par tout le jour jusques à la nuit, [h] & de la Saint Remi jusques à Caresmes; & doïent [i] monter dès le point du jour jusques à la nuit, & puissent pardevers le matin ouvrer aus flamerons, sens ce qu'il aïent acoustumé d'avoir aucunes heures [k] ; & doïent porter ledit Tixerrant leur quartier de pain dès le matin qu'il vont en euvre, pour toute la journée; & se il veullent

e sericis.
f *que.*
g *chandelles* qui est plus bas, ou autres lumieres.
h *&* est inutile.
i *venir pour commencer le travail.*
k *ausquelles ils puissent sortir du lieu où ils travaillent.*

NOTES.

*(a)* Tresor des Chartres, Registre 104. Piece 129.

*(b) Pierre de Fontaines.* ] Etoit-il descendu de Pierre de Fontaine d'une famille du Vermandois, qui vivoit sous Saint Loüis, dont M. du Cange à la fin de son Edition de Joinville, a fait imprimer *les Conseils*, qu'il dit dans sa Preface, être les fondements de nostre ancienne Jurisprudence Françoise? Voyez aussi la Preface sur *les Conseils.*

CHARLES V. au Château du Louvre près Paris, en Fevrier 1372.

du potaige, leurs femmes leur en doivent porter aus mestiers où il euvrent, afin que il ne se [a] destourbent en l'euvre, & qu'il n'empeschent l'un l'autre à retourner en l'euvre, se ils aloient mengier en leurs hostelz ou ailleurs; & pour ce, ait esté bien servi ledit mestier; & encores dès la Saint Remi jusques à Caresme-prenant, puissent & doivent après ce qu'il ont laissié l'euvre, ploïer & noüer draps & *(c)* pieces bouter avant, tixtre les estoupes & fausses traymes à la chandelle; & li Maistre pour qui il euvrent, leurs sont tenuz [b] delivrez feu & chandelle.

a *détournent.*
b *delivrer.*

*Item.* A une Feste puissent ploïer & noüer, bouter avant & tixtre les estoupes & les fauces traimes; excepté Festes d'Apostres ou de commandemens exprès; & aussi quant il avient que une personne [c] Chief d'Ostel ou Ouvrier dudit mestier de Tixerant, va de vie à trèspassement, il doivent ouvrer jusques à ce que l'on porte le *(d)* corps en terre; & aïent esté les choses dessus dictes gardées & continuées de tout temps oudit mestier jusques à present. Neantmoins les diz Tixerrans, soubs la couverture & umbre d'une Messe qu'il font chanter de nouvel, s'efforce de retarder toutes manieres de gens, soïent apprentiz, varlez ou Ouvriers de leur dit mestier, à aller en euvre & faire les autres choses dessus dictes, jusques à tant que ladicte Messe est chantée, qui seroit bien grant partie passée du jour, avant que il entrassent en euvre, se ils en usoient ainsi; mesmement on a avant chanté la Messe des Confreres en l'Eglise de Saint Gille, [d] que ce que l'en commence celle que il faut chanter haustement à grant deliberacion; & d'autre part, que se il meurt un Chief d'Ostel ou un Ouvrier de leur mestier, ils veulent cesser leur ouvrage entierement, varlez & touz, jusques à tant que le corps soit enterrez; qui seroit journée perduë: Car après convient aler boire; & si s'efforcent d'avoir heures d'aler disner & [e] autre part; & de prendre deux Solz ou trois, de ce que il faisoient devant pour six ou pour VIII. Deniers Tournois; & contredient à mettre en euvre les Compaignons [f] estranges, combien qu'il soïent bons Ouvriers; par lesquelles nouvelletez qui sont contre le bien commun & pourpensées par grant fraude, le dit mestier qui est ou doit estre tout [g] un, pourroit estre à perdicion, ou grant donmage de la Ville & du pays; car se il estoit ainsi souffert, il n'ouvreroient que à leur plaisir; *(e)* & si en porteroient plus de neant faire, que il n'ont ades d'ouvrer; & pour ce [h] vourroient fouler & desja foulent ceulx qui font faire les ouvrages, que pas ne seroit de raison; & se il les convenoit plaider & faire procès sur ces choses, il convenrroit qu'il se divisassent d'eulx mesmes; laquelle chose il [i] eschiveroient voulentiers de leur povoir, requerans que en charité leur feust par nous sur ce pourveu en telle maniere que les Ouvrages dudit mestier ne se demourassent à faire, & ne les convenist plaidoïer les uns aus autres; ou [k] ce non il leur convient de laissier ledit mestier tout plainement; laquelle complainte & requeste par nous oye, consideré que ledit mestier est au pays & à la Ville proufitable & necessaires, & que grans donmages seroit de le [l] destrure ou delaissier; veu encore que ladicte complainte estoit faicte de bonne foy, & par personnes les plus notables & souffisans de tout le mestier, qui redoubtoient faire entre eulx division par procès & par plaidoiries, & les hainnes & perilz qui s'en pourroient ensuir; eu avis & deliberacion sur ces choses, aus Maistres mesmes du mestier & à plusieurs autres, sachent tuit que nous, en ce consideré le proufit du bien commun, aus diz complaignans avons [m] faicte provision, se [n] mestier est, & [o] faisent telle, que touz ceulx d'icellui mestier aillent faire tixtre leurs Draps autre part ou mieulx leur plaira; laquelle chose ils ne vouloient pas faire sens nostre sceu & congiè, combien

c *Maître qui a des Compagnons qui travaillent pour lui.*
d *avant que l'on.*
e *ailleurs que chez leurs Maîtres.*
f *qui ne sont pas de la Ville.*
g *appar.* uni. *Voy. plus bas.*
h *voudroient.*
i *éviteroient.*
k *se*, si on n'y pourvoit.
l *détruire.*
m *avons ordonné par provision.*
n *besoin.*
o *faisons.*

NOTES.

*(c) Pieces bouter avant.* ] Je n'ai rien trouvé dans le Diction. du Commerce de *Savary*, qui puisse expliquer cet endroit. Cela peut signifier, *arrêter & noüer les filets de trame qui sont au bout des pieces, ploïer ces pieces, les noüer avec des cordes & les ranger.*

*(d) Corps en terre.* ] Cela confirme ce que l'on a remarqué cy-dessus, p. 510. Note *(l)*.

*(e) Et si.* ] Ils seroient plus de temps sans rien faire, qu'ils n'en employent presentement à travailler. *Ades*, presentement. Les Italiens disent *adesso* dans ce sens. *Voy. le Vocabul.* de la Crusca, *à ce mot.*

au Château du Louvre près Paris, en Fevrier 1372.

que deffendu ne soit en leur mestier, par les poins d'icellui contenuz en leurs Lettres & privileges; qui à ceste fin ont par nous esté veuz & visitez diligaument; pourveu toutes voiz que la matiere soit veuë, & les Draps visitez & ordenez par les diz Maistres & par les Gardes; & ceulx qui [a] souffisans ne seroient trouvez, ou estre en laine competent, seront puniz tout en la fourme & maniere comme se ils estoient fais en la ruë mesmes; car par ce, selon nostre avis, pourra l'en tixtre & ouvrer ladicte Draperie à moindre [b] ceulx & en meileur marchié, & les Tixerrans de la ruë se [c] ramanront & se remettront à raison, se il veulent gaigner leur pain audit mestier. En tesmoing de ce, nous avons seellé de nostre Seel ces presentes Lettres qui furent faictes & données à Troyes, le Samedi après la Feste de [d] Saint Pere entrent Août, l'an de grace mil CCC. cinquante & huit.

a non conformes aux Réglements.
b coust.
c rameneront.
d S.t Pierre.

*Item.* A touz ceulx qui ces presentes Lettres verront & orront. Humbert des Granches Clers, Garde du Seel de la Prevosté de Troyes : Salut. Sachent tuit que pardevant moy & Guillaume le Reix Clers, Tabellion Jurez & establiz à ce faire à Troyes, de par nostre S. le Roy, vint present en sa personne pour ceste chose, honorable homme & sage, Maistre Pierre de Fontaines, Lieutenant de honorable homme & sage, Guillaume de Bruval, Bailli de Troyes & de Meaulx, lequel dist, afferma & tesmoingna en sa verité, que li Seaulx en queuë double pendans de cire [e] vermaille, duquel ces Lettres sont seellées, parmi lesquelles ces presentes sont annexées, sont seellées de son propre seel, duquel il use communement ou dit Office. En tesmoing de ce, j'ai seellé ces Lettres du Seel de ladicte Prevosté, avec noz signez. *Ce fu fait & accordé l'an mil CCC. cinquante-huit, le XVI.e du moys de Decembre.*

e vermeille, rouge.

Suite des Lettres de Jean de Châlon.

Lesquelles Lettres dessus transcriptes, & toutes les choses dedens contenuës & chascunes d'icelles, nous ayans fermes & agreables, ycelles voulons, louons, ratiffions, approvons, & de certaine science & de l'auctorité de mes diz Seigneurs, & povoir à nous commis dont nous usons, confirmons de grace especial par ces presentes. Si donnons en mandement par la teneur d'icelles, au Bailli de Troyes & de Meaux, & à touz les autres Justiciers de mes diz Seigneurs, presens & avenir, ou à leurs Lieuxtenans, & à chascun d'eulx, si comme à lui appartendra, que nostre presente grace tiegnent entierement & acomplissent, & facent, laissent & seuffrent enteriner & acomplir selon la forme & teneur d'icelle & des dictes Lettres dessus transcriptes. Et que ce soit ferme & estable chose à touzjours, nous avons fait seeller ces Lettres de nostre grant Seel : Sauf en toutes choses le droit de mes diz Seigneurs & l'autrui. *Donné à Troyes, l'an de grace mil CCC. cinquante-huit, ou moys de Janvier.*

Suite des Lettres de Charles V.

*Quas quidem Litteras, ac omnia & singula in eis contenta, ratas habentes & grata, eas & ea volumus, laudamus, approbamus & ratificamus, tenoreque presencium, de nostris certa sciencia & gracia speciali confirmamus, quatenus rite & juste acta fuerunt. Volentes eciam & concedentes ex ampliori gracia & de novo, ut nedum Drapperii & alii in Vico de Trouceaulx sito in Villa de Trecis, (f) in eadem Villa morantes, hujusmodi privilegiis & prerogativis in dictis Litteris suprascriptis declaratis & contentis, in dicto casu uti pacifice valeant & gaudere : Mandantes Baillivo Trecensi, ceterisque Justiciariis Regni nostri, qui nunc sunt aut [f] que in futuro erunt, vel eorum Locatenentibus, ipsorumque cuilibet, prout ad eum pertinuerit, quatenus omnes Drapperios, & alios supradictos in dicta Villa de Trecis commorantes, presenti nostra confirmacione & gracia, ac franchisiis & Libertatibus in ea comprehensis & contentis, deinceps uti & gaudere pacifice faciant & permittant, quatenus ipsi de dicto Vico usi fuerunt, nil in contrarium fieri vel attemptari faciendo vel [g] en permittando. Quod ut firmum & stabile permaneat in futurum, nostrum presentibus Litteris fecimus apponi Sigillum : Salvo in omnibus jure nostro & quolibet alieno.* Datum in Castro nostro de Lupara prope Parisius, anno Domini millesimo CCC.o septuagesimo secundo; Regni vero nostri nono, mense Februarii. RECOURT. *Per Regem, in suis Requestis.* DE ALBA PETRA.

f qui
g etiam permittendo.

NOTE.

*(f) In eadem Villa.]* Je crois qu'il manque icy ces mots ou d'autres semblables, *sed etiam omnes.*

CHARLES V.
à Paris, en Mars 1372.

(*a*) Lettres qui portent que l'Eglise de Paris sera exempte des droits d'Admortissements, pour tous les biens par elle acquis jusqu'au jour de la date de ces Lettres.

*a* beneficia.

*b* Parif. R.

*c* Voy. *cy-dessus*, pag. 186. Note (*a*).

*d* ad.

*KAROLUS Dei gracia Francorum Rex. Notum facimus universis presentibus & futuris, quod gracias Altissimo Creatori, qui inter alia* [a] *benefecia Nobis ab ipso Divina clemencia multipliciter impensa, votivos eciam nostros successus in (b) procreacione prolis largiri dignatus est, exhibendo, Nos in honorem ipsius, atque gloriosissime Virginis Matris ejus, dilectissimis nostris Decano & Capitulo, Cappellanisque & aliis de Collegio Eclesie* [b] *Parisiensis, pro se & successoribus suis, in capite & in menbris, ut pro Nobis & prole nostra predicta, nostrarumque & Antecessorum nostrorum animarum* [c] *remedio & salute, perpetuis orare temporibus teneantur, auctoritate Regia, de speciali gracia & ex certa sciencia concessimus atque concedimus per presentes, quod ipsi & successores eorum, in capite & in menbris, universa & singula per eos aut predecessores suos, & quemlibet eorumdem, in Feodis, Retro-Feodis, Retro-censivis, Allodiis & Justicia dicte Ecclesie & nostris, ac alibi in quibuscunque Regni nostri partibus acquisita, tam per emptionem quam per donacionem, vel aliter quovismodo, temporibus retroactis, usque* [d] *a diem confeccionis presencium Litterarum, ex nunc in perpetuum teneant, habeant & possideant pacifice & quiete, absque eo quod ipsi seu aliqui eorumdem, per Nos seu Successores nostros vel eorundem aliquos, cogi vel compelli possint acquisita hujusmodi seu eorum aliqua, extra manus ipsorum ponere, seu Nobis aut Successoribus nostris, pro ipsis vel eorum aliquibus, financiam aliquam solvere quomodolibet successuris temporibus teneantur; non obstante quod non fuit in presentibus declaratum; quam quidem financiam Nos eisdem ex nostra dicta gracia, Regia auctoritate, tenore presencium perpetuo remittimus totaliter & quittamus; donis seu graciis aliis per Nos aut Predecessores nostros sibi factis, nonobstantibus quibuscunque. Quod ut firmum & stabile perseveret, Sigillum nostrum in testimonium premissorum, presentibus Litteris duximus apponendum: Salvo jure nostro in aliis, & in omnibus quolibet alieno.* Datum Parisius, mense Marcii, anno Domini millesimo trecentesimo septuagesimo secundo, & Regni nostri nono.

*Per Regem.* P. BLANCHET.

NOTE.

(*a*) Tref. des Chart. Reg. 104. P. 125. A la marge interieure de ces Lettres, on lit: *Ista Carta non fuit expedita in Camera Compotorum, nec est registrata in Libro Cartarum dicte Camere, sed reposita fuit in quodam scrinio retro hostium magne Camere, cum aliis Cartis refutatis & non expeditis.*

(*b*) *Procreatione prolis.*] Charles V. étant encore Dauphin, fut marié le 8. d'Avril 1350. & le premier fruit de ce mariage, fut Jeanne de France qui naquit en Septembre 1357. Il eut dans la suite huit autres enfans. *Voy. l'Hist. Geneal. de la Maison de France.* tom. 1. pag. 110.

CHARLES V.
à Paris, en Mars 1372.

(*a*) Confirmation de la Chartre de Commune accordée à la Ville de Clermont en Bassigny, par les Seigneurs de ce lieu.

SOMMAIRES.

(1) *Chaque Bourgeois & Bourgeoise de Clermont payera au Seigneur une redevance annuelle de 5. Sols de Provins.*

(2. 3.) *Differentes Amendes pour differents délicts.*

(4. 5.) *Les Bourgeois éliront un [Maire] & des Eschevins, qui seront leurs Juges.*

(6) *Les duels qui seront ordonnez par jugement, se feront devant le Seigneur ou devant son Prevôt. Si les Parties s'accommodent avant qu'il y ait eu des coups donnez, elles payeront 7. Sols six Deniers: Si l'accommodement se fait après*

NOTE.

(*a*) Tresor des Chartres, Registre 104. Piece 219.

CHARLES V. à Paris, en Mars 1372.

SOMMAIRES.

*les coups donnez, elles payeront quinze Sols. Celui qui sera vaincu payera cent Sols & une Obole. On coupera le pied ou le poing au Champion qui combattra pour les interêts d'un autre, s'il est vaincu.*

*(7) Le Seigneur se réserve le Jugement du meurtre & du vol.*

*(8) Lorsque les Bourgeois seront mandez par le [* Maire *] & les Eschevins de la part du Seigneur, pour une expédition militaire, ils viendront en armes, & serviront à leurs dépens pendant deux jours, après lesquels le Seigneur sera obligé de les nourrir.*

*(9) Celui qui manquera au serment de fidélité qu'il a fait en qualité de Bourgeois, payera une Amende de 25. Sols.*

*(10) Toutes les Amendes se payeront en forte Monnoye de Provins.*

*(11) Les Bourgeois seront exempts de Tailles.*

*(12) Le Seigneur se réserve le Ban de vin pendant six semaines; & differentes corvées pendant les differentes saisons de l'année.*

*(13) Ceux qui couperont des bois bannaux, payeront l'Amende.*

*(14) Les Faussaires payeront 25. Sols, ou auront le poing coupé. Ceux qui vendront du pain qui ne sera pas de poids, ou qui sera mal fait, payeront une Amende de 5. Sols.*

*(15) Celui qui ne payera pas les droits sur les Marchandises qu'il achetera, payera une Amende de 10. Sols.*

*(16) Les Bourgeois auront le droit d'usage dans les bois qui ne seront pas bannaux.*

*(17) Ils auront aussi le droit d'usage dans la partie du cours de la Meuse qui appartient à la Seigneurie de Clermont. Ils seront obligez sous peine d'Amende, d'apporter dans le Marché de cette Ville, les poissons qu'ils y auront peschez.*

*(18) Les Bourgeois pourront se vendre entre eux leurs maisons & leurs héritages.*

*(19) Leurs biens passeront à leurs parens les plus proches, jusqu'à la quatriéme génération.*

*(20) On ne pourra recevoir dans cette Bourgeoisie, ni les hommes de corps du Seigneur, ni ceux de ses Vassaux, ni ceux du Prieuré de Clermont.*

*(21) Tous les autres Etrangers y pourront être reçûs en payant en entrant 5. Sols au Seigneur, & un septier de vin au [* Maire *] & Eschevins; & en payant les redevances annuelles.*

*(22) Par une convention faite entre le Seigneur de Clermont, & le Roy de Navarre Comte de Champagne, le Comte de Bar & la Dame d'*Ycio*, les Bourgeois de Clermont, ni les hommes du Seigneur de ce lieu, ne pourront point demeurer sur leurs Terres.*

*(23) Le [* Maire *] & les Eschevins qui auront été élûs seront obligez d'accepter ces Charges, sous peine d'une Amende de dix Sols.*

*(24) Le Seigneur de Clermont, sa femme, ses deux Freres, & huit de ses Vassaux, jurent l'observation de cette Chartre de Commune.*

*(25) Le prix du vin sera fixé par le [* Maire *] & les Eschevins.*

*(26) Les Bourgeois ne pourront aliener leurs biens en faveur des Gens d'Eglise, sans la permission du Seigneur.*

*(27) Ceux qui ne satisferont point aux corvées, seront condamnez à l'Amende.*

CHARLES par la grace de Dieu Roy de France. Savoir faisons à touz presens & advenir, que Nous à la supplicacion des habitans de la Ville de Clermont en Bassigny, avons veu les Lettres desquelles la teneur est telle.

A Touz ceulx qui verront & orront ces presentes Lettres. Nicolas Bourderel, Garde du Seel de la Prevosté de Chaumont: Salut. Sachent tuit que Jehan de la Ville-Neuve & Jacque de Lusey, Clerc Juré establiz à ce faire audit Chaumont & en la Chastellenie, de par nostre S. le Roy, m'ont tesmoignié que il ont veuës, tenuës & leuës de mot à mot, unes Lettres saines & entieres, seellées du Seel de haut homme & noble, Monf. Guy Seigneur de Clermont, Chevalier, contenant la fourme qui s'ensuit.

A Tous ceulx qui verront & orront ces presentes Lettres. Nous Guys Sires de Clermont en Bassigny, Chevalier: Salut. Sachent tuit que Nous avons veuës & tenuës unes Lettres saines & entieres d'escripture & de seel, seellées des Seelx de noz très chers & amez Seigneurs, Monf. Symon jadis Seigneur dudit Clermont, & Madame Jehanne sa femme, si comme il appert par l'impression des diz seelz, contenant la fourme qui s'ensuit.

*Nos Symon Dominus Clarimontis, & Uxor nostra Johanna. Omnibus manentibus & mansuris apud Clarummontem, hanc dedimus imperpetuum & contulimus Libertatem;*

CHARLES V. à Paris, en Mars 1372.

*exceptis illis qui (b) volunt esse vel de quibus volumus eos esse in predicta Libertate.*

*(1) Quicunque ibidem manere voluerit in Libertate*, cinq Solz [a] *Pruivinenses de redditu suo annuatim persolvet nostro* [b] *Ministro; medietatem in Pascha, & aliam medietatem in Festo Beati Remigii. Qui vero infra octo dies post istos terminos, redditum istum non persolverit, tantumdem persolvet pro emenda, quantum erit de capitali, sive sit homo sive sit mulier.*

a de Provins.
b Juge.

*(2) De (c) plana emendacione*, douze Deniers; *de percussione sine sanguine*, cinq Solz; *de sanguine effuso*, quinze Solz; *de plana (d) pergia*, quatre Deniers, *& dampnum illi cui est illatum; de* [c] *pergia ovis*, un Denier; *de porco*, deux Deniers; *de Ansere*, deux Deniers; *de* [d] *Capita*, un Denier, *& dampnum illi cui est illatum.*

c dommage fait par un mouton.
d fort *Capra.*

*(3) Si quis de dampno alterius; videlicet, in virgulto vel orto, vel agro vel prato vel vignea, die vel nocte inventus fuerit*, cinq Solz *persolvet* [e] *Domino, & dampnum ei cui erit illatum reddet, vel auris ejus abscindetur.*

e au Seigneur de Clermont.

*(4)* [f] *Villicum & Scabinos sibi eligent de communi Consilio: qui electi Domino fidelitatem faciant.*

f C'étoit sans doute un Officier semblable au Maire.

*(5) Burgensibus de* [g] *plano placito coram Villico & Scabinis suis, discucietur inter ipsos.*

g Voy. la Note (c).

*(6) Si vero duellum fuerit* [h] *judicatum, coram Domino vel coram Preposito suo deducetur; & si armati fuerint in duello, & sine ictibus concordes eos esse contigerit, unusquisque* sept Solz & six Deniers *persolvet. Si autem post datos ictus concordiam fecerint, unusquisque* quinze Solz *persolvet. Victus autem in duello*, cent Solz & Obole *persolvet.* [i] *Pugil vero conducticius, si victus fuerit, pede vel pugno privabitur.*

h ordonné par un Jugement.

i Celui qui combattoit pour les interêts d'un autre.

*(7) Murtrum autem & furtum in* [k] *manu nostra retinemus.*

k le Seigneur s'en reserve le Jugement.

*(8) Quociensecunque dicti Burgenses à Villico suo vel Scabinis ex parte nostra requisiti fuerint,* [l] *nectum cum armis venire tenebuntur per duos dies in propriis sumptibus suis. Post duos vero dies, eos sicuti alios homines nostros, tenebimur* [m] *procurare.*

l Ce mot qui est douteux, paroît devoir signifier, *aussitôt.*
m nourrir. *Voy. le Glossaire de du Cange*, à ce mot.

*(9) Si quis vero (e) fidelitatem Ville fuerit ementitus*, vingt-cinq Solz *persolvet pro emenda.*

*(10) Omnes autem isti redditus & emendaciones de Moneta Fortium Pruivinensium persolventur.*

*(11) Et per has Libertates, dicti Burgenses liberi erunt ab omni exactione sive Tallia.*

*(12) Retinemus autem nobis in dicta Villa,* [n] *Bannum vendagii vini per sex septimanas; &* [o] *novam corvadas de omnibus animalibus ad aratrum trahentibus; duas in Martio persolvendas, & duas in (f) Versario, & duas in Automno, ad colendas terras nostras, ad requisitionem nostram; & aliam in feno nostro adducendo; & duas alias in messe, ad bladum nostrum adducendum; & retinemus tres corvadas de hominibus & feminabus; unam in* [p] *fenario, & duas in messe.*

n Voy. les Tabl. des Mat. de ce Rec. au mot, *Ban de vin.*
o novem.
p lorsqu'on fait les Foins.

*(13) Retinemus eciam nobis, quod currus qui in Nemore Bannali inventus fuerit, persolvet* dix Solz; *& (g) homo ad collum*, douze Deniers.

NOTES.

*(b) Volunt .... volumus.* ] Ces deux mots ne sont point douteux, parce qu'ils commencent par un *V* majuscule qui ne peut être confondu avec une *n*; mais je crois qu'il faut corriger, *nolunt .... nolumus.*

*(c) Plana emendacione.* ] *Emendatio* suivant du Cange à ce mot, signifie une Amende. A l'égard de *plana*, il y avoit des Jugements qui étoient rendus *de plano*; c'est-à-dire, sans procedure. Ainsi je croirois que *plana emendacio* est une Amende decernée dans les affaires sommaires & de peu de conséquence. *Voy. le Gloss. de du Cange*, au mot, *plano (de).*

*(d) Pergia.* ] Ce mot signifie le dommage causé sur les terres. *Voy. le Gloss. de du Cange*, à ce mot. *Plana* signifie apparemment ici un dommage de peu de conséquence. *Voyez la Note (c).*

*(e) Fidelitatem ... ementitus.* ] Celui qui manque au serment de fidelité qu'il a fait en qualité de Bourgeois. *Voy. le Glossaire de du Cange*, au mot, *fidem mentiri*, dans l'article *fides.*

*(f) Versario.* ] Verseau Signe du Zodiaque, dans lequel le Soleil entre au mois de Janvier.

*(g) Homo ad collum.* ] Je crois que cela signifie un homme qui porte du bois sur son col.

(14) *De falsa*

(14) *De falsa mensura* vingt & cinq Solz *persolvetur, vel manus falsarii abscindatur. De* [a] *pane falso*, cinq Solz.

(15) *Si quis (h) redditum vente abssportavit, nec sicut jus, persolverit*, dix Solz *tenebitur persolvere pro emenda.*

(16) *In nemore vero non Bannali, homines Clarimontis* [b] *usuarium suum habebunt sicuti antea solebant habere; videlicet, pro omnibus (i) marramentis suis faciendis, & ad focum faciendum, & ad clausuras suas.*

(17) *In parte similiter Ripparie de Mosa eis & nobis deputanda & assignanda, habebunt usagium suum ad piscandum; ita tamen quod si quis pisces venales habuerit, tenetur eos in Forum apud Clarimontem asportare; qui, si cum eis quos ferret, alibi fuerit deprehensus, pisces perdet eosdem, &* cinq Solz *pro emenda persolvet.*

(18) *Licebit autem predictis Burgensibus, uni eorum alteri vendere domum suam vel (k) implastrum, vel pratum, vel vigneam, vel ortum, vel terram, vel virgultum, si necesse sibi fuerit.*

(19) *Omnes autem hereditates eorum, heredibus suis propinquioribus remanebunt usque ad (l) quartam generacionem.*

(20) *(m) In predicta autem Libertate, neminem de hominibus nostris, nec de Feudis nostris, nec de Prioratu Clarimontis, poterunt retinere.*

(21) *Sy vero aliqui* [c] *alieni in dicta Libertate apud Clarimontem* [d] *morare venerint, bene licebit Villico & Scabinis eos retinere, tali modo quod in introitu,* cinq Solz *Pruvinenses persolvent Villico pro nobis, & sextarium vini pro ipso & Scabinis; & eciam omnes alios* [e] *redditus secundum processum temporis, sicut alii liberi.*

(22) *Nemo autem qui in predicta Libertate apud Clarimontem manserit, in Terra Comitis Campanie qui nunc dicitur Rex Navarre, nec in Terra Comitis Barri, nec in Terra Domine de Ycio, seu filiorum ejusdem, poterit remanere; cum inter nos tales habeamus convenciones,* [f] *quominus nullus predictorum homines meos potest retinere.*

(23) *Quislibet autem Officium Villici & Scabini, ad electionem precedencium tenetur suscipere sub pena* dix Sols forts.

(24) *Omnes autem prescriptas Libertates, nos & uxor nostra, prestito corporali juramento, observare & tenere promisimus, & Fratres mei Dominus Odo & Guido, &* [g] *Milites mei usque ad octo, de Castellania Clarimontis, de mandato nostro hoc idem juraverunt; videlicet, Huardus de Prenomcheres, Rogerus magnus de Maisoncelles, Theobaldus de Romanis, Guillebertus Dominus pauper homo, Symon de* [h] *Perrices, Aubericus Douhan, Symon de Recourt, Stephanus de Latrece.*

(25) *Volumus eciam quod ad legitimam extimacionem valoris secundum arbitrium Villici & Scabinorum, vina ibidem* [i] *vendentur.*

*Et ut hec omnia rata parmaneant, presentem paginam Sigillorum nostrorum muninine fecimus roborari.* Datum apud Clarimontem, in Festo Beati Laurencii, mense Augusti, anno Domini millesimo ducentesimo quadragesimo octavo.

(26) *Retinemus eciam quod nullus bona sua immobilia in manu Religionis cujusdam, nisi de licencia nostra, possit legare, seu aliquo modo alienare.*

(27) *Insuper, qui contumaciter ad corveiam faciendam non venerit, homo*

CHARLES V. à Paris, en Mars 1372.

*a* du pain qui n'est pas de poids, ou qui n'est pas bien fait.

*b* usage.

*c* tous ceux qui ne sont point exclus par l'article precedent.

*d* morari.

*e* les redevances dûës par les Bourgeois.

*f* qm. *R.*

*g* Vassaux. *Voy. le Gloss. de du Cange*, au mot, *Miles.*

*h* Prices *avec une marque d'abbréviation.*

*i* vendantur.

NOTES.

*(h) Redditum vente.]* *Venta*, suivant du Cange, au mot *venda*, signifie les Impôts qui se payent dans les Foires & dans les Marchés. Ainsi je crois qu'*abssportare redditum vente*, peut signifier, ne pas payer & frauder les droits sur les Marchandises que l'on achete.

*(i) Marramentis.]* Bois propre pour bâtir des maisons. *Voy. le Gloss. de du Cange*, au mot, *Meramentum.*

*(k) Implastrum.]* Place propre à bâtir. *Voy. le Gloss. de du Cange*, au mot, *Emplastrum.*

*(l) Quartam generacionem.]* Cela ne signifie point jusqu'à la quatriéme génération *de Pere en fils*; & cet article ne doit s'entendre que des Parents au 4.[e] degré.

*(m) In.]* Les hommes de corps du Prieuré ni ceux du Seigneur ne pourront être reçûs Bourgeois à Clermont; non plus que les hommes de corps dépendants des Fiefs relevants du Seigneur de Clermont. Car *Feudum* est quelquefois pris dans ce sens, comme l'a remarqué *M.r Brussel dans son usage des Fiefs*, tom. 1. chap. 1. p. 2.

CHARLES V. à Paris, en Mars 1372.

*(n) pro falce debebit* six Deniers; li seerres, douze Deniers; *Bos deffeciens ad aratrum*, douze Deniers.

Datum in Festo Beati Laurencii, mense Augusti, anno Domini millesimo [a] ccc.me quadragesimo octavo.

*a il faut corriger CC.me comme à l'autre date.*

*Suite des Lettres du Sire de Clermont.*

Lesquelles Lettres & toutes les choses contenuës en ycelles, & chascunes, en la fourme & en la maniere qu'elles y sont escriptes & devisées, nous Guys Sires de Clermont devant diz, approuvons, [b] looms, voulons, ratiffions & confirmons, & les promettons en bonne foy pour nous, pour noz hoirs & pour noz successeurs, tenir & garder fermement, loyalment & perpetuelment, sans jamais aler ne faire venir ne consentir à venir encontre par nous ne par autres, en tout ne en partie, en [c] recoy ne en appert: Sauf en toutes choses nostre droit & l'autrui. En tesmoing de laquelle chose, nous Guys Sires devant dit avons mis nostre grant Seel en ces presentes Lettres qui furent faictes & données en l'an de grace mil ccc. trente & un, le Samedi devant la Feste S.t Martin d'iver, ou moys de Novembre.

*b loons.*

*c en secret ou ouvertement.*

*Suite des Lettres du Garde Scel.*

Et Je Nicolas Bourderel dessus nommez, en tesmoing des choses devant escriptes, à la relacion des diz Jurez, ay seellé ces presentes Lettres du Seel de la Prevosté d'ou dit Chaumont, & de mon propre Seel [d] encontreseel, avec les Seingniez des diz Jurez, qui furent faictes & données le xx.e jour du moys de Fevrier, l'an de grace mil trois cens quarante & troys.

*d peut-être* & contre-scel.

*Suite des Lettres de Charles V.*

Et comme les Lettres Originaulx contenuës ès Lettres de Transcript ou *Vidimus* dessus escriptes, aïent autrefois esté confermées par l'un de noz predecesseurs Roys de France, si comme Nous ont dit & affirmé par leurs seremens & par leur loyauté, Jehan de Bronay & d'Onvrengny de la Tour, habitans de ladicte Ville, qui virent ycelles Lettres confirmatoires faictes en laz de soye & cire vert, & lesquelles, & aussi les dictes Lettres [e] Orginaulx, ont esté perduës par les guerres de nostre Royaume, de par les habitans dessus diz Nous a esté humblement supplié, que les dictes Lettres Nous vüeillons de nostre grace confermer. Nous consideré ce que dit est, les dictes Lettres dessus encorporées & transcriptes, & toutes les choses contenuës en ycelles, si & en tant comme l'en a usé ou temps passé, avons fermes & agreables, & de nostre auctorité & puissance Royal & de grace especial les confirmons par ces presentes: Donnans en mandement à touz noz Justiciers & Officiers, & aus Justiciers de nostre Royaume, ou à leurs Lieuxtenans, presens & advenir, & à chascun d'eulx, que contre la teneur de ces presentes, ne molestent ou empeschent les diz supplians ou aucuns d'eulx; mais rappellent & remettent au premier estat & deu, tout ce que il trouveroient estre fait indeuement au contraire. Et que ce soit ferme chose & estable à tousjours, Nous avons fait mettre nostre Seel à ces presentes: Sauf en toutes choses nostre droit & l'autrui. *Ce fut fait & donné à Paris, ou moys de Mars, l'an de grace mil CCC. soixante & douze, & de nostre Regne le IX.me*

*e Originaulx.*

*Par le Roy*, à la relation du Conseil. G. DE MONTAGU.

## NOTE.

*(n) Pro falce.]* Celui qui par corvée, devoit couper les bleds. Je crois que *seerres*, signifie ceux qui devoient les serrer.

CHARLES V.
à Paris, en Mars 1372.

## (a) *Lettres faisant mention du Don fait par le Roy au Duc d'Anjou, de ce qui restoit dû au Roy dans l'Anjou, la Touraine & le Maine.*

CHARLES par la grace de Dieu Roy de France. Savoir faisons à tous presens & avenir, Nous avoir receu l'humble supplicacion de Ernaut Pourceau de Saumur, contenant, que comme il ait esté Receveur [a] particuler des [b] Foüages, en la Ville & ressort de Saumur, par cinq ans continuelz, commençans le premier jour de Janvier, l'an mil [c] ccc. soixante & douze; de la Recepte des quels Foüages, il rendi compte finable & [d] enterin selon l'assiete sur ce faite; & pour ce que depuis la fin de sa Recepte, Nous pour certaines causes, avons donné à nostre très cher & très amé Frere, le Duc d'Anjou, toutes & chascunes les restes, debtes ou arreraiges, tant en *(b)* Regales comme en Fiefs, qui ès païs des Duchés d'Anjou & de Touraine & du Conté du Maine, Nous estoient deuës; tant pour raison des Foüages, comme de tous Subsides & Aides quelconques; [e] exepté seulement ce que ordené a esté pour la [f] delivrance de nostre très chier Seigneur & Pere, dont Dieux ait l'ame; en octroïant à nostre dit Frere, que ce que sur le fait des comptes des choses dessus dictes seroit fait par ses Commissaires, [g] vaulsist comme se fait feust par nos amés & feaulz Gens des Comptes; Jehan Glaher & Maistre Jehan Neveu, eulz disans Commissaires de Nous & de nostre dit Frere, sur le dit fait, ont fait appeller par devant eulz le dit suppliant, & contre lui proposé, [h] &c.

*Donné à Paris, l'an de grace mil trois cens soixante & douze, & de nostre Regne le neufviesme, ou mois de Mars.*

Par le Conseil estant à Paris. FERRY. [i] HENIN.

a *particulier.*
b *Imposiiions par Feux.*
c *Ceete date est fausse.*
d *entier.*
e *excepté.*
f *rançon.*
g *valût.*
h *Le reste des Letires ne regarde que Ernaut Pourceau.*
i *Il y a une marque d'abbréviation sur l'h.*

NOTES.

*(a)* Tresor des Chartres, Registre 104. Piece 103.

*(b) Regales.]* Droits dûs au Roy, comme Souverain; à la difference de ceux qui lui étoient dûs par ses Vassaux tenants des Fiefs relevants de luy.

CHARLES V.
à Paris, au Château du Louvre, en Mars 1372.

## (a) *Confirmation des privileges de l'Evêque de Mende.*

[k] KAROLUS Dei gracia Francorum Rex. Notum facimus universis tam presentibus quam futuris, quod ad requestam Procuratoris dilecti ac fidelis nostri, Episcopi [l] Mimatensis Comitisque [m] Gaballitani, die date presencium lecte & publicate fuerunt in nostra Parlamenti Curia, ac in Registris ejusdem Parlamenti, de precepto dicte nostre Curie registrate alie nostre Littere in filis sericis & [n] sera viridi sigillate, quarum tenor sequitur sub hiis verbis.

*KAROLUS Dei gracia Francorum Rex. Notum facimus universis presentibus & futuris, quod nuper visis Litteris sanctissimi in Christo Patris, Urbani divina providentia sacro sancte Romane ac universalis Ecclesie summi Pontificis, &c.*

*Et sic finiunt.* Datum Parisius, mense Januarii, anno Domini millesimo trecentesimo sexagesimo septimo, & Regni nostri quarto. *(b)*

*Verum quia nuper prefatus Episcopus Mimatensis Nobis querulose fecit significari, quod Gentes & Officiarii nostri existentes & deputati in [o] Partibus Occitanis, dixerunt,*

k *C'est un Arrêt du Parlement.*
l *Mende.*
m *Gevaudan.*
n *cera.*
o Languedoc.

NOTES.

*(a)* Arrêts & Jugez du Parlement de Paris, Registre 22. *fol.*° 62. *R.*°

*(b)* A la marge du Registre se trouve ce qui suit, avec un renvoy.

*Presentes Littere registrate fuerunt in Parlamento, in Libro Arrestorum & Ordinacionum Parlamenti incepti anno millesimo trecentesimo sexagesimo octavo; & ibi invenientur ad tale signum.*

Ce Registre ne se trouve plus dans le depôt du Parlement.

CHARLES V. à Paris, au Château du Louvre, en Mars 1372.

*proposuerunt & allegaverunt, dicereque, proponere & allegare nisi sunt dictam declaracionem per Nos factam & concessam non valere, nec suum debere sortiri effectum, quodque eadem gaudere non debeant dictus Episcopus aut subditi sui, & alii quos ipsa declaracio tangit, asserentes eam factam fuisse non ex vera justicia, sed* [a] *ab favorem sancte recordacionis Pape* [b] *Urbani ultimo defuncti, qui ad eandem Ecclesiam Mimatensem affectionem singularem habebat, prout in narracione dicte declaracionis contineri dicebant; quodque racione Libertatum antiquarum dicte Ecclesie, Bulleque Auree &* [c] *Pariagii de quibus supra sit mencio, dicta declaracio fieri non potuit; quin ymo largior erat & magis ampla, quam essent dicta Pariagium & Bulla super quibus fundabatur; eciam quia in dicto Pariagio expressa non fiebat mencio de Terra propria dicti Episcopi, quo ad premissorum exempcionem, & quod defensio guerre ita erat necessaria eidem Terre proprie, sicut & aliis Partibus Regni nostri; aliasque plurimas raciones contra declaracionem hujusmodi pretendendo; & ob hoc, Thesaurarii & Generales-Consiliarii in dictis Partibus super facto* [d] *Juvaminum guerrarum nostrarum, & alii Receptores & Commissarii per Nos & carissimum Germanum & Locumtenentem nostrum in eisdem Partibus, Ducem Andegavensem, deputati, virtute certarum Litterarum per Procuratorem nostrum Senescallie Bellicadri & Nemausi, & certos alios nostros Officiarios & Commissarios, tam à Nobis quam à dicto Locumtenente nostro, & aliis predictis Generalibus & aliis diversimode quesitis dictis coloribus impetratarum seu obtentarum, habitantes dicte Terre proprie compulerunt & de die in diem compellere nictuntur, ac compelli incessanter per Commissarios suos atque nostros faciunt ad* [e] *solvendum Thesaurariis & Receptoribus predictis, nomine nostro seu dicti Germani & Locumtenentis nostri, diversas pecuniarum summas, quas petunt tam racione arreragiorum, Talliarum,* [f] *Focagiorum, Subsidiorum & Imposicionum* [g] *labsis temporibus impositorum, quam eciam aliorum que de die in diem imponuntur, prout & quemadmodum alios qui non habent de & super premissis aliquam Libertatem; ac insuper, alias Imposiciones & onera que per alios dicte Lingue Occitane exsolvuntur, & eciam duodecim Denarios pro libra super mercaturis & rebus, & decimum tertium super vinis in introitu dicte Terre proprie, seu parum prope dictum introitum, que ducuntur & portantur in dicta Terra propria, exigunt atque levant ac exigere nituntur; racione quorum impedimentorum, prefatus Episcopus certos Officiarios & Commissarios nostros in nostra Parlamenti Curia fecit, ut dicitur, adjornari.* [h] *Propterea, vexaciones indebitas dando, prefatos habitantes dicte Terre proprie, ad Nobis solvendum financiam de acquisitis per inmobiles à Nobilibus & Ecclesiasticis personis, eosdem habitantes compellunt; ac in Terra communi Nobis & dicto Episcopo, hujusmodi Taillias imponunt & recipiunt per se ipsos, & financias per inde in dicta Terra communi debitas, Nobis in solidum applicant; licet in predictis casibus, prout in dictis Pariagio & declaracione continetur, per Officiarios communis Curie Gaballitani duntaxat, exigi debeant & levari, prefateque financie in dicta Terra communi, mediatim ad Nos & dictum Episcopum spectent pro* [i] *indivisio, & debeant pertinere: Ea propter idem Episcopus* [k] *Nobit duxit humiliter supplicandum, quatinus, consideratis & attentis antiquis Libertatibus & aliis Juribus dicte Ecclesie Mimatensis, Bullaque & Pariagio ac declaracione predictis, super hoc de oportuno remedio dignaremur sibi ac sue Ecclesie benigniter providere; cujus supplicacioni ex debito nostri Officii liberaliter annuentes, ac volentes in premissis mature procedere, jura, Libertates, Bullam, Pariagium, convencionem & declaracionem alias per Nos, ut premittitur, factam, ac omnia alia in dictis nostris Litteris superius insertis plenius declarata, per dilectum & fidelem* [l] *Cancellarium nostrum inspici commisimus, ac per eum & nonnullos alios nostros Consiliarios in nostra Camera Compotorum, diligenter examinari. Tandem vero, assistentibus Nobis in magno Consilio nostro & tenentibus plenas Requestas, dictoque nostro Cancellario in nostra presencia & dicti nostri Consilii, de Mandato nostro relacionem faciente de omnibus premissis, Nos, hiis omnibus cum suis dependentibus ac emergentibus ex eisdem, cum digesta maturaque prefati Consilii deliberacione pensatis, advertentes insuper prefatam declaracionem nostram, provida ac diligenti Consilii nostri discussione tunc habita, prout meminimus & supra exprimitur, à Nobis emanatam fuisse tanquam rite, juste & legitime, ut premittitur, factam, eandem declaracionem, ac omnia alia & singula in dictis nostris*

[a] ob.
[b] Urbain V. mort en 1371.
[c] Voy. les Tabl. des Mat. de ce Rec. au mot, *Pariage*.
[d] Aydes.
[e] solvend. *R.*
[f] Foüages, Impositions par Feux.
[g] lapsis.
[h] Preterea.
[i] indiviso.
[k] Nobis.
[l] Voy. *cy-dessus*, p. 580. Note *(b)*.

*Litteris expressata & contenta, ex nostra certa sciencia, speciali gracia & plenitudine Regie potestatis ratifficamus, laudamus, approbamus, & tenore presencium confirmamus: Volentes & decernentes pro Nobis nostrisque Successoribus, quod prefatus Episcopus & successores sui, & habitatores predicti & eorum quilibet, prout ipsos tangere potest & poterit quomodolibet in futurum, predicta nostra declaracione, ac premissis omnibus & singulis in eadem contentis, utantur & gaudeant de cetero pacifice & quiete; & quod predicta impedimenta & gravamina, & quicunque processus inde facti tam in dicta nostra Curia quam alibi, cum omnibus inde secutis, pro non factis habeantur & reputentur, & Nos eadem penitus revocamus. Quocirca dilectis & fidelibus Gentibus nostris que nostrum presens tenent & tenebunt Parisius Parlamentum, ac Camere Compotorum nostrorum Parisius, Generalibusque Consiliariis seu Thesaurariis super facto Juvaminum & Imposicionum pro guerra Regni nostri ordinatorum, Senescallo Bellicadri & [a] Nemensi, Baillivis [b] Gaballitani, [c] Montanorum Alvernie ac Baillivie, ceterisque Justiciariis, Thesaurariis, Generalibus & Commissariis super facto quoruncunque Subsidiorum, Focagiorum, Gabellarum, Imposicionum, financiarum, redibenciarum, & exactionum quarumcunque in dictis partibus Occitanis & alibi, tam à Nobis quam [d] dicto Germano nostro & aliis Locatenentibus nostris seu Successorum nostrorum, & aliis quibuscunque, quacunque potestate utantur, deputatis vel deputandis, presentibus & futuris, vel Locatenentibus ipsorum, & cuilibet eorundem, precipimus & districte mandamus, committendo, si sit opus, quatinus prefatam declaracionem & hujusmodi confirmacionem perpetuis temporibus teneri faciant & inviolabiliter observari, eisdemque declaracione & confirmacione dictum Episcopum ejusque successores & subditos, & alios de quibus in dicta declaracione fit mencio, nunc & in futurum uti & gaudere pacifice faciant, procurent & permittant, quoscunque contrarium facientes, aut easdem directe vel indirecte infringere nitentes, ad easdem inviolabiliter tenendas & observandas viriliter [e] compellando, & [f] Preture viribus, si opus fuerit, super hoc cessare ac desistere faciendo; ceteraque omnia & singula in hiis nostris presentibus inserta, de puncto in punctum excecucioni debite demandando & demandari faciendo tociens quociens requisiti fuerint, juxta eorum exigenciam & tenorem, absque contradicione quacunque; & si aliqua contra tenorem sepe dicte declaracionis ac nostre presentis confirmacionis, per quemcunque in futurum contingeret attemptari, Nos ea ex tunc prout ex nunc, & ex nunc prout ex tunc, tenore presencium revocamus, ac nullius esse decernimus efficacie vel valoris; Procuratori nostro Generali & dicte Senescallie Bellicadri & Nemausi, ac omnibus Justiciariis & Officiariis nostris, & eorum cuilibet, quo ad hoc, sillencium perpetuum tenore presencium totaliter imponendo Et ut premissa omnia & singula firma & valida perpetuo remaneant temporibus affuturis, Sigillum nostrum hiis presentibus apponi mandavimus: Salvo in aliis jure nostro, & in omnibus quolibet alieno.* Datum Parisius, in Castro nostro de Lupera, anno Domini millesimo trecentesimo septuagesimo secundo, & nono Regni nostri, mense Marcii.

[g] Quod ut firmum & stabile perpetuo perseveret, presentes Litteras Sigilli nostri munimine jussimus roborari: nostro in aliis, & quolibet alieno in omnibus jure salvo. Datum & actum Parisius, in Parlamento nostro, anno Domini millesimo trecentesimo septuagesimo tercio, & Regni nostri decimo, die decima quinta mensis Junii. *Sic signata.* Per Cameram. [h] VILLEM.

*Collacio facta est.*

CHARLES V. à Paris, au Château du Louvre, en Mars 1370.

a Nemausi.

b Gaballitan. *R.*

c Montanarum.

d à.

e compellendo.

f Voy. *cy-dessus*, pag. 423. Note (a).

g *Suite de l'Arrêt du Parlement.*

h *Il y a une marque d'abbréviation sur la fin de ce nom.*

---

CHARLES V. à Paris, en Mars 1372.

(a) Lettres qui portent que le jour du Marché de Bourgneuf, sera transferé du Dimanche au Samedi; & qu'il y sera établi deux Foires annuelles.

*KAROLUS Dei gracia Francorum Rex. Notum facimus universis* [i] *presentes tam presentibus quam futuris, quod Nos Litteras carissimi Germani nostri Ducis*

i mot inutile.

NOTE.

(a) Tresor des Chartres, Registre 104. Piece 104.

CHARLES V. à Paris, en Mars 1372.

*Bituricensis, & Alvernie, Comitisque Pictavensis, Matisconensis, Engolismensis & Xantonensis in* [a] *Patris predictorum locorum & pluribus aliis nostri Regni, Locumtenentis nostri, suo sigillo in cera viridi cum filis* [b] *cericis sigillatas vidimus, tenorem qui sequitur, continentes.*

a Patriis, *païs.*
b *fericis.*

JEHAN Filz de Roy de France, Duc de Berry & d'Alvergne, Conte de Poitiers & de Mascon, d'Angoleme & de Xanctonge, Lieutenant de Monf. le Roy es diz païs, & en plusieurs autres Parties de son Roiaume. Savoir faisons à tous presens & avenir, que entenduë la supplication de Religieux homme, Frere Guillaume Arnaud, Commandeur de la Maison de Bourgneuf en Aunis, de l'Ordre de l'Ospital de Saint Jehan de Jeherusalem, contenant que comme d'ancienneté eust esté acoustumé estre & avoir assamblée de peuple & Marchié public oudit lieu de Bourgneuf, ou jour de Dimenche, pour marchander illec publiquement de toutes denreez & marchandises; & pour ce que le jour de Dimenche est jour solempne, & doit-on cesser de toutes œuvres mondaines par tout feal crestien; & que selon qu'il vint à la notice dudit suppliant, nostre Saint Pere le Pape qui pour le temps estoit, n'avoit pas à plaisir que tieulz esploys mondains feussent fais, tenus & exercés ledit jour de Dimenche, ledit suppliant & le peuple de ladicte Ville & du païs d'ilec environ, furent de gré & d'acort que ledit Marchiet fust retourné, [c] remué & continué dudit jour de Dimenche au Samedi; & ait esté ledit suppliant en saisine & possession de avoir ledit Marchiet oudit jour de Samedi, continué & remué dudit jour de Dimenche, & de prendre & avoir les pourfis & émolumens qui pour cause dudit Marchié, povoient & devroient appartenir audit suppliant comme à Signeur dudit lieu de Bourgneuf; & en ceste saisine & possession ait esté ledit suppliant, [d] tant que ses predecesseurs paisiblement sans interrupcion, empeschement ou contradicion, par l'espace de vint & cinq ans & plus, à ce qu'il dit; & en oultre, que comme après la Ville de la Rochelle, ledit lieu de Bourgneuf soit le plus solempne & aisé lieu du païs d'Aunys, pour avoir & tenir Foires pour le peuple, pour marchander deux fois l'an, & pour lesquelx & pour ledit Marchiet, ledit lieu de Bourgneuf & païs d'environ, seroit plus pourfitablement [e] recouvré sans domager le Seigneur & le peuple, nous a requis & supplié ledit Commandeur, que pour consideracion des choses dessus dictes, & que pour cause des presentes guerres, pour la premiere venue que noz amez & feaulx le [f] Connestable de France & le Sire de Cliçon, qui [g] ou grant nombre des Gens d'armes & autres en leurz compaignies, furent oudit lieu de Bourgneuf, pour lesquelles choses il dit les biens & facultez de ladicte Maison estre grandement diminués, nous vuillons ou nom de Monf. le Roy & nous, ratiffier, aprouver & confermer ledit Marchiet [h] que soloit estre tenu le Dymenche, que soit tenu le jour de Samedi, & li donner & octroïer perpetuelment deux Foires oudit lieu de Bourgneuf; une le jour de la Feste S.te Katerine, & l'autre le trentiesme jour d'Aoust. Pourquoy nous qui avons desir & très perfecte affeccion à Dieu & l'Ordre de l'Ospital, & à li [i] souvenir & aidier en ses necessitez, & qui ne voudrions que l'Eglise fust en aucune maniere dellecée, ne les personnes & menbres d'icelle, par le fait de mondit Seigneur, [k] nos ou aucuns de nos Officiers ou subgès, pour consideracion des choses dessus dictes, & en recompensacion des pertes & dommaiges que ledit Commandeur a eu & soustenu, tant audit lieu de Bourgneuf que ès menbres d'iceli, & autres justes causes [l] que à ce nous ont meu, avons agreable, ferme & estable ou nom de Monf. le Roy & nous, ledit Marchié ordenné audit jour de Samedi, & remué de Dimenche, estre perpetuelment tenu oudit lieu de Bourgneuf le jour de Samedi, & le ratiffions, aprouvons & confermons au pourfit dudit Commandeur & de ses successeurs Commandeurs de ladicte Maison de Bourgneuf, & le donnons de nouvel, se [m] mestier est, en tant que nous poons & devons, avec tous drois, Libertés & franchises deuz & appartenans à droit de Marché; & en oultre, donnons & octroyons ou nom de mondit Seigneur & nous, audit suppliant, au proufit de li & de ses successeurs Commandeurs de ladicte Maison de Bourgneuf, deux Foirez perpetueles;

c *changé.*
d *ainsi que.*
e *rétabli.*
f *C'étoit Bertrand du Guesclin. Voy. l'Hist. Genealog. de la Maison de Fr. tom. 6. p. 178.*
g *avec.*
h *qui avoit coûtume.*
i *subvenir.*
k *nous.*
l *qui.*
m *besoin.*

c'est assavoir, une le jour Sainte Katherine, & l'autre le trentiesme jour du mois d'Aoust, estre tenuës chascun an perpetuelment oudit lieu de Bourgneuf, ou tel droit que illecques aus dis jours des dictes Foires, toutes manieres de gens & Marchans se puissent assembler & assemblée faire pour marchander de toutes denrées & marchandises que leur plaira & bon leur samblera, sauvement & seurement, avec tous les droiz, pourfis, privileges, Libertés & franchises acoustumées estre pris, tenuz & gardez en cas de Foires, en prenant & recevant dudit Commandeur & ses successeurs Commandeurs de ladicte Maison de Bourgneuf, tous les pourfis, revenuës & émolumens acoustumez estre prises, exigées & [a] receuuës en cas de Foyres, & des personnes à ce tenuës selon raison, l'usage & le Coustume du païs, [b] ainssy que ledit Commandeur & ses successeurs tiengnent & soïent tenus tenir les dictes choses de Monf. le Roy & ses Successeurs, de nous & noz successeurs, par la forme & maniere que la temporalité de ladicte Maison de Bourgneuf, a esté acoustumé d'ancienneté estre tenuë; & avec ce, voulons & octroyons de certaine science & de l'auctorité & puissance Royal dont nous usons, les ratifficacions, dons, octrois & autres choses dessus dicte par nous faiz, valoir à tous jours mais & avoir leur bon & vray effet, sans jamais revoquer, rappeller ou venir encontre, jouxte & selon la teneur de nostre present octroy. Si mandons à nostre Seneschal de Xantonge ou à son Lieutenant, & à tous autres Officiers & subgès de mondit Seigneur & nous, presens & avenir, que ledit Commandeur & ses successeurs, laissent, facent & seuffrent user & joïr paisiblement & perpetuelment de nostre presente grace & octroy sus diz, sans les molester ou empescher, ou souffrir estre empeschié en aucune maniere, contre la teneur de ces presentes : Car ainssy le voulons & avons octroyé audit suppliant, pour consideration des choses dessus dictes, de certaine science & grace especial, & de l'auctorité & puissance Royal dont nous usons; nonobstant quelconques opposicions ou appellacions faictes ou à faire, Lettres surreptices empetreez ou à empetrer au contraire. Et afin que ce soit ferme chose & perpetuelment valable, avons fait mettre à ces presentes nostre Seel : Sauf en autres choses le droit de mondit Seigneur; le nostre & l'autrui en toutes. *Donné à [c] Benon, l'an mil CCC. soixante & douse, ou moys de Septembre.*

*Quas quidem Litteras suprascriptas, & omnia & singula in eisdem contenta, ratas habentes & gratas, eas laudamus, approbamus, ratifficamus, & nostris speciali gracia & auctoritate Regia, quathenus rite & juste facta sunt, confirmamus per presentes : [d] Mandanentes Gubernatori de Ruppella, ceterisque Justiciariis & Officiariis nostris, & aliis qui nunc sunt & qui pro tempore [e] fuerunt, vel eorum Locatenentibus, & cuilibet eorumdem, prout ad eum pertinuerit, quatenus prefatum Guillelmum Arnaudi, tanquam Preceptorem dicte Domus de Burgo-novo, & ejus Successores ejusdem Domus Preceptores, seu ipsius Domus causam habentes & habituros, nostris presentibus gracia & confirmacione uti & gaudere [f] & permittant pacifice & quiete, ipsos in contrarium nullatenus molestando. Quod ut firmum & stabile remaneat in futurum, munimine Sigilli nostri has presentes Litteras fecimus roborari: In [g] omnibus jure nostro, & alieno in omnibus semper salvo.* Datum Parisius, anno Domini M.° CCC.° septuagesimo secundo; Regni vero nostri nono, mense Marcii.

*Per Consilium Parisius existens.* FERRY. [h] HENIN.

CHARLES V. à Paris, en Mars 1372.

a *reçûës.*

b *à condition.*

c *Voy. cy-dessus,* pag. 573. Note *(g).* margin.

d mandantes.

e fuerint

f mot inutile.

g aliis.

h *Il y a une marque d'abbréviation sur l'H.*

CHARLES V. en Mars 1372.

## (a) Diminution de Feux pour plusieurs lieux.

*CARTE de Focis, mense Marcii.*

*Pro loco de (b) [a] Brugayrolis, ubi sunt XXIX. Foci.*

*Pro loco de [b] Trausano, ubi sunt XV. Foci.*

*Pro loco de [c] Terminis, ubi sunt XV. Foci.*

Signate ut in aliis. P. DE CHASTEL.

*Pro loco de [d] Portello, cum tota Vicaria Tholose, II.c IIIIxxXIIII. Foci.*

*Pro loco de [e] Sancto Beato, cum duobus aliis locis, XV. Foci.*

a BRUGAYROLLES, Diocese de Narbonne, Viguerie de Limoux.
b TRAUSSAN, Diocese de Narbonne, Viguerie de Termenois.
c TERMES, Diocese de Narbonne, Capitale du Termenois.
d POURTET sur la Garonne, Dioc. & Viguerie de Toulouse.
e S.t BEAT, Diocese de Comminges, Judicature de Riviere.

NOTES.

(a) Tresor des Chartres, Registre 104. entre les Pieces 104. & 105.

C'est le R. P. D. Vaissette, Benedictin, qui m'a indiqué les noms modernes des lieux compris en cette Piece.

Ces extraits de Pieces ont été copiés tels qu'ils sont dans le Registre.

*Voyez cy-dessus*, p. 30. Note *(a)*.

*(b) Brugayrolis.]* Ce qui regarde ce lieu & les deux suivants est enfermé dans un trait à côté duquel on lit, *Senescallie Carcassone.*

CHARLES V. à Paris, le 7. d'Avril avant Pâques 1372.

## (a) Déclaration portant Réglement sur les droits d'Admortissement & de Francs-Fiefs.

SOMMAIRES.

*(1) Tous les biens acquis par les Gens d'Eglise, ou retirez par eux par Retrait [censuel,] & situez dans les Terres de la Souveraineté du Roy, & dans le ressort du Parlement, & qui peuvent être confisquez au profit du Roy, seront sujets aux droits d'Admortissement.*

*(2) Les biens situez dans les Fiefs & Arrieres-Fiefs des Gens d'Eglise, soûmis à la Souveraineté du Roy & au ressort du Parlement, & acquis par d'autres Gens d'Eglise, & dont la proprieté passera de personnes nobles à des non-nobles, seront sujets aux droits d'Admortissement & de Francs-Fiefs.*

*(3) Lorsque pour faire une fondation, on aura donné à des Gens d'Eglise une redevance annuelle à prendre sur de certains héritages dénommez, situez dans les Fiefs & Arriere-Fiefs des Gens d'Eglise, celui qui aura fait la fondation, payera le droit d'Admortissement pour cette redevance, quoiqu'il ait stipulé que les héritages qui en sont chargez, contribuëroient à tous les Subsides qui seroient imposez sur les héritages tenus en roture.*

*(4) Les Sergens d'armes & les autres Officiers du Roy, qui ne seront point nobles, ou qui ne seront point anoblis par des Lettres Royaux expédiées en la Chambre des Comptes, payeront les droits de Francs-Fiefs pour les biens qu'ils acquereront des Nobles; & les droits d'Admortissement pour les redevances perpetuelles à prendre sur de certains héritages dénommez, lesquelles ils donneront à des Gens d'Eglise.*

*(5) Les personnes anoblies dont les Lettres d'Anoblissement n'auront point été expédiées à la Chambre des Comptes, payeront les droits de Francs-Fiefs & d'Admortissement; parce que les Lettres d'Anoblissement ne doivent point avoir d'effet, qu'elles n'aient été expédiées à la Chambre des Comptes.*

*(6) Lorsque dans les Lettres d'Anoblissement expédiées à la Chambre des Comptes, il ne sera pas dit formellement que ceux qui les ont obtenuës, pourront tenir comme Nobles les biens qu'ils ont acquis & ceux qu'ils acquereront, ils payeront les droits de Francs-Fiefs pour les biens qu'ils auront acquis des Nobles, avant* le jour *de la date de leurs Lettres d'Anoblissement.*

*KAROLUS Dei gracia Francorum Rex. Universis & singulis Commissariis per Nos deputatis & deputandis super facto financiarum acquisicionum factarum & faciendarum per non-nobiles à Nobilibus, & personas Ecclesiasticas, in Senescalliis nostris Bellicadri, Carcassone & Tholose: Salutem. Cum, prout intelleximus, vos aut alter vestrum,*

NOTE.

*(a)* Memorial *D.* de la Chambre des Comptes de Paris, *fol.* VI.xx XIX. *verso.* (139.)

*in exercendo*

*in exercendo factum dictarum financiarum juxta* [a] *Ordinaciones & Instrucciones nostras super hoc editas, repereritis quam plurimas acquisiciones fuisse & esse factas & retentas per aliquos Prelatos jure* [b] *Prelationis & aliter, & eciam per Abbates, Capitula, & alias Ecclesiasticas personas, ac per innobiles à Nobilibus; nec non quam plures possessiones datas & legatas per nonnullos dictorum Nobilium & innobilium aut oneratas ad opus fondacionis Capellaniarum, & alias positas in* [c] *manu-mortua; que acquisiciones & possessiones in & de Regno nostro consistunt, sub Juridicione nostra superiori situate, ac de ressorto nostre superioris Curie Parlamenti nostri Parisius; & que casu occurrente & eminente, possent propter nostras superioritatem & ressortum, Nobis cadere in* [d] *Commissum; propter quod de hujusmodi acquisicionibus & possessionibus sic in manu-mortua positis aut oneratis, Nobis debentur financie, que sunt exigende & levande ad utilitatem nostram & pro Nobis, secundum Ordinacionem dictarum nostrarum Instruccionum; quas financias per vos aut alterum vestrum declaratas, supradicti acquirentes & ponentes aut onerantes eas in manu-mortua, ut prefertur, solvere recusarunt & recusant ac differunt per frivolarum interjectiones appellacionum, & aliter indebite; pro eo quod in quibusdam nostris Instruccionibus cavetur, quod vos exigatis financias de acquisitis in Feodo & Retro-feodo nostris, sumendo talem ambiguum & illicitum colorem, dicentes quod quamvis hujusmodi acquisiciones & possessiones sint in nostra superiori Juridicione, & de nostre Curie Parlamenti ressorto, ut prefertur, verumptamen non tenentur à Nobis in Feodo nec in Retro-feodo, & sic non tenentur pro eisdem Nobis prestare financias, sicut dicunt; que cedunt in juris nostre superioritatis lesionem non modicam, nostrique detrimentum maximum atque dampnum, si sit ita. Quapropter, Nos istis consideratis, habita super hoc matura Consilii nostri deliberacione, volentes dictum ambiguitatis colorem penitus* [e] *abicere, ac verum & lucidum intellectum sine aliqua ambiguitate dictis Instruccionibus prebere, declaramus, & eisdem Instructionibus addimus, si sit opus, in hunc modum;*

CHARLES V.

à Paris, le 7. d'Avril avant Pâques 1372.

(1) *Videlicet, quod de quibuscunque acquisicionibus jam factis & faciendis, aut retentis per quoscunque Prelatos jure Prelacionis & aliter, in superiori Juridicione nostra situatis, & de ressorto nostre Curie Parlamenti predicte existentibus, & que possent Nobis cadere in Commissum, ut prefertur, financia exigatur & levetur ad opus & utilitatem nostram, juxta formam & tenorem dictarum nostrarum instruccionum aliàs vobis missarum; appellacionibus, allegacionibus & opposicionibus frivolis in contrarium factis vel faciendis, nonobstantibus quibuscunque.*

(2) Item. *Quod de quibuscunque acquisicionibus factis vel faciendis per alias quascunque personas Ecclesiasticas, cujuscunque condicionis sint, & quocunque nomine censeantur, aut per innobilem à Nobili, in Feodis aut Retro-feodis dictorum Prelatorum aut alterius eorundem, vel quarumcunque aliarum personarum Ecclesiasticarum, in Juridicione & ressorto predictis situatis & existentibus, financia exigatur & levetur ut supra.*

(3) Item. *Si aliquis Nobilis vel innobilis pro fundacione Capellanie aut aliter, ad manum-mortuam ordinet vel instituat Legatum perpetuum in dictis Feodis aut Retro-feodis, onerando & obligando in speciali aliquas possessiones denominatas, volumus quod inde financia exigatur & levetur; videlicet, ab instituente aut ab eo causam habentibus, ut supra; nonobstante quod sic ordinans in sua ordinacione sic dixerit,* Volo & ordino quod possessores dictarum possessionum sic ad manum mortuam oneratarum, contribuant cum plebeis in omnibus subvencionibus & subsidiis plebeyorum; *nonobstante quod sic sint onerate.*

(4) Item. *Si aliquis Serviens noster armorum, aut quicunque alter noster Officiarius, aliquas acquisitiones à Nobili, aut legata perpetua fecerit ut* [f] *supra, exigatur & levetur financia ut supra; nonobstante quod sit noster Officiarius aut Serviens armorum, ut dictum est, nisi fuerit Nobilis genere, aut Regia nobilitatione, & quod habeat super hoc Litteras Regias expeditas per Cameram Compotorum nostrorum Parisius; in quo casu, gaudebit gracia eidem facta juxta sui tenorem, & non aliter.*

(5) Item. *De acquisitis factis per innobilem ut supra, & aliter, de quibus secundum dictas Instrucciones est finandum; & postmodum* [g] *vero Regia nobilitatione factus fuerit Nobilis, & Littera sue nobilitationis non fuerit expedita per dictam Cameram Compotorum*

a Voy. cy-dessus, p. 360.

b Retrait Feodal ou Censuel. Voy. le Gloss. de du Cange, au mot, *Prælatio*.

c Gens d'Eglise qui sont Gens de main-morte.

d commise, confiscation.

e abjicere.

f Je crois que cela a rapport à l'article precedent.

g Ce mot qui est ajoûté à la marge, est douteux.

CHARLES V. à Paris, le 7. d'Avril avant Pâques 1372.

*nostrorum Parisius, exigatur & levetur financia* [a] *plenaria ut supra; quia tales Litteras, & earum effectum nullius valoris esse declaramus & volumus, donec fuerint expedite, ut dictum est.*

(6) Item. *Et si sint aliqui sic nobilitati qui habuerint Litteras eorum Nobilitacionis expeditas, ut prefertur, & in eis non caveatur expresse, quod acquisita & acquirenda possint tenere tanquam Nobiles, volumus quod de acquisitis per eos ante datam Litterarum eorum Nobilitacionis, financia exigatur & levetur ut supra.*

*Mandantes vobis, & committentes districtius injungendo, quatinus vos in facto dictarum financiarum,* [b] *formam & tenorem dictarum nostrarum Instruccionum, de quibus vobis licuit & liquebit, ac nostre presentis declaracionis & addicionis, diligenter procedatis, & eas per vos declaratas exigatis & levari faciatis pro Nobis, per illos qui ad hoc fuerint ex parte nostra deputati; appellacionibus, allegacionibus & opposicionibus frivolis omnino rejectis; taliter quod in vobis non reperiatur circa hoc deffectus aliqualis: Inhibentes universis & singulis Justiciariis & Officiariis nostris, ne in contrarium super dicto facto, vos aut alterum vestrum impediant, aut impediri à quoquam faciant vel permittant; sed vobis in premissis & ea tangentibus, pareant efficaciter & intendant, ac pareri & intendi ab omnibus quorum intererit, faciant cum effectu; Litteris subrepticiis in contrarium impetratis vel impetrandis, nonobstantibus quibuscunque.* Datum Parisius, VII.[a] die Aprilis ante Pascha, anno Domini millesimo CCC.[mo] septuagesimo secundo, & Regni nostri IX.[o] [c] Signatum. *Per Regem, ad relacionem Consilii existentis in Camera Compotorum Parisius.*

a plenar. *R.*

b secundum.

c *Sig.* R.

---

CHARLES V. à Paris, en Avril 1372. avant Pâques. Philippe VI. dit de Valois, à Poissy, en Novembre 1333.

## (a) Confirmation de Lettres de Sauvegarde Royale pour l'Abbaye de S.[t] Joüin de Marnes.

*KAROLUS Dei gracia Francorum Rex. Notum facimus universis modernis & posteris, Nos Litteras carissimi & dilectissimi Domini ac Avi nostri,* [d] *Philippi quondam Francorum Regis, predecessoris nostri, vidisse sub hiis verbis.*

PHILIPPE par la grace de Dieu Roy de France. Savoir faisons à touz presens & avenir, que comme nous de nostre auctorité Royal & puissance, en ensuïans les fais & les euvres de noz Predecesseurs, aïens moult à cuer & willans pourveoir diligaument que aux Religieux & aux Eglises de nostre Royaume, à leur famile & à leurs biens, soit pourveu de seurté de sauve protection; Pour ce est-il que nous les Religieuses personnes, l'Abbé & le Couvent de Saint [e] Joüin de Marnes, & leur [f] Abbie, avec touz leurs membre, les singulieres personnes de ladicte Abbaye, leurs Prieurez & leur Eglises, leurs [g] hommes de corps, leur famille & touz leurs biens, mettons & prenons soubz nostre protection & sauvegarde, [h] nous voulons que il demeurent perpetuelment: Mandons au Seneschal de Poitou & au Bailli d'Anjou, & à touz noz autres Justiciers, presens & advenir, ou à leurs Lieuxtenans, que il les diz Abbé & Couvent, tant en chief comme en membres, les singulieres personnes de ladicte Abbaye, leurs Prieurez, Eglises, hommes de corps, leurs familles & tous leurs biens, gardent & deffendent & maintiegnent en leurs justes possessions, Libertés, us, drois & saisines, esquelles il les trouveront estre & leurs predecesseurs avoir esté paisiblement d'ancienneté; & yceulx Abbé & Couvent, tant en chief comme en membres, avec leurs Prieurrez & Eglises, leurs familles, hommes dessus dis & leurs biens, gardent & deffendent & facent deffendre de toutes injures, violences, oppressions, inquietacions, de force d'armes, de puissance de laiz, & de toutes autres nouvelletés indeuës, & ne seuffrent contre iceulx, leurs mesnies, leurs choses & tous leurs biens quelconques, aucunes choses indeuës estre faites, attemptées ou innovées;

d Philippe de Valois.

e *Diocese de Poitiers. Voy. Gall. Christ. 2.[e] Edit. tom. 2. p. 1273.*

f *Abbaïe.*

g *espece de serfs.*

h *&.*

NOTE.

(a) Tresor des Chartres, Regist. 104. P. 28. *corr.* 38. *Voy. cy-dessus*, p. 190. Note (a).

mais se il les treuvent estre faites ou attemptées, si les ramenent & facent ramener à estat premier & deu, & à Nous & aux dessus nommés amender souffisamment; & nostre dicte sauvegarde [a] faites publier en leurs Assises, & intimer à tous ceulx dont il seront requis de par les dessus nommez, en deffendant à yceulx que il ne leur messacent en riens; & avec ce, en signe de nostre dicte sauvegarde, mettent ou facent mettre noz [b] Pennunciaulx Royaulx sur les maisons, granches, possessions & terres dessus nommez; & des personnes desquelles il leur requerront à avoir asseurement, si leur facent faire & donner loyal selon la Coustume du païs; & quant aus choses dessus dictes mettre plus diligenment à execution, deputent aux dessus nommés, à leurs couz & despens, toutesfois qu'il en seront requis & [c] mestier sera, certains Gardiens, un ou plusieurs de noz Sergenz souffisans pour acomplir les choses dessus dictes, [d] qu'il facent ce que à Gardien appartient; lesquelx toutevoïes ne s'entremettent de chose qui requiere congnoissance de Cause: Sauf en autres choses nostre droit, & en toutes l'autrui. Et que ce soit ferme & estable à tous jours mais, Nous avons fait mettre nostre Seel à ces presentes Lettres. *Donné à Poissy, l'an de grace mil CCC. trente trois, ou moys de Novembre.*

CHARLES V. à Paris, en Avril 1372. avant Pâques.

a *facent.*
b *Voy. les Tabl. des Mar. de ce Rec., à ce mot, & au mot asseurement qui est plus bas.*
c *besoin.*
d *lesquels.*

*Quas quidem Litteras ac omnia & singula in eis contenta, prefati Religiosi, Abbas & Conventus Monasterii Sancti* Joyin de Marnes, *qui per tempus aliquod Dominio Eduardi de Anglia vel Principis* [e] *Walliarum Filii sui, hostium nostrorum & Regni subfuerunt,* [f] *superioritate tamen erga Nos omnimode reservata per Regiam celsitudinem, pro se & suis successoribus in eodem Monasterio, graciose ratificari & confirmari Nobis humilime supplicarunt. Nos autem animadvertentes maximum dilectionis fervorem, quem Nobis iidem supplicantes de facto quam plurimum dicuntur ostendisse, gravamina inconpassiva guerrarum nostrarum occasione innumerabiliter supportando, in tantum quod nimia egestate de presenti cogi prospiciuntur, tenorem integrum Litterarum ipsarum superius insertarum, auctoritate nostra Regia & speciali gracia nostreque plenitudine potestatis ratificamus, laudamus, approbamus, ac presencium serie perpetuo confirmamus, ipsaque volumus inviolabiliter teneri & observari temporibus successuris: Baillivo Excempcionum & ressortorum nostrorum in Comitatu Pictavensi, ceterisque Justiciariis, Officiariis & subditis nostris, vel eorum Locatenentibus, modernis & futuris, & eorum cuilibet, prout ad eum pertinuerit, firmiter injungendo, mandantes quatenus prefatos Religiosos presentes & successuros in eodem Monasterio, nostra presenti gracia & confirmacione uti pacifice faciant & gaudere permittant; contradicionibus quibusvis penitus cessantibus & rejectis. Quod ut firmum & stabile perpetuo perseveret, presentes Litteras Sigilli nostri caractere jussimus communiri; nostro in aliis & alieno in omnibus jure salvo.* Datum & actum Parisius, mense Aprilis, anno Domini millesimo CCC. septuagesimo secundo, & Regni nostri nono, ante Pascha.

*Per Regem, ad relationem Consilii.* J. CHESNEL.

e Galles.
f *Voy. cy-dessus,* pag. 325. Note *(a).*

---

## *M CCC. LXXIII.*

Suivant le Glossaire de *du Cange*, cette Année commença le 17. d'Avril & finit le 1. d'Avril.

---

CHARLES V. à Paris, le 27. d'Avril 1373.

### (a) *Mandement portant qu'il sera donné à Guillaume Biholart, cent huit Sols six Deniers, pour chacun des quatre mil Marcs d'Argent qu'il apportera à la Monnoye de Tournay.*

CHARLES par la grace de Dieu Roy de France. Aux Gardes & Maistre particulier ou tenant le compte de nostre Monnoye d'Argent de Tournay:

NOTE.

*(a)* Registre *D.* de la Cour des Monnoyes de Paris, *fol.°* 8. vingt 6. *verso* (166).

Avant ces Lettres, il y a:
*Lettres de quatre mil Marcs d'Argent achete [achetez] de G. Cauquin, pour & ou nom de Biholart de Tournay.*

CHARLES V.
à Paris, le 27. d'Avril 1373.

Salut. Savoir faisons que de nostre commandement & volenté, pour le biẏn & prouffit de Nous & de noz subgectz, & afin que nostre dicte Monnoye de Tournay [a] ne chee en chomage, par bonne & meure [b] diliberation, aucuns de noz amez & feaulx Tresoriers & Generaulx-Maistres de noz Monnoyes, ont traictié, accordé & marchandé avec Guillaume Cauquin, pour & ou nom de Guillaume Biholart Changeur & Bourgeois de Tournay, pour lequel ledit Guillaume Cauquin s'est fait fort, en maniere que ledit Changeur doit livrer & porter ou faire livrer & porter en son nom, en nostre dite Monnoye de Tournay, dedans la Feste de Toussains [c] prochainement venant, la somme de quatre mil Marcs d'Argent allaïez à quatre deniers de Loy; [d] parmi ce que pour chascun Marc, il aura & luy sera payé par vous, trois Solz dix Deniers Tournois, oultre le prix de cent cinq Solz Tournois que Nous donnons à present. Pourquoy Nous vous mandons, & à chascun de vous estroictement enjoignons, que les dits III. Solz X. Deniers Tournois, oultre le pris de C. V. Sols Tournois, vous païez & delivrez audit Changeur pour chascun des dits quatre mil Marcs d'Argent, tout ainsi que par lui ou par autre en son nom, & dedans le temps dessus dit, les dits quatre mil Marcs d'Argent vous seront delivrez & portez en ladite Monnoye; & par rapportant ces presentes, ou coppie d'icelles collationnée par nostre Chambre des Comptes, avec certiffication de vous Gardes, des dits Marcs d'Argent ainsi livrez en ladite Monnoye, & recongnoissance dudit Changeur, de ce que pour ladite cause payé luy aurez, tout ce qui ainsi payé luy aura esté par vous pour cause des choses dessus dites, Nous voulons & mandons estre alloüé ou compte ou comptes de vous Maistre-Particulier dessus dit, par noz amez & feaulx les Gens de noz Comptes à Paris, sans aucun contredict; nonobstant quelzconques Ordonnances, Mandemens ou defenses faictes ou à faire à ce contraires. *Donné à Paris, le XXVII.e jour d'Avril, l'an de grace mil trois cens soixante treize, & de nostre Regne le dixiesme,* Signé. Par le Roy. YVO.

a qu'on ne cesse d'y travailler.
b déliberation.
c prochain. R.
d moyennant.

---

CHARLES V.
au Bois de Vincennes, le 18. de May 1373.

## (a) *Reglement pour les droits d'Admortissement & de Francs-Fiefs.*

CHARLES par la grace de Dieu Roy de France. Au Receveur de Senz, Jehan de Savigny, & Henry le Compasseur Bourgois de Senz. Comme par deliberacion de nostre Conseil, Nous ayons n'agueres ordenné que pour les acquisicions que ont faictes depuis XL. ans ença, personnes d'Eglise de quelque estat ou condicion que il soient, tant à cause de dons, [e] laiz, transpors, comme autrement commant que ce soit, qui ne leur seroient admorties par Lettres en laz de soïe & cire vert, passées & expediées par nostre Chambre des Comptes à Paris; & aussi pour les acquisicions que ont faictes depuis ledit temps, personnes non-nobles *(b)* & personnes Nobles, en noz Fiefz ou Arrere-Fiefz, seront levées finances pour Nous, selon la declaracion de certaines Instruccions sur ce faictes & seellées de nostre Contreseel; esquelles Instruccions est declarié, que se aucuns se sont fait anoblir depuis le temps dessus dit, il païeront finances bonnes & souffiantes selon leurs facultez, tant pour leurs Noblesses, comme des Acquès par eulx faiz par avant leur Noblesse, se il ne monstrent que il en aïent paié finance, ou s'il n'ont Lettres Royaulz de grace sur ce passées & expediées par nostre dicte Chambre des Comptes; & avec ce, se en trouve que aucuns des diz anobliz feussent par avant noz hommes tant de [f] jurée comme de mortemain, & autrement [g] taillables à voulenté, & en leur Lettres d'anoblissement n'en est faite expresse mencion, Nous declarons ycelles Lettres comme subreptices & estre de nulle valuë, & voulons que nonobstant ycelles, finance soit levée d'eulx pour leurs acquès, selon la teneur des dictes Instructions. Si vous mandons &

e legs.
f Bourgeois du Roy ou Serfs. Voy. la Tabl. des Mat. de ce Rec. aux mots, *Jurée & mortemain.*
g Voy. les Tabl. des Mat. de ce Rec. au mot, *Taille.*

NOTES.

*(a)* Ces Lettres sont *vidimées* dans la Piece cotée 314. *bis* du Reg. 106. du Tres. des Chart.

*(b) Et personnes Nobles.]* Ces Lettres se trouvent plusieurs fois dans ce Registre & dans le suivant, & on y lit presque toûjours, *& personnes Nobles;* mais dans le Registre 107. Piece 136. il y a, *de personnes Nobles,* & c'est ainsi qu'il devroit y avoir dans toutes ces Lettres.

commettons, & à chascun de vous, que tantost ces Lettres veuës, vous ou l'un de vous faictes crier & publier notoirement & publiquement par tout le Bailliaige de Senz, que toutes personnes [a] quelconques, & aussi non-nobles, vous baillent ou envoïent par declaracion dedans certain temps que vous leur prefigerez, toutes les declaracions que elles & leurs predecesseurs ont faictes depuis le temps dessus dit par la maniere dessus dicte, ou dit Bailliage, & semblablement que toutes personnes d'icellui Bailliage qui se sont fait anoblir depuis le temps dessus dit, vous monstrent ou envoïent les Lettres de leurs anoblissemens; & des acquisicions que vous trouverez que elles auront faictes, les contraingnez vigueureusement & senz delay, par la prinse, detencion & explectacion dez choses acquises, à payer finance à vous Receveur pour Nous, selon la declaracion des dictes Instructions desquelles il vous apperra & de ces presentes, sanz en faire aucune delivrance ou recréance; mais les tenez & gouvernez, & faites tenir, garder & gouverner & exploicter en nostre main & à nostre proffit, jusques à tant qu'il aïent paié les dictes finances par la maniere [b] quel ès Instruccions & en ces presentes est contenu: Ce faites si diligemment & par telle maniere que par vous n'y ait deffaut; car se deffaut y avoit, Nous nous en prendrions à vous. De ce faire vous donnons povoir: Mandons à touz noz subgez, Justiciers & Officiers, que à vous & à voz Comis & deputez, entendent & obeissent diligemment en ce faisant, & vous prestent conseil, confort & aide, se [c] mestier en avez & vous les en requerez. *Donné au Bois de Vincennes, le XVIII.e jour de May, l'an de grace M. CCCLXXIII. & de nostre Regne le X.e*

CHARLES V. au Bois de Vincennes le 18. de May 1373.

[a] d'Eglise.

[b] que ès.

[c] besoin.

---

CHARLES V. à Paris, le 28. de May 1373.

## (a) *Reglement pour la levée des Amendes prononcées en Parlement; lesquelles seront employées au payement des gages des Gens du Parlement, & des Maistres des Requestes.*

CHARLES par la grace de Dieu Roy de France. A nostre amé Pierre Domino, General-Maistre de noz Monnoies: Salut. Comme Nous aïons n'agueres ordonné que toutes les Amendes & condepnacions qui ont esté & seront d'oresenavant faictes en nostre Parlement à Paris, seront entierement convertiz ou païement des gaiges de noz amez & feaulx Conseilliers, les Genz qui tiennent & tenront nostre dit Parlement, & des Maistres des Requestes de nostre Hostelz, par les mains de Pierre de Landes, Changeur de nostre Tresor à Paris; & aussi aïons ordonné que les dictes Amendes & condempnacions vous soïent bailliez en [d] raoulles, sitost que elles seront prononciées & ajugiées, [e] pour les faire venir ens, afin qu'il n'aist deffaut aucun ou païement de leurs dis gaiges; Nous confianz à plain de vostre senz & diligence, vous mandons & commectons par ces presentes, que toutes les dictes Amendes & condempnacions qui baillées vous seront par noz dictes Gens, vous faciez executer vigueureusement, sanz faveur ou deport de personne, par noz Sergens ou tels comme bon vous samblera, en faisant contraindre les debteurs, leurs hoirs ou aïans cause d'eulx, par venduë & explectacion de leurs biens & detencion de leurs corps, en la maniere qu'il est acoustumé à faire pour noz propres debtes Royaulz; & se pour ce leurs heritaiges estoient venduz, criez & subhastez selon la Coustume du païs où les diz heritaiges seront assiz, bailliez ou faites baillier voz Lettres de Decret aus achateurs, lesquelles Nous ferons confirmer par les nostres en laz de soie & cire vert, les solempnitez en tel cas requises & la Coustume du païs plainement gardez; & s'aucuns vous estoient rebelles ou desobéissans ou à vos deputez en ce faisant, fussent noz Justiciers, Officiers ou autres, assignez leur ou faicte assiner certain jour & competant pardevant noz amez & feaulx Genz de noz Comptes & Tresoriers à Paris, pour amender les dictes desobeissances & rebellions, respondre

[d] Rolles, Mémoires.

[e] pour les faire payer. Ens, dedans.

NOTE.

(a) Ces Lettres sont *vidimées* dans la Piece 85. du Registre 106. du Tresor des Chartres.

CHARLES V. à Paris, le 28. de May 1373.

a *sortira, proviendra.*

à nostre Procureur sur ce, & proceder en oultre, si comme il appartendra, en certifiant noz dictes Genz & Treforiers sur ce souffisament; aus quelz Nous mandons que, oy nostre dit Procureur & les adjournez sur ce, facent bon & brief accomplissement de Justice; & l'Argent qui en [a] istra des dictes Amendes, faites apporter sauvement aus despens & perilz des diz debteurs, en nostre Tresor à Paris, pour les tourner & convertir ou païement des gaiges dessuz diz, selon nostre dicte Ordonnance; & ce faites faire si diligemment & par telle maniere que par vous n'y ait aucun deffaut: Car ainsi le voulons Nous estre fait; nonobstant quelxconques graces, dons ou remissions que Nous facions des dictes Amendes, par importunité des requeranz ou autrement, ausquelles Nous ne voulons estre aucunement obey, ou cas toutevoies que noz diz Conseilliers ne se consentiroient à ce, & que sur ce vous n'auriez mandement de eulz. De ce faire vous donnons povoir & auctorité, & à voz Commis & deputez. Mandons & commandons à touz noz Justiciers, Officiers & subgiez, que à vous & à voz deputez en ce faisant, obéïssent & entendent diligemment. *Donné à Paris, le XXVIII.e jour de May, l'an de grace M. CCC. LXXIII. & le X.e de nostre Regne.*

---

CHARLES V. au Château du Bois de Vincennes, en May 1373.

## (a) *Reglement pour les Marchands de vin de la Ville d'Arras.*

b *& à venir.*

c *passé.*

d *prendre.*

e *partagée entre les Marchands de vin.*

f *audessus.*

CHARLES par la grace de Dieu Roy de France. Savoir faisons à tous presens [b], à Nous avoir esté seignifié de la partie de nos bien amez les Marchans de vins de la Ville d'Arras, que comme nostre très chiere & feal Cousine la Contesse de Flandre & d'Artois, à cause de sa Conté d'Artois, elle estant & demourant à Arras, & les Contes d'Artoiz qui ont esté ou temps [c], & seront pour le temps avenir, aïent acoustumé de [d] penre & avoir s'il leur plaist, sur les dis Marchans & leurs vins, pour eulx & leurs Hostelz, en demourant à Arras, vin en païant trois Deniers pour le *(b)* lot tant seulement; laquelle charge est prinse & recüeillie sur les dis Marchans, ès lieux & maisons ordenez par yceulx aux Gens des dis Contez & Contesses d'Artois, & [e] taillié en fin de chascun an, ou du temps acoustumé; & chascun des dis Marchans *(c)* baillie & assis tele porcion qu'il lui en appartient, selon le fait & marchandise qu'il a eu en ycellui temps ou année; laquelle taille & Assiete est acoustumée à cüeillir & recevoir des dis Marchans en ladicte Ville, par les six hommes du vin commis & deputez chascun an au renouvellement de l'Eschevinage en ycelle Ville; ou par autre que lidit Marchant y veulent commettre & ordenner, pour chascun des dis Marchans *(d)* rendre & refondre le oultre plus au pris raisonnable que vin vault pour le temps en ladicte Ville, de ce qui par les dis Contez & Contesses a esté prins & levé de leurs vins par tout le dit temps, au [f] desseure de la taille ou Assiete à laquelle un chascun des dis Marchans a esté imposé & assiz pour la cause dicte; & aussi pour soustenir & defendre les drois, Causes, franchises & Libertez de ladicte marchandise, conviengne yceulx seignifians estre & comparoir en pluseurs & divers Sieges & Auditoires, pardevant plusieurs & divers Juges, & faire & soustenir chascun an pluseurs grans fraiz & missions sur le fait & charge dessus dis; & pour ycellui fait plus deuement entretenir, & qu'il puissent & sachent avoir leur recour, conseil & advis, aïent les dis seignifians ordenné, & acoustumé de très lonc & ancien temps, à faire eslire & renouveller de commun assentement & par

NOTES.

*(a)* Tresor des Chartres, Registre 105. Piece 96.

*(b) Lot.]* Je n'entends point ce mot. Peut-être faut-il corriger, *pot*?

*(c) Baillie & assis.]* Paye sa part de cette charge, à proportion du commerce qu'il fait.

*(d) Rendre & refondre.]* Voicy comme j'entends cet endroit. Les Marchands de vin qui n'auront pas fourni la quantité de vin qu'ils doivent donner, eû égard à celle qui a été prise par le Comte, payeront en argent le surplus de la quantité du vin qu'ils devoient fournir, suivant le prix que l'on vend communément le vin dans Arras.

CHARLES V. au Château du Bois de Vincennes, en May 1373.

l'accord de chascun d'eulx, chascun an, un chief auquel il ont recour, conseil & advis sur les fais dessus diz, lequel ont dist & appellé le *Prince des Viniers;* Neantmoins moult de fois, aucuns des dis Marchans sont & pourroient estre refusans en temps advenir, de payer leur Assiete & leur part & porcion de ce qu'il porroient devoir tant du vin que les dis Contes & Contesses [a] prennerent sur eulx par la maniere dicte, comme des autres fraiz & missions qu'il convient faire & soustenir en ladicte marchandise, dont procès & questions se porroient mouvoir & ensievir en pluseurs manieres; lesquelx ledit Prince ne les dis signifians ne porroient poursievir, ne les Causes & franchises de ladicte marchandise soustenir & defendre, ne aussi contraindre les rebelles qui moult souvent se transportent & ont leur demeure hors de la Juridicion des diz Contes & Contesses d'Artoiz, en divers & lontains lieux & soubz diverses Juridicions en nostre Royaume, à payer ladicte taille & Assiete, sans estre par Nous auctorisié & habilité: Si Nous ont les dis seignifians humblement supplié que sur ce leur vüeillons impartir nostre grace, à ce que [b] Chief de ladicte marchandise, appellé le *Prince de Viniers,* qui est à present & qui sera pour tous temps advenir, soit par Nous habilitez & auctorisiez à ester & comparoir en Court & en Jugement pour le fait commun de ladicte marchandise, tant en demandant comme en defendant, & tout les refusans ou rebellez, soubz quelconques Juridicion il soïent, demourans en nostre dit Royaume, à payer leurs dicte Assiete & autres frais pour le fait de ladicte marchandise, il puist traictier & poursievir en Jugement pardevant les Juges à qui la cognoissance en devera appartenir; & tous les drois, franchises, Causes & Libertez de ladicte marchandise, garder, traictier & demener ou nom & pour les dis supplians. Nous adecertes, en consideracion aux choses dessus dictes, desirans le fait de ladicte marchandise, de laquelle grant proffit vient chascun an au fait de noz Aides, estre entretenu, & les Libertez & franchises d'icelle estre gardées, de nostre certaine science & grace especial, avons octroïé & octroïons aus dis supplians, que le Chief de ladicte marchandise appellé le *Prince des Viniers,* esleu chascun an deuement par les dis supplians en la maniere acoustumée, de laquelle eleccion il apperra par Lettres seellées soubz seel autentique, lequel Nous avons abilité & auctorisié, abilitons & auctorisons par ces presentes, puist estre d'oresenavant & comparoir en Court, Jugement & hors, pour le fait commun d'icelle marchandise, envers & contre toutes personnes, tant en demandant comme en defendant; & que tous les refusans ou rebelles, soubz quelconques Juridicion il soient, demourans en la Conté d'Artois, ou ailleurs en nostre dit Royaume, à païer l'Assiete à eulx imposée, & autres choses deuës pour les causes dictes touchans le fait de ladicte marchandise, il puist traictier & poursievir en Jugement & hors, sans avoir autre procuracion, abilitacion ou Mandement, pardevant tous les Juges de nostre dit Royaume, aux quelx la cognoissance en devra appartenir; & pareillement tous les drois, Causes, franchises & Libertez de ladicte marchandise, touchans la Communauté d'icelle, garder, traictier & demener ou nom & pour les dis supplians. Si donnons en mandement par ces mesmes presentes, au Gouverneur du Bailliage d'Amiens, au Prevost de Beauquesne, & à tous les autres Justiciers & Officiers de nostre dit Royaume, qui sont à present & seront pour le temps avenir, ou à leurs Lieuxtenans, & à chascun d'eulx, si comme à lui appartendra, que les dis supplians il laissent & facent à plain joïr & user de nostre presente grace, sans les empeschier ou molester, ne souffrir estre empeschiez ou molestez en aucune maniere, contre la teneur d'icelle. Et pour ce que ce soit ferme chose & estable à tousjours perpetuelment, Nous avons fait mettre nostre [c] à ces presentes Lettres: Sauf nostre droit en autres choses, & l'autrui en toutes. *Donné en nostre Chastel du Bois de Vincennes, ou moys de May, l'an de grace M. CCC. LXXIII. & le X.e de nostre Regne.*

Par le Roy. P. CRAMETTE.

a prennent.

b le.

c Seel.

CHARLES V.
à Paris, le 1. de Juin 1373.

## (a) *Reglement qui fixe les gages des Officiers des Monnoyes.*

CHARLES par la grace de Dieu Roy de France. A noz amez & feaulx les Generaulx-Maistres de noz Monnoyes : Salut & dilection. Comme dès le commencement de ce [a] present Ouvraige, pour la complainte que les Maistres-Particuliers de noz Monnoyes, faisoient de ce que les Officiers d'icelles prenoient sur eulx trop grant & excessive despense, pour laquelle les dits Maistres vouloient laisser & renoncier à nos dites Monnoyes; Nous pour [b] eschever ladite despense, & afin que ledit Ouvraige peust estre fait à moindre pris à nostre prouffict, ordonnasmes que les dits Officiers; c'est assavoir, les Gardes auroient & prandroient sur nos dites Monnoyes, cent livres Tournois pour leurs sallaire & despens, & dix livres Tournois pour [c] Robe; le Tailleur & l'Essaïeur chascun cent livres Tournois, & cent Solz Tournois pour Robe; & pour ce que le prouffit & l'ouvraige de nos dites Monnoyes est si diminué, que à paine pevent estre païez les dits sallaires; & aussy que plusieurs d'icelles Monnoyes sont demourées [d] en chomage, Nous par grant deliberation de nostre Conseil, avons ordonné & ordonnons par ces presentes, que chascun Garde de nos dites Monnoyes aura & prandra pour sallaire & despens cent livres Tournois tant seullement; le Tailleur dix livres Tournois avec sa taille acoustumée, & l'Essaïeur semblablement dix livres Tournois. Toutesfois il Nous plaist & voulons que pour ce que l'Essaïeur de nostre Monnoye de Paris, fait tous les contressaiz des [e] Boestes d'Argent de nostre Royaume, il ait & preingne pour son sallaire & despens, soixante livres Tournois; & oultre ce, avons ordonné & voulons que en toutes noz Monnoyes n'ait aucuns Contregardes à noz sallaires ou despens [f] d'oresevant; toutesvoyes se les Changeurs ou Marchans vous requierent que les dits Contregardes [g], iceulx soïent par eulx païez de leurs dits salaires. Si vous mandons & à chascun de vous, que nostre presente Ordonnance vous faciez tenir & garder, & à iceulx Gardes, Tailleur & Essaïeur, faictez païer les gages dessus dits par les Maistres-Particuliers de noz Monnoyes, sur le prouffit qui Nous pourra & devra appartenir à cause de l'ouvrage d'icelles; lesquelz sallaires Nous voullons estre alloüez ès comptes de celuy ou ceulx à qui il appartiendra, par noz amez & feaulx Gens de noz Comptes à Paris. *Donné à Paris, le premier jour de Juing, l'an de grace mil trois cens soixante treze, & de nostre Regne le dixiesme.*

Par le Roy, à la relation de son Conseil estant en la Chambre des Comptes. DROCO.

a *de la fabrication que l'on faisoit actuellement.*
b *éviter.*
c *Voy. les Tabl. des Mat. de ce Rec. à ce mot.*
d *on a cessé d'y travailler.*
e *Voy. les Tabl. des Mat. de ce Rec.* au mot, *Monnoyes.*
f *d'oresenavant.*
g *soient conservez.*

NOTES.

*(a)* Registre *D.* de la Cour des Monnoyes de Paris, *fol.°* 8. vingt 7. *verso* (167).

Avant ces Lettres, il y a: *Lettres du Roy sur les sallaires des Officiers des Monnoyes.*

CHARLES V.
au Bois de Vincennes, le 22. de Juin 1373.

## (a) *Reglement pour la Mareschaussée.*

CHARLES par la grace de Dieu Roy de France. A tous ceulx qui ces presentes Lettres verront : Salut. Comme notre bon peuple de nostre Royaume, ait de long temps esté, & soit encore chacun jour grevé & opprimé grandement par le fait de nos ennemis, par quoy nos bons subgez n'ont apainnes dont ilz puissent

NOTE.

*(a)* Registre Rouge-vieil du Chastelet de Paris, *fol.°* 57. *Recto.*

Joly dans les *Offices de France*, tom. 2. addition au 3.e Liv. pag. 1871. a donné un extrait très-court de ces Lettres, qu'il date du 12. de Juin 1373.

Ces Lettres se trouvent aussi dans la *Connestablie & Mareschaussée de France*, par *Pinson de la Martiniere*, pag. 5. Elles y sont datées du 12. Juin 1374. Mais c'est une faute d'impression; car à la tête de ces Lettres, il y a, du 12. Juin 1373.

vivre

vivre ne avoir leurs foustenances; & par especial, Nous aïons entendu que par les Commiz ou Sergens de noz amez & feaulx Mareschaux, il sont de jour en jour adjournez, excecutez & travaillez, & prennent grans & excessifs salaires, & se font payer de plus de journées que ne pourroient ou devroient faire nos Sergens ordinaires des lieux où nos diz subgez demeurent; & qui pis est, les adjournent de jour en jour pardevant nos diz Mareschaux ou leurs Lieuxtenans, Prevosts ou Officiers, senz dire les causes pourquoy il les adjournent, ou que elles soient contenües ou exprimées en leurs commissions ou adjournemens; par quoy souvent avient que nos diz subgez vont au jour qui leur est assigné, tout despourveuement, & senz ce que ilz sachent que on leur veult demander; & aussi souvent sont adjournez ès lieux où il ne pevent & osent aler pour [a] doubte des guerres, & là où ilz ne pevent recouvrer de conseil; parquoy souvent ilz perdent leurs Causes, combien que ilz aïent bon droit de eulz deffendre; & en ce & autrement, leur font de jour en jour tant de griefs & de dommages, que à painnes les pevent il soustenir ne endurer; & pour ce Nous sont venues plusieurs plaintes de nos diz subgez, afin que par Nous y soit remedié par telle maniere que nostre bon peuple puisse vivre, & que par ceste maniere ne puisse doresenavant estre ainsi grevez ne dommagiez, & de tous autres; avons ordonné & ordonnons par ces presentes nostre [b] cuer [c] eschever nos subgez des diz griefs & dommages, & de tous autres, avons ordonné & ordonnons par ces presentes, de nostre auctorité Royal, que doresenavant les Sergens, Commiz ou Officiers de noz diz Mareschaux, ne feront aucuns adjournemens ou execucions sur nos diz subgez; maiz seront faiz par nos Sergens ordinaires des Bailliages, Seneschaucies ou Prevostés, là où nos diz subgez demourront; lesquelz seront ad ce commiz par nos diz Mareschaux, leurs Lieutenans ou Prevosts; & voulons & ordonnons que les Causes & demandes pourquoy ilz seront adjournez, soient contenuës & exprimées ès diz adjournemens ou commissions; & ou cas que les dis adjournemens ne seroient faiz par nos diz Sergens ordinaires, ou que les Causes ou demandes ne seroient contenuës & exprimées ès dis adjournemens ou commissions, comme dit est, Nous voulons que il n'y soit obei, & que tels adjournemens n'aïent aucun effet & soïent de nulle valeur, & desmaintenant les declairons, & tout ce qui par vertu d'iceulz seroit ensui, estre nulz & de nul effect; & aussi [d] considerans que en notre Ville de Paris, l'en peut mieulz recouvrer de bon conseil que ailleurs, Nous voulons & ordonnons que nos diz subgez ne soient adjournez par vertu des dictes commissions ou mandemens, pardevant nos diz Mareschaux, leurs Lieutenants, Prevos ou Officiers, [e] forques en notre dicte Ville de Paris, & non ailleurs, adfin que mieulx leur bon droit leur soit gardé & deffendu; se ce n'estoit toutesvoïes du consentement & acort du deffendeur. Si donnons en Mandement par la teneur de ces presentes, au *(b)* Prevost de Paris & à tous les autres Justiciers de nostre Royaume, ou à leurs Lieutenens, & à chascun d'eulz, si comme à lui appartendra, que nostre presente Ordonnance ilz signifient à nos diz Mareschaux, leurs Lieutenens, Prevostz & Officiers, & leur facent commandement de par Nous, que ycelle Ordonnance il tiengnent & acomplissent, & que en aucunne maniere il ne facent ne facent faire le contraire: Et aussi mandons *(c)* audit Prevost & Justiciers, & à leurs Lieuxtenens, que de par Nous il deffendent generalment à tous nos subgez, que aux diz adjournemens qui par nos diz Sergens ne seroient faiz en la maniere que dit est, ne obéïssent; ausquelz par ces presentes Nous le deffendons; & ou cas que les diz adjournemens seroient faiz autrement que dit est, que il ne seuffrent que par noz diz subgez y soit obei; maiz les Sergens & Officiers qui se efforceroient de faire le contraire, punissent de telle Amende ou punicion qu'il verront estre à faire, selon le cas; & pour ce,

CHARLES V. au Bois de Vincennes, le 22. de Juin 1373.

a *crainte.*

b *cœur étant d'écheuter* P.
c *faire éviter.*

d *consider.* R.

e *fors que.*

NOTES.

*(b) Au Prevost.* ] Il y a dans *Pinson de la Martiniere*, à nos amez & feaux, les Gens tenans nostre Cour de Parlement, & à tous les autres Justiciers, &c.

*(c) Audit Prevost.* ] Ces termes se trouvent aussi dans *Pinson de la Martiniere*, quoique l'adresse ne soit point au Prevost de Paris, mais aux Gens du Parlement. *Voy. cy-dessus*, Note *(b)*.

CHARLES V. au Bois de Vincennes, le 22. de Juin 1373.

Nous voulons que ceste Ordonnance soit notoire à tous les Justiciers, Officiers & subgez de notre dit Royaume, Nous voulons & leur mandons que elle soit publiée par tous les lieux de leurs Bailliages, Prevostés, Chastellenies & Juridictions. En tesmoing de ce, Nous avons fait metre notre scel à ces presentes. *Donné en notre Chastel du Boys de Vincennes, le [a] vint deuxieme jour de Juing, l'an de grace mil [b] trois cens soixante & trese, & de notre Regne le disieme.*

Collacion faicte à l'Original des dictes Lettres ainsi signées. *Par le Roy*, en son Conseil. J. DAILLI.

Et estoit escript au dos des dictes Lettres, ce qui s'ensuit:

*Presentes Littere lecte & publicate fuerunt in Camera Parlamenti, & ad Tabulam Marmoream Palacii Regii Parisius; & est ordinatum per Curiam, quod publicabuntur in omnibus sedibus Regiis Regni.* Actum XIIII. die Decembris, anno millesimo trecentesimo septuagesimo quarto. [c] WILLEMER.

[d] Publiées souffisamment ès lieux acoustumés à faire criz à Paris, par Jehan le Maire, le Jeudi quatorzieme jour de Decembre, l'an mil trois cens soixante & quatorze.

[a] douziesme P.
[b] 374. P.
[c] ainsi signé, P. BILLESNES. P.
[d] *Cecy n'est point dans P.*

---

CHARLES V. au Bois de Vincennes, en Juin 1373.

## (a) Confirmation des privileges de la Ville & du Comté de Mascon.

*KAROLUS Dei gracia Francorum Rex. Notum facimus universis presentibus pariter & futuris, Nos infra scriptas inclite recordacionis, carissimi Domini & Genitoris nostri, Litteras vidisse, formam que sequitur, continentes.*

*(b) JEHANNES, &c.*

*Quas quidem Litteras superius insertas, franchisiasque, Libertates & privilegia, ac eciam alia omnia & singula in eisdem contenta, laudamus, ratificamus & approbamus, ac eciam de nostra speciali gracia certaque sciencia & auctoritate Regia, plenitudineque nostre potestatis Regie, tenore presencium confirmamus. Quocirca Baillivo ac Preposito Matisconensibus, ceterisque Justiciariis & Officiariis nostris, aut eorum Locatenentibus, presentibus & futuris, & eorum cuilibet, prout ad eum pertinuerit, earumdem serie Litterarum mandantes districtius injungendo, quatenus prefatos Cives & habitatores Matisconenses, modernos & futuros, & eorum quemlibet, predictis franchisiis, Libertatibus & previlegiis, prout hactenus usi sunt, eisdem juxta prescriptarum Litterarum presentisque nostre gracie & confirmacionis seriem & tenorem, uti [e] gaudere pacifice faciant & permittant, ipsos aut eorum aliquem in contrarium nullatenus molestando vel perturbando, seu molestari vel perturbari permittendo; sed si forsan aliquid in contrarium factum vel attemptatum fuerit, id ad statum pristinum & debitum reducant aut reduci faciant indilate, cum super [f] fuerint requisiti. Quod ut firmum & stabile permaneat in futurum, nostrum presentibus Litteris Sigillum duximus apponendum; nostro in aliis, & alieno in omnibus semper jure salvo.* Datum apud Nemus Vincenarum, anno Domini millesimo trecentesimo septuagesimo tercio, Regnique nostri decimo, mense Junii.

[g] *Per Regem, ad relacionem Consilii.* J. DE REMIS.

[e] &.
[f] hoc. *R. P.*
[g] Ce qui suit n'est pas dans *R. P.*

### NOTES.

*(a)* Tresor des Chartres, Registre 105. Piece 23.

Ces Lettres sont aussi dans le Registre du Parlement de Paris, intitulé *3.e Vol. des Ordonnances de François I.er coté M. fol.o 378. verso.* Elles sont vidimées dans des Lettres de Loüis XI. du mois de Mars 1476.

*(b) Jehannes.] Joannes, &c.* Ces Lettres qui sont du mois de Novembre 1360. sont dans *le 3.e Vol. de ce Rec. p.* 432. Mais un Copiste ayant écrit par erreur, *Decembre* au lieu de *Novembre* dans l'indication du nom du Roy, qui se met à la marge de chaque Ordonnance, celle-cy a été placée & dans le corps de l'ouvrage & dans la Table Chronologique, entre celles du mois de Decembre 1360.

Dans le Registre 105. il y a : & *contra privilegia, &c.* ce qui vaut mieux que ut *contra, &c.* & plus bas, il y a aussi mieux : *speciali prosequi favore,* au lieu de *speciali insigni favore.*

CHARLES V. au Bois de Vincennes, en Juin 1373.

(a) *Lettres qui portent qu'à la Rochelle, tout le bled qui sera porté au Moulin, sera pesé, & payera 4. Deniers.*

CHARLES par la grace de Dieu Roy de France. Savoir faisons à tous presens & avenir, à Nous avoir esté signifié de par nos bien amez le Maire, Eschevins, Conseillers, [a] Pers & Bourgois de nostre Ville de la Rochelle, que comme eulx, du consentement & volenté de la plus grant & plus saine partie des habitants de nostre dicte Ville, & pour le prouffit commun & utilité publique d'icelle Ville, eussent & ayent ordené, que à certains pois que ilz tiennent en pluseurs partie de ladicte Ville, perpetuelment seroit pesé le blé qui par les dis habitans est baillié aux munniers pour mouldre, & aus mesmes pois seroient tenus les dis munniers rendre la farine dudit blé; & pour chascun sestier de blé ainsi pesé, celui [b] qui ledit blé sera & est, païera & sera tenus à païer IIII. Deniers, pour tourner & convertir ou proufit des dis signifians ou nom de ladicte Ville, qui soustiennent & soustendront les dis pois à leur propres despens : Neantmoins aucuns singuliers de ladicte Ville, aïans Moulins près d'icelle Ville, ou aucuns leurs amis, s'efforcent de contredire à ladicte Ordenance qui, comme dit est, est faite par la plus grant & plus saine partie d'iceulx habitans pour le bien & chose publique, combien que les dis signifians par la maniere que dit est, l'aïent peu & puissent faire & tenir & faire tenir sans avoir licence d'autre que d'eulx, si comme il dient, en Nous humblement suppliant, que attendu ce que dit est, Nous ladicte Ordenance vüeillons avoir agreable & confermer, si & en tant comme besoing leur est. Nous adecertes, attendu ce que dit est, ladicte Ordenance avons agreable, & ycelle [c] lauons, ratiffions & approuvons en tant comme à Nous est, & par la teneur de ces presentes, de certaine science & grace especial, confermons à estre, tenir & [d] grader perpetuelment. Pourquoy Nous donnons en mandement au Gouverneur de nostre dicte Ville de la Rochelle, & à tous nos Justiciers de nostre Royaume, & à leurs Lieuxtenans, & à chascun [e], si comme à lui appartendra, que les dis signifians facent & seuffrent joüir & user de nostre presente grace, sans les molester au contraire, en contraingnant se [f] mestier est, ou faisant contraindre à païer yceulx IIII. Deniers, tous ceulx qui tenus y sont & seront, toutesfois que le cas y escherra, selon ladicte Ordenance; nonobstant ladicte [g] contrajudicion, laquele Nous ne voulons avoir lieu, & quelconques opposicions & appellacions à ce contraires. Et pour ce que ce soit ferme chose & estable à tousjours mais, avons fait mettre nostre Seel à ces presentes. Sauf en autres choses nostre droit, & l'autrui en toutes. *Donné au Bois de Vincennes, ou moys de Juing, l'an de grace mil CCCLXXIII. & le X.e de nostre Regne.*

[h] F. DE METIS. Par le Roy, en ses Requestes. HENRY.

[a] *Pairs.* C.
[b] *de.* C.
[c] *loons.* C.
[d] *garder* C.
[e] *d'eux.* C.
[f] *besoin.*
[g] *contradiction.* C.
[h] *Sic signatas.* Par le Roy, en ses Requestes. F. RIGNY. C.

NOTE.

(a) Tres. des Chart. Regist. 104. P. 227.

Ces Lettres ont déja été imprimées dans le *Recüeil des Priviléges de Bourges, &c.* par *Chenu*, pag. 200.

CHARLES V. au Bois de Vincennes, en Juin 1373.

(a) *Lettres concernant les differentes Jurisdictions de la Ville de Montreüil-sur-Mer.*

CHARLES par la grace de Dieu Roy de France. Savoir faisons à tous presens & avenir, Nous avoir receu l'humble supplicacion de nos bien amez, les

NOTE.

(a) Tresor des Chartres, Registre 104. Piece 239.

Quoique cette Piece soit des Lettres de rémission, cependant comme elle contient un détail très-curieux sur les droits des differentes Jurisdictions de la Ville de Montreüil-sur-Mer, & qu'elle peut même servir à expliquer ceux des Justices qui appartenoient aux Villes qui joüissoient du droit de Commune, l'on a crû devoir luy donner place dans ce Recüeil.

CHARLES V. au Bois de Vincennes, en Juin 1373.

Maire & Eschevins de nostre Ville de Monstereul-sur-la-Mer, contenant que comme ilz aïent en ladicte Ville & Banlieuë d'icelle, toute Justice & Seigneurie haulte, moyenne & basse; & tant à cause de ce comme autrement deuëment, la cognoissance, detencion, punicion, correction & Jugement de tous cas criminelz, & autres qui eschieent en ladicte Ville & Banlieuë; & mesmement de & sur toutes personnes subgetes & justicables des dis supplians; & aïent usé & acoustumé que quant aucune personne trouvée & prinse en ladicte Ville & Banlieuë, est admenée ès prisons des diz supplians, d'en congnoistre, & de li condempner ou absoldre selon la qualité des cas & meffais; & aussi aïent acoustumé & usé, que se aucuns ès [a] termes dessus diz, a fait homicide de lui mesmes par desespoir ou autrement, de ycellui prendre & faire apporter en leur Eschevinage, & le faire executer selon ce que au cas appartient, & ses biens prendre par [b] Inventoire ou autrement deuëment, pour en faire & ordenner au proffit de celui ou de ceulx à qui il appartient, si comme il est à faire par raison; & il soit ainsi que nostre Viconte dudit lieu de Monstereul, que l'en [c] souloit dire le Viconte de Pontieu, & les Religieux de Saint Sauve de la dicte Ville, dient ou veulent dire & maintenir, que quant les diz supplians ont prins ou condempné à mort aucun malfaiteur pour ses demerites, se ycellui malfaiteur a esté prins & trouvé en nostre dicte Viconté ou en celle des diz Religieux, que les diz supplians ont acoustumé & doivent appeller les diz Viconte & Religieux, ou celui d'eulx [d] en qui Vicomté ledit Malfaiteur a esté prins & trouvé en ladicte Ville, pour executer ledit Malfaiteur & ycellui mettre à mort après le Jugement des diz supplians; & que [e] au mettre hors dudit Eschevinage, les diz supplians ont acoustumé d'appeller & demander celui des diz Vicontes en qui Viconté ledit Malfaiteur a esté prins, & de dire audit Viconte, que ilz ont jugié à mort ledit Malfaiteur, *Nous le vous delivrons pour nostre Jugement executer à nostre Justice*, en lui declairant de quelle mort il doit mourir; & que ledit Viconte à qui ledit Malfaiteur a esté delivré, requiert aux diz supplians leur [f] effort pour aler faire ladicte execution, & vont les diz supplians & Viconte ensemble à la Justice d'iceulx supplians, pour faire ladicte exequcion; & que ycelle faite, se le Malfaiteur executé avoit aucuns biens meubles ès termes de la Viconté du dit Viconte qui a faicte ladicte excequcion, yceulx biens doivent estre delivrez & baillez par les diz Supplians audit Viconte; & que semblablement doit estre fait des personnes qui ont fait homicide d'eulx mesmes; se ce n'est de femme qui ait mari, laquelle ou dit cas ne peut consisquier aucuns biens; & il soit avenu que le Lundi après la Trinité [g] derrenierement passée, que une femme demourant en ladicte Ville, nommée Tasse, vesve de feu Pierre Ansel, en la Justice des diz supplians, se feust desesperée & penduë en son Hostel & en son [h] solier, & mise à mort; & pour ce, sitost que ce vint à la congnoissance des diz supplians, ils alerent ou envoïerent en la Maison de ladicte Tasse, pour ycelle prendre, & les biens estans en ladicte Maison, mettre en Inventoire & seure garde, au profit de ceulx à qui il appartendroit; laquelle Tasse ilz trouverent penduë & morte, comme dit est, & ycelle monstrerent au peuple de la Ville qui la [i] voult veoir, & ce fait, firent icelle prendre & apporter en leur Eschevinage, pour en faire ce qu'il appartendroit par Justice; & iceulx supplians estans en leur Eschevinage pour avoir avis & conseil sur ce, & que bon estoit à faire du corps de ladicte Tasse, les diz Religieux ou leur Procureur, vindrent pardevers les diz supplians, en leur disant que ladicte Tasse estoit trouvée morte, comme dit est, en leur Viconté, & pour ce devoit estre baillée au Viconte des diz Religieux, à [k] l'issuë dudit Eschevinage, pour excecuter selon le Jugement des diz supplians, & les biens d'icelle à eulx baillez & delivrez après ladicte excecucion, & requeroient que ainsi leur feust fait; & aussi vint nostre dit Viconte de Monstereul, qui disoit que ladicte Tasse avoit esté trouvée morte, comme dit est, en nostre dicte Viconté, & par ce disoit que ladicte Tasse lui devoit estre baillée pour excecuter par la maniere que dit est, & les biens d'icelle, ladicte excecution faite, en requerant que ainsi li feust fait, & en soy opposant afin que la requeste des diz Religieux ne feust [l] faicte: sur lesquelles requestes [m] les diz Religieux & Viconte, les diz supplians considerans le debat des dictes Parties,

a étenduë de la Jurisdiction.

b Inventaire.

c l'on avoit acoustumé.

d en la Viconté de qui.

e à l'endroit où finit le Territoire soûmis à la Jurisdiction des Eschevins.

f aide.

g derr. R.

h maison à 2. étages, dans le Tres. de Borel.

i voulut.

k Voy, cy-dessus, Note (e) marginale.

l qu'on n'eût égard à cette requête.

m des.

CHARLES V. au Bois de Vincennes, en Juin 1373.

& que le corps de ladicte Tasse ne povoit bonnement estre gardé sans grant infection pendant ycellui debat, & qu'ilz estoient loing de nostre Gouverneur d'Amiens, pour avoir sur ce provision, respondirent aux diz Religieux & Viconte, que sans prejudice des dictes Parties & pour le debat d'icelles, le corps de ladicte Tasse seroit excecuté & [a] ars par les diz supplians ou leurs gens, [b] par main souveraine d'icelles Parties; & ladicte excecution faite, incontinent ilz s'enfourmeroient voulentiers du droit d'icelles Parties, & [c] orroient telz [d] tesmoignages ou recevroient telz enseignemens qu'elles vouldroient administrer, pour faire [e] appoin de leur droit, ou toutes foiz qu'il leur plairoit, & leur feroient bon & brief acomplissement de Justice; & lors le Procureur des diz Religieux respondi, que en tant que les diz supplians lui avoient dit que le corps de ladicte Tasse seroit ars ou excecuté par eulx par main souveraine, il en appelloit; & pour les causes dessus dictes, & aussi pour ce que la Cloche de ladicte Ville sonnoit ja, si comme il est acoustumé à faire en tel cas, & que le peuple estoit là assemblé au son de ladicte Cloche, pour veoir ladicte execucion, & que inhumaine chose & abhominable eust esté de laissier & garder le corps de ladicte Tasse en ladicte Ville, consideré ce que dit est, & la grant chaleur qu'il faisoit lors pendant ledit debat des dictes Parties & ladicte appellacion, firent prendre ledit corps & porter hors de leur Eschevinage, pour ycellui mener au lieu où l'en a acoustumé à faire les excécucions de ladicte Ville en tel cas; & si comme les diz supplians estoient partiz dudit Eschevinage, pour faire porter & mener ledit corps au dit lieu pour faire ladicte excecucion, vint le Viconte des diz Religieux, & requist aux diz supplians que ilz lui baillassent ledit corps pour faire l'excecution d'icelui; & aussi le requist nostre dit Viconte en debatant les requestes des diz Religieux; aux quelx Vicontes les diz supplians respondirent comme fait avoient paravant, de quoy ledit Viconte des diz Religieux & soy disant leur procureur, appella derrechief; & nonobstant ce que dit est, pour les causes dessus dictes, les diz supplians firent [f] excecution & ardoir ledit corps à leur dicte Justice; si [g] doubtent que par nostre Procureur ne soïent ou puissent estre pour ce mis en procès ou poursuiz d'aucune Amende ou abus envers Nous, & que nostre Procureur ne vüeille dire que pour ce que ilz ont fait ladicte excecucion depuis les dictes appellacions, que ilz n'aïent aucunement attempté, abusé de Justice ou mesprins envers Nous; & pour ce que dure chose leur seroit ou pourroit estre d'entrer en plait ou en procès contre Nous ou nostre Procureur sur ce, Nous ont humblement supplié, que comme ilz aïent fait ladicte excecution à bonne entencion, & que par le fait de nos guerres aient esté moult grandement dommagiez, & soustenu plusieurs fraiz, mises, paines & travaulx, & ancores soustiennent de jour en jour, que sur ce leur vüeilons impartir nostre grace. Pourquoy Nous, [h] consideré ce que dit est; attendu les bons & agreables services que Nous ont faiz les diz supplians, & esperons qu'ilz Nous facent ou temps avenir, à yceulz supplians de grace especial, plaine puissance & auctorité Royal, avons pardonné, quittié & remis, pardonnons, quittons & remettons par ces presentes, toute Amende, paine, abus, punicion & offense qu'ilz ont ou pourroient avoir encouru ou mesprins envers Nous ou cas dessus dit, avec tout le droit, poursuite & accion qui nous compete, peut ou pourroit competer ou appartenir ou à nostre Procureur, contre yceulx supplians & leur Loy, pour cause & occasion des choses dessus dictes ou aucunes dicelles, entant que en Nous est & qu'il Nous touche ou peut touchier comment que ce soit, pour le temps present & avenir; sauf le droit des diz Religieux à poursuir si comme bon leur semblera; & semblablement à nostre dit Viconte entant qu'il lui pourroit touchier à cause de nostre dicte Viconté; & se aucun empeschement estoit pour ce mis ès biens, Loy & Justice des dis supplians, Nous l'ostons & leur mettons à plaine delivrance par ces presentes, en imposant sur ce silence perpetuel à nostre dit Procureur. Si donnons en Mandement à nos amez & feaulx Gens de nostre dit Parlement, à nostre dit Gouverneur du Baillage d'Amiens, & à tous nos autres Justiciers & Officiers, presens & avenir, ou à leurs Lieuxtenans, que de nostre presente grace facent & laissent joïr & user les diz supplians paisiblement, ne contre la teneur d'icelle ne les molestent ou

a *brûlé.*
b *Je crois que cela signifie, au nom du Roy.*
c *entendroient.*
d *tesm.* R.
e *les deux p. sont coupez par une marque d'abbreviation, ce qui semble signifier, apparoin, pour, preuve.*
f *executer & brûler.*
g *craignent.*
h *consider.* R.

empeschent, ou sueffrent estre molestez ou empeschiez en quelque maniere que ce soit. Et pour ce que ce soit ferme chose & estable à tousjours, Nous avons fait mettre nostre Seel à ces presentes : Sauf en autres choses nostre droit, & l'autrui en toutes. *Donné au Boys de Vincennes, ou mois de Juing, l'an de grace mil* CCCLX. *& treze, & de nostre Regne le diziesme.*

A. BOISTEL. Par le Roy, en ses Requestes. J. BRUOY.

---

CHARLES V. à Paris, en Juin 1373.

## (a) Diminution de Feux pour Anianne.

*KAROLUS, &c. Notum, &c. Quod cum ex parte, &c.*

*Cumque facta quadam Informacione virtute certarum Litterarum Regiarum ac dictarum Instruccionum, per certos Commissarios ad hoc deputatos, in loco de (b) Aniana, Vicarie* [a] *Giniaci, Senescallie Carcassone, super vero numero Focorum in dicto loco tunc existencium; & postmodum virtute Litterarum nostrarum de mandato nostro, alia Informacio in dicto loco fuerit de novo & secundo facta super vero numero dictorum Focorum in eodem nunc existentium, per dilectum nostrum Parduchium Wertelli, Vicarium Regium Giniaci, Commissarium in hac parte auctoritate Regia deputatum; vocato & presente in omnibus Procuratore nostro Generali dicte Senescallie Carcassone, Magistro Guillermo de* [b] *Clonchis; eademque, &c.*

a Ginac. *Voy. cy-dessus*, p. 212. Note *(b)*.

b ou *Clouchis*.

*Repertum fuerit quod in dicto loco sunt de presenti & reperiuntur centum & octo Foci, secundum Instrucciones super hoc prelibatas. Nos vero, &c. Quod ut firmum, &c. Salvo, &c.* Actum Parisius, mense Junii, anno Domini millesimo CCC. LXXIII.° Regnique [c] nostro decimo.

c nostri.

*Per Consilium, &c.* P. DE CHASTEL. *Informatio, &c.* P. DE CHASTEL.

NOTES.

*(a)* Tresor des Chartres, Registre 104. Piece 278. *Voyez-cy-dessus*, pag. 30. Note *(a)*.

*(b) Aniana.]* Anianne, Ville dans le bas Languedoc, Diocese de Montpellier. *Voy. le Diction. univ. de la France*, à ce mot.

---

CHARLES V. à Paris, à l'Hôtel S.t Paul, en Juin 1373.

## *(a)* Lettres qui portent que les hommes de Fiefs de la Chastellenie de Guise, qui conjointement avec le Bailli, auront rendu un Jugement lequel aura été infirmé par la Cour de Parlement, ne pourront être condamnez chacun en particulier à l'Amende; mais à une seule Amende de 60. livres.

*KAROLUS, &c. Ad perpetuam rei memoriam. Celestis altitudo potencie que supra cuncta tenet imperium, & que Nos sua disponente gracia, stabilivit in Regem & ad Regni fastigia provexit, divinitus Nos admonet, ut ipsum Regnum & ejus subditos, in pacis transquilitate tenere &* [d] *foveri, & circa ea que ipsius Regni & nostrorum subditorum conservacionem, custodiam & tuicionem & nostri obedienciam concernunt, vacare intendamus & curemus solicitudinibus indefessis, ut dum se senserint per Regiam solicitudinem & potenciam in securitate ac pacis & transquilitatis dono remanere & defendi, in nostre celsitudinis obsequiis obediencie reddantur libencius prompciores. Ea propter pro parte hominum de Feodo judicancium in Curia carissimi Fratris nostri, Ducis Andegavensis & Turonensis, Comitisque Cenomanensis, apud Villam & Castellaniam Guysie, ad causam carissime sororis nostre ejus (b) Consortis, Nobis exposito quod cum hominibus nostris Feodalibus qui in Castellaniis, Preposituris & sedibus, locisque aliis Regiis predictis, presertim in Prepositura & Castellania de Ribemonte in Viromandia,*

d fovere.

NOTES.

*(a)* Tref. des Chart. Regist. 107. P. 63.

*(b) Consortis.]* Elle se nommoit Marie de Chastillon, dite *de Blois*, fille puînée de Charles de Blois Duc de Bretagne, & de Jeanne de Bretagne. *Voy. l'Hist. Geneal. de la Maison de France.* tom. 1. p. 229.

CHARLES V. à Paris, à l'Hôtel S.t Paul, en Juin 1373.

ad causam & ex debito Feodorum suorum, ad[a] conjuramentum Baillivi nostri[b] Viromandie, seu Prepositi dicti loci de Ribemonte, Judicia facere & reddere tenentur, ad evitandum emendas arbitrarias aut sexaginta Librarum Parisiensium, quas singuli hominum predictorum anteactis temporibus, dum per viam appellacionis aut aliter contingebat per nostram superiorem Curiam eorum Judicia infirmari tanquam male seu injuste prolata, erga Nos incurrebant & solvere tenebantur,[c] mense Septembris anno millesimo CCCLXVIII.° concesserimus ut pro quolibet Judicio in dicta nostra Curia per viam appellationis interjecto & infirmato, iidem homines pro singulis Judiciis, ad emendam ultra summam sexaginta Librarum Parisiensium, per quosvis nostros Officiarios vel subditos imposterum non valeant coartari, prout hec & alia quam plurima in nostris Litteris in filis[d] cericis & cera viridi super hoc confectis sigillatis, lacius dicuntur contineri; & cum ipsi exponentes eodem morbo laborent, & privilegio consimili non modicum indigeant, & in ea Castellania temporibus preteritis consueverit Justicia vigere & oppressis quotidie ministrari, homines predicti Feodales qui in dicta Villa & Castellania Guysie in Viromandia, racione & ex debito Feodorum suorum, ad conjuramentum Baillivi Viromandie seu Baillivi dicte Castellanie Guysie, Judicia facere & reddere tenentur, ad evitandum emendas arbitrarias aut sexaginta Librarum Parisiensium, quas singuli hominum predictorum retroactis temporibus erga Nos incurrebant & solvere tenebantur, dum per viam appellacionis aut aliter, contingebat per nostram superiorem Curiam eorum Judicia infirmari tanquam male vel injuste prolata, ad conveniendum simul ad mandatum dictorum Baillivi & Baillivi, & ad faciendum, consulendum & reddendum eadem Judicia, quandoque hactenus recusarunt & sepissime distulerunt, ac de die in diem renuunt & recusant; quod jam cessit & gravius cedere posset in futurum in rei publice scandalum, & dictorum supplicancium grande prejudicium & gravamen,[e] salitim in dicta Castellania Guysie commorancium[f] exheredacionem, nisi per Nos eisdem provideatur graciose. Notum facimus universis presentibus & futuris, quod Nos de & super premissis habita prius matura deliberacione cum Gentibus nostri magni Consilii, ob contemplacionem dicti Fratris nostri & ejus Consortis, volumus ex nostris auctoritate Regia, Regiaque potestate & gracia speciali decernimus, statuimus, & eciam tenore presencium ordinamus, quod homines de Feodo predicti in dicta Castellania Guysie constituti, presentes & futuri, qui ad hujusmodi Feodorum suorum causam, ad facienda & redenda Judicia ab antiquo in dicta Castellania fuerint & sunt vel erunt astricti, pro quocunque Judicio per eos imposterum faciendo & reddendo, à quo quidem Judicio ad Nos seu nostram Parlamenti Curiam contingerit appellari, si illud Judicium per Nos aut eandem Curiam nostram infirmetur, [g] ad unam emendam sexaginta Librarum Parisiensium solvendo, quitti erunt perpetuo ac liberi & immunes à dicto Judicio per eosdem facto & pronunciato, & per Nos seu dictam superiorem nostram Curiam infirmato, absque eo quod iidem homines singulariter pro singulis Judiciis, ad emendam sexaginta Librarum Parisiensium, aliter quam supradictum est, per Nos ac Officiarios nostros seu alios Nobis subditos, valeant imposterum coartari; dum tamen fraus, dolus seu favor in hujusmodi consulendis aut reddendis Judiciis, per ipsos homines judicantes minime committantur; aliter vero, si fraus, dolus aut favor intervenerit, usui & observacionibus antiquis stabitur; sed ut deinceps predictis subditis justicia conveniencius ministretur, statuimus & ordinamus, quod prefati homines Feodales ad Judicium faciendum & reddendum, ad locum consuetum, ut moris est, evocati, infra statutum & eisdem assignandum tempus accedere & comparere teneantur sine deffectu, nisi causam veram & legitimam habuerint absencie; que si vera & legitima non fuerit, & ad Judicium evocati minime comparuerint, eorundem hominum Feoda in manu dicti Fratris nostri ad causam predictam poni volumus & arrestari ac in ea detineri per Baillivum dicti loci Guysie, quousque dicti homines sic contumaces & absentes, pro suo deffectu & absencia vel contumacia emendam prestiterint condecentem. Quod ut firmum & stabile perpetuo perseveret, nostrum presentibus Litteris jussimus apponi Sigillum: Salvo in omnibus jure nostro, & quolibet alieno. Datum Parisius, in Hospicio nostro Sancti Pauli, anno Domini M. CCCLXXIII. Regni vero nostri decimo, mense Junio.

*Per Regem, in suis Requestis.* P. BRIET. L. DE FAYA.

a Voy. les Tabl. des Mat. de ce Rec. *au mot*, conjurement.

b Viromand. *là & plus bas*. R.

c Ces Lettres sont *cy-dessus*, p. 140. Elles sont pour la Prevôté de Peronne.

d fericis.

e saltem.

f &.

g ce mot paroît inutile.

CHARLES V. à Paris, le 5. de Juillet 1373.

## *(a) Reglement pour les Changeurs de la Ville de Lyon.*

CHARLES par la grace de Dieu Roy de France. A tous ceulx qui ces presentes Lettres verront: Salut. Oye l'umble supplication de noz bien amez les Changeurs de Lion sur le Roosne, contenant que comme de très long temps & ancien, eulx & leurs predecesseurs Changeurs, aïent fait & exercé publiquement & notoirement fait de Change en la Ville de Lion, moyennant nostre grace, congié & licence obtenuz de Nous, iceulx tesmoignez souffisaument à ce par les Generaulx-Maistres de noz Monnoyes, selon ce & en la maniere que de tout temps est en tel cas acoustumé, & sans ce que eulx ne aucuns d'eulx soïent pour ce tenuz de bailler caution aucune; neantmoins le Bailly de Mascon, soubz umbres de certaines noz Lettres à luy adressans, contenant certaines Ordonnances qu'il dit estre faictes sur ce, a fait defense de par Nous aus ditz supplians, qu'ilz ne facent aucun effet de Change en ladicte Ville de Lyon, jusques à ce qu'ilz aïent & ung chascun d'eulx, baillé bonne & souffisante caution de cent Marcs d'Argent, & qu'ilz aïent sur ce noz Lettres de congié de faire & exercer ledit fait de Change, en leur très grant grief, prejudice & donmaige; mesmement qu'ilz ont leurs estatz & [a] chevance en ladite Ville de Lyon [b] prenables, & noz Justiciables, se ilz meffaisoient aucunement oudit Office; & aussy que les dites Ordonnances, se aucunes estoient sur ce faictes, s'entendoient seullement aux foreins & estranges, qui de nostre congié vouldroient & pourroient faire fait de Change en icelle Ville de Lion; & pour plainement pourveoir sur ce, eussions envoyé leur requeste pardevers les dits Generaulx-Maistres de nos dites Monnoyes, pour en ordonner sur ce comme il seroit à faire de raison. Nous ces choses considerées, oye la relation des dits Generaulx-Maistres de nos dites Monnoyes, avons ordonné par la deliberation de nostre Conseil, que d'oresenavant en la dicte Ville de Lion, ne seront fors seullement six Changeurs, qui de nostre congié & licence, iceulx premierement tesmoignez souffisans par les dits Generaulx-Maistres, pourront exercer ledit fait de Change en icelle Ville de Lion, & sans Nous prester ou faire aucune caution fors d'eulx mesmes, tel comme il est acoustumé à faire d'ancienneté. Si donnons en Mandement aus dits Generaulx-Maistres de noz Monnoyes, au Bailly de Mascon & à tous noz autres Justiciers [c] Officiers, à leur Lieuxtenans, & à chascun d'eulx, si comme à luy appartiendra, que nostre presente Ordonnance ilz tiengnent & gardent, facent tenir, garder & acomplir sans enfraindre, & ne facent ou seuffrent aucune chose estre faicte comment que ce soit au contraire. En tesmoing de ce, Nous avons fait mettre nostre Seel à ces presentes. *Donné à Paris, le v.e jour de Juillet, l'an de grace mil trois cens soixante & treize, & de nostre Regne le dixiéme.*

a *biens.*
b *saisissables.*
c *&.*

NOTE.

(*a*) Registre *D.* de la Cour des Monnoyes de Paris, *fol.o* 8. vingt 9. *R.o* (169).
Avant ces Lettres, il y a: *Lettres pour les six Changeurs de Lyon.*

CHARLES V. à Paris, le 14. de Juillet 1373.

## (*a*) *Lettres qui portent qu'il y aura des Contregardes dans les Monnoyes de Paris & de Tournay seulement; & qui fixent leurs gages.*

CHARLES par la grace de Dieu Roy de France. A noz amez & feaulx les Generaulx-Maistres de noz Monnoyes: Salut & dilection. Comme n'agueres par deliberation de nostre Conseil, Nous ayons ordonné, si comme il vous peult

NOTE.

(*a*) Registre *D.* de la Cour des Monnoyes de Paris, *fol.o* 8. vingt 7. *Recto* (167).
Avant ces Lettres, il y a: *Mandement du Roy par lequel les Contregardes de Paris & de Tournay, ont esté de rechef mis en leurs Offices.*

estre

eſtre apparu par noz [a] Lettres ſur ce faictes, que les Gardes, Tailleurs & Eſſayeurs de noz Monnoyes, ne ſoïent plus aus deſpens des Maiſtres-Particuliers d'icelles; & que pour ce ilz aïent & preignent ſur Nous du prouffict de nos dictes Monnoyes, certaines ſommes d'Argent par an; & [b] parmi ce, les dits Gardes ſoïent tenus de faire Office de Contregarde en nos dites Monnoïes d'Or, en oſtant & deboutant les Contregardes qui y ſont à preſent à noz gaiges. Savoir vous faiſons que ce ne fuſt onques ne n'eſt noſtre intention, que les Contregardes qui ſont à preſent & qui ou temps advenir ſeront en noz Monnoyes d'Or de Paris & de Tournay, ſoïent compris en ladicte Ordonnance; ainçois voulons & Nous plaiſt de grace eſpecial, tant pour le prouffit de Nous comme pour le prouffit & ſeurté des Marchans frequentans icelles, que les dits Contregardes ſoïent & demeurent en leurs dits Offices, ainſi qu'ilz eſtoient paravant noſtre Ordonnance; c'eſt aſſavoir, que chaſcun des dits Contregardes ait cinquante Livres Tournois de gaiges par an, prins ſur Nous, & qu'ilz [c] ſoïent aux deſpens des Maiſtres-Particuliers d'icelles. Si vous mandons & à chaſcun de vous, que vous mettez & inſtituez de rechef les dits Contregardes & chaſcun d'eulx en leurs dits Offices, & les faictes payer des dits gaiges & deſpens en la maniere & aux termes acouſtumez, par les Maiſtres-Particuliers des dites Monnoyes d'Or de Paris & de Tournay; les quelz gaiges Nous voullons eſtre alloüez ès comptes d'iceulx Maiſtres-Particuliers ſans contredit, par noz amez & feaulx Gens de noz Comptes à Paris; nonobſtant quelzconques Ordonnances, mandemens ou deffenſes au contraire. *Donné à Paris, le XIIII.e jour de Juillet, l'an mil trois cens ſoixante & treſe, & de noſtre Regne le dixieſme.* Ainſi ſigné. *Par le Roy.* P. BLANCHET.

CHARLES V. à Paris, le 14. de Juillet 1373.

[a] *Voy. cy-deſſus,* p. 616.

[b] *moyennant.*

[c] *je crois qu'il faut ſuppléer,* ne.

---

CHARLES V. au Château du Bois de Vincennes, le 27. de Juillet 1373.

(*a*) Lettres qui portent que les affaires de l'Abbaye de S.t Maixent en Poitou, ne ſeront plus portées à Loudun; mais qu'elles le ſeront à Chinon, devant le Bailli des Exemptions de l'Anjou & de la Touraine.

*KAROLUS Dei gratia Francorum Rex. Notum facimus univerſis preſentibus & futuris, quod cum Religioſi viri, [d] Abbatis & Conventus Monaſterii Sancti Maxencii in Comitatu Pictavenſi, eorumque Cauſe & querele, tam per privilegia eis per predeceſſores noſtros Francorum Reges conceſſa, & poſtmodum per Nos confirmata, quam de uſu & Conſuetudine quibus [e] temporibus uſi fuerunt, reſſortiri conſueverint [f] eorum Baillivo & Judice noſtro Turonenſi, in ſede noſtra Regia apud Lodunum, dictamque ſedem poſtmodum certis de cauſis ad hoc Nos moventibus, nuper in Villam noſtram de Chinon tranſtulerimus; propter quod Religioſi memorati formidantes ne de rigore ſecundum dictorum privilegiorum tenorem, ac uſus & Conſuetudines ſupradictos, poſſent aut deberent apud dictam ſedem de Chinon reſſortiri, eo modo [g] apud Lodunum [h] reſſortiebantur conſueverant, Nobis humiliter ſupplicarunt, ut eis velimus noſtram ſuper hoc graciam impartiri, ne dicta privilegia ob hoc invalida fore videantur. Quocirca Nos premiſſa conſiderantes, nec non ob reverenciam glorioſi Confeſſoris Sancti Maxencii, cujus Corpus in dicto Monaſterio colocatur, eciam [i] laudabibus & gratuitis ſerviciis Nobis per dilectum & fidelem Conſiliarium noſtrum, Guillelmum Abbatem dicti Monaſterii, Nobis ad honorem & utilitatem noſtri ac Corone Francie, multipliciter impenſis, conſideratis & attentis, dicta privilegia ampliare volentes, eiſdem Religioſis de gracia ſpeciali, certa ſcientia & auctoritate Regia conceſſimus per preſentes, ut ad ſedem noſtram predictam de Chinon, coram Baillivo & Judice noſtro Regio aut ejus Locumtenente reſſortiantur & reſſortiri debeant, eo modo quo reſſortiebantur aut reſſortiri conſueverant apud Lodunum; abſque eo quod ob hoc privilegiis ſuis predictis in aliquo derogari valeat; quinymo volumus ipſos Religioſos predictis privilegiis, Libertatibuſque & franchiſiis ſuis in dicta ſede de Chinon uti [k] & poſſe, quathenus in dicta ſede de Loduno utebantur aut uti poterant & debebant;*

[d] Abbas.

[e] retroactis.

[f] coram.

[g] quo.

[h] reſſortiri.

[i] laudabilibus.

[k] mot inutile.

NOTE.

(*a*) Treſor des Chartres, Regiſtre 104. Piece 248.

CHARLES V. au Château du Bois de Vincennes, le 27. de Juillet 1373.

*privilegiis supradictis in omnibus aliis clausulis suis, in suis virtute & robore manentibus. Quocirca dilectis & [a] fillibus Gentibus Parlamenti nostri, Baillivo Exempcionum Ducatuum Andegavensis & Turonensis, ceterisque Justiciariis Regni nostri, aut eorum Locatenentibus, presentibus & futuris, & eorum cuilibet, prout ad eum pertinuerit, mandamus quatinus prefatos Religiosos gracia & concessione nostris presentibus uti & gaudere faciant & permittant, ipsos in contrarium nullatenus molestando vel impediendo, molestari seu impediri à quoquam permittendo; inhibemusque per presentes Baillivo Exempcionum Comitatus Pictavensis, aut ejus Locumtenenti, presenti & futuro, ne contra dictorum privilegiorum ac presentium gracie & concessionis [b] nostram predictarum tenorem, Religiosos memoratos aliqualiter impediat vel molestet; quinymo ipsos eisdem uti faciat & gaudere. Quod ut firmum & stabile maneat perpetuo, Sigillum nostrum Litteris presentibus duximus apponendum: Salvo in aliis jure nostro, & in omnibus quolibet alieno.* Datum in Castro Nemoris Vincennarum, XXVII.ª die Julii, anno Domini millesimo trecentesimo septuagesimo tercio, & Regni nostri decimo.

*Per Regem, in suo Consilio.* J. DAILLY.

[a] fidelibus.

[b] nostrarum.

---

CHARLES V. au Château du Bois de Vincennes, le 27. de Juillet 1373.

*(a) Lettres qui portent que le Siege du Bailli des Exempcions de Poitou, ne se tiendra à S.t Maixent que pendant deux ans; & que ce Bailli ne pourra connoître des affaires de l'Abbaye de ce nom.*

CHARLES par la grace de Dieu Roy de France. Savoir faisons à tous presens & avenir, que comme n'aguerres Nous eussions voulu & ordené par nos autres [c] Lettres, que le Siege de nos Exempcions de Poitou, seroit & se tenroit par nostre Bailli des dictes Exempcions, en la Ville de Saint Maxent appartenante aux Religieux, Abbé & Couvent dudit lieu, qui sont ressortissans à Nous sans moyen, & exemps de nostre très chier Frere le Duc de Berry & d'Auvergne & Conte de Poitou; & eussons mandé audit Bailli des dictes Exempcions, que d'oresenavant il y mist & tenist son dit Siege, si comme ce & autres choses sont plus à plain contenuës en nos dictes Lettres; & depuis les dis Religieux Nous aïent fait exposer, que par privileges à eulx octroïez par nos Seigneurs predecesseurs Roys de France, & par Nous confermez, & aussi par plusieurs fais & raisons, Nous ne povons ne devons mettre ne faire tenir nostre dit Siege en la Ville de Saint Maxent, & que en ce il seroient grevez & grandement dommaigez, & que nostre dicte Ordenance est & seroit contre les dis previleges & les Libertés & franchises de ladicte Eglise, dont il ont tousjours joy & usé. Savoir faisons, que Nous considerans les choses dessus dictes, & les bons & agreables services que ledit Abbé Nous [d] fais ou temps passé, & esperons que il Nous face ou temps avenir; & aussi pour la reverence du glorieux Saint Mons. Saint Maxent qui repose en ladicte Eglise, avons octroyé & octroyons de grace especial, certaine science & auctorité Royal par ces presentes aux dis Religieux, que jusques à deux ans tant seulement à [e] comptes de la date de ces presentes, ledit Siege sera en ladicte Ville de Saint Maxent, & non oultre les deux ans dessus dis, & leur avons octroïé & octroïons de nostre dicte grace, que audit lieu de Saint Maxent, ledit Bailli ne pourra cognoistre de nulle Cause, fors tant seulement des Causes touchans les autres Exemps de Poitou; [f] forclus les Causes touchans le ressort des dis Religieux de S. Maxent, [g] le Bailli cognoistra à Chinon en Touraine tant seulement, ou en autre [h] là où nostre dit Siege de Chinon seroit ou temps avenir ordené, selon la fourme des dis previleges octroyez par Nous ou noz dis Predecesseurs aux dis Religieux; & ou cas que ledit Bailli ou nos autres Gens & Officiers, feroient ou s'efforceroient de tenir ledit Siege ou exercer Juridicion oudit lieu oultre les deux ans dessus dis, Nous dès maintenant rappellons & mettons du tout au neant tout ce que

[c] *Elles ne se trouvent point dans les Registres de ce temps.*

[d] *a.*

[e] *compter.*

[f] *Voy. la Lettr. preced.*

[g] *dont.*

[h] *lieu.*

NOTE.

*(a)* Tresor des Chartres, Registre 104. Piece 249.

par eulx ou l'un d'eulx seroit fait, & le reputons fait de privé personne, & voulons qu'il n'ait aucun effect; & ainsi l'avons promis & promettons aux dix Religieux, & voulons que se aucune chose est faicte au contraire, ce ne leur puist porter aucun prejudice. Si donnons en Mandement par la teneur de ces presentes, à nos amez & feaulx Gens de nostre Parlement, au Bailli des dictes Exempcions, & à tous nos autres Justiciers & Officiers, ou à leurs Lieuxtenans, presens & avenir, & à chascun d'eulx, si comme à lui appartendra, que les dis Religieux facent & laissent joïr & user paisiblement de nostre presente grace & octroy, & leur defendons par ces presentes, que contre la teneur de ces presentes ou de leurs privileges, Libertés & franchises dessus dictes, ne les molestent ou empeschent, facent, seuffrent ou laissent estre molestez ou empeschiez au contraire. Et pour ce que ce soit ferme chose & estable à tousjours mais, Nous avons fait mettre nostre Seel à ces presentes: Sauf nostre droit en autres choses, & l'autrui en toutes. *Donné en nostre Chastel du Bois de Vincennes, le XXVII.e jour du mois de Juillet, l'an de grace mil CCCLXXIII. & de nostre Regne le X.e*

Par le Roy, en son Conseil. J. DAILLY.

CHARLES V. au Château du Bois de Vincennes, le 27. de Juillet 1373.

---

CHARLES V. à Vincennes, le 29. de Juillet 1373.

(a) Lettres qui portent que la Bourgeoisie Royale qui avoit été anciennement établie à Montpellier, & qui depuis avoit été transferée à Somieres, sera transferée à Aigues-mortes.

*KAROLUS Dei gracia Francorum Rex. Notum facimus universis presentibus & futuris, quod cum à predecessoribus nostris Francie Regibus, Vassallorum & Dominorum aliorum utilium [a] seu immediatorum subdictis in Senescaliis Tholose, Carcassonne & Bellicadri, per dictos suos Dominos, suos-ve Justiciarios seu Officiarios oppressis, subvenire volentibus, & ipsos à gravaminibus relevare, ductis & excitatis ad hoc ex frequenti querela subditorum ipsorum, fuerit ab antiquo, previa Consilii deliberatione matura, laudabiliter ordinatum, ut quicumque taliter oppressi, cujuscunque status & conditionis existerint, dimissa dicti sui [b] immediate Domini subjectione, subjectionem nostram ingredi & nostri Burgenses effici possent, & ad hoc admitterentur libere, cessante contradictione quacumque, prestito per eos juramento quod hoc non dolo facerent, vel in fraudem sui Domini supradicti; quodque cognicio, correctio & punitio receptorum taliter in Burgenses, ad ipsos Predecessores nostros & suos successores, tanquam suum immediatum Dominum, & solum & in solidum, in criminalibus & civilibus, vel deputatum per eos, ad conservationem dictorum Burgensium & privilegiorum suorum & jurium Burgesie hujusmodi, ex tunc in antea pertineret; declarantes ipsos ex tunc exemptos esse ab omni Juridictione & potestate dictorum Dominorum suorum, & aliorum Justiciariorum quorumcumque; hoc ajecto, quod quilibet dictorum Burgensium unam domum valoris LX.ta Solidorum bone Monete, in [c] loco ad conservationem hujusmodi statuendo, emere & acquirere teneretur infra annum à die sue receptionis in Burgensem, in qua in Festivitatibus Natalis & Pasche Domini, per tres dies continuos facerent residenciam personalem, alias unam marcham Argenti dictis nostris Predecessoribus & suis Successoribus qui essent pro tempore, soluturi; qui etiam ex tunc in & sub protectione & salva Gardia Regiis perpetuo remanerent cum familia & bonis suis quibuscunque; dictique Predecessores nostri in locum conservationis predicte, Rectoriam [d] & partem antiquam Montispessulani, & in Judicem dictorum Burgencium, ad conservationem dicte Burgesie, Rectorem Montispessulani qui tunc erat, & Rectores futuros duxerint ordinandos; Nosque*

[a] Ce mot n'est pas dans *T. C.*

[b] immediati. *T. C.*

[c] dans le lieu ou la Bourgeoisie étoit établie.

[d] Voy. les Tabl. des Mat. de ce Rec. *au mot*, Montpellier.

NOTE.

(a) Memorial *D.* de la Chambre des Comptes de Paris, *fol.o* 6. vingt 16. *Recto* (136).

Avant ces Lettres il y a: *Ordinacio facta pro Burgesiis Montispessulani, quo [qua] debent remanere in Villa Aquarum-Mortuarum. Copia.*

Ces Lettres sont aussi au Tresor des Chartres, Registre 104. Piece 257.

*Voyez les Lettres qui sont cy-dessus*, p. 477.

CHARLES V. à Vincennes, le 29. de Juillet 1372.

*nuper per certam concordiam conceptam inter Nos & cariſſimum Fratrem noſtrum Regem Navarre, Villam Montiſpeſſulani cum dicta Rectoria, parte antiqua & parvo Sigillo, & cum tota Baronia Montiſpeſſulani & ſuis pertinenciis univerſis, in eumdem Fratrem noſtrum certis titulo, modo & forma tranſtulimus; reſervatis tamen Nobis & noſtris Succeſſoribus in futurum, dicta* [a] *Burgeſia & juribus ejuſdem, que inter jura noſtre ſuperioritatis, que etiam in tractatu predicte concordie noſcimur reſervaſſe, merito computantur; Nos ad dicte Burgeſie conſervationem, ordinavimus ex tunc locum* [b] *Sumidrii, & dilectum & fidelem Secretarium noſtrum, Magiſtrum Arnaudum de Lar, Caſtellanum & Vicarium dicti loci Sumidrii, Conſervatorem ejuſdem Burgeſie; nec non dictorum Burgenſium & privilegiorum ſuorum deputavimus & Rectorem, qui curam Officii conſervationis hujuſmodi ab illo* [c] *tunc habuiſſe dinoſcitur & geſſiſſe. Sane refferentibus poſtmodum nonnullis Conſiliariis, Juſticiariis & Officiariis noſtris Seneſcallie Bellicadri, & habitatoribus Ville noſtre* [d] *Aquarum-mortuarum, quod ipſa Villa erat locus Nobis & reipublice propicior & utilior ad dictorum Burgenſium & Burgeſie conſervacionem,* [e] *quam locus predictus Sumidrii vel alius dicte Seneſcallie, attento quod ipſa Villa que eſt notabilis portus maris, mire fortificationis & clauſure, depopulata vaſtataque non modicum, tam per mortalitates & guerras que in* [f] *illis Partibus hactenus viguerunt, quam propter* [g] *Navalis diſtanciam que ex ſabulo inibi cumulato proceſſit; & quia ſubditi qui per mare mercari ſolebant & portum predictum frequentabant, per guerras hujuſmodi, & fortunas atque pericula maris, dampna multiplicia ſubierunt, unde prout conſueverant, mercari non valent, nec dicta Villa per habitatores ipſius cuſtodiri ſecure, poſſet per hoc melior effici & ſecurius cuſtodiri, cariſſimus Germanus noſter, Dux Andegavenſis & Turonenſis & Comes Cenomanenſis, Locum noſtrum tenens in* [h] *Partibus Occitanis, informationem fieri fecit de commodo & incommodo quod Nobis & reipublice poſſet evenire, ſi dicta Burgeſia in dicta Villa Aquarum-mortuarum poneretur & ordinaretur, Nobiſque remitti, ut ea viſa, provideremus ſuper hoc quid agendum. Nos igitur viſa informatione predicta, & diligenter examinatis & attentis contentis in ea, acceptis ſuper hoc relatibus dicti Germani & Fratris noſtri, & Officiariorum noſtrorum dicte Seneſcallie Bellicadri qui ſuper hoc ſuas Nobis opiniones & deliberaciones fideliter reſcripſerunt, & habita ſuper hoc in noſtro magno Conſilio deliberacione matura, volumus, ſtatuimus & ordinamus edicto irrevocabili & in perpetuum valituro, auctoritate noſtra Regia, dictam Burgeſiam eſſe & remanere de cetero in dicta Villa Aquarum-mortuarum, eiſdem modo & forma quibus fuerat in dicta parte antiqua & Rectoria dicti loci Montiſpeſſulani, ante tranſlationem predictam, univerſoſque & ſingulos Burgenſes predictos, tam in Montepeſſulano quam Sumidrio creatos, hactenus vocari Burgenſes Aquarum-mortuarum, prout Burgenſes Montiſpeſſulani antea vocabantur; volentes ut univerſi & ſinguli, cujuſcumque condicionis & ſtatus, qui voluerint ſe Burgenſes noſtros conſtituere modo & forma conſuetis & debitis, hoc facere poſſint in dicta Villa Aquarum-mortuarum, prout in dicto loco Montiſpeſſulani hoc facere poterant, ut preferitur; quos dicte Burgeſie juribus, privilegiis & prerogativis uti & gaudere volumus pacifice & quiete; Caſtellanumque & Vicarium dicti loci Aquarum-mortuarum preſentem, & futuros Caſtellanos & Vicarios ejuſdem loci, Conſervatores & Judices dictorum Burgenſium & privilegiorum ſuorum juriumque dicte Burgeſie, facimus, conſtituimus & etiam ordinamus, defenſionem, protectionem, cognitionem & correctionem dictorum Burgenſium jam receptorum & recipiendorum, & omnium Cauſarum & negociorum ſuorum, tam criminalium quam civilium, eiſdem auctoritate noſtra predicta, tenore preſentium committentes; inhibentes dicto Secretario noſtro & aliis quibuſcunque, quibus defenſionem, cognitionem & correctionem hujuſmodi adimimus, ne de hiis ſe de cetero quomodolibet intromittant; nonobſtante appellacione per dictos Burgenſes ſeu eorum Procuratores vel Procuratorem emiſſa ad Nos ſeu noſtram Curiam Parlamenti, à dicto Germano & Locumtenente noſtro, ſeu ab Ordinatione quam fecerat de dicta Burgeſia collocanda & tenenda ex tunc in antea, in dicto loco Aquarum-mortuarum, & publicacione ipſius; in cujus appellationis Cauſa, dicti Burgenſes vel Procuratores eorum ſeu aliqui eorumdem, adjornamenti & inhibitionis Literas impetraſſe noſcuntur, & ipſas execucioni mandaſſe; & nonobſtantibus quibuſcumque aliis appellationibus per ipſos emiſſis à quocumque ſeu à cujuſcumque*

[a] Voy. cy-deſſus, pag. 478. Note (h).
[b] Summidrii. T. C. là & plus bas, Sommieres.
[c] tempore.
[d] Aigues-mortes.
[e] q. T. C.
[f] eiſdem. T. C.
[g] Navale, ſtatio Navium, dans le Gloſſaire de du Cange.
[h] Languedoc.

*Audiencia in contrarium, & quibuscumque Literis super hoc obtentis, quibus defferri nolumus; quin ymo super hiis, dictis Burgensibus & eorum Procuratoribus & eorum cuilibet, insuper & Procuratori nostro & aliis quibuscumque, perpetuum silencium imponimus per presentes; firmiter inhibentes Gentibus dicti Parlamenti nostri, presentibus & futuris, ne de hiis cognoscant, vel super hoc procedant ulterius quoquomodo; & nonobstantibus quibuscumque informationibus aliis virtute nostrarum aliarum Literarum vel alias factis super premissis, quas volumus nullius esse efficacie vel valoris; mandantes & inhibentes quibuscumque Senescallis, Prepositis, Vicariis, Castellanis & Bajulis nostris & aliis quibuscumque, etiam [a] privatis, ne de dictis Burgensibus vel eorum familia sive bonis, se impediant in quocumque casu civili vel criminali, vel aliter quoquomodo; quin ymo quascumque Causas eorumdem ceptas & non ceptas, dictis Castellano & Vicario remittant pro Justicia ministranda; cui & suis Successoribus Castellanis & Vicariis dicti loci, committimus & mandamus, ut ipsos in protectione & Salvagardia nostris recipiant, & eosdem una cum eorum familia, rebus & bonis, defendant ab injuriis, violenciis & oppressionibus quibuscumque; contrarium facientes per penarum & multarum impositiones & earum [b] declarationes, & alias, prout per Conservatores dicte Burgesie est hactenus fieri consuetum, ad desistendum ab hiis compellendo; & ne forsan pretendi valeat ignorancia premissorum, seu in contrarium aliquid attemptari, quod firmiter inhibemus, presentes Literas in dicto Parlamento nostro, & in Camera Conpotorum nostrorum Parisius, registrari, & contenta in eisdem Literis, per loca dictarum Senescalliarum magis insignia publicari cum publicis instrumentis volumus & mandamus. Quod ut firmum & stabile perpetuo perseveret, nostrum presentibus Literis fecimus apponi Sigillum: Salvo in aliis jure nostro, & in omnibus quolibet alieno.* Datum apud Vincenas, die XXIX. Julii anno Domini millesimo trecentesimo septuagesimo tertio, & Regni nostri decimo. *Per Regem, in suo Consilio.* YVO.

CHARLES V. à Vincennes, le 29. de Juillet 1373.

*a* particuliers.

*b* Cela doit signifier, l'execution de ces peines.

---

## (*a*) *Privileges accordez à l'Université d'Angers à l'instar de ceux octroyez à celle d'Orleans.*

CHARLES V. au Château du Bois de Vincennes, le 29. de Juillet 1373.

CHARLES par la grace de Dieu Roy de France. A tous ceulx qui ces presentes Lettres verront: Salut. Nostre amée Fille l'Université d'Angers Nous a fait exposer, que comme à present en ladite Université ait grande quantité de bonnes, nobles & notables personnes étudians en icelle Université, de plusieurs & diverses parties de nostre Royaume & ailleurs, desquels sont issus & issent tous les jours plusieurs vaillans & sages hommes, par lesquels nostre Royaume est en partie gouverné en Justice; & il soit ainsi qu'aux étudians de l'Université d'Orleans, Nous ayons octroyé de nostre grace special, authorité & Majesté Royal, que les Docteurs, Maistres, Bacheliers & vrais étudians, avec le Tabellion, Bedeaux & Suppôts d'icelle Université d'Orleans, sont & demeurent francs & quittes de nos Aides ordonnées & à ordonner en nostre Royaume, & aussi soient & demeurent francs & quittes des Aides par Nous ordonnées en nostre Conseil à Roüen, estre levées ès parties de Languedoc de nostre Royaume, tant sur les bleds & farines, comme sur les vins & autres breuvages, en ce qu'ils en dépenseront sans fraude, & de tous autres Foüages & Aides ordonnées y estre levées du temps passé, & à ordonner au temps avenir, tant sur les Aides ordonnées sur le fait de nos guerres, comme pour quelconque autre fait, cause ou raison que ce soit; supposé qu'aucun des susdits nommez fust Beneficier en ladite Ville d'Orleans; & aussi qu'ils ne soient tenus de payer les Impositions ordonnées, quand ils vendent les fruits de leur patrimoine & Benefices, si

NOTE.

(*a*) Ces Lettres sont imprimées à la page 7. d'un Recüeil intitulé, *Privileges de l'Université d'Angers, tirez du Livre appellé communément, le Livre du Recteur ou du Procureur General.* Angers 1709. *in-4.°*

Avant ces Lettres il y a qu'elles sont au feuillet 39. *verso.*

Il paroît que ces Lettres ont été copiées & imprimées avec peu d'exactitude, & qu'il y a plus d'un endroit corrompu.

CHARLES V.
au Château du Bois de Vincennes, le 29. de Juillet.

comme plus à plein est contenu ès privileges de ladite Université d'Orleans ; & Nous ont supplié humblement lesdits exposans, que Nous leur veüillions faire grace, & leur octroyer pareils privileges que Nous avons octroyez, & ont de Nous les dessus dits de l'Université [a] d'Angers; attendu que de diverses Nations & lointain païs, plusieurs y viennent & affluent à grandes peines, labeurs & perils, pour y acquerir mœurs & sciences, comme dessus est dit.

(1) Pour ce est-il que Nous [b] inclamans à leur supplication, avons ordonné & ordonnons & declarons, & aussi leur avons octroyé & octroyons de nostre certaine science, authorité & Majesté Royale & grace speciale, par ces presentes, pareillement que Nous avons fait aus dits de l'Université d'Orleans, que des Aides ordonnées par Nous en nostre Conseil à Roüen, estre levées ès parties de Languedoc de nostre Royaume, tant sur les bleds & farines, comme sur les vins & autres breuvages, en ce qu'ils en depenseront sans fraude, en gros & en detail, & de tous autres Foüages & Aides ordonnées y estre levées du temps passé, & à ordonner au temps avenir, tant sur les Aides ordonnées pour le fait de nos guerres, comme pour autre quelque fait, cause ou raison que ce soit, soïent & demeurent francs & quites; supposé qu'aucun des susnommez fût Beneficier en ladite Ville d'Angers, & que de la vendition de leurs fruits de leurs heritages, tant patrimoniaux comme de leurs Benefices, ils ne seront tenus de payer ni ne payeront aucunes Impositions ni autres Subventions, & que le Maistre-Ecole, Docteurs, Maistres, Bacheliers & vrais étudians de ladite Université d'Angers, qui oyent leçons ordinaires & extraordinaire ès Ecoles, & qui principalement sont Ecoliers pour apprendre, avec les Tabellions, Libraires, Parcheminiers & Supposts d'icelle Université qui y servent, & dont ils feront doresnavant pleine foy & serment au Maistre-Ecole & College de ladite Université, joüiront & devront joüir des Libertez & privileges susdits, sans faire foy ou serment pardevant aucuns de nos Officiers, & ne payeront aucuns Foüages ou Aides, ni ne seront contraints; nonobstant qu'aucuns d'iceulx soïent mariez & aïent femmes & enfans, & qu'aucunes fois ils aïent [c] taillé aux Tailles des dits Foüages & autres Aides; pourveu toutes fois qu'iceux mariez ne vendent aucunes marchandises, & qu'ils n'exercent aucuns Offices par quoy ils soïent distraits de la continuation dudit étude, [d] ou qu'iceux mariez seront tenus de payer & payeront Impositions pour leur marchandises, comme les autres qui ne sont pas de ladite Université.

(2) *Item.* Comme en ycelle [e] Cité y ait plusieurs Nations & plusieurs Bedeaux, & ait en icelle aussi Notaire general, voulons & octroyons de nostre grace, que le Notaire general, le Bedel general, & lesdits Bedeaux & Supposts d'icelle Université, joüissent des dits privileges, soïent francs & quittes & tenus paisibles des dits Foüages; nonobstant qu'aucuns d'iceux soïent mariez, & exercent fait de marchandise, & qu'au commencement [f] les Aides des Foüages eurent cours, ils ayent autrefois payez iceux Foüages; mais toutes fois s'ils exercent avec leurs Offices, fait de marchandise, ils seront tenus de payer les autres Impositions ordonnées pour les marchandises; & que les Libraires, Parcheminiers jurez & servans à ladite Université, & qui par icelle ont été & seront élus & deputez en leurs serviteurs, joüiront des privileges, Libertez & franchises de ladite Université, si comme les dits étudians & Bedeaux sus dits, & seront francs & quittes des Foüages & Tailles; reservé que s'ils vendent aucune autre marchandise que celle qui appartient à leurs Offices, ils payeront pour icelles marchandises, les autres Impositions ordonnés estre levées en nostre dit Royaume, tant sur les bleds & farines, comme sur les vins & autres breuvages, outre ce qu'ils en dépenseront sans fraude, & en gros & en détail, & de tous autres Foüages & Aides ordonnées y estre levées du temps passé, & à ordonner au temps avenir, tant sur les Aides ordonnées sur le fait de nos guerres, comme pour quelconque autre fait, cause ou raison que ce soit; supposé qu'aucun des susnommez fût Beneficier en ladite Ville d'Angers, ou soïent mariez, & aïent femmes & enfans.

(3) *Item.* Que les Maistre-Ecole, Docteurs, Licentiez, Bacheliers & Ecoliers de ladite Université d'Angers, ne seront tenus à aller veiller sur les murs ni garder

a *Je crois qu'il faut corriger*, Orleans.

b *inclinans.*

c *été imposez.*

d *auquel cas iceux.*

e *Je crois qu'il faut corriger*, Université.

f *que.*

les portes de la Cité d'Angers, [a] jaçoit, qu'aucuns d'iceux ne soient Beneficiers, ou mariez en ladite Ville, si de leur bonne volonté, à faire sans contrainte; mais ceux seulement qui ont ou eurent Benefices en ladite Ville, en cas de peril éminent, si les ennemis de nostre Royaume estoient à dix lieuës près d'Angers, seront tenus d'envoyer chacun pour soy aux murs & aux portes, ainsi comme les autres habitans de ladite Ville; & qu'aussi le Notaire general, les Bedeaux, Libraires & Parcheminiers susdits, ne soient contraints aucunement à aller veiller aux murs ni garder aux portes, si ce n'estoit en cas de necessité & peril; c'est assavoir, lesdits ennemis estant à dix lieuës près ladite Ville d'Angers, comme dit est; auquel cas ils seront tenus d'y aller ou envoyer comme les autres; & generalement joüissent & puissent joüir lesdits etudians, Bedeaux & leurs Suppôts dessusdits, desdits privileges & Libertez; c'est assavoir, le Notaire, les Bedeaux, les Libraires & Parcheminiers certifiez [b] suffisans, comme dit est, par ledit Maistre-Ecole & College de ladite Université, sans autre preuve traire, & jouxte la forme & maniere de nostre presente Ordonnance, Declaration & octroy; & aussi desdits privileges de ladite Université d'Orleans.

CHARLES V. au Château du Bois de Vincennes, le 29. de Juillet 1372.

a Il paroît qu'il manque là quelques mots.

b appar. suffisamment.

Si donnons en mandement à nos amez & feaux Conseillers, les Generaux Elus à Paris sur le fait des Aides ordonnées pour la guerre, & aux Elus sur ledit fait ès Cité & Diocese d'Angers & ailleurs, à tous les Justiciers & Officiers de nostre Royaume, & à leurs Lieutenans, deputez ou à deputer, à chacun d'iceux, si comme lui appartiendra, que de nostre presente grace, Ordonnance & octroy, fassent, souffrent & laissent ladite Université d'Angers, serviteurs & Supposts d'icelle dessus nommez, [c] à chacun d'eux, joüir paisiblement & à plein, sans les contraindre, molester ne souffrir estre contraints, molestez, inquietez, ou empeschez en corps & en biens, en aucune maniere au contraire; [d] à leurs biens & gages, si aucuns en estoient pour ce pris & saisis, detenus, arrestez ou empeschez en leur prejudice, & contre nostre dite Ordonnance, comment que ce soit; leur facent rendre & restituer & mettre à pleine delivrance, & tout ramener au premier estat & dû, tout ainsi que Nous l'avons octroyé ausdits de l'Université d'Orleans, par nos privileges & Lettres; desquels privileges octroyez à iceux d'Orleans, en [e] apperra par ce que lesdits de l'Université d'Angers ne pourront [e] fruer de l'original desdits de l'Université d'Orleans, & aussi au *Vidimus* de ces presentes, pour ce que lesdits de l'Université d'Angers en auroient affaire en plusieurs & divers lieux, Nous voulons pleniere foy estre adjoustée, tout ainsi comme s'ils montroient les originaux; laquelle chose Nous voulons estre ainsi faite nonobstant quelconques Ordonnances & Mandemens, ou deffenses faites ou à faire, & Lettres impetrées ou à impetrer au contraire. En tesmoin de ce, Nous avons fait mettre nostre Seel à ces Presentes. *Donné en nostre Chastel du Bois de Vincennes, le vingt-neuviéme jour de Juiller, l'an de grace mil trois cens soixante-treze, & de nostre Regne le dixiéme.* Par le Roy, en ses Requestes.

c &.

d &.

e cet endroit me paroît aussi corrompu.

e jouir.

---

## (a) Privileges accordez à l'Evêque de Mende & aux Ecclesiastiques de ce Diocese.

CHARLES V. à Paris, en Juillet 1373.

Philippe IV. dit le Bel, à Paris, le 15. de Juin 1304.

SOMMAIRES.

*(1) Le Roy fera fabriquer de nouvelles Monnoyes au poids & au titre de celles qui furent fabriquées sous le Regne de S.t Loüis; & il fera diminuer le prix de celles qui ont cours presentement.*

*(2) L'Evêque de Mende & les personnes d'Eglise de son Diocese, ne païeront point les droits d'Admortissement pour les biens qu'ils ont acquis jusqu'au jour de la date de ces Lettres, dans les Fiefs & Arriere-Fiefs du Roy, & dans ceux de ses sujets, en tant que cela regarde le Roy.*

*(3) Les héritages qui ont été achetez ou qui le seront dans la suite, pour la fondation des Eglises Paroissiales, ou pour l'établissement de leurs Cimetieres, & qui leur seront absolument necessaires, ne seront point sujets aux droits d'Admortissement; & les proprietaires de ces heritages seront*

NOTE.

(a) Tresor des Chartres, Registre 104. Piece 255.

CHARLES V. à Paris, en Juillet 1373.

SOMMAIRES.

*contraints de les vendre à ces Eglises, qui leur en payeront la juste valeur.*

*(4) Les biens meubles des Gens d'Eglise ne pourront être saisis par Justice.*

*(5) Les Avouëries & reconnoissances de nouveaux Seigneurs, faites par les sujets des Gens d'Eglise, sont déclarées nulles.*

*(6) On ne troublera point les Gens d'Eglise dans l'exercice de leur Justice spirituelle & temporelle, sous pretexte de sauvegardes anciennes.*

*(7) Les Officiers Royaux jureront d'observer les Mandements qui leur seront adressez en faveur des Gens d'Eglise.*

*(8) Les Gens d'Eglise joüiront paisiblement & sans payer aucuns droits, des héritages qu'ils ont acquis dans leurs Justices.*

*(9) Les griefs faits aux Gens d'Eglise par les Officiers Royaux, seront levez; & ceux-ci jureront d'observer les Ordonnances faites à ce sujet.*

*(10) Pendant le temps que l'Evêque de Mende & les Ecclesiastiques de son Diocese, payeront les Decimes & Subventions qu'ils ont accordées au Roy, ils ne payeront point les autres Decimes que le Pape pourra lui octroyer.*

*(11) Les Gens d'Eglise de ce Diocese qui doivent le service militaire, ne seront point obligez d'aller à la guerre, ni d'y envoyer des personnes à leur place, ni de se racheter de ce service, [pendant le temps qu'ils payeront les Decimes qu'ils ont accordées au Roy.]*

*(12) Les exactions & Impôts levez sur les sujets des Gens d'Eglise de ce Diocese, par rapport à la guerre, ne pourront porter préjudice ni aux uns ni aux autres.*

*(13) On ne fera point de* Prises *pour le Roy, sur les Gens d'Eglise de ce Diocese ni sur leurs sujets; si ce n'est de leur consentement.*

*(14) Le Roy fera cesser les griefs qui ont été faits à ces Gens d'Eglise, par rapport à leurs Fiefs.*

*(15) On ne levera point d'Impôts par rapport à la presente guerre, sur les hommes de corps & taillables de ces Gens d'Eglise.*

*(16) Le Subside accordé par ces Gens d'Eglise, sera levé par eux à la poursuite des Commissaires du Roy, ausquels il sera remis incessamment.*

*(17) Pour ôter les griefs faits aux Prélats & aux Eglises, le Roy, quand il en sera requis, commettra des* Auditeurs *non suspects pour leur faire justice.*

*KAROLUS Dei gracia Francorum Rex. Notum facimus universis presentibus & futuris, Nos Litteras Philippi-Pulcri quondam Francorum Regis, predecessoris nostri, in filis sericis & [a] certa viridi sigillatas vidisse, formam que sequitur, continentes.*

a cera.

*(b) PHILIPPUS Dei gracia Francorum Rex. Notum facimus universis tam presentibus quam futuris, quod Nos proloqutam liberalitatem Nobis ex parte Episcopi Mimatensis dilecti & fidelis nostri, suo & personarum Ecclesiasticarum [b] Mimatensium Civitatis & Diocesis nomine faciendam, pro presentis nostri Flandrensis exercitus Subsidio, ad defensionem Regni nostri, gratam & acceptam habentes, graciosius tenore presentium ipsis duximus concedendum.*

b Mimaten. *R.*

*(1)* Primo. *Quod Nos in instanti Festo omnium Sanctorum, faciemus cudi & fabricari Monetas valoris, Legis & ponderis quorum erant ille que tempore Beati Ludovici quondam Regis Francorum Avi nostri, currebant; & inter dictum Festum & subsequens Festum Resurrectionis Dominice, [c] facimus paulative cursum minui Monetarum que in Monetagiis nostris cuduntur ad presens, prout consultius fuerit faciendum. Itaque in dicto Festo Resurrectionis Domini vel circa, predictas novas Monetas habere faciemus cursum suum.*

c faciemus.

*(2)* Item. *Quod omnia conquesta ab ipsis suarum Ecclesiarum nomine, à tempore retroacto usque ad tempus concessionis hujusmodi, in Feodis aut Retro-Feodis nostris, aut subditorum nostrorum in quantum ad Nos spectat, tenere possint perpetuò absque coactione vendendi vel extra manum suam ponendi, aut financias prestandi Nobis pro eisdem.*

*(3)* Item. *Quod si similiter possessiones quas pro Ecclesiis & Cimiteriis Ecclesiarum Parrochialium [d] fundendis de novo vel ampliandis, intra vel extra Villas, non ad*

d fundandis.

NOTE.

*(b) Philippus.]* Dans les années 1303. & 1304. Philippe-le-Bel accorda à plusieurs Eglises, des privileges à peu près semblables à ceux-cy, qui sont dans le *premier Volume de ce Rec.* Les privileges contenus dans ces Lettres, sont presque entierement conformes à ceux qu'il accorda aux Ecclesiastiques du Diocese de Reims, & qui sont *ibid.* p. 406.

Le même jour 15. de Juin 1304. il accorda d'autres privileges aux Ecclesiastiques du Diocese de Mende. Ils sont *ibid.* p. 412.

*superfluitatem*

*superfluitatem, sed ad convenientem necessitatem adquiri continget, vel jam adquisite, de cetero apud Ecclesias perpetuo remaneant absque coaccione vendendi vel extra manum suam ponendi, aut prestandi financiam pro eisdem; & quod possessionum hujusmodi possessores, ad eas pro justo pretio dimittendas, possint mediante Justicia coartari.*

CHARLES V. à Paris, en Juillet 1373.

(4) Item. *Quod bona mobilia Ecclesiasticarum personarum, & Clericorum clericaliter viventium, non capientur, aut justiciabuntur in aliquo casu per Justiciam secularem.*

(5) Item. *Quod advocationes & recognitiones nove que ab Ecclesiarum subditis fiunt, nullatenus admittentur, & factas de novo faciemus penitus revocari.*

(6) Item. *Quod pretextu Gardie antique in Personis Ecclesiasticis, non impedietur Ecclesiastica vel temporalis Juridicio Prelatorum.*

(7) Item. *Quod Baillivi & alii* [a] *Officialis nostri, teneantur jurare quod* [b] *mandita sibi facta & facienda per Litteras, pro Ecclesiis & personis Ecclesiasticis, absque difficultate fideliter exequentur.*

(8) Item. *Quod non impedientur aut inquietabuntur Ecclesie super possessionibus seu redditibus emptis vel emendis in Feodis, Retro-Feodis aut* [c] *consivis suis, in quibus omnimodam altam & bassam habent Justiciam, quin possessiones & redditus taliter adquisitos, perpetuo tenere valeant absque coactione vendendi aut extra manum suam ponendi, aut Nobis prestandi financias pro eisdem.*

(9) Item. *Quod tollantur gravamina eis per Gentes nostras illata, ac nostra jam concessa statuta serventur, & ea Baillivi nostri jurare tenebuntur se firmiter servaturos.*

(10) Item. *Quod si Decimam vel aliud onus ad opus nostrum, per Romanam Ecclesiam Prelatis predictis & aliis personis Ecclesiasticis, durantibus terminis solucionum Decimarum Nobis concessarum vel concedendarum ab eisdem, ut premittitur, imponi contingat vel jam impositum existat, Decimarum ipsarum, & Decime seu alterius oneris per dictam Romanam Ecclesiam concedendarum vel concessarum, solutionum termini non concurrant.*

(11) Item. *Similiter nec illi qui Nobis deberent exercitum, tenebuntur ad eundum vel mittendum seu se redimendum pro exercitu presenti.*

(12) Item. *Quod non est intencionis nostre, nec volumus quod pretextu exactionum quarumlibet in terris dictorum Prelatorum ex parte nostra, pro necessitate guerrarum factarum à personis, subditis vel Justiciabilibus sibi de Consuetudine vel de Jure, eis Ecclesiis vel personis aliquod generetur prejudicium, vel novum jus Nobis propter hoc* [d] *adquirantur; sed in eisdem Libertatibus & franchisiis in quibus erant ante guerras ceptas, legitime perseverent.*

(13) Item. *Quod ad opus* [e] *Garnusionum nostrarum, bona ipsorum aut subditorum suorum eis* [f] *imitis, nullatenus capientur.*

(14) Item. *Quod impedimenta & gravamina que in Feodis Prelatorum ponuntur, amoveri debite* [g] *facimus.*

(15) Item. *Quod nichil occasione subvencionis noviter Nobis concesse, levabitur ab hominibus Ecclesiarum de corpore seu manu mortua, de* [h] *alto & basso ad voluntatem* [i] *tablialibus; & si aliquid ab eis hoc anno, pro subvencione exercitus presentis sit levatum vel levari contingat, id Ecclesiis hujusmodi, de prestando ab eis Subsidio deducetur.*

(16) Item. *Quod Subsidium illud juxta concessionis ipsius tenorem, per dictos Prelatos seu auctoritate ipsorum levabitur, Nobis seu Gentibus nostris ad hoc deputatis, instantibus quam citius* [k] *assignandum.*

(17) *Et insuper, quod pro gravaminibus sibi aut Ecclesiis suis vel personis Ecclesiasticis illatis, corrigendis, de quibus liquebit, Auditores non suspectos eisdem cum requisiti* [l] *furimus, concedemus, qui vice* [m] *nostrum, celeris complementum Justicie super hoc prumpte & fideliter exhibebunt. In cujus rei testimonium, presentibus Litteris nostrum fecimus apponi Sigillum.* Actum Parisius, die quinto decimo mensis [n] Jumii, anno Domini millesimo trecentesimo quarto.

*Nos vero Litteras predictas & contenta in eis, si & in quantum dictus Episcopus & alii de quibus supra* [o] *mencio, usi debite fuerunt,* [p] *rata & gratas habentes, eas & ea*

[a] Officiales.
[b] mandata.
[c] censivis.
[d] adquiratur.
[e] Garnisionum.
[f] invitis.
[g] faciemus.
[h] Voy. les Tabl. des Mat. de ce Rec. *au mot*, Tailles.
[i] tailliabilibus.
[k] assignand. *R.*
[l] fuerimus.
[m] nostra.
[n] Junii.
[o] fit.
[p] ratas.

CHARLES V. à Paris, en Juillet 1373.

*volumus, laudamus, approbamus, & tenore presentium confirmamus de gracia speciali per presentes: Mandantes universis Justiciariis nostris & Regni nostri, & eorum Locatenentibus, & eorum cuilibet, prout ad eum pertinuerit, presentibus & futuris, quatinus dictum Episcopum & alios, nostra presenti confirmacione uti pacifice faciant & gaudere, nil in contrarium faciendo nec fieri permittendo à quoquam. Quod ut firmum & stabile perpetuo perseveret, nostrum presentibus fecimus apponi Sigillum: Salvo in aliis* [a] *juro nostro, & in omnibus quolibet alieno.* Datum Parisius, mense Julii, annó Domini millesimo ccc.° septuagesimo tercio; Regni vero nostri decimo.

H. DE [b] TRE. *In Requestis hospicii.* HENRY.

a jure.

b *Il y a une marque d'abbréviation sur ce mot.*

---

CHARLES V. à Paris, le 22. d'Août 1373.

## *(a) Lettres de Sauvegarde Royale pour l'Hôpital de S.t Jacques à Paris.*

CHARLES par la grace de Dieu Roy de France. A tous ceuls qui ces presentes Lettres verront: Salut. Savoir faisons que Nous à la supplicacion de nos amés les Maistres, Gouverneurs, Tresoriers, Chanoines, Chapelains, Vicaires & Clers de l'Eglise Monsieur Saint Jacques de l'Ospital près de la Porte Saint Denis à Paris, fondez de nos predecesseurs Roys de France, icelle Eglise, l'Ospital & supplians dessus diz, les familliers & serviteurs d'iceulz, ensemble toutes leurs possessions, choses & biens quelconques, avons prins, mis & receu, prenons, mettons & recevons de grace especial par ces presentes, en & soubz nostre protection & Sauvegarde especial, à la conservacion de leurs drois; & à iceuls avons ordené & deputé, ordenons & deputons en Gardiens especiaulz, Jehan de Paris, Jehan Filleul, Jehan Olche, Jehan Gouvou, Pierre des Angles & Philippe Damade, noz Sergens; ausquelz & à chascun d'iceuls, Nous donnons plain pooir, auctorité & mandement especial, & par ces mesmes Lettres commettons de iceuls supplians, leurs serviteurs & familliers & chascun d'eulz, maintenir & garder en toutes leurs justes possessions, drois, usaiges, drois, Coustumes, usaiges, franchises, Libertés & saisines, esquelles ilz les trouveront estre & leurs predecesseurs avoir esté d'ancienneté paisiblement; de iceuls & chascun d'euls garder & deffendre de toutes injures, griefs, oppressions, molestacions, de force d'armes, de poissance de Lays, & de toutes autres nouvelletés indeuës; & se aucun ou aucunz en treuvent estre ou avoir esté faictes ou prejudice de nostre dicte especial Garde & des diz supplians, de les ramener & faire mettre au premier estat & deu, & à Nous & aus diz supplians faire pour ce Amendes convenables; de nostre dicte Sauvegarde signifier, intimer & publier en tous les lieus & aus personnes où [c] mestier sera & dont il seront requis; de mettre nos [d] Penonceaulz Royauls en cas d'éminent péril, en & sur toutes leurs maisons, terres, granges, possessions & autres biens quelconques, se requis en sont ou l'un d'iceuls, à ce que aucun ne puisse prétendre cause d'ignorance sur ce; en faisant inhibicion & deffense de par Nous à toutes les personnes dont ilz seront requis, que aus diz supplians, à leurs serviteurs & familliers, ne à quelconques leurs possessions & biens, ne meffacent ou facent meffaire par quelque maniere que ce soit, sur toute la paine que il pevent & pourroient encourir envers Nous; & se debat ou opposicion naist entre les Parties, en cas de nouvelleté, de icelui debat & la chose contencieuse prendre & mettre en nostre main comme Souveraine; de faire restablir les lieux [e] reaument & de fait; des choses ostées, la nouvelleté, trouble & empeschement avant toute euvre ostez; [f] pour ce que leurs rentes, maisons, terres, possessions & biens sont situez en nostre bonne Ville de Paris, ès Forbours & environ nostre dicte bonne Ville, par la distance de dix lieuës ou environ, en & soubz diverses Juridicions, si comme l'en dit, de assigner & donner jour ou jours certains & competens aus opposans ou debat faisans, & aussi aux transgrediens ou à l'un d'eulz, en faisant ou exerçant leur Office de Gardien, & aussi

c *besoin.*

d *Voy. les Tabl. des Mat. de ce Rec. à ce mot, & à celui d'asseurement qui est plus bas.*

e *réellement.*

f *&c.*

NOTE.

(a) Livre rouge Vieil du Chastelet de Paris, *folio* 65. *verso.*

à tous ceuls qui seroient reffusans de donner asseurement aus dis supplians, à leurs familliers & serviteurs ou l'un d'eulz, pardevant nostre Prevost de Paris, pour adrecer & amender les dictes transgressions, [a] infrassions, offenses & [b] desobéissans; pour donner aussi les dis asseuremens bons & loyaulx selon la Coustume du pays, & pour proceder & aler avant tant sur les dictes opposicions & debas, comme sur la créance des choses contencieuses; & en oultre sur tout comme de raison sera, en certifiant sur tout & de ce que fait auront ès choses dessus dictes, & autres qui en pevent ou pourroient deppendre & chascune d'icelles, ledit Prevost, auquel ou à son Lieutenant, Nous mandons, & pour les causes & jusques à la distance dessus dictes, commettons & estroictement enjoignons, que aus Parties, icelles oyes, facent surtout bon & brief acomplissement de Justice: Mandons & commandons à tous nos Justiciers & subgiez, que à nos Sergens & Gardiens dessus diz & à chascun d'iceulz, en faisant & exerçant leur dit Office de Gardien, & tout ce que audit Office puet ou doit appartenir, & ès deppendances, obéissent & facent obéir & entendre diligemment, & leur donnent & à chascun d'iceulz, conseil, confort & aide, se mestier en ont, & par eulz ou l'un d'eulz en sont requiz. Toutevoies il n'est pas nostre entente que les diz Gardiens ne aucuns d'eulz, se entremettent de chose qui requiere cognoissance de Cause. En tesmoing de ce, Nous avons fait mettre nostre Seel à ces presentes Lettres. *Donné à Paris, le vingt-deuxieme jour d'Aoust, l'an de grace mil trois cens soixante & treize, & de nostre Regne le dixiéme.*

CHARLES V. à Paris, le 22. d'Août 1373.

[a] *infractions.*
[b] *désobéissances.*

Collacion faicte à l'Original scellé à double queuë en cire jaune. *Ainsi signées. Es Requestes de l'Ostel.* J. GREESLE. J. DIVITIS.

*Et furent publiées en Jugement ou Chastellet, en la presence* [c] *Maistre Jehan de Chatou Lieutenant, le Mardi sixieme jour de Septembre, l'an mil trois cens soixante & treize.*

[c] de.

---

CHARLES V. à Paris, en Août 1373.

## (a) *Lettres qui abolissent les Appeaux frivoles, dans les Justices qui appartiennent au Chapitre de Laon.*

CHARLES par la grace de Dieu Roy de France. Savoir faisons à tous presens & avenir, que comme noz bien amez Doyen & Chapitre de l'Eglise de Laon, Nous eussent ja pieça fait exposer en eulx complaignant, &c. Si donnons en Mandement par ces presentes audit Bailli de Vermandois, & à tous nos autres Justiciers & Officiers, ou à leurs Lieuxtenans, presens & advenir, & à chascun d'eulx, si comme à lui appartendra, que les dessus dis supplians, Doyen & Chapitre de ladicte Eglise de Laon, & leurs successeurs, leurs Gens & Officiers gardans & exerçans leurs Juridicions temporels, comme dit est, il facent, seuffrent & laissent joïr & user paisiblement à tousjours de nostre presente Ordennance & declaracion, & ycelle gardent & facent tenir & garder inviolablement & perpetuelment de point en point, sanz innovacion, contradicion ou empeschement quelconques; non contrestant usage, stile, Coustume de païs ou commune observance, & quelconques Ordennance à ce contraires. Et que ce soit ferme chose & estable à tousjours, Nous avons fait mettre nostre Seel à ces presentes Lettres: Sauf en autres choses nostre droit, & l'autrui en toutes. *Donné à Paris, l'an de grace mil trois cens soixante treze, & de nostre Regne le disiéme ou mois d'Aoust.*

Par le Roy, à la rélation du Conseil. P. BRIET.

NOTE.

(a) Tresor des Chartres, Registre 104. Piece 304.

Ces Lettres sont conformes à celles qui furent accordées au Chapitre de Rheims, le 23. d'Avril 1372. & qui sont *cy-dessus*, pag. 470.

CHARLES V. au Château du Louvre, à Paris, en Août 1373.

## (a) *Lettres qui portent que les Arbaleſtriers de la Rochelle, ne pourront être contraints de ſortir de cette Ville, pour aller à des expéditions militaires.*

CHARLES par la grace de Dieu Roy de France. A tous preſens & avenir. Comme de la partie des Majeur, Eſchevins, Bourgois & habitans de noſtre Ville de la Rochelle, Nous ait eſté ſignifié, que ou temps que ladicte Ville fu autreffois en noſtre obéiſſance, en ycelle avoit continuelment grant nombre de bons Arbaleſtriers, & durant le temps qu'elle a eſté par le Traité de la Paix [a] à l'obéiſſance de Edoart d'Angleterre noſtre ennemi, les dis Arbaleſtriers ont eſté contraints à aler ès Sieges, Oſts, Chevauchées & armées de la mer, que ſon ainſné Filz le Prince faiſoit; pour laquelle contrainte les dis Arbaleſtriers ont ſi deleſſié à tirer de l'Arbaleſte, que en ladicte Ville n'a à preſent comme nulz Arbaleſtriers; combien que ce ſoit une choſe très neceſſaire à avoir pour la garde & deffenſe d'icelle; conſideré qu'elle eſt en frontiere de nos ennemis, & aſſiſe ſur mer; & Nous ayent ſupplié yceulx Majeur, Eſchevins, Bourgois & habitans, que ſur ce les vouſiſſons pourveoir de noſtre grace. Savoir faiſons que Nous conſiderans les choſes dictes, & la bonne & vraie amour & obéiſſance que Nous avons touſjours trouvé ès dis habitans, & afin que ladicte Ville puiſt eſtre repeuplée d'Arbaleſtriers pour la garde & deffenſe d'icelle, avons octroïé & octroïons de noſtre certaine ſcience & auctorité Royal, à tous Arbaleſtriers qui à preſent ſont & qui pour le temps avenir ſeront, demourans & reſidans en ladicte Ville de la Rochelle, que pour quelconques Sieges, Oſts, Chevauchées ou armées que nos Gens, Officiers ou Miniſtres, ſoient nos Lieuxtenans ou autres, de quelque auctorité ou [b] pour qu'il uſent, facent pour Nous d'oreſenavant ſur mer ou ſur terre, ne pour quelconques neceſſité de Gens ou d'Arbaleſtriers qu'il puiſſent avoir, yceulx Arbaleſtriers ne ſoïent tenuz ou puiſſent eſtre contrains ou parforciez en quelque maniere, à [c] faillir hors de ladicte Ville comment que ce ſoit, ſe [d] ne n'eſtoit par leur propre voulenté & aſſentement; & [e] voulans dès maintenant que ſe Nous ou aucuns de noz diz Lieuxtenans ou Officiers, leur faiſions par inadvertence ou autrement, aucun mandement au contraire, qu'il n'y obéiſſent ou ſoïent tenus de obéir, & que pour ce il ne puiſſent eſtre [f] approchiez [g] deſobéiſſance, ne moleſtez ou dommagez en aucune maniere. Si donnons en mandement par ces preſentes, à tous nos Lieutenans, à noſtre Conneſtable de France, à noſtre Amiral de la mer, à nos Mareſchaus, & à tous Capitaines de Gens d'armes ou autres nos Officiers, qui ſont à preſent ou ſeront pour le temps avenir, ou à leurs Lieuxtenans, & à chaſcun d'eulx, ſi comme à lui appartendra, que les dis Majeur, Eſchevins & Arbaleſtriers facent, ſeuffrent & leiſſent uſer & joüir paiſiblement de noſtre dicte grace, ſans les empeſcher ou moleſter au contraire, ou aucuns. Et que ce ſoit ferme choſe & eſtable à touſjours, Nous avons fait mettre noſtre Seel à ces preſentes: Sauf en autres choſes noſtre droit, & l'autrui en toutes. *Donné en Chaſtel du Louvre à Paris, ou moys d'Aouſt, l'an de grace mil CCCLX & treze, & de noſtre Regne le X.ᵉ*

Par le Roy. BAIGNEUX.

[a] *de Bretigny.*
[b] *pouvoir.*
[c] *ſortir.*
[d] *ce.*
[e] *voulons.*
[f] *ajournez en Juſtice.*
[g] *de.*

NOTE.

(a) Treſor des Chartres, Regiſtre 104. Piece 297.

---

CHARLES V. à Paris, en Août 1373.

## (a) Diminution de Feux pour la Ville de Montpellier.

KAROLUS, *&c. Notum, &c. Quod cum ex parte, &c. Cumque facta quadam Informatione virtute Litterarum cariſſimi Fratris & Locumtenentis noſtri in* [h] *Partibus Occitanis, Ludovici Ducis Andegavenſis, anno* MCCCLXVII.

[h] Languedoc.

NOTE.

(a) Treſor des Chartres, Regiſtre 104. Piece 330. *Voyez cy-deſſus*, p. 30. Note (a).

CHARLES V. à Paris, en Août 1373.

*menſe Auguſti conceſſarum, ac Inſtructionum predictarum, in Villa & loco Montiſpeſſulani, Seneſcallie Bellicadri & Nemauſi, ſuper vero numero Focorum in dicto loco & Villa exiſtencium, per dilectum noſtrum Magiſtrum Petrum* [a] *Juliarii, in Legibus Licentiatum, Judicem Majorem dicte Seneſcallie Bellicadri & Nemauſi, Commiſſarium in hac parte per dictas Litteras deputatum; vocato & preſente in omnibus Procuratore noſtro Generali ejuſdem Seneſcallie, aut ejus legitimo Subſtituto; eademque, &c.*

*Repertum fuerit quod in dicto loco & Villa Montiſpeſſulani cum ejus pertinenciis & ſuburbiis, ſunt & reperiuntur per* [b] *ſcrutimium anno M. CCCLXVII.° predicto, per dictum Commiſſarium factum ut ſupra, duo millia trecenti Foci, ſecundum Inſtructiones traditas ſuper hoc prelibatas. Nos vero, &c.*

*Quod ut firmum, &c. Salvo, &c.* Actum Pariſius, menſe Auguſti, anno Domini milleſimo CCCLXXIII.° Regnique noſtri decimo.

*Per Conſilium, &c.* P. DE CHASTEL. *Informatio, &c.* P. DE CHASTEL.

a Je crois qu'il y a *Juliani*, dans quelques Lettres de Feux precedentes.

b ſcrutinium.

---

CHARLES V. à Paris, en Août 1373.

## (a) Diminution de Feux pour differents lieux.

KAROLUS, *&c. Notum, &c. Quod cum ex parte, &c.*

*Cumque facta quadam Informatione virtute certarum Litterarum Regiarum & dictarum Inſtruccionum, in loco de Sancto Johanne de Blanqueria, aliter de* [c] *Planis, Vicarie* [d] *Giniaci, Seneſcallie Carcaſſone, per certum Commiſſarium ad hoc deputatum, ſuper vero numero Focorum in dicto loco tunc exiſtencium; & poſtmodum virtute quarundam Litterarum noſtrarum de mandato, ac aliarum Regiarum, alia Informacio fuerit de novo & ſecundo facta in eodem loco, ſuper vero numero Focorum in dicto loco nunc exiſtencium, per Nobilem Rogerium de Roverayo, Dominum de Ferralibus, Commiſſarium ad hoc per Seneſcallum noſtrum Carcaſſone, virtute dictarum Litterarum legitime ſubdelegatum; vocato ſecum & preſente in omnibus Procuratore noſtro Generali dicte Seneſcallie Carcaſſone, aut ejus legitimo Subſtituto; eademque, &c.*

*Repertum fuerit quod in dicto loco de Sancto Johanne de Blanqueria de Planis, ſunt de preſenti & reperiuntur triginta unus Foci, ſecundum traditas Inſtructiones ſuper hoc prelibatas. Nos vero, &c.*

*Quod ut firmum, &c. Salvo, &c.* Actum Pariſius, menſe Auguſti, anno Domini milleſimo trecenteſimo ſeptuageſimo tercio, Regnique noſtri decimo.

*Per Conſilium, &c.* P. DE CHASTEL. *Informatio, &c.* P. DE CHASTEL.

[e] Item. *Similis pro loco de* [f] *Villamagna & ejus Juridictione, Vicarie Bitterrenſis, Seneſcallie Carcaſſone, in quo ſunt ſeptuaginta tres Foci.*

Item. *Similis pro loco de* [g] *Porcayranicis, Vicarie Bitterrenſis, Seneſcallie Carcaſſone, in quo ſunt de preſenti quadraginta ſex Foci.*

Item. *Similis pro loco de* [h] *Baſſano, Vicarie Bitterrenſis, Seneſcallie Carcaſſone, quadraginta ſex Foci.*

Item. *Similis pro loco de* [i] *Podio-muſſone, Vicarie Bitterrenſis, Seneſcallie Carcaſſone, viginti quatuor Foci.*

Item. *Similis pro loco de* [k] *Autiniaco, Vicarie Biterrenſis, Seneſcallie Carcaſſone, triginta Foci.*

Item. *Similis pro loco de* [l] *Caſſilhaco, Vicarie Biterrenſis, Seneſcallie Carcaſſone, ſexdecim Foci.*

*In loco de* [m] *Quilhano, CLXXV. Foci.*

*In loco de* [n] *Bugaragio, XVI. Foci.*

c LES PLANS, Dioceſe de Lodeve.

d GINIAC. Voy. *cy-deſſus*, p. 212. Note (b).

e Ce qui ſuit a été copié conformement au Reg.

f VILLEMAGNE, Abbaye, Dioceſe de Beziers.

g PORTIRAIGNES, Dioceſe de Beziers.

h BASSAN, Dioc. de Beziers.

i PUIMISSON. *idem.*

k AUTIGNAC. *idem.*

l CASILHAC, Dioceſe de Carcaſſonne.

m QUILLAN, Dioceſe d'Alet.

n BUGARACH. *idem.*

NOTE.

(a) Treſor des Chartres, Regiſtre 104. Piece 256.

Voyez *cy-deſſus*, p. 30. Note (a).

C'eſt le R. P. D. Vaiſſette, Benedictin, qui m'a indiqué les noms modernes des lieux contenus dans ces Lettres.

a CAYLA, *idem.* ou le CAYLAR, Dioc. de Nismes.
b CLARENSAC, Dioc. de Nismes.
c Il y a à côté de cet art. & du suiv. une accolade, avec ces mots, *una Littera.*
d VERGEZE, Dioc. de Nismes.
e VESTRIC. *id.*
f MASSILLARGUES. *idem.*
g AIGUES-VIVES. *idem.*
h S. JULIEN.

*In loco de* [a] *Cayslario, LXVI. Foci.*
*In loco de* [b] *Clarenciaco, LVII. Foci.*
[c] *In loco de* [d] *Vergesiis, XVII. Foci.* } *una Littera.*
*In loco de* [e] *Vestrico, XXI. Foci.* }
*In loco de* [f] *Marcilhanicis, CLXVII. Foci.*
*In loco de* [g] *Aquis-vivis, XXIIII. Foci.*
*In loco de* [h] *Sancto Juliano, VIII. Foci.*

---

## (a) Lettres portant qu'il sera établi une Monnoye d'Or & d'Argent, dans la Ville de Villefranche-en-Roüergue.

CHARLES V. à Paris, au Château du Louvre, le 7. de Septembre 1373.

h Languedoc.

i Occitanis.

k facilement.

l quod.

m Thesaur. Ruthen. *R. là & plus bas.*

n valeremus.

o fiat.

p Ruthen. *R.*

q Domini.

*KAROLUS Dei gracia Francorum Rex. Notum facimus universis tam presentibus quam futuris, Nos vidisse Litteras carissimi Germani & Locumtenentis nostri in* [h] *Partibus Occitanis, Ducis Andegavensis & Turonensis ac Comitis Cenomanensis, sigillo suo novo sigillatas, sanas & integras, omni prorsus vicio & suspeccione carentes, ut prima facie apparebat, formam que sequitur, continentes.*

*LUDOVICUS Regis quodam Francorum Filius, Domini nostri Regis Germanus, ejusque Locumtenens in Partibus* [i]*, Dux Andegavensis & Turonensis Cenomanensisque Comes. Universis presentibus & futuris: Salutem. Expediens & utile seu quasi necessarium consuevit arbitrari, facta perquirere & opera quibus multipliciter non solum private rei sed eciam publice subvenitur, & ex quibus comoda fructuosa incessanter consueverunt repportari. Cum igitur jam diu est, ad nostrum non nullorum fide dignorum relatu pervenerit auditum, quod in loco Ville-Franche, Senescallie Ruthenensis, qui quasi in medio dicte Senescallie situatur; attento quod ipsi Domino meo soli & non alteri cuiquam pertinet, & eciam quod est locus fortis, magnus, notabilis & antiquus, ad quem mercatores, Campsores, & omnes alii totius Senescallie & Patrie circumvicine, de* [k] *levi & forsan minoribus periculis & expensis quam alibi in dicta Senescallia, pro hiis que factum Monetarum respiciunt, confluere haberent, bene staret quedam Moneta Regia in qua essent Magistri, Gardie, & alii Officiarii & Operatores, quemadmodum fieri consuevit in aliis Monetis Regni Francie; considerato quod dicto fide dignorum relatu, ipsius Domini mei & ejus Successorum ac rei publice commodum augmentare plusquam diminuere cupientes, super hoc & omni commodo vel incommodo* [l] *quid ex hoc subsequi posset, per dilectos nostros Guillelmum* Lespinace *Magistrum-Generalem Monetarum Regni Francie,* [m] *Thesaurarium Ruthenensem, & alias plures notabiles personas in talibus expertas, Informaciones fieri mandaverimus, & factas Nobis per eosdem reportari, ad finem quod super hoc prout esse utile melius ordinare* [n] *voleremus; Notum facimus quod Nobis clare constat, visis dictis Informacionibus, quod expediens & utile erit ipsi Domino meo, ejus successoribus & rei publice, si Moneta in dicto loco de cetero* [o] *fiat & de novo construatur, quod Nos Consulibus & habitatoribus dicti loci Ville-Franchie* [p] *Ruthenensis concessimus & concedimus per presentes, de nostris certa sciencia, gracia speciali & auctoritate Regia qua fungimur in hac parte, quod in dicto loco ex nunc sit & fiat Moneta Auri & Argenti nomine dicti Domini nostri, & ejus Successorum, & in ipso duret & remaneat quamdiu dicti* [q] *nostri sive nostre placuerit voluntati; quodque in eadem Moneta sint Magistri, Gardie, Tailliatores, Operatores & alii Officiarii, qui consimilibus privilegiis, Libertatibus & prerogativis gaudeant & utantur, quemadmodum seu quibus Magistri, Gardie, Tailliatores, Operatores & alii Officiarii aliarum Monetarum Regni Francie, uti consueverunt & gaudere. Quocirca Senescallo, Thesaurario, Procuratori Regio, ceterisque Justiciariis & Officiariis predicte Senescallie Ruthenensis, nec non quibuscunque Magistris-Generalibus Monetarum Regni Francie, ac universis & singulis Commissariis seu Reformatoribus quavis*

NOTE.

(a) Tresor des Chartres, Registre 104. Piece 345.

auctoritate, potestate vel mandato fungentibus, tenore presentium damus in mandatis, quatenus dictos Consules & habitatores nostra presenti concessione & gratia uti & gaudere pacifice permittant; ipsamque concessionem nostram inviolabiliter observent & observari faciant & procurent, nichil in contrarium attemptando nec à quoquam attemptari permittendo; attemptata vero vel innovata si que fuerint in contrarium, revocent & annullent visis presentibus [a] & indilate; quia sic fieri volumus & eciam tenore presentium ordinamus. Quod ut firmum & stabile perseveret, nostrum novum Sigillum in absentia magni, presentibus Litteris duximus apponendum. Actum & datum Tholose, anno Domini millesimo trecentesimo septuagesimo [b] prima, mense Decembris.

CHARLES V. à Paris, au Château du Louvre, le 7. de Septembre 1373.

[a] mot inutile.

[b] primo.

*Quas quidem Litteras ac omnia & singula in eis contenta, rata & grata habentes, ea laudamus, ratificamus, approbamus, & auctoritate nostra Regia, ex certa sciencia & speciali gracia tenore presencium confirmamus, ac premissis attentis, omnia suprascripta dictis Consulibus & habitatoribus de novo concedimus auctoritate ex certa sciencia & speciali gracia supradictis: Dantes tenore presentium in mandatis Senescallo, Thesaurario, Procuratori nostro, ceterisque Justiciariis nostris predicte Senescallie Ruthenensis, nec non quibuscunque Magistris-Generalibus Monetarum Regni nostri, ac universis & singulis Commissariis seu Reformatoribus quavis auctoritate, potestate vel mandato fungentibus, quatenus dictos Consules & habitatores nostra presenti confirmacione, concessione & gracia uti & gaudere pacifice permittant, ac omnia & singula suprascripta observent & faciant inviolabiliter perpetuis temporibus observari, juxta formam & tenorem predictarum Litterarum superius insertarum, ac nostre presentis gracie & concessionis; ad statum pristinum reducendo seu reduci [c] faciando, si in futurum aliqua forsan contingeret in contrarium attemptari. Et ut premissa omnia perpetue firmitatis robur obtineant, Sigillum nostrum hiis presentibus [d] mandamus apponi: Salvo in aliis jure nostro, & in omnibus quolibet alieno.* Datum Parisius, in Castro nostro de Lupara, septima die mensis Septembris, anno Domini M.° CCC.° LXXIII.° & Regni nostri decimo.

*Per Regem.* J. TABARI.

[c] faciendo.

[d] mandavimus.

---

## (a) *Mandement pour faire une fabrication d'Especes.*

CHARLES V. à Paris, le 11. de Septembre 1373.

CHARLES par la grace de Dieu Roy de France. A noz amez & feaulx les Generaulx-Maistres de noz Monnoyes: Salut & dilection. Comme à present Nous aïons à faire & supporter très grans & innumerables [e] mises, tant pour le fait de noz guerres comme pour la defense de nostre Royaume; & pour ce aïons requis nostre amé Berthelemi Spifame Marchant & Bourgeois de Paris, qu'il Nous face prest de certaine somme d'Argent, lequel Nous a accordé gracieusement ce que requis luy avons; [f] parmi ce toutes voyes qu'il n'a mie à present en comptant de quoy il Nous puist faire ledit prest, si comme il dit, Nous luy avons accordé qu'il puist mettre presentement en nostre Monnoye de Paris, douze cens Marcs d'Argent en Vaisselle & en Argent [g] encendré, ou environ, allaïez à unze deniers six grains fin ou environ, afin qu'il Nous puist plustost & plus prestement secourir dudit prest que mandé & requis luy avons, comme dit est. Pour ce est-il que Nous vous mandons que les dits onze cens Marcs d'Argent dessus dits, en Vaisselle & en Argent en cendrée, vous faictes ouvrer & monnoyer en Deniers d'Argent, sur le coing & forge de ceulx qui courent à present pour quinze Deniers Tournois la Piece, les quelz seront de [h] huit Solz de poix au Marc de Paris, & auront cours pour quinze Deniers Tournois la piece, & qu'ilz soïent à unze deniers six grains fin ou environ, comme

[e] *dépenses.*

[f] *moyennant.*

[g] *Voy. cy-dessus, p. 301. Note (c).*

[h] *de 96. P. au Marc.*

NOTE.

(a) Registre *D.* de la Cour des Monnoyes de Paris, *fol.°* 8 vingt 11. *R.°* (171).

Avant ces Letres, il y a:

*Mandement pour douze cens Marcs d'Argent en Vaisselle, lesquelz ont esté ouvrez par Pierre Bourdon Maistre-Particulier de la Monnoye de Paris.*

CHARLES V. à Paris, le 11. de Septembre 1373.

dit est; & pour chascun Marc d'euvre des Deniers d'Argent dessus dits, faictes allouer ès comptes de celuy ou ceulx qui feront ledit ouvraige, quatre Solz Tournois; & avec ce, aions promis audit Berthelemi, que du comptant qui en [a] istera, il ait & soit païé de chascun Marc de ladite Vaisselle & d'autre Argent en cendrée, comme dit est, cent seize Solz Tournois; lesquelz Nous voullons que par le Maistre-Particulier de nostre dite Monnoye de Paris, luy soient paiez. De tout ce faire vous donnons povoir, auctorité & Mandement especial; & par ces presentes Lettres Nous mandons à noz amez & feaulx Gens de noz Comptes à Paris, qu'ilz reçoivent & passent le compte d'iceulx douze cent Marcs d'Argent en Vaisselle & en Argent en cendrée, ou environ, par la maniere que dit est: Car ainsi l'avons Nous octroyé & octroyons audit Berthelemi de grace especial, nonobstant quelzconques Ordonnances, Mandemens ou defenses faictes ou à faire à ce contraires. *Donné à Paris, le XI.e jour de Septembre, l'an de grace mil trois cens soixante & treze, & de nostre Regne le dixiéme.*

[a] *sortira, proviendra.*

Ainsi signées. *Par le Roy.* BAIGNEUX.

---

CHARLES V. à Paris, le dernier de Septembre 1373.

*(a) Mandement qui porte que l'on donnera à Pierre Dollis Cent huit Solz Tournois, pour chacun des mil Marcs d'Argent qu'il portera à la Monnoye de Saint Quentin.*

CHARLES par la grace de Dieu Roy de France. Aux Gardes & Maistre-Particulier de nostre Monnoye d'Argent de Sainct Quentin: Salut. Savoir vous faisons, que de nostre commandement & volenté, pour le bien & prouffit de Nous & de noz subjectz, & afin que nostre Monnoye de Sainct Qentin ne [b] chee en chomage, par bonne & meure deliberation, aucuns de noz amez & feaulx Tresoriers & Generaulx-Maistres de noz Monnoyes, ont traicté, accordé & marchandé avec Pierre Dollis de Sainct Quentin, en telle maniere que iceluy Pierre doit livrer & porter ou faire livrer & porter en son nom en nostre dite Monnoye, dedans la Feste de Noël prochainement venant, la somme de mil Marcs d'Argent allaïez à quatre deniers de Loy; [c] parmi ce que pour chascun Marc, il aura & lui sera payé par vous trois Solz Tournois oultre le pris de cent cinq Solz Tournois que Nous en donnons à present; pourquoy Nous vous mandons & à chascun de vous, & estroictement enjoignons, que les dits trois Solz Tournois oultre ledit pris de cent cinq Solz Tournois, vous païez & delivrez audit Pierre pour chascun des dits mil Marcs d'Argent, tout ainsi que par luy ou par autre en son nom, les dits mil Marcs d'Argent vous seront livrez & pretez en ladite Monnoye; & par rapportant ces presentes, ou Coppie d'icelles collationnée par nostre Chambre des Comptes, avec certiffication de vous Gardes des dits mil Marcs d'Argent ainsi livrez en ladite Monnoye, & recongnoissance dudit Pierre de ce que pour ladite cause payé luy aurez, tout ce qui ainsi payé luy aura esté par vous pour cause des choses dessus dites, Nous voullons & mandons estre alloüé ès comptes de vous Maistre-Particulier dessus dit, par noz amez & feaux les Gens de noz Comptes à Paris, sans aucun contredict; nonobstant quelzconques Ordonnances, Mandemens ou deffenses faictes ou à faire à ce contraires. *Donné à Paris, le derrenier jour de Septembre, l'an de grace mil trois cens soixante & treze, & de nostre Regne le dixiéme.*

[b] *qu'on ne cesse d'y travailler.*

[c] *moyennant.*

Ainsi signé. *Par le Roy.* P. BLANCHET.

NOTE.

*(a)* Registre *D.* de la Cour des Monnoyes de Paris, *fol.* 8. vingt 14. *verso* (174).

Avant ces Lettres, il y a:
*Lettres de mil Marcs d'Argent à quatre deniers de Loy, que Pierre Dollis doit livrer en la Monnoye de Saint Quentin.*

*(a)* Diminution

CHARLES V. à Paris, en Septembre 1373.

## (a) Diminution de Feux pour differents lieux.

KAROLUS, &c. Notum facimus, &c. Quod cum ex parte, &c.

*Cumque facta quadam Informacione anno MCCCLXVI.° ultimo preterito, virtute Litterarum carissimi Germani & Locumtenentis nostri in [a] Partibus Occitanis, Ducis Andegavensis, atque nostrarum, ac dictarum Instructionum in locis de [b] Besocia, de [c] Sancto Gervosio, de [d] Ledenone, de [e] Cabreriis & de [f] Pullis, Vicarie Nemausi, Senescallie Bellicadri, super vero numero Focorum in dictis locis existencium, per dilectum Clericum & Procuratorem nostrum in Villa & Vicaria Tholose, Magistrum Bertholomeum Vitalis, Commissarium ad hoc per dictas Litteras deputatum; vocato & presente in omnibus Procuratore nostro Generali dicte Senescallie Bellicadri, vel ejus legitimo Substituto, prout de hoc constat per Litteras dicti Commissarii super hoc confectas, eisdemque Litteris Sigillo ejusdem Commissarii proprio Sigillatis, approbato sub sigillo Castelleti nostri Par. in Cameram Compotorum nostrorum Parisius apportatis, ac per dilectas, &c.*

*Repertum fuerit quod in dictis locis sunt & reperiuntur Foci qui secuntur; videlicet, in loco de Besocia, quadraginta septem; in loco de Sancto Gervasio, viginti quatuor; in loco de Ledenone, quadraginta tres; in loco de Cabreriis, viginti tres; & in loco de Pullis, tresdecim Foci, secundum traditas Instrucciones super hoc prelibatas. Nos vero, &c.*

*Quod ut firmum, &c. Salvo, &c.* Actum Parisius, mense Septembris, anno Domini millesimo CCCLXXIII.° Regnique nostri decimo.

*Per Consilium, &c.* P. DE CHASTEL.

*Informatio de qua superius fit mentio, est in dicta Camera, & ponitur cum aliis similibus, prout [g] ordinatum.*

P. DE CHASTEL.

a Languedoc.
b BESOUSSE, Diocese de Nismes.
c S. Gervasio, S. GERVASI. idem.
d LEDENON. idem.
e CABRIERES. idem.
f POULS. idem.
g est.

NOTE.

(a) Tresor des Chartres, Registre 105. Piece 44.

*Voyez cy-dessus*, p. 30. Note (a).
C'est le R. P. D. Vaissette, Benedictin, qui m'a indiqué les noms modernes des lieux compris dans ces Lettres.

CHARLES V. à Paris, le 12. d'Octobre 1373.

## (a) *Mandement qui porte qu'il sera fait une fabrication de petites Especes; & qui fixe le prix de l'Argent.*

CHARLES par la grace de Dieu Roy de France. A noz amez & feaulx les Generaulx-Maistres de noz Monnoyes: Salut & dilection. Pour ce que Nous avons entendu que à present il est grant necessité & deffault entre nostre Peuple de petite Monnoye noire, tant pour faire aulmosne comme autrement, Nous avons ordonné que en la Monnoye de Tournay ou ailleurs, se [h] mestier est, soient faiz, ouvrez & monnoyez la somme de cinq cens Marcs d'Argent ou environ; c'est assavoir, trois cens Marcs à deux deniers de Loy-Argent-le-Roy, & de [i] vingt Solz de poix au Marc de Paris, sur la forme des petitz Tournois qui courent à present à Paris pour ung Denier Parisis la Piece; lesquelz seront delivrez à nostre Aulmosnier pour faire nostre aulmosne; & les autres deux cens Marcs d'Argent seront ouvrez & monnoiez en petitz Deniers sur la forme de petitz Tournois, à deux deniers de Loy, & de vingt Solz de poix au Marc; & en petites Mailles Tournois, à ung denier six grains de Loy, & de [k] vingt cinq Solz de poix, sur la forme des petitz Tournois

h *besoin.*
i *de 140. Pieces au Marc.*
k *de 300. Pieces au Marc.*

NOTE.

(a) Registre *D.* de la Cour des Monnoyes de Paris, *fol.°* 8. vingt 12. *R.°* (172).
Avant ces Lettres, il y a;

*Mandement par lequel l'en a fait en la Monnoye de Tournay, trois cens Marcs d'Argent en petitz Tournois, pour l'Aumosne du Roy; & deux cens Marcs en autres petitz Tournois & en Mailles, pour le païs.*

CHARLES V. à Paris, le 12. d'Octobre 1373.

dessus dits, ou au plus près que bonnement pourrez. Si vous mandons que ladite somme de cinq cens Marcs d'Argent ou environ, vous faictes ouvrer & monnoyer par la forme & maniere que dit est; en donnant aux Changeurs & Marchans qui apporteront en noz Monnoyes le Billon pour faire ledit Ouvraige, cent dix Solz Tournois de chascun Marc d'Argent allaïé à deux deniers de Loy, comme dit est. Et par ces presentes Nous mandons à noz amez & feaulx les Gens de noz Comptes à Paris, qu'ilz passent & alloüent ledit pris ès comptes de celuy ou ceulx à qui il apppartiendra; nonobstant Ordonnances, Mandemens ou deffenses à ce contraires. *Donné à Paris, le XII.e jour d'Octobre, l'an de grace mil trois cens soixante & treze, & de nostre Regne le dixiesme.* Ainsi signé. J. DAILLY.

---

CHARLES V. à Paris, le 13. d'Octobre 1373.

## (a) *Mandement portant qu'il sera fait une fabrication d'Especes.*

CHARLES par la grace de Dieu Roy de France. Aux Gardes & Maistre-Particulier ou tenant le compte de nostre Monnoye d'Argent de Tournay: Salut. Savoir faisons que de nostre commandement & volenté, pour le bien & prouffit de Nous & de noz subgectz, & afin que nostre Monnoye de Tournay ne [a] chee en chomage, noz amez & feaulx les Generaulx-Maistres de noz Monnoyes, ont traicté, accordé & marchandé à Guillaume Biholart Changeur & Bourgeois de Tournay, en telle maniere que ledit Changeur doit porter & livrer en son nom en nostre dite Monnoye de Tournay, dedans la Sainct Jehan Baptiste prochainement venant, la somme de cinq mil Marcs d'Argent à douze deniers de Loy-Argent-le-Roy, pour faire Blancs Deniers qui auront cours pour quinze Deniers Tournois la Piece, à douze deniers de Loy Argent-le-Roy, & de [b] huit Solz de poix au Marc de Paris, sur le pié de Monnoye [c] XXIIII.e que Nous faisons à present; [d] parmi ce que pour chascun Marc d'Argent, il aura & luy sera payé par vous cent quinze Solz Tournois; & avec ce, ledit Changeur doit livrer ou faire porter & livrer en son nom en nostre dite Monnoye dedans ledit terme, la somme de deux mil Marcs d'Argent alaïé à quatre deniers de Loy, desquelz il aura & luy sera paié par vous, comme dit est, cinq Solz Tournois oultre le pris de cent cinq Solz Tournois que Nous en donnons à present. Pourquoy Nous vous mandons & à chascun de vous, & estroictement enjoignons, que les dits pris vous paiez & delivrez ou faictes payer & délivrer au dit Changeur, tout ainsi que par luy ou par autre en son nom, & dedans le temps dessus dit, les dits Marcs d'Argent vous seront portez & livrez en ladite Monnoye; & par rapportant ces presentes, ou Coppie d'icelles collationnée par nostre Chambre des Comptes, avec certiffication de vous Gardes des dits Marcs d'Argent ainsi livrez en ladite Monnoye, & recongnoissance dudit Changeur de ce que pour ladicte cause paiez lui aurez, tout ce que ainsi paié luy aura esté par vous pour cause des choses dessus dites, Nous voulons & mandons estre alloüé ou compte ou comptes de vous Maistre-Particulier dessus dit, par noz amez & feaulx les Gens de noz Comptes, sans contredict; nonobstant quelzconques Ordonnances, Mandemens ou deffenses faictes ou à faire à ce contraires. *Donné à Paris, le XIII.e jour d'Octobre, l'an de grace mil trois cens soixante & treze, & de nostre* [e] *le dixiesme.* Ainsi signé. Par le Conseil estant en la Chambre des Comptes, ouquel estoient les Maistres des Monnoyes. JOHANNES.

a *qu'on ne cesse d'y travailler.*

b *de 96. Pieces au Marc.*

c *Voy. la Preface du 3.e Vol. de ce Recüeil §. Monnoyes, pag. CIX. n.° XX.*

d *moyennant.*

e *Regne.*

NOTE.

*(a)* Registre *D.* de la Cour des Monnoyes de Paris, *fol.°* 8. vingt 13. *R.°* (173).

Avant ces Lettres, il y a:

*Mandement pour faire & ouvrer en la Monnoye de Tournay, cinq mil Marcs d'Argent à douze deniers de Loy, lesquelz Guillaume Biholart doit livrer dedans la Sainct Jehan Baptiste prochaine; & aussi deux [ Mil ] Marcs à quatre deniers de Loy; & de ce fut envoyé ung* Vidimus *collationné par la Chambre, aux Gardes de ladite Monnoye.*

*Lettres de cinq mil Marcs d'Argent.*

(a) Ordonnance faite en faveur des Notaires du Châtelet de Paris, dont le nombre est réduit à soixante.

CHARLES V. à Paris, en Octobre 1373.

*KAROLUS Dei gracia Francorum Rex. Notum facimus modernis & futuris, Nos carissimi Domini & Genitoris nostri vidisse Litteras, quarum tenor est talis.*

a JOHANNES, &c.

*Nos autem prescriptas Litteras, ac omnia & singula in eis contenta, ratas habentes & gratas, eas & ea, prout superius sunt expressa, volumus, laudamus, ratificamus & approbamus, tenoreque presencium de nostra gracia speciali & auctoritate Regia confirmamus. Quod ut presentes Littere perpetuo valeant & habeant firmitatem, has nostri fecimus Sigilli munimine roborari: Salvo in aliis jure nostro, & in omnibus alieno.* Datum Parisius, anno Domini millesimo trecentesimo septuagesimo tercio, & Regni nostri decimo, mense Octobris.

*Per Regem, ad relacionem Consilii.* J. DE CRESPY.

a Ces Lettres qui sont du mois de Fevrier 1350. sont dans le 2.e *Vol. de ce Rec.* p. 386.

NOTE.

(a) Tres. des Chart. Regist. 105. P. 75.

Ces Lettres sont imprimées dans le Recüeil des Chartres des Notaires, page 87.

(a) *Ordonnance qui renouvelle celles qui ont été anciennement faites sur les Monnoyes; & qui fixe le prix des Especes qui doivent avoir cours.*

CHARLES V. à Paris, le 5. de Novembre 1373.

CHARLES par la grace de Dieu Roy de France. Au Bailly de Vermandois & au Prevost de Sainct Quentin, ou à leurs Lieuxtenants, & à chascun d'eulx: Salut. Comme par plusieurs fois vous aïons mandé par noz [b] Lettres ouvertes & closes, que les Ordonnances faictes sur le cours de noz Monnoyes par grant deliberation de nostre Conseil, pour l'évident prouffit de tout le peuple de nostre Royaume, vous feissiez tenir & garder sans les enfraindre, si que nul ne preist ou meist aucunes Monnoyes d'Or ne d'Argent, pour aucun pris, fors celles ausquelles Nous avons donné cours par lesdittes Ordonnances; & Nous ayons entendu & soyons bien informé par les Gens de nostre Conseil & autres, que de faire, tenir & garder les dictes Ordonnances, vous avez esté & estes reffusans ou negligens, & que par deffault de Justice & de pugnicion, toutes Monnoyes soïent d'Or ou d'Argent, faictes en nostre Royaume ou dehors, ont cours pour tel pris comme il plaist à ung chascun, en grant deception & donmaige de Nous & de tout le peuple de nostre Royaume mesinement; car plusieurs Monnoyes d'Or & d'Argent faictes hors de noz bonnes Monnoyes, & d'autre Coing que de nostre Royaume, sont prinses & mises pour plus grant pris qu'elles ne valent; des quelles choses Nous desplaist très [c] forment, & Nous y monstrez très petite obéissance. Nous qui desirons de tout nostre cuer le bien & prouffit de noz subgectz & de tout le Peuple de nostre dit Royaume, & qui voullons & entendons continuer & faire faire les Monnoyes d'Or & d'Argent que Nous faisons faire à present, sans rien permuer ne changer, vous mandons & expressement enjoignons, & se [d] mestier est, commectons & estroictement commandons, que tantost ces Lettres veuës, vous faciez crier & publier par les lieux notables & acoustumez de vos dits Bailliage & Prevosté & ressors d'iceulx, que nul sur peine de corps & d'avoir,

b *Lettres patentes & de cachet.*

c *fortement.*

d *besoin.*

NOTE.

(a) Registre *D.* de la Cour des Monnoyes de Paris, *fol.o* 8. vingt 15. *v.o* (175).

Avant ces Lettres, il y a:

*Mandement pour faire cryer de rechef les Ordonnances des Monnoyes.*

*Voyez les Tabl. des Mat. de ce Recüeil, au mot,* Monnoyes.

CHARLES V.
à Paris, le 5. de Novembre 1373.

soit si hardi de prendre ou mettre en [a] appert ou en couvert, en fait de marchandie, ou autrement comment que ce soit, & pour quelque pris que ce soit, aucunes Monnoyes d'Or ou d'Argent quelles qu'elles soïent, soïent des coings de France ou d'autres, mais soïent mises au Marc pour Billon; excepté celles ausquelles Nous avons donné & donons cours par les dites Ordonnances & par ces presentes; c'est assavoir, les Francs d'Or & les Fleurs de Liz d'Or fin, que nostre très cher Seigneur & Pere que Dieu absoille, fist faire, & que Nous avons fait & faisons faire, pour vingt Solz Tournois la Piece, & non pour plus; les bons Deniers d'Argent fin que nostre dit Seigneur fist faire, & que Nous avons fait & faisons faire, pour quinze Deniers Tournois la Piece; & les Blancs Deniers que Nous avons aussy fait & faisons faire, pour cinq Deniers Tournois la Piece; & les petitz Parisis & les petitz Tournois, pour ung Denier Parisis & pour ung Denier Tournois la Piece, & non pour plus; & que toutes autres Monnoyes tant d'Or comme d'Argent, comme dit est, soïent mises au Marc pour Billon, sans jamais avoir plus cours; & avec ce, afin que nul ne se puisse dire ignorant ne soy excuser de non savoir nos dites Ordonnances & ces presentes, Nous voullons & vous mandons que vous faciez jurer en vos mains tous Changeurs, Marchans, Drappiers, Espiciers, & tous autres gens de mestier, qu'ilz ne prendront ne bailleront, ne feront prendre ne bailler aucunes Monnoyes, soïent d'Or ou d'Argent, pour aucun pris, excepté celles ausquelles Nous donnons cours comme dit est; mais les mettent toutes au Marc pour Billon.

*Item.* Que nulz sur ladite peine, ne soïent tant osez ne si hardiz de faire & Contraulx ne marchander à sommes de Marcs d'Or ou de Marcs d'Argent, de Ferrins d'Or, de Monnoyes d'Argent deffenduz cy-dessus, à Gros de Flandres, Vatarons, ne à Gros Tournois vielz, ne autrement; fors seullement à Solz & à livres, & de nos dites Monnoyes d'Or & d'Argent, & pour le pris que Nous leurs donnons cours; & ce fait, si vous povez trouver ou savoir aucuns prenans ou mettans ou avoir prins ou mis depuis ledit cry, aucunes des dites Monnoyes deffenduës, soïent d'Or ou d'Argent, ou les portans ou avoir portées hors de nostre Royaume, ou en esloignant la plus prochaine de noz Monnoyes, Nous pour cause de la desobeissance, voullons & ordonnons que icelles Monnoyes soïent [b] forfaictes & acquises à Nous, & qu'ils l'amendent, & soit l'Amende tauxée par vous, telle & si grant selon leur vaillant, que ce soit exemple aux autres; & que icelles Monnoyes soïent portées à la plus prochaine de noz Monnoyes du lieu où elles seront prinses, & livrées aux Gardes & Maistres d'icelles; desquelles Monnoyes ainsi forfaictes, & qui seront trouvées portans en esloignant la plus prochaine de noz Monnoyes, ou hors de nostre Royaume, Nous voullons que vous aïez & preniez le quart oultre vos gaiges, par la main des dits Maistres-Particuliers & Gardes de noz Monnoyes, afin que vous soïez & doïez estre plus diligent & curieux de mettre à execution le contenu de ces presentes: Et donnons en Mandement par ces mesmes Lettres aus dits Maistre & Gardes, que ledit quart des dites forfaictures, ilz baillent & delivrent à vous & à voz depputez à ce, en prenant Lettres de recongnoissance, & le surplus à Nous ou à noz Commis à ce; & les dites Amendes estre exploictées & receuës par noz Receveurs des lieux; desquelles Amendes Nous voullons que vous aïez le quart par leur main; & faictes & acomplissez tellement le contenu de ces presentes, que vous Nous y faciez plaisir; saichant pour certain que se vous ne le faictes, Nous vous y monstrerons nostre desplaisir, & vous en ferons pugnir par telle maniere que ce sera exemple aux autres: Si gardez que en ce n'ait deffault. *Donné à Paris, le V.e jour de Novembre, l'an de grace mil trois cens soixante & treze, & de nostre Regne le dixiesme.*

Sigillata sub Sigillo Castelleti nostri Parisiensis, in absentia nostri magni.

*Ainsi signé. Par le Roy.* P. BLANCHET.

[a] *publiquement ou secretement.*

[b] *confisquées.*

CHARLES V. à Paris, le 6. de Decembre 1373.

## (a) Reglement sur les Finances provenant des Aydes; sur les Finances en général, & sur les Gens de guerre.

SOMMAIRES.

*(1. 2.) Les Generaux-Conseillers, les Tresoriers des Guerres, les Secretaires, les Eslûs, les Grenetiers, les Controlleurs, & les autres Officiers employez pour la levée des Aydes, ne pourront faire le commerce. Ils pourront cependant se défaire des marchandises qu'ils ont, sans en acheter de nouvelles; & si c'est du sel, ils déclareront à la Chambre des Generaux, la quantité qu'ils en ont, les Greniers où il est, & le temps où il y a été mis.*

*(3) Jean du Rüeil, Jean le Mercier & Gilles le Galloys, seront chargez de faire venir tous les Deniers provenants des Aydes; & de les distribuer suivant cette presente Ordonnance.*

*(4) Les Deniers provenants des Aydes, seront reçûs par le Receveur General, à qui ils seront envoyez par les Receveurs particuliers départis dans les Diocéses; à la reserve des charges ordinaires par eux acquittées; & les Generaux ne pourront recevoir aucuns de ces Deniers.*

*(5) Le Receveur Général jurera en presence du Roy & en la Chambre des Comptes, presents les Generaux, qu'il ne donnera point de quittance aux Receveurs particuliers, que lorsqu'il recevra de l'Argent; si ce n'est que ceux-cy l'aïent donné aux Tresoriers des Guerres, ou autres* Chefs d'Offices; *ou qu'ils ne l'ayent employé par l'Ordonnance de la Chambre, ou dans de certains cas, par celle des Generaux.*

*(6) Le Chancelier ne scellera aucune décharge par laquelle le Roy reconnoisse qu'il a reçû des Deniers; si quelques décharges du Roy sont scellées, le Receveur (Général) ne donnera point d'Argent; & s'il en donne, il ne luy sera pas passé dans ses comptes. Le Roy pourra cependant envoyer au Chancelier, des décharges des sommes qu'il voudra mettre dans ses Coffres.*

*(7) Les Lettres de dons faits par le Roy contiendront le motif de ces dons; & les Gens des Comptes passeront dans ces comptes, les Lettres de dons faits par le Roy à ses Officiers sur le fait des Aydes, lorsqu'elles auront été signées & verifiées, conformement à cette presente Ordonnance.*

*(8) Les Lettres de dons ne pourront être signées que par certains Secretaires du Roy nommez dans l'article; & le Chancelier ne scellera point celles qui seront signées par d'autres; si ce ne sont des Lettres de quittances ou de diminution d'Impôts accordez à des lieux ou à des particuliers que les Généraux jugeront être hors d'état de payer, lesquelles diminutions ne pourront être plus fortes que celles qui ont été accordées par le Roy; & dans lesquelles Lettres, les Secretaires du Roy ne pourront mettre de clauses dérogatoires aux Usages, Ordonnances, &c. sans son commandement. Ces Secretaires du Roy ne pourront faire ni faire faire des Lettres pour eux ni pour leurs amis.*

*(9) Le Chancelier fera faire serment à ces Secretaires du Roy, qu'ils feront les Lettres concernant la finance, conformement aux ordres qu'ils auront reçûs du Roy; qu'ils n'en feront point pour eux ni pour leurs amis; & qu'ils n'y mettront point de clauses dérogatoires sans l'ordre du Roy donné en presence de certaines personnes de son Conseil, qui leur seront nommées de sa part par le Chancelier.*

*(10) Le Chancelier defendra par ordre du Roy, à tous les Secretaires du Roy, qu'ils ne presentent aucunes requêtes concernant les Finances, si ce n'est en pleines requestes.*

*(11) Jean de Rüeil, Jean le Mercier & Gilles le Galloys, ne feront aucunes délivrances de Deniers, soit pour dons, gages ou dettes, ou autres choses quelconques, si ce n'est en pleine Chambre; si ce n'est cependant pour le payement des Gens de guerre, suivant les ordres du Roy.*

*(12) Le Receveur General ne payera aucuns Deniers, si les Lettres ne sont signées de lui & d'un des Secretaires cy-dessus nommez, & vérifiées par les Généraux.*

*(13) Lorsque les Généraux refuseront des Lettres, ou qu'ils prendront un long délai pour statuer sur ces Lettres, le Greffier écrira leur décision sur le dos de ces Lettres. Les Lettres refusées seront enregistrées dans la Chambre, avec les causes du refus.*

*(14) Le Chancelier, l'Evêque d'Amiens, &c. verront tous les mois l'Etat de la Recette & de la Dépense du Receveur Général, & en envoyeront un abregé au Roy.*

*(15) Toutes les fois que les Tresoriers des guerres auront fait un payement aux Gens de guerre, les Généraux verront l'Etat de ce payement, au plûtard de deux mois en deux mois.*

NOTE.

(a) Premier Registre de la Cour des Aides de Paris, *fol.° 38. R.°*

Voy. sur ce Registre, le 4.e *Vol. de ce Rec.* p. 201. Note (a).

Avant ces Lettres, il y a : *Ce Livre des Instructions & Ordonnances faictes par le Roy nostre Seigneur, tant sur le fait des Aides de son Royaume, comme des Gens d'armes pour le fait de sa guerre; & aussi des noms des Officiers, avec la valleur d'iceulx Aides, & les charges sur ce ordonnées pour l'an III.c LXXIII.*

CHARLES V. à Paris, le 6. de Decembre 1373.

SOMMAIRES.

(16) Les Généraux jureront devant le Roy, qu'ils s'instruiront l'un l'autre sur les affaires dont ils seront chargez; qu'ils ne favoriseront nulle personne au préjudice de l'interêt du Roy, & qu'ils ne s'accuseront point l'un l'autre, mais au contraire se soûtiendront.

(17) Les Généraux diminuëront le nombre des Elûs & autres Officiers départis dans les Diocéses pour la levée de l'Ayde.

(18) Comme il y avoit un très-grand nombre d'Elûs, de Receveurs, & d'autres employez pour la levée des Aydes; que les uns étoient ignorants, que les autres malversoient dans leurs emplois, & qu'en général ils étoient très-négligents à rendre leurs comptes; le Roy ordonna que le Chancelier & les Généraux envoyeroient des Reformateurs dans le Languedoc, pour le fait des Aydes seulement; & que tous les Elûs, Receveurs & autres Employez seroient révoquez, & d'autres Officiers mis en leur place; & que les Officiers révoquez rendroient leurs comptes incessamment.

(19) Les Receveurs & Grenetiers qui seront instituez à la place de ceux qui seront révoquez, jureront de payer en deniers comptants les assignations qui seront faites sur eux, de ne point donner en payement des Chevaux ou d'autres marchandises, & de ne point retenir une partie de ces assignations. Ils ne prendront que quatre Deniers pour droit de quittance.

(20) On ne tirera point d'assignations sur les Receveurs, jusqu'au premier Decembre. Les fonds qui resteront entre leurs mains, seront employez au payement des emprunts faits par le Roy, & de ce qui est dû aux Marchands de Sel, & à l'acquitement des autres dettes du Roy; & le restant sera mis dans ses Coffres.

(21) Les Receveurs qui seront privez de leurs Offices, ne feront point le recouvrement des deniers dûs pour les temps precedents, & il sera fait sans trop grande rigueur, par les nouveaux Receveurs.

(22) Les Grenetiers remettront tous les mois le produit de leurs Greniers au Receveur du Diocése, dans lequel ces Greniers sont établis. Ce Receveur les fera tenir au Receveur Général à Paris; & dans les quittances qu'il en retirera, seront marquées les sommes qu'il aura reçûës de ces Grenetiers.

(23) Les Tresoriers des guerres & leurs Clercs ou Lieutenants, jureront de païer la solde des Gens de guerre, en argent comptant ou en assignations, & de ne point leur donner pour leur solde, des chevaux, des armes ou d'autres marchandises, desquelles il leur est deffendu de faire le commerce. Ils jureront aussi de ne recevoir aucun present des Gens de guerre. Si les Tresoriers des guerres apprenent que leurs Clercs contreviennent à ce Reglement, ils les destituëront, & ils en donneront avis aux Generaux des Aydes.

(24) Les Tresoriers des guerres avertiront le Roy ou son Conseil, des fraudes dont ils s'appercevront dans les Revûës; & ils dénonceront les Gens de guerre qui auront reçû la solde, & n'auront point servi.

(25) Les Capitaines des Villes & Forteresses ne rançonneront point ceux qui sont obligez d'y faire le guet; & si ceux-cy y manquent, ils payeront 16. Pieces de Monnoye, nommez Deniers, lesquels seront employez à payer ceux qui feront le guet à leur place. Les Baillis feront publier ce Reglement, & veilleront à son exécution.

(26) Il n'y aura plus que 800. Arbalestriers, dont Marque de Grimault sera le Capitaine Général.

(27) Reglement pour les termes du payement des Foüages destinez pour la solde des Troupes.

(28) Les Généraux-Conseillers, les Tresoriers des guerres & le Receveur Général, jureront en presence du Roy, d'observer les reglements contenus dans ces Lettres, les Secretaires du Roy qui y sont nommez, & les Notaires de la Chambre des Generaux-Conseillers préteront le même serment devant le Chancelier.

CHARLES par la grace de Dieu Roy de France. A tous ceulx qui ces presentes Lettres verront: Salut. Savoir faisons que pour obvier à plusieurs grans fraudes qui ont esté faictes ou temps passé où fait de nos guerres, & aussi de noz Aides ordonnées estre levées pour icelles, & pour le prouffit de [a] nous subjectz, Nous avons par grant advis & meure deliberacion [b] euë en sur ce nostre Conseil, ordonné est & ordonnons les choses qui s'ensuyvent; lesquelles ont aujourd'huy esté leuës devant Nous, & approuvées & confermées par Nous en nostredit Conseil.

(1) *Premierement.* Que aucuns Generaulx-Conseilliers sur le fait des dites Aides, Tresoriers des guerres, Secretaires, Notaires, Esleuz, Receveurs, Grenetiers & Contrerolleurs, ou autres Officiers deputez ou à deputer sur ledit fait, ne exerceront d'oresenavant publiquement ne [c] occultement, par eux ne par autres, aucun fait de marchandise, sur peine d'encourir nostre indignacion, de perdre leurs Offices; & de restituer les gaiges que receuz auront durant le temps qu'ilz auront [d] marchandé contre & depuis nostre presente Ordonnance.

(2) *Item.* Que des marchandises qu'ilz ont à present, sans aucunes nouvelles

a nos.

b euë sur ce en nostre Conseil.

c en secret.

d commercé.

achecter, ilz se [a] délivreront le plustost qu'ilz pourront, sans fraulde & malice ou faincttise aucune; & se c'estoit Sel, ilz [b] le bailleront par escript en la *(b)* Chambre des Generaulx dedans ung moys, la quantité d'icelluy, les lieux & Greniers, & le temps qu'il y fut mis.

CHARLES à Paris, le 6. de Decembre 1373.

a delfferont.
b mot inutile.
c dedans le Tresor du Roy.

*(3) Item.* Que Jehan du Rüeil, Jehan le Mercier & Gilles les Galloys, aïent la charge de faire venir [c] ens tous les deniers deuz à cause des dites Aides, le temps passé, present & avenir; & aussi de les distribuer & départir selon nostre Ordonnance, en la forme & maniere contenuës cy-dessoubz & declairées.

*(4) Item.* Les deniers des dites Aides seront tous receuz par le Receveur generaul, & apportez ou envoyez par les Receveurs ordonnez ès Dioceses & pays; païées toutes voyes les charges ordinaires; & n'en recevront les dis Generaulx ou autres, ne feront recevoir aucunes sommes par eulx ne par autres.

*(5) Item.* Le Receveur General jurera aux sainctes Euvangilles de Dieu, en nostre dicte presence, & en la Chambre de noz Comptes, presens les Generaulx, qu'il ne baillera descharge ou quictance à quelque Receveur, Grenetier ou autre, s'il n'en reçoit l'Argent presentement; ou se ce n'est pour le fait des Tresoriers des guerres, ou d'autres [d] Chefz d'Offices, ou pour autres causes raisonnables, & par commandement & Ordonnance faicte en plaine Chambre par les dessus nommez, ou les deux de eulx, s'ils sont à Paris, ou de l'un d'eulx, s'il estoit seul à Paris.

d Voy. cy-dessus, pag. 538. Note (c).

*(6)* [e] *Item.* Que d'oresenavant nostre Chancellier ne scelle aucune Lettre ou descharge par laquelle Nous confessons avoir euë aucune somme de deniers; & si scellé estoit par inadvertance, que le Receveur n'y obéisse en aucune maniere; & se il obéissoit, Nous deffendons aulx Gens de noz Comptes & Generaulx dessus dis, qu'ilz ne luy en passent aucune chose en ses comptes; excepté des descharges des deniers receuz par Nous par la main du General Receveur, & non pas par autre, pour mettre en noz Coffres, lesquelles Nous envoyrons à nostre dit Chancellier par Gillet, ou par Jehan de Vaudeux, ou par autres.

e Voy. cy-dessus, pag. 539. art. 5.

*(7) Item.* Les dons & graces qu'il Nous plaira faire d'oresenavant, & les causes pourquoy, seront contenuës ès Lettres qui de ce seront faictes, & declairées expressement; & Nous voulons & mandons à nos dites Gens des Comptes, que toutes les Lettres de dons faiz à noz Officiers & [f] serviteurs ou fait des dites Aides, signées & executées selon la teneur de nostre presente Ordonnance, ilz allouënt ès comptes de ceulx à qui il appartiendra; & pour ceste cause, le leur avons commandé expressement.

f Voy. cy-dessus, pag. 539. Note (f).

*(8) Item.* Que toutes Lettres de dons soïent signées par Maistre Yve Blanchet, ou Yve *(c)* Dorien ou Jehan de Tabary, Loys Blanchet & Ne-le-diseurs, Secretaires, & non par autres; & s'aucunes en estoient apportées signées par noz autres Secretaires, nostre Chancellier ne les scelle point; excepté remissions, [g] rabaiz ou quictances faiz à aucunes pouvres Villes, ou personnes non puissans de païer, par les dis Generaulx en la Chambre, par composicion ou autrement, pour aucune juste cause; & qu'ilz ne les facent point plus fortes que Nous leur ordonnerons, & n'y mettent aucuns *(d) nonobstant stille, instruction ou Ordonnance,* se Nous ne le commandons par exprès; & que chascun d'eulx ne face ou pourchasse commander Lettres touchant eulx ou leur amys, ou qu'ils aïent promis à pourchasser ou procurer, & qu'ilz ne s'entremectent de les faire.

g diminucions d'Impôts.

*(9) Item.* Nostredit Chancellier commandera de par Nous & fera jurer à nos dis Secretaires, qu'ilz entendent dilligemment aux Lettres que Nous leur commanderons

NOTES.

*(b) Chambres de Generaulx.]* Cela prouve que la Chambre des Generaux étoit differente de la Chambre des Comptes. *Voy. cy-dessus*, p. 538. Note *(e)*.

*(c) Dorien.]* Dans l'art. 7. de la page 539. il est nommé *Daven*, qui a peut-être été mal lû pour Darien.

*(d) Nonobstant.]* C'est-à-dire, des clauses dérogatoires aux usages, Ordonnances, &c. lesquelles clauses commencent ordinairement par ce mot, *nonobstant*.

CHARLES V. à Paris, le 6. de Decembre 1373.

touchant fait de Finances, & qu'ilz ne les facent point plus fortes que Nous leur commanderons, ne y mettent aucuns [a] *nonobstant*, &c. se Nous ne leur commandons par exprès; & que chascun d'eulx ne face ou pourchasse commander Lettres touchant eulx ou leurs amys, que ilz aïent promis à pourchasser ou procurer, & qu'ilz ne s'entremettent de les faire ou signer; avec ce, qu'ilz ne mectent en aucune Lettre *nonobstant aucune ou ceste presente Ordonnance*, se Nous ne leur commandons en la presence d'aucun de nostre Conseil, que Nous leur avons nommez & ferons nommer par nostre dit Chancellier.

a *Voy.* page precedente, Note *(d)*.

*(10) Item.* Nostredit Chancellier deffendra de par Nous, à tous nos Secretaires & Notaires, qu'ilz ne facent d'oresenavant aucunes Requestes touchant Finances, se ce n'est en plaines Requestes.

*(11) Item.* Que les dessus dis Jehan de Rüeil, Jehan le Mercier & Gilles le Galloys, ne feront d'oresenavant aucunes delivrances de deniers, soïent de dons, gaiges, debtes ou autres choses quelzconques, se ce n'est en plaine Chambre, ou autre part où ilz soïent assemblez pour noz besongnes ou pour nostre fait; excepté seullement pour les païemens des Gens d'armes, qui auront esté ordonnez par Nous ou par Lettres excecutées, ou par les deux d'eulx, s'ilz sont à Paris.

*(12) Item.* Ledit Receveur General ne sera tenu de païer denier pour quelzconques noz Lettres, si elles ne sont signées par l'un des Secretaires dessus nommez, & aussi de nostre signet, & [b] excecutées au doz ou par cedulle par les dessus dis Jehan de Rüeil, &c. soubz leurs signetz, ou de l'un d'eulx deux, s'ilz sont à Paris, comme dit est.

b *Dans l'art.* 9. p. 539. il y a, *vérifiées.*

*(13) Item.* Toutes Lettres & Mandemens reffusez en la Chambre des Generaulx, sera escript au doz & signé de Notaire, que les Lettres ont esté refusées; & semblablement quant l'on donnera lon delay de faire le païement; & sera la teneur ou substance des dites Lettres, & la cause du reffuz, enregistré tout au long en ladite Chambre.

*(14) Item.* Et que nostredit Chancellier, *(e)* l'Evesque d'Amiens, *(f)* le Comte de Sarrebouche, Conte de Braine, Nicolas Bracque & Pierre de Chevreuse, ou deux d'iceulx, avec nostre dit Chancellier, verront chascun moys sans [c] faillir, l'estat dudit Receveur au long & au juste, & Nous en apportera l'un d'eulx ung abregé.

c *manquer.*

*(15) Item.* Toutesfois que noz Tresoriers des guerres, ou leurs Clercs & Lieutenans, viendront de faire quelque païement, les Generaulx verront leur estat du païement precedent, par la maniere que dit est dessus du Receveur General; & au plus tard, de deux moys en deux moys.

*(16) Item.* Les dessusdis Jehan de Rucil, Jehan le Mercier & Gilles le Galloys, jureront en nostre presence, qu'ilz diront l'un à l'autre la verité dudit fait, sans riens en celler, & qu'ilz ne porteront ne soustiendront fait de quelconque Seigneur, ou autre personne quelle qu'elle soit, par faveur ou autrement, à [d] l'appetissement du fait de la Finance, & ne donneront charge ne *(g)* malgré l'un à l'autre, mais feront & porteront le fait l'un de l'autre, comme le sien propre.

d *diminution.*

*(17) Item.* Les dis Generaulx auront advis & delibéracion de Conseil sur le nombre des Esleuz, Receveurs, & autres Officiers estans ès Dioceses sur le fait des Aides; & par bon Conseil, [e] & restraindront & diminuëront le nombre au mieulx qu'ilz pourront, selon ce qu'ilz verront qu'il sera à faire à nostre proffit; & en

e *mot inutile.*

NOTES.

*(e) L'Evêque d'Amiens.]* Il se nommoit Jean de la Grange, surnommé de Bouchamage. Il fut fait Évêque d'Amiens vers 1372. & créé Cardinal au mois de Decembre 1375. *Voyez l'Hist. des Cardinaux François* par *du Chesne*, tom. 1.er Liv. 2. chap. 142. p. 645.

*(f) Le Comte de Sarrebouche.]* Jean II. du nom, Comte de Sarrebruche, Conseiller & Chambellan du Roy, & Bouteiller de France. *Voy. l'Hist. Geneal. de la Mais. de France*, tom. 8. p. 529.

*(g) Malgré.] Chagrin.* Ce mot n'avoit pû être déchiffré dans l'art. 14. qui est *cy-dessus*, p. 540. *Voy. ibid.* Note *(g)*.

chargeons

CHARLES V.

à Paris, le 6. de Decembre 1373.

chargeons leurs consciences sur la foy & loyaulté qu'ilz Nous doivent.

(18) *Item.* Et pour ce qu'il est voix & commune renommée, que pour l'ignorance, negligence ou deffault d'aucuns Esleuz, Receveurs, Grenetiers & Contrerolleurs, Sergens & Commissaires ordonnez sur le fait des dites Aides, & pour l'excessif nombre d'iceulx, desquelz, si comme on dit, ont esté mis plusieurs [a] par importunité de requerans, que pour la souffisance de leurs personnes, noz Fermes ont esté moins [b] souffisans baillées; & souvantesfoys pour dons; & pour ce que aucuns des dis Officiers les ont fait prandre à leur prouffit, & en ont esté Compaingnons, & ont eu part en icelles, & par semblable maniere des [c] assiectes des Foüaiges, & aussi que les Officiers, Sergens & Commis dessus dis, ont fait plusieurs griefz, tors & oppressions au Peuple, contre les [d] destructions & Ordonnances faites sur ledit fait; avec ce que les dis Receveurs & Grenetiers, tant pour cause de la marchandise dont ilz s'entremectent communement, comme pour les grans estatz que aucuns d'eulx tiennent, & les despens excessifz que eulx ont fait, ne apportent mye ou envoyent les deniers par devers le Receveur General, sitost comme ilz les ont receuz; mais les emploïent, despendent & convertissent en leur privé prouffit, audit fait de marchandise & autrement; & sont plusieurs d'eulx qui contre noz Ordonnances Royaulx, ont à compter de plusieurs années; pour ces causes comme pour autres, le fait des dites Aides a [e] mestier d'estre refformé & mis en meilleure Ordonnance; Nous voulons & ordonnons que nostre dit Chancellier & les Generaulx, par bon advis & grant deliberacion de Conseil, envoyent incontinant Reformateurs en toutes les Dioceses de Languedoc, quant au fait des dites Aides tant seullement; & afin que iceulx Reformateurs puissent plus plainement sçavoir la verité des faiz, proceder & aller avant au fait de leur Reformacion, & aussi que l'en puisse sçavoir l'estat du fait des dites Aides au juste & cler, Nous avons ordonné & Nous plaist que tous Esleuz, Receveurs, Grenetiers, Contrerolleurs, Visiteurs & Commissaires, Sergens & autres deputez par eulx sur ledit fait, soïent mis hors de leurs Offices & le plustost que l'en pourra bonnement, & autres bons & souffisans subroguez [f] & en leurs lieux; & que ladite Reformacion parfaicte, ceulx qui seront trouvez preudommes & bien & loyaument avoir servy, seront honorablement & grandement [g] guerdonnez, & remis à autres plus grans & plus honorables Offices quant le cas y escherra; & qu'ilz viennent compter le plustost & hastivement qu'ilz pourront bonnement.

a plustôt.

b appar. souffisamment.

c Impositions des Impôts payables par Feux.

d Instructions. Voy. p. 540. art. 16.

e besoin.

f mot inutile.

g recompensez.

(19) *Item.* Que les Receveurs & Grenetiers qui de nouvel seront instituez, jureront entre les autres choses par especial, que les assignacions faictes sur eulx, de quelzconques sommes de deniers, ilz païeront en deniers [h] contens, sans eulx entremettre de vendre chevaulx ou quelzconques autres marchandises, pour faire le païement sur eulx assigné; & aussi sans prandre partie du debte, ou autres prouffitz quelzconques; & que sur le fait des quictances, ilz [i] regarderont l'Ordonnance faicte en la Chambre de noz Comptes derrenierrement pour le Dyocese de Chartres; c'est assçavoir, qu'ilz ne prandront que quatre Deniers pour quictances; & ce leur sera deffendu sur peine d'estre privez de leurs Offices & de tous autres, & d'Amende arbitraire.

h comptants.

i garderont.

(20) *Item.* Que consideré que tous les [k] Estaz de tous les Receveurs & Grenetiers devroient estre veuz dedans la fin de ce moys de Decembre, Nous voulons & ordonnons que on ne face assignacion même sur les [l] arreraiges du temps passé, jusques au premier jour d'icelluy moys; sur lesquelz arreraiges, Nous voulons & ordonnons tous les empruntz faiz tant à Paris comme ailleurs ès Citez & bonnes Villes de nostre Royaume, pour cause de noz guerres, estre renduz & restituez, & autres debtes païées selon nostre Ordonnance; & le [m] remenant d'iceulx estre converty & mis en noz Coffres, ou en autre chose selon ce que bon Nous semblera; & aussi sera prins & païé sur les dis arreraiges, ce qui est & qui sera deu aux Marchans à cause de leur Sel, passé le jour de Chandeleur.

k Etats de recette & de depense, comptes.

l ce qui reste dû par ces Receveurs.

m restant.

(21) *Item.* (h) Et pour ce que les Receveurs baillent aucuneffois debtes à leurs

CHARLES V. à Paris, le 6. de Decembre 1373.

descharges, desquelz ilz sont païez, pour avoir meilleur estat; Nous voulons & ordonnons que tantost que les dits Receveurs seront mis hors de leurs Offices, comme dit est, la main leur soit close de recevoir les dis arreraiges, & que la Recepte soit commise à autres bonnes personnes qui la facent par bonne diligence, sans trop grant rigueur.

*(22) Item.* Que les Grenetiers porteront chascun moys les deniers du prouffit de leurs Greniers au Receveur de la Dyocese où les dis Greniers sont assiz; lesquelz Receveurs les porteront ou envoyeront au Receveur General à Paris; & ès descharges qu'ilz prendront, sera faicte expresse mention des sommes d'Argent qu'ilz païeront pour les dis Grenetiers.

*(23) Item.* Et pour ce qu'il est voix & commune renommée que aucuns Clercs ou Lieuxtenans des Tresoriers des guerres, ont aucuneffois baillé aulx Gens d'armes, chevaulx, harnoys, coursiers ou autres marchandises, [a] prins dons, Robes, [b] païes d'hommes d'armes, & autres prouffitz d'aucunes [c] Seigneuries, Capitaines & autres Gensd'armes, qui Nous ont servy & servent en nos guerres; & aussi que les dis Tresoriers ont prins & prennent des dis Seigneurs & Capitaines, Robes, Terres à vie ou à heritaige, dons, pensions ou autres prouffiz, les dis Tresoriers jureront devant Nous, qu'ilz ne pranderont ne feront prandre d'oresenavant aucune chose, & qu'ilz feront le paiement aulx Gens d'Armes en deniers contens, ou en assignacion selon ce qu'elles leur auront esté baillées par noz Gens, sans vendre ou eulx entremettre de quelque marchandise, soit de meuble ou de heritaige, pour cause ou occasion depaïemens qu'ilz ont à faire pour raison de leur Office; & ce mesmes feront jurer à leurs Clercs & Lieuxtenans, sur sainctes Euvangiles; & s'ilz sçavent qu'ilz facent le contraire en aucune maniere, ilz le diront & le reveleront le plustost qu'ilz pourront aus dis Generaulx; & avec ce, leur donneront congé incontinant.

a *qu'ils ont pris.*
b *retenu la solde.*
c *Seigneurs.*

*(24) Item.* Les dis Tresoriers jureront comme dessus, que s'ilz sçevent ou appercoivent quelque fraulde, cautelle ou malice ou fait des monstres & des Revcuës, ou que ceulx qui auront prins de noz deniers, n'aïent servy ou servent pour le temps dont ilz seront païez, ilz le Nous diront ou à nostre Conseil ensemble, sans riens celer pour doubte ou faveur d'aucune personne de quelque estat ou condicion qu'il soit.

*(25) Item.* Pour ce que les Capitaines de plusieurs Villes, Chasteaulx & Forteresses, ont introduit de nouvel, ou grant prejudice du Peuple, prandre & lever Composicions par maniere de rançons, à cause de guet; Nous voulons & ordonnons, ainsi que autreffoys l'avons ordonné, que touctes telles Compositions soient mises au néant; & avant que nos Capitaines de noz Forteresses aïent d'oresenavant Lettres aucunes de la Chambre, ilz jureront sur les sainctes Euvangiles de Dieu, de non lever pour le temps advenir ne souffrir estre levées les dites Composicions ne autres prouffitz quelzconques à cause de guet; & se obligeront à rendre & restituer tout ce qu'il sera trouvé en avoir [d] osté, cuilly & levé par eulx, depuis & contre nostre presente Ordonnance; & que ce soit mandé à noz Baillifs qu'ilz facent crier & publier ceste nostre presente Ordonnance, & qu'ilz ne souffrent faire le contraire aulx Capitaines ou leurs Commis & deputez, de quelque Forteresse que ce soit; & se ilz le sçavent, qu'ilz le Nous escripvent incontinent; & ne pranderont pour deffault de

d *esté.*

NOTE.

*(l) Et pour ce que.]* Voici comme je crois qu'il faut entendre cet article. Quelquefois les Receveurs pour diminuer les sommes dont ils étoient redevables par leurs comptes, n'y employoient point tout ce qu'ils avoient reçû, & mettoient en *debet* des sommes qu'ils avoient touchées; & dans les comptes suivants, ils employoient ces sommes comme nouvellement recouvrées. Pour fixer exactement quels étoient les deniers qu'ils avoient reçûs lorsqu'ils furent privez de leurs Offices, le Roy leur deffendit de faire le recouvrement des sommes qui étoient dûës pour les temps precedents, & il ordonna que ce recouvrement seroit fait par les nouveaux Receveurs.

guet les dis Capitaines ou leurs Commis & deputez, que [a] XVI. deniers de III. deniers Parisis la Piece, lesquelz seront convertiz à en païer [b] autres guetz, sans ce que les dis Capitaines en aïent aucun prouffit.

CHARLES V. à Paris, le 6. de Decembre 1373.

(26) *Item.* Et pour ce que Nous avons entendu que les Capitaines des Arbalestriers [c] Genevoys estans à present en nostre service, n'ont pas tenu ou temps passé, ne tiennent à present le nombre des gens dont ilz ont receu les gaiges, & aussi ont eu en leur compaignies qui n'estoient pas Genevoys, comme autres qui n'estoient pas Arbalestriers, mais gens de petit estat & de petite valleur, lesquelz ilz avoient pour [d] petit prouffit; & avec ce, la moictié ou plus d'iceulx qui avoient esté receuz comme Arbalestriers, ne le sont mye; Nous avons ordonné Marque de Grimault Escuier, Capitaine General de tous les Arbalestriers, lequel eslira des meilleurs que Nous avons à present en nostre service, huit cens tant seullement; & voulons que tous les autres soient cassez; & les dix-huit cens ledit Marque divisera par Connestablies & par Capitaines, & les baillera aulx Capitaines par nom & par surnom; & verra chascun moys après la reveuë faicte & quant bon luy semblera, s'ilz y sont, & pourverra selon ce que Nous l'avons chargé & ordonné expressement, aulx cautelles & malices dessus dites, à nostre prouffit & de nostre Royaume.

a 16. *Pieces de Monnoyes, nommées Deniers, valans chacun 4. deniers.*
b *autres personnes pour faire le guet.*
c *de Genes.*
d *petite solde.*

(27) *Item.* Et pour ce que [e] le paiement des Gens d'armes, par nostre Ordonnance l'on fait lever le premier terme des Foüaiges deuz au premier jour de Janvier, à troys termes; c'est assavoir, (i) au XX.me jour de Novembre ou au XX.me jour de Janvier, par égalles porcions; afin que le fait soit continué pour toute l'année, & qu'il n'ait deffault au paiement des dites Gens d'armes, Nous voulons & ordonnons que le second tiers des dis Foüages deu au premier jour de May, soit levé & cuilly à trois termes; c'est assavoir, au XX.me jour de Mars, au XX.me jour d'Avril, au XX.me jour de May; & le dernier tiers d'iceulx Foüaiges deu en Septembre, au XX.me jour de Juillet, au XX.me jour d'Aoust, & au XX.me jour du dit moys de Septembre, par égaulx porcions.

e *pour.*

(28) *Item.* Que les Ordonnances dessus dites & les choses contenuës en icelles, les dis Generaulx-Conseillers; les Tresoriers des guerres & le Receveur General, en nostre presence; les Secretaires dessus nommez & les Notaires de la Chambre, en la presence de nostre Chancellier, prometttront & jureront aux sainds Euvangiles de Dieu, tenir, garder & acomplir chascun en droit soy, bien & loyaument & à tout leur povoir.

En tesmoing de ce, Nous avons fait mettre nostre Seel à ces Lettres. *Donné à Paris, le sixieme jour de Decembre, l'an de grace mil* III.c LXXIII. *& le dixieme de nostre Regne.* Ainsi signé. YVO.

NOTE.

(i) *Au* XX.me *jour de Novembre ou au* XX.me *jour de Janvier.* ] Il paroît par la suite de cet article, qu'entre ces deux termes de payement, il en faut suppléer un du 20. de Decembre, qui a été apparemment oublié par le Copiste.

---

CHARLES V. au Château du du Louvre-lès-Paris, le 7. de Decembre 1373.

## (a) *Ordonnance sur la nouvelle Ayde accordée par les trois Estats de l'Artois, du Boulonnois & du Comté de Saint Pol.*

CHARLES par la grace de Dieu Roy de France. Savoir faisons à tous presens & avenir, que comme nos bien amez [f] [ les manans & habitans des villes

f *les Bourgois & habitans des bonnes Villes fermées tant seulement.* P. 40.

NOTE.

(a) Tresor des Chartres, Registre 105. Piece 35.

Ces Lettres sont aussi *ibid.* P. 40.

Les Etats d'Artois, &c. ayant accordé une Ayde au Roy, l'on donna, suivant l'usage, aux differents Corps qui les composoient, des Copies de l'Ordonnance qui fut faite en consequence de ces Etats, adressées à chacun de ces Corps en particulier. Les Copies qui furent données aux habitans des Villes fermées, & à ceux des Villes non fermées, sont semblables, à l'exception des endroits où il est parlé des

CHARLES V. au Château du Louvre-lès-Paris, le 7. de Decembre 1373.

Places non fermées ] des païs des Contées d'Artoys, de Boulenoys & de Saint Pol, pour le grant desir, affeccion & volonté qu'il ont à Nous & au bien publique de nostre Royaume, & pour aidier à soufporter les grans frais, charges & missions que de jour en jour Nous convient faire & soustenir pour le fait de nos guerres, Nous aïent nouvellement octroyé d'un commun assentement, pour un an tant seulement commençant le premier jour de ce present mois de Decembre, tel & semblable Aide comme il Nous firent & païerent en l'an passé feny le derrenier jour du mois de Juillet; lequel Aide yceulx *(b)* manans & habitans païeront à trois termes; c'est assavoir de quatre mois en quatre mois, commençant le premier terme & payement en la fin du mois de Mars prochains venant; le second en la fin du mois de Juillet, qui sera l'an mil CCCLX. quatorze; & le tiers en la fin du mois de Novembre lors après ensuivant; Nous considerans l'affeccion & volenté des dis manans & habitans, & qui ne volons yceulx estre grevez; mais les volons relever de toutes charges en tant que bonnement povons, attendu que ilz sont en païs de frontiere, les pertes & dommages que pour ce ont euz & soustenus, & derrenierrement en ceste année presente, que nos ennemis ont chevauchié par les dis pays, [a] ars, destruit & gasté plusieurs [b] [ Villes des diz païs, avec les biens des dis manans & habitans, [c] soïent ] & encores soustiennent de jour en jour, leur avons octroyé & accordé, octroïons & accordons de nostre certaine science & grace especial, que durant ledit temps, iceulx manans & habitans soïent & demeurent quittes & paisibles de tous Subsides, Impositions & treizieme, quatriesme de vin, Gabelle de [d] Seel, [e] Foüages & autres subvencions quelconques imposez ou à imposer de nouvel par Nous, nos gens ou aucuns de nos bonnes Villes, tant pour le fait de nos dictes guerres, pour la fortification d'icelles bonnes Villes, comme autrement, pour quelconques cause que ce soit ou puist estre, pour tous les biens qu'il ont ès dictes Contés & ailleurs; supposé que autres Aides que ceulx qui ont à present cours, y fuissent de nouvel mis sus de par Nous, en Nous païant ce que promis Nous ont de leur bonne volenté, comme dessus est devisé. Et avec ce, volons & accordons que tous ceulx des dictes [f] [ Places, Villes non fermées ] des dictes Contez, qui ès païs ou Impositions, XIII.[e] IIII.[e] de vins, Gabelle de Seel, Foüages & autres subvencions ont cours, acheteront aucunes denrées pour mener [g] [ ès dis païs ] pour les y vendre & [h] despendre, & non ailleurs, soïent [i] [ quittes & tenus paisibles ] des dis Aides & autres subvencions quelconques, & de toutes entrées & yssuës qui se lievent ou levront sur ceulx qui les meinent en païs où les dis Aides n'ont cours; ou cas toutes voïes qu'il feront foy par Lettres souffisament seellées des Seaulx d'aucuns Gouverneurs ou Baillis des diz païs, ou d'aucune des bonnes Villes d'iceulx Contées, & jureront sur saintes Evangiles, par eulx ou leur Procureur, une fois seulement, devant les Gardes des Seaulx dont les dictes Lettres seront seellées, & non ailleurs, que les dictes denrées il menront [ [k] ès diz pais ], & declairront le lieu, & que c'est pour les y vendre & despendre, & non autre part; & se le contraire estoit trouvé, il perderoient leurs denrées & en seroient grandement punis.

*Item.* Durant ledit an ne se feront aucunes [l] Prinses sur leurs denrées & marchandises, soïent vins, draps, ou autres choses pour Nous, pour nostre très chiere & très amée Compaigne la Royne, ne pour autre Seigneur quelconques, en nostre nom ne de par Nous; mais porront aler & venir [ [m] par tout les dis pays ] sans empeschement aucun; se ce n'est pour nos [n] pourveances & par païant l'Argent; & s'aucuns Fermiers ou Leveurs des dictes Imposicions ou autres Aides & Subsides dessus dis, leur y mettent aucun empeschement contre nostre dicte grace &

a *brûlé.*
b *biens des dits habitans.* P. 40.
c *mot inutile.*
d *Sel.*
e *Impositions par Feux.*
f *bonnes Villes fermées.* P. 40.
g *en ycelles bonnes Villes.* P. 40.
h *consommer.*
i *tenus quittes & paisibles.* P. 40.
k *ès dictes bonnes Villes, ou en aucunes d'icelles.* P. 40.
l *Voyez les Tabl. des Mat. de ce Rec. au mot, Prises.*
m *ès dictes bonnes Villes.* P. 40.
n *provisions.*

NOTES.

Corps ausquels elles furent données. L'on n'a fait imprimer que la Piece 35. dans laquelle on a mis entre des crochets les differences qui se trouvent entre elle & la Piece 40. & l'on a mis dans les Notes les differences qui se trouvent dans cette derniere Piece.

*(b) Manans & habitans.* ] Dans tous les endroits où il y a *manans & habitans* dans ces Lettres, il y a ***Bourgois & habitans*** dans la Piece 40.

Ordenance, Nous volons qu'il soïent contrains à oster ledit empeschement, & à leur rendre tous coux, frais, dommages & missions qu'il y auront encouru pour ceste cause; & aussi volons, ordennons & accordons, que se depuis ledit premier jour de ce present moys de Decembre, les dis manans & habitans ou aucuns d'iceulx, avoient baillié aucune caucion pour entrées, yssuës, XIII.[es] ou autres Aides, que elles leur soïent renduës franchement sans contredit; pourveu qu'il baillent certification des Gouverneurs & Justiciers de leur païs, [ [a] ou d'aucune des dictes bonnes Villes d'iceulx Contées, ] que les dictes denrées & marchandises y auront esté deschargées pour les vendre & despendre [b] [ en yceulx païs ] & non ailleurs, se fait ne l'ont, & que s'aucune chose en ont paié, qu'il leur soit rendu sans delay; & voulons que les dis [c] [ manans & habitans ] ne soïent tenus de faire caucion de leurs denrées & marchandises, que en un lieu tant seulement; ou cas toutes voïes que fraude ou mauvaistié n'y seroit trouvée.

*Item.* Leur avons octroïé & octroïons par ces presentes, que ledit octroy par eulx à Nous fait pour ladicte année, [d] [ ne leur puist porter prejudice ] pour le temps passé, present & advenir, en saisine ne en proprieté, contre leurs Libertez & franchises, [ [e] se aucunes en ont; ] mais ce nonobstant, soïent & demeurent en toutes choses aussi frans comme il estoient avant que aucuns Aides leur fust requis ou demandez; & aussi que se pour ledit Aide aucuns de nos Sergens faisoient execucion sur aucuns des dis manans & habitans, qu'il ne [f] puissont avoir plus grant salaire que ordenné est par nos autres Lettres derrenierement sur ce baillées [g] [ aux Bourgois & habitans de bones Villes des dis Contez. ]

*Item.* Volons & [h] [ octroïons ] que ces presentes leur soïent baillés sans coux & sans frais; & ne soïent tenus de païer les dis Aides jusques à tant qu'il les aïent seellées en las de soye & cire vert. Si donnons en mandement par ces presentes Lettres à nos amez & feaulx les Generaux-Conseillers sur le fait des Aides de la guerre, aux Baillis d'Amiens, de Vermendois, de Senliz, à tous Esleuz, Receveurs & autres Justiciers, Commissaires, Officiers deputez & à deputer sur le fait des dis Aides, & à chascun d'eulx, si comme à lui appartendra, que les dis manans & habitans & chascun d'eulx, de nostre presente grace & octroy, & de toutes les choses cy-dedens declariées, ledit an durant, laissent & facent joüir & user paisiblement, & contre la teneur d'icelles ne les contraignent, travaillent ou molestent en aucune maniere; mais se aucune chose estoit prinse du leur, ou faite au contraire, si le facent tantost & sans delay rendre & mettre au delivre; & en ampliant nostre dicte grace, volons que à la Copie de ces presentes faite sous Seel Royal, foy pleniere soit adjoustée comme à l'original. Et pour ce que ce soit ferme chose & estable à tousjours, Nous avons en tesmoing de ce, fait mettre nostre Seel à ces Lettres: Sauf nostre droit en [i] toutes choses, & l'autrui en toutes. *Donné en nostre Chastel du Louvre lès Paris, le VII.e jour de Decembre* [ [k] *dessusdit* ], *l'an de grace mil CCCLX. & treze, & le X.e de nostre Regne.*

Par le Roy, en son Conseil *(c)* ou quel vous estiés, & les Generaux-Conseillers sur le fait des Aides de la guerre. P. CRAMETTE.

CHARLES V. au Château du Louvre-lès-Paris, le 7. de Decembre 1373.

a *des dictes bonnes Villes ou d'aucune d'ycelles.* P. 40.

b *ès dits lieux ou en l'un d'iceulx.* P. 40.

c *Bourgois & habitans des dictes bonnes Villes.* P. 40.

d *ne puist porter prejudice aus dicts Bourgois & habitans.* P. 40.

e *ces mots ne sont pas dans la* P. 40.

f *puiss.* P. 40. *puissent.*

g *aux dits Bourgois & habitans.* P. 40.

h *ordenons.* P. 40.

i *autres.*

k *ce mot n'est point dans la P. 40.*

## NOTE.

*(c) Ou quel vous estiez.]* J'ai déja trouvé cette formule dans plusieurs Lettres; mais quoique je ne doutasse point que ce mot *vous* ne désignât le Chancelier, je n'ai point voulu en faire une note, que je ne pusse l'appuyer par une preuve. Elle se trouvera cy-dessus, page 581. note *(c)*, où il est prouvé que ces mots *ad relationem vestram*, qui se trouvent aussi à la fin de quelques Lettres, designent le Chancelier.

CHARLES V.
à Paris, en Decembre 1373.

## (a) Diminution de Feux pour Gaujac.

*KAROLUS, &c. Notum, &c. Quod cum ex parte, &c.*

*Cumque facta quadam Informacione virtute certarum Litterarum Regiarum ac dictarum Instruccionum in loco de* [a] *Gaudiaco, Vicarie* [b] *Balneolarum, Senescallie Bellicadri, per certum Commissarium ad hoc deputatum, super numero Focorum in dicto loco tunc existencium; & postmodum virtute Litterarum nostrarum de mandato, alia Informacio in dicto loco de Gaudiaco fuerit de novo & secundo facta super vero numero dictorum Focorum in eodem loco nunc existencium, per dilectum Clericum nostrum, Magistrum Bernardum Clareti Jurisperitum, Judicem ordinarium Nemausi, Commissarium ad hoc per dictas Litteras nostras deputatum; vocatis & presentibus secum in omnibus Procuratore Generali ac Thesaurario seu Receptore nostris dicte Senescallie Bellicadri, aut legitimis Substitutis vel Locatenentibus eorundem; eademque, &c.*

*Repertum fuerit quod in dicto loco de Gaudiaco, sunt de presenti & reperiuntur undecim Foci, secundum traditas Instructiones super hoc prelibatas. Nos vero, &c.*

*Quod ut firmum, &c. Salvo, &c.* Actum Parisius, mense Decembris, anno Domini millesimo CCCLXXIII. Regnique nostri decimo.

*Per Consilium existens in Camera Compotorum Parisius, ex mandato* [c] *Regio.*

P. DE CHASTEL.

*Informacio de qua superius fit mencio, est in dicta Camera, & ponitur cum aliis similibus prout est ordinatum, & financia soluta ut à tergo.*

P. DE CHASTEL.

a GAUJAC. Diocése d'Usez.
b Bagnols. *Voy. le 3.e Vol. de ce Rec.* p. 616. & Note *(b)*.
c Reg. *R.*

NOTES.

*(a)* Tres. des Chart. Regist. 105. P. 34. *Voyez cy-dessus*, pag. 130. Note *(a)*.

C'est le R. P. D. Vaissette qui m'a indiqué le nom moderne de *Gaudiacum*.

---

CHARLES V.
à Paris, le 4. de Janvier 1373.

## (a) Lettres qui portent que les Evêques & autres gens d'Eglise, seront tenus de faire dans un temps prefix, hommage & serment de fidelité au Roy pour les terres à eux appartenantes qui relevent de luy, sous peine de la saisie de leur Temporel.

*KAROLUS Dei gracia Francorum Rex. Senescallo Bellicadri aut ejus Locumtenenti: Salutem. Cum ratione Regalis nostre superioritatis, ac postremi ressorti nostre Superioris Curie Parlamenti Parisius, omnis temporalitas tam Juridiciaria quam alia in Regno nostro & ejus pertinentiis quibuscunque existens & situata, & per quascunque tam Ecclesiasticas quam alias personas detenta & possessa, à Nobis & sub nostris superioritate & ressorto predictis teneatur & teneri debeat, exindeque (b) predecessores ejusdem temporalitatis per homagium aut fidelitatis juramentum vel aliter; videlicet quilibet eorum, de temporalitate quam tenet & possidet, recognicionem Nobis prestare debitam teneantur; & nonnulli Prelati, Archiepiscopi, Episcopi, Abbates, alieque persone Ecclesiastice dicte Senescallie, Nobis recognicionem per homagium, fidelitatis juramentum vel aliter, de temporalitatibus tam Judiciariis quam aliis, quas à Nobis tenent & possident sub nostris superioritate & ressorto supradictis, prout debent & ad hoc tenentur, Nobis prestare contempserint & adhuc contempnant; quod Nobis non immerito quam plurimum displicet & ex causa: vobis committendo, si sit opus, mandamus districtius injungentes, quatenus universis & singulis Archiepiscopis, Episcopis, Prelatis, Abbatibus, Prioribus, & aliis personis Ecclesiasticis,* [d] *quibuscunque status & condicionis existentibus, in dicta Senescallia aliquas*

d cujuscumque.

NOTES.

*(a)* Memorial *D.* de la Chambre des Comptes de Paris, *fol.e* sept vingt, *v.o* (140).

*(b) Predecessores.]* Dans des Lettres à peu près semblables du 24. d'Avril 1374. qui sont dans le même Memorial, *fol.o* 7. vingt 1. *Recto* (141.) il y a *possessores*, qui paroît meilleur.

*temporalitates tam Juridiciarias quam alias quascunque possidentibus, sub superioritate & ressorto nostris predictis in Regno nostro & ejus pertinentiis existentibus, injungatis & precipiatis ex parte nostra, sub omni pena que super hoc fuerit injungenda, ut Episcopi & quilibet eorum, in quantum ipsum tangere potest & poterit,* [a] *prestant Nobis & faciant debitam recognicionem per homagium, fidelitatis Juramentum, & aliter ut fuerit faciendum, & prout ad hoc tenentur, de omnibus temporalitatibus & aliis quibuscunque quas tenent à Nobis, sub nostris superioritate & ressorto dicti Parlamenti nostri, ut prefertur, infra primam diem Maii* M. CCCLXXIIII. *proximo venturam, quam diem pro omni dilacione, ipsis & cuilibet eorumdem propter hoc prefigimus per presentes; & si de hoc facere fuerint negligentes vel remissi, taliter quod infra quindecim dies immediate sequentes post primam diem Maii supradictam, de prestacione dicte recognicionis fidem vobis non fecerint, per nostras alias Litteras expeditas per Cameram Compotorum nostrorum Parisius, & cum Litteris ejusdem Camere de Mandato, omnes & singulas temporalitates illorum qui premissa facere sic neglexerint, ad manum nostram ponatis, capiatis & detineatis, easque regatis, explectetis & levetis, aut regi, levari & explectari faciatis pro Nobis & ad utilitatem nostram, absque aliqua inde recredencia facienda, donec vobis constiterit per alias Litteras nostras expeditas per dictam nostram Compotorum Cameram, una cum Litteris ejusdem Camere de Mandato, & non aliter, dictam recognicionem debite fuisse factam; taliter super hoc vos habentes, quod Nobis debeat esse gratum, nec ob vestri deffectum, sit super hoc aliud remedium adhibendum; opposicionibus & appellacionibus frivolis omnino postpositis & rejectis.* Datum Parisius, IIII.[a] die Januarii, anno Domini M. CCC. LXXIII. Regni vero nostri decimo. *Ainsi signées.* Per Regem. P. BLANCHET.

CHARLES V, à Paris, le 4. de Janvier 1373.

a prestent.

---

CHARLES V. à Paris, le 4. de Janvier 1373.

## (a) Declaration portant Reglement sur les droits d'Admortissement & de Francs-Fiefs.

### SOMMAIRES.

*(1) Ceux qui devront des droits d'Admortissement & de Francs-Fiefs, ne pourront être contraints à les payer, que par la saisie & la vente des biens par rapport ausquels ils doivent ces droits.*

*(2) Lorsque les acquisitions faites par des Gens d'Eglise, ou par des non-nobles de personnes Nobles, n'auront point eu d'exécution, ensorte que ces acquisitions ne seront point restées entre leurs mains, il ne sera point dû de droits d'Admortissement & de Francs-Fiefs.*

*(3) Ces droits ne seront levez que sur les acquisicions faites depuis le temps marqué par les Reglements precedents.*

*(4) Lorsqu'on aura legué à une Eglise, un revenu destiné à faire des distributions aux Ecclesiastiques qui la desservent; si leur nombre n'est pas fixé, ensorte qu'il augmente ou diminue quelquefois, on reglera les droits d'Admortissement sur le nombre des Ecclésiastiques qui desservent ordinairement cette Eglise.*

*(5) Surséance pour le payement des droits de Francs-Fiefs, dans le cas où il y aura trois Seigneurs intermédiaires entre le Roy & le non-noble qui a acheté un Fief d'un Noble.*

KAROLUS *Dei gracia Francorum Rex. Dilecto nostro Magistro Fyacrio* [b] *Brien. Commissario per Nos in Senescallia Bellicadri deputato super facto financiarum acquisicionum factarum & faciendarum per personas Ecclesiasticas, & per innobiles à Nobilibus: Salutem. Cum Nos propter aliquas ambiguitates nuper* [c] *declaraverimus, quod de quibuscunque acquisitionibus jam factis & faciendis, aut retentis & retinendis per quoscunque Prelatos jure prelationis vel aliter; nec non per quascunque personas Ecclesiasticas, aut per innobiles à Nobilibus in Feodo vel Retro-Feodo dictorum Prelatorum, vel alterius eorum, aut quarumcunque aliarum personarum Ecclesiasticarum, in superiori Juridicione nostra situatis, & de ressorto nostre Curie Parlamenti existentibus, financia exigeretur & levaretur ad utilitatem nostram & pro Nobis, juxta seriem Instructionum nostrarum super hoc factarum vobis alias missarum; nec non quod si aliquis Nobilis vel innobilis*

b Il y a une marque d'abbreviation sur ce mot.

c Voy. cy-dessus, p. 608.

### NOTE.

(a) Memorial *D.* de la Chambre de Comptes de Paris, *fol.* sept vingt, *recto*, (140).

CHARLES V. à Paris, le 4. de Janvier 1373.

*pro fundacione* [a] *Capellaniarum vel aliter, ad manum mortuam ordinaverit, vel instituerit legatum perpetuum in dictis Feodis aut Retro-Feodis, onerando vel obligando in speciali aliquas possessiones denominatas, quod inde financia exigeretur ut supra; & dictarum declaracionis & Instructionum virtute, quam plures financias, (b) partibus earum in Cameram Compotorum nostrorum Parisius per vos missis, declaraveritis super non nullas personas Ecclesiasticas, Barones & Nobiles, ac Burgenses & innobiles Bailliviarum* [b] *Vallavie, Vivariensis & Valentinensis esse levandas, & per eas Nobis solvendas racione acquisitionum & onerationum per eas factarum, sicut fertis; pro parte personarum Ecclesiasticarum, Nobilium, Baronum, Burgensium & innobilium dictarum Bailliviarum, Nobis fuerit expositum, quod vos nonnullas dictarum financiarum, preter & contra intellectum declarationis & Instructionum nostrarum predictarum, exigendas & levandas declarastis, & eas exigere nitimini minus juste, in earum grande prejudicium atque dampnum, sicut dicunt. Super quibus, ad Requestam Magistri Guillelmi Pellicerii, de (c) Aumonnayo; ac Mathei Bartholomei de* [c] *Anicio, se gerentium pro dictis personis Ecclesiasticis & aliis supradictis, dicencium & asserentium pro eisdem, quod ipsi nec dicte persone Ecclesiastice non intendunt per appellaciones vel aliter impedire nec differre solucionem financiarum, que secundum dictas nostras declaraciones & Instructiones, earumque bonum & debitum intellectum, solvende fuerint pro acquisitionibus supradictis; & habita super hoc deliberacione cum Consilio nostro in dicta Camera Compotorum nostrorum, deliberatum fuerit dictas declaracionem & Instructiones debere intelligi in modum qui sequitur;*

*(1) Videlicet, quod executio dictarum financiarum in casu recusationis vel dilacionis, debet fieri per captionem, arrestationem, explectationem, vendicionem & alienacionem reddituum, rerum & possessionum datarum, legatarum vel acquisitarum aut ad hoc oneratarum, & non aliter.*

*(2)* Item. *Quod si legatum vel donacio facte cuicunque Ecclesie, hospitali, vel persone Ecclesiastice, non tenuerit vel non habuerit effectum propter revocacionem per Legatorem factam vel aliter; ita quod donatarius vel legatarius nunquam habuerit donum vel legatum; aut si habuerit, quod illud extra manum suam posuerit, vel quod legatum fuerit sine fraude totaliter revocatum seu adnullatum, non est inde financia levanda vel exigenda. Et simili modo, si innobilis fecerit aliquas acquisitiones Feodales, & Dominus à quo ipsa acquisitio movet, eam* [d] *retinuerit, ita quod dictus innobilis nunquam gavisus fuerit de eadem, non est inde financia levanda vel exigenda.*

*(3)* Item. *Quod financia non est levanda de dictis acquisitionibus, nisi de factis à tempore citra in dictis Instructionibus declaratis.*

*(4)* Item. *Quod de legato facto alicui Ecclesie, de certo redditu annuo distribuendo cuilibet tot Capellanorum quot sunt de facto in dicta Ecclesia constituti, die distribucionis dicti redditus, si numerus Capellanorum dicte Ecclesie habet crescere & decrescere, in exigendo financias de talibus legatis, est habendus respectus ad numerum communem Capellanorum communiter existencium, vel qui fuerint in eadem Ecclesia.*

*(5)* Item. *Si innobilis acquisiverit vel acquirat rem Feodalem, & inter Nos & illum qui sic acquisiverit vel acquirat, sint tres Domini intermedii, quod supersedeatur de exigendo financiam ex talibus acquisitionibus, donec aliud fuerit super hoc ordinatum.*

*Nos audita supplicatione dictorum postulantium, vobis mandamus, quatinus in levando dictas financias per vos declaratas & declarandas super personas dictarum Bailliviarum, supersedeatis usque ad primam diem Aprilis proximo venturam; ita tamen & non aliter, quod ex nunc dicte persone aut eorum Procuratores, promittant infra predictam diem financias hujusmodi solvere secundum quod ad hoc tenentur aut tenebuntur, habito respectu ad presentem deliberationem, juxta declarationem & Instructiones*

[a] Capell. R.

[b] Velay.

[c] le Puy en Velay.

[d] par Retrait Féodal.

NOTES.

*(b) Partibus.* ] Il y a dans le Reg. *ptibus*, avec une marque d'abbreviation. Si on lit, *partibus*, cela peut signifier *les Rolles des Finances dûës.* L'on trouve dans le Glossaire de du Cange, *Partes, Rationes*, en François, *Parties.*

*(c) Aumonnayo.* ] Il y a plus bas, *Annenayo*; & c'est ainsi apparemment qu'il faut lire ici. C'est sans doute *Annonay*, dans le haut Vivarez, Diocése de Viviers. *Voyez le Diction. universel de la France*, au mot, *Annonay.*

*nostras*

*nostras prelibatas. Nolumus tamen quod quidam vocati* les boulieux, *de* [a] *Annonayo, qui in nostra predicta Camera positi fuerint (d) in defectu, dilacione predicta gaudeant vel utantur; sed cogantur ad solvendum financias per eos debitas pro acquisitionibus Feodalibus per eos factis; dicto vero pendente termino, (e) recolatis dictas financias; & si quas aliter quam superius continetur, declaraveritis, eas reparetis, & pro nullis teneatis; in aliisque per vos de cetero declarandis juxta dictas declarationem & Instructiones nostras, eas intelligendo prout superius deliberatum extitit, diligenter & debite procedatis, nichil in contrarium faciendo; dictasque personas solucionem financiarum quas debent seu debebunt, solvere differentes aut recusantes, ad solvendum eas & alias per vos declarandas, prout in presentibus est declaratum, elapso dicto termino compellatis aut compelli faciatis; quibuscunque opposicionibus & appellationibus frivolis factis seu faciendis, Litterisque in contrarium impetratis vel impetrandis, que non essent expedite per dictam Cameram Compotorum nostrorum, sub quavis forma verborum existentibus, nonobstantibus quibuscunque; quibus per vos in hac parte nolumus aliqualiter obediri; nisi prout à dicta Camera Compotorum nostrorum, super hoc habueritis in mandatis.* Datum Parisius, quarta die Januarii, anno Domini MCCCLXXIII.° Regnique nostri decimo.

CHARLES V. à Paris, le 4. de Janvier 1373.

(a) Voy. page precedente, Note (c).

NOTES.

(d) *In defectu.] En deffaut,* pour avoir contrevenu aux Reglemens faits sur les droits d'Admortissement & de Francs-Fiefs.

(e) *Recolatis .... reparetis.] Recolare,* en françois *recoler,* se dit ordinairement des témoins à qui on lit leur premiere déposition, en leur demandant s'ils y veulent persister. *Voyez le Glossaire de du Cange,* au mot, *recolare. Recolare* a icy à peu près le même sens: & cet endroit signifie que les Commissaires sur les Admortissements & les Francs-Fiefs, reverront les Rolles des finances qu'ils avoient jugé être dûës, & qu'ils les reformeront suivant le nouveau Reglement fait par le Roy. Les Lettres de diminutions de Feux, sont quelquefois intitulées, *Reparacio Focorum.*

---

## (a) Reglement pour les Troupes.

CHARLES V. au Bois de Vincennes, le 13. de Janvier 1373.

SOMMAIRES.

*(1) Le Connestable nommera une personne, & chacun des Mareschaux nommera quatre Lieuxtenans, pour passer en revûë les Troupes qui seront sous leur commandement. Le Maistre des Arbalestriers en nommera un pour faire la revûë des Arbalestriers seulement. Ces* Commis *presteront serment en presence du Roy, d'observer ce present reglement.*

*(2) Le Connestable, les Mareschaux, le Maistre des Arbalestriers, & les autres Capitaines des Gens d'armes, exerceront leurs* Offices *le plus exactement qu'il leur sera possible; & observeront & feront observer ce present reglement.*

*(3) Le Connestable, les Mareschaux, le Maistre des Arbalestriers, le Capitaine, & les* Commis *nommez pour faire les revûës, ne feront employer dans les rolles de ces revûës, que les gens de guerre qui y seront en personnes, armez suffisamment, & montez sur des chevaux. Ces gens de guerre jureront de servir dans cet estat, pendant tout le temps qu'ils recevront des gages; à moins qu'ils ne soient absens par congé de leurs Officiers ou pour le service du Roy, ou qu'ils ne soient détenus prisonniers sans fraude.*

*(4) Ces Officiers ne recevront dans leurs Compagnies, que des Gens d'armes qui seront en estat de bien servir; & ils ne leur donneront des congez que pour des causes raisonnables.*

*(5) Si quelque Gen-d'arme se retire sans congé ou sans excuse valable, avant la fin du temps pendant lequel il doit servir, ces Officiers en avertiront le Tresorier des guerres, afin qu'il rabatte les gages de ce Gen-d'arme, pour le temps qu'il n'aura point servi.*

*(6) Ces Officiers feront jurer aux Gens d'armes, qu'ils ne s'absenteront point sans leur congé; & qu'ils ne feront aucun dommage aux sujets du Roy.*

*(7) Ces Officiers feront jurer aux Gens d'armes, qu'ils ne prendront rien dans les Villes fermées sans le payer; & qu'ils retourneront*

NOTE.

(a) Premier Registre de la Cour des Aides de Paris, *fol.°* 43. *R.°*

Avant ces Lettres il y a: *Autres Ordonnances sur le fait des Gens d'armes oudit an mil trois cens soixante & treize.* Voyez sur ce Registre de la Cour des Aides, *Tom. 4. de ce Rec.* p. 201. Note (*a*).

Ces Lettres sont aussi dans *Fontanon,* tom. 3. p. 83. Il y a plusieurs mots corrompus, parce qu'elles ont été mal lûës dans le Registre d'où il les a tirées.

CHARLES V. au Bois de Vincennes, le 13. de Janvier 1373.

SOMMAIRES.

*dans leurs maisons, aussitost qu'ils auront esté congediez du service.*

*(8) Les Capitaines seront responsables des desordres que les Gens d'armes de leurs Compagnies commettront sur les routes.*

*(9) Les Capitaines feront reparer par leurs Gens d'armes, les dommages que ceux-cy auront causez; & s'ils negligent de le faire, ils en seront responsables en leur propre & privé nom. S'ils ignorent ceux qui ont causé ces dommages, ils feront assembler tous les Gens d'armes de leurs Compagnies, & ils les feront jurer de leur indiquer ces malfaicteurs.*

*(10) Les Commandans de l'Armée feront retirer tous ceux qui seront à sa suite, s'ils ne sont gens de mestier, Marchands, ou necessaires pour le service; & ils les feront punir s'ils ont commis quelque messait.*

*(11) Le payement des Troupes se fera par Corps ou par Compagnies, chacune en son particulier. Les comptes de ces payements se feront après que les Troupes auront esté congediées du service.*

*(12) Les Clercs des Mareschaux ne prendront aucuns droits, si ce n'est par rapport aux revûës des Compagnies qui seront composées de 100. hommes au moins.*

*(13) Les Compagnies seront composées de 100. hommes commandez par un Capitaine. Celles où il n'y aura pas 100. hommes, se joindront à une autre Compagnie, pour recevoir leur payement.*

*(14) Le Roy reglera sous quels Commandans chaque Compagnie servira.*

*(15) Nul ne pourra estre Capitaine de Gens d'armes, sans Lettres du Roy, de ses Lieuxtenans, des Generaux de ses Armées, des Princes du Sang ou d'autres Seigneurs, pour le service du Roy.*

*(16) Nul Capitaine ne recevra des gages du Roy, si sa Compagnie n'est pas de 100. hommes, ceux qui auront des Compagnies de 100. hommes, auront 100. Francs de gages par mois. Le Roy reglera les gages des Officiers qui auront plus de 100. hommes sous leur commandement.*

*(17) Aussitost que les revûës auront esté faites, & que les Compagnies auront esté payées, les Capitaines les meneront le plus diligemment qu'il sera possible, au lieu où elles doivent servir, sans les laisser sejourner sur le plat-pays.*

*(18) Les Officiers tant Generaux que Subalternes, jureront d'observer & de faire observer ce present Reglement.*

CHARLES par la grace de Dieu Roy de France. A tous ceulx qui ces presentes Lettres verront: Salut. Sçavoir faisons que pour ce que Nous avons [a] attendu que aucuns Capitaines qui ont eu pour le temps des guerres gouvernement de Gens d'armes, n'ont pas tenu le nombre dont ilz faisoient [b] monstre & prenoient payement, & que souvantes fois les deniers qu'ilz en recevoient, ils ne paioient pas à leurs gens selon ce qu'ilz les avoient receuz; & aussi que quant les dis Gens se partoient avant le temps qu'ilz devoient servir, ilz n'en faisoient aucune mencion aux Trésoriers des guerres, leurs Lieuxtenans & Clercs des monstres; & quant après leur cassement, ilz faisoient compte avec les dis Trésoriers des guerres, que les sommes qui estoient deuës à eulx & à leurs gens, ilz recevoient par devers eulx sans riens en bailler à leurs gens; parquoy ilz prenoient occasion de eulx plaindre de Nous de deffault de paiement; & oultre, que pour le grand nombre de Capitaines qui a esté le temps passé en nos [c] Hostz & Chevauchées, & par especial ceste saison, grant nombre de gens de petit estat ont esté passez ès monstres, & combien qu'ilz fussent receuz à gaiges, armez & monstez moins souffisans, dont ilz ont pillé & robé tant ès bonnes Villes comme ou plat pays, & fait plusieurs grans dommaiges sur les lieux par où ilz sont passez; & pour connoître de la pillerie, [d] n'ont mie esté avec les Lieuxtenans ou [e] Chefs d'offices ou de guerres; Nous pour obvier aux inconveniens dessusdis, & à plusieurs autres touchant le fait de la guerre, desirans sur toutes choses le bon gouvernement de nos bons & loyaulx subjectz, & les garder de griefs, oppressions & dommaiges, & gouverner en bonne justice, par grant advis & meure deliberation de Conseil eu sur ce avec les Chefz d'office de nostre guerre, & plusieurs autres saiges & vaillans, avons voulu, estably & ordonné les choses qui s'ensuyvent.

*(1) Premierement.* Que nostre Connestable de France qui à present est ou sera, nommera & ordonnera certaine personne pour recevoir les monstres des Gens *(a)* de son Hostel; & chascun de noz Mareschaulx, quatre Lieuxtenans pour recevoir

a *entendu.* F.

b *reveuë.*

c *armées.*

d *Je crois que cela se rapporte aux Capitaines.*

e *Voy. cy-dessus,* p. 539. Note *(c).*

NOTE.

*(a) De son Hostel.]* Il paroît par plusieurs endroits de ces Lettres, que ces mots signifient *les Troupes qui sont sous son commandement.*

a le monstres de toutes gens, manieres de gens; & le Maistre de Arbalestriers ung, pour recevoir les gens de son Hostel seulement; lesquels Commis & Lieuxtenans seront saiges & ydoines & experts, & jureront en nostre presence avant qu'ilz usent de leurs Offices, aux Sainctes Euvangiles de Dieu, de tenir & garder les Ordonnances touchant le fait desdictes monstres, lesquelles seront escriptes après; & en deffault de ceulx qui seront nommez pour mort, pour [b] rapport ou autrement, autres bons & souffisans seront mis en leurs lieux, lesquels feront le serment comme dessus.

CHARLES V. au Bois de Vincennes, le 13. de Janvier 1373.

a *les monstres de toutes manieres de gens.* F.

b *rappel.* F.

(2) *Item.* Nostre Connestable, noz Mareschaux, le Maistre des Arbalestriers, & tous les autres Capitaines des Gens d'armes, le mieulx & le plus loyaument qu'ilz pourront, excerceront & gouverneront leurs Offices, & feront les choses appartenans à iceulx, à l'onneur & prouffit de Nous, nostre Royaume & de nostre guerre, & si comme ilz feroient pour leur propre fait; & tiendront quant à eulx, & feront tenir, garder & acomplir nostre presente Ordonnance, & toutes les choses contenuës en icelle, sans faire ne venir encontre par eulx ne par autre, en aucune maniere.

(3) *Item.* Eulx, leurs Lieuxtenans, commis & deputez dessus dis, ou autres aïans povoir à ce, ne recevront, ne souffreront estre receuz à monstre ne à reveuë, aucuns gens de guerre, s'ilz n'y sont en personne, montez & armez souffisamment de son propre harnoix, & [c] son cheval ou de son [d] Maistre; & aussi se en faisant la monstre ou reveuë, il ne jure sur les Sainctes Euvangiles de Dieu, que en tel estat servira pour le temps qu'il recevra noz gaiges, [e] se il n'est hors du commandement de son Capitaine, ou pour nostre service, ou [f] [ enfermé de son corps loyaument sans nulle fraulde; ] & ne feront, soustiendront ou souffreront aucun autre estre receu, escript ou passé en monstre.

c *sur son.* F.

d *Capitaine.*

e *s'il n'est absent par congé.*

f *prisonnier & detenu sans fraude.* F.

(4) *Item.* Ilz prendront en leur Compaignie & se chargeront de bonnes Gens d'armes de fait, telz comme ilz les prandroient pour leur propre fait, lesquelz ilz congnoissent, & qu'ilz soïent gens de tel estat qu'ilz doivent estre receuz à noz gaiges; & ne les lairront ou donneront congé sans cause raisonnable.

(5) *Item.* Se aucun se partoit devant le temps qu'il devroit servir, sans congé & sans loyal [g] exoine, ilz le reveleront & diront au Tresorier des guerres, ou à son Lieutenant qui fera le païement, pour luy faire rabattre pour le temps qu'il aura esté hors.

g *excuse.*

(6) *Item.* Ilz feront jurer aux Gens d'armes qui seront soubz eulx, qu'ilz [h] le serviront continuellement, & ne s'en partiront sans leur congé; & aussi qu'ilz ne feront aucun dommaige à leur povoir, sur noz genz & subjectz d'aucuns des pays de nostre Royaume estans en nostre obéissance, soit en venant en nostre service ne en demourant, tant comme ilz seront en nostre dit service, ne en retournant en leurs pays & maisons.

h *les.* F.

(7) *Item.* Ilz feront jurer à leurs dis Gens, en faisant leurs dictes monstres, qu'ilz se gouverneront bien, loyaument & raisonnablement, sans prendre aucunes choses ès Villes fermées, Forteresses & autres lieux, sans en païer le pris raisonnable, & faire satisfaccion [i] ès hostelz, si qu'ilz en soïent contens; & aussi que de noz subjectz & obéissans, ilz ne prandront ne recevront deniers, Vivres ou autres choses, à cause de [k] Prinse ou de rançon, ou autres occasions quelzconques, autrement que dit est; & sitost qu'ilz seront (c) cassez de gaiges, ilz s'en retourneront en leurs maisons; & se ainsi ne le font, ilz perdront leurs Chevaux & harnois, & du demourant seront à nostre voulenté.

i *aux hostes.* F.

k *Voy. les Tabl. des Mat. de ce Rec.* au mot, *Prises.*

(8) *Item.* Se les Capitaines mandent aucuns Gens d'armes à venir à eulx de pays à autre, pour Nous servir ou nombre qui leur sera ordonné, & ilz messaisoient en venant devers eulx, iceulx Capitaines seront tenuz du meffait.

(9) *Item.* Se les Gens d'armes qui seront sous aucun Capitaine, font aucune pillerie, [l] roberie, ou aucun donmaige durant leurs services, les Capitaines les contraindront à dresser & repparer iceulx donmaiges, ou iceulx Capitaines les païeront

l *vol.*

NOTE.

(c) *Cassez de gaiges.* ] Il y a dans Fontanon, *payez;* mais *cassez* vaut mieux ; & cela signifie , *quand on cessera de leur payer des gages, parce qu'ils auront été congediez du service.*

CHARLES V.
au Bois de Vincennes, le 13. de Janvier 1373.

de leur [a] mesmes, quant il sera venu à leur congnoissance, sans [b] querir cautelle & malice aucune au contraire; & s'ilz en estoient delayans ou reffusans, Nous voulons qu'ilz y soïent contrainćts vigoreusement & sans [c] deport par noz Lieuxtenans, Chefs de guerre, ou autres Officiers à qui la congnoissance en appartiendra; & ou cas que bonnement on ne pourroit sçavoir nommeement les personnes qui y auront faitz les diz dommaiges, les Capitaines soubz qui serviront les dis malfaićteurs, feront assembler tous leurs gens, & les feront jurer & reveler ceulx qui ce auront fait, pour les en corriger; & ainsi le jureront les dićtz Capitaines.

a propres. F. de leurs biens.
b chercher.
c faveur.

*(10) Item.* Se l'on treuve aucunes gens de pié ou de cheval suyvant l'Ost, qui ne soïent gens de mestier, Marchans, ou autres gens neccessaires pour servir l'Ost, les Lieuxtenans ou Chefs de guerre qui y seront, les feront contraíndre à wider & en partir; se ilz meffont, ilz les feront pugnir selon la qualité du meffait; & aussi feront pugnir tous autres malfaićteurs en l'Ost, sans faveur ou déport.

*(11) Item.* Que tous les payemens des Gens d'armes se feront d'oresenavant *(d)* par Chambres à part; & ne recevra aucun Capitaine aucun païement, ne fera compte, que pour les gens de son Hostel tant seullement; & est nostre entente que à ceulx qui viendront mandez par Nous en nostre service, duquel mandement apperra par ce qu'ilz se gouverneront par la maniere que dit est, l'en comptera après leur cassement, venuë & retour, raisonnablement.

*(12) Item.* Les *(e)* Clercs des Mareschaulx ne recevront aucune chose, se n'est des monstres des Capitaines qui auront le nombre de cent hommes dessoubz eulx, ou de plus.

*(13) Item.* Les Gens d'armes que Nous tiendrons de cy-en avant à nos gaiges, seront divisez par [d] Routes, chacune de cent hommes d'armes, & en chascune Route, aura ung Capitaine; & au-dessoubz dudit nombre de cent hommes d'armes, n'aura Capitaines aucuns; ainçoys *(f)* feront chambres, selon ce qu'ilz vouldront recevoir leur paiement.

d Compagnies.

*(14) Item.* Les dis Capitaines de cent hommes d'armes avec leurs gens, seront par Nous ordonnez à estre soubz le gouvernement des Lieuxtenans, Chefs de guerre & autres Officiers, à nostre plaisir & Ordonnance.

*(15) Item.* Doresenavant nul ne sera Capitaine de Gens d'armes sans nostre Lettre & aućtorité, ou de noz Lieuxtenans ou Chefz de guerre, ou d'autres Princes & Seigneurs de nostre Royaume, pour nostre service, deffense, bien & seurté de leurs pays, sur peine de perdre chevaulx & harnoys, & tous biens meubles & heritaiges.

*(16) Item.* Nul n'aura *(g)* Estat, se ce ne sont les Capitaines ordonnez audit nombre de cent hommes d'armes, comme dessus; lesquelz auront chascun cent francs pour moys; & des Lieuxtenans & Chefz de guerre, qui auront plus grans nombres de Gens d'armes soubz leur gouvernement, sera nostre Ordonnance de leur donner tel Estat, comme il Nous plaira.

*(17) Item.* Sitost comme les monstres seront faićtes, & les Gens d'armes auront receu leur païement, les Capitaines les meneront tout droit & le plustost qu'ilz pourront, ès Frontieres ordonnées, sans les laisser séjourner sur les pays, & les tiendront ès lieux plus convenables pour le proffit de la guerre, & au commandement & ordonnance du Lieutenant ou Chef de nostre guerre, estant pour lors en ceste Partie.

*(18) Item.* Nos Lieuxtenans, Connestable, Mareschaulx & Maistres des Arbalestriers, & autres Capitaines de Gens d'armes, jureront; c'est assçavoir, c'eulx qui

NOTES.

*(d) Par Chambres.]* Je crois que cela signifie, *par Corps de troupes ou Compagnies, chacune en son particulier.*

*(e) Les Clercs.]* Voyez dans le Sommaire la maniere dont j'ai crû qu'on pouvoit entendre cet article qui n'est pas clair.

*(f) Feront Chambres.]* Je crois que cela peut signifier, *qu'ils se joindront à une autre Compagnie, pour recevoir leur payement. Voy. cy-dessus,* Note *(d).*

*(g) Estat.]* Ne feront point employez sur les Etats du Roy, dans lesquels sont compris tous ceux qui reçoivent des gages de luy.

font prefentement, & ceulx advenir, avant que leurs Lettres d'Offices ou Capitaineries leur soïent renduës, sur les sainctes Euvangiles de Dieu, sur leur honneur & par leur foy & loyaultez, que les Ordonnances dessus dites, & toutes les choses contenuës en icelles, ilz garderont, tiendront & accompliront de point en point, & feront tenir, garder & acomplir loyaument & veritablement, sans faire ne venir au contraire par eulx ne par autres, [a] [en aucune maniere qu'il est contenu cy-dessus.] Et Nous plaist que les Ordonnances dessus dictes soïent publiées à Paris, ès Frontieres & ès autres notables lieux du Royaume, dont il semblera estre expedient à nostre Conseil & à noz Officiers sur le fait de noz guerres.

CHARLES V. au Bois de Vincennes, le 13. de Janvier 1373.

a *en aucune maniere, & tout en la forme & maniere qu'il est contenu & déclaré cy-dessus.* F.

En tesmoing de ce, Nous avons fait mettre nostre Seel à ces Lettres. *Donné au Boys de Vincennes, le treiziesme jour de Janvier, l'an de grace mil trois cens soixante & treize, & de nostre Regne le dixieme.* Ainsi signé. Par le Roy, en son Conseil. Yvo.

---

CHARLES V. à Paris, le 14. de Janvier 1373.

*(a) Lettres qui portent que les biens qu'a dans le Royaume, l'Abbé de Saint Oyan de Joux, [* Saint Claude, *] qui faisoit battre de la Monnoye au Coin du Roy, seront saisis; & que l'on fera le procès aux ouvriers qui y ont travaillé par ses ordres.*

CHARLES par la grace de Dieu Roy de France. Aux Bailly & Receveur de Mascon, ou à leurs Lieutenans: Salut. Nous informé souffisamment, tant par vous & les Generaulx-Maistres de noz Monnoyes, comme autrement, que l'Abbé de *(b)* Saint Oüain de Jou, qui en vostre Bailliage & ou ressort, a plusieurs menbres & Prieurez, a fait & encor fait de jour en jour forger & batre Monnoye d'Or & d'Argent en Coings contrefaictz aux nostres, dont nostre Peuple & autres cuidans que les dites Monnoyes contrefaictes, forgées & batuës, comme dit est, par ledit Abbé, fussent & soïent les nostres propres, ont esté & encores pourroient estre moult deceuz & donmaigez, lesquelles choses ainsi faictes de par ledit Abbé, ont esté & sont contre raison, & la defense du Sainct Siege de Romme, & nostre Sainct Pere le Pape sur ce faictes; vous mandons & commectons, que toutes les rentes, pensions & autres prouffiz que ledit Abbé prent sur les membres & Prieurés, avec tous autres biens d'iceluy Abbé, assis tant en vostredit Bailliage & ou ressort, comme ailleurs en nostre Royaume, vous prenez & tenez en nostre main [b] royaument & de fait; & que [c] parmi icelle main, vous Receveur en recevez & levez par vous ou vos depputez, tous les émolumens & prouffictz, sans en faire renduë ou recreance aucune, se ce n'est par especial mandement de Nous, par noz [d] Lettres pendans faisans expresse mention de ces presentes; & avec ce, tous les ouvriers & Monnoyers que vous trouverez par information ou autrement deuement, avoir forgé & contrefaict, comme dit est, nos dictes Monnoyes de par ledit Abbé, prenez ou faictes prendre avec tous leurs biens, en quelzconque lieu que trouvez pourront estre en nostre Royaume, hors lieu Sainct, en vostre Baillage & ressort, & les corps d'iceulx detenez prisonniers en aucunes de noz prisons; & vous tenant si saisiz de leurs dits biens que vous en puissiez respondre; & au surplus procedez à la pugnition des dits ouvriers & Monnoyers, si comme au cas appartiendra, & par telle maniere qu'il soit exemple aux autres; appellé nostre Procureur en vostre Bailliage, & autres qui feront à appeller.

b *reellement.*

c *moïennant cette saisie.*

d *Lettres scellées, auxquelles le Sceau pendoit.*

NOTES.

*(a)* Registre *D.* de la Cour des Monnoyes de Paris, *fol.°* 8. vingt 18. *verso* (178).

*(b) Saint Oüain de Jou.]* C'est la celebre Abbaye de S.t Claude, en Franche-Comté, laquelle a été autrefois nommée *S.t Oyan de Joux*, du nom de *S. Eugendus*, nommé aussi *Augendus* ou *Augentius. Voy. Gall. Christ. 2.e Editionis*, tom. 4. p. 241.

L'Abbaye de S.t Claude avoit le droit de faire battre Monnoye. *Voy. le Glossaire de du Cange*, tom. 4. p. 989. au mot, *Condatescensis*, qui est aussi un nom que cette Abbaye a porté anciennement.

CHARLES V. à Paris, le 14. de Janvier 1373.

Et Nous donnons en mandement à tous noz Justiciers, Officiers & subgectz, que à vous & à vos depputez en ce faisant, obeissent diligenment, & vous prestent & baillent & à vos dits depputez aussy, conseil, confort & aide, se mestier [a] est, & ilz en sont requis. *Donné à Paris, le XIIII.e jour de Janvier, l'an mil trois cens soixante & treze, & le dixiesme de nostre Regne.* Par le Roy, à la relation du Conseil estant en la Chambre des Comptes. P. BLANCHET.

a besoin.

---

CHARLES V. à Paris, en Janvier 1373.

## (a) *Lettres portant suppression de la Commune de la Ville de Roye, en Vermandois.*

CHARLES, &c. Savoir faisons à tous presens & avenir, que comme par l'octroy ou ancienne tolerence de Nous & de nos Predecesseurs Roy de France, les habitans de nostre Ville de Roye en Vermendois, feussent fondés & souffers avoir Commune, Maire, Jurez, Eschevins & Eschevinage, certains drois & Justice, possessions & Noblesces, soubz Nous & du ressort de nostre Prevosté de Roye & du Bailliage de Vermendois; en nostre quelle Ville toutes voies a tousjours eu Sieges Royaux en Prevosté & en Bailliage, Ville & Chastellenie de grant auctorité & renommée, decorée de plusieurs nobles ressors & souverainetez, marchiez & autres honneurs, & [b] Nous avions plusieurs hommes, vassaux, cens, revenuës & autres possessions de nostre Demaine, & grans prouffis & émolumens, tant en Justice comme ès Aydes ordenez en ladicte Chastellenie & ailleurs, avec Cent onze livres dix Solz Parisis de rente sur ladicte Commune & les biens d'icelles, dès sa fondacion; laquelle Ville par le fait de nos ennemis qui à leur derreniere Chevauciée sont passez par là, a esté & est toute deserte, les maisons & édiffices gastez, [c] ars & destruis, avecques les biens des habitans, telement que elle est demourée du tout inhabitée & en ruyne, & les habitans transportez en plusieurs Villes, & tant que à present ne y a habitans aucun, ne personne qui y veulle ne entende plus à demourer ne rediffier ycelle, tant pour les grans [d] missions qu'il leur convendroit soustenir aux ediffices refaire, [e] ainçois que il peussent estre habitables, & à leur heritage relever & leur chevance avoir, comme pour plusieurs charges en quoy ladicte Commune & l'Eschevinage estoient tenus tant à Nous comme à autres, de rentes & autres debtes qu'ilz ne pourroient soustenir, ne leur chevance avoir par l'infortune dessus dicte, dont nostre Ville demourroit inutille, & le nom & Siege de ladicte Chastellenie abatu à tousjours, se aucune provision n'y estoit mise. Et pour ce, ces choses venuës à nostre congnoissance, ayons d'abondant *(b)* fait savoir à plusieurs personnes paravant habitans en ladicte Ville, tant Maire, Jurés & Eschevins, comme autres grant [f] foison qui estoient dispars & [g] retrais en divers lieux, leur volenté & entencion, en les faisant induire de vouloir [h] venir & rediffier nostre dicte Ville de Roye, lesquelx ne se y sont voulu consentir, especialment tant comme il y eust Commune de laquelle il n'entendoient jamais user, mais desiroient ycelle estre abatuë, & toute ladicte Ville & Justice demourer en nostre plein droit & Domaine, s'il Nous plaisoit, si comme Nous avons esté de toutes ces choses certiffié souffisaument par nos Gens. Pourquoy Nous desirans nostre dicte Ville estre reedifiée & habitée, & pourveoir à la chose publique, & le droit du Demaine de nostre Couronne, à quoy Nous sommes astrains, garder & conserver, avons par grant & meure deliberacion en nostre Conseil, pensé en ce l'urgent necessité & l'evident utilité à ce Nous mouvans, & pour la reformacion & le bien commun du païs, Nous souffisaument enformez sur ce, de nostre auctorité Royal & plaine puissance, abatu & abatons ladicte Commune, Jurage, l'Eschevinage, & tout l'estat d'icelle avec tout ce qui s'en [i] ensieut; & ladicte Ville

b où Nous avons. R. 109.
c brûlez.
d dépenses.
e avant.
f nombre.
g retirez.
h revenir. R. 109.
i ensuit. R. 109.

NOTES.

*(a)* Tresor des Chartres, Registre 105. Piece 7. vingt 4. (144).

Ces Lettres sont aussi dans le Registre 109. Piece 399.

*(b) Fait savoir ..... leur volenté.* ] Fait demander ..... quelle étoit leur volonté.

& toute Justice & congnoissance, avons mis & appliquié, mettons & appliquons à nostre dit Demaine, sans ce que plus d'oresenavant les habitans quelconques y [a] soïent, puissent ne doïent user de Commune, Maire, Jurés, Eschevins ne Eschevinage, ne d'auctorité de Commune, Justice ne autres drois; mais demourront simples habitans nos subgez en Prevosté sens moyen, comme avant ladicte creacion ou tolerence de Commune, & telz tenus & reputez, maintenus & gouvernez; en octroyant à tous ceulx qui par avant y habitoient & tous autres, que il puissent & leur [b] loise [c] estre, édifier & habiter en ladicte Ville paisiblement par ladicte maniere, sans charge de Commune. Car ainsi l'avons Nous ordené & ordenons de nostre dicte auctorité & certaine science. Et pour ce que ce soit ferme chose & valable à tousjours, Nous avons fait seeller ces Lettres de nostre grant Seel: Sauf en autres choses nostre droit, & en toutes l'autrui. *Donné à Paris, l'an de grace mil CCCLXXIII. & de nostre Regne le X.e ou mois de Janvier.*

Par le Roy, à la relacion du Conseil estant en la Chambre des Comptes, [d] ouquel [e] vous, Mess.rs l'Archevesque de Senz, les Evesques de Beauvaez & d'Amiens, les Contes de Salebruche & de Brene; & les Gens des Comptes, Maistres Jehan d'Achiries, Huë de Roche, Thomas le Tourneur, & plusieurs autres estiez. JOHA.NES

CHARLES V. à Paris, en Janvier 1373.

a *Ces mots paroissent corrompus.*
b *leur soit permis.*
c *venir, estre,* R. 109.
d *ce qui suit, à l'exception du mot*, Johannes, *n'est pas dans le* R. 109.
e *Voy. cy-dessus*, p. 653. Note *(c)*.

---

CHARLES V. à Paris, en Janvier 1373.

## (*a*) Diminution de Feux pour differents lieux.

*KAROLUS, &c. Notum, &c. Quod cum ex parte, &c.*

*Cumque facta quadam Informacione virtute certarum Litterarum ac dictarum Instruccionum Regiarum, per certum Commissarium ad hoc tunc deputatum, in loco de* [f] *Bisano Alleriarum, Vicarie Bitterris, Senescallie Carcassone, super numero Focorum in dicto loco tunc existencium; & postmodum virtute Litterarum nostrarum de mandato, alia Informacio in dicto loco fuerit de novo & secundo facta super vero numero Focorum in eodem loco nunc existencium, per dilectum nostrum Rogerium de Rovenayo, Dominum de Ferralibus, Commissarium ad hoc per Senescallum Carcassone, auctoritate Regia legitime subdelegatum & deputatum; vocato & presente in omnibus Procuratore nostro Generali dicte Senescallie Carcassone, aut ejus legitimo Substituto; eademque Informacione, &c.*

*Repertum fuerit quod in dicto loco de Bisano Aleriarum, sunt de presenti & reperiuntur triginta septem Foci,* [g] *traditas Instructiones super hoc prelibatas. Nos vero, &c.*

*Quod ut firmum, &c. Salvo, &c.* Actum Parisius, mense Januarii, anno Domini millesimo CCCLXXIII.° & Regni nostri decimo.

*Per Consilium, &c.* P. DE CHASTEL.

[h] Item. *Consimilis Littera sigillata, signata & data ut supra, pro loco de* [i] *Vidilhano, Vicarie Narbone, Senescallie Carcassone, ubi sunt per ij. dictam reparacionem, XII. Foci.*

Item. *Consimilis Littera sigillata, signata & data ut supra, pro loco de* [k] *Calhano, Vicarie de* Lymous, *Senescallie Carcassone, ubi sunt per secundam reparacionem, XII. Foci.*

f BISAN d'Argeliers, Diocése de Narbonne.
g secundum.
*h* Ce qui suit a été copié conformement au Registre.
*i* VEDILHAN, Diocése de Narbonne.
k CAILHAU, Diocése de Narbonne.

NOTE.

*(a)* Tresor des Chartres, Registre 105. Piece 6. vingt 13. 6. vingt 14. & 6. vingt 15. (133. 134 & 135).

*Voy. cy-dessus*, p. 30. Note *(a)*.
C'est le R. P. D. Vaissette, Benedictin, qui m'a indiqué les noms modernes des lieux compris dans ces Lettres.

CHARLES V.

à Paris, en Fevrier 1373.

## (a) Lettres de Sauve-Garde Royale pour l'Abbaye de S.t Jean d'Angely.

*KAROLUS Dei gracia Francorum Rex. Notum facimus universis tam presentibus quam futuris, quod inter curas & urgentes sollicitudines quibus in regendis subditis Nobis plebibus frequenter distrahimur & animus noster afficitur, ad hec precipue nostre mentis aspirat*[a]*, per*[b] *quem status Ecclesie nostris temporibus, sub concesso Nobis regimine in transquillitate manuteneatur & pace, & ipsius Regni Ecclesie, quarum Servitores sub devote Religionis observancia, nocte dieque*[c] *insistunt obsequiis, sub protectione Regia à suis releventur pressuris, & per Regalem potenciam à noxiis defendantur, ut eo liberius & fervencius circa divinum cultum vacare valeant, quo habundantius per Nos senserint se adjutos. Sane pro parte Religiosorum Virorum, Abbatis & Conventus Monasterii Sancti Johannis Angeliacensis, Ordinis Sancti Benedicti, Xanctonensis Diocesis,*[d] *& fundacione Regia existencium, asserencium eciam à nonnullis suis emulis, ne eisdem in personis aut bonis eorum quomodolibet*[e] *injurientur, sibi verissimiliter timere, Nobis fuit humiliter supplicatum, ut ab injuriis, violenciis, molestiis, gravaminibus & jacturis defendi valeant & tueri, ac pace & securitate plenarie gaudere, Nos ipsos in & sub protectione nostra Regia ac Gardia speciali suscipere dignaremur. Nos igitur ipsorum supplicacioni favorabiliter annuentes, prefatos Abbatem & Conventum, eorum Monasterium predictum, tam in capite quam in membris, & singulares monachos, una cum domibus, granchiis, possessionibus, bonis, rebus & familiaribus eorumdem, in & sub nostris successorumque nostrorum Regum Francie, protectione & Salva-Gardia speciali perpetuo remansuros suscipimus & ponimus per presentes: Dantes tenore presencium in mandatis Gubernatori de Rupella, ac Baillivo Exempcionum*[f] *Pictavensium & Xanctonensium, ceterisque Justiciariis nostris, presentibus & futuris, aut eorum Locatenentibus, & cuilibet ipsorum, prout ad eum pertinuerit, quatenus prefatos Religiosos Monasteriumque suum predictum, tam in capite quam in membris, domos, granchias & possessiones eorum, ac singulares personas ipsius Monasterii, in suis usibus, juribus, franchisiis, Libertatibus & saisinis veris & justis, in quibus ipsi sunt & eorum predecessores fuerunt ab antiquo pacifice, sub dicta Regia protectione & Gardia speciali manuteneant & conservent, nec permittant eis aliquas indebitas novitates fieri vel inferri; ipsosque Abbatem & Conventum, tam conjunctim quam divisim, & eorum successores ac familiares eorum, ab omnibus injuriis, violenciis, gravaminibus, oppressionibus, vi armorum, Laycali potentia, & molestacionibus quibuscunque defendant & faciant defendi; & quantum ad*[g] *pressima exequenda, eisdem Religiosis constituant &*[h] *deputant Gardiatorem seu Gardiatores speciales ex parte nostra deputandos; eorum sumptibus tamen & expensis; qui Gardiator seu Gardiatores de hiis que cause cognicionem exigunt vel Judicialem requirunt indaginem, se nullatenus intromittant. Quod ut firmum & stabile perpetuo perseveret, presentes Litteras Sigilli nostri munimine jussimus roborari: Salvo in aliis jure nostro, & in omnibus quolibet alieno.* Datum Parisius, mense Februarii, anno Domini millesimo CCCLXXIII.° & Regni nostri decimo.

*Per Regem, ad relacionem Consilii.* MAULONE.

a affectus qui est dans plusieurs Lettres semblables.

b que.

c divinis.

d ex.

e injurietur.

f Pictaven.... Xanctonen..... R.

g premissa.

h deputent.

NOTE.

*(a)* Tresor des Chartres, Registre 105. Piece 8. vingt 2. (162).

*(a) Mandemens*

CHARLES V. à Paris, le 30. de Mars 1373.

(a) *Mandement portant qu'il sera donné à Pierre Dolly, cent huit Sols pour chacun des mille Marcs d'Argent, qu'il s'est engagé de porter à la Monnoye de Saint Quentin.*

CHARLES par la grace de Dieu Roy de France. Aux Gardes & Maistre-Particulier de nostre Monnoye d'Argent de Sainct Quentin: Salut. Savoir vous faisons que de nostre commandement & volenté, pour le bien & prouffit de Nous & de noz subgectz, & afin que nostre Monnoye de Sainct Quentin [a] ne chee en chomage, & par bonne & meure deliberation, aucuns de noz amez & feaulx Tresoriers & Generaulx-Maistres de noz Monnoyes, ont traicté, accordé & marchandé avec Pierre Dolly de Sainct Quentin, en telle maniere que iceluy Pierre doit livrer & porter ou faire livrer & porter en son nom en nostre dite Monnoye, dedans la Feste Sainct Remy prochainement venant, la somme de mil marcs d'Argent allaïez à quatre deniers de Loy; [b] parmi ce que pour chascun Marc, il aura & luy sera payé par vous trois Solz Tournois, oultre le pris de cent cinq Solz Tournois que Nous en donnons à present. Pourquoy Nous vous mandons & à chascun de vous, & estroictement enjoignons, que les dits trois Solz Tournois, oultre ledit pris de cent cinq Solz Tournois, vous païez & delivrez audit Pierre pour chascun desdits mil Marcs d'Argent, tout ainsi que par luy ou par autre en son nom, les dits mil Marcs d'Argent vous seront livrez & portez en ladite Monnoye; & par rapportant ces presentes, ou coppie d'icelle collationnée par nostre Chambre des Comptes, avec certiffication de vous Gardes des dits mil Marcs d'Argent ainsi livrez en ladite Monnoye, & recongnoissance dudit Pierre de ce que pour ladite cause païé luy aurez, tout ce qui ainsi luy aura esté par vous païé pour cause des choses dessus dites, Nous voulons & mandons estre alloüé ès Comptes de vous Maistre-Particulier dessus dit, par noz amez & Feaulx Gens de noz Comptes à Paris, sans aucun contredict; nonobstant quelzconques Ordonnances, mandemens ou deffenses faictes ou à faire à ce contraires. *Donné à Paris, le penultime jour de Mars, l'an de grace mil trois cens soixante & treze, & de nostre Regne le dixiesme.*

a qu'on ne cesse d'y travailler.

b moyennant.

NOTE.

Registre *D.* de la Cour des Monnoyes de Paris, *folio* 8. vingt 19. *R.°* (179).

Avant ces Lettres, il y a: *Mandement pour livrer en la Monnoye de Sainct Quentin, mil Marcs d'Argent allaïez à quatre Deniers de Loy, par Pierre Dollys.*

---

CHARLES V. à Paris, en Mars 1373.

(a) Confirmation des privileges accordez aux habitants de Coulange-la-Vineuse, par leurs Seigneurs.

*KAROLUS Dei gracia Francorum Rex. Notum facimus universis tam presentibus quam futuris, Nos Litteras infrascriptas vidisse, formam que sequitur, continentes.*

OU nom de la Sainte Trinité. *Amen.* Nous Phelippes de Sainte Croix, Evesque de Mascon & Seigneur de *(b)* Coloinges-les-Vineuses du Vaul de Marcy, faisons savoir à tous ceulx qui ces presentes Lettres verront, que comme nos predecesseurs Seigneurs des dictes Coloingnes, aïent donné & octroïé à nos Bourgois & habitans de nostre Ville de Coloinges, franchises; & que la Communauté de nostre Ville

NOTES.

*(a)* Tresor des Chartres, Registre 105. Piece onze vingt (220).

*(b) Coloinges-les-Vineuses.]* Coulange-la-Vineuse, Diocese d'Auxerre. *Voy. le Dictionnaire universel de la France,* au mot, *Coulange.*

CHARLES V. à Paris, en Mars 1373.

eslise chacun an le jour de la Feste de la Nativité Saint Jehan-Baptiste, ou le lendemain, quatre Bourgois de nostre dicte Ville, liquel sont juré & establi à traictier & ordonner de toute la besoigne de la Communauté de nostre dicte Ville; & que cil quatre ou la plus grant partie d'iceulx Jurés, puisse faire & ordener pour la Communauté de nostre dicte Ville, autant comme toute la Communauté feroit & pourroit faire; nous les franchises & choses dessus dictes & chascune d'icelles, louons, greons & avons aggreables, & promettons tenir & [a] garde à tousjours fermement, sanz corrompre; & en [b] aultre, avec les franchises & choses devant dictes, avons octroïé & par ces presentes octroyons aus diz nos Bourgois & habitans des dictes Coloinges, leurs hoirs, leurs successeurs, presens & avenir, que perpetuelment & à tousjours mais, pour toutes les besoignes de la Communauté de nostre dicte Ville, les diz habitans ou li quatre Juré, ou la plus grant partie d'iceulx Jurez, toutteffoys qu'il leur plaira & bon leur semblera, puissent [c] assembler ensemble sens nostre licence & auctorité, ne de nos successeurs, heritiers ou autres, qui de nous aïent cause, & que les dis habitans ou les quatre Jurez ou la plus grant partie d'iceulx Jurez, sans nostre auctorité & license, comme dit est, puissent faire & establir pour les besoingnes de leur dicte Communauté, Procureur un ou plusieurs, touteffois que bon leur semblera & [d] mestier leur sera, par telle maniere que elle ne soit point contre nous ne nos successeurs; & avec ce, que les diz habitans ou les diz quatre Jurez, ou la plus grant partie d'iceulx Jurez, puissent faire sans nostre auctorité & licence, comme dit est, Tailles & Imposicions sur eulx raisonnables, teles comme bon leur semblera, & touteffois que mestier leur sera, & que de ycelles il oyent le compte, sanz ce que d'icelles Tailles d'oresenavant ilz soïent tenuz de rendre compte à nous, noz hoirs, nos successeurs & heritiers, ou ceulx qui de nous aïent cause ou temps avenir; & les diz habitans ou les diz quatre Jurez ou la plus grant partie d'iceulx quatre Jurez, les choses dessus dictes, toutes & unes chascunes d'icelles, puissent faire toutteffois & quanteffois que mestier leur sera, & que à faire il auront pour cause des besoingnes de leur dicte Communauté, à quelconques personnes que [e] se soit, excepté la nostre, nos hoirs, nos successeurs ou ceulx qui de nous auroient cause; & de toutes les choses que li quatre Juré devant dit ou la plus grant partie d'iceulx quatre Jurez, feront en bonne foy pour ladicte Communauté, & il veulent dire par leur serement que il ont fait en bonne foy, que nous ne nulz de ladicte Communauté ne autres, ne leur en puissent ne doïent jamais riens demander, fors *(c)* l'excusacion du serement, si comme il est dessus dit. Et pour ce que ce soit ferme chose & estable à tenir de nous & de nos hoirs & de nos successeurs à tousjours mais, sans corrumpre & sans venir encontre, nous avons scellées ces presentes Lettres de nostre grant Seel. *Donné & fait en l'an de nostre Seingneur mil CCC. soixante & cinq, le Jeudi XXVI. jours du mois de Mars.*

a *garder.*
b *outre.*
c *s'assembler.*
d *besoin.*
e *ce.*

*Quas quidem Litteras suprascriptas, ac omnia & singula in eisdem contenta, rata & grata habentes, ea volumus, laudamus, approbamus, ratifficamus, & tenore presentium, ex nostris certa sciencia auctoritateque Regia & gracia speciali confirmamus. Quod ut firmum & stabile perpetuo perseveret, nostrum presentibus Litteris fecimus apponi Sigillum: (d) Salvo in omnibus & alieno jure nostro.* Datum Parisius, mense Marcii, anno Domini millesimo CCC. septuagesimo tercio, & Regni nostri decimo.

*Per Regem, ad relacionem Consilii,* MAULONE.

NOTES.

*(c) L'excusacion.]* Je crois que cela signifie, qu'on ne pourra leur rien imputer de ce qu'ils auront fait, s'ils *s'excusent* en disant qu'ils ont agi de bonne foy.

*(d) Salvo.]* Cette formule est corrompue. La formule la plus ordinaire est : *Salvo in aliis jure nostro, & in omnibus alieno.*

CHARLES V.
à Paris, en Mars 1373. & le 9. de Novembre 1372.
Philippe-Auguste à Anet, en 1204. & à Sens en Novembre 1204.
Philippe de Valois, à Paris, en Juillet 1331.

(a) Lettres par lesquelles le Roy accorde aux habitans de la Ville d'Angoulesme, tous les privileges dont joüissoient ceux de la Ville de Saint Jean d'Angeli; & entre autres ceux contenus dans la Chartre de Commune de Roüen.

SOMMAIRES.

Sommaires des articles de la Commune des Villes de Roüen & de Falaise.

*(1) Lorsqu'il faudra faire un Maire à Roüen ou à Falaise, les cent Pers éliront trois personnes de la Cité, qu'ils presenteront au Roy, qui en choisira un pour estre Maire.*

*(2) Chaque année, les cent Pers éliront entre eux 24. personnes, dont 12. seront nommées Eschevins, & 12.* Consulteurs. *Avant que d'entrer en charge, ces 24. personnes jureront de conserver les droits de l'Eglise & ceux du Roy, de rendre la justice suivant leurs consciences, & de garder le secret sur les Affaires communes, lorsque le Maire l'ordonnera.*

*(3) Le Maire & les Eschevins s'assembleront deux fois la semaine pour les Affaires communes; & ils pourront appeller à leur assemblée ceux des* Consulteurs *qu'ils jugeront à propos, pour leur demander leur avis. Le Maire, les Eschevins & les* Consulteurs *s'assembleront tous les Samedis. Les Pers s'assembleront de quinzaine en quinzaine, le Samedi. Ceux de ces Officiers qui sans excuse valable, ne se trouveront point à ces assemblées avant l'heure de Prime, ou qui s'en retireront, ou qui ne se rendront pas auprès du Maire, lorsqu'il les mandera, payeront une Amende.*

*(4) Les Eschevins qui voudront faire un long voyage, en demanderont la permission dans l'assemblée du Samedi, au Maire & aux Eschevins, qui choisiront une personne pour remplir la place de l'absent.*

*(5) Si dans l'Assemblée, un Eschevin interrompt le Maire pendant qu'il parle, ou une personne à qui le Maire a permis de parler, celui-ci luy imposera silence. S'il continuë d'interrompre celuy qui parle, & que celuy-ci soit un Bourgeois, cet Eschevin payera une Amende de 12. Deniers, dont 8. seront employez aux dépenses communes, & les 4. autres seront distribuez aux Clercs & aux Serviteurs.*

*(6) Les Eschevins, les* Consulteurs *& les Pers, qui dans leurs Assemblées, sortiront de leurs places sans la permission du Maire, pour donner leur avis, payeront une Amende de XII. Deniers qui seront employez conformement à l'article precedent.*

*(7) Si dans les Assemblées de l'Eschevinage, une personne dit des injures à une autre, le Maire & les Eschevins la puniront.*

*(8) Si le Maire viole les loix de la Commune, la peine à laquelle il sera condamné, sera du double plus forte que celle que l'on infligeroit à un Eschevin qui auroit commis un pareil delict; parce qu'il doit l'exemple aux autres.*

*(9) Si quelqu'un reclame un effet qu'il pretend luy appartenir, & qui a été trouvé en la possession d'un voleur convaincu, en demandant qu'il soit mis en sequestre; s'il peut prouver que cet effet luy appartient, il luy sera rendu; & le voleur sera mis au Pilory. Si celuy-ci a été condamné à la mort, il sera executé. [* Voy. pag. 673. Note *(l).] Si ce voleur a été condamné à perdre un membre, lui & ses biens seront mis entre les mains des Juges Royaux, qui en feront justice.*

*(10) Si un Bourgeois tuë un autre Bourgeois, & qu'il prenne la fuite ou qu'il soit convaincu, sa maison sera détruite; & ses biens, & sa personne, si on a pû s'en saisir, seront remis entre les mains des Juges Royaux.*

*(11) Si un Bourgeois fait perdre un membre à un autre Bourgeois, les Juges Royaux lui feront son procès, & l'Amende à laquelle ils le condamneront, appartiendra au Roy. Les Juges de la Commune, pourront encore le condamner à une autre peine pour ce delict.*

*(12) Si quelqu'un excite une sédition à Roüen ou à Falaise, il pourra être condamné sur le seul témoignage de deux des Eschevins & des* Consulteurs. *Il pourra aussi être condamné par le témoignage de deux Pers: & la peine que lui infligeront le Maire & les Eschevins, sera plus ou moins grande suivant la qualité du delict, & sa conduite ordinaire.*

NOTE.

*(a)* Tres. des Char. Regist. 105. P. 418.

Ces Lettres sont aussi dans les Registres du Parlement de Paris, 1.er Vol. d'Henri II. cotté P. *fol.°* 418. *v.°*

Ces Lettres avoient déja été imprimées à la page premiere d'un Recüeil intitulé: *Les Privileges, &c. de la Ville d'Angoulesme.* A Angoulesme, 1627. *in-4.°*

La Chartre de Commune de la Ville de Roüen, qui est inserée dans ces Lettres, a été imprimée dans le premier Volume de ce Recueil, pag. 306. Note *(b)*.

Comme il se trouve plusieurs fautes dans chacun de ces quatre Textes, je les ai corrigez les uns par les autres, & j'ai inseré dans le mien la leçon qui m'a paru la meilleure.

Il n'auroit pas été possible, sans trop multiplier les notes marginales, de rendre un compte exact de toutes les *variantes* de ces differents Textes; on s'est contenté d'indiquer celles qui ont paru les plus importantes.

*Voy. cy-dessus*, p. 190. Note *(a)*.

CHARLES V. à Paris, en Mars 1373. & le 9. de Novembre 1372.

*(13) Celui qui aura dit des injures à un autre, sera condamné sur le témoignage de deux Pers, & sera puni par le Maire & les Eschevins, suivant la qualité des injures, & sa conduite ordinaire. S'il n'y a point eu de Per qui ait été témoin de ces injures, on fera le procès à l'accusé suivant la Coûtume du pays.*

*(14) Si quelqu'un est mis au Pilori, non pour avoir volé, mais pour avoir contrevenu aux Reglements de la Commune, celui qui l'insultera, payera 20. Sols; dont 5. seront donnez à celui qui est au Pilori, & 5. seront employez aux dépenses communes. Si celui qui a fait l'insulte, ne peut ou ne veut pas payer cette Amende, il sera mis au Pilori.*

*(15) Les femmes qui aimeront les procès & qui seront médisantes, seront liées avec une corde sous les aisselles, & seront plongées trois fois dans l'eau. Les hommes qui les insulteront dans cet état, payeront 10. Sols; & ceux qui leur feront des reproches touchant la beauté, payeront 10. Sols, & seront plongez trois fois dans l'eau.*

*(16) Si quelqu'un qui n'est point de la Commune, fait quelque tort à un Bourgeois, on tâchera de l'engager à le réparer. S'il refuse de le faire, il sera défendu aux Bourgeois d'avoir aucun commerce avec lui; à moins que le Roy ou son fils ne soient à Roüen, ou que l'on n'y tienne les Assises; & ceux qui contreviendront à cette deffense, seront punis. Si cet Etranger persiste à ne vouloir pas réparer le tort qu'il a fait, le Maire & les Eschevins en avertiront les Juges Royaux, & ils donneront du secours au Bourgeois pour lui faire rendre justice.*

*(17) Si quelqu'un demande justice au Maire & aux Eschevins, d'une injure qui lui a été faite, ils en seront les Juges; & on lui fera jurer qu'il ne se vengera point de cette injure. S'il s'en venge, on le punira comme coupable d'un faux serment.*

*(18) Si un Bourgeois qui a commis un delict, & qui doit être jugé par le Maire & les Eschevins, engage quelques personnes à interceder pour lui, afin que la peine à laquelle il doit être condamné, soit moderée; si ce n'est pas le Roy qui demande grace pour lui, cette peine loin d'être diminuée, sera augmentée.*

*(19) Un Bourgeois peut prouver sa Bourgeoisie par le témoignage de deux autres Bourgeois.*

*(20) Si un Clerc ou un Chevalier sont débiteurs d'un Bourgeois, & qu'ils ne veüillent pas se soumettre à ce sujet à la jurisdiction du Maire & des Eschevins, les Bourgeois ne feront aucun commerce avec eux, & ne les logeront point dans leurs maisons; à moins que le Roy ou son Fils ne soient à Roüen, ou que les Assises ne s'y tiennent. Si un Bourgeois commerce avec eux ou les loge, il payera ce qu'ils doivent aux Bourgeois. S'il persiste à ne point vouloir se soumettre à la jurisdiction du Maire & des Eschevins, la Commune donnera sa protection au Bourgeois, afin de lui faire rendre justice.*

*(21) S'il s'eleve un procez entre des Bourgeois touchant quelque marché ou quelque convention qui aura été faite en presence de deux Eschevins, il sera terminé par le témoignage de ces deux Eschevins, en conséquence du serment qu'ils ont fait en entrant en Charge. Si ces Eschevins sont sortis de Charge, ce procez ne pourra plus être terminé que par leur serment. Si un Eschevin & un ou plusieurs Pers ont été témoins de ce marché ou de cette convention, le procez sera jugé par le seul témoignage de l'Eschevin & par le serment des Pers. Le serment de trois Pers suffira pour juger ce procez. Si ce marché ou cette convention n'a été faite devant aucun [Eschevin] ou aucun Per, le procez sera jugé suivant la Coûtume du païs. S'il ne s'agit dans ce procez que de dix Sols ou moins, il sera jugé par le seul témoignage des Pers presents à la convention.*

*(22) Si quelqu'un revendique une terre sur un autre, il donnera des cautions & des gages de poursuivre sa demande; & s'il y succombe, il payera 59. Sols d'Amende.*

*(23. 24.) Si quelqu'un revendique une terre devant son Juge, ou demande le payement d'une somme qui lui est dûë, le Juge décidera dans un temps marqué les contestations meuës à ce sujet; & s'il ne le fait pas, le Maire & les Eschevins les jugeront; à moins que ce Juge n'ait de legitimes excuses qui leur soient connuës.*

*(25) Si une personne doit une somme qu'elle ne puisse ou ne veüille pas payer, son Créancier sera payé sur ses biens, si elle en a assez pour le satisfaire. Si elle n'en a point assez, elle sera mise hors de Roüen jusqu'à ce qu'elle ait donné une caution.*

** Si ce debiteur est trouvé dans Roüen, avant que d'avoir donné caution, il sera mis en prison; & il n'en sortira point qu'il n'ait payé cent Sols, & qu'il n'ait juré de ne revenir à Roüen qu'après avoir donné caution.*

*(26) Si un homme de dehors se pourvoit devant le Maire & les Eschevins contre un Bourgeois qui est son débiteur, son Seigneur pourra revendiquer le jugement de ce procez; mais s'il ne le juge pas dans trois jours, il sera décidé par le Maire & les Eschevins.*

*(27) Lorsque les Officiers de la Commune feront un voyage par l'ordre du Roy ou par celui de ses Juges, le Maire & les Eschevins nommeront ceux qui resteront à Roüen pour la garde de la Ville. Si un Officier de la Commune se trouve dans Roüen après l'heure marquée pour le départ, ceux qui doivent garder la Ville lui feront son procez, & sa maison sera abbattuë, ou il payera cent Sols s'il n'a point de maison. Si dans la route un Officier de la Commune se sépare des autres sans la permission du Majeur & des autres Officiers, il sera puni.*

* Voyez cy-dessous, p. 675. Note (*es*).

CHARLES V.
à Paris, en Mars 1373. & le 9. de Novembre 1372.

## Sommaires des privileges accordez à la Ville de S.t Jean d'Angeli, par Philippe de Valois.

*(1) Si on amene dans la Ville de S.t Jean d'Angeli, un homme prevenu de crime, il sera remis entre les mains du Maire; pourvû qu'il n'ait point été pris dans l'enceinte du Château, qu'il ne soit point Officier du Roy, & qu'il ne s'agisse point d'un cas Royal. Si le Maire juge qu'il y ait assez de preuves pour faire le procez à cet homme, il le remettra entre les mains du Prevôt qui l'amenera au Tribunal du Maire, qui le jugera conjointement avec le Prevôt & avec d'autres personnes sages. Si cet homme est condamné, les profits de Justice appartiendront au Roy.*

*(2) Le Maire & les Jurez ont seuls le droit d'arrêter les Bourgeois prévenus de crime; & s'ils jugent qu'il y ait assez de preuves pour leur faire leur procez, ils les remettront entre les mains du Prevôt, pour être jugez comme ceux qui ne sont pas Bourgeois, [suivant la forme prescrite dans l'art. precedent.] Les profits de Justice appartiendront aussi au Roy.*

*(3) Le Maire & les Jurez ont jurisdiction sur les Bourgeois dans tous les cas; à l'exception de ceux marquez dans les articles precedents, & lorsque ces Bourgeois auront été pris en flagrant delict. On observera neanmoins dans tous ces cas la Coûtume du pays.*

*(4) Les Sergents Royaux ne pourront saisir les biens des Bourgeois, sans appeller les Sergents du Maire; si ce n'est pour ce qui est dû au Roy ou par son ordre; en se conformant néanmoins aux Ordonnances Royaux.*

*(5) Si un homme qui n'est pas de la Commune, fait quelque tort à un Bourgeois, & qu'étant requis de le réparer, il refuse de le faire, le Maire pourra deffendre à tous les Bourgeois d'avoir aucun commerce avec lui, jusqu'à ce qu'il ait réparé le dommage, ou qu'il ait donné caution de comparoître en Justice; à moins que le Roy ou son Fils ne soient dans la Ville, ou que l'on n'y tienne la grande Assise du Roy. Le Maire pourra requerir le Prevôt de faire la même dessense aux habitans de la Ville non Bourgeois.*

*(6) Ceux qui ne sont point de la Commune, ne pourront faire entrer dans la Ville du vin qui n'aura point été fait dans la Banlieuë, si ce n'est pour leur boisson. Les Bourgeois ne pourront aussi faire entrer dans la Ville du vin qui n'aura pas été fait dans la Banlieuë, que pour leur provision; si ce n'est en jurant qu'il provient de leurs héritages. Le vin que l'on aura fait entrer dans la Ville en contrevenant à ce Reglement, sera répandu.*

*(7) Le vin que l'on aura fait entrer dans la Ville sans la permission du Maire, sera répandu.*

*(8) Le Maire a l'inspection dans la Ville & dans les Fauxbourgs, sur les marchandises, les denrées & les vivres qui sont exposés en vente. Il juge si elles sont bonnes ou mauvaises, & il punit ceux à qui appartiennent les mauvaises. Il établit des Courtiers, & les révoque lorsqu'ils ne font pas leur devoir. Il punit ceux qui font des juremens, & ceux qui volent du raisin, du verjus, du foin & autres menuës denrées, pourvû que le vol ne soit pas considerable.*

*(9) Le Maire & les Jurez peuvent faire des Reglements, des proclamations & des cris publics, & établir un guet quand il est necessaire. Les armes [*cachées*] qui seront trouvées par le guet, seront confisquées; & ceux qui les auront cachées seront condamnez à l'Amende envers le Roy. Le Maire & les jurez peuvent deffendre aux regratiers d'acheter des denrées avant une heure marquée.*

*(10) Le Maire & les Jurez peuvent faire des Ordonnances pour la police & pour la seureté de la Ville.*

## Sommaires des privileges accordez à la Ville de S.t Jean d'Angeli, par Charles V.

*(1) Comme les dépenses communes de la Ville de S.t Jean d'Angeli, sont payées par les Bourgeois seulement, eux seuls pourront vendre des marchandises en détail; à l'exception des jours de Foire & de Marché.*

*(2) Les Bourgeois & habitants seront payez des rentes qu'ils ont sur le grand Fief d'Aunis, & ailleurs, comme ils l'étoient avant le Traité de Paix conclu à Calais.*

*(3) On ne fera point de* Prises *sur les habitants de S.t Jean d'Angeli.*

*(4) Le Roy supprime les nouveaux droits établis par le Roy d'Angleterre, sur le vin & sur les autres marchandises qui sortiront de cette Ville.*

*(5) Les marchandises qui sortiront de cette Ville, seront exemptes de toutes les Impositions nouvellement établies.*

## Sommaires des articles des privileges accordez à la Ville d'Angoulesme, par Charles V.

*(1) Les biens des habitants de la Ville d'Angoulesme, leur seront restituez.*

*(2) Les Seigneurs qui auront des biens dans Angoulesme & à deux lieuës aux environs, seront tenus eux & leurs sujets, de faire le guet dans cette Ville, & de contribuer aux reparations de ses fortifications; à moins qu'ils ne soient obligez de faire le guet dans quelqu'autre Château.*

*(3) Reglement pour l'élection du Maire. On élit trois personnes que l'on presente au Séneschal, qui en choisit une pour être Maire.*

*Reglements sur quelques fonctions du Maire, des Eschevins, & des autres Officiers de la Commune.*

*(4) Les bouchers qui vendront de la chair*

CHARLES V. à Paris, en Mars 1373. & le 9. de Novembre 1372.

SOMMAIRES.

*puante, seront condamnez à l'Amende, & la viande sera brûlée.*

*(5) Ceux qui trouveront des bestes égarées, les ameneront au Maire, qui les rendra à ceux qui prouveront qu'elles leur appartiennent.*

*(6) Ceux qui vendront des tonneaux qui ne seront point de la mesure portée par les Reglements, seront condamnez à l'Amende; & les tonneaux seront ou brisez ou brûlez.*

*(7) Le Maire, les Eschevins, les Conseillers & les Pers, s'assembleront une fois le mois pour les Affaires communes; & les deliberations qu'ils feront, seront écrites sur le Registre.*

*(8) Les chartiers seront responsables des vins qui seront chargez sur leurs charrettes; même dans le cas des accidents inévitables.* [Voyez la Note]

*(9) Si un cabaretier qui a été chargé de tirer du vin, [le laisse perdre par sa négligence,] celui à qui le vin appartient, peut sans l'ordre de la Justice, retenir le Cabaretier dans sa maison, sans lui donner de nourriture, jusqu'à ce que celui-ci lui ait payé le prix de son vin.*

*(10) Nul ne peut faire le mestier de courtier, sans la permission du Maire.*

*(11) Les regratiers ne peuvent acheter des denrées pour les revendre, jusqu'à ce que l'on sonne la Messe qui se dit à Midi.*

*(12) On ne peut rien vendre à l'encan, sans la permission de l'*Encanteur.

*(13. 14.) Les Laboureurs ne peuvent se loüer, & l'on ne peut loüer les bestes de loüage, que dans le lieu marqué à cet effet.*

*(15) Chacun est obligé de porter hors de la Ville, les ordures qui sont devant sa maison.*

*(16) Ceux qui ont des bœufs, moyennant salaire, traîneront hors de la Ville, les Charognes qui s'y trouveront.*

*(17) Les cordonniers qui mesleront de la peau de mouton avec du cuir, & qui feront de mauvais ouvrages, payeront l'Amende; & ces mauvais ouvrages seront brûlez.*

*(18) On ne jettera point d'eaux puantes dans les ruës.*

*(19) Chacun tiendra en bon état les sentiers [qui seront sur ses héritages.]*

*(20) Le Maire établira des Inspecteurs sur les bouchers & sur les vendeurs de poisson.*

*(21) Le Maire a inspection sur toutes les Marchandises.*

*(22) jusqu'au 41. & dernier.* { *Reglement sur le poids & le prix du pain, suivant les differents prix du bled.* }

*KAROLUS Dei gratia Francorum Rex. Regalis providentia digna subditorum fidelium merita recognoscens, illos extollit honoribus & privilegiis elevat, qui erga eam in fidelitatis & amoris ferventis constantia, nedum elapsis permanserunt temporibus, sed & modernis inviolabiliter perseverant. Notum igitur facimus tam presentibus quam futuris, quod Nos mente sedula recensentes dilectos & fideles nostros Burgenses & habitatores Ville nostre [a] Engolismensis, grata & placida servitia predecessoribus nostris Francie Regibus & Nobis ab olim multipliciter prebuisse; novissime autem super eo quod guerra nuper suscitata inter Nos & adversarios nostros de Anglia, occasione Ducatus nostri Aquitanie, sub quorum adversariorum potestate & dominio aliquandiu fuere, ipsi jus nostrum quod habemus in dicto Ducatu, ut veri subditi confitentes, non vi, prece nec pretio, sed mera voluntate sua & unanimi proposito, fidelitatem suam notorie exhibentes, Nos naturalem & superiorem suum Dominum publice agnoverunt, se & sua ac Villam & Castra ejusdem, sub immediato nostro dominio omnimode submittendo; ex quibus Nos eis affici quam plurimum non immerito reputantes, ac volentes eos favore & gratia Regiis prosequi, ut probitatis operibus vacasse se gaudeant, ac exinde fructum honoris & commodi reportasse, aliique eorum exemplis similibus facilius se conforment, talem & in omnibus similem Communiam juratam in dicta Villa nostra Engolismensi, qualem habent dilecti & fideles nostri, Major, Scabini & Burgenses Ville nostre Sancti Joannis Angeliacensis, in eadem Villa Sancti Joannis, cum eisdem & similibus Banleuca, Costumis, franchisiis, Libertatibus, privilegiis & statutis, quas & que iidem Major & Scabini & Burgenses dicti loci Sancti Joannis, habent tam virtute & authoritate dicte Communie sue, quam aliter ex concessione Predecessorum nostrorum & nostra; necnon aliis quibuscumque juribus, deveriis, Consuetudinibus, & pertinentiis universis ad dictam Communiam ac vim & effectum ejusdem spectantibus, modo & forma subscriptis, prefatis Burgensibus & habitatoribus dicte Ville nostre Engolismensis, pro se & eorum successoribus, dedimus & concessimus, damusque & concedimus per presentes, ex certa scientia, de speciali gratia & plenitudine Regie potestatis, per eos eorumque successores [b] habendam, tenendam & retinendam perpetuo, quatenus jura sua propria melius possint defendere & integraliter custodire; salvis tamen & retentis fidelitate nostra ac jure*

[a] Angolismensis. *R. P.* là & presque par-tout.

[b] habend. tenend. & retinend. *T. C.*

*nostro, nostrorumque heredum ac Successorum. Tenor vero dicte Communie quam prefati Major, Scabini & Burgenses dicte Ville nostre Sancti Joannis, habent in eadem Villa nostra, prout per patentes Litteras sigillo dicte eorum Communie, ut apparebat prima facie, sigillatas, ac Nobis seu Consilio nostro, pro parte dictorum Burgensium & habitatorum dicte Ville nostre Engolismensis, exhibitas, evidenter constitit, sequitur in hec verba.*

IN NOMINE *Sancte & individue Trinitatis. Amen. Philippus Dei gratia Francorum Rex. Noverint universi presentes pariter & futuri, quod Nos concedimus in perpetuum dilectis & fidelibus nostris universis Juratis Communie Sancti Joannis Angeliacensis, & eorum heredibus, perpetuam stabilitatem & inviolatam firmitatem Communie sue jurate apud Sanctum Joannem Angeliacensem, ut tam nostra quam sua propria jura melius possint defendere & magis integre custodire; salva tamen & retenta fidelitate nostra & jure nostro & heredum nostrorum; salvo etiam jure sancte & venerabilis Ecclesie Beati Joannis Angeliacensis, & omnium aliarum Ecclesiarum. Volumus igitur, precipimus & statuimus, ut omnes liberas Consuetudines Ville Sancti Joannis, teneant in perpetuum, custodiant, manuteneant & defendant; & ut ad eas manutenendas, custodiendas & defendendas, & ad jura nostra & heredum nostrorum, & ad sua jura propria & sancte Ecclesie conservanda, totam vim & totum posse Communie sue, salva fidelitate nostra & heredum nostrorum, contra omnem hominem, si necesse fuerit, exerceant & apponant. Concedimus etiam, ut eis & eorum heredibus ad libitum suum, puellas & viduas suas nuptui tradere, & juvenes uxorare, & [b] baillia juvenum & puellarum habere sine aliqua contradictione, libere liceat & secure; & ultima testamenta sua, prout voluerint, ordinare, sive ore proprio sive per ministerium amicorum. Precipimus autem ad ultimum, ut Communiam suam teneant secundum formam & modum Communie Rotomagensis. Quod ut perpetuum robur obtineat, Sigilli nostri authoritate, & Regii nominis Karactere inferius annotato, presentem paginam confirmamus.* Actum Aneti, anno ab Incarnatione millesimo ducentesimo quarto; Regni nostri anno vicesimo quinto. *Astantibus in Palatio nostro, quorum nomina supposita sunt & Signa. Dapifero nullo. Signum Guidonis Buticularii. S. Mathei Camerarii. S. Droconis Constabularii.* 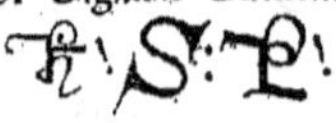 *Data vacante Cancellaria, per manum fratris Garini.*

a Lettres de Commune pour S.t Jean d'Angeli.

b Bail : Tutelle.

PHILIPPUS *Dei gratia Francorum Rex. Dilectis & fidelibus suis universis Juratis Communie Sancti Joannis Angeliacensis : Salutem & dilectionem. Noveritis quod Nos ad petitionem vestram, vobis mittimus rescriptum Communie Rotomagensis, in hunc modum.*

[c] *(1) (b) Si opporteat Majorem in Rotomagensi sive in Phalesia fieri, illi centum qui [d] Pares constituti sunt, eligent tres proborum hominum Civitatis, quos Domino Regi presentabunt, ut de quo illi placuerit, Majorem faciat.*

*(2) De centum vero predictis Paribus, eligentur viginti quatuor assensu centum Parium, qui singulis annis removebuntur; quorum duodecim Eschevini vocabuntur, & alii duodecim Consultores. Isti viginti quatuor in principio sui anni, jurabunt se servaturos jura Sancte Ecclesie, & fidelitatem Domini Regis, atque justitiam, quod & ipsi recte*

c Articles des Lettres de Commune des Villes de Roüen & de Falaise.

d Voy. les Tabl. des Mat. de ce Rec. au mot, *Pers.*

NOTE.

*(b) Si opporteat.]* M. de Lauriere a deja fait imprimer ce Reglement de la Commune de Roüen, *dans le premier Vol. de ce Rec.* p. 306. Note *(b)*. Je dis *Reglement*, & non pas *Chartre*; parce qu'en l'examinant, il m'a paru que ce n'étoit pas une *Chartre* émanée de l'autorité Royale; mais un Reglement fait par les Officiers de la Commune. J'ai eu occasion *cy-dessus* p. 73. Note *(d)* de dire ce que j'en pensois; & l'on trouvera *cy-dessous*, p. 674. Note *(y)* les raisons sur lesquelles je me fonde. Il paroît que ce Reglement a été fait avant que la Normandie fût rentrée sous l'obeissance de nos Rois. Car dans l'art. 4. il est dit, *que si le Maire fait un voyage en Angleterre, &c.* & dans l'art. 27. *que si le Maire sort de la Ville par ordre du Roy, &c.* Il y a grande apparence que c'étoit par l'ordre du Roy d'Angleterre son Souverain, que le Maire alloit quelquefois en ce pays.

CHARLES V. à Paris, en Mars 1373. & le 9. de Novembre 1372.

*judicabunt secundum conscientiam suam; quod etiam si quid Major celari preceperit, celabunt. Hoc quicumque detexerit, à suo Officio deponetur, & in Communie misericordia remanebit.*

*(3) Major vero & duodecim Eschevini convenient bis quaque ebdomada, pro Civitatis negotiis; & si in aliquo agendo dubitaverint, de duodecim Consultoribus, quot voluerint convocabunt, eorum consilio super hoc fruituri; & duodecim Consultores cum Majore & Eschevinis, quoque Sabbato simul erunt; & quaque quindena die Sabbati, similiter omnes centum Pares. Quicumque vero omnium predictorum, ad dies, ut predictum est, sibi constitutos, antequam* [a] *Prima cantetur, sine submonitione cum aliis non adfuerit Paribus; si sit Eschevinus,* [b] *pagabit quinque Solidos ad negotia Civitatis Rotomagensis vel Castelli Phalesie; & Consultor absens tres Solidos; & si de aliis Paribus, duos Solidos; nisi idoneam excusationem die precedenti Majori notam fecerit; & quicumque predictorum sine licentia Majoris abierit de congregatione aliorum, tantumdem pagabit [(c) quantum ei paccare statutum est, si ad horam Prime non venisset; & si Major aliquando istorum predictorum aliquibus eguerit, tunc si quis eorum ad ejus mandatum & submonitionem non veneris, preconstitutam* [c] *si emendationem paccabit,] nisi apertam excusationem ostenderit.*

a l'Office de Prime.
b paccabit. T. C. R. P.
c sibi.

*(4) Si quis duodecim Eschevinorum in Angliam, sive in regionem longincam vel peregrinationem abire* [d] *voluerit, licentiam accipiet à Majore & aliis Eschevinis, quando erunt Sabbato congregati; & ipsi statim ibi communiter eligent quem in loco ejus statuant, donec repatriet.*

d voluerint ... accipient. T. C.

*(5) Si Major & Eschevini* [e] *sederint in Eschevinagio, & loquente Majore, aliquis verba ejus interruperit, vel aliquem quem Major auscultari velit, disturbaverit, Major ei tacere precipiet; & si postea turbaverit memoriam ejus qui loqui debet, mox* [f] *pagabit XII.cim Denarios, si* [g] *sit de juratis (d) Communie; quorum octo erunt in usu Civitatis Rotomagensis vel Castelli Phalesie; & quatuor erunt* [h] *Clericis &* [i] *Servientibus.*

e sederunt. T. C.
f paccabit. R. P.
g sint. T. C.
h Greffiers.
i servit. T. C.

*(6) Si quis Eschevinorum, Consultorum seu aliorum Parium, diebus sibi constitutis, postquam pro recto faciendo cum aliis sederint, sine Majoris licentia sedem suam, (e) consiliandi causa,* [k] *reliquerit, pagabit XII.cim Denarios, octo scilicet urbi Rothomagensi, vel* [l] *Castri Phalesie, (f) proficuo; & quatuor Clericis &* [m] *Servientibus.*

k relinquerit. T. C. R. P.
l Castro.
m Servitutibus. T. C.

*(7) Si Major & Eschevini sedent in Eschevinagio, & tunc aliquis (g) contrarietur alii in Audientia, erit in misericordia Majoris & Eschevinorum, secundum quantitatem convitii, & quod convitiari consuevit.*

*(8) (h) Si Major institutionem Communium transgressus fuerit, ad dupplum erit (i) misericordia, quam si esset aliquis Eschevinorum; quia ab eo debetur suum juris & equitatis exemplum, & instituta servanda.*

*(9) Si contingerit aliquem (k) interciare aliquid de suo, super latronem vel falsonarium in* [n] *Rotomago vel Castro Phalesie, captum & convictum; & possit ostendere legali testimonio vicinorum, suum esse quod clamat, reddetur; & latro vel falsonarius judicabitur per Communiam, & ponetur in pillorico ut eum omnes videant atque cognoscant; & si*

n Roth. T. C.

NOTES.

(c) *Quantum.*] Ce qui est inferé entre deux crochets, & qui se trouve dans T. C. & dans R. P. n'est point dans le Recüeil imprimé.

(d) *Communie.*] Au lieu de ce mot, il y a presque par-tout *Communi* dans T. C. & R. P.

(e) *Consiliandi causa.*] *Consiliare, consilium dare*, dans le Glossaire de du Cange. Ainsi je crois que ces mots signifient, *pour donner leur avis.*

(f) *Proficuo.*] A leur profit. *Proficuum, emolumentum*, dans le Glossaire de du Cange.

(g) *Contrarietur.*] Il paroît par le mot *convitium* qui est à la fin de cet article, que *contrarietur* signifie ici, *dire des injures.*

(h) Les articles suivants dans *R. P.* ne font point alinea, mais sont designez à la marge par un asterique & le mot, *Item.*

(i) *Misericordia.*] La punition qui en sera faite, sera du double plus forte. *Voyez l'art. precedent.*

(k) *Interciare.*] *Nunciare R. P. Interciare* signifie, reclamer son bien qui se trouve en la possession d'un autre, & demander qu'il soit mis en sequestre *en main tierce*, jusqu'à ce qu'on ait prouvé à qui ce bien appartient. *Voy. le Glossaire de du Cange*, au mot, *interciare.*

*debet*

debet habere (l) mere, fiet ei; & si (m) forisfecerit membrum, amplius reus & [a] catallus [b] tradentur justitiis Domini Regis, ad faciendum de eo justitiam.

CHARLES V. à Paris, en Mars 1373. & le 9. de Novembre 1372.

(10) Si Juratus Communie Juratum suum occiderit, & fugitivus vel convictus inde fuerit, domus sua prosternetur; & ipse reus cum catallis suis tradetur justiciis Domini Regis, si poterit teneri.

(11) Si Juratus Juratum membro aliquo debilitaverit, placitum inde & emendatio erit Domini Regis; & ipse reus in (n) misericordia Communie remanebit, eo quod membro Juratum suum debilitaverit.

(12) Si quis in urbe Rotomagensi vel in Castello Phalesie, seditionem fecerit, & duo de viginti quatuor (o) Juratis hoc viderint, reus verbo eorum convincetur, qui ideo solo verbo credentur, quia in initio sui Eschevinatus, juraverint se reum (p) denuntiaturos de hoc quod audiverint vel viderint. Si vero duo de ceteris Paribus viderint, reus juramento illorum convictus remanebit in misericordia, & emendabit (q) intuitu Majoris & Eschevinorum [c] maleficium, secundum quod est, & juxta quod consuetus est forisfacere.

(13) Si aliquis alicui verbo convitiabitur in Civitate, sive in Vico sive in domo, convincetur per duos testes de centum Paribus (r) in juramento; & emendabit in misericordia Majoris & Eschevinorum, convitium, secundum quod est, & juxta quod [d] consuetus est inferre convitia; & si convitiatus non habet testes de Paribus, querela ejus deducetur Lege Terre.

(14) Si quis in Pillorico fuerit, non propter furtum, sed quia egerit aliquid contra statutum Communie; & aliquis ei exprobraverit ut faciat ei verecundiam coram [e] Conjuratis vel coram aliis hominibus, pagabit XX.[ti] Solidos; quorum ille cui exprobratio facta est, habebit quinque Solidos; & quinque erunt ad negotia Civitatis Rotomagensis; & si ille qui exprobraverit, non velit vel non possit pagare viginti Solidos, ponetur in Pillorico.

(15) Si femina convincatur esse litigiosa & [f] maledica, alligabitur fune subter [g] ascellas, & ter in aquam projicietur; cui si quis vir exprobraverit, pagabit decem Solidos. Si vero formam exprobraverit, decem Solidos pagabit, [h] & ter in aquam projicietur.

(16) Si aliquis qui non sit de Communia, fori-fecerit alicui Jurato Communie, (s) mandabitur & [i] quod emendat forisficium; quod si contempserit, defendetur Juratis ne communicent ei vendendo neque (t) credendo nec emendo nec hospitando, nisi dominus Rex vel Filius ejus adsint Rotomagi, vel [k] Assisia; & si illi per hoc [l] forisfficium emendare (u) voluerit, Communia ostendet justitiis Domini Regis, (x) & Jurato suo

a son bien.
b reddentur. T. C.
c malefactum. T. C. & R. P.
d consuetudinarius. T. C. & R. P.
e les Bourgeois.
f maledicta. T. C. & R. P.
g astellas. T. C. & R. P.
h vel. T. C. & R. P.
i quod emendet. forisfactum. R. P.
k ou qu'on tienne les Assises.
l forisfactum. T. C. & R. P.

NOTES.

(l) *Mere.* ] *Meri* T. C. Je n'entends point cet endroit. Peut-être faut-il corriger *mori* ? & l'on dit encore aujourd'hui, *s'il a à mourir*, s'il doit mourir.

(m) *Forisfecerit membrum.* ] Cela peut signifier, *s'il a merité qu'on lui coupe un membre*; supplice assez ordinaire dans ce temps-là. *Voy. la Table des Mat. de ce Rec.* au mot, *supplice*.

(n) *Misericordia.* ] Indépendamment de la peine à laquelle il aura été condamné par les Juges Royaux, ceux de la Commune pourront encore lui en infliger une nouvelle. *Voy. le Glossaire de du Cange*, au mot, *Misericordia, Vox Forensis.*

(o) *Juratis.* ] Les douze Eschevins & les douze Consulteurs. *Voy. cy-dessus*, p. 667. art. 2.

(p) *Denuntiaturos.* ] Il n'y a dans T. C. que *denros* avec une marque d'abbreviation, & *dvictos* dans R. P.

(q) *Intuitu.* ] Je crois que cela signifie, *par le jugement*. L'on trouve dans le Glossaire de du Cange, *intuere* pro *intueri*, *attendere*, *approbare*.

(r) *In juramento.* ] Cela peut signifier, *qu'ils affirmeront par serment, la verité de leurs dépositions*; ou bien, *en vertu du serment qu'ils ont fait de dénoncer les delicts qu'ils verroient.* Voyez l'art. preced. dans *le 1.er Vol. de ce Rec.* p. 308. Note col. 1. il y a, *sine Juramento*.

(s) *Mandabitur &.* ] Et n'est point dans T. C. Dans *le 1.er Vol. de ce Rec.* p. 308. Note col. 1. il y a, *mandabitur ei.*

(t) *Credendo.* ] *En lui vendant à credit.* Voy. le *Glossaire de du Cange*, au mot, *credere*.

(u) *Voluerit.* ] Il faut corriger *noluerit*, qui se lit dans *le 1.er Vol. de ce Rec.* p. 308. Note col. 1.

(x) *Et Jurato.* ] Voyez dans le Sommaire le sens que j'ai crû que l'on pouvoit donner à cet endroit.

**CHARLES V.**
**à Paris, en Mars 1373. & le 9. de Novembre 1372.**

*auxiliabitur rectum* [a] *conquirere; & si quis Juratorum contra prohibitionem hanc fecerit, erit in misericordia Majoris & Eschevinorum.*

*(17) Si quis fecerit* [b] *clamorem de sibi malefacto, & rectum inde judicio Majoris & Eschevinorum accipere voluerit, retinebitur; & positus per vadium & per plegios, jurabit pro foriffacto illo non male facturum se illi de quo clamaverat. Si vero postea pro foriffacto illo sibi malefecerit, judicabitur sicut transgressor juramenti.*

*(18) (y) Si quis* [c] *Juratorum Communie sit in misericordia positus pro foriffacto suo, & fecerit nos exinde requiri ab aliquo, nisi fiat precepto Domini Regis, sua misericordia multiplicabitur; quia nolumus habere malevolentiam* [d] *amicorum vicinorum nostrorum.*

*(19) Si quis dixerit se esse Juratum nostrum, & nos inde minime certi sumus, testimonio duorum Juratorum approbabit esse quod dicit.*

*(20) Si Clericus aliquis seu (z) Miles debet debitum cuiquam de Civitate Rotomagensi, & debitor justitiari per Majorem neque per Pares Communie (aa) voluerit, defendetur quod nullus communicet ei vendendo nec emendo nec hospitando, nisi dominus Rex vel Filius suus adsint Rotomagi, vel Assisia. Quod si quis contra prohibitionem hanc fecerit, (bb) reddet debitum creditori, & erit in misericordia Majoris & Communie; & si per hoc debitor non vult justitiari, Communia auxiliabitur Jurato rectum* [e] *perquirere.*

*(21) Si sit in Communia contentio de debito vel conventione vel aliquo mercato, ipsa terminabitur recordatione & testimonio duorum de viginti quatuor Juratis, qui solo verbo suo credentur, quia juraverint hoc in initio sui Eschevinatus. Et si postquam perfecerunt annum sui Eschevinatus & depositi fuerunt, surgit contentio de debito coram eis credito, vel de conventione, vel aliqua re ante eos facta, juramento illorum finietur. Si vero unus de viginti quatuor Juratis portat inde testimonium, & unus vel plures de reliquis Paribus cum eo, (cc) ille qui est de viginti quatuor juratis solo verbo, & aliis juramento credentur. Si autem tres de aliis Paribus ferunt testimonium, juramento rem determinabunt; & si nullus centum Parium testis fuerit, querela ducetur Lege & Consuetudine Terre. Et si de decem Solidis vel de minus querela fuerit, testimonio Parium sine juramento finietur.*

*(22) Si quis fecerit clamorem de terra super alium, clamans dabit vadium & plegios sequendi clamorem suum; & si postea facta fuerit recognitio de terra ista, & clamans sit convictus per cognitionem de falso clamore, remanebit in misericordia Majoris & Eschevinorum, de quinquaginta novem Solidis Andegavensibus.*

*(23) (dd) Si quis requisierit Curiam suam de terra, concedetur ei; & nisi fecerit*

[a] proquirere. *T. C.* & *R. P.*
[b] plainte.
[c] Juramentor. *T. C.* Juramentorium. *R. P.*
[d] divitum vicinorum. *T. C.* & *R. P.*
[e] proquirere. *T. C.* & *R. P.*

NOTES.

*(y) Si quis.]* Voicy comme je crois que l'on peut entendre cet article qui est obscur. Si un Bourgeois qui a commis un delict, est dans la *misericorde* du Maire & des Eschevins, qui peuvent lui imposer la peine qu'ils jugeront à propos, *[Voy. cy-dessus,* p. preced. Note *(n)*, & qu'il engage quelques personnes à interceder pour lui, afin que cette peine soit legere; si ce n'est pas le Roy qui demande grace pour lui, la peine bien loin d'être diminuée sera augmentée, afin de détourner les criminels d'avoir recours à ces intercessions, qui mettent les Juges dans le cas ou de ne pas rendre une justice exacte, ou de desobliger ceux qui intercedent pour des criminels.

L'interpretation que l'on donne à ces mots, *misericordia multiplicabitur*, est appuyée sur l'article 8. où on lit, *ad dupplum erit misericordia.* [ Voy. p. 672. Note *(i)*.]

Dans le 1.er *Vol. de ce Recüeil*, cet article commence ainsi. *Si quis Juratorum nostrorum.* Ce mot, & l'endroit de cet article où il est parlé du Roy en tierce personne, sont une des principales raisons qui m'avoit fait penser que ces Lettres n'étoient point émanées du Roy. *Voy. aussi les deux articles suivants.*

*(z) Miles.]* Je crois que par ce mot, il faut entendre ici toute personne noble.

*(aa) Voluerit.]* Il y a *Noluerit* dans le 1.er *Vol. de ce Rec.* p. 308. Note col. 2.e

*(bb) Reddet.]* Il payera à ce Bourgeois ce qui lui est dû par ce Clerc ou ce Chevalier.

*(cc) Ille.]* Il y a *illi* dans le 1.er *Vol. de ce Rec.* p. 308. Note col. 2.e & un peu plus bas, *credatur*, au lieu de *credentur*.

*(dd) Si quis.]* L'on peut voir dans les Sommaires le sens de ces articles. Mais quelle étoit cette Cour ou Jurisdiction qui paroît être subordonnée à celle du Maire & des Eschevins! Je crois que c'étoit la Jurisdiction dans

CHARLES V. à Paris, en Mars 1373. & le 9. de Novembre 1372.

*rectum clamanti, in duabus quindenis, Communia faciet, nisi ipse habuerit justam excusationem quam Major & Eschevini sciant.*

*(24) Si quis requisierit Curiam suam de debito, concedetur ei, & faciet rectum clamanti in duabus octonis, & nisi fecerit, Communia faciet, nisi qui tenet Curiam habeat exonium justum quod Major & duo Eschevini sciant.*

*(25) Si quis debeat alicui debitum quod non possit vel nolit reddere, [a] tantum de suo tradetur creditori quod pagetur, si tantum habet; & si debitor non tantum habet unde ille possit pagari, tamdiu ponetur extra Civitatem Rothomagensem, quod faciet (ee) gratum & creditoris sui.*

a tam. T. C.

*(26) Si homo forensis clamorem fecerit in Communia pro debito quod Juratus ei debeat, Dominus ejus habebit inde Curiam, si eam requisierit; & nisi ipse in tribus diebus rectum clamanti fecerit, Communia faciet.*

*(27) Si Communia precepto Domini Regis vel Justitie sue, debeat (ff) exitum facere, Major & Eschevini providebunt quos statuant remansuros ad urbem Rothomagensem custodiendam; & qui post horam nominatam exeundi, inventus fuerit in dicta Civitate, ille convictus erit per illos qui custodes urbis remanserunt, & erit in misericordia Domini Regis & in misericordia Communie de domo sua prosternenda, vel de centum Solidis, si domum non habuerit. (gg) Et si postquam Communia noverit, aliquis ab ea recesserit causa hospitandi vel alterius rei, sine licentia Majoris vel sui corporis exonio, erit in misericordia.*

*(hh)* Actum [b] Senonis, Anno Domini millesimo ducentesimo quarto, mense Novembri.

b Senon. T. C.

PHILIPPE par la grace de Dieu Roy de France. Savoir faisons à tous presens & advenir. Que comme noz amez & feaux le Maire & les Jurez [c] de la Maison Commune de [d] la Ville de Saint Jean d'Angeli, Nous ayent humblement suplié que certains usages, Coustumes, Libertés, Juridicions, privileges & status, desquels ils ont [e] d'antienneté uzé, si comme Nous sommes suffisamment informez, tant [f] par concessions de nos Predecesseurs, comme par [g] entienne introduction, ou observance de bonnes mœurs des devanciers desdicts Maires & Jurez, pour le bon gouvernement & tranquillité du peuple conversant en ladite Ville, Nous de nostre Royale authorité & de grace speciale leur voulons confermer.

c de la Commune. T. C.
d la Ville Saint Jehan Angeli. T. C.
e d'ancien. T. C. & R. P.
f pour. T. C. & R. P.
g aucune Juridicion. T. C.

*(1)* C'est à sçavoir, que de toutes personnes prinzes ou amenées en prison en ladicte Ville pour cas criminel, excepté cas de [h] Royalle Majesté blessée, & exceptés nos Officiaux, & ceux qui forfaict auront dedans la cloyson du Chastel de ladicte

h Reale. T. C.

NOTES.

laquelle étoit située la Terre revendiquée par le Bourgeois; & celle dans laquelle demeuroit son debiteur. Il devoit d'abord s'adresser à ces Juges, & s'ils ne lui rendoient pas Justice assez promptement, le Maire & les Eschevins la lui rendoient. *Voy. cy-dessous l'art. (26).*

Dans l'art. 24. au lieu de *clamanti*, il y a *clamino* dans T. C. & *domino* dans le *1.er Vol. de ce Rec.* p. 309. Note col. 1.

*(ee) Gratum.]* Il y a dans le *1.er Vol. de ce Rec.* p. 309. Note col. 1. *gratum* Majoris *& creditoris sui. Gratum* signifie une caution. *Voyez le Glossaire de du Cange*, à ce mot.

Dans le *1.er Vol. de ce Rec.* Ib. entre cet article & le suivant, il y a celui-ci qui ne se trouve ni dans T. C. ni dans R. P. ni dans le Recüeil imprimé.

*Et si inventus fuerit in Civitate Rothomag. vel Castro Falesi. antequam gratum suum fecerit, tamdiu tenebitur in carcere Communiæ, donec redimatur de centum Solidis, per se vel per amicos suos, & tum jurabit se non reversurum in dictam Civitatem vel dictum Castellum, donec fecerit gratum Majoris & creditoris.*

*(ff) Exitum.]* Il y a *tunc* dans T. C. & R. P. & *iter* dans le *1.er Vol. de ce Rec.* p. 309. Note col. 2.

*(gg) Et si postquam.]* La fin de cet article est corrompuë. Au lieu de *noverit*, il y a dans le *1.er Vol. de ce Rec.* ibid. *moverit*, qui peut signifier, *lorsque les Officiers de la Commune se seront mis en marche pour ce voyage.*

Le mot *exonio* est tiré du *1.er Vol de ce Rec.* Dans T. C. il y a *exominio*, & *ex eo omnino* dans le Recüeil imprimé.

*(hh) Actum Senonis.]* Cette date n'est point celle de la Chartre de Commune de la Ville de Roüen; mais celle des Lettres de Philippe-Auguste, par lesquelles il accorda aux habitants de S.t Jean d'Angeli, le privilege de joüir des droits de cette Commune.

CHARLES V. à Paris, en Mars 1373. & le 9. de Novembre 1372.

Ville, le Maire de ladicte Ville ou aultre pour luy, a la *(ii)* presentation; & quant par confession ou aultrement, le malfaicteur est convaincu, le Prevost de ladicte Ville ou aultre pour luy, a la presentation & cohertion, le ameine en jugement; & lors present & accordant ledict Prevost, & eû deliberation avec plusieurs sages, le Maire juge le malfaicteur, en le condampnant selon ce que le delit requiert, ou en luy [a] absolvant, s'il est en cas d'absolution; & tous *(kk)* esmollumens qui de ce peuvent venir, viennent & appartiennent à Nous par [b] entier.

*(2) Item.* Lesdicts Maire & Jurez ont la prinse, detencion & cognoissance de tous leurs Jurez *(ll)* defendans; mais sitost comme ils sont deuëment convaincus de crime, ils sont livrez au Prevost, & puis jugez comme les aultres non Jurez; & tous les esmollumens en sont nostres.

*(3) Item.* Lesdits Maire & Jurez ont la obeissance en toutes Cours de tous leurs *(mm)* Jurez, si ce n'est ès cas dessus exceptez, ou que pour cas criminel ils soient prins en present meffaict; [c] gardé toute fois en ce la Coustume du pays.

*(4) Item.* [d] Nos Sergens qui veullent faire Arrest sur aulcun desdicts Jurez, doibt appeller le Sergent du Maire; se ce n'est pour nos propres debtes, ou par nostre mandement ou commission speciale; gardées toute-fois nos Ordonnances.

*(5) Item.* Si aucun forfait en ladicte Commune, ou à aucun bon homme Juré de la Commune, & deuëment requis, ne le veuille amander, le Maire peut deffendre à ces Jurez que ils ne participent avec ledict malfaicteur, jusques qu'il l'ait amendé; si ce n'est en cas que Nous ou nostre Fils seroient en la Ville, ou que l'on y tiendroit nostre grand Assize; & à la requeste dudit Maire, doit faire le Prevost mesme deffence aux aultres habitans de la dicte Ville non Jurez, jusques à tant que satisfaction soit faite, ou [e] donner bonne caution d'ester à droict.

*(6) Item.* Nul qui n'est Juré de la Commune, ne peut mettre vins en la Ville qui seroient fait dehors la Banlieuë, si ce n'est pour son boire; & encor les Jurez de la Commune ne [f] le peuvent mettre, se ils ne jurent que purement il soit de leur heritages; & qui aura fait le contraire ledict vin sera espandu.

*(7) Item.* Nulle personne ne doit mettre vins en ladicte Ville sans licence & enseigne du Maire; & si aucun le fait, ledict vin sera espandu.

*(8) Item.* Le Maire a en ladicte Ville & ès [g] Fauxbours, regart & [h] puniment sur tous vivres, danrées & marchandises exposées venaux; c'est assavoir, se elles sont bonnes ou faulses ou [i] affectiés, à fin que aucun n'en puissent estre deceüz; & establir [k] Curatiers Jurez au profit des Marchans, & les oster trouvez non suffisans ou abusans de leurs Offices, & les [l] punir; & aussi punir [m] Pannetiers, Poyssonniers, Bouchers, Regratiers, personnes vilainement jurans, & personnes [n] amblans *(nn)* aigrest, [o] Raisin, [p] Foing, & autres menuës choses en petite quantité, & les [q] mettre au Pillori, ou en eux *(oo)* marcant, ou aultrement, si & selon que le delict requiert & que il a acoustumé, en espendant vins affectiés, & en [r] ardant mauvaises denrées, ou en prenant Amendes, si comme il a acoustumé.

a *absolant.* T. C. & R. P.
b *enterin.* R. P. & *enterine.* T. C.
c *gardée.* T. C. & R. P.
d *Nôtres.* T. C. & R. P.
e *donnée.* T. C. & R. P.
f *lui.* T. C.
g *Suburbes.* T. C. & *Subeurbes.* R. P.
h *punicion.*
i *afetties.* T. C. *là & plus bas.*
k *Courretiers.*
l *punist, là & deux mots plus bas.* T. C. & R. P.
m *Boulangers.*
n *volans.*
o *Roisins.* T. C. & R. P.
p *fain.* T. C.
q *mettant ou* R. P.
r *brûlant.*

NOTES.

*(ii) Presentation.]* Il n'y a dans T. C. que *pntaton* avec deux marques d'abbreviation. Si on lit *presentation*, comme il y a dans le Rec. imprimé, voicy le sens que je crois que l'on peut donner à cet article qui est fort obscur. Lorsqu'on amene dans la Ville un homme prevenu de crime, il est mis entre les mains du Maire, qui le presentera & le remettra au Prevost, s'il juge qu'il y ait assez de preuves contre ce criminel pour lui faire son procez. Dans ce cas, le Prevost le presentera au Maire, & l'amenera dans son Tribunal, pour être jugé.

*(kk) Esmollumens.]* Profits de Justice, Amendes, Confiscations, &c.

*(ll) Deffendans.]* Je crois que ce mot signifie, *prevenus de crime.*

*(mm) Jurez.]* Ce mot qui au commencement de cet article signifie un Officier de la Commune, ne signifie icy qu'un Bourgeois.

*(nn) Aigrest.]* C'est apparemment du verjus nommée en Latin, *Agresta.* Voy. *le Glossaire de du Cange*, à ce mot.

*(oo) Marcant.]* *Mercant.* T. C. & R. P. marquant d'un Fer chaud, ou d'une autre maniere.

(9) *Item.* Lesdicts Maire & Jurez font (pp) statuts, cris, & [a] guet quand [b] mestier est, pour la garde & seureté de la Ville; & [c] contraignant Regratiers à cesser d'acheter vivres pour revendre, jusques à certaines heures; & les (qq) armures que ils prennent faisant [d] guet, ils applicquent à la tuition de la Ville; & les Amendes sont nostres de ceux sur qui les armures sont prinses.

(10) *Item.* Font plusieurs aultres honnestes & profitables Ordonnances, comme de Tavernes tenir closes [e] empres le (rr) sain de la Commune sonné, comme de pourvoir [f] d'eau pour peril de feu, de nettoyer la Ville, & semblables choses touchant & apartennent au bon (ſſ) arroy honneste, & garde de la Ville, & seureté des habitans & conversans en icelle.

Nous informez comme dit est, que d'entien lesdicts Maire & Jurez ont uzé paisiblement desdictes choses; [g] consideré & entendu les bons services & affections & feaulté que lesdicts Maire & Jurez ont tousiours fait & porté à Nous & à nos Predecesseurs, inclinans benignement à leurs dictes supplications, les usages, Coustumes, Libertez, juriditions, pugnimans & statuts dessus dites, & chascun d'eux, en la forme & en la maniere que ils sont dessus expresse, voulons, octroyons, louons, approvons, confermons perpetuellement audicts Maire & Jurez, de nostre Royale authorité, de certaine science & de grace speciale, par la teneur de ces presentes Lettres : Sauf en toutes choses nostre droict & l'autruy. Et que tout ce soit chose ferme & [h] stable à tousjours, Nous avons fait mettre nostre Seel en ces presentes Lettres. *Donné à Paris, l'an de grace mil trois cens trente-ung, au mois de Juillet.*

CHARLES V. à Paris, en Mars 1373. & le 9. de Novembre 1372.

[a] *gait.* T. C. *gueit, là & plus bas.* R. P.
[b] *besoin.*
[c] *contraignent.* R. P.
[d] *gueit.* T. C.
[e] *après.* T. C.
[f] *de eave.* T. C. *& d'ayve.* R. P.
[g] *consideres & attendus.* T. C. & R. P.
[h] *establc.* T. C. & R. P.

CHARLES par la grace de Dieu Roy de France. Savoir faisons à tous presens & advenir, que Nous considerans & ayants en memoire les grands & proffitables services, que Nous ont faiz nos très chers feaux & bien amez, les Maire, Bourgeois & Jurez de nostre Ville de [i] Saint Jean d'Angely, en demonstrant leur parfaicte & vraye loyaulté, sur ce que comme nos bons & vrais subjects, enformez du bon droict que Nous avons en la Duché de Guienne, ils ont submis ladicte Ville, eulx & leurs biens, liberallement à nostre subjection & obeissance, & Nous ont recogneu, & recognoissent à leur naturel & souverain Seigneur, desirans estre & demeurer tousiours soubs Nous & nostre Seigneurie; & par ainsi Nous nous [k] vüeillans monstrer à eux liberaux & favorables en graces & prerogatives, par lesquelles se sentent estre honorez, & avoir acquis proffit à eulx & à nostre ditte Ville, à iceulx Maire, Bourgeois & Jurez, pour eulx & leurs successeurs, perpetuellement à tousiours mais, tous leurs Privileges, Franchises & Libertés qui leur ont esté octroyez & donnez par nos Predecesseurs au temps passé, qu'ils pourront monstrer escripts & scellez, & tous autres dont il apperra par leurs entiens Papiers & registres de leur Commune, ou par autres loyaux ensegnemens dont ils auront uzé; consideré que pour les guerres, si comme ils disent, ont perdu plusieurs de leurs privileges escripts & scellés, avons loué, approuvé, ratifié & confermé de nostre auctorité Royalle, pleine puissance & grace speciale, [l] loons, ratifions, approuvons & confermons par la teneur de ces presentes; & en oultre d'abondant, desirans tousjours de faire plus grandes graces ausdicts Maire & Bourgeois & Jurez, avons donné & octroyé, donnons & octroyons de nouvel, de nostre auctorité Royalle & grace speciale dessus

[i] *Saint Jehan Angely.* T. C.
[k] *vueill.* T. C.
[l] *loüons.* R. P.

NOTES.

(pp) *Statuts, cris.* ] Ces mots peuvent signifier ou des Reglements & des proclamations & cris publics pour les affaires communes; ou en particulier des reglements sur le guet, & des proclamations pour avertir quand & comment il doit être fait.

(qq) *Armures.* ] Je crois que par ce mot, il faut entendre des armes cachées par les habitants, à qui il avoit été ordonné pour la sûreté publique de les porter dans un certain endroit.

(rr) *Sain.* ] Ce mot qui vient de *signum*, signifie un signal donné par une Cloche. *Voy. le Diction. Etymologique de Menage*, au mot, *sain.*

(ſſ) *Arroy.* ] Bon ordre. *Voy. le Diction. étymologique de Menage*, au mot, *arroy.*

CHARLES V. à Paris, en Mars 1373. & le 9. de Novembre 1372.

dictes, teles graces & privileges comme donné avons d'autres fois, & [a] dernierement à nostre Ville d'Abbeville, & donrrons & octroyerons prochainement à nostre Ville de la Rochelle; lesquelles graces & privileges seront ausdicts Maire, Bourgeois & Jurez, profitables & necessaires.

(1) *Item.* Comme le plus des charges appartenant au gouvernement de nostre dicte Ville, soit sur lesdicts Bourgeois & Jurez de la Commune d'icelle nostre Ville, ainsi qu'entendu l'avons, Nous audits Maire, Bourgeois & Jurez, pour eux & leurs successeurs, avons octroyé & octroyons de nos dictes certaines science, grace speciale & auctorité Royalle, que aucuns habitans de nostre dicte Ville, ne puissent par tout le temps advenir, vendre à detail en icelle, aucunes denrées ou marchandises quelconques, se ils ne sont de ladicte Commune; excepté tant seullement à jour de Foire ou de Marché, & ès lieux acoustumez de tenir lesdictes Foires ou Marchez.

(2) *Item.* Leur avons octroyé & octroyons de nostre certeine science & grace speciale, par ces presentes, que tous lesdicts Jurez, Bourgeois & habitans, soient payez doresnavant des rentes qu'ils ont sur le grand Fief d'Aunis, & ailleurs, par la maniere qu'ils estoient, ou ceux dont ils ont cause, au temps du [b] transport fait à Calais.

(3) *Item.* Pour ce que Nous avons tousiours desir que nostre dicte Ville soit peuplée d'habitans, & que toute maniere de gens ayent plus grant cause & couleur de y venir habiter, à iceux Maire, Jurez, Bourgeois & habitans, avons octroyé & octroyons de grace speciale, certeine science & auctorité Royalle dessus dictes, pour tout le temps advenir, que nulle Prinse de bleds, de vins, ne aultres choses quelconques, soient faictes sur eux en quelque lieu que ce soit, sans leur volonté & assentement.

(4) *Item.* Comme nos adversaires d'Angleterre, par le temps qu'ils tenoient nostre dicte Ville en leur obeissance, eussent imposé nouvellement dix Sols pour chacun [c] tonnelle de vin, & quatre Deniers pour livres, de toutes aultres denrée & marchandises, à prendre sur tous ceux qui lesdict vins & aultres marchandises chargeront en ladicte Ville, Chastellenie & ressort d'icelle, & les porteront hors du pays; Nous qui voullons ledict Maire, Bourgois, Jurez & habitans, & tous aultre à qui appartiendra, relever de charges le plus que nous povons, avons quitté & remis de nostre certeine science & grace special dessus dictes, par ces presentes, quittons & remettons à tousiours mes lesdits dix Sols pour chacun tonnelle de vin, & quatre Deniers pour livres, à tous ceux qui lesdicts vins & aultre marchandises chargeront en nostre dicte Ville, Chastellenie & resort d'icelle, pour mener hors, en la maniere que dit est.

(5) *Item.* Avons derechef octroyé & octroyons de grace speciale [d] de certeine science, ausdict Maire, Bourgeois, Jurez & habitans, qui meneront danrée & marchandises par tout nostre Royaume, par mer ou par terre, que ils soient quittez en la forme & maniere que nous [e] l'octroyerons à ceux de nostre Ville de la Rochelle, de tous subsides, Gabelles & Impositions, Treisiesmes, Quatriesmes, & tous aultres Ordonnances & coustumes; excepté tant seullement des entiens devoirs.

Si donnons en mandement par ces presentes, au Seneschal de Saintonge, & à tous nos aultres Senechalx, Officiers, Justiciers & subjects, ou à leurs Lieutenans, & à chacun d'eux, presens & advenir, que lesdict Maire, Bourgois, Jurez & habitans, & chacun d'eux & leurs successeurs, facent, laissent & souffrent joüir & user paisiblement des choses dessus dictes, & de chascune d'icelles, en la forme & maniere que dessus est dit, & contre la teneur de ces presentes ne les empeschent ou souffrent estre empeschez en aucune maniere; mais tout ce qui seroit faict ou attempté au contraire, remettre ou facent remettre au premier estat & deub; & d'abondant, en leur accomplissant nostre dicte grace, voullons & declarons que au *Vidimus* de ces presentes, faict & collationné soubs Séel Royal, soit adjoustée aussi pleine foy en jugement & dehors, & tout par tout ailleurs, aussi comme au propre original

[a] *darrainement.* T. C.

[b] *Voy. cy-dessus, p. 572. Note (b).*

[c] *tonnel. là & plus bas*, T. C.

[d] *&c.*

[e] *l'octroyons.* T. C. & R. P.

d'icelles. Et afin que ce soit ferme chose & stable à tousjours, Nous avons faict [a] apposer nostre Séel à ces presentes Lettres : Sauf en aultre choses nostre droict, & l'autruy en toutes. *Donné à Paris, en nostre Chastel du Louvre, le neufiesme jour du mois de Novembre, l'an de grace mil trois cens soixante & douze, & de nostre Regne le neufiesme.*

CHARLES V. à Paris, en Mars 1373. & le 9. de Novembre 1372.

(1) (tt) Et en ampliant nostre grace, veüillans ausdicts Bourgois & habitans de nostre dicte Ville d'Angolesme, Nous monstrer à leur proffit enclins & favorables, à iceux avons octroyé & octroyons que tous les heritages, rentes & possessions, & aultres biens meubles & immeubles estant en nostre obeissance le jour qu'ils se [b] soubmettront à icelle, lesquels biens leur appartiennent, & peuvent ou doibvent appartenir par quelconques maniere que ce soit, leur soient rendu & restituez, & par ces presentes Nous les leur avons donné & donnons, si mestier est, pour eux & pour leurs successeurs, ainsi que à chascun d'eux apartiendra, de nostre aucthorité Royale, certaine science & grace speciale; [c] nonobstant quelconques donnations, Lettres ou aultres Mandement donnez ou à donner par Nous ou par aultres.

(2) *Item.* Comme plusieurs Seigneurs ayent grans Seignories & proffit en nostre Ville d'Angolesme & pays environ, pourquoy il est bien chose raisonnable que eux, leurs hommes & sujects, contribuent aux [d] guets, gardes & reparations d'icelles Ville, car c'est pour garder le leur mesme; avons ordonné & octroyé, ordonnons & octroyons par ces presentes, de nostre auctorité Royalle & certaine science & grace specialle dessus dictes, que eux & touz leurs hommes & sujects dessus dicts, jusques à deux lieuës environ nostre dicte Ville, qui ne seront tenus de ce faire en aultre Chastel Royal, [e] tenus & contrains d'aydier & contribuer aux guets, gardes & reparations dessus dictes.

(3) *Item.* S'ensuit la forme & maniere de l'election du Maire. Et premierement, que chascun an, le Dimenche devant Pasques fleuries que l'en chante en Saincte Eglise *Judica me*, le Maire icelly jour, par le commendement qu'il faict à ses Sergens, fait sonner à [f] journée haulte, le grand Sain de la Commune, (uu) bien lalent d'une lieuë; & le Sain sonnant, tous les Eschevins, Conseilliers & [g] Pairs, s'en vont oudit Eschevinage en leur lieu [h] secretere; & illecques assis ainsi que les sieges le portent; c'est assavoir, le Maire en son siege, les Eschevins au plus près de luy, & les Conseilliers emprès, & les Pers en leur ordinaire, le soubs Maire devant le Maire au miliu de tous; (xx) & convient en droit nombre pour faire Maire; premierement, le Maire, douze Eschevins, douze Conseilliers, le soubs Maire, & le demourant en Pers, jusques au nombre en touz de cent; & ceux cent ainsi assemblez, le Maire estant celuy jour en son siege, prend le Papier de la Commune, où sont tous les noms dudict nombre de cent, & [i] devise à tous la maniere de constituer le Maire, qui se peult faire en trois manieres; la premiere, par la voix du Sainct Esperit; c'est à dire, que s'il y a aulcun preudhomme qui de la volenté Dieu & de son

[a] *a mettre.* T. C. & R. P.

[b] *soubzmistront.* R. P.

[c] *non contrestant.* T. C. & R. P.

[d] *gueiz. là & plus bas.* T. C. & R. P.

[e] *soient.*

[f] *prime haulte, de grand matin.* T. C. & R. P.

[g] *Pers.* T. C. & R. P. *là & plus bas.*

[h] *segretaire.* T. C. & R. P. *secret.*

[i] *propose.*

NOTES.

(tt) *Et en ampliant.* ] Il est certain que ces Lettres auxquelles manquent les formules qui sont ordinairement au commencement & à la fin des Lettres Royaux, sont de Charles V. Le nom de la Ville d'Angoulesme se trouve dans les trois Textes de ces Lettres. Cependant comme elles ne sont qu'une *ampliation* des precedentes données en faveur des habitans de S.t Jean d'Angeli, je crois que c'est à ces mémes habitants qu'elles ont été accordées. En effet, dans la fin des Lettres du mois de Mars 1373. il est dit que les habitants d'Angoulesme joüiront de tous les privileges accordez à ceux de S.t Jehan d'Angeli, par les Lettres precedentes. Je crois donc que dans cette *ampliation*, au lieu d'*Angoulesme*, il faut corriger *S.t Jean d'Angeli*; & même dans l'art. 3. p. 680. note (n) margin. il y a *S.t Jehan* dans le Texte du T. C. & R. P.

(uu) *Bien lalent.* ] *Lalant* T. C. & *Lalans* R. P. Je crois que cela signifie que cette Cloche sonnoit assez fort, pour qu'on pût l'entendre d'une lieuë. L'on trouve dans le Glossaire de du Cange, *lallare, inarticulatam vocem edere.*

(xx) *Et convient.* ] Pour faire le Maire, il faut que l'assemblée soit composée du nombre de personnes marqué dans l'article.

CHARLES V. à Paris, en Mars 1373. & le 9. de Novembre 1372.

esmouvement dit, *Beaus Seigneurs, s'il vous sembloit à tous que bien soit, le Sainct Esperit m'a donné en volenté de vous nommer trois personnes, pour estre de trois l'un Maire; c'est assavoir, tel, tel & tel, & si ayez aviz sur cecy, & s'il* [a] *agrée à tous, plaise le vous sçavoir:* si alors de la volenté Dieu, n'y a nul contredisant, ceux trois demeureront pour esleus, & sont presentez celuy jour par le Maire au Senechal ou à son Lieutenant, pour prendre des trois celuy qui luy plaira.

*Item.* La seconde maniere de faire l'esle&ion, est par voye de scrutine; c'est à sçavoir, que chascun [b] en devisent troiz telz comme bon luy semblera, & les mettre en escript ainsy comme chascun les devise, [c] sont tant seullement le Maire qui encore est, & le Maire qui a esté l'année paravant, & le soubs Maire tant seullement, sont en un lieu privé où n'a ames fors que eux; & viennent à eux illecques l'un après l'autres; & quand chascun en a dit sa volenté, & il est mis par escript, lesdictz Maire qui encores est, & le Maire qui a esté avant luy, & le soubs Maire regardent leur escript bien & diligenment; & ceux trois à qui ils ont donné plus de voix, ils prennent ceulx trois noms, & rompent alors l'escript que il ont faict, affin que [d] nuls ne puissent avoir haigne; & ce faict, s'en viennent arriere en leurs sieges, & reprend adoncques le Maire le parler, en disant: *Beaux Seigneurs, nous avons election, loué soit Dieux; c'est asçavoir, tel, tel & tel;* & ce fait [e] en continuant celuy mesme jour, sont presentez au Senechal ou à son Lieutenant, pour prendre celuy qui à luy plaira, comme dessus est dict.

*Item.* La tierce maniere de faire election, est par voye de compromis; c'est à dire, que le Maire prend ledict Papier de la Commune, & le ouvre, & regarde les noms des Pairs, & d'iceulx Pairs en prend tels quatre comme il luy [f] prend à plaisir, & ceux quatre viennent devant luy, & luy font serment sur les saincts Evangiles nostre Seigneur, que bien & loyaument ils nommeront & ordonneront trois bons hommes suffisans pourquoy l'un puisse estre Maire; & ce faict, ces quatres vont en un lieu secret de [g] l'Eschevinage, où il n'y a ames, mais eux, & portent avec eux ledict Papier; & des douze qui sont Conseilliers, ils en prennent deux tels comme bon leur semble, & les viennent nommer au Maire, & le Maire les prend & les faict venir à soy, & leur faict faire le serment comme aux aultre quatre; & ce faict, les quatre Pairs & les deux Conseilliers s'en vont au lieu où lesdicts Pairs estoient partis, & quand ils sont tous six ensemble, ils prennent le Papier de rechef, & regardent les douze Eschevins, & d'iceux en prenent deux, non mie de ceux qui pourroient [h] escheoir en l'election, mais des aultres, & viennent nommer au Maire ceulx deux Eschevins, & le Maire les faict lever & leur fait faire le serement comme aux aultres, & s'en vont au lieu où les aultres six sont; & quand tous les hiuct sont assemblez, ils regardent pour le proffit de tout le Commun & de la Ville, trois bons hommes pourquoy l'un des trois soit Maire; & quand ils sont tous à un accord, il apportent & nomment au Maire en presence de tous, les trois que ils ont esleus; & [i] tantost ce faict, celluy mesme jour le Maire les va presenter au Senechal ou à son Lieutenant, par la maniere que dit est; & lors le Seneschal ou son Lieutenant en prend l'un des trois esleus, & le faict Maire, & luy fait faire le serment; & ce fait, sans plus attendre, le Maire qui avoit esté & encores l'estoit jusques atant que le Maire nouveau luy a faict le serment, s'en viennent en l'Eschevinage, & se met ledict Maire qui encors est en son siege, & appelle à soy le Maire nouveau, en luy disant: *Sire, vous me ferez le serment que nos predecesseurs ont acoustumé à faire, s'il vous plaist, puisque* [k] *Monsieur le Seneschal vous a prins & esleus pour Maire;* & lors il se agenoüille, & faict le serment par la forme & maniere que s'ensuit; c'est asçavoir, que tout premierement, il gardera l'honneur & le droict du Roy, & luy promet porter foy à luy & à son hoir masle, à vie & à mort, en telle maniere que se il peut appercevoir homme qui le [l] voulust grever en son droit, il feroit son pouvoir de le [m] destourber, ou le feroit a sçavoir aux gens le Roy au plustost que il pourroit; & que il gardera la Ville [n] d'Angoulesme à luy & à son hoir masle, bien & loyalment, & fera droict au povre & au riche, & gardera les loyaulx establimens de la Commune, & nul

mauvais

[a] *gret à tous, plezet.* T. C. & R. P.

[b] *en deviset.* T. C. & R. P. là & plus bas.

[c] *mot inutile.*

[d] *nullui puisse avoir aigne.* R. P.

[e] *encontinent.* T. C. & R. P.

[f] *vient.* T. C. & R. P.

[g] *Esclavinage, là, plus haut & plus bas.* T. C.

[h] *sur qui l'election pourroit tomber.*

[i] *aussitost.*

[k] *Monf.* T. C. & *Monseigneur.* R. P.

[l] *voulsist.* T. C. & R. P.

[m] *empêcher.*

[n] *de S.t Jehan.* T. C. & R. P. *Voy.* p. preced. Note *(tt).*

mauvais n'y *(yy)* alliennera à son escient; & perpetuellement il fera obeissance aux Maires ses successeurs, comme [a] homme de Commun; & que tout ce que son predecesseur ou predecesseurs aura ou auront commencé [b] ô l'assentement du Commung, il accomplira à son pouvoir, ou le delaissera [c] à l'assentement du Commun, & non aultrement; lequel serment ainsy faict, le prend par la main & le met en son Siege où il estoit; & lors le Maire qui maintenant est, prent par la main le Maire qui avoit esté, & luy faict faire serment en telle maniere qu'il luy promet loyalment faire durant son temps, Office d'Eschevin; c'est à dire, que il jugera bien & loyalment en son absence; pour ce que tous les Eschevins peuvent juger en l'absence du Maire; & aussi que il le *(zz)* conseilleront bien & loyalment; & ainsi jusques au nombre de douze Eschevins luy font serment; & [d] après douze Conseilliers, en telle maniere que ils promettent & jurent le conseiller bien & loyalment; & emprès ce, les Pairs qui sont ou nombre de cent, font serment au Maire ou au soubs Maire; c'est à sçavoir, que ils [e] seront obeissants, & garderont les segrets de la Commune; & tout cecy fait, tient ses *(aaa)* termes le Maire chascun jour, environ heure de tierce devant disner, & à *(bbb)* relevée après disner; & ordene le Maire sa premiere *(ccc)* Mayzé, à laquelle sont tenuz de venir tous les dessus nommez, à jour de venredy, le Sain de la Commune sonné; & estant en leur Eschevinage en leurs Sieges, demande le Maire se ils veullent que le soubs Maire & Sergent qui ont acoustumé y estre, y soient, ou se ils seront changé; de laquelle chose le Maire en ordenera, [f] ô le Conseil de touz; & ce fait, prendront & ordeneront quatre Pairs, qui à toutes les Maizée & à toutes Convocations que le Maire feroit, vendront; & tout ce que il accorderont en absence des autres, [g] il tendront; lesqueux quatre jureront au Sains Dieu Euvangilles, de le faire loyalment & proufitablement pour le prouffit commun; & aussi *(ddd)* seront tous tenus de assentement que ils le facent ainsi par tout le commun; & ceux qui ne vendront à chacune Maizée, s'il n'ont congié ou essoine raisonnable, *(eee)* payeront ce que dessus est dit en l'octroy des Constitutions de la Commune du Roy Philippes; & aussi *(fff)* par deffaux & Amendes, tout ce qui audit Privilege est contenu du Roy Philippes, qui est jouxte la forme de la Commune de Roüan ou [h] Phalese.

*(4)* Et après ce, s'ensuyvent les statuts de la Commune; c'est à sçavoir, que touz Bouchers vendans *(ggg)* aux bans char *(hhh)* millargeuse, doivent encourre la paine de vingt-cinq Sols; [i] tout ainsi de truye, s'ils ne le vendent ès lieux accoustumez; & ainsi qui vendra char puante; & avec ce, sera [k] arse.

*(5)* *Item.* Que quiconque trouvera bestes *(iii)* espaves, les doibvent admener au Maire, affin de la rendre à cellui à qui elle sera *(kkk)* obées qui en facent foy, & monstrent par gens creables.

**CHARLES V.** à Paris, en Mars 1373. & le 9. de Novembre 1372.

a *comme simple Bourgeois.*
b *à l'asentement* T. C. & *ob l'assentement, là & plus bas*, R. P. *avec.*
c *ob.* T. C. & R. P.
d *emprès ce, douze Conseillers.* T. C. & *emprès ceulx.* R. P.
e *seront obeissance* T. C. & R. P.
f *avec*
g *les absents.*
h *Phaleise.* R. P.
i *& tout aussi.* T. C. & R. P.
k *brûlée.*

NOTES.

*(yy) Alliennera.* ] Ce mot est corrompu. Il y a *eslevera* dans T. C. & *allevera* dans R. P. Je crois que cela signifie *que le Maire ne fera point de mauvais reglements.*

*(zz) Conseilleront.* ] Le Maire fait aussi prêter serment aux autres Eschevins.

*(aaa) Termes.* ] Les jours marquez pour le jugement des procez. *Voyez le Glossaire de du Cange*, au mot, *terminus.* 4.

*(bbb) Relevée.* ] Voy. le *Glossaire de du Cange*, aux mots, *relevatio* 1. & *releveia.*

*(ccc) Mayzé.* ] *Mezée*, là & plus bas, T. C. & R. P. Ce mot est expliqué un peu plus bas; *Maizée & convocations.*

*(ddd) Seront tous tenus.* ] *Tous seront de assentement* T. C. & R. P. Je crois que cela peut signifier, que tous ceux qui composent la Commune, seront obligez d'executer ce qui aura été reglé par le Maire & par ces quatre Pers.

*(eee) Payeront.* ] Voy. *cy-dessus*, p. 672. l'art. 3. de la Chartre de Commune de la Ville de Roüen.

*(fff) Par deffaux.* ] Cet endroit peut signifier que ceux qui contreviendront en d'autres points aux reglemens de la Commune, payeront les Amendes portées par la Chartre de Commune de Roüen.

*(ggg) Aux bans.* ] Je crois que cela signifie sur les bans, étaux ou petites boutiques qui sont dans le marché.

*(hhh) Millargeuse.* ] *Milhageuse.* T. C. & R. P. Je n'ai rien trouvé sur ce mot.

*(iii) Espaves.* ] Les bestes esgarées. *Voy. le Glossaire du Droit François*, au mot, *Espaves.*

*(kkk) Obées.* ] *Au ce qu'ilz en facent foy.* T. C. & *ob ce* R. P. Je crois qu'il faut preferer la leçon de ces deux Registres, & que ces mots signifient, *pourveu que.*

CHARLES V. à Paris, en Mars 1373. & le 9. de Novembre 1372.

(6) *Item.* Quiconques fera tonneaux ou pippes pour vendre, qui ne feront d[e] loyalle *(lll)* moifon, & fera trouvé, payera vingt-cinq Sols; & les tonneaux o[u] pipes *(mmm)* perdus ou ars.

(7) *Item.* Que touz les moys une foiz, le Maire, Efchevins & Confeilliers & Pairs, fe doibvent affembler en leurs Efchevinage pour les afaire de la Ville & Commune, & tenir leur [a] Mayzée emprès le Sain de la Commune fonné; & de tou ce que il auront l'advis & la opinion de chacun, ils fe doibvent tenir à la plus fain[e] partie, & le mettre par efcrit en leurs Papiers.

(8) *Item.* Se aucun Charretier [b] ayant receu tonneau ou pipe de vin fur fa charrette, & le vin foit d'un Bourgeois ou Marchand, le dommage qui en avendroi[t] avant que le Charretier l'ait livré au Marchand ou à fon varlet, feroit fur le Charretier : fi cas d'aventure de quoy l'en ne l'en peuft garder, *(nnn)* il cherroit fur le Charretier.

(9) *Item.* Se aucun de la Ville met fon Tavernier pour [c] traire fon vin, & le Tavernier ne luy *(ooo)* refpont loialment de ce que le vin devra valoir à fon pris, celluy de qui le vin fera, le peut arrefter chez foy & tenir comme en prifon fans offence de juftice, fans luy donner [d] maits, pain & eauë, & le peut tenir jufques à tant qu'il foit paiez.

(10) *Item.* Nul ne [e] peut faire faire de courratage fanz licence du Maire, qui le doibt faire jurer que il le fera bien & loyalment au prouffit des Partyes.

(11) *Item.* Nulz Regratiers ne acheteront pour revendre chofe que ce foit, [f] jufques la Meffe foit fonnée du my-jour.

(12) *Item.* Que nulz ne vende nulle chofe quelle qu'elle foit, qui doit eftre vendue à [g] l'enquant, fanz licence de l'encanteur, ou de celluy qui pour luy fera, à la peine de vingt Sols.

(13) *Item.* Que nulz Laboureurs ne fe loüent, fe n'eft à la place acouftumée, à peine de perdre fa journée.

(14) *Item.* Mefme chofe de ceulx qui loüent beftes pour charrier.

(15) *Item.* Que à ladicte peine, il oftent chacun devant fa maifon, fumiers & ordures, chacun en droit de foy, & [h] boutent hors de la Ville.

(16) *Item.* Que ceulx qui ont buefs, [i] trainent hors de la Ville les charoingnes mortes, [k] ob certain falaire, & à ladicte peine.

(17) *Item.* Que nulz [l] fuerres ne meflent nulle piece de mouton avec [m] cordouan, ne facent [n] faulx ouvrages; & pour chacune faulte où il fera trouvé, payera vingt Sols; & s'ils [o] font de faulx ouvrage, ils feront ars.

(18) *Item.* Que nul ne gette eaulx puantes ne [p] ordes, ès ruës, où puiffent tenir dommage à nul.

(19) *Item.* Que [q] nul endroict foy *(ppp)* amende & tiennent en dert les *(qqq)* paffages, aux mieulx de fon povoir.

(20) *Item.* Que le Maire doit mettre regardeurs fur les Bouchers & Poiffonniers, qui jurent & rapportent fe il font chofes qui ne foit bien à poinct.

(21) *Item.* Le Maire a regard fur Coudre, fur [r] Merrien, fur *(rrr)* Failhard, fe lefdictes chofes ne font [f] marchandes; & de les faire [t] arder ou de leur faire [u] gaigner l'Amende, ainfi qu'il fera à faire; & [x] autreffi a regard fur cuirs tanez, à fçavoir s'ils font

a *Voy. pag. precedente, Note (ccc).*
b *ait.* T. C. & R. P.
c *tirer.*
d *mes.* T. C. & *mais.* R. P.
e *doit.* T. C. & R. P.
f *jufques que.* T. C. & R. P.
g *encan.*
h *portent.*
i *traient.* T. C.
k *à.* R. P.
l *fuerres.* T. C. & R. P. *Cordonniers. Voy. cy-deffus,* pag. 272. Note *(c).*
m *cuir.*
n *mauvais.*
o *font.*
p *ordures.* T. C.
q *chafcun.* T. C. & R. P.
r *Voy. cy-deffus,* pag. 601. Note *(i).*
f *bonnes.*
t *brûler.*
u *payer.*
x *auffi.*

NOTES.

*(lll) Moifon.]* Mefure. *Voy. Borel,* au mot, *Moifon.*

*(mmm) Perdus.]* Cela peut fignifier que ces tonneaux feront defaits ou brifez.

*(nnn) Il cherroit.]* Cette difpofition paroît bien contraire à l'équité. Peut-être faut-il corriger, *il ne cherroit.* Il femble d'ailleurs qu'il manque quelques mots dans la fin de cet article.

*(ooo) Refpont.]* *rnt.* T. C. ne luy paye le vin qu'il a répandu par fa négligence; car je crois qu'il faut fuppléer dans cet article, que le Tavernier a répandu & laiffé perdre le vin qu'il étoit chargé de tirer.

*(ppp) Amende.]* Tiennent en bon état. Je n'ai rien trouvé fur le mot *en dert.*

*(qqq) Paffages.]* Ce mot fignifie un chemin, & quelquefois un fentier. *Voy. le Gloff. de du Cange,* au mot, *paffagium.*

*(rrr) Failhard.]* *Sailhard.* T. C. & R. P. Heftre qui fe nomme prefentement *Fayart* dans le Lyonnois. *Voyez le Dictionnaire de Trevoux,* à ce mot.

Marchands ou non; & sur toutes aultres Marchandises venant, en toutes manieres, pour le bien de Justice.

(22) *Item.* S'ensuit la maniere de [a] peser la (ſſſ) miche, la foüasse, le pain (tt) [b] ô sa flour, & celuy ô tout.

*Et premierement.* Quand fourment vault le boyceaux deux Sols six Deniers, [c] un boyceau doit avoir trente pains, chascun d'un [d] denier, ô toute sa fleur; & devra peser chacun pain tout cuit, dix-sept onces; & se le l'en fait miche & (uuu) reparon, la miche doit peser douze onces [e] largement, & le reparon qui est fait après, doit peser le tiers plus que le pain ô toute sa fleur; c'est à sçavoir, vingt-quatre onces.

(23) *Item.* Doit peser le pain de [f] mesture ô toute sa fleur, d'un denier, autant comme le reparon de froment; c'est à sçavoir, vingt-cinq onces; & se la fleur est (xxx) triée de la mesture, le pain qui seroit fait après, doit peser (yyy) au pris.

(24) *Item.* Quand Fourment vault le boyceau cinq Sols, [g] un boyceau doit avoir trente pains, chacun de deux deniers, ô toute sa fleur; & doit peser chascun pain dix-sept onces tout cuit; & la miche doit peser douze onces, & le reparon vingt-quatre.

(25) *Item.* Quand le bled fourment vault dix Sols, un [h] boyceau doit avoir trente pains, chascun de quatre deniers, ô toute sa fleur; & doit peser chascun pain tout cuit, dix-sept onces; & la miche douze, & le reparon vingt-quatre.

(26) *Item.* Quand fourment vault le boyceau quinze Sols, le pain ô toute sa fleur, de quatre deniers, doit peser onze onces larges; & la miche huit onces, & le reparon saize.

(27) *Item.* Quand fourment vault le boyceau vingt Sols, le pain ô toute sa fleur, de six deniers, doit peser douze onces & demye; & la miche de six deniers, neuf onces, & le reparon dix-huit & les deux parts d'une once. Quand fourment vault le boyceau trois Sols, le pain de deux deniers, ô toute sa fleur, doit peser vingt & une once; & la miche de deux deniers, dix-neuf onces, & le reparon de deux deniers, doit peser quarante-deux onces.

(28) *Item.* Quand fourment vault le boyceau quatre Sols, le pain de un denier, ô toute sa fleur, doit peser tout cuit, dix onces & demye; & la miche de un denier, sept onces larges, & le reparon quinze & les trois parts d'une once; & [i] chascun des pains dessus dicts est de deux deniers, chascun doit peser la moytié plus.

(29) *Item.* Quant fourment vault le boyceau six Sols, le pain de un denier, ô toute sa fleur, doit peser sept onces, le reparon dix onces & demye, la miche cinq onces, de un denier, [k] à la value; & se fourment vaut douze Sols, chascun des pains dessus dicts de deux deniers, [l] ne doit peser mais comme celuy qui est faict pour un denier, au pris de six Sols le boyceau.

(30) *Item.* Quant fourment vault le boyceau sept Sols, le pain [m] ô toute sa fleur, de deux deniers, doit peser tout cuyt, douze onces; & la miche de deux deniers, doict peser huict onces & demye, & le reparon dix-huit onces, à deux deniers le pain.

(31) *Item.* Quant fourment vault le boyceau huit Sols, le pain ô toute sa fleur, de deux deniers, doit peser tout cuyt, dix-neuf onces & le tiers d'une once; la miche de deux deniers, doit peser sept onces, & le reparon quinze onces & demye, à deux deniers le pain.

(32) *Item.* Qant fourment vault le boyceau neuf Sols, le pain de deux deniers, ô toute sa fleur, doit peser tout cuyt, neuf onces & le quart de demy once; (zzz) de

**CHARLES V.** à Paris, en Mars 1373. & le 9. de Novembre 1372.

[a] *que doit peser.* T. C. & R. P.
[b] *avec.*
[c] *au.* T. C.
[d] *Voy. cy-dessus, pag.* 500. Note (c).
[e] *à bonne mesure.*
[f] *moisture.* R. P.
[g] *ou.* T. C. R. P. *là & plus bas.*
[h] *boiss.* T. C. & R. P.
[i] *si.*
[k] *à proportion.*
[l] *ne doit pas peser autant.*
[m] *au.* T. C. *là & plus bas.*

## NOTES.

(ſſſ) *Miche.* ] Petit pain. *Voy. le Gloss. de du Cange*, au mot, *Mica*, & le *Dictionn. étymolog. de Menage*, au mot, *Miche*, *Foüasse*, Galette ou Gâteau, sur lequel Voy. le même Dictionnaire, au mot, *Foüace*.

(tt) *O sa flour.* ] Je crois que cela signifie, *du pain blanc fait avec de la fleur de farine, ou de la farine blanche, & du pain bis fait avec de la farine grossiere, dans laquelle il y a quelques parties de son.*

(uuu) *Reparon.* ] Sorte de pain sur lequel je n'ai rien trouvé.

(xxx) *Triée de la mesture.* ] Si par le moyen du Bluteau, la fleur de farine est triée & séparée de la farine blanche.

(yyy) *Au pris.* ] Cela peut signifier, *doit avoir le même poids*, ou bien *à proportion.*

(zzz) *De deux deniers.* ] Avant ces mots, il manque ceux-cy: *& la miche*, qui se lit dans tous les articles precedents.

CHARLES V.

à Paris, en Mars 1373. & le 9. de Novembre 1372.

deux deniers, sept onces & demye, & le reparon à deux deniers, doit peser trois onces & trois quarts.

(33) *Item.* Quant fourment vault le boyceau onze Sols, le pain de quatre denier, ô toute sa fleur, doit peser tout cuyt, quatorze onces & les deux parts d'une once; & la miche unze onces, & le reparon de quatre deniers, doit peser vingt-deux onces; & peult l'en faire audict pris, pain de deux deniers.

(34) *Item.* Quant fourment vault le boyceau douze Sols, (aaaa) ô sa fleur, de quatre deniers, [a] doit peser tout cuyt, quatorze onces; & la miche neuf onces & demye; le reparon de quatre deniers, vingt & une once; & s'en peut faire pain de deux deniers.

a *pezet.* T. C.

(35) *Item.* Quant fourment vault treize Sols, le pain de quatre deniers, ô toute sa fleur, poise tout cuyt, treize onces; & la miche huit & demye, & le reparon dix-huit & les deux parts [b] de demie.

b *d'une.* T. C. & R. P.

(36) *Item.* Quant fourment vault quatorze Sols, le pain de quatre deniers, ô toute sa fleur, poise cuyt, douze onces; & la miche huit onces; le reparon de quatre denier, dix-neuf onces & demye.

(37) *Item.* Quant fourment vault le boyceau saize Sols, le pain de quatre deniers, ô toute sa fleur, poise cuyt, dix onces demye; & la miche doit peser sept onces demye; le reparon quinze onces & demye, & les trois parts d'une once.

(38) *Item.* Quant fourment vaut le boyceau dix-sept Sols, le pain de quatre deniers, ô sa fleur, doit peser tout cuyt, neuf onces & les trois parts d'une; la miche six onces & demye, & le reparon quatorze onces & demye.

(39) *Item.* Quant fourment vault le boyceau dix-huit Sols, le pain de quatre deniers, ô sa fleur, doit peser cuyt, neuf onces; la miche six onces, & le reparon treize onces demye.

(40) *Item.* Quant fourment vault le boyceau dix-neuf Sols, le pain ô sa fleur, de quatre deniers, doit peser tout cuyt, huit onces trois quars; & la miche doit peser six onces, & le reparon quatorze onces.

(41) *Item.* Doit peser le pain d'orge, ô toute sa fleur, la moytié plus que le pain, ô toute sa fleur, de fourment.

*Quocirca Prefatis Burgensibus & habitatoribus dicte Ville nostre Engolismensis, ex dictis nostris certa scientia, speciali gratia & plenitudine Regie potestatis, damus & concedimus tenore presentium, plenam, generalem & liberam potestatem ac mandatum speciale, prefatam Communiam, modo & forma supra scriptis in dicta Villa nostra Engolismensi, auctoritate nostra ordinandi, ponendi & instituendi Majorem, Scabinos ac Juratos instituendi, ac premissa omnia & singula faciendi & exercendi, que ad ipsam spectant Communiam & spectare noscuntur, prout superius est plenius expressatum, & sicut dicti Major, Scabini & Burgenses dicti loci Sancti Joannis Angeliacensis, possunt & debent facere authoritate ejusdem: Mandantes nichilominus Baillivo nostro [c] Exemptorum [d] Turonensi, Engolismensi & Xantonensi, ceterisque Justiciariis & Officiariis Regiis, ac Regni nostri, aut eorum Locatenentibus, & eorum cuilibet, pro ut ad eum pertinuerit, presentibus & futuris, quatenus [e] suprafatam Communiam, cum omnibus & singulis, ac modo & forma premissis, in predicta Villa nostra Engolismensi poni, ordinari & institui permittant; ac memoratos Burgenses & habitatores ipsius Ville nostre, eorumque successores, eadem gratia, secundum formam & tenorem nostre presentis concessionis & gratie, uti & gaudere faciant & procurent temporibus perpetuis, pacifice & quiete, & contra [f] presentem Communiam, ipsos ac dictos successores nullatenus inquietent vel molestent, seu inquietari vel molestari de cetero patiantur à quoquam; ordinationibus, defensionibus & mandatis ad hoc contrariis, nonobstantibus quibuscunque. Et ut hec omnia & singula [ (bbbb) perpetuo*

c exempcionum. *T. C. & R. P.*

d Turonen. &c. *T. C. & R. P.*

e sepefactam. *T. C. & R. P.*

f presencium continenciam. *T. C. & R. P.*

NOTES.

(aaaa) *O sa fleur.* ] Il manque aussi en cet endroit ces mots: *le pain.*

(bbbb) *Perpetuo.* ] Au lieu de ce qui est entre deux crochets, il y a dans T. C & R. P. *perpetue stabilitatis robur de cetero.*

*stabilitatem apud cunctos* ] *habeant, Sigillum nostrum his presentibus apponi fecimus: Salvo in aliis jure nostro, & in omnibus quolibet alieno.* Datum Parisiis, anno Domini millesimo trecentesimo septuagesimo tertio, & decimo Regni nostri, mense [a] Martii.

CHARLES V. à Paris, en Mars 1373. & le 9. de Novembre 1372.

*(cccc)* Sur le reply desdictes Lettres est escript. *Per Regem in Consilio;* & à costé sur ledict reply, est escript. VABAVHAL

*Collatio facta cum Literis originalibus suprascriptis.*

Et sur ledict reply est encores escrit. *Registrées en Cour des Aydes, Ouy le Procureur general du Roy, pour joüir tant par les manans & habitans de la Ville d'Angoulesme, que par lesdicts Maire, Eschevins & Conseilliers d'icelle, de l'effect & contenu, suivant & aux charges portées par l'Arrest de ladicte Cour du jourd'huy. A Paris, le vingt-sixiesme jour d'Octobre, l'an mil six cens neuf. Signé.* DUPUY.

Et sont lesdictes Lettres scellées du grand Sceau de cire verte, sur las de soye rouge & verte.

[a] *Le Registre* R. P. *finit à ce mot.*

NOTE.

*(cccc) Sur le reply.* ] Il y a dans T. C. *Per Regem in suo Consilio.* J. TABARI. & c'est ainsi que finissent ces Lettres dans ce Registre.

# *SUPPLE'MENT
## pour les Pieces contenuës dans ce Volume.

* *Supplément.*] Differentes raisons ont empéché que ces Pieces n'ayent été mises à leur place. Elles seront rangées dans leur ordre, dans la Table Chronologique des Ordonnances, qui sera à la fin de ce Volume.

CHARLES V. à Paris, le 5. de Novembre 1368.

*(a) Lettres qui portent que les Libraires, les Ecrivains, les Relieurs & les Parcheminiers de l'Université de Paris, & ses Serviteurs, seront exempts du guet dans cette Ville.*

CHARLES par la grace de Dieu Roy de France, au Prevost de Paris ou à son Lieutenant: Salut. Ouye la supplication qui Nous a esté faite de par nostre très chere Fille l'Université de Paris, pour leurs Serviteurs, Libraires, Escrivains, Relieurs de livres & Parcheminiers, contenant que vous ou vos Commis, ou autres Cinquanteniers ou Dizainiers de nostre Ville de Paris, vous estes efforcez, & voulez & veulent s'efforcer de les contraindre à faire guet & garde de nostre dicte Ville, de jour & de nuit, quant vient à leur tour, comme nos autres sujets habitans de nostre dite Ville; dont les Docteurs, Maistres, Bacheliers, Escholiers, & Estudians de ladite Université, ont esté & sont, si comme Nous avons entendu plusieurs fois, empeschez & delayez en leurs œuvres & besongnes, contre la teneur des privileges octroyez à nostre dite Fille l'Université, & à leurs Serviteurs dessus dits; Nous desirans nostre dite Fille l'Université, & les Serviteurs d'icelle, joüyr de leurs privileges, voulons & vous mandons que les dits Serviteurs de l'Université, desquels elle Nous a baillez les noms par écrit; c'est à sçavoir, Maistre Foucault de Doie, Jean de Beauvais, Jean de la Porte, Roland Gautier, Henry Luillier, Estienne Ernoul, Guillaume Lescouvet, Agnès d'Orleans, Denis Benart, Philippot de Troye, Jean Chastaigne, Antoine de Compiegne, Guilleaume le Comte & Jean Lavenant, Libraires; Thevenin Langevin, Estienne de Fontaines, Raoulet d'Orleans, Jean le Bourguignon, Perrain Cartain, Colin de Moncornet, Robert Langlois, Lyvon du Ru, Adam Langlois, Robert Vernier & Pierre des Ventes, Escrivains; Jean le Noir, Pierre de Blois, Phelibert Langele, Pierre le Normant, Jacques le Riche, Jean de Sez, Jean Darcy, Perrin Remy, Joachim Troislivres, Guillaume le Lorrain, Jean Passemer, Robert Lescuyer, Robin Quarré, Jean Grenet & Perrin Darraines, Enlumineurs; Jean de Dueile, Mathieu Coignie, Tevenin le Lanternier, Denisot de Soines, Michelet Marcure & Rogier de Ruë-neuve, Relieurs de Livres; Jean l'Hermite, Yvain le Clerc, Jean Poillane, Henry le Petit, Pierre Davy & sa mere, Yvain le Bourguignon, Jean Courrat, Girart de Soissons, Robert Emelot, Robert Pelerin, Jean des Champs, Andriet Passemer, Michaut le Pere, Pierre Emelot, Jean de Beauvais, Thiery de Fontaines, Jean Jovan & Jeannin Lallemant, Parcheminiers, vous ne contraigniez, ne souffrez estre contraints par Quarteniers, Cinquanteniers, Dixeniers ou autres Officiers ou Commissaires, à faire guet ne garde par nuit ne par jour, en ladite Ville de Paris; ains les en tenez &

NOTE.

(a) Recueil des Privileges de l'Université de Paris, (*par du Boulay*. Paris 1674. *in-4.°* p. 82.)

faites tenir paisibles; & se pour l'occasion dessus dite, aucuns de leurs gages ou biens sont pris ou empéchez, faites leur rendre & delivrer sans delay. Car ainsi le voulons Nous estre fait & l'avons octroyé & octroyons à nostre dite Fille & aux personnes dessus dites, de grace special; nonobstant Ordonnances ou deffenses au contraire. *Donné à Paris, le 5.e jour de Novembre, l'an de grace 1368. & de nostre Regne le cinquiéme.* Par le Roy, *& plus bas,* Yvo, *avec paraphe.*

CHARLES V. à Paris, le 5. de Novembre 1368.

---

(a) Lettres portant que le Vicomte de Rochechouart & ses sujets, seront exempts de tous Impôts; à l'exception de ceux qui seront levez pour les guerres, ou pour les dépenses communes de cette Vicomté.

CHARLES V. à Paris, en Avril 1369.

*KAROLUS, &c. Notum facimus universis presentibus & futuris, quod Nos reducentes ad memoriam laudabilia & immensa servicia nostris Predecessoribus ac Nobis, per dilectum & fidelem nostrum Ludovicum Vicecomitem de (b) Rupe-Cavardi, ejusque predecessores, in guerris nostris, elapsis temporibus & aliàs exhibita multis modis; considerantes eciam quod ipse Vicecomes, tam pro se successoribusque suis, quam ejus subditis, in nostris subjeccione & obediencia* [a] *erga Nos tanquam eorum superiorem Dominum racione superioritatis & ressorti Ducatus Aquitanie, & coram Nobis seu in nostra Parlamenti Curia, prout consueverunt antiquitus, ressortiri promisit; Volentes eis propter hoc, & presertim quia Nos ipsorum Dominum superiorem, tanquam veri subditi recognoscunt & fatentur ut debent, eos munire nostris favore & gracia, ex quibus honoris & commodi assequi valeant bonum fructum, prefatum Vicecomitem, ac universos & singulos ejus subditos, necnon heredes & successores ipsorum, terrasque & loca dicti Vicecomitis in (b) Aquitanie predicto existentia, ab omnibus Imposicionibus, Tailliis, Gabellis, Sallinis,* [b] *Focagiis, aliisque exaccionibus aut subvencionibus quibuscunque, per Nos seu successores nostros, quacunque occasione sive causa, in terris, locis, subditis & Juridicionibus predictis, de cetero imponendis, ex certa sciencia nostraque auctoritate Regia & speciali gracia, libere & perpetuo eximimus & eximimus per presentes, ac ipsum Vicecomitem & subditos suos predictos, exemptos, immunes & liberos eciam à predictis omnibus & singulis voluimus & volumus, ac pro Nobis nostrisque Successoribus pure & irrevocabiliter ordinamus; exceptis tamen Imposicionibus, Tailliis, Gabellis, Sallinis, Focagiis, aliisque exactionibus & subvencionibus, que & quas pro guerris nostris in dictis locis & terris dicti Vicecomitis & Vicecomitatus predicti, aut pro statu & utilitate ejusdem Vicecomitis; & hoc casu, de assensu, voluntate & auctoritate nostris, haberent indici vel imponi. Quapropter dilectis & fidelibus Gentibus Compotorum nostrorum & Thesaurariis nostris Parisius,* [c] *ab universis & singulis Justiciariis nostris, ac Commissariis super hoc deputatis vel deputandis, & eorum Locatenentibus, presentibus & futuris, ac eorum cuilibet, precipimus & mandamus, quatenus prefatum Vicecomitem heredesque & successores suos ipsiusque subditos, nostris presentibus exempcione & gracia uti & gaudere perpetuo faciant & procurent, & contra tenorem presentium ipsos vel eorum aliquem, impediant nullatenus vel molestent; non obstantibus quibuscunque Ordinacionibus seu revocacionibus per* [d] *Noz vel Predecessores nostros in contrarium factis vel faciendis, que nostre presenti gracie possent obsistere quovismodo; Nos enim quicquid in contrarium factum vel attemptatum per quemcunque fuerit, ex nunc prout ex tunc revocamus, ac nullius declaramus & decernimus esse roboris vel momenti. Quod ut firmum, &c. salvo, &c.* Actum & datum Parisius, mense Aprilis, anno Domini millesimo ccc.° sexagesimo nono, Regni vero nostri sexto. *Visa.*

*Per Regem.* [e] *Contentor.* T. HOCIE.

a Je crois qu'il manque là quelques mots.

b Foüages, Impositions par Feux.

c ac.

d Nos.

e *Voy. cy-dessus,* p. 22. Note *(h)*.

NOTE.

*(a)* Tresor des Chartres, Registre 99. P. 393.

*Voy. cy-dessus*, p. 190. Note *(a)*.

*(b) Rupe Cavardi.]* *Rochechouart*, dans le Limousin. *Voy. Notit. Gall. Valesii*, au mot, *Rupes Fulcaudi & de Rupibus.*

*(c)* Il y a là un mot en blanc dans le Registre, c'est sans doute *Ducatu.*

CHARLES V.
à Paris, en May 1369.

## (a) Lettres qui portent que les Villes du Crotoy & de Mayoc en Ponthieu, seront unies inséparablement au Domaine de la Couronne.

*KAROLUS, &c. Ad perpetuam rei memoriam. Celestis altitudo potencie que super cuncta tenet imperium, & que* [a] *Noz sua benignissima disponente gracia, stabilivit in Regem & ad Regni fastigia provexit, divinitus nos amonet, ut ipsum & ejus subditos in pacis transquillitate tenere & fovere, & circa ea que ipsius Regni & nostrorum subditorum, presertim illorum qui ab antiquo de proprio Corone Francie Domanio consistunt, conservacionem, custodiam & tuicionem ac nostri obedienciam concernunt, vacare, distractaque seu alienata à manu Regia, ad statum pristinum redducere intendamus & curemus sollicitudinibus indefessis, ut dum se senserint per Regiam solicitudinem & potenciam in securitate ac pacis & transquillitatis dono remanere & deffendi, in nostre celsitudinis obsequiis & obediencie, reddantur libencius prompciores. Sane considerantes grata & laudabilia servicia que dilecti nostri Major, Scabini & tota Communitas Villarum nostrarum de Croteyo & de Mayot, Nobis fideliter impenderunt, qui tanquam boni, veri & fideles, ac in voluntate perfecta persistentes, Nos in suum naturalem & superiorem Dominum recognoscentes, se in nostra obediencia liberè ac voluntariè reddiderunt; attendentes eciam quod sicut antiquorum Patrum* [b] *tenet assertio, res de facili ad suam propriam revertitur naturam, Major, Scabini & Communitas predicti, Nobis humiliter* [c] *supplicantes, ut cum Ville, Castrum & Castellania predicte, fuerint menbra Comitatus* [d] *Pontivi, qui ab antiquis temporibus de proprio Domanio Corone Francie extiterunt, Villas, Castrum & Castellaniam supradictas, cum omnibus pertinenciis & deppendenciis eorundem, eidem Domanio nostro & Corone Francie unire, applicare & annexare perpetuo dignaremur: Notum igitur facimus universis tam presentibus quam futuris, quod hiis & pluribus aliis justis & legitimis causis nostrum animum ad hoc moventibus, habita super hoc cum dilectis Gentibus nostri magni Consilii deliberacione matura, pensataque utilitate perpetua Regni nostri, Villas, Castrum & Castellaniam de Crotoyo & de Mayot predictas, una cum ipsorum pertinentiis & deppendenciis universis & singulis, de nostris speciali gracia, certa sciencia, auctoritate & plenitudine nostre Regie potestatis, ad Nos & successores nostros Reges Francie, perpetuo rettinemus, ad proprium necnon & immediatum Domanium Regium & Coronam Francie, absque aliquo medio annexamus, aggregamus, adjungimus, applicamus, ponimus & unimus, ac Nobis & dictis Successoribus nostris, & ipsis Domanio & Corone sine aliquo medio rettenta, annexa, aggregata, adjuncta, applicata, posita & unita nunc & imperpetuum fore decrevimus & decernimus per presentes; promittentes bona fide pro Nobis & successoribus nostris Francie Regibus, predictas Villas, Castrum & Castellaniam de Crotoyo & de Mayot, cum universis pertinenciis, ac Majore, Scabinis & habitantibus predictis, presentibus & futuris, in & sub recto & proprio immediato Domanio Regio & Corona Francie, perpetuis temporibus tenere, regere, permanere, & tanquam de & sub dictis Domanio & Corona immediate existentes, conservare, deffendere & garantizare erga & contra omnes, absque eo quod Nos aut successores nostri Francie Reges, racione* [e] *Freragii, partagii, appenagii, dotis, divisionis, transactionis, infeodacionis, aut alia quacunque de causa, à dictis Domanio* [f] *immediato & Corona, futuris temporibus amovere seu separare vel disjungere quomodolibet valeamus; omnibus aliis privilegiis eisdem Villis, Castro & Castellanie, ac Majori, Scabinis & Communitati earundem, per Nos & predecessores nostros Reges Francie concessis, in suo robore permansuris. Quod ut firmum, &c. salvo, &c.* Datum Parisius, anno Domini M.° CCC°. sexagesimo nono, & Regni nostri VI.° mense Maii. *Visa.*

*Per Regem, in suo Consilio.* N. DE VEIRES.

[a] Nos.
[b] ten. R.
[c] fort. *supplicarunt.*
[d] Ponthieu.
[e] Appanage. *Voy. le 4.e Vol. de ce Rec.* p. 689.
[f] immediato.

NOTE.

(a) Tresor des Chartres, Registre 99. Piece 615. *Voyez cy-dessus, p. 173.* Note (b).

*(a) Lettres*

CHARLES V. au Palais à Paris, en May 1369.

(a) *Lettres qui portent que l'on ne pourra lever d'Impôts dans Abbeville & dans les autres Villes du Comté de Ponthieu, qu'à leur profit ou de leur consentement.*

CHARLES, &c. Savoir faisons à tous presens & advenir, que pour la bonne & vraye amour, loyaulté & obéissance que Nous & noz predecesseurs Roys de France, avons tousjours trouvez & trouvons de jour en jour en noz très bons, vrays & loyaux subgiez lez Maire & Eschevins, & les autres Bourgeois & habitans de nostre Ville d'Abbeville, & dez autres Villes & lieux du Conté de Pontieu, & pour aucuns très bons, très grans & très agreables services que il Nous ont de nouvel fais, & aussi pour plusieurs autres très bonnes & justes causes touchans l'onneur & le profit perpetuel de Nous & de nostre Royaume, Nous par très grant, très bonne & très meure deliberacion sur ce euz avecques nostre Conseil, avons octroïé & octroïons par ces presentes, auz dis Maire & Eschevins, Bourgeois & habitans de nostre dicte Ville d'Abbeville, & des autres Villes & lieux dudit Contée de Pontieu, que jamez pour quelxconques causes ou occasions que ce soit, Nous ne mettrons, assirons ou imposerons, ne ferons ou souffrerons courre ne mettre & asseoir ou imposer en ladicte Ville d'Abbeville, ne en aucune dez autres Villes ou lieux dudit Contée, aucunes Imposicions, Aydes ou autres Subsides, se ce n'est au prousit d'icelles Villes, & à la requeste des Maires & Eschevins, Bourgois & habitans d'icelles, ou de leur consentement. Et que ce soit ferme, &c. Sauf, &c. *Donné en nostre Palais à Paris, l'an de grace mil CCC. soixante & neuf, & le sizieme de nostre Regne, ou moys de May.*

Par le Roy, en son Conseil. P. BLANCHET. *Visa.*

NOTE.

(a) Tresor des Chartres, Registre 99. Piece 614. *Voyez cy-dessus*, p. 173. Note (b).

CHARLES V. au Palais à Paris, en May 1369.

(a) *Lettres par lesquelles sont annulez les procez meus pendant que le Roy d'Angleterre étoit Maître d'Abbeville, entre son Procureur & celui de la Ville, par rapport à la Jurisdiction Royale & celle de la Ville.*

CHARLES, &c. Savoir faisons à tous presens & advenir, que comme ou tems que nostre Ville d'Abbeville en Pontieu, fu mise derrainement en nostre main, plusieurs plais & procès fussent meuz entre le Procureur du Roy d'Engleterre d'une part, & le Procureur de ladicte Ville d'autre, & eussent esté faites aucunes appellacions pour aucuns cas touchans la Juridicion du Maire & dez Eschevins de la dicte Ville; Nous à la supplicacion dez diz Maire & Eschevins, & des autres Bourgois & habitans d'ycelle Ville, leur avons octroyé & octroïons par ces presentes, de nostre auctorité Royal & de grace especial, que toutes & tous procès & appellacions fais & faictes entre les dictes Parties, depuis que ladicte Ville fu [a] bailliée audit Roy d'Engleterre, & pour tout le tamps que elle y a esté, soïent nulx & de nulle valuë, & yceulx anichilons par ces presentes, & voulons estre tenus & reputez à tousjours mez pour nulx & de nulle valuë; & que les Juridicions de Nous & de ladicte Ville soïent & demeurent entieres, en tel estat comme elles estoient quant le Contée de Pontieu fu baillé au Roy d'Engleterre. Et que [b] se soit ferme, &c. Sauf, &c. *Donné en nostre Palais à Paris, l'an de grace mil CCC. soixante & neuf, & le sizieme de nostre Regne, ou mois de May. Visa.*

Par le Roy, en son Conseil. P. BLANCHET.

[a] *par la paix de Bretigny.*

[b] ce.

NOTE.

(a) Tresor des Chartres, Registre 99. Piece 612. *Voyez cy-dessus*, p. 173. Note (b).

CHARLES V.
au Bois de Vincennes, le 5. de Novembre 1369.

## (a) *Mandement pour faire une fabrication d'Especes.*

CHARLES par la grace de Dieu Roy de France. A noz amez & feaulx les Generaulx-Maistres de noz Monnoyes, & à Pierre de Landes Changeur de nostre Tresor à Paris, & commis à faire ouvrer nostre propre [a] vaisselement d'Argent, & autres à Nous nouvellement prestez pour le fait de noz guerres : Salut. Comme pour la grant & évidente necessité que Nous avons d'Argent à present, pour soustenir le fait de noz guerres, Nous ayons requis nostre amé Berthelemy Spiftame Marchant & Bourgeois de Paris, qu'il Nous preste presentement la somme de trois mil francs, ou ce qu'il pourra bonnement, & il Nous ait octroïé gracieusement ce que requis luy avons en ceste partie; [b] par ce toutes voyes que pour ce qu'il n'a mie à present en comptant de quoy il Nous peust faire ledit prest, si comme il dit, Nous luy avons accordé qu'il puist mectre presentement six cens Marcs d'Argent en Vaisselle en nostre dite Monnoye de Paris, & iceulx luy avons promis faire ouvrer & monnoyer illec, tost & hastivement, en telz deniers comme ceulx que Nous avons n'agueres fait faire de nostre dite propre Vaisselle, & des dites autres qui nouvellement Nous ont esté prestées; & du comptant qui en [c] ystera, luy avons promis faire rendre & paier pour chascun des dicts six cens Marcs d'Argent, cent quinze Sols Tournois, afin qu'il Nous puist plustost & plus prestement secourir & aider dudit prest que demandé & requis luy avons, comme dit est. Pour ce est-il que Nous mandons à vous Generaulx-Maistres de noz Monnoyes, & à chascun de vous, que les dits VI. C. Marcs d'Argent, vous faictes ouvrer & monnoyer en la forme & maniere que vous avez fait faire de nostre dite propre Vaisselle, & des dites autres à Nous nouvellement prestées, comme dessus est dit, & à toy Changeur dessus dit, que tu reçoive dudit Berthelemy les dits VI. C. Marcs d'Argent, & iceulx fay tantost & hastivement ouvrer & monnoyer en la forme & maniere que cy-dessus est dit; & de l'ouvraige & Monnoiage qui en sera fait, paye tantost & hastivement audit Berthelemy au [d] feur de C. XV. Solz Tournois pour chascun Marc, si comme accordé luy avons cy-dessus; & par rapportant ce present Mandement pardevers vous Generaulx-Maistres dessus dits, avec certiffication des Gardes dudit Argent livré, & recongnoissance dudit Berthelemy de ce que payé luy en aura esté, Nous voulons & vous mandons que de la boeste qui sera faicte des dits VI. C. Marcs d'Argent, vous faciez le compte au feur de cent quinze Solz Tournois pour Marc, en la forme & maniere que Nous [e] aurons ordonné qu'il en soit payé audit Berthelemy; & par ces presentes Lettres mandons à noz amez & feaulx les Gens de noz Comptes à Paris, qu'ilz reçoivent & passent le [f] conte des dits VI. C. Marcs d'Argent, par la maniere que vous Generaulx-Maistres de noz Monnoyes ferez. Car ainsi le voulons Nous, & l'avons octroïé audit Berthelemy de grace especial; nonobstant Mandemens, Ordonnances & defenses à ce contraires, & pour cause. *Donné au Bois de Vincennes, le V.e jour de Novembre, l'an de grace mil trois cens soixante-neuf, & de nostre Regne le sixiesme.*

Par le Roy. P. BLANCHET.

a *Vaisselle.*
b *moyennant.*
c *sortira, proviendra.*
d *sur le pied de 115. sols.*
e *avons.*
f *compte.*

NOTE.

*(a)* Registre *D.* de la Cour des Monnoyes de Paris, *fol.o* 7. vingt 4. *R.o* (144).

Avant ces Lettres, il y a :
*Le Mandement pour faire ouvrer six cens Marcs d'Argent, pour Berthelemy Spiffame.*

CHARLES V. à Paris, en Avril après Pasques 1370.

## (a) Privileges accordez à la Ville de Caylus de Bonette.

SOMMAIRES.

*(1. 2. 3.) Pendant 10. ans, les habitans de Caylus de Bonette seront exempts d'Impôts; & ne payeront aucuns droits sur les marchandises dont ils feront commerce.*

*(4) Les murs, les portes & les autres edifices construits par les Consuls & habitants de cette Ville, leur appartiendront; mais dans les temps de guerre, le Roy pourra faire fortifier ces murs & ces portes, & les faire garder.*

*KAROLUS, &c. Notum facimus universis tam presentibus quam futuris, Nos Litteras carissimi Germani & Locumtenentis nostri in [a] Partibus Occitanis, Ducis Andegavensis & Comitis Cenomanensis, vidisse, formam que sequitur, continentes.*

*LUDOVICUS Regis quondam Francorum Filius, Domini nostri [b] Germanus, ejusque Locumtenens in Partibus Occitanis, Dux Andegavensis & Comes Cenomanensis. Universis tam presentibus quam futuris presentes nostras Litteras inspecturis: Salutem. Quoniam Principis [c] unuscujusque statui decens est & honori, ut veros sibi subditos & beguivolos ad graciarum firmam largicionem accumulet, ipsosque continuo studio (b) protegat, & supplicaciones pias ac racioni consonas exaudiat, ut eisdem [d] benemeritis suas peticiones gemello amplexando brachio, graciam largiatur.*

*(1) Notum facimus quod Nos attendentes & animavertentes ad veram, firmam & immutabilem dileccionem, quam dilecti nostri Consules & Universitas habitancium loci de [e] Castucio, erga dictum Dominum nostrum & nos retrolapsis temporibus habuerunt, nunc habent, & in futurum habere speramus, ipsorum supplicationibus annuere cordis affectu cupientes, volumus & eis concedimus de nostra certa scientia & gracia speciali, auctoritateque Regia & plenitudine potestatis qua fungimur in hac parte, quod ipsi habitatores de Castucio, plures simul vel singulariter, possint & valeant per Regnum Francie & ipsius Regni partes vel membra quecunque, libere & impune hinc ad decem annos proximos & continuos sequentes, ire, [f] fare, sejournare per [g] districtus, passagia, portus, pontes passare, & ad patriam suam remeare, una cum suis mercaturis quibuscunque & cujuscunque condicionis existant, absque eo quod ad solucionem cujuscunque Imposicionis, Leude, Pedagii, Barragii, seu alterius cujuscunque exactionis, [h] Imposicionis, locis & districtibus per quos ipsos contingerit dicto durante termino ire & transire, indicte seu iterum indicende (c).*

(2) Item. *Quod ad premissa solvenda pro se, mercaturis suis vel animalibus dictas mercaturas suas deferentibus, dicto termino X. annorum durante, minime compelli possint; quin ymo à quibuscunque Taillibus & exactionibus, & per quoscunque (d) ipsas recolligent, quitti & immunes teneantur.*

(3) Item. *Et ex uberiori gracia, volumus & sic fieri ordinamus, quod ipsi Consules, Universitas & singulares de Castucio, hinc ad X. annos continuos completos & proximos sequentes; in quibuscunque exactionibus, subsidiis, Coustumis, Taliis aut subvencionibus indictis per dictum Dominum nostrum seu nos, seu qualitercunque dicto durante decem annorum termino indicendis, quitti sint & immunes, nec ad ipsas exacciones, Subsidia, Coustumas, Taillias aut Subvenciones (e) solvendas nec in eis aliqualiter cum aliquibus percipiendas, dicto durante tempore teneantur nec possint astringi.*

[a] Languedoc.

[b] Regis, *dans les autres Lettres semblables.*

[c] uniuscujusque.

[d] benemerit. *R.*

[e] Caylus de Bonette. *Voy. cy-dessus*, p. 285. Note (c).

[f] mot corrompu.

[g] districtus.

[h] &.

NOTES.

(a) Tresor des Chartres Registre 102. Piece 5.

*Voy. cy-dessus*, p. 190. Note (a).

(b) *Protegat.* ] Ce mot est très incertain; car il n'y a dans le Registre que *pt.*

(c) Il manque là ces mots, *possint compelli*, ou autres semblables.

(d) *Ipsas recolligent.* ] Il semble qu'il devroit y avoir, *ipse recolligentur.*

(e) Il y a là un mot qu'on n'a pû déchiffrer, il y a *Sben d.* Le mot *percipiend.* [percipiendas] qui est plus bas, me paroît aussi corrompu.

CHARLES V. à Paris, en Avril après Pâques 1370.

a gradam. b censum. c facere.

*(4) Item. Eisdem Consulibus, Universitati & singularibus loci predicti, predictam nostram [a] circa ipsos ulterius ampliare cupientes, concedimus quod ipsi muros, portas & edifficia dicte Ville per ipsos constructa, teneant & possideant pro nunc & inperpetuum, tanquam sua propria; ipsosque muros, edifficia & portas annuatim & ad certum tempus valeant Consules dicti loci ad [b] sensum tradere, conducere & collocare, emolumentaque ex hoc provenientia sibi retinere, in usibus vel necessitatibus Ville ponere & converti [c]; proviso tamen & retento, quod dictus Dominus noster seu nos vel successores sui Reges Francie, aut Locatenentes ipsorum, vel Gentes & Officiarii sui periculis guerrarum eminentibus ac guerrarum tempore durante, predicta possint facere muniri, & ut melius videbitur eisdem, custodiri.*

*Predicta autem omnia & singula, sicut superius sunt scripta & eciam expressata, laudamus, approbamus & confirmari facere promittimus per Dominum meum Regem, cum Litteris suis patentibus sigillo viridi sigillatis seu sigillandis, in majorem omnium & singulorum roboris firmitatem. In quorum premissorum fidem & testimonium, presentes Litteras Sigilli nostri secreti in absencia magni, munimine fecimus roborari.* Actum & datum Tholose, anno Domini M.° CCC°. LXVIII°. mense Martii.

d mandantes.

*Quas quidem Litteras suprascriptas ratas habentes & gratas, ea & omnia & singula in eisdem contenta, laudamus, ratifficamus & approbamus, ac de nostra certa sciencia, auctoritate Regia & gracia speciali confirmamus, & de novo eisdem Consulibus, Universitati & singularibus, predicta, consideracione premissorum, concedimus & donamus per presentes, [d] mandentes universis Justiciariis & Officiariis nostris, presentibus pariter & futuris, aut eorum Locatenentibus, & cuilibet ipsorum, prout ad eum pertinuerit, quatenus dictos Consules, Universitatem & singulares predicti loci, nostra presenti gracia, confirmacione & concessione uti & gaudere pacifice, libere & quiete faciant & permittant sine contradictione quacunque, secundum dictarum Litterarum subscriptarum seriem & tenorem. Quod ut firmum, &c. Salvo, &c.* Datum Parisius, anno Domini M.° CCC. LXX. & Regni nostri VII.° mense Aprilis, post Pascha.

*Per Regem.* N. DE VEIRES.

Collacio fit cum Litteris originalibus. *Visa.*

---

CHARLES V. à Paris, en Avril après Pâques 1370.

(a) Lettres qui portent qu'il sera établi dans la Ville de Naïac en Roüergue, un Viguier, & un Juge ordinaire lequel sera aussi Juge ordinaire de la Ville de Sauveterre.

e Languedoc.

*KAROLUS, &c. Notum facimus universis tam presentibus quam futuris, Nos Litteras Karissimi Germani & Locumtenentis nostri in [e] Partibus Occitanis, Ducis Andegavensis & Comitis Cenomanensis, suo magno Sigillo in cera viridi & filo serico sigillatas, vidisse, formam que sequitur, continentes.*

f Naiac. *Voy.* le 4.e *Vol. de ce Rec.* pag. 107. Note *(d)*.
g Naïnco.
h le sens de ce mot est expliqué dans la suite de ces Lettres.
i Figeac. *Voy. cy-dessus*, pag. 264. Note *(e)*.

*LUDOVICUS Regis condam Francorum Filius, Domini nostri Regis Germanus, ejusque Locumtenens in Partibus Occitanis, Dux Andegavensis & Comes Cenomanensis. Notum facimus universis presentibus & futuris, quod cum Dominus noster Rex, ad supplicationem dilectorum & fidelium suorum, Consulum, Burgensium & habitatorum Ville, Castri & Castellanie de [f] Naiaco, certis racionabilibus de causis ipsum ad hoc moventibus, in ipso loco de [g] Noiaco Vicarium & sedem Vicarii ordinaverit, instituerit & creaverit de novo; qui Vicarius temporibus perpetuis Jurisdictionem in dictis Villa & Castro habeat & exerceat [h] limitatam à Jurisdictione Senescalli, prout Vicarius de [i] Figiaco, & alii Vicarii aliarum Villarum Senescallie predicte: Verum quia in Litteris dicti*

NOTE.

(a) Tresor des Chartres, Registre 102. Piece 261. *Voy. cy-dessus*, p. 190. Note *(a)*.

CHARLES V.
à Paris, en Avril après Pâques 1370.

*Domini nostri super hoc predictis supplicantibus concessis, potestas ipsius Vicarii minus plene, sic ut dicunt, declarata, nec eciam sit ibidem de Judice provisum, quod tamen necessarium est, ut in aliis locis ubi sunt Vicarii in partibus circumvicinis. Super quibus Nobis humiliter supplicarunt Consules, Burgenses & habitatores predicti, per Nos de utili remedio provideri. Nos ergo attendentes qualiter propter cordialem obedientiam quam ipsi supplicantes ad dictum Dominum nostrum se habere* [a] *ostenderunt, ipse Dominus noster eosdem cum favoribus & comodis prosequi affectat graciosis, eisdem Consulibus, Burgensibus & habitatoribus predictis, de nostra certa scientia graciaque speciali & Regia qua fungimur auctoritate, concessimus & concedimus per presentes, quod in dictis Villa, Castro Castellaniaque & ressorto de Naiaco, Vicarius sic per dictum Dominum nostrum ibidem institutus & ordinatus, qui nunc est aut pro tempore fuerit, habeat & exerceat omnimodam, altam, mediam & bassam Jurisdictionem pro dicto Domino nostro Rege, cum* [b] *mero & mixto Imperio, absque hoc quod per Senescallum Ruthenensem presentem aut futurum, nisi solum & dumtaxat in casu superioritatis & appellacionis & in deffectu Justicie, possit aut debeat aliqualiter impediri. Preterea, ut cum majori deliberacione & caucius ac maturius Justicia ibidem exerceatur & custodiatur, in dictis Villa, Castro, Castellaniaque & ressorto de Naiaco, Judicem & sedem Judicis ac Judicaturam ordinariam, annexantes cum eadem Judicaturam* [c] *Salveterre, ex nunc pro futuro, licet in obedientia dicti Domini nostri mundum existat, instituimus ordinamusque & de novo creamus per presentes, de certa scientia graciaque speciali & auctoritate Regia predictis; qui quidem Judex sit Assessor dicti Vicarii, & sedem ac residenciam continuam & principalem teneat in dicto loco de Naiaco, & in universo vadiis dicti Judicis inclusis & simul computatis, habeat anno quolibet perpetuo super Recepta Regia, & per manus Receptoris Ruthenensis, pro suis vadiis, L.^ta Libras Turonenses racione Judicature Officii predicti. Quocirca Senescallo & Receptori Regiis Ruthenensibus, ceterisque Justiciariis & subditis Regiis, qui nunc sunt & pro tempore fuerint, & cuilibet ipsorum, ut ad eum pertinuerit, damus in mandatis per presentes, quatenus dictos Consules, Burgenses & habitatores, nostris presentibus gracia, concessione & nova ordinacione uti & gaudere pacifice perpetuo faciant & permittant, nil in contrarium faciendo aut à quoquam fieri permittendo, quodcunque impedimentum super hoc appositum aut imposterum apponendum indilate tollentes & revocantes; Litteris, Ordinacionibus, statutis, usu & consuetudine ad hoc contrariis, non obstantibus quibuscunque. Quod ut firmum & stabile perpetuo perseveret, has nostras presentes Litteras Sigilli nostri impressione fecimus roborari: Jure Regio in aliis, & alieno in omnibus semper salvo.* Datum & actum Tholose, anno Domini M.° CCC.° LXIX.°, mense Novembris.

*Quas quidem Litteras suprascriptas ratas habentes & gratas, & omnia & singula in eisdem contenta, laudamus, approbamus, ratifficamus, ac ex nostra certa scientia auctoritateque Regia & gracia speciali, consideracione premissorum confirmamus, ac eisdem Consulibus, Burgensibus & habitatoribus de novo concessimus & concedimus per presentes, si sit opus: Dantes tenore presencium in mandatis Senescallo ac Receptori Regiis Ruthenensibus, ceterisque Justiciariis & Officiariis nostris, presentibus & futuris, aut eorum Locatenentibus, & cuilibet eorumdem, prout ad eum pertinuerit, quatenus dictos Consules, Burgenses & habitatores, & quemlibet eorumdem, modernos & posteros, nostris presentibus confirmacione & gracia, juxta presentium & suprascriptarum Litterarum series & tenores, uti & gaudere faciant & permittant absque contradiccione seu molestacione quibuscunque; Ordinacionibus, Mandatis ac Litteris in contrarium factis vel faciendis, nonobstantibus quibuscunque. Quod ut firmum, &c. Salvo in aliis, &c.* Datum & actum Parisius, anno Domini M.° CCC.° LXX.° mense Aprilis, post Pascha.

*Sic signata. Per Regem.* N. DE VERRES.

Collacio facta cum Litteris originalibus, per me. N. DE VERRES. *Visa.*

a oñderunt. *R.*

b Voy. *cy-dessus*, p. 44. Note (*z*).

c Sauveterre. *Voy. le 3.e Vol. de ce Rec. pag.* 154 Note (*c*).

CHARLES V.
à Paris, en Avril 1370.

## *(a)* Privileges accordez à la Ville de Sauveterre, en Roüergue.

SOMMAIRES.

*(1) Confirmation des privileges de la Ville de Sauveterre.*

*(2) Les habitants pourront bâtir dans leur Ville une Eglise, pour laquelle ils ne payeront ni (lods & ventes) ni droits d'Admortissement.*

*(3) Les habitants ne pourront être inquietez sur tout ce qui s'est passé avant le jour auquel ils ont prêté serment de fidelité au Roy.*

*(4) Remise générale de tout ce que les habitants de cette Ville peuvent devoir au Roy.*

*(5) Pendant 10. ans, les habitants de Sauveterre seront exempts de tous droits pour les marchandises qu'ils acheteront & qu'ils vendront.*

*(6) Les biens de ces habitants qui ont été confisquez avant le jour auquel ils ont prêté serment de fidelité au Roy, leur seront restituez.*

*(7) Le Seneschal de Roüergue, le Juge de Sauveterre & les autres Officiers Royaux, jureront en entrant en charge d'observer les privileges de cette Ville.*

*(8) Pendant 5. ans, les Consuls du consentement de la plus grande partie des habitants, pourront lever sur eux des deniers qui seront employez aux fortifications de la Ville.*

*(9) Les habitants de cette Ville & ceux de son Bailliage, seront obligez de faire le guet dans la Ville, lorsque les Consuls, appellé le Bailli, le jugeront necessaire.*

*(10) Philippe* Cabriolis *sera Chastelain de Sauveterre.*

*(11) La Ville de Sauveterre sera unie inséparablement au Domaine de la Couronne.*

*(b)* KAROLUS, *&c.*

LUDOVICUS, *&c.*

*(1) Notum facimus universis tam presentibus quam futuris, quod Nos attendentes quod auctorizante fidelitate astucia, quam dextera Domini prefulgente, recto Dei tramite prosequitur locus sive Villa [a] Salveterre, Senescallie Ruthenensis, juste & jure, &c.*

a Sauveterre. Voy. le 3.e Vol. de ce Rec. pag. 154. Note (c).
b Officiers Royaux.

*Omnia & quecunque privilegia, Libertates, usus & Consuetudines ipsi Ville sive Universitati, antiquitus per Dominos Francie Reges seu predecessores suos, seu alios Locatenentes aut [b] Curiales ejus nomine, qui pro tempore fuerint, vel alios quoscunque, tam per Litteras quam aliter, & quibus ipsa Universitas utitur ac uti consuevit ab antiquo, confirmavimus, & per presentes confirmamus de nostris certa scientia, auctoritate Regia qua fungimur in hac parte & gracia speciali; volentes ipsam Universitatem & singulares ejusdem, eisdem privilegiis & Libertatibus, statutis, usibus & Consuetudinibus uti sicut prius pacifice & gaudere.*

c Clocher.

*(2) Preterea prefatis Consulibus atque Universitati & singularibus, concessimus & concedimus quod ipsi Consules & Universitas dicti loci possint & valeant edifficare quamdam Ecclesiam in dicto loco, & [c] Cloquerium in quo sint Campane (b) lacanvanda Ecclesie predicte reddantur ex integro dicte Ecclesie libere; & quod Cloquerium sit (c) Caput Ecclesie; & predicta possint fieri in loco & territorio dicti loci, absque amortisacione & financia quacunque, dicto Domino meo Regi aut Nobis nec aliis Curialibus aliqualiter solvenda.*

NOTES.

*(a)* Tres. des Chart. Regist. 102. P. 16. *Voyez cy dessus*, p. 190. Note *(a)*.

*(b) Karolus* ] Le commencement des Lettres de Charles V. & le Préambule de celles du Duc d'Anjou, sont conformes aux Lettres données en faveur de la Ville de Caylus de Bonette, qui sont cy-dessus, p. 285. L'on a remarqué *ibid.* Note *(b)* que ce Préambule étoit très-corrompu. L'on en fait imprimer ici quelques lignes, parce qu'il s'y trouve des fautes differentes de celles qui sont dans les Lettres accordées à la Ville de Caylus de Bonette.

*(c) Lacanvanda.* ] Ce mot que l'on peut lire de differentes manieres, à cause des quatre jambages sans point qui sont au milieu, me paroît corrompu. Peut-être signifie-t-il des lods & ventes, *lauda & venda*; & le sens seroit, *que les lods & ventes païez pour l'acquisition du terrain sur lequel on avoit intention de bâtir cette Eglise, seroient rendus à cette Eglise qui seroit exempte de ces droits, aussi-bien que de ceux d'Admortissement, dont il est parlé un peu plus bas.*

*(d) Caput Ecclesie.* ] Cela peut signifier que ce Clocher sera bâti sur la voute de l'Eglise. *Voy. le Glossaire de du Cange*, au mot, *Caput Ecclesiæ.*

CHARLES V. à Paris, en Avril 1370.

(3) Ulterius prefatis Consulibus, Universitati atque singularibus dicti loci Salveterre, concessimus & concedimus per presentes, quod dicti Consules vel singulares ipsius loci non [a] dempnificabuntur aut punientur, nec eciam alique pene seu [b] finencias exigentur seu petentur ab eis seu altero, per dictum Dominum Regem aut Nos, neque per alios suos Curiales seu subditos, sub quacunque [c] cause que esse posset ante diem in qua factum fuerit dicto Domino meo seu Nobis vel Officiariis suis, per Consules & habitatores loci predicti, fidelitatis Sacramentum; & quod ipsos Consules & habitatores dicte Ville, una cum eorum bonis, Dominus meus Rex, Nos & Officiarii sui, liberos & quictos ab omni pena corporis & bonorum, tenebimus & faciemus teneri.

(4) Item. Uberiorem graciam dictis Consulibus atque Universitati dicti loci exhibentes, eisdem Consulibus atque Universitati dicti loci & singularibus ejusdem, omnia & quecunque debita & arreragia per dictam Universitatem seu singulares ejusdem, tam pro quibusdam indiccionibus, subsidiis, condempnacionibus, eis & cuilibet eorum indictis seu factis, quam aliter, toto tempore preterito usque ad diem presentem, tam per prenominatum Eddouardum olim ut predicitur, Principem Wallarum & Ducem Acquitanie, tempore quo tenebat dictum locum Salveterre, quam Curiales suos ejus nomine, [d] in quibus descripti forent in Libris seu Registris [e] Thesaurarie seu Receptorie Senescallie Ruthenensis, remisimus, donavimus & quittavimus, remittimusque & tenore presencium donamus & quittamus, ipsosque & eorum bona pro premissis quittos & liberos facimus & reddimus per presentes; cassantes & adnullantes & eciam irritantes nec non cancellantes omnes & quoscunque [f] Libro, Registra & Papiros per quoscunque & [g] qualitercunque super predictis factos, quos nullius efficacie & momenti esse volumus & jubemus; Senescalloque & Receptori Regiis dicte [h] Cancellarie, nec non & Procuratori Regio, ceterisque Justiciariis & Officiariis Regiis; presentibus & futuris, scilencium perpetuum super hoc imponendo.

(5) Item. Prenominatis Consulibus, Universitati & singularibus dicti loci Salveterre, concessimus & tenore presencium concedimus, quod ipsi Consules Universitatis dicti loci, qui nunc sunt vel qui pro tempore fuerint, sint quitti, immunes & liberi ab omnibus Imposicionibus, Subsidiis, Taliis, ac aliis [i] Foccagiis tam Regiis quam aliis quibuscunque, factis seu faciendis prestatisque seu prestandis dicto Domino meo seu Nobis, aut impositis sive imponendis per ipsum Dominum meum seu Nos, [k] quocunque occasione vel racione quarumcunque mercaturarum vendendarum seu emendarum per dictos habitatores & singulares, usque ad decem annos proximos continuos & completos, ex nunc in antea computandos.

(6) Insuper, volumus & tenore presencium eisdem concessimus & concedimus, quod omnia que dictis Consulibus, Universitati seu singularibus dicti loci debebantur, & bona eorum seu redditus que capta sunt, seu ad manum Regiam sive nostram vel alicujus alterius, ante dictum diem prestacionis fidelitatis Sacramenti, & omnia impedimenta in eisdem apposita, revocentur & relaxentur, que nos revocamus & relaxamus per presentes, & dicta sua debita, bona, redditus & eorum jura, per quoscunque ipsorum detentores, eis restituantur libere, absque custu & impedimento seu contradictione quacunque; & quod debitores eorum, & alii qui dicta bona, redditus ac jura susceperint aut retinuerint indebite ex quacunque causa, ad eisdem restituenda compellantur per Curiales Regios; & hoc per bonorum suorum quorumcunque capcionem, venditionem & distractionem corporumque distrinctionem, si ad hoc fuerint obligati; alienationibus, donis seu concessionibus de eisdem per dictum Dominum meum, Nos seu alios quoscunque, factis, non obstantibus quibuscunque.

(7) Item. Prefatis Consulibus, Universitati & singularibus dicti loci concessimus & concedimus, quod quilibet Senescallus Ruthenensis & Judex dicti loci, una cum aliis Officiariis, in eorum novis adventibus jurare habeant & teneantur dictis Consulibus qui nunc sunt vel pro tempore fuerint, inviolabiliter tenere, custodire & observare privilegia, Libertates, statuta, usus & Consuetudines quascunque Ville predicte [l] supradicte & Universitatis ipsius loci, per [m] Domino Francie Reges, vel alios eorum Locatenentes, concessas & confirmatas, & quibus ipsi Consules seu [n] Universitates dicti loci, utuntur & usi sunt ab antiquo.

a dampnificabuntur.
b financie.
c causa.
d Il semble qu'il faudroit, pro.
e Thesaur.... Receptor.... R.
f Libros.
g qlique. R.
h Can.lie R.
i Foüages, Impositions par Feux.
k quacumque.
l & supradicte.
m Dominos.
n Universitas.

CHARLES V. à Paris, en Avril 1370.

(8) Item. *Prenominatis Consulibus atque Universitati ac singulis pariter, concessimus & concedimus quod ipsi Consules nomine Universitatis dicti loci, ad finem ut dictus locus fortifficetur & muniatur pro resistendo malis voluntatibus inimicorum & adversariorum quorumcunque dicti Domini mei & Regni, Imposicionem seu Gabellam de & super vino, & aliis que vendentur aut ementur, aut aliter in dicto loco, talem qualem eisdem videbitur faciendum, possint imponere, exigere & levare, exigi & levari facere; & hoc* [a] *à quinque annos à data presencium* [b] *computando; proviso tamen quod in usus fortificacionis dicti loci & non alibi, omnia emolumenta ipsius Impositionis seu Gabelle convertantur; & quod Major & sanior pars dictorum habitancium ad hoc se consenserit.*

a ad.
b computandos.

(9) Item. *Predictis Consulibus ac Universitati & singularibus pariter, concessimus & tenore presencium concedimus, quod omnes homines & alii habitatores ad hoc facere potentes & sufficientes tocius Baillagii Salveterre, compellantur omnibus viis & modis debitis, ad faciendum excubias in dicto loco de die & de nocte, dum necesse fuerit, & dictis Consulibus & eorum Consilio, vocato Bajulo dicti loci, videbitur expedire, & prout dicti homines & ipsius Bailliagii habitatores hactenus consueverunt facere.*

(10) Item. *Ad supplicationem & requisitionem prenominatorum Consulum, & aliorum habitatorum atque singularium dicti loci Salveterre, volumus & tenore presencium concedimus, quod Philippus Cabriolis de Ruthena, cui per nostras alias Litteras Officium Castellanie dicti loci Salveterre dedimus, in ipso remaneat, illudque teneat & exerceat secundum formam, seriem & tenorem dictarum aliarum nostrarum Litterarum eidem Philippo concessarum, amoto abinde quocunque alio ipsius Officii retentore;* [c] *eciam nostras Litteras (e) in data presencium aut aliarum nostrarum Litterarum supra dicta donacione dicto Philippo concessarum, super hoc* [d] *; quas Nos per presentes revocamus, & eas nullius efficacie seu momenti esse volumus.*

c ec. R.
d Voy. la Note (e).
e mot douteux.

[e] *Pretacta autem omnia & singula, sicut superius sunt descripta & eciam expressata, laudari, approbari & confirmari facere promittimus per dictum Dominum meum Regem, cum Litteris suis patentibus sigillatis sigillo viridi seu sigillandis, in majorem omnium & singulorum premissorum robur ac firmitatem. In quorum premissorum fidem & testimonium, presentes Litteras sigilli nostri majoris munimine fecimus roborari.* Actum & datum Tholose, anno Domini millesimo CCC.$^{mo}$ LXIX.° mense Januarii.

*Nos autem suprascriptas Litteras, & omnia & singula contenta in eisdem, rata & grata habentes, eas & ea volumus, laudamus, approbamus, ratifficamus, & tenore presencium de gratia speciali & plenitudine Regie potestatis confirmamus :* [f] *Mandentes Senescallo Ruthenensi, ceterisque Justiciariis & Officiariis nostris, modernis & futuris, & eorum cuilibet, ut ad eum pertinuerit, vel Locatenentibus eorumdem, quatinus prefatos Consules, Universitatem & singulares ejusdem loci in dictis Litteris nominati, nostra presenti confirmacione & gratia uti & gaudere pacifice & quiete deinceps perpetuis temporibus faciant & permittant; impedimentis quibuscunque cessantibus & amotis.*

f Mandantes.

(11) *Ceterum uberiorem graciam dictis Consulibus, Universitati & singularibus dicti loci exhibendo, eisdem Consulibus & Universitati atque singularibus habitatoribus dicti loci & pertinentiarum ejusdem, concessimus & concedimus, quod cum ipsi qui ab antiquo & perpetuis temporibus retrolapsis de Domanio nostro consueti & registrati extiterunt, quodque ad obedienciam seu subjeccionem Eddouardi de Anglia, & post modum Eddouardi Wallie ejus Primogeniti Filii se Ducem Acquitanie dicentis, translati fuissent seu transportati propter tractatum* [g] *Pacis, racione redempcionis persone Progenitoris nostri; sed tamen certis & legitimis causis ad obedienciam nostram fuerint reducti, eosdem Consules & Universitatem ac singulares dicte Ville, nec non Villam predictam & omnia universa & singula Jura, redditus, proventus & emolumenta dicti loci & pertinentiarum ejusdem, sicut erant & esse consueverant tempore & ante tempus tractatus pacis supradicte, ad proprium Domanium & Patrimonium nostrum, ad ipsorum Consulum &*

g Paix de Bretigny.

NOTES.

(e) Il y a là & un peu plus bas deux mots que l'on n'a pû déchiffrer. Le premier est *a* 4. jambages sans point, *or* avec des marques d'abbreviation sur les jambages & sur l'*r*; & plus bas *hnt* avec une marque d'abbreviation.

*Universitatis*

CHARLES V. à Paris, en Avril 1370.

*Universitatis atque singularium dicti loci instantem supplicacionem & requisitionem, reducimus de nostra certa scientia & gracia speciali per presentes; promittentes expresse ex parte*[a], *dictos Consules & singulares dicti loci, nec non locum predictum & Jura ejusdem, alicui alteri persone amodo cuicunque non transferri quocunque titulo sive causa; sed ipsos perpetuis temporibus remanere proprios Patrimonio atque*[b] *Mense nostre, & successorum nostrorum Francorum Regum; & si forsan aliqua donacio vel assignacio perpetuo vel ad tempus, de dicto loco vel Jurisdictione aut Juribus seu redditibus ejusdem, alicui seu aliquibus persone vel personis facta fuerit vel fieri contingerit quoquomodo, illam donacionem vel assignacionem sub quacunque verborum forma factam vel que fieri contingerit in futurum, quacunque auctoritate racioneque sive causa, tanquam per inadvertenciam seu per importunitatem & sub falsis suggestionibus*[c] *impetratem, revocamus & penitus anullamus, nulliusque efficacie esse volumus & momenti, nec eam vel eas robur aliquod obtinere volumus firmitatis; & ita promisimus & teneri & observari volumus Consulibus & Universitati supradictis. Quod ut firmum, &c. Salvo, &c.* Datum & actum Parisius, anno Domini millesimo CCC.mo septuagesimo, mense Aprilis.

*Per Regem, ad relacionem Consilii.* P. DE VERGNY.

Collatio facta est cum suprascriptis originalibus Litteris, per me, P. DE VERGNY. *Visa.*

[a] nostra.
[b] Voy. cy-dessus, pag. 276. Note (c).
[c] impetratam.

---

CHARLES V. à l'Hôtel lez-S.t Pol à Paris, en Juin 1370.

*(a) Lettres qui portent que la Chastellenie de Château-Regnauld, membre du Comté de Blois, ne ressortira plus devant le Bailli de Tours; & ressortira au Siege de Chartres, devant le Bailli de Beu.* ( Voy. pag. suiv. Note *(c)*. ).

CHARLES, &c. Savoir faisons à tous presens & avenir, que de la partie de nostre très chier & amé Cousin le Conte de Bloys, Nous a esté signifié, que comme de tout temps ledit Conte & ses predecesseurs Contes de Blois, ayent tenu de Nous & de noz predecesseurs Roys de France, ladicte Conté de Blois, noble membre de nostre Royaume, & tous les Chasteaulz & Chastellenies & autres appartenances d'icelle Comté, tout à une foy & hommage, & en ressort & Souvrainneté de noz Sieges Royaulz sanz aucun moyen, & sanz estre subgès à nulle autre Segnourie fors à la nostre, & à ladicte Couronne de France; & ou temps que la Duchié d'Orliens estoit Domaine de noz predecesseurs Roys de France, ladicte Conté en partie ressortissoit au Siege Royal d'Orliens, & partie au Siege Royal *(b)* d'Ienville, & partie; c'est assavoir, la Chastellenie de [d] Chasteau-Regnauld, à nostre Siege Royal de Tours; mais après ce que ladicte Duchié d'Orliens fu baillié à nostre très chier & amé Oncle le Duc d'Orliens, tout le ressort & Souvrainneté qui estoit audiz Siege d'Orliens & d'Yenville, en furent à plain ostez, & mis à nostre Siege Royal à Chartres, pardevant nostre Bailli dudit lieu, & là ont esté & sont gouvernez; & ladicte Chastellerie de Chasteau-Regnautd demoura à nostre Siege Royal à Tours, lequel Siege a tousjours esté Siege Royal & en nostre main & nom gouverné; & il soit ainsi que à present & de nouvel, ladicte Duchié de Touraine ait par Nous esté baillié & transportée à nostre très chier & amé Frere le Duc d'Anjou, laquelle est de par lui & en son nom gouvernée; pour laquelle chose ses Gens & Officiers se pourroient indeuëment efforcier de vouloir faire esplois de Justice en ladicte Chastellerie, en cas de Fié, de ressort & Souvrainneté; laquelle chose seroit ou très grant prejudice de Nous & dudit Conté qui, comme dit est, a tousjours esté & doit demourer en nostre foy, hommage & Souvrainneté, si comme il dit. Savoir faisons que Nous qui voulons maintenir & garder ledit Conte en la

[d] *Chasteau-Regn.* R.

NOTES.

*(a)* Tresor des Chartres, Registre 102. Piece 25.

*(b) D'Ienville.]* Voy. cy-dessus, p. 25. Note *(d)*, & la correction qui sera faite sur cette Note dans les additions & corrections qui seront à la fin de ce Volume.

CHARLES V.
à l'Hostel lez-S.t Pol à Paris, en Juin 1370.

Noblece de Fié & de ressort en quoy il & ses predecesseurs ont esté de ladicte Conté & appartenances, ledit ressort & Souvrainneté de ladicte Chastellerie de Chasteau-Regnauld, de nostre certaine science, grace especial, plaine puissance & auctorité Royal, ou cas dessus dit, avons mis & ordené, mettons & ordenons par ces presentes, à ressortir d'oresenavant à nostre Siege Royal de Chartres, pardevant nostre Bailli de *(c)* comme il sera Siege Royal; auquel nostre Bailli Nous donnons en mandement par ces mesmes presentes, en commettant, que ledit ressort & Souvraineté il exerce & gouverne en gardant les Coustumes & usages de ladicte Chastellerie, & defende auz Gens & Officiers de nostre dit Frere audit lieu de Tours, que il n'en usent ou exploictent en aucune maniere, & Nous mesmes par ces presentes leur deffendons, & leur imposons sur ce silence perpetuel : Mandons aussi au Seneschal dudit lieu de Tours & son Lieutenant, & à tous les autres Officiers dudit lieu pour nostre dit Frere, que toutes les causes & besongnes dudit Conte, de ses dis subgès & autres, à cause de ladicte Chastellerie, qui sont audit Siege de Tours, ilz renvoïent avec tous les procès pardevant nostre dit Bailli de Chartres, pour sur ce faire raison & acomplissement de droiture entre les Parties; nonobstant le don & transport faiz de ladicte Duchié à nostre dit Frere, & quelconques Ordenances & Lettres faictes ou à faire au contraire. Et pour ce que ce soit ferme, &c. Sauf, &c. *Donné en nostre Hostel lez-Saint-Pol à Paris, ou mois de Juing, l'an de grace mil CCC LXX. & de nostre Regne le VII.e*

Ainsi signé. *Par le Roy, en ses Requestes.* HOTOMESNIL.

Collacion est faicte par moy. LE FEVRE.

NOTE.

*(c)* Il y a là un mot très-broüillé qu'on n'a pû déchiffrer. On croit qu'il y a *Beucet* avec un caractere final qu'on apperçoit à peine, & une marque d'abbreviation sur *et*. Je ne puis deviner quel est ce lieu. L'on trouve dans le *Dictionn. universel de la France*, Beu, dans le Diocése de Chartres. Peut-être pourroit-on lire ici *Beuc entant comme!* &c.

---

CHARLES V.
à l'Hôtel S.t Paul-lez-Paris, en Juin 1370.

## *(a)* Privileges accordez à la Ville de Ville-franche en Roüergue.

SOMMAIRES.

*(1) La Ville de Villefranche sera unie inséparablement au Domaine de la Couronne.*

*(2) Confirmation des Coûtumes de Villefranche, & des privileges qui lui ont été accordez par les Rois de France, & par les autres Seigneurs de cette Ville.*

*(3) Villefranche sera le Siege du Seneschal, du Juge Majeur & du Tresorier Royal de la Seneschaussée de Roüergue; & l'on ne pourra instituer de nouvel Officier Royal qui puisse porter prejudice à leurs fonctions & à leurs droits.*

*(4) Les Consuls de Villefranche seront seuls Juges Civils & Criminels de cette Ville & de ses dépendances.*

*(5) Les Consuls de cette Ville pourront instituer quatre Sergents qui porteront des bâtons aux armes du Roy & de la Ville, & qui executeront les ordres qui leur seront donnez, de la même maniere que les Sergents Royaux.*

*(6) Les Officiers Royaux ne pourront faire de* Prises *sur les habitants de Villefranche, que par leur consentement, ou en payant ce qu'ils prendront.*

*(7) Les Officiers Royaux de la Seneschaussée de Roüergue, jureront de faire observer les privileges de cette Ville.*

*(8) Pendant 10. ans, les habitants de Villefranche seront exempts de tous Impôts.*

*(9) Pendant 10. ans, la Ville & les habitans de Villefranche seront exempts des droits de Francs-Fiefs, qu'ils payeront cependant, s'ils acquerent des Justices, des Châteaux & des hommages.*

*(10) La Ville & les habitants de Villefranche ne payeront point les droits de Francs-Fiefs pour les acquisitions qu'ils ont faites dans le temps passé. Ces habitants pourront se faire payer de ce qui leur est dû; si ce n'est lorsque leurs debiteurs auront obtenu des Lettres d'Etat à cause de la guerre; à moins que ces debiteurs n'y aïent renoncé à leur égard.*

*(11) Remission de tous les crimes qui ont pû être commis par ces habitants dans le temps passé; sauf le droit du Roy, & celui de leurs*

NOTE.

*(a)* Tresor des Chartres, Registre 102. Piece 18. *Voyez cy-dessus*, pag. 190. Note *(a)*.

Parties qui pourront les poursuivre civilement en Justice.

(12) On ne pourra faire le procez (en public) aux habitants de Villefranche prevenus de crime, qui seront ou qui auront été Consuls; mais on procedera contre eux en secret; si ce n'est dans les cas d'heresie, ou de crime de leze-Majesté.

(13) Ceux qui viendront aux Foires & aux Marchez de Villefranche, & qui s'en retourneront, seront en sûreté dans cette Ville & dans son Territoire, les jours de ces Foires & de ces Marchez; & on ne pourra les arrêter prisonniers pour des causes civiles, ni saisir leurs marchandises.

CHARLES V. à l'Hôtel S.t Paul-lez-Paris, en Juin 1370.

KAROLUS, &c. Notum facimus universis tam presentibus quam futuris, Nos infrascriptas Litteras vidisse, formam que sequitur, continentes.

LUDOVICUS Regis condam Francorum Filius, Domini nostri Regis Germanus, ejusque Locumtenens in [a] Partibus Occitanis, Dux Andegavensis & Comes Cenomanensis. Universis presentes Litteras inspecturis: Salutem. Regali magnificentie & [b] celsitudinis, & [c] quibus earum auctoritate & licencia sunt potiti, decens & congruum reputamus, ut subditorum suorum fidelium humiles supplicaciones & requestas debitas benigne suscipiant, easque graciose & favorabiliter admittant & concedant. Hinc est quod Nos dilectorum & fidelium nostrorum Consulum, Universitatis & singulorum habitatorum de Villa Francha in Ruthinio, infrascriptis suis supplicationibus & requestis per eosdem Consules Nobis oblatis, benigniter inclinati, eisdem Consulibus, Universitati & singulis habitatoribus de Villa Francha, & habita super hiis primitus nostri Consilii deliberacione plenaria & matura, de nostra certa sciencia & speciali gracia ac auctoritate Regia qua potimur in hac parte indulgenda, concedenda, roboranda & confirmanda duximus que secuntur.

(1) Primo. Videlicet, eisdem Consulibus, Universitati & singulis habitatoribus loci predicti de Villa Francha, concessimus & concedimus per presentes, quod Villa ipsa de Villa Francha cum suis pertinentiis, que hactenus & semper fuit sub Domanio & Jurisdictione Regiis & Regni ac Corone Francie, sub eisdem Domanio & Jurisdictione pure, simpliciter, singulariter & libere sit & remaneat pacifice & quiete, perpetuis temporibus in futurum; quodque per prefatum Dominum nostrum Regem, aut ejus Successores inposterum Francie Reges, vel alium quemcumque, non possit neque debeat dicta Villa in alienum Domanium seu manum vel potenciam aliam immutari, dimitti, donari, transferri, seu aliter transportari vel alienari quovismodo, quacunque racione, occasione sive causa.

(2) Item. Indulximus & concessimus, ac eciam tenore presencium concedimus & indulgemus predictis Consulibus, Universitati & singulis habitatoribus de Villa Francha & pertinentiarum ejusdem, quod privilegia omnia universa & singula, Libertates & franchisias quascunque per predictum Dominum nostrum Regem vel ejus antecessores Reges Francie, aut eorum Locatenentes, aut alios dicte Ville Dominos, hactenus eisdem Consulibus, Universitati & singularibus habitantibus in dicta Villa de Villa Francha & ejus pertinentiis concessa, indulta & donata, nec non usus & Consuetudines quibus hactenus usi fuerunt & utuntur, eisdem in suis robore & firmitate remaneant, eisque uti & gaudere possint & debeant, sicut retroactis temporibus usi sunt & uti consueverunt, omni turbacione cessante & sine impedimento quocunque; eaque, si opus sit, auctoritate Regia supradicta, eodem tenore confirmamus & eciam roboramus.

(3) Item. Cum, sicut accepimus, in eadem Villa de Villa Francha sit & esse consueverit locus & Sedes Senescalli, Judicis Majoris & Thesaurarii Regii [d] Ruthenensium, volumus, & eisdem Consulibus, Universitati & singulis habitatoribus dicte Ville de Villa Francha, concessimus & concedimus per presentes, quod in ipsa Villa locus & Sedes dictorum Senescalli, Judicis Majoris & Thesaurarii Regii, remaneat perpetuo in futurum; quodque si alique Judicature, Vicarie aut Officia alia fuissent vel essent in dicta Senescallia de novo ordinata seu concessa, propter que jus ordinarium dictorum Senescalli, Judicis Majoris seu Thesaurarii Regii, impediri aut aliter minui posset, quod hec omnia sic aliter ordinata vel concessa, ad statum pristinum & consuetum

[a] Languedoc.

[b] celsitudini.

[c] q. Reg. c'est-à-dire à ce que je crois, *les Roys*.

[d] Ruthen. *R.*

CHARLES V. à l'Hôtel S.t Paul-lez-Paris, en Juin 1370.

*reducantur, & nullius sint auctoritatis, roboris vel momenti; nonobstantibus quibuscunque concessionibus antea per nos factis.*

(4) *Insuper, predictis Consulibus, Universitati & singulis habitatoribus dicte Ville, concessimus & concedimus quod Consules dicte Ville de Villa Francha, qui nunc sunt & pro tempore erunt, ex nunc in posterum de omnibus Causis Civilibus & Criminalibus que in futurum emergent in dicta Villa & ejus pertinentiis, soli & in solidum habeant & obtineant primam cognicionem & eciam condempnacionem quamcumque.*

(5) Item. *Concessimus & concedimus eisdem Consulibus, Universitati & singulis habitatoribus dicte Ville, quod Consules ipsi qui nunc sunt,* [a] *modo & de novo possint instituere, facere, creare & habere perpetuo in dicta Villa de Villa Francha,* IIII.or *Servientes qui Baculos consuetos cum armis dicti Domini nostri Regis & Ville predicte depictos, valeant deportare, & execuciones debitas & sibi mandatas facere & exercere, prout est in talibus per Servientes Regios fieri consuetum; & quod uno, duobus aut pluribus ipsorum Servientum defunctis, aut aliter dictum Officium dimittentibus sive extra positis vel remotis, dicti Consules alium seu alios, unum vel plures, usque ad dictum numerum iterum & de novo sicut prius, possint semper & continue instituere, facere & creare.*

(6) Item. *Concessimus & tenore presencium concedimus eisdem Consulibus, Universitati & singulis habitatoribus dicte Ville & pertinentiarum ejusdem, quod Senescalli, Judices seu Thesaurarii, aut alii Officiarii Regii, aliqua de causa non capient vel arrestabunt per se vel alios ab eis deputatos, seu capi vel arrestari* [b] *permittant* [c] *Equitaturas, Carnalagia sive Superlectilia, aut alia eorum bona Consulum aut habitatorum dicte Ville & pertinentiarum ejusdem, quecunque sint & ubicunque sint; & hoc nisi de ipsorum voluntate, vel cum bona & competenti sattisfaccione eisdem primitus facienda.*

(7) Item. *Concessimus & tenore presencium concedimus eisdem Consulibus, Universitati & singulis habitatoribus dicte Ville de Villa Francha, quod Senescalli, Judices, Procuratores, & alii Officiales Regii, in primo suo adventu seu in prima sua recepcione in dicta Villa, jurent &* [d] *promittent ipsis Consulibus, quod omnia privilegia, immunitates, Libertates, franchisias, usus & Consuetudines dicte Ville, observabunt & observari facient, nec in contrarium facient sive fieri permittent à* [e] *quemcunque, & si quid per errorem seu per* [f] *inadvertanciam aut aliter factum fuerit, dum ad noticiam eorum pervenerit, aut super hoc per dictos Consules fuerint requisiti, revocabunt & ad statum pristinum & debitum reducent seu reduci* [g] *faciant sine mora.*

(8) Item. *Concessimus & concedimus predictis Consulibus, Universitati & singularibus habitatoribus dicte Ville de Villa Francha & pertinenciarum ejusdem, quod ipsi & eorum quilibet à data presencium usque ad decem annos completos, sint liberi, quitti & immunes ab omni prestacione Subsidii, Imposicionis, Gabelle, & alterius subvencionis cujuscunque.*

(9) Item. *Concessimus & concedimus eisdem Consulibus, Universitati & singulis habitantibus dicte Ville de Villa Francha & pertinentiarum ejusdem, quod pro aquestibus suis factis ac eciam pro aliis, usque ad decem annos continuos & proxime sequentes, per ipsos Consules, Universitatem aut singulos habitatores dicte Ville & pertinentiarum ejusdem, tam à Nobilibus personis quam aliis* [h] *immobilibus quibuscunque, financiam aliquam dicto Domino nostro Regi sive Nobis dare, prestare aut facere nullatenus teneantur; exceptis tamen de Jurisdictionibus, Castris seu Castellis, & eciam* (b) *homagiis, de quibus financiam solvi volumus competentem.*

(10) Item. *Concessimus eisdem Consulibus, Universitati & singulis habitatoribus*

[a] m. Reg.

[b] permittent.

[c] Chevaux. *Voy. le Glossaire de du Cange, au mot, Equitatura. 1.*

[d] promittant.

[e] quocunque.

[f] inadvertentiam.

[g] facient.

[h] innobilibus.

N O T E.

(b) *Homagiis.*] Il y a cy-dessus, pp. 312. Note *(f)* & 388. Note *(b)* deux dispositions à peu prés semblables à celle-cy. Dans ces deux endroits, j'ai donné au mot *homagium* deux sens differents; & j'ai corrigé à la page 388. celui que j'avois proposé à la page 312. mais notre article me fait presque revenir à ce premier sens; en avoüant cependant, que j'aurois besoin d'un Texte plus precis pour assûrer que c'est le véritable. On peut comparer ces trois endroits.

*dicte Ville de Villa Francha & pertinentiarum ejusdem, & eciam concedimus quod redditus & possessiones per ipsos aut ipsorum aliquem à quibuscunque Nobilibus seu personis aliis, juste & legitime acquisitos & obtentos, habeant, teneant & possideant pacifice & quiete sine contradiccione quacunque; nec non & debita sua quecunque petere, exigere & recuperare possint & valeant juxta formam Jurisdictionis; nonobstantibus Litteris, graciis & rescriptis in contrarium subrepticie impetratis & impetrandis quibuscunque; exceptis tamen in hoc casu Litteris Regiis sive nostris [a] Status, occasione guerre quibusvis personis [b] concessessis & concedendis; quas quidem Litteras sic concessas, suum effectum sortiri volumus & mandamus; & hoc, nisi persone ipse quibus sunt concesse, eisdem fide aut juramento duxerint renunciandum.*

a Lettres d'Etat.
b concessis.

(11) Item. *Predictis Consulibus, Universitati & singulis habitatoribus Ville predicte de Villa Francha & pertinentiarum ipsius,* [c] *concedimus & concedimus per presentes, quod de omnibus & singulis criminibus, excessibus & delictis per dictos Consules, Universitatem & singulos habitatores ejusdem Ville & pertinentiarum ejusdem, aut alterum eorum hactenus commissis & perpetratis, sint quitti, absoluti, liberi & immunes, omnesque penas civiles & criminales quas propter hoc erga dictum Dominum nostrum seu nos incurrerant quoquomodo, eisdem & cuilibet eorum remisimus & quittavimus, ac eciam tenore presencium remittimus & quittamus; salvo tamen in aliis Jure Regio & eciam Jure Partis, si sit, si & quando contra ipsos aut eorum alterum, civiliter voluerit experiri.*

c concessimus.

(12) Item. *Concessimus eisdem Consulibus, Universitati & singulis habitatoribus Ville predicte de Villa Francha & pertinentiarum ipsius, & eciam concedimus per presentes, quod si contingat aliquem hominem dicte Ville, pro aliquo crimine vel delicto arrestari, capi vel incarcerari; & taliter captus tempore capcionis sit aut retroactis temporibus fuerit Consul dicte Ville, quod talis non possit neque debeat subici aut submitti alicui (c) questioni, sed solum contra eum secrete procedatur; criminibus tamen heresis & lese-Majestatis duntaxat* [d] *exeptis.*

d exceptis.

(13) Item. *Concessimus eisdem Consulibus, Universitati & singulis habitatoribus Ville predicte de Villa Francha & pertinentiarum ejusdem, & per easdem presentes concedimus, quod Mercatores & Gentes alie quecunque, ex nunc imposterum venientes & accedentes ad Forum & Nundinas dicte Ville de Villa Francha, & eciam redeuntes, sint & permaneant securi in dicta Villa & ejus pertinentiis; durantibus scilicet diebus Fori cujuslibet & Nundinarum predictarum: Et insuper, concessimus quod contra personas ipsas sic ad dictos Forum & Nundinas venientes, mercaturas seu* [e] *denariatas quascunque adducentes sive portantes, seu adduci vel portari facientes durantibus Foris ipsis & Nundinis, ac eciam eundo & redeundo, pro aliqua Causa civili sive obligacione quacunque, non possint neque debeant ibidem arrestari* [f] *compelli; neque aliqua alia execucio contra ipsos aut eorum mercaturas & bona, fieri vel mandari quovismodo.*

e denrées.
f &.

*Quocirca Senescallo Ruthenensi, ceterisque Justiciariis & Officiariis Regiis, aut eorum Locatenentibus, qui nunc sunt & pro tempore erunt, eodem tenore districte precipiendo mandamus, si opus fuerit committendo, quatenus predictos Consules, Universitatem & singulares habitatores* [g] *& ejus pertinentiarum, omnes & singulos, tam conjunctim quam divisim, predictis nostris donis & graciis uti & gaudere faciant & permittant, nichil in contrarium* [h] *mutando vel minuendo, nec à quoquam fieri permittendo. Quod ut firmum & stabile perpetuo perseveret, Sigillum nostrum presentibus Litteris duximus apponendum.* Datum Tholose, anno Domini millesimo CCC.° LXIX.° mense Maii.

g dicte Ville.
h muando . . . . imitando. *Reg.*

## NOTE.

(c) *Questioni.*] Ce mot, suivant le *Glossaire de du Cange*, signifie ou la *Question* donnée à un Criminel, ou un procez. Dans l'art. 10. de la Piece qui sera imprimée après celle-ci, *Question* signifie un procez fait à un Criminel. Je crois que c'est dans ce sens qu'il faut entendre ce mot dans notre article. J'ai deja trouvé le mot *Questio* plus d'une fois dans les Pieces precedentes, & je l'ai toûjours interpreté par la question donnée à un Criminel. Peut-être signifioit-il simplement dans ces endroits un procez criminel! J'aurai soin d'en avertir dans la Table des Matieres de ce Volume, au mot, *Question.*

CHARLES V. à l'Hôtel S.t Paul-lez-Paris, en Juin 1370.

*Nos autem suprascriptas Litteras & omnia & singula contenta in eisdem, rata & grata habentes, eas & ea volumus & laudamus, approbamus, rattifficamus, & tenore presencium de gracia speciali & plenitudine Regie potestatis confirmamus:*[a] *Mandentes Senescallo Ruthenensi, ceterisque Justiciariis & Officiariis nostris, modernis & futuris, & eorum cuilibet, ut ad eum pertinuerit, vel Locatenentibus eorumdem, quatenus dictos Consules, Universitatem & singulos habitatores dicte Ville de Villa Francha, predicta nostra presenti confirmacione & gracia uti & gaudere pacifice & quiete deinceps perpetuis temporibus faciant & permittant, ipsosque contra tenorem dicte nostre confirmacionis & gracie nullathenus*[b] *molestando, seu molestari aut inquietari à quoquam permittendo; sed*[c] *quod sit in contrarium factum vel attemptatum fuerit, ad statum pristinum & debitum reducendo seu reduci faciendo indilate. Quod ut firmum, &c. Salvo, &c.* Datum & actum in Domo nostra Sancti Pauli prope Parisius, anno Domini M.° trecentesimo septuagesimo, & Regni nostri septimo, mense Junii. *Visa.*

*Per Regem, ad relacionem Consilii.* P. DE VERGNY.

*Collacio facta est cum originali, per me.* P. DE VERGNY.

a Mandantes.

b molestent ... permittant.

c cet endroit me paroît corrompu.

---

CHARLES V. à Paris, en May 1371.

## *(a)* Privileges accordez à la Ville de Peyrusse.

### SOMMAIRES.

*(1) Le Duc d'Anjou & le Roy confirmeront l'accord fait entre le Comte d'Armagnac & les habitants du Bailliage de Peyrusse.*

*(2) Le Seneschal de Roüergue jurera lorsqu'il entrera en Charge, de garder les privileges de Peyrusse.*

*(3) Les privileges & Coûtumes de cette Ville seront confirmez par le Roy, qui réformera ceux qui seront contre la Justice & les bonnes mœurs.*

*(4) Le ressort de la Guienne sera uni inséparablement au Domaine de la Couronne.*

*(5) Les Consuls pourront transporter les Fours, les Halles & la Boucherie, dans le lieu qui leur semblera le plus convenable; & les profits qui en proviendront, leur appartiendront pendant 20. ans, à compter du jour de l'octroi qui leur en a été fait par le Prince de Galles; pourvû cependant que ces émoluments ne passeront pas la somme de 40. liv. le surplus desquels appartiendra au Roy.*

*(6) La Ville de Peyrusse joüira pendant 20. ans, des 8. deniers pour livre qui se payent sur les marchandises; & les Consuls pourront diminuer cette Imposition, s'ils le jugent à propos.*

*(7) Les Consuls auront un poids commun pour peser les marchandises; & les profits de ce poids qu'ils pourront diminuer ou supprimer entierement, appartiendront à la Ville.*

*(8) Les Sergents de la Ville pourront lever les sommes que les Consuls imposeront sur les habitants, pour les dépenses communes. Les Consuls de leur seule autorité, pourront faire faire les Cris & proclamations necessaires pour les affaires de leur Consulat. Ils pourront condamner à l'Amende, ceux qui ne payeront point les sommes imposées pour les dépenses communes. La moitié de ces Amendes appartiendra au Roy, & l'autre moitié aux Consuls.*

*(9. 10.) Le Bailli ni les autres Officiers du Seigneur du Château de Peyrusse, ne pourront juger de procez criminels, sans en avertir les Consuls qui auront droit d'y assister.*

*(11) Les Consuls seront confirmez dans le droit qu'ils ont de percer les murs de la Ville, & d'y faire des portes en temps de paix.*

*(12) Les Consuls lorsqu'ils entreront en Charge, feront serment au Seigneur du Château de Peyrusse, dans ce Château & non ailleurs.*

*(13) Pendant 10. ans, les habitants de Peyrusse seront exempts de tous droits sur les marchandises qu'ils acheteront & qu'ils vendront dans le Languedoc.*

*(14) Les habitants de cette Ville ne pourront être inquietez pour les crimes & delicts commis avant la date de ces Lettres.*

*(15) Les procez civils ou criminels des habitants de Peyrusse, seront jugez dans ce lieu.*

*(16) Il y aura dans le Consulat une Cloche que l'on sonnera pour convoquer les Assemblées publiques.*

*(17) Pendant 10. ans, les habitants de Peyrusse seront exempts de tous Impôts.*

*(18) Les Consuls contraindront à faire le guet & l'arriere guet, ceux qui y seront obligez; & les Amendes décernées contre les deffaillants, leur appartiendront.*

*(19) Les habitants de Peyrusse arrêtez pour des crimes qui ne seront point capitaux, seront mis hors de prison, s'ils peuvent donner caution de se presenter en Justice.*

### NOTE.

*(a)* Tresor des Chartres, Registre 103. Piece 36. *Voyez cy-dessus*, p. 190. Note *(a)*.

(20) *Le* Commun de la Paix *ne se payera point devant la Feste de la S.t Martin d'hyver, conformement à l'usage établi avant que Peyrusse eût été cédée au Roy d'Angleterre, sous la domination duquel on fit quelques changements à ce payement.*

(21) *Il sera fait une information sur le droit que pretendent avoir les Consuls de juger les procez meus entre les habitants de cette Ville, & les étrangers qui s'y trouvent; & si par cette information, il est prouvé que ce droit est bien fondé, il sera confirmé.*

(22) *Le Roy confirmera tous les privilèges cy-dessus specifiez.*

(23) *Ceux qui ont contribué au Traité fait entre les habitants de cette Ville & le Comte d'Armagnac, seront recompensez.*

CHARLES V. à Paris, en May 1371.

*KAROLUS Dei gracia Francorum Rex. Notum facimus universis tam presentibus quam futuris, Nos infrascriptas Litteras vidisse, formam que sequitur, continentes.*

*LUDOVICUS Regis quondam Francorum Filius, Domini nostri Regis Germanus, ejusque Locumtenens in [a] Partibus Occitanis, Dux Andegavensis & Comes Cenomanensis. Universis tam presentibus quam futuris, notum facimus nos vidisse Litteras accordi seu tractatus per carissimum Consanguineum nostrum Comitem Armaniaci, cum Jacobo de Pereuse & Petro Burgensi, Consulibus loci (b) Pereuse, tam suo nomine quam nomine aliorum Consulum dicti loci ac Universitatis & singularium Castri & Ville de Perusse ac pertinentiarum ejusdem, nomine nostro & eciam potestate per nos sibi attributa, facti & accordati; quarum tenor talis est.*

SACHENT tous presens & avenir, que acordé est entre nous Jehan Conte[b] d'Armaignac, de Fesensac, de Rhodès, Visconte [c] Lomaigne & d'Auvillar, pour & ou nom de Monf. le Duc d'Anjou, Frere du Roy de France nostre S. & son Lieutenant en la Languedoc d'une part; & nous Jaques de Pereuse & Pierre Bourgois, [d] Conssous de la Ville & appartenances de Pereuse, aïans especial mandement & povoir aus choses cy-dessous escriptes, tant en nos [e] nons comme ès noms des autres Conssous de toute le Université & singulier des dis Chastel & Ville de Pereuse & leurs dictes appartenances, d'autre part; que nous Jaques & [f] Pere Conssous, ès noms que dessus, protestacion & (c) recennes faites avant toute euvre, lesquelles nous voulons avoir pour repetées ès choses cy-dessoubz escriptes, que sans prejudice, [g] criem ou dessoyauté de nous Conssous ès noms que dessus, des dis Chastel, Ville & appartenances de Pereuse, sans diminucion ou decreacion du droit Monf. le [h] Duc d'Acquitaine, reservé au Roy de France nostre S. & audit Monf. le Duc d'Acquitaine, & à chascun son droit, & que des choses qui s'ensuivent nous ne voulons riens demander, avoir ne joir, se ce n'est ou cas que la proprieté & la possession des dis Chastel & Ville & leur appartenances, soïent audit Roy de France nostre S. & à luy appartendront par droit de confiscacion ou autrement, sans ce que ledit Duc de Guienne y [i] est aucun droit; Jaques & Pere dessus dis nous [k] sommes enhers & avons adheris, & de present nous adherissons & adherdons aus appellacions faites par le dit Monf. le Conte d'Armaignac, contre Monf. le Duc de Guienne & ses Officiers, & [l] anous sommes appellez & appellons des griefs & extorcions [m] nouvelletez indeuës que les dessus dis Duc de Guienne & ses Officiers nous ont fais ou temps passé, au Roy de France nostre S. & à sa Court de Parlement, en la forme & maniere que se sont enhers, adheris & appellez ceuls qui ont esté adheris aus appellacions dudit Monf. le Conte, & de nouvel appellans; & promettons faire & ferons ès nons que dessus, les promesses, seremens & obligacions tieux & semblables, comme ont fais & faites les autres adherens & depuis appellans; & promettons ès noms que dessus, mettre & faire mettre les dis Chastel & Ville de Perusse, & leurs autres lieux, Chasteaulx & Forteresses dont les noms s'ensuivent; [n] Salvinhac, Saint Loup, Bernet, Suttan,

[a] Languedoc.

[b] *Voy. sur les Titres de ce Conte le 4.e Vol. de ce Rec. pag.* 179. Note *(c).*

[c] *de.*

[d] *Consuls.*

[e] *noms.*

[f] *C'est le même nom que Pierre.*

[g] *crime.*

[h] *le Prince de Galles, fils d'Edoüard III. Roy d'Angleterre.*

[i] *ait.*

[k] *adherons & avons adheré.*

[l] *mot apparemment corrompu, pour* Nous.

[m] *&.*

[n] *quelques-uns des noms suivants sont douteux.*

NOTES.

(b) *Pereuse.*] *Peyrusse.* Ville dans le Roüergue du Diocese de Rodez. *Voyez le Diction. universel de la France*, au mot, *Peyrusse.*

(c) *Recennes.*] Ce mot est très-bien écrit, peut-être y avoit-il dans l'original le mot *retenuës*, que le Copiste aura mal lû.

CHARLES V. à Paris, en May 1371.

Leocamp, de Tuet, Gunaſpieres, des Orbres, Galgam, Loeſſe, Levrunhac, Flemhac, Saint Jehan de Paquejet, Boille, Seaudolieres, Teſtet, la Cappelle, Spilhac, Baurilhes, Pathieux, Lugam, Boilhac, Dorilbe, Monneſque, Elaomhac, Puges, Res, Guilhac, Près de Peruiſſe, Lalo, [a] clauſe, vigne & Riviere, & tout le Bailliage dudit Chaſtel de Peruſſe & toutes ſes appartenances, en l'obéiſſance & ſubjeccion du Roy de France noſtre dit Seigneur, comme Seigneur ſouverain; & y metterons, ferons & foufferrons mettre Penonceaux aux armes du Roy de France noſtre dit Seigneur, ſur les dis Chaſtel, Ville, & tous les autres lieux deſſus dis & leurs appartenances, en ſigne de Sauvegarde & tuicion; & nous Conte deſſus dit, du mandement dudit Monſ. le Duc d'Anjou, promettons pour nous & Jehan noſtre Filz, aus Conſſulz des dis Chaſtel & Ville, pour eulx & toute l'Univerſité d'iceulx & de tout le Bailliage, de les garder & faire garder à noſtre povoir, de tous les domaiges qu'il auroient & pourroient avoir pour occaſion des choſes deſſus dictes; & en cas de peril & de neceſſité, leur donner conſeil, confort & ayde, & de faire promettre audit Monſ. le Duc d'Anjou, que en tous cas & perilz qui leurs pourroit avenir pour ceſte cauſe, par la puiſſance du Roy d'Engleterre [b] ou dit Duc de Guienne, que il les deffendera, aidera, & leur donra conſeil, confort & aide, & leurs fera donner par le Roy de France noſtre dit Seigneur; & ſemblablement, les dis Conſſoulz des dis Chaſtel & Ville de Peruſſe nous promettront à aidier, conſeillier, & nous & noſtre dit Filz garder de dommaige, ſe les deſſus dis Roy d'Engleterre & le Duc de Guienne vouloient ou s'efforſoient de porter dommaige à nos adherens; & ſur ce ſeront faites bonnes Lettres d'une part & d'autre; & en oultre, en faiſant les choſes deſſus dictes, leur avons octroyé ou nom que deſſus, les choſes qui s'enſuivent.

(1) *Premierement.* Telles & ſemblables Lettres ſur [c] ces de mondit Seigneur le Duc, & après du Roy de France noſtre dit Seigneur, comme nous & nos adherens & depuis appellans ont euës.

(2) *Item.* Que chaſcun Seneſchal de Roüergue qui pour le temps ſera, en ſa nouvelle creation, toutes excuſacions ceſſans, jurera aux Conſſous des dis Chaſtel & Ville, & en yceulx, de garder ſans enfraindre leurs franchiſes, privileges & Libertez acouſtumez, & uſages eſcrips & non eſcrips, combien qu'il n'aïent eſtez acouſtumez autreffois de faire.

(3) *Item.* Que mondit Seigneur le Duc d'Anjou les confermera, & après fera confermer par le Roy de France noſtredit Seigneur, leurs privileges, Libertez, franchiſes, Uſages & Couſtumes, eſcriptes & non eſcriptes, deſquieulx & quelles il apparoiſtra; & leurs fera garder de point en point; ſauve & excepté que ſe il en y avoit nulles [d] malvaiſes contre droit & bonnes meurs, que elles ſeroient adnullées & miſes au neant, & [e] reformer en voye de droiture.

(4) *Item.* Mondit Seigneur le Duc promeſtra & fera [f] promttre par le Roy noſtredit Seigneur, que la ſouveraintè & reſſort des appeaux de Guienne, [g] recogneuz par les deſſus dis Conſſoulz, il retendront & feront retenir à [h] mais toux temps à la Couronne de France, & tant comme propre patrimoine, les tendront & feront garder perpetuelement, ne ne feront tranſporter en quelque perſonne que ce ſoit.

(5) *Item.* Ledit Monſ. le Duc leur octroyera & donra licence qu'il puiſſent muer & tranſporter les Fours, les Halles & le [i] Mazel de la dicte Ville de Peruſſe, en autre lieu là où bon leur ſemblera, & plus profitable pour la Ville & les habitans d'icelle, & tous les emolumens qui des dis Fours, Halles & Mazel [k] yſtront & pourront yſſir ou temps avenir, ſeront des Conſſouz & Univerſité de la dicte Ville, juſques à vint ans prochains enſuïans de la date de l'otroy fait aus dis Conſſouz par le Prince de Galles: toutes voïes, ſe le dis emolumens ne valoient chaſcun an oultre la ſomme quarante livres Tournois; car ou cas qu'il vaudroient plus de quarante livres chaſcun an, le ſurplus ſeroit au Roy noſtre dit Seigneur; & les dictes XL. livres Tournois, des dis Conſſouz & Univerſité de Pereuſe.

(6) *Item.* Leurs ſeront octroyées & données, & juſques à vint ans prochains venans, les Gabelles & Impoſicions de VIII. deniers pour [l] lib. ſur toutes choſes, cauſes

[a] *appar.* Clos.

[b] *ou dudit.*

[c] *Il manque apparemment le mot,* accords *ou autre ſemblable.*

[d] *mauvaiſes.*

[e] *réformées.*

[f] *promettre.*

[g] *Voy. cy-deſſus,* pag. 325. Note *(a).*

[h] *perpetuelement.*

[i] *Boucherie, de* Macellum.

[k] *ſortiront, proviendront.*

[l] *livres.*

CHARLES V.

à Paris, en May 1371.

causes & marchandises qui seront venduës ès dis Chastel & Ville de Pereuse; & pourront les dis Conssous diminuer les dictes Gabelles & Imposicions, & mettre moins de VIII. deniers pour livre, ou les oster du tout, si comme bon leur semblera, sans licence ne congié demander de Souverain; & tous les emolumens & proffis qui yssiront des dictes [a] Gables & Imposicions, seront des dis Conssous & Université dudit lieu, durant le temps dessus dit.

a c'est la même chose que Gabelles.

*(7) Item.* Les dis Conssous auront un [b] pois commun en la dicte Ville; & les choses qui ont esté acoustumés à peser, seront pesées à pois, comme blé [c] & porter mouldre au molin, fer, [d] assier, sieuf, char salée, cuirs & autres choses acoustumées à peser, seront pesées au pois des dis Conssous; & pour chascun quintal qui sera pesez audit pois, seront paiez [e] deniers Tournois pour Université & pourffit de la dicte Ville; & seront les émolumens dudit pois aus Conssous & Université des [f] dis perpetuelement: toutes voïes les dis Conssous les pourront diminuer ou oster du tout, si comme bon leur semblera.

b *poids.*

c *appar.* à.

d *acier.*

e *le nombre de deniers manque.*

f *appar.* susdits.

*(8) Item.* Que les Sergens & Messaigiers des dis Conssous, qui sont à present & pour le temps avenir seront, pourront lever du mandement des dis Conssous, les Tailles & Communs imposez & à imposer aux habitans des dis Chastel & Ville, par les dis Conssous; & pourront crier & faire crier par la *(d)* Cude de la dicte Ville, de leur propre auctorité, sans autre requerre ne demander, les choses & causes appartenantes à leur Consulat, & pour les reparacions des dis Chastel & Ville. Et pourront imposer paines & bans tiex comme bon leur semblera, contre ceulx qui seront rebelles de paier & faire les choses qui seront ordenées à paier & faire par les dis Conssous; desquelles paines la moitié sera au Roy nostre dit Seigneur, & l'autre moitié aus Conssous & Université dessus dis.

*(9) Item.* Touteffois que le Bailli du Seigneur dudit Chastel, ou autre Officier ou President en ycellui Chastel, vouldra inquester ou faire respondre aucun à Enqueste, il les notiffiera aus dis Conssous, ne ne les pourra faire respondre sans la presence des dis Conssous ou de l'un d'eulx, ou cas qu'il y voudront estre à la dicte response & Inquestacion, après la dicte notifficacion.

*(10) Item.* Semblablement, nul ne sera mis en [g] Question, ne ne sera accordée Sentence criminelle ne donnée audit lieu, sans le faire savoir aus dis Conssous; lesquielx ou l'un d'eux seront presens ès dictes Questions, à accorder les Sentences & les donner, se ilz veullent estre après ladicte notificacion, comme dit est.

g *Voy. cy-dessus, p. 701. Note (c).*

*(11) Item.* Que les dis Conssous afferment qu'il ont Lettres de licence que en temps de pais il pueent de leur auctorité sans licence de nul autre, persier & ouvrir les murs de la dicte Ville, & faire tant de portes & yssuës comme bon leur semblera; laquelle leur sera confermée de point en point, & gardée sans enfraindre.

*(12) Item.* Comme de nouvelle creacion des Conssous dudit lieu, les Conssous sont tenus de faire fort [h] sacrement au Seigneur dudit Chastel, & le Seigneur dudit Chastel ou ses Officiers, seront tenus de prendre & les dis Conssous de faire ledit sacrement, oudit lieu & non ailleurs.

h *serment.*

*(13) Item.* Que chascun Marchant vray habitant dudit lieu, soit franc & quicte de toutes Imposicions, Leudes, Gabelles & paiages, & autres subvencions & charges, en toute la Languedoc, de cy à x. ans prochains venans; & seront creus les dis Marchans portant les Lettres du dit Consulat, tesmoings qui seront vray dudit lieu, avec leurs sacremenz.

*(14) Item.* Que les dis Conssous, tant en leurs noms comme de la dicte Université & les singulieres d'icelle, seront quittes de tous excès commis du temps passé jusques au temps de la date de ces presentes Lettres; & toutes Enquestes, procès & prevencions commenciez contre les dessus dis & chascun d'eulx, seront cassées & mises au neant, & en demourront quittes les dessus dis, sans ce que jamais en leur en puisse riens demander.

NOTE.

*(d) Cude.]* L'on trouve dans le Glossaire de du Cange, *Cuda, Fossatum.* Peut-être les Cris & Proclamations publiques se faisoient-elles sur le Rempart autour de la Ville.

CHARLES V. à Paris, en May 1371.

(15) *Item.* Que nul habitant dudit lieu, pour cause de civille, (*e*) crim. commun, ou Contraux fais oudit lieu, ne pourront estre trais, ne comis ne emprisonnés hors dudit lieu.

(16) *Item.* Pour ce que les dis Conssous ont [a] asembler souvent les Conseilliers dudit Consulat, & les habitans de la dicte Ville, & les assambler à grand labour & difficulté, pour qu'il puissent estre plus [b] ligierement & plustost assemblé, il auront un [c] Saint ou Campane commune, qui sera au dedens de leur Consulat, lequel il pourront sonner & faire sonner toutesfois que bon leur semblera, pour les Causes & negoces dudit Consulat.

a *à assembler.*
b *facilement.*
c *Cloche. Voy. cy-dessus, p.* 677. Note (*rr*).

(17) *Item.* Que les dis Conssous & singuliers des lieux dessus diz, seront quittes de cy à x. ans prochains venans, de tous Tailles, [d] Foaiges & subsides, & autres Imposicions & coaccions quelconques.

d *Impositions par Feux.*

(18) *Item.* Les dis Conssous auront Lettres & leur seront octroyées de tout ceulx qui ont acoustumé de veillier & de faire [e] gait & arriere-gait ou dit lieu, & qui sont de la Juridiccion dudit Chastel, qui n'ont point de Forteresse, & qui en ont (*f*) berennent veillier & faire gait & arriere-gait audit lieu; & leur paines contre les rebelles & deffaillans, soient levées pour les dis Conssous, si comme il est acoustumé.

e *guet.*

(19) *Item.* Que nul crimineux pris pour quelque [f] crim ou excès, se le crim n'est capital, que mort s'en soit ensuïe ou mutilacion de membre, ne soit detenu en prison, se il a caucion souffisante [g] d'ester à droit; mais les dictes caucions soient receuës, & les dis prisonniers relaschiés.

f *crime.*
g *de se presenter en Justice.*

(20) *Item.* (*g*) Au temps que le Roy nostre dit Seigneur tenoit en son Demaine ledit Chastel & Ville & ressort d'icellui, & avant qu'il se transportast [h] au Roy d'Engleterre, ceux qui devroient & doivent *le* [i] *Commun de la Pais* d'Engleterre, [k] compelliz par paines ou autrement de la païer avant la Feste de la Saint Martin d'iver, combien que depuis novacions y ont esté faites contre raison, leur sera octroyé que en la fourme & maniere qu'il le païoient quant le Roy d'Engleterre ne avoit point la Seignourie, elle se païera sans y compellir les [l] debtes d'icelle, avant ladicte Feste S.t Martin.

h *par la paix de Bretigny.*
i *Voy. cy-dessus,* pag. 340. Note (*a*).
k *contrains.*
l *appar.* debteurs, débiteurs.

(21) [m] *Item.* Les dis Conssous afferment qu'il païent & ont acoustumé du temps que le Roy de France nostre dit Seigneur dudit lieu sans moïen, de accorder entre les gens du lieu & les estranges, quant il y estoient, toutes questions, querelles, & toutes controversions civilles; & ou cas qu'il ne les povoient accorder, cognoissoient d'icelles judiciaument, & les terminoient sur accors, Sentences ou autrement, si comme bon leur sembloit; & à ce compelissoient les dictes Parties; leur est acordé que Informacion deuë se fera sur ce, & [n] par ladicte Informacion appert des choses dessus dictes ou d'aucunes d'icelles, elles seront confermées & tenuës sans enfraindre de point en point.

m *Voy.* la Note (*g*).
n *si.*

(22) *Item.* Que ledit Monf. le Duc fera, octroyera & confermera toutes & chascunes des choses dessus dictes, en la maniere que dessus sont escriptes; & les [o] tenir, octroyer & confermer & promettre par le Roy de France nostre S. à la requeste des dis Conssoulx ou député de par eulx.

o *fera.*

(23) *Item.* Est accordé que Pierre Borez, Jacine de Perusse, Bernart Mege, Aymar de Raissac, Raymon de [p] Leincamps, pour les travailx & paines qu'ilz ont souffert & soustenus, & aussi pour la bonne diligence qu'il ont mise en la poursuite

p 3. *jambages sans point.*

NOTES.

(*e*) *Crim commun.*] Je ne sçais si ce mot *commun* doit être joint au precedent, ni ce qu'il signifie. Peut-être faut-il entendre par ces mots, *les crimes les moins considerables*, comme l'on dit encore dans un sens à peu près semblable, *les delicts communs & les cas privilegiez !*

(*f*) *Berennent.*] Je n'ai rien trouvé sur ce mot; & il me paroît qu'il y a quelque faute dans cet article. *Voy.* dans les Sommaires le sens que j'ai crû devoir lui donner.

(*g*) *Au temps &c.*] Il me paroît qu'il y a aussi quelque chose de corrompu dans cet article, & dans le suivant. *Voy.* les Sommaires.

CHARLES V. à Paris, en May 1371.

de ceſt preſent Traictié, auront mil & cinq cens Frans, pour faire leur Ordenance & leur volunté; leſquelx leur ſeront païez à preſent; & cinq cens, ſix ſepmaines après le premier païement, pour convertir en la réparacion de ladicte Ville.

Leſquelles choſes & chaſcunes d'icelles, nous Conte deſſus dit, en tant comme elles touchent & pueent touchier mondit Seigneur le Duc d'Anjou, nous, noſtre dit filz, les promettons faire & acomplir, & faire faire de point en point ſanz enfraindre; & pour plus grant fermeté avoir des choſes deſſus dictes, nous Conte deſſus dit, avons noſtre ſeel, & nous Conſſous deſſus dis, les noſtres propres mis & [a] oppoſez, & cellui de noſtre Conſſulat, en ces preſentes, & en autres ſemblables à ceſtes, deſquelles les unes ſont demourées pardevers nous Conte deſſus dit, & les autres pardevers les Conſſous des dis Chaſtel & Ville. *Donné en la Cité (h) d'Alloy, le XI.e jour de Fevrier, l'an mil CCC. ſoixante & huit.* Par Monſ. le Conte. SERPANT.

a appoſez.

*Quas ſiquidem Litteras & omnia contenta in eiſdem, prout de* [b] *punto in puntum ſupra ſcribuntur, ratifficamus, laudamus, approbamus, & tenore preſencium confirmamus, ac* [c] *ractas & gratas atque firmas perpetuis temporibus haberi volumus & jubemus: Mandantes Seneſcallo Ruthenenſi, ceteriſque Juſticiariis & Officiariis Regiis, preſentibus & futuris, nec non Locatenentibus eorumdem, quatenus predicta omnia & ſingula, prout ſupra ſcripbuntur, rata & grata* [d] *habemus atque firma, nichil in contrarium* [e] *attemptendo; pocius omnia prout ſupra ſcripta ſunt, de punto in puntum diligenter obſervando. Quod ut firmum & ſtabile perpetuo perſeveret, preſentes Litteras* [f] *fecimus ſigilli noſtri ſecreti in abſentia magni, duximus apponendum: Salvo in aliis Jure Regio, & in omnibus quolibet alieno.* Actum & datum Tholoſe, anno Domini milleſimo CCC. ſexageſimo octavo, menſe Februarii.

b puncto.
c ratas.
d habeant.
e attemptando.
f cette formule eſt corrompuë.

*Nos autem ſupraſcriptas Litteras & omnia & ſingula in eis contenta, rata & grata habentes, eas volumus, laudamus, approbamus, ratifficamus, & tenore preſentium de gratia ſpeciali & plenitudine Regie poteſtatis confirmamus:* [g] *Mandentes Seneſcallo* [h] *Ruthenſi, ceteriſque Juſtitiariis & Officiariis noſtris, modernis & futuris, & eorum cuilibet, prout ad eum pertinuerit, vel Locatenentibus eorumdem, quatinus prefatos Conſules, Univerſitatem & ſingulares ejuſdem loci, noſtra preſenti confirmacione & gracia uti & gaudere pacifice & quiete deinceps perpetuis temporibus faciant & permittant; impedimentis quibuſcunque ceſſantibus & amotis. Quod ut firmum & ſtabile perpetuo perſeveret, preſentes Litteras Sigilli noſtri munimine fecimus roborari: Salvo in aliis jure noſtro, & in omnibus quolibet* [i]. Datum & actum Pariſius, anno Domini milleſimo trecenteſimo ſeptuageſimo primo, & Regni noſtri octavo, menſe Maii.

g Mandantes.
h Ruthenenſi.
i alieno.

*Per Regem, ad relacionem Conſilii.* P. DE VERGNY.

Collatio facta eſt cum ſupraſcriptis originalibus Litteris, per me.

NOTE.

*(h) d'Alloy.]* C'eſt appar. *Allois*, dans le Dioceſe de Limoges, ſur lequel *Voy. le Diction. univ. de la France*, à ce mot.

---

CHARLES V. à Paris, en May 1371.

## *(a)* Privileges accordez à la Ville de Peyruſſe.

SOMMAIRES.

*(1) Les Fours, la Boucherie & les Halles de Peyruſſe, appartiendront à cette Ville à perpetuité.*

*(2) Les Conſuls de Peyruſſe ſeront Juges en premiere inſtance, de tous les procez civils & criminels qui s'éleveront dans cette Ville & dans ſon Territoire; à l'exception des procez qui regarderont les Officiers du Roy & les Conſuls de cette Ville, & des crimes d'hereſie, de leze-Majeſté, de fauſſe Monnoye, de port d'armes,*

NOTE.

*(a)* Treſor des Chartres, Regiſtre 103. Piece 34. *Voy. cy-deſſus*, p. 190. Note *(a)*.

CHARLES V. à Paris, en May 1371.

& d'infractions de Sauvegarde; la connoissance desquels crimes est réservée aux Juges Royaux; comme aussi l'exécution des Jugements criminels rendus par les Consuls. Les Consuls pourront créer quatre Sergents, qui porteront des bâtons aux armes de la Ville.

(3) Les habitants de Peyrusse seront exempts du droit de Francs-Fiefs.

KAROLUS Dei gracia Francorum Rex. Notum facimus universis tam presentibus quam futuris, Nos infrascriptas Litteras vidisse, formam que sequitur, continentes.

LUDOVICUS Regis quondam Francorum Filius, Domini nostri Regis Germanus, ejusque Locumtenens in[a] Partibus Occitanis, Dux Andegavensis & Comes Cenomanensis. Universis presentes Litteras inspecturis: Salutem. Quoniam Principis uniuscujusque statui decens est & [b] honori, ut veros sibi subditos & benivolos, ad graciarum firmam largicionem acumulet, [c] ipsosque continuo studio preces & supplicaciones pias ac racioni consonas exaudiat, ut eisdem benemeritis, suas petitiones gemello amplexando brachio, graciam largiatur.

(1) Notum facimus quod nos attendentes ac animavertentes ad veram, firmam & immutabilem dilectionem, quam dilecti nostri Consules & Universitas habitancium loci de [d] Petrucia, Senescallie Ruthenensis, erga dictum Dominum nostrum & nos, retrolapsis temporibus habuerunt, nunc habent, & in futurum habere speramus, ipsorum supplicacionibus annuere cordis affectu cupientes; attendentes & considerantes quod carissimus Consanguineus noster Comes Armaniaci, nuper per nos de Mandato nostro ad eos destinatus, [e] vrituto potestatis sibi ad infrascripta per nos attribute, eisdem Consulibus ac Universitati loci predicti de Petrucia, Furnos, Macellum & Halas dicti loci, usque ad viginti annos continuos & proxime sequentes donaverat, eandem donacionem ratam, gratam & firmam habentes ac eciam confirmantes, eam ex uberiori gracia predicta largius augmentare cupientes, eisdem supplicantibus dictos Furnos, Macellum & Halas, una cum omnibus juribus, usibus, redditibus, proventibus, [f] prosigiis ac pertinenciis quibuscumque, per dictos Consules ac Universitatem & eorum successores loci predicti, tenendos, possidendos, gubernandos & regendos, pro nunc imposterum ac perpetuis temporibus dedimus & concessimus, damusque & concedimus per presentes de nostra speciali gracia, certa sciencia & auctoritate Regia qua fungimur in hac parte.

(2) Item. Volumus, & eisdem supplicantibus concedimus, quod ipsi dilecti Consules nostri de Petrucia, qui nunc sunt & pro tempore fuerint, primas Causarum tam civilium quam criminalium in dicto loco [g] ejus pertinentiis, cogniciones habeant ex nunc & imposterum, ex contractibus vel quasi, delictis vel quasi, vel aliter in dicto loco & pertinenciis suis inhitis, factis, contractis sive commissis vel quasi, & de omnibus & singulis que ad cognicionem & [h] Judicum predictarum Causarum civilium vel criminalium noscentur pertinere, utantur & uti possint & valeant ex nunc imposterum, libere & absque contradiccione aliquali; quodque Partes ad invicem litigare volentes, Causas suas tam criminales quam civiles, ex dictis contractibus vel maleficiis seu quasi, in dicto loco & ejus pertinentiis, coram ipsis Consulibus tamquam coram suis Judicibus competentibus & sibi [i]            , tam agendo seu accusando quam, deffendendo, quam aliter eorum Officium implorando, litigare seu prosequi per se vel per Procuratorem aut aliter legitime, testesque producere, & omnia alia facere que in prosecucione seu deffensione litis erunt necessaria & à Jure permissa, usque ad diffinitivas Sentencias, possint & valeant impune & absque impedimento quocumque; quodque ipsi Consules possint inter dictas Partes Sentencias suas diffinitivas seu interlocutorias [k] proffere, Causasque criminales per composicionem dirimere, dum & quando videbitur eis expedire, & nichilominus Sentencias suas diffinitivas seu interlocutorias execucioni debite demandare, & in dictis Causis criminalibus possint & valeant procedere (b) eorum Officio nobili vel ad Partis postulacionem;

[a] Languedoc.
[b] honor. R.
[c] ipsorum.
[d] Voy. les Lettres preced.
[e] virtute.
[f] appar. proficuis.
[g] &.
[h] Judicium.
[i] Il y a là dans le Reg. *di*, une lettre maculée qu'on n'a pû lire, suivie d'une *s*.
[k] proferre.

NOTE.

(b) *Eorum Officio nobili.* ] Proceder au Jugement des procez criminels, d'*Office*, & sans avoir besoin de la requête d'une Partie.

CHARLES V.
à Paris, en May 1371.

tam civiliter quam criminaliter, prout eis videbitur expedire; & in casu quo contingerit aliquem vel aliquam dicti Castri de Petrucia, vel alium quemcumque, ex maleficiis seu quasi, in dicto Castro vel ejus pertinenciis inhitis vel commissis, civiliter vel criminaliter [a] trachi extra dictorum Consulum [b], vel criminosum capi per aliquem vel aliquos Officiarios vel Officiales dicti Domini nostri Regis, qui nunc sunt vel pro tempore fuerint, superiores vel inferiores dictorum Consulum, & in eorum carceribus detinere mancipatum seu mancipatos, quod ad simplicem requisicionem dictorum Consulum, vel alterius eorum mandato, ille vel illa sit [c] ipsi Consulibus restituenda, & Causa coram ipsis examinanda & cognoscenda, & fine debito terminanda pro Justitia debita facienda; & in casu quo contingeret quod aliquis [d] superior vel inferior dicti Domini nostri Regis, de facto [e] incipere cognovisset, vel Sentenciam dedisset contra nostram dictam gratiam, totum illud ex nunc ut ex tunc cassamus, irritamus, & cassum & irritum esse volumus perpetuo in futurum, donec & quousque prima cognicio fuerit habita per Consules antedictos; excepta cognicione Gentium nostrarum, & ipsorum Consulum, si existentes Consules delinquerint, heresis, leze-Magestatis, fabricacionis false Monete, portacionis armorum, violacionis Salve-Gardie, criminibus exceptis, que Gentibus ac Officiariis nostris ac nobis reservamus, execuciones eciam quorumcunque condempnatorum corporaliter vel civiliter, nobis & nostris Gentibus reservantes. Et quia parum esset Sentencias proferre, nisi essent executores qui eas execucioni demandarent, ea propter volumus & dictis Consulibus concessimus, [f] pro nunc & in futurum concedimus per presentes auctoritate predicta, ut ipsi Consules & eorum successores, possint & valeant Servientes in dicto loco eligere & creare usque ad numerum quatuor, qui eorum Sentencias & Mandata habeant servire & execucioni demandare; qui Servientes predicti tantam & similem habeant potestatem, ac si ex mandato Regio electi essent & creati; recepto ab eis per dictos Consules Juramento & caucionibus in talibus prestari consuetis; & ipsi quidem Servientes Baculum signatum signo dictorum Consulum valeant deportare; quibus Servientibus per quoscunque subdictos dicti Domini nostri Regis, pareri & [g] juberi volumus ut Servientibus Regiis est fieri consuetum: Volumus [h] tamem quod in casu quo contingeret ipsos Servientes aliqua demerita [i], propter que eorum Officium deberent amittere, quod per predictos Consules possint deponi ab Officiis eorundem; & in casu quo contingeret vacare aliquem locum dictorum Servientum per dictam deposicionem vel per mortem, [k] aliter, quod in eorum locum dicti Consules possint alium vel alios ydoneos supponere modo & forma expressatis, tociens quociens necessarium fuerit, & eis videbitur expedire.

(3) Item. Ulterius, dictis Consulibus qui nunc sunt & pro tempore fuerint, concessimus & concedimus per presentes, & in dicto loco & pertinentiis ipsius [l] observare volumus perpetuo, quod nullus homo sive mulier non nobilis, cujuscunque [m] alterius condiccionis existat sive status, [n] quod pro redditibus, possessionibus, hereditagiis aut aliis quibuscumque, per ipsum à personis Nobilibus acquisitis seu eciam acquirendis de cetero, titulo empcionis, successionis, donacionis aut alio quovismodo, ad finandum seu [o] finenciam faciendum dicto Domino nostro sive ejus Officiariis, teneatur, nec per aliquos compelli possit; quoniam ex nunc ipsos non nobiles dicti loci & pertinènciarum ejusdèm, à dictis financiis relevavimus, ac ipsas financias remissimus & quittavimus, remitimusque, relevamus ac donamus per presentes, de nostra certa sciencia & auctoritate predicta; jure dicti Domini nostri Regis, & quolibet alieno in omnibus aliis semper salvo: Senescallis, Judicibus, Thesaurariis ac Procuratoribus Regiis, ac ceteris Officiariis Senescallie Ruthenensis, & eorum cuilibet, ac Locatenentibus eorumdem, nec non & subditis aliis Regiis quibuscunque, prout ad eos pèrtinuerit, [p] mandentes atque eciam injungentes, quatinus dictos Consules, presentes & qui in futurum fuerint, hujusmodi nostris dono & gratia ad plenum uti & gaudere faciant & permittant, quicquam in contrarium nullathenus faciendo, nec à quoquam fieri permittendo; presertim Procuratoribus Regiis predicte Senescallie, qui nunc sunt & pro tempore fuerint, in premissis & circa premissa perpetuum silencium imponendo: Mandantes dictis Senescallo, qui nunc est vel pro tempore fuerit, quatenus dictos Consules in omnibus & singulis superius expressatis tueatur & deffendat, & contradictores seu [q] impediantes ad servandum compellat, eciam rebelles

[a] trahi.
[b] Il manque apparemment là le mot, *Jurisdictionem.*
[c] ipsis.
[d] Officiarius.
[e] incepisset cognoscere.
[f] &.
[g] mot corrompu.
[h] tamen.
[i] fecisse.
[k] vel.
[l] observari.
[m] ce mot paroît inutile.
[n] q. *Reg.* mot inutile.
[o] financiam.
[p] mandantes.
[q] impedientes.

CHARLES V. à Paris, en May 1371.

*puniat, prout sibi videbitur faciendum; promittentes presentem nostram graciam facere confirmare per Cameram Compotorum Parisius dicti Domini Regis. Quod ut firmum & stabile perpetuo perseveret in futurum, presentes Litteras sigilli nostri secreti, majore sigillo absente, munimine fecimus roborari.* Actum & datum Tholose, anno Domini millesimo CCC.° sexagesimo octavo, mense Februarii.

*Nos autem suprascriptas Litteras & omnia & singula in eis contenta, rata & grata habentes, eas & ea volumus, laudamus, approbamus, ratifficamus, & tenore presentium, de gracia speciali & plenitudine Regie potestatis confirmamus : Mandantes Senescallo Ruthenensi, ceterisque Justiciariis & Officiariis nostris, modernis & futuris, & eorum cuilibet, prout ad eum pertinuerit, vel Locatenentibus eorumdem, quatenus prefatos Consules, Universitatem & singulares ejusdem loci, nostris presenti confirmacione & gracia uti & gaudere pacifice & quiete deinceps perpetuis temporibus faciant & permittant; impedimentis quibuscunque cessantibus & amotis. Quod ut firmum & stabile perpetuo perseveret, presentes Litteras Sigilli nostri munimine fecimus roborari : Salvo in aliis jure nostro, & in omnibus quolibet alieno.* Datum & actum Parisius, anno Domini millesimo trecentesimo septuagesimo primo, & Regni nostri octavo, mense Maii.

*Per Regem, ad relacionem Consilii.* P. DE VERGNY. Collatio facta est cum suprascriptis originalibus Litteris, per me. *Visa.*

---

CHARLES V. à Paris, en May 1371.

(a) Lettres qui revoquent celles par lesquelles le droit de Justice avoit été accordé aux proprietaires de certaines Terres situées dans la Jurisdiction des Consuls de Peyrusse, & données en emphyteose par ces proprietaires.

*KAROLUS Dei gracia Francorum Rex. Notum facimus universis tam presentibus quam futuris, Nos infrascriptas Litteras vidisse, formam que sequitur, continentes.*

LUDOVICUS *Regis quondam Francorum Filius, Domini nostri Regis Germanus, ejusque Locumtenens in [a] Partibus Occitanis, Dux Andegavensis & Comes Cenomanensis. Universis presentes Litteras inspecturis : Salutem. Suscepta gravi querimonia dilectorum nostrorum Consulum de [b] Petrussia, Senescallie Ruthenensis, Domino nostro Regi immediate subdictorum, continente quod cum ipsi Consules qui nunc sunt & qui pro tempore fuerint, [c] Imperii meri [d] mixti, & Jurisdictionis alte & basse, nomine Regio [e] excercicium habeant & habuerint in dicto loco de Petrussia, ac quecumque [f] munera realia, personalia & mixta indicere possint & consueverint in personas Larem foventes [g] & domiciliarios ejusdem loci de Petrussia, necnon & in homines & habitatores Villarum, locorum, mansorum & parrochiarum Bailliagii & ressorti dicti loci de Petrussia, pertinenciarumque suarum, ab uno, duobus, tribus, quinque, decem, XX. XXX. XL. L. & LX. annis citra & ultra, à tanto tempore citra de cujus contrario memoria hominum non existit, tamquam in subditos dicte sue Jurisdicionis, ipsam Jurisdiccionem in ipsos homines exercendo, dum munera predicta ipsis indicebantur & casus eveniebat, ipsi Consules fecerint ipsos homines & eorum quemlibet, quibuscunque Imposicionibus, Talliis, subvencionibus atque subsidiis, & eciam reparacionibus clausurarum dicti loci de Petrussia, contribuere, & vigiliis custodire [h] excubiare; prefatique Consules qui nunc sunt & qui pro tempore fuerunt, sint & fuerint à dictis temporibus citra & ultra, in pacifica possessione & saysina seu quasi, predictorum & cujuslibet ipsorum; quodque in dictis Villis, mansis, locis & parrochiis, sint plures persone à quibus plura predia per inhabitantes ipsarum Villarum, locorum, mansorum & parrochiarum, tenentur in (b) emphiteosim; Dominique directi prediorum*

a Languedoc.

b Peyrusse. Voy. les deux Pieces preced.

c Voy. cy-dessus, p. 44. Note (z).

d &.

e exercicium.

f Impôts.

g domiciliar. R.

h &.

NOTES.

(a) Tres. des Chart. Regist. 103. P. 35. *Voyez cy-dessus*, p. 190. Note (a).

(b) *Emphiteosim.]* L'Emphyteose est un Contrat par lequel le Maître d'un héritage le donne à l'Emphyteote, pour en joüir à perpétuité ou à temps, moyennant une certaine redevance annuelle.

à Paris, en May 1371.

*predictorum in* [a] *dictos emphiteotas & eorum bona, dictorum Villarum, locorum, mansorum atque parrochiarum, nunquam habuerint altam Jurisdiccionem nec aliquod Imperium, Foros aut Nundinas in ipsis locis, Villis, mansis & parrochiis, eorumque territoriis & districtibus, vel aliquo eorum, sed tantum pretextu sui directi dominii, jura sua emphiteotica, à dictis suis emphiteotis habuerint & perceperint;* [b] *tam nonnulli ex dictis directis Dominis tacito de premissis, & aliter subrepticie, nisi fuerunt impetrare & obtinere, ac impetrarunt & obtinuerunt, ut asseritur, à nobis altas Jurisdicciones, mera & mixta Imperia, sive exercicium earum, necnon* [c] *Fores & Nundinas in dictis Villis & locis, & eciam pro se & dictis emphiteotis suis, ac aliis habitatoribus Villarum, locorum, mansorum & parrochiarum predictarum, exempciones tam Jurisdiccionis Consulatus dicti loci de Petrussia, quam munerum predictorum, quod cedit in maximum prejudicium dicte Jurisdiccionis Regie, cujus nomine pro parte ipsorum Consulum excercetur, necnon eorumdem & habitatorum dicti loci de Petrussia, eorumque privilegiorum,* [d] *Libertatem, & franchisiarum predictarum, & non immerito, si sit ita. Quare prefati Consules nomine dicte Universitatis &* [e] *singularum ipsius loci de Petrussia, nobis humiliter supplicarunt sibi per nos super predictis de remedio opportuno provideri. Nos igitur prefatis supplicacionibus tamquam justis merito inclinati, notum facimus ac tenore presencium declaramus nostre non esse nec fuisse intencionis aliquas Jurisdicciones altas aut Imperia alicui de dictis Dominis directis predictorum prediorum, cujuscunque status aut condicionis existat, pretextu dicti directi dominii aut aliter, Foros aut Nundinas de novo dedisse, donasse seu concessisse in prejudicium exercicii Jurisdiccionis dictorum Consulum, nec eorum Universitatis, ac privilegiorum, Libertatum & franchesiarum predictarum, nec ipsos exemisse à muneribus supradictis quibus acthenus fuerunt tam prenominati directi Domini, quam emphiteote sui, & sui Antecessores à quibus causam habuerunt, astricti, ut asseritur; & hac racione in casu premisso, approbando, ratifficando & confirmando omnes & singulas Libertates, exercicium Jurisdiccionis, franchesias, privilegia, immunitates & Consuetudines predictas, quas ipsi Consules de Petrussia acthenus noscuntur habuisse, anullandoque, cassando & irritando omnes & singulas alte Jurisdiccionis & Imperii, ac Fori & Nundinarum concessiones & donaciones, atque exempciones sub quavis verborum forma factas & concessas in prejudicium Jurisdictionis, dictarum Libertatum, franchesiarum, privilegiorum & immunitatum, earumque effectum, & quicquid exinde secutum est, de nostra certa sciencia, auctoritate Regia & speciali gracia per presentes: Mandamus & districte precipimus Senescallo Ruthenensi, ceterisque Justiciariis & Officiariis Regiis, & eorum cuilibet, vel eorum Locatenentibus, quatenus dictos Consules eorumque Universitatem & singulares, nullatenus in prejudicium exercicii dicte eorum Jurisdictionis seu pocius Regie, privilegiorumque, Libertatum & franchesiarum ac immunitatum predictarum, ad instantiam predictorum directorum Dominorum, vel aliter, occasione premissorum molestent, inquietent seu* [f] *pretrubent, aut molestari, inquietari seu perturbari à quoquam permittant; sed predictis Jurisdictionis exercicio, munerum indiccione, privilegiis, Libertatibus, franchesiis, immunitatibus & Consuetudinibus, & singulis eorum de quibus liquebit, quibus prout hactenus usi fuerunt, uti & gaudere faciant & permittant pacifice & quiete; opposicionibus, excepcionibus & appellacionibus frivolis, ac Litteris in contrarium impetratis seu impetrandis sub quavis verborum forma, non obstantibus quibuscunque. Quod ut firmum & stabile perpetuo perseveret, nostrum sigillum presentibus duximus apponendum: salvo in aliis jure Regio, & in omnibus quolibet alieno.* Actum & datum Tolose, anno Domini millesimo trecentesimo sexagesimo nono, mense Aprilis.

*Nos autem suprascriptas Litteras & omnia & singula in eis contenta, rata & grata habentes, eas & ea volumus, laudamus, approbamus, ratifficamus, & tenore presencium, de gracia speciali & plenitudine Regie potestatis confirmamus: Mandantes Senescallo Ruthenensi, ceterisque Justiciariis & Officiariis nostris, modernis & futuris, & eorum cuilibet, prout ad eum pertinuerit, vel Locatenentibus eorumdem, quatenus prefatos Consules* [g] *ejusdem nostra presenti confirmacione & gracia uti & gaudere pacifice & quiete deinceps perpetuis* [h] *à temporibus faciant & permittant; impedimentis quibuscunque cessantibus &*

[a] dict. R. pour dict.

[b] appar. *tamen.*

[c] Foros.

[d] Libertatum.

[e] singularium.

[f] perturbent.

[g] eisdem.

[h] mot inutile.

CHARLES V. à Paris, en May 1371.

*amotis. Quod ut firmum & stabile perpetuo perseveret, presentes Litteras Sigilli nostri munimine* [a] *facimus roborari: Salvo in aliis Jure nostro, & in omnibus quolibet alieno.* Datum & actum Parisius, anno Domini millesimo CCC.° septuagesimo primo, & Regni nostri octavo, mense Maii.

a fecimus.

*Per Regem, ad relacionem Consilii.*

P. DE VERGNY.

Collacio facta est cum Originali, per me. *Visa.*

---

CHARLES V. à Paris, en May 1371.

## *(a)* Diminution de Feux pour Gimont.

KAROLUS, *&c. Notum, &c. Quod cum ex parte, &c.*

*Cumque facta quadam informacione virtute* [b] *quarumdem Litterarum Regiarum ac nostrarum in loco seu Villa (b) Gimontis, Judicature Verduni, Senescallie Tholose, super vero numero Focorum modernorum in dicto loco seu Villa Gimontis & pertinentiis suis nunc existencium, per dilectum nostrum Paulum Bitorti, Bacalarium in Legibus, Judicem nostrum Verduni, Commissarium in hac parte auctoritate Regia deputatum; vocato & presente in omnibus Procuratore nostro Generali dicte Senescallie Tholose, aut ejus legitimo Substituto; eademque, &c.*

b quarumdam.

*Repertum fuerit quod in dicto loco seu Villa Gimontis & suis pertinentiis, sunt de presenti & reperiuntur quater centum viginti octo Foci, secundum traditam Instruccionem, &c.*

*Quod ut firmum, &c. Salvo, &c.* Actum Parisius, mense Maii, anno Domini millesimo CCC.$^{mo}$ septuagesimo primo, & Regni nostri octavo. *Visa.*

*Per Consilium, &c.*

P. DE CHASTEL.

Informatio de qua superius fit mentio, est in dicta Camera, & ponitur cum aliis [c] cimilibus, prout est ordinatum.

c similibus.

P. DE CHASTEL.

NOTES.

*(a)* Tres. des Chart. Reg. 102. P. 103. *Voyez cy-dessus*, p. 30. Note *(a)*.

*(b) Gimontis, ] Gimont*, dans le bas Armagnac, Diocese d'Auch, Election de Riviere-Verdun. *Voy. le Dictionn. universel de la France*, au mot, *Gimont*.

---

CHARLES V. à Paris, en May 1371.

## *(a) Confirmation des privileges de la Ville de la Bruyere-lez-Catenoy, en Beauvoisis.*

CHARLES par la grace de Dieu Roy de France. Savoir faisons à tous presens & avenir, que de la partie des habitans de la Ville de la Bruyere-lez-Catenoy, en Beauvoisins, [d] Nos a esté exposé, que comme par previleges de nos predecesseurs Roys de France ou d'aucun d'eulx, par Lettres en cire vert & en las de soye, eust esté octroïé aux exposans ou à leurs predecesseurs habitans d'icelle Ville, ce qui s'ensuit; c'est assavoir, quiconques de ladicte Ville se vouldroit & veult purgier par son serement du *(b)* meffait de douze deniers d'Amende, il en sera [e] quittes; & que un nostre Sergent par lui seul, en accusant un homme de ladicte Ville, ne seroit & n'est creu; ne les hommes de ladicte Ville pardevant Nous ne respondront *(c)* d'auvoirie; que l'Amende des menus forfais de nos [f] hostes de ladicte Ville, seroit de douze deniers Parisis; & l'Amende des forfais qui par la Coustume du Païs à soixante solz Parisis devroit monter, seroit de cinq soulz Parisis tant seulement; & ne seroient

d *Nous.*

e *absous.*

f *Voy. les Tabl. des Mat. des Vol. de ce Rec. à ce mot.*

NOTES.

*(a)* Tres. des Chart. Regist. 103. P. 71.

*(b) Meffait de douze deniers.]* Meffait pour lequel on doit payer 12. deniers d'Amende. *Voy. un peu plus bas.*

*(c) D'auvoirie.]* Ce mot est douteux, & j'avouë que je n'entends point cet endroit. Peut-être signifie-t-il, *que les habitants ne seront point obligez de s'avoüer Bourgeois du Roy! Voy. les Tabl. des Mat. des Vol. de ce Rec.* au mot, *Bourgeoisie.*

tenus

tenus les dis hommes d'icelle Ville plaidoïer hors de ladicte Ville devant nos Juges ou aucun d'eulx, fors pour cause de murtre ou traïson; & ne seroient tenus de [a] à aler à nostre semonce en [b] host ne en chevauchée, fors que pour *(d)* bataille nommée; & que se aucuns *(e)* hustineurs ou esmouveurs de hustins en la dicte Ville, pour forfais a fait Amende par deux fois, & il y [c] renchiet, sera bannis de la dicte Ville, ne jamais n'y retournera sans le rappel de Nous ou de nos hoirs; & avec ce, se aucun mettoit ou met main à autruy de la dicte Ville par felonnie, & ce n'ait [d] osté fait pardevant bonnes gens, & ne puist estre clerement sceu, il s'en puist purgier, se il veut, par son serement, & [e] parmi ce, en seroit quittes; & plusieurs autres franchises & Libertez leur aïent esté octroïées par nos dis Predecesseurs ou l'un d'eulx, & d'iceulx previleges, Libertez & franchises ayent [f] joïr & usé paisiblement depuis la concession d'iceulx, par tel & si long temps qu'il n'est memoire du contraire, par l'octroy, consentement & souffrance des Seigneurs de la dicte Ville; les aucuns des quieulx leur ont donné pareilz & autres privileges: Neantmoins pour ce que les dictes Lettres faites sur iceulx previleges, ou temps que les ennemis de nostre Royaume occupoient plusieurs Fors ou païs de Beauvoisins, ont esté perduës par cas de fortunes, nostre Maire de Brouville, & aucuns autres nos Officiers, se sont efforciez & veulent efforcier d'empeschier les dis exposans en l'usage d'iceulx privileges, franchises & Libertez; laquelle chose est ou prejudice des dis exposans, qui à juste titre & onereux, ont eû & ont droit ès dis privileges, si comme il dient; supplians sur ce eslargir nostre grace. Nous adecertes, attendu ce que dit est, avons octroïé & octroïons aus dis exposans, de nostre certaine science, plaine puissance, auctorité Royal & grace especial, que eulx oudit cas, usent & joïssent à plain de leurs dis privileges, franchises & Libertez, en la fourme & maniere que il en ont usé & joy, usoient & [g] joissent au temps que les dictes Lettres furent ainsi perduës. Si donnons en mandement au Bailli de Senlis, & à tous nos autres Justiciers ou à leurs Lieuxtenans, & à chascun d'eulx, si comme à lui appartendra, que les dis exposans facent, sueffrent & laissent joïr & user à plain de nostre presente grace, sans les molester ou souffrir estre molestez au contraire, osté de ce tout indeu empeschement. Et pour ce que ce soit ferme chose & estable à tousjours, Nous avons fait mettre nostre seel à ces Lettres: sauf en autres choses nostre droit, & l'autrui en toutes. *Donné à Paris, l'an de grace mil CCCLXXI. ou mois de May, le VIII.e de nostre Regne.* RCOURT. Par le Roy, en ses Requestes. HENRY. *Visa.*

CHARLES V. à Paris, en May 1371.

a *mot inutile.*
b *aux expéditions militaires.*
c *retombe.*
d *esté.*
e *moyennant.*
f *joï.*
g *joïssoient*

NOTE.

*(d) Bataille nommée.* ] Bataille qui auroit été fixée à un certain jour par les Chefs des deux armées, comme cela se pratiquoit quelquefois dans ces temps là.

*(e) Hustineurs.* ] Ce mot signifie *querelleurs*, & peut-être icy, *Séditieux*. Voyez le *Glossaire de du Cange*, au mot, *Hutinus*, & *Borel* au mot, *Hutin*.

---

CHARLES V. à Paris, en Octobre 1371.

## (a) Privileges accordez aux habitants de Mailly-le-Château, par leurs Seigneurs.

SOMMAIRES.

*(1) Les habitants de Mailly-le-Chasteau, à l'exception des Gens d'Eglise & des Chevaliers, payeront chaque année au Seigneur, une redevance de 5. sols pour leurs maisons.*

*(2) Lorsqu'ils iront à l'armée, on ne pourra les éloigner de leur Ville, que d'une certaine distance; ensorte que s'ils le veulent, ils puissent y revenir le jour qu'ils en seront partis.*

*(3) Les habitans de M. le C. ne pourront perdre (par confiscation,) les biens qu'ils possedent dans cette Paroisse; à moins qu'ils n'aïent forfait contre leur Seigneur ou contre ses hostes.*

*(4) Ceux qui viendront aux Foires ou aux Marchez de Mailly-le-Chasteau, ne pourront être inquietez ou arrêtez prisonniers, que pour des delicts commis le jour même de la Foire & du Marché. On ne pourra saisir dans ces jours, les effets de la caution qui a été presentée par*

NOTE.

*(a)* Tresor des Chartres, Registre 105. Piece 7. vingt 10. (150).

CHARLES V.
à Paris, en Octobre 1371.

*celui avec qui l'on a contracté, si le cautionnement n'a été donné un jour de Foire ou de Marché.*

*(5) Modération des Amendes, & de ce qu'on paye pour les Requestes presentées au Prevost.*

*(6) Les habitants ne pourront être contraints de sortir de leur Ville pour aller plaider ailleurs, dans les affaires qui regarderont leur Seigneur.*

*(7) Les habitants ne payeront point de Taille, de don gratuit, &c.*

*(8) Lorsque le Seigneur de M. le C. & sa femme y seront, ils auront crédit pendant quinze jours pour les vivres qu'ils acheteront des habitants; & si après ce terme ces vivres ne sont point payez, les habitants ne seront point obligez de faire de crédit, jusqu'à ce qu'ils le soient.*

*(9) Les habitans de M. le C. qui auront des gages de leur Seigneur ou de quelqu'autre personne que ce soit, pourront en cas qu'ils ne soient pas payez, les vendre 8. jours après l'échéance du jour du payement.*

*(10) Si un homme s'accommode avec une personne qu'il a offensée, avant qu'il y ait eu de plainte en Justice, il ne devra pas l'Amende: mais il la payera s'il y a eu une plainte: si en conséquence de cette plainte, il n'y a point de condamnation prononcée ni contre l'une ni contre l'autre des Parties, il n'est point dû d'Amendes.*

*(11) On peut dispenser d'un serment que l'on pourroit exiger.*

*(12) Si lorsque les gages de bataille ont été donnez, les Parties du consentement du Prevost s'accommodent avant que les ostages ayent été donnez, elles payeront une Amende qui sera plus forte si les ostages ont été donnez. Lorsque le combat sera terminé, les ostages du vaincu payeront 112. sols d'Amende.*

*(13) Il n'y aura que les habitants qui auront des charrettes, qui seront obligez de faire des corvées pour leur Seigneur; & ceux-ci n'en feront qu'une fois l'année, pour amener à son Château, ses provisions de vivres & du bois pour brûler.*

*(14) Nul habitant ne pourra être retenu prisonnier, s'il peut donner caution de se representer en Justice.*

*(15) Les habitants pourront vendre leurs biens; & après avoir payé les lods & ventes, sortir de la Ville, à moins qu'ils n'y ayent commis quelque delict.*

*(16) Les habitants pourront vendre leurs maisons, sans que le vendeur ni l'acheteur soient obligez de payer aucuns droits.*

*(17) Celui qui aura demeuré à M. le C. un an & un jour, sans être réclamé par personne, sera libre & (Bourgeois); mais si un des vassaux du Seigneur le réclame comme son serf, & prouve qu'il l'est, ce serf sera mené sous sauf-conduit, hors de la Chastellenie de cette Ville.*

*(18) On ne doit plaider ensemble que pour rendre aux autres ce qui leur est dû, & pour le recevoir d'eux.*

*(19) Celui qui aura possedé pendant un an & un jour un héritage, sans qu'il ait été troublé dans cette possession, ne pourra en être dépossedé, si ce n'est par celui qui n'ayant point demeuré dans la Ville pendant cette année, se prétend proprietaire de cet héritage.*

*(20) Le Crieur public ni celui qui fait le guet, n'auront aucuns droits, lors du mariage des habitants.*

*(21) Si un animal poursuivi par des taureaux, ou piqué par des mouches, entre dans la Forest de Fretoy, dans le Parc de Mailly-le-Château, &c. celui à qui il appartient, ne payera point d'Amende, s'il peut jurer que cela s'est fait malgré celuy qui gardoit l'animal: mais si ce gardien ne l'a pas empesché, pouvant le faire, il y aura lieu à l'Amende.*

*(22) Il n'y aura point aux Fours (bannaux) de porteurs de pain en titre, qui puissent exiger de droits.*

*(23) Les habitants ne seront point assujetis à faire un guet fixe & reglé.*

*(24) Les habitants auront droit d'usage dans le bois de Fretoy.*

*Moderation des Amendes.*

*(25) Celui qui sera accusé d'avoir chassé en plaine dans la Garenne du Seigneur de Mailly-le-Chasteau, sera crû sur son serment, s'il jure qu'il n'a point chassé. S'il ne veut pas faire ce serment, il payera l'Amende.*

*(26) Si un habitant a oublié de payer le Tonlieu pour ce qu'il a acheté ou vendu dans le marché, il pourra le payer huit jours après, sans qu'on puisse l'inquieter à ce sujet; pourvû qu'il jure que c'est par oubli qu'il ne l'a pas payé.*

*(27) Si un habitant qui est accusé, ne peut se justifier par témoins, il le fera par son serment.*

*(28) Les Bouchers ne payeront point de droits pour les chairs mortes qu'ils vendront.*

*(29) La succession des defunts sera recueillie par leurs plus prochains héritiers. S'il ne s'en presente point, les effets de cette succession seront mis entre les mains des habitants qui les garderont pendant un an & un jour. Si pendant ce terme il se presente un heritier, ces effets lui seront remis; s'il ne s'en presente point, ils appartiendront au Seigneur.*

*(30) Le Seigneur peut seul faire crier la vente de son vin. Il ne pourra cependant vendre son vin, en empêchant les habitants de vendre le leur, que pendant le mois d'Août.*

*(31) Le Prevost de M. le C. jurera d'observer les privileges accordez à ces habitants.*

*(32) Le Seigneur de M. le C. & Acelin de Meriaco, pourront vendre le bois de Fretoy.*

*(33) Si le Seigneur de Mailly-le-Chasteau donne atteinte à ces privileges, l'Évêque d'Auxerre pourra l'excommunier, & mettre sa Terre en interdit.*

*(34) Les habitants de Mailly-le-Chasteau auront dans le bois de Fretoy, le droit d'usage sur le Tremble, le Charme, l'Erable & le bois mort, pour se chauffer; & le droit d'usage sur*

*le bois vif, pour bastir; mais ils ne pourront le couper sans en avertir le Prevost.*

*(35) Il sera permis de vendre aux habitants de Mailly-le-Chasteau, de toutes sortes de bois pour faire des tonneaux, des cuves, & autres ustensiles.*

CHARLES V. à Paris, en Octobre 1371.

*KAROLUS Dei gracia Francorum Rex. Notum facimus universis presentibus & futuris, Nos Litteras quondam (b) Guidonis Comitis Nivernensis & Forensis, & Matildis tunc ejus Consortis, ipsorum sigillis, ut prima facie apparebat, sigillatas, sanas & integras recepisse, formam que sequitur, continentes.*

*Ego Guido Comes Nivernensis & Forensis, & Ego Mathildis Comitissa Uxor ejus. Omnibus notum facimus, tam presentibus quam futuris, quod nos convenciones & Libertatem quas [a] Petrus quondam bone memorie Genitor noster, Autissiodorensis Comes, fecit & concessit Burgensibus (c) Mailliaci-Castri, ratas habemus pariter & acceptas, quarum tenor talis est.*

*In nomine sancte & individue Trinitatis. Amen. Noverint universi presentes pariter & futuri, quod Ego Petrus Comes Autissiodorensis & [b] Tornodorensis, & Dominus Mailliaci, Castellum meum de Mailliaco singulari complectens amore, & ejusdem cupiens incrementum, dictum Castellum cum suburbiis, & omnes ibidem habitantes, ad Consuetudinem atque Libertatem (d) Lorriaci fore imperpetuum constitui & concessi, prout presens scriptum plenius declarabit.*

*(1) Quilibet hominum Mailliaci, singulis annis in Festo Sancti Remigii, quinque solidos Monete Autissiodorensis, pro (e) festagio domus sue michi dabit; salva tamen Libertate Clericorum & Militum, qui nullum debent festagium.*

*(2) Nullus hominum Mailliaci in expedicionem vel equitacionem eat, nisi eadem die ad domum suam, si voluerit, reveniat.*

*(3) Quicunque in Parochia Mailliaci possessionem suam habuerit, nichil ex ea perdet pro quocunque forifacto; nisi adversus me vel aliquem de [c] hospitibus meis forisfecerit.*

*(4) Nullus ad Mercatum sive ad [d] Feriam Mailliaci veniens, capiatur nec desturbetur, nisi ipsa die forisfactum fecerit. Nullus in die Mercati vel Ferie Mailliaci, vadium [e] Plegii sui capiat, nisi die consimili Plegiacio illa facta fuerit.*

*(5) [f] Forisfactum ubicunque factum fuerit, sive in bosco sive in [g] plano, de sexaginta solidis ad quinque solidos; & forisfactum de quinque solidis ad duodecim denarios veniat: & clamor Prepositi ad quatuor denarios.*

*(6) Nullus hominum Mailliaci extra Mailliacum, cum Domino Mailliaci vel cum [h] Mandato ejus, placitaturus exeat.*

*(7) Nullus, nec ego, nec alius hominum de Mailliaco, Tailliam nec exactionem neque [i] Rogam faciat.*

*(8) Dominus Mailliaci habet credicionem in cibis, ad suum & Uxoris sue usum, ipsis eciam apud Mailliacum presentibus, ad dies quindecim persolvendam; & si tunc*

a Voy. la Note (b).

b Tonnerre.

c Voy. les Tabl. des Mat. de ce Rec. *au mot*, Hostes.

d Foire. *Voy. le Glossaire de du Cange*, au mot, *Feriæ. 3.*

e caution. *Voy.* sur cet endroit le *4.e Vol. de ce Rec.* pag. 74. Note *(d)*.

f Voy. *Ibid.* Note *(r)* margin.

g dans les plaines.

h Juge, dans plusieurs Ordon.

i espece de don gratuit. *Voy. le 4.e Vol. de ce Rec.* p. 74. Note *(e)*.

NOTES.

*(b) Guidonis.* ] Voy. sur Guy Comte de Nevers, sur Mahaud de Courtenay sa femme, & sur Pierre de Courtenay Pere de Mahaud, *le 3.e Vol. de ce Rec.* p. 115. Note *(b)*, & à la ligne 4. de cette Note, lisez, & *femme* de Pierre II. &c. ce mot *femme* qui a été oublié dans l'impression, rend cette Note inintelligible.

A l'égard d'Yoland, de laquelle il est parlé à la fin des Lettres de Pierre, c'étoit Yoland de Haynaut ou de Flandre, qui en May 1193. devint la 2.e femme de Pierre de Courtenay. Au commencement d'Avril 1217. il passa avec sa femme à Rome, pour aller à Constantinople, dont il avoit été élû Empereur. Il ne revint plus en France, & mourut dans l'Orient. Ainsi les Lettres qu'il accorda aux habitans de Mailly-le-Chasteau, ont été données entre 1193. & 1217. *Voy. l'Hist. Geneal. de la Maison de France*, tom. 1. pp. 475. & 477.

*(c) Mailliaci-Castri* ] Mailly-le-Chasteau, Ville dans la Bourgogne, Diocese d'Auxerre. *Voy. le Diction. univ. de la France*, au mot, *Mailly-le-Chasteau.*

*(d) Lorriaci*, ] *Lorris.* L'on a remarqué dans le *4.e Vol. de ce Rec.* p. 73. Note *(a)* que les Coûtumes de Lorris ont été données à plusieurs autres lieux. Celles de Mailly-le-Chasteau ne leur sont pas entierement conformes

*(e) Festagio.* ] Faîte d'une maison. *Voy. le Gloss. de du Cange*, au mot, *Festagium. 1.*

CHARLES V.
à Paris, en Octobre 1371.

*soluta non fuerit, homines dicte Ville nullam de cetero debebunt credicionem, donec illa persolvatur.*

*(9)* [a] *Si quis vadium Domini Mailliaci vel alterius habuerit, non tenebit illud ultra octo dies, nisi sponte.*

*(10)* [b] *Si alter erga alterum inimicicias habuerit, absque Castelli vel Burgi infractura, & clamore Preposito non facto, concordaverint, nichil ob hoc Domino Mailliaci vel Preposito emendabunt. Si clamor inde factus fuerit, licet illis concordare, ex quo districtum persolverint: Si alius de alio clamorem fecerit, & alter erga alterum nullam fecerit emendacionem, nichil pro hiis* [c] *nichil sive Preposito meo sit emendaturus.*

*(11) Si aliquis alicui sacramentum facere debuerit, condonare ei licebit.*

*(12)* [d] *Si homines de Mailliaco vadia duelli temere dederint,* [e] *Prepositi assensu, antequam tribuantur obsides, concordaverint, duos solidos & sex denarios Preposito uterque persolvat; & si obsides dati fuerint, septem solidos & sex* [f] *denorios uterque persolvat: & si de legitimis hominibus duellum factum fuerit, obsides devicti centum & duodecim solidos persolvant.*

*(13) Nullus hominum Mailliaci* [g] *aliquem* [h] *curvatam nec michi nec alteri faciat, nisi tantum illi qui quadrigas habebunt, qui semel in anno, si submoniti fuerint, quadrigas suas michi usque ad Betriacum vel usque ad Voletenetum vel usque ad Collengias, pro cibis meis quadrigandis acomodabunt; & semel in anno michi adducent ligna de Fretoy, in domum meam de Mailliaco, ad comburendum, si inde submoniti fuerint.*

*(14) Nullus hominum Mailliaci captus teneatur, si plegium veniendi ad jus, dare potuerit.*

*(15) Eorum quilibet res suas, si vendere voluerit, vendat; &* [i] *redditis vendicionibus suis, à Villa si recedere voluerit, liber & quietus recedat; nisi in Villa forisfactum cognitum fuerit.*

*(16) Quilibet hominum Mailliaci domum suam, quando voluerit, ad libitum suum juxta* [k] *antiquum domorum libertatem, vendere poterit, nec pro ea sive emptor sive venditor aliquam Consuetudinem dabit.*

*(17) Quicunque in Parrochia Mailliaci anno & die manserit,* [l] *nullo clamore cum sequente, neque per Dominum Mailliaci sive per Prepositum* [m] *rectitudinem prohibuerit, deinceps liber & quitus permaneat; hoc tamen observato, quod si aliquis Militum (f) Casatorum Mailliaci, aliquem hominem (g) apud pro servo suo calumpniaverit, & hec* [n] *tercia manus Militum & procinctu parentele probare poterit, ille servus ultra quindecim dies non tenebitur apud Mailliacum; sed in salvo conductu extra Castellaniam Mailliaci conducetur.*

*(18)* [o] *Nullus cum aliquo placitabit nisi causa rectitudinis exequende & recipiende.*

*(19) Quicunque in Parrochia Mailliaci domum suam aut pratum aut vineam aut agrum aut quamcumque aliam possessionem, anno & die pacifice tenuerit, nulli super hoc de cetero respondebit, nisi aliquis qui se jus sciat in hoc habere, & qui per illum annum extra Patriam moram fecerit, voluerit reclamare.*

*(20) In nuptiis Mailliaci, Preco nichil Consuetudine habebit, neque Excubitor.*

*(21) Si aliquod animal de Parrochia Mailliaci, à tauris fugatum vel à muscis coactum, Forestam de Fretoy, sive (h) Hayam, sive Plasseitum quod est juxta Pargum*

a Voy. le 4.e Vol. de ce Rec. pag. 74. Note (h).
b Voy. Ibid. p. 75. art. 12. & les Notes.
c michi, *qui est plus bas*, art. 13.
d Voy. *Ibid.* art. 14. & les Notes.
e &.
f denarios.
g aliquam.
h Corvée.
i Voy. *Ibid.* Note (f).
k antiquam.
l sans être reclamé par personne.
m Voy. le 4.e *Vol. de ce Rec.* p. 75. Note (t).
n Voy. le 4.e *Vol. de ce Rec.* pp. 643. *II.* 644. *VI.*
o Voy. *Ibid.* p. 75. art. 19. & les Notes.

NOTES.

*(f) Casatorum.] Casator. R.* Je crois que cela signifie les Vassaux du Seigneur de M. le C. L'on trouve dans le *Glossaire de du Cange*, le mot *Casatus*, interpreté par *Vassallus feodatus*.

*(g) Apud.] Apd. R.* Si ce mot abregé signifie *apud*, je crois qu'il faut suppléer, *Mailliacum*.

*(h) Hayam sive Plasseitum quod est juxta Pargum.] Haya.* Voy. le 4.e *Vol. de ce Rec.* p. 76. Note *(aa)*.

*Plasseitum*, lieu entouré de hayes ou de palis; en françois, *pleissis, plessis*. Voy. le *Gloss. de du Cange*, aux mots, *Placetum* & *Pleisseicium*.

*Pargus.* On a dit *Pargus* aussi-bien que *Parcus*, pour signifier le *Parc* d'une maison. *Voy. ibid.* au mot, *Pargus*.

*Mailliaci, intraverit, nichil ideo emendabit ille cujus animal fuerit, si poterit jurare quod custode invito illuc intrasset; alioquin duodecim denarios pro quolibet animali emendabit.* CHARLES V. à Paris, en Octobre 1371.

(22) *In Furnis Mailliaci non erunt* [a] *portitores Consuetudine.*

(23) *Excubie non erunt Mailliaci Consuetudine.*

(24) *Homines de Mailliaco illum usagium habebunt in Bosco de Fretoy, quem in eo semper habuerunt; hoc eciam observato, quod forifacta mea de Bosco, sicut & alia, de sexaginta solidis ad quinque solidos, & de quinque solidis ad duodecim denarios veniant.*

(25) *Si cui impositum fuerit quod in Garena mea in* [b] *planum venatus fuerit, solo juramento se deculpabit; alioquin quinque solidos emendabit.*

(26) *Quicunque in Foro Mailliaci sive in Feria emerit aliquid vel vendiderit, & per oblivicionem Tonleum suum retinuerit, infra octo dies illud persolvat* [c] *sine aliqua occasione, si jurare poterit quod scienter illud* [d] *retinuisset.*

(27) *Si aliquis hominum Mailliaci accusatus de aliquo fuerit, & teste comprobari non poterit contra probacionem impetentis,* [e] *per solam manum suam se deculpabit.*

(28) *Nullus Carnificum Mailliaci, pro carne mortua vendicionem dabit.*

(29) *De* [f] *excasuris ita erit, quod semper ad propinquiorem heredem deveniet. Si vero mortuus nullum heredem habuerit, Burgenses Mailliaci tenebunt per* [g] *anum & diem in manu sua excasuram; & si infra illum terminum aliquis venerit qui se sciat jus habere in excasura, quicquid per legitimorum testium probationem acquirere poterit, habebit; alioquin post annum & diem, ad Dominum Mailliaci deveniet excasura.*

(30) (i) *Nullus vinum Mailliaci cum Edicto vendat, nisi Dominus Mailliaci qui vinum vinearum suarum tantum in mense Augusto vendere poterit.*

*Has itaque Consuetudines, Ego &* [h] *Yolendis Comitissa uxor mea, bona fide tenere in perpetuum juravimus, presentem paginam sigillorum nostrorum munimine roborantes. Juraverunt hoc Philippus filius meus, Acelinus de Merriaco, Wuillermus de* [i] *Nugeyo, Hugo de Mailliaco, Angalo de Boy, Jehannes Berarz, Garterus Marescalli & Petrus Lecardi, & Henricus Buticularius.*

(31) *Promisi eciam hominibus Mailliaci & concessi, quod tociens apud Mailliacum Prepositum vel Mandatum meum mutavero, has convenciones jurabunt.*

*Quod ut ratum sit & firmum, & inconcussum imposterum habeatur, nos Guido Comes Nivernensis & Forensis, & ego Matildis uxor ejus, Libertates & convenciones supradictas, sicut in presenti Carta continetur, approbamus & laudamus, & presentem Cartam sigillorum nostrorum munimine fecimus roborari.* Actum anno gracie millesimo ducentesimo vicesimo nono.

Item. *Alias Litteras eorum similiter sigillis sigillatas, quarum tenor sequitur in hec verba.*

*Ego Guido Comes Nivernensis & Forensis, & Ego Matildis Comitissa Uxor ejus. Omnibus notum facimus tam presentibus quam futuris, quod nos Convenciones & usagium quos Petrus quondam* [k] *memorie Genitor* [l], *Comes Autisiodorensis, fecit & concessit Burgensibus Mailliaci Castri, super bosco de Fretoy, ratas habemus pariter & acceptas, quarum tenor talis.*

*Ego Petrus Comes Autisiodorensis & Tornodorensis, & Marchio (k) Namucensis.*

(32) *Notum facio universis presentibus & futuris, quod bona fide promisi & concessi omnibus hominibus de Mailliaco-Castro, quod nec Ego, nec uxor mea Comitissa, nec heres*

a Voy. *le 4.e Vol. de ce Rec.* p. 76. Note *(bb)*.

b dans la plaine.

c Voy. *Ibid.* p. 77. Note *(hh)*.

d non *retinuisset*. Voy. *Ibid.* art. 30.

e Voy. *Ibid.* Note *(nn)*.

f successions. *Voy. le Gloss. de du Cange*, au mot. *Escaeta*.

g annum.

h Voy. cy-dessus, pag. 715. Note *(b)*.

i ou *Migeyo*.

k bone.

l noster.

NOTES.

(i) *Nullus.*] Il s'agit icy du droit de *Ban de vin*, sur lequel *Voy. les Tabl. des Mat. de ce Rec. à ce mot.*

*Edictum* signifie quelquefois une proclamation, & quelquefois ce droit de *Ban de vin.* Voyez le *Glossaire de du Cange*, aux mots, *Edictum.* 3. 4. Je crois qu'il le faut prendre icy dans le premier sens. *Voy. dans le Sommaire*, celui que je crois que l'on peut donner à cet article.

(k) *Namucensis.*] *Namurcensis.* Pierre de Courtenay étoit Marquis de Namur. *Voyez l'Hist. Geneal. de la Maif. de France*, tom. 1. p. 475.

CHARLES V. à Paris, en Octobre 1371.

*meus, aliquid vendemus vel vendi faciemus de bosco de Fretoy, nec sustinebimus quod Acelinus de Meriaco, vel heres ejus, vel Mandatum eorum, similiter aliquid vendat in dicto bosco.*

*(33) Rogavimus eciam Dominum Autisiodorensem Episcopum, ut si ab hiis convencionibus resiliemus, nos excommunicaret, & terram nostram supponeret interdicto, donec esset plenius emendatum.*

*(34) Constituimus eciam & concessimus, ut homines predicti usum suum habeant in dicto bosco, ad* [a] *Tremulum & Charmen & (l) Aceram, & ad omnem boscum mortuum, ad calefaciendum; ad edificium autem domorum, habent usum suum ad boscum vivum; ita tamen quod quando voluerint ire in bosco, pro bosco ad* [b] *edificumdum, prius loquantur super hoc cum Preposito meo.*

a Tremble & Charme.

b edificandum.

*(35) Constitui eciam & concessi, ut dictis hominibus ad (m) aisamenta sua; videlicet, dolia, (n) cupas, cistas, & omnia alia superlectilia, de quocumque nemore sint, sive omni occasione vendere liceat. Quod ut ratum sit & firmum, & inconcussum imposterum habeatur, nos Guido* [c] *Nivernensis & Forensis, & Ego Matildis uxor ejus, convenciones supradictas & usagium, sicut in presenti* [d] *Certa continetur, approbamus & laudamus, & presentem sigillorum nostrorum munimine fecimus roborari.* Actum anno gracie millesimo ducentesimo vicesimo nono.

c Comes.

d Carta.

*Nos Litteras supradictas, & omnia & singula in eis contenta, si & quatenus dicti Burgenses & habitatores ipsius Ville, ipsis Litteris & earum contentis usi fuerunt debite temporibus retroactis, laudamus, approbamus, ratificamus, & auctoritate nostra Regia, tenore presentium confirmamus; proviso tamen, quod Episcopus Autisiodorensis, qui nunc* [e]*, & pro tempore fuerit, occasione & sub colore hujusmodi nostre confirmacionis & approbacionis, prout prefati Guido Comes & ejus uxor, virtute ultimarum Litterarum se tunc temporis ligaverunt, Nos vel aliquem successorum nostrorum Regum Francie, qui dictam terram pro tempore possidebunt, ob causam predictam excommunicare non valeat, nec terram ipsam supponere Interdicto. Quare damus* [f] *presentium in mandatis omnibus Justiciariis & Officiariis nostris, presentibus & futuris, & eorum cuilibet, ac Locatenentibus eorumdem, quatinus predictos Burgenses & habitatores ipsius Ville, presentes & futuros, & eorum quemlibet, omnibus aliis & singulis privilegiis, Libertatibus, graciis, franchisiis & aliis quibuscumque in predictis Litteris contentis, uti & gaudere faciant & permittant pacifice & quiete, ipsos vel eorum aliquem nullatenus molestando, vel molestari in contrarium permittendo; & si contra premissa vel aliquod premissorum attemptatum fuerit, illud ad pristinum statum & debitum reducant & reduci faciant indilate. Quod ut firmum & stabile perseveret in futurum, nostrum presentibus Litteris fecimus apponi Sigillum: Nostro in aliis, & alieno in omnibus jure salvo.* Datum Parisius, anno Domini millesimo trecentesimo septuagesimo [g] prima, & Regni nostri octavo, mense Octobris.

e est.

f tenore.

g primo.

*Per Regem, ad relacionem Consilii in Camera Compotorum existentis.* N. DE VEIRES.

NOTES.

*(l) Aceram.]* Erable. *Voy. le Glossaire de du Cange*, au mot, *Acrus. 2.*

*(m) Aisamenta.]* Ustensiles. *Voy. le Gloss. de du Cange*, au mot, *Aisamentum.*

*(n) Cupas, Cistas.]* *Cuves, Armoires.* Voy. *Ibid.* à ces mots.

CHARLES V. à Paris, le 8. d'Avril 1372.

## (a) Lettres qui établissent Aymeric Evêque de Limoges, Reformateur Souverain & General dans les Dioceses de Limoges & de Tulles, & dans la Viconté de Limoges.

CHARLES par la grace de Dieu Roy de France. A tous ceulx qui ces presentes Lettres verront: Salut. Savoir faisons Nous avoir veu les Lettres de nostre très chier & très amé Frere, Loys Duc d'Anjou & de Tourainne, & Conte du Mainne, scellées de son seel de [a] secret en l'absence du grant, contenant la fourme qui s'ensuit.

a les Lettres du Duc d'Anjou sont scellées de son Grand seel.

LOYS Filz du Roy de France, Frere de Monf. le Roy, & son Lieutenant ès Parties de Languedoc, Duc d'Anjou & de Tourainne, & Conte du Mainne. A tous ceulx qui ces Lettres verront: Salut. Savoir faisons que nous confianz à plain des senz, prudommie, loyauté & bonne diligence de Reverent Pere en Dieu, & nostre chier & bien amé Messire (b) Aymeri Evesque de Limoges, Conseillier de Monf. & de nous, ycellui de l'auctorité Royale dont nous usons, avons fait, commis, ordonné & establi & deputé, faisons, commettons, ordonnons & establissons & ainsi deputons Gouverneur & Reformateur Souverain & General, pour & ou nom de Monf. & de nous, ez Citez, Villes, Eveschiez de Limoges & de [b] Tuelle, & en toute la Viconté de Limoges, & en toutes leurs appartenences & appendences & ès lieux circunvoisins; & ly avons donné & donnons plain povoir, auctorité & mandement especial de soy transporter pardevers tous les Nobles, Barons, Capitaines, Prevoz, Bailliz, Chevaliers, Genz d'Eglise, Consulz de bonnes Villes, Communes & Gardes de bonnes Villes, Chasteaulx & Forterecses quelzconques, & autres qu'il saura que ne seront venuz à la obéissance de Monf. & la nostre, & leur requerir de par Monf. & de par nous, qu'il y viengnent & y mettent leurs Chasteaulx, Villes, Forteresses & autres terres; de les y recevoir; de contraindre les rebelles à ce par fait d'armes, & autrement par toutes les meilleures voïes & manieres qu'il verra qu'il appartendra; de faire pour ce convocation, assemblées & aliences de Genz d'armes, de Communes & d'autres, & de imposer sur chascun dudit païs selon sa faculté, Tailles ou subsides, se la plus sainne partie d'icelli païs s'y accorde; de donner (c) Patis, (d) Travers, [c] souffrances & [d] sausconduiz, à touz & à chascun d'iceulx qui vouldront ou voulront venir à la dicte obéissance, jusques à tel temps que bon li samblera; de le revoquer & anuller quant il li plaira; de traictier, composer & accorder avec eulx, à telles sommes de deniers, de rentes & d'autres choses comme il verra estre à faire, au profit de Monf. & de nous, & leur promettre faire tenir & païer par Monf. ou par nous, tout ce que accordé leur aura en ceste partie; de leur confirmer leurs privileges & Coustumes anciens, leur en octroïer & donner de nouviaux, tant & comme bon li samblera; de leur remettre & pardonner touz Banz, confiscations, condempnacions, Amendes, debtes, arrerages, [e] multres, forfais & delicts, tant de Lese-Majesté comme autres crimes & malefices quelxconques, que il & chascun d'eulx pourroient avoir commis, faiz ou perpetrez envers Monf. ou la Couronne de France, ou

b Tulles.

c app. délais pour le payement de ce qu'ils doivent.

d saufconduits.

e meurtres.

NOTES.

(a) Ces Lettres sont *vidimées* dans la Piece 36. du Reg. 106. du Tresor des Chartres. *Voy. cy-dessus*, p. 190. Note (a).

(b) *Aymery Evêque de Limoges.*] Dans la *Gall. Christ. 2.e Edit.* tom. 2. pag. 533. n.e LXV. Il est dit que Jean *de Crosso* Evêque de Limoges, fut fait Cardinal en 1372. & au n.o suivant, il est dit qu'Aymeric *Cathi* fut fait Evêque de Limoges, après que *de Crosso* eût été fait Cardinal. Il paroît par ces Lettres qu'Aymeric étoit Evêque de Limoges le 6. de Janvier 1371.

(c) *Patis.*] On pourroit lire *Pacis*: Je ne sçais ce que signifient ni l'un ni l'autre de ces deux mots.

(d) *Travers.*] La suite de cette phrase me fait croire que ce mot peut signifier, *seureté sur les chemins.*

CHARLES V. à Paris, le 8. d'Avril 1372.

envers quelxconques autres personnes qui au temps passé eussent eu gouvernement ou administration aucune oudit païs, tant ou nom de Mons. & de ses Predecesseurs comme d'autres, par quelxconque voïe ou maniere que ce soit, jusques au jour qu'il vendront à ladicte obéissance; de restituer chascun des dessus diz à sa bonne fame & renommée, & à ses biens où qu'il soïent, qui avant la dicte obéissance avoient esté donnés comme biens des rebelles par Mons. par nous ou par autres, comme dit est, à quelconque personne que ce soit; de visiter Villes, Chasteaulx & autres Forteresses quelxconques, de les faire emparer & fortifier, ou de les faire destruire & abattre, se bon li samble, pour le proffit de Mons. & du païs; de pourveoir & deputer Capitaines & Genz d'armes, & iceulx & autres remuer & changer toutesfois que bon li semblera; de les priver de leurs gaiges & de les contraindre à rendre & restituer [a] royaument & de fait, toutes les choses qu'il auroient ou pourroient avoir prises induement, par toutes les voyes & manieres qu'il li samblera estre à faire; de oster & debouter du tout ou autrement priver touz Officiers de leurs Offices, & chascun d'iceulx, s'il voit qu'il soit expedient, & de les donner à autres personnes telz qu'il verra qu'il appartenra; & generalment de faire toutes autres choses & chascune d'icelles, qui à Gouverneur & Reformateur Souverain & General puet & doit competer & appartenir: Et nous par ces presentes promettons en bonne foy avoir, & desja avons ferme & estable tout ce que par ledit Evesque sera fait, dit, traictié, composé & accordé de & sur les choses dessus dictes & les dépendences d'icelles, & le confirmer & faire confirmer par Mons. toutesfois que requis en serons: Mandons & commandons très-estroitement à tous Lieuxtenans, Capitainnes, Justiciers, Officiers, subgès, bienveillans & alliez de Mons. & de nous, & à chascun d'eux, que audit Evesque, comme Gouverneur & Reformateur Souverain & General, deputé pour & ou nom de Mons. & de nous ès dis païs, obéissent & entendent diligemment, & li prestent force, conseil, confort & aide, toutesfois que requis en seront. En tesmoin de ce nous avons fait mettre nostre grant seel à ces Lettres. *Donné à Villeneuve-lez-Avignon, le VI.e jour de Janvier, l'an de grace mil CCC. LXXI.*

a réellement.

Lesquelles Lettres dessuz transcriptes, & toutes les choses & singulieres contenuës en ycelles, aïans agréables, ycelles louons, greons, ratifions & approvons, & de nostre certaine science, grace especial, auctorité & plainne puissance Royal, confirmons par ces presentes. Si donnons en mandement à tous nos Lieuxtenans, Capitainnes, Justiciers, Officiers, subgès & bienveillans, que ledit Evesque denommé ès Lettres dessus transcriptes, facent & lessent joir & user paisiblement de nostre presente grace & confirmacion, sanz l'empeschier ou souffrir estre empeschié en aucune maniere au contraire; mais à lui comme Gouverneur & Reformateur General ès dictes parties, obéissent & facent obéir & entendre diligemment; & Nous voulons avoir agréable tout ce que par ledit Evesque sera fait, traictié & accordé ès choses dessus dictes, sanz [b] l'efraindre en aucune maniere, selon la fourme & teneur des Lettres dessus transcriptes. En tesmoin de ce, Nous avons fait mettre nostre Seel à ces presentes. *Donné à Paris, le huitiéme jour du mois de Avril, l'an de grace mil CCCLXXII. & de nostre Regne le IX.e* Par le Roy. N. DE VEIRES.

b l'enfraindre.

---

CHARLES V. au Château du Louvre, en Avril 1372.

## (a) *Lettres qui abolissent les Appeaux frivoles dans la Prevosté de Soissons.*

CHARLES par la grace de Dieu Roy de France. Savoir faisons à tous presens & avenir, que comme nostre Prevost à Soissons, & plusieurs autres Justiciers du Bailliage de Vermendois, Nous eussent pieça fait exposer que de jour en

NOTE.

(a) Tresor des Chartres, Registre 104. Piece 236.

Il y a dans ce Volume plusieurs Lettres à peu près semblables: Elles m'ont servi à corriger les fautes de celles-cy. *Voy. les Tabl. des Mat. de ce Vol.* au mot, *Appeaux frivoles.*

jour

CHARLES V. au Château du Louvre, en Avril 1372.

jour, plusieurs tant subgès de ladicte [a] Prevost comme autres, des Sentences, Jugemens & appointemens donnez par yceulx Justiciers ou l'un d'eulx, & qui pis est, sans aucun appointement Judiciaire, quant l'on les veult contraindre ou executer d'aucune chose, appellent ès Assises [b] de Bailli de Vermendois, non pas une fois, mais tant que il leur plaist, querans diffuges & dillacions irraisonnables pour [c] foüir à Justice, pour ce que ils dient & maintiennent que par l'usage & Coustume dont on use en la Prevosté de Laon & ou ressort, ilz pevent appeller ainsi & quantessois que il leur plaist, des Juridicions & Justices subgetes audit Bailli de Vermendois, en ses Assises à Laon, & autres, sans renoncer à leurs Appeaux, & sans faire aucune diligence de les poursuir dedens ycelles Assises; & [d] sependant se dient exemps de la Juridicion & Justice dont ilz auront ainsi appellé, jusques à la prochaine Assise dudit Bailli; [e] ensement sans païer Amende [f] de Nous ne aux Juges dont il auront appellé; & par ainsi seront leurs Causes tenuës en estat [g] y proceder; & samblablement après ladicte Assise appelleront encore de rechief, & si ne poursuiront pas leurs Appeaux ne ils ne y renonceront, & ne paieront pour [h] aucune Amende, & par [i] se seroient leurs Causes immortelles & sans [k] prejudice & donmaige du bien de Justice, de Nous & de tous les Justiciers dudit Bailliage, se par Nous n'est sur ce pourveu de remede convenable; & pour ce, pour y proceder plus [l] meurent, euë deliberacion sur ce à nostre Conseil, eussons donné en mandement par nos Lettres audit Baillif de Vermendois ou à son Lieutenant, que sur ces choses, appellé avecques lui nostre Procureur dudit Bailliage, il se informast bien & diligenment, quel profit, dommage ou inconvenient seroit à Nous ou à autres, se sur ce faisions aucune provision, & que tout ce que il trouveroit par ladicte Informacion, avec son avis sur ce, il renvoïast feablement sous son seel, pardevers nos amez & feaulx Conseillers les Maistres dez Requestes de nostre Hostel, adfin que il fust sur ce pourveu comme il appartendroit & que bon Nous sembleroit; [m] laque Informacion par vertu de nos dictes Lettres, a esté faite par ledit Bailli, appellé avecques lui nostre dit Procureur, & ycelle [n] renovoyé pardevers [o] Conseillers pour Nous en faire relacion, & en ordener si comme il appartendra: Nous oy & entendu le rapport qui Nous a esté fait en nostre Conseil, par nos diz Conseillers du [p] contein en ladicte Informacion, par la deposition de vint & cinq tesmoings dignez de foy, qui sur ce ont esté [q] sermentez & examinez par les dessus dis Bailli & Procureur, tous ou la plus grant & plus saine partie d'iceulx, estans & concordans d'une oppinion, oy [r] ce l'adviz & deliberacion dudit Bailli, que il fist de bouche & en personne pardevant Nous, consonant [s] ensement à la deposicion des dis tesmoins & du contenu en ladicte Informacion, euë sur ce deliberacion à nostre Conseil, pour le bien de Justice & de la chose publique, afin que teles appellacions frivoles & les cauteles & malices des Appeaulx soient du tout abolis & effacez, & que raison & Justice soient plustost faictes & donnez à un chascun de la chose qui lui compete & appartient, sans querir telles cauteles, avons ordené & declairié, ordenons & declairons de certaine science, grace especial & auctorité Royal par ces presentes, que d'oresenavant & à tousjours, quelconques appellans de nostre dit Prevost à Soissons ou de son Lieutenant, à nostre dit Bailli de Vermendois ou à son Lieutenant en ses Assises à Laon, ou ailleurs en ycellui Bailliage, de quelconque Cause ou cas que ce seroit, [t] tenus de renoncer à leurs dis Appeaulx dedens les huit jours ensuivans que ilz auront fait ledit Appel; & [u] ilz ne le faisoient, & ne fesissent diligence de prendre & poursuir leur adjournement dedens temps deu en Assise, & que il seroit dit bien jugié & mal appellé ou bien appellé & mal jugié, que le stile ancien soit sur ce tenu & gardé, ainsi que de raison & Coustume a esté fait & acoustumé faire en temps passé. Si donnons en Mandement audit Bailli de Vermandois, & à tous nos autres Justiciers & Officiers, ou à leurs Lieustenans, presens & avenir, & à chascun d'eulx, si comme à lui appartendra, que [x] de nostre presente Ordenance & declaracion gardent, & facent tenir & garder inviolablement & perpetuelment de point en point, sans innovacion, contradicion ou empeschement quelconques; non contrestant usage, stile, Coustume

[a] *Prevosté.*
[b] *du*
[c] *fuir.*
[d] *cependant.*
[e] *ensemblement.*
[f] *ni.*
[g] *sans y.*
[h] *ce.*
[i] *ce.*
[k] *fin, au.*
[l] *meurement.*
[m] *laquelle.*
[n] *renvoyée.*
[o] *nos.*
[p] *contenu.*
[q] *ont prêté serment.*
[r] *sur.*
[s] *ensemblement: conformement.*
[t] *seront.*
[u] *s'ils.*
[x] *mot inutile.*

CHARLES V. au Château du Louvre, en Avril 1372.

de païs ou commune observance, & quelconques Ordenances faites ou à faire à ce contraire. Et que ce soit ferme chose & estable à tousjours, Nous avons fait mettre nostre Seel à ces presentes : Sauf en autres choses nostre droit, & l'autrui en toutes. *Donné en nostre Chastel du Louvre, l'an de grace mil CCCLXXII. & le IX.e de nostre Regne, ou mois d'Avril.*

RECOURT. *Par le Roy*, en ses Requestes. P. BRIET.

---

CHARLES V. à S.t Denys en France, en May 1372.

## (*a*) Commencement de Lettres faisant mention de la levée des droits d'Admortissement & de Francs-Fiefs.

*KAROLUS Dei gracia Francorum Rex. Dignum & meritorium opus agere* [a] *condimus, nec non gratum Regi Regum per quem vivimus,* [b] *regimur & regnamus, impendere famulatum, si Regum & aliorum Predecessorum nostrorum, qui in honorem ipsius summi Regis Ecclesias fundaverunt, vestigiis inherentes, dignis peticionibus que pro conservacione rededituum & possessionum ipsarum Ecclesiarum, Nobis fiunt libenter accommodamus pias aures, & si ad hoc erga omnes Liberalitas Regia faciliter se inclinet; verumtamen erga illas que per Reges Francorum predecessores nostros & Nos, fundate atque dotate fuerunt, merito se libencius extendere consuevit. Notum igitur* [c] *fecimus universis presentibus & futuris, quod cum nuper ex deliberacione nostri Consilii, ordinassemus quod omnes conquestus, redditus & acquestus facti tam in Feodis & Retrofeodis, Censivis, Retrocensivis & Allodiis, quam aliter, ab anno Domini millesimo CCC.o vicesimo quarto vel citra, per Prelatos, Abbates & Conventus vel alias Gentes Ecclesiasticas Regni nostri, qualescunque, ad manum nostram ponerentur & in eadem detinerentur, quousque certam financiam per Nos ob hoc ordinatam haberemus ab eisdem. (b) Et propter hoc, &c.*

*Quod ut firmum, &c.* Datum apud Sanctum Dyonisium in Francia, mense Maii, anno Domini millesimo CCCLXXII. & Regni nostri nono.

*Per Regem.* P. BLANCHET.

[a] credimus.
[b] regimus.
[c] facimus.

NOTES.

(*a*) Tresor des Chartres, Registre 103. Piece 219.

(*b*) *Et propter hoc.* ] La suite des Lettres contient une exemption des droits d'Admortissement & de Francs-Fiefs, pour l'Abbaye de S.t Denis.

---

CHARLES V. à Paris, en Septembre 1372.

## (*a*) Confirmation de l'accord fait entre le Seigneur de Liviere, & les Consuls de cette Ville.

SOMMAIRES.

*(1) Il y aura deux Clefs des portes de la Ville de Liviere. Le Seigneur en aura une; & il confiera l'autre aux Consuls de cette Ville, qui la luy rendront lorsqu'il la leur demandera.*

*(2) Le Seigneur ne contribuera point aux fortifications de cette Ville.*

*(3) Chaque année, les Consuls qui entreront en Charge, prêteront serment au Seigneur, lui presenteront les Clefs de la Ville, & il les leur rendra s'il le juge à propos.*

*(4) Si les Clefs de la Ville se perdent, on ne pourra en faire de nouvelles sans le consentement du Seigneur.*

*(5) Le Seigneur pourra faire faire une porte de laquelle il aura seul la Clef, pour entrer du Château dans la Ville.*

*(6) Les Consuls se rapportent au Jugement de l'Archevêque de Narbone & du Seigneur, sur les injures qu'ils ont faites à celui-ci, sur la punition qu'ils auroient meritée à cet égard, & sur les depens du procez.*

*(7) Le Seigneur remet aux Consuls ces injures, cette punition & ces depens, moyennant cent sols qu'ils lui payeront tous les ans.*

*KAROLUS Dei gracia Francorum Rex. Notum facimus universis presentibus & futuris, quod Litteras carissimi Germani nostri, Ludovici Ducis Andegavensis, in*

NOTE.

(*a*) Tresor des Chartres, Registre 103. P. 9. vingt 9. (189).

*Partibus Occitanis nostrum Locumtenentis, recepimus, formam que sequitur, continentes.*

CHARLES V. à Paris, en Septembre 1372.

LUDOVICUS *Regis quondam Francorum Filius, Domini nostri Regis Germanus, ejusque Locumtenens in Partibus Occitanis, Dux Andegavensis & Comes Cenomanensis. Cum questio seu controversia orta esset seu oriri speraretur, inter Nobilem Nicolaum de Judicia, Militem, Dominum de (b) Livineria, Senescallie Carcassone, ex parte una; ac Universitatem dicti loci,* [b] *altera, pro eo & super eo quod dicti Consules dicebant custodiam quarumcumque clavium portalium dicti loci ad se pertinere, & non ad dictum Militem; & eciam quod idem Miles tenebatur ad contribuendum pro Instruccione murorum & fossatorum, pro certa quantitate; dicto Milite in contrarium dicente, asserente & dicente quod ad eum tanquam ad Dominum in solidum dicti loci,* [c] *merum & mixtum Imperium habentem in eodem, pertinebat custodia dictarum clavium, & non ad Consules dicti loci; eciam de pluribus aliis dictus Miles de* [d] *dictus Consulibus & Universitate fuit coram nobis seu fidelibus Gentibus nostri Consilii, graviter conquestus, &* [e] *extiter per eumdem Militem nobis humiliter supplicatum, ut super premissis sibi de oportuno remedio provideremus, & Justiciam sibi ministraremus. Nos enim cupientes in quantum possumus, subdictos nostros ad pacem & concordiam reducere, hinc est quod dilectum nostrum Magistrum Ameudeum de Lacu, Licentiatum in Legibus, Judicem Curie communis* [f] *Anicii, Consiliarium nostrum ad locum de* [g] *Lauvieria, duxerimus transferendum, ad finem ut super predictis debatis &* [h] *muturiis inter eos ortis, diligenter se informaret, & nobis informacionem apportaret; qua visa, de jure suo utrique Parcium provideremus: eciam volumus quod idem Amedeus dictas Partes, si* [i] *comodo posset, ad pacem reduceret & concordaret; qui auditis hinc inde questionibus suis & debatis, fuit de consensu dicti* [k] *Militi, seu Domini Stephani Marmerii Presbiteri, ejus Procuratoris, & Consulum ac Universitatis dicti loci, communi* [l] *censu eorumdem & singularum personarum, ex certa scientia actum, concordatum & juramento vallatum, in modum qui sequitur.*

(1) Et primo, *Quod in quacunque porta dictorum portalium, qui nunc sunt in dicto loco vel futuro tempore erunt, in muris seu fortaliciis qui nunc sunt vel in futurum* [m], *faciende sint due claves in qualibet* [n] *servitura; quarum unam de qualibet porta & qualibet servitura, penes se habeat & custodiat dictus Miles, tanquam verus Dominus dicti loci; & custodiam alterius clavis seu aliarum clavium, habeat commendare Consulibus dicti loci; & quod iidem Consules clavem seu* [o] *penes quascumque habeant dicto Militi reddere &* [p] *restiture, seu ejus futuris successoribus aut Curialibus vel Procuratoribus suis, tociens quociens per eumdem seu eosdem fuerint requisiti.*

(2) Item. *Eciam quod idem Miles non teneatur nec ejus successores, in aliquo contribuere in instructione murorum seu in factura fossatorum, presencium vel futurorum.*

(3) Item. *Eciam fuit actum & concordatum, quod quolibet anno in mutacione Consulum, prestito per dictos Consules Juramento dicto Domino, quod ipsi Consules* [q] *teneatur & debeant apportare claves omnes dictarum portarum ipsi Militi, in signum Dominii, aut in manibus Curialium dicti Domini, seu* [r] *Procuratorum ejusdem; & dictus Dominus debet* [s] *dictus Consulibus dictas claves restituere ad libitum voluntatis.*

(4) Item. *Quod si contingat quod claves dictarum portarum seu aliqua ipsarum perderentur, quod non possint nove claves fieri nec* [t] *mutare sine Domini expresso mandato vel consensu, aut* [u] *supranominatorum Gentium suarum.*

(5) Item. *Eciam erat questio cujusdam portalis situati in muro dicti loci ante portam Castri, per quod habebat liberum ingressum dictus Miles & ejus Gentes vel Curiales, infra & extra dictum locum & non* [x] *aliter, quod fuerat clausum cum* [y] *calca & arena per homines dicti loci, fuit concordatum &* [z] *transactatum inter dictas Partes, quod idem Miles seu alter nomine suo, possit illud portale apperire, vel aliud in quacunque parte* [aa] *miri tam presentis quam futuri faciendi, de novo facere; & quod idem Miles habeat*

a Languedoc.
b ex.
c Voy. cy-dessus, p. 44. Note (z).
d dictis.
e extitit.
f le Puy en Velay.
g nommé plus haut, *Livineria.*
h fort. *injuriis.*
i commode.
k Militis.
l fort. *consensu.*
m erunt.
n fort. *Serura.* Voy. le *Gloss. de du Cange*, à ce mot.
o Je n'ai rien trouvé sur ce mot qui est peut-être corrompu.
p restituere.
q teneantur.
r Procurator. *R.*
s dictis.
t mutari.
u supranominatarum.
x alt. *R.*
y Chaux & Sable.
z transactum.
aa Muri.

NOTE.

(b) *Livineria.*] C'est appar. *Liviere*, dans le bas Languedoc, Diocèse de Narbonne. *Voy. le Diction. univ. de la France*, au mot, *Liviere*. Il est nommé plus bas, *Lauvieria.*

CHARLES V. *seu ejus Curiales, custodiam clavis dicti portalis, & non Consules nec aliquis de Universitate dicti loci.*

à Paris, en Septembre 1372.

(6 Item. *Fuit ordinatum & concordatum inter dictas Partes, quod de penis & expensis & de injuriis per eos commissis, imponebant se ad voluntatem Reverendi Patris Archiepiscopi Narbonensis & Domini dicti loci, prout constat per Instrumenta per* [a] *dictos Magistros Petrum Fabri & Jehannem Olerii, Notarios Regios, recepta & signata, de quibus liquebit & lacius in eisdem continetur.*

a Il n'a pas encore été parlé d'eux.

[b] *De quibus quidem pactis & convencionibus ac transactionibus & recusacionibus* [c] *omibus inter dictas Partes habitis, que quidem pacta, transactiones* [d] *conventiones inter dictas Partes inhita, quathenus rite, legitime atque debite &* [e] *justa facta fuerint, rata & grata, omniaque & singula in transactione & aliis Instrumentis predictis contenta, habere volumus & tenore presentium* [f] *intifficamus & confirmamus, volumusque ea vel eas per dictas Partes, sub penis contentis in dicta transacione inviolabiliter observari.* Datum Belicadri, die VI. Aprilis, anno Domini millesimo [g] trecensimo sexagesimo septimo.

b Il y a quelque chose de corrompu dans cette confirmation. c omnibus. d &. e justæ. f ratifficamus. g trecentesimo.

(7) *Et deinde, super quod idem Nicolaus petebat à dictis* [h] *Conlibus, Consiliariis & singularibus Universitatis dicti loci de Livineria, eidem fieri emendam condignam quarumdam injuriarum & offensarum eidem Militi per ipsos & quosdam singulares factarum, nec non* [i] *declamcionem quarumdam penarum in quibus asserebat dictos Consules & singulares incidisse, racione quarumdam proclamacionum factarum in* [k] *dico loco de Livineria, actum & concordatum est inter ipsum Militem ex una parte, Consules & Consiliarios pro se & nomine Universitatis & singularium ipsius loci, quod ipsi Consules, Consiliarii & Universitatis singulares qualescunque, presentes &* [l] *futura, à peticionibus dictarum penarum, mulctarum & expensarum, quitti perpetuo remanebunt & immunes; ita tamen quod ipsi Consules, Consiliarii & Universitatis singulares ipsius loci de Livineria, centum solidos Turonenses annuales & perpetuis temporibus,* [m] *uno semel & anno quolibet, in Festo omnium* [n] *Sanctarum, de Moneta* [o] *tuunc currenti, eidem Militi, ejusdem heredibus & successoribus & ab ipso causam habentibus & habituris, solvent & solvere tenebuntur, prout hec & alia in quodam Instrumento super hoc facto, signo & subscripcione Petri Fabri, auctoritate nostra Regia* [p] *plublici Notarii, confecto & signato, de quo licuit, plenius continetur.*

h Consulibus. i declaracionem. k dicto. l futuri. m fort. *hoc anno.* n Sanctorum. o tunc. p publici.

*Nos vero considerantes grata & laudabilia servicia que idem Miles diversimode Nobis impendit, &* [q] *ipso in futurum verisimiliter speramus impendi, Litteras supradictas & omnia & singula in eis* [r], *nec non tractatum & accordum factum inter ipsos Militem, Consules, Consiliarios & Universitatis singulares ipsius loci de Livineria, de ipsis centum solidis Turonensibus eidem Militi anno quolibet perpetuo solvendis, prout jacet & lacius continetur in dicto Instrumento super hoc* [s] *confacto, approbamus, ratiffīcamus, & auctoritate Regia, certa sciencia & gracia speciali tenore presencium confirmamus: Decernentes omnia illa & singula in ipsis Litteris & Instrumento super dicto accordo facto contenta, teneri, compleri, & ab omnibus Senescallis, Bajulis & aliis Justiciariis & Officiariis nostris, presentibus & futuris, & eorum quolibet, & Locatenentibus eorumdem, perpetuis temporibus inviolabiliter observari: Inhibentes eisdem Senescallis, Justiciariis & Officiariis, qui nunc sunt & pro tempore fuerint, ne contra premissa vel eorum aliqua, attemptent aut attemptari de cetero faciant quoquomodo. Et ut presentes nostre Littere perpetuam habeant roboris firmitatem, eisdem nostrum mandavimus apponi Sigillum: nostro & alieno in omnibus jure salvo.* Datum Parisius, anno Domini millesimo CCC.° septuagesimo secundo; Regni vero [t] nono, mense Septembris. *Visa.*

q ab. r contenta. s confecto. t nostri.

*Per Regem, ad relacionem Consilii.* N. DE VERRES.

TABL.

# TABLE DES ANNÉES DE JESUS-CHRIST, DES LETTRES DOMINICALES, DES PASQUES ET DES INDICTIONS,

*Tirée du Gloſſaire de Du Cange, au mot* ANNUS.

| ANNÉES. | LETTRES DOMINICALES. | PASQUES. | INDICTIONS. |
|---|---|---|---|
| 1367 | C | A. 18. | 5. |
| 1368 | B A | A. 9. | 6. |
| 1369 | G | A. 1. | 7. |
| 1370 | F | A. 14. | 8. |
| 1371 | E | A. 6. | 9. |
| 1372 | D C | M. 28. | 10. |
| 1373 | B | A. 17. | 11. |

# AVERTISSEMENT
## SUR LA TABLE SUIVANTE.

*DANS l'Avertissement qui a été mis avant la Table Chronologique du troisiéme Volume de ce Recüeil, il a été dit, que pour faire connoître toutes les Ordonnances qui ont été données par chaque Roy, l'on feroit préceder les Tables des Ordonnances contenuës dans ce Volume & dans les suivants, par une Table de toutes les Ordonnances antérieures qui seroient hors de leur rang dans les précedents; en sorte que lorsqu'on voudroit sçavoir toutes les Ordonnances faites par un Roy, il y auroit deux opérations à faire; A sçavoir, 1.° de consulter la Table Chronologique du Volume dans lequel seroient imprimées les Ordonnances de ce Roy; 2.° de consulter la Table Chronologique du dernier Volume qui seroit pour lors imprimé.*

*Mais comme la premiere moitié du quatriéme Volume de ce Recüeil, ne contient qu'un supplément pour le Regne du Roy Jean; l'on n'a pas cru devoir grossir les Tables Chronologiques de tous les Volumes suivants, en y insérant les titres de ce grand nombre d'Ordonnances du Roy Jean, qui composent ce supplément. Ainsi lorsqu'on voudra connoître toutes les Ordonnances de ce Prince, il faudra adjoûter une troisiéme opération à celles que l'on vient d'indiquer, & consulter la Table Chronologique du quatriéme Volume de ce Recüeil.*

# *TABLE CHRONOLOGIQUE DES ORDONNANCES

*CONTENUES*

## DANS CE CINQUIÉME VOLUME,

*Et de quelques autres qui se trouvent hors de leur rang; dans les précedents.*



NOTE.

* Il est très important de lire sur l'usage de cette Table, l'Avertissement qui est à la fin du troisieme Volume, p. ij.

## PHILIPPE II. DIT AUGUSTE.

## LOUIS VIII.



## LOUIS IX. DIT SAINT LOUIS.



## PHILIPPE III. DIT LE HARDY.

# PHILIPPE IV. DIT LE BEL.

## LOUIS X. DIT LE HUTIN.



## PHILIPPE V. DIT LE LONG.



Lettres

## CHARLES IV. DIT LE BEL.

| Date | Titre | Page |
|---|---|---|
| *A Limoges, en Decembre 1323.* | Lettres de Sauve-garde Royale, pour l'Abbaye de Solignac près Limoges. T. 5. | p. 590. |
| *A Paris, en May 1324.* | Lettres par lesquelles le Roy permet aux Citoyens de la Ville de Toulouse, d'acquerir des Nobles. T. 2. | p. 556. |
| *Le 13. de Decembre 1324.* | Ordonnance au sujet du transport des denrées & Marchandises hors du Royaume. T. 2. | p. 148. |
| *A Paris, en Mars 1324.* | Lettres accordées aux Bouchers de la Ville de Paris. T. 3. | p. 258. |
| *A Fontainebleau, le 25. de May 1325.* | Ordonnance pour la reformation du Chastelet. T. 2. | pp. 3. & 4. |
| *A Paris, en Mars 1325.* | Lettres patentes pour abolir sur la marée, le Droit nommé *Hallebic*. T. 2. | p. 586. |
| *A Poissy, en Avril 1326.* | Sauve-garde Royale, & autres Privileges accordez à l'Abbaye de Prully. T. 4. | p. 452. |
| Apud Jangonam, *en Aoust 1326.* | Lettres portant que la Ville de Vendres ne sera plus séparée de la Couronne. T. 4. | p. 160. |
| Apud Jangonam, *en Aoust 1326.* | Lettres portant que la Ville de Servian, ne sera plus separée de la Couronne. T. 5. | p. 3. |
| *A Paris, le 6. de Janvier 1326.* | Lettres portant que l'Abbaye de Ferrieres sera demembrée de la Jurisdiction & du ressort de la Reine Clemence, auquel elle avoit esté soûmise, à cause des terres assignées à cette Princesse pour sa dot; & qu'elle sera réünie à la Couronne, pour n'en plus estre separée. T. 4. | p. 109. |
| *A Moyenneville, ou Maienneville, en May 1327.* | Privileges de l'Abbaye du Bec. T. 4. | p. 64. |
| *A Paris, le dernier d'Aoust.* Voy. pag. 326. Note *(i)*. | Lettres qui reglent le ressort de plusieurs lieux qui y sont nommez. T. 3. | p. 325. |

## PHILIPPE VI. DIT DE VALOIS.

|  |  |  |
|---|---|---|
| *A Paris, en Juin 1328.* | Ordonnance qui porte que les Appels des Juges du Duché de Bretagne, seront d'abord portez devant les Grands-Jours au Parlement de ce Duché, & que les Appels de ce Parlement seront portez devant celuy de Paris. T. 4. | p. 112. |
| *A Paris, en Juillet 1328.* | Confirmation des Lettres qui permettent aux Maires & aux Eschevins de S.t Omer, d'avoir un Sceau. T. 4. | p. 262. |
| *A Paris, en Juillet 1328.* | Confirmation des Privileges accordez aux Bourgeois de S.t Omer, par le Comte & la Comtesse de Boulogne. T. 4. | pp. 244. & 264. |
| *A Paris, en Juillet 1328.* | Privileges de la Ville de S.t Omer. T. 4. | pp. 246. 253. 256. 258. 259. & 264. |
| *A Paris, en Juillet 1328.* | Lettres portant que la Ville de Vendres ne sera plus separée de la Couronne. T. 4. | p. 160. |
| *A Paris, au Louvre en Juillet 1328.* | Lettres portant que la Ville de Servian, ne sera plus separée de la Couronne. T. 5. | p. 3. |
| *A Paris, en Novembre 1328.* | Privileges de la Ville d'Orchies. T. 4. | pp. 70. & 655. |
| *A Saint Germain en Laye, en Novembre 1329.* | Lettres de Sauve-garde Royale pour l'Abbaye de Joyenval, ordre de Premontré. T. 5. | p. 296. |
| *A Vincennes, en Decembre 1328.* | Lettres qui portent que le ressort du Siege de la Ville de Lyon, sera transferé de la Ville de Mascon, au Bourg de l'Isle-Barbe. T. 5. | p. 110. |
| *A Paris, en Juin 1329.* | Lettres de Sauve-garde pour l'Abbaye de Clugny. T. 3. | p. 545. |
| *A l'Abbaye de Loroux, en Juillet 1329.* | Confirmation de Lettres de Sauve-garde Royale & d'exemption d'Imposts, pour l'Abbaye de Loroux en Anjou. T. 4. | p. 117. |

Confirmation

*A Fontainebleau, le 19. de Janvier 1347.* Lettres qui portent qu'on executera un article des Statuts du Mestier de *Cousterie*, concernant les Apprentifs. T. 4. p. 136.

*A Paris, en Juin 1348.* Lettres portant confirmation des Privileges des habitans de la Ville de Pons-sur-Yonne, avec la reserve des droits du Chapitre de Sens. T. 4. p. 514.

*A Meaux, en Novembre 1348.* Lettres qui ordonnent que les personnes suspectes d'avoir commis des meffaits en cas civils, dans la Ville d'Aire & sa Banlieuë, ne seront point condamnées à l'Amende lorsqu'elles seront absentes & non appellées; mais qu'à l'avenir, elles seront duëment adjournées. T. 4. p. 5.

*A Marolles-sur-Seine, en May 1349.* Reglement pour les Boulangers de la Ville de Provins. T. 4. p. 533.

*A Paris, le 23. de Decembre 1349.* Confirmation des Privileges de la Ville de Montpellier. T. 4. p. 485.

*A l'Hôpital de Corbeil, en Decembre 1349.* Lettres de Sauve-garde Royale pour la Ville d'Abbeville. T. 5. p. 269.

*A Beauvais, en Juin [1350.]* Lettres qui permettent à un bastard d'acquerir du bien dans le Royaume. T. 1. p. 189. Note (a).

*A Paris, en Juin 1350.* Lettres qui, moyennant une finance payée au Roy, dessendent aux Estrangers de faire entrer du vin dans la Ville de Carcassonne, sans la permission des Consuls; & aux habitans de cette Ville, d'y faire entrer d'autre vin que celuy de leur crû, ou celuy qu'ils auront acheté des Estrangers, à moins qu'ils n'ayent la permission des Consuls. T. 4. p. 88.

*A Paris, en Juillet 1350.* Lettres qui permettent aux Marchands du Royaume de Castille, de negocier dans les Villes de Harfleur, du Crotoy & d'Abbeville. T. 3. p. 166.

## * JEAN I.er OU SELON D'AUTRES, JEAN II.

*A Paris, en Septembre 1353.* Lettres qui confirment la Confrairie des Sergents à Cheval du Chastelet de Paris. T. 5. p. 559. Note.

*A Beauvais, le 30. de Mars 1355.* Lettres qui portent que les habitans de Tours & de Chasteau-neuf, éliront six personnes qui auront l'inspection sur la garde & sur les fortifications de cette Ville; & qui pourront imposer sur les habitans, les sommes necessaires pour subvenir aux dépenses communes. T. 5. p. 457.

*Jean Comte de Poictiers fils & Lieutenant du Roy Jean, dans le Languedoc, à Villeneuve-lez-Avignon, le 17. de Decembre 1358.* Commission donnée sur le fait des Francs-Fiefs & des Admortissements. T. 5. p. 125.

*Jean Comte de Poictiers fils & Lieutenant du Roy Jean, dans le Languedoc, à Toulouse, le 2. de Juillet 1359.* Commission donnée sur le fait des Francs-Fiefs & des Admortissements. T. 5. p. 126.

*A Paris, en Mars 1360.* Privileges accordez aux Juifs qui demeureront dans le Royaume. T. 5. p. 491.

*A Paris, le 16. d'Avril 1361.* Commission donnée sur le fait des Francs-Fiefs & des Admortissements. T. 5. p. 127.

*A Dijon, le 23. de Decembre 1361.* Confirmation des Privileges de la Ville de Dijon. T. 5. p. 239.

## CHARLES V.

*A Paris, le 13. de Novembre 1364.* Reglement pour la vente du cuir tanné dans la Ville de Chartres. T. 5. p. 274.

*A Paris, le 29. de Novembre 1364.* Commission donnée sur le fait des Francs-Fiefs & des Admortissements. T. 5. p. 127.

* Voy. cy-dessus l'Avertissement qui est au-devant de cette Table, p. ij.

# CHARLES V.

## MCCCLXVII. 1367.

Lettres

## MCCCLXVIII.

## MCCCLXIX.

Lettres

1369.

1370.

## MCCCLXX.



Lettres

1370.

## MCCCLXXI.

Lettres

## MCCCLXXII.

Lettres

Lettres

1373.

1373.

# *TABLE DES MATIERES.

*Le chiffre Arabe marque la page; & le chiffre Romain, l'article de la page.*



NOTE.

* On n'a point fait de distinction dans cette Table de l'*i* simple à l'*y* grec.

aux

Aide

Les Orfevres

cn

## D.

F.

## G

Villefranche

## I

faite

LANGUEDOC.

Majeurs

& lorsqu'ils

## N

PESENS.

## Q

## R

aux

## S

provenoient.

# *TABLE DES NOMS

## *Des Provinces, des Duchez, des Comtez, des Bailliages, des Seneschaussées, des Vicomtez, des Prevostez, des Villes & des autres lieux dont il est parlé dans ce Volume.*

### A



NOTE.

(*) On a jugé à propos de ne pas faire de distinction dans cette Table, entre les *i* & les *y*; & les mots où cette derniere lettre se trouvera, seront rangez, comme s'ils estoient écrits par un *i*.

## B



## (*) BAILLIAGES.



(*) Voy. la Note (a) de la page CCVIII. de la Table des Noms de lieux du 4.e Vol. de ce Recueil.

*Cayslarium*,

## * COMTEZ.



(*) Voy. sur le titre de Comte que des Seigneurs prenoient quelquefois, le 4.e Vol. de ce Recueil, p. 190. Note *(h)*.

D



*DUCHEZ.*





E



F

*Grandis*,

## M

## PREVOSTEZ.

*SENESCHAUSSÉES.*

Agen.
Albi.
Angers.
Beaucaire.
Beziers.
Cahors.
Carcassonne.
Engoulesme.
Gascogne.
Hainau.
Limoge, Limousin.
Mayenne.
Mans. ( Le )
Marche. ( La )
Nismes.
Perigord & Perigueux.
Poictou
Ponthieu.
Rochelle. ( La )
Rodez & Roüergue.
Saintonges.
Toulouse.
Tours.



*Spangero.*

## *VICOMTEZ.*



## X

# *TABLE DES NOMS

## des Personnes dont il est parlé dans ce Volume.

### A



NOTE.

(*) On a jugé à propos de ne pas faire de distinction dans cette Table, entre les *i* & les *y*; & les mots où cette derniere lettre se trouvera, seront rangez, comme s'ils estoient écrits par un *i*.
L'on a cru aussi devoir inserer dans cette Table, quelques pronoms ou noms de baptême, lorsqu'ils ont paru singuliers, ou lorsque dans la suite ils sont devenus des noms de famille.

Lallemant,

## S

*Suaris*,

# (*) ADDITIONS ET CORRECTIONS
## *pour le cinquiéme Volume des Ordonnances, & pour les Volumes precedents.*

## VOLUME PREMIER.

PAGE 554. Notes (*b, c & d*) Voy. les Lettres du premier d'Avril 1315. p. 120. du 5.e Vol. de ce Recueil.

Page 644. ligne 23. & p. 645. ligne 4. au lieu de *generosè*, lisez, *gratiosè*. Voy. la 2.e Note (*b*) de la page 485. du 4.e Vol. de ce Rec.

## *VOLUME TROISIE'ME.*

Preface. p. lxxij. N.o lix. Voy. la Preface du 4.e Vol. de ce Rec. p. vij. Note (*a*).

*Ibid.* p. xcix. N.o c. Voy. le 5.e Vol. de ce Rec. p. 20. Note (*c*) & p. 21. Note (*d*).

Page 10. Voy. sur les Lettres du mois d'Aoust 1355. le 5.e Vol. de ce Rec. p. 186. Note (*b*).

Page 108. Note (*uu*) Voy. le 5.e Vol. de ce Rec. pag. 560. Note (*b*).

Page 115. Note (*b*) Voy. le 5.e Vol. de ce Rec. p. 715. Note (*b*).

Page 228. Note (*k*) adj. au lieu de *Contre-Marregliers lais*, il faut lire, *Contres-Marregliers*. Les Marguilliers sont appellez *Confrere d'Eglise lais*, dans le 4.e Vol. de ce Rec. p. 183. Note (*d*).

Page 452. A la marge, vis-à-vis le commencement des Lettres du mois de Novembre 1360. on a mis par erreur *Decembre*, il faut corriger *Novembre*; & on les a placées parmi les Ordonnances données dans le mois de Decembre; par la même erreur ces Lettres se trouvent parmi celles du même mois dans la Table Chronologique p. xx. Voy. sur ces Lettres le 5.e Vol. de ce Rec. p. 618. Note (*b*).

Page 489. Note (*b*) col. 1. adj. *Montesium* est un petit canton, nommé *le Montois*, vers Monstreau-faut-Yonne.

Page 636. Voy. sur les Lettres du mois d'Avril 1363. le 4.e Vol. de ce Rec. p. 727. Note (*a*).

## *VOLUME QUATRIE'ME.*

Page 54. Voy. sur les Lettres du mois de Fevrier 350. le 5.e Vol. de ce Rec. p. 181. Note (*d*).

Page 78. Note (*b*) seconde. Voy. sur le nom moderne de *Monsceugnus* le 5.e Vol. de ce Rec. p. 326. Note (*a*).

Page 136. Sur les Lettres du 19. de Janvier 1347. Voy. le 5.e Vol. de ce Rec. p. 549. Note (*i*).

Page 160. Voy. sur les Lettres qui sont à cette page, le 5.e Vol. de ce Rec. p. 3. Note (*b*).

Page 177. & Note (*d*). Voy. le 5.e Vol. de ce Rec. p. 24. Note (*c*).

*Ibid.* Voy. sur les Lettres du penultieme d'Aoust 1356. le 5.e Vol. de ce Rec. p. 25. Note (*e*).

Page 178. Note (*e*). Voy. le 5.e Vol. de ce Rec. p. 26. Note (*f*).

Page 183. Note (*d*) Voy. les additions & corrections sur la page 228. du 3.e Vol. de ce Rec. Note (*k*) qui sont cy-dessus.

Page 471. Note (*b*) Voy. sur le mot *paiseurs*, les additions & corrections qui sont cy-dessous sur la page 134. du 5.e Vol. de ce Rec.

*Ibid. Wilhommes* est un mot *hybride*, composé d'un mot flamand & d'un mot françois; il faut l'écrire *Wyshomme*, *Vvys*, sage, *Vvys-mann*, homme sage, le même que prud'hommes. *F.*

Page 534. & Note (*d*) sur les Lettres du mois de May 1349. Voy. le 5.e Vol. de ce Rec. p. 500. Note (*b*).

*Ibid.* ligne 19. & Note (*e*) sur le mot *meschief*. Voy. les additions & corrections sur la page 683. du 5.e Vol. de ce Rec.

## *VOLUME CINQUIE'ME.*

Page 7. Note (*e*) adjoûtez: On a cité d'après Borel ce vers;
*D'un fil d'or estoit gallandée.*
dans tous les Manuscrits il y a, *galonnée*. *F.*

Page 22. Note (*h*) adjoûtez: Le mot *Contentor* est dans le Dict. Fr. & Angl. de Cotgrave, où il est expliqué, *droit de Registre ou de Controlle.* Il rapporte un passage Anglois qu'il explique ainsi; *quarante sols sur chaque Chartre, Patente, &c. honnoraires des Audienciers de la Chancellerie.* F.

Page 25. Note (*d*) adjoûtez: M.r le Procureur General m'a dit qu'Yenville ne dépendoit point du Bailliage de Chartres, comme il est marqué dans le Dict. univ. de la France; mais que c'estoit un Siege Royal, où la Justice s'exerce au nom du Bailli d'Orleans, par un Lieutenant particulier, dont les appellations ressortissent au Parlement de Paris.

Page 26. Note (*f*) adjoûtez. Voyez le Glossaire de Ducange, au mot, *tractator*.

Page 28. M.r Lancelot de l'Academie des belles Lettres, qui a trouvé ces Lettres du mois de Juillet 1367. *vidimées* dans le Registre des Chartres 138. piece 90. m'a communiqué quelques legeres *variantes* que voicy.

Page 28. ligne 10. de l'Ordonnance; c'est assavoir, *que* sans congnoissance de cause, &c. *que* manque.

Ligne 17. Et les autres qui sont des parties de Champaigne, *de* Bourgogne, *& d'autres pays* en Normandie ou ailleurs. Il y a dans la 2.e copie. Et les autres qui sont des parties de Champaigne *ou de* Bourgogne, en Normandie ou ailleurs.

Ligne 36. Que dores en avant lesdiz Pescheurs par adjournement ou autrement. Il y a dans la 2.e copie. Que doresenavant lesdiz Pescheurs *ou aucuns d'eux*, adjournement, &c.

Ligne 34. Nostre *Grant* Conseil. Il y a, nostre Conseil.

Ligne 37. Chastellerie. Il y a, Chastellenie.

NOTE.

(*) Voyez la Note (*) de la page ccxlj. du 4.e Vol. de ce Rec. sur la personne qui m'a communiqué les remarques, à la fin desquelles on trouvera une *F.*

Ligne 29.

Page 29. ligne 3. *vacues*, il y a *vacuées*.

Ligne 8. ou se il n'y *sont* ezdiz lieux principaux. Il y a, ou s'il n'y sont *deuement* esdiz lieux principaux.

Ligne 10. pour quelque meffait, il y a, pour *quelconque* meffait.

Ligne 18. Les procès dessus diz en quelque lieu que il soient meuz. Il y a, les procès dessus diz en *quelconque* lieu qu'il soient meuz.

L'adresse de cette copie est au Bailli de Senz . . . . que pour les Pescheurs demeurans en la Ville & Cité de Senz & en la Banlieue d'icelle . . . . face nostre presente Ordonnance crier & publier, &c.

Page 37. Lorsque l'on imprimoit ces Lettres du mois d'Aoust 1367. je commençois la lecture de l'usage des Fiefs de M.[r] Salving de Bossieu; je sentis bien que je trouverois dans cet excellent ouvrage plusieurs passages qui serviroient à expliquer differents articles de cette Ordonnance; mais comme il n'estoit pas possible d'interrompre l'impression, je reservai à indiquer ces passages dans les additions & corrections.

Page 40. art. 6. & 7. Voy. l'édit. de 1731. de l'usage des Fiefs de M.[r] Salving. 2. partie, chap. 60. pp. 64. 66. chap. 96. p. 237.

Page 43. art. 22. Voy. *Idem.* 1. partie ch. 40. pp. 237. 242. ch. 44. pp. 265. 267.

Page 44. art. 23. Voy. sur les terres limitées. *idem.* 2. partie, ch. 52. p. 2. ch. 56. p. 33.

Page 48. art. 31. Voy. *Idem.* 1. partie, ch. 36. pp. 211. 212. ch. 37. p. 219.

Page 52. art. 50. Voy. *Idem.* 1. partie ch. 32. p. 183.

Page 39. Note *(h)* adjoûtez. Voy. le 1. Vol. de ce Rec. p. 148. Note *(c)*.

Page 67. Note *(c)* adjoûtez : Je ne puis croire que ce soit un droit qui regarde les brebis ; il n'est point parlé de transport d'aucuns animaux. Ne seroit-ce point pour mesurage, droit de jauge! *Verge*, jauge, dans Savari, Dict. du Commerce. *F.*

Page 69. Note *c* marginale, adjoûtez *obcion*, mot douteux ; je soupçonne que c'est *obicion*, du latin *obex*, *obicis*, pour *obstacle* ; comme nos anciens ont dit *inicion*, pour *commencement*. F.

Page 89. Voy. sur les Lettres du 5. de Decembre 1363. cy-dessous les Lettres du 17. de Juin 1371.

Page 92. (il y a mal 62.) ligne 38. sur ces mots *Baillif*, *Prevost*, adjoûtez cette Note.

Par ce Bailly & Prevost d'Auxerre, il faut entendre le Bailly de Sens & le Prevost de Villeneuve-le-Roy. Voy. cy-dessous, p. 415. les Lettres du mois de Juillet 1371. & pp. 423. & 425. les Lettres du mois de Septembre 1371.

Page 94. ligne 38. sur le mot *deffense*. Voy. cy-dessous, p. 247. Note *(b)*.

*Ibid.* Note *(c)* adjoûtez. Voy. cy-dessous, p. 247. Note *(a)*.

Page 109. Note *(d)* adjoûtez : Ces Lettres sont imprimées cy-dessous, p. 225. Note *(a)* & p. 227. Note *(b)*.

Page 118. Note *(b)* adjoûtez *pannechié*, c'est le participe du verbe *pannechier*, pannecher, le même que *panneter*, *boulanger*, verbe. Voy. le passage où il y a, *blé cuit & pannetez* dans Ducange, au mot *panetarius*. Guilleville, *Pelerinage de la vie humaine*, se sert de ce mot. *F.*

Page 120. ligne 1. sur ces mots : *Lettres de Bourgeoisies*. On nommoit ainsi les Lettres de Naturalité. Il y a dans les Reg. du Tresor des Chartres, un très-grand nombre de Lettres de Naturalité intitulées : *Lettres de Bourgeoisies*.

Page 131. Note *(d)* adjoûtez : *avoyement* n'est pas *message* ; c'est *enseignement*, *indication*. Dans *Lancelot* . . . . *qu'elle leur die des nouvelles de Lancelot & aucun avoiement.* F.

Page 133. Note *(g)* adjoûtez : *faielles* ce sont *seeaux*, *sigilla*. On trouve dans nos vieux Poëtes, *escris faieles*, pour scellés ; cette signification convient icy. *F.*

Page 134. Note *(c)* adjoûtez *Paiseurs* ; ce sont les *Paciarii* des passages rapportez par Ducange, au mot, *Paciarius*, qui rend *Paciarius*, par *Ædilis*, *Scabinus*. F.

Page 162. Note *(d)* Voy. la p. 376. de ce Vol. Note *(d)*.

Page 197. Note *(c)* adjoûtez : ce sont certaines terres semées en bled. On a dit aussi *bléer*, *emblaer*, *emblaver*, & ce dernier plus communement ; mais il semble qu'il faudroit écrire, *ablées*. F.

Page 211. Note *(a)* adjoûtez : le sens de ce passage pourroit estre aussi : L'Evesque a droit de chasser dans ces forests, parce que ces animaux y sont nez & s'y nourrissent.

Page 215. Voy. les Lettres du 19. de Juin 1370. qui sont à la page 301. de ce Volume.

Page 253. Note *(e)* adjoûtez : *Estantalion*, est le même mot qu'*eschantillon*. Dans les Ordonnances de Police de 1567. il est dit que *les eschantillons ou estallons de longueurs, grosseurs . . . . . seront mis en un tableau*, &c. Je crois *estalon*, l'abbreviation d'écriture d'*estantaillon*, & que cette abbreviation, ainsi que beaucoup d'autres, a passé dans la prononciation. *F.*

Page 284. Note *(b)* Voy. la page 396. de ce Vol. Note *(b)*.

Page 285. Note *(b)* Voy. la page 694. de ce Vol. Note *(b)*.

Page 312. Note *(f)* adjoûtez. Voy. p. 388. Note *(b)* & p. 700. Note *(b)* de ce Vol.

Page 334. Note *(b)*. Je me suis trompé dans cette Note. *six cens & mil Marcs*, ne signifient point *six cens mil Marcs*, mais *mil & six cens Marcs*, 1600. Marcs.

Page 350. ligne 47. sur ces mots *VIII.*[m] *livres*, mettez cette Note. Le calcul n'est pas juste. De 10000 livres, on en avoit tiré, 1.° 3000. 2.° cent francs d'or. Il ne pouvoit donc pas rester huit mil francs.

Page 358. Note *(b)* adjoûtez : L'*esmouvement* est *instigation*, *incitamentum*, que nos vieux auteurs disent aussi, *promotion*. Esmouveur dans le même sens ; dans la page 713. de ce Vol. *Hustineurs*, *Esmouveurs de hustins*. F.

Page 376. Note *(b)* adjoûtez : *veuë*, est *jugement* plustost qu'*avis*, là aussi bien qu'aux art. 20. & 28. C'est dans ce sens que ce mot est employé, *Etablis. S.*[t] *Louis* L. 1. ch. 56. Tom. 1. des Ordonnances, pp. 149. & 150. *F.*

Page 380. Note *(a)* adjoûtez : Ne seroit-ce pas plustost, *bastiments*. F.

*Ibid.* Note *(b)* adjoûtez : *Receiz*, est écrit plus ordinairement, *recet*, *rechet*, & quelquefois, *recept*. *Receis*, comme *Tauldeis*, *logeis*, *poigneis*, *fereis*, *frapeis*, &c. *F.*

Page 388. Note *(b)* adjoûtez. Voy. aussi p. 700. Note *(b)*.

Page 390. lig. 25. *Livrées*, peut-estre faut-il lire, *levées*.

Page 394. Note *(b)* ligne 3. *Voy. cy-dessus*. lisez, Voy. le 4.[e] Vol. de ce Rec.

Page 540. Note *(b)* Voy. la page 648. de ce Vol. Note *(g)*.

A la page 553. ligne 19. & 44. où il y a, *avaheroit*, & à la page 555. ligne 6. où il y a, *avaluement* ; je crois qu'il faut corriger *avaleroit*, *avalement* ; diminueroit, diminution. *F.*

Page 602. Note *(n)* adjoûtez : *seerres*, n'est pas celui qui doit serrer les bleds ; mais celui qui doit les scier. *Pro falce*, qui precede, designe le faucheur, & le *serres*, le moissonneur. Nos anciens ont dit *soier* ; & de-là le verbal *soierres*, écrit ici, *seerres*, pour soieur, comme *faiseres*, faiseur, *tromperres*, trompeur, &c. Ils ont dit, *arreres* pour *arator*, &c. comme *suerres*, pour *sueur*, plus bas, p. 680. F.

Page 620. effacez la Note *e* marginale, & substituez-y celle-cy : *En sortant du tribunal du Maire & des Eschevins.*

*Ibid.* Note *h* marginale, adjoûtez : *solier*, maison à deux étages, selon Borel cité : mais Borel s'est trompé. *Soleir*, c'est la plus haute chambre, ou le plus haut étage d'une maison qui en a plusieurs. *F.*

Page 632. col. 1. des Sommaires, ligne 3. de l'art. (5) adjoûtez *du Diocése de Mende.*

Page 645. col. 1. des Sommaires, ligne 2. des articles (1. 2.) *les Elûs, les Grenetiers.* lisez: *les Elûs, les Receveurs, les Grenetiers.*

*Ibid.* ligne 4. de l'article (6) *General.* lisez: *General des Aides.* deux lignes plus bas, *dans ses comptes.* lisez: *dans ses comptes, par la Chambre des Comptes.*

*Ibid.* colomne 2. ligne 3. de l'article (14) *Receveur General.* lisez: *Receveur General des Aides.*

Page 670. colomne 2. des Sommaires, article (22) *le prix du pain.* lisez: *le prix du pain & de la Fouasse.*

Page 683. ligne 10. sur ce mot, *mesture,* adjoûtez cette Note. *Mesture:* c'est *mesteil,* appellez aussi *mestail,* anciennement, *blé meteil;* celui qui est meslé de froment & de seigle; on l'appelle encore aujourd'hui en Poitou, *mesture.* On trouve dans le quatrieme Volume de ce Recueil, p. 534. pain de *meschief,* mal écrit, pour de *mesteil.* F.

Page 714. colomne 2. des Sommaires, ligne 2. de l'art. (26) *dans le marché.* lisez: *dans la foire ou dans le marché.*

Page 719. Note (*c*) il faut lire, *pactis,* convention, ou contribution, du latin, *pactum.* Ce mot est écrit de même, *patis,* dans le Journal de Paris nouvellement imprimé, & dans l'hist. de Charles VI. de Juvenal des Ursins. *F.*

*Ibid.* Note (*d*) adjoûtez: *travers,* c'est *droit de traverse.* Dans le Coustumier de la Viconité de l'eave de Roüen, *la coustume des bestes à quatre pieds & le travers des pores qui vont au panage, &c.* F.

---

# *ERRATA POUR LE CINQUIE'ME VOLUME*

## *des Ordonnances & pour les Volumes precedents.*

## VOLUME PREMIER.

PAGE 74. Article 34. Voy. le 5.e Volume de ce Recueil, page 165. Note (*a*) premiere.

## *VOLUME TROISIE'ME.*

Page 146. ligne 9. *mil sept cens.* lisez: *mil trois cens.*

Page 489. Note (*b*) deuxieme colomne, ligne premiere, *Dammarie.* lisez: *Dame-Marie.*

## *VOLUME CINQUIE'ME.*

Page 8. Note marginale *g. abolim.* lisez: *ab olim.*

Page 12. Lettres du 28. de Juin 1367. ligne 9. *femme.* lisez: *fourme.*

Page 14. col. 1. art. 4. ligne. 5. &c. *& il en infermera le Roy: & il leur ordennera.* lisez: *& ils en informeront le Roy: & ils leur ordonneront.*

Page 15. col. 1. art. 11. ligne 8. *executez.* lisez: *executées.*

Page 17. art. 9. ligne 9. *vostre.* lisez: *nostre.*

Page 33. ligne 1. *à & tous.* lisez: *& à tous.*

*Ibid.* ligne 24. *savons faisons.* lisez: *savoir faisons.*

Page 35. art. 28. ligne 2. *accordez.* lisez: *accordées.*

Page 36. art. 31. ligne 3. *Olanesse.* lisez: *Planeysse.*

Page 42. Note (*q*) ligne 12. *ce qui est.* lisez: *que ce qui est.*

Page 57. ligne 40. *facimus.* lisez: *fecimus.*

Page 59. Note (*b*) deuxieme colomne, ligne 3. *relevant.* lisez: *relevantes.*

Page 63. Note *b.* marginale, Note (*a*). lisez: Note (*c*).

Page 70. Note marg. *c. Mevillon.* lisez: *Meüllon.*

*Ibid.* Note (*b*) deuxieme colomne, ligne 7. *Arndus.* lisez: *Arnaldus.*

Page 71. Note (*b*) derniere ligne, *coursier.* lisez: *coursiere.*

Page 75. ligne 41. *quæstionis.* lisez: *questionis.*

Page 76. ligne 24. *quæstionem.* lisez: *questionem.*

Page 86. A la marge, *Note (h).* lisez. *Note (g).*

Page 92. cette page est mal chiffrée. *62.*

Page 93. dans le titre des Lettres, *Ville.* lisez: *Ville.*

Page 94. Note marginale *f. host.* lisez: *Ost.*

Page 110. ligne 12. & 13. *hujus modi.* lisez: *hujusmodi.*

Page 115. ligne 33. *concessum, extiterit.* lisez: *concessum extiterit.*

Page 144. au commencement des secondes Lettres en marge. *Charles V. en Septembre 1368.* lisez: *Charles V. à Tournay, en Septembre 1368.*

Page 155. Note (*b*) ligne 6. *Froly.* lisez: *Troly.*

Page 157. col. 2. des Sommaires, ligne 2. de l'article (13.) *faux serment.* lisez: *faux témoignage.*

Page 158. colomne 2. au dernier alinea des Sommaires, avant ces mots. *Les habitans.* adjoûtez: *(28).*

Page 161. article (21.) ligne 3. à l'endroit où il y a un mot en blanc, on a oublié de mettre la marque de la Note, qui fait le premier *alinea* de la Note (*c*) à ces mots; *Il y a,* &c. devant lesquels il devroit y avoir une marque de Note.

Page 169. au haut de la page en marge, ligne 4. *Avril 1368.* lisez: *Avril 1369.*

Page 184. au haut de la page en marge, ligne 3. *à l'Hôtel Saint Pol, en May.* lisez: *à l'Hôtel Saint Paul à Paris, en May.*

Page 216. ligne 7. *huit solz de prix.* lisez: *huit sols de poids.*

Page 221. ligne 3. *Note (c).* lisez: *Note (a)* & à la fin des Lettres, *Note (a).* lisez: *Note (b).*

Page 229. ligne 36. & page 230. ligne 18. *unacum.* lisez: *una cum.*

Page 250. Note, ligne 3. *Elle est aussi.* lisez: *Elles sont aussi.*

*Ibid.* ligne 5. *elle est adressée.* lisez: *elles sont adressées.*

Page 265. au haut de la page en marge, ligne 4. *1366.* lisez: *1369.*

Page 300. Note (*a*) colomne 2. ligne 3. *Registre de la Cour.* lisez: *Registre D. de la Cour.*

Page 301. ligne 30. & page 335. ligne 6. & 9. *huit sols de prix.* lisez: *huits sols de poix.*

Page 336. ligne 12. Note (*c*). lisez: (*b*).

Page 362. col 2. des Sommaires, art. (27) ligne 11. *les drois.* lisez: *les droits.*

Page 366. mal cottée. *326.*

Page 372. col. 2. des Sommaires, art. (35) ligne 5. *navigants.* lisez: *naviguants.*

Page 382. ligne 22. *28. de Mars.* lisez: *27. de Mars.*

Page 394. à la fin de la Note *(b)* Voyez. cy-dessus, p. 179. Note *(c).* lisez: V. *le 4.e Vol. de ce Rec.* p. 179. Note *(c).*

Page 443. ligne 5. avant ce mot: *ceterum,* adjoûtez (*3*).

Page 459. ligne 8. *Authoing.* lisez: *Anthoing.*

*Ibid.* ligne 9. & 10. & p. 461. ligne 31. *Carmas.* lisez: *Carvins.*

Page 473. à la marge, ligne 5. adjoûtez, *1372.*

Page 474. Note *(c)* deuxieme colomne, ligne 3. *page 125.* lisez: *p. preced. Note (b).*

Page 475. ligne 20. *es biens meubles.* lisez : *& biens meubles.*

Page 513. Note *(f)* ligne 3. *p. 830.* lisez: *p. 831.*

Page 514. Note *(i)* ligne 4. & 554. Note *(b)* ligne premiere. *Mesnage.* lisez: *Ménage.*

Page 521. rayez la premiere ligne en entier, & les deux premiers mots de la seconde qui sont à la fin de la page precedente.

Page 536. au titre des secondes Lettres, ligne 4. *ne pourront assister.* lisez: *pourront assister.*

Page 537. premiere colomne des Sommaires, art. *(4)* ligne 5. *au Tresorier.* lisez: *aux Tresoriers.*

*Ibid.* deuxieme colomne, art. *(10)* ligne 2. *Lettres.* lisez: *Lettres Royaux.*

*Ibid.* article *(13) Le Tresorier des guerres aura fait un payement aux Gens de guerre, les Generaux verront,* &c. lisez: *Les Tresoriers des guerres auront fait un payement aux Gens de guerre, les Generaux des Aides verront,* &c.

Page 555. au haut de la page en marge, ligne 4. *Novembre.* lisez: *Decembre.*

Page 566. ligne 6. *dencendement.* lisez: *d'encendement.*

Page 599. colomne premiere des Sommaires, art. *(14) Les faussaires.* lisez: *ceux qui vendront à fausse mesure.*

Page 622. Note *a.* margin. *Ginac.* lisez: *Gignac.*

Page 651. ligne 13. *les dix-huit cens.* lisez: *les dits huit cens.*

Page 657. Note *(a)* seconde colomne, lignes 4. & 5. *parce qu'elles ont esté mal luës.* lisez: *parce qu'ils ont esté mal lûs.*

Page civ. col. 2. ligne 12. de l'alinea, *Hommage.* 488. lisez: *388.*

www.ingramcontent.com/pod-product-compliance
Lightning Source LLC
LaVergne TN
LVHW020953300926
849160LV00007B/140
* 9 7 8 2 0 1 2 5 9 7 9 2 1 *